KOSTENLOSE ERGÄNZUNGEN

DIGITAL+

AF902016

DIGITAL+

- **Simulationen und Animationen:**
  - zum Vertiefen und Festigen des Wissens
  - für ein besseres Verständnis

  Die Simulationen und Animationen können von der jeweiligen Buchseite direkt durch den Scan eines QR-Codes oder durch Eingabe eines verkürzten Links in der EUROPATHEK aufgerufen werden.
- **Deutsche Übersetzung** der englischen Seiten
- **Bilder-Paket:** Viele Abbildungen und Tabellen aus allen Kapiteln des Buches mit Bildvorschau und Suche
- **Verwendung** zu Unterrichtszwecken und zur Erstellung eigener Arbeitsmaterialien

EUROPA THEK

Die ergänzenden digitalen Materialien finden Sie in unserem virtuellen Medienregal EUROPATHEK kostenlos unter

www.europathek.de

Öffnen Sie www.europathek.de auf Ihrem Gerät (PC/MAC, Smartphone oder Tablet). Melden Sie sich mit Ihrem Nutzerkonto (bestehend aus E-Mail-Adresse und Passwort) an. Sofern Sie noch nicht über ein eigenes Nutzerkonto verfügen, können Sie sich kostenlos registrieren.

Durch die Eingabe des folgenden Codes schalten Sie das Medien-Paket in Ihrer EUROPATHEK frei.

VEL-VSLQ-YCJT-BJC3

Dieser Freischaltcode ermöglicht den Zugriff auf das Medien-Paket für eine Dauer von 48 Monaten.

Eine Verlängerung sowie die Kombination mit zahlreichen anderen digitalen Produkten ist möglich unter www.europa-lehrmittel.de/metall

EUROPA-FACHBUCHREIHE
für Metallberufe

Daniel Brabec
Jürgen Burmester
Nadine Deichselsberger
Josef Dillinger
Walter Escherich
Markus Neumann
Stefan Oesterle
Ludwig Reißler
Bernhard Schellmann
Moritz Sedlmeier
Reinhard Vetter
Falko Wieneke

Fachwissen Metalltechnik in Lernfeldern

Industriemechanik

1. Auflage

VERLAG EUROPA-LEHRMITTEL · Nourney, Vollmer GmbH & Co. KG
Düsselberger Straße 23 · 42781 Haan-Gruiten

Europa-Nr.: 15897

Autoren:

Daniel Brabec
Jürgen Burmester
Nadine Deichselsberger
Josef Dillinger
Walter Escherich
Markus Neumann
Stefan Oesterle
Ludwig Reißler
Bernhard Schellmann
Moritz Sedlmeier
Reinhard Vetter
Falko Wieneke

Die Autoren sind Fachlehrer der technischen Ausbildung und Ingenieure.

Lektorat: Josef Dillinger
Bildentwürfe: Die Autoren
Fotos: Leihgaben der Firmen
Bildbearbeitung: Zeichenbüro des Verlages Europa-Lehrmittel, Ostfildern
Englische Übersetzung: StDin Christina Murphy, Wolfratshausen

1. Auflage 2024

Druck 5 4 3 2 1

Alle Drucke derselben Auflage sind parallel einsetzbar, da sie bis auf die Korrektur von Druckfehlern identisch sind.

ISBN 978-3-7585-1589-7

Layout und Satz: Satz+Layout Werkstatt Kluth GmbH, 50374 Erftstadt
Umschlag: braunwerbeagentur, 43477 Radevormwald
Umschlagfotos: SKF GmbH, Schweinfurt; Adobe Systems Software Irland Ltd., Adobe Stock, IRL-Dublin
© Олександр Луценко, © Freely; Sauter Feinmechanik GmbH, Metzingen
Druck: Himmer GmbH, 86167 Augsburg

Vorwort

Das vorliegende Buch wendet sich bevorzugt an Auszubildende der Industrie- und der Feinwerkmechanik in dem zweiten, dritten und vierten Ausbildungsjahr. Die Themenbereiche des Werkes sind entsprechend dem Rahmenlehrplan nach Lernfeldern gegliedert und decken den Lernfeldorientierten Unterricht für **Industriemechaniker/-innen** und **Feinwerkmechaniker/innen** ab.

Der Inhalt wurde durch **Animationen** und **interaktive Simulationen** dem Stand der Technik angepasst, sodass sich die Lernfeldkonzeption in Verbindung mit digitalen Medien im Unterricht umsetzen lässt. Die digitalen Inhalte sind auch zur Darstellung auf kleinen Displays (Smartphone, Tablet) geeignet.

Durch eine umfangreiche Visualisierung der technologischen Lernsituationen in Form von Fotos, mehrfarbigen und erklärend beschrifteten Abbildungen sollen die fachlichen Zusammenhänge den Schülerinnen und Schülern erklärt werden, sodass sie die geforderten Kompetenzen, entsprechend den Rahmenlehrplänen, erreichen.

Damit diese Kompetenzen erreicht werden, gliedert sich das Buch in 12 Kapitel, die den Lernfeldern 5–15 zugeordnet sind:

Kapitel 01	**LF5: Fertigen von Einzelteilen mit Werkzeugmaschinen**
Kapitel 02	**LF6: Installieren und Inbetriebnehmen steuerungstechnischer Systeme**
Kapitel 03	**LF7: Montieren von technischen Teilsystemen**
Kapitel 04	**LF8: Fertigen auf numerisch gesteuerten Werkzeugmaschinen**
Kapitel 05	**LF9: Instandsetzen von technischen Systemen**
Kapitel 06	**LF10: Herstellen und Inbetriebnehmen von technischen Systemen**
Kapitel 07	**LF11: Überwachen der Produkt- und Prozessqualität**
Kapitel 08	**LF12: Instandhalten von technischen Systemen**
Kapitel 09	**LF13: Sicherstellen der Betriebsfähigkeit automatisierter Systeme**
Kapitel 10	**LF14: Planen und Realisieren technischer Systeme**
Kapitel 11	**LF15: Optimieren von technischen Systemen**
Kapitel 12	**Lernfeld übergreifende Inhalte**

- ISO GPS und Prüftechnik
- Generative Fertigungsverfahren
- Wärmebehandlung
- Industrie 4.0

Die vom Rahmenlehrplan geforderten Kompetenzen werden den Auszubildenden anschaulich mit verschiedenen Projekten nähergebracht. Diese Projekte sind reelle Baugruppen und so gestaltet, dass sie im Lernfeldunterricht hergestellt werden können.

Ergänzt werden die Themen

- mit kurzen **Informationsbausteinen**, die mit folgendem Icon versehen sind
- und durch **Aufgabenstellungen**, die durch dieses Icon gekennzeichnet sind

Am Ende der einzelnen Kapitel befindet sich jeweils das Modul „Prüfen Sie Ihre Kompetenz", in dem die Schülerinnen und Schüler an kleinen Projekten ihren Wissensstand überprüfen können.

Abgeschlossen wird jedes Kapitel mit „Discover your profession in English". Der Inhalt dieses Kapitels bezieht sich auf die Theorie des entsprechenden Kapitels. Durch die Angabe der wichtigsten Vokabeln soll den schwächeren Schülerinnen und Schülern bei der Bearbeitung Hilfestellung gegeben werden.

Die Autoren des Buches wünschen den Nutzern dieses Buches viel Erfolg und sind für Kritik, Verbesserungsvorschläge, Hinweise und Anregungen an **lektorat@europa-lehrmittel** dankbar.

Sommer 2024 — Die Autoren

Inhalt

Lernfeld 7: Montieren von technischen Teilsystemen

3 Maschinentechnik und Montage

Lernfeld 8: Fertigen auf numerisch gesteuerten Werkzeugmaschinen

4 CNC-Technik

Lernfeld 9: Instandsetzen von technischen Systemen

5 Instandhalten von technischen Systemen

Lernfeld 10: Herstellen und Inbetriebnehmen von technischen Systemen

6 Technische Komponenten

Lernfeld 11: Überwachen der Produkt- und Prozessqualität

7 Qualitätsmanagement (QM)

Lernfeld 12: Instandhalten von technischen Systemen

8 Instandhalten von technischen Systemen

Lernfeld 13: Sicherstellen der Betriebsfähigkeit automatisierter Systeme

9 Automatisierungstechnik

Lernfeld 14: Planen und Realisieren technischer Systeme

10 Projektmanagement

Lernfeld 15: Optimieren von technischen Systemen

11 Optimieren von technischen Systemen

Lernfeldübergreifende Inhalte

12 Spezielle Themen

Bildquellen

...tronikDesign, Dr.-Ing. Ulf Šustek Seifert, Dresden: 356/4

Adobe Systems Software Irland Ltd., Adobe Stock, IRL-Dublin: 12/0 © Kadmy, 69/2 oben rechts © Andrey Armyagov, 78/2 © Robert Kneschke, 79/1a © Pixel_B, 86/1 © andov, 92/1 © lastfurianec, 95/2 © Yaroslav, 96/2 unten © WEERASAK, 98/3 © bayurov, 110/1 © Artinun, 111/4 © modul_a, 112/1 © Andrzej Tokarski, 118/1 © Дмитрий Алецкий, 136/0 © xiaoliangge, 224/1 © Voyagerix, 236/0 © Itsanan, 240/1 © nordroden, 247/2 © Temir, 247/3 © lastfurianec, 249/5 © Gunars, 256/2 © José-Loyer-72, 330/0 © bung, 334/1 © kelly marken, 334/T1a © pridannikov, 334/T1b © AK-DigiArt, 334/T1c © JacZia, 334/T1d © markobe, 334/T1f © SERHII, 335/1 © bung, 336/1 © Buiteone, 336/2 © Sergey Ryzhov, 338/1 © suradeach seatang, 339/1 © dreamnikon, 346/3 © sima, 347/1 © madrolly, 347/2 © suradeach seatang, 349/1 © Chaimongkol, 349/2 © Chaimongkol, 349/3 © geargodz, 349/4 © amedeoemaja, 349/5 © kot500, 350/1 © industrieblick, 351/1 © Олександр Луценко, 351/3 © Ban, 351/4 © Michal, 351/5 © Pavel, 351/6 © marek_usz, 352/3 b © CPN, 352/3 a © mat, 354/1 © Niquirk, 355/1 © andov, 355/2 © roostler, 356/1 © Igor Bastrakov, 358/1 rechts © harunyigit, 358/3 © Сергей Жмурчак, 359/1 © Stihl024, 360/2 © Pixel_B, 360/3 © Dmitry Dven, 362/1 © kostonkilla1985, 363/1 © alexionas, 364/3 © surakit, 364/4 © andov, 365/1 © RHJ, 367/2 © Marcel R, 367/3 © dima_pics, 369/2 © markus6318, 370/1 © Ольга Тернавская, 370/2 © kasamsawad, 372/1 © funfunphoto, 373/1 © Marlon Bönisch, 374/2 © Fotograf Oberberg, 374/3 © kanin, 375/1 © heavypong, 375/2 © Nelson, 375/3 © Ilya, 376/1 © June stocker, 376/2 © gen_A, 376/3 © OlegDoroshin, 376/4 © OlegDoroshin, 378/3 © turbomotion046, 379/1 © marek_usz, 380/0 © loraks, 386/1 © Sergey Ryzhov, 386/2 © Sergey Ryzhov, 401/1 © Industrial Arts, 401/2 © pgottschalk, 406/2 c © clarion450, 406/2 b © Suraphol, 406/2 a © wetzkaz, 407/1 © Maksym Yemelyanov, 408/3 © natatravel, 412/1 © den45foto, 412/2 © xiaoliangge, 412/3 © blackdiamond67, 412/4 © Kitithat, 413/1 © Audrius Merfeldas, 413/3 © nordroden, 415/1 © joyfotoliakid, 415/2 © RZ, 417/1 © klenger, 418/1 © Itsanan, 422/1 rechts © Fiedels, 422/2 © iconshow, 422/3 © Tmedia, 423/2 © heavypong, 423/3 © heavypong, 424/1 © heavypong, 425/2 © Dmitriy, 426/1 © boedefeld1969, 427/1 © Siarhei, 427/2 a © beermedia, 427/2 b © Hor, 427/2 c © nskyr2, 429/1 © chitsanupong, 430/1 oben © alexlmx, 431/1 © Freely, 440/1 © wi6995, 446/1 © dmindphoto, 446/2 © Ivan Kurmyshov, 447/1 © fotofabrika, 454/0 © Philipp, 454/1 unten © XtravaganT, 457/2 © hkama, 468/2 © pikselstock, 469/2 links © CrazyCloud, 472/2 links © Peter Hermes Furian, 475/1 © hansmuench, 485/1 © Genestro, 502/1 © Dmitry Kovalchuk, 502/2 © mayucolor, 505/2 © jpambition, 506/1 b © Dmitry Kovalchuk, 506/1 c © mayucolor, 508/0 © industrieblick, 509/1 ©zhu difeng, 509/3 © oneSHUTTER oneMEMORY, 512/1 © Ban, 514/1 © Chatchaphat, 521/1 © Apart Foto, 524/0 © mrdeeds, 568/1 © chesky, 568/2 © oyoo, 569/1 © Александр Ивасенко, 572/3 © xiaoliangge, 573/2 © zapp2photo, 578/1 © Quality Stock Arts, 580/1 © Ridvan, 581/2 © Media Whale Stock, 587/1 © Quality Stock Arts, 591/3 oben © tiero, 603/1 © romaset, 603/2 © Ingo Bartussek, 603/3 © zyabich, 605/1 © pongsakorn, 606/1 © Aufwind-Luftbilder, 608/2 © Trueffelpix, 616/0 © Patrick Daxenbichler, 616/1 © snvv, 617/1 © Aunging, 617/2 © xiaoliangge, 619/1 © industrieblick, 619/2 © vizualni, 619/3 © I Viewfinder, 620/2 © Quarta, 622/1 © M.Dörr & M.Frommherz, 622/2 © Pixel_B, 622/3 © 35microstock, 623/1 © wonderisland, 623/2 © Gabriel Cassan, 623/3 © Mike Mareen, 626/0 b © bht2000, 626/0 a © Countrypixel, 626/0 c © Eric Milos, 626/0 d © MediaenLab, 626/0 e © Surasak, 679/1 © SmashingStocks, 679/3 © SmashingStocks, 687/3 © asb63, 689/3 © I Viewfinder, 708/2 © Dmitriy, 709/1 © nosorogua, 724/1 © Anterovium, 727/1 © primipil, 733/2 © josemperal, 734/1 © Redfox1980, 734/2 © Leonid, 736/1 © Валерий Моисеев, 743/1 © luchschenF, 747/2 © josefkubes

AGIROSSI GMBH, Waldlaubersheim: 191/4

AIRTEC Pneumatik GmbH, Kroneberg: 142/1 unten links

Alamy Ltd., Großbritannien: 389/1 © Borislav Marinic

ARGO-HYTOS Group AG, CH-Baar: 197/1

AS-International Association e. V., Gelnhausen: 567/T1a

Baumer GmbH, Friedberg: 171/4 unten

bdtronic GmbH, Weikersheim: 451/3

Beckhoff Automation GmbH & Co. KG, Verl: 525/1 d

Beneseller, München: 96/1 unten

Bosch Rexroth AG, Lohr: 595/2

Bucher Hydraulics GmbH, Klettgau: 190/1 links

Börger GmbH, Borken-Weseke: 419/1, 419/3, 420/1

Chr. Mayr GmbH & Co. KG, Mauerstetten: 396/1 rechts, 398/3, 453/1

CLAAS Industrietechnik GmbH, Paderborn: 452/1

Clean-Lasersysteme GmbH, Herzogenrath: 451/1 links

CMZ Deutschland GmbH, Stuttgart: 134/1, 271/1, 272/1, 325/1

DELO Industrie Klebstoffe GmbH & Co. KGaA, Windach: 447/2, 451/2, 452/2, 452/3

Dr. Baier-Entgrattechnik, Berlin: 98/2

Eaton Electric GmbH, Bonn: 525/1 b

Elb-Schliff Werkzeugmaschinen GmbH, Aschaffenburg: 111/1

EMZ Elektromaschinenzentrale GmbH, Recklinghausen: 415/3

EWM AG, Mündersbach: 434/1, 435/1, 436/1, 437/1, 444/1

Fachakademie der Schneid- & Schleiftechnik e. V., Brühl: 102/2

Festo Didactic SE, Adiro GmbH, Esslingen: 606/0, 607/1, 613/1

Festo Didactic SE, Esslingen: 142/1 oben rechts, 151/1 links oben, 152/1 oben, 153/2 rechts, 160/1 rechts, 563/2, 563/3, 567/1, 570/1 b

Fichtel Sachs AG, Schweinfurt: 397/1

Franz Kessler GmbH, Bad Dachau: 273/1

Frauenhofer-Institut für Lasertechnik ILT, Aachen: 745/2

Freudenberg FST GmbH, Weinheim: 222/T1a

GGT Gleitlager AG, CH-Küssnacht am Rigi: 368/2

Gühring, Albstadt: 96/3, 98/1

H. Herzog KG, Mönchengladbach: 206/1

Harmonic Drive SE, Limburg: 387/2

HAWE Hydraulik SE, Aschheim/München: 221/3

HERMLE AG, Gosheim: 63/3 links

Heule, CH-Balgach: 95/1, 97/1, 97/2

Hoffmann Group, München: 24/1, 25/1 b-e, 95/3

horntools GmbH, A-Dornbirn: 184/1

ifm electronic GmbH, Essen: 170/1, 173/1 oben, 566/1 a

IHS INDUSTRIE HANDLING + FÖRDERTECHNIK GmbH, Freudenberg: 570/1 a

Internationale Hydraulik Akademie GmbH, Dresden: 217/3, 224/3

Iprotec GmbH, Bad Salzuflen: 240/3 rechts

iStock by Getty Images, München: 389/2 oben © Irnya, 391/1 © Alexsey, 454/1 oben © sanjeev kumar misra, 620/1 © Traimak Ivan

Karl Klink, Niefern-Öschelbronn: 94/1 © reinhardt-fotografie, 94/2

Kellie Nordmann, Contrinex SA, CH-Corminboeuf: 167/3 rechts oben

Kjellberg, Finsterwalde: 438/2

KNUTH Werkzeugmaschinen GmbH, Wasbek: 89/1 links

KUKA Deutschland GmbH, Augsburg: 441/1, 441/2, 441/3 oben, 442/2, 445/1, 570/1 c

LEANTECHNIK AG, Oberhausen: 572/1

Leistritz Pumpen GmbH, Nürnberg: 188/T1a

Leuze electronic, GmbH + Co. KG, Owen: 169/T1c

Mahr GmbH, Esslingen: 693/1, 700/2

mbo Oßwald GmbH & Co. KG, Külsheim-Steinbach: 193/1 rechts

Metal Work Deutschland GmbH, Landsberg: 149/3 rechts

Mitsubishi Electric Europe B.V., Ratingen: 576/1 c+e

NEIDLEIN-SPANNZEUGE GmbH, Bodelshausen: 46/1

Okuma DEUTSCHLAND GmbH, Köln: 323/1, 329/1

Parker Hannifin GmbH, Bielefeld: 183/2 links, 195/2, 220/1, 220/2

Pepperl+Fuchs SE, Mannheim: 171/4 oben, 563/1

Pierburg GmbH, Neuss: 449/2

Porsche AG, Stuttgart: 360/3

Pro beam GmbH & Co. KGaA, Gilching: 439/4

PROFIBUS-Nutzerorganisation e. V., Karlsruhe: 566/1 b, 566/2 oben mitte, 566/3 oben+unten links, 567/T1b, 567/T1c rechts

REMONDIS Industrie Service GmbH & Co.KG, Lünen: 364/1

SAINT-GOBAIN Abrasives GmbH, Wesseling: 103/1

Sampas GmbH, Kernen-Rommelshausen: 96/2 oben

Sandvik Coromant, Düsseldorf: 62/1, 67/1

Schaeffler Technologies AG & Co. KG, Herzogenaurach: 254/4, 276/1 rechts, 350/5, 353/1, 356/2

Scheppach GmbH, Ichenhausen: 112/2

SCHUNK SE & Co. KG, Lauffen: 152/2, 579/1

Shutterstock, Inc., USA-New York: 424/2 © Penka Todorova Vitkova, 424/3 © Aleksandr Petrunovskyi, 487/1 © Vadim Kulikov, 573/1 © MikeDotta, 589/1 © ROBOT RAP Technology

SICK AG, Waldkirch: 168/T1c links, 564/1, 564/2 rechts, 564/3 rechts

Siemens AG, München: 525/1 a+c, 528/3 links, 543/1 rechts, 565/1 oben

SITEC Industrietechnologie GmbH, Chemnitz: 439/1, 439/2

SKF GmbH, Schweinfurt: 349/6

SMC Deutschland GmbH, Egelsbach: 142/1 oben links, 142/1 unten rechts

STAUFF Deutschland, Walter Stauffenberg GmbH & Co. KG, Werdohl: 217/1

Stiens Werkzeugmaschinen Handelsgesellschaft GmbH, Oelde: 330/1, 341/1, 341/2

Stirtec GmbH, A-Premstätten: 442/1 rechts

STR-Schweisstechnik PGmbH, Eupen: 518/2

Struers: 518/3

Trowal, Haan: 95/4

TRUMPF SE, Ditzingen: 744/2, 745/1

TSUBAKI KABELSCHLEPP GmbH, Wenden-Gerlingen: 347/3

TÜV Saarland Holding GmbH, Sulzbach: 455/1 rechts

Verlag Europa-Lehrmittel, aus Industrielle Fertigung, Europa-Nr.: 53510, Haan-Gruiten: 618/1, 618/2, 618/3, 618/4

Verlag Europa-Lehrmittel, aus Produktion, Europa-Nr.: 19127, Haan-Gruiten: 624/1, 624/2

Volkswagen Aktiengesellschaft, Wolfsburg: 367/1

VOSS Fluid GmbH, Wipperfürth: 219/2 oben

WAGO GmbH & Co. KG, Minden: 565/2 links

Wikipedia: 356/3 © Jean-Jaques Milan (CC BY-SA 3.0)

Yaskawa Europe GmbH, Eschborn: 570/1 d

Zeros GmbH, Berlin: 337/1

ZOLLER GmbH & Co. KG, Pleidelsheim: 282/1

Autorenfotos: 15/1, 20/1, 21/1, 22/1, 23/1, 27/1, 28/1, 32/1, 33/T1a, 33/T1b, 33/T1c, 33/T1d, 33/T1e, 33/T1f, 33/T1g, 40/2, 45/1, 50/1, 58/1, 59/1, 63/3, 65/1, 65/2, 65/3, 65/4, 66/1, 66/2, 66/3, 66/4, 69/1, 69/2, 70/1, 72/T1b, 72/T1c, 72/T1d, 72/T1e, 72/T1f, 72/T1g, 72/T1h, 72/T1i, 73/1, 74/1, 74/2, 74/3, 75/1, 76/1, 76/2, 76/3, 79/1b, 79/1c, 82/2, 89/1, 99/1, 109/1, 121/4, 123/1, 135/1, 166/1, 215/1, 220/3, 220/4, 224/4, 270/0, 295/1, 318/T1a, 318/T1b, 318/T1c, 318/T1d, 318/T1e, 318/T1f, 318/T1g, 318/T1h, 328/1, 334/T1e, 346/1, 351/2, 352/1, 352/2, 353/2, 357/1, 362/T1a, 362/T1b, 362/T1c, 362/T1d, 362/T1e, 364/2, 369/1, 377/1, 377/3, 377/4, 377/5, 378/1, 378/2, 379/T1a, 379/T1b, 379/T1c, 379/T1d, 379/T1e, 384/T1a, 384/T1b, 384/T1c, 387/1, 391/2, 395/3, 426/2, 427/2 d, e, 468/3, 469/1, 476/3, 477/1, 482/1, 517/1, 517/2, 522/1, 565/3, 638/1, 642/1, 642/2, 642/3, 678/1, 678/2, 678/3, 678/4, 684/1, 686/3, 687/1, 690/4, 690/7, 695/2, 700/1

Lernfeld 5:

Fertigen von Einzelteilen mit Werkzeugmaschinen

Kapitel 01

Fertigen mit Werkzeugmaschinen

Für die spanende Fertigung werden je nach Fertigungsverfahren unterschiedliche Werkzeugmaschinen eingesetzt. Durch das Drehen und Fräsen wird das Rohteil in seine Form gebracht. Mit Schleifen kann eine Nachbearbeitung erfolgen.

// Bearbeitungsaufgabe: Fertigung von Bauteilen einer Spannvorrichtung

Für die auf der nachfolgenden Seite dargestellte Spannvorrichtung sollen verschiedene Bauteile gefertigt werden.

In **Bild 1** ist der **Spannbolzen** abgebildet. Er dient zum Festspannen der Werkstücke, die auf der Aufspannleiste der Spannvorrichtung aufliegen. Der Spannbolzen soll auf einer Drehmaschine hergestellt werden.

Die **Aufspannleiste** wird als Unterlage für die festzuspannenden Werkstücke verwendet. Sie soll auf einer Fräsmaschine gefertigt werden.

Ihre Aufgabe ist, die Dreh- und Fräsbearbeitung für die Bauteile der Spannvorrichtung zu planen.

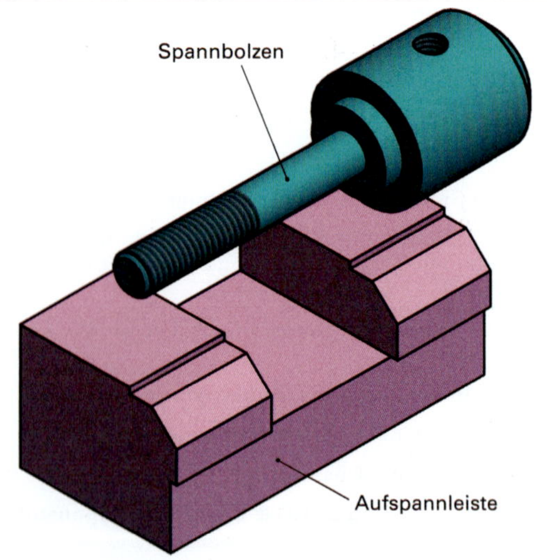

Bild 1: Bauteile der Spannvorrichtung

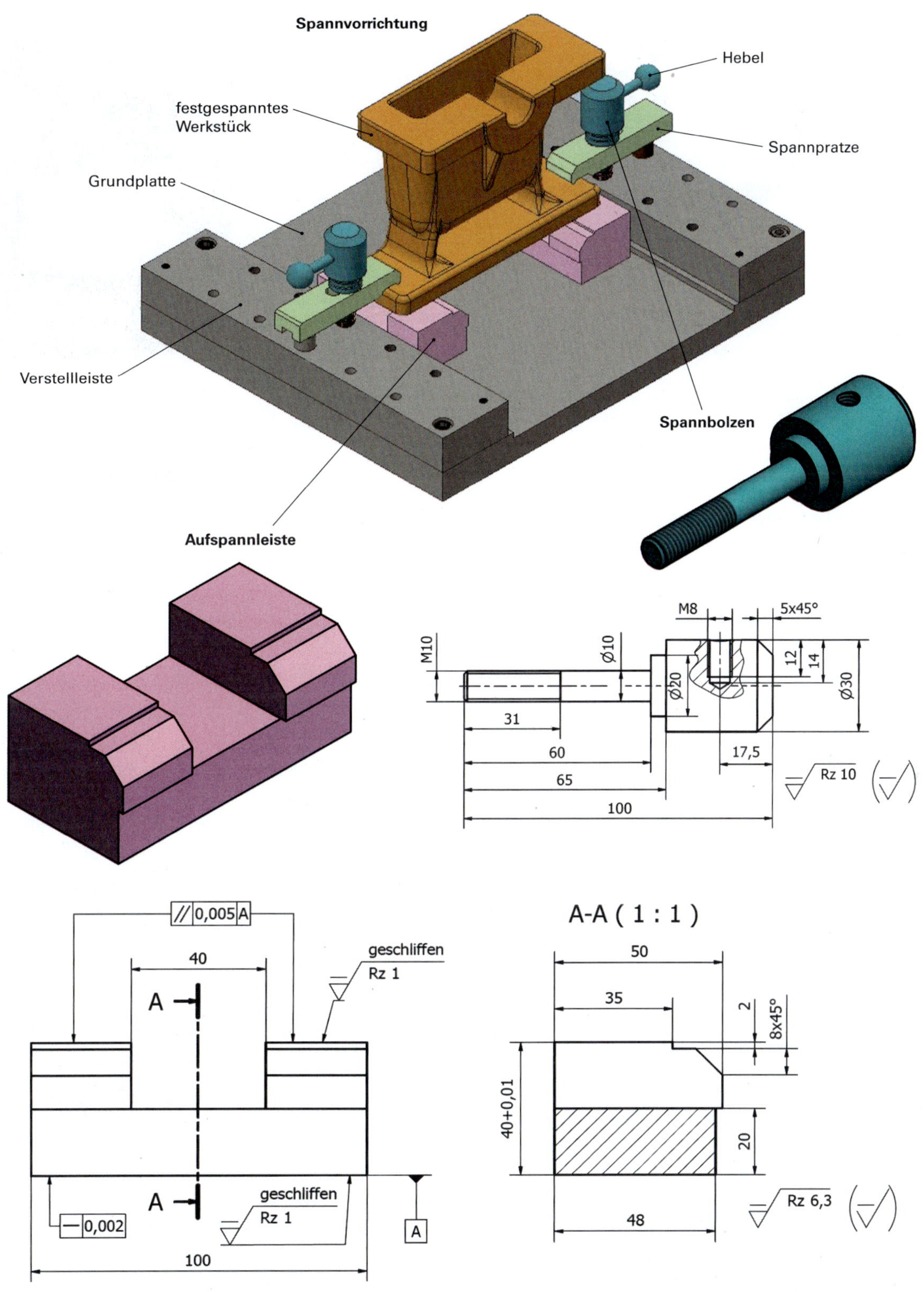

Bild 1: Spannvorrichtung mit Spannbolzen und Aufspannleiste

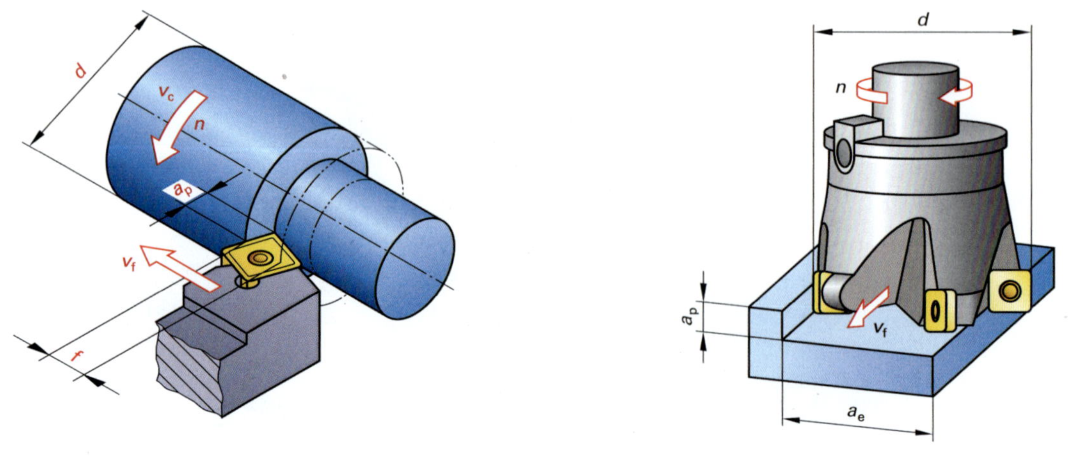

Bild 1: Schnittgrößen beim Drehen und Fräsen

1.1 Bearbeitungsparameter beim Drehen und Fräsen

Für die Bearbeitung von Werkstücken auf einer Dreh- oder Fräsmaschine müssen an der Maschine geeignete Schnittgrößen eingestellt werden. Die Wahl der Schnittgrößen hängt von den Bearbeitungsbedingungen **(Bild 1, Seite 15)** und dem zu erzielenden Ergebnis ab. Jede Veränderung einer Schnittgröße führt zu Auswirkungen auf das Bearbeitungsergebnis.

1.1.1 Schnittgrößen beim Drehen und Fräsen

Je nach Fertigungsverfahren und Bearbeitungsschritt werden unterschiedliche Schnittgrößen verwendet. Während beim konventionellen Drehen die Drehzahl angegeben wird, kann beim CNC-Drehen für einige Bearbeitungsschritte (z. B. das Querplan- und Längsrunddrehen) direkt die Schnittgeschwindigkeit v_c programmiert werden. Die Drehzahl des Werkstücks wird dann über die Position des Drehmeißels von der CNC-Drehmaschine berechnet.

Die Drehzahl n des Werkstücks berechnet sich aus der Schnittgeschwindigkeit v_c und dem Durchmesser d des Werkstücks zu Beginn des Drehvorgangs.

$$n = \frac{v_c}{d \cdot \pi}$$

v_c Schnittgeschwindigkeit
d Durchmesser des Werkstücks

Während beim Drehen die Vorschubbewegung des Drehmeißels mit dem Vorschub f pro Umdrehung angegeben wird, verwendet man beim Fräsen die Vorschubgeschwindigkeit v_f als Einstellgröße.

Für die Schnittbewegung des Fräsers wird als Einstellgröße die Drehzahl n angegeben.

Drehzahl n und Vorschubgeschwindigkeit v_f können für das Fräsen mit den folgenden Formeln berechnet werden:

$$n = \frac{v_c}{d \cdot \pi}$$

$$v_f = f_z \cdot z \cdot n$$

v_c Schnittgeschwindigkeit
v_f Vorschubgeschwindigkeit
d Durchmesser des Fräsers
f_z Vorschub pro Schneide
z Anzahl der Schneiden

Schnittgrößen beim Drehen:

- Schnittgeschwindigkeit v_c
- Drehzahl n
- Vorschub f
- Schnitttiefe a_p

Schnittgrößen beim Fräsen:

- Drehzahl n
- Vorschubgeschwindigkeit v_f
- Schnitttiefe a_p
- Schnittbreite a_e

// Schnittgeschwindigkeit

Die Wahl der Schnittgeschwindigkeit beim Drehen und Fräsen ist vorwiegend abhängig vom

- Schneidstoff des Werkzeugs (Hartmetall, Schnellarbeitsstahl u. a.)
- Werkstoff des Werkstücks (Art, Festigkeit, Zähigkeit, Härte u. a.)
- Bearbeitungsverfahren (Plandrehen, Schruppen, Schlichten u. a.)
- Kühlschmierstoffeinsatz (mit oder ohne Kühlschmierstoff)

Einfluss auf die Größe der Schnittgeschwindigkeit haben auch die weiteren in **Bild 1** angegebenen Bearbeitungsbedingungen. Es wird zwischen ungünstigen, normalen und günstigen Bearbeitungsbedingungen unterschieden.

- **Ungünstige Bearbeitungsbedingungen** liegen beim konventionellen Drehen und Fräsen mit Hartmetallschneiden vor. Durch die offene Bauweise der konventionellen Dreh- und Fräsmaschinen kann nur eine Trockenbearbeitung ohne Kühlschmierstoff durchgeführt werden.
- **Normale Bearbeitungsbedingungen** findet man an CNC-Maschinen wieder. Durch die vollständige Verkleidung der CNC-Maschine kann das Werkzeug mit einem hohen Einsatz an Kühlschmierstoff gekühlt werden.
- **Günstige Bearbeitungsbedingungen** liegen bei CNC-Maschinen mit einer hohen Stabilität und Antriebsleistung vor.

Tabelle 1 zeigt exemplarisch die Richtwerte für das Drehen je nach Bearbeitungsbedingung.

Einflussgrößen auf die Wahl der Schnittgeschwindigkeit

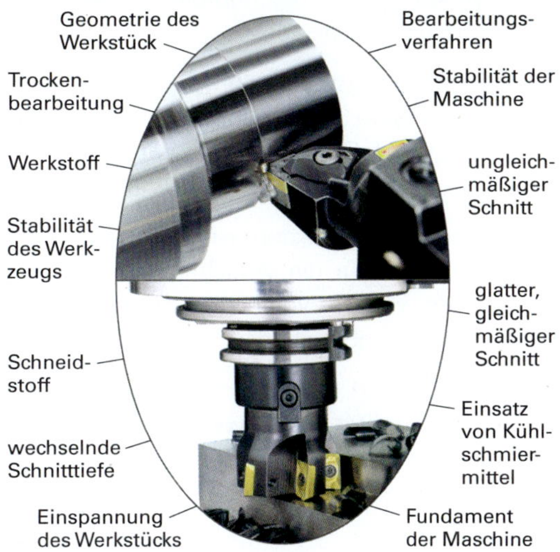

Bild 1: Bearbeitungsbedingungen

- Bei **ungünstigen Bearbeitungsbedingungen** (konventionelle Maschine) sollte eine kleinere Schnittgeschwindigkeit ausgewählt werden.

- Bei **normalen Bearbeitungsbedingungen** (CNC-Maschine) wird die mittlere Schnittgeschwindigkeit gewählt.

- Bei **günstigen Bearbeitungsbedingungen** kann eine höhere Schnittgeschwindigkeit verwendet werden.

Tabelle 1: Richtwerte für Schnittgeschwindigkeiten beim Drehen mit Hartmetall

Werkstoff der Werkstücke		Richtwerte für das Drehen mit Hartmetallwerkzeugen		
Werkstoffgruppe	**mittlere Zugfestigkeit R_m in N/mm² bzw. Härte HB**	**Planen**	**Schruppen**	**Schlichten**
		Schnittgeschwindigkeit v_c in m/min		
Baustahl	$R_m \leq 500$	210 – **280** – 350	150 – **220** – 300	280 – **340** – 400
	$R_m > 500$	160 – **230** – 300	100 – **170** – 240	220 – **290** – 350
Automatenstahl	$R_m \leq 570$	180 – **250** – 320	130 – **200** – 270	240 – **300** – 360
	$R_m > 570$	130 – **200** – 270	100 – **160** – 220	200 – **250** – 300
Vergütungsstahl, unlegiert	$R_m \leq 650$	180 – **250** – 320	120 – **190** – 240	220 – **300** – 380
	$R_m > 650$	110 – **200** – 280	110 – **150** – 200	190 – **250** – 310
Vergütungsstahl, legiert	$R_m \leq 750$	100 – **160** – 220	90 – **130** – 180	125 – **185** – 245
	$R_m > 750$	80 – **130** – 180	70 – **110** – 160	100 – **150** – 200

// Vorschub

Der Vorschub f bzw. Vorschub pro Schneide f_z ist hauptsächlich abhängig von

- dem Bearbeitungsverfahren (Drehen, Fräsen, Schruppen, Schlichten u. a.)
- der geforderten Oberflächenqualität (Rautiefe Rz u. a.)

Beim Drehen wird mit einem einschneidigen Werkzeug gearbeitet. Für die Vorschubbewegung des Drehmeißels wird der Vorschub f pro Umdrehung des Werkstücks angegeben.

Beim Fräsen wird mit einem mehrschneidigen Werkzeug gearbeitet. Daher wird für die Vorschubbewegung des Werkzeugs zuerst der Vorschub pro Schneide f_z ermittelt. Je nach Anzahl der Schneiden z des Fräsers kann dann der gesamte Vorschub f berechnet werden.

$$f = f_z \cdot z$$

f_z Vorschub pro Schneide
z Anzahl der Schneiden

Vorschub beim Schruppen und Schlichten (Bild 1):

- Beim Schruppen wird zur Reduzierung der Fertigungszeit mit einem möglichst großen Vorschub gearbeitet.
- Beim Schlichten wird je nach geforderter Oberflächenqualität ein kleiner Vorschub eingesetzt.

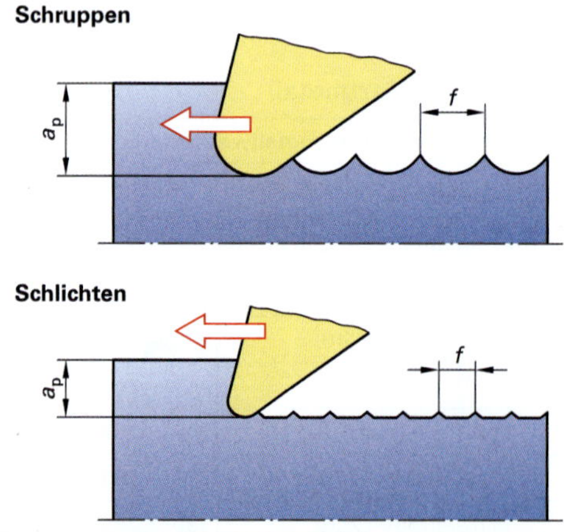

Bild 1: Vorschub und Schnitttiefe beim Schruppen und Schlichten

// Schnitttiefe und Schnittbreite

Die Zustellung des Werkzeugs senkrecht zur Vorschubrichtung wird beim Drehen und Fräsen als Schnitttiefe a_p bezeichnet.

Je nachdem, wie weit der Fräser in das Werkstück eingreift, wird von der Schnittbreite a_e gesprochen **(Bild 2)**. Eine günstige Schnittbreite a_e liegt dann vor, wenn sich der Fräser mit seinem Durchmesser ca. 2/3 auf dem Werkstück befindet.

Die Schnitttiefe a_p wird in erster Linie aufgrund des Bearbeitungsverfahrens (Schruppen oder Schlichten) festgelegt.

Besonders beim Schruppen muss darauf geachtet werden, dass durch die große Schnitttiefe die Bearbeitungskräfte nicht zu groß werden.

Schnitttiefe beim Schruppen und Schlichen (Bild 2):

- Beim Schruppen wird zur Reduzierung der Fertigungszeiten mit einer möglichst großen Schnitttiefe gefertigt.
- Beim Schlichten wird eine kleine Schnitttiefe verwendet, damit das Werkzeug wenig weggedrückt wird. Somit wird die Maßgenauigkeit in den geforderten Toleranzen erreicht.

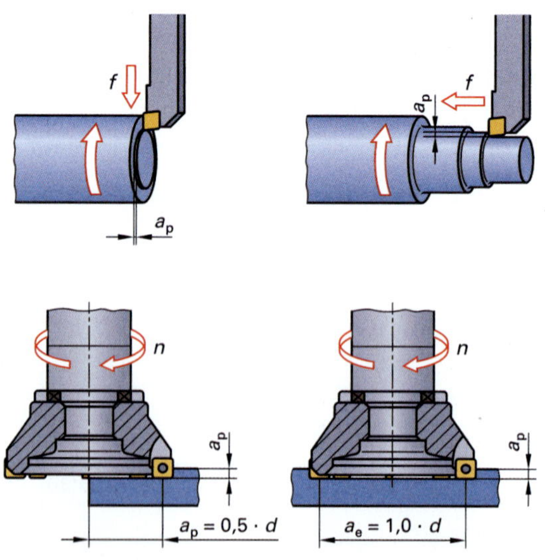

Bild 2: Schnitttiefe und Schnittbreite beim Drehen und Fräsen

Überlegen und beantworten Sie:

1. Begründen Sie, warum beim Fräsen die Drehzahl und nicht die Schnittgeschwindigkeit angegeben wird.
2. Geben Sie sechs Einflussgrößen für die Wahl der Schnittgeschwindigkeit beim Drehen an und beschreiben Sie deren Auswirkung auf die Schnittgeschwindigkeit.
3. Erläutern Sie, warum beim Fräsen auf einer konventionellen Fräsmaschine eine ungünstige Bearbeitungsbedingung vorliegt.
4. Nennen Sie einen Grund, warum beim Schruppen mit einem großen Vorschub und einer großen Schnitttiefe gefertigt wird.

1.1.2 Schneidengeometrie am Drehmeißel und Fräser

Der Schneidkeil des Drehmeißels und des Fräsers wird durch die Spanfläche und die Freifläche begrenzt **(Bild 1)**. Die Schnittkanten der beiden Flächen bilden die Hauptschneide. Diese liegt in Vorschubrichtung und leistet die Hauptzerspanungsarbeit. Je nach Bearbeitungsverfahren ist die Hauptschneide scharfkantig, gefast oder gerundet.

- Die Span- und die Freifläche bilden den Keilwinkel β. Je größer der Keilwinkel ist, desto stabiler ist das Werkzeug. Bei einem Keilwinkel $\beta = 90°$ kann die Schneidplatte von der Unter- und Oberseite verwendet werden.
- Der Freiwinkel α zwischen Freifläche und Werkstück vermindert die Reibung. Der Freiwinkel α sollte mindestens 5° oder größer sein.
- Der Spanwinkel γ beeinflusst die Spanbildung. Bei einem Keilwinkel $\gamma = 90°$ wird der Spanwinkel negativ, da alle drei Winkel zusammen 90° ergeben.

Die Haupt- und die Nebenschneide bilden den Eckenwinkel ε. Dieser sollte möglichst groß sein, um die Wärmeabfuhr und die Stabilität der Schneide zu verbessern. Zur Verbesserung der Oberflächenqualität ist die Schneidenecke gefast oder gerundet.

Der Winkel zwischen der Hauptschneide und dem Werkstück wird als Einstellwinkel κ bezeichnet. Je kleiner der Einstellwinkel ist, desto geringer werden die Schnittkräfte. Beim Drehen oder Fräsen von Absätzen muss der Einstellwinkel κ aber mindestens 90° oder größer sein.

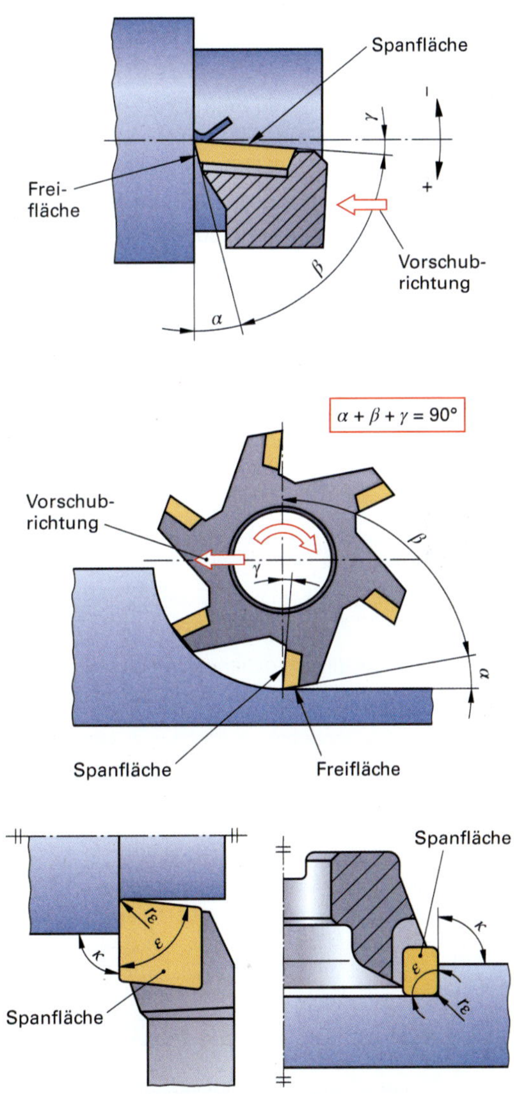

Bild 1: Winkel und Flächen am Drehmeißel und Fräser

1.1.3 Spanbildung beim Drehen und Fräsen

Die Spanbildung erfolgt durch das Eindringen des Schneidkeils in den Werkstoff. Der sich bildende Span gleitet über die Spanfläche des Drehmeißels oder des Fräsers ab (vgl. 1.1.2).

// Spanarten (Bild 1)

- **Reißspäne** entstehen bei spröden Werkstoffen (Gusseisen, Messing u. a.), bei einer zu kleinen Schnittgeschwindigkeit v_c und zu großer Schnitttiefe a_p sowie zu großem Vorschub f. Durch die Spanteile, die aus dem Werkstoff herausgerissen werden, entsteht eine raue Oberfläche.
- **Scherspäne** entstehen beim Drehen und Fräsen von Werkstoffen mit einer mittleren Festigkeit und Zähigkeit sowie bei einer mittleren Schnittgeschwindigkeit. Die abgetrennten Spanteilchen verschweißen in der Scherzone teilweise miteinander. Es entsteht ein schuppiger Span.
- **Fließspäne** entstehen bei Werkstoffen mit einer hohen Zähigkeit, bei einer hohen Schnittgeschwindigkeit v_c und kleiner Schnitttiefe a_p sowie kleinem Vorschub f. Mit der Bildung von Fließspänen wird beim Zerspanen eine gute Oberfläche erreicht.

> - Um eine gute Oberfläche zu erreichen, sind beim Drehen und Fräsen die Bildung von Fließspänen anzustreben.
> - Durch den unterbrochenen Schnitt beim Fräsen liegen die Fließspäne in kurzer Form vor.
> - Beim Drehen führen Fließspäne zu langen Spänen, die schlecht abgeführt werden können.

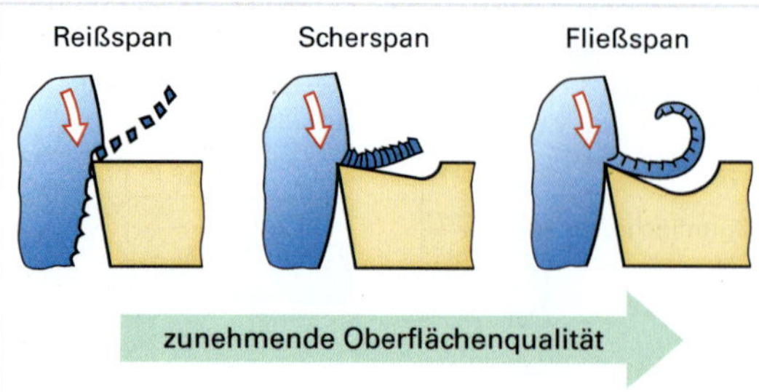

Bild 1: Spanarten

// Spanformen

Mit der Wahl geeigneter Zerspanungsbedingungen können günstige Spanformen erzeugt werden **(Bild 2)**. Lange Späne lassen sich schlecht aus dem Arbeitsraum der Drehmaschine abführen. Sie wickeln sich um das Werkstück und führen zu einer Behinderung des Werkzeugs. Gleichzeitig kann auch die Werkstückoberfläche beschädigt werden.

> Lange Späne wie Band-, Wirr- oder Wendelspäne (Bild 2) wickeln sich beim Drehen um das Werkstück und müssen mit einem Spänehaken entfernt werden. Durch die scharfen Späne besteht die Gefahr der Verletzung.
>
> Günstig bei der Fertigung an Dreh- und Fräsmaschinen sind kurze Wendel- oder Spiralspäne.

Lange Späne können beim Drehen durch die Zugabe von Schwefel im Stahlwerkstoff verhindert werden. Automatenstähle kennzeichnen sich durch den beigefügten Schwefelanteil.

Beispiel: **35S20** (Automatenstahl mit einem Anteil von 0,35 % Kohlenstoff und 0,2 % Schwefel)

Automatenstähle wurden speziell für die automatisierte Drehbearbeitung (heute spricht man vom CNC-Drehen) entwickelt. Durch den Schwefel wird eine bessere Spanbrüchigkeit erreicht.

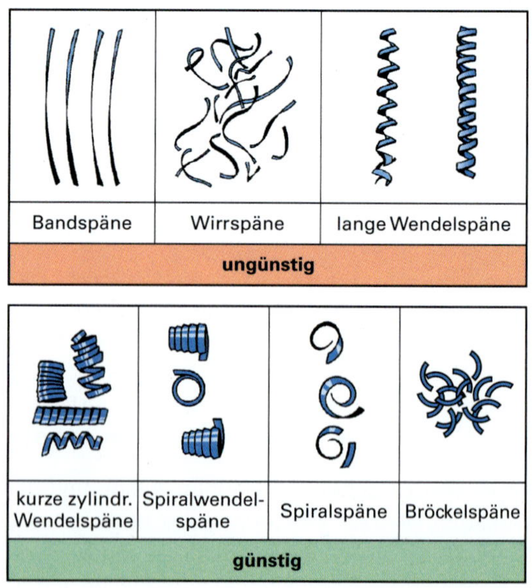

Bild 2: Spanformen

vel.plus/
FILF201

Lernfeld 5

// Beeinflussung der Spanform durch Schnitttiefe, Vorschub und Spanbrecher

Die Spanform kann durch die Veränderung der Schnitttiefe und des Vorschubs beeinflusst werden. Daher werden von den Herstellern der Wendeschneidplatten Spanbruchdiagramme angegeben. Durch Zerspanungsversuche wird hierbei ein Bereich mit günstigen Spanformen ermittelt **(Bild 1)**.

- Mit zunehmendem Vorschub *f* können sich günstige Bruchspäne bilden.
- Kleine Vorschübe *f* führen zu langen Spänen.
- Mit zunehmender Schnitttiefe a_p entwickeln sich ungünstige längere Späne, da der Span nicht so gut brechen kann.

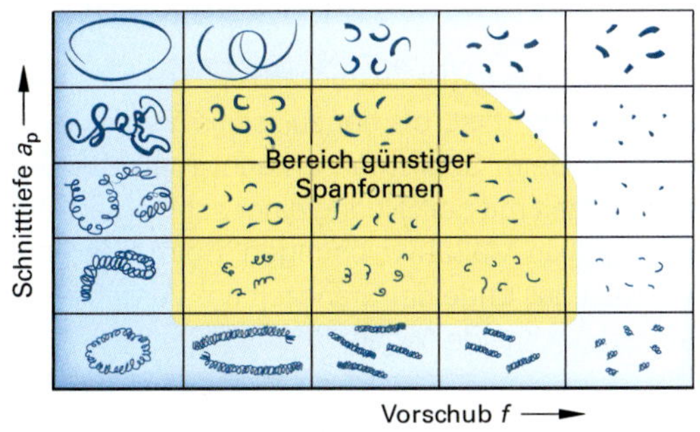

Bild 1: Spanbruchdiagramm

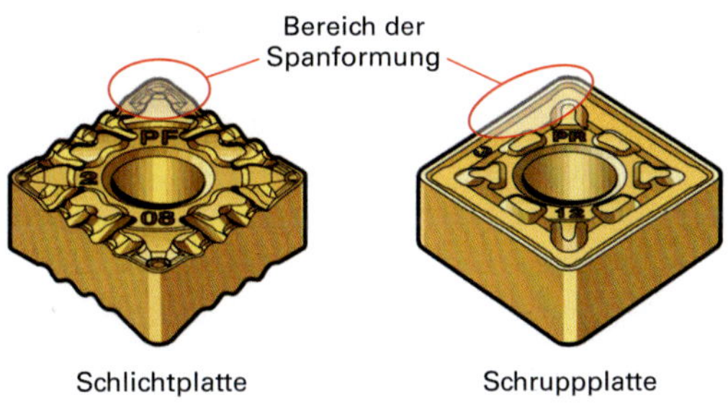

Bild 2: Wendeschneidplatten mit Spanbrecher

Zur Verbesserung des Spanbruchs und für einen kontrollierten Spanablauf werden von den Schneidstoffherstellern Wendeschneidplatten mit Spanbrecher angeboten. Die Spanbrecher führen zu einer größeren plastischen Verformung des Spans, die dann in den Bruch übergeht.

Die Wendeschneidplatten mit ihren Spanbrechern **(Bild 2)** sind entsprechend den Bearbeitungsverfahren (Schruppen, Schlichten) angepasst. Hierdurch können sich auch beim Schlichten günstige Spanformen mit kleinen Schnitttiefen und Vorschüben bilden. Für einen maximalen Materialabtrag können dann auch beim Schruppen günstigen Spanform mit großen Schnitttiefen genutzt werden.

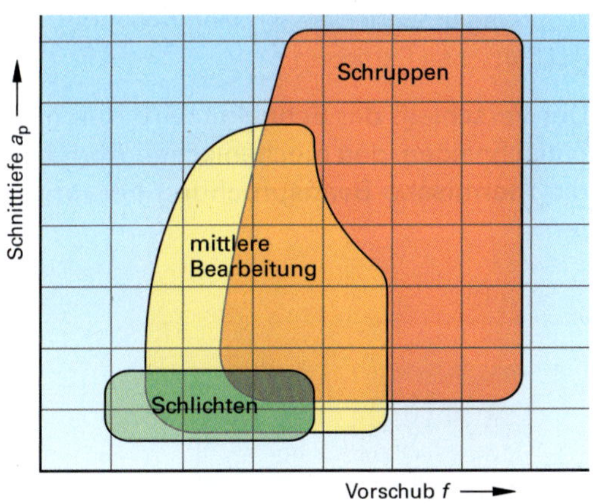

Bild 3: Schnitttiefen-Vorschub-Diagramm

Im Schnitttiefen-Vorschub-Diagramm **(Bild 3)** werden von den Herstellern die Schneidplatten in drei Arten eingeteilt:

- **Schneidplatten zum Schruppen bei schwerer Bearbeitung. Hier sollten beim Schruppen günstige Bearbeitungsbedingungen vorliegen (vgl. Seite 15).**
- **Schneidplatten zum Schruppen bei mittlerer Bearbeitung. Diese Platten werden für mittlere bis leichte Schruppbearbeitung eingesetzt und werden zum Schruppen am meisten verwendet.**
- **Schneidplatten zum Schlichten bei niedrigen Vorschüben und Schnitttiefen**

Überlegen und beantworten Sie:

1. Beschreiben Sie den Unterschied der drei Spanarten.
2. Begründen Sie, warum lange Bandspäne beim Drehen ungünstig sind.
3. Nennen Sie Möglichkeiten, wie man günstige Späne beim Drehen bekommt.

1.1.4 Verschleiß und Standzeit

Als Standzeit wird die Zeit bezeichnet, die das Werkzeug im Eingriff ist, bis der zulässige Verschleiß erreicht ist. Beim Schlichten erkennt man das Ende der Standzeit mit der Bildung einer schlechten Oberfläche und an Maßabweichungen. Beim Schruppen kann man das Ende der Standzeit am Verschleiß der Werkzeugschneide sehen.

Vorschübe und Schnitttiefen haben nur eine geringe Auswirkung auf die Standzeit. Mit größeren Vorschüben und Schnitttiefen kann ein schnellerer Materialabtrag erreicht werden, gleichzeitig ist aber auch der Verschleiß an der Schneide größer.

Die Schnittgeschwindigkeit v_c hat die größte Auswirkung auf die Standzeit. Durch die Reduzierung der Schnittgeschwindigkeit in bestimmten Grenzen erhöht sich die Standzeit des Werkzeugs.

Eine zu geringe Schnittgeschwindigkeit führt zu einem erhöhten Verschleiß durch die Bildung von Aufbauschneiden. **Bild 1** verdeutlicht den Bereich der günstigen Schnittgeschwindigkeit bei einer wirtschaftlichen Fertigung.

Der Verschleiß der Schneide wird durch Aufbauschneiden, den mechanischen Abrieb und die thermische Beanspruchung hervorgerufen.

Bei niedrigen Schnittgeschwindigkeiten bilden sich **Aufbauschneiden**. Es können sich an der Spanfläche kleine Werkstoffteilchen festschweißen, die sich dann zu einer künstlichen Schneide aufbauen. Durch diese Veränderung der Schneide treten höhere Schnittkräfte auf. Mit der Zeit schert die Aufbauschneide ab, wodurch Teile der Schneidkante ausbrechen können.

Durch den ablaufenden Span auf der Spanfläche und die Reibung des Werkstücks an der Freifläche erfolgt ein **mechanischer Abrieb** an der Span- und der Freifläche.

Bei hohen Temperaturen findet eine **Oxidation** des Schneidstoffs statt. Dies führt am Rande der Schneide zu Kerben und Ausbrüchen.

Wenn eine chemische Ähnlichkeit zwischen Schneidstoff und Werkstoff vorhanden ist (z. B. bei Hartmetall und Stahl), findet bei hohen Temperaturen ein Atomaustausch statt. Es wird von einer **Diffusion** gesprochen, die zum Abtrag der Spanfläche führt.

Durch die Beschichtung von Schneidstoffen (z. B. mit einer Schicht aus Titannitrid (TiN)) kann die Bildung von Aufbauschneiden vermindert werden.

Die Beschichtung führt auch zu einer Verringerung des mechanische Abriebs, der Oxidation sowie der Diffusion.

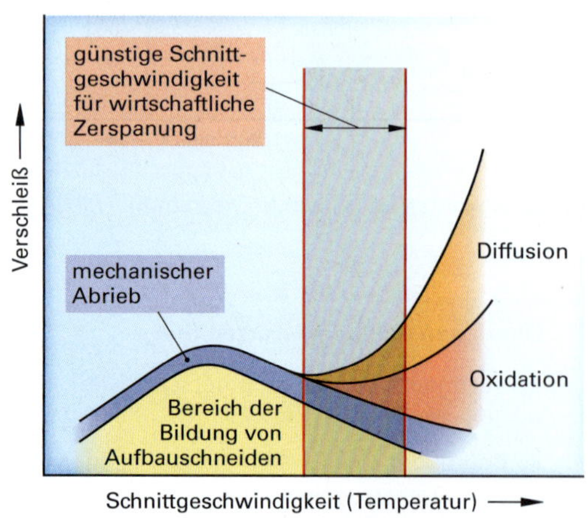

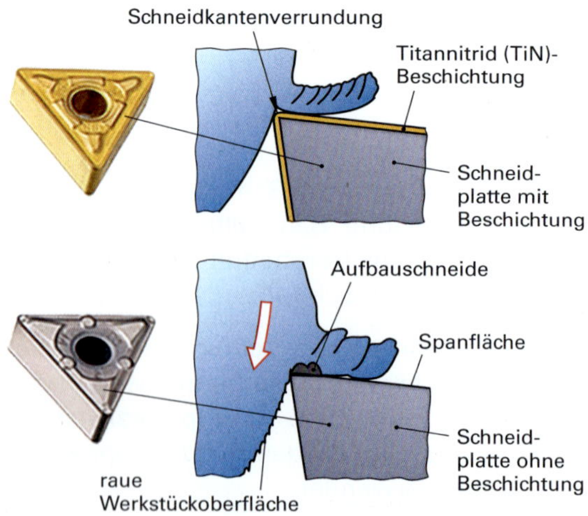

Bild 1: Zusammenhang zwischen Schnittgeschwindigkeit und Verschleiß

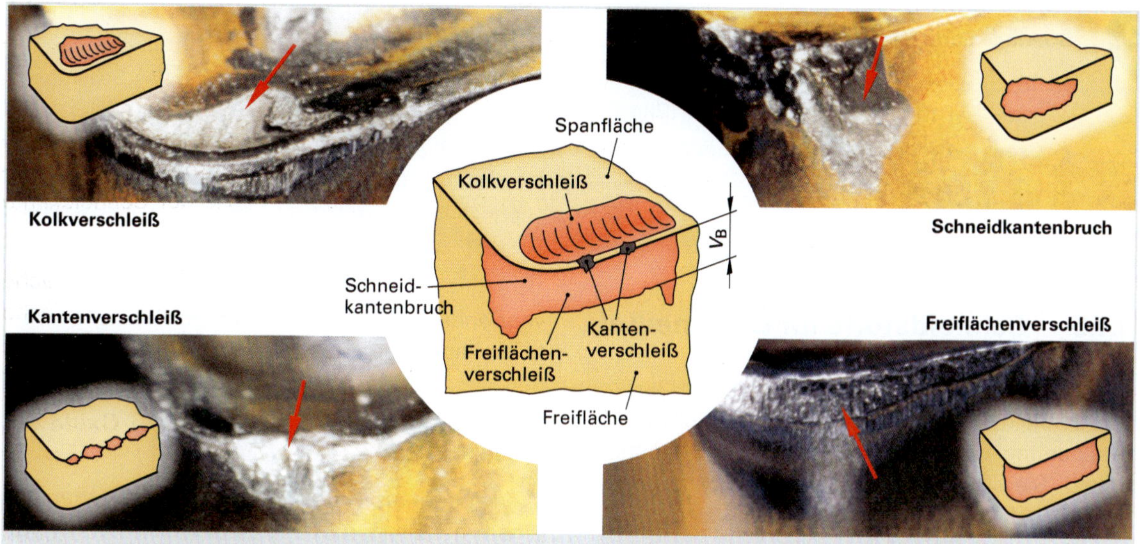

Bild 1: Verschleißarten an der Schneide

// Verschleißarten

Die Verschleißursachen führen an der Schneide zu verschiedenen Auswirkungen. Es können sich folgende Verschleißarten bilden **(Bild 1)**:

- **Kolkverschleiß**
  Dieser Verschleiß entsteht durch Diffusion und mechanischen Abrieb. Die Spanfläche wird muldenförmig ausgehöhlt. Dadurch wird die Schneidkante geschwächt. Die Schneidkante kann ausbrechen. Durch die Vertiefung in der Spanfläche wird der Span stärker umgelenkt und die Schnittkraft steigt an.
- **Kantenverschleiß**
  Durch einen unterbrochenen Schnitt kann die Schneidkante ausbröckeln. Die beschädigte Schneide führt zu einer schlechteren Oberfläche und höheren Schnittkräften. Auch hier kann die Schneidkante ausbrechen.
- **Schneidkantenausbruch**
  Bei der Zerspanung spröder Werkstoffe und hohen Bearbeitungskräften kann die Schneidkante schnell verschleißen. Wird die Schneidplatte nicht früh genug ausgewechselt, kann ein Schneidkantenbruch eintreten.
- **Freiflächenverschleiß**
  Der Verschleiß an der Freifläche entsteht durch mechanischen Abrieb von der Werkstückoberfläche zur Freifläche. Die Größe des Freiflächenverschleißes kann durch die Verschleißmarkenbreite V_B ermittelt werden. Sie wird von der ursprünglichen Schneidkante aus gemessen. Mit der Größe der Verschleißmarkenbreite V_B kann die Standzeit des Werkzeugs bewertet werden.

Tabelle 1: Abhilfemaßnahmen bei Verschleißproblemen

Kolkverschleiß	Kantenverschleiß	Schneidkantenausbruch	Freiflächenverschleiß	Abhilfemaßnahmen
⇓	⇑		⇓	Schnittgeschwindigkeit
		⇓	⇑	Vorschub
		⇓		Schnitttiefe
⇑	⇑			Spanwinkel
		⇑		Eckenwinkel und Eckenradius
		⇑		Zähigkeit des Schneidstoffs
⇑			⇑	Verschleißfestigkeit des Schneidstoffs

Überlegen und beantworten Sie:

1. Beschreiben Sie die Auswirkung der Schnittgeschwindigkeit auf den Verschleiß anhand des Schnittgeschwindigkeits-Verschleiß-Diagramms **(Bild 1, Seite 20)**.
2. Geben Sie Vorteile der beschichteten Wendeschneidplatte gegenüber der unbeschichteten Schneidplatte an.
3. Erläutern Sie den Unterschied der verschiedenen Verschleißarten an der Schneidplatte.
4. Beschreiben Sie Abhilfemaßnahmen gegen den Verschleiß der Schneidplatte.

1.1.5 Schneidstoffe für Drehmeißel und Fräser

Die Schneiden der Drehmeißel und Fräser bei der Zerspanung unterliegen einer hohen Beanspruchung. Sie sind während der Bearbeitung hohen mechanischen und thermischen Belastungen ausgesetzt.

Eigenschaften von Schneidstoffen:
- Verschleißfestigkeit
- Warmhärte
- Zähigkeit
- Druck- und Biegefestigkeit
- Temperaturbeständigkeit

Da nicht ein Schneidstoff alle Eigenschaften erfüllen kann, sind die Schneidstoffe für den jeweiligen Anwendungsfall angepasst. Beispielsweise hat ein Schneidstoff mit einer großen Härte eine gute Verschleißfestigkeit, aber eine geringe Zähigkeit.

Für die Zerspanung von spröden Werkstoffen (z. B. Gusseisen) wird ein zäher Schneidstoff benötigt, da sonst z. B. ein Schneidkantenbruch eintreten kann. Durch die Zähigkeit des Schneidstoffs sinkt allerdings die Verschleißfestigkeit. Die Beschichtung des Werkzeugs erhöht die Verschleißfestigkeit der Schneide.

Für Werkstücke aus zähen Werkstoffen sollte ein harter Schneidstoff verwendet werden.

Je spröder der Werkstoff des Werkstücks ist, desto zäher sollte der Schneidstoff sein.

Die am meisten eingesetzten Schneidstoffe sind aus unbeschichtetem oder beschichtetem Hartmetall sowie aus Schnellarbeitsstahl. Weniger häufig werden für das Drehen von harten Werkstoffen (z. B. gehärteter oder vergüteter Stahl) warmharte Schneidstoffe wie Schneidkeramik und Bornitrid verwendet. Für das Zerspanen von Nichteisenmetallen kann Diamant als Schneidstoff genutzt werden.

// Hartmetall

Werkzeuge aus Hartmetall **(Bild 1)** bestehen aus einem gesinterten Schneidstoff mit einem hohen Anteil an Wolframkarbiden (WC) und Cobalt (Co) als Bindemittel. Dadurch erhält der Schneidstoff eine gute Warmhärte und Verschleißfestigkeit.

Hartmetall mit Titankarbid (TiC) und Titannitrid (TiN) hat eine hohe Stabilität der Schneidenkante und eine gute chemische Beständigkeit. Diese Schneidstoffe werden als Cermets bezeichnet.

Hartmetalle werden zu einem großen Anteil für Werkzeuge mit Wendeschneidplatten (vgl. 1.1.6) verwendet. Seltener kommen Werkzeuge aus Vollhartmetall (z. B. Schaftfräser) oder mit eingelöteten Hartmetallschneiden (z. B. Spiralbohrer) zum Einsatz, da diese Werkzeuge vergleichsweise teuer sind.

Wegen der hohen Verschleißfestigkeit werden in vielen Anwendungsbereichen Schneidstoffe aus beschichtetem Hartmetall genutzt.

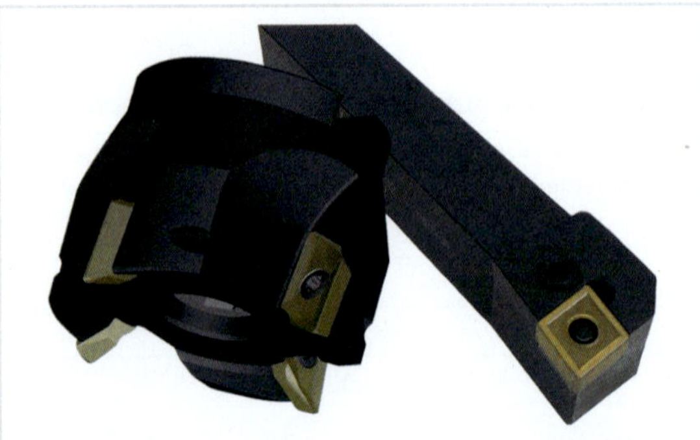

Bild 1: Fräser und Drehmeißel mit Wendeschneidplatten aus Hartmetall

// Einteilung der Hartmetalle

Hartmetalle werden in sechs Hauptgruppen eingeteilt **(Tabelle 1)**. Die Auswahl der Hauptgruppen richtet sich hauptsächlich nach dem Werkstoff, der zerspant werden soll. Die Hauptgruppe P wird für alle Stähle außer dem nichtrostenden Stahl eingesetzt. Für nichtrostende Stähle soll die Gruppe M verwendet werden. Gruppe K ist für Gusseisenwerkstoffe und N für Nichteisenmetalle geeignet. Gruppe S und H sind für hochwarmfeste und gehärtete Werkstoffe vorgesehen.

Die zweistellige Zahl hinter dem Gruppenbuchstaben gibt Auskunft über den Einsatz des Hartmetalls von der Schrupp- bis zur Schlichtbearbeitung und vom gleichmäßigen Schnitt zum unterbrochenen Schnitt.

> Je größer die Zahl hinter den Kennbuchstaben ist, desto zäher ist der Schneidstoff innerhalb der Gruppe.

Beim Drehen von Stahl ist vorwiegend ein gleichmäßiger nichtunterbrochener Schnitt vorhanden. Daher sollte ein spröderer Schneidstoff ausgewählt werden (P10–P30). Beim Fräsen von Stahl wird der Schnitt unterbrochen. Daher sollte hierbei ein zäherer Schneidstoff verwendet werden (P30–P50).

Tabelle 1: Schneidstoffgruppen

Kennbuchstabe Kennfarbe	**Anwendungsgruppe**	**Werstück – Werkstoff**
P blau	P01 P10 … P50	alle Arten von Stahl und Stahlguss, ausgenommen nichtrostender Stahl
M gelb	M01 M10 … M40	nichtrostender Stahl (austenitisch und ferritisch), Stahlguss
K rot	K01 K10 … K40	Gusseisen mit Lamellengrafit und Kugelgrafit, Temperguss
N grün	N01 N10 … N30	Nichteisenmetalle (Aluminium-, Kupferlegierungen) Verbundwerkstoffe
S braun	S01 S10 … S30	hochwarmfeste Speziallegierungen, Titan und Titanlegierungen
H grau	H01 H10 … H30	gehärteter Stahl, gehärtete Gusseisenwerkstoffe

// Schnellarbeitsstahl

Schnellarbeitsstahl (HS, HSS) wird vorwiegend für Bohr- und Fräswerkzeuge sowie für Senker und Reibahlen verwendet **(Bild 1)**. Schnellarbeitsstahl wird dann gerne genutzt, wenn die Geometrie des Werkzeugs keinen Einsatz von Wendeschneidplatten aus Hartmetall zulässt.

Schnellarbeitsstahl ist ein gehärteter Werkzeugstahl mit einem höheren Anteil an Wolfram (W), Molybdän (Mo), Vanadium (V) und Cobalt (Co). Er besitzt im Vergleich zu anderen Schneidstoffen eine höhere Zähigkeit und ist daher besonders gut beim Fräsen mit einem unterbrochenen Schnitt einsetzbar.

Wegen der geringeren Härte und Verschleißfestigkeit können bei Schnellarbeitsstahl im Vergleich zu Hartmetall nur kleinere Schnittgeschwindigkeiten gewählt werden. Dies hat zur Folge, dass die Fertigungszeiten erheblich höher sind als beim Einsatz von Hartmetall. Durch Beschichten kann die Verschleißfestigkeit erhöht werden.

Bild 1: Werkzeuge aus Schnellarbeitsstahl

// Schneidkeramik

- **Reinkeramik**
  Schneidstoffe aus reiner Keramik bestehen aus Oxidkeramik (Aluminiumoxid Al_2O_3) oder nichtoxidischer Keramik (Siliziumnitridkeramik Si_3N_3).

  Oxidkeramik (Al_2O_3) ist sehr empfindlich gegenüber Temperaturschwankungen. Aus diesem Grund wird bei Oxidkeramik meist ohne Kühlschmierstoff zerspant (z. B. Trockenbearbeitung bei Gusseisen).

  Nichtoxidische Keramik (Si_3N_3) hat eine große Zähigkeit und eine hohe Schneidenstabilität. Dieser Schneidstoff wird vorwiegend zum Zerspanen von Gusseisen mit hohen Schnittgeschwindigkeiten gewählt.

- **Mischkeramik**
  Schneidstoffe aus Mischkeramik sind auf der Basis von Aluminiumoxid (Al_2O_3) gemischt mit anderen Oxiden. Sie haben eine bessere Widerstandsfähigkeit gegen Temperaturwechsel und werden zum Hartfeindrehen von gehärtetem Stahl oder Zerspanen mit hohen Schnittgeschwindigkeiten eingesetzt.

- **Schneidkeramik mit Beschichtung**
  Durch die Beschichtung der Schneidkeramik aus Titancarbonitrid (TiCN) wird die Verschleißfestigkeit des Schneidstoffs vergrößert, ohne dass die Zähigkeit des Schneidstoffs abnimmt.

> Schneidstoffe aus Reinkeramik oder mit einem keramischen Anteil haben eine große Warmhärte und sind daher verschleißfester als Hartmetalle.
>
> Schneidkeramik wird z. B. für Gusseisen und zum Schlichten harter Werkstoffe mit hohen Schnittgeschwindigkeiten eingesetzt.

// Kubisch-kristallines Bornitrid

Kubisch-kristallines Bornitrid (CBN, PKB) ist nach Diamant der härteste Schneidstoff und besitzt eine große Warmhärte bis 2000 °C. Bornitrid hat eine große Verschleißfeistigkeit und chemische Beständigkeit. Er wird hauptsächlich für die Schlichtbearbeitung harter Werkstoffe (Oberflächenhärte größer 48 HRC) genutzt.

> Schneidstoffe aus kubisch-kristallinem Bornitrid werden zum Schlichten gehärteter und vergüteter Werkstoffe verwendet.
>
> Durch die hohe Oberflächengüte kann auf das Schleifen verzichtet werden.

Wendeschneidplatten aus Hartmetall können auch mit kubisch-kristallinem Bornitrid beschichtet werden. Diese ca. 0,7 mm dicke Schicht wird durch Aufsintern erzeugt. Damit erhält die Wendeschneidplatte die Verschleißfestigkeit von Bornitrid und hat die Zähigkeit von Hartmetall.

Schneidkeramik und Bornitrid werden hauptsächlich für die Hartbearbeitung genutzt **(Bild 1)**.

// Polykristalliner Diamant

Polykristalliner Diamant (Industriediamant) ist ein Schneidstoff aus reinem Kohlenstoff. Als Industriediamant wird er unter hohem Druck künstlich hergestellt. Polykristalliner Diamant hat eine nahezu gleich große Härte wie der natürliche monokristalline Diamant. Er ist nicht geeignet für das Zerspanen von Stahl, da der Kohlenstoff an der warmen Schneide mit dem Stahl reagiert und in die Werkstückoberfläche diffundiert. Diamant wird vorwiegend zum Zerspanen von Nichteisenmetallen und siliziumhaltigen Aluminiumlegierungen verwendet. Durch seine hohe Verschleißfestigkeit können hohe Standzeiten erreicht werden.

Bild 1: Schneidstoffe aus Keramik, Bornitrid und Diamant

Überlegen und beantworten Sie:

1. Geben Sie verschiedene Eigenschaften an, die ein Schneidstoff erfüllen soll.
2. Erläutern Sie, warum für einen spröden Werkstoff ein zäher Schneidstoff verwendet werden soll.
3. Geben Sie die Bestandteile des Schneidstoffs Hartmetall an.
4. Vergleichen Sie die Schneidstoffe Hartmetall und Schnellarbeitsstahl hinsichtlich ihres Einsatzes für Fräswerkzeuge.
5. Geben Sie den Unterschied zwischen einem oxidkeramischen und nichtoxidkeramischen Schneidstoff an.
6. Beschreiben Sie einen Anwendungsfall für den Schneidstoff kubisch-kristalliner Bornitrid.
7. Begründen Sie, warum der Schneidstoff „Polykristalliner Diamant" nicht zum Drehen von Stahlwerkstoffen geeignet ist.

1.1.6 Wendeschneidplatten für Drehmeißel und Fräser

Zum Drehen und Fräsen von Bauteilen werden heute überwiegend Werkzeuge mit Wendeschneidplatten verwendet **(Bild 1)**.

Nachteil des Einsatzes von Wendeschneidplatten ist die begrenzte Schneidenlänge der Schneidplatte.

Wendeschneidplatten können mehrmals durch das Wenden der Platte genutzt und schnell ausgewechselt werden. Dadurch werden Kosten und Zeit gespart.

Dieser Nachteil tritt besonders beim Fräsen von Ecken auf, da hier nur kleine Tiefen der Eckflächen in einem Schnitt gefräst werden können.

Tiefere Flächen an Ecken lassen sich in einem Schnitt mit einem Eckfräser bearbeiten, bei dem mehrere Reihen von Wendeschneidplatten übereinander angeordnet sind.

Schaft- und Walzenfräser aus Vollhartmetall oder HSS haben eine große Schneidenhöhe im Umfang. Mit diesen Fräsern können auch tiefe Flächen von Ecken in einem Schnitt direkt gefräst werden. Der Nachteil des Einsatzes dieser Fräser ist aber das aufwendige und teure Nachschleifen nach Erreichen der Standzeit.

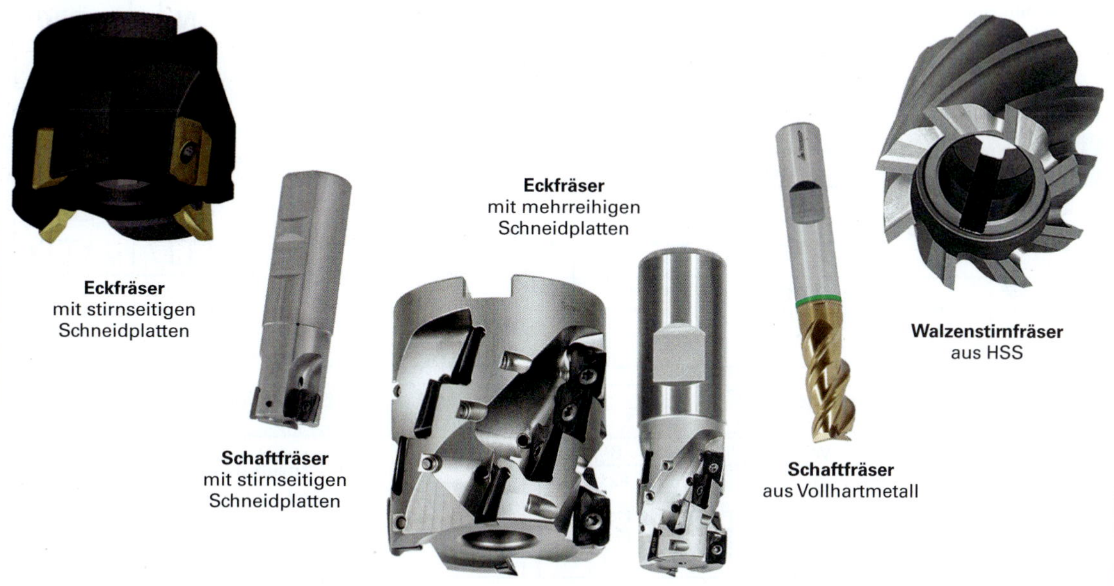

Bild 1: Vergleich von Fräsern mit Wendeschneidplatten und Fräswerkzeugen aus HSS oder Vollhartmetall

// Geometrie von Wendeschneidplatten

Wendeschneidplatten unterscheiden sich am deutlichsten durch ihre Plattengeometrie **(Bild 1)**. Neben der runden Form sind verschiedene eckige Formen für das Drehen und Fräsen verfügbar.

Zum Drehen werden häufig die rautenförmigen Platten mit den Kennbuchstaben C, D, V und W verwendet. Für das Fräsen werden meistens Wendeschneidplatten mit einer größeren Schneidenlänge (L, A, B), Platten mit mehr als vier Schneiden (P, W) oder quadratische und dreieckige Wendeschneidplatten (S, T) eingesetzt. Runde Wendeschneidplatten (R) werden beim Drehen und Fräsen für die Schlichtbearbeitung von Flächen ohne Absätze genutzt. Durch den großen Schneidenradius können gute Oberflächen erreicht werden. Die stabile Schneide ermöglicht die Bearbeitung von harten Werkstoffen bei hohen Schnittkräften.

// Grundform der Wendeschneidplatte

Wendeschneidplatten erhält man mit einer negativen oder positiven Grundform. Bei den Schneidplatten mit einer negativen Grundform ist der Normalfreiwinkel $\alpha_n = 0°$. Der Keilwinkel β ist somit 90° (Bild 1). Diese Wendeschneidplatten können von der oberen und unteren Seite genutzt werden, falls beide Seiten identisch mit oder ohne Spanbrecher ausgeführt sind. Schneidplatten mit einer negativen Grundform (z. B. $\alpha_n = 20°$) und einseitig eingebrachten Spanbrechern können nur von einer Seite verwendet werden.

> Die Wahl der Wendeschneidplatten richtet sich häufig nach der wirtschaftlichen Nutzung. Je häufiger die Schneidplatte gewendet werden kann, desto kostengünstiger ist ihre Nutzung.

Wendenschneidplatten mit einer positiven Grundform haben einen Normalfreiwinkel zwischen 3° und 30° und somit einen Keilwinkel β unter 90°. Bei diesen Schneidplatten treten geringere Schneidkräfte auf. Sie werden z. B. für die Zerspanung von nichtrostenden Stählen eingesetzt.

// Bezeichnung der Wendeschneidplatte

Zur eindeutigen Festlegung der Wendeschneidplatten wird ein genormtes Bezeichnungssystem nach ISO 1832 vorgegeben. Im Bezeichnungsbeispiel (Bild 1) wird eine Wendeschneidplatte aus Hartmetall mit Eckenrundungen erläutert. Die Kennzeichnungen von 1 bis 7 sind verpflichtend. Die Angaben von 8 bis 10 werden nur bei Bedarf verwendet. Das Kennzeichen 10 gibt die Art des Schneidstoffs (vgl. 1.1.5) an.

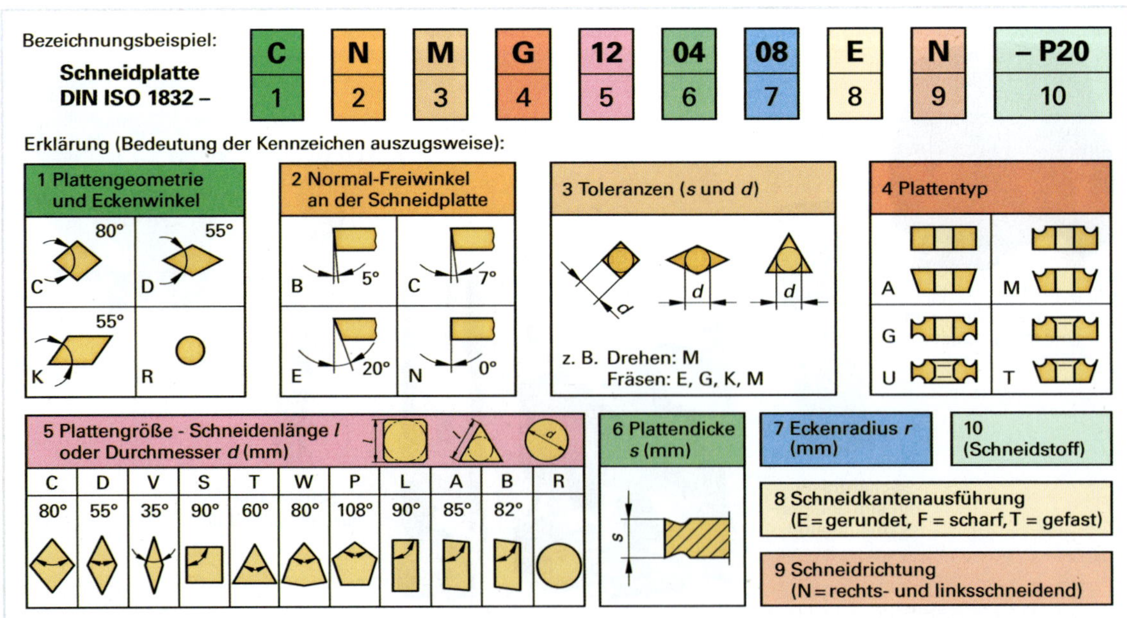

Bild 1: Bezeichnungssystem für Wendeschneidplatten

Überlegen und beantworten Sie:

1. Begründen Sie, warum die Wendeschneidplatte mit einer negativen Grundform wirtschaftlicher genutzt werden kann als eine Schneidplatte mit einer positiven Grundform.
2. Zum Drehen eines Bolzens soll die Wendeschneidplatte mit folgender Bezeichnung verwendet werden: Schneidplatte DIN ISO 1832 – V E M M 16 05 04 – M15
Erläutern Sie die Bezeichnung der Wendeschneidplatte.

1.1.7 Kühlschmierstoffe (KSS)

Kühlschmierstoffe sind Hilfsstoffe, auf die bei der zerspanenden Fertigung meist nicht verzichtet werden kann.

// Arten von Kühlschmierstoffen

Kühlschmierstoffe werden unterteilt in:

- reine Schmieröle
- wassermischbare Kühlschmierstoffe

Aufgaben der Kühlschmierstoffe:

- Senkung der Temperatur von Werkzeug, Werkstück und Maschine
- Erhöhung der Standzeit der Werkzeuge und Verringerung der Bildung von Aufbauschneiden (vgl. 1.1.4)
- Verbesserung der Oberflächengüte der Werkstücke
- Wegspülen der Späne z. B. aus Bohrungen und dem Arbeitsraum
- kurzzeitiger Korrosionsschutz der Werkstücke

Reine Schmieröle sind meist Mineralöle, denen teilweise Zusätze beigemischt werden. Sie besitzen eine hohe Schmierfähigkeit und einen guten Korrosionsschutz. Ihre Kühlwirkung ist aber gering. Durch die Zugabe von Antischaumbildnern wird das Schäumen des Schmieröls verhindert.

Wassermischbare Kühlschmierstoffe bestehen aus einem großen Anteil an Wasser und einem kleineren Anteil an Öl. Damit sich das Öl im Wasser als kleine Tröpfchen verteilen kann, werden Emulgatoren beigefügt. Der große Wasseranteil in der **Emulsion** führt zu einer guten Kühlwirkung. Da durch das Wasser aber auch Korrosion am Werkstück stattfinden kann, enthalten Kühlschmierstoffe häufig Korrosionsschutzmittel.

Wassermischbare Kühlschmierstoffe können bei höheren Temperaturen und starker Verschmutzung von Bakterien und Pilzen befallen werden. Daher werden meistens Konservierungsstoffe zugesetzt.

Wassermischbare Kühlschmierstoffe, bei denen Lösungsmittel im Wasser emulgieren oder aufgelöst werden, bezeichnet man als synthetische Kühlschmierstoffe. Sie sind transparent und lassen eine bessere Beobachtung der Fertigung beim Drehen und Fräsen zu.

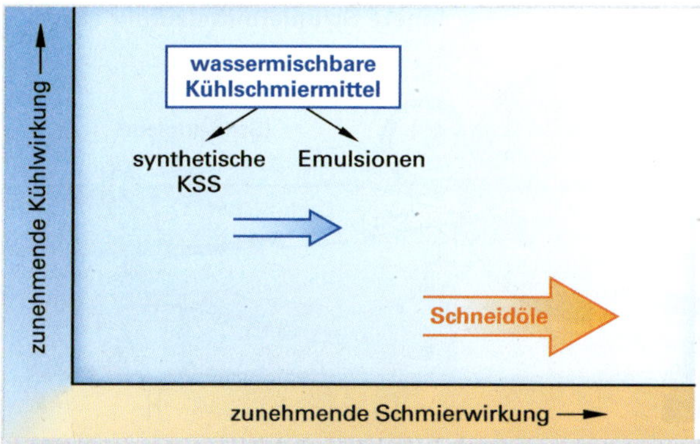

Bild 1: Kühl- und Schmierwirkung von Kühlschmierstoffen

// Umgang mit Kühlschmierstoffen

Kühlschmierstoffe können die Gesundheit gefährden und die Umwelt belasten. Daher müssen beim Umgang mit Kühlschmierstoffen Schutzmaßnahmen beachtet werden.

Kühlschmierstoffe müssen regelmäßig ausgetauscht werden. Sie sind Sonderabfall. Die Entsorgung darf nur durch einen zugelassenen Fachbetrieb erfolgen und muss in einem Nachweisbuch dokumentiert werden.

// Alternativen zum Kühlschmierstoff

Um die hohen Kosten für die Pflege und Entsorgung der Kühlschmierstoffe zu vermeiden, kann auch ganz oder teilweise auf den Einsatz von Kühlschmierstoffen verzichtet werden.

Schutzmaßnahmen beim Umgang mit Kühlschmierstoffen:

- vollständige Verkleidung der Maschine
- Absaugen der Dämpfe vom Kühlschmierstoff
- Hautkontakt mit Kühlschmierstoffen vermeiden (wenn möglich, Handschuhe tragen oder Hautschutzcremes verwenden)
- Kontakt mit Schleimhäuten vermeiden
- regelmäßige Kontrolle des Kühlschmierstoffs
- Arbeitskleidung wechseln, die durch den Kühlschmierstoff verschmutzt wurde
- Kühlschmierstoff sachgemäß als Sonderabfall entsorgen

Bei der **Trockenbearbeitung** muss der Schneidstoff eine große Warmhärte besitzen. Verschleißfeste Schneidstoffe (z. B. kubisch-kristalliner Bornitrid oder Oxidkeramik) können für die Trockenbearbeitung verwendet werden. Hierbei sollten aber die höheren Kosten des Schneidstoffs mit den Gesamtkosten des Kühlschmierstoffs (Einsatz, Pflege und Entsorgen) abgewogen werden.

Die **Minimalmengenschmierung (MMS)** ermöglicht den teilweisen Verzicht auf Kühlschmiermittel. Es wird nur eine geringe Menge an die Zerspanstelle des Werkstücks geführt. In einem Dosiergerät wird mithilfe von Druckluft ein Öl-Luft-Gemisch erzeugt und an die Wendeschneidplatte geleitet. Bei richtiger Einstellung des Systems werden weniger als 20 ml Schmierstoff je Stunde verwendet. Bei dieser geringen Schmierstoffmenge bleiben Werkstück, Maschine und die Späne trocken.

Entscheidend für die Wirksamkeit der Minimalmengenschmierung ist das genaue Auftreffen des Öl-Luft-Gemischs auf der Span- und der Freifläche des Werkzeugs (vgl. 1.1.2). Dies kann über eine innere oder äußere Zufuhr des Schmiermittels erfolgen **(Bild 1)**.

Überlegen und beantworten Sie:

1. Geben Sie fünf Aufgaben für den Einsatz eines Kühlschmiermittels an.
2. Erläutern Sie die Zusammensetzung eines wassermischbaren Kühlschmiermittels.
3. Benennen Sie die Schutzmaßnahmen beim Umgang mit Kühlschmiermitteln.

äußere Schmiermittelzufuhr

innere Schmiermittelzufuhr

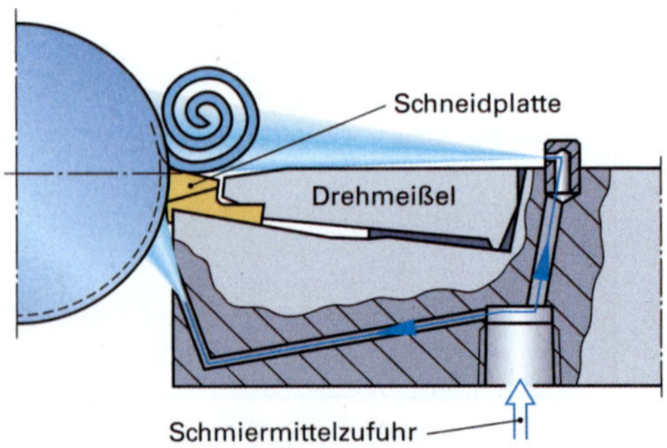

Bild 1: Äußere und innere Zufuhr des Schmiermittels bei der Minimalmengenschmierung

Überlegen und beantworten Sie:

Für die Spannvorrichtung (vgl. Seite 13) soll der Spannbolzen aus unlegiertem Einsatzstahl C15E auf einer Drehmaschine gefertigt werden.

Die Aufspannleiste aus unlegiertem Baustahl S355J0 soll auf einer Fräsmaschine hergestellt werden.

Für die zu planende Fertigung auf den Dreh- und Fräsmaschinen stehen konventionelle und CNC-Maschinen zur Auswahl.

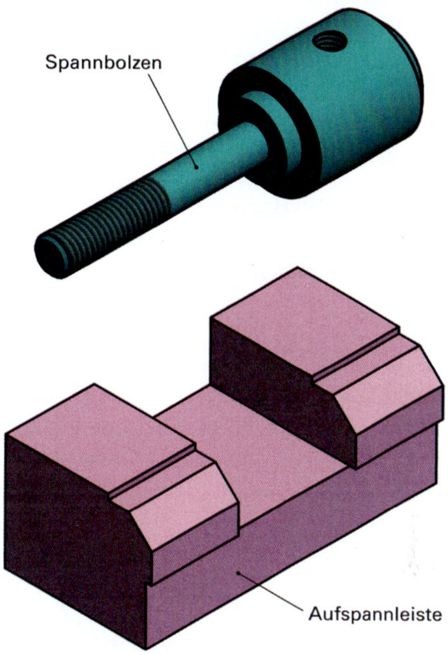

Bild 1: Einzelteile der Spannvorrichtung

1. Geben Sie an, welche Bearbeitungsbedingungen auf den jeweiligen Werkzeugmaschinen vorliegen, und begründen Sie die Angabe.
2. Ermitteln Sie die Schnittgeschwindigkeiten zum Drehen und Fräsen auf den jeweiligen Maschinen.
3. Begründen Sie, warum sich beim Drehen des Spannbolzens aus dem Werkstoff C15E lange Fließspäne bilden.
4. Beschreiben Sie zwei Möglichkeiten, die Bildung von langen Fließspänen zu unterbinden.
5. Auf der Spanfläche der Wendeschneidplatte haben sich beim Drehen Aufbauschneiden gebildet. Erläutern Sie die Ursache und geben Sie eine Maßnahme zur Abhilfe an.
6. Das Fräsen der Nut in der Mitte der Aufspannleiste soll mit einem Schaftfräser erfolgen. Zur Auswahl steht ein Fräser Ø 30 mit drei Wendeschneidplatten aus Hartmetall und ein Schaftfräser Ø 30 aus HSS mit vier Schneiden. Vergleichen Sie die beiden Fräser hinsichtlich der Schneidstoffe und des Einsatzes bei der Bearbeitung der Aufspannleiste.
7. Berechnen Sie die Drehzahlen für die Fräser aus Aufgabe 6.
8. Geben Sie Kriterien an, die für die Wahl der Schnitttiefe und des Vorschubs beim Drehen und Fräsen maßgeblich sind.
9. Auf der Spanfläche der Wendeschneidplatte liegt ein Kolkverschleiß vor. Erläutern Sie die Ursache für diese Verschleißart und beschreiben Sie zwei Abhilfemaßnahmen.
10. Für die Wendeschneidplatten des Schaftfräsers Ø 30 liegt folgende Bezeichnung vor:
    DIN ISO 1832 – A C G T 16 06 03 T – P30
    Erläutern Sie die Bezeichnung der Wendeschneidplatte.
11. Auf der CNC-Fräsmaschine wurde ein Kühlschmierstoff verwendet, der von Bakterien und Pilzen befallen wurde. Sie werden beauftragt, den Kühlschmierstoff auszutauschen. Beschreiben Sie die Schutzmaßnahmen, die Sie dazu treffen.
12. Erläutern Sie, warum Schmieröl für den Austausch des Kühlschmierstoffs nicht geeignet ist.
13. Zur Kostenreduzierung soll die Minimalmengenschmierung für das Fräsen auf der CNC-Maschine verwendet werden. Beschreiben Sie die Vorteile dieser Kühlschmierung.
14. Begründen Sie, warum auf der konventionellen Fräsmaschine eine Trockenbearbeitung beim Einsatz von Hartmetall durchgeführt werden muss.

1.2 Drehen

Drehen ist die spanende Bearbeitung der Umdrehungsflächen eines Werkstücks mit einem meist einschneidigen Werkzeug. Beim Drehen führt das Werkstück durch seine Rotation die Schnittbewegung aus. Mit dem Werkzeug, dem Drehmeißel, wird die Vorschubbewegung erzeugt.

Nach der Lage der Bearbeitungsstelle am Werkstück wird das Drehen in Außendrehen und Innendrehen unterteilt **(Bild 1)**.

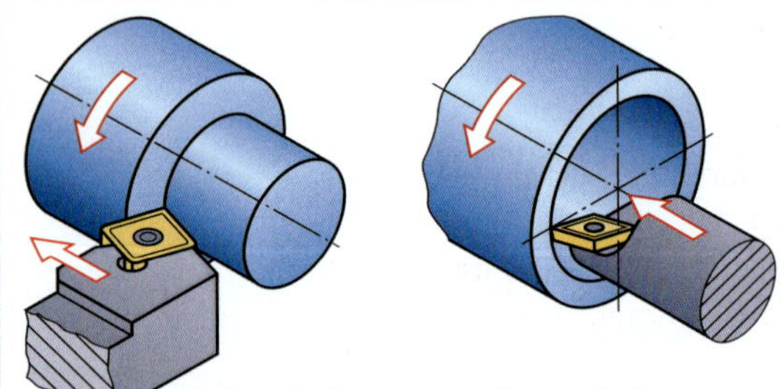

Bild 1: Außen- und Innendrehen

// Übersicht der Drehverfahren

Die Bezeichnung der Drehverfahren richtet sich nach der Art der Oberfläche, die am Werkstück hergestellt wird. Zur genaueren Unterscheidung wird meistens auch noch die Vorschubrichtung des Werkzeugs angegeben.

Tabelle 1 gibt eine Auswahl an verschiedenen Drehverfahren wieder.

- Beim Außendrehen ist für den Drehmeißel genügend Platz vorhanden. Er kann so groß gewählt werden, dass er nicht von den Bearbeitungskräften abgedrängt wird.
- Beim Innendrehen ist die Werkzeuggröße durch die Größe der Innenkontur eingeschränkt.

vel.plus/
FILF202

Tabelle 1: Drehverfahren

Drehverfahren	Erläuterung
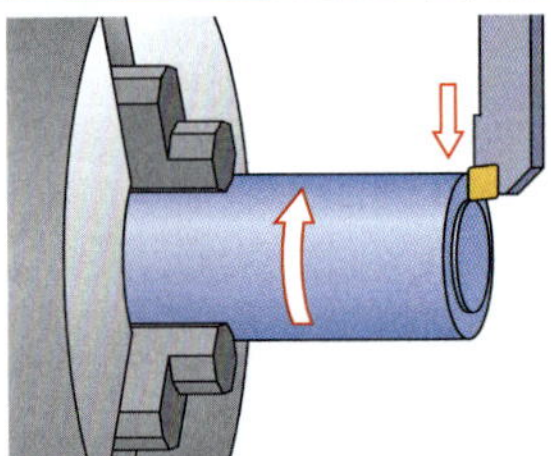 **Querplandrehen**	Die Vorschubbewegung ist quer zur Drehachse. Es wird eine Planfläche erzeugt.
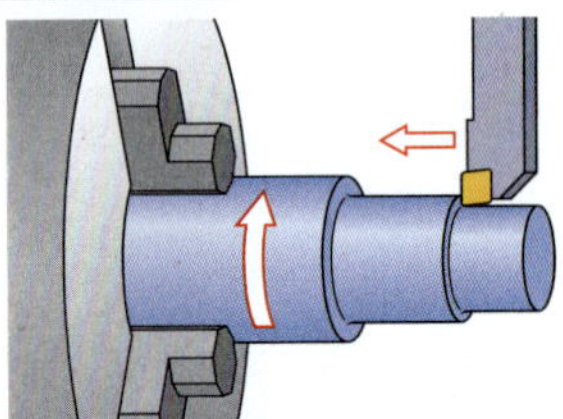 **Längsrunddrehen (Schruppen)**	Die Vorschubbewegung ist längs zur Drehachse. Es werden runde Flächen meist für das Vordrehen (Schruppen) erzeugt.
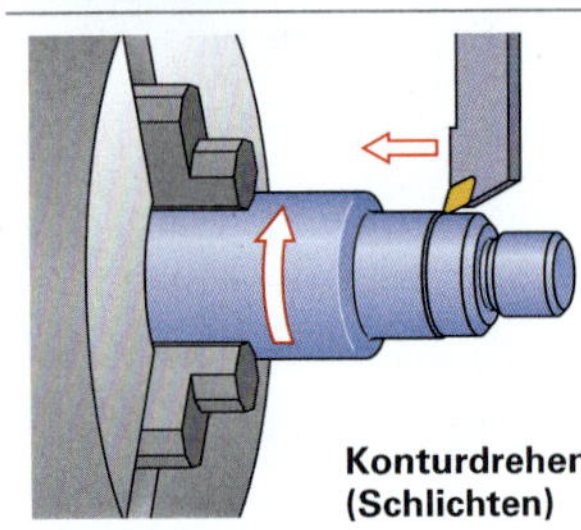 **Konturdrehen (Schlichten)**	Der Drehmeißel bewegt sich beim Fertigdrehen (Schlichten) entlang der Kontur des Werkstücks.
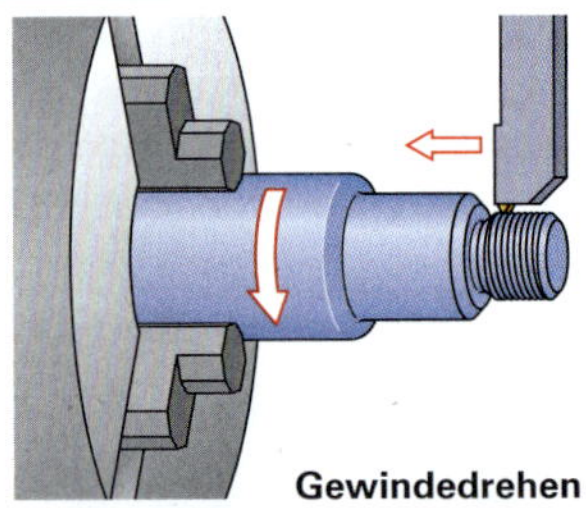 **Gewindedrehen**	Durch den großen Vorschub (= Steigung des Gewindes) wird eine schraubenförmige Kontur (= Gewinde) erzeugt.
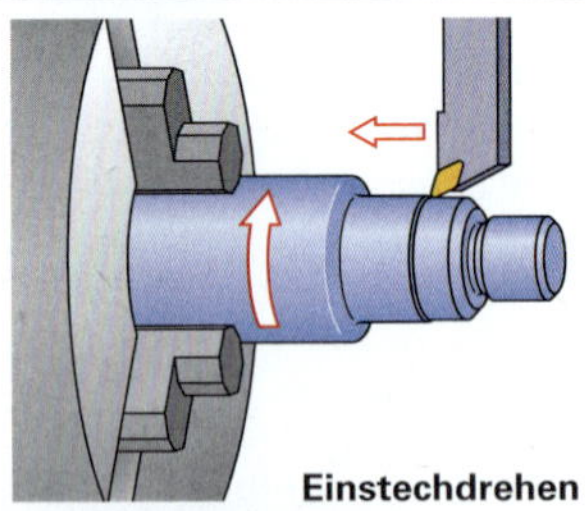 **Einstechdrehen**	Beim Einstechdrehen wird der Drehmeißel quer (oder auch längs) zur Drehachse bewegt und erzeugt eine Wellennut.
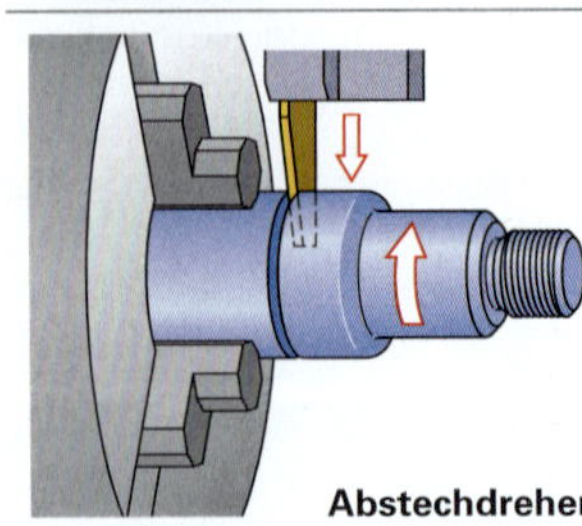 **Abstechdrehen**	Beim Abstechdrehen fährt der Drehmeißel bis zur Drehachse und trennt das Werkstück vom Rundstab.

Lernfeld 5

// Vergleich der konventionellen mit der CNC-Drehmaschine

Die Drehbearbeitung der Werkstücke kann mit konventionellen oder CNC-Drehmaschinen erfolgen (vgl. 1.2.7). Für die Planung von Fertigungsaufgaben muss im Vorfeld entschieden werden, welche Art von Drehmaschinen zum Einsatz kommen soll.

Während konventionelle Drehmaschinen **(Bild 1)** durch Maschinenbedienende gesteuert werden, erfolgt das Drehen der Werkstücke auf einer CNC-Drehmaschine **(Bild 2)** automatisch durch ein CNC-Programm.

Tabelle 1 zeigt eine Gegenüberstellung der konventionellen Maschine und der CNC-Drehmaschine mit verschiedenen Aspekten, die für die nachfolgende Arbeitsplanung von Drehteilen (vgl. 1.2.1) einbezogen werden müssen.

> Die Entscheidung für den Einsatz einer konventionellen oder CNC-Drehmaschine hat Auswirkungen auf die Arbeitsvorgänge im Arbeitsplan und die Wahl der Werkzeuge sowie die Festlegung der Schnittgrößen.

Tabelle 1: Gegenüberstellung der Drehmaschinen

Konventionelle Drehmaschine	CNC-Drehmaschine
Konventionelle Drehmaschinen sind oft mit einem Flachbett ausgeführt. Das Werkzeug befindet sich vor der Drehmitte. Dadurch haben Maschinenbedienende eine gute Sicht auf das Werkzeug, das per Hand gesteuert wird.	CNC-Drehmaschinen haben meistens ein Schrägbett. Das Werkzeug befindet sich hinter der Drehmitte. Die Späne können ungehindert nach unten fallen. Die eingeschränkte Sicht ist nicht nachteilig, da die Fertigung automatisiert erfolgt.
Die Maschine ist nicht verkleidet, da sonst eine manuelle Bedienung nicht möglich ist. Wegen der fehlenden Verkleidung kann kein Kühlschmiermittel beim Drehen mit Hartmetall verwendet werden.	Die Maschine ist zum Schutz der Maschinenbedienenden vollständig verkleidet. Die Verkleidung ermöglicht den Einsatz von Kühlschmiermittel.
Es kann nur ein Werkzeug auf dem Oberschlitten eingespannt werden.	Es befinden sich mehrere Werkzeuge im Werkzeugrevolver.
Beim Drehen des Werkstücks kann nur mit einer konstanten Drehzahl gearbeitet werden. Daher müssen für unterschiedliche Durchmesser am Werkstück die Drehzahlen angepasst werden.	Durch die Regelung der Maschine kann mit konstanter Schnittgeschwindigkeit gedreht werden. Je nach Position des Werkzeugs wird die Drehzahl automatisch von der Maschine angepasst.

konventionelle Drehmaschine

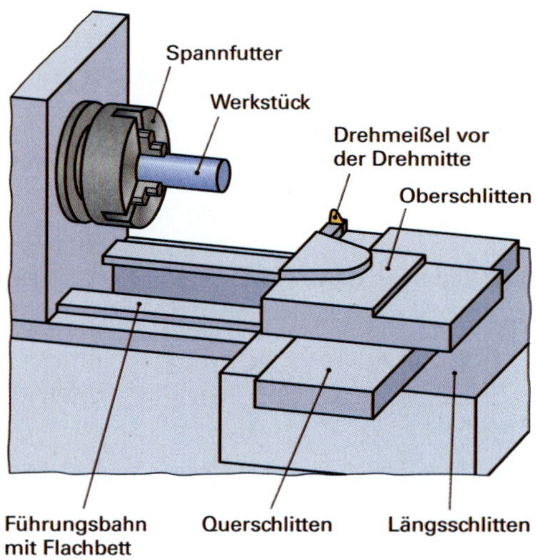

CNC-Drehmaschine

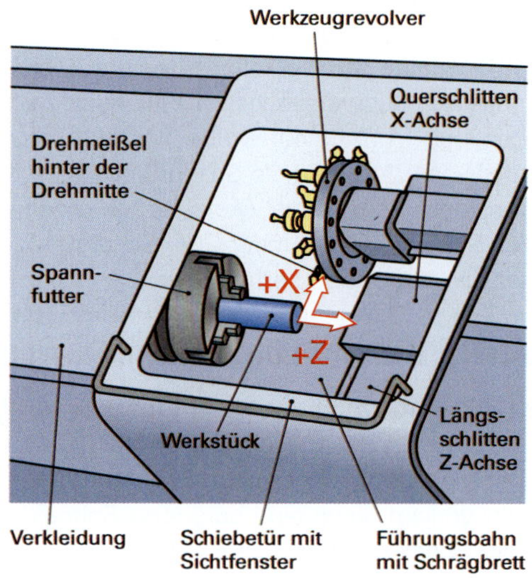

Lernfeld 5

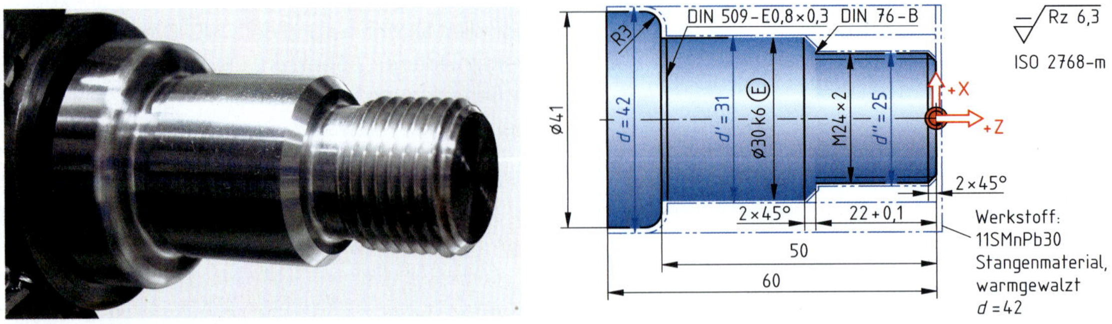

Bild 1: Gewindebolzen

1.2.1 Fertigung des Gewindebolzens auf einer CNC-Drehmaschine

Am Beispiel des Gewindebolzens **(Bild 1)** wird nachfolgend die Fertigungsplanung für die Drehbearbeitung des Werkstücks auf einer CNC-Schrägbettdrehmaschine (vgl. 4.1) schrittweise beschrieben.

// Schritt 1: Bestimmung des Ausgangsmaterials

Ausgangsmaterial zur Fertigung des Gewindebolzens ist ein warmgewalzter Rundstab nach DIN EN 10060 mit dem Nenndurchmesser d = 42 mm. Da das Werkstück im letzten Bearbeitungsschritt vom Rundstab durch Abstechen getrennt wird, kann der Rundstab direkt ohne vorheriges Sägen auf Rohteillänge in das Dreibackenfutter der CNC-Drehmaschine eingespannt werden.

Der Rundstab besteht aus dem Automatenstahl 11SMnPb30. Durch den geringen Kohlenstoffgehalt von 0,11 % hätte der Werkstoff eine hohe Zähigkeit, die ohne den Schwefelanteil zur Bildung von Bandspänen (vgl. 1.1.3) führen würde. Mit dem Schwefelanteil von 0,3 % wird die Spanbrüchigkeit erhöht und es können sich kurze Wendelspäne bilden. Die kurzen Späne können auf der CNC-Schrägbettdrehmaschine ungehindert herunterfallen.

// Schritt 2: Ermittlung des Schneidstoffs

Die Drehbearbeitung von Stahl erfolgt in der Regel mit dem Schneidstoff Hartmetall. Da beim Drehen des Gewindebolzens kein unterbrochener Schnitt vorliegt, kann eine spröderer Schneidstoff aus der Schneidstoffgruppe P ausgewählt werden (vgl. 1.1.5). Es wird der Hartmetallschneidstoff mit der Bezeichnung P20 gewählt.

// Schritt 3: Auswahl der Schneidplatte und des Klemmhalters

Je nach Bearbeitungsverfahren wird die Wendeschneidplatte mit ihrer Grundform und der Schneidkantenausführung sowie der erforderlichen Plattengeometrie ausgewählt. Unter Berücksichtigung der zu drehenden Innenecken am Werkstück und der Plattenstabilität wird der Eckenradius der Wendeschneidplatte bestimmt. Hat man den geeigneten Klemmhalter für die Wendeschneidplatte festgelegt, können alle Angaben zur Wendeschneidplatte (vgl. 1.1.6) und Halter (vgl. 1.2.3) getroffen werden.

// Schritt 4: Erstellung eines Arbeitsplans

Die Grundlage für die Fertigung eines Werkstücks ist der Arbeitsplan. Neben der Fertigungszeichnung (Bild 1) und der Stückliste bündelt der Arbeitsplan die wichtigsten Informationen, die zu Fertigung des Werkstücks auf der CNC-Drehmaschine benötigt werden.

Tabelle 1, Seite 33 gibt den Arbeitsplan für das CNC-Drehen des Gewindebolzens **(Bild 1)** wieder.

i

- Im Arbeitsplan werden die Arbeitsvorgänge schrittweise angegeben.
- Je nach Arbeitsvorgang werden im Arbeitsplan Spannmittel, Prüfmittel und Werkzeuge aufgeführt.
- Der Arbeitsplan enthält mit der Angabe der Schnittgrößen die Einstellgrößen für die jeweiligen Werkzeuge (vgl. nachfolgende Schritte 6 bis 8, Seiten 34 bis 38).

vel.plus/
FILF241

Tabelle 1: Arbeitsplan zum CNC-Drehen des Gewindebolzens (Bild 1, Seite 32)

Nr.	Arbeitsvorgang	Werkzeug, Prüfmittel	Schnittgrößen[1]	
10	Halbzeug prüfen und in das Dreibackenfutter einspannen	Messschieber Stahlmaßstab	–	
20	Werkstücknullpunkt setzen	–	–	
30	Rundstab Ø 42 auf der rechten Seite querplandrehen	Plandrehmeißel T1	v_c = 250 m/min f = 0,2 mm a_p = 1 mm	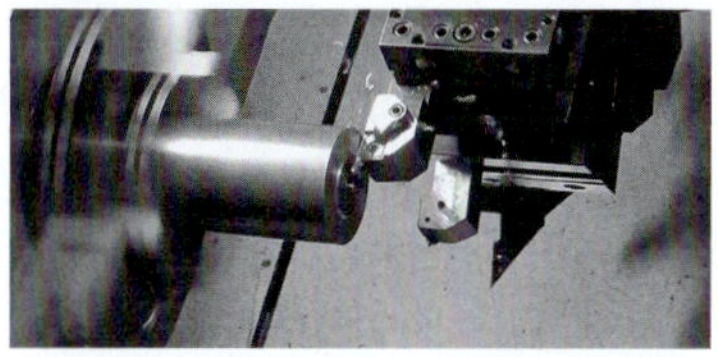
40	Werkstückansätze auf der rechten Seite mit Aufmaß zum Schlichten längsrunddrehen (schruppen)	Schruppdrehmeißel T2	v_c = 200 m/min f = 0,4 mm a_p = 3 mm	
50	Kontur des Werkstücks in einem Schnitt fertigdrehen (schlichten)	Schlichtdrehmeißel T3	v_c = 300 m/min f = 0,14 mm a_p = 0,5 mm (bei Planflächen ist a_p = 0,1 mm)	
60	Feingewinde M24x2 in mehreren Schnitten drehen	Gewindedrehmeißel T4	v_c = 150 m/min f = 2 mm (Anzahl der Schnitte i = 12, inkl. 2 Leerschnitte)	
70	Werkstück bis zum Butzen abstechdrehen	Abstechdrehmeißel T5	v_c = 155 m/min f = 0,05 mm	
80	Werkstück vom Butzen abtrennen und prüfen	Messschieber Tiefenmessschieber Gewindelehre Bügelmessschraube (oder Grenzrachenlehre)		

[1] Die Ermittlung der Schnittgrößen wird in den nachfolgenden Schritten erklärt.

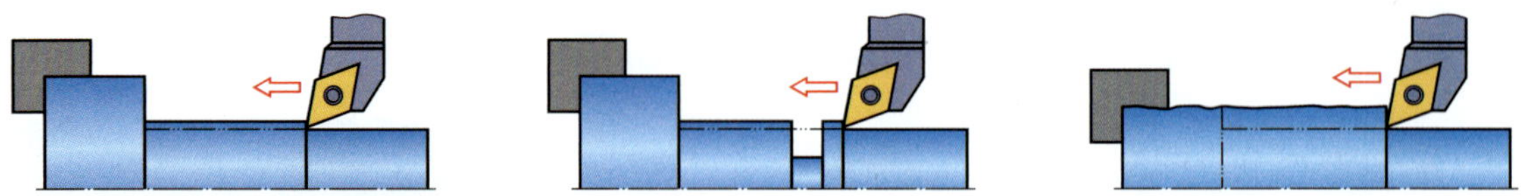

Bild 1: Art des Schneideneingriffs

// Schritt 5: Festlegung der Bearbeitungsbedingungen

Je nach Bearbeitungsbedingungen können die Schnittgrößen erheblich variieren. Daher ist es notwendig, die Art der Bearbeitungsbedingungen für die Durchführung der Fertigungsaufgabe im Vorfeld festzulegen.

Es wird zwischen ungünstigen, normalen und günstigen Bearbeitungsbedingungen unterschieden (vgl. Seite 15). Für das Drehen des Gewindebolzens werden normale Bearbeitungsbedingungen festgelegt.

// Schritt 6: Wahl der Schnittgeschwindigkeiten

Die Wahl der Schnittgeschwindigkeit v_c ist im Wesentlichen von den Bearbeitungsbedingungen, der Bearbeitbarkeit des Werkstoffs, dem eingesetzten Schneidstoff und dem Drehverfahren abhängig (vgl. Seite 15).

Richtwerte für die Schnittgeschwindigkeit können aus Tabellenbüchern oder aus Schneidstoffkatalogen der Hersteller entnommen werden. Da der Gewindebolzen aus Automatenstahl 11SMnPb30 bei einer mittleren Zugfestigkeit von 470 N/mm^2 mit einer beschichteten Hartmetallplatte vorgedreht werden soll, ergibt sich nach **Tabelle 1** bei normalen Bearbeitungsbedingungen eine Schnittgeschwindigkeit von 200 m/min.

Gründe zur Festlegung der normalen Bedingungen beim Gewindebolzen:

- Der Gewindebolzen wird auf einer CNC-Drehmaschine gefertigt, die eine Verkleidung hat (vgl. 4.1). Es kann daher für den Schneidstoff Hartmetall genügend Kühlschmiermittel eingesetzt werden (vgl. 1.1.7).
- Der Gewindebolzen wird aus einem Rundstab gedreht, der im Dreibackenfutter eingespannt ist. Es liegt eine stabile Einspannung vor.
- Das Drehen des Gewindebolzens wird mit einem glatten, gleichmäßigen Schnitt durchgeführt **(Bild 1)**.

Tabelle 1: Schnittgeschwindigkeitsrichtwerte für das Drehen

Werkstoff der Werkstücke		Querplandrehen	Längsrunddrehen	
Werkstoffgruppe	mittlere Zugfestigkeit R_m in N/mm^2		Schruppen	Schlichten
		Schnittgeschwindigkeit v_c[1] in m/min		
Baustahl	$R_m \leq 500$	210 – **280** – 350	150 – **220** – 300	280 – **340** – 400
	$R_m > 500$	160 – **230** – 300	100 – **170** – 240	220 – **290** – 350
Automatenstahl	$R_m \leq 570$	180 – **250** – 320	130 – **200** – 270	240 – **300** – 360
	$R_m > 570$	130 – **200** – 270	100 – **160** – 220	200 – **250** – 300
Einsatzstahl	$R_m \leq 570$	200 – **270** – 320	150 – **210** – 260	250 – **320** – 300
	$R_m > 570$	160 – **220** – 270	110 – **160** – 210	200 – **270** – 340
Vergütungsstahl, unlegiert	$R_m \leq 650$	180 – **250** – 320	120 – **190** – 240	220 – **300** – 380
	$R_m > 650$	110 – **200** – 280	110 – **150** – 200	190 – **250** – 310
Vergütungsstahl, legiert	$R_m \leq 750$	100 – **160** – 220	90 – **130** – 180	125 – **185** – 245
	$R_m > 750$	80 – **130** – 180	70 – **110** – 160	100 – **150** – 200

[1] Bearbeitungsbedingungen: fett gedruckter Wert = normale Bedingungen, kleines v_c = ungünstige Bedingungen, großes v_c = günstige Bedingungen

// Schritt 7: Wahl des Vorschubs und der Schnitttiefe

Die Größen des Vorschubs f und der Schnitttiefe a_p hängen im Wesentlichen vom auszuführenden Drehverfahren ab **(Bild 1)**.

Beim **Schruppen** wird mit möglichst großen Vorschüben f und Schnitttiefen a_p gedreht. Es kommt auf einen maximalen Materialabtrag an.

Beim Schlichten wird mit kleinem Vorschub und kleiner Schnitttiefe gedreht. Der Vorschub richtet sich beim Schlichten nach der geforderten Oberflächenrauigkeit. Je nach Eckenradius r_ε des Werkzeugs und der vorgegebenen Rautiefe *Rz* kann aus **Tabelle 1**, **Seite 36** der Vorschub ermittelt oder mithilfe der unten stehenden Formel berechnet werden.

Vergrößert man den Eckenradius, so kann eine gleichbleibende Rauigkeit auch bei einem größeren Vorschub erzielt werden **(Bild 2)**.

Die Schnitttiefe a_p beim Schlichten entspricht dem Aufmaß bezogen auf den Radius des Werkstücks. Sie wird möglichst klein gehalten, weil durch die kleineren Schnittkräfte eine bessere Maß- und Formtoleranz erreicht wird.

Kriterien für die Begrenzung des Vorschubs und der Schnitttiefe beim Schruppen:

- Antriebsleistung der Drehmaschine (vgl. 1.2.5)
- Größe der Wendeschneidplatte (vgl. 1.1.6)
- Verschleiß und Standzeit, z. B. sollte das Ausbrechen der Schneidenkante vermieden werden (vgl. 1.1.4)
- Größe des Eckenradius (Der Vorschub sollte nicht größer als die Hälfte des Eckenradius sein.)

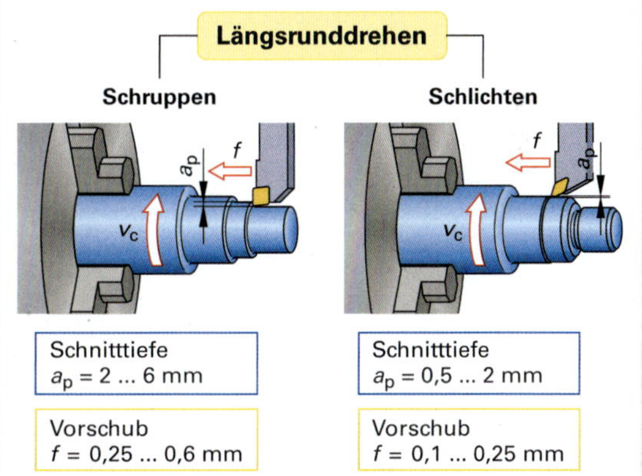

Bild 1: Vorschub und Schnitttiefe beim Schruppen

Theoretische Rautiefe R_{th} in Abhängigkeit des Eckenradius r_ε und des Vorschubs f

$$R_{th} = \frac{f^2}{8 \cdot r_\varepsilon}$$

$$R_{th} \approx Rz$$

$$f = \sqrt{8 \cdot r_\varepsilon \cdot Rz}$$

- Je größer der Vorschub ***f*** ist, desto größer wird die Rautiefe ***Rz***.
- Mit einem größeren Eckenradius r_ε des Drehmeißels wird eine kleinere Rautiefe ***Rz*** erzielt.
- Der Eckenradius r_ε des Drehmeißels sollte beim CNC-Drehen mindestens 0,1 mm kleiner als der Radius am Werkstück r_w sein.

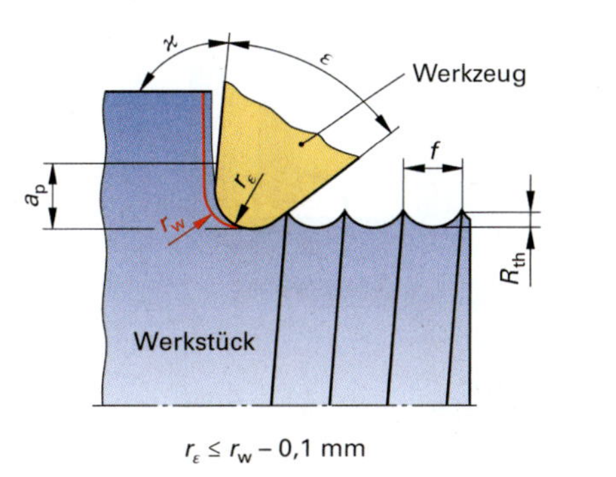

Bild 2: Theoretische Rautiefe am Werkstück

Beispiel

Der Gewindebolzen **(Bild 1, Seite 32)** soll auf den vorgedrehten Umfangs- und Stirnflächen mit der Rauigkeit *Rz* 6,3 geschlichtet werden. Der Eckenradius des Schlichtdrehmeißels ist mit r_ε = 0,4 mm vorgegeben.

Berechnen Sie den Vorschub *f*, um die geforderte Rauigkeit *Rz* 6,3 zu erzielen.

Lösung

$Rz = 6{,}3\ \mu m = 0{,}0063\ mm$

$f = \sqrt{8 \cdot r_\varepsilon \cdot Rz}$

$f = \sqrt{8 \cdot 0{,}4\ mm \cdot 0{,}0063\ mm} = 0{,}14\ mm$

Es darf höchstens ein Vorschub von *f* = 0,14 mm verwendet werden.

Mit dem Eckenradius r_ε und der Rautiefe *Rz* kann auch der einzustellende Vorschub direkt aus der **Tabelle 1** abgelesen werden.

Tabelle 1: Erreichbare Rautiefe in Abhängigkeit vom Eckenradius r_ε und Vorschub *f*

Rautiefe *Rz* in µm	Eckradius r_ε in mm 0,2	0,4	0,8	1,2
	Vorschub *f* in mm			
1,6	0,05	0,07	0,10	0,12
4	0,08	0,11	0,16	0,20
6,3	0,10	0,14	0,20	0,25
10	0,13	0,18	0,25	0,31
16	0,16	0,23	0,32	0,39

Beim Konturdrehen einer Planfläche wird der Drehmeißel von der Drehachse wegbewegt. Dadurch befindet sich zwischen der Schneide und der Planfläche nur ein sehr kleiner Einstellwinkel κ **(Bild 1)**.

Bei einer Schnitttiefe über 0,2 mm liegen in der axialen Richtung ungünstige Schnittbedingungen vor, da die Schneide mit einer großen Länge im Eingriff ist.

Schnitttiefe beim Konturdrehen

Beim Konturdrehen müssen in der radialen und axialen Richtung unterschiedliche Schnitttiefen gewählt werden.

- Für die **Umfangsflächen** beträgt die Schnitttiefe in der radialen Richtung **a_p = 0,5 bis 2 mm (vgl. Bild 1, Seite 35)**
- Für das Schlichten der **Planflächen** in der axialen Richtung darf nur eine sehr kleine Schnitttiefe eingestellt werden: **a_p = 0,1 bis 0,2 mm**

Schnitttiefe und Vorschub beim Querplandrehen

Beim Querplandrehen nimmt die Schnittgeschwindigkeit zur Drehmitte hin ab, da die festgelegte Grenzdrehzahl der Maschine nicht überschritten werden kann. Daher sollten Vorschub *f* und Schnitttiefe $_{ap}$ kleiner sein (Bild 1).

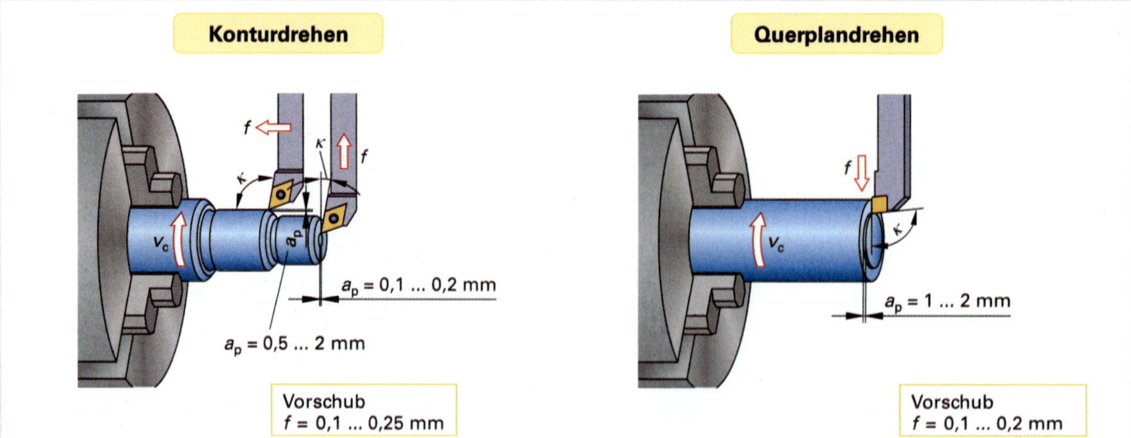

Bild 1: Schnitttiefe und Vorschub beim Kontur- und Querplandrehen

Überlegen und beantworten Sie:

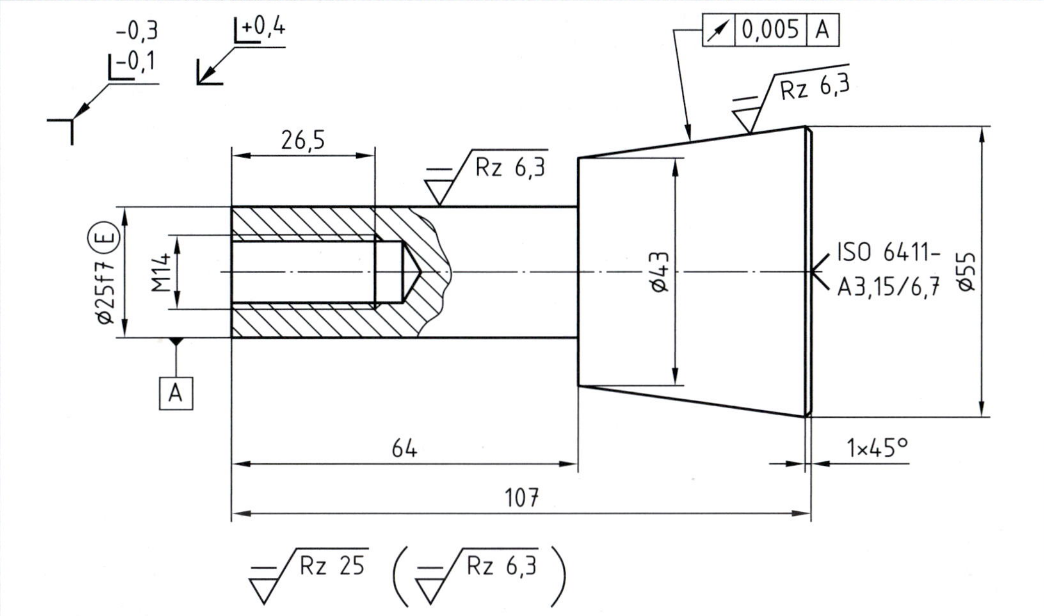

Der Spannkegel **(Bild 1)** für eine Spannzange **(vgl. Seite 47)** soll auf einer CNC-Drehmaschine gefertigt werden. Zunächst soll nur die Außenkontur des Spannkegels gedreht werden. Als Ausgangsmaterial steht Ihnen ein blankgezogener Rundstab Ø 55 aus dem Werkstoff 42CrMo4 zur Verfügung.

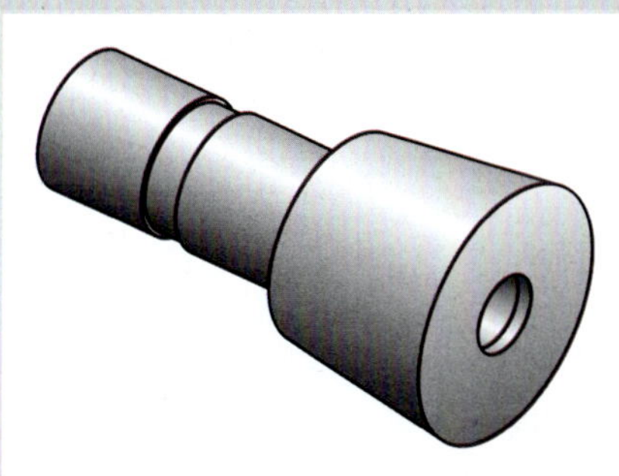

Bild 1: Spannkegel

1. Analysieren Sie den Werkstoff für den Spannkegel. Bestimmen Sie hierbei die Werkstoffgruppe und die Festigkeitswerte des Werkstoffs.
2. Begründen Sie, warum für das CNC-Drehen beschichtetes Hartmetall als Schneidstoff gewählt wurde.
3. Überlegen Sie, welche Bearbeitungsbedingungen jeweils für das Drehen des Spannbolzens beim konventionellen Drehen und beim Einsatz einer CNC-Drehmaschine vorliegen.
4. Ermitteln Sie die Schnittgeschwindigkeiten für das Planen, Schruppen und Schlichten des Spannkegels für das CNC-Drehen.
5. Geben Sie Kriterien an, die für die Auswahl des Vorschubs beim Schruppen herangezogen werden können.
6. Wählen Sie für das Planen, Schruppen und Schlichten die Schnitttiefen und Vorschübe aus und begründen Sie Ihre jeweilige Wahl.
7. Der Eckenradius des Schlichtdrehmeißels ist mit r_ε = 0,6 mm angegeben. Berechnen Sie den größtmöglichen Vorschub zum Schlichten des Spannkegels.
8. Erstellen Sie einen Arbeitsplan mit Angabe der Arbeitsvorgänge, Werkzeuge, Prüfmittel und Schnittgrößen zum CNC-Drehen der Außenkontur einschließlich Abstechen des Spannkegels.
9. Überlegen Sie, welche Arbeitsvorgänge für das konventionelle Drehen der Außenkontur des Spannkegels aufgeführt werden müssen.
10. Bestimmen Sie die Schnittgeschwindigkeiten für die jeweiligen Arbeitsvorgänge beim konventionellen Drehen.

Tabelle 1: Gewindedrehen vor und hinter der Drehmitte

Gewindedrehen	vor der Drehmitte	hinter der Drehmitte
Rechtsgewinde (RH) (Werkstück dreht sich im Uhrzeigersinn)	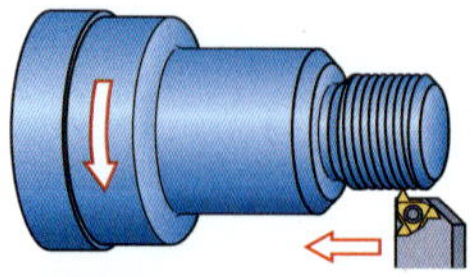	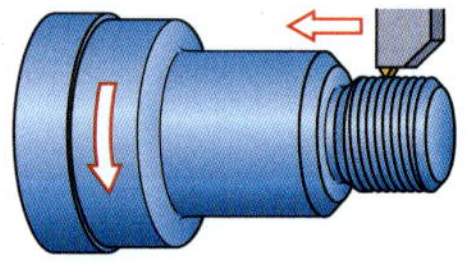
Linksgewinde (LH) (Werkstück dreht sich im Gegenuhrzeigersinn)	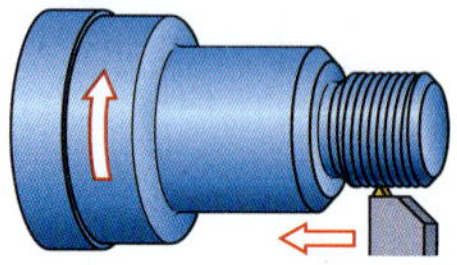	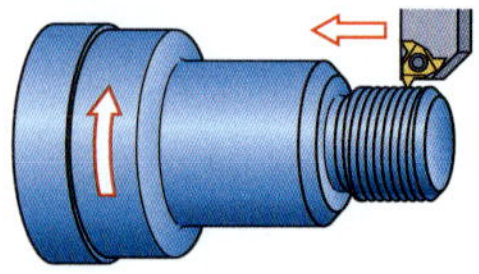

// Schritt 8: Gewindedrehen

Gewindedrehen **(Tabelle 1)** mit wendeplattenbestückten Gewindedrehmeißeln wird am häufigsten angewendet. Die Schneiden an der Platte sind mit dem Flankenwinkel des Gewindes ausgeführt (z. B. metrisches Gewinde: Flankenwinkel = 60°).

Beim Gewindedrehen auf konventionellen Drehmaschinen befindet sich das Werkzeug vor der Drehmitte. Der Vorschub wird über die Leitspindel realisiert.

Auf einer CNC-Schrägbettdrehmaschine befindet sich der Drehmeißel hinter der Drehmitte. Der Vorschub wird von der Steuerung über Drehzahl und Gewindesteigung errechnet. Daher muss bei den meisten Steuerungen zum Gewindedrehen eine konstante Drehzahl programmiert werden.

Schnittgeschwindigkeiten zur Ermittlung der Drehzahlen können aus der **Tabelle 2** oder aus dem Tabellenbuch entnommen werden.

Je nach Drehrichtung des Werkstücks kann ein Rechts- oder Linksgewinde gedreht werden (Tabelle 1). Der Drehmeißel hinter der Drehmitte muss bei einem Rechtsgewinde auf dem Kopf gewendet werden, wenn sich das Werkzeug zum Spannfutter hinbewegt.

- Der Gewindedrehmeißel wird bis zum Erreichen der entsprechenden Gewindetiefe in mehreren Schnitten längs am Werkstück bewegt.
- Die Anzahl der Schnitte (Tabelle 2) ist von der Steigung des Gewindeprofils abhängig. Zum Erzielen der Maßtoleranz können noch zwei bis vier Schnitte ohne Zustellung **(Leerdurchläufe)** hinzugefügt werden.
- Die Größe des Vorschubs *f* entspricht der Steigung *P* des Gewindes.

Tabelle 2: Richtwerte für das Gewindedrehen

Werkstoff der Werkstücke: Werkstoffgruppe	mittlere Zugfestigkeit R_m in N/mm²	Schnittgeschwindigkeit v_c in mm	Steigung *P* in mm von bis	Anzahl der Schnitte (ohne Leerdurchläufe)	Steigung *P* in mm von bis	Anzahl der Schnitte (ohne Leerdurchläufe)
Baustahl	$R_m \leq 500$	140 – **155** – 170				
	$R_m > 500$	130 – **145** – 160				
Automatenstahl	$R_m \leq 570$	135 – **150** – 165	0,25 ≤ 0,50	5	> 1,25 ≤ 1,50	7
	$R_m > 570$	125 – **140** – 155				
Einsatzstahl	$R_m \leq 570$	135 – **145** – 155	> 0,50 ≤ 0,75	5	> 1,50 ≤ 1,75	9
	$R_m > 570$	125 – **135** – 145				
Vergütungsstahl, unlegiert	$R_m \leq 650$	120 – **130** – 140	> 0,75 ≤ 1,00	6	> 1,75 ≤ 2,00	10
	$R_m > 650$	105 – **115** – 125				
Vergütungsstahl, legiert	$R_m \leq 750$	100 – **110** – 120	> 1,00 ≤ 1,25	7	> 2,00 ≤ 2,50	11
	$R_m > 750$	90 – **100** – 110				

Beispiel

Für das Gewinde M 24 x 2 des Gewindebolzens **(Bild 1, Seite 32)** aus Automatenstahl mit $R_m \leq 570$ N/mm^2 sollen die Schnitt- und Einstellgrößen für die CNC-Drehmaschine ermittelt werden.

a) Bestimmen Sie die Schnittgeschwindigkeit für das Gewindedrehen aus der **Tabelle 2, Seite 38.**

b) Berechnen Sie die einzustellende Drehzahl für das Gewindedrehen.

c) Ermitteln Sie die Anzahl der Schnitte mit Leerdurchläufen aus Tabelle 2, Seite 38.

Lösung

a) Mit dem Einsatz des Automatenstahls ($R_m \leq 570$ N/mm^2) und normalen Bearbeitungsbedingungen wird eine Schnittgeschwindigkeit $v_c = 150$ m/min gewählt.

b) $n = \frac{v_c}{d \cdot \pi} = \frac{150 \text{ m/min}}{0{,}024 \text{ m} \cdot \pi} = 1989 \text{ m}^{-1}$

c) Bei einer Steigung $P = 2$ mm können zehn Schnitte ohne Leerdurchläufe aus Tabelle 2, Seite 38, ermittelt werden. Hinzu kommen noch zwei Leerdurchläufe. Es werden zwölf Schnitte für das Gewinde M 20 x 2 benötigt.

// Schritt 9: Stechdrehen

Beim Stechdrehen wird zwischen **Abstechdrehen** und **Einstechdrehen** unterschieden **(Bild 2)**.

Durch das **Abstechdrehen** wird das Werkstück vom Rundstab getrennt. Die Hauptschneide kann zur Werkstückachse geneigt sein. Am Ende vom Abstechdrehen verbleibt ein Butzen **(Bild 1)**. Das Werkstück kann dann vom Rundstab per Hand abgetrennt werden.

Beim Einsatz einer CNC-Drehmaschine mit einer synchron zur Arbeitsspindel angetriebenen Gegenspindel (vgl. Seite 59 und 4.8.2) kann ein butzenloser Abstich erfolgen, da das Werkstück beim Abstechdrehen auch von der Gegenseite eingespannt wird.

Durch das **Einstechdrehen** werden Wellennuten z. B. für Sicherungsringe oder Dichtungsringe gedreht. Je nachdem, ob sich der Einstechdrehmeißel parallel oder senkrecht zur Drehachse bewegt, wird zwischen Quer- und Längseinstechdrehen unterschieden **(Bild 2)**. In der Regel ist die Schnitttiefe a_p des Einstechdrehmeißels kleiner als die Breite b der Wellennut. Daher können mit einem Einstechdrehmeißel verschiedene Nutbreiten gedreht werden.

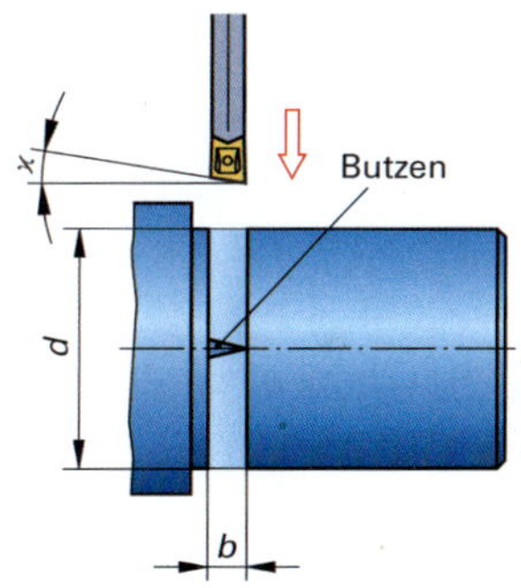

Bild 1: Abstechdrehen mit Butzen

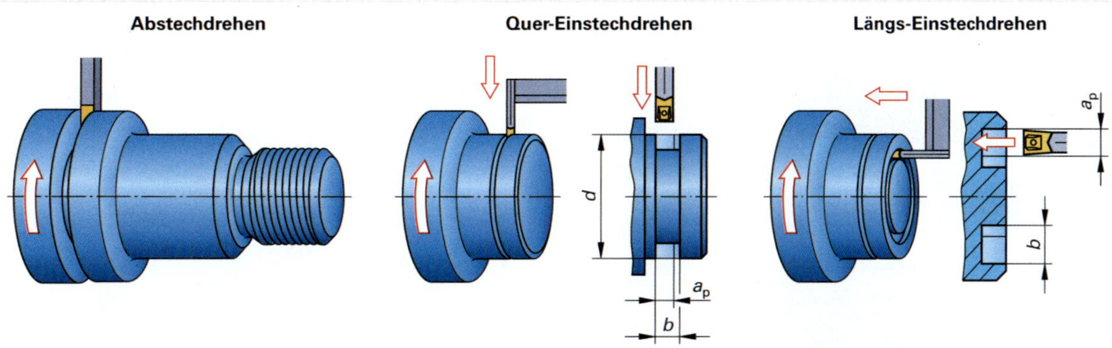

Bild 2: Abstechdrehen und Einstechdrehen

Lernfeld 5

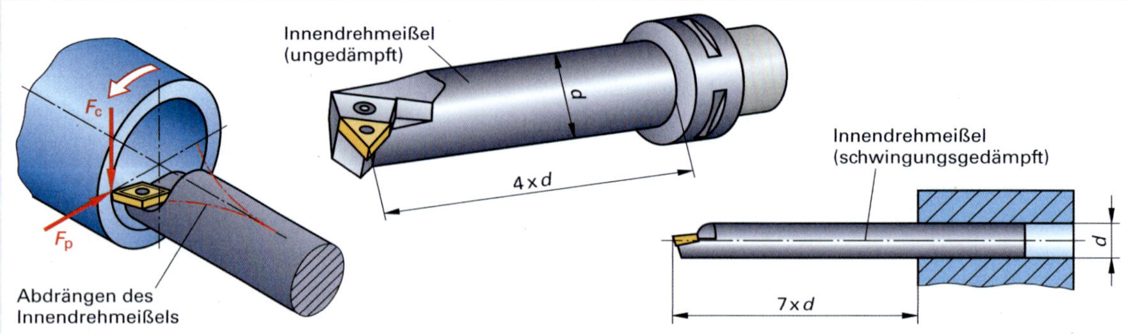

Bild 1: Schwingungs- und Durchbiegungsgefahr beim Innendrehen

1.2.2 Weitere Drehverfahren

// Innendrehen

Vorgefertigte Bohrungen oder Rohre können durch Innendrehen bearbeitet werden. Es können wie beim Außendrehen unterschiedliche Konturen in der Bohrung bei einer hohen Maßgenauigkeit und guten Oberflächenqualität erzeugt werden.

> Beim Innendrehen ist die Schaftgröße des Drehmeißels begrenzt durch die Größe der Bohrung **(Bild 1)**.

Bei tieferen Bohrungen kann bei einem langen Schaft der Innendrehmeißel durch die Bearbeitungskräfte abgedrängt werden. Um die Schwingungs- und Durchbiegungsgefahr möglichst klein zu halten, dürfen ungedämpfte Drehmeißel höchstens bis zum Vierfachen ihres Durchmessers aus dem Werkzeughalter herauskragen. Schwingungsgedämpfte Innendrehmeißel dürfen eine Auskraglänge bis zum Siebenfachen ihres Durchmessers haben (Bild 1).

// Hartdrehen

Das Hartdrehen kann das Schleifen vergüteter oder gehärteter Werkstücke ersetzen. Es können Werkstücke nach dem Härten oder Vergüten durch Drehen fertig bearbeitet werden.

> Als Schneidstoff wird beim Hartdrehen **(Bild 2)** Schneidkeramik oder kubisch-kristalliner Bornitrid verwendet (vgl. 1.1.5).

Im Vergleich zum Drehen ungehärteter Stähle treten beim Hartdrehen große Zerspankräfte auf. Dies erfordert stabile Maschinen und eine sichere Spannung von Werkstücken.

Je größer die Härte des Werkstoffs ist, desto geringer sollte die Schnittgeschwindigkeit sein. Üblich sind sehr kleine Vorschübe zwischen 0,05 bis 0,2 mm. Im Bereich kleiner Schnitttiefen von 0,1 bis 0,5 mm sind bei größeren Eckenradien die Passivkräfte sehr groß und können die Schnittkraft übersteigen (Bild 2).

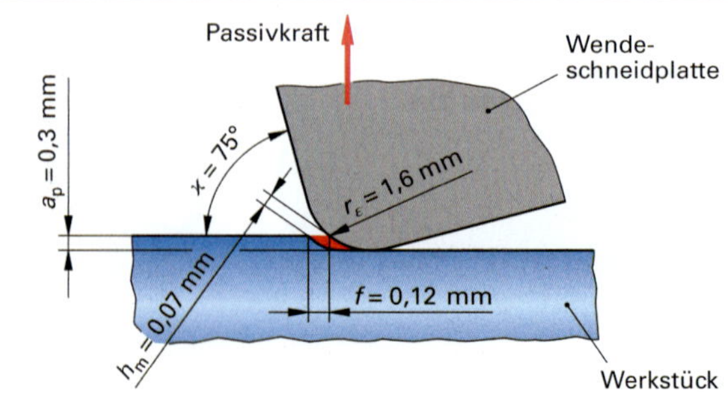

Bild 2: Hartdrehen

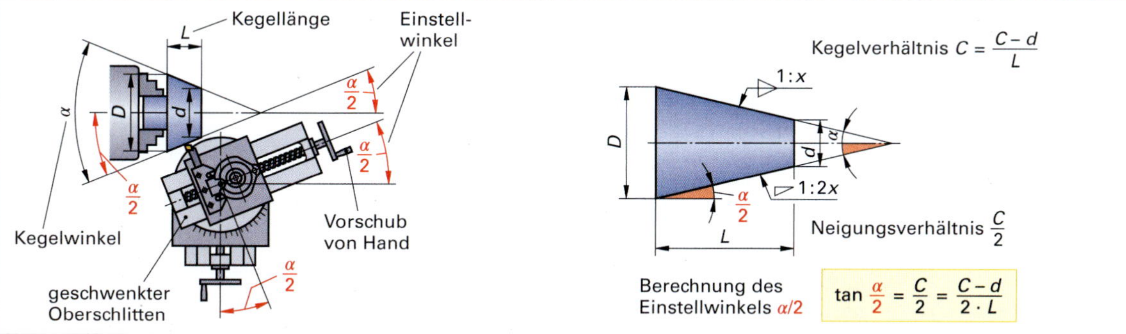

Bild 1: Kegeldrehen mit Schwenken des Oberschlittens auf einer konventionellen Drehmaschine

// Drehen auf konventionellen Drehmaschinen

Mit dem Einsatz einer CNC-Drehmaschine können gleichzeitig der Längs- und der Querschlitten mit zwei Achsen bewegt werden (vgl. **Tabelle 1, Seite 31**). Hierdurch ist es möglich, beliebige Konturen wie z. B. Schrägen oder Radien am Drehteil zu fertigen.

Auf der konventionellen Drehmaschine kann nur zu einem Zeitpunkt ein Schlitten achsparallel mit einem mechanisch automatisierten Vorschub bewegt werden. Durch die Zugspindel der Drehmaschine wird der Vorschub des Längs- oder Querschlittens automatisch bis zu einem voreingestellten Anschlag ausgeführt **(Bild 2)**.

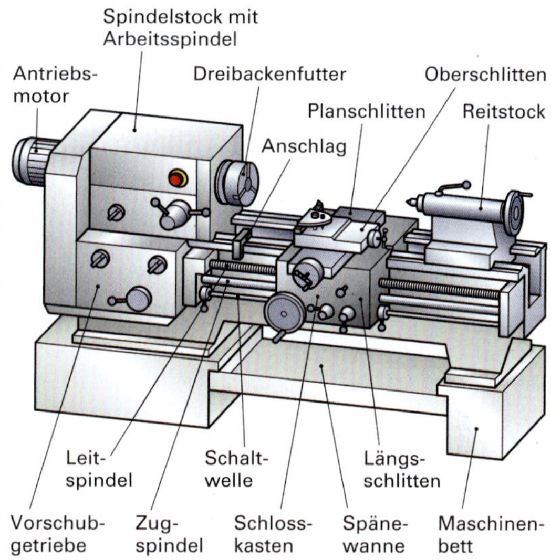

Bild 2: Konventionelle Drehmaschine

> Durch Schwenken des Oberschlittens können auch Schrägen (Kegel) und Fasen mit manuellem Vorschub gedreht werden **(Bild 1)**.

Das Kegeldrehen kann nur bei kurzen Kegeln angewendet werden, da der Weg des Oberschlittens verhältnismäßig klein ist. Für längere Kegel werden meistens CNC-Drehmaschinen verwendet.

Beispiel

In der Fertigungszeichnung ist der Kegel (Bild 1) des Werkstücks mit folgenden Maßen angegeben:

- großer Kegeldurchmesser $D = 90$ mm
- kleiner Kegeldurchmesser $d = 55$ mm
- Kegellänge $L = 60$ mm

a) Ermitteln Sie den Einstellwinkel $\alpha/2$ für das Kegeldrehen des Werkstücks.

b) Berechnen Sie das Kegelverhältnis C.

Lösung

a) $\tan\frac{\alpha}{2} = \frac{D-d}{2 \cdot L} = \frac{90\text{ mm} - 55\text{ mm}}{2 \cdot 60\text{ mm}} = 0{,}2917$

$\frac{\alpha}{2} = 16{,}262° = 16°\ 15'\ 43''$

b) $C = \frac{D-d}{L} = \frac{90\text{ mm} - 55\text{ mm}}{60\text{ mm}} = 0{,}5833$

$C = \frac{1}{\frac{1}{0{,}5833}} = \frac{1}{1{,}714} = 1:1{,}714$

Überlegen und beantworten Sie:

Der Ansatz Ø 25 f7 des Spannkegel **(Bild 1)** aus dem Werkstoff 42CrMo4 (vgl. Seite 37) wurde bereits auf einer konventionellen Drehmaschine geschruppt und mit einem Aufmaß zum Schleifen geschlichtet. In den nächsten Schritten soll der Kegel gedreht und das Werkstück vom Rundstab Ø 55 durch Abstechdrehen getrennt werden.

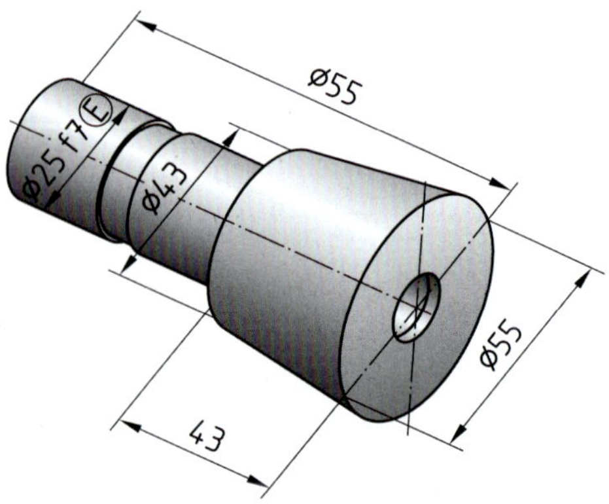

Bild 1: Spannkegel

1. Erläutern Sie, wie das Kegeldrehen auf der konventionellen Drehmaschine ausgeführt wird.
2. Berechnen Sie die Kegelverjüngung *C*.
3. Bestimmen Sie den Einstellwinkel $\alpha/2$ für das Kegeldrehen des Spannkegels.
4. Ermitteln Sie die Schnittgeschwindigkeiten für das Planen, Schruppen und Schlichten des Spannkegels für das CNC-Drehen.
5. Begründen Sie, warum das Kegeldrehen auf einer konventionellen Drehmaschine nur von Hand ausgeführt werden kann.
6. Bestimmen Sie die Schnittgeschwindigkeit v_c und den Vorschub *f* zum Abstechdrehen des Spannkegels.
7. Berechnen Sie für das Abstechdrehen die einzustellende Drehzahl *n* an der konventionellen Drehmaschine.
8. Erklären Sie, warum beim Abstechdrehen zum Schluss ein Butzen am Werkstück verbleiben sollte.
9. Ein weiterer Spannkegel soll auf einer CNC-Drehmaschine gefertigt werden. Die CNC-Drehmaschine ist mit einer Gegenspindel (vgl. Seite 59) ausgeführt. Beschreiben Sie den Vorgang des Abstechdrehens auf dieser Maschine.
10. Geben Sie an, mit welchem Einstechverfahren die Nut des Spannkegels gedreht wird.
11. Der Spannkegel soll nach der Drehbearbeitung durch Vergüten wärmebehandelt werden. Anschließend soll die Passung Ø 25 f7 Ⓔ auf der CNC-Drehmaschlne nachbearbeitet werden. Beschreiben Sie den Vorgang des Hartdrehens für das Fertigdrehen der Passung.
12. Nach dem Vergüten des Spannkegels soll anstatt des Schleifens das Hartdrehen für die Fertigbearbeitung angewendet werden. Wählen Sie einen Schneidstoff zum Hartdrehen aus und erläutern Sie das Drehverfahren.
13. Ein Kunde benötigt einen weiteren Spannkegel aus 42CrMo4 mit einem Außengewinde M20. Das Drehen für das Gewinde M20 soll auf einer CNC-Maschine durchgeführt werden. Begründen Sie, warum der Gewindedrehmeißel sich hinter der Drehmitte befindet und auf dem Kopf gedreht werden muss.
14. Erläutern Sie, warum auf einer CNC-Drehmaschine das Gewinde mit einer konstanten Drehzahl gedreht werden muss.
15. Bestimmen Sie die Anzahl der Schnitte für das Gewindedrehen M20. Die letzten drei Schnitte sollen ohne Zustellung erfolgen.
16. Geben Sie den Vorschub *f* und die Schnittgeschwindigkeit v_c für das Gewindedrehen M20 an.
17. Berechnen Sie die einzustellende Drehzahl *n* für das Gewindedrehen M20.
18. Der Kunde benötigt einen weiteren Spannkegel mit einer ausgedrehten Bohrung Ø 30 H7, die eine Tiefe von 35 mm hat. Es stehen verschiedene Innendrehmeißel mit unterschiedlichen Schaftdurchmessern bereit. Geben Sie ein Kriterium für die Auswahl des Innendrehmeißels an.

Tabelle 1: Auswahl der Plattengeometrie für Drehwerkzeuge

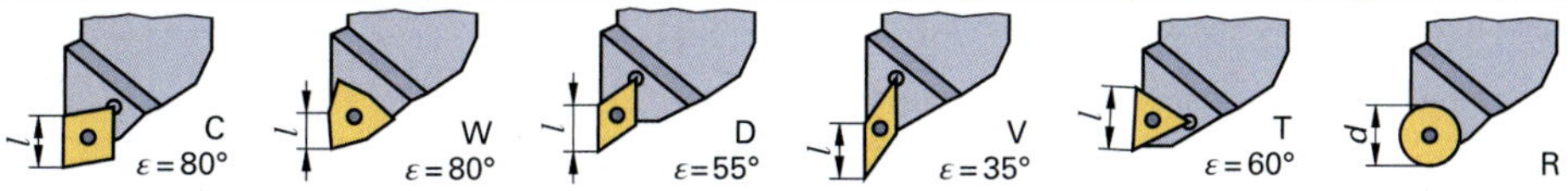

	C $\varepsilon = 80°$	W $\varepsilon = 80°$	D $\varepsilon = 55°$	V $\varepsilon = 35°$	T $\varepsilon = 60°$	R
Schruppen	●	●	◑	○	●	●
Schlichten	○	○	●	●	◑	○
Längsrunddrehen	●	◑	●	●	●	◑
Querplandrehen	●	●	◑	○	◑	◑
Hartdrehen	◑	○	◑	○	◑	●
geringe Antriebsleistung vorhanden	○	○	◑	●	◑	○
Schnittunterbrechungen	●	●	○	○	○	●

● sehr gut geeignet ◑ geeignet ○ ungeeignet

1.2.3 Drehwerkzeuge

Beim Drehen werden meistens Wendeschneidplatten (vgl. 1.1.6) mit einem Halter verwendet. Die Schneidplatten werden in den Halter geklemmt oder geschraubt.

Tabelle 1 zeigt eine Auswahl an Plattengeometrien, die besonders gut zum Drehen geeignet sind. Für die Befestigung der Wendeschneidplatten werden Klemmhalter eingesetzt, die an die Geometrie der Platten angepasst sind. Die Platten liegen im Halter auf einer Zwischenlage aus Hartmetall. Die Ablage dient zum Schutz des Halters bei einem Plattenbruch.

Zur Befestigung der Wendeschneidplatten werden verschiedene Spannsysteme genutzt. Jede Ausführung wird mit einem Buchstaben bezeichnet **(Bild 1)**.

- Durch das **Spannpratzensystem (D)** greift die Spannpratze von oben in die Bohrung der Platte. Die Pratze zieht die Platte zum Halter hin.
- Beim **Hebelspannsystem (P)** wird die Platte von unten in den Halter gedrückt. Der Span kann ungehindert abfließen.
- Beim **Keilspannsystem (M)** wird die Platte durch einen Stift zentriert und von oben gespannt.
- Beim **Schraubspannsystem (S)** wird die Platte mit einer Schraube fest gespannt und in den Plattensitz gedrückt.

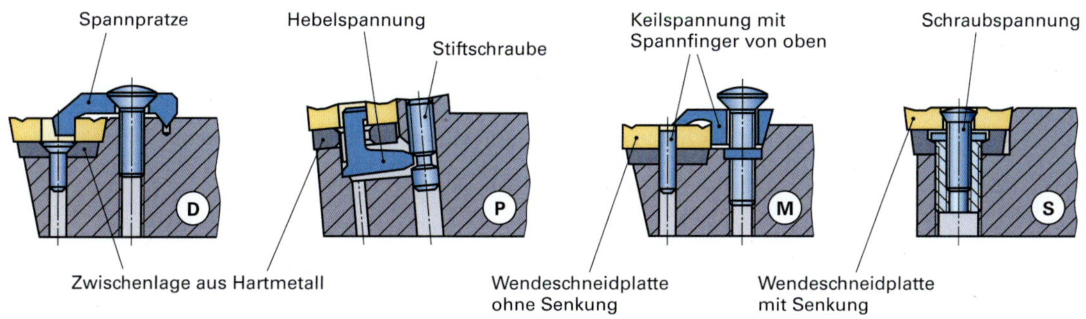

Bild 1: Befestigung der Wendeschneidplatten im Klemmhalter

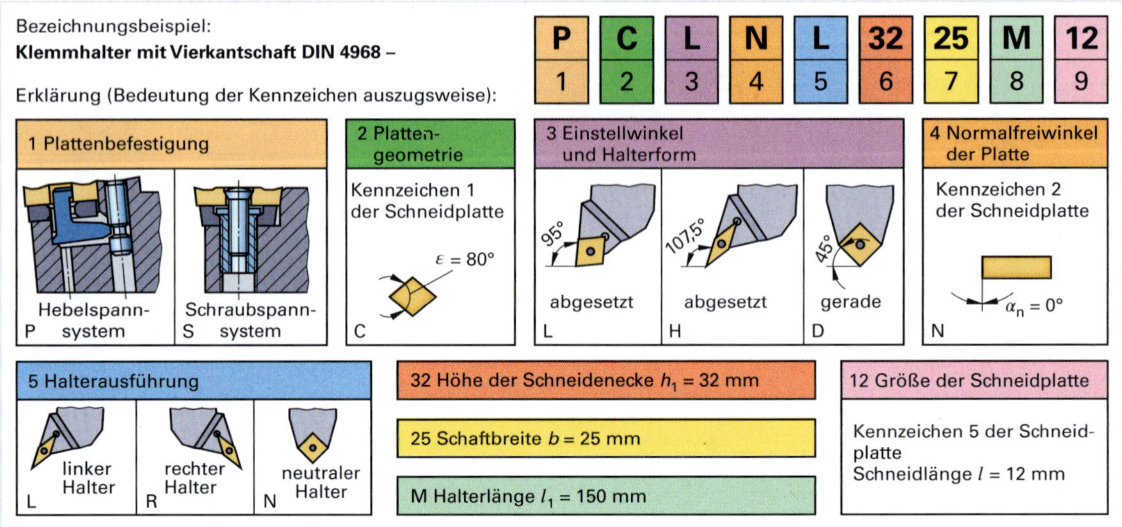

Bild 1: Bezeichnungssystem für Klemmhalter mit Vierkantschaft

// Bezeichnung des Klemmhalters

Je nach Werkzeugaufnahme der Drehmaschine wird ein Klemmhalter für die Wendeschneidplatte mit einem Polygonschaft (ISO 26623) oder einem Vierkantschaft (DIN 4984) verwendet **(Bild 2)**.

Die Bezeichnung des Klemmhalters **(Bild 1)** richtet sich sowohl nach der Plattenbefestigung **(vgl. Bild 1, Seite 43)** als auch nach der einzusetzenden Wendeschneidplatte (vgl. 1.1.6). Daher finden sich die Kennzeichen 1, 2 und 5 der Wendeschneidplatte aus **Bild 1, Seite 26** in der Bezeichnung des Klemmhalters wieder.

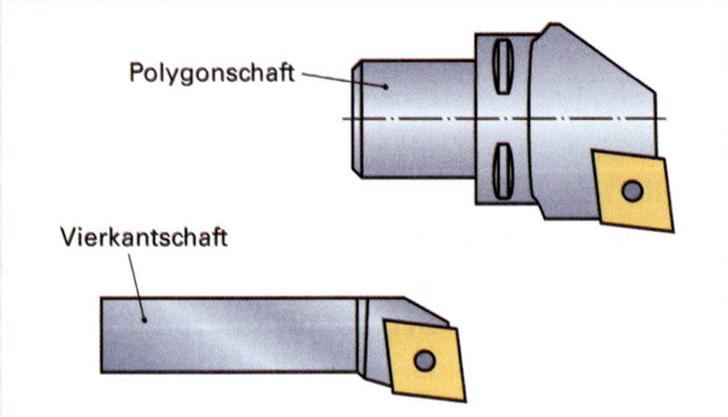

Bild 2: Klemmhalter mit Polygon- und Vierkantschaft

Beispiel

Zum Schlichten des Ansatzes Ø 25 f7 vom Spannkegel (vgl. Seite 37) auf der konventionellen Drehmaschine wurde die Wendeschneidplatte mit folgender Bezeichnung gewählt (vgl. Bild 1, Seite 26):

Schneidplatte DIN ISO 1832
D N M U 14 06 06 F – P15

Für die Schneidplatte stehen Klemmhalter mit Vierkantschaft und folgenden Maßen bereit:

Höhe der Schneidenecke h_1 = 35 mm,
Schaftbreite b = 30 mm, Halterlänge l_1 = 150 mm (M)

a) Erläutern Sie die ersten vier Buchstaben der Bezeichnung der Schneidplatte.
b) Bestimmen Sie den Halter mit einem Vierkantschaft für die gewählte Schneidplatte.

Lösung

a) **Erläuterung der Wendeschneidplatte:**
- D: rautenförmige Platte mit Eckenwinkel ε = 55°
- N: Normalfreiwinkel α_N = 0° ⇒ Keilwinkel β = 90°
- M: Toleranzklasse der Platte
- U: Platte mit Bohrung, beidseitigen Senkungen und beidseitigen Spanbrechern

b) **Bestimmung des Klemmhalters**
- S: Wegen den Senkungen der Platte wird sie durch eine Schraube befestigt.
- D: siehe erster Buchstabe der Platte
- L: abgesetzter Halter
- N: siehe zweiter Buchstabe der Platte
- R: rechter Halter, vor der Drehmitte
- 35 30 M: Maße des Klemmhalters
- 14: Schneidenlänge der Wendeschneidplatte

1.2.4 Spannmittel für Werkstücke

Werkstücke müssen an Drehmaschinen so gespannt werden, dass sie nach dem Spannen genau und rund laufen. Ebenso sollen die Werkstücke möglichst schnell gespannt werden.

Zum Spannen von Werkstücken auf der Drehmaschine werden oft mechanische oder hydraulische Spannfutter mit drei Backen verwendet **(Bild 1)**.

- **Mechanische Spannfutter** werden meistens auf konventionellen Drehmaschinen eingesetzt.
- **Hydraulische Spannfutter** sind besonders für CNC-Drehmaschinen geeignet.

Mit Spannfuttern können Werkstücke von außen oder in Bohrungen von innen gespannt werden. Im Dreibackenfutter können zylindrische oder regelmäßig geformte drei- und sechskantige Werkstücke gespannt werden. Bei formgenauen vier- oder achtkantigen Werkstücken werden Vierbackenfutter eingesetzt.

Bei flachen unsymmetrisch geformten Werkstücken werden Planscheiben mit vier einzeln verstellbaren Spannbacken eingesetzt.

Das mechanische Spannfutter wird mit der Hand über einen Spannschlüssel betätigt, wodurch die Spindel des Futters gedreht wird. Die Bewegung der Spannbacken erfolgt über die Planspirale oder Keilstange.

Die Planspirale dreht sich durch das Zahnrad auf der Spindel. Alle Backen werden gleichzeitig bewegt.

Mit der Keilstange werden die Backen nur auf eine geringe Länge bewegt. Daher werden die Backen durch Entriegeln der Backensicherung auf den gewünschten Durchmesser voreingestellt.

Mechanische Spannfutter sind häufig selbstzentrierend. Durch die Drehung des Spannschlüssels werden alle Spannbacken gleichzeitig bewegt.

Hydraulische Spannfutter werden meistens mit einem Fußschalter betätigt. Die hydraulisch erzeugte Spannkraft der Spannbacken wird bei hohen Drehzahlen verringert. Der Fliehkraftausgleich gleicht die Spannkraft mit dem Fliehgewicht aus. Die Spannkraft bleibt bis zur zulässigen Grenzdrehzahl der Drehmaschine annähernd gleich.

Beim Spannen von fertig bearbeiteten Oberflächen ist darauf zu achten, dass die Werkstückoberfläche nicht beschädigt wird. Für diesen Fall werden weiche Spannbacken verwendet, die genau auf den zu spannenden Durchmesser ausgedreht sind.

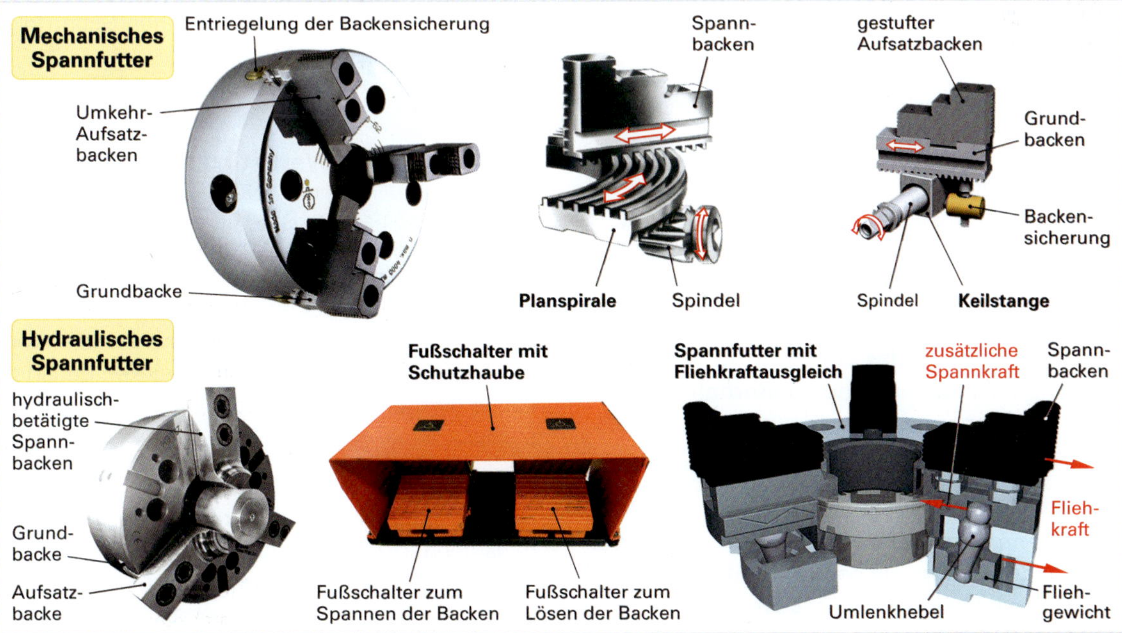

Bild 1: Mechanische und hydraulische Spannfutter

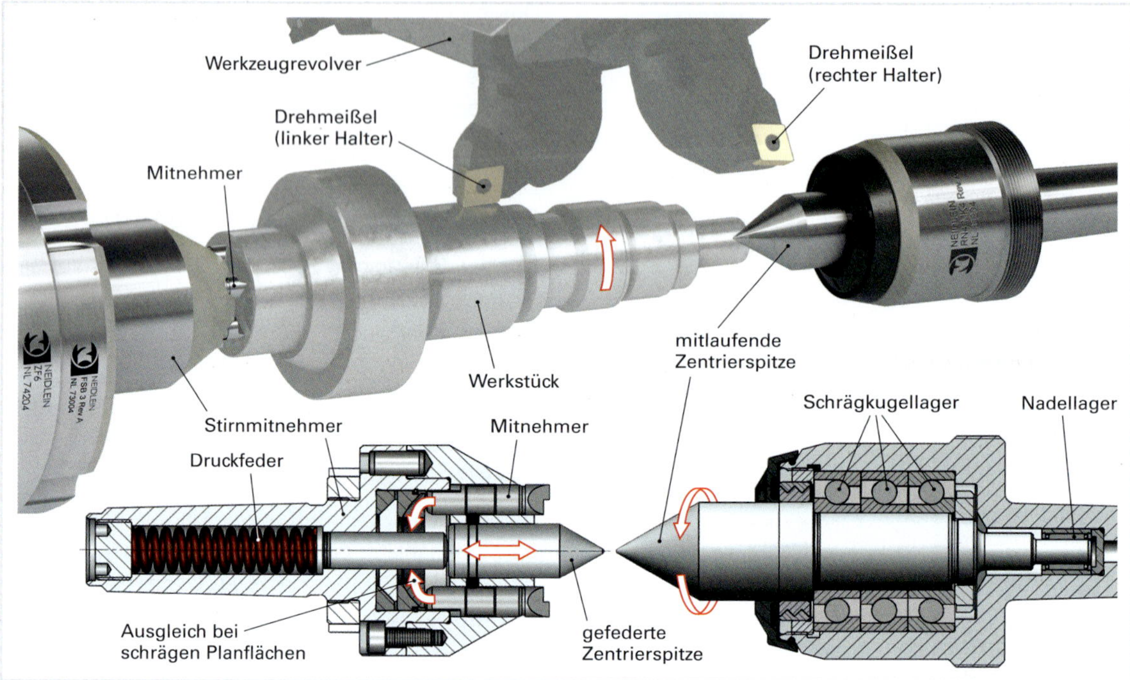

Bild 1: Werkstück eingespannt zwischen Spitzen

// Spannen des Werkstücks im Spannfutter und mit mitlaufender Zentrierspitze

Werkstücke sind häufig nur mit einer kurzen Länge im Spannfutter (vgl. Seite 45) eingespannt. Die größere Länge befindet sich in diesen Fällen außerhalb des Spannfutters. Damit das Werkstück bei der Drehbearbeitung eine ausreichende Stabilität hat, wird es von der rechten Seite mit einer mitlaufenden Zentrierspitze **(Bild 1)** abgestützt.

Für das Einsetzen der Zentrierspitze muss im Werkstück eine Zentrierbohrung nach DIN 332 (vgl. Tabellenbuch Metall) vorhanden sein. Es ergibt sich folgende Reihenfolge für die Drehbearbeitung der rechten Seite des Werkstücks aus Bild 1:

- Werkstück in das Spannfutter möglichst mit einer kurzen Länge außerhalb des Futters einspannen
- Querplandrehen der rechten Stirnseite
- Zentrieren der rechten Stirnseite
- Spannfutter öffnen und mit der zu bearbeitenden Länge aus dem Spannfutter ziehen, danach Festspannen des Werkstücks
- mitlaufende Zentrierspitze in die Zentrierbohrung des Werkstücks einsetzen
- Werkstück auf der rechten Seite längsrunddrehen (schruppen und schlichten)
- Ausspannen des Werkstücks

Zur Bearbeitung der linken Seite wird das Werkstück umgedreht und in der gleichen Schrittfolge wie die rechte Seite gefertigt.

// Spannen des Werkstücks zwischen Spitzen

Soll das Werkstück über die gesamte Länge in einer Aufspannung gedreht werden, erfolgt die Einspannung des Werkstücks zwischen Spitzen (Bild 1). Damit das Drehmoment der Maschine auf das Werkstück übertragen werden kann, drücken gehärtete Zähne (Mitnehmer) gegen die Planseite des Werkstücks.

Das Werkstück befindet sich zwischen der gefederten Zentrierspitze des Stirnmitnehmers und der mitlaufenden Zentrierspitze. Mit dem rechten und linken Drehmeißel kann nun das Werkstück in einer Aufspannung auf beiden Seiten bearbeitet werden. Vorher muss aber das Werkstück beidseitig geplant und zentriert werden.

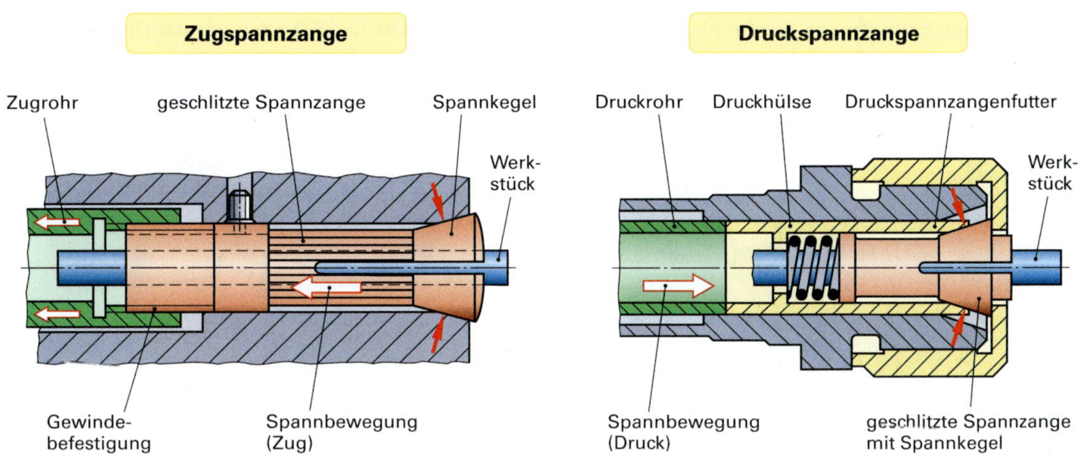

Bild 1: Zug- und Druckspannzange

// Spannzangen

Spannzangen **(Bild 1)** übertragen die Kräfte fast auf den gesamten Werkstückumfang, was für den Rundlauf der Drehteile günstig ist. Die Werkstücke können bei hohen Drehzahlen gefertigt werden.

Spannzangen haben geschlitzte Spannkegel. Durch eine Zug- oder Druckkraft wird die Spannzange mit dem Spannkegel zusammengedrückt. Die Bohrung in der Spannzange muss den gleichen Durchmesser wie das Werkstück haben. Entsprechend müssen bei verschiedenen Werkstückdurchmessern die Spannzangen mit dem geeigneten Durchmesser ausgetauscht werden.

Bei der Zugspannzange erfolgt die Betätigung über ein Zugrohr. Durch das Anziehen des Zugrohrs wird der Kegel der geschlitzten Spannzange in das Gehäuse gezogen und zusammengedrückt. Da die gesamte Spannzange durch das Zugrohr eine axiale Bewegung hat, wird auch das Werkstück beim Spannen geringfügig axial verschoben. Dies muss beim Drehen von Längenmaßen berücksichtigt werden.

Druckspannzangen werden über ein Druckrohr und eine Druckhülse betätigt. Der Spannkegel liegt am Druckspannzangenfutter an und wird durch die Druckhülse gegen das Futter gedrückt. Die Druckhülse drückt den Spannkegel der geschlitzten Spannzange zusammen und spannt das Werkstück.

- Spannzangen sind besonders für Werkstücke mit kleinen Durchmessern geeignet (z. B. Drehen von dünnen Stangen).
- Bei Zugspannzangen wird während des Spannens das Werkstück axial verschoben. Dies muss bei der Drehbearbeitung berücksichtigt werden.
- Druckspannzangen benötigen einen größeren Platzbedarf als Zugspannzangen. Bei ihnen findet aber keine axiale Verschiebung des Werkstücks statt.

Überlegen und beantworten Sie:

1. Erläutern Sie zwei verschiedene Bauweisen von mechanischen Spannfuttern.
2. Begründen Sie, warum bei längeren Werkstücken mitlaufende Zentrierspitzen zusätzlich zum Spannfutter verwendet werden.
3. Verdeutlichen Sie das Prinzip des Stirnmitnehmers.
4. Beschreiben Sie den Unterschied zwischen einer Zug- und einer Druckspannzange.

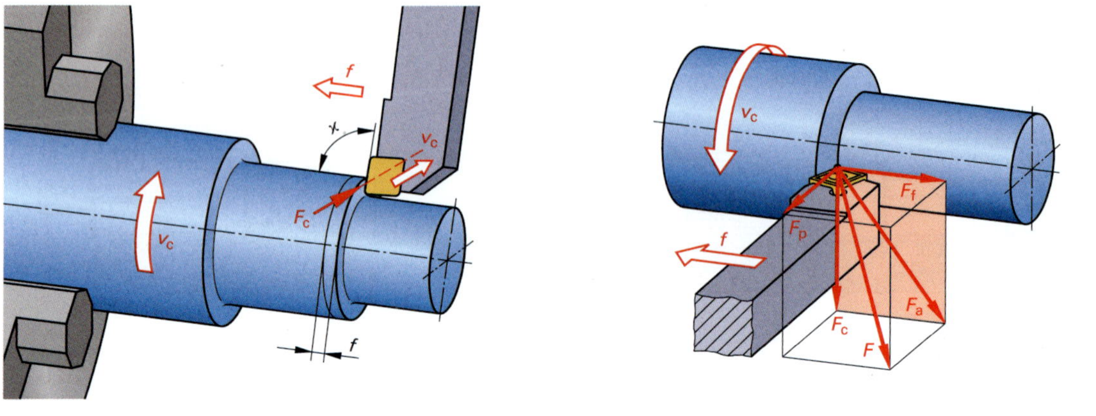

Bild 1: Kräfte beim Drehen

1.2.5 Schnittkraft und Leistung beim Drehen

Bild 1 zeigt die Kräfte, die beim Drehen entstehen. Die Größe der Kräfte ist unabhängig davon, ob es sich um ein konventionelles Drehen vor der Drehmitte oder ein CNC-Drehen hinter der Drehmitte handelt **(vgl. Tabelle 1, Seite 31)**. Die größten Kräfte treten beim Schruppen auf. Daher werden meistens die Zerspankräfte nur für das Schruppen bestimmt.

Die Zerspankraft *F* bildet sich aus Kräften, die aus verschiedenen Richtungen am Drehmeißel wirken.

Die größte auftretende Kraft ist hierbei die Schnittkraft F_c, die tangential mit der Schnittgeschwindigkeit v_c am Werkstück wirkt. Durch die axiale Bewegung des Drehmeißels mit dem Vorschub *f* wirkt die Vorschubkraft F_f. Die Schnitt- und die Vorschubkraft bilden zusammen die Aktivkraft F_a.

In der radialen Richtung, in der auch die Schnitttiefe a_p für den Drehmeißel eingestellt wurde, wirkt die Passivkraft F_p, die den Drehmeißel vom Werkstück wegdrückt. Die Aktiv- und die Passivkraft bilden zusammen die Zerspankraft *F* **(Bild 1, rechtes Bild)**.

Da die Schneide meistens schräg zum Werkstück mit dem Einstellwinkel κ steht, entsteht ein rautenförmiger **Spanungsquerschnitt *A***. Die Seite *b* der Raute wird als **Spanungsbreite *b*** bezeichnet. Bildet man eine Senkrechte auf der Schneide, so ergibt sich die **Spanungsdicke *h* (Bild 2)**.

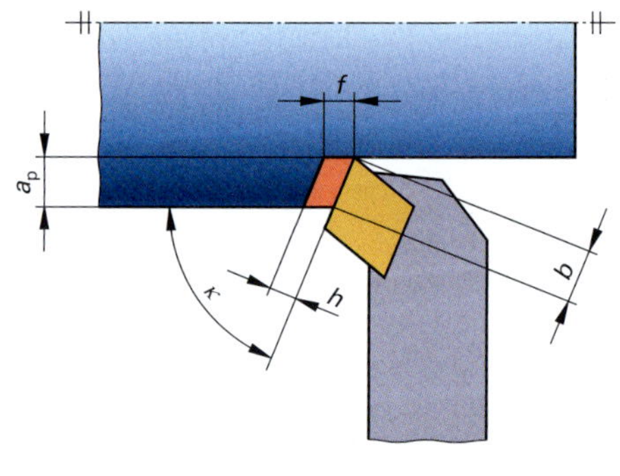

Bild 2: Spanungsquerschnitt *A*

Spanungsquerschnitt *A*

Zur Auslegung einer Drehmaschine wird meistens nur die Schnittkraft F_c herangezogen.

Maßgeblich für die Größe der Schnittkraft F_c ist der Spanungsquerschnitt *A*.

$$A = a_p \cdot f = b \cdot h$$

Spanungsdicke *h*

Da meistens nur der Vorschub *f* und der Einstellwinkel κ bekannt sind, kann über die Sinusfunktion die Spanungsdicke *h* berechnet werden.

$$h = f \cdot \sin \kappa$$

// Spezifische Schnittkraft k_c

Zur Berechnung der Schnittkraft F_c wird die spezifische Schnittkraft k_c benötigt. Sie ist die Kraft, die sich ergibt, wenn ein Werkstück mit dem Spanungsquerschnitt $A = 1\ mm^2$ bei der jeweils eingestellten Spanungsdicke h gedreht wird.

Spezifische Schnittkraft k_c

Berechnet wird die spezifische Schnittkraft k_c aus dem Werkstoffbasiswert $k_{c1.1}$ und der Werkstoffkonstante m_c **(Tabelle 1)**. Basiswerte für $k_{c1.1}$ und m_c können für weitere Werkstoffe aus dem Tabellenbuch Metall entnommen werden.

$$k_c = \frac{k_{c\,1.1}}{h^{m_c}}$$

$k_{c1.1}$ spezifische Schnittkraft bei $A = 1\ mm^2$ mit h und $b = 1$ mm
h Spanungsdicke
m_c Werkstoffkonstante

// Schnittkraft F_c

Die Schnittkraft F_c ergibt sich aus der spezifischen Schnittkraft k_c und dem Spanungsquerschnitt A. Da sich die Schnittkraft je nach Schneidstoff und stumpfer werdender Schneide verändern kann, werden die Korrekturfaktoren C_1 und C_2 berücksichtigt.

Schnittkraft F_c

$$F_c = A \cdot k_c \cdot C_1 \cdot C_2$$

Korrekturfaktoren:

$C_1 = 1{,}2$ Schnellarbeitsstahl
$C_1 = 1{,}0$ Hartmetall
$C_1 = 0{,}9$ Schneidkeramik
$C_2 = 1{,}3$ mit Abstumpfung
$C_2 = 1{,}0$ ohne Abstumpfung

// Schnittleistung P_c

Die Schnittleistung P_c berechnet sich aus der Schnittkraft F_c und der Schnittgeschwindigkeit v_c. Sie ist die Leistung, die direkt an der Schneide benötigt wird. Bei der Berechnung der Schnittleistung P_c ist darauf zu achten, dass die Schnittgeschwindigkeit v_c von der Einheit m/min in die Einheit m/s umgerechnet werden muss.

Schnittleistung P_c

$$P_c = F_c \cdot v_c$$

F_c Schnittkraft in N
v_c Schnittgeschwindigkeit in $\frac{m}{s}$
P_c Schnittleistung in $W = \frac{N \cdot m}{s}$

// Benötigte Antriebsleistung der Drehmaschine P_1

Zwischen der Schneide des Werkzeugs und dem Antriebsmotor der Drehmaschine befinden sich mechanische Komponenten (Gleit- und Wälzlager, Getriebe u.a.). Durch diese Komponenten treten Leistungsverluste auf, die über den Wirkungsgrad η berücksichtigt werden. Die benötigte Antriebsleistung P_1 darf die Nennleistung P_N des Antriebmotors nicht überschreiten.

Benötigte Antriebsleistung P_1

$$P_1 = \frac{P_c}{\eta}$$

Wirkungsgrad η:

$\eta = 0{,}7–0{,}8$ konventionelle Drehmaschine

$\eta = 0{,}8–0{,}85$ CNC- Drehmaschine

Tabelle 1: Basiswerte zur Ermittlung der spezifischen Schnittkraft k_c

Werkstoff	Basiswerte	
	$k_{c1.1}$ in N/mm^2	m_c
S235JR	1780	0,17
11SMnPB30	1200	0,18
C15	1820	0,22
16MnCr5	2100	0,26
C35	1516	0,27
42CrMo4	2500	0,26

Beispiel

Der Gewindebolzen aus dem Werkstoff 11SMnPb30 **(Bild 1)** soll auf einer CNC-Drehmaschine mit eine Nennleistung von 12 kW gefertigt werden. Der Wirkungsgrad η der CNC-Drehmaschine beträgt 86 %.

Für das Schruppen des Gewindebolzens wurden bereits im Kapitel 1.2 die Schnittgrößen festgelegt **(vgl. Arbeitsplan, Tabelle 1, Seite 33)**.

Es wurden folgende Werte ermittelt:

- Schnittgeschwindigkeit $v_c = 200\,\frac{m}{min}$
- Schnittgeschwindigkeit umgerechnet in $\frac{m}{s}$:
  $v_c = 200\,\frac{m}{min} = 200\,\frac{m}{60\,s} = 3{,}33\,\frac{m}{s}$
- Vorschub $f = 0{,}4$ mm
- Schnitttiefe $a_p = 4$ mm

Der Einstellwinkel des Schruppdrehmeißels beträgt $\kappa = 95°$.

Bild 1: Schruppen des Gewindebolzens

a) Berechnen Sie die Schnittkraft F_c für das Schruppen des Gewindebolzens.

b) Bestimmen Sie die Schnittleistung P_c.

c) Überprüfen Sie, ob die Nennleistung der CNC-Drehmaschine bei den verwendeten Schnittgrößen ausreicht.

Lösung

a) **Berechnung der Schnittkraft F_c**

Spanungsquerschnitt A

$A = a_p \cdot f = 3\text{ mm} \cdot 0{,}4\text{ mm} = 1{,}2\text{ mm}^2$

Spanungsdicke h

$h = f \cdot \sin\kappa = 0{,}4\text{ mm} \cdot \sin 95° = 0{,}4\text{ mm}$

Basiswerte für die spezifische Schnittkraft

Für den Automatenstahl 11SMnPB30 können aus **Tabelle 1, Seite 49** folgende Basiswerte abgelesen werden:

$k_{c1.1} = 1200\text{ N/mm}^2$

$m_c = 0{,}18$

Spezifische Schnittkraft k_c

$$k_c = \frac{k_{c1.1}}{h^{m_c}} = \frac{1200\,\frac{N}{mm^2}}{0{,}4^{0{,}18}} = 1415\,\frac{N}{mm^2}$$

Korrekturfaktoren C_1 und C_2

Das Schruppen des Gewindebolzens wird mit einer neuen Schneidplatte aus Hartmetall durchgeführt. Daraus ergeben sich die Korrekturfaktoren $C_1 = 1{,}0$ und $C_2 = 1{,}0$.

Schnittkraft F_c

$F_c = A \cdot k_{c1.1} \cdot C_1 \cdot C_2$

$F_c = 1{,}2\text{ mm}^2 \cdot 1415\,\frac{N}{mm^2} \cdot 1{,}0 \cdot 1{,}0$

$F_c = 1698\text{ N}$

b) **Bestimmung der Schnittleistung P_c**

$P_c = F_c \cdot v_c = 1698\text{ N} \cdot 3{,}33\,\frac{m}{s} = 5660\text{ W}$

c) **Überprüfung der Nennleistung der CNC-Drehmaschine**

Benötigte Antriebsleistung P_1

$$P1 = \frac{P_c}{\eta} = \frac{5660\text{ W}}{0{,}86} = 6581{,}4\text{ W}$$

Die Nennleistung der CNC-Drehmaschine beträgt $P = 12$ kW. Die für das Schruppen des Gewindebolzens benötigte Antriebsleistung von ca. $P_1 = 6{,}6$ kW reicht somit aus.

Überlegen und beantworten Sie:

Die Drehbearbeitung des Spannkegels **(Bild 1)** aus dem Werkstoff 42CrNo4 soll auf einer konventionellen Drehmaschine durchgeführt werden. Die Drehmaschine hat einen Wirkungsgrad $\eta = 0{,}75$ bei einer Nennleistung $P_N = 6$ kW.

Im Eingangslager befindet sich noch ein abgesägter Rundstab mit einem Durchmesser von 70 mm. Sie sollen diesen Rundstab auf einem Durchmesser von 55 mm schruppen. Dazu steht Ihnen ein Schruppdrehmeißel mit einer Wendeschneidplatte aus Hartmetall und einem Einstellwinkel $\kappa = 60°$ zur Verfügung.

Für das Schruppen auf den Durchmesser von 55 mm soll die Schnittgeschwindigkeit von 80 m/min verwendet werden. Der Vorschub soll $f = 0{,}5$ mm und die Schnitttiefe $a_p = 4$ mm betragen.

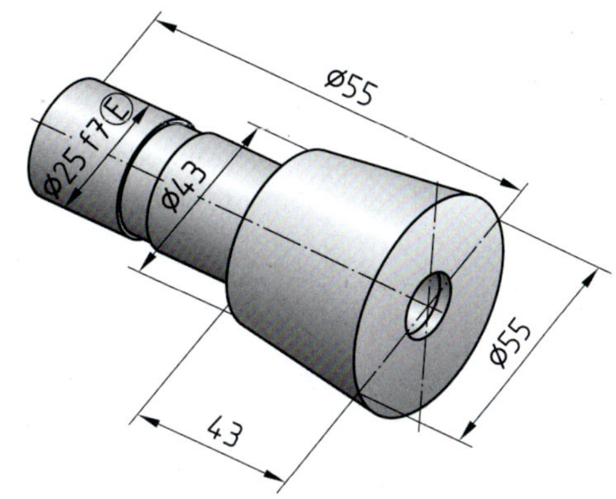

Bild 1: Spannkegel

1. Berechnen Sie die Schnittkraft F_c für das Schruppen des Spannkegels.
2. Bestimmen Sie die Schnittleistung P_c.
3. Überprüfen Sie, ob die Nennleistung der konventionellen Drehmaschine bei den vorgegebenen Schnittgrößen ausreicht.

1.2.6 Zeitermittlung beim Drehen

Für die Zeitermittlung beim Drehen müssen unterschiedliche Zeiten bestimmt werden, die dann zusammen die gesamte Zeit für einen Fertigungsauftrag ergeben.

Die **Hauptnutzungszeit t_h** wird beim Drehen als die Zeit bezeichnet, in der das Werkzeug mit dem eingestellten Vorschub an dem Werkstück entlangfährt. Es ist also der Zeitanteil der Fertigung, in der das Werkstück unmittelbar in seiner Form verändert wird.

Alle Zeiten, die auch zur Fertigung des Werkstücks beitragen, aber bei denen nicht unmittelbar die Form des Werkstücks verändern wird, werden als **Nebenzeiten t_n** bezeichnet. Zu den Nebenzeiten zählen beim Drehen z. B. der Verfahrweg des Werkzeugs im Eilgang, das Ein-, Aus- und Umspannen des Werkstücks, der Werkzeugwechsel sowie das Prüfen des Werkstücks.

Die Summe aller Hauptnutzungs- und Nebenzeiten zuzüglich einer **Verteilzeit t_v** und einer **Erholzeit t_{er}** ergibt dann die gesamte Zeit, die für das Drehen eines Werkstücks anfällt. Die Zeit wird auch als Stückzeit oder **Zeit je Einheit t_e** bezeichnet.

Wird die Stückzeit mit der **Anzahl der Werkstücke m** multipliziert, die für einen Fertigungsauftrag produziert werden sollen, erhält man die **Ausführungszeit t_a**.

Das Einrichten des Arbeitsplatzes wird auch als Rüsten bezeichnet. Die Zeit hierfür wird mit **Rüstzeit t_r** angegeben. Während die Ausführungszeit t_a von der Anzahl der zu produzierenden Werkstücke abhängig ist, ist die Rüstzeit t_r unabhängig davon und wird nur einmal pro Fertigungsauftrag veranschlagt.

Rüstzeit t_r und Ausführungszeit t_a ergeben zusammen die **Auftragszeit T**, die an der Drehmaschine anfällt. Findet der Fertigungsauftrag rein automatisiert statt, spricht man von einer **Belegungszeit T_B**.

Zeit je Einheit t_e

$$t_e = (t_h + t_n) + t_v + t_{er}$$

Ausführungszeit t_a

$$t_a = m \cdot t_e$$

Auftragszeit T

$$T = t_r + t_a$$

Lernfeld 5

Die Zeitermittlung hat für die Auftragsplanung und Arbeitsvorbereitung einen großen Stellenwert. Sie ist wichtig für die Kalkulation und Fertigungssteuerung. Je genauer die Zeit im Vorfeld der Produktion ermittelt wird, desto besser kann der Preis kalkuliert und die Belegung der Maschinen und Arbeitsplätze geplant werden. Mit der Kenntnis der Auftrags- bzw. Belegungszeit kann dem Kunden ein konkretes Lieferdatum mitgeteilt werden.

Hauptnutzungszeit t_h beim Querplandrehen

$$t_h = \frac{L \cdot i}{n \cdot f} \qquad i \geq \frac{\Delta l}{a_p}$$

$$\Delta l = l_{roh} - l_{fertig}$$

Δl zu planende Werkstücklänge
a_p Schnitttiefe beim Querplandrehen

// Hauptnutzungszeit t_h beim Querplandrehen

Für die Berechnung der **Hauptnutzungszeit t_h** beim Querplandrehen sind der **Vorschubweg *L***, die **Anzahl der Schnitte *i***, die mit diesem Vorschubweg durchgeführt werden, sowie die **Drehzahl *n*** als auch der **Vorschub *f*** zu bestimmen.

Die **Anzahl der Schnitte *i*** ergibt sich aus der zu planenden Länge Δl und wird immer ganzzahlig aufgerundet.

Die Länge des Vorschubwegs *L* beim Querplandrehen hängt davon ab, ob ein Voll- oder Hohlzylinder geplant werden soll.

Querplandrehen eines Vollzylinders

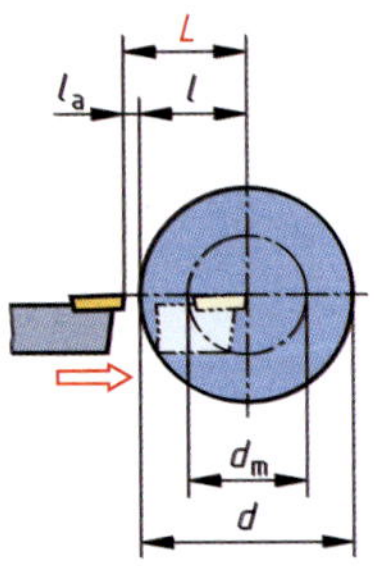

Vorschubweg *L*

$$L = \frac{d}{2} + l_a$$

Drehzahl *n*[1]

$$n = \frac{v_c}{\pi \cdot d_m}$$

mittlerer Durchmesser d_m

$$d_m = \frac{d}{2}$$

d Außendurchmesser
d_m mittlerer Durchmesser
l Werkstücklänge
l_a Anlaufweg l_a = 1 ... 2 mm
v_c Schnittgeschwindigkeit

Querplandrehen eines Hohlzylinders

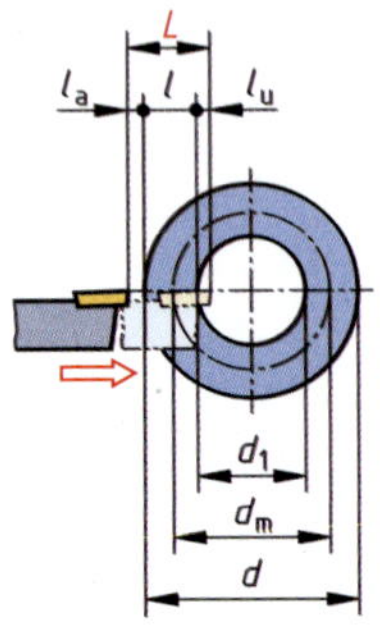

Vorschubweg *L*

$$L = \frac{d - d_1}{2} + l_a + l_u$$

Drehzahl *n*[1]

$$n = \frac{v_c}{\pi \cdot d_m}$$

mittlerer Durchmesser d_m

$$d_m = \frac{d + d_1}{2}$$

d Außendurchmesser
d_1 Bohrungsdurchmesser
d_m mittlerer Durchmesser
l Werkstücklänge
l_a Anlaufweg l_a = 1 ... 2 mm
l_u Überlaufweg l_u = 1 ... 2 mm
v_c Schnittgeschwindigkeit

[1] Die Verwendung des mittleren Durchmessers d_m führt zu höheren Schnittgeschwindigkeiten. Dadurch ist gewährleistet, dass bei konstanter Drehzahl die Schnittgeschwindigkeit bei kleiner werdendem Durchmesser immer noch eine annehmbare Größe hat.

// Hauptnutzungszeit t_h beim Längsrunddrehen (Schruppen)

Für die Berechnung der **Hauptnutzungszeit t_h** beim Längsrunddrehen wird zwischen dem Drehen ohne Ansatz und mit Ansatz unterschieden.

Beim **Längsrunddrehen ohne Ansatz** wird die vollständige Werkstücklänge geschruppt. Das Werkstück darf hierbei nicht auf dem zu drehenden Zylinder im Dreibackenfutter eingespannt sein, da dann das Werkstück nur bis zu den Spannbacken gedreht werden kann. Soll die vollständige Werkstücklänge gedreht werden, wird das Werkstück meistens zwischen Spitzen eingespannt (vgl. Seite 46).

Beim **Längsrunddrehen ohne Ansatz** wird zu dem Anlaufweg l_a und der Werkstücklänge l der Überlaufweg l_u berücksichtigt.

Beim **Längsrunddrehen mit Ansatz** wird für den **Vorschubweg L** nur der Anlaufweg l_a und die Werkstücklänge l des Ansatzes einbezogen.

Hauptnutzungszeit t_h beim Längsrunddrehen

$$t_h = \frac{L \cdot i}{n \cdot f} \qquad i \geq \frac{d_a - d_e}{2 \cdot a_p}$$

f Vorschub
d_a Ausgangsdurchmesser
d_e Enddurchmesser
a_p Schnitttiefe beim Längsrunddrehen

Für die Berechnung der **Drehzahl n** wird der Anfangsdurchmesser d_a des jeweiligen Ansatzes zugrunde gelegt. Er entspricht beim Schruppen dem ersten Außendurchmesser vor der Bearbeitung.

Die **Anzahl der Schnitte i** berechnet sich aus dem Anfangsdurchmesser d_a des Ansatzes und dem Enddurchmesser d_e, auf dem der Ansatz geschruppt wird. Die Anzahl der Schnitte i wird immer ganzzahlig aufgerundet.

Längsrunddrehen ohne Ansatz

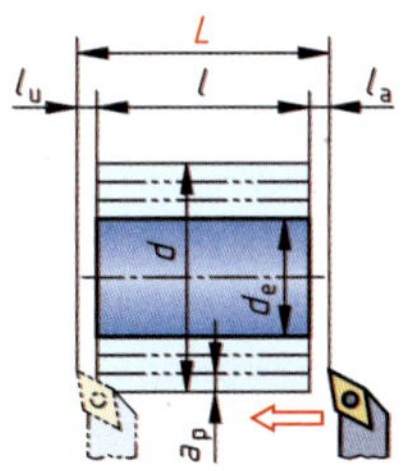

Vorschubweg L

$$L = l + l_a + l_u$$

Drehzahl n[1)]

$$n = \frac{v_c}{\pi \cdot d}$$

d Außendurchmesser
d_a Anfangsdurchmesser
d_e Enddurchmesser
l Werkstücklänge
l_a Anlaufweg $l_a = 1 \ldots 2$ mm
l_u Überlaufweg $l_u = 1 \ldots 2$ mm
v_c Schnittgeschwindigkeit

Längsrunddrehen mit Ansatz

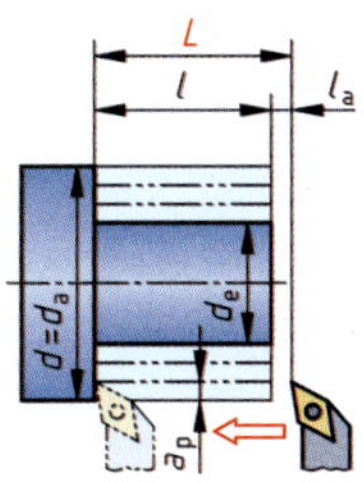

Vorschubweg L

$$L = l + l_a$$

Drehzahl n[1)]

$$n = \frac{v_c}{\pi \cdot d}$$

d Außendurchmesser
d_a Anfangsdurchmesser
d_e Enddurchmesser
l Werkstücklänge
l_a Anlaufweg $l_a = 1 \ldots 2$ mm
v_c Schnittgeschwindigkeit

[1)] Beim Drehen mit einer konstanten Schnittgeschwindigkeit kann auch für eine genauere Zeitermittlung mit einem mittleren Durchmesser d_m (siehe Schlichten) gerechnet werden.

// Hauptnutzungszeit beim Konturdrehen (Schlichten)

Die Fertigbearbeitung des Werkstücks erfolgt durch das Konturdrehen. Der Drehmeißel schlichtet das Werkstück in einem Schnitt von der Drehmitte oder dem kleinsten Ansatz und fährt dabei die gesamte Kontur bis zum größten Durchmesser entlang.

Der **Vorschubweg *L*** ergibt sich durch die Addition der Teilstrecken einschließlich des Anlauf- und Überlaufwegs.

Hauptnutzungszeit t_h beim Konturdrehen

$$t_h = \frac{L \cdot i}{n \cdot f}$$

i Anzahl der Schritte $i = 1$
f Vorschub

Für die **Drehzahl *n*** wird ein mittlerer Durchmesser d_m berücksichtigt, der sich aus dem Mittelwert des Anfangs- und Enddurchmessers des Drehteils ergibt.

Konturdrehen (Schlichten)

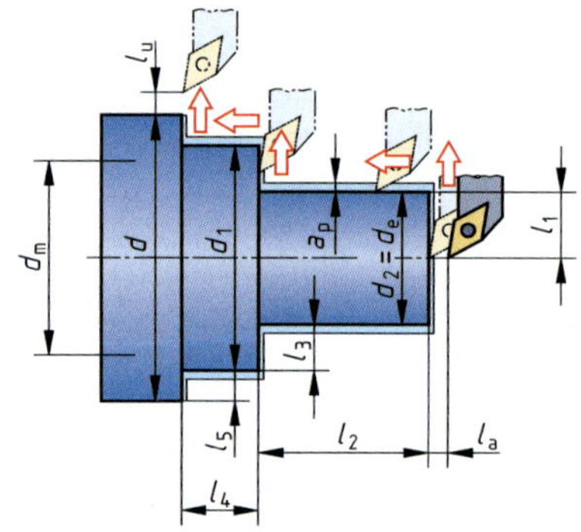

Vorschubweg *L*

$$L = l_a + l_1 + l_2 + l_3 + \ldots + l_u$$

Drehzahl *n*

$$n = \frac{v_c}{\pi \cdot d_m}$$

mittlerer Durchmesser d_m

$$d_m = \frac{d + d_e}{2}$$

d Außendurchmesser
d_e Enddurchmesser
l_a Anlaufweg $l_a = 1 \ldots 2$ mm

Überlegen und beantworten Sie:

1. Erläutern Sie den Unterschied zwischen der Hauptnutzungszeit t_h und der Nebenzeit t_n.
2. Aus welchen Zeitanteilen setzt sich die Zeit je Einheit t_e zusammen?
3. Verdeutlichen Sie den Unterschied zwischen der Ausführungszeit t_a und der Rüstzeit t_r.
4. Beschreiben Sie den Unterschied zwischen der Auftragszeit *T* und der Belegungszeit T_B.
5. Geben Sie an, für welche Bereiche eines Betriebs die Ermittlung der Auftragszeit *T* notwendig ist.
6. Das Stangenmaterial mit dem Durchmesser $d = 80$ mm soll von einer Ausgangslänge $l = 75$ mm auf die Endlänge $l = 70$ mm geplant werden. Die Schnitttiefe zum Querplandrehen beträgt 1,5 mm. Ermitteln Sie die Anzahl der Schnitte für das Querplandrehen des Stangenmaterials.
7. Begründen Sie, warum beim Querplandrehen die Drehzahl mit dem mittleren Durchmesser berechnet wird.
8. Wodurch unterscheidet sich der Vorschubweg beim Querplandrehen eines Vollzylinders zum Querplandrehen eines Hohlzylinders?

Beispiel

Für das Querplan-, Längsrund- und Konturdrehen des Gewindebolzens **(Bild 1)** auf einer CNC-Drehmaschine soll die Hauptnutzungszeit ermittelt werden.

Das Stangenmaterial aus dem Werkstoff 42CrMo4 hat einen Ausgangsdurchmesser von $d = 42$ mm.

Für das Querplandrehen beträgt die zu planende Länge $\Delta l = 3$ mm. Rundungen und Fasen können vernachlässigt werden.

Folgende Schnittgrößen wurden ermittelt:

- **Querplandrehen**
  Schnittgeschwindigkeit $v_c = 250$ m/min
  Vorschub $f = 0{,}2$ mm
  Schnitttiefe $a_p = 1$ mm
- **Längsrunddrehen**
  Schnittgeschwindigkeit $v_c = 200$ m/min
  Vorschub $f = 0{,}4$ mm
  Schnitttiefe $a_p = 3$ mm
- **Konturdrehen**
  Schnittgeschwindigkeit $v_c = 300$ m/min
  Vorschub $f = 0{,}1$ mm
  Schnitttiefe $a_p = 0{,}5$ mm

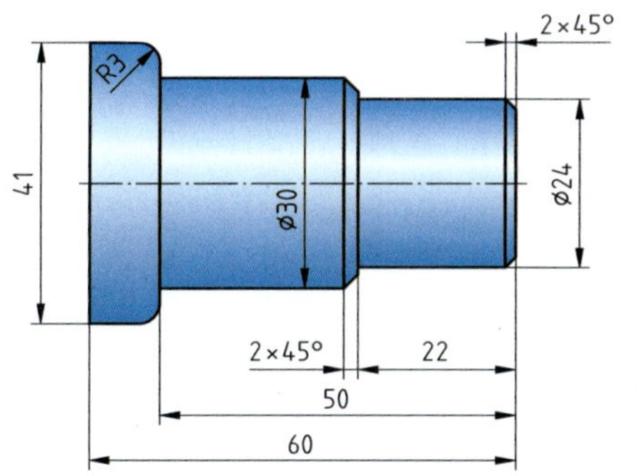

Bild 1: Gewindebolzen

a) Ermitteln Sie die Hauptnutzungszeit zum Querplandrehen des Stangenmaterials.

b) Berechnen Sie die Hauptnutzungszeit zum Längsrunddrehen des Gewindebolzens.

c) Bestimmen Sie die Hauptnutzungszeit zum Konturdrehen des Gewindebolzens.

Lösung

a) **Querplandrehen des Stangenmaterials**

$$L = \frac{d}{2 + l_a} = \frac{42\text{ mm}}{2} + 2\text{ mm} = 23\text{ mm}$$

$$d_m = \frac{d}{2} = \frac{42\text{ mm}}{2} = 21\text{ mm}$$

$$n = \frac{v_c}{\pi \cdot d_m} = \frac{250\text{ m/min}}{\pi \cdot 0{,}021\text{ m}} = 3789\text{ min}^{-1}$$

$$i \geq \frac{\Delta l}{a_p} = \frac{3\text{ mm}}{1\text{ mm}} = 3$$

$$t_{h1} = \frac{L \cdot i}{n \cdot f} = \frac{23\text{ mm} \cdot 3}{3789\text{ min}^{-1} \cdot 0{,}2\text{ mm}} = 0{,}09\text{ min}$$

b) **Längsrunddrehen des Gewindebolzens**

$$L_1 = l_1 + l_a = 50\text{ mm} + 2\text{ mm} = 52\text{ mm}$$
$$L_2 = l_2 + l_a = 22\text{ mm} + 2\text{ mm} = 44\text{ mm}$$

$$i_1 \geq \frac{d_a - d_e}{2 \cdot a_p} = \frac{42\text{ mm} - 31\text{ mm}}{2 \cdot 3\text{ mm}} = 2$$

$$i_1 \geq \frac{d_a - d_e}{2 \cdot a_p} = \frac{31\text{ mm} - 25\text{ mm}}{2 \cdot 3\text{ mm}} = 1$$

$$d_m = \frac{d_a + d_e}{2} = \frac{42\text{ mm} + 25\text{ mm}}{2}$$

$$d_m = 33{,}5\text{ mm}$$

$$n = \frac{v_c}{\pi \cdot d_m} = \frac{200\text{ m/min}}{\pi \cdot 0{,}0335\text{ m}} = 1900\text{ min}^{-1}$$

$$t_{h2} = \frac{L_1 \cdot i_1 + L_2 \cdot i_2}{n \cdot f} = \frac{52\text{ mm} \cdot 2 + 44\text{ mm} \cdot 1}{1900\text{ min}^{-1} \cdot 0{,}4\text{ mm}}$$

$$t_{h2} = 0{,}19\text{ min}$$

c) **Konturdrehen des Gewindebolzens**

$$L = l_a + l_1 + l_2 + l_3 + l_4 + l_5 + l_5$$
$$L = (2 + 22 + 3 + 28 + 5{,}5 + 10 + 2)\text{ mm}$$
$$L = 72{,}5\text{ mm}$$

$$d_m = \frac{d + d_e}{2} = \frac{41\text{ mm} + 24\text{ mm}}{2} = 32{,}5\text{ mm}$$

$$n = \frac{v_c}{\pi \cdot d} = \frac{300\text{ min}^{-1}}{\pi \cdot 0{,}0325} = 2938\text{ min}^{-1}$$

$$t_{h3} = \frac{L \cdot i}{n \cdot f} = \frac{72{,}5 \cdot 1}{2938\text{ min}^{-1} \cdot 0{,}1\text{ mm}} = 0{,}25\text{ min}$$

Überlegen und beantworten Sie:

Der Schneidstempel aus dem Werkstoff C45 für einen Papierlocher soll auf einer konventionellen Drehmaschine gefertigt werden. Für An- und Überlaufwege sind jeweils 2 mm vorgesehen.

Folgende Schnittgrößen sind zu verwenden:

- Querplandrehen:
  v_c = 180 m/min,
  f = 0,13 mm,
  a_p = 1,5 mm
- Längsrunddrehen (Schruppen):
  v_c = 120 m/min,
  f = 0,3 mm,
  a_p = 3 mm
- Konturdrehen (Schlichten):
  v_c = 220 m/min,
  f = 0,1 mm,
  a_p = 0,5 mm

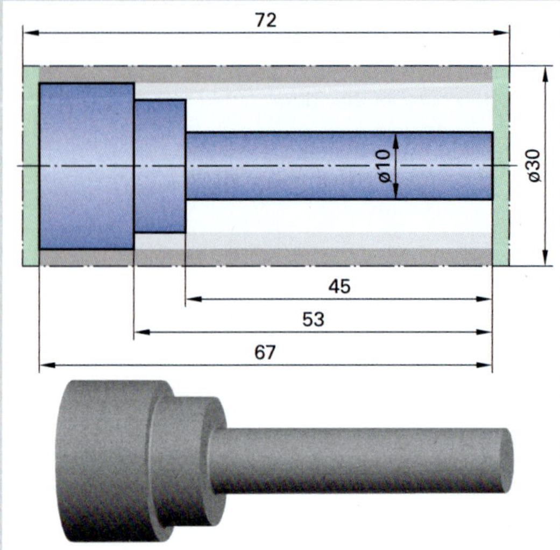

Der Arbeitsplan sieht folgende Arbeitsschritte vor:

- Querplandrehen der linken Seite des Rohteils mit dem Durchmesser d = 30 mm
- Querplandrehen der rechten Seite des Rohteils mit dem Durchmesser d = 30 mm
- Schruppen von Ø 30 auf Ø 26 (1 mm Ø -Aufmaß zum Schlichten)
- Schruppen von Ø 26 auf Ø 21 (1 mm Ø -Aufmaß zum Schlichten)
- Schruppen von Ø 21 auf Ø 11 (1 mm Ø -Aufmaß zum Schlichten)
- Konturdrehen (Schlichten) von Ø 10 bis Ende Ø 25

1. Zum Querplandrehen der rechten und linken Seite wird das Rohteil mit dem Durchmesser d = 30 mm im Dreibackenfutter eingespannt. Die zu planende Länge Δl soll so aufgeteilt werden, dass die Anzahl der Schnitte für beide Seiten gleich groß ist.

a) Berechnen Sie den Vorschubweg L und die mittlere Drehzahl d_m zum Planen der linken Seite.
b) Bestimmen Sie die Hauptnutzungszeit zum Planen der linken Seite.
c) Ermitteln Sie die Hauptnutzungszeit zum Planen der rechten Seite.

2. Bevor die Schruppbearbeitung erfolgt, werden direkt nach dem Planen Zentrierbohrungen an den beiden Seiten gebohrt. Anschließend wird das Werkstück zwischen Spitzen und einem Stirnmitnehmer (vgl. Seite 46) eingespannt. Die Drehzahl soll für alle Durchmesser konstant bleiben.

a) Bestimmen Sie die Vorschubwege L und die Anzahl der Schnitte i zum Schruppen der Durchmesser.
b) Berechnen Sie die Drehzahl zum Schruppen.
c) Ermitteln Sie die Hauptnutzungszeit zum Schruppen der drei Durchmesser.

3. Das Konturdrehen (Schlichten) beginnt ab Ø 10, da die Flächen beim Querplandrehen bereits fertig gedreht wurden.

a) Bestimmen Sie den Vorschubweg zum Konturdrehen des Werkstücks.
b) Berechnen Sie die mittlere Drehzahl d_m für das Konturdrehen.
c) Ermitteln Sie die Hauptnutzungszeit zum Konturdrehen des Werkstücks.

4. Geben Sie die gesamte Hauptnutzungszeit für alle Arbeitsschritte an.

1.2.7 Drehmaschinen

// Einteilung der Drehmaschinen

Drehmaschinen werden meistens nach ihrer Bauweise **(Bild 1)** und ihrem Automatisierungsgrad eingeteilt. Häufig wird zwischen der Art des Maschinenbetts (z. B. Flachbett- oder Schrägbettmaschine) und der Lage oder der Anzahl der Spindeln (z. B. Senkrecht- oder Mehrspindel-Drehmaschine) unterschieden.

Hinsichtlich des Automatisierungsgrads werden Drehmaschinen in konventionelle und CNC-Drehmaschinen eingeteilt (vgl. folgende Seiten).

Die Auswahl einer Drehmaschine hängt im Wesentlichen von der Größe (Durchmesser und Länge) sowie dem Gewicht des Werkstücks, der zu verwendenden Drehverfahren, der zu erzielenden Qualität und der Anzahl der zu produzierenden Werkstücke ab.

Kenngrößen für die Auswahl einer Drehmaschine:

- maximaler Drehdurchmesser des Werkstücks
- maximale Drehlänge des Werkstücks
- Spindeldurchlass (Hohlspindel zum Drehen von Stangenmaterial)
- Antriebsleistung
- maximale Spindeldrehzahl
- Anzahl der Werkzeugträger
- Anzahl der verfügbaren Werkzeugplätze
- Anzahl der zur Verfügung stehenden Achsen der Drehmaschine

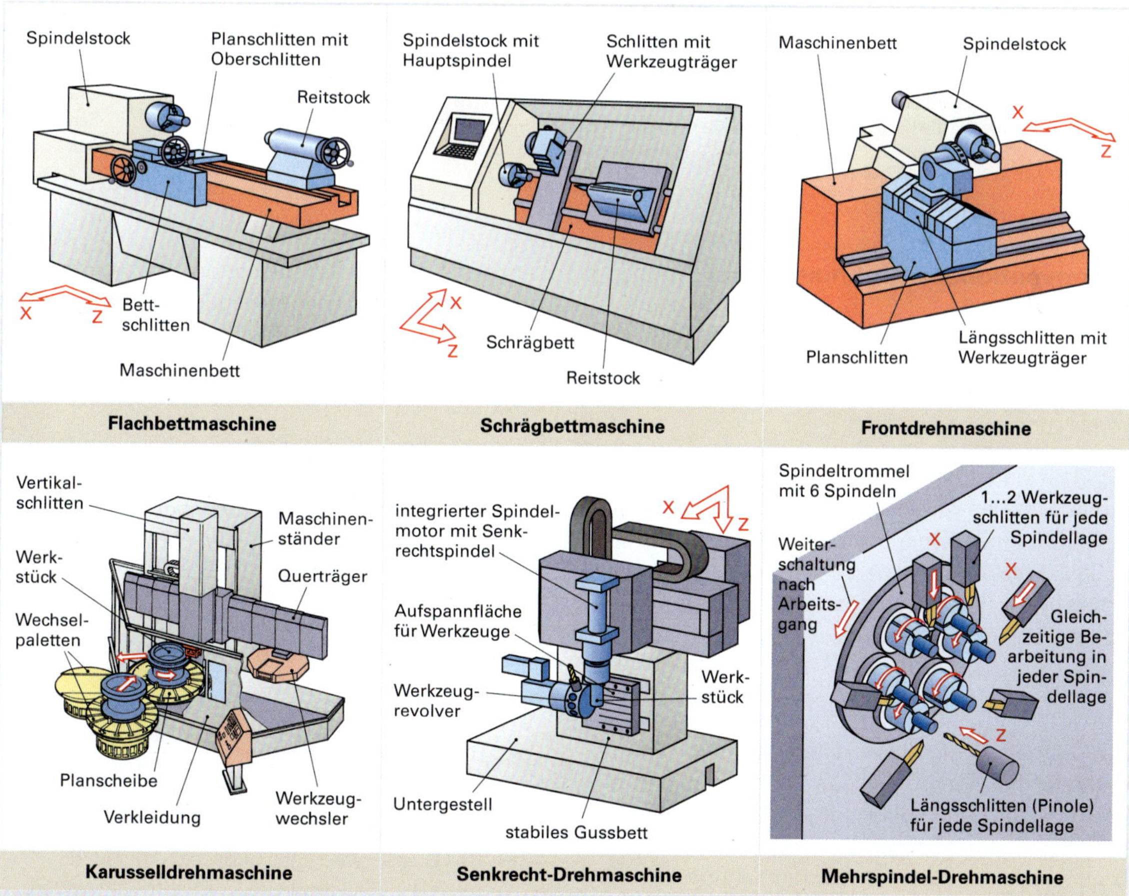

Bild 1: Arten von Drehmaschinen

Lernfeld 5

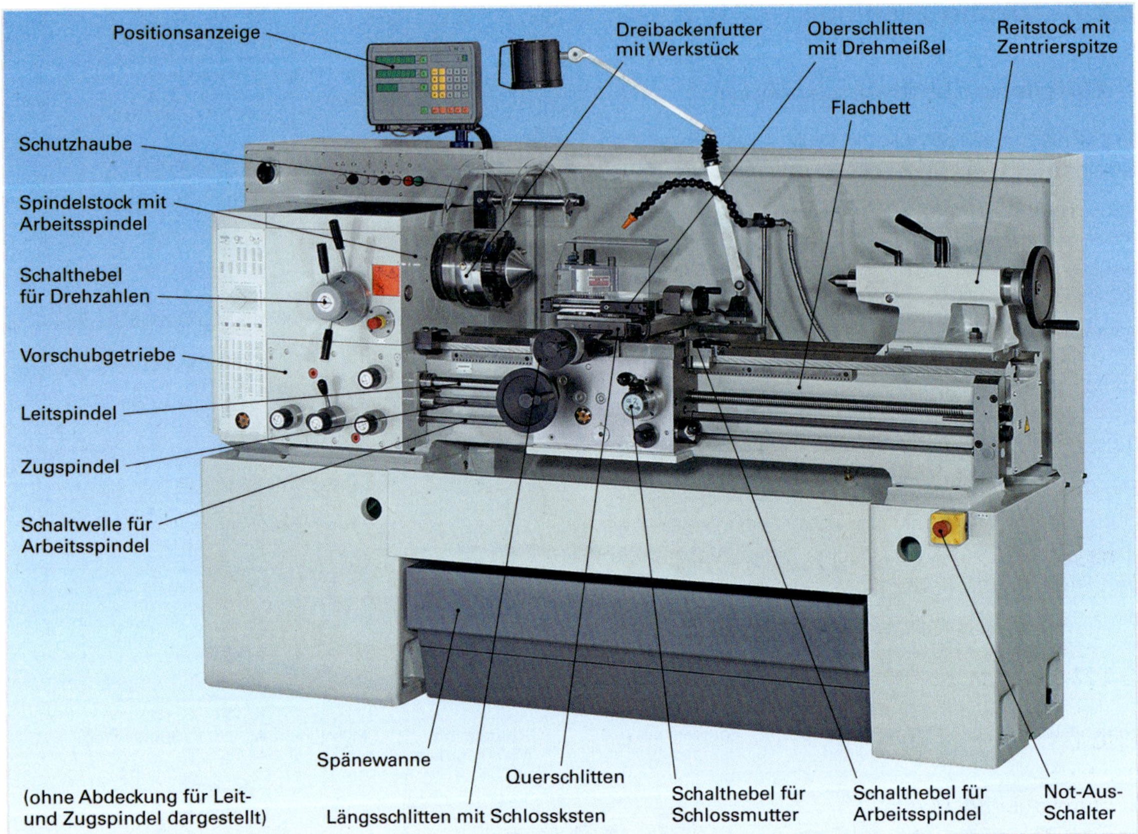

Bild 1: Konventionelle Drehmaschine mit Stufengetriebe

// Konventionelle Drehmaschinen

Konventionelle Drehmaschinen **(Bild 1)** besitzen meistens ein Flachbett und werden in der Einzel- und Kleinserienfertigung sowie im Werkzeug- und Vorrichtungsbau eingesetzt.

Für das Einrichten (Rüsten) der konventionellen Drehmaschinen ist häufig nur ein geringer Aufwand nötig. Mit ihnen können schnell und einfach unterschiedliche Werkstück gedreht werden. Daher werden konventionelle Drehmaschinen auch als Universaldrehmaschinen bezeichnet.

Die Hauptspindel der konventionellen Drehmaschinen wird im Spindelstock mit Wälzlagern geführt. Der Antrieb erfolgt über einen Drehstrommotor. Während bei herkömmlichen Drehmaschinen die Drehzahl der Hauptspindel über ein Stufengetriebe eingestellt wird, besitzen viele neue konventionelle Drehmaschinen einen Frequenzumrichter. Hiermit kann die Drehzahl des Drehstrommotors stufenlos verändert werden.

Längs-, Quer- und Oberschlitten sind aufeinander aufgebaut. Die Vorschubbewegung des Längsschlittens erfolgt über die Zugspindel. Durch das Betätigen eines Hebels rastet die Schlossmutter im Schlosskasten ein und startet die Vorschubbewegung.

Die Leitspindel ist mit einem Trapezgewinde ausgeführt. Mithilfe der Leitspindel kann der Vorschub des Längsschlittens für das Gewindedrehen durchgeführt werden.

Sind für die Schlittenbewegungen Wegmesssysteme eingebaut, können auch die Positionen der Schlitten angezeigt werden.

> Werkstücke mit einfachen zylindrischen Konturen ohne Schrägen und Radien lassen sich auf konventionellen Drehmaschinen gut fertigen.
>
> Das Drehen von kegel- und kreisförmigen Konturen ist auf konventionellen Drehmaschinen nur mit einem hohen Aufwand möglich.

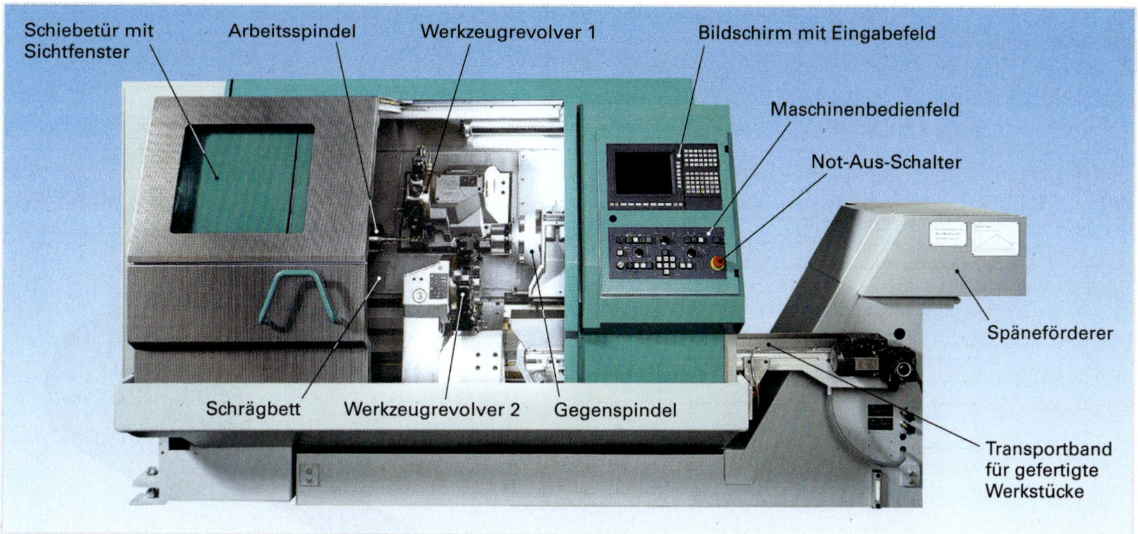

Bild 1: CNC-Drehmaschine mit zwei Werkzeugrevolvern und einer Gegenspindel

// CNC-Drehmaschinen

CNC-Drehmaschinen **(Bild 1)** werden meistens in der Fertigung bei Werkstücken mit aufwendigen Konturelementen und bei höheren Stückzahlen eingesetzt. Sie haben oft ein Schrägbett und sind vollständig mit einem Gehäuse verkleidet.

Die CNC-Maschine als einfache Grundmaschine besitzt eine drehzahlgesteuerte Arbeitsspindel, mit der eine konstante Schnittgeschwindigkeit an der jeweiligen Werkstückposition des Werkzeugs eingestellt werden kann. Der Werkzeugträger ist meistens mit einem Werkzeugrevolver ausgestattet und kann in der X- und Z-Richtung bewegt werden. Durch weitere Ausbaustufen ist eine Komplettbearbeitung der Werkstücke möglich.

Besitzt die CNC-Drehmaschine eine Gegenspindel, die synchron zur Arbeitsspindel angetrieben wird, können Werkstücke ohne Umspannen auf beiden Seiten komplett gedreht werden **(Bild 2)**.

Ohne den Einsatz einer Gegenspindel ist das Abstechdrehen des Gewindebolzens **(Bild 1, Seite 39)** vom Rundstab nur mit einem verbleibenden Butzen möglich (vgl. Arbeitsplan zum Drehen des Gewindebolzen, Seite 33). Nachdem das Gewinde auf der rechten Seite des Gewindebolzens gedreht wurde, kann die Gegenspindel das Werkstück auf der rechten Seite übernehmen.

Das Abstechdrehen kann dann bis zur Drehmitte ohne den Verbleib eines Butzens durchgeführt werden. Anschließend kann die Planfläche der linken Seite des Gewindebolzens geschlichtet werden.

Mögliche Ausbaustufen von CNC-Drehmaschinen:

- angetriebene Werkzeuge, die sich im Werkzeugrevolver befinden
- zweiter Werkzeugrevolver vor der Drehmitte
- Gegenspindel, die sich synchron zur Arbeitsspindel (Hauptspindel) dreht
- Spanabfuhr mit dem Späneförderer
- Transportband für gefertigte Werkstücke

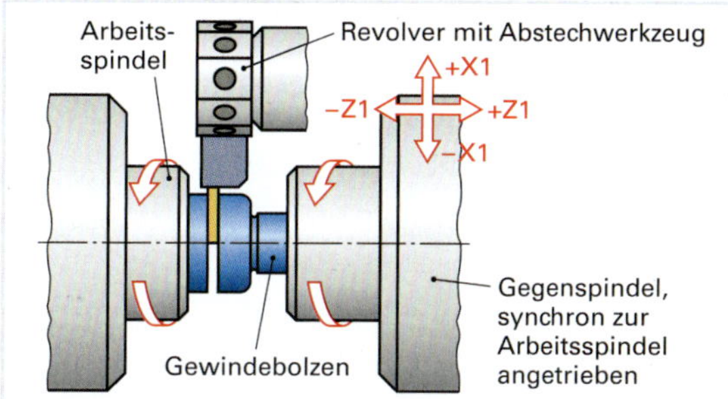

Bild 2: Abstechdrehen mit Gegenspindel

Überlegen und beantworten Sie:

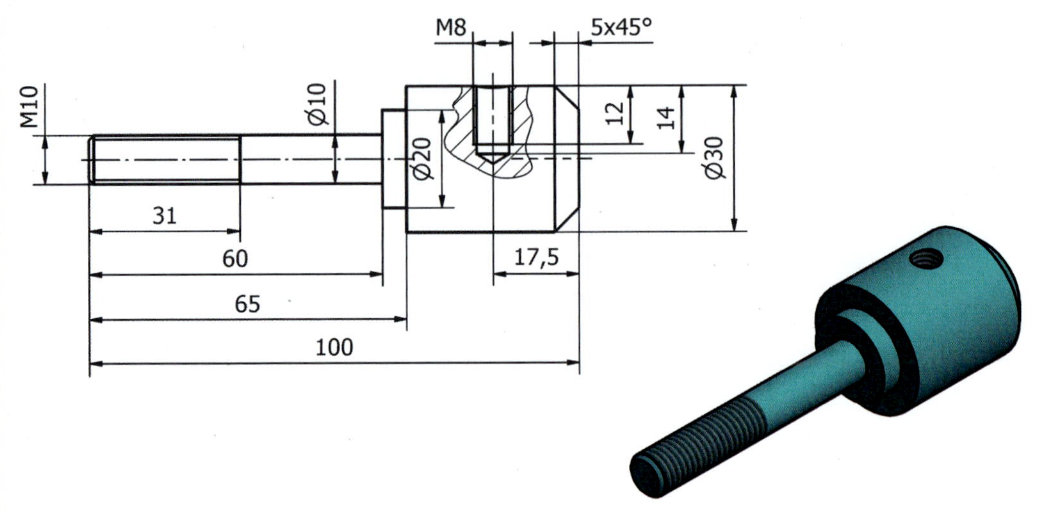

Bild 1: Spannbolzen für die Spannvorrichtung

Die Spannvorrichtung (vgl. Seite 13) soll zuerst als Prototyp gefertigt werden. Nach einer erfolgreichen Funktionsprüfung sollen anschließend 30 Spannvorrichtungen produziert werden.

Der Spannbolzen **(Bild 1)** aus dem unlegierten Einsatzstahl C15E soll für die Spannvorrichtung auf einer Drehmaschine gefertigt werden. Es steht sowohl eine konventionelle als auch eine CNC-Drehmaschine zur Verfügung. Das Drehen soll mit Werkzeugschneiden aus beschichtetem Hartmetall durchgeführt werden.

1. Stellen Sie einen Vergleich zwischen der konventionellen und der CNC-Drehmaschine auf.
2. Wählen Sie für das Drehen des Spannbolzens als Prototyp und die anschließende Fertigung der 30 Spannbolzen jeweils eine geeignete Drehmaschine aus. Begründen Sie Ihre Auswahl.
3. Erstellen Sie einen Arbeitsplan für das CNC-Drehen des Spannbolzens mit Angabe der Arbeitsvorgänge, Werkzeuge und Prüfmittel. Lassen Sie für die Angabe der Schnittgrößen die Spalte frei.
4. Wählen Sie geeignete Spannmittel für das Querplandrehen, Längsrunddrehen (Schruppen) und Konturdrehen (Schlichten). Begründen Sie Ihre Wahl.
5. Legen Sie die Bearbeitungsbedingungen für das CNC-Drehen des Spannbolzens fest und wählen Sie die Schnittgeschwindigkeiten für die jeweiligen Arbeitsvorgänge aus.
6. Geben Sie Vorschübe und Schnitttiefen für das Querplandrehen und Längsrunddrehen (Schruppen) an.
7. Berechnen Sie den Vorschub zum Schlichten bei einer Rautiefe Rz = 10 µm und einem Eckenradius des Schlichtdrehmeißels r_ε = 0,6 mm.
8. Die Schnitttiefe beim Schlichten ist auf den Umfangsflächen mit a_p = 0,7 mm vorgegeben. Zum Konturdrehen der Planflächen soll nur eine Schnitttiefe a_p = 0,1 mm verwendet werden. Begründen Sie den Unterschied der beiden Schnitttiefen.
9. Berechnen Sie die Drehzahl für das Gewindedrehen und geben Sie die Anzahl der Schnitte einschließlich des Einsatzes von drei Leerdurchläufen an. Tragen Sie alle notwendigen Schnittgrößen in den Arbeitsplan ein.
10. Die CNC-Drehmaschine hat eine Motorleistung von 15 kW bei einem Wirkungsgrad von 92 %. Überprüfen Sie, ob die Motorleistung beim Schruppen des Spannbolzens ausreichend ist.
11. Ermitteln Sie die Hauptnutzungszeit zum Querplandrehen, Längsrunddrehen (Schruppen) und Konturdrehen (Schlichten) des Spannbolzens.

1.3 Fräsen

Fräsen ist die spanende Bearbeitung meist von ebenen Flächen oder Konturen eines Werkstücks mit einem mehrschneidigen Werkzeug. Beim Fräsen führt das drehende Werkzeug die Schnittbewegung aus. Mit dem Werkzeug oder dem Werkstück wird die Vorschubbewegung quer zur Drehachse des Werkzeugs erzeugt.

Beim Fräsen wird je nachdem, welche Schneiden die Hauptzerspanungsarbeit leisten, zwischen Umfangs- und Stirnfräsen unterschieden **(Bild 1)**.

Wird am Werkstück eine gleichmäßige Ecke oder Nut gefräst, so leisten die Schneiden sowohl mit den Umfangs- als auch Stirnschneiden des Fräsers die Zerspanungsarbeit. Entsprechend wird von einem **Stirnumfangsfräsen** gesprochen. **Tabelle 1** zeigt einen Überblick ausgewählter Fräsverfahren.

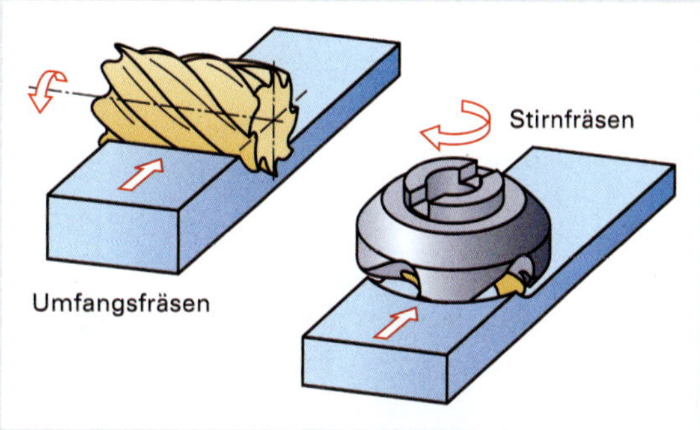

Bild 1: Umfangs- und Stirnfräsen

vel.plus/ FILF203

vel.plus/ FILF204

- Beim **Umfangsfräsen** wird die Werkstückfläche durch die Schneiden am Umfang des Fräser erzeugt.
- Beim **Stirnfräsen** wird die Werkstückfläche durch die Schneiden auf der Stirnseite des Fräsers erzeugt.

Tabelle 1: Fräsverfahren (Auswahl)

Fräsverfahren	Erläuterung
45°-Planfräsen 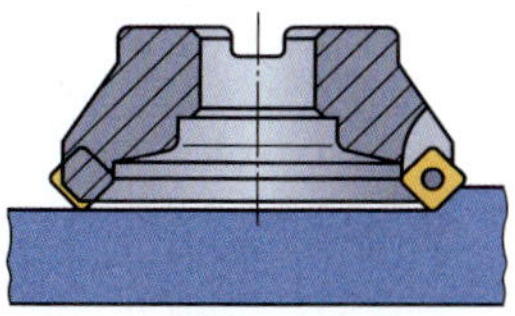	**Stirnfräsen** Durch den Einstellwinkel κ = 45° treten geringere Schnittkräfte auf als beim Eckfräsen mit einem 90°-Planfräser.
90°-Planfräsen (Eckfräsen) 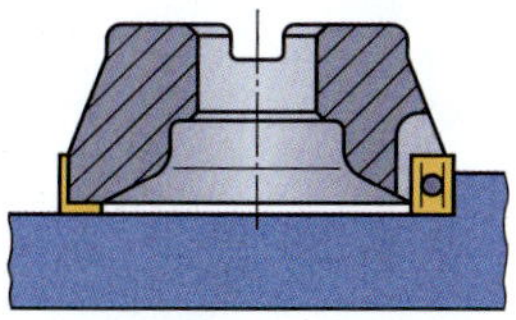	**Stirnumfangsfräsen** Der Einstellwinkel κ = 90° ermöglicht das Fräsen von Ecken. Die Schnitttiefe ist durch die Schneidenlänge begrenzt.
Innen- und Außenformfräsen 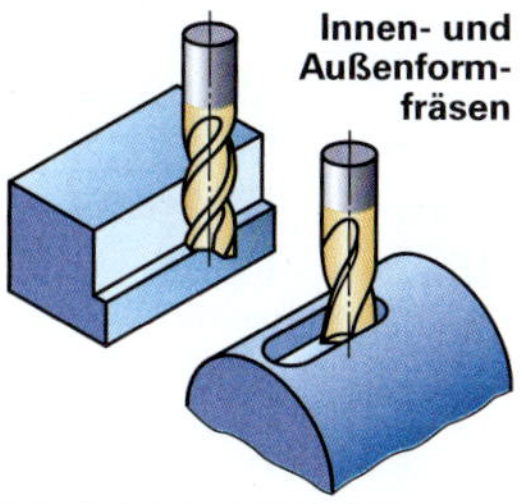	**Stirnumfangsfräsen** Das Formfräsen von Ecken, Nuten oder Taschen erfolgt mit einem bohrfähigem Schaftfräser aus HSS oder bestückt mit Wendeschneidplatten.
Eckfräsen mit einem Walzenstirnfräser 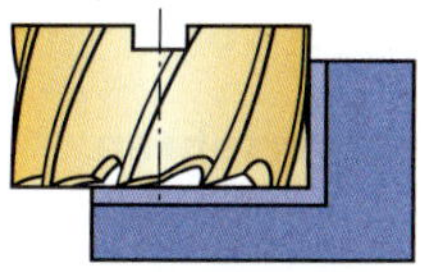	**Stirnumfangsfräsen** Der Walzenstirnfräser aus HSS ermöglicht das Fräsen von Ecken. Der Fräser besitzt hierfür auch Schneiden an seiner Unterseite.
Eck- oder Planfräsen mit mehrreihigen Schneidplatten 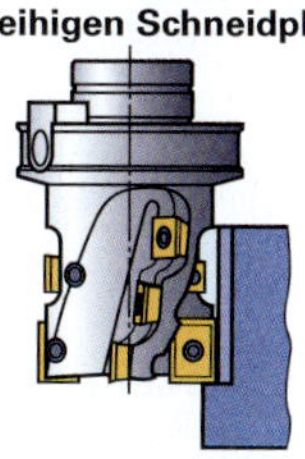	**Stirnumfangsfräsen** Beim Eck- oder Planfräsen mit einem Walzenstirnfräser werden durch die mehrreihigen Schneidplatten am Umfang des Fräsers die Flächen erzeugt.
Scheibenfräsen (Profilfräsen) 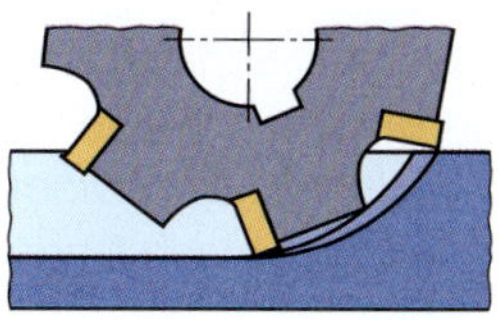	**Umfangsfräsen** Das Profilfräsen von Nuten wird durch die Schneiden am Umfang des Scheibenfräsers ermöglicht.

vel.plus/ FILF205

Lernfeld 5

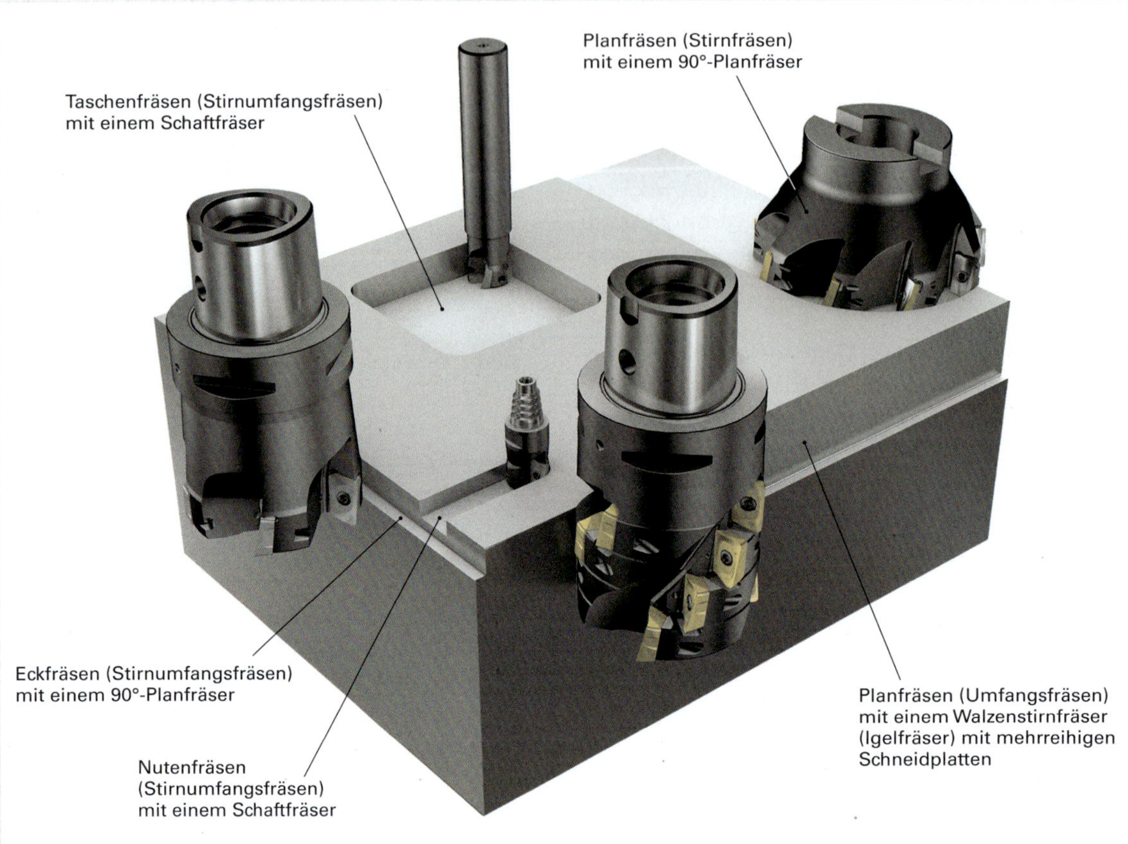

Bild 1: Anwendung von Fräsverfahren an einem Werkstück

// Unterscheidung der Fräsverfahren

Fräsverfahren werden unterschieden nach

- der zu fräsenden Flächenform (z. B. Plan-, Eck- und Formfräsen)
- der Vorschubbewegung (z. B. Gleichlauffräsen, Bohrzirkularfräsen, Tauchfräsen)
- der Lage der Fräserschneiden, welche die Hauptzerspanungsarbeit leisten (z. B. Stirn- und Umfangsfräsen)

Bild 1 zeigt die Anwendung verschiedener Fräsverfahren am Werkstück. Das Plan- und Eckfräsen erfolgt am wirtschaftlichsten mit Fräsköpfen und der richtigen Wahl von Wendeschneidplatten.

Beim Formfräsen mit bohrfähigen Schaftfräsern **(Bild 2)** werden durch Bohr- und Fräsbearbeitungen komplizierte Formen, Taschen und gewölbte Flächen gefräst. Bohrungen mit beliebigen Durchmessern können durch das Bohrzirkularfräsen hergestellt werden.

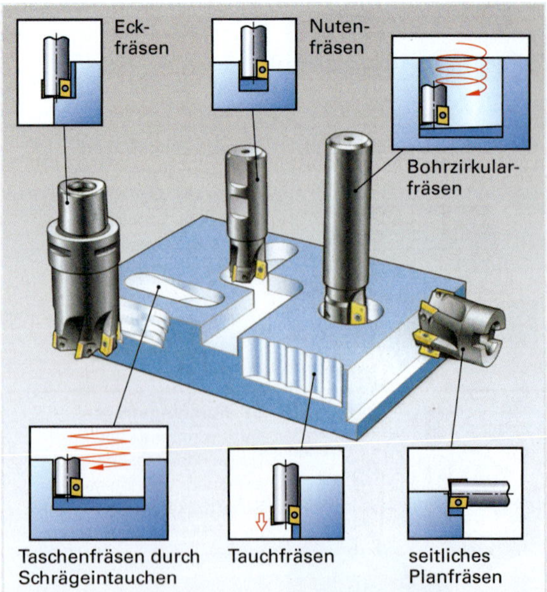

Bild 2: Formfräsen mit bohrfähigen Schaftfräsern

// Vergleich der Fräsmaschinen

Für die Fertigungsplanung muss im Vorfeld festgelegt werden, auf welcher Fräsmaschine die Bearbeitung erfolgen soll.

Je nach Lage der Arbeitsspindel wird zwischen einer Senkrecht- und Waagerechtfräsmaschine unterschieden **(Bild 1)**. Fräsmaschinen mit einem schwenkbaren Fräskopf werden als Universalfräsmaschinen bezeichnet. Je nach Werkstückgewicht und Werkstückgröße kann die Bearbeitung auf einer Konsol- oder Bettfräsmaschine stattfinden **(Bild 2)**.

Bei konventionellen Fräsmaschinen ist meistens die Bearbeitung nur in den drei Raumachsen (X, Y und Z) möglich. CNC-Fräsmaschinen haben häufig weitere Bewegungsachsen, z. B. für einen dreh- und schwenkbaren Maschinentisch **(Bild 3)**. Hierdurch können komplizierte Werkstückformen gefräst werden (vgl. 4.11).

Die Verkleidung der CNC-Fräsmaschine ermöglicht einen Schutz im automatisierten Betrieb und die Verwendung höherer Drehzahlen für den Fräser durch den Einsatz von Kühlschmiermittel.

Während konventionelle Fräsmaschinen manuell gesteuert werden, erfolgt eine automatisierte Bearbeitung der Werkstücke auf den CNC-Fräsmaschinen durch die CNC-Steuerung.

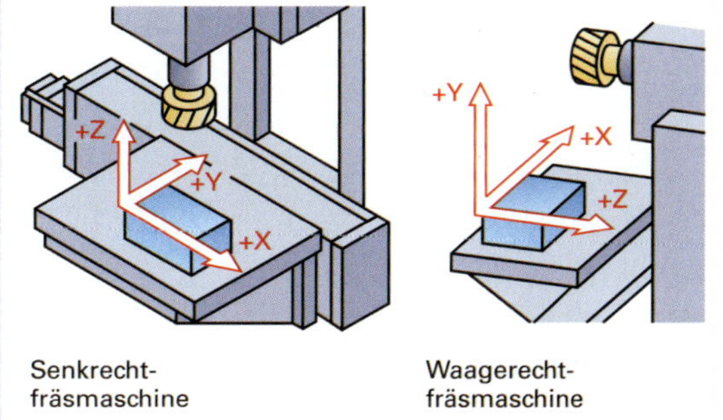

Bild 1: Senkrecht- und Waagerechtfräsmaschine

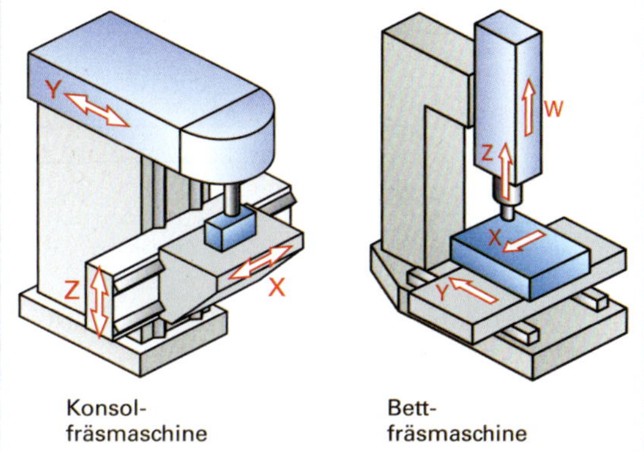

Bild 2: Konsol- und Bettfräsmaschine

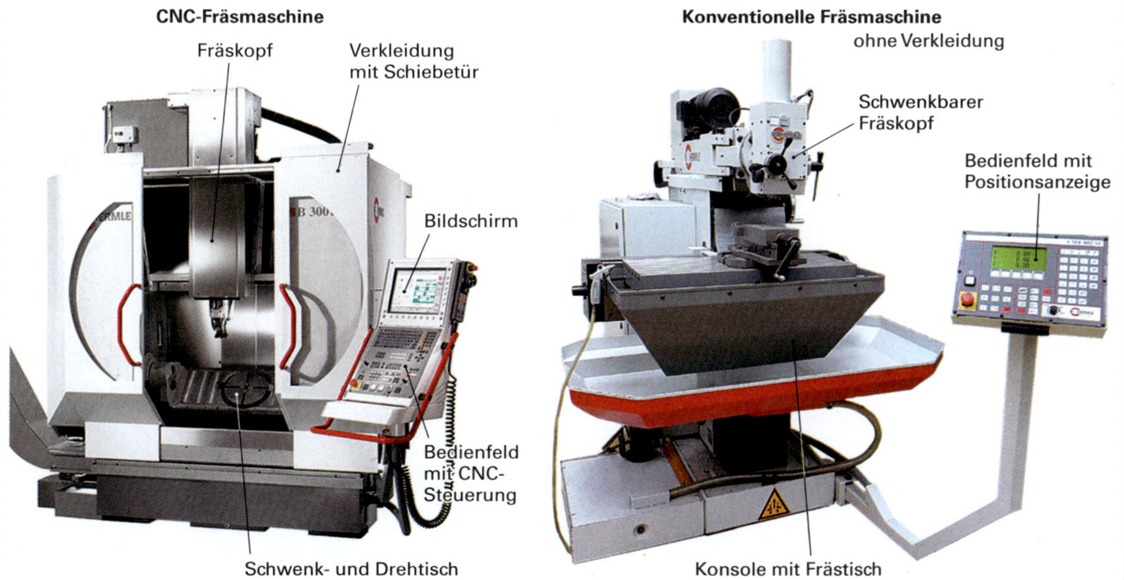

Bild 3: CNC- und konventionelle Fräsmaschine

Überlegen und beantworten Sie:

1. Beschreiben Sie den Unterschied zwischen Umfangs- und Stirnfräsen.
2. Nach welchen Kriterien unterscheiden sich die Fräsverfahren?
3. Geben Sie drei Vorteile des Einsatzes einer CNC-Fräsmaschine an.

1.3.1 Fertigung der Konturplatte auf einer CNC-Fräsmaschine

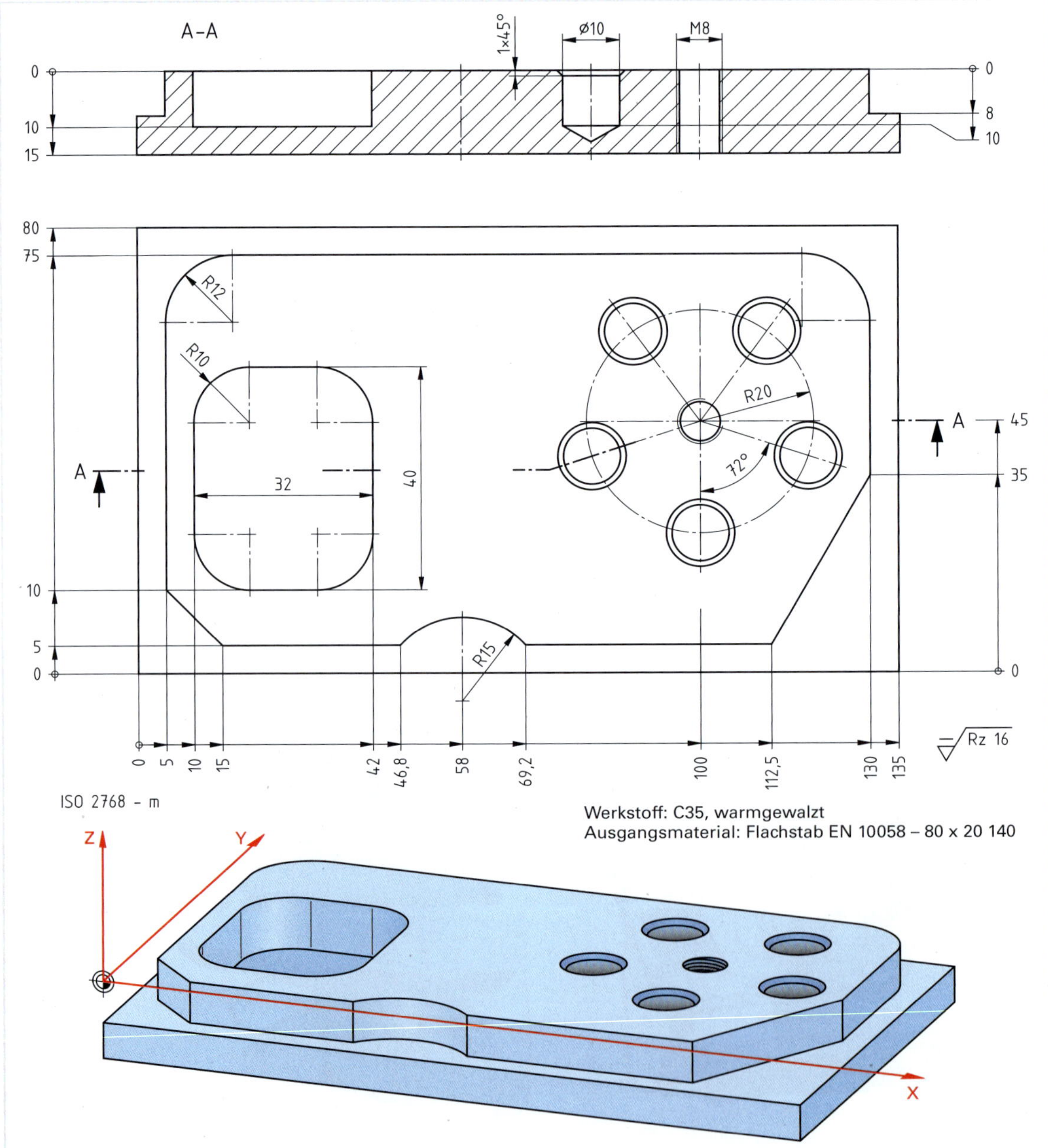

Bild 1: Konturplatte

Am Beispiel der Konturplatte **(Bild 1, Seite 64)** soll die Fertigungsplanung für die Fräs- und Bohrbearbeitung auf einer CNC-Fräsmaschine erläutert werden. Als CNC-Fräsmaschine wird eine Konsolfräsmaschine mit einer senkrechten Arbeitsspindel (vgl. Seite 63) eingesetzt.

// Schritt 1: Bestimmung des Ausgangsmaterials

Ausgangsmaterial für die Fertigung der Konturplatte ist ein warmgewalzter Flachstab nach DIN EN 10058 mit der Breite b = 80 mm und der Höhe h = 20 mm sowie der abgesägten Länge l = 140 mm. Die Fertigteilhöhe der Konturplatte beträgt 15 mm. Der warmgewalzte Stab wird beidseitig durch Planfräsen auf die Fertigteilhöhe gefräst und anschließend auf beiden Stirnseiten durch Umfangsfräsen auf die Fertigteillänge l = 135 mm gefräst.

Die Konturplatte wird aus unlegiertem Vergütungsstahl C35 nach DIN EN ISO 683-2 gefertigt. Der Vergütungsstahl hat einen Kohlenstoffgehalt von 0,35 % und eine Zugfestigkeit R_m = 520 N/mm².

// Schritt 2: Ermittlung des Schneidstoffs

- Für das Plan- und Umfangsfräsen auf CNC-Maschinen werden meistens Fräser mit Wendeschneidplatten aus Hartmetall eingesetzt.
- Für das Fräsen von Nuten und Taschen werden häufig Schaftfräser aus Schnellarbeitsstahl (HSS) oder Vollhartmetall (VHM) verwendet.

Da es sich beim Fräsen um die Zerspanung mit einem unterbrochenen Schnitt handelt, sollte der Schneidstoff innerhalb seiner Gruppe eine höhere Zähigkeit besitzen. Für das Plan- und Umfangsfräsen der Konturplatte aus dem Vergütungsstahl C35 wird daher der Hartmetallschneidstoff mit der Bezeichnung P30 gewählt (vgl. 1.1.5).

// Schritt 3: Bestimmung der Fräsverfahren und der Fräswerkzeuge

Die Auswahl der Fräswerkzeuge hängt im Wesentlichen von den Fräsverfahren ab **(vgl. Tabelle 1, Seite 61)**. Für die Fertigung der Konturplatte sind folgende Fräsverfahren mit den jeweiligen Fräswerkzeugen durchzuführen:

- **45°-Planfräsen (Stirnfräsen) der Ober- und Unterseite des abgesägten Flachstabs**

  Werkzeug: Planfräser mit Wendeschneidplatten, Einstellwinkel der Wendeschneidplatten: κ = 45°

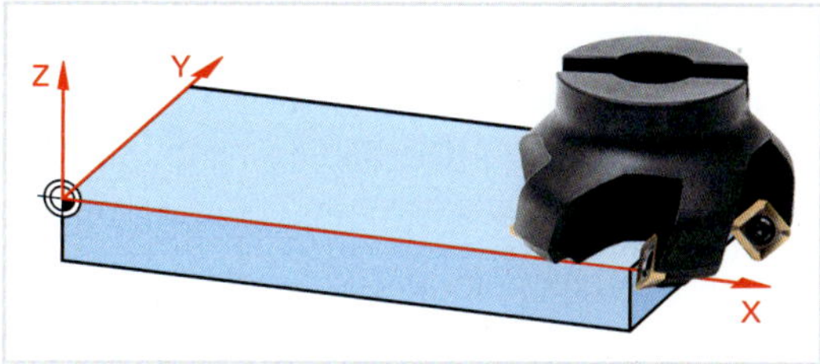

- **Planfräsen (Umfangsfräsen) der abgesägten Stirnseiten des Flachstabs**

  Werkzeug: Eckfräser (Igelfräser) mit mehrreihigen Wendeschneidplatten: κ = 90°

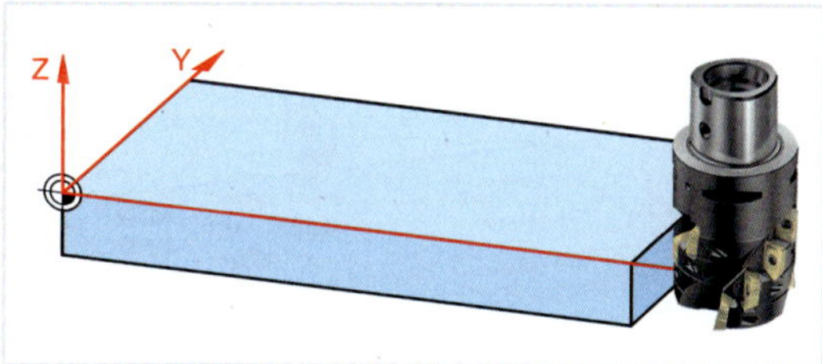

- **90°-Planfräsen (Eckfräsen) der Außenkontur**

  Werkzeug: Planfräser mit Wendeschneidplatten, Einstellwinkel der Wendeschneidplatten: κ = 90°

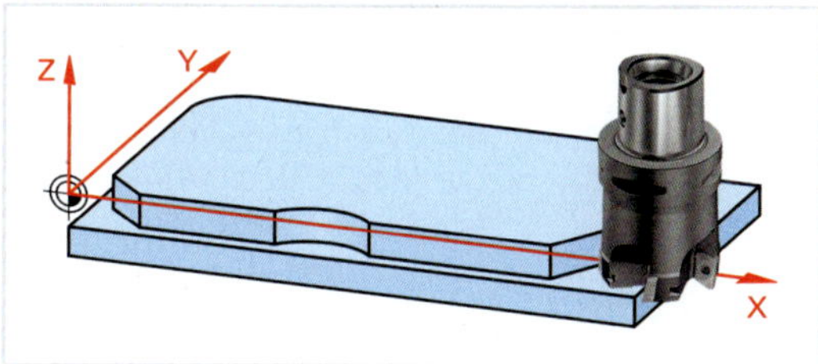

- **Taschenfräsen (Stirnumfangsfräsen)**

  Werkzeug: Schaftfräser aus Schnellarbeitsstahl (HSS, beschichtet): κ = 90°

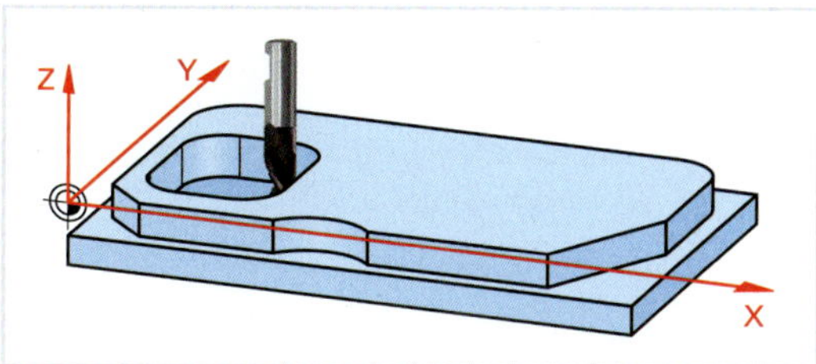

// Schritt 4: Bestimmung der Bohrverfahren und Bohrwerkzeuge

Für die Fertigung der Konturplatte werden neben den in Schritt 3 ausgewählten Fräswerkzeugen auch Bohrwerkzeuge für die Grundlochbohrungen am Teilkreis und die Gewindebohrung in der Mitte des Teilkreises benötigt. Alternativ zu Spiralbohrern können auch auf CNC-Fräsmaschinen bohrfähige Schaftfräser verwendet werden.

Für die Bohrbearbeitung der Konturplatte sind folgende Bohrverfahren mit den zugehörigen Werkzeugen durchzuführen:

- **Zentrieren und Senken der Bohrungen**

  Werkzeug: NC-Anbohrer Ø 14 aus Schnellarbeitsstahl (HSS, unbeschichtet)

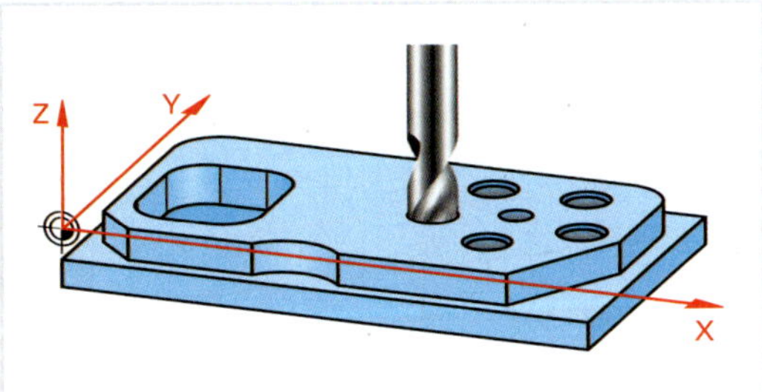

Beim Zentrieren und Anfasen werden für alle Bohrungen Zentrierungen für den nachfolgend eingesetzten Spiralbohrer vorgebohrt.

Die Zentrierungen werden mit dem NC-Anbohrer so tief gesetzt, dass nach dem Bohren mit dem Spiralbohrer am Rande der Bohrung eine Fase bestehen bleibt.

- **Bohren der Grundlochbohrungen Ø 10 des Teilkreises**

  Werkzeug: Spiralbohrer Ø 10 aus Schnellarbeitsstahl (HSS, beschichtet)

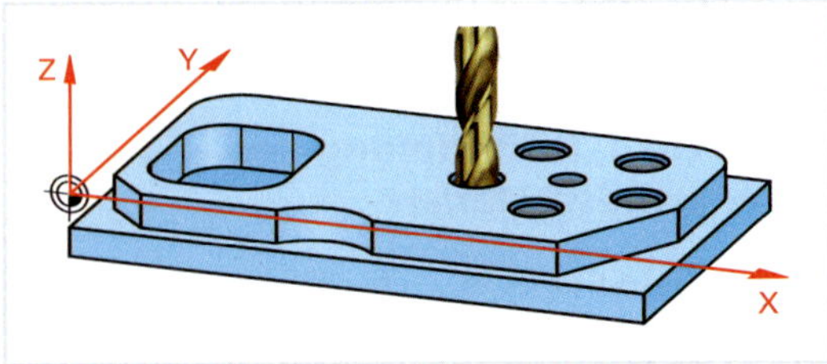

- **Bohren der Durchgangsbohrung Ø 6,8 für das Kernloch des Gewindes M8**

  Werkzeug: Spiralbohrer Ø 6,8 aus Schnellarbeitsstahl (HSS, beschichtet)

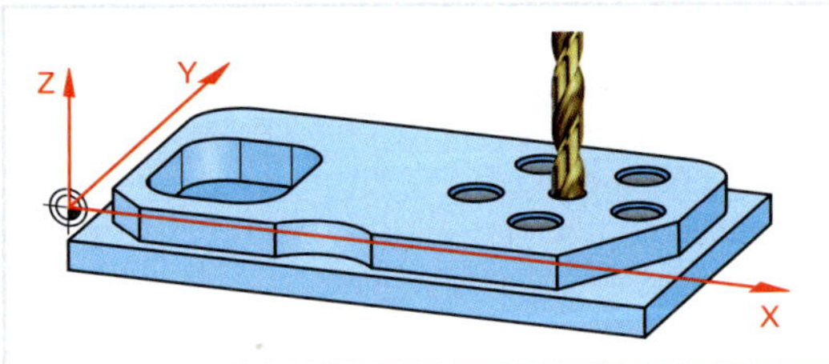

- **Bohren des Gewindes M8**

  Werkzeug: Maschinengewindebohrer M8 aus Schnellarbeitsstahl (HSS, beschichtet)

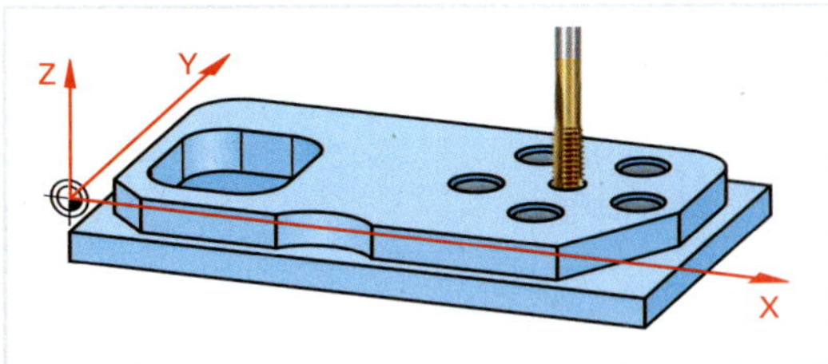

Überlegen und beantworten Sie:

1. Überlegen Sie, warum der Flachstab für die Konturplatte auf der Ober- und Unterseite sowie auf den beiden Stirnseiten gefräst werden soll.
2. Versuchen Sie herauszufinden, warum zum Fräsen von Nuten und Taschen meistens Schaftfräser aus Schnellarbeitsstahl oder Vollhartmetall und nicht so oft Schaftfräser mit Wendeschneidplatten eingesetzt werden.
3. Begründen Sie, warum für das Fräsen der Konturplatte mit Wendeschneidplatten die Hartmetallgrupp P 30 verwendet werden soll.
4. Nennen Sie Vorteile für den Einsatz eines NC-Anbohrers für die Fertigung der Bohrungen der Konturplatte.
5. Überlegen Sie, warum der Spiralbohrer Ø 6,8 für das Vorbohren des Gewindes M8 verwendet wird.

// Schritt 5: Festlegung der Fräserteilung und der Anzahl der Schneiden für die Fräswerkzeuge

Die Anzahl der Schneiden eines Fräsers bestimmt den Abstand zwischen den Schneiden. Dieser Abstand wird als Fräserteilung bezeichnet. Je mehr Schneiden bei gleichem Fräserdurchmesser vorhanden sind, desto enger wird die Fräserteilung **(Bild 1)**.

Eine höhere Anzahl der Schneiden ermöglicht einen größeren Vorschub des Fräsers. Gleichzeitig wird aber auch der Spanraum geringer, sodass die Spanabfuhr eingeschränkt ist.

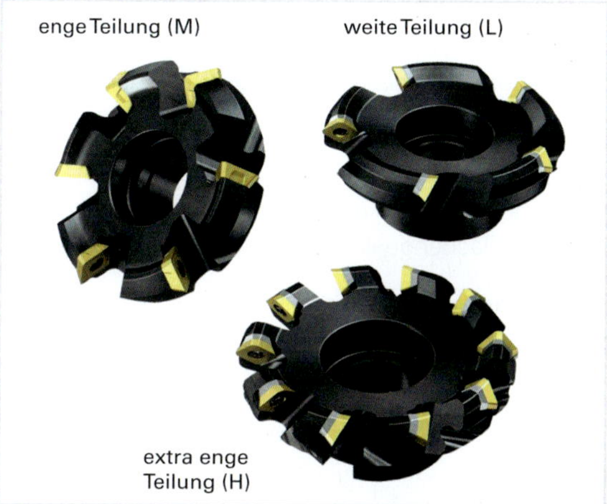

Bild 1: Fräser mit unterschiedlichen Fräserteilungen

Fräser mit weiter Teilung (L)

Erste Wahl, wenn kleine Schnittkräfte erforderlich sind, z. B. bei

- Maschinen mit begrenzter Stabilität
- Fräsmaschinen mit geringer Antriebsleistung
- großen Werkzeuglängen, weichen Werkstoffen

Fräser mit enger Teilung (M)

Erste Wahl zum Schruppen bei üblichen Fräsmaschinen

- gute Produktivität bei Stahl erreichbar

Fräser mit extra enger Teilung (H)

Erste Wahl bei geringer Schnittbreite, damit mehr als eine Schneide im Eingriff ist

- bei kurzspanenden Werkstoffen
- hohe Produktivität erzielbar

// Schritt 6: Wahl der Wendeschneidplatte

Je nach Fräsverfahren werden unterschiedliche Plattengeometrien (z. B. quadratische, dreieckige oder runde Platten) verwendet (vgl. Seite 26).

Zum Schruppen verwendet man meistens Platten mit Eckenradien. Beim Schlichten werden Platten mit Planfasen eingesetzt. Mit der richtigen Wahl des Vorschubs lassen sich durch die Planfase Rillen auf der Werkstückoberfläche vermeiden. Die Planfase muss größer als der Vorschub sein, um eine Überdeckung der Schnitte zu erhalten. Die maximale Vorschubgeschwindigkeit v_f beträgt:

$$v_f = b \cdot n$$

b Breite der Planfase
n Drehzahl

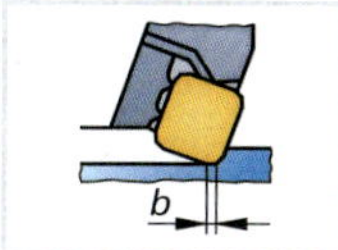

Weitere Auswahlkriterien sind die Größen von Keilwinkel β und Spanwinkel γ sowie die Ausführung der Schneidenkante (z. B. scharf oder gefast).

Wendeschneidplatte für leichte Bearbeitung (Schlichten)

Erste Wahl beim Schlichten

- gute Zerspanung bei langspanenden Werkstoffen (z. B. Al-Legierungen)
- Scharfe Schneidkante, kleiner Keilwinkel β und großer Spanwinkel γ führen zu geringen Schnittkräften.

Wendeschneidplatte für mittlere Bearbeitung

Erste Wahl zum Schruppen und Schlichten der meisten Werkstoffe

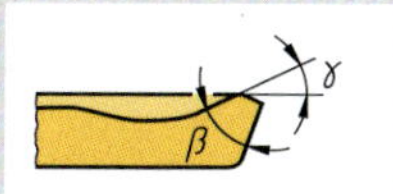

- Vorschub pro Schneide bis 0,25 mm

Wendeschneidplatte für schwere Bearbeitung (Schruppen)

Erste Wahl für Schruppen von warmfesten Werkstoffen und Schmiedeteilen

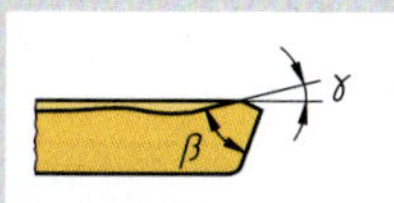

- Angefaste Schneidkante und großer Keilwinkel β ermöglichen eine hohe Schneidenkantenstabilität.

Lernfeld 5

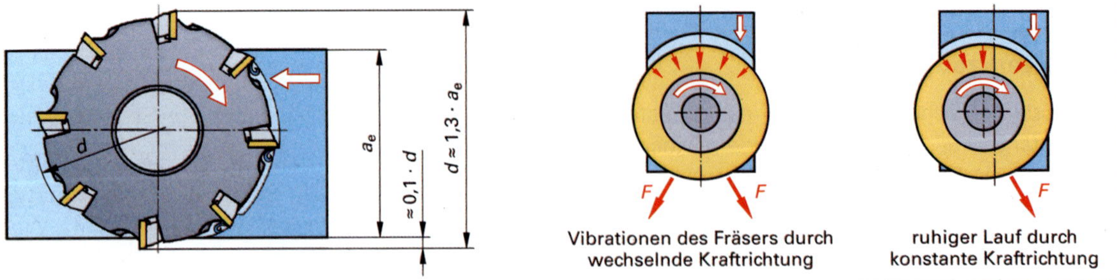

Bild 1: Durchmesser und Position des Fräsers

// Schritt 7: Wahl des Fräserdurchmessers und der Position beim Planfräsen

Beim Planfräsen sollte der Fräserdurchmesser etwa das 1,2-fache bis 1,5-fache der Schnittbreite a_e betragen **(Bild 1)**.

Der Fräser sollte außermittig positioniert werden (Bild 1), um beim Eintritt einen dickeren Span und beim Austritt eine geringere Spandicke zu erhalten.

> Die Schneiden werden beim Eintritt in das Werkstück vor Kantenbrüchen geschützt. Beim Austritt werden die Schneiden durch extreme Druckentlastung vor Plattenbruch geschützt.

Durch die außermittige Lage des Fräsers werden auch Vibrationen vermieden, da in dieser Position die Abdrängkraft auf den Fräser konstant auf eine Seite gerichtet ist.

// Schritt 8: Wahl der Vorschubbewegung zur Schnittbewegung

Gleichlauf- und Gegenlauffräsen wird nach der Richtung der Vorschubbewegung zur Schnittbewegung des Fräsers unterschieden **(Bild 2)**.

Beim **Gleichlauffräsen** nimmt die Spandicke vom Beginn des Schneideneintritts ab. Am Austritt geht die Spandicke gegen null. Dadurch entsteht eine bessere Oberflächenqualität als beim Gegenlauffräsen.

Beim **Gegenlauffräsen** reibt und schleift die Schneide beim Eintritt auf der Oberfläche. Dadurch entstehen hohe Temperaturen und die Standzeit der Schneide verringert sich.

> - **Gleichlauffräsen** ist für die meisten Werkstoffe die bevorzugte Methode.
> - **Gegenlauffräsen** ist nur vorteilhaft bei warmfesten Werkstoffen und wenn Werkstücke eine harte Randzone (z. B. Gusshaut) aufweisen.

vel.plus/
FILF206

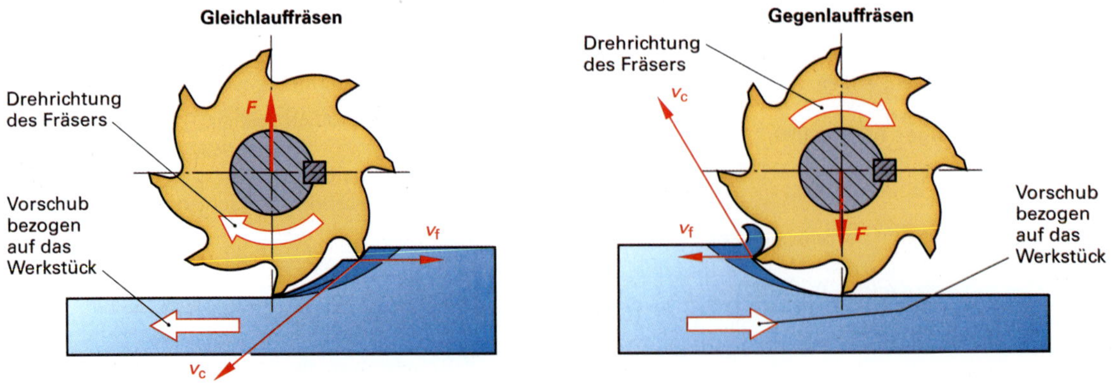

Bild 2: Gleichlauf- und Gegenlauffräsen

Lernfeld 5

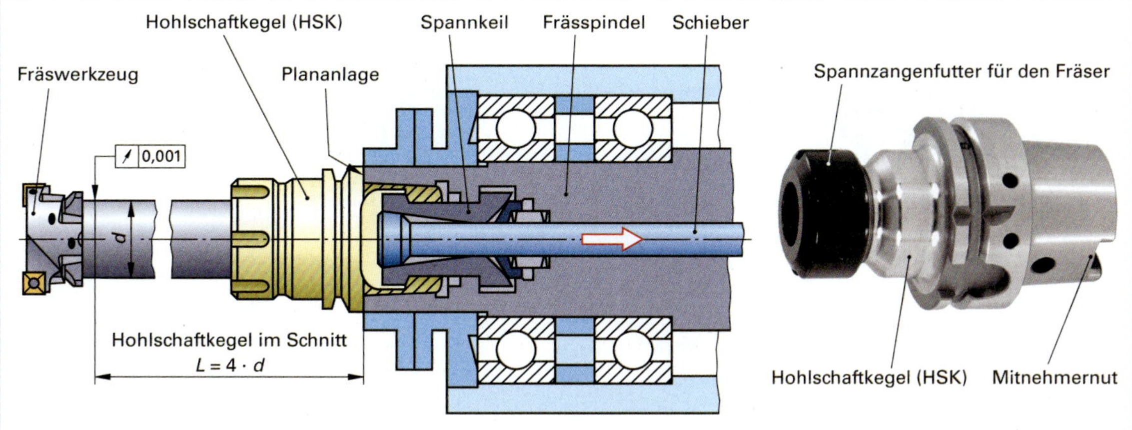

Bild 1: Frässpindel und Hohlschaftkegel (HSK) mit Fräswerkzeug

// Schritt 9: Wahl der Fräseraufnahme

Fräseraufnahmen bilden die Schnittstelle zwischen dem Werkzeug und der Frässpindel. Sie beeinflussen die Maß- und Formgenauigkeit der gefrästen Werkstücke. Meistens werden Hohlschaftkegel (HSK) oder Steilkegel (SK) für das Spannen der Fräseraufnahme in der Frässpindel verwendet.

Anforderungen an die Fräseraufnahme:

- Plan- und Rundlaufgenauigkeit der Schneiden
- Wiederholgenauigkeit beim Werkzeugwechsel
- Steifigkeit gegen axiale Kräfte und Verdrehungen
- Eignung für hohe Drehzahlen

Hohlschaftkegel (HSK) erfüllen alle Anforderungen eines guten Spannsystems. Zum Spannen des Hohlschaftkegels befindet sich ein Schieber mit dem Spannkeil in der Frässpindel. Durch Anziehen des Schiebers wird der Spannkeil in die Innenbohrung des Spannkegels gedrückt. Dabei drückt sich der Spannkeil in die Bohrungsnut und zieht den Hohlschaftkegel zur Frässpindel, bis er an der Plananlage der Frässpindel anliegt **(Bild 1)**.

Steilkegel (SK) können durch ihren großen Kegelwinkel gut in die Frässpindel eingesetzt werden und sind mit einer geringen Kraft wieder lösbar **(Bild 2)**. Nachteilig ist aber die geringe Steifigkeit und die unsichere Lage des Fräsers in der axialen Richtung.

Die weite Verbreitung des Steilkegels ist auf die große Zahl von Fräsmaschinen zurückzuführen, die nur Werkzeuge mit Steilkegel aufnehmen können.

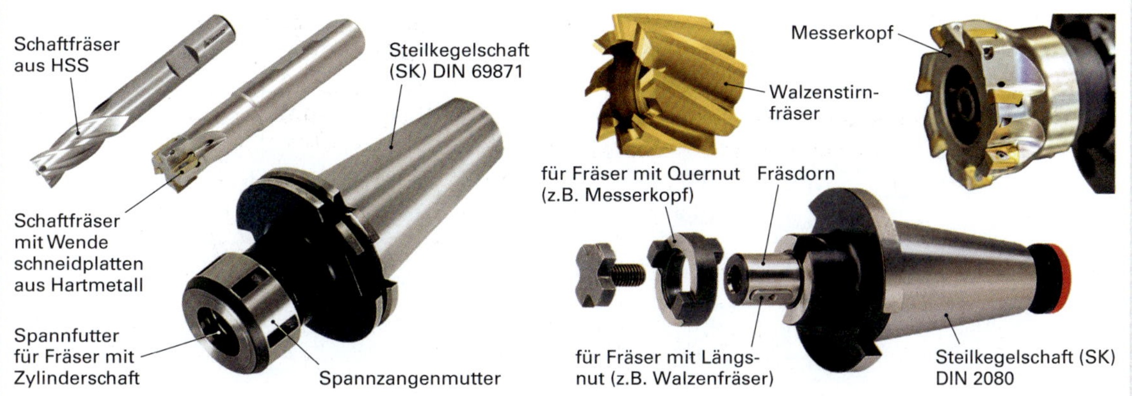

Bild 2: Steilkegelschaft (SK) mit verschiedenen Fräseraufnahmen

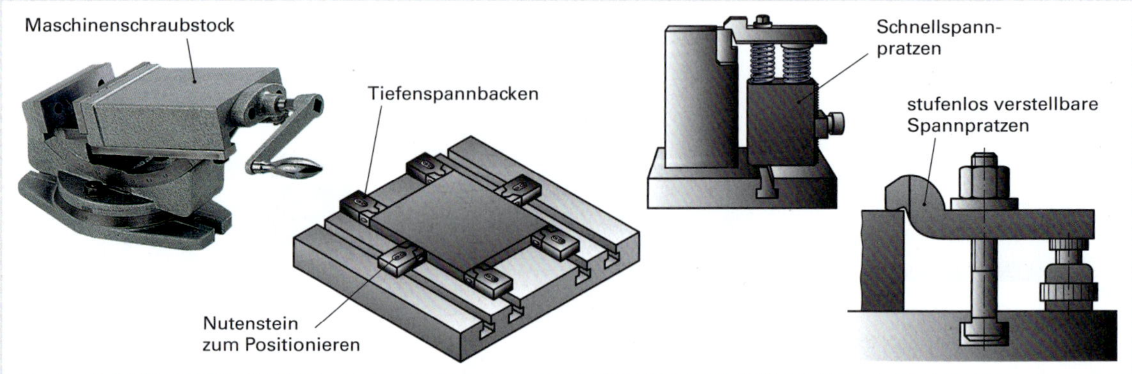

Bild 1: Spannmittel für Fräswerkstücke

// Schritt 10: Wahl der Spannmittel für die Werkstücke

Während der Bearbeitung muss das Werkstück auf dem Fräsmaschinentisch in eine stabile Lage gespannt werden.

Anforderungen an Spannmittel:

- Das Werkstück darf sich durch das Einspannen nicht verspannen.
- Die fertige Oberfläche des Werkstücks darf durch das Spannmittel nicht beschädigt werden.

Je nach Werkstückform, -größe und -gewicht werden unterschiedliche Spannmittel eingesetzt **(Bild 1)**. Maschinenschraubstöcke dienen zum schnellen Spannen kleinerer Werkstücke. Durch das Drehen und Kippen des Schraubstocks kann die zu fräsende Fläche an die Lage des Fräsers angepasst werden.

Die weiter aufgeführten Spannmittel in Bild 1 ermöglichen ein direktes Spannen der Werkstücke auf dem Maschinentisch. So können mit Tiefenspannbacken flache Werkstücke gespannt werden. Während mit Schnellspannpratzen Werkstücke mit wenigen Handgriffen schnell gespannt werden können, sind stufenlos verstellbare Spannpratzen für unterschiedliche Werkstückhöhen geeignet.

Zum Spannen von gleichen Werkstücken mit einer größeren Stückzahl werden meistens Spannvorrichtungen eingesetzt **(Bild 2)**. Sie sind genau an die Werkstückform angepasst und ermöglichen ein schnelles und genaueres Spannen der Werkstücke. Je nach Spannvorrichtungen kann die Betätigung manuell, pneumatisch oder hydraulisch erfolgen. Das in Bild 2 dargestellte Werkstück wird durch den Kolben (2) des Hydraulikzylinders (12) gespannt.

vel.plus/
FILF207

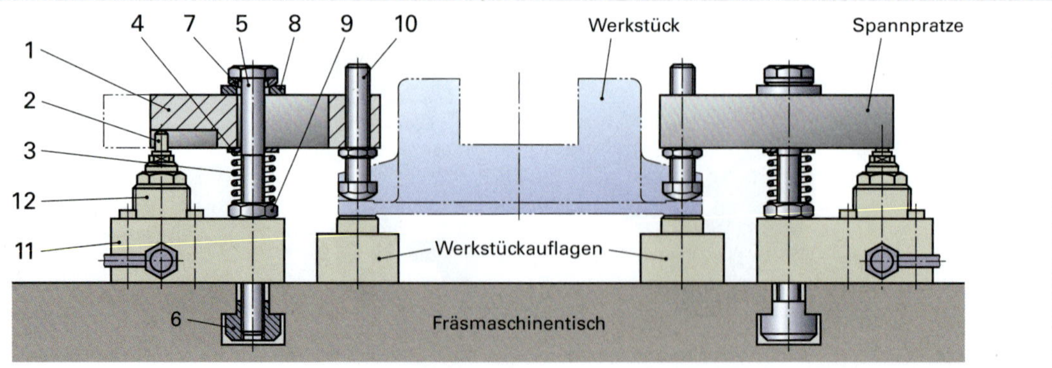

Bild 2: Hydraulische Spannvorrichtung für Fräswerkstücke

Lernfeld 5

Überlegen und beantworten Sie:

1. Erläutern Sie, was unter dem Begriff „Fräserteilung" zu verstehen ist.
2. Sie sollen ein Werkstück auf einer alten Fräsmaschine mit einer geringen Antriebsleistung planfräsen. Welche Fräserteilung würden Sie für den Planfräser wählen? Begründen Sie Ihre Antwort.
3. Sie erhalten den Auftrag, die Auflageflächen eines Gusswerkstücks durch Planfräsen zu schruppen. Wählen Sie eine geeignete Wendeschneidplatte für die Bearbeitung aus und begründen Sie Ihre Wahl.
4. Begründen Sie, warum der Planfräser größer als die zu planende Fläche sein soll und außermittig positioniert werden soll.
5. Sie sollen ein Werkstück aus dem Werkstoff S235JR durch Umfangsfräsen bearbeiten. Erläutern Sie, warum für dieses Werkstück das Gleichlauffräsen geeigneter ist als das Gegenlauffräsen.
6. Geben Sie die Anforderungen einer Fräseraufnahme an.
7. Beschreiben Sie den Einspannvorgang eines Hohlschaftkegels (HSK) in die Frässpindel.
8. Nennen Sie einen Vor- und einen Nachteil für den Einsatz eines Steilkegelschafts (SK).
9. Wählen Sie für das Einspannen der Konturplatte **(Bild 1, Seite 64)** auf dem Frästisch ein geeignetes Spannmittel aus und begründen Sie Ihre Wahl.
10. Erläutern Sie die Anforderungen, die an ein Spannmittel gestellt werden.

// Schritt 11: Festlegung der Bearbeitungsbedingungen

Zur Ermittlung der Schnittgeschwindigkeiten für die eingesetzten Fräser ist es erforderlich, die Arbeitsbedingungen festzulegen. Es wird zwischen ungünstigen, normalen und günstigen Bearbeitungsbedingungen unterschieden.

Kriterien für die Festlegung der Bearbeitungsbedingungen:

- Antriebsleistung und Stabilität der Fräsmaschine
- Aufspannung des Werkstücks
- Geometrie, Größe und Gewicht des Werkstücks
- Auskragung des Werkzeugs
- Einsatz von Kühlschmiermittel

Für das **CNC-Fräsen der Konturplatte** (Bild 1, Seite 64) werden **normale Bearbeitungsbedingungen** zugrunde gelegt. Folgende Gründe können hierfür genannt werden:

- Das Fräsen wird auf einer CNC-Fräsmaschine durchgeführt werden. Durch die Verkleidung können Werkzeuge mit Wendeschneidplatten gut mit Kühlschmiermittel gekühlt werden.
- Die CNC-Fräsmaschine hat eine ausreichende Stabilität und Antriebsleistung.
- Die Konturplatte hat eine günstige Geometrie und kann gut auf den Frästisch aufgespannt werden.
- Es werden Fräser mit einer kurzen Auskragung eingesetzt.

// Schritt 12: Erstellung des Arbeitsplans

Die Fertigung von Werkstücken auf einer Fräsmaschine erfordert häufig viele Arbeitsvorgänge mit unterschiedlichen Werkzeugen (vgl. Schritt 3 und 4).

Der Arbeitsplan gibt die Arbeitsvorgänge hintereinander an und ermöglicht zu jedem einzelnen Vorgang die Angabe von weiteren Informationen, wie z. B. Schnittgrößen sowie Prüf- und Spannmittel.

Tabelle 1, Seite 72 gibt den Arbeitsplan für das CNC-Fräsen und -Bohren der Konturplatte an (Bild 1, Seite 64).

Die Ermittlung der aufgeführten Schnittgrößen im Arbeitsplan wird auf den nachfolgenden Seiten erläutert.

vel.plus/
FILF242

Tabelle 1: Arbeitsplan zum CNC-Fräsen und -Bohren der Konturplatte (Bild 1, Seite 64)

Nr.	Arbeitsvorgang	Werkzeug, Prüfmittel, Spann- und Hilfsmittel	Schnittgrößen[1]	
10	Halbzeug prüfen und einspannen	Messschieber, Stahlmaßstab Tiefenspannbacken, Unterlegleisten		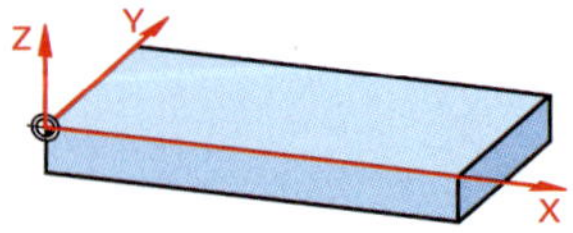
20	Werkstücknullpunkt setzen	–	–	
30	45°-Planfräsen (Stirnfräsen) der Unterseite des abgesägten Flachstabs	45°-Planfräser Ø 100 $z = 7$ Schneidplatten HM T1	n = 668 min^{-1} v_f = 935 mm/min a_p = 2,5 mm (a_e = 80 mm)	
40	Werkstück umspannen und 45°-Planfräsen (Stirnfräsen) der Oberseite des Flachstabs	45°-Planfräser Ø 100 $z = 7$ Schneidplatten HM T1	n = 668 min^{-1} v_f = 935 mm/min a_p = 2,5 mm (a_e = 80 mm)	
50	Planfräsen (Umfangsfräsen) der abgesägten Stirnseiten des Flachstabs	Walzenstirnfräser Ø 50 mit mehrreihigen Schneidplatten HM z = 2 pro Reihe, T2	n = 1400 min^{-1} v_f = 700 mm/min a_p = 15 mm (a_e = 2,5 mm)	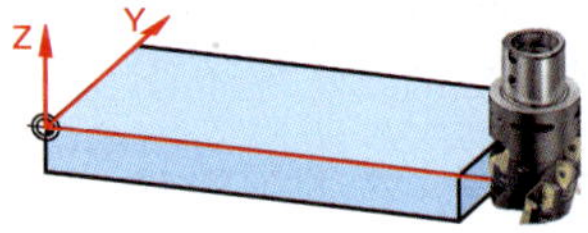
60	90°-Planfräsen (Stirnumfangsfräsen, Eckfräsen, Außenformfräsen) der Außenkontur	90°-Planfräser Ø 25 $z = 3$ Schneidplatten HM T3	n = 2228 min^{-1} v_f = 936 mm/min a_p = 8 mm (a_e = 5 ... 22 mm)	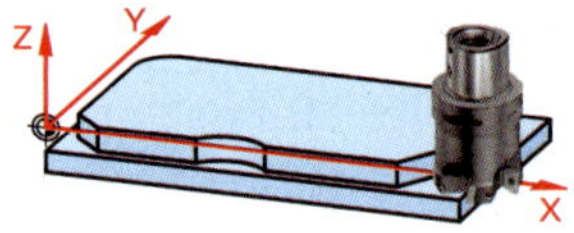
70	Stirnumfangsfräsen (Innenformfräsen) der Tasche	Schaftfräser Ø 12 HSS, beschichtet $z = 2$ T4	n = 1724 min^{-1} v_f = 110 mm/min a_p = 5 mm	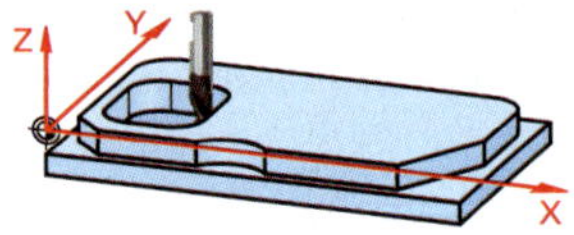
80	Zentrieren und Senken der Bohrungen	NC-Anbohrer Ø 16 HSS, unbeschichtet T5	n = 515 min^{-1} f = 0,07 mm	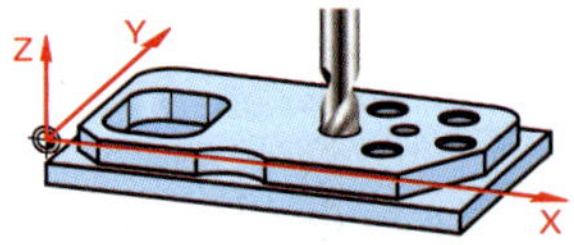
90	Bohren der Grundlochbohrungen Ø 10 des Teilkreises	Spiralbohrer Ø 10 HSS, beschichtet T6	n = 1177 min^{-1} f = 0,17 mm	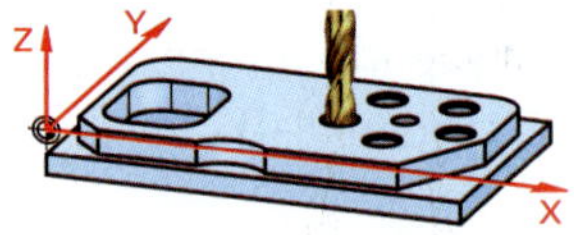
100	Bohren der Durchgangsbohrung für das Kernloch des Gewindes M8	Spiralbohrer Ø 6,8 HSS, beschichtet T7	n = 1732 min^{-1} f = 0,11 mm	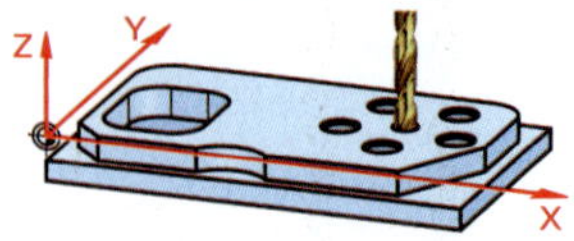
110	Bohren der Gewindes M8	Maschinengewindebohrer M8 HSS, beschichtet T8	n = 597 min^{-1} f = 1,25 mm	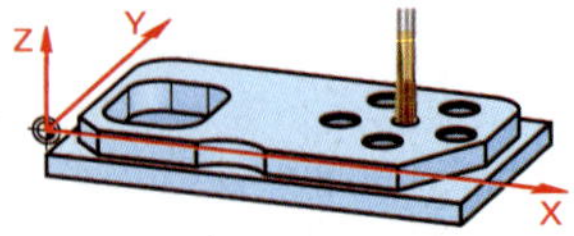
120	Werkstück ausspannen und prüfen	Messschieber Tiefenmessschieber	–	

[1] Die Ermittlung der Schnittgrößen wird auf den nachfolgenden Seiten erläutert.

Lernfeld 5

// Schritt 13: Ermittlung der Schnittgrößen für die Fräswerkzeuge

Im Arbeitsplan **(Tabelle 1, Seite 72)** werden in den Arbeitsvorgängen 30 bis 70 die Schnittgrößen für Fräser aufgeführt, die an der Fräsmaschine eingestellt bzw. programmiert werden müssen.

- Drehzahl n
- Vorschubgeschwindigkeit v_f

Die Schnitttiefe a_p wird für die Zustellbewegung benötigt. Sie ergibt sich aus der zu fräsenden Tiefe am Werkstück. Die maximal zu verwendende Schnitttiefe ist von der Länge der Schneide und Stabilität des Werkzeugs abhängig.

Drehzahl *n* und **Vorschubgeschwindigkeit v_f** können für das Fräsen mit folgenden Formeln berechnet werden:

$$n = \frac{v_c}{d \cdot \pi}$$

$$v_f = n \cdot f \cdot z$$

v_c Schnittgeschwindigkeit
d Durchmesser des Fräsers
f_z Vorschub pro Schneide
z Anzahl der Schneiden

Nachfolgend werden die Schnittgrößen für das 45°-Planfräsen **(vgl. Seite 72)** bestimmt:

- **Arbeitsvorgang 30/40**
(45°-Planfräsen der Unter- und Oberseite des abgesägten Flachstabs)

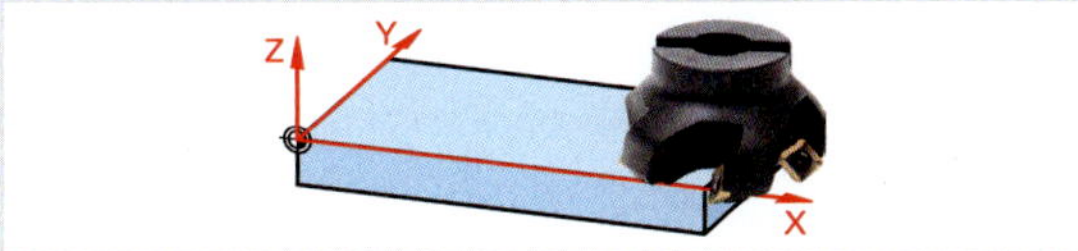

Die Schnittgrößen können aus **Tabelle 1** entnommen werden. Bei einem unlegierten Vergütungsstahl C35 mit R_m = 520 N/mm² (vgl. Schritt 1) und normalen Bearbeitungsbedingungen (vgl. Schritt 11) ergeben sich für das **90°-Planfräsen** eine Schnittgeschwindigkeit v_c = 175 m/min und ein Vorschub pro Zahn f_z = 0,14 mm.

Somit können für das 45°-Planfräsen unter Anwendung der Korrekturfaktoren folgende Schnittgrößen berechnet werden:

$$v_c = 175\ \text{m/min} \cdot 1{,}2 = 210\ \text{m/min}$$
$$f_z = 0{,}14\ \text{mm} \cdot 1{,}4 = 0{,}2\ \text{mm}$$

Mit d = 100 mm erhält man folgende **Drehzahl *n***:

$$n = \frac{v_c}{d \cdot \pi} = \frac{210\ \text{m/min}}{0{,}1\ \text{m} \cdot \pi} = 668\ \text{min}^{-1}$$

Anhand der Anzahl der Schneiden z = 7 kann die **Vorschubgeschwindigkeit v_f** berechnet werden:

$$v_f = n \cdot f \cdot z$$
$$= 668\ \text{min}^{-1} \cdot 0{,}2\ \text{mm} \cdot 7 = 935\ \text{mm/min}$$

Tabelle 1: Richtwerte für das 90°-Planfräsen mit Wendeschneidplatten aus Hartmetall[2)]

Werkstoff der Werkstücke		Schnittgeschwindigkeit v_c[1)] in m/min	Schnittbreite a_e	
Werkstoffgruppe	mittlere Zugfestigkeit R_m in N/mm² bzw. Härte HB		$a_e = (0{,}5 \ldots 1{,}0) \cdot d$	$a_e = 1{,}0 \cdot d$
			Vorschub je Schneide f_z[1)] in mm	
Baustahl	$R_m \le 500$	200 – **230** – 260	0,10 – **0,14** – 0,18	0,17 – **0,24** – 0,31
	$R_m > 500$	160 – **200** – 240	0,10 – **0,14** – 0,18	0,17 – **0,24** – 0,31
Vergütungsstahl, unlegiert	$R_m \le 650$	150 – **175** – 200	0,10 – **0,14** – 0,18	0,17 – **0,24** – 0,31
	$R_m > 650$	140 – **165** – 190	0,10 – **0,14** – 0,18	0,17 – **0,24** – 0,31
Vergütungsstahl, legiert	$R_m \le 750$	140 – **165** – 190	0,10 – **0,14** – 0,18	0,17 – **0,24** – 0,31
	$R_m > 750$	140 – **165** – 190	0,08 – **0,12** – 0,16	0,14 – **0,21** – 0,28

1) Bearbeitungsbedingungen: fett gedruckter Wert = normale Bedingungen, kleines v_c = ungünstige Bedingungen, großes v_c = günstige Bedingungen
2) Korrekturfaktoren für 45°-Planfräsen bei Stahl: $v_c \cdot 1{,}2$; $f_z \cdot 1{,}4$

Überlegen und beantworten Sie:

1. Das Umfangsfräsen der abgesägten Stirnseiten soll mit einem Walzenstirnfräser Ø 50 (Igelfräser) durchgeführt werden **(vgl. Tabelle 1, Seite 72, Schritt 50)**.

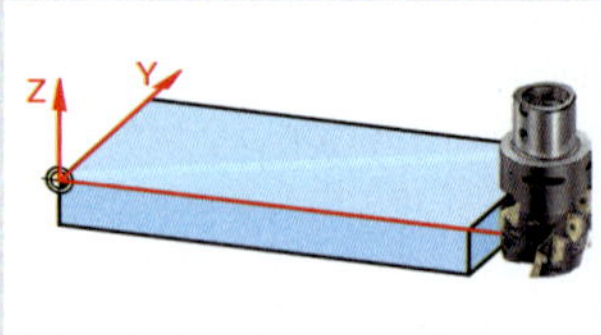

Der mit mehrreihigen Wendeschneidplatten bestückte Walzenstirnfräser (Igelfräser) hat pro Reihe zwei Schneiden ($z = 2$).

Hinweis: Für die Ermittlung der Vorschubgeschwindigkeit ist die Anzahl der Schneiden pro Reihe maßgeblich.

Aus dem Tabellenbuch wurden folgende Schnittgrößen für das Planfräsen (Umfangsfräsen) mit dem Walzenstirnfräser ermittelt:

- Schnittgeschwindigkeit v_c = 220 m/min
- Vorschub je Schneide f_z = 0,25 mm

Berechnen Sie die Drehzahl n und die Vorschubgeschwindigkeit v_f für das Fräsen der Stirnseiten.

2. Das Planfräsen (Eckfräsen) der Außenkontur soll mit einem 90°-Planfräser Ø 25 erfolgen **(vgl. Tabelle 1, Seite 72, Schritt 60)**. Der Planfräser hat drei Wendeschneidplatten aus Hartmetall.

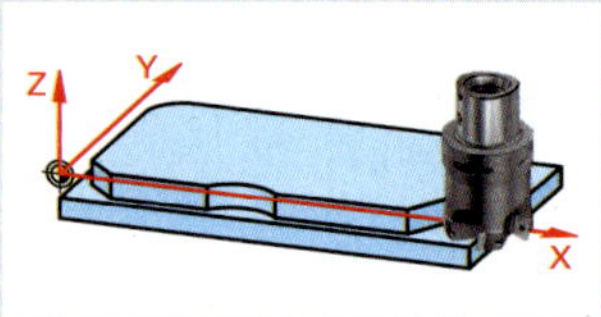

a) Ermitteln Sie die Schnittgeschwindigkeit v_c und den Vorschub f_z je Schneide aus **Tabelle 1 der Seite 73** für das 90°-Planfräsen der Außenkontur.

b) Berechnen Sie die Drehzahl n und die Vorschubgeschwindigkeit v_f für das Planfräsen der Außenkontur.

- **Arbeitsvorgang 70**

(Stirnumfangsfräsen der Tasche)

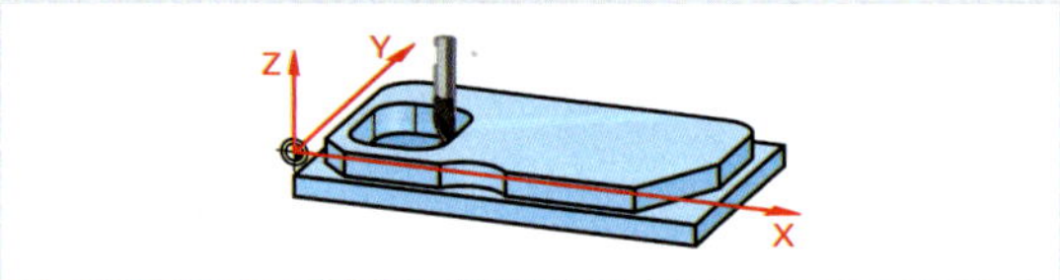

Die Schnittgrößen für das Schruppen mit einem beschichteten HSS-Schaftfräser Ø 12 können aus **Tabelle 1** entnommen werden.

Zum Schlichten von Stahl kann die Schnittgeschwindigkeit v_c erhöht und der Vorschub pro Schneide f_z verringert werden.

Bei einem unbeschichteten HSS-Schaftfräser muss die Schnittgeschwindigkeit v_c reduziert werden:

$$v_{c\ \text{HSS, unbeschichtet}} = 0{,}35 \cdot v_{c\ \text{HSS, beschichtet}}$$

Tabelle 1: Richtwerte für das Stirnumfangsfräsen mit einem beschichteten HSS-Schaftfräser

Werkstoff der Werkstücke		Schruppen			
Werkstoffgruppe	mittlere Zugfestigkeit R_m in N/mm² bzw. Härte HB	Schnittgeschwindigkeit v_c[1] in m/min	Fräserdurchmesser *d* in mm: 4,0	12,0	20,0
			Vorschub f_z in mm		
Baustahl	$R_m \le 500$	70 – **75** – 80	0,009	0,037	0,060
	$R_m > 500$	60 – **65** – 70	0,007	0,032	0,053
Einsatzstahl	$R_m \le 570$	50 – **55** – 60	0,007	0,032	0,053
	$R_m > 570$	40 – **45** – 50	0,009	0,037	0,060
Vergütungsstahl, unlegiert	$R_m \le 650$	60 – **65** – 70	0,007	0,032	0,053
	$R_m > 650$	40 – **45** – 50	0,007	0,032	0,053
Vergütungsstahl, legiert	$R_m \le 750$	40 – **45** – 50	0,007	0,032	0,053
	$R_m > 750$	35 – **40** – 45	0,009	0,037	0,060

[1] Bearbeitungsbedingungen: fett gedruckter Wert = normale Bedingungen, kleines v_c = ungünstige Bedingungen, großes v_c = günstige Bedingungen

Für das Stirnumfangsfräsen der Tasche mit einem beschichteten HSS-Schaftfräser können aus **Tabelle 1, Seite 74** folgende Schnittgrößen für den unlegierten Vergütungsstahl mit $R_m \leq 650$ N/mm² (vgl. Schritt 1, Seite 65) entnommen werden:

- Schnittgeschwindigkeit $v_c = 65$ m/min
- Vorschub pro Schneide $f_z = 0{,}032$ mm

Damit können die Drehzahl n und die Vorschubgeschwindigkeit v_f für den beschichteten HSS-Schaftfräser ⌀ 12 mit zwei Schneiden berechnet werden:

$$n = \frac{v_c}{d \cdot \pi} = \frac{65\ \text{m/min}}{0{,}012\ \text{m} \cdot \pi} = 1724\ \text{min}^{-1}$$

$$v_f = n \cdot f \cdot z$$

$$v_f = 1724\ \text{min}^{-1} \cdot 0{,}032\ \text{mm} \cdot 2 = 110\ \text{m/min}$$

// Schritt 14: Ermittlung der Schnittgrößen für die Bohrwerkzeuge

Im Arbeitsplan **(Tabelle 1, Seite 72)** werden für die Arbeitsvorgänge 80 bis 110 verschiedene Bohrverfahren zur Fertigung der Konturplatte aufgeführt.

Für Bohrwerkzeuge werden an der Fräsmaschine folgende Schnittgrößen angegeben:

- Drehzahl n
- Vorschub f

Während die **Drehzahl *n*** mit der nachfolgenden Formel berechnet wird, kann der **Vorschub *f*** anhand des Bohrerdurchmessers aus **Tabelle 1** bestimmt werden.

$$n = \frac{v_c}{d \cdot \pi}$$

v_c Schnittgeschwindigkeit
d Durchmesser des Fräsers

Bei unbeschichteten Bohrwerkzeugen aus Schnellarbeitsstahl (HSS) wird mit einer reduzierten Schnittgeschwindigkeit v_c gerechnet:

$$v_{c\ \text{HSS, unbeschichtet}} = 0{,}7 \cdot v_{c\ \text{HSS, beschichtet}}$$

- **Arbeitsvorgang 80**
  (Zentrieren und Senken der Bohrungen)

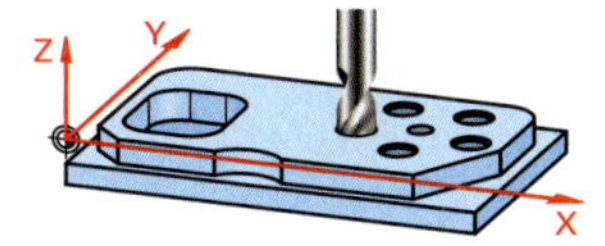

Für das Zentrieren und Senken der Bohrungen mit einem unbeschichteten HSS-Anbohrer ⌀ 16 ergeben sich folgende Schnittgrößen:

Werkstoff der Konturplatte:
unlegierter Vergütungsstahl mit $R_m \leq 670$ N/mm²

$$v_{c\ \text{HSS, beschichtet}} = 37\ \text{m/min}\ \textbf{(Tabelle 1)}$$

$$v_{c\ \text{HSS, unbeschichtet}} = 0{,}7 \cdot v_{c\ \text{HSS, beschichtet}}$$
$$v_{c\ \text{HSS, unbeschichtet}} = 0{,}7 \cdot 37\ \text{m/min}$$
$$v_{c\ \text{HSS, unbeschichtet}} = 25{,}9\ \text{m/min}$$

$$n = \frac{v_c}{d \cdot \pi} = \frac{25{,}9\ \text{m/min}}{0{,}016\ \text{m} \cdot \pi} = 515\ \text{min}^{-1}$$

$$f_{HM} = 0{,}14\ \text{mm}\ \textbf{(Tabelle 1)}$$

$$f_{HSS} = 0{,}5 \cdot f_{HM} = 0{,}5 \cdot 0{,}14\ \text{mm} = 0{,}07\ \text{mm}$$

Tabelle 1: Schnittdaten beim Anbohren/Senken mit einem NC-Anbohrer

Werkstoffgruppe		mittlere Zugfestigkeit R_m in N/mm² bzw. Härte HB	Schnittgeschwindigkeit v_c in m/min: HSS-Anbohrer, beschichtet[1]	Schnittgeschwindigkeit v_c in m/min: HM-Anbohrer, beschichtet	NC-Anbohrer Durchmesser d in mm: 4	6	10	16	20
					Vorschub f in mm für NC-Anbohrer aus HM[2]				
Baustahl		$R_m \leq 500$	38 – **50** – 63	80 – **90** – 100	0,08	0,11	0,14	0,14	0,14
		$R_m > 500$	31 – **37** – 44	60 – **80** – 90	0,08	0,11	0,14	0,14	0,14
Vergütungsstahl	unlegiert	$R_m \leq 670$	31 – **37** – 44	60 – **80** – 90	0,08	0,11	0,14	0,14	0,14
	legiert	$R_m > 950$	19 – **21** – 25	45 – **55** – 65	0,06	0,09	0,12	0,12	0,12

[1] Bearbeitungsbedingungen: fett gedruckter Wert = normale Bedingungen, kleines v_c = ungünstige Bedingungen, großes v_c = günstige Bedingungen
[2] Vorschubwerte für HSS-Anbohrer werden bei Stahlwerkstoffen um ca. 50 % reduziert.

Überlegen und beantworten Sie:

1. Das Bohren der Grundlochbohrungen Ø 10 des Teilkreises der Konturplatte soll mit einem beschichteten Spiralbohrer Ø 10 durchgeführt werden **(vgl. Tabelle 1, Seite 72, Schritt 90)**.
   a) Ermitteln Sie aus **Tabelle 1** die Schnittgeschwindigkeit und den Vorschub für den beschichteten Spiralbohrer aus HSS Ø 10.
   b) Berechnen Sie die Drehzahl *n* für den Spiralbohrer Ø 10.

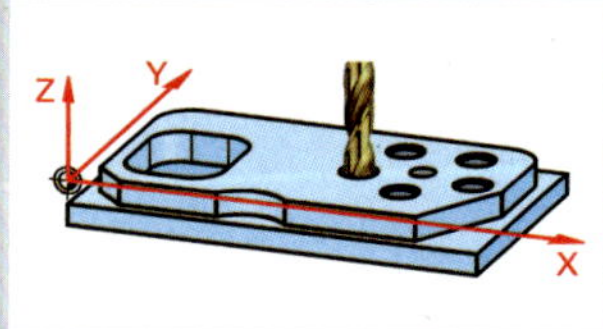

2. Die Durchgangsbohrung für das Kernloch des Gewindes M8 soll mit einem beschichteten Spiralbohrer Ø 6,8 gebohrt werden **(vgl. Tabelle 1, Seite 72, Schritt 100)**.
   a) Ermitteln Sie aus **Tabelle 1** die Schnittgeschwindigkeit und den Vorschub für den beschichteten Spiralbohrer aus HSS Ø 6,8.
   b) Berechnen Sie die Drehzahl *n* für den Spiralbohrer Ø 6,8.

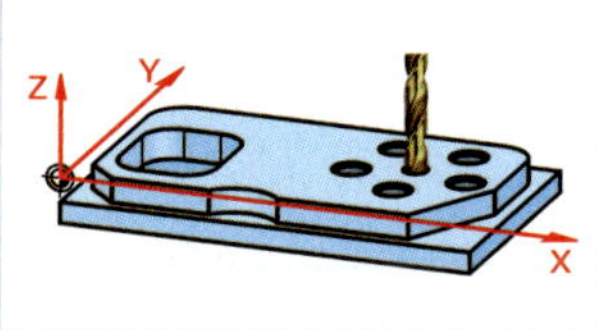

3. Das Gewinde M8 soll mit einem beschichteten Maschinengewindebohrer gebohrt werden (vgl. Tabelle 1, Seite 72, Schritt 100).
   a) Ermitteln Sie aus **Tabelle 2** die Schnittgeschwindigkeit für den beschichteten Maschinengewindebohrer aus HSS M8.
   b) Berechnen Sie die Drehzahl *n* für den Maschinengewindebohrer M8.
   c) Überlegen Sie, wie groß der Vorschub für den Maschinengewindebohrer sein muss.

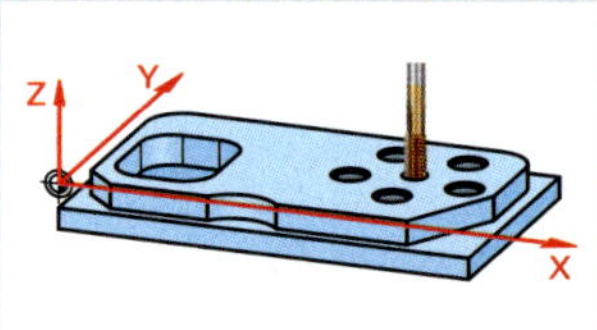

Tabelle 1: Richtwerte für das Bohren mit einem Spiralbohrer

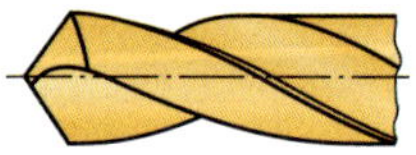 **Werkstoffgruppe**	**mittlere Zugfestigkeit R_m in N/mm²**	**Schnittgeschwindigkeit v_c in m/min[1)2)] Spiralbohrer HSS, beschichtet**	**Bohrerdurchmesser *d* in mm**				
			2	**5**	**8**	**12**	**16**
			Vorschub *f* in mm				
Baustahl	$R_m \leq 500$	38 – **50** – 63	0,05	0,13	0,22	0,27	0,32
Einsatzstahl, unlegiert	$R_m \leq 550$	31 – **37** – 44	0,03	0,08	0,11	0,17	0,22
Vergütungsstahl, unlegiert	$R_m \leq 650$	25 – **27** – 31	0,02	0,06	0,10	0,15	0,19
Vergütungsstahl, legiert	$R_m > 750$	10 – **12** – 15	0,02	0,05	0,09	0,13	0,15

[1)] Bearbeitungsbedingungen: fett gedruckter Wert = normale Bedingungen, kleines v_c = ungünstige Bedingungen, großes v_c = günstige Bedingungen
[2)] Für Schnittgeschwindigkeiten unbeschichteter HSS-Spiralbohrer sind 70% des Tabellenwerts zu berechnen.

Tabelle 2: Richtwerte für das Gewindebohren mit einem Maschinengewindebohrer

 **Werkstoffgruppe**	**mittlere Zugfestigkeit R_m in N/mm²**	**Schnittgeschwindigkeit v_c in m/min[1)]**		**Schmiermittel**
		HSS, unbeschichtet	**HSS, beschichtet**	
Baustahl	$R_m \leq 500$	14 – **15** – 16	20 – **25** – 30	Emulsion
	$R_m \leq 500$	10 – **11** – 12	15 – **20** – 25	Emulsion
Einsatzstahl	$R_m \leq 570$	8 – **12** – 15	15 – **20** – 25	Emulsion
Vergütungsstahl	$R_m > 650$	6 – **9** – 15	10 – **12** – 14	Emulsion

[1)] Bearbeitungsbedingungen: fett gedruckter Wert = normale Bedingungen, kleines v_c = ungünstige Bedingungen, großes v_c = günstige Bedingungen

Überlegen und beantworten Sie:

Für die Spannvorrichtung (vgl. Seite 13) soll die in **Bild 1** dargestellte Grundplatte auf einer CNC-Fräsmaschine gefertigt werden.

Für die Grundplatte steht ein abgesägter Breitflachstahl DIN 59200 aus unlegiertem Baustahl S235JR zur Verfügung. Der Breitflachstahl mit der Breite 300 mm und Dicke 30 mm wurde auf eine Länge von 370 mm abgesägt.

Die nachfolgende Auflistung gibt die vorhandenen Werkzeuge für die Fräs- und Bohrbearbeitung auf der CNC-Fräsmaschine an:

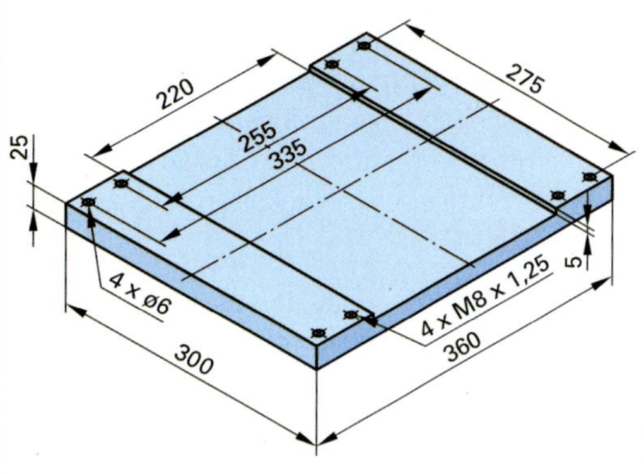

Bild 1: Grundplatte

- 45°-Planfräser Ø 160 mit Wendeschneidplatten aus HM, $z = 10$, T1
- 90°-Planfräser (Eckfräser) Ø 125 mit Wendeschneidplatten aus HM, $z = 8$, T2
- Walzenfräser Ø 80 aus HSS, unbeschichtet, $z = 5$, T3
- NC-Anbohrer Ø 14 aus HSS, unbeschichtet, T4
- Spiralbohrer Ø 6 aus HSS, unbeschichtet, T5
- Spiralbohrer Ø 6,8 aus HSS, unbeschichtet, T6
- Gewindebohrer M8 aus HSS, unbeschichtet, T7

1. Ermitteln Sie die mittlere Zugfestigkeit für den Werkstoff der Grundplatte.
2. Geben Sie an, welche Fräs- und Bohrverfahren für die Bearbeitung der Grundplatte angewendet werden.
3. Wählen Sie geeignete Spannmittel für die Durchführung der in Aufgabe 2 angewendeten Fräs- und Bohrverfahren aus.
4. Die oben angegebenen Planfräser sind mit einer mittleren Teilung ausgeführt. Analysieren Sie, warum diese Teilung der Planfräser für das Fräsen der Grundplatte verwendet wird.
5. Begründen Sie, warum das Gleichlauffräsen für das Fräsen der Grundplatte geeigneter ist als das Gegenlauffräsen.
6. Erläutern Sie den Unterschied zwischen dem Hohlschaftkegel (HSK) und dem Steilkegel (SK) zum Spannen der Fräseraufnahme in der Frässpindel.
7. Erstellen Sie einen Arbeitsplan zum Fräsen und Bohren der Grundplatte auf einer CNC-Fräsmaschine. Verwenden Sie hierfür das nachfolgende Arbeitsplanmuster.

Nr.	Arbeitsvorgang	Werkzeug, Prüfmittel, Spann- und Hilfsmittel	Schnittgrößen

1.3.2 Hochgeschwindigkeitsfräsen (HSC-Fräsen)

Beim Hochgeschwindigkeitsfräsen (HSC-Fräsen, engl. **H**igh **S**peed **C**utting) werden wesentlich höhere Schnittgeschwindigkeiten bei allen Werkstoffen eingesetzt als bei den üblichen Fräsverfahren. Hier liegen die Schnittgeschwindigkeiten fünf- bis zehnmal höher **(Bild 1)**.

Kennzeichnend ist der Einsatz von Fräsern mit einem kleinen Durchmesser und damit einer kleinen Schnittbreite a_e. Somit ergibt sich eine hohe Drehzahl n für den Fräser, die zu einer großen Vorschubgeschwindigkeit v_f führt, obwohl der Vorschub pro Zahn f_z sehr klein ist.

Die axiale Schnitttiefe a_p liegt meist im Bereich von 0,1 % bis 5 % des Fräserdurchmessers. Dadurch ergeben sich niedrige Zerspankräfte.

Vorteile beim HSC-Fräsen (Bild 1):

- hohes Spanvolumen bezogen auf die Zeit durch hohe Schnittgeschwindigkeiten, Drehzahlen und Vorschubgeschwindigkeiten
- kurze Fräszeiten
- sehr gute erzielbare Oberflächengüte
- gute erzielbare Maß- und Formgenauigkeit
- niedrige Zerspankräfte
- gute Wärmeabfuhr durch die Späne

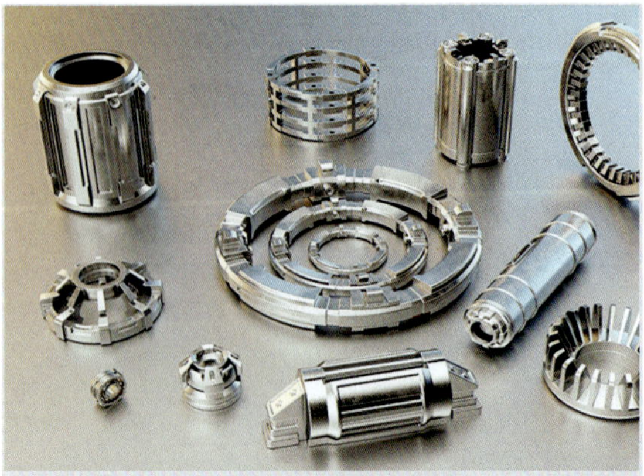

Bild 2: Anwendungsbeispiele für HSC-Fräsen

Durch die hohe Schnittgeschwindigkeit werden über 90 % der Zerspanungswärme über den Span abgeführt. Es treten daher weniger Verspannungen, Verzug und Randzonenveränderungen am Werkstück auf. Dadurch wird auch die Maßgenauigkeit verbessert. Auf Kühlschmierung kann beim HSC-Fräsen verzichtet werden.

Anwendungsgebiete des HSC-Fräsens:

- Bearbeitung von Formen, Gesenken sowie Werkstücken aus Aluminium und Grafit
- Herstellung von Grafit- und Metallelektroden für das Senkerodieren
- Fertigung von Präzisionsteilen und dünnwandigen Bauteilen **(Bild 2)** aus Stahl, Gusseisen oder Leichtmetall (z. B. für den Motorenbau, die Raumfahrt und die optische Industrie)

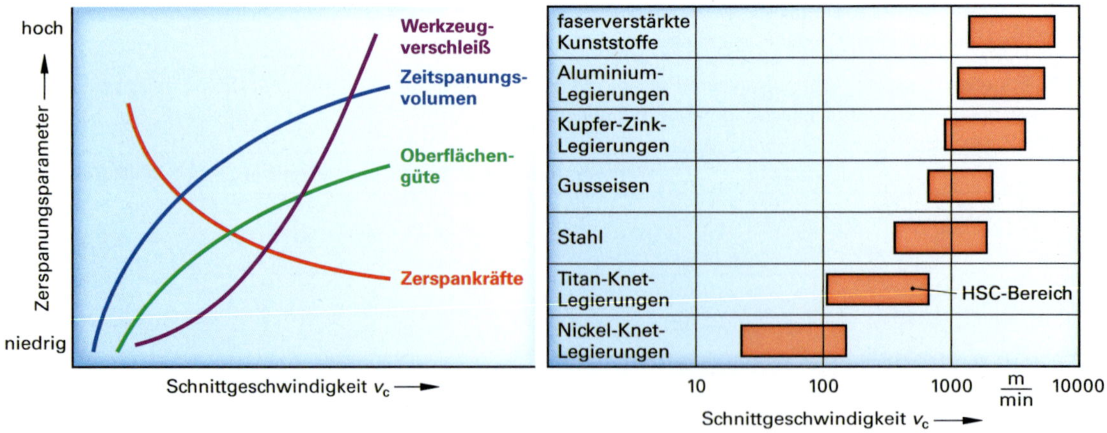

Bild 1: Leistungsmerkmale und Schnittgeschwindigkeitsbereiche beim HSC-Fräsen

// Hochgeschwindigkeitsfräsen als Alternative zum Erodieren

Das HSC-Fräsen wird gerne zur Fertigung von Formen im Werkzeugbau verwendet. Die Formen aus gehärtetem Stahl werden z. B. als Schmiedegesenk, Tiefziehwerkzeug oder Spritz- und Druckgussform benötigt.

HSC-Fräsen ermöglicht die Hartbearbeitung von bereits gehärteten Rohmaterialien mit einer sehr guten Qualität. Es ersetzt in vielen Fällen das Senkerodieren, das bisher im Formenbau angewendet wurde.

Beim Senkerodieren findet mittels einer Elektrode und eines Impulsstroms ein punktförmiges Abtragen des Werkstoffs in der Vertiefung statt. Das Senkerodieren benötigt einen hohen Zeitaufwand und kann am Beispiel des Schmiedegesenks **(Bild 1)** mit ca. 17 Stunden einschließlich des nachträglichen Polierens veranschlagt werden.

Durch den Einsatz des HSC-Fräsens entfällt das nachträgliche Polieren, das führt zu kürzeren Fertigungszeiten.

Oft werden die Formen auch mit üblichen CNC-Fräsmaschinen vorgefräst und danach mit der HSC-Fräsmaschine fertig gefräst.

// Hochgeschwindigkeitsfräsmaschinen (HSC-Fräsmaschinen)

HSC-Fräsmaschinen und die üblichen CNC-Fräsmaschinen können über die gleiche Hochleistungsspindel verfügen. Beide Maschinen können auch das gleiche CNC-Programm mit gleichen Vorschüben und Drehzahlen verwenden.

Der Unterschied zwischen einer HSC-Fräsmaschine und einer üblichen Fräsmaschine liegt in der viermal höheren Beschleunigung aller Vorschubachsen der HSC-Fräsmaschine. Hierdurch können kürzere Fräszeiten erreicht werden. Die hohen Beschleunigungswerte werden durch die höhere Steifigkeit und die optimalen Dämpfungseigenschaften erzielt.

Am Beispiel der Spritzgießform (Bild 1) kann eine Einsparung von mehr als der Hälfte der Fräszeit durch das HSC-Fräsen erreicht werden.

Die in Bild 1 dargestellte Hochleistungsspindel besitzt eine hohe Rundlaufgenauigkeit und erreicht Drehzahlen zwischen 100 min^{-1} und 42 000 min^{-1}.

Die Vorschubgeschwindigkeit aller Bewegungsachsen ist von 0 bis 20 000 min^{-1} programmierbar. Damit werden schnelle Richtungswechsel ermöglicht und es können genaue Werkstückgeometrien entstehen.

Die Eilganggeschwindigkeit aller Bewegungsachsen einer HSC-Fräsmaschine beträgt bis zu 40 m/min.

Anforderungen an HSC-Werkzeuge:

- Verschleißfestigkeit bei hohen Schnittgeschwindigkeiten durch den Einsatz von Schneidkeramik, Bornitrid und Diamant als Schneidstoff (vgl. 1.1.5, Seite 24)
- geringe Unwucht sowie kleine Rund- und Planlaufabweichungen
- hohe Steifigkeit

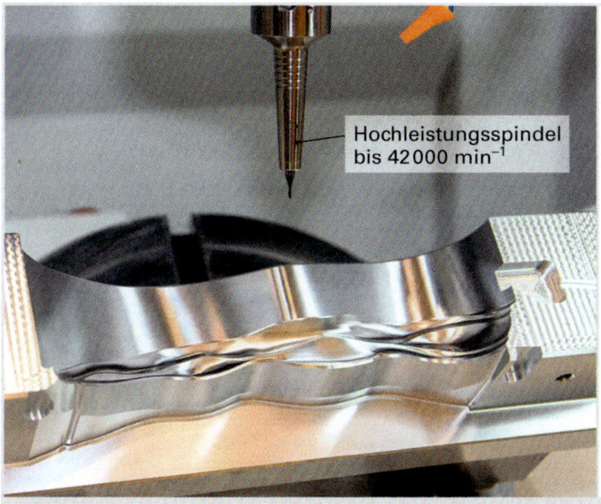

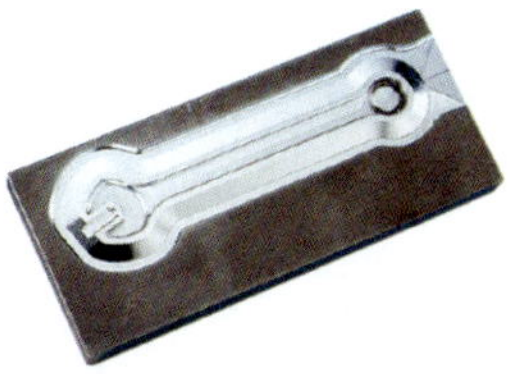

Fertigung des Schmiedegesenks durch Erodieren	HSC-Fräsen	Fräsen der Spritzgießform auf einer CNC-Fräsmaschine	HSC-Fräsen
17 Stunden	88 Minuten	84 Minuten	39 Minuten

Bild 1: Anwendungsbeispiele für das Hochgeschwindigkeitsfräsen (HSC)

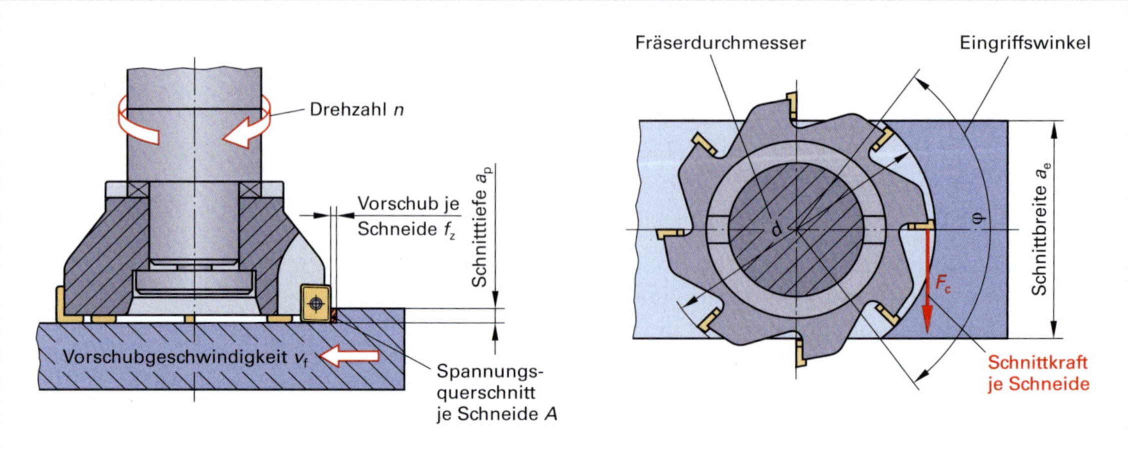

Bild 1: Schnittkraft je Schneide F_c beim Planfräsen

1.3.3 Schnittkraft und Leistung beim Fräsen

Bild 1 (rechts) zeigt die Schnittkraft F_c je Schneide, die an der Schneide beim Planfräsen entsteht. Je größer die Schnittkraft und Schnittgeschwindigkeit sind, desto höher muss die erforderliche Antriebsleistung der Fräsmaschine sein.

Anders als beim Drehen (vgl. 1.2.5) sind beim Fräsen in der Regel mehrere Schneiden gleichzeitig im Eingriff. Daher hängt die gesamte auftretende Antriebsleistung auch von der Anzahl der Schneiden ab, die gleichzeitig im Eingriff sind.

Am Beispiel der Fertigung der Konturplatte (vgl. 1.3.1) soll die notwendige Antriebsleistung der CNC-Fräsmaschine beim 45°-Planfräsen ermittelt werden. Für die Berechnung der Antriebsleistung werden die nachfolgenden Schritte durchgeführt.

// Spezifische Schnittkraft k_c

Zur Ermittlung der Schnittkraft je Schneide F_c wird die spezifische Schnittkraft k_c benötigt. Sie ist beim Fräsen abhängig von der mittleren Spanungsdicke h sowie den werkstoffabhängigen Größen $k_{c1.1}$ und m_c. Der Wert $k_{c1.1}$ stellt den Basiswert der spezifischen Schnittkraft bei einer Spanungsdicke h = 1 mm und Spanungsbreite b = 1 mm dar. Die Größe m_c wird als Werkstoffkonstante bezeichnet (vgl. 1.2.5).

Der Basiswert $k_{c1.1}$ und die Werkstoffkonstante m_c können anhand der verwendeten Werkstoffe für Frästeile aus **Tabelle 1** entnommen werden.

Spezifische Schnittkraft k_c

$$k_c = \frac{k_{c\,1.1}}{h^{m_c}}$$

$k_{c1.1}$ spezifische Schnittkraft (Basiswert) bei A = 1 mm² mit h und b = 1 mm
m_c Werkstoffkonstante

Mittlere Spanungsdicke h

Für d/a_e = 1,2 ... 1,6 gilt:

$$h \approx f_z$$

mit d = Fräserdurchmesser
a_e = Schnittbreite
f_z = Vorschub je Schneide

Tabelle 1: Basiswerte zur Ermittlung der spezifischen Schnittkraft k_c

Werkstoff	Basiswerte	
	$k_{c1.1}$ in N/mm²	m_c
S235JR	1780	0,17
11SMnPB30	1200	0,18
C15	1820	0,22
16MnCr5	2100	0,26
C35	1516	0,27
42CrMo4	2500	0,26

// Spanungsquerschnitt *A* je Schneide

Maßgeblich für die Größe der Schnittkraft F_c je Schneide ist der Spanungsquerschnitt *A* je Schneide. Er berechnet sich aus der Schnitttiefe a_p und dem Vorschub f_z je Schneide **(Bild 1, links, Seite 80)**.

Spanungsquerschnitt *A* je Schneide

$$A = a_p \cdot f_z$$

// Schnittkraft F_c je Schneide

Die Schnittkraft F_c je Schneide ergibt sich aus der zuvor ermittelten spezifischen Schnittkraft k_c und dem Spanungsquerschnitt *A* je Schneide. Da sich die Schnittkraft je nach Schneidstoff und stumpfer werdender Schneide verändern kann, werden die Korrekturfaktoren C_1 und C_2 berücksichtigt.

Schnittkraft F_c je Schneide

$$F_c = A \cdot k_c \cdot C_1 \cdot C_2$$

Korrekturfaktoren:
$C_1 = 1{,}2$ Schnellarbeitsstahl
$C_1 = 1{,}0$ Hartmetall
$C_1 = 0{,}9$ Schneidkeramik
$C_2 = 1{,}3$ mit Abstumpfung
$C_2 = 1{,}0$ ohne Abstumpfung

// Anzahl der Schneiden im Eingriff z_e

Beim Fräsen sind meistens mehrere Schneiden im Eingriff. Über den Eingriffswinkel φ und die gesamte Anzahl *z* der Schneiden am Fräser wird die Anzahl der Schneiden z_e, die im Eingriff sind, ermittelt. Je nach Verhältnis vom Fräserdurchmesser *d* zur Schnittbreite a_e kann aus **Tabelle 1** der Eingriffswinkel φ entnommen werden. Ist der gesamte Fräserdurchmesser im Eingriff, so beträgt der Eingriffswinkel 180°.

Anzahl der Schneiden im Eingriff z_e

$$z_e = z \cdot \frac{\varphi}{360°}$$

// Schnittleistung P_c

Die Schnittleistung P_c berechnet sich aus der Schnittkraft F_c, der Schnittgeschwindigkeit v_c und der Anzahl der Schneiden z_e. Sie ist die Leistung, die am ganzen Werkzeug wirkt. Bei der Berechnung der Schnittleistung P_c ist darauf zu achten, dass die Schnittgeschwindigkeit v_c von der Einheit m/min in die Einheit m/s umgerechnet werden muss.

Schnittleistung P_c

$$P_c = z_e \cdot F_c \cdot v_c$$

// Benötigte Antriebsleistung der Fräsmaschine P_1

Für die Berechnung der Antriebsleistung der Fräsmaschine wird der Wirkungsgrad η berücksichtigt. Die benötigte Antriebsleistung P_1 darf die Nennleistung P_N des Antriebmotors nicht überschreiten.

Benötigte Antriebsleistung P_1

$$P_1 = \frac{P_c}{\eta}$$

Wirkungsgrad η:
$\eta = 0{,}7 - 0{,}8$ konventionelle Fräsmaschine
$\eta = 0{,}8 - 0{,}85$ CNC-Fräsmaschine

Tabelle 1: Eingriffswinkel φ

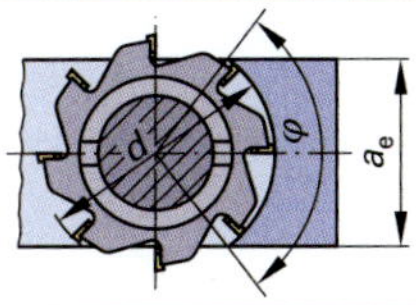

	Fräserdurchmesser *d* / Schnittbreite a_e								
	1,20	1,25	1,30	1,35	1,40	1,45	1,50	1,55	1,60
Eingriffswinkel φ	113°	106°	100°	96°	91°	87°	83°	80°	77°

Beispiel

Die Konturplatte **(Bild 1)** aus dem Werkstoff C35 soll auf einer CNC-Fräsmaschine gefertigt werden. Der Wirkungsgrad η der CNC-Fräsmaschine beträgt 85 %.

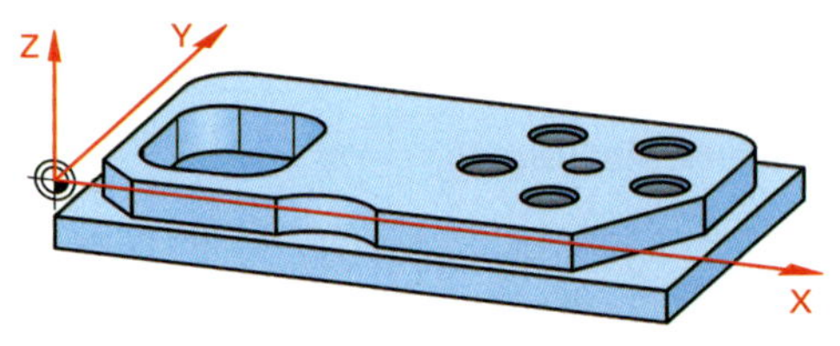

Bild 1: Konturplatte

Das Planfräsen der Ober- und Unterseite der Konturplatte **(Bild 2)** erfolgt durch einem 45°-Planfräser Ø 100 mit sieben Schneiden. Der Fräser hat bereits abgestumpfte Schneiden.

Im Kapitel 1.3.1 wurden bereits die Schnittgrößen festgelegt (vgl. **Tabelle 1, Seite 72** und Arbeitsvorgang 30/40, Seite 73). Es wurden folgende Werte ermittelt:

- Schnittgeschwindigkeit v_c = 210 m/min
- Vorschub je Schneide f_z = 0,2 mm
- Schnitttiefe a_p = 2,5 mm
- Schnittbreite a_e = 80 mm

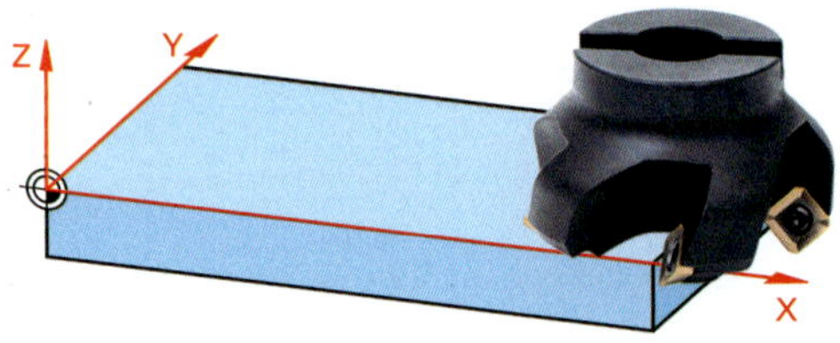

Bild 2: 45°-Planfräsen der Oberseite der Konturplatte

a) Berechnen Sie die Schnittkraft je Schneide F_c für das 45°-Planfräsen der Konturplatte.

b) Bestimmen Sie die Schnittleistung P_c.

c) Bestimmen Sie die benötigte Antriebsleistung P_1 für die CNC-Fräsmaschine.

Lösung

a) **Berechnung der Schnittkraft F_c**
Spanungsdicke h und Eingriffswinkel φ

$$\frac{d}{a_e} = \frac{100}{80} = 1{,}25$$

$h \approx f_z = 0{,}2$ mm und $\varphi = 106°$

Basiswerte für die spezifische Schnittkraft

Basiswerte für den unlegierten Vergütungsstahl C35:
$k_{c1.1} = 1516\ \text{N/mm}^2$ und $m_c = 0{,}27$

spezifische Schnittkraft k_c

$$k_c = \frac{k_{c\,1.1}}{h^{m_c}} = \frac{1516\ \text{N/mm}^2}{0{,}2^{0{,}27}} = 2341\ \text{N/mm}^2$$

Spanungsquerschnitt A je Schneide

$A = a_p \cdot f_z = 2{,}5\ \text{mm} \cdot 0{,}2\ \text{mm} = 0{,}5\ \text{mm}^2$

Korrekturfaktoren C_1 und C_2

Das Planfräsen der Konturplatte wird mit abgestumpften Schneidplatten aus Hartmetall durchgeführt. Daraus ergeben sich die Korrekturfaktoren C_1 = 1,0 und C_2 = 1,3.

Schnittkraft F_c je Schneide

$F_c = A \cdot k_{c1.1} \cdot C_1 \cdot C_2$
$F_c = 0{,}5\ \text{mm}^2 \cdot 1516\ \text{N/mm}^2 \cdot 1{,}0 \cdot 1{,}3 = 758\ \text{N}$
$F_c = 985{,}4\ \text{N}$

Anzahl der Schneiden im Eingriff z_e

$$z_e = z \cdot \frac{\varphi}{360°} = 7 \cdot \frac{106°}{360°} = 2{,}06$$

b) **Bestimmung der Schnittleistung P_c**

$v_c = 210\ \text{m/min} = 3{,}5\ \text{m/s}$
$P_c = z_e \cdot F_c \cdot v_c = 2{,}06 \cdot 985{,}4\ \text{N} \cdot 3{,}5\ \text{m/s}$
$P_c = 7104{,}7\ \text{W}$

c) **Berechnung der benötigen Antriebsleistung P_1 für die CNC-Fräsmaschine**

$$P_1 = \frac{P_c}{\eta} = \frac{7104{,}7\ \text{W}}{0{,}85} = 8358{,}5\ \text{W}$$

Überlegen und beantworten Sie:

Die Grundplatte der Spannvorrichtung (vgl. Seite 13) aus unlegiertem Baustahl S235JR soll auf einer konventionellen Fräsmaschine gefertigt werden. Die Fräsmaschine hat einen Wirkungsgrad η = 72 % bei einer Nennleistung P_N = 10 kW.

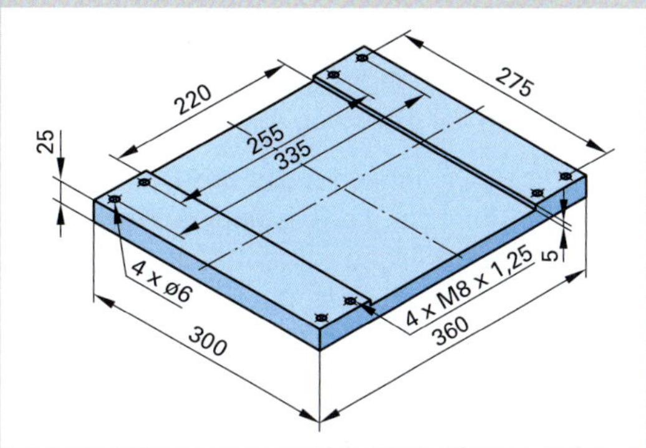

Für das Stirnumfangsfräsen der Nut mit einem 90°-Planfräser (Eckfräser) ⌀ 125, bestückt mit acht Wendeschneidplatten aus Hartmetall, soll die Antriebsleistung der konventionellen Fräsmaschine überprüft werden.

Für die Fräsbearbeitung zum Schruppen wurden bereits folgende Schnittgrößen ausgewählt:

- Schnittgeschwindigkeit v_c = 200 m/min
- Vorschub je Schneide f_z = 0,1 mm
- Schnitttiefe a_p = 4 mm

1. Berechnen Sie die Schnittkraft F_c pro Schneide für das 90°-Planfräsen der Nut mit der Breite von 220 mm.
2. Bestimmen Sie die Schnittleistung P_c am Fräser.
3. Überprüfen Sie, ob die Nennleistung der konventionellen Fräsmaschine bei den ausgewählten Schnittgrößen ausreicht.

1.3.4 Zeitermittlung beim Fräsen

Die Zeitermittlung beim Fräsen umfasst verschiedene Zeitarten (vgl. 1.6.2). Ziel ist die Bestimmung der Auftragszeit T bei Maschinen, die durch den Menschen bedient werden, oder der Belegungszeit T_B bei vollautomatischen Maschinen.

Mit der Auftrags- bzw. Belegungszeit wird angegeben, wie lange der Fertigungsauftrag zum Fräsen der vorgegebenen Anzahl an Werkstücken an der eingesetzten Maschine dauert.

// Hauptnutzungszeit beim Fräsen

Grundlage der Zeitermittlung beim Fräsen ist die Berechnung der **Hauptnutzungszeit t_h**. Sie gibt an, in welcher Zeit der Fräser mit der eingestellten **Vorschubgeschwindigkeit v_f** das Zerspanen des Werkstücks durchführt.

Hierbei fährt der Fräser auf seinem **Vorschubweg L** am Werkstück entlang. Bis zum Erreichen der endgültigen Form werden je nach Werkstück häufig mehrere **Schnitte i** mit dem ermittelten Vorschubweg ausgeführt.

Hauptnutzungszeit t_h beim Fräsen

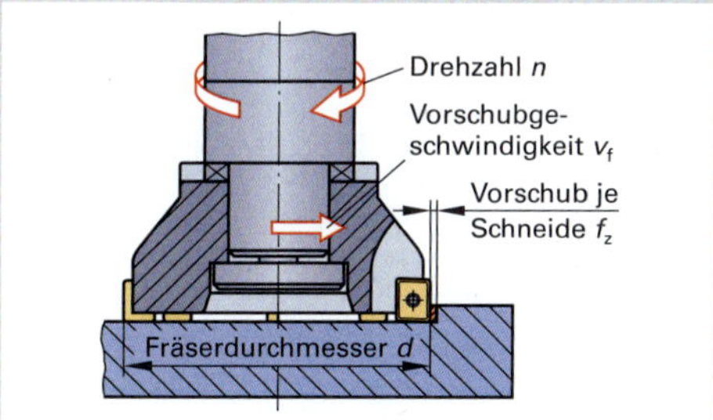

$$t_h = \frac{L \cdot i}{v_f} \qquad t_h = \frac{L \cdot i}{n \cdot f}$$

$$f = f_z \cdot z \qquad v_f = f_z \cdot z \cdot n$$

$$n = \frac{v_c}{d \cdot \pi}$$

t_h	Hauptnutzungszeit
L	Vorschubweg
i	Anzahl der Schnitte
f	Vorschub
z	Anzahl der Schneiden
v_c	Schnittgeschwindigkeit

Lernfeld 5

// Vorschubweg *L* beim mittigen Stirnfräsen

Für die Berechnung der Hauptnutzungszeit t_h werden je nach Fräsverfahren unterschiedliche Berechnungen für den Vorschubweg L angesetzt.

Beim mittigen Stirnfräsen muss der Planfräser für das **Schruppen** nicht die vollständige **Werkstücklänge *l*** der Oberfläche fahren. Das Fräsen der Fläche beginnt damit, dass der Fräser mit einem **Anlaufweg l_a** = 1 bis 2 mm vor dem Werkstück positioniert wird.

Wenn der Planfräser mit seinen vorderen Schneiden die hintere Kante der Werkstückoberfläche mit einem **Überlaufweg l_u** = 1 bis 2 mm erreicht hat, kann er anschließend vom Werkstück abgesetzt und für einen neuen Schnitt positioniert werden.

Beim **Schlichten** muss der Planfräser vollständig die Werkstückoberfläche überfahren, da sonst durch den kurzzeitigen Stopp und das anschließende Hochsetzen des drehenden Fräsers die Werkstückoberfläche durch die Schneiden beschädigt wird.

Vorschubweg *L* beim Stirnfräsen, mittig

- **Schruppen**

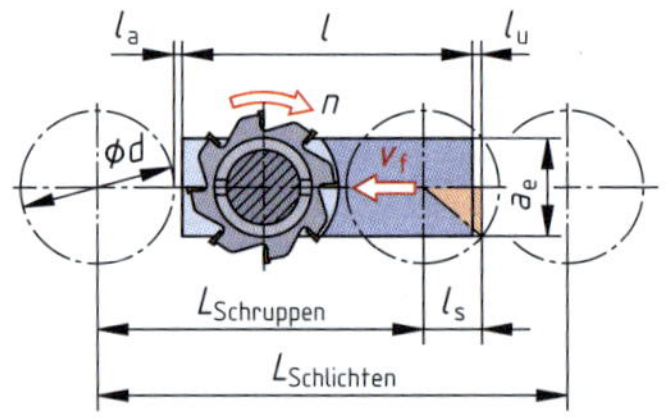

$$L_{Schruppen} = l + 0{,}5 \cdot d + l_a + l_u - l_s$$

$$\text{Anschnitt } l_s = 0{,}5 \cdot \sqrt{d^2 - a_e^2}$$

- **Schlichten**

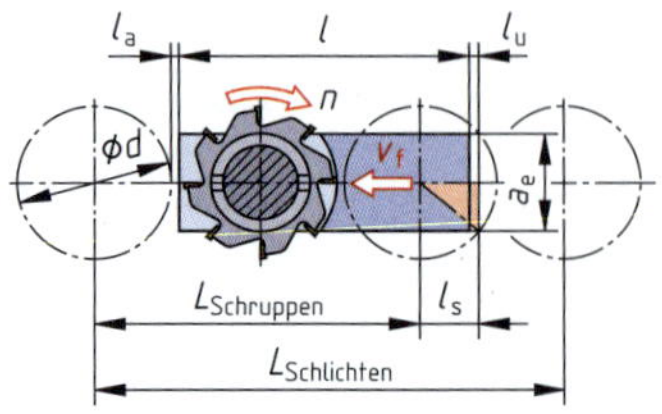

$$L_{Schlichten} = l + d + l_a + l_u$$

// Vorschubweg beim außermittigen Stirnfräsen

Beim außermittigen Stirnfräsen und Stirnumfangsfräsen wird für die Ermittlung des Vorschubwegs L unterschieden, ob die **Schnittbreite a_e** größer oder kleiner als die Hälfte des **Fräserdurchmessers *d*** ist.

Vorschubweg *L* beim Stirnfräsen, außermittig

- **Schnittbreite $a_e > 0{,}5 \cdot d$**

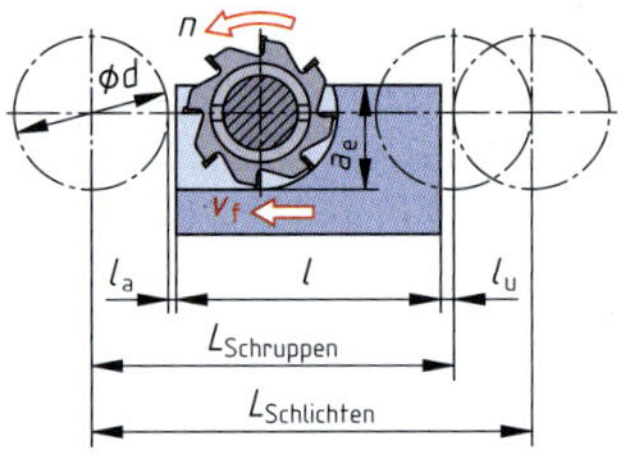

$$L_{Schruppen} = l + 0{,}5 \cdot d + l_a + l_u$$
$$L_{Schlichten} = l + d + l_a + l_u$$

- **Schnittbreite $a_e < 0{,}5 \cdot d$**

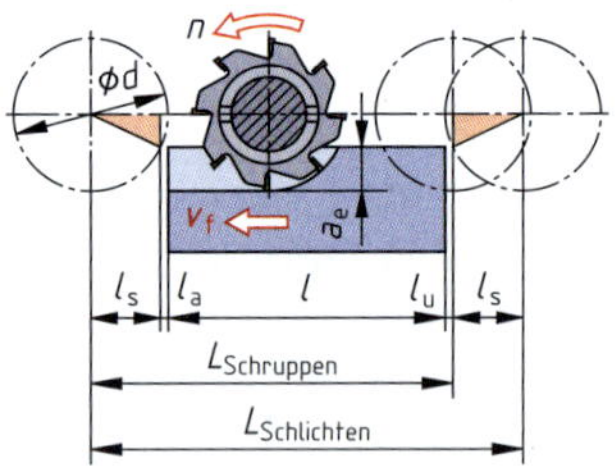

$$L_{Schruppen} = l + l_a + l_u + l_s$$
$$L_{Schlichten} = l + l_a + l_u + 2 \cdot l_s$$
$$\text{Anschnitt } l_s = \sqrt{a_e \cdot d - a_e^2}$$

Vorschubweg *L* beim Umfangsfräsen mit $a_e < 0{,}5 \cdot d$

$$L_{Schruppen} = l + l_a + l_u + l_s$$
$$L_{Schlichten} = l + l_a + l_u + l_s$$

Beispiel

a) **Mittiges Stirnfräsen der Ober- und Unterseite**

Das Planfräsen der Ober- und Unterseite der Konturplatte mit einem 45°-Planfräser Ø 100 ($z = 7$) soll auf einer CNC-Fräsmaschine durchgeführt werden (vgl. Seite 73).

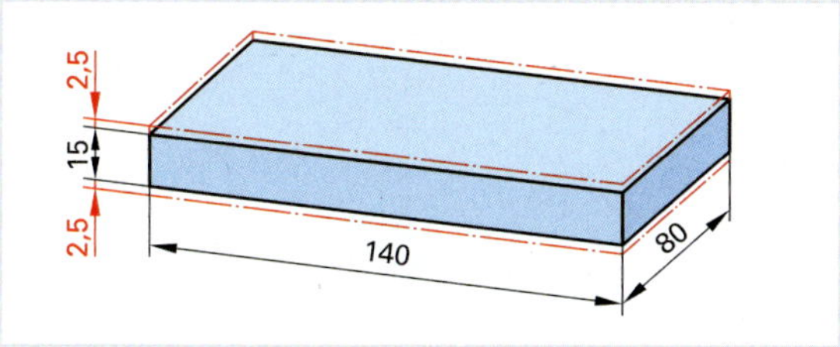

Die Ober- und Unterseite sollen jeweils zuerst durch Schruppen mit einer Schnitttiefe $a_p = 2$ mm gefräst werden. Nach dem Schruppen der jeweiligen Seite soll ein Schlichtschnitt mit einer Schnitttiefe $a_p = 0{,}5$ mm durchgeführt werden.

Die Vorschubgeschwindigkeit ist für das Schruppen mit $v_f = 935$ mm/min bereits ermittelt worden.

Für das Schlichten sind folgende Schnittdaten vorgegeben:

- Drehzahl $n = 668\ \text{min}^{-1}$
- Vorschub pro Schneide $f_z = 0{,}1$ mm

Berechnen Sie die Hauptnutzungszeiten zum Schruppen und Schlichten der Ober- und Unterseite der Konturplatte.

b) **Umfangsfräsen der abgesägten Seiten**

Nach dem Planfräsen der Ober- und Unterseite sollen die beiden abgesägten Stirnseiten der Konturplatte auf das Maß 135 durch Umfangfräsen mit einem Igelfräser Ø 50 geschlichtet werden (vgl. Seite 72).

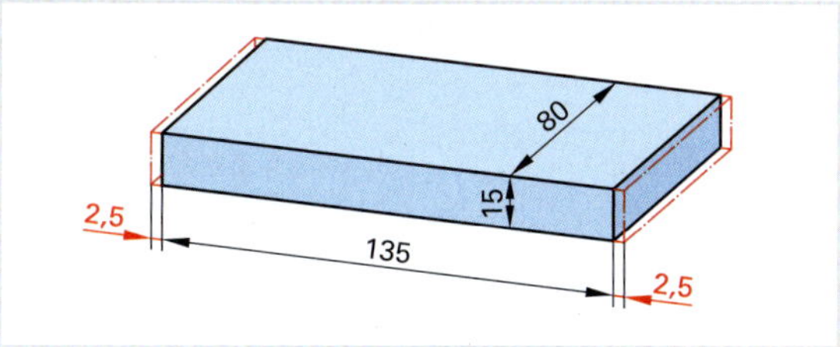

Folgende Schnittdaten wurden für das Umfangsfräsen ermittelt:

- Vorschubgeschwindigkeit $v_f = 700$ mm/min
- Schnitttiefe $a_p = 15$ mm
- Schnittbreite $a_e = 2{,}5$ mm

Ermitteln Sie die Hauptnutzungszeit zum Umfangsfräsen der beiden Stirnseiten der Konturplatte.

Lösung

a) **Mittiges Stirnfräsen der Ober- und Unterseite**

- **Schruppen der Oberseite**

$$l_s = 0{,}5 \cdot \sqrt{d^2 - a_e^2} = 0{,}5 \cdot \sqrt{100^2 - 80^2}\ \text{mm}$$
$$l_s = 30\ \text{mm}$$

$$L_{\text{Schruppen}} = l + 0{,}5 \cdot d + l_a + l_u - l_s$$
$$L_{\text{Schruppen}} = (140 + 0{,}5 \cdot 100 + 2 + 2 - 30)\ \text{mm}$$
$$L_{\text{Schruppen}} = 164\ \text{mm}$$

$$t_{\text{h Schruppen}} = \frac{L \cdot i}{v_f} = \frac{164\ \text{mm} \cdot 1}{935\ \text{mm/min}}$$

$$t_{\text{h Schruppen}} = 0{,}18\ \text{min}$$

- **Schlichten der Oberseite**

$$L_{\text{Schlichten}} = l + d + l_a + l_u$$
$$L_{\text{Schlichten}} = (140 + 100 + 2 + 2)\ \text{mm}$$
$$L_{\text{Schlichten}} = 244\ \text{mm}$$

$$v_f = f_z \cdot z \cdot n = 0{,}1\ \text{mm} \cdot 7 \cdot 668\ \text{min}^{-1}$$
$$v_f = 467{,}6\ \text{mm/min}$$

$$t_{\text{h Schlichten}} = \frac{L \cdot i}{v_f} = \frac{244\ \text{mm} \cdot 1}{467{,}6\ \text{mm/min}}$$

$$t_{\text{h Schlichten}} = 0{,}52\ \text{min}$$

$$t_{\text{h ges}} = 2 \cdot t_{\text{h Schruppen}} + 2 \cdot t_{\text{h Schlichten}}$$
$$t_{\text{h ges}} = 2 \cdot 0{,}18\ \text{min} + 2 \cdot 0{,}52\ \text{min}$$
$$t_{\text{h ges}} = 1{,}58\ \text{min}$$

b) **Umfangsfräsen der abgesägten Seiten**

$$l_s = \sqrt{a_e \cdot \text{d} - a_e^2} = \sqrt{2{,}5 \cdot 50 - 2{,}5^2}\ \text{mm}$$
$$l_s = 10{,}9\ \text{mm}$$

$$L = l + l_a + l_u + l_s$$
$$L = (80 + 2 + 2 + 10{,}9)\ \text{mm}$$
$$L = 94{,}9\ \text{mm}$$

$$t_{\text{h Umfangsfräsen}} = \frac{L \cdot i}{v_f} = \frac{94{,}9\ \text{mm} \cdot 1}{700\ \text{mm/min}}$$

$$t_{\text{h Umfangsfräsen}} = 0{,}14\ \text{min}$$

$$t_{\text{h ges}} = 2 \cdot 0{,}14\ \text{min}$$
$$t_{\text{h ges}} = 0{,}28\ \text{min}$$

Überlegen und beantworten Sie:

Die Nut der Grundplatte (vgl. Seite 13) soll mit einem Eckfräser auf einer konventionellen Fräsmaschine gefräst werden. Die Nut hat eine Breite von 220 mm. Die Tiefe der Nut beträgt 5 mm.

Für das Stirnumfangsfräsen der Nut mit einem 90°-Planfräser (Eckfräser) Ø 125 (z = 8) soll die Hauptnutzungszeit zum Schruppen und Schlichten berechnet werden *(Schnittbreite = Durchmesser des Fräsers)*.

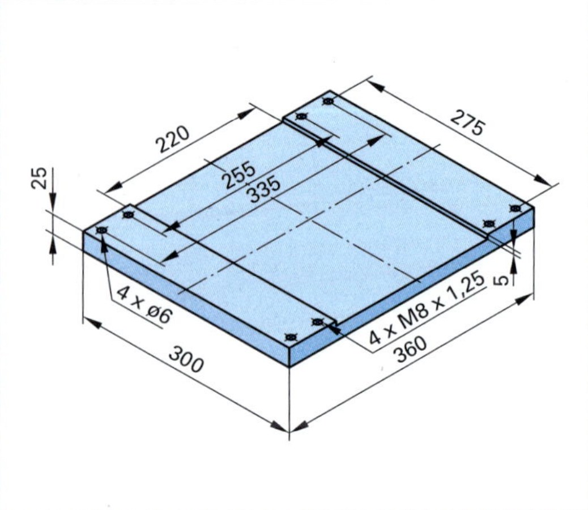

Für die Fräsbearbeitung wurden bereits folgende Schnittgrößen ausgewählt:

- Schruppen:
  Schnittgeschwindigkeit v_c = 200 m/min,
  Vorschub je Schneide f_z = 0,12 mm,
  Schnitttiefe a_p = 4 mm
- Schlichten:
  Schnittgeschwindigkeit v_c = 200 m/min,
  Vorschub je Schneide f_z = 0,1 mm,
  Schnitttiefe a_p = 1 mm

Berechnen Sie die Hauptnutzungszeiten zum Schruppen und Schlichten der Nut.

1.3.5 Teilen mit dem Teilapparat

Beim Fräsen z. B. einer Keilwelle **(Bild 1)** muss das Werkstück nach jeder Nut mit einem gleichen Winkel gedreht werden. Während an vielen CNC-Maschinen ein drehbarer Tisch mit den entsprechenden Winkelbewegungen gedreht werden kann, muss auf konventionellen Fräsmaschinen ein Teilapparat eingesetzt werden.

In **Bild 2** ist ein Universalteilapparat dargestellt. Hiermit kann sowohl eine direktes als auch ein indirektes Teilen durchgeführt werden.

Bild 1: Fräsen einer Keilwelle

// Direktes Teilen

Beim direkten Teilen wird eine Teilscheibe mit einem Lochkreis von 24 Bohrungen genutzt. Die Teilscheibe befindet sich direkt auf der Teilkopfspindel, zusammen mit dem Spannfutter. Die Teilkopfspindel wird um den gewünschten Teilschritt gedreht, bis der Teilstift in den Lochkreis der Teilscheibe einrastet. Beim direkten Teilen sind Schnecke und Schneckenrad **(vgl. Bild 1, Seite 87)** außer Eingriff.

Zum Fräsen der acht Nuten der Keilwelle (Bild 1) muss die Teilscheibe mit ihren 24 Löchern nach jeder Nut drei Lochabstände weitergedreht werden.

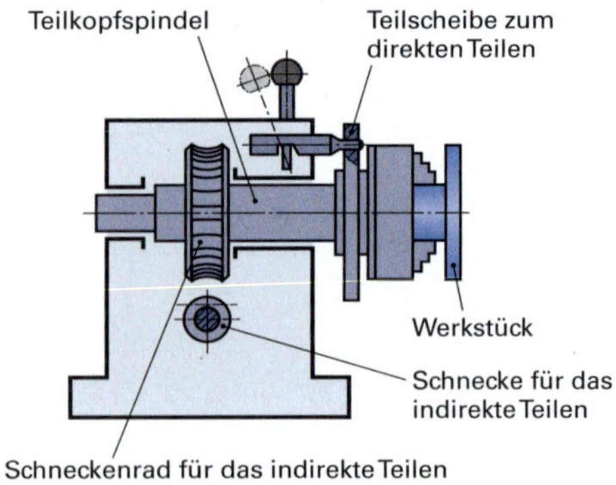

Bild 2: Direktes Teilen mit dem Teilapparat

Beispiel (direktes Teilen)

Für den Lochkreis eines Flanschs sollen zwölf Bohrungen Ø 10 auf einer konventionellen Fräsmaschine gebohrt werden. Der Flansch wurde auf einen Teilapparat eingespannt. Auf der Teilscheibe zum direkten Teilen befinden sich 24 Löcher.

Berechnen Sie die Anzahl der weiterzuschaltenden Lochabstände n_i.

Lösung

$$n_i = \frac{n_L}{T}$$

n_L Anzahl der Löcher der Teilscheibe
n_i Anzahl der weiterzuschaltenden Lochabstände
T Teilzahl

$$n_i = \frac{n_L}{T} = \frac{24}{12} = 2$$

// Indirektes Teilen

Beim indirekten Teilen wird die Schnecke über eine Kurbel angetrieben **(Bild 1)**. Die Schnecke bewegt das Schneckenrad zusammen mit der Teilspindel bei einer Übersetzung von 40 : 1.

> Die Teilkurbel muss 40 ganze Umdrehungen machen, damit die Teilspindel mit dem Werkstück einmal gedreht wird.

Zum Fräsen eines Verzahnung mit 16 Zähnen (vgl. Berechnungsbeispiel unten) muss für jeden Zahn die Teilkurbel zweimal ganz und einmal halb gedreht werden. Für die halbe Umdrehung verwendet man eine Lochscheibe mit sechs verschiedenen Lochkreisen. Wird der 16er-Lochkreis ausgewählt, so kann durch das Weiterdrehen um acht Lochabstände die halbe Umdrehung erreicht werden.

Damit sich die Lochscheibe nicht mitdreht, wird diese durch einen Haltestift gesichert. Mit der Teilschere stellt man die Anzahl der Lochabstände ein. Die Lochscheibe I in Bild 1 hat sechs Lochreihen mit jeweils 15, 16, 17, 18, 19 und 20 Löchern. Für kleinere Teilungen stehen noch die weiteren Lochscheiben II und III (Bild 1) zu Verfügung.

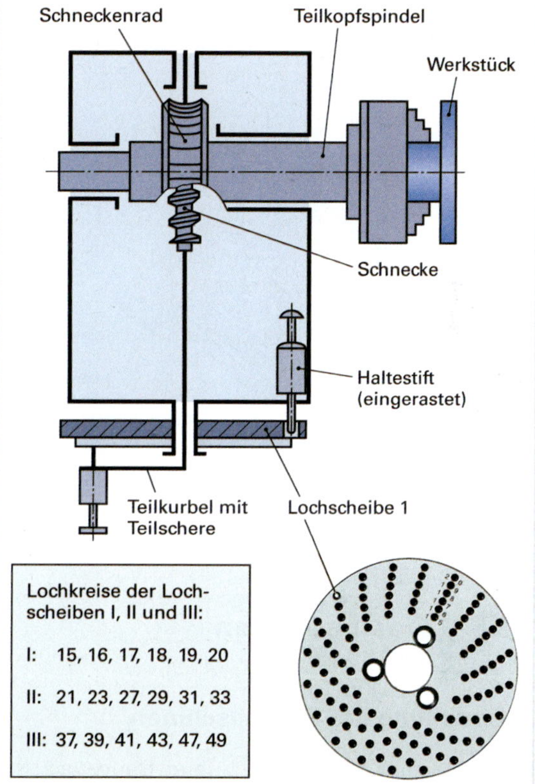

Lochkreise der Lochscheiben I, II und III:

I:	15, 16, 17, 18, 19, 20
II:	21, 23, 27, 29, 31, 33
III:	37, 39, 41, 43, 47, 49

Bild 1: Indirektes Teilen mit dem Teilapparat

Beispiel (indirektes Teilen)

An den Umfang einer Scheibe sollen 16 Zähne für ein Verzahnung gefräst werden. Das Übersetzungsverhältnis des Schneckenradgetriebes beträgt 40 : 1.

Ermitteln Sie, welcher Lochkreis der Teilscheibe für die Teilung verwendet werden soll.

Berechnen Sie die Anzahl der Umdrehungen der Kurbel sowie die weiterzuschaltenden Lochabstände auf dem Lochkreis.

Lösung

$$n_k = \frac{i}{T}$$

n_K Teilschritt: Anzahl der Kurbelumdrehungen für eine Teilung
i Übersetzungsverhältnis
T Teilzahl

$$n_k = \frac{i}{T} = \frac{40}{16} = 2\frac{8}{16} \Rightarrow 2\frac{1}{2}\text{ Umdrehungen}$$

Die Teilkurbel muss zwei ganze und eine halbe Umdrehung gedreht werden. Die halbe Umdrehung wird durch acht Lochabstände auf dem 16er-Lochkreis erreicht.

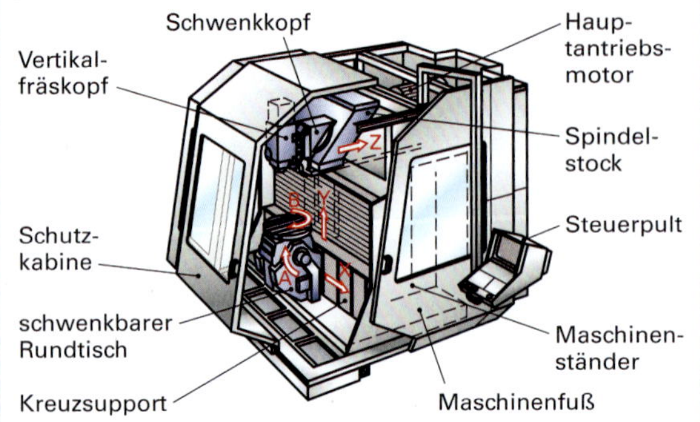

Konsolfräsmaschine (Universalfräsmaschine)

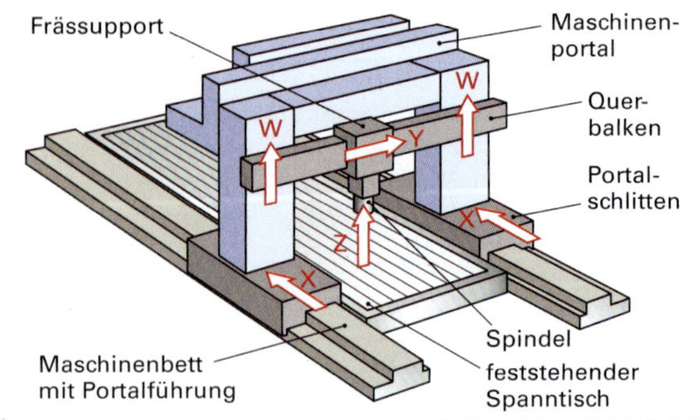

Portalfräsmaschine (Gantrybauweise)

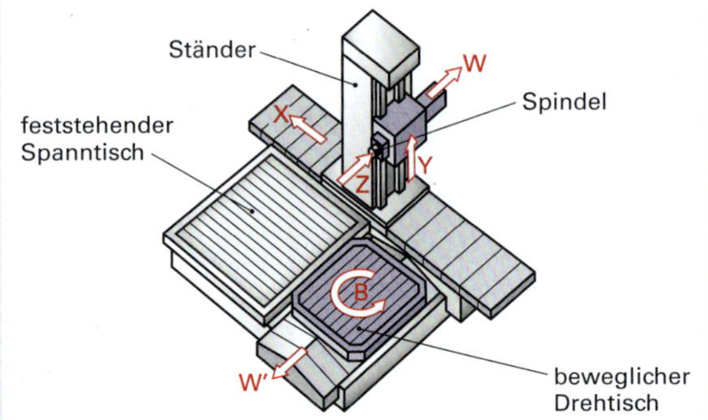

Bettfräsmaschine in Kreuztischbauweise (Waagerechtfräsmaschine)

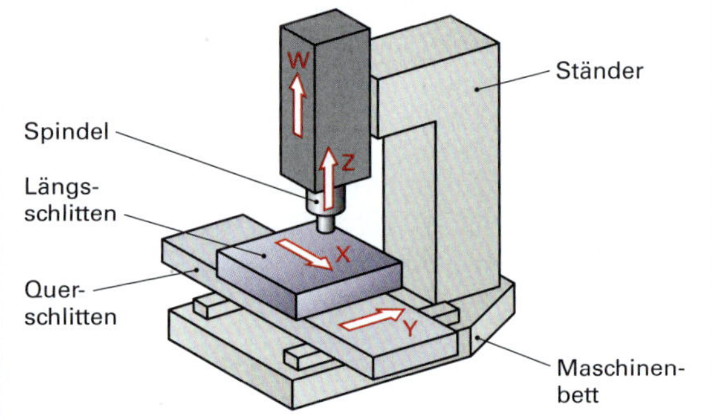

Bettfräsmaschine in Ständerbauweise (Senkrechtfräsmaschine)

Bild 1: Arten von Fräsmaschinen

1.3.6 Fräsmaschinen

// Einteilung der Fräsmaschinen

Fräsmaschinen werden nach ihrer Bauweise, der Lage der Antriebsspindel und ihrem Automatisierungsgrad eingeteilt **(Bild 1)**.

Konsolfräsmaschinen können einen starren Winkeltisch **(vgl. Bild 2, Seite 63)** oder einen Universalaufspanntisch haben. Dieser befindet sich meistens an CNC-Fräsmaschinen und ist häufig schwenk- und drehbar.

Portalfräsmaschinen sind zum Fräsen großer Werkstücke vorgesehen. Mit der Gantrybauweise **(Bild 1)** bewegt sich das Maschinenportal über das auf den feststehenden Tisch eingespannte Werkstück. Bei der Portalfräsmaschine in Tischbauweise bewegt sich der Tisch unter dem feststehenden Maschinenportal. Diese Bauweise erfordert einen größeren Platzbedarf.

Bettfräsmaschinen werden für mittelgroße und schwere Werkstücke eingesetzt. Bei der Kreuztischbauweise bewegt sich der Maschinenständer mit dem Werkzeug längs am Tisch entlang. Der Tisch kann meistens zusätzlich in Querrichtung bewegt und auch gedreht werden. Die in Bild 1 dargestellte Bettfräsmaschine in Kreuztischbauweise besitzt eine waagerechte Frässpindel.

Bei der Bettfräsmaschine in Ständerbauweise kann sich der Maschinentisch in Längs- und Querrichtung bewegen. In der Höhe wird das Werkzeug durch den Fräskopf bewegt.

Kenngrößen für die Auswahl einer Fräsmaschine:

- Werkstückgröße und -gewicht
- Antriebsleistung und Spindeldrehzahl
- Automatisierungsgrad
- Anzahl der Achsen
- Anzahl der verfügbaren Werkzeugplätze
- Einzelteil-/Serienfertigung

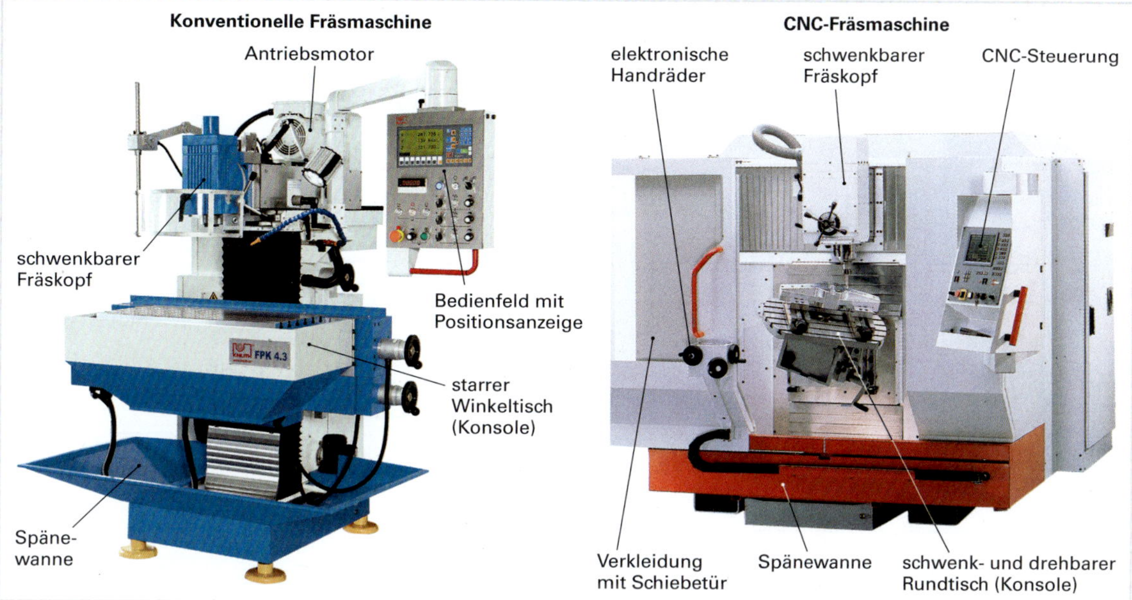

Bild 1: Konventionelle und CNC-Fräsmaschine

// Universalfräsmaschinen

Universalfräsmaschinen **(Bild 1)** werden in der Fertigung von Mustern (Prototypen) oder Kleinserien sowie im Werkzeug- und Formenbau eingesetzt. Sie werden häufig mit einer Konsole ausgeführt und sind daher nur für kleine bis mittelgroße Werkstücke geeignet. Universalfräsmaschinen werden als konventionelle oder CNC-Fräsmaschinen verwendet.

// Konventionelle Fräsmaschinen

Bei einer konventionellen Fräsmaschine **(Bild 1, links)** werden alle drei Achsen über Handräder oder das Bedienfeld manuell verfahren. Eine automatisierte Bewegung kann nur in einer Achse (Längs- oder Querachse) durchgeführt werden. Die Endposition der Achsenbewegung erfolgt durch einen Anschlag oder die Wegmessung.

Konventionelle Fräsmaschinen sind nicht verkleidet. Bei ihnen kann nur wenig Kühlschmiermittel eingesetzt werden. Daher sollten kleinere Schnittgeschwindigkeiten für die Berechnung der einzustellenden Fräserdrehzahl gewählt werden.

// CNC-Fräsmaschinen

CNC-Fräsmaschinen **(Bild 1, rechts)** arbeiten mit einer Bahnsteuerung für drei oder mehreren Achsen. Durch den drehbaren Rundtisch können z. B. Wendelnuten, Gewinde oder passgenaue Bohrungen gefräst werden. Die Bahnsteuerung ermöglicht die gleichzeitige Bewegung mehrerer Achsen und somit das Fräsen von Kreisen, Rundungen und Schrägen.

CNC-Fräsmaschinen besitzen häufig einen Werkzeugwechsler, der die Werkzeuge aus einem Kettenmagazin entnimmt. Hierdurch kann eine fast vollständige Komplettbearbeitung des Werkstücks voll automatisiert stattfinden.

Merkmale von Universalfräsmaschinen:

- schwenkbarer Fräskopf, damit das Werkzeug eine optimale Lage zum Werkstück einnehmen kann
- ausfahrbare Pinole am Fräskopf, die besonders das Bohren mit schräger Spindellage ermöglicht
- unterschiedliche Tischvarianten, z. B. starrer Winkeltisch für schwere Werkstücke oder universelle Aufspanntische, um das Werkstück in fast jede Winkellage zum Fräser stellen zu können
- einfaches und schnelles Umrüsten für die Bearbeitung von Einzelteilen und Kleinserien

Überlegen und beantworten Sie:

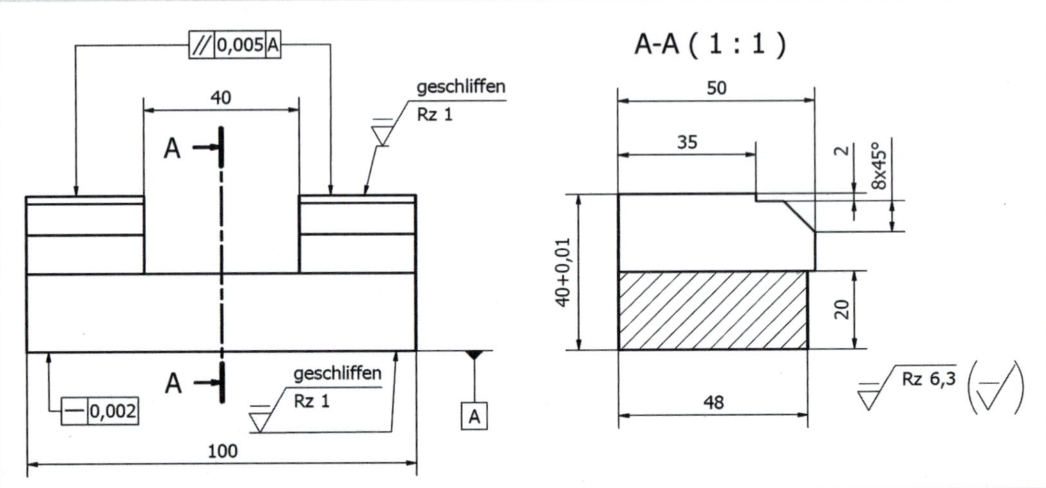

Die Spannvorrichtung (vgl. Seite 13) soll zunächst als Prototyp gefertigt werden. Nach einer erfolgreichen Funktionsprüfung sollen anschließend 30 Spannvorrichtungen produziert werden.

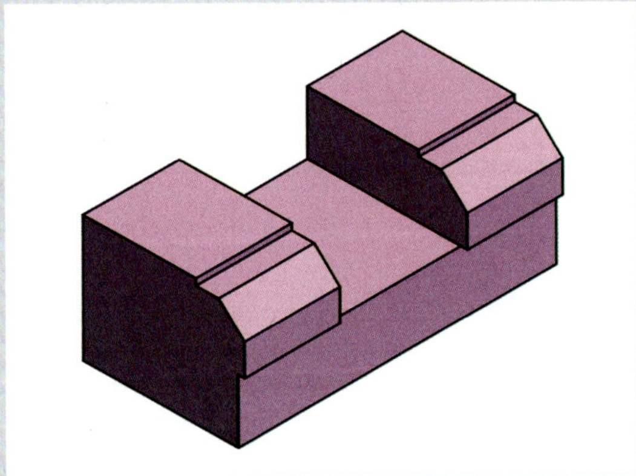

Die Aufspannleiste **(Bild 1)** aus legiertem Vergütungsstahl 42CrMo4 (R_m > 750 N/mm^2) soll für die Spannvorrichtung auf einer Fräsmaschine gefertigt werden. Es steht sowohl eine konventionelle als auch eine CNC-Fräsmaschine zur Verfügung. Das Fräsen soll mit Werkzeugschneiden aus beschichtetem Hartmetall durchgeführt werden.

Für das Fräsen der Aufspannleisten stehen abgesägte Vierkantstäbe EN 10277 – 50 mit der Länge l = 110 mm bereit.

Die nachfolgende Werkzeugtabelle **(Tabelle 1)** gibt an, welche Werkzeuge für die Fräsbearbeitung vorhanden sind.

Tabelle 1: Vorhandene Fräswerkzeuge zum Fräsen der Aufspannleiste

45°-Planfräser Ø 80 z = 5 HM-Platten	**90°-Eckfräser** Ø 80 z = 5 HM-Platten	**Schaftfräser** Ø 30 z = 30 HSS, beschichtet	**Walzenfräser** Ø 60 z = 4 unbeschichtet	**Igelfräser** Ø 60 z = 4 pro Reihe HM-Platten
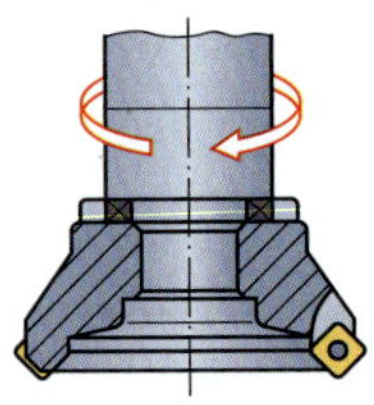	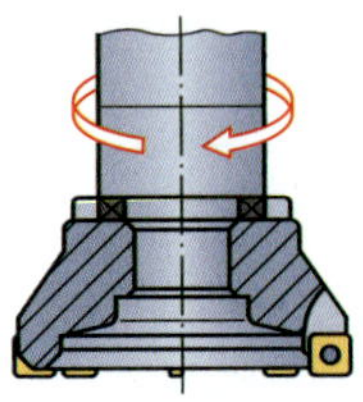	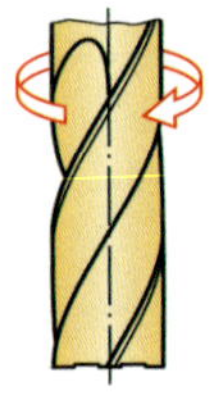	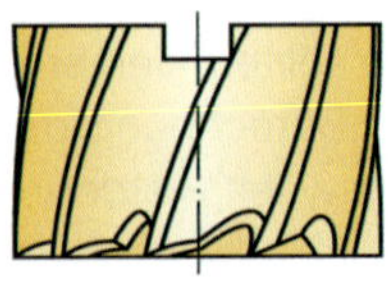	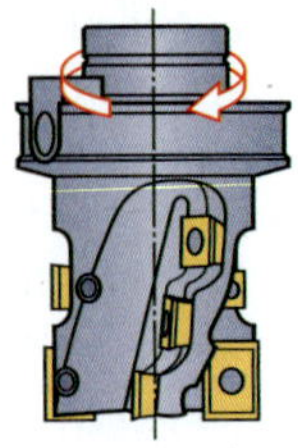

Überlgen und beantworten Sie:

1. Stellen Sie einen Vergleich zwischen der konventionellen und der CNC-Fräsmaschine auf.
2. Wählen Sie für das Fräsen der Aufspannleiste als Prototyp und die anschließende Fertigung der 30 Aufspannleisten jeweils eine geeignete Fräsmaschine aus. Begründen Sie Ihre Auswahl.
3. Geben Sie an, welche Fräsverfahren für das Fräsen der Aufspannleiste durchgeführt werden müssen, und erläutern Sie die jeweiligen Verfahren.
4. Für die Fräser **(Tabelle 1, Seite 90)** werden je nach Fräsmaschine unterschiedliche Fräseraufnahmen eingesetzt. Auf der konventionellen Fräsmaschine soll der Steilkegelschaft (SK) DIN 2080 und auf der CNC-Fräsmaschine der Hohlschaftkegel (HSK) verwendet werden. Erläutern Sie den Unterschied der beiden Fräseraufnahmen.
5. Für die Fräser aus Tabelle 1, Seite 90 wurde eine enge Teilung gewählt. Erläutern Sie den Unterschied zwischen einer engen und einer weiten Teilung und begründen Sie die Wahl der engen Teilung.
6. Beim 45°-Planfräsen der Aufspannleisten soll eine außermittige Lage des Planfräsers eingestellt werden. Geben Sie an, welche Auswirkungen die außermittige Fräserposition auf das Planfräsen hat.
7. Erstellen Sie einen Arbeitsplan für das CNC-Fräsen der Aufspannleisten mit Angabe der Arbeitsvorgänge, Werkzeuge und Prüfmittel. Lassen Sie die Spalte für die Angabe der Schnittgrößen frei.

Nr.	Arbeitsvorgang	Werkzeug, Prüfmittel, Spann- und Hilfsmittel	Schnittgrößen

8. Wählen Sie geeignete Spannmittel für das Fräsen der Aufspannleisten. Begründen Sie Ihre Wahl.
9. Legen Sie die Bearbeitungsbedingungen für das CNC-Fräsen der Aufspannleisten fest und wählen Sie die Schnittgeschwindigkeiten für die jeweiligen Arbeitsvorgänge aus.
10. Geben Sie Fräserdrehzahlen, Vorschubgeschwindigkeiten, Schnitttiefen und Schnittbreiten für das Fräsen der Aufspannleisten auf einer CNC-Fräsmaschine an.
11. Die CNC-Fräsmaschine hat eine Motorleistung von 12 kW bei einem Wirkungsgrad von 92 %. Überprüfen Sie, ob die Motorleistung beim 45°-Planfräsen der Aufspannleisten ausreichend ist.
12. Ermitteln Sie die Hauptnutzungszeit zum Schruppen und Schlichen der Ober- und Unterseite der Aufspannleisten mit dem 45°-Planfräser. Für die Berechnung können Sie das mittige Stirnfräsen zugrunde legen. Für das Schlichten soll eine Schnitttiefe a_p = 1 mm verwendet werden.
13. Für das Fräsen der Aufspannleisten stehen in der Maschinenhalle Konsolfräsmaschinen mit starren oder schwenk- und drehbaren Spanntischen. Überlegen und begründen Sie, welcher Spanntisch für das Fräsen der Aufspannleisten vorteilhafter ist.
14. In der Maschinenhalle stehen neben den Konsolfräsmaschinen auch noch eine Portalfräsmaschinen in Gantrybauweise sowie eine Bettfräsmaschine in Ständerbauweise. Vergleichen Sie die beiden Fräsmaschinen miteinander und überlegen Sie, ob eine der Maschinen für das Fräsen der Aufspannleisten geeignet ist.

1.4 Räumen

Bei dem in **Bild 1** dargestellten Zahnrad handelt es sich um ein Zulieferteil für ein Getriebe. Das Getriebe wird in Serie montiert und das Zahnrad in Stückzahlen von 2000 Stück produziert und immer wieder zugeliefert.

Das Keilnabenprofil des Zahnrads wird durch Innen-, die Verzahnung durch Außenräumen hergestellt.

Räumen ist ein rationelles spanendes Verfahren zur Serienfertigung von Werkstücken. Beim Innenräumen wird innen von einer Vorbohrung ausgehend, beim Außenräumen an der Außenseite des Werkstücks entlang geräumt **(Bild 2)**. Der Räumhub erfolgt vertikal oder horizontal, die Schnittbewegung ist meist geradlinig, kann aber auch schraubenförmig erfolgen.

Es sind vielfältige Profilformen möglich **(Bild 3 und 4)**. Für die Fertigung formschlüssiger Übertragungselemente, wie Zahnräder und Welle-Nabe-Verbindungen, ist das Räumen eines der wichtigsten Fertigungsverfahren.

> Räumen ist ein spanendes Verfahren mit mehrschneidigem Werkzeug. Dabei erhält das Werkstück eine bestimmte Kontur, die durch das Räumwerkzeug vorgegeben ist.

Die **Werkstücke** müssen sauber und entgratet sein. Die Vorbohrung muss beim Innenräumen senkrecht zur Auflagefläche liegen und der Durchmesser mindestens die Toleranzklasse H8 aufweisen. Bei zu großen Bohrungen besteht sonst die Gefahr eines Verlaufs, der zum Einhaken und Abreißen des Werkzeugs führen kann.

Wird zwischen Außenkontur und Innenprofil eine hohe Rundlaufgenauigkeit gefordert, muss zunächst innen geräumt werden, um anschließend das Werkstück in diesem geräumten Profil aufzunehmen und dann die Außenkontur zu bearbeiten.

Es lassen sich auch besonders schwierig herzustellende Profile mit hoher Oberflächengüte und Formgenauigkeit in kurzer Zeit herstellen. Die gefertigten Profile sind bei allen Werkstücken maß- und formgenau. Da jedes Räumwerkzeug relativ teuer und nur für eine bestimmte Form zu verwenden ist, eignet sich dieses Fertigungsverfahren nur für große Stückzahlen.

Bild 1: Zahnrad mit Keilnabenprofil

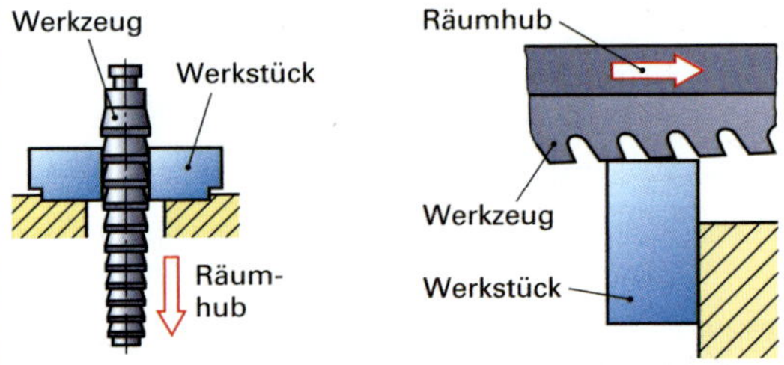

Bild 2: Innen- und Außenräumen

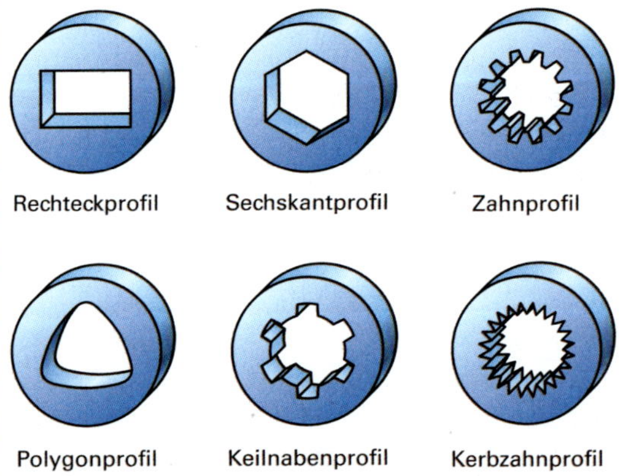

Bild 3: Typische Profilformen für das Innenräumen

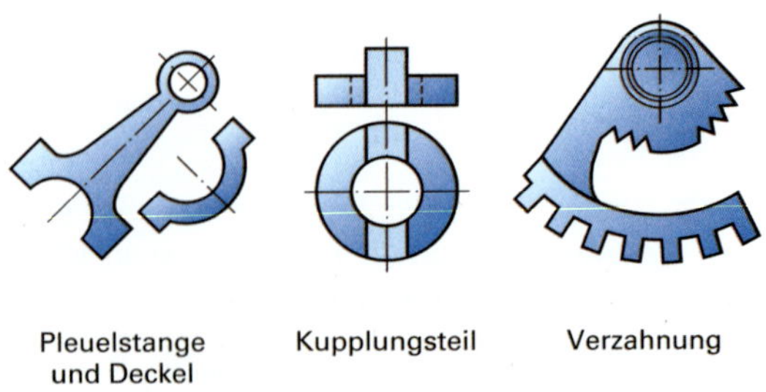

Bild 4: Außen geräumte Profile

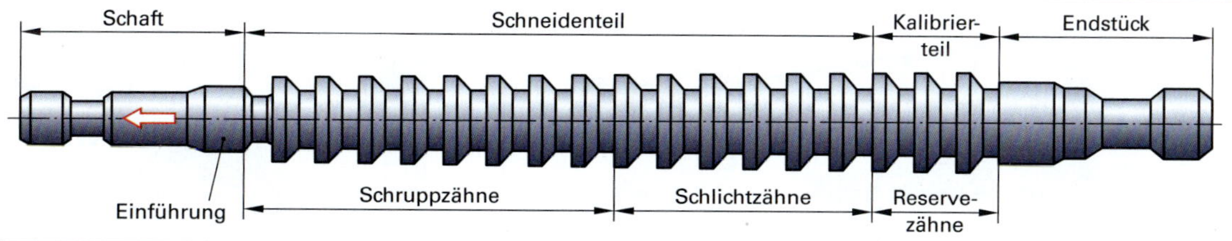

Bild 1: Aufbau eines Räumwerkzeugs, Räumnadel

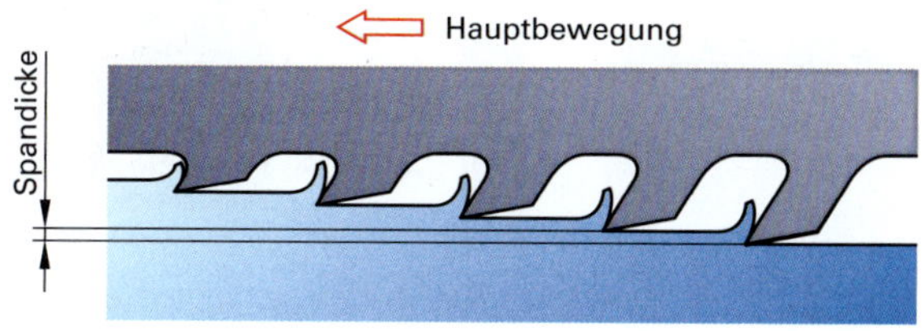

Bild 2: Schneidengeometrie eines Räumwerkzeugs

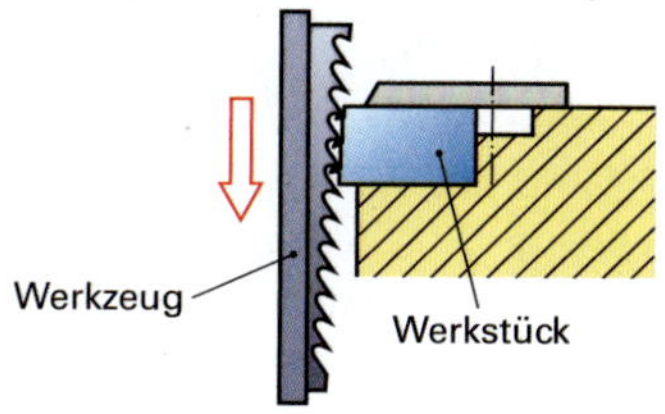

Bild 3: Räumdorn

// Räumwerkzeuge

Räumwerkzeuge bestehen meist aus beschichtetem Schnellarbeitsstahl oder sind mit Hartmetall-Wendeschneidplatten bestückt. Der Schneidenteil des Räumwerkzeugs besteht aus Schrupp- und Schlichtzähnen. Damit die Zähne nachgeschliffen werden können, folgt ein Kalibrierteil mit Reservezähnen **(Bild 1)**.

Mithilfe des vielzahnigen Werkzeugs, dessen hintereinander liegende Schneiden im Querschnitt jeweils um eine Spandicke zunehmen **(Bild 2)**, kann das Werkstückprofil in einem Arbeitsgang fertig geschnitten werden. Dadurch ergibt sich eine sehr hohe Zerspanungsleistung.

Die Staffelung der Zahnschneiden ersetzt praktisch die Zustellbewegung im Vergleich zu anderen Fertigungsverfahren.

1.4.1 Verfahrensvarianten

Beim **Druckräumen** wird der Räumdorn durch den Stößel der Räummaschine am Werkstück vorbei oder durch eine vorgefertigte Öffnung des Werkstücks gedrückt **(Bild 3)**. Das Verfahren ist für kleinere und mittlere Serien geeignet. Der Nachteil liegt in der Knickbeanspruchung des relativ dünnen Räumdorns, die der Belastbarkeit Grenzen setzt.

Das **Zugräumen** mit einer Räumnadel als Werkzeug ermöglicht größere Schnittgeschwindigkeiten. Dadurch werden geringere Stückzeiten erreicht und ein Einsatz in der Massenfertigung lohnt trotz des höheren technischen Aufwands bei Werkzeug und Maschine.

Beim **Drallräumen** (Schraubräumen) schräg verzahnter Innenprofile mit speziellen Dralläumwerkzeugen wird die schraubförmige Relativbewegung der Werkzeugschneiden durch die CNC-gesteuerte Drehbewegung des Werkstücks erreicht. Das Werkstück wird während des Räumhubs so gedreht, wie es die Steigung der schraubenförmig angeordneten Zahnflanken vorgibt.

Das **Kettenräumen** ist ein spezielles Verfahren zum Zugräumen von Außenkonturen. Hier wird das Werkstück von Werkstückträgern, die an einer Kette befestigt sind, aufgenommen und an der feststehenden Räumplatte vorbeigezogen.

Unter **Harträumen** versteht man das Nachräumen gehärteter Werkstücke bei hohen Räumgeschwindigkeiten über 60 m/min unter Einsatz spezieller Räumwerkzeuge mit sonderbeschichteten Hartmetallräumbuchsen.

Das **Trockenräumen** mit sonderbeschichteten Räumwerkzeugen kommt bei hohen Räumgeschwindigkeiten ohne die Verwendung von Kühlschmierstoffen aus.

Bild 1: Waagerecht-Außenräummaschine

Bild 2: Senkrecht-Innenräummaschine

1.4.2 Räummaschinen

Räummaschinen werden unterschieden nach Art des Räumverfahrens in Außen- und Innen-, nach Lage der Hauptachse in Senkrecht- und Waagerechträummaschinen, nach der Art des Hauptantriebs in hydraulische und elektromechanische Räummaschinen. Ferner gibt es Sonderbauformen, z. B. Kettenräummaschinen.

Die Schnittbewegung wird je nach Verfahren vom Werkzeug oder vom Werkstück ausgeführt und liegt meist bei etwa 30 m/min. Eine CNC-Steuerung und Zubringer ermöglichen kurze Taktzeiten.

Waagerechträummaschinen (Bild 1) benötigen viel Platz, da sie zur Bearbeitung besonders langer Werkstücke verwendet werden. Durch Teilung des Räumwerkzeugs, dessen Teile numerisch gesteuert nacheinander zum Einsatz gebracht werden, kann die Maschinenlänge erheblich geringer sein als das Gesamtwerkzeug.

Senkrechträummaschinen (Bild 2) in Hubtischbauweise können ebenerdig aufgestellt werden. Sie benötigen weder ein Grubenfundament noch ein Bedienpodest, den Arbeitshub führt das Werkstück aus.

Überlegen und beantworten Sie:

1. Definieren Sie das Fertigungsverfahren Räumen.
2. Skizzieren, benennen und erklären Sie den Aufbau des dargestellten Räumwerkzeugs **(Bild 1, Seite 93).**

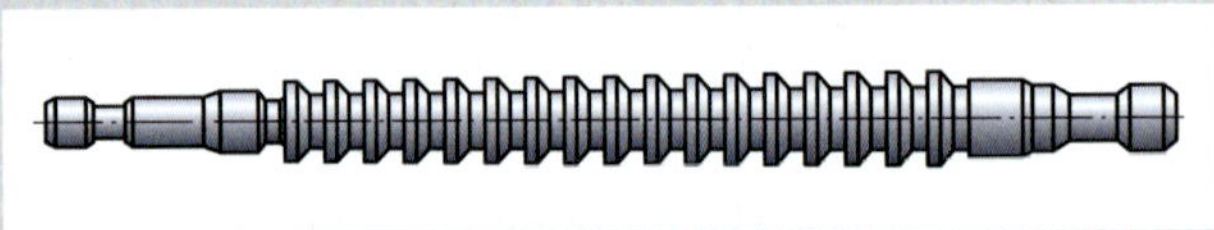

3. Von dem abgebildeten Distanzstück müssen 3000 Stück hergestellt werden. Beschreiben Sie den Fertigungsprozess.

4. Skizzieren und benennen Sie weitere Profilformen wie in **Bild 3, Seite 92,** die durch Innenräumen hergestellt werden können.
5. Begründen Sie, warum das Fertigungsverfahren Räumen nur für größere Serien rationell ist.
6. Nennen und beschreiben Sie Bauformen von Räummaschinen.

1.5 Entgraten

Bei der spanenden Herstellung von Bauteilen lässt sich eine Gratbildung in der Regel nicht vermeiden. Durch konstruktive Maßnahmen, z. B. durch Fasen und Verrundungen, kann die Gratbildung zwar minimiert werden. Jedoch besonders die an Innenkanten von Werkstücken entstehenden Grate, wie z. B. bei verschneidenden Bohrungen **(Bild 1)**, sind unvermeidbar und zudem schwierig zu entfernen.

- Entgraten ist die Nachbearbeitung, bei der Grate und scharfe Kanten an Werkstücken entfernt werden.
- Das Entgraten der Bauteile ist für deren Funktion sowie zum Schutz vor Verletzungen unerlässlich.

1.5.1 Methoden und Verfahren (Auswahl)

Durch **Handentgraten (Bild 2)** werden Grate an Bohrungen und Kanten mithilfe von verschiedenen Feilen und Entgratwerkzeugen **(Bild 3)** entfernt. Das Verfahren ist bei komplexen Formen aufwendig, personalintensiv, nicht prozesssicher, aber vielseitig einzusetzen und nicht verzichtbar.

Beim Entgraten durch **Gleitschleifen** werden Werkstücke und Schleifkörper, sogenannte Chips, relativ zueinander in Bewegungen versetzt. Das bewirkt einen Materialabtrag vor allem an den Werkstückkanten.

Die zu bearbeitenden Werkstücke gibt man zusammen mit den Schleifkörpern als Schüttgut **(Bild 4)** in einen Behälter. Hinzu kommen noch chemische Additive in wässriger Lösung (Compound = Mischung), um z. B. die Schleifleistung zu erhöhen. Die in Keramik oder Polyesterharz gebundenen Schleifmittel gibt es als Chips in den verschiedensten Formen, Größen und Qualitäten.

Je nach Erzeugung der Relativbewegung zwischen Werkstücken und Schleifkörpern unterscheidet man verschiedene Verfahrensvarianten, z. B. Vibrations-, Fliehkraft-, Durchlauf-, Trommel-, Tauch- oder Schleppschleifen.

Beim **Hochdruckwasserstrahlentgraten (HDW)** mit Drücken bis über 100 MPa können auch komplexere Bauteile, besonders aus Leichtmetall, ganz gezielt von Graten befreit und zugleich gereinigt werden.

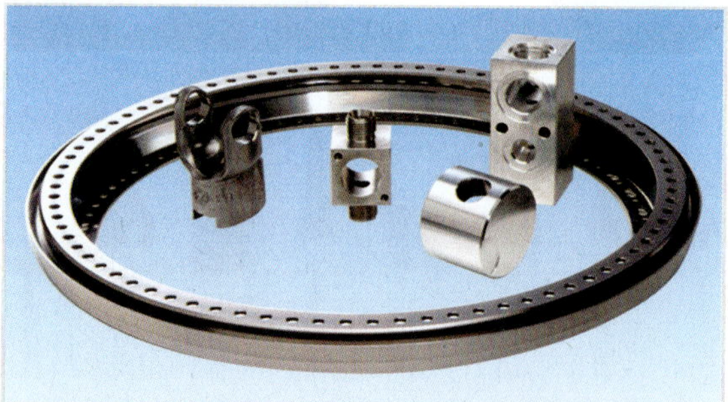

Bild 1: Werkstücke mit Bohrungsverschneidungen

Bild 2: Entgraten von Hand

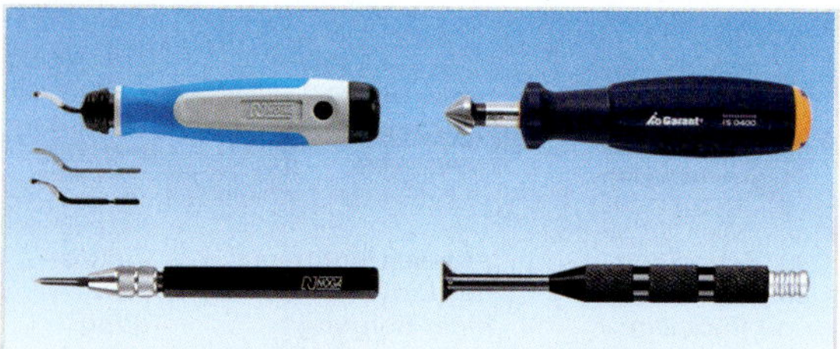

Bild 3: Typische Entgratwerkzeuge für das Entgraten von Hand

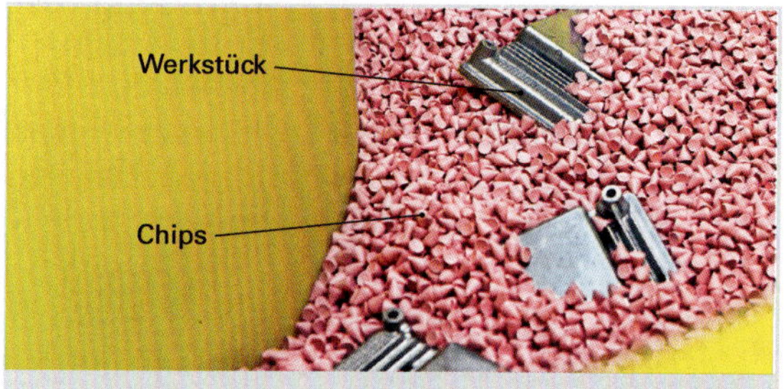

Bild 4: Werkstücke und Chips als Schüttgut

Lernfeld 5

Beim **thermischen Entgraten (TEM)** bzw. Explosionsentgraten wird die Entgratkammer mit einem Sauerstoff-Brenngas-Gemisch gefüllt **(Bild 1)**. Nach der Zündung erfolgt eine Erwärmung auf bis zu 3000 °C. Die Grate verbrennen dadurch in sehr kurzer Zeit, wobei sich die Werkstücke selbst nur unwesentlich auf 100 °C bis 160 °C erwärmen. Ein Werkstoffabtrag an deren Oberfläche findet nicht statt. Das thermische Entgraten eignet sich für Bauteile aus nahezu allen metallischen Werkstoffen und aus Thermoplasten, um innen und außen liegende Grate zu beseitigen. Es bleiben keine Späne übrig.

Durch **elektrochemisches Entgraten (ECM)** mit Formelektroden als Kathode werden vorwiegend in der Serienfertigung komplizierte bzw. schwer zugängliche Werkstückkanten durch anodische Materialauflösung verrundet (Elektrolyse).

Bei der **Bürstenentgratung** kommen unter Einsatz von Robotern und SPS-Steuerungen motorisch angetriebene Bürstensysteme für einfachere Werkstückgeometrien zur Anwendung.

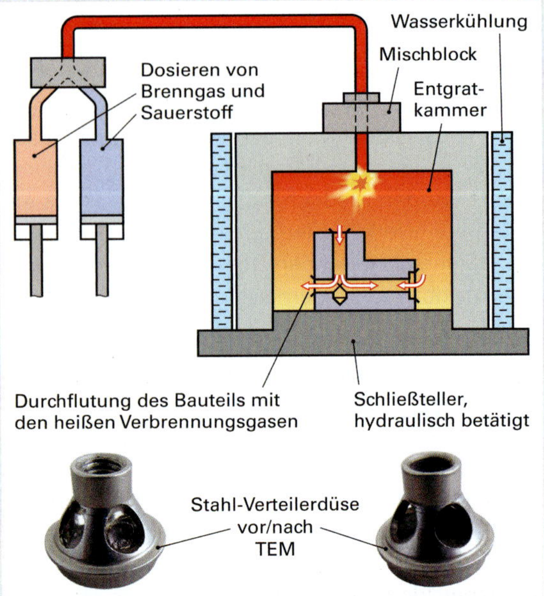

Bild 1: Thermisches Entgraten, Verfahren

1.5.2 Maschinelies Anfasen, Verrunden und Entgraten

Einfachere Entgratwerkzeuge, wie z. B. beschichtete HSS- oder HM-Frässtifte, werden in hochtourigen, elektrisch oder pneumatisch angetriebenen Spindeln eingesetzt und per Hand oder Roboterarm an den zu entgratenden Kanten entlanggeführt **(Bild 2)**. Spanend hergestellte Werkstücke weisen häufig Konturen mit innen liegenden und sich kreuzenden Bohrungen auf. Bei größeren Teilen erfolgt das Entgraten am zweckmäßigsten direkt im Anschluss an den Fertigungsschritt in unveränderter Aufspannung. Mit Spezialwerkzeugen können Kanten und Bohrungen CNC-gesteuert angefast, verrundet oder entgratet werden.

Bild 2: Maschinelles Entgraten per Roboter mit Frässtiften

// Spezielle Fas- und Entgratwerkzeuge

Der Bohrungseintritt kann leicht, z. B. mit Kegelsenkern **(Bild 3)**, angefast oder entgratet werden. Probleme bereitet der Bohrungsaustritt. Hierzu wurden Werkzeuge zum Vorwärts- und Rückwärtsfasen bzw. -entgraten in einem Arbeitsgang entwickelt.

Bild 3: Kegelsenker für Vor- und Rückwärtsentgratung

Das Haupteinsatzgebiet der speziellen Fas- und Entgratwerkzeuge liegt im Entgraten von Kreisprofilen wie Bohrungen.

// Fas- und Entgratwerkzeug für ebene Bohrungskanten

Das Werkzeug **(Bild 1)** wird verwendet, um in einem Arbeitsgang Bohrungskanten vorwärts sowie rückwärts zu entgraten oder zu fasen. Mit drehender Spindel und ohne Änderung der Drehrichtung kann das Werkstück ähnlich wie mit einem Bohrwerkzeug bearbeitet werden.

Funktionsprinzip:

Das Fasmesser wird von einem durch Federkraft vorgespannten Steuerbolzen im Werkzeuggrundkörper beweglich gehalten. Das speziell geschliffene, vor- und rückwärts oder nur rückwärts schneidende Messer erzeugt im Arbeitsvorschub die Fase. Größe und Winkel der Fase sind am Messer geometrisch definiert. Ist eine Fase fertig, fährt das Messer automatisch radial in den Grundkörper ein. Eine speziell ausgebildete ballig geschliffene Gleitpartie am Fasmesser verhindert beim Durchfahren der Bohrung im Eilgang das Verletzen der Bohrungsfläche. Beim Bohrungsaustritt wird das Messer über den gefederten Steuerbolzen wieder in Ausgangsstellung gebracht. Ohne einen Spindelstopp oder eine Drehrichtungsänderung schneidet das Werkzeug beim Zurückfahren die Rückwärtsfase.

// Entgratwerkzeug für ebene und unebene Bohrungskanten

Das Entgratwerkzeug **(Bild 2)** eignet sich zum Vorwärts- und Rückwärtsentgraten von ebenen und unebenen Bohrungskanten. Diese werden in einem Arbeitsgang in etwa radiusförmig entgratet, ohne das Werkstück zu wenden oder die Spindel zu stoppen. Das Werkzeug ist für den manuellen und automatisierten Einsatz geeignet.

Funktionsprinzip und Arbeitsweise:

Das Hartmetallmesser ist im Werkzeuggrundkörper um einen Drehpunkt federnd gelagert. Durch die Federsteifigkeit wird die Schneidkraft an das Material angepasst. Beim Einfahren in die Bohrung schwenkt das Messer in den Werkzeuggrundkörper ein. Die Schneide hat stirnseitig eine Kugelfläche, um Verletzungen der Bohrungsfläche zu vermeiden. Durch die federnde Lagerung des Messers im Werkzeuggrundkörper kann die Schneide auch unebenen Bohrungskanten folgen. Es resultiert eine radiusförmige, gleichmäßige Entgratung der Bohrungskante.

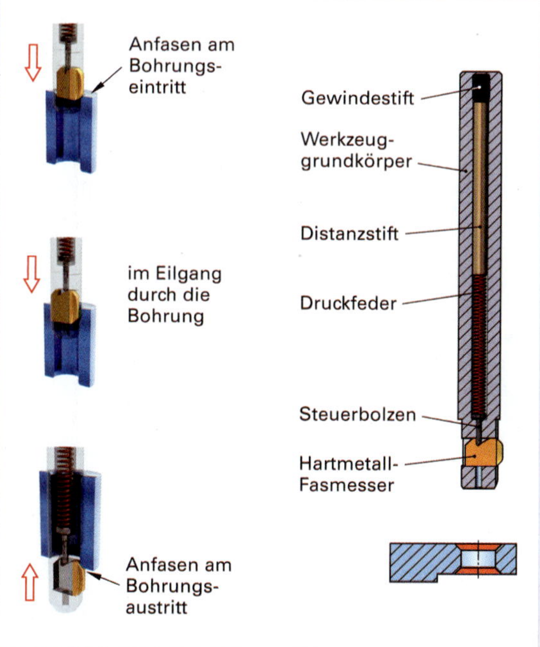

Bild 1: Fas- und Entgratwerkzeug für ebene Bohrungskanten

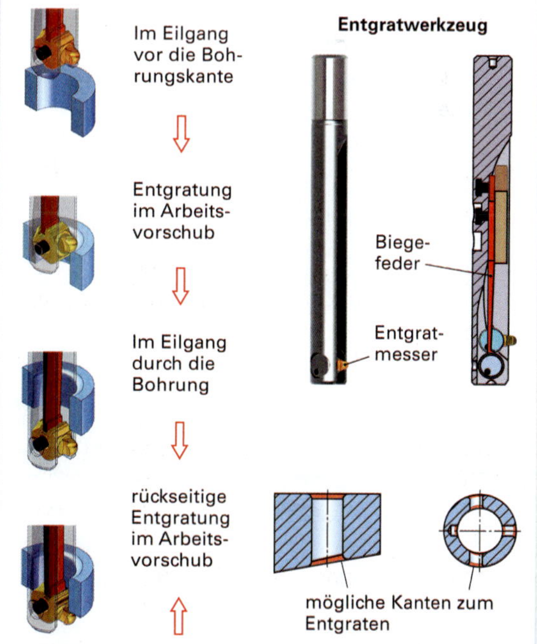

Bild 2: Entgratwerkzeug für ebene, schiefe oder gekrümmte Bohrungskanten

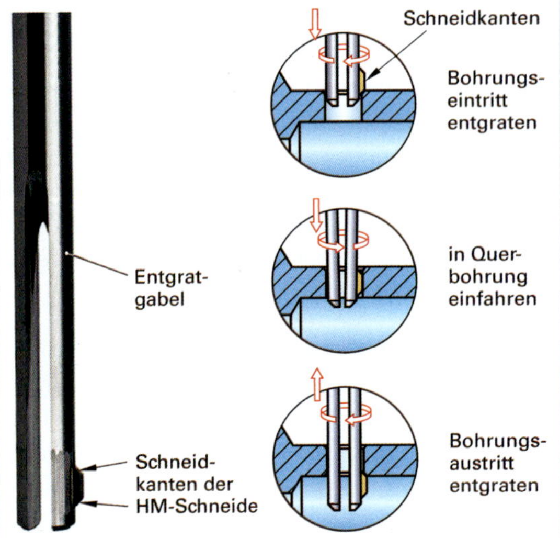

Bild 1: Entgratgabel

Kegelsenker für Vor- und Rückwärtsentgratung (Bild 3, Seite 96) oder **Entgratgabeln (Bild 1)** mit Schneiden an der Vorder- und Rückseite erfordern entsprechend gesteuerte Werkzeugbewegungen, wie in den Bildern dargestellt.

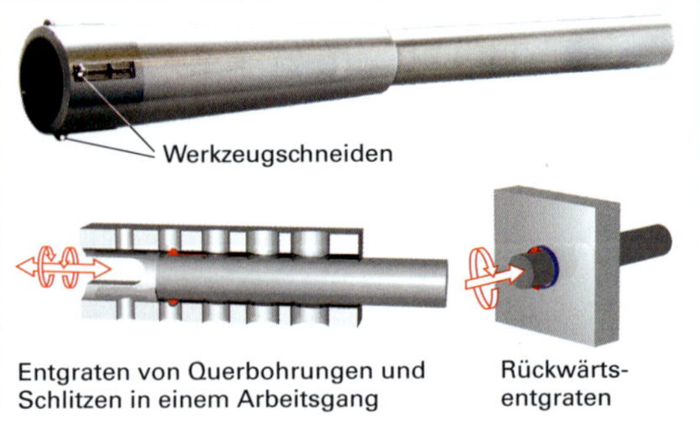

Bild 2: Spezialentgratwerkzeug

Bei dem **Spezialentgratwerkzeug (Bild 2)** wird die nötige Schneidkraft durch ein Druckmedium aufgebaut, z. B. durch das Kühlschmiermittel. Innerhalb der Bohrung werden die Schneiden durch die Bohrungswand eingedrückt. Die höchste Kraft entsteht bei weit ausgefahrenen Schneiden, z. B. am Ein- und Austritt oder an den Kanten von Querbohrungen, also genau dort, wo die Kraft zum Entgraten benötigt wird. Ohne Druck klappen die Schneiden kraftlos ein. Solche Werkzeuge gibt es mit verschiedenen Schneidengeometrien.

Überlegen und beantworten Sie:

1. Nennen Sie verschiedene Verfahren zum Entgraten von Werkstücken.
2. Mit welchen Verfahren können auch innen liegende Grate von Werkstücken entfernt werden?
3. Erläutern Sie das thermische Entgraten.
4. Nennen Sie Beispiele für Werkzeuge, die beim maschinellen Entgraten eingesetzt werden können.
5. Beschreiben Sie die Form und den Bewegungsablauf eines Kegelsenkers, mit dem der Eintritt und der Austritt einer Bohrung entgratet werden kann.
6. Die Abbildung zeigt eine Antriebsrollenkette, einzelne Kettenglieder und deren Einzelteile. Die Fertigung der Einzelteile sowie die Montage der Ketten erfolgt in Serienfertigung.

a) Mit welchem Verfahren können die Einzelteile am besten und wirtschaftlichsten entgratet werden?

b) Begründen Sie Ihre Auswahl und beschreiben Sie das Verfahren.

1.6 Schleifen

Schleifen ist ein Fertigungsverfahren für Teile mit eng tolerierten Maßen, die durch Drehen oder Fräsen nicht herstellbar sind **(Bild 1)**.

Die Vorzüge des Schleifens sind:
- gute Bearbeitbarkeit harter Werkstoffe
- hohe Maß- und Formgenauigkeit (IT 5 … 6)
- kleine Welligkeit und Rauheit (Rz = 1 … 3 µm)

Bild 1: Schleifbeispiele

// Bearbeitungsaufgabe: Schleifen der Aufspannleiste

Ihre Aufgabe ist es, die Schleifbearbeitung für die Aufspannleiste **(Bild 2)** der Spannvorrichtung zu planen.

1.6.1 Schleifkörper

Die rotierenden Schleifwerkzeuge bestehen aus sehr harten Schleifkörnern, der Bindung für den Zusammenhalt und den eingeschlossenen Poren zur Aufnahme und zum Abtransport der Späne **(Bild 1, Seite 100).** Durch die unterschiedliche Lage und Form der Körner sind die meist negativen Spanwinkel und die Spanungsdicke je Korn unbestimmt.

Schleifen ist Spanen mit einem vielschneidigen Werkzeug und geometrisch unbestimmten Schneiden.

Die Schnittgeschwindigkeiten sind wesentlich höher als beim Drehen und Fräsen und werden in m/s angegeben. **Bild 2, Seite 100** beschreibt die Auswahl der Schleifkörper.

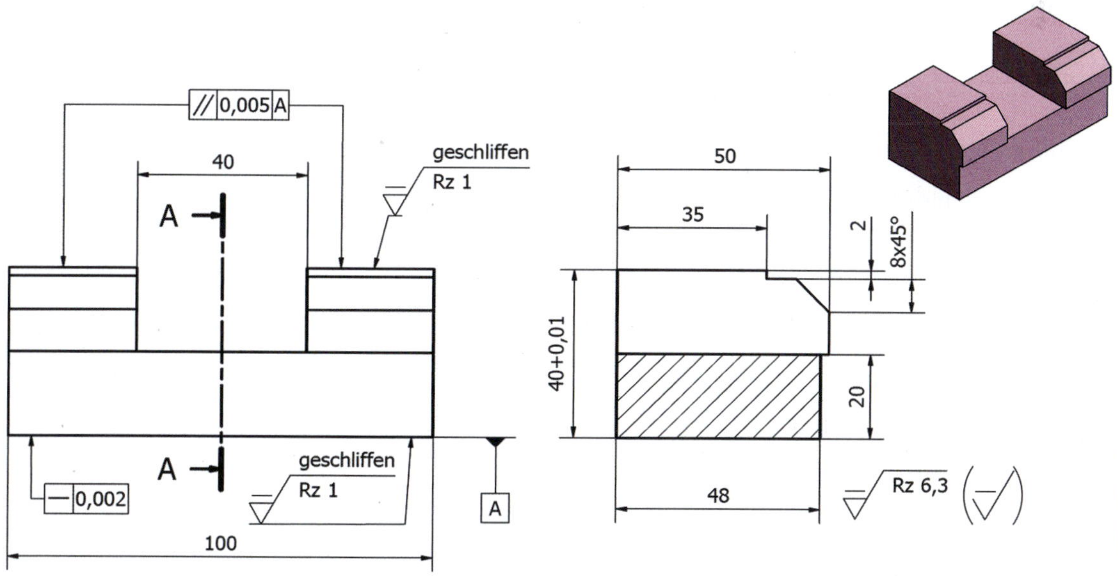

Bild 2: Aufspannleiste der Spannvorrichtung

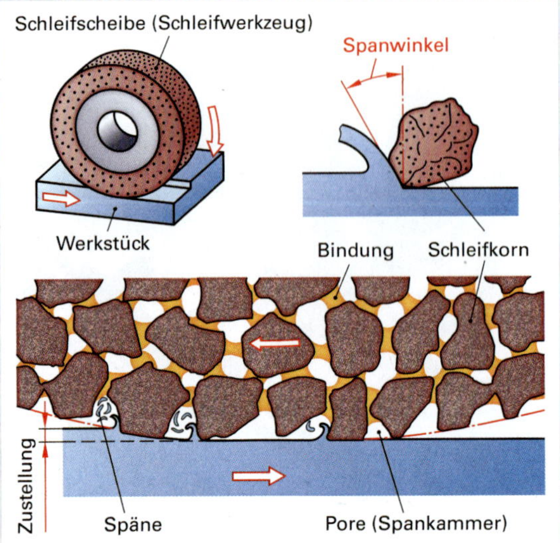

Bild 1: Spanbildung bei Schleifwerkzeugen

Schleifkörperauswahl

Der zu bearbeitende **Werkstoff** bestimmt das **Schleifmittel.**

Die geforderte **Oberflächenqualität** bestimmt die **Körnung.**

Die geforderten **Eigenschaften** des **Schleifkörpers** bestimmen die **Bindungsart.**

Der zu bearbeitende **Werkstoff** und das **Schleifverfahren** bestimmen den **Härtegrad.**

Das Schleifverfahren, die Eingriffslänge und die Art des Schleifens (Schruppen/Schlichten) bestimmen das **Gefüge.**

Bild 2: Schleifkörperauswahl

vel.plus/
FILF208

Tabelle 1: Schleifmittel

Zeichen	Schleifmittel	chemische Zusammensetzung	Knoophärte	Anwendungsgebiete
A	Normalkorund	Al_2O_3 + Beimengungen	18000	unlegierter, ungehärteter Stahl, Stahlguss, Temperguss
	Edelkorund	Al_2O_3 in kristalliner Form	21000	hoch- und niedriglegierter Stahl, gehärteter Stahl, Einsatzstahl, Werkzeugstahl, Titan
Z	Zirkonkorund	$Al_2O_3 + ZrO_2$	–	nichtrostende Stähle
C	Siliziumkarbid	SiC + Beimengungen	24800	harte Werkstoffe: Hartmetall, Gusseisen, HSS, Keramik, Glas; weiche Werkstoffe: Kupfer, Aluminium, Kunststoffe
BK	Borkarbid	B_4C in kristalliner Form	47000	Läppen, Polieren von Hartmetall und gehärtetem Stahl
CBN	Bornitrid	BN in kristalliner Form	60000	Schnellarbeitsstähle, Kalt- und Warmarbeitsstähle
D	Diamant	C in kristalliner Form	70000	Hartmetall, Gusseisen, Glas, Keramik, Stein, Nichteisenmetalle, nicht für Stahl; Abrichten von Schleifscheiben

// Schleifmittel

Die meisten Schleifmittel **(Tabelle 1)** enthalten Schleifkörner aus Korund (weiß, rosa) oder Siliziumkarbid (grün, schwarz). Die Kornzähigkeit nimmt mit steigender Härte des Schleifkorns ab. Sprödharte Körner ermöglichen bei kleiner Kornbelastung (Feinschleifen) die Selbstschärfung durch Kornsplitterung. Eine ausreichende Zähigkeit verhindert bei großer Kornbelastung (Vorschleifen) den vorzeitigen Kornbruch.

Bei hoher Schnittkraft überwiegt das Brechen und Ausbrechen der Körner aus der Bindung. Bei kleiner Schnittkraft wird erst mit zunehmendem Reibungsverschleiß an der Schneidkante die Kornbelastung so hoch, dass vom Korn kleine Partikel absplittern.

Schleifkörner sollen eine große Härte sowie eine ausreichende Kornzähigkeit und Wärmebeständigkeit besitzen.

Die Auswahl der Schleifmittel richtet sich nach dem zu bearbeitenden Werkstoff.

// Körnung

Die Körnungsnummer entspricht der Maschenzahl des Siebs auf 1 inch Länge, durch welches das bezeichnete Korn gerade noch hindurchfällt, während es auf dem nächstengeren Sieb liegen bleibt. Die sehr feinen Körnungen werden im Schlämmverfahren getrennt. Die Körnungen von Diamant und Bor-

Auswahl der Körnung:

- Die Körnung muss umso feiner sein, je kleiner die geforderte Rautiefe und je scharfkantiger die Schleifprofile werden sollen **(Tabelle 1)**.
- Je größer das Spanvolumen, desto gröber ist die Körnung zu wählen.

nitrid werden entsprechend der Siebmaschenweite in µm angegeben. Die Körnung mit der Bezeichnung D 150 (Diamantkorn) bzw. B 150 (CBN-Korn) hat eine Korngröße zwischen 125 µm und 150 µm.

// Bindung der Schleifkörner

Die Bindung hat den Zweck, die einzelnen Körner so lange festzuhalten, bis sie stumpf geworden sind. Die Bindung soll am Korn haften und die Schnitt- und Fliehkräfte aufnehmen, sie darf nicht zu spröde, manchmal sogar elastisch sein. Die Bindung muss unempfindlich gegen Kühlschmiermittel und hohe Temperaturen sein und muss Poren zwischen den Körnern bilden.

Tabelle 1: Einsatz der Körnungen

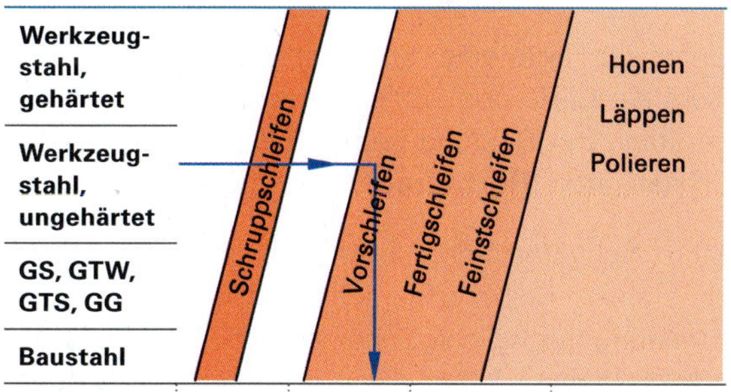

Rautiefe *Rz* in µm	10 … 5	5 … 2,5	2,5 … 1,0	1,0 … 0,4
Körnung	4 … 24	30 … 60	70 … 220	230 … 1200
Korngröße in mm	8 … 1	1 … 0,3	0,3 … 0,08	0,08 … 0,003
Bezeichnung	grob	mittel	fein	sehr fein
	Makrokörnung			Mikrokörnung

Die jeweilige Bindungsart beeinflusst wesentlich die Eigenschaften und damit die Anwendungsgebiete des Schleifkörpers **(Tabelle 2)**.

Tabelle 2: Bindungsarten

Zeichen	Bindungsart	Eigenschaften	Anwendungsgebiete
B BF	Kunstharzbindung, faserverstärkt	dicht oder porös, elastisch, ölbeständig, kühler Schliff	Vor- oder Trennschleifen, Profilschleifen mit Diamant und Bornitrid, Hochdruckschleifen
E	Schellackbindung	temperaturempfindlich, zäh-elastisch, stoßunempfindlich	Sägen- und Formschliff, Regelscheibe beim spitzenlosen Schleifen
G	galvanische Bindung	hohe Griffigkeit durch herausragende Körner	Innenschleifen von Hartmetall, Handschliff
M	Metallbindung	dicht oder porös, zäh, unempfindlich gegen Druck und Wärme	Profil- und Werkzeugschleifen mit Diamant oder Bornitrid, Nassschliff
MG	Magnesitbindung	weich, elastisch, wasserempfindlich	Trockenschliff, Messerschliff
PL	Plastikbindung	weich, elastisch je nach Kunststoff und Aushärtungsgrad	Kunststoffschleifkörper für Gleitschleifen, Präzisionsschleifen und Polieren
R RF	Gummibindung, faserverstärkt	elastisch, kühler Schliff, empfindlich gegen Öl und Wärme	Trennschleifen
V	Keramikbindung	porös, spröde, unempfindlich gegen Wasser, Öl, Wärme	Vor- und Feinschleifen von Stählen mit Korund und Siliziumkarbid

// Härte von Schleifkörpern (Tabelle 1)

Unter der Härte einer Schleifscheibe versteht man nicht die Härte des Schleifkorns, sondern den Widerstand der Bindung gegen das Ausbrechen der Schleifkörner **(Härtegrad)**.

Beim Schleifen von harten Werkstoffen können bei starkem Reibungsverschleiß, aber kleiner Kornbelastung nur weiche Scheiben den „Selbstschärfeffekt" sicherstellen. Bei weichen Werkstoffen erfordern die dickeren Späne eine größere Kornhaltekraft, also härtere Scheiben.

Zu weiche Scheiben sind wegen des hohen Scheibenverschleißes immer unwirtschaftlich: Die Körner brechen aus, bevor sich Verschleißflächen gebildet haben. Die Schleifscheibe verliert dadurch ihre Form (Profil), sie „bricht zusammen".

Eine zu harte Scheibe hält dagegen das Korn zu lange fest, obwohl es schon stumpf ist, sie „schmiert" und glänzt. Gleichzeitig wachsen Schleifdruck und Temperatur in der Kontaktzone, wodurch bei wärmebehandelten Werkstücken Gefügeänderungen eintreten können.

Die Wirkhärte einer Scheibe im Schleifprozess ist nicht allein vom Härtegrad abhängig, sondern auch von der Körnung, dem Porenvolumen und der Spanungsdicke **(Bild 1)**.

Arbeitsregeln:

- Für harte Werkstoffe wählt man weiche und für weiche Werkstoffe harte Schleifscheiben.
- Bei feiner Körnung und dünnen Spänen sollten wegen der größeren Wirkhärte weichere Scheiben verwendet werden, da bei diesen das Korn leichter ausbricht.

Tabelle 1: Härtegrad von Schleifkörpern

Härtegrad	Bezeichnung	Einsatzgebiete
A, B, C, D E, F, G	außerst weich sehr weich	Tiefschleifen und Seitenschleifen harter Werkstoffe
H, I, J, K L, M, N, O	weich mittel	herkömmliches Metallschleifen
P, Q, R, S T, U, V, W X, Y, Z	hart sehr hart äußerst hart	Außenrundschleifen, weiche Werkstoffe

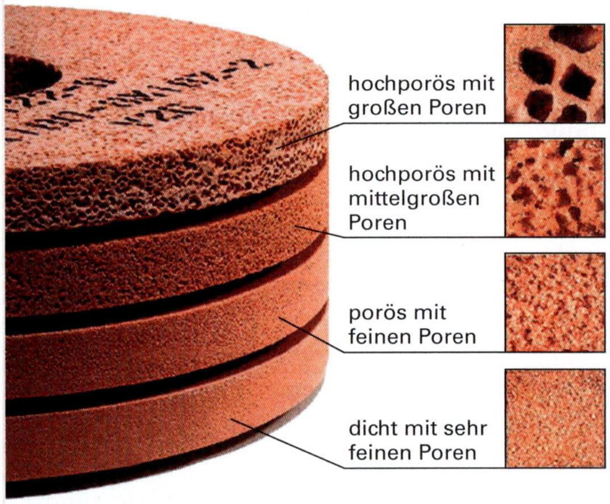

Bild 2: Schleifscheiben mit unterschiedlichem Gefüge

// Gefüge (Struktur)

Das Gefüge bezeichnet das Verhältnis von Schleifkörnern, Bindung und Porenraum im Schleifkörper **(Bild 2 und 3)**. Die Poren bilden Spankammern und fördern die Kühlung beim Schleifen. Sind die Poren zu klein, steigen Druck und Wärme beim Schleifen.

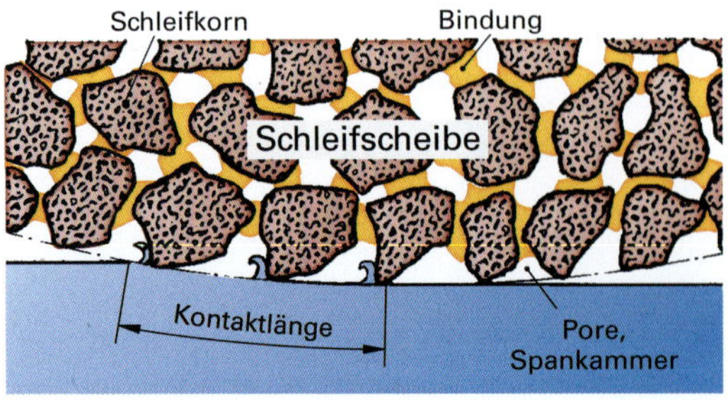

Bild 1: Gefüge und Kontaktlänge der Schleifscheibe

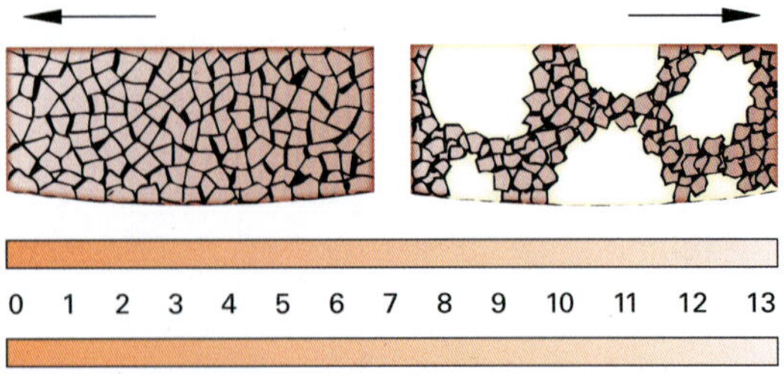

Bild 3: Gefügekennziffer

- Je größer die Gefügekennziffer, desto poröser ist die Schleifscheibe.
- Das Gefüge muss umso offener sein, je mehr Späne innerhalb der Kontaktzone in die Poren aufgenommen werden müssen.

// Schleifkörperbezeichnung

Die Bezeichnung der Schleifkörper erfolgt in der Reihenfolge des dargestellten Schemas **(Tabelle 1 und 2)**. Der Ziffer für die Form können Großbuchstaben für die Randformen angefügt werden.

Tabelle 2: Schleifkörper

Form – Nr.		Gruppe
	1	Gerade Schleifscheibe
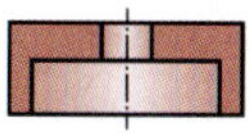	6	Zylindrischer Schleifkopf
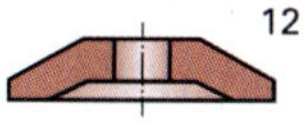	12	Schleifteller
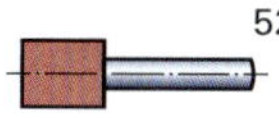	52	Schleifstift Zylinderform

Tabelle 1: Schema Schleifkörperbezeichnung

Schema	Bezeichnung	Form	Nennmaß	Werkstoff
Beispiel	Schleifscheibe ISO 603-1	– 1 N	– 450 x 80 x 127	– A/F60 K 8 V – 40

Form 1: gerade Schleifscheibe
Randform *N*
Außendurchmesser *D* = 450 mm
Breite *T* = 80 mm
Bohrungsdurchmesser *H* = 127 mm

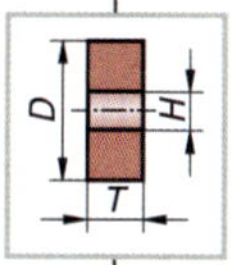

Arbeitshöchstgeschwindigkeit 40 m/s
Bindung V: keramisch
Gefüge 8: mittel
Härtegrad K: weich
Korngröße (60 Maschen/inch)
Schleifmittel A: Korund

1.6.2 Abrichten und Auswuchten

// Abrichten

Das Abrichten von Schleifkörpern hat zwei Ziele:

- **Profilieren,** um Profile, Radien und Maße innerhalb der Toleranzen zu erreichen. Bei frisch aufgespannten Schleifscheiben muss auch der Rund- und Planlauf verbessert warden, das geschieht noch vor dem anschließenden Auswuchten. An den Schleifmaschinen sind entsprechnede Vorrichtungen mit Abziehwerkzeugen eingebaut, wobei Diamantabrichter oft diese Aufgabe im ziehenden Schnitt übernehmen **(Bild 1)**.
- **Schärfen,** um durch den Abtrag der Bindung den Spanraum zu vergrößern und um den Eingriff der Schleifkörner zu verbessern. Abrichtrollen aus Stahl dienen an Schleifböcken häufig zum Abrichten **(Bild 2)**.

Durch das Abrichten wird der Schleifkörper in die gewünschte Form gebracht und geschärft.

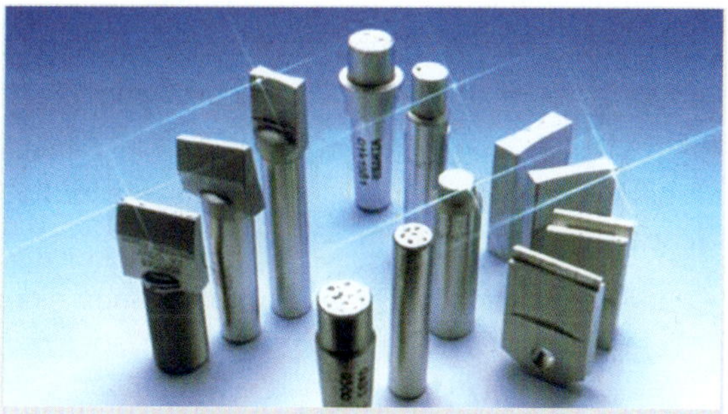

Bild 1: Abrichtdiamanten

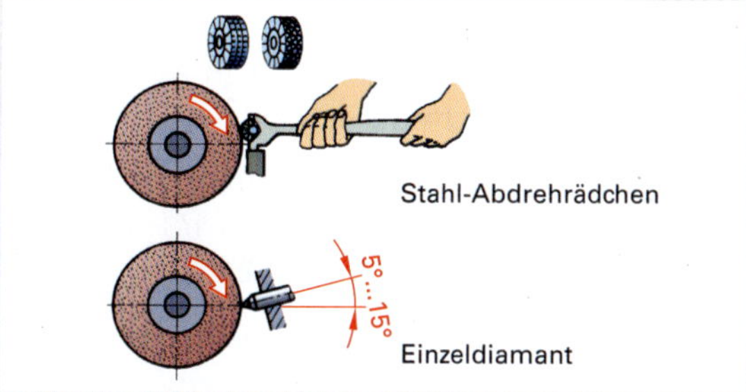

Bild 2: Abrichtwerkzeuge

Lernfeld 5

// Auswuchten

Ungleiche Korn- und Bindemittelverteilung führen zur Scheibenunwucht. Hierdurch entstehen Fliehkräfte. Bei großen, breiten Schleifscheiben und besonders bei hohen Umfangsgeschwindigkeiten ist daher das Auswuchten äußerst wichtig. Zum statischen Auswuchten wird die Schleifscheibe auf eine Auswuchtwaage oder einen Abrollbock gelegt **(Bild 1)**. Die Ausgleichgewichte werden in der Ringnut verschoben, bis die Schleifscheibe in jeder Lage in Ruhe bleibt. Bei sehr hohen Qualitätsansprüchen und bei großen breiten Scheiben ist dynamsich auszuwuchten.

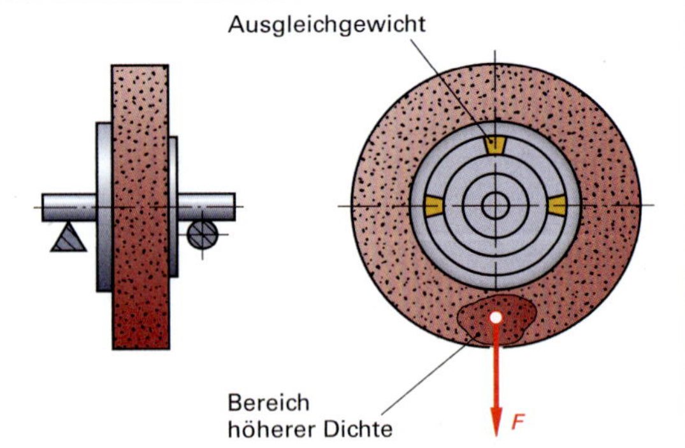

Bild 1: Statisches Auswuchten

Die Unwucht der Schleifscheibe führt zu Schwingungen, wodurch die Qualität schlechter und die Lebensdauer von Schleifscheibe und -maschine herabgesezt wird.

1.6.3 Sicherheit beim Schleifen

Die Schleifscheiben mit keramischer Bindung sind bruchempfindlich. Kommt es durch Haarrisse oder unsachgemäße Aufspannung zum Zerspringen der Schleifscheibe, werden bei einer Scheibenumfangsgeschwindigkeit von 80 m/s (entspricht 288 km/h) die wegfliegenden Bruchstücke zu einer tödlichen Gefahr. Nur wenn Sicherheitsregeln eingehalten werden, ist Schleifen ein sicheres Fertigungsverfahren.

Beim Schleifen und beim Aufspannen der Schleifkörper sind folgende Unfallverhütungsvorschriften zu beachten:

- Eine Klangprobe ist vor jedem Aufspannen einer keramischen Scheibe durchzuführen. Dabei werden kleine Schleifscheiben in der zentralen Bohrung mit dem Finger oder einem Dorn gehalten und an mehreren Stellen mit einem nichtmetallischen Gegenstand leicht angeklopft. Rissfreie Scheiben ergeben einen klaren Klang.
- Die Schleifscheiben müssen sich ohne Gewalt auf die Spindel schieben lassen.
- Der Mindestdurchmesser der Spannflansche beträgt bei geraden Schleifscheiben 1/3 · D, bei konischen Scheiben 1/2 · D **(Bild 2)**.
- Es dürfen nur gleich große, gleich geformte und hinterdrehte Spannflansche mit weichen, elastischen Zwischenlagen verwendet werden, um den Planlauf zu gewährleisten.
- Schleifkörper mit D > 80 mm müssen nach dem Aufspannen einen Probelauf von mindestens fünf Minuten im Leerlauf bei der höchstzulässigen Drehzahl im abgesicherten Gefahrenbereich bestehen.
- Die Werkstückauflage oder die Schutzhaube dürfen nur bei stillstehender Schleifmaschine nachgestellt werden **(Bild 1, Seite 105)**.
- Beim Schleifen muss eine Schutzbrille getragen werden.
- Bei vorhandener Unwucht ist die Scheibe auszuwuchten.
- Die maximale Umfangsgeschwindigkeit darf nicht überschritten werden **(Bild 2, Seite 105)**.

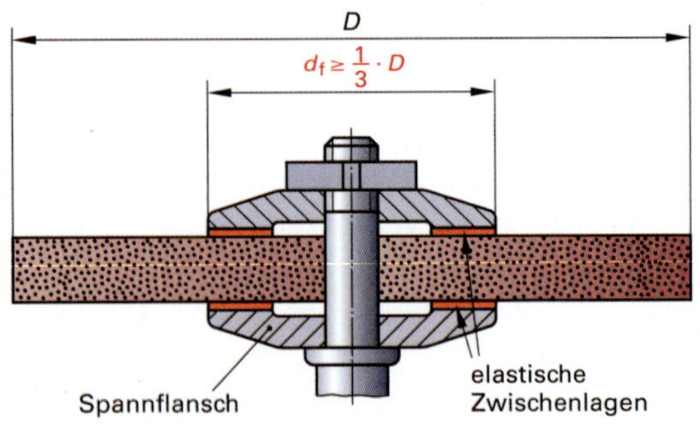

Bild 2: Aufspannen von Schleifscheiben

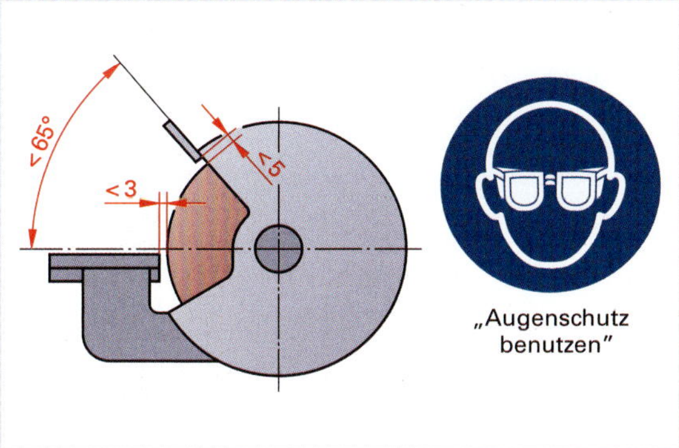

Bild 1: Sicherheit am Schleifbock

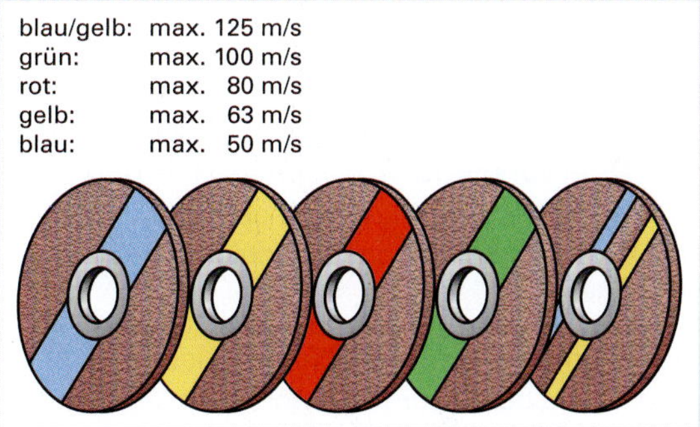

Bild 2: Farbcodierung für erhöhte Umfangsgeschwindigkeiten

1.6.4 Einflüsse auf das Schleifergebnis

Die geforderten Qualitätsmerkmale von geschliffenen Werkstücken können nur erreicht werden, wenn die Schleifscheibe und die Schnittbedingungen an der Schleifmaschine sorgfältig auf das Schleifteil abgestimmt werden **(Tabelle 1)**.

// Zerspanungsgrößen beim Schleifen

Jedes Schleifverfahren **(Bild 3)** ist durch typische Bewegungen und Zerspangrößen (Maschineneinstellgrößen) gekennzeichnet **(Tabelle 2)**. Die Arbeitsgeschwindigkeit der Schleifscheibe v_C entspricht der Umfangsgeschwindigkeit. Auf dem Etikett ist neben der Arbeitshöchstgeschwindigkeit auch die zulässige Drehzahl angegeben. Die in der Kennzeichnung der Schleifscheibe angegebene Arbeitshöchstgeschwindigkeit darf in keinem Fall überschritten werden **(Bild 2)**. Die übliche Arbeitshöchstgeschwindigkeit beträgt beim herkömmlichen Schleifen auf ortsfesten Schleifmaschinen 35 m/s.

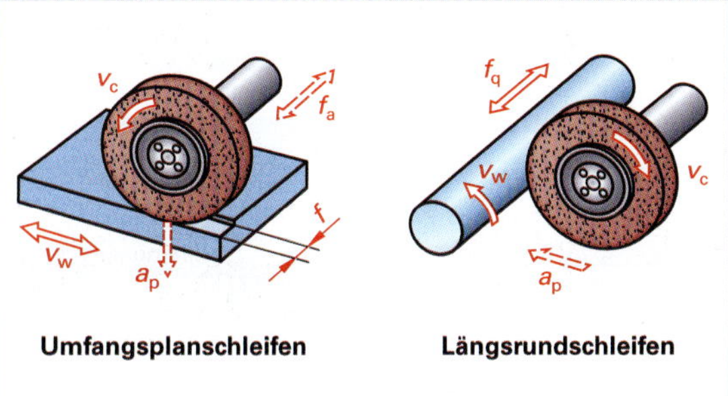

Bild 3: Schleifverfahren

Tabelle 1: Einflüsse und Schleifergebnisse

Schleifeinflüsse		
Werkstück	Schleifscheibe	Schnittbedingungen
Form Werkstoff	Körnung Härte Form	Schleifverfahren Zerspangrößen Kühlung

↓

Wirkungen im Schleifprozess	
Spanbildung Kornverschleiß	Schleifkräfte Schleifwärme

↓

Bewertung von Schleifergebnissen	
Arbeitsqualität	Wirtschaftlichkeit
Maßgenauigkeit Formgenauigkeit Oberflächengüte Gefügezustand in der Randzone	Bearbeitungszeit Werkstoffabtrag Scheibenabtrag Abrichtkosten

Tabelle 2: Zerspangrößen in Abhängigkeit vom Schleifverfahren

Zerspangrößen	herkömmliches Schleifen	Hochgeschwindigkeitsschleifen	Tiefschleifen
v_c in m/s	20 … 35	140 … 280	10 … 35
v_w in m/min	4 … 40	1 … 4	0,003 … 0,3
$q = v_c : v_w$	30 … 120	500 … 7000	500 … 200000
a_e in mm	0,002 … 0,1	0,01 … 20	0,5…20

Die **Vorschubgeschwindigkeit v_f** (Werkstückgeschwindigkeit) entspricht beim Planschleifen der Tischvorschubgeschwindigkeit und beim Rundschleifen der Werkstückumfangsgeschwindigkeit. Der **Quervorschub f_a** in mm je Hub bzw. beim Rundschleifen der Längsvorschub f_a in mm je Werkstückumdrehung ist von der Schleifscheibenbreite b_s abhängig.

Die **Schnitttiefe (Zustelltiefe) a_e** ist der Arbeitseingriff senkrecht zur Hauptvorschubrichtung. Das Fertigschleifen ohne Zustellung wird als „Ausfunken" oder „Ausfeuern" bezeichnet.

Das **Geschwindigkeitsverhältnis q** ist ein Maß für die Spanungsdicke und damit auch für die Kornbelastung. Dünne Späne entstehen bei hohen Geschwindigkeitsverhältnissen und auch bei großen Kontaktlängen, z. B. beim Tiefschleifen, Seitenschleifen und Innenschleifen. Das Geschwindigkeitsverhältnis q wird entsprechend dem Schleifverfahren und dem Werkstoff ausgewählt **(Tabelle 1, Seite 107 und Tabelle 1 unten)**.

// Schleifwärme

Beim Schleifen entsteht viel Wärme durch die Kornreibung bei der Spanbildung. In der Werkstückrandzone können dadurch Temperaturen von über 1000 °C auftreten.

Die Schleifwärme verursacht Schleifschäden wie Maßabweichungen, Spannungen und Rissbildung infolge der Temperaturwechsel in der Schleifzone **(Bild 1)**. Brandflecken sind ein Zeichen dafür, dass in der Werkstückrandzone das Werkstoffgefüge durch Überhitzung geschädigt wurde. Als Folge hoher Schleiftemperaturen kann auch eine Weichhautschicht und danach durch die abschreckende Wirkung des Kühlmittels eine Neuhärtung an der Oberfläche entstehen.

Tabelle 1: Geschwindigkeitsverhältnis q

Werkstoff	Planschleifen		Rundschleifen	
	Umfangs-schleifen	Seiten-schleifen	außen	innen
Stahl	80	65	130	80
Gusseisen	70	60	110	65
Cu, Cu-Leg.	55	40	90	50
Leichtmetall	45	35	45	30

Beispiel

Berechnen Sie die Drehzahlen, damit eine Schleifscheibe mit $d_{s\,max}$ = 450 mm und $d_{s\,min}$ = 250 mm mit v_c = 35 m/s eingesetzt werden kann.

Lösung

$$n_s = \frac{v_c}{\pi \cdot d_s}$$

$$n_{s\,min} = \frac{35 \cdot 60\ \text{m}}{\text{min}/\pi \cdot 0{,}45\ \text{m}} = 1486\ \text{min}^{-1}$$

$$n_{s\,max} = \frac{35 \cdot 60\ \text{m}}{\text{min}/\pi \cdot 0{,}25\ \text{m}} = 2675\ \text{min}^{-1}$$

Geschwindigkeitsverhältnis q

$$q = \frac{v_c}{v_w}$$

Beispiel

Eine Stahlwelle wird mit einer Arbeitsgeschwindigkeit von 35 m/s geschliffen. Berechnen Sie die Umfangsgeschwindigkeit v_w der Welle bei einem Geschwindigkeitsverhältnis q = 125.

Lösung

$$v_w = \frac{v_c}{q} = \frac{35\ \text{m/s}}{125} = 0{,}28\ \text{m/s} = 16{,}8\ \text{m/min}$$

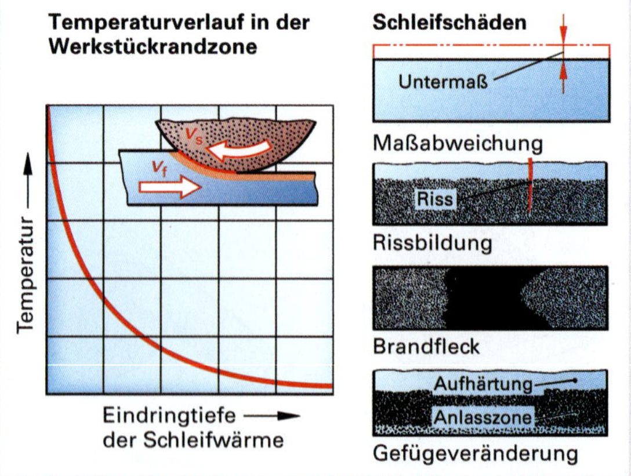

Bild 1: Schleifschäden durch Erwärmung in der Randzone

// Kühlschmierung

Durch Kühlschmierung erreicht man eine Verminderung der Reibungswärme, die Reinigung der Spankammern und die Kühlung des Werkstücks. Der wirksamste Kühlschmierstoff ist Schleiföl, da es die Reibungswärme stärker verringert als Schleifölemulsion. Bei Verwendung von Schleifölemulsionen wird die Randzone wärmer und danach schroffer abgekühlt, sodass häufiger Schleifrisse auftreten.

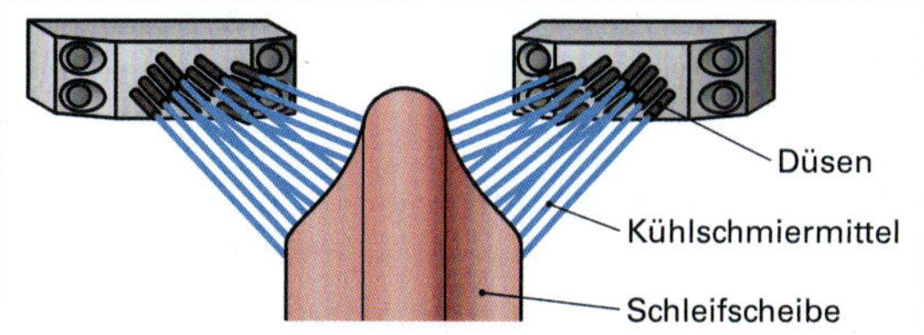

Bild 1: Nadeldüsen für eine Verzahnungsprofilscheibe

Je größer die Wärmeentwicklung, desto mehr Kühlschmiermittel muss zugeführt werden. Bei hohen Umfangsgeschwindigkeiten wird das Kühlschmiermittel unter hohem Druck und genau dosiert über Düsen zugeführt **(Bild 1)**, wodurch die Poren der Schleifscheibe gereinigt und die Späne aus der Schleifmaschine ausgespült werden.

1.6.5 Schleifmaschinen und Schleifverfahren

Tabelle 1: Einteilung der Schleifmaschinen

Klassische Werkstattschleifmaschine

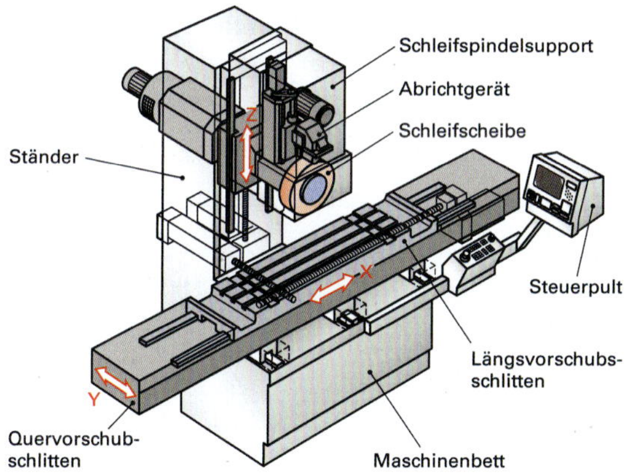

Klassische Außenrundschleifmaschine

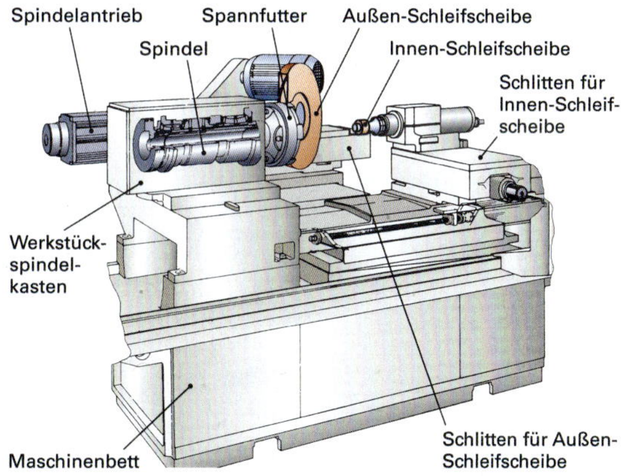

Rundschleifmaschinen und Unrundschleifmaschinen

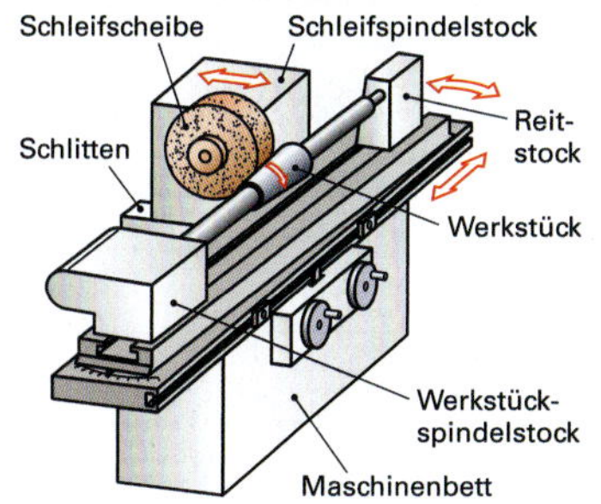

Horizontal-rundschleifmaschine

Planschleifmaschinen und Profilschleifmaschinen

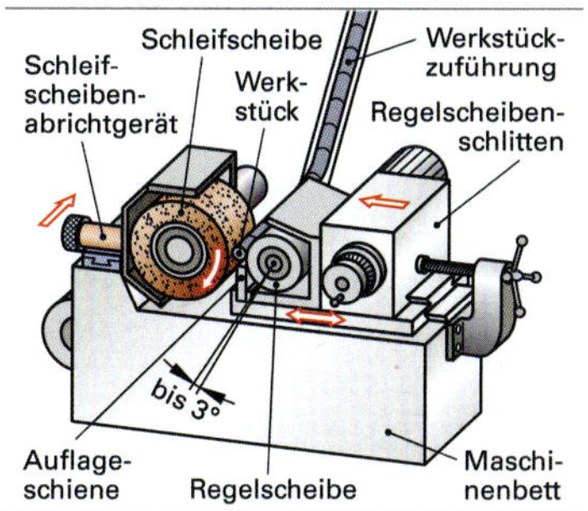

Flachschleifmaschine mit Planschleifen

Werkzeugschleifmaschinen und Formteilschleifmaschinen

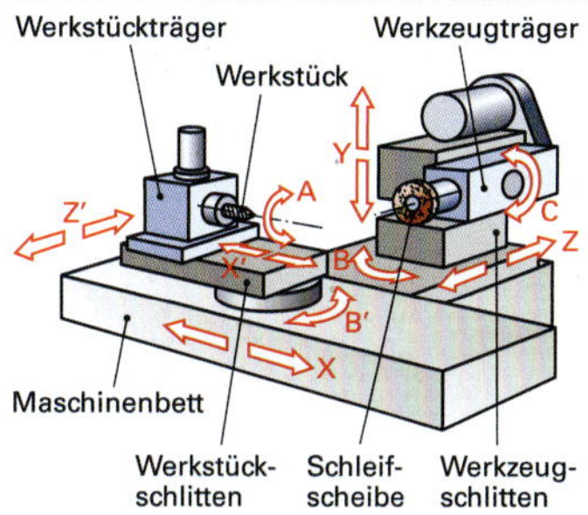

Horizontal-werkzeugschleifmaschine

Schleifmaschinen **(Tabelle 1 Seite 107)** werden zumeist nach der Form der erzeugten Oberfläche eingeteilt:

- **Rundschleifmaschine** (Tabelle 1, Seite 107) für Rotationsflächen als Horizontalrundschleifmaschine oder als Vertikalrundschleifmaschine
- **Planschleifmaschine** bzw. **Flachschleifmaschine** (Tabelle 1, Seite 107) für ebene Flächen, meist mit Planscheiben oder mit Topfscheiben
- **Werkzeug-** und **Formteilschleifmaschine** für Werkzeuge mit horizontaler, vertikaler oder schräg gestellter Schleifspindel
- **Profilschleifmaschine** für profilierte Oberflächen
- **Verzahnungsschleifmaschinen** für Zahnräder oder Zahnstangen
- **Freiformschleifmaschinen** für Freiformflächen

Für die Serienfertigung sind Schleifmaschinen als Bearbeitungszentren mit allen Automatisierungseinrichtungen, wie z. B. Ladegeräten, Werkzeugwechslern und Messgeräten, ausgestattet und ermöglichen nahezu alle Schleifverfahren.

Neben dieser groben Einteilung gibt es weitere Unterscheidungsmerkmale:

- nach der **Lage der Spindel:** z. B. Horizontalschleifmaschine, Vertikalschleifmaschine
- nach der **Maschinenkinematik:** z. B. 5-Achsen-Schleifmaschine
- nach der **Lage der Bearbeitung:** z. B. Innenrundschleifmaschine, Außenrundschleifmaschine
- nach **Art der Werkstückaufnahme:** z. B. Spitzenlosschleifmaschine
- nach **Art der Bahnerzeugung:** z. B. Abwälzfräsmaschine bei der Zahnradherstellung
- nach **Art des Werkzeugs:** z. B. Bandschleifmaschine
- nach **Art der Werkstücke:** z. B. Pleuelstangenschleifmaschine, Kurbelwellenschleifmaschine, Gewindeschleifen, Polygonschleifen

Je nach Vorschubbewegung der im Eingriff stehenden Wirkfläche des Schleifwerkzeugs und der Geometrie und Lage der zu erzeugenden Werkstückoberfläche werden die in **Tabelle 1**, dargestellten Schleifverfahren unterschieden.

Tabelle 1: Schleifverfahren

Verfahren	Außenrundschleifen	Innenrundschleifen	Flachschleifen (Plan)
Umfangs-querschleifen	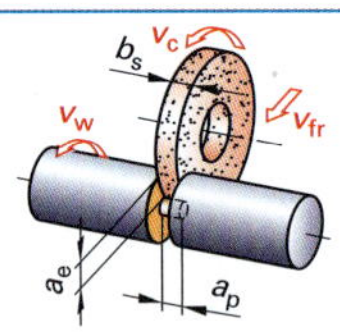	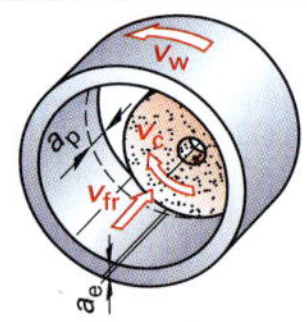	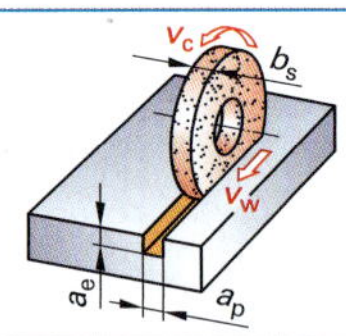
Umfangs-längsschleifen	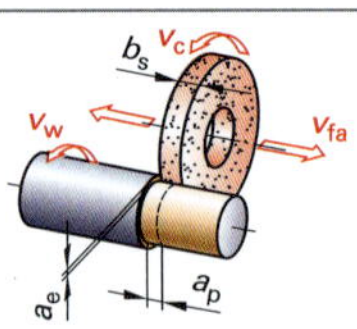	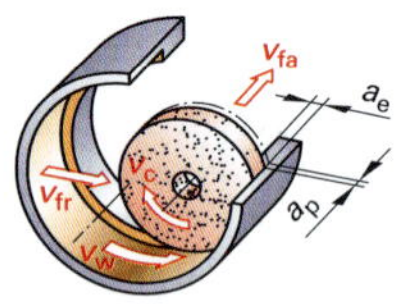	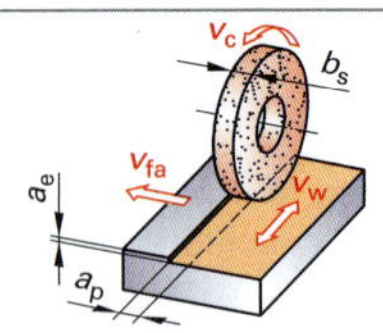
Seiten-querschleifen	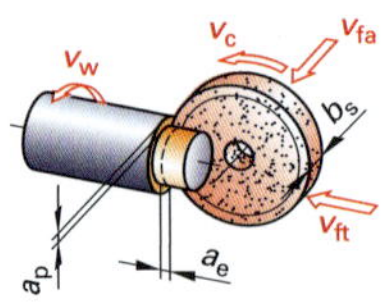		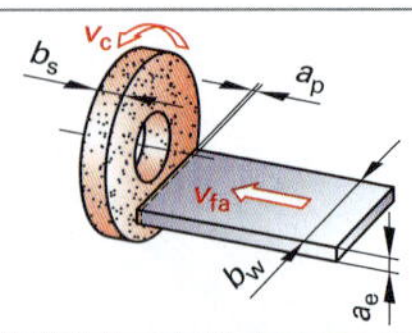
Seiten-längsschleifen	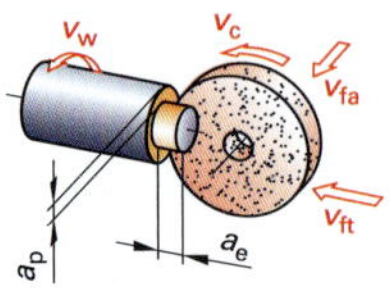		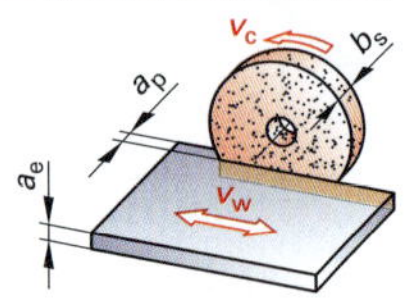

Spant die Schleifscheibe am Umfang, spricht man von **Umfangsschleifen,** spant sie an der Seite, vom **Seitenschleifen.** Beim **Längsschleifen** verläuft der Vorschub parallel zur erzeugten Oberfläche, beim **Querschleifen** senkrecht dazu.

Die Schleifmaschinen für das Flachschleifen **(Bild 1)** und Rundschleifen **(Bild 1, Seite 107)** unterscheiden sich in ihrem Aufbau. Rundschleifmaschinen sind meist für das Außenrundschleifen zwischen Spitzen (Seite 110) ausgelegt.

// Flachschleifen (Planschleifen)

Die Werkstücke werden beim Flachschleifen oft mit Magnetspannplatten gespannt. Beim Seitenschleifen sind die Spankammern selten groß genug, um die Späne in der großen Kontaktzone aufzunehmen. Die Folgen davon sind eine höhere Wärmeentwicklung und eine verschlechterte Späneabfuhr.

Beim Umfangsquerschleifen wird die Zerspanungsarbeit von den Körnern am Umfang geleistet. Die Kontaktlänge ist klein, sodass die Spankammern der Schleifscheibe selten vollgepresst werden und sich auch durch die Fliehkraft und den Druck des Kühlschmierstoffs leicht reinigen. Durchmesser und Breite der Scheibe sind so groß wie möglich zu wählen, um möglichst viele Schleifkörner an der Zerspanung zu beteiligen **(Bild 2)**. Im Idealfall entspricht die Scheibenbreite der Werkstückbreite.

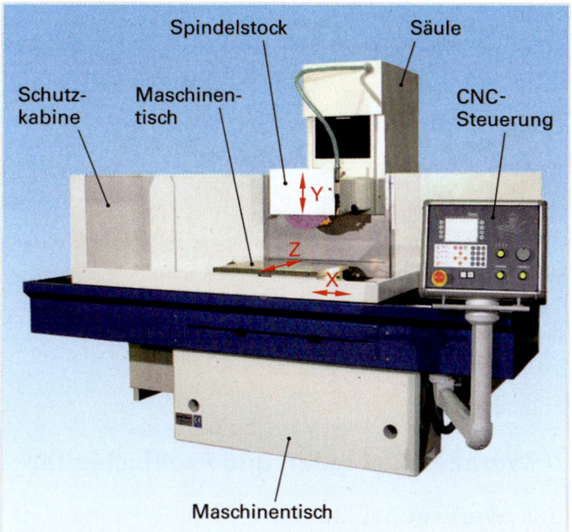

Bild 1: CNC-Flachschleifmaschine

// Pendelschleifen und Tiefschleifen

Beim **Pendelschleifen** wird mit kleiner Zustellung und hoher Tischgeschwindigkeit mit mehreren Hin- und Herbewegungen auf volle Tiefe geschliffen **(Bild 3)**. Dabei muss jedesmal die Werkstückkante überfahren werden.

Beim **Tiefschleifen** (Vollschnittschleifen) wählt man eine große Zustellung und wegen der großen Kontaktlänge eine kleine Vorschubgeschwindigkeit.

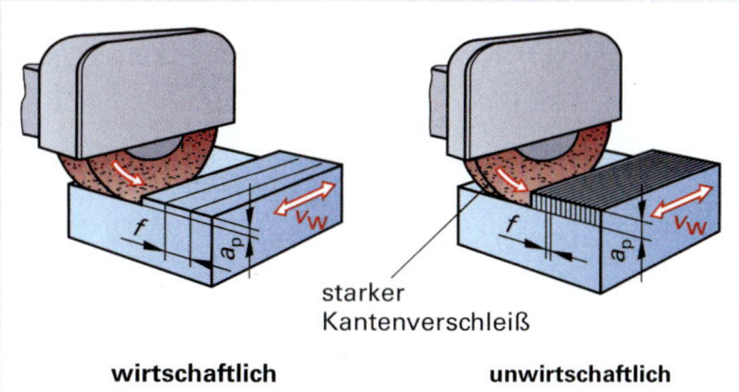

Bild 2: Einfluss von Quervorschub und Zustellung beim Planschleifen

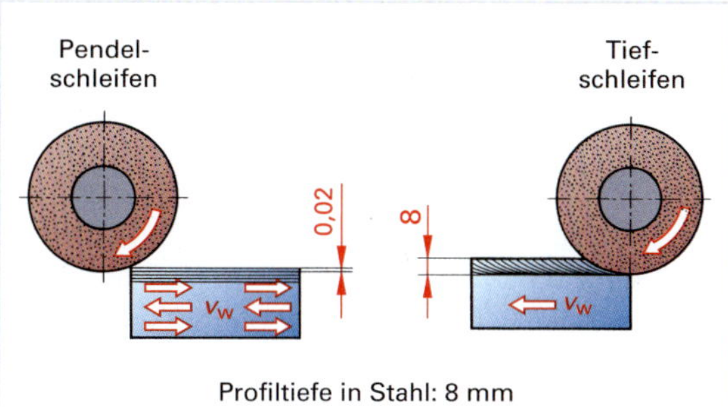

Bild 3: Pendelschleifen und Tiefschleifen

Das Umfangsschleifen ist besonders wirtschaftlich, wenn mit möglichst großen und breiten Schleifscheiben und mit großem Quervorschub gearbeitet wird.

Das Pendelschleifen ist beim Planschleifen mit Aufmaßen unter 1 mm vorteilhaft, das Tiefschleifen ist beim Profilschleifen günstig.

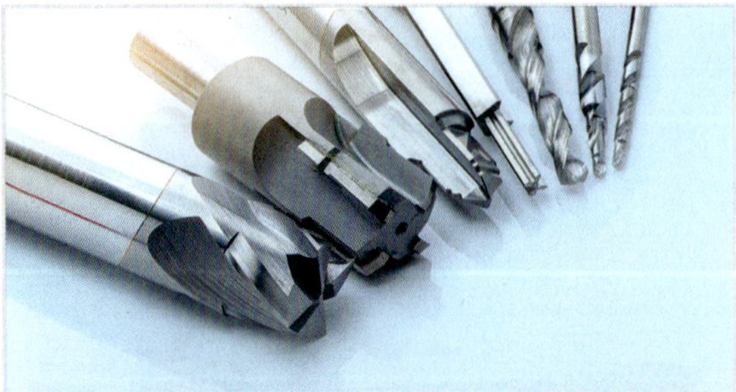

Bild 1: Schneidwerkzeuge

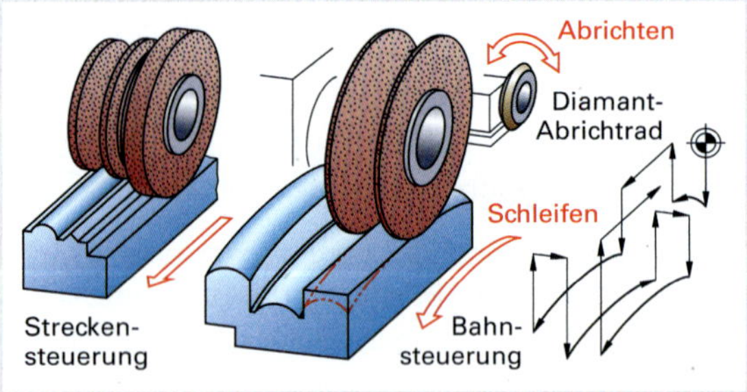

Bild 2: CNC-Profilschleifen

// Werkzeugschleifen und Profilschleifen

Das **Werkzeugschleifen** ist ein Teilbereich des spanendes Fertigungsverfahren mit Schleifmitteln oder Schleifscheiben, um Schneidwerkzeuge herzustellen oder nachzuschärfen. Bei der Produktion von rotationssymetrischen Schneidwerkzeugen werden Werkzeuge aus dem vollen Rundstab mit CNC-Schleifmaschinen hergestellt **(Bild 1 und 2)**.

// Außenrundschleifen

Typisch für das Außenrundschleifen sind die sehr kurzen Kontaktlängen zwischen Werkstück und Schleifscheibe. Das bedeutet geringe Schleifwärme, günstige Kühlung und leichte Spanaufnahme durch die Porenräume der Schleifscheibe.

Beim **Längsrundschleifen** wird über den Längsvorschub des Werkstückschlittens das Werkstück an der Schleifscheibe entlanggeführt **(Bild 3)**. Bei durchgehend zylindrischen Werkstücken soll die Schleifscheibe am Ende eines Hubs etwas überlaufen, da sonst das Werkstückende einen größeren Durchmesser behält.

Beim **Einstechschleifen** (Querrundschleifen) erfolgt die Zustellung der Schleifscheibe stetig bis zum Erreichen des Fertigmaßes am Werkstück **(Bild 4)**. Die Schleifscheibe ist etwas breiter als das Werkstück, sodass der Längsvorschub entfällt.

Arbeitsregeln

Das Spannen der sich drehenden Werkstücke ist von der Abdrängung durch die Schleifkräfte bestimmt:

- Kurze Werkstücke spannt man meist „fliegend" in Spannfuttern oder Spannzangen.
- Lange, dünne Werkstücke werden zwischen Spitzen gespannt und durch Setzstöcke gegen die Abdrängkräfte abgestützt.

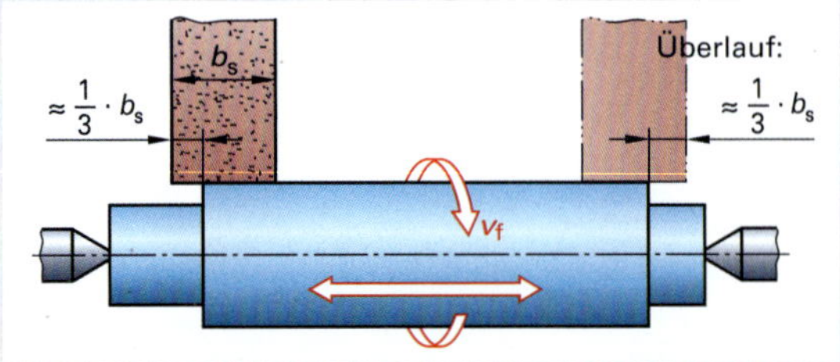

Bild 3: Längsrundschleifen

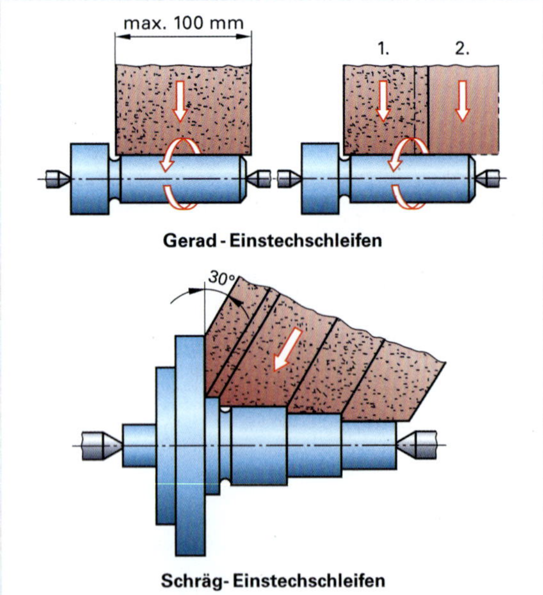

Bild 4: Einstechschleifen

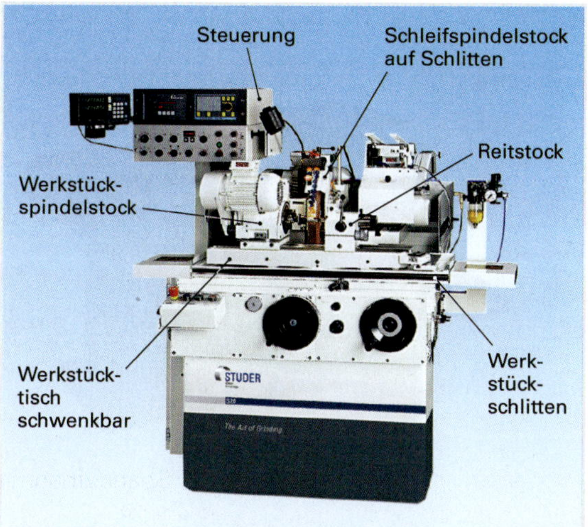

Bild 1: Außenrundschleifmaschine

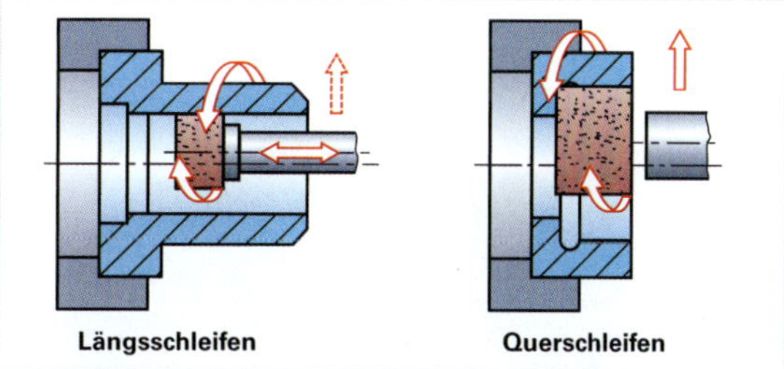

Bild 2: Innenrundschleifen

Der Schleifkörperdurchmesser soll 6/10 bis 8/10 des Bohrungsdurchmessers betragen.

Günstig sind möglichst große, offenporige Schleifkörper mit grober Körnung und kleiner Härte.

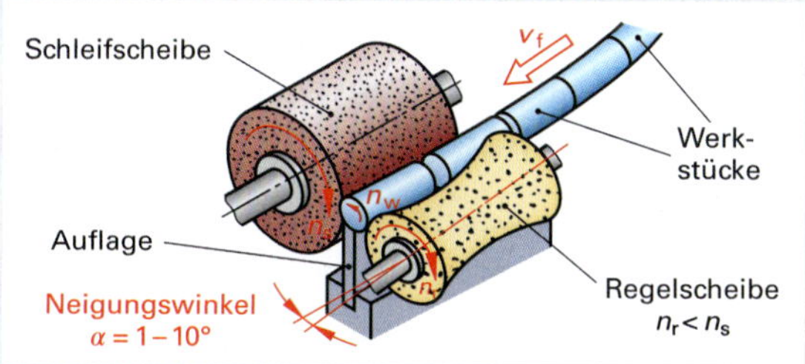

Bild 3: Spitzenloses Außenrundschleifen

Bild 4: Winkelschleifer

// Innenrundschleifen

Im Gegensatz zum Außenrundschleifen ergeben sich in Bohrungen größere Kontaktlängen zwischen Schleifkörper und Werkstück. Die Folgen sind dünne, lange Späne, die zum Vollpressen der Spankammern führen. Die Schleifkörper sind durch die Bohrung im Durchmesser begrenzt und ändern daher beim Schleifen rasch ihr Maß **(Bild 2).**

Man unterscheidet je nachdem, ob nur Bohrungen oder Außenflächen geschliffen werden, zwischen Innenrundschleifmaschinen und Außenrundschleifmaschinen **(Bild 1)**. Außenrundschleifmaschinen, die zusätzlich mit einer Innenschleifeinrichtung ausgerüstet sind, bezeichnet man als Universalrundschleifmaschinen.

// Spitzenloses Außenrundschleifen

Beim spitzenlosen Außenrundschleifen (Durchlaufschleifen) wird das Werkstück zwischen Auflage, Schleifscheibe und Regelscheibe geführt und in einem Durchlauf geschliffen **(Bild 3)**. Die Schleifscheibe führt die Spanungsarbeit aus, während die langsamer laufende gummigebundene Regelscheibe durch ihre Neigung um 1° bis 10° den Vorschub bewirkt. Das Werkstück dreht sich etwa mit der Umfangsgeschwindigkeit der Regelscheibe.

// Manuelles Schleifen

Ein **Winkelschleifer (Bild 4)** lässt sich mit einer dünnen Trennscheibe gut zum Trennen von Materialien, wie Metall, Stein oder Kunststoff, nutzen. Er kann aber auch zum Entgraten und Entrosten eingesetzt werden. Durch das handgeführte Werkzeug kommen Schleifscheiben mit Kunstharzbindung und Gewebeeinlagen zum Einsatz, bei denen die Gefahr des Scheibenbruchs gering ist.

Bild 1: Schleifbock

Bild 2: Band- und Tellerschleifmaschine

Schleifböcke **(Bild 1)** sind einfache, aber nicht ganz ungefährliche Arbeitsmittel. Eine gute Kapselung der rotierenden Schleifscheiben ist das wichtigste Sicherheitsfeature an diesen Maschinen. Vor der rotierenden Schleifscheibe ist bei Schleifböcken eine Auflage angebracht. Diese nimmt das Werkstück auf und erlaubt dem Bedienenden, es mit der notwendigen Sorgfalt an die Schleifscheibe zu führen (Bild 1). Ob auf einer Werkbank oder über eine Säule direkt am Hallenboden: Schleifböcke eignen sich zum Entgraten, ebenso sind sie gut zum Nachschleifen von Drehmeißeln oder Spiralbohrer geeignet.

1.6.6 Arbeitsplanung beim Schleifen

Als Planungsgrundlage dienen die Werte aus Tabellenbüchern oder Erfahrungswerte.

Bandschleifer **(Bild 2)** jeglicher Bauart sind geeignet, um zu entgraten, zu entlacken und etwa Kanten an Metallwerkstücken zu brechen. Die Werkstücke werden manuell geführt.

Beispiel 1

Planen Sie den Arbeitsablauf für das Schrägeinstechschleifen eines Spindeleinsatzes.

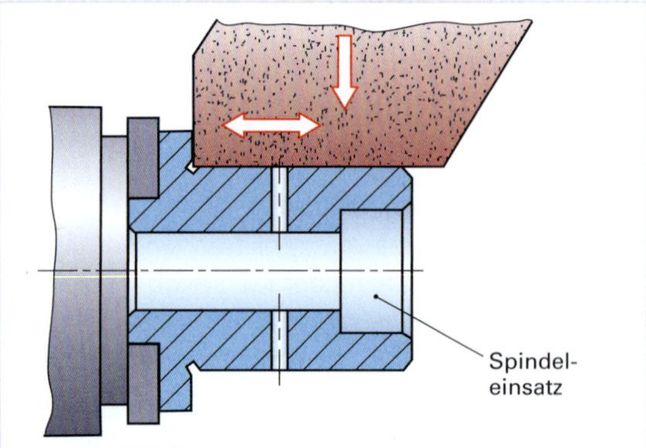

Lösung

- Spannen des Werkstücks im Dreibackenfutter
- Abrichten der abgeschrägten Schleifscheibe
- Positionieren des Werkstücks zur Schleifscheibe
- Vorschleifen des Durchmessers (Aufmaß: 0,3 mm)
- Planschleifen der Schulter (Aufmaß: 0,1 mm)
- Rückzug von der Planschulter
- Fertigschleifen des Durchmessers

Beispiel 2

Für das Bohrungsschleifen an einem Kugellagerinnenring aus gehärtetem Chromstahl sind eine Schleifscheibe mit der Schnittgeschwindigkeit 25 m/s sowie die Einstellgrößen an der Maschine auszuwählen.

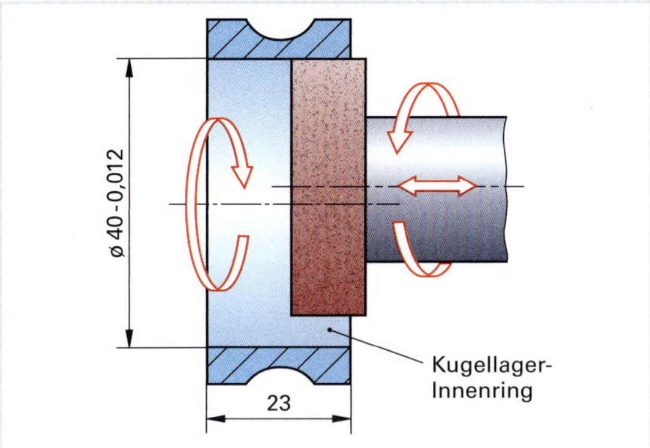

Lösung

Auswahl der Schleifscheibe:
37 x 16 x 10 – A/F100K-6V-60

Gewählte Einstellgrößen:

- Geschwindigkeitsverhältnis $q = 80$
- Vorschubgeschwindigkeit

$$v_w = \frac{v_c}{q} = \frac{25\ \text{m/s} \cdot 60\ \text{s/min}}{80} = 18{,}75\ \text{m/min}$$

- Werkstückdrehzahl

$$n = \frac{v_w}{\pi \cdot d_s} = \frac{18{,}75\ \text{m/min}}{\pi \cdot 0{,}04\ \text{m}} = 149\ \text{min}^{-1}$$

Beispiel 3

Erstellen Sie einen Fertigungsplan für das Planschleifen einer Platte aus Gusseisen mit einer Rautiefe $R_z = 4\ \mu\text{m}$ und einem Schleifaufmaß von 0,5 mm.

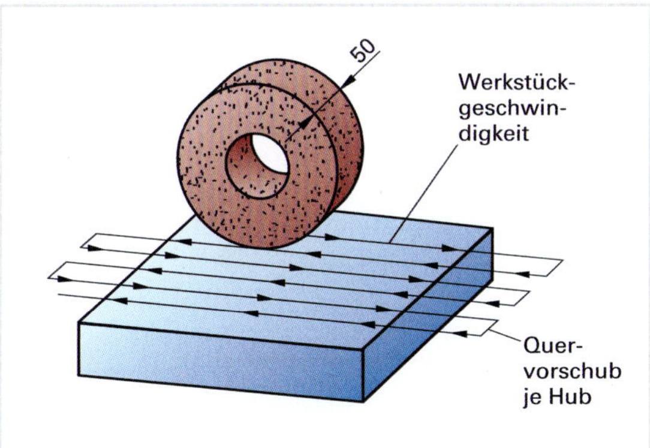

Lösung

- Auswahl einer Schleifscheibe:
  350 x 50 x 27— C/F36J-1OV-35
- Aufflanschen und Auswuchten der Schleifscheibe
- Abrichten mit Einzeldiamant
- Auswahl des Kühlschmierstoffes:
  Schleiföl oder Emulsion mit 2 bis 5 % Konzentratanteil
  Das Mischungsverhältnis von Konzentrat und Wasser beträgt bei 2 % 1 : 50 und bei 5 % 1 : 20.
- Spannen des Werkstücks auf einer Magnetspannplatte
- Planschleifen mit den gewählten Werten:
  - Schnittgeschwindigkeit $v_c = 30$ m/s
  - Vorschubgeschwindigkeit $v_w = 30$ m/min
  - Geschwindigkeitsverhältnis (Richtwert $q = 70$)

    $$q = \frac{v_c}{v_w} = \frac{30\ \text{m/s} \cdot 60\ \text{s/min}}{30\ \text{m/min}} = 60\ \text{(zulässig)}$$

  - Quervorschub je Hub: $f = 0{,}5 \cdot 50\ \text{mm} = 25\ \text{mm}$
    (Richtwert: $f_a = 0{,}5 \dots 0{,}66 \cdot b$)
  - Zustellung: $a = 0{,}05$ mm
- Das Werkstück abspannen und bei Verwendung einer Permanent-Magnetspannplatte entmagnetisieren
- Sichtprüfung der Schleiffläche auf Brandflecken oder Rattermarken sowie Prüfung der Rautiefe R_z

Beispiel 4

Planen Sie für das Längsschleifen einer Stahlwelle mit der Schleifzugabe t = 0,5 mm die Werkstückdrehzahl n_w und die Vorschubgeschwindigkeit v_{fa}.

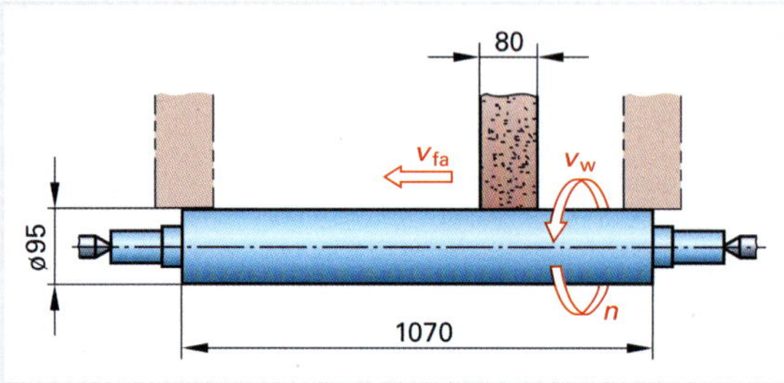

Lösung

- Vorschubgeschwindigkeit $v_{fa} = \frac{1}{3} \cdot b_s \cdot n_w$

  $1/3 \cdot b_s$ = gewählter Längsvorschub je Umdrehung

  Die Scheibenbreite ist b_s = 80 mm.
- gewählte Werkstückgeschwindigkeit v_w = 10 m/min
- Werkstückdrehzahl

  $$n_w = \frac{v_w}{\pi \cdot d_s} = \frac{10\ \text{m/min}}{\pi \cdot 0{,}095\ \text{m}} = 33{,}5\ \text{min}^{-1}$$
- Vorschubgeschwindigkeit

  $$v_{fa} = \frac{1}{3} \cdot b_s \cdot n_w = \frac{1}{3} \cdot 80\ \text{mm} \cdot 33{,}5\ \text{min}^{-1}$$
  $$= 893\ \text{mm/min}$$

Beispiel 5

Planen Sie für das Pendelschleifen der Nut 12 H7 in eine Platte aus gehärtetem Stahl die Schleifscheibe, das Abrichten und die Einstellgrößen an der Schleifmaschine.

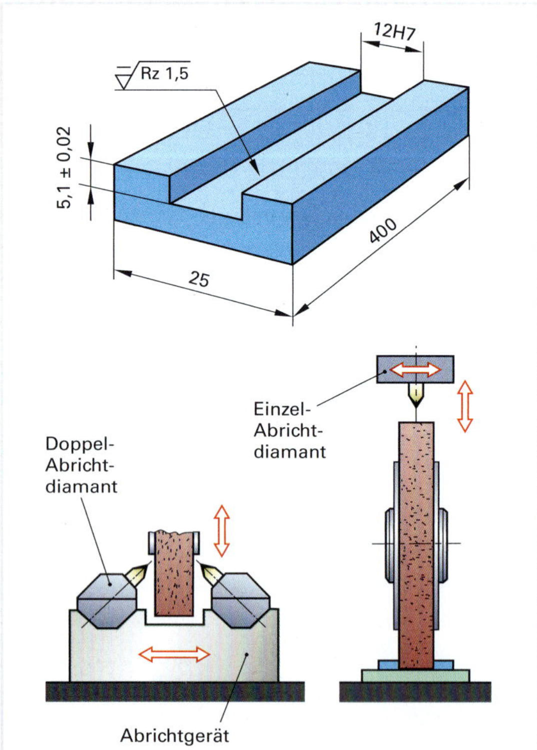

Lösung

- Auswahl der geraden Schleifscheibe:
  150 x 13 x 32— A/F46H-9V-40
- Abrichten mit Einzeldiamant und mit Doppeldiamant zum „Stufen" der Scheibenbreite auf Toleranzmitte 12,012 mm (12 H7 = 12 + 0,025)
- Gewählte Einstellgrößen:
  - Vorschubweg

    $L = l + 2 \cdot l_a = 400\ \text{mm} + 2 \cdot 16\ \text{mm} = 432\ \text{mm}$
  - Anlaufweg

    $l_a = 0{,}04 \cdot l = 0{,}04 \cdot 400\ \text{mm} = 16\ \text{mm}$
  - Schnittgeschwindigkeit v_c = 30 m/s
  - Geschwindigkeitsverhältnis q = 80
  - Werkstückgeschwindigkeit

    $$v_w = \frac{v_c}{q} = \frac{30\ \text{m/s} \cdot 60\ \text{s/min}}{80} = 22{,}5\ \text{m/min}$$

  Die Werkstückgeschwindigkeit beträgt beim Ein- und Austritt der Schleifscheibe nur etwa 3,3 m/min.

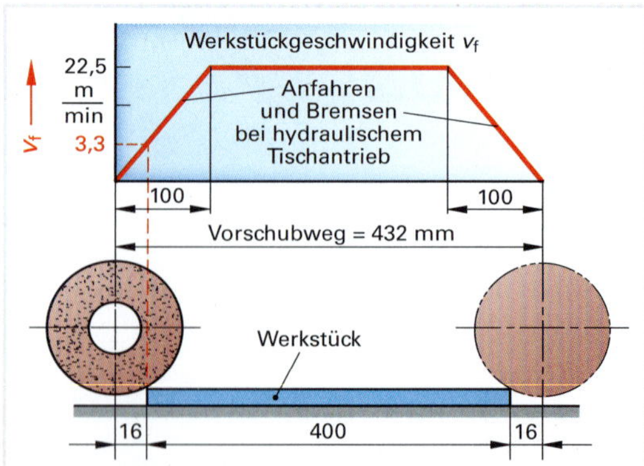

Zustellung beim Vorschleifen a_{e1} = 0,1 mm,
beim Fertigschleifen a_{e2} = 0,005 mm

1.6.7 Zeitermittlung beim Schleifen

Wie bei den Fertigungsverfahren Drehen und Fräsen ist die Summe aller Hauptnutzungs- und Nebenzeiten zuzüglich einer Verteilzeit und Erholungszeit die Zeit für ein Werkstück.

// Hauptnutzungszeit beim Längsrundschleifen

Beim Längsrundschleifen werden die Schnitt- und Zustellbewegung von der Schleifscheibe, die vorschubbewegung vom Werkstück ausgeführt. Gleichzeitig dreht sich das Werkstück mit der Werkstückgeschwindigkeit v_W.

Hauptnutzungszeit Längsrundschleifen

$$t_h = \frac{L \cdot i}{n \cdot f_a}$$

$$i = \frac{d_1 - d}{2 \cdot a_e} + 2^{1)}$$

1) 2 Schnitte zum Ausfeuern

L	Vorschubweg
i	Anzahl der Schnitte
n	Drehzahl des Werkstücks
f_a	Vorschub je Umdrehung des Werkstücks
d_1	Werkstückausgangsdurchmesser
d	Werkstückfertigdurchmesser
a_e	Schnitttiefe, Zustellung

Werkstücke ohne Ansatz

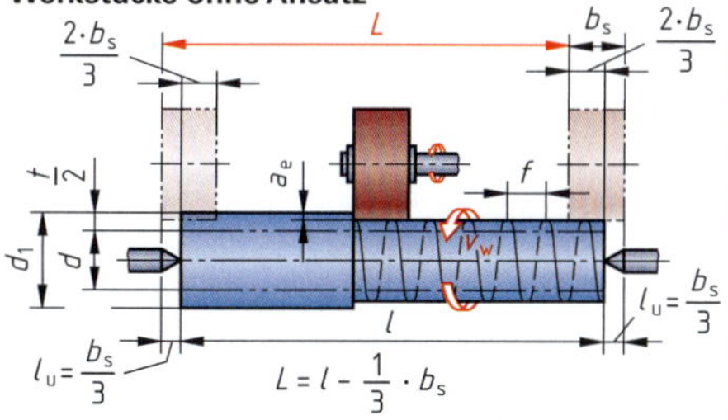

Werkstücke mit Ansatz

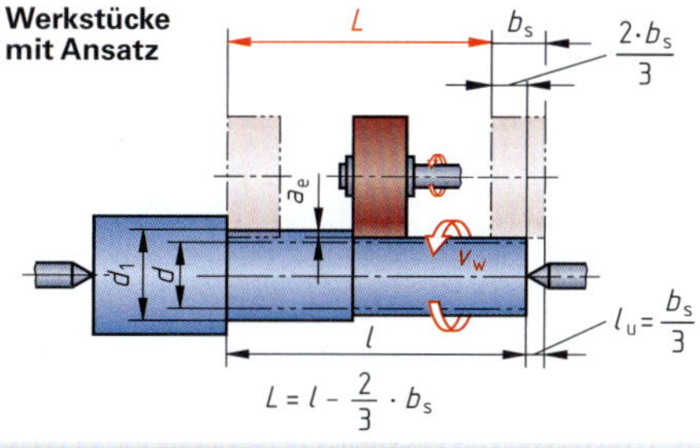

Beispiel

Die oberflächengehärtete Welle **(Bild 1)** aus dem Einsatzstahl 18CrNi8 ist auf den Durchmesser d = 80,4 mm vorgedreht. Auf der Länge von 460 mm ist sie auf das Mindestmaß von 80 h6 zu schleifen.

Es wurden folgende Werte ermittelt:

- Werkstückgeschwindigkeit v_W = 14,5 m/min
- Zustellung a_e = 0,003 mm
- Schleifscheibenbreite b_s = 120 mm
- Vorschub f_a = 60 mm
- Schnittgeschwindigkeit v_c = 30 m/s

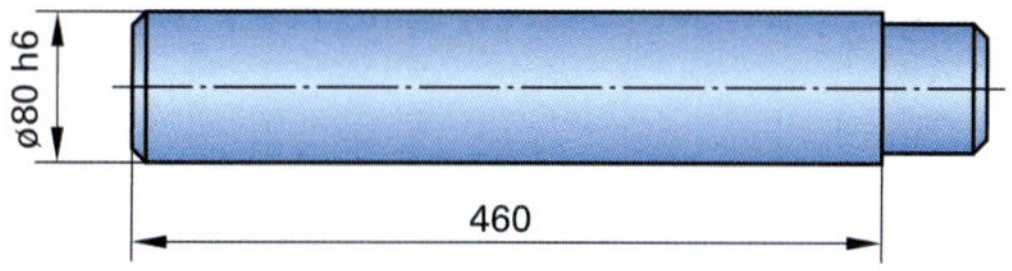

Bild 1: Welle

a) Berechnen Sie die Drehzahl n des Werkstücks.
b) Bestimmen Sie die Anzahl der Schnitte i.
c) Ermitteln Sie den Vorschubweg L.
d) Berechnen Sie die Hauptnutzungszeit t_h.
e) Beurteilen Sie das Geschwindigkeitsverhältnis q.

Lösung

a) $$n = \frac{v_W}{\pi \cdot d_1} = \frac{14{,}5\ \text{m/min}}{\pi \cdot 0{,}0804\ \text{m}} = 57\ \text{min}^{-1}$$

b) $$G_{uw} = 80{,}000\ \text{mm} - 0{,}019\ \text{mm} = 79{,}981\ \text{mm}$$

$$i = \frac{d_1 - d}{2 \cdot a_e} + 2 = \frac{80{,}4\ \text{mm} - 79{,}981\ \text{mm}}{2 \cdot 0{,}03\ \text{mm}} + 2 = 9$$

c) $$L = l - \frac{b_s}{3} = 460\ \text{mm} - \frac{120\ \text{mm}}{3} = 420\ \text{mm}$$

d) $$t_h = \frac{L \cdot i}{n \cdot f_a} = \frac{420\ \text{mm} \cdot 9}{57\ 1/\text{min} \cdot 60\ \text{mm}} = 1{,}1\ \text{min}$$

e) $$q = v_c / v_W = \frac{30\ \text{m/s} \cdot 60\ \text{s/min}}{14{,}5\ \text{m/min}} = 124$$

Das zulässige Geschwindigkeitsverhältnis q = 130 für Stahl (vgl. Tabellenbuch Metall) wird nicht überschritten.

// Hauptnutzungszeit beim Umfangplanschleifen (Flachschleifen)

Beim Umfangsplanschleifen (Flachschleifen) wird das Werkstück nach jedem Hub um den Quervorschub f_a seitlich verschoben. Der Quervorschub f_a beim Schlichten liegt zwischen $1/2 \cdot b_s$ bis $2/3 \cdot b_s$.

Beispiel

Eine Werkstückauflage wird auf der gesamten Fläche geschliffen. In welchem Bereich ist der Quervorschub beim Schlichten zu wählen, wenn die Schleifscheibenbreite $b_s = 50$ mm beträgt?

Lösung

$f_a = 1/2 \cdot b_s$ bis $2/3 \cdot b_s$

$f_a = 1/2 \cdot 50$ mm bis $2/3 \cdot 50$ mm

$f_a = 25$ mm bis $33{,}3$ mm

Hauptnutzungszeit Umfangplanschleifen

$$t_h = \frac{i}{n_H}\left(\frac{B}{f_a} + 1\right)$$

$$i = \frac{t}{a_e} + 2^{1)}$$

[1] 2 Schnitte zum Ausfeuern

$$n_H = \frac{v_w}{L}$$

i	Anzahl der Schnitte
n_H	Hubzahl je Minute
B	Schleifbreite
f_a	Quervorschub je Hub
t	Schleifzugabe
a_e	Schnitttiefe, Zustellung
v_w	Werkstückgeschwindigkeit
L	Vorschubweg

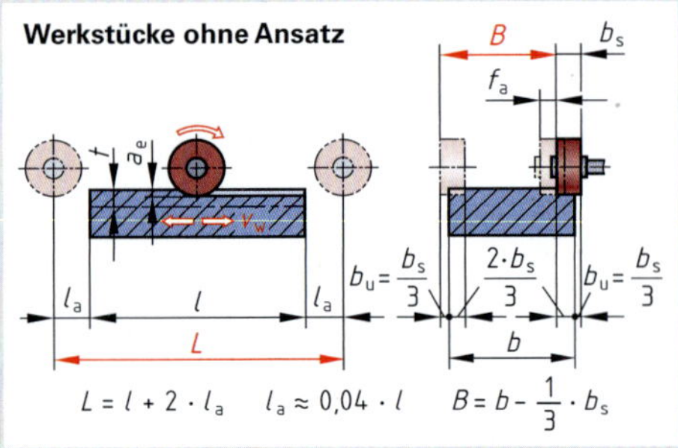

Beispiel

Eine Grundplatte aus gehärtetem Stahl mit der Länge 250 mm und der Breite 120 mm wird auf der ganzen Oberfläche geschliffen.

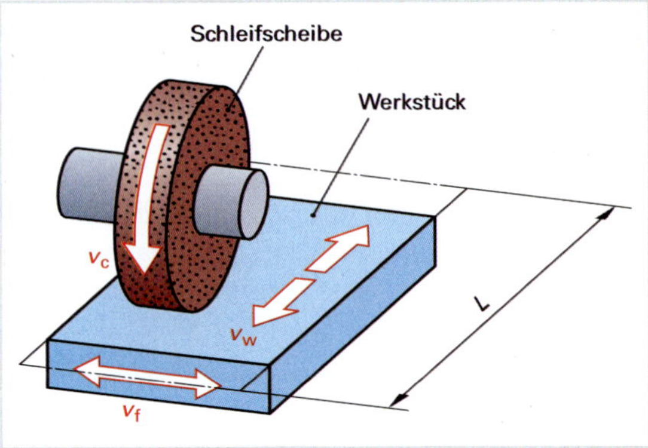

Es sind folgende Werte vorgegeben:

- Schleifzugabe $t = 0{,}2$ mm
- Zustellung je Schnitt $a_e = 0{,}02$ mm
- Schleifscheibenbreite $b_s = 45$ mm
- Anlauf $l_a = 10$ mm
- Werkstückgeschwindigkeit $v_w = 10$ m/min
- Schnittgeschwindigkeit $v_c = 20$ m/s
- Quervorschub $f_a = 12$ mm

a) Berechnen Sie die Schleifbreite B.
b) Bestimmen Sie den Vorschubweg L.
c) Ermitteln Sie die Hubzahl n_H.
d) Geben Sie die Anzahl der Schnitte I ohne Ausfeuern an.
e) Berechnen Sie die Hauptnutzungszeit t_H für ein Werkstück ohne Ausfeuern.
f) Bestimmen Sie das Geschwindigkeitsverhältnis q.

Lösung

- $B = b - \frac{b_s}{3} = 120\text{ mm} - \frac{45\text{ mm}}{3} = 105\text{ mm}$
- $L = l + 2 \cdot l_a = 250\text{ mm} + 2 \cdot 10\text{ mm} = 270\text{ mm}$
- $n_H = \frac{v_w}{L} = \frac{10\text{ m/min}}{0{,}27\text{ m}} = 37\text{ min}^{-1}$
- $i = \frac{t}{a_e} = \frac{0{,}2\text{ mm}}{0{,}02} = 10$
- $t_h = \frac{i}{n_H}\left(\frac{B}{f_a} + 1\right) = \frac{10}{37\text{ min}^{-1}}\left(\frac{105\text{ mm}}{12\text{ mm}} + 1\right)$

  $= 2{,}64$ min
- $q = \frac{v_c}{v_w} = \frac{20\text{ m/s} \cdot 60\text{ s/min}}{10\text{ m/min}} = 120$

Überlegen und beantworten Sie:

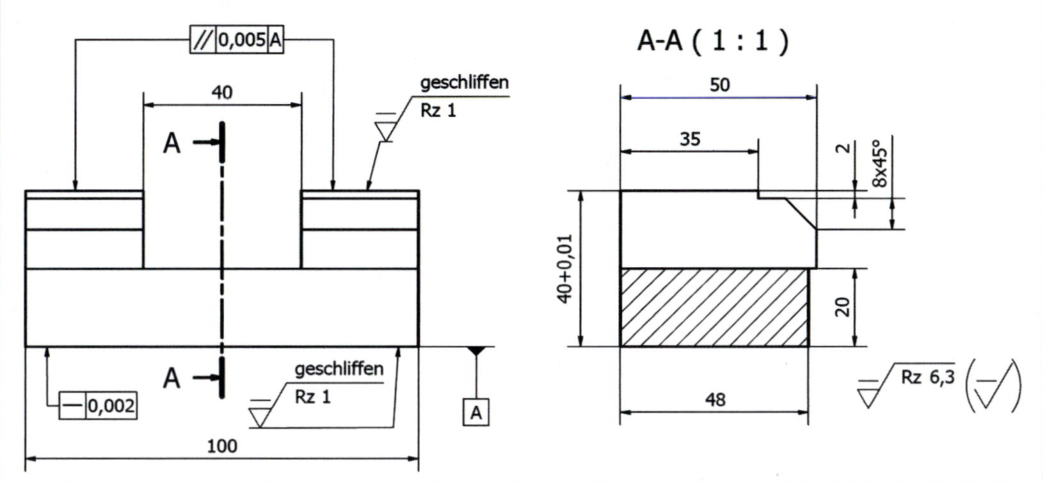

Bild 1: Aufspannleiste für die Spannvorrichtung

Für die Spannvorrichtung (Seite 13) soll die Aufspannleiste aus unlegiertem Baustahl S355J0 geschliffen werden.

Für die zu planende Fertigung auf einer Flachschleifmaschine mit Magnetspannplatte stehen konventionelle und CNC-Maschinen zur Verfügung. Das Schleifaufmaß beträgt 0,5 mm.

1. Planen Sie den Arbeitsablauf von der Auswahl der Schleifscheibe, des Kühlschmiermittels, der Schnittdaten bis zur Qualitätsprüfung.
2. Berechnen Sie die Hauptnutzungszeit t_H für ein Werkstück mit Ausfeuern.
3. Bestimmen Sie mit den gewählten Schnittdaten das Geschwindigkeitsverhältnis q und vergleichen Sie das Ergebnis mit den Tabellenwerten.

Überlegen und beantworten Sie:

1. Erläutern Sie die Aufgabe der Bindung einer Schleifscheibe.
2. Erklären Sie die Härte einer Schleifscheibe.
3. Begründen Sie, warum für harte Werkstoffe weiche Schleifscheiben und für weiche Werkstoffe harte Schleibscheiben verwendet werden.
4. Begründen Sie die Verwendung offenporiger Schleifscheiben beim Bohrungs- und Tiefschleifen.
5. Erläutern Sie, weshalb Schleifscheiben abgerichtet werden.
6. Benennen Sie die Unfallverhütungsvorschriften beim Prüfen und Aufspannen der Schleifscheiben.
7. Stellen Sie die Auswirkungen einer großen Schleifwärme auf das Werkstück dar.
8. Begründen Sie, warum der Verschleiß auch von der Scheibenhärte abhängig ist.
9. Mit welcher maximalen Umdrehungsfequenz darf eine mit roter Farbcodierung versehene Schleifscheibe mit 400 mm Durchmesser betrieben werden?
10. Wellen mit dem Durchmesser 25 mm und der Länge 200 mm sind mit der Schleifzugabe t = 0,3 mm vorgedreht. Sie werden mit der Drehzahl n = 120 min^{-1} bei einem Vorschub f_a = 25 mm je Umdrehung und einer Schnitttiefe a_e = 0,03 mm geschliffen. Berechnen Sie die Hauptnutzungszeit t_H mit Ausfeuern bei einer Schleifscheibenbreite b_s = 90 mm.

1.7 Honen

Ein typisches Anwendungsbeispiel für die Feinbearbeitung ist die Kolbenlaufbahn in Otto- und Dieselmotoren **(Bild 1)**.

Die Zylinderbohrungen in einem Motorblock müssen so bearbeitet werden, dass zwischen der Kolbenlaufbahn und dem Kolbenring gute Gleiteigenschaften entstehen. Plateaugehonte Oberflächen bewirken ein gutes Gleitverhalten durch die kleine Rauheit der erhabenen Plateauflächen **(Bild 3)**. Schon bei kleinem Materialabtrag ergibt sich ein hoher Materialanteil (Traganteil). Die tieferen Riefen in der Oberfläche haben die Aufgabe, Öl für die Schmierung aufzunehmen. Das Einlaufverhalten von Motoren oder Getrieben wird dadurch verbessert.

Die Notlaufeigenschaft wird durch die Härte der Werkstoffe und durch die Spannungen oder Gefügeänderungen in der Randzone, die bei der Bearbeitung entstehen, beeinflusst.

Forderungen an Motoren (Tabelle 1)

- hohe Belastbarkeit der Zylindergleitfläche
- kurze Einlaufzeit bei neuen Motoren
- geringer Verschleiß der Gleitflächen durch hohe Schmierfähigkeit und einen hohen Materialanteil
- niedriger Kraftstoff- und Ölverbrauch
- gute Notlaufeigenschaft

Forderungen an Feinbearbeitungsverfahren

- hoher Traganteil bei Gleit- und Dichtflächen
- Kleine Rautiefe zur Erhöhung des Traganteils und der Verschleißfestigkeit, eine Rautiefe von *Rz* = 1 … 3 μm ist wegen der Ölhaftung notwendig (Bild 3)
- Hohe Maß-, Form- und Lagegenauigkeit
- keine Schädigung der Werkstückrandzone durch Druck oder Wärme bei der Bearbeitung

Bild 1: Zylinderlaufbuchsen eines Motors

Tabelle 1: Qualitätsanforderungen an Motoren

Bearbeitungsmerkmale	Funktionsmerkmale
Honwinkel	Ölverbrauch, Gasdichtheit
Maßgenauigkeit	Ölverbrauch, Gasdichtheit
Zylindrizität	Gasdichtheit
Rautiefe	Einlaufzeit, Gleiteigenschaften
Materialanteil	Einlaufzeit, Lebensdauer
Gefügezustand (Randzone)	Lebensdauer, Notlaufeigenschaften

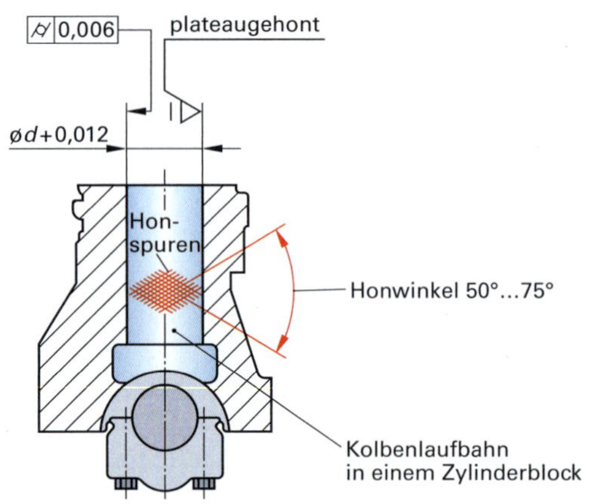

Bild 2: Gehonte Zylinderlaufbuchsen

Kennzeichnend für das Honen sind die Überlagerung der Dreh- und Axialbewegung beim Werkstoffabtrag sowie die sehr geringe Erwärmung der Werkstückrandzone.

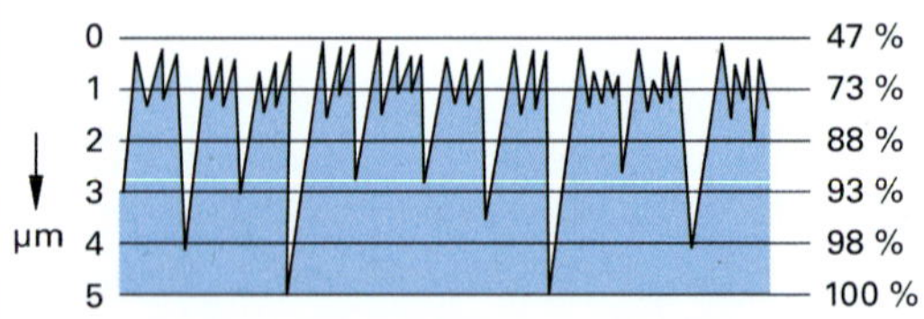

Bild 3: Oberflächenstruktur einer Kolbenlaufbahn

Lernfeld 5

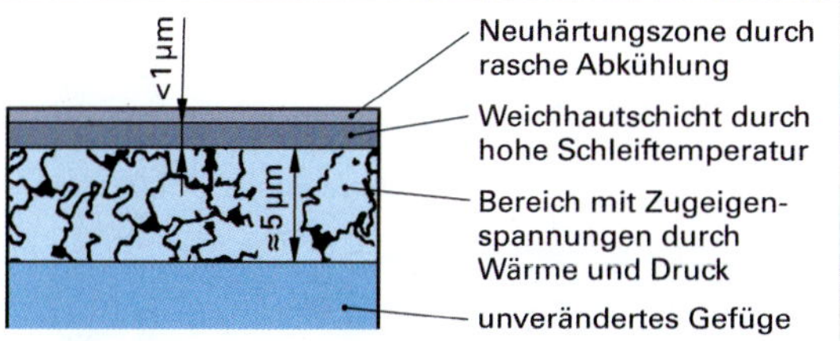

Bild 1: Durch Schleifen geschädigte Randzone

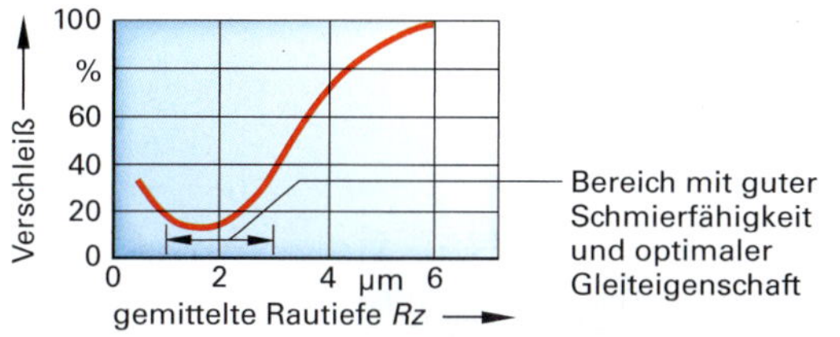

Bild 2: Einfluss der Rautiefe auf den Verschleiß

Beim Honen werden Dicht- und Gleitflächen mit sehr kleinen Druckspannungen erzielt. Diese erhöhen die Belastbarkeit und Dauerfestigkeit von Funktionsteilen. An geläppten Teilen sind in der Randzone keine Wärme- oder Druckeinflüsse erkennbar.

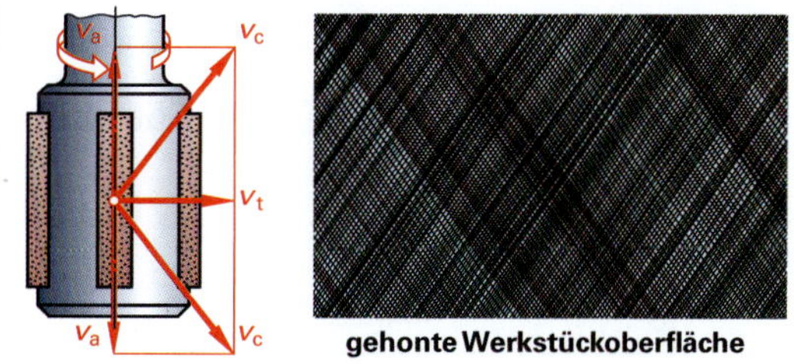

v_a Axialgeschwindigkeit
v_t Umfangsgeschwindigkeit (Tangentialgeschwindigkeit)
v_c Schnittgeschwindigkeit

Bild 3: Bewegungen und Oberfläche beim Langhubhonen

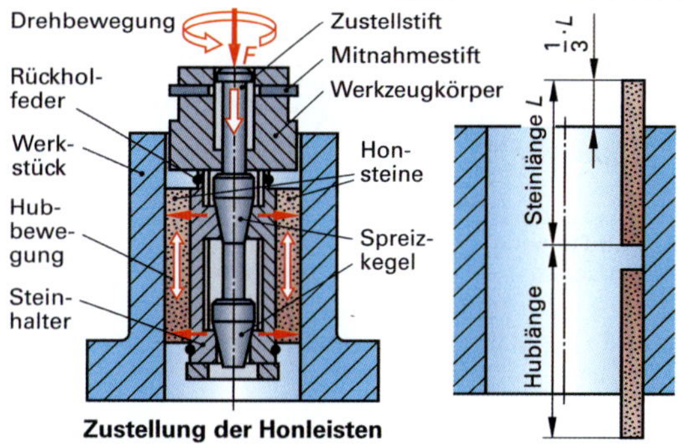

Bild 4: Zustellung und Bewegung der Honahle

Die Bohrungen der Zylinder und Pleuel von Motoren sowie der Steuergehäuse von Hydraulikventilen benötigen verschleißarme Schmiergleitflächen. Diese erreicht man am sichersten durch Honen, da die gehonten Flächen mit ihren gekreuzten Bearbeitungsriefen ein hervorragendes Ölhaltevermögen aufweisen. Honen ist Spanen mit gebundenem Korn unter ständiger Flächenberührung des Honsteins. Die Honverfahren werden nach der Hublänge in Langhubhonen und Kurzhubhonen unterteilt.

1.7.1 Langhubhonen

Beim Langhubhonen führt das Werkzeug, die Honahle, die Dreh- und Hubbewegung aus, sodass sich die erzeugten Bearbeitungsriefen unter einem vorbestimmten Winkel kreuzen **(Bild 3)**. Die Umfangsgeschwindigkeit v_t und die Axialgeschwindigkeit v_a ergeben zusammen die Schnittgeschwindigkeit v_c. Die Zustellung der Honsteine erfolgt formschlüssig über Spreizkegel.

// Formkorrektur

Bei der Bearbeitung von Durchgangsbohrungen müssen die Hublage und die Hublänge so eingestellt werden, dass etwa ein Drittel der Honsteinlänge aus der Bohrung herausragt.

Wenn bei Grundlöchern der Überlauf fehlt, kann mit kurzen Honahlen und kleinen Hüben am Grund vorgehont werden.

// Honvorgang

Die Honsteine werden mit einem Druck von 10 N/ cm² bis 100 N/cm² an das Werkstück gedrückt. Der kleine Druck und die niedrige Schnittgeschwindigkeit (kleiner 30 m/min) lassen auch beim Schruppen die Randzonentemperatur nicht über 100 °C ansteigen. Zu Beginn des Honvorgangs werden die Rauheitsspitzen und Wellenberge rasch abgetragen. Mit wachsendem Flächentraganteil nimmt bei gleich bleibendem Anpressdruck die Eindringtiefe der Körner ab.

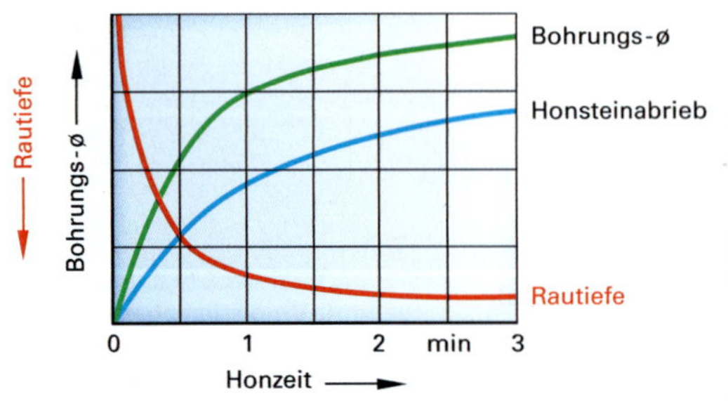

Bild 1: Einfluss der Honzeit auf Werkstoffabtrag, Honsteinabrieb und Rautiefe

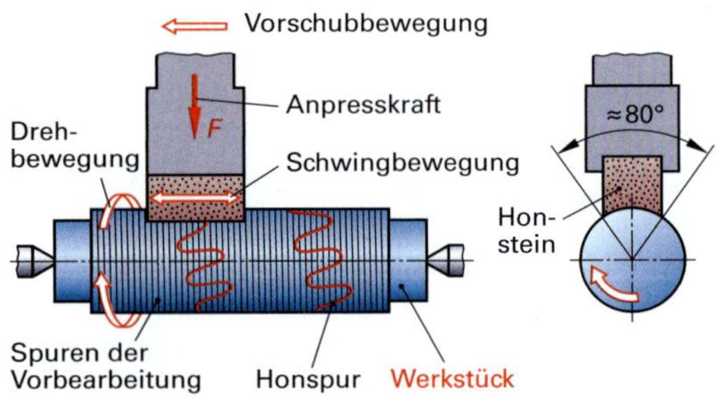

Bild 3: Bewegungen beim Kurzhubhonen

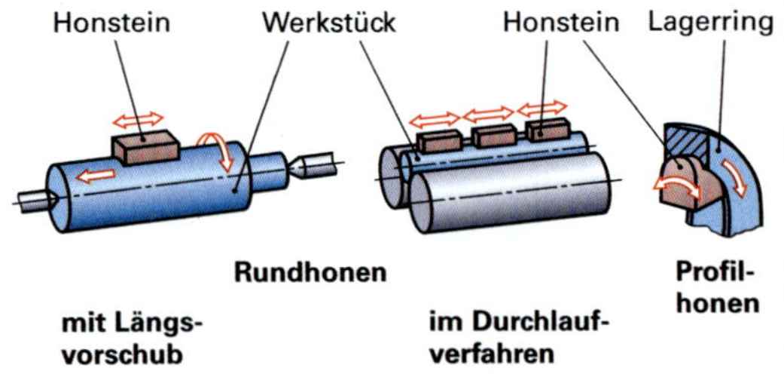

Bild 2: Verfahren des Kurzhubhonens

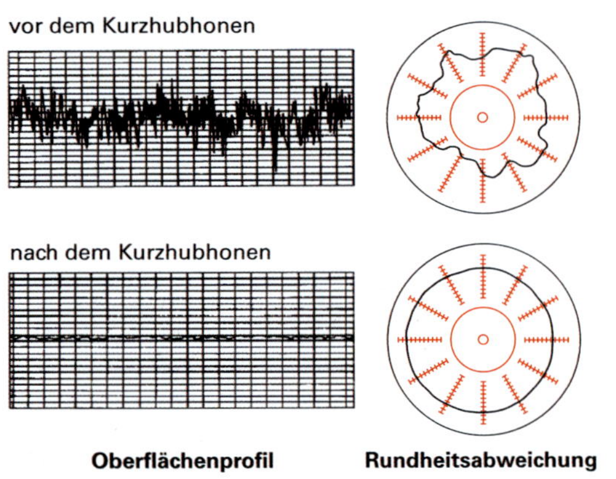

Bild 4: Oberfläche und Kreisform beim Kurzhubhonen

Beim Kurzhubhonen kann die Rundheit durch Beseitigung der Wellen deutlich verbessert werden, während die Abweichung von der Zylinderform kaum korrigierbar ist **(Bild 4)**.

Die Belastung der Honsteinkörner wird schließlich so klein, dass sie nicht mehr splittern können **(Bild 1)**. Mit zunehmender Honzeit nehmen der Werkstoffabtrag, die Maß- und Rautiefenänderungen je Minute und der Honsteinabrieb sowie die Rauigkeitsabnahme mit ab.

// Aufbau der Honsteine

Der Aufbau der Honsteine gleicht dem von Schleifscheiben. Die Honsteine sollen auch bei kleinem Anpressdruck selbstschärfend arbeiten, d. h., die Körner müssen trotz kleiner Kornbelastung splittern und ausbrechen können. Die meistverwendeten Kornarten Diamant und Bornitrid werden in den Korngrößen 20 µm bis 200 µm eingesetzt, wobei das kleinere Korn auch die kleinere Rautiefe (Rz = 0,1...10 µm) ergibt. Korngröße, Anpressdruck und Schnittgeschwindigkeit beeinflussen die erreichbare Oberflächengüte beim Honen.

1.7.2 Kurzhubhonen

Durch Kurzhubhonen (Superfinish-Verfahren) werden vorwiegend zylindrische Außenflächen feinbearbeitet, z. B. Lagerstellen von Kurbelwellen oder Wälzlagerlaufbahnen.

Durch die Beseitigung der beim Schleifen entstandenen Weichhaut und der Bearbeitungsriefen wird beim Kurzhubhonen die Dauerfestigkeit von hochbelasteten Bauteilen stark verbessert. Die Honsteine schwingen auf dem Werkstück in Längsrichtung mit einer Auslenkung von 1 mm bis 6 mm quer zu den Dreh- oder Schleifriefen der Vorbearbeitung und werden dabei mit 10 N/cm^2 bis 40 N/cm^2 gegen das sich drehende Werkstück gedrückt **(Bild 2)**.

Durch die kurzen, schnellen Hübe mit einer Frequenz von 2300 ... 3000/min ist die Honsteingröße begrenzt, d. h., Formfehler können nur innerhalb der Überdeckung des Honsteins verringert werden.

1.8 Läppen

Beim Läppen rollen unzählige lose Körner zwischen Werkstück und Läppscheibe ab. Der Abrolleffekt mit seiner Knetwirkung führt zum Werkstoffabtrag und im Gegensatz zum Honen zu ungerichteten Bearbeitungsspuren.

Läppgemische bestehen aus Läppkörnern und Wasser oder Läppöl. Damit nur die Kornspitzen aus dem Wasser- oder Ölfilm herausragen, werden bei großen Körnungen spezielle Läppöle eingesetzt **(Bild 1)**.

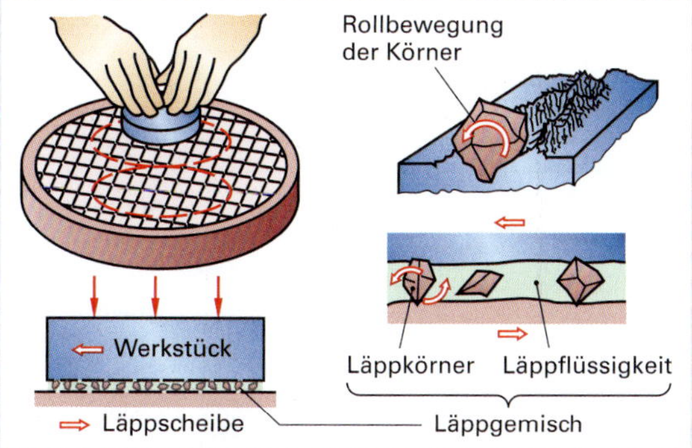

Bild 1: Läppvorgang

// Einflüsse auf den Läppvorgang

- Grobe Körnungen ergeben einen hohen Abtrag, feine Körnungen kleine Rautiefen.
- Mit steigendem Anpressdruck erhöht sich der Werkstoffabtrag **(Bild 2)**. Mit hohem Druck arbeitet man daher zu Beginn, mit kleinerem Druck am Ende der Läppbearbeitung.
- Die Läppgeschwindigkeit hat wenig Einfluss auf den Abtrag und die Oberflächengüte.

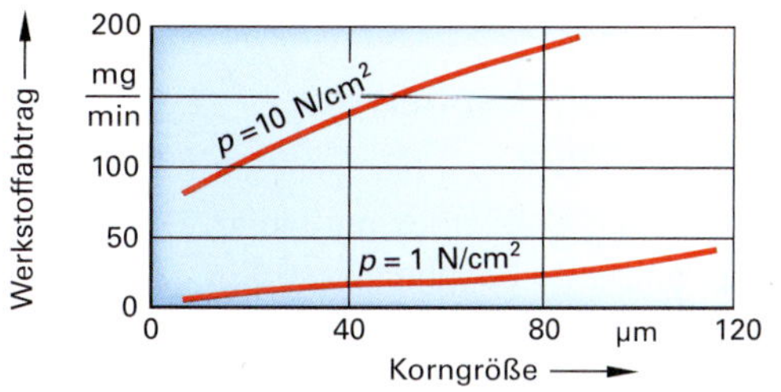

Bild 2: Werkstoffabtrag in Abhängigkeit von Korngröße und Anpressdruck

Die Läppkörner (Läpppulver) sollen einen möglichst hohen Werkstoffabtrag und eine gleichmäßige Rauheit erzielen. Wichtig ist, dass die Korngrößenunterschiede klein sind, da einzelne größere Körner Kratzer verursachen. Die meist verwendeten Kornnummern 400, 500 und 600 haben mittlere Korngrößen von 9,3 µm, 12,8 µm und 17,3 µm. Die bisher häufig verwendeten Läpppulver aus Siliziumkarbid, Korund und Borkarbid werden zunehmend durch Diamantkörnungen verdrängt.

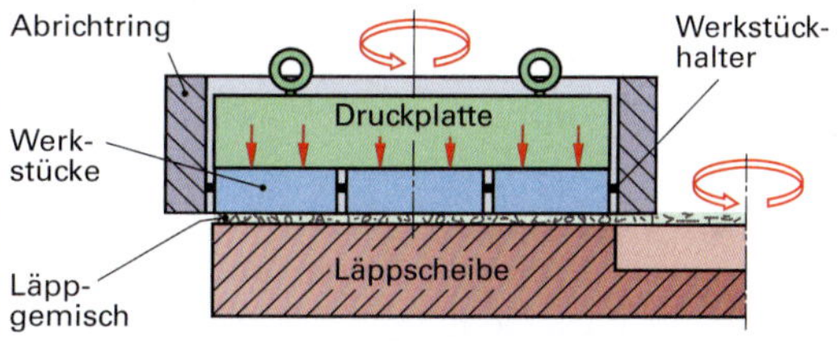

Bild 3: Läppen mit einer Druckplatte

// Einscheibenläppmaschine

Merkmale der Einscheibenläppmaschine sind die drehende Läppscheibe und die Abrichtringe. Die Läppscheiben (Arbeitsscheiben) bestehen meist aus feinkörnigem Gusseisen. Mittelharte Läppscheiben sind gut abrichtbar und begünstigen das Rollen der Körner. Geläppte Teile erhalten dadurch die typische matte Oberfläche. Für das Polierläppen werden z. B. Läppscheiben aus Kupfer, Stahl oder Aluminium eingesetzt. Mit feinem Korn entstehen auf diesen „weichen" Läppscheiben spiegelnde Flächen.

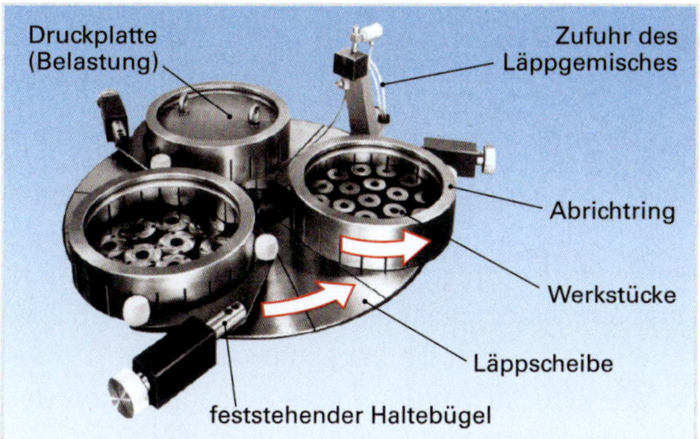

Bild 4: Planläppen auf einer Einscheibenläppmaschine

Lernfeld 5

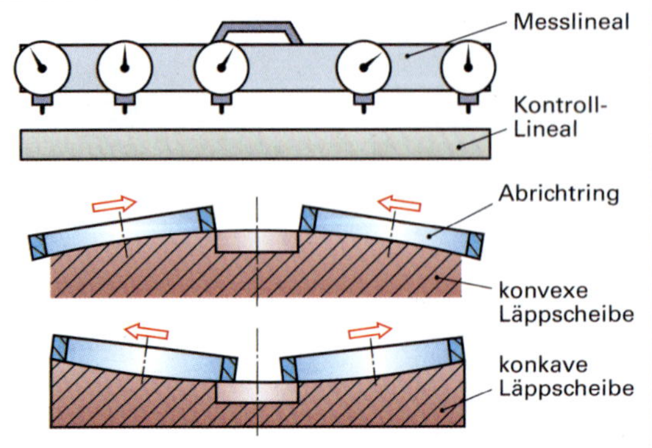

Bild 1: Verstellung der Abrichtringe bei Ebenheitsabweichungen

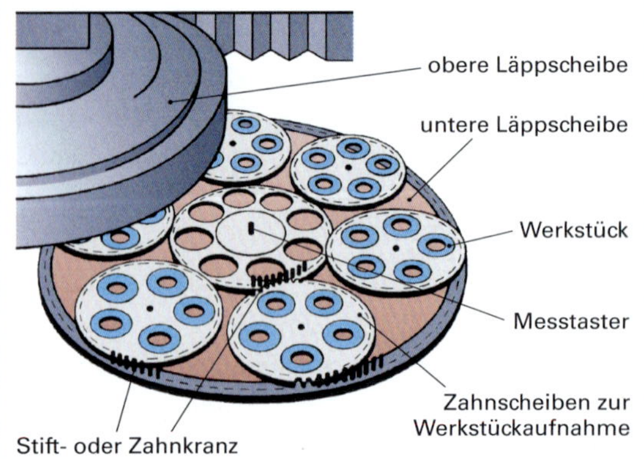

Bild 2: Zweischeibenläppmaschine

// Prüfen der Ebenheit der Läppscheibe

Um an einem Werkstück mit einem Durchmesser von 100 mm eine Ebenheit von 0,1 μm zu erreichen, muss die Ebenheit der Läppscheibe mindestens gleich gut oder besser sein. Zur Überwachung wird die Ebenheit der Läppscheibe ein- bis zweimal je Arbeitstag geprüft. Als Prüfmittel werden genaue Lineale oder Messlineale mit mehreren Messtastern eingesetzt **(Bild 1)**.

Das Abrichten der Läppscheiben von Ein- oder Zweischeibenläppmaschinen muss durchgeführt werden, wenn unzulässige Ebenheitsabweichungen auftreten. Eine konvexe Form entsteht, wenn der Abtrag außen zu groß ist (Bild 1). Zur Abhilfe werden die Abrichtringe in Stufen von 2,5 mm nach innen verstellt, bis die Ebenheit erreicht ist. Bei einer konkaven Läppscheibe werden die Abrichtringe nach außen verstellt.

> Die Abweichungsform einer Läppscheibe hängt von Form und Material des Werkstücks sowie von der Drehzahl der Abrichtringe ab.

Beim Planläppen überträgt sich die Ebenheit der Läppscheibe auf die Werkstücke. Druckplatten erhöhen den Werkstoffabtrag **(Bild 3, Seite 121)**. Unebene Werkstücke werden mit elastischen Zwischenlagen gegen die Läppscheibe gedrückt. Kleine Werkstücke werden in die Aussparungen des Werkstückhalters im Abrichtring eingelegt.

Planparalleles Läppen erfolgt mit einer Druckplatte ohne Zwischenlagen. Die Unterseite der Druckplatte muss eine hohe Ebenheit und Sauberkeit aufweisen. Erreichbar ist eine Parallelitätsabweichung von 0,2 μm.

Die Zweischeibenläppmaschine bearbeitet dieWerkstückflächen gleichzeitig zwischen zwei Läppscheiben **(Bild 2)**. Das laufend zugeführte Läppgemisch in dosierter Menge und die Anpresskraft der oberen Läppscheibe bewirken den Abtrag. Die Werkstücke werden in Zahnscheiben (Läuferscheiben) geführt.

> Wegen möglicher Kippwirkung der Werkstücke soll die Höhe der Werkstücke kleiner als das Maß der Auflagefläche sein.

Tabelle 1: Planparallelläppen von Teilen einer Zahnradpumpe

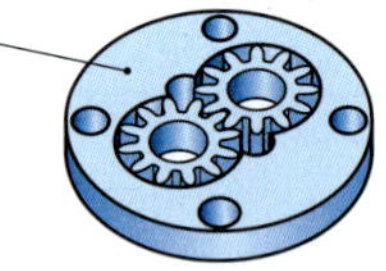

Bearbeitungsmerkmale	Zwischenplatte	Zahnräder
Dicke	5+0,002	5–0,001/–0,003
Läppaufmaß	0,2 … 0,3 mm	
Läppkorn (Diamant)	60 … 100 μm	40 … 75 μm
Läppflüssigkeit	Wasser	
Läppzeit	~ 8 min	~ 10 min
Ebenheit	1 μm	
Parallelität	2 μm	1,5 μm
Rautiefe	*Rz* = 0,6 μm	

Lernfeld 5

Ein gleichmäßiger Abtrag der Läppscheiben wird durch den Drehrichtungswechsel der Läppscheiben und den Überlauf der Werkstücke über den Scheibenrand angestrebt. Typische Anwendungsbeispiele sind z. B. Teile von Zahnradpumpen **(Tabelle 1, Seite 122)**. Für die Funktion der Pumpe sind die Planparallelität und die Breite der Zahnräder sowie der Zwischenplatte sehr wichtig.

Beim Flachhonen, auch Feinschleifen genannt, werden anstelle der Läppscheiben Arbeitsscheiben mit aufgeklebten runden CBN- oder Diamantplatten („Pellets") verwendet **(Bild 1)**. Dadurch entstehen Arbeitsscheiben mit großen Zwischenräumen für die Spülung mit Honöl oder Wasser.

Gegenüber dem Läppen wird der Materialabtrag wesentlich erhöht. Bei einer Materialzugabe von 0,6 ... 0,8 mm kann in einer Minute ein Maß mit einer Abweichung von ± 2 μm erreicht werden. Die erreichbare Parallelität liegt beim Flachhonen bei 0,5 ... 2 μm und beim Läppen bei 0,2 ...1 μm.

Das Außenrundläppen erfolgt ebenfalls auf einer Zweischeibenläppmaschine. Die Schrägstellung der Werkstücke in der Läuferscheibe führt zu einer Roll- und Gleitbewegung zwischen den Läppscheiben **(Bild 2)**. Die Linienberührung der Werkstücke führt z. B. bei Düsennadeln, Prüfzylindern oder Hydrauliksteuerkolben zur Verbesserung der Geradheit, Zylindrizität und Maßgenauigkeit.

Die Anwendung der Läppverfahren ist immer zu empfehlen, wenn sehr genaue Werkstücke mit ebenen oder parallelen Flächen zu bearbeiten sind **(Bild 3)**. Alle Werkstoffe sind läppfähig, z. B. Stahl, Hartmetall, Aluminium, Keramik und Kunststoffe. Der Werkstoffeinfluss ist nur bei der Abtragsleistung und der Oberflächengüte bemerkbar.

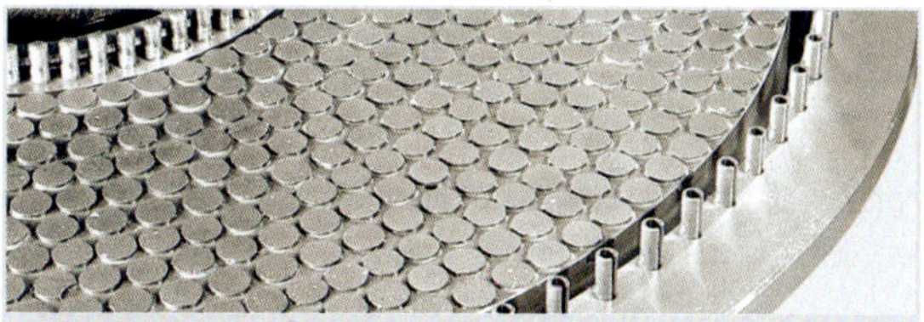

Bild 1: Flachhonen mit „Pellets"

Das Flachhonen (Feinschleifen) ist eine wirtschaftliche Alternative zum Läppen. Verglichen mit dem Schleifen erfolgt der Materialabtrag mit niedriger Schnittgeschwindigkeit und geringem Druck auf großer Kontaktfläche.

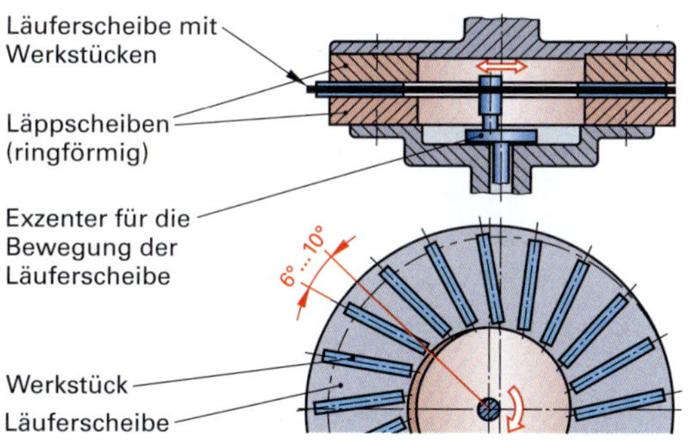

Bild 2: Außenrundläppen auf einer Zweischeibenläppmaschine

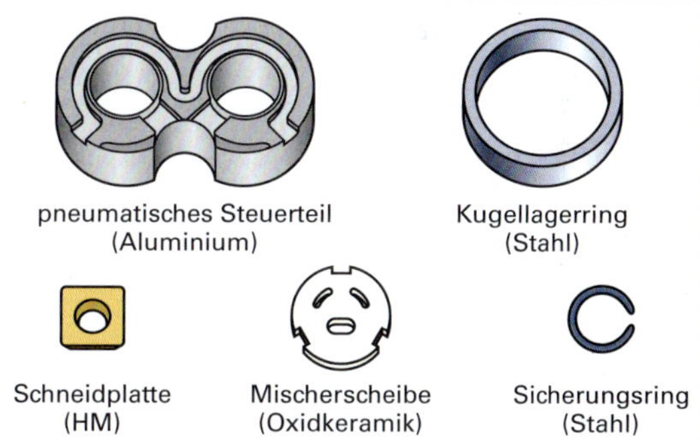

Bild 3: Auf Einscheiben- und Zweischeibenläppmaschinen geläppte Teile

Überlegen und beantworten Sie:

1. Welche Motoreigenschaften werden durch die Maßgenauigkeit und die Rautiefe der Kolbenlaufbahn beeinflusst?
2. Welche Forderungen werden an Feinbearbeitungsverfahren gestellt?
3. Wie entstehen die gekreuzten Bearbeitungsriefen beim Honen?
4. Welche Wirkung hat ein hoher Anpressdruck auf den Läppvorgang?

1.9 Kosten im Betrieb

Das Rechnungswesen im Betrieb erfüllt eine zentrale Funktion. Es erfasst, überwacht und analysiert die Leistungs- und Finanzströme.

1.9.1 Kostenrechnung

Die Kostenrechnung ist notwendig, um den Verkaufspreis zu ermitteln, oder in der Nachkalkulation die tatsächlich entstandenen Kosten mit den vorkalkulierten Werten zu vergleichen. Nach dem Kriterium der Zuordnungsfähigkeit einzelner Kostenarten auf den Kostenträger (z. B. Werkstück) muss zwischen **Einzel-** und **Gemeinkosten** unterschieden werden.

Einzelkosten lassen sich dem Kostenträger (z. B. Werkstück) direkt, d. h. ohne Umrechnung, zuordnen. Zu ihnen zählen vor allem der Verbrauch von Fertigungsmaterial sowie die Fertigungslöhne.

Sondereinzelkosten als spezielle Form der Einzelkosten besitzen die Besonderheit, dass sie sich zwar nicht direkt einem Werkstück, wohl aber einem Fertigungslos oder Auftrag zuordnen lassen.

Gemeinkosten sind einem Werkstück nicht direkt zuordenbar, da sie zumeist für verschiedene Produkte gemeinsam anfallen. Zu den Gemeinkosten zählen:

- **Materialgemeinkosten** (z. B. Beschaffungs- und Lagerkosten für Werkstoffe)
- **Fertigungsgemeinkosten** (z. B. Abschreibung auf Maschinen)
- **Kosten für Vertrieb und Verwaltung**

Die Gemeinkosten lassen sich nur über Umrechnungen auf einzelne Leistungseinheiten (z. B. Werkstücke) indirekt zuordnen.

Nach dem Verhalten bestimmter Kostenarten bei Beschäftigungsschwankuingen wird zwischen variablen und fixen Kosten (Fixkosten) unterschieden.

Fixkosten liegen unabhängig von schwankender Beschäftigung vor. Hierzu zählen Mieten, Abschreibungen oder Gehälter.

Variable Kosten sind allgemein veränderliche Kosten, sie steigen oder sinken direktproportional zur Beschäftigung.

// Kalkulationsverfahren

Einfache Kalkulation

Alle Kosten, die einem Produkt nicht direkt zuzuordnen sind (Zinsen, Abschreibung usw.), werden als Gemeinkosten erfasst und der Fertigungslohnsumme zugeschlagen.

Herstellung einer Spannvorrichtung

Die Herstellung der Spannvorrichtung dauert acht Stunden. Die Lohnkosten betragen 18,50 €/Std und die Werkstoffkosten 210 €. Der Gemeinkostenzuschlagsatz beträgt 180 %. Wie hoch ist der Verkaufspreis?

Werkstoffkosten	210,00 €
Lohnkosten 18,50 €/h · 8 h	148,00 €
Gesamtgemeinkostenzuschlag 180 % von 148,00 €	266,50 €
Verkaufspreis ohne MwSt.	**624,40 €**

Erweiterte Kalkulation

Bei der erweiterten Kalkulation werden Fertigungs- und Werkstoffgemeinkosten unterschieden und damit verursachergerecht verteilt.

Herstellung eines Spannbolzens

Berechnen Sie den Verkaufspreis ohne MwSt. bei 10 % Werkstoffgemeinkosten, 120 % Fertigungsgemeinkosten, 10 % Verwaltungs- und Vertriebskosten, 10 % Gewinn, Werkstoffeinzelkosten von 5,20 € und Lohnkosten von 19,50 €.

Werkstoffeinzelkosten	5,20 €
+ Werkstoffgemeinkosten 10 % von 5,20 €	0,52 €
= Werkstoffkosten	**5,72 €**
Fertigungseinzelkosten	19,20 €
+ Fertigungsgemeinkosten 120 % von 19,20 €	23,04 €
= Fertigungskosten	**42,24 €**
Herstellkosten Werkstoffkosten + Fertigungskosten	**47,96 €**
+ Verwaltung und Vertrieb 10 % von 47,96 €	4,80 €
Selbstkosten	**52,76 €**
+ Gewinn 10 % von 52,76 €	5,28 €
Verkaufspreis ohne MwSt.	**58,04 €**

Erweiterte Kalkulation mit Maschinenkosten:

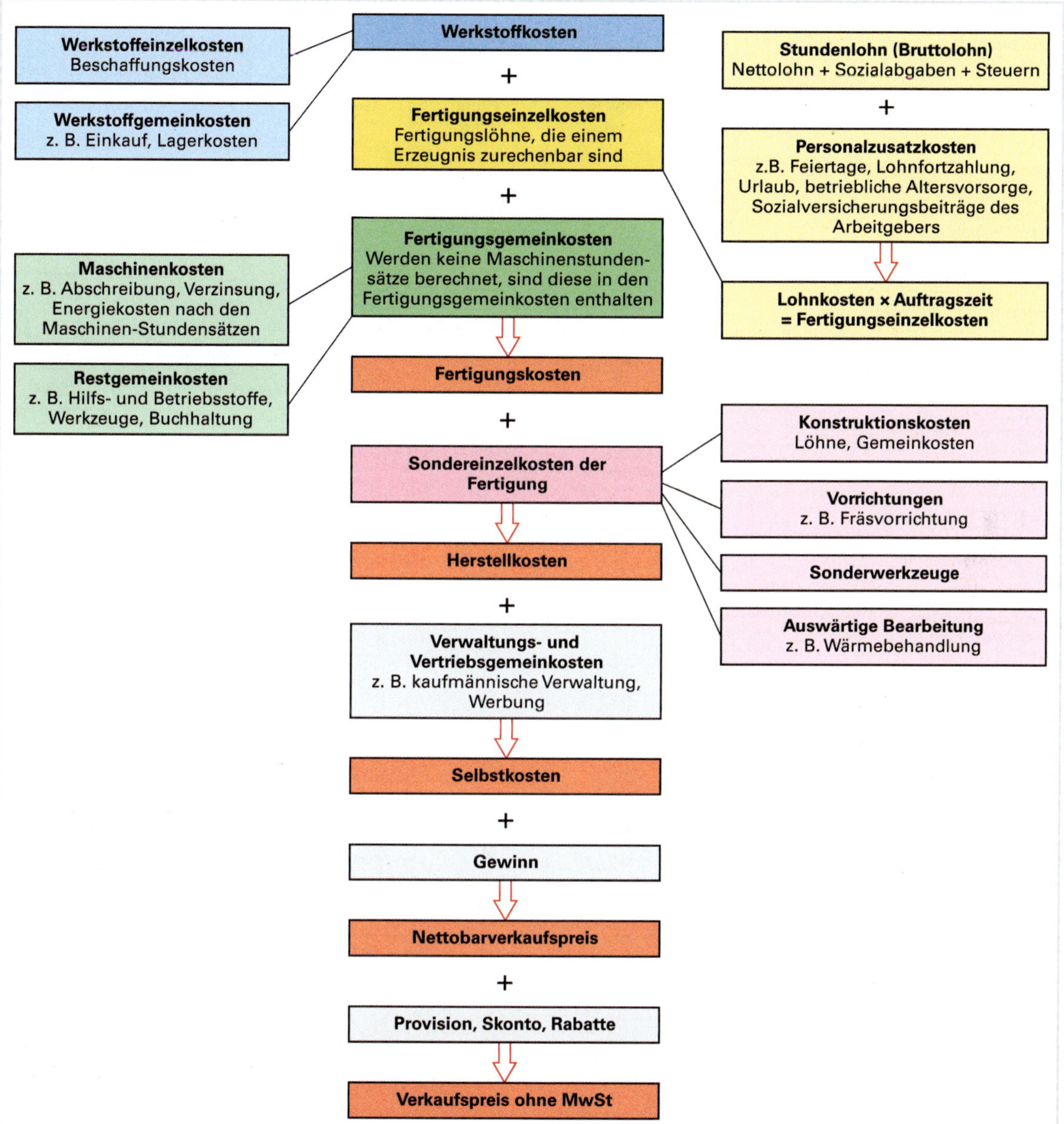

Bild 1: Erweiterte Kalkulation mit Maschinen- und Sondereinzelkosten

Mit der erweiterten Kalkulation mit Maschinen- und Sondereinzelkosten **(Bild 1)** ist es möglich, die einzelnen Kostenverursacher dem Produkt genauer zuzuordnen. Es werden die Kosten von teuren Maschinen **(Maschinenstundensatz)** aus den Fertigungsgemeinkosten herausgenommen und eigens verrechnet. Die verbleibenden Gemeinkosten werden als Restgemeinkosten den Fertigungslöhnen zugeschlagen.

Die Lohnkosten setzen sich aus dem Stundenlohn (Nettolohn plus Sozialabgaben plus Steuern) und den Personalzusatzkosten (gesetzliche, tarifliche und betriebliche Zusatzkosten) zusammen. Die Lohnkosten werden mit der Auftragszeit multipliziert und ergeben die Fertigungslohnkosten **(Fertigungseinzelkosten)**.

Tabelle 1: Berechnung des Verkaufspreises ohne MwSt. der Spannvorrichtung (Bild 1, Seite 125)

Stückzahl 1	**Spannvorrichtung** Type: C31-00003-002			Auftrags-Nr.: 88888	
Werkstoffe	**Masse kg**	**Preis €/kg**	**Gesamtpreis €**		
Stahl, Halbzeug	4,46	5,50	24,53		
Guss, Halbzeug	9,65	4,50	43,43		
Normteile			2,25		
Werkstoffeinzelkosten				**70,21**	
Werkstoffgemeinkosten 11 % von 70,21 €				7,72	
Werkstoffkosten					**77,93 €**
Kosten der Fertigungsstellen	Zeit T; T_{ab} h	Stundensatz €/h	Fertigungskosten €		
Allg. KoSt.: Zuschnitt					
Fertigungslohn	0,75	28,50	21,38		
Allg. Gemeinkosten 290 % (von 21,38 €)			62,00		
Fertigung 1: Fräsen, Drehen und Schleifen					
Maschinenbelegung	4,80	61,00	292,80		
Fertigungslohn	5,80	34,50	200,10		
Restgemeinkosten 150 % von 200,10 €			300,15		
Fertigung 2: Montage					
Fertigungslohn	0,50	33,70	16,85		
Montagegemeinkosten 325 % (von 16,85 €)			54,76		
Fertigungskosten					**782,06 €**
Erfasste Sondermaßnahmen			Kosten €		
Kalkulierte Kosten für die Konstruktion			325,00		
Sondereinzelkosten der Fertigung					**325,00 €**
Herstellkosten					**1184,99 €**
Verwaltungs- und Vertriebsgemeinkosten 14 % (von 1184,99 €)					165,90 €
Selbstkosten					**1350,89 €**
Gewinnzuschlag 12% (von 1350,89 €)					**162,11 €**
Nettobarverkaufspreis					**1513,00 €**
Provision: 6 % von 1513,00 € (1513,00 € · 6 %/94 %)					**96,57 €**
Bruttobarverkaufspreis					**1609,57 €**
Skonto 3 % von 1609,57 € (1609,57 € · 2 %/98 %)					**32,85 €**
Zielverkaufspreis					**1642,42 €**
Rabatt 10 % von 1642,42 € (1642,42 € · 10 %/90 %)					**182,49 €**
Verkaufspreis ohne MwSt. (netto)					**1824,91 €**

Lernfeld 5

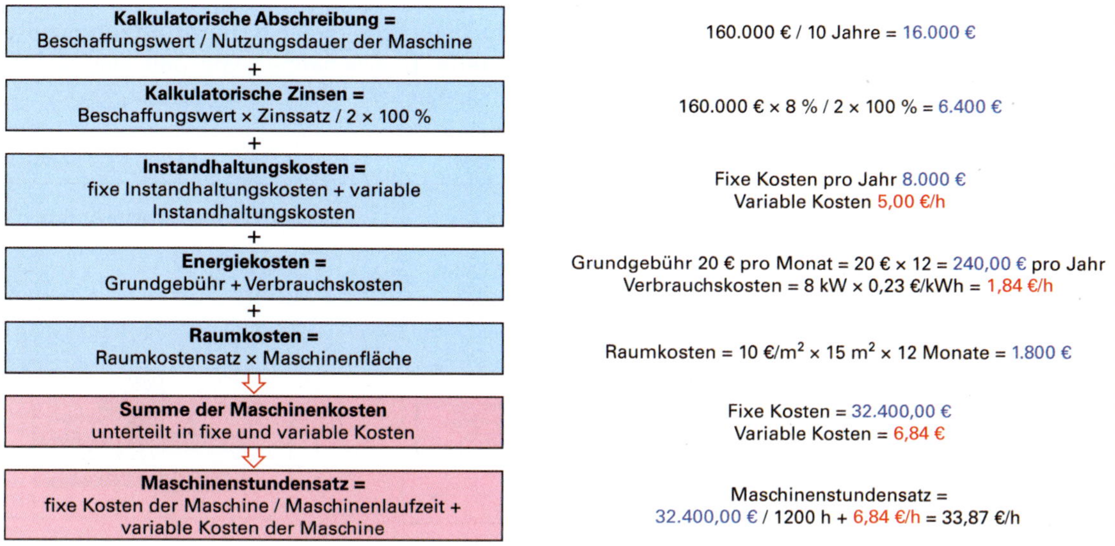

Bild 1: Maschinenstundensatz mit Beispielberechnung

1.9.2 Maschinenstundensatz

Bei der erweiterten Kalkulation wird mit dem **Maschinenstundensatz (Bild 1)** gerechnet, damit der Einsatz unterschiedlicher Maschinen präzieser zugeordnet werden kann. Dadurch wird die Kalkulation genauer und teure Maschinen werden besser erfasst.

Der Maschinenstundensatz umfasst nicht die Kosten der Maschinenfachkraft. Werden diese mit eingerechnet, spricht man von Platzkosten. Das Beispiel in Bild 1 bezieht sich auf eine Auslastung von 100 % bei 1.600 Stunden Nutzungsdauer im Jahr. Im Schichtbetrieb und bei geringer Auslastung ändert sich der berechnete Maschinenstundensatz.

1.9.3 Belegungszeit/-Hauptnutzungszeit

Von den Zeiten, die zusammen die **Belegungszeit (Bild 2)** der CNC-Fräsmaschine ergeben, sind nur wenige berechenbar. Die restlichen werden vor Ort gemessen oder als Erfahrungswerte eingerechnet.

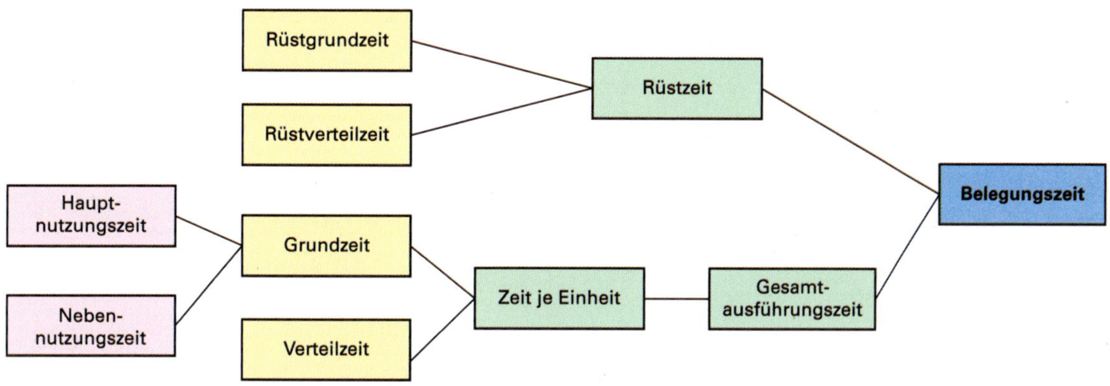

Bild 2: Gliederung für die Belegungszeit/Auftragszeit

Bild 2, Seite 127 zeigt das Schema zur Ermittlung der Belegungszeit für einen Fertigungsauftrag. Die ermittelte Zeit gibt an, wie lange z. B. die CNC-Fräsmaschine für die Fertigung der Aufspannleisten für die Spannvorrichtung belegt ist. Berechnen kann man die **Hauptnutzungszeiten (Tabelle 1)**. Sie hängen von den eingestellten Richtwerten ab.

Tabelle 1: Hauptzeiten für ausgewählte Fertigungsverfahren

Durchgangsbohrung	Längsdrehen ohne Ansatz	Stirnfräsen, mittig	Längsrundschleifen ohne Ansatz
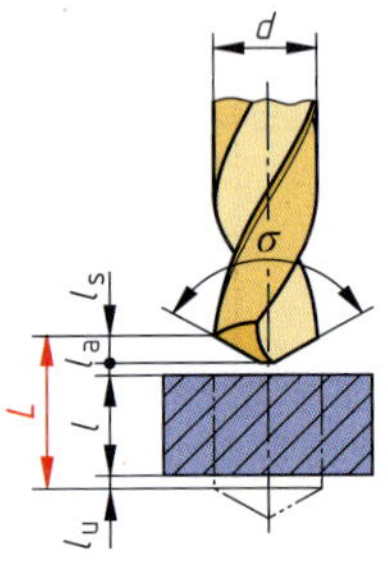	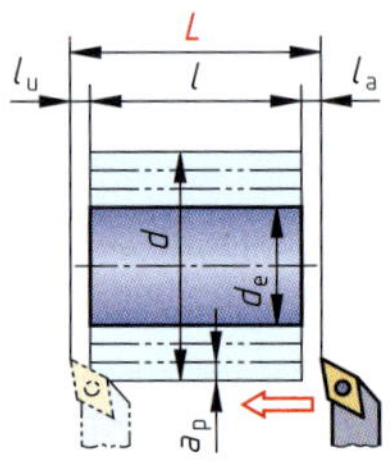	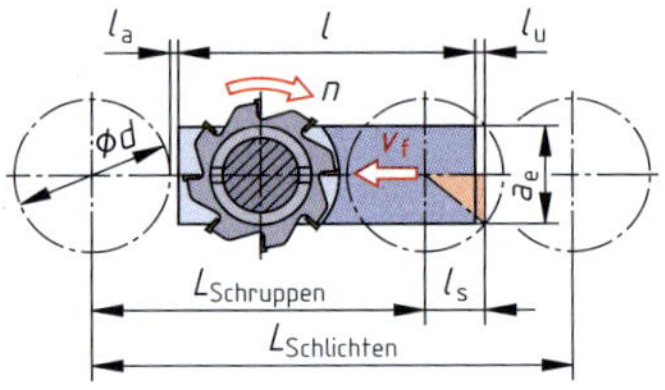	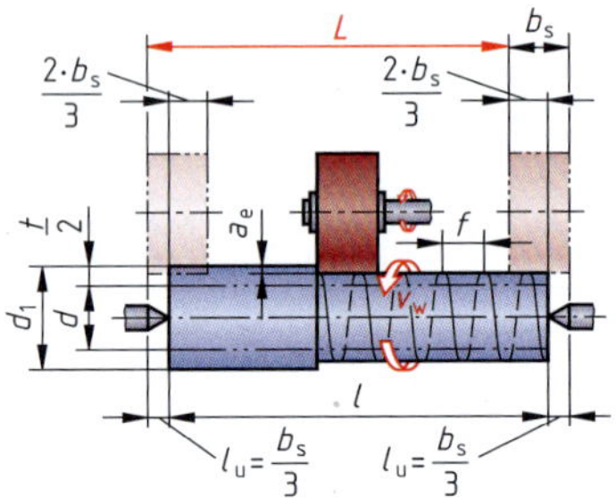

$$t_h = \frac{L \cdot i}{n \cdot f}$$

Beispiel Bohren

Ein 50 mm dicker Flansch aus S235J0 enthält sechs Bohrungen mit dem Durchmesser d = 12 mm.

Die Einstelldaten sind:

- Schnittgeschwindigkeit v_c = 25 m/min
- Vorschub f = 0,2 mm
- Spitzenwinkel σ = 118°
- An- und Überlauf je 1 mm

Ermitteln Sie:

a) den Vorschubweg L
b) die Drehzahl n bei stufenloser Drehzahleinstellung
c) die Hauptnutzungszeit t_h

Lösung

a) $L = l + l_s + l_a + l_u$
$l_s = 0{,}3 \cdot d = 0{,}3 \cdot 12\ \text{mm} = 3{,}6\ \text{mm}$
$L = 50\ \text{mm} + 3{,}6\ \text{mm} + 1\ \text{mm} + 1\ \text{mm}$
$L = 55{,}6\ \text{mm}$

b) $n = \frac{v_c}{\pi \cdot d} = \frac{25\ \text{m/min}}{\pi \cdot 0{,}012\ \text{m}} = 663\ \text{min}^{-1}$

c) $t_h = \frac{L \cdot i}{n \cdot f} = \frac{55{,}6\ \text{mm} \cdot 6}{663/\text{min} \cdot 0{,}2\ \text{mm}} = 2{,}52\ \text{min}$

Beispiel Drehen

Eine 200 mm lange, zwischen Spitzen gespannte Welle mit dem Durchmesser 60 mm aus 16MnCr5 wird in 2 Schnitten vorgedreht.

Folgende Einstelldaten wurden festgelegt:

- Schnittgeschwindigkeit v_c = 120 m/min
- Vorschub f = 0,5 mm
- An- und Überlauf 2,5 mm

Ermitteln Sie:

a) die Drehzahl n bei stufenloser Drehzahleinstellung
b) den Vorschubweg L
c) die Hauptnutzungszeit t_h

Lösung

a) $n = \frac{v_c}{\pi \cdot d} = \frac{120\ \text{m/min}}{\pi \cdot 0{,}06\ \text{m}} = 637\ \text{min}^{-1}$

b) $L = l + l_a + l_u = 200\ \text{mm} + 2{,}5\ \text{mm} = 202{,}5\ \text{mm}$

c) $t_h = \frac{L \cdot i}{n \cdot f} = \frac{202{,}5\ \text{mm} \cdot 2}{637/\text{min} \cdot 0{,}5\ \text{mm}} = 1{,}27\ \text{min}$

Beispiel Fräsen

Die Spannpratze aus 20MnCr4 (l = 100 mm, a_e = 20 mm, t = 10 mm) der Spannvorrichtung soll in einem Schnitt vorgefräst werden. Der hartmetallbestückte Fräskopf hat den Durchmesser d = 40 mm und sechs Schneiden.

Als Schnittdaten wurden gewählt:
- Schnittgeschwindigkeit v_c = 165 m/min
- Vorschub je Zahn f_z = 0,14 mm
- An- und Überlauf 1,6 mm

Ermitteln Sie:
a) die Drehzahl n bei stufenloser Drehzahleinstellung
b) den Vorschubweg L
c) die Hauptnutzungszeit t_h

Lösung

a) $n = \frac{v_c}{\pi \cdot d} = \frac{165\ \text{m/min}}{\pi \cdot 0{,}04\ \text{m}} = 1314\ \text{min}^{-1}$

b) $L = l + 0{,}5 \cdot d + l_a + l_u - l_s$

$l_s = 0{,}5 \cdot \sqrt{d^2 - a_e^2}$

$= 0{,}5 \cdot \sqrt{(40\ \text{mm})^2 - (20\ \text{mm})^2} = 17{,}3\ \text{mm}$

$L = 100\ \text{mm} + 0{,}5 \cdot 40\ \text{mm} + 1{,}6\ \text{mm} - 17{,}3\ \text{mm}$

$L = 104{,}3\ \text{mm}$

c) $t_h = \frac{L \cdot i}{n \cdot f}$

$f = f_z \cdot z = 0{,}14\ \text{mm} \cdot 6 = 0{,}84\ \text{mm}$

$t_h = \frac{104{,}3\ \text{mm} \cdot 1}{1314/\text{min h} \cdot 0{,}84\ \text{mm}} = 0{,}095\ \text{min} = 6{,}67\ \text{s}$

Beispiel Schleifen

Schaltstangen mit dem Durchmesser d = 20 mm und der Länge l = 180 mm sind mit der Schleifzugabe t = 0,3 mm vorgedreht. Sie werden mit der Drehzahl n = 112 1/min bei einem Vorschub f = 25 mm je Umdrehung und einer Zustellung a_p = 0,03 mm je Schnitt geschliffen.

Ermitteln Sie:
a) den Vorschubweg L bei einer Schleifscheibenbreite b_S = 80 mm,
b) das Geschwindigkeitsverhältnis q bei einer Schnittgeschwindigkeit v_c = 25 m/s,
c) die Anzahl der Schnitte i ohne Ausfeuern,
d) die Hauptnutzungszeit t_h für 20 Schaltstangen

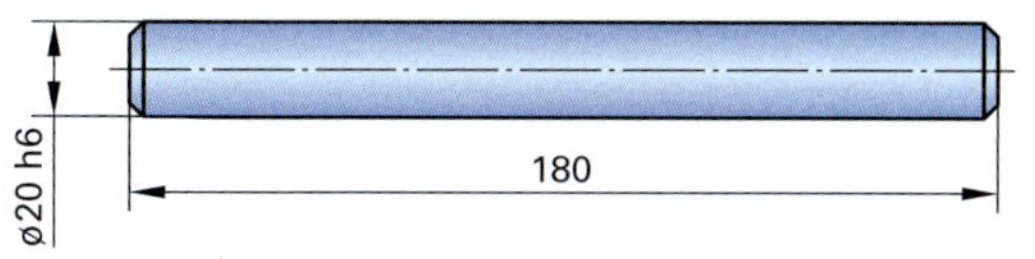

Lösung

a) $L = l - \frac{b_S}{3} = 180\ \text{mm} - \frac{80\ \text{mm}}{3} = 153{,}33\ \text{mm}$

b) $q = \frac{v_c}{v_W} = \frac{25\,\frac{\text{m}}{\text{s}} \cdot 60\,\frac{\text{s}}{\text{min}}}{\pi \cdot 0{,}02\ \text{m} \cdot 112\,\frac{1}{\text{min}}} = 213{,}2$

c) $i = \frac{t}{2 \cdot a_p} = \frac{0{,}3\ \text{mm}}{2 \cdot 0{,}03\ \text{mm}} = 5$

d) $t_h = \frac{L \cdot i}{n \cdot f} = \frac{153{,}33\ \text{mm} \cdot 5 \cdot 20}{112\,\frac{1}{\text{min}} \cdot 25\ \text{mm}} = 5{,}48\ \text{min}$

1.9.4 Deckungsbeitrag (Teilkostenrechnung)

Die **Teilkostenrechnung** trennt variable und fixe Kostern. Variable Kosten (z. B. Werkstoffkosten) sind von der Produktionsmenge abhängig und fixe Kosten (z. B. Mieten) sind von der Produktionsmenge unabhängig.

Der Erlös muss zuerst alle variable Kosten decken. Der Rest trägt zur Deckung der gesamten fixen Kosten des Unternehmens bei und erbringt den Gewinn **(Bild 1)**.

Der Punkt, an dem die Erlöse den Gesamtkosten entsprechen, nennt man die **Gewinnschwelle (Break-even-Point).** Daraus ist dann die Grenzstückzahl bestimmbar, ab der das Unternehmen Gewinne erwirtschaftet.

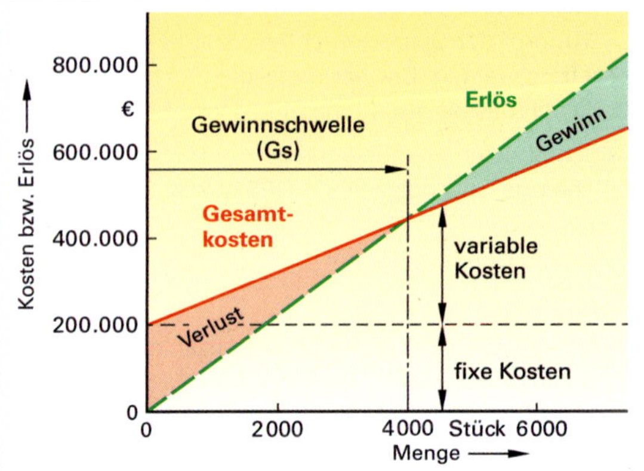

Bild 1: Gesamtkostendiagramm

Beispiel Deckungsbeitrag

Zur Herstellung eines Werkstücks fallen variable Kosten in Höhe von 60,00 €/Stück an. Die fixen Kosten betragen 200000,00 €.

Es werden 5000 Werkstücke zu einem Preis von 110,00 €/Stück verkauft.

a) Berechnen Sie das Betriebsergebnis.

b) Berechnen Sie die Gewinnschwelle.

c) Stellen Sie das Ergebnis grafisch dar.

Lösung

a) Deckungsbeitrag pro Stück
= Preis – variable Kosten pro Stück
= 110,00 € – 60,00 €
= 50,00 €

Gesamtdeckungsbeitrag
= Deckungsbeitrag/Stück · Stückzahl
= 50,00 € · 5000 Stück
= 250000,00 €

Betriebsergebnis
= Deckungsbeitrag – Fixkosten
= 250000,00 € – 200000,00 €
= 50000,00 €

b) **Gewinnschwelle**

$$= \frac{\text{Gesamtfixkosten}}{\text{Deckungsbeitrag pro Stück}}$$

$$= \frac{200000{,}00\ €}{50\ €/\text{Stück}}$$

= 4000 Stück

c) Gesamtkostendiagramm (Bild 1)

Überlegen und beantworten Sie:

1. Für die Produktion eines Werkstücks ergeben sich folgende Einzelkosten:
   - Fertigungslöhne 108,00 €
   - Werkstoffkosten 31,00 € Sondereinzelkosten der Fertigung 28,00 €

   Das Unternehmen rechnet mit folgenden Zuschlagsätzen:
   - Fertigungsgemeinkosten 150 %
   - Materialgemeinkosten 80 %
   - Verwaltungs- und Vertriebsgemeinkosten 50 %
   - Gewinn 15 %

   Bestimmen Sie die Herstell- und Selbstkosten sowie den Nettobarverkaufspreis.
2. Zur Ermittlung des Maschinenstundensatzes einer CNC-Fräsmaschine liegen folgende Daten vor:
   - Wiederbeschaffungswert der Maschine 250000,00 €
   - Zinssatz für Kredite 5,5 %
   - fixe Instandhaltungskosten 6000,00 €/Jahr
   - Energiegrundgebühr 2300,00 €/Jahr
   - Energieverbrauchskosten 2,48 €/h
   - Raumkosten 3500,00 €/Jahr
3. Berechnen Sie den Maschinenstundensatz für 1600 Stunden im Einschichtbetrieb. Berechnen Sie den Maschinenstundensatz für einen Zweischichtbetrieb mit 3150 Stunden und fixen Instandhaltungskosten von 10000,00 €/ Jahr. Beurteilen Sie die Ergebnisse für den Unternehmer und den Arbeitnehmer.

1.10 Überprüfen Sie Ihre Kompetenz

Bearbeitungsaufgabe: Fertigung einer Drahtbiegevorrichtung

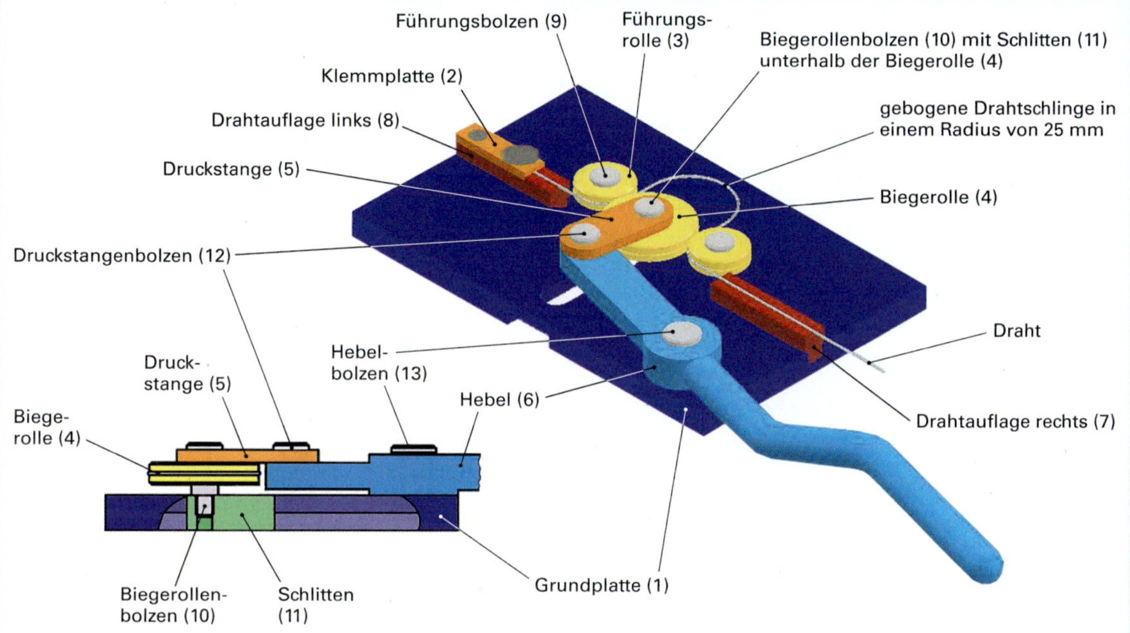

Bild 1: Drahtbiegevorrichtung

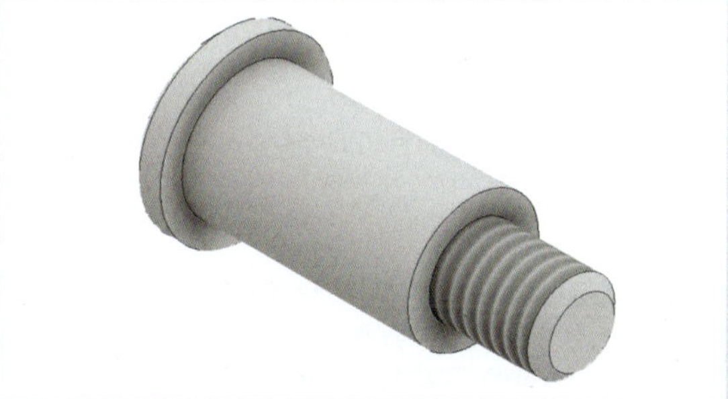

Bild 2: Biegerollenbolzen (10)

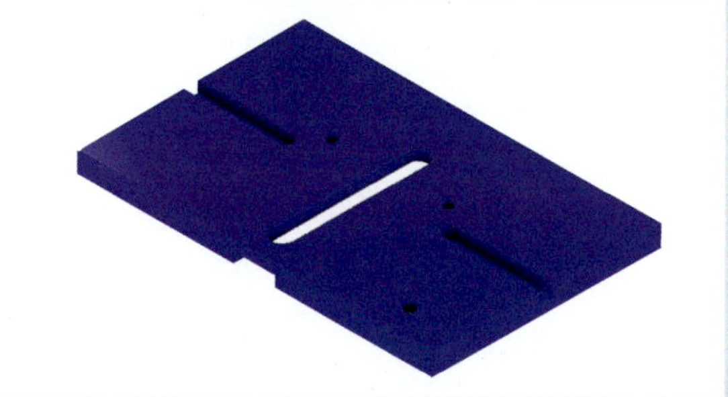

Bild 3: Grundplatte (1)

Die in **Bild 1** dargestellte Drahtbiegevorrichtung ist für das Biegen von Drahtschlingen mit einem Radius von 25 mm vorgesehen.

Dazu wird der 1,6 mm dicke Draht aus Stahl in die Rillen der Drahtauflage links (8) und der Drahtauflage rechts (7) gelegt und mit der Klemmplatte (2) fixiert.

Durch die Betätigung des Hebels (6) wird die Biegerolle (4) zwischen den beiden Führungsrollen (3) gedrückt, bis der Draht in einem Halbkreis mit dem Radius R = 25 mm gebogen wurde.

Biegerolle (4) und Hebel (6) sind durch die Druckstange (5) verbunden. Unterhalb der Biegerolle (4) bewegt sich mit der Betätigung des Hebels (6) der Schlitten (11) längs in der Nut der Grundplatte. Die Biegerolle (4) wird durch den Schlitten (11) in seiner Längsbewegung geführt. Der Biegerollenbolzen (10) verbindet Druckstange (5), Biegerolle (4) und Schlitten (11).

Auf den nachfolgenden Seiten des Kapitels sind Aufgaben zur Fertigung des Biegerollenbolzens **(Bild 2)** und der Grundplatte **(Bild 3)** angegeben.

// Aufgaben zur Fertigung des Biegerollenbolzens

Für die Fertigung des Biegerollenbolzens **(Bild 1)** steht ein warmgewalzter Rundstab EN 10060 mit dem Nenndurchmesser *d* = 20 mm zur Verfügung. Der Rundstab besteht aus dem Automatenstahl 15SMn13.

Der Ansatz Ø 12 des Biegerollenbolzens soll nach dem Drehen wärmebehandelt werden. Dabei wird die Randschicht des Ansatzes einsatzgehärtet. Anschließend muss der Ansatz Ø 12 geschliffen werden. Das Bearbeitungsaufmaß zum Schleifen beträgt 0,2 mm. Für das Schleifen zwischen Spitzen sollen beim Drehen beidseitig Zentrierbohrungen ISO 6411-A4/8,5 an den Bolzen angebracht werden.

Für die Fertigung des Biegerollenbolzens sollen folgende Werkzeugmaschinen eingesetzt werden:

- **CNC-Drehmaschine mit Schrägbett**
  Drehen des Biegerollenbolzens mit Bearbeitungsaufmaß zum Schleifen
- **Außenrundschleifmaschine**
  Schleifen des Bolzens mit Schleifscheibe ISO 603 1 1 N-200 x 16 x 76,2 A/F 50 L 5 V - 50

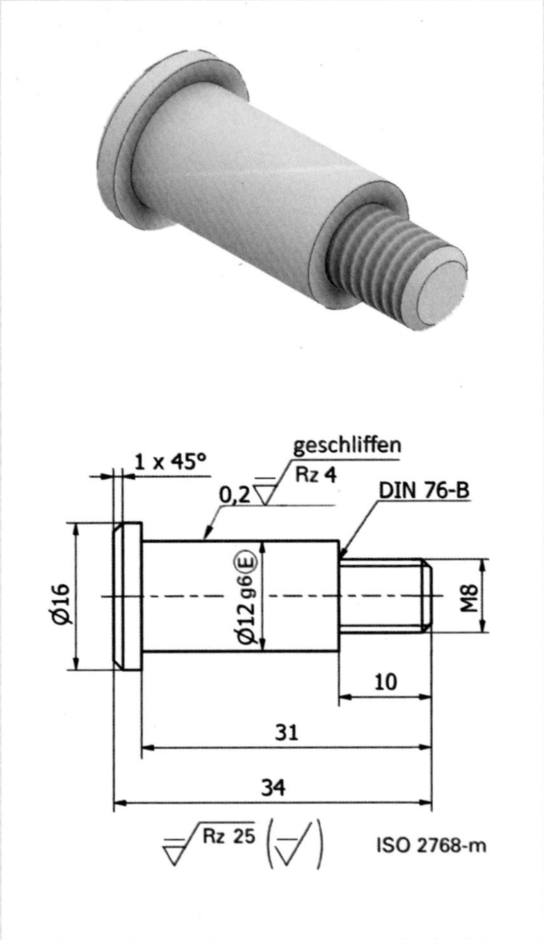

Bild 1: Biegerollenbolzen mit Fertigungszeichnung

Aufgaben zum Drehen

1. Erstellen Sie einen Arbeitsplan zum Drehen des Biegerollenbolzens auf der CNC-Drehmaschine mit Angabe der Arbeitsvorgänge, Werkzeuge **(Tabelle 1)**, Prüfmittel und Schnittgrößen.
2. Berechnen Sie die notwendige Antriebsleistung der CNC-Drehmaschine mit einem Wirkungsgrad von 88 % zum Schruppen des Bolzens.
3. Ermitteln Sie die Hauptnutzungszeiten zum Planen, Schruppen und Schlichten des Bolzens.
4. Geben Sie mögliche Ausbaustufen für die CNC-Drehmaschine an.

Aufgaben zum Außenrundschleifen

1. Erläutern Sie die Bezeichnung der eingesetzten Schleifscheibe.
2. Geben Sie Sicherheitsregeln beim Schleifen an.
3. Führen Sie eine Arbeitsplanung zum Außenrundschleifen des Ansatzes Ø 12 g6 durch.
4. Berechnen Sie die Hauptnutzungszeit zum Außenrundschleifen des Ansatzes Ø 12 g6.

Tabelle 1: Werkzeugtabelle zum Drehen des Biegerollenbolzens

Nr.	Werkzeugbezeichnung	Vorschub *f*	Schnitttiefe a_p
T1	Plandrehmeißel	0,2 mm	1 mm
T2	Schruppdrehmeißel	0,4 mm	3 mm
T3	Schlichtdrehmeißel	0,1 mm	0,5 mm
T4	Gewindedrehmeißel		–
T5	Abstechdrehmeißel (Breite *B* = 2 mm)	0,05 mm	–
T6	Zentrierbohrer A4/8,5	0,13 mm	–

Alle Werkzeuge sind mit beschichteten Wendeschneidplatten aus Hartmetall bestückt.

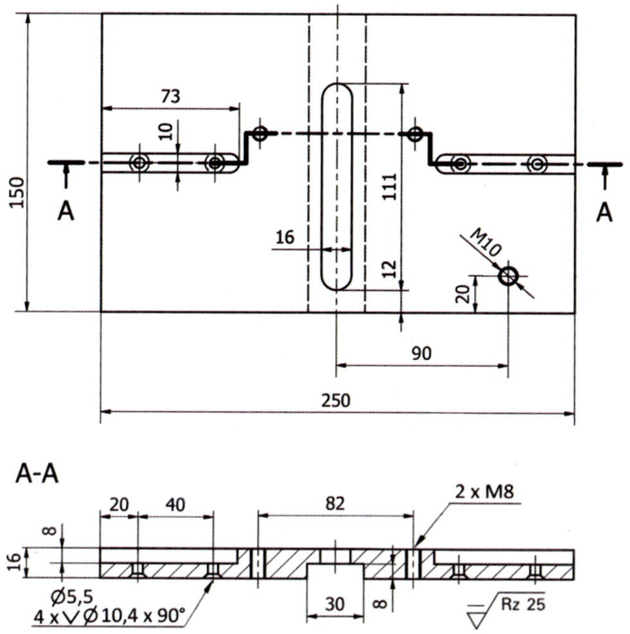

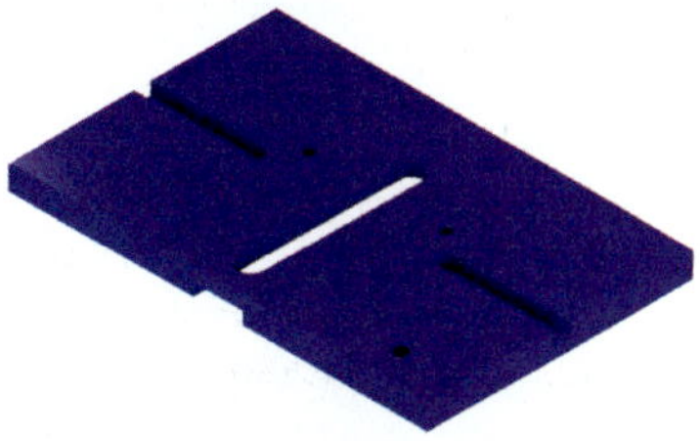

Tabelle 1: Werkzeuge zum Fräsen

Nr.	Werkzeugbezeichnung	*d*	*z*
T1	45°-Planfräser HM	Ø 100	5
T2	Schaftfräser HSS	Ø 30	3
T3	Schaftfräser HSS	Ø 16	2
T4	Schaftfräser HSS	Ø 10	2
T5	Igelfräser HM	Ø 50	3

Bild 1: Fertigungszeichnung der Grundplatte mit Werkzeugtabelle der Fräser

// Aufgaben zur Fertigung der Grundplatte

Für die Fertigung der Grundplatte **(Bild 1)** steht ein warmgewalzter Flachstab EN 10057 – 150 x 20 mit der abgesägten Länge von 256 mm bereit. Für den Flachstab soll der unlegierte Vergütungsstahl C35 zum Einsatz kommen.

Nach der Bohr- und Fräsbearbeitung soll die Grundplatte vergütet und auf der Oberseite geschliffen werden. Zum Flachschleifen soll ein Bearbeitungsaufmaß t = 0,2 mm auf der Oberseite vorhanden sein.

Für die Bearbeitung der Grundplatte sollen folgende Werkzeugmaschinen verwendet werden:

- **CNC-Fräsmaschine**
  Fräsen der Grundplatte mit den in **Tabelle 1** angegebenen Fräsern, Fräsen der Oberseite mit Bearbeitungsaufmaß zum Schleifen.
  Das Bohren der Grundplatte soll mit Bohrwerkzeugen aus unbeschichteten HSS erfolgen.
- **Flachschleifmaschine**
  Flachschleifen der Oberseite der Grundplatte mit Schleifscheibe:
  ISO 603 1 1 N-300 x 50 x 76,2 A/F 40 K 4 V - 50

Aufgaben zum Fräsen

1. Erläutern Sie die eingesetzten Fräs- und Bohrverfahren für die Bearbeitung der Grundplatte.
2. Erstellen Sie einen Arbeitsplan zum Fräsen und Bohren der Grundplatte mit Angabe der Arbeitsvorgänge, Werkzeuge, Prüfmittel, Spann- und Hilfsmittel sowie den Schnittgrößen.
3. Ermitteln Sie die notwendige Antriebsleistung der CNC-Fräsmaschine zum Fräsen der Oberseite bei einer Schnittbreite von 80 mm und einer Schnitttiefe von 3 mm.
4. Berechnen Sie die Hauptnutzungszeit zum Fräsen der Oberseite.

Aufgaben zum Flachschleifen

1. Geben Sie die Unterschiede der Schleifscheiben zum Flach- und Rundschleifen an.
2. Führen Sie eine Arbeitsplanung für das Flachschleifen der Oberseite durch.
3. Berechnen Sie die Hauptnutzungszeit zum Flachschleifen der Oberseite.

1.11 Discover your profession in English

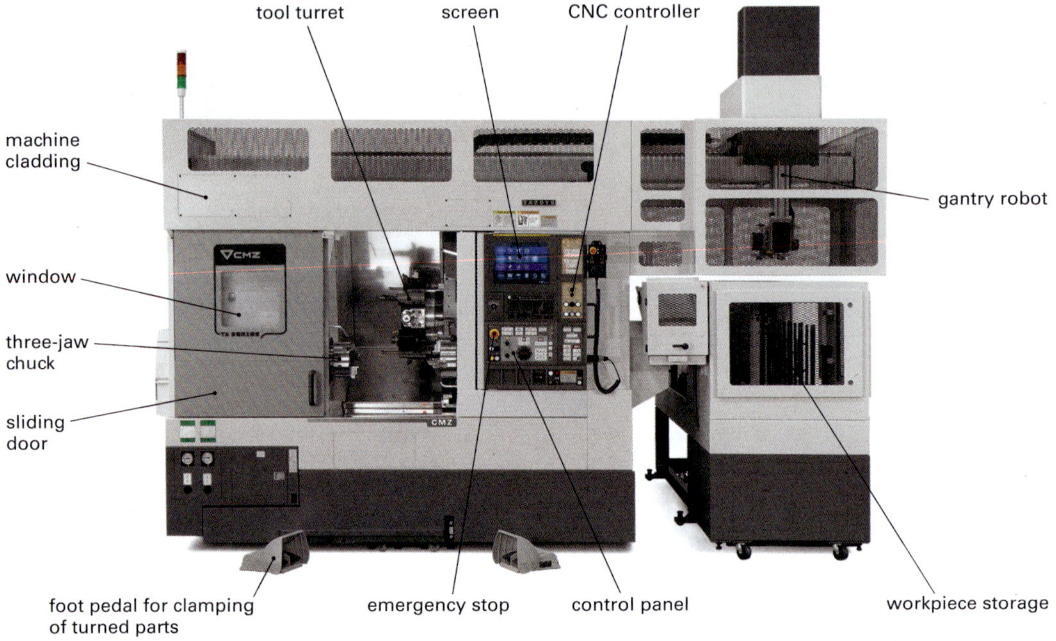

Figure 1: CNC lathe with an integrated workpiece storage and gantry robot

// CNC Lathe with workpiece storage

With the CNC lathe, shown in **figure 1,** automated production can be carried out over a long period of time without supervizing the machine.

The turned parts are removed from the workpiece storage using a gantry robot and brought into the workspace of the lathe.

The gantry robot guides the workpiece to the three-jaw chuck, where it is automatically clamped in place. This process is carried out with a closed sliding door. The CNC program is then started automatically.

All tools for processing the workpiece are located in the tool turret and called up by the CNC program.

Alternatively, the CNC lathe can also be operated manually. The turned parts are held in the tree-jaw chuck by hand. They are then clamped by the foot pedal. The lathe can be started via the control panel. The turning process can be observed through the window in the sliding door and the screen of the control panel.

Vocabulary

CNC-lathe – *CNC-Drehmaschine*

automated production – *automatisierte Produktion*

turned parts – *Drehteile*

workpiece storage – *Werkstückspeicher*

gantry robot – *Portalroboter*

workspace – *Arbeitsraum*

three-jaw chuck – *Dreibackenfutter*

sliding door – *Schiebetür*

tool turret – *Werkzeugrevolver*

control panel – *Bedienfeld*

Exercises:

1. Describe the usage of workpiece storage devices in automated production.
2. How are the turned parts clamped manually on the lathe?

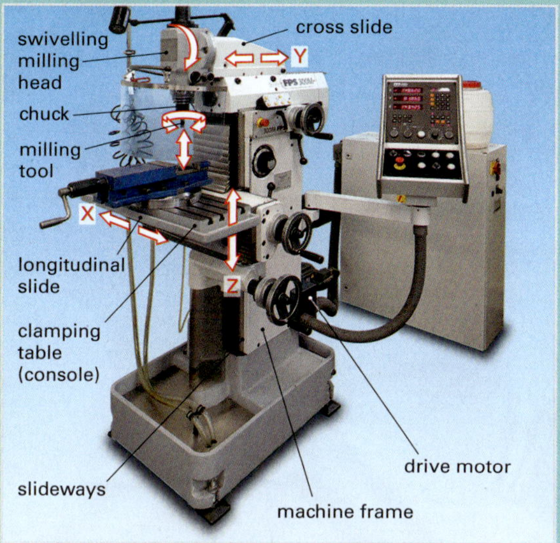

Figure 1: Universal milling machine

// Universal Milling machine

The universal milling machine **(figure 1)** is used for milling small to medium sized workpieces.

The basic of the CNC milling machine is the machine frame. The assembly groups move on slideways. The longitudinal slide is located on the slideways above the machine frame and the X-axis is used.

The cross slide with its slideways sits on the longitudinal slide and is driven along the Y-axis.

The workpieces are clamped on a rigid clamping table. The height of this table can be moved up and down along the Z-axis on the slideways. The clamping table is therefore also referred to as a console.

In addition to moving the console, the quill can also be moved along the Z-axis with the tool in the milling head.

For milling, the tool is clamped into the chuck. The vertical drive spindle is driven by the drive motor. For this reason, this milling machine is also referred to as a vertical milling machine.

To swivel the milling head, the milling tool assumes the optimal position with respect to an inclined, curved or vertical surface on the workpiece.

In addition, an automated NC rotary table or NC divider can be clamped on the clamping table. Up to five sides of the workpieces can be machined with the swivel milling head and the rotary table.

Vocabulary

universal milling machine – *Universalfräsmaschine*

machine frame – *Maschinengestell*

assembly groups – *Baugruppen*

slideways – *Führungsbahnen*

longitudinal slide – *Längsschlitten*

axis – *Achse*

cross slide – *Querschlitten*

rigid clamping table – *starrer Spanntisch*

console – *Konsole*

quill – *Pinole*

milling head – *Fräskopf*

tool – *Werkzeug*

chuck – *Spannkopf*

drive spindle – *Antriebsspindel*

drive motor – *Antriebsmotor*

vertical milling machine – *Senkrechtfräsmaschine*

to swivel – *schwenken*

inclined surface – *schräge Fläche*

curved surface – *gewölbte Fläche*

vertical surface – *senkrechte Fläche*

Exercises:

1. Name typical applications of using the universal milling machine.
2. Describe the structure of a milling machine construction.
3. In which part of the milling machine the workpiece is clamped in?
4. Specify which slides can be moved along the X and Y axes.
5. In which direction can the console be moved?
6. In which part of the machine the milling tool is clamped in?
7. Explain the term "vertical milling machine".
8. State the advantages of using a swiveling milling head.

Lernfeld 6:
Installieren und Inbetriebnehmen steuerungstechnischer Systeme

Kapitel 02

Steuerungstechnische Systeme

In der Automatisierungstechnik sind die Technologien Pneumatik, Elektropneumatik sowie die Hydraulik und Elektrohydraulik die Basis für steuerungstechnische Lösungen. Grundsätzliche Kenntnisse von gerätetechnischen Komponenten sowie deren Funktionen erleichtern das Planen, das Installieren und die Inbetriebnahme von Steuerungslösungen und ermöglichen eine Fehlersuche.

// Aufgabenstellung: Buseinstiegstür

Eine Buseinstiegstür soll über zwei pneumatisch doppelt wirkende Zylinder von außen geöffnet und von innen geschlossen werden können.

Bild 1 zeigt den Grundzustand: Wenn die Türen geschlossen sind, sind die Kolbenstangen der beiden Zylinder ausgefahren. Weitere Bedingungen:

- Der Busfahrer gibt die Freigabe zum Öffnen und zum Schließen; er kann ebenfalls die Türen von seinem Steuerpult aus öffnen und schließen.
- Aus Sicherheitsgründen verhindert ein Trittschalter auf der untersten Einstiegsstufe das Öffnen oder das Schließen der Einstiegstür. Die Lösung erfolgt durch eine pneumatische Schaltung mit einem 5/2-Wegeventil mit Rückstellfeder.

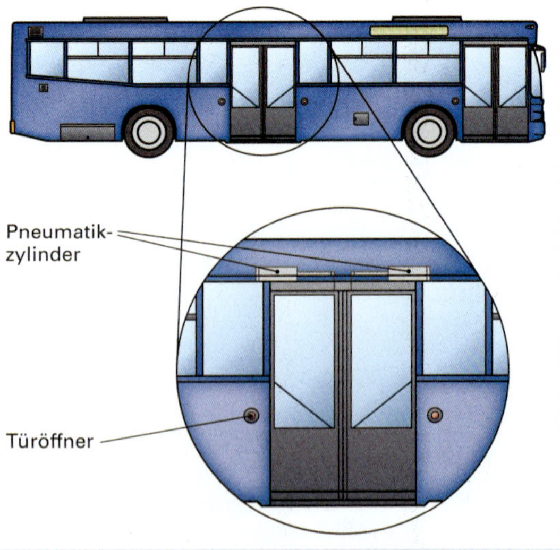

Bild 1: Öffnen und Schließen einer Buseinstiegstür

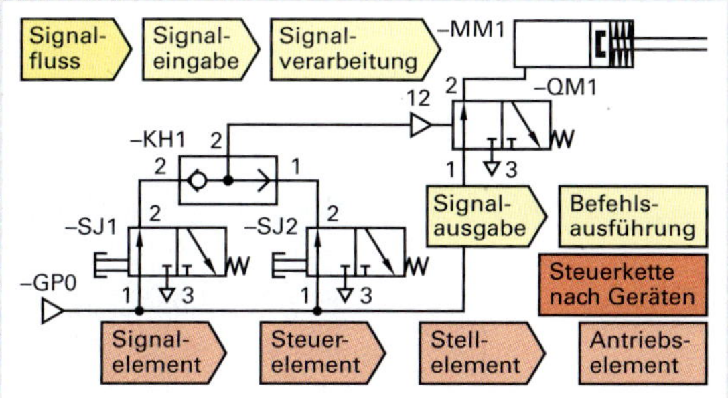

Bild 1: Steuerkette nach Signalfluss und Elementen

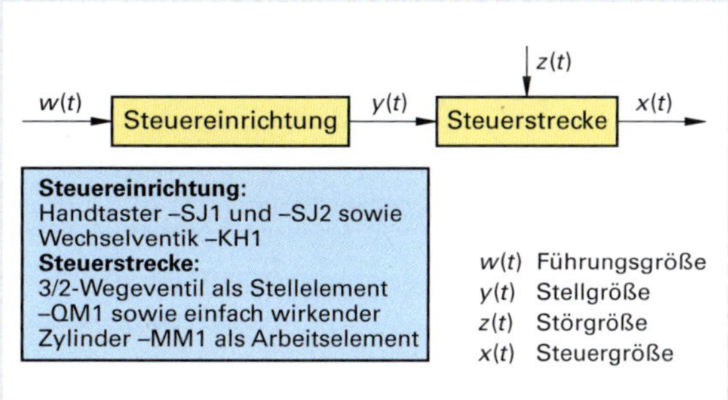

Bild 2: Offener Wirkungsweg der Steuerkette

2.1 Pneumatiksteuerungen

Steuern ist ein Vorgang, bei dem bestimmte Eingangsgrößen der Signalelemente (Sensoren) in einer festgelegten Art auf bestimmte Ausgangsgrößen (z. B. ein Arbeitselement oder einen Aktor) wirken **(Bild 1)**.

In einer Steuerung wirkt die Steuereinrichtung auf die Steuerstrecke immer in Richtung vom Eingang zum Ausgang.

Man spricht bei einer Steuerkette von einem offenen Wirkungsweg, da die Ausgangsgröße (= Steuergröße *x*) nicht regulierend auf die Eingangsgröße (= Führungsgröße *w*) wirkt **(Bild 2)**.

Nachteil der Steuerung ist, dass auf eine Störgröße *z* von außen nicht angemessen reagiert werden kann.

Von **analogen**, **binären** und **digitalen Steuerungen** spricht man, wenn Ein- und Ausgangssignale sowie deren Verarbeitung entsprechende Signalformen aufweisen **(Bild 3)**.

Verwendet werden heute meist binäre oder digitale Steuerungen.

Binäre Steuerungen werden in **Verknüpfungs-** und **Ablaufsteuerungen** unterteilt:

- Bei Verknüpfungssteuerungen werden die Eingangssignale logisch verknüpft, um bestimmte Ausgangssignale zu erhalten. Diese Steuerungen werden auch als **kombinatorische Steuerung** bezeichnet.
- **Ablaufsteuerungen** laufen in einzelnen Schritten ab. Es kommen meist zwei oder mehr Aktoren zum Einsatz. Abhängig von einem vorhergehenden Schritt wird nach Erfüllung von Weiterschaltbedingungen ein Folgeschritt ausgelöst. Die Abfolge der Einzelschritte können von **Ablaufzeiten** abhängig sein oder von einem **Prozess**, z. B. dem Erreichen einer bestimmten Position.

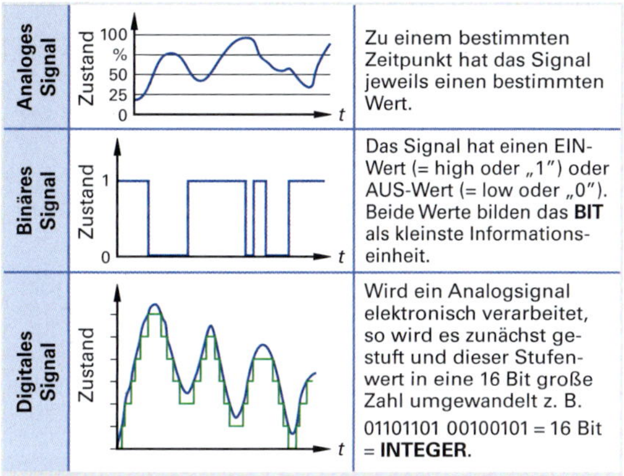

Bild 3: Signalformen

2.1.1 Verknüpfungsteuerungen

Die Aufgabe Türöffnung auf Seite 136 zählt zu den pneumatischen Verknüpfungsteuerungen.

Steuerung nach DIN IEC 60050-351

Steuern ist ein Vorgang in einem System, bei dem bestimmte Eingangsgrößen die Ausgangsgrößen beeinflussen.

Kennzeichnend für das Steuern ist der offene Wirkungsablauf der Signale. Störungen auf die Steuerkette können nicht selbstständig ausgeglichen werden.

Steuerungsarten

Steuerungen können nach den verschiedenen **Signalformen** (analog, binär und digital), der Art der **Signalverarbeitung** (Verknüpfung- oder Ablaufsteuerungen) sowie nach deren Programmverwirklichung (verbindungs- oder speicherprogrammiert) unterschieden werden.

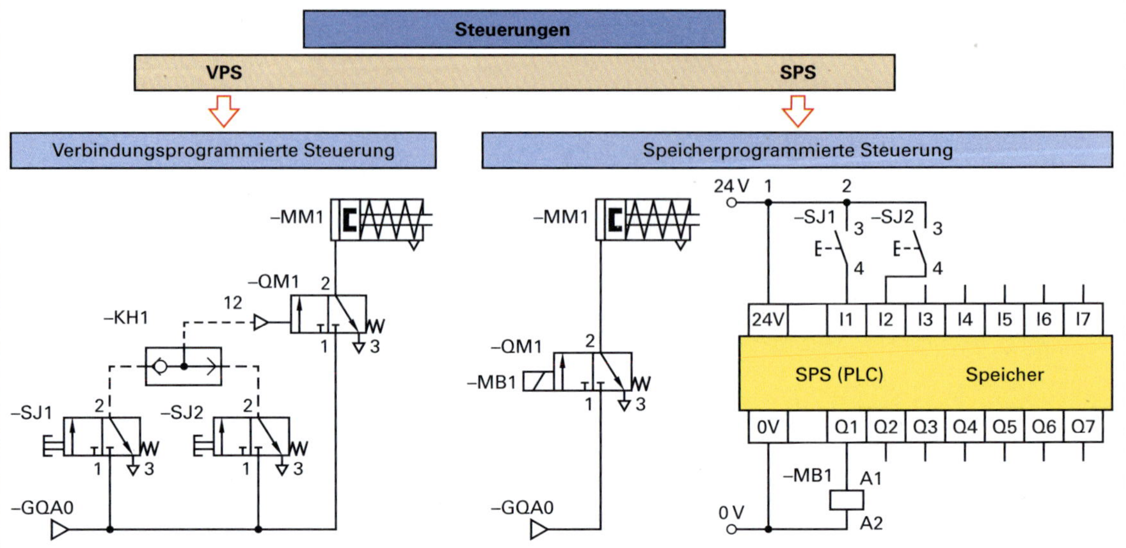

Bild 1: Unterscheidung von VPS und SPS

Die Programmverwirklichung der Türsteuerung erfolgt in einer verbindungsprogrammierten Steuerung (VPS) und nicht in einer speicherprogrammierten Steuerung (SPS) **(Bild 1)**.

Bei der VPS wird die Programmlogik (hier ODER-Ventil) durch ein eigenes Bauelement oder eine Verdrahtungsart, z. B. eine Parallel- oder Reihenschaltung, realisiert. Zur VPS gehören pneumatische, elektropneumatische und kontaktbehaftete Elektroschaltungen sowie die hydraulischen Schaltungen.

In der SPS wird die Schaltungslogik ODER durch einen Softwarebaustein umgesetzt. Benötigt werden dazu ein Kleinrelais oder eine modulare SPS-Gerätetechnik.

Schaltungslösung durch Funktionsplan oder Logikplan (Kombinatorik)

Eine **Bauteilliste** entsprechend der Aufgabenstellung erleichtert eine Schaltplanlösung **(Tabelle 1)**.

In der Tabelle können die Eingangs- und Ausgangsgrößen der Steuerung übersichtlich dargestellt werden. Den Signalelementen können die Logikfunktion **Identität** oder **Negation** zugeordnet werden: In der Pneumatik werden als Signalelement 3/2-Wegeventile in Sperrruhestellung (entspricht der Logik Identität) verwendet **(Bild 2)**.

Ein 3/2-Wegeventil mit Durchgangsruhestellung entspricht der Logik Negation.

Tabelle 1: Bauteilliste

Bauteil	Logik	Kommentar
–SJ1	Identität	Freigabe Fahrer
–SJ2	Identität	Kunde Öffnen außen
–SJ3	Identität	Kunde Öffnen innen
–SJ4	Identität	Fahrer Öffnen
–SJ5	Negation	Fahrer Schließen
–SJ6	Negation	Trittstufe/Sicherheit
–QM1	Selbsthaltung	Prozessorik 3/2-Wegeventil
–QM2	Stellelement monostabil	5/2-Wegeventil mit Rückstellfeder

3/2-Wegeventil	Funktionsgleichung	Funktionsplan	Funktionstabelle	
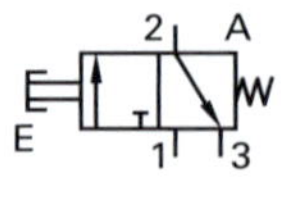	„Ja" E = A Identität	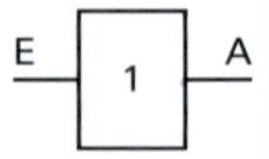	**E**	**A**
			0	0
			1	1
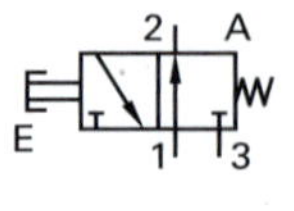	„Nein" $E = \overline{A}$ Negation $\overline{E} = A$	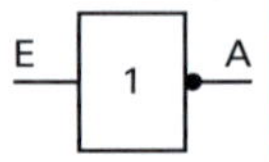	**E**	**A**
			0	1
			1	0

Bild 2: Logik der Signalelemente

Die Funktionen zum Öffnen der beiden Türen werden mit ODER verknüpft. Ein UND-Baustein verknüpft dieses Öffnen mit einer Freigabe durch den Fahrer **(Bild 1)**.

Das Ausgangssignal vom UND-Bauteil –KH3 geht in den Funktionsteil der Selbsthaltung über.

Tabelle 1 zeigt exemplarisch die beiden Möglichkeiten von Selbsthaltungen und ihre logische Beschreibung. Die Löschdominanz wird aus Sicherheitsgründen verwendet.

SET-Signal erfolgt an –KH4, RESET-Signale erfolgen über –SJ5 oder –SJ6.

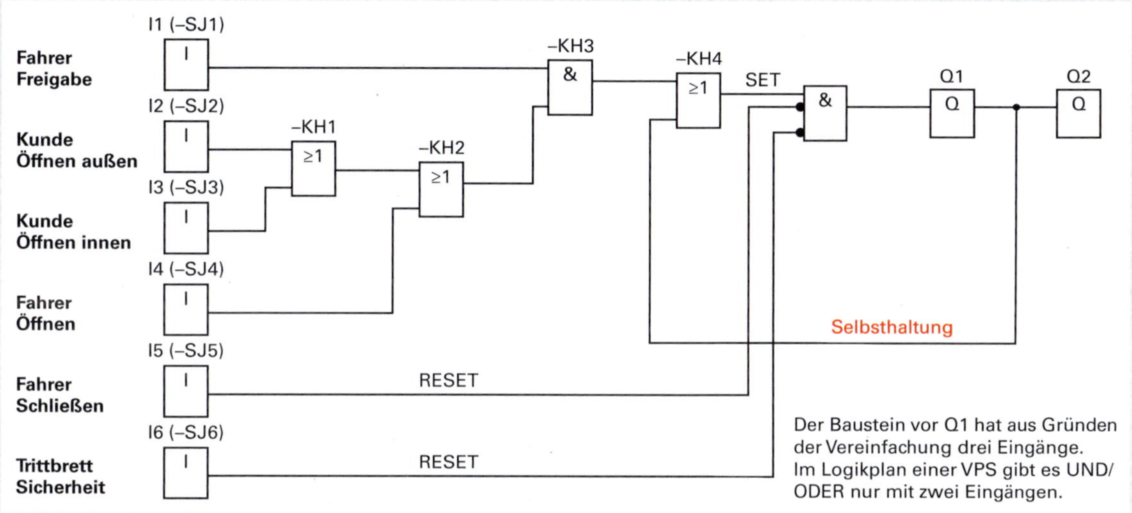

Bild 1: Funktionsplan für die Steuerung der Buseinstiegstür

Tabelle 1: Selbsthaltung in Pneumatik und Logik

Art der Selbsthaltung	Pneumatik	Logik
Signale S = SET = Setzen R = RESET = Zurücksetzen **Dominierend „AUS"** (oder RESET dominant oder Löschdominanz) **Identität** (3/2-Wegeventil in Sperrruhestellung) **Negation** (3/2-Wegeventil mit Durchgangsruhestellung)	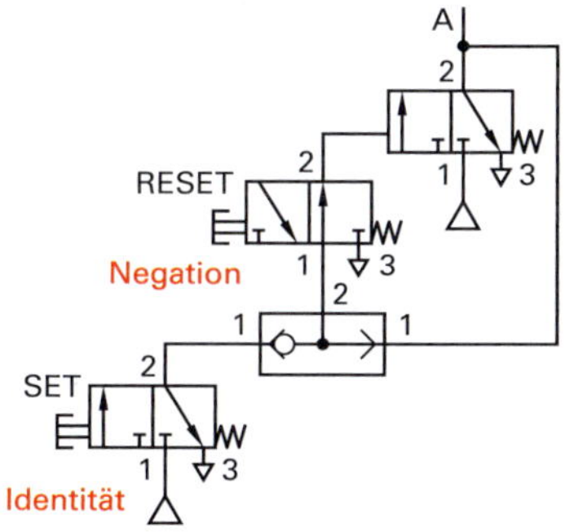	**Funktionsplan** 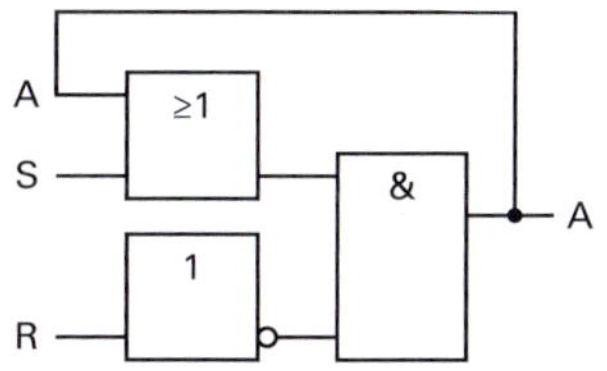 **Funktionsgleichung** $(S \vee A) \wedge \overline{R} = A$
Dominierend „Ein" (oder SET dominant oder Setzdominanz)	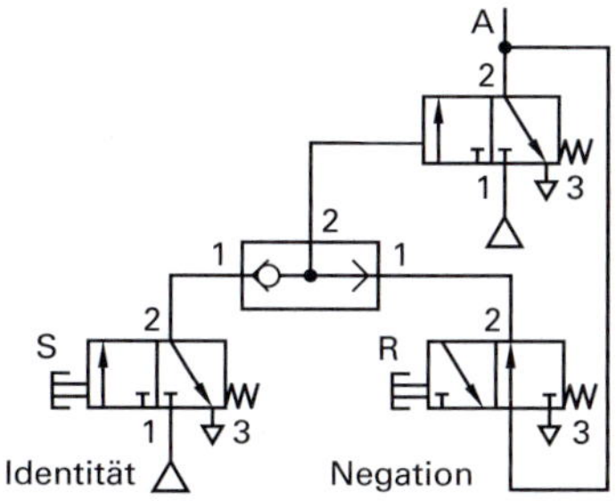	**Funktionsplan** 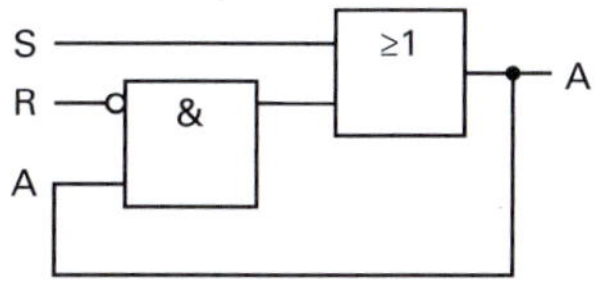 **Funktionsgleichung** $S \vee (\overline{R} \wedge A) = A$

3/2-Wegeventil	Funktionsgleichung	Funktionsplan	Funktionstabelle E2	E1	A
E1 A E2 Zweidruckventil; E2, E1 in Reihe, A	∧ UND E1 ∧ E2 = A (*)	E1, E2 & A	0	0	0
			0	1	0
			1	0	0
			1	1	1
Wechselventil A, E1 E2	∨ ODER E1 ∨ E2 = A (+)	E1, E2 ≥1 A	0	0	0
			0	1	1
			1	0	1
			1	1	1

Bild 1: Logik der Steuerelemente

Schaltplanlösung in der Pneumatik

In der Pneumatik werden kombinatorische Steuerungen über logische Verknüpfungen beschrieben.

Dazu benötigt man die Grundfunktionen

- **Identität** und **Negation** für die Logik der Signalelemente,
- **UND** und **ODER** für die logische Verknüpfung der Eingangssignale **(Bild 1)**.
- Die **Selbsthaltung** (= Signalspeicherung) ist beim Einsatz monostabiler Stellelemente notwendig.

Bild 2 zeigt die komplette Steuerungslösung. Die beiden Aktoren –MM1 und –MM2 sind in der Grundstellung ausgefahren. Die Bustüren sind geschlossen.

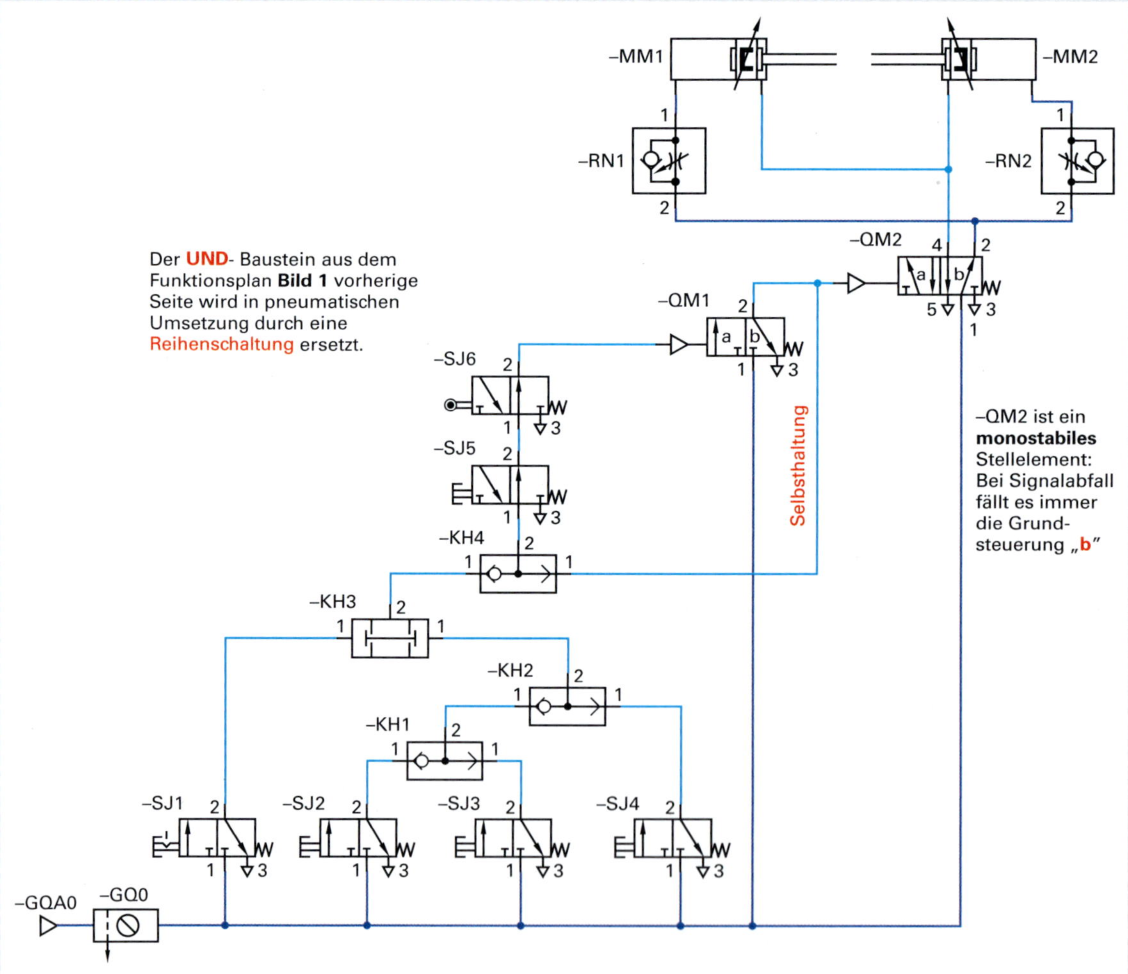

Bild 2: Schaltplanlösung für eine Buseinstiegstür mit dominierend löschender Selbsthaltung

Lernfeld 6

Überlegen und beantworten Sie:

1. Aus Sicherheitsgründen soll die Schließkraft der Türzylinder nicht größer als 350 N werden. Es werden Zylinder mit einem Durchmesser von 32 mm mit einem Wirkungsgrad von 85 % eingesetzt. Überprüfen Sie, ob die Vorgabe eingehalten wird bei p_e = 4 bar.
2. Unterscheiden und erklären Sie die gegensätzlichen Begriffe: analog – binär, kombinatorische Steuerung – Ablaufsteuerung sowie VPS – SPS.
3. In **Bild 1** wird ein Zweihandsteuerblock eingesetzt. Er zwingt den Bediener zur gleichzeitigen Betätigung der beiden Handtaster. Bei einer Verzögerungszeit von 0,5 s kann der Zylinder –MM1 nicht mehr ausfahren. Beschreiben Sie den Signalfluss.
4. Geben Sie das Verhalten der pneumatischen Bauteile an, wenn nur der eine Handtaster –SJ1 oder –SJ2 betätigt wird.
5. Beschreiben Sie die in dieser Schaltung vorkommende Zeitfunktion. An welchem Bauteil kann die Zeit eingestellt werden?

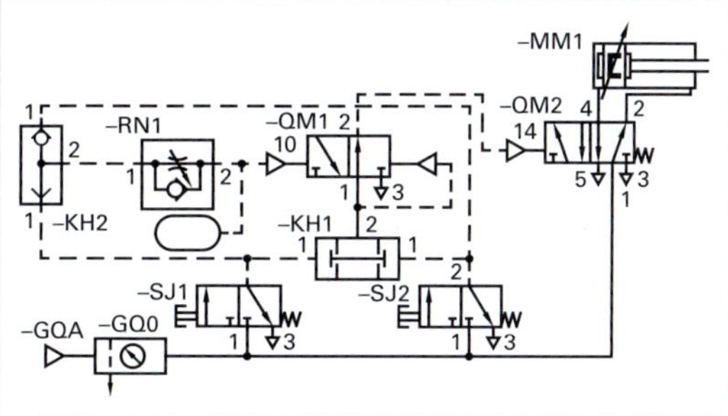

Bild 1: Zweihandsteuerblock

2.1.2 Ablaufsteuerungen

// Aufgabenstellung: Spannen und automatischer Sägenvorschub

Beschreibung des Ablaufs

Ein Bauteil wird mittels eines einfach wirkenden Zylinders –MM1 gespannt. Die Einleitung des Spannvorgangs erfolgt per Handbetätigung –SJ1 **(Bild 2)**.

Der Zylinderkolben für den Vorschub der Säge –MM2 fährt erst aus, wenn der erforderliche Spanndruck von 4,5 bar erreicht ist und die zwei Handtaster –SJ2 und –SJ3 betätigt werden (keine Zweihandsicherheit). Bei Druckabfall fährt die Sägeneinheit wieder automatisch zurück.

Bei Erreichen der vorderen Endlage fährt die Säge zurück und muss neu gestartet werden.

Analyse der Aufgabenstellung

Es handelt sich bei der Aufgabenstellung um eine prozessabhängige Schrittfolge, bei der die Schritte in einer bestimmten Reihenfolge ablaufen.

Schritt 1: Arbeitselemente festlegen

Ein Arbeitselement ist durch die Forderung des Arbeitsauftrags kundenseitig bereits festgelegt: der einfach wirkende Zylinder. Für den Sägenausleger ist eine kostengünstige Variante zu wählen.

Auswahlkriterien für pneumatische Aktoren sind sowohl die unterschiedlichen Belastungsgrößen (wie Knickung, Torsion und Drehmomente) als auch Verdrehsicherheit und Führungsgenauigkeit. Langlebigkeit sowie die Kosten im Dauereinsatz spielen ebenso eine Rolle. Die Montagefreundlichkeit der Zylinder in die umliegenden Bauteile (= Peripherie) muss mitgeplant werden.

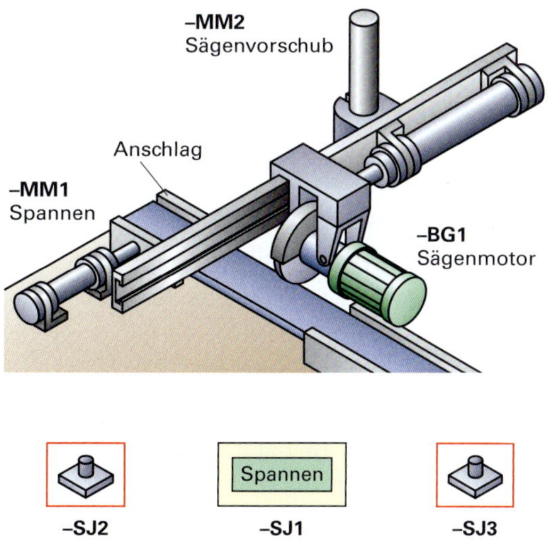

Bild 2: Technologieschema für Sägenausleger

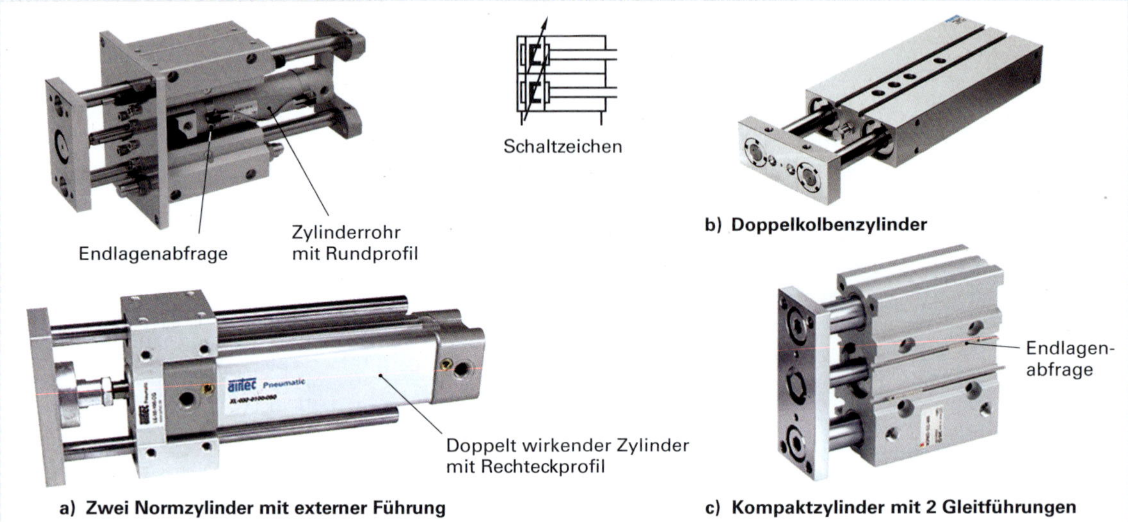

Bild 1: Linearführungen für den Sägenausleger

Es stehen drei Varianten zur Auswahl:

Die Kombination von doppelt wirkendem Standardzylinder (im Rund- oder Rechteckprofil) und einer externen Führungseinheit hat eine hohe Stabilität und eine ausreichende Führungsgenauigkeit **(Bild 1a)**.

Der Doppelkolbenzylinder erzielt durch die Druckbeaufschlagung eine große Vorschubkraft der Säge **(Bild 1b)**. Eine zusätzliche Führung besitzt er nicht, sodass die Belastung und Kräfte auf die beiden Kolbenstangen gehen.

Der Kompaktzylinder mit zwei Gleitführungen ist dem Beispiel 1a sehr ähnlich **(Bild 1c)**. Er integriert die sehr stabile Führung und den Normzylinder in einer Einheit; die beiden Endlagenabfragen lassen sich seitlich in den Führungsnuten unterbringen.

Schritt 2: Stellelement und Schrittbeschreibung

Nach den Aktoren werden die beiden Stellelemente ausgewählt.

Für den einfach wirkenden Spannzylinder wird eine einfache direkte Ansteuerung mit einem 3/2-Wegeventil mit Raste gewählt. Das Signalelement (–SJ1) wird damit zum händisch betätigten Stellelement.

Die Ansteuerung der pneumatischen Vorschubeinheit erfolgt über ein 5/2-Wegeventil mit Federrückstellung, dessen Schaltverhalten **monostabil** ist.

Damit der Sägenvorschub nach dem Start aufrechterhalten bleibt, wird eine **Selbsthalteschaltung** benötigt.

SET = –SJ2 ∧ –SJ3 ∧ –BP1
RESET = **NICHT** –BP1 ∨ –BG1

Das Signal –BG1 kann magnetisch als Endlagensensor am Rundzylinder abgefragt werden oder mechanisch am Ende des Verfahrwegs.

Tabelle 1 beschreibt den Ablauf der einzelnen Schritte.

Tabelle 1: Schrittbeschreibung

Schritt	Aktor –MM1	Aktor –MM2
1	Spannen	
2		Sägenvorschub vor
3		Sägenvorschub zurück
4	Entspannen	

Eine weitere einfache Methode zur Beschreibung der Schrittfolge ist die **Kurzschreibweise in einzelne Bewegungsgruppen:**

| –MM1+ –MM2+ | –MM2– –MM1– |

–MM1**+** steht für das Ausfahren, –MM1**–** steht für das Einfahren, der Trennstrich **|** bildet die Gruppengrenze. Er steht immer am Anfang und Ende der gesamten Schrittfolge sowie zwischen den Gruppen. In einer Bewegungsgruppe ist der gleiche Aktor nur einmal vorhanden.

Schrittabläufe mit mehreren Aktoren

- Für die Beschreibung von Schrittabläufen eignen sich die **Tabellenübersicht** und die **Kurzschreibweise** in Bewegungsgruppen.
- **Schaltungslogik:** Mit den logischen Grundfunktionen (Identität, Negation, UND, ODER) sowie der Logik zur **Selbsthaltung** lassen sich die Übergänge von Schritt zu Schritt planen.
- Das **Funktionsdiagramm** beschreibt die Bewegungen. Es lassen sich die Aktorstellungen grafisch gut darstellen.

Eine traditionelle Methode ist das **Funktionsdiagramm**, welches die Bewegungen der beiden Aktoren in Abhängigkeit von Eingangssignalen darstellt. Die Eingangssignale –SJ2, –SJ3 und –BP1 werden hier z. B. über einen Querstrich als UND verknüpft, um das Stellelement –QM2 von der Schaltstellung „b" auf Schaltstellung „a" umzuschalten **(Bild 1)**.

Die Darstellung des Weg-Schritt-Diagramms ist aus der Norm genommen worden, sie ist im rein pneumatischen Steuerungsbereich noch im Einsatz.

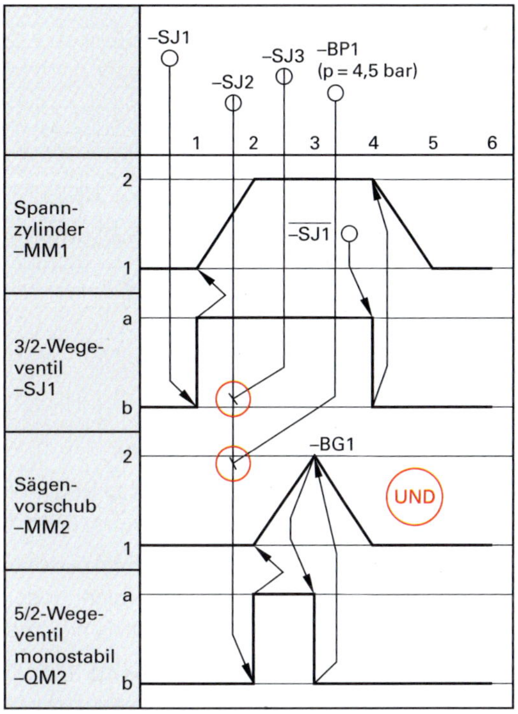

Bild 1: Funktionsdiagramm für Spannen und Sägen

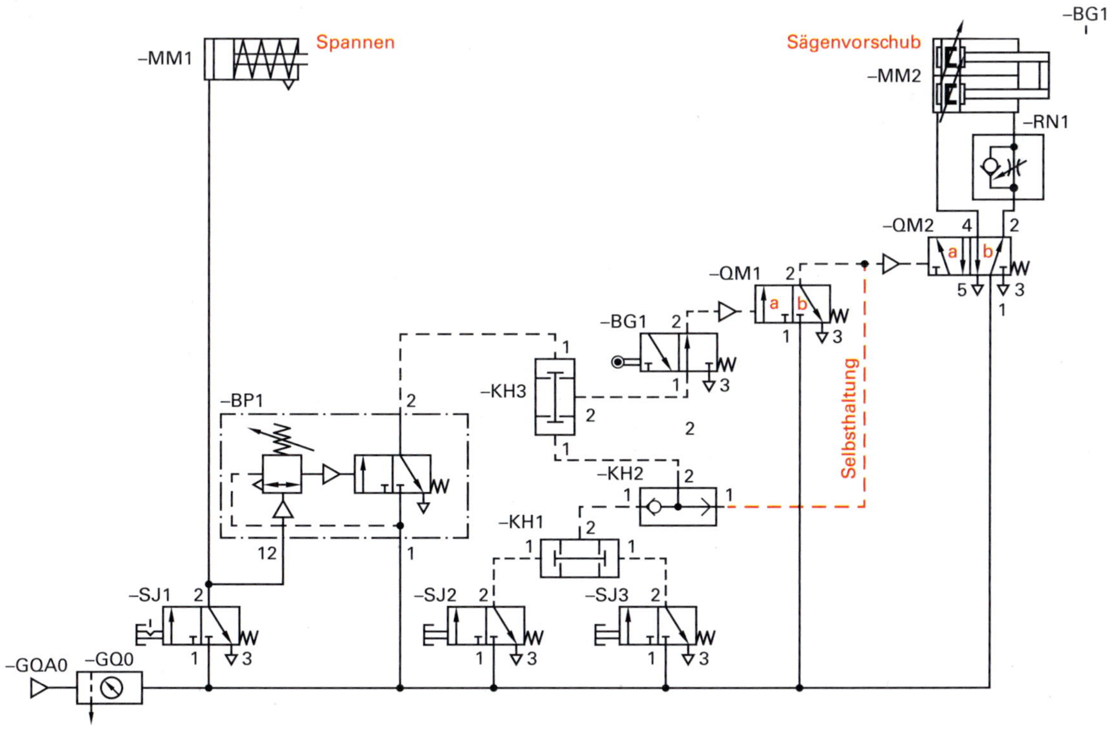

Bild 2: Schaltplanlösung für Spannen und Sägen mit Druckschalter und Endlagenabfrage

lfd. Nr.	Kennzeichnung	Beschreibung
1	–BG1	3/2Wegeventil, Durchfluss-Ruhestellung
2	–BP1	Druckschaltventil
3	–GQ0	Wartungseinheit, vereinfachte Darstellung
4	–GQA0	Druckluftquelle
5	–KH1	Zweidruckventil
6	–KH2	Wechselventil
7	–KH3	Zweidruckventil
8	–MM1	einfach wirkender Zylinder, pneumatisch
9	–MM2	Zylinder mit zwei Kolbenstangen mit Joch
10	–QM1	3/2-Wegeventil mit Raste, in Ruhestellung gesperrt
11	–QM2	5/2-Wegeventil mit Federrückstellung (monostabil)
12	–RN1	Drosselrückschlagventil
13	–SJ1	3/2-Wegeventil, Sperr-Ruhestellung
14	–SJ2	3/2-Wegeventil, Sperr-Ruhestellung
15	–SJ3	3/2-Wegeventil, Sperr-Ruhestellung

Bild 1: Stück- oder Geräteliste

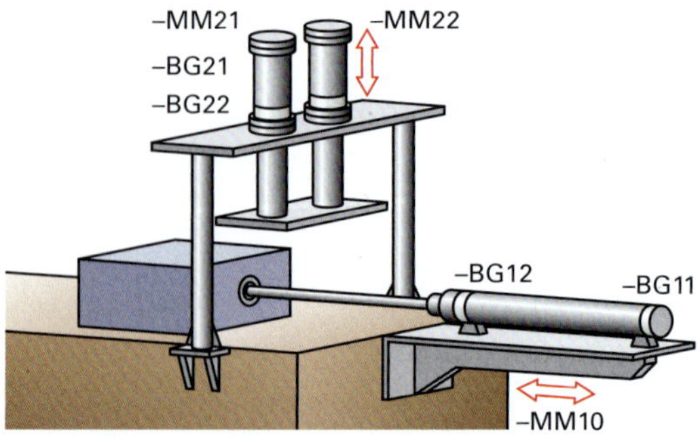

Bild 2: Materialpresse

Schritt 3: Erstellung des Schaltplans

Die Stück- oder Geräteliste kann schon zu Beginn zur Lösungsfindung als Tabelle erstellt werden **(Bild 1)**.

Sie listet alle Bauelemente der Pneumatikschaltung auf ohne die Steck- oder Schraubverbindungselemente und die verwendeten Pneumatikschläuche.

Die Schaltplanlösung zeigt **Bild 2, Seite 143**. Die Bauteile werden nach der Referenzkennzeichnung gemäß DIN EN 81346-2:2010 gekennzeichnet. Diese Norm kennt eine **zweite Unterklasse**: Angewendet wird diese hier, um die Druckluftquelle, z.B. einen Kolbenkompressor –GQ**A**0, von einer Wartungseinheit –GQ0 zu unterscheiden.

// Aufgabenstellung: Materialpresse

Eine Presse soll das Volumen von Abfallmaterial zu flachen Paketen verpressen **(Bild 2)**. Das Material wird in einem Behälter gesammelt. Nach dem Start der Anlage zieht ein pneumatisch betätigter Zylinder den Behälter unter die Pressenplatte. Diese presst über zwei Zylinder das Material zusammen und fährt anschließend zurück. Der Zylinder mit dem Behälter fährt wieder in die Grundposition. Planen Sie eine pneumatische Steuerungslösung für den Arbeitszyklus.

Schritt 1: Festlegen der Arbeitselemente

Alle verwendeten Pneumatikzylinder sind doppelt wirkend mit Drosselrückschlagventilen und beidseitig einstellbarer Endlagendämpfung ausgestattet. Die Kolben besitzen Ringmagneten, um alle Endlagen abfragen zu können. Der Verschiebezylinder hat eine große Hublänge.

Zwei Pneumatikzylinder ergeben eine hohe Verpresskraft, der Druck verteilt sich gleichmäßig auf die Anpressplatte. Nur an einem dieser Zylinder sind die beiden Endlagensensoren angebracht.

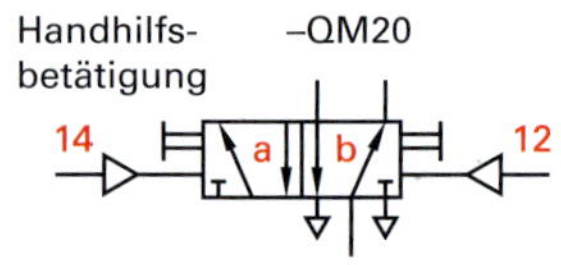

Bild 3: 5/2-Wege-Impulsventil – bistabil (–QM20)

Schritt 2: Stellelemente und Ablaufsystematik

Als Stellelemente werden zwei 5/2-Wege-Impulsventile mit Handhilfsbetätigung eingesetzt. Sie sind bistabil, d.h., die Schaltstellungen „**a**" und „**b**" sind so lange stabil, bis sie zurückgesetzt werden **(Bild 3)**.

Analyse der Ablaufschritte

In der **Kurzschreibweise** werden die Aktoren in ihren Ablaufschritten aufgelistet und zu Bewegungsgruppen zusammengefasst.

1. Schritt	2. Schritt	3. Schritt	4. Schritt
–MM10–	–MM21+	–MM21–	–MM10+
	–MM22+	–MM22–	
1. Bewegungsgruppe		2. Bewegungsgruppe	

Im ersten Schritt fährt der Kolben des Verschiebezylinders ein unter die Presse (–MM10–).[1]

Im zweiten Schritt fahren die Kolben der beiden Pressenzylinder –MM21+ und –MM22+ parallel aus. Die drei Aktoren werden zu einer Bewegungsgruppe zusammengefasst und durch die Trennlinie (= Gruppengrenze) **I** von der zweiten Bewegungsgruppe abgegrenzt.

[1] Ab dieser Aufgabenstellung werden bei 2 oder mehr Aktoren die einzelnen Schaltkreise mit zweistelligen Zahlen nummeriert: z.B. –MM10, –QM10, –RN11, –RN12, –BG11, –BG12

Am Übergang zur zweiten Gruppe entsteht das Problem der Signalüberschneidung:

Startbedingung: –SJ1 * –BG12
Einfahren: –MM10– → hintere Endlage –BG11

–BG11: → –QM20(14) → –MM21+ und MM22+

Übergang in die 2. Bewegungsgruppe:

–BG22: → –QM20(12) → –MM21– und –MM22–

Beide Signale –BG11 und –BG22 sind noch aktiv, damit überschneiden sich die beiden Impulse 14–12 vom 5/2-Wege-Impulsventil –QM20.

Nach der Funktionstabelle (siehe letzte Zeile) ist dieser Zustand unbestimmt **(Bild 1)**.

In der Schaltlogik wird dieses Verhalten als Flipflop[1] bezeichnet.

Eine weitere Signalüberschneidung gibt es nach dem vierten Ablaufschritt zu einem neuen Bewegungszyklus. Hier ergibt sich die Überschneidung am 5/2-Wege-Impulsventil –QM10 für den Zylinder –MM10.

Zur Lösung dieses Problems stehen in der Pneumatik unterschiedliche Lösungsstategien zur Verfügung:

- Signalabschaltung durch Umschaltventile **(Kaskadierung)**,
- Abschalten der Signale über Zeitfunktionen,
- spezielle Taktstufenbausteine.

Ablaufsteuerungen mit GRAFCET

Die Ablaufschritte der Materialpresse lassen sich sinnvoll mit dem GRAFCET DIN EN 60848 beschreiben **(Bild 2)**.

Mit dem GRAFCET lassen sich Einzelschritte und Übergänge grafisch darstellen: Strukturelemente wie Schritt, Transition und Aktion sind leicht verständlich.

Das Ziel von GRAFCET besteht darin, das Verhalten des Ablaufteils eines Systems eindeutig festzulegen. Das Verhalten zeigt, auf welche Weise die Ausgangsvariablen von den Eingangsvariablen abhängen.

Der GRAFCET beschreibt im Schritt 1, dass der Kolben des Verschiebezylinders –MM10 einfährt. Der Aktor wird speichernd auf „1" gesetzt, d.h., er bleibt über den Schritt 1 hinaus eingefahren, bis er mit Schritt 4 speichernd auf „0" zurückgesetzt wird: Erst dann fährt er wieder in seine ausgefahrene Grundposition.

Schaltzeichen des 5/2-Impulsventils

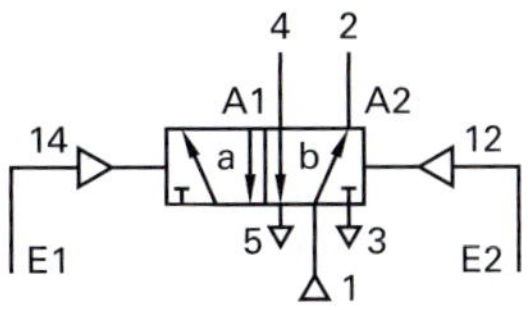

Funktionstabelle:

12	14	4	2
E2	E1	A1	A2
0	0	●	●
0	1	1	0
1	0	0	1
1	1	□	□

● Zustand unverändert
□ Zustand unbestimmt

Bild 1: Funktionstabelle für ein 5/2-Wege-Impulsventil (= Flipflop)

Signalüberschneidung

- Signalüberschneidungen gibt es in Ablaufsteuerungen beim Einsatz von mehreren Aktoren bei Verwendung **bistabiler 5/2-Wege-Impulsventile.**
- Mittels der **Kurzschreibweise** der Bewegungsgruppen lassen sich die Überschneidungen erkennen.
- Sie entstehen u.a. dann, wenn an den Gruppengrenzen die gleichen Aktoren mit unterschiedlichen Bewegungsrichtungen stehen.

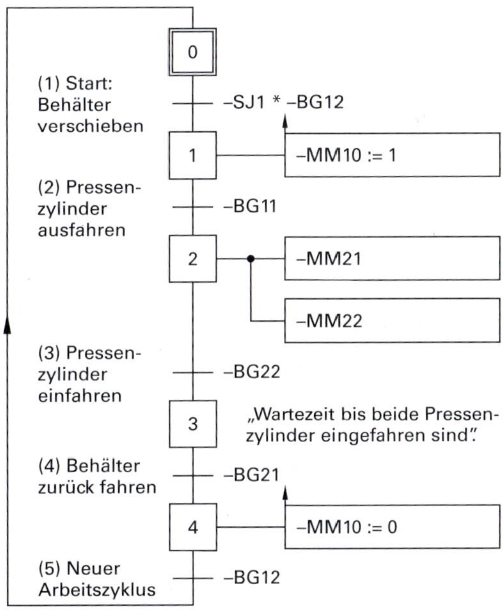

Bild 2: GRAFCET für eine Materialpresse mit Aktoren

[1] Der Begriff Flipflop oder Flip-Flop stammt aus der Elektronik und bezeichnet Stellelemente, die zwei stabile Zustände am Ausgang (A1, A2) haben.

Im GRAFCET kann man nicht erkennen, ob ein pneumatischer Zylinder in seiner Grundstellung ein- oder ausgefahren ist.

Die Aktionen –MM21 und –MM22 im zweiten Schritt werden als kontinuierliche Aktionen bezeichnet.

Sobald –BG22 logisch „1" ist, d.h., die dritte Transitionsbedingung ist erfüllt, dann sind auch die beiden Aktoren von Schritt 2 nicht mehr aktiv. Sie gehen wieder in ihren Grundzustand. Da sie als pneumatische Pressenzylinder eine gewisse Zeit benötigen, um ihre Endlagen zu erreichen, wird ein Schritt 3 in den GRAFCET eingefügt ohne Aktionsfeld, aber zum Verständnis mit einem „Kommentar" versehen.

Schritt 3: Schaltplanlösung

Mithilfe der Vorüberlegungen lassen sich Schaltplanlösungen erstellen.

Zunächst wird die schaltungstechnische Lösung mit einem Umschaltventil gezeigt **(Bild 1)**.

Das bistabile Umschaltventil –QM1 schaltet mit Starttaster –SJ1 und –BG12 in die Stellung **„a"** um und versorgt den Steuerstrang der ersten Bewegungsgruppe mit Druckluft: Verschiebezylinder –MM10 fährt ein, über Signal –BG11 fahren die beiden Pressen –MM21 (–MM22) aus. In der vorderen Endlage betätigt der Kolben von –MM21 den Endlagensensor –BG22, der am Umschaltventil –QM1 den Impuls 12 erzeugt. Damit geht –QM1 in die Schaltstellung **„b"** zurück, der Steuerstrang der zweiten Bewegungsgruppe erhält Druckluft (wird belüftet).

Damit wird das betätigte Signalelement –BG11 als Impuls 14 des Stellelements –QM20 druckfrei (entlüftet). Der Impuls 12 auf der Gegenseite des 5/2-Wege-Impulsventils –QM20 wird wirksam:

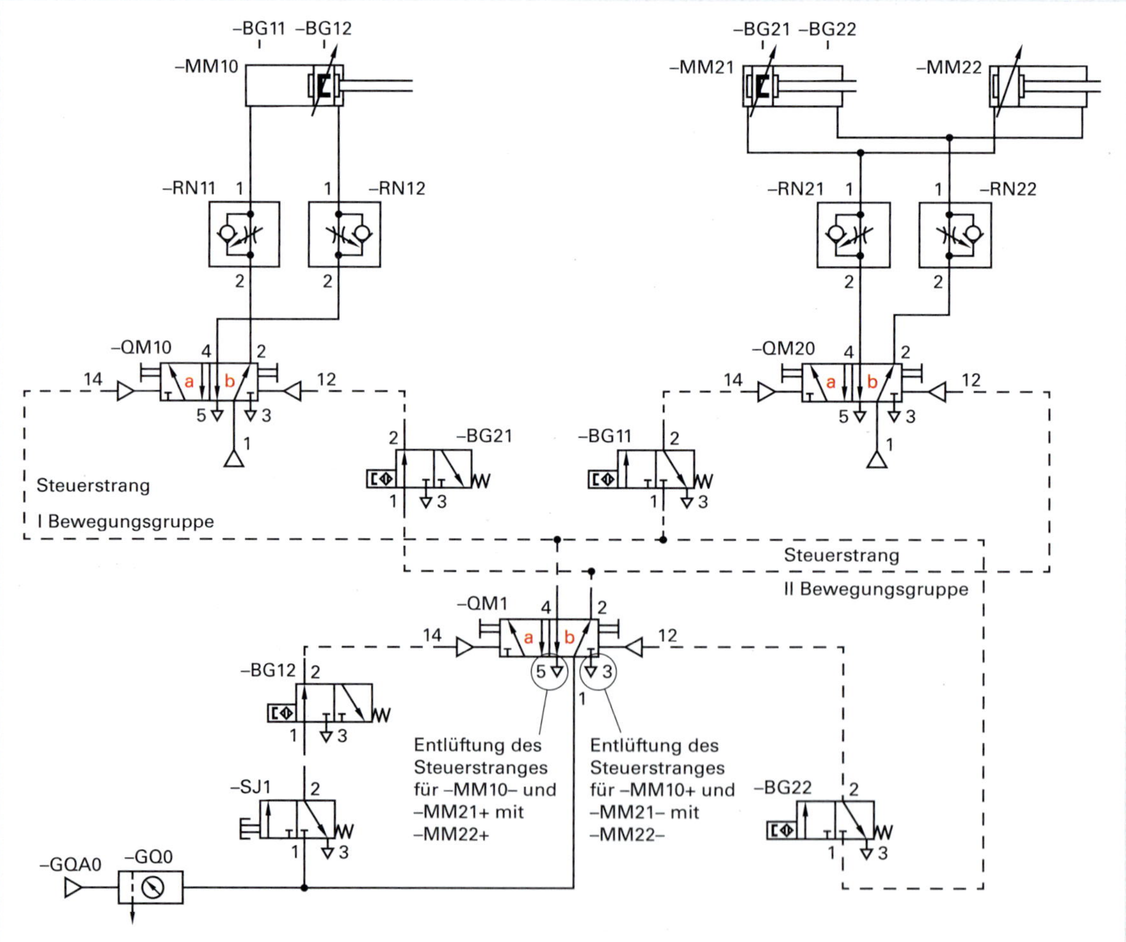

Bild 1: Lösung der Materialpresse mit Umschaltventil –QM1 (= Kaskadierung)

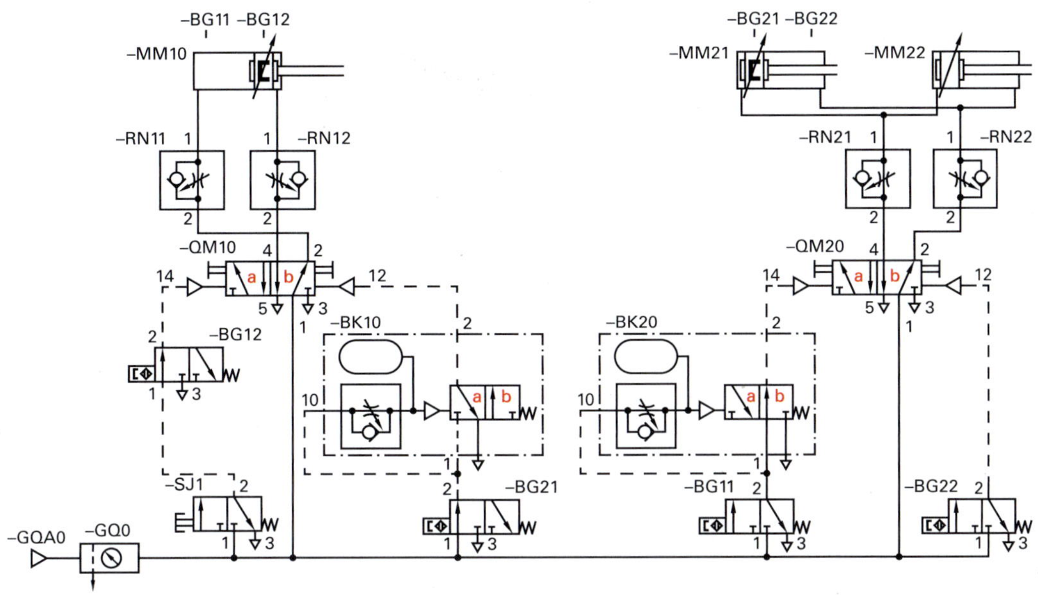

Bild 1: Pressensteuerung mit Verzögerungsventilen (Zeitfunktionen) zur Signalabschaltung

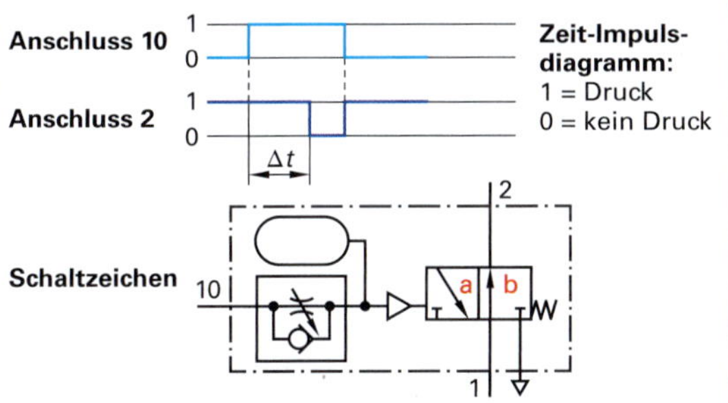

Bild 2: Negierte Einschaltverzögerung

Kaskadierung mit Umschaltventil

- Mit Umschaltventilen lassen sich Signalüberschneidungen verhindern.
- Mit dem Umschaltventil bekommt der Steuerstrang einer Bewegungsgruppe die pneumatische Druckenergie zu- oder weggeschaltet (= Kaskadierung).
- Mit dieser Umschalttechnik werden anstehende aktive Signale für den Ablauf unwirksam (entlüftet).

Beide Pressenkolben bewegen sich in die hintere Endlage. Der Kolben des Pressenzylinders –MM21 betätigt Signalelement –BG21, welches den Impuls 12 am Stellelement –QM10 zum Umschalten nach „**b**" erzeugt.

Der Verschiebezylinder –MM10 geht in die Grundstellung. Ein Arbeitszyklus ist damit abgeschlossen.

Beim erneuten Starten über –SJ1 und –BG12 ist der Impuls 12 über das Signal von –BG21 noch aktiv. Erst wenn das Umschaltventil durch die Startbedingungen auf Stellung „**a**" umgeschaltet wird, entlüftet der Impuls 12 an –QM10, der Gegenimpuls 14 wird wirksam.

Diese Steuerungstechnik nennt man eine Kaskadierung[1], wo über mehrere Stufungen (Steuerstränge) hinweg bestimmte Bewegungsgruppen die pneumatische Druckenergie erhalten.

Eine weitere Möglichkeit, die Signalüberschneidungen an bistabilen Stellelementen zu vermeiden, ist der Einsatz pneumatischer Verzögerungsventile **(Bild 1)**.

Bei den beiden Zeitfunktionen von –BK10 und –BK20 handelt es sich um negierte Einschaltverzögerungen. Die beiden Ventile sind eine Kombination aus 3/2-Wegeventil mit Durchflussruhestellung, Drosselrückschlagventil und einem Druckluftspeicher **(Bild 2)**.

[1] von cascada (span.) = stufenförmiger Wasserfall

Der Ablauf der Materialpresse wird über den Start –SJ1 und die Endlage –BG12 gestartet. Der Impuls 14 am Stellelement kann aber nur wirksam sein, wenn der Gegenimpuls 12 nicht mehr anliegt.

Das Verzögerungsventil –BK10 schaltet den Impuls 12 weg: Über die hintere Endlage –BG21 des Pressenzylinders –MM21 ist das 3/2-Wegeventil in der Durchflussruhestellung zunächst durchströmt und erzeugt den Impuls 12. Gleichzeitig ist die Steuerleitung 10 am Zeitelement –BK10 belüftet. Nach einer eingestellten Zeit wird das 3/2-Wegeventil nach „**a**" geschaltet (Impuls 12 entlüftet).

Die Zeit kann über die Einstelldrossel am Drosselrückschlagventil eingestellt werden **(Bild 1)**. Zum Schalten ist ein bestimmter Druck notwendig, der sich im Druckspeicher aufbaut. Dieser Druck baut sich über die Rückstellmembrane wieder ab, wenn an der Steuerleitung 10 der Druck abfällt.

In ähnlicher Weise wird das Dauersignal von Endlagenabfrage –BG11 an –BK20 abgeschaltet. Der Verschiebezylinder –MM10 muss dazu eingefahren sein, er muss seine hintere Endlage –BG11 erreicht haben.

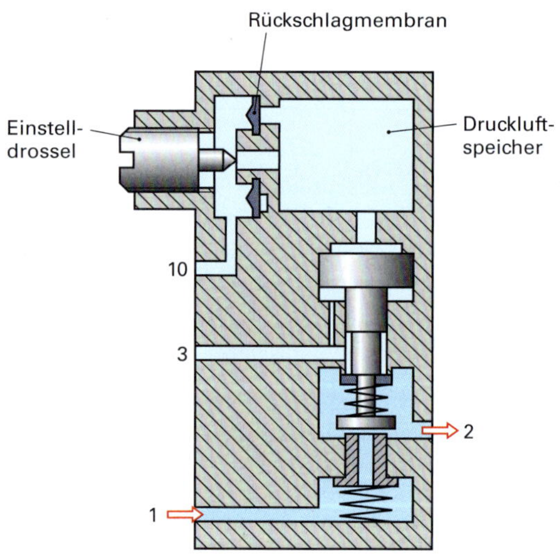

Bild 1: Negierte Einschaltverzögerung (Timer)

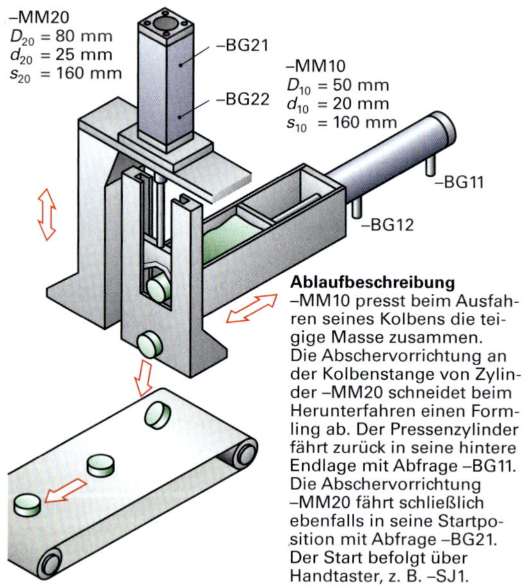

Bild 2: Abschervorrichtung mit zwei Zylindern

Überlegen und beantworten Sie:

1. Beschreiben Sie die Unterschiede zwischen einer kombinatorischen Steuerung und einer Ablaufsteuerung.
2. Zählen Sie unterschiedliche Werkzeuge und Wege zum Erstellen einer pneumatischen Schaltplanlösung bei den beiden Steuerungsarten auf.
3. Erklären Sie den Begriff Impulsventil.
4. Beschreiben Sie die Problematik von bistabilen Ventilen in Ablaufsteuerungen.
5. Erläutern Sie den Ablauf der Abschervorrichtung in der Kurzschreibweise und analysieren Sie den Ablauf nach der Gruppenmethode auf ggf. auftretende Signalüberschneidungen hin **(Bild 2)**.
6. Beschreiben Sie den Ablauf nach GRAFCET DIN EN 60848-2.
7. Erstellen Sie eine pneumatische Schaltplanlösung. Verwenden Sie zwei 5/2-Wege-Impulsventile.
8. Beurteilen Sie die unterschiedlichen Möglichkeiten, um die Positionen der Endlagen abzufragen.
9. Berechnen Sie für beide Zylinder den Luftverbrauch bei einem Druck von p_e = 6 bar und einem Normaldruck von 1 bar. Die beiden Doppelhübe für Vor- und Rücklauf erfolgen zwölfmal in der Minute.

2.1.3 Betriebsartenteil bei Ablaufsteuerungen

// Aufgabenstellung: Heben und Senken von Transportkisten

Beschreibung des Ablaufs

Eine Hebevorrichtung bringt Transportkisten, die über eine ersten Förderstrecke ankommen, auf eine zweiten Förderstrecke. Von der Hubhöhe aus werden die Pakete mit einem Verschiebehub auf eine abfallende Rampe befördert **(Bild 1)**. Danach fährt der Verschieber in die Ausgangsstellung zurück. Der Hubzylinder senkt sich darauf wieder ab. Für die Ansteuerung der Zylinder werden 5/2-Wege-Impulsventile verwendet.

Erweiterung der Aufgabenstellung:

Um eine Anlage komfortabler und sicherer zu betreiben, wird diese um einen Betriebsartenteil mit zugehörigen Funktionen erweitert **(Bild 2)**.

- **Steuerung EIN/AUS**

Mit einem 3/2-Wegeventil (–SJ0) wird die Druckenergie auf die Anlage freigegeben.

- **NOT-AUS**

Jede Maschine muss mit einer Stoppfunktion der **Kategorie 0** (nach DIN EN 60204-1) ausgestattet sein (–SJ02). Damit wird die Druckenergie zu den Arbeitselementen getrennt (ungesteuertes Stillsetzen).

Die NOT-AUS-Funktion muss unabhängig von der Betriebsart funktionsfähig sein und hat Vorrang. Die Energie zu den Antrieben, die gefährliche Zustände erzeugen können, muss ohne Erzeugung weiterer Gefahren abgeschaltet werden.

Damit nach Entriegeln der NOT-AUS-Einrichtung die Anlage nicht selbstständig anläuft, wird in der Lösung ein eigener NOT-AUS-Kreis eingesetzt. Dieser Selbsthaltekreis wird mit einer **Quittierung –SJ01** (SET) gesetzt und durch NOT-AUS zurückgesetzt (RESET).

- **Automatikbetrieb**

Mit **–SJ1** wird der **Einzelzyklus** gestartet. Alle Schritte einer Auflaufsteuerung werden nacheinander einmal durchlaufen.

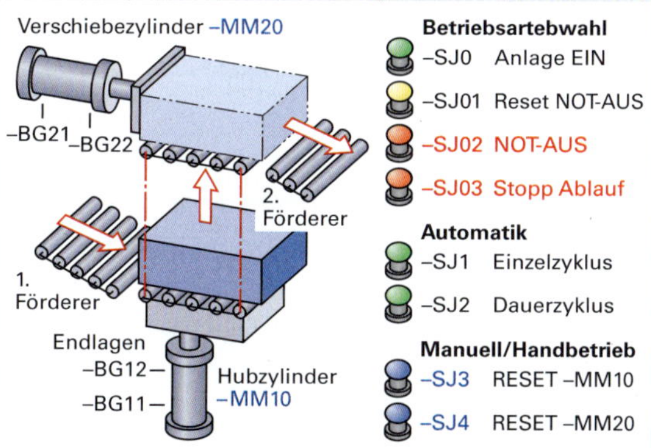

Bild 1: Technologieschema für Hebevorrichtung

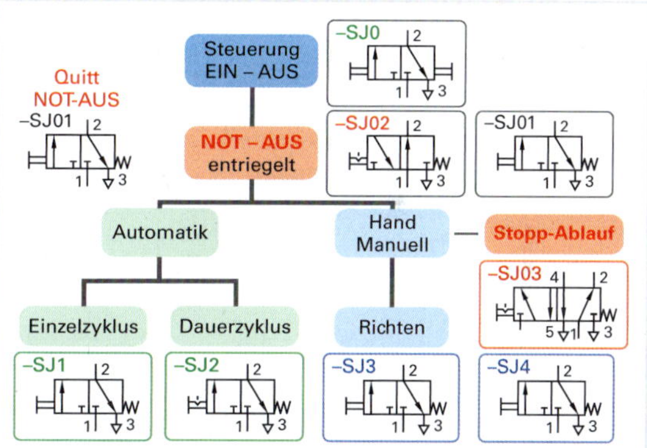

Bild 2: Übersicht Betriebsarten

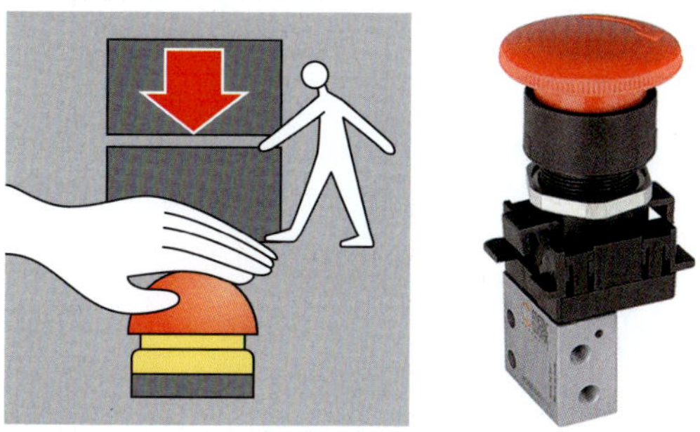

Bild 3: NOT-AUS-Einrichtungen (Farbe/Form)

NOT-AUS nach DIN EN 60204-1

- Bei Betätigung muss NOT-AUS verriegeln (= Raste).
- Nach NOT-AUS-Entriegelung darf die Anlage nicht selbstständig anlaufen.
- Bei Nichtbetätigung ist NOT-AUS auf Durchgangsruhestellung (Negation).
- deutliche Sichtbarkeit von NOT-AUS: Farbe rot für Schlagtaster; gelber Hintergrund, pilzförmig **(Bild 3)**.

Mit **–SJ2**, einem 3/2-Wegeventil mit Stellraste, startet der **Dauerzyklus**. Er läuft beliebig oft ab, bis die Raste zurückgestellt wird. Dann läuft der Arbeitszyklus bis zum letzten Schritt durch. Er muss erneut mit –SJ2 gestartet werden.

- **Handbetrieb-Manuell**

Im Handbetrieb bedient der Anlagenbetreiber sein System durch geeignete Schalteinrichtungen auf dem Bedienfeld oder direkt an der Anlage.

In der schaltungstechnischen Lösung der Hebevorrichtung **(Bild 1)** werden zwei Möglichkeiten gezeigt:

Mit **STOPP-Ablauf –SJ03**, einem 5/2-Wegeventil, wird die Druckenergie von allen Signalelementen unterbrochen, die Anlage kommt gesteuert zum Stillstand. Ggf. können jetzt externe Störungen entfernt werden wie das Verklemmen von Paketen usw.

Wird der Ablauf unterbrochen, so sind für einen Neustart die beiden Stellelemente –QM10 und –QM20 evtl. nicht in der Grundstellung „**b**".

Das kann über die beiden Handhilfsbetätigungen an den Stellelementen direkt geschehen.

Besser ist dies jedoch unter der Betriebsart **„Richten"** in die Grundstellung möglich:

Die beiden Handtaster **Reset –SJ3** und **Reset –SJ4** erledigen jeweils das Zurücksetzen der beiden Stellelemente und der dazugehörigen Arbeitselemente **–MM10** und **–MM20** in die Grundpositionen.

Anschließend muss für den Neustart des Ablaufs die Raste von STOPP-Ablauf –SJ03 entriegelt werden.

Weitere Betriebsarten sind denkbar, um z. B. einzelne Aktorbewegungen z. B. für die Instandhaltung zu ermöglichen.

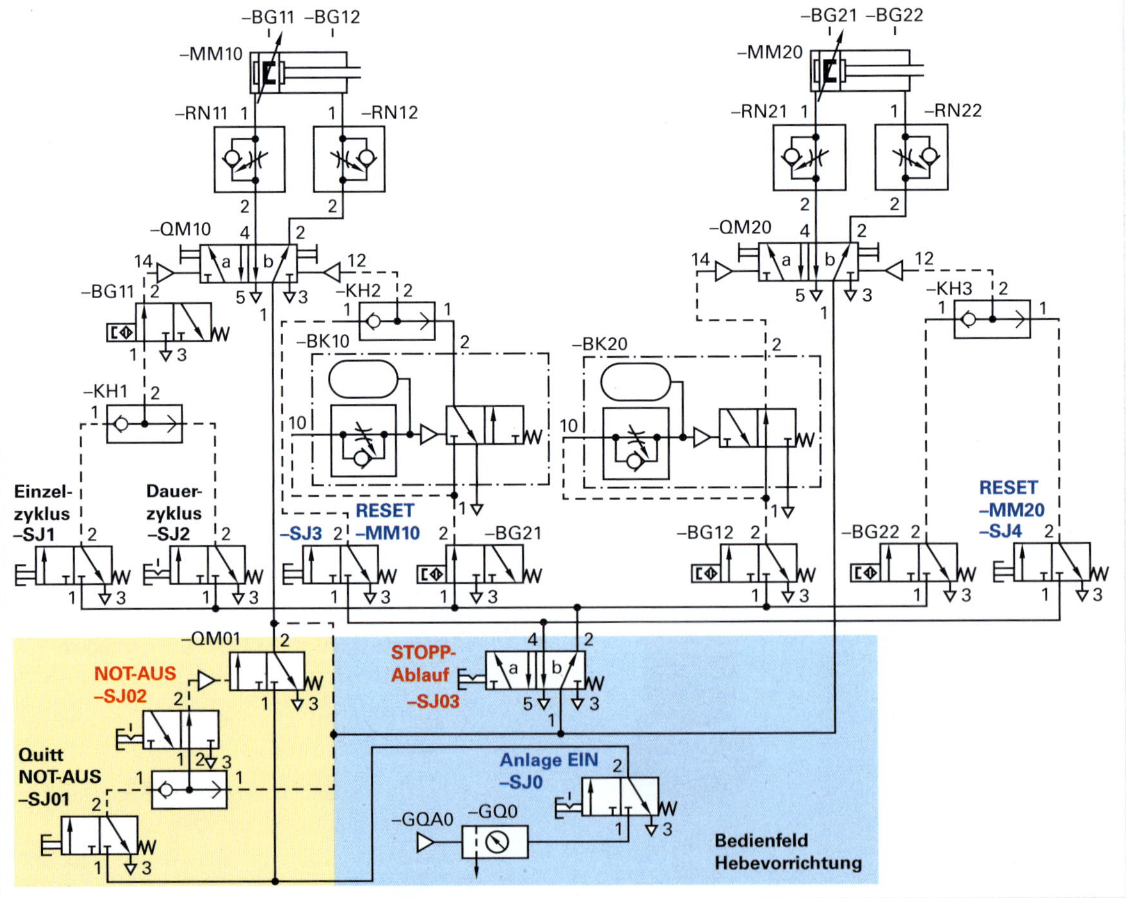

Bild 1: Pneumatische Schaltplanlösung für eine Hebevorrichtung mit Betriebsartenteil

2.1.4 Vakuumtechnik

// Aufgabenstellung: Umsetzung von Werkstücken

Beschreibung des Ablaufs

Ein Unterdruckerzeuger (Ejektor[1]) –GQ1 mit Saugnapf –UA1 ist auf der rechten Kolbenstangenseite eines Pneumatikzylinders –MM10 mit durchgehender Kolbenstange montiert **(Bild 1)**.

Beim Ausfahren nach rechts zu einem Fallmagazin erreicht er die vordere Endlage –BG12. Der Ejektor erzeugt nun einen Unterdruck von $p_e = -0{,}8$ bar. Es werden die Werkstücke aus dem Magazin angesaugt. Über den abgefragten Unterdruck (Vakuumsensor –BP1) erfolgt die Rückhubbewegung nach links, bis die Endlage –BG11 erreicht wird. Die gesamte Einheit wird über eine pneumatische Dreheinheit –MM20 um 90° nach unten gedreht.

Der Ejektor wird ausgeschaltet, die Werkstücke fallen auf ein Transportband.

Vereinfachung: Die Ansteuerung des Förderbandmotors –MA1 und die Betätigung der Sperrklinke am Magazin für die Freigabe und die Vereinzelung der Werkstücke ist nicht Teil der Steuerungsaufgabe.

Eine pneumatische Lösung der Aufgabe folgt den bereits an anderer Stelle aufgezeigten Prozessschritten.

Schritt 1: Arbeitselemente (Aktoren)

Die Aufgabenstellung zeichnet sich durch zwei Besonderheiten aus:

- der Einsatz von Unterdruck (Vakuum) zur Erzeugung der Haltekraft und
- die Erzeugung einer Schwenk-/Drehbewegung.

Erzeugung des Vakuums

Ist der Druck deutlich geringer als der Umgebungsdruck spricht man von einem Unterdruck.

In der Handhabungstechnik werden negative Überdrücke (= Unterdruck) standardmäßig in der Größe von etwa $p_e = -0{,}6$ bis $-0{,}8$ bar erzeugt. Ein Ultrahochvakuum hat man bei $p_e = -1$ bar, das ist aber technisch kaum erreichbar.

In der Pneumatik wird der Unterdruck durch Ejektoren oder ggf. durch Vakuumpumpen erzeugt **(Bild 2)**.

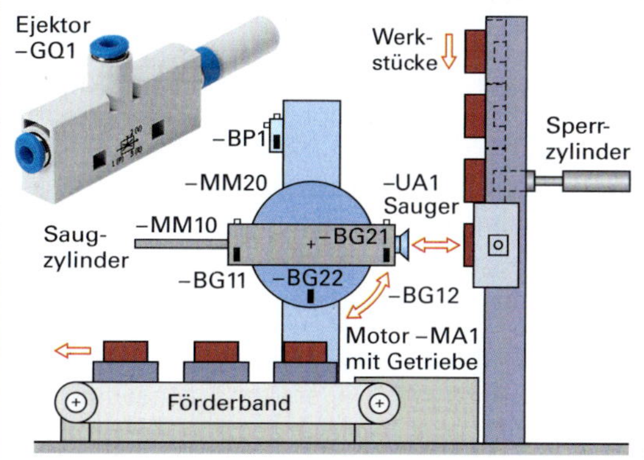

Bild 1: Umsetzungseinheit mit Ejektor

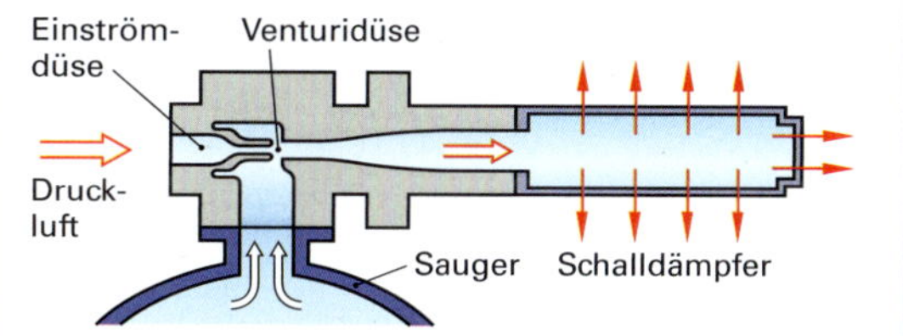

Bild 2: Funktionsprinzip eines Ejektors

Prozessschritte

Schritt 1: Arbeitselemente festlegen, ggf. Berechnung der Parameter (p, F und Q).

Schritt 2:

a) Entscheidung: kombinatorische Steuerung oder Ablaufsteuerung und die dabei üblichen Werkzeuge anwenden, z. B. Bauteilliste, Funktionsplan, GRAFCET und Umschaltventile

b) Stell-, Signal- und Steuerelemente festlegen

Schritt 3: Schaltplanerstellung

Schritt 4: Aufbau, Inbetriebnahme, Fehlersuche, Dokumentation

Dem Ejektor wird Luft mit einem Druck von p_e = 6 bar zugeführt. Über die Einströmdüse wird die Luft in der Verengung der Venturidüse[2] stark beschleunigt.

Am Anschluss des Saugers entsteht so eine große Saugwirkung. Die Luftmoleküle werden dort mitgerissen. Die beschleunigte Luft strömt durch einen Schalldämpfer ins Freie.

[1] von ejicere (lat.) = verdrängen
[2] Giovanni Battista Venturi, ital. Physiker (1746–1822)

Auslegung der Sauggreifer

Die eingesetzten Sauggreifer bestehen aus einem Saugnapf und einem Anbindungselement **(Bild 1)**.

Saugnäpfe erlauben die Handhabung von unterschiedlichen Werkstücken mit allen denkbaren Oberflächenformen und Rauheitsgraden. Massen mit nur wenigen Gramm bis zu mehreren 100 Kilogramm lassen sich bewegen.

Zu den grundsätzlichen Formen gehören der Flach- oder der Balgsauger. Die starren Flachsauger werden eher für glatte, leicht raue Oberflächen eingesetzt, bewegliche Faltenbalgsauger für unebene Flächen, z. B. Karosseriebleche **(Tabelle 1)**.

Haltekraftberechnung

$$F_V = A \cdot p_e$$

$$F_H = F_V \cdot \mu = A \cdot p_e \cdot \mu$$

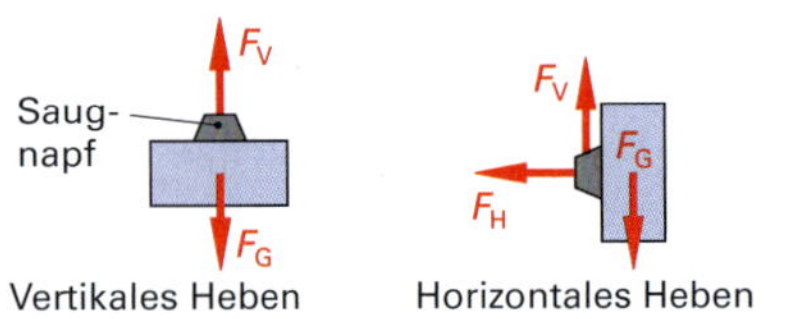

- Die vertikale Kraft F_V und die horizontale Kraft F_H hängen von der Richtung ab, mit der die Sauger am Werkstück angreifen.
- Der Unterdruck p_e wird in $\frac{N}{cm^2}$ und mit Minusvorzeichen angegeben.
- Die Reibungszahl μ ist dimensionslos.

Rechenbeispiel: Sauggreifer an Drehstation

Errechnen Sie die horizontale Haltekraft des Saugers beim Abholen der Werkstücke am Magazin. Der Saugerdurchmesser beträgt $d = 40$ mm, der Unterdruck $p_e = -0{,}6$ bar. Es wird ein Reibwert $\mu = 0{,}3$ zwischen Werkstückoberfläche und Sauger verwendet.

Lösung

$$F_H = F_V \cdot \mu = A \cdot p_e \cdot \mu$$

$$= \frac{4^2\ cm^2 \cdot \pi}{4} \cdot \left(-0{,}6\ \frac{N}{cm^2}\right) \cdot 0{,}3 = |-2{,}3|\ N = 2{,}3\ N$$

Das entspricht einem zulässigen Werkstückgewicht von etwa 230 g. Die Berechnung ist vereinfacht, Beschleunigungswirkungen sind nicht berücksichtigt.

Tabelle 1: Saugerformen

Bauart	Vorteile	Einsatz
Flachsauger	niedrige Bauform, minimale Ansaugzeit	glatte bis leicht raue Oberflächen, Prozess mit kurzen Zykluszeiten
Balgsauger	für unebene Flächen, Ausgleich unterschiedlicher Höhen	Karosseriebleche, Rohre, Kartonagen, empfindliche Elektronikbauteile

Erzeugung von Schwenk-/Drehbewegungen

Schwenk- und Drehbewegungen von 90° bis 180° lassen sich mit Universalschwenkeinheiten realisieren **(Bild 2)**.

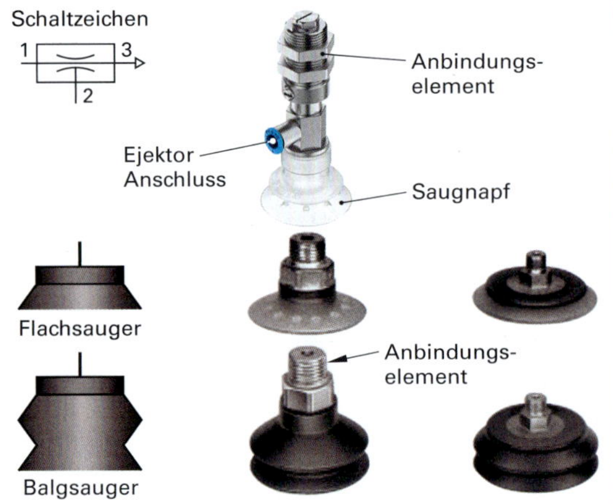

Bild 1: Zwei Grundformen von Saugnäpfen

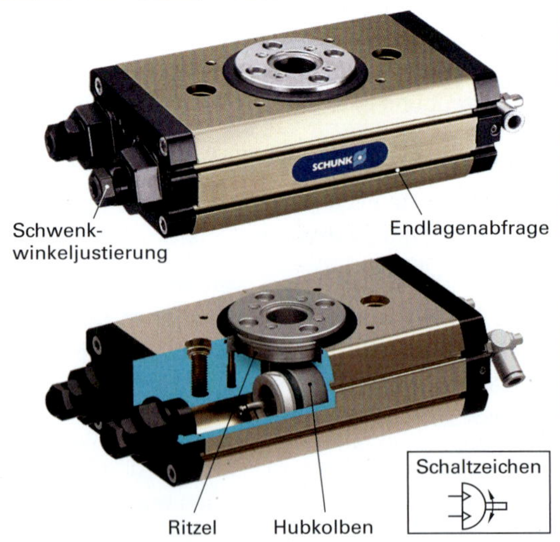

Bild 2: Universalschwenkeinheit

Beschreibung der Schwenkeinheit **(Bild 2, Seite 152)**:

Ein Hubkolben wird mit Druckluft beaufschlagt und bewegt sich damit nach links. Die eingefräste Zahnstange greift in das mittig sitzende Ritzel. Es wird eine Drehbewegung gegen den Uhrzeigersinn erzeugt. Die Schwenkwinkelgrade lassen sich justieren.

Bei Druckbeaufschlagung eines 2. Kolbens wird dagegen eine Rechtsdrehung erzeugt. Für die Endlagenabfrage durch Sensoren sind seitlich am Zylinder Aufnahmenuten eingearbeitet.

Schritt 2: Stellelemente und Bewegungsanalyse

Als Stellelemente werden zwei 5/2-Wege-Impulsventile (–QM10, –QM20) und ein 3/2-Wege-Impulsventil (–QM1) verwendet. In der Kurzschreibweise wird die Ablaufstruktur der Drehstation deutlich.

| –MM10+ –GQ1+ | –MM10– –MM20+ –GQ1– | –MM20– |

Die Ablaufschritte in der Kurzschreibweise findet sich im GRAFCET wieder **(Bild 1)**.

Im GRAFCET findet sich im Strukturteil als Kommentar der Transitionen die Kurzschreibweise wieder. Im Wirkungsteil werden hier nicht die Arbeitselemente, sondern die Stellelemente mit ihren zugeordneten Impulsen beschrieben.

An der Gruppenschreibweise ist zunächst das Problem einer Signalüberschneidung nicht direkt erkennbar. An den Gruppengrenzen stehen sich keine 5/2-Wege-Impulsventile direkt gegenüber.

Das Problem entsteht im dritten Ablaufschritt: Bei dem Rückfahren des Zylinders –MM10 wird der Endlagensensor –BG11 betätigt.

Dieser leitet den vierten Schritt über das 5/2-Wegeventil –QM20 ein mit Impuls 14. Dieser Impuls 14 wird durch das betätigte Signalelement –BG11 aufrechterhalten und steht im sechsten Schritt dem Rückschwenken –MM20– des Drehzylinders entgegen.

Der Impuls 14 von 5/2-Wegeventil –QM20 wird in der Lösung später mit einer entsprechenden Verzögerung (Zeitfunktion) entlüftet, sodass Impuls 12 von –QM20 wirksam werden kann: Der Drehzylinder schwenkt zurück in die Grundposition (siehe Lösung Seite 154).

Im zweiten Schritt wird der Ejektor belüftet: –GQ1– . Der Unterdruckschalter –BP1 schaltet nach dem eingestellten Unterdruckwert von p_e = –0,8 bar und leitet den dritten Schritt ein, den Rückhub des Zylinders mit durchgehender Kolbenstange –MM10– .

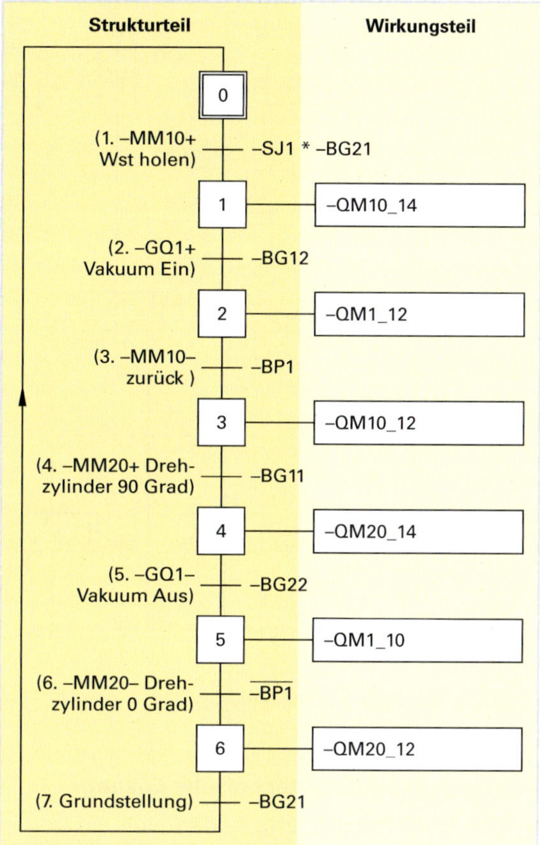

Bild 1: GRAFCET für eine Drehstation

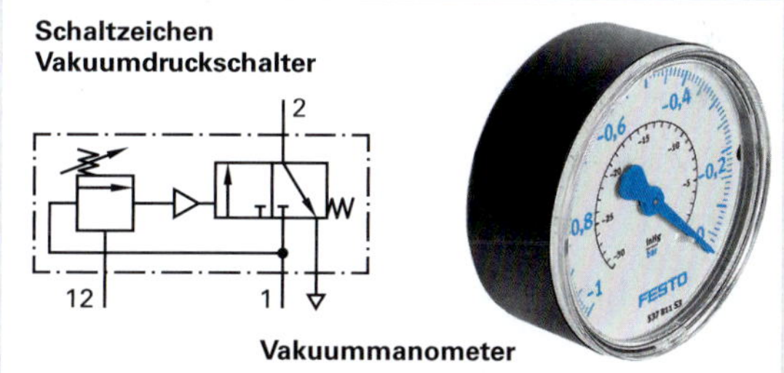

Bild 2: Vakuumzubehör an Unterdruckstationen

Der Unterdruck wird über einen eigenen Druckmanometer –PG1 angezeigt **(Bild 2)**.

Das Signal „Unterdruck an –BP1 **nicht** vorhanden" wird im letzten Ablaufschritt als $\overline{\text{–BP1}}$ über ein 3/2-Wegeventil mit Durchflussruhestellung (= Negation) umgesetzt. Es wirkt als Impuls 12 auf –QM20.

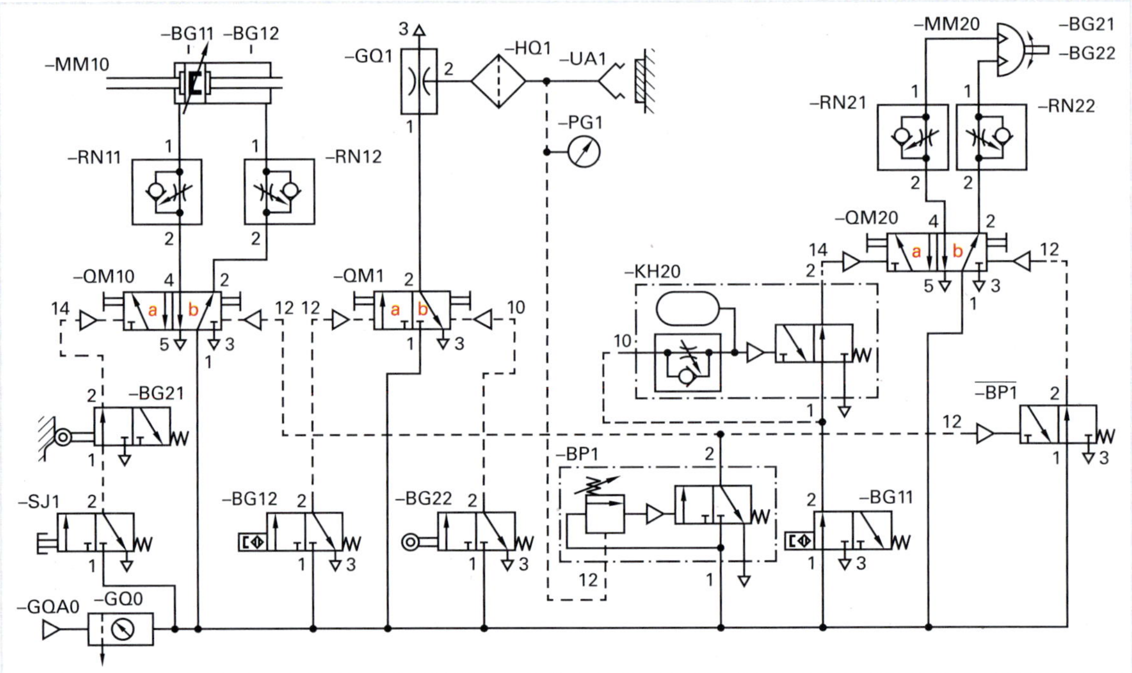

Bild 1: Pneumatische Schaltplanlösung mit Vakuumerzeuger und Vakuumdruckschalter

Schritt 3: Schaltungstechnische Lösung

In der **Schaltplanlösung** finden sich die vorher getroffenen Überlegungen wieder. Für die Abfrage der beiden Schwenkpositionen –BG21 (0°) und –BG22 (90°) werden mechanische Tastrollen verwendet. Ein Vakuumfilter –HQ1 verhindert das Eindringen von Schmutzpartikeln in die Venturidüse beim Ansaugen **(Bild 1)**.

Vakuumtechnik

- Um einen Unterdruck zu erzeugen, werden **Ejektoren** verwendet.
- Zur Gerätetechnik bei Vakuumbedingungen gehören eigene Unterdruckmanometer, Vakuumschalter und geeignete Sauger.
- In der Handhabungstechnik bewegen sich die Unterdrücke zwischen $p_e = -0,6$ bis $-0,8$ bar.

2.1.5 Inbetriebnahmeschritte mit Checkliste

Die Herstellung einer Baugruppe mit steuerungstechnischer Funktion erfordert Kenntnisse und Fertigkeiten aus dem Bereich der manuellen/maschinellen Fertigung (Bohren, Gewindeschneiden, Biegen usw.), um die erforderlichen Bauteile der Baugruppe herzustellen. Viele Teile wie Zylinder, Ventile, Zubehör wie Pneumatikschläuche usw. müssen ausgewählt und gekauft werden **(Bild 2)**.

Nach Planung, mechanischer Fertigung und Aufbau der Steuerung kann eine Inbetriebnahme erfolgen.

Man beginnt mit einer **Sichtprüfung** der Pneumatikanlage. Folgende Fragestellungen sind hier hilfreich:

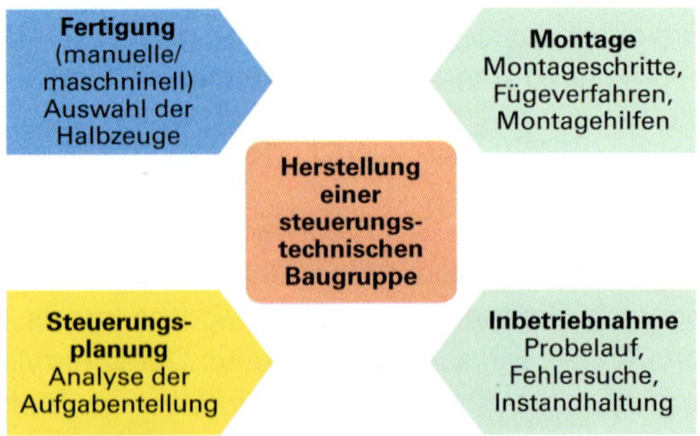

Bild 2: Handlungsbereiche zur Herstellung steuerungstechnischer Baugruppen

- Sind alle Betriebsmittel entsprechend der Geräteliste fachgerecht verbaut und montiert?
- Sind alle Pneumatikleitungen richtig verlegt und die Pneumatikelemente ordnungsgemäß angeschlossen (ggf. Zugprobe)?
- Sind alle **Betriebsmittel** korrekt gekennzeichnet (evtl. Referenzkennzeichnung nach DIN EN 81346-2 oder DIN ISO 1219 bei Fluidmechanik).
- Eine **Checkliste** standardisiert die Erstinbetriebnahme **(Tabelle 1)**. Sie kann als Anlagendokument mitgeführt werden.

Nach der Erstinbetriebnahme kann die Anlage an den Kunden übergeben werden.

Alle Dokumente wie Schaltpläne, Stücklisten sowie das Übergabeprotokoll schließen den Prozess ab.

Tabelle 1: Checkliste für die Inbetriebnahme einer Pneumatikanlage

Prüfpunkte		Hinweise
Druckeinstellung p_e		
Wartungseinheit mit Druckregelventil: Am Manometer kann der Einstelldruck von p_e = 6 bar überprüft werden.	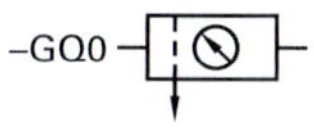	Zunächst den Druck auf p_e = 0 bar, Hauptschalter ein und Druck über Druckregler hochdrehen. Unterdruck über Vakuumschalter einstellen und mittels Kontrollmanometer überprüfen. Eingestellte Werte protokollieren.
Kolbengeschwindigkeit *v*		
Die Kolbengeschwindigkeiten bei der Erstinbetriebnahme auf niedrige Verfahrgeschwindigkeiten einstellen. Später auf die gewünschten Werte anpassen und Einstellungen über Kontermuttern sichern.	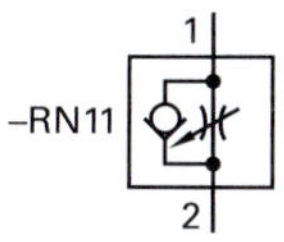	Die Geschwindigkeiten werden über die Drosselrückschlagventile eingestellt. Darauf achten, dass die abströmende Druckluft gedrosselt wird (richtiger Einbau). Über die Handhilfsverstellungen an den Stellelementen kann die Geschwindigkeit voreingestellt werden (Druckluft einschalten).
Endlagendämpfung ggf. anpassen	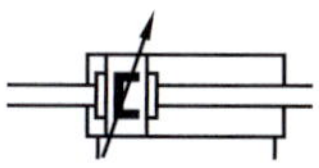	Auf Auffahrgeräusch achten: Die Endlagendämpfung schont die Kolben und verhindert ein hartes Auffahren auf den Zylinderboden oder Deckel.
Grundstellung der Anlage		
Überprüfung der Grundstellung der Aktoren, vor allem wenn die Pneumatikzylinder in Grundstellung ausgefahren sind (Anschlüsse der beiden Arbeitsleitungen 4 und 2 sind vertauscht).		Die Aktorstellung ist von den verwendeten Stellelementen abhängig: 5/2-Wege-Impulsventile werden über eine Handhilfsbetätigung in die Grundstellung „b" gerichtet. 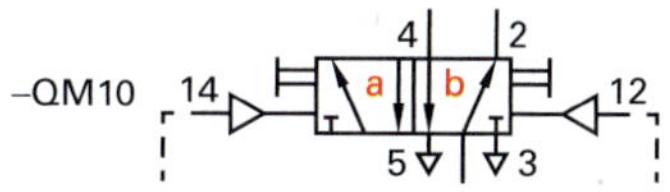
Nebenbedingungen an der Anlage		
Damit die Arbeitsstation getestet werden kann, müssen ggf. Magazine gefüllt sein, störende Gegenstände/Hindernisse in der Anlage oder mechanische Sicherungen entfernt sein.		Das Technologieschema oder die Aufgabenbeschreibung gibt Hinweise auf die Nebenbedingungen. Vorsicht bei Bewegungen an der Anlage: Personen und entsprechende Körperteile wie Finger, Hand usw. in einen entsprechenden Sicherheitsabstand bringen.
Anlagenanlauf		
Hauptschalter ein, Druckenergie freischalten und Starttaster betätigen.		Ggf. Startbedingungen überprüfen (pneum. Schaltplan). Endlagenanfragen: Befinden sich die Sensoren an der richtigen Stelle (Montage)? Ggf. neu justieren. 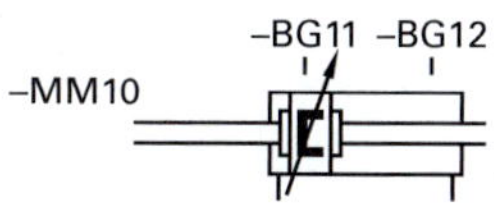
		Können die Aktoren ihre linearen Vorschubbewegungen oder rotatorischen Schwenkbewegungen kollisionsfrei ausführen; werden die Pneumatikschläuche dabei mitgeschleppt?

Überlegen und beantworten Sie:
Pneumatische Steuerungsaufgaben – Vereinzelung von Metallkugeln (Bild 1)

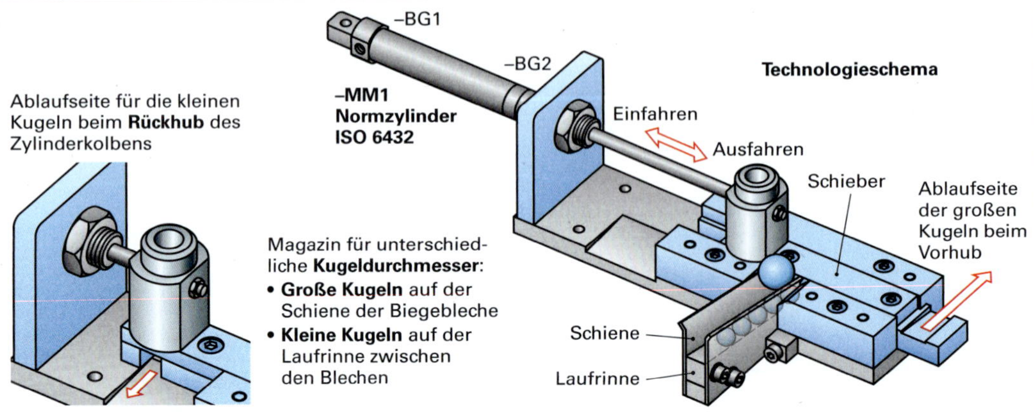

Bild 1: Technologieschema für die Vereinzelung von Metallkugeln

Große und kleine Metallkugeln sollen vereinzelt werden. Die kleinen Kugeln laufen in einer Laufrinne, die großen Kugeln auf einer Schiene (Biegebleche) darüber zu einem Schieber, der mittels der Kolbenstange eines doppelt wirkenden Pneumatikzylinders –MM1 bewegt wird.

In der gezeigten Grundstellung der Kolbenstange können kleine Kugeln über die Laufrinne in eine Aussparung des Schiebers laufen. Mit einem **Starttaster –SJ1** fährt der Kolben in seine hintere **Endlage (–BG1)**; die kleine Kugel kann nach links über eine Schräge herauslaufen.

Währenddessen kann eine große Kugel auf den Schieber in eine Abschrägung fallen. Mit einem **AUS-Taster –SJ3** fährt der Kolben wieder in seine **vordere Endlage (–BG2)** auf die Ablaufseite der großen Kugel nach Ende des Vorhubs.

Die Anlage kann wie beschrieben im **Einzel-**, aber auch im **Dauerbetrieb** betrieben werden. Im Dauerbetrieb soll das Zurückfahren in die Grundstellung um 2 s verzögert erfolgen, um ein Verklemmen der Kugeln zu verhindern. Der Dauerbetrieb soll durch den AUS-Taster –SJ3 beendet werden.

Bild 1, Seite 157 zeigt die pneumatische Schaltplanlösung.

1. Listen Sie die Einzelelemente der Wartungseinheit –GQ0 auf und beschreiben Sie deren Funktion.
2. Welche Eigenschaften besitzt der Kolben des doppelt wirkenden Zylinders?
3. Beschreiben Sie die Art der Signalelemente für die Abfrage der beiden Endlagen. Beschreiben Sie, wie die Schaltsignale ausgelöst werden.
4. Benennen Sie die Logik des 5/2-Wege-Impulsventils als Stellelement –QM3.
5. Einzel- und Dauerbetrieb sollen nicht gleichzeitig möglich sein. Beschreiben Sie, wie dies in der Schaltung verhindert wird.
6. Erklären Sie, warum man zum Einschalten des Dauerbetriebs nur einen Handtaster –SJ2 und keine mechanische Raste benötigt.
7. Beschreiben Sie das Zusammenwirken der einzelnen Elemente der verwendeten Zeitfunktion –BK1.
8. Handelt es sich bei der Aufgabe „Vereinzelung" um eine kombinatorische Steuerung (= Verknüpfungssteuerung) oder eine Ablaufsteuerung? Begründen Sie Ihre Entscheidung.
9. Der Dauerbetrieb wird über –SJ2 eingeschaltet. Im Moment des Verfahrens des Kolbens in die hintere Endlage wird der Einzel-AUS –SJ3 gedrückt. Beschreiben Sie das Verhalten der Anlage.
10. Erklären Sie die drei Wirkungen des Handtasters –SJ3 in der Anlage bei Betätigung.
11. Die beiden Drosselrückschlagventile –RN1 und –RN2 werden durch zwei verstellbare Drosselventile an den Entlüftungsanschlüssen 3 und 5 bei –QM3 ersetzt. Beschreiben Sie die Auswirkungen.

Überlegen und beantworten Sie:

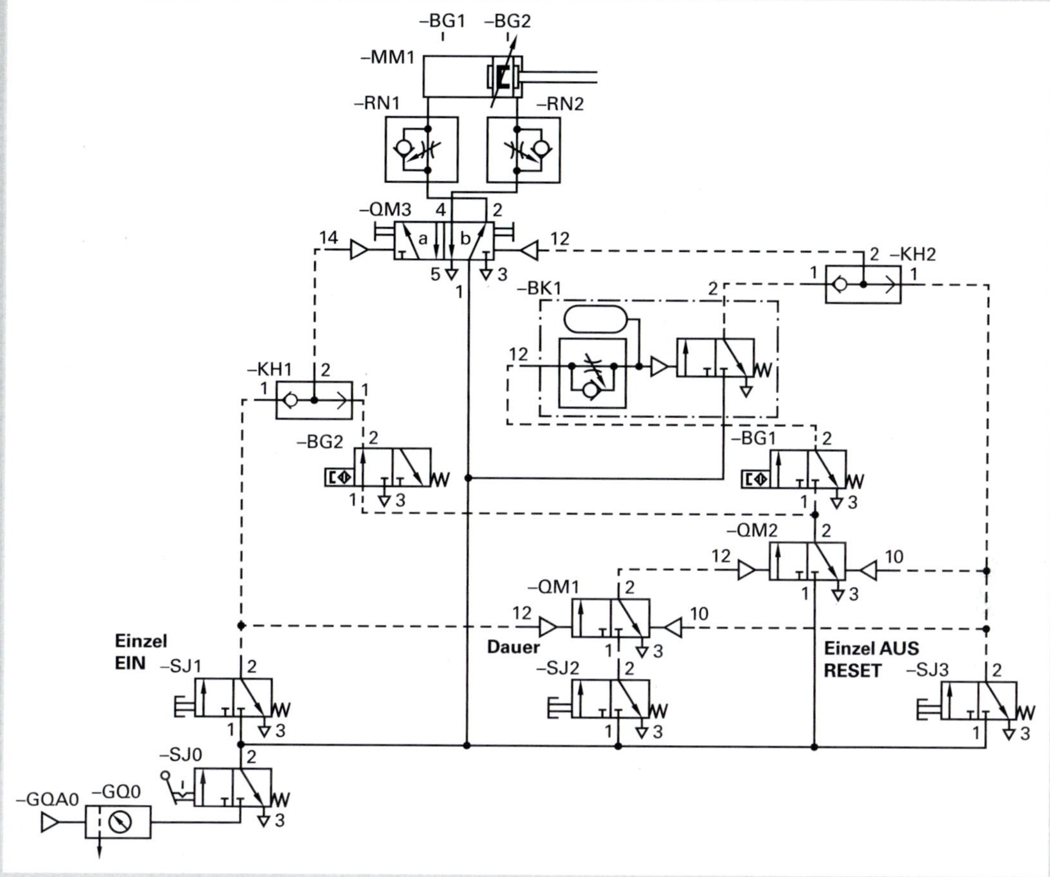

Bild 1: Pneumatische Schaltplanlösung für die Vereinzelung von Metallkugeln

12. Erweitern Sie die Schaltung um einen NOT-AUS (Stoppkategorie 0).

13. Benennen Sie die Wirkung und die Merkmale eines NOT-AUS-Schalters.

14. Berechnungen: Es gilt ein Überdruck von p_e = 6 bar und ein Wirkungsgrad von 88 %.

a) Ermitteln Sie den Durchmesser des Kolbens für –MM1 bei einer Kolbenkraft von F = 665 N.

b) Berechnen Sie den Kolbenstangendurchmesser bei einer Einfahrkraft F = 560 N.

Vakuumtechnik

15. Erläutern Sie das Ventil und seine Funktion, mit dem man auf einfache Weise einen Unterdruck herstellen kann.

16. Zählen Sie alle Bauteile auf, um mit Unterdruck Teile z. B. eine Fensterscheibe handhaben zu können.

17. Lesen Sie am Diagramm **(Bild 2)** ab, wie groß der Versorgungsdruck sein muss, um einen Unterdruck von p_e = –0,6 bar zu erzeugen. Wie groß ist dann p_{abs}?

18. Wie viele Sauger mit einem Durchmesser d = 80 mm werden benötigt, um eine 65 kg schwere Glasplatte mit einem Unterdruck von p_e = –0,4 bar heben zu können?

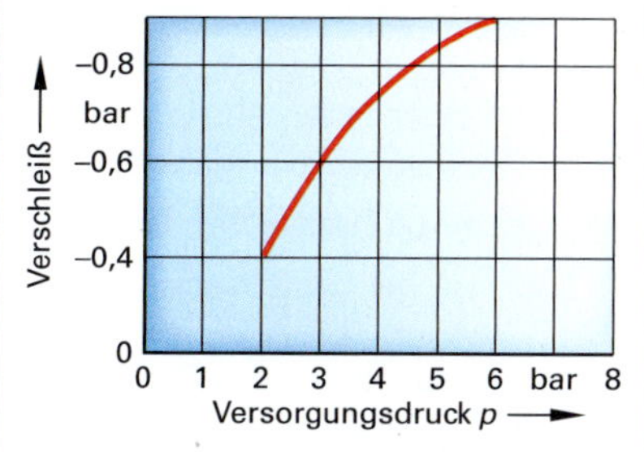

Bild 2: Versorgungsdruck

Lernfeld 6

Überlegen und beantworten Sie: Ablaufsteuerung – Vereinzelung von Bauteilen im Magazin

Bei der Vakuumdrehstation (Seite 151) wird ein Magazin eingesetzt. Damit die Teile sauber vereinzelt werden können, sind drei zusätzliche Zylinder eingesetzt. Die Kolbenstangen von allen drei Zylindern sind in der Grundstellung ausgefahren. Das Magazin wird per Hand befüllt. Damit die Bauteile bis zum Magazinboden durchfallen können, wird mit der Handhilfsbetätigung die Kolbenstange von –MM20 eingefahren.

Nach dem Start des Anlagenteils öffnen die zwei beweglichen Backen und schließen wieder nach 3 s. Die Zeit dient der Simulation der Teilentnahme durch den Vakuumsauger –UA1.

Anschließend wird Sperrzylinder –MM20 langsam in die Grundstellung zurückfahren und ein nachgerutschtes Teil gesperrt.

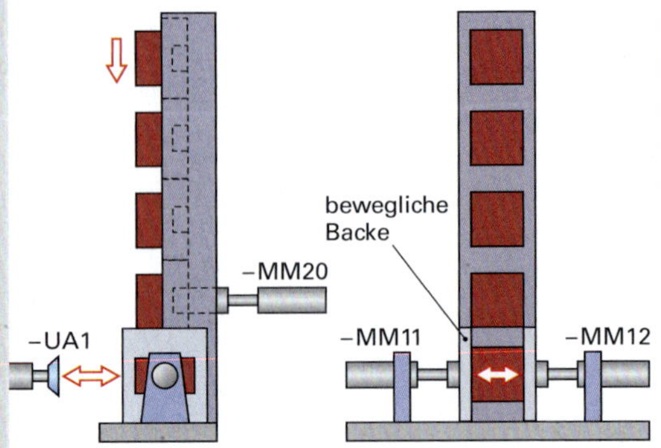

Bild 1: Technologieschema

19. Beschreiben Sie den Ablauf in der Kurzschreibweise und bilden Sie die Bewegungsgruppen.

20. Analysieren Sie die Aufgabenstellung auf Signalüberschneidungen, wenn bistabile Stellelemente zum Einsatz kommen.

21. Erstellen Sie für die Ablaufbeschreibung einen GRAFCET nach DIN EN 60848.

22. Erstellen Sie eine pneumatische Schaltplanlösung und eine Geräteliste. Um Signalüberschneidungen zu vermeiden, verwenden Sie Umschaltventile.

23. Die ganze Anlage könnte durch die Verwendung von einfach wirkenden Zylindern günstiger werden. Erstellen Sie dafür eine alternative pneumatische Schaltplanlösung. Welche Argumente sprechen für eine solche Lösung?

24. Bei der Inbetriebnahme der Anlage ist ein systematisches Ablaufschema einzuhalten: Ordnen Sie die folgenden Schritte in die richtige Reihenfolge:

a) Anlage starten: Drosselventile vorsichtig aufdrehen und auf gewünschte Geschwindigkeiten einstellen; Positionen der Endlagensensoren ggf. nachstellen.

b) Dokumentation der Inbetriebnahme, Einstellwerte (Unterdruck, Zeiten usw.) notieren.

c) Bei Ablaufunterbrechung: Welches Bauteil verhindert die Fortsetzung der Schritte?

d) Alle Drosselrückschlagventile an den Aktoren zunächst schließen.

e) Schläuche, Verbindungen und Montage der Bauteile auf festen Sitz prüfen.

f) Druck auf korrekten Arbeitsdruck einstellen (in der Regel p_e = 6 bar).

g) Niedrigen Arbeitsdruck p_e = 2 bis 3 bar an der Wartungseinheit einstellen.

h) Aktoren in die Grundstellung bringen, Orientierung am Schaltplan.

i) Funktionsablauf Schritt für Schritt überprüfen sowie die Betriebsarten überprüfen (Einzel- bzw. Dauerzyklus): Korrektur und Eingriffe bei stillstehender Anlage.

25. Lesen von Diagrammen **(Bild 2)**:

a) Welcher Betriebsdruck p_e (bar) ist für einen Kunststoffschlauch aus Polyurethan (PU) mit einer Nennweite (DN) von 6 mm bei einer Betriebstemperatur von 30 °C höchstens zulässig?

b) Beschreiben Sie den Zusammenhang von Temperatur (ϑ) und Druck p_e.

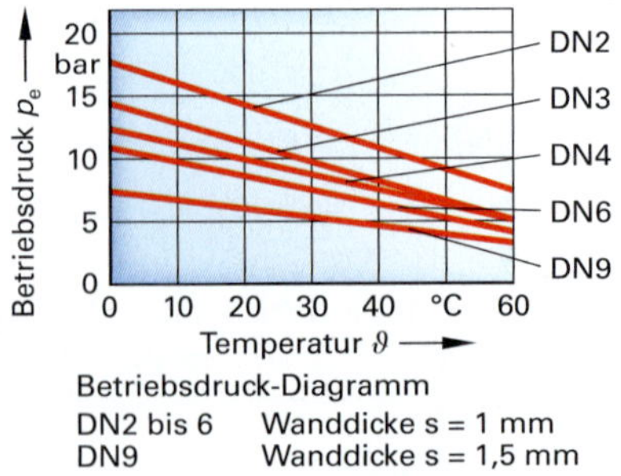

Bild 2: Diagramm Betriebsdruck

2.2 Elektropneumatische Steuerungen

Die Elektropneumatik verknüpft die Vorteile der Pneumatik und der Elektrik: Druckluft und elektrischer Strom erfordern eigene Energiequellen (Kompressor und 24-V-Netzteile) und Bauteile (z. B. Relais, Sensoren, Magnetventile).

2.2.1 Zeit- und Druckfunktionen

// Aufgabenstellung: Abfüllanlage

Beschreibung des Ablaufs (Bild 1)

Ein Behälter wird aus einem Silo mit Kunststoffgranulat abgefüllt. Dazu muss ein Schieber über einen doppelt wirkenden Zylinder betätigt werden.

Geöffnet wird über einen Starttaster –SJ1 aus der vorderen Endlage heraus. Zur Startbedingung gehört das Vorhandensein des Behälters (–BG3). Das Schließen des Silos erfolgt zeitgesteuert nach 2 s und von der hinteren Endlage aus.

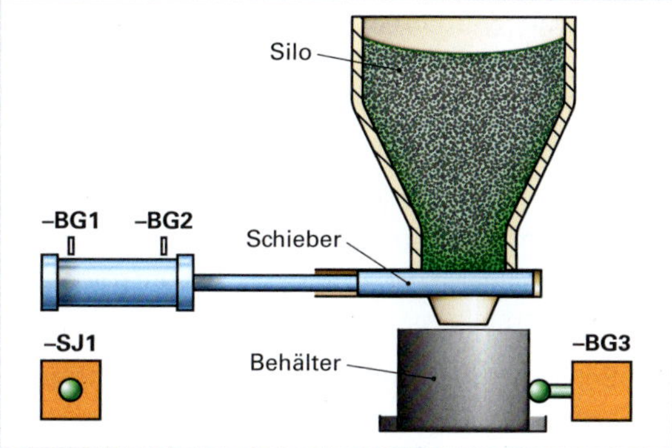

Bild 1: Abfüllanlage – Silo mit Granulat

Analyse der Aufgabenstellung:

Es handelt sich hier um eine kombinatorische Aufgabenstellung in der Form einer verbindungsprogrammierten Steuerungstechnik.

Schritt 1: Arbeitselement festlegen

Der Einsatz eines doppelt wirkenden Zylinders im pneumatische Leistungsteil ergibt sich aus der Aufgabenstellung. Der Kolben ist mit einem Ringmagneten ausgestattet, eine beidseitig einstellbare Endlagendämpfung ist vorhanden.

Schritt 2: Stell- und Signalelemente bestimmen

Die Ansteuerung eines doppelt wirkenden Zylinders erfolgt über das 5/2-Wege-Impulsventil **(Bild 2)**. Es ist pneumatisch vorgesteuert und mit einer Handhilfsbetätigung versehen. Die beiden Arbeitsanschlüsse 2 und 4 vom Ventil am Aktor sind vertauscht, sodass der Kolben und die Kolbenstange des Aktors in der Grundstellung ausgefahren sind. Es ist somit für die Startfunktion die vordere Endlage –BG2 betätigt.

Beide Endlagen werden über magnetische Näherungsschalter (= Reedkontakte) am Zylinder abgefragt. Der Behälter kann hier vereinfacht mechanisch abgefragt werden über eine Tastrolle (–BG3).

Zum Schließen des Schiebers wird eine elektrische Zeitfunktion benötigt. Diese Funktion ist bereits aus der Pneumatik bekannt und wird in der Elektrik äquivalent verwendet.

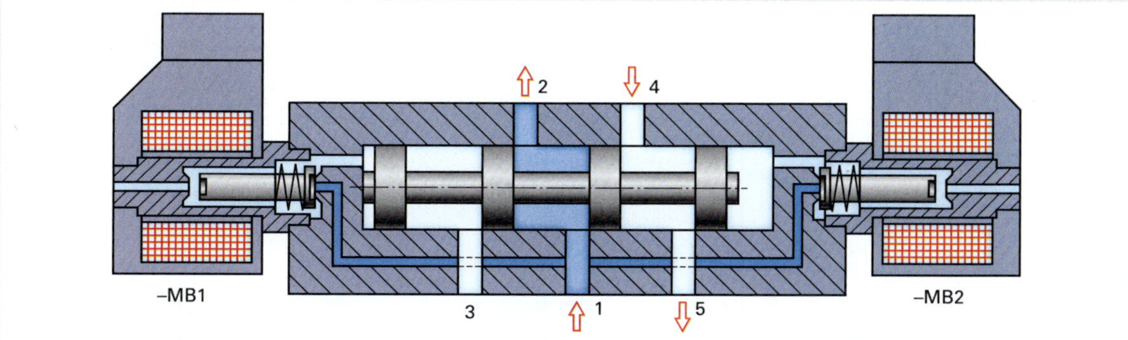

Bild 2: 5/2-Wege-Impulsventil, pneumatische Vorsteuerung, elektromagnetische Betätigung

Lernfeld 6

Zeitfunktion über elektromagnetische Schalter

In der Elektropneumatik werden Zeitrelais verwendet, um eine Anzug- oder Abfallverzögerung zu realisieren **(Bild 1)**. Analog spricht man auch von einer Einschalt- oder Ausschaltverzögerung.

Die Ordnungsziffern der beiden Schließer- und Öffnerkontakte werden in der Reihenfolge von links nach rechts vergeben, die Funktionsziffern sind für Schließer 7–8 und für Öffner 5–6. An A1 liegt das Pluspotenzial (+) an, an A2 das Minuspotenzial (–).

Die zeitlich betätigte Schaltzunge zum Betätigen der Hilfskontakte wird mit einem **C**-Symbol versehen. Dieser „Fallschirm" wirkt in der entsprechenden Richtung.

Das Schaltverhalten der Einschaltverzögerung zeigt den um die Zeit *t* versetzten Impuls an den Hilfskontakten 17–18 in **Bild 2a**. Fällt an A1–A2 die Spannung ab, so erhält 17–18 den Impuls „0".

Bei der Ausschaltverzögerung in **Bild 2b** schalten die Hilfskontakte 17–18 sofort beim Spannungsfall an A1–A2. Erst beim Abfall der Spannung an A1–A2 wird nach der eingestellten Zeit *t* der Impuls auf „0" gehen, d. h., der Schließer öffnet.

Gleiches Schaltverhalten kann man bei der Verwendung von Öffnerkontakten 15–16 beobachten.

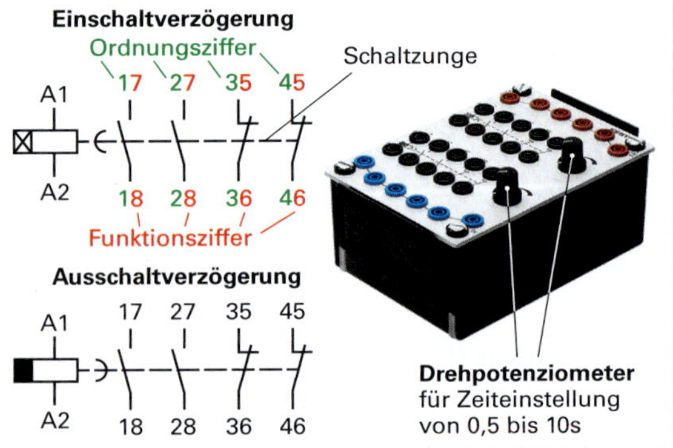

Bild 1: Zeitrelais mit Anzug- und Abfallverzögerung

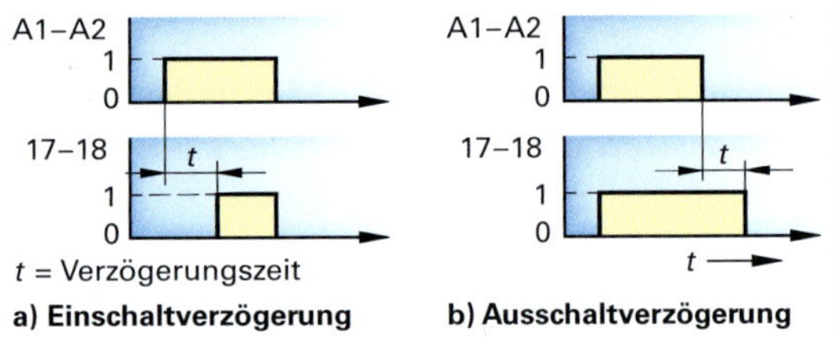

Bild 2: Schaltverhalten der beiden Zeitrelais

In **Tabelle 1** sind alle relevanten Zeitfunktionen der Pneumatik und Elektrik, ihr Schaltverhalten sowie die Symbole für den Logikplan zusammengestellt.

Tabelle 1: Signal-Zeit-Diagramme von pneumatischen und elektropneumatischen Zeitfunktionen

Pneumatisch	Elektrisch	Zeitverhalten	t_0 t_1 t_2 t_3	Logikplan
E 2 a b 1 3	E 3 4	E 1 0		1
12 2 1 3 Sperr-Ruhe-Stellung	7 8 Schließer	Einschalt-verzögerung A 1 0	Verzögerung 10 s	t 0
12 2 1 3 Durchfluss-Ruhe-Stellung	5 6 Öffner	Einschalt-verzögerung A (negiert) 1 0	Verzögerung 10 s	t 0
12 2 1 3 Sperr-Ruhe-Stellung	7 8 Schließer	Ausschalt-verzögerung A 1 0	Verzögerung 10 s	0 t
12 2 1 3 Durchfluss-Ruhe-Stellung	5 6 Öffner	Ausschalt-verzögerung A (negiert) 1 0	Verzögerung 10 s	0 t

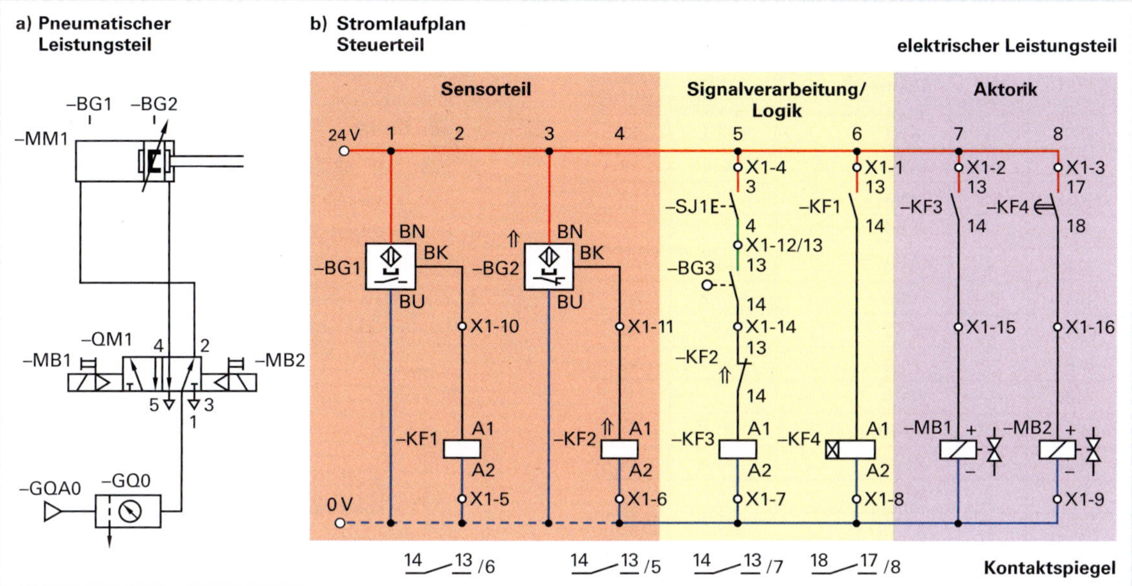

Bild 1: Elektropneumatische Schaltplanlösung für eine Siloabfüllanlage mit Zeitfunktion

Schritt 3: Schaltplanlösung erstellen

Die Lösung wird prinzipiell indirekt unter Verwendung von Relais erstellt. Sie zeigt in **Bild 1a** den **pneumatischen Leistungsteil**. Die Bewegungsenergie für den Schieber mittels Kolbenstange kommt aus der Energie der Druckluftquelle –GQA0.

In **Bild 1b** ist der Stromlaufplan in die beiden Strukturteile **Steuerteil** und **elektrischer Leistungsteil** getrennt.

Im Sensorteil werden die 3-Draht-Näherungssensoren der beiden Endlagen –BG1 und –BG2 als magnetische Sensoren auf zwei Relais verdrahtet. Dieser Mehraufwand dient einer systematischen Aufbaustruktur und bringt für die Praxis mehr Schaltungssicherheit. Sie hilft ebenso bei der Fehlersuche.

Die Signalverarbeitung/Schaltungslogik ist übersichtlich vom Sensorteil getrennt. Dort wird die Tastrolle –BG3 für die Abfrage des Behälters in Reihe eingebaut. Prinzipiell könnte man –BG3 auch in den Sensorteil auf ein eigenes Relais verdrahten.

Die Einschaltverzögerung vom Zeitrelais –KF4 wird gestartet, wenn die hintere Endlage des doppelt wirkenden Zylinders –MM1 erreicht wird. Der Ringmagnet des Zylinderkolbens betätigt den Näherungssensor –BG1. Der Ausgang BK setzt die Spule –KF1 unter Spannung und der Hilfskontakt –KF1 im Strompfad 6 startet die Einschaltverzögerung. Nach 2 s wird der Hilfskontakt von –KF4 im Pfad 8 betätigt. Der zeitbetätigte Schließer –KF4 setzt die Magnetspule von –MB2 unter Spannung. Der Schieber schließt die Siloöffnung.

Schaltungslösungen E-Pneumatik

- Sie bestehen aus einem pneumatischen Leistungsteil und dem elektrischen Stromlaufplan.
- Der Stromlaufplan enthält einen Sensorteil, die Signalverarbeitung und die Aktorik.
- In der Signalverarbeitung und der Aktorik ist die Ablauffolge beginnend von links (erster Schritt usw.) nach rechts.
- Der Kontaktspiegel im Schaltplan ermöglicht das Auffinden der Hilfskontakte der eingesetzten Relais in den Strompfaden.
- Eine Klemmenbelegungsliste ergänzt die elektropneumatische Schaltplanlösung.

Zusätzlich zum Schaltplan kann eine Klemmenbelegungsliste erstellt werden **(Bild 1, Seite 162)**. Dieses Dokument muss erstellt werden, wenn die Schaltung in einem eigenen Schaltschrank oder auf geeigneten Drahtgestellen aufgebaut wird. Die Liste erleichtert die Verdrahtung der Anlage und die Fehlersuche bei Defekten wie Drahtbruch oder mangelnde Kontaktierung bei der Verdrahtung.

Klemmenleiste –X1					
Externes Ziel		Klemme/ Ebene	Brücken	Internes Ziel	
Kenn-zeichnung	An-schluss			Kenn-zeichnung	An-schluss
24V	+	X1-1	○	–KF1	13
–BG1	BN	X1-2	○	–KF3	13
–BG2	BN	X1-3	○	–KF4	17
–SJ1	3	X1-4	○		
0V	–	X1-5	○	–KF1	A2
–BG1	BU	X1-6	○	–KF2	A2
–BG2	BU	X1-7	○	–KF3	A2
–MB1	–	X1-8	○	–KF4	A2
–MB2	–	X1-9	○		
–BG1	BK	X1-10		–KF1	A1
–BG2	BK	X1-11		–KF2	A1
–SJ1	4	X1-12	○		
–BG3	13	X1-13	○		
–BG3	14	X1-14		–KF2	13
–MB1	+	X1-15		–KF3	14
–MB2	+	X1-16		–KF4	18

Bild 1: Klemmenbelegungsliste der Abfüllanlage

vel.plus/ FILF246

Überlegen und beantworten Sie: Elektropneumatische Bauelemente

1. Beschreiben Sie den Ablauf der Schaltung von **Bild 2**.
2. Beschreiben Sie den Aufbau und die Funktion des Relais –KF1.
3. Beschreiben Sie das System der Kontaktbezeichnungen beim eingesetzten Relais –KF1.
4. Beschreiben Sie das verwendete Magnetventil –QM1.

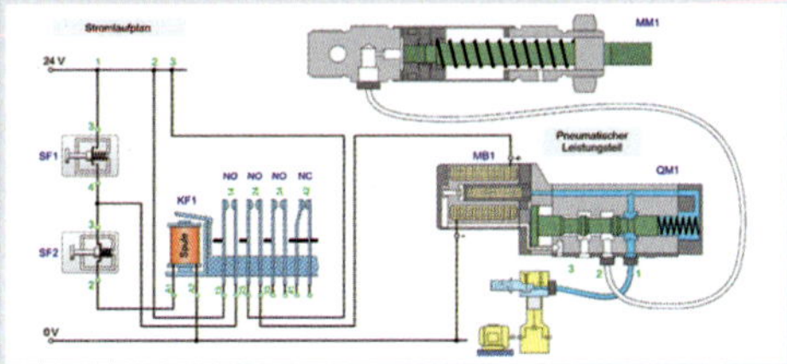

Bild 2: Ansteuerung einer Elektromagnetspule in einem elektropneumatischen Schaltplan

// Aufgabenstellung: Einpressen

In eine Hohlwelle wird eine Buchse eingepresst. Das Ausfahren des Pressenstempels startet über die gleichzeitige Betätigung der beiden Handtaster –SJ1 und –SJ2 aus der Grundstellung. Das Einfahren soll mit Erreichen der vorderen Endlage –BG2 und des abgefragten Einpressdrucks p_e = 5 bar erfolgen. Da ein Absperrgitter den Zugriff zur Anlage verhindert, wird eine Zweihandsicherheitsschaltung unnötig.

Die Tastrolle –BG3 wird dazu in die Startbedingung mit einbezogen.

Schritt 1: Einsatz eines doppelt wirkenden Zylinders

Schritt 2: Stellelement und Signalelement

Es wird ein 5/2-Wegeventil mit Federrückstellung verwendet, ein monostabiles Stellelement vorgesteuert mit einer Handhilfsbetätigung. Zusätzlich zu den beiden Magnetschaltern (–BG1, –BG2) und der Tastrolle –BG3 (Wechsler) wird ein Druckschalter –BP1 eingesetzt **(Bild 4)**.

Dieser Druckschalter wird über die Steuerleitung X mit Druckluft versorgt. Der Stößel bewegt sich über die Druckenergie gegen die eingestellte Federkraft und bringt die Federzunge auseinander. Der Öffnerkontakt 1–2 ist geöffnet, der Schließerkontakt 1–4 wird geschlossen.

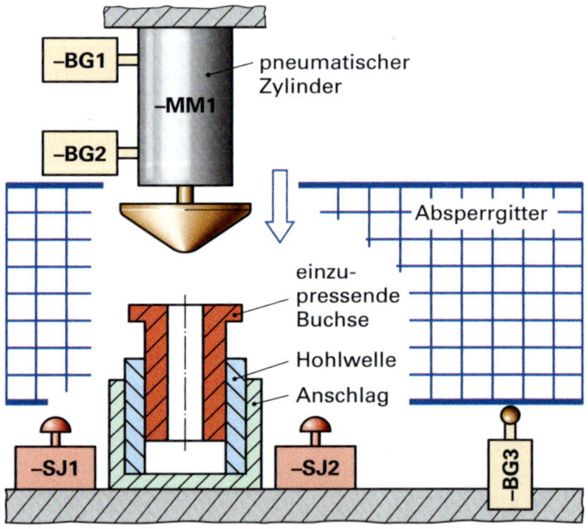

Bild 3: Einpressen einer Buchse in eine Hohlwelle

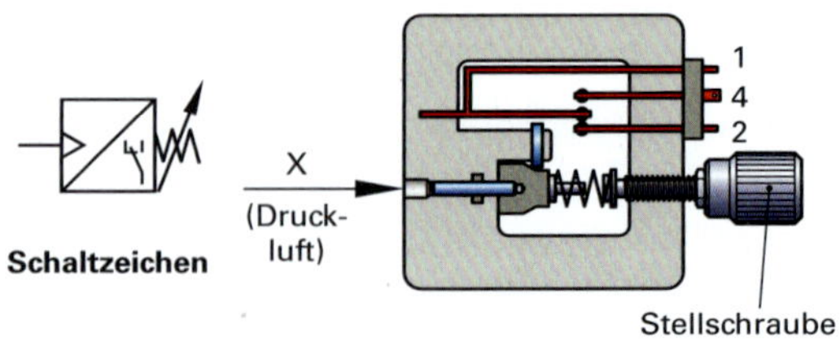

Bild 4: Elektropneumatischer Druckschalter

Lernfeld 6

Mit einer Funktionsgleichung für den Bewegungsablauf lässt sich eine Steuerungslösung für die kombinatorische Steuerungsaufgabe formulieren.

$$\mathbf{-MB1} = ((-SJ1 \land -SJ2 \land -BG3 \land -BG1) \lor -MB1) \land \overline{(-BG2 \land -BP1)}$$

In **Bild 3** ist eine Simulation des Funktionsplans gezeigt. Der Funktionsplan ist die grafische Umsetzung der Funktionsgleichung und sehr anschaulich: Die beiden Handtaster sind noch betätigt, das Gitter –BG3 geschlossen, aber der Kolben von Zylinder –MM1 hat die Endlage –BG1 schon verlassen. Gezeigt wird eine dominierend löschende **Selbsthaltung**, sie ist wegen monostabilen Schaltverhaltens von Stellelement –QM1 notwendig.

Die Startbedingung ist in der Simulation nicht mehr gegeben, aber die Magnetspule –MB1 hält sich durch die Signalrückführung in den ODER-Baustein selbst. Der Schließer des Druckschalters –BP1 hat noch „0"- Signal, er ist noch offen.

In der vorderen Endlage –BG2 geht der Druckschalter –BP1 mit p_e = 6 bar auf „1"-Signal **(Bild 1)**. Das resultierende „1"-Signal der UND-Verknüpfung wird durch die folgende Funktion **„Negation"** auf „0"-Signal gesetzt (= invertiert). Dem UND-Baustein vor dem Ausgang –MB1 fehlt dieses „1"-Signal, die Selbsthaltung wird zurückgesetzt (= gelöscht).

Eine alternative Lösung zur Simulationslösung ist die Verwendung der **Speicher**-Funktion **(Bild 2)**.

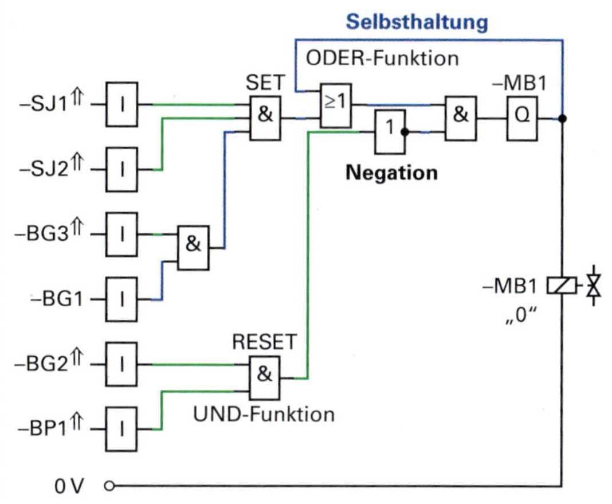

Bild 1: Löschen der Selbsthaltung

Funktionsplan

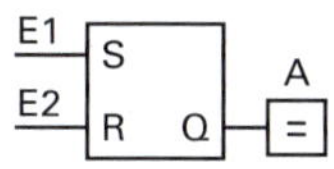

S Setzen
R Rücksetzen (dominant)

Funktionstabelle

E2	E1	A
0	0	•
0	1	1
1	0	0
1	1	0

• Zustand unverändert

Bild 2: Speicher-Funktion (RESET-Dominanz)

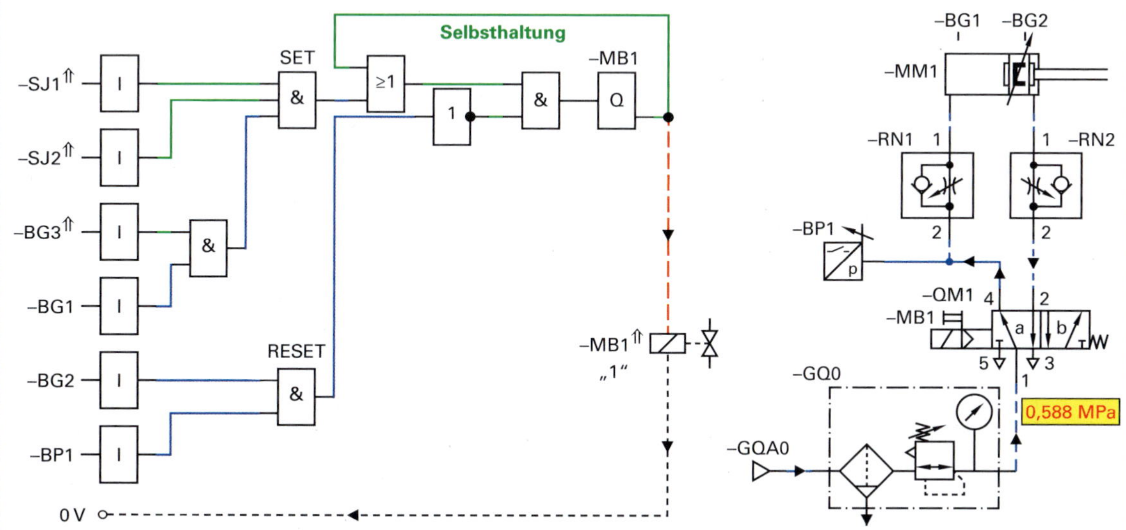

Bild 3: Einpressen der Buchse mit logischen Grundfunktionen (Selbsthaltung in der Simulation)

Lernfeld 6

Eine Vereinfachung der Funktionsplanlösung ist durch Verwendung der Speicher-Funktion möglich. UND-, ODER und der Negations-Baustein werden durch ein eigenes Symbol ersetzt.

In **Bild 2, Seite 163** setzt der Eingang E1 am S-Eingang des Speichers den Ausgang A so lange auf „1"- Signal, bis ein Signal E2 am R-Eingang ihn zurücksetzt auf ein „0"-Signal:

S	Setzen	**SET**-Signal:	E1 = „1"	A = „1"
R	Rücksetzen	**RESET**-Signal	E2 = „1"	A = „0"

In der Funktionstabelle ist die Dominanz des R-Signals gut zu erkennen: Wenn beide Eingänge E1 und E2 auf „1"-Signal gesetzt sind, erhält der Ausgang A das „0"-Signal, Ausgang A ist gelöscht.

Die Verwendung einer Speicher-Funktion zeigt die Simulation in **Bild 1**. Es wird der Rückhub der Presse simuliert: Beide Signale sind noch aktiv: Vordere Endlage –BG2 und –BP1 und setzen den Speicher zurück, die Magnetspule ist spannungsfrei, das Magnetventil fällt in die Grundstellung „b" zurück und der Kolben beginnt mit der Rückhubbewegung.

Die beiden Handtaster sind noch betätigt, beeinflussen den Rückhub jedoch nicht.

Schritt 3: Elektropneumatischen Schaltplan erstellen mit Klemmenbelegung

Bild 1, Seite 165 zeigt die schaltplantechnische Umsetzung der beiden Funktionspläne. Die Schaltplanlösung besteht aus dem pneumatischen Leistungsteil (= Presse) und dem Stromlaufplan. Dieser ist systematisch in die drei Strukturteile gegliedert: Signalteil, logische Verarbeitung (= Logikfunktionen) und elektrischer Ausgangsteil (Ansteuerung der Magnetspule –MB1).

In der Klemmenbelegungsliste sind alle 19 Klemmen aufgelistet, auf die externe und interne Bauteile einer Anlage mit ihren Anschlüssen verdrahtet sind. Die Klemmenleiste X1 und die jeweiligen Klemmennummern z. B. 13 sind im Schaltplan an entsprechender Stelle eingetragen, z. B. X1-13 oder X1-19. Dies dient der Orientierung beim Aufbau der Steuerung und bei der Fehlersuche.

Im Strompfad 9 befinden sich die Hilfskontakte von den Relais –KF2, –KF3 und das Relais –KF5: Ihre Anschlüsse tauchen nicht in der Klemmenliste auf, diese Verbindungen werden nicht über die Klemmenleiste, sondern im Schaltschrank verdrahtet.

Überlegen und beantworten Sie: Funktionspläne – Klemmenbelegung

1. Beschreiben Sie die Logikfunktionen in **Bild 1**.
2. Wieso wird in Bild 1 im Funktionsplan ein RS-Speicher verwendet?
3. Erstellen Sie eine Funktionstabelle für das Setzen des Ausgangs –MB1.
4. Schaltplan Bild 1, Seite 165:
   a) Beschreiben Sie den Aufbau der Klemmenbelegungsliste.
   b) Die Schließerkontakte –KF1-14 und der Öffnerkontakt –KF5-11 tauchen nicht in der Liste auf. Nennen Sie Gründe hierfür.

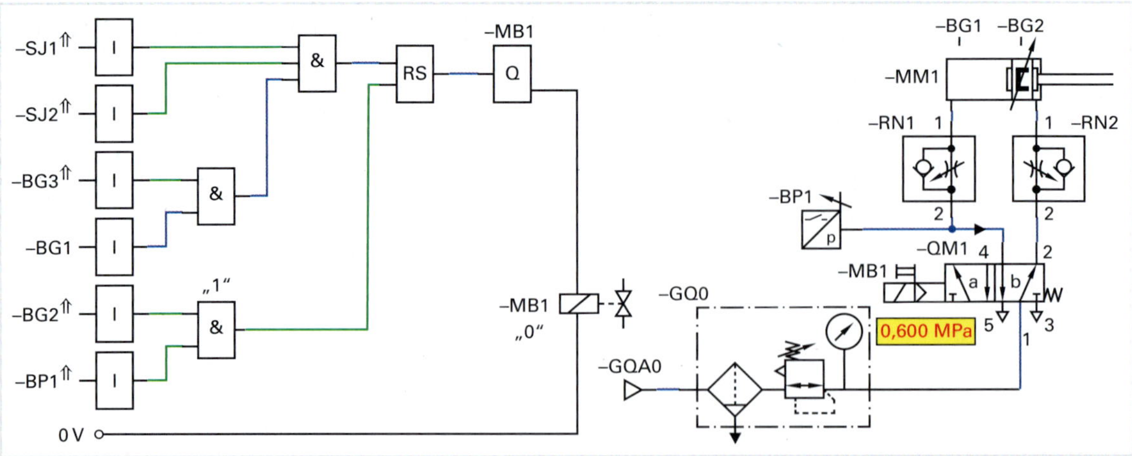

Bild 1: Beginn der Rückhubbewegung der Buchsenpresse – Funktionsplan mit Speicher-Funktion

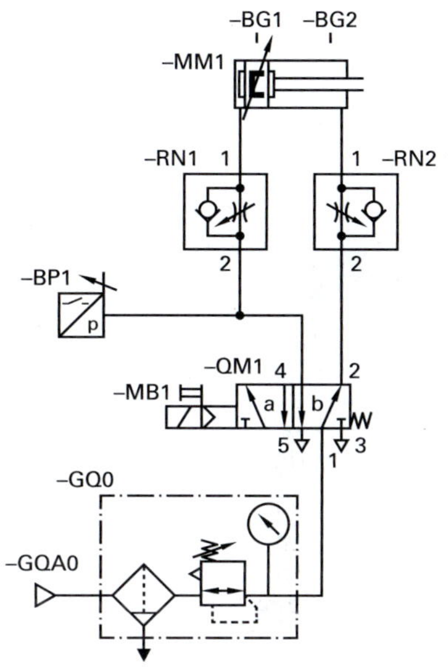

Klemmenleiste –X1					
Externes Ziel		Klemme/ Ebene	Brücken	Internes Ziel	
Kenn-zeichnung	Anschluss		Steck-brücke	Kenn-zeichnung	Anschluss
24V	+	X1-1	○	–KF4	23
–BG1	BN	X1-2	○	–KF2	13
–BG2	BN	X1-3	○	–KF4	13
–SJ1	3	X1-4	○		
–BP1	BN	X1-5	○		
0V	–	X1-6	○	–KF1	A2
–BG1	BU	X1-7	○	–KF2	A2
–BG2	BU	X1-8	○	–KF3	A2
–BP1	BU	X1-9	○	–KF4	A2
–MB1	–	X1-10	○	–KF5	A2
–BG1	BK	X1-11		–KF1	A1
–BG2	BK	X1-12		–KF2	A1
–BP1	BK	X1-13		–KF3	A1
–SJ1	4	X1-14	○		
–SJ2	3	X1-15	○		
–SJ2	4	X1-16	○		
–BG3	11	X1-17	○		
–BG3	14	X1-18		–KF1	13
–KF4	24	X1-19		–MB1	+

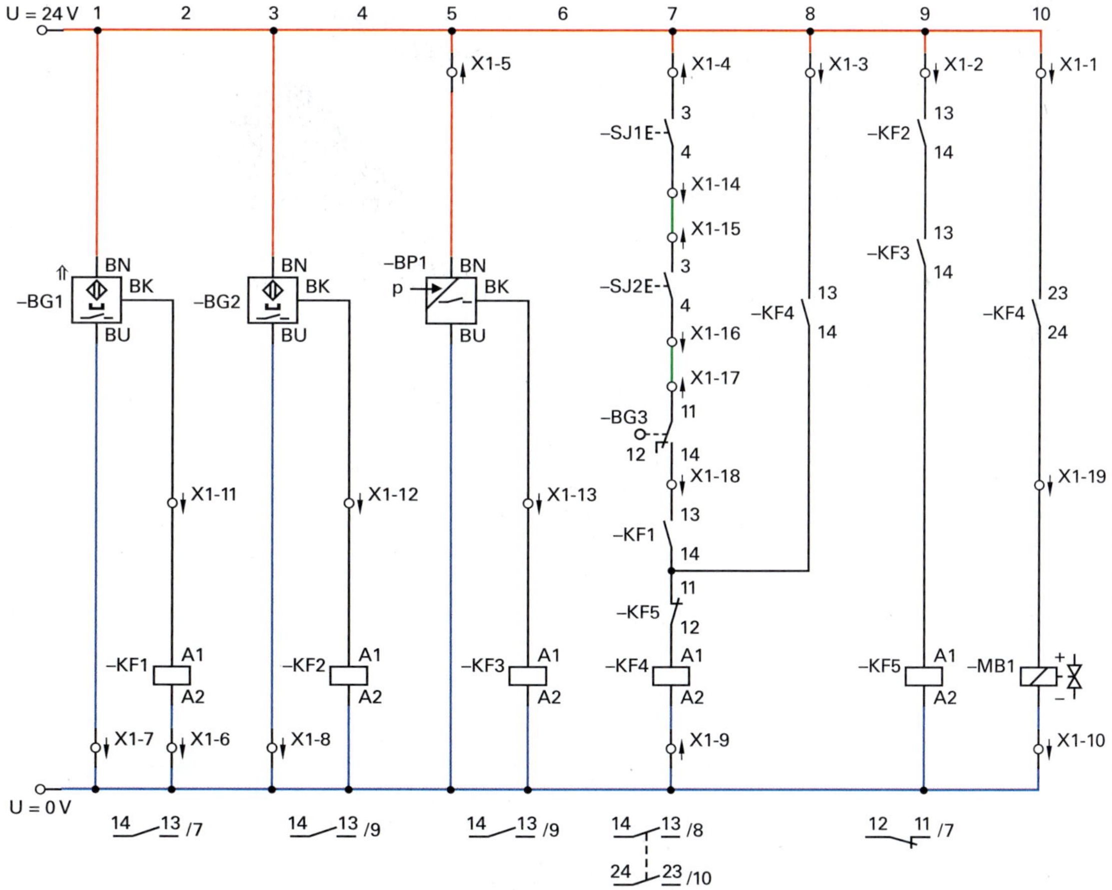

Bild 1: Elektropneumatische Schaltplanlösung für die Einpressbuchse inklusive Klemmenleiste –X1

Lernfeld 6

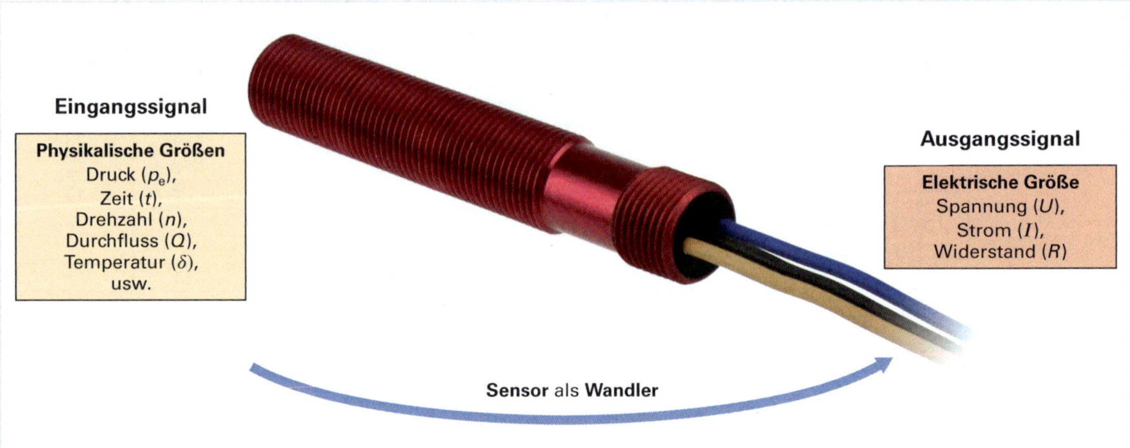

Bild 1: Sensorprinzip der Umwandlung physikalischer Größen in elektrische Größen

2.2.2 Sensor als Signalelement

Menschen erfassen mit ihren Sinnesorganen Augen, Ohren, Nase usw. die physikalische und biologische Umgebung und deren Zustände.

In der Automatisierungstechnik stehen dazu Sensoren zur Verfügung.

> **Sensorprinzip**
> Sensoren erfassen physikalische Größen, z. B. einen Anlagendruck p_e, und wandeln diese in eine elektrische Größe zur Weiterverarbeitung um, z. B. in ein 10-V-Signal.

Ein Sensor ist ein Bauelement, das bestimmte physikalische oder chemische Eigenschaften erfassen kann. Diese Eingangsgrößen werden in ein zur Weiterverarbeitung geeignetes elektrisches Ausgangssignal umgeformt **(Bild 1)**.

// Aufgabenstellung: Erweiterung der Abfüllanlage (siehe auch Seite 159)

Beschreibung der Aufgabenerweiterung (Bild 2)

Die maximale Füllhöhe im Silo wird über den Sensor –BE1 erfasst und durch eine grüne Leuchte –PF1 signalisiert, der Sensor –BE2 zeigt den kritischen Signalzustand mit der blauen Leuchte –PF2 an.

Um eine Auswahl von geeigneten Sensoren treffen zu können, sind grundsätzliche Kennnisse der Sensortechnik notwendig.

Unterscheidungsmerkmale von Sensoren

Die Sensoren oder Signalelemente lassen sich nach verschiedenen Gesichtspunkten einteilen:

a) nach der Erzeugung oder Verwendung der elektrischen Energie: aktive und passive Sensoren,
b) nach dem physikalischen Wirkprinzip: mechanisch, magnetisch, induktiv, kapazitiv, optisch,
c) nach Art der Schaltkontakte: Schließerkontakt (no) oder Öffnerkontakt (nc),
d) nach der Anzahl der elektrischen Anschlussleitungen: 2-, 3- oder 4-Drahtsensoren.
e) Bei der Signalausgabe wird ein Transistor als elektronischer Schalter verwendet: Negativschaltung (NPN) oder Positivschaltung (PNP).
f) Art des Ausgangssignals: binärer, analoger oder digitaler Sensortyp.
g) Formen des Sensors (zylindrische oder prismatische Grundform), Einbau- und Montagearten.

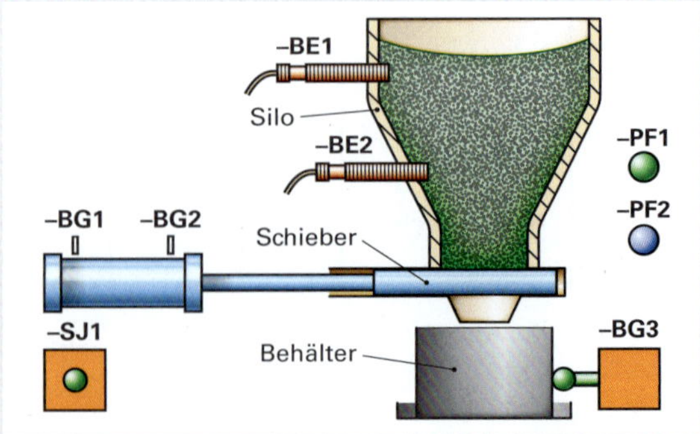

Bild 2: Erfassung der Füllhöhen über Sensoren

Viele dieser Einteilungskriterien finden sich in den Datenblättern der Sensorhersteller wieder.

Zu a) Aktive oder passive Sensoren

Aktive Sensoren wandeln nicht elektrische physikalische Energie direkt in eine elektrische Energie um. Aktive Sensoren sind primär Spannungserzeuger.

Zum Beispiel Thermoelement: Wärmeenergie wird in eine elektrische Spannung (= Thermospannung) umgewandelt **(Bild 1)**.

Zum Beispiel Piezokristall[1]: Bei einer mechanischen Krafteinwirkung werden elektrische Ladungen erzeugt. Durch Ladungsaddition erhält man eine Sensorspannung.

Passive Sensoren benötigen immer eine externe Hilfsstromquelle. Die versorgten Bauelemente wie Widerstände, Spulen oder Kondensatoren ändern ihre elektrischen Eigenschaften (ohmscher Widerstand oder Induktivität) unter dem Einfluss physikalischer Größen.

Das Ausgangsignal des Sensors ändert sich durch die Änderung elektrischer Eigenschaften z. B. der Induktivität oder der Kapazität **(Bild 2)**.

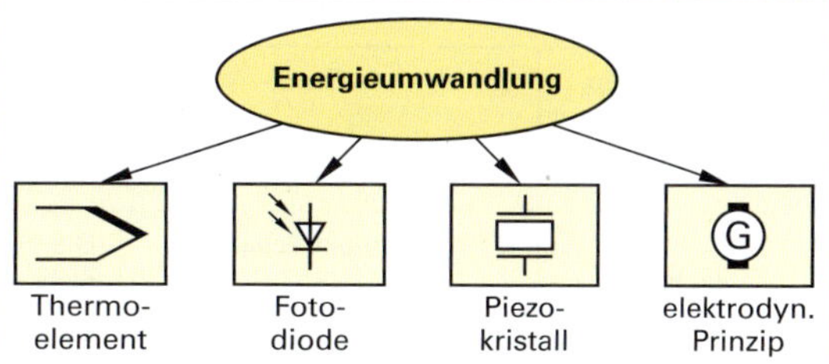

Bild 1: Energieumwandlung in aktiven Sensoren

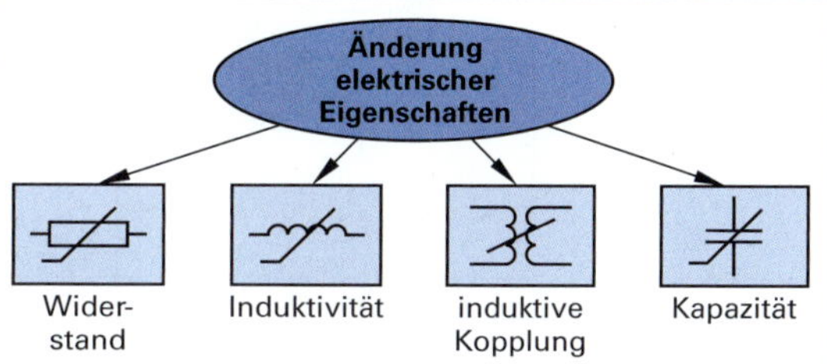

Bild 2: Eigenschaftsänderungen in passiven Sensoren

Aktive oder passive Sensoren

Aktive Sensoren wandeln eine physikalische Größe direkt in eine elektrische Größe um.

Passive Sensoren benötigen zur Änderung elektrischer Eigenschaften eine externe Spannungsquelle.

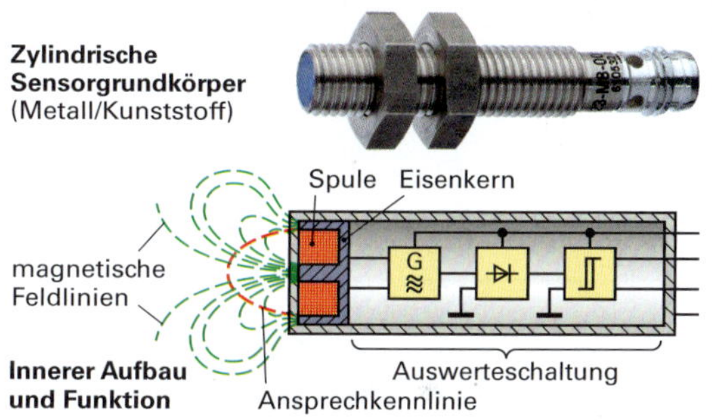

Bild 3: Passiver induktiver Näherungssensor

Zu b) Physikalisches Wirkprinzip

Die in der Elektropneumatik verwendeten Näherungssensoren sind in der Regel passive Sensoren mit einer eigenen Spannungsversorgung **(Bild 3)**.

Näherungssensoren arbeiten berührungslos und damit völlig verschleißfrei.

Die integrierte Elektronik benötigt eine externe Spannungsversorgung. Ein Oszillator erzeugt ein hochfrequentes elektromagnetisches Wechselfeld (von 100 kHz bis 1 Mhz), das an der aktiven Fläche des Sensors austritt. Gelangen elektrisch leitfähige Materialien, z. B. Metalle, in den Einflussbereich der magnetischen Feldlinien, wird der Oszillator bedämpft, d. h., der Schwingkreis geschwächt (Bild 3).

Diese Feldschwächung wird mit elektronischen Bauelementen ausgewertet und am Sensor steht ein Ausgangsignal an, welches auf ein Relais oder direkt auf einen SPS-Eingang führt.

Das physikalische Wirkprinzip des beschriebenen **induktiven Sensors** findet man in ähnlicher Weise auch beim **kapazitiven Sensor**. Beim ihm wird jedoch ein elektrisches Streufeld erzeugt, welches durch die zu erkennenden Objekte gestört wird (= Bedämpfung).

In **Tabelle 1, Seite 168** werden zusätzlich die magnetischen und optischen Näherungssensoren beschrieben. Die optischen Sensoren unterliegen der Physik des Lichts.

[1] von piezein (griech.) = drücken

Tabelle 1: Überblick über Näherungssensoren

Schaltzeichen Sensortyp	Aufbau	Wirkprinzip, Funktion	Anwendung, Besonderheiten
		Magnetschalter/Magnetsensoren	
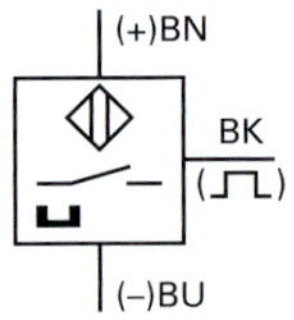 Adernfarben: BN: **brown** (braun/+) BU: **blue** (blau/–) BK: **black** (schwarz/ ⎍)	**a) Reed-Kontakt Schalter** 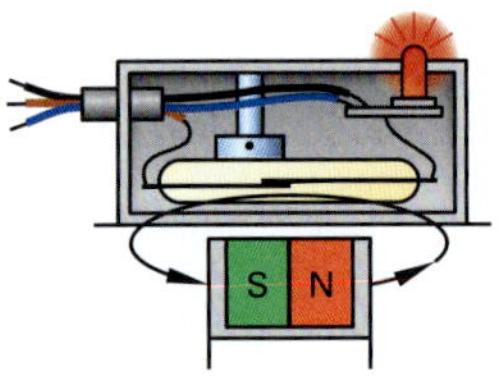 	Die beiden Federzungen sind im nicht erregten Zustand offen. Bei Annäherung eines Dauermagneten dringen dessen Magnetfeldlinien ins Zungenmaterial ein. Am Zungenende stehen sich jeweils ein **Nord-** und ein **Südpol** gegenüber. Die magnetische Anziehung bringt die beiden Zungenenden zusammen. Der Signalausgang BK hat dann ein „1"-Signal.	Der Magnetschalter hat seine große Anwendung bei pneumatischen Aktoren z. B. mit T-Nuten. In den Aktoren müssen Permanentmagneten vorhanden sein (Kolben). Die Schaltabstände zur Signalauslösung sind sehr gering. 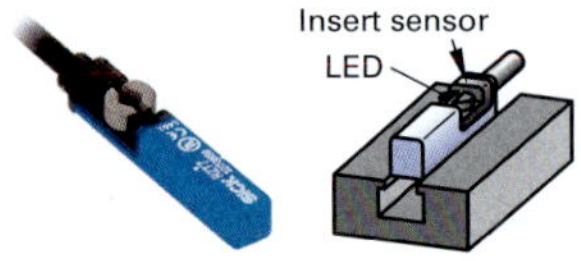 reed (engl.) = Feder, Zunge, Schilfplättchen
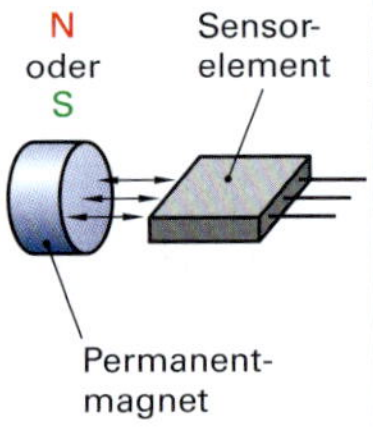 	**b) MR-Sensor** 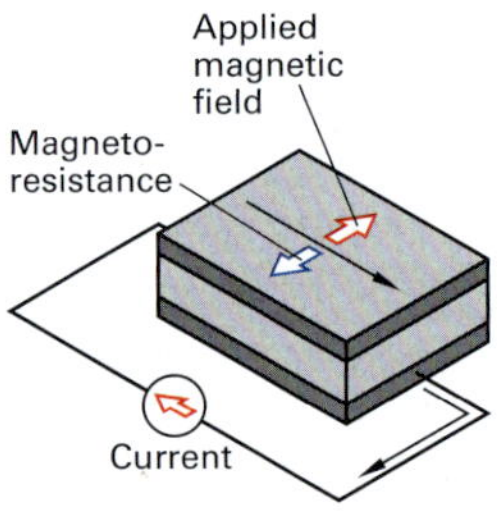 	Der magnetoresistive Sensor basiert darauf, dass der elektrische Widerstand in einer ferromagnetischen Dünnschichtlegierung durch ein **äußeres Magnetfeld** geändert wird. Die sich ergebende Spannungsänderung wird ausgewertet und in ein elektronisches Schaltsignal umgewandelt. Das Sensorelement ist aus unterschiedlichen Schichten aufgebaut (stromführende und isolierende).	MR-Sensoren sind für sehr schnelle lineare und rotatorische Bewegungen geeignet. Der Schaltabstand zwischen Sensor und zu messendem Objekt ist sehr groß. Sie sind sehr robust und unempfindlich gegen hohe Temperaturen. Resistiv, abgeleitet von resistere (lat.) = widerstehen
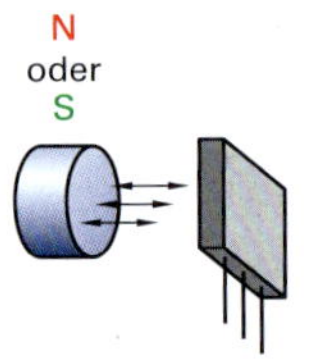 Lage von Magnet zu Sensorelement	**c) Hall-Sensor** 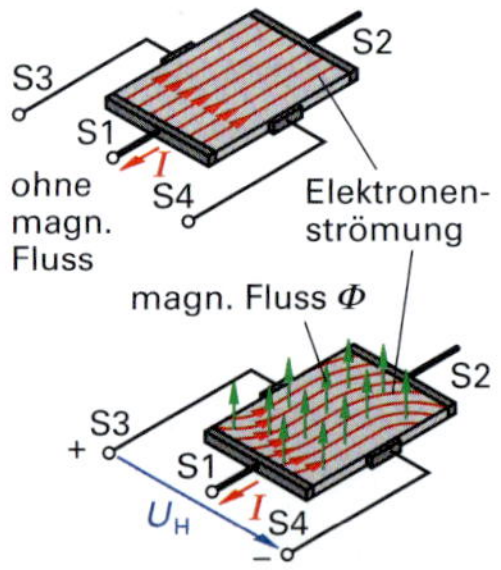 	Zwischen dem Anschluss S1 und S2 wird eine Hilfsspannung gelegt. Im Sensorelement entsteht ein Elektronenstrom, der bei Annäherung eines **Dauermagneten** abgelenkt wird. Zwischen S3 und S4 entsteht die sog. Hall-Spannung U_H, die einen Schaltvorgang am Signalausgang BK auslöst. Edwin Herbert Hall, amerik. Physiker (1855–1938)	Sie sind zur Positionserkennung oder Drehzahlmessung gut geeignet bei Schmutz und Wasser. Im Unterschied zum MR-Sensor ist der Schaltabstand vom Messobjekt zum Hall-Sensor klein. 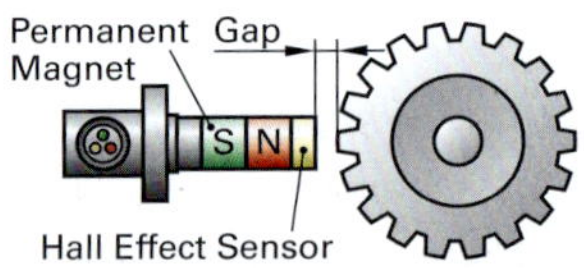
		Induktiver Sensor	
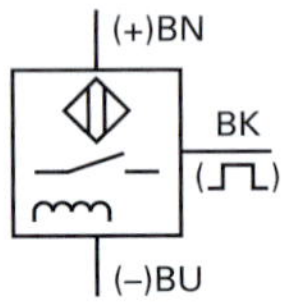 	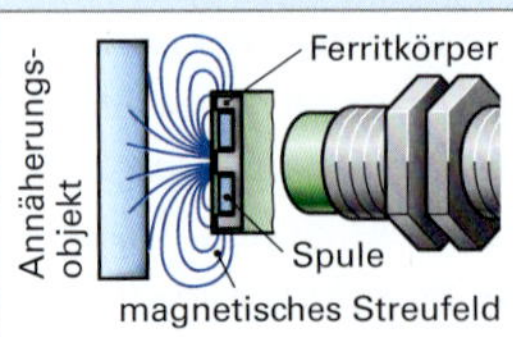 	Induktive Sensoren erzeugen ein magnetisches Streufeld. Fährt ein geeignetes Objekt in dieses Feld, wird es gestört. Die Störung entspricht am Ausgang BK einem Signal „1".	Nur elektrisch leitende Objekte können erfasst werden, z. B. alle Metalle oder auch Grafit.
		Kapazitiver Sensor	
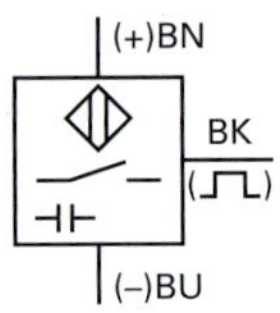 	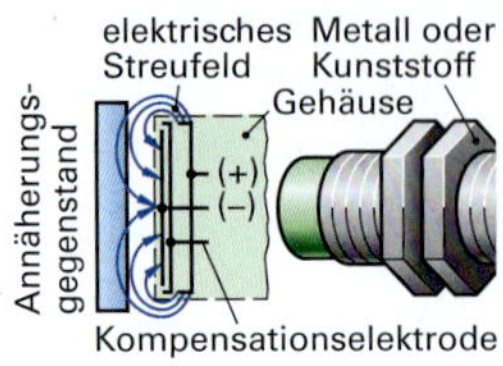 	Ein Kondensator im kapazitiven Sensor erzeugt ein elektrisches Streufeld. Fährt ein geeignetes Objekt in dieses Feld, wird es gestört. Der Sensorausgang BK schaltet (= „1"-Signal).	Alle für die Technik relevanten Materialien bewirken eine Feldstörung: Metalle, Keramik, Glas, Kunststoffe, Öle, Wasser. Empfindlich gegen Verschmutzungen, da diese einen unbeabsichtigten Schaltvorgang auslösen können.

Tabelle 1: Überblick über optische Näherungssensoren

Schaltzeichen Sensortyp	Aufbau	Wirkprinzip, Funktion	Anwendung, Besonderheiten
		Optischer Sensor	
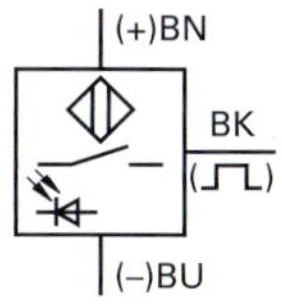	**a) Einweg Lichtschranke** 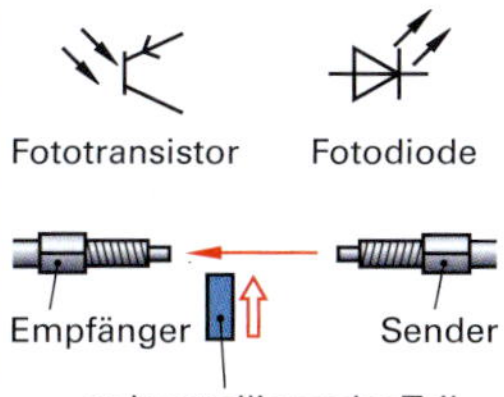	Die Einweglichtschranke besteht aus einem räumlich getrennten Sender (= Fotodiode) und einem Empfänger (= Fototransistor). Gerät ein Teil zwischen die beiden Einheiten, wird der Infrarotlichtstrahl unterbrochen und der Signalausgang BK geschaltet.	sehr hohe Reichweiten bis 40 m als Gabellichtschranke z. B. zur Drehzahlmessung gut geeignet ungeeignet bei Glas oder transparenten Werkstoffen 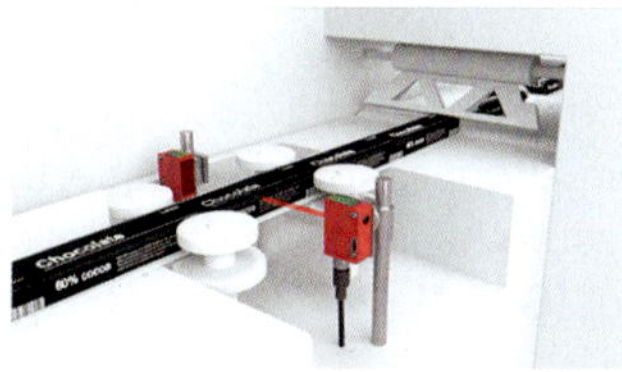
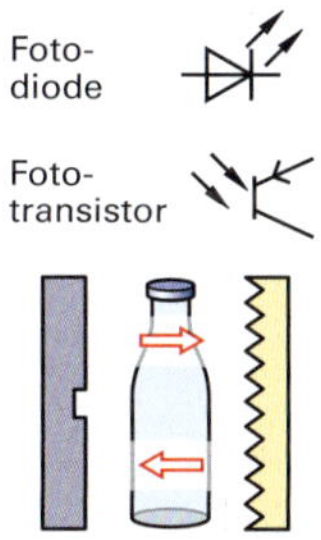	**b) Reflexions Lichtschranke** 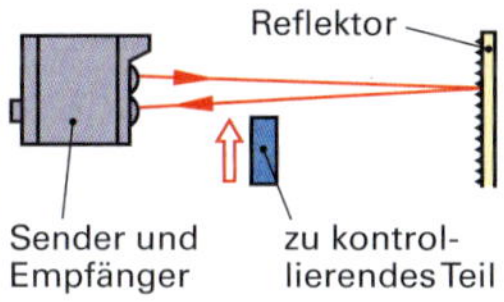	Bei der Reflexionslichtschranke befinden sich Sender und Empfänger in einem Gehäuse. Ein Reflektor wird auf der Sichtachse gegenüber montiert und wirft die Lichtstrahlen zurück. Eine Strahlunterbrechung durch ein Tastobjekt löst den Schaltvorgang aus.	einfache Montage der Reflexionslichtschranke, aber geringere Reichweite bis zu 20 m 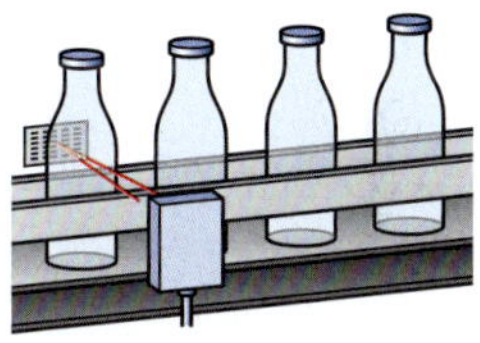
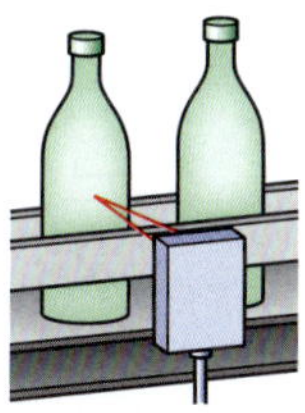	**c) Lichttaster** 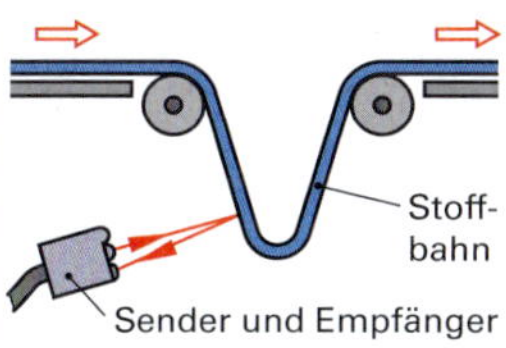	Der Lichttaster ähnelt der Reflexionslichtschranke, aber ohne Reflektor. Das zu erfassende Objekt reflektiert einen Lichtanteil. Wird die eingestellte Lichtmenge unterschritten, so schaltet der Sensorausgang.	Die Objektempfindlichkeit ist am Sensor einzustellen. 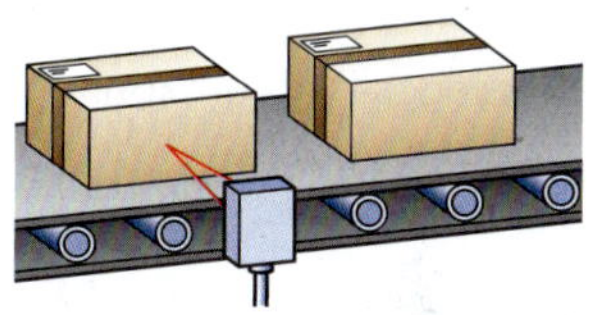

Alle Näherungssensoren sind nahezu wartungsfrei und verschleißunempfindlich, da sie keine mechanischen Schaltelemente besitzen.

Die gesamte integrierte Schaltelektronik ist gekapselt im Sensorgehäuse geschützt untergebracht.

Sie lassen sich jedoch durch äußere Einflüsse, z. B. starke elektromagnetische Felder, optische Streulichter und starke Lichtquelle wie einen Lichtbogen, in ihrer Schaltgenauigkeit stören und beeinflussen.

Die Schaltabstände, d. h. die Abstände von der passiven Sensorfläche zu dem Material des zu messenden Objekts, sind nicht immer gleich groß. Diese Materialabhängigkeit wird in einem Korrekturfaktor angegeben. So sind alle Schaltabstände S_n beim induktiven Sensor auf eine Stahlplatte aus E320 bezogen angegeben **(Bild 1)**.

Bei Aluminium ist der Abstand z. B. um den Faktor 0,2 kleiner, das ist nicht unerheblich.

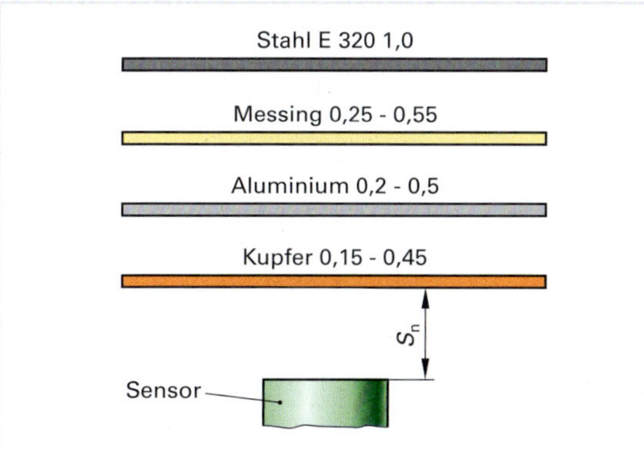

Bild 1: Korrekturfaktoren von induktiven Sensoren

Bild 1: Kapazitiver Sensor

Produktmerkmale von Sensoren

- Schließertyp (no) oder Öffnertyp (nc)
- PNP (plusschaltend)/ NPN (minusschaltend)
- 2-Draht- oder 3-Draht-Sensor

Schaltabstände S_n können bei bestimmten Sensoren angepasst und korrigiert werden. Die Justage geschieht an geeigneten Stelleinrichtungen am Sensor **(Bild 1)**.

Zu c) bis e) Kontaktart und Verdrahtung

Aus den Datenblättern von Sensoren lassen sich wichtige Informationen zum Schaltabstand S_n und zu Korrekturfaktoren entnehmen **(Tabelle 1)**.

Das wichtigste Verdrahtungsmerkmal bei Näherungssensoren ist die Art des Schaltkontakts: Schließerkontakt (no – normally open) oder Öffnerkontakt (nc – normally closed). Mit no wird eine Start-Funktion, mit nc ein Stopp-Funktion ausgelöst:

Einige Näherungssensoren können optional mit beiden Schaltkontakten verdrahtet werden **(Bild 2d)**.

Näherungssensoren können eine unterschiedliche Anzahl von Ausgängen besitzen. Man unterscheidet dabei 2-, 3- und 4-Draht-Sensoren **(Bild 2)**.

Standardmäßig werden in der Elektropneumatik die 3-Draht-Sensoren bevorzugt **(Bild 2b)**.

Man unterscheidet hier zwei Sensortypen: In Europa wird der plusschaltende PNP-Typ (plusschaltend) bevorzugt (Bild 2b und 2d). Die Bezeichnung PNP (minusschaltend) bezieht sich dabei auf den Aufbau des integrierten Transistors. Beim PNP-Typ wird die Last R_L (z. B. ein Relais) zwischen Schaltausgang (BK) auf Anschluss 2 und Minuspol (BU) auf Anschluss 3 verdrahtet (Bild 2b). Hier ist der Kontaktyp ein Öffner (nc).

In Bild 2d wird ebenfalls ein PNP-Typ verwendet. Er kann als Schließer- oder Öffnerkontakt eingesetzt werden.

Adernfarben: Kennzeichnung nach DIN EN 60757

- **BN** (brown) Braun (+)
- **BK** (black) Schwarz (⎍)
- **BU** (blue) Blau (–)
- **WH** (white) Weiß (–)

Tabelle 1: Datenblattauszug – kapazitiver Sensor (KF5001 von IFM)

Allgemeine Daten	Ausführung
Schaltfunktion	Schließer (no)
Ausgangstyp	PNP
Ausgangsart	3-Draht-Sensor
Schaltabstand S_n	4 mm
Korrekturfaktoren	H_2O = 1/Glas ca. 0,6/Keramik ca. 0,5/ PVC ca. 0,4
Einbau	bündig
elektrischer Anschluss	M12- Steckverbindung
Anschlussbelegung	

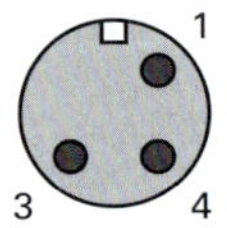

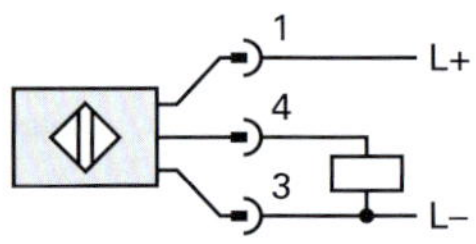

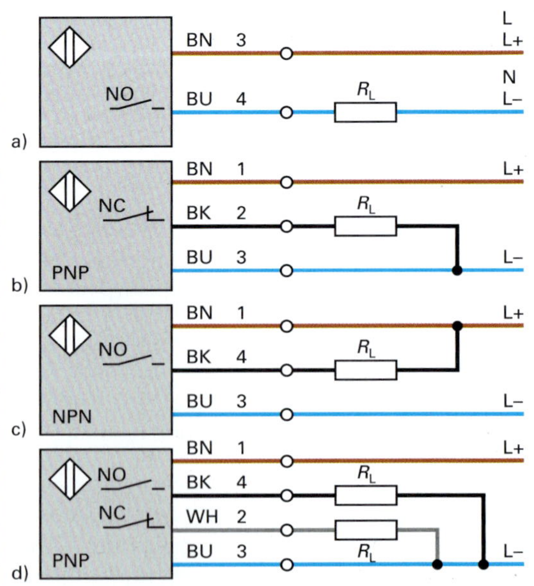

Bild 2: Verschiedene Kontakte und Ausgänge an Näherungssensoren

Lernfeld 6

Zu f) Art des Ausgangssignals

Bei Sensoren mit **binärem Ausgang** sind nur zwei Zustände (bi = zwei) möglich: AN/AUS, High/Low oder 1/0 **(Bild 1)**.

Hinter diesen allgemeinen Signalniveaus verbergen sich bestimmte Spannungsbereiche. Die gängigsten Bereiche liegen zwischen 0 V bis 12 oder 0 V bis 24 V. So liegt der Signalzustand „0" bei einem niedrigen Pegel von 0 V bis 5 V, der Zustand „1" dagegen bei 12 V bis 28,8 V. Damit ist eine eindeutige Trennung zwischen den beiden Signalzuständen gegeben.

Ein analoges Signal kann in einem begrenzten Bereich einen beliebigen Wert einnehmen. Der analoge Sensor wandelt eine physikalische Messgröße, z. B. einen Druck oder eine Temperatur, in elektrische Messwerte um **(Bild 2a, Seite 166)**.

Die elektrischen Signalausgangsgrößen analoger Sensoren sind genormte Größen, an die sich alle Sensorhersteller weltweit orientieren:

- –10 V bis +10 V oder 0 V bis 10 V
- 0 mA bis 20 mA oder 4 mA bis 20 mA

Werden diese Werte z. B. in einer SPS verwendet, findet eine analog-digitale Umsetzung statt: Der analoge Wert wird zu einer gestuften Größe **(Bild 2b)**.

Der gestufte Wert wird in eine duale Zahl (16-Bit-Datentyp) umgewandelt, mit der eine SPS weiterarbeiten kann. Man spricht von einem digitalisierten Analogwert.

Die Verdrahtung des Sensors zeigt **Bild 3**: Am Pin 4 (BK) wird das binäre Signal ausgewertet (= Relaisausgang), am Pin 2 (WH) erfolgt die Ausgabe des analogen Signals (Messwert z. B. von 0 V bis 10 V).

Zu g) Sensorformen, Einbau und Montage

Die Form eines Sensors ist entweder zylindrisch oder quaderförmig. Die Sensorform hängt vom jeweiligen Einsatz ab und bestimmt über die Lage der aktiven Schaltfläche **(Bild 4)**.

Die Gehäuse der Sensoren bestehen aus korrosionsbeständigem Stahl, ggf. mit Teflon beschichteter Weißbronze oder verschiedenen Kunststoffen (PA, PBT usw.). Die Elektronik ist mit Harzen vakuumvergossen geschützt vor äußeren Einwirkungen.

Prinzipiell müssen Sensoren mechanisch belastbar und gegen äußere Einflüsse geschützt sein.

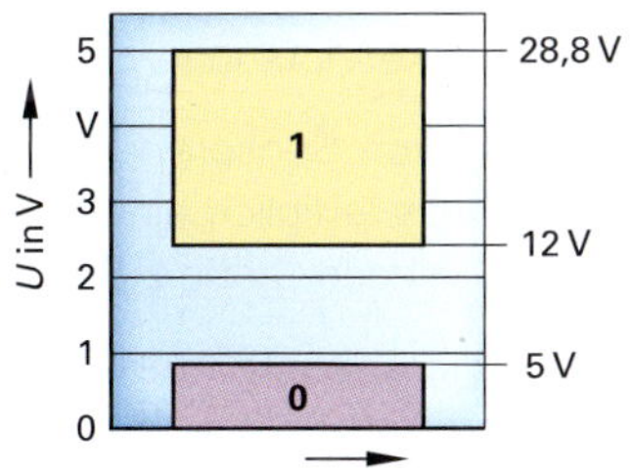

hoher Pegel	niedriger Pegel
An High 1	Aus Low 0

Bild 1: Signalpegel und binäre Signalzustände

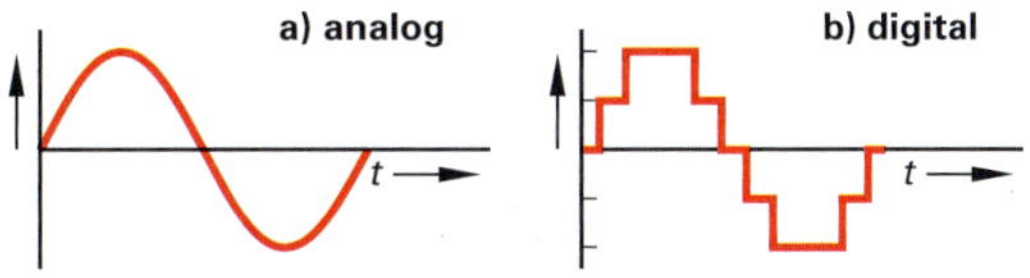

Bild 2: Analoges und digitales Signal

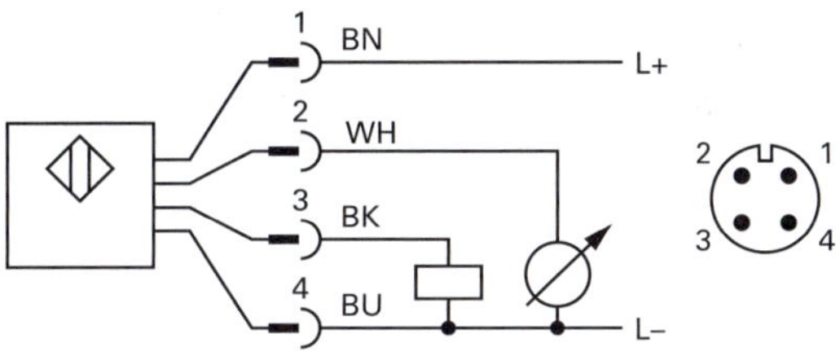

Adernfarbe
1 = BN (braun) 3 = BU (blau)
2 = WH (weiß) 4 = BK (schwarz)

Bild 3: Anschlussschema für einen binär-analogen Sensor

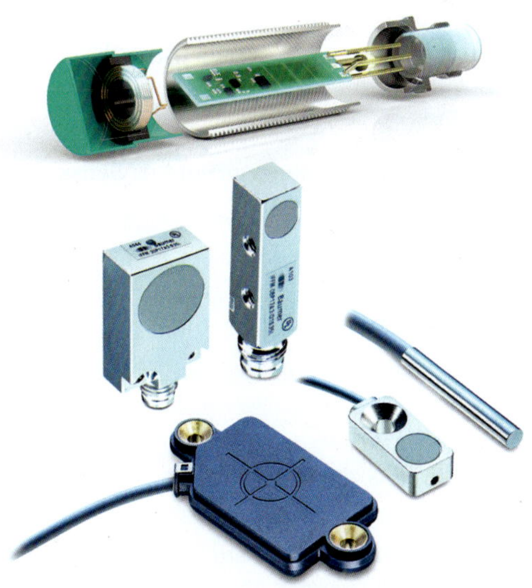

Bild 4: Bauformen von Sensoren

Lernfeld 6

Dazu gehören hohe Temperaturen, aggressive Säureeinwirkungen oder auch starke Vibrationen.

Zylindrische Gehäuseformen von Sensoren lassen sich einfach verbauen, es muss lediglich eine Bohrung vorgenommen werden, je nach Größe z. B. M8.

Mit zwei Muttern werden die Sensoren befestigt. Wie tief die Sensoren in eine Grundplatte versenkt werden, hängt vom Sensortyp ab:

Bündiger oder nicht bündiger Einbau

Bei bündigem Einbau können Sensoren bis zu ihrer aktiven Fläche in die Grundplatte eingebaut werden. Das ist sehr praktisch, da nun keine Kollisionsgefahr mehr besteht. Der Abstand zur nächsten Bauteilfläche sollte etwas mehr als der, dreifache Schaltabstand betragen, damit das Streufeld des Näherungssensors kein unbeabsichtigtes Signal auslöst. Der Abstand der Sensoren untereinander sollte etwas größer als der Sensordurchmesser sein **(Bild 1a)**.

Bei nicht bündigem Einbau steht der Sensor über der Grundplatte, das Streufeld der aktiven Zone benötigt eine Freizone **(Bild 1b)**.

Schaltungslösung für die Erweiterung der Abfüllanlage

Aus all diesen Vorüberlegungen zu den Näherungssensoren fällt für die Abfrage der Füllhöhen die Wahl auf zwei kapazitive Sensoren. Weitere Mermale der Sensoren: Sie werden als NC-Kontakt und nach PNP-Prinzip verschaltet.

Die Anbringung des Sensors an einen Füllbehälter kann sehr unterschiedlich ausfallen und hängt auch vom verwendeten Sensortyp ab **(Bild 2)**.

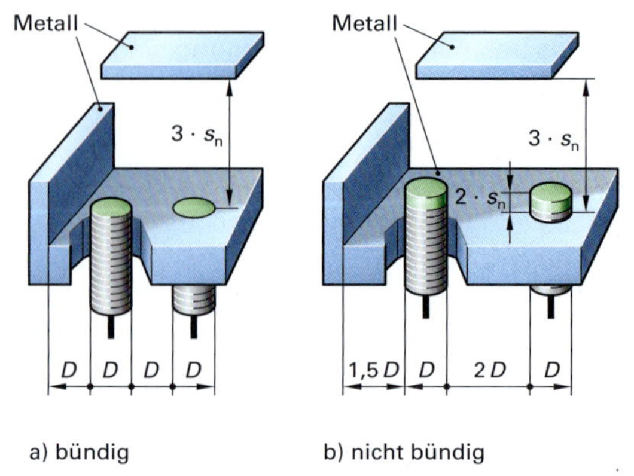

Bild 1: Einbau zylindrischer Sensoren

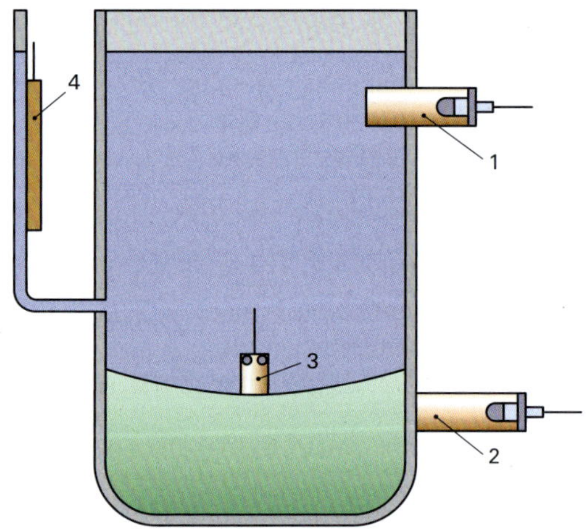

Bild 2: Mögliche Einbauorte kapazitiver Sensoren bei Schüttgut oder Flüssigkeiten

Überlegen und beantworten Sie: Sensorik

1. Beschreiben Sie den Unterschied von aktiven und passiven Sensoren mit Beispielen.
2. Zählen Sie die Vorteile von Näherungssensoren gegenüber mechanischen Grenztastern auf.
3. Benennen Sie die Funktion des gezeigten Sensors und erklären Sie die Begriffe PNP, BN, BK und BU.

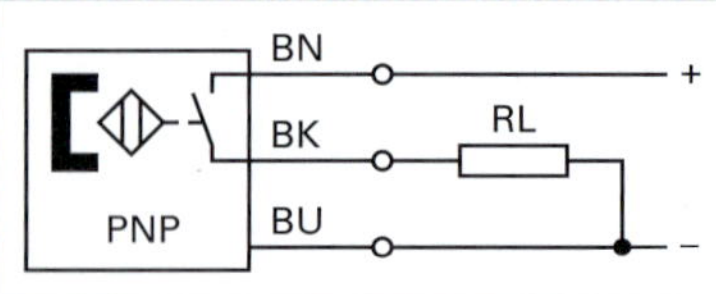

4. Beschreiben Sie die Unterschiede von induktiven und kapazitiven Sensoren: Funktionsweise, Einsatz, Schaltzeichen im Schaltplan.
5. Erklären Sie die folgenden Begriffe aus einem Sensordatenblatt: **NC, NPN** und **bündiger Einbau**.
6. Erläutern Sie die Begriffe „aktive Schaltfläche" und „Schaltabstand S_n".
7. Ein Sensor ist zu einem bündigen Einbau ungeeignet. Berechnen Sie, wie hoch der Sensor herausragen muss und welcher Abstand zwischen zwei Sensoren eingehalten werden muss. Der Schaltabstand beträgt 4,0 mm, die Sensorgröße ist M12.

Bei Position 1 muss bei Flüssigkeiten gut abgedichtet werden, Position 2 eignet sich nur bei nichtmetallischen Wänden des Behälters, die Bypassmontage in Position 4 mit Flächenprofil des Sensors macht die Messung von Prozessen im Behälter unabhängig **(Bild 2, Seite 172)**.

Für die beiden möglichen Positionen 1 und 2 wird der Sensor aus **Bild 1** gewählt. Er erfüllt alle Kriterien der Schaltungsaufgabe für –BE1 und –BE2.

An einem Potenziometer lassen die Sensoren sich zum Öffner (NC) parametrieren. Der Schaltabstand wird über den zweiten Pozentiometer an der Anlage eingestellt. Zwei LEDs unterstützen die Einstellung des optimalen Schaltpunkts **(Bild 1)**.

Die elektropneumatische Schaltung besteht aus den vier Teilen pneumatischer Leistungsteil, elektrischer Stromlaufplan mit Sensor-, Steuerungs- und Ausgabeteil mit Magnetspulen und Leuchtanzeigen **(Bild 2)**.

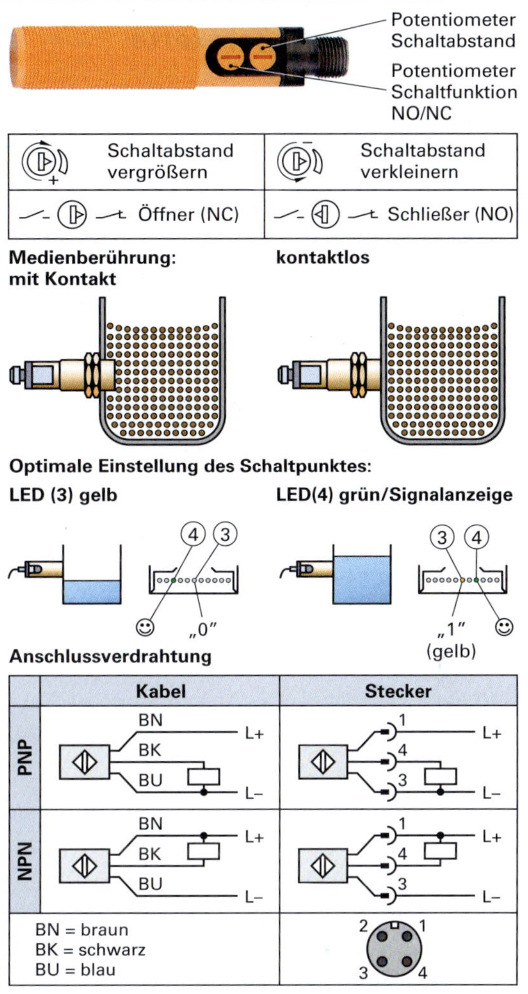

Bild 1: Kapazitiver Sensor

Überlegen und beantworten Sie: Näherungssensoren im Schaltplan

1. Beschreiben Sie die Auswertung der beiden Sensoren -BE1 und -BE2 in den Strompfaden 13 und 14.
2. Bauen Sie den Schaltplan um:
   a) Der Schieber kann nur geöffnet werden, wenn der Behälter leer ist.
   b) Der Schieber schließt nicht mehr zeitabhängig, sondern wenn der Füllzustand erreicht ist.

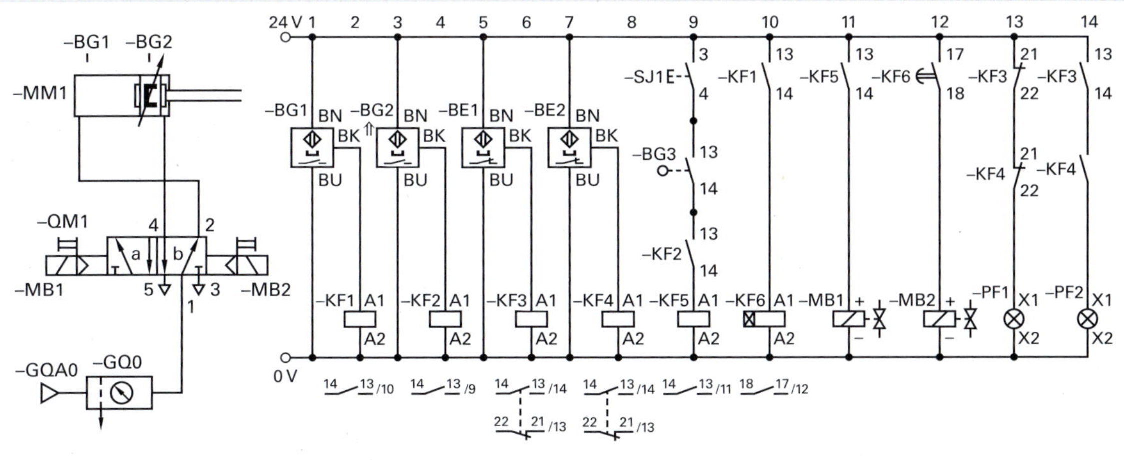

Bild 2: Schaltungslösung für die Erweiterung der Abfüllanlage

2.2.3 Ablaufsteuerungen – löschende Taktkette

// Aufgabenstellung: Tauch- und Reinigungsstation

Beschreibung des Reinigungsablaufes (Bild 1)

In einem chemischen Reinigungsbad werden Bauteile aus der Zerspanung von Ölen und Bohremulsionen gereinigt und anschließend getrocknet. Ein Ausschiebezylinder –MM10 schiebt die geordneten Werkstücke aus einem Magazin auf eine Plattform. Diese wird mit dem Zylinder –MM20 abgesenkt.

Nach einer Verweilzeit von 10 s in der vorderen Endlage fährt der Zylinder –MM20 wieder nach oben. Erst dann fährt –MM10 ein und schiebt mit erneutem Ausfahren das vorher gereinigte Teil auf die Rollenbahn zum Trocknen.

Startbedingungen:

Die Druckenergie wird mit einem Hauptschalter –SJ0 dazu geschaltet. Die Anlage wird mit Dauerbetrieb EIN –SJ1 ein- und mit Dauerbetrieb AUS –SJ2 ausgeschaltet.

Der Näherungssensor –BE1(NO) erfasst das Vorhandensein von Bauteilen, –BE2(NC) den Füllstand des Reinigungsbades.

Sind keine Bauteile vorhanden, zeigt die Meldeleuchte –PF1 (gelb) dies an. Sinkt das Füllniveau im Reinigungsbad unter einen Minimalwert, zeigt die Leuchte –PF2 (blau) die Störung an.

Analyse der Aufgabenstellung:

Es handelt sich hier um eine Ablaufsteuerung, bei der eine bestimmte Ablaufreihenfolge eingehalten werden muss.

Schritt 1: Arbeitselement festlegen

Im Technologieschema sind die beiden doppelt wirkenden Zylinder mit ihrer Endlagenerfassung über magnetische Näherungssensoren erkennbar. Die beiden Zylinder sind mit zweistelligen Ziffern nummeriert, wodurch die Zuordnung aller Bauteile zu einem pneumatischen Schaltkreis erleichtert wird.

Schritt 2: Stell- und Signalelemente bestimmen

Für die beiden Stellelemente werden 5/2-Impuls-Wegeventile eingesetzt. Hierbei ist eine Überprüfung der möglichen Signalüberschneidung erforderlich:

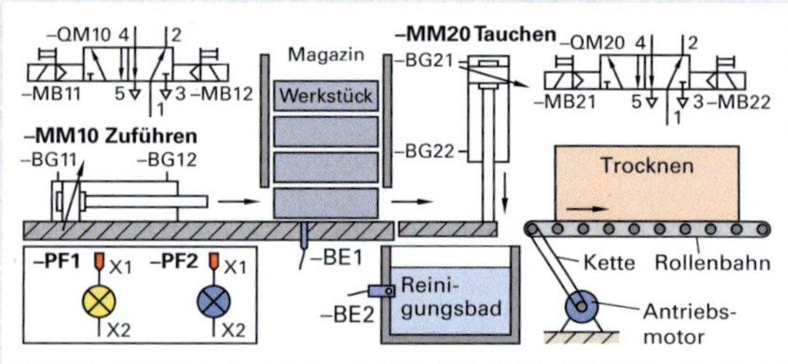

Bild 1: Technologieschema – Reinigungsprozess

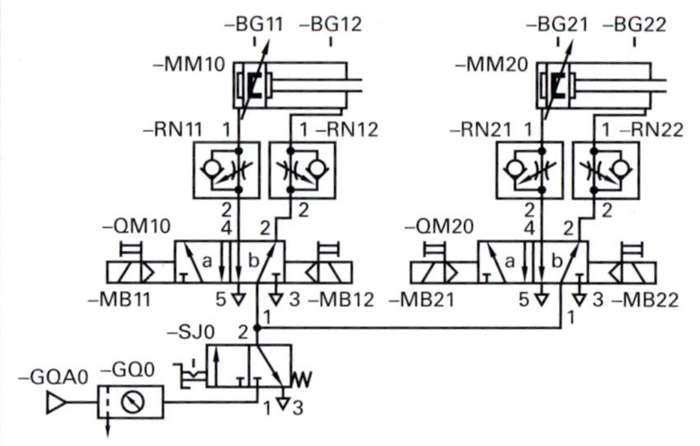

Bild 2: Pneumatischer Leistungsteil – Reinigungsprozess

Kurzschreibweise der Ablaufschritte
(siehe Pneumatik, **Seite 144**)

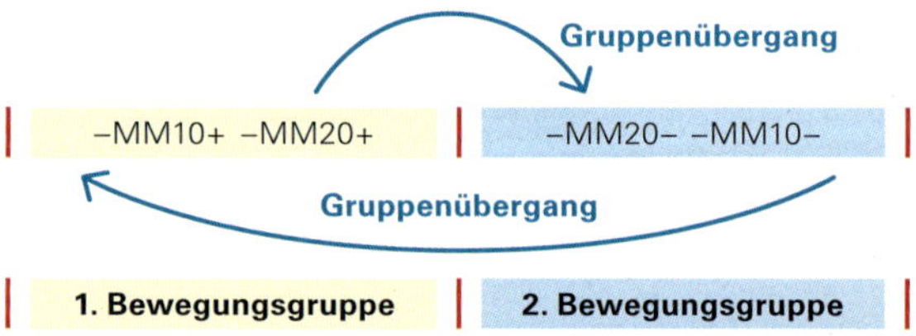

Am Übergang von der ersten (–MM20+) zur zweiten (–MM20–) Bewegungsgruppe und von der letzten Bewegung –MM10– zum Neustart –MM10+ des Ablaufs kommt es zu Signalüberschneidungen.

Um eine korrekte Ablauflösung ohne Störungen zu erhalten, wird eine löschende Taktkette als schaltungstechnische Lösung erstellt.

Ein GRAFCET nach DIN EN 60846 beschreibt den Ablauf detaillierter als die Kurzschreibweise. Die GRAFCET-Norm bezieht sich bei Abläufen immer auf das Grundprinzip einer löschenden Taktkette.

Im GRAFCET werden die Magnetspulen und nicht die Aktoren in den Aktionsfeldern beschrieben, dies erleichtert die Erstellung einer Schaltplanlösung.

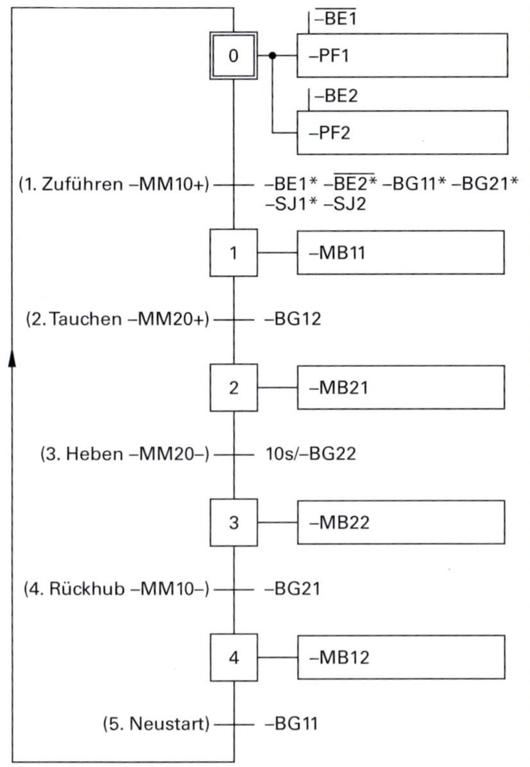

Bild 1: GRAFCET für Reinigungsprozess

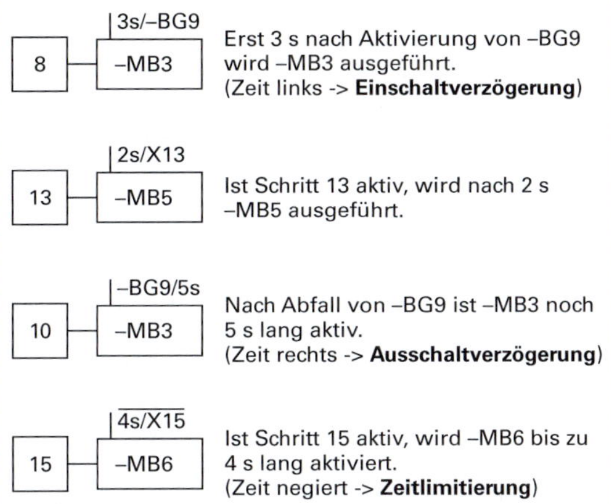

Bild 2: Zeitfunktionen (GRAFCET DIN EN 60846)

Eingangsvariablen im GRAFCET

- **–BE2** in einer Transition: Abfrage auf den logischen Zustand 1
- **–$\overline{\text{BE2}}$**: Abfrage auf den logischen Zustand 0
- Im GRAFCET lässt sich nicht erkennen, ob eine Schließer- oder Öffnerfunktion bei einer Eingangsvariable vorliegt.

Ein GRAFCET soll **anlagenneutral** erstellt werden. Da er in der Aufgabenstellung Reinigungsprozess für die Erstellung einer bestimmten Schaltplanlösung dient, ist er anlagenspezifisch: Sensoren, die eine Bewegung stoppen oder verhindern, werden wegen der Drahtbruchsicherheit als Öffner verdrahtet. Wird dieser Sensor betätigt (bedämpft), so liefert er ein Signal 0, was im **anlagenspezifischen** GRAFCET als negiertes Signal, z. B. –$\overline{\text{BE2}}$, dargestellt wird.

Im GRAFCET werden im Startschritt 0 die beiden Meldeleuchten beschrieben. Das Verhalten der beiden Leuchten –PF1 und –PF2 wird als bedingte Aktionen gezeigt **(Bild 1)**:

- **–$\overline{\text{BE1}}$**: Kein Teil im Magazin führt zur Aktion der Leuchte –PF1. Der Sensor –BE1 hat das Signal 0 und –PF1 meldet die Störung mit der Farbe Gelb. Gelb steht für einen anormalen Zustand.
- Flüssigkeitsstand unter Minimalniveau bedeutet, dass der Öffner von –BE2 geschlossen ist. Er liefert somit das logische Signal 1: Die Meldeleuchte –PF2 meldet mit Farbe Blau einen zwingenden Zustand.

Beschreibung der Transition „1. Zuführen –MM10+": Hier tauchen die beiden Sensoren –BE1 und –BE2 in der Startbedingung auf. –BE1 hat Signal 1, das Magazin ist voll, –$\overline{\text{BE2}}$ ist im GRAFCET die Abfrage auf den logischen Zustand 0. Der Öffner ist betätigt, da er den gefüllten Zustand des Reinigungsbads erfasst.

Der GRAFCET für den Reinigungsvorgang zeigt prinzipiell einen prozessgeführten Ablauf. Das Erreichen bestimmter Endlagen führt zum nächsten Schritt.

Lediglich beim Übergang vom zweiten zum dritten Schritt ist der Ablauf über eine Zeit gesteuert. Die Transitionsbedingung für das Anheben der Bauteile aus dem Tauchbad wird als eine Einschaltverzögerung bezeichnet.

Das Erreichen der vorderen Endlage des Tauchzylinders –MM20 startet die Zeit von 10 s, dann ist die Transition erfüllt, logischer Zustand 1. Der dritte Schritt kann ablaufen.

Zeitfunktionen können beim GRAFCET in den Transitionen und auch bei den verschiedenen Aktionsfeldern verwendet werden **(Bild 2, Seite 175)**. Neben den Sensoren, z. B. –BG9, können auch interne Schrittvariablen, z. B. X13 oder X15, zum Start der Ein- oder Ausschaltverzögerung verwendet werden. Diese Schrittvariablen gibt es für alle Ablaufschritte, z. B. X0, X1, X2 usw.

Grundprinzipien der löschenden Taktkette

Bei der linearen Ablaufsteuerung ist immer nur ein Einzelschritt aktiv. Jeder dieser Ablaufschritte wird in einer Selbsthalteschaltung (löschdominante Variante) realisiert **(Bild 1)**. Es wird der aktive Schritt 3 gezeigt:

- Schritt$_{N-1}$: Meldung, dass der vorhergehende Schritt$_{N-1}$ aktiv ist (hier Schritt 2).
- Initiator für den Schritt$_N$: Das ist ein Signalelement, z. B. ein Handtaster –SJ1$_N$, oder ein Näherungssensor –BG$_N$ beim Anfahren einer Endlage.
- Relais –KF$_N$: Sind die beiden Bedingungen gegeben und ist der Reset durch den nächsten Schritt nicht erfolgt (–KF$_{N+1}$), geht der Schritt N mit –KF$_N$ in die Selbsthaltung.
- Im elektrischen Leistungsteil setzt der Hilfskontakt von Relais –KF$_N$ den Ausgang –MB$_N$.
- Reset –KF$_{N+1}$: Durch den nächsten Schritt N+1 (z. B. Schritt 4) erfolgt über den Öffner –KF$_{N+1}$ das Rücksetzen oder Löschen der Selbsthaltung.

Die Selbsthalteschaltung garantiert, dass nur jeweils ein Ablaufschritt aktiv gesetzt ist. Der vorhergehende Schritt wird gelöscht und der folgende Schritt vorbereitet. Damit ist ein gesicherter Ablauf ohne Signalüberschneidungen möglich.

Die logische Struktur dieser Ablaufschritte ist in einer Simulation in **Bild 2** mit logischen Grundelementen nachvollzogen. Dort sind die beiden Eingangsvariablen gesetzt: der Initiator –BG$_N$ und der vorhergehende Schritt aktiv über –KF$_{N-1}$.

Eine Vereinfachung über den Einsatz eines SR-Speichers zeigt **Bild 3**. Der binäre Speicher ersetzt logische Grundelemente und die Selbsthaltung.

Schritt 3: Schaltplanlösung erstellen

In der elektropneumatischen Umsetzung der löschenden Taktkette werden zur Vereinfachung der Schaltung 2-Draht-Näherungsschalter eingesetzt.

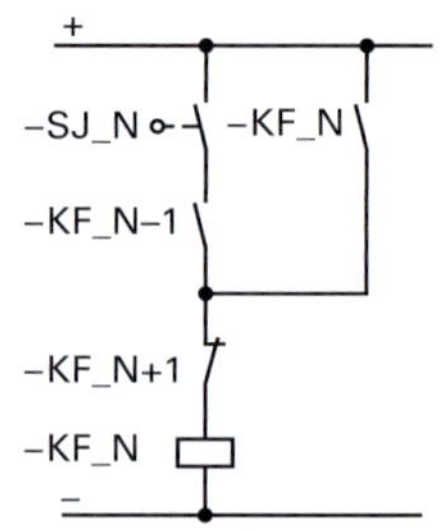

–SJ_N	Signalelement/Sensor
–KF_N–1	Schließer vom Relais des vorherigen Schrittes
–KF_N+1	Öffner vom Relais des folgenden Schrittes
–KF_N	Relais/Schließer des aktiven Schrittes N

Bild 1: Schritt N in einer Taktkette, z. B. Schritt 3

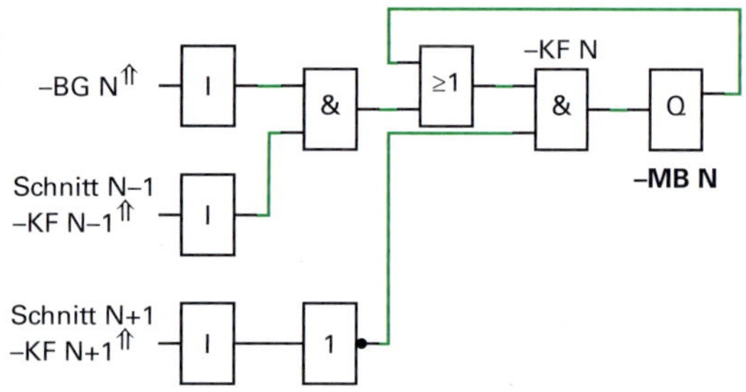

Bild 2: Funktionsplan mit Selbsthaltung in Simulation (Setzen des Ablaufschritts N)

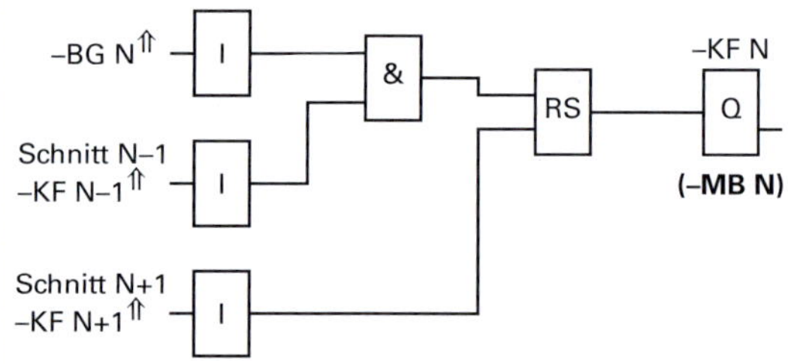

Bild 3: Funktionsplan mit binärem SR-Speicherbaustein (löschdominanter Speicher)

Grundregeln: löschende Taktkette

- Alle Stellelemente sind bistabil (5/2-Wege-Impulsventile).
- Alle Endlagen werden abgefragt (= Initiatoren für die Einzelschritte).
- Jeder Schritt wird mit einer löschdominanten Selbsthalteschaltung erstellt.
- Der jeweils gesetzte Schritt N bereitet den nächsten Schritt N+1 vor.
- Der aktive Schritt N setzt den vorhergehenden Schritt N-1 zurück.

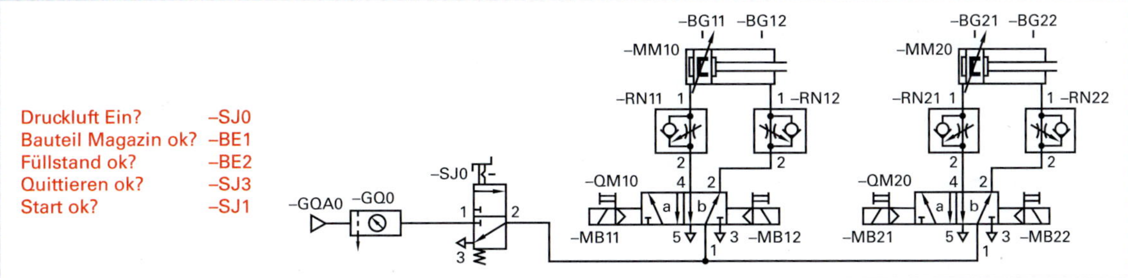

Bild 1: Pneumatischer Leistungsteil mit Zustandsabfragen für Anlagenstart

Diese werden direkt in die Einzelschritte (Strompfade 5, 8, 10 und 14) verdrahtet **(Bild 2** und **Bild 3)**. Die 2-Draht-Sensoren nicht im Sensorteil einzusetzen, spart Relais und vereinfacht hier die Schaltung.

Das Prinzip der löschenden Taktkette erfordert eine Meldung des letzten Schritts in den nächstfolgenden Schritt, den ersten Schritt: Dies erfolgt über einen Hilfskontakt –KF8 im Strompfad 8 (Bild 3). Dieser Schließerkontakt ist bei einem Neustart des Reinigungsprozesses offen. Über eine Quittierung –SJ3 der letzten Bewegung per Hand wird der letzte Schritt im Strompfad 15 in die Selbsthaltung gezwungen: Gleichzeitig schließt der Hilfskontakt –KF8 im Strompfad 8, es kann gestartet werden über Dauer-EIN –SJ1 (indirekt –KF4).

Der Dauerzyklus kann an beliebiger Stelle des Ablaufs unterbrochen werden über –SJ2, er läuft aber seine vier Ablaufschritte zu Ende.

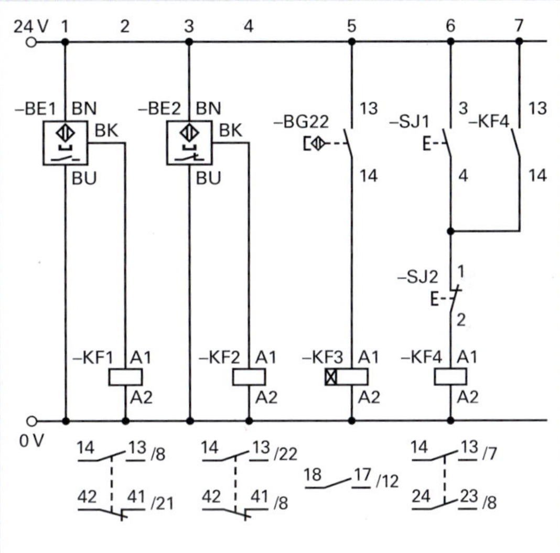

Bild 2: Sensorteil und Dauerbetrieb

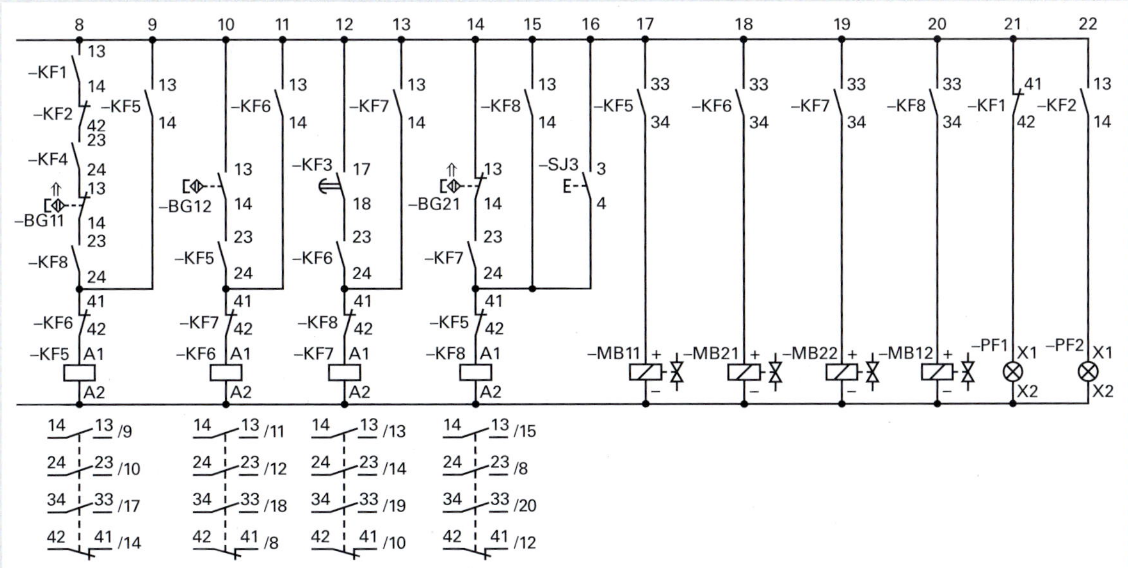

Bild 3: Taktkette mit vier Einzelschritten und elektrischem Ausgabenteil (inklusive Magnetventile und Meldeleuchten)

Überlegen und beantworten Sie: Ablaufsteuerungen in der Elektropneumatik

1. Beschreiben Sie die GRAFCET-Elemente in **Bild 1**.
2. Ersetzen Sie im GRAFCET von Seite 175 die Magnetspulen –MB11, –MB12 usw. durch die beiden Aktoren –MM10 und –MM20. Erstellen Sie dazu einen neuen GRAFCET.
3. Listen Sie die Unterschiede vom 2-Draht- und 3-Draht-Näherungssensor auf **(Bild 2)**.
4. Lösung Reinigungsbad von Seite 177:
   a) Änderung im pneumatischen Leistungsteil **(Bild 1, Seite 177)**: Das Zuschaltventil –SJ0 für die Druckluft wird ersetzt durch ein 3/2-Wegeventil mit elektropneumatischer Ansteuerung.
   b) Ergänzen Sie den elektrischen Teil von **Bild 2** und **Bild 3, Seite 177**:
   Über einen Handschalter **–SF4** (Schließer) wird die Druckluft dazugeschaltet; die elektrische Energie der Steuerung wird über einen NOT-AUS-Schlagschalter weggeschaltet. Die Meldeleuchten –PF1 und –PF2 werden damit ebenfalls beeinflusst.
5. Für den in **Bild 3** dargestellten pneumatischen Leistungsteil einer Förderanlage soll der folgende Ablauf in eine elektropneumatische Schaltungstechnik umgesetzt werden.
   Kurzschreibweise: **I –MM10– –MM10+ I –MM20+ –MM20– I**
   a) Für den Zylinder fürs Senken und Heben –MM10 sowie das Verschieben mit –MM20 werden Kolbendurchmesser von $D = 80$ mm verwendet.
   Welche Masse lässt sich damit heben (Verlustleistung 12 %)?
   b) Untersuchen Sie den Ablauf auf Signalüberschneidungen.
   c) Erstellen Sie einen GRAFCET: Berücksichtigen Sie, dass nach dem Absenken –MM10– eine Verweilzeit von 3 s eingehalten werden muss, bis die Getriebeteile angekommen sind.
   d) Erstellen Sie eine elektropneumatische Schaltplanlösung:
   Start über –SJ1 im Einzelbetrieb und –SJ2 (Raste) im Dauerbetrieb.

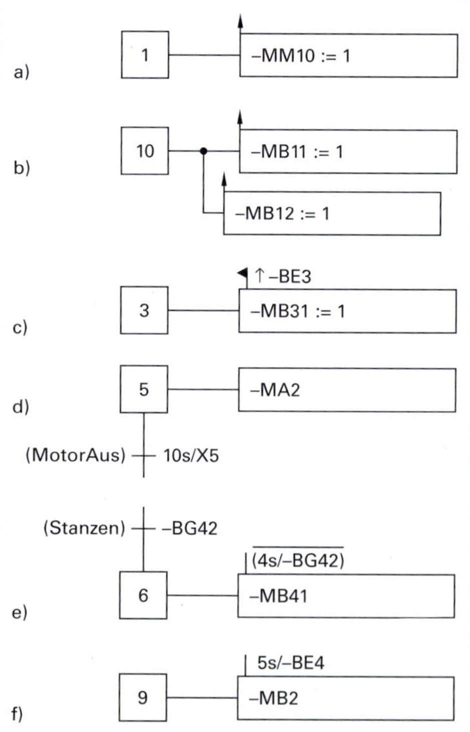

Bild 1: GRAFCET-Element DIN EN 60848

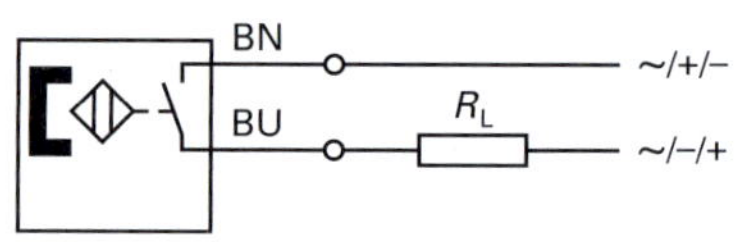

Bild 2: 2-Draht-Näherungssensor

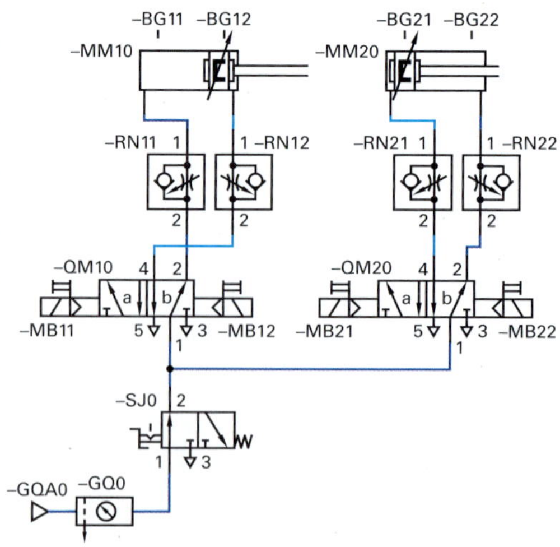

Bild 3: Pneumatischer Leistungsteil

2.3 Hydraulische Steuerungen

Die Hydraulik[1] verwendet zur Erzeugung von Kräften, Bewegungen oder Drehmomenten spezielle Fluide (= Hydraulikflüssigkeiten) mit einem hohen Anspruchsprofil.

Hydrostatik und Hydrodynamik

In der Hydrostatik werden hohe Kräfte mit teils hohen Flüssigkeitsdrücken erzeugt, z. B. bei Hydraulikpressen oder Hydraulikscheren.

In der **Hydrodynamik** möchte man mit geringerem Druck lineare oder rotatorische Bewegungen in den Arbeitselementen erzeugen, z. B. hydraulische Aufzüge oder hydraulische Schleusenöffnungen.

Die Hydraulik lässt sich sehr vielseitig einsetzen, z. B. in der Industriehydraulik unter anderem bei Werkzeug- oder Umformmaschinen. Diese Maschinen stehen stationär auf festen Untergründen.

In der Mobilhydraulik bewegen sich die Hydraulikaggregate mobil mit den Maschinen, z. B. in der Bau- oder Transportindustrie **(Bild 1)**.

[1] von hydor (griech.) = Wasser, Flüssigkeit

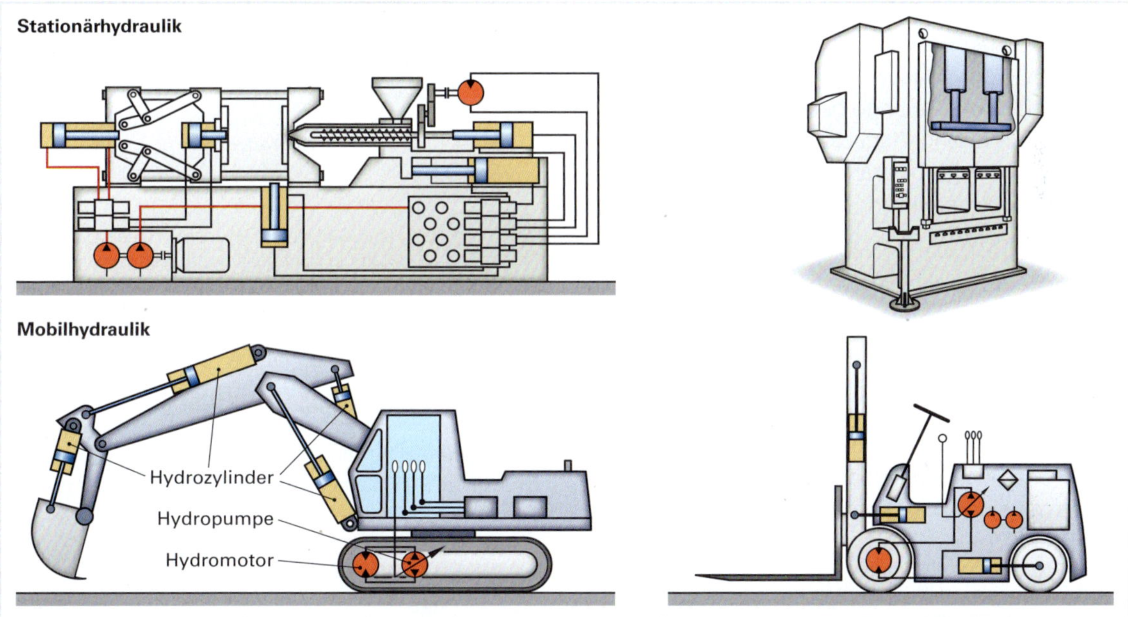

Bild 1: Stationärer oder mobiler Hydraulikeinsatz

Vorteile der Hydraulik

- Durch die hohen Drücke (bis 60 MPa) entstehen Kräfte (bis 3 MN) auf kleinem Raum.
- geringe Kompressibilität der Hydraulikflüssigkeiten: extrem langsame Vorschubbewegungen und hohe Positioniergenauigkeit
- Geschwindigkeiten sind stufenlos einstellbar (bis etwa 0,5 m/s).
- Druckübertragung erfolgt nahezu verlustfrei.
- sicherer Überlastschutz durch Druckbegrenzungsventile

Nachteile der Hydraulik

- Durch die hohen Drücke entstehen Leckageprobleme; hohe Anforderungen an die Fertigungsqualität hydraulischer Bauelemente.
- Entwicklung von Wärme und Änderung der Viskosität der Druckflüssigkeiten
- Hydraulische Pumpen und Hydromotoren sowie Schaltfunktionen der Ventile erzeugen einen hohen Lärmpegel (→ Gehörschutz!).
- erhöhte Unfallgefahr durch hohe Drücke
- fachgerechte Entsorgung der Altöle nötig

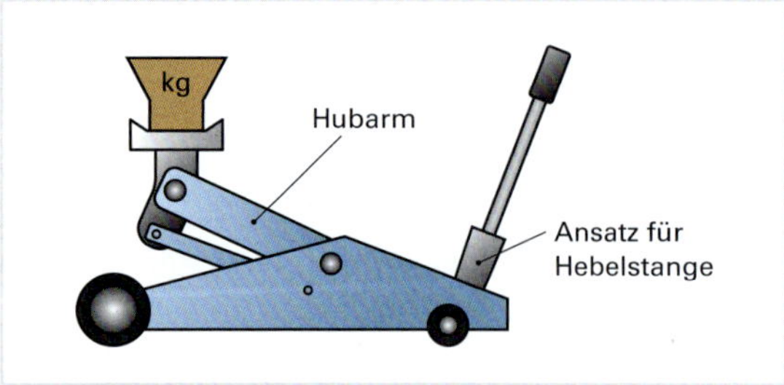

Bild 1: Hydraulischer Rangierwagenheber

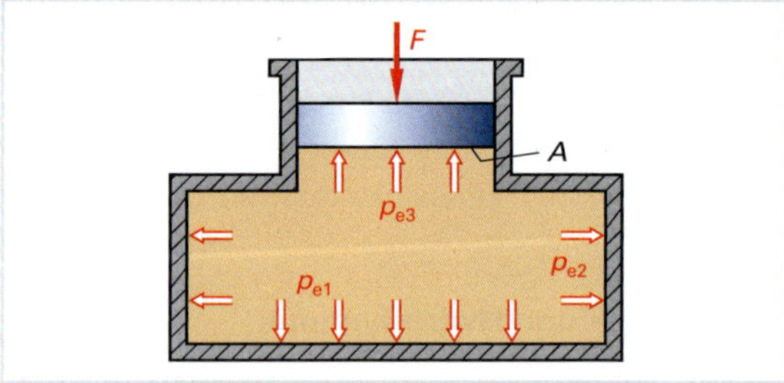

Bild 2: Druckausbreitung (Pascalsches Gesetz)

2.3.1 Physikalische Grundlagen

// Hydraulischer Rangierwagenheber

Mit einem Rangierwagenheber soll ein Kraftfahrzeug von einer Masse m = 1,5 t hochgehoben werden. Die Hebelstange hat eine Länge von l_H = 0,6 m, der Kraftangriffspunkt am Druckkolben zum Drehpunkt der Hebelstange beträgt l_1 = 0,04 m **(Bild 1)**. Das Übersetzungsverhältnis in der Hydraulik beträgt i = 2/5.

Wie groß muss die Handkraft F_H sein? Wie viele Hübe des Druckkolbens sind nötig, um das Fahrzeug auf eine Höhe von s_2 = 250 mm zu bringen?

Grundlagen der Hydrostatik

In einem geschlossenen Behälter befindet sich eine Druckflüssigkeit. Ein Kolben mit der Kolbenfläche A drückt mit einer Kraft F von außen auf die Flüssigkeit **(Bild 2)**.

- Der Druck ist überall im Behälter gleich groß. Der Schwerdruck der Flüssigkeit wird vernachlässigt.

$$p_{e1} = p_{e2} = p_{e3} = \text{konstant}$$

- Je größer die Kraft F (N), desto größer ist der Druck p_e (bar), je kleiner jedoch die Fläche A (mm²), desto kleiner ist der Druck p_e **(Bild 3)**.

$$p_{e1} = \frac{F}{A}\ [\text{N/mm}^2]$$

$$0{,}1\ \frac{\text{N}}{\text{mm}^2} = 10\ \frac{\text{N}}{\text{cm}^2} = 1\ \text{bar}$$

$$\text{wirksame Kolbenkraft } F = p_e \cdot A \cdot \eta$$

Der Reibungsverlust beträgt bei Hydraulikzylindern etwa 20 %.

Physik der Hydromechanik

Hydrostatik
Mechanik vom Gleichgewichtszustand **ruhender** Druckflüssigkeiten

→ In einem geschlossenen System breitet sich der Druck gleichmäßig aus **(Pascalsches Gesetz)**.

Hydrodynamik
beschreibt die Mechanik strömender Druckflüssigkeiten.

→ Im Leitungssystem mit variablen Querschnitten strömt in einer bestimmten Zeit immer die gleiche Flüssigkeitsmenge **(Kontinuitätsgleichung)**.

Rechenbeispiel: Kolbenkraft

Die Kolbenfläche eines Hydraulikzylinders wird einem Druck von 6 MPa ausgesetzt. Der Durchmesser des Kolbens beträgt d = 80 mm, der Reibungsverlust 20 %.

Lösung (wirksame Kolbenkraft)

$$1\ \text{Pa} = 1\ \frac{\text{N}}{\text{m}^2} \qquad 1\ \text{MPa} = 1\ \frac{\text{N}}{\text{mm}^2} = 10\ \text{bar}$$

$$A = \frac{d^2 \cdot \pi}{4} = \frac{8^2\ \text{cm}^2 \cdot \pi}{4} = 50{,}27\ \text{cm}^2$$

$$F = p_e \cdot A \cdot \eta = 600\ \frac{\text{N}}{\text{cm}^2} \cdot 50{,}27\ \text{cm}^2 \cdot 0{,}8 = 24\,130\ \text{N}$$

Der theoretische Wert F = 30,2 kN aus der Animation **(Bild 3)** zeigt das Fehlen eines Wirkungsgrads η.

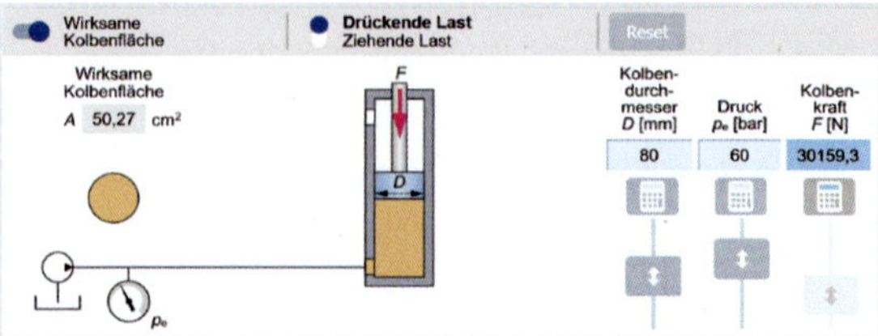

Bild 3: Druck und Kolbenkraft (Animation)

Übersetzung von Kraft und mechanischer Arbeit in der Hydrostatik

Beim Heben von Lasten wird das Prinzip der hydraulischen Kraftübersetzung deutlich.

Kraftübersetzung (Bild 1)

$$p_{e1} = p_{e2} \Rightarrow \frac{F_1}{A_1} = \frac{F_2}{A_2} \Rightarrow \frac{F_1}{F_2} = \frac{A_1}{A_2}$$

$$\text{Übersetzungsverhältnis: } i = \frac{A_1}{A_2}$$

- Die Drücke p_{e1} und p_{e2} sind im geschlossenen System gleich groß (= Pascalsches Gesetz).
- Eine Eingangskraft F_1 auf einer kleinen Fläche A_1 erzeugt auf einer großen Fläche A_2 eine große Kraft F_2.

Übersetzung der Arbeit *W*

$$W_1 = W_2 \Rightarrow F_1 \cdot s_1 = F_2 \cdot s_2$$

$$\Rightarrow \frac{F_1}{F_2} = \frac{s_2}{s_1} \Rightarrow \frac{A_1}{A_2} = \frac{s_2}{s_1}$$

- Die verichtete Arbeit W_1 am Druckkolben ist so groß wie W_2 am Arbeitskolben.
- Die mechanische Arbeit W ist das Produkt aus Kraft F und Weg s.

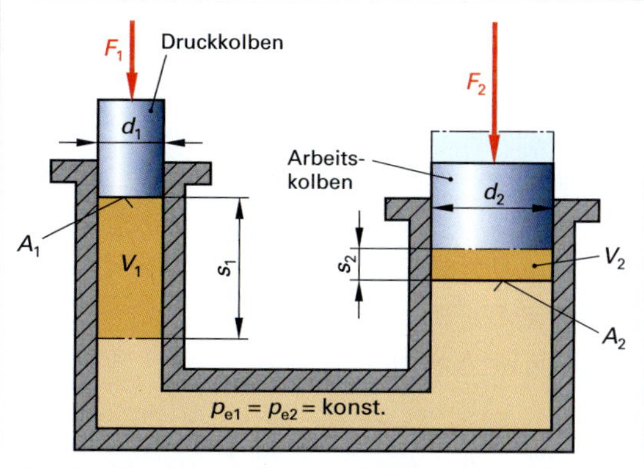

Bild 1: Hydraulische Übersetzung der Kraft und der mechanischen Arbeit

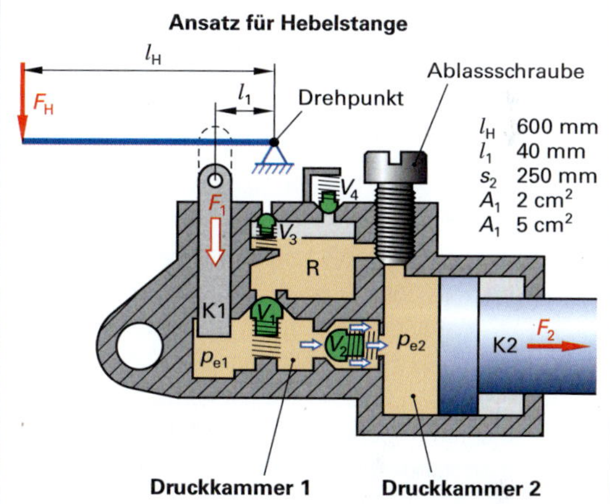

Bild 2: Funktionsprinzip Rangierwagenheber

Rechenbeispiel: Hydraulikpresse

Welche Kraft muss auf einem Druckkolben wirken, damit am Arbeitskolben eine Gewichtskraft von 2 kN entsteht? Die Übersetzung an den beiden Flächen beträgt $i = 3/8$.

Lösung

$$\frac{F_1}{A_1} = \frac{F_2}{A_2} \Rightarrow F_1 = A_1 \cdot \frac{F_2}{A_2} = 3\ \text{cm}^2 \cdot \frac{2000\ \text{N}}{8\ \text{cm}^2} = 750\ \text{N}$$

Rechenbeispiel: mechanische Arbeit

Wie groß ist an der Hydraulikpresse die mechanische Arbeit W_1 bei $s_1 = 46$ mm?

Lösung

$$W_1 = F_1 \cdot s_1 = 750\ \text{N} \cdot 0{,}046\ \text{m}$$
$$= 34{,}35\ \text{Nm} = 34{,}35\ \text{J}$$

Beschreibung der Funktion eines Rangierwagenhebers **(Bild 2)**: Der Druckkolben $\boldsymbol{K_1}$ wird nach unten gedrückt (bewegt durch einen einseitig wirkenden Hebel). Der Druck p_{e1} öffnet das Ventil $\boldsymbol{V_2}$ auf der Arbeitskolbenseite, damit gilt $p_{e1} = p_{e2}$. Am Arbeitskolben K_2 entsteht die Arbeitskraft F_2.

Funktion der Ventile: Ventil $\boldsymbol{V_1}$ öffnet sich, wenn der Druckkolben $\boldsymbol{K_1}$ wieder nach oben bewegt wird. Die Hubbewegung erzeugt einen Unterdruck in der ersten Kammer und im Ölvorrat ***R*** ($\boldsymbol{V_2}$ schließt die zweite Kammer). Wegen des Unterdrucks öffnet sich Belüftungsventil $\boldsymbol{V_3}$, Luft strömt nach. Ventil $\boldsymbol{V_4}$ dient dem Ablassen der Luft, dazu muss die Ablassschraube geöffnet werden, der Druck p_{e2} baut sich ab.

Rechenbeispiel: Rangierwagenheber

a) Wie groß ist die Handkraft F_H an der Hebelstange? Die zu hebende Masse beträgt 1,5t (siehe Werte Seite 181).

b) Wie viele Hübe des Druckkolbens sind notwendig, wenn er bei einem Hub 30 mm zurücklegt?

Lösung

a) $\frac{F_1}{F_2} = \frac{A_1}{A_2} \rightarrow F_1 = F_2 \cdot \frac{A_1}{A_2}$

$= 1500 \text{ kg} \cdot 9{,}81 \frac{\text{m}}{\text{s}^2} \cdot \frac{2}{5} = 5886 \text{ N}$

$F_H \cdot l_H = F_1 \cdot l_1 \rightarrow F_H = F_1 \cdot \frac{l_1}{l_H}$

$= 5886 \text{ N} \cdot \frac{0{,}04 \text{ m}}{0{,}6 \text{ m}} = 392{,}4 \text{ N}$

b) $\frac{A_1}{A_2} = \frac{s_2}{s_1} \rightarrow s_1 = s_2 \cdot \frac{A_2}{A_1} = 250 \text{ mm} \cdot \frac{5}{2} = 625 \text{ mm}$

Anzahl der Pumphübe:

$n = \frac{625 \text{ mm}}{30 \text{ mm}} = 20{,}8 \rightarrow 21 \text{ Hübe}$

Überlegen und beantworten Sie: Hydrostatik

1. Beschreiben Sie die Stärken von Pneumatik und Hydraulik.
2. Ein Fahrzeug von 2,5 t wird auf einer Hubbühne nach oben gehoben. Der Druck beträgt p_e = 8 MPa. Berechnen Sie den Durchmesser d des Hydraulikkolbens (η = 0,88).
3. Kupferrohre sollen in einer hydraulischen Vorrichtung gebogen werden **(Bild 1)**. Über einen Handhebel wird die Handkraft F_H = 120 N auf einen Druckkolben übertragen.
   - **a)** Erklären Sie das Pascalsche Gesetz an der Vorrichtung.
   - **b)** Berechnen Sie die Kraft F_1 des Druckkolbens.
   - **c)** Absperrventil öffnen: Berechnen Sie den Druck p_e bei einem Durchmesser d_1 = 25 mm des Druckkolbens.
   - **d)** Wie groß wird die Kraft F_2 bei einer Übersetzung von i = 1 : 6?

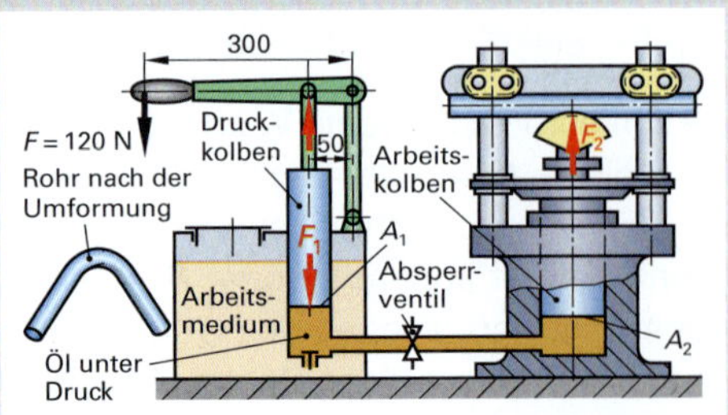

Bild 1: Rohrbiegen mit Hydraulik

// Gabelstapler – Volumenstrom

Der Hubkolben eines Gabelstapler bringt eine Masse von m = 800 kg in einer Zeit t = 3 s auf eine Höhe von h = 2,5 m **(Bild 2)**.

Welche mechanische Leistung P_{mech} zum Heben ist erforderlich? Welchen Volumenstrom Q (l/min) muss die Hydraulikpumpe dazu liefern bei 20 % Verlust?

Grundlagen der Hydrodynamik – Volumenstrom

Eine Hydraulikpumpe fördert das Arbeitsmedium Öl gegen den Widerstand von Rohrwandung oder Schlauchleitungen zum Verbraucher: Es entsteht durch die Hydraulikpumpe ein Volumenstrom.

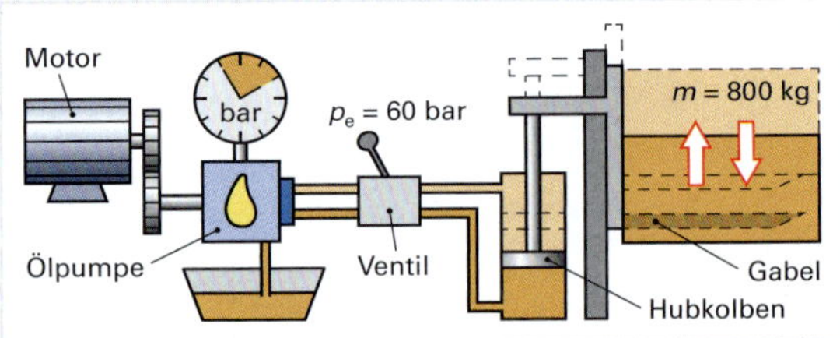

Bild 2: Grundprinzip der Erzeugung einer Hubbewegung am Gabelstabler

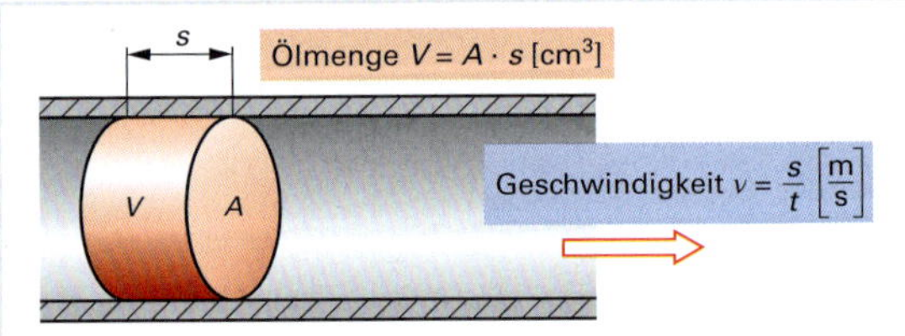

Bild 3: Leitungsdurchfluss – Volumenstrom

Volumenstrom

$$Q = \frac{V}{t} = \frac{A \cdot s}{t} = A \cdot v \left[\frac{l}{\text{min}}\right]$$

- Der Volumenstrom Q ist die Ölmenge V in einer bestimmten Zeit t.
- In einem Leitungsquerschnitt A legt eine Ölmenge V in einer bestimmten Zeit t den Weg s zurück.
- Der Volumenstrom Q ist das Produkt von Leitungsquerschnitt A und der Strömungsgeschwindigkeit v.

Hydrodynamik – Kontinuitätsgleichung

Für eine Flüssigkeit, die durch ein Rohrleitung mit unterschiedlichen Querschnitten strömt, gilt die Kontinuitätsgleichung **(Bild 1)**.

In einer Anlage kann man an bestimmten Messstellen den Druck p_e und den Volumenstrom Q messen. Mit den beiden Werten lässt sich eine hydraulische Leistung errechnen **(Bild 2)**.

Kontinuitätsgleichung

$$Q = A_1 \cdot v_1 = A_2 \cdot v_2 = A_3 \cdot v_3$$
$$A_1 > A_3 > A_2 \Rightarrow v_1 < v_3 < v_2$$

- Der Volumenstrom Q ist in einem Rohr mit unterschiedlichen Durchmessern immer gleich groß.
- Die Strömungsgeschwindigkeiten v_1, v_2 und v_3 sind in jedem Querschnitt der Rohrleitung unterschiedlich.
- Eine große Querschnittsfläche, z. B. A_1, führt zu einer geringen Strömungsgeschwindigkeit v_1.
- In einer kleinen Querschnittsfläche A_2 (= Verjüngung) erhöht sich die Strömungsgeschwindigkeit auf v_2.

Hydraulische Leistung – Wirkungsgrad

$$P_{mech} = F \cdot v$$
$$\text{mit } F = p_e \cdot A \text{ und } v = \frac{Q}{A}$$
$$\Rightarrow P_{hyd} = p_e \cdot Q$$

Als Zahlenwertgleichung:

$$\Rightarrow P_{hyd} = \frac{p_e \cdot Q}{600} \text{ [kW]}$$

mit p_e (bar) und Q (l/min)

- Die hydraulische Leistung P_{hyd} errechnet sich aus dem Anlagendruck p_e und dem Volumenstrom Q.
- Eine Zahlenwertgleichung erspart die Umrechnung der einzelnen Einheiten.

$$\eta = \frac{P_{ab}}{P_{zu}} = \frac{P_{mech}}{P_{hyd}}$$

- Die hydraulische Leistung P_{hyd} wird am Arbeitselement, z. B. Hydraulikzylinder, als mechanische Leistung P_{mech} mit Verlust abgegeben.

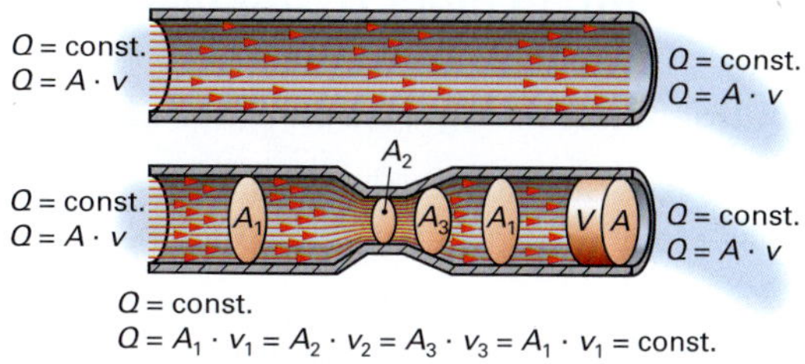

Bild 1: Volumenstrom Q in unterschiedlichen Leitungsquerschnitten

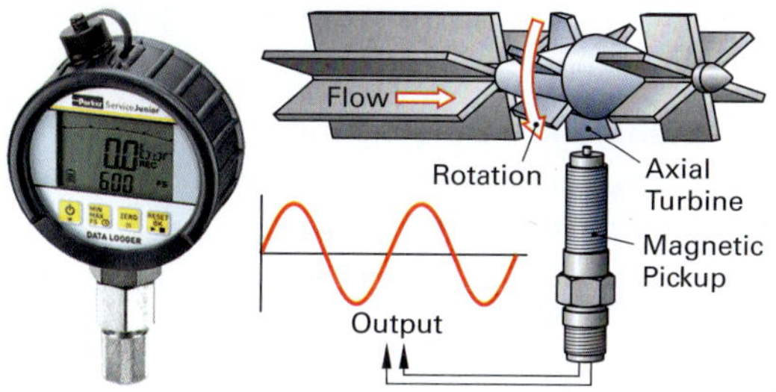

Bild 2: Sensor für magnetisch-induktive Volumenstrommessung – Druckmanometer

Rechenbeispiel: Gabelstapler

Wie hoch sind die mechanische Leistung P_{mech} und der Volumenstrom Q (siehe Werte Seite 182)?

Lösung

$$P_{mech} = F \cdot v = 800 \text{ kg} \cdot 9{,}81 \frac{\text{m}}{\text{s}^2} \cdot \frac{2{,}5 \text{ m}}{3 \text{ s}} = 6540 \frac{\text{Nm}}{\text{s}}$$
$$= 6540 \text{ W} = 6{,}54 \text{ kW}$$

$$\eta = \frac{P_{mech}}{P_{hyd}} \Rightarrow P_{hyd} = \frac{P_{mech}}{\eta} = \frac{6{,}54 \text{ kW}}{0{,}8} = 8{,}2 \text{ kW}$$

$$P_{hyd} = \frac{p_e \cdot Q}{600}$$

$$\Rightarrow Q = \frac{600 \cdot P_{hyd}}{p_e} = \frac{600 \cdot 8{,}2 \text{ kW}}{60 \text{ bar}} = 82 \text{ l/min}$$

Aufgaben zur Hydrodynamik

1. Wodurch unterscheidet sich die Hydrodynamik von der Hydrostatik?
2. Beschreiben Sie den Vorteil einer Zahlenwertgleichung an einem Beispiel.
3. Welche mechanische Leistung P_{mech} lässt sich nutzen, wenn der Volumenstrom $Q = 35$ l/min, das Manometer den Druck $p_e = 45$ bar anzeigt und der Verlust 18 % beträgt?

Lernfeld 6

2.3.2 Aufbau einer Hydraulikanlage – Komponenten

// Aufgabenstellung: Heben einer Last

Eine mobile Seilwinde soll durch einen hydraulischen Motor angetrieben werden **(Bild 1)**.

Es soll eine Last von m = 400 kg mit einer Hubgeschwindigkeit von v = 12 m/min gehoben werden. Der Trommeldurchmesser der Winde beträgt d = 140 mm. Gesucht wird eine Lösung mit geeigneten Komponenten.

Bild 1: Antriebsteil einer hydraulischen Seilwinde für den mobilen Outdooreinsatz

Die Hydraulikanlage besteht aus den folgenden drei Grundkomponenten **(Bild 2)**:

- **Antriebsteil:** Erzeugung einer linearen (= Hydraulikzylinder) oder drehenden Bewegung (= Hydromotor) als Arbeitsbewegung.
- **Energiesteuerteil:** Wege-, Strom-, Druck- und Sperrventile beeinflussen den Energiefluss entsprechend der Aufgabenstellung vom Hydraulikaggregat zu den Antriebselementen. Dieser Teil erfüllt neben der Aufgabe der energetischen Umsetzung auch eine steuerungstechnisch logische Komponente z. B. in den Wegeventilen.

vel.plus/
FILF247

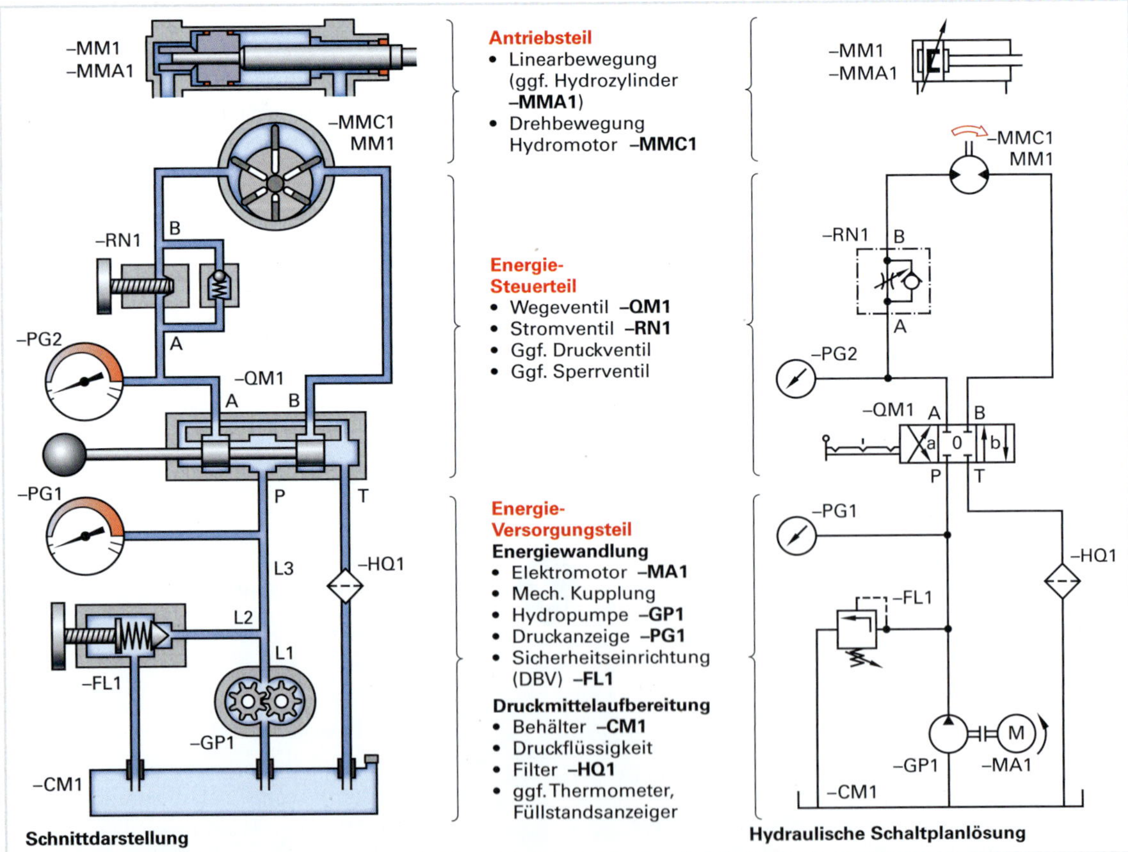

Bild 2: Hydraulischer Schaltkreis in Schnitt- und Symboldarstellung

Lernfeld 6

- **Energieversorgungsteil:** In diesem Teil der Hydraulikanlage wird die hydraulische Energie bereitgestellt und das Druckmedium aufbereitet. Es gibt verschiedene Möglichkeiten, um den Hydromotor der Winde mit Öl zu versorgen: Der Hydromotor nutzt die im Fahrzeug vorhandene Lenkpumpe oder es wird eine separate Hydraulikpumpe verwendet, wie es in der stationären Hydraulik der Fall ist.

Physikalische Größen und Leistung in Hydraulikanlagen (Entstehung und Umwandlung)

Die hydraulische Leistung P (kW) einer Anlage berechnet sich aus dem Druck $\boldsymbol{p_e}$ (bar) und dem Volumenstrom $\boldsymbol{Q}$ (l/min). Der Druck entsteht durch den Widerstand bei der Durchströmung.

Beide physikalischen Größen können an verschiedenen Stellen der Anlage gemessen werden **(Bild 1)**.

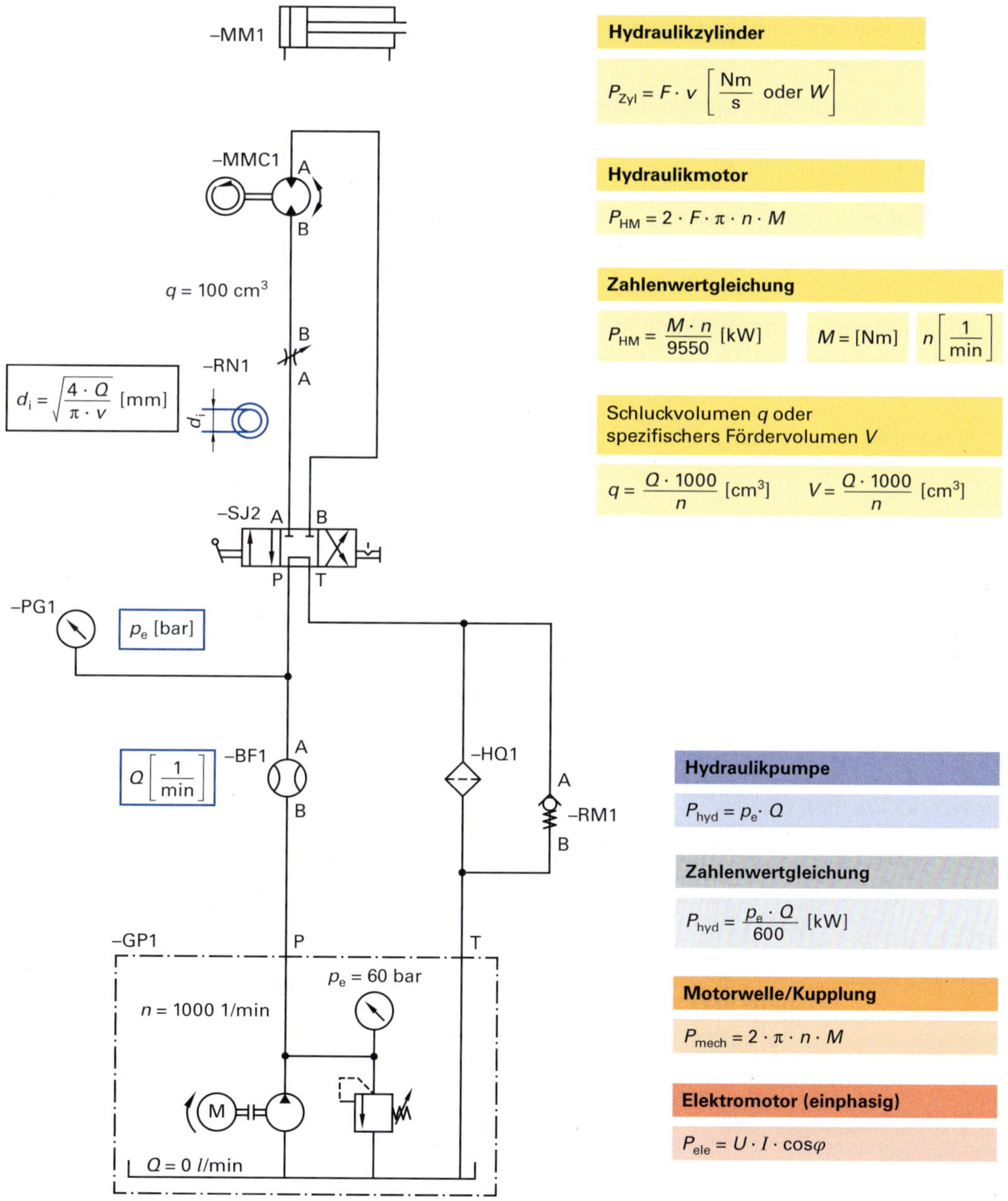

Bild 1: Leistungen in einer Hydraulikanlage – Entstehung und Umwandlung

Die hydraulische Leistung entsteht aus einer elektrischen Antriebsleistung $\boldsymbol{P_{ele}}$ z. B. eines Kondensatormotors (einphasig), die über die Motorwelle als mechanische Leistung $\boldsymbol{P_{mech}}$ abgegeben wird. Eine Kupplung verbindet diese Motorwelle mit einer Hydraulikpumpe, an der die hydraulische Leistung $\boldsymbol{P_{hyd}}$ entsteht **(Bild 1)**.

Volumenstrom Q und Druck p_e wirken über diverse Anlagenteile (Rohre, Ventil usw.) auf den Hydromotor bzw. einen Hydraulikzylinder und erzeugen dort am Verbraucher eine mechanische Leistung **(Bild 2)**.

Am Hydromotor wird aus dem Volumenstrom Q der Hydropumpe ein Schluckstrom Q.

Bei all diesen Umwandlungen entstehen Verluste, die den Wirkungsgrad $\boldsymbol{\eta_{ges}}$ des Systems beeinflussen. Man unterscheidet:

- **Volumetrischer Wirkungsgrad $\boldsymbol{\eta_{vol}}$**: Die Verluste entstehen durch innere und äußere Leckagen in Pumpen, Hydraulikmotoren und Ventilen.
- **Hydraulisch-mechanischer Wirkungsgrad $\boldsymbol{\eta_{hm}}$**: Dieser Kennwert beschreibt die Verluste durch Reibung und Strömung in der Anlage.

Für den Gesamtwirkungsgrad $\boldsymbol{\eta_{ges}}$ gilt:

$$\eta_{ges} = \eta_{vol} \cdot \eta_{hm}$$

In einem Diagramm können die Zusammenhänge von Druck und Wirkungsgraden z. B. bei konstanter Drehzahl gezeigt werden **(Bild 3)**:

Bei niedrigem Druck ist der Gesamtwirkungsgrad mit 65 % recht niedrig, bei Druckerhöhung auf 150 bar verbessert er sich auf 90 %.

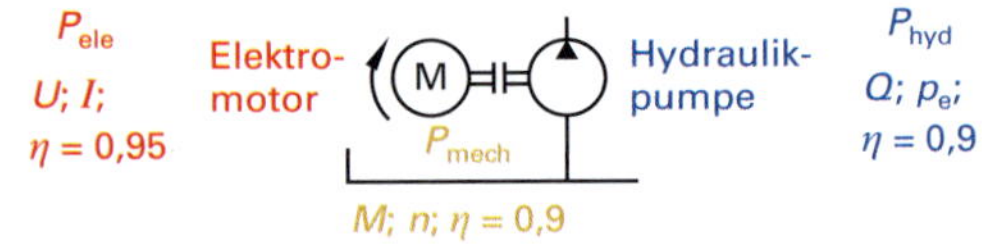

Bild 1: Leistungsumwandlung im Energieversorgungsteil (Hydroaggregat)

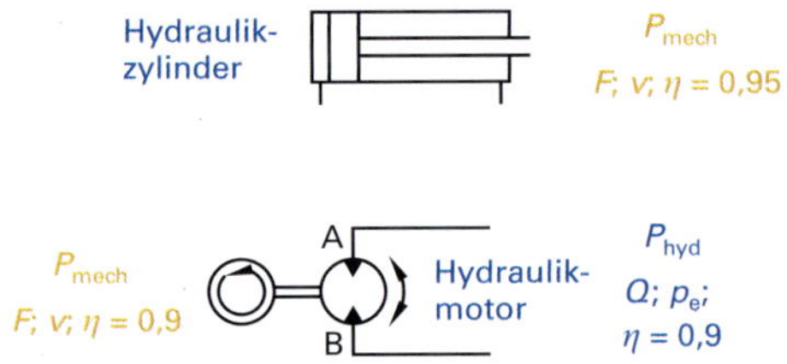

Bild 2: Leistungsumwandlung im Antriebsteil

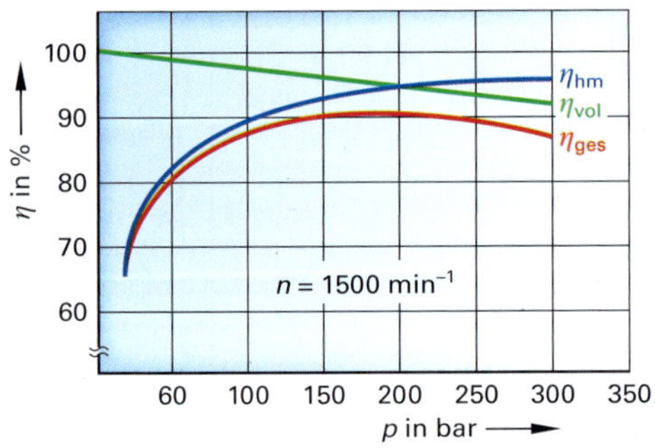

Bild 3: Druck und Gesamtwirkungsgrad

Rechenbeispiel Seilwinde

(siehe Werte **Seite 184**):

Trommel ⌀ 140 mm

Schluckstrom:
Q = 15 l/min–75 l/min,

Schluckvolumen:
V = 100 ml/U

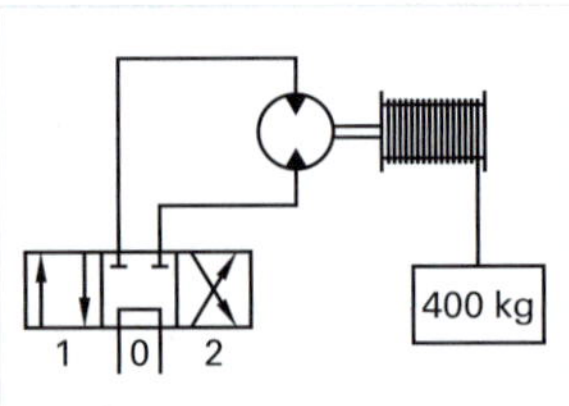

Übersetzung des Planetengetriebes
i_{low} = 40 : 1; i_{high} = 6 : 1;
Druck p_{emax} = 17,5 MPa

Lösung

Drehzahlen des Hydromotors:

$$Q = n \cdot V \quad \Rightarrow \quad n = \frac{Q}{V}$$

$$n_{max} = \frac{Q}{V} = \frac{75000 \text{ cm}^3}{100 \text{ cm}^3 \cdot \text{min}} = 750 \text{ min}^{-1}$$

$$n_{min} = \frac{Q}{V} = \frac{15000 \text{ cm}^3}{100 \text{ cm}^3 \cdot \text{min}} = 150 \text{ min}^{-1}$$

Drehzahlen (Anfangsdrehzahl n_a; Enddrehzahl n_e) an der Trommel bei i_{high} = 6 : 1

$$i = \frac{n_a}{n_e} \quad \Rightarrow \quad n_e = \frac{n_a}{i} = \frac{750 \text{ min}^{-1}}{6} = 125 \text{ min}^{-1}$$

$$n_e = \frac{n_a}{i} = \frac{150 \text{ min}^{-1}}{6} = 25 \text{ min}^{-1}$$

Fortsetzung Seilwinde

Lösung

Drehmoment an der Seiltrommel:

$$M_2 = F \cdot \frac{d_{Tr}}{2} = 400\ \text{kg} \cdot 9{,}81\ \frac{\text{m}}{\text{s}^2} \cdot 0{,}07\ \text{m} = 274{,}68\ \text{Nm}$$

Drehmoment des Hydromotors:

$$i = \frac{M_2}{M_1} \Rightarrow M_1 = \frac{274{,}68\ \text{Nm}}{6} = 45{,}78\ \text{Nm}$$

$$P_{mech} = \frac{M \cdot n}{9550} = \frac{45{,}78\ \text{Nm} \cdot 150}{9550} = 0{,}72\ \text{kW}$$

Hydropumpenleistung bei einem Gesamtwirkungsgrad von 60 %:

$$\eta = \frac{P_{ab}}{P_{zu}} = \frac{P_{mech}}{P_{hyd}} \Rightarrow P_{hyd} = \frac{P_{mech}}{\eta}$$

$$= \frac{0{,}72\ \text{kW}}{0{,}6} = 1{,}2\ \text{kW}$$

2.3.3 Hydromotoren und Hydropumpen

In der Regel sind Hydromotoren und Hydropumpen konstruktiv von gleichem Aufbau. Aus diesen Gründen werden diese gemeinsam betrachtet, obwohl sie jeweils zum Antriebs- oder zum Energieversorgungsteil einer Anlage gehören. Es gibt sie prinzipiell mit konstantem oder variablem Volumenstrom Q (l/min).

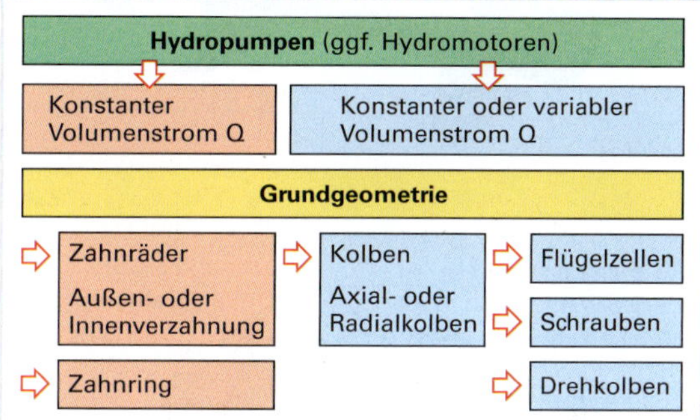

Bild 1: Grundtypen von Motoren/Pumpen

Tabelle 1: Überblick über grundlegende Hydropumpen (ggf. auch als Hydromotoren verwendbar)

Umlaufverdränger	Bauart/Eigenschaften/Einsatzgebiete
Außenzahnradpumpe	
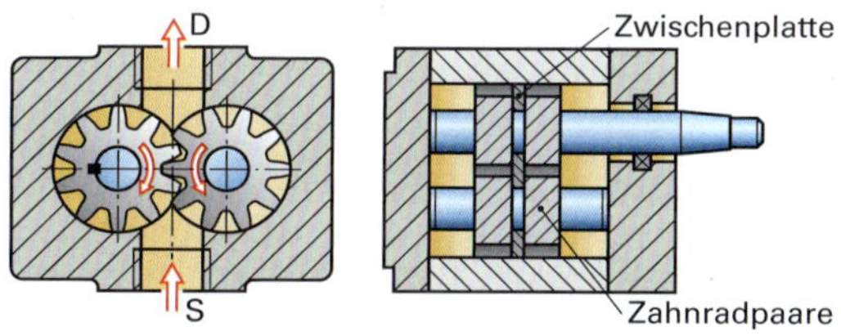	einfacher Aufbau mit zwei ineinander kämmenden Zahnrädern, relativ wartungsarm; für mittlere Drücke von 200 bis 300 bar Verdrängungsvolumen V bis 250 cm³ In Reihe schaltbares Zahnradpaar verringert die Pulsation des Förderstroms. universeller Einsatz bei stationärer und mobiler Hydraulik, z. B. bei Baumaschinen
Innenzahnradpumpe	
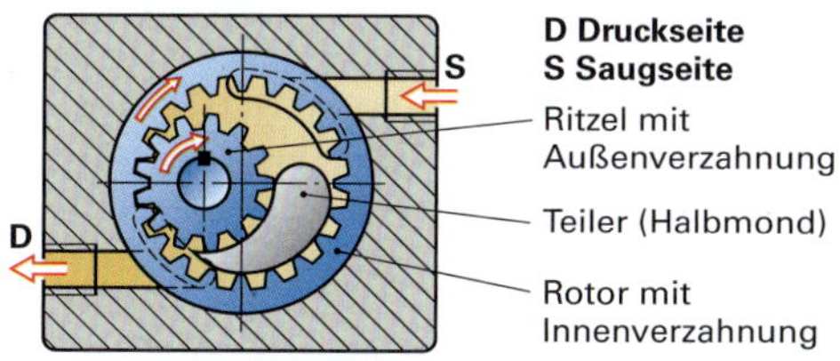	einfache, kompakte und platzsparende Bauform für kleinere Drücke von 100 bis 160 bar Verdrängungsvolumen V von 100 bis 160 cm³
Flügelzellenpumpe	
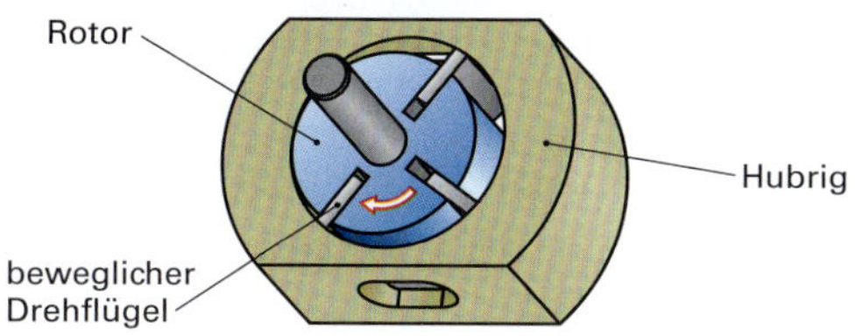	Rotor dreht sich exzentrisch in einem Hubring; dieser kann verschoben werden (Verdrängungsvolumen ist variabel); geringes Laufgeräusch. Wartung der lageveränderlichen Drehflügel (beim Pneumatikeinsatz) ggf. erforderlich für niedrige Drücke bis max. 200 bar

vel.plus/
FILF209

Tabelle 1: Fortsetzung, Seite 187

Umlaufverdränger	Bauart/Eigenschaften/Einsatzgebiete

Schraubenspindelpumpe

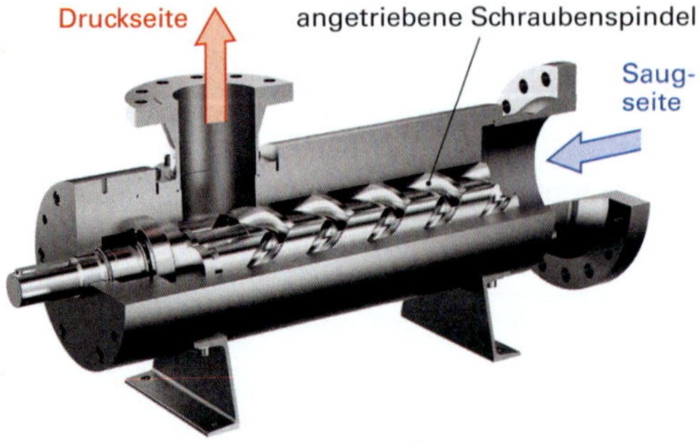

relativ einfacher Aufbau bei zwei ineinanderlaufenden Schrauben

Förderdrücke bis 250 bar

Förderströme bis 600 m³/h

(wird nicht als Hydromotor eingesetzt)

Zahnringpumpe

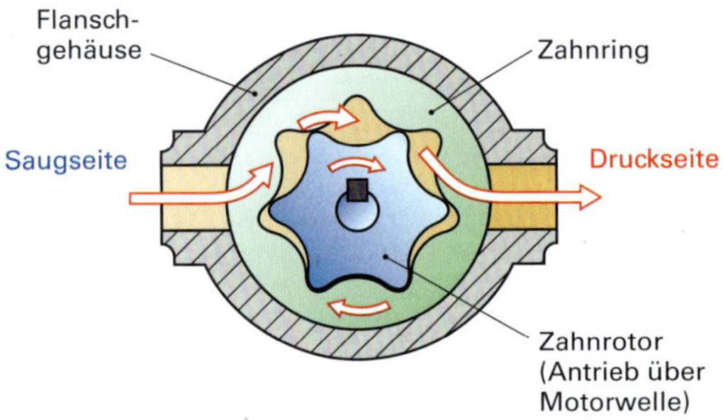

Zykloidenkontur der Zahnrotors mit großer Zahneingriffslänge: geringe Volumenstrompulsation und damit sehr leise im Betrieb

Betriebsdruck bis 15 bar

maximales Verdrängungsvolumen 140 cm³, für Kühl-, Filter- oder Schmierkreisläufe, z. B. Kunststoffmaschinen, Werkzeugmaschinen, Pressen und Windkraftanlagen

Hubverdränger	Bauart/Eigenschaften/Einsatzgebiete

Axialkolbenpumpe

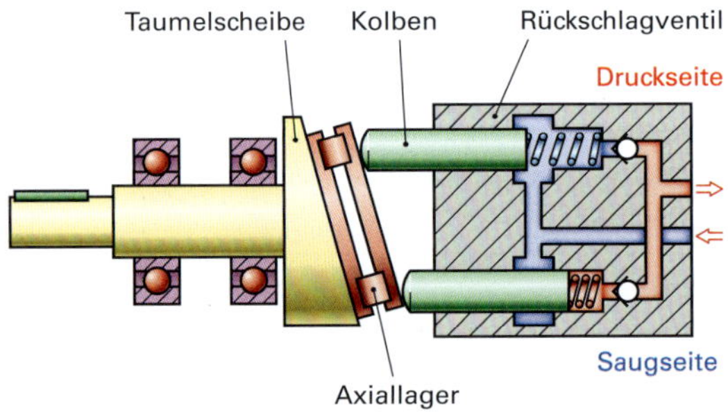

Die Kolben sind parallel zur Drehachse einer Zylindertrommel angeordnet. Bei Drehung der Taumelscheibe führen die Kolben jeweils eine Hubbewegung zum Ansaugen oder Drücken des Hydrauliköls aus. Bei dieser Bauart entsteht eine konstanter Volumenstrom.

Axialpumpen nach dem Prinzip von Schrägscheibe oder Schrägachse können variable Volumenströme erzeugen.

für hohe Drücke bis 700 bar und große Volumenströme

Radialkolbenpumpe

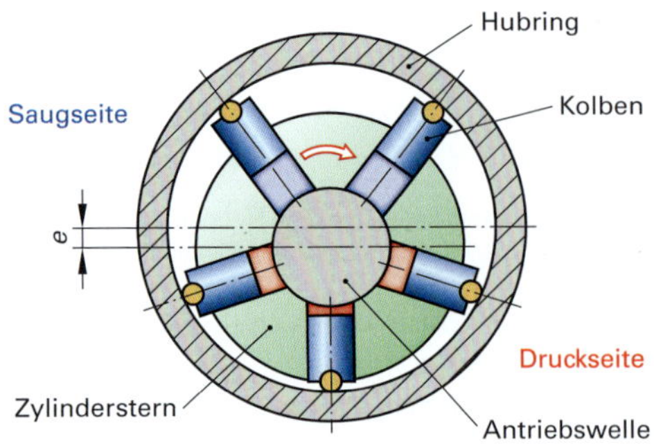

Gezeigt ist der von innen beaufschlagte Bautyp: Die radial angeordneten Kolben sind im Zylinderstern untergebracht. Die Exzentrität *e* entsteht zwischen einem elektromotorisch angetriebenen Zylinderstern und dem Hubring, der außermittig verschoben werden kann. Die radial angeordneten Kolben führen eine Hubbewegung zum Saugen und Drücken aus.

hohe Drücke bis 1000 bar

variable Volumenströme durch Exzentrität *e*

Werkzeugmaschinen, z.B. Pressen, Spritzgussmaschinen usw.

Überlegen und beantworten Sie:

1. Eine Hydraulikpumpe erzeugt bei einem Betriebsdruck von 15,8 MPa einen Volumenstrom Q = 12,6l/min. Welche mechanische Leistung wird an der Motorwelle der Pumpe zugeführt, wenn in der Pumpe ein Gesamtverlust von 15 % entsteht?
2. In einem Zahnrad-Durchflussmesser wird je Zahnlücke ein Volumen von 0,8 cm^3 gefördert. Der messende magnet-induktive Sensor zählt 2750 Impulse je Minute, pro Zahn je einen Messimpuls (Prinzip siehe **Bild 2, Seite 183**).
   a) Berechnen Sie den Volumenstrom.
   b) Berechnen Sie die Pumpenleistung, wenn der Wirkungsgradverlust wegen des hohen Drucks von 290 bar bei 25 % liegt.
3. Eine Hydraulikpumpe wird zur Überprüfung ausgebaut und in eine betriebsinterne Werkstatt gegeben. Die ausgebaute Pumpe wird am Prüfstand auf ihre Funktion geprüft. Die in **Bild 1** dargestellt Pumpenkennlinie (idealisiert) wird gemessen.

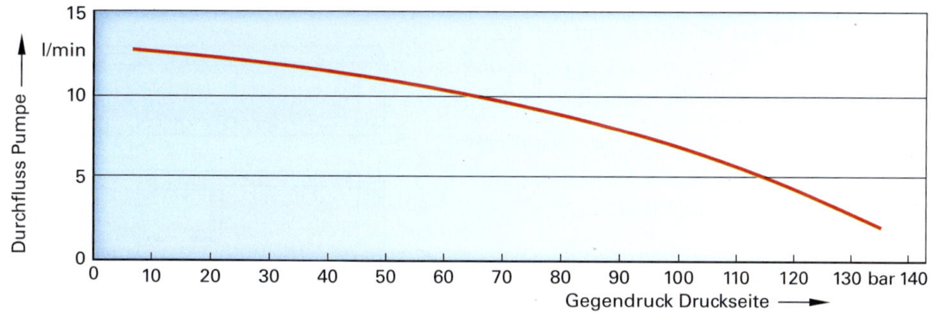

Bild 1: Kennlinie einer Hydraulikpumpe

Von der Pumpe sind aus ihrem Datenblatt die folgenden Kennwerte bekannt:

- Drehzahl der Pumpe vom Drehstrommotor n = 1490 min^{-1}
- Erforderlicher Volumenstrom Q = 12 l/min
- Betriebsdruck der Anlage P_e = 70 bar

a) Beschreiben Sie die Daten hinter der Kennlinie und die generelle Bedeutung einer solchen Kennlinie.

b) Die Druckwerte auf dem Prüfstand lassen sich durch das Druckbegrenzungsventil variabel einstellen. Überlegen Sie, wie Sie den Volumenstrom messen können.

c) Die Hydraulikpumpe wird ausgetauscht: Berechnen Sie dazu die Fördervolumen (auch Verdrängungsvolumen) der Pumpe je Umdrehung und wählen Sie eine geeignete Nenngröße **(Bild 2)** aus.

Nenngröße	NG	Verdrängungsvolumen/ Umdrehung
BG1	1,7	1,7 cm^3
	2,2	2,2 cm^3
	2,8	2,8 cm^3
	3,2	3,2 cm^3
	4,1	4,1 cm^3
	5,0	5,0 cm^3
BG2	6,3	6,5 cm^3
	8,0	8,2 cm^3
	11,0	11,0 cm^3
	13,0	13,3 cm^3
	16,0	16,0 cm^3
	19,0	18,9 cm^3
	22,0	22,0 cm^3

Bild 2: Nenngrößen und Hydropumpen

4. Ein Hydro-Motor mit einem Schluckvolumen von q = 10 cm^3 soll mit einer Drehzahl von 600 min^{-1} in einem geschlossenen Kreislauf arbeiten **(Bild 3)**.
   Ermitteln Sie den Volumenstrom der Hydropumpe und die Pumpenleistung bei 60 bar.

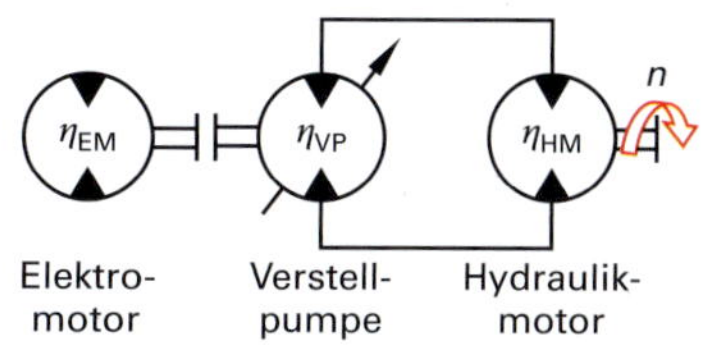

Bild 3: Geschlossener Kreislauf von Hydropumpe und Hydromotor

2.3.4 Hydraulikzylinder – linearer Antriebsteil

Mit Hydrozylindern als hydraulische Aktoren werden geradlinige Bewegungen erzeugt und große Kräfte übertragen. Man unterscheidet generell die einfach und doppelt wirkenden Zylinder.

// Aufgabenstellung: hydraulischer Aufzug

Der Aufzug soll eine maximale Last von 2 t auf eine Hubhöhe von 1500 mm bewegen können **(Bild 1)**. Als Pumpe wird eine Axialkolbenpumpe eingesetzt für Gegendrücke bis 100 bar. Zur Auswahl des Hydraulikzylinders sollen die erforderlichen Durchmesser für den Kolben und die Kolbenstange bei einem mechanisch-hydraulischen Wirkungsgrad von 92 % errechnet werden. Das Flächenverhältnis φ von der Kolbenfläche zur Kolbenringfäche soll 2,5 betragen.

Mithilfe der Netztafel zur Knicklast soll überprüft werden, ob mit dem errechneten Kolbenstangendurchmesser die Hubhöhe erreicht wird.

Bauformen

Tabelle 1 gibt einen Überblick über die Zylinderbauformen. Sie sind den Pneumatikzylindern ähnlich, aber wesentlich kompakter und druckstabiler in ihrer Bauart.

Zu den einfach wirkenden Zyliunder gehört der Plungerzylinder **(Bild 2)**. Um dessen Stabilität zu erhöhen, ist der Kolbenstangendurchmesser so groß wie die durch Drucköl beaufschlagte Kolbenfläche. Das Einfahren erfolgt durch sein Eigengewicht, ggf. eine zusätzliche Feder oder eine Gegenlast.

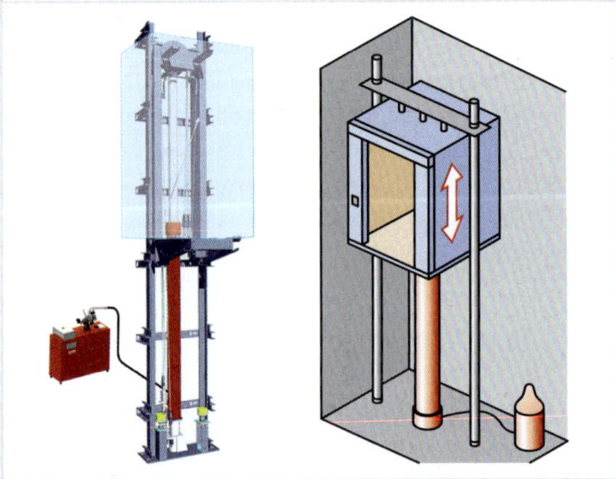

Bild 1: Hydraulische Aufzüge

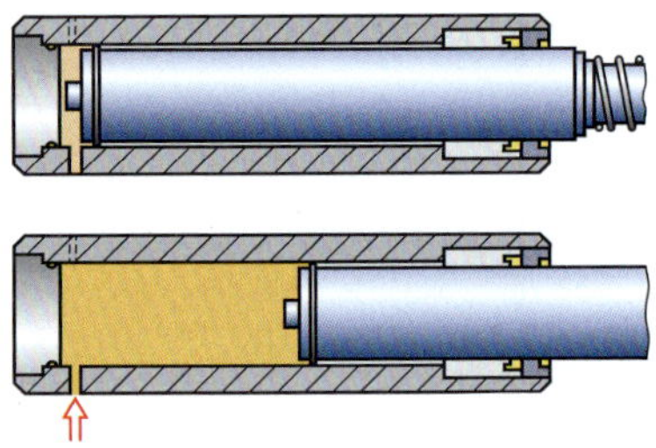

Bild 2: Plungerzylinder (einfach wirkend)

Möchte man einen großen Hubweg bei kleinem Einbaumaß erzielen, stehen Teleskopzylinder zur Auswahl **(Bild 1, Seite 191)**.

Sie können zwei- bis fünfstufig ausgeführt werden, wobei eine Stufe etwas kleiner als die Einbaulänge ist. Der Kolben mit der größten wirksamen Fläche fährt zuerst aus, dann folgen die einzelnen Stufen.

Tabelle 1: Schaltzeichen der Hydrozylinder

Benennung	Sinnbild	Merkmale
Plungerzylinder	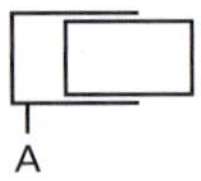	Kraftwirkung nur in einer Richtung, Kolben und Stange haben gleichen Durchmesser, z. B.: Radbremszylinder
einfach wirkender Zylinder mit einseitiger Kolbenstange	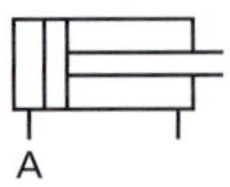	Kraftwirkung nur in einer Richtung, Rückstellung durch äußere Kraft
Teleskopzylinder	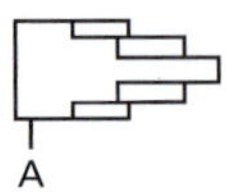	kurze Bauform bei langem Hub, z. B.: Lkw-Kipper
doppelt wirkender Zylinder mit einseitiger Kolbenstange	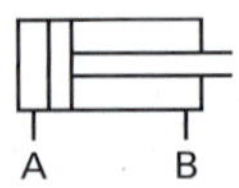	Kraftwirkung in beide Richtungen, ungleiche Flächen, häufigste Bauform
Gleichgangzylinder mit zweiseitiger Kolbenstange	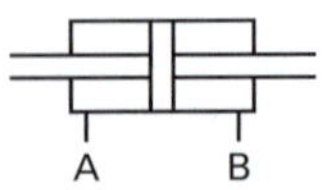	gleiche Flächen in beide Wirkrichtungen, z. B.: Lenkungszylinder
Sonderzylinder	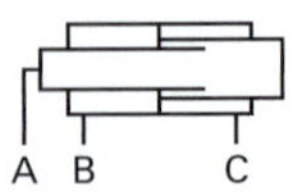	mehrere wirksame Flächen für Eilgang, Arbeitsgang, z. B.: Pressen

Für den Einsatz von Plunger- oder Teleskopzylinder gibt es gute Argumente: Der Tauchzylinder (= Plunger) hat eine hohe Steifigkeit und Stabilität in der Kolbenstange, der Teleskopzylinder ist für längere Hubwege geeignet.

Doppelt wirkende Zylinder mit einseitiger Kolbenstange werden als **Differenzialzylinder** bezeichnet: Die mit Druck beaufschlagten Flächen im Kolbenraum A_K und im Kolbenstangenraum A_{KR} (= Kreisring) sind unterschiedlich groß **(Bild 2)**.

Bei einem Kolbendurchmesser von d_K = 40 mm und einem Kolbenstangendurchmesser d_{ST} = 22 mm ergibt sich ein Flächenverhältnis φ von:

$$\varphi = \frac{A_K}{A_{KR}} = \frac{12{,}60\ \text{cm}^2}{8{,}77\ \text{cm}^2} = 1{,}6 : 1$$

Üblich sind Differenzialzylinder mit φ = 2 : 1. Der Unterschied in den Flächen bedeutet unterschiedliche Kräfte und Geschwindigkeiten beim Aus- und Einfahren dieser Hydrozylinder.

Die **Gleichlaufzylinder** mit φ = 1 sind mit beidseitiger Kolbenstange ausgeführt: Die Verfahrgeschwindigkeiten werden damit gleich groß. Das gilt auch für Kolbenkräfte auf beiden Seiten. Ein Nachteil ist jedoch, dass keine große Kolbenfläche zur Erzeugung einer großen Kraft zur Verfügung steht.

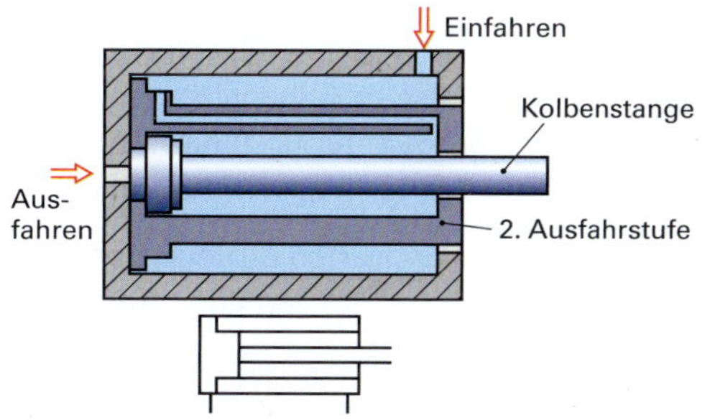

Bild 1: Teleskopzylinder (zweistufig)

Bei Kolbengeschwindigkeiten über v = 0,3 m/s müssen die Hydrozylinder mit einer Endlagendämpfung ausgestattet werden, um die Kolben vor hartem Auffahren in die Endlagen zu schonen **(Bild 3)**.

Stangen oder Nuten an den Hydrozylindern ermöglichen die Erfassung von Endlagen **(Bild 4)**.

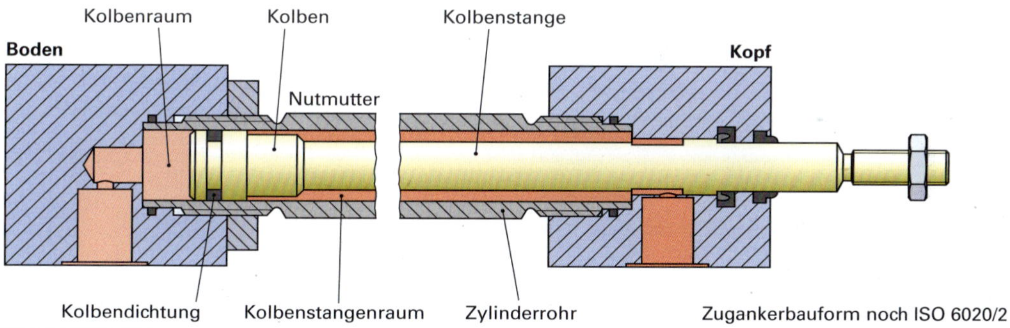

Bild 2: Doppelt wirkender Zylinder

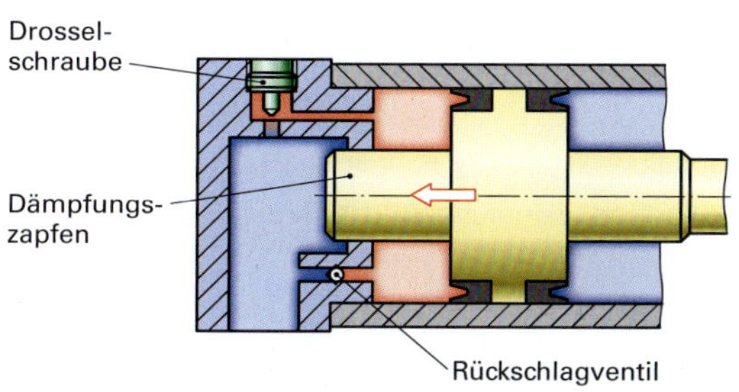

Bild 3: Endlagendämpfung mit Drossel

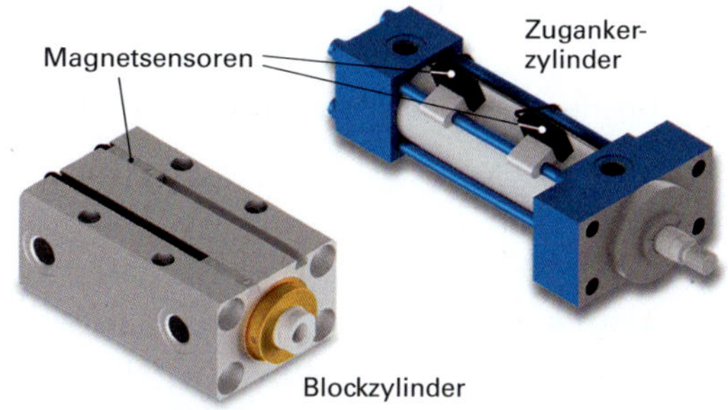

Bild 4: Positionsabfrage mit Magnetsensoren

Lernfeld 6

Für die Lösung der Aufgabenstellung Hydraulikaufzug wird ein doppelt wirkender Zylinder eingesetzt, bei dessen Hublänge und Kolbenstangendurchmesser die Knicksicherheit berücksichtigt werden muss. Das gilt grundsätzlich für lange Kolbenstangen.

Zahlreiche Befestigungsarten ermöglichen es, große Zylinder angemessen zu verbauen **(Bild 1)**.

An den Stangenenden lassen sich schraubbare Gelenk-, Schwenk- oder Gabelköpfe befestigen.

Sie werden gebraucht, um z. B. die Aufzugskabine mit einer Zylinderstange gelenkig zu verbinden.

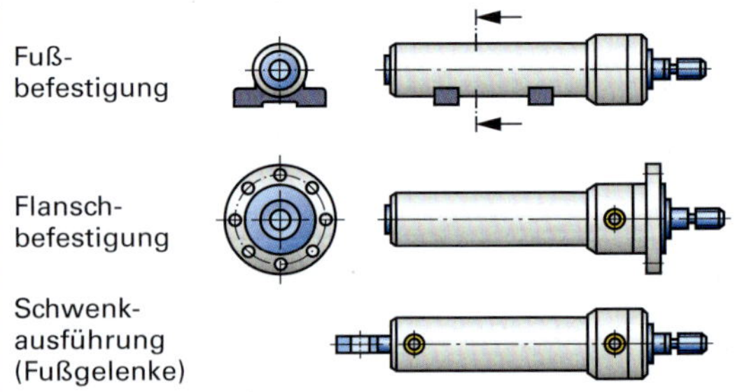

Bild 1: Befestigungsarten von Hydrozylindern in der Rundbauform

Leistungsdaten von Hydrozylindern

- Kolben- und Kolbenstangendurchmesser müssen durch Rechnung überprüft werden.

Kolbenkraft:	$F_K = p_e \cdot A_K \cdot \eta$
Kolbenfläche:	$A_K = \frac{D^2 \cdot \pi}{4}$
Kolbenringfläche:	$A_{KR} = \frac{\pi}{4}(D^2 - d^2)$
Flächenverhältnis:	$\varphi = \frac{A_K}{A_{KR}}$

- Bei langen und schlanken Kolbenstangen ist die Knickbelastung zu beachten, da diese bei Druckbelastung zum **„Knicken"** neigen.

  Freie Knicklänge l_K bei Hubhöhe h:

  $$l_K = K \cdot h$$

- Der **Korrekturfaktor *K*** berücksichtigt die Befestigungsart und Lastführung nach Euler (Fälle I–IV).

Rechenbeispiel Hydraulikaufzug

Berechnung von Kolbenfläche A_K und Kolbendurchmesser D

Knicklast:

$$F_K = 2000\text{ kg} \cdot 9{,}81\,\frac{\text{m}}{\text{s}^2} = 19620\text{ N}$$

$$F_K = p_e \cdot A_K \cdot \eta \quad \Rightarrow$$

$$A_K = \frac{F_K}{p_e \cdot \eta} = \frac{19620\text{ N} \cdot \text{cm}^2}{1000\text{ N} \cdot 0{,}92} = 21{,}32\text{ cm}^2$$

$$A_K = \frac{D^2 \cdot \pi}{4} \quad \Rightarrow$$

$$D = \sqrt{\frac{4 \cdot A_K}{\pi}} = \sqrt{\frac{4 \cdot 21{,}32\text{ cm}^2}{\pi}} = 5{,}211\text{ cm} = 52{,}1\text{ mm}$$

Flächenverhältnis:

$$\varphi = \frac{A_K}{A_{KR}} = 2{,}5 \quad \Rightarrow \quad A_{KR} = \frac{A_K}{2{,}5}$$

$$A_{KR} = \frac{2132\text{ mm}^2}{2{,}5} = 852{,}8\text{ mm}^2$$

$$A_{KR} = \frac{\pi}{4}(D^2 - d^2)$$

$$d = \sqrt{D^2 - \frac{4 \cdot A_{KR}}{\pi}} = \sqrt{52{,}1^2\text{ mm}^2 - \frac{4 \cdot 852{,}8\text{ mm}^2}{\pi}}$$

$$d = 40{,}36\text{ mm}$$

Beim Einbau des Hydrozylinders gilt nach Euler der Einbaufall II (= Grundfall). Siehe **Tabelle 1** und **Bild 1, Seite 193:** F_K = 19620 N und d = 40 mm.

Freie Knicklänge: l_K = 2000 mm

Für die geforderte Hubhöhe von 1500 mm gilt: $h < l_K$

Überlegen und beantworten Sie: Hydrozylinder

1. Geben Sie je ein Beispiel für einen einfach und einen doppelt wirkenden Zylinder an.
2. Beschreiben Sie die Funktion des Rückschlagventils der Endlagendämpfung **(Bild 3, Seite 191)**.
3. Unter welchen Bedingungen müssen einstellbare Endlagendämpfungen verwendet werden?
4. Ein Hydrozylinder soll mit 10 kN ausfahren bei einem Kolbenhub von 1 m. Der Zylinder ist mit einem Flansch am Boden befestigt, die Kolbenstange wird nur einseitig geführt.
   a) Welche freie Knicklänge besitzt der Hydrozylinder?
   b) Welcher Kolbenstangendurchmesser lässt sich mit Hilfe der Netztafel ermitteln?

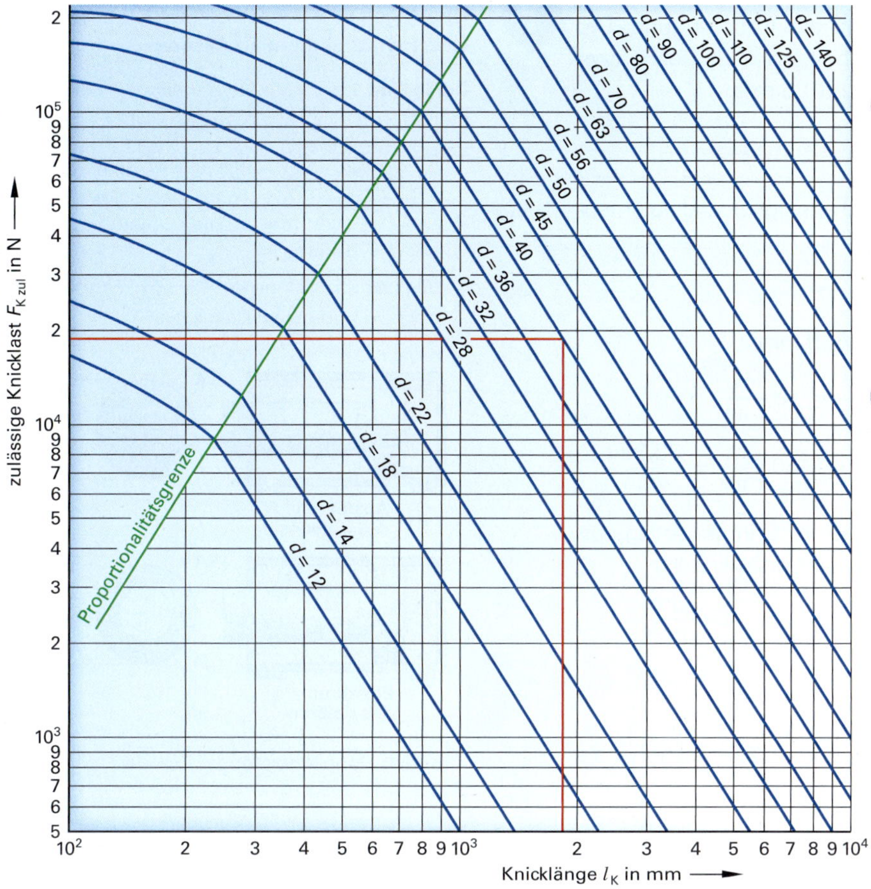

Gelenkkopf

Gabelgelenk

Korrekturfaktoren K für die Eulerfälle:

Fall I: 2
Fall II: 1
Fall III: 0,7
Fall IV: 0,5

$l_K = K \cdot l$

h = Hubhöhe ≙ l

Bild 1: Netztafel zur Ermittlung der zulässigen Knicklast F_{Kzul}

Tabelle 1: Einspannfälle nach Euler

Belastungsfälle und Einspannart			
Belastungsfall I	**Belastungsfall II**	**Belastungsfall III**	**Belastungsfall IV**
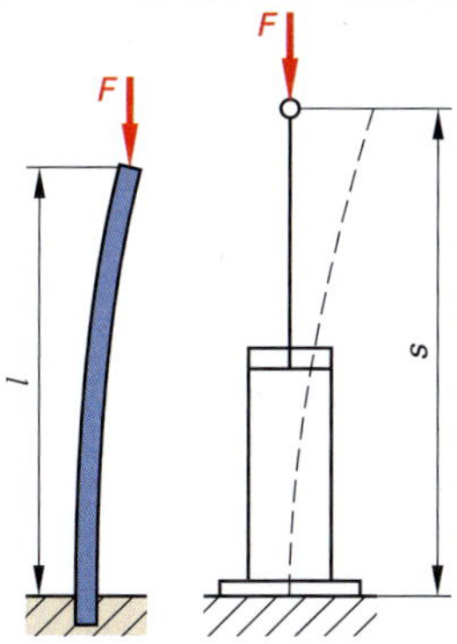	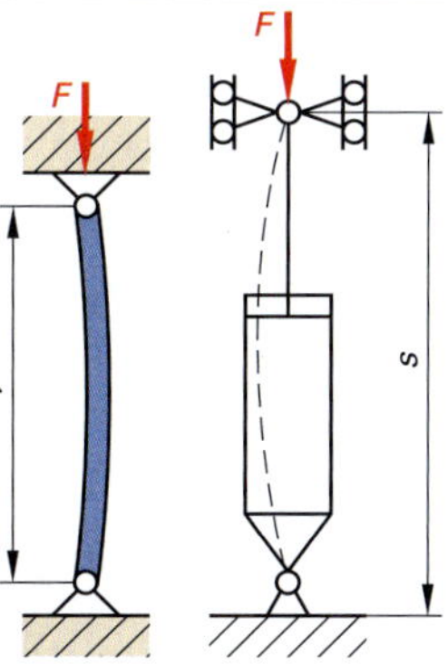	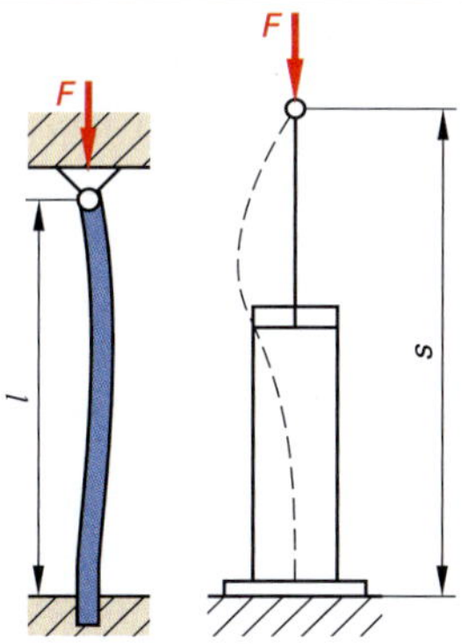	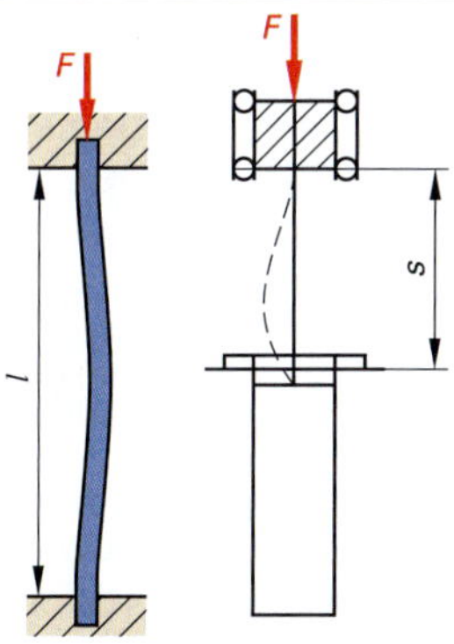
eingespannt, ein Ende fest, ein Ende frei:	beide Enden gelenkig geführt	ein Ende gelenkig geführt, ein Ende fest eingespannt	zwei Enden fest eingespannt
K = 2: $l_k = 2 \cdot l$	**K = 1:** $l_k = l$	**K = 0,7:** $l_k = 0{,}7 \cdot l$	**K = 1/2:** $l_k = 0{,}5 \cdot l$

Für Hydraulikaufzüge gelten bestimmte Geschwindigkeiten für die Auf- und die Abbewegung: Die Nenngeschwindigkeit v bewegt sich i. d. R. zwischen 0,63 m/s, 1,0 m/s und 1,6 m/s.

Rechenbeispiel Hydraulikaufzug

Wie groß sind Verfahrgeschwindigkeit und Volumenstrom, um in 5 s auf 1500 mm Hubhöhe zu sein?

Lösung

Geschwindigkeit v_V beim Auffahren:

$$v_V = \frac{s}{t} = \frac{1{,}5\ \text{m}}{5\ \text{s}} = 0{,}3\ \frac{\text{m}}{\text{s}} = 18\ \frac{\text{m}}{\text{min}}$$

$$Q = A_K \cdot v_V = 0{,}2132\ \text{dm}^2 \cdot 180\ \frac{\text{dm}}{\text{min}} = \frac{38{,}38\ l}{\text{min}}$$

Bei konstantem Volumenstrom Q in der Anlage errechnet man die Absenkgeschwindigkeit v_A:

$$v_A = \frac{Q}{A_{KR}} = \frac{38{,}38\ \text{dm}^3}{0{,}08528\ \text{dm}^2 \cdot \text{min}} = 450\ \frac{\text{dm}}{\text{min}}$$

$$= 45\ \frac{\text{m}}{\text{min}} = 0{,}75\ \frac{\text{m}}{\text{s}}$$

Die Absenkgeschwindigkeit v_A ist 2,5-mal höher als die Hubgeschwindigkeit v_V: $v_A > v_V$

Überlegen und beantworten Sie: Geschwindigkeiten an Aktoren

Der in **Bild 1** gezeigte Aktor wird mit einem Volumenstrom Q = 12 l/min beaufschlagt.

1. Berechnen Sie die Ausfahr- und die Rückfahrgeschwindigkeit.
2. Die Zuleitung besitzt einen Innendurchmesser d_i = 16 mm.

   Welche Strömungsgeschwindigkeit v erreicht dort die Hydraulikflüssigkeit?

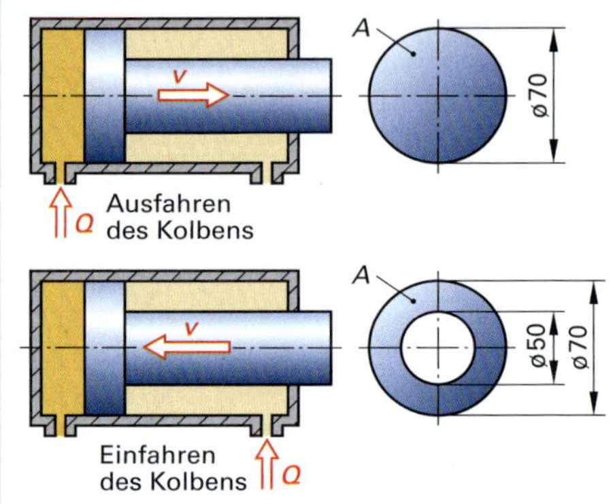

Bild 1: Doppelt wirkender Zylinder

2.3.5 Energieversorgungsteil – Hydraulikaggregat

Hydraulikaggregate sind die Kraftzentren jeder Hydraulikanlage. Es gibt sie in unterschiedlicher Ausführung als Kompakt- oder Standardaggregat **(Bild 2)**.

Während in der Pneumatik die Druckluft über große Wegstrecken an verschiedene Stellen den jeweiligen Anlagensystemen zugeführt werden kann, muss in der Industriehydraulik oder mobilen Hydraulik jede einzelne Maschine mit einem eigenen Hydraulikaggregat ausgestattet werden, z. B. Stahlpresswerkzeuge, Hebebühnen, Abfallpressen, Planierraupen, Traktorschaufeln, Arbeitsbühnen usw.

Zwei wesentliche Bauelemente eines Hydroaggregats fallen auf: ein Elektromotor, der die elektrische Energie aus dem Stromnetz in eine Bewegungsenergie für die Hydraulikpumpe überführt, sowie ein Behälter für den Flüssigkeitsvorrat.

Weitere Armaturen sind für die Sicherheit und die Steuerung des Hydroaggregats notwendig.

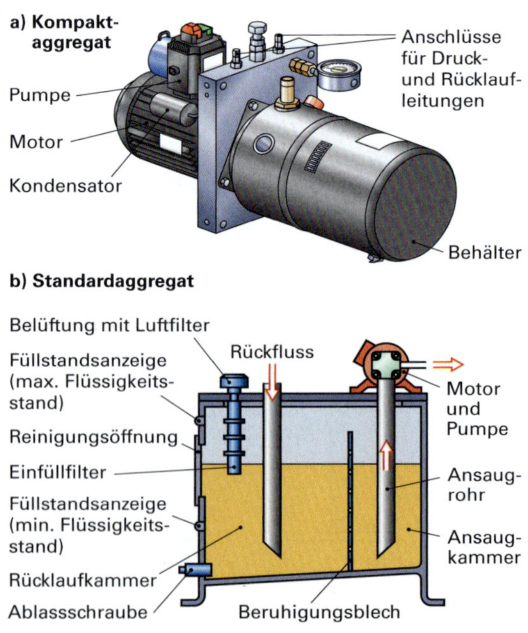

Bild 2: Hydroantriebsaggregate mit Ölbehälter

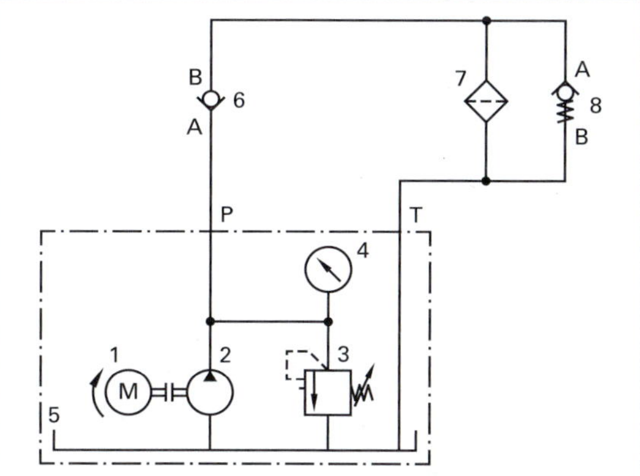

Bild 1: Hydroantriebsaggregat mit Ölbehälter

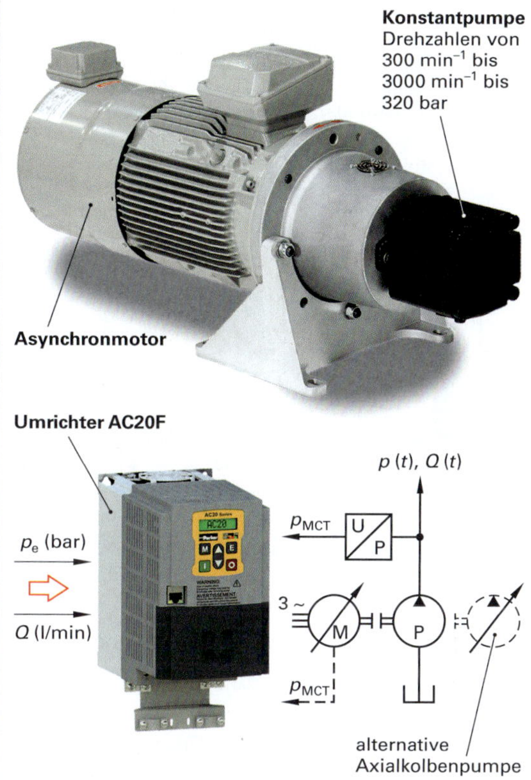

Bild 2: Drehzahlregelung am Hydraulikaggregat

Tabelle 1: Komponenten Hydraulikaggregat

Lf. Nr.	Komponente	Funktion
1	Elektromotor	Antrieb
2	Pumpe	Ölverdrängung
3	Druckbegrenzungsventil	Druckabsicherung
4	Manometer	Druckanzeige
5	Ölbehälter	Speichern von H-Öl
6	Rückschlagventil	Absperren Rückfluss
7	Rücklauffilter	Reinigung von H-Öl
8	Rückschlagventil, federrückgestellt	Rückfluss alternativ

In Hydraulikaggregaten sind **Drehstromasynchronmotoren** oder einfache Wechselstrommotoren (z. B. Kondensatormotor) mit einer festen Drehzahl (z. B. 2800 min^{-1}, 1450 min^{-1} oder 750 min^{-1}) im Einsatz. Seltener findet man auch Gleichstrommotoren z. B. bei Nutzfahrzeugen oder Gabelstaplern.

Wenn keine Stromquelle zur Verfügung steht oder das Hydraulikaggregat für den Außeneinsatz geplant ist, werden Benzin-, Diesel- oder Gas-Verbrennungsmotoren verwendet.

Als **Hydraulikpumpen** sind alle Pumpen möglich. Um variable Volumenströme Q (l/min) zu erzeugen, gibt es prinzipiell zwei Möglichkeit:

- Einsatz von Verstellpumpen wie Axial- oder Radialkolbenpumpe **(Seite 187 ff.)**,
- Drehzahlverstellung über Frequenzumrichter: Hier werden Servomotoren und Reglereinheiten verwendet. Diese stellen zu jedem Zeitpunkt genau die Leistung bereit, die im Zyklus benötigt wird **(Bild 2)**.

Die **Behälter** speichern die Hydraulikflüssigkeit und führen die entstehende Wärme ab, Wasserabscheidungen und feste Abriebpartikel können sich darin absetzen **(Bild 1)**.

Das Fassungsvermögen und die Behältergröße hängen vom geförderten Flüssigkeitsvolumen Q (l/min) ab.

Als Richtwert nimmt man das **Fünffache** des Volumenstroms, an z. B. bei $Q = 20$ l/min ein $V_{öl} = 100$ l.

Saug- und Rücklaufleitungen in den Behälter hinein sollten weit auseinander liegen und durch Beruhigungsbleche voneinander getrennt sein.

Die Behälter in der Industriehydraulik sind durch einen im Abschlussdeckel integrierten Luftfilter entlüftet, damit sich kein Unterdruck aufbaut. Ein Ölschauglas und ggf. ein Thermometer ermöglichen Informationen über den Zustand der Hydroflüssigkeiten (dient der Inspektion).

Ölfilter sind zur Erhaltung der Funktion und der Lebensdauer der Bauelemente wichtig **(Tabelle 1, Seite 196)**.

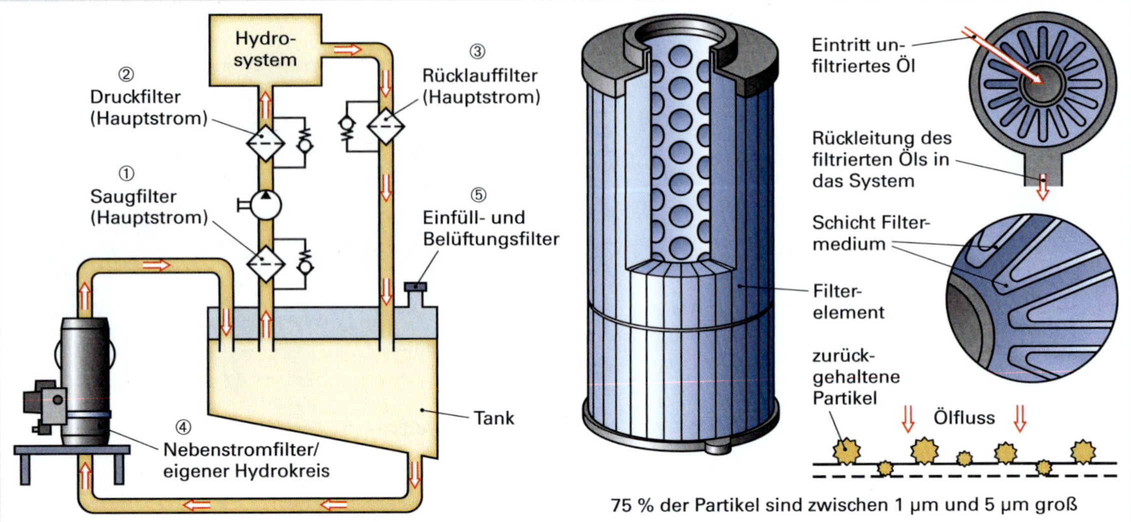

Bild 1: Haupt- und Nebenstromfilterung für den Hydraulikeinsatz

80 % aller Instandhaltungskosten für Maschinen lassen sich auf verschmutzte Betriebsflüssigkeiten zurückführen. Partikel, Wasser sowie Ölalterungsprodukte beeinträchtigen die Energie- bzw. die Kraftübertragung und die Schmierfähigkeit bewegter Teile z. B. der Hydraulikkolben.

In **Bild 1** sind die unterschiedlichen **Filtrationsarten** sowie ein Haupt- und Nebenstromfilter gezeigt und in **Tabelle 1** aufgelistet: Standard bei kleinen Anlagen ist Nr. ③.

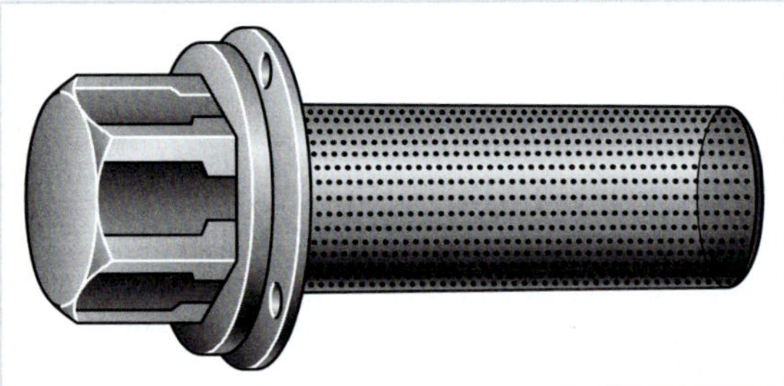

Bild 2: Einfüll- und Belüftungsfilter (10 µm)

Tabelle 1: Filtrationsarten in die Hydraulikanlage und am Hydraulikaggregat

Hauptstromfilterung	**Vorteile**	**Nachteile**
① Saugfilter vor der Pumpe	schützt die Pumpe unmittelbar vor groben Verunreinigungen, bevor Partikel in das Hydrosystem mit seinen Ventilen gelangen; oft nur Grobfilter > 25 µm; kein Verschleißschutz	Wartung schwieriger; große Filterflächen nötig; Verschmutzungsanzeige empfehlenswert; Leistungsverlust durch den Ansaugwiderstand
② Druckfilter nach der Pumpe	An dieser Stelle ist eine feinere Filterung möglich: 10–15 µm; geeignet beim Einsatz von Servo- oder Proportionalventilen	hoher Belastungsdruck und schwankende Druckstöße; teuer, da druckfestes Gehäuse erforderlich
③ **Rücklauffilterung** im Hauptstrom	Druckflüssigkeit vom System kommend fließt gefiltert in den Tank; Wartung einfach, da gut zugänglich; feine Filter möglich: 3–20 µm.	Verunreinigungen werden erst nach dem Rücklauf aus dem Hydrauliksystem gefiltert; Bypassventil nötig
Nebenstromfilter		
④ Im Nebenstrom/ separater Hydraulikkreis	Filterung < 1 µm; unabhängig vom Arbeitszyklus der Anlage; Filter stets gleichmäßig durchströmt; zusätzlich Wärmeabfuhr über Kühler	aufwendig, da zusätzliche Pumpen-Motorantriebseinheit notwendig; zusätzliche elektrische Energie nötig
Einfüll- und Belüftungsfilter		
⑤ Filter Im Tankdeckel **(Bild 2)**	Zwingend notwendig ist ein Verschluss der Flüssigkeitsbehälter, vor allem bei staubiger Umgebung; es muss eine Luftzufuhr in den Behälter gewährleistet werden (Vermeidung von Unterdruck).	

Mit zunehmender Einsatzdauer nimmt die Verschmutzung eines Filterelements und somit der Druckverlust zu. Der hierdurch entstehende Differenzdruck Δp (Unterdruck bzw. Staudruck) wird von der Verschmutzungsanzeige überwacht und bei Erreichen eines voreingestellten Wertes ein elektrisches und/oder optisches Signal gegeben **(Bild 1)**.

Die Ausführung der Filteranlagen richtet sich nach den Eigenschaften und Anforderungen an das zu filternde Betriebsmedium. Die Druckflüssigkeit hat folgende Aufgaben:

- Druck- und Kraftübertragung
- Schmieren der bewegten Teile
- Abführen der Prozesstemperatur und Dämpfung von Druckstößen (= „hydraulische Feder")

Es werden in der Hydraulik drei Grundarten von Druckflüssigkeiten eingesetzt **(Tabelle 1)**:

Mineralöle **(HL)** sind Erdölprodukte auf der Basis von Kohlenwasserstoffen und Zusätzen (Additiven), welche bestimmte Eigenschaften gezielt optimieren z. B. die Druckfestigkeit oder Temperaturstabilität.

Schwerentflammbare Flüssigkeiten **(HF)** aus Wasser-in-Öl-Emulsionen werden in Bereichen eingesetzt, wo eine Entzündung sehr gefährlich wäre, z. B. in der Luftfahrt, oder in Anlagen, bei denen die Druckflüssigkeit bei Leckagen mit glühendem oder heißem Metall oder ggf. offenem Feuer in Berührung kommen kann, z. B. Druckgießereien, Schmiedepressen, Kraftwerksturbinen, Hütten- und Walzwerke **(Tabelle 2)**.

Biologisch abbaubare Flüssigkeiten **(HE)** sind für den Einsatz in biologisch kritischer Umgebung gedacht. Sie sind auf der Basis von Mineralölen oder pflanzlichen Ölen hergestellt.

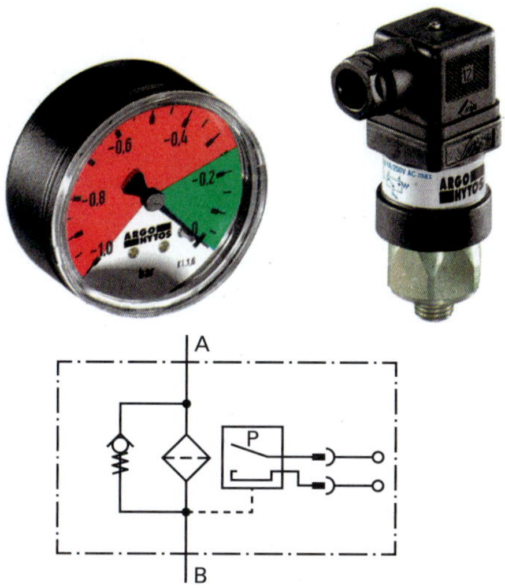

Bild 1: Verschmutzungsanzeige im Bypass

Tabelle 1: Hydraulikflüssigkeiten

Hydrauliköle auf Mineralölbasis (L legiert)	
HLP	Hydrauliköl mit Zusätzen zur Verbesserung von Alterungsbeständigkeit, Korrosionsschutz und Verschleißschutz; für Drücke über 20 MPa
HVLP	Hydrauliköl mit Eigenschaften wie Typ HLP, Optimierung im Viskositätsverhalten
Schwerentflammbare Flüssigkeiten (F fire resistent)	
HFC	wässrige Lösungen, z. B. 35 % Polyglykol in Wasser; nur für geringe Drücke
HFD	Wasserfreie synthetische Flüssigkeiten, z. B. Phosphorsäureester.
Biologisch abbaubare Flüssigkeiten (E envirement)	
z. B. HEPG	Polyglykolöle, wasserlöslich, durch Wasser verringerter Korrosionsschutz, Dichtungen, Schläuche werden angegriffen

Tabelle 2: Arten von Druckflüssigkeiten – Anwendung und Einsatz

① **mineralische Hydrauliköle (HL/HV)** ② **schwerentflammbares Öl (HF)** ③ **biologisch abbaubare Öle (HE)**

Anwendungsgebiet	Druckflüssigkeit	max. Betriebsdruck	Umgebungstemperaturen
Werkzeugmaschinen	①	200 bar	18 bis 40 °C
Pressen	①/③	600 bar	18 bis 40 °C
Gießereien	①/②	320 bar	10 bis 150 °C
Stahlbau	①/③	220 bar	–40 bis +60 °C
mobile Arbeitsmaschinen	①/③	320 bar	–40 bis +60 °C
Land- und Forstwirtschaft	①/③	250 bar	–40 bis +50 °C

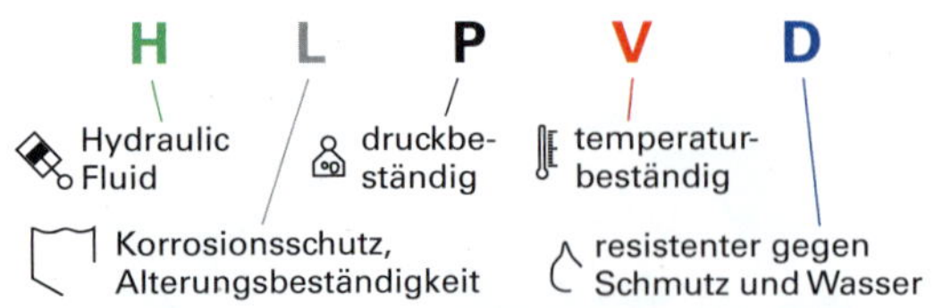

Kennzeichnung	Beschreibung
H	Hydraulic Fluid
L	Legiert (mit Additiven) erhöhen des Korrosionsschutzes oder Alterungsbeständigkeit
P	Extreme **P**ressure (Druckbeständigkeit)
V	Hoher **V**iskositätsindex (= hohe Temperaturbeständigkeit)
D	**D**etergierende (schmutzlösende)/Dispergierende (schmutztragende) Additive
Additive	z. B. Kalzium (Ka), Zink (Zn), Bor(B), Phosphor(P), Barium (Ba)
Flammpunkt	z. B. 247 °C bis 268 °C bei ISO VG 46

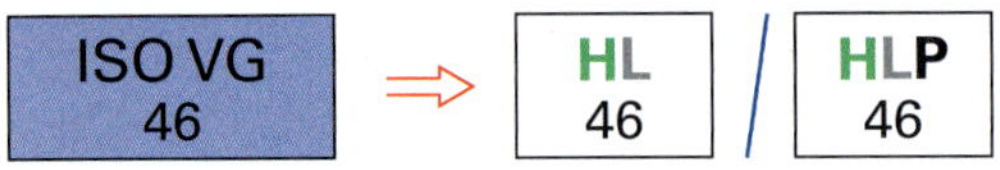

Bild 1: Normung der Druckflüssigkeiten

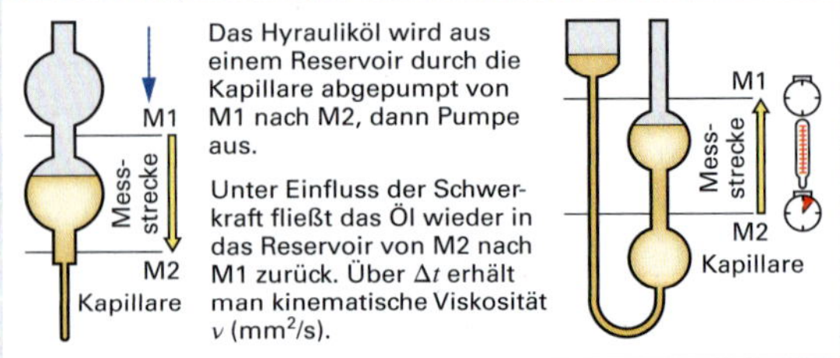

Bild 2: Messung der Viskosität ν (mm²/s)

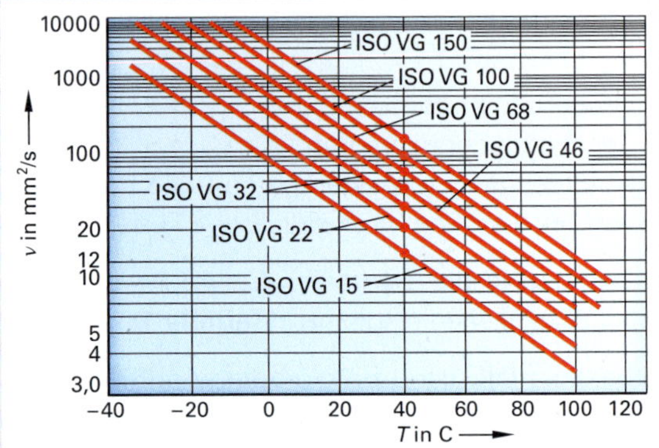

Bild 3: Viskositäts-Temperatur-Diagramm

Kennzeichnung der Druckflüssigkeiten (Bild 1)

Es soll ein Mineralöl **HL/HLP 46** verwendet werden. Dies ist ein mineralisches Hydrauliköl mit einer kinematischen Viskosität von ν = 46 (mm²/s).

Die legierten Zusätze erhöhen den Korrosionsschutz und die Alterungsbeständigkeit. Als HLP-Öl kann es über 200 bar eingesetzt werden.

Die DIN-Norm 51524 entspricht einem Hydrauliköl ISO **VG** 46 (= International Organisation for Standardization **V**iscosity **G**rade – DIN ISO 3448).

Messung des Fließverhaltens mit Kapillarviskosimeter (Bild 2)

Eine bestimmte Ölmenge fließt bei Prüftemperatur durch eine bestimmte Strecke (M1–M2) einer Kapillare (= langes und enges Rohr). Über die Rücklaufzeit wird die kinematische Viskosität bestimmt.

Viskositäts-Temperatur-Verhalten (Bild 3)

Die Fließfähigkeit oder Zähigkeit einer Hydraulikflüssigkeit ist stark temperaturabhängig.

Mit sinkenden Temperaturen, z. B. –10 °C, wird ein ISO VG 15 dickflüssiger, d. h. höher viskos (z. B. 500 mm²/s). Spätestens beim Erreichen des Stockpunkts (= stocken) ist es so eingedickt, dass es gar nicht mehr fließen kann.

Steigende Temperaturen, z. B. 60 °C, hingegen führen zu einer erheblichen Abnahme der Viskosität (z. B. bis 8 mm²/s). Das Öl kann extrem dünnflüssig werden.

?

Überlegen und beantworten Sie: Druckflüssigkeiten

1. Zählen Sie die drei Grundöle auf, die in der Hydraulik Verwendung finden.
2. Welche Additive werden in Hydraulikölen eingesetzt und welchen Einfluss haben die Zusätze?
3. Ermitteln Sie, bei welcher Temperatur ein HLP 46 seine Viskosität ν = 46 (mm²/s) erreicht.
4. Welche Viskosität ν (mm²/s) erreicht dieses Öl bei 70 °C?
5. In der Mobilhydraulik wird bei –20 °C ein ISO VG 22 eingesetzt. Wie verändert sich dessen Viskosität ν (mm²/s)?
6. Welches Hydrauliköl setzen Sie im Bereich höherer Drücke ein?

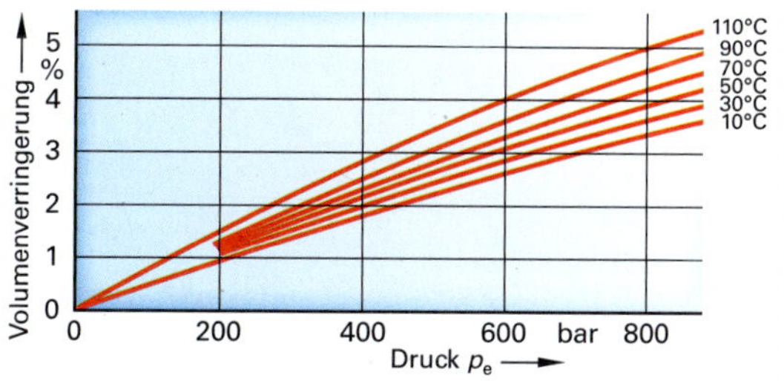

Bild 1: Volumenverringerung bei Druckanstieg

Kompressibilität von Drucköl

- Eine Druckdifferenz von 100 bar führt zu 0,7 % Kompression des Ölvolumens.
- Bei einem Zylinderhub von 1 m wäre dieser Hub um 7 mm kürzer.

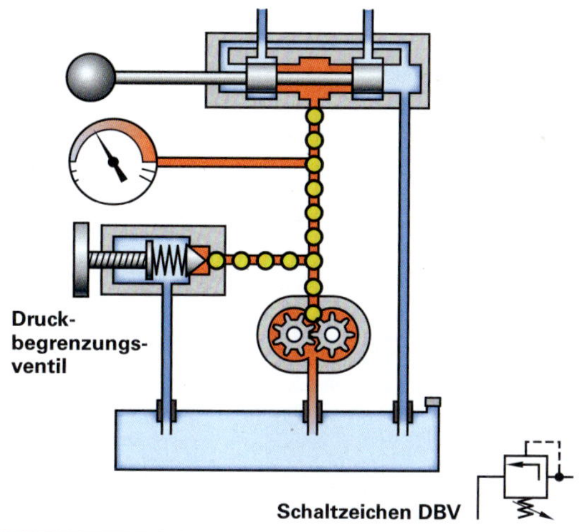

Bild 2: Pumpenabsicherung mit Druckbegrenzungsventil (DBV)

Neben der Viskosität ist die **Kompressibilität** (Volumenverringerung infolge des hohen Drucks) eine wichtige Eigenschaft von Hydraulikölen **(Bild 1)**.

Das **Druckbegrenzungsventil (= DBV)** im Hydroaggregat ist eine Absicherung des Pumpensystems gegen zu hohen Druck. Der maximale Druck kann am Druckbegrenzungsventil vom Nutzer eingestellt werden oder er ist am Hydroaggregat bereits vom Hersteller fest voreingestellt **(Bild 2)**.

Weitere Druckbegrenzungsventile können sich in der Hydraulikanlage befinden und erfüllen dort verschiedene Aufgaben:

- Systemdruck einstellen und absichern,
- Volumenstromteilung und Gegenhaltung.

Überlegen und beantworten Sie: Hydraulikaggregat

1. Zählen Sie die wichtigsten Komponenten des Hydraulikaggregats auf und skizzieren Sie den Aufbau mit normgerechten Schaltzeichen.
2. Listen Sie die Unterschiede zwischen einem Kompaktaggregat und einem Standardaggregat auf.
3. Zählen Sie die elektromotorischen Antriebe auf, die an Hydroaggregaten verbaut werden, und beschreiben Sie diese. Gehen Sie dabei auf die Veränderungsmöglichkeiten des Volumenstroms ein.
4. Die Radialkolbenpumpe eines Hydroaggregats wird mit n = 1450 min^{-1} angetrieben **(Bild nebenstehend)**:

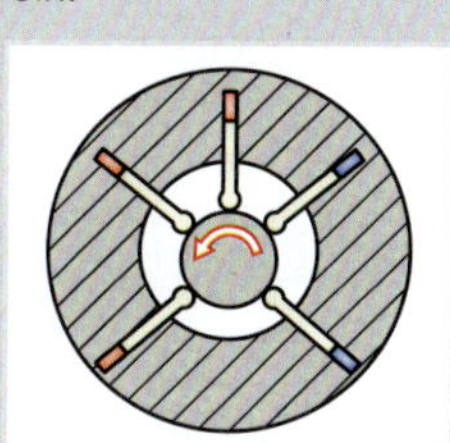

   a) Errechnen Sie den Volumenstrom Q bei einem Fördervolumen von V = 10,62 cm^3/U für diesen Pumpentyp.

   b) Ermitteln Sie die entsprechende Behältergröße V (dm^3) zur Aufnahme des Hydrauliköls. Geben Sie zusätzlich 15 % Größenzuschlag als Sicherheit gegen Wärmedehnung usw. dazu.
5. Wozu dienen Beruhigungsbleche im Hydrobehälter des Hydroaggregats?
6. Vergleichen Sie die beiden Filterungsarten: Rücklauffilterung und Druckfilterung.

   a) Nennen Sie deren Vor- und Nachteile.

   b) Suchen Sie Anwendungen aus der betrieblichen Praxis.
7. In welchen Anwendungen setzen Sie die beiden Hydrauliköle HLP 100 und HEES 32 ein?
8. Welchen Einfluss hat eine zu hohe Luftaufnahme des Hydrauliköls?

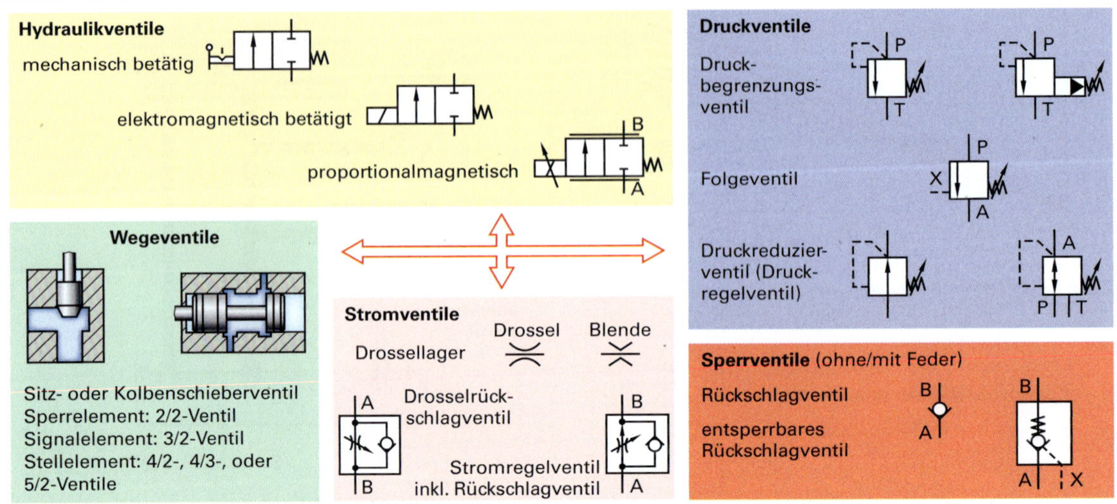

Bild 1: Elemente des Energiesteuerteils (Verarbeitung von Signalen, Energie und Information)

2.3.6 Energiesteuerteil – Hydroventile und Schaltungen

Die Übertragung der hydraulischen Druckenergie zwischen den Hydropumpen (= Systemeingang) und den Hydrozylindern oder Hydromotoren (= Systemausgänge) erfolgt über entsprechende Druckleitungen.

Um an den Aktoren die Betriebsgrößen Kraft (F) und Geschwindigkeit (v) oder Drehmoment (M) und Drehzahl (n) zu erreichen, werden in die Leitungen Ventile als **Energiesteuerteile** (= Verarbeitungsteil des Hydrauliksystems) eingebaut. Sie steuern oder regeln den Druck (p_e) und den Volumenstrom (Q) **(Bild 1)**.

Die **Wegeventile** übernehmen die Umsteuerung des Volumenstroms, geschaltet werden sie mechanisch, elektromagnetisch oder proportionalmagnetisch.

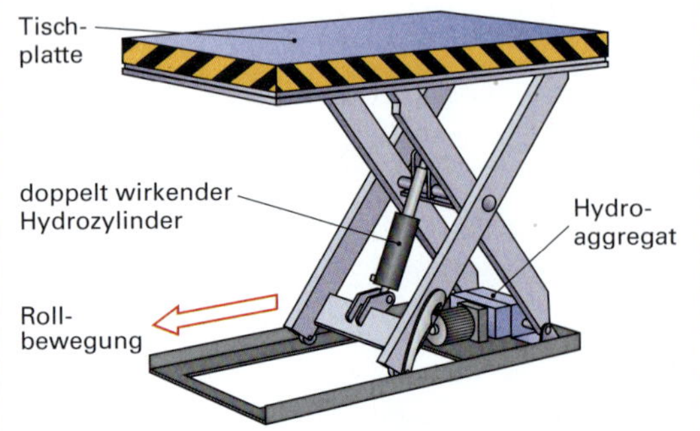

Bild 2: Scherenhub-Kompakttisch (1 t, 1 m)

Druckventile steuern/regeln die Höhe des Drucks und dienen der Anlagensicherheit. Der Einstellparameter ist hier der Druck p_e (MPa).

Wege- und Druckventile können direkt oder **vorgesteuert** umgeschaltet werden, was ihre Betätigung erleichtert.

Stromventile werden zur Geschwindigkeits- oder Drehzahlsteuerung/-regelung eingesetzt. Sie wirken wie Engstellen, in denen Wärme als Verlustenergie entsteht. Der Einstellparameter ist der Volumenstrom Q (l/min).

Sperrventile lassen den Volumenstrom nur in einer Richtung zu. Meist werden hier Sitzventile im Unterschied zu den Wegeventilen mit ihren Kolbenschiebern eingesetzt. Als Dichtelemente werden Kegel oder Kugeln verwendet.

// Aufgabenstellung: Schaltung eines Kompakttischs (Scherenhubprinzip)

Es sollen die Hydraulikelemente für einen Scherenhubtische ausgewählt und es soll ein entsprechender Hydraulikschaltplan erstellt werden **(Bild 2)**.

Die Schaltplanelemente sind mit der Referenzkennzeichnung nach DIN EN 81346-2 zu bezeichnen.

Leistungsdaten für den Scherenhubtisch

Hublast 1 t, max. Höhe 1 m in 15 s,
P_{hyd} = 0,75 kW

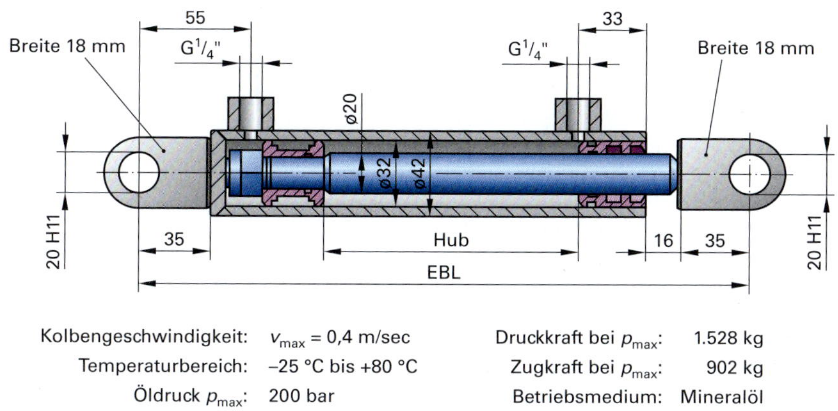

Bild 1: Datenblatt eines Rundzylinders mit Gelenken am Fuß und an der Kolbenstange

Schritt 1: Antriebs- und Energieversorgungsteil

Es steht das Datenblatt eines doppelt wirkenden Rundzylinders zur Verfügung **(Bild 1)**. Die Zylinderauswahl wird durch Berechnung überprüft.

Ein Wechselstrommotor mit ~/ 230 V treibt eine Zahnradpumpe im Hydroaggregat an. Die Pumpe liefert eine hydraulische Leistung von P_{hyd} = 750 W.

Hier müssen die Leistungsdaten ermittelt werden.

Der Tankbehälter sollte fünfmal größer als der Volumenstrom sein, inklusive eines Aufschlags von 15 %:

$$(5\ \mathrm{l\ pro\ 1\ l/min} \cdot 2{,}25) \cdot 1{,}15 = 11{,}15\ \mathrm{l} \cdot 1{,}15 = 12{,}9\ \mathrm{l}$$

Damit wird der Flüssigkeitsbehälter auf V = 13 l ausgelegt. Bei einem Druck p_e = 200 bar kann das Standardöl HLP 46 verwendet werden.

Schritt 2: Elemente des Energiesteuerteils

Die Druckflüssigkeit muss in den Tank zurückgeführt werden, daher sind in der Hydraulik 4/2-Wegeventile vorzuziehen **(Bild 2)**.

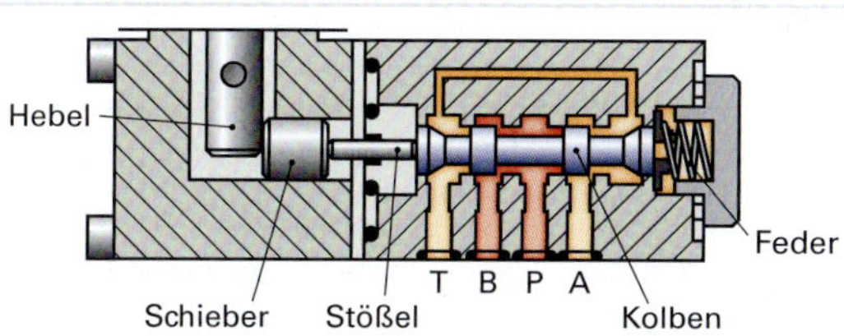

Bild 2: 4/2-Wegeventil als Stellelement

Rechenbeispiel zur Zylinderauswahl

Der Kolbendurchmesser aus dem Datenblatt beträgt D = 32 mm und ist für p_e = 200 bar ausgelegt.

Lösung

$$A = \frac{F}{p_e} = \frac{1000\ \mathrm{kg} \cdot 9{,}81\ \frac{\mathrm{m}}{\mathrm{s}^2}}{2000\ \mathrm{N}}\ \mathrm{cm}^2 = 4{,}905\ \mathrm{cm}^2$$

$$D = \sqrt{\frac{4 \cdot A}{\pi}} = \sqrt{\frac{4 \cdot 490{,}05\ \mathrm{mm}^2}{\pi}} = 24{,}99\ \mathrm{mm}$$

Der Durchmesser von D = 32 mm ist ausreichend.

Rechenbeispiel zur Leistung P_{mech} – Volumenstrom

Der Kolben fährt in 15 s auf eine Höhe von s_{max} = 1 m.

Lösung

$$v = \frac{s_{max}}{t} = \frac{1\ \mathrm{m}}{15\ \mathrm{s}} = 0{,}066\ \frac{\mathrm{m}}{\mathrm{s}}$$

$$P_{mech} = F \cdot v = 9810\ \mathrm{N} \cdot 0{,}066\ \frac{\mathrm{m}}{\mathrm{s}} = 647\ \mathrm{W}$$

$$\eta = \frac{P_{ab}}{P_{zu}} = \frac{P_{mech}}{P_{hyd}} = \frac{647\ \mathrm{W}}{750\ \mathrm{W}} = 0{,}86$$

Der Verlust an Reibungswärme, Energieumwandlung usw. beträgt 14 %, was akzeptabel ist.

Der Volumenstrom beträgt: $P_{hyd} = \frac{Q \cdot p_e}{600}$ [kW]

$$Q = \frac{600 \cdot P_{hyd}}{p_e} = \frac{600 \cdot 0{,}75\ \mathrm{kW}}{200\ \mathrm{bar}} = 2{,}25\ \frac{\mathrm{l}}{\mathrm{min}}$$

In einer ersten Vorplanungsphase wird das 4/2-Wegeventil in eine hydraulische Schaltung eingebaut, der Aktor und das Hydroaggregat werden angeschlossen **(Bild 1)**. Die Elemente sind bereits nach der Referenzkennzeichnung DIN EN 81346-2 beschriftet, wie aus der Pneumatik und E-Pneumatik bekannt.

Unterschiede zu diesen Fluidtechniken sind erkennbar: Das Arbeitsmedium muss in einen Tank zurückgeführt werden, die Anschlüsse an das 4/2-Wegeventil sind mit Kennbuchstaben (Arbeitsleitungen A und B, Druckanschluss P sowie die Rückleitung mit T oder R) bezeichnet, nicht mit Ziffern.

Über den Absperrhahn –SJ1 lässt sich indirekt der Systemdruck einstellen: Ist der Hahn offen, dann ist ein Druck kaum ablesbar, die Anlage ist nahezu drucklos. Schließt man den Hahn langsam, so kann man währenddessen den gewünschten Druck z. B. auf 20 MPa einstellen.

In der Simulation zeigt sich ein Nachteil: Der Scherenhub kann nur komplett aus- oder wieder eingefahren werden, Zwischenpositionen sind nicht möglich.

Hier gibt es zwei Lösungsansätze:

- Einsatz eines Wegeventil mit drei Schaltstellungen. Mit der Nullstellung stoppt die Bewegung **(Tabelle 1)**
- Einsatz eines entsperrbaren Rückschlagventils **(Bild 2)**.

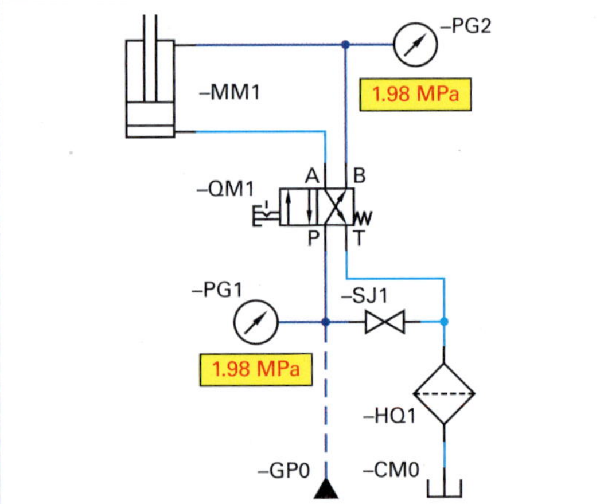

Bild 1: Einfache Vorplanung für Scherenhubtisch

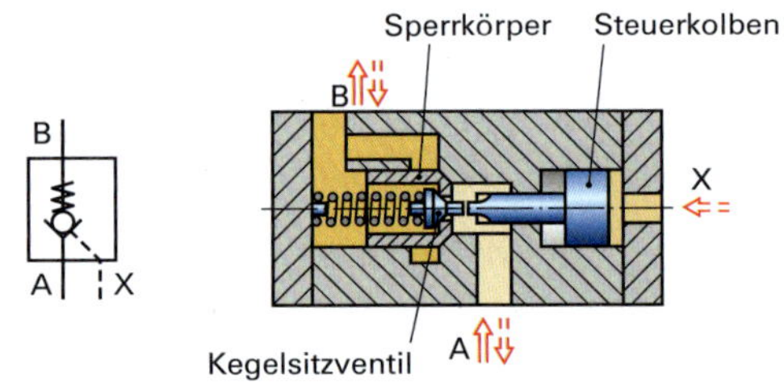

Schaltzeichen

Bild 2: Entsperrbares Rückschlagventil

Tabelle 1: Betätigungsarten und Wegeventile

Betätigung		Wegeventile – Grundformen (2/2, 3/2, 4/2, 4/3)	
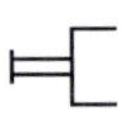	manuell, allgemein	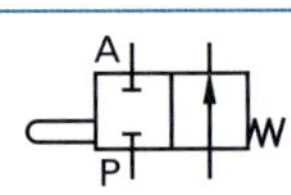	Beispiel: 2/2-Wegeventil mit Stößel und Federrückstellung
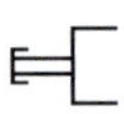	durch Drücken	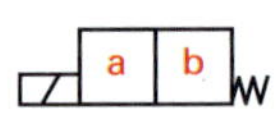	elektromagnetisch, Federrückstellung (monostabil)
	Handhebel mit Raststellung	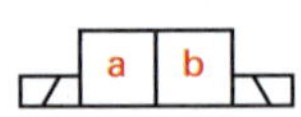	Impulsventil (bistabil), beidseitig elektromagnetisch, Handhilfsbetätigung
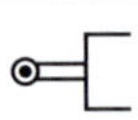	Rollenstößel, Tastrolle	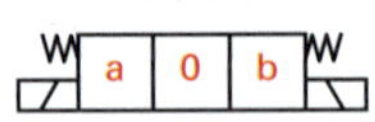	elektromagnetisch, beidseitige Federzentrierung
	Fußpedal	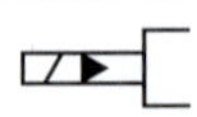	elektromagnetisch, hydraulische Vorsteuerung
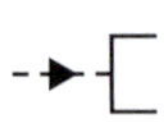	hydraulisch	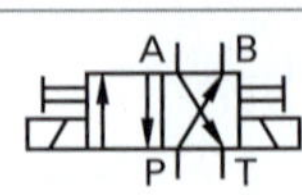	Beispiel: 4/2-Wegeventil, beidseitig elektromagnetisch, Handhilfsbetätigung
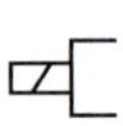	elektromagnetisch	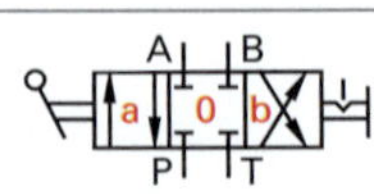	Beispiel: 4/3-Wegeventil, Sperrnullstellung (**0**), Handhebel, rastend

Schritt 3: Schaltplanlösung erstellen

In der Lösung **(Bild 1a)** kann der Zylinder über das 4/2-Wegeventil (–QM1) ausfahren, der Sperrkörper des Rückschlagventils (–RM1) hebt ab und der Kolben vom doppelt wirkenden Zylinder (–MM1) fährt hoch. Beim Entriegeln vom 4/2-Wegeventil geht das Ventil –QM1 in die Grundstellung b und beaufschlagt die Kolbenstangenseite vom Aktor.

Der Sperrkörper von –RM1 verhindert ein Absenken der Last, auch wenn jetzt die Hydropumpe ausgeschaltet wird. Je höher die Last auf dem Scherenhubtisch, desto besser die Dichtwirkung des Rückschlagventils.

Um den Hubtisch nach unten zu bewegen, muss ein 3/2-Wegeventil (–QM2) verwendet werden: Die Steuerleitung X des entsperrbaren Rückschlagventils –RM1 wird druckbeaufschlagt, wodurch dessen Steuerkolben den Kegelsitz freigibt **(Bild 2, Seite 202)**. Das Rückschlagventil wird entsperrt, die Last senkt sich nach unten.

Eine Schaltungsvereinfachung bringt die Verwendung eines 4/3-Wegeventiles (–QM1) zum Aus- und Abfahren der Last **(Bild 1b** und **Tabelle 1)**.

Tabelle 1: 4/3-Wegeventile (Auswahl)

Schnittbild	Schaltzeichen
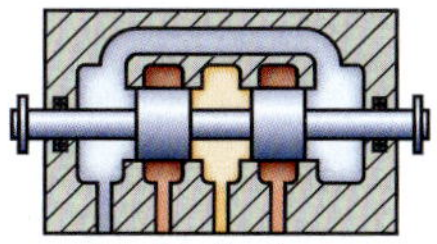 T B P A	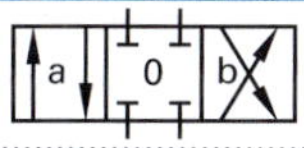 **Sperrnullstellung** keine leckagefreie Absperrung der Anschlüsse; Energieverlust bei laufender Pumpe (Höchstlast)
 T B P A	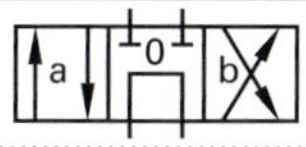 **Pumpenumlaufstellung (U)** Weniger Verlust an Energie, da die Pumpe nahezu unbelastet in den Tank fördert
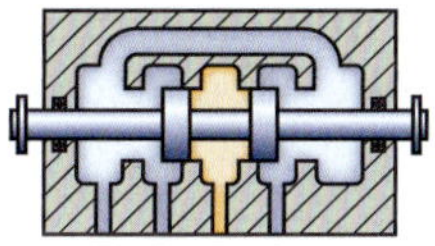 T B P A	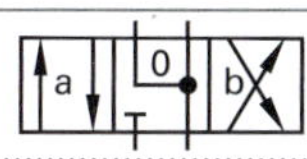 **Schwimmstellung** (Stuhlstellung oder **Y-Stellung**) z. B. beim Einsatz von entsperrbaren Rückschlagventilen
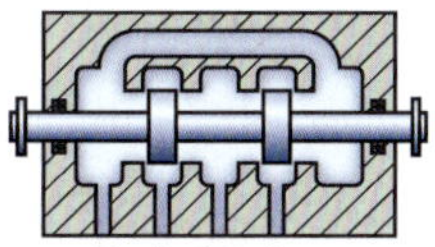 T B P A	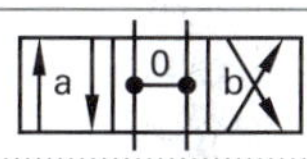 **Schwimmstellung (H-Stellung)** alle Leitungen druckfrei bei Pumpe AUS

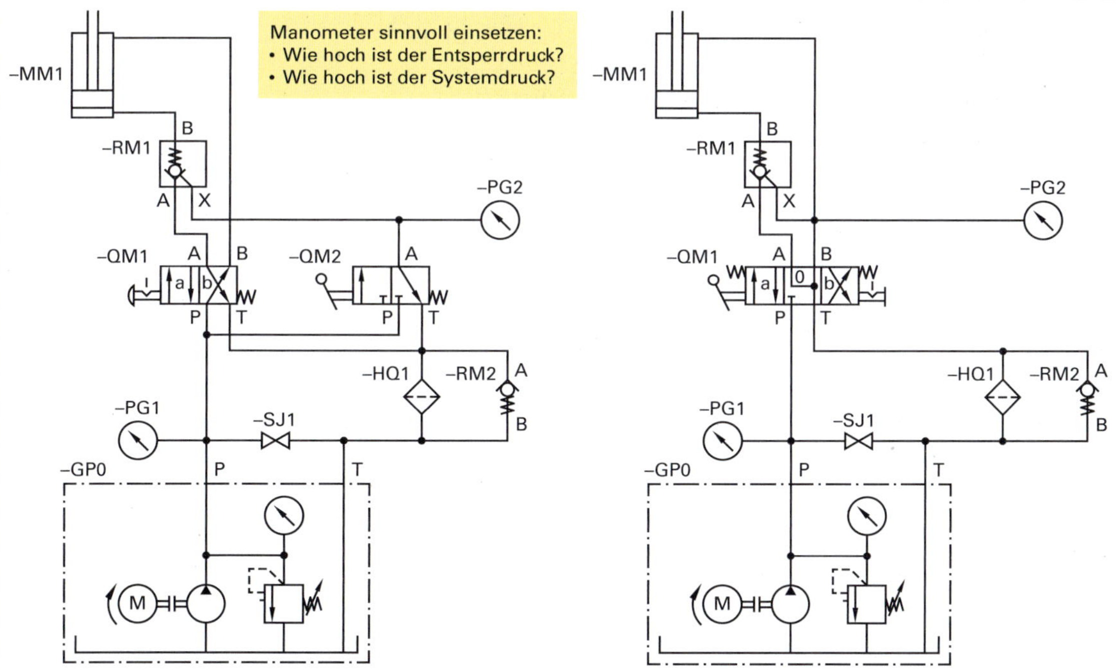

a) 4/2- und 3/2-Wegeventil zum Entsperren

b) 4/3-Wegeventil mit Stuhlstellung (Y)

Bild 1: Schaltungslösungen zum Scherenhubtisch

Lernfeld 6

Bei Verwendung des 4/3-Wegeventils wird beim Umschalten auf Stellung b zum Absenken der Last die Steuerleitung X druckbeaufschlagt, wodurch das Rückschlagventil entsperrt wird.

Die Y-Stellung wird benötigt, um beim nächsten Hubvorgang die Steuerleitung druckfrei zu machen, damit die Abdichtfunktion erhalten bleibt. Mit einer Sperrnullstellung wäre dies nicht zu erreichen.

Eine weitere Lösungsvariante wäre der Einsatz von elektromagnetisch betätigten Ventilen **(Bild 1)**.

Die mechanische Betätigung der Steuerkolben erfolgt über in Öl schaltende Elektromagneten.

Der Elektromagnet zieht den Magnetanker in das Magnetfeld, dessen Stößel auf den Steuerkolben drückt. Durch seine Lageverschiebung ermöglicht er z. B. den Durchgang von Druckanschluss P zum Arbeitsanschluss A oder B.

Wegeventile

In den Schaltungen werden die Wegeventile so gezeichnet, dass sie zum Ablaufverständnis beitragen:

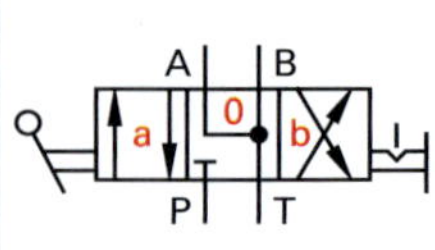

Version a

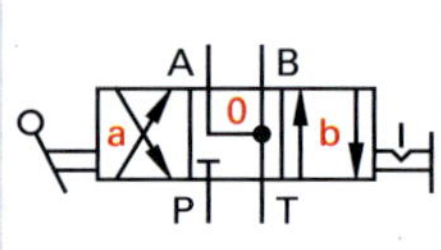

Version b

So wird im Beispiel Scherenhubtisch die Version a verwendet und nicht die Version b, wie sie auch von Geräteherstellern geliefert werden.

Stehen in der Praxis nicht die gewünschten Schalteigenschaften zur Verfügung, können Anschlüsse vertauscht oder verschlossen werden.

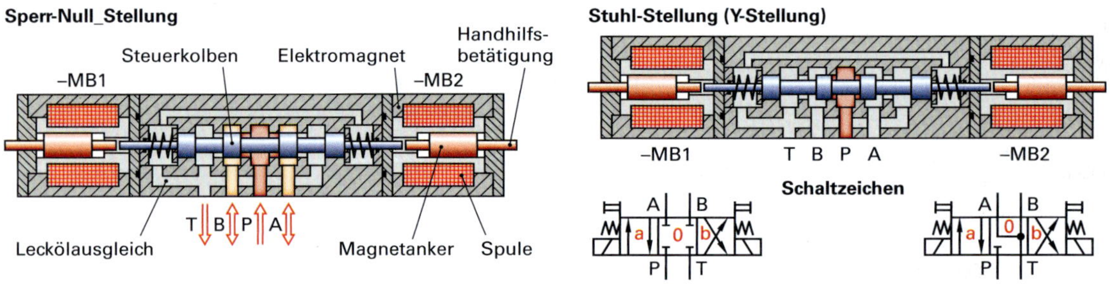

Bild 1: Elektrohydraulische Ansteuerung von 4/3-Wegeventilen

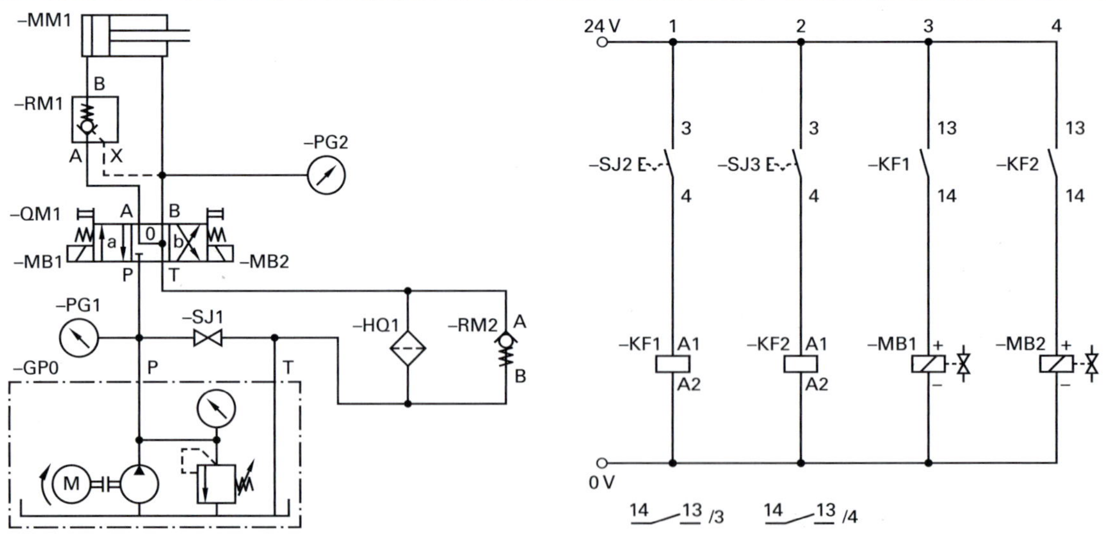

Bild 2: Elektrohydraulische Schaltungslösung zum Scherenhubtisch

Besonderheiten bei Wegeventilen als Schieberventile

- **Schaltüberdeckung (Bild 1)**
  Bei Kolbenschieberventilen wird das Schaltverhalten durch die Kolbenüberdeckung bestimmt:
  Bei der **positiven** Überdeckung sind beim Umschalten alle Anschlüsse gegeneinander gesperrt, der Druck fällt nicht ab.
  Bei der **Null**überdeckung berühren sich die Kanten des Gehäuses und des Kolbens. Ein schnelles Schalten ist möglich bei kurzen Schaltwegen.
  Bei der **negativen** Schaltüberdeckung sind alle Anschlüsse kurzfristig miteinander verbunden (fiktiver Y-Übergang). Der Druck fällt kurzzeitig ab, eine Last könnte sich bewegen. Es entstehen keine Druckspitzen und Schaltschläge wie bei der positiven Überdeckung **(Bild 2)**.

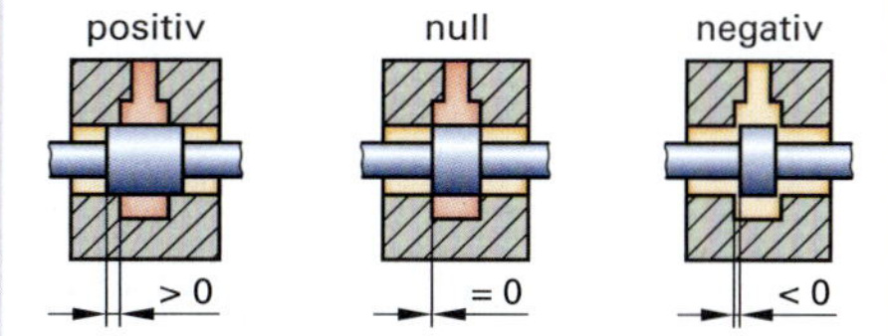

Bild 1: Schaltüberdeckungen

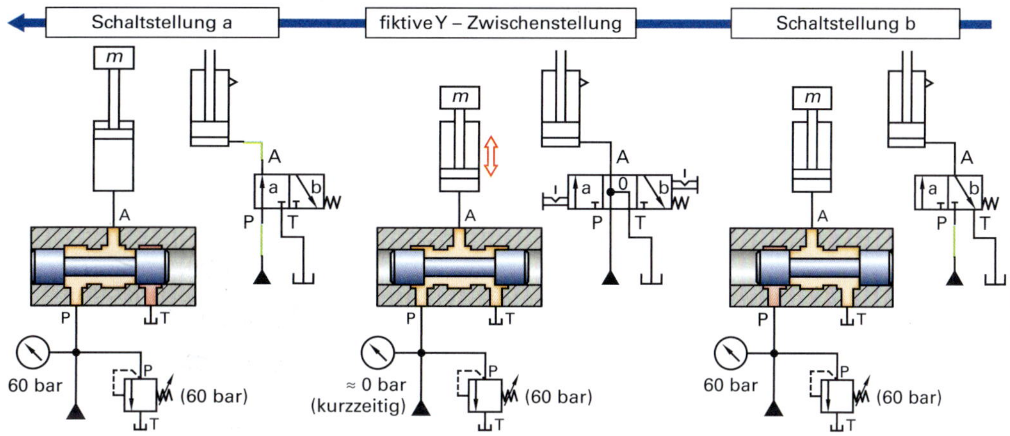

Bild 2: Negative Schaltüberdeckung beim 3/2-Wegeventil (mit fiktiver Y-Übergangsstellung)

- **Ventilvorsteuerung**
  Ab der Ventilnenngröße N10 (= Größe der Anschlussbohrung) werden Hydraulikventile mit Vorsteuerung verwendet. Dies bestehen aus einem elektromagnetisch betätigten 4/3-Vorsteuerventil (Pilotventil) mit einer Y-Stellung und dem Hauptventil, hier ein 4/3-Wegevtil mit einer Sperrnullstellung und Federzentrierung **(Bild 3)**.
  Um das Hauptventil in die Schaltstellung **a** zu bringen, wird Magnet **–MB1** bestromt. Der Anker bewegt den Stößel nach rechts und der Vorsteuerkolben öffnet den Durchgang von Druckanschluss **P** nach **A**. Der Hauptsteuerkolben wird von rechts druckbeaufschlagt und nach links gegen eine Federvorspannung verschoben: Drucköl fließt von **P** zum Arbeitsanschluss **A**. Gleichzeitig wird Arbeitsleitung **B** zum Tankanschluss **T** geöffnet, Öl strömt druckfrei zum Tank.

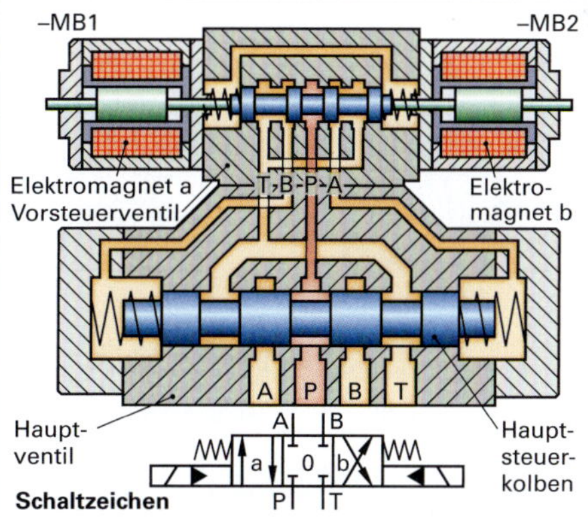

Bild 3: Elektromagnetisch vorgesteuertes 4/3-Wegeventil

Vorteil: Kleine Magnete des Pilotventils bewegen einen kleinen Vorsteuerkolben.

Nachteil: mehr Platzbedarf und teurer als direkt betätigte Wegeventile.

// Aufgabenstellung: Hydraulisches Absetzen eines Baumüllcontainers

Der Absetzcontainer ist ein Ladebehälter in trapezähnlicher Form und wird von einem Lkw mittels vier Ketten auf- und abgesetzt. Zum Heben und Absenken der Last soll eine Hydraulik mit zwei doppelt wirkenden Zylindern geplant werden **(Bild 1)**:

1. Schritt: Arbeitselemente

Beim Absetzen auf dem Boden wirkt eine ziehende Last, beim Aufladen auf die Ladefläche des Lkws eine drückende Belastung auf die beiden Hydrozylinder. Es können Rundzylinder mit Gelenken am Fuß und an der Kolbenstange verwendet werden. Die Maximallast beträgt etwa 7 t, d. h., ein Kolbendurchmesser von D = 70 mm ist bei p_e = 200 bar ausreichend groß dimensioniert **(Tabelle 1)**.

2. Schritt: Elemente der Energiesteuerung

Um bei den wechselnden Lastverhältnissen eine langsame und gleichmäßige Bewegung zu erhalten, müssen die Hydrozylinder beidseitig hydraulisch eingespannt werden. Das erfolgt in einer einfachen Lösung durch zwei Druckbegrenzungsventile **(Bild 2)**. An neueren Lkws benutzt man jedoch auch Proportionalventile **(Seite 595 ff.)**:

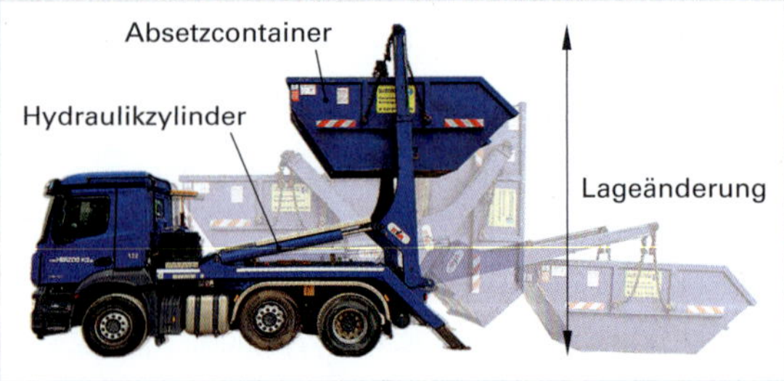

Bild 1: Hydraulisches Absetzen einer Last

Tabelle 1: Druck- und Zugkräfte am Hydrozylinder

Durchmesser Kolben/Stange D/d	Druck-, Zugkraft in kg bei ... bar 100 bar	150 bar	175 bar	200 bar	250 bar
25/16	491	737	859	982	1228
30/20	707	1060	1236	1413	1766
35/22	962	1442	1683	1923	2404
40/25	1257	1886	2200	2514	3143
50/35	1963	2945	3435	3926	4908
60/40	2827	4241	4947	5654	7068
63/40	3116	4674	5452	6231	7789
70/45	3848	5772	6734	7696	9620
75/45	4416	6623	7727	8831	11039

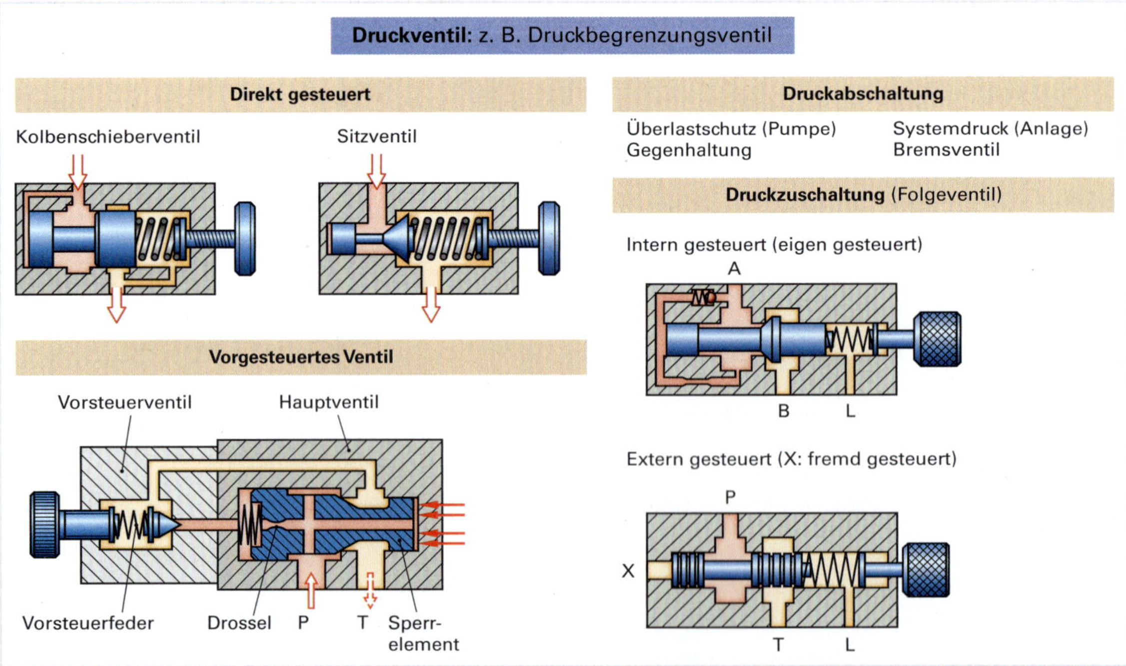

Bild 2: Druckbegrenzungsventile (Funktionen und Bauarten)

Die Druckventile gibt es, wie auch die Wegeventile, als Sitz- und Schieberventile und in einer direkt oder vorgesteuerten Version **(Bild 2, Seite 206)**.

Beim Sitzventil sitzt ein Dichtelement auf dem Eingangsanschluss P, beim Schieberventil dichtet der Kolben gegen den Tankanschluss T ab.

Das DBV ist in Ruhestellung geschlossen (Pfeil ist außermittig in **Bild 1a**). Wenn am Anschluss P der über die Steuerleitung wirkende Druck größer als der durch das Stellrad eingestellte Federdruck ist, strömt die Druckflüssigkeit über den Tankanschluss T ab (Pfeil verschiebt sich mittig). Wird der eingestellte Druck unterschritten, schließt das Ventil wieder. Um ungewünschte Druckschwingungen und Geräusche im DBV zu vermeiden, wird dieser mit einem Dämpfungskolben oder Drosseln versehen **(Bild 1d)**.

In dieser Bauart kann das regelnde Druckbegrenzungsventil als Druckabsicherung für die Hydropumpe und die Anlage oder als Einstellventil für den Systemdruck verwendet werden. Als schaltendes Steuerventil wird das DBV (inkusive Rückschlagventil) in der Aufgabenlösung eingesetzt **(Bild 1b** und **Info)**.

Bei der Vorsteuerung wird das Sperrelement nicht direkt durch die Feder, sondern durch die Druckflüssigkeit selbst geschlossen **(Bild 1c)**. Der Öffnungsdruck für das Hauptventil wird am Vorsteuerventil mit einem Stellrad eingestellt. Eine Vorsteuerung wird bei größeren Volumenströmen ab 80 l/min eingesetzt.

Die Steuerleitungen an den Druckventilen können auch genutzt werden, um einen zweiten Aktor über eine Druckbedingung dazuzuschalten **(Bild 2)**.

Man spricht dann von einem Folgeventil oder Zuschaltventil: So wird der zweiten Aktor erst dann bewegt, wenn am ersten Aktor ein ausreichender Spanndruck erreicht wird **(Bild 1, Seite 208)**.

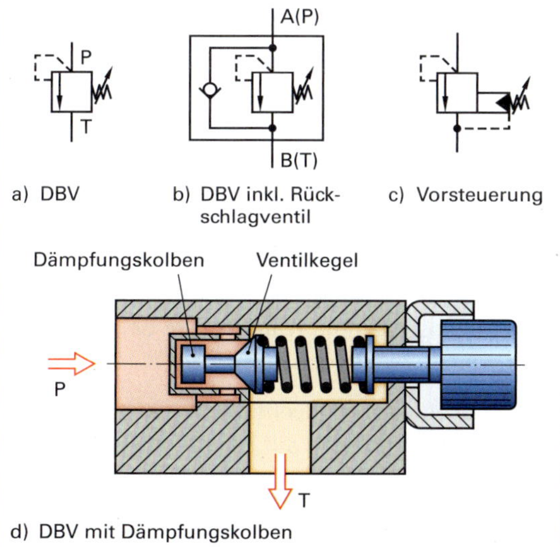

Bild 1: Schaltzeichen Druckbegrenzungsventile

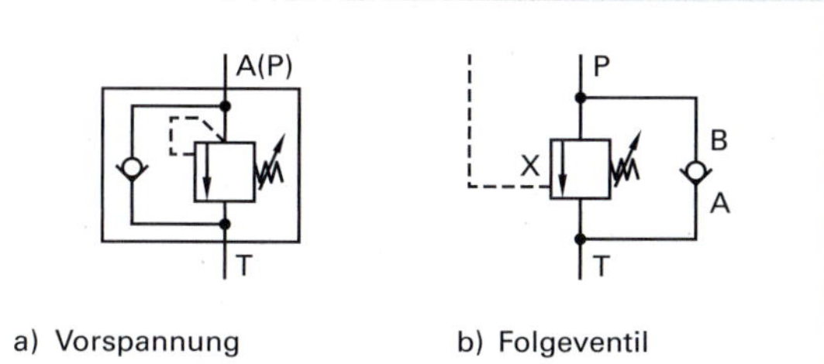

Bild 2: Schaltzeichen von DBV (inklusive Rückschlagventile)

Regeln und Steuern mit DBV (Bild 3)

Druckventile werden zum Steuern oder zum Regeln eingesetzt.

- **Regeln:** (Überdruckabsicherung)
  Bei Anstieg des Drucks öffnet das **DBV1** so lange, bis der Einstelldruck wieder unterschritten ist (= geschlossener Wirkungskreis).
- **Steuern:** (Gegenhaltung)
  Ein Last 1 t soll abgesenkt werden. Das Absenken erfolgt gegen den eingestellten Widerstand von **DBV2** (= offene Steuerkette).

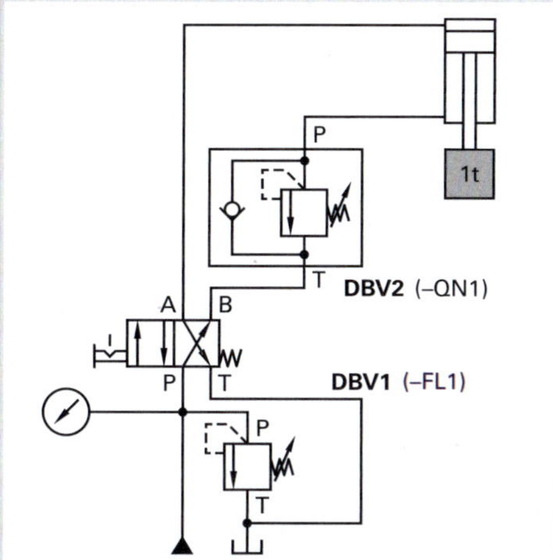

Bild 3: Druckabsicherung und Gegenhaltung bei ziehender Last

Lernfeld 6

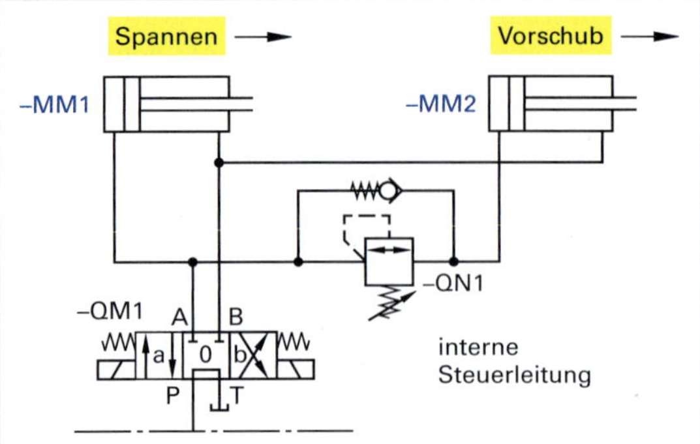

Bild 1: DBV zur Vorspannung (ein hydraulischer Schaltkreis mit zwei Aktoren)

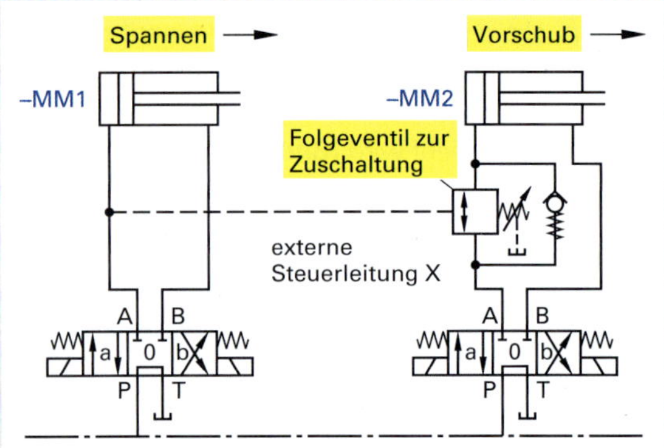

Bild 2: DBV als Folgeventil (zwei Schaltkreise)

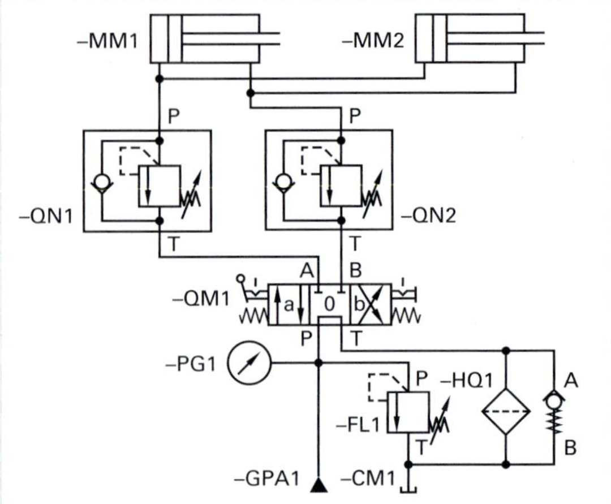

Bild 3: Schaltplan für das Absetzen des Containers

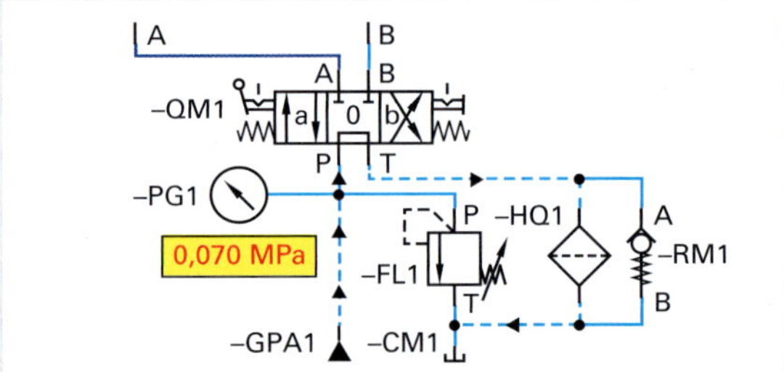

Bild 4: Druckverhältnisse in der Umlauf-Mittenstellung (U) des 4/3-Wegeventils (Simulation)

Die Vorspannung in **Bild 1** und die Folgesteuerung in **Bild 2** unterscheiden sich darin, dass in der Vorspannung mit einem hydraulischen Schaltkreis, in Bild 2 aber mit einem zweiten Schaltkreis gearbeitet wird. In diesem zweiten Schaltkreis leitet das 4/3-Wegeventil die abfließende Druckflüssigkeit in den Tank. Schaltkreis 1 und 2 haben über die Steuerleitung X eine gemeinsame Verbindung.

3. Schritt: Schaltplanlösung für Lastabsetzung

In der Lösung werden zwei DBV (–QN1 und –QN2) als Gegenhalteventile eingesetzt. Sie garantieren ein langsames und gleichmäßiges Heben und Absetzen des Containers **(Bild 3)**. Die beiden Kolben sind hydraulisch eingespannt.

Das Druckbegrenzungsventil –FL1 dient der Einstellung des Systemdrucks auf p_e = 200 bar.

Eingesetzt ist ein 4/3-Wegeventil –FL1 mit einer Umlaufmittenstellung. In dieser Stellung arbeitet die Pumpe nicht gegen das Druckbegrenzungsventil –FL1, sondern die Druckflüssigkeit fließt über den Rücklauffilter –HQ1 nahezu druckfrei in den Behälter –CM1 zurück **(Bild 4)**.

Überlegen und beantworten Sie: Wegeventile – Druckventile

1. Erklären Sie die Begriffe Kolbenschieberventil, Sitzventil und Vorsteuerung.
2. Beurteilen Sie das Schaltverhalten bei positiver oder negativer Schaltüberdeckung.
3. Unter welchen Bedingungen setzen Sie 4/2-Wegeventile und 4/3-Wegeventile ein?
4. Beschreiben Sie die Mittenstellungen von 4/3-Wegeventilen, zeichnen Sie die Schaltzeichen.
5. Zählen Sie die Aufgaben von Druckbegrenzungsventilen in Hydrauliksystemen auf.

Erweiterung der Druckventile: Druckminder- und Druckreduzierventile (Bild 1)

Ein Druckbegrenzungsventil ist in Ruhe immer geschlossen, es öffnet, wenn der Druck einen bestimmten Sollwert übersteigt.

- Druckminderventile sind in Ruhestellung immer geöffnet (siehe auch Pfeil mittig im Schaltzeichen in Bild 1). Sie *regeln* den Ausgangsdruck bei A auf eine Sollgröße.
- Steigt der Druck am Ausgang A, wirkt diese Druckerhöhung über die interne Steuerleitung auf die linke Fläche des Ventilkolbens. Der Kolben verschiebt sich nach rechts gegen die einstellbare Federkraft. Der Ringspalt zwischen Kolben und Gehäuse bei P verkleinert sich und der Ausgangsdruck bei A sinkt.
- Innere Leckagen zwischen Kolben und Gehäuse werden über den Anschluss L (Leckage) in den Tank geleitet.
- 3-Wege-Druckreduzierventile: Kann der Ventilkolben den Druckanstieg bei A nicht mehr ausregeln, ist der Ringspalt geschlossen. Der Druckanstieg bei A wird über Anschlussleitung T an den Tank entlastet.
- Druckregelventile werden zur Begrenzung einer Anpresskraft benötigt: bei Spannvorrichtungen z. B. bei dünnen Werkstücken.

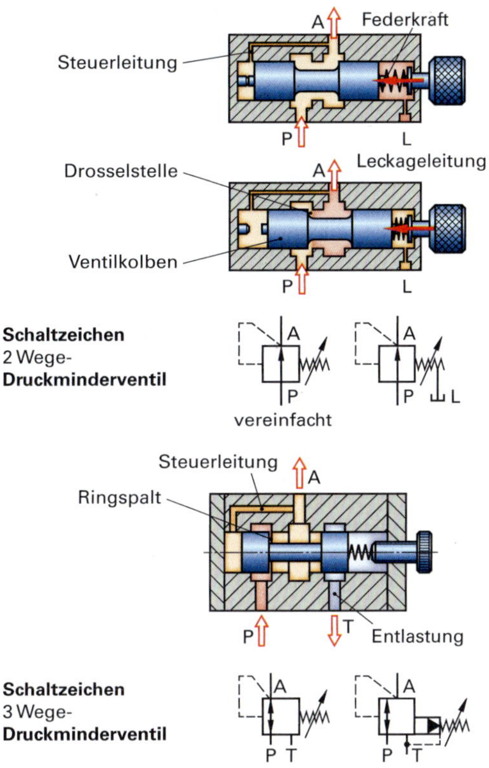

Bild 1: Druckregelventile (2-Wege-/3-Wege-Ventile)

// Aufgabenstellung: Spannen und Biegen von Blechen

Blechteile mit unterschiedlichen Querschnitten sollen gebogen werden. Ein doppelt wirkender Hydrozylinder bewegt das Biegewerkzeug mit einstellbarer Vorschubgeschwindigkeit. Ein weiterer doppelt wirkender Hydrozylinder hält die Biegeteile gegen einen Anschlag. Beide Hydrozylinder werden über ein gemeinsames Stellelement angesteuert **(Bild 2)**.

Das Stellelement soll über einen mechanischen Handhebel verstellt werden können.

Die einfache Biegevorrichtung soll mit p_e = 200 bar gefahren werden, das Pumpenaggregat ist mit p_e = 220 bar abgesichert und besitzt eine Rücklauffilterung. Als Druckflüssigkeit wird HLP 46 eingesetzt.

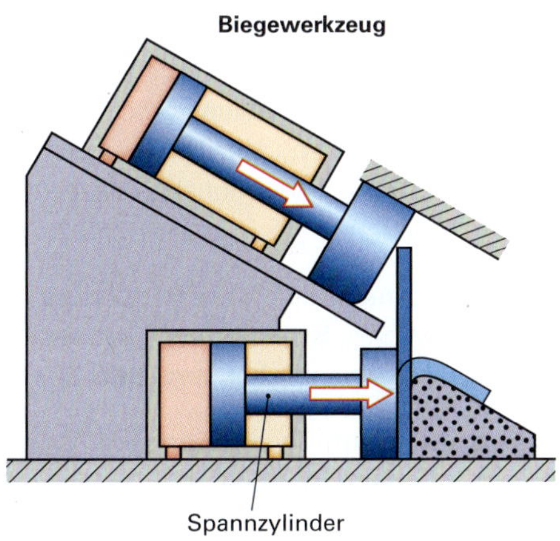

Bild 2: Technologieschema Blechbiegen

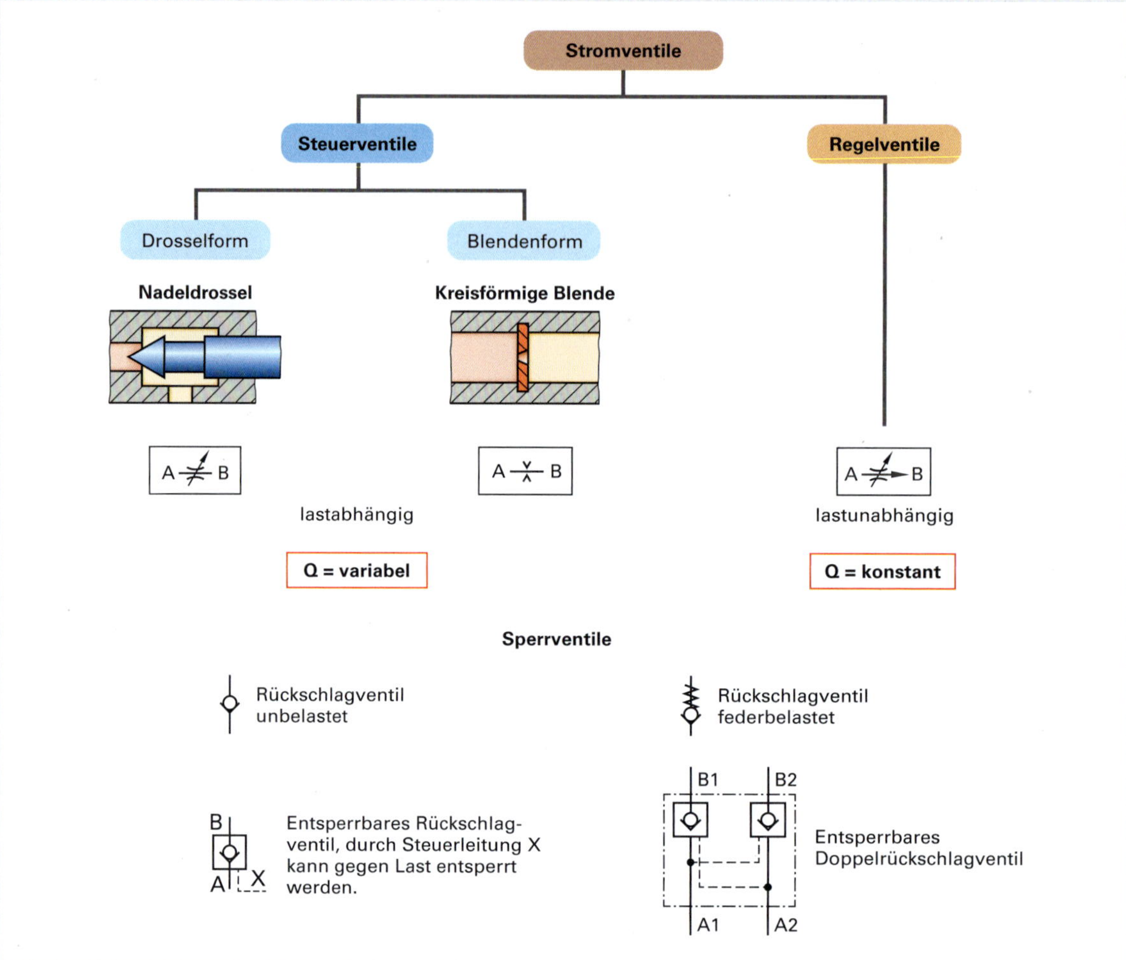

Bild 1: Überblick über Strom- und Sperrventile

Schritte 1 und 2: Aktoren und Energiesteuerung

Um den doppelt wirkenden Hydrozylinder des Biegezylinders mit einem variablen Vorschub zu fahren, muss der Volumenstrom *Q* (l/min) geändert werden können, da *Q* (l/min) proportional zur Geschwindigkeit *v* (m/min) ist.

Da im Hydroaggregat eine Konstantpumpe im Einsatz ist, werden dazu **Stromventile** verwendet, deren Querschnitte veränderbar sind **(Bild 1)**.

Sperrventile kommen in Kombinationen mit Stromventilen oder den bereits behandelten Druckventilen zum Einsatz, um eine Durchströmung in beiden, Richtungen zu ermöglichen.

Stromventile sind je nach Ausbildung der Engstelle Drossel- oder Blendenventile. Ist eine Viskositäts- und Temperaturunabhängigkeit erforderlich, verwendet man Blendenventile, auch wenn diese teurer sind. Die Veränderung des Durchflussquerschnitts erfolgt an einem schaftkantigen Querschnitt.

Die Durchflusslänge im Querschnitt der Blende ist praktisch null im Vergleich zur Drosselengstelle.

Das Drosselrückschlagventil, aus der Pneumatik bekannt, wird auch in der Hydraulik verwendet: In der Pneumatik wird die *Abluftdrosselung* wegen des Stick-Slip-Effekts[1] bevorzugt. In der Hydraulik würde diese *Sekundärstromregelung* aber zu einem erheblichen Anstieg des Drucks auf der Kolbenstangenseite führen (Druckübersetzung).

[1] Stick-Slip-Effekt von Ruckgleiten (siehe Pneumatik Bd. 1)

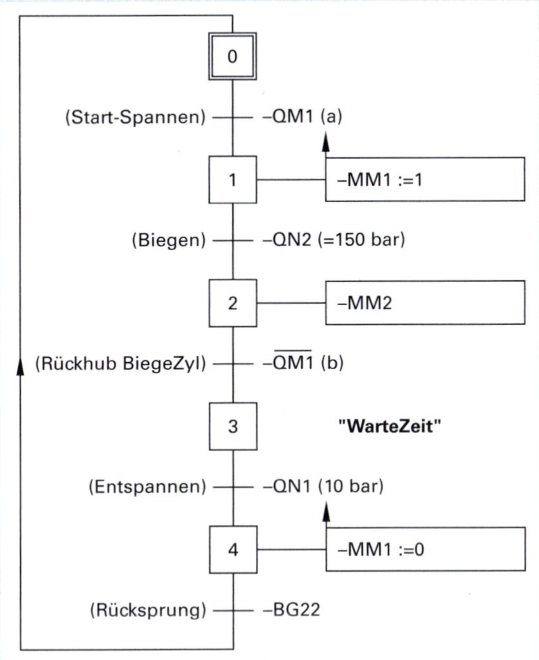

Bild 1: GRAFCET – Ablaufbeschreibung Biegen

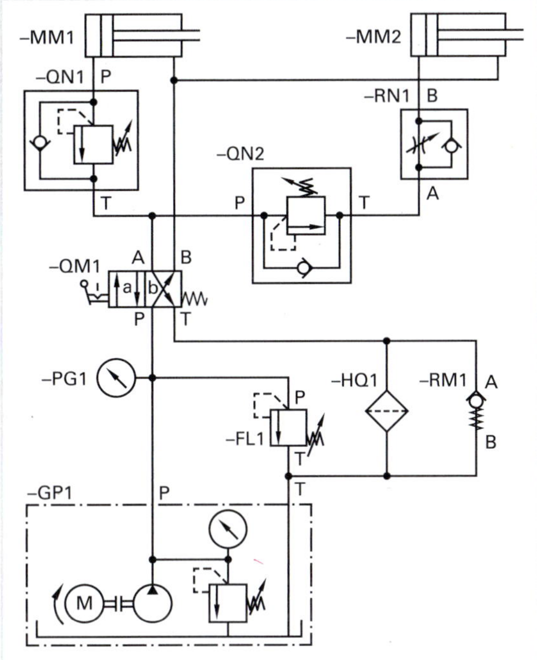

Bild 2: Schaltplanlösung Biegevorrichtung

3. Schritt: Schaltplanerstellung

Der GRAFCET beschreibt den Ablauf des Biegevorgangs. Er entspricht hier nicht den strengen Bedingungen einer löschenden Schrittkette, sondern dient dazu, den Ablauf grafisch zu visualisieren **(Bild 1)**.

Im GRAFCET erkennt man die Übergangsbedingung vom Ablaufschritt 1 zum Ablaufschritt 2:

Das Folgeventil –QN2 schaltet, wenn der Druck p_e = 150 bar des Spannzylinders –MM1 erreicht ist.

Für den Rückhub des Spannzylinders gilt: Der Biegezylinder –MM2 wird durch Entriegelung des 4/2-Wegeventils –QM1 zurückgesetzt. Bis er seine Grundstellung erreicht hat, vergeht eine Wartezeit. Erst dann baut sich auf der Kolbenstangenseite von –MM1 ein geringer Druck auf, sodass –QN1 als Gegenhaltung öffnen kann: Der Spannzylinder –MM1 fährt in seine Grundstellung.

Dieser Ablauf lässt sich in der Schaltplanlösung nachvollziehen **(Bild 2)**.

Das Drosselrückschlagventil –RN1 dient zur Einstellung der Vorschubbewegung des Biegezylinders –MM2. Das Drosselrückschlagventil ist in der zuströmenden Druckflüssigkeit eingesetzt, man spricht von einer **Primärstromregelung**.

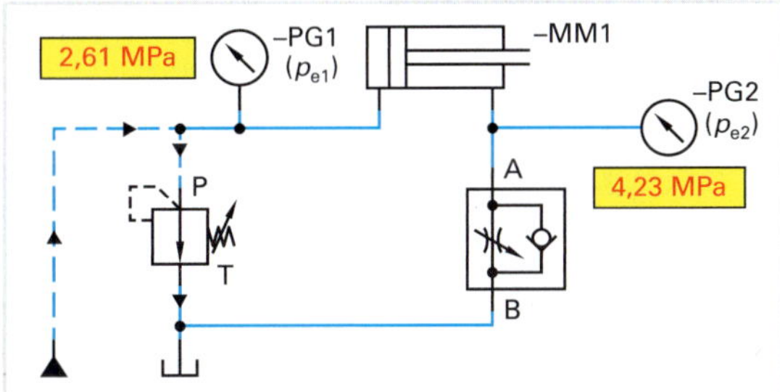

Bild 3: Prinzipschaltung Druckübersetzung

Ein Stick-Slip-Effekt ist wegen des Biegewiderstands während der Vorschubbewegung nicht zu erwarten, der Zylinder und die Leitungen werden keinem zu hohen Druck ausgesetzt.

Druckübersetzung in der Sekundärstromregelung (Bild 3):

In der Simulation wird ein doppelt wirkender Zylinder –MM1 gezeigt, bei dem die abströmende Druckflüssigkeit gedrosselt wird. Die beiden Manometer –PG1 und –PG2 zeigen die jeweiligen Drücke an.

Übersetzung:

$$i = \frac{p_{e2}}{p_{e1}} = \frac{4{,}23\ \text{MPa}}{2{,}61\ \text{MPa}} = 1{,}62:1$$

Lernfeld 6

Prinzip der Volumenstromteilung (Bild 1):

Dreht man an –RN1 die Stellschrauben zu, dann läuft der Hydromotor langsamer, da er nicht mehr den vollen Volumenstrom der Pumpe erhält. Das Zudrehen führt zu einem Druckanstieg (–PG2) vor der Drosselstelle von –RN1, sodass man in den Regelungsbereich des Druckbegrenzungsventils –FL1 kommt. Der Volumenstrom L1 teilt sich auf in den Teilstrom L3 (zum Aktor –MM1) und einen Teilstrom L2 (über das Druckbegrenzungsventil –FL1 in den Tank).

Beim Umsteuern von –QM1 auf die Schaltstellung „a" dreht der Motor –MM1 links herum, eine Verstellung der Drehzahl ist über –RN1 nicht möglich, da der Rückstrom ungedrosselt über das Rückschlagventil erfolgt.

Ändert sich während der Bewegung die Belastungskraft *F* auf den Aktor (im Beispiel der Hydromotor), so wird dies zu einem Absinken des Volumenstroms *Q* führen, im Fall würde die Drehzahl geringer werden, bei einem Hydrozylinder die Hubgeschwindigkeit **(Bild 2)**.

Einsatz Stromregelventil

In der Lösung zur Biegevorrichtung **(Bild 2, Seite 211)** kann als Ersatz für das Drosselrückschlagventil –RN1 ein Stromregelventil einsetzen werden. Das Stromregelventil inklusive Rückschlagventil ist im Vergleich lastunabhängig.

Wenn sich während der Blechbiegearbeit der Kraftaufwand *F* zum Biegen verändert, ist der Volumenstrom *Q* trotzdem konstant und damit auch die Verfahrgeschwindigkeit. Das Lastdiagramm zeigt die Konstanz des Volumenstroms **(Bild 3)**.

Das Stromregelventil ist in der Lage, den Anstieg der Belastung innerhalb bestimmter Grenzen auszugleichen.

Es besitzt intern eine Druckwaage (1. Engstelle = variabler Regelkolben) und eine in Reihe geschaltete Einstelldrossel (2. Engstelle – von außen eingestellt). Im **Bild 4** ist die vorgeschaltete Druckwaage als Druckregelventil mit deren Funktion dargestellt.

vel.plus/ FILF248

vel.plus/ FILF249

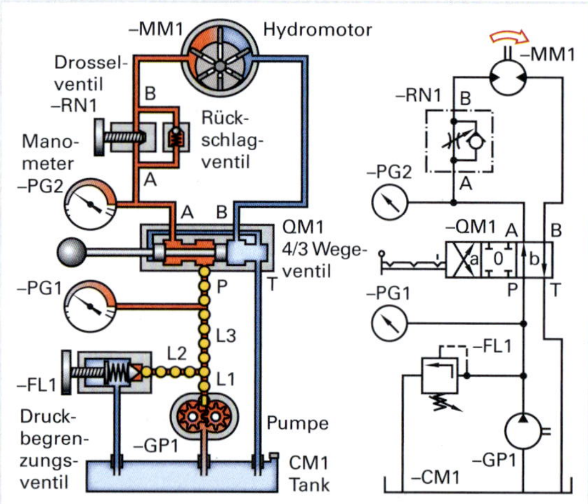

Bild 1: Prinzip der Volumenstromteilung

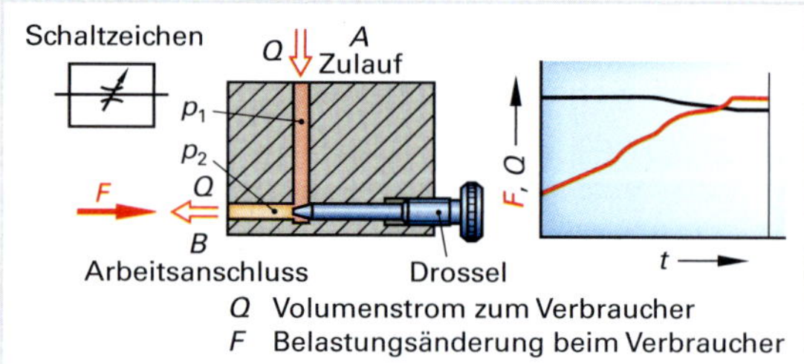

Bild 2: Lastabhängigkeit einer Drossel

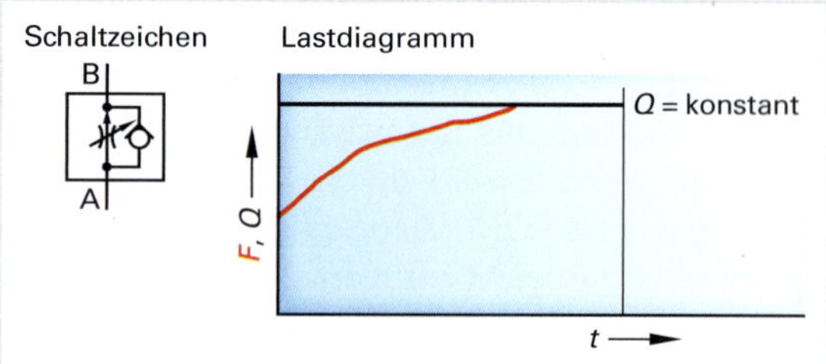

Bild 3: 2-Wege-Stromregelventil – Lastdiagramm

> **Verhalten von Stromventilen**
>
> - Bei einer Querschnittsverengung ist eine Blendenform im Vergleich zur Drosselform viskositätsunabhängig.
> - Querschnittsveränderungen führen zu einer Veränderung der Druckdifferenz: Vor der Engstelle steigt der Druck an, dahinter sinkt er ab.
> - Drosselventile sind lastabhängig. Geschwindigkeiten oder Drehzahlen sinken in Abhängigkeit von Gegenkräften und Belastungen.

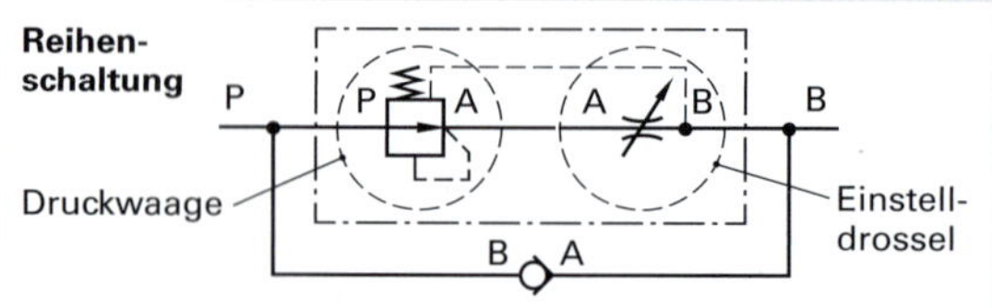

Bild 4: Grundprinzip eines Stromregelventils

Lernfeld 6

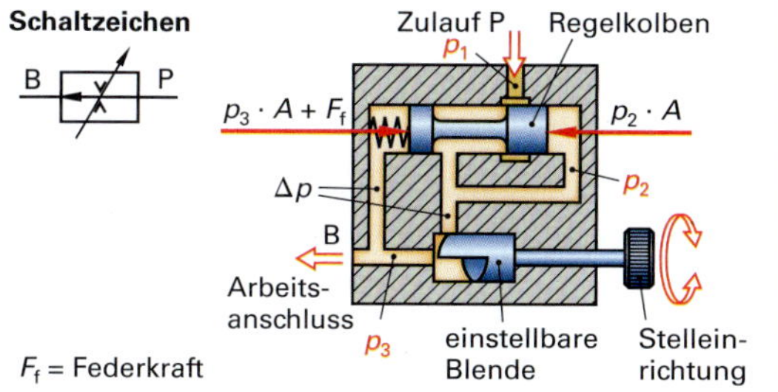

Bild 1: Kräfte und Drücke an einem 2-Wege-Stromregelventil (vorgeschaltete Druckwaage)

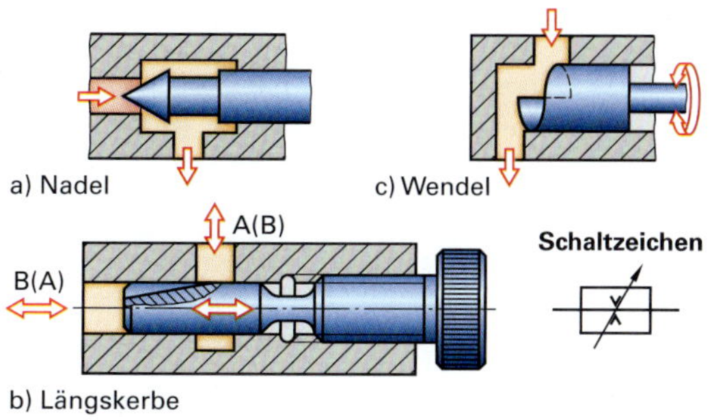

Bild 2: Drosseln/Blenden an Stromventilen

vel.plus/
FILF250

Regelvorgang am Stromregelventil (Bild 1)

Mit dem Stellrad wird eine gewünschte Geschwindigkeit und damit ein bestimmter Volumenstrom Q eingestellt. Die Druckwaage (Regelkolben) stellt sich auf ein Gleichgewicht der wirkenden Kräfte ein.

Der Regelkolben wird auf seiner rechten Kolbenfläche A mit einem Druck p_2 und auf der Gegenseite links mit einem Druck p_3 und einer zusätzlichen Federkraft F_f in einem Gleichgewicht gehalten. Die Feder ist erforderlich, da der Druck p_2 größer als p_3 ist (Druckabfall hinter der einstellbaren Blende).

Somit ergibt sich eine bestimmter Öffnungsquerschnitt am Zulaufeingang.

Für die Gleichgewichtsbedingung bei der vorgeschalteten Druckwaage gilt:

$$F = p_e \cdot A$$

$$p_2 \cdot A = p_3 \cdot A + F_f \quad \rightarrow \quad p_2 \cdot A - p_3 \cdot A = F_f$$

$$A \cdot (p_2 - p_3) = F_f$$

Druckdifferenz:

$$\Delta p = p_2 - p_3$$

$$A \cdot \Delta p = F_f \quad \text{oder} \quad \Delta p = \frac{F_f}{A} = \text{konst.}$$

Die Druckdifferenz Δp ist innerhalb des Regelbereichs vom Stromregelventil eine konstante Größe in Abhängigkeit von zwei unveränderlichen Größen (Federkraft und Regelkolbenfläche).

Sinkt der Druck p_3 am Arbeitsanschluss B, so bewegt sich der Regelkolben nach links und verkleinert den Ringspalt zwischen Regelkolben und Gehäuse. Der Druck p_2 sinkt so lange, bis an der Blende wieder die gleiche Druckdifferenz $\Delta p = p_2 - p_3$ herrscht.

Stromregelventil

- Stromregelventile können unterschiedliche Bauarten haben: So kann der Regelkolben vor oder hinter der einstellbaren Drosselstelle liegen.
- Die Voraussetzung für einen gleichbleibenden Volumenstrom unabhängig von wechselnden Eingangs- oder Ausgangsdrücken ist eine konstante Druckdifferenz am einstellbaren Drosselspalt.
- Stromregelventile können im Primär- oder auch im Sekundärstrom eingesetzt werden (Zufluss- oder Abflussregelung).
- Beim Einbau ist auf die Einbaurichtung zu achten (siehe Anschlussbezeichnung am Schaltzeichen).
- Beim Anfahren aus dem Stillstand kann es zu einem Anfahrsprung kommen, bis der Regelkolben seine Gleichgewichtslage erreicht hat.

Steigt der Druck p_3 am Ventilausgang, so bewegt sich der Regelkolben nach rechts und vergrößert den Ringspalt, bis sich ein neues Gleichgewicht einstellt.

Somit nimmt der Regelkolben immer eine Gleichgewichtslage ein trotz unterschiedlicher Lasteinwirkungen.

Engstellenform bei Stromventilen (Bild 2)

Drosseln mit Nadelform oder Längskerbe besitzen durch ihre lange Engstelle einen hohen Reibanteil. Dies bewirkt eine große Viskositätsabhängigkeit der beiden Querschnitte **(Bild 2a** und **2b)**.

Eine Spaltdrossel ist so gut wie viskositätsunabhängig. Die Wendel ist feinfühlig einstellbar, da die Querschnittserweiterung beim Zudrehen der Stellschraube gleichmäßig erfolgt **(Bild 2c)**.

Überlegen und beantworten Sie: Energiesteuerteil einer Hydraulikanlage (Spritzgießmaschine)

Das Werkzeug einer Spritzgießmaschine für Elastomere wird in einem 4-Säulen-Gestell durch einen Hydraulikzylinder geöffnet und geschlossen **(Bild 1)**.

Um die erforderlichen Nebenzeiten zum Einspritzvorgang möglichst klein zu halten, soll der Hydrozylinder zunächst 400 mm im Eilgang und 100 mm mit der wesentlich geringeren Schließgeschwindigkeit zurücklegen. Ein hydraulischer Schaltplan liegt vor **(Bild 2)**.

1. Geben Sie die verschiedenen Ventilkombinationen an, um die unterschiedlichen Bewegungen zu realisieren:
   - **a)** Eilgangvorschub (schnell)
   - **b)** Arbeitsbewegung (langsam)
   - **c)** Rückhubbewegung (schnell)
2. Beschreiben Sie die Geschwindigkeitsregelung im Hydraulikschaltplan: Gehen Sie dabei auf die Begriffe Primär- und Sekundärstromregelung und die Gegenhaltung ein.

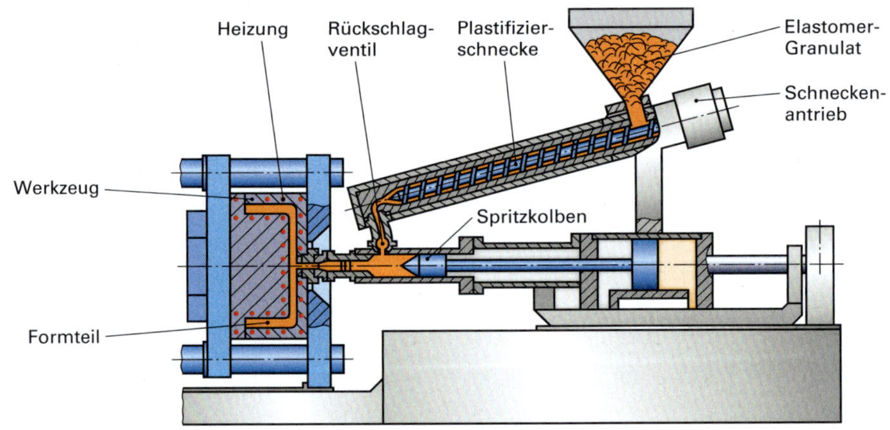

Bild 1: Spritzkolben mit einem doppelt wirkenden Hydraulikzylinder

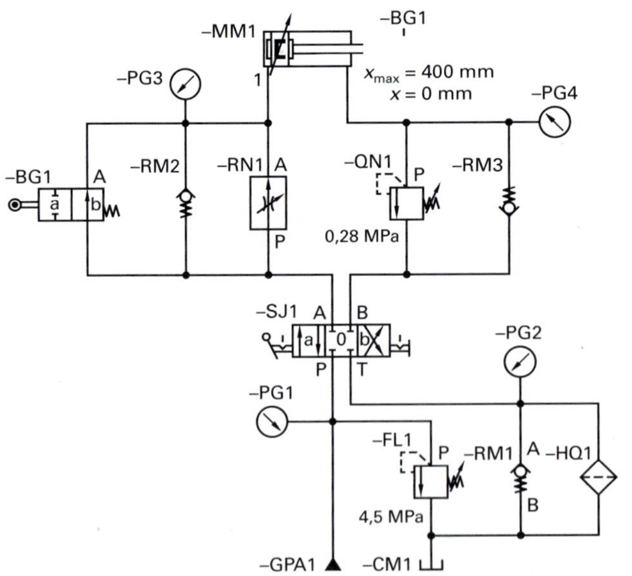

Bild 2: Hydraulische Schaltplanlösung für den Spritzkolben einer Spritzgießmaschine

Lernfeld 6

Überlegen und beantworten Sie: Energiesteuerteil II (Bild 2, Seite 214)

3. Erklären Sie die unterschiedlichen Funktionen der verwendeten Rückschlagventile –RM1, RM2 und –RM3.

4. Im Zufluss des Hydraulikkolbens –MM1 werden die Ventile –RN1 und –RM2 durch ein Drosselrückschlagventil ersetzt. Beschreiben Sie die Unterschiede und die Folgen.

5. Erläutern Sie die Mittenstellung des 4/3-Wegeventils –SJ1. Vergleichen Sie die gezeigte Nullstellung mit alternativen Mittenstellungen.

6. Beschreiben Sie die unterschiedlichen Funktionen der beiden Druckbegrenzungsventile –FL1 und –QN1.

7. Erklären Sie die unterschiedlichen Aufgaben der vier Druckmanomete (–PG1 bis –PG4).

8. Bauen Sie die Anlage in eine elektro-hydraulische Schaltplanlösung um: Vom Schaltplan existiert ein elektrohydraulischer Leistungsteil **(Bild 2, Seite 216)**.

a) Beschreiben Sie die Unterschiede zur Schaltplanlösung in Bild 2, Seite 214.

b) Ergänzen Sie die elektrohydraulische Lösung mit einem Stromlaufplan.

c) Die Endlagen können mit Reed-Kontakten abgefragt werden **(Bild 1)**.

9. Berechnungen für den Spritzkolben –MM 1:

Von der hydraulischen Steuerung sind bekannt:

Arbeitsvorschub AV	$v_{AV} = 180$ mm/min
Eilvorschub EV	$v_{EV} = 5$ m/min
Zylinderabmessungen	$D = 50$ mm, $d = 25$ mm, $l = 400$ mm
Antrieb der Pumpe Zahnradpumpe	$Q = 12$ l/min, $P_{max} = 55$ bar, $\eta_{pumpe} = 85\,\%$
Elektromotor	$\eta_{Motor} = 90\,\%$.

Reibungsverluste in den hydraulischen Bauteilen werden nicht berücksichtigt.

a) Welche **Volumenströme** muss die Pumpe liefern, damit die vorgegebenen Geschwindigkeiten beim Ausfahren eingehalten werden können?

b) Welche **Nennleistung** entnimmt der Motor aus dem Netz **(Bild 2)**?

c) Welche **Geschwindigkeit** erreicht der Zylinder beim Eilrücklauf (ER) und vollem Volumenstrom der Pumpe?

d) Im Hydraulikaggregat –GP1 taucht ein weiteres DBV auf. Erklären Sie die Besonderheit und die Funktion dieses Druckbegrenzungsventils im Hydroaggregat.

e) Beschreiben Sie, wie sich eine alternative Regelung der Geschwindigkeiten und damit eine optimierte Anpassung an den Spritzvorgang erreichen lässt. Welche Elemente könnten damit ersetzt werden?

Bild 1: Endlagenabfragen am Hydrozylinder

Hersteller	
Typ	
3~ Motor	Nr.:
△ 400 V	24 A
11 kW S1	cos φ 0,79
1445 /min	50 Hz
Läufer Y V	A
Isol. -Kl. F IP 54	150 kg
VDE	

Bild 2: Leistungsschild eines Drehstrommotors

Überlegen und beantworten Sie: Energiesteuerteil III

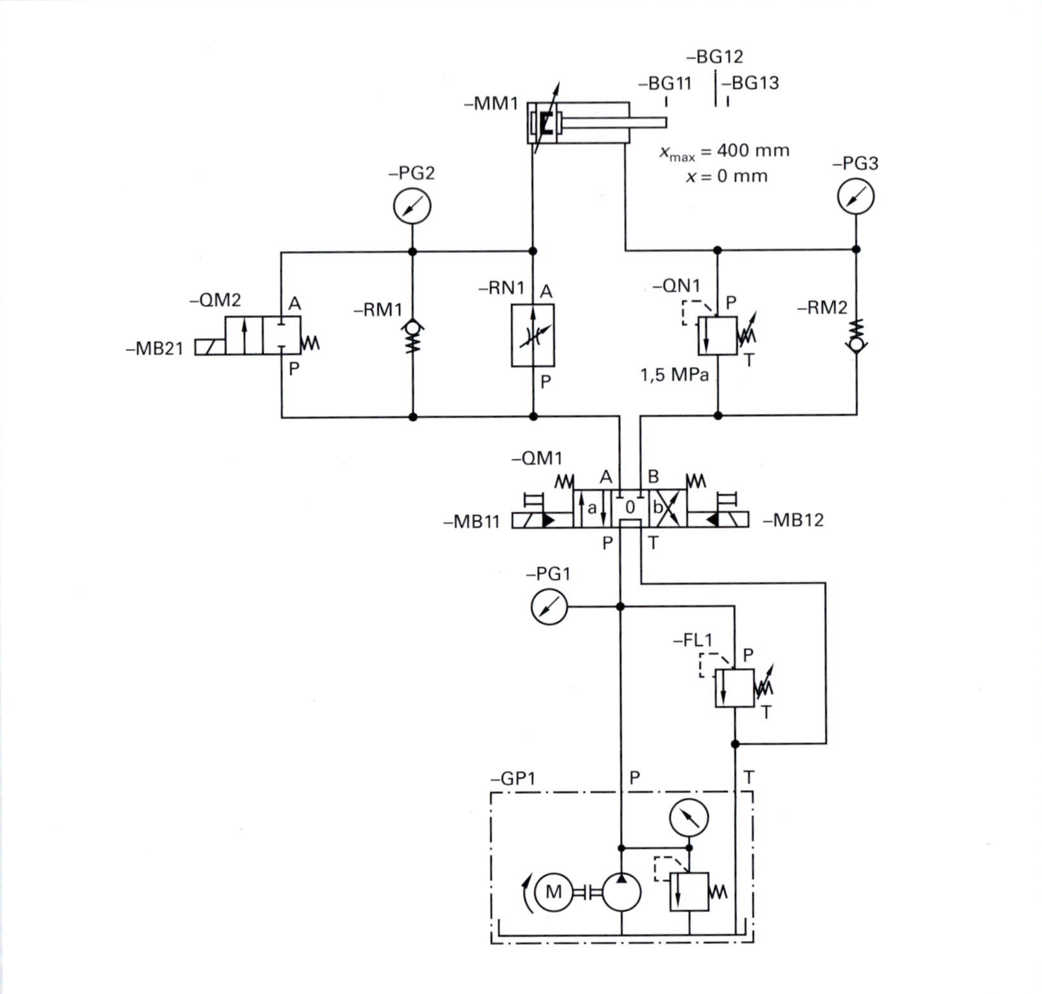

Bild 1: Elektrohydraulischer Leistungsteil mit kompletten Hydroaggregat für die Spritzgießmaschine

10. Eine weitere Anwendung von hydraulischer Druckenergie an einer Spritzgießmaschine ist das Öffnen und Schließen einer Werkzeugschließeinheit über zwei Kniehebeln **(Bild 2)**.

a) Berechnen Sie bei einer Kolbenkraft $F = 12$ kN bei einem Schließwinkel $\alpha = 2°$ die Kräfte in den Kniehebeln 1 und 2.

b) Berechnen Sie die Schließkraft F_s.

c) Wie verändert sich die Schließkraft, wenn der Schließwinkel α größer wird?

d) Der Hydraulikkolben hat einen Kolbendurchmesser von 63 mm und Kolbenstangendurchmesser von 20 mm. Ermitteln Sie, wie groß der Hydraulikdruck p_e bei einem Wirkungsgrad von 0,88 ist.

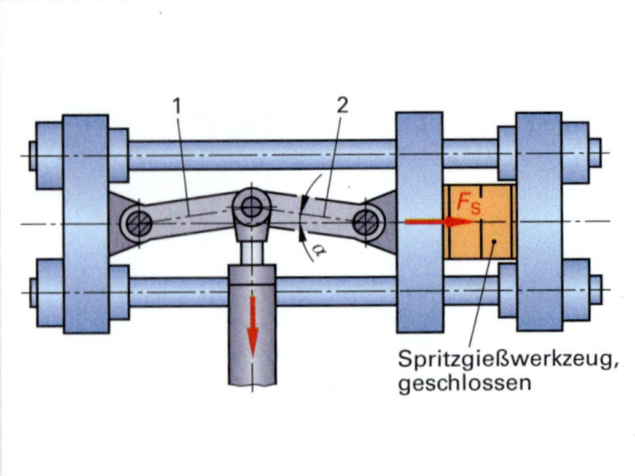

Bild 2: Schließeinheit beim Spritzgießen

2.3.7 Zubehör (Rohre, Schläuche) – Druckspeicher

Rohr- oder Schlauchleitungen verbinden Komponenten vom Hydroaggregat (Energieversorgung) mit den für eine hydraulische Anlage notwendigen Baugruppen des Energiesteuerteils, z. B den Wegeventilen und dem Antriebsteil z. B. Zylinder, Motoren.

Auswahl (Werkstoffe, Aufbau) und Dimensionierung (Innendurchmesser, Wandstärke, Länge) können berechnet werden. Danach müssen die Leitungen ggf. aufwendig angepasst werden **(Bild 1)**.

Bild 1: CNC-Rohrbiegen für Hydraulikleitungen

// Aufgabenstellung: Auswahl geeigneter Rohrleitungen am Hubtisch

An einem Hydraulikaggregat wird eine neue Pumpe mit einem Volumenstrom von 30 l/min eingesetzt. Die zulässige Strömungsgeschwindigkeit in den Rohren beträgt 4 m/s. Es ist der kleinste Innendurchmesser für die Rohrleitungen zu errechnen und ein geeignetes Rohr aus einer Auswahlliste zu ermitteln.

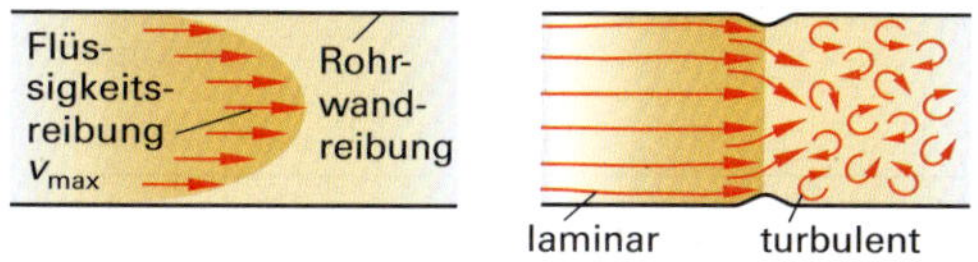

Bild 2: Reibungs- und Strömungsarten in Hydraulik

Strömungsverhältnisse und Reynolds-Kennzahl

Bei allen Druckflüssigkeiten entsteht in den Leitungen beim Strömen eine Reibung, die als Widerstand gegen die Strömung zu einem Druckanstieg führt.

Die Reibung an der Rohrwandung ist größer als in der Rohrmitte. Dort ist die Fließgeschwindigkeit v_{max} am höchsten **(Bild 2)**.

Bei **laminaren Strömungen** strömt das Fluid ruhig in Flüssigkeitsschichten, die sich nicht miteinander vermischen.

Steigt die Geschwindigkeit der Strömung, wird diese zur **turbulenten** und verwirbelten **Strömung**. Die Turbulenzen treten vor allem an Engstellen und kleinen Öffnungsquerschnitten auf.

An diesen Engstellen bei hohen Strömungsgeschwindigkeiten kommt es zu einem örtlichen Unterdruck, sodass sich Luft aus dem Mineralöl löst. Die dabei entstehenden Gasblasen implodieren bei Druckanstieg wieder in sich zusammen und führen zu typischen Kavitationsschäden: Aus den Leitungswänden oder Bauteilen werden kleine Teilchen gelöst, es kommt zu erheblichen Geräuschen, zur Materialermüdung oder gar Zerstörung **(Bild 3)**.

Die dimensionslose Reynolds-Kennzahl Re_{krit} mit dem Wert 2300 ist die Grenzzahl zwischen laminarer und turbulenter Strömung.

Bild 3: Kavitationsschäden an Metalloberflächen

Reynold-Kennzahl *Re*

Die Reynolds-Zahl hängt von den folgenden Größen ab:

- Strömungsgeschwindigkeit v (m/s)
- Rohrinnendurchmesser d_i (m)
- kinematische Viskosität ν (m²/s)

$$Re = \frac{v \cdot d_i}{\nu}$$

- kritische Reynolds-Zahl: $Re_{krit} = 2300$
- laminare Strömung: $Re < 2300$
- turbulente Strömung: $Re > 2300$

Die Kennzahl *Re* errechnet sich aus der kinematischen Viskosität ν und der Strömungsgeschwindigkeit v der Druckflüssigkeit sowie dem Innendurchmesser d_i der Hydraulikleitung.

Für Hydraulikleitung werden bestimmte Grenzgeschwindigkeiten vorgeschlagen, um Turbulenzen und Strömungsverluste (Reibung und Erwärmung) in den Flüssigkeiten zu vermeiden **(Tabelle 1)**.

Tabelle 1: Strömungsgeschwindigkeiten

Leitungsart	Arbeitsdruck p (bar)	Strömungsgeschwindigkeiten v
Saugleitung		0,5–1,5 m/s
Rücklaufleitung		2,0–4,0 m/s
Druckleitung	0–25	3,0 m/s
	25–50	4,0 m/s
	50–100	4,5 m/s
	100–150	5,0 m/s
	150–210	5,5 m/s
	210–315	6,0 m/s

Das gezeigte Rechenbeispiel kann daher nur für kleine Arbeitsdrücke bis 50 bar gelten **(Bild 1)**.

13 mm plus zweimal Wandstärke von 1,5 mm, ergibt ein Rohr 16 × 1,5 aus der Auswahlliste.

Die Berechnung der Reynolds-Kennzahl ergibt eine grenzwertige Überschreitung: $Re_{krit} = 2300 < 2364$.

Damit hat die Strömung eine Tendenz zu Turbulenzen. Es empfiehlt sich, ein Öl mit HL 32 einzusetzen.

Sollen Schlauchleitungen anstatt Rohre eingesetzt werden, so ermittelt man mit den gleichen Methoden den Innendurchmesser d_i.

Rohrinnendurchmesser (Zahlenwertformel)

Der Innendurchmesser d_i lässt sich mit einer Zahlenwertformel einfach umrechnen:

- Rohrinnendurchmesser d_i (mm)
- Volumenstrom Q (l/min)
- Strömungsgeschwindigkeit v (m/s)

$$d_i = \sqrt{\frac{21{,}2 \cdot Q}{v}}$$

Eine grafische Möglichkeit den Rohrinnendurchmesser d_i zu ermitteln ist die Nutzung eines *Nomogramms* **(Bild 2)**.

Ist nur der Volumenstrom Q gegeben, gilt vereinfacht die **6-3-1 Methode**:

$v = 6$ m/s für Druck-, $v = 3$ m/s für Saug- und $v = 1$ m/s für Rücklaufleitungen.

Rechenbeispiel Rohrinnendurchmessers d_i

Volumenstrom von $Q = 30$ l/min

Strömungsgeschwindigkeit $v = 4$ m/s

Wie groß wird die Reynolds-Zahl bei einem Öl HL 22?

Lösung

$$Q = A \cdot v$$

$$A = \frac{Q}{v} = \frac{30\ \text{dm}^3 \cdot \text{s}}{40\ \text{dm} \cdot 60\ \text{s}} = 1{,}25\ \text{cm}^2$$

$$A = \frac{d_i^2 \cdot \pi}{4}$$

$$\Rightarrow \quad d_i = \sqrt{\frac{4 \cdot A}{\pi}} = \sqrt{\frac{4 \cdot 1{,}25\ \text{cm}^2}{\pi}} = 1{,}26\ \text{cm} = 13\ \text{mm}$$

Mit Zahlenwertformel

$$d_i = \sqrt{\frac{21{,}2 \cdot Q}{v}} = \sqrt{\frac{21{,}2 \cdot 30}{4}} = 12{,}61\ \text{mm}$$

In beiden Fällen errechnet sich $d_i = 13$ mm:

$$Re = \frac{v \cdot d_i}{\nu} = \frac{4\ \text{m} \cdot 0{,}013\ \text{ms}}{0{,}000022\ \text{m}^2 \cdot \text{s}} = 2363{,}6 > Re_{krit}$$

DN für Schlauchinnendurchmesser	
DN	mm
05	4,8
06	6,4
08	7,9
10	9,5
12	12,7

DN-Nennweite (aus franz. diametre nominal) In der Normung werden bei Rohren die Außendurchmesser angegeben. z. B.

Rohr E235-NBK 20 x 2 = Stahlrohr aus E235, normalgeglüht, zugblank mit außen ø20 mm, Wandstärke 2 mm.

- Rohr 6 x 1
- Rohr 8 x 1
- Rohr 10 x 1
- Rohr 12 x 1,5
- Rohr 16 x 1,5
- Rohr 20 x 2
- Rohr 25 x 2,5
- Rohr 30 x 3

Bild 1: Normgrößen der Hydraulikleitungen

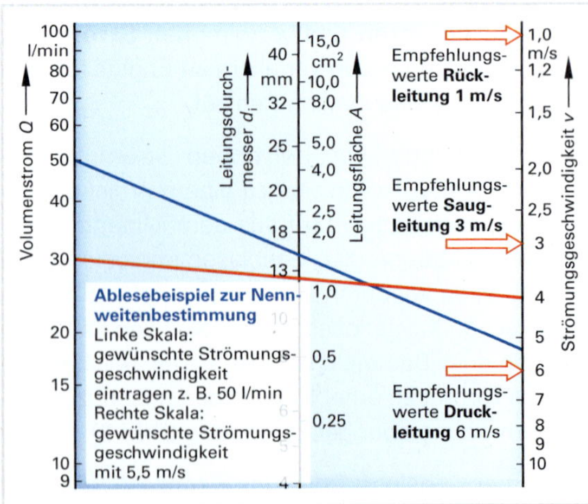

Bild 2: Nennweitenermittlung über ein Nomogramm

Rohrleitungen oder Schlauchleitungen

Ob man nahtlose Präzisionsstahlrohre oder flexible Kunststoffleitungen mit unterschiedlichen Aufbauqualitäten in einer Anlage einsetzt, hängt von einer Vielzahl von Parametern ab und muss für jeden Fall neu entschieden werden **(Tabelle 1)**.

Tabelle 1: Vergleich der Leitungsausführung

Rohrleitungen (Außendurchmesser)	Schlauchleitungen (Innendurchmesser)
hohe Stabilität, langlebig	hohe Flexibilität, beweglich
gute Wärmeableitung	gute Isolation bei Kälte
Korrosionsanfälligkeit	zeitlich begrenzter Einsatz
hohe UV-Strahlungsresistenz	Gewichtsersparnis
für schwer zugängliche Bauräume ideal	gute Geräusch- und Schwingungsdämpfung
Biegevorrichtungen nötig zur Anpassung der starren Rohre	Lösbarkeit der Verbindungen durch Schnellverschlüsse

DIN Nennweite	Ca. Biegeradius	Kohlenstoffstahl Wandstärke Min./Max.	Edelstahl Wandstärke Min./Max.
Abmessung, mm			
3	15	0,6/1,0	0,8/0,8
6	15	0,8/1,5	
8	24	0,8/1,5	
10	24	1,0/1,5	1,0/2,0
12	38	1,0/2,2	1,0/2,0

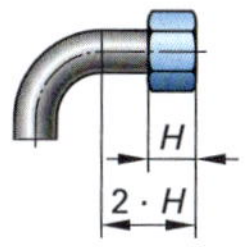

Bild 1: Rohrnenngrößen und Biegeradien

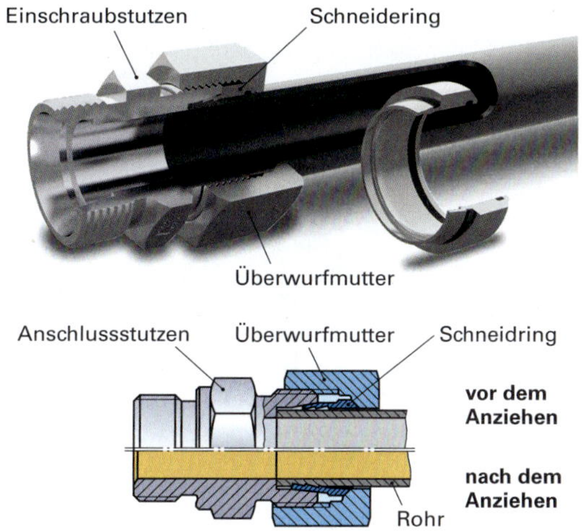

Bild 2: Schneidring und gerade Verschraubung

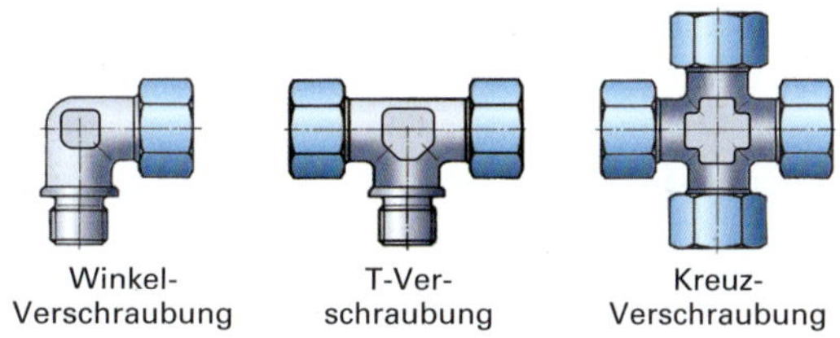

Bild 3: Unterschiedliche Rohrverschraubungen

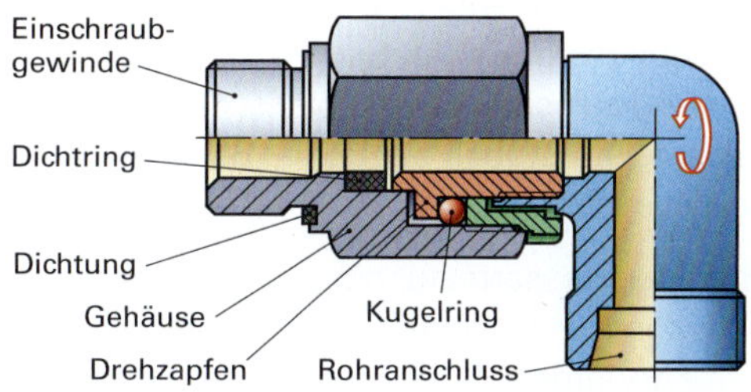

Bild 4: Drehverbindungen zwischen zwei Rohren

Verbindung Rohre und Armaturen

Verschraubungen müssen für hohe Drücke ausgeführt und funktionsgerecht ausgewählt werden.

Rohre werden in Vorrichtungen gebogen. Die Biegeradien hängen von der Rohrnenngröße DN ab. Vor einer Verschraubung muss der Rohrbogen in ein gerades Stück übergehen **(Bild 1)**.

Die Schneidringverschraubung ist die am häufigsten eingesetzte Verbindungstechnik von Rohren mit den entsprechenden Armaturen neben der Bördelverschraubung **(Bild 2)**.

Der Schneidring wird beim Anziehen der Überwurfmutter mit seiner gehärteten Schneidkante am 24°-Innenkonus des Anschlussstutzens geführt und verjüngt. Die Schneidkante dringt in das plastisch verformbare Rohr ein und wirft einen sichtbaren Bund vor sich auf. Zum Aufschneiden muss das rechtwinklig abgesägte Rohr gegen die Planfläche des Anschlussstutzens stoßen.

Neben der geraden Verschraubung gibt es auch Winkel-, T- oder Kreuzverschraubungen **(Bild 3)**.

Ist eine Verbindung zwischen einem ruhenden und einem drehenden Teil erforderlich, werden Drehverbindungen eingesetzt **(Bild 4)**.

Schlauchleitungen

Schläuche als flexible Verbindungen zwischen beweglichen Geräten oder bei einer räumlich ungünstigen Verlegung sind eine Alternative zu Rohren.

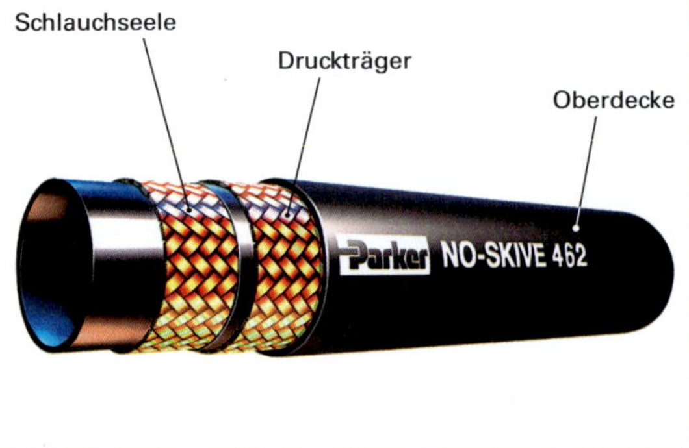

Bild 1: Mehrschichtenaufbau der Schläuche

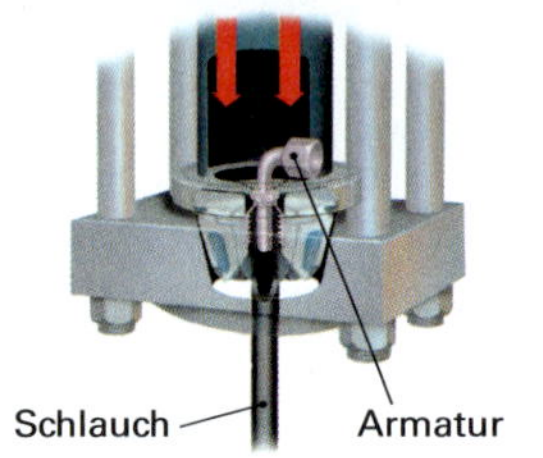

Bild 2: Verpressen von Schlaucharmaturen

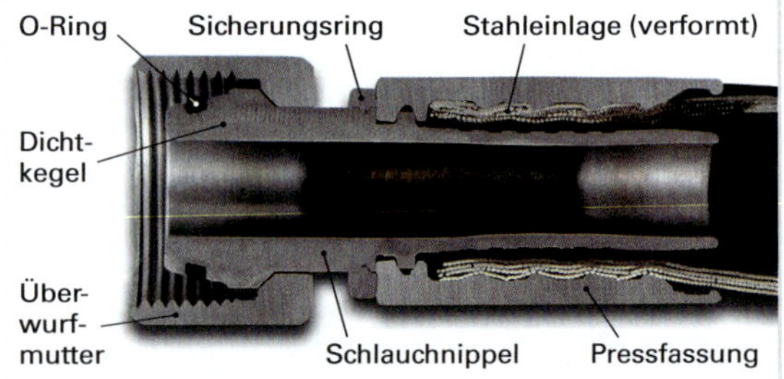

Bild 3: Innenaufbau einer Schlauchverbindung

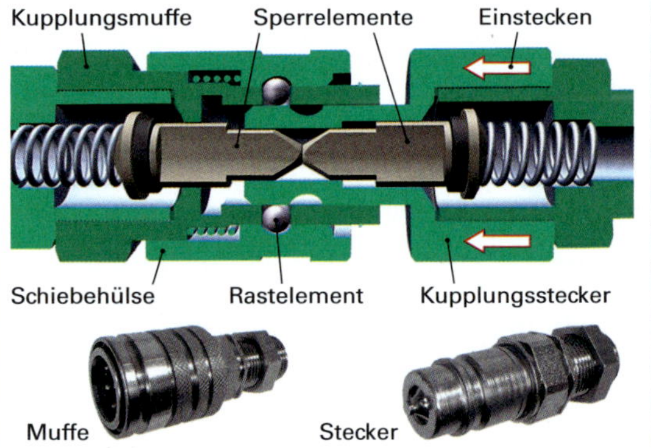

Bild 4: Schnellverschlusskupplung

Schläuche und geeignete Armaturen schaffen die Verbindung zu den Hydraulikkomponenten **(Bild 1)**.

Schläuche besitzen einen mehrschichtigen Aufbau: Als Werkstoffe für die Schlauchseele und die abriebfeste Oberdecke werden in der Regel Elastomere oder Thermoplaste verwendet, der Druckträger dagegen besteht aus einem hochfesten Stahldrahtgeflecht oder aus Faserverbundwerkstoffen.

Die Verbindung von Schlauch und Armaturen zu einer Schlauchleitung ist ein kritischer Prozess, bei dem spezielle Pressen eingesetzt werden **(Bild 2)**.

Die verpresste Armatur mit einem Schlauch zeigt **Bild 3**. Der verwendete Schlauchnippel bildet das Verbindungsstück vom Schlauch zur Armatur: Er hat einen konischen Dichtkopfanschluss. Diese Nippelform gibt es auch als Rohr-, Bund-, Ring- oder Flanschanschluss.

Neben der Pressarmatur gibt es Schraubarmaturen, bei denen die einzelnen Komponenten axial verschraubt werden. Diese Armaturen können ohne eigene Quetschwerkzeuge montiert und wiederverwendet werden.

Unsachgemäß montierte Armaturen können sich vom Schlauch lösen und zu schweren Personen- oder Sachschäden führen, wenn der Schlauch ausschlägt oder es wegen des austretenden Mediums zu Bränden kommt.

Sollen Baugruppen der Hydraulik häufig getrennt und wieder verbunden werden, dann bieten sich Schnellverschlusskupplungen an **(Bild 4)**.

Sie bestehen aus einer Muffe und einem Stecker, welche durch Rastelemente (z. B. Kugeln) verriegelt werden. Dichtelemente wie O-Ringe sorgen für Leckagefreiheit und einen luftdichten Abschluss.

Schläuche und ihre Armaturen

- sind flexible einfache Verbindungen und
- sind aus mehreren Schichten aufgebaut (Eignung für hohe Drücke).
- Zeitlich begrenzter Einsatz: Datum an der Armatur angeben, wann die Verbindung hergestellt wurde.

Wird die Kupplung gelöst, so dichten die durch Federn betätigten Sperrelemente jeweils die Armaturen beidseitig ab, so dass kein Hydrauliköl austritt.

Das Verlegen der Schlauchleitung und die Umgebung, in der sie betrieben wird, beeinflussen unmittelbar deren Lebensdauer und ihre sichere Funktion. Beim Einbau von Schlauchleitungen ist darauf zu achten, dass die richtige Länge verwendet wird und die Biegeradien ausreichend groß gewählt werden.

Schlauchleitungen sollten nie unter Zugbelastung stehen. Weitere Verlegeregeln lassen sich in **Bild 1** erkennen.

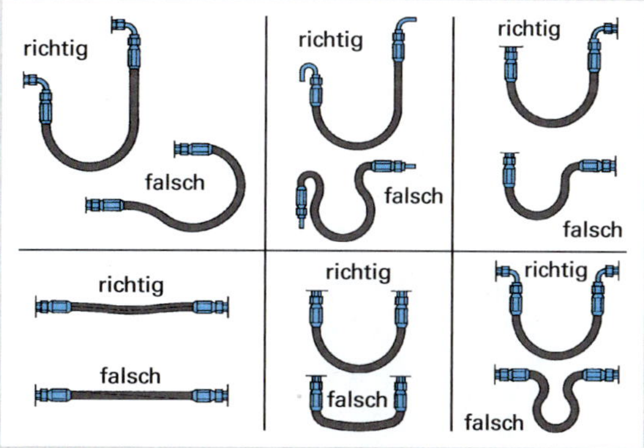

Bild 1: Verlegung von Schlauchleitungen

// Aufgabenstellung: Einsatz eines Hydrospeichers bei einem Druckabfall

In einer Spannvorrichtung werden Bauteile sicher gehalten. Die Spannvorrichtung wirkt über einen zweiseitigen Hebel **(Bild 2)**.

Auf der Hydraulikseite entsteht die Kraft F_1 durch einen hydraulischen Druck p_e = 40 bar auf die Kolbenfläche (D = 25 mm) eines einfach wirkenden Hydrozylinders.

Wie groß wird die Haltekraft F_2?

Geplant ist eine elektrohydraulische Schaltung der Spannvorrichtung für den Fall, dass die Haltkraft auch nach einem „AUS" der Pumpe aufrechterhalten wird.

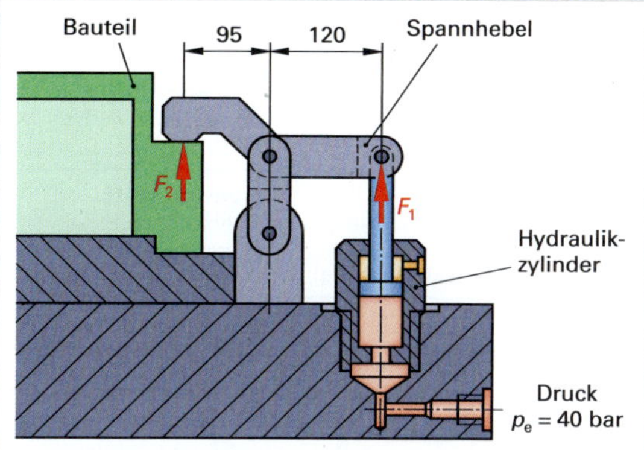

Bild 2: Hydraulisches Spannen von Bauteilen

Aufgabenlösung

Für diese Aufgabe kommen Hydraulikspeicher zum Einsatz, die sowohl die **Druckenergie** als auch das **Hydrauliköl** speichern können. Diese Hydrospeicher (z. B. Membranspeicher) befinden sich optional an den Hydraulikaggregaten **(Bild 3)**.

Weitere Funktionen der Hydrospeicher:

- Schwingungsdämpfung (bei Druckstößen)
- Förderstromschwankungen ausgleichen
- Ölreserve bei Leckageverlusten
- Energiequelle für den Notbetrieb

Neben dem **Membranspeicher**, der eher für kleinere Volumina bis 10 l geeignet ist, gibt es noch den **Blasenspeicher** bis etwa 50 l und den sehr stabilen **Kolbenspeicher**. Dieser kann bis 650 l speichern und ist konstruktiv für hohe Drücke bis 350 bar ausgelegt **(Tabelle 1, Seite 222)**.

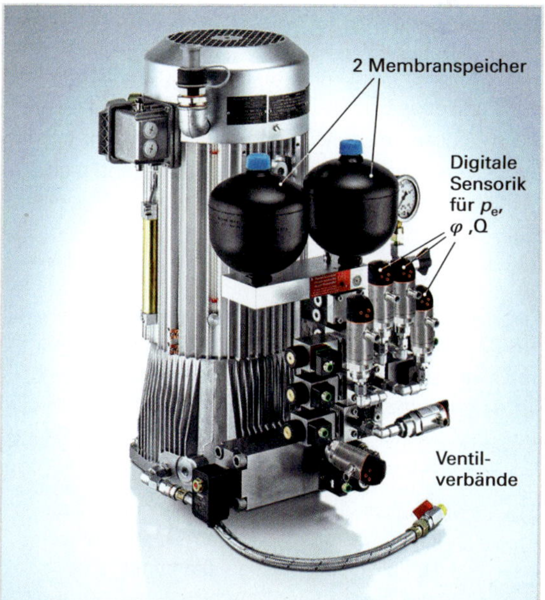

Bild 3: Hydroaggregat mit Hydrospeichern

Lernfeld 6

Tabelle 1: Überblick über Hydrospeicher

Membranspeicher	Blasenspeicher	Kolbenspeicher
	Aufbau	
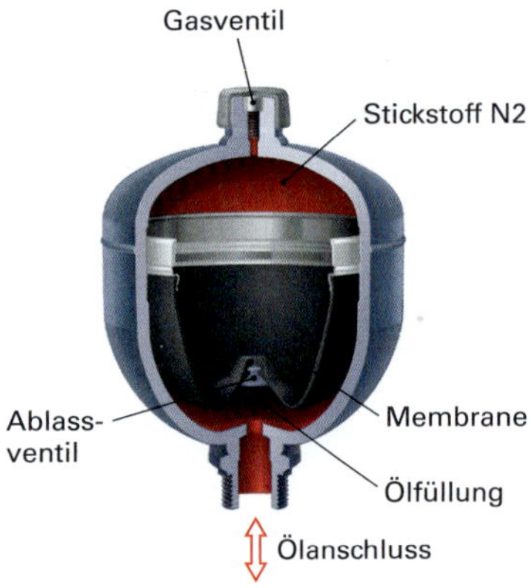	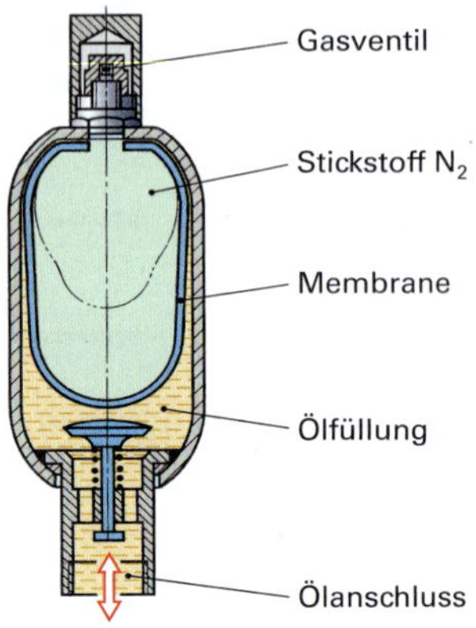	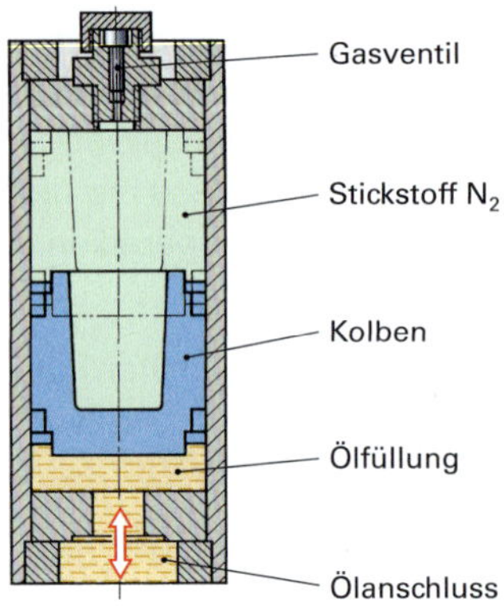
	Kenndaten	
Nennvolumen 0,1 bis 4 l Betriebsdruck bis 350 bar	Nennvolumen 1 bis 50 l Betriebsdruck bis 690 bar	Nennvolumen 0,2 bis 1300 l Betriebsdruck bis 350 bar
Blasenwerkstoff Elastomere (diverse Kautschuksorten)		**Kolben:** Al, C-Stahl, hochlegierter Stahl
Sicherheitseinrichtung: Anschlüsse für S – Speicher; M1, M2 – Manometer; P – Druckanschluss; T – Tankanschluss		
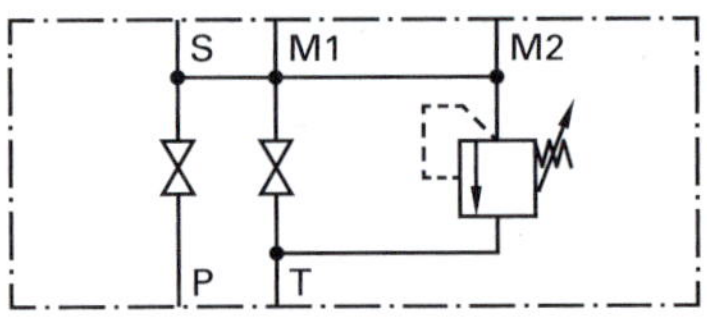	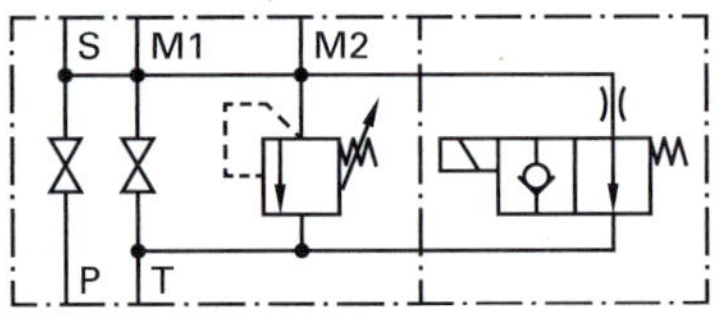	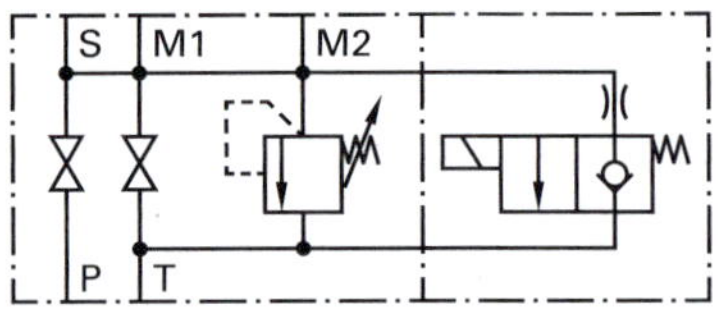
Handbetätigung, mechanisch	elektrische Betätigung (stromlos offen)	(stromlos geschlossen)

Alle Speicher sind mit reaktionsträgem **Stickstoff** gefüllt. Dieses Gas reagiert im Gegensatz zum Sauerstoff nicht mit dem Mineralöl. Auch bei sehr hohem Druck verändert es seinen Aggregatzustand nicht.

Hydrospeicher

- Ist das Produkt aus Druck und Nennvolumen größer 200, dann müssen Hydrospeicher mit Sicherheitseinrichtungen verwendet werden: z. B. max. Druck von 150 bar, Speichergröße $V = 2{,}8$ l Wert = $150 \cdot 2{,}8 = 420 > 200$
- An Kolbenspeichern können Sensoren eingesetzt werden. Sie erfassen Kolbenpositionen oder Füllstände: Dazu gehören magnetische Endlagenschalter, Ultraschall- oder Seilzugsensoren.

Das Gas im Speicherraum ist vorgespannt. Ein Eingriff in diese Speicher darf nur von geschultem Personal unter Einhaltung der DGRL (Druckgeräterichtlinie) DIN EN 14359 erfolgen.

Das Gas wird durch das in die Behälter einströmende Drucköl komprimiert, von dem es durch eine Kautschukmembrane oder einen Kolben getrennt ist. Bei Druckabfall im Hydrauliksystem wird die unter Überdruck stehende Flüssigkeit ins System zurückgedrängt.

Hydraulikspeicher müssen mit Sicherheitseinrichtungen kombiniert werden: Dazu gehören ein Druckbegrenzungsventil, zwei Druckmanometer und ggf. Drucksensoren zur Kontrolle. Vor dem Eingriff in die Hydrospeicher muss kontrolliert werden, ob noch Überdruck ansteht. Zwei Absperrventile ermöglichen ein gestaffeltes Vorgehen beim Druckabbau.

Rechenbeispiel Haltekraft F_2

D = 25 mm und p_e = 40 bar

Lösung

$$F_1 = p_e \cdot A = 400\ \text{N/cm}^2 \cdot \frac{2{,}5^2\ \text{cm}^2 \cdot \pi}{4} = 1963{,}5\ \text{N}$$

$$F_1 \cdot l_1 = F_2 \cdot l_2$$

$$\Rightarrow \quad F_2 = \frac{F_1 \cdot l_1}{l_2} = \frac{1963{,}5\ \text{N} \cdot 120}{95} = 2480{,}2\ \text{N}$$

Schaltungslösung für Spannaufgabe

Bild 1 zeigt im hydraulischen Leistungsteil die Ansteuerung des einfach wirkenden Zylinders –MM1 mit bistabilen Stellelement –QM1 und einen eigenen Schaltkreis für den Hydrospeicher. Dort findet sich ein zusätzlicher Druckschalter –BP1.

Im Stromlaufplan wird über –SJ3 (–MB11) gespannt und über –SJ4 (–MB12) entspannt. Ist der Absperrhahn –SJ1 geöffnet und –SJ2 geschlossen, kann sich der Speicher –CM2 füllen, der Druck des Hydrospeichers wird über –FL1 eigens abgesichert. Der Druckschalter –BP1 schaltet über einen Hilfskontakt –KF1 die Meldeleuchte –PF1: Hydrospeicher unter „Druck".

Fällt die Hydropumpe des Aggregats aus, so wirkt die gespeicherte Druckenergie über das Stromregelventil –RN1 auf –MM1 (das bistabile Stellelement –QM1 muss in Schaltstellung „**a**" verharren). So kann das zu spannende Bauteil gehalten werden.

Die Handhilfsverstellung bringt das 3/2-Wegeventil –QM1 in die Grundstellung „**b**", der Spanndruck kann sich abbauen. Der Druckspeicher bleibt so lange unter Druck, bis Handtaster –SJ5 über Relais –KF4 das 2/2-Wegeventil –QM2 in die Stellung „**a**" steuert.

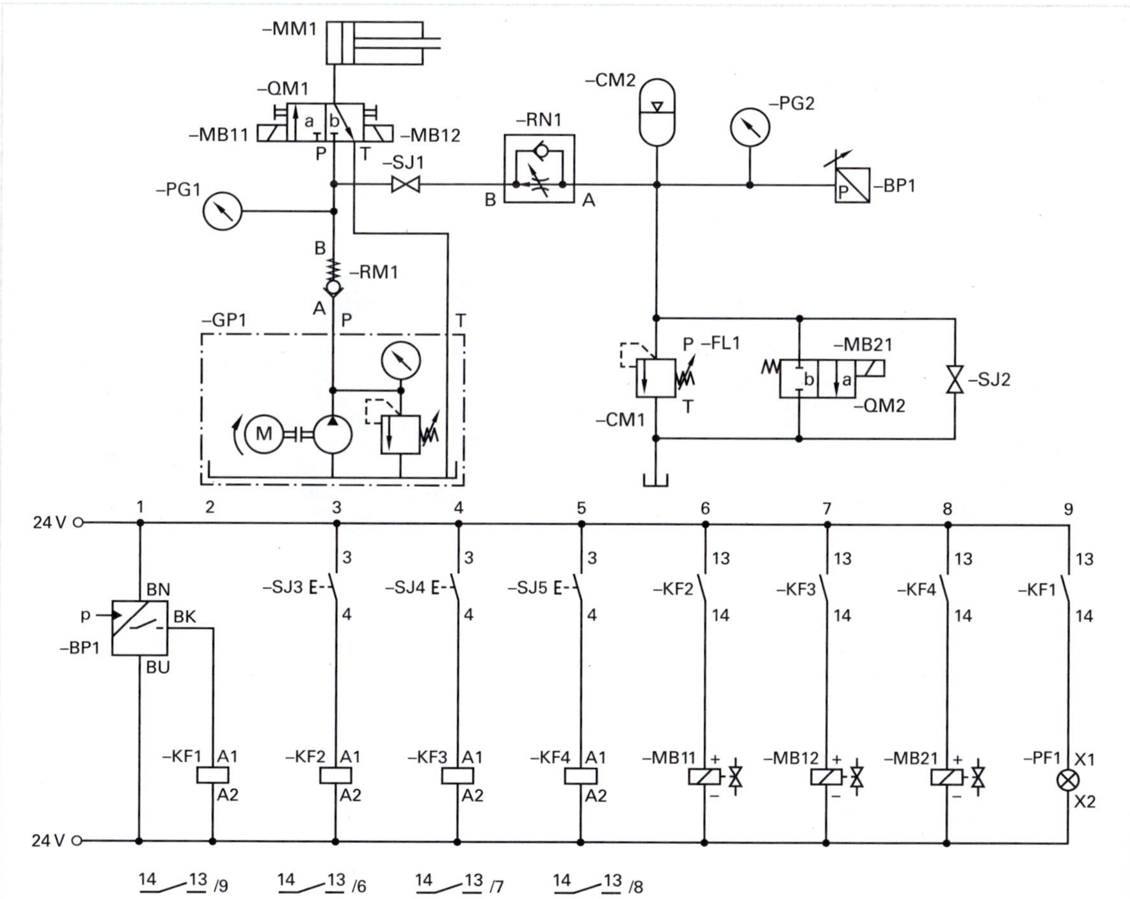

Bild 1: Schaltplanlösung für eine Spannvorrichtung mit Hydrospeicher

Überlegen und beantworten Sie: Zubehör – Druckspeicher

1. Erklären Sie folgende Begriffe: Nennweite (DN), lichte Weite und Rohraußendurchmesser.
2. Ermitteln Sie die Konsequenzen:
   a) die Halbierung des Leitungsquerschnitts *A* einer Druckleitung bei gleichbleibendem Volumenstrom auf die Strömungsgeschwindigkeit,
   b) die Verdoppelung der Nennweite DN einer Druckleitung bei gleichbleibendem Volumenstrom auf die Strömungsgeschwindigkeit.
3. Ein Hydraulikhersteller empfiehlt für seine Druckleitungen folgende Strömungsgeschwindigkeiten: $v = 3$ bis 10 m/s bei einem Volumenstrom $Q = 20$ l/min **(Bild 1)**.
   a) Ermitteln Sie daraus die entsprechenden Rohrinnendurchmesser.
   b) Bestimmen Sie mit den beiden Werten eine mittlere Nennweite DN.
   c) Für die gemittelte Nennweite stehen Rohre mit einer Wanddicke von $s = 1{,}5$ mm und 2,0 mm zur Auswahl. Treffen Sie eine Entscheidung.
   d) Bestimmen Sie aus den gemittelten Werten für die Strömungsgeschwindigkeit *v* und den Nennweite d_i die Reynolds-Kennzahl *Re* bei einem Minearöl HLP 32. Wie hoch darf dieser Kennwert liegen?
4. Die berechnete Strömungsgeschwindigkeit von $v = 5{,}4$ m/s in der Rückleitung liegt über dem empfohlenen Bereich von $v = 2$ m/s bis 4 m/s. Um Strömungsverluste zu vermeiden, soll die Geschwindigkeit um 50 % reduziert werden. Der Volumenstrom ist mit 12 l/min angegeben.
   a) Wie groß ist die Nennweite DN zur wählen?
   b) Um wie viel Liter erhöht sich das Ölvolumen im Hydroaggregat, wenn die Rückleitung 6 m lang wird?
5. Erklären Sie die Techniken einer Schnellverschlusskupplung und einer Schneidringverschraubung **(Bild 2)**.
6. Beurteilen Sie die Korrektheit der beiden Schlauchverlegungen in **Bild 3**.
7. Zählen Sie die Elemente eines Sicherheitsabsperrblocks für Hydrospeicher auf und deren Aufgaben **(Bild 4)**.

Bild 1: Druckrohre im Hydrauliksystem

Bild 3: Verlegebeispiele für Hydraulikschläuche

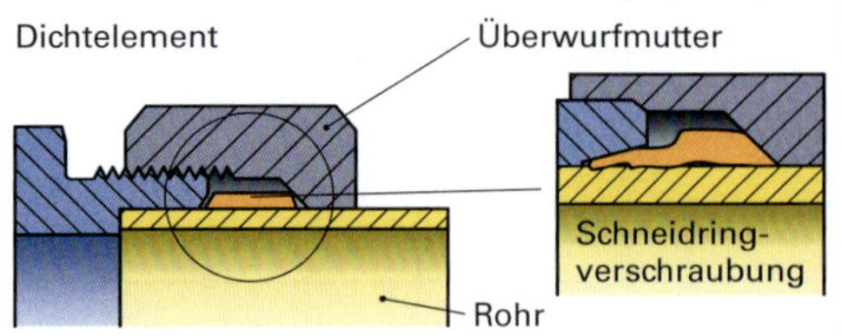

Bild 2: Schneidringverschraubung

Bild 4: Sicherheitsabsperrblock

2.4 Überprüfen Sie Ihre Kompetenz

// Aufgaben zur Pneumatik

Ablauf mit zwei Aktoren (Bild 1)

1. Beschreiben Sie die Eigenschaften der beiden doppelt wirkenden Zylinder –MM10 und –MM20.

2. Die Aktorbewegungen von –MM10 und –MM20 sind ungedrosselt. Welche Bauteile beeinflussen die Geschwindigkeiten und welche Einbaugrundsätze müssen Sie dabei berücksichtigen?

3. Erklären Sie die Funktion der Bauteile von –GQ0.

4. Zeichnen Sie die Wartungseinheit vereinfacht.

5. Wodurch unterscheiden sich die beiden Stellelemente –QM10 und –QM20 der Schaltung?

6. Beschreiben Sie, wie der Impuls 14 auf –QM20 gespeichert und wieder gelöscht wird.

7. Stellen Sie die Ablaufschritte in der Kurzschreibweise dar. Beurteilen Sie die Verwendung von drei Tastrollen für die Endlagenabfragen.

8. Die Anlage soll im Einzel- als auch im Dauerbetrieb verwendet werden können. Bauen Sie dazu einen Betriebsartenwahlschalter (5/3-Wegeventil mit Rastenbetätigung).

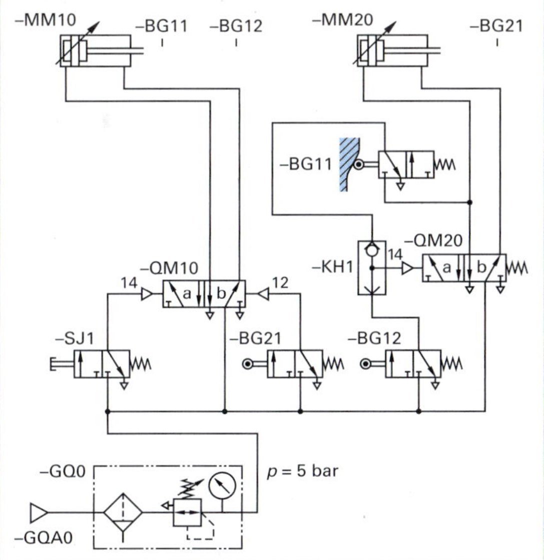

Bild 1: Pneumatikschaltung mit zwei Aktoren

Absägevorrichtung für PVC-Rohre (Bild 2)

An einer Extrusionsanlage werden PVC-Hohlprofile erzeugt. Die Endlosrohre werden automatisch zugeführt und kurz gestoppt.

In der Pneumatikeinheit spannt ein doppelt wirkender Zylinder –MM10 das Rohr ein, ein zweiter Zylinder –MM20 sorgt für den Vorschub einer Sägeneinheit. Zur Planung einer pneumatischen Schaltungslösung bearbeiten Sie die folgenden Aufgaben.

9. Zählen Sie die drei Planungsschritte zur Erstellung einer pneumatischen Schaltplanlösung auf.

10. Erklären Sie die Funktion des Hydrozylinders, der parallel zu –MM20 läuft. Suchen Sie eine alternative Lösung für die Vorschubbewegung.

11. Errechnen Sie die Kolbenkraft F am Vorschubzylinder mit folgenden Daten: p_e = 5 bar, D = 50 mm, d = 20 mm, der Verlust durch Reibung beträgt 16 %.

12. Alle Endlagen werden abgefragt, als Stellelemente werden 5/2-Impulsventile eingesetzt. Stellen Sie die Ablaufschritte in der Kurzschreibweise dar und beurteilen Sie die Gefahr von Signalüberschneidungen.

13. Erstellen Sie die einzelnen Ablaufschritte mit einem GRAFCET nach DIN EN 60848.

14. Listen Sie die Bauteile auf. Ordnen Sie den Bauteilen ihre Verwendung und die logischen Funktionen wie Identität UND oder Flipflop zu.

15. Erstellen Sie eine pneumatische Schaltplanlösung unter Verwendung der Refenzkennzeichnung nach DIN EN 81346-2.

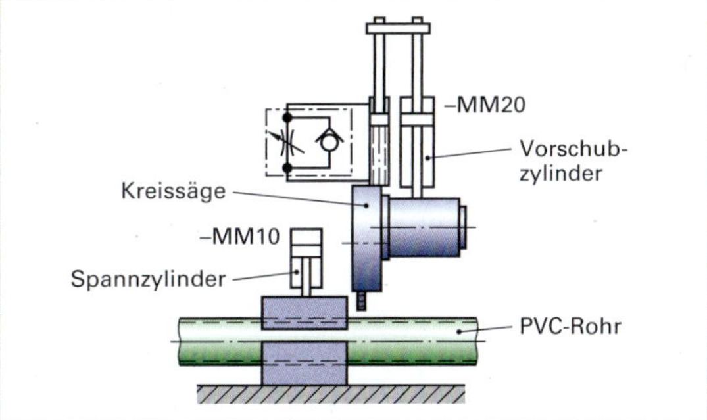

Bild 2: Absägevorrichtung für PVC-Rohre

// Aufgaben zur Elektropneumatik

Vereinzelung und Transport von Rotoren (Bild 1 und Bild 2)

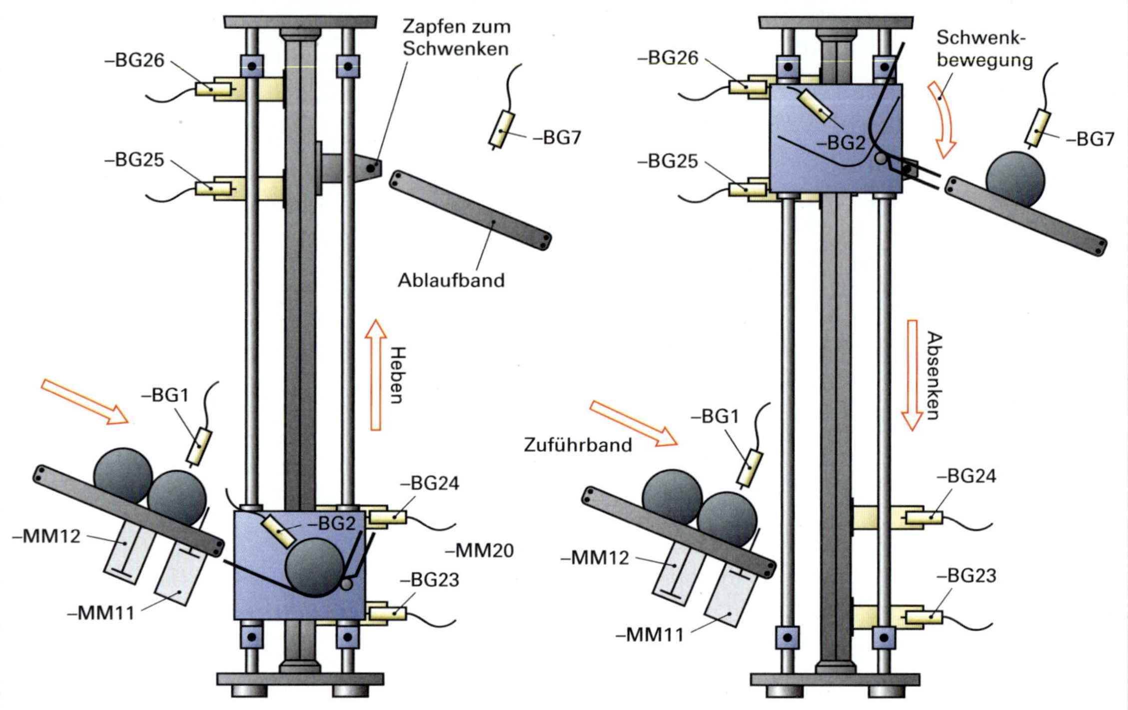

Bild 1: Hubvorrichtung zum Transport und zur Vereinzelung von Rotoren

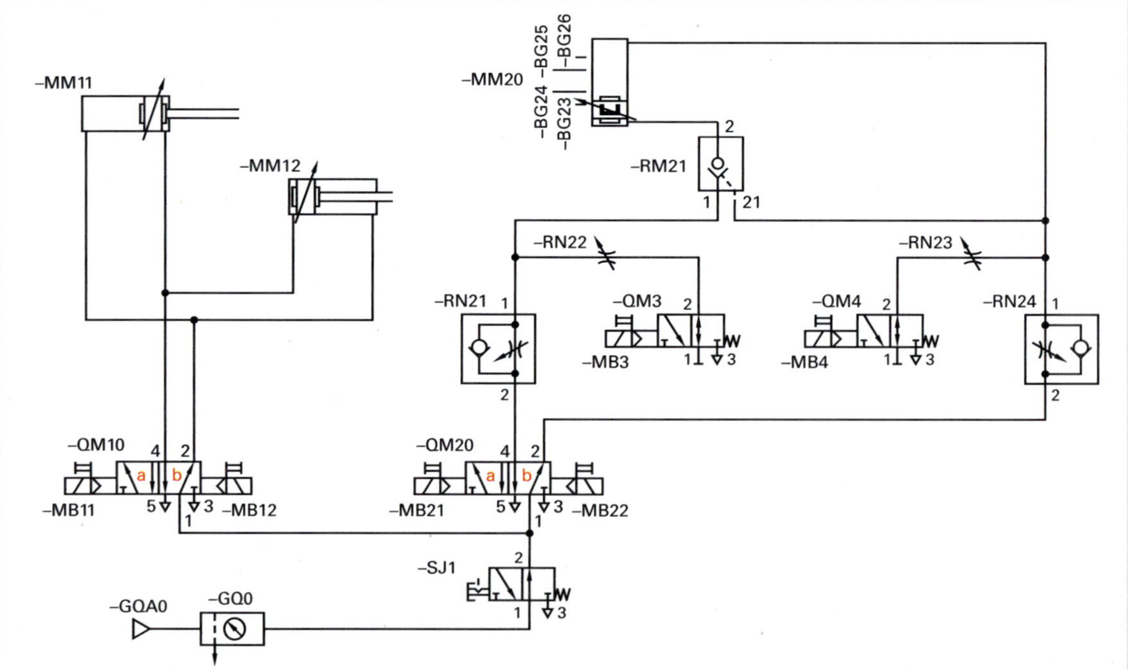

Bild 2: Pneumatischer Leistungsteil zur Hubvorrichtung

Anlagenbeschreibung (Bild 1 und 2 Seite 226):

An der Anlage werden Motorwellen über ein Zubringerband aus der Produktion zugeführt. Die Aktoren –MM11 und –MM12 vereinzeln zunächst die Motorwellen zum Einlaufen auf die Hebeeinheit. Der Sensor –BG1 erkennt das Vorhandensein der Wellen auf dem Zubringerband, Sensor –BG2 erkennt die Wellen in der Hebeeinheit; –BG7 erfasst deren Auslauf nach dem Heben auf das Ablaufband.

Die vier Sensoren –BG23 bis –BG26 erfassen unterschiedliche Positionen der Lineareinheit –MM20 beim Heben und Absenken:

Ein Starttaster –SJ2 startet den Einzelbetrieb der Anlage, ein Quittiertaster –SJ3 muss bei Neustart der Anlage betätigt werden.

1. Erklären Sie die Reihenfolge der Aktorbewegungen –MM11 und –MM12, um eine Motorwelle in die Hebeeinheit einlaufen zu lassen.

2. Wodurch unterscheiden sich die eingesetzten Stellelemente voneinander?

3. Beim Heben der Motorwellen muss die Magnetspule –MB21 des Stellelements –QM20 mit elektrischer Spannung versorgt werden. Welche Bauteile ermöglichen eine Eilgangbewegung bis zum Erreichen der Sensorposition –BG25 und eine langsame Vorschubbewegung bis zur Endlage –BG26 der Lineareinheit –MM20?

4. Begründen Sie die Verlangsamung der Fahrt der Lineareinheit beim Heben und Senken.

5. Nennen Sie Gründe, wozu zusätzlich zu den beiden Drosselrückschlagventilen –RN21 und –RN24 noch die Einstelldrosseln –RN22 und –RN23 eingebaut werden.

6. Während des Transports wird die Druckenergie über –SJ1 händisch rastend abgeschaltet. Beschreiben Sie die Folgen und gehen Sie auf die Funktion des entsperrbaren Rückschlagventils –RM21 ein.

7. Zeichnen Sie die Schaltzeichen der Sensoren, welche Positionen der Lineareinheit –MM20 abfragen, sowie das Schaltzeichen für die Abfrage z. B. der Motorwelle –BG1. Beschriften Sie die Anschlüsse fachgerecht und erklären Sie die Funktionsprinzipien der unterschiedlichen Sensoren.

8. In einem GRAFCET **(Bild 1)** wird der Ablauf von Vereinzelung und Transport dargestellt.

a) Erklären Sie in der Startfunktion die Eingangsvariablen –SJ1 und $\overline{\text{–BG2}}$.

b) Beschreiben Sie die dritte Transition, die in den Ablaufschritt 3 führt.

c) Wodurch unterscheiden sich die beiden Aktionen im Schritt 3?

d) Vervollständigen Sie den GRAFCET.

9. Erklären Sie die drei Teile des Stromlaufplans **(Bild 1, Seite 228)**.

10. Beschreiben Sie die Funktionen der Hilfskontakte –KF1, –KF2, –KF3 und –KF14 in der Startfunktion des ersten Schritts (Strompfad 15).

11. Die Lösung folgt dem Prinzip der löschenden Taktkette. Beschreiben Sie die Umsetzung des Prinzips im fünften Ablaufschritt.

12. Im Aktorenteil ist im Strompfad 33 zusätzlich ein Hilfskontakt –KF7 eingebaut. Beschreiben Sie dessen Bedeutung.

13. Erklären Sie die Wirkungsweise des Quit-Tasters –SJ3 im Strompfad 28.

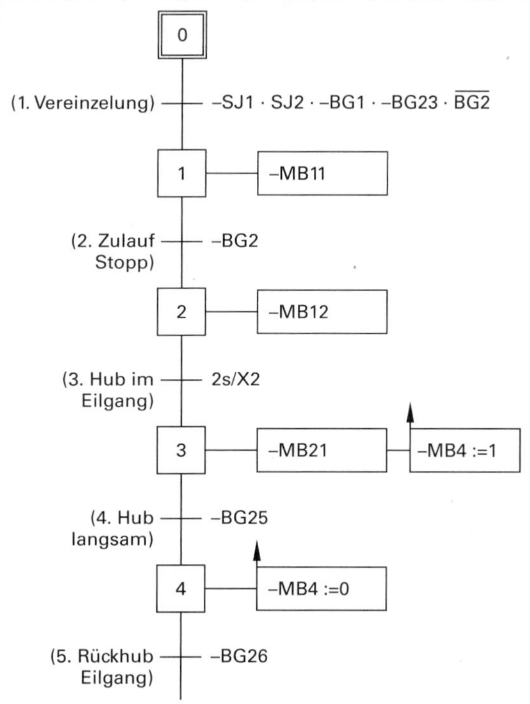

Bild 1: Teil-GRAFCET für die Vereinzelung und den Transport von Motorwellen

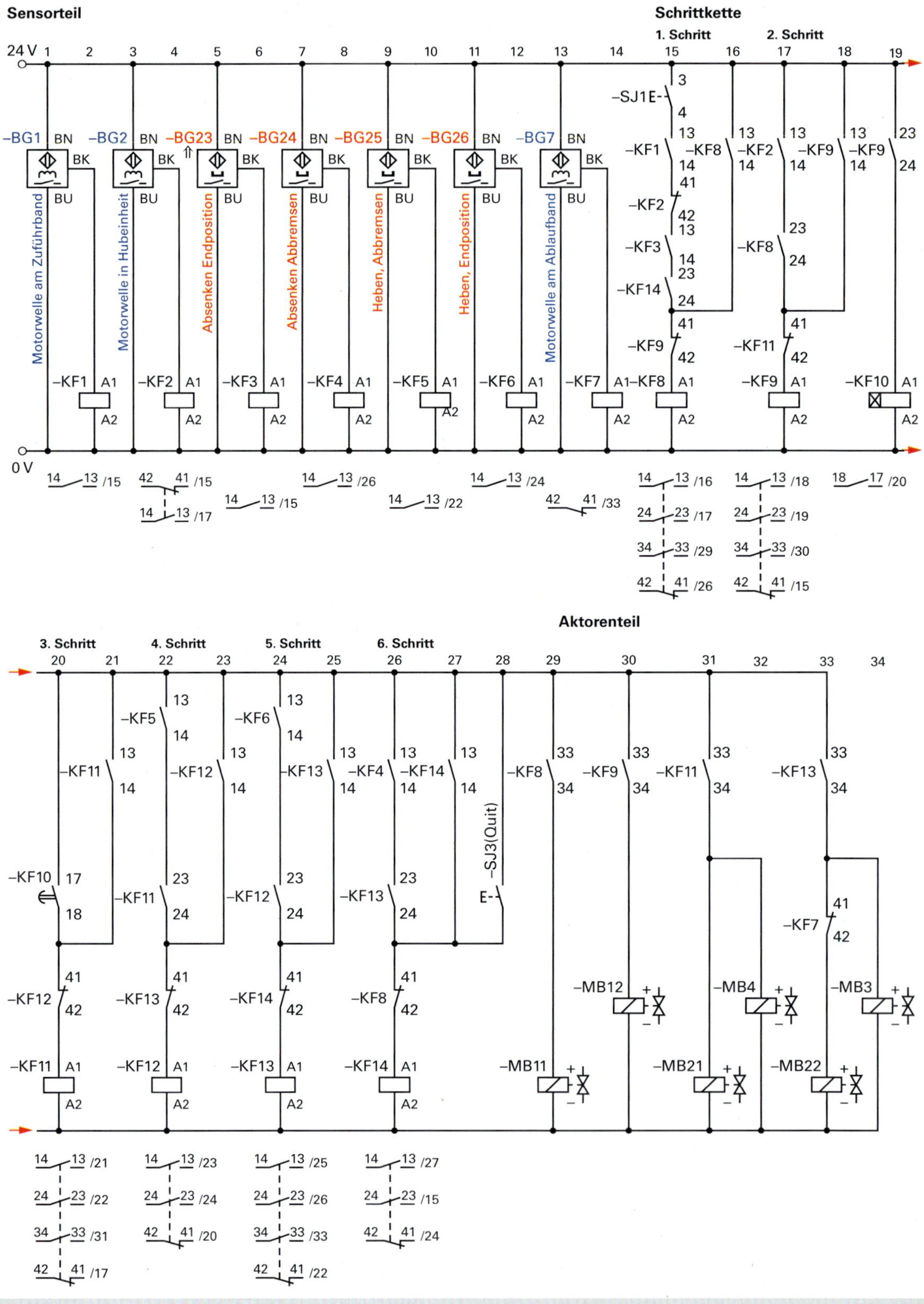

Bild 1: Stromlaufplan (Lösung) zum Transport und zur Vereinzelung von Motorwellen

14. Die Umsetzung der Schrittkette erfolgt unter Verwendung von Relais –KF8, –KF9 usw. In den einzelnen Ablaufschritten werden von einem Relais in der Regel als Hilfskontakte drei Schließer- und ein Öffnerkontakt verwendet.

a) In einer verbindungsprogrammierten Steuerung haben die Relais unterschiedliche Funktionen und Aufgaben. Beschreiben Sie diese mit Beispielen aus dem Stromlaufplan für den Linearantrieb.

b) Erläutern Sie die Regeln für die Bezeichnungen an den jeweiligen Hilfskontakten.

c) In der Schrittkette haben die vier Hilfskontakte unterschiedliche Funktionen. Zählen Sie diese auf.

d) Im vierten und im sechsten Schritt der Schrittkette werden nur jeweils zwei Schließerkontakte der Relais –KF12 und –KF14 verwendet. Auf welche Schaltfunktion wird jeweils verzichtet? Nennen Sie Gründe für diese Schaltungslösung.

15. Im Strompfad 19 wird die Umsetzung der dritten Transition „Hub im Eilgang" umgesetzt. Vergleichen Sie die allgemeine Beschreibung im GRAFCET mit deren elektrischen Umsetzung im Stromlaufplan.

16. An welcher Stelle muss der Schaltplan geändert werden, um zusätzlich einen Dauerbetrieb zu ermöglichen? Skizzieren Sie eine Lösung.

17. Berechnungen (Bild 1):

a) Aus dem Datenblatt ist ein geeigneter Kolbendurchmesser (von ⌀12 bis ⌀40 mm) zu wählen: Der Hub soll l_H = 1,3m betragen, bei einer Nutzlast von 2 kg (= Gewicht der Motorwelle).

b) Entscheiden Sie, ob der Anlagendruck von p_e = 4 bar an der Anlage ausreicht, wenn zusätzlich zur Nutzlast der Schlitten der Lineareinheit 6,5 kg und die Schwenkeinrichtung mit der Aufnahme für die Motorwelle nochmals 8,5 kg wiegen. Der Wirkungsgradverlust des Linearantriebs wird mit 18 % angegeben.

c) Errechnen Sie den Luftverbrauch Q (m^3/h), wenn der Arbeitszyklus 15 s benötigt. Der Arbeitszyklus umfasst die Vereinzelung der Motorwellen sowie das Heben und Wiederabsenken der Lineareinheit.
Die beiden Zylinder zur Vereinzelung haben einen Kolbendurchmesser D = 25 mm, der Stangendurchmesser beträgt d = 10 mm, der Hubweg s = 40 mm.
Den Luftverbrauch für die Aktoren können Sie mit dem spezifischen Luftverbrauch q in (l/cm) berechnen.

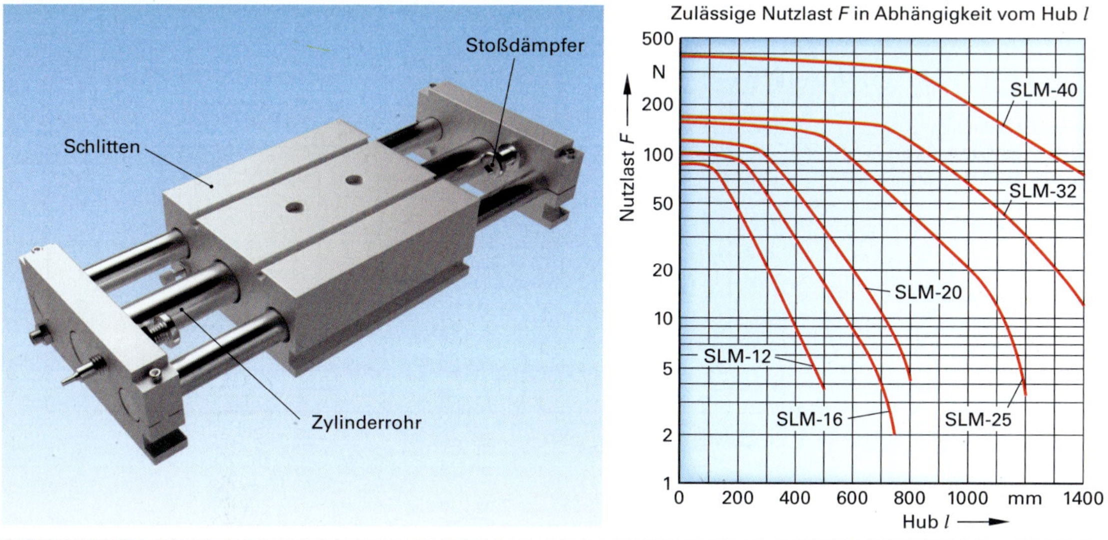

Bild 1: Auszug aus einem Datenblatt zum Linearantrieb SLM mit Führung (© Festo)

// Aufgaben zur Hydraulik/ Elektrohydraulik

Ablauf mit zwei Aktoren (Bild 1)

Zum Absenken und Anheben einer Absperrwand werden zwei doppelt wirkende Hydraulikzylinder eingesetzt. Damit das Absenken beider Aktoren gleichmäßig parallel verläuft, wird ein Stromteilerventil –QN11 eingesetzt, welches die Teilvolumenströme für –MM11 und –MM12 regelt.

1. Beschreiben Sie die unterschiedlichen Aufgaben der Rückschlagventile –RM1 und –RM11 bis RM13 **(Bild 2)**.
2. Erklären Sie die Funktionen der Druckventile –FL1, –QN1 und –QN12 im hydraulischen Leistungsteil.
3. Beschreiben Sie die Filterungstechnik am Hydraulikaggregat.
4. Zählen Sie die einzelnen Funktionen des Stellelements –QM10 auf **(Bild 3)**.

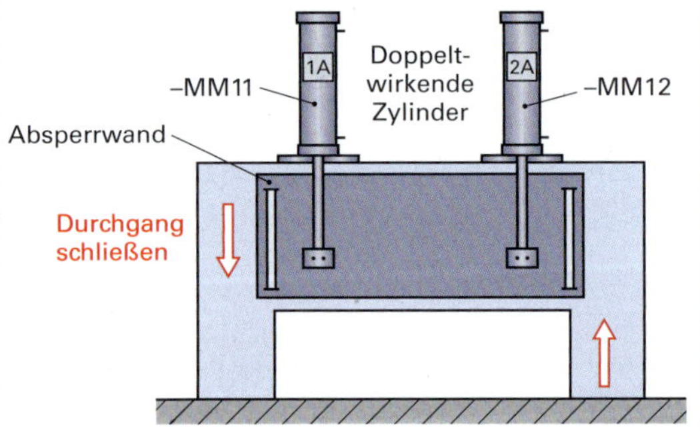

Bild 1: Absenken und Heben der Absperrwand

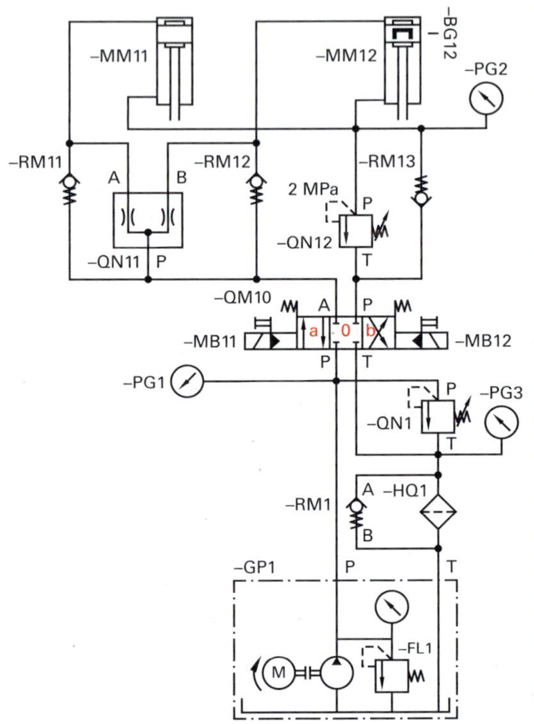

Bild 2: Hydraulischer Leistungsteil

Eingangsvariablen:

–SJ0	NOT Halt
–QUIT	NOT Halt-Kreis EIN
–SJ1	Absenken
–SJ2	Heben

Ausgangsvariablen:

–MB11	Absenken
–MB12	Heben

Bildlegende:

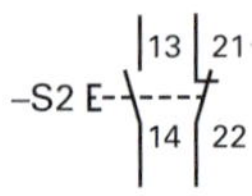

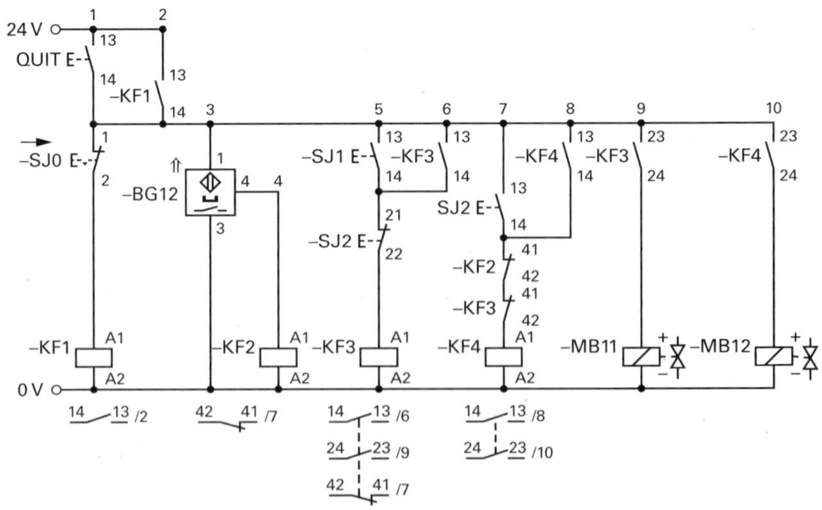

Bild 3: Stromlaufplan für das Heben und Absenken der Absperrwand

5. Der Einsatz einer Endlagendämpfung ist in der Hydraulik beim Bewegen großer Massen ab einer Geschwindigkeit von $v = 0{,}1$ m/s notwendig.

Erklären Sie die Funktionsweise der Dämpfung aus **Bild 1**.

6. Beurteilen Sie den Einbau der drei Druckmanometer –PG1, –PG2 und –PG3.

7. Nennen Sie die Voraussetzungen zum Start der Anlage (Absenken der Absperrwand in **Bild 3, Seite 230**).

8. Der Reedkontakt –BG12 ist als betätigter Schließer gezeichnet. Beschreiben Sie die Logik des Hilfskontakts –KF2 im Strompfad 7.

9. Aus welchen Gründen werden die beiden Aktorbewegungen mit je einer Selbsthaltung ausgeführt? Erstellen Sie einen Funktionsplan, der die Schaltlogik für das Absenken und Anheben der Absperrwand zeigt.

10. Der NOT Halt wird beim Absenken der beiden Zylinder betätigt. Erklären Sie das Anlagenverhalten. Zählen Sie die Einzelaktionen auf, die nach Beseitigung der Störung zum erneuten Absenken der Absperrwand führen.

11. Aus welchen Gründen ist der NOT Halt mechanisch als Raste und von seiner Funktion als Öffner aufgebaut?

12. Zählen Sie die Einzelvorgänge nach Betätigung des Handtasters –SJ2 im Strompfad 7 auf.

13. Erklären Sie den Kontaktspiegel von Relais –KF3 im Strompfad 5.

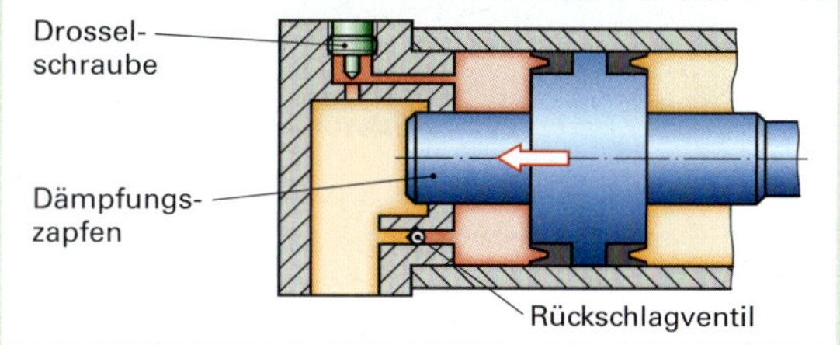

Bild 1: Endlagendämpfung an den Hydrozylindern –MM11 und –MM12

Berechnungen zur Anlage

14. Die doppelt wirkenden Zylinder –MM11 und –MM12 haben einen Kolbendurchmesser von D = 63 mm. Die Absperrwand wiegt m = 3 t. Überprüfen Sie durch Rechnung, ob der Druck von p_e = 10 MPa ausreichend ist bei einem Wirkungsgrad $\eta = 0{,}8$.

15. Die Axialkolbenpumpe wird als Konstantpumpe eingesetzt, der Schwenkwinkel α ist festgelegt und nicht veränderbar **(Bild 2)**.

a) Das Verdrängungsvolumen $V = 23\ \text{cm}^3$/U ist wie die Kennlinie in **Bild 3** aus dem Datenblatt der Pumpe entnommen.
Errechnen Sie den Volumenstrom Q für die Pumpe, wenn ein Elektromotor die Pumpe mit einer Drehzahl $n = 1450\ \text{min}^{-1}$ antreibt.

b) Errechnen Sie die Pumpenleistung P. Den Gesamtwirkungsgrad η_{ges} entnehmen Sie aus der Kennlinie in **Bild 3**.

c) Der Druckleitungen der Anlage haben einen Rohrinnendurchmesser von d_i = 10mm. Überprüfen Sie mit der kritischen Reynoldschen Zahl die Eignung des Öls HLP 46.

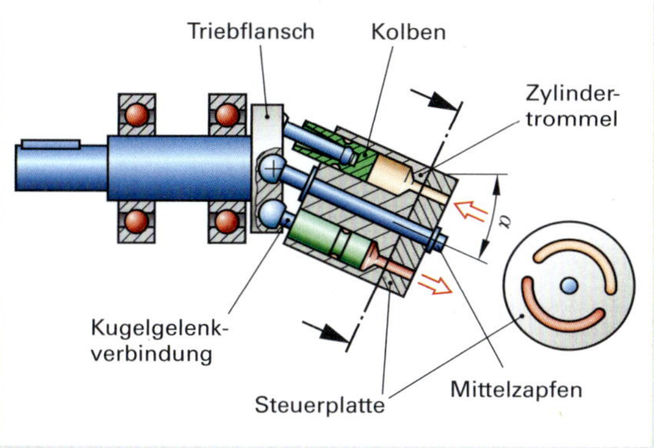

Bild 2: Axialkolbenpumpe

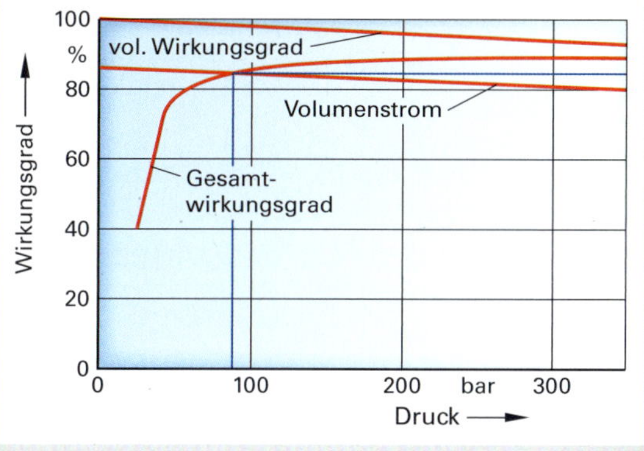

Bild 3: Kennlinie für die Axialkolbenpumpe

16. Grundschaltungen der Hydraulik (Tabelle 1)

Tabelle 1: Grundschaltung

Grundproblem	Schaltung	
a) Geschwindigkeitsregelung: zwei Stromventile	Primärstromregelung (im Zulauf) 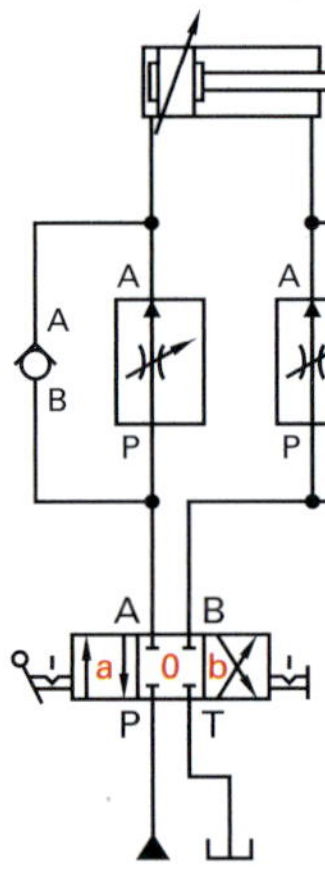	Sekundärstromregelung (im Rücklauf) 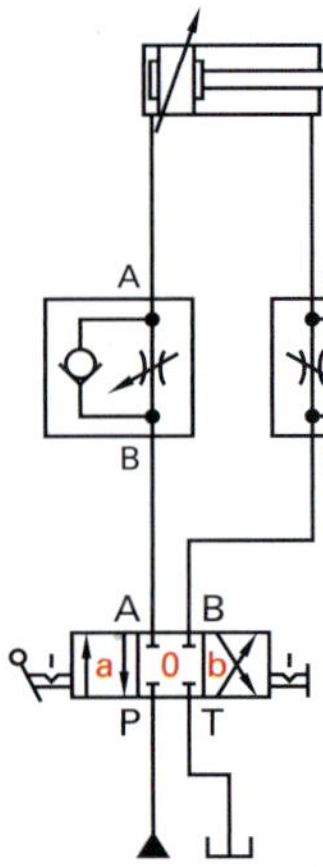
b) Geschwindigkeitsregelung: ein Stromventil	bei ziehender Last mit Gegenhaltung 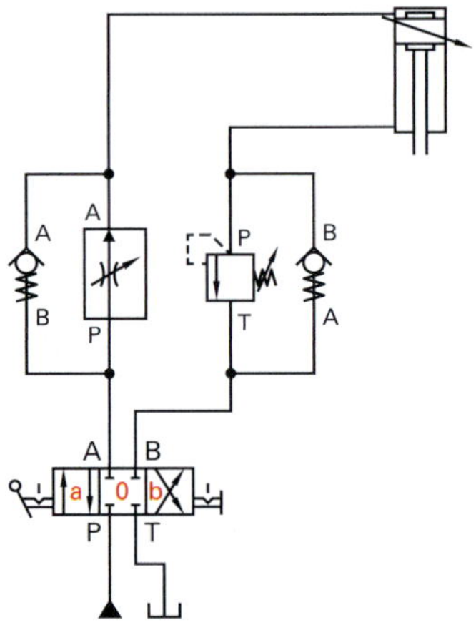	Gleichrichterschaltung (Graetz-Block) 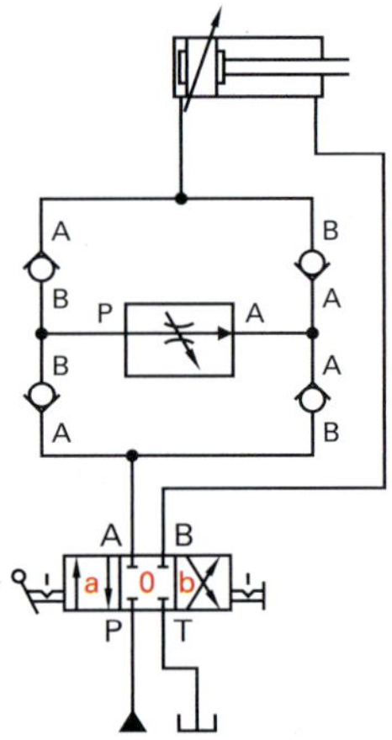
c) Differenzialschaltung	hydraulische Einspannung 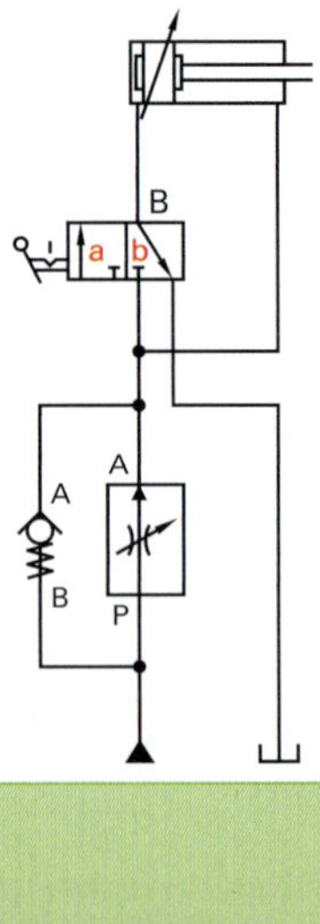	Eilgangvorschub **„Achtung"** P und T vertauscht 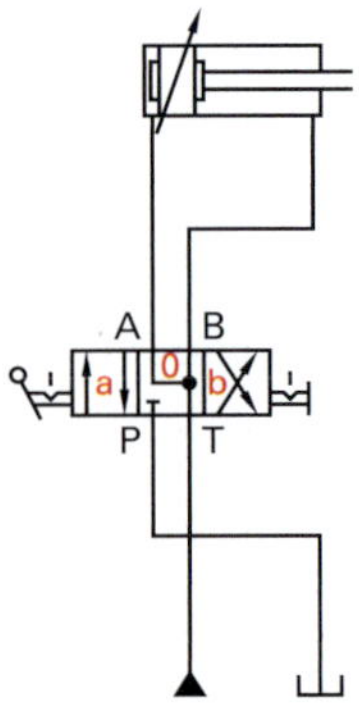

Tabelle 1: Grundschaltung

Grundproblem	Schaltung	
d) Gleichlaufschaltung	mit zwei Graetz-Blöcken 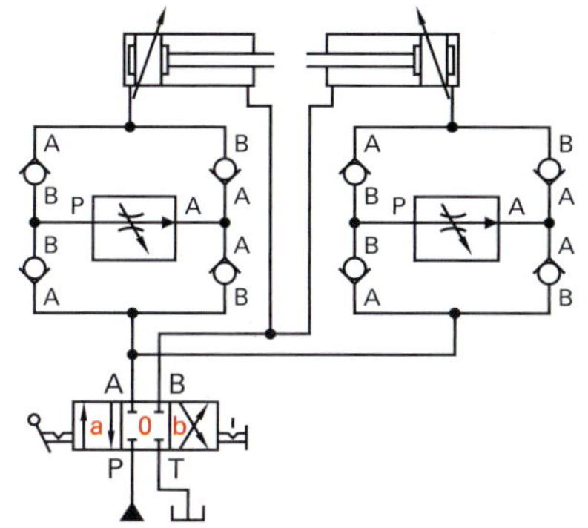	mit Stromteilerventil 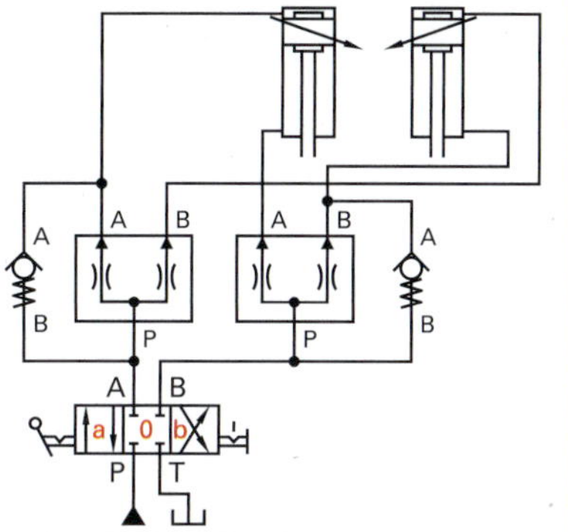
e) Folgesteuerungen	Ablauf unter Druckbedingungen 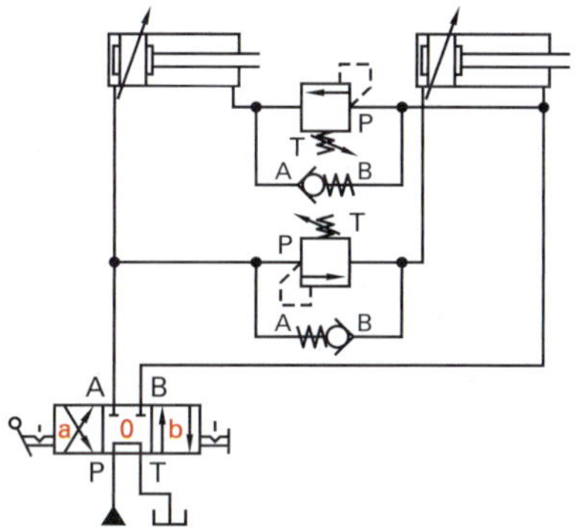	Ablauf mit Druck- und Logikbedingung 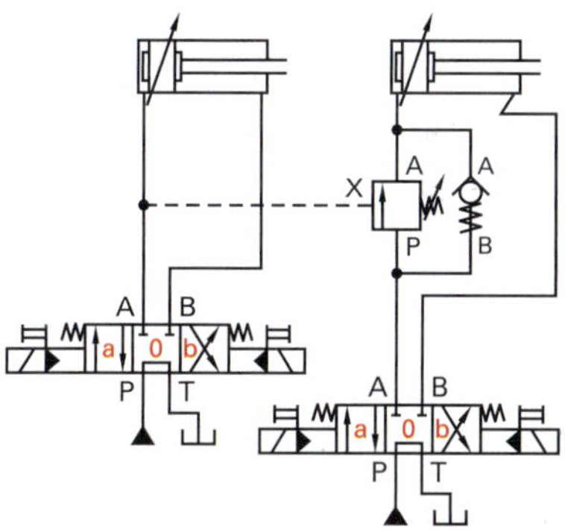

Die in **Tabelle 1** (auch Seite 232) aufgezeigten Grundschaltungen a) bis e) stehen für elementare Aufgabenstellungen in der Hydraulik.

Zu a) Erklären Sie die Primärstromregelung im Unterschied zur Sekundärstromregelung. Zur Regelung der Geschwindigkeiten werden zwei unterschiedliche Stromventile verwendet. Worin bestehen deren Besonderheiten?

Zu b) In beiden Schaltungen wird je ein Stromregelventil eingesetzt. Beschreiben Sie die Unterschiede der beiden Aktorbewegungen beim Ein- und Ausfahren. Wozu wird in der ersten Schaltung noch ein Druckbegrenzungsventil eingesetzt?

Zu c) Bei Verwendung eines 4/3-Wegventils lassen sich drei Arten von Bewegungen erzeugen. Beschreiben Sie diese Bewegungen. In beiden Schaltungen werden die Kolben- und die Kolbenstangenseite der Zylinder beim Ausfahren druckbeaufschlagt. Erklären Sie die daraus resultierenden Geschwindigkeiten. Welche der beiden Schaltungen ermöglichen eine höhere Variation an unterschiedlichen Geschwindigkeiten? Begründen Sie Ihre Entscheidung. Berechnen Sie die Kräfte beim Aus- und Einfahren in der Schaltstellung a und 0 des 4/3-Wegeventils: Der Kolbendurchmesser beträgt $D = 80$ mm, der Kolbenstangendurchmesser $d = 25$ mm. Das DBV ist auf $p_e = 15$ MPa eingestellt (Verlust an Reibung beträgt 20 %).

Zu d) Erklären Sie die beiden Schaltungen zum Gleichlauf zweier Hydraulikzylinder.

Zu e) In beiden Schaltungen werden zwei Aktoren zu einer bestimmten Reihenfolge ihrer Bewegungen gezwungen. Beschreiben Sie die Unterschiede zwischen den beiden Schaltungen.

2.5 Discover your profession in English

// Linear drive

The linear drive consists of a slide unit and a rodless cylinder **(Figure 1)**.

A piston is pressurized on both sides and moves in a stainless steel cylinder barrel (1). When the piston moves, the external carriage (2) is driven solely by magnetic force without any mechanical mounting. The guide rods (3) with ball bearings have very good running characteristics, and ensure nearly frictionless operation.

The force-locking magnetic coupling of the carriage and piston can not be of any dimension. The tear-off force depends on the individual piston diameter.

The modular design allows customer-specific solutions of the sensing and cushioning of the end position.

Vocabulary

linear drive – *Linearantrieb*
slide unit – *Schlitteneinheit*
rodless – *kolbenstangenlos*
customized – *kundenorientiert*
piston – *Kolben*
cylinder barrel – *Zylinderrohr*
guide rod – *Führungsstange*
ball bushing – *Kugelbuchse*
tear-off force – *Abreißkraft*
sensing – *Abfrage*
cushioning – *Dämpfung*
switching stop – *Schaltanschlag*
proximity switches – *Näherungsschalter*
stop plat – *Anschlagplatte*
mounting rail – *Profilschiene*

Alternative design – Sensors

A switching stop (6) for proximity switches can be mounted at the front and rear of the two stop plates (11) or end plates (12). This allows both end positions to be sensed. The stroke length must be reduced by the two switching stops.

Another way of sensing the positions of the cylinder is to mount magneto-resistive sensors (5) or reed contacts in a T-slot of the mounting rail (4). The mounting rail is fastened laterally to the two end plates (12).

Schaltzeichen

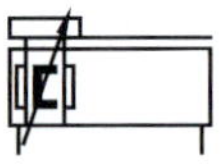

ø Durchmesser 12 ... 40 mm
l Hublänge 10 ... 1500 mm

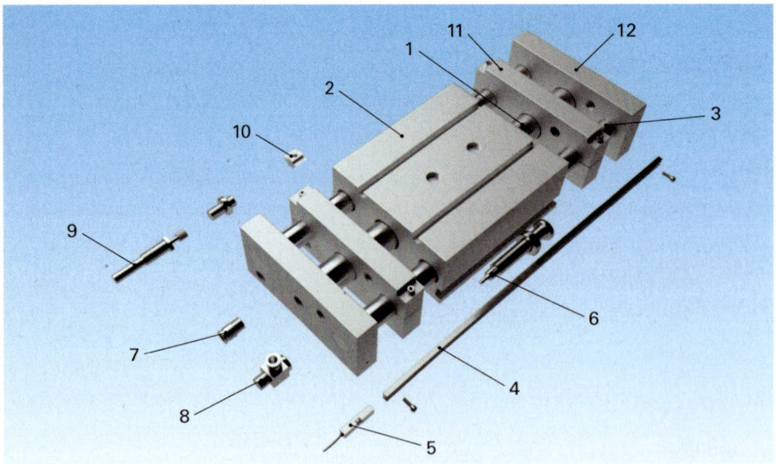

Glossar	
1	cylinder barrel
2	slite unit
3	guide rod
4	mounting rail
5	proximity switches
6	switching stop with proximity switch
7	push in fitting
8	one-way flow control valve
9	shock absorber, adjustable
10	slot nut
11	stop plate
12	end plate

Figure 1: Components of a linear drive with mounting elements

Different sensors are available for the selection of the linear drive **(Figure 1)**:

- Inductive sensors on the stop plates detect the slide.
- Magneto-resistive sensors or reed contacts on the side of the mounting rail respond to the magnetic field surrounding the slide.
- Normally open or normally closed function.
- PNP or NPN circuit type: The PNP type is common in Europe (i.e. the circuit output BK is wired to the negative potential).

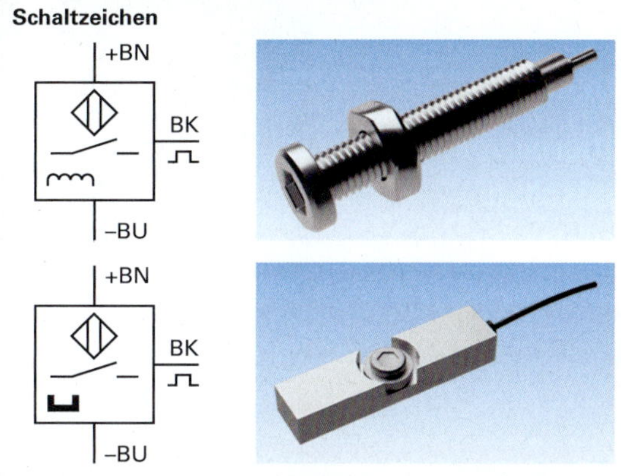

Figure 1: Sensor selection for sensing the two end positions of the slide

Alternative design – Shock absorption

When the slide of the linear unit including an additional mass moves to its two end positions, the kinetic energy must be cushioned.

Two types are available: A self-adjusting and an adjustable shock absorber kit **(Figure 2)**.

The adjustable shock absorber kit (9) is mounted on the end plate from the outside and secured with two nuts, while the self-adjusting shock absorber is attached into the carriage by screws and locked with a nut.

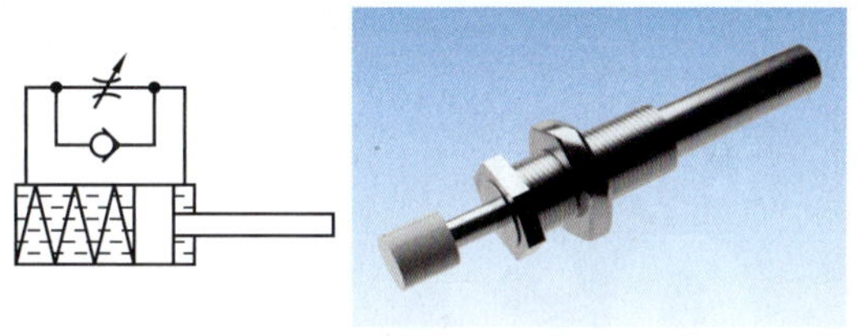

Figure 2: Adjustable shock absorber kit

Vocabulary

reed contact – *Reedkontakt*
reed – *Feder, Zunge*
n/o contact – *Schließerfunktion*
n/c contact – *Öffnerfunktion*
circuit type – *Schaltungstyp*
switching output – *Schaltungsausgang*
negative potential – *Minuspotenzial*
shock absorber kit – *Stoßdämpfung*
kinetic energy – *Bewegungsenergie*
countered screw – *gekontert*
stainless steel – *Edelstahl*
alluminium alloy – *Aluminiumlegierung*
operative principles – *Wirkprinzipien*

Exercises:

1. Name the advantages of a linear drive in comparison to other linear actuators.
2. Explain why the cylinder tube is made of stainless steel and the carriage of aluminium alloy.
3. Describe how the proximity sensors are mounted on the linear unit.
4. Name the reasons for mounting the sensors at different positions on the linear unit.
5. Explain the operative principles, mountings and basic functions of the sensors used.
6. State the reasons for the use of cushioning when moving to the end positions.
7. Compare the cushioning on a double-acting cylinder to the one attached to a linear unit.

Lernfeld 7:
Montieren von technischen Teilsystemen

Kapitel **03**

Maschinentechnik und Montage

Damit komplizierte Systeme wie Getriebe, Motoren oder Wellenlagerungen einwandfrei funktionieren und eine lange Lebensdauer aufweisen, müssen sie fachgerecht montiert werden. Im folgenden Kapitel wird auf diesen Sachverhalt eingegangen.

3.1 Belastung von Bauteilen

// Belastungsarten

Auf Bauteile einwirkende Krafte können in ihrem zeitlichen Verlauf eine unterschiedliche Größe annehmen **(Bild 1, Seite 237)**.

Bei statischer Belastung (Belastungsfall I) steigt die auf ein Maschinenteil einwirkende Kraft und dadurch die Spannung von null bis zu einem Höchstwert an und bleibt dann gleich groß.

> Die Torsionsspannung der Antriebswelle eines Ventilators steigt beim Einschalten von null bis zu einem Höchstwert an und bleibt dann konstant.

Bei dynamischer Belastung ändern sich Größe und ggf. Richtung der Spannung dauernd.

Bei dynamisch-schwellender Belastung (Belastungsfall II) schwankt die Spannung zwischen null und einem Höchstwert.

> Die Biegespannung in einem Kipphebel verändert sich beim Öffnen eines Motorventils.

Bei dynamisch-wechselnder Belastung (Belastungsfall III) schwankt die Spannung dauernd zwischen einem positiven und einem negativen Höchstwert.

> Eine sich drehende Achse wird nach jeder halben Umdrehung wechselweise auf Zug und Druck beansprucht, was der Biegung entspricht.

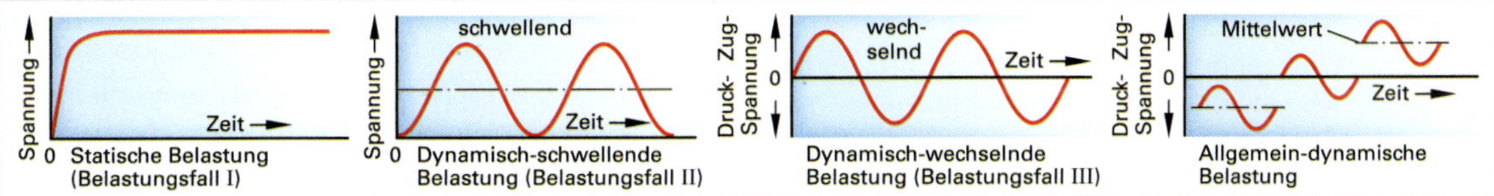

Bild 1: Belastungsarten

Bei allgemein-dynamischer Belastung schwankt die Spannung ungleichmäßig zwischen einem Höchst- und einem Tiefstwert **(Bild 1)**.

> In einer Frässpindel variiert die Torsionsspannung infolge Schnittkraftschwankungen beim Umfangfräsen.

Dynamisch beanspruchte Teile sind durch Werkstoffermüdung und Kerbwirkung stärker gefährdet als statisch beanspruchte. Aus diesem Grund liegt die Dauerfestigkeit niedriger als die Festigkeit statisch belasteter Bauteile.

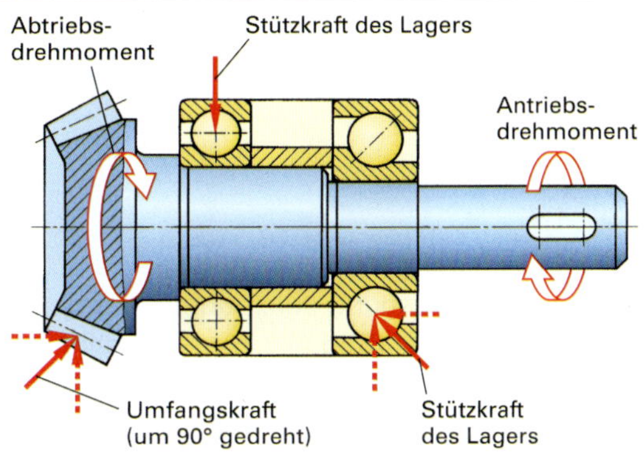

Bild 2: Kraftwirkung auf eine Getriebewelle

3.2 Wellen und Achsen, Wellen-Naben-Verbindungen

3.2.1 Wellen

Wellen werden direkt von Motoren und Kupplungen oder durch Zahnräder, Ketten und Riemen angetrieben.

// Beanspruchung und Lagerung

Beanspruchung

Wellen werden durch die auftretenden Kräfte auf Biegung und durch das Drehmoment auf Torsion beansprucht **(Bild 2)**.

Gestaltung

Die Durchmesser der Welle müssen so groß sein, dass die zulässigen Spannungen für Biegung und Torsion nicht überschritten werden. Die Abstufung der Durchmesser richtet sich nach den Innendurchmessern der zugehörenden Bauelemente (Kupplung, Dichtungen, Lager, Verzahnung) und danach, wie diese Bauelemente montiert werden sollen. Am Übergang zwischen zwei Durchmessern tritt verstärkt Kerbwirkung auf. Diese mindert die Dauerfestigkeit der Welle. Die Kerbwirkung kann durch Ausrunden des Übergangs oder durch genormte Freistiche verkleinert werden **(Bild 3)**.

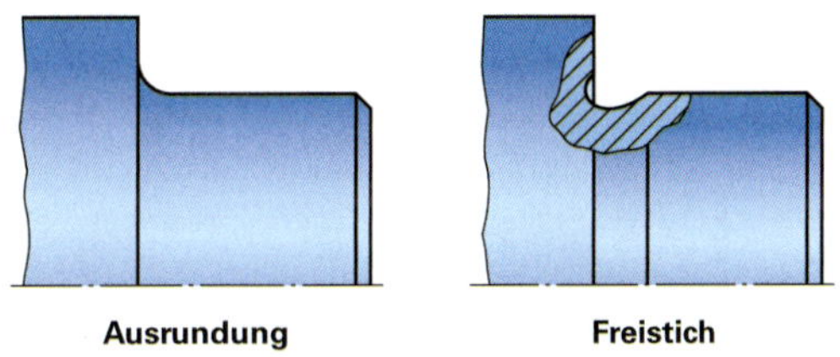

Bild 3: Durchmesserübergänge an Wellen

Lagerung

Wellen werden meist in zwei Lagern gelagert. Diese übertragen die auftretenden radialen und axialen Kräfte auf das Gehäuse. Sehr lange, schlanke Wellen sowie Kurbel- und Nockenwellen von Verbrennungsmotoren müssen in mehr als zwei Lagern gelagert werden, um Durchbiegung und Schwingungen zu vermeiden.

// Bauarten

Wellen können nach ihrer Funktion in Antriebs- und Getriebewellen, Spindeln, Gelenkwellen sowie Kurbel- und Nockenwellen eingeteilt werden.

Antriebswellen

Antriebswellen leiten das Drehmoment auf andere Wellen, Maschinen oder Werkzeuge weiter. So überträgt z. B. in **Bild 1** die von der Riemenscheibe angetriebene Sägewelle das Drehmoment auf das Sägeblatt. Getriebewellen haben die Aufgabe, zusammen mit Zahnrädern Drehzahlen zu ändern. Die Getriebewelle **(Bild 2)** wird über die Passfederverbindung am rechten Ende der Welle angetrieben. Diese leitet das Drehmoment über das Ritzel auf der linken Seite auf ein Kegelrad **(Bild 1, Seite 264)**.

Spindeln

Wellen in Werkzeugmaschinen, welche die Schnitt- und Vorschubbewegung durchführen, werden als Spindeln bezeichnet **(Bild 4)**. Universaldrehmaschinen besitzen neben der Hauptspindel für die Aufnahme der Spannzeuge noch eine Leitspindel zum Gewindeschneiden und eine Zugspindel für die Vorschubbewegung des Werkzeugschlittens. Schnell laufende Spindeln müssen besonders sorgfältig ausgewuchtet werden.

Baugruppen, deren Achsen radial versetzt sind oder bei denen sich während der Energieübertragung die Achsen verschieben können, werden durch Gelenkwellen miteinander verbunden. Sie werden vor allem bei Kraftfahrzeugen zwischen Motor und Achsantrieb sowie bei Traktoren zum Antrieb von Zusatzgeräten eingesetzt.

3.2.2 Achsen

Achsen dienen zum Tragen umlaufender oder schwingender Maschinenelemente.

// Bauarten

Man unterscheidet feststehende und umlaufende Achsen. Kleine feststehende Achsen werden als Gelenkbolzen bezeichnet.

Feststehende Achsen

Bei den feststehenden Achsen, die gegen Drehung gesichert sein müssen, ist das zu tragende Bauteil mit Wälz- oder Gleitlagern gelagert **(Bild 1, Seite 239)**.

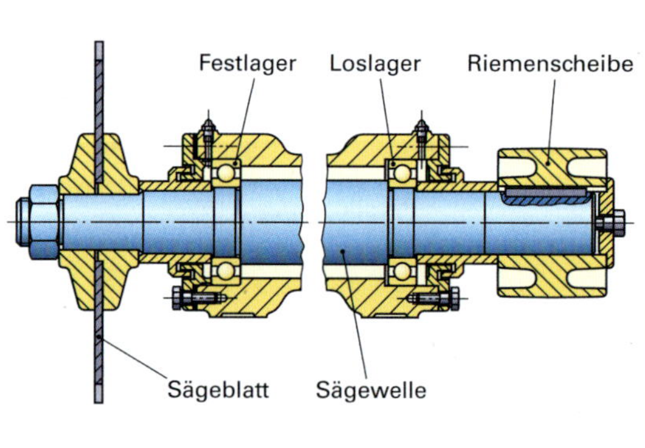

Bild 1: Kreissägewelle

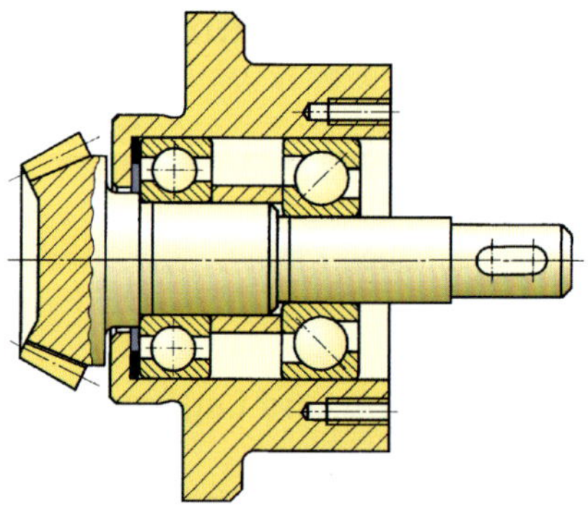

Bild 2: Getriebewelle

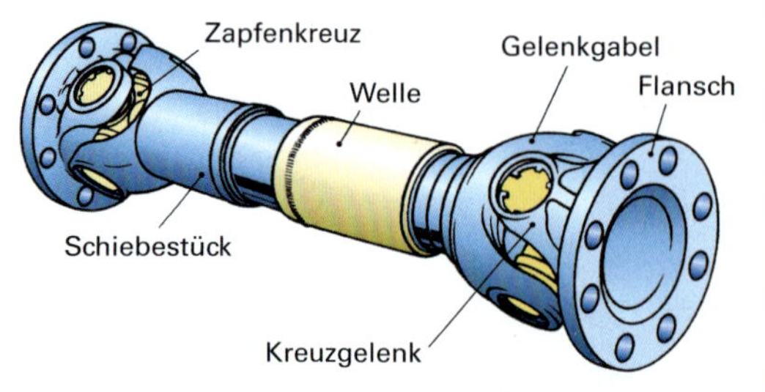

Bild 3: Gelenkwelle

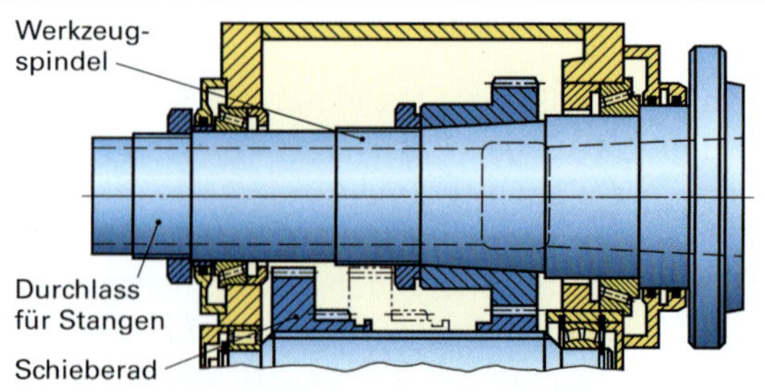

Bild 4: Arbeitsspindel einer Drehmaschine

vel.plus/
FILF210

Lernfeld 7

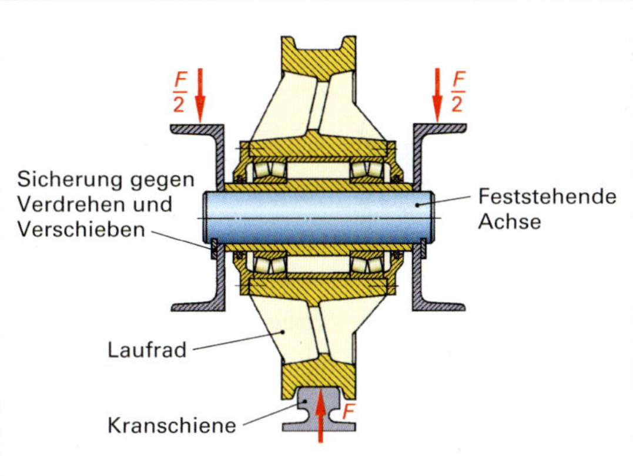

Bild 1: Feststehende Achse eines Kranlaufrads

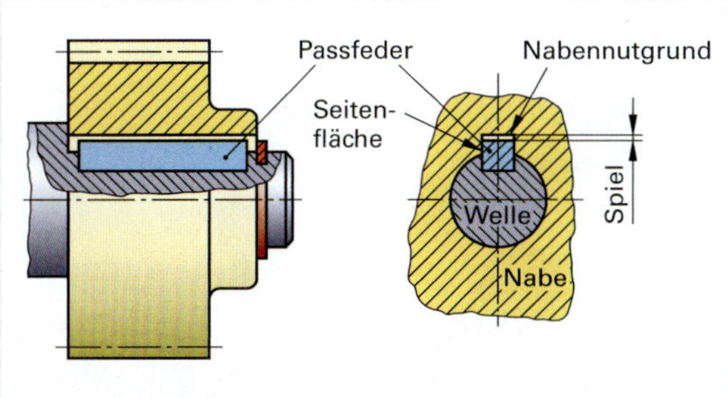

Bild 2: Passfederverbindung

vel.plus/ FILF211

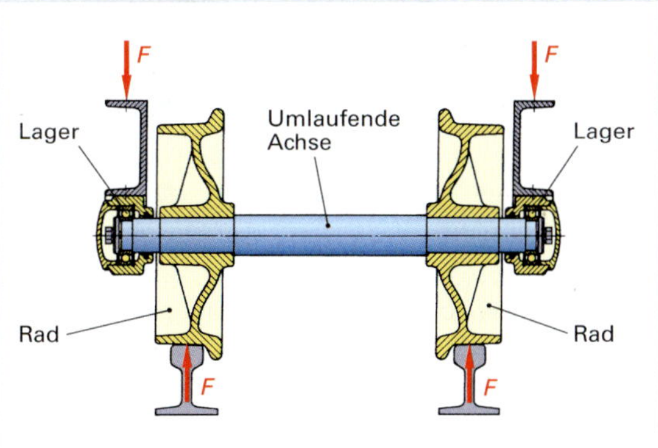

Bild 3: Umlaufende Achse eines Schienenwagens

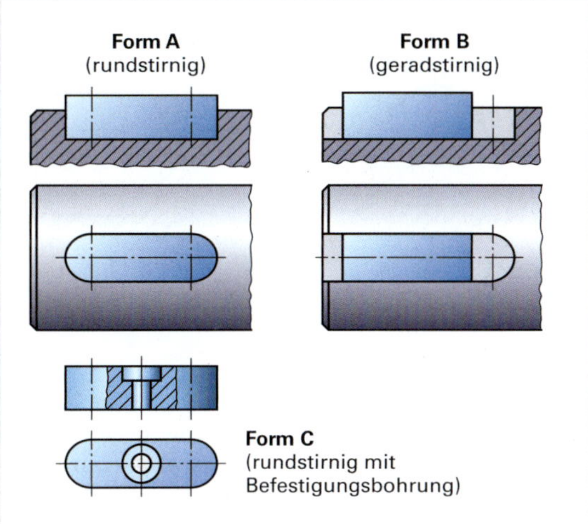

Bild 4: Formen von Passfedern

Umlaufende Achsen

Bei umlaufenden Achsen bilden die Achse und die Räder eine feste Einheit, die auch bei weit auseinanderliegenden Lagern sehr stabil ist **(Bild 1)**.

3.2.3 Welle-Nabe-Verbindungen

// Aufgabe und Arten

Maschinenelemente wie Kupplungen und Zahnräder müssen mit Wellen verbunden werden, damit das Drehmoment übertragen werden kann. Die Drehmomentübertragung kann formschlüssig, vorgespannt formschlüssig, kraftschlüssig oder stoffschlüssig erfolgen.

> Welle-Nabe-Verbindungen übertragen Drehmomente.

// Formschlussverbindungen

Passfederverbindungen

Passfederverbindungen sind reine Mitnehmerverbindungen. Die parallelen Seitenflächen der Passfeder liegen in der Wellen- und Nabennut an **(Bild 2)**. Zwischen dem Passfederrücken und dem Nabennutgrund ist Spiel vorhanden. Für stoßartige Belastung ist diese Verbindung nicht geeignet, weil dabei die Passfeder und die Seitenflächen der Nut plastisch verformt und damit zerstört werden können.

Formen von Passfedern

Form A besitzt abgerundete Stirnflächen. Solche Passfedern werden in Wellennuten eingepasst, die mit Langlochfräsern hergestellt werden **(Bild 4)**.

Form B besitzt gerade Stirnflächen. Die dazu erforderlichen Wellennuten werden mit Scheiben- oder Nutenfräsern hergestellt.

Bild 1: Keilwellenverbindung

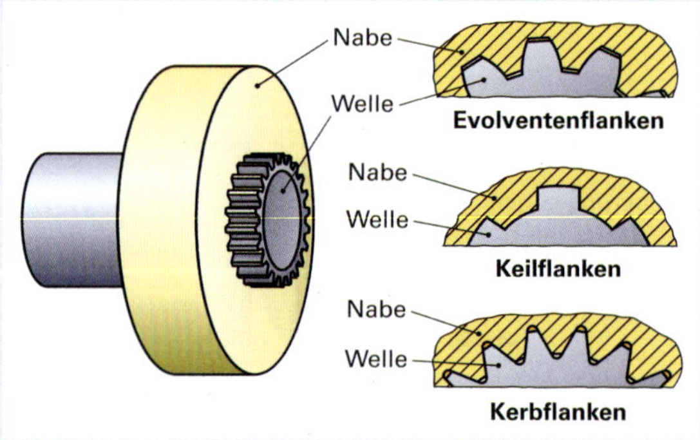

Bild 2: Zahnwellenverbindung

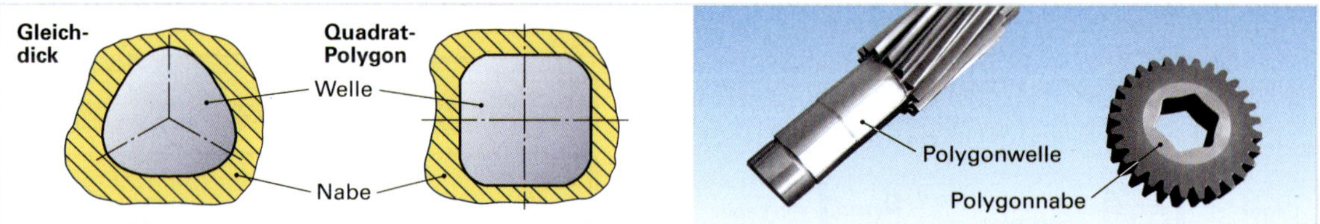

Bild 3: Polygonwellenverbindung

Form C entspricht der Form A, besitzt aber zusätzlich eine Bohrung für eine Halteschraube, mit der die Passfeder in der Nut befestigt werden kann.

Keilwellenverbindung

Für hoch beanspruchte Mitnehmerverbindungen, z. B. bei Schaltgetriebewellen von Werkzeugmaschinen, werden Keilwellen verwendet. Durch eine gerade Anzahl von Nuten entsteht eine gerade Anzahl von Passfedern (nicht „Keilen"), welche das Drehmoment gleichmäßig über den Umfang verteilt übertragen **(Bild 1)**. Welle und Nabe einer Keilwellenverbindung können bei geeigneten Passungen axial verschoben werden.

> Mit Keilwellenverbindungen versehene Bauteile sind axial verschiebbar und können große Drehmomente übertragen.

Zahnwellenverbindung

Bei Zahnwellenverbindungen werden durch die feinere Zahnung die Welle und Nabe gegenüber dem Keilwellenprofil weniger geschwächt **(Bild 1)**. Deshalb können bei gleichem Durchmesser größere Drehmomente übertragen werden. Aufgrund der vielen Zähne sind Zahnwellenverbindungen besonders für stoßartige Belastungen geeignet. Außerdem kann die Winkellage zwischen Welle und Nabe, z. B. bei Hebeln, in kleinen Schritten von Zahn zu Zahn verändert werden. Zahnwellenverbindungen werden nach der Form der Zahnflanken unterschieden. Die überwiegend eingesetzte Evolventenverzahnung („involute spline") hat eine Zahnform wie bei Zahnrädern.

Die Anzahl der Zähne ist vom Durchmesser der Welle und vom Modul abhängig. Bei der Parallelverzahnung haben die Zähne Keilflanken („straight sided spline"). Die beiden Flanken des Zahns bilden parallele Ebenen. Die Kerbverzahnung mit ihren Kerbflanken („serration spline") hat spitze Zähne. Die Zahnwellenverbindung erfordert eine hohe Fertigungsgenauigkeit, damit möglichst alle Flanken an der Drehmomentübertragung beteiligt sind. Welle und Nabe lassen sich axial verschieben.

Polygonwellenverbindung

Polygonwellenprofile sind Welle-Nabe-Verbindungen mit großer Zentriergenauigkeit. Da sie praktisch keine Kerbwirkung haben, können gegenüber Passfederverbindungen größere Drehmomente übertragen werden.

> Polygonwellenverbindungen sind selbstzentrierend und kerbwirkungsfrei.

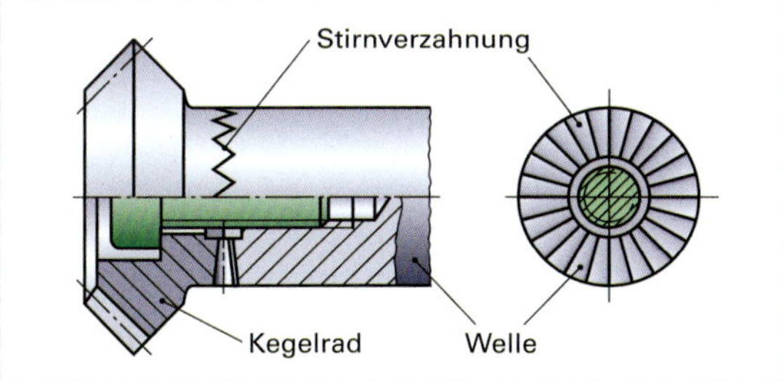

Bild 1: Stirnzahnverbindung

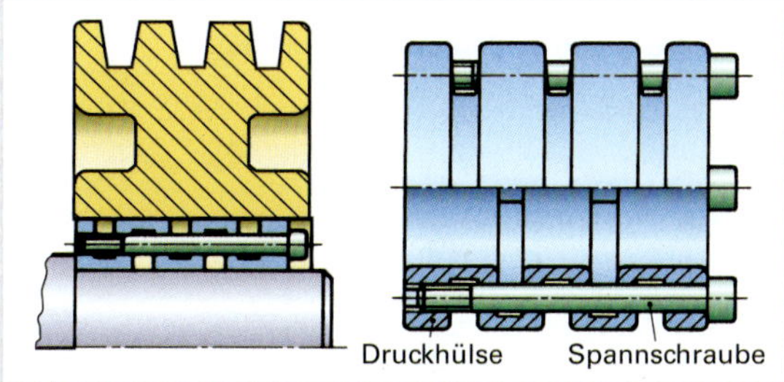

Bild 2: Druckhülse

Stirnzahnverbindung

Stirnzahnverbindungen sind selbstzentrierende Verbindungselemente, bei denen an Planflächen radial angeordnete Zähne ineinandergreifen **(Bild 1)**. Stirnzahnverbindungen werden wegen des geringen Platzbedarfs in Getrieben eingesetzt.

// Kraftschlussverbindungen

Ringfeder-Spannverbindung

Bei dieser Verbindung entsteht durch das gegenseitige Verspannen kegeliger Spannelemente eine Axialkraft **(Bild 3)**. Dabei werden die Ringe radial geweitet bzw. zusammengedrückt und verspannen so Welle und Nabe miteinander.

Druckhülsen

sind Spannelemente aus federhartem Stahl mit Eindrehungen am Außendurchmesser und in der Bohrung **(Bild 2)**. Durch das Anziehen der Druckhülsen und Spannschrauben werden die radial leicht schräg stehenden Wandungen aufgerichtet und die Durchmesser geringfügig verändert.

Sternscheibenverbindung

Durch axiales Spannen von flachkegeligen, radial geschlitzten Ringscheiben entsteht eine Sternscheibenverbindung **(Bild 4)**.

Die Ringscheiben richten sich unter axialem Druck auf und pressen sich gegen die Bohrung des Außenteils und gegen die Welle. Die Anzahl der Scheiben ist abhängig vom zu übertragenden Drehmoment.

Keilverbindungen

Durch das Eintreiben des Keils werden Welle und Nabe gegeneinander verspannt **(Bild 5)**. Dadurch wirkt zuerst Kraftschluss zwischen Welle und Nabe. Erst wenn das auftretende Drehmoment zu einer Bewegung zwischen Welle und Nabe führt, tritt wie bei einer Passfederverbindung Formschluss ein. Wegen der entstehenden Unwucht eignen sich Keilverbindungen nicht für hohe Drehzahlen.

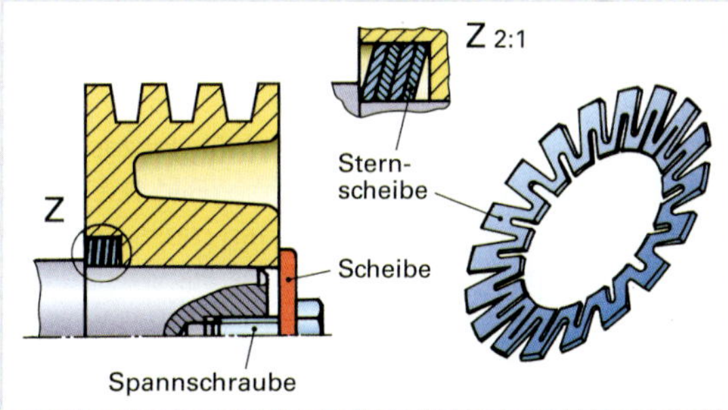

Bild 4: Sternscheibenverbindung

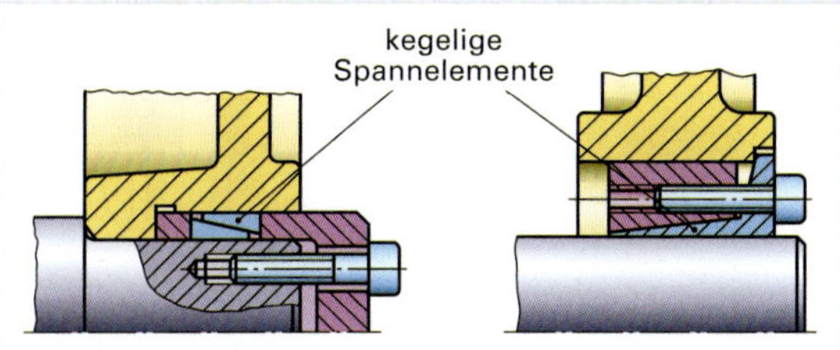

Bild 3: Ringfeder-Spannverbindung

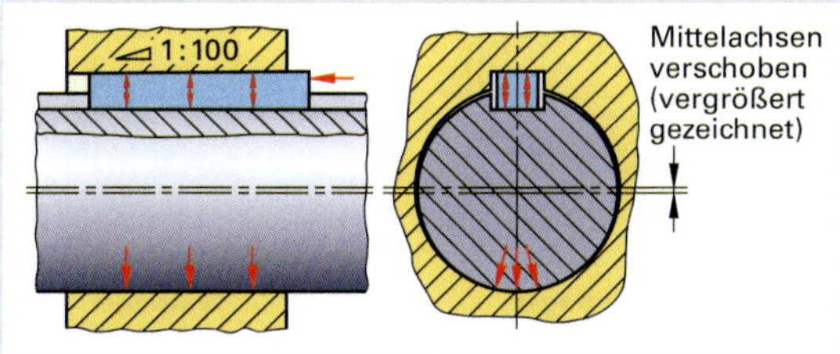

Bild 5: Keilverbindung

Überlegen und beantworten Sie:

1. In welche Gruppen lassen sich Welle-Nabe-Verbindungen einteilen?
2. Welche Fügeart liegt bei einer Keilwellenverbindung vor?
3. Worin unterscheiden sich Passfeder- und Keilverbindungen?
4. Wie erfolgt die Übertragung des Drehmoments bei einer Passfederverbindung?
5. Warum sind Passfederverbindungen für stoßartige Belastungen nicht geeignet?
6. In welchen Fällen verwendet man Zahnwellenverbindungen?
7. Wie wird das Drehmoment bei einer Ringfeder-Spannverbindung übertragen?
8. Warum können Polygonwellenverbindungen größere Drehmomente übertragen als Keilwellenverbindungen?
9. Erläutern Sie mithilfe des Tabellenbuchs die Normbezeichnung: Passfeder DIN 6885-1 – C – 16 x 10 x 54.
10. Wie werden Passfedern beansprucht?
11. Eine Passfeder DIN 6885-1 – A - 6 x 6 x 52 wurde bei einer Querkraft von 40 kN abgeschert. Berechnen Sie die Abscherspannung.
12. Welches Wirkprinzip liegt bei Ringfeder-Spannverbindungen oder Druckhülsen vor?

3.3 Lagerung und Dichtung

3.3.1 Lager

Lager führen und stützen Wellen und Achsen, die durch radiale und axiale Krafte belastet sind. Nach der Art der zwischen den Maschinenteilen auftretenden Reibung unterscheidet man Gleitlager und Wälzlager, nach der Richtung der vom Lager aufgenommenen Kräfte Radiallager und Axiallager **(Bild 1)**.

// Gleitlager

Bei einem Gleitlager dreht sich der Wellenzapfen in einer Lagerschale oder Lagerbuchse (Bild 1). Die Lagerkraft F, die das Lager aufnehmen muss, erzeugt bei der Drehung eine Reibungskraft F_R, welche der Bewegung entgegenwirkt. Man unterscheidet hydrodynamische und hydrostatische Schmierung.

Hydrodynamische Schmierung

Bei Gleitlagern mit hydrodynamischer Schmierung wird der Schmierfilm durch die Drehbewegung des Zapfens erzeugt **(Bild 2)**.

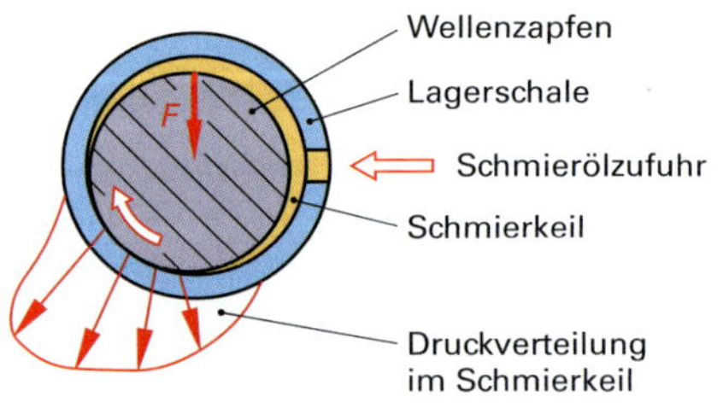

Bild 2: Druckverteilung im Schmierkeil

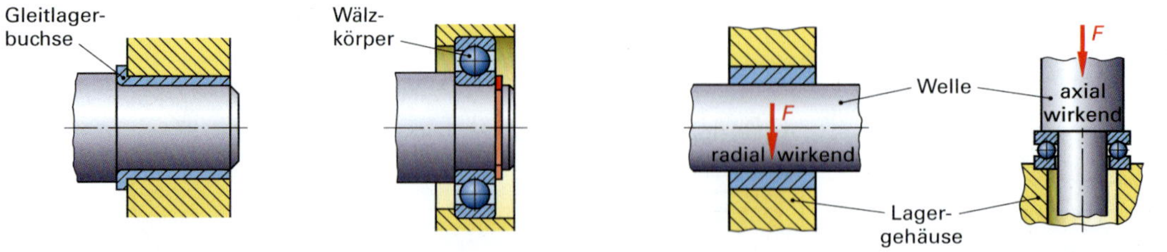

Bild 1: Einteilung der Lager nach Reibungsart und Kraftaufnahme

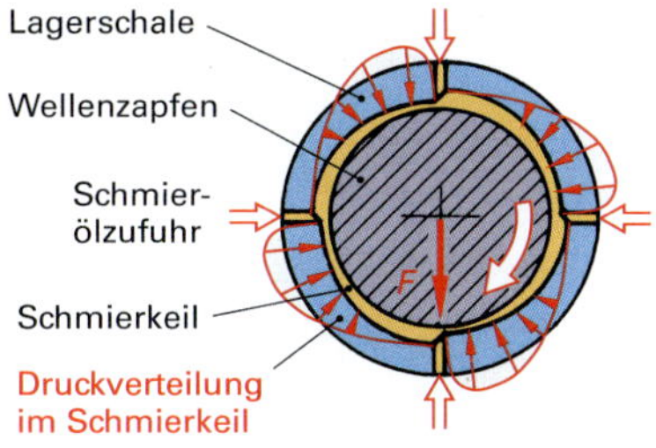

Bild 1: Hydrodynamisches Mehrflächengleitlager

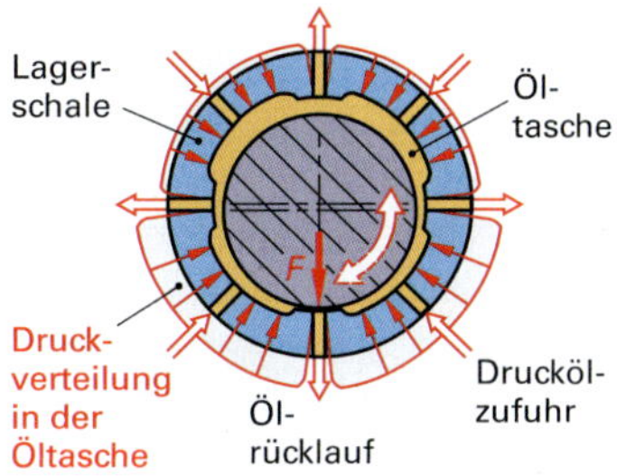

Bild 2: Hydrostatisches Radiallager

vel.plus/
FILF212

Beim Anlaufen der Welle sind Zapfen und Lagerschale noch nicht vollständig durch den Schmierfilm getrennt (Mischreibung). Mit zunehmender Drehzahl wird das an der unbelasteten Lagerseite zugeführte Schmieröl vom Zapfen in den sich verengenden Schmierspalt gezogen.

Um die Reibungskraft und damit das Reibungsmoment klein zu halten, muss zwischen den Gleitflächen ausreichend Schmierstoff vorhanden sein.

Der steigende Druck im Schmierspalt bewirkt, dass die Welle angehoben und dadurch die Reibung verkleinert wird. Bei genügend großer Gleitgeschwindigkeit wird der Abstand der Gleitteile so groß, dass der Zapfen auf dem Ölfilm schwimmt (Flüssigkeitsreibung). Mehrflächengleitlager besitzen mehrere Schmierspalte **(Bild 1)**. Bei exzentrischer Lage des Wellenzapfens wird dieser durch den Öldruck in den Schmierspalten sofort wieder zentriert.

Schmiereinrichtungen

Der Schmierstoff muss dem Gleitlager durch Schmierbohrungen und Schmiertaschen zugeführt werden. Diese sollten auf der unbelasteten Lagerseite liegen.

Schmierfette können z. B. über Schmiernippel oder durch dünne Rohrleitungen von einer Zentralschmiereinrichtung aus an die Lagerstellen gepresst werden.

Bei Gleitlagern mit Ölbadschmierung wird das Öl durch drehende Teile, wie z. B. Tauchringe oder Schmierscheiben, zur Schmierstelle transportiert.

Bei hochbelasteten Wellen sorgt eine Ölumlaufschmierung für eine ausreichende Menge Schmierstoff. Durch eine Pumpe wird das Öl mit einem Druck zwischen 0,5 und 3 bar in den Lagerspalt gepresst. Von dort fließt es ggf. über einen Ölkühler in den Ölbehälter zurück.

Hydrostatische Schmierung

Bei Gleitlagern mit hydrostatischer Schmierung wird Öl in die am Umfang des Lagers verteilten Öltaschen gepresst **(Bild 1** und **Bild 1, Seite 244)**. Jede Tasche wird dabei mit einem konstanten Volumenstrom versorgt. Der Öldruck wird außerhalb der Lager von besonderen Pumpen erzeugt.

Dadurch wird die Welle wieder in die Lagermitte gedrückt. Auch im Stillstand und beim Anlauf berühren sich Welle und Lagerschale nicht. Deshalb ist ein Ruckgleiten (Stick-Slip) ausgeschlossen. Hydrostatisch werden z. B. Drehmaschinenhauptspindeln geschmiert, wenn hohe Tragfähigkeit und große Rundlaufgenauigkeit verlangt sind.

Tabelle 1: Hydrostatische Schmierung

Vorteile	Nachteile
kein Verschleiß beim Anlauf	aufwendige, teure Schmiereinrichtung
geringe Erwärmung	sorgfältige Überwachung des Schmiersystems erforderlich
hohe Rundlaufgenauigkeit	
kein Ruckgleiten	

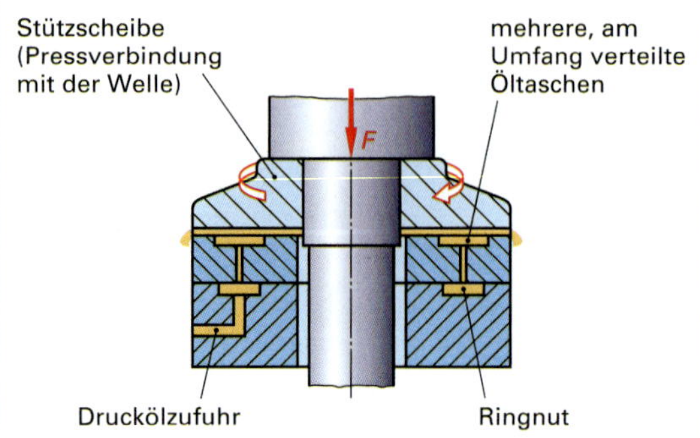

Bild 1: Hydrostatisches Axiallager

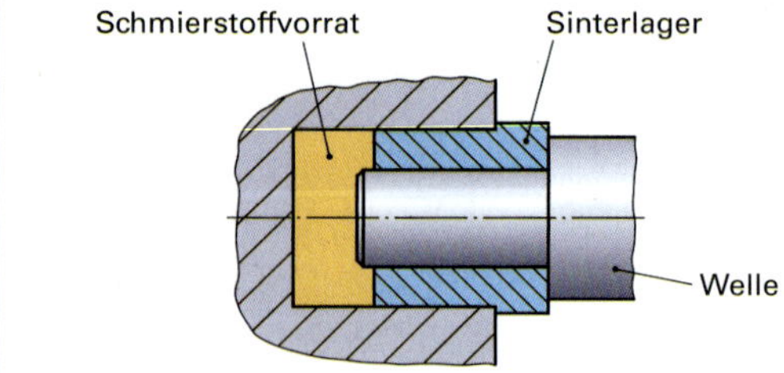

Bild 2: Wartungsfreies Sinterlager

Bei Belastung der Welle verschiebt sich deren Mittelpunkt in Kraftrichtung. Wegen des konstanten Volumenstroms steigt der Druck auf der Seite mit den engeren Spalten, auf der anderen Seite fällt er ab.

Wartungsarme Gleitlager besitzen einen Schmierstoffvorrat, der für längere Zeit, z. B. für mehrere Monate, ausreicht.

Wartungsfreie Gleitlager

Bei solchen Lagern reicht der vorhandene Schmierstoffvorrat für die gesamte Lebensdauer des Lagers **(Bild 2)**. Wartungsfrei sind z. B. Gleitlager aus dem Kunststoff PTFE, schmierstoffgetränkte Sinterlager sowie Lager mit Laufschichten, die Festschmierstoffe enthalten. Wartungsfreie Verbundgleitlager können auch aus einer Stahlstützschale mit aufgesinterter Bronzelaufschicht bestehen. In der Laufschicht ist, fein verteilt, der Festschmierstoff Grafit enthalten. Solche Lager besitzen eine geringe Reibung und sind für Temperaturen bis 350 °C geeignet.

Gleitwerkstoffe

Lagerwerkstoff, Zapfenwerkstoff und Schmierstoff müssen bei Gleitlagern aufeinander abgestimmt sein.

Als Lagerwerkstoffe eignen sich Legierungen aus Kupfer, Zinn, Blei, Zink, Aluminium sowie Sintermetalle, Kunststoffe, wie z. B. Polyamid, für untergeordnete Zwecke auch Gusseisen mit Lamellengrafit.

Lagerwerkstoffe benötigen folgende Eigenschaften

- hohe Verschleißfestigkeit
- gute Notlaufeigenschaft
- hohe Wärmeleitfähigkeit
- gute Benetzbarkeit durch den Schmierstoff
- Aufnahmemöglichkeit für Abrieb

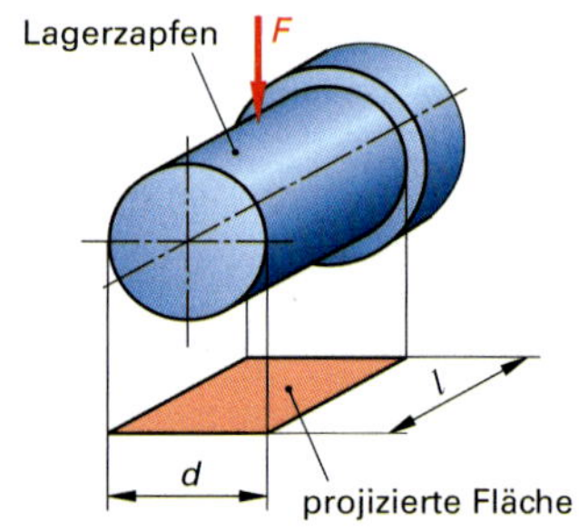

Bild 3: Projizierte Fläche

Tabelle 1: Zulässige Flächenpressung

Werkstoff	p_{zul} in N/mm²
SnSb12Cu6Pb	15
PbSb14Sn9CuAs	12,5
G-CuSn12	25
EN-GJL-250	5
PA66	7

Die zulässige Flächenpressung der Lagerwerkstoffe ist unterschiedlich hoch. Erfahrungswerte können Tabellen entnommen werden **(Tabelle 1)**.

Die tragende Fläche *A* entspricht der Fläche des projizierten Wellendurchmessers **(Bild 3)**.

Flächenpressung

$$p = \frac{F}{A}$$

Mehrschichtgleitlager

Sie werden bei hochbelasteten, schnell laufenden Wellen, z. B. bei Kurbelwellen, eingesetzt **(Bild 1)**, und bestehen aus einer Stahlstützschale sowie mehreren dünnen Lagermetallschichten. Sie besitzen eine hohe Tragfähigkeit bei geringem Einbauraum.

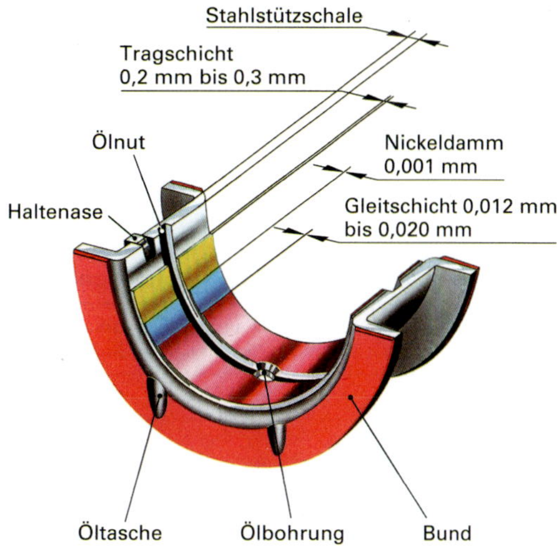

Bild 1: Mehrschichtgleitlager

Rechenbeispiel zur Flächenpressung

Ein Lagerzapfen mit einem Durchmesser d = 50 mm und einer Länge l = 40 mm soll eine Lagerkraft F = 50 kN aufnehmen. Welcher Werkstoff muss verwendet werden **(Tabelle 1, Seite 244)**?

Lösung

$$p = \frac{F}{A} = \frac{F}{d \cdot l} = \frac{50000\ \text{N}}{50\ \text{mm} \cdot 40\ \text{mm}} = \mathbf{25\ N/mm^2}$$

Als Gleitlagerwerkstoff eignet sich G-CuSn12 mit p_{zul} = 25 N/mm².

// Wälzlager

Bei Wälzlagern erfolgt die Kraftübertragung vom Wellenzapfen auf das Lagergehäuse über Wälzkörper, die zwischen den beiden Laufringen abrollen **(Bild 2)**. Die dabei entstehende Wälzreibung ist kleiner als die Reibung in einem Gleitlager. Besonders vorteilhaft gegenüber Gleitlagern mit hydrodynamischer Schmierung ist die geringere Reibung bei niedrigen Drehzahlen und beim Anlaufen.

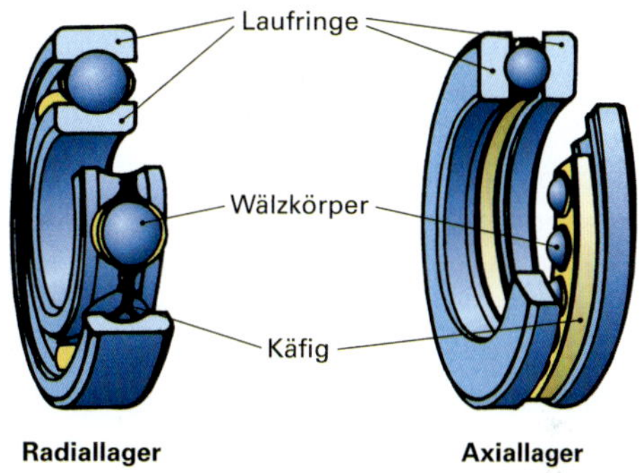

Bild 2: Bezeichnungen am Wälzlager

vel.plus/
FILF213

Überlegen und beantworten Sie:

1. Wie entsteht der Schmierfilm bei Gleitlagern mit hydrodynamischer Schmierung?
2. Welche Ursache hat das Ruckgleiten?
3. Warum laufen hydrostatisch geschmierte Lager verschleißfrei?
4. Welche Vor- und Nachteile besitzt eine hydrostatische Schmierung gegenüber einer hydrodynamischen Schmierung?
5. Welche Ursachen kann eine starke Erwärmung des Schmieröls haben?
6. Warum muss bei starker Schmierölerwärmung ein Ölkühler verwendet werden?
7. Welche Werkstoffe eignen sich als Lagerwerkstoffe?
8. Welcher Gleitlagerwerkstoff nach Tabelle 1, Seite 244, kann verwendet werden, wenn die Abmessungen des Lagerzapfens einer Welle d = 30 mm und l = 25 mm betragen und die Lagerstelle eine Kraft von 9 kN aufnehmen muss?

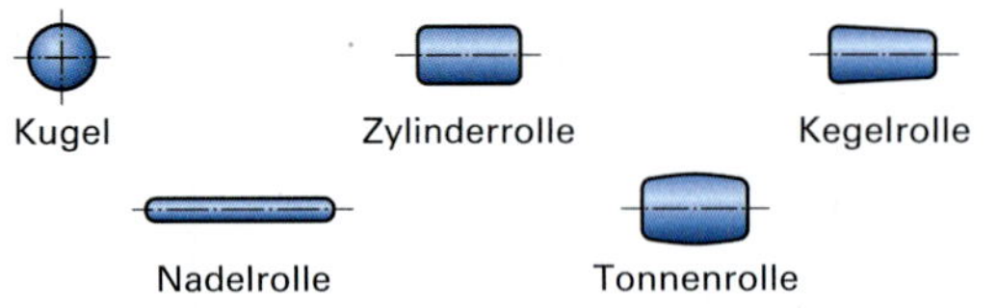

Bild 1: Wälzkörper

Tabelle 1: Vergleich von Werkstoffeigenschaften

Kennwerte	Wälzlagerstahl 100Cr6	Siliziumnitrid Si_3N_4
Dichte φ	7,9 g/cm³	3,25 g/cm³
Ausdehnungskoeffizient α_1	$12 \cdot 10^{-6}$/K	$3 \cdot 10^{-6}$/K
Härte HV10	700 kg/mm²	1600 kg/mm²
spezifischer elektrischer Widerstand ϱ	$0{,}4 \cdot 10^{-6}\,\Omega \cdot m$ (Leiter)	$10^{12}\,\Omega \cdot m$ (Nichtleiter)
Druckfestigkeit σ_D	880 N/mm²	3000 N/mm²
Elastizitätsmodul E	210 kN/mm²	310 kN/mm²

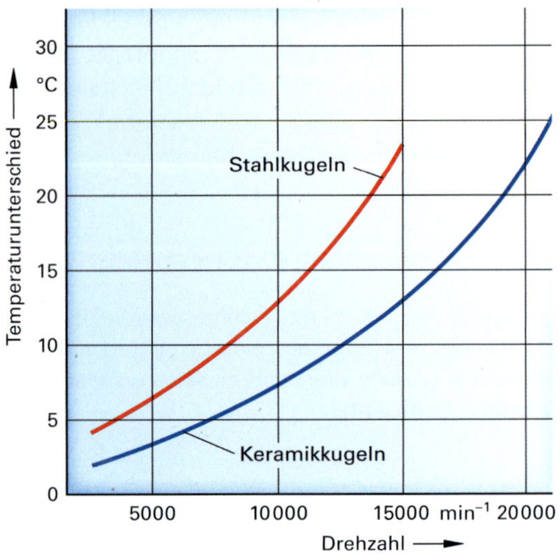

Bild 2: Erwärmung von Wälzlagern

Als Wälzkörper werden Kugeln, Zylinderrollen, Kegelrollen, Tonnenrollen und Nadelrollen verwendet **(Bild 1)**. Die Wälzkörper können ein- oder zweireihig angeordnet sein. Der Käfig hält die Wälzkörper in einem gleichmäßigen Abstand voneinander und verhindert bei zerlegbaren Lagern das Herausfallen der Wälzkörper. Laufringe und Wälzkörper werden aus Wälzlagerstahl, z. B. 100Cr6 oder 100CrMo6, gefertigt. Lagerkäfige bestehen aus Stahl- oder CuZn-Blech, massivem CuZn oder Polyamidkunststoff **(Tabelle 1)**.

Hybridlager

Wenn an eine Lagerung höchste Anforderungen an Laufgenauigkeit, Drehzahl und Steifigkeit gestellt werden, wie z. B. an die Lagerung der Arbeitsspindel einer Werkzeugmaschine, werden Wälzlager mit Keramikwälzkörpern eingesetzt. Wegen der unterschiedlichen Werkstoffe für Lagerringe und Wälzkörper werden solche Lager als Hybridlager bezeichnet.

Keramikwälzkörper bestehen aus Siliziumnitrid (Si_3N_4). Sie besitzen gegenüber Wälzkörpern aus Stahl eine geringere Dichte und Wärmedehnung. Außerdem sind sie härter, elektrisch isolierend, besitzen eine höhere Druckfestigkeit und stellen geringere Anforderungen an die Schmierung (Tabelle 1).

Wegen der geringen Dichte sind die Fliehkräfte der Wälzkörper auf die Außenringe und dadurch die Reibung wesentlich kleiner. Hybridlager werden deshalb nicht so warm und lassen höhere Drehzahlen zu **(Bild 2)**. Wegen der geringeren Wärmedehnung sind bei unter Vorspannung eingebauten Lagern die Reibung und die Betriebstemperatur kleiner. Die hohe Härte und Druckfestigkeit sowie die geringe Fressneigung der Stahl-Keramik-Reibpaarung ergeben eine höhere Lagersteifigkeit und eine große Verschleißfestigkeit.

Bei **Vollkeramiklagern** sind auch die Laufringe aus Siliziumnitrid gefertigt. Solche Lager sind korrosionsbeständig gegen viele Säuren und Laugen, warmfest bis 800 °C sowie unmagnetisch. Sie können, wenn sie in Pumpen eingebaut sind, mit den Medien, die sie fördern, z. B. Wasser oder Säuren, geschmiert werden.

// Wälzlagerarten

Nach der Grundform der Walzkörper unterscheidet man Kugellager und Rollenlager **(Bild 1, Seite 247)**.

Kugellager

Rillenkugellager in ein- und zweireihiger Ausführung eignen sich für mittlere radiale und kleine axiale Belastungen sowie für hohe Drehzahlen.

Schrägkugellager können axiale Krafte in einer Richtung und radiale Kräfte aufnehmen. Sie werden meist paarweise eingebaut und vorgespannt.

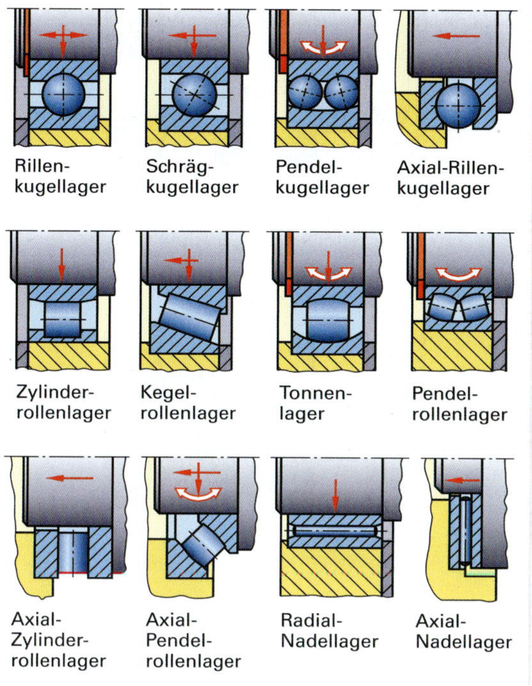

Bild 1: Wälzlagerarten

Bild 2: Pendelrolllager

Bild 3: Nadelkranz

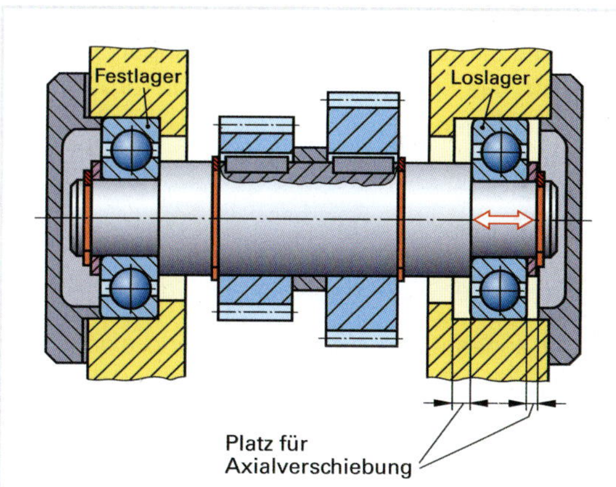

Bild 4: Fest- und Loslager

Axial-Rillenkugellager und Axial-Zylinderrollenlager nehmen nur axiale Lagerkräfte auf. Sie werden in Verbindung mit Radiallagern eingebaut.

Rollenlager

Zylinderrollenlager verwendet man bei hohen radialen Belastungen und großen Wellen.

Kegelrollenlager können große radiale Kräfte sowie axiale Kräfte in einer Richtung aufnehmen. Sie werden meist paarweise eingebaut.

Pendellager

Pendelkugellager, Pendelrollenlager, Tonnenlager und Axial-Pendelrollenlager können Fluchtungsfehler ausgleichen, die z. B. durch Bearbeitungsfehler und Wellendurchbiegungen entstehen **(Bild 2)**.

Nadellager

Sie benötigen wenig Einbauraum und können auch ohne Laufringe zwischen Welle und Lagergehäuse eingebaut werden (Nadelkränze) **(Bild 3)**.

// Lageranordnung

Bei der Lagerung von Wellen wird ein Lager meist als Festlager, das andere als Loslager eingebaut **(Bild 4)**. Beide Lager werden durch radiale Kräfte belastet. Das axial nicht bewegliche Festlager nimmt zudem die gesamte Axialkraft auf, während sich das Loslager bei Ausdehnung der Welle in Achsrichtung verschieben kann.

Dadurch wird ein Verspannen der Walzkörper in den Laufringen verhindert. Zylinderrollenlager ohne Anlaufborde und Nadellager werden als Loslager eingesetzt.

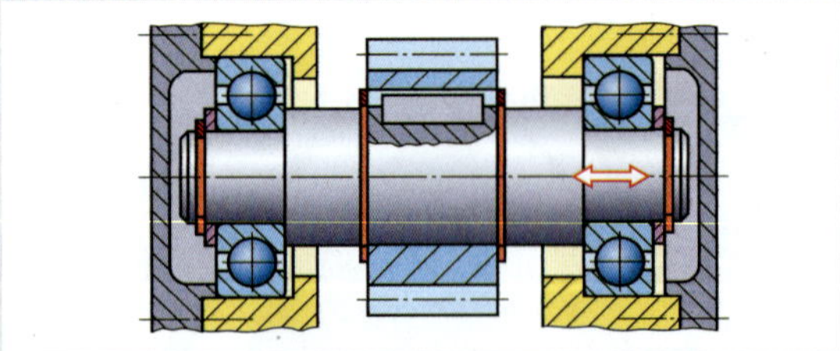

Bild 1: Schwimmende Lagerung

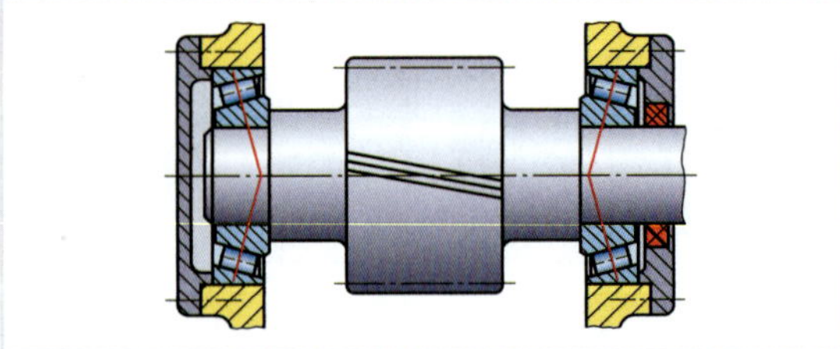

Bild 2: Angestellte Lagerung in X-Anordnung

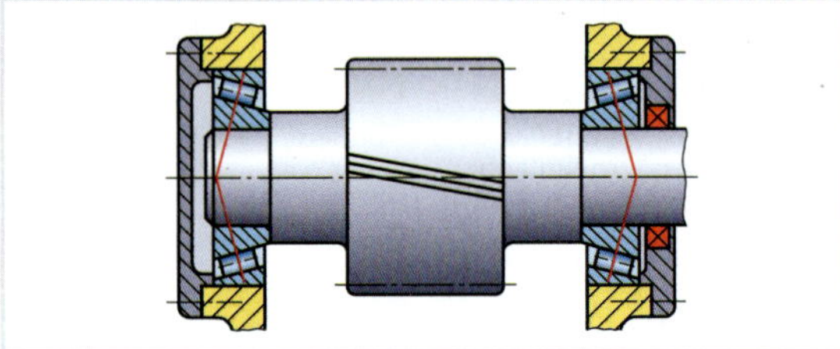

Bild 3: Angestellte Lagerung in O-Anordnung

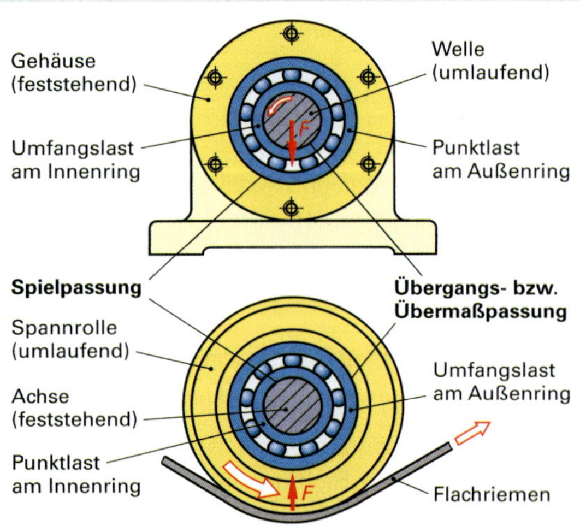

Bild 4: Umlaufverhältnisse (Lastfälle)

Schwimmende Lagerung

Bei der schwimmenden Lagerung **(Bild 1)** wird ein Einbauspiel von 0,5 mm bis 1 mm vorgesehen. Dadurch werden die Montagekosten gesenkt. Bei jedem Richtungswechsel der Axialkraft kann sich die Welle geringfügig verschieben.

Angestellte Lagerung

Bei der angestellten Lagerung können beide Lager Axialkräfte aufnehmen, jedoch jeweils nur in einer Richtung. Daher werden Lager in einer angestellten Lagerung immer entgegengesetzt eingebaut. Man spricht dann entweder von einer X- oder O-Anordnung. Ist die Welle in X-Anordnung gelagert **(Bild 2)**, ergibt dies eine kleinere Stützbasis als bei der O-Anordnung. Die Drucklinien weisen nach innen. Bei Erwärmung der Welle verringert sich die Lagerluft, das Spiel zwischen den Wälzkörpern und den Lagerringen.

Ist die Welle in O-Anordnung gelagert **(Bild 3)**, ergibt dies eine größere Stützbasis als bei der X-Anordnung. Die Drucklinien weisen dann nach außen. Bei Erwärmung der Welle vergrößert sich die Lagerluft.

Bei der angestellten Lagerung ist eine axiale Verschiebung bei Temperaturschwankungen nicht möglich. Sie ist deshalb nur für kurze Wellen anwendbar.

// Umlaufverhältnisse

Bei nicht zerlegbaren Wälzlagern, die als Loslager wirken sollen, muss ein Laufring axial verschiebbar sein. Voraussetzung dafür ist eine Spielpassung zwischen dem Laufring und der Welle oder dem Gehäuse. An welcher Stelle eine Spielpassung vorhanden sein darf, hängt vom Umlaufverhältnis ab. Unter dem Umlaufverhältnis versteht man die Bewegung des Laufrings im Verhältnis zur Lastrichtung. Man unterscheidet Umfangs- und Punktlast.

Umfangslast liegt vor, wenn bei einer Umdrehung des Lagers jeder Punkt der Laufringbahn einmal belastet wird (**Bild 4**, oben: Innenring, unten: Außenring). Laufringe, die eine Umfangslast aufnehmen, müssen umso fester gefügt werden, je größer die Belastung ist. Bei einer Spielpassung zwischen den Teilen würde nämlich der Laufring in Umfangsrichtung „wandern"; Laufring und Gegenstück würden dadurch beschädigt (Passungsrost).

Punktlast liegt vor, wenn die Belastung ständig auf denselben Punkt des Laufrings gerichtet ist (Bild 4, oben: Außenring, unten: Innenring). Bei Punktlast wandert der Ring nicht. Er kann mit kleinem Spiel eingebaut werden und ist dann axial verschiebbar.

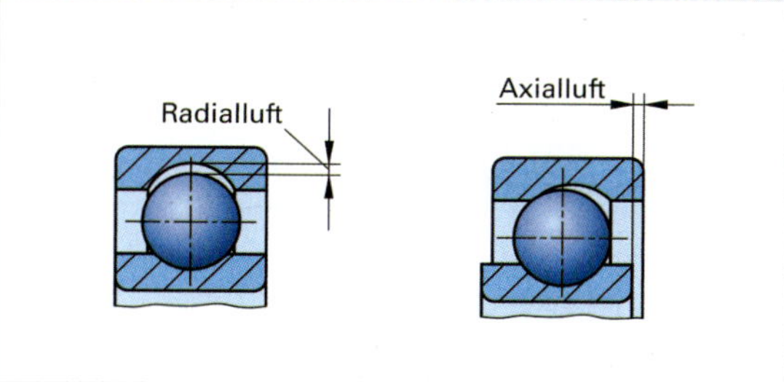

Bild 1: Radial- und Axialluft

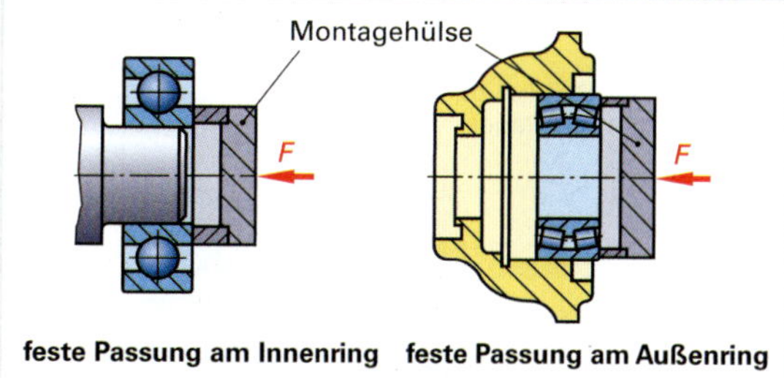

Bild 2: Montage mit Presshülsen

// Montage der Wälzlager

Zwischen den Walzkörpern und den Lagerringen ist meist ein geringes Spiel in axialer und in radialer Richtung vorhanden **(Bild 1)**.

Dieses Spiel wird als Lagerluft bezeichnet. Die radiale Lagerluft verringert sich bei der Montage der Lager wegen Passungsübermaßen und im Betriebszustand durch Wärmedehnung der Bauteile. Das im Betriebszustand noch vorhandene Spiel wird als Betriebsspiel bezeichnet. Je kleiner das Betriebsspiel ist, desto genauer ist die Führung durch das Lager.

Beachtung bei der Wälzlagermontage:

- Wälzlager sind sehr empfindlich gegen Verschmutzung und Korrosion. Die Lager sollen immer in der Originalverpackung aufbewahrt werden. Das an den Lagern haftende Korrosionsschutzöl darf, wenn erforderlich, erst bei der Montage abgewischt werden.
- Bei der Montage eines Lagers ist vor allem darauf zu achten, dass die Einpresskraft nicht über die Wälzkörper übertragen wird **(Bild 2)**. Die Montagehülse muss deshalb immer am Laufring mit der festen Passung angesetzt werden.
- Mit mechanischen oder hydraulischen Pressen können Wälzlager sicher und schnell eingebaut werden **(Bild 4)**.

Bei Lagern mit kegeliger Bohrung und Spannhülse wird die Lagerluft durch Anziehen einer Spannmutter eingestellt **(Bild 3)**.

// Demontage der Wälzlager

Zum Ausbau der Wälzlager sind geeignete Abziehvorrichtungen zu verwenden **(Bild 5)**. Es ist darauf zu achten, dass die Ausziehkraft nicht durch die Wälzkörper übertragen wird.

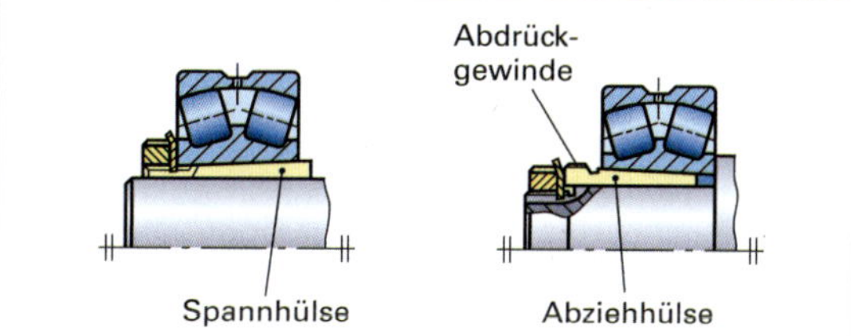

Bild 3: Spann- und Abziehhülse

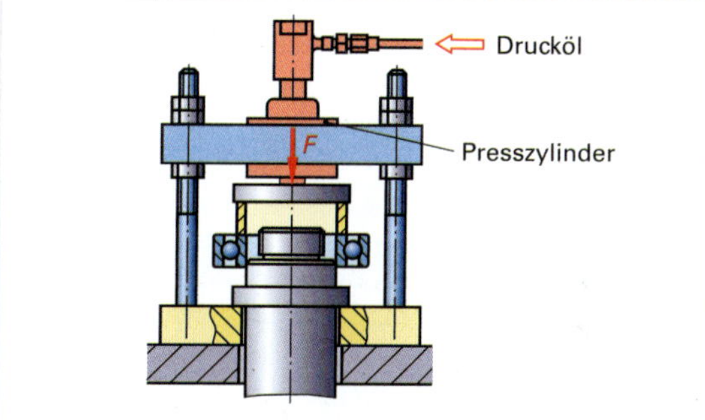

Bild 4: Montage mit hydraulischer Presse

Bild 5: Ausbau mit Lagerabzieher

Lernfeld 7

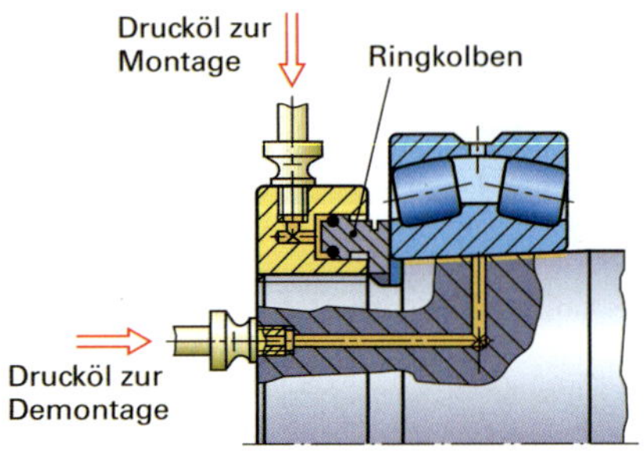

Bild 1: Hydraulikverfahren

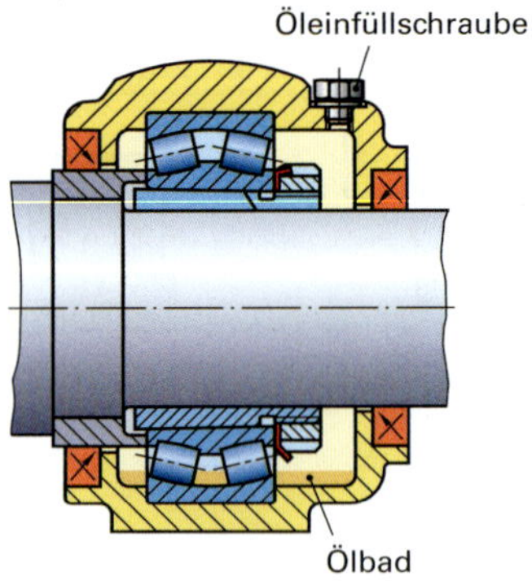

Bild 2: Ölbadschmierung

Mit dem Hydraulikverfahren können auch große, festsitzende Wälzlager abgezogen werden **(Bild 1)**.

Weitere Montagemöglichkeiten:

- Bei größeren Lagern sind auch die Einpresskräfte größer. Deshalb werden sie vor der Montage im Ölbad oder mit einem elektrischen Heizgerät auf 80 °C bis maximal 100 °C erwärmt.
- Lager mit kegeliger Bohrung werden entweder auf einem kegeligen Zapfen der Welle oder mit einer geschlitzten Spannhülse auf der zylindrischen Welle befestigt.
- Große Wälzlager mit kegeliger Bohrung können mit dem Hydraulikverfahren montiert werden **(Bild 5)**. Dabei wird Drucköl zwischen die Passflächen gepresst. Der Innenring weitet sich dadurch geringfügig auf. Anschließend kann das Lager von Hand oder mit einer Ringkolbenpresse auf den Wellenzapfen geschoben werden.

// Schmierung von Wälzlagern

Bei Wälzlagern bildet der Schmierstoff eine Trennschicht zwischen den Wälzkörpern und dem Innen- bzw. Außenring. Außerdem schützt der Schmierstoff das Lager vor Korrosion und verhindert bei Fettschmierung das Eindringen von Schmutz.

Zum Schmieren der Wälzlager dürfen nur die vom Wälzlagerhersteller empfohlenen Schmierstoffe verwendet werden.

Fettschmierung

Wegen der einfachen Nachschmiermöglichkeit und der guten Abdichtung werden die meisten Wälzlager mit Fett geschmiert, wobei die Hälfte des Lagerhohlraums mit Fett gefüllt wird. Wälzlager mit Dichtscheiben erhalten bereits vom Hersteller eine Fettfüllung, die für die Lebensdauer des Wälzlagers ausreicht.

Ölschmierung

Ölschmierung wird für Wälzlager nur angewandt, wenn wegen hoher Drehzahlen Reibungswärme abgeführt werden muss oder wenn benachbarte Maschinenelemente, wie Zahnräder in Getrieben, ebenfalls mit Öl geschmiert werden.

Bei der Ölbadschmierung tauchen die unteren Wälzkörper bis zur Hälfte in das Ölbad ein **(Bild 2)**. Durch die Drehbewegung werden alle Lagerteile ausreichend mit Öl versorgt.

Bei der Ölumlaufschmierung wird das Schmieröl durch eine Ölpumpe dem Lager zugeführt **(Bild 3)**. Das aus dem Lager austretende Öl fließt über Rücklaufkanäle in den Ölbehälter zurück.

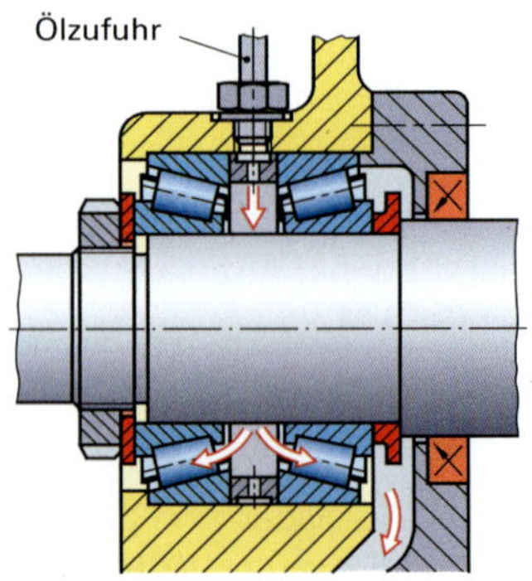

Bild 3: Ölumlaufschmierung

// Wellensicherungen

Formschlüssige Welle-Nabe-Verbindungen und Bauteile wie Wälzlager, die sich auf Wellen oder in Bohrungen verschieben können, müssen axial gesichert werden. Die Sicherung erfolgt formschlüssig oder kraftschlüssig.

Formschlüssige Wellensicherungen. Die aufnehmbaren axialen Kräfte sind von der Bauart des Sicherungselements und von der konstruktiven Gestaltung der Maschinenteile abhängig **(Bild 1)**. So muss z. B. die Wellennut für einen Sicherungsring einen genügend großen Abstand vom Wellenende besitzen. Die Anlagefläche des zu sichernden Maschinenteils soll möglichst großflächig am Sicherungsring anliegen. Sind Maschinenteile mit großen Fasen oder Abrundungen zu sichern, werden zusätzlich Stützscheiben oder Sicherungsringe mit am Umfang verteilten Lappen verwendet. Die meisten formschlüssigen Sicherungselemente erfordern eine Bearbeitung der Welle. Dies kann zu einer Schwächung des Wellenquerschnitts, zu zusätzlicher Kerbwirkung oder zu Unwucht führen.

Kraftschlüssige Wellensicherungen. Mit kraftschlüssigen Sicherungselementen, wie z. B. Nut- oder Kreuzlochmuttern, können diese Nachteile vermieden werden. Neben der axialen Lagesicherung beliebiger Bauteile kann mit ihnen z. B. das Spiel bei Kegelrollen- oder Axial-Zylinderrollenlagern durch Verdrehen der Mutter auf dem Feingewinde der Welle exakt eingestellt werden. Die Sicherung erfolgt entweder durch die Verformung einer genuteten Kreuzlochmutter mittels einer Innensechskantschraube (**Bild 2**, oben) oder durch Gewindestifte, mit denen Sicherungsstifte auf die Gewindeflanken des Wellengewindes gepresst werden (**Bild 2**, unten).

Als Wellensicherungen werden verwendet:
- Sicherungsringe
- Sicherungsringe mit Lappen
- Sicherungsscheiben
- Sprengringe
- Nutmuttern

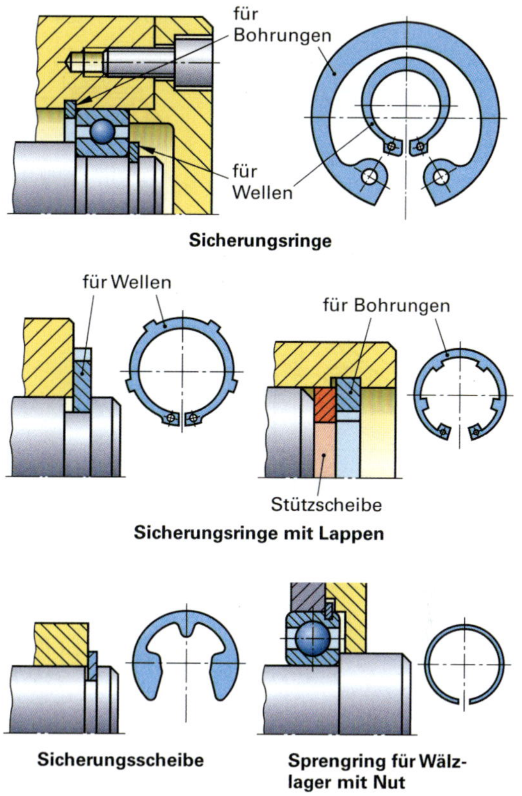

Bild 1: Formschlüssige Wellensicherungen

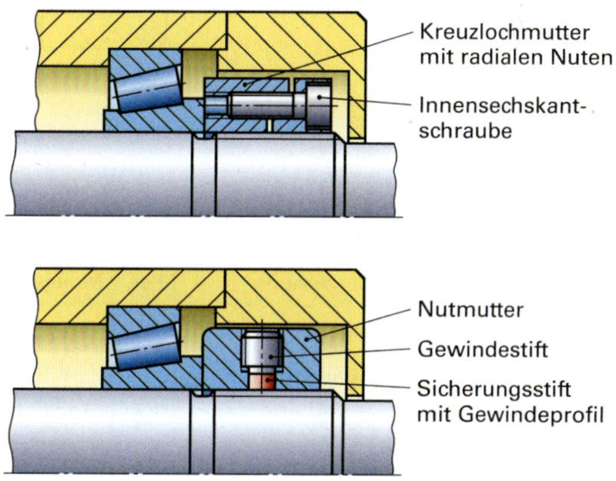

Bild 2: Kraftschlüssige Wellensicherungen

Überlegen und beantworten Sie:

1. Auf welche Weise können Naben gegen axiales Verschieben gesichert werden?
2. Welche Funktion haben Stützscheiben?

vel.plus/
FILF214

vel.plus/
FILF215

vel.plus/
FILF216

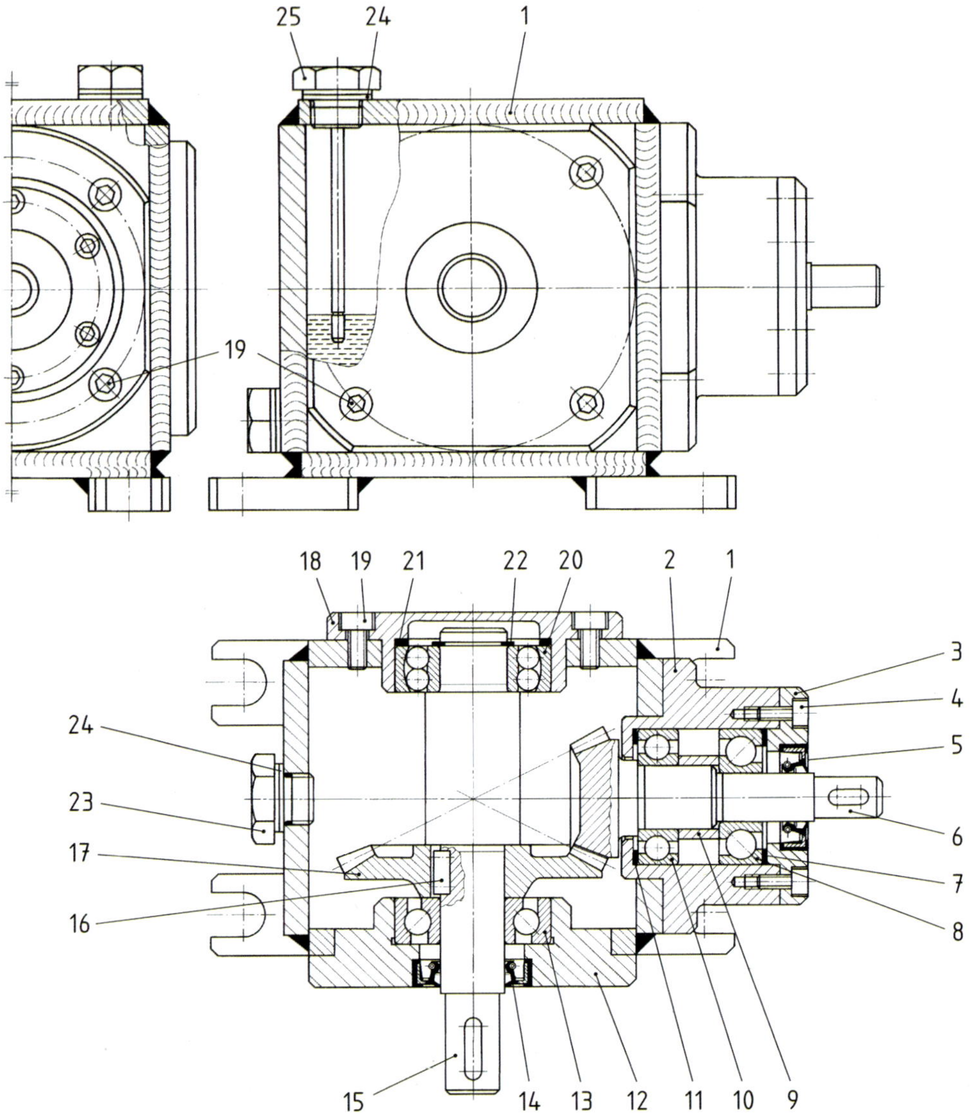

Stückliste: Kegelradgetriebe

Pos.	Menge	Benennung	Pos.	Menge	Benennung	Pos.	Menge	Benennung
1	1	Getriebegehäuse	**10**	1	Rillenkugellager	**19**	12	Zylinderschraube
2	1	Lagergehäuse	**11**	1	Passscheibe	**20**	1	Pendelkugellager
3	1	Lagerdeckel	**12**	1	Lagergehäuse	**21**	1	Federnde Abstandsscheibe
4	6	Zylinderschraube	**13**	1	Schrägkugellager			
5	1	Radial-Wellendichtring	**14**	1	Radial-Wellendichtring	**22**	1	Sicherungsring
6	1	Kegelradritzel	**15**	1	Welle	**23**	1	Verschlussschraube
7	1	Passscheibe	**16**	1	Passfeder	**24**	2	Flachdichtring
8	1	Schrägkugellager	**17**	1	Kegelrad	**25**	1	Verschlussschraube mit Peilstab
9	1	Abstandsring	**18**	1	Lagergehäuse			

Bild 1: Kegelradgetriebe – Gesamtzeichnung und Stückliste

Überlegen und beantworten Sie:

Die Fragen 1…17 beziehen sich auf das Kegelradgetriebe **(Bild 1, Seite 252)**.

1. Welche Wälzlagerarten sind im Kegelrad verbaut?

2. Welche Lager dienen als Loslager? Geben Sie die Positionsnummer und die exakte Bezeichnung an.

3. Warum sind im Kegelradgetriebe Loslager erforderlich?

4. Welche Funktion hat Pos. 23?

5. Welche Aufgabe haben die dargestellten Pos. 5 und 14?

6. Welche Anforderung muss an die Oberfläche der Welle (15) im Bereich von Pos. 14 gestellt werden?

7. Welcher Lagerring von Pos. 13 hat Umfangslast, wenn die Welle (15) immer in derselben Kraftrichtung belastet wird?

8. Wie wird erreicht, dass zwischen den Pos. 3, 7, 9, 11 kein Spiel vorhanden ist?

9. Wie wird das Lager (20) montiert?

10. In welcher Reihenfolge müssen die Einzelteile der Ritzelwelle (6) demontiert werden, wenn die Lager (8 und 10) auszutauschen sind?

11. Welche Funktion hat das Bauteil Pos. 22?

12. Aus welchem Grund sind die Wellenbunde der Welle (6), an denen die Pos. 8 und 10 anliegen, mit Freistichen versehen?

13. Wie kann die Montage desjenigen Laufrings von Pos. 8, der Umfangslast aufnehmen muss, erleichtert werden?

14. Welche Schmierungsart liegt bei dem Kegelradgetriebe vor? Begründen Sie Ihre Antwort.

15. Warum sind für das Kegelradgetriebe Wälzlager besser geeignet als Gleitlager?

16. Welche alternative Drehmomentübertragung wäre bei Pos. 15 im Bereich der Passfedernut außerhalb des Getriebegehäuses sinnvoll?

17. Mit welchem Fügeverfahren sind die einzelnen Bauteile des Getriebegehäuses Pos. 1 verbunden?

18. Warum erwärmt sich ein Hybridlager bei gleicher Belastung weniger als ein herkömmliches Wälzlager?

19. Warum soll der Lagerring eines Wälzlagers, der Umfangslast aufnehmen muss, mit einer Übermaßpassung gefügt werden?

20. Was versteht man bei Wälzlagern unter dem Betriebsspiel?

21. Was versteht man unter Punktlast?

22. Worauf ist beim Einbau eines Wälzlagers zu achten?

23. Welche Auswirkungen hat die Montage eines Wälzlagers auf die Lagerluft, wenn beim Fügen eine Übermaßpassung entsteht?

24. Wie können Wälzlager mit Vorspannung montiert werden?

25. Worauf ist beim Ausbau eines Wäzlagers generell zu achten?

3.3.2 Führungen

Führungen ermöglichen eine geradlinige Bewegung von Maschinenteilen, wie z. B. von Schlitten an Werkzeugmaschinen.

Notwendige Eigenschaften von Führungen:

- hohe Führungsgenauigkeit durch geringes Spiel und große Steifigkeit
- Nachstellmöglichkeit des Führungsspiels
- geringe Reibung und niedriger Verschleiß
- möglichst gute Dämpfungseigenschaften
- einfache Wartung und Schmiermöglichkeit
- Abdichtung gegen Schmutz und Späne

Führungen können nach der Form der Führungsbahn, nach der Richtung der übertragbaren Kräfte in offene und geschlossene Führungen und nach der Art der Reibung in Gleit- und Wälzführungen eingeteilt werden.

// Formen von Führungen

Nach der Form der Führungsbahn unterscheidet man Flachführungen, V-Führungen, Schwalbenschwanzführungen und Rundführungen.

Flachführungen sind einfach herzustellen. Bei bestimmten Anwendungen benötigen sie eine Nachstellleiste zum Einstellen des Führungsspiels sowie eine Schließleiste, die das Abheben des Schlittens verhindert **(Bild 1)**. Flachführungen können nur Kräfte senkrecht zur Führungsbahn aufnehmen.

Schwalbenschwanzführungen verhindern durch ihre Form ein Abheben des Tischs. Mit einer Nachstellleiste kann das Spiel eingestellt oder der Verschleiß ausgeglichen werden **(Bild 2)**. Schwalbenschwanzführungen besitzen eine geringe Bauhöhe, sind aber in der Herstellung teuer.

Rundführungen sind einfach und genau herzustellen **(Bild 3)**. Gegen Verdrehung können sie durch Nuten oder durch Kombination mit anderen Führungen gesichert werden.

// Wälz- und Gleitführungen

Wälzführungen besitzen dieselben Vor- und Nachteile wie Wälzlager. Die Kraftübertragung erfolgt durch Kugeln oder Rollen, die sich zwischen einer Führungsschiene und einem Führungswagen abwälzen. Wegen der hohen Flächenpressung sind Führungsschiene und Führungswagen, die an Bett und Schlitten einer Werkzeugmaschine geschraubt werden, im Laufbahnbereich gehärtet und geschliffen.

Bei Wälzführungen für lange Verschiebewege laufen die Wälzkörper nach dem Verlassen der Lastzone in einem Rückführkanal wieder zum Anfang der Lastzone zurück **(Bild 4)**. Für Wälzführungen mit runden Führungsbahnen haben sich Kugelbuchsen bewährt.

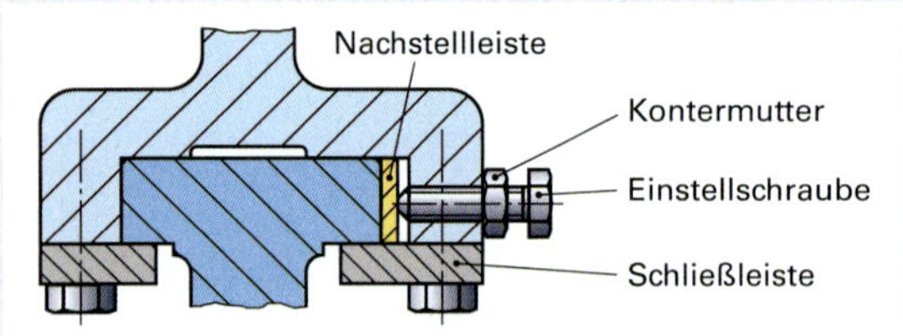

Bild 1: Flachführung

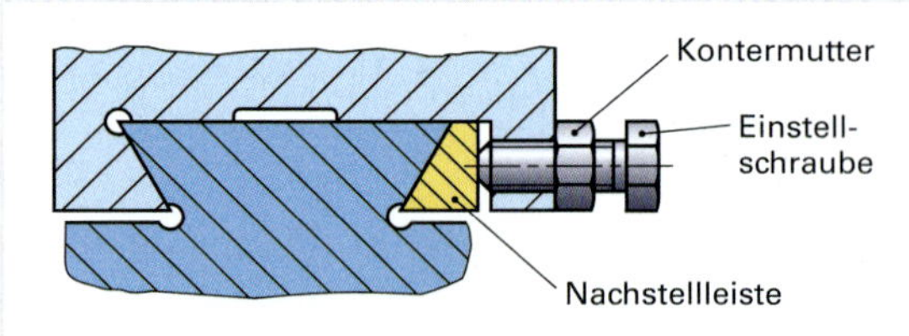

Bild 2: Schwalbenschwanzführung

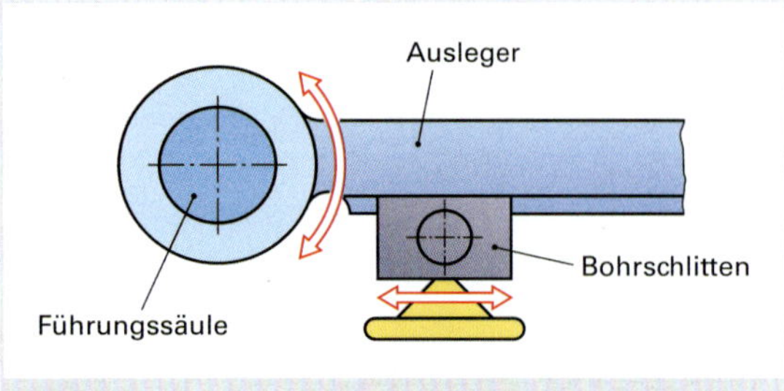

Bild 3: Rundführung

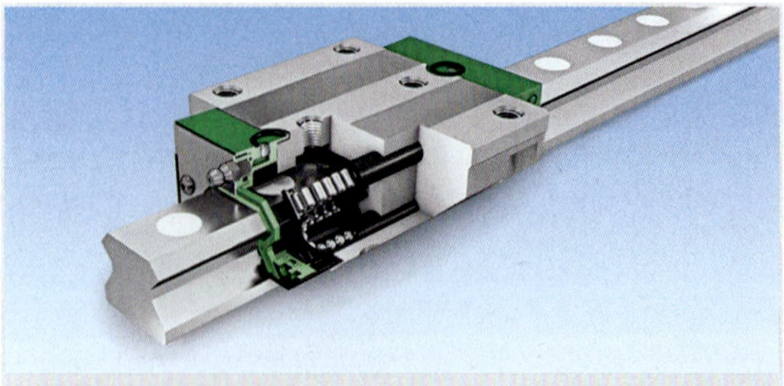

Bild 4: Wälzlager-Rückführung

Lernfeld 7

Solche Rundführungen gestatten neben der geradlinigen Bewegung auch Drehbewegungen. Verdrehfeste Kugelführungen besitzen Wellen mit Laufbahnrillen **(Bild 1)**.

Bei Wälzführungen mit Laufrollen sind z. B. geschliffene runde Stahlführungen in Tragschienen aus Aluminium befestigt **(Bild 2)**. Die Stahlwellen führen den Laufwagen, dessen Laufrollen sich spielfrei auf den Stahlwellen abwälzen. Neben Führungen für lineare Bewegungen werden auch bogen-, halbkreis- und kreisförmige Tragschienen, z. B. für Montage- oder Transporteinrichtungen, eingesetzt.

Gleitführungen werden wie Gleitlager geschmiert **(Seite 243)**. Wegen der geringen Gleitgeschwindigkeit tritt bei hydrodynamisch geschmierten Führungen häufig Mischreibung auf. Werkzeugmaschinen besitzen deshalb meist kunststoffbeschichtete Führungen, die gute Gleit- und Dämpfungseigenschaften besitzen und kostengünstig sind **(Bild 3)**.

Bei **hydrostatisch** geschmierten Gleitführungen wird von einer Pumpe Drucköl in mehrere, z. B. am Schlitten angeordnete Taschen gepumpt. Das Öl tritt über die Taschenspalte wieder aus, sodass der Schlitten auf dem Öl schwimmt **(Bild 4)**. Die Reibung zwischen Schlitten und Führungsbahn beschränkt sich auf die sehr geringe Flüssigkeitsreibung im Schmieröl.

> Wälz- und Gleitführungen werden meist im Maschinenbau und in Handhabungseinrichtungen zur exakten Führung der Schlitten verwendet.

Wenn der Öldruck fehlt, liegt der Schlitten auf dem Taschenrand auf. Beim Einschalten der Maschine fördert eine Ölpumpe kontinuierlich Öl, das von einem Regler gleichmäßig auf die einzelnen Taschen verteilt wird. Dadurch steigt der Öldruck in den Taschen schnell so weit an, dass der Schlitten vom Taschenrand um etwa 0,025 mm abgehoben wird. Der Schlitten kann jetzt fast reibungsfrei auf der Führung verschoben werden. Damit die Führung unterschiedlich große Belastungen bzw. Bearbeitungskräfte aufnehmen kann, ohne dass sich die senkrechte Lage des Schlittens zur Führung und damit die Spaltweite ändern, müssen die Drücke in den einzelnen Taschen der Belastung angepasst werden.

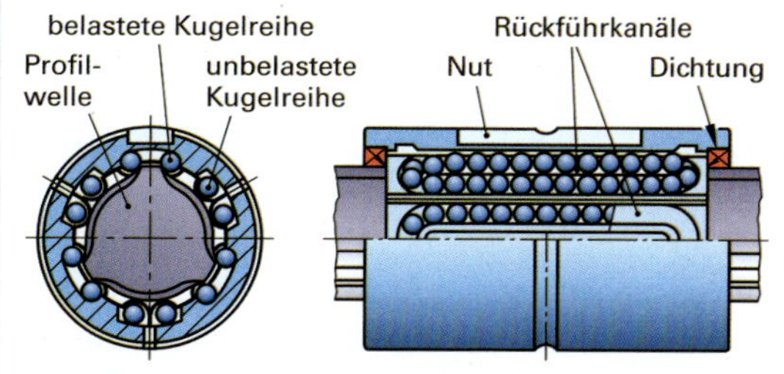

Bild 1: Verdrehfeste Kugelführung

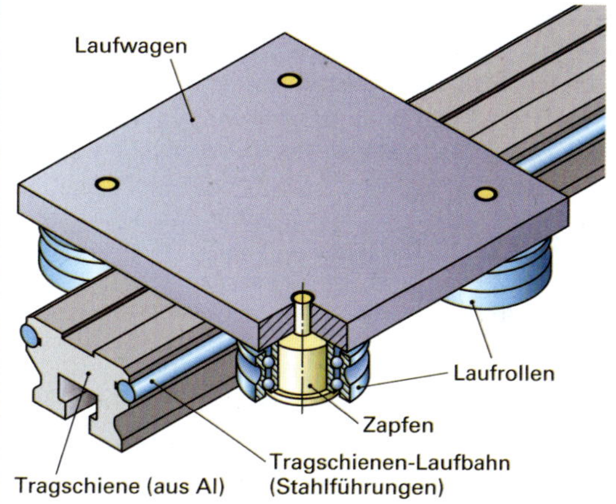

Bild 2: Wälzführung mit Laufrollen

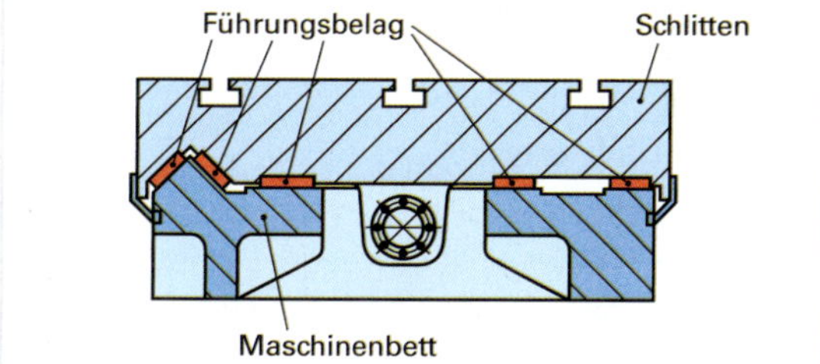

Bild 3: Kunststoffbeschichtete Schlittenführung

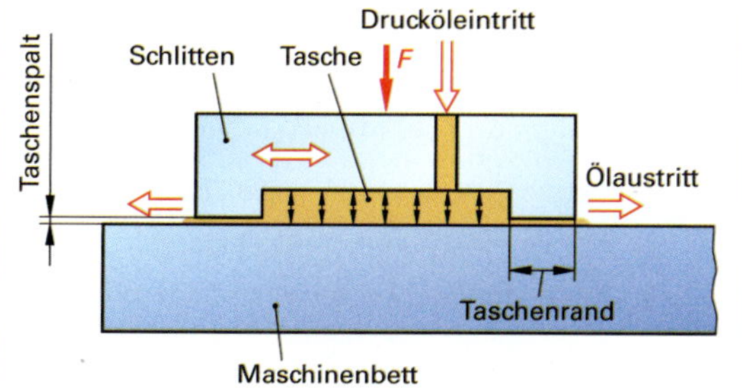

Bild 4: Prinzip der hydrostatischen Führung

Wird z.B. durch eine größere Belastung die Spaltweite einer Tasche kleiner, so steigt der Druck in dieser Tasche. Ein Regler veranlasst durch die Förderung einer größeren Ölmenge in diese Tasche, dass die richtige Spaltweite wiederhergestellt wird. Weil eine Tasche nur Kräfte senkrecht zu ihrer Fläche aufnehmen und übertragen kann, müssen die Taschen so angeordnet werden, dass Kräfte aus unterschiedlichen Richtungen aufgenommen werden können **(Bild 1)**.

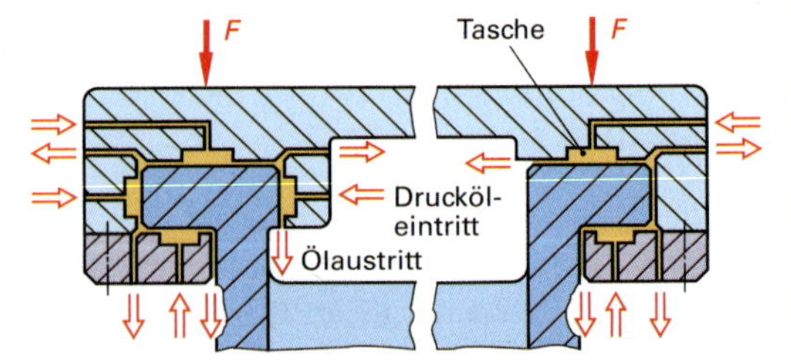

Bild 1: Hydrostatische Schlittenführung

> Bei hydrostatischen und aerostatischen Gleitführungen wird das Ruckgleiten vermieden.

Bei **aerostatischen** Gleitführungen, bei denen Druckluft anstelle von Öl verwendet wird, ist die Reibung noch geringer als bei hydrostatischen Gleitführungen.

3.3.3 Dichtungen

// Aufgaben

Dichtungen sollen das Austreten oder Eindringen von Flüssigkeiten, Gasen oder festen Stoffen, wie z.B. Staub, an Trennstellen von Bauteilen verhindern oder verringern **(Bild 2)**.

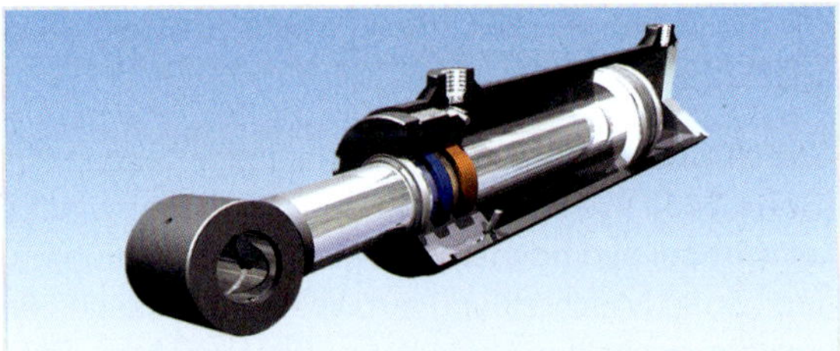

Bild 2: Abdichtung der Kolbenstange eines Hydraulikzylinders

// Dichtungsarten

Man unterscheidet ruhende (statische) Dichtungen und Bewegungsdichtungen (dynamische Dichtungen) **(Bild 3)**.

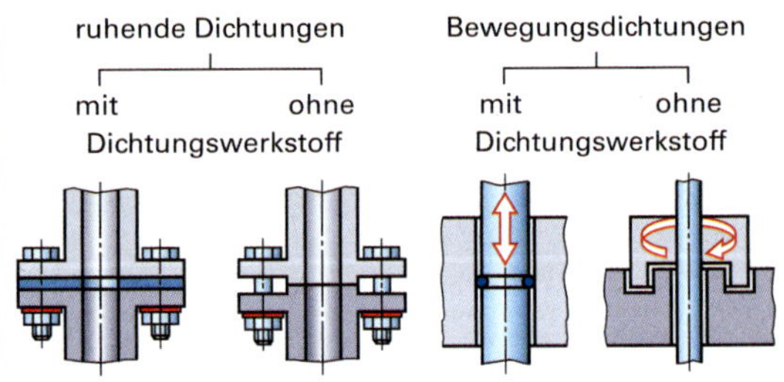

Bild 3: Dichtungsarten

Ruhende Dichtungen

Ruhende Dichtungen dichten zwischen Bauteilen ab, die sich zueinander nicht bewegen. Dichtungen werden beim Einbau elastisch oder plastisch verformt.

Flachdichtungen besitzen eine breite Auflagefläche **(Bild 1a, Seite 257)**. Wenn hohe Anpressdrücke erforderlich sind, werden Flachdichtungen mit Metallauflagen oder Metallbordeln verwendet.

Häufig verwendete **Profildichtungen** sind Runddichtringe (O-Ringe). In Verbindung mit Dichtringen werden die gummielastischen O-Ringe z.B. als Vorspannelemente zur Abdichtung von Kolben und Kolbenstangen in Hydraulikzylindern verwendet **(Bild 2, Seite 257)**.

Überlegen und beantworten Sie:

1. Welche Eigenschaften sollen Führungen besitzen?
2. Welche Führungen unterscheidet man nach der Form der Führungsbahn?
3. Warum tritt bei hydrodynamisch geschmierten Führungen häufig Mischreibung auf?
4. Wie funktionieren Wälzführungen für unbegrenzte Verschiebewege?
5. Warum ist die Reibung bei aerostatischen Gleitführungen geringer als bei hydrostatischen?
6. Wie funktionieren aerostatische Gleitführungen?

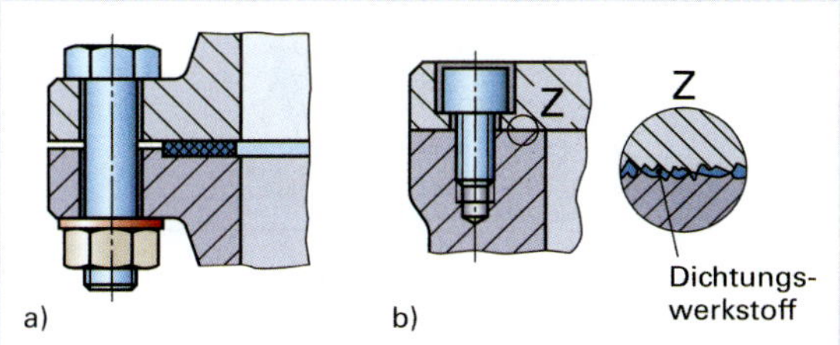

Bild 1: a) Flachdichtung und b) Flüssigkeitsdichtung

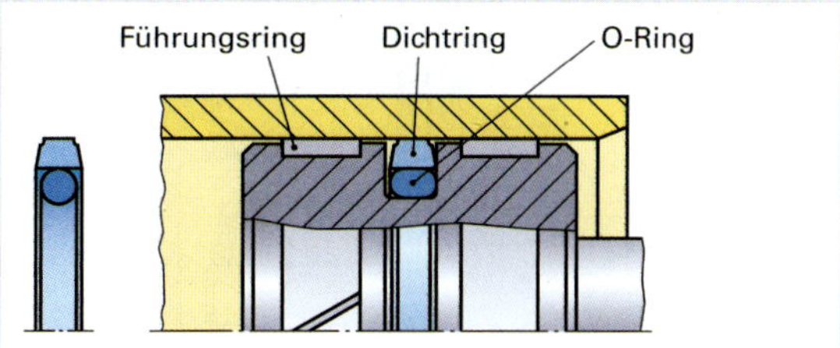

Bild 2: Kolbendichtung

Flüssige Dichtungswerkstoffe füllen die Rautiefen der Dichtflächen vollständig und härten nach dem Auftragen zu einer elastischen Masse aus **(Bild 1b)**.

Bewegungsdichtungen

Bewegungsdichtungen dichten zwischen Bauteilen ab, die sich gegeneinander bewegen. Da die Abdichtung nie vollkommen ist, tritt immer eine kleine Leckmenge aus.

Dachmanschetten dienen z. B. zur Abdichtung von Kolbenstangen in hydraulischen Pressen. Einem Nutring sind Manschetten als Druckminderer vorgeschaltet. Der im Nutring eingebaute Gleitring gewährleistet die Leichtgängigkeit des Systems. Durch den Stützring wird die Vorspannung im Dichtelement erzeugt **(Bild 3)**.

Nutringe werden meist als Abdichtung von Kolbenstangen in Hydraulikzylindern eingesetzt. Die Dichtwirkung entsteht durch die Eigenvorspannung und durch das Zusammenpressen der Dichtlippen beim Einbau **(Bild 4)**.

Abstreifer werden in Hydraulikzylindern eingebaut, um z. B. Schmutz und Späne von der einfahrenden Kolbenstange abzustreifen (Bild 4).

Radial-Wellendichtringe sind Manschetten mit besonderer Lippenform **(Bild 5)**. Sie werden zum Abdichten von Wellen bei geringen Drücken verwendet. Dichtkante bzw. Dichtlippe verhindern das Austreten von Schmieröl. Bei Bedarf besitzen Radial-Wellendichtringe zusätzlich eine Schutzlippe, die das Eindringen von Schmutz verhindert.

Gleitringdichtungen werden zum Abdichten mittlerer bis hoher Drücke bei Wellen verwendet **(Bild 6)**. Sie bestehen aus zwei plangeschliffenen, verschleißarmen Ringen, z. B. aus Kunststoff, Keramik, Hartmetall oder Grafit. Ein Gleitring läuft mit der Welle um, während der Gegenring am Gehäuse fest anliegt. Durch eine Feder werden die Gleitringe aufeinandergedrückt.

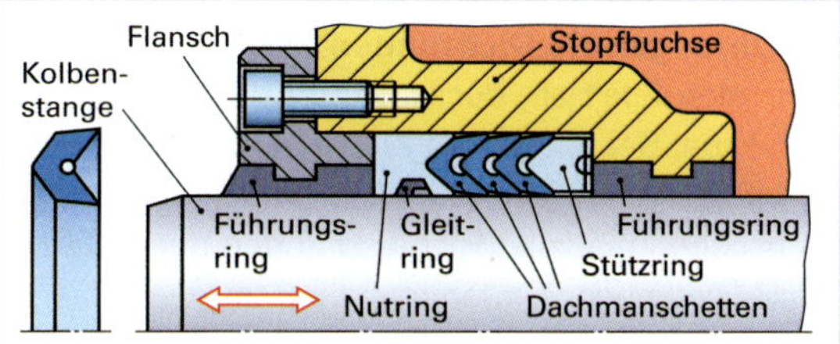

Bild 3: Stopfbuchse mit Dachmanschetten

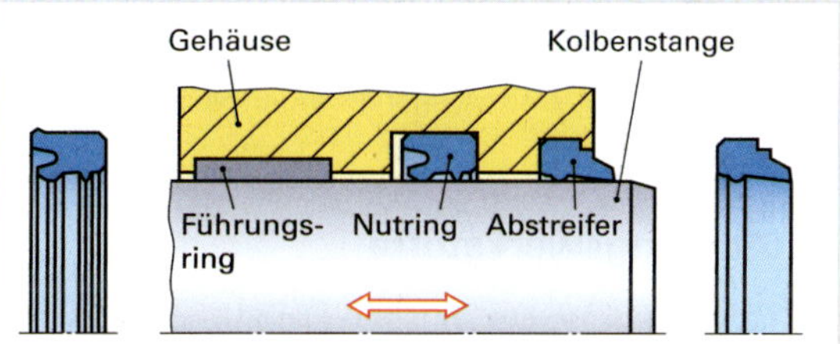

Bild 4: Nutring und Abstreifer

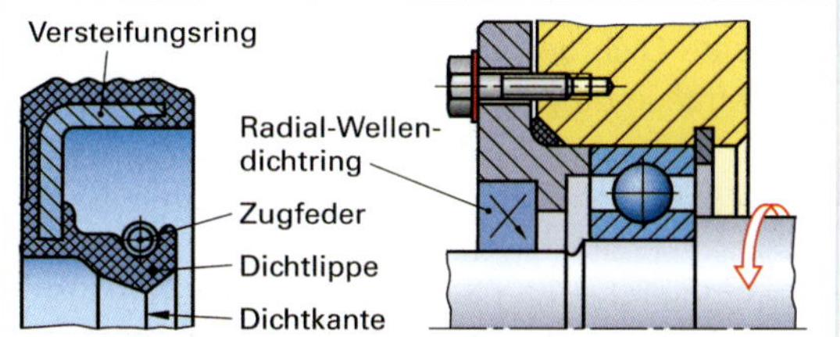

Bild 5: Radial-Wellendichtring

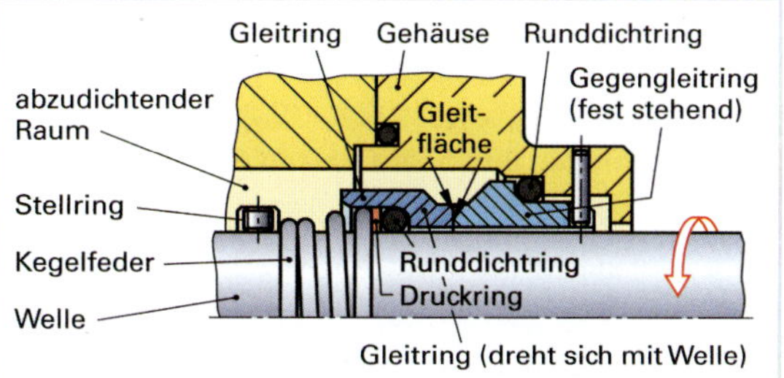

Bild 6: Gleitringdichtung

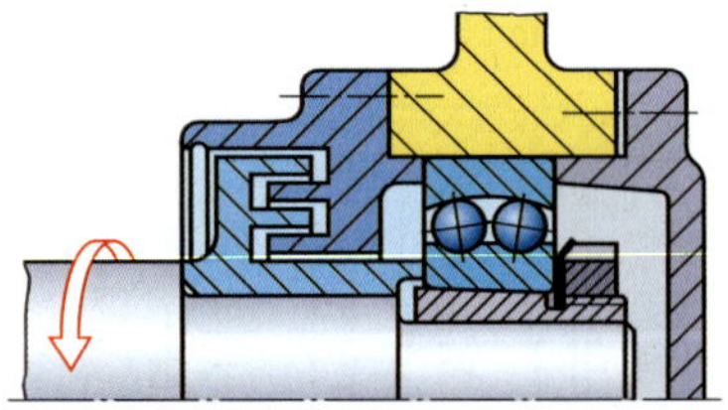

Bild 1: Axiale Labyrinthdichtung zur Abdichtung eines Pendelkugellagers

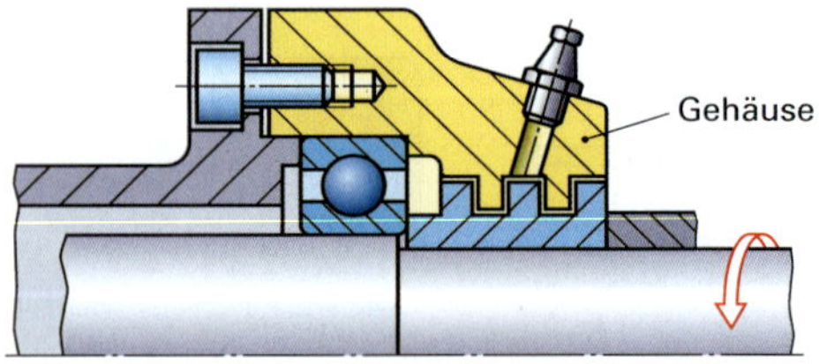

Bild 2: Radiale Labyrinthdichtung zur Abdichtung eines Rillenkugellagers

Berührungsfreie Dichtungen dichten durch einen schmalen Spalt ab, der labyrinthförmig ausgebildet sein kann. Bei ungeteilten Gehäusen werden die Labyrinthgänge in axialer Richtung **(Bild 1)**, bei geteilten Gehäusen in radialer Richtung angeordnet **(Bild 2)**. Spaltdichtungen werden meist bei fettgeschmierten Lagern verwendet. Die Dichtwirkung ist erheblich größer, wenn die Spalte mit Fett gefüllt sind (Bild 2).

Statische Dichtungen dichten zwischen ruhenden Bauteilen, dynamische Dichtungen zwischen Bauteilen, die sich gegeneinander bewegen.

// Dichtungswerkstoffe

Je nach Anforderung müssen Dichtungswerkstoffe plastisch oder elastisch formbar sein. Für plastisch verformbare Dichtungen werden duktile (leicht verformbare) Metalle, z. B. weicher Stahl, Kupfer, Aluminium oder Blei, verwendet. Für elastisch verformbare Dichtungen nimmt man Kunststoffe wie Polytetrafluorethylen oder Elastomere wie Nitril-Butadien-Kautschuk, Silikonkautschuk oder Urethankautschuk. Dichtungswerkstoffe müssen außerdem chemisch beständig, alterungsbeständig sowie verschleißfest sein und eine geringe Reibung aufweisen. Entsprechend den Anforderungen verwendet man außerdem noch Grafit und Dichtungspasten aus dauerelastischen Kunststoffen. Eine wichtige Eigenschaft von Dichtungswerkstoffen ist die Temperaturbeständigkeit, die von –50 °C bis über 200 °C reicht.

Überlegen und beantworten Sie:

1. Erklären Sie die Dichtwirkung ruhender Dichtungen.
2. Wozu werden Radial-Wellendichtringe verwendet?
3. Wie dichten Labyrinthdichtungen ab?

3.4 Festigkeit

3.4.1 Beanspruchung und Festigkeit der Bauteile

Die Beanspruchung eines Maschinenteils wird durch die Kräfte und Drehmomente verursacht, die auf dieses Bauteil einwirken.

Die Knickung ist im eigentlichen Sinn ein Stabilitätsproblem. Trotzdem wird die Knickung bei schlanken Bauteilen oft zur Beanspruchungsart Druck gezählt.

Beanspruchungsarten (Bild 3):

- Zug
- Druck
- Abscherung
- Biegung
- Verdrehung (Torsion)

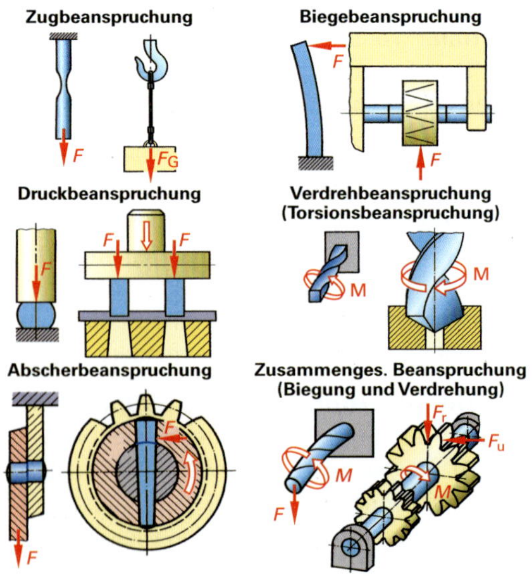

Bild 3: Beanspruchungsarten

Bei Knickung versucht das auf Druck beanspruchte Teil, senkrecht zur Kraftrichtung auszuweichen, wie z. B. dünne Stempel von Schneidwerkzeugen.

Die Beanspruchung der Berührungsflächen zweier aufeinandergedrückter Bauteile heißt Flächenpressung. So wird z. B. die Lagerschale eines Gleitlagers durch den Lagerzapfen auf Flächenpressung beansprucht **(Bild 3, Seite 244)**.

Vielfach treten in einem Maschinenteil gleichzeitig mehrere Beanspruchungsarten auf. So wird z. B. eine Getriebewelle durch Radial- und Umfangskraft am Zahnrad gleichzeitig auf Biegung und Verdrehung (Torsion) beansprucht. In solchen Fällen spricht man von einer zusammengesetzten Beanspruchung.

Durch die Beanspruchung wird im Werkstück eine Spannung erzeugt. Diese ist von der Größe der Kraft und des Querschnitts, bei Biegung, Knickung und Verdrehung auch von der Form des Querschnitts abhängig. Sie wird in Newton pro Quadratmillimeter (N/mm^2) angegeben.

> Die Spannung, bei der die Zerstörung des Werkstoffs beginnt, wird als Festigkeit des betreffenden Werkstoffs bezeichnet.

Jeder Beanspruchungsart wird eine Festigkeit zugeordnet, z. B. der Beanspruchungsart Zug die Zugfestigkeit und der Beanspruchungsart Druck die Druckfestigkeit.

// Kerbwirkung

Die bei Werkstücken ohne Kerben gleichmäßig über den Querschnitt verlaufenden Kraftlinien sind an gekerbten Querschnitten im Bereich der Kerbstellen verdichtet **(Bild 1)**. Die Spannung ist deshalb im gekerbten Bereich wesentlich größer. Damit kein Dauerbruch entsteht, wird bei der Berechnung der zulässigen Spannung σ_{zul} im gekerbten Werkstück die maßgebende Grenzspannung σ_{lim} durch die Kerbwirkungszahl β_K geteilt. Die Größe der Kerbwirkungszahl β_K ist von der Form und Größe der Kerben **(Bild 2)**, vom Werkstoff und von der Beanspruchungsart abhängig; sie kann Werte zwischen 1,3 und 3 annehmen.

Als Kerben wirken vor allem Querschnittsveränderungen an einem Bauteil, wie z. B. Wellenabsätze, Nuten und Riefen. Grafitlamellen in Gusseisen mit Lamellengrafit wirken wie innere Kerben.

Durch Radien an Wellenabsätzen und durch Entlastungskerben werden die Spannungsspitzen verkleinert **(Bild 3)**.

// Maßgebende Grenzspannung

Die maßgebende Grenzspannung σ_{lim} für ein Bauteil ist die Spannung, bei der schädigende Formänderungen, Bruch oder Werkstoffermüdung eintreten. Sie hängt vom Werkstoff, dem Belastungsfall und der Beanspruchungsart ab. So wird z. B. bei statischer Beanspruchung auf Zug bei zähen Werkstoffen als maßgebende Grenzspannung die Streckgrenze R_e oder die 0,2%-Dehngrenze $R_{p0,2}$, bei spröden Werkstoffen die Zugfestigkeit R_m verwendet. Bei dynamischer Beanspruchung ist die Dauerfestigkeit die maßgebende Grenzspannung.

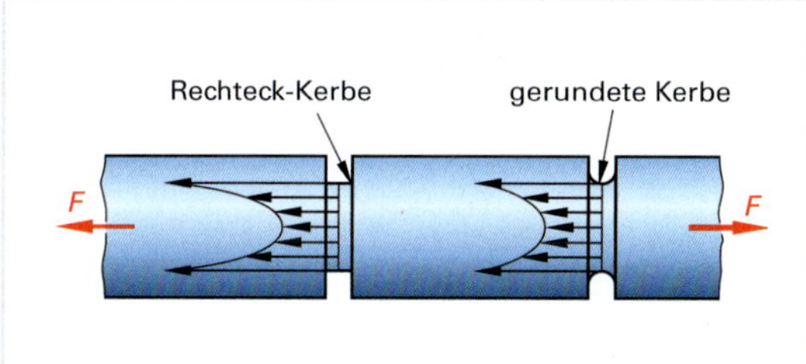

Bild 2: Spannungsverlauf im Zugstab bei unterschiedlicher Kerbenform

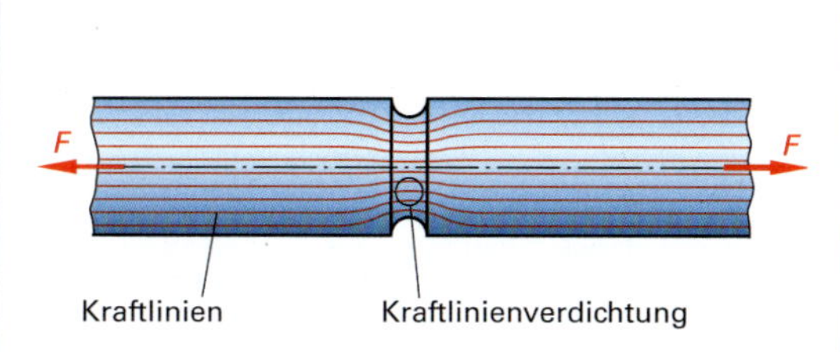

Bild 1: Kraftlinienverlauf im gekerbten Zugstab

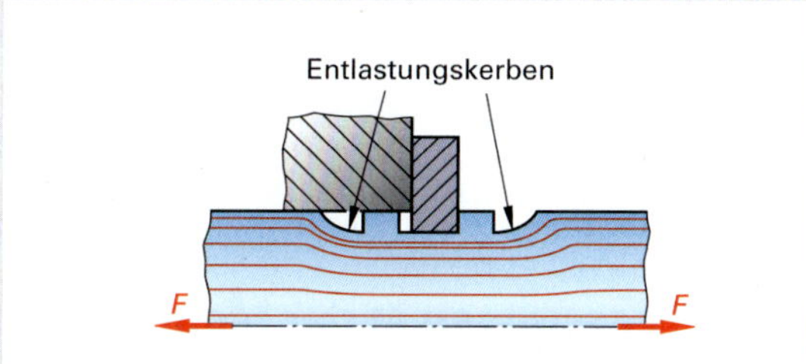

Bild 3: Kraftlinienverlauf bei Entlastungskerben

vel.plus/
FILF217

Lernfeld 7

// Zulässige Spannung

Aus Sicherheitsgründen muss die für ein Bauteil zulässige Spannung unterhalb der maßgebenden Grenzspannung liegen. Die zulässige Spannung σ_{zul} erhält man, wenn die maßgebende Grenzspannung σ_{lim} durch eine Sicherheitszahl ν geteilt wird.

Zulässige Spannung

$$\sigma_{zul} = \frac{\sigma_{lim}}{\nu}$$

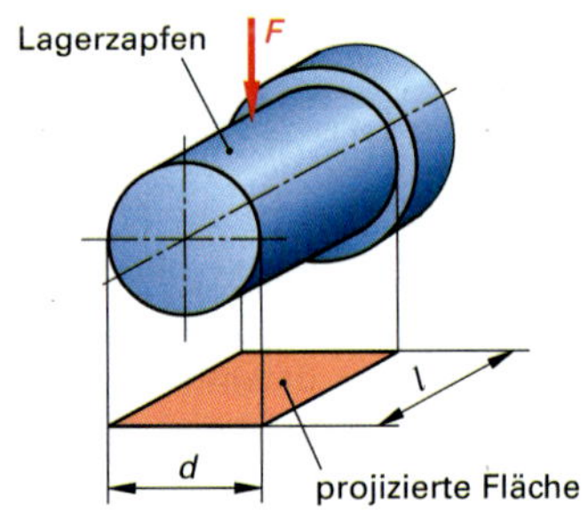

Bild 1: Gleitlager

Rechenbeispiele

Der Werkstoff eines Zugseils für ein Gegengewicht hat eine Streckgrenze R_e = 540 N/mm². Wie groß ist die zulässige Spannung bei einer Sicherheitszahl ν = 1,8?

Lösung

$$\sigma_{zul} = \frac{R_e}{\nu} = \frac{540 \cdot \text{N/mm}^2}{1{,}8} = 300\ \text{N/mm}^2$$

Ein Lagerzapfen **(Bild 1)** mit einem Durchmesser d = 60 mm und einer Länge l = 55 mm soll eine Lagerkraft F = 65 kN aufnehmen.

a) Ermitteln Sie die auftretende Flächenpressung mithilfe der projizierten Fläche.

b) Wählen Sie mithilfe des Tabellenbuchs einen geeigneten Gleitlagerwerkstoff aus.

Lösung

a) $A = d \cdot l = 60\ \text{mm} \cdot 55\ \text{mm} = 3300\ \text{mm}^2$

$$p = \frac{F}{A} = \frac{65000\ \text{N}}{3300\ \text{mm}^2} = 19{,}7\ \text{N/mm}^2$$

b) Nach Tabellenbuch wird als Werkstoff CuSn8Pb2-C gewählt mit einer zulässigen spezifischen Lagerbelastung von p_L = 21 N/mm².

Überlegen und beantworten Sie:

1. Welche Beanspruchungsarten unterscheidet man?
2. Was versteht man unter der Festigkeit eines Werkstoffs?
3. Welche Maßnahmen dienen zur Verminderung der Kerbwirkung?
4. Warum ist die zulässige Spannung geringer als die maßgebende Grenzspannung?

3.5 Passungen

Werden zwei Bauteile zusammengebaut, müssen die Maße an der Fügestelle „passen". Bei den Passungen bezeichnet man das Innenteil immer als „Bohrung", das Außenteil als „Welle".

Passungen werden durch den Unterschied zwischen dem Maß der Bohrung und dem Maß der Welle bestimmt.

3.5.1 Passungen in der Montage

Passungen werden aufgrund der Funktion der verbundenen Bauteile festgelegt. Dabei ist auch zu berücksichtigen, ob sich die verbundenen Bauteile gegeneinander bewegen und ob diese Bewegung erwünscht ist.

// Passungsarten

Durch die Wahl der Toleranzklassen von Bohrung und Welle ergeben sich beim Zusammenbau entweder Spiel oder Übermaß.

Passungsarten

Bei Spielpassungen tritt immer ein Spiel („Luft"), bei Übermaßpassungen immer ein Übermaß auf. Kann bei den gewählten Toleranzklassen Spiel oder Übermaß auftreten, spricht man von Übergangspassungen.

vel.plus/
FILF251

Tabelle 1: Passungsarten und deren Anwendung

Passungsarten		
Spielpassung P_{SH} Höchstspiel P_{SM} Mindestspiel	**Übergangspassung** P_{SH} Höchstspiel $P_{ÜH}$ Höchstübermaß	**Übermaßpassung** $P_{ÜH}$ Höchstübermaß $P_{ÜM}$ Mindestübermaß
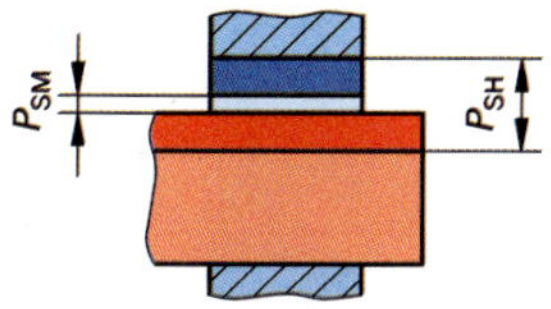	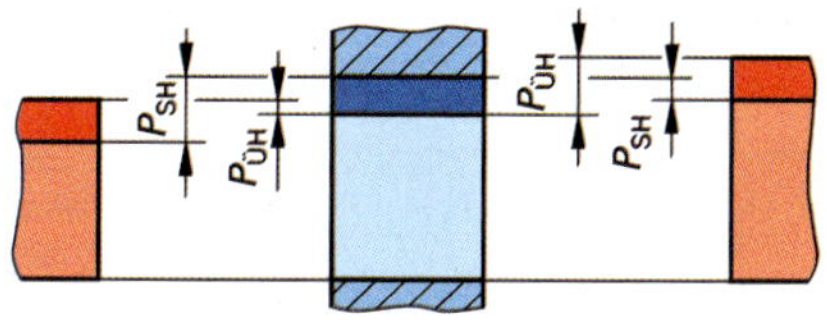	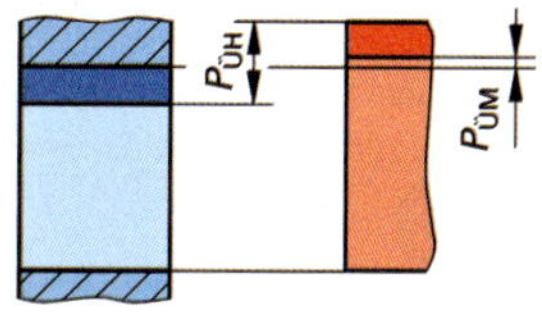
$P_{SM} = G_{uB} - G_{oW}$	$P_{SH} = G_{oB} - G_{uW}$ $P_{ÜH} = G_{uB} - G_{oW}$	$P_{ÜM} = G_{oB} - G_{uW}$
Anwendungen		
Arbeitstisch einer Säulenbohrmaschine Steuerkolben in Pneumatikzylindern	Bohrbuchsen Auflagebolzen in Vorrichtungen gehärtete Zylinderstifte	Gleitlagerbuchsen Schrumpfringe Kupplungen auf Wellen

Bei **Spielpassungen** ist das Mindestmaß der Bohrung G_{uB} immer größer, im Grenzfall auch gleich groß wie das Höchstmaß der Welle **(Tabelle 1)**.

Bei einer **Übergangspassung** entsteht je nach den Istmaßen von Bohrung und Welle beim Fügen entweder ein Spiel oder ein Übermaß (Tabelle 1).

Bei **Übermaßpassungen** ist das Höchstmaß der Bohrung immer kleiner, im Grenzfall auch gleich groß wie das Mindestmaß der Welle (Tabelle1).

// Toleranzen für den Einbau

In Abhängigkeit vom Lastfall bzw. von den Umlaufverhältnissen müssen unterschiedliche Passungen gewählt werden. Zum Beispiel ist es bei Wälzlagern nicht gewünscht, dass sich die Welle gegenüber dem Innenring verdreht **(Tabelle 2)**.

Laufringe, die eine Umfangslast aufnehmen, wie z. B. der Innenring auf einer Welle, müssen daher mit einer Übermaß- oder Übergangspassung fest gefügt werden. Bei einer Spielpassung zwischen den Teilen würde nämlich der Laufring in Umfangsrichtung „wandern"; Laufring und Gegenstück würden dadurch beschädigt (Passungsrost). Wenn Punktlast vorliegt, also wenn die Belastung ständig auf denselben Punkt des Laufrings gerichtet ist, kann der Ring mit kleinem Spiel eingebaut werden und ist dann axial verschiebbar. Dies geschieht bei der Montage des Außenrings in ein Gehäuse.

Eine Übermaßpassung sowohl zwischen Lagerinnenring und Welle als auch zwischen Lageraußenring und Gehäuse ist zu vermeiden, da dies zur Verringerung der Lagerluft in radialer Richtung und damit zu vorzeitigem Lagerverschleiß führen würde.

Tabelle 2: Passungsempfehlungen für das System Einheitsbohrung

Passung		Merkmal: Anwendungsbeispiel
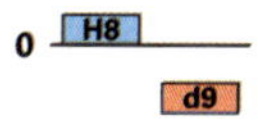	**H8/d9**	**großes Passungsspiel:** Distanzbuchsen auf Wellen
	**H8/f7**	**größeres Passungsspiel:** Wellengleitlagerungen
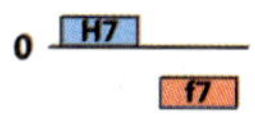	**H7/f7**	**kleines Passungsspiel:** Schieberäder auf Wellen
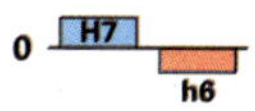	**H7/h6**	**ganz geringes Passungsspiel:** Schneidstempel in Werkzeugen
	**H7/n6**	**enge Übergangspassung:** Bohrbuchsen, gehärtete Zylinderstifte
	**H7/r6**	**geringes Passungsübermaß:** Buchsen in Gehäusen
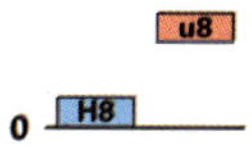	**H8/u8**	**großes Passungsübermaß:** Schrumpfringe, Kupplungen auf Wellen

Tabelle 1: Toleranzen für den Einbau von Wälzlagern

Innenring auf Welle					Außenring in Gehäuse				
Lastfall	Passung	Belastung	Grundabmaße für Welle bei Kugellager	Grundabmaße für Welle bei Rollenlager	Lastfall	Passung	Belastung	Grundabmaße für Gehäuse bei Kugellager	Grundabmaße für Gehäuse bei Rollenlager
Umfangslast 	Übergangs- oder Übermaßpassung erforderlich	niedrig	h, k	k, m	Punktlast 	Spielpassung zulässig	beliebig groß	J, H, G, F	
		mittel	j, k, m	k, m, n, p					
		hoch	m, n	n, p, r					
Punktlast 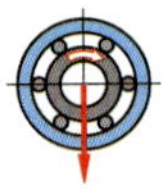	Spielpassung zulässig	beliebig groß	j, h, g, f		Umfangslast 	Übergangs- oder Übermaßpassung erforderlich	niedrig	J	K
							mittel	K, M	M, N
							hoch	–	N, P

3.6 Montage

Die Montage im Maschinenbau umfasst alle Tätigkeiten, die notwendig sind, um aus fertig bearbeiteten Einzelteilen der eigenen Fertigung und aus Kaufteilen ein funktionsfähiges Erzeugnis herzustellen.

3.6.1 Montageplanung

// Voraussetzungen

Die Montageplanung beginnt schon beim Konstruieren. Der Konstrukteur sollte die Einzelteile so gestalten, dass sie einfach und schnell zusammengebaut und bei Bedarf wieder demontiert werden können. So kann z. B. das Wälzlager in **Bild 1** bei abgesetzter Welle schneller montiert werden.

Die Qualitatssicherung muss gewährleisten, dass die zu montierenden Einzelteile ihre Funktion erfüllen und gereinigt und entgratet sind.

Der Montagevorgang schließt die Montage und Demontage mit ein.

Bei der Montage werden Bauteile und Baugruppen zu funktionsfähigen Maschinen zusammengebaut. Sie umfassen:

- den Zusammenbau eines technischen Systems,
- die Remontage nach einer Instandsetzung.

Vor der Instandsetzung müssen Baugruppen demontiert und in ihre Bestandteile zerlegt werden. Daher betreffen die Demontage vor allem:

- Wartungsarbeiten,
- Instandsetzungsarbeiten nach einer Inspektion.

// Montageplan

Der Montageplan enthält außer den zur Montage erforderlichen Zeichnungen alle Anweisungen zur Durchführung des Montageablaufs.

Zur Montageplanung gehört auch, dass alles, was zur Montage benötigt wird, zur vorgegebenen Zeit am Montageplatz zur Verfügung steht **(Bild 2)**.

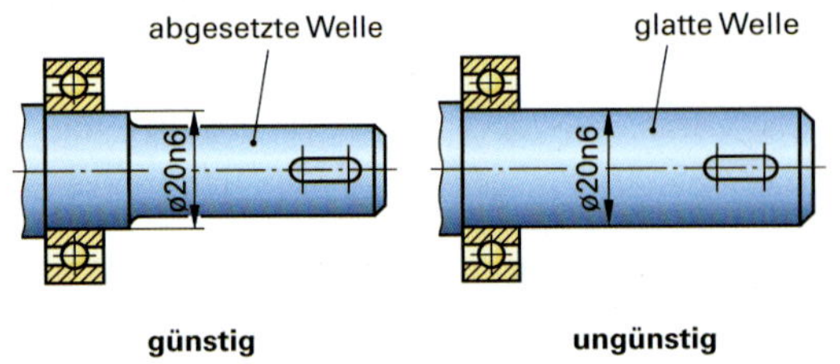

Bild 1: Montagegerechte Konstruktion

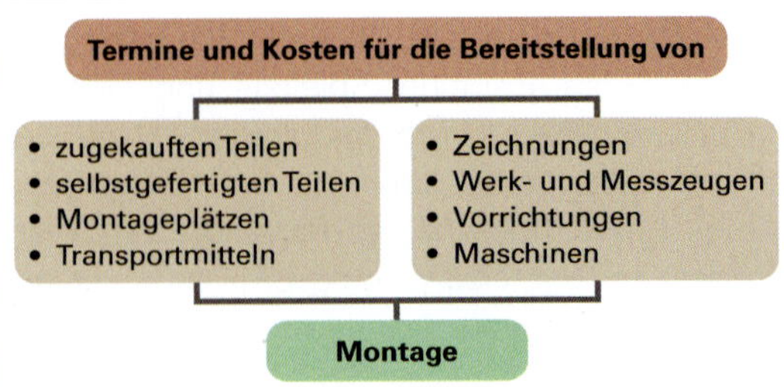

Bild 2: Montageplanung

Bestandteile des Montageplans (Bild 1):
- Reihenfolge des Zusammenbaus
- erforderliche Vorrichtungen, Werkzeuge und Hilfsmittel
- Mess- und Prüfmittel
- evtl. Vorgabezeiten für die Montage

// Montageschritte

Baugruppenmontage. In vielen Fällen ist es zweckmäßig, die Einzelteile zunächst zu Baugruppen zu montieren. Um die Genauigkeit und damit die Brauchbarkeit einer Maschine zu gewährleisten, wird schon bei der Baugruppenmontage die gegenseitige Lage der Einzelteile kontrolliert. Festgestellte Abweichungen werden durch Nachstellen oder Nacharbeit beseitigt.

Endmontage. In der Endmontage werden die einzelnen Baugruppen zur fertigen Maschine oder zum fertigen Gerät montiert.

Demontage. Zur Überprüfung oder zur Reparatur, bei großen Maschinen auch wegen der besseren Transportmöglichkeit, werden fertig montierte Erzeugnisse demontiert. Ebenso wie die Montage muss auch die Demontage sorgfaltig geplant werden.

3.6.2 Automatisierung der Montage

Eine Automatisierung ist nur bei Großserienfertigung sinnvoll. So werden z. B. bei der Automobilfertigung die Windschutzscheiben der Personenkraftwagen von Robotern eingeklebt.

Die Automatisierung der Montage soll:
- die Qualität der Erzeugnisse steigern
- die Montagezeiten verkürzen
- die Arbeitsproduktivitat erhöhen

3.6.3 Organisationsformen bei der Montage

// Unverzweigter und verzweigter Montageablauf

Beim unverzweigten Montageablauf werden die Montagearbeiten nacheinander **(Bild 2)**, beim verzweigten teilweise auch parallel zueinander durchgeführt **(Bild 3)**.

Nr.	Arbeitsschritte	Werkzeuge, Hilfsmittel
1		
2		
3		
...		

Bild 1: Montageplan

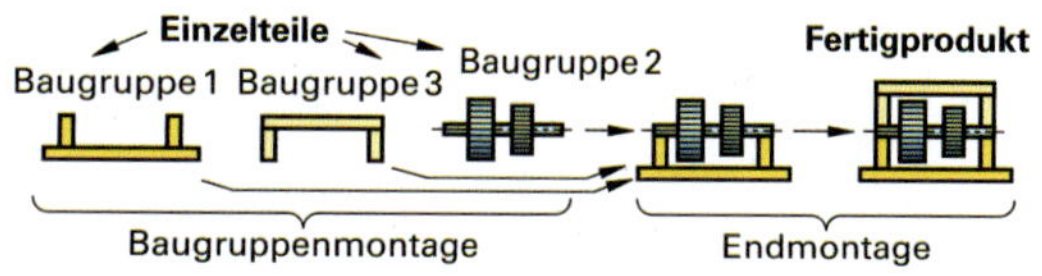

Bild 2: Unverzweigter Montageablauf

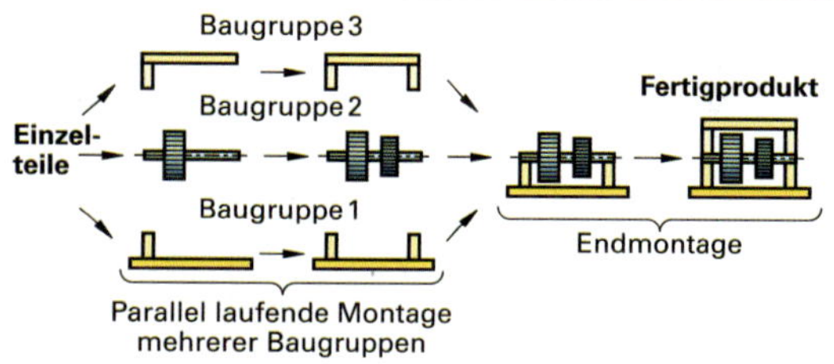

Bild 3: Verzweigter Montageablauf

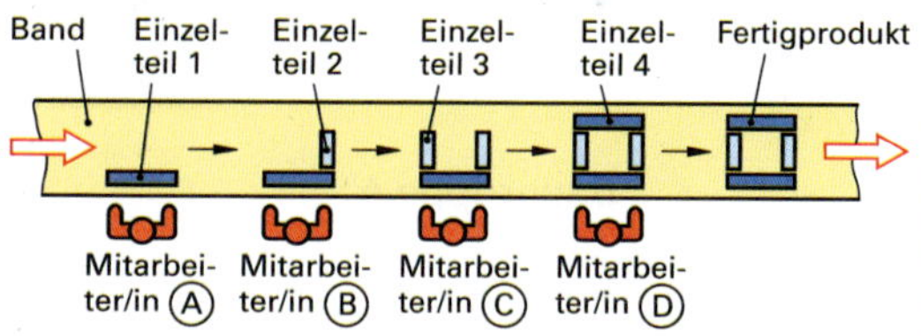

Bild 4: Taktstraßenmontage

// Fließprinzip

Bei der Fließmontage werden Erzeugnisse, wie z. B. Autos, mit dem bewegten Objekt und mit bewegtem Arbeitsplatz an Bändern oder Hängebahnen montiert. Sie wird bei größeren Serien angewandt. Bei der Taktstraßenmontage **(Bild 4)** bewegen sich die zu montierenden Erzeugnisse, wie z. B. Getriebe in der Endmontage, an den Mitarbeitern vorbei.

Die Fertigungszeiten bei der Fließmontage sind kürzer als bei der stationären Montage, weil die Mitarbeiter immer dieselbe Arbeit mit wenigen Handgriffen verrichten.

vel.plus/
FILF218

vel.plus/
FILF219

vel.plus/
FILF220

3.6.4 Projektaufgabe: Montage eines Kegelradgetriebes

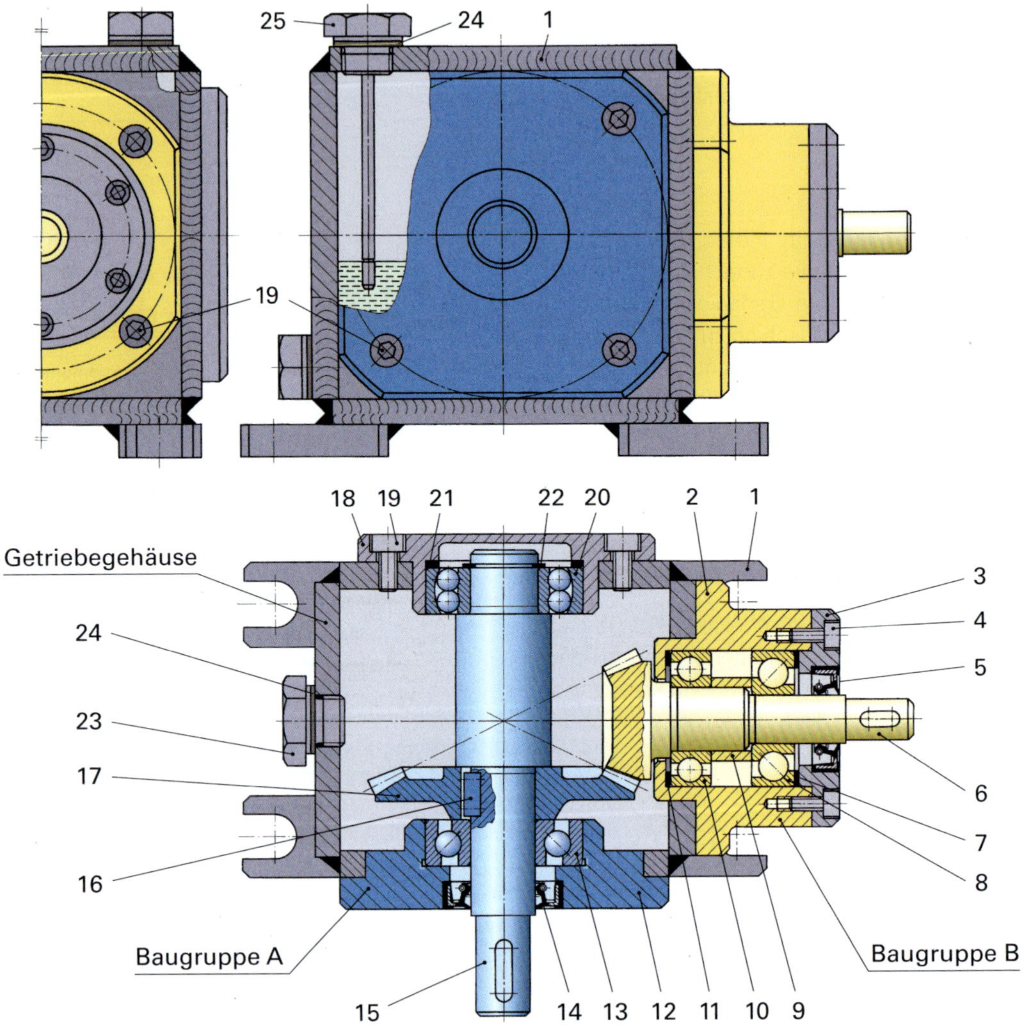

Stückliste: Kegelradgetriebe

Pos.	Menge	Benennung	Pos.	Menge	Benennung	Pos.	Menge	Benennung
1	1	Getriebegehäuse	**10**	1	Rillenkugellager	**19**	12	Zylinderschraube
2	1	Lagergehäuse	**11**	1	Passscheibe	**20**	1	Pendelkugellager
3	1	Lagerdeckel	**12**	1	Lagergehäuse	**21**	1	Federnde Abstandsscheibe
4	6	Zylinderschraube	**13**	1	Schrägkugellager			
5	1	Radial-Wellendichtring	**14**	1	Radial-Wellendichtring	**22**	1	Sicherungsring
6	1	Kegelradritzel	**15**	1	Welle	**23**	1	Verschlussschraube
7	1	Passscheibe	**16**	1	Passfeder	**24**	2	Flachdichtring
8	1	Schrägkugellager	**17**	1	Kegelrad	**25**	1	Verschlussschraube mit Peilstab
9	1	Abstandsring	**18**	1	Lagergehäuse			

Bild 1: Kegelradgetriebe – Gesamtzeichnung und Stückliste

Lernfeld 7

Das Kegelradgetriebe **(Bild 1, Seite 264)** wird in zwei Baugruppen vor- und anschließend fertig montiert.

// Baugruppe A

Die Baugruppe A enthält diejenigen Bauteile, die vor der Fertigmontage mit der Welle (15) gefügt werden müssen **(Bild 1)**. Die Montage erfolgt nach dem Montageplan für die Baugruppe A **(Bild 2)**.

// Baugruppe B

Die Baugruppe B umfasst die Teile, die im Lagergehäuse (2) montiert werden müssen. Es sind dies die Teile 2 – 6 – 8 – 9 – 10 – 11 **(Bild 2, Seite 266)**.

Nach dem Einlegen der Scheibe (11), die bei der Fertigmontage gegen eine andere Scheibe ausgetauscht wird, wird das Rillenkugellager (10) so weit in die Lagergehäusebohrung geschoben, bis zwischen den Teilen 10 – 11 – 2 kein Spiel mehr vorhanden ist.

Der Abstandsring (9), der im Getriebe die Axialkraft auf den Innenring des Schrägkugellagers (8) überträgt, wird mithilfe des anschließend in die Bohrung geschobenen Schrägkugellagers zentriert. Zum Einpressen des Kegelradritzels (6) wird der Innenring des Schrägkugellagers mit einer Buchse abgestützt.

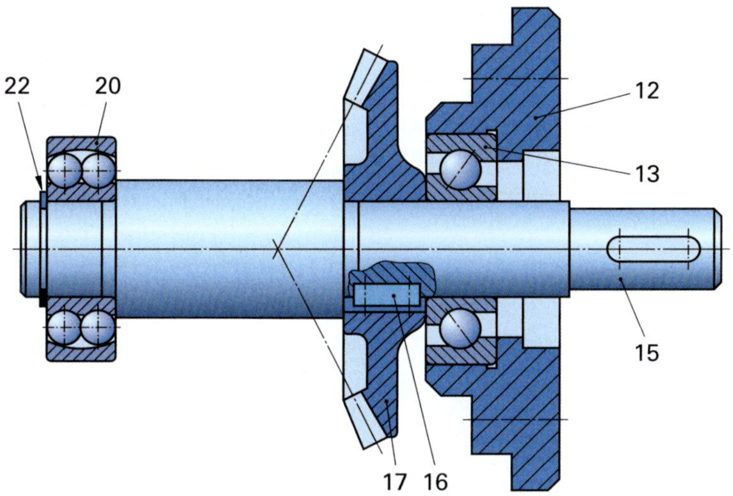

Bild 1: Baugruppe A

Nr.	Arbeitsgang	Betriebsmittel	Montagehinweis
1	Einzelteile ggf. entgraten und reinigen, auf Vollständigkeit prüfen		
2	Passfeder (16) in Welle (15) montieren		
3	Kegelrad (17) auf Welle (15) pressen	Hydraulische Presse, Montagehülse	Welle leicht einölen, Bohrungsnut auf Passfeder ausrichten
4	Wälzlager (13) auf Welle (15) pressen	Anwärmgerät, Hydraulische Presse, Montagehülse	Wälzlagertemperatur max. 100 °C, Fügekraft muss auf Innenring wirken, Wälzlagerspiel kontrollieren
5	Wälzlager (20) auf Welle (15) pressen	wie bei Nr. 4	wie bei Nr. 4
6	Sicherungsring (22) montieren	Spreizzange	
7	Lagergehäuse (12) auf Wälzlager (13) schieben		Bohrung leicht einölen
8	Welle (15) auf Leichtgängigkeit prüfen		

Bild 2: Montageplan für Baugruppe A

// Fertigmontage (Endmontage)

Einbau der Baugruppe A. Die Baugruppe A wird, nachdem an der Anlagefläche des Lagergehäuses (12) am Getriebegehäuse (1) flüssige Dichtmasse aufgetragen wurde, mit dem Pendelkugellager (20) voraus in das Getriebegehäuse eingeführt **(Bild 1, Seite 264)**. Dabei wird das Lagergehäuse in die Bohrung des Getriebegehäuses geschoben und so gedreht, dass die Durchgangslöcher des Lagergehäuses mit den Gewindebohrungen im Getriebegehäuse fluchten.

Durch Eindrehen und anschließendes leichtes Anziehen der Zylinderschrauben (19) werden Lagergehäuse und Getriebegehäuse miteinander verbunden. Nach dem Einlegen einer federnden Abstandsscheibe (21) in das Lagergehäuse (18) wird dieses nach Auftragen von flüssiger Dichtung an der Planfläche in die Bohrung des Getriebegehäuses und gleichzeitig über den Außenring des Pendelkugellagers (20) geschoben.

Nach dem Ausrichten des Lagergehäuses werden auf beiden Seiten die Zylinderschrauben (19) mit dem richtigen Drehmoment angezogen. Anschließend wird die Leichtgängigkeit der Welle (15) kontrolliert.

Einbau der Baugruppe B. Beim Einführen in das Getriebegehäuse sind die Zahnstellungen zu beachten.

Das Spiel zwischen den Zähnen des Kegelrads (17) und des Kegelradritzels (6) wird durch Probefügen ermittelt. Dabei wird die axiale Lage des Kegelradritzels (6) durch eine entsprechend dicke Scheibe (11) angepasst.

Zunächst wird das Lagergehäuse (2) so weit in die Gehäusebohrung geschoben, bis es an drei Spaltlehren mit z. B. 0,8 mm Dicke, die radial an der Planfläche der rechten Gehäuseseite gleichmäßig verteilt angeordnet sind, anliegt. Nun wird die Leichtgängigkeit bzw. noch vorhandenes Spiel zwischen den Zähnen der Kegelräder durch kurzes, schnelles Hin- und Herdrehen des Kegelradritzels (6) festgestellt.

Durch Herantasten mit immer dünneren Spaltlehren wird das richtige Einbaumaß ermittelt. Wenn bei einer Spaltlehrendicke von z. B. 0,4 mm gerade noch

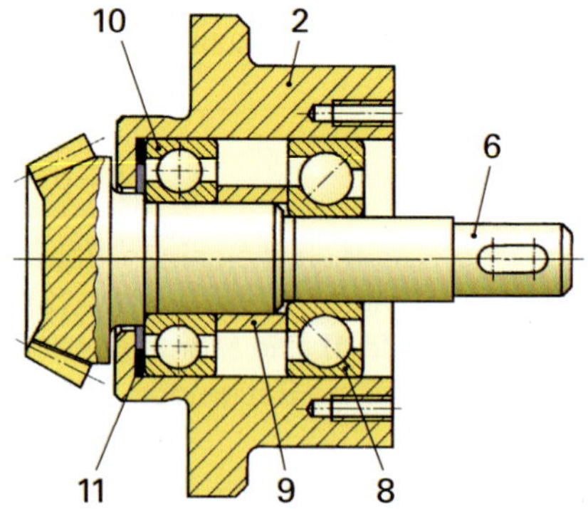

Bild 1: Baugruppe B

Leichtgängigkeit vorhanden ist, wird die Baugruppe B aus dem Getriebegehäuse gezogen und auseinandergebaut, weil die Scheibe (11) nun durch eine um 0,4 mm dickere Scheibe ersetzt werden muss.

Nach der erneuten Montage der Baugruppe B wird diese mit vier Zylinderschrauben am Getriebegehäuse, an dessen Planfläche vorher flüssige Dichtung aufgetragen wurde, festgeschraubt.

Die Bestimmung der richtigen Scheibendicke der Scheibe (7) erfolgt anschließend. Dabei wird mithilfe einer eingelegten, jetzt noch zu dicken Scheibe mit Spaltlehren der Abstand zwischen den entsprechenden Planflächen von Lagergehäuse (2) und Lagerdeckel (3) festgestellt. Durch den Einbau einer um das Spaltlehrenmaß dünneren Scheibe (7) wird erreicht, dass nach dem Anziehen der sechs Zylinderschrauben (4) zwischen den Planflächen kein Spiel mehr vorhanden ist.

Nun werden die beiden Radial-Wellendichtringe (5) und (14) eingebaut. Diese müssen so in den Gehäusen sitzen, dass die Dichtlippen jeweils nach innen zeigen.

Zur Montage der Wellendichtringe werden Hülsen mit geringer Wanddicke und langen Außenkegeln an beiden Enden verwendet. Über diese Hülsen, die ein Beschädigen der Dichtlippen beim Fügen über die Passfedern verhindern, werden die Wellendichtringe auf die Welle geschoben.

Überlegen und beantworten Sie:

1. Warum ist bei der Montage von Dichtungen besondere Sorgfalt nötig?
2. Wann muss bei Wälzlagern der Außenring vor dem Innenring montiert werden?
3. Erläutern Sie den Zweck eines Probelaufs bei Baugruppen nach der Montage.

3.7 Überprüfen Sie Ihre Kompetenz

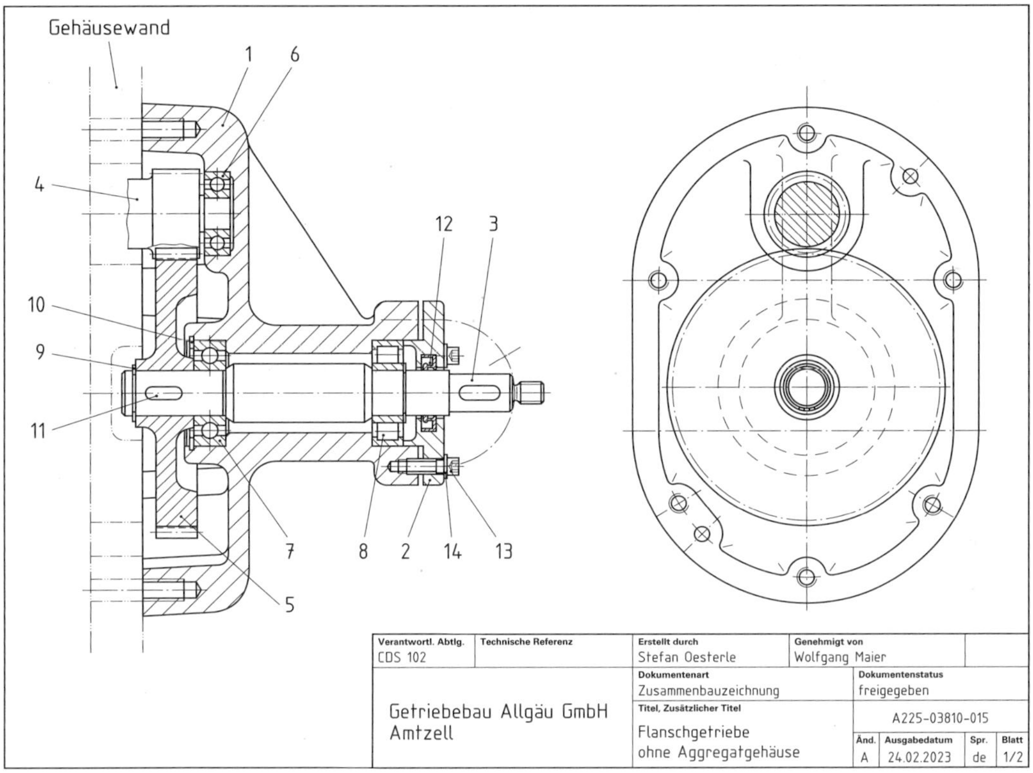

Bild 1: Flanschgetriebe

// Aufgaben zum Flanschgetriebe (Bild 1)

1. Geben Sie die normgerechte Bezeichnung des Wälzlagers (Pos. 8) an.
2. Welche Lagerungsart liegt bei der Antriebswelle (Pos. 3) vor?
3. Welches der beiden Wälzlager (Pos. 7 und Pos. 8) kann dabei mögliche Erwärmungen ausgleichen?
4. Welche Funktion übernimmt das Bauteil Pos. 12?
5. Wie muss die Antriebswelle (Pos. 3) im Bereich der Pos. 12 bearbeitet sein, um eine möglichst fehlerfreie und langlebige Funktion zu gewährleisten?
6. Überlegen Sie, welcher Lastfall an der Ritzelwelle (Pos. 4) am Innenring des Wälzlager (Pos. 6) vorliegt?
7. Welche Passung (Kombination der Grundabmaße) ist dafür zu wählen?
8. Überlegen Sie, welche Schmierungsart für das Flanschgetriebe geeignet wäre.
9. Durch welche konstruktive Änderung könnte man gewährleisten, dass das Wälzlager (Pos. 8) ausreichend geschmiert wird?
10. Die zunehmende Geräuschentwicklung am Wälzlager (Pos. 7) kündet ein baldiges Bauteilversagen an. Erstellen Sie einen Demontageplan nach Vorlage **(Seite 263)** für den Austausch des Lagers (Pos. 7).
11. Welche Funktion hat Pos. 9?
12. Um welches Bauteil handelt es sich bei Pos. 11? Welche Aufgabe hat dieses Bauteil?
13. Welche weiteren technischen Lösungen könnten diese Aufgabe übernehmen? Erläutern Sie Vor- und Nachteile.

3.8 Discover your profession in English

The purpose of a shaft-hub connection is to transfer torques e.g. between shaft and gear wheel. The gear wheel is positioned on the shaft and can be bonded in three different ways: positively, non-positively or firmly locking. Positive and non-positive shaft-hub connections are detachable.

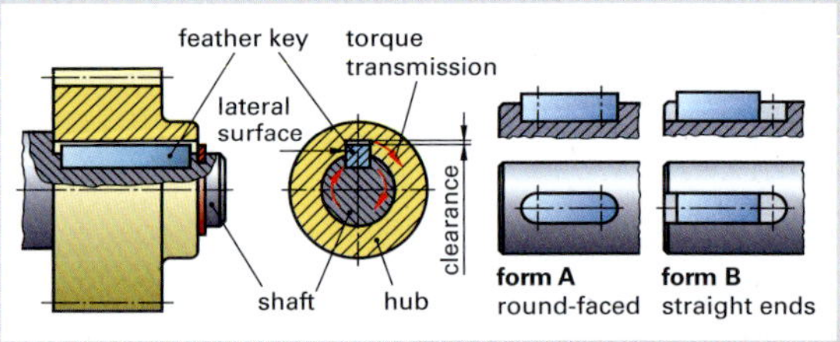

Feather key connections

Feather key connections are the mostly used positive locking shaft-hub connections. They have low manufacturing costs and can be easily installed **(figure).** The feather key between shaft and hub is a drive type connection. The parallel lateral surfaces of the feather key are in direct contact with the shaft groove and the hub keyway. There, the torque transmission takes place. The feather key is loaded by shearing when it is stressed. There is clearance between the feather key top and the hub keyway base.

This connection is not suitable for the transmission of high torques and abrupt loads. At abrupt loads the feather key and the lateral surfaces of the hub can become plastically deformed and destroyed.

Feather keys are available in different forms (**figure** above). The feather key with form A is round-faced. It connects exactly the hub to the shaft. The hub keyway base is open on both sides so that the components can be pushed over the feather key. The shaft groove is produced with an end-milling cutter, the hub keyway is usually produced by shaping or broaching.

The feather key with form B has straight ends. Only its lateral surface is in contact with the shaft groove and it is usually used with a shaft groove which is open on one side. This shaft groove can be produced with a disc milling cutter or an end-milling cutter.

Vocabulary

shaft-hub connection – *Welle-Nabe-Verbindung*
torque – *Drehmoment*
gear wheel – *Zahnrad*
positively locking – *formschlüssig*
non-positively locking – *kraftschlüssig*
firmly locking – *stoffschlüssig*
detachable – *lösbar*
feather key connection – *Passfederverbindung*
manufacturing cost – *Herstellungskosten*
drive type connection – *Mitnehmer-Verbindung*
lateral surface – *Seitenfläche*
shaft groove – *Wellennut*
hub keyway – *Nabennut*
loaded – *belastet*
shearing – *Abscherung*
clearance – *Spiel*
hub keyway base – *Nabennut-grund*
suitable – *brauchbar*
transmission – *Übertragung*
abrupt – *stoßartig*
plastically deformed – *plastisch verformt*
destroyed – *zerstört*
round-faced – *rundstirnig*
to connect exactly – *genau einpassen*
end-milling cutter – *Schaftfräser*
shaping – *Stoßen*
broaching – *Räumen*
straight – *gerade*
open on one side – *einseitig offen*
disc milling cutter – *Scheiben-fräser*

Exercises:

1. Complete the following sentences:
   a) The feather key is loaded by ____________________ when it is ____________________.
   b) Feather key connections load ____________________ of the circumference.
2. Answer the following questions:
   a) Which connections are detachable?
   b) Regarding a feather key connection, how is the torque transferred?

Spline shaft connections are used for the transmission of high torques. They are e.g. applied for manual gearboxes of machine tools. In case of the gear box, the gear wheel has a spline hub and the shaft has a spline shaft (**figure** below, left hand). They are axial movable. The torque is distributed around the circumference by an even number of grooves and feather keys.

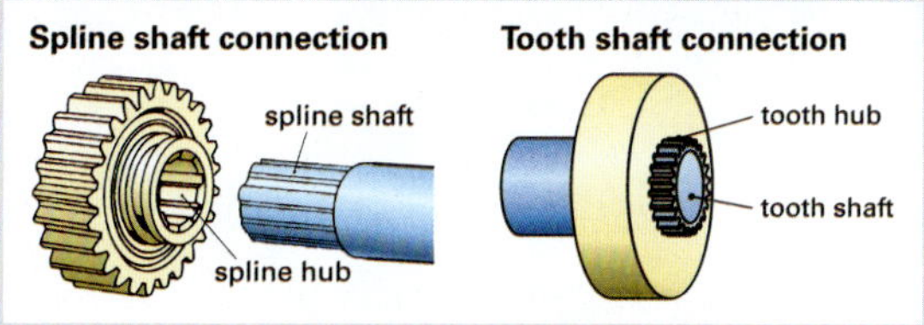

In case of a **tooth shaft connection**, the numerous teeth evenly transfer the torque between shaft and hub. The small teeth lead to a reduced weakening of the shaft, compared to the spline shaft profile. Therefore, with the same diameter, higher torques can be transferred by the tooth shaft. Additionally, the tooth shaft connection is able to bear an abrupt load more easily.

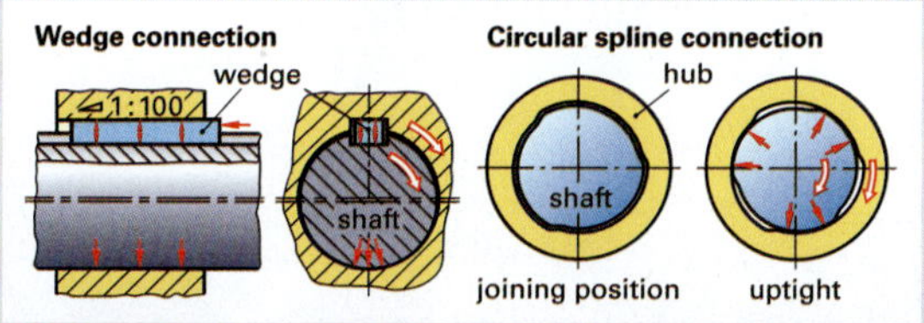

Wedge connections are produced with a wedge which has a gradient of inclination of 1 : 100. The wedge is hammered in the groove between the shaft and the hub and tightens the components against each other (figure below, left hand). Thereby, the central axes of shaft and hub become slightly shifted. A small unbalance occurs. Due to this, wedge connections are not suitable for high rotational speeds.

Circular spline connections consist of non-cylindric cross sections of shaft and hub (**figure** below, right hand). Usually the components have three circular splines. The circular spline profile of the hub is slightly bigger than the one of the shaft. The clearance is the reason why shaft and hub can be well axially joined. The torque transmission is achieved by seizing the hub and the shaft. When loaded, the parts are uptight against each other. High torques can be transferred with the circular spline connection in both directions of rotation.

Vocabulary

spline shaft – *Keilwelle*
transmission – *Übertragung*
manual gearbox – *Schaltgetriebe*
machine tool – *Werkzeugmaschine*
gear wheel – *Zahnrad*
spline hub – *Keilnabe*
axial movable – *axial verschiebbar*
to distribute – *verteilen*
circumference – *Umfang*
even number – *gerade Anzahl*
groove – *Nut*
feather key – *Passfeder*
tooth shaft connection – *Zahnwellenverbindung*
numerous – *zahlreich*
evenly – *gleichmäßig*
weakening – *Schwächung*
spline shaft profile – *Keilwellenprofil*
to bear – *tragen*
abrupt load – *stoßartige Belastung*
wedge connection – *Keilverbindung*
gradient of inclination – *Neigung*
to hammer – *einschlagen*
to tighten – *verspannen*
to shift – *verschieben*
unbalance – *Unwucht*
to occur – *auftreten*
due to this – *daher*
suitable – *geeignet*
rotational speed – *Drehzahl*
circular spline connection – *Kreiskeilverbindung*
non-cylindric – *unrund*
cross section – *Querschnitt*
slightly – *etwas*
clearence – *Spiel*
to join – *fügen*
to achieve – *erreichen*
to seize – *ineinander greifen*
uptight – *verklemmt*
direction of rotation – *Drehrichtung*

Exercises:

1. Complete the following sentences:
   a) In case of a ____________________ the numerous teeth evenly transfer ____________________ between ____ and hub.
   b) The circular spline profile of the hub ____ of the shaft.

Lernfeld 7

Lernfeld 8:

Fertigen auf numerisch gesteuerten Werkzeugmaschinen

Kapitel **04**

CNC-Technik

Mit numerisch gesteuerten Werkzeugmaschinen (CNC-Maschinen) können Programmanweisungen ausgeführt werden, die durch Buchstaben und Zahlen verschlüsselt sind. Änderungen der Steuerbefehle in CNC-Programmen ermöglichen eine flexible Fertigung von Werkstücken.

// Bearbeitungsaufgabe: Fertigung von Dreh- und Frästeilen auf CNC-Werkzeugmaschinen

Die in **Bild 1** aufgeführten Werkstücke sollen auf CNC-Maschinen gefertigt werden. Für beide Werkstücke wurden bereits Arbeitspläne erstellt.

Für den Gewindebolzen steht eine CNC-Drehmaschine mit Schrägbett (vgl. **Seite 271**) zur Verfügung. Die Arbeitsplanung für das CNC-Drehen des Gewindebolzen wurde im Kapitel 1.2.1 **(Seite 32 ff.)** durchgeführt.

Die Fertigung der Konturplatte soll auf einer CNC-Fräsmaschine (vgl. **Seite 65**) erfolgen. Die Arbeitsplanung für das CNC-Fräsen der Konturplatte kann dem Kapitel 1.3.1 **(Seite 64 ff.)** entnommen werden.

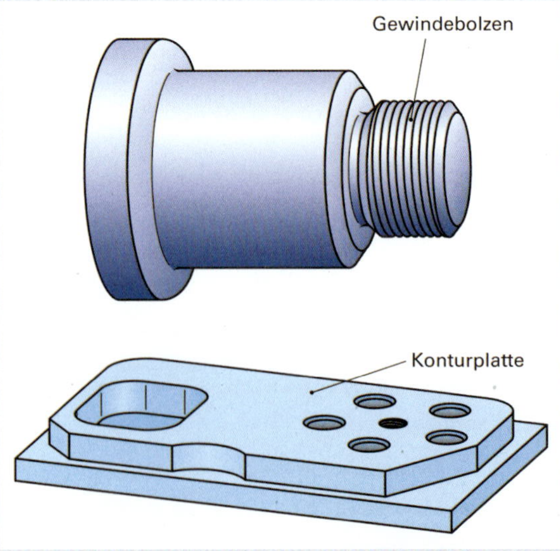

Bild 1: Dreh- und Frästeile für die CNC-Fertigung

4.1 Aufbau von CNC-Maschinen

Am Beispiel der in **Bild 1** dargestellten CNC-Drehmaschine soll der Aufbau von CNC-Maschinen verdeutlicht werden.

CNC-Programme können entweder von Datenträgern oder vom Server über WLAN oder LAN auf die CNC-Maschine übertragen werden. Über das Bedienfeld der CNC-Steuerung kann eine direkte Eingabe erfolgen.

Das Bedienfeld der CNC-Steuerung ist in verschiedene Bereiche eingeteilt. Auf dem Bildschirm werden Programmanweisungen, Positionswerte der Achsen, Bilder zur Unterstützung der Programmierung und Hilfstexte angezeigt. Mit dem Bildschirm kann auch eine Simulation der Drehbearbeitung erfolgen.

Die Bedientafel ist mit einer alphanumerischen Tastatur für die manuelle Programmeingabe ausgestattet. Mit den Funktionstasten können Befehle für die Maschinensteuerung, z. B. Spindel Start oder Halt, eingegeben werden. Das elektronische Handrad ermöglicht die stufenlose Reduzierung der Spindeldrehzahl und des Vorschubs während der Drehbearbeitung. Dadurch können Probeläufe in einem langsameren Tempo ausgeführt werden. Der NOT-AUS-Schalter ermöglicht das sofortige Stoppen der Drehbearbeitung z. B. bei Gefahr vor einer Kollision.

Durch den Einsatz der hydraulischen Fußschalter kann das Werkstück mit beiden Händen vom Bedienenden beim Spannen festgehalten werden.

Aus Gründen des Umweltschutzes, der Arbeitssicherheit und der Nutzung eines hohen Kühlschmiermitteleinsatzes sind CNC-Maschinen meist vollständig verkleidet.

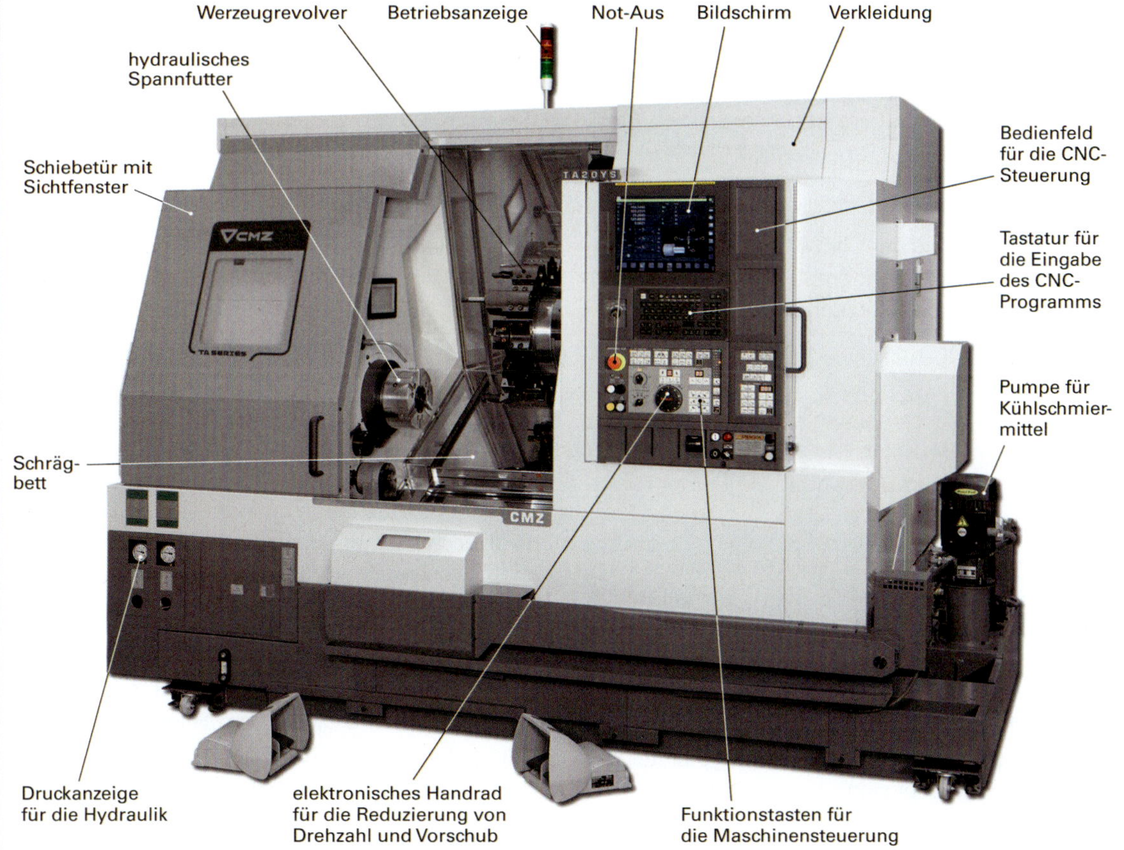

Bild 1: Äußerer Aufbau einer CNC-Schrägbettdrehmaschine

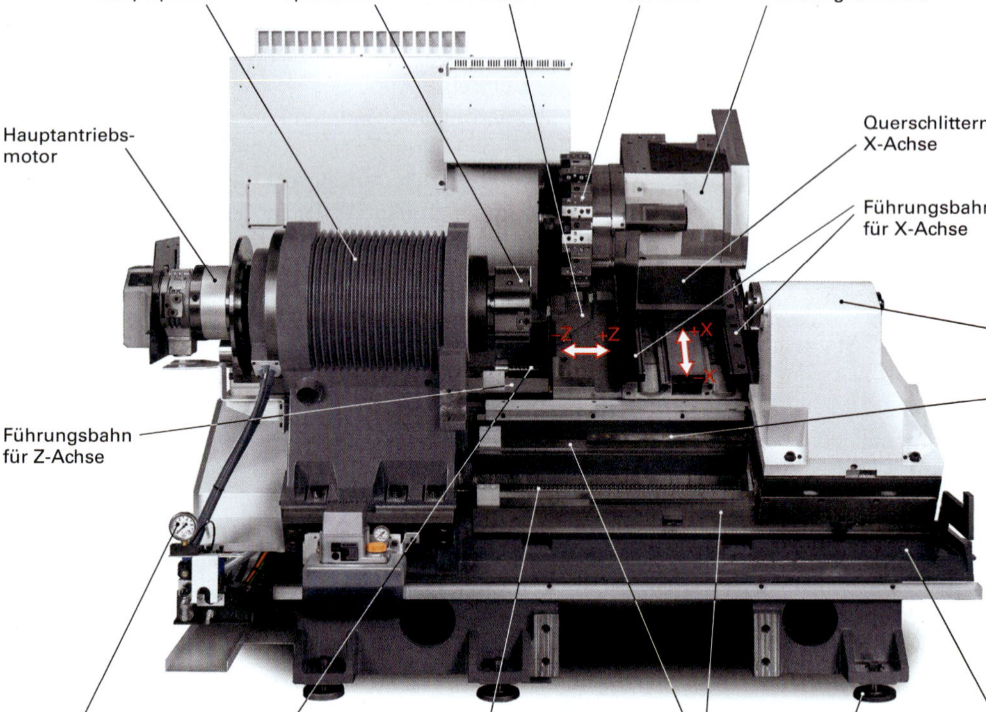

Bild 1: Innerer Aufbau einer CNC-Schrägbettdrehmaschine

vel.plus/ FILF221

Wird die Verkleidung der CNC-Maschine abgenommen, so lässt sich der innere Aufbau der in **Bild 1** abgebildeten Maschine erkennen.

Die Basis der CNC-Maschine ist das Maschinengestell mit seinen Füßen, die in der Höhe verstellbar sind. Auf dem Maschinengestell befindet sich das Maschinenbett. Bei der in Bild 1 dargestellten CNC-Drehmaschine ist das Bett schräg angeordnet.

Durch das Schrägbett können die Späne ungehindert nach unten fallen und bleiben nicht auf den Führungsbahnen liegen.

Das Schrägbett führt dazu, dass sich die Werkzeuge oberhalb der Antriebsspindel befinden. Es wird davon gesprochen, dass die Werkzeuge hinter der Drehmitte angeordnet sind.

Auf dem Schrägbett befinden sich die Führungsbahnen für den Längsschlitten in der Z-Achse und die Führungsbahnen für den Reitstock. Längsschlitten und Reitstock können durch Kugelgewindespindeln und Vorschubmotoren in der Z-Achse bewegt werden.

Auf dem Längsschlitten liegen die Führungsbahnen für den Querschlitten der X-Achse. Auch dieser Schlitten wird durch seinen Vorschubmotor und der Kugelgewindespindel in der X-Achse bewegt.

Auf dem Querschlitten befindet sich der Werkzeugrevolver mit seiner Antriebseinheit. Mit dem Aufruf eines Werkzeugs wird es mit dem Werkzeugrevolver in die Bearbeitungsebene gedreht.

Die Hauptantriebsspindel der CNC-Drehmaschine ist in dem Spindelstock gelagert. Die Hauptantriebsspindel wird direkt vom Hauptantriebsmotor angetrieben. Die Drehzahl der Antriebsspindel kann stufenlos eingestellt werden.

Am Ende der Hauptantriebsspindel befindet sich das hydraulische Spannfutter. Häufig wird ein 3-Backen-Futter zum Spannen der Drehteile eingesetzt.

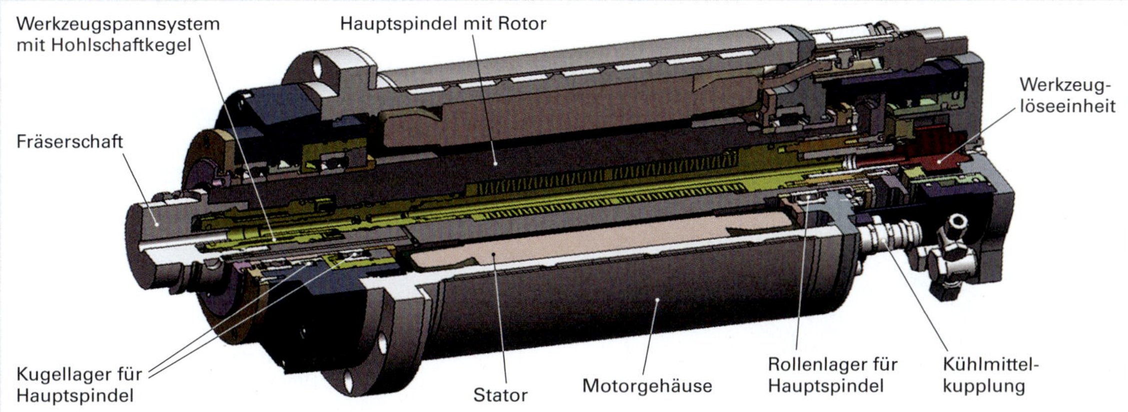

Bild 1: Motorspindel für eine CNC-Fräsmaschine

4.1.1 Antriebseinheiten

// Hauptspindelantrieb

Für den Antrieb der Hauptspindel werden bei CNC-Maschinen verschiedene Direktantriebe verwendet:

- Bei der Motorspindel **(Bild 1)** bildet die Hauptspindel eine Einheit mit dem Antriebsmotor. Durch die Wicklungen des Stators wird ein magnetisches Drehfeld erzeugt, wodurch die Hauptspindel mit dem Rotor angetrieben wird. Die hohe Wärmebildung erfordert eine Kühlung der Motorspindel.
- Die Hauptspindel wird über einen Asynchronmotor angetrieben, der über eine Kupplung mit der Hauptspindel verbunden ist. Die Drehzahl des Asynchronmotors kann mithilfe eines Frequenzumrichters stufenlos verstellt werden.

Die Drehzahl des Hauptantriebs wird durch einen Tachogenerator gemessen. Dieser erzeugt als Maß für die Drehzahl eine Ausgangsspannung. Die gemessene Istdrehzahl wird in der CNC-Steuerung mit der programmierten Solldrehzahl verglichen. Bei Abweichungen wird der Motor direkt nachgeregelt **(Bild 1, Seite 274)**.

Anforderungen an den Hauptantrieb:

- hohe Antriebsleistung für die Zerspanung
- stufenlose Drehzahlregelung
- schnelle Beschleunigungs- und Bremszeiten

// Vorschubantriebe

Der Vorschubantrieb erfolgt in der Regel durch drehzahlgeregelte Gleichstrommotoren. Die Drehbewegung des Vorschubmotors wird durch die Kugelgewindespindel in eine Längsbewegung des Schlittens umgewandelt. Zwischen Vorschubmotor und Kugelgewindespindel sitzt eine Kupplung, die als Überlastschutz bei einer Kollision Schäden verringern soll.

Mit der Kugelgewindespindel **(Bild 2)** ist ein spielfreier Antrieb möglich. Die Spielfreiheit wird durch zwei Kugelmuttern erreicht, die mit einer Distanzscheibe auseinandergedrückt werden. Durch die Kugeln wird eine geringe Rollreibung erzielt.

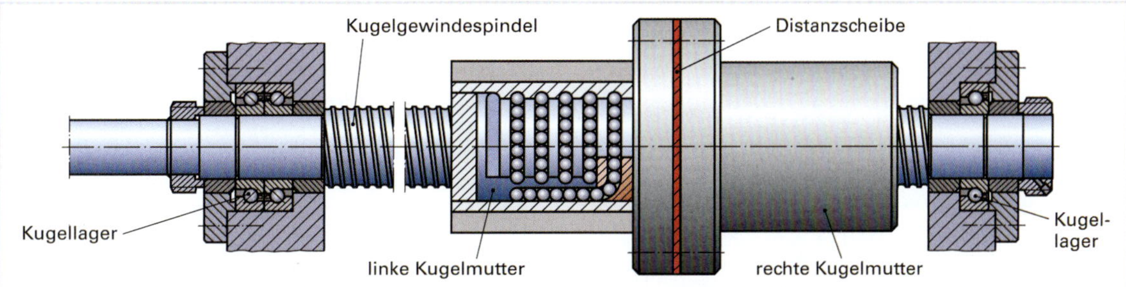

Bild 2: Kugelgewindespindel mit vorgespannter Doppelmutter

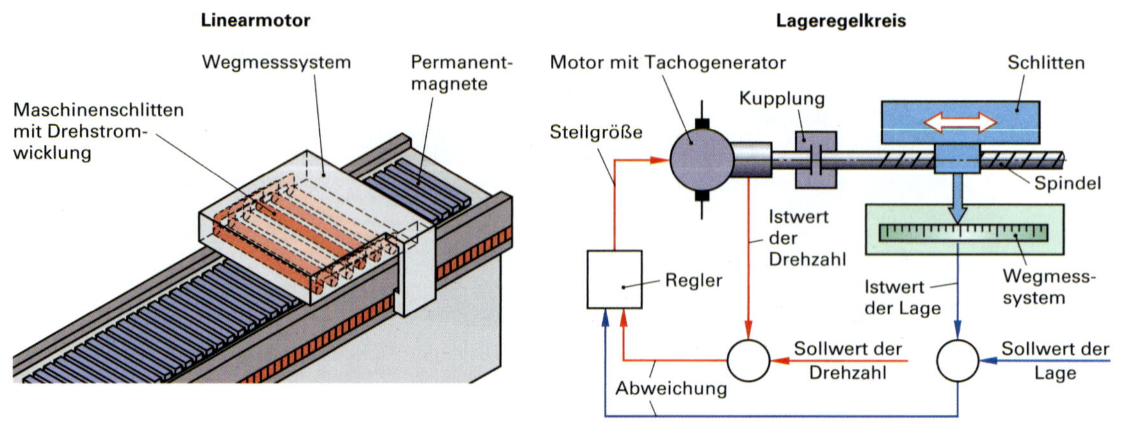

Bild 1: Linearmotor und Lageregelkreis

// Direkte Vorschubantriebe

Linearmotoren **(Bild 1, rechts)** werden als direkte Vorschubantriebe eingesetzt. Bei diesen Antrieben sind keine Spindeln nötig. Im Schlitten befinden sich Drehstromwicklungen, die ein linear bewegtes Magnetfeld erzeugen. Die Führungsbahnen enthalten Permanentmagnete, wodurch sich der Schlitten wie bei der Magnetschwebebahn abstößt und sich linear bewegt.

Beim Linearantrieb können hohe Positionsgenauigkeiten bei hohen Verfahrgeschwindigkeiten und Beschleunigungen erreicht werden. Es müssen geringere Massen bewegt werden. Durch die berührungsfreie Führung des Schlittens findet kein Verschleiß an den Antriebselementen statt.

Für größere Fahrstrecken ist der Linearmotor jedoch teuer und bei großen Kräften ist er nur bedingt geeignet.

Anforderungen an Vorschubantriebe:
- große Vorschubkräfte auf den Schlitten bereitstellen
- sehr kleine und sehr große Verfahrgeschwindigkeiten ausführen
- hohe Beschleunigungen und schnelles Positionieren des Schlittens ermöglichen
- große Wiederholgenauigkeit der angefahrenen Position ausführen
- hohe Steifigkeit, um die Achsposition zu halten

// Drehzahl- und Lageregelung der Vorschubantriebe

Bei CNC-Vorschubantrieben kommt zur Drehzahlregelung noch eine Lageregelung hinzu **(Bild 1, links)**. Hierbei wird durch das Wegmesssystem die Position des Schlittens gemessen. Der Istwert der Lage wird mit dem programmierten Sollwert der Lage durch die CNC-Steuerung verglichen.

Gleichzeitig wird über einen Tachogenerator der Istwert der Drehzahl des Vorschubmotors bestimmt und mit dem Sollwert der Drehzahl verglichen. Abweichungen der Lage und der Drehzahl des Istwerts vom Sollwert werden dem Regler übermittelt, der dann die zu ändernde Stellgröße an den Vorschubmotor weiterleitet.

4.1.2 Wegmesssysteme

Das Wegmesssystem ist Bestandteil des Lageregelkreises (Bild 1). Die Position des Schlittens wird gemessen (Istwert) und mit dem Sollwert verglichen. Der Vorschubmotor wird so lange angesteuert, bis der Istwert mit dem Sollwert übereinstimmt.

Wegmesssysteme arbeiten nach unterschiedlichen Verfahren **(Bild 1, Seite 275)**.

- **direkte Wegmessung**
  Messeinrichtung befindet sich unmittelbar am Schlitten
- **indirekte Wegmessung**
  Messung der Spindelumdrehungen und Umrechnung über die Spindelsteigung in Schlittenwege

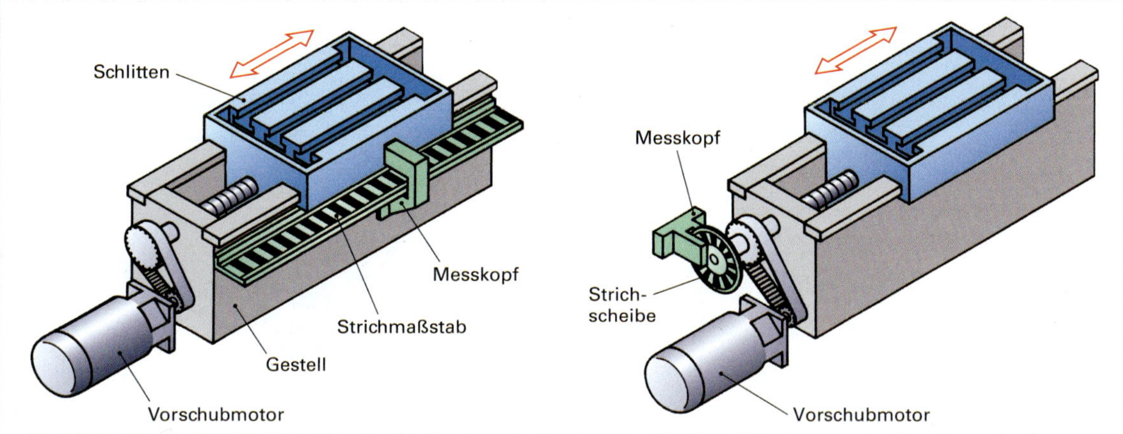

Bild 1: Direkte und indirekte Wegmessung

// Direkte Wegmessung (Bild 1)

Bei der direkten Wegmessung befindet sich die Messeinrichtung an dem Schlitten, für den die Lage bestimmt werden soll. Der Strichmaßstab kann am Schlitten und der Messkopf am feststehenden Gestell oder umgekehrt angebracht sein. Die Messeinrichtung muss zum Schutz vor Verschmutzung und Beschädigung sorgfältig abgedeckt sein.

// Indirekte Wegmessung (Bild 1)

Die Strichscheibe des Drehgebers ist starr mit der Vorschubspindel verbunden. Bei der Drehbewegung des Vorschubmotors werden die am Messkopf vorbeilaufenden Striche der Strichscheibe und damit die Umdrehungen gezählt. Aus der Anzahl der gemessenen Umdrehungen und der Steigung der Vorschubspindel wird durch die CNC-Steuerung die Position des Schlittens errechnet. Systematische Abweichungen, z. B. durch Fehler der Spindelsteigung, können durch die Software der CNC-Steuerung ausgeglichen werden. Gegen Verschmutzung ist das Messsystem unempfindlich, da es vollständig gekapselt werden kann.

// Inkrementale Wegmesssysteme (Bild 2)

Bei diesen Messsystemen werden beim Abtasten eines Strichgitters gleich große Messschritte (Inkremente) addiert oder subtrahiert. Die Summe der Zählimpulse entspricht dem Weg des Schlittens. Parallel zum Strichgitter sind über die gesamte Länge codierte Referenzmarken mit bekannter Position angebracht, damit nach dem Einschalten der Maschine die Stellung des Schlittens festgestellt werden kann.

Bei inkrementalen Wegmesssystemen muss nach dem Einschalten der CNC-Maschine zuerst eine Referenzmarke angefahren werden.

// Absolute Wegmesssysteme (Bild 2)

Bei absoluten Wegmesssystemen ist jedem Teilungsschritt ein exakter Zahlenwert zugeordnet. Die Abtasteinrichtung erfasst durch die lichtdurchlässigen und undurchlässigen Markierungen auf dem Maßstab die Stellung des Schlittens. Nach dem Einschalten der Versorgungsspannung steht die Position der Maschinenachse ohne Anfahren einer Referenzmarke fest. Für den Codemaßstab wird häufig der Gray-Code verwendet. Hier ändert sich nach jedem Ablesewert nur ein Feld in allen Spuren. Dadurch wird der abgelesene Wert höchstens um eine Position unsicherer.

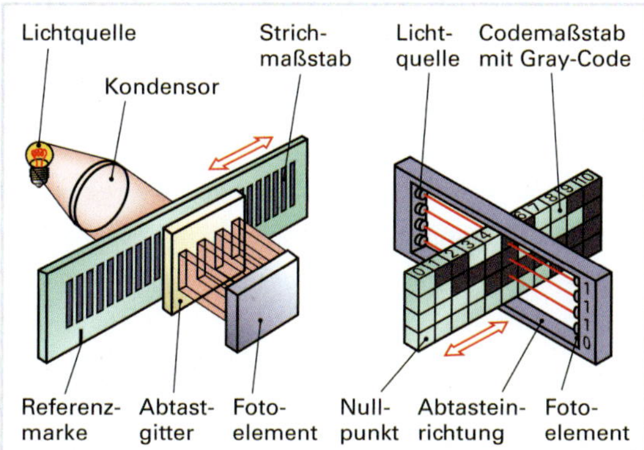

Bild 2: Inkrementale und absolute Wegmessung

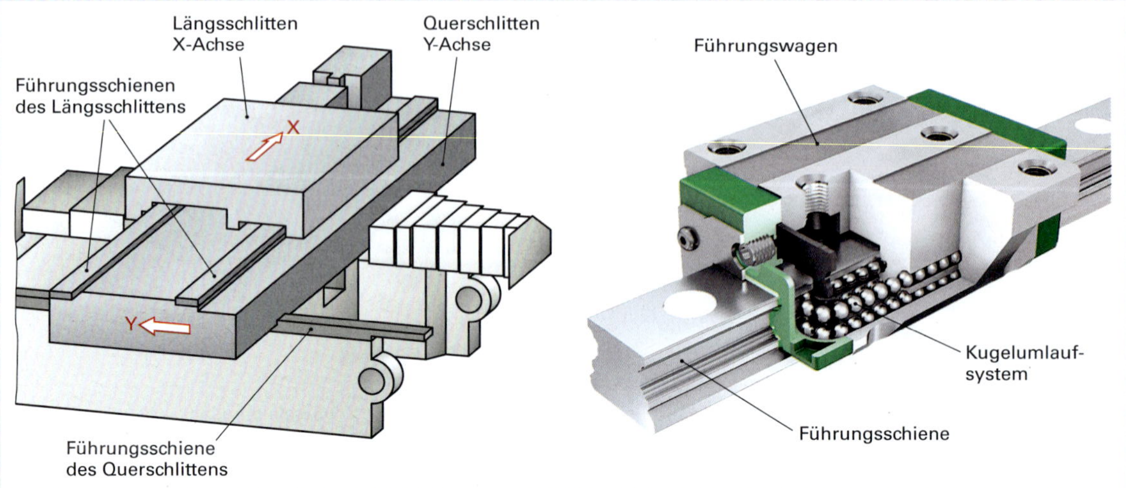

Bild 1: Wälzgelagerte Schlittenführungen

4.1.3 Schlittenführungen

Damit eine genaue und schnelle Bewegung der Schlitten erfolgen kann, müssen die Führungen der Schlitten möglichst spielfrei und reibungsarm sein.

Bild 1 zeigt wälzgelagerte Schlittenführungen für den Längs- und Querschlitten einer CNC-Fräsmaschine. Die Führungsschienen des Längsschlittens für die X-Achse befinden sich auf dem Querschlitten. Unter dem Längsschlitten befinden sich mehrere Führungswagen, die mit Kugelumlaufsystemen ausgestattet sind.

Wälzgelagerte Schlittenführungen haben eine hohe Steifigkeit und können große Belastungen aufnehmen. Die Kugeln zwischen Führungswagen und Führungsschiene führen zu einer niedrigen Reibung.

Durch die Wälzlagerung der Schlittenführung sind hohe Positionsgenauigkeiten bei Geschwindigkeiten bis 300 m/min und Beschleunigungen bis 150 m/s^2 erzielbar.

Gleitführungen werden meistens nur an konventionellen Maschinen verwendet. An CNC-Maschinen werden sie wegen der höheren Gleitreibung und des auftretenden Spiels selten eingesetzt.

Überlegen und beantworten Sie:

1. Geben Sie an, in welche Bereiche das Bedienfeld einer CNC-Maschine eingeteilt ist.
2. Erläutern Sie, warum die CNC-Maschine vollständig verkleidet ist.
3. Beschreiben Sie die Funktion des elektronischen Handrads vom Bedienfeld.
4. Begründen Sie, warum CNC-Drehmaschinen häufig mit einem Schrägbett ausgeführt sind.
5. Nennen Sie drei Anforderungen, die an einen Hautpantrieb gestellt werden.
6. Erläutern Sie die Funktionsweise einer Motorspindel für den Hauptantrieb.
7. Beschreiben Sie, wie bei einer Kugelgewindespindel die Spielfreiheit erreicht wird.
8. Geben Sie Vor- und Nachteile eines Linearmotors gegenüber einer Kugelgewindespindel mit einem Vorschubmotor an.
9. Beschreiben Sie die Unterschiede zwischen direkten und indirekten Wegmesssystemen.
10. Vergleichen Sie den Einsatz von inkrementalen und absoluten Wegmesssystemen.
11. Begründen Sie, warum bei CNC-Maschinen wälzgelagerte Schlittenführungen eingesetzt werden.

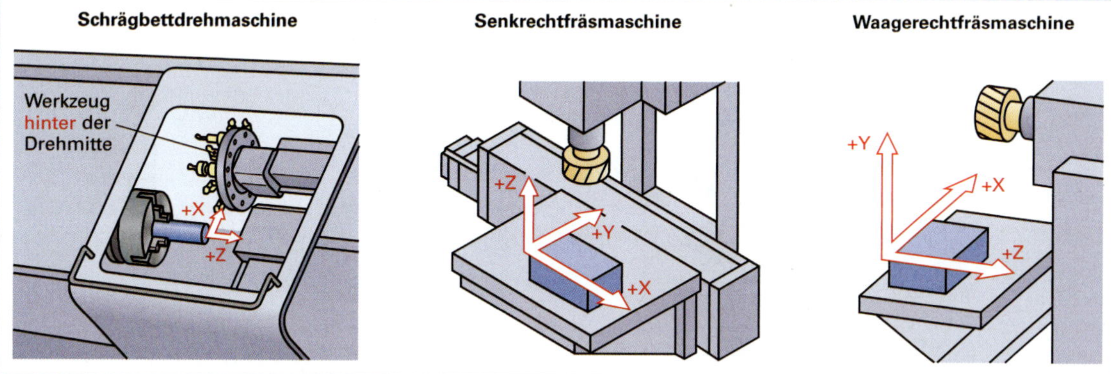

Bild 1: Koordinatenachsen bei CNC-Dreh- und Fräsmaschinen

4.2 Koordinatensysteme, Nullpunkte und Bezugspunkte

4.2.1 Koordinatensysteme

Zum Programmieren von CNC-Maschinen wird das rechtwinklige (kartesische) Koordinatensystem **(Bild 2)** verwendet. Das Koordinatensystem wird immer auf das Werkstück bezogen. Die Achsen werden mit X, Y und Z bezeichnet.

> Die Z-Achse entspricht der Drehachse der Hauptantriebsspindel. Die positive Richtung der Z-Achse zeigt zum Werkzeug hin **(Bild 1)**.

Der Nullpunkt des Koordinatensystems wird meistens beim Drehen auf die rechte Planfläche des Drehteils gelegt. Beim Fräsen wird für den Nullpunkt häufig ein Eckpunkt auf der Oberseite des Frästeils gewählt. Dieser Punkt wird als Werkstücknullpunkt bezeichnet.

Befindet sich das Werkzeug bei Drehmaschinen **hinter** der Drehmitte **(Bild 1, links** und **Bild 2, rechts)**, so zeigt die positive Richtung der X-Achse nach oben zum Werkzeug hin. Beim Drehen mit Werkzeugen **vor** der Drehmitte zeigt die positive X-Achse nach unten zum Drehmeißel hin.

Beim Planen, Schruppen und Schlichten mit einem Drehmeißel werden nur die Koordinaten für die X- und Z-Achse programmiert. Beim Drehen mit angetriebenen Werkzeugen (vgl. 4.8) werden noch zusätzlich die Y-Achse und meistens auch die Drehachse C um die Z-Achse benötigt **(Bild 2)**.

Können bei Fräsmaschinen die Drehbewegungen um die Raumachsen gesteuert werden, so werden für die Drehachsen die Buchstaben A, B und C verwendet.

Häufig können an CNC-Fräsmaschinen nur zwei Achsen gleichzeitig bewegt werden. Hier wird dann von einer Bearbeitungsebene gesprochen. Je nach Ebene werden für die Anwahl die Befehle G17, G18 und G19 **(Bild 2, links)** verwendet.

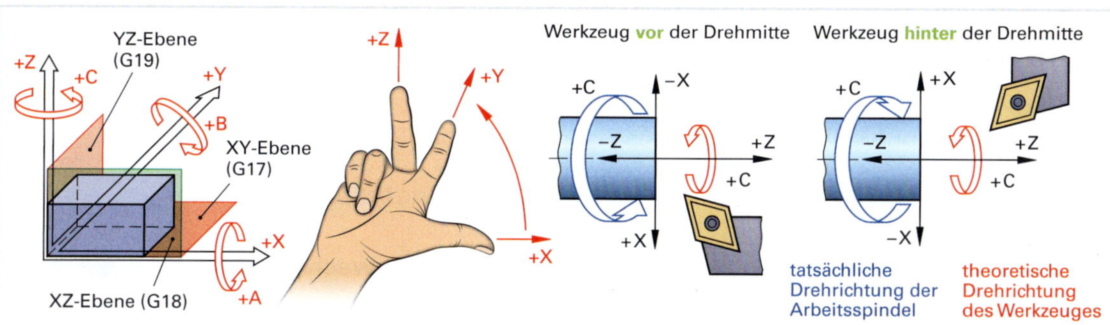

Bild 2: Raumkoordinaten und Drehachsen bei CNC-Maschinen

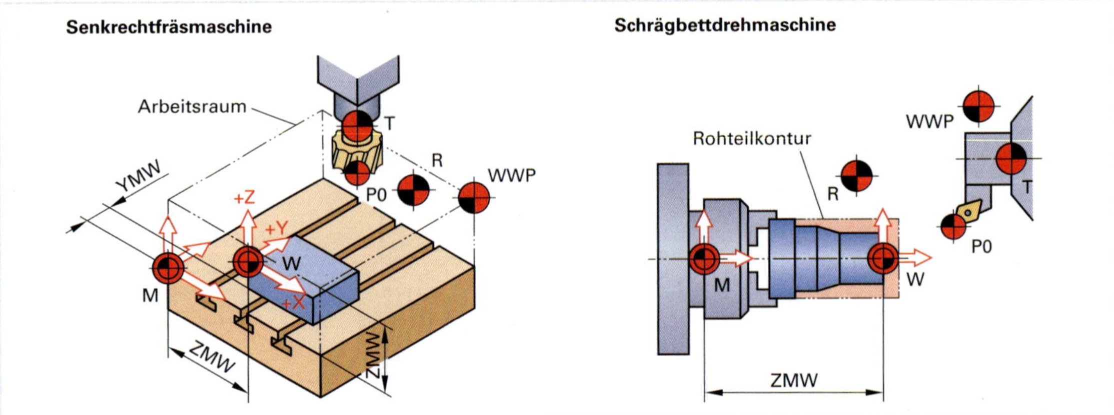

Bild 1: Null- und Bezugspunkte an CNC-Maschinen

4.2.2 Null- und Bezugspunkte

Zur eindeutigen Festlegung der Bearbeitungspositionen sind die Richtung der Koordinatenachsen und die Lage der Bezugspunkte zwischen Maschine, Werkstück und Werkzeug erforderlich **(Bild 1)**.

// Maschinennullpunkt M

Der Maschinennullpunkt M ist der gemeinsame Nullpunkt der Maschinenkoordinaten. Er wird vom Maschinenhersteller festgelegt und kann nicht verändert werden. Auf diesen Punkt beziehen sich die Maße der Wegmesssysteme.

Bei Drehmaschinen liegt er meistens auf der Achse der Hauptspindel an der Anschlagfläche des Spannfutters. Bei Fräsmaschinen ist die Lage des Maschinennullpunkts je nach Hersteller sehr unterschiedlich. Im Allgemeinen liegt er im Randbereich des Arbeitsraums.

// Referenzpunkt R

Zur Eichung von inkrementalen Wegmesssystemen muss nach dem Einschalten der Maschine der Referenzpunkt angefahren werden. Damit der Verfahrweg zum Referenzpunkt möglichst klein ist, befinden sich auf dem Maßstab meistens abstandscodierte Referenzpunkte. Es wird dann der nächstliegende Referenzpunkt angefahren.

Auf dem Bildschirm wird nach der Referenzpunktfahrt die aktuelle Position jeder Achse angezeigt. Der angezeigte Wert entspricht dem Abstand vom Maschinennullpunkt zum Referenzpunkt, wenn sich der Schlitten auf dem Referenzpunkt befindet.

// Werkzeugträgerbezugspunkt T

Der Werkzeugträgerbezugspunkt befindet sich auf der Anschlagfläche der Werkzeugaufnahme. Er dient als Ausgangspunkt für die Positionierung der Werkzeuge relativ zum Werkstück.

// Werkstücknullpunkt W

Bei der Programmierung der Werkstückgeometrie müssten sich alle Maße auf den Maschinennullpunkt beziehen. Da dies umständlich ist, legt der Programmierer einen Werkstücknullpunkt fest. Er wird so gewählt, dass möglichst viele Koordinatenwerte aus der Zeichnung übernommen werden können oder seine Lage im Arbeitsraum leicht festgestellt werden kann.

Die Koordinatenabstände vom Maschinennullpunkt zum Werkstücknullpunkt (XMW, YMW und ZMW) werden als Nullpunktverschiebung bezeichnet. In der Steuerung werden diese Korrekturwerte gespeichert und verrechnet. Damit werden beim Programmieren alle Maße auf den Werkstücknullpunkt bezogen.

// Programmnullpunkt PO

Der Programmnullpunkt gibt die Koordinaten an, an denen sich das Werkzeug vor Beginn des Programmstarts befindet.

// Werkzeugwechselpunkt WWP

Der Werkzeugwechselpunkt wird vor dem Werkzeugwechsel sowie zum Ein-, Um- und Ausspannen des Werkstücks angefahren.

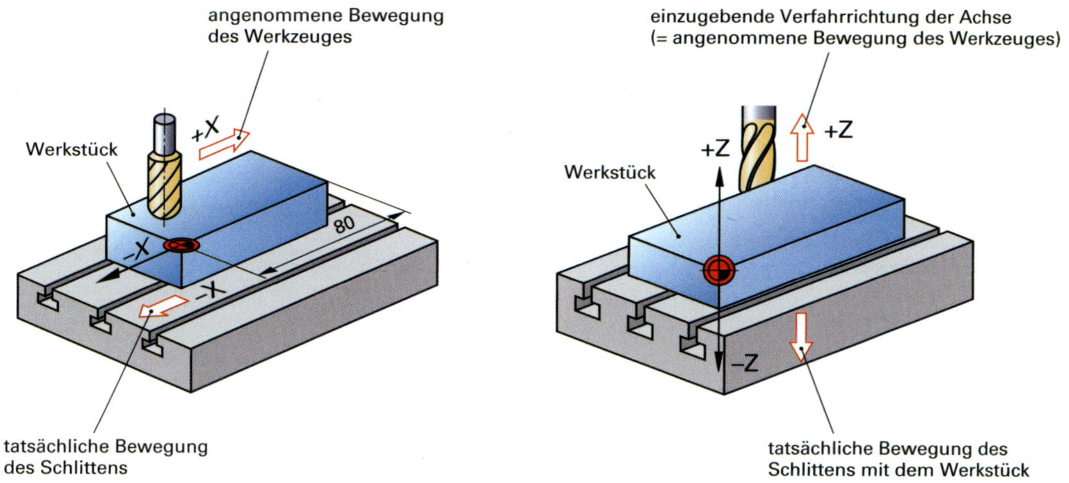

Bild 1: Koordinatenvorzeichen und Verfahrbewegungen

4.2.3 Koordinatenvorzeichen und Verfahrbewegungen

Für das Programmieren wird immer angenommen, dass sich das Werkzeug bewegt **(Bild 1)**. Dadurch erhält man auch dann eine einheitliche Programmierung, wenn sich statt des Werkzeugs der Schlitten bewegt.

Soll z. B. bei der Senkrechtfräsmaschine der Fräser in der X-Achse das Maß 80 mm erreichen, so ist der Wert X80 zu programmieren **(Bild 1, links)**. Tatsächlich bewegt sich aber der Schlitten nach links in Minusrichtung der X-Achse.

Erfolgt das Anfahren von Schlittenpositionen durch Handeingabe der Koordinatenwerte, muss beachtet werden, dass sich die Maschine so verhält, als würde sich das Werkzeug bewegen.

Soll der Schlitten nach rechts, in Plusrichtung der X-Achse bewegt werden, ist die Verfahrbewegung mit Minus einzugeben (Bild 1, links).

Bei der Senkrechtfräsmaschine bewegt sich der Schlitten auch in der Richtung der Z-Achse **(Bild 1, rechts)**. Will man den Schlitten nach unten in Minusrichtung der Z-Achse bewegen, muss die Verfahrbewegung der Z-Achse positiv eingegeben werden.

Beim Programmieren der Koordinaten und beim Verfahren des Schlittens wird immer angenommen, dass sich das Werkzeug bewegt.

Überlegen und beantworten Sie:

1. Geben Sie an, auf was sich das Koordinatensystem beim Programmieren bezieht.
2. Erläutern Sie, wie die Richtung der Z-Achse festgelegt wird.
3. In welche Richtung zeigt die positive X-Achse beim Drehen?
4. In welcher Beziehung steht der Maschinennullpunkt zum Referenzpunkt?
5. Erläutern Sie, warum der Werkstücknullpunkt für das Programmieren des Werkstücks festgelegt werden muss.
6. Bei welchen Vorgängen wird der Werkzeugwechselpunkt verwendet?
7. Der Schlitten einer Senkrechtfräsmaschine soll in der X-Achse 50 mm nach links bewegt werden. Geben Sie den Koordinatenwert für die Programmierung der X-Achse an.

vel.plus/
FILF222

vel.plus/
FILF223

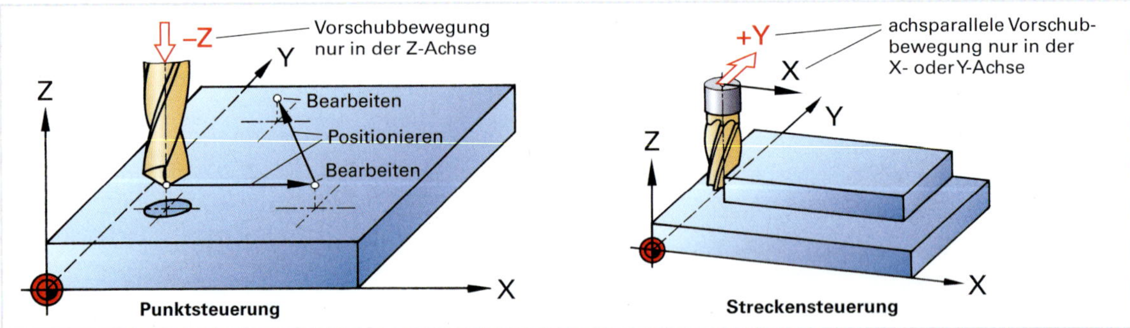

Bild 1: Punkt- und Streckensteuerung

4.3 Steuerungsarten

CNC-Maschinen sind je nach Anforderung mit einer Punkt-, Strecken- oder Bahnsteuerung ausgerüstet.

// Punktsteuerung

Die Punktsteuerung **(Bild 1, links)** wird bei Maschinen eingesetzt, bei denen das Werkzeug an einer bestimmten Stelle positioniert werden soll. Das Werkzeug wird im Eilgang an die Bearbeitungsposition verfahren. Diese Bewegung erfolgt ohne Werkzeugeingriff. Anschließend wird das Werkzeug nur in einer Achse im Vorschub bewegt. Mit Punktsteuerungen werden z. B. CNC-Bohrmaschinen, Stanz- oder Punktschweißmaschinen ausgerüstet.

// Streckensteuerung

Mit Streckensteuerungen **(Bild 1, rechts)** sind nur achsparallele Vorschubbewegungen möglich. Sie werden bei Werkstückhandhabungssystemen und zur Steuerung einfacher Werkzeugmaschinen eingesetzt.

// Bahnsteuerungen

Mit Bahnsteuerungen können Schlitten oder Werkzeugträger gleichzeitig in zwei oder mehreren Achsen mit einem programmierten Vorschub verfahren werden. Dazu müssen die Geschwindigkeiten der einzelnen Achsantriebe aufeinander abgestimmt werden.

// 2D-Bahnsteuerung

Erfolgt die Interpolation nur in zwei Achsen (z. B. X und Y), so genügt eine 2D-Bahnsteuerung. Eine 2D-Bahnsteuerung liegt z. B. bei einer CNC-Drehmaschine oder einer CNC-Fräsmaschine ohne schwenkbaren Fräskopf vor **(Bild 2, links)**.

// 2½D-Bahnsteuerung

Eine 2½D-Bahnsteuerung liegt vor, wenn die Interpolation wahlweise auf jeweils zwei der drei verschiedenen Hauptebenen umgeschaltet werden kann. Die Auswahl der Ebenen erfolgt über die Programmanweisungen G17, G18 und G19 **(Bild 2, rechts)**.

vel.plus/
FILF224

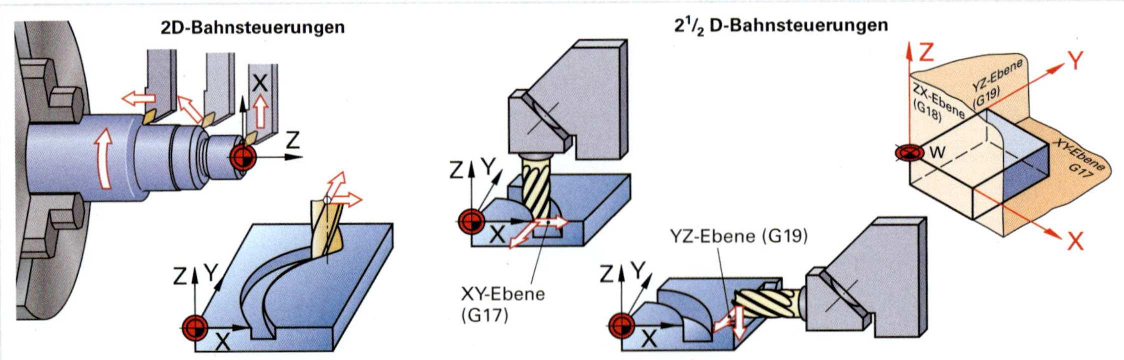

Bild 2: 2D- und 2½D-Bahnsteuerungen

Lernfeld 8

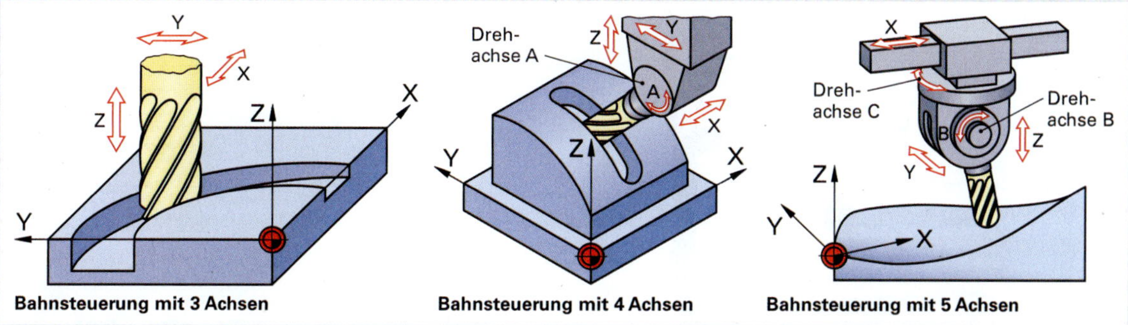

Bild 1: 3D-Bahnsteuerungen mit drei und mehreren Achsen

// 3D-Bahnsteuerung

Mit 3D-Bahnsteuerungen (dreidimensional) kann das Werkzeug gleichzeitig in drei oder je nach Fräsmaschine auch in mehreren Achsen der programmierten Bahn folgen **(Bild 1)**.

Bei der **Bahnsteuerung mit drei Achsen** kann das Werkzeug gleichzeitig in der X-, Y- und Z-Achse bewegt werden. Hierdurch ist es z. B. möglich, Vertiefungen auch mit unterschiedlichen Höhen zu fräsen **(Bild 1, links)**.

Kann zu den drei Achsen gleichzeitig auch noch eine Drehachse bewegt werden, wird von einer **4-Achsen Bahnsteuerung** gesprochen. In **Bild 1 (Mitte)** kann für das Fräsen der Nut zusätzlich zu den Achsen der drei Raumkoordinaten auch noch die Drehbewegung um die X-Achse durch das Schwenken des Fräskopfs durchgeführt werden.

Bei der **Bahnsteuerung mit fünf Achsen** kann noch gleichzeitig eine zweite Drehachse angesteuert werden. **Bild 1 (rechts)** zeigt das Beispiel eines Fräskopfs, der mit den Drehachsen B und C durch jeweiliges Schwenken des Fräskopfs um die Y- und Z-Achse bewegt werden kann. Kann noch zusätzlich der Frästisch geschwenkt oder gedreht werden, liegt eine **Mehrachsen-CNC-Fräsmaschine** mit sechs oder weiteren Achsen vor.

4.4 Werkzeugvermessung

// Interne Werkzeugvermessung

In kleineren Betrieben erfolgt die Werkzeugvermessung häufig an der CNC-Maschine. Der **Schneidenpunkt P** jedes einzelnen Werkzeugs wird unter das Fadenkreuz einer optischen Messeinrichtung gefahren und die gemessenen Korrekturmaße des Werkzeugs werden in den Korrekturspeicher des Werkzeugs übernommen **(Bild 2)**. Die Ermittlung der Werkzeugkorrekturmaße kann auch über einen Messtaster oder durch Ankratzen des Werkzeugs am Werkstück erfolgen.

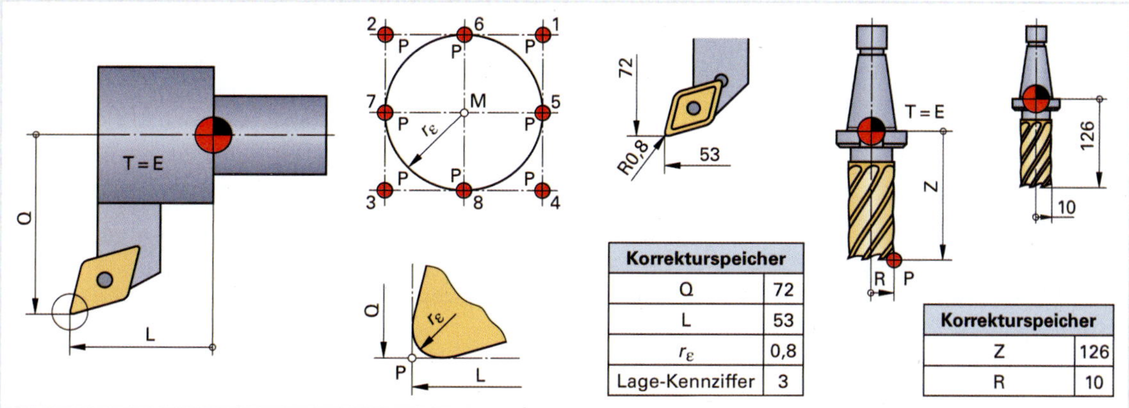

Korrekturspeicher	
Q	72
L	53
r_ε	0,8
Lage-Kennziffer	3

Korrekturspeicher	
Z	126
R	10

Bild 2: Werkzeugkorrektur beim Drehen und Fräsen

Lernfeld 8

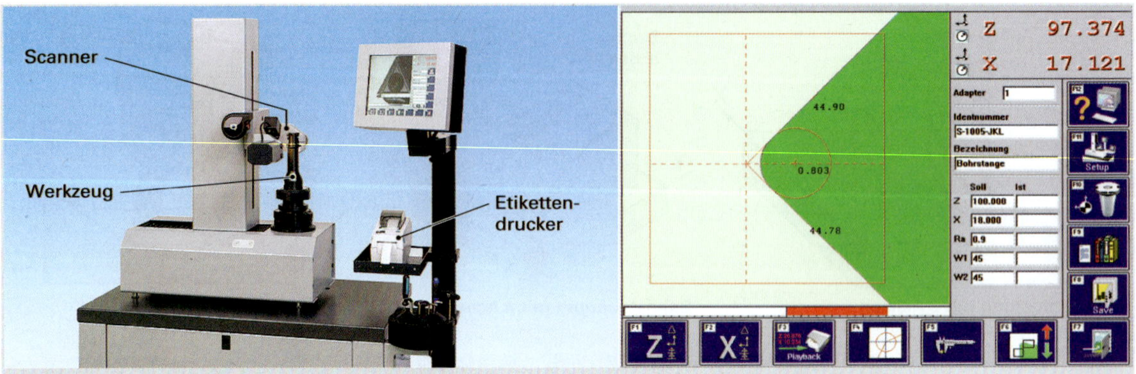

Bild 1: Externe Werkzeugvermessung

Der **Werkzeugbezugspunkt E** befindet sich an der Anschlagsfläche der Werkzeugaufnahme. Dieser Punkt wurde vom Hersteller definiert und kann daher nicht verändert werden. Er stimmt häufig mit dem **Werkzeugträgerbezugspunkt T** überein, kann aber auch bei komplizierten Werkzeugaufnahmen (z. B. Revolver) abweichen.

// Externe Werkzeugvermessung

Die Voreinstellung und Vermessung der Werkzeuge erfolgt meist extern außerhalb der Werkzeugmaschine, z. B. in einem Werkzeugvoreinstellgerät oder einer Werkzeugmessmaschine **(Bild 1)**. Das eingespannte Werkzeug wird manuell oder automatisch mittels optischer Schneidenerkennung mit dem **Schneidenpunkt P** unter das Fadenkreuz des Bildschirms gefahren. Die Bildverarbeitungstechnologie ermöglicht mittlerweile ein bedienerunabhängiges genaues Messen.

Die **Länge L** und der **Radius R** bzw. die **Querablage Q** beziehen sich beim Vermessen des Werkzeugs außerhalb der CNC-Maschine auf den **Werkzeugbezugspunkt E**. Diese Werte sind im Korrekturspeicher für die Werkzeuge gespeichert und werden zu Berechnungen herangezogen **(Bild 2, Seite 281)**.

Werden von der Steuerung keine Werkzeugkorrekturwerte verrechnet (z. B. bei T0), so deckt sich der Werkzeugträgebezugspunkt T mit den programmierten Koordinatenwerten.

Mit aktiver Werkzeugkorrektur verrechnet die Steuerung die Korrekturmaße zum Werkzeugträgerbezugspunkt. Der Werkzeugträger wird so verstellt, dass der **Schneidenpunkt P** des entsprechenden Werkzeugs auf dem programmierten Koordinatenwert steht.

Durch die externe Werkzeugvermessung werden die Rüstzeiten (Einrichtezeiten) an der CNC-Maschine verringert. Dies führt zu einer erheblichen Produktionssteigerung.

Die Steuerung verrechnet bei der Fertigung die Werkzeugmaße mit den programmierten Werkstückmaßen, damit die Werkstückkontur unabhängig von den eingesetzten Werkzeugen programmiert werden kann. Daher muss zuerst jedes Werkzeug vermessen werden.

Überlegen und beantworten Sie:

1. Erläutern Sie den Unterschied zwischen einer Punkt- und Streckensteuerung.
2. Begründen Sie, warum eine Fräsmaschine mit einem schwenkbaren Fräskopf in der Regel eine 2½D-Bahnsteuerung hat.
3. Erläutern Sie die Funktionsweise einer vierachsigen Bahnsteuerung.
4. Erklären Sie den Unterschied zwischen interner und externer Werkzeugvermessung.
5. Geben Sie an, welche Funktion der Werkzeugbezugspunkt E hat.

4.5 Bahnkorrekturen

Beim Abfahren der programmierten Werkstückkontur wird der Schneidenradius des Drehmeißels bzw. der Werkzeugdurchmesser des Fräsers ohne das Einschalten einer Bahnkorrektur nicht berücksichtigt. Es entsteht dann eine fehlerhafte Kontur.

Mit Einschalten der Bahnkorrektur berechnet die CNC-Steuerung eine Äquidistante (Linie gleichen Abstands) für die Verfahrbewegung des Werkzeugs zur Werkstückkontur.

// Bahnkorrektur beim CNC-Drehen

Beim Programmieren werden die vom Werkzeug anzufahrenden Zielpunkte X und Z angegeben. Der **Schneidenpunkt P** des Drehmeißels (vgl. **Bild 2, Seite 281**) deckt sich beim Abfahren des Programms mit den programmierten Koordinaten. Die Zwischenpunkte werden von der Steuerung berechnet.

Bei nicht achsparallelen Verfahrbewegungen ergeben sich durch den Schneidenradius r_ε Konturabweichungen **(Bild 1)**. Je größer der Schneidenradius r_ε ist, desto größer wird die Konturabweichung. Diese Abweichung wird verhindert, wenn eine **Schneidenradiuskompensation (SRK)** stattfindet, mit der die Bahn des Drehmeißels korrigiert wird. Die Schneidenradiuskompensation wird durch die Wegbedingung G41 oder G42 aktiviert.

Die CNC-Steuerung berechnet eine Bahn, bei welcher der Mittelpunkt des Schneidenradius auf einer Äquidistanten mit dem Schneidenradius des aufgerufenen Werkzeugs geführt wird. Konturabweichungen werden dadurch vermieden.

Befindet sich das Werkzeug in Vorschubrichtung rechts von der Kontur, so wird die Schneidenradiuskompensation mit G42 aktiviert **(Bild 1)**. Wenn sich das Werkzeug in Vorschubrichtung links von der Kontur befindet, wird G41 programmiert. Die Schneidenradiuskompensation (SRK) wird mit G40 beendet.

- **G41** Drehmeißel **links** von der Kontur
- **G42** Drehmeißel **rechts** von der Kontur
- **G40** Beenden der Bahnkorrektur (SRK)

Nach dem Aktivieren mit G41 oder G42 wird die Schneidenradiuskompensation am Ende des Satzes, der eine Verfahrbewegung enthält, wirksam. Hierbei wird das Werkzeug so angestellt, dass die nachfolgende Kontur richtig ausgeführt wird.

Beim Anstellen des Drehmeißels zum Werkstück muss ein Sicherheitsabstand mit dem Anlaufweg $l_a = 1 \dots 2$ mm berücksichtigt werden. Meist erfolgt das Anstellen vom Werkzeugwechselpunkt WWP mit dem Eilgang. Erst im nachfolgenden Satz wird dann die Aktivierung mit G41 oder G42 durch das Positionieren des Drehmeißels mit Vorschub direkt an das Werkstück durchgeführt.

Findet eine Aktivierung der Schneidenradiuskompensation bereits beim Anstellen des Drehmeißels vor dem Werkstück statt, muss zu dem Sicherheitsabstand l_a der Schneidenradius r_ε berücksichtigt werden, damit das Werkzeug weit genug vom Werkstück entfernt steht.

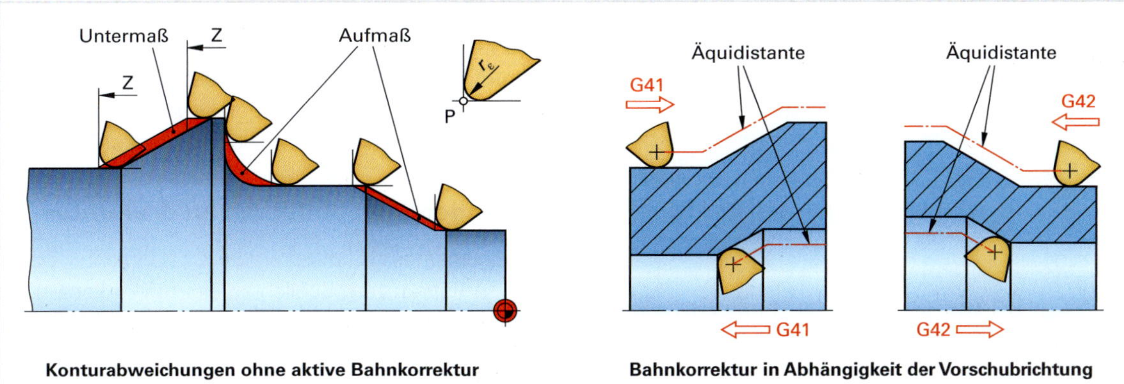

Bild 1: Schneidenradiuskompensation (SRK) beim Drehen

vel.plus/ FILF252

Lernfeld 8

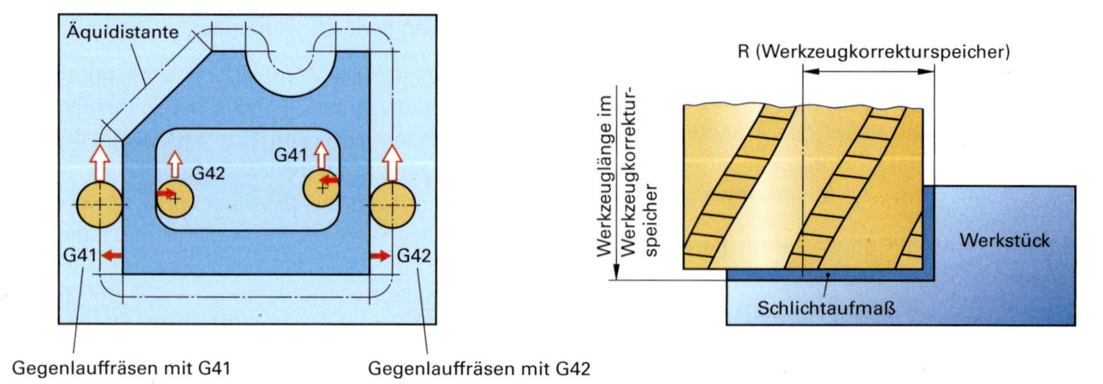

Bild 1: Fräserradiuskompensation (FRK) beim Fräsen

// Bahnkorrektur beim CNC-Fräsen

Beim Programmieren wird der vom Werkzeug anzufahrende Zielpunkt angegeben. Die Verfahrbewegung des Werkzeugs entspricht der Fräsermittelpunktsbahn. Beim Fräsen von Konturen muss die Werkzeugbahn in Vorschubrichtung nach links oder rechts von der Kontur versetzt werden **(Bild 1)**.

Die Werkzeugbahnkorrektur ermöglicht die Programmierung der Kontur des Werkstücks, wobei die Steuerung die Berechnung der Fräsermittelpunktsbahn durchführt.

Die Aktivierung der **Fräserradiuskompensation (FRK)** erfolgt durch G41, wenn sich das Werkzeug in Vorschubrichtung links von der Kontur befindet. Beim Fräsen mit G41 findet ein Gleichlauffräsen statt (vgl. **Bild 2, Seite 68**). Das Gleichlauffräsen wird bevorzugt beim Fräsen zäher Werkstoffe (z. B. Stahl im Anlieferungszustand) durchgeführt. Mit G40 wird die Fräserradiuskompensation (FRK) aufgehoben.

- **G41** Fräser **links** von der Kontur (Gleichlauffräsen)
- **G42** Fräser **rechts** von der Kontur (Gegenlauffräsen)
- **G40** Beenden der Bahnkorrektur (FRK)

// Programmieren des Schlichtaufmaßes

Beim Fräsen wird für das Schruppen und Schlichten meistens der gleiche Fräser verwendet. Zur Erzeugung des Schlichtaufmaßes müssen die Konturpunkte nicht verändert werden.

Damit nach dem Schruppen ein Aufmaß für das Schlichten übrig bleibt, wird für die Bahnkorrektur anstatt der tatsächlichen Werkzeuglänge ein Betrag angegeben, der um das Aufmaß in Z-Richtung größer ist. Der Radiuskorrekturwert wird im Werkzeugspeicher ebenfalls um das Aufmaß vergrößert. Dadurch wird bei aktiver Werkzeugbahnkorrektur die Fräsermittelpunktsbahn um den Fräserradius und das Aufmaß von der Kontur versetzt (Bild 1).

Für das Schlichten erfolgt ein Korrekturwechsel auf die tatsächlichen Werkzeugmaße, ohne das Werkzeug selbst zu wechseln.

// Lineares Anfahren an die Kontur

Für das lineare Anfahren des Fräsers an die Kontur **(Bild 1, Seite 314)** wird das Werkzeug zuerst mit dem Eilgang auf den Startpunkt außerhalb des Werkstücks positioniert.

Die erste Verfahrbewegung nach Aktivieren von G41 oder G42 wird so durchgeführt, dass der Radius des Fräsers auf einer Senkrechten zur verlängerten Kontur liegt. Der programmierte Zielpunkt beim Anfahren liegt auf der verlängerten Kontur mit einem Sicherheitsabstand außerhalb des Werkstücks.

// Tangentiales Anfahren an die Kontur

Ist ein lineares Anfahren an die Kontur nicht möglich (z. B. Anfahren zum Schlichten einer Innenkontur), so kann der Fräser tangential im Viertel- oder Halbkreis an die Fertigkontur angefahren werden **(Bild 1, Seite 314)**. Dadurch werden unerwünschte Konturmarkierungen vermieden. Das Abfahren des Fräsers sollte dann auch wie das Anfahren tangential erfolgen.

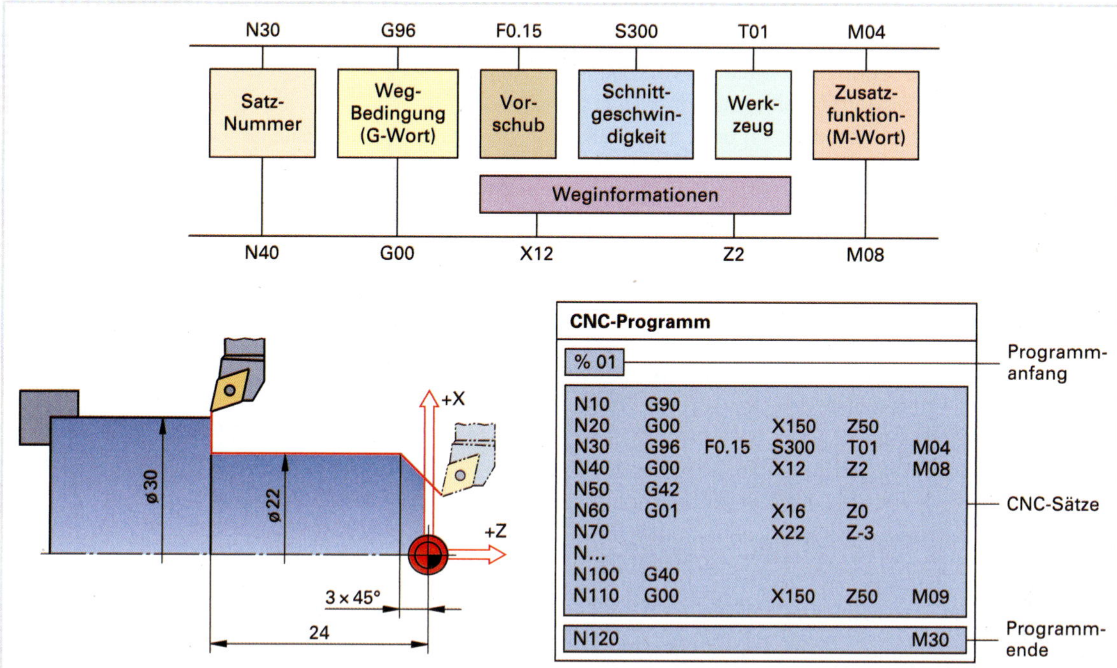

Bild 1: Programmaufbau mit Beispiel

4.6 CNC-Programme nach DIN

Damit ein Werkstück auf einer CNC-Maschine hergestellt werden kann, benötigt die Steuerung ein Programm. Ein CNC-Programm nach DIN 66025 enthält alle für die Bearbeitung erforderlichen Weg- und Schaltinformationen sowie Hilfsbefehle und kann von jeder CNC-Maschine gelesen werden **(Bild 1)**.

4.6.1 Programmaufbau

Ein CNC-Programm nach DIN 66025 besteht aus der Programmnummer und Sätzen, die den gesamten Arbeitsablauf der Maschine schrittweise beschreiben. Die einzelnen Sätze werden nacheinander von oben nach unten abgearbeitet. Sie sind fortlaufend, N1, N2, N3 …, oder in Sprüngen, z. B. N10, N20, N30 …, nummeriert (N = number). Die Steuerung liest mehrere Sätze voraus, damit sie Rechenoperationen durchführen kann. Werden Sätze in Sprüngen nummeriert, lassen sich weitere Sätze ohne Änderung der folgenden Satznummern dazwischenschieben.

// Satzaufbau

Ein Satz besteht aus einem oder mehreren Wörtern, die sich aus einem Adressbuchstaben und einer Zahl zusammensetzen. Die Anordnung der Wörter in einem Satz bezeichnet man als Satzformat. Ein Satz beginnt mit der Satznummer. Danach folgen die Wegbedingungen, Weginformationen oder andere Programmanweisungen.

Für die Steuerung von CNC-Maschinen werden folgende Anweisungen benötigt:

- **Wegbedingungen** (G-Wort), welche die Art der Bewegung bestimmen, z. B. Eilgang, Linearinterpolation, Kreisinterpolation u. a.
- **Weginformationen** (X, Y, Z …) zur Steuerung der Schlittenbewegungen
- **technologische Informationen** (F, S, T) zur Festlegung von technologischen Daten der Werkzeuge
- **Zusatzfunktionen (Schaltfunktionen)** (M) z. B. Werkzeugwechsel, Drehrichtung, Kühlmittelzufuhr oder Programmende
- **Zyklen- oder Unterprogrammaufrufe** für Vereinfachungen oder häufig wiederkehrende Programmabschnitte

4.6.2 Wegbedingungen (G-Wort)

Die G-Wörter **(Bild 1)** legen fest, wie das Werkzeug die nachfolgenden Zielkoordinaten erreichen soll. Einige G-Funktionen sind bereits nach dem Einschalten aktiv und müssen nicht programmiert werden, z. B. G17, G40 und G90. Dieser Einschaltzustand ist steuerungs- und maschinenabhängig. Gespeichert (modal) wirkende G-Funktionen sind so lange aktiv, bis sie durch andere, gegenläufig wirkende überschrieben oder gelöscht werden.

Der anzufahrende Zielpunkt wird mit den Adressbuchstaben der entsprechenden Achsen und den Koordinatenwerten angegeben, z. B. X100 Y20. Bei den meisten Steuerungen sind die Koordinatenwerte gespeichert wirksam. Eine erneute Eingabe eines unveränderten Werts kann daher entfallen. Bei Kreisinterpolation ist dagegen die Angabe aller Zielpunktkoordinaten erforderlich, auch wenn sie unverändert sind.

Für die technologischen Informationen stehen die Wegbedingungen G94 bis G97 zur Verfügung. Die Angabe dieser Wegbedingungen erfolgt meist in einem Satz mit dem Werkzeugaufruf (z. B. T01).

- Mit der Wegbedingung **G94** wird die Vorschubgeschwindigkeit des Schlittens unter der Adresse F programmiert.
- **G95** bedeutet, dass der unter F programmierte Wert als Vorschub in mm/Umdrehung ausgeführt wird.
- Mit der Angabe der Wegbedingung **G96** wird unter der Adresse S die Schnittgeschwindigkeit v_c vorgegeben. Die Steuerung der Maschine stellt dann je nach Position des Werkzeugs die Drehzahl ein.
- Mit **G97** ist die Drehzahl n der Hauptspindel konstant. Sie entspricht dem unter S programmierten Wert.

Beispiele

G94	F200	Vorschubgeschwindigkeit 200 mm/min
G95	F0.2	Vorschub 0,2 mm/Umdrehung
G96	S180	Schnittgeschwindigkeit 180 m/min
G97	S900	Drehzahl 900 min^{-1}

Wegbedingung	Wirksamkeit	Bedeutung	Wegbedingung	Wirksamkeit	Bedeutung
G00	○	Positionieren im Eilgang	G53	○	Aufheben der Verschiebung
G01	○	Geraden-Interpolation	G54 ... ... G59	○	Verschiebung 1 ... ... Verschiebung 6
G02	○	Kreis-Interpolation rechtsdrehend			
G03	○	Kreis-Interpolation linksdrehend	G74	○	Referenzpunkt anfahren
G04	**○**	Verweilzeit, zeitlich vorbestimmt	G80	**○**	Arbeitszyklus aufheben
G09	**○**	Genauhalt	G81 ... ... G89	○	Arbeitszyklus 1 ... ... Arbeitszyklus 9
G17	○	Ebenenauswahl XY			
G18	○	Ebenenauswahl ZX	G90	○	Absolute Maßangaben
G19	○	Ebenenauswahl YZ	G91	○	Inkrementale Maßangaben
G33	○	Gewindeschneiden, Steigung konstant	G94	**○**	Vorschubgeschwindigkeit in mm/min
G40	○	Aufheben der Werkzeugkorrektur	G95	○	Vorschub in mm
G41	○	Werkzeugbahnkorrektur, links	G96	○	Konst. Schnittgeschwindigkeit
G42	○	Werkzeugbahnkorrektur, rechts	G97	○	Spindeldrehzahl in 1/min

○ gespeichert: Wegbedingungen, die so lange wirksam bleiben, bis sie durch eine artgleiche Bedingung überschrieben werden.

○ satzweise: Wegbedingungen, die nur in dem Satz wirksam sind, in dem sie programmiert sind.

Bild 1: Wegbedingungen nach DIN 66025 (Auswahl)

Absolute Maßangabe (G90)

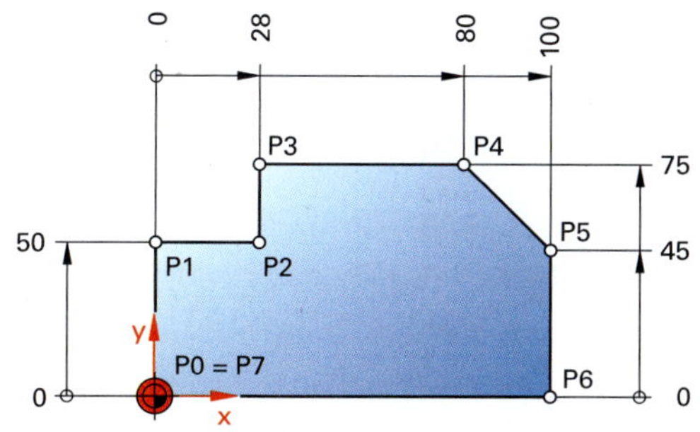

Inkrementale Maßangabe (G91)

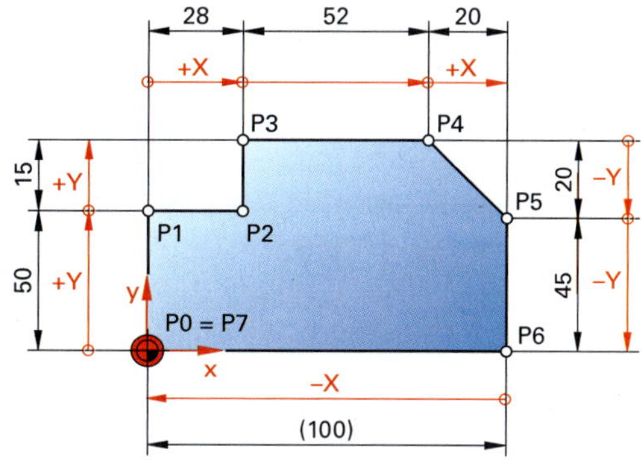

Koordinatentabelle mit absoluten Maßangaben					
Punkt	X	Y	Punkt	X	Y
P0	0	0	P4	80	75
P1	0	50	P5	100	45
P2	28	50	P6	100	0
P3	28	75	P7	0	0

Koordinatentabelle mit inkrementalen Maßangaben					
Punkt	X	Y	Punkt	X	Y
P0	0	0	P4	52	0
P1	0	50	P5	20	–20
P2	28	0	P6	0	–45
P3	0	15	P7	–100	0

Bild 1: Absolute und inkrementale Maßangabe

4.6.3 Maßangaben

Für die Programmierung der Werkzeugwege muss festgelegt werden, mit welcher Maßangabe die Zielpunkte im kartesischen Koordinatensystem angegeben werden. Es stehen zwei Möglichkeiten zur Auswahl **(Bild 1)**:

- absolute Maßangabe (G90)
- inkrementale Maßangabe (G91)

// Absolute Maßangabe

Bei der Programmierung mit absoluter Maßangabe (G90) beziehen sich alle Maße der Zielpunkte auf den Werkstücknullpunkt **(Bild 1, links)**. Die nachträgliche Änderung einer Position beeinflusst andere Wegmaße nicht. Die Programmierung mit der absoluten Maßangabe wird bevorzugt verwendet.

Die absolute Maßangabe ist daher nach dem Einschalten bei den meisten CNC-Maschinen direkt aktiv und muss nicht zu Beginn des Programms angegeben werden. Wird für einen bestimmten Bereich des Programms auf inkrementale Maßangabe mit G91 umgeschaltet, so muss nach dem letzten Satz mit inkrementaler Maßangabe wieder auf die absolute Maßangabe mit G90 umgeschaltet werden.

// Inkrementale Maßangabe

Bei Bedarf kann auf inkrementale Maßangabe (G91) umgeschaltet werden **(Bild 1, rechts)**. Hierbei beziehen sich die Maßangaben auf die vorangehende Position des Werkzeugs. Der Schlitten verfährt um das programmierte Maß in positiver oder negativer Richtung (Inkrement = Zuwachs). Die Programmierung mit Inkrementalmaßen erfolgt unabhängig vom Werkstücknullpunkt.

In Bild 1, rechts wird das Fräsen der Kontur einer Platte mit inkrementaler Maßangabe verdeutlicht. Ausgehend vom Punkt P0 wird der Fräser nur mit einem positiven Zuwachs in Y-Richtung auf den Punkt P1 angefahren. Punkt P2 wird dann ausgehend vom Punkt P1 angegeben. Der Zuwachs findet hier nur in der X-Richtung statt. Koordinaten, bei denen kein Zuwachs stattfindet, werden mit dem Wert 0 angegeben.

Bei der inkrementalen Maßangabe setzen sich Fehler auf alle nachfolgenden Maße fort.

> Inkrementale Maßangaben werden bevorzugt bei Unterprogrammen oder Programmwiederholungen eingesetzt.

Punkt	R	φ
1	50	35
2	50	90
3	50	130
4	50	–30 oder 330

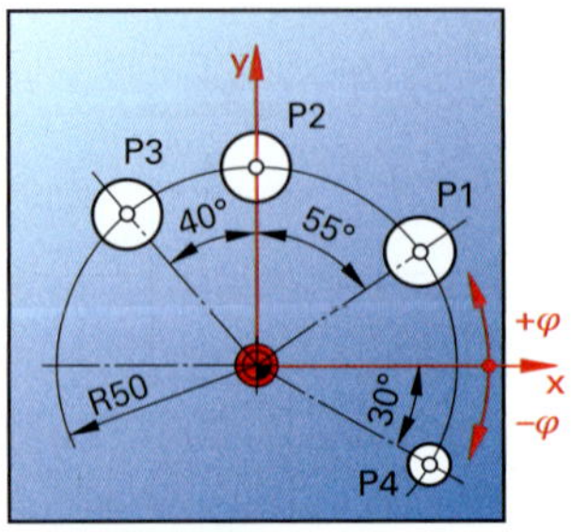

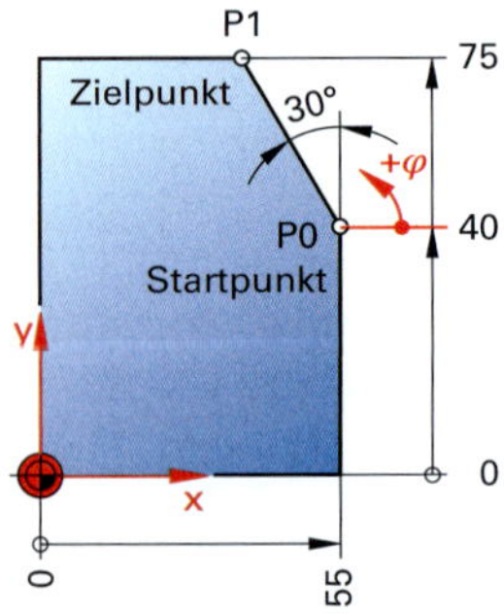

Anfahren des Zielpunktes P1:

Polarwinkel	Zielkoordinate
$\varphi = 120$	y 75

PAL-Steuerung:
N... G1 Y75 AS120

Bild 1: Maßangaben mit Polarkoordinaten

// Maßangaben mit Polarkoordinaten

Die Eingabe von Polarkoordinaten erleichtert die Programmierung, wenn die Zeichnung Winkelangaben enthält. Für die Punkte P1 bis P4 benötigt die Steuerung für das Bohren des Lochkreises **(Bild 1, links)** die Lage des Pols, den Radius R und den Polarwinkel φ. Von der positiven X-Achse ausgehend ist die Winkelangabe entgegen dem Uhrzeigersinn positiv, im Uhrzeigersinn negativ.

Die Programmierung mit Polarkoordinaten ist z. B. mit der PAL-Steuerung **(Bild 1, rechts)** möglich. Es werden eine bekannte Zielkoordinate (hier der Y-Wert) und der Polarwinkel φ mit der Adresse AS angegeben.

Polarkoordinaten werden z. B. bei Lochkreisen oder bei Schrägen mit Winkelangabe verwendet.

Überlegen und beantworten Sie:

1. Erläutern Sie, warum beim Drehen von Schrägen die Bahnkorrektur aktiviert werden muss.
2. Begründen Sie, warum beim Anfahren einer Innenkontur mit dem Fräser ein tangentiales Anfahren durchgeführt werden sollte.
3. Benennen Sie die Aufgaben der G-Funktionen im CNC-Programm.
4. Geben Sie die Programmanweisung an, wenn ein Werkstück mit konstanter Schnittgeschwindigkeit v_c = 240 m/min gedreht werden soll.
5. Ermitteln Sie für die Punkte P1 bis P5 für den Lochkreis **(Bild 2, links)** die Polarkoordinaten.
6. Erstellen Sie für die Punkte P1 bis P9 der Grundplatte **(Bild 2, rechts)** eine Koordinatentabelle mit absoluten Maßangaben.

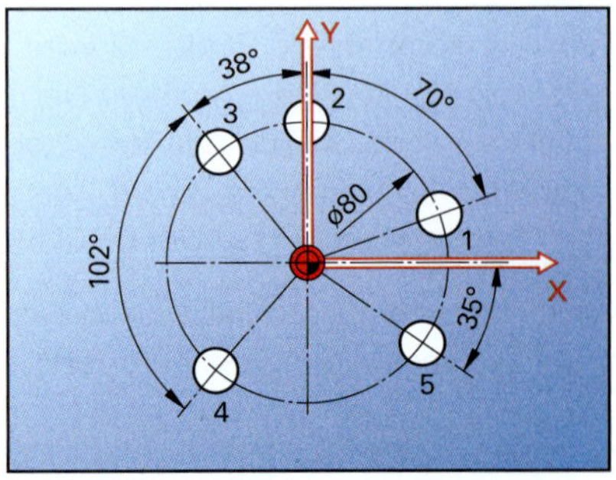

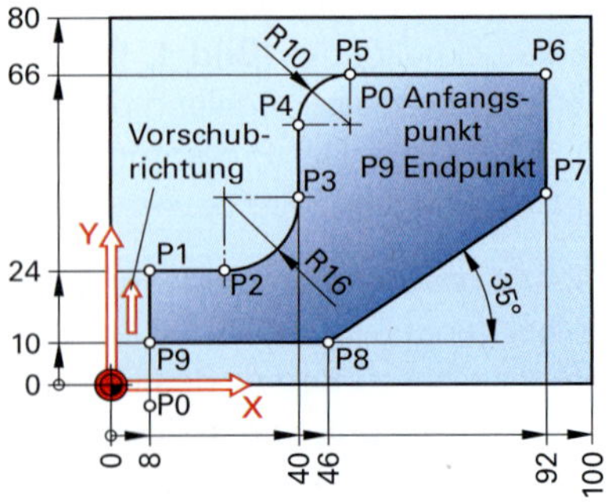

Bild 2: Lochkreis und Grundplatte

4.6.4 Zusatzfunktionen (M-Wort)

Die Zusatzfunktionen (Schaltfunktionen) werden mit dem M-Wort angegeben **(Tabelle 1)**. Sie werden im Satz des CNC-Programms an letzter Stelle geschrieben.

So müssen mit dem Werkzeugaufruf (z.B. Schlichtdrehmeißel T02) neben den technologischen Anweisungen (z.B. Schnittgeschwindigkeit und Vorschub für den Drehmeißel) auch noch die Schaltfunktion mit der Drehrichtung des Werkstücks angegeben werden.

Befindet sich der Schlichtdrehmeißel hinter der Drehmitte, so wird die Schaltfunktion M04 (Spindel dreht im Gegenuhrzeigersinn) im Satz vom Werkzeugaufruf programmiert (vgl. **Bild 1, Seite 285**).

4.6.5 Eilgang- und Arbeitsbewegungen nach DIN

Für die Bewegung des Werkzeugs stehen vier Wegbefehle zur Verfügung:

- Verfahrweg im Eilgang (G00)
- lineare Vorschubbewegung (G01)
- kreisförmige Vorschubbewegung im Uhrzeigersinn, rechtsdrehend (G02)
- kreisförmige Vorschubbewegung im Gegenuhrzeigersinn, linksdrehend (G03)

// Eilgangsbewegung (G00)

Zum Positionieren des Werkzeugs zum Werkstück oder Werkzeugwechselpunkt wird die Verfahrbewegung im Eilgang mit dem Befehl G00 aufgerufen.

Tabelle 1: M-Schaltfunktionen (Auswahl)

Code	Bedeutung
M03	Spindel EIN, Rechtslauf
M04	Spindel EIN, Linkslauf
M05	Spindel STOP
M06	Werkzeugwechsel EIN
M08	Kühlschmiermittel EIN
M09	Kühlschmiermittel AUS
M30	Programmende mit Rücksetzen

// Linearbewegungen beim Drehen

Die lineare Vorschubbewegung erfolgt beim Drehen mit dem Wegbefehl G01 und der Angabe der Zielkoordinaten **(Bild 1, links)**.

Beispiel

N60 G01 X30 Z-16

// Kreisbewegungen beim Drehen

Die Kreisbewegungen werden beim Drehen mit den Wegbefehlen G02 und G03 aufgerufen **(Bild 2, Mitte und rechts)**.

Mit den Koordinaten X und Z wird der jeweilige Zielpunkt der Kreisbewegung angegeben.

Mit den Parametern I und K wird der Weg vom Startpunkt zum Mittelpunkt des Kreises inkrementell angegeben, auch wenn die absolute Maßangabe eingeschaltet ist.

Beispiel

1:	N70	G02	X34	Z-26	I10.247	K-8
2:	N90	G03	X40	Z-20	I-8.718	K-18

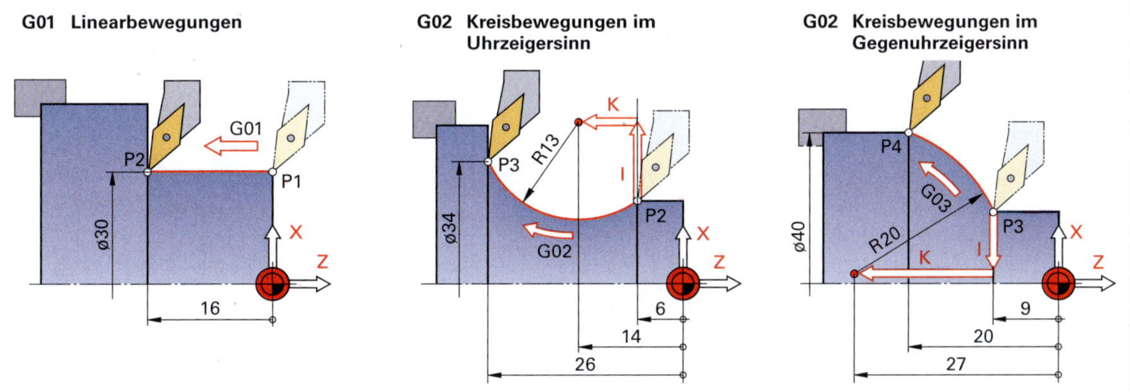

Bild 1: Arbeitsbewegungen beim Drehen nach DIN 66025

Lernfeld 8

Beispiel

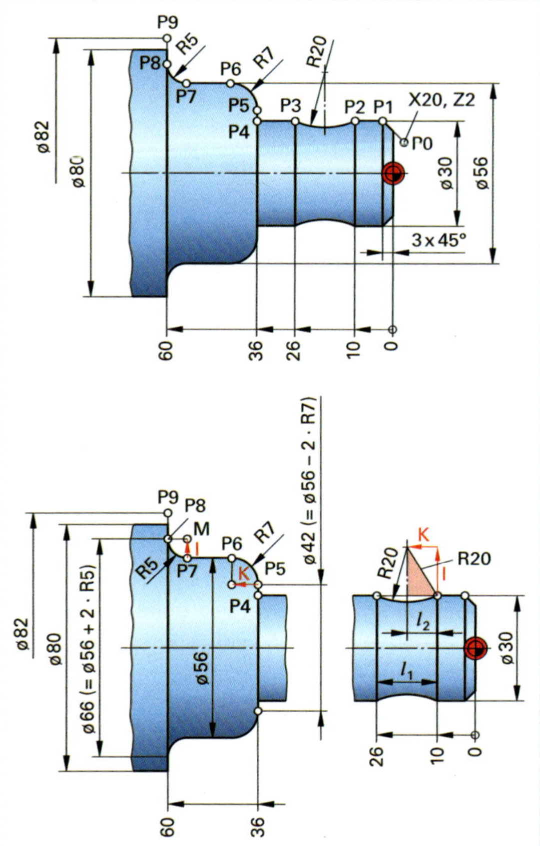

Bild 1: Wellenzapfen

a) Ermitteln Sie die Werte für die Parameter I und K zum Drehen des Radius R20 **(Bild 1, unten rechts)**.

b) Programmieren Sie die Sätze für das Schlichten des Wellenzapfens **(Bild 1, oben)**.

Lösung

a) **Ermittlung der Koordinaten I und K für den Radius R20**

Der Wert für den Parameter K entspricht der Länge l_2 und ergibt sich aus der Hälfte der Länge l_1 (Bild 1, rechts unten):

l_1 = 26 mm – 10 mm = 16 mm

$l_2 = K = \frac{16\text{ mm}}{2} = 8\text{ mm}$

Der Parameter I kann mithilfe des Satzes des Pythagoras berechnet werden:

$R^2 = I^2 + K^2$

$I = \sqrt{R^2 - K^2} = \sqrt{20^2\text{ mm}^2 - 8^2\text{ mm}^2}$

I = 18,33 mm

b) **CNC-Programm zum Schlichten des Wellenzapfens**

N10	G00	X20	Z2			P0
N20	G42					
N30	G01	X30	Z-3			P1
N40			Z-10			P2
N50	G02	X30	Z-26	I18.33	K-8	P3
N60	G01		Z-36			P4
N70		X42				P5
N80	G03	X56	Z-43	I0	K-7	P6
N90	G01		Z-55			P7
N100	G02	X66	Z-60	I5	K0	P8
N110	G01	X82				P9
N120	G40					

Überlegen und beantworten Sie:

1. Ermitteln Sie die Mittelpunktkoordinaten I und K für das Programmieren der Radien des Stufenbolzens **(Bild 2)**.
2. Programmieren Sie die Sätze für das Schlichten des Stufenbolzens. Berücksichtigen Sie für die Punkte P0 und P12 einen An- und Überlaufweg von 2 mm.

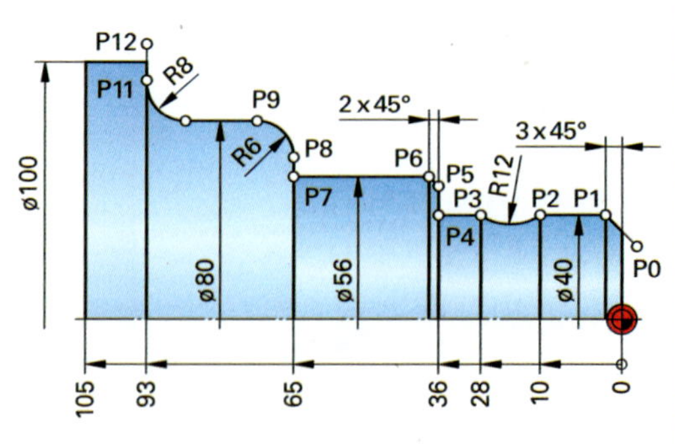

Bild 2: Stufenbolzen

Lernfeld 8

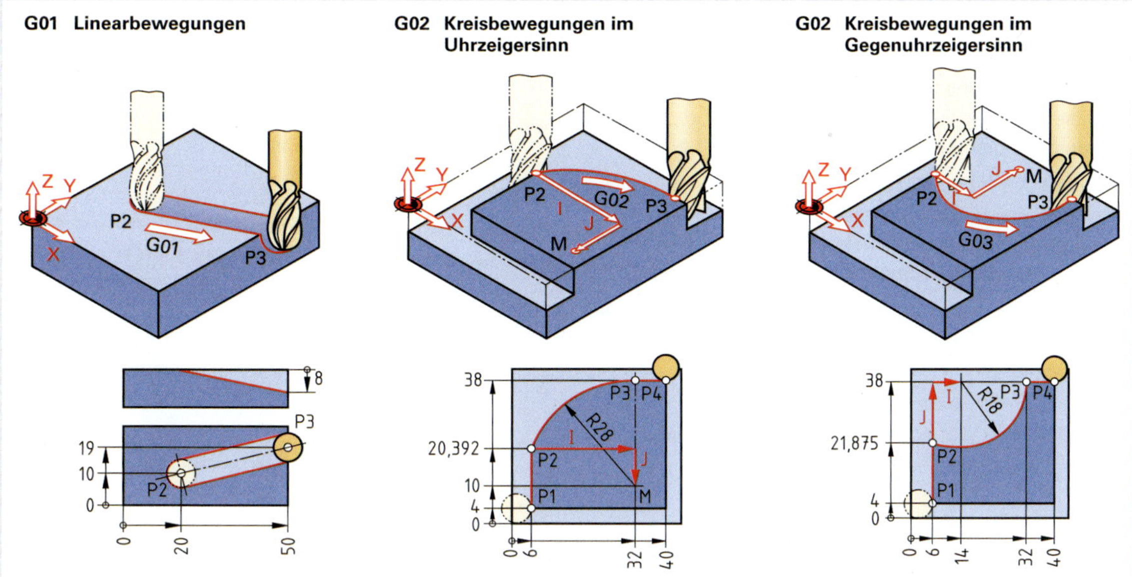

Bild 1: Arbeitsbewegungen beim Fräsen nach DIN 66025

// Linearbewegungen beim Fräsen

Die lineare Vorschubbewegung wird beim Fräsen mit dem Wegbefehl G01 und der Angabe der Zielkoordinaten **(Bild 1, links)** durchgeführt. Nachdem der Fräser mit dem Eilgang auf dem Punkt P2 mit einem Sicherheitsabstand gefahren wurde, wird er zuerst mit einer Linearbewegung an das Werkstück gefahren. Anschließend erfolgt die Linearbewegung in allen drei Raumkoordinaten. Es ergeben sich folgende Programmsätze:

N40	G00	X20	Y10	Z2	
N50	**G01**			**Z0**	(P2)
N60		**X50**	**Y19**	**Z-8**	(P3)

// Kreisbewegungen beim Fräsen

Die Kreisbewegungen werden beim Fräsen mit den Wegbefehlen G02 und G03 aufgerufen **(Bild 2, Mitte und rechts)**.

Die Kreisbewegungen erfolgen bei beiden Werkstücken in der XY-Bearbeitungsebene G17 (vgl. **Bild 2, Seite 277**).

Mit den Koordinaten X, Y wird der jeweilige Zielpunkt der Kreisbewegung angegeben. Mit der Z-Achse wird das Werkzeug auf die zu fräsende Tiefe zugestellt.

Mit den Parametern I und J wird der Abstand vom Startpunkt zum Mittelpunkt des Kreises inkremental angegeben, auch wenn die absolute Maßangabe eingeschaltet ist.

Findet eine Bearbeitung in der YZ-Ebene G19 statt, so wird in der X-Achse zugestellt. Der Zielpunkt wird dann mit Y und Z und der Abstand des Startpunkts zum Mittelpunkt des Kreises mit J und K angegeben.

Für die drei Raumkoordinaten sind die Mittelpunktkoordinaten wie folgt zugeordnet:
I → X, J → Y und **K → Z**

Programmsätze für das Bearbeitungsbeispiel Kreisbewegung im Uhrzeigersinn G02:

N40	G01	X6	Y4			(P1)
N50	G01		Y20.392			(P2)
N60	**G02**	**X32**	**Y38**	**I26**	**J-10.392**	(P3)

Programmsätze für das Bearbeitungsbeispiel Kreisbewegung im Gegenuhrzeigersinn G03:

N40	G01	X6	Y4			(P1)
N50	G01		Y21.875			(P2)
N60	**G03**	**X32**	**Y38**	**I8**	**J-16.125**	(P3)

Beispiel

Die in **Bild 1** abgebildete Grundplatte soll mit einem Schaftfräser bearbeitet werden. Hierbei soll ein Gleichlauffräsen mit der Fräserradiuskorrektur G41 (vgl. **Seite 284**) durchgeführt werden.

Der Schaftfräser befindet sich für die Startposition außerhalb des Werkstücks und wurde bereits auf die Frästiefe Z = –8 mm zugestellt. Nach dem Einschalten der Fräserradiuskorrektur soll der Punkt P1 angefahren werden.

Am Ende soll der Punkt P11 mit X = –12 mm und Y = 33 mm angefahren werden. Dieser Punkt ergibt sich aus der verlängerten 45°-Schräge der Kontur.

Programmieren Sie die Sätze für das Fräsen der Außenkontur der Grundplatte (Bild 1) mit den Wegbedingungen und den zugehörigen Adressen.

Lösung

CNC-Programm „Grundplatte"

N10	G41					
N20	G01	X6	Y15			P1
N30			Y25			P2
N40	G03	X6	Y45	I0	J10	P3
N50	G01		Y53			P4
N60	G02	X17	Y64	I11	J0	P5
N70	G01	X49				P6
N80	G03	X62	Y51	I13	J0	P7
N90	G01		Y21			P8
N100	G02	X47	Y6	I-15	J0	P9
N110	G01	X15				P10
N120			X-12	Y33		P11
N130	G40					

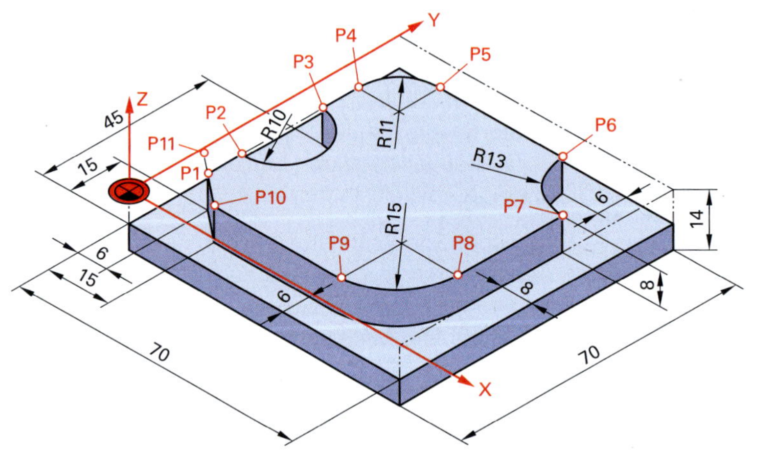

Ausgangsmaterial:
Flachstab EN 10278 - 70 x 15 x 70
Werkstoff: EN 10277 - C40
unlegierter Vergütungsstahl, blank

Bild 1: Grundplatte

Überlegen und beantworten Sie:

1. Ermitteln Sie die Mittelpunktkoordinaten I und J für das Programmieren der Radien der Führungsplatte **(Bild 2)**.
2. Der Schaftfräser steht auf dem Punkt P0. Programmieren Sie die Sätze für das Fräsen von Punkt P1 bis Punkt P17 der Führungsplatte. Für die Bearbeitung soll das Gleichlauffräsen durchgeführt werden.

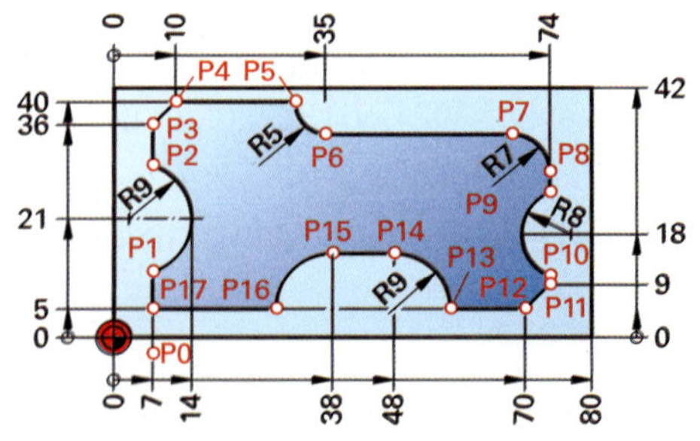

Bild 2: Führungsplatte

4.7 CNC-Drehen nach PAL

Die Prüfungsaufgaben- und Lehrmittelentwicklungsstelle (PAL) ist eine Organisation der Industrie- und Handelskammer (IHK) und hat CNC-Steuerungen entwickelt, die für IHK-Prüfungen verbindlich sind.

Zur Vereinfachung der Programmierung haben viele Maschinenhersteller eigene Befehle für Arbeitsbewegungen und -zyklen entwickelt, die sich dann aber in Bezeichnungen und Adressen unterschieden haben.

Mit der CNC-Steuerung nach PAL wurden in Anlehnung an die verschiedenen Maschinensteuerungen einheitliche Arbeitsbewegungen und -zyklen für IHK-Prüfungen definiert.

4.7.1 Arbeitsbewegungen für das CNC-Drehen nach PAL

Bei der CNC-Steuerung nach PAL wird es ermöglicht, Absolutmaße oder Inkrementalmaße unabhängig von der gewählten Maßangabe der Wegbedingungen G90 oder G91 auszuführen.

- Für Absolutmaße werden die Koordinaten XA und ZA verwendet.
- Inkrementalmaße werden mit XI und ZI angegeben.
- Wird die Koordinatenangabe mit X und Z ausgeführt, gelten die vorgegebenen Wegbedingungen G90 oder G91.

// Arbeitsbewegungen mit G1 nach PAL

Anstelle der Koordinatenangabe X und Z **(Bild 1.1** und **Bild 1.2)** kann auch bei G1 eine der beiden Zielkoordinaten entfallen. Dafür wird dann der Anstiegswinkel mit AS angegeben **(Bild 1.3)**.

Alternativ können anstatt der beiden Koordinaten X und Z die Länge der Wegstrecke D und der Anstiegswinkel AS verwendet werden **(Bild 1.4)**.

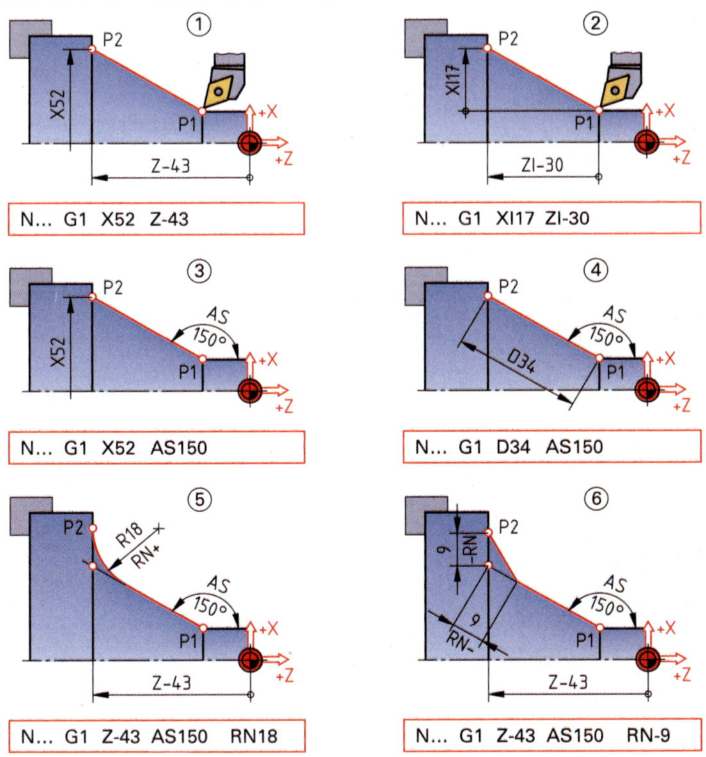

① Linearbewegung gesteuert durch G90 oder G91 mit X- und Z-Koordinaten. Ohne G90 kann auch XA und ZA für Absolutmaße vewendet werden.

② Linearbewegung mit inkrementalen XI- und ZI-Koordinaten (unabhängig von G90).

③ Linearbewegung mit Angabe einer Zielkoordinate und dem Anstiegswinkel (AS) der Verfahrstrecke.

④ Linearbewegung mit Angabe der Länge der Wegstrecke D und dem Anstiegswinkel AS.

⑤ Konturzug mit Angabe einer Zielkoordinate und des Antstiegswinkel (AS). Mit RN+ wird das Übergangselement verrundet.

⑥ Konturzug mit Fase (RN-) zum nächsten Konturelement.

Bild 1: Lineare Arbeitsbewegungen und Konturzüge beim Drehen mit G1 nach PAL

// Kreisbewegungen nach PAL

Bei der PAL-Steuerung ist es möglich, Kreisbewegungen G2 und G3 auf unterschiedliche Art zu programmieren.

Bei allen Kreisbewegungen werden die Zielpunkte mit den Koordinaten X und Z angegeben **(Bild 1)**. Alternativ zu den Koordinaten X und Z, die durch die Wegbedingungen G90 oder G91 gesteuert werden, können auch die Zielpunkte durch Absolutmaße mit XA und ZA oder Inkrementalmaße mit XI und ZI programmiert werden (vgl. Infokasten Seite 293).

Für die Größenangabe des Kreises stehen drei verschiedene Möglichkeiten zur Verfügung:

- Radius des Kreises mit der Adresse R
- Mittelpunktkoordinaten mit den Adressen I und K (wie bei der Steuerung nach DIN, **Seite 289**)
- Öffnungswinkel vom Start- zum Endpunkt des Kreises mit der Adresse AO

// Konturzüge nach PAL

Mit der Programmierung von Konturzügen mit G1, G2 oder G3 wird die direkte Umsetzung der Bemaßung von Fertigungszeichnungen ermöglicht. Übergangspunkte nach Schrägen oder Geraden brauchen nicht mehr berechnet zu werden.

Beim Konturzug kann nach der linearen oder kreisförmigen Bewegung ein Übergangselement programmiert werden. Gesteuert wird die Art des Übergangelements durch die Adressen RN+ oder RN– (vgl. **Bild 1.5** und **1.6, Seite 293**).

- Mit der Adresse **RN+** wird der Radius der **Verrundung** zum nächsten Konturelement angegeben.
- Mit der Adresse **RN–** wird die Breite der **Fase** zum nächsten Konturelement bemaßt.

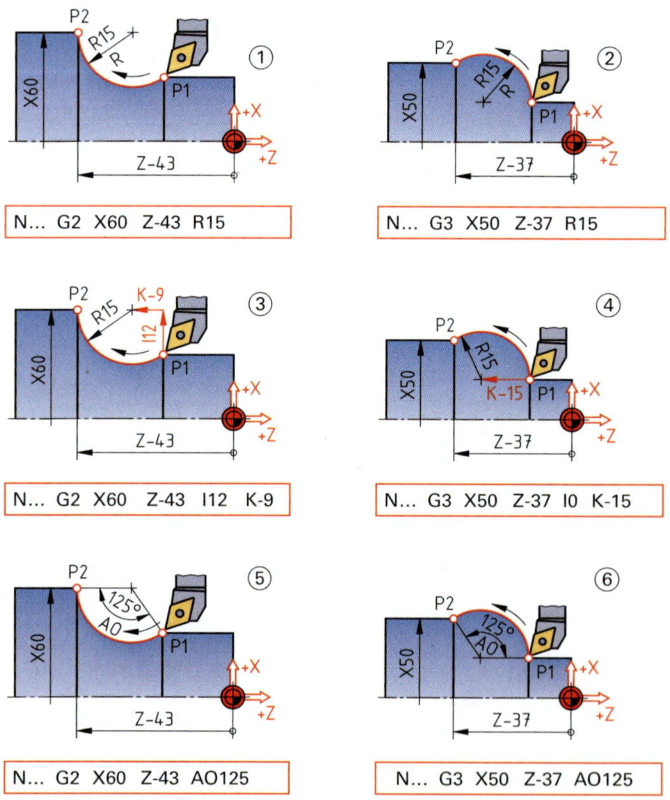

① Kreisbewegung im Uhrzeigersinn G2 mit X- und Z-Koordinaten und Angabe des Radius R.

② Kreisbewegung im Gegenuhrzeigersinn G3 mit X- und Z-Koordinaten und Angabe des Radius R.

③ Kreisbewegung im Uhrzeigersinn G2 mit X- und Z-Koordinaten und Angabe der Mittelpunktskoordinaten I und K.

④ Kreisbewegung im Gegenuhrzeigersinn G3 mit X- und Z-Koordinaten und Angabe der Mittelpunktskoordinaten I und K.

⑤ Kreisbewegung im Uhrzeigersinn G2 mit X- und Z-Koordinaten und Angabe des Öffnungswinkels AO.

⑥ Kreisbewegung im Gegenuhrzeigersinn G3 mit X- und Y-Koordinaten und Angabe des Öffnungswinkels AO.

Bild 1: Kreisbewegungen beim Drehen mit G2 und G3 nach PAL

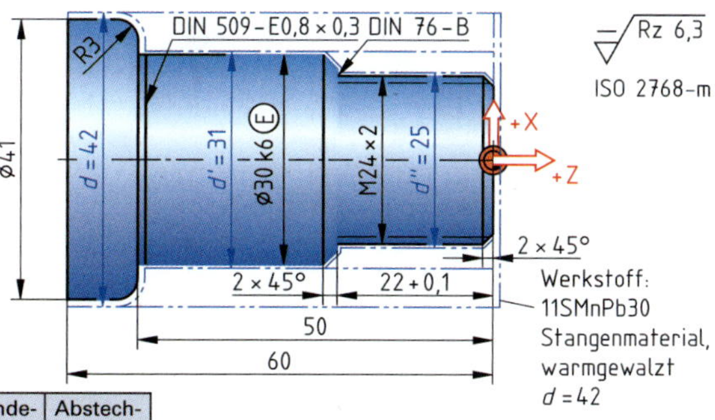

Werkzeugbezeichnung	Plan-dreh-meißel	Schrupp-dreh-meißel	Schlicht-dreh-meißel	Gewinde-dreh-meißel	Abstech-dreh-meißel
Werkzeug-Nr.	T1	T2	T3	T4	T5
Schneidenradius in mm	0,8	0,8	0,4	–	0,2
Schnittgeschwindigkeit in m/min	250	200	300	150	155
maximale Schnitttiefe in mm	1	3	0,5	–	–
Vorschub in mm	0,2	0,4	0,1	2	0,05

- Aufmaß zum Querplandrehen beträgt 3 mm
- Schlichtaufmaß Z-Achse a_p= 0,1 mm
- Der Sicherheitsabstand beträgt 2 mm
- AbstechdrehmeißelT5 Breite B = 3 mm

Bild 1: Fertigungszeichnung des Gewindebolzens und Werkzeugtabelle zum CNC-Drehen

vel.plus/
FILF243

4.7.2 CNC-Drehen des Gewindebolzens nach PAL

Die Arbeitsplanung für das CNC-Drehen des Gewindebolzens **(Bild 1)** wurde bereits im Kapitel 1.2.1 durchgeführt. Das CNC-Programm für die Fertigung des Gewindebolzens gliedert sich nach dem Arbeitsplan **(Tabelle 1, Seite 33)**. Die Schnittgrößen aus dem Arbeitsplan sind in der Werkzeugtabelle (Bild 1) übernommen worden.

Im nachfolgenden Kapitel werden die Sätze des CNC-Programms nach PAL für das Drehen des Gewindebolzens schrittweise entwickelt und erläutert.

In der **Tabelle 1 (Seite 302** und **303)** wird das gesamte CNC-Programm aufgeführt.

// Programmname

Das CNC-Programm beginnt mit dem Programmnamen. Der Name fängt immer mit dem Zeichen % an und kann dann aus Buchstaben und Zahlen gebildet werden (z. B. %100).

// N1: Nullpunktverschiebung

Der erste Satz N1 beginnt mit der Nullpunktverschiebung. Hier werden die Koordinaten des Maschinennullpunkts auf den Werkstücknullpunkt um die Länge XMW **(Bild 2)** verschoben (vgl. 4.2.2).

```
N1 G54
```

// N2: Drehzahlbegrenzung

Sind der Vorschub und die Schnittgeschwindigkeit konstant, kann eine gleichmäßige Oberfläche beim Planen, Schruppen und Schlichten erzielt werden. Damit die Schnittgeschwindigkeit konstant bleibt, wird von der Steuerung die Drehzahl anhand der Position des Schneidenpunkts P vom Drehmeißel (vgl. 4.4) angepasst.

So wird mit kleiner werdendem Durchmesser die Drehzahl immer größer, bis der Übergangsdurchmesser d_g mit der voreingestellten Grenzdrehzahl erreicht ist. Die Drehzahlbegrenzung erfolgt ab dem Übergangsdurchmesser d_g mit der Angabe der Wegbedingung G92. Ab dann wird mit einer konstanten Grenzdrehzahl von n = 4000 min^{-1} weitergedreht **(Bild 2)**.

```
N2 G92 S4000
```

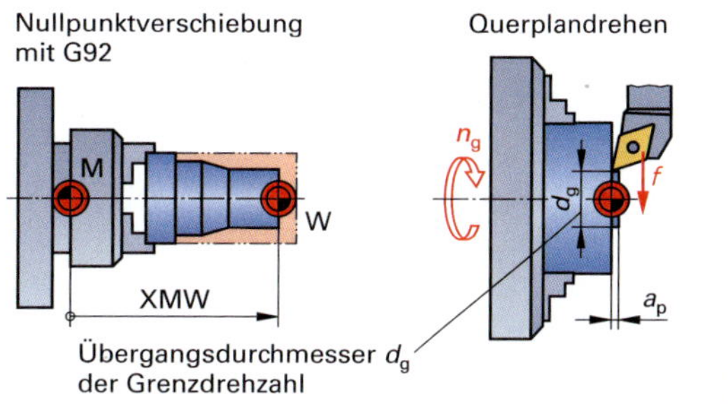

Bild 2: Nullpunktverschiebung und Grenzdrehzahl

Lernfeld 8

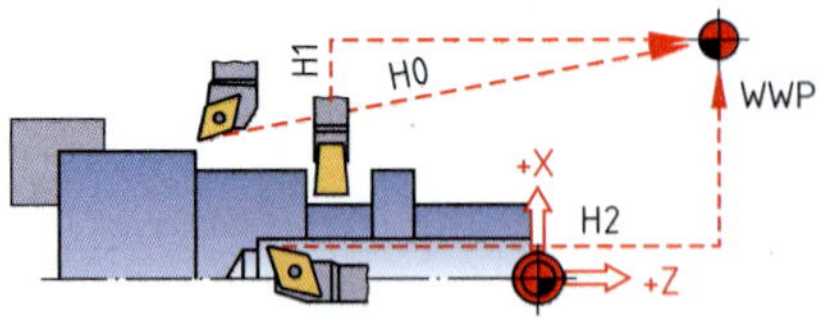

N3	G14	H0	H0	WWP schräg anfahren
N3	G14	H1	H1	WWP zuerst mit X-Achse, dann mit Z-Achse anfahren
N3	G14	H2	H2	WWP zuerst mit Z-Achse, dann mit X-Achse anfahren

Bild 1: Anfahren des Werkzeugwechselpunkts WWP mit G14

// N3: Eilgang zum Werkzeugwechselpunkt WWP

Bevor ein Werkzeugwechsel durchgeführt wird, muss das Werkzeug im Eilgang zum Werkzeugwechselpunkt gefahren werden.

Je nach Position des Werkzeugs am Werkstück können durch die Adresse H unterschiedliche Wege zum Werkzeugwechselpunkt gefahren werden **(Bild 1)**.

Befindet sich das Werkzeug in einer Bohrung, so wird es mit der Adresse H1 zuerst mit der Z-Achse und anschließend mit der X-Achse bewegt.

Befindet sich z. B. der Einstechdrehmeißel in einer Nut, so wird er mit der Adresse H2 zuerst mit der X-Achse und dann mit der Z-Achse bewegt.

Mit der Adresse H0 kann der Werkzeugwechselpunkt auf kurzem Weg schräg angefahren werden.

```
N3 G14 H0
```

// N4: Werkzeugaufruf T1

Nach dem Anfahren des Werkzeugwechselpunkts kann der Werkzeugwechsel stattfinden. Dieser erfolgt mit dem Aufruf des Plandrehmeißels T1 **(Bild 1, Seite 295)**. Mit dem Werkzeugaufruf werden die Schnittgrößen (Schnittgeschwindigkeit und Vorschub), sowie die Drehrichtung der Hauptspindel angegeben (vgl. 4.6.4). Da sich das Werkzeug hinter der Drehmitte befindet, muss sich die Hauptspindel mit dem Werkstück im Gegenuhrzeigersinn (M4) drehen.

```
N4 G96 T1 S250 F0.2 M4
```

// N5: Eilgang zum Werkstück

Für das Planen mit dem Plandrehmeißel T1 muss das Werkzeug im Eilgang zum Werkstück gefahren werden. Dafür sollte vorher betrachtet werden, in welcher Form das Werkstück geplant wird. Wird nur das Planen mit einem Schnitt ausgeführt, kann der Drehmeißel mit dem Sicherheitsabstand über das Werkstück auf die erforderliche Z-Position gestellt werden **(Bild 2, links)**.

> Für den Anfahrpunkt zum Werkstück sollte in der Z-Achse ein maximales Schlichtaufmaß von 0,1 mm bis 0,2 mm programmiert werden (vgl. **Bild 1, Seite 36**). Eine größere Schnitttiefe würde beim Konturdrehen (Schlichten) eine zu große Schneidenbelastung bewirken **(Bild 2)**.

Werden zum Querplandrehen mehrere Schnitte benötigt, so sollte der Planschruppzyklus verwendet werden. Für den Startpunkt des Planschruppzyklus muss ein Sicherheitsabstand von 1 mm bis 2 mm vor der zu planenden Fläche und über dem Rohteildurchmesser des Werkstücks eingehalten werden **(Bild 2, rechts)**.

Mit der Eilgangsbewegung wird die Kühlschmiermittelzufuhr durch die Schaltfunktion M8 eingeschaltet.

```
N5 G0 X46 Z5 M8
```

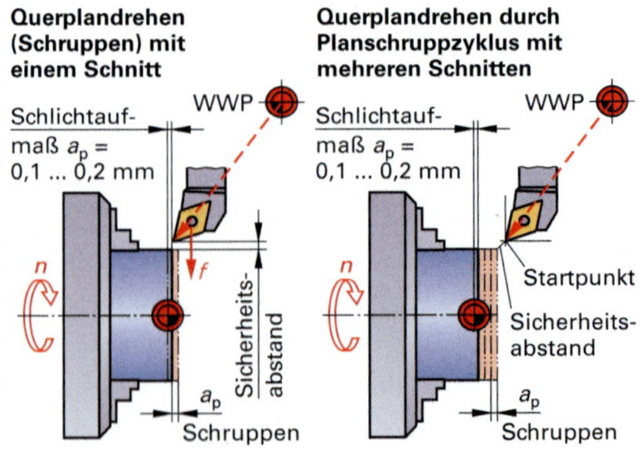

Bild 2: Eilgang zum Werkstück für das Querplandrehen

Planschruppzyklus G82

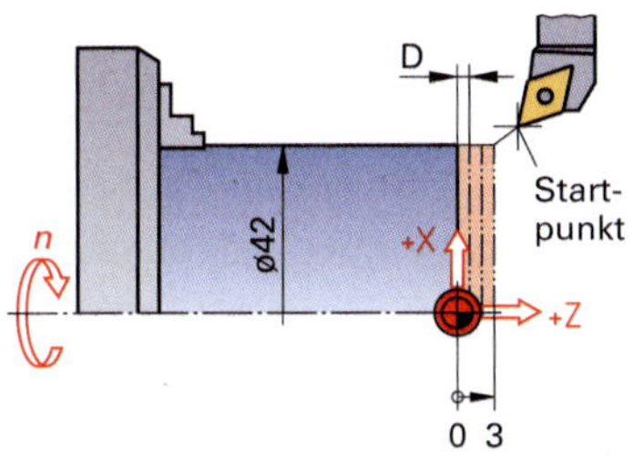

Planschruppzyklus für den Gewindebolzen:

N3	G14	H0				WWP schräg anfahren
N4	G96	T1	S250	F0.2	M4	Werkzeugaufruf
N5	G0	X46	Z5		M8	Eilgang zum Startpunkt
N6	**G82**	**D1**	**H1**			Aufruf Planschruppzyklus D1 = Schnitttiefe = 1 mm H1 = nur Schruppen
N7	*G0*		*Z0.1*			Schlichtaufmaß Z-Achse
N8	*G1*	*X-1.6*				Enddurchmesser X = –2 · $r_ε$
N9			Z2			Sicherheitsabstand Z-Achse für den Enpunkt des Zyklus
N10	**G80**					Ende Bearbeitungszyklus

Bild 1: Planschruppzyklus G82

// N6 bis N10: Planschruppzyklus

Der Planschruppzyklus G82 **(Bild 1)** wird zum Planen des Drehteils angewendet, wenn mehrere Schnitte erforderlich sind. Für das Planen des Gewindebolzens **(Bild 1, Seite 295)** ist ein Aufmaß von 3 mm vorgegeben. Mit einer Schnitttiefe von 1 mm sind drei Schnitte durchzuführen.

Für den Aufruf des Planzyklus wird die Wegbedingung G82 angewendet. Mit der Adresse D wird die Schnitttiefe angegeben. Mit der Adresse H wird vorgegeben, wie das Plandrehen erfolgen soll. Bei H1 wird nur geschruppt.

Nach dem Aufruf des Planschruppzyklus werden in den nächsten drei Sätzen weitere Angaben zum Zyklus gemacht. Mit G0 werden das Schlichtaufmaß und mit G1 die Enddurchmesser der Planfläche und der Sicherheitsabstand beim Absetzen von der geplanten Kontur angegeben.

> i Die Konturbeschreibung eines Abspanzyklus endet mit der Abwahl G80.

// N11: Eilgang zum Werkzeugwechselpunkt WWP

Im Anschluss an das Querplandrehen wird der Schruppdrehmeißel T2 aufgerufen. Dazu wird bei Satz N3 der Werkzeugwechselpunkt angefahren. Für den Werkzeugwechsel wird in diesem Satz die Kühlschmiermittelzufuhr mit der Schaltfunktion M9 ausgeschaltet.

```
N11 G14 H0 M9
```

// N12: Werkzeugaufruf T2

Für die Schruppbearbeitung wird der Schruppdrehmeißel T2 aufgerufen. Wie bei Satz N4 werden auch hier die Schnittgrößen und Drehrichtung angegeben.

```
N12 G96 T2 S200 F0.4 M4
```

// N13: Eilgang zum Werkstück

Für den Längsschruppzyklus G81 muss der Schruppdrehmeißel vor das Werkstück gestellt werden. Der Startpunkt des Längsschruppzyklus G81 befindet in der X-Achse auf dem Rohteildurchmesser. In der Z-Achse wird der Drehmeißel mit einem Sicherheitsabstand von 2 mm vor das Werkstück gestellt **(Bild 2)**.

```
N13 G0 X42 Z2 M8
```

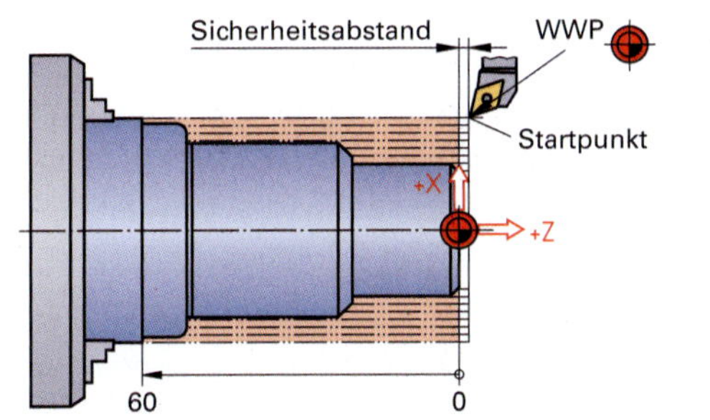

Bild 2: Eilgang zum Werkstück für den Längsschruppzyklus

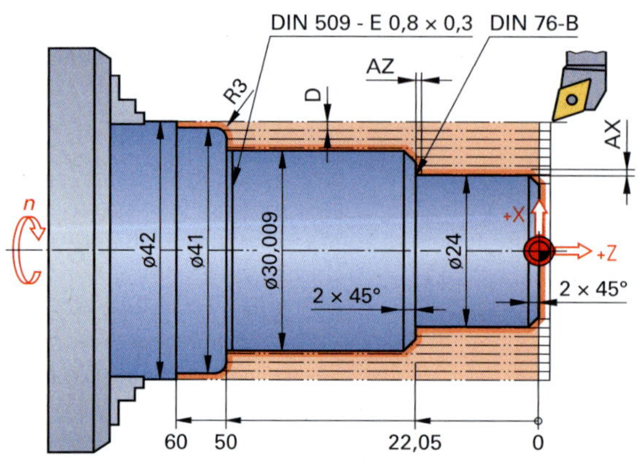

Längsschruppzyklus für den Gewindebolzen:

N13	G0	X46	Z2		M8	
N14	**G81**	**D3**	**AX0.5**	**AZ0.1**		
N15	G0	X18				
N16	*G1*		*Z0*			
N17		*X24*		*RN-2*		
N18	*G85*	*XA24*	*ZA-22.05*	*I1.5*	*K5*	*H1*
N19	*G1*	*X30.009*		*RN-2*		
N20	*G85*	*XA30.009*	*ZA-50*			*H2*
N21	*G1*	*X41*		*RN3*		
N22			*Z-60*			
N23		*X44*				
N24	**G80**					

Bild 1: Längsschruppzyklus G81 für den Gewindebolzen

// N14 bis N24: Längsschruppzyklus

Der Längsschruppzyklus G81 wird zum Vordrehen der Werkstücks eingesetzt **(Bild 1)**.

> Im Aufruf vom Längsschruppzyklus G81 werden die **Schnitttiefe** mit der Adresse **D** und das jeweilige **Schlichtaufmaß** in der X- und Z-Achse mit **AX** und **AZ** angegeben **(Satz N14)**.

Nach dem Aufruf des Längsschruppzyklus G81 erfolgt die Konturbeschreibung des Drehteils. Sie beginnt mit der Zustellung im Eilgang auf den kleinsten Durchmesser der Kontur abzüglich einer Verfahrstrecke von 1 mm bezogen auf den Radius. Diese Strecke wird als Weg für den nachfolgenden Konturzug (vgl. 4.7.1) benötigt **(Satz N15)**.

Im **Satz N16** wird das Werkzeug in der Z-Achse an das Werkstück gefahren.

Im **Satz N17** wird der Konturzug vom ⌀18 auf den ⌀20 mit einer lineare Bewegung und einer anschließenden Fase auf ⌀24 angegeben.

Nach dem Konturzug wird mit der Wegbedingung G85 ein Freichstichzyklus im **Satz N18** ausgeführt **(Bild 2)**. Beim Freichstichzyklus wird der Zielpunkt mit **XA** und **ZA** wie bei G1 angegeben.

Mit der Adresse **H** wird beim Freistichzyklus vorgegeben, welche Art von Freistich gedreht werden soll. Da es sich an dieser Stelle um einen Gewindefreistich DIN 76 handelt, wird die Adresse **H1** verwendet. Beim Gewindefreistich müssen zusätzlich die Freistichtiefe **I** und -breite **K** angegeben werden (Bild 2). Beide Werte können dem Tabellenbuch entnommen werden.

Satz N19 beschreibt den linearen Konturzug mit einer Fase als Übergangselement durch die Adresse RN-2 auf ⌀30.009.

Im **Satz N20** wird der Freistichzyklus für den Freistich DIN 509 mit der Form E angewandt (Bild 2). Für diesen Freisicht wird die Adresse H2 verwendet.

Satz N21 gibt den linearen Konturzug mit einer Verrundung durch die Adresse RN3 wieder.

Im **Satz N22** wird der Endpunkt der Kontur angegebem bevor das Werkzeug im **Satz N23** mit einen, Sicherheitsabstand vom Werkstück abgefahren wird.

Die Konturbeschreibung des Längsschruppzyklus G81 im **Satz N24** endet mit der Abwahl G80.

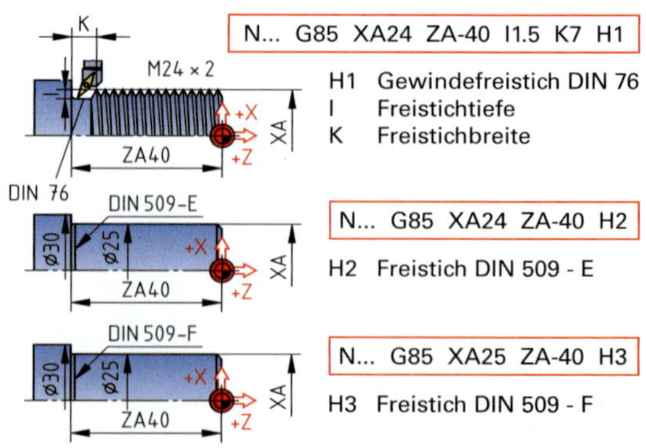

Bild 2: Freistichzyklus G85

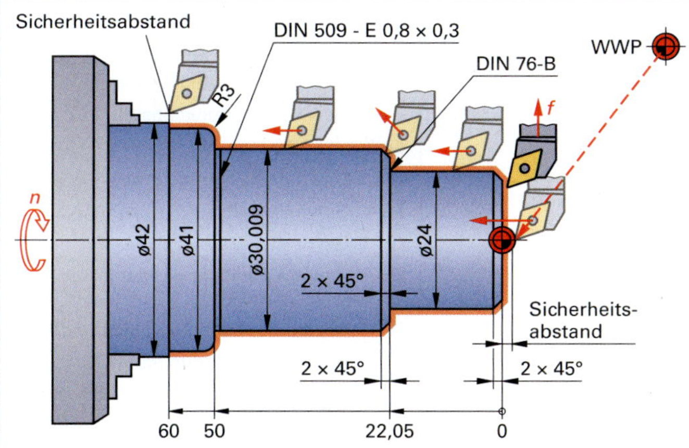

Konturdrehen des Gewindebolzens:

N25	G14	H0			M9
N26	G96	T3	S300	F0.1	M4
N27	G0	X0	Z2		M8
N28	**G42**	**G1**	**Z0**		
N29	**G23**	**N17**	**N23**		
N30	**G40**				

Bild 1: Konturdrehen des Gewindebolzens

// N25: Eilgang zum Werkzeugwechselpunkt WWP

Für den Aufruf des Schlichtdrehmeißels T2 wird der Werkzeugrevolver schräg zum Werkzeugwechselpunkt mit H0 bewegt. Dabei wird durch die Schaltfunktion M9 die Kühlschmiermittelzufuhr ausgeschaltet.

```
N25 G14 H0 M9
```

// N26: Werkzeugaufruf T2

Für das Konturdrehen wird der Schlichtdrehmeißel T3 mit der Angabe der Schnittgrößen und der Drehrichtung aufgerufen.

```
N26 G96 T3 S300 F0.1 M4
```

// N27: Eilgang zum Werkstück

Für das Schlichten wird der Schlichtdrehmeißel T3 mit einem Sicherheitsabstand auf den Nullpunkt der X-Achse im Eilgang mit G0 bewegt **(Bild 1)**. Mit der Schaltfunktion M8 wird die Kühlschmiermittelzufuhr eingeschaltet.

```
N27 G0 X0 Z2 M8
```

// N28 bis 30: Konturdrehen

Das Konturdrehen (Schlichten) wird mit einer Bahnkorrektur durchgeführt (vgl. 4.5). Anders als bei der Steuerung nach DIN kann bei der PAL-Steuerung die Wegbedingung G1 zusammen mit der Bahnkorrektur G42 in einem Satz aufgeführt werden. Mit dem Einschalten der Schneidenradiuskompensation fährt der Schlichtdrehmeißel T3 im **Satz N28** mit einer Linearbewegung G1 zum Werkstücknullpunkt (Bild 1).

Die Kontur des Gewindebolzens wurde bereits mit den Sätzen N16 bis N23 (vgl. **Bild 1, Seite 296**) programmiert. Mit dem Längsschruppzyklus G81 wurde anhand der programmierten Kontur der Gewindebolzen mit einem Schlichtaufmaß vorgedreht.

Die bereits programmierten Sätze der Konturbeschreibung können nun für das Schlichten wiederholt werden. Dazu wird die Programmwiederholung mit der Wegbedingung G23 genutzt.

Für die Funktion G23 wird der erste und letzte Satz der Programmwiederholung angegeben. Da bereits im Satz N28 der Schlichtdrehmeißel mit Bahnkorrektur an das Werkstück gefahren werden soll, beginnt die Programmwiederholung erst mit dem Satz N17.

Der letzte Satz der Programmwiederholung ist der Satz N23. Im Satz 24 erfolgt dann die Abwahl der Bahnkorrektur mit G40.

> **i** Das Schlichten wird mit der Schneidenradiuskompensation durchgeführt. Dazu werden vor dem Konturdrehen die Befehle G42 zum Einschalten und nach dem Konturdrehen G40 zum Abwählen der Bahnkorrektur programmiert.

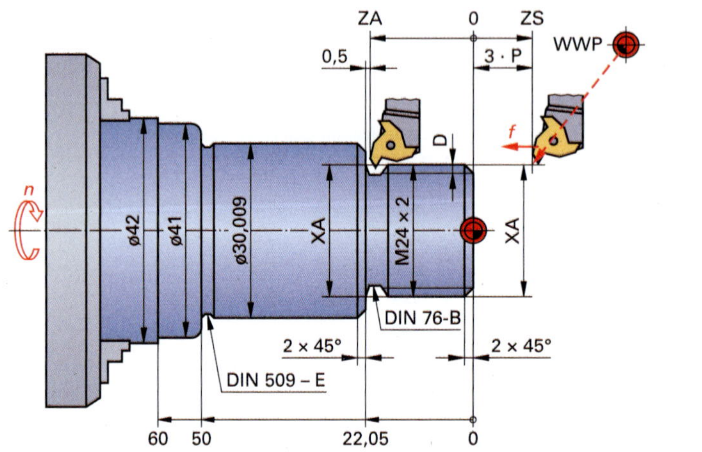

verpflichtende Adressen für den Gewindezyklus G31

XA	Gewindeendpunkt absolut in X
ZA	Gewindeendpunkt absolut in Z
optionale Adressen	
XS	Gewindestartpunkt, absolut in X
ZS	Gewindestartpunkt, absolut in Z
D	Gewindetiefe $D = 0{,}6134 \cdot P$
F	Steigung in Richtung der Z-Achse (= Vorschub f)
Q	Anzahl der Schnitte (Zustellungen)
O	Anzahl der Leerdurchläufe
H14	Zustellart: Versatz rechts/links wechselweise

N33 G31 XA24 ZA-21.55 F2 D1.23 XS24 ZS6 Q10 O2 H14 M8

Bild 1: Gewindezyklus G31 für die Fertigung des Feingewindes M24 x 2

// N31: Eilgang zum Werkzeugwechselpunkt WWP

Für den Aufruf des Gewindedrehmeißels T4 wird der Werkzeugrevolver schräg zum Werkzeugwechselpunkt mit H0 bewegt. Dabei wird mit der Schaltfunktion M9 die Kühlschmiermittelzufuhr ausgeschaltet.

N31 G14 H0 M9

// N32: Werkzeugaufruf T4

Für das Gewindedrehen wird der Gewindedrehmeißel T4 mit der Angabe der Wegbedingung G97 (konstante Spindeldrehzahl) und der Drehzahl *n* unter der Adresse S aufgerufen. Da mit dem Gewinde M24 x 2 ein Rechtsgewinde gedreht werden soll, muss die Spindel auch rechts drehen. Die Drehrichtung rechts wird durch die Schaltfunktion M3 angegeben.

Der Vorschub wird mit der Steigung im Gewindezyklus G31 programmiert.

N32 G97 T4 S1989 M3

Beim Gewindedrehen eines Rechtsgewindes wird die Drehrichtung von links (M4) auf rechts (M3) geändert.

// N33: Gewindezyklus G31

Das Gewindedrehen des Feingewindes M24 x 2 wird mit mehreren Schnitten durchgeführt. Nachdem die Gewindetiefe erreicht ist, werden meistens noch zwei bis vier Leerdurchläufe ausgeführt, damit die Maßtoleranzen des Gewindes eingehalten werden. Die Anzahl der Schnitte **Q** kann aus **Tabelle 2, Seite 38** oder aus dem Tabellenbuch entnommen werden.

Das Anfahren des Gewindedrehmeißels vom Werkzeugwechselpunkt zum Gewinde erfolgt durch den Gewindezyklus G31. Der Startpunkt des Gewindedrehmeißels wird mit **XS** im Durchmesser und **ZS** absolut in Z angegeben **(Bild 1)**. Für die Bestimmung des Gewindestartpunkts ZS muss berücksichtigt werden, dass der Gewindedrehmeißel einen Sicherheitsabstand von dem Dreifachen der Steigung *P* zum Gewinde hat.

Der Gewindeendpunkt wird mit **ZA** angegeben und befindet sich 0,5 mm vor dem Ende des Freistichs. Unter der Adresse **F** wird die Steigung des Gewindes programmiert, die dem Vorschub *f* entspricht. Die Gewindetiefe **D** kann aus der Steigung berechnet oder aus dem Tabellenbuch entnommen werden.

Durch die Adresse H14 wird die Zustellart des Gewindedrehmeißels vorgegeben. Mit der Zusatzfunktion M8 wird die Kühlschmiermittelzufuhr eingeschaltet.

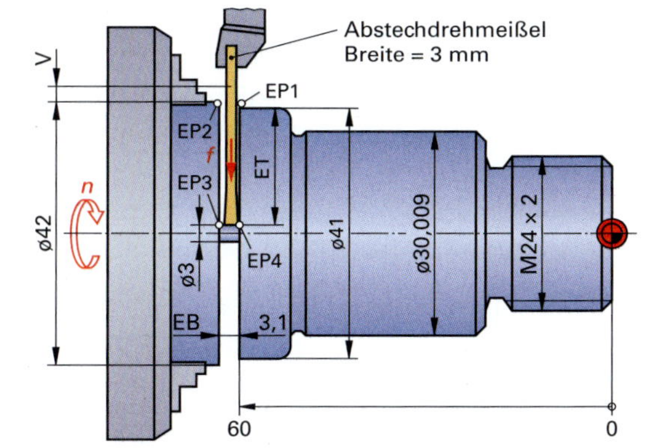

Setzpunkte EP5: Nut mittig oben, EP6: Nut mittig unten
Flankenwinkel AE: Nut links, AS: Nut rechts

N37 G86 XA42 ZA-60 ET19.5 LE1 EB3.1 D3 EP1 V2

verpflichtende Adressen für den radialen Stechzyklus G86

XA	Stechsetzposition absolut in X
ZA	Stechsetzposition absolut in Z
ET	Einstechtiefe
optionale Adressen	
EB/EO	Breite Einstich unten/oben
EL1	Außeneinstich
D	Zustelltiefe
RO/LO	Verrundung + oder Fase – rechts oben oder links oben
RG/LG	Verrundung + oder Fase – rechts unten oder links unten
AK	Konturaufmaß für Schlichten
V	Sicherheitsabstand
H14	Schruppen und Schlichten
AE/AS	Flankenwinkel des Einstichs
EP..	Setzpunkte EP1 bis EP6

Bild 1: Radialer Stechzyklus G86 für das Abstechen des Gewindebolzens

// N34: Eilgang zum Werkzeugwechselpunkt WWP

Für den Aufruf des Abstechdrehmeißels T5 mit der Breite B = 3 mm wird der Werkzeugrevolver schräg zum Werkzeugwechselpunkt mit H0 bewegt. Dabei wird durch die Schaltfunktion M9 die Kühlschmiermittelzufuhr ausgeschaltet.

```
N34 G14 H0 M9
```

// N35: Werkzeugaufruf T5

Für das Abstechdrehen wird der Abstechdrehmeißel T5 mit der Angabe der Schnittgrößen und der Drehrichtung aufgerufen. Die Drehrichtung wird auf Linkslauf M4 umgeschaltet.

```
N34 G14 H0 M9
```

// N36: Eilgang zum Werkstück

Für den Abstechdrehmeißel T5 wurde auf der rechten unteren Ecke der Schneidenpunkt P festgelegt. Mit dem Schneidenpunkt wird der Abstechdrehmeißel im Eilgang mittig über die Abstechnut mit einem Sicherheitsabstand gefahren. Hierbei wird die Kühlschmiermittelzufuhr mit M8 wieder eingeschaltet.

```
N36 G0 X46 Z-61.5 M8
```

// N37: Abstechdrehen mit radialem Stechzyklus G86

Mit dem Aufruf des radialen Stechzyklus G86 **(Bild 1)** wird zuerst der Abstechdrehmeißel auf die Stechsetzposition **XA42** und **ZA-60** mit einem Sicherheitsabstand V2 bewegt. Die Setzposition wird im Stechzyklus mit der Adresse **EP** definiert. Die Adresse EP gibt an, wo sich der Setzpunkt befindet. Beim Gewindebolzen wird die rechte obere Ecke an der Öffnung der Stechnut als Setzpunkt durch **EP1** definiert.

Bis zum verbleibenden Butzen ∅3 soll der Abstechdrehmeißel im Vorschub bewegt werden. Dementsprechend ergibt sich ausgehend vom Rohteildurchmesser ∅42 eine Einstichtiefe **ET** von 19,5 mm.

Die Breite der Stechnut wird mit der Adresse **EO** an der Nutöffnung und **EB** am Stechgrund angegeben. Da das Abstechen ohne seitliche Schrägen erfolgt, wird nur die Breite der Nut am Stechgrund mit dem Wert für EB = 3,1 mm benötigt.

Damit der Span beim Abstechdrehen unterbrochen wird, setzt sich der Abstechdrehmeißel nach jeder Zustelltiefe **D** von 3 mm ab. Da die Breite der Nut mit 0,1 mm größer ist als die Breite des Abstechdrehmeißels, wird nach jeder Zustelltiefe die Nut um 0,1 mm breiter gedreht. Durch das Absetzen und Verbreitern der Nut werden die Bearbeitungskräfte verringert und die Kühlung beim Abstechdrehen wird verbessert.

// N38: Eilgang zum Werkzeugwechselpunkt WWP

Für das Herausfahren des Abstechdrehmeißels aus der Nut muss sich der Drehmeißel zuerst in der X-Achse und dann in der Z-Achse bewegen. Mit dem Satz G14 H1 wird diese Bedingung erfüllt. Mit der Angabe der Schaltfunktion M9 wird die Kühlschmiermittelzufuhr ausgeschaltet.

N38 G14 H1 M9

// N39: Programmende

Das Programmende erfolgt mit der Schaltfunktion M30. Mit dieser Zusatzfunktion wird gleichzeitig das Programm auf den Anfang zurückgesetzt.

N39 M30

Aus **Tabelle 1** kann das komplette CNC-Programm für die Drehbearbeitung des Gewindebolzens entnommen werden.

Tabelle 1: CNC-Programm nach PAL für das Drehen des Gewindebolzens (Bild 1, Seite 295)

%100

Nr.	Wegbedingung	Koordinaten		Zusätzliche Befehle mit Adressen							Schaltfunktion
		X/XA/ZI	Z/ZA/ZI								
N1	G54										
N2	G92			S4000							
	; Querplandrehen mit Planschruppzyklus G82										
N3	G14			H0							
N4	G96			T1	S250	F0.2					M4
N5	G0	X46	Z5								M8
N6	G82			D1	H1						
N7	G0		Z0.1								
N8	G1	X-1.6									
N9			Z2								
N10	G80										
	; Vordrehen mit Längsschruppzyklus G81										
N11	G14			H0							M9
N12	G96			T2	S200	F0.4					M4
N13	G0	X42	Z2								M8
N14	G81			D3	AX0.5	AZ0.1					
N15	G0	X18									
N16	G1		Z0								
N17		X24		RN-2							
N18	G85	XA24	ZA-22.05	I1.5	K5	H1					
N19	G1	X30.009		RN-2							
N20	G85	XA30.009	ZA-50	H2							
N21	G1	X41		RN3							
N22			Z-60								
N23		X44									
N24	G80										

Tabelle 1: CNC-Programm nach PAL für das Drehen des Gewindebolzens (Bild 1, Seite 295)

%100

Nr.	Wegbedingung	Koordinaten		Zusätzliche Befehle mit Adressen							Schaltfunktion
		X/XA/ZI	Z/ZA/ZI								
	; Konturdrehen mit Programmwiederholung G23										
N25	G14			H0							M9
N26	G96			T3	S300	F0.1					M4
N27	G0	X0	Z2								M8
N28	G42 G1		Z0								
N29	G23			N17	N23						
N30	G40										
	; Gewindedrehen mit Gewindezyklus G31										
N31	G14			H0							M9
N32	G97			T4	S1989						M3
N33	G31	XA24	ZA-21.55	F2	D.1.23	XS24	ZS6	Q10	O2	H14	M8
	; Abstechdrehen mit radialem Stechzyklus G86										
N34	G14			H0							M9
N35	G96			T5	S1	F0.05					M4
N36	G0	X46	Z-61.5								M8
N37	G86	XA42	ZA-60	ET19.5	LE1	EB3.1	D3	EP1	V2		
	; Eilgang zum Werkzeugwechselpunkt mit Programmende										
N38	G14			H1							M9
N39											M30

Überlegen und beantworten Sie:

Der Gewindezapfen **(Bild 1)** soll auf einer CNC-Drehmaschine mit Schrägbett gedreht werden. Die Programmierung der Drehmaschine erfolgt nach PAL.

1. Ermitteln Sie die Breite und Tiefe des Gewindefreistichs DIN 76 mithilfe Ihres Tabellenbuchs.
2. Berechnen Sie die Drehzahl *n* für das Gewindedrehen M36 x 1,5.
3. Begründen Sie, warum beim Konturdrehen (Schlichten) mit einer Schnitttiefe von 0,1 mm gedreht wird.
4. Erläutern Sie, warum für das Konturdrehen (Schlichten) die Programmwiederholung G23 angewendet wird.
5. Schreiben Sie das CNC-Programm (%200) nach PAL zum Drehen des Gewindezapfens (Bild 1).

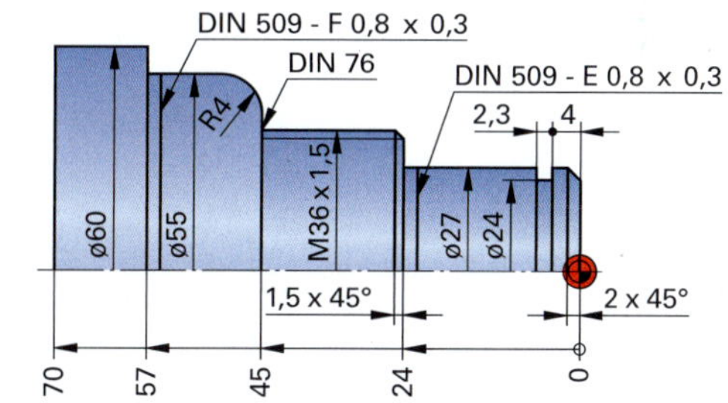

Werkstoff: 44SMn28 Sicherheitsabstand: 2 mm
Rohmaße: ø60 x 73 (linke Seite wurde bereits geplant)

Technologische Daten	Eckenradius	Schnittgeschw.	Schnitttiefe	Vorschub
Werkzeugbezeichnung	in mm	in m/min	in mm	in mm
Plandrehmeißel T1	0,8	200	1,2	0,2
Schruppdrehmeißel T2	0,8	160	3,5	0,4
Schlichtdrehmeißel T3	0,4	250	0,7[1]	0,15
Einstechdrehmeißel T4 (Breite = 2 mm)	–	145	–	0,05
Gewindedrehmeißel T5	–	140	–	1,5

[1] Schnitttiefe Z-Achse: 0,1 mm

Bild 1: Gewindezapfen

Lernfeld 8

4.8 CNC-Drehen mit angetriebenen Werkzeugen und Gegenspindelübernahme

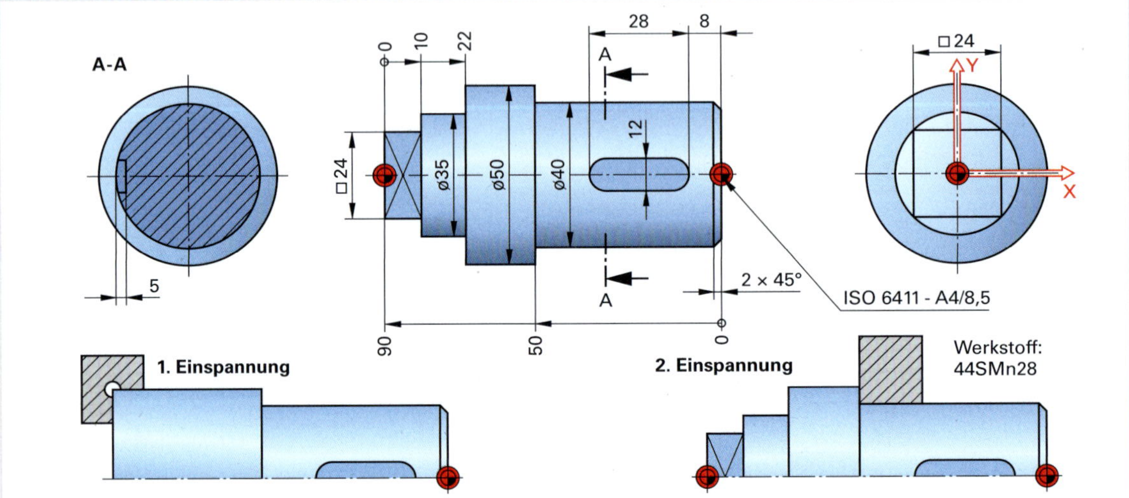

Bild 1: CNC-Drehen des Bolzenadapters in zwei Einspannungen mit angetriebenen Werkzeugen

Tabelle 1: CNC-Drehen des Bolzenadapters mit angetriebenen Werkzeugen

Nr.	Arbeitsvorgang	Werkzeuge Prüfmittel	Schnittgrößen	Bemerkungen
10	Halbzeug prüfen und einspannen	Messschieber Stahlmaßstab	–	1. Einspannung
20	Werkstücknullpunkt setzen	–	–	
30	rechte Seite querplandrehen	Plandrehmeißel T1	v_c = 130 m/min, f = 0,2 mm a_p = 1 mm	Eckenradius r_ε = 0,8 mm
40	rechte Seite zentrierbohren	Zentrierbohrer A4/8,5 T7, HSS	n = 1160 m/min, f = 0,08 mm	Mindesttiefe t_{min} = 7,4 mm
50	rechte Seite vordrehen (schruppen)	Schruppdrehmeißel T2	vc = 110 m/min, f = 0,4 mm a_p = 3 mm	
60	rechte Seite konturdrehen (schlichten)	Schlichtdrehmeißel T3	v_c = 150 m/min, f = 0,1 mm a_p = 0,5 mm	
70	Passfedernut fräsen	Schaftfräser Ø 10, T4 VHM, 2 Schneiden	n = 2200 m/min, v_f = 180 mm/min a_p max = 10 mm	
80	prüfen und umspannen in Gegenspindel	–	–	2. Einspannung
90	linke Seite querplandrehen	Plandrehmeißel T11	v_c = 130 m/min, f = 0,2 mm a_p = 1 mm	Eckenradius r_ε = 0,8 mm
100	linke Seite vordrehen (schruppen)	Schruppdrehmeißel T12	v_c = 110 m/min, f = 0,4 mm a_p = 3 mm	
110	linke Seite konturdrehen (schlichten)	Schlichtdrehmeißel T13	v_c = 150 m/min, f = 0,1 mm a_p = 0,5 mm	
120	Vierkant fräsen	Schaftfräser Ø 12, T5 VHM, 3 Schneiden	n = 2650 m/min, v_f = 635 mm/min $a_{p\,max}$ = 10 mm	
130	Werkstück prüfen und ausspannen	Messschieber Tiefenmessschieber	–	

4.8.1 CNC-Drehen des Bolzenadapters

CNC-Drehmaschinen verfügen meistens über einen Revolver mit angetriebenen Werkzeugen. Bei einer weiteren Ausbaustufe sind CNC-Drehmaschinen auch mit einer Gegenspindel ausgestattet (vgl. **Bild 2, Seite 59**). Durch den Einsatz der Gegenspindel ist eine vollständige Bearbeitung des Werkstücks auf der CNC-Drehmaschine möglich.

Der in **Bild 1** dargestellte Bolzenadapter wird in der zweiten Einspannung im Spannfutter der Gegenspindel gedreht. Für das Fräsen der Passfedernut, das Bohren der Grundlochbohrungen ∅6 und das Fräsen des Vierkants an der linken Seite werden angetriebene Werkzeuge eingesetzt.

Am Beispiel der Fertigung des Bolzenadapters **(Bild 1, Seite 304)** werden in diesem Kapitel die CNC-Bearbeitung mit angetriebenen Werkzeugen und das Umspannen in die Gegenspindel erläutert.

Tabelle 1, Seite 304 gibt den Arbeitsplan für die Fertigung des Bolzenadapters auf der CNC-Drehmaschine wieder.

4.8.2 Umspannen des Werkstücks, Gegenspindelübernahme

Für das Umspannen des Werkstücks wird die Wegbedingung **G30** verwendet. Mit der Adresse **Q** kann festgelegt werden, wie das Umspannen erfolgen soll. Mit der Adresse **Q1** wird das Werkstück nur im Spannfutter der Hauptspindel eingespannt.

Wird die Adresse **Q2** verwendet, wird das Werkstück gleichzeitig in der Haupt- und Gegenspindel eingespannt, während beide sich synchron drehen. Dieser Vorgang ist z. B. für das vollständige Abstechen des Werkstücks notwendig, ohne dass das Drehteil an einem Butzen verbleiben muss (vgl. **Bild 1, Seite 301**).

Mit der Adresse **Q3** erfolgen ein Positionieren, Spannen und die Übernahme des Werkstücks durch die Gegenspindel.

> Mit der Adresse **DE** wird die Einspannposition des Werkstücks vom Werkstücknullpunkt der ersten Einspannung zur Vorderkante der Spannbacken der zweiten Einspannung angegeben.

Der Auszug des Werkstücks aus dem Spannfutter der Hauptspindel kann bei der Übernahme in das Spannfutter der Gegenspindel bei stehender Spindel erfolgen. Hierfür wird die Adresse **H0** angegeben.

Mit der Adresse **DM** wird definiert, wie weit sich die Spannmittelvorderkante von dem Gegenspindelbezugspunkt befindet. Hier wurde ein Wert von 163 mm ausgemessen.

Nachdem sich das Spannfutter der Gegenspindel geschlossen hat, kann eine Verweilzeit für den Beginn der Bearbeitung angegeben werden. Mit der Adresse **U1** wird die Verweilzeit von einer Sekunde gewählt.

Der Vorschub bei Positionierung der Gegenspindel beträgt 50 mm/Umdrehung und wird mit der Adresse **E** angegeben. Mit der Schaltfunktion **M63** wird der Spannvorgang ausgeführt.

```
N... G30 Q3 DE-50 H0 DM163 U1 E50 M63
```

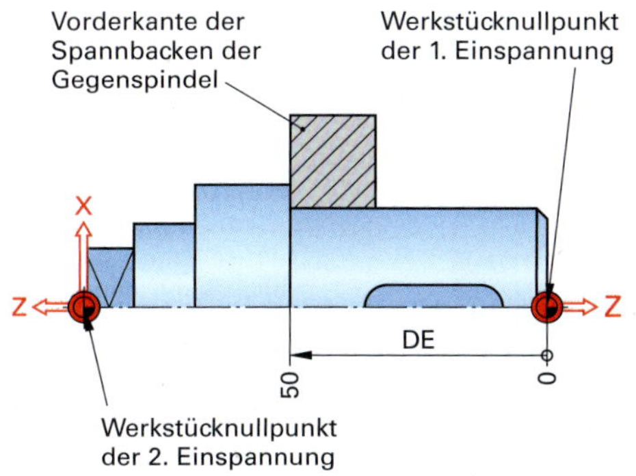


```
N... G30 Q3 DE-50 H0 DM163 U1 E50 M63
```

Adressen für das Umspannen/Gegenspindelaufnahme

Q1	Umspannen des Werkstücks auf die Hauptspindel
Q2	Gegenspindel positionieren und spannen
Q3	Gegenspindel positionieren, spannen und Gegenspindelübernahme
DE	Einspannposition des Werkstücks
H0	Auszug des Drehteils bei stehender Spindel
DM	Abstand Spannmittelvorderkante zum Gegenspindelbezugspunkt
U	Verweilzeit nach Schließen der Gegenspindel
E	Vorschub der Gegenspindelpositionierung
M63	Einspannrichtung Hauptspindel von außen und Gegenspindel von außen

Bild 1: Umspannen in die Gegenspindel

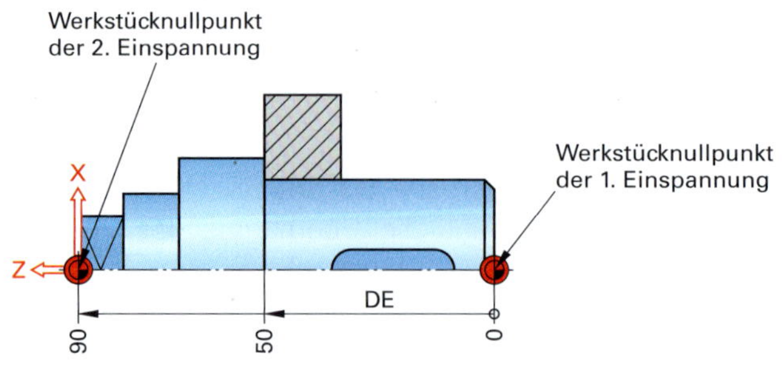

Optionale Adressen für Drehebene G18

HS	Hauptspindelbearbeitung
GS	Gegenspindelbearbeiung
GSU	Gegenspindelbearbeitung mit Drehung des XYZ-Koordinatensystems von 180° um die X-Achse
DRA	Die Koordinate X wird als Durchmesser oder Radiuswert je nach Wegbedingung G90 oder G91 angegeben.
TURN	Drehebenenanwahl

Bild 1: Drehebene G18

4.8.3 Drehebene G18

Nach dem Einschalten der CNC-Drehmaschine liegt die Drehebene G18 vor. Daher braucht zu Beginn eines Programms die Drehebene G18 nicht aktiviert werden.

Bearbeitungsebenen werden immer zusammen mit der Wegbedingung G15 (Anwahl Ebene) aufgerufen.

Aufruf der Drehebene G18 (Bild 1):

- Das Werkstück wird in der Haupt- oder Gegenspindel umgespannt.
- Die Bearbeitung wechselt von einer anderen Bearbeitungsebene (z. B. Stirnseitenbearbeitungsebene G17) wieder in die Drehebene G18.
- Das Programm wird mit G18 beendet, falls vorher in den Bearbeitungsebenen G17 oder G19 gearbeitet wurde.

Je nachdem, ob die Haupt- oder Gegenspindel verwendet wird, werden die Adressen **HS** oder **GS** angegeben. Findet eine weitere Bearbeitung mit der Gegenspindel statt, kann eine Drehung des Koordinatensystems durch die Adresse **GSU** durchgeführt werden. Somit zeigt dann die positive Z-Achse vom Werkstück weg.

Sollen weiterhin in der X-Achse Durchmessermaße programmiert werden, so muss die Adresse **DRA** angegeben werden. Hierbei muss die absolute Maßangabe mit G90 aktiv sein.

Die Anwahl der Drehebene wird ausgeführt durch die Adresse **TURN**.

Nach dem Aufruf der Drehebene für die Bearbeitung mit der Gegenspindel muss noch eine Nullpunktverschiebung mit der Wegbedingung G59 durchgeführt werden (Bild 1). Hierbei wird mit der Adresse ZA der Abstand zwischen den Werkstücknullpunkten der jeweiligen Einspannung angegeben.

```
N... G15 G18 DRA GSU TURN
N... G59 ZA90
```

4.8.4 Stirnseitenbearbeitungsebene G17

Die Stirnseitenbearbeitungsebene G17 ist dann erforderlich, wenn das Werkstück in der XY-Ebene mit angetriebenen Werkzeugen bearbeitet werden soll.

Für das Fräsen oder Bohren mit angetriebenen Werkzeugen werden die Arbeitsbewegungen und Programmzyklen vom CNC-Fräsen nach PAL verwendet (vgl. **4.9**).

```
N... G15 G17 IP3
```

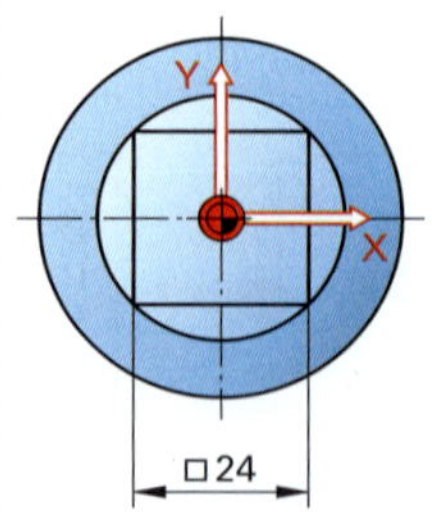

Adressen für die Stirnseitenbearbeitungsebene G17

IP3	Stirnseitenbearbeitungsebene in interpolierten Koordinaten

Bild 2: Stirnseitenbearbeitungsebene G17

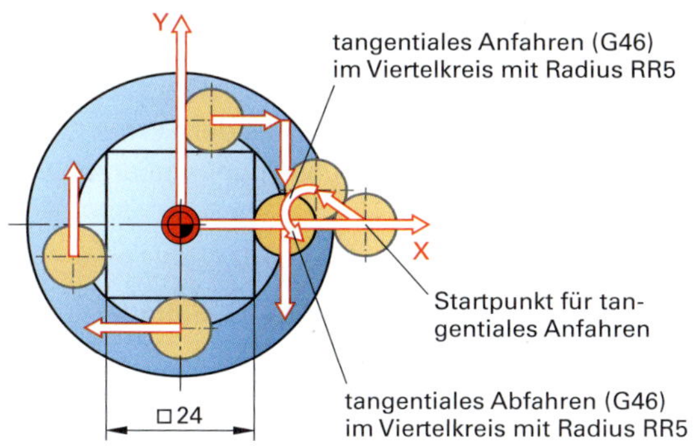

Fräsen des Vierkants mit Schaftfräser ⌀10 des Bolzenadapters auf der Stirnseite:

N...	G15	G17	IP3			
N...	G97	G94	T5	S2650	F635	M3
N...	G0	X55	Y0	Z2		M8
N...	G1			Z-10		
N...	G41	G46	X12	Y0	RR5	
N...	G1			Y-12		
N...			X-12			
N...				Y12		
N...			X12			
N...				Y0		
N...	G40	G46			RR5	

Bild 1: Stirnseitenbearbeitung des Vierkants vom Bolzenadapter

// Fräsen des Vierkants

Der Vierkant des Bolzenadapters wird mit einem Schaftfräser aus Vollhartmetall (VHM) ⌀ 12 mit Gleichlauffräsen (G41) hergestellt. Dazu wird der Vierkant mit der Wegbedingung G46 tangential auf der Position X12 und Y0 mit einem Radius von 5 mm (RR5) angefahren. Nachdem der Schaftfräser den Vierkant einmal umrundet hat, wird er mit der Wegbedingung G46 tangential im Viertelkreis abgefahren und die Bahnkorrektur mit G40 abgeschaltet.

4.8.5 Mantelflächen-/Sehnenflächenbearbeitungsebene G19

Für das Fräsen der Passfedernut auf der Sehnenfläche des Bolzenadapters wird die Ebene G19 aktiviert. Findet eine Sehnenflächenbearbeitung in allen Achsen statt, so wird die Adresse IP0 angegeben.

Bei einer Mantelflächenbearbeitung in kartesischen Koordinaten wird die Adresse IP1 verwendet. Der Durchmesser der Mantelfläche wird mit der Adresse DM angegeben. Die Mantelfläche wird für das Programmieren abgewickelt und zu einer Ebene aufgespannt.

Die Positionierung des Schaftfräsers erfolgt über dem Werkstück bei X = 22, Y = 0 und Z = –22. Zum Fräsen der Nut wird die Hauptspindel in der Drehachse C auf die Position 0° gestellt. Das Fräsen der Nut erfolgt mit dem Nutenfräszyklus G74 und dem dazugehörigen Zyklusaufruf G79 (vgl. 4.9.3).

Fräsen der Passfedernut

N...	G15	G19	IP0			
N...	G97	G94	T4	S2200	F180	M3
N...	G0	X22	Y0	Z-22	C0	M8
N...	G74	XA15	LP28	BP12	D3	V2
		AK0.5	AL0.1	EP0	E80	H14
N...	G79	X20	Z-22	AR90		
N...	G14	H1				M9

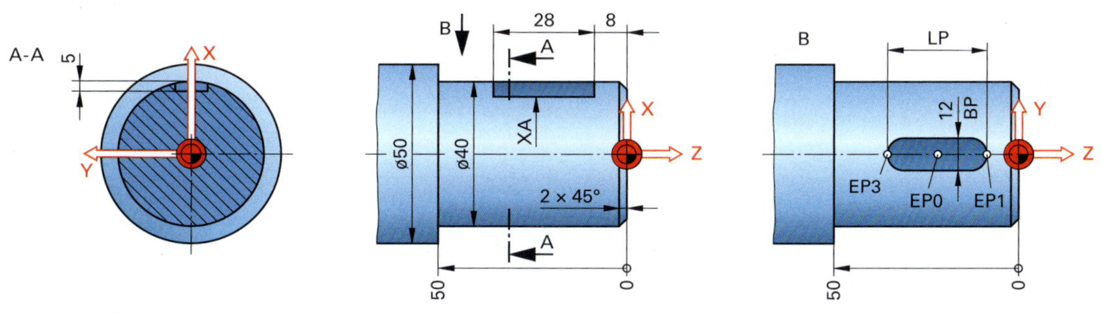

Bild 2: Fräsen der Passfedernut in der Sehnenflächenbearbeitungsebene G19

Das vollständige Programm für den Achsbolzen wird in **Tabelle 1** wiedergegeben. Die erste Bearbeitung findet in der Drehebene G19 statt. Diese Ebene wird am Anfang des Programms nicht angegeben, da sie beim Einschalten der Maschine bereits aktiviert ist (Einschaltzustand G18, G90, G95, G40, M5, M9 ...).

Für das Zentrierbohren wird der Bohrzyklus G84 (Schritt 11) in der Drehebene verwendet. Hier dreht sich das Werkstück und nicht der Zentrierbohrer. Mit der Adresse U1 verweilt der Bohrer eine Sekunde, bevor er mit G14 zuerst aus dem Werkstück und dann zum Werkzeugwechselpunkt gefahren wird.

Tabelle 1: CNC-Drehen des Bolzenadapters mit angetriebenen Werkzeugen (Bild 1, Seite 304)

%300

Nr.	Wegbedingung	Koordinaten		Zusätzliche Befehle mit Adressen							Schaltfunktion
		X/XA/ZI	Z/ZA/ZI								
N1	G54										
N2	G92			S4000							
; rechte Seite Querplandrehen in einem Schnitt mit G1											
N3	G14			H0							
N4	G96			T1	S130	F0.2					M4
N5	G0	X54	Z0.1								M8
N6	G1	X-1.6									
N7	G0		Z2								
; rechte Seite Zentrierbohren mit G84											
N8	G14			H0							M9
N9	G97			T7	S1160	F0.08					M3
N10	G0	0	2								M8
N11	G84	ZA-7.4		U1							
; Vordrehen mit Längsschruppzyklus G81											
N12	G14			H2							M9
N13	G96			T2	S110	F0.4					M4
N14	G0	X50	Z2								M8
N15	G81			D3	AX0.5	AZ0.1					
N16	G0	X34									
N17	G1		Z0								
N18		X40		RN-2							
N19			ZA-50								
N20		X54									
N21	G80										
; Konturdrehen mit Programmwiederholung G23											
N22	G14			H0							M9
N23	G96			T3	S150	F0.1					M4
N24	G0	X0	Z2								M8
N25	G42 G1		Z0								
N26	G23			N18	N20						
N27	G40										

Tabelle 1: CNC-Drehen des Bolzenadapters mit angetriebenen Werkzeugen (Bild 1, Seite 304)

%300

Nr.	Wegbedingung	Koordinaten			Zusätzliche Befehle mit Adressen						Schaltfunktion
		X/XA/ZI	Z/ZA/ZI								
; Eilgang zum Werkzeugwechselpunkt und Aufrufen der Sehnenflächenbearbeitungsebene G19											
N28	G14				H0						M9
N29	G15 G19				IP0						
; Fräsen der Passfedernut mit dem Nutfräszyklus G74 und dem Zyklusaufruf G79											
N30	G97 G94				T4	S2200	F180				M3
N31	G0	X22	Y0	Z-22	C0						M8
N32	G74	XA15			LP28	BP12	D3	V2			
					AK0.5	AL0.1	EP0	E80	H14		
N33	G79	X20		Z-22	AR90						
; Eilgang zum Werkzeugwechselpunkt und Umspannen des Werkstücks in die Gegenspindel											
N34	G14				H0						M9
N35	G30				Q3	DE-50	H0	DM163	U1	E50	M63
; Aufrufen der Drehebene G18 für das Planen, Schruppen und Schlichten in der Gegenspindel (vgl. 4.8.2)											
N36	G15 G18				DRA	GSU	TURN				
N37	G59			ZA90							
; Planen der linken Seite in der Gegenspindel											
N38	G96 G95				T11	S130	F0.2				M3
N39	G0	X54		Z0.1							
N40	G1	X-1.6									
N41	G0			Z2							
; Schruppen der linken Seite in der Gegenspindel											
N42	G14				H0						M9
N43	G96				T12	S110	F0.4				M3
N44	G0	X50		Z2							M8
N45	G81				D3	AX0.5	AZ0.1				
N46	G0	X30									
N47	G1			Z-10							
N48		X35									
N49				Z-22							
N50		X54									
N51	G80										
; Schlichten der linken Seite in der Gegenspindel											
N52	G14				H0						M9
N53	G96				T13	S150	F0.1				M3
N54	G0	X0		Z2							M8
N55	G42 G1			Z0							
N56	G23				N46	N50					
N57	G40										

Lernfeld 8

Tabelle 1: CNC-Drehen des Bolzenadapters mit angetriebenen Werkzeugen (Bild 1, Seite 304)

%300

Nr.	Wegbedingung	Koordinaten		Zusätzliche Befehle mit Adressen							Schaltfunktion
		X/XA/ZI	Z/ZA/ZI								
; Eilgang zum Werkzeugwechselpunkt und Aufrufen der Stirnseitenbearbeitungsebene G17											
N58	G14				H0						M9
N59	G15 G17				IP3						
; Fräsen des Vierkants mit tangentialem An- und Abfahren im Viertelkreis (G46)											
N60	G97 G94				T5	S2650	F635				M3
N61	G0	X55	Y0	Z2							M8
N62	G1			Z-10							
N63	G41 G46	X12	Y0		RR5						
N64	G1		Y-12								
N65		X-12									
N66			Y12								
N67		X12									
N68			Y0								
N69	G40 G46				RR5						
; Eilgang zum Werkzeugwechselpunkt und Aufrufen der Drehbearbeitungsebene G18 mit Programmende											
N70	G14				H0						M9
N71	G15 G18				TURN						
N72											M30

Überlegen und beantworten Sie:

Der Verschlussdeckel **(Bild 1)** soll auf einer CNC-Drehmaschine mit angetriebenen Werkzeugen und Gegenspindel gedreht werden. Die Programmierung der Drehmaschine erfolgt nach PAL.

Zum Fräsen des Sechskants soll ein Schaftfräser Ø10 aus VHM verwendet werden. Die Drehzahl des Schaftfräsers beträgt 3200 min^{-1}. Die Vorschubgeschwindigkeit ist mit v_f = 320 mm/min angegeben.

1. Ermitteln Sie für die Adresse DE die Einspannposition des Werkstücks in der Gegenspindel.
2. Erläutern Sie, warum für die Bearbeitung in der Drehebene G18 mit Gegenspindel eine Nullpunktverschiebung erfolgen muss.
3. Erstellen Sie den Arbeitsplan für das CNC-Drehen des Verschlussdeckels (Bild 1) mit angetriebenen Werkzeugen.
4. Fertigen Sie das CNC-Programm nach PAL (%400) für das Drehen des Verschlussdeckels an.

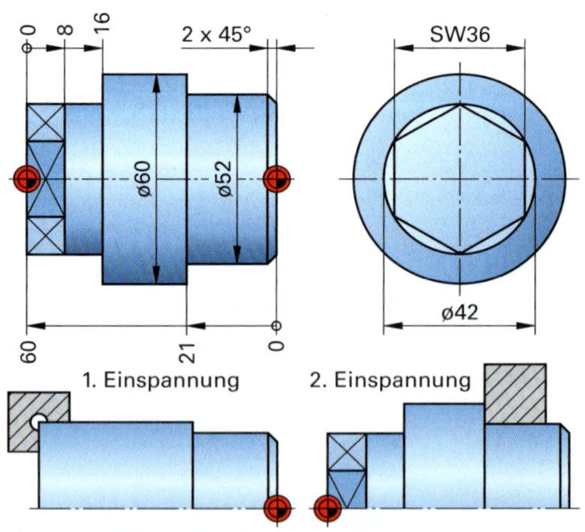

Drehmeißel	Einheit	T01	T02	T03
Schnittgeschw. v_c	mm/min	220	200	240
Vorschub f	mm	0,2	0,4	0,15
Schnitttiefe a_p	mm	1,2	3,5	0,6
Eckenradius	mm	0,9	0,8	0,4

Bild 1: Verschlussdeckel

4.9 CNC-Fräsen nach PAL

4.9.1 Arbeitsbewegungen für das Fräsen nach PAL

// Arbeitsbewegungen mit G1 nach PAL

Die CNC-Steuerung nach PAL ermöglicht es, lineare und kreisförmige Arbeitsbewegungen mit Konturzügen durchzuführen. Bei linearen Bewegungen mit G1 können Zielpunkte mit Absolut- oder Inkrementalmaßen angegeben werden **(Bild 1)**.

Ist nur der Zielpunkt mit einer Koordinate und dem Anstiegswinkel (AS) bekannt, kann die Programmierung direkt mit den beiden bekannten Größen vorgenommen werden. Auch kann die Programmierung des Zielpunkts mit der Länge der Verfahrstrecke (D) und dem Anstiegswinkel (AS) durchgeführt werden.

> Konturzüge können mit Verrundungen (RN+) oder Fasen (RN–) als Übergangselement zum nächsten Konturelement programmiert werden.

Im Beispiel 5 (Bild 1) wird der Konturzug mit einer Verrundung zur nächsten Geraden verdeutlicht. Programmiert wird nur der Zielpunkt am Ende der Verrundung. Mit der Adresse RN10 wird der Radius der Verrundung angegeben.

Im Beispiel 6 (Bild 1) wird der Zielpunkt nach dem Übergangselement angegeben. Dadurch, dass hier die Adresse RN-5 verwendet wird, entsteht eine Fase zwischen der ersten und zweiten Geraden.

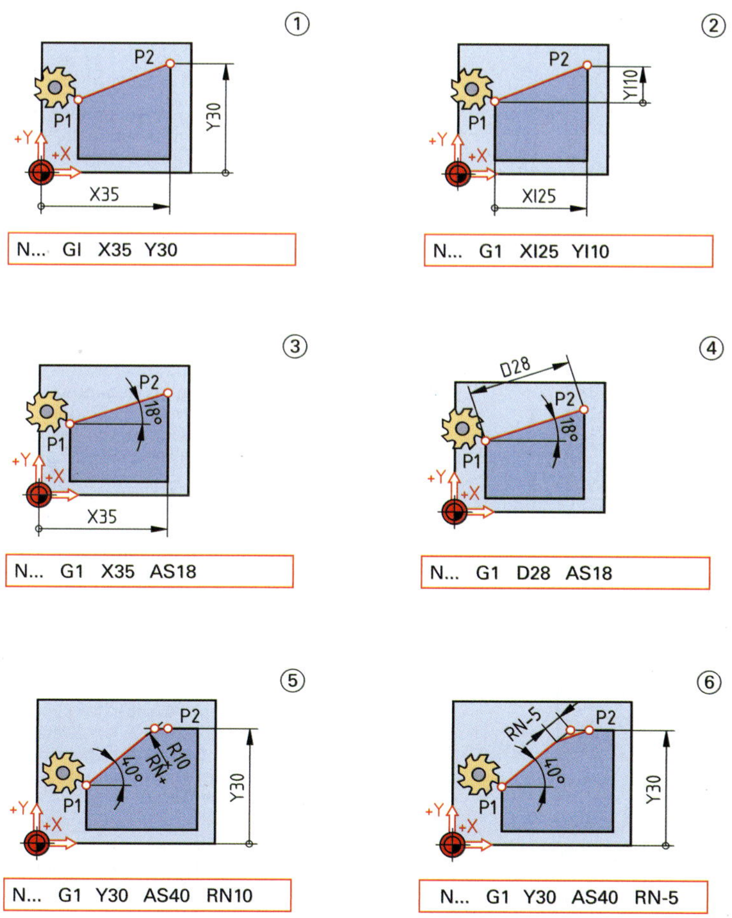

① Linearbewegung gesteuert durch G90 oder G91 mit Adresse X und Y.

② Linearbewegung mit inkrementalen Zielkoordinate XI und YI (unabhängig von G90).

③ Linearbewegung mit Angabe der Zielkoordinate und dem Anstiegswinkel AS der Verfahrstrecke.

④ Linearbewegung mit Angabe der Länge D der Verfahrstrecke und dem Anstiegswinkel AS.

⑤ Konturzug mit Angabe einer Zielkoordinaten und dem Anstiegswinkel AS. Mit der Adresse RN+ wird das Übergangselement zum nächsten Konturelement verrundet.

⑥ Konturzug mit Fase (RN-) als Übergangselement zum nächsten Konturelement.

In den Ebenen G18 und G19 wird auch die Adresse Z/ZA/ZI verwendet.

Bild 1: Lineare Arbeitsbewegungen und Konturzüge beim Fräsen mit G1 nach PAL

// Arbeitsbewegungen mit G2 und G3 nach PAL

In **Bild 1** werden verschiedene Möglichkeiten zur Programmierung von Kreisbewegungen im Uhrzeigersinn (G2) und Gegenuhrzeigersinn (G3) aufgeführt. Zu den Zielkoordinaten der Kreisbewegung müssen noch weiterhin der Radius mit der Adresse R oder die Mittelpunktkoordinaten mit den Adressen I und J angegeben werden. Alternativ kann auch der Öffnungswinkel AO programmiert werden.

> Bei Kreisbewegungen müssen immer beide Zielkoordinaten mit X und Y angegeben werden.

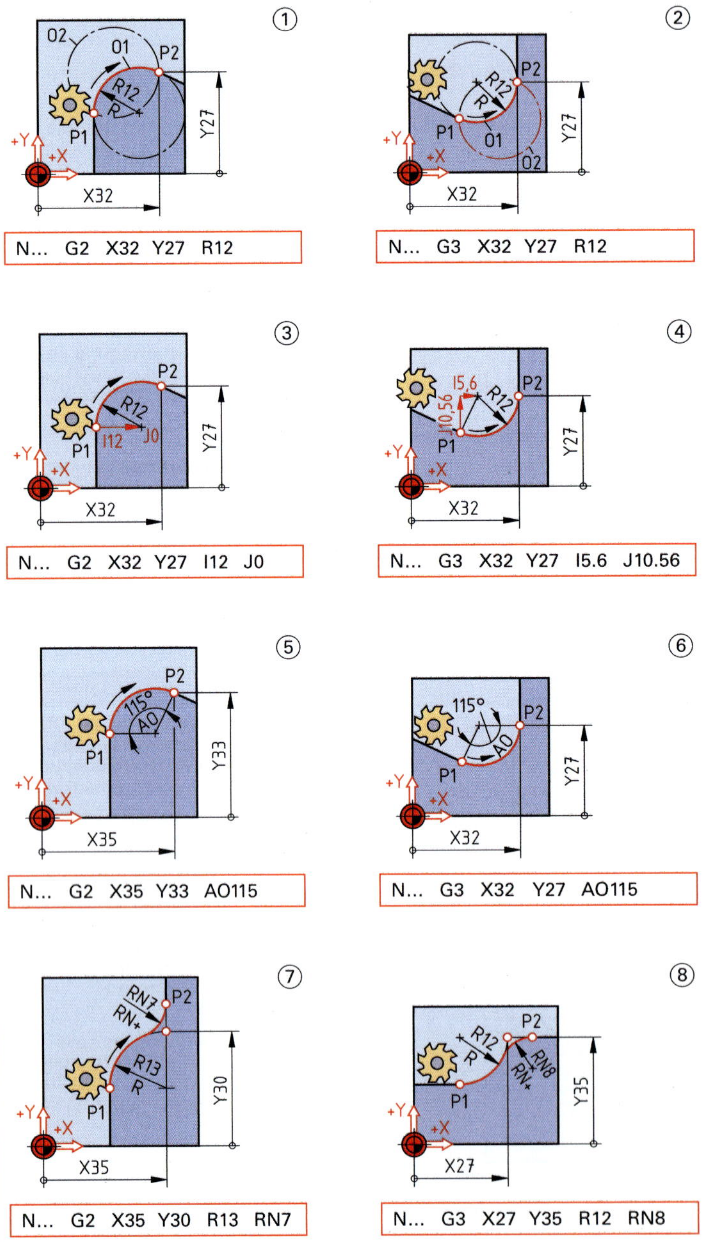

① Kreisbewegung im Uhrzeigersinn G2 mit Angabe der X- und Y-Koordinaten und des Radius R.

② Kreisbewegung im Gegenuhrzeigersinn G3 mit Angabe der X- und Y-Koordinaten und Radius R.

③ Kreisbewegung im Uhrzeigersinn G2 mit Angabe der X- und Y-Koordinaten sowie der Mittelpunktskoordinaten I und K.

④ Kreisbewegung im Gegenuhrzeigersinn G3 mit Angabe der X- und Y-Koordinaten sowie der Mittelpunktskoordinaten I und K.

⑤ Kreisbewegung im Uhrzeigersinn G2 mit Angabe der X- und Y-Koordinaten und des Öffnungswinkels AO.

⑥ Kreisbewegung im Gegenuhrzeigersinn G3 mit Angabe der X- und Y-Koordinaten und des Öffnungswinkels AO.

⑦ Konturzug mit Angabe der Zielkoordinaten und Radius der Kreisbewegung im Uhrzeigersinn G2. Mit der Adresse RN+ wird der Verrundungsradius zur nächsten Gerade angegeben.

⑧ Konturzug mit Angabe der Zielkoordinaten und Radius der Kreisbewegung im Gegenuhrzeigersinn G3 sowie der Verrundung (RN+) zur nächsten Geraden.

In den Ebenen G18 und G19 werden auch die Adresse Z/ZA/ZI sowie K/KA verwendet.

Bild 1: Kreisbewegungen und Konturzüge mit G2 und G3 nach PAL

// Eilgangs- und Arbeitsbewegungen mit Polarkoordinaten

Mit den Wegbedingungen G0, G1, G2 und G3 werden Eilgangs- und Arbeitsbewegungen mit Angabe der Zielpunkte im kartesischen Koordinatensystem durchgeführt.

Die CNC-Steuerung nach PAL erlaubt es, die Zielpunkte der Bewegungen mit Angabe von Polarkoordinaten zu programmieren.

Dazu können folgende Wegbedingungen verwendet werden:

- G10 Verfahren im Eilgang mit Polarkoordinaten
- G11 Linearbewegung mit Polarkoordinaten
- G12 Kreisbewegung mit Polarkoordinaten im Uhrzeigersinn
- G13 Kreisbewegung mit Polarkoordinaten im Gegenuhrzeigersinn

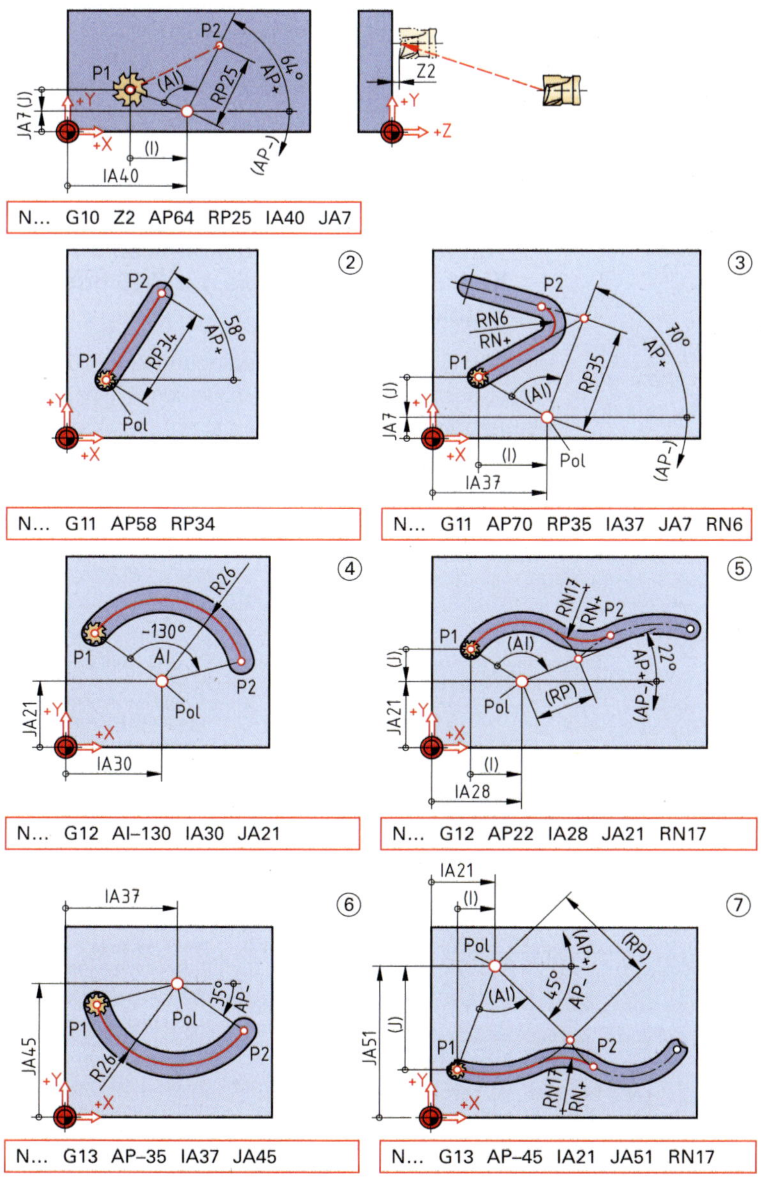

① Verfahren im Eilgang mit Polarkoordinaten. Angegeben wird der Polarradius RP mit seinem Polarwinkels AP bezogen auf die X-Achse sowie der Mittelpunkt des Polarradius in Absolutmaßen mit IA und JA.

② Lineare Bewegung mit Angabe des Polarradius RP und seinem Polarwinkel AP.

③ Konturzug mit zwei linearen Verfahrstrecken und einer Verrundung (RN+) als Übergangselement. Mit IA und JA wird die Lage des Pols angegeben.

④ Kreisförmige Bewegung im Uhrzeigersinn mit Angabe des Polarradius RP, inkremantalen Polarwinkel AI und den Pols.

⑤ Konturzug mit zwei kreisförmigen Bewegungen im Uhrzeigersinn und einer Verrundung zwischen den Bewegungen. Angegeben wird die Verrundung (RN+) und der Polarwinkel AP ohne Angabe des Polarradius sowie der Pol.

⑥ Kreisförmige Bewegung im Gegenuhrzeigersinn. Angaben wie beim vierten Bild.

⑦ Konturzug mit zwei kreisförmigen Bewegungen im Gegenuhrzeigersinn. Angaben wie beim fünften Bild.

Bild 1: Eilgangs- und Arbeitsbewegungen mit Polarkoordinaten

Lernfeld 8

4.9.2 Tangentiales An- und Abfahren an eine Kontur

Damit das Anfahren des Fräsers an die Kontur ohne Markierungen am Werkstück erfolgt, sollte das Werkzeug tangential an das Werkstück angefahren werden. Verlässt der Fräser das Werkstück, sollte dann ein tangentiales Abfahren von der Kontur erfolgen.

Für das tangentiale Anfahren muss die Bahnkorrektur eingeschaltet sein. Das Anfahren wird immer zusammen mit der Bahnkorrektur G41 oder G42, das Abfahren zusammen mit der Abwahl der Bahnkorrektur G40 programmiert.

Möglichkeiten des tangentialen An- und Abfahrens an einer Kontur:

- lineares tangentiales An- und Abfahren (G45)
- tangentiales An- und Abfahren im Viertelkreis (G46)
- tangentiales An- und Abfahren im Halbkreis (G47)

Für das tangentiale Anfahren an die Kontur wird der Fräser auf einen beliebigen Punkt in der Nähe der Anfahrposition außerhalb des Werkstücks positioniert und anschließend auf die geforderte Tiefe der zu fräsenden Kontur zugestellt.

Je nach Länge DL oder Radius RR der Anfahrbewegung wird mit dem Aufrufen der Wegbedingung G45, G46 oder G47 das Werkzeug auf den richtigen Punkt vor das Werkstück positioniert.

// Lineares tangentiales An- und Abfahren an eine Kontur mit G45

Mit dem Aufruf der Wegbedingung G45 für das lineare tangentiale Anfahren wird das Werkzeug tangential zum nachfolgenden Konturelement auf den Startpunkt mit der Anfahrlänge DL positioniert.

Abhängig vom Konturelement des nachfolgenden Satzes fährt der Fräser mit einer tangentialen Linie zum ersten Konturpunkt (P1) und führt dann die lineare Bewegung mit G1 übergangslos weiter.

Nachdem der letzte Konturpunkt (P2) erreicht ist, fährt der Fräser tangential mit der Länge DL aus dem Werkstück.

// Tangentiales An- und Abfahren an eine Kontur im Viertelkreis mit G46 oder im Halbkreis mit G47

Mit dem Aufruf der Wegbedingung G46 oder G47 fährt das Werkzeug mit dem Radius RR im Viertelkreis bzw. Halbkreis tangential an das Werkstück. Je nach Radius wird der Fräser vor das Werkzeug wie bei G45 positioniert. Nach dem letzten Konturpunkt verlässt der Fräser tangential die Kontur mit dem Radius RR.

Lineares tangentiales An- und Abfahren G45

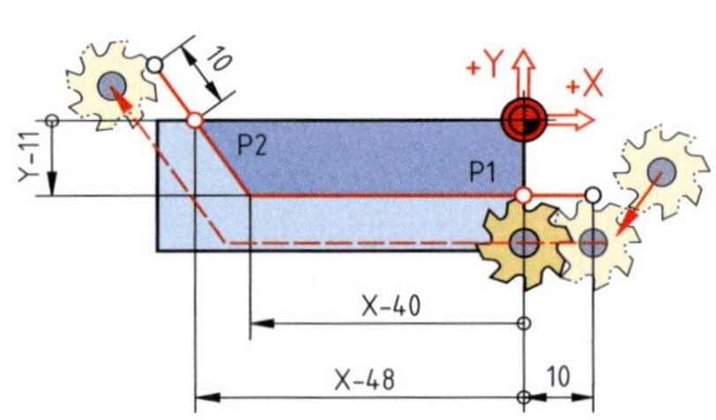


```
N... G0          X20  Y-8   Z2
N...                        Z-7
N... G41 G45     X0   Y-11  DL10
N... G1          X-40
N...             X-48 Y0
N... G40 G45                DL10
```

Tangentiales An- und Abfahren im 1/4-Kreis G46

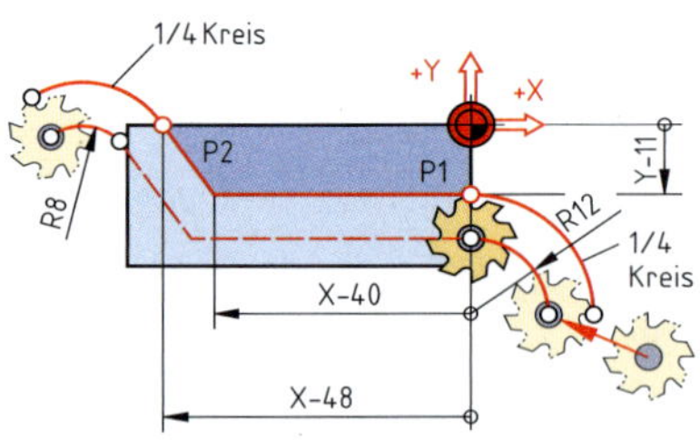


```
N... G0          X24  Y-35  Z2
N...                        Z-5
N... G41 G46     X0   Y-11  RR12
N... G1          X-40
N...             X-48 Y0
N... G40 G46                RR8
```

Adressen für G45, G46 und G47

DL	Länge der linearen tangentialen Anfahrbewegung
RR	Radius des Viertel- und Halbkreis bezogen auf den Fräsermittelpunkt
X/Y/Z	Koordinateneingabe (gesteuert durch G90/G91)
XA/YA/ZA	absolute Koordinateneingabe
XI/YI/ZI	inkrementelle Koordinateneingabe
Q	Zustellbewegung
WV	Sicherheits-/Rückzugsebene (absolut G41/G42 bzw. G40)
G41/G42	Anwahl der Fräserradiuskorrektur
G40	Abwahl der Fräserradiuskorrektur

Bild 1: Tangentiales An- und Abfahren an eine Kontur

4.9.3 Bearbeitungszyklen für Fräs- und Drehmaschinen mit angetriebenen Werkzeugen nach PAL

Für die Bearbeitung der Werkstücke mit Fräsmaschinen oder mit Drehmaschinen, die angetriebene Werkzeuge haben (vgl. 4.8), bietet die PAL-Steuerung eine Vielzahl von Bearbeitungszyklen zur vereinfachten Programmierung der verschiedenen Konturelemente an.

Mit den Adressen der Bearbeitungszyklen **(Bild 1)** wird die Geometrie und Verfahrbewegung der Werkzeuge für die Fertigung des Objekts (z. B. Tasche oder Nut) definiert.

Im nachfolgenden Satz erfolgt der **Zyklusaufruf G79** der Bearbeitungszyklen auf einen Punkt **(Bild 1, Seite 316)**. Es werden der Setzpunkt und falls erforderlich der Drehwinkel **AR** des Objekts (bezogen auf die X-Achse) sowie die Höhe der Rückzugsebene W angegeben.

Ohne Angabe des Setzpunkts fährt der Fräser beim Taschenfräszyklus den Setzpunkt **EP0** an (Bild 1). Die Voreinstellung für das Fräsen der Tasche oder Nut ist nur Schruppen mit der Adresse **H1**.

Bearbeitungszyklen für Fräs- und Drehmaschinen mit angetriebenen Werkzeugen nach PAL:

- Rechtecktaschen-/Rechteckzapfenfräszyklus G72
- Kreistaschen- und Zapfenfräszyklus G73
- Nutenfräszyklus G74
- Kreisbogennut-Fräszyklus G75
- Bohrzyklus G81
- Tieflochbohrzyklus mit Spanbruch G82
- Gewindebohrzyklus G84
- Reibzyklus G85
- Innengewindefräszyklus G88

Rechtecktaschen- und Zapfenfräszyklus G72

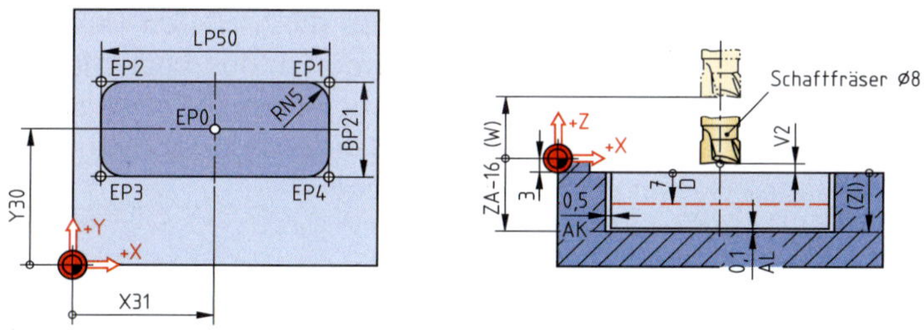

N... G72 ZA-16 LP50 BP21 D7 V2 RN5 AK0.5 AL0.1 E100 H14
N... G79 X31 Y30 Z-3

Nutfräszyklus G74

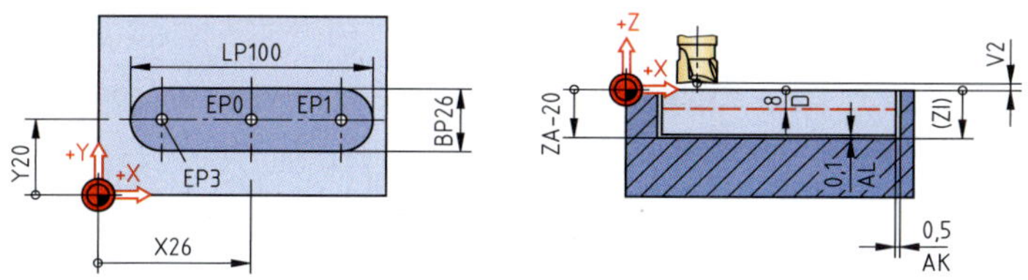

N... G74 ZA-20 LP100 BP26 D8 V2 EP0 AK0.5 AL0.1 E100 H14
N... G79 X26 Y20 Z-0

Verpflichtende Adressen

ZA/ZI	Tiefe der Tasche bzw. Nut
LP	Länge der Tasche bzw. Nut
BP	Breite der Tasche bzw. Nut
D	maximale Zustelltiefe
V	Sicherheitsabstand

Optionale Adressen für G72 und G74

RN	Eckenradius
EP	Setzpunkt für den Aufruf – ohne Angabe EP0
AK	Aufmaß Berandung
AL	Aufmaß Taschenboden
H1	Schruppen
H4	nur Schlichten
H14	Schruppen und Schlichten
E	Vorschub beim Eintauchen
W	Rückzugsebene absolut

Optionale Adressen für den Zapfen bei G72

LZ/BZ	Länge/Breite des zentrischen Zapfens
HA/HI	absolute/inkrementale Zapfenhöhe (≤ Materialhöhe)
RZ	Verrundungsradius des Zapfens

Bild 1: Rechtecktaschen- und Nutfräszyklus

Zyklusaufruf auf einen Punkt G79

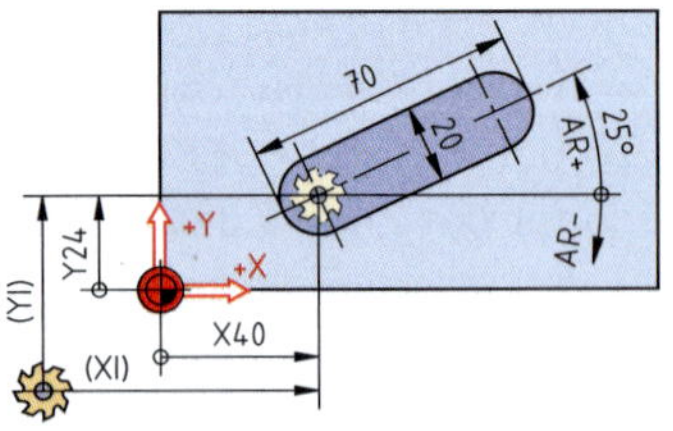

N... G74 ZA-8 LP70 BP20 D4 V2 EP3
N... G79 X40 Y24 Z-0 AR25

Optionale Adressen

X/Y/Z	Koordinateneingabe gesteuert durch G90 und G91)
XA/YA/ZA	Absolutmaße
XI/YI/ZI	Inkrementalmaße
AR	Drehwinkel des Objekts bezogen auf die X-Achse

Bild 1: Zyklusaufruf an einem Punkt

Durch die Angabe des **Sicherheitsabstands V** in den Bearbeitungszyklen (Taschen-, Nut oder Bohrzyklen) wird beim **Zyklusaufruf G79** der Setzpunkt direkt auf der Materialoberfläche angegeben. Der Fräser fährt für die Bearbeitung des Objekts das Werkstück mit dem vorgegebenen Sicherheitsabstand V an **(Bild 1)**.

In **Bild 1, Seite 315** werden exemplarisch der Rechtecktaschenzyklus G72 und Nutfräszyklus G74 erläutert. Die Programmierungen von Kreistaschenzyklen G73 und Kreisbogennut-Fräszyklen (G75) können dem Tabellenbuch entnommen werden.

In **Bild 2** werden zwei verschiedene Bohrzyklen G81 und G82 dargestellt. Diese Bohrzyklen dürfen nur für CNC-Fräsmaschinen oder Drehmaschinen mit angetriebenen Werkzeugen in den Bearbeitungsebenen G17 und G19 verwendet werden (vgl. 4.8). In der Drehebene G18 werden die G-Funktionen G81 und G82 für den Längs- und Planschruppzyklus eingesetzt (vgl. 4.7.2).

Der **Bohrzyklus G81** wird zum Anbohren, Zentrieren oder zur Fertigung von Bohrungen mit kleinen Bohrtiefen genutzt. Hier erfolgt keine Spanbruch.

Der **Tieflochbohrzyklus G82** ermöglicht die Herstellung von Bohrungen mit größeren Tiefen. Bei diesem Bohrzyklus wird nach der programmierten Zustelltiefe **D** der Bohrer jeweils um einen Millimeter mit einer Verweildauer von einer Sekunde für den Spanbruch angehoben.

Bohrzyklus G81

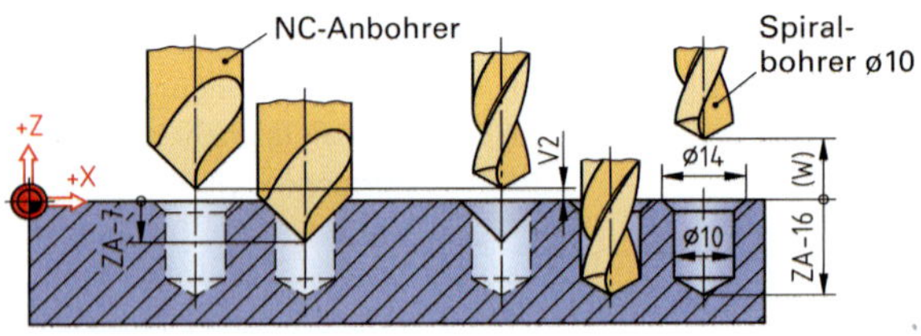

Tieflochbohrzyklus mit Spanbruch G82

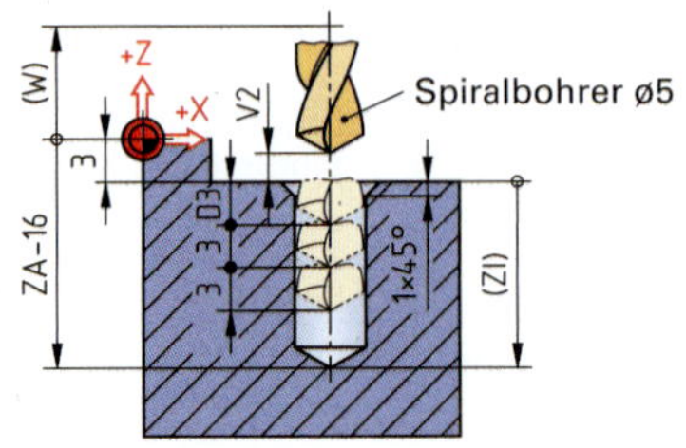

Verpflichtende Adressen für G81

ZA	Bohrtiefe absolut
ZI	Bohrtiefe inkremental ab Materialoberfläche
V	Sicherheitsabstand

N... G81 ZA-7 V2
N... G79 X20 Y30 Z0

Verpflichtende Adressen für G82

ZA	Bohrtiefe absolut
ZI	Bohrtiefe inkremental ab Materialoberfläche
D	Zustelltiefe
V	Sicherheitsabstand

Optionale Adresse für G82

E	Anbohrvorschub

N... G82 ZA-16 D3 V2
N... G79 X20 Y30 Z-3

Bild 2: Bohrzyklen

Gewindebohrzyklus G84

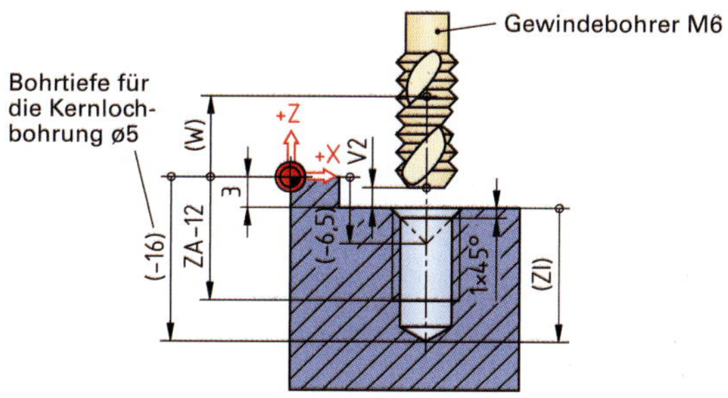

Verpflichtende Adressen für G94

ZA	Gewindetiefe absolut
ZI	Gewindetiefe inkremental ab Materialoberfläche
F	Gewindesteigung in mm
M	Drehrichtung des Gewindebohrers für das Eintauchen: M3: Rechtsgewinde M4: Linksgewinde
V	Sicherheitsabstand

```
N... G84  ZA-12  F1   V2   M3
N... G79  X20    Y30  Z-3
```

Bild 1: Gewindebohrzyklus

Die Fertigung einer Gewindebohrung erfolgt in mehrere Arbeitsschritten:

Arbeitsschritte für die Fertigung einer Gewindebohrung mit einem Gewindebohrer:

- Zentrieren und Anfasen mit einem NC-Anbohrer durch den Bohrzyklus G81 (vgl. Bild 2, Seite 316)
- Bohren der Kernlochbohrung mit einem Spiralbohrer durch den Tiefbohrzyklus G82 (vgl. Bild 2, Seite 316)
- Bohren des Gewindes mit dem Gewindebohrer durch den Gewindebohrzyklus G84

Befinden sich die Bohrungen auf einen Lochkreis, so wird nach dem Bearbeitungszyklus der Mehrfachaufrufzyklus auf einem Lochkreis G77 angewendet **(Bild 2)**.

Mit der Adresse R wird der Radius des Lochkreises angegeben. Der Mittelpunkt des Lochkreises wird absolut mit den Mittelpunktkoordinaten IA und JA und Z programmiert.

Die Adresse AN führt den Startwinkel der ersten Bohrung ausgehend von der X-Achse an. Für die Lage der weiteren Bohrungen kann der Inkrementalwinkel AI zwischen den Bohrungen oder der Polar-Endwinkel AP der letzten Bohrung vorgegeben werden. Mit der Adresse O wird die Anzahl der Bohrungen programmiert.

Der Zyklusaufruf G77 kann auch für andere Objekte (z. B. Nut oder Tasche) verwendet werden.

Mehrfachzyklusaufruf auf einem Lochkreis G77

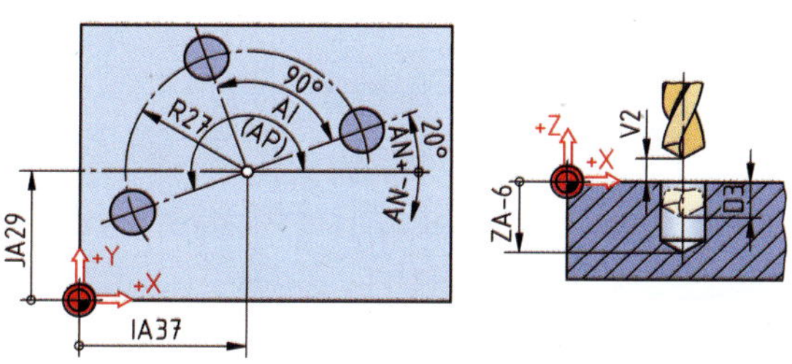

Verpflichtende Adressen für G77

Z/ZA	Mittelpunkt in Z-Achse
R	Radius des Lochkreises
AN	Startwinkel des 1. Objekts bezogen auf X-Achse
AI	Inkrementalwinkel zwischen den Objekten
AP	Endwinkel des letzten Objekts
I/IA	Mittelpunkt in X-Achse (inkremental/absolut)
J/JA	Mittelpunkt in Y-Achse (inkremental/absolut)
O	Anzahl der Objekte

```
N... G82  ZA-6  D3   V2
N... G77  Z0    R27  AN20  AI90  O3  IA 37  JA 29
```

Bild 2: Mehrfachzyklusaufruf auf einen Lochkreis

vel.plus/ FILF244

vel.plus/ FILF245

4.10 CNC-Fräsen der Konturplatte nach PAL

Am Beispiel der Fertigung der Konturplatte **(Bild 1)** wird die Erstellung eines CNC-Programms (%400) für die Fräsmaschine nach PAL durchgeführt. Die Arbeitsplanung zur Fertigung der Konturplatte wurde bereits im Kapitel 1.3.1 (vgl. Seite 72) durchgeführt. Für die Fertigung der Konturplatte werden die in **Tabelle 1** angegebenen Werkzeuge mit ihren Schnittgrößen verwendet.

Die Konturplatte wird auf dem Frästisch mit Tiefenspannbacken (vgl. Seite 70) eingespannt. Unter der Konturplatte befinden sich zwei Unterlegleisten. Mit dem Einsatz der Tiefenspannbacken und der Unterlegleisten ist gewährleistet, dass die Fräsbearbeitung der Außenkontur und das Gewindebohren des Gewindes M8 in einer Aufspannung durchgeführt werden können.

Tabelle 1: Werkzeuge für das CNC-Fräsen der Konturplatte

Werkzeug-Nr.	T1	T2	T3	T4	T5	T6	T7	T8
Werkzeug-bezeichnung	45°-Plan-fräser Ø100	Walzen-stirnfräser Ø50	90°-Plan-fräser Ø25	Schaftfräser HSS Ø12	NC-Anbohrer Ø16	Spiralbohrer Ø10	Spiralbohrer Ø6,8	Gewinde-bohrer M8
Anzahl der Schneiden	7	2	3	2	2	2	2	–
Drehzahl in min^{-1}	668	1400	2228	1724	513	1177	1732	597
Vorschub-geschwindigkeit in mm/min	935	700	936	110	36	200	190	Vorschub f = 1,25 mm
Schnitttiefe in mm	2,5	15	8	5	–	–	–	–

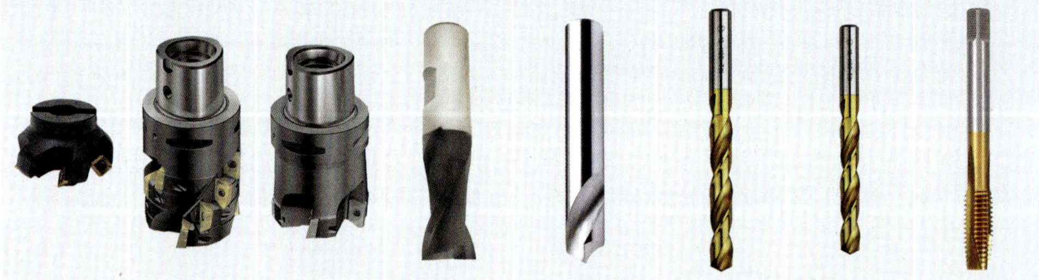

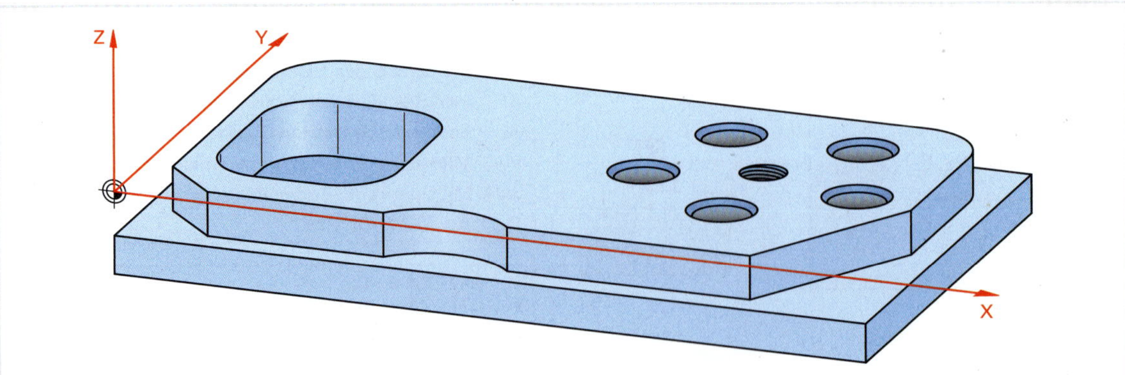

Bild 1: Konturplatte

Tabelle 1: Arbeitsvorgänge für das CNC-Fräsen der Konturplatte (vgl. Seite 72)

Nr.	Arbeitsvorgang	Werkzeug	Werkzeug-Nr.
10	Halbzeug prüfen und einspannen		
20	Werkstücknullpunkt setzen		
30	Planfräsen der Oberseite[1]	45°-Planfräser Ø 100	T1
40	Planfräsen der abgesägten Stirnseiten	Walzenstirnfräser Ø 50	T2
50	Stirnumfangsfräsen der Außenkontur	90°-Planfräser Ø 25	T3
60	Fertigfräsen der Rechtecktasche	Schaftfräser HSS Ø 12	T4
70	Zentrieren und Senken der Bohrungen	NC-Anbohrer Ø 16	T5
80	Bohren Ø 10 mm der Bohrungen auf einem Lochkreis	Spiralbohrer Ø 10	T6
90	Bohren Ø 6,8 mm für Gewinde M8	Spiralbohrer Ø 6,8	T7
100	Gewindebohren M8	Gewindebohrer M8	T8
110	Prüfen und Ausspannen des Werkstücks		

[1] Das Planfräsen der Unterseite wurde bereits durchgeführt.

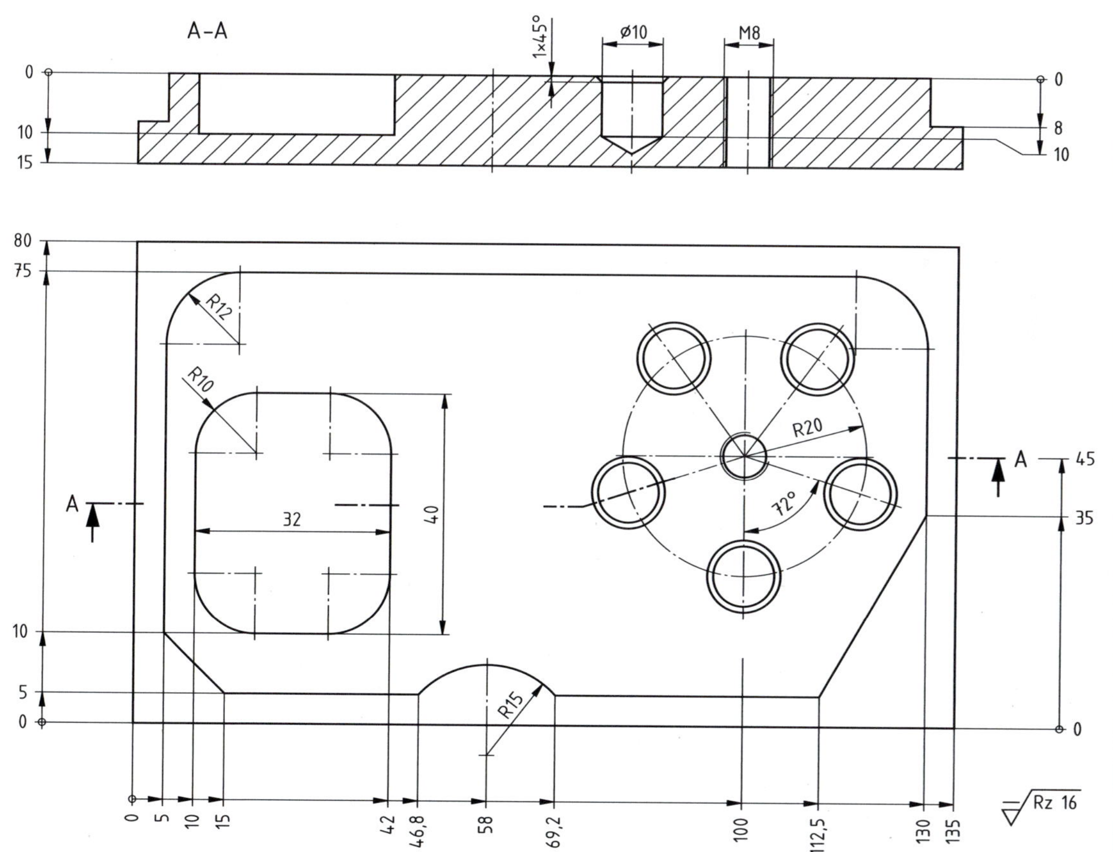

Bild 1: Fertigungszeichnung der Konturplatte

Tabelle 1, Seite 318 gibt einen Überblick über die Werkzeuge für das CNC-Fräsen der Konturplatte wieder. Drehzahlen und Vorschubgeschwindigkeiten für die jeweiligen Werkzeuge sind in **Tabelle 1, Seite 319** angegeben.

Die Maße der Konturplatte für die CNC-Programmierung **(Tabelle 1)** können der Fertigungszeichnung **(Bild 1, Seite 319)** entnommen werden.

Für das Planfräsen der Oberseite wird der 45°-Planfräser ∅100 leicht außermittig positioniert. Diese Maßnahme führt zu einer größeren Laufruhe.

Mit der Schaltfunktion M6 erfolgt ein Werkzeugwechsel ohne Kühlschmiermittelzufuhr. Mit der Schaltfunktion M13 dreht sich die Spindel rechts und die Kühlschmiermittelzufuhr wird eingeschaltet.

Tabelle 1: CNC-Fräsen der Konturplatte (Bild 1, Seite 319)

%400

Nr.	Wegbedingung	Koordinaten			Zusätzliche Befehle mit Adressen						Schaltfunktion
		X/XA/ZI	Y/YA/YI	Z/ZA/ZI							
N1	G54										
; Planfräsen der Oberseite											
N2					T1						M6
N3					S668	F935					M3
N4	G0	X-65	Y35								
N5				Z0							M8
N6	G1	X200									
N7	G0			Z2							M9
; Planfräsen der abgesägten Stirnseiten mit linearem tangentialen An- und Abfahren G45											
N8					T2						M6
N9					S1400	F700					M3
N10	G0	X-30	Y-30	Z2							
N11	G1			Z-16							M8
N12	G41 G45	X0	Y0		DL27						
N13	G1		Y80								
N14	G40 G45				DL27						
N15	G0			Z2							
N16		X165	Y110								
N17				Z-16							
N18	G41 G45	X135	Y80		DL27						
N19	G1		Y0								
N20	G40 G45				DL27						
N21	G0			Z2							M9
; Stirnumfangsfräsen der Außenkontur mit tangentialem An- und Abfahren im Viertelkreis G46											
N22					T3						M6
N23					S2228	F936					M3
N24	G0	X-30	Y-15	Z2							
N25	G1			Z-8							M8
N26	G41 G46	X5	Y10		RR15						
N27	G1		Y75		RN12						

Tabelle 1: CNC-Fräsen der Konturplatte (Bild 1, Seite 319)

%400

Nr.	Wegbedingung	Koordinaten			Zusätzliche Befehle mit Adressen						Schaltfunktion
		X/XA/ZI	Y/YA/YI	Z/ZA/ZI							
N28		130			RN12						
N29			Y35								
N30		X112.5	Y5								
N31		X69.2									
N32	G3	X46.8	Y5		R15						
N33	G1	X15									
N34		X5	Y10								
N35	G40 G46				RR15						
N36	G0			Z2							M9
; Fertigfräsen der Rechtecktasche mit Rechtecktaschenfräszyklus G72											
N37					T4						M6
N38					S1724	F110					M13
N39	G72			ZA-10	LP32	BP40	D5	V2	RN10	W2	
					AK0.5	AL0.1	E100	H14	EP3		
N40	G79	X10	Y10	Z0							
; Zentrieren und Senken der Bohrungen mit dem Bohrzyklus G81 und Zyklusaufruf G77 sowie G79											
N41					T5						M6
N42					S513	F36					M13
N43	G81			ZA-6	V2						
N44	G77			Z0	IA100	JA45	R20	AN54	AI72	O5	
N45	G81			ZA-4	V2						
N46	G79	X100	Y45	Z0							
; Bohren ∅10 mm der Bohrungen mit Zyklusaufruf auf dem Lochkreis G77											
N47					T6						M6
N48					S1177	F200					M13
N49	G82			ZA-10	D3	V2					
N50	G23				N44	N44					
; Bohren ∅6,8 mm für Gewinde M8 mit Zyklusaufruf auf einem Punkt G79											
N51					T7						M6
N52					S1732	F190					M13
N53	G82			ZA-18	D3	V2					
N54	G23				N46	N46					
; Gewindebohren M8 mit Zyklusaufruf auf einem Punkt G79											
N55					T8						M6
N56					S597						M8
N57	G84			ZA-18	F1.25	V2					M3
N58	G23				N46	N46					
N59					T0						M6
N60											M30

Überlegen und beantworten Sie:

Die in **Bild 1** dargestellte Fußplatte soll auf einer CNC-Fräsmaschine mit PAL-Steuerung gefertigt werden. Der Arbeitsplan für das Fräsen der Fußplatte liegt bereits vor **(Tabelle 1)**.

1. Erläutern Sie die Programmierung eines Konturzugs mit der Arbeitsbewegung G1.
2. Beschreiben Sie den Unterschied zwischen den Wegbedingungen G1 und G11.
3. Zeigen Sie den Unterschied zwischen dem linearen tangentialen An- und Abfahren und dem tangentialen An- und Abfahren im Viertelkreis auf.
4. Erläutern Sie die verschiedenen Bearbeitungszyklen nach PAL für CNC-Fräsmaschinen.
5. Erklären Sie die Adressen für den Zyklusaufruf auf einem Lochkreis mit sechs Bohrungen.
6. Erstellen Sie das CNC-Programm (%500) für die Fertigung der Fußplatte (Bild 1).

Tabelle 1: Arbeitsplan für das CNC-Fräsen der Fußplatte

Nr.	Arbeitsvorgang	Werkzeug	Werkzeug-Nr.	Schnittgrößen
10	Halbzeug prüfen und einspannen	–	–	–
20	Werkstücknullpunkt setzen	–	–	–
30	Stirnumfangsfräsen der Außenkontur	Schaftfräser HM ⌀25	T4	n = 1528 min^{-1} v_f = 458 mm/min
40	Fertigfräsen der Rechtecktasche	Schaftfräser HSS ⌀12	T6	n = 1326 min^{-1} v_f = 265 mm/min
50	Zentrieren und Senken der Bohrungen	NC-Anbohrer ⌀12	T1	n = 670 min^{-1} v_f = 94 mm/min
60	Bohren ⌀8,5 mm der Bohrungen auf einem Lochkreis	Spiralbohrer ⌀8,5	T12	n = 637 min^{-1} v_f = 76 mm/min
70	Prüfen und Ausspannen des Werkstücks	–	–	–

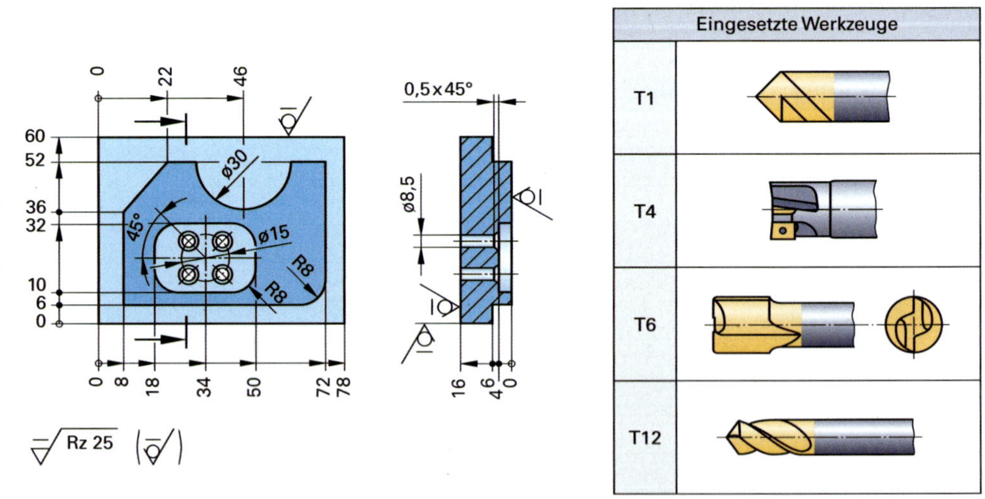

Bild 1: Fußplatte

4.11 CNC-Fräsen mit Mehrseitenbearbeitung

Bei fünfachsigen CNC-Fräsmaschinen wird die Bearbeitung von Werkstücken auf fünf Seiten in einer Aufspannung ermöglicht.

Mehrseitenbearbeitung mit fünf Achsen:

- drei Achsen mit kartesischen Raumkoordinaten X, Y und Z
- schwenkbare A-Achse um die X-Achse
- drehbare B-Achse um die Y-Achse
- oder drehbare C-Achse um die Z-Achse

Bild 1 zeigt eine 5-Achsen-CNC-Fräsmaschine mit einer waagerechten Hauptspindel. Der Schwenktisch der Maschine kann um die X-Achse schwenken (A-Achse). Auf dem Schwenktisch befindet sich ein Drehtisch, der sich um die Y-Achse dreht (B-Achse).

Bei der PAL-Steuerung wird die XY-Ebene mit ihren maschinenfesten Raumwinkeln durch G15 für die Mehrseitenbearbeitung geschwenkt oder gedreht. Der jeweilige Drehwinkel wird mit der Adresse AM (Drehung um X-Achse), BM (Drehung um Y-Achse) oder CM (Drehung um Z-Achse) angegeben.

Mit der Drehung der Ebene findet häufig auch eine Nullpunktverschiebung des Koordinatensystems mit G59 statt. Nach dem Schwenken der Ebene wird in der XY-Ebene programmiert **(Bild 2)**.

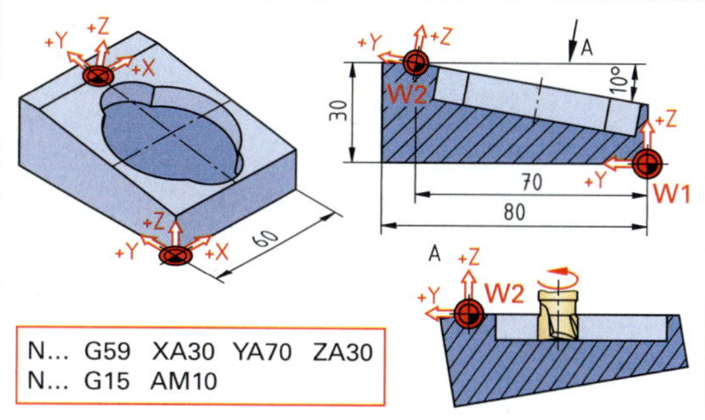

Bild 2: Schwenken der XY-Ebene mit G15

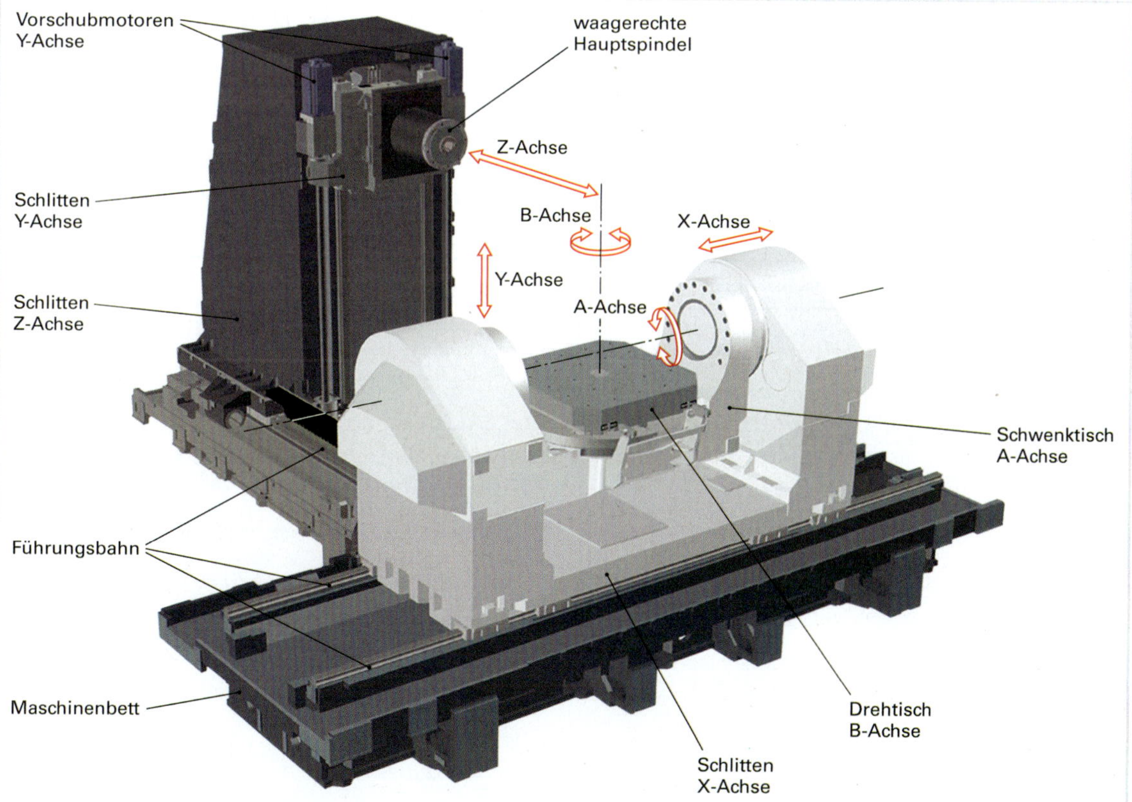

Bild 1: Schematische Darstellung einer 5-Achs-CNC-Waagerechtfräsmaschine

Lernfeld 8

4.12 Überprüfen Sie Ihre Kompetenz

Bearbeitungsaufgabe

// CNC-Fertigung des Biegerollenbolzens und der Grundpatte für die Drahtbiegevorrichtung

Biegerollenbolzen

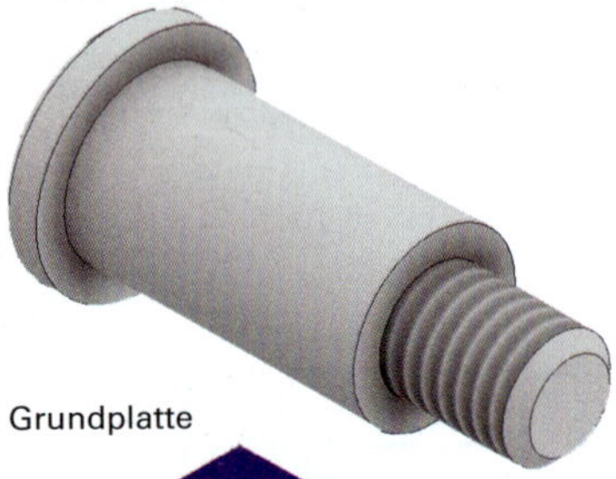

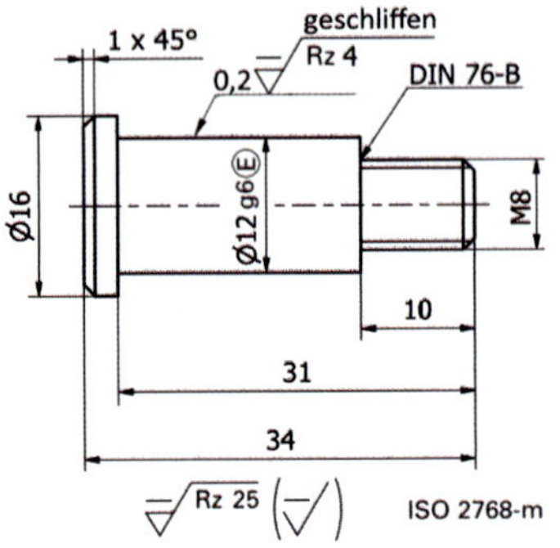

Werkzeuge zum Drehen

Nr.	Werkzeugbezeichnung
T1	Plandrehmeißel
T2	Schruppdrehmeißel
T3	Schlichtdrehmeißel
T4	Gewindedrehmeißel
T5	Abstechdrehmeißel (Breite 2 mm)

Grundplatte

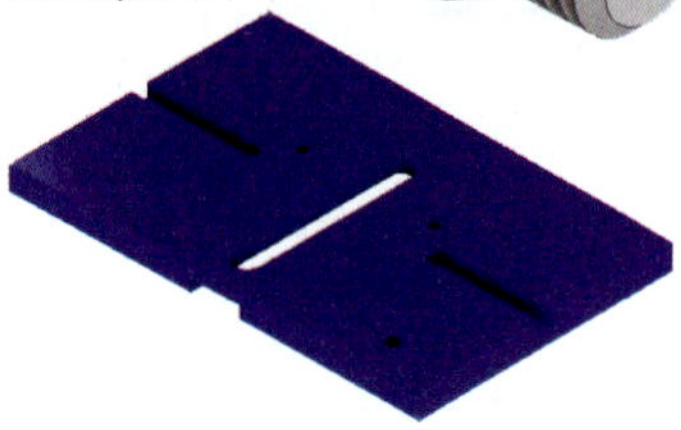

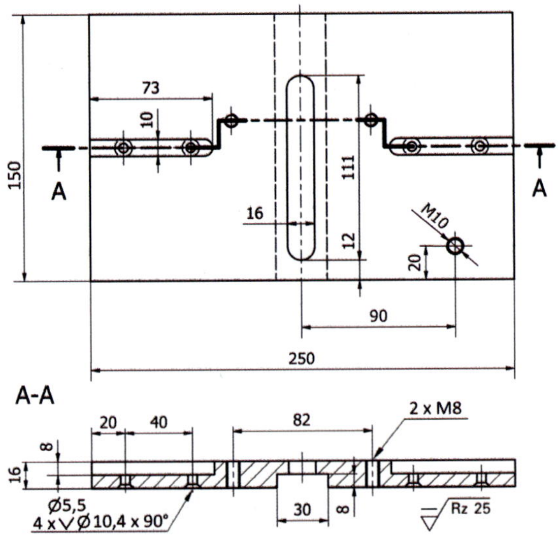

Werkzeuge zum Fräsen und Bohren

Nr.	Werkzeug-bezeichnung	Nr.	Werkzeug-bezeichnung
T1	45°-Planfräser ø100, z = 5	T7	Spiralbohrer ø5,5
T2	Schaftfräser ø30, z = 4	T8	Spiralbohrer ø6,8
T3	Schaftfräser ø12, z = 3	T9	Gewindebohrer M8
T4	Schaftfräser ø8, z = 2	T10	Spiralbohrer ø8,5
T5	Igelfräser ø50, z = 3	T11	Gewindebohrer M10
T6	Zentrierbohrer ø12	T12	90°-Kegelsenker

Bild 1: Biegerollenbolzen und Grundplatte für die Drahtbiegevorrichtung

Für die Drahtbiegevorrichtung **(Bild 1, Seite 130)** sollen der Biegerollenbolzen und die Grundplatte **(Bild 1)** auf CNC-Werkzeugmaschinen gefertigt werden. Für das Drehen und Fräsen der Bauteile stehen eine CNC-Drehmaschine mit Schrägbett und eine CNC-Senkrechtfräsmaschine zur Verfügung.

Für die Bearbeitung der Bauteile sollen die in Bild 1 angegebenen Werkzeuge eingesetzt werden.

Als Ausgangsmaterial für den Biegerollenbolzen soll ein warmgewalzter Rundstab Ø 20 aus dem Automatenstahl 15SMn13 verwendet werden.

Für die Grundplatte ist der abgesägte Flachstab mit der Länge 256 mm, der Breite 150 mm und der Dicke 20 mm aus dem Vergütungsstahl C35 zu bearbeiten.

Der Biegerollenbolzen soll nach dem CNC-Drehen geschliffen werden. Dafür soll auf dem Durchmesser 12 g6 ein Bearbeitungsaufmaß von 0,2 mm für das Schleifen verbleiben.

Die Grundplatte soll zuerst auf der Oberseite mit den abgesägten Stirnseiten und anschließend auf der Unterseite bearbeitet werden. Für beiden Seiten soll ein eigenes CNC-Programm erstellt werden.

Lernfeld 8

// Aufgaben zur CNC-Drehen des Biegerollenbolzens

Für die Fertigung des Biegerollenbolzens (vgl. **Bild 1, Seite 324**) sind die in **Tabelle 1** angegebenen Schnittgrößen zu verwenden.

1. Benennen Sie die nummerierten Teile der offenen CNC-Drehmaschine **(Bild 1)**.
2. Erläutern Sie, warum nach dem Einschalten der CNC-Drehmaschine eine Referenzpunktfahrt durchgeführt werden muss.
3. An den Vorschubmotoren der CNC-Drehmaschinen befinden sich Messköpfe mit Strichscheiben. Benennen und beschreiben Sie die eingesetzten Wegmesssysteme.
4. Erklären Sie den Unterschied zwischen einer Strecken- und einer Bahnsteuerung.
5. Begründen Sie, warum beim Drehen von Schrägen und Radien eine Bahnkorrektur durchgeführt werden muss.
6. Beschreiben Sie, wie eine interne Werkzeugvermessung durchgeführt wird.

Tabelle 1: Schnittgrößen zum Drehen

Nr.	v_c in m/min	f in mm	a_p in mm	r_ε in mm
T1	250	0,2	1	0,8
T2	200	0,4	3	0,8
T3	340	0,1	0,5	0,4
T4	150	1,25	–	–
T5	155	0,05	–	–

7. Geben Sie den Unterschied zwischen einer absoluten und einer inkrementalen Maßangabe an.
8. Erläutern Sie die Funktionsweise eines direkten Vorschubantriebs.
9. Fertigen Sie einen Arbeitsplan für das CNC-Drehen des Biegerollenbolzens mit Angabe der Arbeitsvorgänge, Werkzeuge, Prüfmittel und Schnittgrößen an.
10. Erstellen Sie das CNC-Programm für die Fertigung des Biegerollenbolzens nach PAL unter der Programmnummer %600.

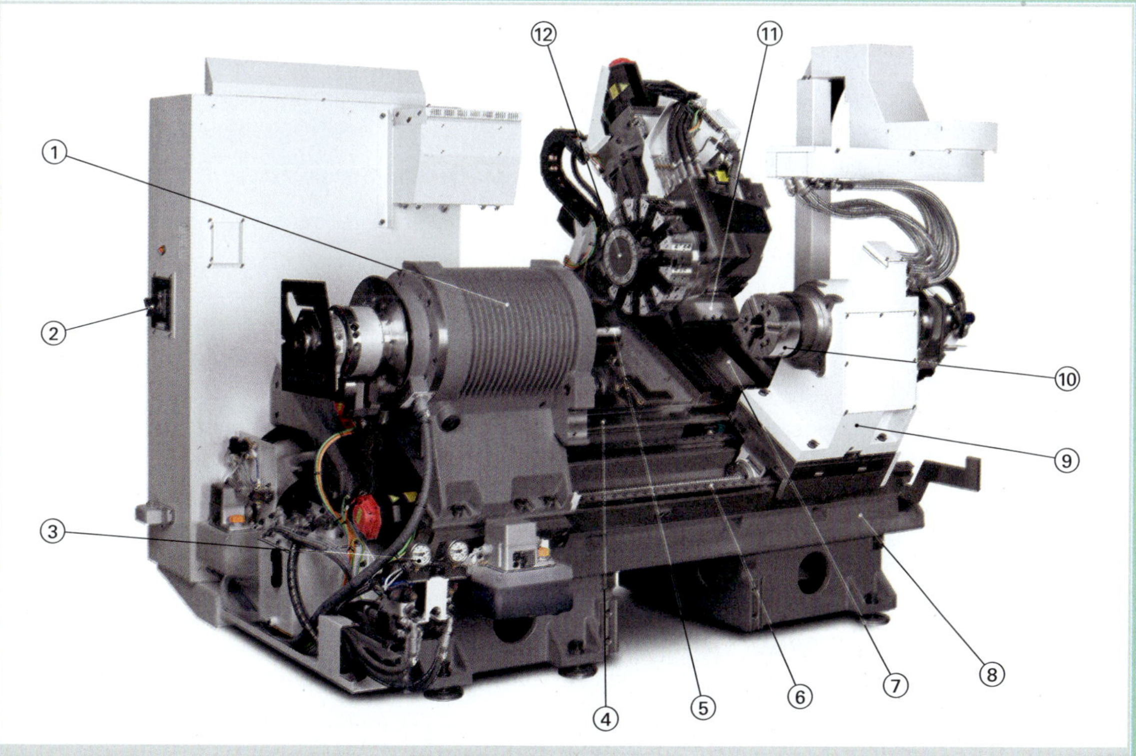

Bild 1: CNC-Schrägbettdrehmaschine ohne Verkleidung

Lernfeld 8

Tabelle 1: Arbeitsplan für das CNC-Fräsen der Oberseite der Grundplatte

Nr.	Arbeitsvorgang	Werkzeug	Werkzeug-Nr.	Anzahl der Scheiden	Schnittgrößen
10	Halbzeug prüfen und einspannen	–	–	–	–
20	Werkstücknullpunkt setzen	–	–	–	–
30	Planfräsen der Oberseite	45°–Planfräser HM Ø100	T1	5	n = v_f =
40	Planfräsen der abgesägten Stirnseiten	Igelfräser HM Ø50	T5	3	n = v_f =
50	Fräsen der mittigen Nut mit der Breite 16 mm	Schaftfräser HSS Ø12	T3	3	n = v_f =
60	Fräsen der seitlichen Nuten mit der Breite 10 mm	Schaftfräser HSS Ø8	T4	2	n = v_f =
70	Zentrieren und Senken für die Gewindebohrungen M8 und M10	Zentrierbohrer HSS Ø12	T6	–	n = v_f =
80	Bohren der Kernlochbohrungen für M8	Spiralbohrer HSS Ø6,8	T8	–	n = v_f =
90	Bohren der Kernlochbohrung für M10	Spiralbohrer HSS Ø8,5	T10	–	n = v_f =
100	Gewindebohren M8	Gewindebohrer M9	T9	–	n = v_f =
110	Gewindebohren M10	Gewindebohrer M10	T11	–	n = v_f =
120	Prüfen und Ausspannen des Werkstücks	–	–	–	–

// Aufgaben zum CNC-Fräsen der Grundplatte

1. Beschreiben Sie, wie die Bahnkorrektur für das Gleichlauf- und Gegenlauffräsen beim CNC-Fräsen durchgeführt wird.
2. Erläutern Sie die Sätze für den Aufruf von Werkzeugen bei der PAL-Steuerung.
3. Begründen Sie, warum beim CNC-Fräsen nach PAL für die Mehrseitenbearbeitung eine Programmierung mit einer 2½D-Bahnsteuerung durchgeführt wird.
4. Zwischen zwei Geraden soll eine Verrundung mit dem Radius R = 5 mm programmiert werden. Geben Sie an, welche Adresse für die Programmierung des Konturzugs verwendet wird.
5. Beschreiben Sie, wie die tangentiale An- und Abfahrbewegung eines Fräsers im Viertelkreis ausgeführt wird.
6. Geben Sie an, welche tangentiale An- und Abfahrbewegung für das Fräsen der abgesägten Stirnseiten der Grundplatte **(Tabelle 1, Arbeitsvorgang 40)** vorteilhaft ist.
7. Erläutern Sie die Adressen für den Mehrfachzyklusaufruf auf einen Lochkreis G77 nach PAL.
8. Ermitteln Sie die in **Tabelle 1** fehlenden Schnittgrößen für die Fräs- und Bohrbearbeitung der Grundplatte.
9. Erstellen Sie ein CNC-Programm (%700) nach PAL für das Fräsen der Oberseite der Grundplatte **(Bild 1, Seite 324)**.
10. Fertigen Sie einen Arbeitsplan für das Fräsen der Unterseite der Grundplatte mit den vorgegebenen Werkzeugen an (Bild 1, Seite 324).
11. Erstellen Sie ein CNC-Programm (%800) nach PAL für das Fräsen der Unterseite der Grundplatte (Bild 1, Seite 324).

// Übungen zum Erstellen von CNC-Programmen

Aufgabe zum CNC-Drehen

Der in **Bild 1** dargestellte Stufenbolzen soll auf einer CNC-Drehmaschine gedreht werden. Die linke Seite des Stufenbolzens wurde bereits geplant. Als Halbzeug steht Ihnen ein abgesägter Rundstab mit den Rohmaßen Ø56 x 70 zur Verfügung. Die Schnittgrößen für die Bearbeitung des Stufenbolzens können Sie der Werkzeugtabelle (Bild 1) entnehmen.

1. Bestimmen Sie die Breite und Tiefe des Gewindefreistichs DIN 76.
2. Berechnen Sie die Drehzahlen für das Zentrierbohren und Gewindeschneiden.
3. Erstellen Sie das CNC-Programm (%900) für die Fertigung des Stufenbolzens.

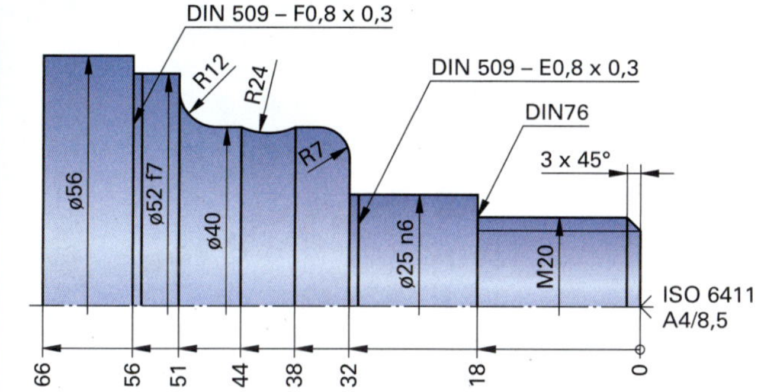

	T1	T2	T3	T4	T4
v_c in min	200	25	150	250	100
f in mm	0,2	0,05	0,4	0,1	2,5
a_p in mm	1,5	–	–	0,7	–
r_ε in mm	0,8	–	–	0,4	–

T1 Plandrehmeißel **T2** Zentrierbohrer A4/8,5 **T3** Schruppdrehmeißel **T4** Schlichtdrehmeißel **T5** Gewindedrehmeißel

Bild 1: Stufenbolzen

Aufgabe zum CNC-Fräsen

Die in **Bild 2** skizzierte Spannplatte soll auf einer CNC-Senkrechtfräsmaschine gefertigt werden. Die Stirnseiten und die Unterseite der Spannplatte wurden bereits durch Planfräsen auf die vorgegebenen Maße gebracht.

Auf der Oberseite der Spannplatte befindet sich noch ein Aufmaß von 2 mm. Die Schnittgrößen für die Bearbeitung der Spannplatte können der Werkzeugtabelle (Bild 2) entnommen werden.

4. Fertigen Sie einen Arbeitsplan für die Fertigung der Spannplatte an.
5. Schreiben Sie das CNC-Programm (%1000) zum Fräsen der Spannplatte.

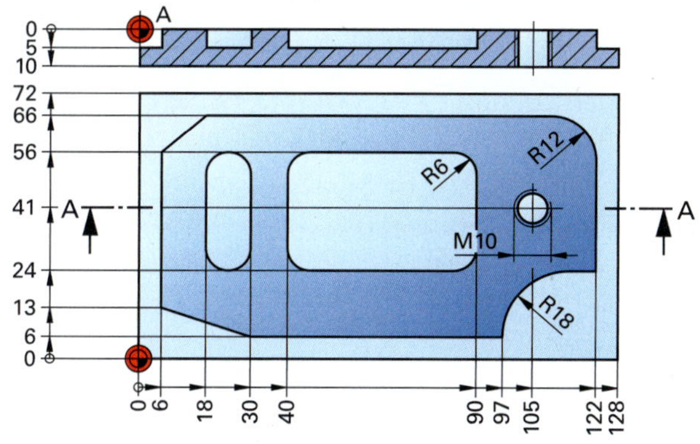

Werkzeug	n in min^{-1}	v_f in mm/min
45°-Planfräser HM ø100 – T5	800	950
90°-Planfräser HM ø30 – T3	1800	950
Schaftfräser HM ø10 – T2	3600	250
NC-Anbohrer HSS ø14 – T7	540	30
Spiralbohrer HSS ø8,5 – T4	1650	180
Gewindebohrer M10 – T9	530	–

Bild 2: Spannplatte

Lernfeld 8

4.13 Discover your profession in English

// Control panel of the CNC-lathe

The control panel of the CNC-lathe is divided into three areas **(figure 1)**:

- In the upper area, there is the display with vertical and horizontal soft keys.
- In the middle area you find the keyboard for entering the CNC-program.
- In the lower area is located the machine control table. The keys and switches in this area activate different functions of the machine.

(1) display
(2) keyboard with alphanumerical keys
(3) direction keys for the cursor
(4) vertical and horizontal soft keys
(5) key switch for SET-UP/AUTO
(6) cycle start/stop
(7) spindle and feed start/stop
(8) rotation speed and feed override
(9) emergency stop
(10) permission for movement at open door
(11) movement of the turning tool in the axis

Figure 1: Control panel

Vocabulary

control panel – *Bedienfeld*
CNC-lathe – *CNC-Drehmaschine*
key switch – *Schlüsselschalter*
cycle start/stop – *Żyklus Start/Stop*
feed – *Vorschub*
rotation speed – *Drehzahl*
emergency stop – *NOT-AUS*
permission – *Freigabe*
turning tool – *Drehwerkzeug*
misuse – *Missbrauch*
slide door – *Schiebetür*

In order to avoid misuse by unauthorized person, the key switch (5) on the front panel must be tumed to SETUP position. After the set-up is completed the key switch is turned to AUTO position and should be removed then.

For safety reasons the setup is limited when the slide door is open. For example the axis can only be moved by the simultaneous operation of two controls: the corresponding axis button and (11) enabled key.

Before (10) a CNC-program can be started, the hydraulics must be turned on, the reference points must be approached and a workpiece program must be created and selected. With the green cycle start button (6) the CNC-program is started. This is only possible if the slide door is closed and locked.

If there is a risk of a collision, the emergency stop switch (9) must be pressed.

Exercises:

1. Describe how to set up the CNC-lathe.
2. Specify the actions that must be carried out before starting the program.
3. What do you have to do if there is a risk of a collision?

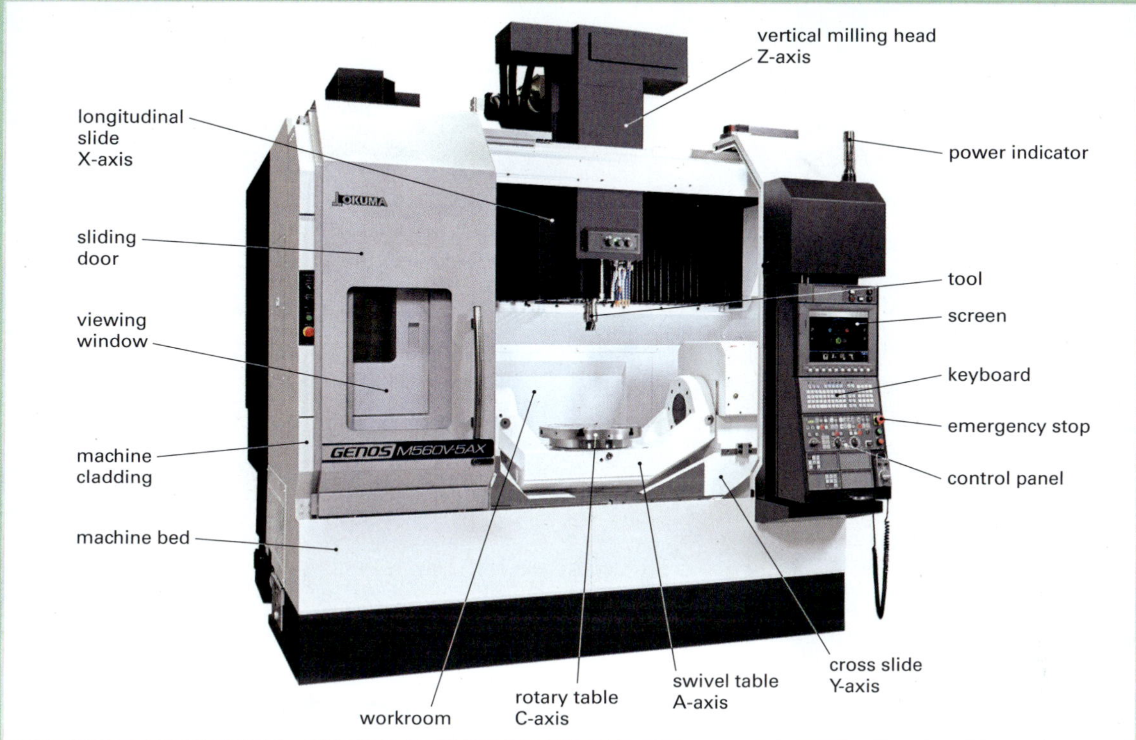

Figure 1: 5-axis CNC vertical milling machine

// 5-axis CNC vertical milling machine

The CNC vertical milling machine, shown in **figure 1**, has a controller, that allows all five axes to be moved simultaneously. In addition to the three axes in the Cartesian coordinate system, the table can be swivelled around the X-axis. This axis is referred to as the 8-axis. The swivel table has a rotary table, that can be rotated around the Z-axis. The rotation in this axis is called C-axis.

Because of the A and C axes, the workpiece can be processed on five sides. Only the rear side cannot be worked in one set-up.

The rotation of the workpiece on the rotary table allows turning on the milling machine even with lathe tool. This makes it for example possible, to drill holes to make them fit.

Vocabulary

vertical milling machine – *Senkrechtfräsmaschine*
Cartesian coordinate system – *kartesisches* Koordinatensystem
swivel table – *Schwenktisch*
rotary table – *Drehtisch*
rear side – *Unterseite*
lathe tool – *Drehmeißel*
longitudinal slide – *Längsschlitten*
vertical milling head – *vertikaler Fräskopf*
power indicator – *Betriebsanzeige*
cross slide – *Querschlitten*
machine cladding – *Maschinenverkleidung*

Exercises:

1. Explain the movement of the workpiece in the B and C axes.
2. Why can multi-sided processing be carried out on a 5-axis CNC milling machine?
3. Why can you also turn on a vertical milling machine with an C-axis?

Lernfeld 9:

Instandsetzen von technischen Systemen

Kapitel 05

Instandhalten von technischen Systemen

Neben den regelmäßigen Wartungs- und Inspektionstätigkeiten an Maschinen sind auch Instandhaltungsmaßnahmen wie der Austausch oder die Reparatur von Bauteilen ein wichtiger Bestandteil der Instandhaltung.

// Instandhaltungsaufgabe Bearbeitungszentrum

Bei einem gebraucht angeschafften Dreh- und Fräszentrum **(Bild 1)** soll vor der Inbetriebnahme eine Instandhaltung durchgeführt werden.

Dazu müssen neben Inspektions- und Wartungsaufgaben auch verschiedene Instandsetzungsmaßnahmen geplant werden.

Der Oberbegriff Instandhaltung bezeichnet dabei Tätigkeiten und Maßnahmen, die dazu beitragen, den funktionsfähigen Zustand eines technischen Systems zu erhalten oder wiederherzustellen.

Bild 1: CNC-Dreh- und -Fräszentrum

5.1 Elemente der Instandhaltung

Die geplante Instandhaltung dient dazu, einen zuverlässigen Betrieb des Bearbeitungszentrums über die gesamte Nutzungsdauer zu gewährleisten.

// Zuverlässigkeit und Verfügbarkeit

Die **Zuverlässigkeit** eines technischen Systems hängt u. a. ab von

- konstruktiven Aspekten des Systems
- verwendeten Werkstoffen
- Betriebsbedingungen
- Umgebungsbedingungen
- Instandhaltungsmaßnahmen

Sie kann entweder durch die Ermittlung der **Ausfallhäufigkeit** oder durch die Analyse der Zuverlässigkeitswerte der Einzelteile des Systems ermittelt werden. Bei einfachen technischen Systemen wie dem Bearbeitungszentrum wird die Zuverlässigkeit durch Führung und Auswertung von Fehlersammellisten oder -karten **(Bild 1)** dokumentiert.

Bauteile eines technischen Systems unterliegen im Betrieb ständiger Abnutzung. Der dadurch entstehende Verschleiß erfolgt ungleichmäßig über die Nutzungsdauer **(Bild 2)**.

In der Einlaufphase (Phase I) ist der Verschleiß groß, z. B. werden raue Werkstückoberflächen bei rotierenden Teilen geglättet. In der Phase II weist die Kurve zunächst einen flacheren Verlauf auf. Gegen Ende der Phase II nimmt der Verschleiß pro Zeiteinheit deutlich zu, sodass ein zuverlässiger Betrieb nicht mehr gewährleistet werden kann. Kommt es zu einem Ausfall, muss die Betriebsbereitschaft durch Instandhaltungsmaßnahmen zügig wiederhergestellt werden, um eine hohe **Verfügbarkeit** des Systems zu gewährleisten.

$$\text{Verfügbarkeit } V = \frac{\text{Gesamtzeit } G - \text{Gesamtausfallzeit } A}{\text{Gesamtzeit } G} \cdot 100\,\%$$

Die Verfügbarkeit *V* eines technischen Systems wird in Prozent angegeben **(Bild 1, Seite 332)**. Sie stellt einen wichtigen Kennwert innerhalb des Qualitätsmanagements dar. Zur Berechnung der Verfügbarkeit werden die Gesamtzeit *G* (der Zeitraum der Betrachtung) und die Gesamtausfallzeit *A* benötigt. In der Gesamtausfallzeit sind Zeiten für

- Fehlersuche,
- Beschaffung von Ersatzteilen,
- Reparatur und
- Probeläufen vor der Inbetriebnahme z. B. nach Reparaturen

enthalten.

Fehlerart	Okt.	Nov.	Dez.	Σ
Werkstück verkantet	𝍸 III	III	𝍸 II	18
Übergabefehler	𝍸 𝍸 I	𝍸 𝍸 II	𝍸 𝍸 𝍸	38
Steuerungsfehler	III	IIII	II	9
Programmfehler	I	II	III	6
Werkstück lose	𝍸 𝍸 𝍸 I	𝍸 𝍸 𝍸 II	𝍸 𝍸 II	45
Rollenverschleiß	III	IIII	II	9
Defekt Antriebswelle	I		II	3
E-Kabel abgerissen		I		1
Werkzeugrevolver verklemmt	I			1
Gesamt:	44	43	43	130

Bild 1: Fehlersammelkarte

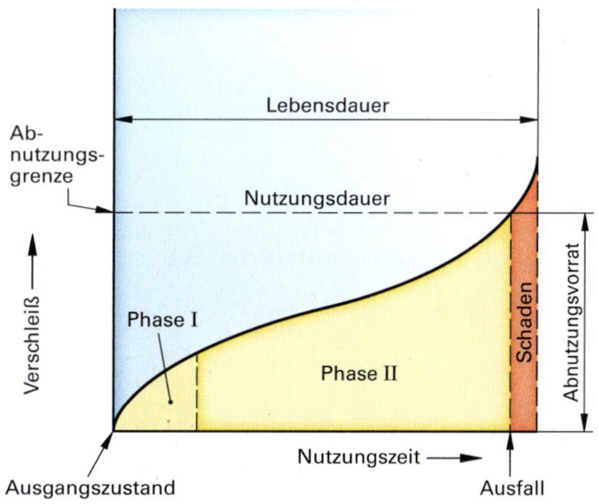

Bild 2: Verschleißkurve eines Bauteils

vel.plus/
FILF253

Lernfeld 9

Die Verfügbarkeit kann erhöht werden, indem Ausfallzeiten für Wartungen und Instandsetzung außerhalb der vereinbarten Gesamtzeit *E* geplant werden. So können z. B. in einem 6-Tage-Zweischichtbetrieb Wartungsarbeiten im Anschluss an die Doppelschicht oder am Sonntag absolviert werden, um die Verfügbarkeit nicht zu beeinträchtigen.

$$V_{gesamt} = V_1 \cdot V_2 \cdot V_3 \cdot V_{4\,...}$$

Die Verfügbarkeit von Anlagen, die aus mehreren unabhängigen Teilsystemen bestehen, berechnet sich aus dem Produkt der Einzelverfügbarkeiten.

Wenn eine Verfügbarkeit der Anlage von 24 Stunden an 365 Tagen gefordert ist, wird jede Betriebsunterbrechung als Ausfallzeit gezählt.

Beispiel: Berechnung der Verfügbarkeit der Bearbeitungsstation ab Inbetriebnahme (1 Woche entspricht 6 Werktagen nach einen halben Jahr (26 Wochen))

Gesamtzeit E

E = 26 Wochen · 6 Tage / Woche

E = 156 Tage

Gesamtausfallzeit A (siehe Grafik unten im Bild)

A = 1 Tag (Inbetriebnahme) + 6 Tage (Inspektion + Wartung) + 6 Tage (Ausfall)

A = 13 Tage

Verfügbarkeit V

$$V = \frac{\overbrace{\text{Gesamtzeit} - \text{Gesamtausfallzeit}}^{\text{Betriebszeit}}}{\text{Gesamtzeit}} \cdot 100\,\% = \frac{156\text{ Tage} - 13\text{ Tage}}{156\text{ Tage}} \cdot 100\,\%$$

V = 91,6 %

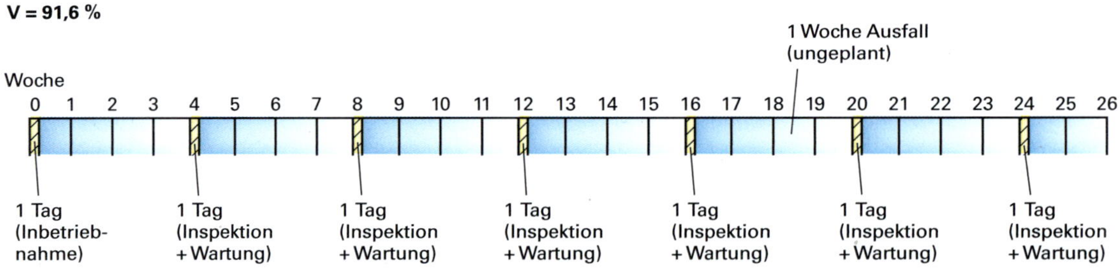

Bild 1: Berechnung der Verfügbarkeit des Bearbeitungszentrums

Überlegen und beantworten Sie:

1. Benennen Sie Faktoren, die die Zuverlässigkeit des Bearbeitungszentrums beeinflussen.
2. Nennen Sie zwei Methoden, mit denen die Zuverlässigkeit eines technischen Systems bestimmt werden kann.
3. Beschreiben Sie Phase I und Phase II der Verschleißkurve eines Kugellagers.
4. Welche Zeiträume zählen zur Gesamtausfallzeit?
5. Berechnen Sie die Verfügbarkeit des Bearbeitungszentrums unter der Maßgabe, dass der Betrieb 52 Wochen im Jahr an sechs Tagen pro Woche in einer 8-Stunden-Schicht abläuft und die Inspektion und Wartung im Anschluss gemacht werden. Es kommt zu einem einwöchigen Ausfall aufgrund eines Motorschadens.

5.2 Teilbereiche der Instandhaltung

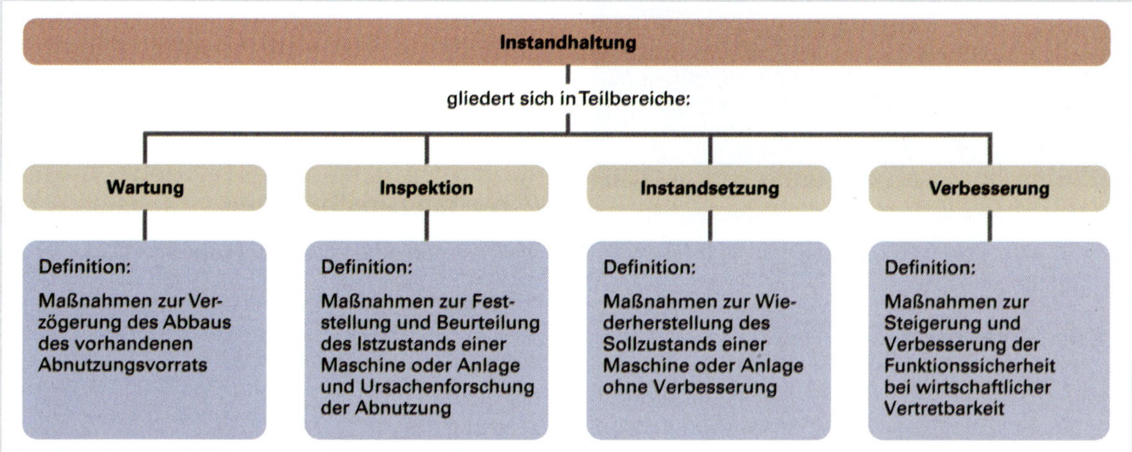

Bild 1: Teilbereiche der Instandhaltung nach DIN 31051

Da der Zustand der einzelnen Bauteile und Baugruppen des Bearbeitungszentrums unbekannt ist, müssen alle Teile der Instandhaltung geplant und durchgeführt werden.

Unter Instandhaltung werden alle Maßnahmen zur Bewahrung, Feststellung, Wiederherstellung und Verbesserung des funktionsfähigen Zustands einer Maschine oder Anlage (DIN 31051) zusammengefasst. Die Instandhaltung **(Bild 1)** umfasst die Teilbereiche

- Wartung
- Inspektion
- Instandsetzung
- Verbesserung

// Abnutzung und Abnutzungsvorrat

Durch Gebrauch nutzen Bauteile und Maschinen ab. Diese Abnutzung wird als Abbau des Abnutzungsvorrats bezeichnet. Unter dem **Abnutzungsvorrat** versteht man den maximalen maßlichen Bereich, bis zu dem das Bauteil abgenutzt werden darf, ohne dass eine Auswechslung stattfinden müsste.

Ursachen der Abnutzung sind z. B. Korrosion, Alterung oder Verschleiß.

Wenn der gesamte Abnutzungsvorrat aufgebraucht ist, muss das Bauteil erneuert werden. Die Zeit, während der die Bauteile oder Werkzeuge bis zum vollständigen Abbau des Abnutzungsvorrats im Einsatz sind, bezeichnet man als Nutzungszeit **(Bild 2)**. Mitunter kann die Abnutzungsgrenze direkt am Bauteil angezeigt werden **(Bild 1, Seite 334)**.

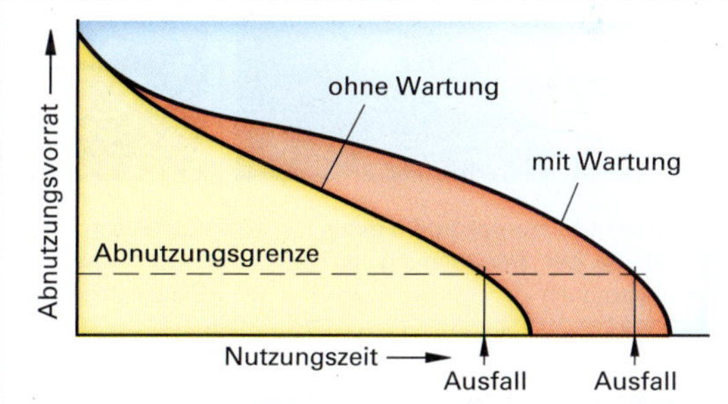

Bild 2: Abbau des Abnutzungsvorrats mit und ohne Wartungsmaßnahmen

Überlegen und beantworten Sie:

1. Benennen Sie verschiedene Bauteile des Bearbeitungszentrums, die einem Verschleiß unterliegen.
2. Erklären Sie den Begriff Abnutzungsvorrat anhand eines Bauteils des Bearbeitungszentrums.

Bild 1: Verschleißgrenzenanzeige am Reifen

5.2.1 Wartung

Wartungsmaßnahmen werden vorbeugend ergriffen, um den Abbau des vorhandenen Abnutzungsvorrats zu verzögern.

> Die **Nutzungszeit** der Maschine verlängert sich durch Wartungsmaßnahmen.

Die Wartung beinhaltet alle Maßnahmen zur Bewahrung des ordnungsgemäßen Zustands einer Maschine oder Anlage. Maschinen besitzen in der Regel gesonderte Wartungspläne des Herstellers. In diesen Plänen sind Standort der Maschine, Wartungsmaßnahme, genaue Beschreibung des Schmierstoffs, Wartungsintervall und weitere Hinweise gegeben.

// Wartungsmaßnahmen

Maßnahmen einer Wartung **(Tabelle 1)** sind

- **R**einigen
- **A**uswechseln
- **S**chmieren
- **E**rgänzen
- **N**achstellen

> Aus den Anfangsbuchstaben der Einzelmaßnahmen kann das Merkwort **RASEN** gebildet werden.

Das **Konservieren** wird ebenfalls zu den Wartungsmaßnahmen hinzugezählt.

Tabelle 1: Verschiedene Wartungsarbeiten

Reinigen	**Auswechseln**	**Schmieren**
		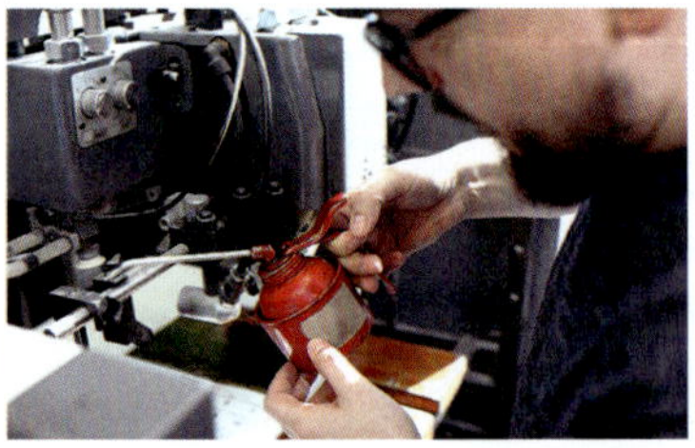
Entfernen von Fremdkörpern durch Putzen, Saugen, Verwendung von Lösungsmitteln	Austausch von Teilen und Hilfsstoffen, z. B. Ölwechsel, Filterwechsel, Schlauchklemmen	Bewahrung der Gleitfähigkeit durch Zuführung von Schmierstoffen an die Schmierstellen
Ergänzen	**Nachstellen**	**Konservieren**

Auffüllen von Hilfsstoffen wie z. B. Kühlmittel, Hydrauliköl, Emulsionen	Justieren einstellbarer Maße, Beseitigung von Abweichungen, z. B. Einstellen von Riemenspannungen, Lagerspiel, Druck	Schutz gegen äußere Einflüsse durch z. B. durch Abdichten, Anstreichen, Beschichten

5.2.2 Inspektion

Die Inspektion dient zur Feststellung und Beurteilung des aktuellen Zustands (Istzustand) einer Maschine, einer Anlage oder eines Bauteils **(Bild 1)**. Inspektionen werden in der Regel in Intervallen durchgeführt, z. B. eine Inspektion am Pkw alle 20000 km. Im Wesentlichen besteht eine Inspektion aus folgenden Maßnahmen:

- Feststellen des Istzustands im Vergleich zum Sollzustand anhand geeigneter Prüfkriterien
- Bestimmen der Ursachen von auffälliger Abnutzung
- Erstellen passender Maßnahmen, um diese Abnutzung zu reduzieren
- Dokumentation der Inspektion, Einpflegen der Maßnahmen z. B. in Wartungs- und Inspektionspläne

Auch bei der Inspektion kommen Ablaufpläne und Checklisten zum Einsatz. Zusätzlich werden die Ursachen für Abnutzungen ermittelt, um den Einsatz zukünftig optimieren zu können.

Bei kleineren Maschinen werden aus zeitlichen Gründen Wartungs- und Inspektionsarbeiten häufig zeitgleich ausgeführt.

> Typische Inspektionsarbeiten sind Prüfen, Messen und Diagnostizieren.

5.2.3 Instandsetzung

Trotz regelmäßiger Wartung und Inspektionen wird der Abnutzungsvorrat einer Anlage oder eines Bauteils aufgebraucht **(Bild 2)**. Es kann in der Folge zu Ausfällen kommen.

> Durch Instandsetzungsmaßnahmen wird der Sollzustand wiederhergestellt.

Instandsetzungsarbeiten können in drei Bereiche gegliedert werden:

- vorbeugende (präventive) Instandsetzung
- zustandsbedingte Instandsetzung (z. B. nach einer Inspektion)
- schadensbedingte Instandsetzung (z. B. nach einem Ausfall)

Vorbeugende und zustandsbedingte Instandsetzung sind der Instandsetzung nach einem Schaden vorzuziehen. Die Arbeiten werden in zwei Kategorien eingeteilt: Reparatur und Austausch.

// Reparatur

Bei der regenerativen Reparatur werden defekte Bauteile wieder instand gesetzt.

// Austausch

Defekte Bauteile werden gegen neue intakte Bauteile ausgetauscht.

Bild 1: Inspektion eines Schweißroboters

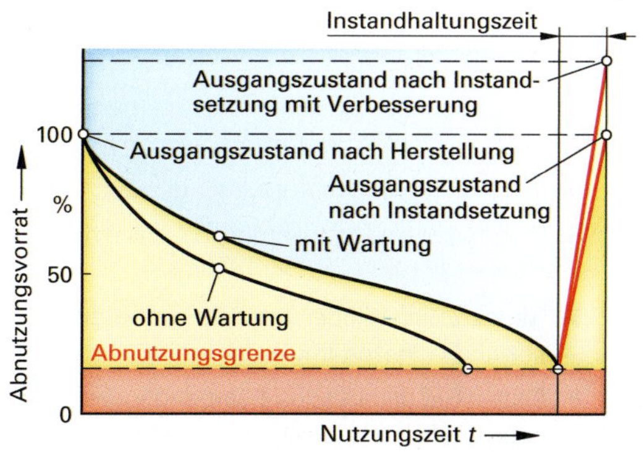

Bild 2: Abnutzungsvorrat nach Instandsetzung und Verbesserung

5.2.4 Verbesserung

Häufig führt die Auswertung von Inspektions- und Instandsetzungsarbeiten zur Erkennung einer Schwachstelle in einem System. Diese Schwachstelle kann durch eine Verbesserung behoben werden. Dadurch erhöhen sich die Zuverlässigkeit und Funktionssicherheit einer Maschine. Eine mögliche Verbesserung wird also durch

- Auswertung von Fehlern
- Analyse von Abnutzungsursachen
- Schwachstellenanalyse

erkannt. Die eigentliche Funktion des Bauteils wird durch die Verbesserungsmaßnahme nicht verändert.

Der Abnutzungsvorrat ist nach einer Verbesserung höher als 100 % im Verhältnis zum ursprünglichen Ausgangszustand **(Bild 2, Seite 335)**.

Beispiele für Verbesserungen sind

- Austausch eines defekten Wälzlagers gegen eines mit verschleißfesteren Wälzkörpern **(Bild 1)**
- Verwendung eines höherwertigen Zahnriemens mit verlängerten Wechselintervallen, z. B. durch verschleißfestere Materialien oder konstruktive Veränderungen am Riemen **(Bild 2)**
- Verwendung eines höherwertigen Öls mit verbesserten Schmiereigenschaften

Bild 1: Wälzlager mit keramischen Wälzkörpern

Bild 2: Verschiedene Zahnriemenqualitäten

Überlegen und beantworten Sie:

1. **a)** Nennen Sie die sechs unterschiedlichen Maßnahmen einer Wartung.
   b) Finden Sie anhand des Bearbeitungszentrums Beispiele für diese Tätigkeiten.
2. Überlegen Sie, weshalb die Wartung zu den vorbeugenden Instandhaltungsmaßnahmen zählt.
3. Erläutern Sie, welche Elemente ein Schmier- und Wartungsplan enthalten sollte.
4. Sie planen die Inspektion des Bearbeitungszentrums. Überlegen Sie sich Quellen, aus denen Sie Angaben zum Sollzustand der Anlage bekommen.
5. Hat eine Inspektion Auswirkungen auf den Abnutzungsvorrat?
6. Warum sollten Maßnahmen, die aus einer Inspektion entstehen, in Wartungs- und Schmierplänen dokumentiert werden?
7. Nennen Sie Gründe, weshalb eine präventive bzw. zustandsabhängige einer schadensbedingten Instandsetzung vorgezogen werden sollte.
8. Finden Sie anhand des Bearbeitungszentrums Beispiele für zustandsabhängige, präventive und schadensbedingte Instandsetzungen.
9. Erklären Sie, was eine regenerative Reparatur ist.
10. Nennen Sie Merkmale, mit deren Hilfe Sie mögliche Verbesserungen erkennen können.

5.3 Instandhaltungskosten

Durch Instandhaltungsmaßnahmen kann die Wirtschaftlichkeit eines Betriebs verbessert werden.

Die Steigerung der Wirtschaftlichkeit kann erzielt werden durch

- Verlängerung der Anlagenlaufzeiten
- erhöhte Anlagenverfügbarkeit
- hohe Zuverlässigkeit der Einzelbauteile
- Vermeidung von Produktionsstörungen
- Vermeidung von Produktionsausfällen
- Erkennen von Schwachstellen und deren Beseitigung
- Erkennen sich anbahnender Schäden und deren Verhinderung **(Bild 1)**
- Reduzierung der Instandhaltungszeiten

Demgegenüber entstehen durch erhöhte Aufwände in der Instandhaltung auch **Kosten**. Die Gesamtkosten der Instandhaltung werden durch Addition der Kosten für Wartung, Inspektion, Instandsetzung und Verbesserung ermittelt.

Diese einzelnen Kostenpositionen für z. B. eine Instandsetzung entstehen durch folgende Faktoren:

- Arbeitskräfte erzeugen **Personalkosten**.
- Technische Aufwände (z. B. für Verbesserungen) und Ersatzteilbeschaffung erzeugen **Beschaffungskosten**.
- Stillstand defekter Maschinen aufgrund fehlender Ersatzteile oder Defekte erzeugt **Produktionsausfallkosten**.
- Hilfsmittel wie hochwertige Schmierfette/Öle erzeugen **Materialkosten**.
- Kosten für die Lagerhaltung von Ersatzteilen erzeugen **Lagerkosten**.
- Die Verwaltung der Prozesse erzeugt **Verwaltungskosten**.

Personalkosten
\+ Beschaffungskosten
\+ Produktionsausfallkosten
\+ Materialkosten
\+ Lagerkosten
\+ Verwaltungskosten

= Instandsetzungskosten

Diese Kosten müssen detailliert ermittelt werden und werden anschließend den Kosten durch Schäden gegenübergestellt **(Bild 2)**. Kosten durch Schäden entstehen z. B. durch unerwartete Ausfälle und nicht geplante Reparaturen. Ziel ist, die Gesamtkosten so gering wie möglich zu halten, ohne die Qualität und das termingerechte Bearbeiten von Aufträgen zu gefährden.

Die Kenntnis des Gesamtkostenoptimums ist bei der Wahl der Instandsetzungsstrategie von Nutzen.

Bild 1: Zerstörungsfreie Werkstoffprüfung einer Achse

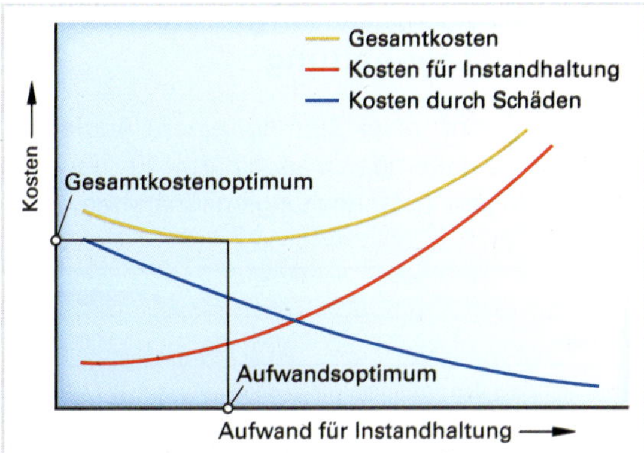

Bild 2: Kostenkurven

Lernfeld 9

Beispiel

Die Teleskopabdeckung **(Bild 1)** einer Werkzeugmaschine ist defekt und muss im Rahmen einer unplanmäßigen Instandsetzung getauscht werden. Die Maschine wird deshalb bis zum Beginn der Instandsetzung 21 Stunden. stillstehen. Für die Instandsetzung sind 8,5 Stunden geplant. Das Kaufteil kostet 103,85 € plus 25,99 € für den Expressversand. Die Personalkosten für den Monteur werden mit 58,– €/Std. veranschlagt. Der Produktionsausfall wird mit 45,50 €/Std. beziffert. An Verwaltungskosten fallen 134,10 € an. Die Mehrwertsteuer wird nicht mitbetrachtet.

Bild 1: Teleskopabdeckung

Lösung

Produktionsausfall

$t_{gesamt} = t_{stillstehend} + t_{Instandhaltung}$

$t_{gesamt} = 21 \text{ Std.} + 8{,}5 \text{ Std.}$

$\mathbf{t_{gesamt} = 29{,}5 \text{ Std.}}$

Produktionsausfallkosten

$K_{Ausfall} = t_{gesamt} \cdot 45{,}55 \text{ €/Std.}$

$K_{Ausfall} = 29{,}5 \text{ Std.} \cdot 45{,}50 \text{ €/Std.}$

$\mathbf{K_{Ausfall} = 1342{,}25 \text{ €}}$

Personalkosten

$K_{Personal} = t_{Instandhaltung} \cdot 58 \text{ €/Std.}$

$K_{Personal} = 8{,}5 \text{ Std.} \cdot 58 \text{ €/Std.}$

$\mathbf{K_{Personal} = 493 \text{ €}}$

Materialkosten: $K_{Mat.} = 103{,}85$ €

Beschaffungskosten: $K_{Bes.} = 25{,}99$ €

Verwaltungskosten: $K_{Verw.} = 134{,}10$ €

Lagerkosten: $K_{Lager} = 0$ €

Instandhaltungskosten

$K_{Instand.} = K_{Ausfall} + K_{Personal} + K_{Mat.} + K_{Bes.} + K_{Verw.} + K_{Lager}$

$\mathbf{K_{Instand.} = 2099{,}19 \text{ €}}$

5.4 Instandhaltungsstrategien

5.4.1 Störungsbedingte (korrektive) Instandhaltung

Erst nach Eintritt einer Störung, einem Ausfall im Betrieb oder dauernder mangelhafter Fertigungsqualität erfolgen Instandhaltungsmaßnahmen.

Bei der korrektiven Instandhaltung werden Bauteile erst ersetzt, wenn sie defekt sind.

störungsbedingte Instandhaltung	
Vorteile	**Nachteile**
• Ausnutzung des gesamten vorhandenen Abnutzungsvorrats • geringer Planungsaufwand • geringe laufende Kosten für Instandhaltungsmaßnahmen	• überraschende und unvorhersehbare Maschinenausfälle • Instandhaltungsmaßnahme muss oft unter Zeitdruck ausgeführt werden • hohe Kosten für Beschaffung oder Lagerung von Ersatzteilen • hohe Ausfallkosten, wenn Ersatzteile für Produktionseinheiten nicht vorrätig sind

5.4.2 Intervallabhängige Instandhaltung

Die intervallabhängige Instandhaltung ist eine vorbeugende (präventive) Strategie. In regelmäßigen, vorher festgelegten Intervallen werden Wartungs-, Inspektions- und Instandsetzungsarbeiten durchgeführt.

Verschleißteile wie z. B. Lager oder Riemen werden vor Ablauf ihrer erwarteten Lebensdauer ausgetauscht.

> Die intervallabhängige Instandhaltung erfolgt unabhängig vom noch vorhandenen Abnutzungsvorrat des Bauteils.

intervallabhängige Instandhaltung	
Vorteile	**Nachteile**
• gute Planbarkeit der Maßnahmen • Minimierung der Ersatzteilhaltung • Reduzierung unvorhersehbarer Ausfälle • hohe Zuverlässigkeit der Maschinen • Planungssicherheit des Personaleinsatzes	• schlechte Ausnutzung des Abnutzungsvorrats • schlechte Ausnutzung der Bauteillebensdauer • hoher Ersatzteilbedarf • hohe Instandhaltungskosten • Ausfallverhalten von Maschinen kann nicht ermittelt werden

5.4.3 Zustandsabhängige Instandhaltung

Eine weitere vorbeugende (präventive) Instandhaltungsstrategie ist die zustandsabhängige Instandhaltung. Während des Betriebes werden z. B. die Maße von Verschleißteilen, aber auch Einstellmaße, Maße von produzierten Werkstücken und andere Parameter durch Sensoren überwacht **(Bild 1)**. Wird eine festgelegte Verschleißgrenze überschritten, kann eine Instandhaltungsmaßnahme eingeleitet werden.

Bild 1: Verschiedene Sensoren

zustandsabhängige Instandhaltung	
Vorteile	**Nachteile**
• maximale Nutzung der Lebensdauer von Bauteilen und Anlagen • Erkenntnisse des Abnutzungsvorrats lassen terminabhängige Planungen zu • Betriebssicherheit ist gewährleistet • geringere Lagerkosten • längere Verfügbarkeit von Bauteilen	• erhöhter messtechnischer Aufwand • zusätzliche Inspektionsmittel erforderlich • erhöhter Planungsaufwand • erhöhter Kostenaufwand (z. B. durch Einbau von Sensorik) • ggf. zusätzliches Personal erforderlich

5.4.4 Auswahl der Instandhaltungsstrategie

Die Auswahl einer passenden Instandhaltungsstrategie erfolgt nun anhand folgender Kriterien:

- Kenntnis des Ausfallverhaltens einzelner Bauteile/des Gesamtsystems (vgl. Kap. 5.4)
- Kenntnis der Kosten für unterschiedliche Instandhaltungsstrategien
- Kenntnis von Folgeschäden an der Maschine, die durch eine Störung entstehen könnten
- Auswirkungen eines Ausfalls auf den gesamten Produktionsablauf
- Vorschriften oder Gesetze, die eine bestimmte Instandhaltungsstrategie vorschreiben
- Betriebsgröße/Abteilungsgröße

5.5 Ausfallverhalten

Die Kenntnis über das Ausfallverhalten kann bei der Planung von Instandhaltungsmaßnahmen von Vorteil sein.

// Probleme bei der Inbetriebnahme

Werden neue Maschinen entwickelt und in Betrieb genommen, können Fehler bei der Montage, aber auch Konstruktionsfehler, Schwierigkeiten bei der Fertigung, Probleme bei der Inbetriebnahme und andere unplanbare Ereignisse zu Frühausfällen (**Bild 1**, ①) führen. Diese sind für die Instandhaltung nicht von Belang.

// Betriebsbedingte Ausfälle

Die Ausfallrate durch betriebsbedingte Ausfälle ⑥ kann nur durch engmaschige Überwachung innerhalb der Maschine gesenkt werden. Sie ist nach einer kurzen Einlaufphase in der Regel konstant über die Lebensdauer der Maschine.

// Ausfälle durch Verschleiß

Ausfälle durch Verschleiß ③ entstehen in der Regel nach längerer Betriebsdauer. Die Analyse der Ausfallrate kann Hinweise auf einen günstigen Zeitpunkt für Instandsetzungen von Bauteilen geben.

// Badewannenkurve

Aus den einzelnen Kurven für Inbetriebnahme ①, zufällige Ausfälle ②, Verschleiß ③ sowie Alterung ⑤ und auch den betriebsbedingten Ausfällen ⑥ kann die sogenannte Badewannenkurve ④ gebildet werden. Der Kurvenverlauf ähnelt dem Querschnitt einer Badewanne. Sie bildet die Ausfallrate vieler technischer Systeme ab. Die Ausfallrate ist zu Beginn, bedingt durch den „Burn-in", hoch. Sie nimmt dann stark ab, bleibt im mittleren Bereich näherungsweise konstant und steigt aufgrund von Ausfällen durch Verschleiß zum Ende hin stark an.

// Zufällige Ausfälle und Alterung

Die Ausfallraten durch zufällige Ausfälle ② und Alterung ⑤ lassen sich nur durch engmaschige Überwachung innerhalb des Betriebes der Maschine senken. Hierfür werden z. B. Sensoren eingesetzt, die Abweichungen vom Sollzustand messen und umgehend melden.

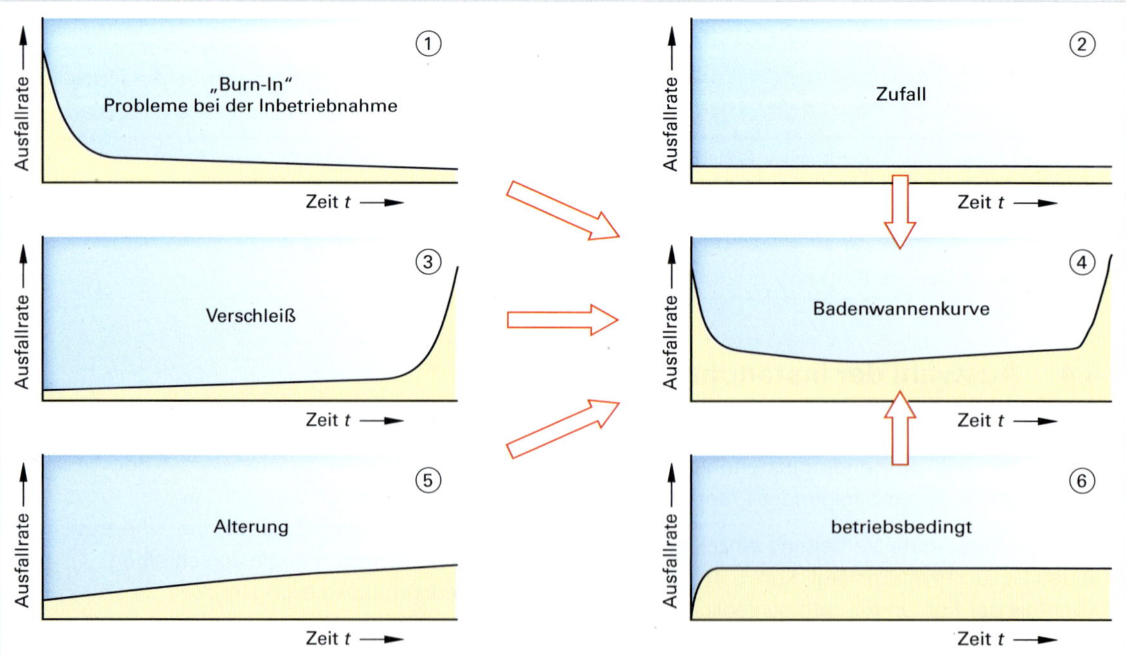

Bild 1: Ausfallraten

Überlegen und beantworten Sie:

1. Nennen Sie Effekte der Instandhaltung, durch die die Wirtschaftlichkeit eines Betriebs gesteigert werden kann.
2. Erläutern Sie die Merkmale der korrektiven Instandhaltung.
3. Beschreiben Sie die Vor- und Nachteile einer präventiven Instandhaltungsstrategie.
4. Geben Sie eine Empfehlung für die Instandhaltungsstrategie der folgenden Maschinen und Geräte:
   a) Schraubstock in der Ausbildungswerkstatt
   b) Kaffeevollautomat (neu) in der Buchhaltungsabteilung
   c) PC (Software, Hardware und Betriebssystem)
   d) Kraftfahrzeug Ihrer Eltern
5. Begründen Sie Ihre Empfehlungen aus Aufgabe 4.
6. Erklären Sie die Entstehung einer Badewannenkurve als Beschreibung des Ausfallverhaltens vieler technischer Geräte.

5.6 Instandhaltungsplanung

Das CNC-Dreh- und -Fräszentrum besteht aus zwei Hauptkomponenten: dem Bearbeitungszentrum **(Bild 1)** und dem mechanischen Späneförderer **(Bild 2)**, der durch einen Zulieferbetrieb bereitgestellt wird und miterworben wurde.

Die Instandhaltungsstrategie wird jeweils nach Analyse der einzelnen Teilsysteme festgelegt.

// Instandhaltungsstrategie Bearbeitungszentrum

Das Bearbeitungszentrum besteht aus verschiedenen mechanischen, elektrischen und hydraulischen Komponenten. Diese erfordern teilweise regelmäßige Wartungstätigkeiten wie Reinigung oder Schmierung. Die Unterlagen zur Instandhaltung der einzelnen Funktionseinheiten sind sehr umfangreich. Teilweise sind speziell angefertigte Einzelteile verbaut. Das Bearbeitungszentrum ist für die betrieblichen Abläufe sehr bedeutsam. Es wird deshalb grundsätzlich eine **präventive Instandhaltungsstrategie** gewählt.

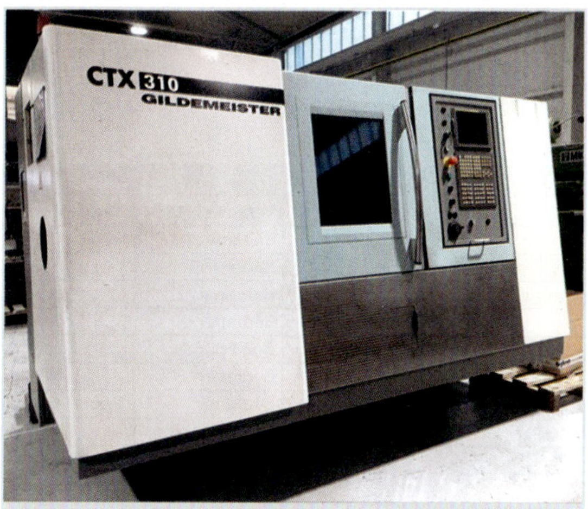

Bild 1: Bearbeitungszentrum

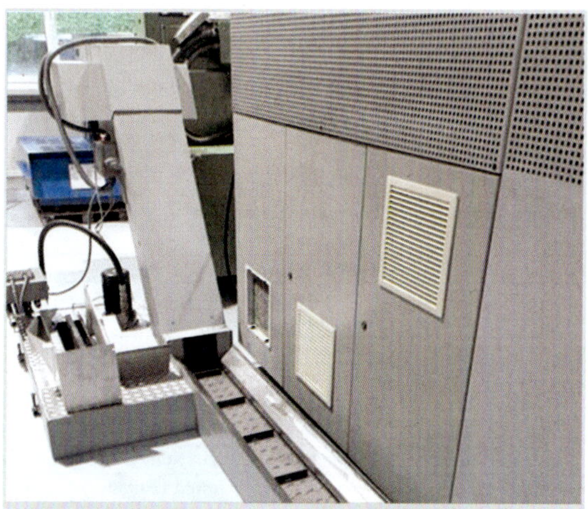

Bild 2: Späneförderer

// Instandhaltungsstrategie Späneförderer

Der Späneförderer besteht hauptsächlich aus mechanischen Komponenten, einem Elektromotor für den Antrieb und einer Auffangwanne für Kühlschmiermittel mit zugehörigen Filtern. Der Inhalt der Wanne wird über eine Pumpe wieder dem Bearbeitungszentrum zugeführt. Die einzelnen Baugruppen sind weitestgehend aus standardsierten Bauteilen gefügt. Es sind von vergleichbaren Systemen keine typischen Schwachstellen oder Ausfallschwerpunkte bekannt. Das Bearbeitungszentrum kann grundsätzlich auch ohne Späneförderer betrieben werden. Es kann deshalb eine **korrektive Instandhaltungsstrategie** gewählt werden.

Die einzelnen Instandhaltungs- und Wartungspläne stellen sich wie folgt dar **(Bild 1** und **Bild 2)**.

Bearbeitungszentrum				
Mechanische und elektrische Arbeiten				
Intervall in h	**Nr.**	**Wartungsmaßnahme**	**Verantwortlich**	**Bemerkung**
8		Spannmittel säubern, Spannbacken einfetten	Bediener	
8		Reinigen von Schlitten und Führungsbahnen	Bediener	
8		Reinigen der Scheiben und Schiebetürführungen	Bediener	
8		Kontrolle der Abstreifer	Bediener	
40		Kühlmittelrückläufe auf Sauberkeit kontrollieren	Bediener	
40		Kühlschmiermittel kontrollieren und ggf. nachfüllen	Bediener	
160		Kühlschmierbehälter vollständig entleeren, säubern und mit neuem KSS befüllen	Bediener	
500		Kontrolle der Kugelrollspindeln auf Spiel	Bediener	
500		Axiale Ausrichtung des Spindelkastens	Bediener	
500		Kontrolle der Antriebsriemenspannung, nachstellen	Bediener	
1000		Säuberung der gesamten Maschine von Innen	Bediener	
1000		Ausbau des Spindelflansches zur Reinigung	Fachabteilung	
5000		Auswechseln der Batterie der zentralen Steuereinheit	Fachabteilung	
10000		Tausch der Antriebsriemen	Fachabteilung	Dauer: 4 Std.
alle 3 Monate		Schrauben der bewegten Teile auf festen Sitz kontrollieren	Bediener	
alle 6 Monate		Kontrolle der Türscharniere auf Leichtgängigkeit	Bediener	
alle 6 Monate		Kontrolle der Lager auf Laufgeräusche, Prüfung Lagerspiel	Fachabteilung	Dauer: 8 Std.
alle 12 Monate		Kontrolle der Führungen auf Verschleißerscheinungen, ggf. nachstellen/ersetzen	Fachabteilung	
Schmierung				
Intervall in h	**Nr.**	**Wartungsmaßnahme**	**Verantwortlich**	**Bemerkung**
8		Schmierung der Abstreifer	Bediener	
8		Schmierung der Spannvorrichtung	Bediener	
40		Schmierung des Spindelkastens	Bediener	
40		Schmierung der Zentrierspitze	Bediener	
40		Füllstand Ölbehälter Zentralschmierung überwachen	Bediener	
40		Ölfilter prüfen und von groben Verunreinigungen befreien	Bediener	
160		Schmierung der Linearführungen	Bediener	
200		Füllstand Ölbehälter Zentralschmierung überwachen und auffüllen	Bediener	
500		Ölfilter ersetzen	Bediener	
2000		Behälterinhalt Ölbehälter Zentralschmierung wechseln	Bediener	
alle 12 Monate		gefettete Stellen auf Verharzungen prüfen, Fett entfernen und neu schmieren	Bediener	

Bild 1: Mechanische und elektrische Arbeiten sowie Schmierung des Bearbeitungszentrums

Späneförderer				
Intervall in h	**Nr.**	**Wartungsmaßnahme**	**Verantwortlich**	**Bemerkung**
8		Filter prüfen	Bediener	
40		Füllstand KSS-Wanne prüfen	Bediener	
40		Reinigung der Gitter von Rückständen und Ablagerungen	Bediener	
160		Reinigung der Absetzwanne	Bediener	
1000		Filter ersetzen	Bediener	
2000		KSS-Wanne entleeren und reinigen	Bediener	
monatlich		Förderband auf richtigen Sitz und Beschädigungen prüfen	Bediener	Dauer: 4 Std.
alle 4 Monate		Spannung des Förderbandes prüfen, ggf. nachspannen	Fachabteilung	
alle 4 Monate		Prüfen aller Lager auf Spiel und Laufgeräusche	Fachabteilung	Dauer: 4 Std.
alle 12 Monate		Reinigung der gesamten Anlage	Bediener	

Bild 2: Wartungsplan des zugekauften Späneförderers

5.7 Vereinheitlichen von Instandhaltungsplänen

Ziel ist, die einzelnen Wartungs- und Instandhaltungspläne der Einzelkomponenten zu einem Plan für das gesamte System zu vereinheitlichen.

Es sollten dabei folgende Grundsätze beachtet werden:

- Arbeiten, die einen Anlagenstillstand erfordern, sollten nach Möglichkeit zusammengefasst werden.
- Eine fortlaufende Dokumentation sollte gepflegt werden. Durch eine Analyse können Optimierungen von Strategie und Maschine gefunden werden.
- Wartungstermine, die zeitlich dicht beieinander liegen, sollten zusammengefasst werden.
- Gleiche Tätigkeiten an unterschiedlichen Maschinenteilen sollten zusammengefasst werden.
- Der Bediener sollte so viele Arbeiten wie erlaubt und möglich selbst durchführen.

Stillstandzeiten von Maschinen sind optimal für weitere Instandhaltungsarbeiten auszunutzen.

Die Stillstandzeiten, die für Arbeiten erforderlich sind, werden für Instandhaltungstätigkeiten mitgenutzt.

Die Vorgehensweise setzt sich aus mehreren Einzelschritten zusammen **(Bild 1)**.

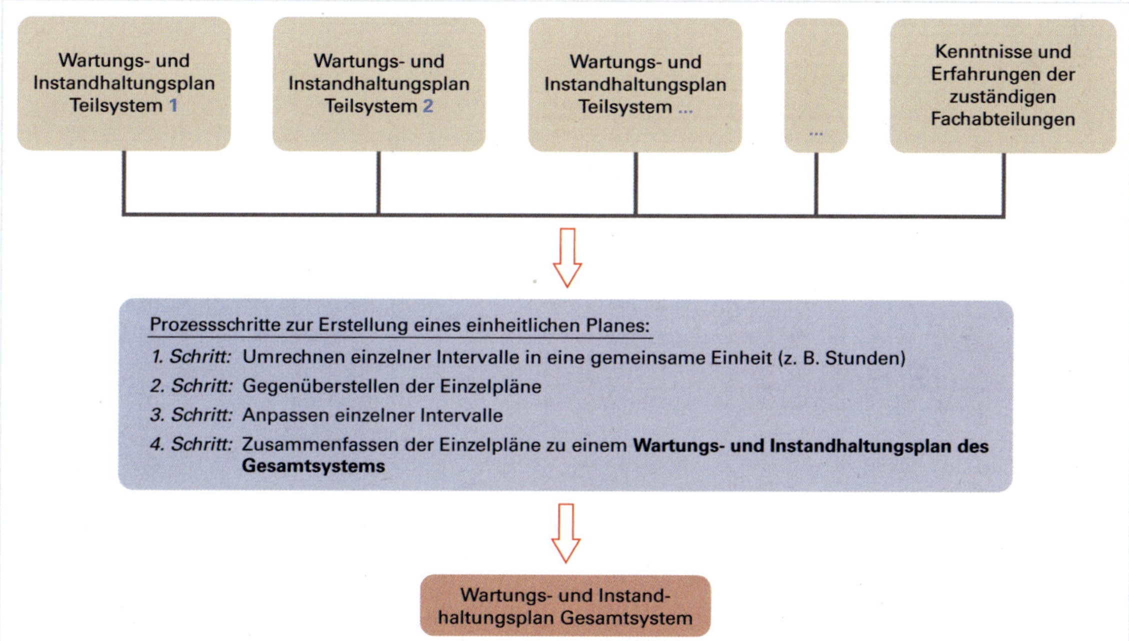

Bild 1: Prozessschritte zur Vereinheitlichung von Instandhaltungsplänen

// 1. Schritt: Umrechnen der Einheiten

Die Wartungs- und Instandsetzungsintervalle sind in Stunden bzw. in Monaten angegeben. Zur Vereinheitlichung werden die Angaben umgerechnet **(Bild 1, Seite 344)**. Ein Arbeitstag entspricht hier acht Stunden, da nur eine Schicht gearbeitet wird.

Wird ein Monat mit vier Wochen á fünf Arbeitstagen angenommen, weist er 160 Stunden auf. Drei Monate entsprechen 480 Stunden. Hier kann – da die tatsächlichen Werte nach oben abweichen – ggf. genauer gerechnet und angepasst werden.

Abschätzung: 1 Monat ~ vier Wochen ~ 20 Arbeitstage ~ 160 Stunden

Bearbeitungszentrum		
Mechanische und elektrische Arbeiten		
Intervall in h	**Nr.**	**Wartungsmaßnahme**
8		Spannmittel säubern, Spannbacken einfett
1000		Tausch der Antriebsriemen
alle 3 Monate		Schrauben der bewegten Teile auf festen S
alle 6 Monate		Kontrolle der Türscharniere auf Leichtgäng
alle 6 Monate		Kontrolle der Lager auf Laufgeräusche, Prü
alle 12 Monate		Kontrolle der Führungen auf Verschleißers
Schmierung		
Intervall in h	**Nr.**	**Wartungsmaßnahme**

Bearbeitungszentrum		
Mechanische und elektrische Arbeiten		
Intervall in h	**Nr.**	**Wartungsmaßnahme**
8		Spannmittel säubern, Spannbacken einfett
1000		Tausch der Antriebsriemen
480		Schrauben der bewegten Teile auf festen S
960		Kontrolle der Türscharniere auf Leichtgäng
960		Kontrolle der Lager auf Laufgeräusche, Prü
1920		Kontrolle der Führungen auf Verschleißers
Schmierung		
Intervall in h	**Nr.**	**Wartungsmaßnahme**

Bild 1: Umrechnung Monate auf Stunden

Bearbeitungszentrum		
Mechanische und elektrische Arbeiten		
Intervall in h	**Nr.**	**Wartungsmaßnahme**
8		Spannmittel säubern, Spannbacken einfett
500		Kontrolle der Kugelrollspindeln auf Spiel
500		Axiale Ausrichtung des Spindelkastens
500		Kontrolle der Antriebsriemenspannung, na
1000		Säuberung der gesamten Maschine von Inr
1000		Ausbau des Spindelflansches zur Reinigun
480		Schrauben der bewegten Teile auf festen
960		~~Kontrolle der Türscharniere auf Leichtgängi~~
960		Kontrolle der Lager auf Laufgeräusche, Prü
1920		Kontrolle der Führungen auf Verschleißers

Anpassung

Richtwerte

Bearbeitungszentrum		
Mechanische und elektrische Arbeiten		
Intervall in h	**Nr.**	**Wartungsmaßnahme**
8		Spannmittel säubern, Spannbacken einfett
480		Kontrolle der Kugelrollspindeln auf Spiel
480		Axiale Ausrichtung des Spindelkastens
480		Kontrolle der Antriebsriemenspannung, na
960		Säuberung der gesamten Maschine von In
960		Ausbau des Spindelflansches zur Reinigun
480		Schrauben der bewegten Teile auf festen
960		Kontrolle der Türscharniere auf Leichtgängi
960		Kontrolle der Lager auf Laufgeräusche, Prü
1920		Kontrolle der Führungen auf Verschleißers

Bild 2: Anpassung einzelner Intervalle

// 2. Schritt: Gegenüberstellen der Einzelpläne

Die einzelnen Wartungspläne werden nun bezüglich ihrer Positionen verglichen. Zusammenfassbare Positionen werden erkannt, z. B. können alle 8- bzw. die 40-Stunden-Intervalle in einem Plan zusammengefasst werden.

// 3. Schritt: Anpassen einzelner Intervalle

Intervalle werden hinsichtlich ihrer Dauer so verändert, dass eine Zusammenfassung zu einem Wartungsintervall möglich wird **(Bild 2)**. Die Wirtschaftlichkeit wird verbessert, wenn z. B. durch eine Reduzierung des Intervalls von 500 auf 480 Stunden ein weiterer Maschinenstillstand vermieden werden kann.

// 4. Schritt: Zusammenfassen der Einzelpläne zu einem Gesamtplan

Die Einzelpläne können anschließend zu einem Gesamtplan zusammengefasst werden. Die Unterteilung innerhalb des Gesamtplans nach **Wartungsintervallen** ist sinnvoll. Die Bearbeitung und Vereinheitlichung der Wartungspläne ergibt einzelne Wartungsintervalle von acht, 40, 160, 480, 640, 960, 1920 und 9600 Stunden.

Das Intervall „Auswechseln der Batterie der zentralen Steuereinheit" (5000 Std.) wird nicht verändert. Zur einfacheren Handhabung der Pläne können die kleineren Intervalle innerhalb der größeren erneut aufgeführt werden. Zur Verdeutlichung ist das Wartungsintervall 4 in **Bild 1, Seite 345** vereinfacht dargestellt.

Wartungsintervall 4 (alle **480** Stunden durchzuführen)	Verantwortlich: **Bediener**	
	Datum:	
Arbeitsschritt	**Teilsystem**	**Bemerkung**
Spannmittel säubern, Spannbacken einfetten	Bearbeitungszentrum	alle 8 h
Reinigen Schlitten und Führungsbahnen	Bearbeitungszentrum	
Reinigen der Scheiben und Shiebetürführungen	Bearbeitungszentrum	
Kontrolle der Abstreifer	Bearbeitungszentrum	
Schmierung der Abstreifer	Bearbeitungszentrum	
Schmierung der Spannvorrichtung	Bearbeitungszentrum	
Filter prüfen	Späneförderer	
Kühlmittelrückläufe auf Sauberkeit kontrollieren	Bearbeitungszentrum	alle 40 h
Kühlschmiermittel kontrollieren und ggf. nachfüllen	Bearbeitungszentrum	
Schmierung des Spindelkastens	Bearbeitungszentrum	
Schmierung der Zentrierspitze	Bearbeitungszentrum	
Füllstand Ölbehälter Zentralschmierung überwachen	Bearbeitungszentrum	
Ölfilter prüfen und von groben Verunreinigungen befreien	Bearbeitungszentrum	
Füllstand KSS-Wanne überwachen	Späneförderer	
Reinigung der Gitter von Rückständen und Ablagerungen	Späneförderer	
Füllstand Ölbehälter Zentralschmierung überwachen und auffüllen	Bearbeitungszentrum	alle 160 h (vormals 200 h)
Schmierung der Linearführungen	Bearbeitungszentrum	alle 160 h
Kühlschmierbehälter vollständig entleeren, säubern und mit neuem KSS befüllen	Bearbeitungszentrum	
Reinigung der Absetzwanne	Späneförderer	
Förderband auf richtigen Sitz und Beschädigungen prüfen	Späneförderer	
Kontrolle der Kugelrollspindeln auf Spiel	Bearbeitungszentrum	alle 480 h (vormals 500 h)
Axiale Ausrichtung des Spindelkastens	Bearbeitungszentrum	
Kontrolle und Straffung der Antriebsriemen	Bearbeitungszentrum	
Ölfilter ersetzen	Bearbeitungszentrum	
Schrauben der bewegten Teile auf festen Sitz kontrollieren	Bearbeitungszentrum	alle 480 h
Wartungsintervall 5 (alle **960** Stunden durchzuführen)	Verantwortlich: **Bediener**	

Bild 1: Wartungsintervall 4 (alle 480 Stunden durchzuführen)

Überlegen und beantworten Sie:

1. Benennen Sie verschiedene Faktoren, die die Wahl einer Instandhaltungsstrategie beeinflussen.
2. Analysieren Sie die Wartungspläne des Bearbeitungszentrums und des Späneförderers und nennen Sie
   a) Maßnahmen, die nur im Maschinenstillstand durchgeführt werden können,
   b) Maßnahmen, die bei laufender Anlage unter Beachtung der Unfallverhütungsvorschriften (UVV) durchgeführt werden können.
3. Welche Grundsätze müssen beachtet werden, wenn Wartungspläne von einzelnen Teilsystemen zusammengefasst werden?
4. Begründen Sie, weshalb es günstig sein kann, einzelne Wartungsintervalle zu verkürzen.
5. Erläutern Sie, ob es möglich und erlaubt ist, nötigenfalls einzelne Wartungsintervalle zu verlängern.
6. Erstellen Sie mit den Informationen der vorangegangenen Seiten die Wartungs- und Inspektionsintervalle 5 und 6 (960 bzw. 1920 Stunden) des Bearbeitungszentrums.

5.8 Instandhaltung mechanischer Bauelemente

Verschiedene mechanische Bauelemente im Bearbeitungszentrum unterliegen aufgrund ihrer Funktion Verschleiß und Abnutzung. Gestelle, Lager und Führungen dienen zum Stützen und Tragen. Riemen- und Kettentriebe sowie Zahnräder übertragen Drehmomente, Drehzahlen, Kräfte und Bewegungen.

5.8.1 Führungen

Führungen ermöglichen eine geradlinige Bewegung von Maschinenteilen wie z. B. Schlitten an Werkzeugmaschinen.

Sie sollten folgende Eigenschaften besitzen:

- hohe Führungsgenauigkeit
- Nachstellmöglichkeit des Führungsspiels
- geringe Reibung und niedriger Verschleiß
- möglichst gute Dämpfungseigenschaften
- einfache Wartung und Schmierung
- Abdichtungsmöglichkeit gegen Schmutz und Späne

// Wartung und Instandhaltung von Führungen

- Oberflächen von Führungen werden in regelmäßigen Abständen einer Sichtprüfung unterzogen.
- Verunreinigungen der Oberfläche werden in regelmäßigen Abständen entfernt.

Führungen bestehen aus Gleitkörper und Führungskörper **(Bild 1)**. Beide passen formschlüssig zusammen.

Bild 1: Führung eines Werkzeugschlittens

- Das Führungsspiel wird mit geeigneten Prüfmitteln wie Fühlerlehren **(Bild 3)** geprüft und den Vorgaben entsprechend nachgestellt. Hierzu werden Einstellschrauben **(Bild 2)** genutzt.
- Die Ebenheit einer Führung wird mit einer Messuhr oder einem Haarlineal geprüft.
- Abdeckungen und Abstreifer werden auf einwandfreie Funktion hin untersucht.
- Sind Narbungen oder starke Anzeichen von Oberflächenzerrüttung **(vgl. Seite 351)** vorhanden, sollte die Führung ausgetauscht werden.

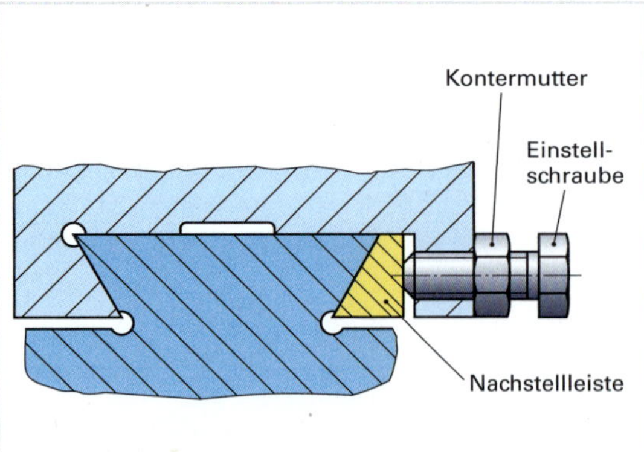

Bild 2: Schwalbenschwanzführung mit Einstellschraube

Bild 3: Fühlerlehre

5.8.2 Abdeckungen und Abstreifer

Führungen und andere Bauteile müssen vor Verschmutzungen durch Späne, Staub oder aggressive Flüssigkeiten wie Kühlschmierstoff geschützt werden. Dafür werden u. a. Faltenbälge, Teleskopabdeckungen und Abstreiferelemente genutzt.

// Faltenbälge

Sie können aus Materialien wie beschichtetem Gewebe hergestellt werden. Faltenbälge sind hochflexibel und eignen sich einerseits vor allem als Schutz vor Staub und geringen Spanlasten, andererseits verhindern sie auch Unfälle bei der Bedienung der Maschinen. Durch Verwendung von Rahmenelementen wird die Stabilität erhöht **(Bild 1)**. Sie sind in zahlreichen Formen verfügbar.

Bild 1: Faltenbalg eines Gelenkbusses

// Teleskopabdeckungen

Teleskopabdeckungen **(Bild 2)** werden genutzt, um Maschinenteile vor Beschädigungen vor allem durch Späne und Kühlschmierstoffe zu schützen. Es können zusätzlich Abstreifersysteme an den Überlappungen der Abdeckungselemente angebracht sein, um das Eindringen von Kühlschmierstoff zu erschweren und Späne abzuhalten.

Bild 2: Horizontale und vertikale Teleskopabdeckungen

// Abstreiferelemente

Abstreifer sind in verschiedensten Ausführungen, Formen und Materialien verfügbar **(Bild 3)**. Das Abstreifen von Fremdpartikeln und Flüssigkeiten erfolgt durch die Bewegung der Maschine. Abstreifer haben häufig eine auswechselbare Abstreiferlippe, um die Instandhaltungskosten niedrig zu halten.

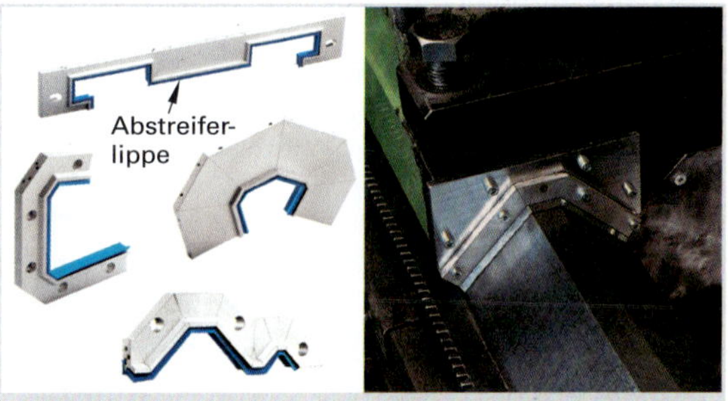

Bild 3: Abstreiferelement an einer Führung

// Wartung und Instandhaltung von Abdeckungen, Abstreifern und Bälgen

- Faltenbälge werden durch Sichtprüfung auf Risse und Verformungen geprüft.
- Verschmutzungen der Bälge (z. B. durch Ölschlamm, Späne oder sonstigen Schmutz) sollten zeitnah entfernt werden.
- Beschädigte Faltenbälge werden in der Regel ersetzt.
- Teleskopabdeckungen sind im auseinandergezogenen Zustand zu inspizieren und mit einem Lappen zu reinigen.
- Anschließend wird mit einem ölgetränkten Lappen abgerieben, um Korrosion zu verhindern.
- Schlieren auf der Abdeckung deuten auf defekte Abstreifer hin.
- Geräuschbildung durch die Bewegung von Abdeckungen weist auf erhöhte Reibung hin.

> Abdeckungen nicht mit Druckluft reinigen! Fremdpartikel könnten unter die Abdeckung gedrückt werden.

5.8.3 Lager

Lager führen und stützen Wellen und Achsen, die durch radiale und axiale Kräfte belastet sind. Nach Art der auftretenden Reibung werden sie in Gleit- und Wälzlager aufgeteilt **(Bild 1)**. Eine Unterscheidung nach der Richtung der aufgenommenen Kräfte in Radial- und Axiallager ist ebenfalls möglich **(Bild 2)**.

Lagerschäden an **Wälzlagern** können durch normalen Verschleiß, aber auch durch Ursachen wie ungewollte Schwingungen, Reibung, Unwuchten oder Fluchtungsfehler entstehen. Der normale Verschleiß wird beeinflusst durch Faktoren wie

- Korrosion
- Mangelschmierung
- Verunreinigungen
- Schwenkbewegungen der gelagerten Bauteile.

Es können Brüche von Wälzkörpern, Käfigen oder Laufringen auftreten. Auch Beschädigungen der Laufflächen durch Fressen, abrasiven Verschleiß oder Materialzerrüttung sind möglich. Im Rahmen von Inspektionsarbeiten werden Sichtprüfungen, Prüfungen auf ungewöhnliche Laufgeräusche und haptische Prüfungen (z. B. Prüfung des Lagerspiels durch Bewegung der Welle mit der Hand) durchgeführt.

Schäden an **Gleitlagern** können prinzipiell mit den gleichen Prüfmethoden erkannt werden.

Die Verwendung von Lagern mit integrierten Verschleißsensoren kann in schwer zugänglichen Bereichen die Inspektionsarbeit erleichtern.

// Wartung und Instandhaltung von Lagern

Schäden an Lagerungen können mitunter den Ausfall der gesamten Produktion eines Betriebs bewirken. Es können neben den Forderungen der Maschinenhersteller folgende Prüfungen durchgeführt werden:

- Prüfung des Lagerspiels
- Prüfung auf ungewöhnliche Erwärmung der Lagerstellen **(Bild 1, Seite 349)**
- Schwingungsmessung bzw. Prüfung auf ungewöhnliche Vibrationen der gelagerten Bauteile und der Maschine **(Bild 2, Seite 349)**
- Prüfung des Widerstands beim Drehen des gelagerten Bauteils
- Prüfung des Geräuschpegels während des Betriebs der gelagerten Bauteile mit Stethoskop oder Geräuschpegelmesser **(Bild 3** und **Bild 4, Seite 349)**
- Sind Narbungen oder starke Anzeichen von Oberflächenzerrüttung **(vgl. Seite 351)** vorhanden, sollte das Lager erneuert oder aufbereitet werden **(Bild 5, Seite 349)**.

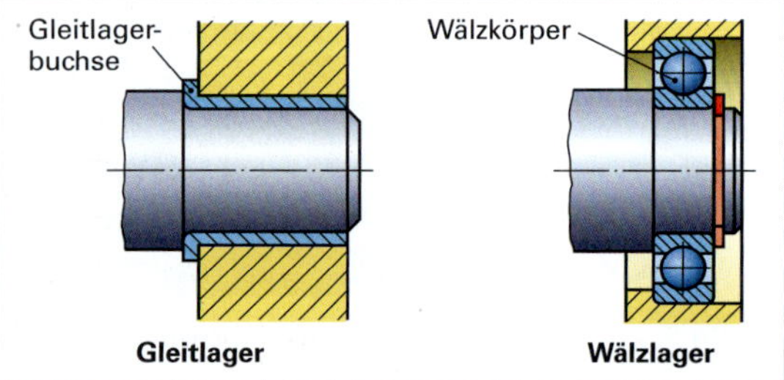

Bild 1: Gleitlager und Wälzlager

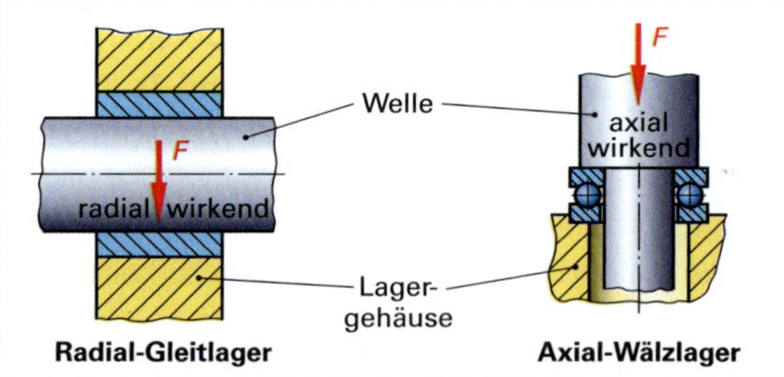

Bild 2: Radial- und Axiallager

Überlegen und beantworten Sie:

1. Nennen Sie verschiedene Werkzeugmaschinen, in denen Führungen verbaut werden.
2. Beschreiben Sie Eigenschaften, die Führungen besitzen sollten.
3. Besteht die Möglichkeit, durch Einsatz spezieller Führungen das Ruckgleiten (Stick-Slip-Effekt) zu vermeiden?
4. Was muss bei der Inspektion von Abstreifern und Abdeckungen geprüft werden?
5. Zählen Sie mögliche Ursachen von Lagerschäden auf.

Bild 1: Temperaturmessung mit Infrarotthermometer

Bild 2: Schwingungsmessung mit Handmessgerät

Bild 3: Gerät zur Messung des Schallpegels

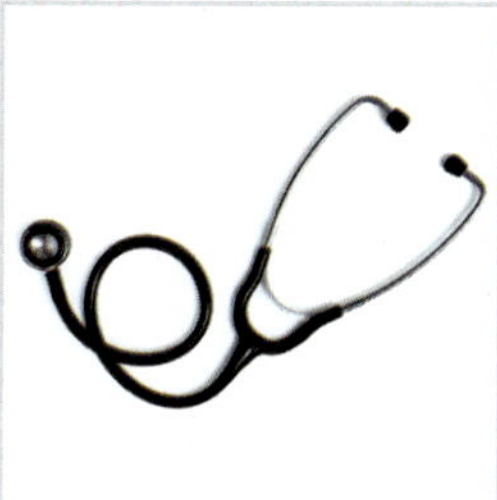

Bild 4: Stethoskop

Bild 5: Wälzlager mit beschädigten Wälzkörpern

Werden bei Prüfungen an Lagerungen Auffälligkeiten festgestellt, ist es in der Regel erforderlich, die defekten Lager zu tauschen. In Einzelfällen – z. B. wenn das Lager hochpreisig ist – kann auch eine Instandsetzung lohnend sein.

// Demontage und Montage von Wälz- und Gleitlagern

Demontage: Die Vielzahl von Einbausituationen und möglichen Lagerausführungen macht eine generelle Beschreibung des Ablaufs schwierig. Zum Lagerausbau sind geeignete Abziehvorrichtungen zu verwenden **(Bild 6)**.

Es ist darauf zu achten, dass die Abziehkraft nicht durch die Wälzkörper übertragen wird, wenn das Lager noch verwendet werden soll. Auf Abziehhülsen montierte Wälzlager lassen sich durch Anziehen der Abdrückmutter leicht lösen **(Bild 7)**. Große, festsitzende Lager können mit dem Hydraulikverfahren abgezogen werden, wenn entsprechende Ölleitungen vorgesehen wurden **(Bild 8)**.

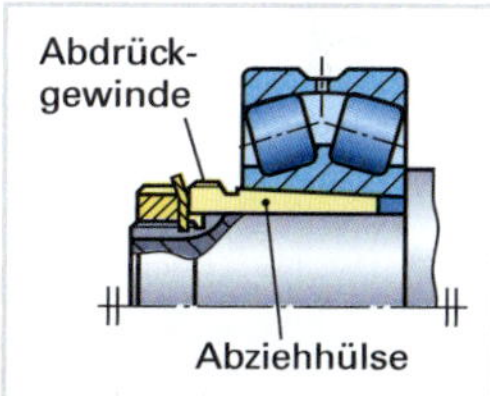

Bild 7: Abziehhülse

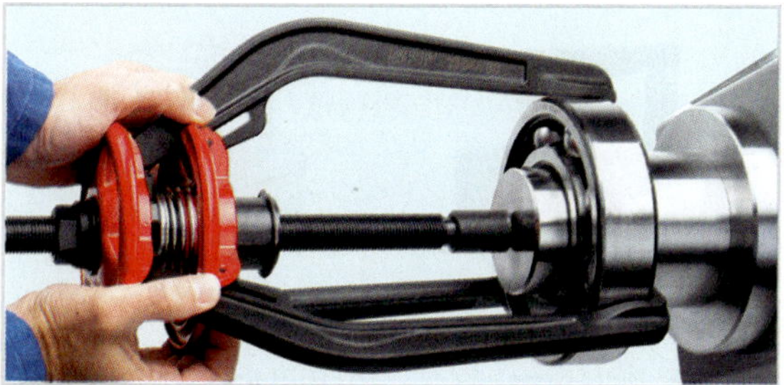

Bild 6: Abziehvorrichtung

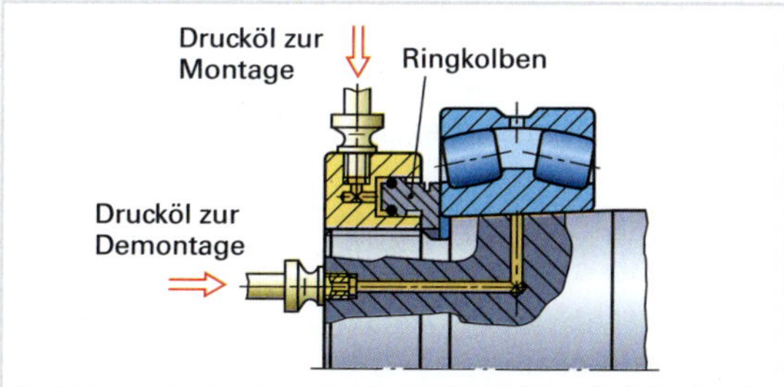

Bild 8: Hydraulikverfahren

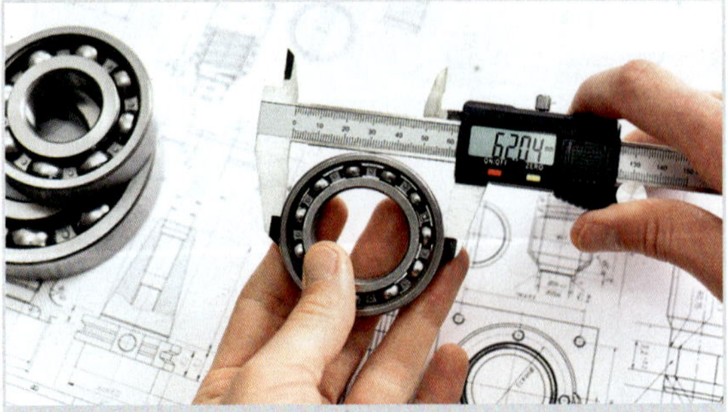

Bild 1: Prüfen der Abmaße

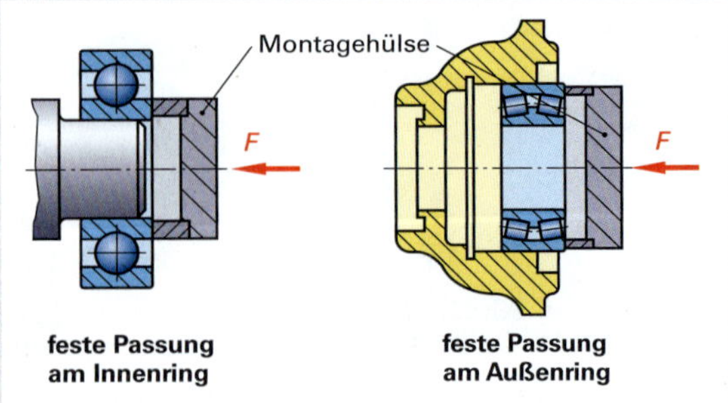

Bild 2: Montage mit Presshülsen

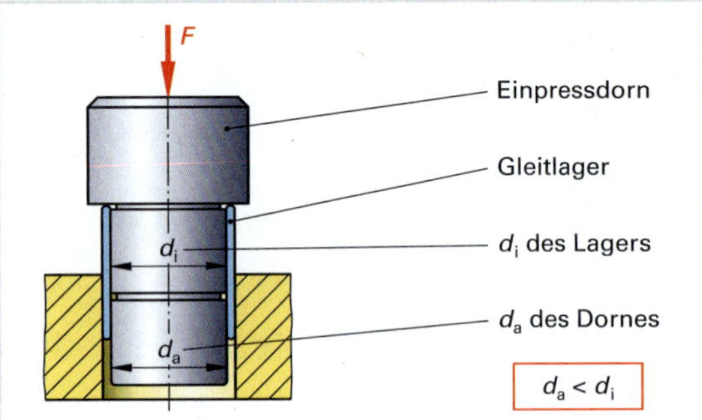

Bild 3: Einpressdorn

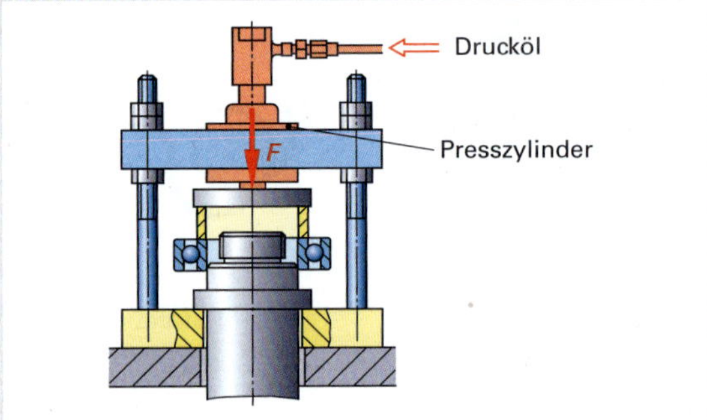

Bild 4: Montage mit hydraulischer Presse

Montage: Lager sind sehr empfindlich gegen Verschmutzung und Korrosion. Beim Einbau sollte deshalb auf größte Sauberkeit geachtet werden! Hersteller versehen ihre Lager ab Werk mit einem Korrosionsschutzöl, das – wenn erforderlich – erst unmittelbar vor der Montage abgewischt werden sollte.

> Die Herstellerhinweise sollten bei der Lagermontage unbedingt beachtet werden.

Ebenso sollten die Abmaße des alten und neuen Lagers übereinstimmen **(Bild 1)**. Auch das Betriebsspiel der Lagerung sollte so wie vor dem Tausch eingestellt werden.

Vor Beginn der Montage sollte sichergestellt sein, dass Passflächen sauber und gratfrei sind. Sie können vor der Montage mit einem vom Hersteller zugelassenen Öl oder einer Montagepaste versehen werden. Bei der Montage des Lagers ist vor allem darauf zu achten, dass die Einpresskraft nicht über die Wälzkörper übertragen wird. Die Montagehülse muss deshalb immer am Laufring mit der festen Passung angesetzt werden **(Bild 2)**. Gleitlager werden unter Verwendung eines Einpressdorns montiert **(Bild 3)**. Der Innendurchmesser des Lagers sollte dabei kleiner als der Außendurchmesser des Dorns sein. Die Nutzung von mechanischen oder hydraulischen Pressen erleichtert den Einbau **(Bild 4)**.

Bei größeren Lagern sind auch die Einpresskräfte größer. Deshalb werden sie vor der Montage im Ölbad, mit einem elektrischen Heizgerät oder induktiv auf 80 °C bis 100 °C erwärmt **(Bild 5** und **6)**. Auch hier sind die Herstellervorgaben und -hinweise einzuhalten.

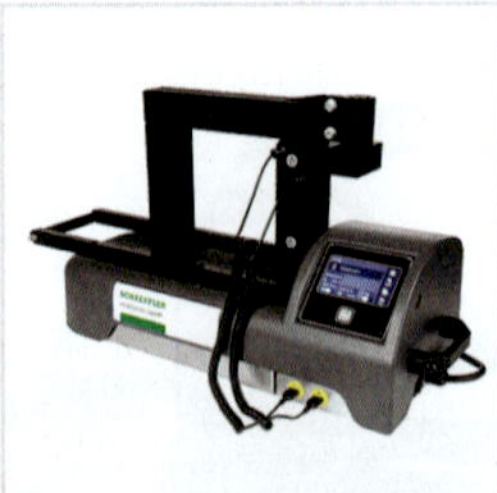

Bild 5: Induktives Anwärmgerät

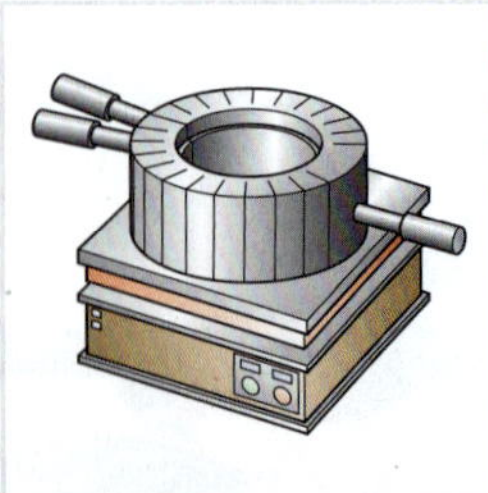

Bild 6: Heizplatte

Lernfeld 9

5.8.4 Zahnstangen und Zahnräder

Zahnradtriebe übertragen Drehbewegungen bzw. Drehmomente von einer Welle auf eine andere **(Bild 1)**. Dabei greifen die Zähne formschlüssig und damit ohne Schlupf ineinander. Durch das Abwälzen entsteht Verschleiß, der durch Schmierung gemindert wird. In Verbindung mit einer Zahnstange können Zahnräder eine Drehbewegung auch in eine lineare Bewegung umwandeln **(Bild 2)**.

Bild 1: Einfaches Getriebe zur Drehzahlwandlung

// Wartung und Instandhaltung von Zahnstangen und Zahnrädern

Im Rahmen der Inspektion sollten die Zahnfüße und die Zahnflanken sowie die Welle-Nabe-Verbindungen des Bearbeitungszentrums untersucht werden.

Sind Beschädigungen festzustellen, sollte das betreffende Bauteil getauscht werden.

Beschädigte Bauteile liefern zusätzlich Informationen über mögliche Ursachen des Ausfalls, z. B. eine vorliegende Mangelschmierung, Fluchtungsfehler, Überlastung, erhöhten Verschleiß durch Verschmutzung und anderes **(Tabelle 1, Bild 3–6)**.

Bild 2: Verwendung von Zahnstangen an einer Säulenbohrmaschine zur Wandlung der Bewegung

Tabelle 1: Schadensbilder an Zahnrädern und Welle-Nabe-Verbindungen

Bild 3: Bruch einzelner Zähne

Bild 4: Starke Abnutzung der Zahnflanken

Bild 5: Oberflächenzerrüttung (Grübchen, Mikropitting)

Bild 6: Oberflächenzerrüttung (Verformung)

Überlegen und beantworten Sie:

1. Nennen Sie Gründe, weshalb beim Lagereinbau Kräfte nicht über die Wälzkörper übertragen werden sollten.
2. Worauf ist beim Einbau eines Lagers zu achten?
3. Begründen Sie die Verwendung von Heiz- und Anwärmgeräten beim Lagereinbau.

Bild 1: Antriebsriemen

Bild 2: Spannvorrichtung (Dreibackenfutter)

Bild 3a: Zahnriemen
Bild 3b: Keilriemen

5.8.5 Riementriebe

Bei der Begutachtung des Bearbeitungszentrums erkennen Sie im Bereich des Antriebs den Riemen **(Bild 1)**. Er bewirkt die Drehung des Dreibackenfutters **(Bild 2)**.

Riementriebe übertragen Drehmomente und Drehzahlen zwischen zwei Wellen. Dabei kann der Abstand größer sein als z. B. bei Zahnradtrieben. Riemen werden nach der Bauart unterteilt in

- verzahnte Riemen (Synchronriemen bzw. Zahnriemen, **Bild 3a**)
- unverzahnte Riemen (Keilriemen und Flachriemen, **Bild 3b**)

Unverzahnte Riemen wie Keil- und Flachriemen übertragen Drehmomente durch Reibung zwischen Lauffläche und Riemenscheibe (kraftschlüssig). Sie können an der Innenseite gekerbt sein, um Biegung optimal zuzulassen (Bild 3b). **Verzahnte Riemen** nutzen den Formschluss zwischen Riemenzähnen und gezahnter Scheibe.

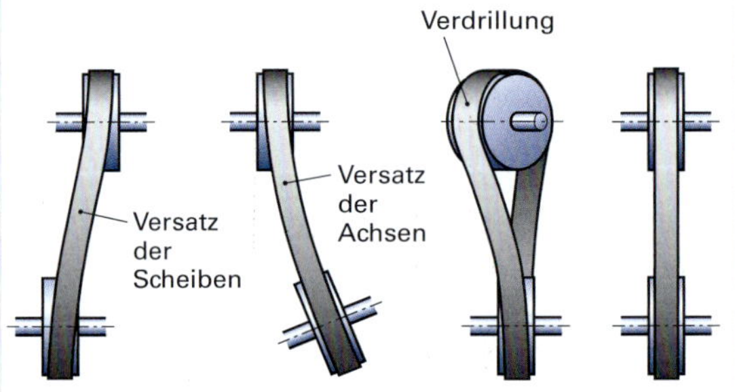

Bild 4: Orientierung von Riemenscheiben

Die Vorspannung hat entscheidenden Einfluss auf die Übertragungseigenschaften der Riemen **(Tabelle 1)**.

Erhöhter Riemenverschleiß ergibt sich in der Regel vor allem durch falsch ausgerichtete Riemenscheiben **(Bild 4)**. Die Scheiben sollten keinen Versatz aufweisen, die Wellen sollten parallel zueinander liegen.

Tabelle 1: Einfluss der Riemenvorspannung

Vorspannung	unverzahnter Riemen	verzahnter Riemen
zu niedrig	Gleichlaufschwankungen, Durchrutschen, Geräuschbildung, Flankenverschleiß	Übersprung von Zähnen möglich, Gleichlaufschwankungen
zu hoch	hohe Belastung der Zugstränge im Riemen, hohe Belastung der Lager	hohe Belastung der Zugstränge im Riemen, hohe Belastung der Lager

// Wartung und Instandhaltung von Riementrieben

- Zustand des Riementriebs prüfen (Korrosion, Fluchtungsfehler der Wellen, Zustand der Riemen, Zustand der Laufflächen der Scheiben). Diese Prüfung sollte während des Betriebs und bei Maschinenstillstand durchgeführt werden, um auch Laufgeräusche zu beurteilen.
- Riementrieb reinigen: Der Riementrieb sollte frei von Öl, Fett, Schmutzpartikeln und Spänen sein.
- Riemenvorspannung mit Frequenzmessgerät **(Bild 1)** oder Riemen-Spannungsprüfgerät **(Bild 2)** prüfen.
- Ausrichtung der Scheiben mit Lineal oder Lasermessgerät prüfen **(Bild 3)**
- bei Beschädigung des Riemens einen Riemenwechsel durchführen, Ursachen ermitteln und ggf. auch den Riementrieb instand setzen **(Tabelle 1)**

Anwendung des Frequenzmessgeräts

Die Riemenspannung wird durch berührungslose Messung der Riemenschwingung in Hertz ermittelt. Diese wird mit dem vom Hersteller vorgegebenen Wert verglichen.

Anwendung des Riemen-Spannungsprüfgeräts

Die Riemenspannung wird gemessen, indem eine Druckkraft auf den Riemen aufgebracht wird. Die entstehende Durchbiegung wird gemessen und mit Tabellenwerten der Hersteller verglichen.

Anwendung des Lasermessgeräts

Das Prüfgerät wird an der einen Riemenscheibe befestigt, die Messaufnehmer an der anderen. Die Aufnehmer haben eine mittige Zielmarkierung. Der ausgesendete Laserstrahl muss in vertikaler Stellung (Bild 3) bei beiden Markierungen mittig zu sehen sein, wenn kein Versatz vorliegt. Die Messung muss anschließend mit horizontal ausgerichteten Messaufnehmern wiederholt werden. So können sowohl Winkel- als auch Parallelfehler erkannt werden.

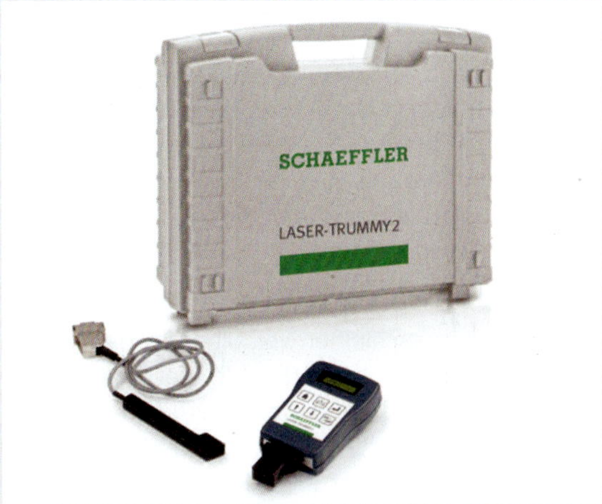

Bild 1: Frequenzmessgerät

Bild 2: Riemen-Spannungsprüfgerät

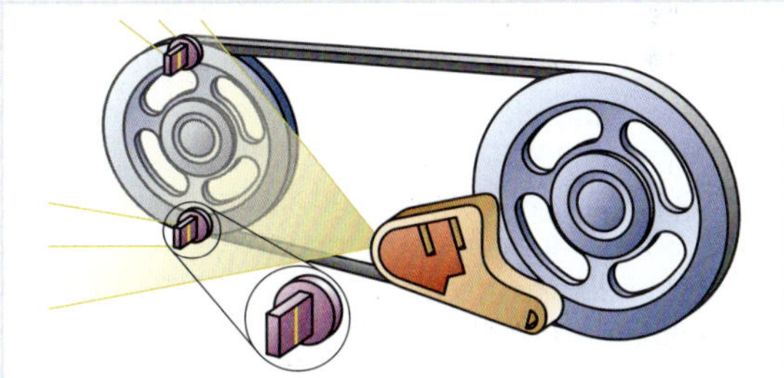

Bild 3: Lasermessgerät

Tabelle 1: Instandsetzung von Keilriementrieben

Schaden	Ursachen	Maßnahme
Riemen gerissen	Riemenspannung zu groß, Beschädigung durch Späne etc.	Reinigung, Riemen ersetzen und Vorspannung nach Vorgabe einstellen
Riemenflanken verschlissen	Schlupf, Versatz der Riemenscheiben	Vorspannung einstellen und Scheiben ausrichten, ggf. Riemen ersetzen
Oberfläche des Riemens aufgequollen	Einwirkung von Öl, Fett o. Ä.	Scheiben reinigen, Riemen ersetzen, Ursache der Verschmutzung beseitigen

5.8.6 Kettentriebe

Kettentriebe übertragen Drehbewegungen zwischen zwei oder mehr Wellen **(Bild 1)**. Sie werden meist aus vergütetem Stahl hergestellt und sind dadurch belastbarer als Riemen. Ketten ermöglichen eine schlupffreie Kraftübertragung. Sie sind unempfindlich gegen Schmutz, Feuchtigkeit und hohe Temperaturen.

Rollenketten verschleißen vor allem im Bereich der Buchse und des Bolzens **(Bild 2)**. Teilung und Kettenlänge nehmen dadurch zu. Das kann zur Folge haben, dass die Kette keinen vollständigen Eingriff mehr im Kettenrad hat **(Bild 3)**. Dadurch kann die Kette über- oder abspringen. Der Verschleiß wird durch eine wirksame Schmierung deutlich verringert.

Ketten benötigen eine Schmierung.

Kettentriebe benötigen keine Vorspannung, deshalb hat der Leertrum meistens etwas Durchhang **(Bild 4)**. Um Längungen auszugleichen, können Spannräder oder Spannschienen eingebaut werden.

// Wartung und Instandhaltung von Kettentrieben

- Prüfen der Schmierung auf Funktion
- bei Bedarf Wechsel des Schmieröls und des Ölfilters (wenn vorhanden)
- Reinigen der Kette mit Bürste oder Reinigungsbad/Reinigungsspray, anschließend einölen
- Kette auf steife Glieder prüfen
- Rost – wenn vorhanden – entfernen
- Prüfung auf ungewöhnliche Laufgeräusche sowie Schwingungen im Betrieb
- Kettenräder mit Kette auf Verschleiß und korrekten Eingriff prüfen
- Kettenlängung prüfen: Gemessen wird z. B. die Länge von 20 Teilungen der Kette. Diesem Wert wird der Tabellenwert der Kettenteilung × 20 gegenübergestellt. Ist die Längung größer als 3 %, sollte die Kette getauscht werden.
- bei starken Abnutzungserscheinungen Ursache ermitteln und beseitigen

Bild 1: Kettentrieb mit Dreifachrollenkette

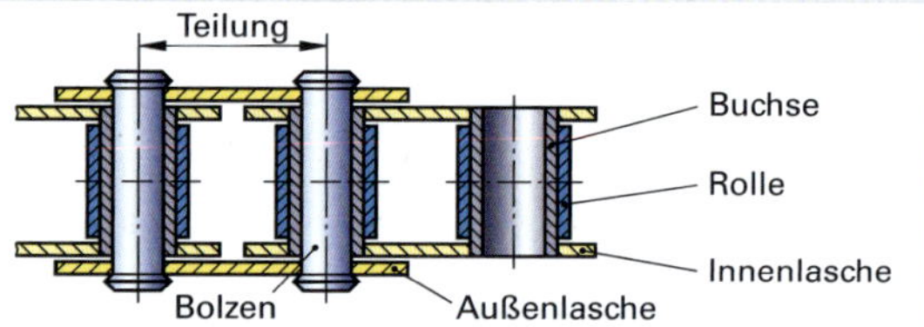

Bild 2: Aufbau einer Rollenkette

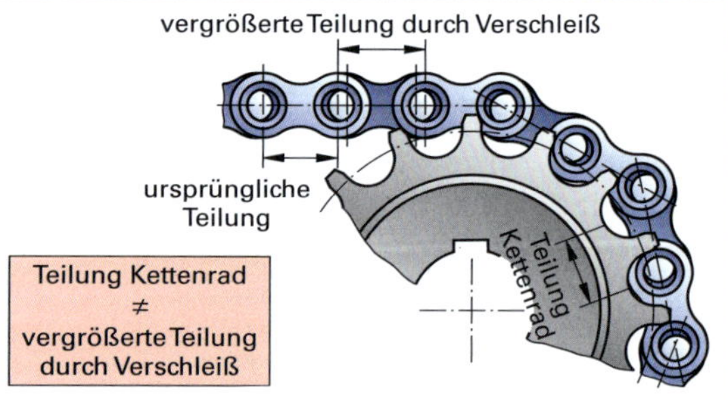

Bild 3: Auswirkung von Verschleiß auf den Ketteneingriff

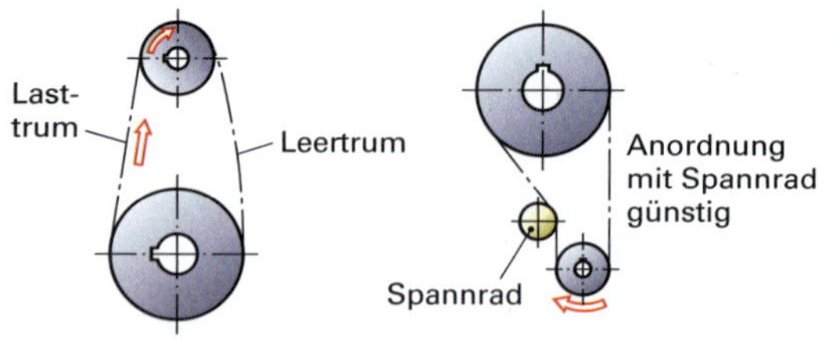

Bild 4: Triebanordnungen

Überlegen und beantworten Sie:

1. Erläutern Sie verschiedene Ausrichtungsfehler von Riemenscheiben und die Folgen.
2. Erklären Sie die Funktionsweise eines Lasermessgeräts zur Vermessung von Riemenscheiben.

5.9 Verschleiß und Abnutzung

Ausfälle durch Verschleiß oder Abnutzung entstehen in der Regel nach längerer Betriebsdauer. Durch den Betrieb wirken Einflussgrößen wie

- Temperatur (heiß/kalt/wechselnd/...)
- Umgebungsbedingungen (feucht/trocken/salzig/sauer/...)
- verschiedene Belastungsarten (stoßend/ziehend/drückend/...)
- Art der Schmierung (keine/ausreichende/Schmieröl/...)

sowie die Eigenschaften der verwendeten Werkstoffe auf das technische System ein. Sie beeinflussen die Geschwindigkeit des Verschleißes **(Bild 1)** und der Abnutzung. Verschleiß entsteht dabei durch verschiedene Mechanismen.

5.9.1 Verschleißmechanismen

Die folgenden Verschleißmechanismen sind in der Technik zu beobachten:

- Haftverschleiß (adhäsiver Verschleiß)
- abrasiver Verschleiß
- Oberflächenzerrüttung
- Tribooxidation

Verschleiß kann vielfach durch ausreichende **Schmierung** verlangsamt werden.

// Haftverschleiß (adhäsiver Verschleiß)

Werden zwei Bauteiloberflächen ohne trennenden Schmierfilm mit hoher Kraft aufeinandergepresst, können beim anschließenden Abgleiten Teilchen aus der einen Oberfläche herausbrechen und an der anderen haften bleiben. Nach der Kraft (Adhäsionskraft) wird diese Verschleißart auch adhäsiver Verschleiß genannt. Bekannt ist der adhäsive Verschleiß durch das „Fressen" vom Kolben im Zylinder eines Motors (Bild 1).

// Abrasiver Verschleiß

Dringen harte Teilchen eines flüssigen Reibpartners oder Material eines festen Reibpartners in Oberflächen ein, können kleine Späne abgetragen werden **(Bild 2)** oder kleine Kerben entstehen. Dieser Vorgang wird als abrasiver Verschleiß bezeichnet. Der durch abrasiven Verschleiß entstehende Materialverlust wird Abrieb genannt. Der abrasive Verschleiß kann durch verschiedene Maßnahmen gemindert werden **(Tabelle 1)**.

Tabelle 1: Maßnahmen gegen abrasiven Verschleiß

Reibpaarung	Maßnahme
fest – fest	• Einbringung von Schmierstoff, • Wahl günstiger Reibpartner (z. B. Keramik – Metall statt Metall – Metall)
fest – flüssig	• häufige Schmierstoffwechsel • Filtern des Schmierstoffs

Bild 1: Kolben mit (links) und ohne (rechts) adhäsivem Verschleiß

Bild 2: Abrasiver Verschleiß an einer Zahnstange

// Oberflächenzerrüttung

Oberflächenzerrüttung tritt bei Bauteilen auf, deren Oberflächen wechselnden oder schwellenden Belastungen ausgesetzt sind (z. B. Führungen und Lager). Durch die Belastung entstehen in der Bauteiloberfläche Mikrorisse, die sich stetig vergrößern und zu Ausbrechungen des Materials führen **(Bild 1** und **Bild 2)**.

// Tribooxidation

Durch chemische Reaktion wie z. B. Korrosion kann eine Zwischenschicht zwischen Reibpartnern entstehen. Tritt Bewegung auf, wird diese Zwischenschicht zerstört. Ein Beispiel ist das Auftreten von Passungsrost **(Bild 3)**.

5.9.2 Ursachen von Abnutzung

Neben dem Verschleiß, dessen Hauptursache die Reibung ist, können auch

- Ermüdung
- Alterung
- Korrosion

Ursachen von Abnutzung eines technischen Systems sein.

// Ermüdung

Einflüsse aus der Umgebung können zu Materialermüdung führen, z. B.

- Temperaturwechsel
- Belastungswechsel
- Sonneneinstrahlung

Ermüdung ist ein langsamer Schädigungsprozess, infolgedessen Materialien unter Belastung auch unterhalb der Belastungsgrenze durch Ermüdungsrissbildung oder Bruch versagen können **(Bild 4)**.

Es werden verschiedene Ermüdungsarten wie Kriechermüdung, thermische Ermüdung und isotherme mechanische Ermüdung (z. B. unter wechselnder oder schwellender Belastung) unterschieden.

Bild 1: Oberflächenzerrüttung mit anschließender Korrosion eines Kegelrollennlagers

Bild 2: Oberflächenzerrüttung einer Laufringoberfläche

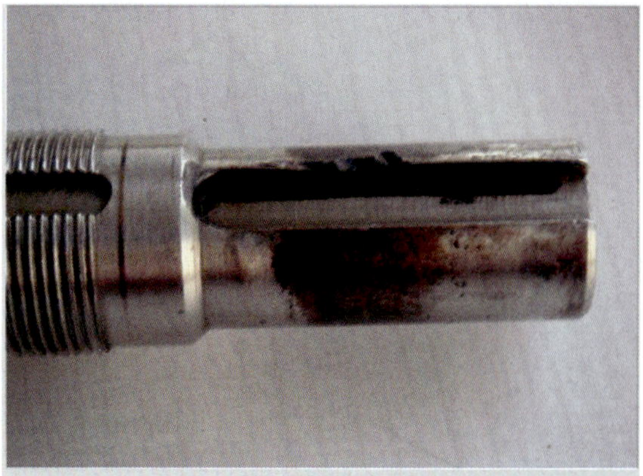

Bild 3: Passungsrost

Bild 4: Ermüdungsbruch eines Radmutterbolzens

// Alterung

Durch Vorgänge im Inneren von metallischen Werkstoffen wie z. B. Stahl verändern sich über längere Zeiträume ihre Eigenschaften. Dieser natürliche Alterungsprozess macht z. B. Stahl härter, fester und auch spröder, dafür nehmen Dehnung und Kerbschlagzähigkeit ab. Auch andere Werkstoffe wie z. B. Kunststoff unterliegen Alterungsprozessen.

> Alterung und Ermüdung sind durch Wartungsmaßnahmen nicht beeinflussbar.

5.9.3 Korrosion

Unter Korrosion (lat. corrodere – zernagen) versteht man den Angriff und die Zerstörung metallischer Werkstoffe durch chemische oder elektrochemische Reaktionen **(Bild 1)**. Für diese Reaktion werden Wirkstoffe der Umgebung wie Wasser oder Feuchtigkeit, Umgebungsluft oder auch Chemikalien benötigt.

Es werden zwei Hauptkorrosionsarten unterschieden:

- elektrochemische Korrosion
  - elektrochemische Sauerstoffkorrosion feuchter Stahloberflächen
  - elektrochemische Korrosion an Korrosionselementen
- Hochtemperaturkorrosion

> In Deutschland entstehen durch Korrosion jährlich Schäden von etwa 3 bis 4 % des Bruttoinlandsprodukts.

// Elektrochemische Sauerstoffkorrosion feuchter Stahloberflächen

Bei der elektrochemischen Korrosion laufen die Korrosionsvorgänge auf der Metalloberfläche in einer elektrisch leitenden Wasserschicht (Elektrolyt) ab. Als Elektrolyt genügt ein hauchdünner Feuchtigkeitsfilm, Wasserreste in einem Spalt, aber auch Handschweißflecken auf Werkstücken. Die Vorgänge dieses Korrosionsvorgangs beruhen auf der Wirkung des Luftsauerstoffs in Verbindung mit Wasser auf dem Eisenwerkstoff. Innerhalb des Wassers geht Eisen als Fe^{2+}-Ion in Lösung **(Bild 2)**. Dieser Werkstoffbereich wirkt wie eine örtliche Anode (Lokalanode). Im Randbereich reagieren OH^--Ionen, die sich aus gelöstem Luftsauerstoff (O_2) im Wasser gebildet haben, mit den gelösten Eisenionen Fe^{2+} und bilden zuerst Eisenhydroxid $Fe(OH)_3$ und daraus Rost FeO(OH). Er scheidet sich ringförmig am Tropfenrand ab.

// Elektrochemische Korrosion an Korrosionselementen

Diese Korrosionsart beruht auf denselben Vorgängen, die in einem galvanischen Element ablaufen. Ein galvanisches Element besteht aus zwei Elektroden aus unterschiedlichen Metallen, die sich in einer elektrisch leitenden Flüssigkeit, dem Elektrolyt, befinden.

Bild 1: Korrosion an einem Kraftfahrzeugkotflügel

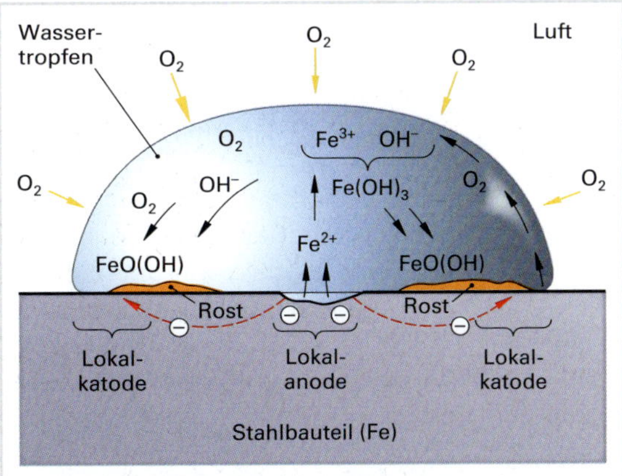

Bild 2: Vorgänge bei elektrochemischer Sauerstoffkorrosion

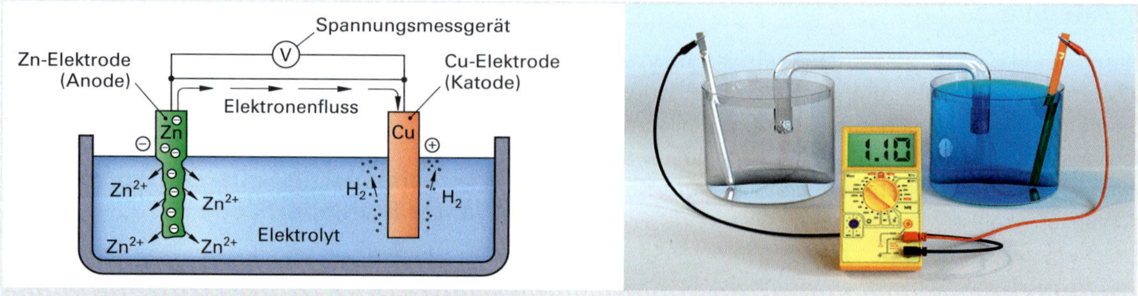

Bild 1: Galvanisches Element Zink/Kupfer im Versuch und schematisch dargestellt

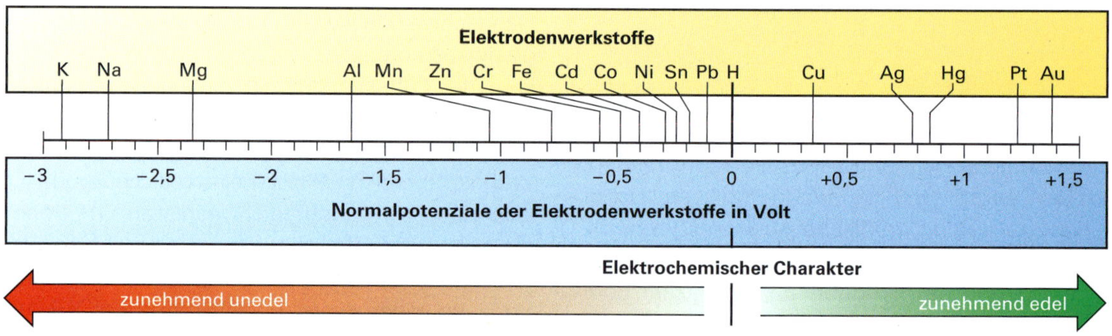

Bild 2: Spannungsreihe der Metalle

In dieser Anordnung löst sich das unedlere der beiden Metalle auf; es wird korrodiert. Bei dem galvanischen Element Zink/Kupfer **(Bild 1)** geht die Zinkelektrode (Anode) als Zn^{2+}-Ionen in Lösung, während an der Kupferelektrode (Katode) durch Wasserzersetzung Wasserstoff entsteht. Zwischen beiden Elektroden herrscht eine kleine elektrische Spannung. Sie hängt von den Werkstoffen der Elektroden ab. Die Spannungen der einzelnen Elektrodenwerkstoffe (Normpotenziale) sind der Spannungsreihe der Metalle zu entnehmen **(Bild 2)**. Die Größe der Spannung errechnet sich aus dem Unterschied der Normalpotenziale.

Typische Korrosionselemente sind z. B. Schadstellen an Metallüberzügen auf Stahlbauteilen, die Berührungsstellen zweier Bauteile aus unterschiedlichen Werkstoffen oder auch die verschiedenen Gefügebestandteile in Legierungen. Das jeweils unedlere Metall wird an diesen Stellen durch elektrolytisches Auflösen zerstört.

Opferanoden schützen Bauteile vor Korrosion und beugen so der Alterung vor.

Diese Eigenschaft wird in der Konstruktion genutzt, um gezielt Bauteile vor Korrosion zu schützen. So werden in der Nähe teurer Schiffspropeller Opferanoden platziert **(Bild 3)**. Auch Rohrleitungen, Pipelines, Warmwasserspeicher und andere Systeme, die häufigen Kontakt mit Wasser haben, werden so vor Korrosion bewahrt.

Bild 3: Opferanoden an einem Schiff

// Hochtemperaturkorrosion

Hochtemperaturkorrosion tritt beim Schmieden, beim Glühen und beim Härten von Werkstücken auf.

Bei der Hochtemperaturkorrosion reagiert der Werkstoff direkt mit dem angreifenden Sauerstoff ohne Mitwirkung von Feuchtigkeit. Hierfür ist eine erhöhte Umgebungstemperatur erforderlich. Hochtemperaturkorrosion wird auch Verzunderung genannt **(Bild 1)**.

Bild 1: Entfernung der Verzunderung

Überlegen und beantworten Sie:

1. Nennen Sie verschiedene Einflussgrößen auf den Verschleiß. Entwerfen Sie dazu eine Mindmap.
2. Erklären Sie, wie Haftverschleiß entsteht.
3. Erläutern Sie geeignete Maßnahmen, um abrasiven Verschleiß zu verlangsamen.
4. Welche Verschleißformen können Sie im Bearbeitungszentrum beobachten?
5. Sie finden an der Tür des Bearbeitungszentrums etwas Kantenrost.
   a) Nennen Sie Wartungsmaßnahmen, die geeignet sind, die Korrosion einzudämmen.
   b) Zu welcher Korrosionsart könnte diese Form von Rost zählen?

5.10 Reibung und Schmierung

Sie beginnen nach der Optimierung und Zusammenführung der Wartungs- und Instandhaltungspläne, erste Schmiermaßnahmen vorzubereiten.

Schmierung ist erforderlich, damit Maschinenteile Kräfte und Bewegungen möglichst verlustfrei übertragen können und wenig Verschleiß durch Reibung entsteht. Dies geschieht durch die Vermeidung von Berührung der Reibpartner **(Bild 2)**. Dadurch wird die Reibung reduziert.

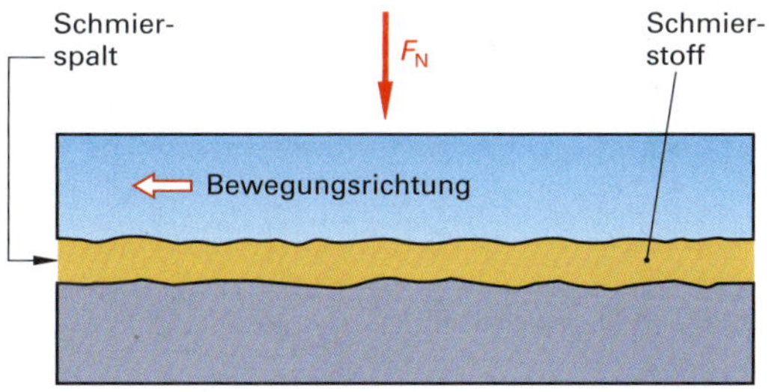

Bild 2: Reibungsminderung durch Schmierstoff

Minderung von Reibung verringert den Verschleiß.

Die Reibungskraft **(Bild 3)** zwischen starren Körpern wird mit folgender Formel berechnet:

$F_R = \mu \cdot F_N$ mit dem Reibungskoeffizient
$\mu = \mu_0$ (Haftreibung)
$\mu = \mu_G$ (Gleitreibung)
$\mu = \mu_R$ (Rollreibung)

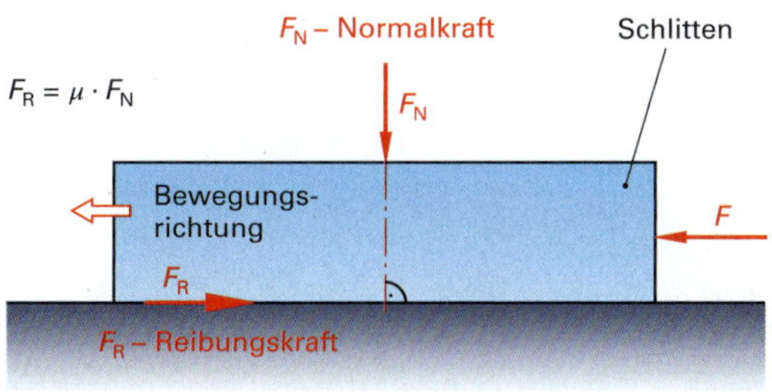

Bild 3: Wirksame Kräfte

Lernfeld 9

Der Reibungskoeffizient μ („my“) wird durch Versuche ermittelt und kann aus Tabellen abgelesen werden **(Tabelle 1)**. Die Normalkraft F_N wirkt immer senkrecht zur Gleitebene. Sie entsteht z. B. durch Gewicht oder Anpressen.

Der dimensionslose Reibungskoeffizient μ beinhaltet folgende Einflüsse:

- Werkstoffpaarung (z. B. Stahl – Holz)
- Oberflächenbeschaffenheit (z. B. glatt)
- Oberflächenzustand (z. B. nass)
- Schmierung
- Reibungsart (z. B. Gleitreibung)

Wird ein Körper aus der Ruhelage (Haftreibung) in eine gleichförmige Bewegung (Gleitreibung) versetzt, so ist die Kraft zum Erlangen der Bewegung größer als die zum Aufrechterhalten.

Haftreibung > Gleitreibung

Der Einfluss der Werkstoffpaarung nimmt mit steigender Gleitgeschwindigkeit und Schmierung ab.

Im Ruhezustand verhaken sich die Spitzen der berührenden Oberflächen ineinander **(Bild 1)**. Durch die Bewegung gleiten sie aufeinander und können nicht so tief ineinander eindringen. Beim langsamen Gleiten findet ein ständiger Wechsel zwischen Haft- und Gleitreibung statt. Dies führt zum Ruckgleiten (Stick-Slip-Effekt). Das Ruckgleiten kann z. B. beim Verfahren eines Werkzeugschlittens oder bei der Bewegung von Pneumatikzylindern mit Zuluftdrossel beobachtet werden. Die auftretende Reibungsenergie wird als Wärmeenergie abgeführt. Hilfsmittel für die Abfuhr können z. B. Kühlwasser, Kühlschmierstoffe **(Bild 2)**, Luft **(Bild 3)** oder Öle sein.

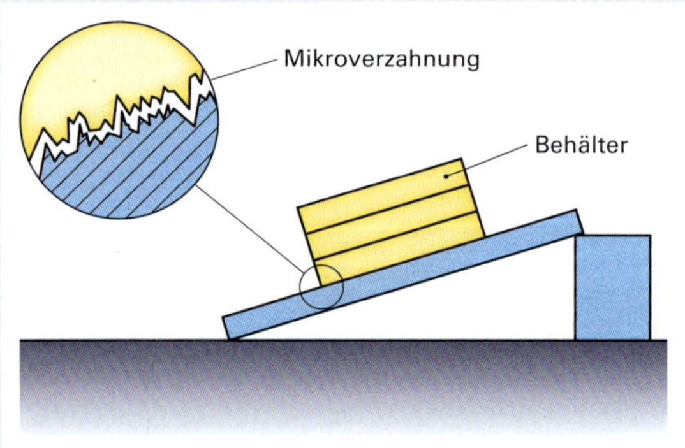

Bild 1: Mikroverzahnung

Tabelle 1: Reibungzahlen

Reibbeiwert / Werkstoff	Gleitreibung μ_G trocken	Gleitreibung μ_G geschmiert
Stahl – Stahl	0,1–0,12	0,04–0,07
Stahl – GJ	0,15–0,2	0,05–0,1
Stahl – CuSn	0,15–0,2	0,05–0,1
Stahl – Reibbelag	0,5	–
Reibbeiwert / Werkstoff	**Rollreibung μ_R**	
Stahl – Stahl	0,005	
Gummi – Asphalt	0,015	

Bild 2: Wärmeabfuhr über Kühlschmierstoff

Bild 3: Wärmeabfuhr über die Umgebungsluft

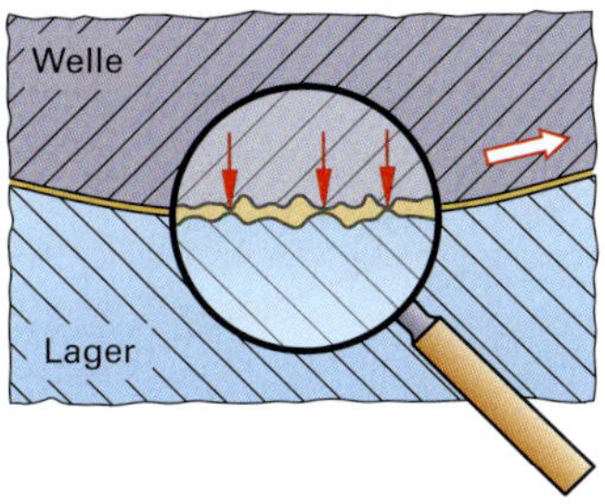

Bild 1: Festkörperreibung

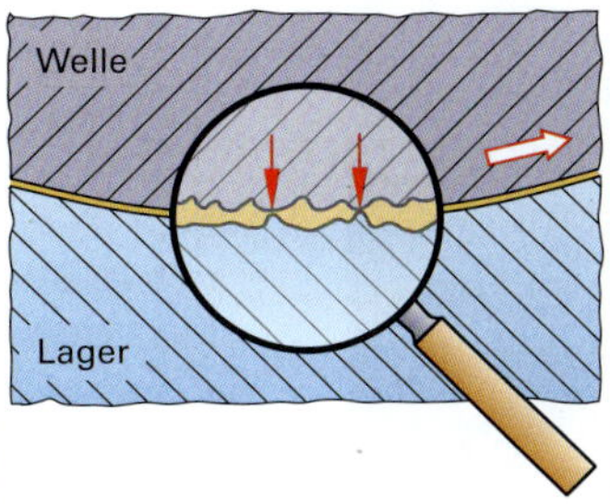

Bild 2: Mischreibung

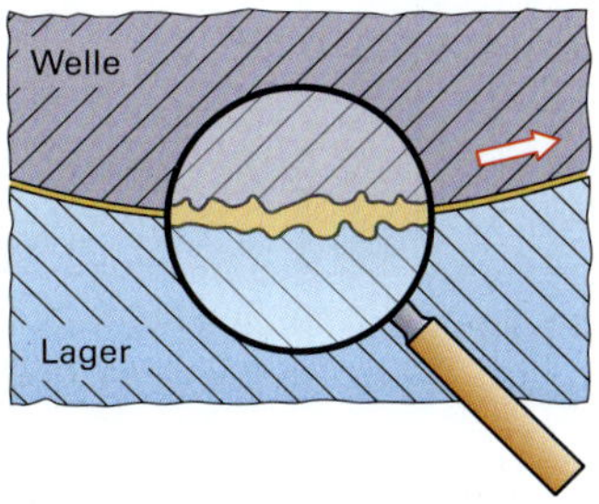

Bild 3: Flüssigkeitsreibung

5.10.1 Reibungszustände

In Abhängigkeit von der Bewegungsgeschwindigkeit der Reibpartner, der Belastung und der Schmierung werden folgende Reibzustände unterschieden:

- Festkörperreibung
- Mischreibung
- Flüssigkeitsreibung

Festkörperreibung findet statt, wenn sich die aufeinander gleitenden Flächen berühren **(Bild 1)**. Beim Einebnen der Oberflächenerhöhungen kann es zu sehr starker Wärmeentwicklung kommen. Die Oberflächen können verschweißen.

Mischreibung liegt beim Beginn einer Bewegung aus dem Stillstand und auch bei nicht ausreichender Schmierung vor **(Bild 2)**.

Der Dauerbetrieb im Mischreibungsbereich ist nicht zulässig.

Ist ausreichend Schmierstoff zwischen den Gleitflächen vorhanden, können sie sich nicht mehr berühren **(Bild 3)**. Das Gleiten der Schmierstoffmoleküle aufeinander wird **Flüssigkeitsreibung** genannt. Die Reibungskraft ist deshalb sehr klein.

5.10.2 Schmierstoffauswahl

Die Auswahl eines geeigneten Schmierstoffes ist für die Abnutzung eines Bauteils von entscheidender Bedeutung. Durch die Minderung der Reibung verringert sich der damit verbundene Verschleiß.

// Schmierstoffarten

Schmierstoffe werden in drei Schmierstoffgruppen eingeteilt **(Tabelle 1)**: flüssige (Öle), plastische (Fette) und feste Schmierstoffe (Festschmierstoffe).

5.10.3 Schmieröle

Als flüssige Schmierstoffe werden häufig mineralische oder synthetische Öle verwendet. Der Grundstoff für Schmieröl ist Erdöl. **Mineralische Öle** werden durch Destillation und Raffination aus Erdöl gewonnen. Sie enthalten Zusätze (Additive), die Eigenschaften wie Druckfestigkeit, Viskosität und Alterungsbeständigkeit erhöhen.

Synthetische Öle werden weiter veredelt und sind dadurch teurer, lassen sich aber besser mit verschiedenen Additiven versetzen. Dadurch besitzen sie ein günstigeres Viskositätstemperaturverhalten **(Bild 2, Seite 362)**. Sie sind bei fallenden Temperaturen länger fließfähig. Bei hohen Temperaturen hält der Schmierfilm länger zusammen. Sie weisen auch eine höhere Alterungsbeständigkeit auf.

Synthetiköle werden bei hohen Geschwindigkeiten, hohen Betriebstemperaturen und niedrigen Drücken eingesetzt.

Tabelle 1: Schmierstoffarten

Zustand der Schmierstoffe		
flüssig Öle	**plastisch** Fette	**fest** Festschmierstoffe

Bild 1: Messung der Viskosität

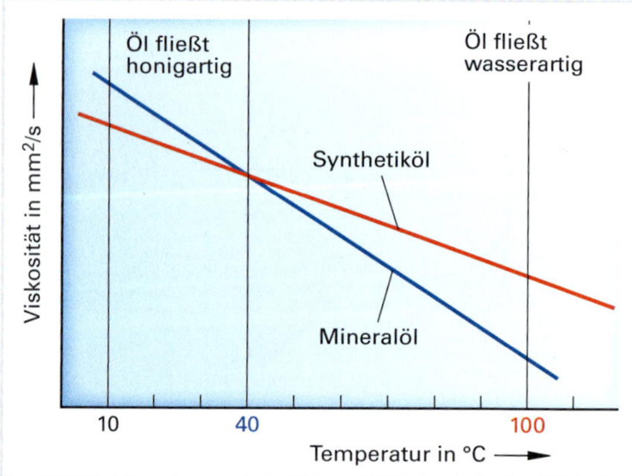

Bild 2: Abhängigkeit von Viskosität und Temperatur

Schmieröle werden u. a. nach ihrer **Viskosität** (Zähflüssigkeit) eingeteilt. Sie ist das Maß für die innere Reibung des Schmieröls, die zwischen den Schmierstoffmolekülen stattfindet **(Bild 1)**.

Die Viskosität beschreibt die **innere Reibung** eines Schmierstoffs.

Flüssigkeiten mit hoher Viskosität sind zähflüssig (hohe Viskositätsklasse, z. B. VG 460), solche mit niedriger Viskosität dünnflüssig (niedrige Viskositätsklasse, z. B. VG 3). Die Prüftemperatur zur Einteilung in Viskositätsklassen beträgt 40 °C, um eine Vergleichbarkeit der Öle herzustellen. Die entstehenden Werte werden als kinematische Viskosität bezeichnet. Die Viskosität ist generell temperaturabhängig **(Bild 2)**.

Der Zustand eines Schmieröls kann entweder durch ein Labor oder auch anhand einer Sichtprobe festgestellt warden **(Tabelle 1)**.

Schmieröle besitzen verschiedene charakteristische Temperaturkennwerte, die für den Einsatz von Bedeutung sind: Der **Stockpunkt** ist die Temperatur, bei der der Schmierstoff nicht mehr fließfähig ist. Als **Fließgrenze** bezeichnet man die Temperatur, bei der der Schmierstoff unter Prüfbedingungen gerade noch fließt. Der **Flammpunkt** ist die Temperatur, bei der der Schmierstoff brennbare Gase entwickelt. Beim Erreichen des **Brennpunkts** brennen die vom Schmierstoff gebildeten Gase von selbst weiter. Der **Zündpunkt** ist die Temperatur, bei der sich ein Schmierstoffgas-Luft-Gemisch von selbst entzündet. Schmieröle können mit verschiedenen Zusätzen versehen werden, um ihre Eigenschaften (z. B. Korrosions- und Alterungsbeständigkeit) zu verbessern.

Tabelle 1: Schmierölzustände

Zustand	neu	Trübung	Farbänderung	Sichtbare Wasseranteile im Öl	Dunkelfärbung
Abbildung					
Ursache	–	Feuchtigkeit Luftbläschen	Alterungserscheinung ggf. Abrieb (Färbung beurteilen)	Wasser im Schmiersystem	feinster Abrieb oder Alterung

Lernfeld 9

Bild 1: Außenlagerung von Schmierölen

Tabelle 1: Klassifizierung brennbarer Flüssigkeiten

Gefahrenklasse	Flammpunkt
A I	< 21 °C
A II	21 °C–55 °C
A III	55 °C–100 °C

Tabelle 2: Wassergefährdungsklassen

Klasse	Bedeutung	Beispiel
WGK 1	schwach wassergefährdend	Alkohol, Essigsäure
WGK 2	deutlich wassergefährdend	Heizöl, Diesel
WGK 3	stark wassergefährdend	Benzin, Altöl

// Lagerung von Schmierölen

Schmieröle sollen in trockenen und sauberen Räumen unter gleichmäßiger Temperatur und Luftfeuchte gelagert werden. Temperaturen oberhalb von 60 °C können bereits während der Lagerung eine Alterung bewirken, deshalb sollte Sonneneinstrahlung vermieden werden.

Teilweise sind Schmieröle bedingt durch Additive schwach hygroskopisch. Werden sie nicht luftdicht verschlossen, können sie Luftfeuchte aus der Umgebung aufnehmen und dadurch altern. Ölfässer sollten nach Möglichkeit nicht im Freien stehend gelagert werden **(Bild 1)**, sondern liegend mit dem Verschluss nach unten. Regenwasser kann so nicht versehentlich ins Öl gelangen.

Schmieröle haben in der Regel einen Flammpunkt oberhalb von 100 °C. Deshalb werden Schmieröle keiner Gefahrenklasse aus der **V**erordnung **b**rennbarer **F**lüssigkeiten (VbF, **Tabelle 1**) zugeordnet.

Der Lagerort sollte den Anforderungen des **W**asser**h**aushalts**g**esetzes (WHG) entsprechen. Es definiert u. a. drei **W**asser**g**efährdungs**k**lassen (WGK, **Tabelle 2**). Schmieröle und Schmierfette sind in der Regel WGK 1 oder WGK 2 zugeordnet. Informationen befinden sich auf der Gebindeverpackung.

// Entsorgung von Schmierölen

Altöle können in der Umwelt große Schäden verursachen. Deshalb sind die Vorschriften für die Entsorgung gesetzlich geregelt. Jeder Schmierstoff hat eine sogenannte Abfallschlüsselnummer, die im Sicherheitsdatenblatt zu finden ist. Hier finden sich auch Hinweise zur Entsorgung **(Bild 2)**.

ABSCHNITT 13: Hinweise zur Entsorgung

13.1 Verfahren der Abfallbehandlung

Produkt

Abfallschlüsselnummer:	12 01 10* = Synthetische Bearbeitungsöle * = Die Entsorgung ist nachweispflichtig.
Empfehlung:	Sonderabfall. Entsorgung gemäß den behördlichen Vorschriften.

Verpackung

Empfehlung:	Entsorgung gemäß den behördlichen Vorschriften. Kontaminierte Verpackungen sind wie der Stoff zu behandeln. Nicht kontaminierte und restentleerte Verpackungen können einer Wiederverwertung zugeführt werden.

Bild 2: Auszug eines Sicherheitsdatenblatts, Abschnitt 13

Bild 1: Werkstattentsorgung mit Spezialfahrzeug

Bild 2: Sammelbehälter für ölverschmierte Putzlappen

Grundsätzlich stehen im Betrieb extra für die Entsorgung von Schmierstoffen vorgesehene Behälter. Sie werden in der Regel von zertifizierten Entsorgern geleert. Der Inhalt wird dem Wertstoffkreislauf zugeführt oder fachgerecht entsorgt **(Bild 1)**.

Ölverschmierte Putzlappen werden ebenfalls in speziellen Behältern gesammelt **(Bild 2)**. Sie können in Verbindung mit Luftsauerstoff Wärme entwickeln und sich dadurch selbst entzünden.

5.10.4 Schmierfette

Schmierfette sind pastenartige Schmierstoffe, die aus Öl (mineralisch oder synthetisch) und einem Dickungsmittel bestehen **(Bild 3)**. Teilweise werden die Schmierfette mit Additiven sowie Festschmierstoffen versehen. Durch den Festschmierstoffzusatz bekommt das Fett Notlaufeigenschaften.

Bild 3: Fett ohne Zusatz von Festschmierstoffen

Überlegen und beantworten Sie:

1. Benennen Sie die drei Formen der Reibung.
2. Beschreiben Sie den Stick-Slip-Effekt (Ruckgleiten) detailliert. Begründen Sie das physikalische Phänomen.
3. Erläutern Sie, wie es zu einem „Kolbenfresser" kommen kann **(Bild 4)**.
4. Nennen Sie Vor- und Nachteile von synthetischen Schmierölen.
5. Weshalb wird zur Erstellung von Viskositätsklassen die sogenannte kinematische Viskosität verwendet?
6. Erläutern Sie die verschiedenen charakteristischen Temperaturpunkte von Schmierölen.
7. Worauf deutet die Trübung eines Schmieröls hin?
8. Ihr Betrieb möchte einen Lagerraum für Schmieröle einrichten. Erläutern Sie, worauf geachtet werden sollte.
9. Beschreiben Sie die Bedeutung einer Wassergefährdungsklasse.
10. Nennen Sie die Inhalte des Abschnitts 13 eines Sicherheitsdatenblatts für einen Schmierstoff.

Bild 4: „Kolbenfresser"

Tabelle 1: NLGI-Klassen und Walkpenetration (Auszug Tabellenbuch Metall)

Konsistenz[1]-Einteilung für Schmierfette					
NLGI-Klasse[3]	**Walkpenetration[2]**	**NLGI-Klasse[3]**	**Walkpenetration[2]**	**NLGI-Klasse[3]**	**Walkpenetration[2]**
000	445 ... 475 (sehr weich)	1	310 ... 340	4	175 ... 205
00	400 ... 430	2	265 ... 295	5	130 ... 160
0	355 ... 385	3	220 ... 250	6	85 ... 115 (sehr fest)

[1] Kennzeichen für das Fließverhalten
[2] Maß der Eindringtiefe eines genormten Prüfkegels in durchgeknetetes (gewalktes) Fett
[3] National Lubrication Grease Institute (NLGI), Nationales Schmierfett-Institut, USA

Tabelle 2: Festschmierstoffe (Auszug Tabellenbuch Metall)

Schmierstoff	Kurzzeichen	Gebrauchstemperatur	Anwendung
Grafit	C	−18 ... +450°	als Pulver oder Paste sowie Beimengung zu Schmierölen und Schmierfetten, nicht in Sauerstoff, Stickstoff und Vakuum
Molybdändisulfid	MoS_2	−180 ... +400°	als mineralölfreie Paste, Gleitlack oder Beimengung zu Schmierölen und Schmierfetten, geeignet für sehr hohe Flächenpressung
Polytetraflourethylen	PTFE	−250 ... +260°	als Pulver in Gleitlacken und synthetischen Schmierfetten sowie als Lagerwerkstoff, sehr niedrige Gleitreibungszahl μ = 0,04 bis 0,09

Die Konsistenz der Schmierfette wird nach NLGI-Klassen (**N**ational **L**ubrication **G**rease **I**nstitute, Nationales Schmierfett-Institut, USA) oder nach Walkpenetrationsbereichen eingeteilt. Sie reicht von sehr weich bis sehr fest.

// Prüfung, Lagerung und Entsorgung von Schmierfetten

Zur Beurteilung des Zustands eines Schmierfetts wird eine Sichtprüfung durchgeführt. Gealterte Fette können sich verfärben oder trocken und hart werden. Lagerung und Entsorgung gestalten sich ähnlich wie bei Schmierölen.

5.10.5 Festschmierstoffe

Festschmierstoffe finden Verwendung, wenn sich aufgrund von zu geringer Gleitgeschwindigkeit kein Schmierfilm bilden kann oder die Betriebstemperatur sehr hoch bzw. sehr niedrig ist. Eingesetzt werden Pulver aus Grafit (C), Molybdändisulfit (MoS_2) **(Bild 1)** und Kunststoff (PTFE).

Die Pulverteilchen haben eine plättchenartige Form und können so aufeinander abgleiten **(Bild 2)**. Ein Wegdrücken des Festschmierstoffs aufgrund hoher Belastung kann nicht stattfinden. Eigenschaften und Gebrauchstemperaturen sind in **Tabelle 2** zusammengefasst.

Bild 1: Molybdändisulfid (MoS_2)

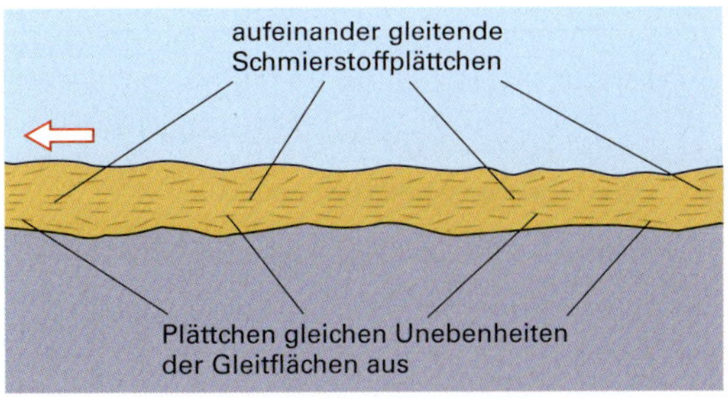

Bild 2: Schmierspalt mit Festschmierstoff

Lernfeld 9

5.10.6 Bezeichnungssystem der Schmierstoffe

Die Schmieröle und -fette werden innerhalb des Schmierplans durch Sinnbilder bzw. Kennbuchstaben bezeichnet **(Tabelle 1)**. Sie können z. B. mithilfe eines Tabellenbuchs entschlüsselt werden.

Tätigkeiten wie Ölen, Fetten oder Auffüllen werden ebenfalls durch Sinnbilder dargestellt und so innerhalb des Schmierplans verdeutlicht **(Tabelle 2)**.

Tabelle 1: Bezeichnungssystem von Schmierstoffen

Schmieröle

Bezeichnung durch Kennbuchstaben

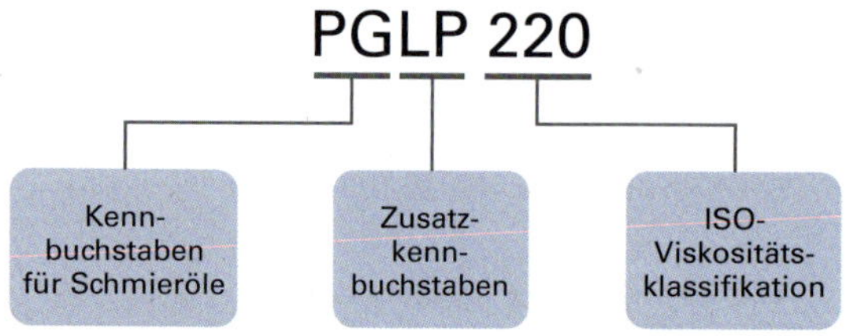

Bezeichnung durch Sinnbilder

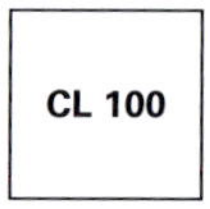

Schmieröl auf Mineralölbasis

Schmieröl auf Syntheseölbasis

Schmierfette

Bezeichnung durch Kennbuchstaben

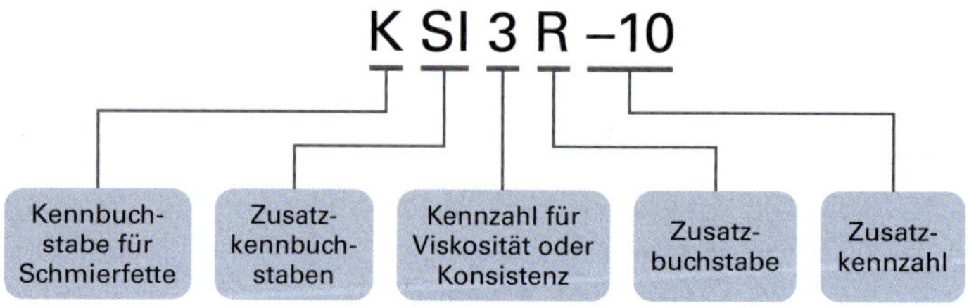

Bezeichnung durch Sinnbilder

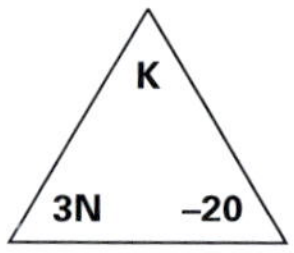

Schmierfett auf Mineralölbasis

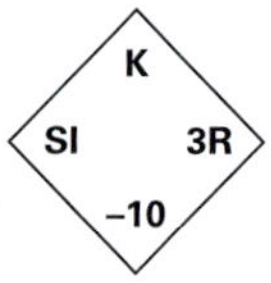

Schmierfett auf Syntheseölbasis

Tabelle 2: Sinnbilder von Tätigkeiten

	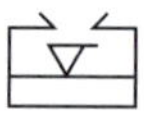	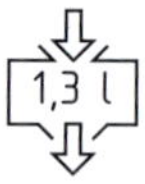				
Füllstand	Auffüllen	Wechseln	Ölen	Schmieren mit Fettpresse	Schmieren mit Pinsel	Sprühen

Überlegen und beantworten Sie:

1. Nennen Sie Arten von Schmierstoffen, die im Bearbeitungszentrum **(Seite 330)** Verwendung finden könnten.
2. Erklären Sie die Bedeutung dieser Sinnbilder:  und .
3. Beschreiben Sie den Einsatzort von Festschmierstoffen.

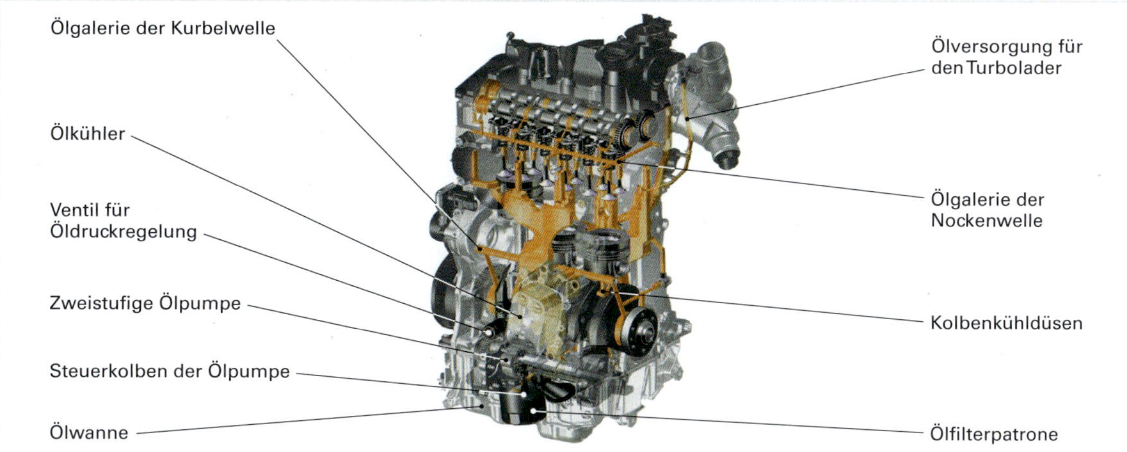

Bild 1: (Druck-)Umlaufschmierung

5.10.7 Schmierverfahren

Im Bearbeitungszentrum werden Schmieröle auf verschiedene Weise zu den Schmierstellen transportiert. Für Instandhaltungstätigkeiten ist es deshalb nötig, diese verschiedenen Schmierverfahren zu kennen.

// Umlaufschmierung

Aus dem Ottomotor ist das Verfahren der Umlaufschmierung bekannt. Eine Ölpumpe fördert das Schmiermittel aus einem Reservoir (Ölwanne) zu den Schmierstellen. Von dort findet eine Rückführung des Schmierstoffs zum Reservoir statt. Es können noch Filterelemente und Kühlvorrichtungen zwischengeschaltet werden **(Bild 1)**. Umlaufschmierungen sind umweltfreundlich, weil in der Regel wenig Schmiermittel benötigt wird und auch keines in die Umwelt gelangt.

// Verbrauchsschmierung

Eine Verbrauchsschmierung (Verlustschmierung) liegt vor, wenn neuer Schmierstoff ausschließlich zur Schmierstelle hingeführt wird. Der Schmierstoff wird dort verbraucht oder muss entfernt werden. Die Zuführung kann manuell (z. B. mit Ölkanne), halbautomatisch (z. B. mit Tropföler, **Bild 2**) oder vollautomatisch (z. B. durch Tauchschmierung) erfolgen. Liegt nur eine Schmierstelle vor, wird vielfach auch von Einzelschmierung gesprochen.

// Lebensdauerschmierung

Eine Schmierstelle kann von vornherein mit einer für die gesamte Lebensdauer ausreichenden Schmierstoffmenge versehen werden. Dieses Verfahren wird Lebensdauerschmierung genannt. Es findet häufig bei gekapselten Wälzlagern Anwendung **(Bild 3)**.

Bild 2: Verbrauchsschmierung an einer Lagerung

Bild 3: Lebensdauerschmierung eines gekapselten Wälzlagers mit demontierter Dichtung

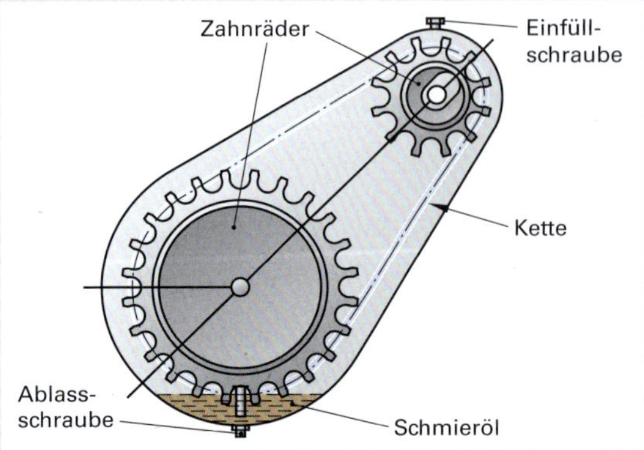

Bild 1: Tauchschmierung

Bild 2: Auswahl selbstschmierender Buchsen

// Tauchschmierung

Ein Reibpartner durchläuft dauerhaft den Schmierstoff, der sich am tiefsten Punkt des Getriebes befindet **(Bild 1)**. Auf diese Weise wird eine gleichmäßige Schmierung gewährleistet. Tauchschmierung eignet sich nur für niedrige Drehgeschwindigkeiten.

// Selbstschmierung

Selbstschmierung bezeichnet die Fähigkeit eines Bauteils, ohne externe Versorgung ausreichende Schmierung zu erhalten. Dies kann durch sehr niedrige Reibungskoeffizienten der Reibpartner geschehen. Alternativ kann Festschmierstoff in die Oberflächen der Reibpartner eingebracht werden, der über die Lebensdauer fortwährend freigesetzt wird **(Bild 2)**.

> Selbstschmierende Bauteile werden oft als **wartungsfrei** bezeichnet.

// Zentralschmierung

Müssen mehrere Schmierstellen versorgt werden, ist der Einsatz einer Zentralschmierung möglich **(Bild 3)**.

> Zentralschmierungen können mit Schmierfetten und auch mit Schmierölen realisiert werden.

Dosierung und Intervall können für jede Schmierstelle eingestellt werden, sodass der Verbrauch von Schmierstoff verringert wird.

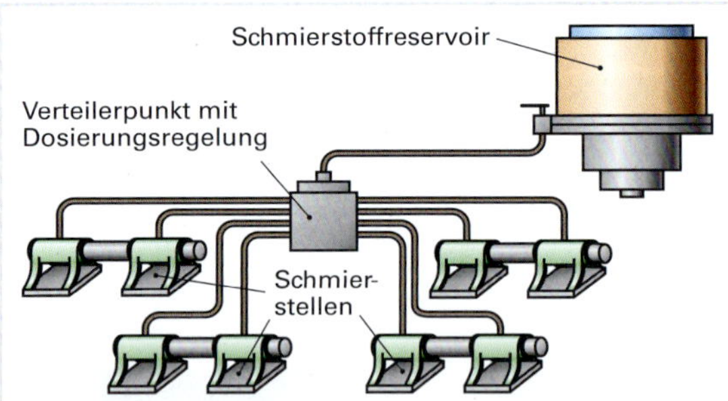

Bild 3: Zentralschmierung

Überlegen und beantworten Sie:

1. Nennen Sie verschiedene Schmierverfahren.
2. Die Umlaufschmierung gilt als umweltfreundlicher als die Verbrauchsschmierung. Erläutern Sie die Gründe.
3. Finden Sie verschiedene Beispiele für Selbstschmierung (z. B. in Ihrer Küche)!
4. Welche Vorteile bietet die Zentralschmierung?

5.10.8 Kühlschmierstoffe (KSS)

Kühlschmierstoffe sind Hilfsstoffe, die bei der spanenden Fertigung verwendet werden.

// Aufgaben der Kühlschmierstoffe

Kühlschmierstoffe (KSS) haben die Aufgabe, Werkstück und Werkzeug zu kühlen und zu schmieren.

> Kühlschmierstoffe senken die Temperatur von Werkstück, Werkzeug und Maschine.

Auswirkungen sind z. B. eine bessere Maßhaltigkeit des Werkstücks, eine Verbesserung der Oberflächenqualität und eine Erhöhung der Werkzeugstandzeit. Neben der Kühl- und Schmierfunktion haben die Kühlschmierstoffe noch weitere Aufgaben **(Bild 3)**:

- Abtransport von Spänen
- Reinigung von Werkzeug und Werkstück
- Korrosionsschutz
- Binden von Schleifstaub

// Kühlschmierstoffarten

Es gibt zwei Hauptgruppen von Kühlschmierstoffen:

- wassermischbare Kühlschmierstoffe wie Emulsionen oder synthetische Kühlschmierstoffe **(Bild 1)**
- reine Schneidöle **(Bild 2)**

Schneidöle besitzen eine hohe Schmierfähigkeit und schützen wirksam vor Korrosion. Die Kühlwirkung ist durch die schlechtere Wärmeleitfähigkeit geringer als bei wassermischbaren Kühlschmierstoffen.

Wassermischbare Kühlschmierstoffe sind als Emulsionen oder als synthetische Kühlschmierstoffe erhältlich. Emulsionen kombinieren die gute Kühlwirkung von Wasser mit der Schmierwirkung von Öl. Damit sich das Öl möglichst fein im Wasser verteilt, muss es unter ständigem Rühren zugegeben werden. Synthetische Kühlschmierstoffe bestehen aus Lösungsmitteln, die in Wasser emulgiert oder aufgelöst werden. Sie sind in der Regel transparent.

Bild 1: Fräsen mit wassermischbarem Kühlschmierstoff

Bild 2: Gewinde schneiden mit Schneidöl

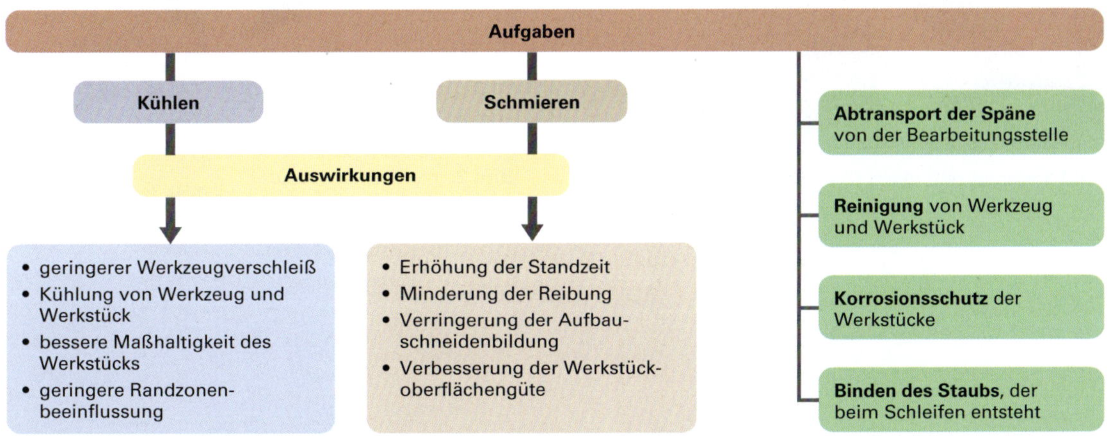

Bild 3: Aufgaben und Wirkungen von Kühlschmierstoffen

Tabelle 1: Schutzmaßnahmen und Wirkungen im Umgang mit Kühlschmierstoff

Schutzmaßnahme	Wirkung
Maschinen kapseln, Einrichtungen für die Ölabsaugung verwenden	Verhindern des Einatmens von KSS-Dämpfen
Hautschutzcremes verwenden	Hautreizungen, Ekzeme **(Bild 1)** und Austrocknen der Haut verhindern
längeren Hautkontakt mit KSS vermeiden	Hautreizungen, Allergien und Ekzeme vermeiden
wenn möglich Handschuhe tragen	
KSS-verschmutzte Arbeitskleidung wechseln	
KSS-Kontakt mit Schleimhäuten vermeiden	Schleimhautreizungen reduzieren
Kühlschmierstoffe sachgerecht entsorgen	verbesserten Umweltschutz praktizieren

// Schutzmaßnahmen im Umgang mit Kühlschmierstoffen (KSS)

Vor allem die Zusätze in wassermischbaren Kühlschmierstoffen können gesundheitliche Schäden verursachen **(Bild 1)**.

Durch häufigen Kontakt mit KSS können z. B. Risse in den oberen Hautschichten entstehen. Bei weiterer Einwirkung kommt es vielfach zu einer Sensibilisierung, aus der ein allergisches Ekzem entstehen kann. Ein weiterer Kontakt mit KSS ruft dann sofort eine allergische Reaktion hervor.

Es werden deshalb Schutzmaßnahmen empfohlen **(Tabelle 1)**.

// Pflege von Kühlschmierstoffen

Die Gebrauchsfähigkeit von wassermischbaren Kühlschmierstoffen kann geprüft werden. Die Gebrauchskonzentration wird mit dem Handrefraktometer **(Bild 2)** nach Herstellervorgabe getestet und kann danach angepasst werden. Der pH-Wert liegt durch Zugabe von Zusätzen zum Korrosionsschutz in der Regel bei etwa 9 und kann mit Teststreifen geprüft werden.

Geruch (Veränderung z. B. durch Faulgase) und Aussehen sollten ebenfalls regelmäßig kontrolliert werden.

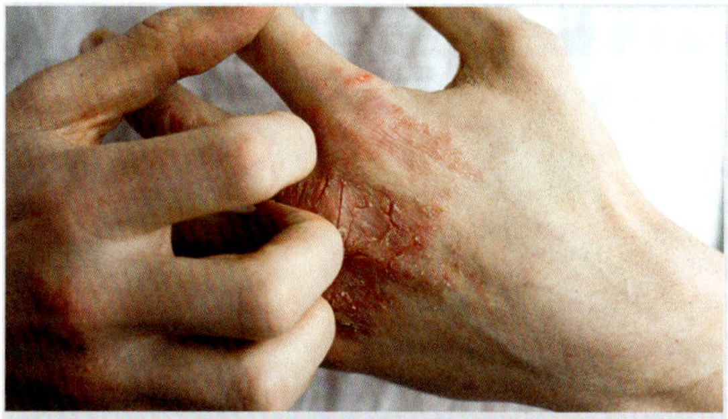

Bild 1: Hautekzem durch häufigen Kontakt mit Kühlschmierstoff

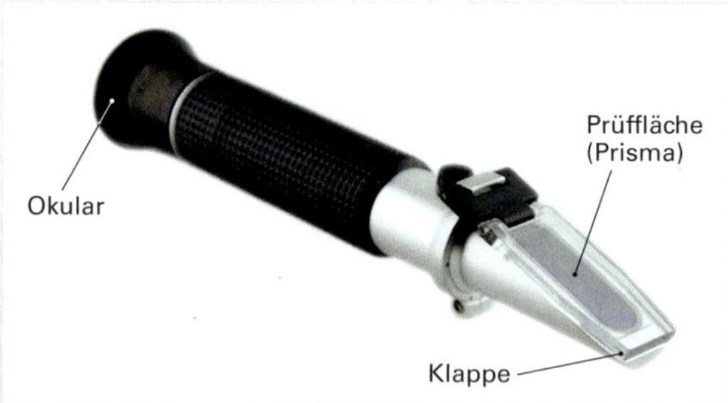

Bild 2: Handrefraktometer

5.10.9 Dokumentation der Instandhaltungs- und Instandsetzungsmaßnahmen

Sie haben alle Wartungs- und Instandhaltungsmaßnahmen durchgeführt. Nun ist es erforderlich, die durchgeführten Arbeitsschritte zu dokumentieren. Ihnen bieten sich verschiedene Möglichkeiten.

// Instandsetzungsprotokoll

In einem Instandsetzungsprotokoll werden folgende Angaben aufgenommen **(Bild 1)**:

- genaue Bezeichnung der Maschine
- Art der Störung
- Störungsursache
- alle durchgeführten Instandsetzungs- und Wartungsarbeiten

Das Instandsetzungsprotokoll ist in der Regel als Formblatt im Betrieb erhältlich. Die Ergebnisse werden ausgewertet, um Erkenntnisse über das Maschinenausfallverhalten zu erlangen.

// Maschinenstörungskarte

Die Maschinenstörungskarte ist eine einfache Liste. In ihr werden alle Störungen der Maschine, ihre Ursache und die erforderlichen Arbeiten in der Reihenfolge des Auftretens aufgenommen.

// Dokumentation in der EDV

Die Dokumentation der Instandhaltung kann auch direkt in der EDV erfolgen **(Bild 2)**. Auswertungen sind auf diese Weise leicht möglich, zudem wird kein Papier verbraucht.

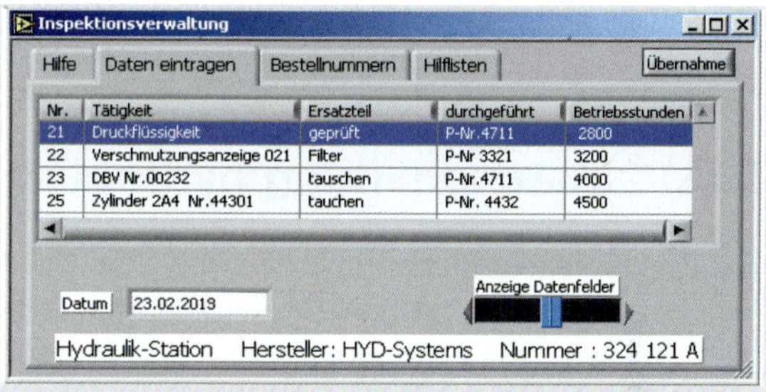

Bild 2: EDV-Verwaltung von Instandhaltungsdaten

Instandsetzungsprotokoll			
Anlagenart:	Bearbeitungszentrum		**Beschreibung der Störung:**
Hersteller:	Gildemeister		Allgemeine Wartung und Instandhaltung nach gebrauchtem Erwerb der Maschine
Typbezeichnung:	CTX-330		
Instandsetzer:	B. Burmester		
Datum:	26.12.2022		
Arbeitsdauer:	125 AW	1 AW = 6 Minuten	
Instandsetzungsarbeiten:			
Bedienungshinweise:			
Bemerkungen:			
Ort, Datum	Unterschrift		Abgenommen

Bild 1: Instandsetzungsprotokoll

Lernfeld 9

Überlegen und beantworten Sie:

1. Nennen Sie die zwei Kategorien von Kühlschmierstoffen. Welche Kühlschmierstoffart wird im Bearbeitungszentrum **(vgl. Seite 330)** verwendet?
2. Sie bekommen die Aufgabe, den Kühlschmierstoff des Bearbeitungszentrums zu prüfen. Notieren Sie Ihre Vorgehensweise.
3. Nennen Sie die Aufgaben von Kühlschmierstoffen.
4. Recherchieren Sie gesundheitliche Probleme, die im Zusammenhang mit dem Umgang mit Kühlschmierstoffen entstehen können.
5. Nennen Sie Vor- und Nachteile einer EDV-gestützten Instandhaltungsdokumentation.
6. Welche Art der Dokumentation schlagen Sie für das Bearbeitungszentrum vor?
   a) Begründen Sie Ihren Vorschlag.
   b) Notieren Sie, welche Informationen in der Dokumentation enthalten sein sollten.

5.11 Instandhaltung hydraulischer und pneumatischer Anlagen

Häufig werden Aufgaben in Systemen durch hydraulische oder pneumatische Anwendungen realisiert. Bei Arbeiten an pneumatischen und hydraulischen Systemen sind Regeln der Arbeitssicherheit sowie die Anforderungen der Anlagenhersteller zu beachten.

5.11.1 Pneumatische Systeme

Pneumatische Anlagen **(Bild 1)** bestehen in der Regel aus folgenden Teilsystemen:

- Drucklufterzeugung
- Druckluftaufbereitung
- Druckluftverteilung
- Druckluftanwendung

Die verdichtete Luft durchläuft vor der Einspeisung in die Verteilung eine Aufbereitungseinheit **(Bild 2)**. Dort werden im Filter Verunreinigungen und Kondenswasser entzogen. Der Öler mischt der Luft fein zerstäubtes Öl bei, wenn die Anwendung Schmierung benötigt.

vel.plus/FILF254

Bild 1: Pneumatische Anlage mit Aufbereitungseinheit

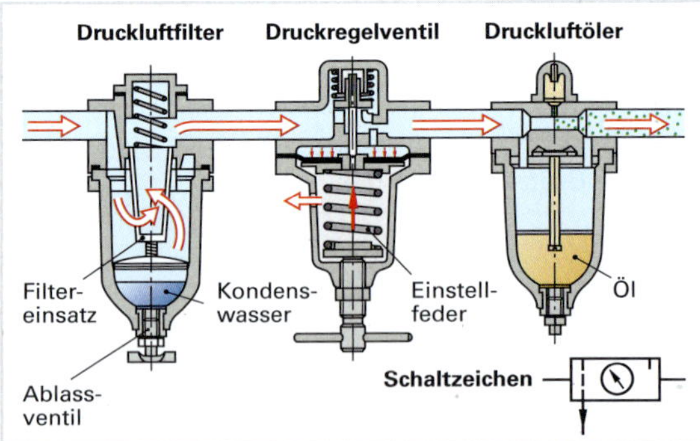

Bild 2: Schematische Darstellung der Aufbereitungseinheit

// Instandhaltung pneumatischer Systeme

Die Aufbereitungseinheit wird in regelmäßigen Abständen nach Herstellervorgaben und unter Beachtung der Regeln der Arbeitssicherheit **(Tabelle 1)** gewartet. Zuvor wird das System drucklos geschaltet. Prüfungen auf Leckagen hingegen erfordern die Beaufschlagung mit Druck.

> Das pneumatische System wird vor **Instandhaltungstätigkeiten** drucklos geschaltet.

Arbeiten an pneumatischen Systemen erfordern zudem Sauberkeit, damit keine Schmutzpartikel in das System eindringen können. An der Wartungseinheit **(Bild 2, Seite 372)** werden folgende Arbeiten durchgeführt:

- Kondenswasser wird durch das Ablassventil abgelassen.
- Öl am Druckluftöler wird ergänzt.
- Der Filtereinsatz wird getauscht/gereinigt.

Innerhalb des pneumatischen Systems werden folgende Prüfungen durchgeführt **(Bild 1)**:

- Schläuche (1) werden auf Beschädigungen untersucht.
- Kupplungen (2) werden auf festen Sitz und Dichtigkeit geprüft.

Bild 1: Pneumatisches System

- Arbeitselemente wie Kolbenstangen (3) werden auf Funktionalität, Dichtigkeit und einwandfreie Laufflächen geprüft.
- Ventile oder Steller (4) werden auf Dichtigkeit und einwandfreie Funktion kontrolliert.

Defekte Bauelemente werden nach Herstellervorgabe ausgetauscht oder instand gesetzt. Austausch bzw. Instandsetzung dürfen nur bei druckloser Anlage durchgeführt werden. Hierbei sind auch Druckspeicher zu entleeren.

Tabelle 1: Allgemeine Arbeitssicherheitsregeln Pneumatik/Hydraulik

Arbeitssicherheitsregel	Grund
PSA wie z. B. Schutzbrille, Handschuhe oder Handschutzcreme sollten verwendet werden.	Vermeidung der Gefährdung von Augenlicht und Hautreizungen.
Fehlerbehebung unter Verwendung der Betriebsanleitung der Anlage nur durch geschultes Fachpersonal.	Wahrung von Gewährleistungsansprüchen und Vermeidung von Unfällen.
Anlage von der Energiequelle trennen und gegen Wiedereinschalten sichern.	Es ist keine unbeabsichtigte Einschaltung möglich.
Anlage drucklos schalten (auch Energiespeicher beachten).	Vermeidung von Verletzungen und Unfällen.
Benachbarte Anlagen sind im Falle einer Verkettung ebenfalls abzuschalten oder zu sichern.	Vermeidung von Unfällen durch nicht vorhandenen Arbeitsdruck.
Anlagensteuerung deaktivieren.	Es ist kein unbeabsichtigter Betrieb möglich.

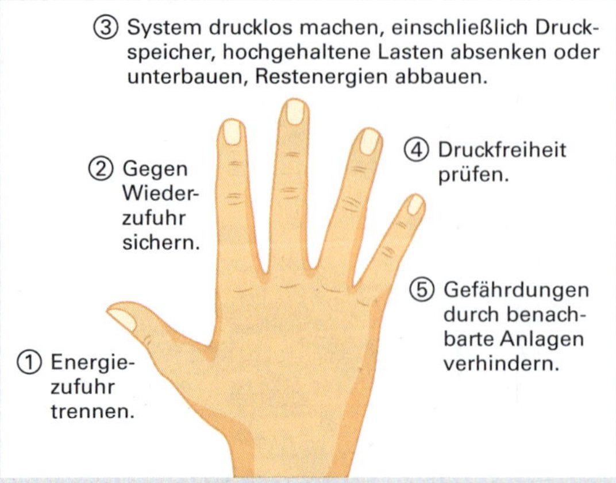

Bild 1: 5-Finger-Regel

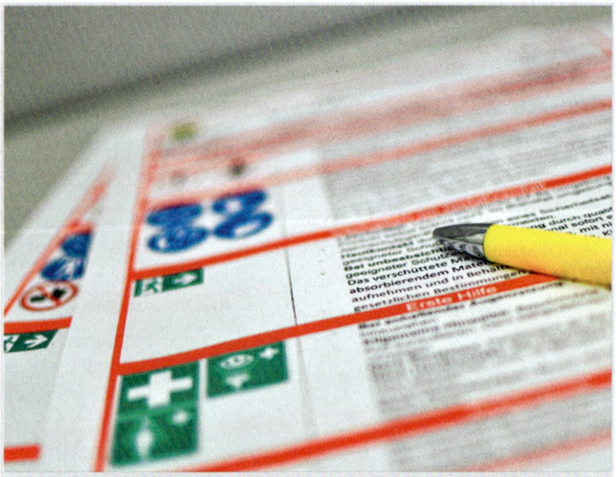

Bild 2: Betriebsanweisung

5.11.2 Hydraulische Systeme

Hydraulische Systeme können unter Druck stehen. Bei Arbeiten können Gefährdungen entstehen:

- Austritt des Hydrauliköls
- ungewollte Maschinenbewegungen
- Schädigung der Augen, Hauterkrankungen durch Flüssigkeitskontakt, Verbrennungen der Haut
- Platzen oder Reißen von Bauteilen

Zur Vermeidung von Unfällen sollten bei Instandhaltungs- und Wartungsarbeiten die Regeln zur Arbeitssicherheit immer beachtet werden **(Tabelle 1, Seite 373)**.

> Die Arbeitssicherheitsregeln sollten bei Instandhaltungsarbeiten immer beachtet werden.

In der Fluidtechnik empfiehlt die Deutsche Gesetzliche Unfallversicherung e. V. (DGUV) die Einhaltung der sogenannten 5-Finger-Regel **(Bild 1)**. Zudem sollten die Betriebsanweisungen von z. B. Hydraulikölen Beachtung finden **(Bild 2)**.

Die erforderlichen Wartungs- und Instandhaltungstätigkeiten stellen sich wie folgt dar:

- Außenreinigung des hydraulischen Systems
- Prüfung der Hydraulikflüssigkeit
- Austausch der Hydraulikflüssigkeit
- Filterwechsel
- Prüfung und Austausch einzelner Bauteile wie Schläuche und Rohrleitungen, Zylinder, Ventile oder der Pumpeneinheit

Bild 3: Verschmutztes Hydrauliksystem

// Außenreinigung des hydraulischen Systems

Sauberkeit erhöht die Lebensdauer des Systems durch Minderung der Abnutzung (z. B. bei Hydraulikzylinderstangen). Bei einer Inspektion lassen sich Leckagen leichter erkennen **(Bild 3)**. Zudem wird bei einem Wechsel der Hydraulikflüssigkeit kein Schmutz in das System eingebracht.

> Bei der Außenreinigung darf keine Reinigungsflüssigkeit in das hydraulische System gelangen.

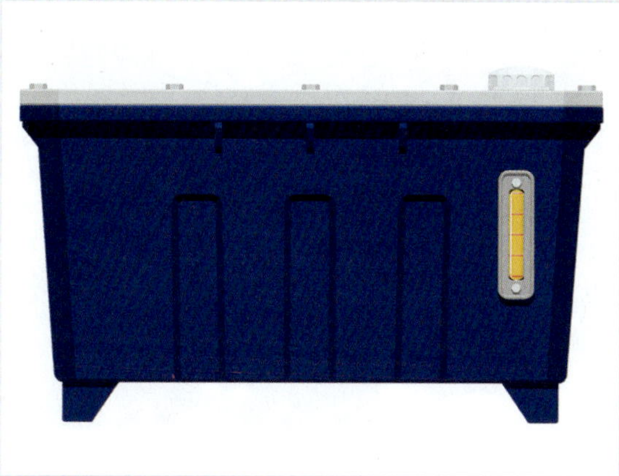

Bild 1: Tank mit Füllstandsanzeige

Bild 2: Verschmutzungsanzeige

Bild 3: Verschiedene Filterkartuschen

// Prüfung der Hydraulikflüssigkeit

Neben der Übertragung von Kräften schützt die Hydraulikflüssigkeit das System vor Verschleiß, minimiert Reibung, verhindert Korrosion, leitet Wärme ab und führt Schmutz und Abrieb ab. Hydraulikflüssigkeiten sind sehr empfindlich gegen Überhitzung. Folgende Wartungstätigkeiten sollten regelmäßig durchgeführt werden:

- Regelmäßige Kontrolle der Temperatur (während des Betriebs)
- Prüfung des Füllstands **(Bild 1)**, ggf. Ergänzen der Flüssigkeit (gleiche Marke und Viskosität)
- Prüfung der Hydraulikflüssigkeit (Verfärbungen, ungewöhnlicher Geruch, Verschmutzung)

// Austausch der Hydraulikflüssigkeit

Die Hydraulikflüssigkeit muss in regelmäßigen Abständen ausgewechselt werden. Anhaltspunkte liefert der Wartungsplan. Beim Tausch sind die Arbeitssicherheitsregeln, insbesondere die 5-Finger-Regel, zu beachten. Vor dem Ablassen sollten eine Auffangwanne, Auffangmatten oder ölbindende Mittel bereitgestellt werden. Nach dem Ablassen werden Tank sowie Öl auf ungewöhnliche Veränderungen wie Ablagerungen untersucht. Anschließend wird der Tank gereinigt, die Putzlappen werden in entsprechende Behälter entsorgt und das Altöl wird dem Entsorger zugeführt. Das neue Hydrauliköl wird dem Tank über einen geeigneten Filter zugegeben.

// Filterwechsel

Der Hydraulikölfilter **(Bild 3)** wird in regelmäßigen Abständen ausgewechselt. Das Intervall hängt von der Nutzungshäufigkeit ab. Häufig besitzen Hydraulikanlagen eine Verschmutzungsanzeige **(Bild 2)**. Verschmutzte Filter haben einen höheren Durchflusswiderstand. Verschmutzungsanzeigen nutzen diese Information und zeigen z. B. mittels Differenzdruckbildung an, ob der Filter gewechselt werden muss. Beim Tausch sind die Herstellerangaben zu beachten.

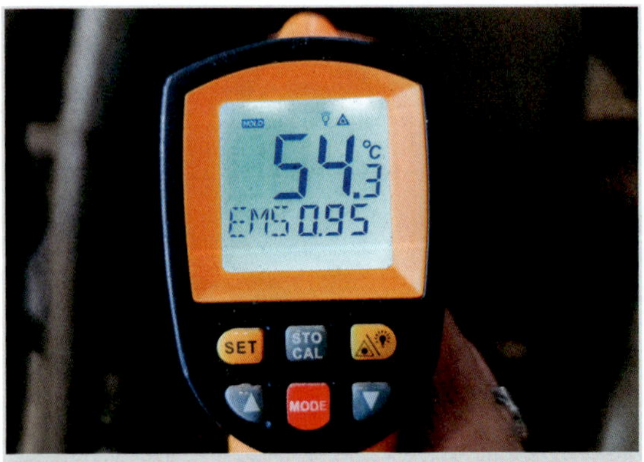

Bild 1: Temperaturmessung

Bild 2: Manometer

Bild 3: Beschädigte Oberfläche eines Hydraulikzylinders

Bild 4: Leckage

// Prüfung und Austausch einzelner Bauteile

Die verschiedenen Bauteile hydraulischer Systeme unterliegen einem Verschleiß, speziell Dichtungen und Kupplungen. Die Bauteile werden in regelmäßigen Abständen geprüft:

- Prüfung der einzelnen Bauteile mit einem Infrarotthermometer **(Bild 1)** auf Überhitzung und ungewöhnliche Geräusche (vor allem Ventile, Zylinder, Pumpe)
- regelmäßige Prüfung des Systemdrucks mittels entsprechender Prüfeinrichtungen (während des Betriebs, **Bild 2**)
- Prüfung der Laufflächen an bewegten Teilen, z. B. bei Druckzylindern **(Bild 3)**
- Regelmäßige Untersuchung von Schläuchen, Rohrleitungen und Armaturen auf Ausfransungen und Dichtigkeit **(Bild 4)**

Sind Bauelemente beschädigt, werden sie unter Beachtung der Regeln der Arbeitssicherheit ausgewechselt. Die Ursache der Beschädigung wird ermittelt und beseitigt, um Folgeschäden auszuschließen.

Überlegen und beantworten Sie:

1. Nennen Sie die Bestandteile der 5-Finger-Regel.
2. Beschreiben Sie erforderliche Instandhaltungsarbeiten an hydraulischen Systemen.
3. Welche Aufgaben erfüllt die Hydraulikflüssigkeit?

5.12 Überprüfen Sie Ihre Kompetenz

Bearbeitungsaufgabe

Ihr Betrieb hat eine gebrauchte Senkrechtfräsmaschine **(Bild 1)** erworben. Der genaue Zustand ist nicht bekannt, die Maschine ist jedoch stark verschmutzt und die Kühlmittelpumpe ist defekt. Sie haben die Aufgabe bekommen, die Maschine betriebsbereit zu machen. Teile der Betriebsanleitung sind in Form von Kopien vorhanden. Ihr Stundensatz beträgt 69,80 €. Alle Kostenangaben sind als Bruttopreise inklusive Mehrwertsteuer ausgewiesen.

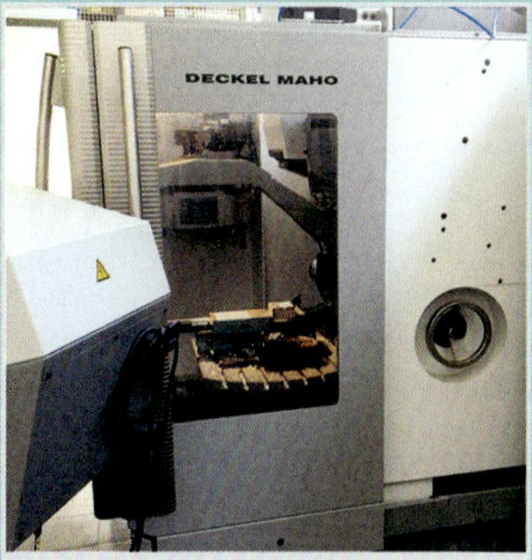

Bild 1: Senkrechtfräsmaschine

1. a) Benennen Sie alle Funktionseinheiten, die Sie an der Maschine erkennen können.

b) Ordnen Sie den verschiedenen Funktionseinheiten mögliche Wartungs- und Instandsetzungsmaßnahmen zu.

2. In der Bedienungsanleitung finden Sie die Benennung der Schmierstoffe, die für die regelmäßige Wartung erforderlich sind **(Bild 2)**. Entschlüsseln Sie sie mithilfe des Tabellenbuchs oder einer Recherche im Internet.

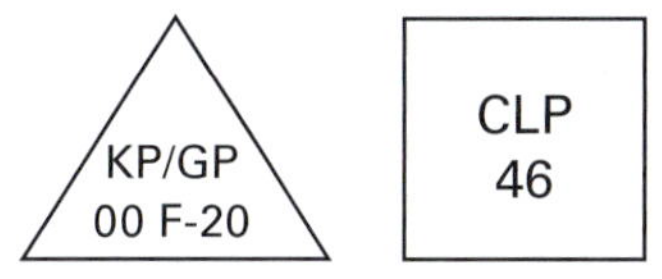

Bild 2: Schmierstoffbezeichnungen

3. Die Instandsetzung der Senkrechtfräsmaschine soll überschlägig kalkuliert werden. Folgende Tätigkeiten sind nach einer ersten Inspektion notwendig:

a) Eine Führung soll ersetzt werden. Das Ersatzteil kostete 69,50 € und wurde vor drei Tagen (für 7,49 € Versandkosten) geliefert und ins Lager genommen. Der Stundensatz für die Lagerung liegt bei 30 Cent/Std. Es fallen zudem Verwaltungskosten in Höhe von 145,70 € an. Ihre Montagetätigkeit wird etwa 3,5 Stunden in Anspruch nehmen.

b) Für den Wechsel dreier Schmiernippel werden 2,7 Stunden Arbeitszeit veranschlagt. Die Kleinteile werden per Expresszustellung (15,99 €) geliefert, kosten allerdings in Summe nur 14,70 €. Die Verwaltungskosten betragen lediglich 25,60 €.

c) Die Wartung und Schmierung der Maschine dauert noch einmal 4 Stunden und benötigt vier Liter Öl für 31,80 €/l und zwei Fettkartuschen zu je 14,90 €.

Berechnen Sie die Gesamtkosten für alle Positionen.

Bild 3: Gesamtansicht

4. Erläutern Sie, welche

a) Instandhaltungsmaßnahmen und

b) Wartungsmaßnahmen

möglicherweise vor der Inbetriebnahme der Senkrechtfräsmaschine ergriffen werden sollten. Nutzen Sie dazu auch **Bild 3–5**.

Bild 4: Werkzeugträger

Bild 5: Arbeitsraum

5. Nennen Sie Kriterien, anhand derer die zukünftige Instandhaltungsstrategie für die Fräsmaschine festgelegt werden kann.

6. Bei den Wartungsunterlagen entdecken Sie auch eine Auflistung der Maschinenausfälle über die bisherige Betriebszeit. Nach häufigen Ausfällen zu Beginn sind seit mehreren Jahren nur gelegentliche Stillstände zu verzeichnen. Die Häufigkeit nimmt nicht zu. Ordnen Sie das Ausfallverhalten im Bezug zu verschiedenen Ausfallkurven **(Seite 340)** ein.

7. Die Wartungspläne der Senkrechtfräsmaschine und des Bearbeitungszentrums **(Seite 342)** sollen vereinheitlicht werden, da Werkstücke in der Regel auf beiden Maschinen bearbeitet werden.
   - **a)** Benennen Sie Grundsätze, die bei der Vereinheitlichung beachtet werden sollten.
   - **b)** Schildern Sie die vier Prozessschritte der Vereinheitlichung von Wartungsplänen.

Bild 1: Schwalbenschwanzführung

8. Bei der Durchsicht der Fräsmaschine fällt Ihnen der Zustand der Schwalbenschwanzführung **(Bild 1)** auf. Erläutern Sie die erforderlichen Arbeiten.

9. Für den Antrieb der Fräsmaschine wird ein Riemen verwendet. Sie entschließen sich, den Riemen zu tauschen.
   - **a)** Erläutern Sie Möglichkeiten, die Vorspannung einzustellen. Der Sollwert liegt Ihnen vor.
   - **b)** Welche Folgen kann eine zu hohe, welche eine zu niedrig eingestellte Vorspannung haben?

Bild 2: Ölprobe

10. Als Nächstes reinigen Sie den Schmierölbehälter und entnehmen zur Beurteilung eine Probe **(Bild 2)**. Worauf deutet die Farbe des Öles hin?

11. Sie entschließen sich, das Öl zu tauschen, und füllen das Altöl in einen geeigneten Kunststoffkanister. Ordnen Sie den Kanister bezüglich der Brennbarkeit, Wassergefährdung und Entsorgung ein **(vgl. Seite 363)**.

12. Beim Wechsel des alten, schimmeligen Kühlschmierstoffs **(Bild 3)** sollten Sie verschiedene Schutzmaßnahmen beachten. Nennen Sie sie.

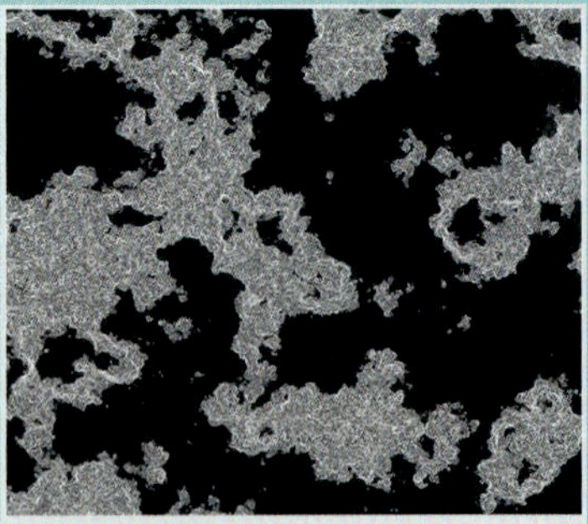

Bild 3: Keimbefall

13. Abschließend schreiben Sie ein Instandsetzungsprotokoll zur Maschine. Nennen Sie Angaben, die in dieses Dokument aufgenommen werden sollten. Wenn die Möglichkeit besteht, entwerfen Sie ein Formblatt.

5.13 Discover your profession in English

// Maintenance of lubricants and hydraulic fluids

The usage of machines and parts always causes wear and tear. Especially if two parts move relatively to each other, in the contact area occurs friction. Friction impedes always the movement of parts, therefore lubricants are necessary to reduce the touch of the boundary surfaces **(figure 1)**.

During lifetime of machines or complete production lines, costs occur caused by functional breakdown, downtime and associated maintenance measures.

A lot of these failures are caused by impurities and contamination of the lubrication oil or the hydraulic fluid. The kind of contamination can be roughly indicated if the look of the fluid is analyzed **(table 1)**. Due to the fact that these contamination by particles can cause great damage in hydraulic systems or machinery, the number of particles can also be measured.

The solid contamination level is classified in accordance to ISO 4406/1999. Many manufacturers recommend certain purity levels for their products.

Figure 1: Lubricated boundary surfaces of a gear wheel

Vocabulary

wear and tear – *Verschleiß*
occur – *auftreten*
friction – *Reibung*
impede – *behindern*
lubricant – *Schmiermittel*
boundary surfaces – *Grenzflächen*
functional breakdown – *Funktionsausfall*
downtime – *Ausfallzeit*
maintenance measure – *Instandhaltungsmaß-nahme*
impurities – *Verunreinigungen*
purity level – *Reinheitsgrad*
gear wheel – *Zahnrad*
dyeing – *Färbung*

Table 1: Condition of lubricant oil

Condition	new	cloudiness	change of color	visible water content	Dark dyeing
Picture					
Reason	–	humidity, air bubbles	ageing or abrasion	water in the system	superfine abrasion or ageing

Exercises:

1. Why is the use of lubricants also necessary and meaningful?
2. How is water in the lubrication oil detectable?

Lernfeld 9

Lernfeld 10:
Herstellen und Inbetriebnehmen von technischen Systemen

Kapitel 06

Technische Komponenten

Getriebe im Regelfall zwischen einer Antriebs- und Abtriebseinheit verbaut. Die Aufgaben von Getrieben sind Übertragung von Momenten oder Drehzahlen. Dabei kann die Drehrichtung geändert werden. Getriebe bestehen aus unterschiedlichen Baueinheiten wie z.B. Zahnrädern, Riemenscheiben, Zugmitteln u.ä.

6.1 Getriebe

In vielen modernen Maschinen sind Elektromotoren verbaut, die über eine Drehzahlsteuerung verfügen. Den Motoren werden meistens eine Kupplung und ein Getriebe nachgeschaltet. Die Kupplung dient zur Trennung von Motor und Getriebe (vgl. Kapitel 6.2). Getriebe sind Maschinenelemente, die Bewegungsgrößen ändern. Sie dienen in erster Linie zur Übertragung und Wandelung folgender Größen:

- Drehmomente
- Drehzahlen
- Kräfte
- Drehrichtungen

6.1.1 Getriebearten

Je nach Anwendungsfall kommen unterschiedliche Getriebe zum Einsatz. Grob lassen sich die Getriebe in drei Gruppen einteilen:

- Zahnradgetriebe
- Zugmittelgetriebe
- Reibradgetriebe

6.1.2 Zahnradgetriebe

Am häufigsten kommen die Zahnradgetriebe zum Einsatz. Bei Zahnradgetrieben greifen zwei oder mehr Zahnräder formschlüssig ineinander und wandeln so die Eingangsgröße vom Motor mit der Eingangswelle auf den benötigten Wert oder in die notwendige Richtung an der Abtriebswelle um. Zahnradgetriebe lassen sich je nach Form der Zahnräder in Stirnräder, Kegelräder und Schneckenräder einteilen.

> Zahnräder können Drehbewegungen, Drehmomente, Drehzahlen und Drehrichtungen ändern.

Bild 1: Stirnradgetriebe mit zwei Zahnrädern

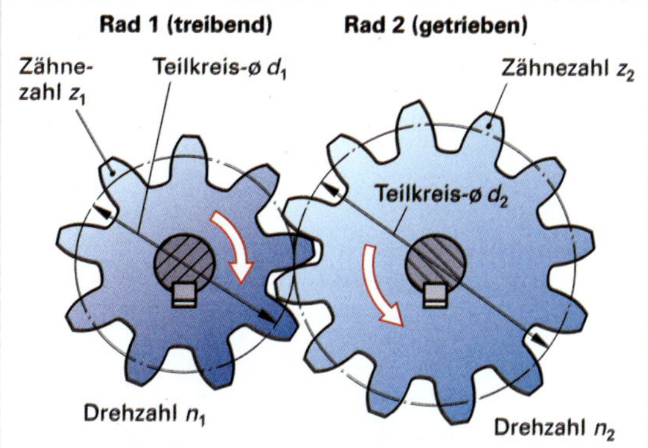

Bild 2: Kopfkreis-, Fußkreis- und Teilkreisdurchmesser am Zahnrad

// Bestimmungsgrößen an Zahnrädern

Zahnräder sind Maschinenelemente mit gleichmäßig über den Umfang verteilten Zähnen. Bei Zahnradgetrieben greifen zwei oder mehr Zähne ineinander **(Bild 1)**.

// Zahnradmaße

Der Kopfkreis bzw. Kopfkreisdurchmesser d_a bestimmt den äußeren Durchmesser des Zahnrads **(Bild 2)**. Wird der Kopfkreisdurchmesser um die Zahnhöhe h vermindert, ergibt sich der Fußkreis bzw. der Fußkreisdurchmesser d_f. Die Zahnhöhe h entspricht der für die Fertigung notwendigen Frästiefe. Zwischen dem Kopfkreis- und Fußkreisdurchmesser liegt der Teilkreisdurchmesser d. Auf den Teilkreisdurchmessern berühren sich die Zahnräder tangential. Durch die Teilkreise d_1 und d_2 zweier sich berührender Zahnräder wird der Achsabstand a bestimmt.

Durch den Teilkreis wird der Zahn **(Bild 3)** in den Zahnfuß h_f und den Zahnkopf h_a geteilt.

Aus der Differenz zwischen dem Kopfkreisdurchmesser d_a und dem Fußkreisdurchmessers d_f des zweiten Zahnrads ergibt sich das Kopfspiel c. Das Kopfspiel sorgt dafür, dass sich die Zahnräder nicht verklemmen. Darüber hinaus können durch den Spalt des Kopfspiels Öl und Schmutzpartikel aufgenommen werden.

Aus dem Bogenmaß von einem Zahn bis zum nächsten Zahn wird die Teilung p ermittelt. Sie wird im Regelfall auf dem Teilkreisdurchmesser gemessen. Damit bei der Berechnung der Teilung ganze

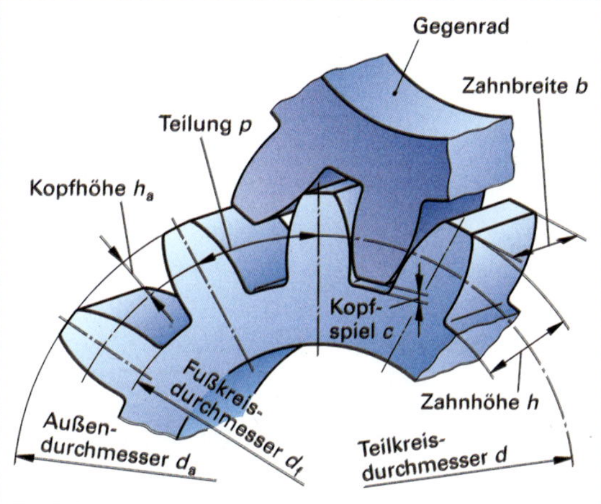

Bild 3: Zahnradmaße

Zahlenwerte berechnet werden können, wird die Teilung p durch die Zahl π geteilt. Hierdurch entsteht ein neues Maß, der Modul m. Weiterhin ist der Modul m auch vom Verhältnis des Teilkreisdurchmessers und der Zähnezahl z abhängig. Die Werte für den Modul sind genormt. Es lassen sich nur Zahnräder mit dem gleichen Modul paaren.

i

Es können nur Zahnräder mit gleichem Modul m gepaart werden.

$$m = \frac{p}{\pi} = \frac{d}{z}$$

Die Abmessungen eines Zahnrads hängen direkt mit dem Modul und der Zähnezahl zusammen. Sind der Modul, die Zähnezahl und das Kopfspiel bekannt, so können alle relevanten Maße zur Herstellung eines Zahnrads berechnet werden. Damit stehen für die Berechnung der Zahnradmaße folgende Formeln zur Verfügung:

Zahnradgeometrie

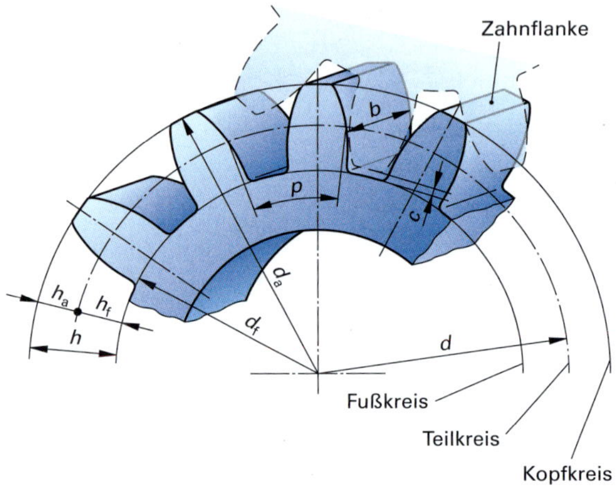

$p = m \cdot \pi$ | $d = m \cdot z$

$m = \frac{p}{\pi}$ | $m = \frac{d}{z}$

$d_a = d + 2 \cdot m$
$d_a = m \cdot (z + 2)$

$d_f = d - 2 \cdot (m + c)$

$c = 0{,}1 \cdot m \ldots 0{,}3 \cdot m$
Maschinenbau:
$c = 0{,}167 \cdot m = \frac{1}{6} \cdot m$

$h_a = m$

$h_f = m + c$

$h = h_a + h_f$
$h = 2 \cdot m \cdot c$

p Teilung
m Modul
d Teilkreisdurchmesser
z Zähnezahl
d_a Kopfkreisdurchmesser
d_f Fußkreisdurchmesser
c Kopfspiel
h_a Zahnkopfhöhe
h_f Zahnfußhöhe
h Zahnhöhe

Bild 1: Zahnradgeometrie und Formeln zur Berechnung

Berechnungsbeispiel

Durch eine Überlastung des Getriebes wurde ein Zahnrad beschädigt. Es können nur noch die Zähnezahl $z_1 = 59$ und der Fußkreisdurchmesser mit $d_{f1} = 65{,}75$ mm bestimmt werden.

Berechnen Sie den Teilkreisdurchmesser d, den Außendurchmesser/Kopfkreisdurchmesser d_a, die Zahnhöhe h, die Kopfhöhe h_a und die Zahnfußhöhe h_f. Der Modul ist $m = 0{,}9$, das Kopfspiel ist $c = 0{,}2 \cdot$ m.

Lösung

Teilkreisdurchmesser *d*

$d = z \cdot m = 59 \cdot 0{,}9\text{ mm} = 53{,}1\text{ mm}$

Außendurchmesser/Kopfkreisdurchmesser d_a

$d_a = (z + 2) \cdot m = (59 + 2) \cdot 0{,}9\text{ mm} = 54{,}9\text{ mm}$

Kopfhöhe h_a

$h_a = m = 0{,}9\text{ mm}$

Zahnfußhöhe h_f

$h_f = m + c = 0{,}9\text{ mm} + (0{,}2 \cdot 0{,}9\text{ mm})$
$= 0{,}9 + 0{,}18\text{ mm} = 1{,}08\text{ mm}$

// Übersetzungsverhältnis

Als Übersetzungsverhältnis wird nach DIN der Quotient aus der Drehzahl des treibenden Zahnrads und der Drehzahl des getriebenen Zahnrads definiert.

Übersetzungverhältnis *i*

$$i = \frac{n_{\text{treibend}}}{n_{\text{getrieben}}}$$

Da die Zähne eines Zahnrads gleichmäßig auf seinen Umfang verteilt sind, kann das Übersetzungsverhältnis i auch über das Verhältnis der Anzahl der Zähne ausgedrückt werden.

aus $n = n_1 \cdot z_1 = n_2 \cdot z_2$

folgt $\frac{n_1}{n_2} = \frac{z_2}{z_1}$

und somit $i = \frac{z_2}{z_1} = \frac{z_{\text{getrieben}}}{z_{\text{treibend}}}$

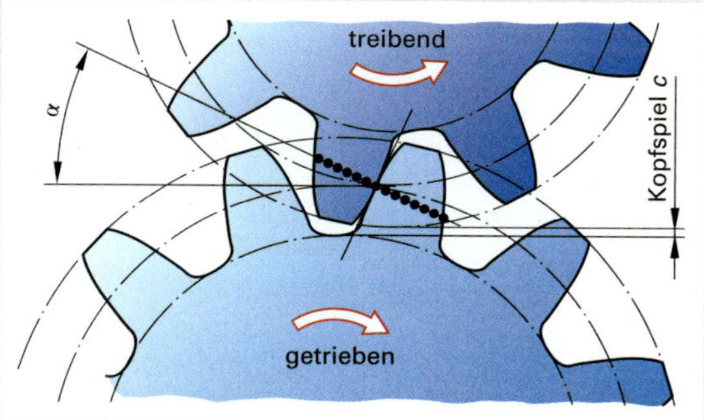

Bild 1: Eingriffslinie Zahnrad

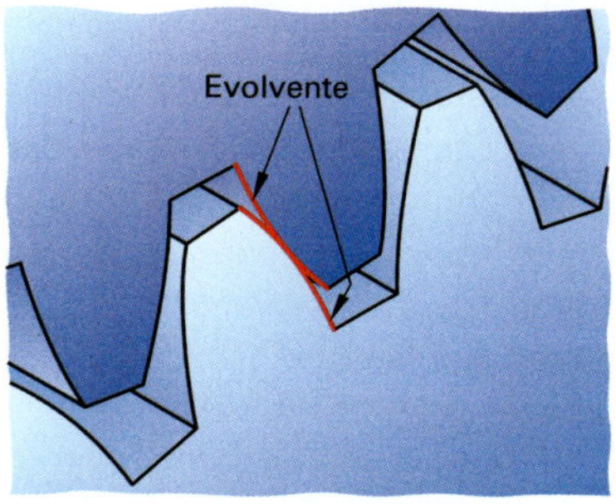

Bild 2: Evolventenverzahnung

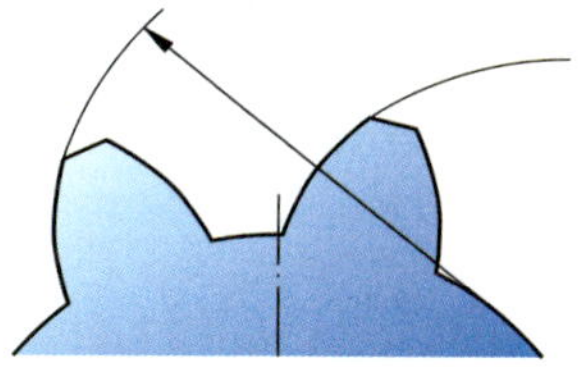

Bild 3: Entstehung einer Evolvente

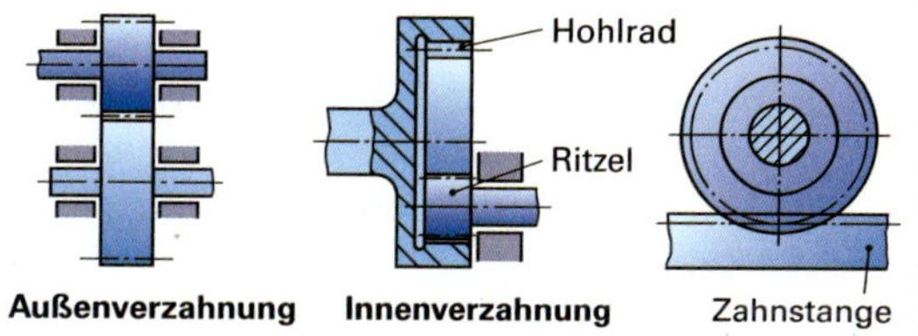

Bild 4: Grundformen der Zahnradgetriebe

// Zahnflanken

Die Zahnflanken der im Eingriff stehenden Zähne **(Bild 1)** berühren sich in einer linienförmigen Zone. Damit der Verschleiß der Zähne möglichst niedrig bleibt, wälzen sich die Zahnflanken aufeinander ab. Dadurch werden Reibung und somit auch der Verschleiß, die Wärmeentwicklung und Geräusche reduziert. Während sich die Zähne aufeinander abwälzen, wandert die Zone über die gesamte Zahnflanke, bis sie außer Eingriff sind. Von der Zahnradseite aus betrachtet ergibt sich eine punktförmige Berührung der Zahnflanken. Sämtliche Berührungspunkte liegen auf einer Geraden, der Eingriffslinie. Die Eingriffslinie ist um den Eingriffswinkel α geneigt. Bei einer Normalverzahnung liegt der Winkel bei 20°.

// Zahnflankenform

Die Zahnflankenform ist entscheidend für die Reduzierung von Reibung und somit von Verschleiß-, Wärme- und Geräuschentwicklung. Eine Zahnform, die diese Bedingungen erfüllt, ist die Evolvente **(Bild 2)**. Die Krümmung der Zahnflanke entspricht einer Evolvente, weshalb diese Verzahnung auch Evolventenverzahnung heißt.

Die Evolvente entsteht, wenn ein Faden von einem Zylinder abgewickelt wird **(Bild 3)**. Von dieser Evolvente wird nur ein kurzes Stück der Abwicklung für die Zahnflanken verwendet.

Im Maschinenbau und in der Automobilindustrie werden überwiegend Zahnräder mit Evolventenverzahnung eingesetzt.

// Zahnradgetriebearten

Die unterschiedlichen Zahnradgetriebe **(Bild 4)** werden durch die Lage der Achsen der ineinandergreifenden Zahnräder bestimmt. Je nach Lage der Achse werden die Zahnradgetriebe in Stirnrad-, Kegelrad-, Schraubenrad- und Schneckengetriebe eingeteilt. Eine weitere Unterteilung erfolgt noch in der Außen- und Innenverzahnung sowie der Zahnstange.

Während bei Stirnrädern nur rotatorische Bewegungen möglich sind, kann mithilfe der Zahnstange eine rotatorische Bewegung in eine lineare Bewegung umgewandelt werden. Bei einer Zahnstange sind die Zähne auf einer geraden Stange angeordnet. Das Gegenrad ist bei einer Zahnstange immer ein außen verzahntes Stirnrad. Zahnstangengetriebe kommen z. B. in Werkzeugmaschinen zur Bewegung der Maschinenschlitten zum Einsatz.

6.1.3 Stirnradgetriebe

Das am häufigsten eingesetzte Zahnrad ist das Stirnrad. Beim Stirnradgetriebe liegen die Achsen der ineinandergreifenden Zahnräder parallel zueinander. Die gängigsten Verzahnungen **(Tabelle 1)** sind gerade (achsparallele) Verzahnungen, Schrägverzahnungen, Doppelschrägverzahnung und Pfeilverzahnungen.

Geradverzahnte Stirnräder sind am wirtschaftlichsten herzustellen. Bei dieser Variante sind die Zähne auf dem Umfang verteilt.

// Schrägverzahnung

Bei der Schrägverzahnung **(Bild 1)** verlaufen die Zähne nicht mehr geradlinig, sondern in einem Winkel zwischen 20° bis 45°. Bei der Schrägverzahnung setzt die Kraftübertragung nicht plötzlich auf dem Zahn ein, da sich die im Eingriff befindenden Zähne nicht gleich auf der gesamten Zahnbreite berühren. Bei schrägverzahnten Strinrädern müssen die Zahnräder den gleichen, aber entgegengesetzten Winkel besitzen. Dies wird als linkssteigend bzw. rechtssteigend bezeichnet.

> **i** Bei Stirnrädern sind die Zähne am Umfang angeordnet. Die Achsen der Zahnräder bei Stirnradgetrieben liegen parallel zueinander.

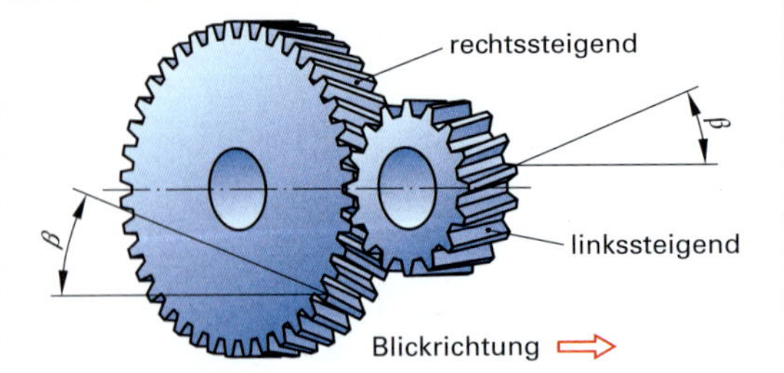

Bild 1: Schrägverzahnung

// Doppelschrägverzahnung/ Pfeilverzahnung

Durch die Schrägverzahnung wirken Axialkräfte, die bei geradverzahnten Zahnrädern nicht vorhanden sind. Bei den geradverzahnten Zahnrädern wirken ausschließlich radiale Umfangskräfte. Die Axialkräfte müssen von geeigneten Wälzlagern aufgenommen werden. Durch doppelschrägverzahnten oder pfeilverzahnte Zahnrädern kann den Axialkräften entgegengewirkt werden.

Pfeilverzahnungen haben die gleichen Eigenschaften wie Doppelschrägverzahnungen. Sie sind jedoch aufwendiger und somit in der Herstellung teurer, dafür kann das doppelschrägverzahnte Zahnrad bei gleicher Belastung schmaler ausfallen. Die Pfeilverzahnung wird häufig im Pumpenbau eingesetzt.

Tabelle 1: Stirnräder

geradverzahnt	schrägverzahnt	pfeilverzahnt

• geringe Reibverluste • hohe Geräuschentwicklung • empfindlich gegen Zahnformfehler	• höhere Laufruhe • bessere Eignung für hohe Drehzahlen • geringerer Wirkungsgrad • geringere Empfindlichkeit gegen Zahnformfehler • Axialkräfte werden durch die Pfeilverzahnung ausgeglichen	

> **?** **Überlegen und beantworten Sie:**
>
> 1. Welche Aufgaben können durch Zahnradgetriebe erfüllt werden?
> 2. Erklären Sie, welche Bedeutung der Modul bei Zahnrädern hat.
> 3. Beschreiben Sie die Aufgabe des Kopfspiels.
> 4. Nennen Sie Vor- und Nachteile der Schrägverzahnung gegenüber der Geradverzahnung.
> 5. Beschreiben Sie, wie eine Evolvente entsteht.

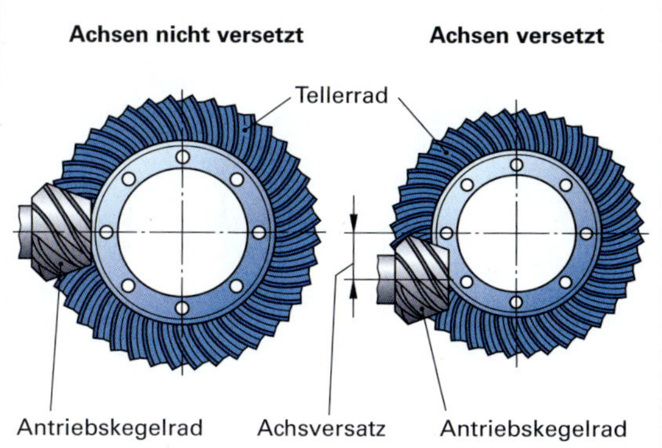

Bild 1: Bogenverzahnte Kegelräder

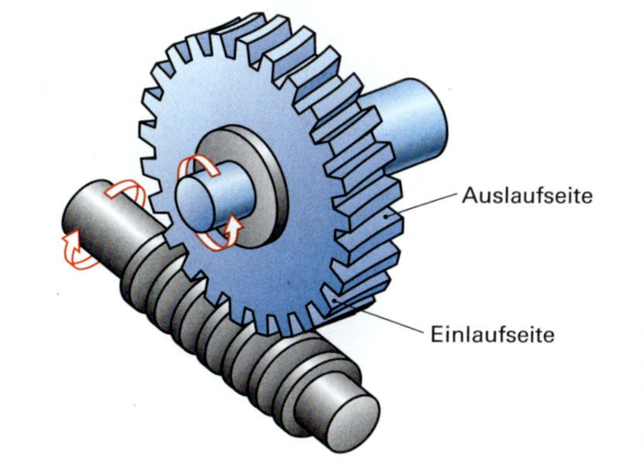

Bild 2: Schneckengetriebe

6.1.4 Kegelradgetriebe

Je nach Einsatzzweck ist es notwendig, die Antriebsenergie von der waagerechten Antriebswelle auf die senkrechte Arbeitsspindel zu übertragen. Die räumliche Änderung der Drehrichtung wird durch Kegelradgetriebe **(Bild 1)** erreicht. Die Drehachsen der Zahnradwellen können um einen beliebigen Winkel zueinander gedreht werden. Häufig schneiden sich die Achsen unter einem Winkel von 90°. Bei einer Bogenverzahnung der Zähne ist auch ein Versatz der Achsen möglich.

Kegelräder können gerade, schräg, bogenförmig oder spiralförmig verzahnt sein. Im Vergeich zur Geradverzahnung ermöglicht die Bogenverzahnung höhere übertragbare Drehmomente und eine geringere Geräuschentwicklung. Aus diesen Gründen wird die Bogenverzahnung im Maschinenbau bevorzugt eingesetzt.

> Bei Kegelradgetrieben liegen die Achsen der Zahnräder winklig zueinander, häufig in einem Winkel von 90°.

6.1.5 Schneckengetriebe

Das Schneckengetriebe **(Bild 2)** ist wie das Kegelradgetriebe ein Winkelgetriebe. Die sogenannte Schnecke stellt eine Sonderbauform des Zahnrads dar. Hier windet sich der Zahn wie das Gewinde einer Schraube um den Schneckenschaft. Das Gegenrad zur Schnecke bildet das Schneckenrad. Mit dem Schneckengetriebe können sehr große Drehmomente übertragen werden. Es treten aber in der Schnecke große Axialkräfte auf, die von geeigneten Lagern aufgenommen werden müssen.

Die „Zähnezahl" wird bei einer Schnecke als Gangzahl bezeichnet. Dementsprechend spricht man von eingängigen, zweigängigen oder mehrgängigen Schnecken. In der Regel werden vorwiegend eingängige Schnecken hergestellt. In Sonderfällen kann die Gangzahl aber auch bis zu vier betragen. Eine eingängige Schnecke bewirkt bei einer Umdrehung eine Drehung des Schneckenrads um einen Zahn. Aufgrund der im Allgemeinen sehr niedrigen Gangzahl der Schnecke (für gewöhnlich eingängig!) und der vergleichsweise großen Zähnezahl des Schneckenrads ist das Übersetzungsverhältnis von Schneckengetrieben entsprechend sehr hoch. Mit Schneckengetrieben lassen sich somit platzsparend sehr hohe Übersetzungsverhältnisse von größer 100 : 1 realisieren.

> Schneckengetriebe sind sehr kompakt und ermöglichen hohe Übersetzungsverhältnisse von über 100 : 1.

Eingängige Schnecken haben einen kleinen Steigungswinkel. Dadurch kommt es zu einer höheren Reibung und somit zu einem höheren Verschleiß. Unter einem Steigungswinkel von 5° Steigung kommt es zu Selbsthemmung. Die Schnecke kann zwar das Schneckenrad antreiben, umgekehrt kann meist jedoch keine Drehwirkung erzeugt werden. Aus diesem Grund kann bei selbsthemmenden Schnecken der Antrieb ausschließlich über die Schnecke erfolgen.

Bild 1: Zahnstangengetriebe

Bild 2: Planetengetriebe

Durch die Schraubbewegung der Schnecke entsteht zwischen der Schnecke und dem Schneckenrad Gleitreibung. Um den Verschleiß und die Wärmeentwicklung zu minimieren, müssen geeignete Werkstoffe ausgewählt werden. In der Regel wird für die Schnecke der Werkstoff Stahl und für das Schneckenrad Grauguss oder eine CuSnP-Legierung gewählt. Zur weiteren Reduzierung der Reibung kann das Schneckengetriebe in einem Ölbad laufen.

Wegen der verhältnismäßig großen Reibung ist der mechanische Wirkungsgrad von Schneckengetrieben deutlich geringer als der von Strinradgetrieben.

vel.plus/
FILF255

6.1.6 Zahnstangengetriebe

Müssen Drehbewegungen in Längsbewegungen umgewandelt werde, werden dazu Zahnstangengetriebe **(Bild 1)** eingesetzt. Dabei wird die Drehbewegung des Zahnrads in eine Längsbewegung der Zahnstange umgewandelt. Dies funktioniert auch umgekehrt und ist z. B. beim Längsvorschub des Werkzeugschlittens bei Drehmaschinen der Fall.

6.1.7 Planetengetriebe

Der Name Planetengetriebe hat folgenden Ursprung: Die drehenden Planetenräder (Umlaufrad) umkreisen das zentrale Sonnenrad (Sonnenritzel) wie im astronomischen Sinne die Planeten die Sonne auf einer Umlaufbahn. In der Mitte des Plantengetriebes befindet sich das Sonnenrad, daneben befinden sich ein Hohlrad sowie mehrere Planetenräder. Das Sonnenrad wird vom Motor angetrieben und überträgt seine Bewegung auf die umlaufenden Planetenräder.

Planetengetriebe **(Bild 2)** werden deshalb auch auch Umlaufgetriebe oder Umlaufrädergetriebe genannt. Die Planetenräder sind auf dem Lagerbolzen des Planetenträgers angeordnet. Der letzte Träger ist mit der Antriebswelle verbunden und stellt die Kraftübertragung am Abtrieb sicher. Außerhalb verlaufen die Planetenräder im Getriebegehäuse mit Innenverzahnung, auch Hohlrad genannt.

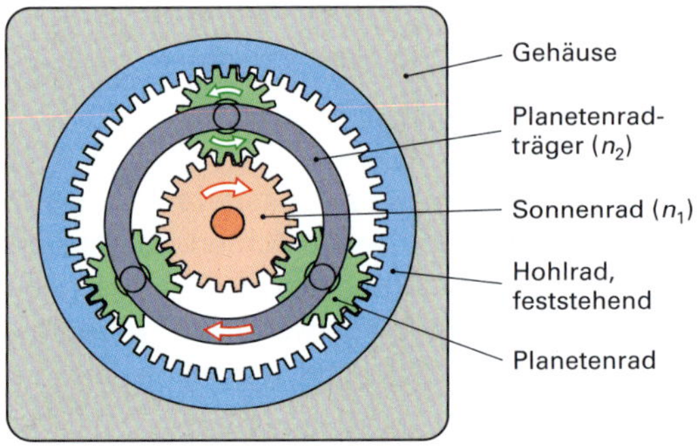

Bild 3: Drehbewegungen bei Planetengetrieben

Die Funktion des Planetengetriebes ist die Übertragung sowie die Steigerung des Drehmoments. Zudem ermöglicht das Planetengetriebe eine Änderung des Übersetzungsverhältnisses ohne eine Trennung des Kraftflusses. Sie erreichen einen hohen Wirkungsgrad und eignen sich für Dauer-, Aussetz- und Wechselbetrieb sowie für Rechts- und Linkslauf. Die Planetengetriebe haben eine kompakte Bauform, können hohe Drehmomente übertragen und zeichnen sich durch einen geräuscharmen Lauf aus. Der An- und Abtrieb liegen in einer Achse. Bei Planetengetrieben wird das Sonnenrad angetrieben. Der Abtrieb erfolgt über den Planetenträger. Das Hohlrad wird festgehalten und dreht sich nicht. Damit sind Übersetzungen ins Langsame bis etwa $i = 10$ möglich.

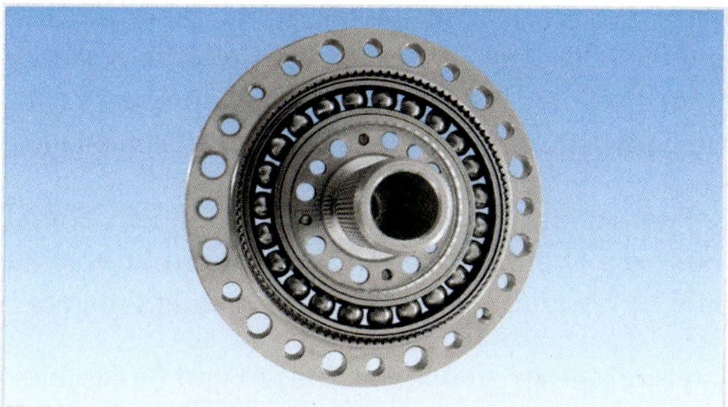
Bild 1: Harmonic-Drive-Getriebe

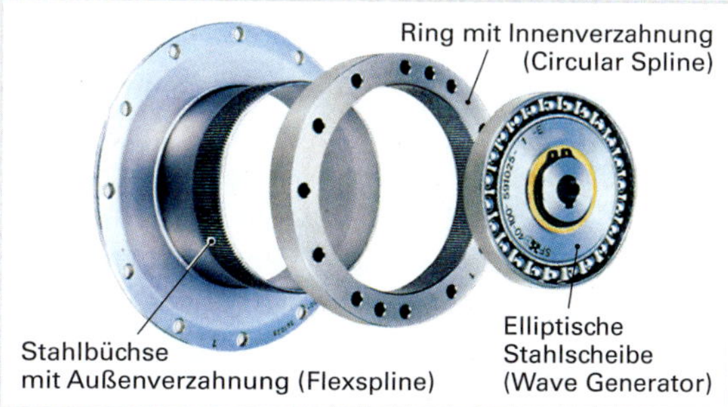

Bild 2: Aufbau Harmonic-Drive-Getriebe

6.1.8 Harmonic-Drive-Getriebe

Ein Harmonic-Drive-Getriebe **(Bild 1)**, auch Spannungswellengetriebe, Wellengetriebe oder Gleitkeilgetriebe, ist ein Getriebe mit einem elastischen Übertragungselement, das sich durch hohe Übersetzung und Steifigkeit auszeichnet.

Dieses Getriebe besteht aus drei Bauteilen **(Bild 2)**: dem äußeren Circular Spline, einem zylindrischen Ring mit Innenverzahnung, dem mittleren Flex Spline, einer zylindrischen, verformbaren Stahlbüchse mit Außenverzahnung, sowie dem inneren Wave Generator, einer elliptischen Stahlscheibe mit zentrischer Nabe und aufgezogenem elliptisch verformbaren Spezialkugellager.

Der elliptische Wave Generator als angetriebenes Teil verformt über das Kugellager den Flex Spline, der sich in den gegenüberliegenden Bereichen der großen Ellipsenachse mit dem innen verzahnten, fixierten Circular Spline im Eingriff befindet.

Mit Drehen des Wave Generators **(Bild 3)** verlagern sich die große Ellipsenachse und damit der Zahneingriffsbereich. Da der Flex Spline zwei Zähne weniger als der Circular Spline besitzt, vollzieht sich nach einer halben Umdrehung des Wave Generators eine Relativbewegung zwischen Flex Spline und Circular Spline um einen Zahn und nach einer ganzen Umdrehung um zwei Zähne. Bei fixiertem Circular Spline dreht sich der Flex Spline als Abtriebselement entgegengesetzt zum Antrieb.

Die wesentlichen Vorteile des Wellengetriebes gegenüber konventionelleren Getriebetypen finden sich in seiner einfachen Konstruktion und dem Prinzip der elastischen Verformung von Stahlzahnrädern. Harmonic-Drive-Getriebe sind über ihre gesamte Lebensdauer absolut spielfrei und weisen eine sehr hohe Torsionssteifigkeit auf. Die kompakten Abmessungen und ihr geringes Gewicht sorgen im Vergleich mit herkömmlichen Getriebetypen für den Einsatz in Systemen mit kleinem Bauraum. Mit diesen Getrieben können ohne Probleme Untersetzungen von 30 : 1 bis zu 320 : 1 erreicht werden.

Die Harmonic-Drive-Getriebe werden bevorzugt in der Robotik als Achsantriebe, als Antriebe in der Flugsimulation, als Antrieb für Parabolantennen, in der Autoindustrie und in Werkzeugmaschinen eingesetzt.

> Harmonic-Drive-Getriebe sind sehr kompakt und können dennoch hohe Drehmomente übertragen. Sie weisen eine hohe Zuverlässigkeit und Lebensdauer bei geringer Wartung auf.

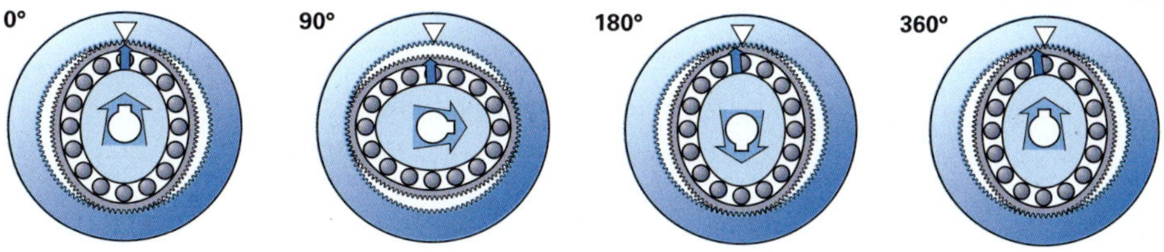

Bild 3: Drehbewegungen beim Harmonic-Drive-Getriebe

Lernfeld 10

6.1.9 Herstellung von Zahnrädern

Die Herstellung einer Evolventenverzahnung geschieht häufig durch sogenanntes Wälzfräsen **(Bild 1)**. Die Schneiden des Wälzfräsers sind dabei geradflankig ausgeführt und winden sich spiralförmig um das Fräswerkzeug (analog zum Gewinde einer Schraube).

Während sich das Zahnrad dreht, fräsen sich die Zähne des ebenfalls rotierenden Wälzfräsers mit der Zeit immer weiter nach innen in das Zahnrad, bis die endgültige Zahntiefe erreicht ist. Während einer Umdrehung des Fräsers schiebt sich das Zahnrad um einen Zahn weiter. Insofern entspricht die („Gewinde-")Steigung der Fräserschneiden gerade der Zahnteilung *p* des Zahnrads. Zahnrad und Wälzfräser bilden in ihrem Bewegungsablauf eine Art Schneckengetriebe.

Mit einem Werkzeug können somit Zahnräder mit unterschiedlicher Zähnezahl, aber gleichem Modul hergestellt werden. Die Anzahl der Zähne am Zahnrad gibt dabei das Verhältnis der Drehzahlen wieder.

Bei der Herstellung eines Zahnrads mit 26 Zähnen muss die Drehzahl des Fräsers folglich 26-mal so groß sein wie die Drehzahl des Zahnrads.

Die Profilverfahren wie Profilfräsen und Profilschleifen kommen seltener zu Einsatz, da sie zwar auf einfachen Werkzeugmaschinen ausgeführt werden können, aber für jeden Modul, jede Zähnezahl und jede Profilverschiebung wird ein eigenes Werkzeug benötigt, was sie somit verhältnismäßig teuer macht.

Weitere Fertigungsverfahren sind das Wälzstoßen **(Bild 2)**, Wälzhobeln, Wälzschleifen und Schaben.

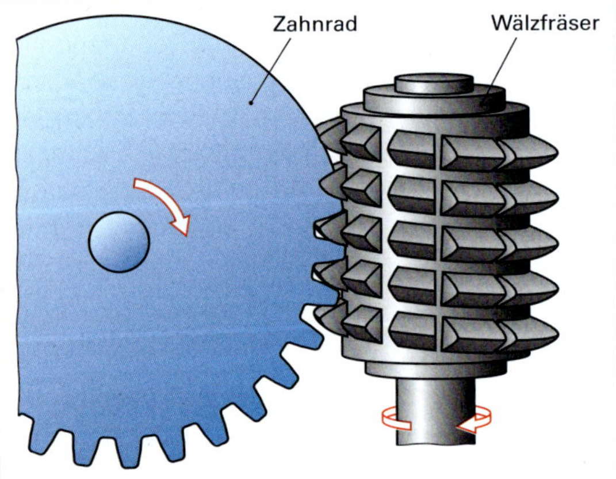

Bild 1: Wälzfräsen eines Zahnrads

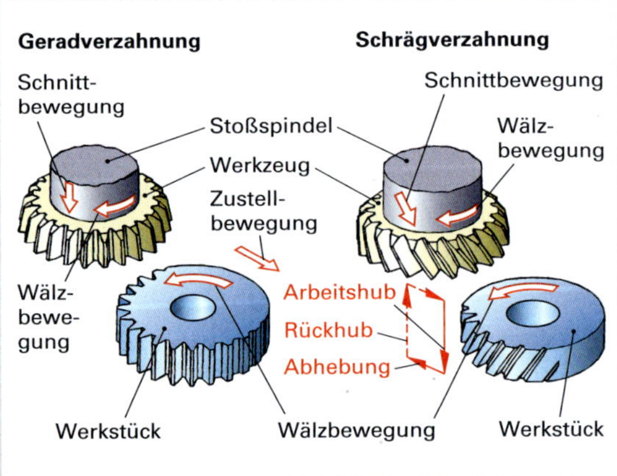

Bild 2: Wälzstoßen von Stirnrädern

Überlegen und beantworten Sie:

1. Beschreiben Sie die Anwendungsfälle von Getrieben.
2. Nennen Sie drei unterschiedliche Getriebearten.
3. Erläutern Sie den Zusammenhang zwischen dem Modul und den Zahnradmaßen.
4. Beschreiben Sie, wie eine Evolvente entsteht.
5. Wann kommen Zahnstangengetriebe zum Einsatz?
6. Nennen Sie Vor- und Nachteile von Schneckenradgetrieben.
7. Beschreiben Sie die Funktion eines Harmonic-Drive-Getriebes.
8. Erklären Sie die Herstellung eines Zahnrads mit dem Fertigungsverfahren Wälzfräsen.

6.1.10 Zugmittelgetriebe

Bei einem Zugmittelgetriebe, das auch als Umschlingungsgetriebe bezeichnet wird, erfolgt die Kraftübertragung bzw. Bewegungsübertragung zwischen den Getriebeelementen (Riemenscheibe, Kettenrad etc.) durch ein Zugmittel. Dabei umschlingt das Zugmittel die Getriebeglieder.

Als Zugmittel kommen Riemen oder Ketten unterschiedlicher Bauform zum Einsatz. Bei den Zugmittelgetrieben liegen die Getriebeelemente im Gegensatz zu Zahnradgetrieben auseinander und berühren sich nicht. So kann in bestimmten Grenzen der Achsabstand zwischen den Getriebelementen frei gewählt werden. Je nach Bauart des Zugmittels werden die Zugmittelgetriebe in kraft- oder formschlüssige Getriebe unterteilt.

// Kraftschlüssige Zugmittelgetriebe

Zu den kraftschlüssigen Zugmittelgetrieben gehören alle Riemengetriebe, bei denen die Bewegung und das Drehmoment durch die wirkenden Reibkräfte zwischen dem Zugmittel und dem Getriebeelement übertragen werden. Dies ist z. B. bei Flach-, Keil- und Rundriemen der Fall. Dabei hängt das übertragbare Drehmoment von der Vorspannung und vom Umschlingungswinkel des Treibriemens und der Getriebeelemente ab.

Bei den formschlüssigen Zugmittelgetrieben handelt es sich um Kettengetriebe oder Zahnriemengetriebe. Hier kommen als Zugmittel Zahnriemen oder Ketten zum Einsatz. Die Getriebeelemente weisen eine entsprechende Profilierung, ähnlich einem Zahnrad, auf **(Bild 2)**.

Der Vorteil von kraftschlüssigen Riemengetrieben liegt in der Stoßmilderung, der Schwingungsdämpfung und der größeren Laufruhe. Ein weiterer nicht zu vernachlässigender Vorteil liegt in der einfachen Überlastsicherung, die durch das Durchrutschen des Riemens erreicht wird.

Der formschlüssige Ketten- bzw. Zahnriementrieb liegt in der Eignung als positionsgenauer Antrieb, z. B. bei 3D-Druckern. Der Zahnriementrieb hat gegenüber dem Kettentrieb noch den weiteren Vorteil der Schwingungsdämpfung.

> Zugmittelgetriebe werden in form- und kraftschlüssige Getriebe eingeteilt. Formschlüssige Zugmittelgetriebe eignen sich besser für positonsgenaue Antriebe.

Bild 1: Zugmittelgetriebe

Bild 2: a) Kettengetriebe, **b)** Zahnriemengetriebe

Lernfeld 10

Für eine optimale Übertragung des Drehmoments benötigen Zugmittelgetriebe eine Vorspannung. Diese wird durch Spannrollen oder Spannschienen **(Bild 1)** erreicht. Durch die Spannelemente wird der Umschlingungswinkel erhöht.

> Die übertragbaren Kräfte sind umso größer, je größer der Umschlingungswinkel ist.

// Riemenarten

Der Aufbau der unterschiedlichen Riemenarten ist im Grunde identisch **(Bild 2)**. Die Zugkräfte werden von Zugsträngen aus Polyester, Polyamid, Stahl- oder Glasfasern aufgenommen. Soll die Kraftübertragung durch Reibung erfolgen, kommen Elastomere zum Einsatz.

Grundlegend können Riemenantriebe in unterschiedliche Riemenarten unterteilt werden **(Bild 3)**, welche die Bewegung bzw. das Drehmoment von der Antriebs- auf die Abtriebswelle übertragen. Es wird zwischen reibschlüssigen Riemen wie z. B. Flach-, Keil- und Keilrippenriemen und formschlüssigen Riemen wie z. B. Zahnriemen unterschieden.

> Mit Hilfe eines Riementriebes kann ein Drehmoment
> - einfach
> - erschütterungsfrei
> - wartungsarm
> - auch bei großen Achsabständen zwischen zwei oder mehreren Wellen übertragen werden.
>
> Diese Funktionen lassen sich durch kraftschlüssige oder formschlüssige Riementriebe realisieren.

Beim Einsatz von Riemenantrieben müssen die Einsatzbedingungen besonders beachtet werden. Die Riemenwerkstoffe begrenzen durch ihre Zusammensetzung den Einsatz in höheren Temperaturbereichen und reagieren empfindlich gegenüber Öl, Benzin, Wasser, Schmutz und Staub. Aufgrund der stofflichen Zusammensetzung weisen sie auch eine kürzere Lebensdauer auf als Kettenantriebe.

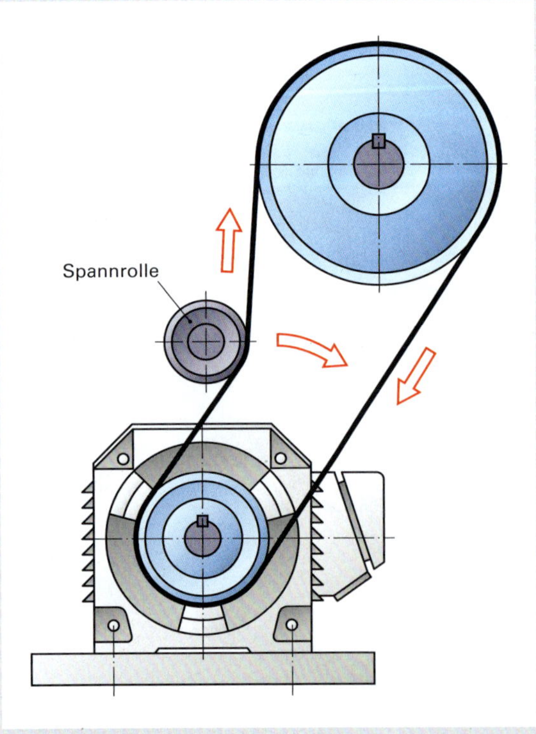

Bild 1: Zugmitteltrieb mit Spannrolle

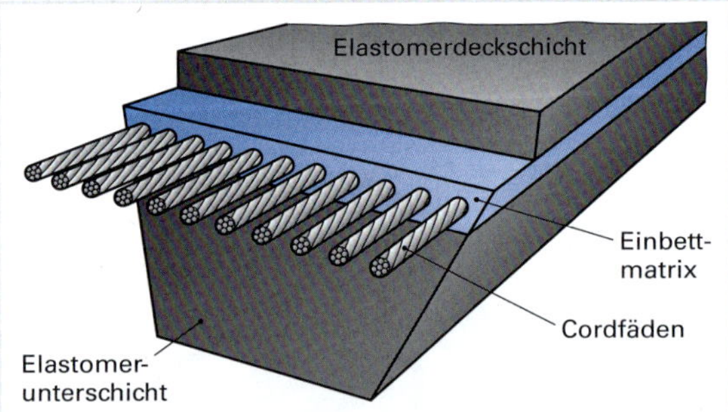

Bild 2: Aufbau von Treibriemen

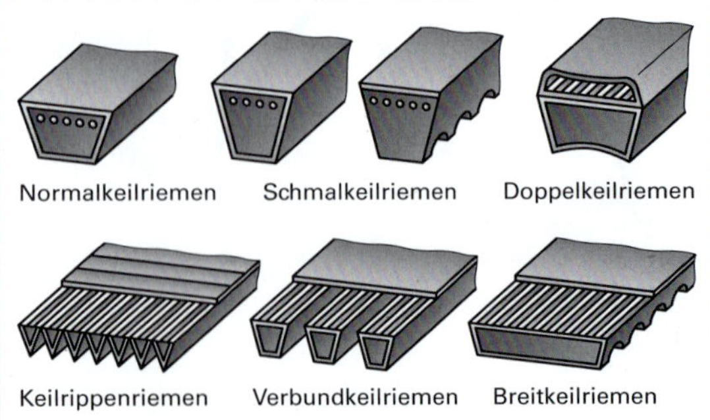

Bild 3: Unterschiedliche Riemenarten

// Kettengetriebe

Kettengetriebe sind Zugmittelgetriebe, in denen An- und Abtriebszahnräder mit einer umlaufenden Kette angeordnet sind **(Bild 1)**.

Ketten werden als Antriebs-, Förder- und Lastketten verwendet. Wichtige Vertreter für diese drei Einsatzbereiche sind z. B. die Rollenkette, die Scharnierbandkette oder die Flyerkette. Industrielle Kettengetriebe können mit einem Übersetzungsverhältnis von bis zu 7:1 technisch sinnvoll umgesetzt werden. Vorteile der Kettengetriebe sind eine schlupffreie, formschlüssige und vorspannungsfreie Kraftübertragung in einem weiten Temperaturbereich sowie konstante Übersetzungsverhältnisse. Die Vorteile der Kettengetriebe liegen in der hohen Lebensdauer, der hohen Belastbarkeit, der geringen Wartung sowie der Möglichkeit, große Achsabstände zu überbrücken. Ein weiterer großer Vorteil ist die geringe Lagerbelastung aufgrund der geringen Kettenspannung. Demgegenüber stehen die Nachteile durch die hohen Laufgeräusche und Schwingungen. Kettengetriebe sind unempfindlich gegenüber hohen Temperaturen und Schmutz.

Bild 1: Kettengetriebe mit Spannschiene

> Kettengetriebe ermöglichen eine formschlüssige und vorspannungsfreie Kraftübertragung.

// Kettenarten

Die Ketten werden in zwei Gruppen eingeteilt: die Gliederketten und Gelenkketten **(Bild 2)**. Die Giederketten werden meist als Rundgliederketten bei Hebezeugen verwendet. Gelenkketten kommen in verschiedenen Ausführungen als Lastketten, Förderketten und insbesondere als Getriebeketten zum Einsatz.

Bild 2: a) Rundgliederkette, **b)** Gelenkkette

// Gelenkkette

Die gängigsten Gelenkketten sind die Bolzenkette, die Rollenkette, die Buchsenkette und die Zahnkette.

Die Bolzenkette ist die günstigste Ausführung der Gelenkkette, was zu einer relativ kleinen Gelenkfläche führt **(Bild 3)**.

Zu den Bolzenketten gehören die Gallketten und die Flyerketten. Die Bolzenketten werden in der Regel als Last- und Transportketten eingesetzt.

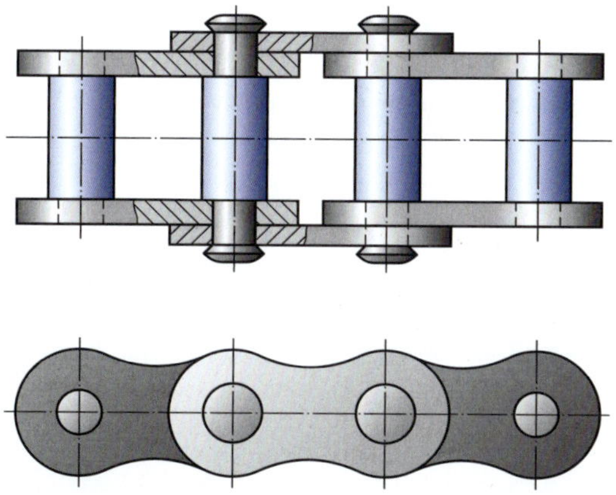

Bild 3: Bolzenkette

Bei den Rollenketten wird über die Buchse eine Rolle gesteckt. Das führt zu einer erheblichen Reduzierung des Verschleißes zwischen Buchse und Kettenrad **(Bild 1)**.

Bei Buchsenketten wird die Innenlasche auf eine Buchse gepresst, die mit einem Laufsitz auf den Bolzen geschoben wird **(Bild 2)**. Dadurch wird die Gelenkfläche größer als bei der Bolzenketten. Dies führt zu einer geringeren Flächenpressung im Gelenk und erhöht so die Verschleißfestigkeit. Buchsenketten werden im Regelfall als Last- und Förderketten eingesetzt.

Zahnketten unterscheiden sich vom Aufbau gegenüber den anderen Kettentypen **(Bild 3)**.

Sie übertragen die Kraft zwischen Kette und Kettenrad über die besondere Form der Laschen und nicht wie bei den bisher genannten Ketten, über Bolzen, Buchsen oder Rollen. Zahnketten sind wartungsarm, langlebig und weisen im Verhältnis zu den anderen Kettentypen geringere Laufgeräusche auf.

Kettengetriebe übertragen die Kraft formschlüssig und schlupffrei Sie ermöglichen gegenüber Riemengetrieben eine kleinere Bauform bei gleicher Leistung. Des Weiteren sind die Lagerbelastungen geringer, da keine Vorspannung notwendig ist.

Gegenüber den Riemengetrieben haben Kettengetriebe die Nachteile des höheren Gewichts, der höheren Laufgeräusche und der notwendigen Schmierung. Ein weiterer wichtiger Vorteil von Kettengetrieben gegenüber Riementrieben ist die Einsatzfähigkeit bei höheren Temperaturen.

Die Kettengetriebe finden ihr Einsatzgebiet im Motoren- und Landmaschinenbau, bei Werkzeug- und Holzmaschinen und im Transportwesen.

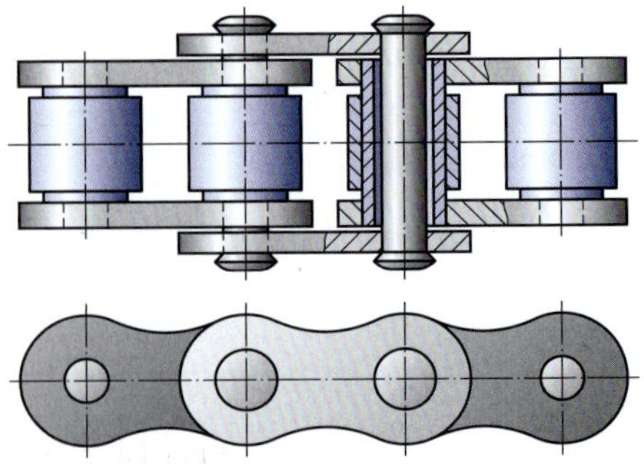

Bild 1: Rollenkette

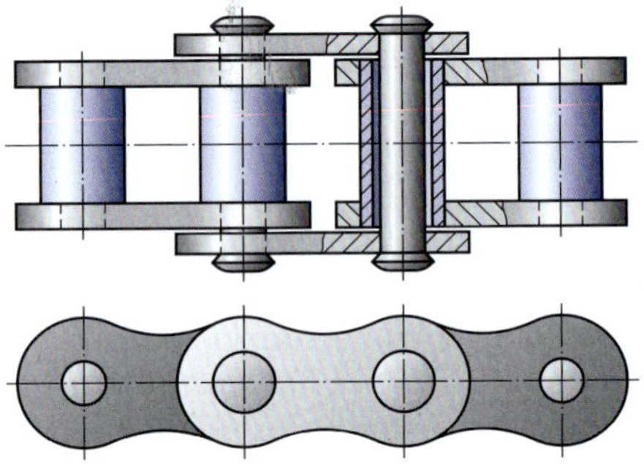

Bild 2: Buchsenkette

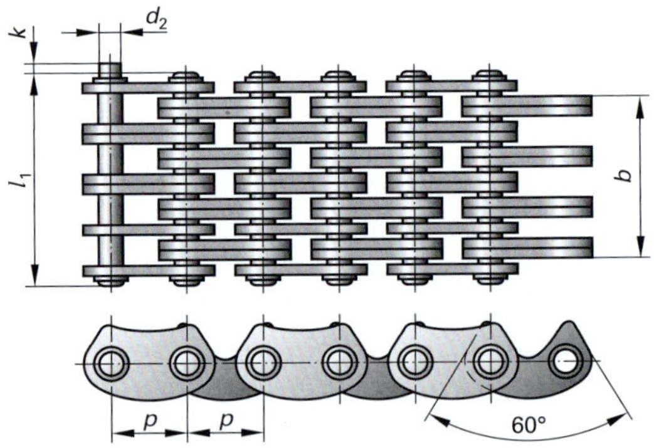

Bild 3: Zahnkette

Überlegen und beantworten Sie:

1. Bis zu welchem Übersetzungsverhältnis können Kettengetriebe sinnvoll umgesetzt werden?
2. Nennen Sie die Hauptvorteile von Kettengetrieben.
3. In welche Kettenarten werden die Kettengetriebe eingeteilt?
4. Nennen Sie den großen Vorteil der Rollenkette gegenüber der Buchsenkette.

6.2 Kupplungen

Wellenkupplungen stellen die Verbindung zwischen der Antriebs- und Abtriebsseite her **(Bild 1)**. Sie werden eingesetzt, wenn ein Drehmoment dauerhaft oder auch zeitlich begrenzt von einem Wellenende auf ein anderes Element wie z. B. ein Wellenende oder ein Zahnrad übertragen werden soll. Zusätzlich werden noch weitere Anforderungen wie der Ausgleich von Fluchtungsfehlern oder das Trennen des Drehmoments zwischen den beiden Elementen an die Wellenkupplung gestellt. Dies geschieht im Formschluss z. B. wie der Klauenkupplung oder über kraftschlüssige Verbindungen, die mithilfe von Reibungskräften den Druck auf den Reibflächen der jeweiligen Kupplung erzeugt.

Kupplungen können auch als Sicherheitseinrichtung eingebaut werden, um Mensch und Maschine vor größeren Schäden zu schützen. Des Weiteren können Kupplungen Schwingungen und Stöße dämpfen.

Das Drehmoment kann in Sonderfällen auch hydraulisch (hydrodynamische Kupplungen) sowie über Induktion (Induktionskupplungen) übertragen werden. Die Kupplungsformen sind stark abhängig von dem Einsatzgebiet. In der Regel gilt: Je größer das zu übertragende Drehmoment, desto größer muss die Kupplung dimensioniert werden. Je nach Einsatzzweck werden als Werkstoffe Elastomere, Kunststoffe oder Metalle eingesetzt.

Die Bauarten der verschiedensten Wellenkupplungen sind unterteilt in nicht schaltbare, schaltbare und in Kupplungen für Sonderformen wie z. B. Sicherheitskupplungen **(Bild 2)**.

> Die Auswahl der Kupplungsart richtet sich zuerst nach dem Einsatzzweck. Die Baugröße einer Kupplung hängt in erster Linie von der Größe des zu übertragenden Drehmoments ab.

6.2.1 Nicht schaltbare Kupplungen

Nicht schaltbare Kupplungen können während des Betriebs nicht getrennt werden. Ihr Einsatzzweck ist die Übertragung von Drehmomenten und die Verminderung störender Einflüsse wie axiale oder radiale Kräfte, Schwingungen oder Achsversatz. Bei den nicht schaltbaren Wellenkupplungen werden drei Bauarten unterschieden:

- starre Kupplungen
- drehstarre Kupplungen
- elastische Kupplungen

// Starre Kupplungen

Starre Kupplungen verbinden zwei Wellenenden starr miteinander. Es werden keine Fluchtungsfehler der Wellen oder Schwingungen im Antrieb ausgeglichen. Sie werden eingesetzt, um zwei Wellen zu verbinden, die im Fall einer Reparatur getrennt werden müssen, oder wo die Montage der Wellen erst durch den Einsatz einer Wellenkupplung ermöglicht wird.

Eine weitere Anwendung ist die Befestigung einer senkrechten Welle, z. B. einer Rührwerkswelle, die mit einer starren Kupplung am Antrieb befestigt wird. Sie können auch eingesetzt werden, um zwei ungleiche Wellendurchmesser miteinander zu verbinden.

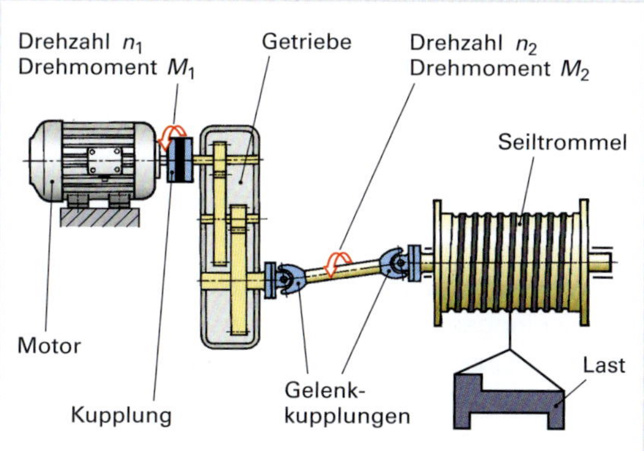

Bild 1: Einsatz von Kupplungen

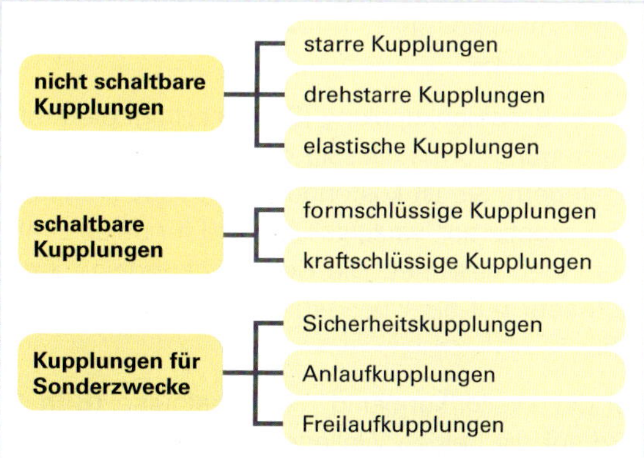

Bild 2: Bauarten von Wellenkupplungen

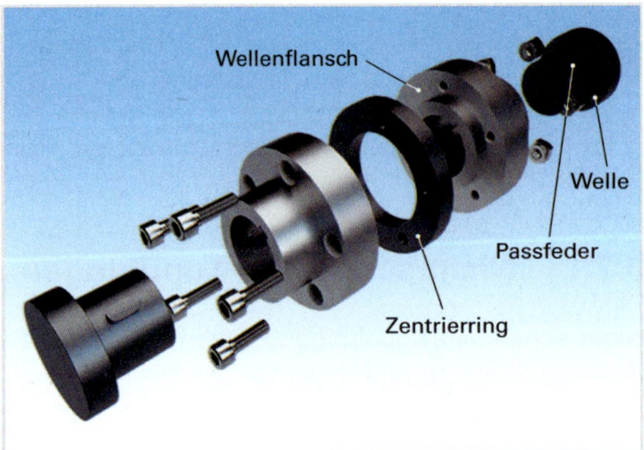

Bild 1: Aufbau einer Scheibenkupplung

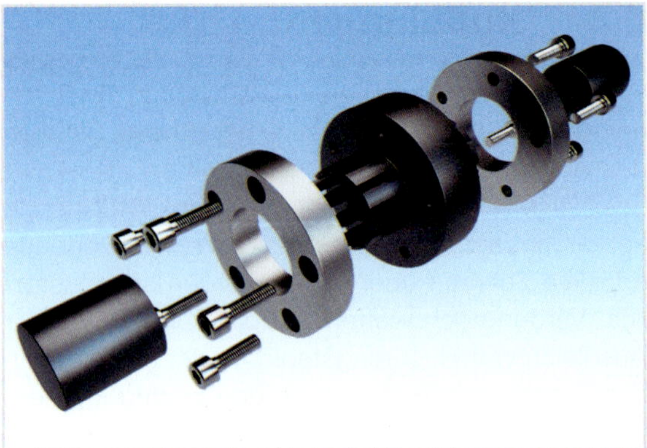

Bild 2: Wellenkupplung mit Kegelhülse

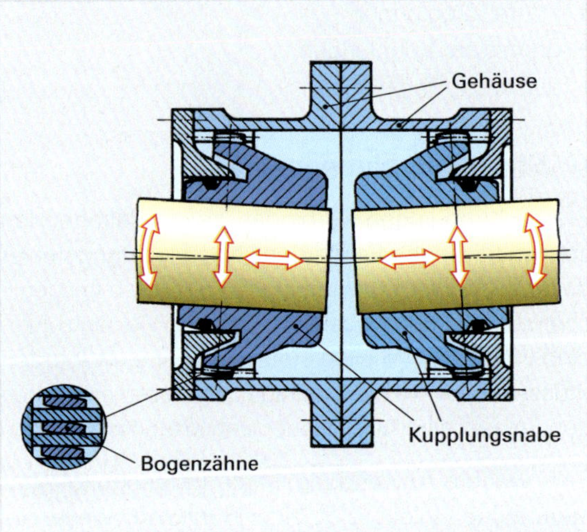

Bild 3: Bogenzahnkupplung

Zu den starren Wellenkupplungen gehören die Scheibenkupplungen und die Wellenkupplungen mit Kegelhülse.

Bei der Scheibenkupplung **(Bild 1)** erfolgt die Kraftübertragung formschlüssig durch den Einsatz von Passfedern. Sie ist kostengünstig, relativ kompakt, leicht montierbar, verschleißfrei und für beide Drehrichtungen geeignet. Die Scheibenkupplung kann auch sehr gut als Überlastschutz eingesetzt werden.

Bei der Wellenkupplung mit Kegelhülse **(Bild 2)** wird auf die beiden Wellenenden eine geschlitzte Kegelhülse mit den Flanschen geschoben. Durch die Spannschrauben werden die Flansche zueinander gezogen und klemmen so die Kegelhülse auf die Wellenenden.

Sie wird bei zwei fluchtenden Wellen mit gleichen Durchmessern eingesetzt. Die Kraftübertragung erfolgt bei dieser Bauart der Wellenkupplung durch Kraftschluss.

Ein entscheidender Vorteil dieser Kupplung ist, dass in die Wellen keine Nuten für die Passfedern eingearbeitet werden müssen. Sie eignen sich ebenso als Überlastschutz.

Starre Wellenkupplungen sind kostengünstig, leicht montierbar und wartungsfrei. Sie eignen sich nicht zum Ausgleich von Wellenversatz.

// Drehstarre Kupplungen

Die drehstarre Kupplung ist in Umfangsrichtung verdrehsteif, kann aber Wellenversatz in axialer und radialer Richtung ausgleichen. Der Wellenversatz wird durch die Konstruktion der Kupplungen ausgeglichen. Sie werden unterteilt in:

- Bogenzahnkupplungen
- Topfgelenke
- Gelenkwellen

Bei der Bogenzahnkupplung sitzen auf den Wellen Kupplungsnaben mit einer Außenverzahnung, die durch eine innen verzahnte Hülse miteinander verbunden sind. Die ineinandergreifenden Verzahnungen (Innen- und Außenverzahnung) sind ballig ausgeführt und können so kleine Fluchtungsfehler zwischen den Wellen ausgleichen.

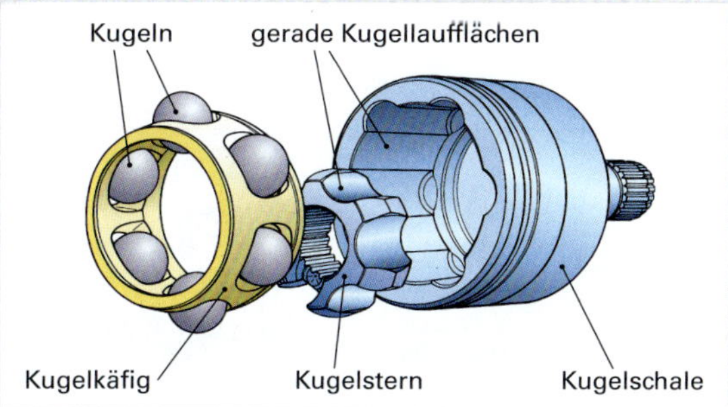

Bild 1: Aufbau eines Topfgelenks

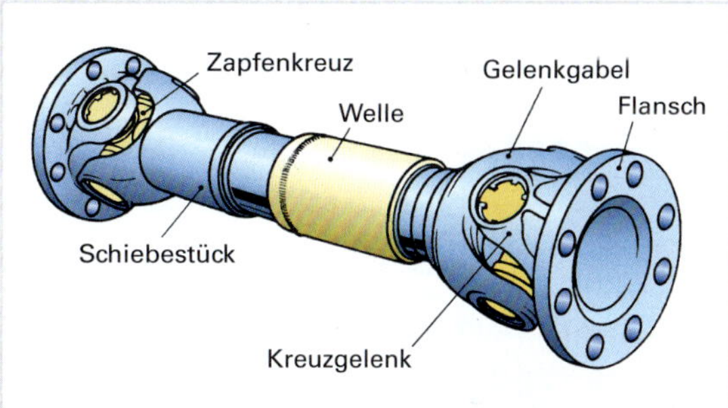

Bild 2: Gelenkwelle, Kardangelenk

vel.plus/
FILF225

Größere Fluchtungsfehler können durch den Einsatz von Gelenkkupplungen ausgeglichen werden. Zu den Gelenkkupplungen zählen die Topfgelenke und die Gelenkwellen.

Topfgelenke **(Bild 1)**, auch Gleichlaufgelenke genannt, können in axialer Richtung verschoben werden. Topfgelenke bestehen aus mehreren Kugeln, die in einem Käfig geführt werden, ähnlich einem Kugellager.

Die Kugeln sorgen für einen sehr gleichmäßigen Lauf. Das führt zu einer guten Übersetzung aus Kraft in Bewegung. Mit Topfgelenken können ein Winkelversatz von bis zu 20° und eine Verschiebung in axialer Richtung von bis zu 30 mm ausgeglichen werden. Sie kommen meistens als Achsantriebe bei Kraftfahrzeugen zum Einsatz.

Die Gelenkwelle **(Bild 2)**, auch Kardangelenkwelle genannt, überträgt das Drehmoment zwischen versetzt angeordneten Achsen. Sie bestehen in der Regel aus zwei Kreuzgelenken, die im Betrieb auftretende Beugewinkel ausgleichen können, und einem Schiebestück. Das Schiebestück ermöglicht, auftretende Längendifferenzen auszugleichen.

Wellenkupplungen werden sowohl in schaltbare als auch in nicht schaltbare Kupplungen unterteilt. Nicht schaltbare Kupplungen lassen sich wiederum in starre Kupplungen und in Kupplungen mit Ausgleich (Drehwinkelausgleich, drehsteife bzw. elastische Kupplungen) unterscheiden.

// Elastische Kupplungen

Elastische Kupplungen **(Bild 3)** – meist auch drehelastische Kupplungen genannt – sind in der Lage, auftretende Schwingungen in Anwendungen zu dämpfen. Das Dämpfungsverhalten einer elastischen Kupplung beruht meist auf einem verwendeten Mittelelement aus einem thermoplastischen Elastomer (z. B. Hytrel) oder aus Polyurethan. Aufgrund der dämpfenden Eigenschaften eignen sich diese Kupplungsarten sehr gut für Maschinen mit schwankenden Drehmomenten wie z. B. Kolbenpumpen, Verdichter oder Förderanlagen.

Sie sind sehr gut geeignet, Radial- und Winkelversatz auszugleichen. Sind die elastischen Elemente aus Kunststoffen oder Elastomeren, beschränkt sich die Einsatztemperatur dieser Kupplungsarten auf ca. 100 °C und kurzfristig maximal 120 °C. Ein weiterer wichtiger Punkt ist das Beachten der Medienbeständigkeit. Die Elastomere bzw. Kunststoffe sind nicht gegen alle Öle, Fette oder Lösemittel beständig.

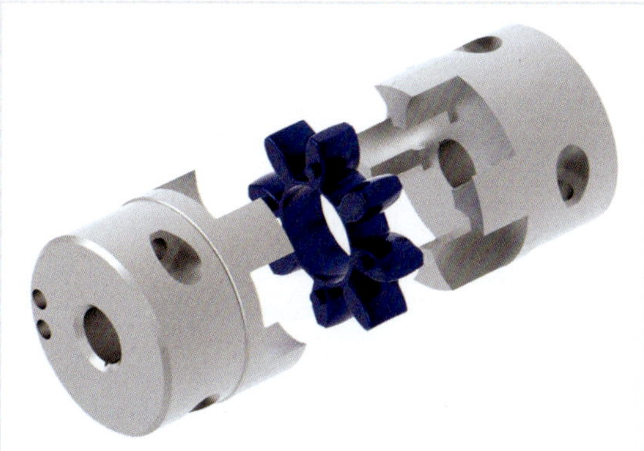

Bild 3: Elastische Kupplung mit einem Mittelteil aus einem Elastomer

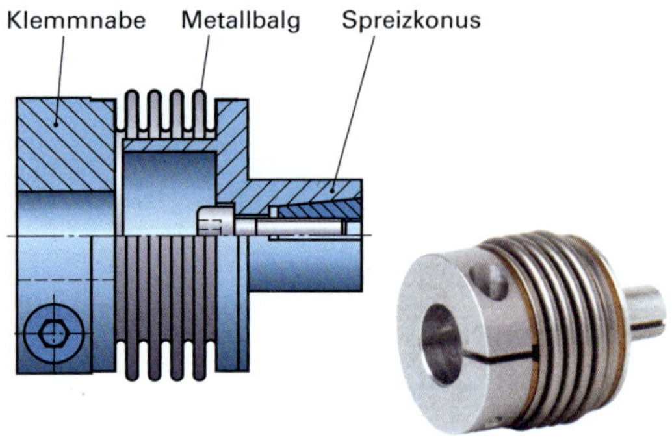

Bild 1: Aufbau einer Metallbalgkupplung

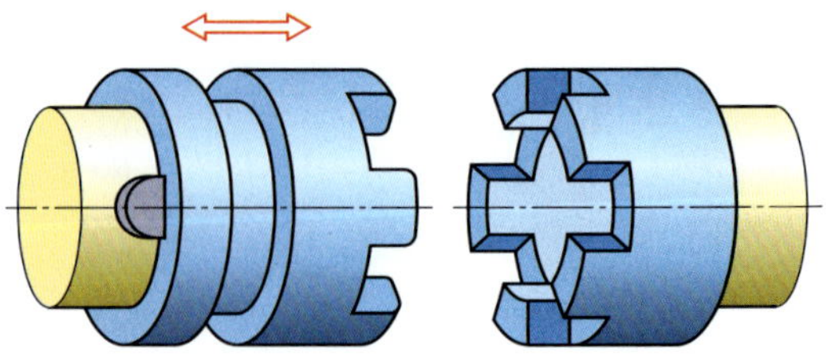

Bild 2: Schaltbare Kupplung, z. B. Klauenkupplung

Sollen elastische Kupplungen in einem höheren Temperaturbereich eingesetzt werden, kommen Metallbalgkupplungen **(Bild 1)** zum Einsatz.

Metallbalgkupplungen sind wartungsfrei und zeichnen sich durch absolute Spielfreiheit, eine einfache Montage sowie eine hohe Lebensdauer aus. Der Metallbalg erlaubt einen Ausgleich von Wellenversatz in axialer sowie in radialer Richtung. Aufgrund ihrer hohen Torsionssteifigkeit eignen sie sich hervorragend für sehr genaue und kontrollierte Bewegungen. Sie eignen sich somit u. a. sehr gut für den Einsatz bei Schrittmotoren für Linearantriebe, Industrieroboter und Prüfstände. Metallbalgkupplungen können durchaus Drehmomente von bis zu 4000 Nm übertragen.

Ein weiterer Vorteil der Metallbalgkupplungen ist die Fähigkeit, Fluchtungsfehler der Wellen, verursacht durch Fertigungs- und Montageungenauigkeiten, sowie Wärmeausdehnung und sonstige Verformungen durch den flexiblen Metallbalg auszugleichen. Durch den Einsatz von Balgkupplungen können unzulässig hohe Lagerbelastungen, wie dies bei starren Kupplungen der Fall sein kann, vermieden werden.

i Metallbalgkupplungen sind wartungsfrei, einfach montierbar und sehr torsionssteif. Sie eignen sich deshalb für sehr genaue Antriebe. Ihre Einsatztemperatur liegt bei bis zu 300 °C.

6.2.2 Schaltbare Kupplungen

Soll die Verbindung zwischen den Wellen abwechselnd hergestellt oder getrennt werden, kommen die schaltbaren Kupplungen zum Einsatz. Je nach Typ können diese Kupplungen im Betrieb oder bei Stillstand schalten. Sie beziehen ihren Schaltimpuls entweder aus der übertragenen Leistung oder durch Fremdbetätigung. Sie können fremdgeschaltet, momentgeschaltet, drehzahlgeschaltet oder richtungsgeschaltet sein. Zu den schaltbaren Kupplungen zählen Sicherheitskupplungen, die dem Schutz von Menschen oder Maschinen dienen. Unterschieden werden sie nach der Art der Drehmomentübertragung. Sie kann form- oder kraftschlüssig erfolgen.

// Formschlüssige Schaltkupplung

Bei den formschlüssigen Schaltkupplungen **(Bild 2)** wird das Drehmoment durch ineinandergreifende Elemente übertragen. Dabei kann es sich um Zähne, Klauen oder Bolzen handeln.

Durch das Ineinandergreifen der Elemente wird Schlupf in der Übertragung des Drehmoments ausgeschlossen. Aufgrund dieser Konstruktion bieten sie normalerweise keinen Schutz bei Überlast. Soll ein Überlastschutz gegeben sein, wird dies durch eine Sollbruchstelle z. B. ein Scherstift, der bei einer bestimmten Belastung nachgibt, ermöglicht.

i Formschlüssige Schaltkupplungen lassen sich nur im Stillstand oder bei einem geringen Drehzahlunterschied der Wellen schalten.

// Kraftschlüssige Schaltkupplung

Kraftschlüssige Kupplungen (Reibkupplungen) sind besonders als lösbare Kupplungen und selbstlösende Kupplungen (Rutschkupplungen) bei Überlast geeignet. Die Kontaktflächen sind eben oder keglig. Kraftschlüssige Schaltkupplungen können entweder fremdbetätigt oder selbstschaltend eingesetzt werden.

Die selbstschaltenden Kupplungen können über das Drehmoment oder über eine Drehrichtungsänderung betätigt werden. Fremdbetätigte Kupplungen brauchen für den Schaltvorgang Signale oder Impulse, die mechanisch, hydraulisch oder elektromagnetisch übertragen werden. Entsprechend den Signalen schaltet die Kupplung z. B. in den Leerlauf oder in eine andere Getriebestufe. Je nach der Anzahl und Form der Reibflächen werden die kraftschlüssig schaltbaren Kupplungen in Einscheiben-, Mehrscheiben- und Kegelkupplungen unterschieden.

Einscheibenkupplungen **(Bild 1)** findet man in erster Linie im Fahrzeugbau. Bei ihnen wird eine Druckplatte durch eine Feder gegen eine axial verschiebbare Scheibe gepresst. Das auf der Kurbelwelle sitzende Schwungrad nimmt auf diese Weise die Kupplungsscheibe kraftschlüssig mit. Die Reibbeläge auf beiden Seiten der Kupplungsscheibe übertragen das Drehmoment vom Schwungrad auf die Getriebewelle.

Beim Betätigen des Ausrückhebels wird die Kupplungsdruckplatte mithilfe des Ausrückers von der Kupplungsscheibe abgehoben. Anschließend kann sich die Kupplungsscheibe frei drehen – die Kupplung ist getrennt.

Bei den Mehrscheibenkupplungen, auch Lamellenkupplungen genannt **(Bild 2)**, können große Reibflächen bei kleinen Baumaßen realisiert werden.

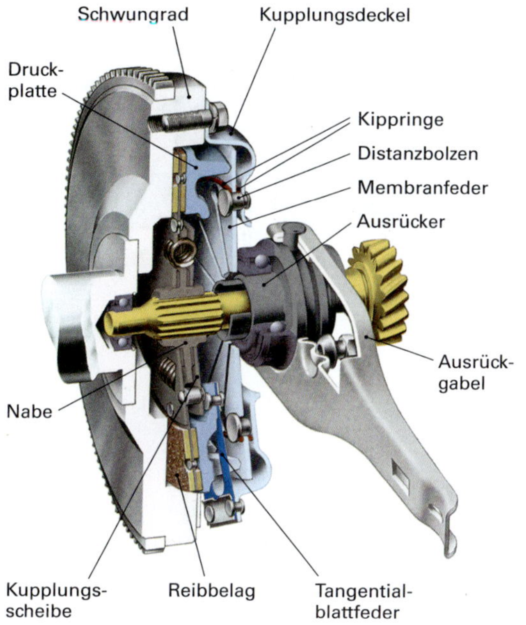

Bild 1: Einscheibenkupplung

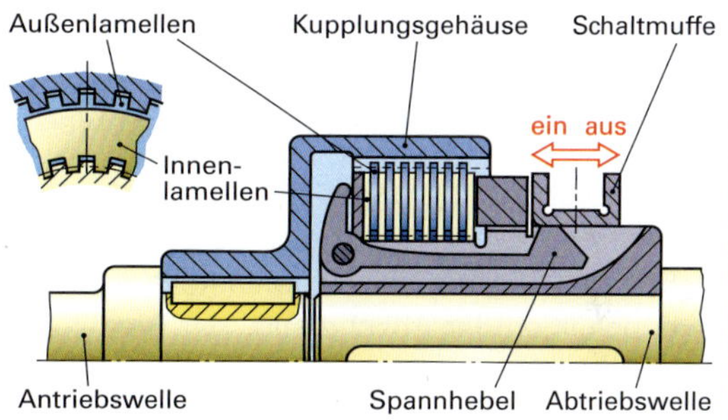

Bild 2: Mehrscheiben-, Lamellenkupplung

Der Unterschied zu einer Lamellenkupplung ist, dass bei Letzterer nicht nur eine Scheibe genutzt wird, sondern mehrere Scheiben parallel nebeneinander installiert werden. Auf diesem Wege wird die gesamte Kraft nicht nur auf ein Zahnrad weitergegeben, sondern gleichmäßig auf mehrere verteilt. Mithilfe einer Federung und einer Kupplungsstange lassen sich die Scheiben so verschieben, dass ein Leerlauf entsteht. Aufgrund der Verwendung fester Verschraubungen arbeitet sie spielfrei. Eine Lamellenkupplung ist unter Last schaltbar. Ihre Bauweise ermöglicht es, die Kupplung sehr kompakt zu bauen. Gleichzeitig ist sie relativ preisgünstig. Das Haupteinsatzgebiet ist im Fahrzeugbau. Ihr Vorteil ist dort, dass sie beim Anfahren viel Kraft übertragen kann und selbst unter hohen Belastungen nur wenig Verschleiß zulässt. Aus diesem Grund wird sie auch häufig in der Antriebstechnik von Baumaschinen genutzt. Sie läuft meist in einem Ölbad. Durch die Kühlung mit Öl können diese Kupplungstypen mehr Leistung aufnehmen. Der Nachteil ist, dass das Öl zu einem geringeren Reibwert führt. Dadurch ist der Energiebedarf im Leerlauf höher.

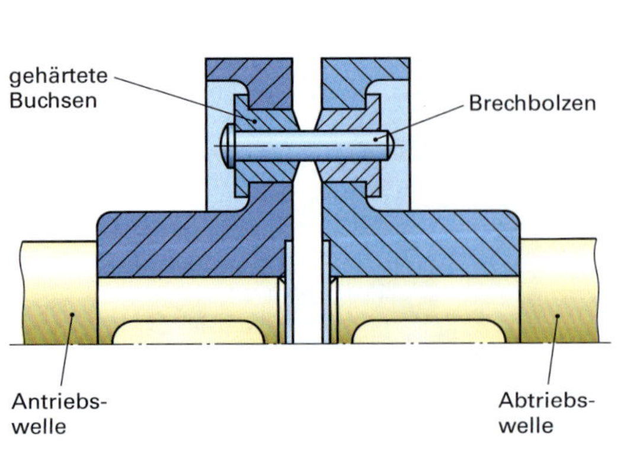

Bild 1: Brechbolzenkupplung

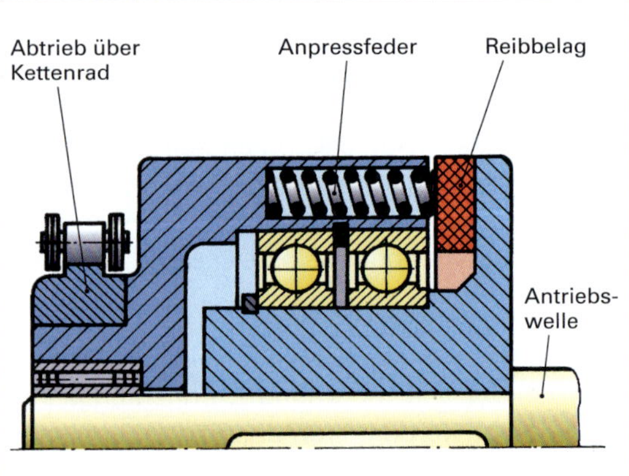

Bild 2: Rutschkupplung mit einstellbaren Federn

// Kupplungen für Sonderzwecke

Die Kupplungstypen für Sonderzwecke lassen sich in drei Kategorien einteilen:

- Sicherheitskupplungen
- Anlaufkupplungen
- Freilaufkupplungen

Sicherheitskupplungen müssen die Verbindung zwischen zwei Wellen unterbrechen, damit Schäden an Mensch und/oder Maschine vermieden werden.

Die einfachste Art, die Verbindung zweier Wellen zu unterbrechen, ist, eine Sollbruchstelle in der Kupplung zu realisieren. Die Sollbruchstelle kann z. B. bei Kupplungen der Abscherstift, der Brechbolzen **(Bild 1)** oder ein anderes verbindendes Bauteil, das eine geschwächte Stelle besitzt, sein. Diese Bauteile besitzen eine festgelegte Sollbruchstelle, die bei Überlastung dafür sorgt, dass der Abscherstift bzw. der Bolzen bricht. Somit wird das System vor weiteren Schäden bewahrt.

Eine weitere Variante der Sicherheitskupplungen sind Rutschkupplungen **(Bild 2)**. Die Rutschkupplungen übertragen das Drehmoment reibschlüssig. Wird das sicherheitsrelevante Drehmoment überschritten, rutschen die Kupplungen durch und der Kraftfluss zwischen den Wellen ist unterbrochen. Das kritische Drehmoment kann über die Vorspannung der Anpressfedern in einem bestimmten Rahmen eingestellt werden.

Durchrastkupplungen **(Bild 3)** – auch Sicherheitskupplungen durchrastend genannt – rasten aus bzw. trennen zwei Wellen, sobald das zulässige Drehmoment überschritten wird. Bei den Durchrastkupplungen werden Kugeln von Druckfedern in ein Kugelbett gedrückt. Wird das zulässige Drehmoment überschritten, reicht die Kraft der Druckfeder nicht mehr aus, um die Kugeln in ihrem Bett zu halten. Die Abtriebsseite wird somit von der Antriebsseite getrennt. Sobald das Drehmoment wieder kleiner wird, reicht die Kraft der Druckfeder wieder aus, um die Kugeln in das Kugelbett zu drücken. Beide Wellen sind dann wieder verbunden. Das zulässige Drehmoment kann über die Druckfedern eingestellt werden.

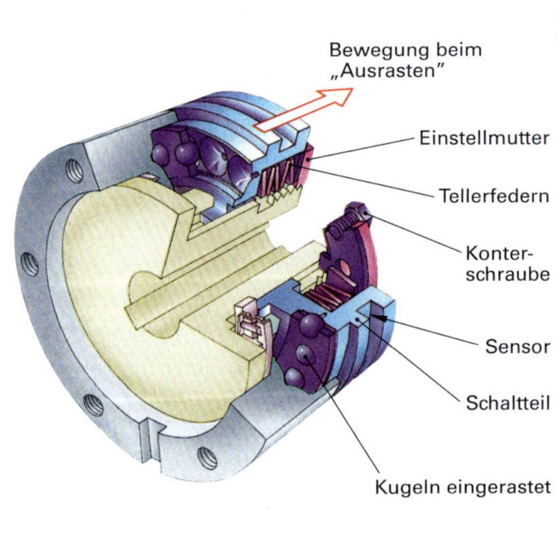

Bild 3: Durchrastkupplung

Schleppfehlerkupplungen kommen insbesondere bei NC- bzw. CNC-Maschinen zum Einsatz. Hier überwachen Sensoren und Lageregler beim Verfahren der Maschinenachsen die Antriebe. Stellen die Sensoren Schleppfehler fest, wird die Maschine sofort abgeschaltet, damit Schäden an der Maschine vermieden werden. Der Schleppfehler ist die Differenz zwischen der Sollposition und der Istposition der Maschinenachse. Diese Fehler führen insbesondere bei Konturkrümmungen z. B. Radien und Ecken zu Konturfehlern.

Anlaufkupplungen kommen üblicherweise nur zum Einsatz, wenn hohe Anlaufmomente aufgrund großer zu beschleunigender Massen notwendig sind wie z. B. bei Zentrifugen, Zementmühlen, Förderanlagen, schweren Maschinen usw. Eine Anlaufkupplung kuppelt beim Erreichen einer bestimmten Drehzahl selbstständig ein, damit die Maschine vor Überlastung beim Anfahren geschützt wird. Anlaufkupplungen gehören zu der Gruppe der Fliehkraftkupplungen. Mit steigender Drehzahl drücken nach außen wandernde Gewichte die Reibflächen zwischen der Antriebs- und Abtriebswelle aufeinander.

Die Freilaufkupplung **(Bild 1)**, auch Überholkupplung genannt, ist eine nur in einer Drehrichtung wirkende Kupplung. Freiläufe bestehen aus einem Innen- (Antriebswelle) und einem Außenring (Abtriebswelle), zwischen denen Klemmelemente angeordnet sind. Sie wird z. B. als Rücklaufsperre in Getrieben oder in einer Förderanlage eingesetzt.

Die Freilaufkupplung trennt automatisch die Drehmomentübertragung zwischen zwei Wellen, wenn sich die Abtriebswelle schneller dreht als die Antriebswelle. Dreht sich die Antriebswelle schneller als die Abtriebswelle, so werden die Klemmelemente nach außen gedrückt und klemmen sich zwischen die Wellen. In dieser Positon der Klemmelemente kann ein Drehmoment übertragen werden. Als Klemmelemente können z. B. Rollen, Kugeln oder andere Klemmkörper eingesetzt werden.

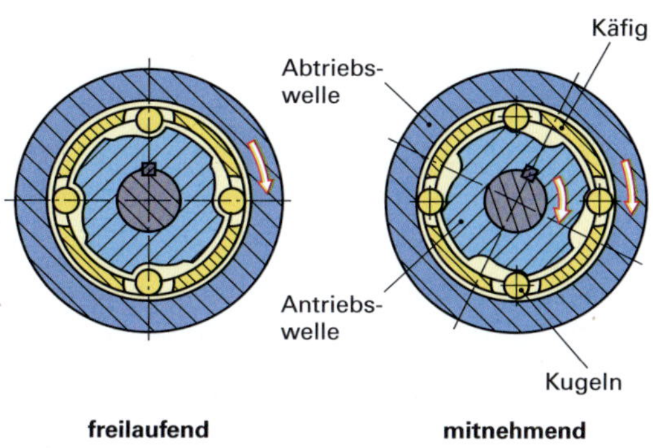

Bild 1: Freilaufkupplung

vel.plus/
FILF226

Überlegen und beantworten Sie:

Zahnräder

1. Nennen Sie drei Zahnradgetriebearten und beschreiben Sie die jeweiligen Eigenschaften.
2. Erklären Sie den Begriff Evolvente am Beispiel eines Zahnrads.
3. Zeichnen Sie einen Zahnradausschnitt (vier Zähne) und tragen Sie anschließend alle relevanten Maße ein.
4. Bei den schrägverzahnten Zahnrädern gibt es neben der Doppelschrägverzahnung u. a. die Pfeilverzahnung. Stellen Sie beide Verzahnungsarten gegenüber und nennen Sie die Vor- und Nachteile.
5. Das Schneckenradgetriebe stellt eine besondere Bauform der Getriebe dar. Erklären Sie die Funktion eines Schneckenradgetriebes und die besonderen Eigenschaften.
6. Erklären Sie den Begriff „Selbsthemmung" im Zusammenhang mit dem Schneckenradgetriebe.
7. Beschreiben Sie die Besonderheit eines Planetengetriebes.
8. In einigen Anwendugsfällen ist es notwendig, die Antriebsenergie von der waagerechten Antriebsspindel in die senkrechte Spindel zu übertragen. Welche Getriebeart eignet sich für diesen Anwendungsfall?
9. Bei den Getriebeübersetzungen gibt es die Begriffe Übersetzung und Untersetzung. Erklären Sie beide Begriffe.

Zugmittelgetriebe

1. Beschreiben Sie die Funktion eines Zugmitteltriebes.
2. Nennen Sie drei unterschiedliche Riemenarten.
3. Riemen können das Drehmoment entweder kraftschlüssig oder formschlüssig übertragen. Nennen Sie jeweils ein Beispiel und beschreiben Sie, wie das Drehmoment übertragen wird.
4. Erklären Sie den allgemeinen Aufbau eines Riemens.
5. Als Zugmittel können Riemen oder Ketten eingesetzt werden. Nennen Sie für jede Anwendung je zwei Vor- und Nachteile.
6. Nennen Sie die Haupteigenschaften einer Zahnkette.
7. Für welche Einsatzzwecke eignen sich Rundgliederketten?
8. Wie erfolgt die Kraftübertragung bei Kettengetrieben?
9. Erklären Sie den Begriff „schlupffrei" im Zusammenhang mit Kettengetrieben.
10. Beschreiben Sie, wie bei Zugmittelgetrieben die Vorspannung erzeugt wird und welche Auswirkung die Vorspannung hat.

Kupplungen

1. Nennen Sie die Hauptaufgaben von Kupplungen.
2. In welche Kupplungsarten werden die Wellenkupplungen eingeteilt?
3. Erklären Sie, wann starre Kupplungen zum Einsatz kommen.
4. Beschreiben Sie den Unterschied zwischen einer starren und einer drehstarren Kupplung.
5. Wie ist im Allgemeinen der Zusammenhang zwischen der Größe einer Wellenkupplung und dem übertragbaren Drehmoment?
6. Erklären Sie den Unterschied zwischen der formschlüssigen und der kraftschlüssigen Drehmomentübertragung bei Wellenkupplungen.
7. In den elastischen Kupplungen ist im Reglfall ein thermoplastisches Elastomer als dämpfendes Element verbaut. Erklären Sie, was ein thermoplastisches Elastomer ist und welche Eigenschaften es hat. Nutzen Sie dazu auch das Tabellenbuch und wenn möglich eine Recherche im Internet.
8. Vergleichen Sie die Anwendungsmöglichkeiten von Metallbalgkupplungen und der elastischen Kupplung mit einem thermoplastischen Elastomer als Dämpfungselement. Nennen Sie die jeweiligen Vor- und Nachteile.
9. Nennen Sie drei schaltbare Kupplungsarten.
10. Beschreiben Sie sowohl die kraftschlüssige als auch die formschlüssige Kraftübertragung im Zusammenhang mit Wellenkupplungen.
11. Welche Vorteile haben Mehrscheibenkupplungen gegenüber Einscheibenkupplungen?
12. Nennen Sie die Kupplungsarten, die unter die Kupplungen für Sonderzwecke fallen.
13. Beschreiben Sie ausführlich die Unterschiede zwischen einer Rutschkupplung und einer Durchrastkupplung.
14. Sollen große Massen beschleunigt werden, kommen häufig Anlaufkupplungen zum Einsatz. Erklären Sie die Aufgabe von Anlaufkupplungen.
15. Freilaufkupplungen gehören zu den Kupplungen für Sonderzwecke. Nennen Sie Einsatzzwecke, bei denen Freilaufkupplugen zum Einsatz kommen, und beschreiben Sie die Funktionsweise dieser Kupplungsart.

6.3 Elektrische Antriebe

Elektrische Antriebe **(Bild 1)** dienen zum Betrieb von Maschinen und Anlagen. Die wichtigsten elektrischen Antriebe sind Elektromotoren. Zum Einsatz kommen Drehstrommotoren **(Bild 2)**, Gleichstrommotoren und Schrittmotoren.

Diese Motoren beruhen auf dem Effekt, dass auf einen stromdurchflossenen Leiter in einem Magnetfeld eine Kraft ausgeübt wird. Das Magnetfeld in den Motoren wird durch Elektromagnete oder Dauermagnete erzeugt.

Bild 1: Elektrischer Antrieb

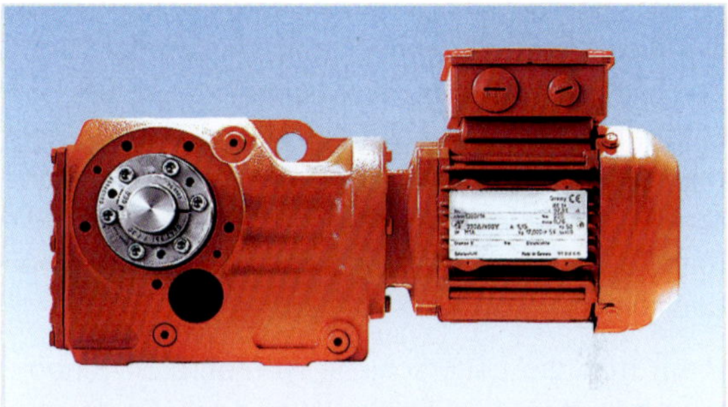

Bild 2: Elektromotor mit Getriebe

6.3.1 Elektromagnetismus

Durch die Kraftwirkung des Elektromagnetismus werden elektrische Antriebe und elektromagnetisch arbeitende Geräte betrieben. Klassische Anwendungen des Elektromagnetismus sind:

- Elektromotoren
- Transformatoren
- Generatoren
- Elektromagnetkupplungen
- Spannelemente zur Werkstückspannung
- Magnetventile
- Relais

// Magnetfeld eines stromdurchflossenen Leiters

Jeder stromdurchflossene Leiter hat ein Magnetfeld um sich herum. Die Richtung der Magnetfeldlinien kann mit der „Rechte-Hand-Regel" bestimmt werden: Umfasst man den Leiter so, dass der Daumen in Stromrichtung zeigt, zeigen die gekrümmten Finger in Richtung der Magnetfeldlinien **(Bild 3)**.

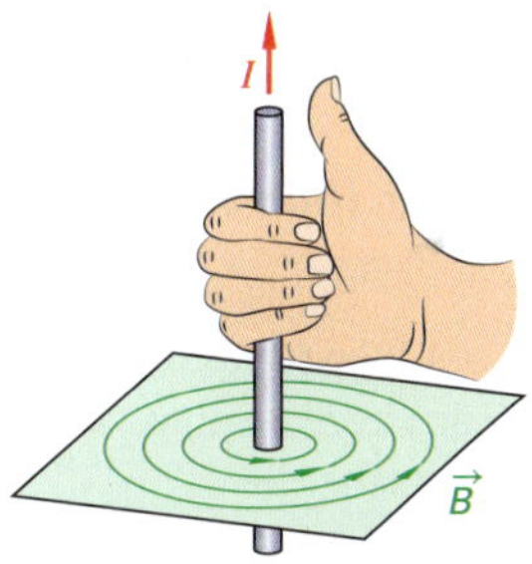

Bild 3: „Rechte-Faust-Regel"

> Fließt elektrischer Strom durch einen elektrischen Leiter, so entsteht um diesen Leiter ein Magnetfeld.

Ein stromdurchflossener Leiter im Magnetfeld erfährt eine Lorentz-Kraft, die auf bewegte Ladungen wirkt. Wenn zwei Drähte in der Nähe sind und Strom führen, wirken Kräfte zwischen ihnen. Bei entgegengesetzten Strömen stoßen sich die Drähte ab, bei gleichsinnigen Strömen ziehen sie sich an **(Bild 4)**.

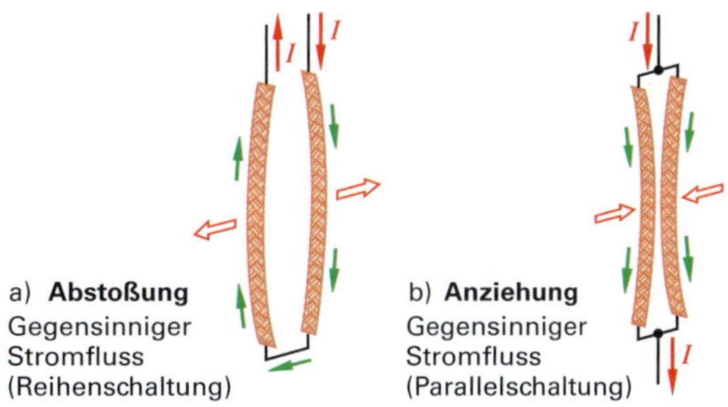

Bild 4: Kraftwirkung auf einen stromdurchflossenen Leiter

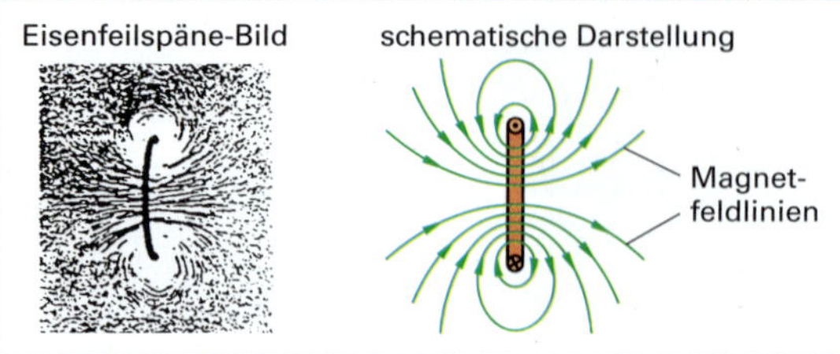

Bild 1: Feldlinien einer Leiterschleife

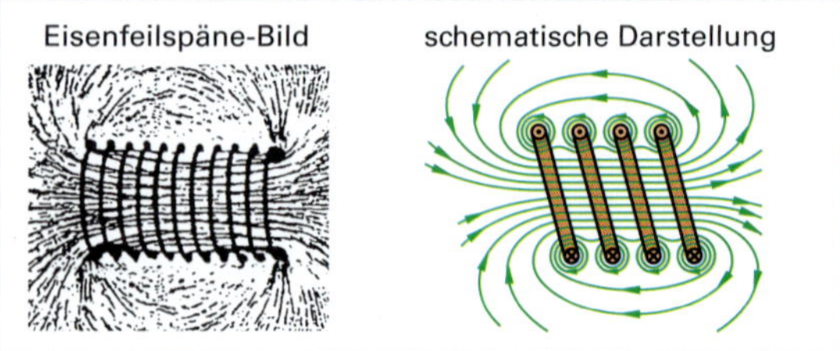

Bild 2: Feldlinien einer Leiterspule

// Magnetfeld einer stromdurchflossenen Spule

Der einfachste Elektromagnet ist ein gerader stromdurchflossener Leiter. Sein Magnetfeld hat die Form konzentrischer Kreise **(Bild 3, vorige Seite)**. Biegt man den Leiter zu einem Ring (Leiterschleife), dann erhält man die in **Bild 1** dargestellten Feldlinien, die mithilfe von Eisenfeilspänen sichtbar gemacht werden können.

Biegt man die Leiterschleife zu mehreren Ringen, so erhält man eine Spule. Wird diese Spule vom Strom durchflossen, so entsteht ein Magnetfeld **(Bild 2)**. Dieses Magnetfeld wirkt wie ein Dauermagnet **(Bild 3a)** und hat einen Nord- und einen Südpol. Umfasst man die stromdurchflossene Spule so mit der rechten Hand, dass die gekrümmten Finger in Stromrichtung zeigen, dann weist der Daumen zum Nordpol der Spule **(Bild 3b)**.

Das Magnetfeld einer Spule ist abhängig von der Stromstärke und der Windungszahl der Spule. Legt man einen Eisenkern in die Spule, so wird bei gleichem Spulenstrom das Magnetfeld der Spule um ein Vielfaches verstärkt.

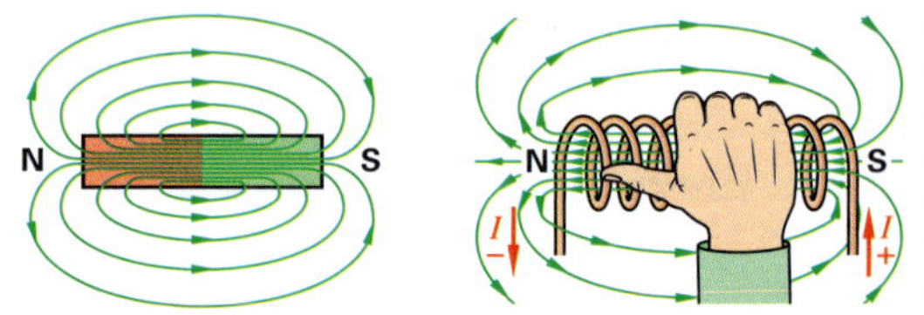

a) Dauermagnet b) Magnetfeld einer stromdurchflossenen Spule (Rechte-Hand-Regel)

Bild 3: Magnetfelder

> Das Magnetfeld einer Spule ist abhängig von
> - der Größe des elektrischen Stroms
> - der Anzahl der Spulenwindungen

Das Magnetfeld der Spule ändert seine Polarität (Nord- und Südpol vertauschen sich), wenn die Stromrichtung geändert wird.

vel.plus/
FILF256

Überlegen und beantworten Sie:

Der QR-Code verbindet Sie mit der Simulation „Elektromagnetismus". Stellen Sie folgende Werte ein **(Bild 4)**.

Betätigen Sie den Schieber „Magnetische Größen" und beantworten Sie folgende Fragen. Was ändert sich an den magnetischen Größen Kraft, Durchflutung, Feldstärke, magnetischer Fluss und magnetische Flussdichte, wenn Sie

a) die Windungszahl verdoppeln,

b) die Fläche halbieren

c) die mittlere Feldlinienzahl verdoppeln,

d) einen Eisenkern einschieben,

e) den Strom I von „+" nach „−" ändern?

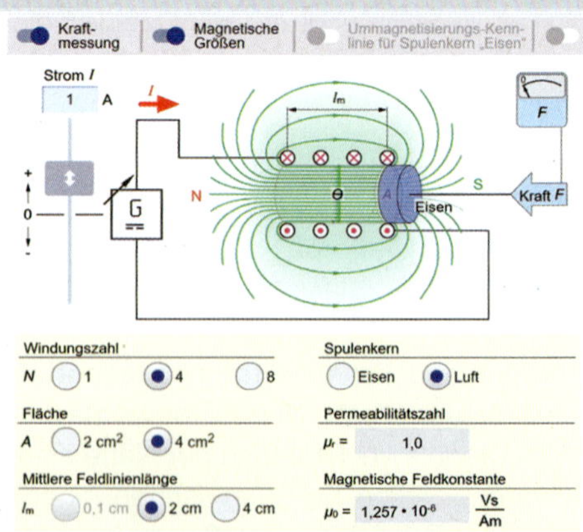

Bild 4: Simulation Elektromagnetismus

Lernfeld 10

// Elektromagnetische Induktion

Die Überlagerung magnetischer Felder ist die Ursache für die Anziehungskraft oder Abstoßungskraft zweier Magneten, wenn sie sich annähern.

Bewegt man einen Magnet durch eine Spule, wird in der Spule eine Spannung erzeugt, die als Induktionsspannung bezeichnet wird. Mit dieser Spannung werden Elektromotoren oder Generatoren bewegt. Dabei ist die Verbindung zwischen Elektromotor und Generator sehr eng, denn das Generatorprinzip ist praktisch die Umkehrung des Motorprinzips.

Während beim Elektromotor aufgrund eines äußeren Stromflusses Kraft auf einen Leiter wirkt, entsteht beim Generator aufgrund einer äußeren Kraft auf einen Leiter im Magnetfeld ein Stromfluss in dem Leiter.

Zentral ist dabei bei beiden Prinzipien, dass auf bewegte elektrische Ladungen quer zu einem Magnetfeld die Lorentzkraft wirkt. Sie sorgt dafür, dass elektrische Energie in Bewegungsenergie bzw. Bewegungsenergie in elektrische Energie umgewandelt werden kann.

- Bewegt sich ein Magnet in einer Spule, so wird in der Spule eine Spannung erzeugt.
- Die Funktionsweise von Generatoren und Elektromotoren wird durch die Lorentzkraft verursacht, die durch bewegte Ladungen im Magnetfeld entsteht.

Zur Veranschaulichung wird das Generatorprinzip betrachtet. Der QR-Code verbindet Sie mit der Simulation „Induktion der Bewegung".

Dabei kann beobachtet werden, dass die Kraft im Magnetfeld immer der Bewegung entgegenwirkt. Beim Hineinbewegen des Leiters wird eine negative Spannung von –0,040 mV und beim Herausbewegen eine positive Spannung von +0,040 mV induziert. Mit der manuellen Steuerung kann die Bewegung angehalten werden.

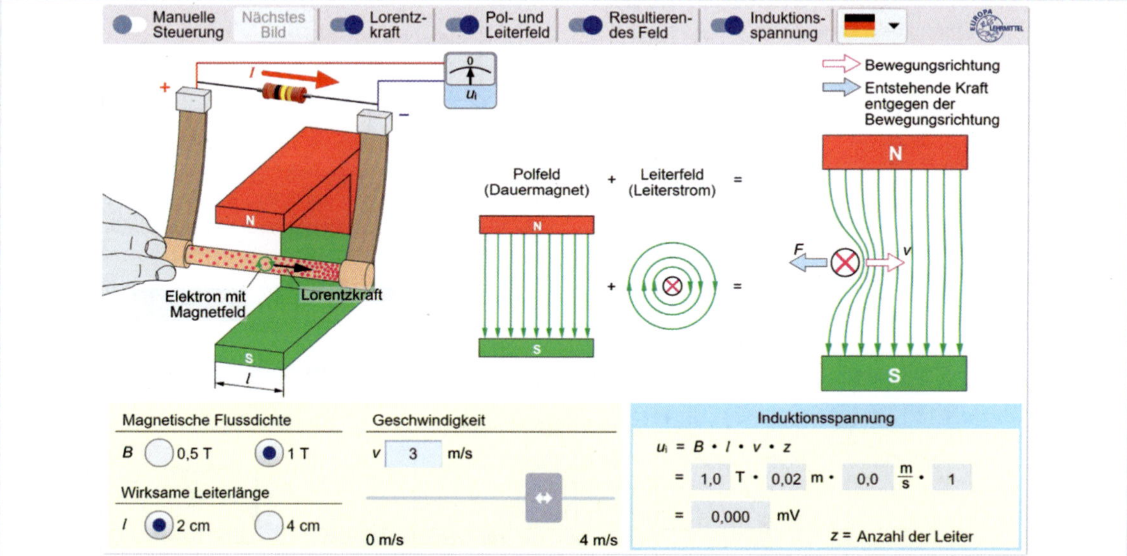

Bild 1: Induktion der Bewegung (Generatorprinzip)

vel.plus/ FILF257

Überlegen und beantworten Sie:

Führen Sie in der Simulation bei den Werten Geschwindigkeit, wirksame Leiterlänge und magnetische Flussdichte folgende Änderungen durch und diskutieren Sie die Werte in der Gruppe. Was ändert sich mit der Induktionsspannung, wenn Sie

a) die Geschwindigkeit verdoppeln,

b) die wirksame Leiterlänge verdoppeln,

c) die magnetische Flussdichte halbieren?

6.3.2 Wechselspannung

Die Spannung, die ins Stromnetz eingespeist wird, stammt von Generatoren, die mechanische Energie in elektrische umwandeln. Dies geschieht durch elektromagnetische Induktion: Eine Spule mit vielen Windungen dreht sich in einem Magnetfeld.

Beispiel: Erzeugung der Wechselspannung

Mit dem QR-Code gibt es eine Verbindung zur Simulation „Wechselspannung“ **(Bild 1)**. Welche Feststellungen können bei Betätigung des Starttasters gemacht werden?

vel.plus/
FILF258

Lösung

Die Zeit für ein komplettes Auf und Ab der Spannung wird als **Periodendauer *T*** bezeichnet und beträgt 20 ms. Die Anzahl der Perioden pro Sekunde wird als **Frequenz *f*** bezeichnet und hat im deutschen Verbrauchernetz 50 Perioden pro Sekunde ($f = 50\ 1/s = 50\ Hz$).

Die momentane Spannung u variiert zwischen 325,27 V und –325,27 V während der positiven und negativen Halbwelle. Der Effektivwert beträgt $U_{eff} = 230\ V$. Dieser Effektivwert entspricht dem Wert einer Gleichspannung, der in einem ohmschen Verbraucher die gleiche Leistung umsetzt. Es gilt: $U_{eff} = \frac{\hat{u}}{\sqrt{2}}$.

Die Welle wiederholt sich nach 360° (einer Periode).

Wird eine Leiterschleife in einem homogenen Magnetfeld gedreht, so erfährt sie ständig eine Änderung des magnetischen Flusses mit zeitlich sinusförmigem Verlauf, der als Wechselspannung bezeichnet wird.

// Einphasenwechselspannung

Für Geräte mit geringer Leistungsaufnahme wird Einphasenwechselspannung **(Bild 1)** verwendet. Dabei wird vom Dreiphasenwechselspannungsnetz nur eine Phase genutzt **(Bild 2)**. Der Anschluss der Geräte erfolgt mit den drei Leitungen

- L1: **Außenleiter** (Farbe Schwarz, Braun oder Grau)
- N: **Neutralleiter** (Farbe Blau)
- PE: **Schutzleiter** (Farbe Grün/Gelb)

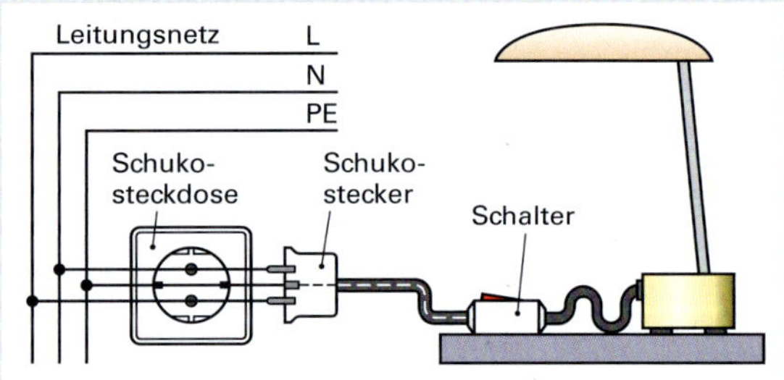

Bild 2: Anschluss einer Lampe über eine Schukosteckdose an das Wechselstromnetz

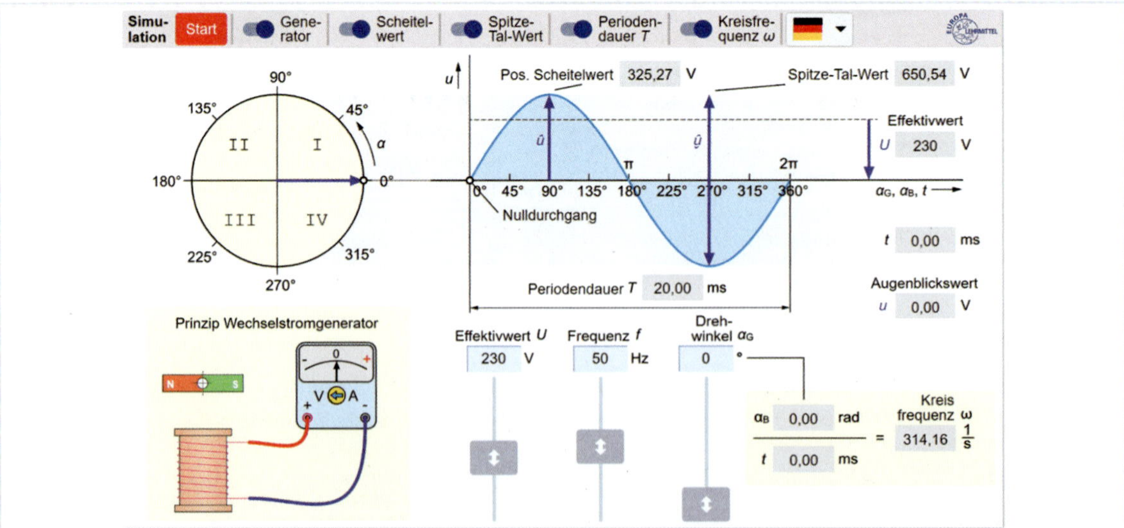

Bild 1: Induktion der Bewegung (Generatorprinzip)

// Dreiphasenwechselspannung

Mit einer Dreiphasenwechselspannung kann Dreiphasenwechselstrom erzeugt werden. Dazu werden drei gleich große Wechselspannungen benötigt **(Bild 1)**.

Beispiel: Erzeugung der Wechselspannung

Mit dem QR-Code gibt es eine Verbindung zur Simulation „Drehstrom" **(Bild 1)**. Welche Feststellungen können bei Betätigung des Starttasters gemacht werden?

Lösung

Durch die Anordnung der um 120° versetzten Spulen entstehen bei der Rotation des Magneten drei versetzte Sinusspannungen. Das Linienbild zeigt den Verlauf, der sich nach 360° wiederholt.

Durch die Überlagerung der Spannungen ergibt sich eine Spannung U = 400 V, die zwischen den Leitern L1L2, L2L3 und L3L1 herrscht.

Die Strangspannung U_{str} = 230 V liegt zwischen den Leitern L1N, L2N und L3N an und wird als Einphasenwechselspannung abgegriffen.

Die Ströme $I_1 = I_2 = I_3$ = 2,3 A sind wegen der drei gleichen Widerstände $R_1 = R_2 = R_3$ = 100 Ω gleich.

// Dreiphasenwechselstrom (Drehstrom)

Das Dreiphasenwechselstrom-Leitungsnetz hat fünf Leitungen **(Bild 2)**:

- 3 stromführende Außenleiter L1, L2 und L3 mit der Farbkennzeichnung Braun, Schwarz und Grau
- 1 Neutralleiter N (Rückleitung) mit der Farbkennzeichnung Blau
- 1 Schutzleiter PE mit der Farbkennzeichnung Grün-Gelb. Er ist ein geerdeter Schutzleiter und dient zur Ableitung eines Fehlerstroms bei einem Körperschluss.

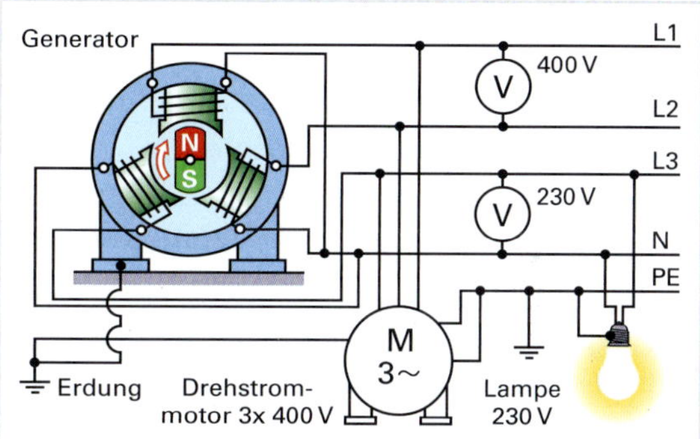

Bild 2: Dreiphasenwechselstrom-Leitungsnetz

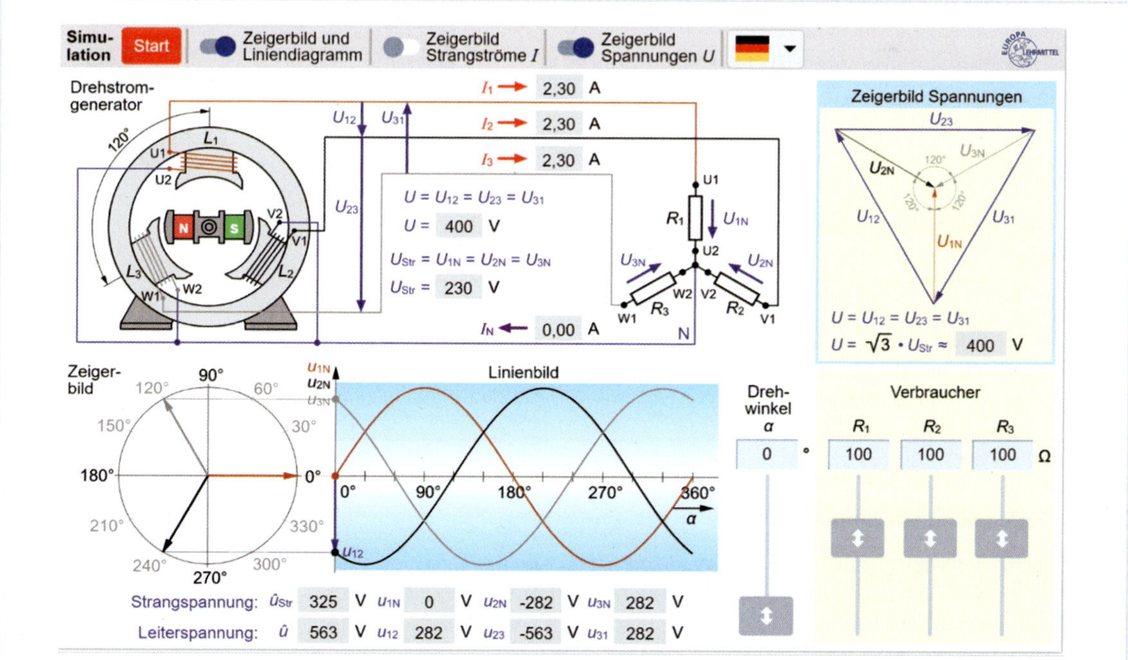

Bild 1: Dreiphasenwechselstrom (Drehstrom)

vel.plus/ FILF259

Lernfeld 10

6.3.3 Gleichspannung

Die Gleichspannung ist eine elektrische Spannung, deren Wert sich über einen längeren Betrachtungszeitraum nicht ändert. Sie hat zu jedem Zeitpunkt dasselbe Vorzeichen und denselben Betrag. Gleichspannung liefert im geschlossenen Stromkreis Gleichstrom **(Bild 1)**. Gängige Größen von Gleichspannungsquellen sind 1,5 V, 6V, 12 V, 24 V und 230 V. Bereitgestellt wird Gleichspannung **(Bild 2)** z. B. durch

- Solarmodule
- Batterien (Akkumulatoren)
- Gleichrichter

Gleichspannung wird benötigt z. B. bei

- Gleichstromantrieben
- Automatisierungstechniken
- Computern, Laptops, Smartphones

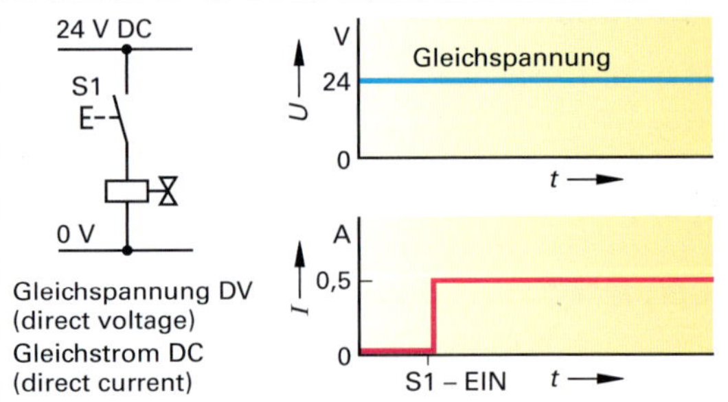

Bild 1: Gleichspannung und Gleichstrom

Bild 2: Gleichspannungsquellen

// Elektrische Leistung bei Gleichspannung

Die elektrische Leistung, die von Spannungserzeugen abgegeben wird und von elektrischen Geräten und Maschinen aufgenommen wird, ist ein Maß für deren Leistungsfähigkeit.

> Die elektrische Leistung mit der Gleichspannung *U* entspricht bei der Wechselspannung der Leistung mit der Effektivspannung U_{eff}.

Bei elektrischen Geräten wie z. B. Lötkolben oder Heizöfen wird die zugeführte Leistung, bei elektrischen Maschinen die abgegebene mechanische Leitung angegeben.

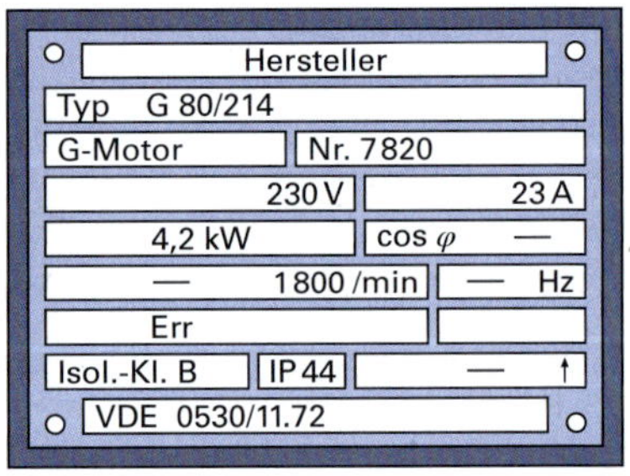

Bild 3: Leistungsschild eines Gleichstrommotors

Berechnungsbeispiel zu elektrischer Leistung

Das Leistungsschild eines Gleichstrommotors **(Bild 3)** gibt an, dass der Motor eine Leistung von 4,2 kW abgibt. Berechnen Sie die aus dem Elektronetz zugeführte Leistung und den Wirkungsgrad des Motors.

Lösung

Für die elektrische Leistung *P* gilt:

$$P = U \cdot I = 230\,\text{V} \cdot 23\,\text{A} = 5290\,\text{W} \approx \mathbf{5{,}3\,kW}$$

Für den Wirkungsgrad η gilt: $\eta = \frac{P_{ab}}{P_{zu}} = \frac{4{,}2\,\text{kW}}{5{,}3\,\text{kW}} = \mathbf{0{,}79}$

Überlegen und beantworten Sie:

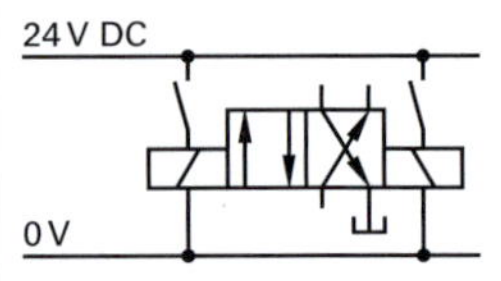

In einer elektrisch gesteuerten Hydraulikanlage befindet sich ein Magnetventil, das an 24 V Gleichspannung angeschlossen ist. Die Leistungsaufnahme der Spule beträgt 12 W.

Ermitteln Sie, welcher Strom durch die Magnetspule fließt und berechnen Sie den Stromfluss, wenn vor eine der Magnetspulen eine Kontrolllampe mit 2 W in Reihe geschaltet ist.

6.3.4 Elektromotoren

Die meisten Arbeitsmaschinen werden durch Elektromotoren angetrieben. Die Hauptbestandteile der Elektromotoren **(Bild 1)** sind:

- Motorgehäuse
- Stator mit Statorwicklung
- Rotor mit Rotorwicklung
- Klemmkasten

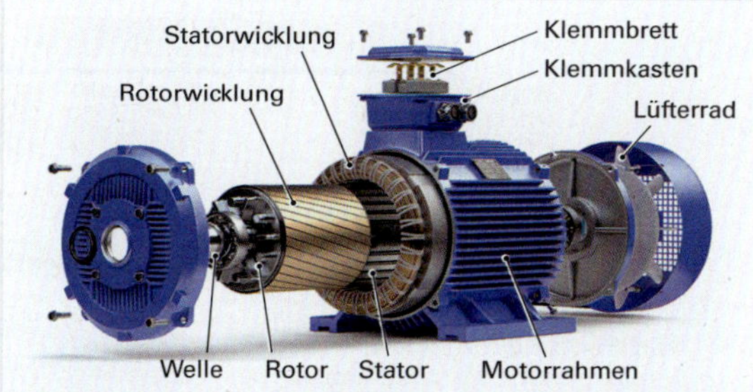

Bild 1: Hauptbestandteile eines Elektromotors

Eigenschaften von Elektromotoren

- einfacher Anschluss an das elektrische Netz
- Sie sind geräuscharm und umweltfreundlich.
- Die Leistung steht sofort bereit.
- Sie sind wartungsfreundlich.

// Das Elektromotorenprinzip

Befindet sich eine Spule aus elektrisch leitendem Material in einem Magnetfeld, so lässt sich die Spule in eine Drehbewegung versetzen. Damit ist das Grundprinzip eines Elektromotors vorhanden.

Bei geschlossenem Schalter S **(Bild 2a)** fließt Strom durch die Spule und es bildet sich um die Leiter der Spule ein weiteres Magnetfeld. Das resultierende Feld, das sich aufbaut, übt auf die Leiter der Spule Kräfte aus, welche die Spule um ihre Aufhängepunkte verdrehen.

Die Spule wird in eine Rotationsbewegung versetzt und mit dem Drehwinkel der Spule verändern sich sowohl der Betrag als auch die Richtung der Kräfte, die auf die Leiter der Spule wirken **(Bild 2b)**.

Beträgt die Auslenkung der Spule aus ihrer ursprünglichen Lage (Ruhelage) 90° **(Bild 2c)**, so hat sich die Richtung der Kräfte so verändert, dass sie keine Rotationsbewegung mehr verursachen, sondern je nach Stromrichtung nur noch versuchen, die Leiter auseinanderzuziehen oder zusammenzudrücken. In dieser Stellung bleibt die betrachtete Spule nach einem kurzen Einschwingvorgang stehen.

Das Prinzip des Gleichstrommotors mit Stromwender, auch Kommutator genannt, beruht darauf, dass man genau zu diesem Zeitpunkt die Richtung des Stroms umpolt. Durch die Massenträgheit der Spule schwingt sie über den 90°-Winkel hinaus und die nun veränderte Stromrichtung kehrt auch die Richtung der Magnetfelder um die Spulenleiter um. Die Folge ist, dass die Spule sich ständig weiterdreht.

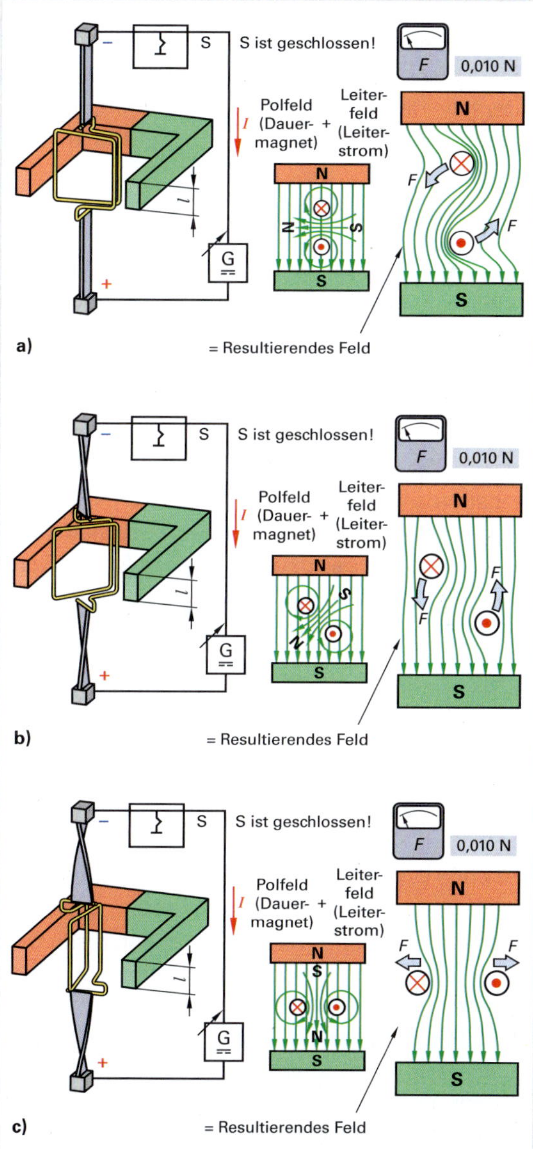

Bild 2: Kräfte auf eine stromdurchflossene Leiterschleife im Magnetfeld

Lernfeld 10

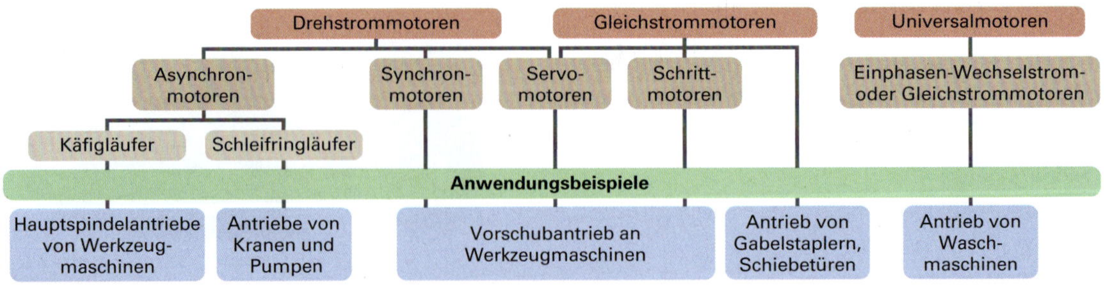

Bild 1: Bauarten von Elektromotoren

Das Hauptunterscheidungsmerkmal der Elektromotoren ist die Art des antreibenden Stroms. Danach unterscheidet man Drehstrommotoren, Gleichstrommotoren und Universalmotoren **(Bild 1)**.

// Drehstrommotoren

Drehstrommotoren werden mit dreiphasigem Wechselstrom betrieben. Sie werden unterteilt in Asynchronmotoren und Synchronmotoren.

Drehstromasynchronmotoren

Er ist einfach aufgebaut und gut gegen Umwelteinflüsse geschützt. Die Hauptbestandteile der Drehstromasynchronmotoren sind fest eingebaute Polschuhe mit Wicklungen im Gehäuse (Stator) und der darin drehbar gelagerte Rotor **(Bild 2)**. Der Rotor kann entweder ein Kurzschlussläufer sein **(Bild 3)**, bei dem Aluminiumleiterstäbe durch Ringe an beiden Enden des Rotors kurzgeschlossen sind, oder ein Schleifringläufer, bei dem sich Schleifringe auf der Welle befinden. Der Name „Kurzschlussläufer" leitet sich von dieser Konstruktion ab.

vel.plus/
FILF260

- **Aufbau der Motoren**

  Der Stator hat drei um 120° versetzte Spulen U1, V1 und W1 **(Bild 4)**. Wenn sie an ein Drehstromnetz angeschlossen werden, fließen Wechselströme I_1, I_2 und I_3 nacheinander durch sie. Dies erzeugt ein umlaufendes Magnetfeld im Stator, das ein Polpaar (N und S) bildet. Das Stator- und das Rotormagnetfeld stoßen sich ab und bringen den Rotor in Bewegung. Das Statorfeld treibt den Rotor an. Aufgrund des zeitlichen Unterschieds zwischen den beiden Magnetfeldern (Induktionsspannung) dreht sich der Rotor mit einer geringeren Frequenz als das Drehfeld des Stators. Dieses Ungleichgewicht nennt man Asynchronität.

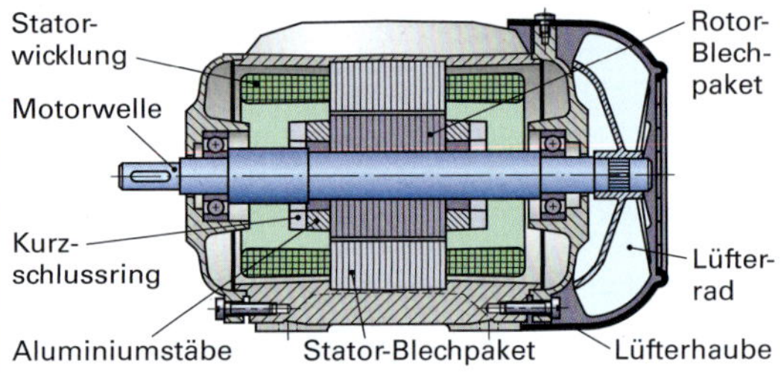

Bild 2: Hauptbestandteile des Drehstrommotors

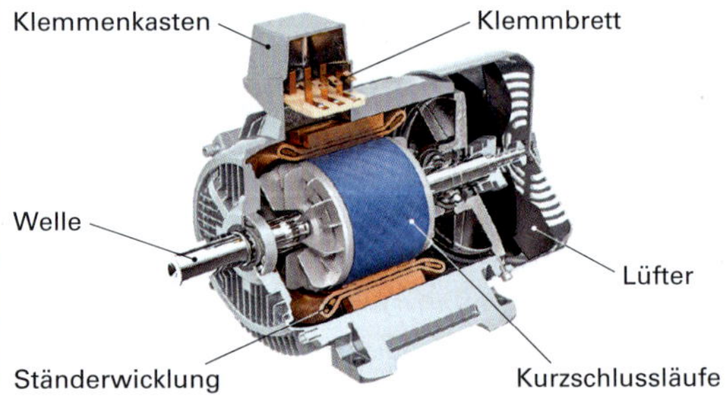

Bild 3: Kurzschlussläufermotor

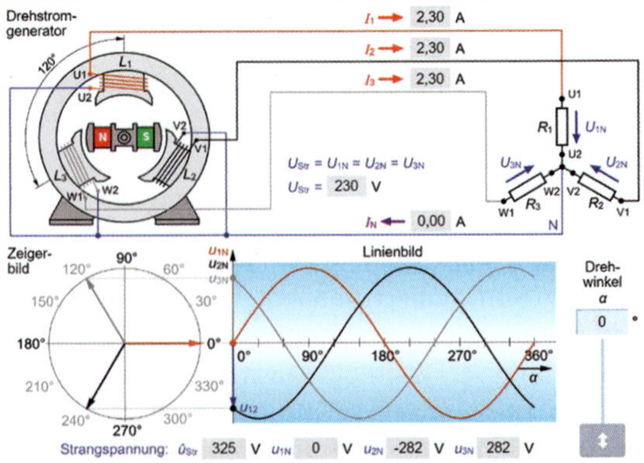

Bild 4: Entstehung eines dreipoligen Drehfelds

> Beim Asynchronmotor ist die Umdrehungsfrequenz des Läufers kleiner als die Umdrehungsfrequenz des Ständerdrehfelds.

Bei Drehstrommotoren können die Drehrichtung und die Umdrehungsfrequenz geändert werden.

- **Drehrichtungsänderung**
  Durch das Vertauschen einer der drei stromführenden Anschlussdrähte im Klemmkasten wird eine Änderung der Drehrichtung erreicht. Die Umsteuerung von Rechtslauf auf Linkslauf (oder umgekehrt) kann während des Betriebs mittels Schalters über eine Schütz- oder Relaissteuerung erfolgen.

- **Polzahl und Umdrehungsfrequenz**
  Die Umdrehungsfrequenz hängt von der Frequenz des Wechselstroms und der Polzahl der Ständerwicklung ab. Bei einem Polpaar läuft der Rotor mit der Frequenz des Statormagnetfelds von 50 Hz. Dies entspricht einer Drehzahl von 3000 min^{-1}. Bei zwei Polpaaren reduziert sich die Rotordrehzahl auf die Hälfte und bei drei Polpaaren reduziert sich die Rotordrehzahl auf ein Drittel der Drehzahl.

> Bei polumschaltbaren Motoren kann die Drehzahl in Schritten umgeschaltet werden.

- **Schlupf**
  Der Unterschied der Umdrehungsfrequenz zwischen Läufer n und Drehfeld n_f wird als Schlupfumdrehungsfrequenz bezeichnet. Der Schlupf ist das Verhältnis der Schlupfumdrehungsfrequenz zur Drehfeldumdrehungsfrequenz und wird in Prozent angegeben.

Berechnungsbeispiel zu Schlupf

Bei zwei Polpaaren beträgt die Umdrehungsfrequenz des Drehfelds 1500 min^{-1} und die Läuferumdrehungsfrequenz 1410 min^{-1}. Berechnen Sie den Schlupf.

$$\text{Schlupf} = \frac{n_f - n}{n_f} = \frac{1500 - 1410}{1500} = 0{,}6$$

Lösung

Der Schlupf beträgt 6 %.

- **Drehfrequenzänderung**
  Die Frequenz der Wechselspannung kann durch Frequenzumrichter stufenlos von sehr klein bis zur Nenndrehzahl geändert werden.

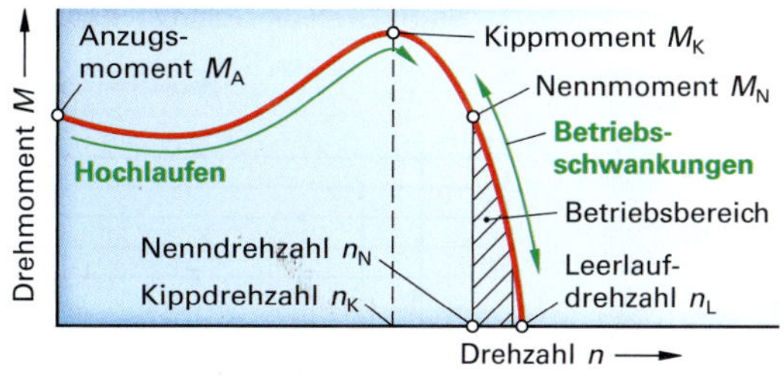

Bild 1: Betriebsverhalten von Asynchronmotoren

- **Betriebsverhalten des Drehstromasynchronmotors**
  Beim Einschalten des Motors erzeugt der Anlaufstrom I_A ein Anzugsdrehmoment M_A **(Bild 1)**. Dies bewegt den Motor, bis er seine Nenndrehzahl n_N bei Nennmoment M_N erreicht. Wenn das Lastmoment auf null abnimmt, steigt die Drehzahl auf die Leerlaufdrehzahl n_L an. Wenn das Lastmoment zunimmt, vermindert sich die Drehzahl bis zum Kippmoment n_K. Das Kippmoment M_K ist das höchste Drehmoment, das der Motor liefern kann. Wenn die Belastung das Kippmoment übersteigt, wird der Motor langsamer und stoppt schließlich (er „kippt").

  Der Motor erreicht sein Nennmoment M_N bei der auf dem Leistungsschild angegebenen Nenndrehzahl.

  Der Asynchronmotor arbeitet im Bereich zwischen dem Leerlaufdrehmoment und dem Nenndrehmoment.

> **Drehstromasynchronmotoren**
> - wartungsarm und wenig störanfällig
> - Drehzahlregelung mittels Frequenzumrichter
> - Dauer- und Unterbrechungsbetrieb möglich
> - Die Drehzahl fällt bei Belastung nur wenig ab.
> - Das Anzugsmoment ist begrenzt.

- **Anlasssteuerung**
  Große Elektromotoren ziehen beim Starten hohe Ströme aus dem Netz, was das öffentliche Stromnetz überlasten kann. Daher dürfen leistungsstarke Motoren nicht direkt eingeschaltet werden. Dies gilt für:

  - Motoren mit einem Anlaufstrom > 60 A
  - Wechselstrommotoren > 1,7 kW
  - Drehstrommotoren > 5,2 kW

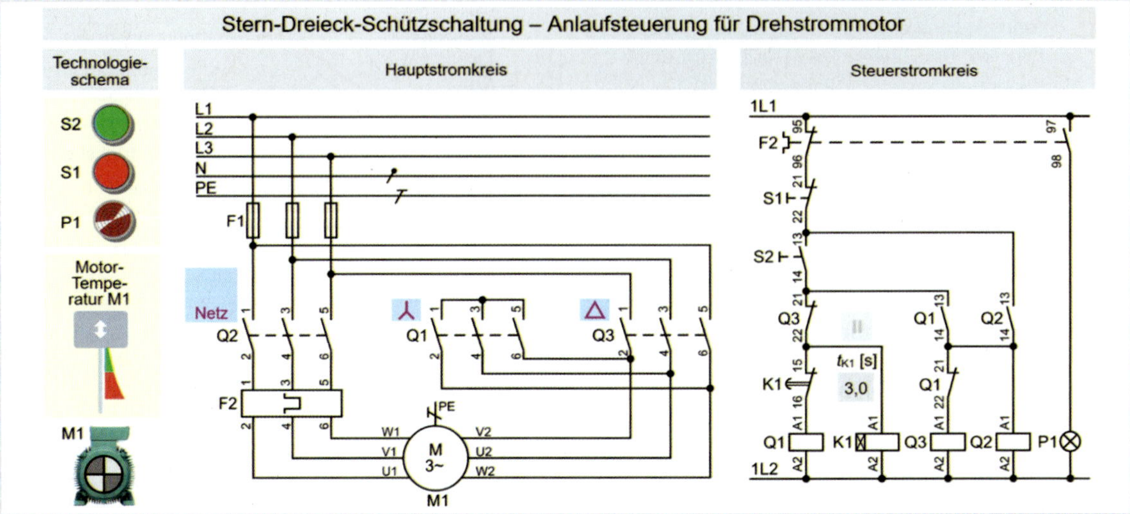

Bild 1: Anlaufsteuerung in Stern-Dreieck-Schützschaltung

Für das Anlassen des Motors gibt es mehrere Verfahren:

- **Stern-Dreieck-Schaltung**
  Beim Starten des Motors mit Stern-Dreieck-Schaltung wird der Motor in zwei Stufen angefahren **(Bild 1)**. In der ersten Stufe läuft der Motor mit 230 V an (Sternschaltung der Wicklungen). Nach einer bestimmten Zeit wird die zweite Stufe geschaltet und die Wicklungen liegen an 400 V an (Dreieckschaltung).

Beispiel zur Anlaufsteuerung der Stern-Dreieck-Schaltung

Mit dem QR-Code gibt es eine Verbindung zur Simulation „Stern-Dreieck-Schützschaltung" **(Bild 1)**. Welche Feststellungen können bei Betätigung des Starttasters S2 gemacht werden?

Lösung

Mit S2 wird der Motor gestartet. Im Steuerstromkreis fließt Strom durch Q1, K1 und Q2. Im Hauptstromkreis ist M1 in Sternschaltung angeschlossen (langsame Drehfrequenz). Nach Ablauf von 3 s schaltet das Zeitrelais Q1 ab und schließt den Stromkreis über Q3, dadurch entsteht die Dreieckschaltung und M1 erreicht die Nenndrehzahl. Mit S1 wird der Motor abgeschaltet.

- **Starten mit Sanftanlaufgerät**
  Bei elektronischen Sanftanlaufgeräten wird die Motorspannung durch elektronische Verriegelung langsam erhöht, sodass stoßartiges Anfahren vermieden wird. Die Umdrehungsfrequenz steigt proportional zur Motorspannung.

- **Anlassen mit Vorwiderstand**
  Zum Anlassen des Motors werden Widerstände vor die Wicklungen des Ständers geschaltet. Durch diese Reihenschaltung wird der Anlassstrom verringert. Der Nachteil bei dieser Schaltung sind die Verluste durch Erwärmung in den Vorwiderständen.

- **Anlassen mittels Umrichter**
  Ein über Umrichter gesteuerter Hochlauf des Motors ergibt vor allem bei Antrieben, die sehroft eingeschaltet werden, eine hohe Energieeinsparung.

Drehstromsynchronmotoren

Der Rotor der Synchronmotoren läuft mit der gleichen Umdrehungsfrequenz wie das Drehfeld, er läuft synchron. Die Drehzahl ist nur abhängig von der Netzfrequenz und kann elektronisch gesteuert werden. Wegen des Synchronlaufs wird der Motor vor allem dort angewendet, wo eine konstante Umdrehungsfrequenz gefordert wird (z. B. bei Pumpen).

Merkmale von Drehstromsynchronmotoren

- Die Drehzahl bleibt auch bei unterschiedlicher Belastung konstant.
- Bei Überlastung fällt der Motor „außer Tritt" und bleibt stehen.
- Der Motor benötigt z. B. beim Anschluss an das 50-Hz-Netz eine besondere Anlaufhilfe.

// Gleichstrommotoren

Gleichstrommotoren werden mit gleichgerichtetem Wechselstrom angetrieben. Der Vorteil von Gleichstrommotoren ist die stufenlose Regelbarkeit der Drehzahl.

Funktionsweise und Aufbau

Setzt man eine von Gleichstrom durchflossene, drehbar gelagerte Leiterschleife in das Magnetfeld eines Dauermagneten, so wird das Magnetfeld an der einen Seite der Schleife verdichtet und an der anderen Seite geschwächt. Dadurch entsteht ein Drehmoment, welches die Leiterschleife in Drehung versetzt. Durch Umpolen des Stromflusses dreht sich die Leiterschleife weiter. Das Umwenden besorgt ein Stromwender, der dafür sorgt, dass der Strom in die erforderliche Richtung fließt.

Gleichstrommotoren **(Bild 1)** bestehen aus dem Rotor mit den stromdurchflossenen Rotorwicklungen (Leiterschleifen) und den im Gehäuse eingebauten Polschuhen mit Statorwicklung (fremderregt) oder mit Permanentmagneten (permanenterregt). Die Stromzuführung zum Rotor und die Stromwendung erfolgen über den Kollektor und die Kohlebürsten. Die Kohlebürsten sind Verschleißteile, die regelmäßig ausgetauscht werden müssen.

Motorschaltungen

Je nach Schaltstellung von Ständerwicklung und Ankerwicklung unterscheidet man drei Arten von Motoren, wobei die Art der Schaltung das Betriebsverhalten des Motors bestimmt.

- **Reihenschlussmotoren**
  Bei Reihenschlussmotoren sind die Ständerwicklung und die Ankerwicklung in Reihe geschaltet. Eingesetzt werden sie in Haushaltsgeräten (z. B. Staubsauger) oder Elektrowerkzeugen (z. B. Winkelschleifer).
- **Nebenschlussmotoren**
  Bei Nebenschlussmotoren liegen die Ständerwicklung und die Ankerwicklung in Parallelschaltung an der Spannungsquelle. Eingesetzt werden sie in Werkzeugmaschinen und Förderanlagen.
- **Fremderregte Gleichstrommotoren**
  Bei fremderregten Geleichstrommotoren hat die Ständerwicklung einen eigenen Stromkreis. Durch Spannungsänderung ändert sich die Drehzahl. Eingesetzt werden sie als Antrieb in Fräs- und Schleifmaschinen.

- **Reihenschlussmotoren** besitzen eine stark lastabhängige Umdrehungsfrequenz. Vorteilhaft sind ihr großes Anzugsmoment und das Anlaufen unter Last.
- **Nebenschlussmotoren** haben eine lastunabhängige Umdrehungsfrequenz.
- **Fremderregte Gleichstrommotoren** lassen sich stufenlos regeln.

6.3.5 Universalmotoren

Universalmotoren sind eine besondere Art von Gleichstrommotoren. Wenn sie an Wechselspannung angeschlossen werden, ändert sich sowohl die Erreger- als auch die Rotorstromrichtung gleichzeitig, wodurch der Motor seine Drehrichtung beibehält. Sie können damit auch an Einphasen-Wechselspannung betrieben werden und sind in vielen Haushaltsgeräten und Kleingeräten (Staubsauger, Ventilatoren) zu finden. Durch elektronische Zusatzeinrichtungen kann die Drehzahl und die Drehrichtung verändert werden, z. B. bei Handbohrmaschinen **(Bild 2)**.

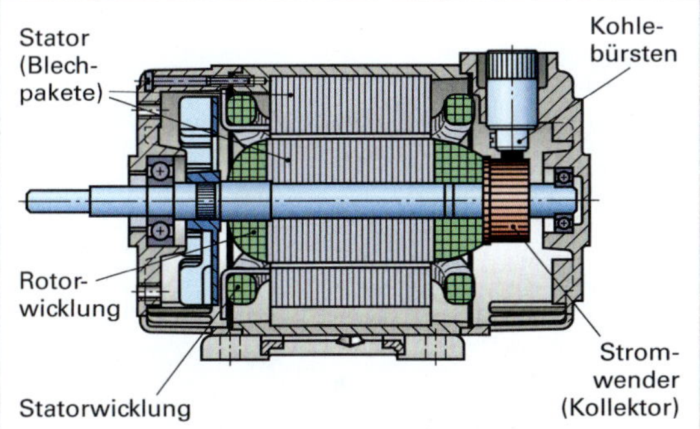

Bild 1: Aufbau eines Gleichstrommotors

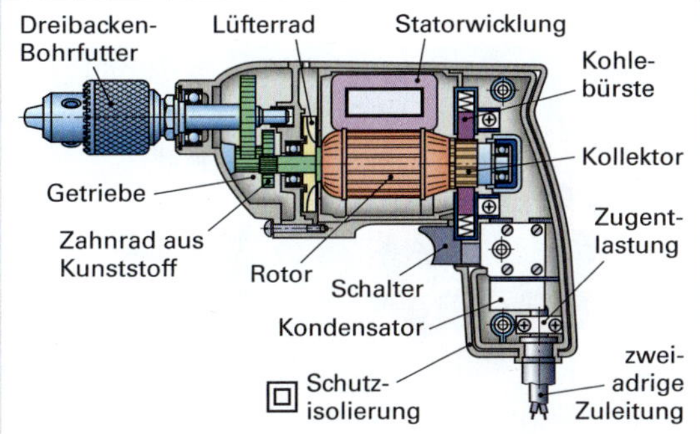

Bild 2: Handbohrmaschine mit Universalmotor

Spezielle Elektromotoren

In Bearbeitungszentren, Werkzeugmaschinen und in der Steuerungs- und Regelungstechnik werden Sonderbauformen von Elektromotoren eingesetzt.

Servomotoren

Servomotoren sind bürstenlose permanenterregte Drehstromsynchronmotoren **(Bild 1)**. Über ein elektronisches Steuergerät wird durch Änderung der Frequenz und der Spannung die Drehzahl gesteuert. Eingesetzt werden Servomotoren bei Vorschubantrieben von Werkzeugmaschinen, als Antriebssysteme mit mehreren zu koordinierenden Bewegungen oder für Positionieraufgaben mit hoher Genauigkeit bei Robotern **(Bild 2)** und bei Handhabungsgeräten.

Maßgebende Kenngrößen von Servomotoren sind

- **das Drehmoment,** da für konstante Vorschubkräfte ein konstantes Drehmoment erforderlich ist
- **die Drehzahl** für die Vorschubgeschwindigkeit und die Eilgangbewegung, einstellbar bis ca. 6000 min^{-1}
- **schnelles Reagieren** bei Drehzahländerungen

Anforderungen an Servomotoren

- großer einstellbarer Drehzahlbereich
- große Dynamik beim Beschleunigen und Abbremsen
- hohes Haltemoment bei Stillstand
- hohe Genauigkeit bei Positionierung und bei Winkelgenauigkeit

Schrittmotoren

Schrittmotoren bestehen aus dem Ständer mit mehreren Wicklungssträngen und dem Läufer mit vielzahnigen Polrädern **(Bild 3)**, in denen Permanentmagnete eingearbeitet sind. Sie sind paarweise als Nordpolrad und Südpolrad angeordnet. Das Drehfeld entsteht durch Ein- und Ausschalten einzelner Wicklungsstränge, dadurch können die Drehrichtung und die Drehfrequenz gesteuert werden. Die Schrittmotortechnik ist in der Lage, eine Motorumdrehung in bis zu 10000 Schritte aufzulösen, damit sind Genauigkeiten bei der Fertigung bis 5 µm erzielbar. Im Stillstand erzeugt der Schrittmotor ein Haltemoment und ist deshalb auch ohne Zusatzeinrichtungen genau positionierbar. Schrittmotoren werden bei Werkzeugmaschinen als Vorschubantriebe **(Bild 4)** und in

Bild 1: Servomotoren

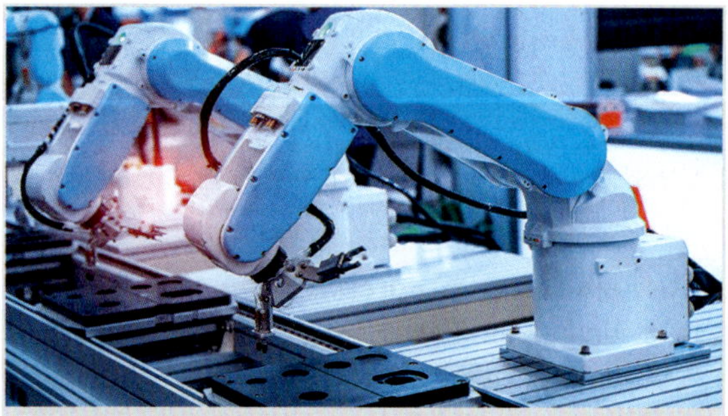

Bild 2: Montageroboter

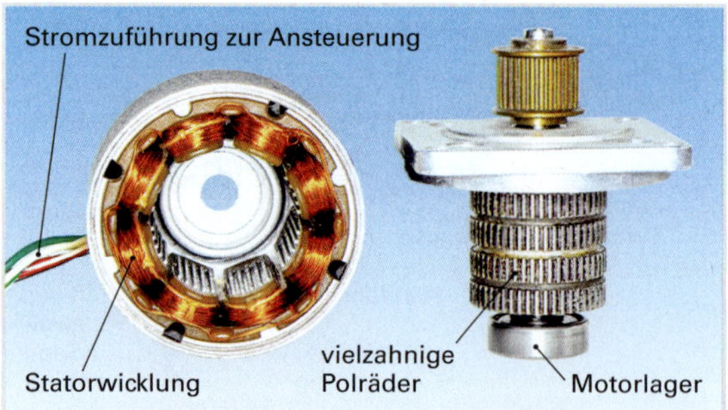

Bild 3: Baugruppen eines Schrittmotors

Bild 4: Achsenantriebsmotor einer CNC-Maschine

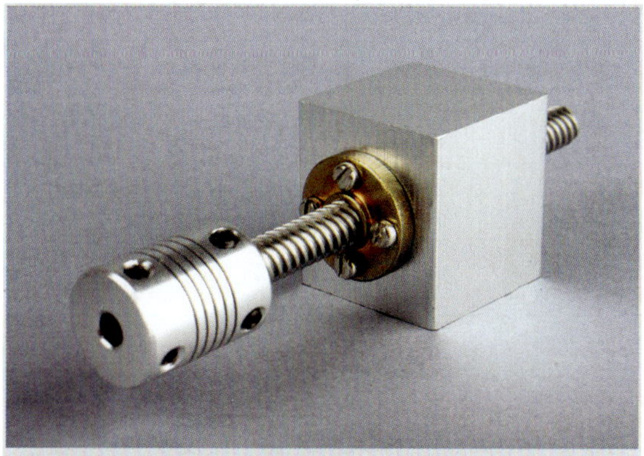

Bild 1: Mechanischer Linearantrieb für CNC-Maschinen

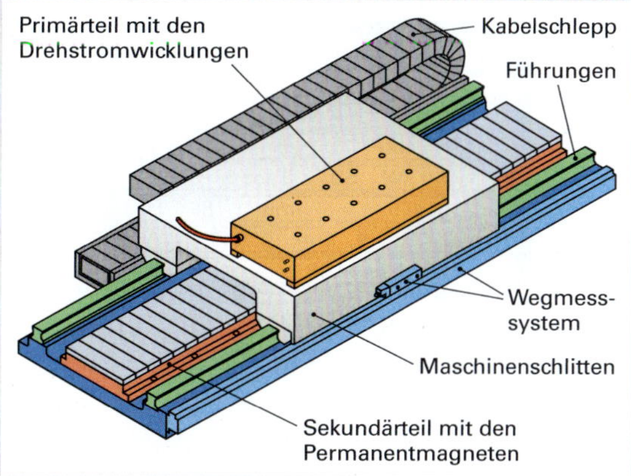

Bild 2: Aufbau eines Linarmotorantriebs

der Steuerungs- und Regelungstechnik als Stellglieder eingesetzt. Weitere Einsatzgebiete sind z. B. der Antrieb bei 3D-Druckern.

Linearmotoren

Drehende Motoren benötigen Übertragungselemente wie Riemen, Ketten oder Ähnliches, um aus einer rotativen Bewegung indirekt eine translatorische zu machen, Linearantriebe ermöglichen es, eine Bewegung und Vorschubkräfte direkt umzusetzen. Daher werden Linearmotoren auch als Direktantriebe bezeichnet.

Linearmotoren werden eingesetzt, wenn geradlinige Bewegungen präzise und schnell ausgeführt werden müssen. Dies ist z. B. bei Vorschubantrieben von Werkzeugmaschinen **(Bild 1)**, Positioniersystemen und Handling-Systemen in Bearbeitungszentren der Fall. Durch die hohen erreichbaren Beschleunigungen der Linearantriebe von bis zu 60 m/s^2 und Verfahrensgeschwindigkeiten bis zu 13 m/s können die Zeiten für den Eilgang und die Zeiten für Werkzeugwechsel deutlich reduziert werden. Der Linearmotor entspricht einem in der Ebene abgewickelten Drehstromsynchronmotor. Der Primärteil enthält die Drehstromwicklungen, der Sekundärteil die Permanentmagneten **(Bild 2)**. Werden die Wicklungen an ein Drehstromnetz angeschlossen, entsteht ein sich in der Ebene bewegendes elektromagnetisches Wanderfeld, welches den Sekundärteil mitzieht. Die Geschwindigkeit, mit der sich das Wanderfeld bewegt, hängt von der Polteilung und der Frequenz ab. Durch die Ansteuerung über einen Servoregler kann die Verfahrensgeschwindigkeit eingestellt werden. In Werkzeugmaschinen ist meist der Sekundärteil am Maschinenbett befestigt, während der Primärteil mit den Wicklungen als beweglicher Schlitten die Vorschubeinheit antreibt **(Bild 3)**.

Bild 3: Linearmotor mit Kugelumlaufspindel an CNC-Maschinen

Problematisch bei Linearmotoren ist die hohe Wärmeentwicklung in der Maschine, deshalb werden sie wassergekühlt und wärmeisoliert.

Merkmale von Linearmotoren

- im HSC-Bereich Geschwindigkeiten bis 780 m/min und Beschleunigungen bis 60 m/s^2
- sehr schnelles und sehr genaues Positionieren auf z. B. 0,003 mm bei Bearbeitungszentren
- Vorschubkräfte bis 20000 N erreichbar
- direkte Kraftübertragung ohne bewegliche Teile, daher hohe statische und dynamische Steifigkeit
- hohe Wiederholgenauigkeit, z. B. beim Schleifen bis 0,1 µm
- außer den Führungen keine mechanischen Verschleißteile

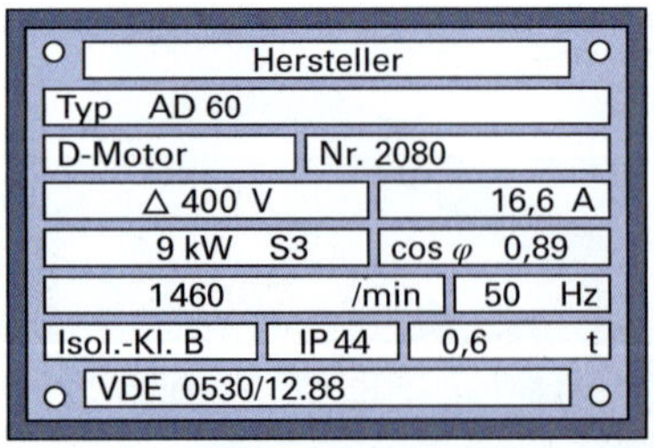

Bild 1: Leistungsschild eines Drehstrommotors

Tabelle 1: Kenndaten eines Elektromotors

Schildangabe	Bedeutung	Schildangabe	Bedeutung
D-Motor	Drehstrom-motor	cos φ 0,89	Leistungs-faktor
400 V	Nenn-spannung	1460/min	Leistungs-drehzahl
16,6 A	Nennstrom	Isol.-Kl. B	Isolations-klasse
9kW	Nenn-leistung	IP44	Schutzart

// Bemessungsdaten von Elektromotoren

Eine wichtige Informationsquelle, um Daten von Elektromotoren zu erlangen, sind seine Bemessungsdaten. Diese Kenndaten sind auf dem Leistungsschild **(Bild 1)**, das am Motor befestigt ist, zu finden. In **Tabelle 1** sind die Kenndaten, die auf dem Leistungsschild angebracht sind, erklärt.

// Motorleistung und Drehmoment

Die Leistungsangabe von 9 kW auf dem Leistungsschild gibt die abgegebene mechanische Leistung P_{ab} an der Motorwelle an. Die dem Motorzugeführte Leistung ist höher als 9 kW. Die Differenz wird als Verlustleistung bezeichnet, die durch Wärmeentwicklung entsteht.

Leistung *P* bei Gleichstrommotoren

Die einem Gleichstrommotor zugeführte elektrische Leistung *P* ist das Produkt aus Spannung *U* und Stromstärke *I*.

$$P = U \cdot I$$

Die Leistung steigt direkt proportional mit der Spannung *U* bzw. mit der Stromstärke *I*.

Wirkleistung *P* bei Wechselstrommotoren

Die einem Wechselstrommotor zugeführte elektrische Leistung *P* ist das Produkt aus Spannung *U*, Stromstärke *I* und Leistungsfaktor cos φ.

$$P = U \cdot I \cdot \cos\varphi$$

Beim Wechselstrom durch Spulen entsteht eine Phasenverschiebung zwischen Strom und Spannung, dadurch verringert sich die Wirkleistung. Dies wird durch den Leistungsfaktor cos φ berücksichtigt.

Wirkleistung *P* bei Drehstrommotoren

Bei Drehstrommotoren ist der Strom- und Spannungsverlauf in den drei Leitern zeitlich um 120° versetzt. Der Mittelwert der Leistung wird mit dem Verkettungsfaktor $\sqrt{3}$ berechnet.

$$P = \sqrt{3} \cdot U \cdot I \cdot \cos\varphi$$

Drehmoment *M* bei Motoren

Für das Drehmoment *M* gilt: $M = F \cdot r$

Für die Leistung P gilt: $P = \frac{W}{t} = \frac{F \cdot s}{t} = F \cdot v$

Geschwindigkeit v bei Rotation:

$v = \pi \cdot d \cdot n = \pi \cdot 2 \cdot r \cdot n$

$$\Rightarrow P = F \cdot \pi \cdot 2 \cdot r \cdot n = F \cdot r \cdot \pi \cdot 2 \cdot n = M \cdot \pi \cdot 2 \cdot n$$

$$\Rightarrow M = \frac{P}{\pi \cdot 2 \cdot n}$$

Berechnungsbeispiel zu Motorleistung, Wirkungsgrad und Drehmoment

Berechnen Sie die zugeführte elektrische Leistung, den Wirkungsgrad und das Drehmoment für die Daten aus Bild 1.

Lösung

Zugeführte Leistung P_{zu}

$$P_{zu} = \sqrt{3} \cdot U \cdot I \cdot \cos\varphi$$
$$= \sqrt{3} \cdot 400\,\text{V} \cdot 16{,}6\,\text{A} \cdot 0{,}89 = 10236\,\text{W} = 10{,}24\,\text{kW}$$

Wirkungsgrad η

$$P_{ab} = 9\,\text{kW} \Rightarrow \eta = \frac{P_{ab}}{P_{zu}} = \frac{9\,\text{kW}}{10{,}24\,\text{kW}} = 0{,}88 \mathrel{\hat{=}} 88\,\%$$

Drehmoment *M*

$$M = \frac{P}{\pi \cdot 2 \cdot n} \text{ mit } n = 1460\,\frac{1}{\text{min}} = 1460\,\frac{1}{60\,\text{s}} = 24{,}33\,\frac{1}{\text{s}}$$

$$M = \frac{9\,\text{kW} \cdot s}{\pi \cdot 2 \cdot 24{,}33} = \frac{9000}{\pi \cdot 2 \cdot 24{,}33} = \frac{\text{Nm} \cdot \text{s}}{\text{s}} = 58{,}9\,\text{Nm}$$

// Schutz und Wartung von Elektromotoren

Elektromotoren sind wartungsfreundlich, sollten aber vor Überlastungen geschützt werden und einer regelmäßigen Kontrolle und Wartung unterzogen werden.

Schutz

Der Schutz von Elektromotoren richtet sich speziell gegen Überhitzung. Deshalb sind in den meisten Elektromotoren Motortemperatursensoren eingebaut, die ab einer bestimmten Temperatur den Motor stromlos schalten. Mithilfe der Thermografie lassen sich auch Temperaturmessungen durchführen **(Bild 1)**.

Kontrolle und Wartung

Regelmäßige Kontrolle und Wartung erhöhen die Effizienz und Lebensdauer der Motoren und sparen somit Kosten.

Kontrollieren muss man bei Elektromotoren Lufteinlässe, ob die Luftzufuhr zur Motorkühlung nicht behindert wird und ob die Kühlrippen frei von Fremdmaterial sind. Auf Laufgeräusche und Vibrationen ist zu achten. Verschleißteile wie z. B. Kohlebürsten und Bürstenhalter so wie Kommutator und Schleifring müssen überprüft und gegebenenfalls ausgetauscht werden **(Bild 2)**.

Elektromotoren in produktionskritischen Maschinen oder Anlagen, die keiner dauerhaften Überwachung unterliegen, sollten während des Betriebs auf folgende Funktionen hin überprüft werden:

- Stromversorgung
- Statorwicklung
- Kühlsystem
- Rotorunwucht
- Lagerschäden
- Exzentrizität
- lose Fußbefestigung bzw. bauliche Probleme
- Leistung

Diese Überwachung kann durch einen Sensor, der mittels Befestigungsclip an den Kühlrippen angebracht wird, erfolgen **(Bild 3)**. Die Informationen und Daten werden per WLAN übertragen.

Bild 1: Temperaturmessung an einem Elektromotor

Bild 2: Wartungsarbeiten am Elektromotor

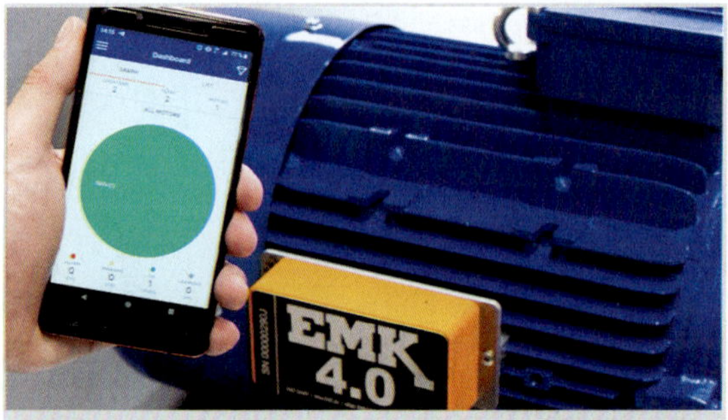

Bild 3: Überwachung festgelegter Funktionen und Fehlermeldung auf das Smartphone

Achtung!
Arbeiten an elektrischen Anlagen und Maschinen dürfen nur von Fachkräften durchgeführt werden.

Überlegen und beantworten Sie:

Öffnen Sie mit dem QR-Code von **Seite 410** die Simulation der „Stern-Dreieck-Schützschaltung". Starten Sie mit S2 den Motor und bewegen Sie den Schieber der Motortemperatur M1 vom „grünen" Bereich in den „roten" Bereich. Beschreiben Sie die Reaktionen im Hauptstromkreis und im Steuerstromkreis.

Überlegen und beantworten Sie:

Elektrische Leistung bei Wechselstrom

1. **Verbraucher.** Ein Verbraucher nimmt bei einem Leistungsfaktor $\cos\varphi = 0{,}7$ eine Leistung von 60 W auf. Wie groß ist die Stromstärke bei $U = 230$ V?
2. **Leistungsschild Wechselstrommotor (Bild 1).** Berechnen Sie mithilfe des Leistungsschilds
   a) die dem Netz entnommene Leistung des Motors,
   b) den Wirkungsgrad des Motors.
3. **Wechselstrommotor.** Ein Wechselstrommotor nimmt bei 230 V und 6,8 A eine Leistung von 0,95 kW auf. Welchen Leistungsfaktor hat der Motor?
4. **Wechselstromnetz (Bild 2).** Berechnen Sie für den angeschlossenen Wechselstrommotor
   a) die zugeführte Leistung,
   b) die abgegebene Leistung.
5. **Schweißumformer.** Der Motor eines Schweißumformers entnimmt dem Netz eine Leistung von 7,5 kW. Der Leistungsfaktor ist 0,75, der Wirkungsgrad 0,85. Wie groß ist die größte Schweißspannung, wenn der Strom höchstens 350 A bei einem Generatorwirkungsgrad von 0,9 betragen darf?

Elektrische Leistung bei Drehstrom

6. **Leistungsschild Drehstrommotor (Bild 3).** Berechnen Sie aus dem Leistungsschild des Drehstrommotors einer Werkzeugmaschine
   a) die aufgenommene Leistung,
   b) den Wirkungsgrad des Elektromotors.
   c) Geben Sie an, was die Bezeichnung IP 12 auf dem Leistungsschild bedeutet.
7. **Fräsmaschinenmotor.** Ein Fräsmaschinenmotor für 400 V steht im Katalog mit folgenden Angaben: $P = 5{,}5$ kW; $\eta = 0{,}81$; $\cos\varphi = 0{,}83$. Wie groß sind
   a) die zugeführte Leistung,
   b) der Strom in der Leitung?
8. **Vierleiter-Drehstromnetz (Bild 4).** Ein Getriebemotor ist am Vierleiter-Drehstromnetz angeschlossen. Berechnen Sie
   a) die vom Netz entnommene Leistung,
   b) den Wirkungsgrad des Motors.
9. **Schweißaggregat.** Der Drehstrommotor eines Schweißaggregats soll bei $U = 400$ V, $\cos\varphi = 0{,}8$ und $\eta = 0{,}9$ eine Leistung von 18 kW abgeben. Wie groß ist die Stromstärke?
10. **Aufzug.** Ein Aufzug für 3 kN Höchstbelastung soll in 20 s einen Höhenunterschied von 18 m überwinden.
    a) Welche Leistung muss der Antriebsmotor abgeben, wenn der Wirkungsgrad des Aufzugs 69 % beträgt?
    b) Welchen Strom nimmt der Drehstrommotor mit den Daten $U = 400$ V; $\eta = 0{,}85$ und $\cos\varphi = 0{,}9$ auf?

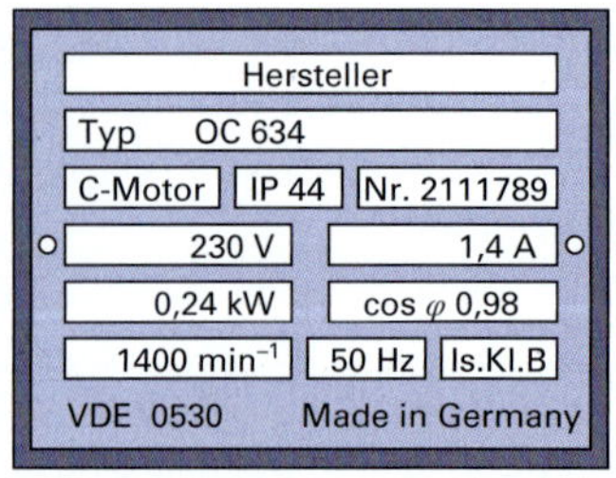

Bild 1: Leistungsschild Wechselstrommotor

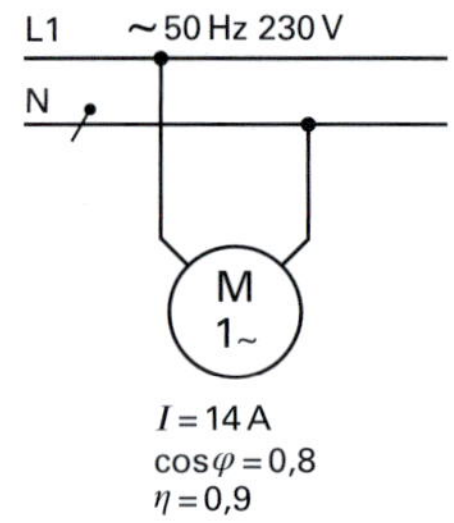

Bild 2: Wechselstromnetz

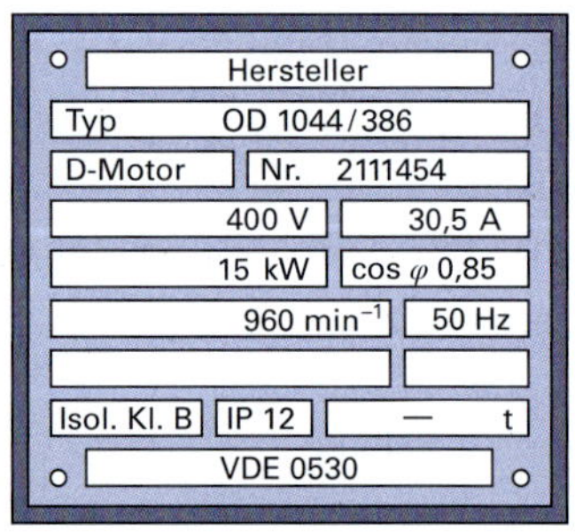

Bild 3: Leistungschild Drehstrommotor

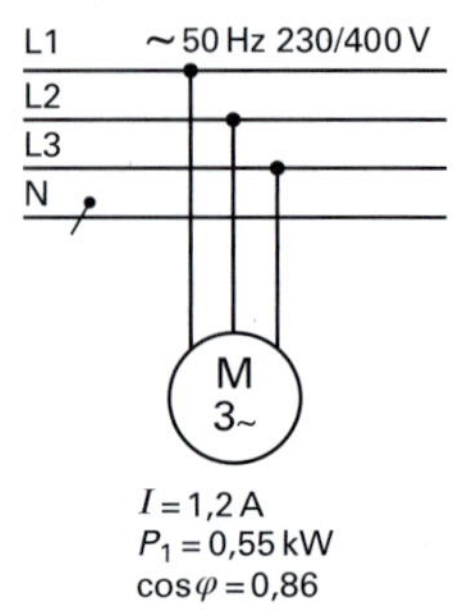

Bild 4: Vierleiter-Drehstromnetz

Lernfeld 10

6.4 Pumpen

Pumpen sind Maschinen, die Flüssigkeiten in Rohren oder Behältern bewegen. Sie werden von Elektromotoren angetrieben, die über eine Kupplung mit der Pumpenwelle verbunden sind **(Bild 1)**. Diese Motoren liefern Energie, die an ein Fluid übertragen und in Strömungsenergie umgewandelt wird. Die Pumpe muss dabei die Strömungshindernisse in den Rohren überwinden und den Druck sowie die Höhenunterschiede zwischen den Förderorten bewältigen, um die Flüssigkeit zu fördern.

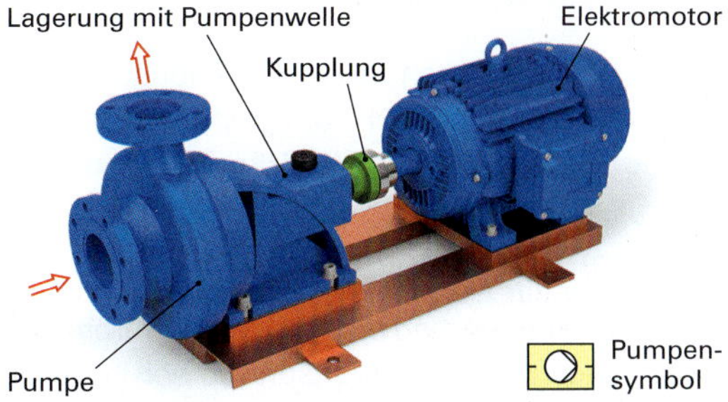

Bild 1: Pumpe mit Antriebseinheit

6.4.1 Leistungsberechnung einer Pumpe

Um die elektrische Antriebsleistung einer Pumpe festlegen zu können, muss die Leistung der Pumpe bekannt sein. So ist z. B. die Leistung P der Hydropumpe in einer hydraulischen Anlage **(Bild 2)** vom Volumenstrom Q und vom Druck p_e abhängig. Reibungs- und Leckverluste in der Anlage werden durch den Wirkungsgrad η berücksichtigt.

Für die Leistungsberechnung gilt:

$$P = p_e \cdot Q \left[\frac{\text{bar} \cdot \text{l}}{\text{min}}\right]$$

Damit man zur Einheit kW kommt, kann mit der Zahlenwertgleichung gerechnet werden, in die Q in l/min und p_e in bar einzusetzen sind.

Leistung P in KW

$$P = \frac{Q \cdot p_e}{600}$$

Wirkungsgrad η

$$\eta = \frac{P_{ab}}{P_{zu}} = \frac{P_2}{P_1}$$

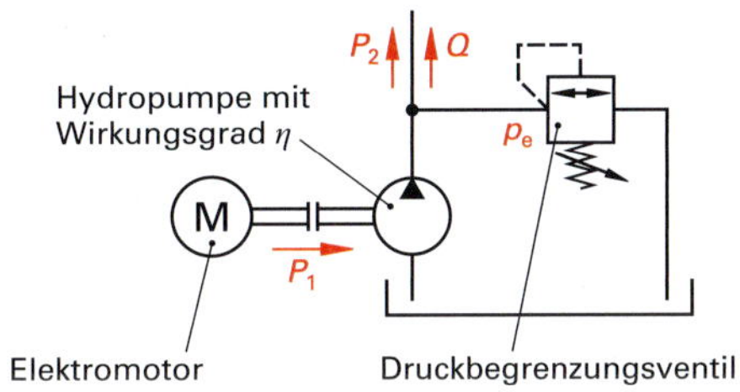

Berechnung: $P_2 = p_e \cdot Q = P_1 \cdot \eta$

P_1	zugeführte Leistung	kW
P_2	abgegebene Leistung	kW
η	Wirkungsgrad	–
p_e	Druck, Überdruck	bar
Q	Volumenstrom	l/min

Bild 2: Hydropumpe und Formel

Berechnungsbeispiel zur Leistungsberechnung

Eine Pumpe (Bild 2) soll bei einem Druck p_e = 40 bar einen Volumenstrom Q = 12 l/min liefern.

Ermitteln Sie die Pumpenleistung und die Leistung des Motors, wenn der Wirkungsgrad 80 % beträgt.

Lösung

$$P_{ab} = P_2 = \frac{Q \cdot p_e}{600} = \frac{12\frac{\text{l}}{\text{min}} \cdot 40\ \text{bar}}{600} = 0{,}8\ \text{kW}$$

$$\eta = \frac{P_{ab}}{P_{zu}} = \frac{P_2}{P_1} \Rightarrow P_1 = \frac{P_2}{\eta} = \frac{0{,}8\ \text{kW}}{0{,}80} = 1{,}0\ \text{kW}$$

Überlegen und beantworten Sie:

1. **Leistungsberechnung**
   Für die Pumpen a bis c ist die Leistung in kW zu berechnen.

Pumpe	a	b	c
Q in l/min	35	86	250
p_e in bar	16	250	20

2. **Zahlenwertgleichung**
   Bei der Berechnung der Leistung $P = Q \cdot p_e$ ergibt sich die Einheit $[\text{min}^{-1} \cdot \text{bar}]$.
   Rechnen Sie die Einheit 1 $\text{min}^{-1} \cdot \text{bar}$ in kW um.

6.4.2 Pumpenbauarten

Pumpen werden nach ihrem Funktionsprinzip im Wesentlichen in zwei Hauptgruppen unterteilt: **Strömungspumpen** und **Verdrängungspumpen**.

// Strömungspumpen

Strömungspumpen sind die am weitest verbreiteten Pumpenbauarten. Das Arbeitsprinzip beruht darauf, dass durch die Pumpenkonstruktion das Fluid in Bewegung gesetzt wird – es erfolgt eine hydrodynamische Kraftübertragung. Für den Betrieb sind weder Ventile oder Klappen erforderlich. Strömungspumpen werden auch als Kreiselpumpen bezeichnet. Sie lassen sich je nach Strömungsrichtung in Axialpumpe, Diagonalpumpe oder Radialpumpe gliedern.

// Verdrängungspumpen

Damit eine Flüssigkeit mithilfe einer Verdrängungspumpe gefördert werden kann, muss es sich um ein geschlossenes System handeln. Deshalb werden Ventile oder Klappen benötigt. Das Funktionsprinzip ist einfach: Ein Körper in der Pumpe verdrängt die Flüssigkeit und schiebt sie weiter. Verdrängungspumpen arbeiten selbstansaugend. Sie werden außerdem noch nach einstellbaren Fördermengen (Verstellpumpen) und nicht beeinflussbaren Fördermengen (Konstantpumpen) unterschieden (siehe dazu Kapitel 2.3.2).

6.4.3 Kreiselpumpen

Die Kreiselpumpe **(Bild 1)** ist die am häufigsten eingesetzte Pumpe. Sie arbeitet nach dem Strömungsprinzip und saugt das Medium, eine Flüssigkeit, an. Sie besitzt ein spiralförmiges Pumpengehäuse, in dem ein schaufelbesetztes Laufrad mit hoher Drehzahl rotiert **(Bild 1)**. Es wird über die Pumpenwelle von einem Elektromotor angetrieben. Die Förderflüssigkeit wird durch das in Drehachse angeordnete Saugrohr in die Pumpe gesaugt und gelangt in das Laufrad **(Bild 2)**. Dort wird die Flüssigkeit vom rotierenden Laufrad auf einer Kreisbahn beschleunigt. Durch die Wirkung der Zentrifugalkraft strömt das Fördermedium von der Drehachse radial nach außen in das spiralförmige Sammelrohr und von dort über das Druckrohr in die Förderleitung **(Bild 3)**.

Kreiselpumpen müssen vor Inbetriebnahme mit der Flüssigkeit gefüllt werden, da es sonst beim Anlauf zu hohen Drehzahlen führen könnte und die Gefahr des Heißlaufens bei Dichtungen und Lagern besteht.

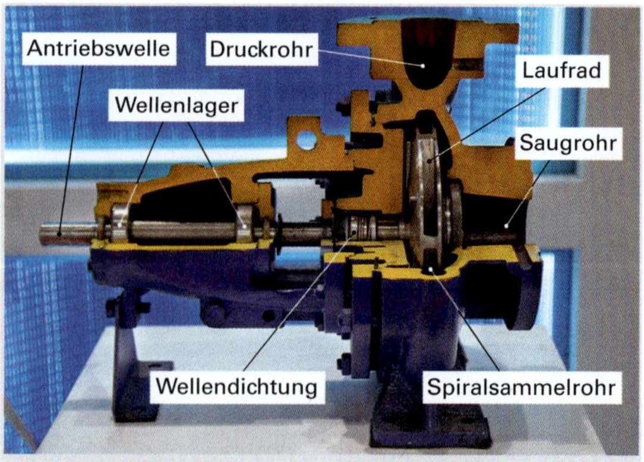

Bild 1: Kreiselpumpe als Strömungspumpe

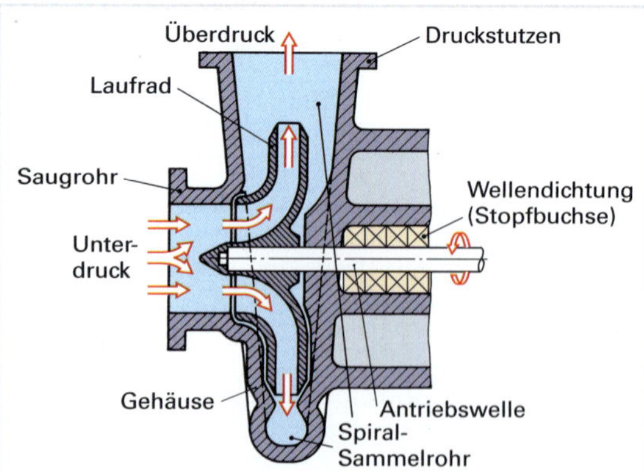

Bild 2: Funktionsweise der Kreiselpumpe

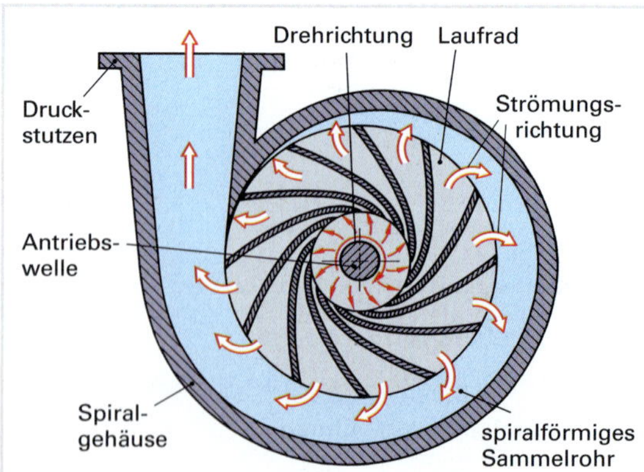

Bild 3: Wirkungsweise der Kreiselpumpe

Lernfeld 10

6.4.4 Pumpen für die industrielle Anwendung

Pumpen für die Anwendung in der Industrie sind für strömungsfreien Dauerbetrieb konzipiert. Es sind leistungsfähige, langlebige und wartungsfreundliche Pumpen. Eingesetzt werden sie z. B. zum Fördern von chemisch aggressiven und hochviskosen Fluiden oder in explosionsgeschützten Bereichen.

// Drehkolbenpumpen

Drehkolbenpumpen **(Bild 1)** bieten Anlaufsicherheit und höchste Leistungsfähigkeit bei geringem Platzbedarf. Ihr Einsatzgebiet ist auf Ölfeldern, in Tankanlagen, in der Petrochemie, in der Papier- und Textilindustrie, in der Schifffahrt und Offshore, in der Lebensmittelindustrie und im Fahrzeugbau.

Drehkolbenpumpen sind selbstansaugende Verdrängerpumpen **(Bild 2)**. Durch das gleichmäßige Drehen des Drehkolbenpaars und die sich gleichzeitig vergrößernde Saugkammer entsteht an der Ansaugseite ein Unterdruck, dadurch wird das Fördermedium in den Pumpenraum gesogen. Die Drehkolben leiten es dann weiter in den Druckbereich. Durch das gleichmäßige Drehen des Drehkolbenpaars und die sich gleichzeitig verkleinernde Druckkammer entsteht in der Druckseite ein Überdruck bis zu 12 bar.

Mit Drehkolbenpumpen werden Fluide bis zu einer Temperatur von 200 °C und einer Förderleistung bis zu 1440 m^3/h gefördert.

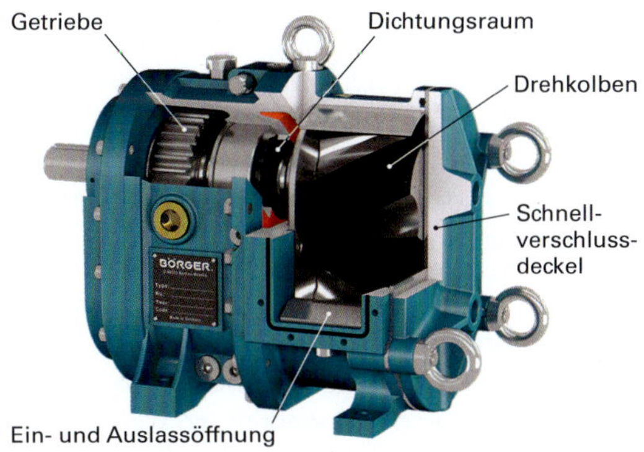

Bild 1: Drehkolbenpumpe

Drehkolbenpumpe
- bieten Anlaufsicherheit
- höchste Leistungsfähigkeit
- benötigen wenig Platz
- sind selbstansaugend
- fördern im Schlürfbetrieb
- sind sehr wartungsfreundlich
- haben eine drehzahlangepasste Fördermenge
- sind unempfindlich gegen Feststoffe

// Mobile Pumpen

Mobile Pumpen kommen zum Einsatz, wenn kurzfristig Handlungsbedarf besteht.

- **Handwagenpumpen**
  Handwagenpumpen **(Bild 3)** lassen sich sehr einfach und ohne großen Kraftaufwand zum Einsatzort befördern und stehen nach verrichteter Arbeit wieder für einen anderen Einsatzort bereit.

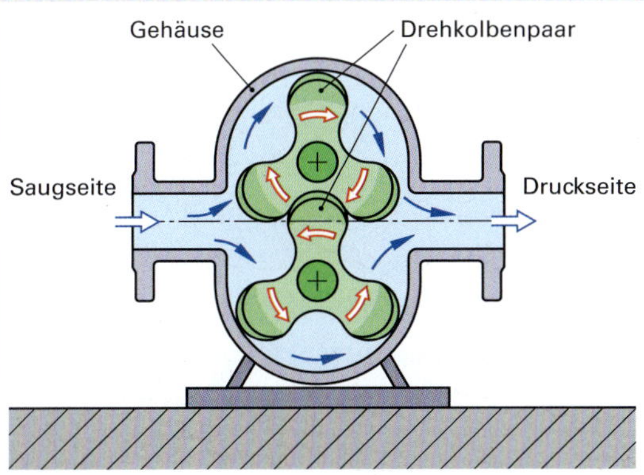

Bild 2: Funktionsweise der Drehkolbenpumpe

Bild 3: Mobile Pumpe

Lernfeld 10

- **Tankwagenpumpen**
  Flüssigkeiten werden meist mit Tankwagen transportiert. Für die Entleerung oder Befüllung der Tankwagen ist nicht immer ein Vor-Ort-Pumpstation vorhanden. Durch die reversible Förderung der Tankwagenpumpe, die auf dem Tankfahrzeug installiert ist, ist sie eine ideale Lösung für die Befüllung oder Entleerung der Flüssigkeit.
- **Mobilaggregate**
  Werden an einem Einsatzort hohe Förderleitungen bis zu 1400 m^3/h benötigt, so kommen Mobilaggregate zum Einsatz. Sie sind auf Anhänger für Pkw oder Lkw montiert, damit sie zum Einsatzort transportiert werden können. Alternativ kann das Mobilaggregat auch mit einem Stapler an seinen Einsatzort befördert werden. Während des Pumpvorgangs wird die Pumpentätigkeit überwacht und gesteuert.

> Unter **mobilen Pumpen** versteht man
> - Handwagenpumpen
> - Tankwagenpumpen
> - Mobilaggregate

// Tauchpumpen

Tauchpumpen **(Bild 1)** bestehen aus einem Antriebsmotor, der sowohl außerhalb des Fördermediums als auch im Fördermedium platziert sein kann, einem Steigrohr, einer Kupplung und einer Füllstandkontrolle. Im Steigrohr wird das Fördermedium nach oben befördert. Die ummantelte Kupplung verbindet den Antrieb mit der Pumpe. Die Füllstandskontrolle dient der Kontrolle des Füllstands zwischen Getriebe und Zwischenkammer. Tauchpumpen kommen zum Einsatz, wenn eine „Trockenaufstellung" nicht möglich ist. Tauchpumpen sind chemisch beständig und können hochviskose Fluide und Medien fördern. Tauchpumpen können bis zu 30000 Liter pro Stunde fördern.

> Bei **Tauchpumpen** kann der Motor außerhalb oder innerhalb des Fördermediums liegen.
> - Sie sind chemisch beständig.
> - Sie können hochviskose Fluide fördern.

// Wartung von Drehkolbenpumpen

Drehkolbenpumpen sind wartungsfreundlich. Verschleißteile wie Drehkolben oder Dichtungen können durch geschickte Pumpenbauart vom Betriebspersonal am Einsatzort ausgetauscht werden.

6.4.5 Pumpen- und Anlagenkennlinien

In einer Pumpenanlage ändert sich der Volumenstrom Q je nach Bedarf. Mit $Q = A \cdot v$ ändert sich somit auch die Strömungsgeschwindigkeit v.

Die **Pumpenkennlinie** setzt den Förderstrom Q (x-Achse) und die Förderhöhe H (y-Achse) in einem Koordinatensystem miteinander in Beziehung und kann den technischen Unterlagen des Herstellers entnommen werden. Die Pumpenkennlinie gibt an, welche Förderhöhen H die Pumpe bei verschiedenen Volumenströmen erzeugt **(Bild 2)**.

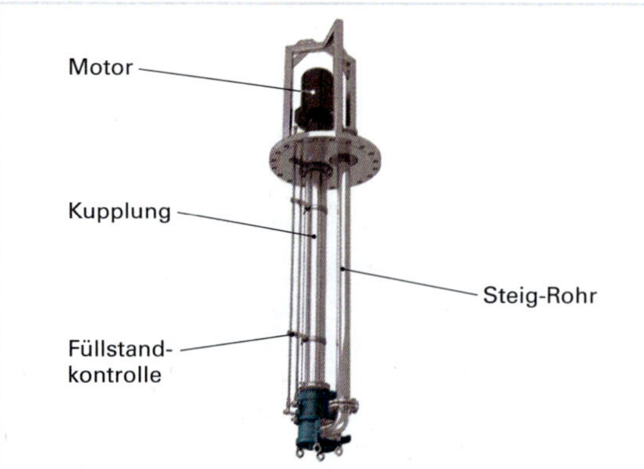

Bild 1: Tauchpumpe

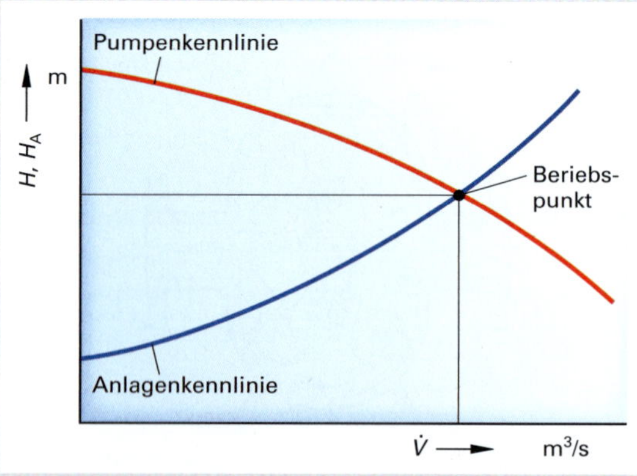

Bild 2: Pumpen- und Anlagenkennlinie und Betriebspunkt

Die Kennlinie zeigt: Je größer der Volumenstrom *Q* ist, desto kleiner wird die Förderhöhe *H*. Eine plötzliche Veränderung der Pumpenkennlinie kann Wartungsbedarf bedeuten. Sie tritt z. B. bei Leckagen oder verstopften Filtern auf. In der Anlage ändert sich mit der Strömungsgeschwindigkeit *v* der Strömungswiderstand in der Rohrleitung.

Die Anlagenkennlinie zeigt, dass bei steigendem Volumenstrom die Förderhöhe *H* ansteigt. Die Anlagenkennlinie kann durch Messversuche ermittelt werden.

Eine Pumpe stellt sich im Betrieb auf einen Betriebszustand mit einem bestimmten Volumenstrom *Q* und somit auf eine bestimmte Förderhöhe *H* ein. In diesem Betriebszustand ist die von der Pumpe erzeugte Förderhöhe *H* genau so groß wie die entgegengesetzte Förderhöhe der Anlage. Diesen Betriebszustand nennt man Betriebspunkt und er ist der Schnittpunkt der beiden Kennlinien **(Bild 2, Seite 420)**.

- In einer Pumpenanlage ändert sich mit dem Volumenstrom *Q* auch die Strömungsgeschwindigkeit *v*.
- Die Pumpenkennlinie gibt an, welche Förderhöhe *H* die Pumpe bei verschiedenen Volumenströmen erzeugt.
- Die Anlagenkennlinie *H* steigt bei steigendem Volumenstrom an.
- Der Betriebspunkt einer Pumpe ergibt sich aus dem Schnittpunkt von Pumpenkennlinie und Anlagenkennlinie.

Überlegen und beantworten Sie:

1. Die Leistungsberechnung einer Pumpe kann mit der Zahlenwertgleichung $P = \frac{Q \cdot p_e}{600}$ durchgeführt werden.
Geben Sie die Vorteile bei der Berechnung der Leistung bei Anwendung der Zahlenwertgleichung an.

2. Eine Pumpe arbeitet gegen einen Druck von 220 bar und hat einen Wirkungsgrad von 82 %.
a) Der Antriebsmotor liefert eine Leistung von 1,8 kW. Ermitteln Sie die Pumpenleistung.
b) Geben Sie an, welchen Volumenstrom die Pumpe liefert.

3. Erklären Sie die Aufgabe einer Pumpe und welche Pumpenbauarten im Wesentlichen zur Förderung des Mediums eingesetzt werden.

4. Verdrängungspumpen werden nach Art der Bauteile im Verdrängungsraum eingeteilt.
Beschreiben Sie die Arbeitsweise der Verdrängungspumpen und nennen Sie die verschiedenen Pumpentypen.

5. Ein Drehstrommotor treibt eine Außenzahnradpumpe an, die gegen einen Druck von 65 bar arbeitet und einen Volumenstrom von 25 l/min liefert.
Ermitteln Sie die Nennleistung des Motors, wenn das Motor-Pumpen-System einen Gesamtwirkungsgrad von 71 % hat.

6. Druckkolbenpumpen werden im industriellen Bereich eingesetzt. Zählen Sie mindestens fünf Einsatzgebiete für die Pumpen auf.

7. Geben Sie an, welche Eigenschaften Drehkolbenpumpen aufweisen.

8. Bei Überschwemmungen ist es oft erforderlich, Flüssigkeiten abzupumpen. Welcher Pumpentyp wird für diesen Einsatz benötigt?

9. Unter welchen Umständen werden Tauchpumpen benötigt?

10. Die Pumpenkennlinie setzt den Förderstrom und die Förderhöhe in einem Koordinatensystem miteinander in Beziehung.
a) Woher bekommen Sie die Daten der Kennlinie?
b) Was sagen die Daten der Pumpenkennlinie aus?
c) Geben Sie an, wie der Betriebspunkt einer Pumpe ermittelt werden kann.

6.5 Fördertechnik

Unter Fördertechnik versteht man das Bewegen und Lagern von Gütern in beliebiger Richtung über begrenzte Entfernungen. Dazu benötigt man Fördermittel wie z. B. Krane oder Gabelstapler. Fördertechnische Bauteile sind u. a. Seile, Gurte oder Ketten.

6.5.1 Serienhebezeuge

Serienhebezeuge können Lasten nur in senkrechter Richtung bewegen. Sie unterscheiden sich nach der Art der zugeführten Energie (z. B. Muskelkraft) und der Energieübertragung (z. B. Kette).

// Flaschenzüge

Handbetriebene Flaschenzüge, die als Seilzüge oder Kettenzüge gebaut werden, gibt es in ortsfester oder fahrbarer Ausführung. Beim Seilzug wird die Hub- bzw. Zugkraft über einen Handhebel aufgebracht. Bei Rollenflaschenzügen entstehen durch Kombination mehrerer fester und loser Rollen Mehrfachflaschenzüge **(Bild 1)**.

Die zu bewegende Last wird in jeder Stellung selbsttätig festgehalten. Dabei haben Kettenzüge eine höhere Tragfähigkeit als Seilzüge.

// Kettenzüge

Motorisch betriebene Kettenzüge **(Bild 2)** kommen dort zum Einsatz, wo es sich nicht um einen gelegentlichen Einsatz handelt. Wegen ihrer einfachen Herstellung und Handhabung sind sie das am meisten verbreitete Serienhebezeug.

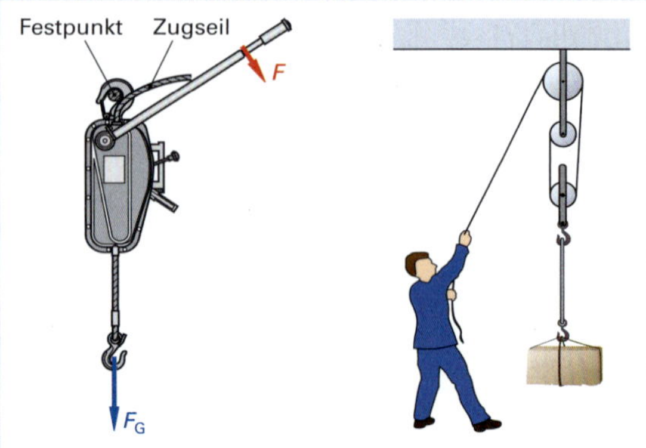

Bild 1: Seilzug und Flaschenzug

// Hebebühnen

Das Einsatzgebiet von Hubtischen oder Hubbühnen **(Bild 3)** ist die Lagertechnik, die Verladetechnik, die Fertigung, Montage und Instandhaltung.

Sie haben folgende Aufgaben:

- Güter auf die technisch oder ergonomisch richtige Position zu bringen
- Höhenunterschiede in Lagern oder Fertigungsabschnitten auszugleichen
- als ortsveränderliche Rampen das Be- und Entladen zu ermöglichen

Serienhebezeuge

- Flaschenzüge, Kettenzüge und Hebebühnen
- Ihr Vorteil ist die kompakte raumsparende Bauweise.
- Ihr Einsatzgebiet zum Heben von Lasten bis zu 4 t ist der Werkstatt- und Fertigungsbereich.

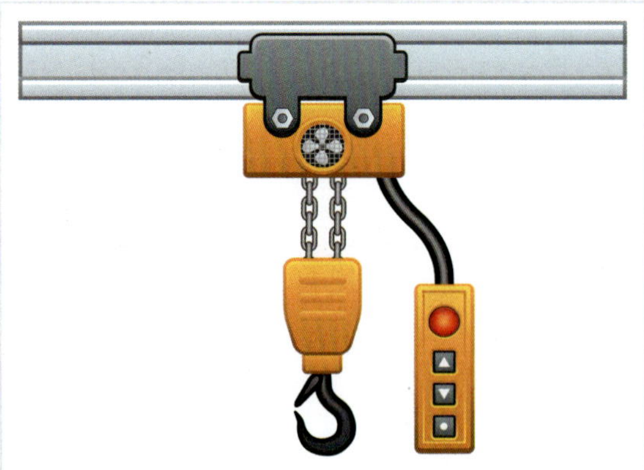

Bild 2: Kettenzug

Bild 3: Scherenhebebühne

6.5.2 Krane

Krane sind spezielle Hebe- und Fördereinrichtungen, die in verschiedenen Branchen und Anwendungen eingesetzt werden, um schwere Lasten zu heben, zu senken und zu bewegen. Im Gegensatz zu Serienhebezeugen, die normalerweise nur zwei Bewegungsrichtungen (auf und ab) haben, können Krane in der Regel mehrere Bewegungen ausführen. Bei Kranen ist die Last an einem Tragmittel (Seil oder Kette) befestigt und kann gehoben, gesenkt und frei im Raum bewegt werden.

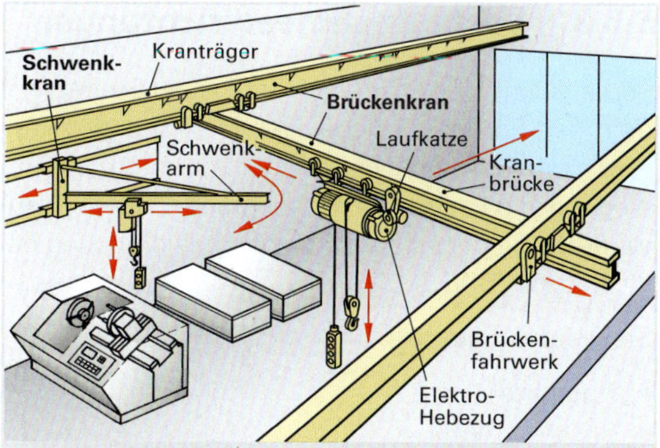

Bild 1: Krananlagen einer Fertigungshalle

// Brückenkrane

Brückenkrane bzw. Laufkrane werden in großen Fabriken und Fertigungsstätten eingesetzt. Sie müssen oft schwere Lasten heben und bewegen. Zu diesem Zweck sind Laufkrane mit großen Spannweiten erforderlich **(Bild 1)**. Der Krankörper umspannt dabei den Betriebsraum wie eine Brücke. Sie bestehen aus einer Hebevorrichtung, einem Haken und einem Drahtseil, die sich auf einer Balkenträgerstruktur bewegen. Je nach Ausführung können sie Lasten bis zu 100 t bewältigen. Brückenkrane sind personalintensiv, es werden ein Kranführer und evtl. ein Anschläger benötigt.

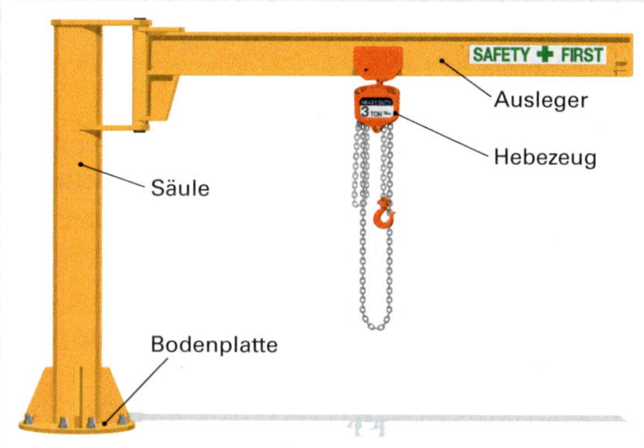

Bild 2: Schwenksäulenkran mit Hebezeug

// Schwenkkrane

Schwenkkrane sind eine Sonderform der Drehkrane. Sie können sich nur um einen begrenzten Winkel drehen. Angeboten werden sie als Wandschwenkkrane oder als Säulenschwenkkrane. Säulenschwenkkrane sind freistehend und mit einer Bodenplatte am Boden verankert. Ihre Ausleger bestehen meist aus einem Doppel-T-Träger **(Bild 2)**. Eingesetzt werden sie bevorzugt in Werkstätten. Sie werden in Werkstätten oder Montagebetrieben zum Transportieren von Halbzeugen wie etwa Bleche oder Rohre eingesetzt. Lasten bis ca. 2 t können befördert werden.

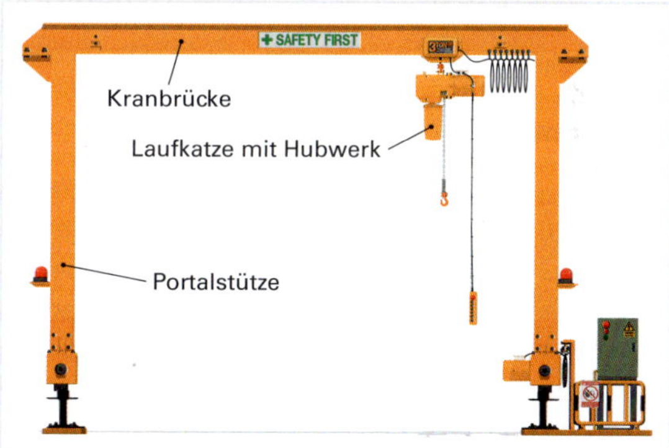

Bild 3: Portalkran

// Portalkrane

Der Portalkran **(Bild 3)** hat die Form eines Rahmens. Er besteht aus einem Hauptträger (Brücke), der auf zwei Stützen befestigt ist. Auf der Kranbrücke verfährt eine Laufkatze mit Hubwerk. Durch die Bauart können zwischen den Stützen große Lasten in alle drei Richtungen transportiert werden, da die Stützen senkrecht belastet werden. Es können Lasten bis zu 2 t bewegt werden.

Krane

- Brückenkrane können Lasten bis zu 100 t frei im Raum bewegen.
- Schwenkkrane sind feststehend und werden zum Transport bis 2 t eingesetzt.
- Portalkrane können durch ihre Bauart größere Lasten bis 2 t in drei Richtungen bewegen.

6.5.3 Lastaufnahmeeinrichtungen

Förderanlagen besitzen mindestens ein Bauteil, mit dem das Fördergut sicher gehalten und getragen wird, ohne dass Beschädigungen auftreten. Die Bewegung von Lasten erfolgt bei Kranen mittels **Hubwerken,** die mit einer Lastaufnahmeeinrichtung bestückt sind **(Bild 1)**.

Sie werden unterteilt in

- Tragmittel
- Anschlagmittel
- Lastaufnahmemittel

Über das Tragmittel wird die Last durch das Anschlagmittel und Lastaufnahmemittel verbunden.

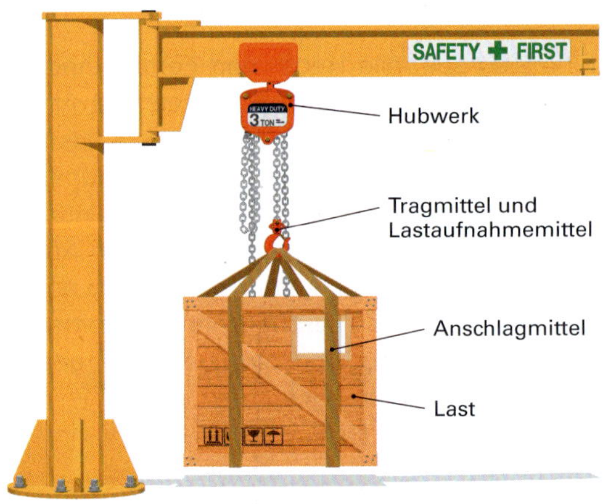

Bild 1: Lastaufnahmeeinrichtung

// Hubwerke

Hubwerke sind Vorrichtungen zum Anheben von Lasten. Sie sind am Kran befestigt und oft mobil **(Bild 2)**. Ein Elektromotor hebt die Last mithilfe eines Seils und eines Lasthakens über eine Seiltrommel. Die Steuerung erfolgt durch einen Steuerschalter, während ein NOT-AUS-Schalter die Bewegung sofort stoppt, wenn er betätigt wird.

Hubwerke
- dienen zum Anheben von Lasten
- sind direkt am Kran befestigt und fahrbar
- heben über einen Elektromotor die Last an

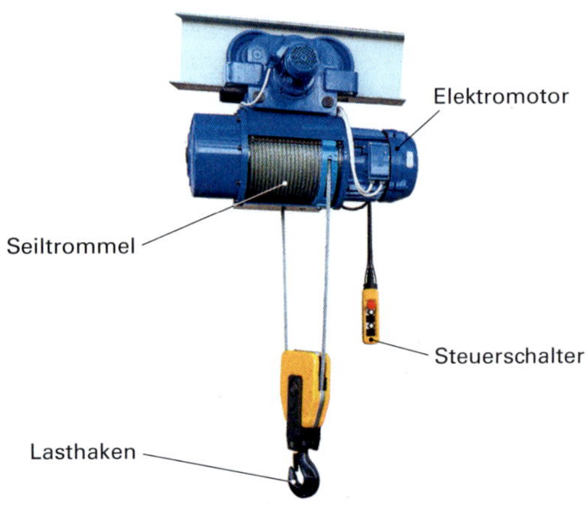

Bild 2: Fahrbares Hubwerk

// Tragmittel

Tragmittel sind feste Teile des Hebezeugs und dienen dazu, Lastaufnahmemittel und Anschlagmittel zu halten. Gängige Tragmittel sind Greifer, Traversen und Lasthaken. Wenn Lasthaken verwendet werden, ist es wichtig sicherzustellen, dass das Aufnahmeglied (Kettenglied oder Drahtseilöse) groß genug ist, um vollständig über den Lasthaken zu passen, damit das Aufnahmemittel nicht beschädigt wird. Die Verwendung von Sicherheits-Lasthaken **(Bild 3)** stellt sicher, dass sich die Lastaufnahmemittel während des Hebevorgangs nicht versehentlich lösen können.

Tragmittel
- sind fest mit dem Hebezeug verbunden
- dienen zur Aufnahme der Lastaufnahmemittel und Anschlagmittel
- sind Greifer, Traversen oder Lasthaken

Bild 3: Tragmittel

// Anschlagmittel

Anschlagen bedeutet das Verbinden der Last mit dem Hebezeug. Deshalb benötigt man, je nach Situation, verschiedene Anschlagmittel, wie Ketten, Seile, Bänder und Schlingen. Dabei darf die Belastung des Anschlagmittels nicht größer sein als die vom Hersteller angegebene Belastbarkeit.

Ketten

Zum Heben und Senken von Lasten verwendet man oft Rundstahlketten. Die Kettenteilung sollte nicht mehr als das Dreifache des Kettendurchmessers betragen. Die Tragfähigkeit einer Kette hängt von ihrer Nenndicke und Güteklasse ab, die auf Kennzeichnungsanhängern zu erkennen sind **(Bild 1)**. Güteklasse 2 hat runde Anhänger, ab Güteklasse 3 sind sie eckig mit einer bestimmten Anzahl von Ecken, die die Güteklasse angeben. Die Farben der Anhänger variieren je nach Güteklasse: Grau für 2 bis 7, Rot für 8 und metallisch glänzend für 10. Anschlagketten **(Bild 2)** dürfen nur bis zu der auf den Kennzeichnungsanhängern angegebenen Tragfähigkeit belastet werden, vorausgesetzt, die Belastung ist symmetrisch. Wenn mehrere Stränge verwendet werden, sollte der Neigungswinkel der Stränge 60° nicht überschreiten. Der angegebene Sicherheitsfaktor beträgt vier.

Anwender sollten Hinweise wie die Betriebssicherheitsverordnung oder EN 818 beachten, um Anschlagketten korrekt zu verwenden und zu überprüfen.

Anschlagketten

- Die Tragfähigkeit hängt von der Nenndicke und der Güteklasse ab.
- Sie dürfen nur mit der auf dem genormten Kennzeichnungsanhänger angegebenen Tragfähigkeit belastet werden.
- Bei Gehängen mit mehreren Strängen darf der Neigungswinkel der einzelnen Stränge 60° nicht überschreiten.
- Regelwerke der Betriebssicherheitsverordnung sind vom Anwender einzuhalten.

Drahtseile

Beim Einsatz von Drahtseilen als Anschlagmittel ist auf Folgendes zu achten:

- Die angegebene Nutzlast darf auf keinen Fall überschritten werden.
- Mehrsträngige Anschlagseile nicht ohne Kennzeichnungsanhänger **(Bild 3)** verwenden, die am Seil befestigt sind
- Der Neigungswinkel bei mehrgliedrigen Seilen darf 60° nicht überschreiten.

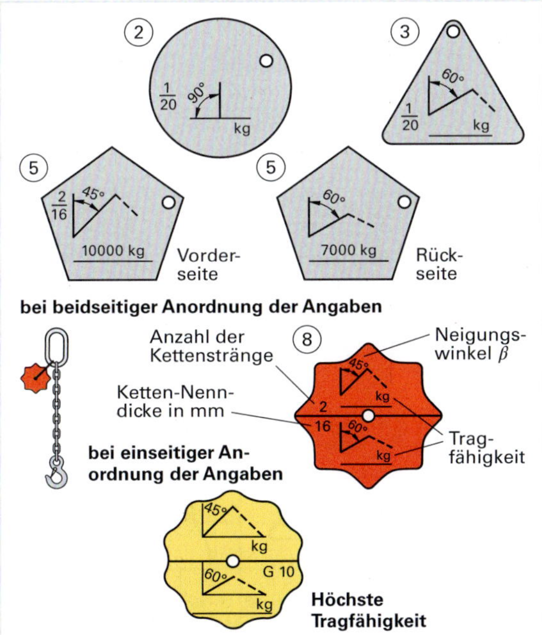

Bild 1: Kennzeichnungsanhänger für Ketten verschiedener Güteklassen

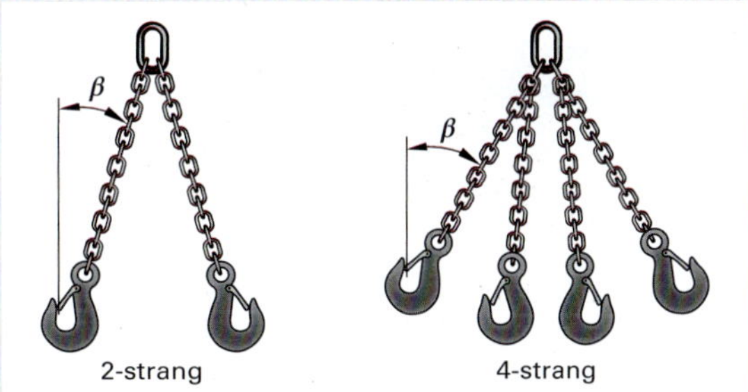

Bild 2: Anschlagketten

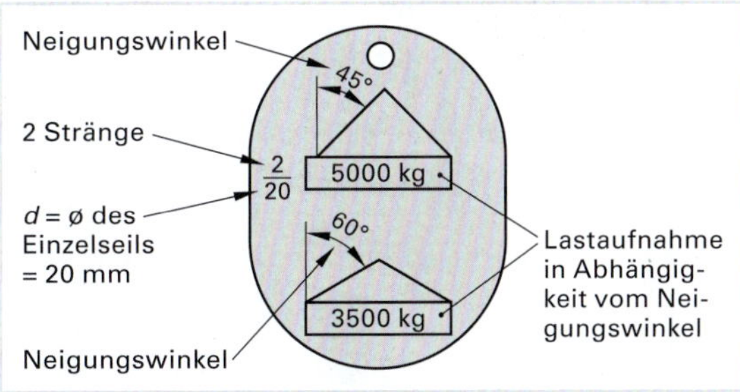

Bild 3: Kennzeichnung bei Drahtseilen

Lernfeld 10

Hebebänder und Rundschlingen

Ketten und Seile verursachen beim Anschlagen von Lasten manchmal Beschädigungen. Um dies zu vermeiden, werden Rundschlingen und Hebebänder eingesetzt **(Bild 1)**. Es gibt sie in unterschiedlicher Tragfähigkeit, die durch Farbcodes gekennzeichnet sind **(Tabelle 1)**.

Das Material und die Tragfähigkeit sind auf eingenähten farbigen Etiketten angegeben **(Bild 2)**. Hebebänder und Rundschlingen dürfen nur mit einem Kantenschutz um scharfe Kanten gelegt werden **(Bild 3)**. Der Kantenschutz verhindert, dass die Last oder das Tragmittel beschädigt werden.

Bei Hebebänder und Rundschlingen ist vor jedem Gebrauch eine Sichtprüfung durchzuführen. Haben sie einen Anriss, sind Webkanten beschädigt oder fehlt das Etikett bzw. ist unlesbar, dann müssen sie ausgesondert werden.

Bei **Hebebändern** und **Rundschlingen**
- ist die Tragfähigkeit durch Farbcodes gekennzeichnet
- ist die Tragfähigkeit auf eingenähten Etiketten angegeben
- ist bei scharfen Kanten Kantenschutz anzubringen
- ist vor jedem Gebrauch eine Sichtprüfung durchzuführen, werden Beschädigungen festgestellt bzw. fehlt das Etikett, sind sie auszusondern

Tragfähigkeit und Anschlagart

Die Tragfähigkeit von Hebebändern und Rundschlingen hängt auch davon ab, welche Anschlagart, ob direkt, im Schnürgang, umgelegt oder mehrsträngig, gewählt wird. Großen Einfluss auf die Tragfähigkeit hat auch der Neigungswinkel β, der keinenfalls 60° überschreiten darf **(Bild 4)**.

Tabelle 1: Kennzeichnung für Hebebänder

Farbcode EN 1492-2	Tragfähigkeit in t
violett	1,0
grün	2,0
gelb	3,0
grau	4,0
rot	5,0
braun	6,0
blau	8,0
orange	10,0

Bild 1: Hebebänder verschiedener Tragfähigkeit

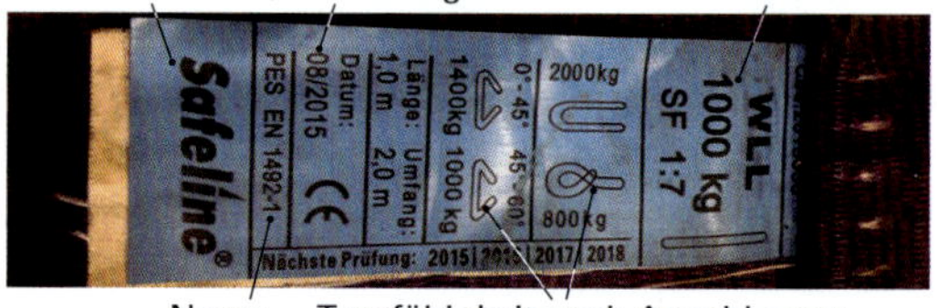

Bild 2: Etikett eines Hebebands

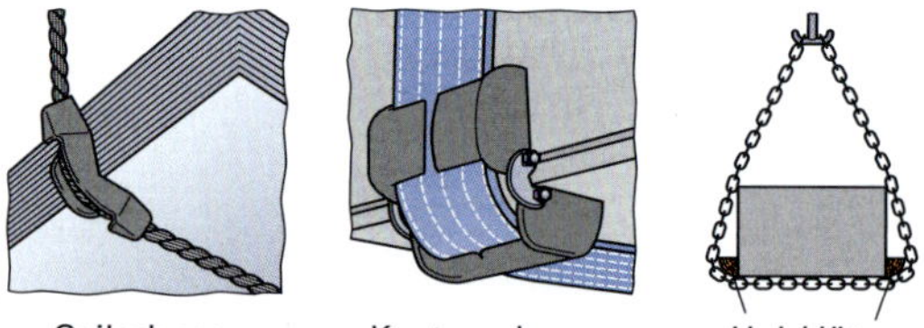

Bild 3: Kantenschutz am Anschlagmittel

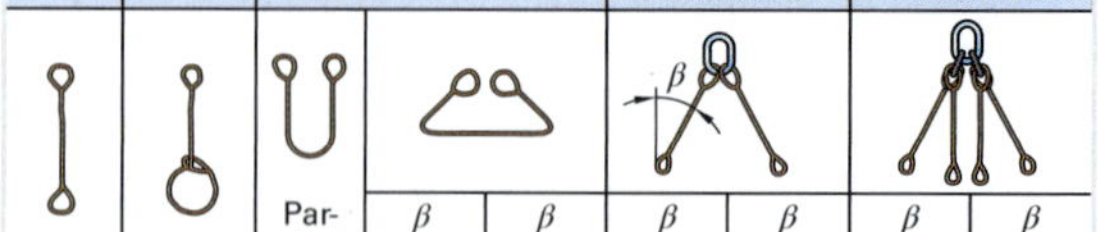

Direkt	Schnürgang	Umgelegt			Zweisträngiges Hebeband		Drei- und viersträngiges Hebeband	
		Parallel	β 0° – 45°	β 45° – 60°	β 0° – 45°	β 45° – 60°	β 0° – 45°	β 45° – 60°
M = 1	M = 0,8	M = 2	M = 1,4	M = 1	M = 1,4	M = 1	M = 2,1	M = 1,5

M = Multiplikator der Tragkraft

Bild 4: Tragfähigkeit und Anschlagart

Lernfeld 10

Beim Anschlagen einer Last mit Kette, Seil, Band oder Schlinge gibt es zwei Arten: das Befestigen mit einem Strang oder mit mehreren Strängen. Bei mehreren Strängen ist der Neigungswinkel β wichtig und beeinflusst die Tragfähigkeit. Der Lastanschlagsfaktor berücksichtigt Neigungswinkel β und den Schnürgang. Wenn der Neigungswinkel β zunimmt, verringert sich die Tragfähigkeit. Die Hersteller geben Tragfähigkeitswerte für $0° < \beta < 45°$ und $45° < \beta < 60°$ in ihren Belastungstabellen an. Neigungswinkel $\beta > 60°$ sind verboten, da die Strangkraft in diesem Fall größer als die Gewichtskraft der Last wird. Wenn zweisträngige Gehänge unterschiedliche Neigungswinkel β aufweisen, darf nur die Tragfähigkeit eines Strangs verwendet werden.

Beispiel zu Anschlagwinkel

Darf das violette zweisträngige Hebeband verwendet werden, um eine Last von 1500 kg zu heben, auch wenn es bei korrektem Anschlagen zu verschiedenen Neigungswinkeln β aufgrund des Schwerpunkts der Last kommt?

Lösung

Das violette Band hat eine Tragkraft von 1000 kg pro Band. Wegen der Unsymmetrie ist nur ein Band zu berücksichtigen, eine Verwendung ist nicht gestattet.

// Lastaufnahmemittel

Lastaufnahmemittel **(Bild 2)** dienen zum Heben von Lasten und sind direkt mit dem Tragmittel verbunden. Die Traglasten sind den Herstellerunterlagen zu entnehmen.

Greifer und Zange

Greifer können durch eine Scherbewegung eine Last sicher für den Transport im Kran greifen. Hebezangen sind mechanische Lastaufnahmemittel und verklemmen die Last.

Traverse

Traversen werden bei langen Werkstücken eingesetzt und müssen mehrsträngig angeschlagen werden, damit ein Pendeln der Last vermieden wird.

Tragklemme

Vertikale Tragklemmen dienen zum senkrechten Heben und 90°-Wenden von Halbzeugen.

Lasthebemagnet

Mit Lasthebemagneten können Lasten gehoben werden, die ferromagnetisch sind.

Bild 1: Anschlagarten

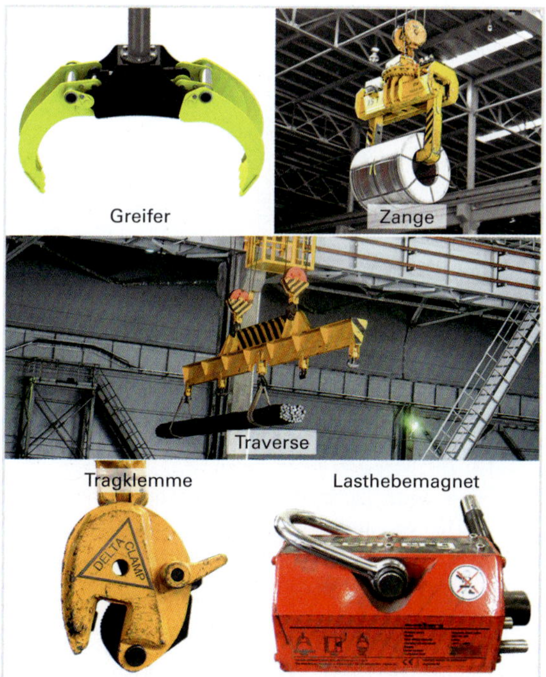

Bild 2: Lastaufnahmemittel

6.5.4 Arbeitssicherheit in der Fördertechnik

Die in der Fördertechnik arbeitenden Personen sind wegen ihrer Tätigkeit großen Gefahren für Leib und Leben ausgesetzt. Deshalb ist besondere Vorsicht geboten und Folgendes zu beachten:

- vor dem Anschlagen der Last den Transportweg und die Ablagestelle prüfen
- Masse und Schwerpunkt der Last ermitteln
- geeignete Anschagmittel auswählen und auf Verwendbarkeit prüfen und evtl. Kantenschutz bereitstellen
- den Kranhaken über dem Schwerpunkt der Last positionieren und Anschlagmittel nach den Vorschriften der Hersteller anschlagen
- Nach dem Anschlagen der Last mit dem Kranführer kommunizieren. Dabei muss der Kranführer den Anweisungen des Anschlägers folgen. Eine Auswahl der Anweisungszeichen wird in **Bild 1** gezeigt.
- während des Verfahrens ständig Last und Verfahrweg beobachten
- beim Absetzen die Last vor Umfallen und evtl. Auseinanderfallen schützen

- Das Heben oder der Transport von Lasten ist verboten, solange sich Personen im Gefahrenbereich befinden.
- Der Aufenthalt unter angehobenen Lasten ist verboten.
- Dokumentationen der Herstellerunterlagen beachten und die Vorschriften der Berufsgenossenschaft befolgen

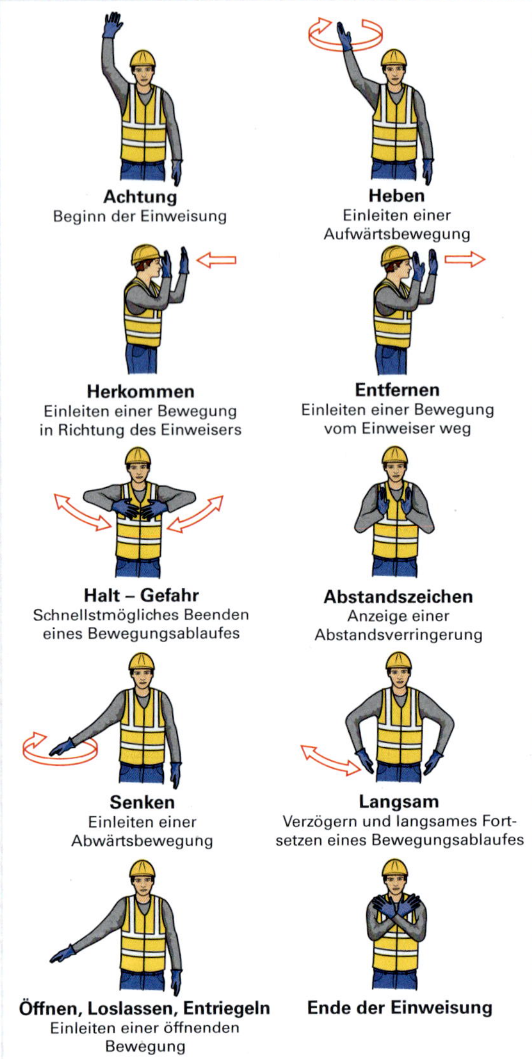

Bild 1: Handzeichen beim Einweisen

Überlegen und beantworten Sie:

1. Nennen Sie typische Hebezeuge und geben Sie deren Vorteile an.
2. Geben Sie Einsatzgebiete von Flaschenzügen an.
3. Krane werden in drei verschiedene Typen eingeteilt. Nennen Sie die Krantypen.
4. Mit einem Seilgehänge soll eine Last befördert werden. Was ist bei Seilgehängen zu beachten?
5. Warum darf beim Anschlagen mit mehrgliedrigem Gehänge der Anschlagwinkel β von 60° nicht überschritten werden?
6. Eine Last von 2300 kg soll mit einem Hebeband gehoben werden. Wählen Sie ein entsprechendes Band.
7. Aus welchem Grund wird beim Anschlagen mit Bändern ein Kantenschutz vorgeschrieben?
8. Woher bekommen Sie Informationen, mit welcher Last ein Anschlagmittel maximal belastet werden darf?
9. Nennen Sie Gründe, weshalb Ketten und Seile aussortiert werden müssen.
10. Geben Sie Sicherheitsmaßnahmen beim Heben und Transportieren von Lasten an.

6.6 Schweißen

Das Schweißen wird in vielen Bereichen der Technik eingesetzt, z. B. im Anlagenbau **(Bild 1)**, bei Stahl- oder Leichtmetallkonstruktionen, beim Brückenbau, bei Fahrzeugen, Maschinenständern und Behältern und auch bei Teilen aus Kunststoff.

Bei vielen Schweißaufgaben dürfen nur geprüfte Schweißer eingesetzt werden. Schweißprüfungen müssen regelmäßig erneuert werden.

Beim Schweißen werden zwei Teile stoffschlüssig miteinander verbunden. Dabei wird der Werkstoff an der Fügestelle durch Wärme oder Reibung in einen flüssigen oder plastischen Zustand gebracht. Bei den meisten Schmelzschweißverfahren muss Zusatzwerkstoff zum Füllen der Fugen zugegeben werden.

Schweißverbindungen sind stoffschlüssige und unlösbare Verbindungen.

// Einteilung der Schweißverfahren

Es gibt eine Vielzahl von Schweißverfahren. Sie werden nach DIN EN ISO 4063 in die Hauptgruppen Lichtbogenschweißen, Widerstandsschweißen, Gasschmelzschweißen, Pressschweißen, Strahlschweißen und sonstige Schweißverfahren eingeteilt **(Tabelle 1)**.

Bei den **Schmelzschweißverfahren**, z. B. beim Lichtbogen- oder Gasschmelzschweißen, werden die Bauteile und der Zusatzwerkstoff an der Schweißstelle über den Schmelzpunkt hinaus erwärmt.

Bei den **Pressschweißverfahren**, z. B. beim Reibschweißen, wird die Schweißstelle nur bis zum teigigen Zustand erwärmt. Anschließend werden die zu fügenden Teile durch Zusammenpressen verbunden.

Die Schweißverfahren können weiter eingeteilt werden nach

- den zu schweißenden Werkstoffen, z. B. in Metall- und Kunststoffschweißen,
- dem Zweck des Schweißens, z. B. in Verbindungs- und Auftragsschweißen,
- der Art der Fertigung, z. B. in Hand- und automatisches Schweißen.

Bild 1: WIG-geschweißte Rohr-Flansch-Verbindung aus hochlegiertem Stahl

Tabelle 1: Einteilung der Schweißverfahren nach DIN EN ISO 4063 (Auswahl)

Verfahren	Kennzahl
Lichtbogenschweißen	**1**
Lichtbogenhandschweißen	111
Unterpulverschweißen	12
Wolfram-Schutzgasschweißen	14
Plasmaschweißen	15
Widerstandsschweißen	**2**
Punktschweißen	21
Rollennahtschweißen	22
Buckelschweißen	23
Gasschmelzschweißen	**3**
Autogenschweißen	311
Pressschweißen	**4**
Ultraschallschweißen	41
Reibschweißen	42
Strahlschweißen	**5**
Elektronenstrahlschweißen	51
Laserstrahlschweißen	52
andere Schweißverfahren	**7**
Bolzenschweißen	78
induktives Rollennahtschweißen	742

Lernfeld 10

6.6.1 Schmelzschweißen

Folgende Verfahren nutzen einen Lichtbogen als Wärmequelle:

- Lichtbogenhand-
- Schutzgas-
- Plasma- und
- Unterpulverschweißen

Ein moderner elektronischer Schweißinverter **(Bild 1)** liefert den dazu passenden Schweißstrom.

// Schweißstromquellen

In der Schweißstromquelle muss der aus dem Netz entnommene Wechselstrom mit der Spannung 230 V oder 400 V auf die Schweißspannung von 15 V bis 30 V transformiert werden. Beim Schweißen mit Gleichstrom wird der Wechselstrom zudem in Gleichstrom umgeformt.

> **Schweißinverter**
>
> Schweißinverter sind moderne elektronische Schweißgeräte, die hohe Schweißströme und Leistungen bei geringer Baugröße ermöglichen. Sie geben neben Gleichstrom auch sinus- oder rechteckförmigen Wechselstrom ab und erlauben vielfältige Einstellmöglichkeiten.

Strom-Spannungs-Kennlinien

Strom-Spannungs-Kennlinien zeigen den Zusammenhang zwischen der Stromstärke und der Spannung von Schweißstromquellen.

An der Schweißstromquelle wird die Schweißstromstärke eingestellt und damit eine Kennlinie aus einer Kennlinienschar bestimmt. Der Schnittpunkt dieser Kennlinie mit der Widerstandskennlinie des Lichtbogens ergibt den Arbeitspunkt. Er gibt die beim Schweißvorgang wirkende Stromstärke und Spannung an **(Bild 2)**.

Beim Lichtbogenhandschweißen soll die Kennlinie möglichst steil fallen. Dann bewirken ungewollte Längenänderungen des Lichtbogens durch den Schweißer nur geringe oder keine Schwankungen der Schweißstromstärke (Konstantstrom), während die Spannung automatisch angepasst wird.

Die **Leerlaufspannung** einer Schweißstromquelle ist die Spannung des eingeschalteten Geräts ohne Belastung. Die Leerlaufspannung ist aus Sicherheitsgründen begrenzt **(Tabelle 1)**.

Bild 1: Inverter für das E-Hand- und WIG-Schweißen, Elektrodenhalter; Blockschaltbild

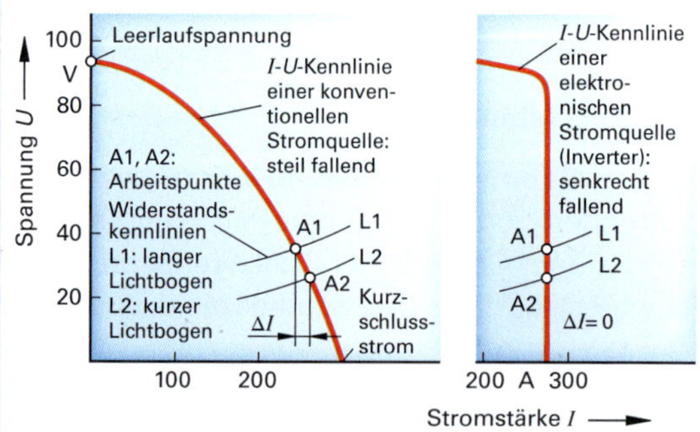

Bild 2: Strom-Spannungs-Kennlinien konventioneller elektronischer Schweißstromquellen

Tabelle 1: Leerlaufspannungen

Betriebsbedingungen	Stromart	
	Gleichstrom	Wechselstrom
Normalbetrieb	< 113 V	< 80 V
in Kesseln und engen Räumen	< 100 V	< 42 V
neue Kombigeräte	< 113 V	< 48 V

// Lichtbogenhandschweißen

Das Lichtbogenhandschweißen (auch Elektroden- oder E-Handschweißen genannt) ist flexibel einsetzbar und für viele Werkstoffe sowie alle Schweißpositionen geeignet. Die Anschaffungskosten für die Ausrüstung sind gering. Beim E-Handschweißen schließt der Lichtbogen zwischen Stabelektrode und Werkstück den Stromkreis **(Bild 1** und **Bild 2)**.

Das führt zu einem guten Zünden, einem schmalen, tiefen Einbrand sowie zu einer geringen Erwärmung der Elektrode. Durch die hohe Temperatur des Lichtbogens schmelzen an der Schweißstelle sowohl die Werkstückkanten als auch die Stabelektrode. Die Schmelze wird von einem Schutzgasmantel und der Schlacke gegen Oxidation geschützt. Die abgekühlte Schmelze bildet die Schweißnaht.

Stromart und Polung

In der Regel wird mit Gleichstrom geschweißt und die Stabelektrode an den Minuspol angeschlossen.

Lichtbogen

Der Lichtbogen wird durch kurzes Berühren des Werkstücks mit der Stabelektrode gezündet. Durch Zurückziehen der Elektrode um einige Millimeter erhält er die zum Schweißen richtige Länge. Die kinetische Energie der Elektronen erhöht beim Auftreffen auf die Anode (Pluspol) die Temperatur.

Am Minuspol (Bild 2) entsteht eine Temperatur von etwa 3600 °C, am Pluspol, der meist an das Werkstück gelegt wird, etwa 4200 °C.

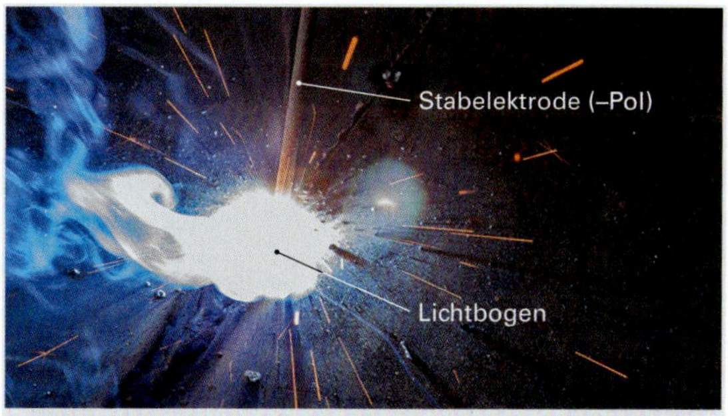

Bild 1: Lichtbogenhandschweißen

Blaswirkung

Der Lichtbogen wird durch den Einfluss des elektromagnetischen Felds abgelenkt, das sich um jeden stromdurchflossenen Leiter bildet.

Steht die Elektrode z. B. senkrecht auf dem Werkstück, werden die Feldlinien in der zum Polanschluss gerichteten Krümmung zusammengedrängt und auf der gegenüberliegenden Seite aufgelockert. In diesen aufgelockerten Bereich wird der Lichtbogen abgelenkt **(Bild 3)**.

Die Blaswirkung tritt vorwiegend beim Schweißen mit Gleichstrom auf, besonders beim Schweißen von Stahl. Sie kann so stark werden, dass ein Schweißen unmöglich wird.

Eine Verringerung der Blaswirkung kann erreicht werden durch

- Verlegung der Polklemme am Werkstück
- Änderung der Schweißrichtung
- Verwendung dick umhüllter Elektroden
- Neigung der Elektrode gegen die Blasrichtung
- Schweißen mit Wechselstrom

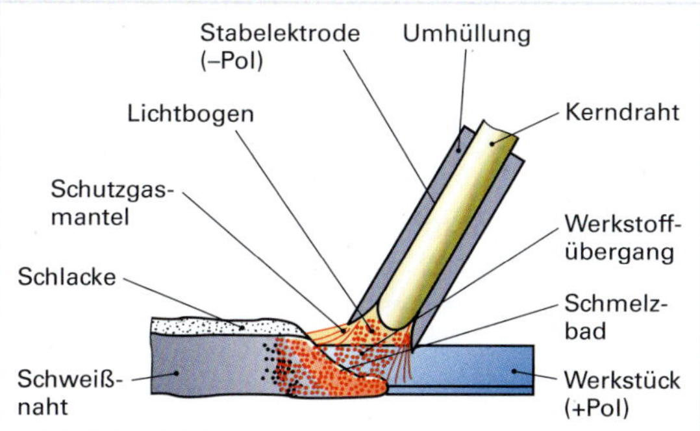

Bild 2: Lichtbogenhandschweißen, Werkstoffübergang

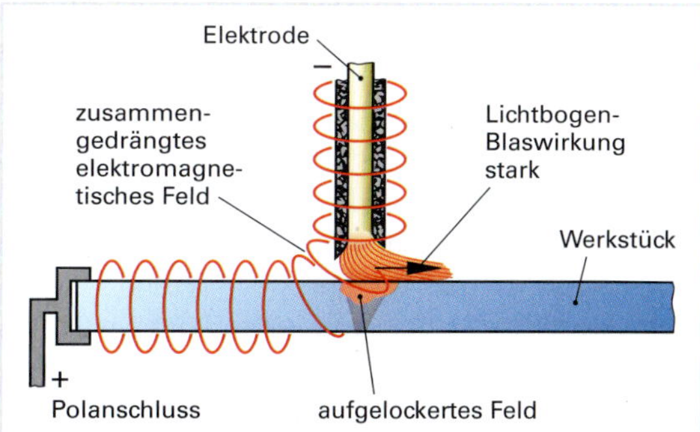

Bild 3: Ablenkung des Lichtbogens durch Blaswirkung

vel.plus/FILF227

Lernfeld 10

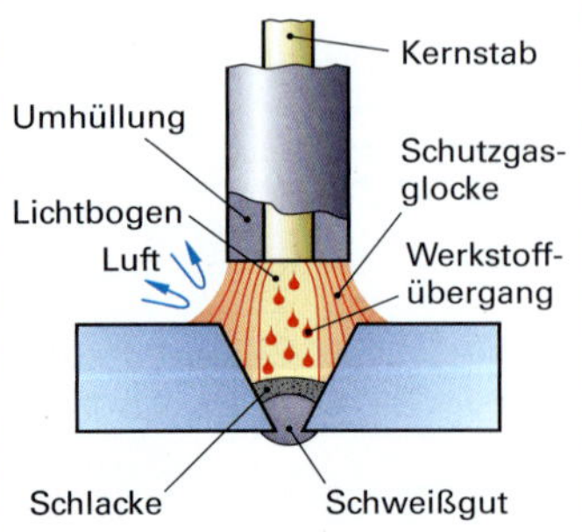

Bild 1: Abschmelzvorgang einer Stabelektrode

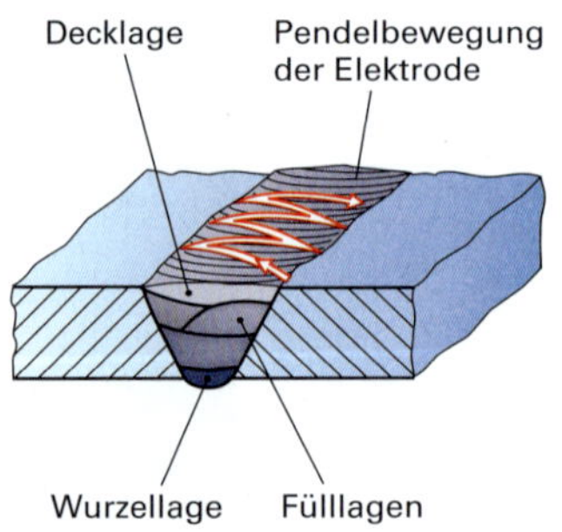

Bild 2: Schweißlagen

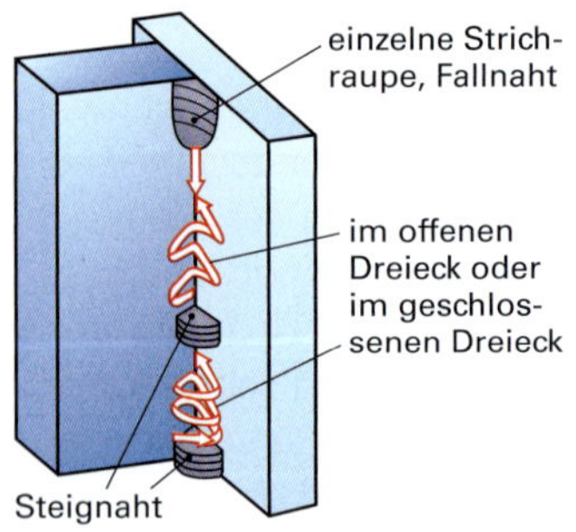

Bild 3: Führung der Stabelektrode bei einer Steig- oder Fallnaht

Arbeitstechnik des Lichtbogenhandschweißens

Beim Schweißen muss das Abschmelzen der Elektrode durch laufendes Nachführen so ausgeglichen werden, dass die Lichtbogenlänge konstant bleibt **(Bild 1)**.

> Beim Lichtbogenhandschweißen sollte die Lichtbogenlänge etwa dem Kerndrahtdurchmesser der Elektrode entsprechen.

Durch die Führung der Stabelektrode können die Richtung und der Druck des Lichtbogens so beeinflusst werden, dass das nachfließende Schmelzbad nicht in Schweißrichtung vorläuft. Schlackeneinschlüsse und Bindefehler werden so vermieden.

Erreicht das Reststück einer abschmelzenden Elektrode Glühtemperatur, ist der eingestellte Schweißstrom zu groß. Ist dieser zu klein, kann der Lichtbogen schlecht gezündet und gehalten werden und die flüssige Schlacke behindert die Bildung einer normalen Schweißnaht.

Stabelektroden

Stabelektroden bestehen aus dem Kernstab und der Umhüllung (Bild 1). Die Umhüllung entwickelt beim Abschmelzen einen Schutzgasmantel, der den Lichtbogen stabilisiert und den flüssigen Werkstoffübergang und das Schmelzbad gegen die Umgebungsluft abschirmt. Die abgeschmolzene Umhüllung schwimmt als Schlacke auf der Schweißnaht. Sie verhindert eine Verzunderung und zu rasche Abkühlung. Schrumpfspannungen und eine Aufhärtung des Schweißnahtbereichs werden vermindert. Die Umhüllung enthält meist Legierungselemente, welche die Festigkeit und die Zähigkeit der Schweißnaht verbessern.

Nach den Festigkeitskenngrößen für das Schweißgut werden Stabelektroden eingeteilt in:

- Elektroden für ein Schweißgut mit garantierter Streckgrenze und Kerbschlagarbeit 47 J
- Elektroden für ein Schweißgut mit garantierter Zugfestigkeit und Kerbschlagarbeit 27 J

Es gibt die vier Umhüllungsgrundtypen R, B, C, A **(Tabelle 1, Seite 433)**, die Mischtypen RA, RB, RC, RR sowie verschiedene Umhüllungsdicken.

Art und Durchmesser der Stabelektrode werden von der Materialdicke, dem Bauteilwerkstoff und der Art des Schweißens (Verbindungs- oder Auftragsschweißen) bestimmt. Die Eigenschaften einer Stabelektrode sind aus dem genormten Kurzzeichen erkennbar.

> **Umhüllung der Stabelektrode**
> - Die Umhüllung der Stabelektrode bestimmt das Zünd- und Schweißverhalten, den Werkstoffübergang und die Eignung der Stabelektrode für bestimmte Schweißpositionen.
> - Es gibt dünn, mitteldick und dick umhüllte Stabelektroden.

Große Schweißfugen werden in mehreren Lagen geschweißt **(Bild 2)**. Die Schlacke der zuvor geschweißten Lage muss jedes Mal vollständig entfernt werden. Die Decklage ist mit Pendelbewegungen zu schweißen.

Steignähte werden mit besonderen Bewegungen der Elektroden geschweißt **(Bild 3)**.

Tabelle 1: Umhüllungsgrundtypen von Stabelektroden

	Rutil	Basisch	Zellulose	Sauer
Tropfenübergang	**Feintropfiger Werkstoffübergang**	**Grobtropfiger Werkstoffübergang**	**Feintropfiger Werkstoffübergang**	**Sehr feintropfiger Werkstoffübergang**
	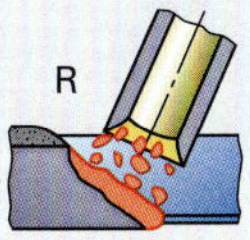	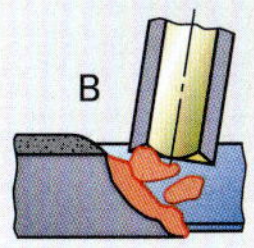	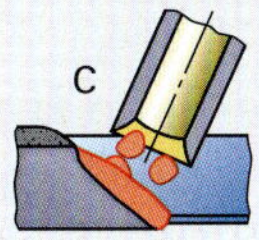	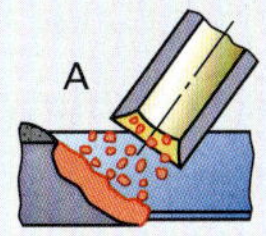
Zusammensetzung	Rutil TiO_2 45 % Quarz SiO_2 20 % Fe-Mn 15 % Magnetit Fe_3O_4 10 % Kalkspat $CaCO_3$ 10 % Wasserglas	Flussspat CaF_2 45 % Kalkspat $CaCO_3$ 40 % Quarz SiO_2 10 % Fe-Mn 5 % Wasserglas	Zellulose 40 % Quarz SiO_2 25 % Rutil TiO_2 20 % Fe-Mn 15 % Wasserglas	Magnetit Fe_3O_4 50 % Quarz SiO_2 20 % Fe-Mn 20 % Kalkspat $CaCO_3$ 10 % Wasserglas
Vorteile	• leicht zu verschweißen • schöne, flache Naht • AC und DC möglich	• leichte Nahtüberhöhung • hohe mechanische Güte • meist DC+	• tiefer Einbrand • alle Positionen, besonders fallend • gute mechanische Güte	• starker Einbrand • glatte, flache Naht • mittlere mechanische Güte
Nachteile	• nicht alle Positionen möglich • niedrigere mech. Gütewerte als basische Elektroden • schlechte Spaltüberbrückbarkeit	• etwas schwieriger zu verschweißen • sollte rückgetrocknet werden	• sehr schwierig zu • verschweißen • nicht für alle Schweißmaschinen geeignet • große Rauchentwicklung	• für Zwangslagen nur • bedingt geeignet • Neigung zur Rissbildung

Arbeitsregeln für das Lichtbogenhandschweißen

- Das Schweißen ist mit geeigneter Arbeitskleidung und mit Arbeitsschuhen durchzuführen: Sicherheitsschuhe, Lederbekleidung mit Nackenschutz, Schutzschild mit Seitenschutz.
- Schweißen mit entblößten Armen und freiem Oberkörper ist verboten. Die Strahlung des Lichtbogens würde zu Haut- und Augenschäden, die Schweißgutspritzer würden zu Verbrennungen führen.
- Beim Lichtbogenhandschweißen ist die Arbeitsstelle so abzuschirmen, dass andere Personen durch die Strahlen nicht geschädigt werden (Verblitzen der Augen).
- Die Schlacke auf der Naht darf erst nach dem Erkalten entfernt werden, damit der Nahtbereich langsam abkühlen kann. Auch für diese Arbeit ist der Schutzschild zu benutzen.

Überlegen und beantworten Sie:

1. Ordnen Sie die Schweißverfahren nach unterschiedlichen Kriterien.
2. Beschreiben Sie die Vorzüge eines Schweißinverters als Schweißstromquelle.
3. Nennen und erläutern Sie die wichtigsten Einstellgrößen beim Lichtbogenschweißen.
4. Erklären Sie, warum beim Lichtbogenhandschweißen eine möglichst steil fallende Strom-Spannungs-Kennlinie von Vorteil ist.
5. Begründen Sie, warum beim Lichtbogenschweißen der Pluspol am Werkstück angelegt wird.
6. Erklären Sie die Ursache der Blaswirkung beim Lichtbogenschweißen.
7. Beschreiben Sie Maßnahmen, um die Blaswirkung zu verringern bzw. zu vermeiden.
8. Erläutern Sie die wichtigsten Arbeitsregeln für das Lichtbogenhandschweißen.

// Schutzgasschweißen

Das Schutzgasschweißen wird aufgrund seiner Vorzüge in Industrie und Handwerk am häufigsten angewandt. Es lässt sich manuell, teil-, vollmechanisiert oder automatisiert einsetzen.

- **Beim Schutzgasschweißen wird zwischen einer Elektrode und dem Bauteil ein Lichtbogen gezündet, der die Schweißstelle und ggf. einen Zusatzwerkstoff aufschmilzt.**
- **Ein Schutzgas schirmt den Lichtbogen und das Schmelzbad gegen die Atmosphäre ab.**

Zugluft ist zu vermeiden, eine Absaugung ist notwendig. Es können Schweißdrähte (meist Ø 0,8 mm bis 2 mm) als Zusatzwerkstoff verwendet werden.

Wichtige Schutzgasschweißverfahren sind:
- MIG- und MAG-Schweißen **(Bild 1)**
- WIG- und Plasmaschweißen

Bild 1: Manuelles MIG-/MAG-Schweißen

Man unterteilt in Schweißverfahren mit abschmelzender Metallelektrode und in Verfahren mit nicht abschmelzender Wolframelektrode **(Tabelle 1)**. Die Verfahren unterscheiden sich ferner in der Verwendung verschiedener Schutzgase **(Tabelle 2)** und in der Wahl der Materialien.

Das eingesetzte Schutzgas hängt vom Schweißverfahren und vom Werkstoff ab. Als Schutzgase werden inerte (= untätige) Gase wie die Edelgase Argon (Ar) und Helium (He) oder Stickstoff (N) verwendet, welche nicht mit dem Schweißbad reagieren. Und es kommen auch Gase zum Einsatz, die den Schweißprozess aktiv unterstützen wie reduzierende Gase (Wasserstoff, H_2), oxidierende Gase (Kohlendioxid, CO_2) oder Mischgase (Tabelle 2).

- **Beim MAG-Schweißen kommt ein aktives Gas, z. B. CO_2 oder CO_2-Mischgas, zum Einsatz.**
- **Beim MIG-Schweißen wird ein inertes, reaktionsloses Gas, z. B. Argon oder Stickstoff, verwendet.**
- **Inertgase verwendet man vor allem zum Schweißen von NE-Metallen und korrosionsbeständigen Cr-Ni-Stählen.**
- **Aktivgase werden überwiegend für C-Stähle eingesetzt. Aktivgase sind reaktionsfreudige Gase, z. B. CO_2 und Mischgase wie das Aktivgas „Corgon 18" (Argon + 18 % CO_2).**

Tabelle 1: Schutzgasschweißverfahren

Zuordnung		Kurzzeichen
Metall-Schutzgasschweißen mit abschmelzender Elektrode	Metall-Aktivgasschweißen	MAG
	Metall-Inertgasschweißen	MIG
Wolfram-Schutzgasschweißen mit nicht abschmelzender Elektrode	Wolfram-Inertgasschweißen	WIG
	Wolfram-Plasmaschweißen	WP

Tabelle 2: Arten und Anwendung der Schutzgase

Kurzzeichen	Gasgruppe	Zusammensetzung	Anwendung
R	Reduzierende Mischgase	$Ar + H_2$	WIG, WP
I	Inerte Gase und Mischgase	Ar, He, Ar + He	MIG, WIG, WP
M1	Mischgase schwach oxidierend ↓	$Ar + O_2$, $Ar + CO_2$	MAG
M2		$Ar + CO_2$, $Ar + O_2$	
M3		$Ar + CO_2 + O_2$	
C	stark oxidierend	$CO_2 + O_2$	

Lernfeld 10

// MIG-/MAG-Schweißen

Beim MIG-/MAG-Schweißen wird im Lichtbogen eine Drahtelektrode unter Schutzgas abgeschmolzen.

Nach Art des verwendeten Schutzgases unterscheidet man zwischen dem **Metall-Inertgasschweißen (MIG)** und dem **Metall-Aktivgasschweißen (MAG).** Eine weitere Variante ist das Fülldrahtschweißen.

Als Zusatzwerkstoff finden Massiv- oder Fülldrähte Verwendung (Fülldrahtschweißen). Die mineralische Füllung der Fülldrähte bildet auf der Schweißnaht zum Schutz vor Oxidation und Aufhärtung eine Schlacke.

Anlagen zum MIG-/MAG-Schweißen bestehen aus der Schutzgasquelle, der Stromquelle mit Steuerung, dem Drahtvorschubgerät sowie dem mit einem Schlauchpaket verbundenen Brenner. Moderne Geräte sind mit Invertern als Stromquellen ausgestattet **(Bild 1)**. Bei diesen Geräten können neben der Schweißspannung und dem Drahtvorschub weitere Parameter, z. B. Grund- und Hochstrom oder Pulsfrequenz, eingestellt sowie spezielle Schweißprogramme, die auf den Werkstoff und die Materialdicke abgestimmt sind, abgerufen werden.

Die Einstellwerte sind abhängig vom Werkstoff, vom Schutzgas, von der Werkstückdicke und dem Drahtdurchmesser.

MIG-/MAG-Schweißen geschieht (von wenigen Ausnahmen abgesehen) mit Gleichstrom. Die Drahtelektrode wird von der Spule über einen Vorschubmotor zugeführt und der Schweißstrom im Schweißbrenner durch die Stromdüse auf die Drahtelektrode übertragen. Der Lichtbogen brennt dann zwischen der positiv gepolten Drahtelektrode und dem Werkstück **(Bild 2)**.

Die Stromdichte im kurzen freien Drahtende ist wegen des relativ kleinen Drahtquerschnitts der Elektrode sehr hoch. Dadurch ergeben sich eine hohe Abschmelzleistung und ein tiefer Einbrand.

Werkstoffübergang beim MIG-/MAG-Schweißen

Der an der Elektrode abgeschmolzene Werkstoff geht tropfenförmig auf das Werkstück über und verschmilzt dort zur Schweißnaht. Der Werkstoffübergang ist unterschiedlich, je nach den eingestellten Schweißparametern und dem verwendeten Schutzgas. Oberflächenspannung und Viskosität der Metallschmelze, Schwerkraft und Plasmaströmung sowie vor allem der sogenannte Pinch-Effekt (engl. to pinch = kneifen) aufgrund der elektromagnetischen Kraft (Lorentzkraft) als Folge des umgebenden Magnetfelds beeinflussen die Art des Lichtbogens und damit den Tropfenübergang. Gleichstrom kann einen Kurz-, Lang- oder Sprühlichtbogen bewirken **(Tabelle 1, Seite 436)**.

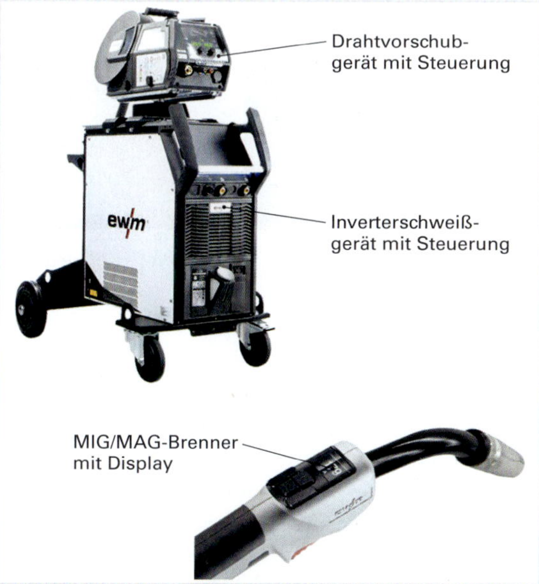

Bild 1: Modernes MIG-/MAG-Inverterschweißgerät

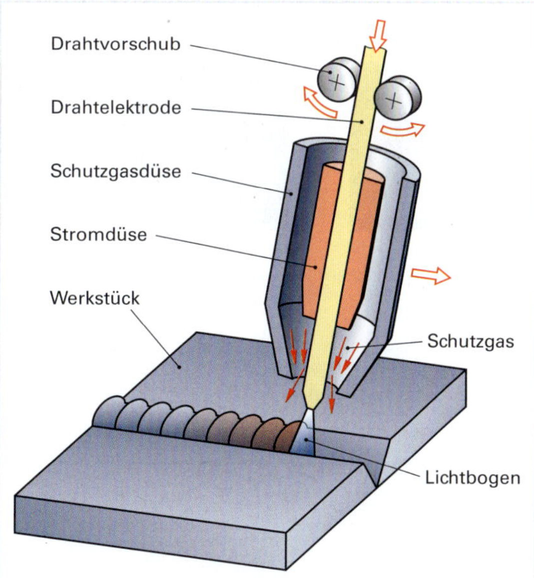

Bild 2: MIG-/MAG-Schweißen, Prinzip

vel.plus/
FILF228

Mit **Impulsstrom (Bild 1)** wird ein kurzschlussfreier Werkstoffübergang bei geringer Spritzerneigung erreicht. Der Impulsstrom erzeugt einen **Impulslichtbogen** (**Tabelle 1** und Bild 1), wodurch in der Impulsphase jeweils ein Tropfen von der Elektrodenspitze abgelöst wird. Durch diesen gezielten Tropfenübergang im Vergleich zum Gleichstromschweißen wird deutlich weniger Wärme in das Bauteil eingebracht, was zu geringeren Verzugs- und Schrumpfspannungen führt. Das Schweißen mit Impulslichtbogen wird bei allen Werkstoffdicken, bei legierten Stählen, Leichtmetallen, dünnen Blechen und zum Schweißen in Zwangslagen eingesetzt.

Tabelle 1: Lichtbogenarten und Werkstoffübergang

Lichtbogen	Werkstoffübergang	Bedingungen	Anwendung
Kurzlichtbogen	feintropfig, im Kurzschluss	bei niedrigen Stromstärken und Lichtbogenspannungen unter allen Schutzgasen, der Lichtbogen zündet und erlischt 20–100 Mal pro Sekunde	für dünne Bleche, Wurzel- und Zwangslagen
Langlichtbogen	grobtropfig, nicht kurzschlussfrei	unter CO_2 bzw. CO_2-Mischgasen hohe Abschmelzleistung, große Tropfen, vermehrte Spritzer, tiefer Einbrand	für waagrechte Fülllagen bei Mittel- und Grobblechen, nicht für Zwangslagen
Sprühlichtbogen	feinst- bis feintropfig, praktisch kurzschlussfrei	unter Ar bzw. Ar-Mischgasen hohe Abschmelzleistung, kurzschlussfrei, spritzerarm, großes, heißes Schmelzbad	
Impulslichtbogen	Tropfengröße und -frequenz einstellbar, praktisch kurzschlussfrei	Regelung von Drahtvorschubgeschwindigkeit, Grund- und Impulsstrom bzw. -spannung, Impulsdauer und -frequenz, feintropfiger und spritzerarmer Schweißprozess	im ganzen Leistungsbereich vielfältig einsetzbar

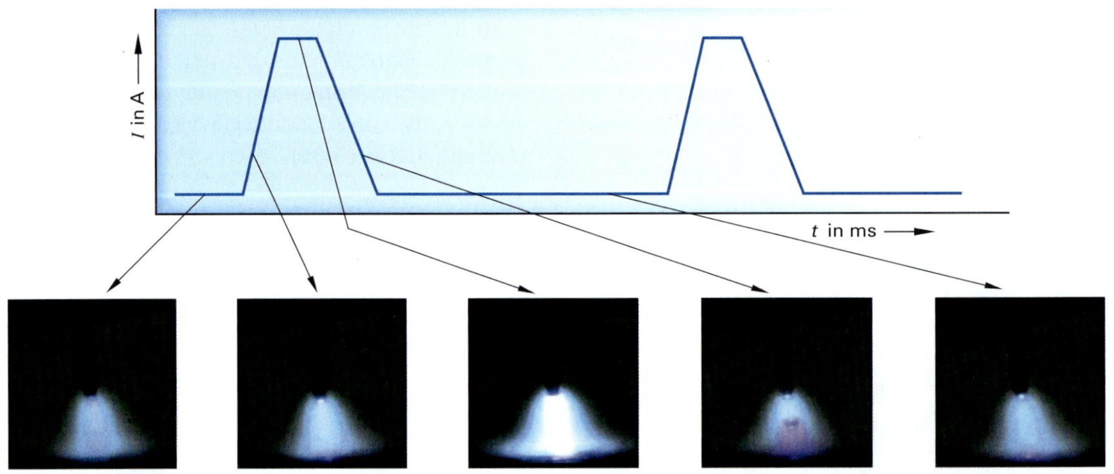

Bild 1: Tropfenübergang beim Impulslichtbogen

MIG-Schweißen

Beim MIG-Schweißen wird Argon oder Helium als inertes Schutzgas verwendet.

Diese Edelgase sind als Schutzgase erforderlich zum Schweißen von NE-Metallen, Al-Legierungen und hochlegierten Stählen.

MAG-Schweißen

Beim MAG-Schweißen verwendet man reaktionsfähige Schutzgase wie CO_2 (MAGC) und Mischgase aus Argon mit CO_2 und O_2 (MAGM).

Diese Aktivgase werden zum Schweißen von unlegierten und legierten Stählen eingesetzt. Sie beeinflussen den Werkstoffübergang, die Einbrandtiefe, die Nahtform und die Spritzerbildung.

Lernfeld 10

// WIG-Schweißen

Beim Wolframinertgasschweißen **(Bild 1)** wird der Schweißstrom über eine temperaturbeständige Wolframelektrode zugeführt, die nicht abschmilzt. Der Lichtbogen ist sehr intensiv und kann gut geführt werden. Die inerten Schutzgase Argon oder Helium schirmen den Lichtbogen und die Schweißzone gegen die Atmosphäre ab. Zusatzwerkstoff kann von Hand oder mit einer speziellen Drahtzufuhr zugegeben werden.

Der Brenner **(Bild 2)** wird etwa 15° schräg zur Schweißrichtung im Abstand von 2 bis 3 mm (Lichtbogenlänge) über der Schweißstelle geführt. Der Schweißstab wird seitlich von Hand mit tupfenden Bewegungen zugeführt.

Nach dem Abschalten des Schweißstroms muss zur Vermeidung von Verzunderung der Schweißnaht die Brennerdüse über der Schweißstelle gehalten werden, bis das Schmelzbad unter dem Schutzgas abkühlt. Das WIG-Schweißen wird besonders für hochwertige Schweißverbindungen dünner Bauteile aus hochlegierten Stählen und Al-Legierungen eingesetzt.

Beim WIG-Schweißen wird Gleichstrom, Wechselstrom oder pulsierender Strom eingesetzt **(Bild 3** und **Bild 4)**.

Das **WIG-Gleichstromschweißen** mit negativ gepolter Wolframelektrode (Bild 3) kommt vorwiegend beim Schweißen legierter Stähle und NE-Metalle sowie bei deren Legierungen zum Einsatz. Spitzt man die Wolframelektrode an, brennt der Lichtbogen stabil und kann beim Schweißen besser geführt werden. Die Schmelzzone ist schmal und tief.

Das **WIG-Wechselstromschweißen** (Bild 3) wird unter Argon zum Schweißen von Aluminiumwerkstoffen und anderen Leichtmetallen eingesetzt. Die positive Halbwelle des Wechselstroms reißt dabei die hochschmelzende Oxidschicht (2050 °C) von Aluminium (schmilzt bereits bei ca. 660 °C) auf.

Mit modernen Inverterstromquellen erreicht man mittels **Impulsstrom** (Bild 4) beim WIG-Schweißen eine gute Spaltüberbrückung und ein sicheres Schweißen in Zwangslagen. Schweißnahtfehler am Nahtende werden durch langsame Stromabsenkung vermieden.

vel.plus/
FILF229

Bild 1: WIG-Schweißen

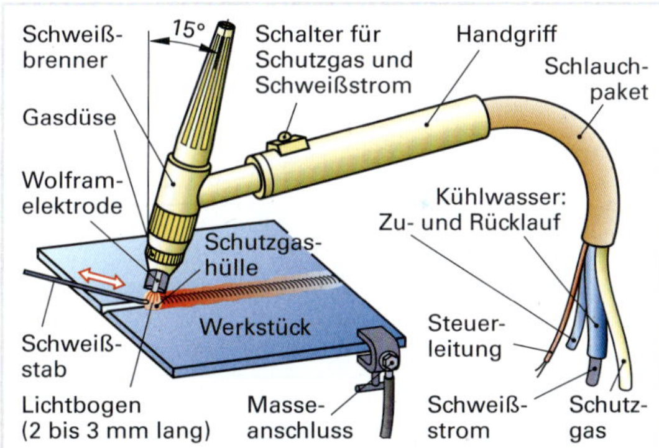

Bild 2: WIG-Schweißbrenner

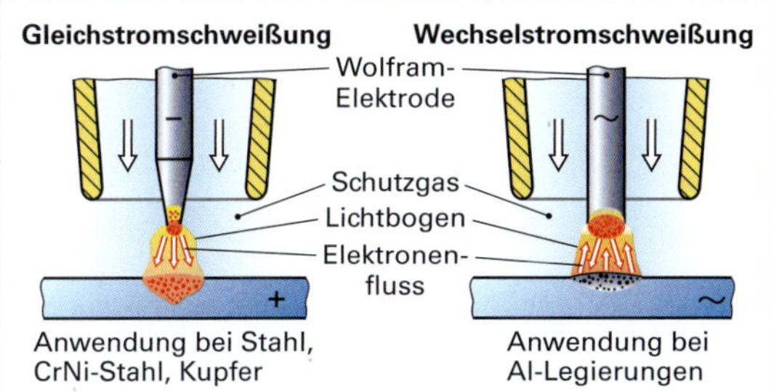

Bild 3: WIG-Schweißen mit Gleich- oder Wechselstrom

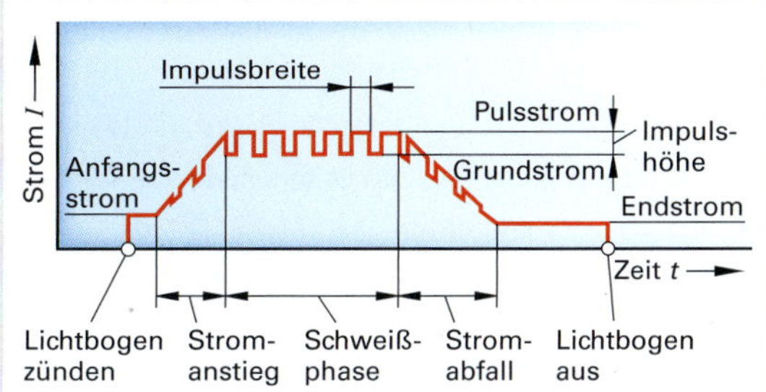

Bild 4: WIG-Schweißen mit pulsierendem Strom

// Wolfram-Plasmaschweißen (WP)

Beim Plasmaschweißen, einer Weiterentwicklung des WIG-Schweißens, wird der Plasmalichtbogen durch eine wassergekühlte Düse eingeschnürt. Dieser hat eine hohe Energiedichte und bewirkt einen tiefen schmalen Einbrand und kaum Verzug.

Zwischen Wolframelektrode und Plasmadüse brennt ein Pilotlichtbogen, der die Lichtbogenstrecke ionisiert und eine hohe Zündstabilität garantiert. Zwischen Elektrode und Düse wird das Plasmagas, meist Argon, geleitet und mithilfe des Lichtbogens bis zum Plasmagaszustand erwärmt. Als Schutzgas werden Argon oder argonreiche Gasgemische mit Wasserstoff oder Helium verwendet. Zusatzwerkstoff kann bei Bedarf separat zugeführt werden. Für das Plasmaschweißen gibt es spezielle leistungsfähige Geräte für vielfältige Anwendungen wie das Tief- oder Mikroplasmaschweißen.

// Unterpulverschweißen (UP)

Beim UP-Schweißen brennt zwischen einer endlosen Draht- oder Bandelektrode und dem Werkstück ein Lichtbogen, verdeckt unter der Pulverschüttung.

Das Pulver besteht aus Mineralien und Zusatzwerkstoff. Es schmilzt beim Schweißen und bildet eine dünnflüssige Schlacke, die das Schmelzbad und die Schweißnaht vor Oxidation schützt. Das überschüssige Pulver wird abgesaugt und kann erneut verwendet werden.

Das UP-Schweißen ist ein Hochleistungsschweißverfahren, das vor allem mechanisiert oder automatisiert bei horizontalen Schweißpositionen eingesetzt wird. Es kommt meistens bei dicken Stahlteilen ab 5 mm Wandstärke und/oder bei langen Schweißnähten zur Anwendung. Durch UP-Schweißen können auch Verschleiß- und Korrosionsschutzschichten aufgetragen werden.

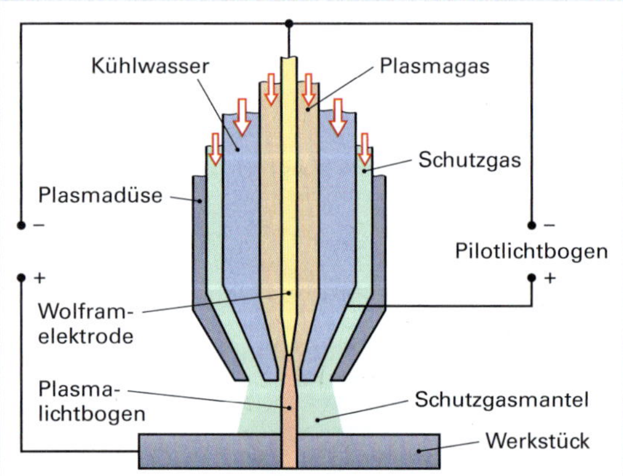

Bild 1: Plasmaschweißen, Prinzip

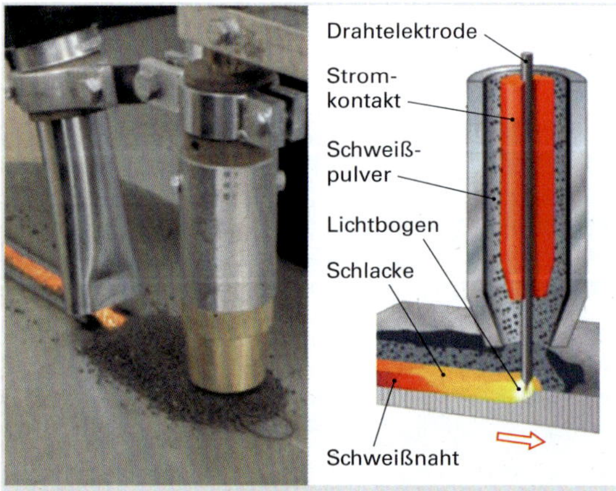

Bild 2: Unterpulverschweißen

Überlegen und beantworten Sie:

1. Nennen Sie Vorteile des Schutzgasschweißens im Vergleich zum Lichtbogenhandschweißen.
2. Erklären Sie den Unterschied von inerten und aktiven Schutzgasen.
3. Beschreiben Sie den Unterschied des WIG-Schweißens zum MIG-/MAG-Schweißen.
4. Der Werkstoffübergang beim MIG-/MAG-Schweißen erfolgt tropfenförmig. Bei welchen Lichtbogenarten erfolgt der Tropfenübergang kurzschlussfrei und damit spritzerarm?
5. Für welche Werkstoffe eignet sich beim WIG-Schweißen Gleichstrom (mit negativ gepolter Wolframelektrode), für welche Wechselstrom besser?
6. Skizzieren und beschreiben Sie das Prinzip des Plasmaschweißens.
7. Beschreiben Sie das Unterpulverschweißen, dessen Einsatzmöglichkeiten und Vorzüge.

// Laserstrahlschweißen (Bild 1)

Der Laserstrahl wird beim Schweißen mithilfe einer Optik auf einen Durchmesser kleiner als 1 mm fokussiert. Infolge der hohen Energiedichte bei Temperaturen bis zu 20 000 °C bildet sich in Strahlrichtung eine mit Plasma gefüllte Dampfkapillare. Wird der Laserstrahl durch das Werkstück bewegt, umfließt die Metallschmelze diese Kapillare und erstarrt anschließend. Es entsteht eine schmale, tiefe Schweißnaht mit gleichmäßigem Gefüge bei nur geringem Verzug der Bauteile.

Eine Laserstrahlschweißanlage besteht aus dem Laser, dem Führungs- und Bewegungssystem für den Laserstrahl bzw. das Werkstück sowie der Fokussieroptik. Außerdem ist eine Abschirmung notwendig.

Es lassen sich Werkstücke aus fast allen Metallen und Legierungen durch eine schlanke Schweißnaht mit hoher Nahtgüte und Geschwindigkeit verbinden **(Bild 2)**.

> Das Laserstrahlschweißen wird in der Technik stationär oder mithilfe von Robotern zum Naht- und Punktschweißen eingesetzt.

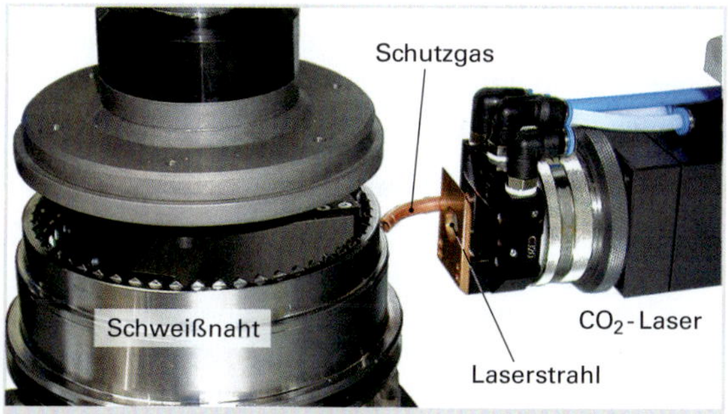

Bild 1: Laserstrahlschweißstation zum Schweißen von Schaltkomponenten (Schiebemuffe, Hohlrad)

geschweißt mit CO_2-Laser, 1800 W, Schutzgas Argon, v_f = 3300 mm/min

Bild 2: Lasergeschweißtes Zahnrad

// Elektronenstrahlschweißen (Bild 3)

Der Elektronenstrahl entsteht, indem Elektronen aus einer Kathode freigesetzt, in einem elektrischen Feld unter Hochspannung zur Anode beschleunigt und dann durch ein Linsensystem fokussiert werden. Ein Ablenksystem aus elektrischen Feldern lenkt den Strahl an die Schweißstelle. Beim Aufprall der Elektronen auf das Werkstück setzen diese den Großteil ihrer kinetischen Energie in Wärme um, wodurch der Werkstoff schmilzt und verdampft. Es entsteht ein Gaskanal mit rotierender Schmelze. Dadurch wird es möglich, Stahlwerkstücke bis zu 200 mm Dicke in einem Arbeitsgang stumpf zu verschweißen. Die Schweißnaht ist schmal mit leicht keilförmigen Flanken **(Bild 4)**.

Das Elektronenstrahlschweißen ist für fast alle Metalle und Legierungen sowie für Mischverbindungen geeignet. Die Schweißleistung ist hoch, es entsteht kaum Verzug. Eine sorgfältige Abschirmung wegen Gefährdung durch Röntgenstrahlen ist unbedingt erforderlich.

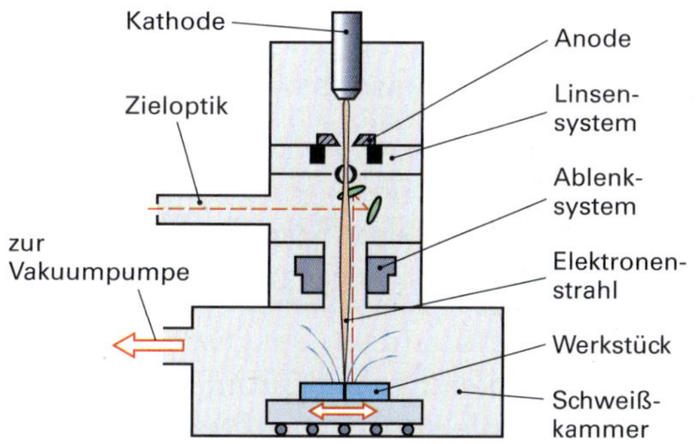

Bild 3: Elektronenstrahlschweißanlage

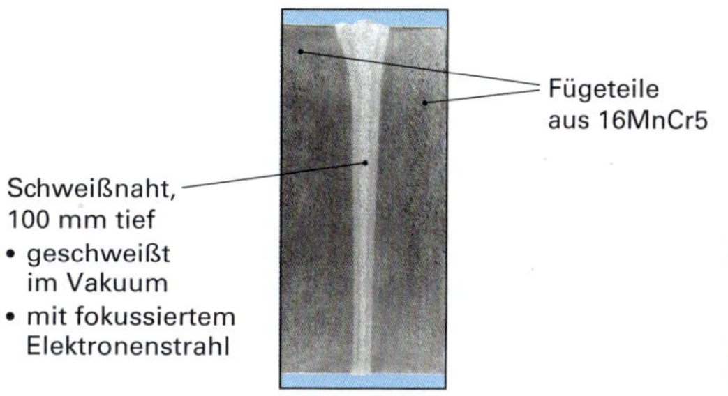

Bild 4: Tiefschweißung durch Elektronenstrahlschweißen

Auftrag und Planung

Für die Montage angrenzender Bauteile an einen Träger aus Stahlblech **(Bild 1)** sind angeschweißte Muttern erforderlich. Der Schweißprozess muss in eine Fließbandfertigung integriert werden können.

Die Muttern werden am rationellsten durch Buckelschweißen, eine Variante des Widerstandspressschweißens, mit dem Stahlblechträger verbunden. Das Verfahren ist sehr gut automatisierbar und durch den Einsatz von Robotern äußerst flexibel. Die speziellen Schweißmuttern werden in den per Laser ausgeschnittenen Löchern zentriert und durch einen definierten Stromimpuls und kurzes Anpressen mit dem Blech fest verbunden.

Bild 1: Anschweißen von Muttern durch Buckelschweißen (Widerstandspressschweißen)

6.6.2 Pressschweißen

Die Pressschweißverfahren werden überwiegend automatisiert eingesetzt.

Bei den Pressschweißverfahren werden die zu verschweißenden Bauteile in der Schweißzone auf Schweißtemperatur erwärmt und dann durch Zusammenpressen miteinander verbunden.

// Widerstandspressschweißen

Bei den Widerstandspressschweißverfahren müssen Stromstärke, Zeit und Anpressdruck genau aufeinander abgestimmt sein. Man unterscheidet das Buckel-, Punkt- und Rollennahtschweißen.

Beim Widerstandspressschweißen wird durch den elektrischen Strom beim Durchgang durch die Kontaktzone (Widerstand) die Schweißstelle erwärmt.

Beim **Buckelschweißen** werden zwei Werkstücke verschweißt, von denen das eine Schweißbuckel besitzt **(Bild 2)**. Zwei Elektroden aus Kupfer pressen die Werkstücke aufeinander. Beim Stromdurchgang verschweißen die Buckel des Werkstücks punktförmig mit dem anliegenden Bauteil.

Beim **Punktschweißen** werden aufeinanderliegende Bleche mit einzelnen Schweißpunkten verbunden. Dazu werden die Bleche von zwei wassergekühlten Kupferelektroden punktuell zusammengedrückt. Kurzfristig fließt ein hoher Strom von einer Elektrode durch die Bleche zur anderen Elektrode. Durch den hohen elektrischen Widerstand an der Berührungsstelle der aufeinandergepressten Bleche entsteht die erforderliche Schweißtemperatur. Es bildet sich ein linsenförmiger Schweißpunkt **(Bild 3)**.

Beim **Rollennahtschweißen** durchlaufen zwei zu schweißende Bleche zwei Rollenelektroden aus Kupfer und werden aufeinandergepresst **(Bild 4)**. Stromimpulse erzeugen Schweißpunkte. Bei einer hohen Impulsfrequenz überlappen sich die Punkte und ergeben eine zusammenhängende, dichte Schweißnaht.

vel.plus/ FILF230

vel.plus/ FILF231

vel.plus/ FILF232

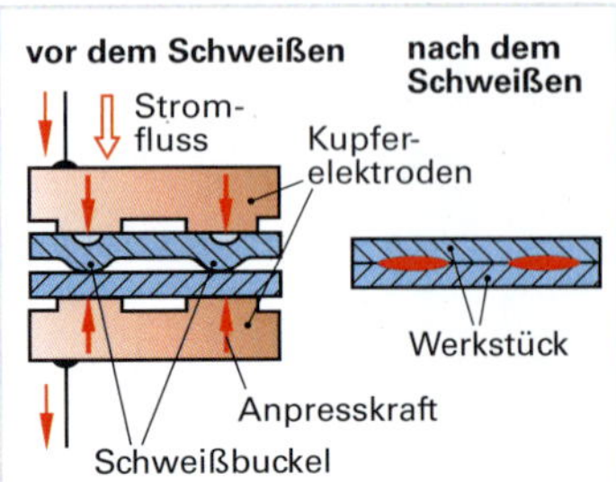

Bild 2: Buckelschweißen

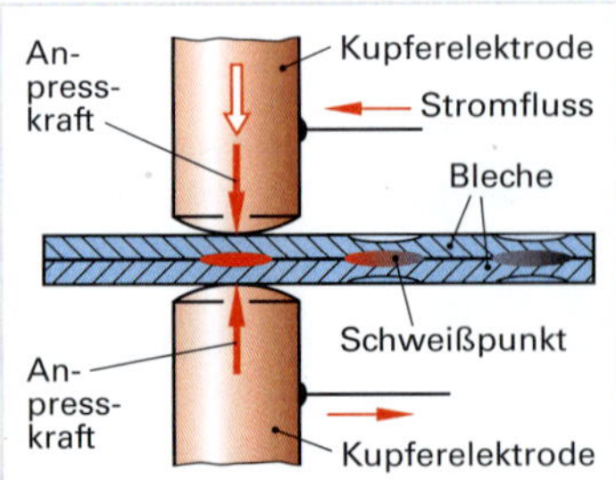

Bild 3: Punktschweißen

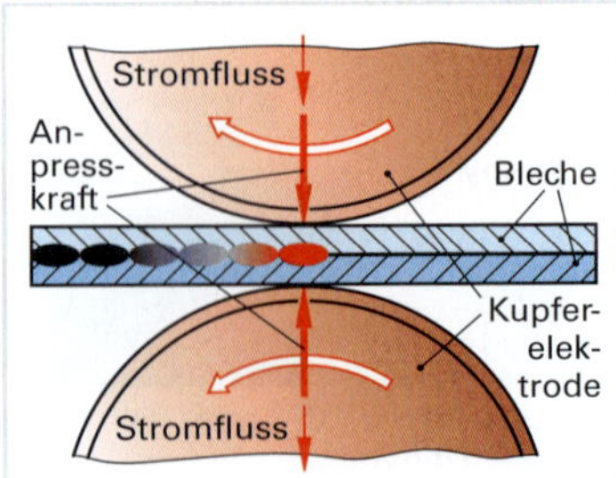

Bild 4: Rollennahtschweißen

Lernfeld 10

// Reibschweißen

Beim Reibschweißen werden die Werkstoffe unterhalb des Schmelzpunkts im plastischen Zustand verbunden. Das ergibt eine hochwertige Pressschweißverbindung ohne merklichen Verzug. Vielfältige Materialkombinationen sind möglich, Zusatzwerkstoff ist nicht erforderlich, es entstehen weder Rauchgase noch Spritzer. Das Reibschweißen gibt es als Rotations- und Rührreibschweißen. Die Prozesssicherheit ist hoch, die Schweißzeiten sind kurz.

Beim **Rotationsreibschweißen (Bild 1** und **Bild 2)** rotiert ein Teil mit hoher Drehzahl und wird gegen das zweite stationäre Teil gepresst, wodurch die Teile verschweißen.

Beim **Rührreibschweißen** (Friction Stir Welding, FSW) **(Bild 3)** werden die zu verschweißenden Bauteile in einer Vorrichtung gegeneinandergedrückt und fixiert.

Das verschleißfeste stiftförmige Werkzeug wird dann rotierend und mit hoher Kraft in den Schweißstoß gedrückt und an diesem entlanggeführt. Die Schulter des Werkzeugs liegt auf der Oberfläche auf. Das plastifizierte Material um das Werkzeug herum wird verrührt und bildet dann eine homogene Schweißnaht. Am Nahtende wird der Vorschub gestoppt und das Werkzeug abgehoben.

Das Verfahren wird vorwiegend für Bauteile aus niedrig schmelzenden Metallen wie Aluminium, Magnesium, Kupfer und deren Legierungen eingesetzt.

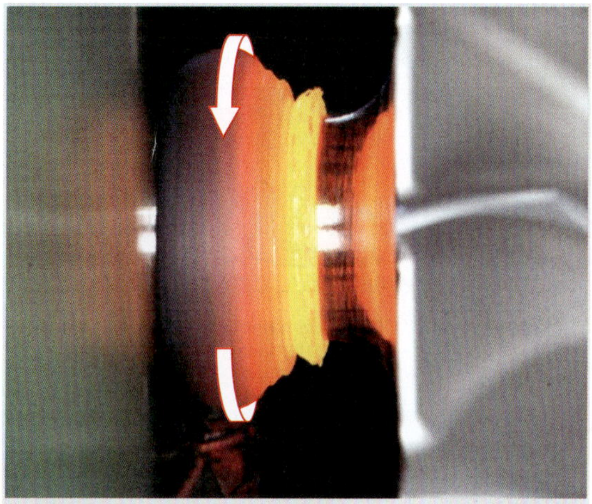

Bild 1: Rotationsreibschweißen

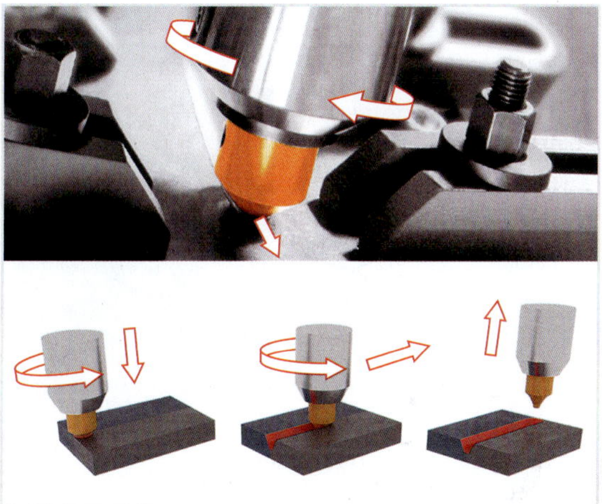

Bild 3: Rührreibschweißen, Prozessschritte

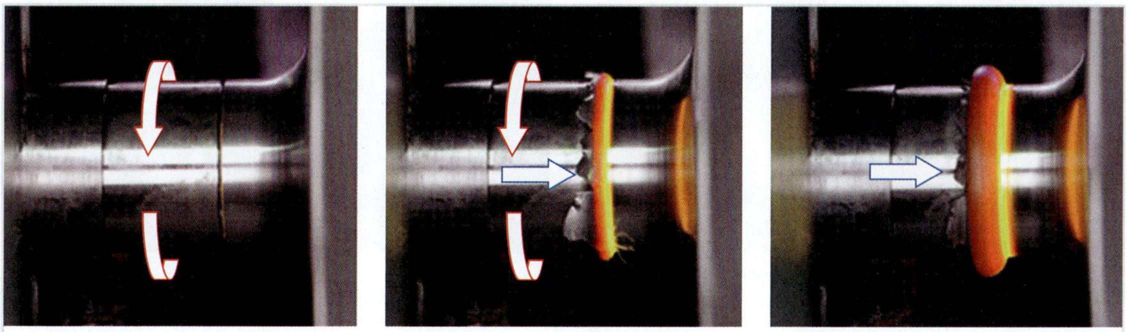

1 Rotation:
Beide Werkstücke werden fest eingespannt und eines davon in Rotation versetzt.

2 Reiben:
Die Teile werden gegeneinandergedrückt und durch die Reibung im Kontaktbereich erwärmt.

3 Stauchen:
Die Rotation wird abgebremst, der Anpressdruck erhöht, der plastifizierte Werkstoff verbindet die Teile.

Bild 2: Prozessschritte beim Rotationsreibschweißen

Beim **Rührreibpunktschweißen** (Friction Stir Spot Welding, FSSW) **(Bild 1)** wird das rotierende Werkzeug punktuell mit hoher Kraft in das obere von zwei sich überlappenden Blechen gepresst und wieder herausgezogen. Es verbleibt eine Vertiefung. Diese kann auch wieder gefüllt werden.

// Magnetarc-Schweißen (Bild 2)

Magnetarc-Schweißen ist ein Pressschweißverfahren mit magnetisch bewegtem Lichtbogen unter Schutzgas. Mit dem Verfahren können Hohlprofile, welche geschlossene Querschnitte und Wandstärken bis zu 10 mm haben, stumpf verschweißt werden. Die Hohlprofile müssen aus leitfähigen und anschmelzbaren Werkstoffen bestehen, aber nicht rotationssymmetrisch sein.

// Lichtbogenbolzenschweißen (Bild 3)

Bolzen oder Stifte werden mittels Lichtbogen und Druck auf die Oberfläche eines Bauteils geschweißt.

Zwischen der Stirnfläche des Bolzens und der Werkstückoberfläche wird ein Lichtbogen gezündet (Spitzen- oder Hubzündung). Der Bolzen und das Werkstück werden lokal angeschmolzen und unter geringem Anpressdruck vollflächig verbunden. Bei artgleichen miteinander verschweißten Werkstoffen ist die Festigkeit sehr hoch.

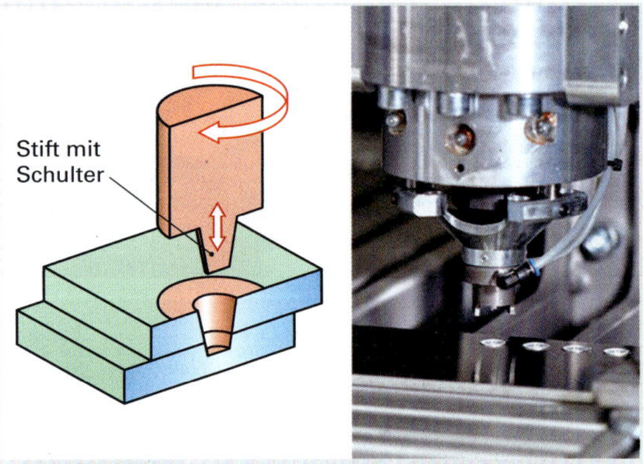

Bild 1: Rührreibpunktschweißen

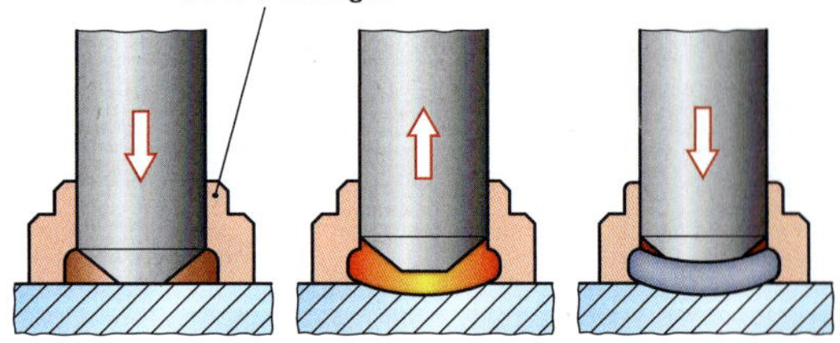

Bild 3: Bolzenschweißen, Hubzündung

1 Strom anlegen
Die eingespannten Bauteile werden in Kontakt gebracht, der Schweißstrom und das Magnetfeld eingeschaltet.

2 Zünden
Durch ein definiertes Abheben der Bauteile zündet der Lichtbogen und wird mithilfe des Magnetfeldes in Rotation versetzt.

3 Erwärmen
Der Lichtbogen erwärmt die Schweißstelle. Drehgeschwindigkeit, Orbitalbahn des Lichtbogens und Energieeinbringung werden exakt gesteuert.

4 Stauchen
Über einen Stauchvorgang werden die Bauteile miteinander verbunden.

Bild 2: Prozessschritte beim Magnetarc-Schweißen

6.6.3 Gestaltung und Prüfung von Schweißverbindungen

// Gestaltung der Schweißstelle

Bei einer Schweißkonstruktion werden in speziellen Schweißplänen Schweißstoß, Nahtart, Position und Schweißfolge festgelegt. Bei sicherheitsrelevanten Bauteilen ist eine einwandfreie Durchschweißung durch den gesamten Querschnitt zu gewährleisten. Die Schweißeignung eines Bauteils hängt ab von der Schweißbarkeit des Werkstoffs, der Schweißsicherheit der Konstruktion sowie von den Fertigungsbedingungen.

Schweißstoß und Schweißnahtformen

Als Schweißstoß bezeichnet man die Anordnung der zu verschweißenden Teile zueinander **(Bild 1)**. Die Form der Schweißnaht hängt von der Stoßart, der Dicke der zu verbindenden Teile und dem Schweißverfahren ab. Die wichtigsten Nahtformen sind Bördel-, I-, V-, Kehl-, X- und U-Naht **(Bild 2)**. Sie werden in Schweißzeichnungen durch Sinnbilder angegeben.

Bezeichnungen bei Schweißnähten

Eine wichtige Kenngröße bei Schweißnähten ist die Nahtdicke. Sie entspricht bei V- und Kehlnähten der Höhe der Naht (Bild 2). Größere Nähte werden in mehreren Lagen geschweißt **(Bild 3)**. Nach der Wurzellage müssen die Füll- und Decklagen hergestellt werden. Wird eine glatte Oberfläche gefordert, müssen die Überhöhung im Bereich der Decklagen und die Wurzelüberhöhung durch Schleifen entfernt werden. Hier ist auf kerbfreien Übergang zum Grundwerkstoff zu achten.

Schweißpositionen

Die Schweißpositionen **(Bild 4)** sind in DIN EN ISO 6947 genormt. Schweißnähte lassen sich am einfachsten in Wannenposition schweißen. Schweißvorrichtungen, mit denen die zu verbindenden Teile gespannt und die Schweißfugen in Wannenposition geschwenkt werden können, erleichtern das Schweißen wesentlich. Bei großen Bauteilen, auf Baustellen oder bei Pipelines muss dagegen oftmals in Zwangslage, z. B. in Überkopf- oder Querposition, geschweißt werden. Dazu werden meist spezielle Stabelektroden verwendet.

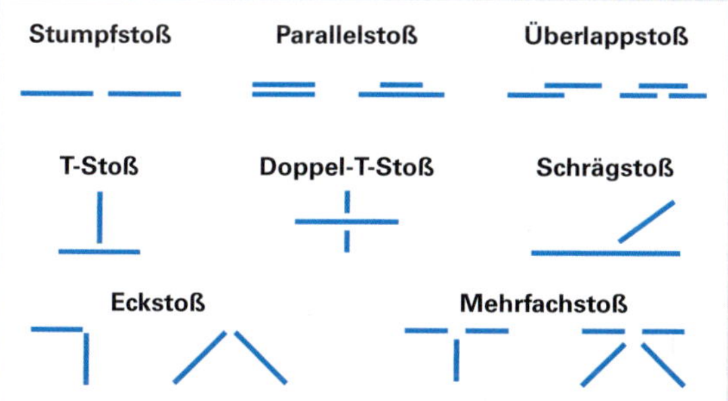

Bild 1: Stoßarten

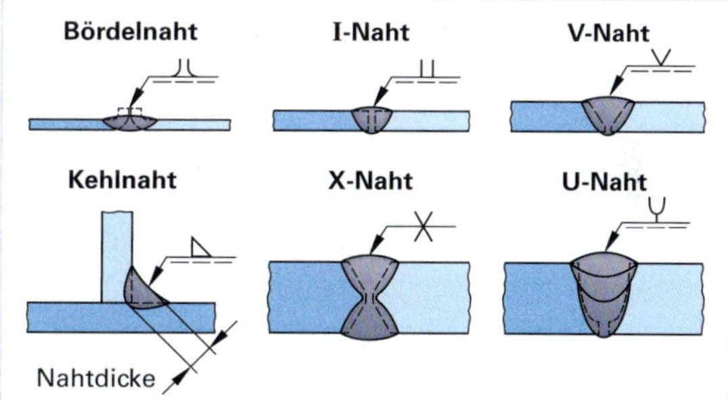

Bild 2: Schweißnahtformen

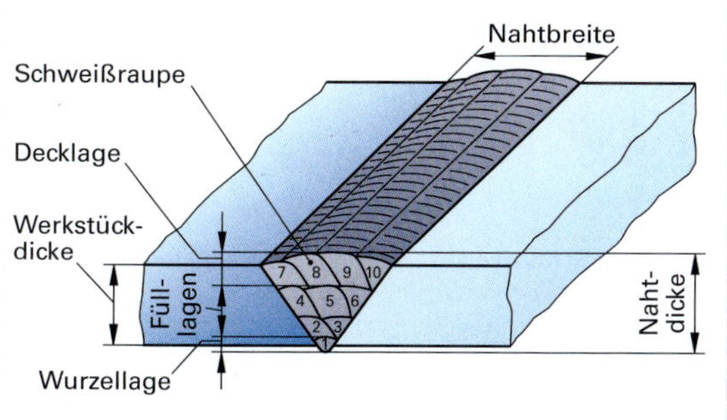

Bild 3: Bezeichnungen, Beispiel V-Naht

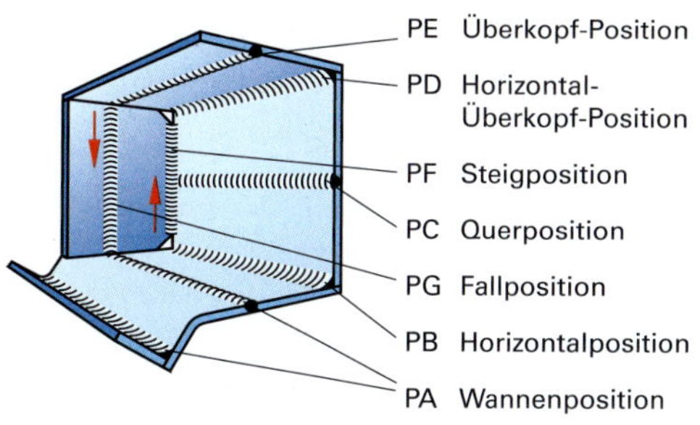

Bild 4: Schweißpositionen

vel.plus/
FILF233

Lernfeld 10

Vorteile des Schweißens

- Schweißen ermöglicht vielfältige Form- und Gestaltungsmöglichkeiten.
- Überlappungen und zusätzliche Verbindungselemente, wie z. B. Schrauben, entfallen.
- Die Festigkeit der Schweißnaht ist meist so groß wie die der Bauteile selbst oder größer.
- Mit Schweißnähten lassen sich dichte und unlösbare Verbindungen herstellen.

Nachteile des Schweißens

- Gefügeveränderungen in der Schweißzone können die Festigkeit der Bauteile herabsetzen.
- Der Verzug und die Schrumpfung der geschweißten Teile müssen beachtet werden.
- Nicht alle Werkstoffe sind zum Schweißen geeignet.
- Unterschiedliche Werkstoffe sind nicht bzw. nur bedingt miteinander verschweißbar.

// Prüfen von Schweißverbindungen

Die Qualität einer Schweißverbindung ist nicht nur von den eingesetzten Geräten und Werkstoffen, sondern auch wesentlich vom fachlichen Können und der Zuverlässigkeit des Schweißers abhängig. Schweißnähte verbinden oftmals wesentliche Bauteile, z. B. bei Brücken, Rohrleitungen, Maschinen oder Fahrzeugen.

Im Stahlbau, Rohrleitungsbau, Maschinenbau, in der Kerntechnik, Verkehrstechnik und in der Luft- und Raumfahrt werden an die Schweißverbindungen hohe Anforderungen gestellt. Die Güte einer Schweißverbindung muss oft durch besondere Prüfungen nachgewiesen werden.

Zerstörungsfreie Prüfungen werden mit dem Farbeindringverfahren, dem Magnetpulververfahren sowie mit der Ultraschall- und der Röntgenprüfung durchgeführt.

Zerstörende Schweißnahtprüfungen sind erforderlich, wenn mechanische Festigkeitswerte nachgewiesen oder der Querschnitt einer Schweißnaht **(Bild 1)**, z. B. auf Einbrandtiefe, Einbrandkerben oder Einschlüsse, begutachtet werden muss.

Zu den zerstörenden Prüfverfahren gehört auch der Kerbschlagbiegeversuch und das Biegen einer Schweißprobe um 180°, um auf Bindefehler oder Schlackeneinschlüsse zu prüfen **(Bild 2)**. Eine gute Schweißnaht bleibt dabei unversehrt, eine schlechte Schweißnaht bricht.

Für abnahmepflichtige geschweißte Bauteile, z. B. Druckbehälter, dürfen nur geprüfte Schweißer eingesetzt werden.

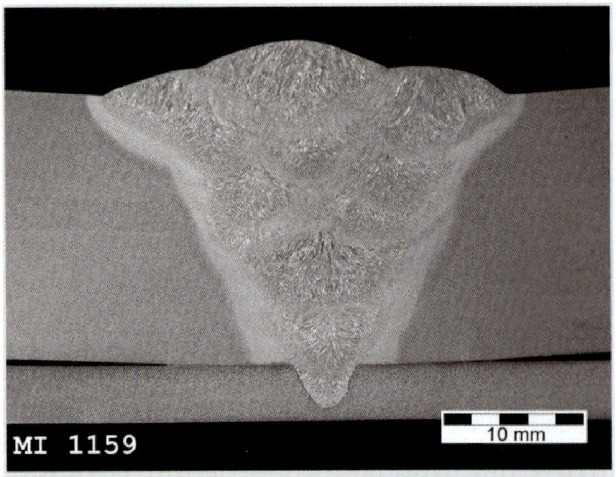

Bild 1: Schweißprobe (unlegierter Stahl) einer mehrlagigen V-Naht (11 Raupen), hergestellt durch MAG-Schweißen

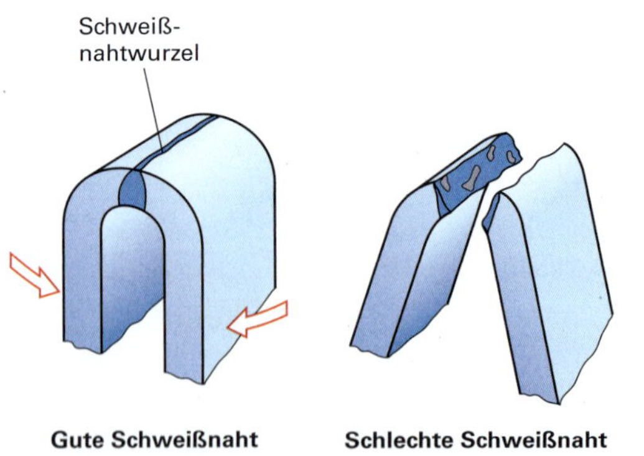

Bild 2: Prüfen von Schweißproben durch Biegen

Überlegen und beantworten Sie:

1. Nennen Sie Vorteile des Laserstrahlschweißens.
2. Inwiefern sind beim Laserstrahlschweißen große Vorschubgeschwindigkeiten möglich?
3. Warum ist beim Laser- wie beim Elektronenstrahlschweißen eine Abschirmung erforderlich?
4. Wodurch erfolgt die Erwärmung der Schweißstelle beim Widerstandspressschweißen?
5. Beschreiben Sie den Ablauf des Punktschweißens.
6. Für welche Art von Bauteilen ist das Reibschweißen geeignet?
7. Beschreiben Sie den Schweißvorgang beim Rotationsreibschweißen.
8. Vergleichen Sie das Rotationsreibschweißen mit dem Magnetarc-Schweißen.
9. Für welche Bauteile eignet sich das Magnetarc-Schweißen?
10. Erklären Sie das in **Bild 1** dargestellte Schweißverfahren.
11. Welche Fehler einer Schweißnaht können mithilfe einer Biegeprobe festgestellt werden?
12. **V-Naht (Bild 2)**

    Zwei 10 mm dicke Stahlbleche werden mit einer 850 mm langen V-Naht verbunden. Der Öffnungswinkel der V-Naht beträgt $\alpha = 60°$ und die Spaltbreite $s = 2$ mm.

    a) Berechnen Sie den Nahtquerschnitt A_S der Schweißnaht.

    b) Berechnen Sie das Volumen V_S der Schweißnaht in cm^3.
13. **Doppelkehlnaht (Bild 3)**

    Zwei Bleche aus niedrig legiertem Stahl werden beidseitig mit einer Kehlnaht in der Schweißposition PB durch MAG-Schweißen stoffschlüssig verbunden. Die Nahtdicke der Kehlnaht beträgt $a = 8$ mm, $\alpha = 90°$, Länge der Doppelkehlnaht $L = 730$ mm. Geschweißt wird mit Gleichstrom. Die Schweißstromstärke beträgt $I_S = 300$ A bei einer Lichtbogenspannung von $U_S = 29$ V.

    Zum Schweißen wird ein Massivdraht mit $d = 1{,}2$ mm verwendet. Am Drahtvorschubgerät ist eine Vorschubgeschwindigkeit von $v_f = 9{,}5$ m/min eingestellt. Für jede Kehlnaht sind drei Lagen erforderlich. Als Schutzgas kommt das schwach oxidierend wirkende Mischgas M2 zur Anwendung, das aus Argon und 18 % CO_2 („Corgon 18") zusammengesetzt ist.

    a) Beschreiben Sie die Schweißposition PB.

    b) Berechnen Sie den Nahtquerschnitt A_S einer Kehlnaht.

    c) Berechnen Sie das Volumen V_S der Doppelkehlnaht in cm^3.

    d) Berechnen Sie die Leistung P des Lichtbogens.

    e) Wie lang muss der zugeführte Massivdraht mindestens sein?

    f) Berechnen Sie die Zeit t_S für das Schweißen der Naht (ohne Nebenzeiten).

    g) Wie viel Liter Schutzgas werden benötigt, wenn die Durchflussmenge $Q = 11$ l/min pro Millimeter Drahtdurchmesser beträgt?

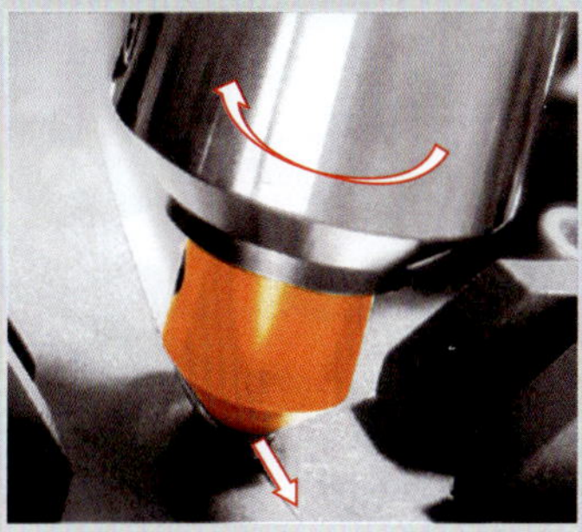

Bild 1

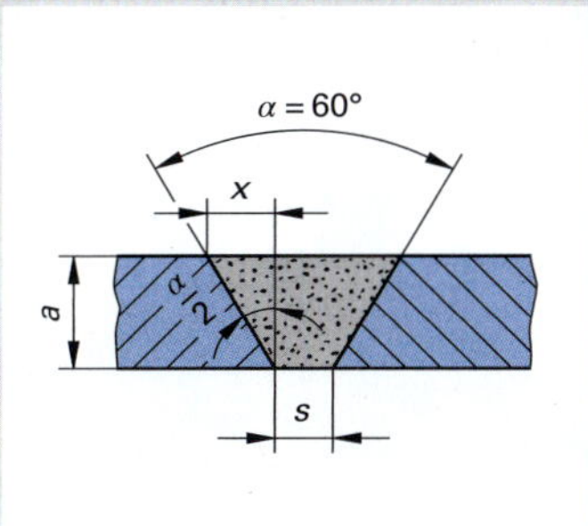

Bild 2

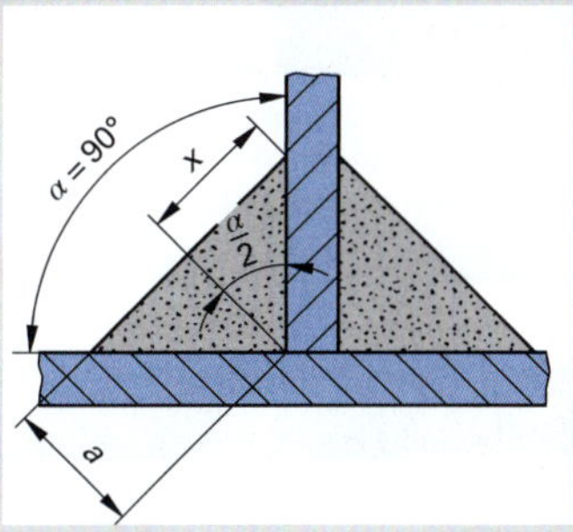

Bild 3

Lernfeld 10

6.7 Kleben

Die Klebetechnik ist ein sehr leistungsfähiges Fügeverfahren, das in allen produzierenden Branchen eingesetzt wird. Die Anzahl moderner Werkstoffe, vor allem hochleistungsfähiger Kunststoffe, erfordert passende, werkstoffgerechte und zuverlässige Verbindungstechniken.

Die Klebetechnik schafft Verbindungen, die Mobilität und Kommunikation ermöglichen, für Sicherheit sorgen, Gesundheits- und Umweltaspekten Rechnung tragen und für Ästetik und Lebensqualität stehen. In vielen Bereichen werden Innovation und technologischer Fortschritt erst durch Klebetechnik möglich.

Da eine Klebstoffverbindung ohne Zerstörung der Verbindung nicht gelöst werden kann, gehört dieses Fügeverfahren zu den **unlösbaren Verbindungen**.

Bild 1: Hochwertige Optik: Verkleben von Verkleidungen oder Zierelementen, wie z. B. Chromringe an den Lüftungsschlitzen

Bild 2: Klebstoffverbindungen kommen in vielen Bereichen im Fahrzeug zum Einsatz

Es sind vor allem **fünf Gründe**, warum die Fügetechnik Kleben in der Industrie eingesezt wird:

// Vielfalt

Klebstoffe verbinden viele unterschiedliche Werkstoffe in beliebiger Kombination materialschonend, spannungsarm und langzeitbeständig – besonders jene Materialien, die nicht geschweißt werden können. Durch den Klebeprozess bleiben die Werkstoffeigenschaften der Fügeteile erhalten.

Bild 1: Verkleben einer Glastischplatte mit einem Aluminiumfuß

// Miniaturisierung

Die Klebetechnik bietet die Basis für die in allen Bereichen stark fortschreitende Miniaturisierung – sei es im Bereich Kommunikation, in der Chipkartenherstellung oder in der Automobilindustrie. Durch Klebstoffe lässt sich in herausragender Weise Gewicht und damit Energie einsparen.

// Schnelligkeit

Klebstoffe werden auch zum schnellen Fixieren und Positionieren von Fügeteilen eingesetzt und ermöglichen bei Serienproduktionen mit hohen Stückzahlen extrem kurze Taktzeiten und damit eine kostengünstige Produktion. Das spielt inbesondere in der Produktion von Mikrochips oder Minilautsprechern für Smartphones eine entscheidende Rolle.

// Design

Klebstoffe erlauben in allen Bereichen eine unendliche Vielfalt an kreativen Gestaltungsmöglichkeiten. Im Glas-, Kunststoff- und Möbeldesign haben sie z. B. den klaren Vorteil, dass sie als unsichtbare Verbindung die optischen bzw. visuellen Eigenschaften erfüllen.

// Funktionalität

Aushärtende Klebstoffe sind funktionelle Materialien, die auch als Isolierung, zur elektrisch leitfähigen Kontaktierung und zur Wäremableitung eingesetzt werden, als optische Linsen fungieren oder akustische Schwingungen zielgerichtet transportieren.

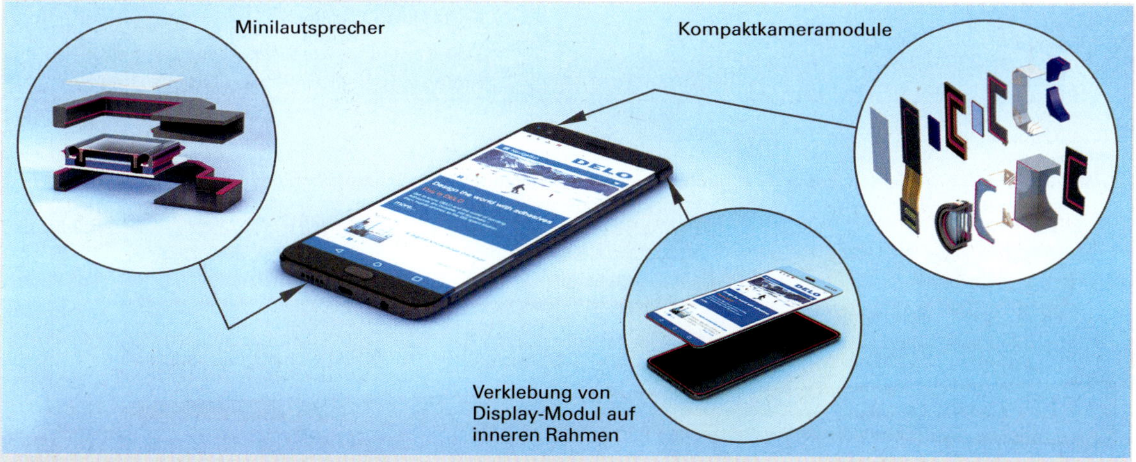

Bild 2: Klebstoffeinsatz in Smartphones

6.7.1 Grundlagen der Klebeverbindungen

Die Bindungskräfte an den Grenzflächen zwischen Werkstück und Klebstoff lassen sich in **form-** und **stoffspezifische Haftkräfte** unterteilen.

Der **formspezifische Anteil** an der Gesamtfestigkeit einer Klebeverbindung macht ca. 30 % aus. Dafür sind der geometrische Zustand und die Sauberkeit der Oberfläche verantwortlich. Eine gute Benetzung des Bauteils durch den Klebstoff ist eine wichtige Voraussetzung dafür, dass **Bindungskräfte** (Haftungskräfte) zwischen Klebstoff und Fügeoberfläche entstehen können. Ein Maß für die Benetzungsfähigkeit ist der **Benetzungswinkel (Kontaktwinkel) (Bild 1)**. Eine gute Oberflächenbenetzung erreichen Klebstoffe mit einem Kontaktwinkel kleiner als 30°. Die Abstände, in denen Grenzschichtreaktionen zwischen den Klebstoffmolekülen und der Oberflächenstruktur ablaufen können, liegen zwischen 0,1 und 1,0 mm.

Der **stoffspezifische Anteil** an der Gesamtfestigkeit wird durch die Einzelfestigkeiten der Werkstücke (Kohäsion), die Haftfähigkeit (Adhäsion) an den Grenzschichten und die Festigkeit der Klebstoffschicht (Kohäsion) bestimmt. Die innere Haftfähigkeit beruht auf der Kohäsion. Unter Kohäsion werden Kräfte zusammengefasst, die den Zusammenhalt eines Stoffs in sich bestimmen. Die Kohäsion ist somit sowohl für das Fließverhalten eines unausgehärteten Klebstoffs als auch für seine Festigkeit nach der Aushärung unter Beanspruchung ausschlaggebend.

vel.plus/
FILF234

Eigenschaften von Klebeverbindungen

Vorteile

- keine Gefügeänderung
- gleichmäßige Spannungsverteilung
- viele Werkstoffkombinationen
- dichte Verbindungen
- wenig Passarbeit erforderlich
- Funktionsmaterial

Nachteile

- große Fügeflächen nötig
- geringe Dauerfestigkeit
- geringe Warmfestigkeit
- teilweise lange und komplizierte Aushärtung

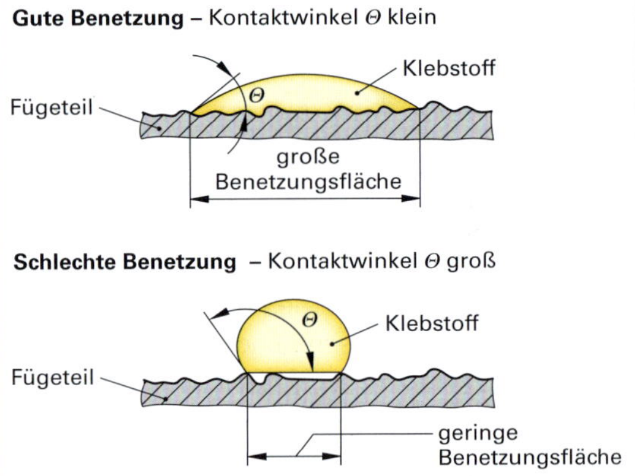

Bild 1: Benetzung

Adhäsion

Zwei Stoffe halten aufgrund molekularer Anziehungskräfte aneinander.

Kohäsion

Zusammenhalt von Molekülen innerhalb eines Stoffs, z. B. durch chemische Bindungen

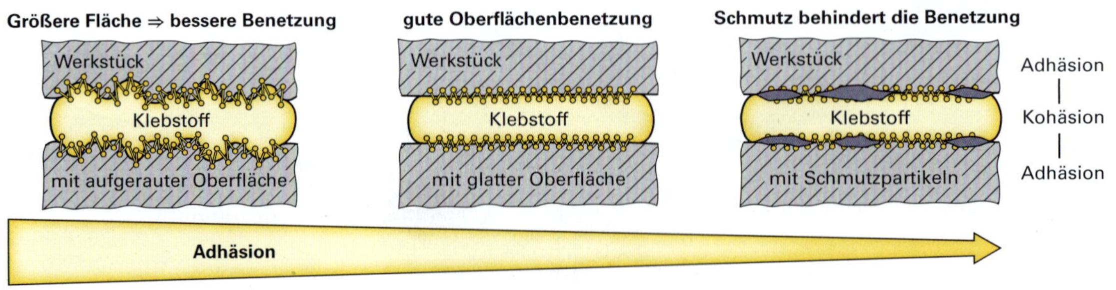

Bild 2: Adhäsion und Kohäsion einer Klebeverbindung

Lernfeld 10

Die Belastbarkeit einer Klebeverbindung hängt nicht nur von der Größe der Fügeflächen, sondern wesentlich auch von der Art der Beanspruchung und von den Steifigkeitseigenschaften der Fügepartner und des Klebstoffs ab. Klebeverbindungen sollen so ausgeführt werden, dass die Klebeschicht vorwiegend auf Abscherung beansprucht wird. Schälbeanspruchungen sind nicht zulässig, da sie leicht zum Aufreißen der Verbindung führen. Es ist auf eine gleichmäßige Spannungsverteilung und eine zentrische Krafteinleitung zu achten.

Daraus ergeben sich klebegerechte **Gestaltungsmöglichkeiten** in der Konstruktion **(Bild 1)**.

> Klebeverbindungen müssen großflächig sein und dürfen nicht auf Abschälen beansprucht werden.

Die Werkstoffart der zu klebenden Bauteile ist ein weiteres Kriterium für die gute Haltbarkeit einer Klebeverbindung. Da Klebstoffe oft Kunststoffe sind, müssen die Moleküle des Klebstoffs gut an der Werkstückoberfläche anhaften. Während Klebstoffe gut an metallischen Oberflächen haften, ist die Haftfestigkeit an thermoplastischen Kunststoffen gering. Daher müssen an Kunststoffen besondere Oberflächenbehandlungen vorgenommen werden, um die notwendige Haftkraft zu erreichen.

Des Weiteren sind die unterschiedlichen **Wärmedehnungen** der zu verklebenden Stoffe zu berücksichtigen. Es sind Klebstoffe zu wählen, die eine genügende Elastizität besitzen, um unterschiedliche Wärmedehnungen auszugleichen.

In der Automobilindustrie müssen Klebstoffe erhöhte Anforderungen an mechanischen Schutz, Medienbeständigkeit (Öle) und hohen Temperatureinsatz erfüllen **(Bild 2)**.

Klebeverbindungen können auch **Dichtungsfunktionen** erfüllen. Bild 2 zeigt die Abdichtung der Magnesiumhalbschalen im Saugrohrmodul für einen 12-Zylinder-Motor.

6.7.2 Klebstoffarten

// Schmelzklebstoffe

Schmelzklebstoffe sind bei Raumtemperatur fest und werden durch Aufschmelzen mit Klebepistolen verarbeitbar. Die heiße Klebstoffschmelze wird auf das zu verklebende Teil aufgebracht und sofort mit dem zweiten Teil innerhalb der Offenzeit gefügt.

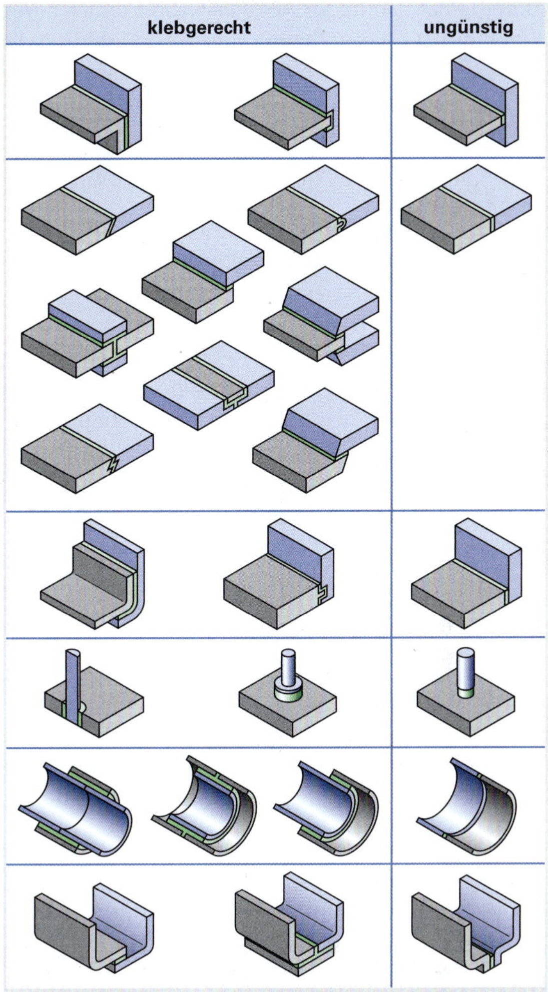

Bild 1: Gegenüberstellung von günstigen und ungünstigen Klebeverbindungen

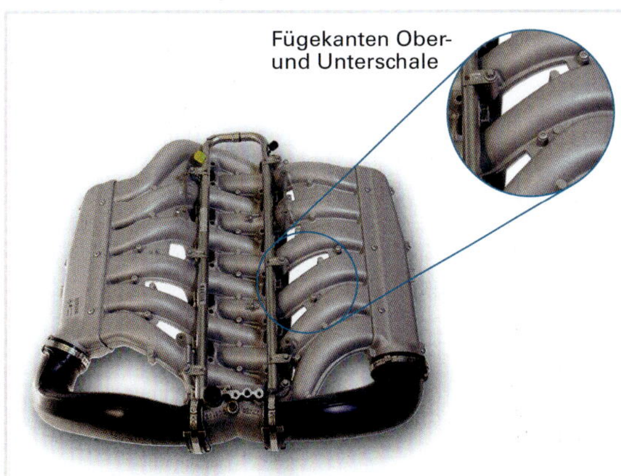

Bild 2: Verklebung von Magnesiumhalbschalen bei Saugrohrmodulen

Unmittelbar nach dem Abkühlen und Erstarren des Klebstoffs ist die Verbindung fest und funktionsfähig. Dies ermöglicht in Produktionsprozessen sehr schnelle Taktzeiten und unmittelbares Weiterverarbeiten. Schmelzklebstoffe sind lösungsmittelfrei.

// Klebeband

Klebeband ist eine Sammelbezeichnung für ein- oder beidseitig mit Haftklebstoffen beschichtete, streifenförmige Trägermaterialien, z. B. aus Kunststofffolien bzw. -schäumen, Papier, Metallfolien oder Textilgewebe. Doppelseitige Klebebänder (beidseitig wirkende, trägerfreie Klebebänder), auch Transferklebebänder genannt, werden zu Montagezwecken in der Industrie eingesetzt. Im Automobilbereich werden mit ihnen Zierleisten und Trimmteile, Spiegel und Embleme verklebt.

// Silikone

Silikone nehmen eine gewisse Sonderstellung ein, da ihr Molekülgerüst im Gegensatz zu den anderen hier beschriebenen Klebstoffen nicht aus Kohlenstoffketten aufgebaut ist, sondern sich in der Hauptkette Silicium- und Sauerstoffatome abwechseln.

Silikone kommen überall dort zum Einsatz, wo ihre besonderen Eigenschaften (hohe Kälteelastizität, hohe Temperatur-, Chemikalien-, Witterungs- und UV-Beständigkeit) erforderlich sind und die relativ geringe Festigkeit nicht von Nachteil ist oder durch eine entsprechend vergrößerte Klebefläche ausgeglichen werden kann.

// Nassklebstoffe

Der Klebstoff wird meist auf eines der Fügeteile aufgetragen und das Fügen findet zu einem Zeitpunkt statt, zu dem noch ein Großteil des Lösemittels im Klebstoff vorhanden ist. Dies gewährleistet eine ausreichende Benetzung der zweiten Fügeteiloberfläche. Durch Verdunsten der Lösemittel bindet der Klebstoff ab, das heißt, er wird zunächst zäher und verfestigt sich schließlich. Beispiele für lösemittelhaltige Nassklebstoffe waren lange Zeit die sogenannten Alleskleber.

// Reaktionsklebstoffe

Sie sind die am häufigsten verwendeten Klebstoffe für Metalle **(Tabelle 1)**. Die Bestandteile, die für die Einleitung der Aushärtereaktion verantwortlich sind, werden bei zweikomponentigen (2K) Klebstoffen als Härter oder Harzkomponente zugesetzt oder sind bei einkomponentigen (1K) Produkten bereits im Klebstoff vorhanden.

Die Aushärtefunktion wird bei einkomponentigen Klebstoffen z. B. durch Wärme, Licht oder Luftfeutigkeit, bei zweikomponentigen Klebstoffen durch Mischen von Harz und Härter ausgelöst.

Nach der Verarbeitungstemperatur werden die Reaktionsklebstoffe in Warm- und Kalthärter unterteilt.

Tabelle 1: Reaktionsklebstoffe

Klebstoff		Komponenten	Härtung		Scherfestigkeit N/mm²	Einsatzbereich °C	Besondere Eigenschaften
			°C	Dauer			
Kaltkleber	Epoxidharz	2	20	48 h	bis 32	−60 … +80	hohe Festigkeit und gute Elastizität, bei Erwärmung schnelle Härtung
Kaltkleber	Acrylat	2	20	10 min	8 ... 20	bis +100	Kleber und Härter werden getrennt aufgetragen, die Härtung beginnt mit dem Fügen.
Kaltkleber	Polyurethan	2	20	bis 80 h	7 ... 15	−200 … +30	Die Aushärtezeit kann bis auf 0,5 h beschleunigt werden; Härtung ist auch mit Luftzutritt möglich.
Kaltkleber	Cyanacrylat	1	20	3 ... 180 s	bis 25	−40 … +120	sehr kurze Härtung („Sekundenkleber"); Klebstoffschicht 0,2 mm; auch für Elastomere geeignet
Kaltkleber	anaerobe Kleber	1	20	6 ... 24 h	bis 40	−60 … +200	Härten bei Luftabschluss; vorwiegend zur Befestigung von Buchsen und als Schraubensicherung
Warmkleber	Epoxidharz	2	120	15 min	bis 40	−60 … +80	hohe Festigkeit und Verformbarkeit; auch zum Füllen großer Zwischenräume
Warmkleber	Phenolharz	1	180	120 min	bis 40	−60 … +200	hohe Festigkeit, hohe Wärmebeständigkeit, geringe Verformbarkeit; beim Härten Druck nötig
Warmkleber	Polymidklebstoffe	1	400	–	25	−60 … +200	Härtung in mehreren Stufen unter Luftabschluss und Druck; kurzzeitig bis 500 °C beständig

6.7.3 Vorbehandlung der Oberflächen

Neben der Auswahl eines geeigneten Klebstoffs ist die Beschaffenheit der Fügeoberfläche von entscheidender Bedeutung für die erzielbaren Verbundfestigkeiten und vor allem für die Langzeitbeständigkeit der Verklebung. Die Oberflächenbehandlungsverfahren lassen sich einteilen in:

Oberflächenvorbereitung

- passend machen **(Bild 1, Seite 449)**, entgraten
- reinigen durch Dampfentfetten, Tauchentfetten oder Abreiben mit einem sauberen, lösungsmittelgetränkten Lappen

Oberflächenvorbehandlung

- mechanisch vorbehandeln durch Bürsten, Schleifen und Sandstrahlen
- chemische Vorbehandlung z. B. mit Säuren, durch Beizen oder Primer und Haftvermittler
- physikalische Vorbehandlung z. B. durch Beflammung oder einen gepulsten Laserstrahl **(Bild 1)**

Nach den Oberflächenbehandlungen müssen die Klebeflächen sorgfältig getrocknet werden.

Klebeverbindungen müssen trocken, sauber, fettfrei und leicht aufgeraut sein.

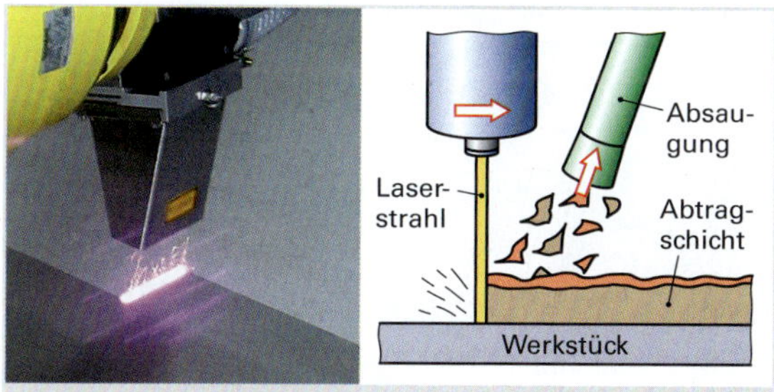

Bild 1: Gepulster Laserstrahl

6.7.4 Klebstoffverarbeitung

Zweikomponentenkleber müssen in der erforderlichen Menge und im richtigen Mischungsverhältnis unmittelbar vor dem Auftrag gemischt werden. Zu beachten ist, ob das Mischverhältnis in Volumen- oder Gewichtsanteilen vorgeschrieben ist und auch die Ansatzmenge ist zu beachten wegen den exothermen Reaktionen. Bei 2K-Klebern ist die Verarbeitungszeit (Topfzeit) begrenzt. In der Topfzeit muss das Mischen, Auftragen, Fügen und Fixieren erfolgen.

Weicht die vorgeschriebene Mischtemperatur um 10 °K nach unten ab, vorringert sich die Bearbeitungszeit um ca. 50 % und umgekehrt. Bei den warmhärtenden Klebstoffen ist die Aufheizzeit zu beachten. Im technischen Datenblatt vom Klebstoff findet man z. B. die Angabe 15 min bei 180 °C. Diese Zeit gilt aber erst, wenn der Klebstoff 180 °C erreicht hat und nicht wenn man ihn bei 20 °C in den Ofen stellt.

Je nach Lieferform (Klebstoffart) wird der Klebstoff mit dem Pinsel, der Spachtel **(Bild 2)**, mit der Dosierpistole, mit Mischköpfen **(Bild 3)** oder durch Auflegen einer Klebefolie dünn und gleichmäßig aufgetragen.

6.7.5 Aushärtung von Klebstoffen

Warmhärtende Klebstoffe, die während des Auftragens honigartig zäh sind, werden bei Aushärtungsbeginn dünnflüssig. Daher müssen die Fügeteile gegen Verschieben gesichert, bei einigen Klebstoffen zusätzlich gepresst werden. Zeit und Temperatur der Aushärtung richten sich nach der Klebstoffart und sind den Herstellervorschriften zu entnehmen.

Bild 2: Mittels einer Spachtel wird der Klebstoff durch ein Sieb gedrückt

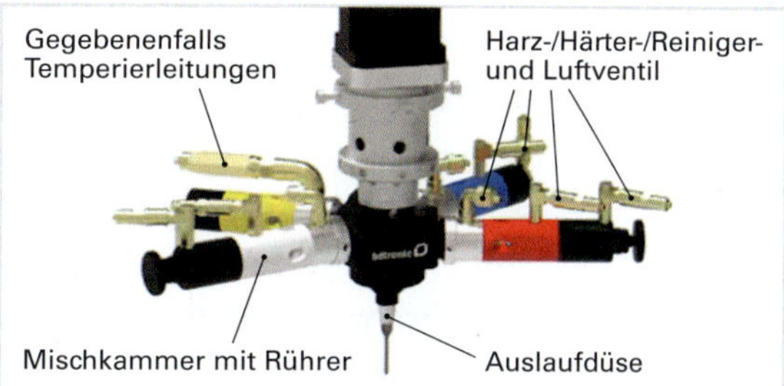

Bild 3: Dynamischer Mischkopf für 2K-Klebstoffe

Bild 1: Schraubensicherung

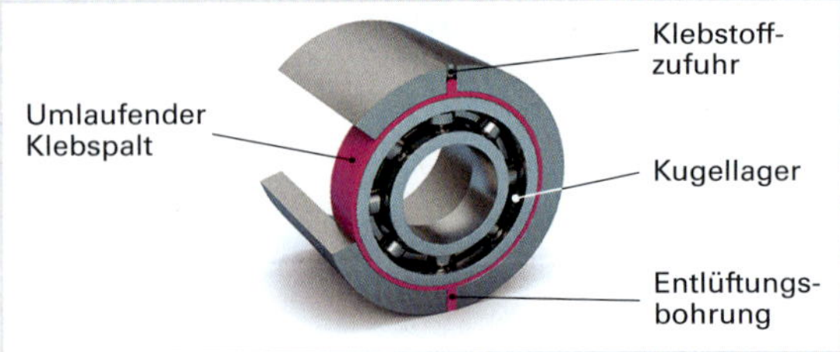

Bild 2: Lagerverklebung

Eine Standardvorgehensweise zur Aushärtung warmhärtender Klebstoffe ist die Nutzung eines Umluftofens oder die Infrarothärtung, bei elektrisch leitfähigen Bauteilen wird die Induktionshärtung verwendet.

Lichthärtende Klebstoffe härten durch die Einwirkung von Licht aus, dazu werden vorrangig leistungsstarke LED-Lampen verwendet.

Für Bauteile, bei denen bei der Klebung Schattenzonen entstehen, eignen sich dualhärtende Klebstoffe. Die Dualhärtung erfolgt durch Licht und Wärme, Licht und Feuchtigkeit oder Licht und anaerob (Sauerstoffausschluss).

Bei Kaltklebern kann durch Wärmezufuhr die Aushärtung beschleunigt werden.

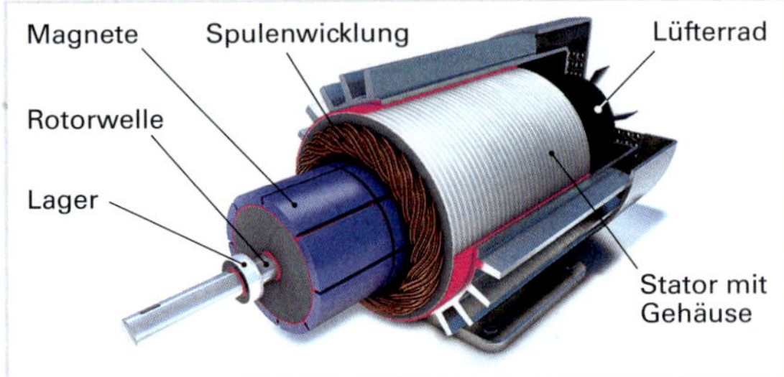

Bild 3: Elektromotor

6.7.6 Weitere Anwendungsbeispiele

Die mit dem Klebstoff eingeklebten Schrauben **(Bild 1)** sind Teil des Differentialgetriebes und dürfen sich in eingebautem Zustand nicht lösen. Im Betrieb sind die Schrauben und der Klebstoff bis zu +90 °C heißem Öl ausgesetzt.

Einkleben von Lagern im Maschinebau (Bild 2).

Mit der Verklebung der Magnete in Elektromotoren **(Bild 3)** können sehr enge Luftspalte realisiert werden, die zu einem verbesserten Wirkungsgrad beitragen.

Arbeitsregeln für die Herstellung einer Klebeverbindung

- Die Fügeflächen müssen trocken, sauber, fettfrei und leicht aufgeraut sein.
- Der Klebstoffauftrag soll unmittelbar nach der Oberflächenvorbehandlung erfolgen.
- Die Dicke der Klebstoffschicht soll 0,1 mm bis 0,3 mm betragen
- Während der Aushärtung müssen die Teile gegen Verrutschen gesichert werden.
- Klebstoffe sollen im ungehärteten Zustand nicht mit der Haut in Berührung kommen.
- Die Arbeitsräume sind gut zu lüften, da gesundheitsschädliche Dämpfe auftreten können.

Überlegen und beantworten Sie:

1. Beschreiben Sie die Einsatzmöglichkeiten von Klebstoffverbindungen.
2. Begründen Sie, weshalb beim Kleben große Fügeflächen wichtig sind.
3. Von welchen Größen ist die übertragbare Kraft einer Klebeverbindung abhängig?
4. Erläutern Sie, wie die Flächen vor dem Verkleben vorzubereiten sind.
5. Nennen Sie die Beanspruchung, die bei Klebeverbindungen vermieden werden soll.
6. Untersuchen Sie für unterschiedliche Klebstoffe die Herstellerangaben bezüglich Vorbehandlung der Flächen, Vorbereiten des Klebstoffs, Auftragen des Klebstoffs, Topf- und Aushärtezeit und Montagevorgaben.
7. Nennen Sie Arbeitsregeln für die Herstellung einer Klebeverbindung.

6.8 Discover your profession in English

Gears are installed between the input and the output. Furthermore, they ensure a change in the direction of rotation, speed or torque. Couplings are the link between the motor and the gearbox. It can be differenciated between shiftable and permanent couplings.

// Gears – Couplings

Gears

Gears can be divided into toothed gears, traction gears and friction gears. The most important parameter for gears is the modulus m. It mainly determines the dimensions of the gears.

Moreover gears ensure a change of the direction of rotation, rotational speed or torque.

Another very frequently used type of gear is the traction drive. A distinction can be made between chain and belt drives. Belt drives have been used in many areas, since they largely work both maintenance and vibration-free.

Gearboxes do not always have to be designed to reduce speed. In many technical applications, it is also essential to increase the speed. This is the case, for example, when driving on highways. In order to move forward as quickly as possible, the wheels must turn as fast as possible. For this purpose, it is necessary to increase the speed of the motor shaft by means of a gearbox. In this case, a large gear wheel drives a smaller wheel.

For two interlocking teeth, the transmission ratio is calculated via the ratio of the number of teeth *z* and the corresponding pitch circle diameter *d*:

$$i = \frac{z_2}{z_1} = \frac{d_2}{d_1}$$

z_1, d_1 driving gear
z_2, d_2 driven gear

If the calculated gear ratio is less than one, the driven gear rotates faster than the driving gear. This is referred to a high-speed transmission. If the calculated gear ratio amounts to more than one, the driven gear rotates more slowly than the driving gear and is named slow gear. In common use, the transmission into the slow is also commonly known as a gear reduction.

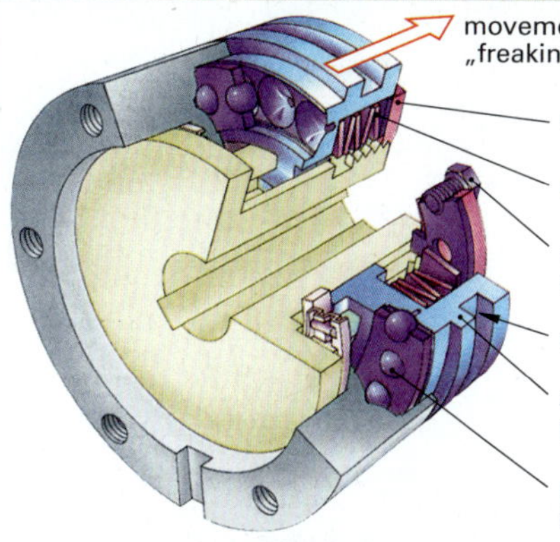

Figure 1: CAD drawing of a slip friction clutch (multi-disc clutch)

Couplings

Couplings are used to transmit power between the input and output shafts, and transmit torques as well as rotational movements. This can be done by positive locking, e.g. claw coupling, or by frictional connections, which generate the pressure on the friction surfaces of the individual coupling by means of frictional forces.

Clutches can also perform safety functions. When a certain torque is exceeded, clutches break the transmission of force. This can be done, for example, by a slip friction clutch **(Figure 1)** or by a pin with a predetermined breaking point. Additionally, clutches can compensate shaft displacements or dampen vibrations.

Vocabulary

gears – *Getriebe*
toothed gears – *Zahnradgetriebe*
traction gears – *Zugmittelgetriebe*
friction gears – *Reibradgetriebe*
transmission ratio – *Übersetzungsverhältnis*
driving gear – *angetriebenes Rad*
driven gear – *getriebenes Rad*
slip friction clutch – *Rutschkupplung*
couplings – *Kupplungen*
safety functions – *Sicherheitsfunktionen*

Lernfeld 11:
Überwachen der Produkt- und Prozessqualität

Kapitel 07

Qualitätsmanagement (QM)

Das Qualitätsmanagement umfasst alle Maßnahmen zur Planung, Steuerung und Optimierung von Prozessen anhand vorgegebener Anforderungen. Das Ziel von QM ist es, die Qualität der Produkte und Dienstleistungen zur Zufriedenheit der Kunden ständig zu verbessern.

// Qualitätsmanagementsysteme (QMS)

Unternehmen pflegen QM-Systeme, um sicherzustellen, dass ihre Produkte und Dienstleistungen fehlerfrei sind und den Anforderungen der Kunden entsprechen.

Die Unternehmen können sich ihr QM-System z. B. nach ISO 9001 oder auch nach dem EFQM-Modell (European Foundation for Quality Management), im Sinne von Total Quality Management, zertifizieren lassen **(Bild 1)**.

Das Qualitätsmanagement versucht, alle Bereiche, Ebenen und Mitarbeiter eines Unternehmens einzubeziehen, Qualität in den Mittelpunkt zu stellen und auf langfristigen Geschäftserfolg durch Zufriedenstellung der Kunden zu setzen.

Bild 1: QM-Systeme

7.1 Qualitätsmanagement nach DIN EN ISO 9000

Die ISO entwickelte mit der DIN-EN-ISO-9000-Normenreihe **(Bild 1)** grundlegende Richtlinien und Normen zum Qualitätsmanagement. Diese kommen in der Industrie und in der Technik vorwiegend zur Anwendung.

ISO 9001 legt fest, welche Standards ein Unternehmen beim Qualitätsmanagement erfüllen muss. Unabhängige und spezialisierte Prüfer, z.B. vom TÜV oder von der DEKRA, können die Erfüllung der Norm zertifizieren.

Ein solches Zertifikat (Bild 1) bescheinigt die Verbesserung der Prozesse im Unternehmen und steigert somit die Wettbewerbsfähigkeit. Außerdem stärkt es das Image des Unternehmens nach außen.

Die Zertifizierung **(Bild 2)** erfolgt freiwillig, allerdings vergeben viele Endkunden ihre Aufträge nur an zertifizierte Unternehmen. Anbieter ohne ein zertifiziertes QM-System haben kaum eine Chance, in den Lieferantenstamm von größeren Unternehmen aufgenommen zu werden.

Die Normenreihe im Überblick

DIN EN ISO 9000 beschreibt grundlegende Konzepte und wesentliche Grundsätze des Qualitätsmanagements. Sie legt die Begriffe für diese Grundsätze fest.

DIN EN ISO 9001 definiert umfangreiche Anforderungen an ein QM-System. Diese können für firmeninterne Anwendungen, für Vertragszwecke und für eine Zertifizierung verwendet werden.

DIN EN ISO 9004 stellt einen Leitfaden zur Betrachtung der Wirksamkeit, Wirtschaftlichkeit und Gesamtleistung eines QM-Systems dar und gibt Empfehlungen zur Verbesserung der Organisation und der Kundenzufriedenheit.

ISO 19011 dient als Anleitung für das Auditieren von Qualitäts- und Umweltmanagementsystemen. Die Norm zählt zur ISO-9000-Normenreihe.

Ein Zertifikat wird üblicherweise auf drei Jahre vergeben. Geprüft werden die Dokumentation des QM-Systems (Handbuch, Prozess-, Arbeits- und Prüfanweisungen), die Umsetzung in die Praxis sowie die Wirksamkeit und Wirtschaftlichkeit der Prozesse.

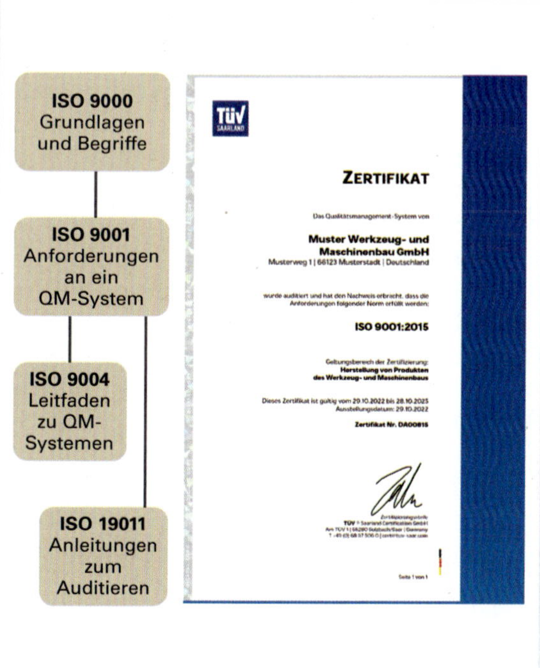

Bild 1: ISO-9000-Normenreihe

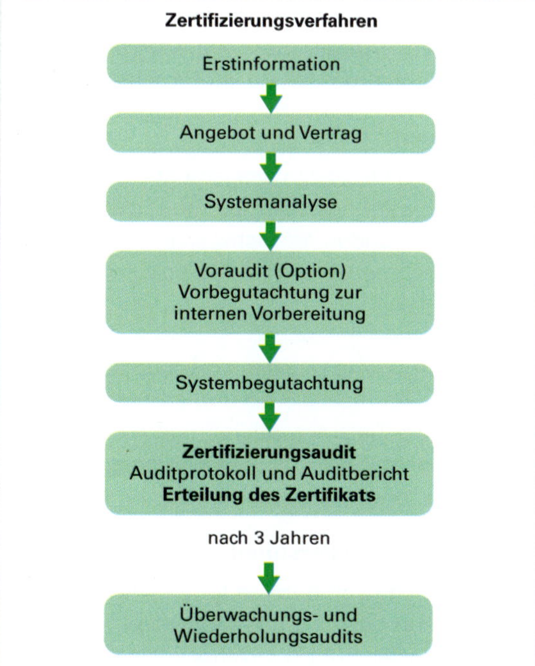

Bild 2: Ablaufschema einer Zertifizierung

7.1.1 Aufgabenbereiche und Grundsätze des Qualitätsmanagements

Neben der Produktqualität ist die Qualität der Prozesse und Arbeitsabläufe von besonderer Bedeutung, um z. B. die Fertigungs- und Fehlerkosten zu verringern. Das QM sorgt für die nötigen Voraussetzungen. Es werden Ziele definiert und Verantwortlichkeiten festgelegt, die Organisation wird geplant und Arbeitsmittel werden bereitgestellt.

Die **Qualitätsplanung** umfasst alle planerischen Aufgaben vor Fertigungsbeginn. Qualitätsziele und Anforderungen müssen festgelegt, die erforderlichen Prozessabläufe geplant und die notwendigen Sach- und Geldmittel bereitgestellt werden.

Die **Qualitätslenkung** begleitet den Fertigungsprozess bei der Umsetzung der Produktionsprozesse sowie bei der Beseitigung von Fehlerursachen.

Die **Qualitätssicherung** führt den Nachweis, dass die festgelegten Qualitätsforderungen im Fertigungsprozess des Produkts eingehalten werden.

Die **Qualitätsverbesserung** umfasst alle Tätigkeiten mit dem Ziel der kontinuierlichen Verbesserung (KVP) zur Steigerung der Kundenzufriedenheit.

Der PDCA-Zyklus **(Bild 1)** zeigt in einem Regelkreis mit den Phasen **P**lan, **D**o, **C**heck, **A**ct (Planen, Durchführen, Prüfen, Handeln) Maßnahmen zur fortlaufenden Verbesserung der Prozesse.

Kundenorientierung

Ein modernes Qualitätsmanagement muss bestrebt sein, die Erwartungen der internen, externen und potenziellen Kunden möglichst gut zu erfüllen, um den Unternehmenserfolg nachhaltig zu sichern.

Führung

Die Führungskräfte müssen Vorbilder sein und die Mitarbeiter in Entscheidungen miteinbeziehen, damit diese die Ziele akzeptieren und deren Umsetzung befördern. Gute Führung und Engagement der Mitarbeiter hängen eng zusammen.

Engagement von Personen

Engagierte und kompetente Mitarbeiter, die Anerkennung ihrer Leistung und Motivation verbessern die Leistungsfähigkeit. Workshops, eine gute Kommunikationskultur sowie Belohnungen fördern das Engagement.

Sieben Grundsätze des QM nach ISO 9000
- Kundenorientierung
- Führung
- Engagement von Personen
- prozessorientierter Ansatz
- Verbesserung
- faktengestützte Entscheidungsfindung
- Beziehungsmanagement

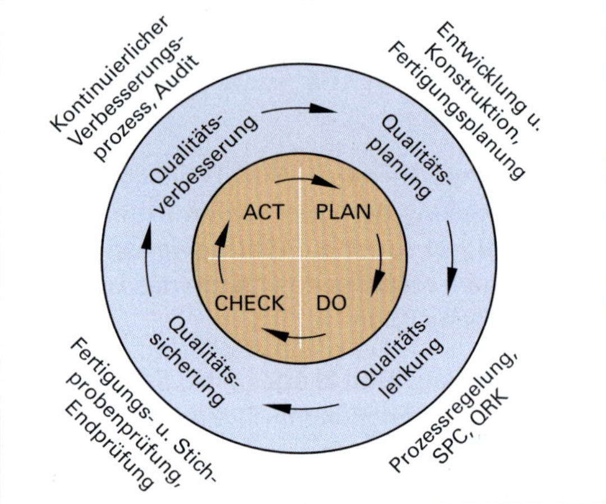

Bild 1: PDCA-Zyklus

Prozessorientierter Ansatz

Ineinandergreifende Prozesse bestimmen im Wesentlichen den Unternehmensablauf. Je präziser diese Prozesse und deren Schnittstellen aufeinander abgestimmt sind, desto geringer sind Verluste und Fehler.

Verbesserung

Eine ständige Verbesserung der Prozesse, Produkte und Dienstleistungen sichert den Erfolg von Unternehmen und Organisationen. Fehleranalysen, Qualitätszirkel, Verbesserungsvorschläge, Audits und Feedbacks von Kunden dienen einer kontinuierlichen Verbesserung.

Faktengestützte Entscheidungsfindung

Entscheidungen müssen auf der sachlichen Analyse von Daten, Kennzahlen und Informationen beruhen.

Beziehungsmanagement

Gute Beziehungen zu interessierten Personen und Organisationen, z. B. zu Kunden, Anbietern, Behörden etc., fördern den Unternehmenserfolg.

7.1.2 Qualitätsbegriff und Qualitätsmerkmale

Der Begriff **Qualität** wird im Alltag meistens wertend gebraucht und mit Adjektiven wie schlecht, gut oder hervorragend verbunden. Kunden bescheinigen Produkten oder Dienstleistungen z. B. eine gute oder schlechte Qualität, je nach subjektiver Zufriedenheit.

> **Definition nach DIN EN ISO 9000**
> Qualität wird nach DIN EN 9000 definiert als „Grad, in dem ein Satz inhärenter Merkmale eines Objekts Anfoderungen erfüllt".

Der Begriff Qualität ist nach ISO 9000 wertfrei definiert. Durch eine Qualitätsbeurteilung vergleicht man, inwieweit Anforderungen mit der Wirklichkeit eines Produkts oder einer Dienstleistung übereinstimmen. Ein Merkmal ist eine kennzeichnende Eigenschaft und kann inhärent (innewohnend) oder zugeordnet, qualitativ oder quantitativ sein.

Ein Qualitätsmerkmal ist ein inhärentes Merkmal eines Objekts, das sich auf eine Anforderung bezieht.

Länge, Breite oder Masse eines Objekts sind messbare inhärente Merkmale. Dagegen ist der Preis eines Objekts zugeordnet und folglich kein Qualitätsmerkmal.

> Die **Qualität** gibt an, in welchem Maße ein Produkt oder eine Dienstleistung den bestehenden Anforderungen entspricht.

Qualitätsmerkmale sind Anforderungen, die ein Produkt erfüllen muss. Man unterscheidet qualitative und quantitative Qualitätsmerkmale **(Bild 1)**.

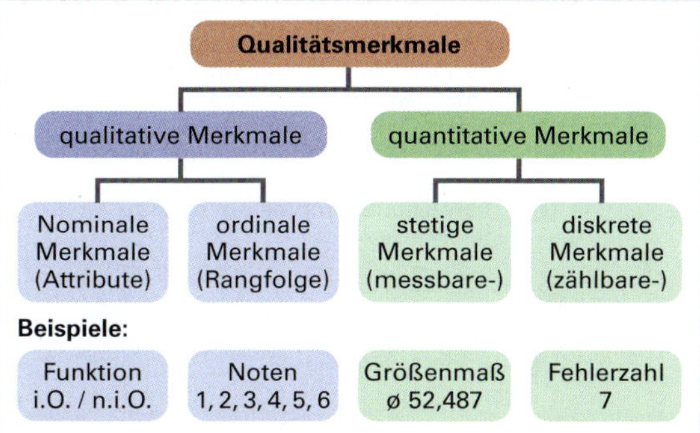

Bild 1: Qualitätsmerkmale

Qualitative (attributive) Merkmale betreffen die Eigenschaften eines Produkts, z. B. seine Funktionsfähigkeit. Diese kann man mit i. O. oder mit n. i. O. für in Ordnung bzw. nicht in Ordnung beschreiben. Die Vergabe von „Noten" gibt eine Rangordnung vor wie z. B. bei Schulnoten (1 ... 6) oder bei den Genauigkeitsklassen von Endmaßen (K, 0, 1,2).

Quantitative (variable) Merkmale kann man messen, z. B. die Größenmaße eines Werkstücks, oder zählen, z. B. die Anzahl von Bohrungen. Rechenoperationen sind möglich.

Qualitätsanforderungen

In Unternehmen erstreckt sich der Qualitätsbegriff heute auf alle seine Funktionen und Hierarchien. Jeder Mitarbeiter ist verantwortlich für die Qualität seiner Arbeit.

Hochwertige Produkte und Dienstleistungen fördern den Erfolg und die Wettbewerbsfähigkeit eines Unternehmens **(Bild 2)**. Ein modernes Qualitätsmanagement betrifft deshalb alle Aktivitäten im Unternehmen mit dem Ziel einer hohen Kundenzufriedenheit. Die Anforderungen der Kunden an Produkte und Dienstleistungen sind vielfältig und werden teils vorausgesetzt, aber auch explizit festgelegt, z. B.:

- Zuverlässigkeit und Funktionsfähigkeit
- Einhaltung von Gesetzen und Vorschriften
- Schutz von Sicherheit, Gesundheit und Umwelt
- Beratung, Betreuung und Kundendienst
- termingerechte Lieferung und kurze Lieferzeiten
- effiziente und fehlerfreie Technik
- Nachhaltigkeit

Bild 2: Beispiele für Qualitätsanforderungen an den modernen Verkehr

7.1.3 Fehler und Fehlermanagement

ISO 9000 bezeichnet die Nichterfüllung einer Anforderung als Nichtkonformität (nonconformity), oder, einfacher ausgedrückt, als Fehler.

Fehler liegen also vor, wenn eines oder mehrere Qualitätsmerkmale nicht erfüllt werden.

Solche Fehler können bei Produkten oder Prozessen auftreten, z. B. Messwerte außerhalb der Toleranz, falsch montierte Teile, Fehler in der technischen Produktdokumentation (TPD) oder Funktionsstörungen.

Man unterscheidet folgende Fehlerarten:

Fehlerarten

- **Kritische Fehler** haben schwerwiegende Folgen. Sie gefährden die Gesundheit und das Leben von Menschen, oder die Umwelt oder verursachen hohe Kosten.
  Beispiele: falsch montierter Schutzleiter, Ölverlust, Rückruf von Produkten ...
- **Hauptfehler** beeinträchtigen die Funktion eines Produkts wesentlich oder führen zu Funktionsausfällen.
  Beispiele: defekter Scheibenwischer, Auspuff oder Stoßdämpfer ...
- **Nebenfehler** beeinträchtigen lediglich das Aussehen eines Produkts, jedoch nicht die Funktion.
  Beispiele: Lackfehler, ungleichmäßige Spaltmaße, Kratzer ...

Durch Fehler entstehen für deren Behebung und Korrekturen vielfältige und bisweilen sehr hohe Kosten.

Kostet die Fehlerbeseitigung während der Planungs- und Entwicklungsphase noch Cent- oder Eurobeträge, so steigen die Kosten, wenn Fehler erst bei der Endprüfung oder beim Kunden entdeckt werden, um das 100- bis 1000-Fache.

Bei Rückrufaktionen aufgrund von Sicherheitsmängeln, z. B. bei Autos, können so rasch Millionenbeträge auflaufen. Für die Firma hinzu kommen ein beträchtlicher Imageschaden und Verluste bei Marktanteilen.

Zehnerregel der Fehlerkosten

Nach der sogenannten Zehnerregel verzehnfachen sich die Kosten zur Fehlerbehebung für nicht entdeckte Fehler von Stufe zu Stufe (Bild 1).

Je eher ein Fehler erkannt und behoben wird, desto weniger Schaden kann dieser verursachen. Es ist wirtschaftlicher, Fehler zu vermeiden.

Null-Fehler-Strategie

Durch die Null-Fehler-Strategie sollen bei jedem einzelnen Fertigungsschritt Fehler vermieden werden, um am Ende der Fertigungslinie nur fehlerfreie Teile zu erhalten. Gelingt das von 100 Mitarbeitern einer Fertigungslinie jedem nur zu 99 %, ist das Fertigteil nur noch zu 37 % fehlerfrei **(Bild 2)**.

Lenkung fehlerhafter Teile

Bei der Montage von Baugruppen muss sichergestellt sein, dass keine fehlerhaften Teile verbaut werden. Fehler müssen analysiert und Korrekturmaßnahmen umgehend eingeleitet und umgesetzt werden.

Fehlerhafte Teile müssen gekennzeichnet, gesperrt und aus der Montagelinie ausgeschleust werden.

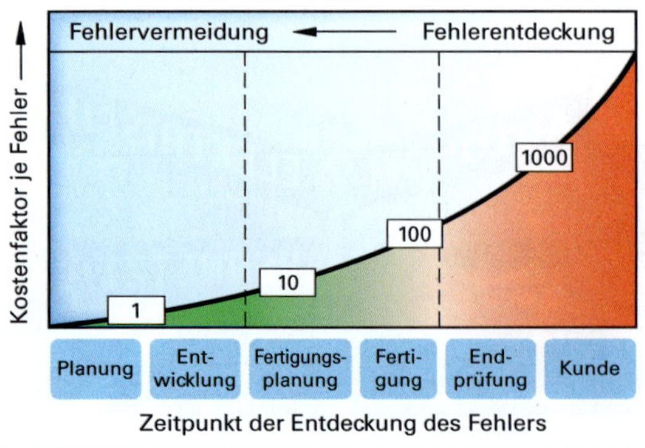

Bild 1: Zehnerregel der Fehlerkosten

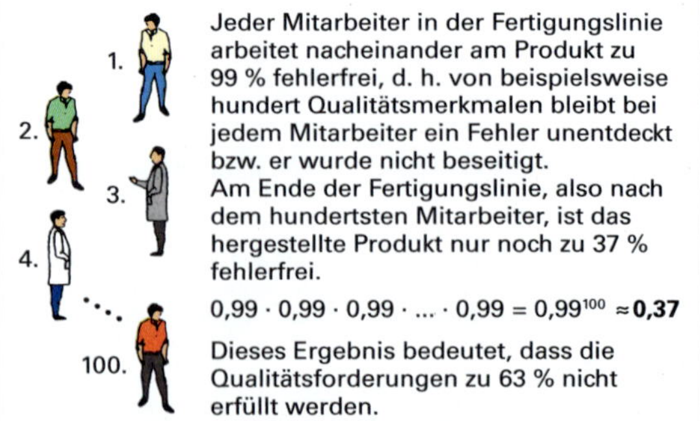

Bild 2: Fehlerzunahme durch Weitergabe fehlerhafter Teile

7.1.4 Qualitätslenkung und Qualitätssicherung

Die Maßnahmen der Qualitätslenkung (Qualitätssteuerung) wie der Qualitätssicherung (QS) zielen nach ISO 9000 darauf ab, dafür zu sorgen, dass die Qualitätsanforderungen in einem Betrieb erfüllt werden.

Das Qualitätsmanagement hält für die Sicherung der Produkt- und Prozessqualität Qualitätswerkzeuge, Analysemethoden und statistische Verfahren bereit und nutzt dazu auch die Auswertung von Kundenreklamationen.

- Durch **Qualitätslenkung** sollen die definierten, konkreten Qualitätsanforderungen und Qualitätsmerkmale vorbeugend überwacht und bei Bedarf korrigiert werden. Die Qualitätslenkung stützt sich dabei auf die Ergebnisse der Qualitätssicherung.
- Die **Qualitätssicherung** wiederum liefert den Nachweis über die Qualität der Produkte und Dienstleistungen und erzeugt so Vertrauen im und in den Betrieb.

Prüfplanung

Die **Prüfplanung** legt die zu prüfenden Qualitätsmerkmale fest. Für jede durchzuführende Prüfung wird festgelegt, wie die Merkmale zu prüfen und wie die Prüfergebnisse zu dokumentieren sind. Die Prüfmittel unterliegen der Prüfmittelüberwachung (PMÜ).

Prüfpläne (Bild 1) können aus einzelnen Verfahrensanweisungen bestehen, welche die Reihenfolge der Prüfungen von der Wareneingangsprüfung über Prüfungen während der Fertigung bis zur Endprüfung beschreiben.

Die **Wareneingangsprüfung** dient der Sicherstellung der geforderten Qualität von zugelieferten Produkten. Vor der Freigabe der Produkte dürfen diese nicht verwendet werden. Die Prüfungen umfassen Identitäts- und Mengenprüfungen sowie Qualitätsprüfungen entsprechend den Prüfplänen.

Die **Zwischenprüfungen** in Produktion und Montage finden im Arbeitsablauf statt. Sind nach bestimmten Fertigungsabschnitten Zwischenprüfungen erforderlich, werden diese im Arbeitsplan vorgeschrieben. Für eine Prüfung durch die Mitarbeiter werden die Kompetenzen der Mitarbeiter schriftlich festgelegt. Über festgestellte Fehler und eingeleitete Maßnahmen zur Qualitätslenkung werden Prüfberichte angelegt.

Bei der **Endprüfung** werden wichtige Funktionen und Anschlussmaße geprüft. Durch eine geeignete Schlussprüfung sollen die auszuliefernden Produkte fehlerfrei zum Kunden gehen.

Ident-Nr.: 18012 **Zeichnungs-Nr.:** 241074

Benennung: Buchse für Gleitlager **Prüfplan-Nr.:** 81

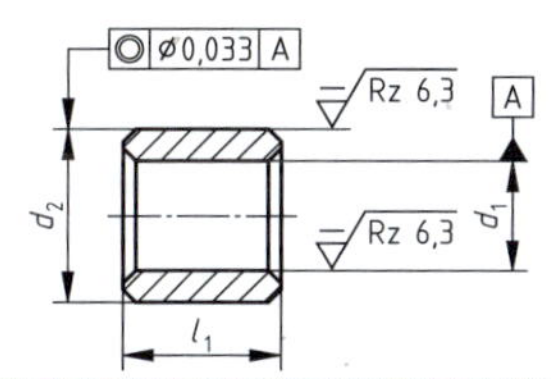

lfd. Nr.	Prüfmerkmal	Prüfmittel	Prüfumfang	Prüfmethode[1]	Prüfzeitpunkt	Prüfdokumentation
1	Länge l_1 20 h11 = 20 0/– 0,13 mm	Messschieber	$n = 1$	1/V	jede Stunde	Prüfprotokoll
2	Innendurchmesser d_1 20 E6 = 20 + 0,053/+ 0,040 mm	selbstzentrierendes Innenmessgerät	$n = 5$	1/V	alle 15 min	Regelkarte
3	Außendurchmesser d_2 26 s6 = 26 + 0,048/+ 0,035 mm	Feinzeiger	$n = 5$	1/V	alle 15 min	Regelkarte
4	Koaxialität t_{KO} = 0,033 mm	Formmessgerät	$n = 1$	3/V	jede Stunde	Prüfprotokoll

[1] Prüfmethoden: 1 = Prüfung durch Mitarbeiter
2 = Prüfung durch QS-Abteilung
3 = Prüfung durch Messlabor

n = variabel (quantitiv, messend ermitteln)
n = attributiv (qualitativ, Eigenschaften ermitteln)
n = Stichprobenumfang

Bild 1: Prüfplan

7.1.5 Kontinuierlicher Verbesserungsprozess

Die Betriebe sind bemüht, durch Innovationen und ständige Verbesserungen ihre Produkte weiterzuentwickeln, um konkurrenzfähig zu sein.

Unter Innovation (lat. innovatio = Erneuerung) versteht man einen sprunghaften Fortschritt, der durch eine neue Erfindung, einen neuen Fertigungsprozess oder durch eine große Investition in neue Maschinen und Anlagen erzielt wird **(Tabelle 1)**.

KVP steht für **Kontinuierlicher Verbesserungsprozess**, engl. „Continuous Improvement Process (CIP)". Die Japaner, die diese Methode zur Verbesserung der Qualität entwickelt haben und seitdem erfolgreich anwenden, prägten dafür den Begriff Kaizen[1] **(Bild 1)**.

Die Zielsetzung von KVP und Kaizen ist die fortdauernde Verbesserung der Qualität und die Senkung der Kosten.

KVP und Kaizen streben deshalb die Verbesserung von Produkt, Prozess und Organisation in kleinen Schritten als Ergebnis laufender Bemühungen an. Das Vorgehen orientiert sich an den Mitarbeitern sowie an der Optimierung von Prozessdetails. Die Optimierung der Prozesse beginnt nach der Kaizen-Philosophie in der Produktion. Nur wer täglich Umgang mit der Produktion hat, kann die Schwachstellen effektiv erkennen und weiß folglich auch, wie es besser gemacht werden kann. Die auftretenden Probleme werden vor Ort von allen am Prozess beteiligten Mitarbeitern gelöst.

Es geht um die ständige Verbesserung von Arbeitsverfahren, Arbeitsabläufen und Methoden, um einen besseren Informations- und Teilefluss und eine höhere Qualität der Produkte und Dienstleistungen.

KVP und Kaizen zielen außerdem auf die Eliminierung von Verschwendung. Was nicht der Wertsteigerung dient, ist Verschwendung von Ressourcen.

In der Produktion z. B. sollten vermieden werden:

- Qualitätsmängel, Nacharbeiten und Reparaturen
- Wartezeiten, unnötige Transporte und überflüssige Wege
- Mängel bei den Produktionsprozessen
- Überproduktion und unnötige Bestände

KVP und Kaizen setzen Akzeptanz, Motivation und Schulung in problemlösendem Verhalten, regelmäßige Information der Mitarbeiter sowie eine intensive Gruppenarbeit voraus. Die Mitglieder eines Teams mit maximal zehn Mitarbeitern sollen aus verschiedenen Bereichen des Betriebs kommen und folgende Regeln beherzigen:

Zehn Grundregeln der KVP-Praxis

- Werfe konventionelle Ansichten über Bord.
- Stelle die derzeitigen Methoden infrage.
- Denke darüber nach, wie etwas getan werden kann, nicht darüber, warum es nicht geht.
- Besser eine 50 %-Lösung eines Problems sofort als eine 100 %-Lösung nie („just do it").
- Korrigiere Fehler sofort.
- Suche stets nach kostengünstigen Lösungen.
- Fürchte keine Hindernisse. Klugheit tritt erst durch Hindernisse zutage.
- Frage fünf Mal „Warum?", suche die wahre Ursache.
- Ein Team löst ein Problem besser als ein einzelner Spezialist.
- KVP endet nicht.

[1] Gesprochen: Kai-sen

Tabelle 1: Gegenüberstellung von Innovationen und kontinuierlicher Verbesserung

Innovationen	KVP (Kaizen)
Drastische Veränderungen durch: • große Sprünge • hohe Investitionen • individuelle Ideen • ziel- bzw. ergebnisorientiertes Denken • Technologieorientierung • wenige Spezialisten	Kontinuierliche Verbesserung durch: • kleine Schritte • Mitarbeiterprämien • Gruppenarbeit • prozessorientiertes Denken • Mitarbeiterorientierung • Einbezug aller Mitarbeiter

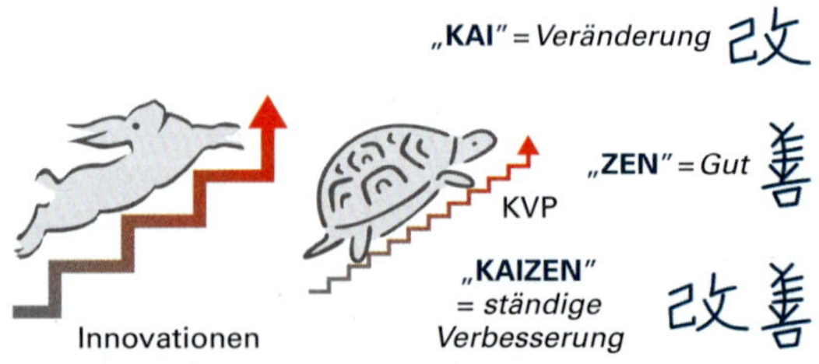

Bild 1: Fortschritt durch große Sprünge und kleine Schritte

7.1.6 Auditierung

Die Planung und Umsetzung eines Qualitätsmanagementsystems (QMS) ist ein fortwährender Prozess, der regelmäßig zu überwachen und zu bewerten ist. Auditieren (lat. audire = hören) ist ein Mittel zur Beurteilung der Wirksamkeit des QM-Systems.

Qualitätsaudit

Ein Qualitätsaudit ist eine systematische und unabhängige Untersuchung mit dem Ziel, Schwachstellen aufzudecken, Verbesserungen anzuregen und deren Wirksamkeit zu überprüfen.

Qualitätsaudits werden von unabhängigen, geschulten Auditoren durchgeführt. Im Auditplan steht, was, wann, wie und wo geprüft wird. Als Unterlagen dienen z. B. Pflichtenhefte, technische Produktdokumentationen, Normen, Prüfpläne, Fehlersammelkarten und Checklisten. Man unterscheidet zwischen mehreren Auditarten:

Produktaudit. Produkte werden daraufhin untersucht, ob die Qualitätsmerkmale mit den Vorgaben in den technischen Produktdokumentationen und Normen übereinstimmen und ob die Qualitätsanforderungen, insbesondere in Bezug auf die Funktion und die Sicherheit, aus der Sicht des Kunden bzw. Auftraggebers erfüllt werden.

Prozessaudit. Mit einem Prozessaudit sollen Verbesserungsmöglichkeiten eines Prozesses auf-

gezeigt werden. Dazu werden die Stabilität, Effektivität[1] und Effizienz[2] von Prozessen sowie die Übereinstimmung mit gesetzlichen Anforderungen, Normen und mit den Prozessdokumentationen überprüft.

Systemaudit. Das gesamte QM-System eines Unternehmens wird auf seine Wirksamkeit und Funktionsfähigkeit hin beurteilt und Schwachstellen, Korrektur- und Verbesserungsmaßnahmen werden ermittelt.

Interne und externe Audits. Das interne Audit dient als Managementwerkzeug der Beurteilung der eigenen Leistungen. Beim externen Audit wird unterschieden zwischen Lieferanten- und Zertifizierungsaudits. Durch Lieferantenaudits bewerten Firmen ihre Lieferanten, meist in Form von Prozessaudits.

Beim Zertifizierungsaudit wird die Fähigkeit eines Unternehmens und seines Managementsystems auditiert.

[1] Effektivität = Wirksamkeit
[2] Effizienz = Wirtschaftlichkeit

Überlegen und beantworten Sie:

1. Definieren Sie Qualitätsmanagement (QM).
2. Nennen Sie Gründe, die für die Einführung eines Qualitätsmanagementsystems (QMS) in einem Betrieb sprechen.
3. Die Normen DIN EN ISO 9000 und DIN EN ISO 9001 zählen zu den wichtigsten QM-Normen. Worum geht es in diesen beiden Normen?
4. Beschreiben Sie die Aufgaben der Qualitätssicherung im Rahmen des Qualitätsmanagements.
5. Skizzieren Sie einen PDCA-Zyklus und erklären Sie diesen.
6. Nennen Sie die sieben Grundsätze des Qualitätsmanagements nach ISO 9000 und erläutern Sie diese kurz.
7. Erklären Sie den Begriff Qualität, wie er nach ISO 9000 definiert ist.
8. Unterscheiden und erklären Sie qualitative und quantitative Qualitätsmerkmale.
9. Erklären Sie die sogenannte Zehnerregel der Fehlerkosten.
10. Wodurch unterscheidet sich ein kritischer Fehler von einem Nebenfehler?
11. Erklären Sie den Unterschied zwischen einer Innovation und Kaizen.
12. Nennen Sie die wichtigsten Auditarten.

7.2 Qualitätswerkzeuge

Das **Qualitätsmanagement** (QM) hat eine Vielfalt an Methoden und Qualitätswerkzeugen zur Dokumentation, Visualisierung, Analyse, Bewertung und Problemlösung für alle Bereiche eines Unternehmens entwickelt.

In der **Fertigung** geht es vor allem um eine sorgfältige Planung, Einhaltung von Terminen, effiziente Prozesse und Vermeidung von Fehlern, um hochwertige Produkte zu produzieren.

Dazu existieren Qualitätswerkzeuge und Methoden zur Fehlervermeidung, zur Erfassung, Auswertung und Visualisierung von Daten und Messwerten. Mit den Methoden der technischen Statistik können Kennwerte berechnet und Prozesse überwacht werden.

Durch Fehler entstehen Kosten, deren Korrekturen oft sehr teuer kommen. Es ist wirtschaftlicher, Fehler von vornherein zu vermeiden.

Das QM bietet dazu mehrere Werkzeuge zur Erfassung, Untersuchung und Vermeidung von Fehlern an.

7.2.1 Sieben Qualitätswerkzeuge zur Fehlervermeidung: Q7

Die Qualitätswerkzeuge Q7 des Qualitätsmanagements sind eine Zusammenstellung von verschiedenen Methoden zur Erfassung, Analyse und Korrektur von Produkt- oder Prozessfehlern **(Bild 1)**. Diese Werkzeuge werden in den Unternehmen dazu verwendet, um die Produktqualität zu sichern, Verbesserungen zu erzielen und Prozesse zu optimieren.

- **Der Erfassung von Fehlern dienen Fehlersammellisten, Histogramme und Qualitätsregelkarten. Diese Werkzeuge ermöglichen einen Überblick über die Fehlerarten, die Fehlerhäufigkeiten und die Fehlerorte.**
- **Der Fehleranalyse dienen das Pareto-, Korrelations- und Flussdiagramm oder Brainstorming sowie das Ursache-Wirkungs-Diagramm. Mit diesen Werkzeugen werden Problemursachen geordnet, aufbereitet und anschaulich dargestellt.**

  (Anmerkung: Anstelle des Brainstormings wird bisweilen das Flussdiagramm zu den Q7 gezählt.)

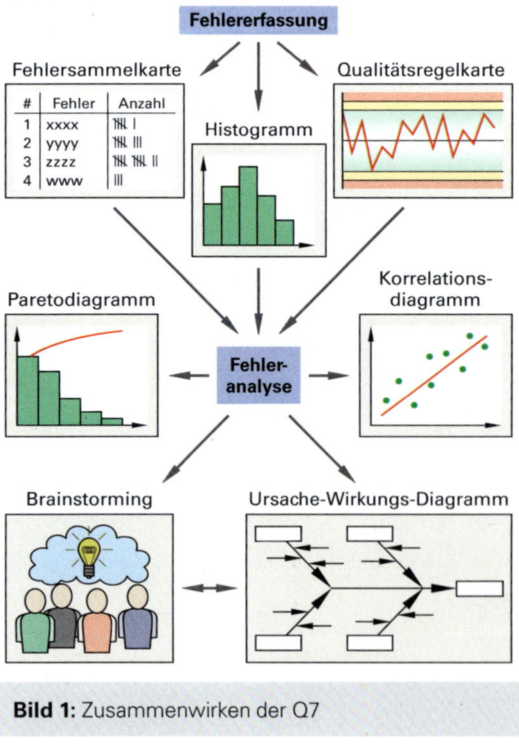

Bild 1: Zusammenwirken der Q7

Überblick: Qualitätswerkzeuge Q7

- Die **Fehlersammelkarte** (Fehlersammelliste) dient der einfachen und übersichtlichen Erfassung von Fehlern.
- Das **Histogramm** ist ein Säulen- oder Balkendiagramm, das die Verteilung von Messwerten oder Messwertklassen anschaulich darstellt.
- Die **Qualitätsregelkarte** ist ein Verlaufsdiagramm zur fortlaufenden Prozessbeobachtung und -überwachung (Statistical Process Control, SPC)
- Das **Paretodiagramm** ist ein Säulendiagramm, bei dem Problemursachen nach ihrer Bedeutung geordnet dargestellt werden.
- Das **Korrelationsdiagramm** (Streudiagramm) ist eine grafische Darstellung der Beziehung zwischen zwei Merkmalen.
- **Brainstorming** dient zum Sammeln von Ideen, Argumenten und Lösungsvorschlägen zu einem beliebigen Thema.
- Das **Ursache-Wirkungs-Diagramm** (Ishikawa- oder Fischgrätendiagramm) dient der Ursachenfindung für ein Problem.

// 1 Fehlersammelkarte

Mithilfe der **Fehlersammelkarte** (Fehlersammelliste) werden Fehler nach Art und Anzahl z. B. in Form einer Strichliste erfasst **(Bild 1)**. In der ersten Spalte einer Tabelle werden die Fehlerarten aufgelistet. Diesen ordnet man die ermittelten Fehler in Form von Zählstrichen zu. Für jede neu auftretende Fehlerart während des Sammelns wird die Tabelle nach unten erweitert. Die so entstandene Strichliste kann für eine einfache numerische Auswertung, für die Darstellung in Form eines Balkendiagramms oder für eine Paretoanalyse verwendet werden.

// 2 Histogramm

Mit einem Histogramm kann die Häufigkeitsverteilung von Messwerten übersichtlich grafisch dargestellt werden. Histogramme werden oft bei statistischen Auswertungen eingesetzt.

Um ein Histogramm zeichnen zu können, werden die Messwerte zuerst in einer Strichliste **(Bild 2)** Klassen zugeordnet. Das Merkmal muss, wie z. B. ein Größenmaß, ein quantitatives kontinuierliches Merkmal sein, das man in Klassen einteilen kann. Für Größenmaße erstellt man am besten Klassen gleicher Breite. Die Klassenbreite wird nach Regeln der Statistik bestimmt.

Für das Histogramm **(Bild 3)** werden direkt nebeneinanderliegende Rechtecke mit der ermittelten Klassenbreite gezeichnet. Die Höhe eines Rechtecks entspricht der Häufigkeitsdichte der Messwerte. Die Rechteckflächen stellen die Klassenhäufigkeiten dar. Eine Klassenhäufigkeit kann ein absoluter oder ein relativer Wert sein. Der absolute Wert entspricht der Anzahl der Messwerte, die zu der Klasse gehören. Der relative Wert gibt die Klassenhäufigkeit in % an. Durch die Bildung von Klassen können auch große Datenmengen übersichtlich aufbereitet und visualisiert werden.

Merke: In einem Histogramm entspricht die Fläche eines Rechtecks der Häufigkeit eines Messwerts.

Fehlerart	Januar	Februar	März	Σ
Programmfehler	|||	|	|	**5**
Justierung	卌 卌	卌 |||	卌	**23**
Wst. verkantet	卌 卌 卌	卌 卌 |||	卌 卌	**38**
Kabeldefekt	||	|		**3**
Steuerungsfehler	|||	||	|	**6**
Summe	33	25	17	**75**

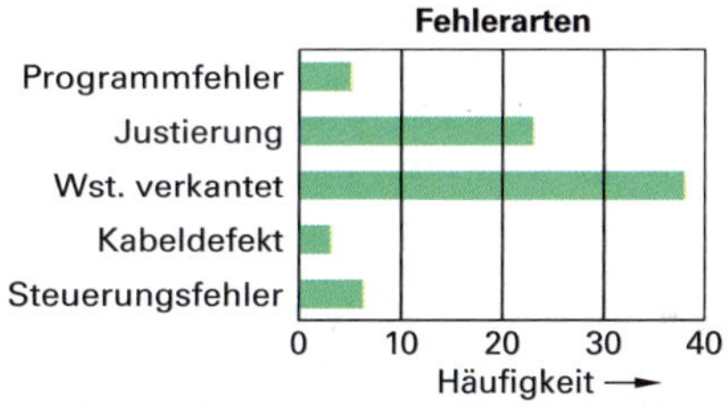

Balkendiagramm der Fehlerhäufigkeit

Merke: In einem Balkendiagramm entspricht die Länge eines Balkens der Häufigkeit eines Merkmals.

Bild 1: Fehlersammelliste einer elektropneumatischen Steuerung mit Balkendiagramm

Klasse Nr.	*h* in cm ≥	*h* in cm <	Zählstriche	n_j	h_j in %
1	170	175	||	2	7
2	175	180	卌 ||	7	26
3	180	185	卌 卌 |	11	41
4	185	190	卌 |	6	22
5	190	195	|	1	4
			Σ	27	100

Klasseneinteilung:

$k = \sqrt{n}$ — Anzahl der Klassen

$w = \frac{R}{k}$ — Klassenweite

$h_j = \frac{n_j}{n} \cdot 100\ \%$ — relative Häufigkeit

Bild 2: Strichliste mit Klasseneinteilung

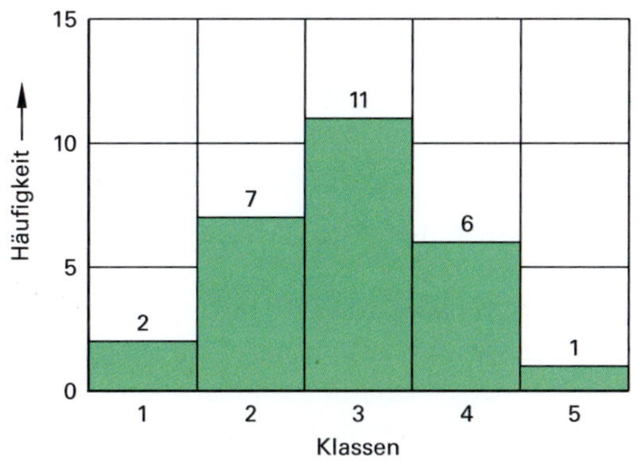

Bild 3: Histogramm

Lernfeld 11

// 3 Qualitätsregelkarte (QRK)

Bei Qualitätsregelkarten handelt es sich um spezielle, in der Serienfertigung häufig eingesetzte Verlaufsdiagramme zur Prozessüberwachung **(Bild 1)**.

Von qualitätsrelevanten Merkmalen werden in Stichproben Messwerte erfasst. Dies erfolgt im laufenden Prozess unter immer gleichen Bedingungen. Mit der Qualitätsregelkarte lassen sich so Messergebnisse über einen längeren Zeitraum darstellen und überwachen. Um Fehler zu vermeiden, muss z. B. ein Trend rechtzeitig erkannt werden, um diesem gegensteuern zu können, noch bevor Eingriffsgrenzen (OEG oder UEG) zum Anhalten und Eingriff in den Prozess zwingen.

Qualitätsregelkarten geben Aufschluss über die Prozessstabilität und die Richtung von Abweichungen.

// 4 Paretodiagramm und Paretoanalyse

Das Paretodiagramm stützt sich auf das Paretoprinzip, das besagt, dass die meisten Auswirkungen eines Problems (80 %) häufig nur auf eine kleine Anzahl von Ursachen (20 %) zurückzuführen sind **(Bild 3)**.

vel.plus/
FILF261

Mithilfe des Paretodiagramms lässt sich vor allem die Bedeutung von Fehlern aufzeigen.

Es dient folglich als Entscheidungshilfe, mit welcher Dringlichkeit Probleme gelöst werden müssen. Zur Erstellung eines Paretodiagramms ist zunächst die Sammlung von Daten erforderlich. Dazu dient die **Fehlersammelkarte (Bild 2)**. Beim Paretodiagramm werden die Problemursachen in Form eines sortierten Säulendiagramms dargestellt.

Ferner kann eine **Summenkurve** abgeleitet werden. Der Prozentanteil jeder einzelnen Kategorie wird von links nach rechts aufsummiert. Eine relativ steile Summenkurve deutet danach auf wenige wichtige, eine flache auf viele gleichwertige Ursachen hin.

Schließlich kann man eine **„ABC-Klassifizierung"** durchführen, wonach die sogenannten A-Merkmale etwa 80 % und die B- und C-Merkmale zusammen etwa 20 % von allen ausmachen. Eine optimale Fehlerbekämpfung ist danach besonders dann möglich, wenn bei „A" nur wenige Fehlerarten vorliegen.

Beachte: Für die Fehlersammelkarte und das Paretodiagramm gibt es verschiedene Darstellungsformen.

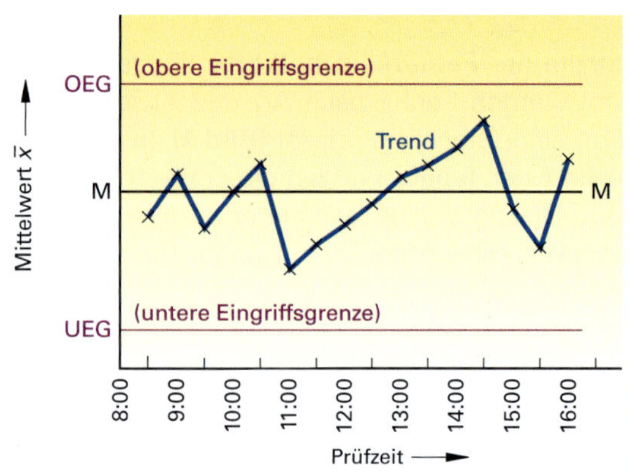

Bild 1: Prozessüberwachung der Mittelwerte $\bar{x}$ mithilfe einer Qualitätsregelkarte

Fehlerart	Fehleranzahl	Anteile in %	kumuliert in %
Wst. verkantet	38	50,67	50,67
Justierung	23	30,67	81,33
Steuerungsfehler	6	8,00	89,33
Programmfehler	5	6,67	96,00
Kabeldefekt	3	4,00	100,00
Σ	75	100,00	

Bild 2: Fehlersammelkarte einer elektropneumatischen Steuerung

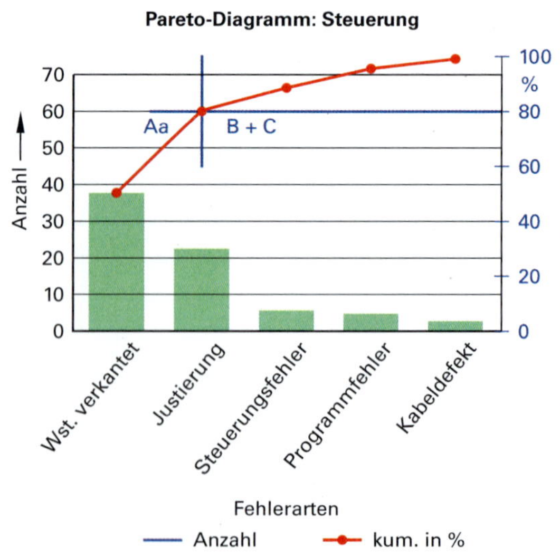

Bild 3: Paretodiagramm und Paretoanalyse

Lernfeld 11

// 5 Korrelationsdiagramm

In einem Korrelationsdiagramm (Streudiagramm) kann die Beziehung zwischen zwei Merkmalen grafisch aufgezeigt werden **(Bild 1)**.

Dazu werden die paarweise am Prozessschritt erhobenen Werte (X, Y) als Datenpunkt in ein zweiachsiges Diagramm übertragen. Gibt es genügend Datenpunkte (> 30), so lässt sich ein Muster ablesen, das Rückschlüsse auf einen Zusammenhang zwischen den Merkmalen zulässt. Richtung und Stärke des Zusammenhangs können dann analysiert werden. Nach der Steigungsrichtung der Geraden wird zwischen positiver und negativer Korrelation unterschieden.

Je dichter die erfassten Punkte an einer Geraden liegen, umso stärker bzw. eindeutiger ist die Beziehung zwischen den beiden Größen.

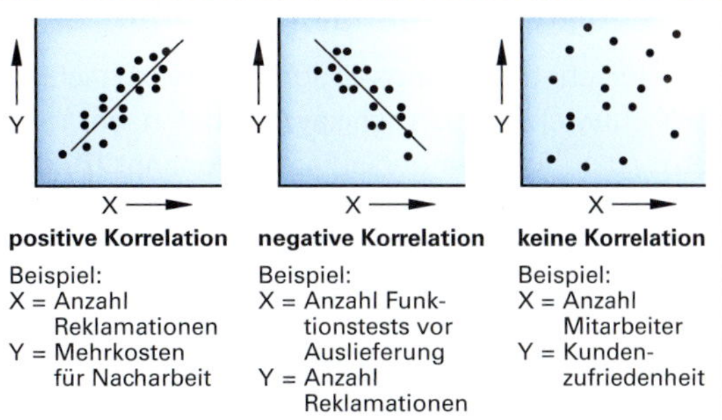

Bild 1: Beispiele für Korrelationsdiagramme

Überlegen und beantworten Sie:

Beurteilen Sie die drei Beispiele hinsichllich einer möglichen Korrelation der jeweils genannten Größen X und Y.

// 6 Brainstorming

Brainstorming (Gedankensturm, Ideenflut) ist eine beliebte Methode zur Ideenfindung bzw. Lösung eines Problems und zählt zu den Kreativitätstechniken **(Bild 2)**.

Brainstorming funktioniert am besten im gemischten Team und mit Unterstützung eines Moderators. An Flipcharts oder Whiteboards werden z. B. auf Karten Ideen gesammelt. Alle sollen sich beteiligen, es wird keine Kritik geübt, alle Ideen werden notiert und aufgegriffen. Andersdenken ist erwünscht und inspiriert zu weiteren Ideen. Die Ideensammlung kann abfotografiert werden und somit augenblicklich als Protokoll dienen.

Bild 2: Brainstorming

// 7 Flussdiagramm (alternatives Q7-Werkzeug)

Mithilfe von Flussdiagrammen können Abläufe und Prozesse leicht verständlich abgebildet werden **(Bild 3)**.

Alle Aufgaben, Arbeitsschritte, Aktionen, Alternativen und Entscheidungen werden „im Fluss“ dargestellt. Einfache Symbole helfen bei der Visualisierung. Vom Startpunkt aus wird jeder Schritt als Rechteck und jede Verzweigung als Raute gezeichnet. Verbindungspfeile zeigen mögliche Abläufe eines Prozesses.

Insbesondere bei komplexen Prozessabläufen lassen sich so überflüssige oder doppelte Prozessschritte leichter erkennen.

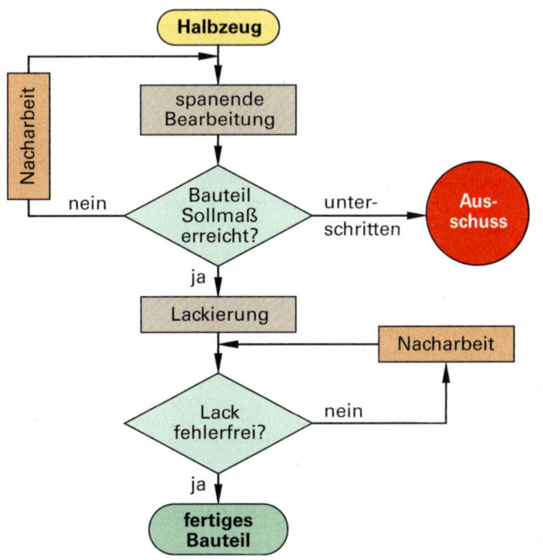

Bild 3: Flussdiagramm

// 7 Ursachen-Wirkungs-Diagramm

Das Ursachen-Wirkungs-Diagramm wird nach seinem Entwickler auch Ishikawa- oder nach seiner Form auch Fischgrätendiagramm genannt **(Bild 1)**. In dem Diagramm werden mögliche Ursachen für ein Problem den Haupteinflussgrößen 5M bzw. 5M+ zugeordnet **(Tabelle 1)**.

Erstellung des Ishikawa-Diagramms

Man formuliert das Problem, das man analysieren möchte, und trägt es rechts, am Ende des horizontalen Pfeils, unterhalb von „Wirkung" ein. Hauptursachengruppen zweigen fischgrätenartig ab, Einzelursachen weisen mit Pfeilen zu den Hauptursachen hin **(Tabelle 2)**.

Das Ishikawa-Diagramm gibt bei der Suche nach möglichen Ursachen eines Problems die Struktur vor. Es wird im Team erstellt und kann universell eingesetzt werden.

Zusätzlich können in einem Ursachen-Wirkungs-Diagramm durch Bewertung der Einzelursachen Schwerpunkte herausgearbeitet werden, so dass für die Fehler- oder Problembehebung Prioritäten gesetzt werden können.

Typische Anwendungsfälle:
Lösung von Problemen, Analyse von Fehlern, Verbesserung von Prozessen, Bearbeitung von Reklamationen.

// Fehlermöglichkeits- und Einflussanalyse (FMEA)

Die FMEA (engl. Failure Mode and Effects Analysis) ist ein umfangreiches Werkzeug mit dem Ziel, Fehler und Risiken vorab zu vermeiden, um die Funktion und Zuverlässigkeit von Produkten und Prozessen zu gewährleisten. Es gibt dazu Vorlagen und Programme.

Die FMEA wird insbesondere in der Entwicklungsphase neuer Produkte oder Prozesse eingesetzt und erfolgt nach VDA[1] in sieben Schritten **(Tabelle 3)**.

Tabelle 1: Beispiele für mögliche Ursachen

Mensch	Qualifikation, Motivation, Zuverlässigkeit
Maschine	Stabilität, Steifigkeit, Kinematik, Positioniergenauigkeit, Wärmeverzug
Material	Homogenität, Festigkeit, Härte, Spannungen
Methode	Fertigungsverfahren, Arbeitsfolge, Schnittbedingungen, Prüfverfahren
Mitwelt	Temperatur, Schwingungen
Messung	Prüfverfahren, SPC, Prüfintervalle
Management	Vorgaben, Organisation, Teambildung

Tabelle 2: Vorgehensweise

1	Beschreiben Sie das Problem (Wirkung) möglichst präzise.
2	Listen Sie die möglichen Hauptursachen auf. Orientieren Sie sich dabei an den Haupteinflussgrößen „5M".
3	Zeichnen Sie das Grunddiagramm auf, z. B. an eine Pinnwand oder an ein Whiteboard.
4	Ermitteln Sie dann Einzel- und Nebenursachen, z. B. mithilfe von Brainstorming, und tragen Sie diese in das Grunddiagramm ein.
5	Bewerten Sie die Einzelursachen und setzen Sie Prioritäten, z. B. durch Vergabe von Punkten.
6	Überprüfen Sie die wahrscheinlichste Ursache.
7	Entwickeln Sie Lösungsmöglichkeiten und schlagen Sie die beste Lösung vor.
8	Verwirklichen Sie einen Lösungsvorschlag und bewerten Sie das Ergebnis.

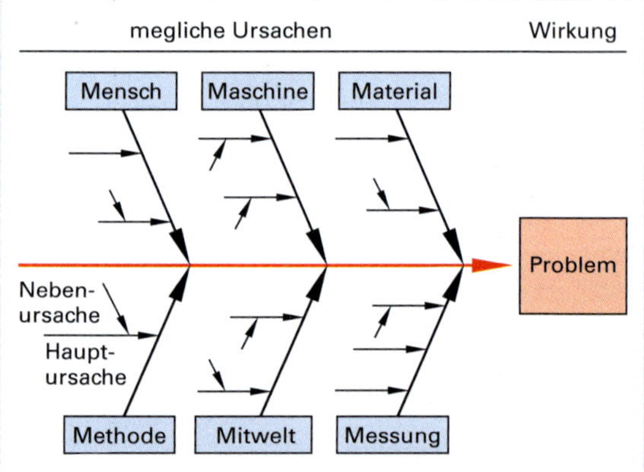

Bild 1: Ishikawa-Diagramm, Struktur

Tabelle 3: Die sieben Schritte der FMEA nach VDA

1. Projektplanung:	Abgrenzung, Zweck, Zeitplan
2. Strukturanalyse:	Konstruktions-, Prozess-FMEA
3. Funktionsanalyse:	Funktionen, Schritte definieren
4. Fehleranalyse:	nach der Ishikawa-Methode
5. Risikobewertung:	durch Risikoprioritätszahlen (RPZ)
6. Optimierung:	Restrisiko bewerten und minimieren
7. Risiko- und Ergebnisdokumentation	

[1] VDA = Verband der Automobilindustrie

7.2.2 Beispiel: Fehlersammelkarte und Paretoanalyse mit Excel

Für eine Steuerung wurden in einer Fehlersammelkarte die aufgetretenen Fehler erfasst **(Tabelle 1)**.

Die Fehlerarten müssen zunächst der Größe nach **absteigend** sortiert werden. Die Fehleranteile werden dann in der zweiten Spalte in Prozentanteile umgerechnet und in der dritten Spalte schrittweise addiert. So können die Fehleranteile absolut, in % und als Summenlinie in einem Paretodiagramm grafisch dargestellt werden.

Tabelle 1: Fehlersammelkarte Steuerung

Fehlerart	Anzahl	Anteile in %	kumuliert in %
Wst. verkantet	38		
Justierung	23		
Steuerungsfehler	6		
Programmfehler	5		
Kabeldefekt	3		
Σ			

Überlegen und beantworten Sie:

Anleitung für die Erstellung eines Paretodiagramms mithilfe von Excel

1. Erstellen Sie in Excel eine **Fehlersammelkarte** als Tabelle mit den beiden Spalten **Fehlerart** und **Anzahl**.
2. Markieren Sie die Tabelle und **sortieren** Sie diese unter **Daten**
   - nach der Spalte **Anzahl**
   - in der Reihenfolge der Größe nach **absteigend**.

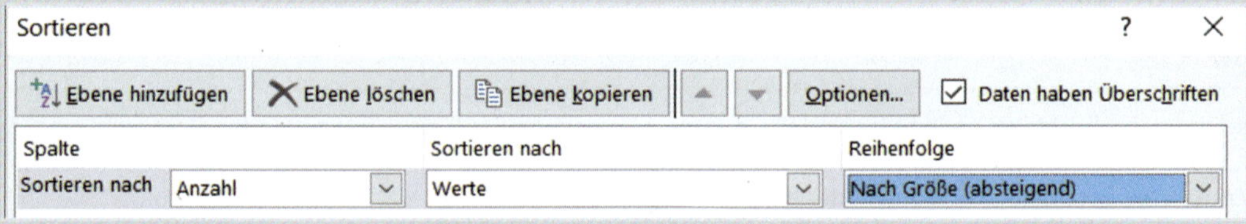

3. Ermitteln Sie die Gesamtzahl der Fehler, indem Sie die **Summe** der Spalte **Anzahl** bilden.
4. Erweitern Sie die Tabelle um eine Spalte, in der Sie die **Fehleranteile in %** berechnen.
   - Erstellen Sie dafür eine passende Formel.
   - Bilden Sie dann zur Kontrolle auch von dieser Spalte die Summe.
   - Geben Sie die Fehleranteile auf zwei Kommastellen genau an, indem Sie die Zellen entsprechend **formatieren**.
5. Erweitern Sie die Tabelle um eine weitere Spalte, in der Sie die **Fehleranteile in % kumulieren**, d. h. zeilenweise aufaddieren, sodass sich in der letzten Zeile 100 % ergeben.
   - Erstellen Sie mit Excel eine entsprechende Formel.
   - Geben Sie die Werte auf zwei Kommastellen genau an.

   Grafische Darstellung: Paretodiagramm mit Summenlinie
6. **Diagramm erstellen**
   - Die Spalten **Fehlerart**, **Anzahl** und **kumuliert in %** ohne die Summenzeile markieren (→ Strg-Taste verwenden)
   - Einfügen/Säulendiagramm/2D-Säule (gruppierte Säulen)
   - Ändern Sie den **Datenreihen-Diagrammtyp** für **kum. in %** in **Linie mit Datenpunkten** und fügen Sie eine ☑ **Sekundärachse** als zweite Ordinate hinzu.
7. **Achsen und Diagrammbereich formatieren**

   Formatieren Sie beide Ordinaten passend, so dass die Summe an Fehlern (Ordinate links) → 100 % entspricht (Ordinate rechts).
   - Achsenoptionen entsprechend anpassen
   - Diagrammtitel wählen

Lernfeld 11

Bild 1 zeigt ein Paretodiagramm mit Summenlinie und ABC-Analyse zu der Fehlersammelkarte **Tabelle 1**.

Anmerkung: Mithilfe von Excel kann ein einfaches Paretodiagramm auch direkt von einer unsortierten Fehlersammelliste abgeleitet werden.

Tabelle 1: Fehlersammelkarte Steuerung

Fehlerart	Anzahl	Anteile in %	kumuliert in %
Wst. verkantet	38	50,67	50,67
Justierung	23	30,67	81,33
Steuerungsfehler	6	8,00	89,33
Programmfehler	5	6,67	96,00
Kabeldefekt	3	4,00	100,00
Σ	75	100,00	

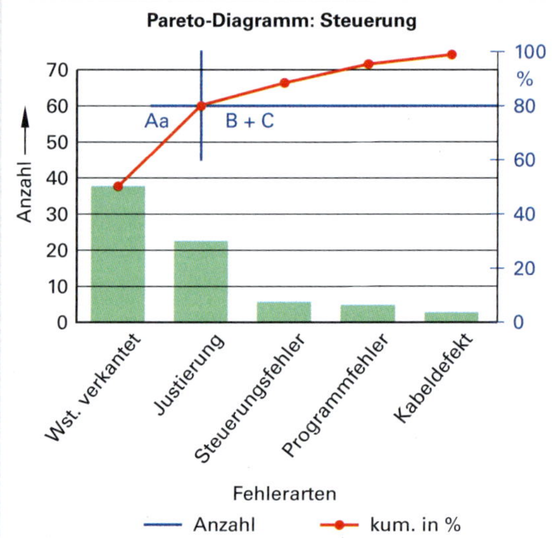

Bild 1: Paretodiagramm mit ABC-Analyse

7.2.3 Beispiel: Ursachen-Wirkungs-Diagramm

Problem

Testfahrern fiel bei einem neuen Kfz-Modell auf, dass während der Fahrt eine Art „zirpendes Geräusch" vom Motorraum her zu vernehmen war, welches bei höheren Drehzahlen lauter und auch unangenehmer wurde. Das Geräusch hörte sich bei mehreren getesteten Fahrzeugen der gleichen Baureihe sehr ähnlich an.

Bei einer Fahrzeugdiagnose auf dem Prüfstand **(Bild 2)** konnte das Problem lokalisiert werden: Das Geräusch kam von der Nockenwelle **(Bild 3)**. Nach einer Sichtkontrolle erfolgten Form-, Oberflächen- und Schwingungsmessungen. Dabei wurden an zwei Nocken Rattermarken festgestellt. Die gleichen Rattermarken waren schließlich auch bei den Nockenwellen der übrigen getesteten Fahrzeuge vorzufinden.

Man konnte sich allerdings nicht erklären, warum diese Rattermarken bei allen inspizierten Nockenwellen jeweils nur an zwei Nocken und immer an der gleichen Position vorzufinden waren.

Vermutet wurden Produktionsfehler oder Montageprobleme. Um der oder den Ursachen auf den Grund zu gehen, wurde eine Projektgruppe gebildet, bestehend aus dem Projektingenieur, einem Testfahrer, einem Konstrukteur sowie Fachleuten aus der Fertigung, der Montage und der Qualitätssicherung. Das Problem sollte mit der Erstellung eines Ursachen-Wirkungs-Diagramms gelöst werden.

Bild 2: Fahrzeugdiagnose

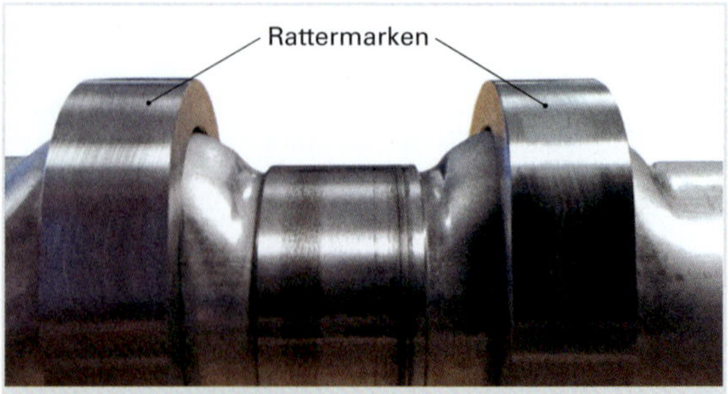

Bild 3: Nockenwelle des Motors

Lösung des Problems „Rattermarken“ an Nockenwellen

Nach der Sammlung und Zuordnung möglicher Ursachen in einem Brainstorming zu den sechs Hauptursachengruppen 6M erfolgte durch die Teammitglieder die Bewertung. Nach einem abschließenden Test konnte als alleinige und eindeutige Ursache die „Hydraulikpresse nebenan“ (siehe Diagramm, roter Pfeil) ermittelt werden.

Ursache

Der Pressvorgang führte synchron zu den Taktzeiten beim Schleifprozess der Nockenwelle durch die Übertragung von Schwingungen immer an der gleichen Position der beiden Nocken zu den Rattermarken.

Das Projektteam diskutierte mehrere Lösungsansätze. Als beste Lösung wurde vom Projektteam vorgeschlagen, die Fundamente der beiden Fertigungsprozesse so zu entkoppeln, dass eine Übertragung von Schwingungen und Erschütterungen sicher verhindert wird.

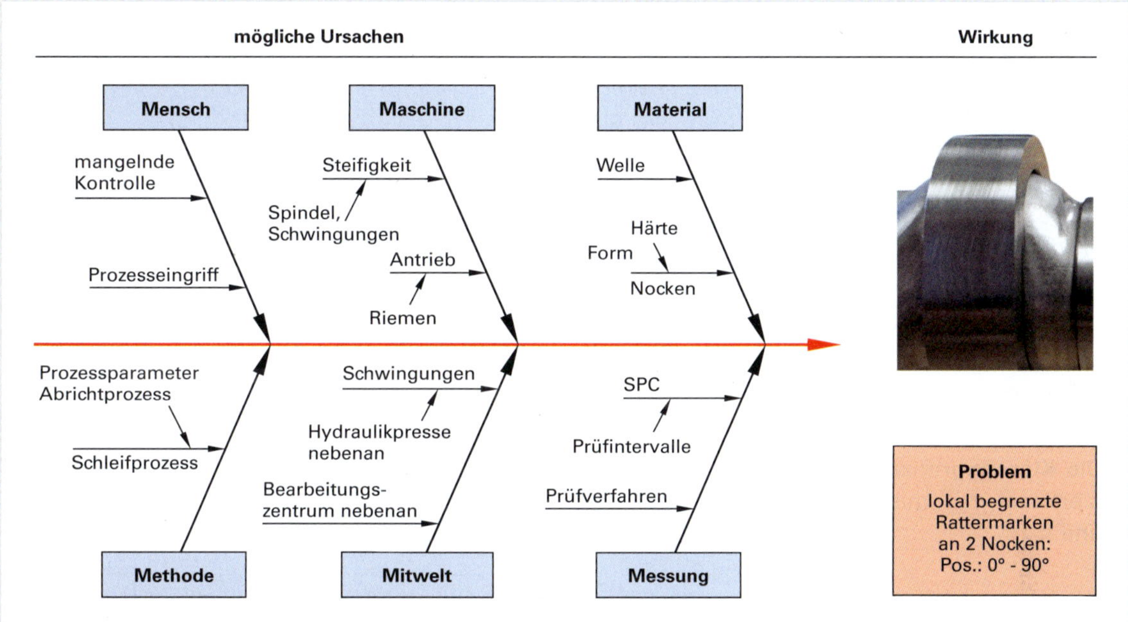

Bild 1: Ishikawa-Diagramm zum Problem „Rattermarken“

7.2.4 Beispiel: Histogramm

Aufgabe

Von 27 jungen Männern, zwischen 16 und 25 Jahre alt, wurden die Körpergrößen (Höhen) gemessen. Die Messwerte wurden in einer Urliste erfasst **(Tabelle 1, Seite 470)** und sollen übersichtlich dargestellt, rechnerisch und grafisch aufbereitet werden.

Solche Daten **(Bild 1)** benötigen u. a. Firmen für ergonomische Anpassungen, z. B. bei Fahrzeug-Cockpits oder Bedieneinheiten.

Bild 2: Änderungen der Körpergrößen

Tabelle 1: Urliste Körpergrößen (Höhen)

	Messwerte in cm									
1 … 10	180	174	183	189	177	187	188	177	179	193
11 … 20	179	182	170	184	181	182	183	176	183	184
21 … 30	185	186	187	178	181	175	184			

Klasseneinteilung (Bild 1)

Aus der Urliste ergeben sich die Werte für $\boldsymbol{N}$, $\boldsymbol{x_{max}}$, $\boldsymbol{x_{min}}$.

Zuerst berechnet man die Spannweite $\boldsymbol{R}$.

Dann bestimmt man die Anzahl der Klassen $\boldsymbol{k}$ und berechnet die Klassenweite $\boldsymbol{w}$.

Es ist zweckmäßig, den errechneten Wert für $\boldsymbol{w}$ auf die gleiche Anzahl von Nachkommastellen wie die Messwerte in der Urliste, zu runden. Dabei ist zu beachten, dass alle Messwerte in den Klassen Platz haben. Es muss gelten: $k \cdot w > R$. Evtl. muss k erhöht oder w erweitert werden.

Die unterste Klassengrenze beginnt bei x_{min} (oder knapp darunter). Alle weiteren Klassengrenzen ergeben sich durch wiederholte Addition der Klassenbreite $\boldsymbol{w}$. Die letzte obere Klassengrenze muss oberhalb von $\boldsymbol{x_{max}}$ liegen.

Die Klassengrenzen müssen eindeutig definiert sein, z. B. mithilfe der Rechenzeichen ≥ und <.

$N = 27$
$x_{max} = 193 \text{ cm}$
$x_{min} = 170 \text{ cm}$

$$R = x_{max} - x_{min} = 193 \text{ cm} - 170 \text{ cm} = 23 \text{ cm}$$

$$k \approx \sqrt{n} = \sqrt{27} = 5{,}2 \rightarrow k = 5$$

$$k \approx \frac{R}{k} = \frac{23 \text{ cm}}{5} = 4{,}6 \rightarrow w = 5 \text{ cm}$$

Probe: $k \cdot w = 5 \cdot 5 \text{ cm} = 25 \text{ cm} > R = 23 \text{ cm}$

$R = 23$ cm

$k \cdot w = 23$ cm

Bild 1: Klasseneinteilung

Strichliste (Bild 2)

Jetzt kann man die Strichliste füllen, indem für jeden Messwert ein Zählstrich in der passenden Klasse notiert wird. Hier ist genau auf die Klassengrenzen zu achten. (vier senkrechte Striche und ein Quer- bzw. Schrägstrich ergeben eine übersichtliche „5er-Gruppe“.)

Durch das Auszählen der Striche erhält man die absoluten Häufigkeiten $\boldsymbol{n_j}$. Von diesen können die relativen Häufigkeiten $\boldsymbol{h_j}$ in % berechnet werden.

Klasse Nr.	*h* in cm ≥	*h* in cm <	Zählstriche	n_j	h_j in %
1	170	175	||	2	7
2	175	180	~~||||~~ ||	7	26
3	180	185	~~||||~~ ~~||||~~ |	11	41
4	185	190	~~||||~~ |	6	22
5	190	195	|	1	4
			Σ	27	100

Bild 2: Strichliste

Histogramm (Bild 3)

Aus der Strichliste kann ein Histogramm abgeleitet werden. Die Abszisse kann mit den Klassengrenzen oder (einfacher) mit den Klassennummern bezeichnet werden. Die Ordinate wird mit den absoluten oder/und relativen Häufigkeiten skaliert.

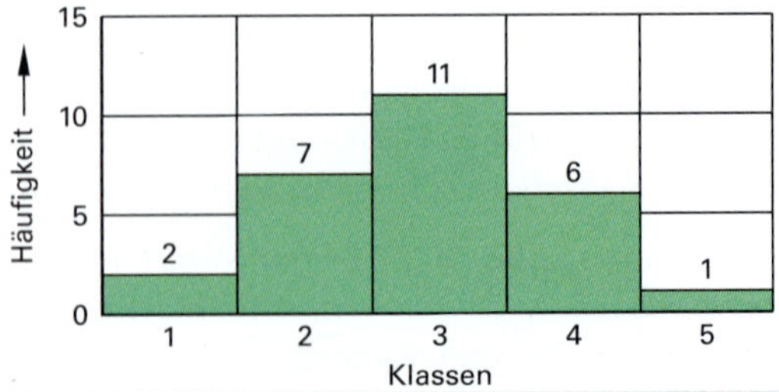

Bild 3: Histogramm

Lernfeld 11

Überlegen und beantworten Sie:

1. Nennen Sie die Qualitätswerkzeuge Q7
   a) zur Fehlererfassung
   b) für die Fehleranalyse.
2. Beschreiben Sie den Aufbau und den Verwendungszweck einer Fehlersammelkarte.
3. Erklären Sie den Unterschied zwischen einem Balkendiagramm und einem Histogramm.
4. **Qualitätsregelkarte (Bild 1)**
   a) Beschreiben Sie den Aufbau der abgebildeten Qualitätsregelkarte.
   b) Erklären Sie den Prozessverlauf zwischen 10 Uhr und 14 Uhr.
5. Erklären Sie den Unterschied zwischen einem Säulendiagramm und einem Paretodiagramm.
6. Erläutern Sie das Paretoprinzip.
7. In einem Betrieb steigen die Kosten für Nacharbeit mit der Anzahl der Reklamationen. Erklären Sie den Zusammenhang anhand einer Grafik.
8. Inwiefern zählt Brainstorming zu den Kreativitätstechniken?
9. Mit welchem Diagramm lassen sich Abläufe und Prozesse anschaulich darstellen und überflüssige Prozessschritte erkennen? Beschreiben Sie dieses Qualitätswerkzeug und skizzieren Sie ein Beispiel.
10. **Ursache-Wirkungs-Diagramm (Bild 2)**

    Bei einem Kraftfahrzeug wurde ein erhöhter Kraftstoffverbrauch festgestellt. Erstellen Sie ein Ursache-Wirkungs-Diagramm und ordnen Sie mögliche Ursachen den vorgegebenen Hauptursachengruppen zu.
11. **Mitarbeiterbefragung**

    Die 18 Mitarbeiter einer Abteilung sollten bei einer Befragung angeben, wie zufrieden sie mit ihrem derzeitigen Aufgabengebiet sind. Sie konnten wählen zwischen einer Spanne von 0 % (gar nicht zufrieden) bis 100 % (voll und ganz zufrieden).

    Die Mitarbeiter haben folgende Zufriedenheitswerte in % angegeben:

    65, 99, 5, 87, 79, 34, 20, 98, 100, 71, 51, 60, 95, 26, 78, 92, 46, 20.

    Für die Auswertung sollen die Werte den vier „Zufriedenheitsklassen" 75 %–100 %, 50 %–74 %, 25 %–49 %, 0 %–24 % zugeordnet sowie die absoluten und relativen Häufigkeiten berechnet werden. In einem geeigneten Diagramm sind die Ergebnisse dann anschaulich darzustellen.

    Lösen Sie die Aufgabe am besten mit Excel und erstellen Sie geeignete Berechnungsformeln.

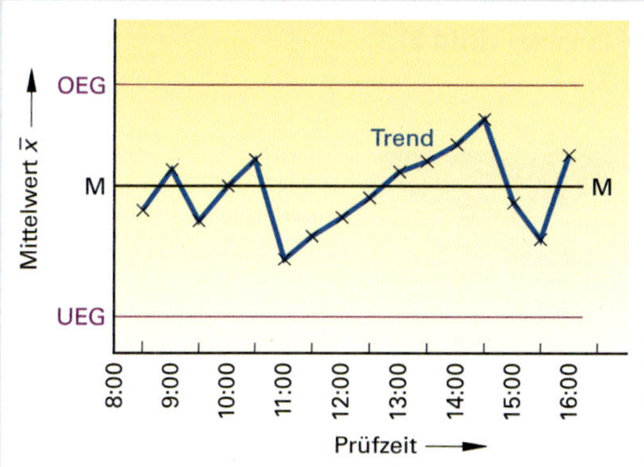

Bild 1

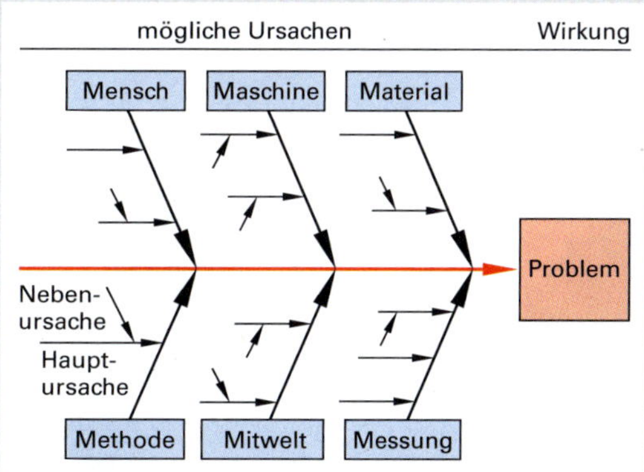

Bild 2

7.3 Werkzeuge und Methoden der technischen Statistik

In der Qualitätssicherung kommen vielfach statistische Werkzeuge und Methoden zur Anwendung. Es werden nicht nur Eigenschaften beschrieben und dargestellt (deskriptive oder beschreibende Statistik), sondern es wird zunehmend versucht, auf der Basis von bereits vorliegenden Daten zukünftige Entwicklungen abzuschätzen (induktive oder schließende Statistik).

Statistische Auswerteverfahren und Methoden wie die Berechnung von Kennwerten und Kennzahlen, Stichprobenprüfungen, Fähigkeitsuntersuchungen sowie grafische Darstellungen und der Einsatz von Qualitätsregelkarten sind heute bewährte Werkzeuge und Methoden der Qualitätssicherung.

Technische Statistik

In der **beschreibenden Statistik** werden z. B. Messwerte in Urlisten erfasst, in Strichlisten aufbereitet, durch Histogramme grafisch dargestellt oder Kennwerte berechnet.

In der **induktiven Statistik** versucht man, von der Auswertung von Stichproben auf die Grundgesamtheit zu schließen.

Mit **Grundgesamtheit** bezeichnet man eine Menge von Elementen, die betrachtet werden soll, z. B. die Produktion von 1000 Motoren pro Woche oder ein angeliefertes Los von 10000 Schrauben.

Die **Stichprobe** ist eine repräsentative Teilmenge aus der Grundgesamtheit. Für die Entnahme gilt das Zufallsprinzip.

7.3.1 Verteilung von Messwerten

Messwerte können unterschiedlich verteilt sein. Die Darstellung der Verteilung der Messwerte im Histogramm ist z. B. abfallend, rechtsschief, bimodal, U-förmig **(Bild 1)** oder symmetrisch.

Durch systematische Einflüsse auf Merkmale entstehen statistisch schwierig oder nicht auswertbare Mischverteilungen. Diese können z. B. entstehen durch die Mischung der Teile von verschiedenen Maschinen oder Chargen.

Liegt eine Mischverteilung vor, dürfen die Gesetzmäßigkeiten der Normalverteilung nicht zur Beschreibung der Verteilung angewendet werden.

Bei normal verteilten Messwerten kommen nur zufällige, jedoch keine systematischen Einflüsse oder Fehler vor. Die meisten Werte liegen im mittleren Bereich und deutlich weniger sind kleiner oder größer als diese. Zufällige Einflüsse auf einen Merkmalswert führen zu einer symmetrischen, glockenförmigen Verteilung.

- **Die Messwerte vieler Prozesse der industriellen Praxis sind normalverteilt, z. B. Längenmaße, Werkstoffkennwerte oder elektrische Kenngrößen.**
- **Lage- und Streuwerte definieren die Verteilung.**

Zufällige Einflüsse lassen sich am Galton-Brett durch herabfallende, zufällig abgelenkte Kugeln anschaulich simulieren. Das Ergebnis ist eine Normalverteilung der Kugeln in Form einer gaußschen Glockenkurve **(Bild 2)**.

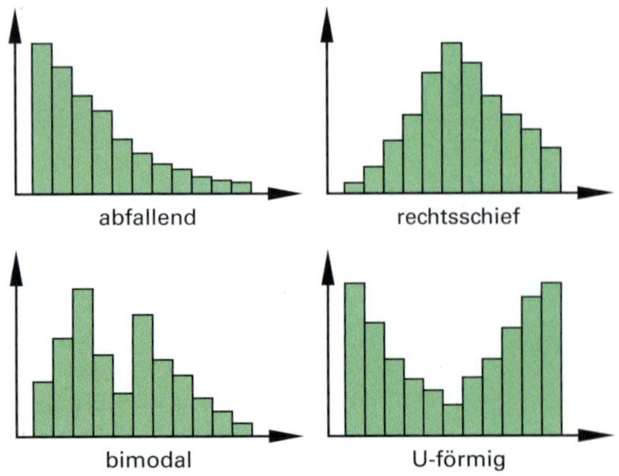

Bild 1: Verteilungsformen von Messwerten

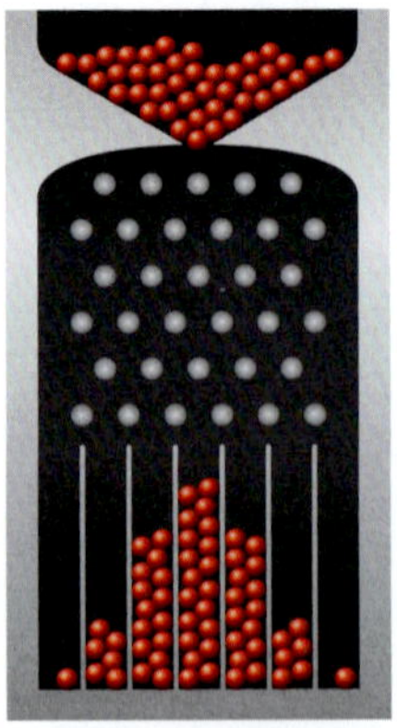

Beim Galton-Brett sind für aus einem Trichter herunterfallende Kugeln gitterartig angeordnete Hindernisse (Stifte) vorhanden.

Die Kugeln können in jeder Hindernisreihe nach links oder rechts abgelenkt werden. Die Ablenkung erfolgt zufällig.

Die Kugeln fallen unterhalb des Hindernisparcours in parallel angeordnete Fächer. Das führt zu einer Anhäufung der Kugeln in den Fächern ähnlich einem glockenförmigen Histogramm.

Bild 2: Normalverteilung von Kugeln am Galton-Brett

In der Statistik findet eine Vielzahl an speziellen Fachbegriffen und Symbolen Verwendung. Für das Verständnis ist es notwendig, sich mit diesen vertraut zu machen. Dafür soll folgende Auswahl vorab dienen **(Tabellen 1 ... 3)**.

- Mit statistischen **Mittelwerten** kann man das Zentrum und somit die Lage einer Verteilung von Messwerten angeben: arithmetischer Mittelwert (Durchschnitt), Median (Zentralwert), Modus (Modalwert).
- Mit **Streuwerten** wie der Varianz, der Standardabweichung oder der Spannweite (Range) kann man die Breite einer Verteilung beschreiben.

Mittel- und Streuwerte

- Der **Modus** oder Modalwert ist der am häufigsten vorkommende Einzelwert einer Verteilung. Zu seiner Bestimmung müssen die Daten der Größe nach geordnet werden.
- Der **Median** (Zentralwert) teilt eine geordnete Reihe von Merkmalswerten in zwei gleich große Mengen. Der Median steht bei einer ungeraden Anzahl an Werten in der Mitte. Bei einer geraden Anzahl muss von beiden mittleren Werten das arithmetische Mittel gebildet werden.
- Der arithmetische **Mittelwert** (Durchschnitt) wird aus allen Einzelwerten bestimmt, indem die Summe aller Werte durch die Anzahl dividiert wird.
- Die **Spannweite** (Range) ist der Abstand zwischen dem Größt- und Kleinstwert einer Verteilung.
- Die **Standardabweichung** (Quadratwurzel aus der Varianz) ist der Abstand des Mittelwerts von einem der beiden Wendepunkte der Normalverteilung (siehe folgende Seiten).

Tabelle 1: Technische Statistik: Begriffe (Auswahl)

Begriff	Erklärung
Grundgesamtheit	Menge aller Einheiten, die in Betracht kommen, z. B. produzierte Motoren pro Woche, Losgröße
Stichprobe	Teilmenge, nach dem Zufallsprinzip aus einer Grundgesamtheit entnommen
Urliste	ursprüngliche Liste erfasster Messwerte, z. B. die Messwerte einer Stichprobe
Primärliste	aufbereitete Liste, z. B. eine Liste mit aufsteigend geordneten Messwerten
Strichliste	Liste, in der Messwerte als Zählstriche Einzelwerten oder Merkmalsklassen zugeordnet sind
Klassen	Zusammenfassung mehrerer Messwerte in Messwertbereiche

Tabelle 2: Symbole für Daten (Auswahl)

Symbol	Bedeutung
x_i	i-ter Messwert (Merkmalswert, i = Ordnungszahl)
N	Anzahl der Merkmalswerte einer Grundgesamtheit
n	Anzahl der Merkmalswerte einer Stichprobe
m	Anzahl der Stichproben
k	Anzahl der Klassen, in welche die Messwerte, z.B. einer Stichprobe, zugeordnet werden
n_j	absolute Häufigkeit, Klassenbesetzungszahl, mit j als Klassennummer
h_j	relative Häufigkeit
F_j	aufsummierte Häufigkeiten
$\hat{p}$	Schätzwert der fehlerhaften Einheiten in %

Beachte:
Nur bei einer idealen Normalverteilung sind alle drei Mittelwerte gleich groß. Modus und Median z. B. sind unempfindlich gegenüber Ausreißern, d. h. stark abweichenden Randwerten.

Tabelle 3: Lage- und Streuwerte (Auswahl)

Symbol	Bedeutung
μ	Mittelwert der Grundgesamtheit
$\hat{\mu}$	Schätzwert für μ
$\bar{x}$	arithmetischer Mittelwert einer Stichprobe („x-quer"), Durchschnitt
$\bar{\bar{x}}$	arithmetischer Mittelwert aus den Mittelwerten mehrerer Stichproben („x-doppelquer")
$\tilde{x}$	Median, Zentralwert („x-Tilde", „x-Schlange")
D	Modalwert, Modus (häufigster Wert)
σ	Standardabweichung einer Grundgesamtheit
$\hat{\sigma}$	Schätzwert für σ
s	Standardabweichung einer Stichprobe
s^2	Varianz einer Stichprobe
$\bar{s}$	mittlere Standardabweichung aus m Stichproben („s-quer")
R	Range, Spannweite, $x_{max}-x_{min}$

7.3.2 Die gaußsche Normalverteilung und ihre Kennwerte

Sind Mittelwert und Standardabweichung aus einer normal verteilten Stichprobe bekannt, ist es möglich, mit hoher Wahrscheinlichkeit die Verteilung der Werte in der Grundgesamtheit abzuschätzen **(Bild 1)**.

Normalverteilung

Die Normalverteilung ist eine stetige, symmetrische und glockenförmige Verteilung **(Bild 2)**. Sie besitzt zwei markante Punkte, den arithmetischen Mittelwert μ und die Standardabweichung σ, das ist der Abstand vom Mittelwert zu einem der beiden Wendepunkte der Kurve.

Die Fläche zwischen Glockenkurve und Abszisse entspricht 100 % der Messwerte, der Bereich zwischen den beiden Wendepunkten umfasst 68,27 % der Messwerte.

Normalverteilung und Kennwerte einer Stichprobe (Bild 3)

Da die Glockenkurve seitlich nicht begrenzt ist, wird zur Berechnung von Kennwerten in der Regel der Bereich $\pm 3 \cdot s$ in entsprechende Formeln eingesetzt. Damit sind mit 99,73 % fast alle Werte erfasst. Man nennt diesen Bereich auch Fertigungsstreubreite oder Fertigungsstreuung.

Arithmetischer Mittelwert

Der arithmetische Mittelwert ist ein Lagewert, er beschreibt die Lage einer Verteilung.

$\bar{x}$ ist der arithmetische Mittelwert der Stichprobe und dient als Schätzwert für den Mittelwert μ der Grundgesamtheit.

$$\bar{x} = \frac{x_1 + x_2 + \ldots + x_n}{n} = \frac{\sum x_i}{n}$$

Standardabweichung

Die Standardabweichung ist ein Streuwert, er beschreibt die Streubreite der Verteilung.

s ist die Streuung der Stichprobe und dient als „Schätzwert" für die Standardabweichung σ der Grundgesamtheit.

$$s = \sqrt{\frac{\sum (x_i - \bar{x})^2}{n-1}}$$

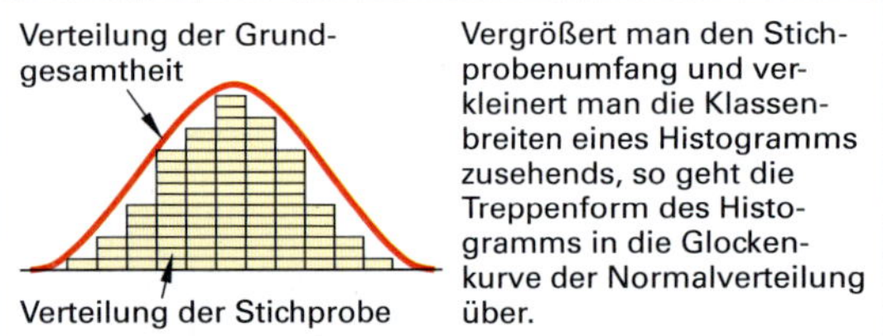

Bild 1: Vom Histogramm einer Stichprobe zur Normalverteilung

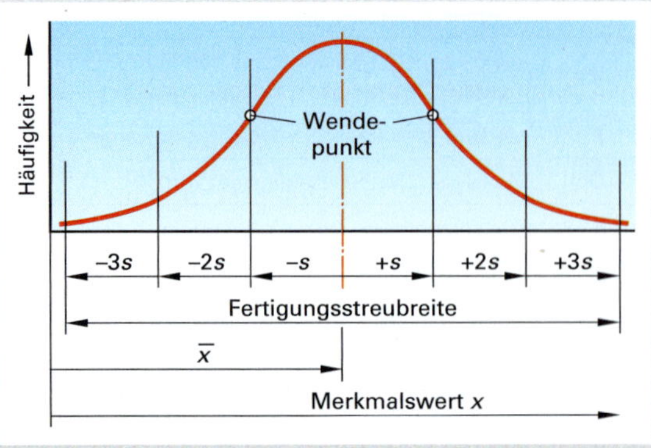

Bild 3: Normalverteilung einer Stichprobe

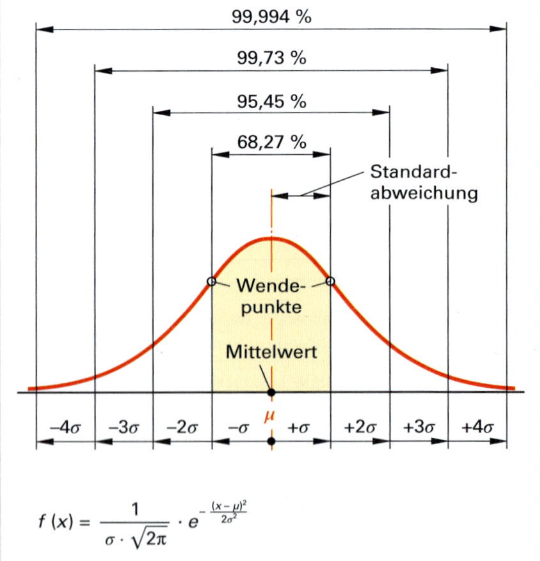

Bild 2: Normalverteilung und Funktionsgleichung

Bild 1: 10-DM-Schein (Ausschnitt)

Bild 2: Bedeutung der Streuung

C. F. Gauß (1777–1855), einer der renommiertesten Mathematiker weltweit, entwickelte u.a. die mathematischen Grundlagen der modernen Statistik. Sein Bild und die nach ihm benannte Glockenkurve der Normalverteilung zierten einst den 10-DM-Schein **(Bild 1)**.

Entstehung der Formel für die Standardabweichung

Gauß ging davon aus, dass der durchschnittliche Abstand aller Einzelwerte vom Mittelwert einen aussagefähigen Streuungsparameter darstellt, bei dem alle Werte berücksichtigt werden.

Bei der Berechnung dieses Durchschnittwerts stieß er auf das Problem, dass sich die Abstände beiderseits des Mittelwerts bei der Addition gegenseitig zu null aufheben, der durchschnittliche Abstand also zu null werden würde. Hier behalf sich Gauß dadurch, dass er die Abstände vor dem Zusammenzählen quadrierte. Dies führte beidseitig des Mittelwerts zu positiven Abweichungsquadraten. Wenn man nun den Durchschnittswert dieser quadrierten Abstände ermittelt, erhält man die sogenannte Varianz s^2 (σ^2) der Verteilung. Um erneut zu einem Abstand zu kommen, musste aus der Varianz wieder die Quadratwurzel gezogen werden.

Das Ergebnis war die Formel für die Standardabweichung, die in vielen Bereichen des Lebens **(Bild 2)** und der Technik eine hervorragende Bedeutung hat.

Für den arithmetischen Mittelwert und die Standardabweichung gibt es mehrere Kurzzeichen. Welches Kurzzeichen wann verwendet wird, ist von der zugrunde liegenden Datenmenge abhängig (Stichproben(n) oder Grundgesamtheit) und wofür die Kennwerte verwendet werden (beschreibende oder schließende Statistik).

Anwendung der Kurzzeichen für den arithmetischen Mittelwert:

- μ („mü") ist der arithmetische Mittelwert der Grundgesamtheit (d.h. aller Teile).
- Der arithmetische Mittelwert einer Stichprobe wird mit $\bar{x}$ („x-quer") bezeichnet.
- Werden die arithmetischen Mittelwerte aus mehreren Stichproben zu einem zusammengefasst, so nennt man diesen $\bar{\bar{x}}$ („x-doppelquer")
- Dient der arithmetische Mittelwert $\bar{x}$ oder $\bar{\bar{x}}$ als Schätzwert für die Grundgesamtheit, bezeichnet man ihn mit $\hat{\mu}$ („μ-Dach").

Anwendung der Kurzzeichen für die Standardabweichung

- σ steht für die Standardabweichung der Grundgesamtheit.
- Die Standardabweichung einer Stichprobe wird mit s bezeichnet.
- Wird die Standardabweichung aus mehreren Stichproben berechnet, ergibt das $\bar{s}$.
- Dient die Standardabweichung s oder $\bar{s}$ als Schätzwert für die Grundgesamtheit, bezeichnet man sie mit $\hat{\sigma}$ („σ-Dach").

7.3.3 Berechnung von statistischen Kennwerten

Beispiel 1:

Eine Stichprobe besteht aus fünf Passfedern. Mit einer Bügelmessschraube wurden folgende Messwerte für das Nennmaß L = 40 mm gemessen:

40,05; 39,95; 39,90; 40,00; 39,95.

Es sollen folgende Kennwerte bestimmt werden **(Bild 1)**:

Mittelwerte (Lagewerte):

- arithmetischer Mittelwert $\bar{x}$
- Median (Zentralwert) $\tilde{x}$
- Modalwert (Modus) *D*

Streuwerte:

- Spannweite (Range) *R*
- Standardabweichung *s*

- Wenn man die Messwerte der Größe nach ordnet, lassen sich die Kennwerte $\tilde{x}$ (steht in der Mitte), *D* (kommt am häufigsten vor) und *R* (= x_{max}–x_{min}) ganz leicht ablesen.
- Für die Berechnung von $\bar{x}$ sind alle Einzelwerte zu addieren und die Summe durch die Anzahl zu dividieren.
- Die Formel für die Standardabweichung gliedert man am besten „von innen heraus" in einer Tabelle auf **(Bild 2)**. Dividiert man den Wert 0,013 mm durch 4 (wegen *n*–1) ergibt das s^2, zieht man davon die Wurzel, erhält man *s*.

Die Berechnungen können einfacher mithilfe der Statistikfunktionen eines Taschenrechners, mit Excel oder mit speziellen Statistikprogrammen erfolgen.

Statistik mit dem Taschenrechner (Bild 3):

Einstellungen:

Statistikmodus:	MODE STAT
eine Variable	1-VAR
oder	
Häufigkeitstabelle	Häufigkeit? EIN
Eingabe beenden	AC
Ergebnisse für $\bar{x}$ und s	STAT-Menü
z. B. für s	sx oder xσn-1
Speicher löschen	⇑ AC bzw. ⇑ 9

(Die meisten Taschenrechner funktionieren ähnlich.)

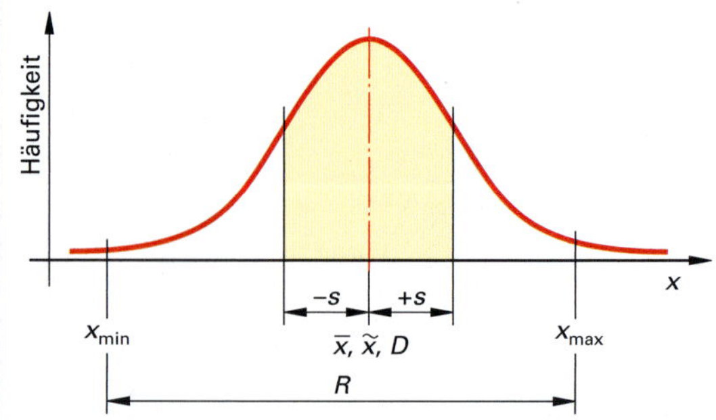

Bild 1: Lage der Kennwerte bei Normalverteilung

39,90	39,95	39,95	40,00	40,05

Messwerte in mm, aufsteigend geordnet

Aufgliederung der Formel in einer Tabelle: $s = \sqrt{\frac{\Sigma\,(x_i - x)^2}{n-1}}$

i	x_i	$x_i - \bar{x}$	$(x_i - \bar{x})^2$
1	40,05	0,8	0,0064
2	39,95	–0,02	0,0004
3	39,90	–0,07	0,0049
4	40,00	0,03	0,0009
5	39,95	–0,02	0,0004
Σ	**199,85**		**0,0130**

$\bar{x}$ = 39,970	s^2 = 0,00325
$\tilde{x}$ = 39,95	*s* = 0,0570
D = 39,95	*R* = 0,15

Bild 2: Ordnung der Messwerte, Aufgliederung der Formel, Ergebnisse

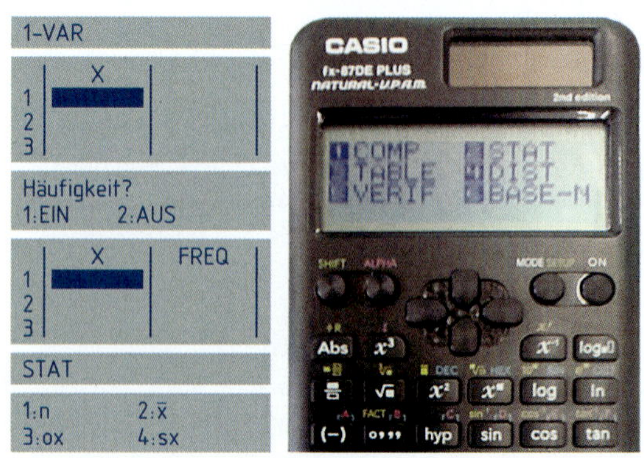

Bild 3: Üblicher Taschenrechner

Lernfeld 11

7.3.4 Beurteilung einer Stichprobe im Wahrscheinlichkeitsnetz

Auf einer Kreissäge werden Rohlinge abgesägt. Deren Länge soll $L = (50 \pm 1{,}5)$ mm betragen. Es wurde eine größere Stichprobe von 80 Werkstücken entnommen. Die Maße wurden mit einem Messschieber geprüft und in einer Urliste erfasst **(Tabelle 1)**. Die Messwerte werden mittels Zählstrichen Klassen zugeordnet, in einem Histogramm dargestellt und im Wahrscheinlichkeitsnetz grafisch ausgewertet.

Bild 1: Kreissäge

Tabelle 1: Urliste: Werkstücklängen

	Messwerte in mm									
1 … 10	51,3	49,3	50,7	50,9	50,0	48,3	50,3	48,0	51,9	50,0
11 … 20	48,7	50,5	49,4	50,4	48,1	50,2	49,4	50,6	50,2	48,4
21 … 30	50,1	49,7	48,2	49,1	51,8	50,1	49,0	49,1	49,1	49,5
31 … 40	49,9	47,1	50,2	48,8	49,9	47,7	50,5	51,4	52,0	50,0
41 … 50	49,0	48,4	49,6	49,2	50,1	49,6	52,0	49,7	48,9	49,7
51 … 60	49,4	50,0	48,0	52,3	51,1	49,0	49,8	51,0	49,4	50,8
61 … 70	50,4	49,8	50,3	49,7	47,4	51,5	50,1	50,2	50,4	50,3
71 … 80	48,1	51,0	49,8	48,6	50,5	48,3	50,8	47,9	48,2	51,1

Nachdem es sich um eine größere Stichprobe handelt, werden die Messwerte Klassen zugeordnet **(Tabelle 2)**. Berechnung der Anzahl und der Weite (Breite) der Klassen:

$$R = x_{max} - x_{min} = 52{,}3\text{ mm} - 47{,}1\text{ mm} = 5{,}2\text{ mm}$$

$$k \approx \sqrt{n} = \sqrt{80} = 8{,}9 \rightarrow k = 9$$

$$w \approx \frac{R}{k} = \frac{5{,}2\text{ mm}}{9} = 0{,}58\text{ mm} \rightarrow w = 0{,}6\text{ mm}$$

Probe:

$$k \cdot w = 9 \cdot 0{,}6\text{ mm} = 5{,}4\text{ mm} > R = 5{,}2\text{ mm}$$

$k \cdot w = 5{,}4$ mm

$R = 5{,}2$ mm

Tabelle 2: Strichliste

Klasse Nr.	Messwerte in mm ≥	Messwerte in mm <	Zählstriche	n_j	h_j in %	F_j in %
1	47,0	47,6	II	2	2,50	2,50
2	47,6	48,2	卌 I	6	7,50	10,00
3	48,2	48,8	卌 III	8	10,00	20,00
4	48,8	49,4	卌 卌	10	12,50	32,50
5	49,4	50,0	卌 卌 卌 I	16	20,00	52,50
6	50,0	50,6	卌 卌 卌 卌 I	21	26,25	78,75
7	50,6	51,2	卌 IIII	9	11,25	90,00
8	51,2	51,8	III	3	3,75	93,75
9	51,8	52,4	卌	5	6,25	100,00
			Σ	80	100,00	

// Wahrscheinlichkeitsnetz (W-Netz)

Im Wahrscheinlichkeitsnetz wird eine Normalverteilung als Gerade dargestellt. Dazu ist der Maßstab der Ordinate für die Summenhäufigkeit F_j so verändert, dass aus der S-förmigen Summenkurve der Normalverteilung eine Gerade wird: die Summenlinie bzw. Wahrscheinlichkeitsgerade oder kurz W-Gerade **(Bild 1)**.

Das Wahrscheinlichkeitsnetz dient dazu, eine Stichprobe auf Normalverteilung zu testen und um den Mittelwert und die Standardabweichung grafisch zu bestimmen.

Bei eingetragenen Toleranzgrenzen kann man an der Lage von $\bar{x}$ zwischen UGW (Unterer Grenzwert) und OGW (Oberer Grenzwert) erkennen, wie gut die Verteilung zentriert ist, und es lassen sich die Überschreitungsanteile $\hat{p}_u$ und $\hat{p}_o$ (untere und obere Ausschussanteile in %) für die Grundgesamtheit abschätzen.

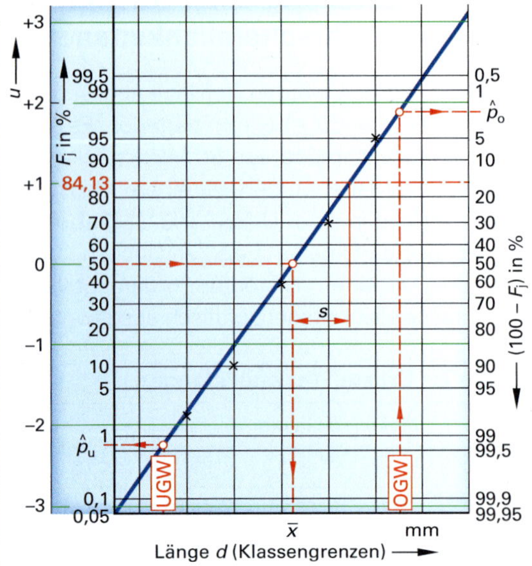

Bild 1: Summenlinie im Wahrscheinlichkeitsnetz

Vorgehensweise (siehe W-Netz, Seite 479)

In der Strichliste **(Seite 477)** wurden aus den absoluten Häufigkeiten der Klassen n_j die relativen Häufigkeiten h_j in % berechnet. Durch schrittweise Addition dieser erhielt man die Summenhäufigkeiten F_j.

Auf der Abszisse trägt man die Klassen- und Toleranzgrenzen ein. Zwei senkrechte Linien markieren die Toleranzgrenzen UGW und OGW. Über den **Klassenobergrenzen** werden – mit Ausnahme des Werts für 100 % – die Summenhäufigkeiten F_j als Punkte in das W-Netz eingetragen. Dann wird mit den Punkten eine Ausgleichsgerade, die Wahrscheinlichkeitsgerade (W-Gerade), gezeichnet.

Auswertung:

- Lässt sich eine Ausgleichsgerade zwischen den Punkten so einzeichnen („reinmitteln"), dass alle Punkte nahe an dieser W-Geraden liegen, kann man von einer Normalverteilung ausgehen.
- Eine waagerechte Linie durch $u = 0$ bzw. $F_j = 50\,\%$ schneidet die W-Gerade bei $\bar{x}$.
- Eine waagerechte Linie z. B. durch $u = 1$ bzw. $F_j = 84{,}13\,\%$ schneidet die W-Gerade und ergibt als waagerechten Abstand zu $\bar{x}$ die Standardabweichung s.
- Die Schnittpunkte von zwei weiteren waagerechten Linien durch $u = \pm 3$ ergeben auf der Abszisse als Abstand die Fertigungsstreuung $6 \cdot s$.
- Als kritischer Abstand Δ_{krit} wird der kleinere der beiden Abstände Δ_u bzw. Δ_o von $\bar{x}$ zum unteren oder oberen Grenzwert bezeichnet.
- Schneidet die W-Gerade die Linien der Toleranzgrenzen, so können die unteren und oberen Prozentanteile $\hat{p}_u$ und $\hat{p}_o$ als Schätzwerte für die Ausschussanteile in der Grundgesamtheit abgelesen werden.

Merke: Die Werte der Häufigkeitssummen F_j müssen als Punkte über den oberen Klassengrenzen eingetragen werden.

Der Wert für $F_j = 100\,\%$ kann und darf nicht mit eingetragen werden, da die Skala für F_j nicht bis 100 % reicht.

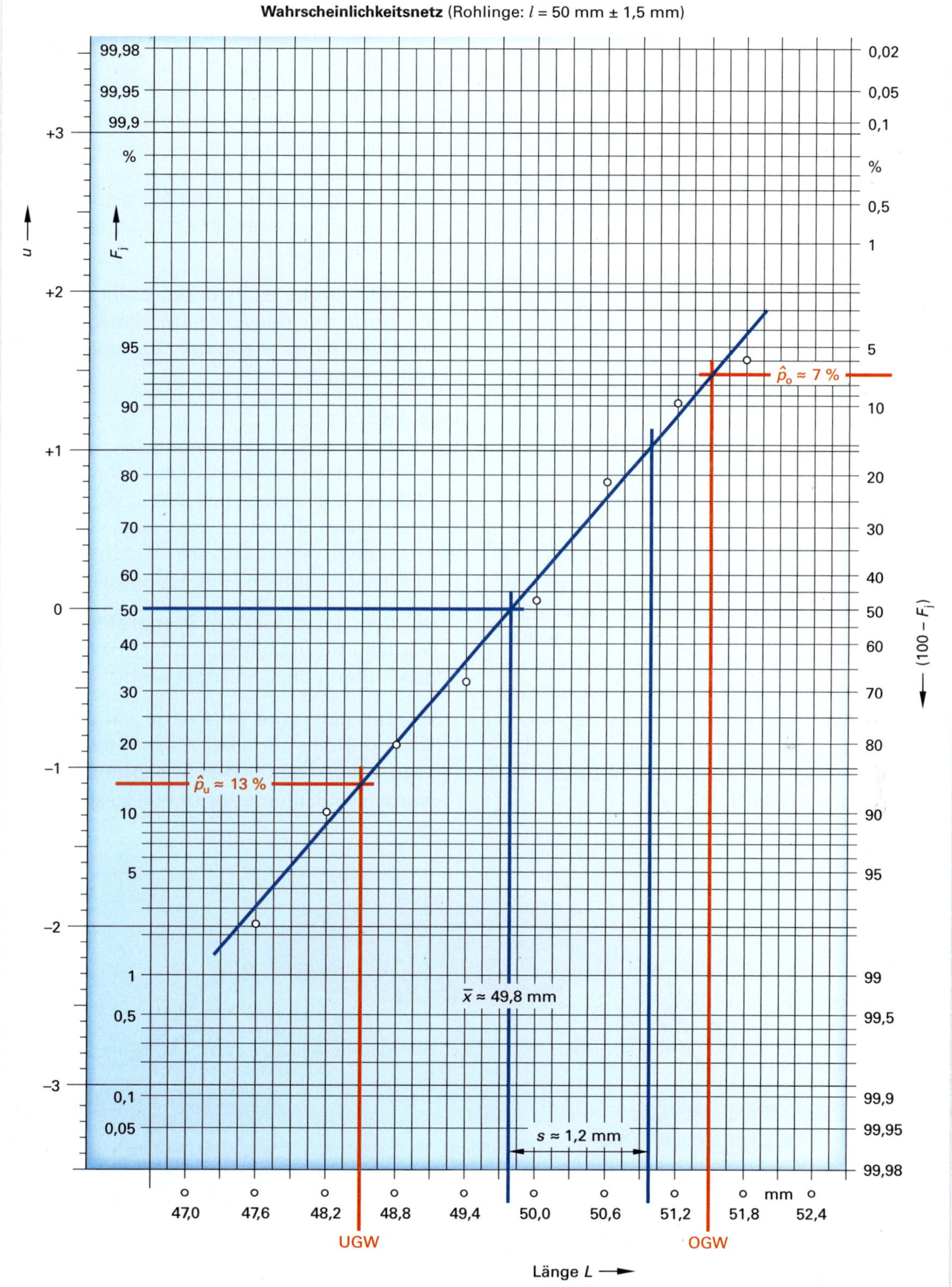

Bild 1: W-Netz zur Stichprobe Seite 477

7.3.5 Qualitätsprüfung nach dem Stichprobenverfahren

Im Hinblick auf kostengünstiges Prüfen in der Serienfertigung und bei der Bestimmung von Fähigkeitsindizes zur Maschinen- und Prozessfähigkeit kommt der Stichprobenprüfung eine besondere Bedeutung zu.

Von den ausgewerteten Teilmengen (Stichproben) wird auf die Gesamtmenge (Grundgesamtheit) geschlossen.

Statistisch betrachtet entspricht eine Liefermenge, ein Fertigungs- oder Prüflos der Grundgesamtheit mit N Einheiten. Aus dieser Grundgesamtheit werden eine bestimmte Anzahl Stichproben (m) mit dem Werteumfang n entnommen. Man erfasst die Messwerte eines bestimmten Merkmals, z. B. die Härte, zunächst in Urlisten und wertet sie dann tabellarisch, rechnerisch und grafisch aus.

Für jede Stichprobe werden Lagewerte wie $\bar{x}$ oder $\tilde{x}$ und Streuwerte wie s oder R bestimmt. Bei mehreren Stichproben können Einzelkennwerte durch Mittelwertbildung zusammengefasst werden, z. B. zu $\bar{\bar{x}}$ oder $\bar{s}$. Diese entsprechen bei genügend Stichprobenergebnissen ($m \geq 25$) in der statistischen Prozessregelung (SPC) dem Prozessmittelwert $\hat{\mu}$ und der Prozessstandardabweichung $\hat{\sigma}$. Beim Stichprobenverfahren führen die Stichprobenkennwerte folglich mit einer bestimmten Wahrscheinlichkeit zu Schätzwerten für die unbekannten Parameter der Grundgesamtheit **(Bild 1)**.

Beispiel 1:
Ein Zulieferer fertigt Bolzen, die eine bestimmte Härte aufweisen müssen. Aus einem angelieferten Los mit $N = 2400$ Teilen wird eine Stichprobe mit $n = 80$ Stück entnommen und das verlangte Merkmal Härte geprüft. Werden in der Stichprobe zwei Ausschussteile gefunden, muss man für die Grundgesamtheit, also für das gesamte Los, mit ca. 60 fehlerhaften Teilen rechnen. Diese Aussage kann man aber nur treffen, wenn es sich um eine repräsentative Stichprobe handelt.

Eine Stichprobe ist dann repräsentativ, wenn die Werte des relevanten Merkmals im gleichen Verhältnis wie in der Grundgesamtheit vorkommen.

Beispiel 2:
Ein Roboter lackiert Fahrzeugteile. Jede Stunde werden dem Lackierprozess Stichproben mit $n = 5$ Teilen entnommen und jeweils die Schichtdicken gemessen. Ziel ist es, den Prozess so zu überwachen und zu regeln, dass kein Ausschuss entstehen kann (→ statistische Prozessregelung).

Bei der dynamisierten Stichprobenprüfung werden Prüfungsumfang oder Prüfhäufigkeit den Prüfergebnissen angepasst.

Werden gefertigte Teile aufgrund einer Zwischenprüfung zurückgewiesen, so sind alle Teile, die seit der letzten Stichprobe gefertigt worden sind, hundertprozentig zu sortieren.

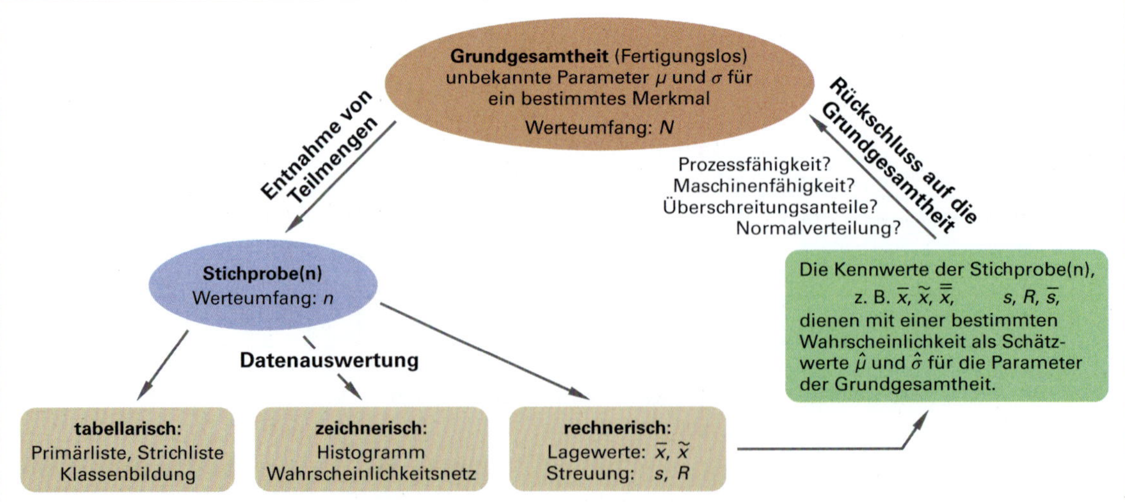

Bild 1: Modell der Stichprobenprüfung

Überlegen und beantworten Sie:

1. Geben Sie für die farbig markierten Flächenanteile unter der gaußschen Glockenkurve die Werte in % an.

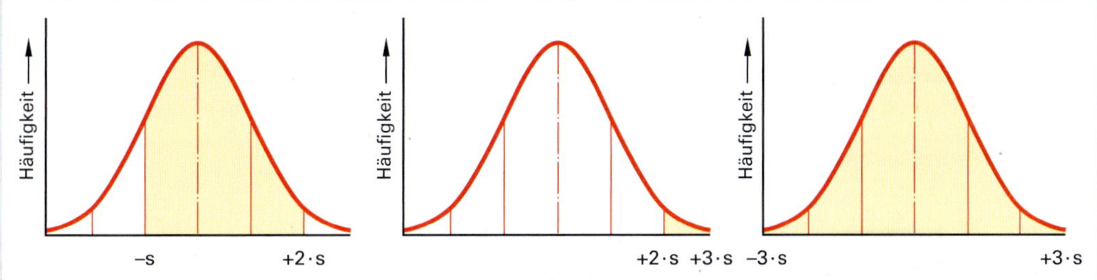

2. **Stichprobe: Bolzen D = 8 h11**

Für eine Stichprobe, bestehend aus 100 Bolzen mit dem Nenndurchmesser D = 8 mm, sind die Mittelwerte $\bar{x}$, $\tilde{x}$ und D sowie die Streuwerte R und s zu bestimmen.

Aus der Urliste der Messwerte wurden bereits die Häufigkeiten der Messwerte mithilfe einer Strichliste ausgezählt. Daraus wiederum erstellte man eine der Größe nach geordnete Primärliste der Messwerte mit Angabe der Häufigkeiten h_x.

Die Formeln für den arithmetischen Mittelwert $\bar{x}$ und die Standardabweichung s lassen sich für eine solche Häufigkeitsliste wie folgt anpassen:

$$x = \frac{\sum x_i \cdot h_x}{n} \qquad s = \sqrt{\frac{\sum (x_i - \bar{x})^2 \cdot h_x}{n-1}}$$

Primärliste D = 8 mm

i	x_i in mm	h_x
1	8,01	4
2	8,02	9
3	8,03	16
4	8,04	27
5	8,05	19
6	8,06	12
7	8,07	8
8	8,08	5
Σ		100

a) Setzen Sie nun diese Formeln in einer Tabelle so um, dass Sie die verlangten Größen bestimmen können.

b) Überprüfen Sie die Ergebnisse mithilfe der Statistikfunktionen Ihres Taschenrechners.

3. **Stichprobe Zylinderstifte**

Folgende Istmaße stammen von einer Stichprobe mit 20 gehärteten Zylinderstiften ISO 8734 - 12 x 75 - A.

Istmaße: Durchmesser in mm

12,018	12,013	12,012	12,016	12,014	12,012	12,015	12,012	12,013	12,014
12,013	12,019	12,013	12,016	12,011	12,010	12,015	12,013	12,014	12,017

Geben Sie für die Zylinderstifte das ISO-Passmaß sowie folgende Maße in mm an:

Abmaße ***ei*** und ***es***, Standardabweichung ***s***, Spannweite ***R***, Mittelwert $\bar{x}$, Median $\tilde{x}$, Modalwert ***D***.

Ermitteln Sie ferner den Ausschuss ***p*** in %.

Hinweis: Achten Sie auf richtiges Runden und die korrekte Anzahl der Nachkommastellen.

4. **Technische Statistik**

Erklären Sie kurz folgende Ausdrücke:

a) Grundgesamtheit

b) $\hat{\mu} = \bar{\bar{x}}$

c) $\hat{\sigma} = \bar{s}$

Lernfeld 11

5. Kennwerte einer Stichprobe

Eine Stichprobe von neun Biegeteilen mit dem Nennmaß α = 35° soll ausgewertet werden.

Es sind zu bestimmen: $\bar{x}$, $\tilde{x}$, s und R.

Die Winkelgrößenmaße sind in Grad und Minuten anzugeben und auf eine Minute genau zu runden.

Messwerte: 35°30' 37°12' 36°12' 36° 35°15' 36°30' 36°30' 35°54' 35°54'

6. Erfassung und Auswertung von Messwerten

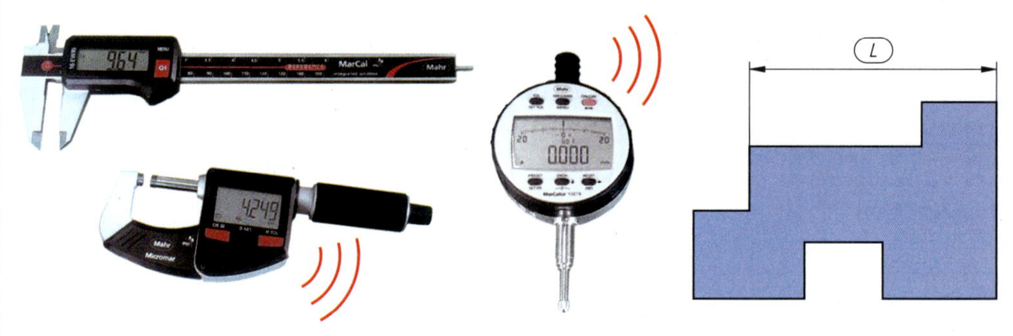

An allen 35 Werkstücken einer Stichprobe ist das Prüfmaß L = 62,5 mm ±0,3 mm mit einem geeigneten Prüfmittel zu prüfen. Die Ergebnisse sollen dokumentiert und statistisch ausgewertet werden.

a) Wovon ist die Wahl des Prüfmittels abhängig?

b) Erklären Sie den Unterschied zwischen Messen und Lehren.

c) Nach welcher Grundregel der Messtechnik wählen Sie ein Messmittel hinsichtlich der Messunsicherheit aus? – Wenden Sie die Regel für diese Aufgabe an.

d) Die Maße sind in einer Excel-Tabelle zu erfassen, zu dokumentieren und auszuwerten.
- Runden Sie die Messwerte auf 0,05 mm genau.
- Ordnen Sie die Messwerte der Größe nach aufsteigend.
- Bestimmen Sie folgende Kennwerte und erstellen Sie einen übersichtlichen Prüfbericht.

Anzahl der Messwerte	n	Median (Zentralwert)	$\tilde{x}$
Maximum	x_{max}	arithmetischer Mittelwert	$\bar{x}$
Minimum	x_{min}	Modalwert, Modus	D
Spannweite (Range)	R		
Standardabweichung	s	Ausschuss in %	

7. Verteilung der Intelligenz

Man geht davon aus, dass die Intelligenz der Menschen „normal" verteilt ist. Der durchschnittliche Intelligenzquotient (IQ) wurde bei 100 Punkten festgelegt. So lässt sich die prozentuale Abweichung einfach bestimmen. Als Standardabweichung wird der Wert 15 angenommen.

Der IQ-Bereich von 85 bis 115 gilt als durchschnittliche Intelligenz. Nur noch knapp 14 % haben Werte über 115 bis 130. Und als hoch begabt (IQ über 130) gelten nur etwas über 2 % der Bevölkerung.

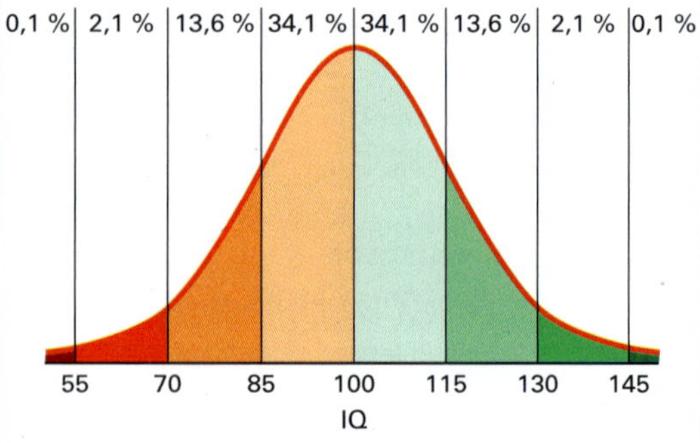

a) Welcher Anteil der Bevölkerung besitzt einen „mittleren" IQ?

b) Nennen Sie den Fachbegriff für den Punkt der Glockenkurve, der einen IQ von 100 markiert.

c) Durch welche beiden speziellen Kurvenpunkte auf der Glockenkurve wird die „durchschnittliche Intelligenz" beidseitig begrenzt?

d) Nennen Sie den Fachbegriff für den Abstand von einem dieser beiden Kurvenpunkte zur Symmetrielinie der Kurve.

e) Was sagt die Standardabweichung im Verhältnis zu allen IQ-Werten aus?

8. Auswertung von Messwerten und Zusammenfassung in Klassen: Körpergrößen

Von einer Schulklasse, bestehend aus 27 jungen Männern, alle ca. 20 Jahre alt, werden die Körperlängen gemessen und in einer Urliste erfasst. Die Daten sollen übersichtlich dargestellt, grafisch und rechnerisch ausgewertet werden.

Urliste: Körperlängen (Beispiel)

	Messwerte in cm									
1 … 10	180	174	183	189	177	187	188	177	179	193
11 … 20	179	182	170	184	181	182	183	176	183	184
21 … 30	185	186	187	178	181	175	184			

a) Erstellen Sie zuerst eine Strichliste, ein Histogramm und die Wahrscheinlichkeitsgerade.

b) Berechnen Sie dann die Kennwerte mithilfe des Taschenrechners und/oder mit Excel.

Klasseneinteilung		
1.	Berechnen Sie die Spannweite R.	$R = x_{max} - x_{min}$
2.	Bestimmen Sie die Anzahl der Klassen k und berechnen Sie die Klassenbreite w. Runden Sie den errechneten Wert für w auf die gleiche Anzahl von Nachkommastellen, wie sie bei den Messwerten in der Urliste gegeben sind. Beachten Sie ferner, dass alle Messwerte in den Klassen unterkommen können, dazu muss gelten:	$k \approx \sqrt{n}$ $w \approx \frac{R}{k}$ $k \cdot w > R$
3.	Legen Sie die unterste Klassengrenze bei x_{min} (oder knapp darunter) fest. Bestimmen Sie alle weiteren Klassengrenzen durch wiederholte Addition der Klassenbreite w. Die letzte obere Klassengrenze muss oberhalb von x_{max} sein. Achten Sie darauf, die Klassengrenzen mithilfe der Rechenzeichen $\geq$ und $<$ eindeutig festzulegen!	
Strichliste		
4.	Erstellen Sie die **Strichliste**, indem Sie für jeden Messwert einen Zählstrich in der passenden Klasse machen. Achten Sie auf die Klassengrenzen!	
5.	Bestimmen Sie dann die absoluten Häufigkeiten.	n_j
6.	Berechnen Sie anschließend die relativen Häufigkeiten h_j in %.	$h_j = \frac{n_j}{n} \cdot 100\,\%$
7.	Bestimmen Sie ferner in einer weiteren Spalte durch schrittweise Addition der relativen Häufigkeiten h_j die Häufigkeitssummen F_j in %.	F_j

Histogramm	
8.	Wandeln Sie die Strichliste in ein Histogramm um.
Wahrscheinlichkeitsnetz	
9.	Bezeichnen Sie zunächst alle Achsen. Skalieren Sie die Abszisse so, dass alle Klassenobergrenzen Platz finden, und markieren Sie diese.
10.	Tragen Sie über den Klassenobergrenzen – mit Ausnahme des Werts für 100 % – die Häufigkeitssummen F_j als Punkte in das W-Netz ein. Zeichnen Sie dann mit den Punkten eine Ausgleichsgerade (W-Gerade).
11.	Beurteilen Sie die Verteilungsform. Liegt eine Normalverteilung vor? Eine waagerechte Linie durch $u = 0$ bzw. $F_j = 50\,\%$ schneidet die W-Gerade bei $\bar{x}$. Der Schnittpunkt einer waagerechten Linie durch $u = +1$ oder -1 ergibt auf der Abszisse als Abstand zu $\bar{x}$ die Standardabweichung s.

9. Auswertung einer Stichprobe

Schweißnahtdicke: Für Kehlnähte mit der Nahtdicke $\boldsymbol{a} = (10 \pm 0{,}5)$ mm wurden die Maße in einer Stichprobe erfasst, in einer Strichliste geordnet und in einem Histogramm dargestellt.

a) Folgende Kennwerte sind zu bestimmen: $\bar{x}$, $\tilde{x}$, D, R, s

b) Wie viele Messwerte (n_1) bzw. Prozent (p) der Messwerte liegen sicher innerhalb von $\bar{x} \pm s$? (Rechnung mit Rechenweg!)

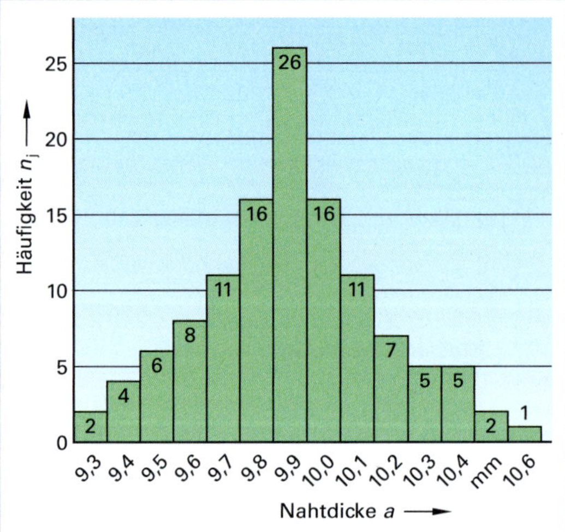

7.4 Statistische Prozesslenkung (Statistical Process Control, SPC)

Die statistische Prozesslenkung (SPC) dient der Optimierung von Produktionsprozessen. Dazu nutzt man bewährte statistische Methoden und Verfahren. SPC wird vorwiegend bei der Produktion größerer Stückzahlen eingesetzt.

Der Fertigungsprozess wird dazu mithilfe von Qualitätsregelkarten fortlaufend beobachtet und geregelt. Bei systematischen Abweichungen des Prozessverlaufs werden vor dem Überschreiten von definierten Eingriffsgrenzen Prozessparameter rechtzeitig korrigiert, um Ausschuss zu vermeiden.

> Voraussetzung für eine statistische Prozesslenkung sind fähige Maschinen und Fertigungsprozesse. Das Ziel von Maschinenfähigkeitsuntersuchungen (MFU) und Prozessfähigkeitsuntersuchungen (PFU) ist es, die Qualität von Produktionsprozessen sicher zu beurteilen.
>
> Die Formeln dafür sind im Prinzip gleich, die Bedingungen für die Durchführung, sowie die Erfassung und die Anzahl der Messwerte sind unterschiedlich **(Tabelle 1)**.

Die Indizes C_m, P_p und C_p berechnen das Verhältnis der Toleranzbreite zur Fertigungsstreuung. Das Ergebnis ist eine Kennzahl, die das Potenzial einer Maschine oder eines Prozesses anzeigt. Sind $C_m \geq 1{,}67$ bzw. P_p und $C_p \geq 1{,}33$, so ist die Maschine bzw. der Prozess prinzipiell in der Lage, die geforderten Spezifikationen einhalten zu können.

Die Fähigkeit einer Maschine oder eines Prozesses ist jedoch erst dann nachgewiesen, wenn die Messwerte normal verteilt und möglichst mittig innerhalb des Toleranzfelds liegen. Dieser Nachweis wird durch die Kennwerte für C_{mk} bzw. P_{pk} und C_{pk} erbracht. Dazu wird der kritische Abstand Δ_{krit} des arithmetischen Mittelwerts $\bar{x}$ der Messwerte zu einer der beiden Toleranzgrenzen ermittelt und zur halben Fertigungsstreubreite ($3 \cdot s$ bzw. $3 \cdot \hat{\sigma}$) ins Verhältnis gesetzt. Diese Kennwerte müssen ebenfalls $\geq 1{,}67$ bzw. $\geq 1{,}33$ sein.

- Mit **Maschinenfähigkeit** bezeichnet man den Nachweis, dass die Kennwerte für C_m und C_{mk} eingehalten und somit spezifizierte Produktmerkmale in der geforderten Genauigkeit hergestellt werden können.
- Mit **Prozessleistung** beschreibt man (vorläufig noch) instabile Prozesse mit den Kennwerten P_p und P_{pk}.
- Mit **Prozessfähigkeit** bezeichnet man stabile Prozesse mit den Kennwerten C_p und C_{pk}.

Tabelle 1: Maschinen- und Prozessfähigkeitsuntersuchungen im Vergleich

	Maschinenfähigkeit	**Prozessleistung**	**Prozessfähigkeit**
Untersuchung	kurzzeitige Analyse einer Maschine	vorläufige Prozessfähigkeit	langfristige Prozessfähigkeit
Einflüsse auf die Analyse	sollen möglichst gering sein	7 M-Einflüsse, Produktionsbedingungen	
Mindestanzahl an Messwerten	$n \geq 50$	$m \cdot n \geq 100$	$m \cdot n \geq 125$
Fähigkeits- bzw. Leistungsindizes	$C_m = \frac{T}{6 \cdot s}$; $C_{mk} = \frac{\Delta_{krit}}{3 \cdot s}$	$P_p = \frac{T}{6 \cdot \sigma}$; $P_{pk} = \frac{\Delta_{krit}}{3 \cdot \hat{\sigma}}$	$C_p = \frac{T}{6 \cdot \sigma}$; $C_{pk} = \frac{\Delta_{krit}}{3 \cdot \hat{\sigma}}$
	Δ_{krit} ist der kleinere Abstand von $\bar{x}$ zu einer der beiden Toleranzgrenzen.		
Mindestforderungen	$C_m \geq 1{,}67$; $C_{mk} \geq 1{,}67$	$P_p \geq 1{,}33$; $P_{pk} \geq 1{,}33$	$C_p \geq 1{,}33$; $C_{pk} \geq 1{,}33$
	Die Forderungen für die Größe der Fähigkeits- bzw. Leistungsindizes sind kundenabhängig.		

7.4.1 Maschinenfähigkeit

Maschinen müssen Teile mit der geforderten Genauigkeit fertigen können. Dieser Nachweis erfolgt durch eine Maschinenfähigkeitsuntersuchung. Die Maschinenfähigkeit ist Voraussetzung für die Prozessfähigkeit, für die statistische Prozessregelung und für den Einsatz von Qualitätsregelkarten.

Die **Maschinenfähigkeitsuntersuchung** (MFU) ist eine Kurzzeitanalyse über die Fertigungsgenauigkeit einer Maschine. Äußere Einflüsse auf die Maschine sollen während der MFU möglichst gering und konstant bleiben. Die MFU wird eingesetzt vor der Einführung von Qualitätsregelkarten, bei Maschinenabnahmen, Werkzeug- und Vorrichtungswechseln sowie nach Wartungsarbeiten und Reparaturen.

Für die MFU ist eine Stichprobe mit mindestens $n = 50$ Teilen erforderlich, welche direkt nacheinander und ohne Nachstellen der Maschine gefertigt wurden. Die Messwerte des zu prüfenden Qualitätsmerkmals werden erfasst und ausgewertet. Die Auswertung geschieht rechnerisch und/oder grafisch mithilfe eines W-Netzes. Sind die Messwerte normal verteilt, können $\bar{x}$ und s bestimmt und die Kennwerte C_m und C_{mk} für die Maschinenfähigkeit berechnet werden. Für den Nachweis der Maschinenfähigkeit müssen die Forderungen für C_m **(Bild 1)** und C_{mk} **(Bild 2)** erfüllt sein.

Die Fertigungsstreuung (Fertigungsstreubreite) $6 \cdot s$ der Maschine darf die Toleranz nur zu 60 % = 3/5 ausnutzen.

Das bedeutet, die Toleranz muss mindestens $10 \cdot s$ betragen bzw. der Maschinenfähigkeitsindex C_m muss größer oder gleich 5/3 = 1,67 sein. Der Wert für C_m zeigt, ob die Fertigungsstreuung klein genug ist, um die Toleranz einhalten zu können (Bild 1).

Der Maschinenfähigkeitskennwert C_{mk} berücksichtigt die Lage der Verteilung in der Toleranzzone. Der Mittelwert der Fertigung soll von jeder Toleranzgrenze mindestens $5 \cdot s$ (Empfehlung DGQ[1] und VDA) entfernt sein. Das führt für C_{mk} zu einem Mindestwert von 1,67. Der Wert für C_{mk} zeigt, ob die Maschine richtig zentriert ist, sodass tatsächlich Teile gefertigt werden, die innerhalb der Toleranz liegen (Bild 2).

[1] DGQ = Deutsche Gesellschaft für Qualität

vel.plus/
FILF262

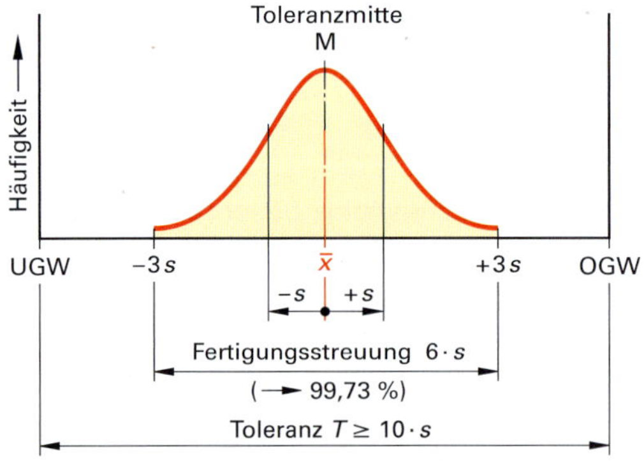

$$C_m = \frac{T}{6 \cdot s}$$

Forderung:
$C_m \geq 1{,}67$

Bei Normalverteilung liegen im Bereich von $\mu \pm 3 \cdot \sigma$ der Grundgesamtheit 99,73 % aller Merkmalswerte.
Für die normalverteilte Stichprobe ist es folglich der Bereich $\bar{x} \pm 3 \cdot s$.

Da in diesem Bereich so gut wie alle Merkmalswerte einer konkreten Fertigung liegen, nennt man ihn **Fertigungsstreuung**.

$$6 \cdot s \leq 0{,}6 \cdot T \Rightarrow T \geq 10 \cdot s$$

$$C_m = \frac{T}{6 \cdot s} = \frac{10 \cdot s}{6 \cdot s} = 1{,}67$$

Bild 1: Maschinenfähigkeitsindex C_m

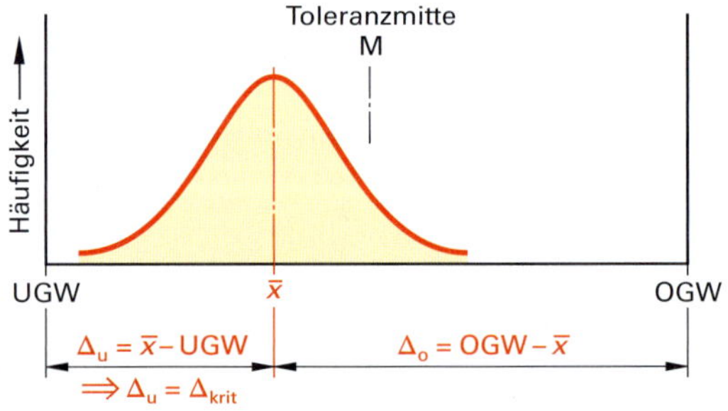

$$C_{mk} = \frac{\Delta_{krit}}{3 \cdot s}$$

Forderung:
$C_{mk} \geq 1{,}67$
(nach DGQ[1)] und VDA[2)])

Δ_{krit} ist der kleinere Abstand von x zu einer Toleranzgrenze, in dieser Darstellung Δ_u.

Δ_{krit} kann auch aus dem Wahrscheinlichkeitsnetz herausgelesen werden (Seite 85).

Die Forderung $C_m \geq 1{,}67$ und $C_m \geq 1{,}67$ sind kundenabhängig. Sie variieren je nach Fertigung und werden vom Kunden festgelegt.
Fernen ergibt sich stets:
$C_{mk} \leq C_m$

Bild 2: Maschinenfähigkeitsindex C_{mk}

// Beispiel einer Maschinenfähigkeitsuntersuchung (MFU)

In der Serienfertigung werden heute Roboter in Lackieranlagen für die Lackierung von Karosserieteilen sowie von ganzen Autokarosserien eingesetzt **(Bild 1)**.

Vor dem Serieneinsatz muss für den Lackierroboter in einer Maschinenfähigkeitsanalyse der Nachweis erbracht werden, dass dieser die geforderte Spezifikation für die gleichmäßig aufzubringende Lackschicht einhalten kann.

Spezifikation: Schichtdicke d = 100 µm ± 20 µm

Nach einem kontinuierlichen Lackiervorgang werden die Schichtdicken der Lackschicht an 56 hintereinander folgenden Karosserien an jeweils unterschiedlichen Stellen gemessen.

Die Messergebnisse werden in einer Urliste **(Tabelle 1)** erfasst, einer Strichliste **(Bild 2** und **Tabelle 2)** zugeordnet und grafisch im Wahrscheinlichkeitsnetz aufbereitet **(W-Netz Seite 488, Vorlage Seite 491)**. Anschließend erfolgt die Berechnung der Maschinenfähigkeit **(Bild 3)**. Dies kann z. B. auch mithilfe einer Excel-Vorlage **(Seite 489)** oder mit einer speziellen Software erfolgen.

Zunächst erfolgt die Berechnung der Anzahl der Klassen k sowie der Klassenweite w (Bild 2). Diesen Klassen werden die Messwerte aus der Urliste zugeordnet und anschließend die Häufigkeiten n_j, h_j und F_j berechnet.

Tabelle 1: Urliste der Schichtdicken in µm

107	106	109	103	101	113	104	107
107	110	110	**116**	107	112	101	107
113	105	106	107	110	104	109	110
112	106	107	106	111	106	107	101
104	105	108	104	102	106	104	100
110	109	112	109	109	107	103	104
107	105	**97**	102	106	107	109	112

Tabelle 2: Strichliste

Kl. Nr.	Messwert ≥	<	Zählstriche	n_i	h_j in %	F_j in %
1	96	99	|	1	1,8	1,8
2	99	102	||||	4	7,1	8,9
3	102	105	~~||||~~ ~~||||~~	10	17,9	26,8
4	105	108	~~||||~~ ~~||||~~ ~~||||~~ ~~||||~~ |	21	37,5	64,3
5	108	111	~~||||~~ ~~||||~~ ||	12	21,4	85,7
6	111	114	~~||||~~ ||	7	12,5	98,2
7	114	117	|	1	1,8	100,0
			Summe:	56	100,0	

Bild 1: Lackieranlage für Karosserieteile

$$k \approx \sqrt{n} = \sqrt{56} = 7{,}48 \Rightarrow k = 7$$

$$R = x_{max} - x_{min} = 116\ \mu m - 97\ \mu m = 19\ \mu m$$

$$w \approx \frac{R}{k} = \frac{19\,\mu m}{7} = 2{,}7\ \mu m \Rightarrow w = 3\ \mu m$$

Bild 2: Bestimmung der Anzahl der Klassen k und Berechnung der Klassenweite w

$$C_m = \frac{T}{6 \cdot s} = \frac{40\ \mu m}{22\ \mu m} = 1{,}82 > 1{,}67!$$

Ergebnis:
Der Lackierroboter ist potentiell fähig, die Toleranz einzuhalten.

$$\Delta_o = OGW - \bar{x} = (120 - 107)\ \mu m = 13\ \mu m$$

$$\Delta_u = \bar{x} - UGW = (107 - 80)\ \mu m = 27\ \mu m$$

$$C_{mk} = \frac{\Delta_{krit}}{3 \cdot s} = \frac{13\ \mu m}{11\ \mu m} = 1{,}18 < 1{,}67!$$

Ergebnis:
Die Roboter-Lackieranlage ist nicht fähig. Sie muss nachjustiert werden, indem z. B. die Farbzufuhr etwas verringert wird.

Bild 3: Berechnung der Maschinenfähigkeit

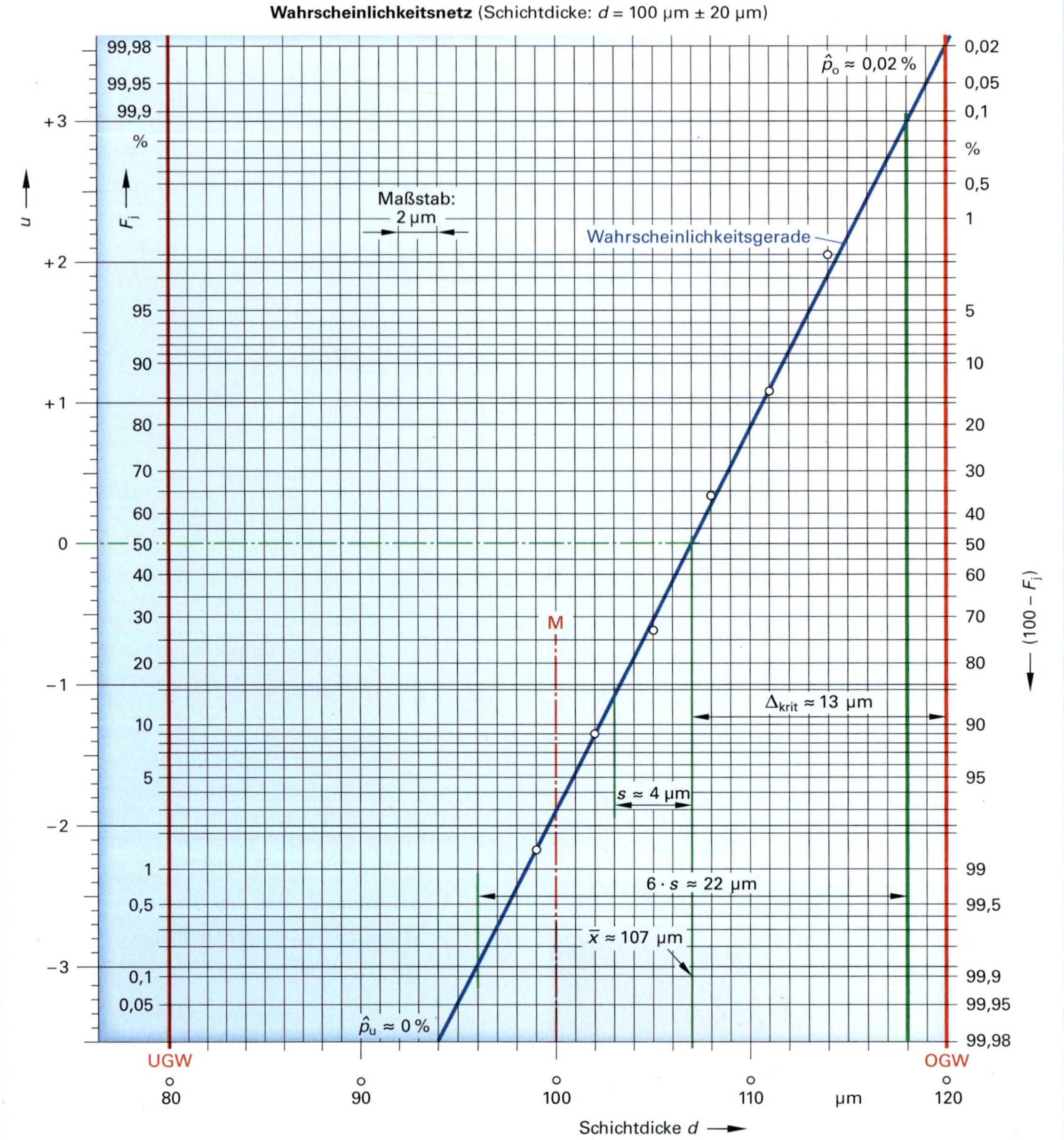

Bild 1: Analyse der Stichprobe mithilfe des Wahrscheinlichkeitsnetzes

Aus **Bild 1** kann gefolgert werden:

- Die Messwerte sind normal verteilt, denn die Punkte für die Häufigkeitssummen liegen klar ersichtlich entlang einer Geraden.
- arithmetischer Mittelwert und Standardabweichung: $\bar{x} \approx 107$ µm; $6 \cdot s \approx 22$ µm → $s \approx 3{,}7$ µm
- Die Gerade verläuft ziemlich steil, das bedeutet, die Verteilung besitzt eine relativ geringe Streuung.
- Der obere Überschreitungsanteil $\hat{p}_0$ beträgt ≈ 0,02 %, der untere praktisch 0 % (kein Schnittpunkt der Wahrscheinlichkeitsgeraden mit der Linie für UGW auf dem Auswerteblatt).
- Der Mittelwert $\bar{x}$ liegt deutlich rechts von der Toleranzmitte *M*, sein Abstand zum oberen Grenzwert OGW beträgt 13 µm und stellt somit den „kritischen Abstand" Δ_{krit} dar.

Auswertung:	Teile-Nr.:	Umfang:	Merkmal:	Prüfmaß:	Einheit	Maschine:	Messgerät:	Prüfer:	Datum:
Schichtdicke	1234	n = 56	Dicke *d*	100 ± 20	µm	Lackier-anlage	Schichtdicken-messgerät		

Mw. Nr.	Messwerte in µm								
1 ... 10	107	106	109	103	101	113	104	107	107	110
11 ... 20	110	116	107	112	101	107	113	105	106	107
21 ... 30	110	104	109	110	112	106	107	106	111	106
31 ... 40	107	101	104	105	108	104	102	106	104	100
41 ... 50	110	109	112	109	109	107	103	104	107	105
51 ... 60	97	102	106	107	109	112				

Maße in µm

Nennmaß	N =	100
Ob. Abmaß	Ao =	20
Unt. Abmaß	Au =	-20
Toleranz	T =	40
Ob. Grenzwert	OGW =	120
Un. Grenzwert	UGW =	80
Tol.-Mitte	M =	100

Klassenbildung

Anzahl der Klassen:	$k \approx \sqrt{n}$	$k \approx$	7,48	gerundet:	7
Klassenweite:	$w \approx R / k$	$w \approx$	2,714	gerundet:	3
Probe:		$k \times w =$	21	$> R$?	i.O.

Anzahl	n =	56
Extremwerte		
Maximum	x_{max} =	116
Minimum	x_{min} =	97
Streuwerte		
Range	R =	19
Standardabw.	s =	3,69
Fert.streuung	$6 \cdot s$ =	22,14
Mittelwerte		
Median	$\tilde{x}$ =	107,0
arithm. Mw.	$\bar{x}$ =	106,8
Modalwert	D =	107

Klasse Nr.	Messwert in cm ≥	<	n_j	h_j in %	Fj in %
1	96	99	1	1,8	1,8
2	99	102	4	7,1	8,9
3	102	105	10	17,9	26,8
4	105	108	21	37,5	64,3
5	108	111	12	21,4	85,7
6	111	114	7	12,5	98,2
7	114	117	1	1,8	100,0
		Σ	56	100	

Maschinenfähigkeitsuntersuchung (MFU)

$$C_m = \frac{T}{6 \cdot s} \qquad C_{mk} = \frac{\Delta_{krit}}{3 \cdot s}$$

$$\Delta_o = OGW - \bar{x} \qquad \Delta_u = \bar{x} - UGW$$

Forderung:	$C_m \geq$	1,67	
	$C_{mk} \geq$	1,67	
ob. Abstand	Δ_o =	13,2	
unt. Abstand	Δ_u =	26,8	
⇒ krit. Abst.	Δ_{krit} =	13,2	
Index	C_m =	1,81	i.O.
Index	C_{mk} =	1,19	n.i.O.

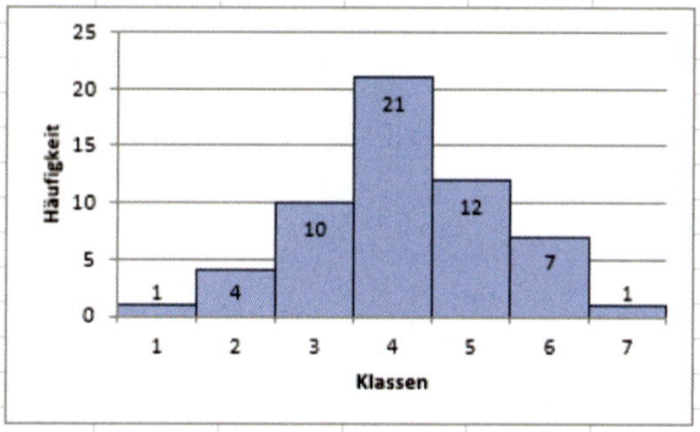

Ergebnis MFU: **Die Maschine ist nicht fähig!**

Bild 1: Excel-Vorlage MFU

Excel-Funktionen für die technische Statistik (Auswahl)

Funktion	Beschreibung
=ANZAHL(Bereich)	ermittelt die Anzahl der Zellen, die Zahlen enthalten
=MAX(...)	ermittelt das Maximum von Zahlen
=MIN(...)	ermittelt das Minimum von Zahlen
=STABW.S(...)	Standardabweichung einer Stichprobe
=STABW.N(...)	Standardabweichung einer Grundgesamtheit
=MITTELWERT(...)	arithmetischer Mittelwert
=MEDIAN(...)	Median, Zentralwert
=MODUS.EINF(...)	Modalwert, Modus = häufigster Wert eines Datenbereichs
=RUNDEN(20,4;0) **=RUNDEN**(20,55;1)	rundet 20,4 auf 20 rundet 20,55 auf 20,6
=VRUNDEN(62,47;0,05) **=VRUNDEN**(62,48;0,05)	rundet 62,47 auf 62,45 rundet 62,48 auf 62,50 **VRUNDEN** rundet eine Zahl auf das Vielfache von z. B. 0,05.
ZÄHLENWENN(Bereich;Kriterien) **=ZÄHLENWENN**(B2:B5;"<>"&B4)	zählt die Anzahl der Zellen in B2 bis B5 mit einem Wert ungleich des Werts in B4
ZÄHLENWENNS(Kriterienbereich1; Kriterien1; Kriterienbereich2; Kriterien2; ...) **=ZÄHLENWENNS** (Werte;">="&F27;Werte;"<"&G27)	wendet Kriterien auf Zellen in mehreren Bereichen an und zählt, wie oft alle Kriterien zutreffen zählt die Zellen im Bereich „Werte", die ≥ als der Wert in **F27** und < als der Wert in **G27** sind (Der Zellenbereich „Werte" muss definiert sein.)
=WIEDERHOLEN("I"; 10) **=WIEDERHOLEN**("I";I27)	schreibt 10 Zählstriche: IIIIIIIII schreibt so viele „I", wie in Zelle **I27** angegeben ist
WENN(Prüfung; [Dann_Wert]; [Sonst_Wert]) **=WENN**(C48>=C41;"i.O.";"n.i.O.")	Wahrheitstest Wenn der Wert von C48 ≥ dem Wert von C41 ist, dann schreibe i. O., ansonsten n. i. O.

Kopiervorlage Wahrscheinlichkeitsnetz (W-Netz)

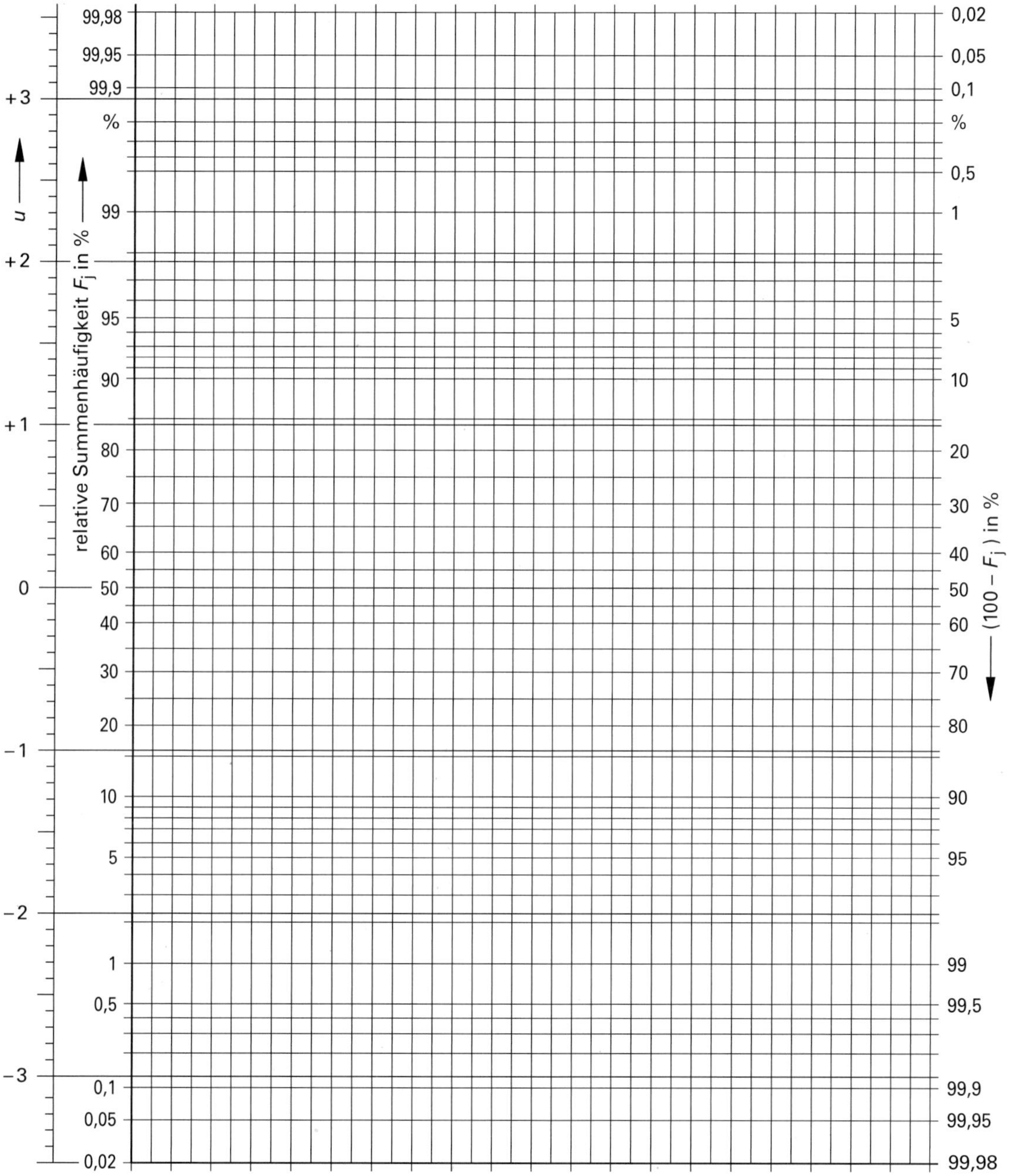

Überlegen und beantworten Sie:

1. **Maschinenfähigkeit: Drehmaschine**

   Auf einer Drehmaschine sollen Wellen mit dem Passmaß Ø 85 d9 gefertigt werden. Die Drehmaschine muss mindestens die Maschinenfähigkeitsindizes von $C_m = 2{,}0$ und $C_{mk} = 1{,}67$ einhalten können.

   Für eine Maschinenfähigkeitsuntersuchung (MFU) wird eine Stichprobe von 50 Wellen gedreht und ausgewertet. Die Messwerte werden auf 1 µm genau gemessen.

   Bei den Berechnungen ist auf genaues Runden zu achten:

   $\bar{x}$ wird um eine und s um zwei Dezimalstellen genauer, als die Messwerte gegeben sind, berechnet.

   Der arithmetische Mittelwert muss folglich auf vier und die Standardabweichung s auf fünf Nachkommastellen genau berechnet werden.

   a) Welcher Wellendurchmesser ist als Zielwert *Zw* für die Fertigung der Drehteile zu programmieren?

   b) Wie groß darf die Standardabweichung s der Stichprobe höchstens sein?

   c) Wie weit muss der arithmetische Mittelwert $\bar{x}$ von jeder Toleranzgrenze mindestens entfernt sein?

   d) Zwischen welchen beiden Grenzwerten muss der Mittelwert $\bar{x}$ der Stichprobe folglich liegen, damit die geforderten Bedingungen erfüllt sind?

2. **Maschinenfähigkeitsuntersuchung (MFU): Fräsmaschine**

   Auf einer Fräsmaschine werden an Werkstücken Nuten mit der Nutbreite $b = 60^{\ 0}_{-0{,}4}$ mm gefertigt. Durch eine MFU soll die Eignung der Maschine festgestellt werden.

   Auf der Fräsmaschine wurden 60 Werkstücke bearbeitet und die Maße der Nutbreiten ermittelt. Die Messwerte wurden Klassen zugeordnet und in Form eines Histogramms dargestellt.

Nr.	*b* in mm ≥ <	n_j	h_j in %	F_j in %
1	59,78–59,80	1		
2	59,80–59,82	2		
3	59,82–59,84	5		
4	59,84–59,86	14		
5	59,86–59,88	16		
6	59,88–59,90	13		
7	59,90–59,92	7		
8	59,92–59,94	1		
9	59,94–59,96	1		

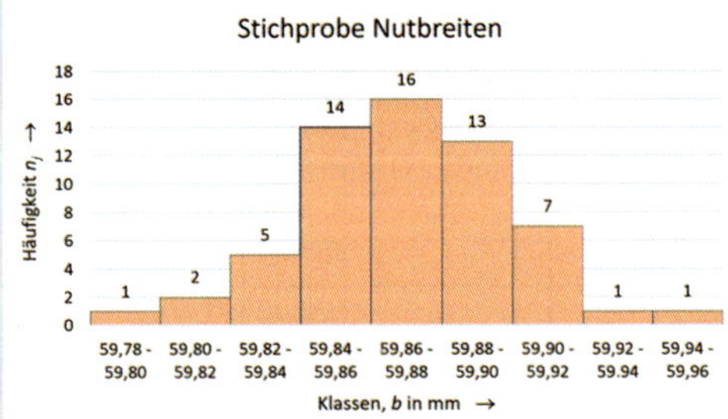

   a) Vervollständigen Sie die Häufigkeitstabelle, indem Sie die Werte für h_j und F_j auf eine Kommastelle genau berechnen.

   b) Erstellen Sie das Wahrscheinlichkeitsnetz (W-Netz, Kopiervorlage **Seite 491**). Bezeichnen und skalieren Sie zuerst die Achsen.

   c) Ermitteln Sie aus dem W-Netz den arithmetischen Mittelwert $\bar{x}$, die Standardabweichung s, den kritischen Abstand Δ_{krit} und die zu erwartenden Ausschussanteile $\hat{p}_u$ und $\hat{p}_o$ möglichst genau. Tragen Sie alle diese Werte mit den richtigen Kurzzeichen in das W-Netz ein.

   d) Berechnen und bewerten Sie die Maschinenfähigkeit, wenn gefordert wird: $C_m > 1{,}67$ und $C_{mk} > 1{,}67$.

   e) Sind Maßnahmen an der Fräsmaschine nötig? – Wenn ja, welche? Begründen Sie Ihre Antwort.

Überlegen und beantworten Sie:

3. Maschinenfähigkeitsuntersuchung (MFU): Rundschleifmaschine

Auf einer Rundschleifmaschine wurden für eine Maschinenfähigkeitsuntersuchung gehärtete Bolzen Ø 22h7 hergestellt. Ein Mitarbeiter erfasste die Maße einer Stichprobe von 50 Stück mithilfe eines Statistikrechners und wertete diese automatisch aus. Das Messprotokoll liegt Ihnen zur Begutachtung vor. Für C_m und C_{mk} werden jeweils mindestens 1,67 gefordert.

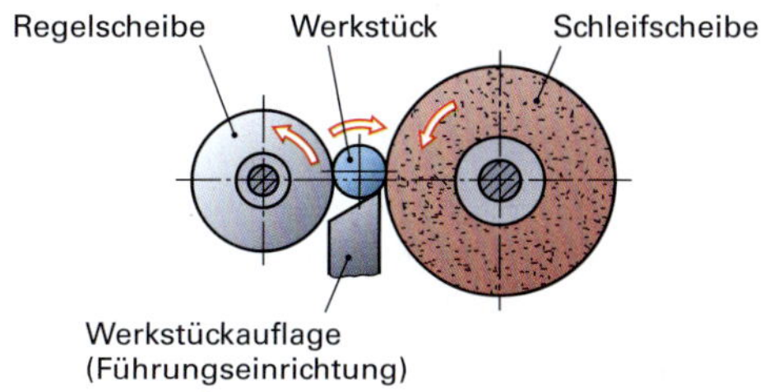

Bild 1: Spitzenlos-Durchlaufschleifen von gehärteten Zylinderbolzen

```
          L    C    U
21.989mm |               21.988mm |               21.992mm |               21.990mm |
21.988mm |               21.991mm |               21.990mm |               21.991mm |
21.988mm |               21.990mm |               21.976mm◄                21.992mm |
21.989mm |               21.991mm |               21.990mm |               21.991mm |
21.988mm |               21.992mm |               21.990mm |               21.991mm |
21.986mm |               21.990mm |               21.989mm |               21.992mm |
21.987mm |               21.990mm |               21.992mm |               21.991mm |
21.988mm |               21.991mm |               21.991mm |               21.990mm |
21.989mm |               21.992mm |               21.991mm |               21.991mm |
21.989mm |               21.991mm |               21.991mm |               21.991mm |
10                       20                       30                       40

                      * RESULT *                              * HISTOGRAM *
21.992mm |            n                 50                    -NG    1 | 0
21.992mm |            MAX           21.996   mm               LSL
21.993mm |            MIN           21.976   mm               A      0 |
21.993mm |            R              0.020   mm               B      0 |
21.993mm |            x̄           21.99052   mm               C      0 |
21.994mm |            s            0.00294   mm               D      2 | 0
21.994mm |                                                    E     10 | 00000
21.995mm |            -NG                1                    F     21 | 00000000000
21.995mm |            +NG                0                    G     11 | 000000
21.996mm |            P              2.000   %                H      4 | 00
50                    Cm             1.192                    I      1 | 0
                      Cmk            1.076                    J      0 |
                                                              USL
                                                              +NG    0 |
```

a) Geben Sie für das Prüfmaß Ø 22h7 die Grenzmaße und die Toleranz mit den richtigen Kurzzeichen in mm an.

b) Interpretieren Sie den 23. Messwert.

c) Erklären Sie folgende Angaben im Ergebnisprotokoll: –NG = 1 und P = 2 %;

d) Sie halten den 23. Messwert 21,976 mm für ungültig und wollen deshalb die Auswertung korrigieren. Geben Sie hier die dann gültigen Werte für n, x_{max}, x_{min} und R an.

e) Sie berechnen $\bar{x}$ und s neu und erhalten folgende korrigierte Werte:
$\bar{x}$ = 21,9908 mm; s = 0,00208 mm

f) Zeigen Sie den Rechenweg, wie Sie aus dem unkorrigierten Wert für $\bar{x}$ den korrigierten Wert berechnen können.

g) Maschinenfähigkeit

- Berechnen und bewerten Sie die Maschinenfähigkeitsindizes C_m und C_{mk} neu.
- Welche Folgerungen ergeben sich? – Nennen Sie mögliche Maßnahmen.

7.4.2 Prozessfähigkeit

Die Prozessfähigkeit gibt Auskunft darüber, ob ein Fertigungsprozess in der laufenden Produktion, unter Berücksichtigung aller am Prozess beteiligten Einflüsse langfristig in der Lage ist, fehlerfreie Teile zu produzieren.

Die Prozessfähigkeitsuntersuchung (PFU) berücksichtigt die sieben **M**-Einflüsse Mensch, Material, Methode, Maschine und Milieu (Umwelt), Management und Messbarkeit auf den Fertigungsprozess. Eine PFU wird durchgeführt vor Einführung eines neuen Fertigungsprozesses, vor dem Einsatz von Qualitätsregelkarten (QRK) zur statistischen Prozessüberwachung oder zur Beurteilung laufender Prozesse bei Serienfertigung.

Für eine PFU sind variable normal verteilte Messwerte erforderlich, die aus dem laufenden Fertigungsprozess über einen längeren Zeitraum erfasst werden. Für die Beurteilung des Prozessverhaltens sind mindestens m = 25 Stichproben des relevanten Qualitätsmerkmals erforderlich bei $n = 5$ ($m \cdot n \geq 125$).

Man ermittelt für jede Stichprobe die Kennwerte $\overline{x}$ und s und berechnet damit die Prozesskennwerte $\hat{\mu}$ und $\hat{\sigma}$ als Schätzwerte für μ und σ. Schließlich werden die Prozessfähigkeitskennwerte C_p und C_{pk} ähnlich wie bei der Maschinenfähigkeit berechnet **(Bild 1)**.

Ein Prozess ist fähig, wenn langfristig fehlerfreie Teile gefertigt werden können. Dazu muss die Prozessstreubreite 6 · σ gegenüber der Toleranz klein genug sein. Man nennt den Prozess beherrscht, wenn keine unbekannten systematischen Einflüsse den Fertigungsverlauf stören (Bild 2 und Bild 3).

$$C_p = \frac{T}{6 \cdot \hat{\sigma}}$$

$$C_{pk} = \frac{\Delta_{krit}}{3 \cdot \hat{\sigma}}$$

Mindestforderungen
$C_p \geq 1,33$
$C_{pk} \geq 1,33$

Die Erfahrung zeigt, dass die Prozessstreubreite $6 \cdot \hat{\sigma}$ die Toleranz nur zu 75 % ≙3/4 ausnutzen darf.
Das bedeutet, die Toleranz muss größer oder gleich $8 \cdot \hat{\sigma}$ und damit $C_p \geq 4/3 = 1,33$ sein.
$C_{pk} \geq 1,33 = 4/3$ bedeutet, dass der Prozessmittelwert von jedem Grenzwert mindestens $4 \cdot \hat{\sigma}$ entfernt sein muss.

Bild 1: Prozessfähigkeit

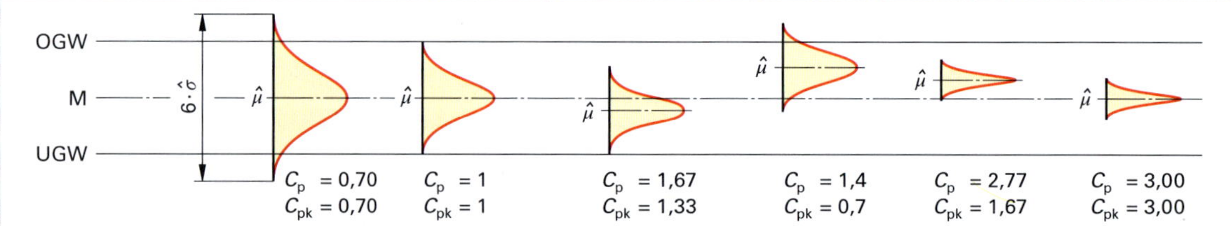

Bild 2: Beispiele für Prozessfähigkeitskennwerte

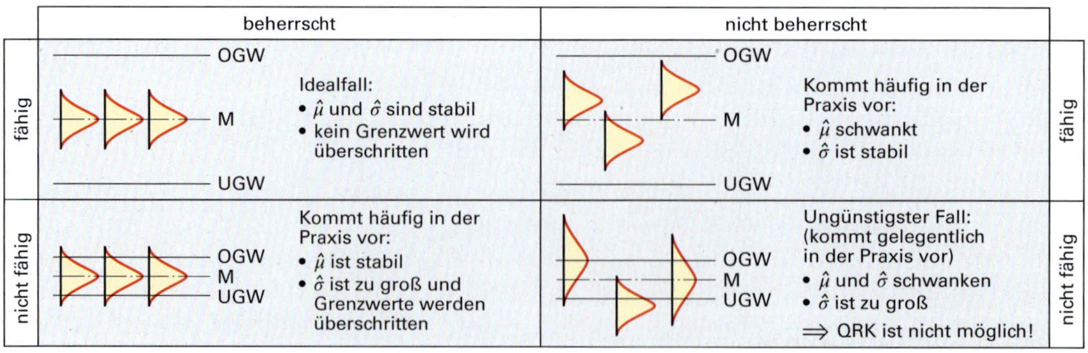

Bild 3: Matrix möglicher Prozesszustände

Lernfeld 11

7.4.3 Statistische Prozesslenkung mit Qualitätsregelkarten (QRK)

In der Serienfertigung werden fähige und beherrschte Prozesse angestrebt. Ein bereits vor Serienanlauf optimierter Fertigungsprozess wird mithilfe von Stichproben überwacht (vorläufige Prozessfähigkeit). Der laufenden Fertigung werden in regelmäßigen Abständen Stichproben mit meist fünf hintereinander gefertigten Werkstücken entnommen und diese werden geprüft.

Eine Qualitätsregelkarte gibt Aufschluss über die Prozessstabilität. Sie zeigt den zeitlichen Verlauf der Merkmalswerte und das Auftreten von Störungen an.

Der stabile Fertigungsprozess wird fortlaufend beobachtet und geregelt (langfristige Prozessfähigkeit).

Bei Störungen soll durch frühzeitiges Eingreifen eine Null-Fehler-Produktion bzw. eine rasche Fortführung einer optimalen Fertigung bei geringen Prüfkosten gewährleistet werden.

Systematische Abweichungen bzw. Störungen im Fertigungsprozess werden durch die Änderung der sogenannten SPC-Merkmale erkannt. Das sind meist wichtige Funktionsmaße, die vom Kunden vorgegeben und bei sicherheitsrelevanten Teilen in der Regel zudem dokumentationspflichtig sind.

// Aufbau von Qualitätsregelkarten

Das Beispiel einer Mittelwertkarte **(Bild 1)** zeigt den typischen Aufbau einer Qualitätsregelkarte.

Auf der Abszisse werden die Prüfzeiten oder die Nummern der Stichproben angegeben. Die Skala für das Qualitätsmerkmal bildet die Ordinate. Je nach Typ können Einzelmesswerte oder Stichprobenkennwerte wie hier z. B. $\bar{x}$ in die Qualitätsregelkarte als Punkte eingetragen und mit Linien verbunden werden.

Eine Strich-Punkt-Linie bildet die **Mittellinie** (*M*) und stellt die Toleranzmitte bzw. den Zielwert dar. **Warngrenzen** (*OWG*, *UWG*) und **Grenzwerte** (*OGW*, *UGW*) werden gegebenenfalls als gestrichelte Linien eingetragen. Die Warngrenzen umfassen in der Regel 95 % der Merkmalswerte. Auf die Eintragung der Toleranzgrenzen und Warngrenzen wird meist verzichtet, um den Fokus auf die Eingriffsgrenzen zu richten.

Die Eingriffsgrenzen (OEG, UEG) werden durch breite Volllinien markiert. Sie schließen den Bereich der zulässigen Werte (meist 99 %) ein.

Durch die Hervorhebung der Eingriffsgrenzen soll angezeigt werden, dass bereits bei ihrem Überschreiten der Prozess korrigiert werden muss, also noch bevor Ausschuss entsteht. Sie werden meist so gewählt, dass bei störungsfreier Fertigung 99 % aller Merkmalswerte in diesem Bereich liegen.

> Bei Verletzung einer Eingriffsgrenze müssen alle seit der letzten Stichprobe gefertigten Teile einer 100 %-Prüfung unterzogen werden, um auszuschließen, dass nach der Entnahme der letzten Stichprobe fehlerhafte Teile produziert wurden. Die Fertigung muss deshalb gestoppt und die Störgröße beseitigt werden.

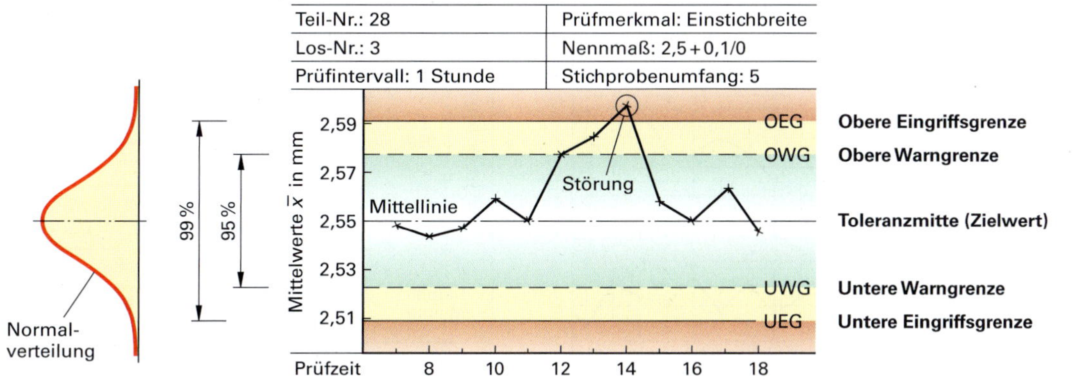

Bild 1: Qualitätsregelkarte für Mittelwerte ($\bar{x}$-Karte)

// Arten von Qualitätsregelkarten

Man unterscheidet QRK für diskrete (zählbare) Merkmalswerte, z. B. Fehlersammelkarten und QRK für stetige (messbare) Prüfmerkmale. Es gibt Annahme- und Prozess-QRK. Die Eingriffs- und Warngrenzen werden bei Annahme-QRK über die Toleranzgrenzwerte, bei Prozessregelkarten über die Prozesskennwerte $\hat{\mu}$ und $\hat{\sigma}$ bestimmt. Auf die Angabe von Warngrenzen wird meist verzichtet.

Prozessqualitätsregelkarten (nach Shewhart)

- **Um die Lage und Streuung eines Prozesses parallel zu überwachen, verwendet man zweispurige QRK. Die obere Spur zeigt die Lage, die untere die Streuung.**
- **Führt man die QRK von Hand, kombiniert man die Parameter $\tilde{x}$ oder $\bar{x}$ mit R. Bei der Prozessregelung per Computer kommt vorwiegend die $\bar{x}$-s-Karte zum Einsatz.**

Urwertkarte (Bild 1)

Es werden Stichproben zu je fünf Messwerten eingetragen. Gleiche Werte erhalten eine Häufigkeitszahl. Die Karte wird so angelegt, dass die Eingriffsgrenzen 75 % der Toleranz umfassen, denn eine kostengünstige Fertigung ist nur möglich, wenn die Fertigungsstreuung maximal 75 % der Toleranz ausnutzt. Die Urwertkarte wird eingesetzt, wenn nur wenige Werte vorliegen, oder als Vorstufe zur regulären QRK. Die Karte zeigt Lage und Streuung in nur einer Spur.

Median-Spannweitenkarte ($\tilde{x}$-R-Karte, Bild 2)

In der oberen Spur der zweispurigen QRK werden die Mediane $\tilde{x}$ (Zentralwerte) von meist kleinen ungeraden Stichproben eingetragen (alternativ auch $\bar{x}$), in die untere Spur die Spannweiten R. Diese Kennwerte sind sehr leicht zu bestimmen. Deshalb ist dieser Kartentyp für eine einfache, überschaubare Lage- und Streuungsüberwachung ohne Rechner geeignet. Die Berechnung der Eingriffsgrenzen erfolgt nach vorgegebenen Formeln. Die Karte wird verwendet bei der Einführung von QRK oder bei rauer Arbeitsumgebung.

Mittelwert-Standardabweichungskarte ($\bar{x}$-s-Karte, Bild 3)

In die obere Spur der zweispurigen QRK werden die arithmetischen Mittelwerte $\bar{x}$ und in die untere Spur die Standardabweichungen s der Stichproben eingetragen. Sind die Prozessparameter nicht bekannt, werden $\hat{\mu}$ und $\hat{\sigma}$ als Schätzwerte aus den vorhandenen Stichprobenkennwerten durch Mittelwertbildung unter Verwendung von zusätzlichen Konstanten berechnet. Die Eingriffsgrenzen werden nach vorgegebenen Formeln berechnet. Die $\bar{x}$-s-Karte ist für eine empfindliche Lage- und Streuungsüberwachung mit Rechner geeignet.

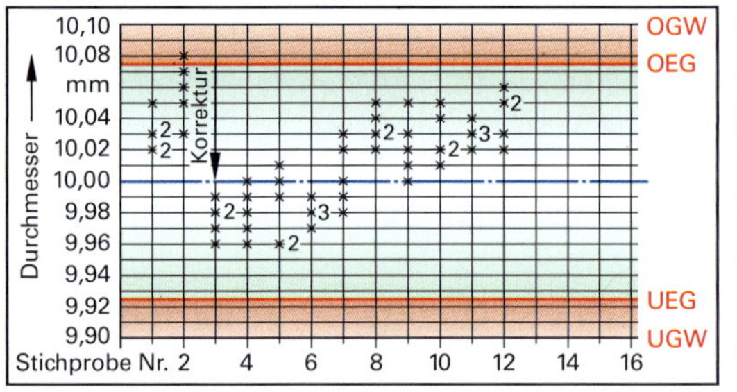

Bild 1: Urwertkarte (für D = 10 mm ± 0,1 mm)

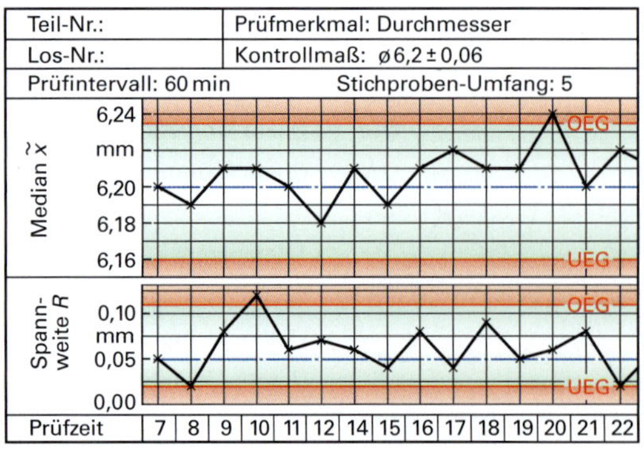

Bild 2: Median-Spannweitenkarte ($\tilde{x}$-R-Karte)

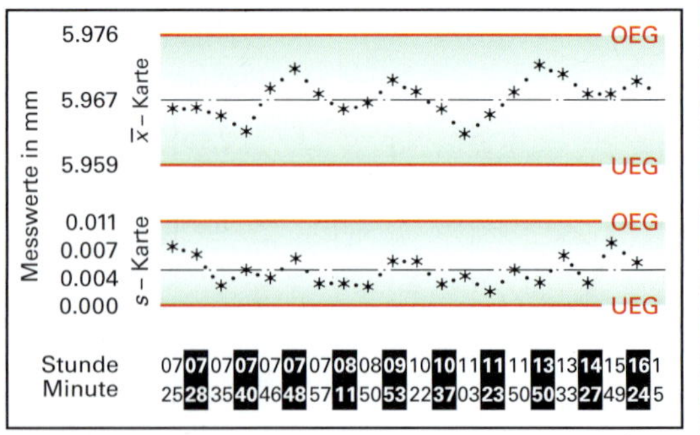

Bild 3: Mittelwert-Standardabweichungskarte ($\bar{x}$-s-Karte)

// Beispiel: Urwertkarte (Bild 1)

Auf einer Fräsmaschine sollen Werkstücke eine Führungsnut erhalten mit der Nutbreite:

$$b = (15{,}15 \pm 0{,}04)\ \text{mm}$$

Nach erfolgreicher MFU wird mit einer Urwertkarte erstmalig die anlaufende Serienfertigung beurteilt. Die Eingriffsgrenzen werden so berechnet, dass diese 75 %, also 3/4 der Toleranz umfassen **(Bild 2)**. Die Urwertkarte zeigt die Lage und die Streuung der Messwerte.

Mittellinie: $M = \dfrac{UGW + OGW}{2} = 15{,}15\ \text{mm}$

Obere Eingriffsgrenze: $OEG = OGW - \dfrac{1}{8} \cdot T$

Untere Eingriffsgrenze: $UEG = UGW + \dfrac{1}{8} \cdot T$

$$OEG = (15{,}19 - \tfrac{1}{8} \cdot 0{,}08)\ \text{mm} = 15{,}18\ \text{mm}$$

$$UEG = (15{,}19 - \tfrac{1}{8} \cdot 0{,}08)\ \text{mm} = 15{,}12\ \text{mm}$$

Bild 2: Berechnung der Eingriffsgrenzen

Messwerte in mm	Prüfmerkmal Nutbreite b		Spezifikation $b = (15{,}15 \pm 0{,}04)$ mm		Stichprobe n = 5	Frequenz 60 min
x_1	15,140	15,147	15,154	15,136	15,157	15,177
x_2	15,158	15,147	15,143	15,155	15,161	15,155
x_3	15,149	15,138	15,131	15,147	15,151	15,166
x_4	15,144	15,152	15,138	15,159	15,163	15,168
x_5	15,129	15,157	15,163	15,162	15,138	15,173

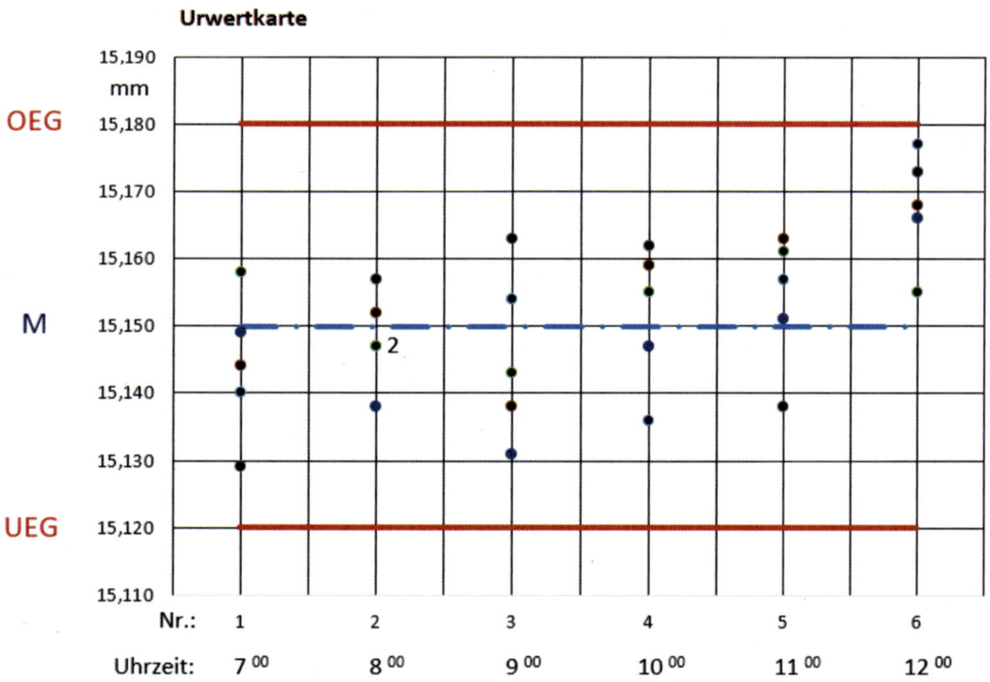

Bild 1: Urwertkarte

Beurteilung: Die Urwertkarte zeigt einen ansteigenden Trend der Messwerte. Die Ursache ist zu ergründen.

// Beispiel: $\bar{x}$-s-Regelkarte (Bild 1, Seite 499)

Für die Lenkung eines Fertigungsprozesses wird eine zweispurige prozessorientierte $\bar{x}$-s-Qualitätsregelkarte nach Shewhart eingesetzt. Damit lassen sich parallel die Lage und die Streuung des Prozesses überwachen. Auf Basis der erfassten Einzelmesswerte wurden für die einzelnen Stichproben jeweils der arithmetische Mittelwert $\bar{x}$ und die Standardabweichung s berechnet.

Prozesslage, Prozessstreuung, Regelgrenzen

Die Berechnung der Prozesslage $\hat{\mu}$ und der Prozessstreuung $\hat{\sigma}$ basiert hier auf 18 Stichproben zu je 7 Teilen. Auf die Eintragung der Toleranzgrenzen wurde aufgrund der Prozessorientierung verzichtet, auf die Angabe von Warngrenzen wegen der leichteren Überschaubarkeit.

(Alle Maße in mm)

Gegeben:

$$\hat{\mu} = \bar{\bar{x}} = 130{,}040 \quad \hat{\sigma} = \sqrt{\frac{s_1^2 + s_2^2 + \ldots + s_m^2}{m}} = 0{,}028855$$

x-Karte:

$$M = \hat{\mu} = \bar{\bar{x}} = 130{,}040$$

$OEG = \hat{\mu} + A_E \cdot \hat{\sigma}$

$OEG = 130{,}04 + 0{,}974 \cdot 0{,}0289 = 130{,}069$

$UEG = \hat{\mu} - A_E \cdot \hat{\sigma}$

$UEG = 130{,}04 - 0{,}974 \cdot 0{,}0289 = 130{,}012$

s-Karte:

$M = a_n \cdot \hat{\sigma} = 0{,}959 \cdot 0{,}0289 = 0{,}028$

$OEG = B_{OEG} \cdot \hat{\sigma} = 1{,}758 \cdot 0{,}0289 = 0{,}051$

$UEG = B_{UEG} \cdot \hat{\sigma} = 0{,}336 \cdot 0{,}0289 = 0{,}010$

Bild 1: Berechnung der Regelgrenzen

Berechnung der Regelgrenzen (Bild 1)

Die Regelgrenzen wurden nach den Formeln von **Tabelle 1** und unter Verwendung der Konstanten von **Tabelle 2** berechnet.

Tabelle 1: Regelgrenzen bei Prozessregelkarten für quantitative Merkmale nach DGQ

Regelspur	Eingriffsgrenzen (99 %)		Warngrenzen (95 %)		Mittellinie
Kennwert	**OEG**	**UEG**	**OWG**	**UWG**	**M**
$\bar{x}$	$\hat{\mu} + A_E \cdot \hat{\sigma}$	$\hat{\mu} - A_E \cdot \hat{\sigma}$	$\hat{\mu} + A_W \cdot \hat{\sigma}$	$\hat{\mu} - A_W \cdot \hat{\sigma}$	$\hat{\mu}$
s	$B_{OEG} \cdot \hat{\sigma}$	$B_{UEG} \cdot \hat{\sigma}$	$B_{OWG} \cdot \hat{\sigma}$	$B_{UWG} \cdot \hat{\sigma}$	$a_n \cdot \hat{\sigma}$
$\tilde{x}$	$\hat{\mu} + C_E \cdot \hat{\sigma}$	$\hat{\mu} - C_E \cdot \hat{\sigma}$	$\hat{\mu} + C_W \cdot \hat{\sigma}$	$\hat{\mu} - C_W \cdot \hat{\sigma}$	$\hat{\mu}$
R	$D_{OEG} \cdot \hat{\sigma}$	$D_{UEG} \cdot \hat{\sigma}$	$D_{OWG} \cdot \hat{\sigma}$	$D_{UWG} \cdot \hat{\sigma}$	$d_n \cdot \hat{\sigma}$

Tabelle 2: Faktoren zur Berechnung der Regelgrenzen und Schätzung der Prozessstandardabweichung in Abhängigkeit vom Stichprobenumfang n (Auszug)

n	C_E	C_W	A_E	A_W	D_{OEG}	D_{UEG}	D_{OWG}	D_{UWG}	d_n	B_{OEG}	B_{UEG}	B_{OWG}	B_{UWG}	a_n
2	1,821	1,386	1,821	1,386	3,970	0,009	3,170	0,044	1,128	2,807	0,006	2,241	0,031	0,798
3	1,725	1,313	1,487	1,132	4,424	0,135	3,682	0,303	1,693	2,302	0,071	1,921	0,159	0,886
4	1,406	1,070	1,288	0,980	4,694	0,343	3,984	0,595	2,059	2,069	0,155	1,765	0,268	0,921
5	1,379	1,049	1,152	0,877	4,886	0,555	4,197	0,850	2,326	1,927	0,227	1,669	0,348	0,940
6	1,194	0,908	1,052	0,800	5,033	0,749	4,361	1,066	2,534	1,830	0,287	1,602	0,408	0,952
7	1,182	0,899	0,974	0,741	5,154	0,922	4,494	1,251	2,704	1,758	0,336	1,552	0,454	0,959
8	1,056	0,804	0,911	0,693	5,255	1,075	4,605	1,410	2,847	1,702	0,376	1,512	0,491	0,965
9	1,050	0,799	0,859	0,653	5,341	1,212	4,700	1,550	2,970	1,657	0,410	1,480	0,522	0,969
10	0,958	0,729	0,815	0,620	5,418	1,335	4,784	1,674	3,078	1,619	0,439	1,454	0,548	0,973

Prüfmerkmal	Spezifikation	Stichprobe	Frequenz
Länge l	l = (130 +0,2/-0,1) mm	n = 7	60 min

Stichprobe	Nr.	1	2	3	4	5	6	7
Messwerte in mm	x_1	130,06	130,07	130,04	130,07	130,11	130,04	130,03
	x_2	130,07	130,04	130,03	129,99	130,05	129,98	129,97
	x_3	130,05	130,07	130,04	130,05	130,06	130,02	129,99
	x_4	130,07	130,01	130,04	130,04	130,07	130,03	130,04
	x_5	130,05	130,09	130,03	130,03	129,99	130,02	130,02
	x_6	130,05	130,07	130,06	130,03	130,03	129,98	130,09
	x_7	130,02	130,04	130,03	130,03	130,04	130,08	130,08
$\bar{\bar{x}}$ = **130,0404**	$\bar{x}$	**130,053**	**130,056**	**130,039**	**130,034**	**130,050**	**130,021**	**130,031**
$\bar{s}$ = **0,02736**	s	**0,0170**	**0,0270**	**0,0107**	**0,0244**	**0,0370**	**0,0348**	**0,0438**

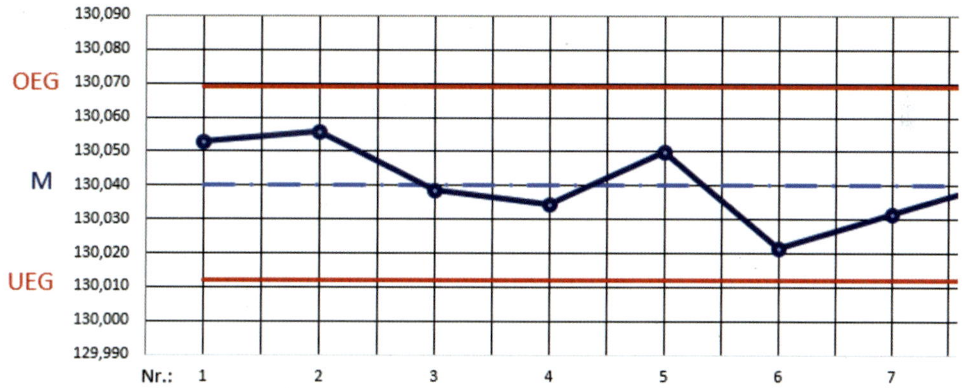

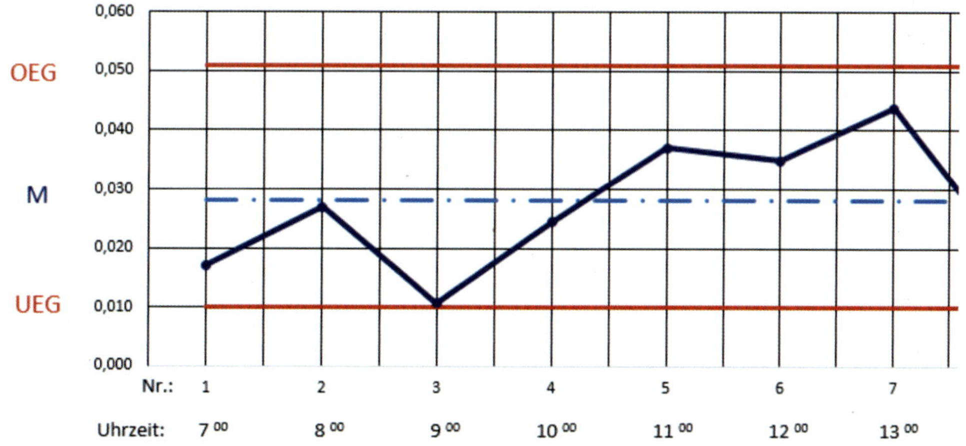

Bild 1: $\bar{x}$-s-Qualitätsregelkarte

Beobachtung: Prozesslage und Prozessstreuung liegen innerhalb der Eingriffsgrenzen. Der Wert für s von Stichprobe Nr. 3 erfordert keinen Eingriff, da hier eine geringe Streuung angezeigt wird, was ja gewünscht ist. Der Eintrag der unteren Eingriffsgrenze (UEG) für die Streuung könnte auch entfallen.

// Beurteilung von Fertigungsprozessen (Bild 1)

1. Liegen die Kennwerte für Lage und Streuung eines Fertigungsprozesses innerhalb der Warngrenzen, geht man von einem beherrschten Prozess aus.
2. Liegt mindestens ein Kennwert zwischen Warn- und Eingriffsgrenze, besteht die Gefahr einer systematischen Veränderung. Die Prüfintervalle sind zu verkürzen.
3. Liegt mindestens ein Kennwert außerhalb der Eingriffsgrenzen, ist die Produktion zu stoppen. Fehlerhafte Teile sind auszusortieren und die Ursachen zu beseitigen. (Bei 99 %-Zufallsstreubereich besteht eine Irrtumswahrscheinlichkeit von 1 %, d. h., bei 100 Ergebnissen außerhalb der Eingriffsgrenzen würde man einmal unnötigerweise eingreifen.)
4. Wird bei einer s- oder *R*-Karte die UEG unterschritten, liegt eine systematische Verringerung der Streuung, d. h. eine Verbesserung des Prozesses vor.

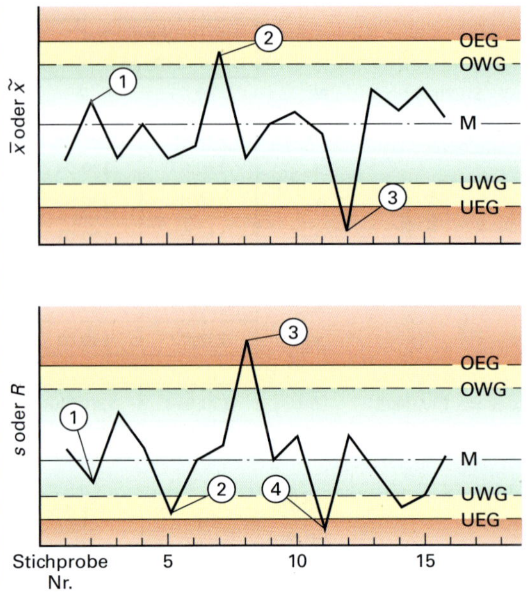

Bild 1: Beurteilungsregeln

Spezielle Prozessverläufe

In einem Fertigungsprozess können spezielle Prozessverläufe vorkommen **(Bild 2)**.

Störungen im Prozessverlauf	Beobachtung	Maßnahmen
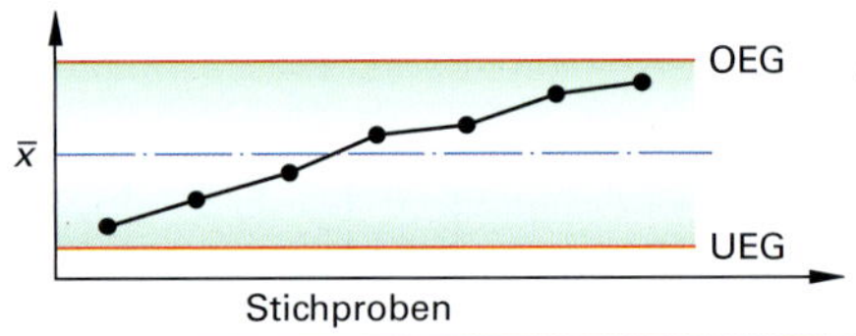	**Trend** 7 Mittelwerte oder R-Werte steigen oder fallen hintereinander	**Fertigungsprozess unterbrechen** Ursache ergründen, z. B. • Wärmeverhalten der Maschine • Werkzeugverschleiß
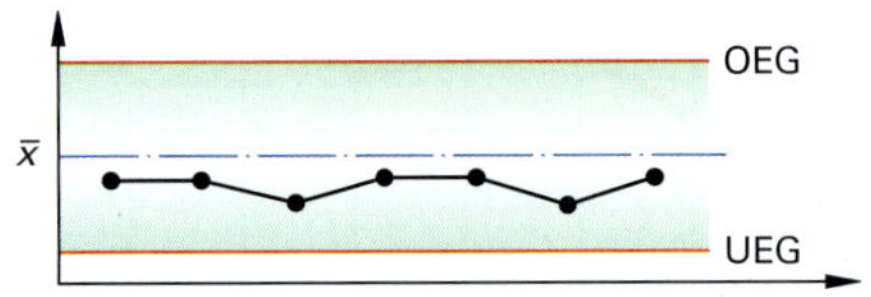	**Run** 7 Werte liegen hintereinander oberhalb oder unterhalb der Mittellinie	**Fertigungsprozess unterbrechen** Ursache ergründen, z. B. • Werkzeugverschleiß • Wechsel des Materials, Prüfmittels oder des Kühlschmierstoffes
a) 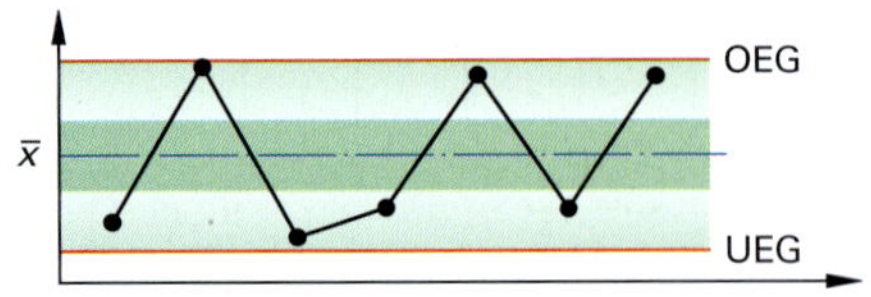 b) 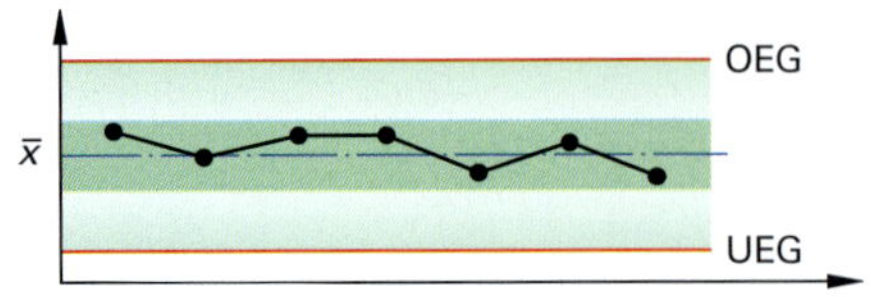	**Middle Third** 2/3 der Messwerte liegen nicht mehr im mittleren Drittel zwischen den Eingriffsgrenzen a) Werte liegen zu nahe an den Eingriffsgrenzen b) Werte liegen zu nahe an der Mittellinie	Ursache ergründen, z. B. • Material aus anderer Charge • Streuung der Messwerte • Wechsel der Anlagenführer • Mischen von Teilen, die auf mehreren Maschinen gefertigt werden • Fähigkeit des Prüfmittels, das Messverfahren und die messtechnische Qualifikation des Anlagenführers untersuchen

Bild 2: Spezielle Prozessverläufe

Überlegen und beantworten Sie:

1. **Prozessfähigkeit und Qualitätsregelkarte**

   Überprüfen Sie für die Daten zu der Qualitätsregelkarte von **Seite XXX** die Prozessfähigkeit.

   Für die Einhaltung der Spezifikation l = (130 + 0,2/–01) mm wird eine Prozessfähigkeit von mindestens 1,33 sowohl für C_p als auch für C_{pk} gefordert.

   Berechnen Sie die Werte für C_p und C_{pk} und bewerten Sie das Ergebnis.

2. **Maschinenfähigkeitsuntersuchung (MFU) und Prozessfähigkeitsuntersuchung (PFU)**

   Erklären Sie den Unterschied zwischen einer MFU und einer PFU im Hinblick auf die Durchführung und die Stichprobenentnahme, indem Sie beide Analysen gegenüberstellen und vergleichen.

   a) Maschinenfähigkeitsuntersuchung

   b) Prozessfähigkeitsuntersuchung

3. **Prozessfähigkeit**

   a) Die Prozessfähigkeitsindizes C_p und C_{pk} eines Fertigungsprozesses sind gleich groß. Erklären Sie die Bedeutung für die Prozessfähigkeit.

   b) Erklären Sie in dem Zusammenhang den Fall, wenn der Prozessfähigkeitsindex C_{pk} deutlich kleiner als der Kennwert C_p ist.

4. **Prozessverlauf**

   Bei einem Pulverbeschichtungsprozess wird die Schichtdicke mithilfe einer Qualitätsregelkarte überwacht.

   Beurteilen Sie den dargestellten Prozessverlauf.

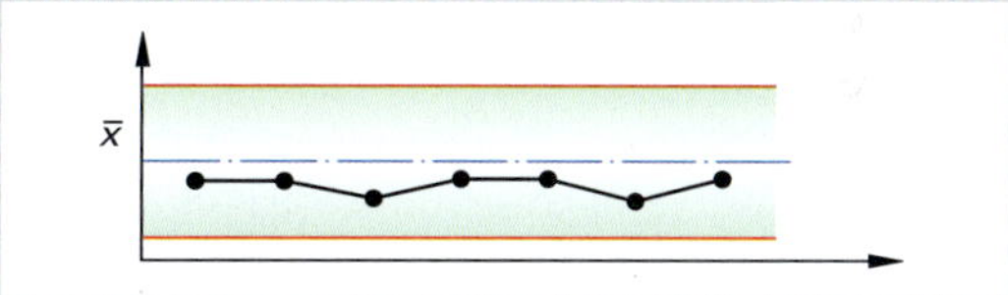

5. **Prozessfähigkeit**

   Flansche sollen in Serienfertigung eine Bohrung Ø 60 H7 erhalten. Dazu wird eine Prozessfähigkeitsuntersuchung durchgeführt.

   Die Auswertung der Stichproben ergab eine Normalverteilung mit μ = 60,03 mm und σ = 0,003 mm.

   a) Ermitteln Sie für das Maß Ø 60 H7 die Abmaße, das Höchstmaß, das Mindestmaß und die Maßtoleranz.

   b) Berechnen Sie den Prozessfähigkeitsindex C_p.

   c) Berechnen Sie den Prozessfähigkeitsindex C_{pk}.

   d) Beurteilen Sie die Prozessfähigkeit und veranschaulichen Sie den Sachverhalt mit einer Skizze.

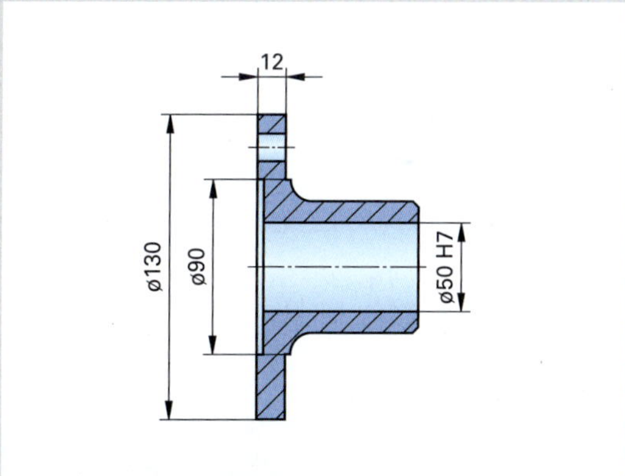

6. **$\bar{x}$-R-Regelkarte**

   Stellen Sie die Stichprobe von **Seite XXX** in einer $\bar{x}/R$-Qualitätsregelkarte dar.

   Berechnen Sie die Regelgrenzen mit den entsprechenden Formeln neu und vergleichen Sie die Darstellung mit der $\bar{x}$-s-Regelkarte. Lösen Sie die Aufgabe wenn möglich mit Excel.

   Gegeben: $\mu = \bar{\bar{x}}$ = 130,0430 mm; $\bar{R}$ = 0,077 mm; $\hat{\sigma}$ = 0,02848 mm

7.5 Überprüfen Sie Ihre Kompetenz

1. Beschreiben Sie die Bedeutung des Labels für einen Betrieb **(Bild 1)**.
2. Erklären Sie die Begriffe Qualität und Qualitätsaudit.
3. Erläutern Sie „Lenkung fehlerhafter Teile“ im Zusammenhang mit der Null-Fehler-Strategie.
4. Beschreiben Sie die Bedeutung der Abbildung **(Bild 2)** im Zusammenhang mit dem Qualitätsmanagementsystem in einem Betrieb.
5. Erklären Sie das Diagramm **(Bild 3)**.
6. Erläutern Sie den Begriff Fehler nach ISO 9000, beschreiben Sie die drei möglichen Fehlerarten und nennen Sie für jede Fehlerart ein Beispiel.
7. **Fehlersammelkarte und Paretoanalyse: Elektrogerät**

Ein Betrieb fertigt für ein Elektrogerät Gehäusedeckel. Jede Stunde wird eine Stichprobe, bestehend aus 50 Deckeln, geprüft. Die auftretenden Fehler werden in einer Fehlersammelkarte erfasst. Nach $m = 9$ Stichproben soll eine Paretoanalyse verdeutlichen, wie die Qualität der Teile effektiv verbessert werden kann. (Die Aufgabe kann herkömmlich oder mit Excel gelöst werden.)

Stichprobenprüfung:

Stichprobenumfang $\boldsymbol{n} = 50$
Anzahl der Stichproben $\boldsymbol{m} = 9$
Prüfintervall: 60 min

Fehlersammelkarte:

Bild 1

Bild 2

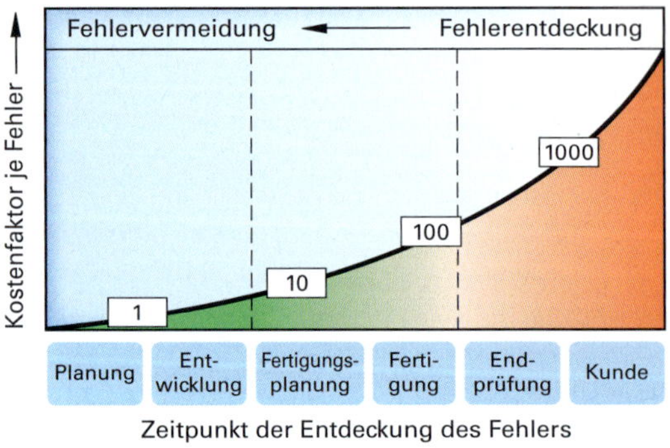

Bild 3

Gehäusedeckel														
Fehlerart	**Nr.**	**Fehlerhäufigkeit i_j**										**$\sum i_j$**	**f_j in %**	**i_j in %**
Lackschaden	F1		1					1						
Druckstellen	F2	1	2		2	1	2	2	2	2				
Korrosion	F3		1			1			1					
Grat	F4	1												
Rissbildungen	F5		1											
Winkelfehler	F6	2		3	1		3	1		2				
Verbogen	F7					1								
Gewinde fehlt	F8		1											
$\sum$ fehlerhafte Teile														
Stichproben-Nr.		1	2	3	4	5	6	7	8	9				

a) Berechnen Sie die Fehleranteile $\boldsymbol{f_j}$ in % von allen Stichprobenteilen **(*m* · *n*)**.
Fehleranteil in %:

$$f_j = \frac{\sum i_j}{m \cdot n} \cdot 100\,\%$$

b) Berechnen Sie die Fehlerhäufigkeiten $\boldsymbol{i_j}$ in % von allen fehlerhaften Teilen.
Fehlerhäufigkeit in %:

$$i_j = \frac{\sum i_j}{\sum \text{fehlerhafte Teile}} \cdot 100\,\%$$

c) Erstellen Sie ein Paretodiagramm.

8. Skizzieren und erklären Sie die Struktur eines Ishikawa-Diagramms.

9. Stichprobenprüfung und 100 %-Prüfung

Vergleichen Sie die Stichprobenprüfung mit einer 100 %-Prüfung, was die zweckmäßige Anwendung sowie die Vor- und Nachteile betrifft. Stellen Sie den Vergleich übersichtlich in einer Tabelle dar.

10. Technische Statistik

Diese Istmaße stammen von einer Stichprobe mit 20 Zylinderstiften ISO 8734 - 10 x 30 - C1.

Durchmesser in mm

10,011	10,013	10,012	10,016	10,014	10,012	10,015	10,012	10,013	10,012
10,014	10,011	10,013	10,015	10,011	10,010	10,012	10,013	10,014	10,010

Bestimmen Sie:
(Geben Sie alle Maße in mm an.)

a) Passmaß
b) Abmaße *ei* und *es*
c) Standardabweichung *s* und Spannweite *R*
d) Mittelwert $\bar{x}$ und Median $\tilde{x}$
e) Modalwert *D* und Ausschuss *p* in %

11. Maschinenfähigkeit: Rundschleifmaschine

Bolzen sollen mit dem Nennmaß Ø 30 und der Toleranz IT 8 gefertigt werden. Für die dafür vorgesehene Rundschleifmaschine wird ein Maschinenfähigkeitsindex von $C_m \geq 1{,}67$ gefordert. Es wird eine Stichprobe von 50 Bolzen angefertigt, mit der nachgewiesen werden soll, dass die Streuung der Messwerte klein genug ist. Wie groß darf die Standardabweichung dieser Stichprobe maximal sein?

12. Maschinenfähigkeitsuntersuchung (MFU): Drehmaschine

Auf einer Drehmaschine sollen Rohlinge mit der Länge l = (40 ± 0,2)mm abgestochen werden. Mithilfe einer MFU wird ermittelt, ob die Drehmaschine die geforderte Spezifikation einhalten kann, wenn für C_m und C_{mk} jeweils 1,67 gefordert wird.

Für die MFU wurde eine Stichprobe von 56 Rohlingen gefertigt und ausgemessen. Folgende Messwerte wurden ermittelt und in einer Tabelle erfasst:

Stichprobe: l = (40 ± 0,2) mm

Tabelle 1: Urliste Messwerte in mm

Mw. Nr.										
1 … 10	39,98	40,03	40,10	40,02	40,09	39,97	40,04	39,99	39,98	40,10
11 … 20	40,00	39,99	40,00	40,04	40,00	40,01	40,02	40,01	40,03	40,07
21 … 30	40,02	40,02	40,07	40,02	40,02	40,14	40,07	40,03	40,03	39,94
31 … 40	40,03	40,06	40,03	40,04	40,07	40,04	40,04	40,00	40,04	40,05
41 … 50	40,05	40,05	40,06	40,05	40,06	40,05	39,96	40,06	40,03	40,03
51 … 60	40,07	40,03	40,08	40,08	40,10	40,02				

12.1. Bestimmen Sie die Klasseneinteilung.

12.2. Erstellen Sie eine Strichliste.

a) Ordnen Sie den Klassen zunächst alle Messwerte in Form von Zählstrichen zu.

b) Geben Sie dann die absoluten Häufigkeiten n_j, die relativen Häufigkeiten h_j in % sowie die Häufigkeitssummen F_j in % an.

12.3. Zeichnen Sie ein Histogramm.

a) Geben Sie als Abszisse die Messwertklassen oder die Klassennummern an.

b) Wählen Sie als Ordinate n_j oder h_j in %.

12.4. Grafische Auswertung im Wahrscheinlichkeitsnetz (W-Netz).

a) Bezeichnen Sie zunächst die Ordinaten mit u, F_j in % und **(100-F_j)** in %. Skalieren Sie dann die Abszisse so, dass alle Messwertklassen sowie die Toleranzgrenzen angegeben werden können.

b) Tragen Sie dann in das W-Netz als senkrechte Linien ein:
die Grenzwerte ***UGW, OGW*** und die Toleranzmitte ***M***.

c) Tragen Sie jetzt über den oberen Klassengrenzen die Häufigkeitssummen F_j als Punkte in das W-Netz ein. Zeichnen Sie nun die W-Gerade so ein, dass alle Punkte möglichst nahe an der Geraden liegen.

d) Bestimmen Sie aus dem W-Netz:
- den arithmetischen Mittelwert $\bar{x}$ der Stichprobe
- die Standardabweichung s der Stichprobe
- die zu erwartenden unteren und oberen Überschreitungsanteile (Ausschussanteile) $\hat{p}_u$ und $\hat{p}_o$ ($\hat{p}$ = Prozentsatz, Schätzwert)
- den kritischen Abstand Δ_{krit}

12.5. Berechnen und bewerten Sie die Maschinenfähigkeit.

a) Berechnen Sie die Maschinenfähigkeitsindices C_m und C_{mk}.

b) Beurteilen Sie die Ergebnisse.

13. Qualitätsregelkarten können helfen, in der Produktion Fehler zu vermeiden. Nennen und beschreiben Sie ein Beispiel.

14. Prozessverlauf

Bei einem Pulverbeschichtungsprozess wird die Schichtdicke mithilfe einer Qualitätsregelkarte überwacht. Beurteilen Sie den dargestellten Prozessverlauf.

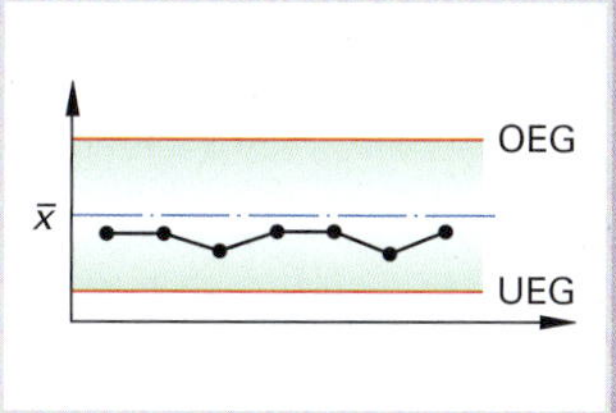

15. Welches Ergebnis liefert die Überprüfung eines quantitativen Merkmals und welches die Überprüfung eines qualitativen Merkmals?

16. Urwertkarte

Die Einhaltung der Gleichspannung von Spannungsquellen soll erstmalig durch eine Urwertkarte mit Stichprobenumfang $n = 5$ überprüft werden. Die Spezifikation lautet: $U = 24\ \text{V} \pm 1\ \text{V}$.

a) Bestimmen Sie die Eingriffsgrenzen und legen Sie eine Urwertkarte an.
b) Tragen Sie die folgenden Messwerte ein und beurteilen Sie die Verteilung.

Tabelle 1: Messwerte in V

23,9	23,8	24,0	23,5	23,5	23,0
23,8	22,5	23,2	23,1	23,7	23,8
24,3	24,1	24,0	22,7	24,8	24,3
24,5	24,4	24,6	24,6	24,4	24,5
24,3	24,1	24,0	22,8	24,9	24,3

17. Prozessüberwachung eines Schraubprozesses mit einer $\bar{x}$-s-Qualitätsregelkarte

Bei einem Schraubprozess kommt ein gesteuerter Impulsschrauber mit Drehmomentaufnehmer und Abschaltmechanismus zum Einsatz. Der Drehmomentbereich des Impulsschraubers beträgt 40 Nm bis 70 Nm.

Mit dem Impulsschrauber sollen Schrauben M10 mit einem Anziehmoment von $M = (55 \pm 10)$ Nm eingeschraubt werden. Der Schraubprozess wird mit einer $\bar{x}$-s-QRK überwacht.

Folgende Prozessparameter sind bekannt: $\bar{\bar{x}} = 55{,}034$ Nm; $\bar{s} = 2{,}080$ Nm

a) Berechnen Sie für die Stichproben 1–10 jeweils $\bar{x}$ und s.
b) Bestimmen Sie mit den gegebenen Prozessparametern $\bar{\bar{x}}$ und $\bar{s}$ die Eingriffsgrenzen *OEG* und *UEG* sowie die Mittellinien *M* für eine $\bar{x}$-s-QRK.
c) Erstellen Sie für die Stichproben 1–10 die $\bar{x}$-s-QRK.
d) Überprüfen Sie die Fähigkeit des Schraubprozesses durch die Berechnung von C_p und C_{pk}.
e) Beurteilen Sie den Schraubprozess.

Prüfmerkmal	Spezifikation	Stichprobe	Frequenz
Anzugsmoment *M*	$M = (55 \pm 10)$ Nm	$n = 6$	60 min

Messwerte in Nm / Stichpr. Nr.:	1	2	3	4	5	6	7	8	9	10
x_1	54,2	57,1	54,4	53,1	55,0	57,1	55,2	57,1	50,9	54,5
x_2	54,3	56,7	51,2	52,7	53,4	53,4	57,3	56,0	58,4	51,9
x_3	52,1	54,4	57,0	56,0	55,9	56,8	55,9	54,3	61,2	55,1
x_4	56,0	54,5	57,7	55,3	58,1	51,6	55,8	56,5	55,6	55,7
x_5	54,2	54,5	55,4	56,0	59,5	57,2	53,8	56,0	57,2	51,3
x_6	53,2	55,3	59,1	52,9	56,8	52,9	52,4	53,7	52,8	51,7
x_7										
$\bar{x}$										
s										

Lernfeld 11

7.6 Discover your profession in English

Many companies have themselves certified according to the ISO 9001 standard and maintain a corresponding quality management system.

Modern quality management (QM) encompasses all activities in a company. QM is successful when all employees are involved and act accordingly. Quality is the result of systematic planning and control. The quality of products and processes is decisive for the success of a company.

The **PDCA**-cycle shows the phases **P**lan, **D**o, **C**heck, **A**ct in a control loop for continuous improvement **(Figure 1)**.

// Quality tools

Quality tools are graphical aids for visualising quality-related analysis and/or findings **(Figure 2)**.

- The **defect chart** detects and lists errors in a production process.
- The **histogram** shows the frequency of quality relevant data into classes.
- The **quality control chart (QCC)** is a graphical aid for continuous process monitoring.
- The **Pareto chart** displays causes of problems in order of importance.
- The **cause-and-effect diagram** ("fishbone diagram") is used to find the causes of problems.
- The **scatter diagram** shows the relationship between two features.

Vocabulary

company – *Unternehmen*
according – *gemäß*
to maintain – *unterhalten*
corresponding – *entsprechend*
to encompass – *umfassen*
employees – *Mitarbeiter*
to be involved – *beteiligt sein*
decisive – *entscheidend*
control loop – *Regelkreis*
continuous improvement – *kontinuierliche Verbesserung*
graphical aid – *grafisches Hilfsmittel*
visualising – *Darstellung*
quality-related analysis – *qualitätsbezogene Analyse*
defect chart – *Fehlerkarte*
quality control chart (QCC) – *Qualitätsregelkarte (QRK)*
monitoring – *Überwachung*
cause-and-effect diagram – *Ursache-Wirkungs-Diagramm*
fishbone diagram – *Fischgrätendiagramm*
scatter diagram – *Streudiagramm*
feature – *Merkmal*

Figure 1: Elements of the quality management

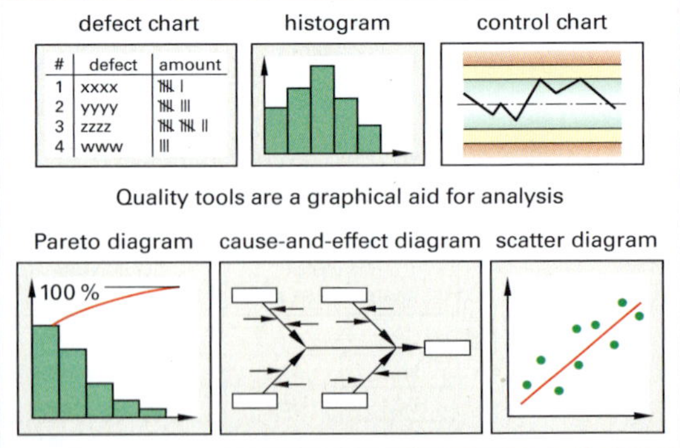

Figure 2: Quality tools

Exercises:

Explain the importance of quality management for a company and explain one of the quality tools in detail.

Lernfeld 11

// Distribution of measured values

If the sample size is increased and the class intervals are reduced, the staircase shape of the histogram of normally distributed values turns into a normal distribution bell curve **(Figure 1)**. The measured values of many industrial processes are normally distributed, e.g. length measurements.

The normal distribution is a continuous, symmetric and bell-shaped curve.

The characteristics of a sample are the arithmetic mean $\bar{x}$ and the standard deviation s.

- $\bar{x}$ provides information of the location of the distribution with respect to the limits.
- s describes the scattering of the measured values around the mean.

// Statistical process control (SPC)

Statistical evaluation methods such as sampling inspection, capability studies and the use of quality control charts are part of the statistical process control, and thus of the quality assurance **(Figure 2)**.

- The machine capability study is a short-term analysis of the manufacturing accuracy of a machine, whereby external influences are avoided.
- The process capability study provides information on whether a manufacturing process can produce defect-free parts in the long term.
- Quality control charts provide information about process stability. They are used to monitor process characteristics in series production. With two-track QCC, the position and scattering of a process can be monitored.

Vocabulary

value, size – *Wert, Größe*
sample size – *Stichprobenumfang*
to increase – *erhöhen*
staircase shape – *Treppenform*
distribution – *Verteilung*
bell-shaped curve – *glockenförmige Kurve*
arithmetic mean – *arithmetisches Mittel*
standard deviation – *Standardabweichung*
with respect to – *bezüglich*
evaluation methods – *Bewertungsmethoden*
sampling inspection – *Stichprobenprüfung*
capability – *Fähigkeit*
quality control charts – *Qualitätsregelkarten*
quality assurance – *Qualitätssicherung*
manufacturing accuracy – *Fertigungsgenauigkeit*
provide information – *informieren*
process characteristics – *Prozessmerkmale*
scattering – *Streuung*

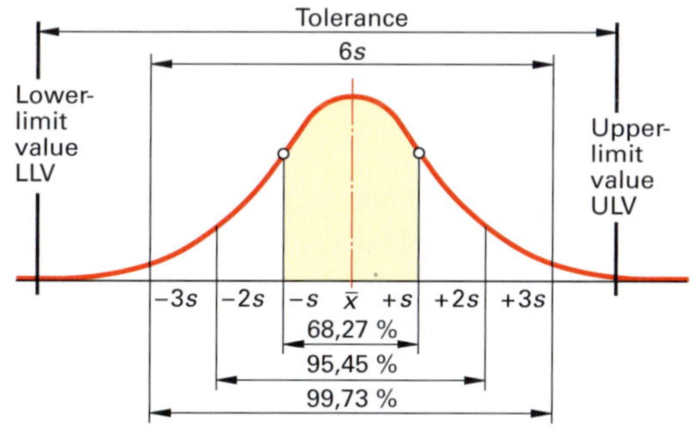

Figure 1: Normal distribution of values

	Machine capability	Process capability
Item	machine	production process
Volume	1 sampling testing, $n \geq 50$	permanent testing of samles, $n \geq 5$
Aim	evaluation of machine	evaluation of process
Application	e. g. new acquisition	current manufacturing process
Values	C_m, C_{mk}	C_p, C_{pk}

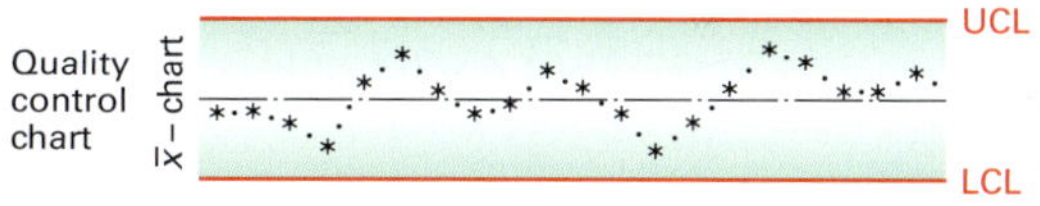

Figure 2: Capability study and quality control chart

Exercises:

1. Explain the normal distribution of measured values.
2. Sketch the curve of a normally distributed sample of measured values and enter the two typical characteristic values.

Lernfeld 11

Lernfeld 12:
Instandhalten von technischen Systemen

Kapitel 08

Instandhalten von technischen Systemen

Das Ziel der Instandhaltung ist es, die Sicherheit und Verfügbarkeit sowie die Wirtschaftlichkeit von Maschinen und Anlagen zu gewährleisten.

8.1 Instandhaltung

Komplexe technische Anlagen wie Werkzeugmaschinen und Produktionsanlagen sind aufgrund der großen Anzahl von Bauteilen mechanisch, elektrisch und steuerungstechnisch störanfällig. Geeignete Maßnahmen können die Funktionsfähigkeit und die Wirtschaftlichkeit der Produktion langfristig sichern.

Zu den drei Säulen der Instandhaltung gehören nach DIN 31051 die **Inspektion**, die **Wartung** und die **Instandsetzung**, die durch eine vierte Säule, die Verbesserung, erweitert werden kann.

8.1.1 Inspektion

Der Zustand und die Funktion der Maschinen und Anlagen lassen sich durch Beobachten, Messen, Prüfen oder auch Diagnoseverfahren erfassen. Dieser Istzustand wird dabei mit dem Sollzustand stetig oder periodisch verglichen.

Stetige Betriebszustände in der Produktion können beipielsweise Kräfte, Drücke, Drehmomente, Temperaturen u.a. sein. Periodisch lassen sich Lager, Zahnräder, Führungen oder auch tragende Bauteile und Befestigungselemente überprüfen.

Inspektionsmaßnahmen sind planbar und vorbeugend, um die verschiedenen Erscheinungsformen von Abnutzung frühzeitig zu erkennen.

Erscheinungsformen von Abnutzung:

- mechanischer Abtrag, z.B. Rundungsradien an Kanten von Gleitflächen
- Oberflächenveränderung durch Ablagerungen, Verschmutzung, Korrosion, Risse und Brüche

- verändertes Spiel und Deformationen an Führungen
- Leckagen durch Alterungsprozesse an hydraulischen Schläuchen
- elektrische oder steuerungstechnische Störungen durch defekte Sensoren, Ventile, Signalglieder

Die Abnutzung lässt sich häufig auf messbare Symptome zurückführen:

- Temperaturanstieg
- Strom- oder Leistungsveränderung
- Laufzeitveränderung
- Schwingungen, Vibrationen, Geräuschveränderung
- Druck- und Durchflussveränderung

Mit einer kontinuierlichen Zustandsüberwachung, dem **Condition Monitoring (Bild 1)**, werden Maschineschäden und der Ausfall von Anlagenteilen frühzeitig erkannt.

8.1.2 Wartung

Durch Wartung wird die Funktion der Anlagen, der Baugruppen und der einzelnen Bauteile erhalten und die Nutzungszeit verlängert **(Bild 2)**. Mit den entsprechenden Maßnahmen wie Schmieren, Ersetzen und Nachfüllen von Betriebsstoffen, Reinigen und Konservieren, planmäßiges Austauschen von Verschleißteilen **(Bild 3)** wird der Sollzustand auf längere Sicht bewahrt.

Wartung ist eine planbare und vorbeugende Aktivität. Wartungspläne werden nach bestehenden Erkenntnissen kurz-, mittel- oder langfristig aufgebaut.

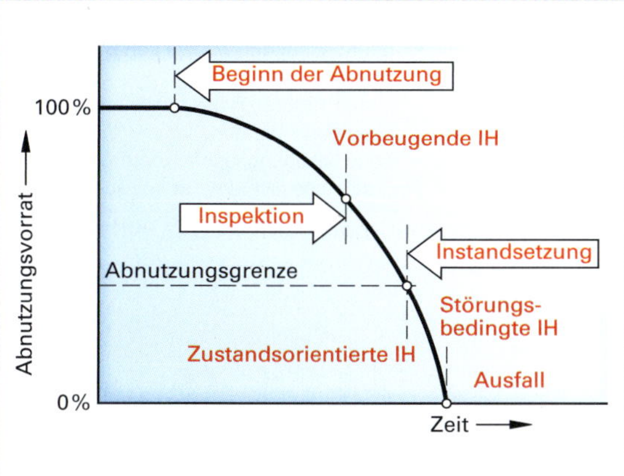

Bild 2: Abnutzungsvorrat

Mit der Wartung tritt noch ein weiterer Aspekt auf, der der Ver- und Entsorgung sowie der Aufbereitung von Kühlschmiermitteln und Wertstoffen, der bei allen Wartungsarbeiten berücksichtigt werden muss.

8.1.3 Instandsetzung

Treten nun trotz Inspektion und regelmäßiger Wartung Störungen und Schäden auf, dann muss mit den zur Verfügung stehenden Mitteln versucht werden, diese durch Ausbessern, Reparieren oder Austauschen zu beseitigen. Eine Fehler- oder Schadensanalyse hilft beim Feststellen des augenblicklichen Zustands.

Das Instandsetzen ist im Gegensatz zur Instandhaltung und Wartung immer ein reaktiver Vorgang, der nicht planbar ist.

Bild 1: Condition Monitoring

Bild 3: Bremsbelag austauschen

Vielfach lässt sich gerade aus den Erfahrungen von bereits durchgeführten Instandsetzungen die vierte Säule der Verbesserung ableiten. Wenn es gelingt, konstruktive Änderungen in ein bestehendes System einfließen zu lassen, dann schafft man eine Optimierung der Funktionssicherheit und eine Verlängerung der Nutzungsdauer.

8.1.4 Instandhaltungskonzepte

In der Praxis werden drei Instandhaltungskonzepte unterschieden: die intervallabhängige und zustandsabhängige Instandhaltung sowie die störungsbedingte Instandhaltung **(Tabelle 1)**.

// Instandhaltungskosten

Ein wesentliches Ziel der Instandhaltung ist die Minimierung der Kosten für Instandhaltungsmaßnahmen. Die Wahl des passenden Konzepts ist eine wichtige Voraussetzung, um dieses Ziel zu erreichen. Es können direkte und indirekte Kosten unterschieden werden:

Direkte Kosten fallen an, um Betriebsmittel in einsatzfähigem Zustand zu erhalten.

- Wartungskosten: Personalkosten, Materialkosten, Austauschkomponenten
- Inspektionskosten: Personalkosten, Betriebsmittel für die Überwachung und Analyse von Systemen
- Instandsetzungskosten: Personalkosten, Materialkosten für Ersatzteile
- allgemein: Lagerhaltungskosten für Ersatzteile

Indirekte Kosten treten dann auf, wenn im Schadensfall Kosten für die Betriebsunterbrechung und Produktionsausfall anfallen.

- Betriebsunterbrechung, Stillstand: Kosten für Produktionsausfall wie Personal-, Energie-, Mietkosten, Kosten für Umsatz- und Ergebnisausfall, Wiederanlaufkosten (Anlagen)
- Schadenfolgekosten: Reparaturkosten für fehlerhafte Produkte, Entsorgungskosten für Ausschussprodukte, Kosten durch Lieferverzug und Vertragstrafen, Folgekosten bei Kunden

Tabelle 1: Instandhaltungskonzepte

Intervallabhängige Instandhaltung	Zustandsabhängige Instandhaltung	Störungsbedingte Instandsetzung
• regelmäßige Zeitabstände • vorbeugende Instandhaltung • nach Erfahrungswerten angewendet • z. B. Ölfilter, Dichtungen, Lager auswechseln	• vorbeugende Instandhaltung • Bauteile und Werkzeuge werden nach dem Abnutzungsvorrat gewechselt. • Dauerüberwachung notwendig oder Stichprobenprüfung	• Eingriff erfolgt im Schadensfall, bei Störung und Ausfall der Maschine und Anlage • Störung bzw. Schaden muss zunächst lokalisiert werden
Vorteile: • hohe Zuverlässigkeit von Maschinen und Anlagen • Unvorhergesehen Probleme werden reduziert. • gute Planbarkeit der Maßnahme	**Vorteile:** • maximale Nutzung der Lebensdauer • terminabhängige Planung aufgrund von Erfahrung	**Vorteile:** • Ausnutzung des gesamten Abnutzungsvorrats • geringer Planungsaufwand
Nachteile: • hoher Ersatzteilbedarf • hohe Instandhaltungskosten • Lebensdauer der Bauteile wird nicht voll ausgeschöpft.	**Nachteile:** • erhöhte Kosten • zusätzliche Inspektionsmittel bzw. Einsatz von Condition Monitoring	**Nachteile:** • überraschende Ausfälle von Maschinen und Anlagen • Instandhaltung muss unter Zeitdruck ausgeführt werden. • hohe Fertigungsausfallkosten • Ersatzteile nicht immer vorrätig

8.1.5 Kaufvertrag und Verbraucherschutz

Der **Kaufvertrag** regelt die Pflichten zwischen Verkäufer und Käufer. Die Grundlage bildet der § 433 BGB, indem sich der Verkäufer verpflichtet, die Sache dem Käufer zu übergeben und Eigentum an der Sache zu verschaffen. Die Sache muss frei von Sach- und Rechtsmängeln sein. Der Käufer verpflichtet sich, dem Verkäufer den vereinbarten Kaufpreis zu bezahlen und den Gegenstand abzunehmen.

Im Verbraucherschutz sind die Rechte des Verbrauchers, des Käufers, geregelt. Dabei geht es beispielsweise um

- die Gewährleistung bei Mängeln
- die Garantie
- die Produkthaftung.

// Gewährleistung bei Mängeln

Die verkaufte Sache soll nach dem Gesetz frei von Sach- und Rechtsmängeln sein.

Ein **Sachmangel** ist beispielsweise eine unsachgemäß durchgeführte Montage, wodurch der Gegenstand nicht in Betrieb genommen werden kann.

Ein **Rechtsmangel** liegt vor, wenn ein Dritter Rechte an der verkauften Sache besitzt, z. B. bei gestohlener Ware, sogenannter Hehlerware.

Liegt ein Mangel vor, so hat der Käufer das Recht zur Nacherfüllung, z. B. Nachbesserung der Sache, oder zum Rücktritt bzw. Preisnachlass. In bestimmten Fällen kann es auch eine Schadensersatzforderung bzw. einen Ersatz der Ware geben.

Die Verjährungsfrist zur Meldung von Mängeln beträgt nach § 438 BGB zwei Jahre, wenn keine arglistige Täuschung vorliegt (drei Jahre).

// Garantie

Die Garantie stellt eine freiwillge Leistung des Herstellers dar, die über die gesetzlichen Gewährleistungen hinausgeht. Eine Garantie erlischt beispielsweise, wenn der Käufer einen Gegenstand eigenwillig repariert bzw. Veränderungen vornimmt.

In der Praxis gibt es zahlreiche Garantien, von der Preisgarantie über eine Langzeitgarantie, eine Reparaturgarantie bis zur Vor-Ort-Garantie, speziell bei großen elektrischen Haushaltsprodukten.

// Produkthaftung

Fehlerhafte Produkte können für die Hersteller massive wirtschaftliche Auswirkungen und Imageschaden mit sich bringen. Im Rahmen des Produkthaftungsgesetzes ist der Hersteller in der Beweislast, dass seine Produkte frei von Fehlern sind, und muss die Herstellerpflichten nachweisen.

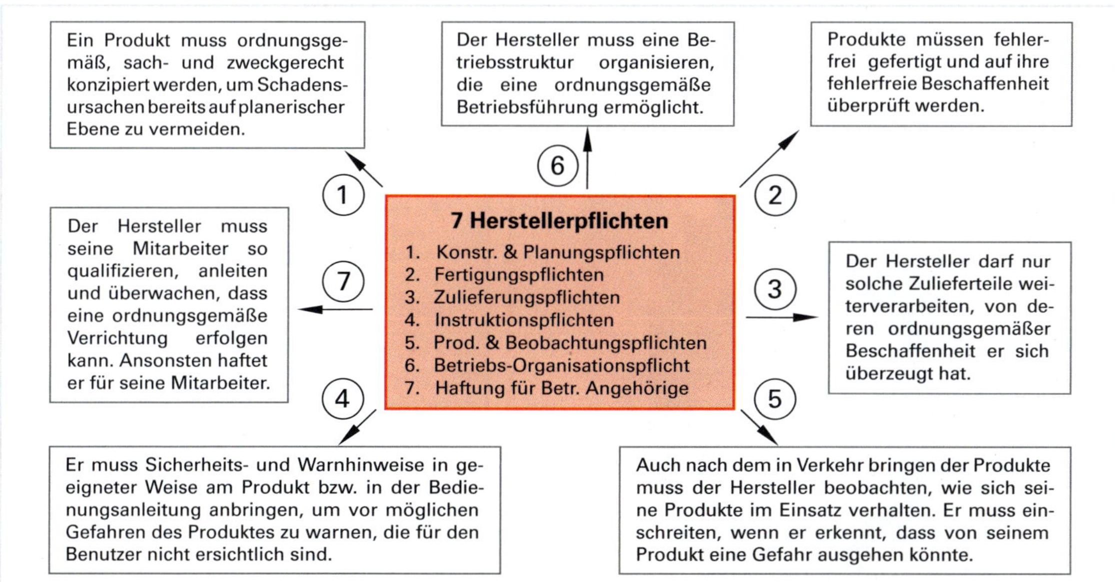

Bild 1: Herstellerpflichten

8.2 Schadens- und Paretoanalyse

// Schadensanalyse

Aus einer Schadensanalyse können Maßnahmen abgeleitet werden, um in der vorbeugenden Instandhaltung oder im Schadensfall Abhilfe zu schaffen. Dadurch können zukunftsorientiert potenzielle Schäden minimiert oder ganz vermieden werden.

Die Durchführung einer Schadensanalyse hat einen standardisierten Ablauf:

- **Aufnahme des Schadensbilds:** Erfassen des äußeren Zustands eines schadhaften Bauteils, Veränderungen am Bauteil, Verfärbungen, Bruchbild
- **Beurteilen und Klassifizieren des Schadens:** Art der Überbelastung feststellen (mechanisch, thermisch, chemisch/korrosiv, tribologisch), Kombinationen von Belastungen
- **Ermittlung der Schadensursache:** Summe aller schadensauslösenden Einflüsse erfassen
- **Ermittlung der primären Schadensursache:** auslösender Fehler, mechanische Beeinträchtigung, Korrosion, thermische Einflüsse, tribologische Schädigungen
- **Instandhaltungsmaßnahmen:** Maßnahmen zur Vermeidung von Wiederholungen des Schadens

Schäden, die häufig nicht oder nur spät entdeckt werden, führen wie am Beispiel der Kfz-Hersteller zu groß angelegten Rückrufaktionen. Es handelt sich dann meist um mehrere 10000 Fahrzeuge, die wegen Fehlern, Mängeln instand gesetzt werden müssen, wie

- nicht straffende Gurtstraffer
- Brandgefahr durch die Abgasrückführung
- mangelhafte Ölversorgung des Antriebs
- Bremsprobleme
- Probleme mit Airbagsteuerung usw.

Die **Zehnerregel der Fehlerkosten** stellt eindrücklich dar, wie sich Fehler im Verlauf der Entwicklung und Produktion bis zum Verkauf des Produkts auf die Kosten der Fehlerverhütung bzw. Fehlerbehebung auswirken **(Bild 2)**.

In jeder Phase steigen die Kosten zur Fehlerbehebung um den Faktor 10. Werden die Fehler in der Fertigung, der Endprüfung oder sogar erst beim Kunden festgestellt, dann sind die Kosten für die Fehlerbeseitigung bis zu 1000-mal höher als in der Planung und Entwicklung.

> Mit einer Fehlermöglichkeits- und Einflussanalyse (FMEA) können Maßnahmen getroffen werden, um im Vorfeld der Produktion Fehler zu vermeiden.

Durch die FMEA lassen sich Fehler frühzeitig identifizieren und damit vermeiden und hohen Fehlerkosten vorbeugen. Treten trotzdem Fehler auf, so wird dann nach den möglichen Ursachen geforscht, um die Entstehung des Fehlers zukünftig zu verhindern.

Bild 1: Schadensbild Zahnrad

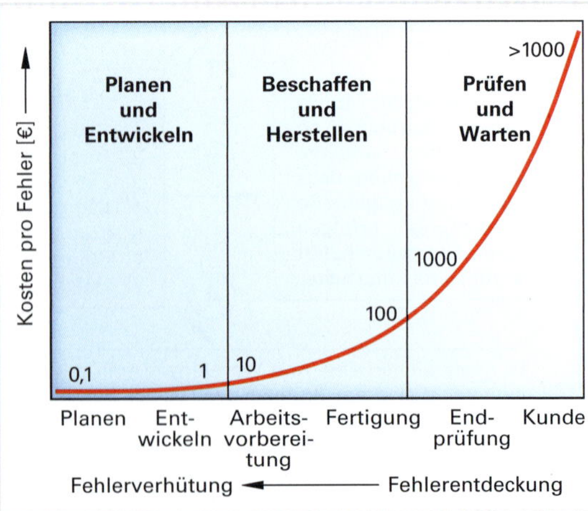

Bild 2: Zehnerregel der Fehlerkosten

// Paretoanalyse

Ein wichtiges Werkzeug in der Qualtiätssicherung stellt die Paretoanalyse dar. Dabei werden festgelegte Qualitätsmerkmale geprüft, um Fehler frühestmöglich festzustellen.

Mit der **80/20-Regel** hat der Italiener Pareto Anfang des 20. Jahrhunderts einen Weg gefunden, um zu zeigen, dass es häufig nur eine geringe Anzahl von Fehlern ist, die als Ursache für einen hohen Prozentsatz an Problemen verantwortlich sind. Seine Behauptung heißt deshalb auch 80/20-Regel, weil ca. 20 % der Fehler für 80 % der Probleme sorgen.

Am Beispiel einer Gehäusefertigung wird nachfolgend das Vorgehen bei der Paretoanalyse dargestellt.

In einer **Fehlersammelliste** werden die Fehler nach Tagen oder Kalenderwochen als Strichliste festgehalten und zu einer Gesamtfehlerzahl aufsummiert **(Tabelle 1)**.

Um einen besseren Überblick zu erhalten, werden die Fehler in einem Balkendiagramm dargestellt, wobei sie nach der Häufigkeit sortiert werden.

Das Liniendiagramm (Tabelle 1) zeigt nun die Fehler der Reihe nach aufaddiert, bis sich am Ende die Summe zu 100 % ergibt.

Wertet man zum Schluss das Liniendiagramm aus, dann wird die Behauptung Paretos nach der 80/20-Regel zwar nicht ganz bestätigt, sie wird jedoch annähernd erreicht.

Nach Auswertung der Ergebnisse stellt man fest, dass nach dem Ausschließen der zwei häufigsten Fehler ca. 68 % aller Fehler beseitigt sind, nach dem Ausschließen von drei Fehlern sind es sogar ca. 86 %.

vel.plus/
FILF263

Tabelle 1: Fehlersammelliste, Paretoanalyse

Fehlersammelliste		**Bauteil:** Gehäuse		**Artikelnr.:** 2004-OG-0603		
Fertigungsauftrag: 230308-11		**Prüfplan:** 1.2 Gehäuse rechts		**Zeitraum:** KW10 bis KW13		
Fehler	**Fehlerart**	**KW 10**	**KW 11**	**KW 12**	**KW 13**	
F1	Gusskontur K_1 zu tief	𝍸 |||	|||	𝍸	|||	**19**
F2	Gusskontur K_2 unsymmetrisch						**2**
F3	Abmaß Länge l_1	||					**4**
F4	Passmaß Länge l_2	𝍸 ||	𝍸		𝍸 𝍸	𝍸 |||	**31**
F5	Passmaß Bohrung d_1							**2**
F6	Zylinderform Bohrung d_1			||				**4**
F7	Winkligkeit Bohrung 3 zu 1	𝍸 𝍸	𝍸 𝍸 ||	𝍸 𝍸		𝍸 ||||	**42**
F8	Gehäuse nicht druckdicht				||		**3**
	Gesamt der Fehler:	**29**	**26**	**31**	**21**	**107**

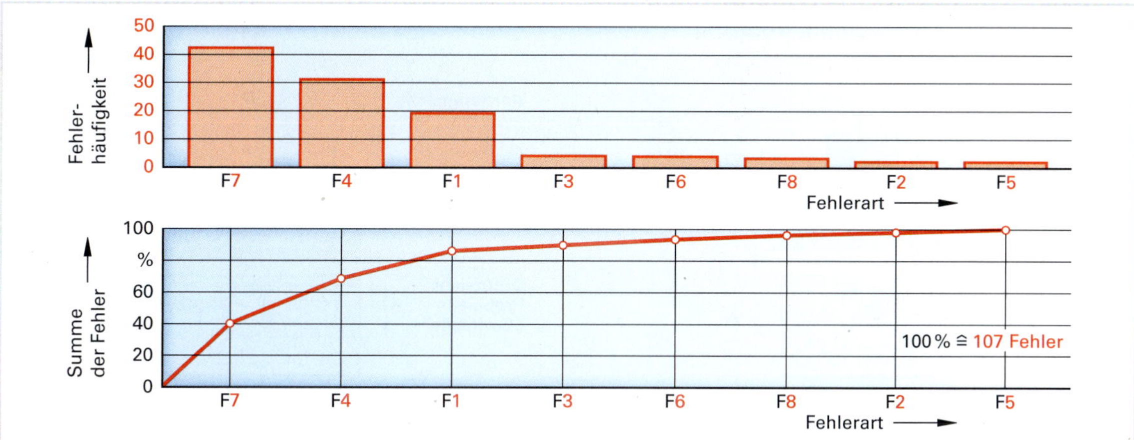

8.3 Werkstoffprüfverfahren

Im Rahmen der Werkstoffprüfverfahren werden zum einen technologische Kennwerte und Eigenschaften der Werkstoffe und Bauteile erfasst, zum anderen Ursachen für Schäden, Defekte und Brüche von Bauteilen festgestellt **(Bild 1)**.

Bild 1: Lagerschaden

8.3.1 Technologische Prüfverfahren

Mithilfe der technologischen Prüfverfahren Härteprüfverfahren, Zugversuch, Kerbschlagbiegeversuch, Tiefungsversuch, Biegeversuch oder Schwingversuch werden Kennwerte für den Einsatz von Werkstoffen ermittelt.

// Härteprüfverfahren nach Brinell

Ungehärtete Stähle, vergütete Stähle und Nichteisenmetalle werden häufig mit der Brinellhärte angegeben. Das Brinellverfahren ist für weiche und mittelharte Werkstoffe geeignet.

Die Brinellprüfung wird mit einer Hartmetallkugel durchgeführt. Die Kugeldurchmesser liegen zwischen 1 mm und 10 mm. Ausgewählt wird der Durchmesser nach der Materialdicke und der Größe des notwendigen Abdruckdurchmessers aufgrund der Materialeigenschaften **(Bild 3)**. Daneben entscheidet der Beanspruchungsgrad abhängig von der Härte des Werkstoffs über die Prüfkraft.

Prüfkraftberechnung:

$F = 9{,}81 \times$ Beanspruchungsgrad $\times D^2$

Beispiel: Stahl, Belastungsgrad 30, Kugeldurchmesser 5 mm

$F = 9{,}81 \times 30 \times 5^2 = 7357{,}5$ N

// Härteprüfung nach Vickers

Sollen dünne oder randschichtgehärtete Werkstücke geprüft werden, dann kommt das Vickersverfahren zum Einsatz. Als Prüfkörper wird eine Diamantpyramide mit einem sehr flachen Spitzenwinkel in die Oberfläche gedrückt **(Bild 2)**. Voraussetzung ist eine gute Oberflächengüte mit $Ra = 0{,}4 \ldots 0{,}8$ mm, da eine zu raue Oberfläche das Ergebnis verfälschen würde.

Die Diagonalen des Eindrucks d_1 und d_2 werden gemessen und über Tabellen oder Formelbeziehung wird die Vickershärte bestimmt. Die Prüfkraft ist abhängig von der Mindestprobendicke, die geprüft werden soll. Die Kräfte variieren zwischen ca. 2 N bei sehr dünnen und bei randschichtgehärteten Werkstücken bis zu 980 N.

Härte nach Vickers

$$\mathrm{HV} = \frac{0{,}1891 \times F}{d^2}$$

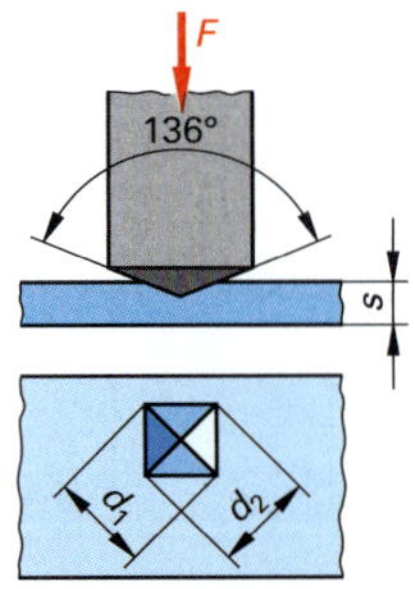

Bild 2: Härteprüfung nach Vickers

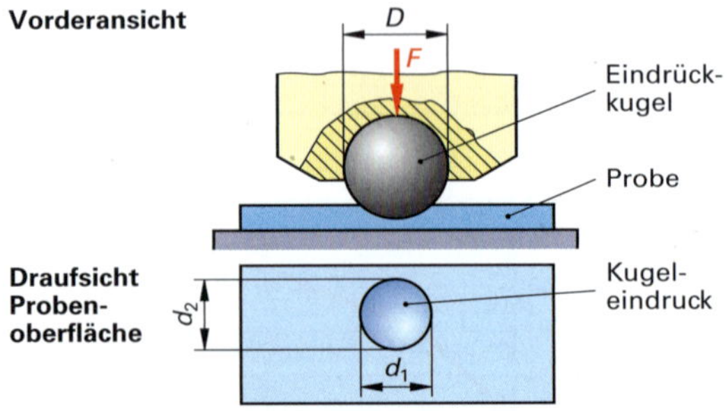

Bild 3: Härteprüfung nach Brinell

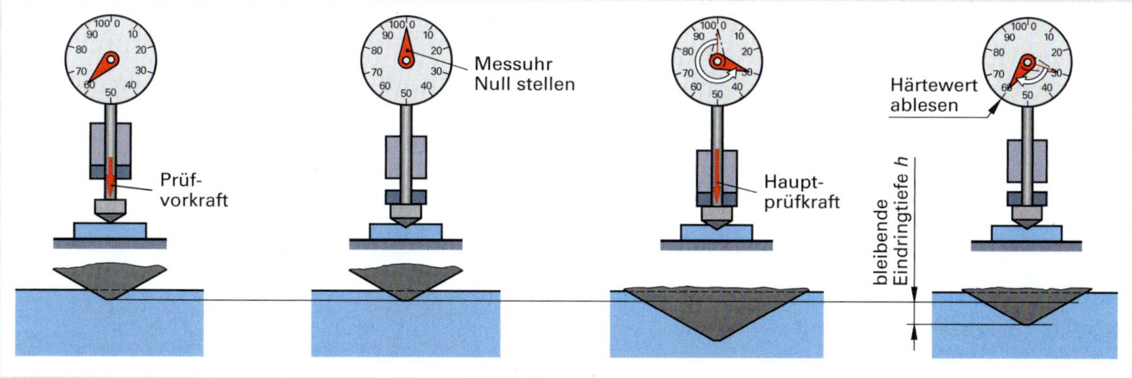

Bild 1: Härteprüfung nach Rockwell

vel.plus/
FILF235

// Härteprüfung nach Rockwell

In der Serienfertigung möchte man ohne Umwege der Berechnung oder durch Nachschlagen in Tabellenwerken den Härtewert bestimmen. Mit dem Rockwellverfahren kann der Härtewert direkt angezeigt werden.

Dieses Verfahren ist im Bereich zwischen 20 und 70 HRC zulässig und wird mit einem Diamantkegel (HRC, HRA)[1] oder mit einer Hartmetallkugel (HRBW, HRFW)[2] durchgeführt.

// Formeln und Tabellen zur Härteprüfung

Härteprüfung nach Vickers

Diagonale des Eindrucks

$$d = \frac{d_1 + d_2}{2}$$

Brinellhärte

$$HV = 0{,}1891 \cdot \frac{F}{d^2}$$

Härteprüfung nach Brinell

Eindruckdurchmesser

$$d = \frac{d_1 + d_2}{2}$$

Brinellhärte

$$HBW = \frac{0{,}204 \cdot F}{\pi \cdot D \cdot \left(D - \sqrt{D^2 - d^2}\right)}$$

Härteprüfung nach Rockwell

Rockwellhärte HRA, HRC

$$HRA, HRC = 100 - \frac{h}{0{,}002\ \text{mm}}$$

Rockwellhärte HRBW, HRFW

$$HRBW, HRFW = 130 - \frac{h}{0{,}002\ \text{mm}}$$

Tabelle 1: Prüfverfahren, Anwendungen (Auswahl)

Verfahren	Eindringkörper	F_0 in N	F_1 in N	Messbereich von … bis	Anwendung
HRA	Diamantkegel, Kegelwinkel 120°	98	490,3	20 … 95 HRA	gehärteter Stahl, hochfeste Metalle
HRC		98	1373	20 … 70 HRC	
HRBW	Hartmetallkugel (W) Ø 1,5878 mm	98	882,6	10 … 100 HRBW	weicher Stahl, NE-Metalle
HRFW		98	490,3	60 … 100 HRFW	

[1] HRC, HRA = Hardness Rockwell Cone (aus verschiedenen Materialien)
[2] HRBW, HRFW = Hardness Rockwell Ball (aus verschiedenen Materialien)

vel.plus/
FILF264

// Zugversuch

Bauteile sind im Gebrauch unterschiedlichen Belastungen wie Zug, Druck, Biegung, Knickung, Abscherung und Flächenpressung ausgesetzt. Um den passenden Werkstoff für den entsprechenden Belastungsfall auszuwählen, werden Kenntnisse über die Werkstoffeigenschaften benötigt. Der Zugversuch liefert dabei zentrale Werte für die meisten technologischen Belastungen.

Folgende Festigkeitswerte werden ermittelt:

- Streckgrenze R_e
- Dehngrenze, theoretische Streckgrenze $R_{p0,2}$
- Zugfestigkeit R_m
- Bruchdehnung A

Beim Zugversuch wird eine genormte Zugprobe (DIN 50125) in einer Universalprüfmaschine auseinandergezogen. Die Zugprobe dehnt. Mit den Daten der Kraft und der sich daraus ergebenden Verlängerung an der Zugprobe werden die Daten für ein Spannungs-Dehnungs-Diagramm berechnet.

Spannung: $R = F/S_0$
S_0 ... Anfangsquerschnitt der Zugprobe

Dehnung: $e = (L - L_0)/L_0$
L_0 ... Ausgangslänge der Zugprobe

Der Prüfvorgang läuft standardisiert ab, indem zunächst eine Prüfvorkraft und anschließend eine Hauptprüfkraft aufgebracht werden. Nach Rücknahme der Hauptprüfkraft bleibt eine bleibende Eindringtiefe h, wodurch der Prüfkörper nicht weiter zurückgesetzt wird. Die Anzeige zeigt nun den Härtewert direkt an **(Bild 1)**.

Der Zugversuch ergibt in der Darstellung zwei typische Verläufe. Beispielsweise zeigen die Baustähle einen Verlauf mit ausgeprägter **Streckgrenze R_e**, Vergütungsstähle auch einen Verlauf ohne ausgeprägte Streckgrenze, d. h. mit einer **Dehngrenze $R_{p0,2}$**. Die Dehngrenze beschreibt die Stelle im Diagramm, bei der die plastische Dehnung 0,2 % beträgt. Die Dehngrenze wird durch eine Parallele zur hookeschen Geraden ermittelt. Die Streckgrenze oder die Dehngrenze begrenzen den Einsatzbereich, in dem Werkstoffe belastet werden können. Mit einer Sicherheitzahl ν wird der maximale Spannungswert für die Praxis bestimmt.

$R_{zul} = R_e/\nu$
R_{zul} ... zulässige Spannung

> Die hookesche Gerade wiederum stellt den Bereich dar, in dem sich der Werkstoff elastisch verformt. Die Steigung der Gerade entspricht dem Elastizitätsmodul E. Stahl hat einen E-Modul von 210 000 N/mm².

Der maximale Spannungswert am Scheitelpunkt der Kurve stellt die **maximale Zugfestigkeit R_m** des Werkstoffs dar. Gleichzeitig beginnt die Zugprobe an dieser Stelle zu reißen.

An der Stelle des Bruchs der Zugprobe wird die **Bruchdehnung A** festgestellt. Die Bruchdehnung ist ein Maß für die Zähigkeit der Zugprobe.

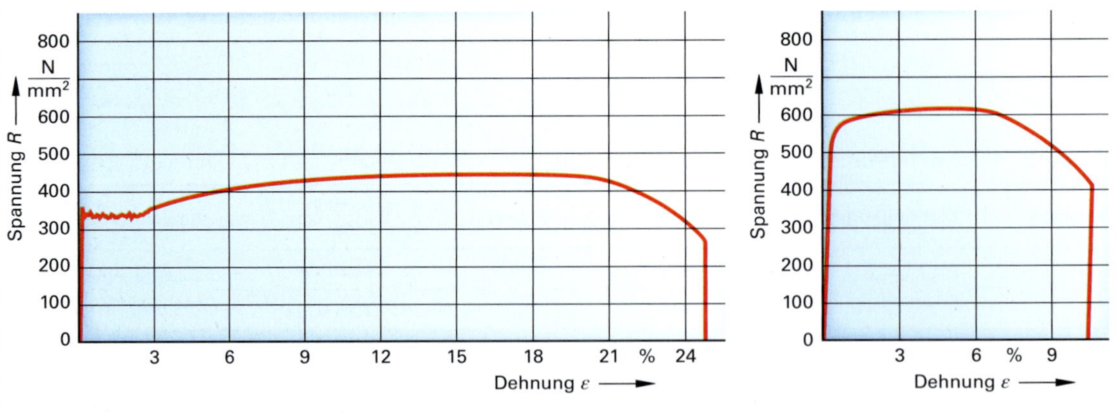

Bild 1: Zugversuch S235 JR und C45

Lernfeld 12

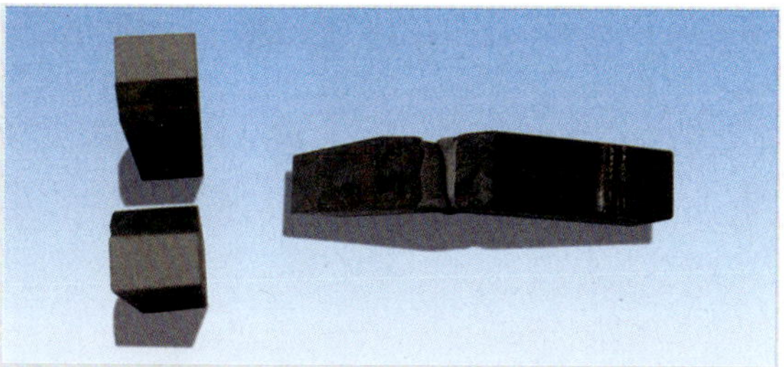

Bild 1: Trennbruch (1) und Verformungsbruch (2)

Bild 2: Bodenreißer beim Tiefziehen

// Kerbschlagbiegeversuch

Temperaturveränderungen oder das Härten haben Einfluss auf die Zähigkeit der Werkstoffe. Beim Kerbschlagbiegeversuch wird mit einem Fallhammer eine Kraft auf die Rückseite einer gekerbten Probe abgeben. Die Probe bricht durch die ausgeübte Kerbschlagarbeit, die durch den Verformungsprozess kinetische Energie des Fallhammers absorbiert.

An der Bruchfläche erkennt man, welche Eigenschaften die Probe besitzt.

- Verformungsbruch – zerklüftete Bruchflächen, die Ränder haben Stauchungen und Einschnürungen, ein Zeichen für Zähigkeit **(Bild 1)**
- Trennbruch – ebene Bruchflächen mit unverformten und glatten Rändern, ein Zeichen für Sprödigkeit (Bild 1).
- Mischbruch aus Trenn- und Verformungsbruch.

8.3.2 Fertigungstechnische Prüfverfahren

// Biegeversuch

Werkstoffe, die durch Umformverfahren eine plastische Verformung erhalten, werden im Vorfeld daraufhin geprüft, wie groß der Biegewinkel sein darf, ohne eine Beschädigung am Werkstück hervorzurufen. Mit dem Biegeversuch wird der Biegewinkel ermittelt, bei dem die Dehnseite reißt. Dadurch erhält man die Erkenntnis über die plastische Verformbarkeit bei Biegebeanspruchung.

// Tiefungsversuch

Mit dem Tiefziehverfahren können dichte Blechteile ohne Schweißen hergestellt werden, die dünnwandig sind und eine komplexe Geometrie besitzen können.

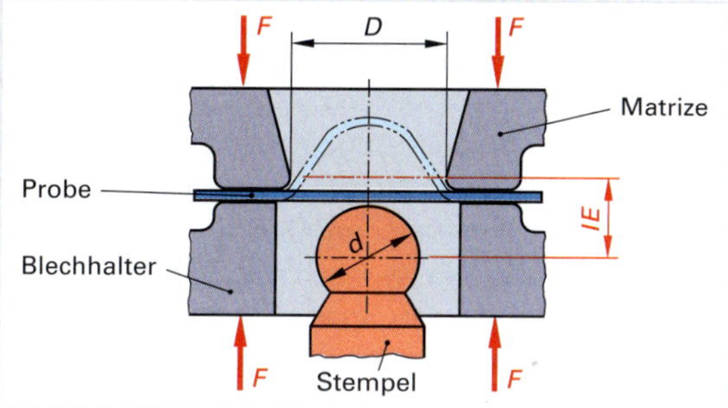

Bild 3: Tiefungsversuch nach Erichsen

Die Problematik beim Tiefziehen besteht darin, eine entsprechende Tiefe zu erreichen bei gleichzeitig geringer Wandstärke des Blechs. Hierbei kommt es zu Bodenreißern **(Bild 2)**, wodurch das Bauteil zerstört ist.

Der Tiefungsversuch nach Erichsen prüft, ob ein Blech die geforderte Tiefziehfähigkeit besitzt. Bei dem Versuch wird ein Stempel in Kugelform in die Blechprobe gedrückt, bis diese reißt. Die Tiefe des Eindrucks ist ein Maß für die Tiefziehfähigkeit des Blechs **(Bild 3)**.

8.3.3 Zerstörungsfreie Prüfverfahren

Darf ein Bauteil durch Materialprüfungen nicht beschädigt werden, dann müssen zerstörungsfreie Prüfverfahren eingesetzt werden.

// Ultraschallprüfung

Mit Ultraschallwellen können beispielsweise Gusslunker in Gusswerkstoffen lokalisiert werden. Die Ultraschallwellen laufen geradlinig und werden an Störgrößen reflektiert. Die reflektierten Wellen können als elektrische Signale sichtbar gemacht werden **(Bild 1, Seite 518)**.

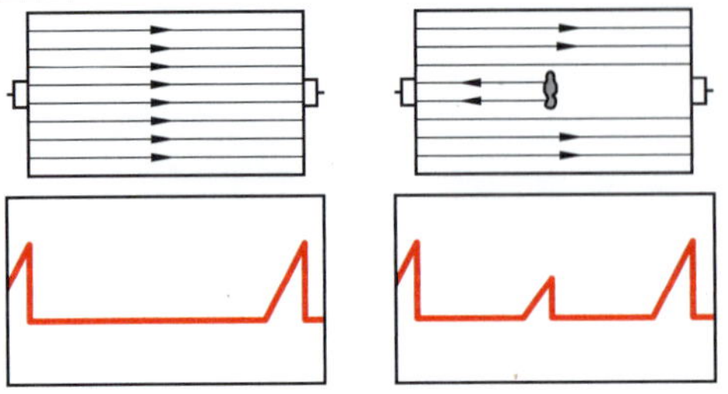

Bild 1: Ultraschallsignalbild

Bild 2: Farbeindringprüfung

// Farbeindringverfahren

Haarrisse an Oberflächen von Werkstücken lassen sich häufig mit bloßem Auge nicht feststellen. Hier hilft das Farbeindringverfahren, um Oberflächenschäden sichtbar zu machen. Das Verfahren beruht auf dem Kapillareffekt, wonach eine farbige Flüssigkeit in den sehr kleinen Spalt hineingezogen wird. Dieses Verfahren bedarf einiger Vorbereitung durch Ätzen, Reinigen der Oberfläche und anschließendes Auftragen des Eindringmittels **(Bild 2)**.

// Spektralanalyse

Soll die chemische Zusammensetzung eines Werkstoffs oder einer Schweißnaht überprüft werden, so kann man eine Spektralanalyse durchführen. Dabei werden Partikel eines Probenwerkstoffs im Lichtbogen verdampft. Diese frei werdenden Partikel geben eine typische Strahlung frei, die gemessen wird, um damit die Elemente im Werkstoff zu bestimmen.

// Computertomografie, Röntgeninspektion

Für Werkstoffprüfungen mit hoher Detailgenauigkeit kommen die zerstörungsfreien Verfahren der zweidimensionalen Röntgeninspektion oder der dreidimensionalen Computertomografie zum Einsatz. Die 3D-Visualisierung stellt ein räumliches Bild von Werkstücken, Baugruppen und Wandaufbauten her. Es geht um die Möglichkeiten, im Inneren von Bauteilen und Baugruppen Defekte in der Werkstoffstruktur oder in Leiterplatten oder Verbindungsfehler in Montageprozessen zu erkennen. Schweißnähte bergen oft im Inneren Einschlüsse mit Verunreinigungen oder Luft, die sich auf die Haltbarkeit negativ auswirken.

Röntgenstrahlen durchdringen Werkstoffe und Schweißnähte und erzeugen ein Durchstrahlungsbild. Dadurch können sowohl Regelgeometrien als auch Freiformgeometrien wie beispielsweise medizinische Implantate geprüft werden.

Die Erkennbarkeit von Details kann bei Computertomografen bis 4 µm reichen, bei Nanoverfahren sogar bis 0,2 µm.

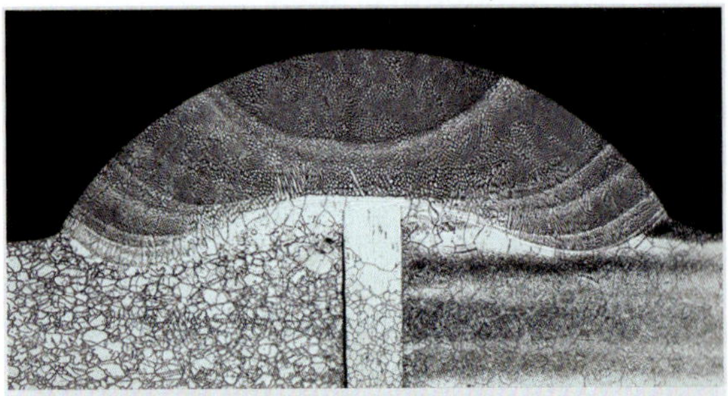

Bild 3: Metallografisches Prüfverfahren Schweißnaht

8.3.4 Metallografische Prüfverfahren

Mit metallografischen Verfahren werden in der Metallkunde Gefüge überprüft und Schadensanalysen an Bauteilen durchgeführt **(Bild 3)**. Durch Makroskopie wird haptisch oder auf der Basis eine Sichtprüfung ein Werkstück begutachtet. Mit mikroskopischen Verfahren werden die Ergebnisse genauer und quantitativ verwertbar und lassen dann folgende Überprüfungen zu:

- Untersuchung von Gefügestrukturen eines Werkstoffs
- Korngrößenverteilung
- Reinheitsgrad von Werkstoffen
- Überprüfung von Wärmebehandlungen
- Schichtdickenbestimmung beim Randschichthärten
- Qualtitätsprüfung von Oberflächenbeschichtungen

8.4 Überprüfen Sie Ihre Kompetenz

1. In der abgebildeten Übersicht sind die verschiedenen Prüfanforderungen an ein Mountainbike zusammengefasst. Finden Sie aus der Übersicht typische Verschleißmerkmale heraus.

Baugruppe	**Prüfanforderung**
Rahmen und Gabel	• Sichtprüfung auf Risse, Korrosion, Verformung. • Lenkkopflager auf Spiel und Leichtgängigkeit prüfen.
Vorbau und Lenker	• Steuersatz auf Spiel prüfen und einstellen. • Vorbau reinigen und fetten. • Klemmungen von Lenker, Vorbau und Griffen prüfen und nachziehen. • Verformungen und Einstecktiefe des Steuersatzes im Steuerrohr prüfen und einstellen.
Sattelstütze und Sattel	• Sattelmaterial prüfen, Schrauben zur Befestigung an der Sattelstütze auf Halt prüfen. • Sattelstütze fetten und Einstecktiefe kontrollieren und nachstellen.
Felge und Bereifung	• Klemmachsen der Felgen auf festen Sitz prüfen. • Verformungen, Beschädigungen der Felgen kontrollieren und instand setzen. • Spaichen auf festen Sitz kontrollieren. • Lager und Naben auf Spiel hin überprüfen und Lager nachstellen und einfetten. • Reifenzustand und Profil des Reifens überprüfen. • Luftdruck und Ventile auf Dichtheit und Funktion kontrollieren, Sichtprüfung der Schläuche auf Risse. • Dichtmittel bei schlauchlosen Reifen nachfüllen.
Tretlager und Kurbel	• Tretlagerspiel kontrollieren und nachstellen. • Kurbelbefestigung nachziehen. • Pedale auf festen Sitz hin überprüfen.
Kette und Schaltwerk	• Kette und Kettenspannung überprüfen. • Gangschaltung einstellen, sodass die Gänge ohne Schleifen und Sprünge wechseln. Verschmutzung entfernen und nachfetten. • Umwerfer auf Gangbarkeit überprüfen, Verschmutzung entfernen und nachfetten.
Bremsen	• Bremshebel Befestigung kontrollieren. • Bremsscheiben und -beläge auf Beschädigung überprüfen. • Bremszüge prüfen. • Bei Hydraulikbremsen auf Dichtigkeit und Druckpunkt prüfen.
Federung	• Federweg und Leichtgängigkeit der Federgabel kontrollieren, Federspannung einstellen.

2. Der Schmierstoffplan gibt Auskunft über die Intervalle, in denen die Positionen einer Werkzeugmaschine mit Schmiermittel versorgt werden. Beschreiben Sie für die Positionen 1 bis 7 im Schmierstoffplan die notwendigen Aufgaben.

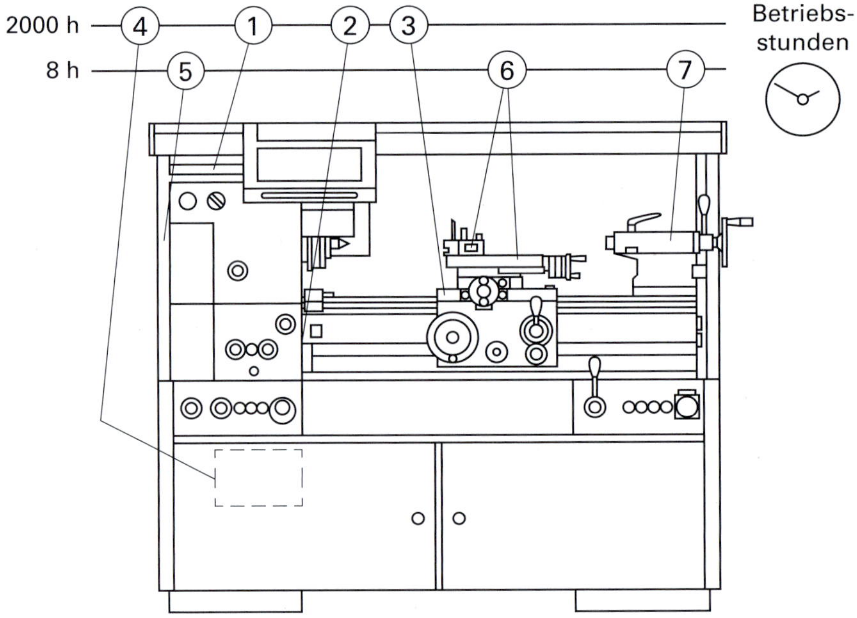

1	2	3	4	5	6	7
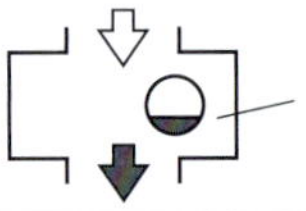 ! 8 h						
DIN 51517 – CLP 68			-CLP 100	DIN 51502 – CGLP 68		
0,6 l	1,25 l	1,5 l	1,2 l	3 Hübe 3 strokes 3 coups		

In Instandhaltungs- und Wartungsplänen geht man folgenden Fragen nach:

- **Was** muss instand gehalten, gewartet werden?
- **Wie** sind die Arbeiten durchzuführen?
- **Wann** werden die Intervalle gesetzt?
- **Wer** ist für die auszuführenden Arbeiten verantwortlich?
- Wurden die Dokumentation erstellt und die Durchführung und die Abnahme der Arbeiten erledigt?

3. In der unten stehenden Fehlersammelliste sind die Fehler aufgelistet, die nach der Montage von Fahrrädern in einer Produktionsstätte über einen definierten Zeitraum angefallen sind. Stellen Sie die Fehler in einem Balkendiagramm der Größe nach dar. In einem zweiten Balkendiagramm werden die Fehler fortlaufend aufaddiert dargestellt. Wie viele Fehler bleiben übrig, wenn die drei am häufigsten auftretenden Fehler beseitigt werden?

Fehlersammelliste

Fehler	Anzahl
Licht brennt nicht	35
Speichen locker	9
Reifen sitzt nicht richtig	7
keine Feigenbänder eingelegt (Schlauch nach Aufpumpen platt)	31
Gabelschaftrohr zu kurz (kein Kontern der Steuersatzmutter möglich)	3
Schrauben schief eingeschraubt	3
Bremszüge zu kurz abgelängt (Lenker lässt sich nicht vollständig einschlagen)	10
Knacken im Tretlager (Schalen sind ungefettet eingeschraubt)	49
Federung verliert Öl	20
Lackschäden, Äußerlichkeiten	2

8.5 Discover your profession in English

// Hardness testing according to Vickers

During the Vickers hardness test, a four-sided diamond pyramid is pressed into the specimen with a test force *F*. The tip of the pyramid leaves a rhombic or a square impression in the specimen when viewed from above. The two diagonals are measured and the mean value is calculated. The Vickers hardness HV is calculated by the test force *F* (in N) and the arithmetic mean of the diagonals (in mm).

Surface-hardened materials and thin sheets are particularly suitable for testing, as the penetration depth can be kept small due to low test forces, while at the same time the indentation is relatively large.

// Hardness testing according to Brinell

In the Brinell hardness test, a carbide ball is pressed into the surface of the workpiece. The result is an approximately circular surface. Two diameters offset by 90° are measured and the mean value is calculated. The Brinell hardness is determined from the test force and the diameter.

The hardness testing method can only be used to test soft, medium-hard and heterogeneous materials such as cast iron. Heterogeneous materials have an uneven microstructural composition of softer (graphite) and harder components (FeC). In this case, it is recommended if an appropriately large ball diameter is used to produce a significant spherical imprint.

// Hardness testing according to Rockwell

The most common hardness testing method is the Rockwell method. Diamond cones are used for hard materials, and hard metal balls for soft and heterogeneous materials. Different hard materials are tested with adjustable test load.

The advantage of the Rockwell hardness test method is that the hardness value can be read off a scale or display directly after the test.

The test is carried out in four steps **(Figure 1)**:

- Press the test specimen into the workpiece surface with a small test load.
- Set the display to zero.
- Apply the selected test force and hold it briefly.
- Reset the test force. The permanent indentation depth is converted into a hardness value and displayed.

Note: The test load penetrates the top layer of the material. This makes the method unsuitable for surface-hardened materials.

Figure 1: Hardness testing according to Rockwell

Vocabulary

hardness testing – *Härteprüfung*
diamond pyramid – *Diamantpyramide*
test force – *Prüfkraft*
workpiece – *Werkstück*
rhombic – *rautenförmig*
diagonal – *Diagonale*
arithmetic means – *Mittelwert*
surface hardened materials – *oberflächengehärtete Werkstoffe*
indentation – *Abdruck*
hard metal (carbide) – *Hartmetall*
diameter – *Durchmesser*
cast iron – *Gusseisen*
microstructural composition – *Gefügeverteilung*
spherical imprint – *Kugelabdruck*
diamond cone – *Diamantkegel*
hardness value – *Härtewert*
testing specimen – *Prüfkörper*
workpiece surface – *Werkstoffoberfläche*
indentation depth – *Eindringtiefe*

// Conversion table for hardness values

Hardness values and tensile strength values can be converted using the conversion table **(Figure 1)**. The following table can be applied for low-alloy steels, case-hardened steels, quenched and tempered steels or tool steels which are used in the delivery and quenched and tempered condition.

Table 1: Conversion tables for hardness values and tensile strength (DIN EN ISO 18265)

Conversion of tensile strength[1] in hardness[1] or hardness[1] in hardness[1]															
R_m	HV	HB	HR	R_m	HV	HB	HR	R_m	HV	HB	HR	R_m	HV	HB	HR
Plain carbon and low-alloy steels; case-hardened, quenched and tempered or tool steels in delivery state															
255	80	76,0	–	705	220	209	–	1420	440	418	44,5	–	700	–	60,1
285	90	85,5	–	740	230	219	–	1485	460	437	46,1	–	720	–	61,0
305	95	90,2	–	770	240	228	20,3	1555	480	456	47,7	–	740	–	61,8
320	100	95,0	–	800	250	238	22,2	1630	500	475	49,1	–	760	–	62,5
350	110	105	–	835	260	247	24,0	1700	520	494	50,5	–	780	–	63,3
385	120	114	–	865	270	257	25,6	1775	540	513	51,7	–	800	–	64,0
415	130	124	–	900	280	266	27,1	1845	560	532	53,0	–	820	–	64,7
450	140	133	–	930	290	276	28,5	1920	580	551	54,1	–	840	–	65,3
480	150	143	–	965	300	285	29,8	1995	600	570	55,2	–	860	–	65,9
510	160	152	–	1030	320	304	32,2	2070	620	589	56,3	–	880	–	66,4
545	170	162	–	1095	340	323	34,4	2145	640	606	57,3	–	900	–	67,0
575	180	171	–	1155	360	342	36,6	2180	650	618	57,8	–	920	–	67,5
Quenched and tempered steels in quenched and tempered state															
748	240	235	21,2	1035	330	326	34,3	1311	420	414	43,2	–	550	539	52,4
781	250	245	22,9	1070	340	336	35,4	1341	430	424	44,1	–	570	558	53,5
813	260	255	24,6	1097	350	345	36,5	1371	440	434	44,9	–	590	577	54,6
845	270	266	26,2	1128	360	355	37,6	1401	450	444	45,7	–	610	596	55,6
877	280	276	27,7	1159	370	365	38,6	1430	460	453	46,4	-	630	614	56,6
909	290	286	29,1	1189	380	375	39,6	1460	470	463	47,2	-	650	632	57,5

[1] R_m tensile strength in N/mm², HV Vickers hardness HV10, HB Brinell hardness HBW, HR Rockwell hardness HRC

Vocabulary

conversion table – *Umwertungstabelle*

tensile strength values – *Zugfestigkeitswerte*

low-alloy steels – *niedriglegierte Stähle*

case hardened steel – *Einsatzstahl*

quenched and tempered steel – *Vergütungsstahl*

tool steel – *Werkzeugstahl*

delivery condition – *Auslieferungszustand*

series production – *Serienfertigung*

Exercises:

1. A surface-hardened workpiece is to be tested for surface hardness. Which procedure can be used?
2. Which materials are suitable for the Brinell hardness test? Specify three materials.
3. Which advantage does the Rockwell hardness testing method in series production have?
4. A material has a hardness value of 32 HRC on delivery. Which material could the hardness value indicate?
5. A material is subjected to a hardness test in the incoming goods department and has a hardness value of 241 HB. What is the tensile strength of the material and which material could be considered?

Lernfeld 13:
Sicherstellen der Betriebsfähigkeit automatisierter Systeme

Kapitel **09**

Automatisierungstechnik

In der Automatisierungstechnik werden die Grundprinzipien von Steuerungen und Regelungen in selbstständig ablaufende Abläufe und Prozesse umgesetzt. Wichtige Teilsysteme basieren auf speicherprogammierbaren Steuerungen (SPS). Handhabungssysteme mit Industrierobotern führen zu einer Erweiterung der Mensch-Maschinen Kommunikation.

In einem automatisierten System stellt die speicherprogrammierbare Steuerung (= SPS) den zentralen Baustein der Anlage dar **(Bild 1)**.

Ein lineares Messsystems am Hydraulikzylinder erfasst die Position der Kolbenstange. Diese Positionsdaten werden an ein analoges Eingangssignalmodul der SPS geliefert.

In der Zentralbaugruppe der SPS werden diese Daten verarbeitet. Das Ergebnis des internen Verarbeitungsprozesses wird als analoger Ausgangswert über das Ausgangssignalmodul bei den Proportionalmagneten –MB1 und –MB2 ausgegeben. Der Steuerkolben des 4/3-Wegeproportionalventils nimmt eine bestimmte Position ein und steuert das Verhalten des Aktors. Physikalische Werte wie der Druck p_e oder der Volumenstrom Q können dabei ebenfalls erfasst und in einen Regelprozess miteingebunden werden.

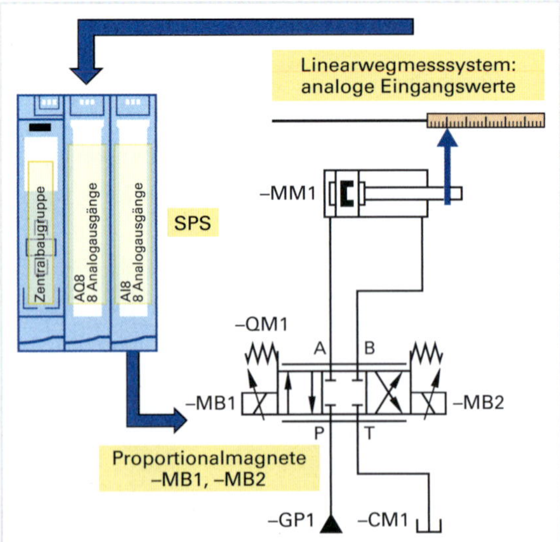

Bild 1: Proportionalventil und SPS-Gerätetechnik

9.1 Aufbau und Grundfunktionen der SPS-Systeme

In der Automatisierungstechnik gibt es zur SPS eine Vielzahl von einsetzbarer Hardware.

Das Spektrum reicht von sehr kompakten lokalen Lösungen, z. B. einer **Kleinsteuerung**, bis hin zu komplexen modularen Steuerungen mit einer Vielzahl von Teilnehmern, die über verschiedene **Bussysteme** miteinander kommunizieren können **(Bild 1)**.

Kleinsteuerungen sind für einfache Steuerungsaufgaben in der Industrie und im Handwerk gedacht. Bereits die Kleinsteuerungen lassen sich im begrenzten Maße über zusätzliche Bausteine erweitern und netzwerkfähig machen. Es werden binäre und analoge Signale an den Ein- und Ausgängen verarbeitet. Neben logischen Grundfunktionen können eine Vielzahl von Sonderfunktionen (z. B. Selbsthalterelais, Zeitschaltuhr usw.) verarbeitet werden.

Die Kleinsteuerungen können direkt über eine Tastatur am Gerät oder über einen PC/Laptop programmiert werden. Die Software dazu ist überschaubar und intuitiv zu bedienen. Eine Offline- und eine Onlinesimulation erleichtern die Fehlersuche in der Planung und später bei Anlagenstörungen **(Bild 2)**.

SPS-Hardware

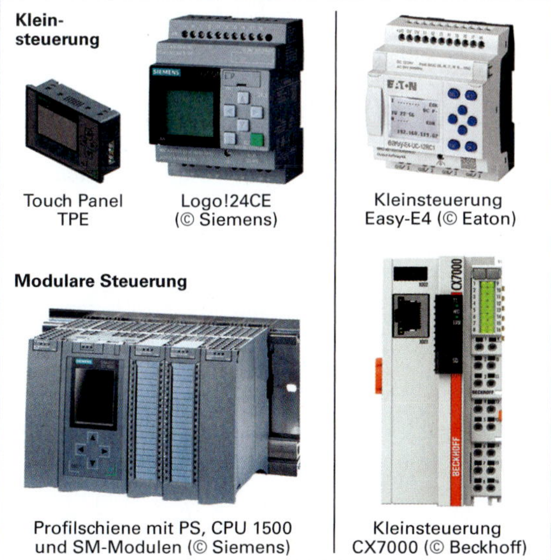

Software:
- Logo!Soft Comfort 8.3 oder EasySoft 7
- TIA-Portal V18 (© Siemens)
- TwinCad 3 (© Beckhoff)
- Codesys (= freie Software nach ICE 61131 Standard)

Bild 1: Hardwarelösungen in SPS-Systemen

Modulare Steuerungen sind für umfangreichere Aufgabenstellungen geeignet. Die Spannungsversorgung und die einzelnen Module für dieses System befinden sich auf einer oder mehreren Profilschienen. Eine Einbindung unterschiedlicher Teilsysteme wie z. B. eines Industrieroboters oder die Achsantriebe von CNC-Maschinen ist prinzipiell möglich.

> **Hardware einer SPS**
>
> Die speicherprogrammierbare Steuerung gibt es in **kompakter** Bauform als **Kleinsteuerungen**. Sie können über PC/Laptop oder direkt am Gerät über Eingabetasten programmiert werden.
>
> Für größere Automatisierungsaufgaben werden **modulare** Steuerungen mit einer Vielzahl von Erweiterungsmöglichkeiten (= Module) eingesetzt.

Die Software für die modularen Steuerungen ist wesentlich anspruchsvoller und komplexer, da hier z. B. Art und Größe von Ein- und Ausgangsvariablen oder Programmiersprachen sowie Strukturen zur Anwendung kommen, die Kleinsteuerungen nicht kennen.

Eine Visualisierung über HMI[1]-Schnittstellen ermöglicht die Prozessüberwachung und erleichtert die Projektierung und Fehlersuche in der Instandhaltung.

[1] HMI für human machine interface (= Mensch-Maschinen-Schnittstelle)

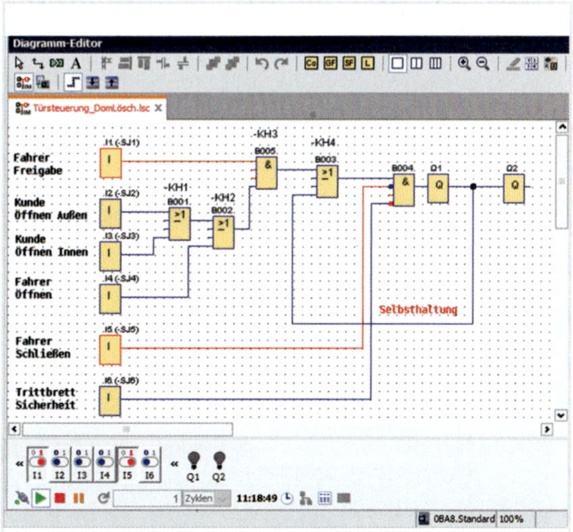

Bild 2: Offlinesimulation der Türsteuerung (siehe Seite 139) im Diagrammeditor von LOGO! Soft Comfort

// Aufgabenstellung Schiebetür

Mit zwei Handtastern –SJ3 oder –SJ5 und der Abfrage der Grundstellung des Aktors mit –BG1 kann eine Schiebetür geschlossen, mit –SJ4 oder –SJ6 und der ausgefahrenen Position des Aktors wieder geöffnet werden. Den Grundzustand (Schiebetür offen) zeigt die grüne Meldeleuchte –PF1 an. Die rote Meldeleuchte –PF2 zeigt das Schließen und die geschlossene Schiebetür **(Bild 1)**.

Führen Sie die vorhandene elektropneumatische Lösung in eine SPS-Lösung über **(Bild 2)**.

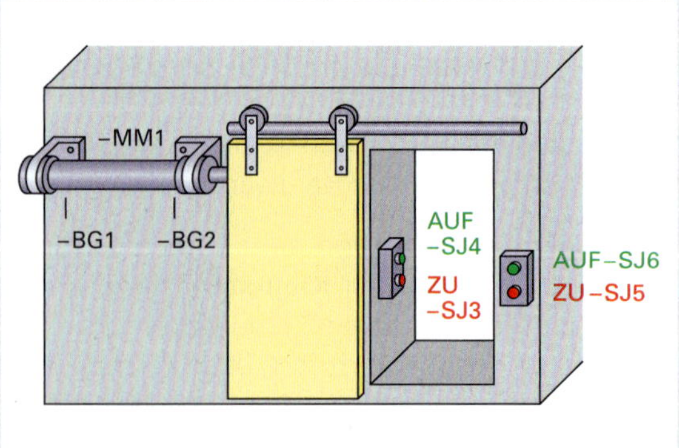

Bild 1: Technologieschema Schiebetür

Grundprinzipien der SPS im Unterschied zu VPS

Alle **Eingangsgrößen** der Anlage wie Sensoren oder handbetätigte Signalelemente (Taster, Schalter) werden bestimmten **SPS-Eingängen** zugewiesen.

Als Werkzeuge dienen dazu ein Verdrahtungs- bzw. Anschlusssplan oder eine Zuordnungsliste **(Tabelle 1, Seite 527)**.

Beim SPS-Anschlussplan geht man systematisch vor: Zunächst werden die Sensoren, dann die handbetätigten Signalelemente zugeordnet. Dazu kann man sich an der Aufbausystematik eines Stromlaufplans aus der Elektropneumatik orientieren.

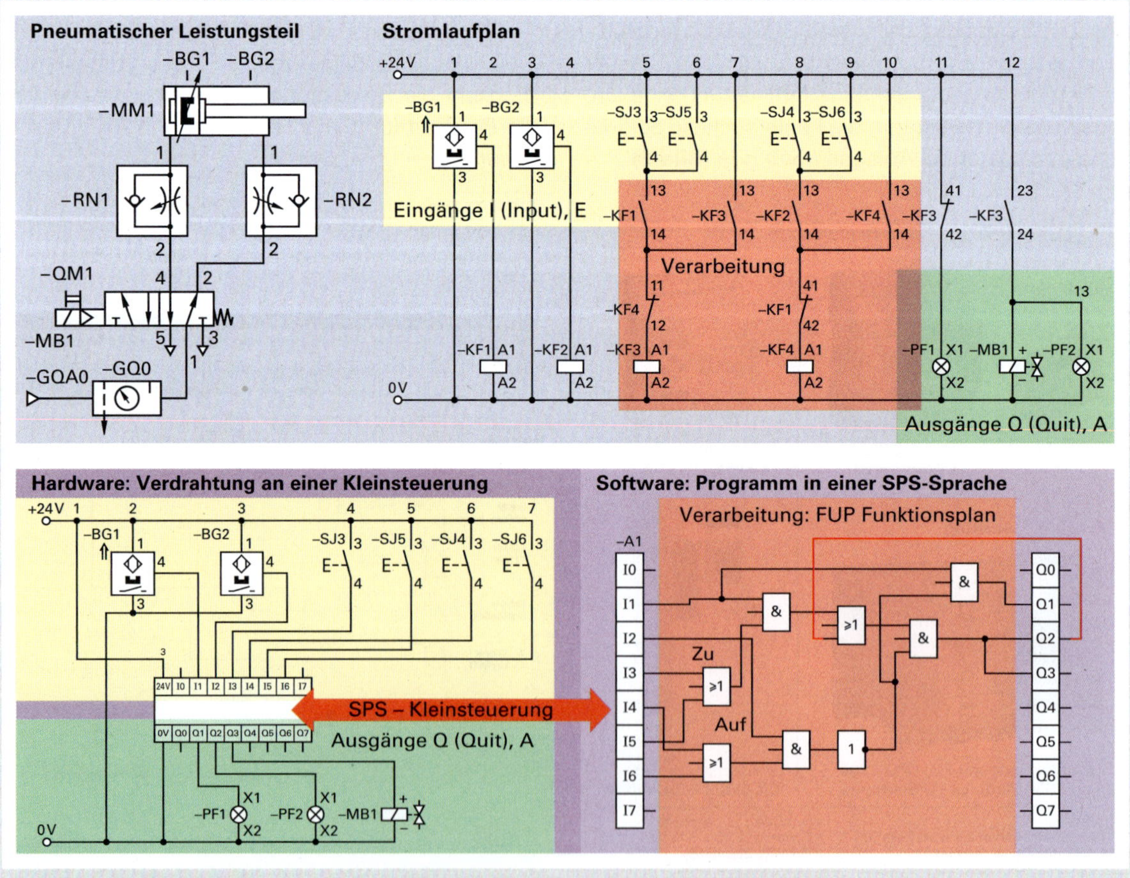

Bild 2: Übergang von der VPS- zu einer SPS-Projektlösung (Kleinsteuerung)

Alle **Ausgangsgrößen** der Schiebetür werden den SPS-Ausgängen zugeordnet: Im Beispiel sind das die beiden Meldeleuchten –PF1, –PF2 und die Magnetspule –MB1 des Stellelements –QM1 (mit monostabilen Schaltverhalten) zur Ansteuerung des doppelt wirkenden Pneumatikzylinders.

Signalverarbeitung: Die Schaltsignale der Eingänge werden in das SPS-Steuergerät geladen. Dort werden diese Signale mittels eines Programmiereditors nach einem bestimmten Programm (= Algorithmus) verarbeitet. Die Anweisungen dieses Programms sind in einer für die SPS typischen Sprache geschrieben, z. B. einem **FU**nktion**P**lan- oder **KO**ntak**P**lan **(FUP, KOP)**.

Die für die VPS typische Verwendung von Pneumatikbauteilen z. B. eines Zweidruck- oder Wechselventils oder eine Reihen- bzw. Parallelschaltung aus der Elektropneumatik gibt es so in der SPS nicht mehr. Die SPS-Software ersetzt die logischen Funktionen dieser Bauteile oder Schaltungstechniken.

Alle Relais und deren Hilfskontakte verschwinden aus der Schaltungslösung. Sie werden durch programmierte Anweisungen oder spezielle interne Variablen (z. B. Merker) ersetzt.

Als Vorteil der SPS gegenüber einer konventionellen VPS-Steuerung zeigt sich damit eine erhebliche Reduktion des Verdrahtungsaufwands und der damit verbundenen Aufbaufehler (Verwechslung der Anschlüsse, Drahtbrüche usw.).

Tabelle 1: Zuordnungsliste Schiebetür

Symbol	Adresse	Kommentar
–BG1	I1	hint. Endlage, mag. Sensor, no
–BG2	I2	vord. Endlage, mag. Sensor, no
–SJ3	I3	Taster, Tür schließen, no
–SJ4	I4	Taster, Tür schließen, no
–SJ5	I5	Taster, Tür öffnen, no
–SJ6	I6	Taster, Tür öffnen, no
–PF1	Q1	Meldeleuchte, grün, Tür offen
–PF2	Q2	Meldeleuchte, rot, Tür zu
–MB1	Q3	Magnetspule von –QM1 (monost.)

Dagegen zeigt sich die VPS recht robust gegenüber äußeren Störquellen wie Hitze, Staub und Feuchtigkeit.

Vorteile der SPS
- geringer Verdrahtungsaufwand
- Umprogrammierung ohne Eingriff in die Hardware möglich
- Fehlersuche durch Onlinesimulation
- Kommunikation mit weiteren Geräten

Die Ablaufschritte zur Umsetzung einer SPS-Projektaufgabe sind ähnlich wie in der VPS **(Bild 2)**.

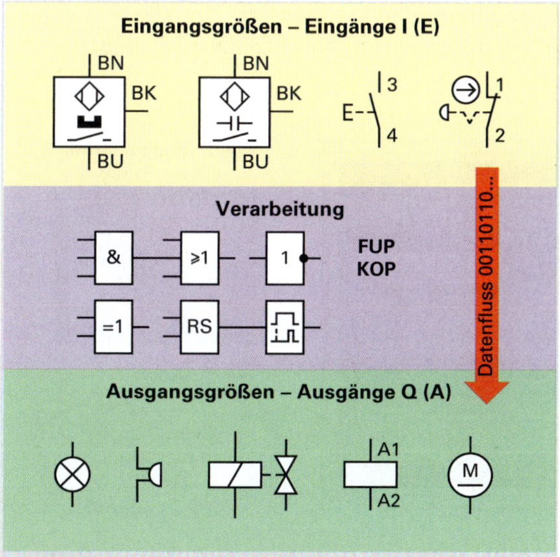

Bild 1: EVA-Prinzip an einer SPS

Schritt 1: Informationsbeschaffung
- Aufgabenbeschreibung
- Technologieschema, alte Schaltpläne

Schritt 2: Planung und Hardwareauswahl
- Kleinsteuerung oder modulare SPS
- Zuordnungsliste
- SPS-Anschlussplan (Verdrahtung)

Schritt 3: Durchführung
- Schaltanalyse: RS-Tabelle, GRAFCET
- Programmierung in FUP, KOP usw.
- Datensicherung
- Offline-Simulation

Schritt 4: Kontrolle
- SPS-Verdrahtung der Anlage
- Programmübertragung und Online-Test
- Dokumentation, ggf. Änderungen

Bild 2: Ablaufschema zur SPS-Projektierung

9.2 Kleinsteuerung (auch Logikmodul oder Steuerrelais)

Der Einsatz einer Kleinsteuerung soll an zwei Aufgabenstellungen exemplarisch dargestellt werden. Das in **Bild 2, Seite 527** gezeigte Ablaufschema kommt zur Anwendung.

// Kombinatorische Steuerung: Aufgabenstellung – Klebevorrichtung

Zwei Thermoplaste sollen durch einen Stempel zusammen verklebt werden. Der Stempel (doppelt wirkender Pneumatikzylinder) –MM1 wird auf die eingespannten Teile aufgedrückt. Die beiden Endlagen –BG1 und –BG2 werden über REED-Schaltkontakte am Zylinder abgefragt **(Bild 1)**. Anlagenstart mit Taster –SJ1, Stopp des Klebevorgangs mit –SJ2 (NC).

Die Klebezeit beträgt 10 s. Während diese Zeit abläuft, leuchtet eine Meldeleuchte mit der Farbe „Orange" und es erfolgt ein Textmeldung am Display der Kleinsteuerung mit „Klebezeit läuft". Ein pneumatischer Leistungsteil ist bereits vorhanden **(Bild 2)**.

Eine SPS-Lösung mit den entsprechenden Bauteilen ist zu erstellen und komplett zu dokumentieren.

Schritt 1: Informationsbeschaffung
Aufgabenbeschreibung, Technologieschema und ein pneumatischer Leistungsteil für die Aufgabestellung „Klebevorrichtung" sind vorhanden (Bild 2).

Schritt 2: Planung und Hardwareauswahl
Für die kleine Aufgabenstellung genügt ein Steuerrelais wie das Basismodul LOGO! 12/24 V DC-RCE oder ein Modul LOGO! 24 CE **(Bild 3)**.

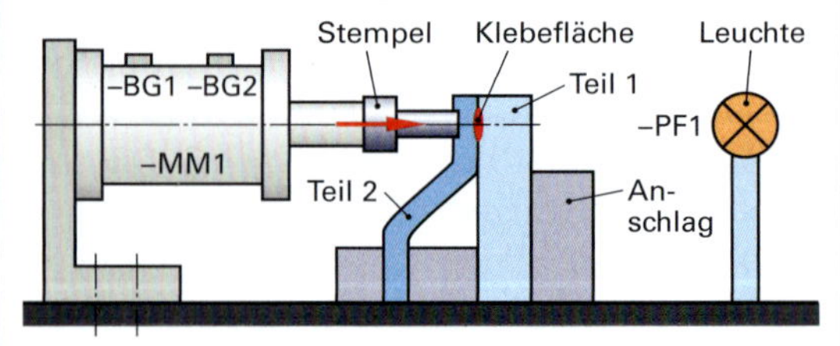

Bild 1: Technologieschema Klebevorrichtung

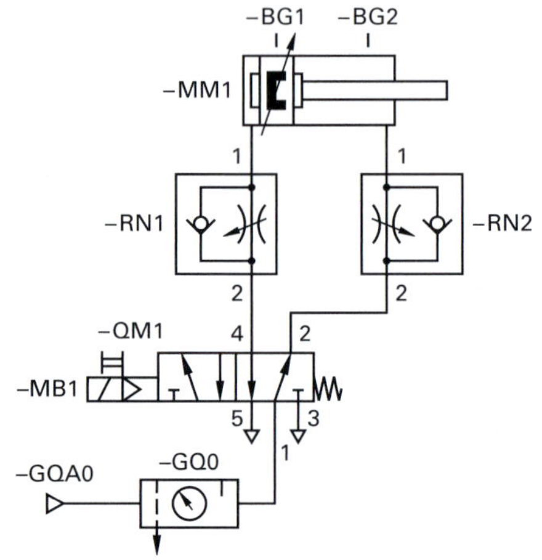

Bild 2: Pneumatischer Leistungsteil

Beide Module gehören zur Geräteklasse 1 mit einem Gleichspannungsbereich von 12 V bis 24 V.

Sie besitzen eine integrierte Echtzeituhr (C) und eine Ethernetschnittstelle (E) für die Anbindung eines Textdisplaymoduls LOGO! TDE (Bild 3).

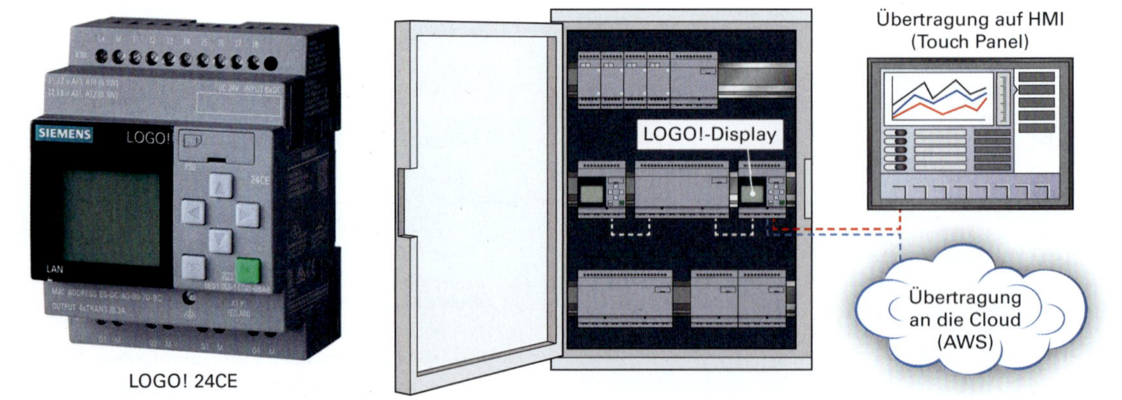

Bild 3: Kleinsteuergerät LOGO! und Einbau im Schaltschrank (inklusive Datenvisualisierung und Datenübertragung)

Das Steuergerät mit seinem integrierten Display ist normalerweise im Schaltschrank verbaut. Eine Textmeldung für den Anlagenbediener direkt an der Anlage ist nur über ein externes Textdisplaymodul (= Touchpanel) möglich. Auf eine Datenausgabe oder Textmeldung nach außen wird aus Kostengründen verzichtet. Auf die Möglichkeit, Daten nach außen in eine Cloud zu senden und auf diese mit einem Smartphone zuzugreifen, soll hingewiesen werden.

Beide Module besitzen acht digitale Eingänge (I1 bis I8), von denen vier optional als Analogeingänge genutzt werden können: I1 und I2 oder I7 und I8 **(Bild 1)**.

Für beide Module stehen lediglich vier digitale Ausgänge (Q1 bis Q4) zur Verfügung: Dies ist eine erhebliche Einschränkung für die Basismodule. Bei höherem Bedarf können aber Erweiterungsmodule (z. B. DM8/ DM16) dazugebaut werden **(Bild 2)**.

Das Basismodul 12/24 V **R**CE besitzt vier potenzialfreie **R**elaisausgänge mit einer maximalen möglichen Stromlast von 10 A je Relais, während das Modul 24 CE vier Transistorausgänge besitzt. Deren maximale Stromaufnahme ist auf 0,3 A je Transistor beschränkt.

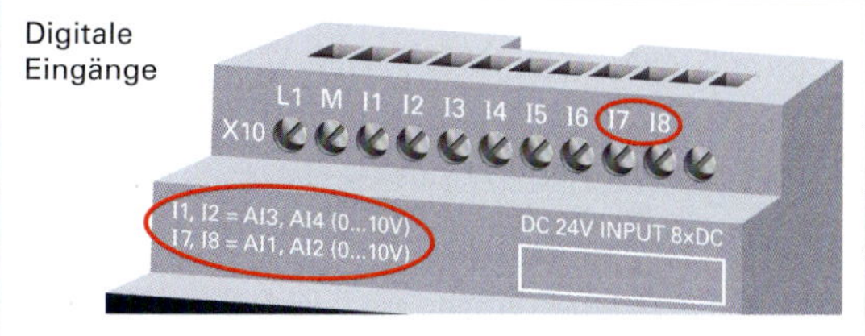

Bild 1: Eingänge an den Basismodulen 12/24 V RCE oder 24 V CE

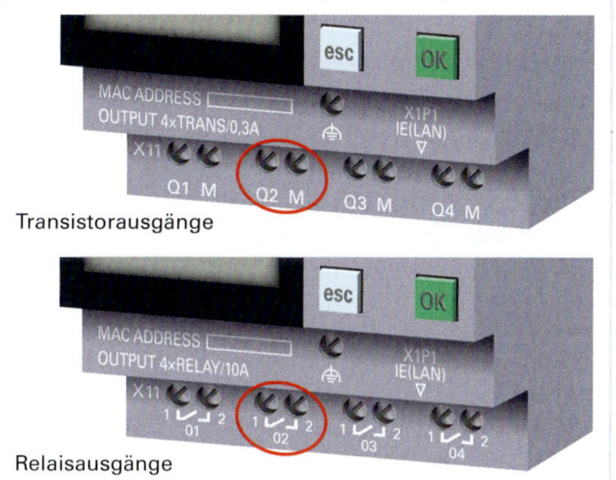

Bild 2: Digitale Ausgänge des Steuerrelais

Kenngrößen der Kleinsteuerung
- Spannungen: 12 V DC, 24 V DC, 230 V AC
- Schalteingänge: 8 bis 24 (I1–I24)
- analoge Schalteingänge zwei bis maximal acht (AI1–AI8), bei 0 bis 10 V im Basisgerät
- Schaltausgänge: Relais- oder Transistorausgänge vier bis 20 (Q1–Q20)
- Ausbau der Basisgeräte: vier digitale und acht analoge Erweiterungsmodule möglich

In der Zuordnungsliste können Schaltelemente den Ein- und Ausgängen zugewiesen werden **(Tabelle 1)**.

Nach der Zuordnungsliste werden vier digitale Eingänge (DI) und zwei digitale Ausgänge (DO[1]) benötigt.

Eine Auswahlmatrix **(Tabelle 2)** erleichtert die Auswahl: Das Steuermodul LOGO! 12/24V RCE mit einer höheren elektrischen Ausgangsleistung und einem Display zur Textdarstellung wird gewählt.

Tabelle 1: Zuordnungsliste – Klebevorrichtung

Symbol	Adresse	Kommentar
–BG1	I1	hint. Endlage, mag. Sensor, no
–BG2	I2	vord. Endlage, mag. Sensor, no
–SJ1	I3	Start-Taster, Stempel ausf., no
–SJ2	I4	Stopp-Taster, Stempel einf, nc
–MB1	Q1	Magnetspule von -QM1 (monost.)
–PF1	Q2	Meldeleuchte, Orange, Klebezeit läuft

Tabelle 2: Auswahlmatrix für die Basismodule

Spannung	Eingänge I (Input)	Ausgänge Q (Quit)		mit Display	ohne Display (pur)
		Relais	Transistor		
12/24 V RCE	8DI/4AI	4Q		X	X
24 V CE	8DI/4AI		4Q	X	X
24 V RCE	8DI	4Q		X	X
230 V RCE	8DI	4Q		X	X

R Relais/C Echtzeituhr/E Ethernet/D digitaler Input/AI analoger Input

[1] In der SPS werden die Ausgänge in der deutschen Schreibweise als A bezeichnet, in der englischen Version als Q für quit (= verlassen). Für die Ausgänge wird auch die Bezeichnung digitale Outputs (DO) verwendet.

Nach der Auswahl der Hardwarekonfiguration und der Erstellung der Zuordnungsliste wird ein Verdrahtungsplan der Vorrichtung erstellt. Dies erfolgt mit einer geigneten Software **(Bild 1)**.

Schritt 3: Durchführung

Im dritten Projektierungsschritt wird das Anwenderprogramm für die Klebevorrichtung in einer für die SPS jeweils typischen Programmiersprache erstellt.

Die Software LOGO! Soft Comfort der Kleinsteuerung bietet zwei Standard-SPS-Sprachen zur Auswahl an:

- Kontaktplan KOP (engl. ladder diagram = LAD)
- Funktionsplan FUP (engl. function block diagram = FBD)

Der **KOP** orientiert sich am elektrischen Stromlaufplan mit eigenen Symbolen für Ein- und Ausgänge, die für den PC um 90° gedreht werden **(Bild 2)**.

Der **FUP** basiert auf den logischen Symbolen, die in der booleschen Algebra verwendet werden **(Bild 3)**.

In **Tabelle 1** sind alle vier bereits bekannten Grundoperationen der Kleinsteuerung aufgelistet. Diese gelten auch für eine modulare SPS.

Die allgemeinen Variablen E und A der booleschen Algebra werden bei der Kleinsteuerung zu I und Q. Bei modularen Steuerungen lässt sich diese Syntax grundsätzlich ändern.

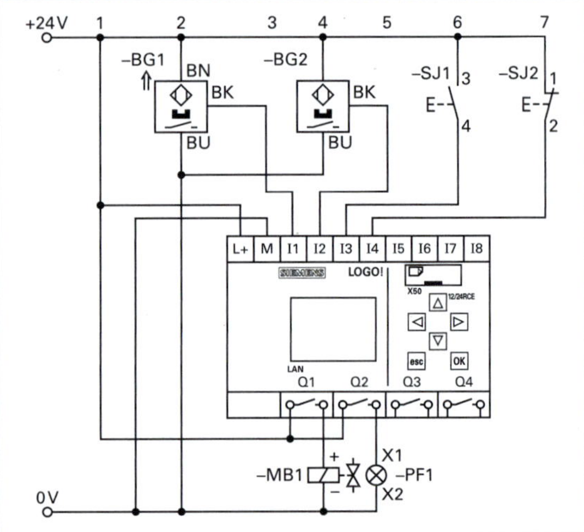

Bild 1: Verdrahtungsplan für die Klebevorrichtung

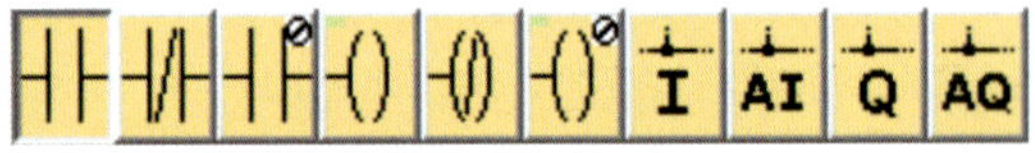

Bild 2: Grundelemente des Kontaktplans KOP (= LAD)

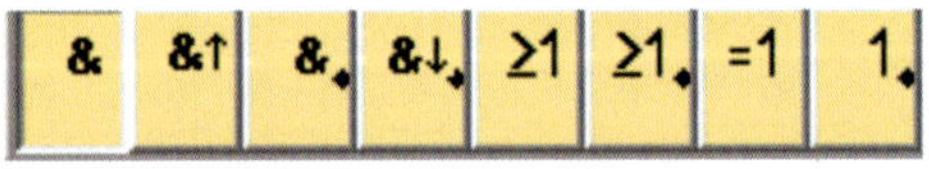

Bild 3: Untermenü „Grundfunktionen" des FUP (= FBD)

Tabelle 1: Grundoperationen einer speicherprogrammierbaren Steuerung (Kleinsteuerung)

Schaltzeichen DIN EN 61131	Funktionstabelle	Signal-Zeit-Diagramm	FUP (FBD)	KOP (LAD)
Identität 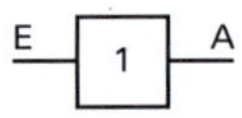	E A 0 0 1 1	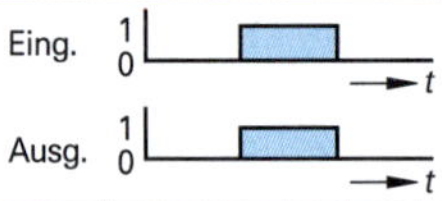	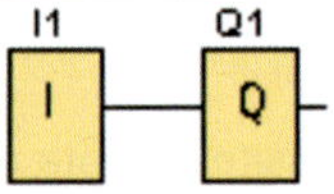	
Negation (NOT) 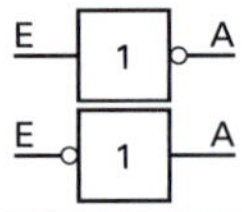	E A 0 1 1 0	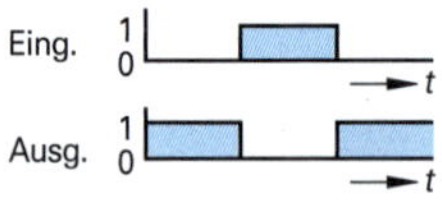	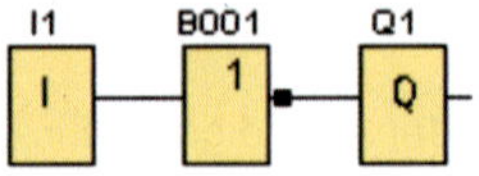	
ODER (OR) 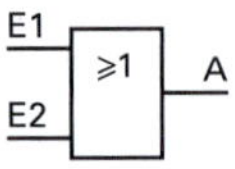	E2 E1 A 0 0 0 0 1 1 1 0 1 1 1 1	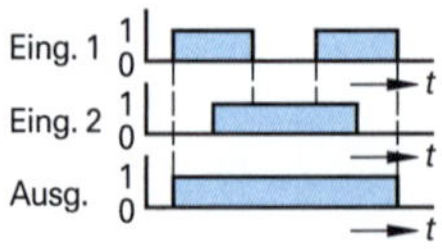	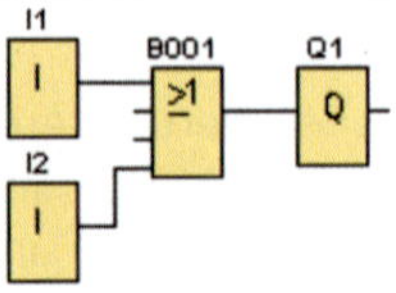	Parallelschaltung zweier Schließer 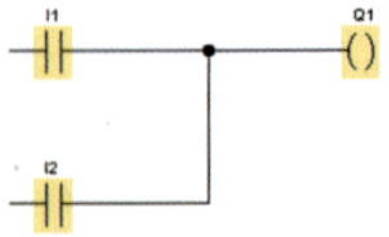
UND (AND) 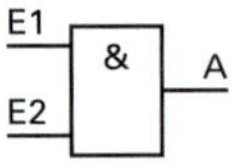	E2 E1 A 0 0 0 0 1 0 1 0 0 1 1 1	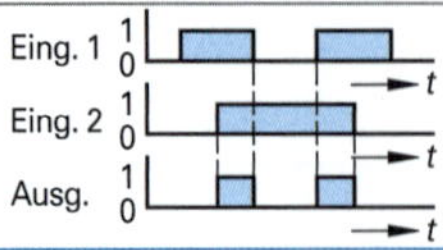	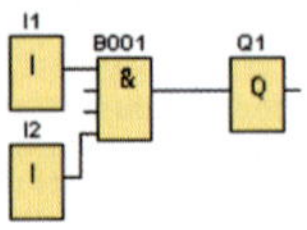	Reihenschaltung zweier Schließer 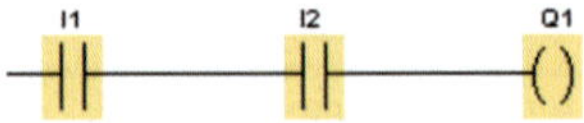

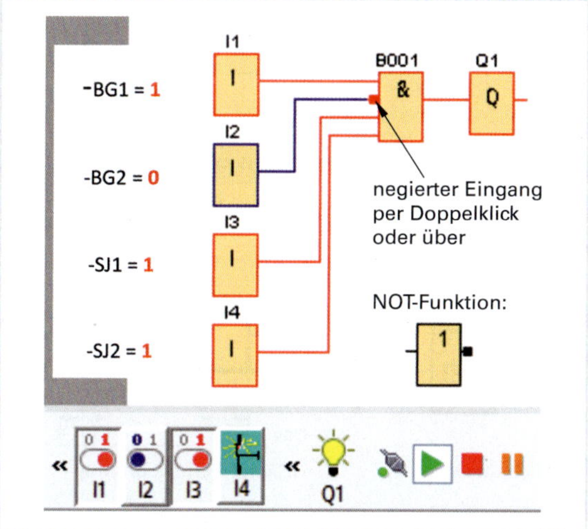

Bild 1: Simulation der Startbedingung

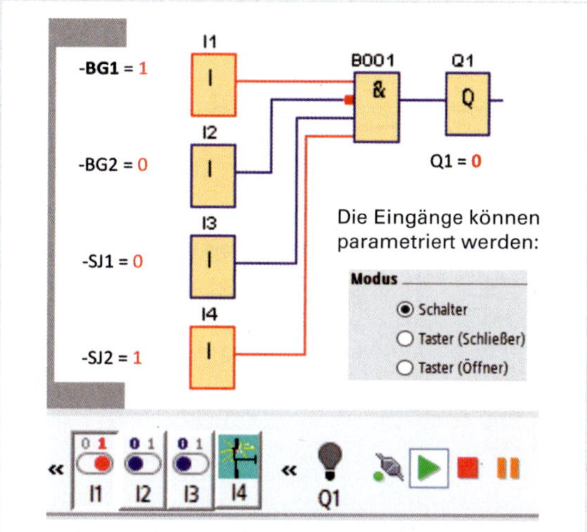

Bild 2: Simulation „Start-Taster I3 loslassen"

Im pneumatischen Leistungsteil der Klebevorrichtung **(Bild 2, Seite 528)** ist erkennbar, dass als Stellelement ein 5/2-Wegeventil mit Rückstellfeder zum Einsatz kommt. Es hat ein monostabiles Schaltverhalten. Neben den vier Grundoperationen werden eine Speicher- und eine Zeitfunktion benötigt.

Bei kombinatorischen Steuerungen kann eine tabellarische Übersicht zur Klärung der Aufgabenstellung hilfreich sein **(Tabelle 1)**: Sie stellt in Funktionsgleichungen (= boolesche Algebra) dar, wie die Signale an den Eingängen verknüpft werden müssen, um an den Ausgängen Signale zu setzen oder zurückzusetzen.

Um die Magnetspule –MB1 speichernd auf logisch 1 zu setzen (S = SET) müssen vier Eingangssignale mit UND verknüpft werden: Der Sensor –BG2 (I2) ist beim Start noch nicht betätigt, da der Zylinder –MM1 in seiner hinteren Endlage steht. Der Sensor hat das Signal 0. Durch die **Negation** wird dieses Signal 0 an der Verknüpfung UND zum Signal 1 **(Bild 1)**.

Der Stopp-Taster (I4) ist als Öffnerkontakt verdrahtet. Beim Einschalten der Anlage liegt am Eingang I4 sofort das Signal 1 an. Start I3 ist betätigt, der Ausgang Q1 ist auf 1-Signal gesetzt. Lässt man den Start-Taster I3 los, dann fällt der Ausgang Q1 wieder auf 0-Signal zurück **(Bild 2)**. Das monostabile Stellelement –QM1 fällt wieder in seine Grundstellung b zurück, der Kolben mit Stempel geht in seine Ausgangslage zurück.

Negation in der SPS

- –BG2 (I2): Abfrage auf logisch 0, d. h., Sensor führt kein Signal (=0)

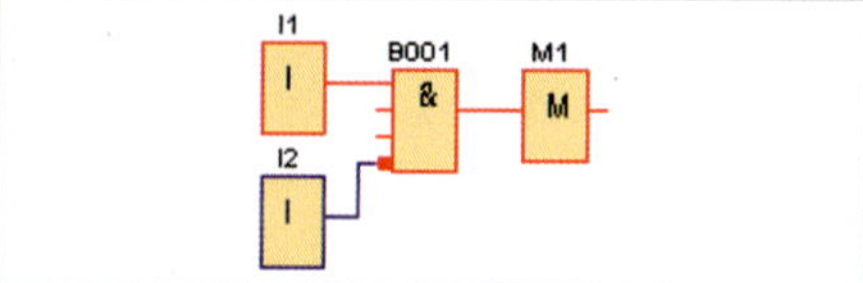

- Am UND-Baustein B001 ist der Eingang I2 negiert (Negationskreis, vereinfacht): Die **0** wird zu 1 umgewandelt → M1 = 1.
- Die SPS erkennt nicht, ob ein Schließer oder ein Öffner als Eingangsgröße anliegen. Die SPS erkennt nur die Zustände Spannung (= 1) oder keine Spannung (= 0) vorhanden.

Tabelle 1: RS-Tabelle und einfache Zuweisungen

Speicherelement	Setzbedingung S	Rücksetzbedingung R
–MB1	$-BG1 \land \overline{-BG2} \land -SJ1 \land \overline{-SJ2}$	$(-BG2 \land M1) \lor \overline{-SJ1} \lor -SJ2$
Einfache Zuweisung		
M1	zeitabhängig gesetzt	
–PF1	$-BG2 \land M1$	

Daher muss das Verknüpfungsergebnis gespeichert werden: Dies geschieht durch den Einsatz einer **Speicherfunktion** (= Selbsthalterelais).

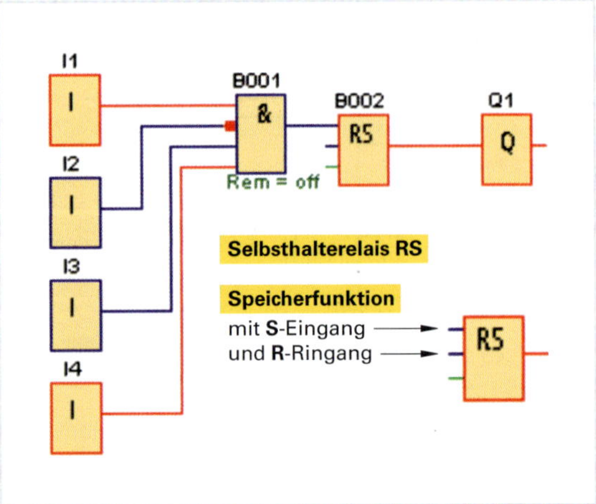

Bild 1: Selbsthaltung durch einen RS-Speicher

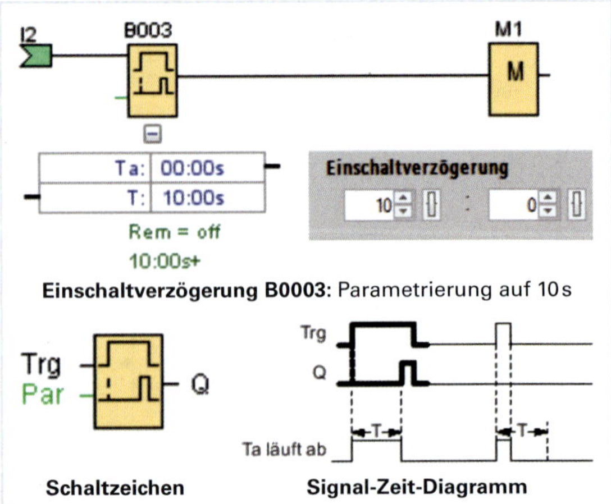

Bild 2: Zeitfunktion in der Klebevorrichtung

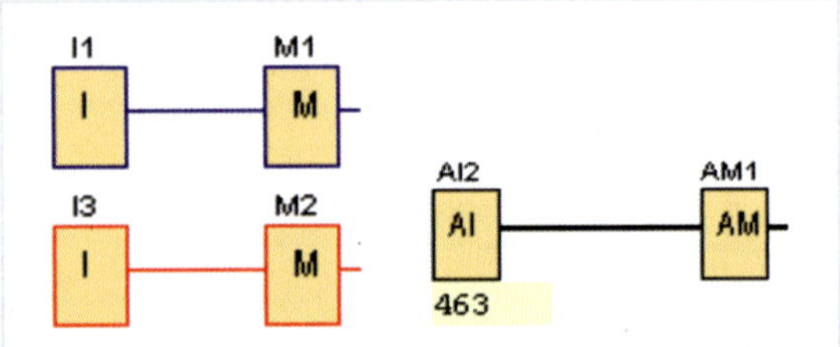

Bild 3: Merker digital M1, M2 – Merker analog AM1

Tabelle 1: Funktionstabelle für Selbsthalterelais

R RESET	S SET	Ausgang Q (Ergebnis)
0	**0**	Zustand unverändert
0	**1**	1 (Ausgang Q **speichernd** gesetzt)
1	**0**	0 (Ausgang **speichernd** zurückgesetzt)
1	**1**	0 (Ausgang **speichernd** zurückgesetzt)

Das RS-Selbsthalterelais speichert das Ergebnis der UND-Verknüpfung, auch wenn deren Bedingungen nicht mehr gegeben sind **(Bild 1)**.

In **Tabelle 1** wird die Funktion der Speicherung beschrieben: Das Selbsthalterelais wird durch eine 1 am R-Eingang zurückgesetzt (= RESET in der 3. Zeile).

Es handelt sich um einen dominierend löschenden Speicher (4. Zeile): Werden S-Signal und R-Signal gleichzeitig betätigt, ist das Ergebnis ein Ausgangssignal 0. Dieses Schaltverhalten ist bereits aus der Elektropneumatik bekannt.

Zeitfunktionen, Merker und Textmeldungen

Zur Umsetzung der Klebezeit von 10 s wird eine **Zeitfunktion** benötigt **(Bild 2)**:

Am Signaleingang (Trg = Trigger) startet der Sensor für die vordere Endlage –BG2 (= I2) die Einschaltverzögerung. Wenn die eingestellte Zeit T von 10 s abgelaufen ist, geht der Ausgang Q der Zeitfunktion auf ein 1-Signal so lange, wie –BG2 = 1.

Dieser Schaltzusammenhang lässt sich gut aus dem Signal-Zeit-Diagramm herauslesen.

In den Sonderfunktionen finden sich weitere Zeitfunktionen (Ausschaltverzögerung, Impulsgeber, Wochenschaltuhr usw.).

Am Ausgang Q der Zeitfunktion in Bild 1 wird das Signal auf die Variable M1 ausgegeben: Der **Merker M1** gibt an seinem Ausgang das Signal aus, das an seinem Signaleingang liegt.

Die Merker können als Zwischenspeicher für ein Verknüpfungsergebnis beliebig oft im Programm verwendet werden. Sie haben eine Funktionalität, die vergleichbar mit den Hilfskontakten eines Relais in verbindungsprogrammierten Steuerungen (VPS) ist. Analoge Merker z. B. AM1 speichern den Zahlenwert eines analogen Eingangs AI2 **(Bild 3)**.

Die verwendete LOGO! OBA8 hat 64 digitale Merker. **Tabelle 1, Seite 533** zeigt einen Überblick über die Sonderfunktionen bestimmter Merker. Diesen Merkern werden bestimmte vordefinierte Farben zugeordnet.

Bild 1 zeigt die Verwendung einer Sonderfunktion M29 in Kombination mit einem Meldetext. Sobald durch Betätigung von Signaleingang I1 = 1 der Merker M29 Signal 1 hat, erscheint der eingegebene Meldetext auf dem Logo!-Display oder einem LOGO!-TD (= Touchpanel) mit einem roten Hintergrund.

Die Sonderfunktion Meldetext muss dazu mit Doppelklick geöffnet werden. Im nun geöffneten Editierfenster wird der Text eingegeben. Im Beispiel erscheint zusätzlich die aktuelle Zeit als Parameter, das Datum und weitere zusätzliche Werte sind anzeigbar.

Die LOGO! 12/24 RCE besitzt eine Echtzeituhr (C), die bei der Erstinbetriebnahme im Programmiermodus eingestellt wird. Die Pufferung der Uhrzeit nach Abfall der Netzspannung ist geräte- und temperaturabhängig: Die Gangreserve reicht beim Gerätetyp 0BA8 bei 25 °C für 20 Tage.

Damit kann die Lösung für die Kleinsteuerung erstellt werden **(Bild 2)**. Der Meldetext B007 wird um den Parameter „Restzeit" erweitert, um die Möglichkeiten der LOGO! zur Visualisierung von Werten zu zeigen.

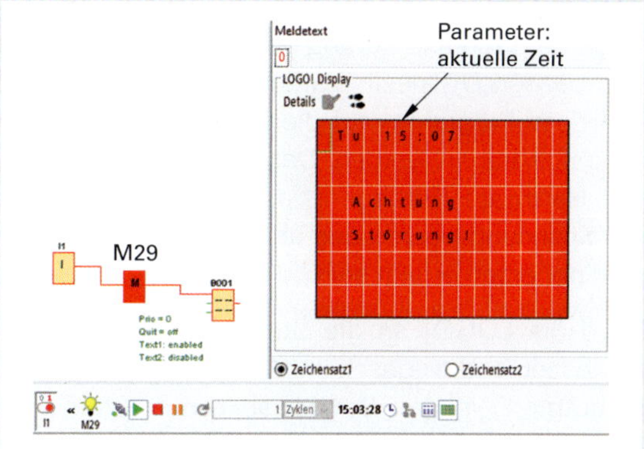

Bild 1: Sondermerker M29 und Meldetext

Tabelle 1: Sonderfunktionen der Merker – Farben

M8	Initialisierungsmerker	Blau
M27	Zeichensatz des Meldetextes	Grün
M28	gelbe Hintergrundbeleuchtung	Gelb
M29	rote Hintergrundbeleuchtung	Rot

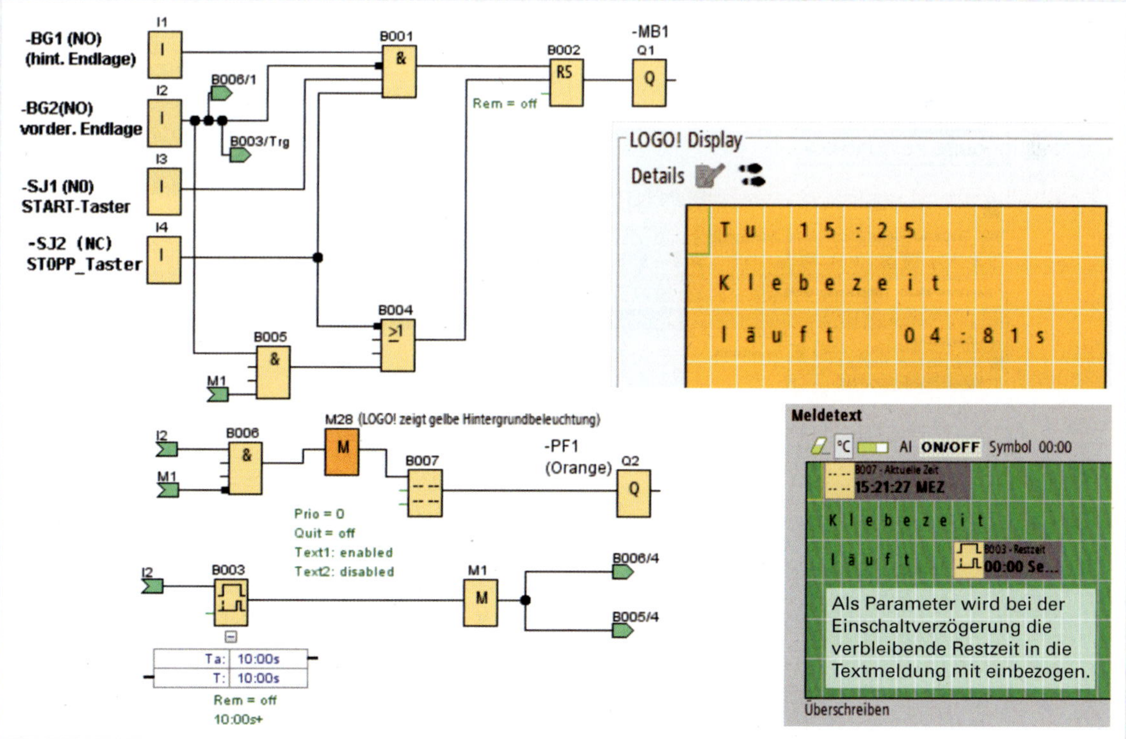

Bild 2: Schaltplanlösung für Klebevorrichtung (in Funktionsbausteinsprache FUP)

Schritt 4: Kontrolle des Programmentwurfs

Nach der Programmierung des Schaltplanentwurfs und dessen Offlinesimulation am PC oder Laptop kann das Programm auf die gewählte Kleinsteuerung übertragen werden. Dazu müssen ein Aufbau der Hardware (Basisgerät auf einer Hutschiene), die Spannungsversorgung und die Verdrahtung der Komponenten erfolgt sein.

Wird die LOGO! an die Stromversorgung angeschlossen und eingeschaltet, zeigt das Display das Hauptmenü in den **Betriebsarten** Starten, Programmieren usw. an **(Bild 1)**.

Mittels der vier Bedienelemente (▲, ▼, ◀, ▶) bewegt man sich zwischen den **Betriebsarten**. Ein OK auf dem grau hinterlegten Menüpunkt **Netzwerk** führt zum Untermenü **IP-Adresse** und von dort zur Standard-IP-Adresse. Um die Einstellung zu ändern, drückt man auf die **OK**-Taste, die Logo muss sich im Stopp-Modus befinden.

Wenn der Cursor als blinkender Vollblock angezeigt wird, bewegt man ihn mit den Pfeiltasten ◀ und ▶ an die Position der zu ändernden Zahl und verwendet ▲ oder ▼, um diese Zahl zu erhöhen oder zu verringern. Zum Bestätigen der Änderung drückt man wieder OK.

Über die **ESC**-Taste springt man in den Menüs zurück.

Im Programm LOGO! Soft Comfort wird das Programm über das Icon „PC → LOGO!" der Toolbar in die Kleinsteuerung übertragen **(Bild 2)**. Im Fenster der Schnittstelle muss dazu die Ethernetschnittstelle eingestellt sein sowie die IP-Adresse des Zielgeräts eingetragen werden. Sollte die Übertragung nicht funktionieren, muss die Schnittstelle oder die IP-Adresse am Gerät und in der Software überprüft werden. Eventuell passt auch die im Software-Programm ausgewählte Hardware mit der realen Hardware nicht zusammen.

Bild 2: Toolbar (= Übertragungsrichtung)

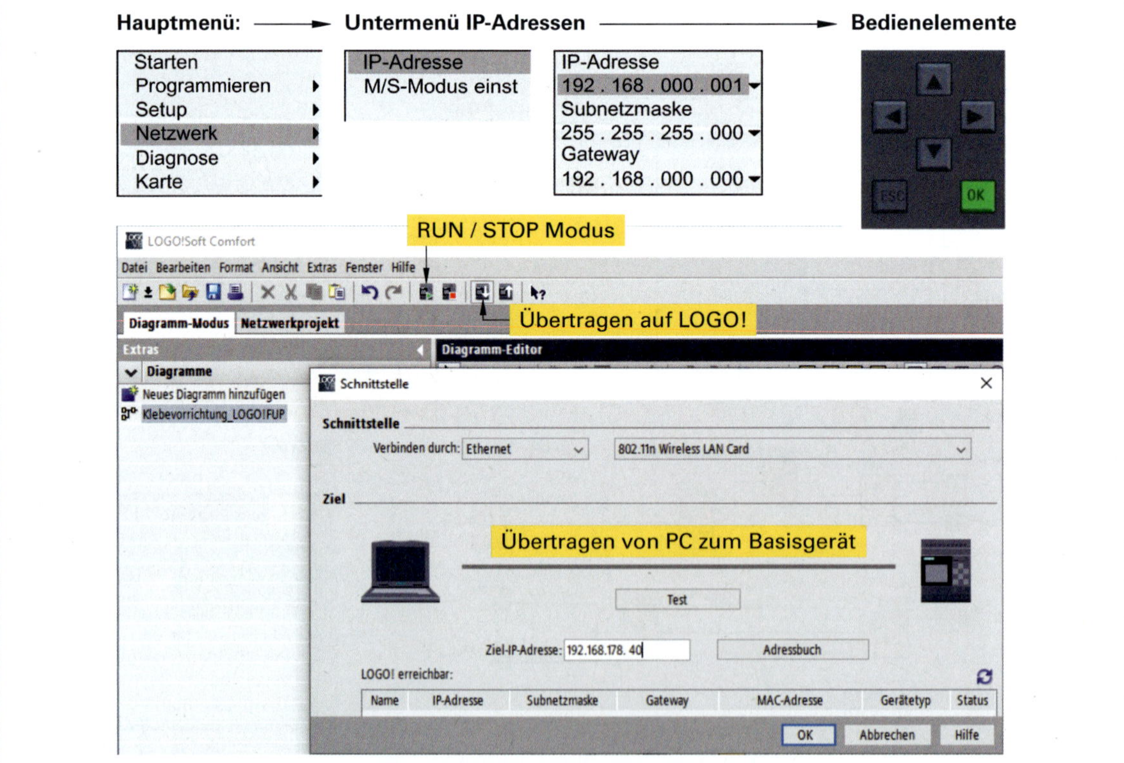

Bild 1: Datenübertragung vom Programmiergerät zur Kleinsteuerung über Ethernetschnittstelle

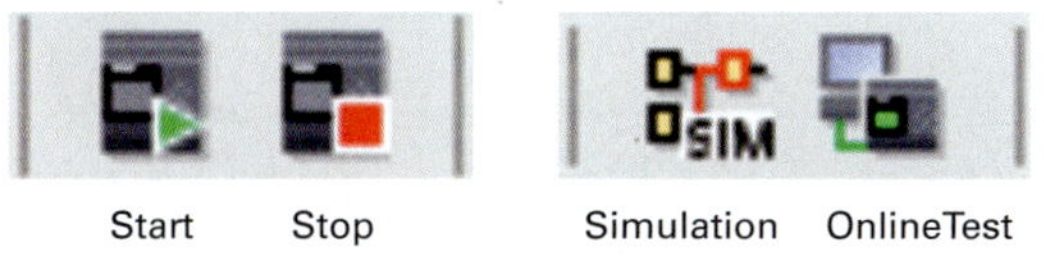

Bild 1: Toolbar (mit RUN/STOP) und Simulation (OFF-Line)/Onlinetest

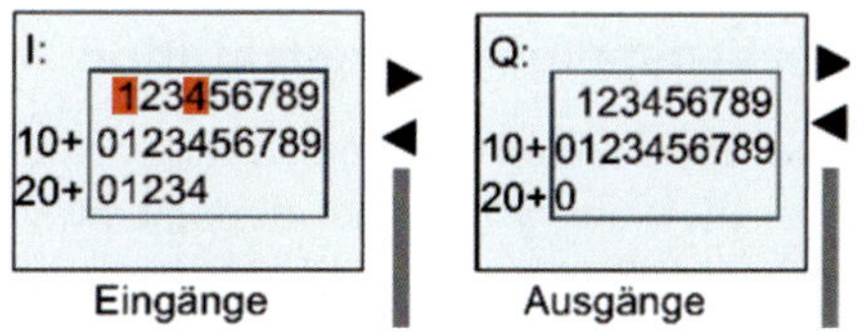

Bild 2: Anzeigen von Ein- und Ausgängen

War die Übertragung auf die LOGO! erfolgreich, dann kann die LOGO! in den RUN-Modus gesetzt und der Ablauf gestartet werden **(Bild 1)**.

Mit dem Beobachtungswerkzeug „Online-Test" kann man beobachten, wie die Steuerung auf verschiedene Zustände reagiert, z. B. die Betätigung eines Handtasters –SJ1. Der Vorgang an der realen Anlage erscheint im Diagrammeditor als virtuelles Abbild laufender Prozesse – ein mächtiges Werkzeug zur Fehlersuche an der Anlage und im Programm. Eine Aktivierung von Eingängen auf der Diagrammeditorenoberfläche ist nicht möglich; dies geht nur von außen an der Realanlage.

Im laufenden Betrieb besteht die Möglichkeit, sich den aktuellen Status der Ein- und der Ausgänge anzeigen zu lassen **(Bild 2)**.

Die beiden Eingänge I1 (–BG1) und I4 (–SJ2) haben ein farblich hinterlegtes 1-Signal, was in diesem Displayfenster einsehbar ist: Die Verdrahtung und das Schaltverhalten sind damit korrekt.

Nach Beseitigung der Fehler werden alle Anlagendokumente ggf. angepasst und geändert an den Kunden übergeben.

Die speicherprogrammierbare Steuerung als Kleinsteuerung (= Steuerrelais/Logikmodul)

1. Nennen Sie vier Vorteile einer SPS gegenüber der VPS-Projektlösung.
2. Zeigen Sie die Unterschiede einer Kleinsteuerungen gegenüber einer modularen SPS.
3. Beschreiben Sie die beiden SPS-Sprachen, die bei Kleinsteuerungen verwendet werden.
4. Zählen Sie elementare Funktionen von CO, GF und SF in der Werkzeugsymbolleiste des Programms LOGO! Soft Comfort auf.
5. Erklären Sie den Zusammenhang von Zuordnungsliste und Verdrahtungsplan.
6. Beschreiben Sie die Unterschiede zwischen einer Kleinsteuerung mit Transistorausgängen und einer Steuerung mit Relaisausgängen.
7. Erklären Sie den Begriff Algorithmus am Beispiel eines SPS-Programms.
8. Mit welchen Werkzeugen lässt sich das SPS-Programm im Diagrammeditor übersichtlich darstellen?
9. Erstellen Sie von den beiden Funktionsplänen eine Funktionstabelle.

a)

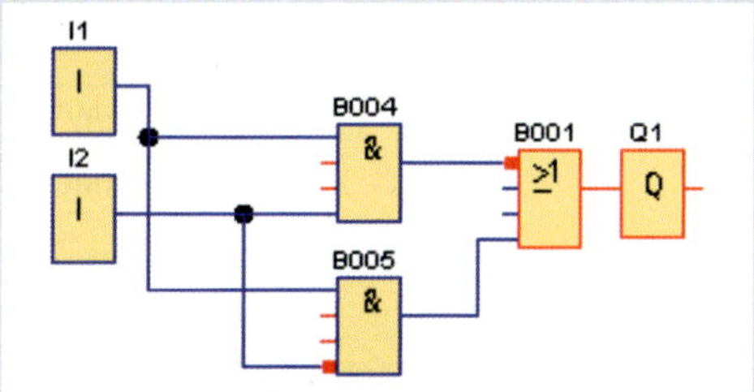

b)

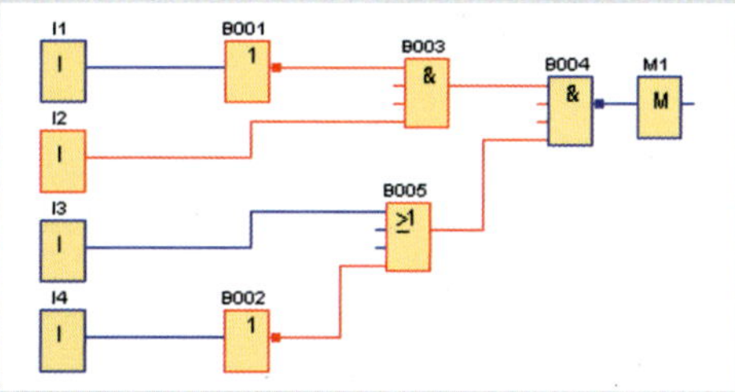

10. Eine **Wechselschaltung** soll durch ein Kleinsteuergerät ersetzt werden. Mit zwei Schließern –S1 und –S2 wird die Leuchte –PF1 beschaltet. Wählen Sie dazu eine geeignete Hardware und erstellen Sie eine SPS-Schaltplanlösung in den vier Lösungsschritten der **Seite 527**.

// Ablaufsteuerung: Aufgabenstellung Umsetzstation

Auf einem Band laufen Paletten auf einen Anschlag (Abfrage –BG1) auf. Von einem doppelt wirkenden Zylinder –MM10 werden sie beim Start nach vorn gegen eine Anschlagleiste geschoben. –MM10 fährt wieder in seine Endlage zurück, während der doppelt wirkende Zylinder –MM20 die Palette weiter auf ein zweites Förderband schiebt und danach wieder einfährt. Alle Endlagen werden abgefragt **(Bild 1)**

Der Ablauf wird mit DAUER EIN –SJ1 ein- und über AUS-Taster –SJ2 wieder ausgeschaltet. Ein Einzelbetrieb ist über Taster –SJ3 ebenfalls möglich. Eine RESET-Taste –SJ4 setzt alle RS-Speicher zurück und dient als Quittierung einer Störung. Ein pneumatischer Leistungsteil liegt vor **(Bild 2)**.

Eine günstige Kleinsteuerung soll ausgewählt, das SPS-Programm für den Ablauf mit der Sprache Funktionsbaustein FBS (= FUP) geschrieben werden.

GRAFCET und Zuordnungsgliste

Der Ablauf in den Einzelschritten kann im GRAFCET anschaulich dargestellt werden. Im gezeigten GRAFCET werden als Ausgänge die vier Magnetspulen der beiden 5/2-Impulswegeventile verwendet **(Bild 3)**.

Das erleichtert die Programmierarbeit, da somit die SPS-Eingänge in den Transitionen und die SPS-Ausgänge in den Aktionsfeldern in ihrer symbolischen Darstellung verwendet werden. Der GRACET zeigt lediglich den einfachen Ablauf im Einzel- oder Dauerbetrieb. Er beschreibt **nicht**, wie sich die Anlage bei STOPP, Störung oder bei RESET verhält. Hier müsste strukturiert mit Teil-GRAFCET und Hierarchien gearbeitet werden.

Die Zuordnungsliste ist mithilfe des Menüs „Bearbeitung" und des Untermenüs „Anschlussnamen" erstellt **(Bild 4)**.

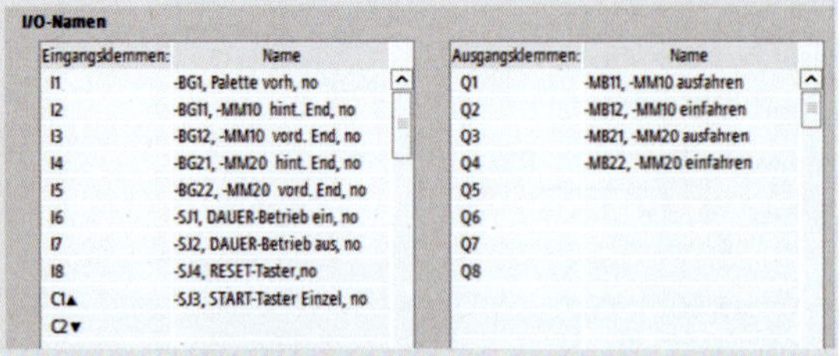

Bild 4: Zuordnungsliste mit Menü „Anschlussnamen"

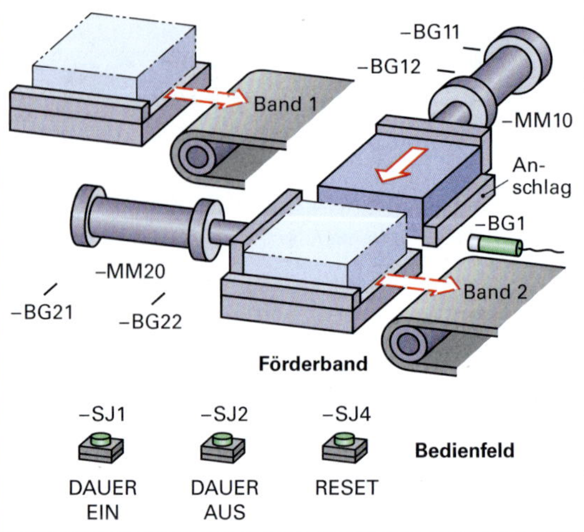

Bild 1: Technologieschema Umsetzstation

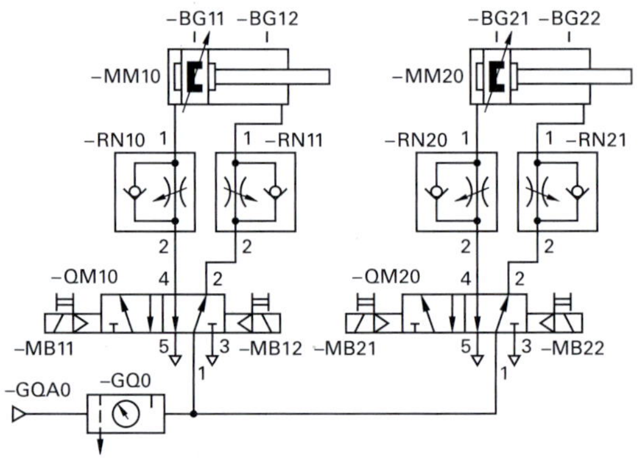

Bild 2: Pneumatischer Leistungsteil Umsetzstation

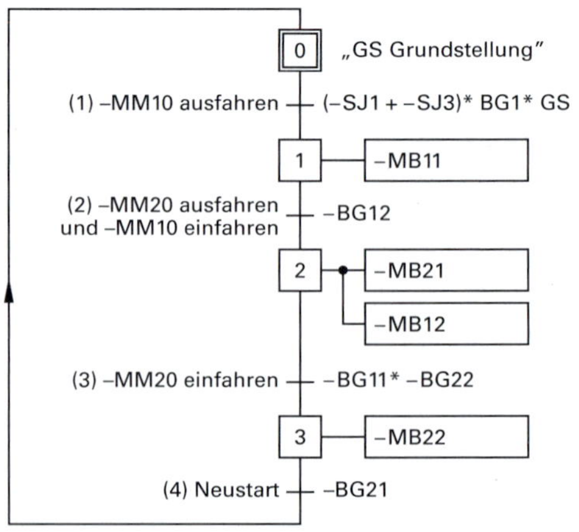

Bild 3: GRAFCET-Ablauf für Umsetzstation

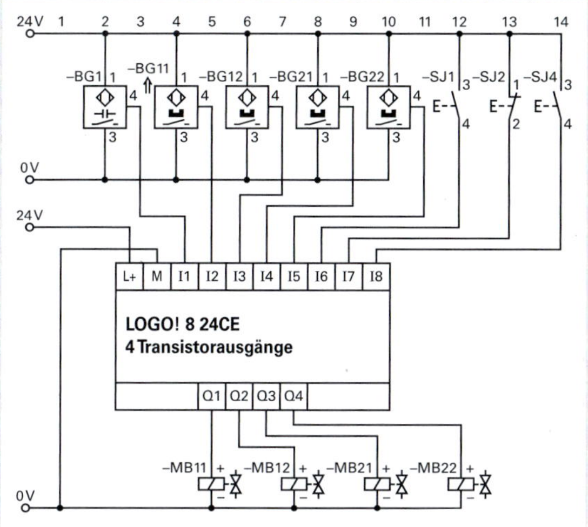

Bild 1: Anschlussverdrahtung (4 Transistorausgänge)

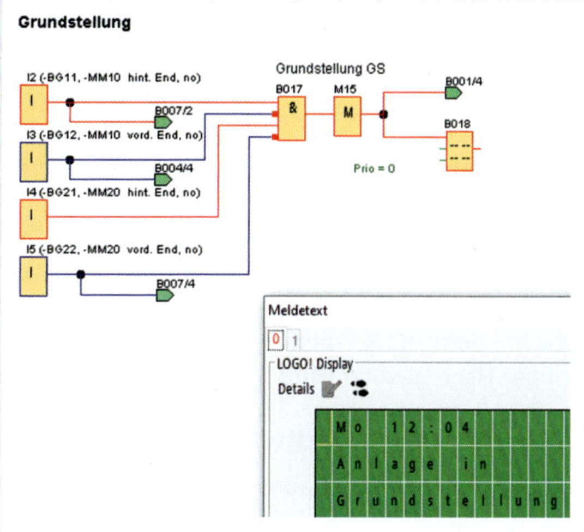

Bild 2: Grundstellung GS (M15) mit Textfeld

In der Zuordnungsliste **Bild 4, Seite 536** ist bei den Eingangsklemmen zusätzlich zu den acht Eingängen der START-Einzel-Taster –SJ3 auf eine Cursortaste C1 ▲ (Pfeil nach oben) des Steuergeräts LOGO! 8 24CE gelegt. Es findet sich somit für den –SJ3 kein Handtaster am Bedienfeld der Anlage.

Das Kleinsteuergerät hat in seiner Basisversion nur acht Eingänge. Weitere Cursortasten stehen zur Verfügung: C2 ▼, C3 ◄ und C4 ►. Sie müssen im Betrieb mit **ESC+Cursor** angewählt werden.

Anschlussverdrahtung

Auch im Verdrahtungsplan erkennt man das Fehlen von –SJ3 **(Bild 1)**. Als Kleinsteuerung wird aus Kostengründen ein Basisgerät mit vier Transistorausgängen ausgesucht. Die Stromaufnahme der Magnetventile ist nicht so hoch.

Bedienkomfort an Kleinsteuerungen

- Vier Cursortasten ermöglichen eine direkte Befehlseingaben am Steuergerät ohne eigene Verdrahtung.
- Programme lassen sich auf handelsüblichen 8-GB-Micro-SD-Karten speichern und sichern.

SPS-Programmlösung für Umsetzstation in der SPS-Sprache FUP

Die Lösung für die Umsetzstation setzt sich aus mehreren Programmteilen zusammen, die geordnet auf einer Seite des Diagrammeditors Platz finden:

- **G**rund**S**tellung (M15) und Automatikbetrieb (M20)
- Störungsanzeige (M29), **Bild 2, Seite 538**
- Schrittkette mit Ablaufschritten 0 (M10) bis 3 (M3) und Zuweisung der Ausgänge Q1 bis Q4

In all diesen Programmteilen werden Merker (interne Speichervariablen der SPS) eingesetzt, um die Signalverknüpfungen zwischenzuspeichern.

Die Grundstellung **(GS)** hängt von den vier Signalzuständen der magnetischen Sensoren an den beiden Aktoren –MM10 und –MM20 ab: Ist die Variable **GS (= M15)** auf Signal 1, dann erfolgt die Ausgabe eines Meldetextes **(Bild 2)**.

–SJ1 (I6) setzt speichernd die Merkervariable M20 für den **Automatikbetrieb**. In der Startbedingung der Schrittkette (Ablaufschritt 1) ermöglicht diese Variable den Dauerbetrieb.

Über –SJ2 (I7), einen RESET mit I8 oder bei einer Störung M29 wird das RS-Selbsthalterelais (B015) wieder zurückgesetzt. Da –SJ2 ein Öffner ist, wird das Signal am ODER-Eingang (= B014) negiert **(Bild 3)**.

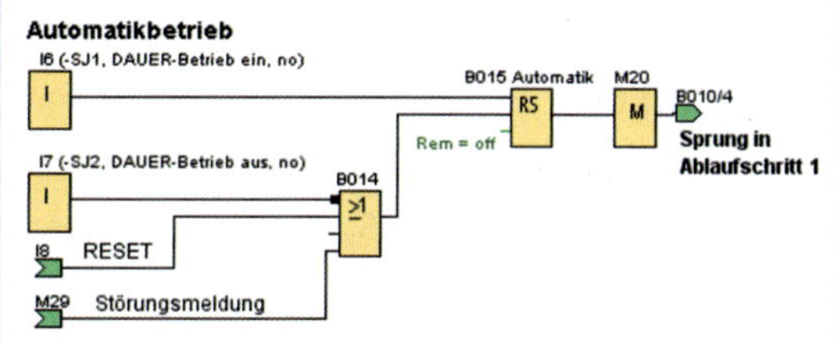

Bild 3: Programmierung des Automatikbetriebs M20

Lernfeld 13

Der RESET-Taster –SJ3 ist von allen Variablen am häufigsten im Einsatz **(Bild 1)**: Er ist für den **Störungsfall** gedacht, um die Schrittkette und Teile der Anlage in die Grundstellung zu bringen.

Alle verwendeten Selbsthalterelais werden alternativ mit dem RESET-Taster –SJ3 am R-Eingang gelöscht: Das gilt für alle Ablaufschritte (1, 2 und 3) und den Automatikbetrieb. Der Start- oder Initialschritt 0 mit seinem zugeordneten Merker M10 wird mit dem RESET-Taster –SJ3 für einen Neuanlauf per Hand gesetzt **(Bild 1, Seite 539)**.

Störungsanzeige: Schrittüberwachung

Jeder Schritt einer Ablaufkette (M1, M2, M3 …) braucht eine bestimmte Ablaufzeit, z. B. die Verfahrzeit der Kolbenstange des Zylinders –MM10 zum Verschieben der Palette (Ablaufschritt 1 mit Merker M1). Dauert der Ablauf länger, so liegt ggf. eine Störung vor: Die erlaubte Zeit wird durch eine Einschaltverzögerung ausgewertet **(Bild 2)**.

Nach 15 s wird der Merker M29 auf Signal 1 gesetzt und steuert ein rotes Texfeld an mit einem Störungshinweis. Der zweite Schritt (M2) kommt auf einen weiteren Zeitbaustein (B022). Würde man alle Schritte auf die erste ODER-Funktion (B020) legen, so addieren sich die Zeiten und es gäbe eine Fehlermeldung trotz korrektem Ablauf. Der letzte Schritt (hier M3) und der Startschritt (M10) werden nicht abgefragt, denn in den beiden Schritten kann die Schrittkette länger verweilen.

Einzelschritt einer Ablaufkette

Die Regeln zur Schrittkette aus der VPS (Pneumatik oder Elektropneumatik) gelten in der SPS in gleicher Weise **(Bild 4)**:

- Jeder **Schritt n** wird mit einem **Selbsthalterelais** (= RS-Funktionsbaustein) erstellt, welches einem Schrittmerker $\mathbf{M_n}$ zugeordnet wird.
- **SET-Eingang S:** Vorhergehender Schritt Mn–1 **UND** eine Weiterschaltbedingung $\mathbf{I_x}$ (z. B. ein Sensorsignal als Initiator) haben Signal 1.
- **RESET-Eingang R:** Der nachfolgende Schritt $\mathbf{Mn_{+1}}$ **ODER** ein RESET-Taster $\mathbf{I_y}$ hat ein Signal 1 und setzt den aktuellen $\mathbf{M_n}$ zurück.

Alle Schritte haben einen Speicherbaustein und nutzen einen Schrittmerker als Zwischenspeicher sowie einen UND-Funktionsbaustein am S-Eingang und eine ODER am R-Eingang des Selbsthalterelais.

Bild 1: Funktionen von RESET–Taster I8 (–SJ3)

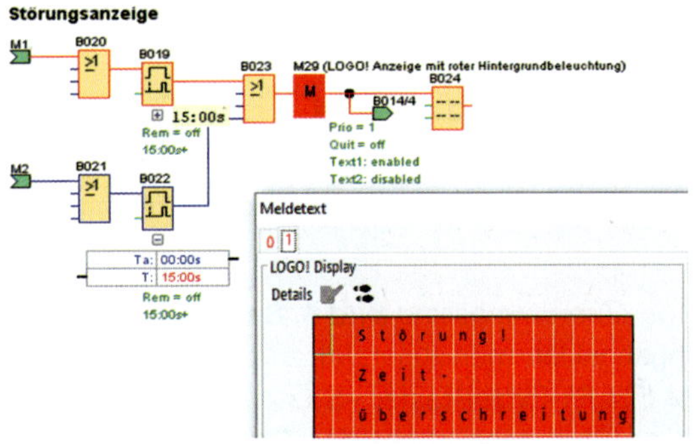

Bild 2: Störungsanzeige mit M29 (Simulation)

Layoutgestaltung der Programmseite

- Eine klar gegliederte Struktur soll erkennbar sein, ggf. mehrseitige Aufteilung des Gesamtprogramms.
- Alle Programmteile erhalten Überschriften, ggf. Textkommentare (F9).
- Verbindungen auftrennen: Verwendung von Werkzeugen aus der Symbolleiste **(Bild 3)** z. B. „Verbindungen auftrennen F11" und „Verbinden F5"

Bild 3: Symbolleiste

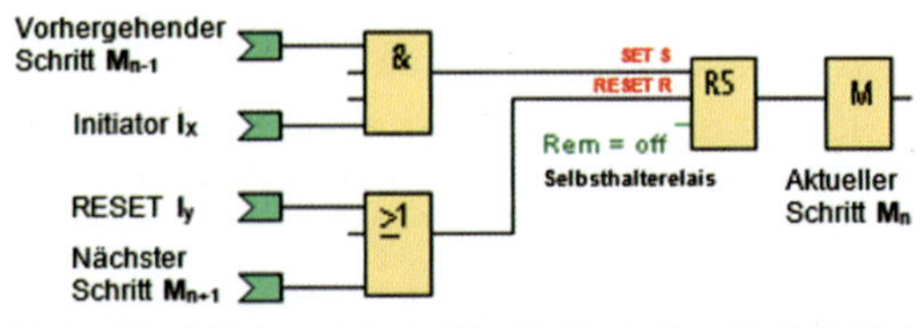

Bild 4: Standardschritt M_n einer SPS-Schrittkette

Der Startschritt 0 mit M10 der Schrittkette weicht vom Standardschritt ab **(Bild 1)**.

Bei einem völligen Neustart der Anlage und einem RUN-Betrieb des Steuergeräts werden die einzelnen Funktionen nacheinander abgearbeitet. Die SPS durchläuft das gesamte Programm permanent vom Startschritt beginnend: Man spricht von einer zyklischen Arbeitsweise des SPS-Steuergeräts. Nur in einem ersten Programmzyklus hat der Merker M8 (= Anlaufmerker) das Signal 1, im nächsten Zyklus wird er bis zu einem kompletten Neustart auf das Signal 0 gesetzt.

Das Anlaufsignal wird daher im Startschritt 0 durch das Selbsthalterelais B016 in den Zwischenspeicher M10 gelegt. Die Bezeichnung M10 ist frei gewählt, der Systemmerker M8 aber ist in der LOGO!-Kleinsteuerung nicht änderbar.

Durch die Cursortaste C1 ▲ kann der Einzelbetrieb gestartet werden: Weitere Bedingungen sind das Vorhandensein der Palette (I1 = 1) und dass sich die Anlage in Grundstellung (M15) befindet. Somit ist die UND-Funktion erfüllt und der SET-Eingang vom Selbsthalterelais speichernd gesetzt.

Der speichernd gesetzte Ablaufschritt 1 wird in Schrittmerker M1 abgelegt. Der Schrittmerker M1 betätigt im Ausgangsteil des Programms die Magnetspule Q1 (–MB11).

Damit verschiebt der Kolben des Pneumatikzylinders –MM10 die Palette zur Übergabestelle.

Ausgänge in SPS-Programmen

- Um Ausgänge (Q1, Q2 usw.) zu programmieren, muss das Schaltverhalten der angesteuerten Stellelemente analysiert werden.
- Bistabiles Schaltverhalten: 5/2-Impuls-Wegeventile können mit einfachen Merkerzuweisungen programmiert werden: M1 = Q1.
- Bei monostabilem Stellelement wird im Ausgangsteil wie in der Schrittkette ein Selbsthalterelais benötigt.

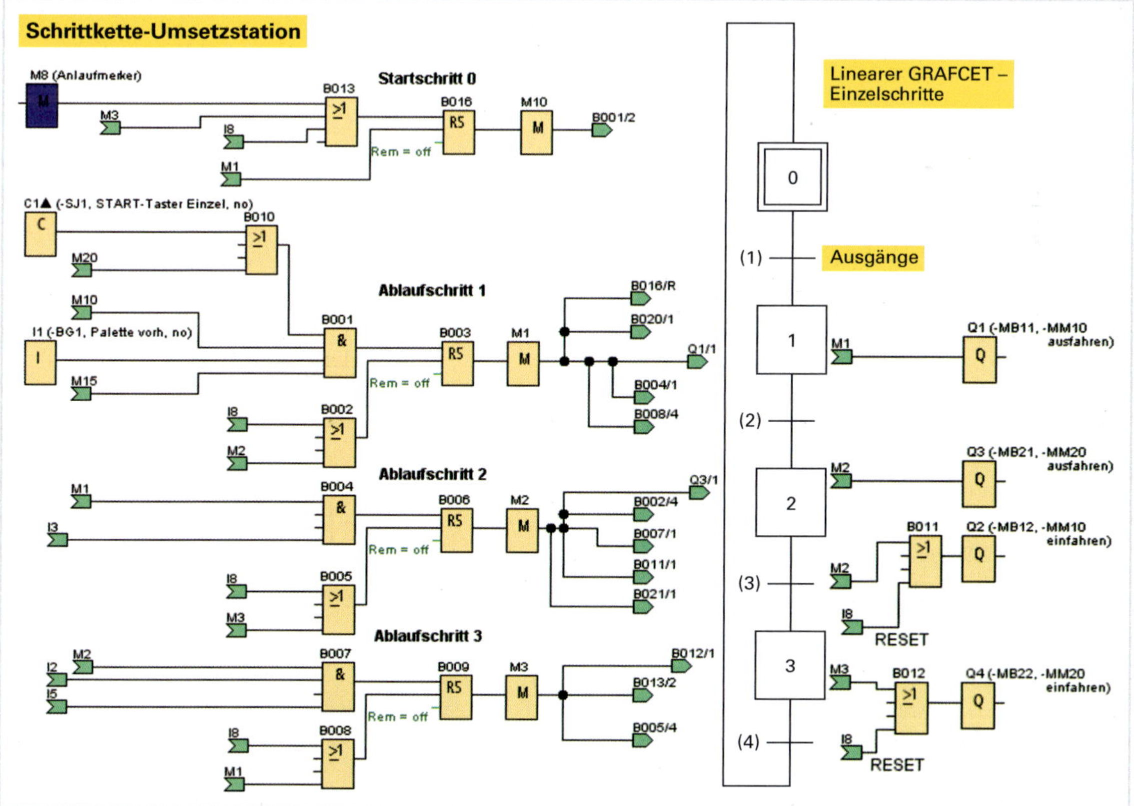

Bild 1: Schrittkettenlösung der Umsetzstation mit Schrittmerkern und Ausgängen

Wenn der Kolben von –MM10 die vordere Endlage erreicht, hat der magnetische Sensor –BG12 (= I3) das Signal 1. Damit sind die Voraussetzungen für den Ablaufschritt 2 gegeben: M1 UND I3 = 1, damit geht das Selbsthalterelais von Schritt 2 speichernd auf Signal 1. Der zugeordnete Merker M2 setzt über die Ausgänge Q3 und Q4 beide Magnetspulen –MB21 und –MB12 sowie das Selbsthalterelais (B003) des vorhergehenden Ablaufschritts 1 zurück.

Der hiermit gelöschte Merker M1 gibt den Ausgang Q1 (Magnetspule –MB11) frei. Erst jetzt kann über die Magnetspule –MB12 der Kolben von –MM10 wieder in seine Grundstellung zurückfahren. So werden mögliche Signalüberschneidungen verhindert.

Über den Reset (F8) können die Magnetspulen –MB12 und –MB22 in die Grundposition zurückfahren. So kann nach einer Ablaufstörung die Grundstellung erreicht werden.

In ähnlicher Weise funktioniert der Ablaufschritt 3, wenn als Folge des gesetzten Schrittmerkers M2 die beiden Endlagen von –BG11 (I2) und –BG22 (I5) erreicht werden: Das Selbsthalterelais von Ablaufschritt 3 wird speichernd gesetzt, M3 löscht den vorhergehenden Schritt und weist dem Ausgang Q4 das Signal 1 zu. Die Magnetspule –MB22 schaltet, das 5/2-Impuls-Wegeventil fällt in die Grundstellung b zurück, der Kolben von Zylinder –MM20 geht in die Grundstellung.

Nun kann der Ablauf von Neuem beginnen, evtl. mit dem Automatikbetrieb: –SJ1 (DAUER EIN). Damit ist der Automatikbetrieb speichernd gesetzt. Der Automatikmerker M20 ermöglicht den Dauerbetrieb, bis eine Störung auftritt, oder DAUER AUS (–SJ2) betätigt wird.

Überlegen und beantworten Sie:

1. Erstellen Sie für die Schaltung in **Bild 1** eine Funktionstabelle und eine SPS-Lösung im FUP und KOP (= Kontaktplan).
2. Beschreiben Sie die Funktionsbausteine für einen Standardschritt der Schrittkette in der SPS.
3. Skizzieren und erklären Sie einen Initialschritt mit einem Anlaufmerker M8 von LOGO!.
4. Erklären Sie die möglichen Funktionen einer RESET-Taste in einem SPS-Programm.
5. Ihre Anlage meldet eine Anlagenstörung. Beschreiben Sie die einzelnen Schritte zur Beseitigung der Störung.
6. Sie haben einen GRAFCET mit sechs Ablaufschritten: Erstellen Sie die Programmierung im FUP für eine Störungsüberwachung dieser Schritte.
7. Bauen und programmieren Sie die Umsetzstation um **(Bild 1, Seite 539)**:
   a) Die Stellelemente werden durch zwei 5/2-Wegeventile mit Rückstellfedern ersetzt. Die Grundstellungsanzeige erfolgt durch eine Meldeleuchte GRÜN (–PF1), die Störungsmeldung über eine Meldeleuchte ROT (–PF2).
   b) Überprüfen Sie den GRAFCET in **Bild 3, Seite 536** und passen Sie ihn evtl. an. In die Anlage soll ein Vor-/Rückwärtszähler **(Bild 2)** eingebaut werden. Der Zähler zählt die Paletten, der Zählerstand wird in der Textmeldung Grundstellung mit ausgegeben. Mit Erreichen eines eingestellten Zählerwerts stoppt der Ablauf. Machen Sie sich über die Hilfe-Funktion Ihrer SPS-Software mit der Funktion des Zählers vertraut.
8. Die Buchsenpresse in **Bild 1, Seite 162** soll von der Elektro-Pneumatik (VPS) in eine SPS-Lösung umgestellt werden. Planen Sie diese Aufgabenstellung mit einer Kleinsteuerung.

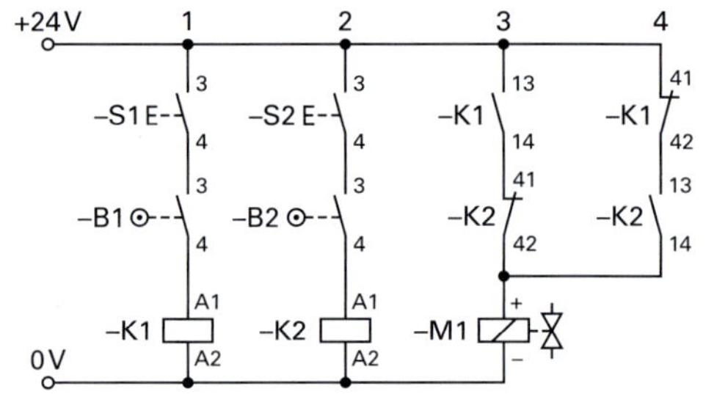

Bild 1: Schaltung für eine Magnetspule

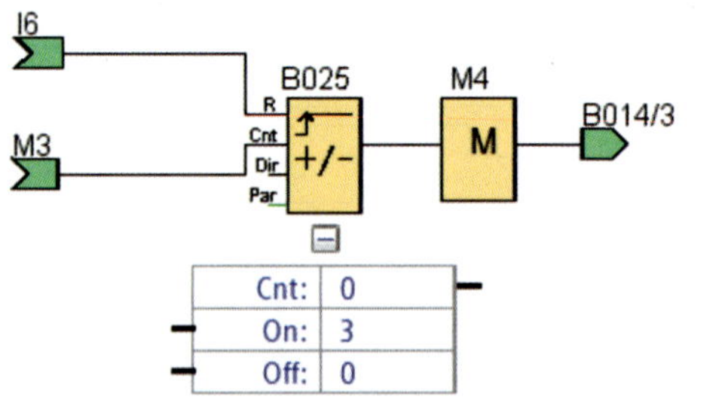

Bild 2: Vor-/Rückwärtszähler

Lernfeld 13

9.3 Modulare SPS-Programmierung im TIA-Portal

Das LOGO!-8-Basismodul besitzt mit Erweiterungsmodulen bereits eine beachtliche Modularität: 24 digitale Eingänge, 20 digitale Ausgänge, acht analoge Eingänge, acht analoge Ausgänge sowie 64 digitale und analoge Merker. Die Basismodule können über eine Ethernetschnittstelle mit weiteren acht Basismodulen verbunden werden **(Bild 1)**.

9.3.1 Merkmale einer modularen SPS

Modularität

Eine modulare SPS ist kein einschaltfertiges Gerät, das einsatzfertig vorliegt, sondern das SPS-Gerätesystem muss zunächst aus einer Reihe von einzelnen Baugruppen zusammengestellt werden. Dies wird als eine **Hardwarekonfiguration** bezeichnet **(Bild 2)**.

Die Konfiguration befindet sich real sowohl in einem Schaltschrank auf einem Baugruppenträger (= rack 300) als auch projektiert auf der Softwareebene im TIA-Portal[1].

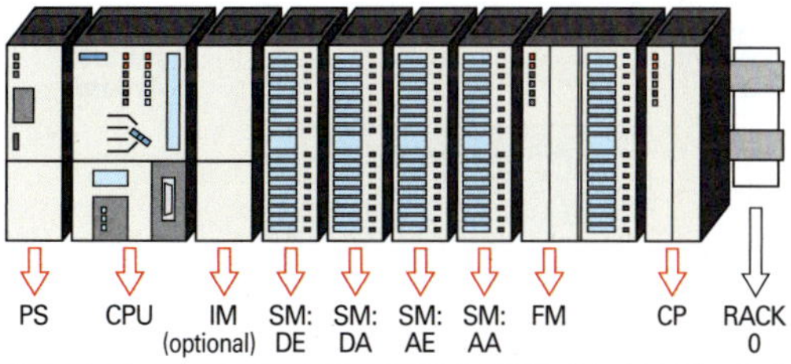

Bild 2: Hardwarekonfiguration eines S7-300-Projekts

Hardewarekonfiguration einer SPS

- Minimalkonfiguration: Spannungsversorgung (PS/PM), CPU (= Controller), Ein- und Ausgangsmodule.

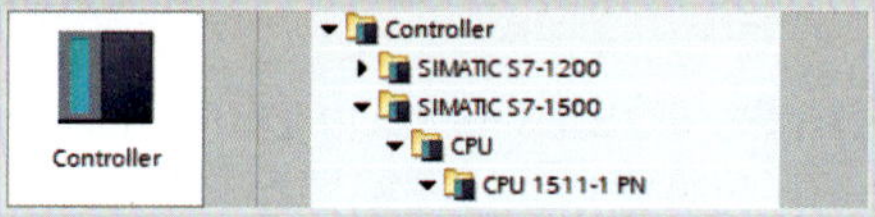

Simatic-S7-Projekte nutzen eine Vielzahl programmierbarer Simatic Controller (= CPUs) für einfache bis sehr umfangreiche, komplexe Steuerungsaufgaben in der Prozessautomation.

[1] **TIA** steht für ein Softwarepacket „**T**otally **I**ntegrated **A**utomation" der Firma Siemens AG.

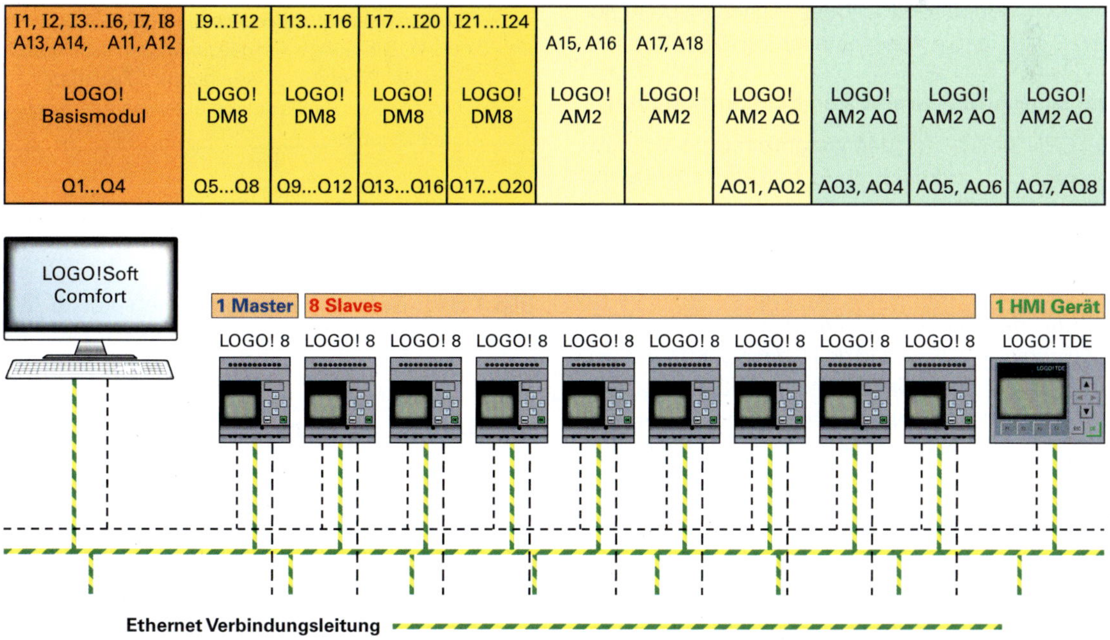

Bild 1: Maximale Zusammenstellung von LOGO!-8-Basisgeräten und Vernetzungsmöglichkeiten

Lernfeld 13

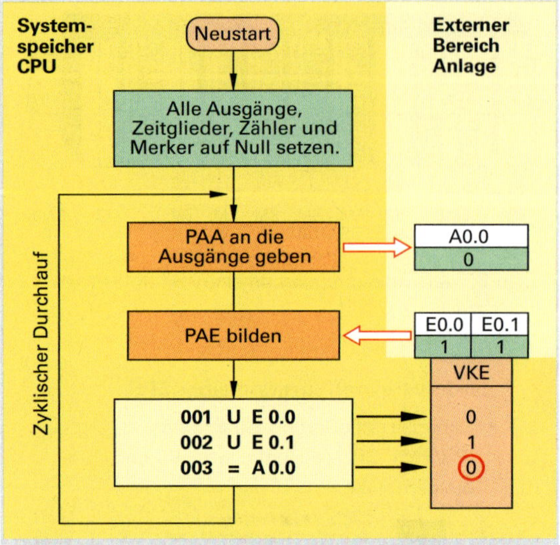

Bild 1: SPS-Zyklus mit den Prozessabbildern PAA und PAE

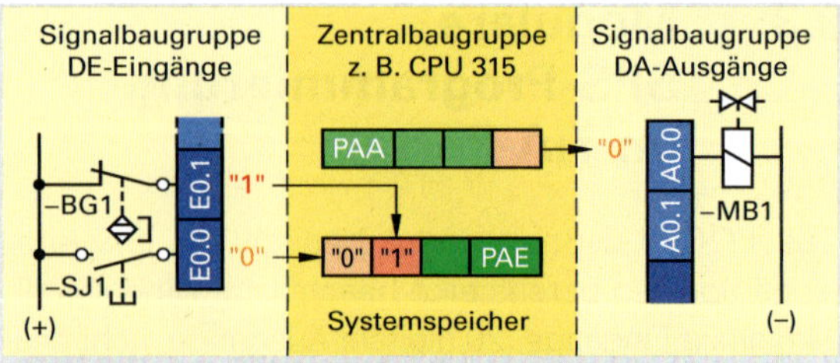

Bild 2: Bildung der Prozessabbilder PAA und PAE

Tabelle 1: Systemfamilie Simatic S7

Bezeichnung	Projektvolumen
S7-1200	kompakte Basissteuerung (ab 2009 mit TIA-Portal V11)
S7-300	mittlere Aufgabengröße
S7-400	umfangreiche Aufgabenstellungen
S7-1500	hohe Anlagenkomplexität und Performance, seit 2012

Komplexität und Projektgröße

Im Projektierungssystem Step 7 werden die zur Verfügung stehende Simatic Controller einer Systemfamilie zugeordnet **(Tabelle 1)**.

In diesen Familien gibt es Zentralbaugruppen als eine Standard- oder Kompakt-CPU. Spezielle CPUs sorgen für erhöhte Fehlersicherheit (F/HF), Redundanz (R = doppelte CPU) oder Technologiefunktionen (T) z. B. für die Achsansteuerung in der Robotik.

Zyklische Arbeitsweise und Echtzeitfähigkeit

Die CPU bearbeitet das programmierte Anwenderprogramm **zyklisch** ab, d. h., drei Teilprozesse werden permanent in einer festen Reihenfolge wiederholt. Dazu steht eine Zykluszeit zur Verfügung, deren Größe von der CPU abhängt **(Bild 1)**.

Bildung des Prozessabbilds der Eingänge PAE: Der externe Signalzustand des Eingangs E0.1 mit seinem Signal 1 (magnetischer Sensor –BG1 ist betätigt) wird von der CPU in einen internen Bereich des Systemspeichers geladen **(Bild 2)**. Dieser Prozessschritt erfolgt immer vor dem Prozess, in dem das Anwenderprogramms zeilenweise abgearbeitet wird.

Alle Eingangs- oder Ausgangssignale besitzen im Systemspeicher der CPU bytegroße Speicherplätze (8 Einzelbits). Die gespeicherten Signale in den Prozessbildern entsprechen den realen Signalzuständen an der Anlage in Bitform (0/1).

Arbeitsweise einer modularen SPS

- Die **zyklische** Arbeitsweise ist typisch für eine SPS.
- Drei Teilprozesse gehören zum SPS-Zyklus: PAA, PAE, Bearbeitung des Anwenderprogramms.
- PAE: Bei dessen Bildung werden die Eingangssignale im ersten Zyklus von außen in den Systemspeicher geladen.
- PAA: Die Ausgangsabbilder ändern sich intern bei der Programmabarbeitung und werden im zweiten Zyklus auf die externen Ausgänge geschrieben.

Aktualisierung des Prozessabbilder der Ausgänge:

Bild 1 zeigt Befehle der Programmiersprache AWL (= Anweisungsliste): Wenn Eingang E0.0 UND Eingang E0.1, dann A0.0. Das Ergebnis der logischen UND-Verknüpfung (VKE) wird ins Prozessabbild der Ausgänge eingetragen.

Erst im folgenden zweiten SPS-Zyklus wird das aktualisierte Prozessabbild auf den externen Ausgang –MB1 geschrieben. Im Beispiel bleibt das Ausgangssignal aber auf 0, da –SJ1 nicht betätigt ist.

Der **Vorteil** der zyklischen Arbeitsweise einer SPS ist, dass während eines Arbeitszyklus die Prozessabbilder bestehen bleiben (= Konsistenz).

Ein **Nachteil** ist die etwas verzögerte Reaktionsfähigkeit einer SPS. Sie gilt trotzdem als **echtzeitfähig**, da die Zykluszeiten sehr klein sind (in µs oder ns).

Speicherkonzept der Simatic-S7-SPS (Bild 1)

Am PC/Laptop werden alle Daten, die während der Projektierung und der Programmierung im TIA-Portal erzeugt werden, abgelegt.

Für den Betrieb der CPU muss eine Memory Card mit unterschiedlicher Speicherkapazität (2 GB bis 32 GB) in den Slot der CPU gesteckt sein. Auf eine Memory Card werden alle Onlineprojektdaten abgelegt: Diese werden vor dem Laden vom TIA-Portal in einen lauffähigen Maschinencode umgeschrieben (kompiliert).

Vom Ladespeicher gelangen ablauffähige Teil in den Arbeitsspeicher der CPU. Die Größe des Arbeitsspeichers ist von der CPU abhängig: Für eine CPU 1513-1PN z. B. sind dies 1,5 MB.

9.3.2 Programmierung einer kombinatorischen Aufgabenstellung

Die Erstellung von Steuerungslösungen aus der Automatisierungstechnik orientiert sich an systematischen Ablaufschritten. Die gezeigten sieben Schritte sind auch für andere Steuerungen (z. B. bei einer Eaton, Beckhoff oder Code-Sys) sehr ähnlich **(Bild 2)**.

// Aufgabenstellung Prägevorrichtung

Ein Prägestempel wird pneumatisch von einem Kolben eines doppelt wirkenden Zylinders nach unten auf das zu markierende Bauteil gebracht.

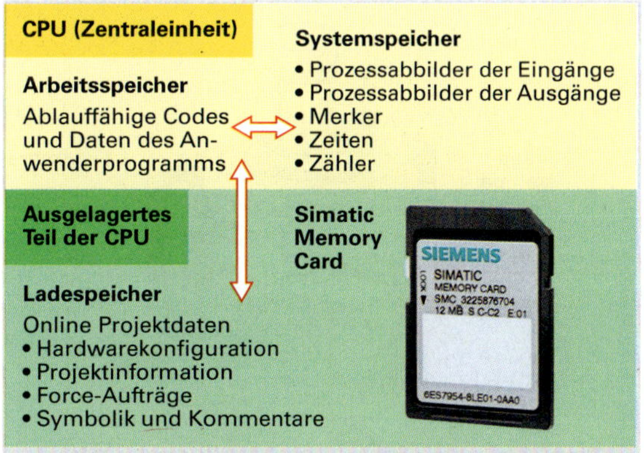

Bild 1: Speicherkonzept der Zentraleinheit (CPU)

1	S7-**Projekt** im TIA-Portal anlegen
2	**Gerätekonfiguration** erstellen
3	**Variablentabelle** erstellen
4	**Bausteine** erstellen (Programmstrukturierung)
5	**Programm**teile erstellen
6	Programm übertragen
7	**Inbetriebnahme**: Beobachten von Bausteinen und Variablen steuern.

Bild 2: Sieben Schritte zur Programmerstellung mit STEP 7

Zum Start werden die beiden Handtaster –SJ1 und –SJ2 betätigt. Die Einwirkdauer des Prägens beträgt 2s, beide Zylinderendlagen werden mit –BG1 und –BG2 abgefragt. Um auf eine Zweihandsicherheitsschaltung verzichten zu können, wird der Arbeitsraum durch zwei Lichtschranken –BR1 und –BR2 abgesichert: Beim Hineingreifen in diesen „Lichtvorhang" wird der Ablauf automatisch unterbrochen.

Ein Technologieschema sowie ein pneumatischer Leistungsteil liegen vor in **Bild 1, Seite 544**.

Überlegen und beantworten Sie:

1. Zählen Sie typische Merkmale einer modularen SPS auf.
2. Wählen Sie zwei Zentralbaugruppen (CPUs) aus, die für folgende Einsätze gedacht sind. Nennen Sie jeweils vier typische Leistungsmerkmale Ihrer ausgewählten CPUs.
   a) Kleine überschaubare Anlage mit digitalen und analogen Ausgangsgrößen; in der Zentraleinheit sollen Ein- und Ausgänge bereits integriert sein.
   b) Standard-CPU für umfangreiche Steuerungsaufgaben mit vielfältiger Netzwerkfähigkeit
3. Beschreiben Sie die zyklische Signalverarbeitung einer SPS. Gehen Sie auf den Vor- und Nachteil dieser speziellen Arbeitsweise ein.
4. Beschreiben Sie die Aufgaben der verschiedenen Speicher einer Zentraleinheit.

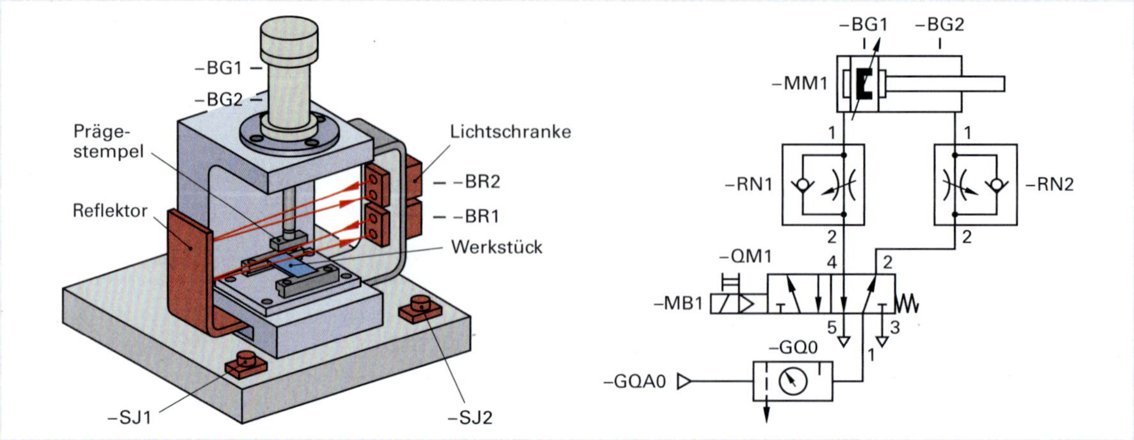

Bild 1: Prägevorrichtung mit Lichtgitter (–BR1, –BR2) und pneumatischem Leistungsteil

Die Lösung soll systematisch mit einer modularen SPS erfolgen, eine Zuordnungsverdrahtung und eine SR-Tabelle sind dabei Teile der Aufgabenlösung.

Schritt 1: Projekt anlegen (Bild 2a)

Im Projektfenster der **Portalansicht** wird ein neues Projekt erstellt **(Bild 2b)**. Alte Programme aus dem Simatic Manager Step 7 V5.x können ggf. migriert werden.

Schritt 2: Gerätekonfiguration erstellen (Bild 2c)

Auf der Portalebene wird ein Gerät aus den vier Simatic-S7-Familien gewählt: Hier ist es eine CPU aus der neuen Reihe Simatic S7-1500 mit beachtlichen Möglichkeiten bei der Projektierung **(Bild 2d)**.

Nach Betätigung des Buttons HINZUFÜGEN wechselt das TIA-Portal automatisch in die **Projektansicht**: Hier finden sich die weiteren wichtigen Projektfenster: links der Projektnavigator (inklusive Detailsicht), mittig die Geräteübersicht, darunter ein Inspektorfenster (nicht gezeigt), in dem die Eigenschaften des in Gerätesicht markierten Objekts angezeigt und verändert werden können, auf der rechten Seite der Hardwarekatalog **(Bild 1 und Bild 2, Seite 545)**.

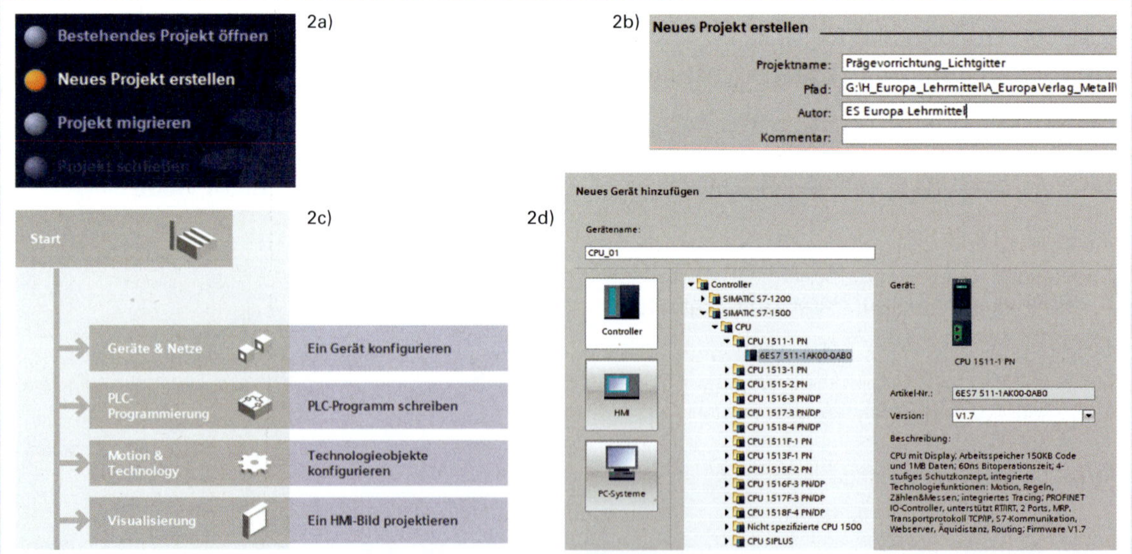

Bild 2: Vier Schritte zum Anlegen eines SPS-Projekts und Controllerauswahl CPU 1511-1PN im Portalfenster von TIA

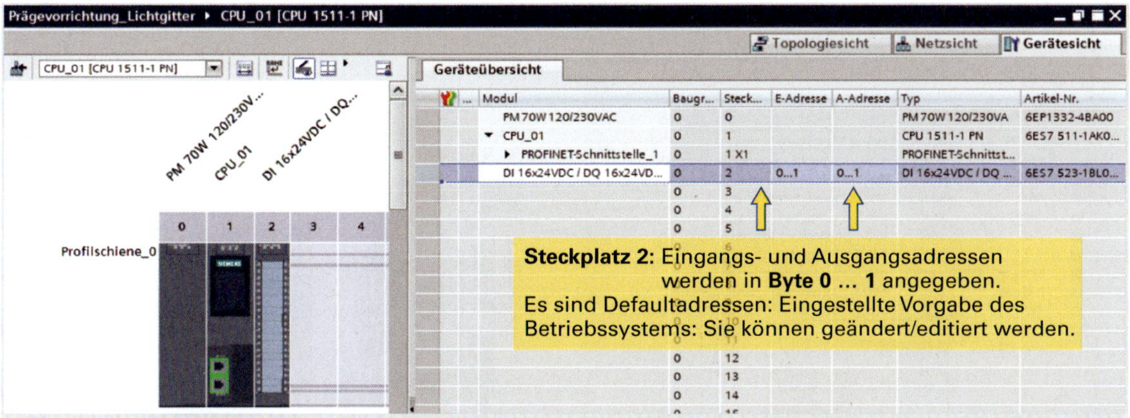

Bild 1: Register Gerätesicht mit Profilschiene und Geräteübersicht inklusive kommentierten Modulen auf den Steckplätzen (0 bis 31)

Die Konfiguration ist auf **Steckplatz 0** um eine Laststromversorgung PW 70 W (PM power modul) erweitert. Das Netzteil wird an 230 V/AC angeschlossen und versorgt die CPU **(Steckplatz 1)** und die weitere Peripherie (= kombiniertes Signalmodul SM 523) mit DC 24 V über eine frontseitige Verdrahtung **(Bild 1)**.

Ein externe Spannungsversorgung von anderen Herstellern ist prinzipiell möglich, wird aber nicht im TIA-Portal verwaltet.

Die **Signalbaugruppe SM 523** hat kombiniert 16 digitale Ein- und Ausgänge. Die Ausgänge sind für Magnetventile, Gleichstromschütze und Meldeleuchten ideal geeignet. Die Module können aus dem Hardwarekatalog vom TIA-Portal entnommen werden, der über Servicepacks aktuell gehalten wird **(Bild 2)**.

Insgesamt sind bis zu 31 Steckplätze optional vorhanden, um den Bauträger weiter mit zusätzlichen digitalen Ein- und Ausgabebaugruppen zu bestücken. Je nach Aufgabenstellung können analoge Baugruppen (AI/AQ), Kommunikationsmodule (Profibus, Profinet) oder Technologiemodule zugefügt werden. Alle Kombinationen sind nicht möglich, dann verweigert das TIA-Portal die Installation auf der **Gerätesicht**.

Die **Operanden** einer modularen SPS bestehen aus der allgemeinen Bezeichnung E, A oder M sowie einer Byte- und Bitadresse **(Bild 3)**.

Acht Einzelbits werden zu einem Byte zusammengefasst und gemeinsam verwaltet:

- Kleinste Operandenadresse für die Ein-/Ausgänge im Beispiel ist E0.0 und A0.0.
- Größte Operandenadresse für Ein-/Ausgänge im Beispiel mit SM 523 ist E1.7 und A1.7.

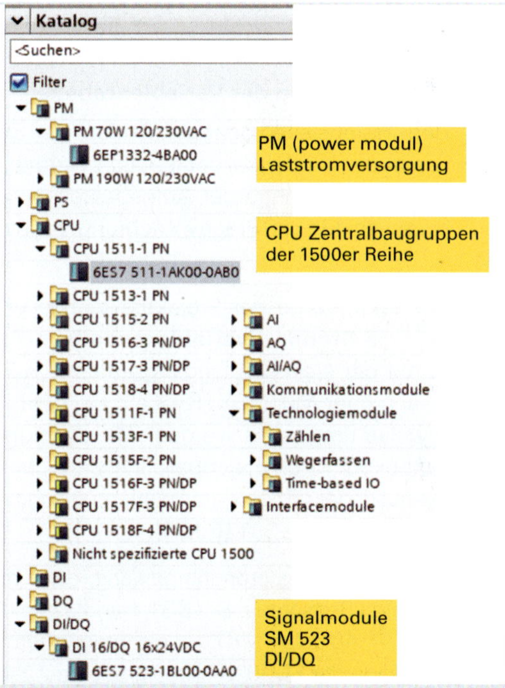

Bild 2: Hardwarekatalog mit Modulauswahl

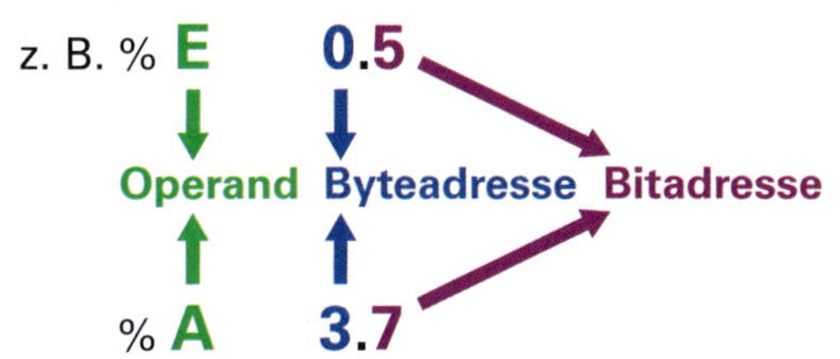

Bild 3: Absolute Operandenadressen einer modularen SPS

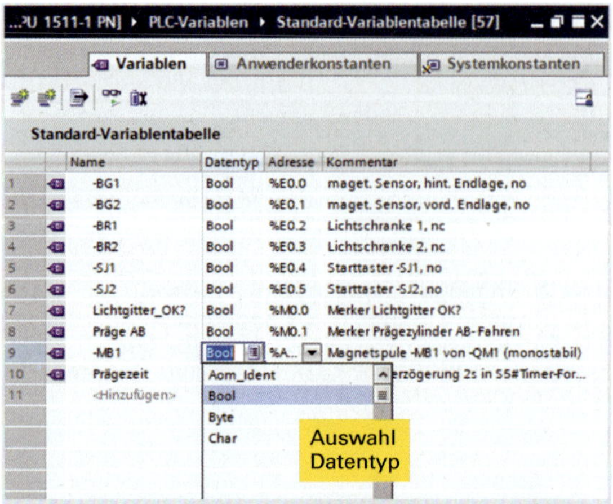
...?U 1511-1 PN] ▸ PLC-Variablen ▸ Standard-Variablentabelle [57]

Variablen | Anwenderkonstanten | Systemkonstanten

Standard-Variablentabelle

	Name	Datentyp	Adresse	Kommentar
1	-BG1	Bool	%E0.0	maget. Sensor, hint. Endlage, no
2	-BG2	Bool	%E0.1	maget. Sensor, vord. Endlage, no
3	-BR1	Bool	%E0.2	Lichtschranke 1, nc
4	-BR2	Bool	%E0.3	Lichtschranke 2, nc
5	-SJ1	Bool	%E0.4	Starttaster -SJ1, no
6	-SJ2	Bool	%E0.5	Starttaster -SJ2, no
7	Lichtgitter_OK?	Bool	%M0.0	Merker Lichtgitter OK?
8	Präge AB	Bool	%M0.1	Merker Prägezylinder AB-Fahren
9	-MB1	Bool	%A...	Magnetspule -MB1 von -QM1 (monostabil)
10	Prägezeit			...rzögerung 2s in S5#Timer-For...
11	<Hinzufügen>			

Bild 1: Standardvariablentabelle der PLC-Variablen mit absoluten und symbolischen Adressen inklusive Kommentar

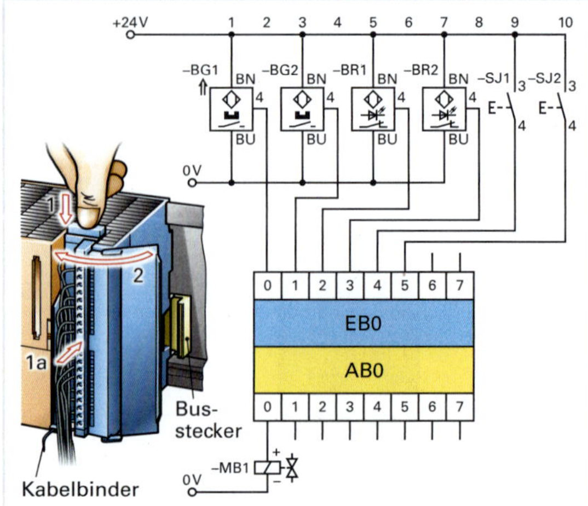

Bild 2: Zuordnungsverdrahtung auf Byte EB0 und AB0

Schritt 3: Erstellung der Variablentabelle

Nach dem Herauslesen oder ggf. Ändern der Byteadressen in der Hardwarekonfiguration werden die Eingänge und Ausgänge der Aufgabestellung den SPS-Adressen für die Prägevorrichtung zugewiesen.

In der Projektstruktur der Projektnavigation wählt man dazu die **Standardvariablentabelle** aus und beginnt mit der kleinsten Eingangsadresse %E0.0 (%I0.0 kann über Menü EXTRAS auf die deutsche Schreibweise umgestellt werden). Die absolute E-Adresse bekommt eine symbolische Bezeichnung und eine aussagekräftige Kommentierung zugewiesen, z. B. Starttaster –SJ1 **(Bild 1)**.

Wird diese Variablenzuordnung gewählt, dann müssen die echten Sensoren z. B. –BG1, Handtaster –SJ1 oder die Magnetspule –MB1 auf die integrierten Ein- bzw. Ausgänge der SM-523-Modulgruppe auf Steckplatz 2 verdrahten werden: Dazu gibt es eigene Frontstecker mit 20/40 Pins mit Schraubklemmen oder Push-in-Klemmen, um die Montage zu erleichtern.

Im Unterschied zur Zuordnungsliste taucht in der Variablentabelle eine Spalte **Datentyp** auf **(Tabelle 1)**: Hier wird jedem Operanden (E, A oder M) ein Datentyp zugewiesen, der festlegt, wie viel Speicherplatz für ihn reserviert ist. Beim „Bool"-Typ ist das 1 Bit.

Die nun in der Variablentabelle zugewiesenen Ein- und Ausgänge werden in einer Zuordnungsverdrahtung dokumentiert **(Bild 2)**. Die Variablentabelle kann als Excel-Tabelle exportiert/importiert werden.

Tabelle 1: Elementare Datentypen

Typ	Beschreibung	Größe
BIT – Datentypen		
BOOL	boolesche Variable	1 Bit (0/1)
BYTE	Bit Folge	8 Bit
WORD	Bit _Folge	16 Bit
Zeichen Datentypen		
CHAR	ASCII-Zeichen	8Bit (A/B/?/...)
Numerische Datentypen und Zeiten		
INT	ganze Zahl	16 Bit (–32768 bis +32767)
S5Time	Zeitdauer	z. B. S5T#3s

Hardware und Adressierung

- Baugruppen werden lückenlos auf dem Baugruppenträger angeordnet und mit Rückwand-Bussteckern verbunden.
- Diese Aufbauregel gilt sowohl für die S7-Hardware als auch für die TIA-Software.
- Die Adressen der Signalbaugruppen werden bei der Konfiguration automatisch nach dem Steckplatz und der Bauart des Signalmoduls vorgegeben (entspricht einer Defaultadresse): Sie können nachträglich frei umgeschrieben und geändert werden.
- Absolute SPS-Adressen der Operanden bestehen aus der Variablenbezeichnung und einer Byte- sowie einer Bitadresse. z. B. M0.0, A0.7, E1.4.

Schritt 4: Bausteine erstellen

Das Anwenderprogramm mit seinen Anweisungen wird in einer **Funktion FC01** erstellt. Der **Organisationsbaustein OB1** ist automatisch schon angelegt. Er stellt die Schnittstelle zum Betriebssystem dar.

Die Funktion FC01 kann über die Portal- oder die Projektansicht angelegt werden Dabei wird auch bereits die Programmiersprache eingestellt, z. B. die Funktionsplansprache FUP **(Bild 1)**.

Schritt 5: Programmteile erstellen

Ein Doppelklick auf den Main OB1 in der Projektnavigation öffnet das Arbeitsfenster des OBs, in welches in Netzwerken programmiert werden kann.

Die Norm DIN EN 61131-3 unterscheidet **grafische** und **textuelle** Programmiersprachen **(Bild 2)**.

Grafische Sprachen: Dazu gehören FUP, KOP und der S7 Graph. Die Ablaufsprache S7 Graph ähnelt sehr stark der Ablaufbeschreibung durch den GRAFCET und kommt bevorzugt bei Schrittketten zum Einsatz.

Textuelle Sprachen: In der Anweisungsliste AWL werden Befehle der booleschen Algebra verwendet:

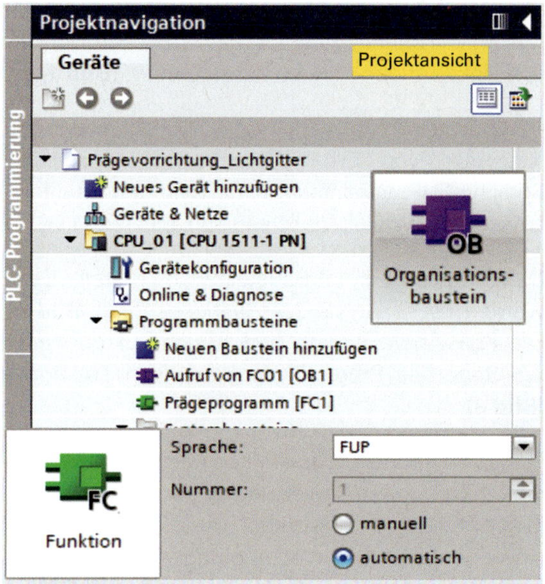

Bild 1: Einfügen von Bausteinen in der Projektansicht

In der Simatic S7-1200 gibt es die AWL bereits nicht mehr. In der Industrie 4.0 geht die Entwicklung zur komplexen Hochsprache SCL, dem „Strukturierten Text". Befehle von SCL sind höheren Programmiersprachen ähnlich, z. B. C/ C++.

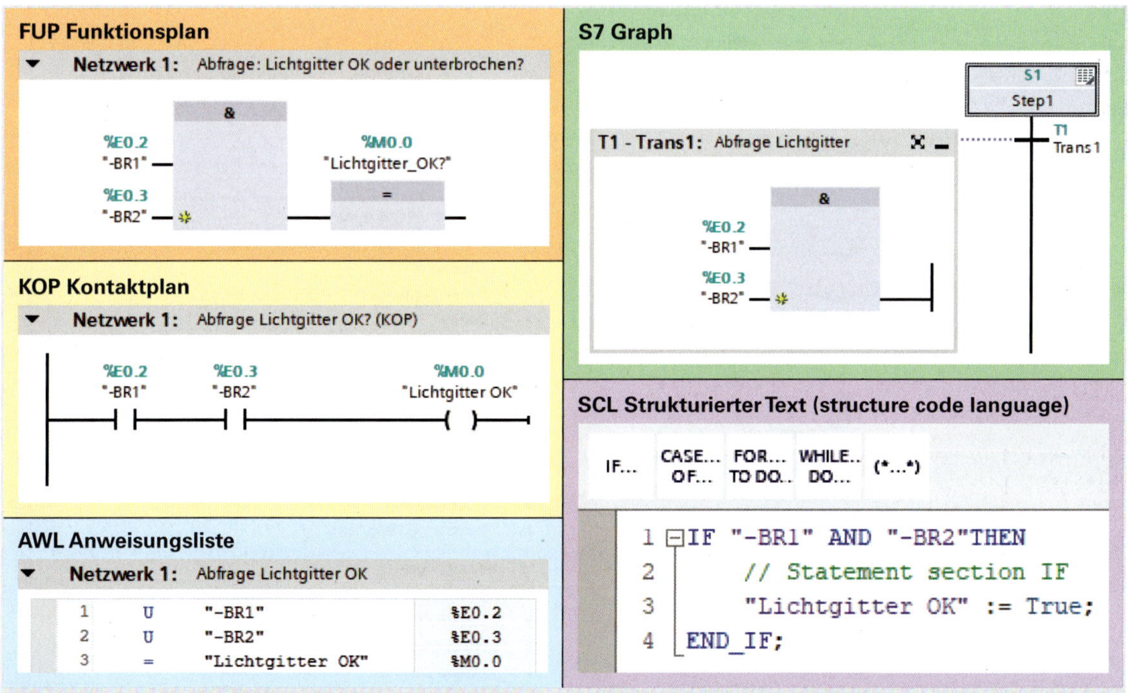

Bild 2: Grafische und textuelle Programmiersprachen nach DIN EN 61131-3

Um das Programm in der Funktion FC1 programmieren zu können, wird der Main OB 1 mit Doppelklick links auf den Projektbaum geöffnet **(Bild 1)**.

Den Baustein Prägeprogramm [FC1] zieht man in das Netzwerk 1 von OB1: Die Darstellung entspricht der Sprache FUP. Vereinfacht hätte man den Bausteinaufruf auch in der AWL schreiben können: call FC1.

Das Programm ist im Baustein FC01 erstellt. Dazu werden insgesamt vier Netzwerke benötigt **(Bild 2)**. Die FUP-Anweisungen finden sich auf der rechten Seite des Programmfensters vom TIA-Portal **(Bild 3)**.

In diesem Task Card genannten Fenster finden sich die verwendeten Anweisungen der Aufgabenstellung entweder in „Favoriten" oder unter „Einfache Anweisungen" – ▼Bitverknüpfungen: UND, ODER, Zuweisung, Negation (= Negationskreise), S- und R-Befehl und unter Zeiten/Legacy die Einschaltverzögerung.

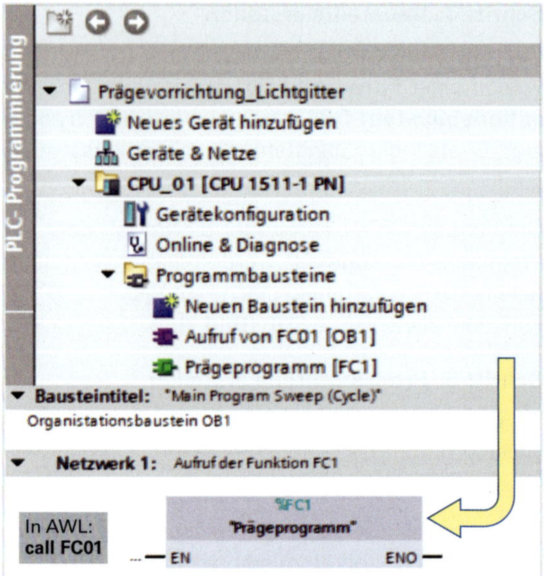

Bild 1: Aufruf von Funktion FC01 im OB1 (in FUP und AWL)

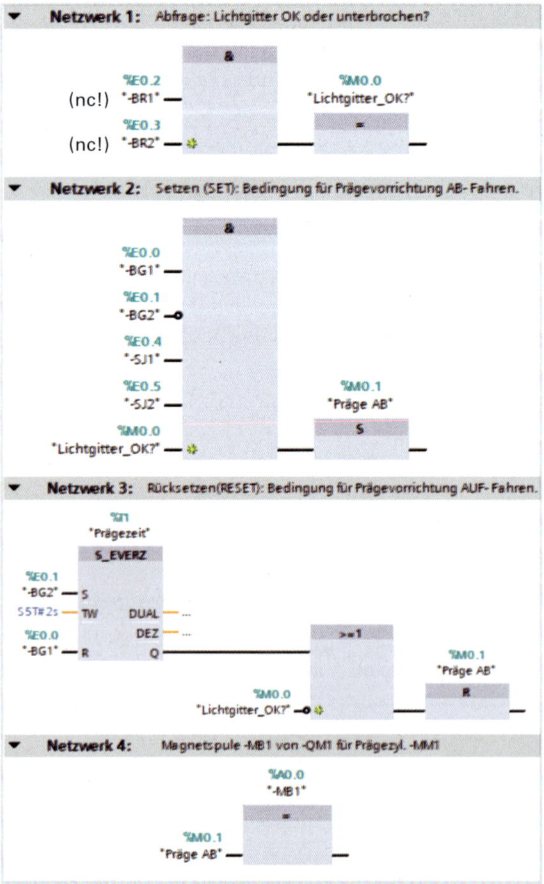

Bild 2: Programm Prägevorrichtung_Lichtgitter im FUP

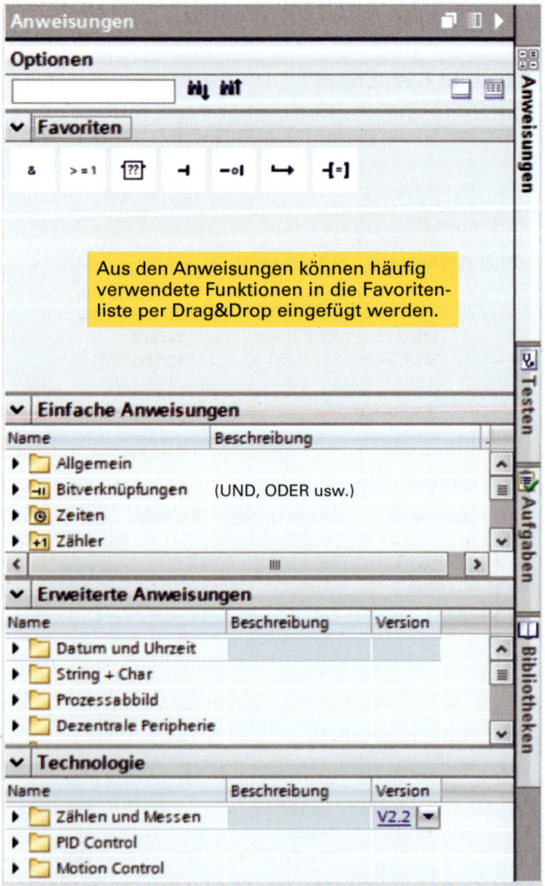

Bild 3: Task Card – Einfache Anweisungen im FUP

Im **Netzwerk 1 (Bild 2, Seite 548)** wird das Verknüpfungsergebnis VKE der beiden Lichtschranken 1 UND 2 dem Merker %M0.0 zugewiesen.

In den **Netzwerken 2 und 3** wird der bereits bekannt SR-Speicher (= Rücksetzdominanz) in die Anweisungen S und R aufgetrennt. Diese Möglichkeit und auch den RS-Speicher (= Setzdominanz) gibt es in der modularen SPS nicht bei der Kleinsteuerung **(Tabelle 1)**.

Im **Netzwerk 4** wird der Merker %M0.1, der die beiden SET/RESET-Ergebnisse zwischenspeichert, dem Ausgang %A0.0 (Magnetspule –MB1) zugewiesen.

Die letzte Zuweisung auf einen Ausgang im Programm ist relevant, die Reihenfolge (erst SET-Anweisung und dann RESET-Anweisung) bringt die Löschdominanz. Vertauscht man die Netzwerke 2 und 3, erhält man eine SET-Dominanz.

In **Netzwerk 3** wird eine Einschaltverzögerung verwendet im Format S5Time-Format (in Zeiten/Legacy). Dieses Format gilt z. B. nicht mehr für eine CPU aus der Simatic-S7-1200er-Familie.

Heute werden Zeiten mit den normkonformen IEC-Timern umgesetzt: TP, TON sowie TOFF (**Tabelle 1, Seite 550** und **Bild 1**).

Bei der Programmierung der IEC-Timer wird ein Datenbaustein %DB1 angelegt (automatisch), der sich in der Projektnavigation unter den Programmbausteinen wiederfindet. Ein Doppelklick auf den IEC-Timer unter Programmressourcen öffnet den Datenbaustein: Aufgelistet findet man dort seine internen Variablen ST, PT, ET, IN und Q **(Bild 2)**.

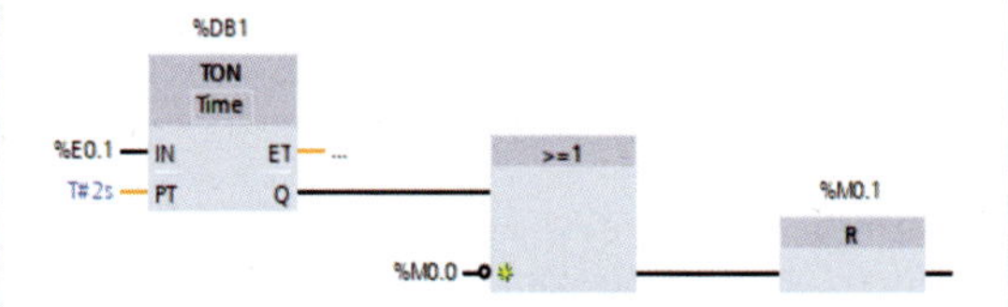

Bild 1: Alternativer IEC-Timer mit %DB1 in Netzwerk 3

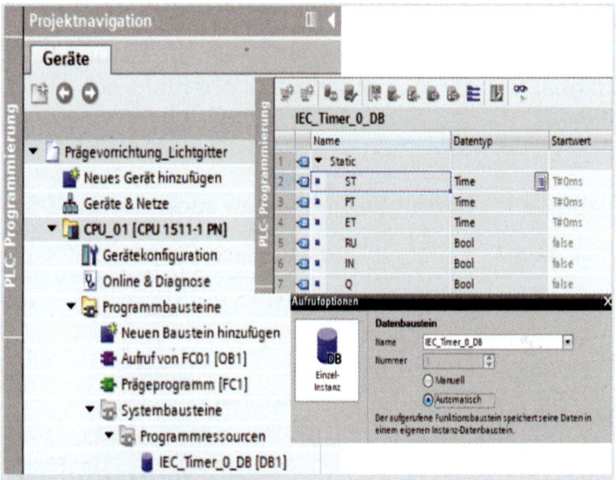

Bild 2: Einsatz eines IEC-Timers mit zugeordnetem Datenbaustein DB1 (inklusive interner Variablen ST, Q)

Tabelle 1: Setzen (SET) und Rücksetzen (RESET) – Flipflop (S/R)

Operation	FUP	Signalzustandsdiagramm
Ausgang Setzen (SET)	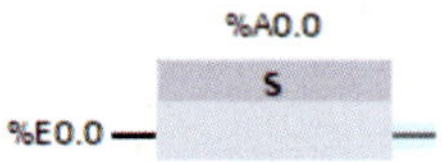	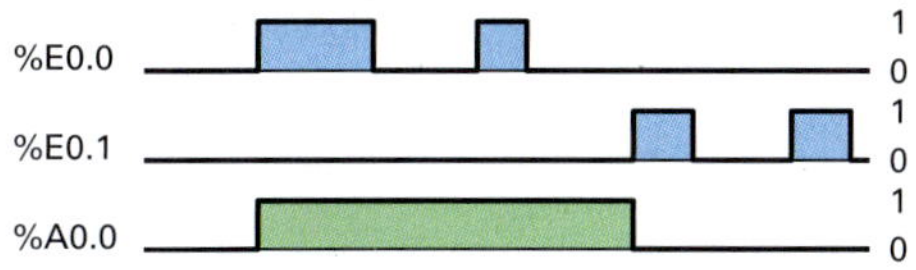
Ausgang Rücksetzen (RESET)	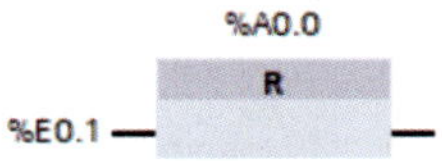	
Flipflop: Setzen/Rücksetze (Standardbaustein/ Rücksetzdominanz)	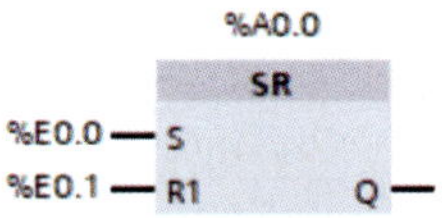	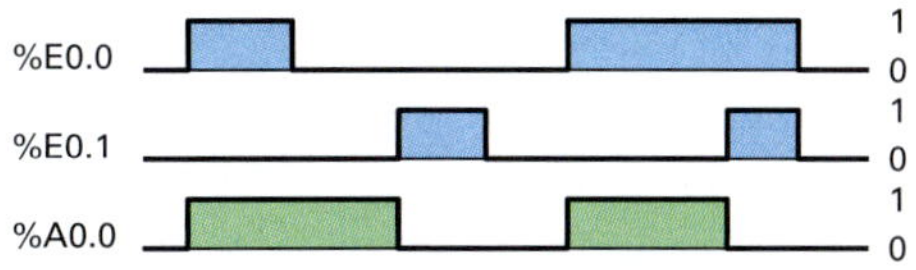
Flipflop: Rücksetzen/Setzen	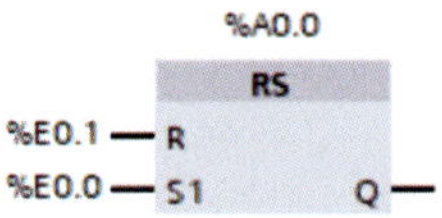	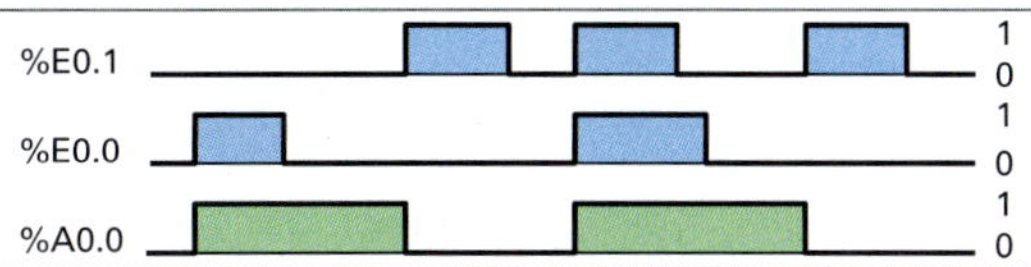

In unserem Beispiel werden die Eingangs- und Ausgangsvariablen **(IN/Q)** angefügt und unter PT eine Prägezeit von T#2s gesetzt.

In **Tabelle 1** kann das Schaltverhalten der Einschaltverzögerung sowohl als S5-Timer als auch als IEC-Timer abgelesen werden: Ein Signalwechsel von 0 auf 1 (= positiver Flankenwechsel) bei %E0.0 (im Beispiel –BG2) startet die Zeit *t*. Ist die Zeit abgelaufen, wird ein Ausgang %A0.0 (im Beispiel die Variable %M0.1) auf Signal 1 gesetzt.

Fällt das Eingangssignal von 1 auf 0 (= negative Flanke) fällt das Ausgangssignal ebenfalls auf 0.

Flipflop und Zeiten

- Beim Einsatz von Speicheranweisungen ist auf die Lösch- oder Setzdominanz zu achten.
- Prinzipiell hat die SR-Funktion Vorrang (= Löschdominanz).
- Bei Zeitfunktionen sollten die streng regelkonformen IEC-Zeiten verwendet werden. Diese IEC-Timer gelten international einheitlich.
- Das Format von IEC-Zeiteingaben ist: T#2s oder T#2000ms

Tabelle 1: Zeitfunktionen einer modularen SPS (Siemens S5Timer und IEC-Zeiten nach DIN EN 61131)

Funktion	Funktionsplan FUP	Signal-Zeit-Diagramm
Impuls S_Impuls	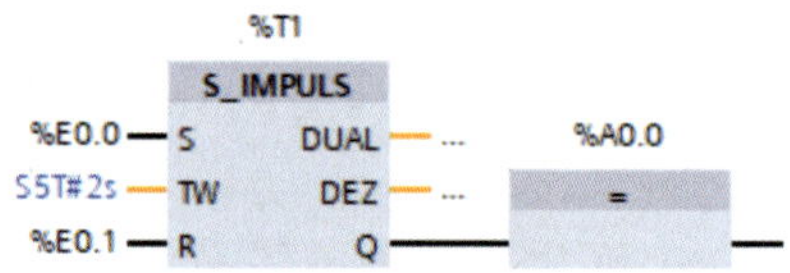	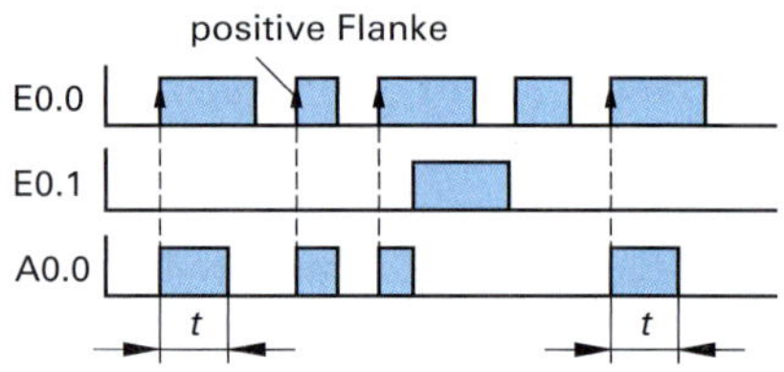
Einschaltverzögerung S_Everz	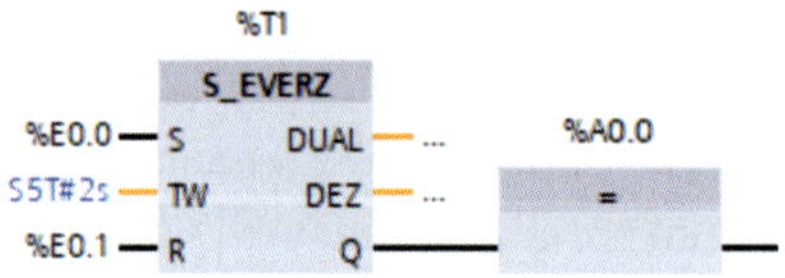	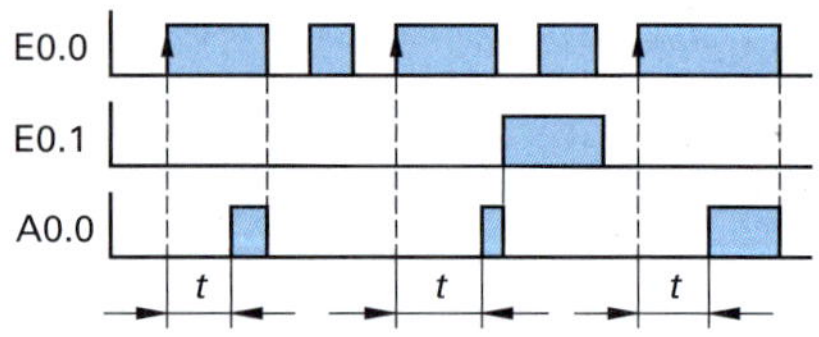
Ausschaltverzögerung S_Averz	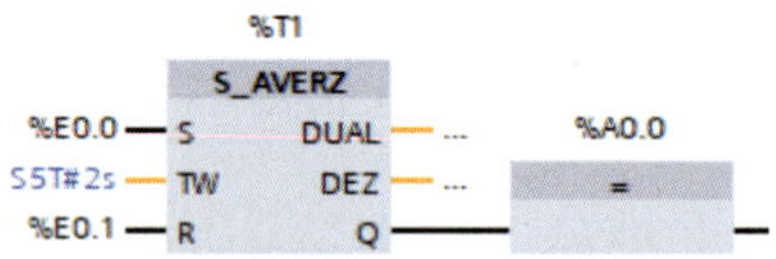	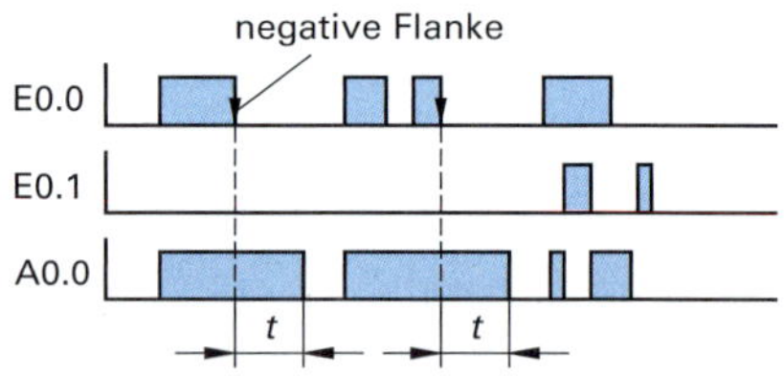
IEC TP (TimerPuls)	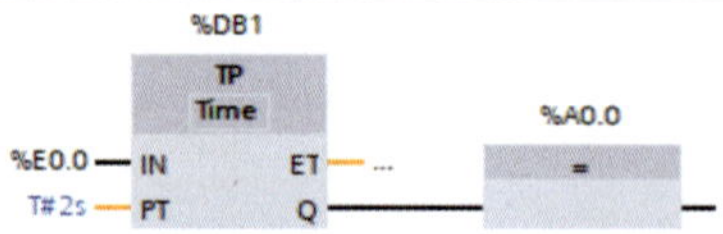	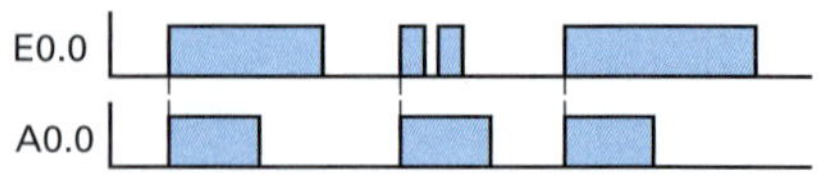
IEC TON (Timer ON Delay)	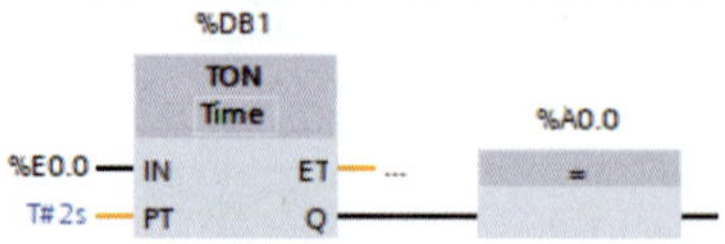	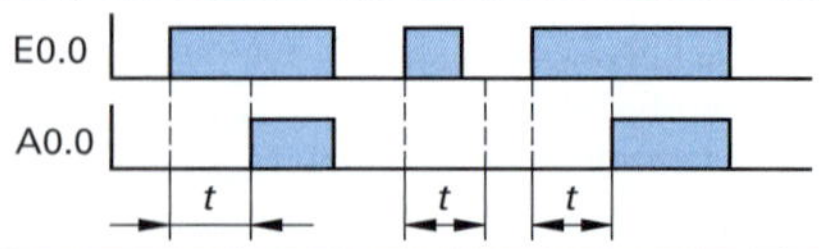
IEC TOF (Timer OFF Delay)	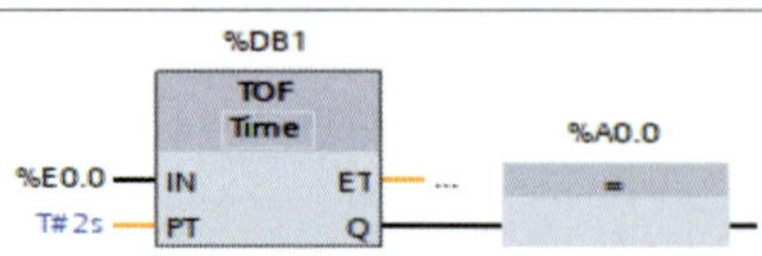	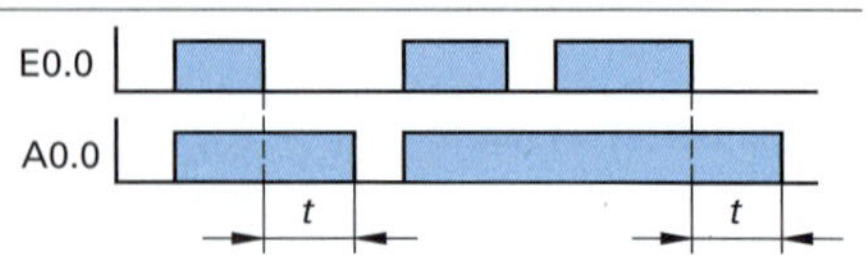

Schritte 6: Programm übertragen

Damit das FUP-Programm „Prägevorrichtung" von einer SPS bearbeitet werden kann, muss es auf eine echte Hardware-SPS (siehe Gerätekonfiguration) oder in eine virtuelle SPS (Simulationsprogramm S7-PLC-SIM) geladen werden.

Zum Übertragen wird eine Onlineverbindung zwischen PC/Laptop und der SPS hergestellt. Als Datenschnittstelle dient der Ethernetanschluss des PCs. Andere Schnittstellen z. B. Profibus, TeleService usw. sind möglich, das hängt von der verwendeten CPU ab.

Bei Aktivierung des Icons „Laden in Gerät" **(Bild 1)** öffnet sich das Fenster „Erweitertes Laden". Dort werden der Typ der Schnittstelle und die Schnittstelle selber (z. B. eine Netzwerkkarte oder wie hier PLCSIM) eingetragen **(Bild 2)**.

Nach „Suche Starten" werden die Kommunikationsteilnehmer aufgelistet. Mit Bestätigung von „Laden" erfolgt der Übertrag mit mehreren Überprüfungen (z. B. Projektsprache, Baugruppen starten ...).

Programmübertragung – Schnittstelle

- Bei der Programmübertragung vom Laptop/PC zur CPU werden Datenübertagungsleitung genutzt.
- Ältere CPUs benutzen eine MPI-Schnittstelle (= Multipoint Interface).
- Neuere CPUs nutzen die Ethernetschnittstelle: PCs, CPUs, HMI-Devices und andere Feldgeräte können Kommunikationspartner in einem gemeinsamen Netzwerk sein.

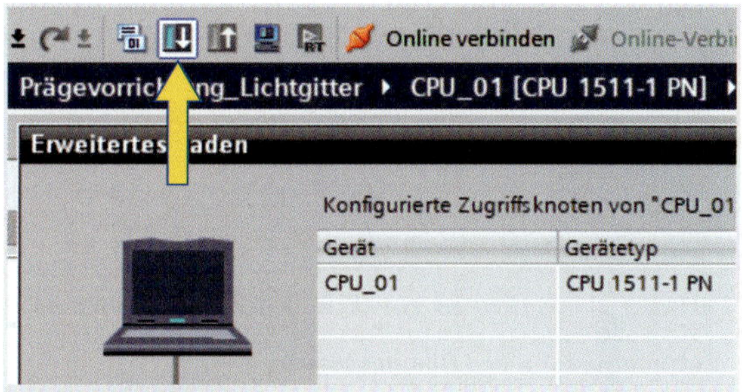

Bild 1: Projektansicht mit Icon „Laden in Gerät"

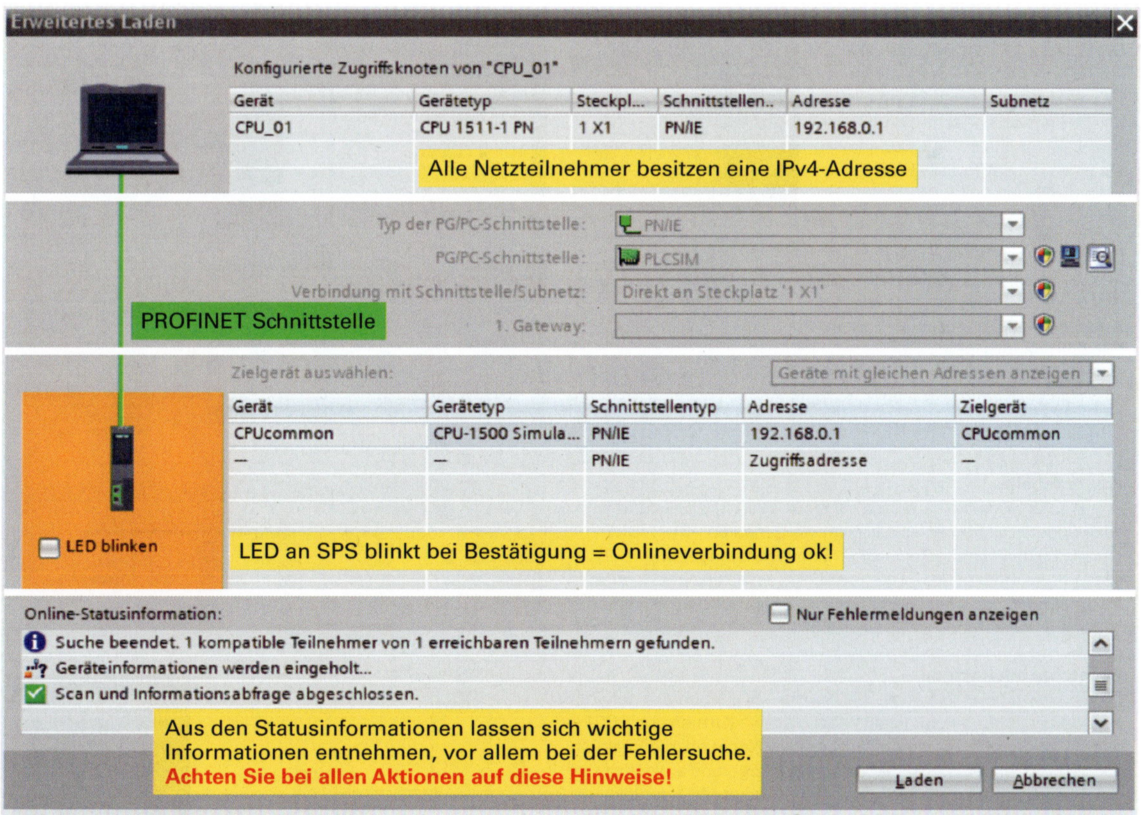

Bild 2: Datenübertragung in PLCSIM zum Testen der Funktionen und Anweisungen

Die Überprüfung und ggf. die Korrektur abschließen. Die SPS kann über das Bedienfeld der Frontklappe in den RUN-Modus oder dem darunter liegenden Betriebsartenwahlschalter versetzen werden. Das geht auch vom TIA-Portal aus **(Bild 1)**.

Schritte 7: Inbetriebnahme – Testen, Beobachten und Diagnose (Tabelle 1)

Das Anwenderprogramm kann online an einer realen Anlage auf seine Funktionsfähigkeit getestet werden. Mögliche Fehler in der Konfiguration, der Variablendeklaration oder in den Anweisungen innerhalb der Programmbausteine können bereits **offline** in einer Simulationssoftware (z. B. PLCSIM) beseitigt werden. Die Werkzeuge und Hilfsmittel sind dabei identisch.

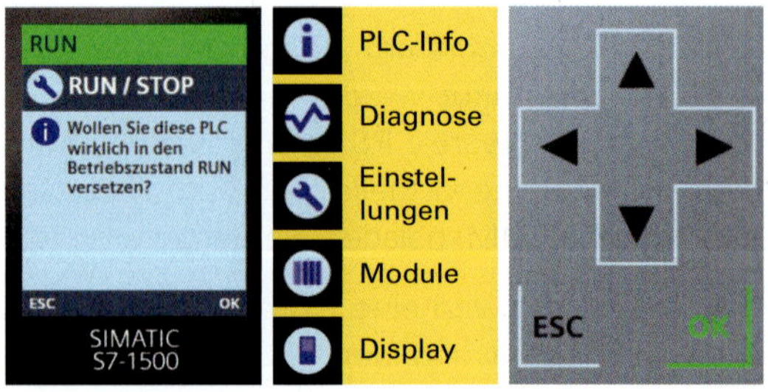

Bild 1: Frontklappe der CPU S7-1500 – RUN-Modus

Tabelle 1 zeigt die wichtigsten Werkzeuge beim Programmtest und der Fehlersuche. Im Menü „Online" gibt es die Menüfunktion „Online&Diagnose" mit weiteren Informationsfenstern **(Bild 1, Seite 553)**.

Tabelle 1: Auswahl von TIA-Bordwerkzeugen und Hilfsmitteln zur Diagnose und Fehlersuche

Betriebszustand und Diagnosestatus	Beispiel
LEDs an der Zentraleinheit (Farben Rot, Grün, Orange), und an den einzelnen Signalbaugruppe SM DI/DQ 	RUN/STOP-LED: LED leuchtet grün ERROR-LED: LED aus MAINT-LED: LED leuchtet gelb Bedeutung: Eine Wartungsanforderung der Anlage liegt vor. Innerhalb eines kurzen Zeitraums muss eine Überprüfung/Austausch der betroffenen Hardware ausgeführt werden. Aktiver Force-Auftrag
Systemzustand im TIA-Portal: **Steckplatz 1** – Zentralbaugruppe im STOPP-Modus (= gelbe LED). Grüner Haken für keine Störung. Im der Projektnavigation sind die einzelnen Bausteine und PLC-Variablen mit **OK** (grüner Punkt) gekennzeichnet 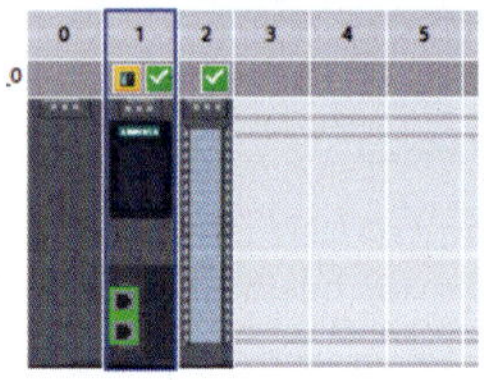	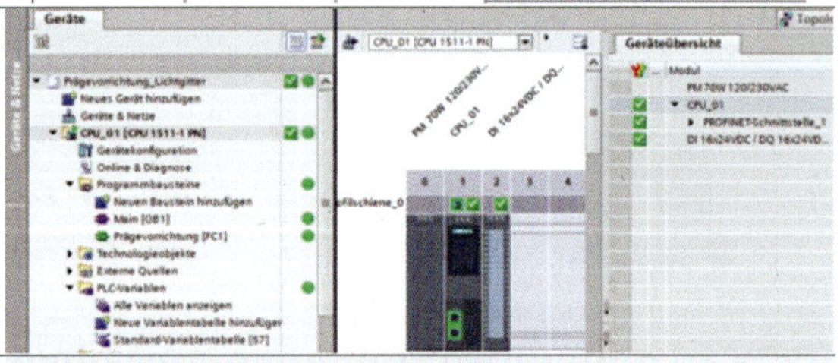
Beobachtungstabelle: (Brille EIN) Alle Variablen auf der Standardvariablentabelle können hier zunächst wie in der Variablentabelle beobachtet werden: TRUE/1 oder FALSE/0. Damit hat man eine Kontrolle, ob ein Sensor angeschlossen oder eine Handtaster betätigt wird. Man kann die Variable aber auch für einen SPS-Zyklus steuern auf 0 oder 1. 	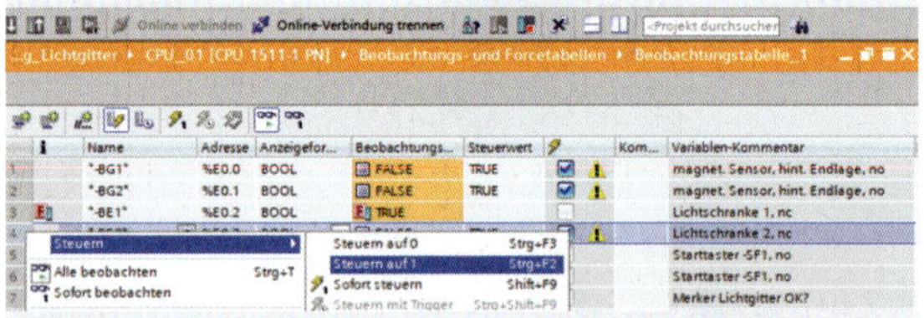
Forcentabelle Hier wird die Variable dauerhaft auf einen Wert TRUE/ FALSE gezwungen. Die Forcentablelle zeigt die Sensoren –BR1,–BR2 und die beiden Handtaster in einer Simulationsumgebung in TRUE gezwungen. Brillen- und Forcensymbol müssen aktiviert werden. An einer Realanlage kann der FORCEN-Befehl eine echte Aktion auslösen: Vorsicht bei der Aktivierung!	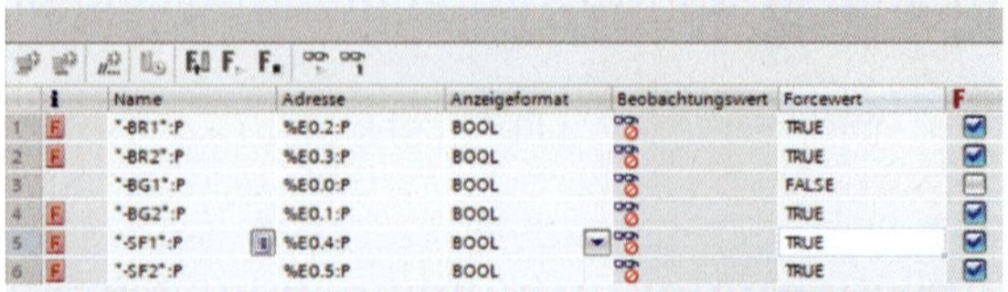
Bausteine beobachten Die Forcenbtabelle zeigt, dass der Sensor –BG2 ebenfalls geforced wird. In der Funktion „Bausteine beobachten" (Öffnen von FC01 und Brillen-Symbol aktivieren) lässt sich im Netzwerk die Reaktion gut beobachten: –BG2 hat die Einschaltverzögerung ausgelöst und die 2 s sind abgelaufen. Als Folge ist der Merker M0.1 zurückgesetzt. Mit seinem Rücksetzen ist auch die Magnetspule –MB1 spannungsfrei geworden.	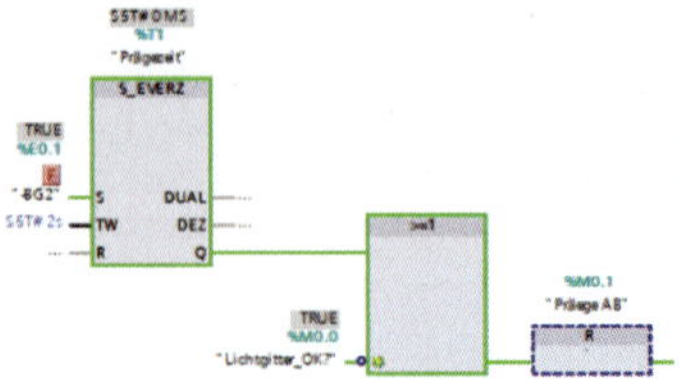 

Lernfeld 13

Inbetriebnahme – Testen – Diagnose

- Probleme beim **Speichern** des Programms: falsche Variablendeklaration oder Syntaxfehler.
- Probleme beim **Übertrag** in SPS: falsche Parameter für die Schnittstelle und Kommunikationspartner (z. B. falsche IP-Adresse oder Subnetzmaske).
- LED-**Blinktest** beim Übertragen: Welches Gerät entspricht dem gerade in der Software gewählten Teilnehmer?
- Hinweise der **LEDs** an den Baugruppen oder auf der TIA-Oberfläche beachten (Farbe, ggf. Blinken); Diagnosepuffer auslesen und auf Hinweise der Diagnoseinformationen achten **(Bild 1)**.
- Zum Testen sollen **Variablen-, Beobachtungs-** und **Forcentabelle** eingesetzt werden: Beobachten, Steuern und Forcen zeigen Status und Zustände der Variablen.
- Funktionstest der Bausteine (FC usw.) mit Brille EIN (Beobachten Ein/Aus).

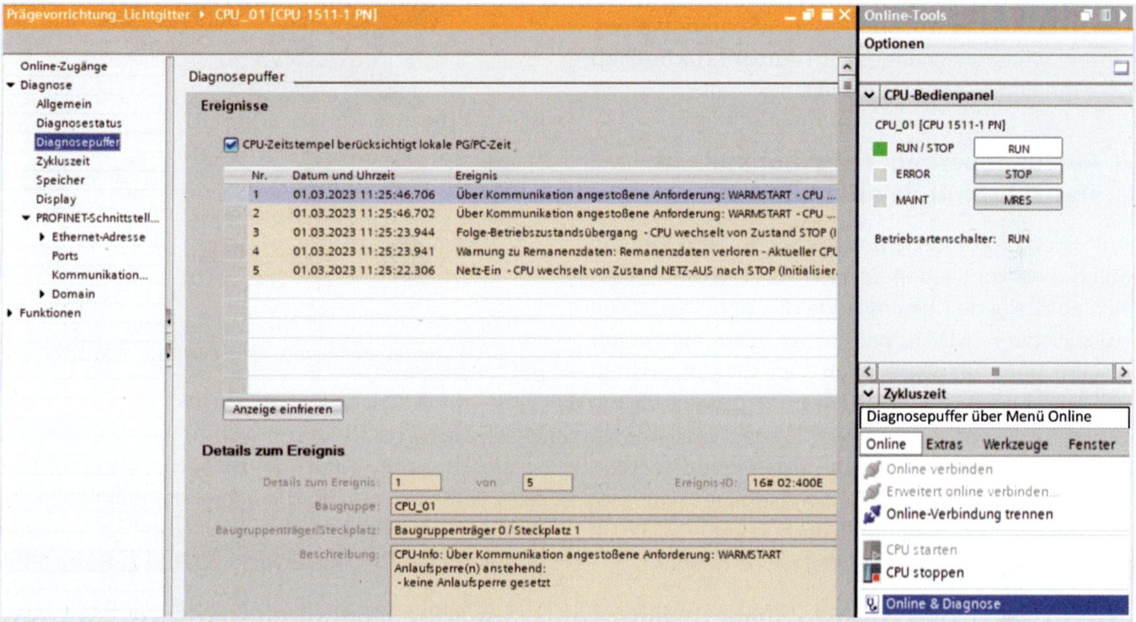

Bild 1: Diagnoseinformationen über Ereignisse der CPU (ggf. Hilfe zum Ereignis anwählen)

Überlegen und beantworten Sie:

1. Beschreiben Sie das Steckplatzsystem einer Simatic S7-1500.
2. In der Hardwarekonfiguration (Gerätesicht) werden die beiden Eingangsbytes 3 und 4 sowie die beiden Ausgangsbytes 5 und 6 angezeigt. Listen Sie alle möglich E-/A-Adressen auf.
3. Erklären Sie Aufbau und mögliche Verwendung der beiden Adressen E0.6 und M3.2.
4. Erklären Sie den Aufbau einer Variablentabelle. Gehen Sie dabei auf die Spalte Datentyp ein.
5. Beschreiben Sie die Funktionen und den Zusammenhang zwischen den Bausteinen Main OB1 und der Funktion FC1.
6. Beschreiben Sie die SPS-Sprachen: textuelle Sprache und grafische Sprache.
7. Erklären Sie im Netzwerk 3 auf **Seite 548** die am ODER-Eingang verwendete Negation.
8. Beschreiben Sie den Unterschied zwischen einer S5-Zeit S_EVERZ und TON (= IEC-Zeit).
9. Erweitern Sie die Lösung der Prägevorrichtung **(Seite 548)**: Ein weiterer Lichttaster soll die Sicherheit erhöhen, eine grüne Meldeleuchte zeigt an, dass das Lichtgitter nicht unterbrochen ist, eine rote Meldeleuchte, dass einer der Lichttaster unterbrochen wird. Während des Prägevorgangs soll eine orange Meldeleuchte mit Blinkfrequenz f = 0,5 Hz blinken. Verwenden Sie ein 5/2-Wege-Impulsventil (= bistabil).

9.3.3 Programmierung einer Ablaufsteuerung mit Betriebsartenteil

Viele Problemstellungen der Automatisierungstechnik lassen sich mit der Technik von Ablaufsteuerungen (Schrittketten) lösen **(Bild 1)**. Deren Bedeutung in der modularen SPS erkennt man daran, dass es dafür eine eigene grafische Ablaufsprache gibt, den S7 Graph. Zu den einzelnen Schritten einer Ablaufkette gehört ein Betriebsartenteil:

Zum **Handbetrieb** gehören die Einzelansteuerung von Aktoren oder ein Tipp-Betrieb (Schritte werden einzeln weitergeschaltet), zum **Automatikbetrieb** gehören Einzel- oder Dauerzyklus.

Arten von Abläufen
- zeitabhängig
- prozessabhängig

Betriebsarten
- Manuell/Hand
- Automatik

Bild 1: Ablaufsteuerung und Betriebsarten

// Ablaufsteuerung: Aufgabenstellung Transport mit Vakuum (Bild 2)

Auf einem Förderband ankommende Teile werden durch einen optischen Sensor –BR1 erkannt. Eine sich absenkende Kolbenstange des pneumatischen Hubzylinders –MM10 bringt den Vakuumerzeuger –GQ30 über das Werkstück. Der Ejektor erzeugt bei Ansteuerung einen Unterdruck (abgefragt mit Unterdrucksensor –BP31), der Kolben von –MM10 hebt das Werkstück an. Die Lineareinheit –MM20 fährt das Werkstück über einen Behälter und lässt das Teil dann los. Mit dem Rückhub von –MM20 in die Grundstellung ist ein Ablaufzyklus beendet.

Alle Endlagen der beiden Pneumatikaktoren –MM10 und –MM20 werden mit magnetischen Sensoren abgefragt.

Auf einem **Bedienfeld** der Anlage sind untergebracht: der Wahlschalter (oder Raste) –SJ1 mit 0 = Tipp/1 = Auto, die Tipp-Taster –SJ2 (no), der START-Taster –SJ3 (no), die Richten-Taste –SJ4 (no) und die beiden STOPP-Funktionen –SJ5_SS (**S**topp in jedem **S**chritt – Anhalten im Automatikbetrieb) und –SJ6_SZyk (**S**topp am Ende des **Zyk**lus). Beide haben eine Öffnerausführung (nc) wegen der erforderlichen Drahtbruchsicherheit.

Drei **Meldeleuchten** zeigen den Zustand der Anlage an: den Automatikbetrieb mit grüner Meldeleuchte –PF1, den TIPP-Betrieb mit gelber Meldeleuchte –PF2 und die Störungsanzeige durch eine blinkende rote Meldeleuchte –PF3 (Blinkfrequenz f = 1Hz).

Der pneumatische Leistungsteil zeigt, dass alle drei Stellelemente ein monostabiles Schaltverhalten haben (wegen der Rückstellfedern), was bei der Ansteuerung der Ausgänge zu berücksichtigen ist. Eine vereinfachte Zuordnungsverdrahtung zeigt die beiden verwendeten Ein- und Ausgangsbytes der verwendeten CPU an **(Bild 1 und Bild 2, Seite 555)**.

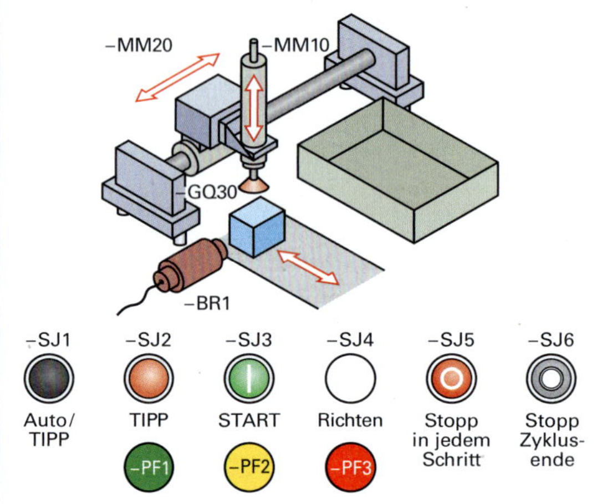

Bild 2: Technologieschema und Bedienfeld – Aufgabenstellung „Transport mit Vakuum"

Die Ablaufbeschreibung mit einem GRAFCET soll auch hier in einer vereinfachten Form erfolgen **(Bild 1, Seite 556)**.

Regeln zur Ablaufkette (Schritte n)
- Alle Schritte n werden mit SR-Bausteinen programmiert: Schrittmerker M_n.
- Für das Aktivieren eines Schritts n muss der vorhergehende Schritt M_{n-1} aktiv sein und eine Weiterschaltbedingung durch Sensor oder Handeingabe gegeben sein.
- Der jeweils aktivierte Schritt M_n setzt den vorhergehenden Schritt M_{n-1} zurück.
- Der Initial-/Startschritt wird durch RESET (händisch), einen Anlaufmerker (aus der SPS) oder bei Dauerbetrieb durch den letzten Schritt gesetzt.
- Die Schrittmerker M_n setzen die SPS-Ausgänge speichernd mit SR-Baustein oder durch eine einfache Zuweisung.

Strukturierte Programmierung in einer modularen speicherprogrammierbaren Steuerung

Zusätzlich wird im GRAFCET gezeigt, wie die einzelnen Funktionen FC1 bis FC4 einem GRAFCET zugeordnet werden können.

Die FUNKTIONEN FC1 bis FC4 sind Codebausteine von Step 7, die das gesamte Anwenderprogramm übersichtlicher machen. Die Strukturierung ermöglicht ein arbeitsteiliges Vorgehen mehrerer Programmierer, erleichtert die Inbetrieb-

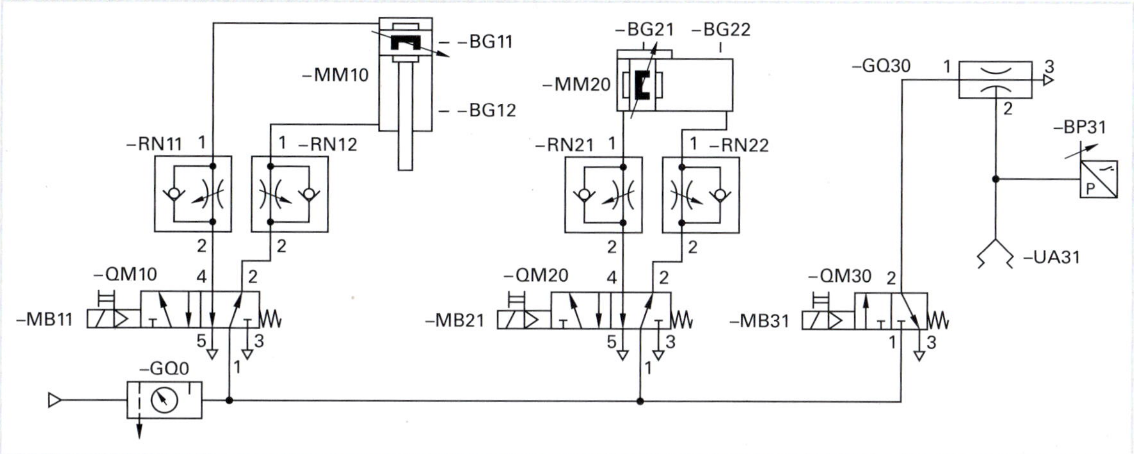

Bild 1: : Pneumatischer Leistungsteil für Aufgabenstellung „Transport mit Vakuum"

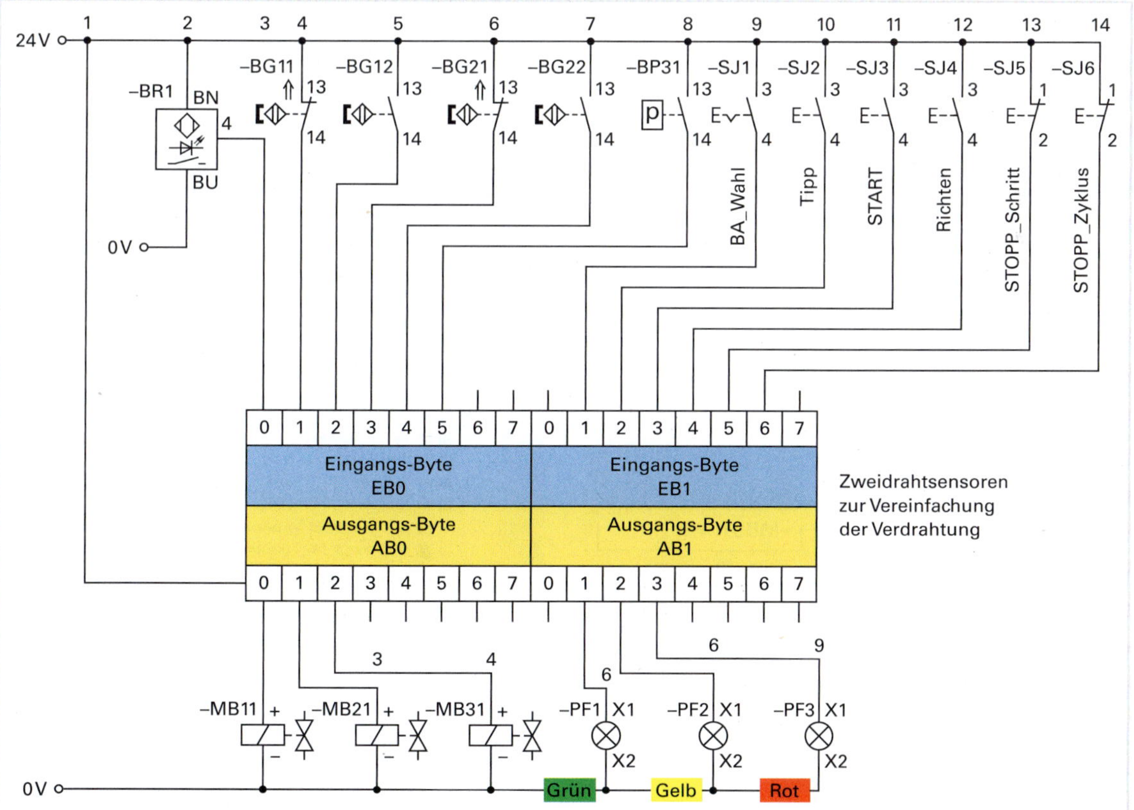

Bild 2: Vereinfachte Zuordnungsverdrahtung für „Transport mit Vakuum"

nahme und die Fehlersuche in den überschaubaren Funktionen.

Die **Ablaufstruktur** kann man sich in der TIA-Projektansicht unter dem Menü „Werkzeuge" und dem Untermenü „Ablaufstruktur" anzeigen lassen **(Bild 1)**.

Alle vier Funktionen werden im **Main**-Baustein OB1 aufgerufen. Im Meldeteil Funktion FC4 werden zusätzlich die Datenbausteine DB1/DB2 für die beiden IEC-Zeiten TON aufgelistet, die der Zeitüberwachung der Einzelschritte dienen. Die Zeitüberwachung ist im GRAFCET zur Vereinfachung nur im Schritt 1 dargestellt.

Einschaltverzögerung der roten Meldeleuchte: Sollte der Ablauf eines Einzelschritts länger als 10 s dauern, dann meldet dies die Leuchte –PF3 (10s/X1). Die verwendete interne Schrittvariable X1 des GRAFCETs wird im SPS-Programm zum Schrittmerker M1.0.

In den „Details" zur Ablaufstruktur ist ebenfalls erkennbar, in welchem Netzwerk des OB1 eine Funktion aufgerufen wird: z. B. FC4 Meldeteil in NW4 (als Link).

Der Abruf „call" erfolgt vom OB1 aus als AWL-Befehl. Nacheinander werden die einzelnen Anweisungen in den Funktionen während eines SPS-Zyklus in den FCs abgearbeitet (Bild 1).

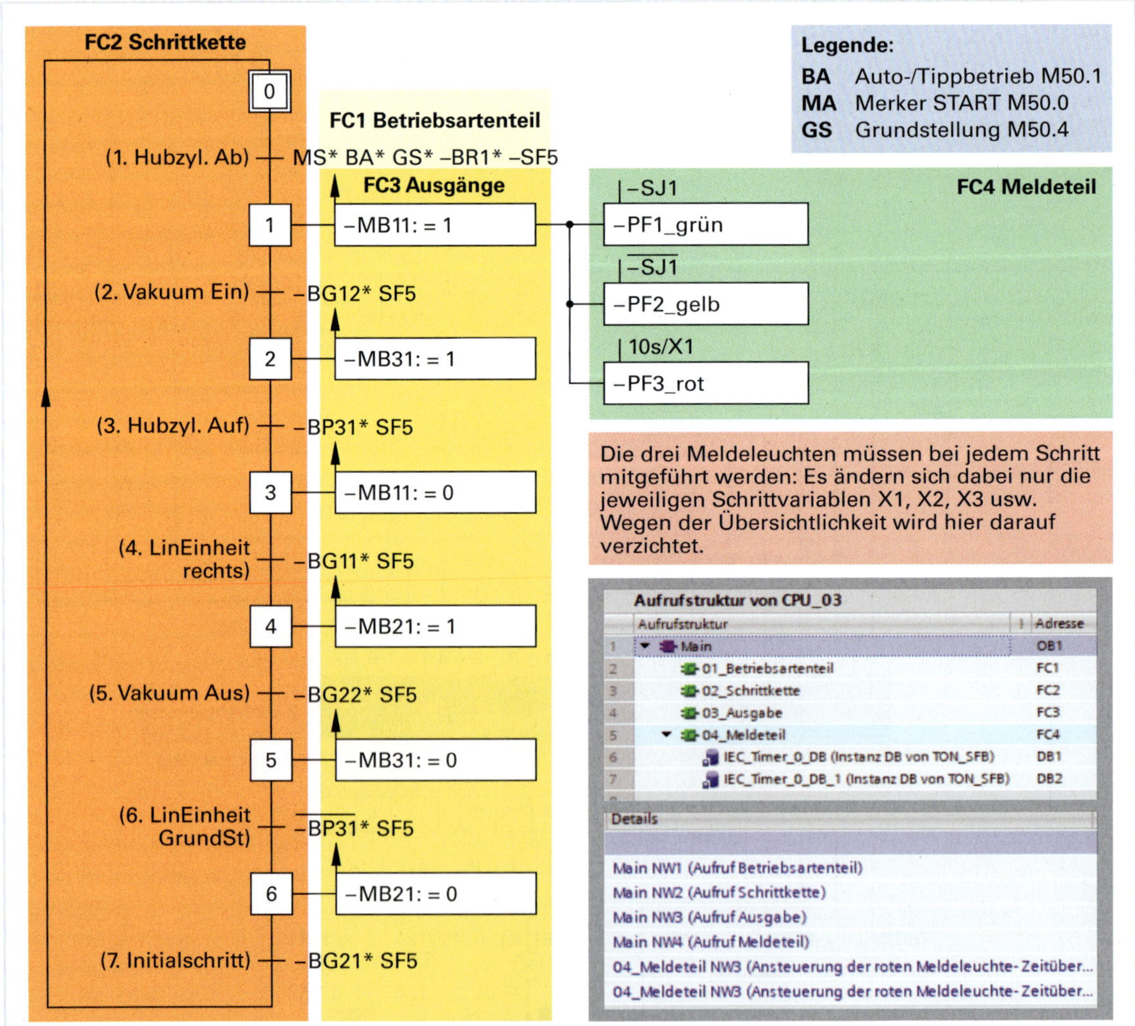

Bild 1: GRAFCET „Transport mit Vakuum" mit Zuordnung zu einer SPS-Ablaufstruktur (aus dem TIA-Portal)

In der Standardvariablentabelle sind alle Ein- und Ausgänge sowie die verwendeten Merker aufgelistet: Durch einen Mausklick auf „Adresse ▲" lässt sich diese Liste im Programm neu sortieren **(Bild 2)**.

Das FUP-Programm für die Arbeitsaufgabe beginnt mit dem Betriebsartenteil FC1 **(Bild 1, Seite 558)**. In dessen Netzwerken wird konsequent das Merkerbyte 50 verwendet wie später das Taktmerkerbyte 100 für die Erzeugung der Blinkfrequenzen.

FUP-Anweisungen für Ablaufprogramm

Im OB1 beginnt der Aufruf der Funktionen FC1 bis FC4. In der FUP-Darstellung ist erkennbar, dass der

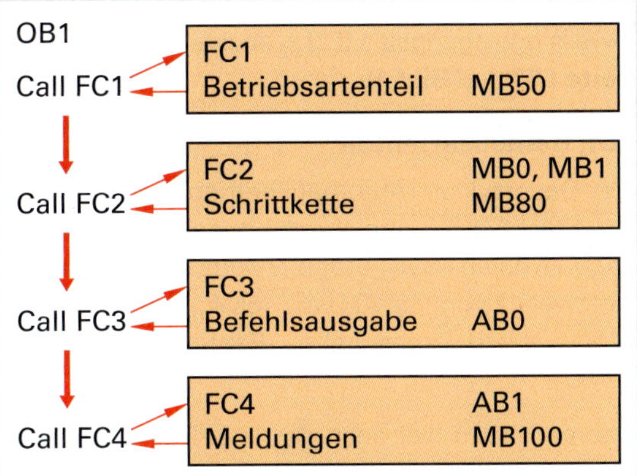

Bild 1: Codebausteine – OB1, Funktionen

Standard-Variablentabelle

	Name	Datentyp	Adresse ▲	Kommentar
1	-BR1	Bool	%E0.0	optischer Sensor, Werkstückerfassung, no
2	-BG11	Bool	%E0.1	hintere Endlage von -MM10 (Hubzylinder); Reed-Kontakt; no
3	-BG12	Bool	%E0.2	vordere Endlage von -MM10 (Hubzylinder); Reed-Kontakt; no
4	-BG21	Bool	%E0.3	hintere Endlage von -MM20 (Lineareinheit); Reed-Kontakt; no
5	-BG22	Bool	%E0.4	vordere Endlage von -MM20 (Lineareinheit); Reed-Kontakt; no
6	-BP31	Bool	%E0.5	Vakuumsensor an Ejektor -GQ30: Unterdruck von -0,5bar = "1"
7	-SJ1_BA_Wahl	Bool	%E1.1	Wahlschalter Betriebsart: "0"= Tipp "1"= Auto
8	-SJ2_Tipp	Bool	%E1.2	Tipp Taster, no
9	-SJ3_Start	Bool	%E1.3	Start Taster, no
10	-SJ4_Richten	Bool	%E1.4	Richten Taste, Reset und Initialisierung, no
11	-SJ5_Stopp_Schritt	Bool	%E1.5	Stopp Taste, Schrittunterbrechung im Autobetrieb, nc
12	-SJ6_Stopp_Zyklus	Bool	%E1.6	Stopp Taste, Stopp am Zyklusende, nc
13	-MB11	Bool	%A0.1	Magnetventil von -QM10 (mono), Hubzylinder ab
14	-MB21	Bool	%A0.2	Magnetventil von -QM20 (mono), Lineareinheit nach rechts
15	-MB31	Bool	%A0.3	Magnetventil von -QM30 (mono), Ejektor -GQ30 ein
16	-PF1	Bool	%A1.1	Meldeleuchte grün: Automatikbetrieb
17	-PF2	Bool	%A1.2	Meldeleuchte gelb:Tippbetrieb
18	-PF3	Bool	%A1.3	Meldeleuchte rot, blinkend f= 1Hz ; Zeitüberwachung
19	Schritt_0	Bool	%M0.0	Initialschritt der Ablaufsteuerung
20	Schritt_1	Bool	%M1.0	1. Ablaufschritt: Hubzylinder -MM10 ab
21	Schritt_2	Bool	%M2.0	2. Ablaufschritt: Vakuum -GQ30 ein
22	Schritt_3	Bool	%M3.0	3. Ablaufschritt: Hubzylinder -MM10 auf
23	Schritt_4	Bool	%M4.0	4. Ablaufschritt: Lineareinheit -MM20 nach rechts, Ablage
24	Schritt_5	Bool	%M5.0	5. Ablaufschritt: Vakuum -GQ30 aus
25	Schritt_6	Bool	%M6.0	6. Ablaufschritt: Lineareinheit -MM20 nach links, Band
26	M_Start	Bool	%M50.0	Merker Start (incl. Stopp am Zyklusende)
27	BA_Wahl	Bool	%M50.1	Betriebsartenwahl: Auto/ Tipp
28	Tippen	Bool	%M50.2	Tippen: Weiterschalten durch manuelle Eingabe
29	RESET	Bool	%M50.3	Richten der Schrittkette; Initialisierung per Hand und RESET
30	GS	Bool	%M50.4	sensorische Grundstellungsabfrage der Anlage
31	KSa	Bool	%M50.5	Abfrage: Kein Schritt der Ablaufkette aktiv
32	M_Anlauf	Bool	%M80.0	Anlaufmerker: nur im 1. SPS-Zyklus auf "1"
33	M_Richt	Bool	%M80.1	Richtimpuls: Initialisierung der Schrittkette bei Neustart
34	Takten_Byte	Byte	%MB100	Taktmerkerbyte auf der CPU
35	Blinken _Rot	Bool	%M100.5	Taktmerkerbit: s=1,0s und f=1Hz

Bild 2: Standardvariablentabelle „Transport mit Vakuum" (Eingänge, Ausgänge, Merkervariablen)

Aufruf für die Bearbeitung der Anweisungen im FC jeweils bedingungslos (EN = enable) erfolgt **(Bild 1, Seite 557** und **Bild 1)**.

FC1: Betriebsartenteil

Der Dauerzyklus (Automatikbetrieb) wird mit Merker_Start M50.0 speichernd gesetzt und zurückgesetzt durch -SJ6_Stopp_Zyklus (Öffner nc). Im Netzwerk 2 wird die Anwahl des Automatikbetriebs M50.1 durch Drehschalter (Raste) –SJ1_BA gesetzt.

Alternativ wird hier auch der Tipp-Betrieb gesetzt: Der Merker Tippen M50.2 ist eine Auswertung des UND-Verknüpfungsergebnisses: Nur der Wechsel von 0 auf 1 wird durch die Anweisung P_TRIG ausgewertet (= positive Flanke). Es reicht nur kurz auf –SJ2_Tipp zu drücken **(Bild 2)**.

Betätigt man den Taster –SJ2_Tipp länger, ist M50.1 trotzdem nicht mehr auf Signal 1. Damit wird erreicht, dass die Schrittkette jeweils immer nur bei erneutem Drücken um einen Schritt weitergeschaltet werden kann.

Die Taste –SJ4_Richten weist der Variablen RESET M50.3 das Signal 1 zu. Im Netzwerk 2 von FC2 wird der Schritt_0 mit M0.0 speichernd gesetzt. Weiterhin werden alle RESET-Eingänge R1 der SR-Bausteine zurückgesetzt, außer dem Initialschritt.

Im Netzwerk 5 (in FC1) ist genau dieser Zustand ausgewertet: Ist keiner (= Negation) der Schrittmerker gesetzt, dann geht M50.5 auf Signal 1.

Die Grundstellungsabfrage M50.4 ist die UND-Verknüpfung der beiden Zylinderendlagen und es ist kein (= Negation) Unterdruck vorhanden (–BP31).

FC2: Schrittkette

Eine Schrittkette beginnt immer im Initialschritt M0.0.

Das Setzen des Startschritts erfolgt bedingungslos automatisch nach Einschalten der Anlage durch M_Anlauf (M80.0): Dieser Merker entspricht dem Anlaufmerker M8 in der Kleinsteuerung LOGO!

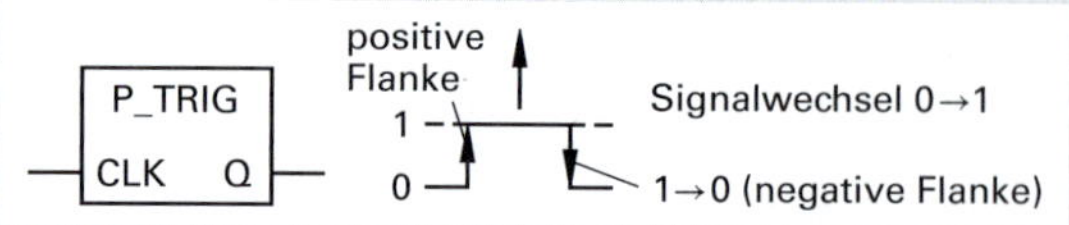

Bild 2: VKE auf positive Signalflanke abfragen (P_TRIG)

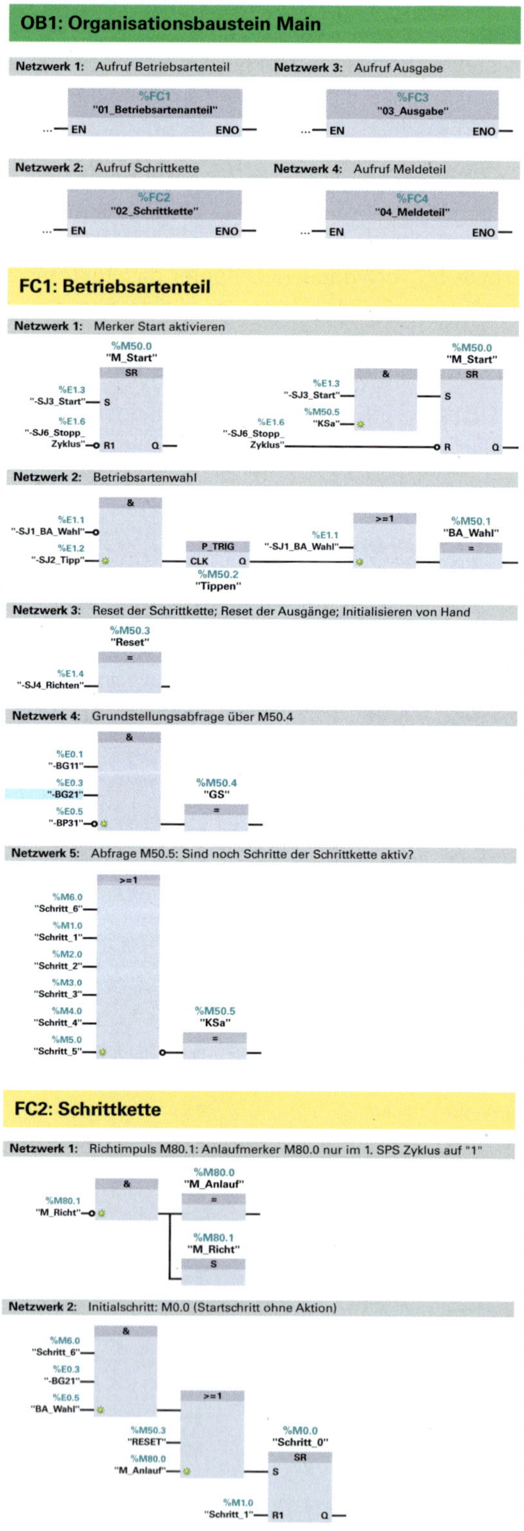

Bild 1: Programmcode mit FC1 und FC2 für Aufgabenstellung „Transport mit Vakuum"

Lernfeld 13

(Seite 533), nur dass er im Netzwerk 1 (NW 1) eigens programmiert wird. Der Merker M80.1 hat im ersten CPU-Zyklus das Signal 0. Durch die Negation wird er zum Signal 1 invertiert und weist dem M80.0 das Signal 1 zu. Im NW 2 wird der Startschritt M0.0 damit speichernd gesetzt **(Bild 1, Seite 558)**.

Da im NW 1 der Merker M80.1 speichernd (S) auf Signal 1 gesetzt wird, bleibt der Anlaufmerker M0.0 ab dem zweiten SPS-Zyklus bis zu einem Neustart der CPU auf Signal 1.

Alternativ kann zum Setzen des Startschritts auch die –SJ4_Richten-Taste (RESET M50.3) genommen werden, oder das Programm ist bereits bis zum letzten Schritt M6.0 einmal komplett durchgelaufen UND BA_Wahl (AUT/TIPP) UND der magnetische Sensor –BG21 haben als Ergebnis der letzten Aktion ein Signal 1.

Die folgenden Schritte von NW 3 bis NW 8 entsprechen den Grundregeln einer Schrittkette **(Bild 1)**:

Der Schritt_1 (M1.0) wird speichernd (S) gesetzt durch eine UND-Verknüpfung der folgenden Signale.

Der vorhergehende Schritt_0 (M0.0) muss gesetzt sein, ein Teil ist vorhanden –BR1 (optischer Senor wird unterbrochen = 1 Signal), Grundstellung (GS) ist gegeben, Anlage gestartet durch –SJ3_Start (M50.0) und die Raste –SJ1_BA_Wahl ist auf AUTO = 1 gesetzt. Außerdem ist der Taster –SJ5_Stopp_Schritt (Öffner) nicht betätigt und führt damit bereits das Signal 1.

Ist M1.0 speichernd gesetzt, so setzt er im nächsten SPS-Zyklus den Startschritt M0.0 über den R1-Eingang am SR-Baustein speichernd zurück.

Wenn man nun den Taster –SJ5_Stopp_Schritt betätigen und halten würde, fehlt in NW 4 in der UND-Verknüpfung ein Signal 1, der Schritt_2 (M2.0) kann erst nach dem Loslassen speichernd gesetzt werden. Der Hubzylinder muss seine vordere Endlage beim Absenken erreicht haben (–BG12 = 1).

Will man die Schrittkette nicht im Automatikbetrieb durchlaufen lassen, sondern die einzelnen Schritte „step by step" durchtakten, dann muss die positive Flanke in jedem Schritt neu abgefragt werden.

Im letzten Ablaufschritt (Schritt_6) im NW 8 fährt die Lineareinheit wieder in ihre Grundstellung zu-

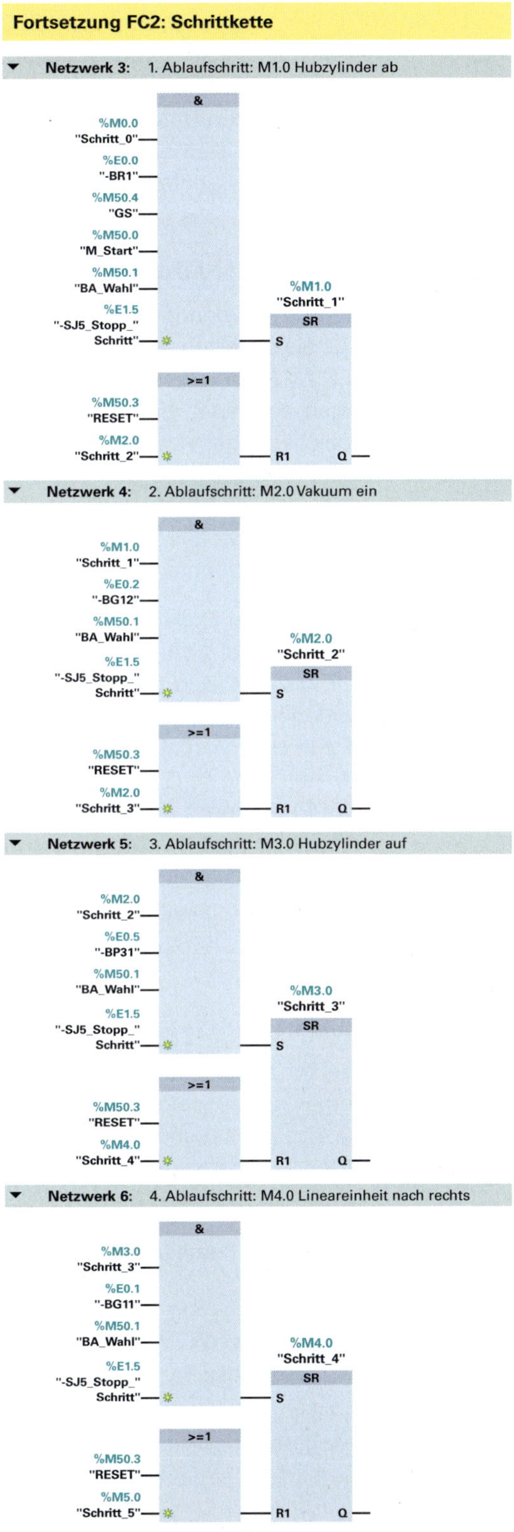

Bild 1: Programmcode Fortsetzung FC2 für Aufgabenstellung „Transport mit Vakuum"

Lernfeld 13

rück **(Bild 1)**. Voraussetzung ist das Setzen von Schritt_5 (M5.0). Damit wird der Unterdruck –BP31 abgeschaltet, der Vakuumsensor hat das Signal 0. Ist der letzte Schrittmerker M6.0 gesetzt, ist eine Bedingung für einen erneuten Durchlauf im Initialschritt beginnend gegeben. Der Initialschritt M0.0 setzt seinerseits den letzten Schrittmerker M6.0 zurück (oder über RESET).

FUNKTION FC 3: Setzen der Ausgänge

In der Schrittkette FC2 werden die Schrittmerker M1.0, M2.0 usw. für die einzelnen Aktionen gesetzt. In der Funktion FC3 werden diese Schrittmerker den SPS-Ausgängen entweder einfach zugewiesen oder diese speichernd gesetzt/rückgesetzt: In NW 1 setzt der Schrittmerker M1.0 den SPS-Ausgang A0.1. Die Magnetspule –MB11 wird bestromt, sodass über das monostabile 5/2-Wegeventil der Hubkolben pneumatisch nach unten fahren kann.

Nach Erreichen der vorderen Endlage wird der Magnetsensor –BG12 ein Signal 1 liefern und die Bedingungen für Schritt 2 (M2.0 in NW 4 von FC2) erfüllen: Dabei wird gleichzeitig der Schrittmerker M1.0 speichernd zurückgesetzt (R-Eingang). Der Hubzylinder würde nun in seine Grundstellung zurückfahren. Da der SPS-Ausgang A0.1 aber im FC3 speichernd gesetzt ist, behält die **Magnetspule** ihre Spannung. Erst im dritten Ablaufschritt M3.0 wird der SPS-Ausgang A0.1 speichernd zurückgesetzt (R-Eingang) oder über RESET-Merker M50.3 bei einer Störung.

Funktion FC4: Meldeteil

Alle SPS-Ausgänge, mit denen Zustände an der Anlage angezeigt werden sollen, werden auf ein eigenes Ausgangsbyte 1 verdrahtet und in der Funktion FC4 aufgerufen. Der Automatikbetrieb wird durch

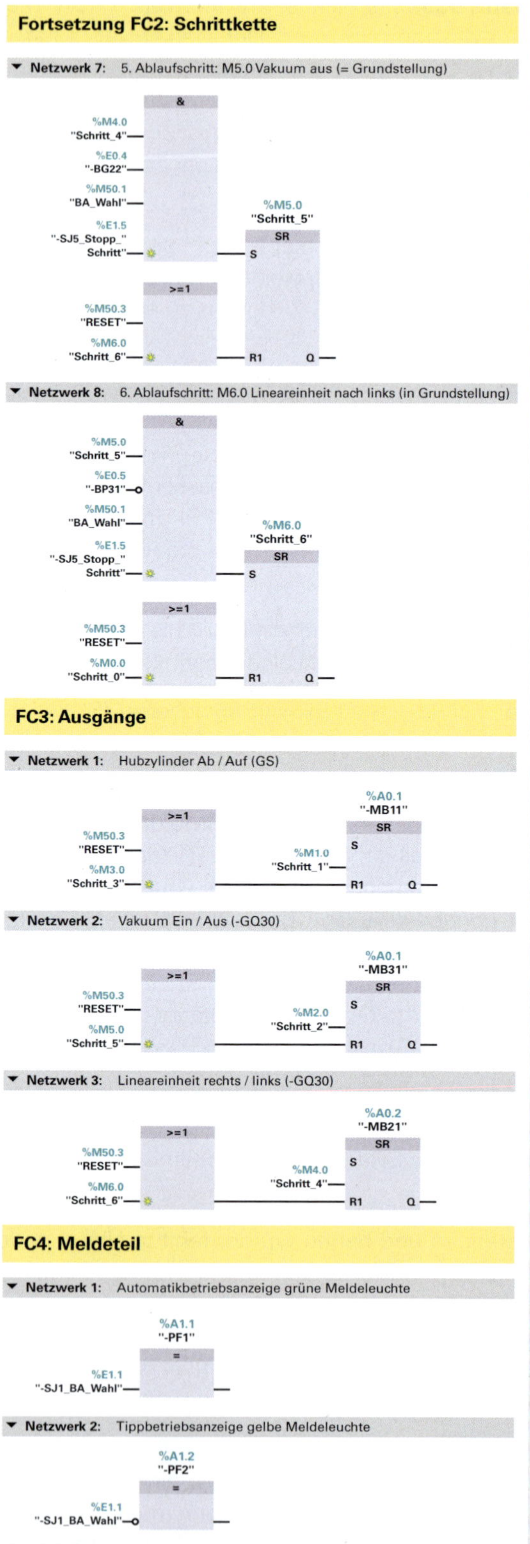

Bild 1: Programmcode Fortsetzung FC2, FC3 und FC4 für Aufgabenstellung „Transport mit Vakuum"

Ausgänge in der Schrittkette (in FC3)

- Ist ein SPS-Ausgang nur in einem Ablaufschritt auf Signal 1, so genügt eine einfache SPS-Anweisung.

- Sollen SPS-Ausgänge über einen Ablaufschritt hinaus gesetzt bleiben, so müssen sie speichernd (S) gesetzt sein (im GRAFCET z. B. –MB11: = 1).
- Hierbei werden S/R-Speicherbausteine (in der SPS) oder 5/2-Impuls-Wegeventile (im pneumatischen Leistungsteil) eingesetzt.

die Meldeleuchte –PF1, der TIPP-Betrieb durch die gelbe Meldeleuchte –PF2 angesteuert **(Bild 1, Seite 560)**.

Die rote Meldeleuchte –PF3 in NW 3 dient der Schrittüberwachung **(Bild 1)**. Es werden dabei zwei Zeitfunktionen verwendet. Zwei IEC-Timer TON überwachen die einzelnen Ablaufschritte: Bleibt die Anlage z. B. länger als 10 s im Schritt 3 stehen, dann hat der Ausgang Q von %DB1 das Signal 1. An der UND- Verknüpfung steht zusätzlich ein taktendes Signal vom Taktmerkerbit M100.5 an. Dieses Taktmerkerbit hat 0,5 s lang ein Signal 1 und 0,5 s lang ein Signal 0, wodurch die rote Meldeleuchte eine Blinkfrequenz *f* von 1 Hz bekommt (es gilt $f = 1/T$).

Um ein Taktmerkerbit nutzen zu können, muss in der Gerätesicht im TIA-Portal die CPU_01 markiert sein. Im Inspektorenfenster kann über die Karteikarte „Allgemein" das Untermenü „System- und Taktmerker" angewählt werden: z. B. Adresse „100" eintragen **(Bild 2)**.

Ein Taktmerker ist ein Merker, der seinen Binärzustand periodisch im Puls-Pausen-Verhältnis 1 : 1 ändert. Es ist üblich, das Merkerbyte MB100 zu verwenden, der Einsatz der einzelnen Merkerbits M100.0 bis M100.7 richtet sich nach der Aufgabenstellung.

An gleicher Stelle im TIA-Portal kann ein Systemmerkerbyte (MBx) angewählt werden, z. B. MB80.

Man kann das Systemmerkerbit M80.0 zum Initialisieren der Anlage verwenden und auf den im FC2 (NW1) verwendeten Richtimpuls verzichten **(Bild 3)**.

Das Bit M80.0 hat die gleiche Funktion wie M8 in der Kleinsteuerung LOGO! **(siehe Seite 533)**. Es liefert nur im ersten Zyklus ein Signal 1. In den folgenden Zyklen fällt es auf Signal 0.

Fortsetzung FC4: Meldeteil

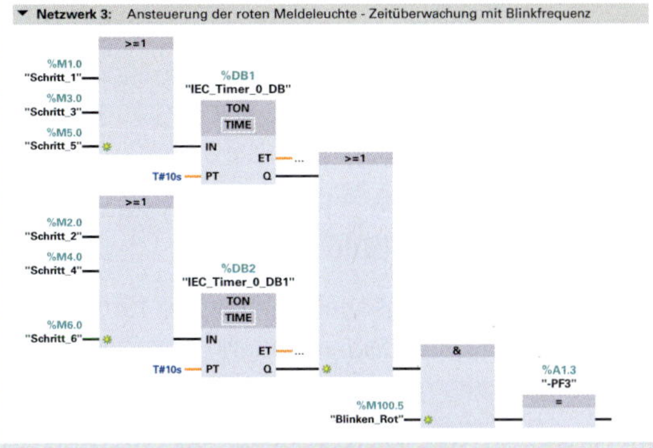

Bild 1: Funktion FC4 mit Schrittüberwachung

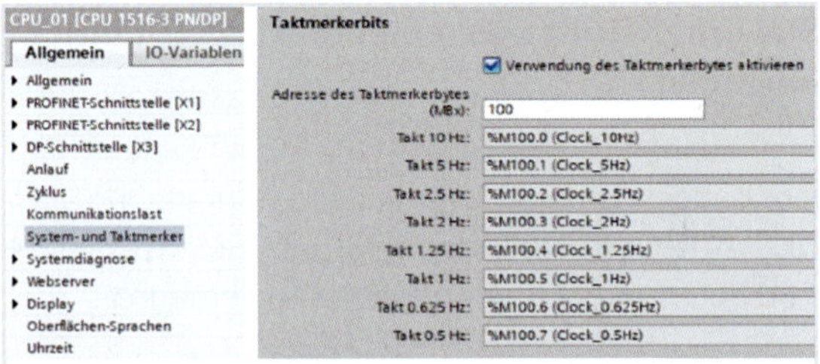

Bit des Taktmerkerbytes	7	6	5	4	3	2	1	0
Periodendauer (s)	2,0	1,6	1	0,8	0,5	0,4	0,2	0,1
Frequenz (Hz)	0,5	0,625	1	1,25	2	2,5	5	10

Bild 2: Taktmerkerbyte MB100 mit Einzelfrequenzen *f* und Periodendauer *T* der taktenden Signale

Bit des Systemmerkerbytes	7	6	5	4	3	2	1	0
Bedeutung	Reserviert (=0)	Reserviert (=0)	Reserviert (=0)	Reserviert (=0)	=0	=1	=1	=1

Bit 1: bei Änderung des Diagnosestatus
Bit 0: während des Anlaufs und im ersten Zyklus nach dem Anlauf, sonst 0

Bild 3: Systemmerkerbyte MB80 z. B. zur Initialisierung von Schritt 0 in „Transport mit Vakuum"

Überlegen und beantworten Sie:

1. Zählen Sie Vorteile der strukturierten Programmierung bei einer modularen SPS auf.
2. Erklären Sie die Funktion des Organisationbausteins OB1 (MAIN).
3. Beschreiben Sie die Umsetzung der beiden Betriebsarten AUTOMATIK- und TIPP-Betrieb im Beispiel (Transport mit Vakuum). Gehen Sie dabei auch auf die beiden STOPP-Funktionen ein und den Flankenmerker M50.2.
4. Erweiterungen zu „Transport mit Vakuum": Ersetzen Sie das monostabile Stellelement –QM30 durch ein 5/2-Impuls-Wegeventil; nach Schritt 4 soll sich der Hubzylinder zur Werkstückübergabe erst absenken und danach das Teil abgeworfen werden; der Initialschritt soll beim Anlauf mit Systemmerkerbit M80.0 initialisiert werden (der Richtimpuls M80.1 entfällt); die gelbe Meldeleuchte –PF2 soll mit einer Frequenz $f = 2$ Hz blinken. Vor der Anpassung des SPS-Programms soll auch der erstellte GRAFCET angepasst werden.

9.3.4 Sicherheitseinrichtungen

Maschinen und Anlagenteile müssen so gebaut und eingerichtet werden, dass weder Menschen noch die Gerätetechnik selbst einer Gefährdung ausgesetzt werden.

Die Maschinenrichtlinie schreibt eine systematische Risikobeurteilung vor **(Bild 1)**.

Nach der Gefährdungsanalyse werden fünf Stufen der Gefährdung erreicht, sogenannte Performance Levels (= $\mathbf{pl_a}$ geringes bis $\mathbf{pl_e}$ hohes Risiko).

Entsprechend der Risikobeurteilung werden an Steuerungen bestimmte **Sicherheitsfunktionen** umgesetzt.

Sicherheitsfunktion einer NOT-AUS-Einrichtung (Bild 2):

Alle Ausgänge (Schütze –Q2, –Q3), welche Gefahr bringen könnten, werden nach Betätigung vom NOT-AUS vom Netz getrennt. Die Schütze selbst sind durch zwei Öffner gegenseitig verriegelt.

Nach der Entriegelung des NOT-AUS-Schalters (= Zwangsöffner) –S10 muss der NOT-AUS-Kreis mit –S11 wieder quittiert werden und geht in seine Selbsthaltung (erster Hilfskontakt –K1).

Der NOT-AUS-Kreis wird durch einen 2. Hilfskontakt auf einen SPS-Eingang gesetzt und im Programm ausgewertet (–K1): So kann z. B. eine der beiden Meldeleuchten auf ROT-BLINKFREQUENZ geschaltet werden und die Startfunktion ist vom SPS-Eingang des NOT-AUS-Kreises (E1.1) abhängig.

Drahtbruchsicherheit (DIN VDE 0113): Start oder Einschalten über –S2 (= Schließerkontakt) und das Ausschalten immer über –S1 (= Öffnerkontakt).

Grundsätze der Maschinenrichtlinie nach DIN EN ISO 12100

- Die Sicherheit an einer Maschine wird durch deren **Konstruktion** erreicht.
- Sollten das nicht möglich sein, müssen **Sicherheitsfunktionen** der Steuerung das Risiko mindern: geeignete Geräte sind z. B. NOT-AUS- oder NOT-HALT-Schaltgeräte (PNOZ), Schütze, Sicherheitsventile oder eine fehlersichere SPS.
- Restrisiken werden durch **Bedienerinformationen** minimiert.

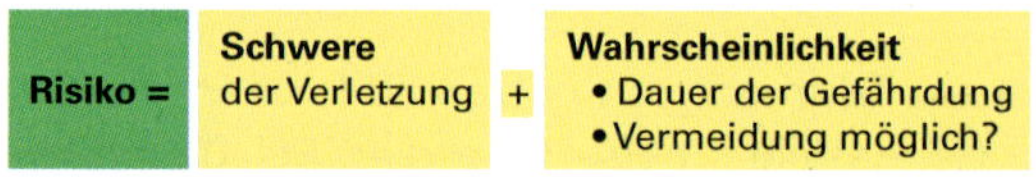

Bild 1: Faktoren der Risikobetrachtung nach EN ISO 13849 (Risikograf)

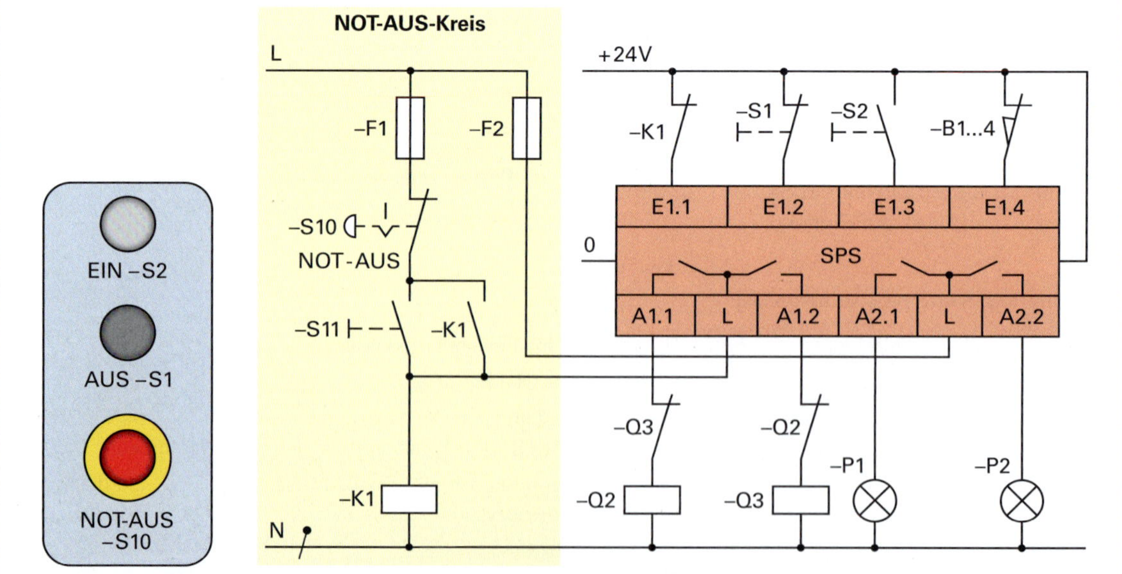

Bild 2: NOT-AUS-Einrichtung in einer SPS-Beschaltung

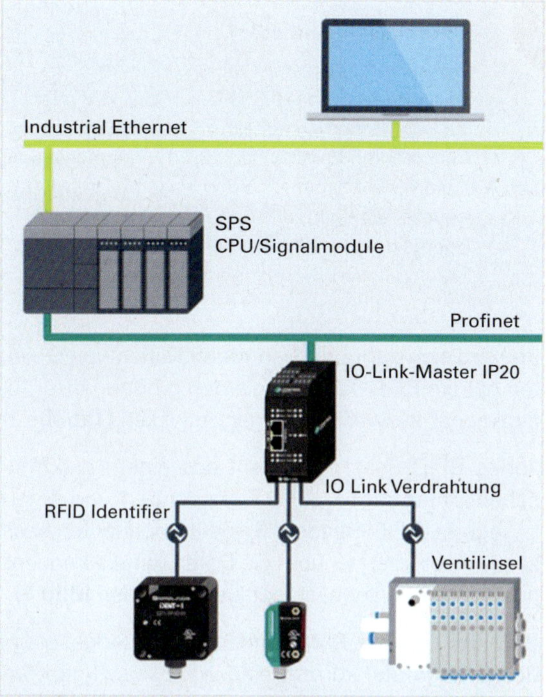

Bild 1: Netzwerk zur Übertragung von E/A-Signalen

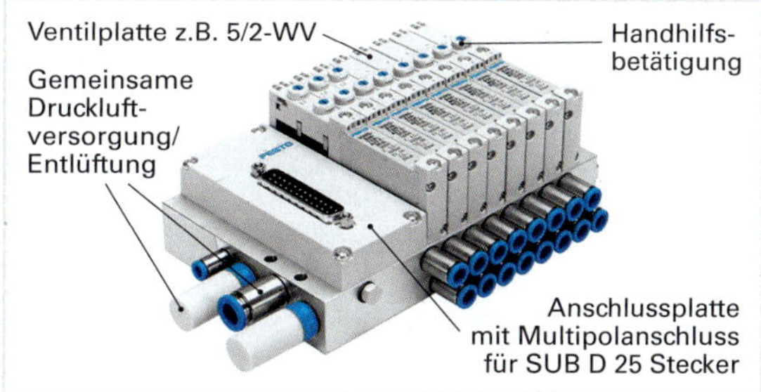

Bild 2: Ventilinsel mit elektrischem Multipolanschluss

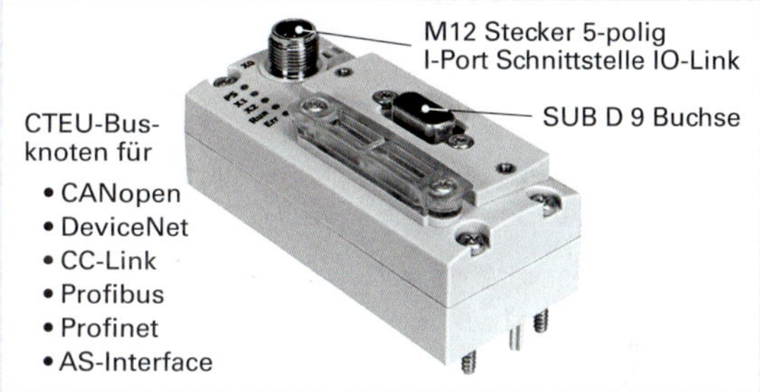

Bild 3: Anschlussplatte mit CTEU-Busknoten für IO-Link

9.3.5 Schnittstellen und Bussysteme

In Automatisierungssystemen werden Daten und Informationen von einer **zentralen Einheit** (z. B. einer CPU mit E/A-Signalmodulen) zu Anlagenteilen in der **Peripherie** („ins Feld") gesendet, um Aktoren (Schütze, Motoren, Meldeleuchten usw.) zu starten oder Sensorsignal zu empfangen und auszuwerten.

Solange es sich um kleine Datenmenge über kurze Entfernungen hinweg handelt, kann dies über eine konventionelle **parallele** Verdrahtung geschehen. Bei größeren Anlagen nutzt man jedoch eine Reihe von unterschiedlichen **Bussystemen (Bild 1)**.

Dabei entstehen Netzwerke, die zusätzlich in der Lage sind, eine spezielle Gerätetechnik einfach und flexibel einzubringen: Exemplarisch für die Eingangsseite (Input) sind z. B. Indentifikationssysteme (RFID) und auf der Ausgangsseite (Output) z. B. Ventilinseln.

Ventilinsel

Magnetventile in der Pneumatik benötigen zu der elektrischen Kontaktierung eine zusätzliche Verschlauchung. Um den Platzbedarf, Installationsaufwand sowie Leitungs- und Schaltfehler zu minimieren und Diagnosefunktionen zu ermöglichen, werden einzelne Ventilscheiben zu einer kompakten Einheit, einer Ventilinsel, zusammengefasst. Alle Ventilplatten einer Ventilinsel werden elektrisch und pneumatisch gemeinsam versorgt **(Bild 2)**.

In einem modularen Baukastensystem werden vier, sechs oder acht Ventilscheiben jederzeit austauschbar zusammengebaut (bis maximal 24). Es können z. B. drei bistabile und fünf monstabile 5/2-Wegeventile integriert werden. Auch alternative Ventilkombinationen (mit 3/2-WV, 5/3-WV usw.) sind denkbar.

Statt eines Einzelanschlusses werden die Kontakte auf eine austauschbare Anschlussplatte geführt: Gezeigt ist in Bild 2 ein Multipolanschluss für eine 25-Pin-Steckerbelegung (SUB-D). Die Einzelpins eins bis 25 sind farblich gekennzeichnet und stehen für die SPS-Adressen und ggf. zur 24-V-Spannungsversorgung zur Verfügung.

Weitere Anschlussplatten als Schnittstellen für eine Verdrahtung mit IO-Link (= Punkt-zu-Punkt-Kommunikationssystem) oder Feldbussystemen, z. B. AS-Interface, Profibus oder Profinet, stehen zur Auswahl, um die Ventilinsel als Feldgerät (in der Peripherie) an eine zentrale SPS anzubinden **(Bild 3)**.

Die Verwaltung und Ansteuerung der elektrischen Schaltkontakte an den Ventilplatten erfolgt z. B. über die TIA-SPS-Software. Dort müssen die Gerätebeschreibungsdateien (IODD[1] oder GSD[2]) als Bibliotheksbausteine eingebunden werden. Diese werden von den Geräteherstellern geliefert.

Identifikationssysteme als CPS

Im Konzept Industrie 4.0 sind Objekte (z. B. Werkstücke, Werkzeuge, fahrerlose Transportmittel und Produktionsmittel) zur Kommunikation fähig, sie sind „intelligent" oder „smart".

Sie bilden sogenannte Cyber-physikalische Systeme (CPS): Gemeint sind hier Microchips mit einer integrierten IT-Schnittstelle (ICs), die in die entsprechenden Bauteile eingebettet (= embedded sytems) sind.

Identifikationssysteme mittels RFID (**R**adio **F**requency **ID**entification) besitzen die Funktionalität von CPS.

Die RFID-Technik wird eingesetzt, um Objekte (z. B. Bauteile oder Waren) berührungslos zu identifizieren und zu lokalisieren. Diese Technik erweitert die Möglichkeit der fotooptischen Auslesung (z. B. mit Lasern) von Barcodes durch Funkwellen **(Bild 1** und **Bild 2)**.

Ventilinsel (Pneumatik)

- Einzelne Ventilplatten mit unterschiedlichen Schaltfunktionen (z. B. 3/2-WV, 5/2-WV oder 5/3-WV) werden auf einer Platte zu einer kompakten Ventileinheit zusammengefasst.
- Die Ventile haben eine gemeinsame Druckluftquelle, eine gemeinsame Entlüftung und einen gemeinsamen elektrischen Anschluss über Multipol, IO-Link oder ein Feldbussystem.

Im Vergleich zur optischen Identifikation von Objekten hat die RFID-Technologie den großen Vorteil, bidirektional, in zwei Richtungen zu wirken **(Tabelle 1)**.

Jedes RFID-System besteht aus einem elektronischen Datenträger (RFID-Transponder) und einem Lesegerät (RFID-Reader). Beide Komponenten besitzen je eine Antenne, über die Daten mittels frequenzmodulierter Funkwellen getauscht werden **(Bild 3)**.

Befindet sich der Transponder im Empfangsbereich des Lesegeräts, kommt eine wechselseitige Kommunikation zustande: Das Lesegerät schreibt Daten auf den Chip oder liest Informationen aus.

[1] IODD, von IO-device description (Gerätebeschreibungsdatei im IO-Link-System)
[2] GSD von general station description z. B. beim Profinet

Bild 1: Objektidentifikation über Barcode (Laser)

Tabelle 1: Identifikationssyteme im Vergleich

Barcode – fotooptisch	RFID
nicht beschreibbar	wiederbeschreibbar
Sichtzugang erforderlich	Sichtkontakt nicht nötig
Lesefehler durch Schmutz	umweltresistent
geringe Datengröße	große Datenmengen
kostengünstig	relativ teuer

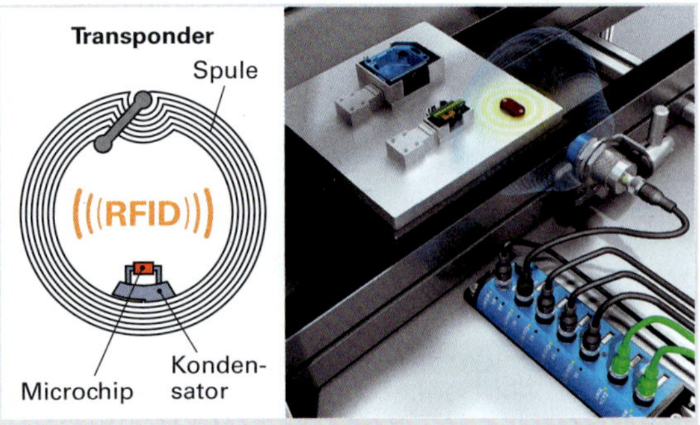

Bild 2: Identifikationssystem mit RFID-Technik

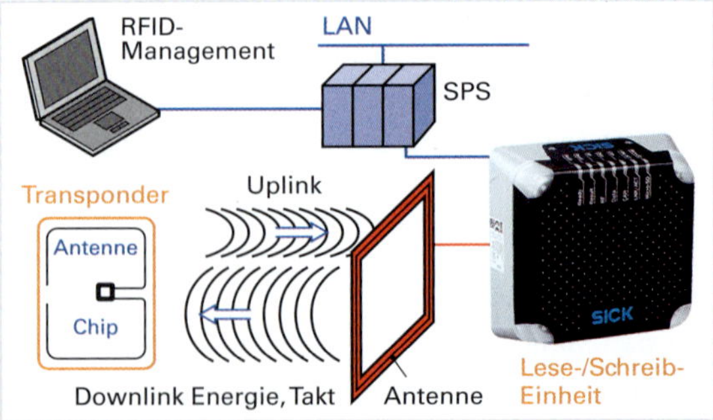

Bild 3: Elemente in der RFID-Architektur

Man unterscheidet zwei Arten von Transpondern.

Passive Transponder: Hier wird durch das elektromagnetische Feld Strom in einer Spule induziert, die zur Energieversorgung des RFID-Chips genutzt wird.

Bei **aktiven** Transpondern wird eine zusätzliche Batterie zur Stromversorgung des Chips genutzt.

Die Reichweite bei einem aktiven Transponder ist höher als beim passiven Transponder. Diese hängt zudem vom Frequenzbereich und von der Antennengröße ab.

Drei Zonen werden unterschieden: Close Coupling (1 Hz–30 MHz) bis 1 cm, beim Remote Coupling (low frequency) 1 bis 3 m und beim Long Range Coupling (ultra bis super high frequency) bis 20 m.

Über 90 % aller RFID-Systeme gehören zu den Remote-Coupling-Systemen mit induktiver Koppelung.

Einen Überblick über die Bereiche und Reichweiten in der RFID-Technologie zeigt **Tabelle 1**.

Neben der RFID-Technologie existiert die NFC (**N**ear **F**ield **C**ommunication) als globale- bzw. kontaktlose Kommunikationstechnik. NFC basiert auf dem RFID-Protokoll und ist eine spezifische Kopplungsmethode für Smartphones, um Daten im Nahfeld auszutauschen (HF-Bereich 13,56 MHz und Lesedistanz bis 10 cm). Ein NFC-Gerät kann im Unterschied zum RFID sowohl als Transponder (= Tag) als auch als Lesegerät arbeiten und hat einen hohen Sicherheitsstandard.

Beim Einbau der jeweiligen Reader-Transponder-Kombinationen sind Grenzabstände (S_g), Arbeitsabstände (S_a) sowie die Größe des Übertragungsfensters zu berücksichtigen. Die Werte können den Datenblättern der Hersteller entnommen und umgesetzt werden **(Bild 1)**.

Die Antennen können bündig in Metalle eingebaut werden. Zu beachten ist jedoch eine mögliche Reduzierung der Magnetfeldstärken.

Produktionsteile werden mittels RFID eindeutig identifiziert und verfolgt. Mögliche Fragestellungen: Wo befindet sich jedes Teil? Wann und wo wurde es eingebaut? Wird und wurde es richtig gewartet usw.?

Die Daten werden zeitnah von den RFID-Readern ausgelesen und über IO-Link in eine übergeordnete SPS übertragen **(Bild 2)**.

RFID-System („Tag")

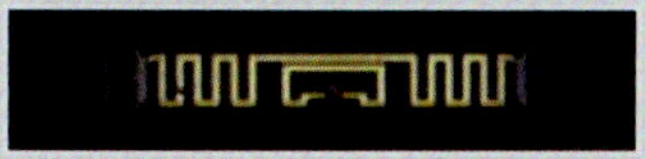

- Die „**R**adio **F**requency **ID**entifikation" gehört zur berührungs- und kontaktlosen Erkennung von Objekten in der Industrie 4.0.
- RFID-Elemente sind die aktiven/passiven Transponder (Senden von Informationen) und die Schreib-/Lesegeräte.
- Die codierten Daten werden mittels elektromagnetischer Wellen in einem bestimmten Frequenzbereich übertragen.

Tabelle 1: RFID – Bereiche, Frequenzen

Bereich	Frequenz	Reichweite
Low frequency	30–500 kHz	Autoschlüssel
High Frequency	10–15 MHz	Bankkarten, **NFC**
Ultra High	865–928 MHz	Paletten, Boxen
Super High	2,45/5,8 GHz	Fahrzeuge

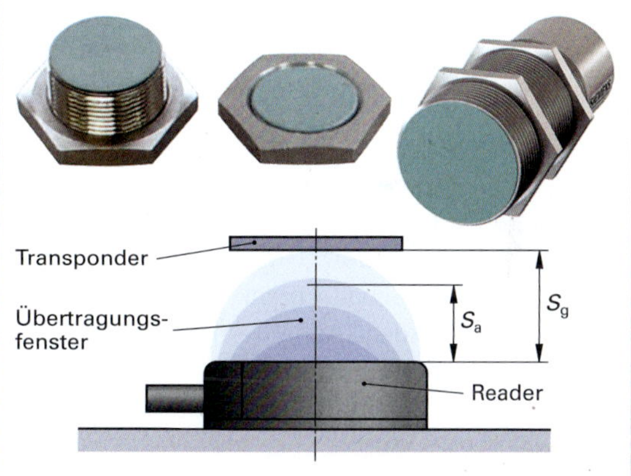

Bild 1: Einbau eines Readers (RF220R IO-Link)

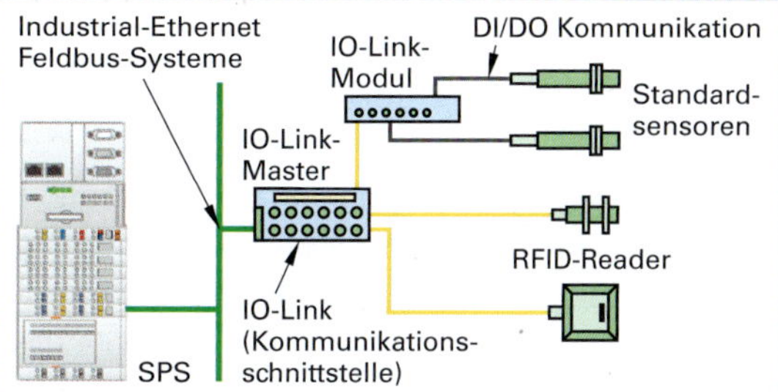

Bild 2: Datentransfer vom Identifikationssystem zur übergeordneten SPS

Schnittstelle – Bussystem

Der IO-Link dient als offene Kommunikationsschnittstelle im Bereich der Automation. Die dort führenden Hersteller haben diesen Standard spezifiziert: Die Schnittstelle arbeitet in einer **Punkt-zu-Punkt-Kommunikation** (peer-to-peer). Diese Art der Kommunikation bedeutet, dass es nur einen Sender und einen Empfänger gibt **(Bild 1)**.

Das IO-System besteht aus einem IO-Link-Master, IO-Devices und drei bis fünfadrigen Standardleitungen. Diese dürfen eine Höchstlänge von 20 m haben.

Die Kommunikation zwischen dem Master und den Devices erfolgt im einfachen Fall über die dreipolige ungeschirmte Leitung: Über PIN 4 erfolgt die Datenübertragung im Standardmodus (SIO) oder im COM-Modus bidirektional **(Bild 2)**.

Der IO-Link-Master dient im einem übergeordneten **Profinet-Netzwerk** als Gateway (= Übergang) zu der SPS-Zentraleinheit (z. B. CPU S7-1500).

Der IO-Link-Master ist für den schaltschranklosen Einsatz direkt an der Anlage konzipiert mit der hohen elektrischen Schutzklasse IP67. Die über die Ports empfangenen Sensorinformationen werden vom Master aus als Datenpakete über ein Bussytem zur CPU einer SPS geleitet: Als Bussystem („Transportbus") steht hier der Profinet-Standard zu Verfügung.

Vorteile: Auf die Einzelverdrahtung von Sensoren und Aktoren auf Signalmodule einer SPS kann komplett verzichtet werden. Große Distanzen/Entfernungen zu einem Schaltschrank können problemlos überwunden werden. Außerdem sind Zugriffe auf Aktoren/Sensoren zu deren Parametrierung sowie eine Fernwartung (bei Instandhaltung) und eine Fehlerdiagnose möglich.

Das Profinet ist ein offenes Bussystem, das international etablierte IT-Standards wie TCP/IP zur Datenübertragung nutzt.

Weitere offene Bussysteme sind z. B. der Profibus- (RS 485 mit neunpolige Sub-D-Steckerverbinder), oder das Industrial Ethernet (mit RJ45-Verbinder).

Das Versenden von Nachrichten (Datenpakete) erfolgt immer über eine gemeinsame Übertragungsleitung mit jeweils spezifisch konfektionierten und genormten Anschlusssteckern sowie Buchsen **(Bild 3)**.

Die Leiterlängen müssen mit Abisolierwerkzeugen und geeigneten Crimpzangen angepasst werden.

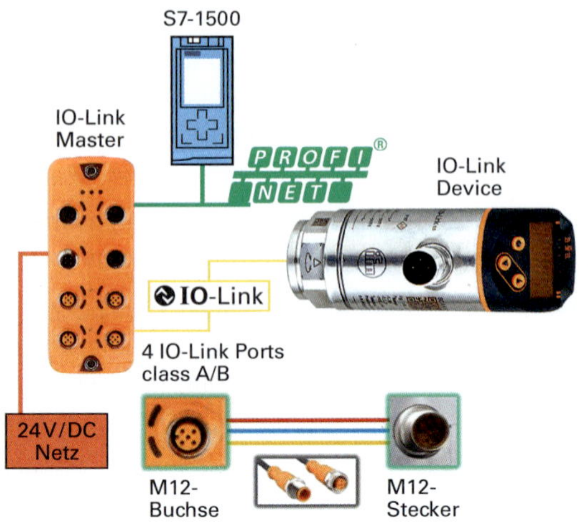

Bild 1: IO-Link-Master und IO-Link-Device

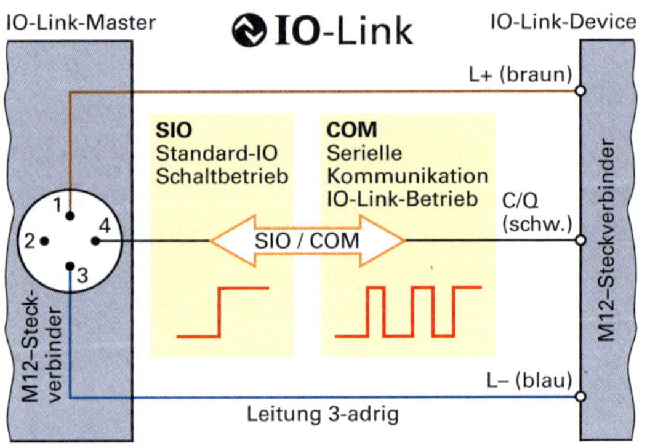

Bild 2: Kommunikationsschnittstelle im IO-Link

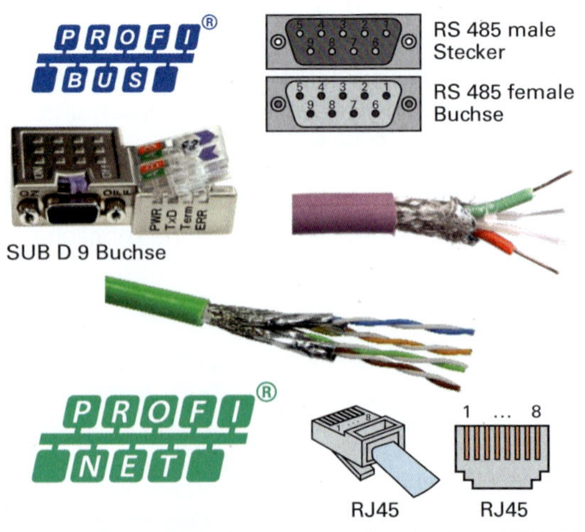

Bild 3: Standardschnittstellen RS 485 und RJ45

Die **Topologie** beschreibt den physikalischen Aufbau und die Netzform, die durch die Verbindungen der Netzteilnehmer entstehen: Stern, Baum **(Tabelle 1)**.

Das **Buszugriffsverfahren** entscheidet darüber, zu welchem Zeitpunkt ein Netzteilnehmer auf das Übertragungsmedium zugreifen darf. Der **Master** (Hauptgerät z. B. beim AS-Interface) sendet eine Datenaufforderung (master request) an die ASI-Slaves und diese antworten entsprechend (slave respons).

Beim **Tokenprinzip** dürfen die Teilnehmer auf den Bus zugreifen, wenn sie das Token („Sprechstein") besitzen. Dies ist die typische Kommunikation beim Profibus, wenn mehrere Profibusmaster gegenseitig Daten austauschen.

Unter das Token-Prinzip ist beim Profibus das Master-Slave-Prinzip gelegt. Der Profibus hat damit ein gemischtes Zugriffsverfahren (hybrides Verfahren).

Beim **CSMA**[1]-Verfahren sind alle Teilnehmer gleichberechtigt. Sie beobachten permanent den Datenverkehr auf dem Bus (= carrier) und senden Informationen nicht gleichmäßig auf den Bus, sondern nur bei Bedarf. Bussysteme mit CSMA-Zugriff haben keine feste Zykluszeit.

Tabelle 1: Industrielle Bussysteme mit offenem Standard im Überblick

Bussysteme Merkmale/ Eigenschaften	**AS Interface** (ASi)	**DP Dezentrale Peripherie** (PROFIBUS®)	(PROFINET®)
Topologie	Linie – Linie (= Busstruktur) (mit T-Stücken)	Baum (Knoten)	Stern (inkl. Switches als Sternschalter)
Buszugriffs-verfahren	Master-Slave-Prinzip	Master-Slave-Prinzip und Token Prinzip	[1] CSMA/CD (carrier sense multiple access/collision detected)
Adressierung	mit externem Adressiergerät oder über den ASi-Master auf die Slaves geschrieben: z. B. A1-31 oder B1-31	Byte codiert: $2^8 = 128$ über 8-DIL-Schalter (ON/OFF) am Gerät einstellbar Adressbereich von 0 bis 127	IP-Adresse und Subnetzmaske: nach **IPv4**: z. B. 192.168.0.1 255.255.255.0 zusätzlich wichtig: MAC-Adresse
Leitungslängen	100 m mit Repeatern auf 600 m	9,6 km (Kupferleitungen 100 km (Lichtwellenleiter)	100 m (Kupfer) 14 km (LWL)

Überlegen und beantworten Sie:

1. **Ventilinsel (Bild 1):**
   a) Beschreiben Sie die Vorteile von Ventilinseln. Gehen Sie dabei auf den Begriff „Modularität" der Ventilinseln ein (Bild 1).
   b) Welche Möglichkeiten gibt es, um die elektrischen Anschlüsse auf einer Ventilinsel zusammenzufassen?
2. **RFID:**
   a) Erklären Sie die Möglichkeiten zur Identikation von Ojekten in der Produktions- und Fertigungstechnik.
   b) Beschreiben Sie die Funktionen der Elemente eines RFID- Systems.
3. **Schnittstellen-Bussystem:**
   a) Beschreiben Sie die Datenkommunikation zwischen einer SPS zur Ventilinsel und einem RFID-System.
   b) Erklären Sie das Master-Slave-Prinzip am Beispiel eines AS-Interface oder des Profibus (DP) in **Bild 3**.
   c) Welche Teilnehmeradresse verbirgt sich hinter den acht Stellschaltern in **Bild 2** (OFF = 0, ON = 1)?

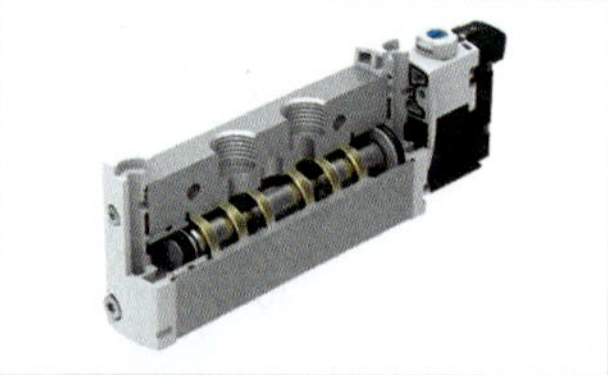

Bild 1: Ventilscheibe

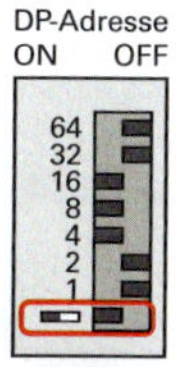

Bild 2: DIL-Schalter

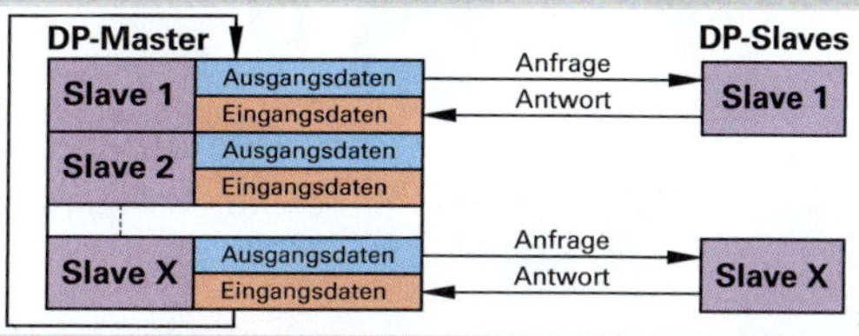

Bild 3: Master-Slave-Kommunikation

9.4 Handhabungstechnik

Die Handhabungstechnik stellt Materialflusslösungen bereit, die zur Beförderung von Gütern entlang des Fertigungsprozesses in Produktionsbetrieben dienen **(Bild 1)**. Sie stellt sicher, dass die Güter alle zur Fertigung erforderlichen Schritte der Bearbeitung, Montage und Prüfung durchlaufen. Dabei bedient sie sich unterschiedlicher technischer **Handhabungseinrichtungen**, die vielfältige, dem Menschen ähnliche Bewegungen entlang mehrerer Bewegungsachsen im Raum ermöglichen. Sie bewegen ein Gut zu einer definierten Position und drehen es in die erforderliche Lage. Weite Verbreitung hierfür haben beispielsweise Industrieroboter gefunden.

Die zu bewegenden Güter sind:

- Rohmaterialien
- Zwischenprodukte
- einzelne Montageteile
- fertige Endprodukte

Ein häufiges Anwendungsbeispiel ist das Be- und Entladen von CNC-Bearbeitungszentren. Dabei wird ein Rohteil aus einer Ablageposition aufgenommen und zur Spannvorrichtung geführt. Nach der Bearbeitung wird es der Maschine wieder entnommen und abgelegt.

Daneben kann die Handhabungstechnik auch zur stationären Bewegung von Gütern genutzt werden, beispielsweise. zum Anheben und Neupositionieren von Fertigungsstücken.

Bei einem Blick in moderne Fertigungsbetriebe fällt jedoch auf, dass Handhabungstechnologien längst nicht mehr nur zum Handhaben von Gütern und Werkstücken zum Einsatz kommen. Sie nehmen zunehmend auch aktiv an vielfältigen automatisierten Bearbeitungs- und Fertigungsschritten teil, indem sie selbst zielgerichtet Werkzeuge führen **(Bild 2)**. Gängige Fertigungsprozesse, bei denen sie eingesetzt werden können, sind Kleben, Polieren, Schweißen, Schneiden und Lackieren.

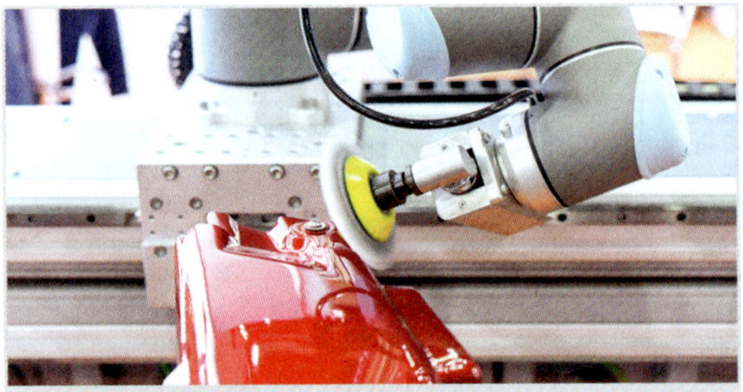

Bild 2: Ein Industrieroboter poliert ein Karosserieteil.

vel.plus/
FILF236

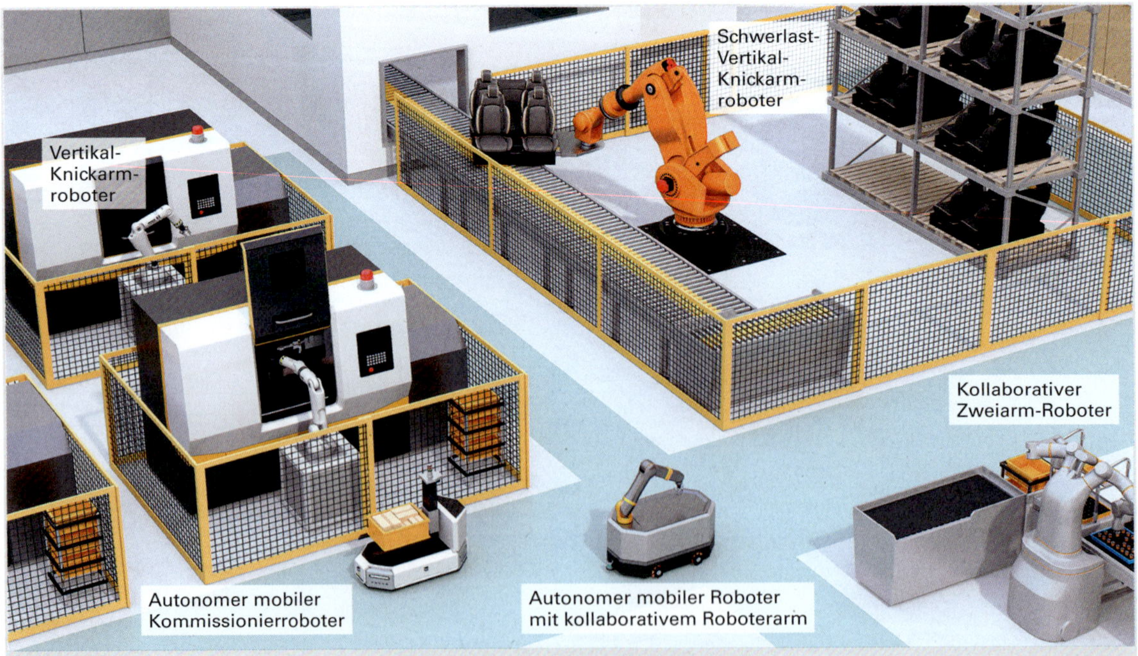

Bild 1: Handhabungseinrichtungen in der industriellen Produktion

9.4.1 Arten von Handhabungsgeräten

In ihrer Gesamtheit zielt die Handhabungstechnik darauf ab, Effizienz und Produktivität zu steigern. Es existieren hierzu unterschiedliche Arten von Handhabungsgeräten. Diese tragen maßgeblich zu einer Beschleunigung von Produktionsabläufen bei. Darüber hinaus können sie zu einer Entlastung der Beschäftigten führen, da sie ihnen körperbelastende oder gefährliche Tätigkeiten abnehmen.

// Aufgabenstellung Maschinenbestückung

Eine CNC-Drehmaschine **(Bild 1)** soll automatisch be- und entladen werden, um die Produktivität zu steigern und Personalmangel auszugleichen. Rohteile aus Rundstahl (m = 3 kg) sollen eigenständig zur Maschine transportiert werden. Ein fest installiertes Handhabungsgerät nimmt dort das Werkstück auf und positioniert es in der Spannstelle der Drehmaschine. Nach dem Bearbeitungsprozess werden die Werkstücke wieder aus der Maschine entnommen und abgelegt. Der Abtransport der fertigen Teile wird ebenfalls automatisiert.

Es stehen verschiedene Handhabungsgeräte zur Auswahl, die sich in Steuerung und Programmiermöglichkeiten unterscheiden:

- **Manipulatoren**

Manipulatoren werden für schwere oder gefährliche Lasten eingesetzt und per Handsteuerung bewegt. Sie werden in erster Linie direkt vom Menschen gesteuert. Hierzu stehen dem Bedienpersonal intuitiv zu handhabende Bedienelemente (bspw. Joy-Sticks) zur Verfügung, mit denen die Arbeitsarme des Manipulators bewegt werden. Sie können auch ferngesteuert werden, wenn die Arbeitsumgebung aufgrund extremer Temperaturen, Druckverhältnisse oder radioaktiver Strahlung nicht betreten werden kann. Dabei besteht entweder Sichtkontakt oder die Umgebungsinformationen werden mittels Kamerasystemen an die bedienende Person übertragen. Man spricht dann von Telemanipulatoren.

- **Einlegegeräte**

Einlegegeräte sind Bewegungsautomaten, die typischerweise in der Großserienfertigung eingesetzt werden. Sie werden oft zum Zuführen und zur Entnahme von Bauteilen oder Werkstücken eingesetzt. Sie eignen sich besonders, wenn eine schnelle Punkt-zu-Punkt-Bewegung auszuführen ist und Aufnahme und Ablage in zueinander parallelen, waagrechten Ebenen erfolgen soll, z.B. die Bestückung von Platinen mit elektronischen Bauteilen. Der Bewegungsablauf ist klar definiert und in einem Programm in der Steuerung hinterlegt.

Meist erfolgen die Bewegungen mit Linearantrieben, wobei auch einfache rotatorische Bewegungen mit entsprechenden Drehantrieben möglich sind. Allerdings eignen sie sich weniger für Veränderungen der räumlichen Orientierung von Bauteilen oder das Befahren komplexer Bahnen im freien Raum.

- **Industrieroboter**

Industrieroboter bieten vielfältige Bewegungsmöglichkeiten, sind frei programmierbar und daher innerhalb der Grenzen ihres Arbeitsraums universell einsetzbar.

Durch Änderungen im Programm können verhältnismäßig schnell auch vollständig neue Bewegungsabläufe hinterlegt werden, sodass eine flexible Anpassung an veränderte Bedingungen möglich ist.

Die Nachfrage nach Industrierobotern ist in den letzten Jahren stark gestiegen **(Bild 2)**. Bei steigender Leistungsfähigkeit und sinkenden Anschaffungskosten dringen diese in immer neue Anwendungsbereiche vor.

Bild 1: Arbeitsraum einer CNC-Drehmaschine

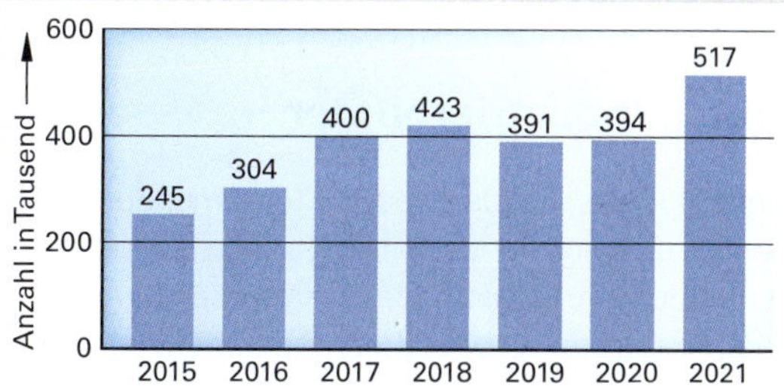

Bild 2: Weltweite Neuinstallationen von Industrierobotern 2015–2021

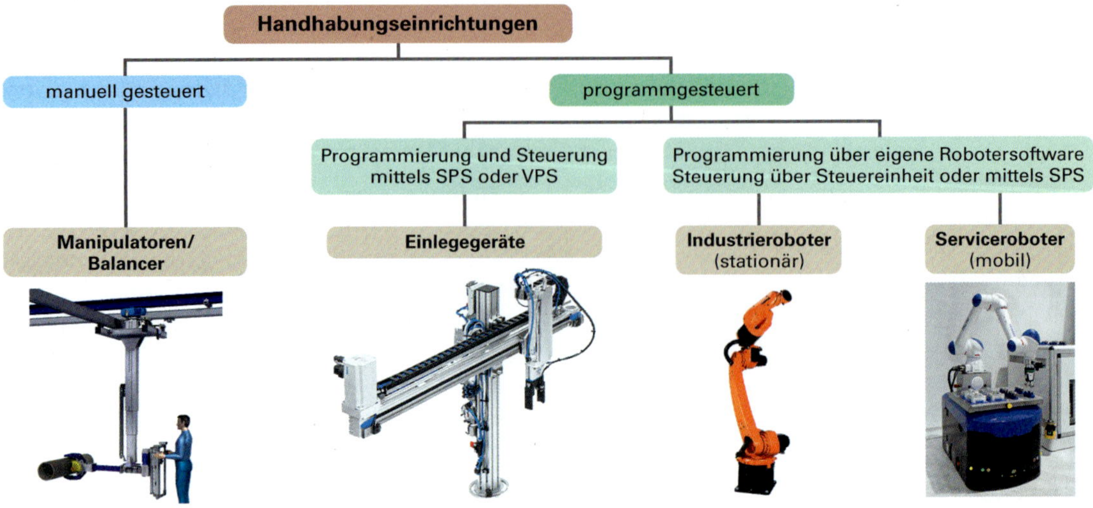

Bild 1: Einteilung von Handhabungseinrichtungen nach der Steuerungsart

- **Autonome mobile Roboter**

Autonome mobile Roboter (engl.: Autonomous Mobile Robot, kurz: AMR) sind fahrerlose Transportfahrzeuge, die sich unabhängig von Schienen oder Bodenmarkierungen innerhalb von Produktionsstätten frei zwischen den Menschen und Maschinen bewegen. Dabei verfügen sie über einen sehr hohen Grad an Autonomität und passen sich in ihren Bewegungen dynamisch an ihr Umfeld an. Sie vermeiden Kollisionen, indem sie Hindernisse erkennen und diesen ausweichen. Hierzu verfügen sie über eine leistungsstarke Sicherheitselektronik und zahlreiche Sensoren. Sie dienen in erster Linie dem flexiblen und automatisierten Waren- und Gütertransport innerhalb von Fertigungsgebäuden und ersetzen dabei herkömmliche Flurförderfahrzeuge. Sie lassen sich effizient an veränderte Infrastrukturen und Bedarfslagen anpassen. Wird auf einem AMR ein Roboterarm montiert, spricht man von einem mobilen Manipulator.

9.4.2 Industrieroboter

Diese Roboter werden speziell für den industriellen Einsatz entwickelt. Vorreiter war hierbei die Automobilindustrie, längst findet man diese aber auch in anderen Fertigungsbetrieben und Laboren.

Merkmale von Industrierobotern:

- hohe Bewegungsgeschwindigkeiten
- große Robustheit

Überlegen und beantworten Sie:

1. Benennen Sie positive Effekte des Einsatzes von Handhabungsgeräten.
2. Beschreiben Sie die weltweite Entwicklung des Absatzes von Industrierobotern.
3. Vergleichen Sie die Vor- und Nachteile von Einlegegeräten und Industrierobotern.
4. Erläutern Sie, welche Handhabungsgeräte für das automatisierte Be- und Entladen der CNC-Maschine sowie den An- und Abtransport des Werkstücks geeignet sind.

- hohe Positionier- und Wiederholgenauigkeit
- breiter Traglastbereich (von wenigen Kilogramm bis über eine Tonne)

// Auswahl eines geeigneten Industrieroboters

Das Angebot an Industrierobotern ist vielfältig. Sie unterscheiden sich in erster Linie in ihrer Kinematik, woraus sich verschiedene Bauarten ergeben. Nicht alle eignen sich gleichermaßen gut für die Bestückung von Werkzeugmaschinen.

Ob die Werkstückspannstelle in der Maschine zuverlässig erreicht werden kann, hängt in erster Linie vom kinematischen Aufbau des infrage kommenden Roboters ab. Dieser legt den Arbeitsraum und die Beweglichkeit des Roboterwerkzeugs fest. Diese spielt insbesondere beim Umfahren von Hindernissen und bei der Umpositionierung von Werkstücken eine Rolle.

Kinematik

Der kinematische Aufbau von Industrierobotern wird durch die Art und Anzahl der an einer Bewegung beteiligten Achsen sowie deren Anordnung bestimmt.

Bild 1 zeigt dies an einem Horizontal-Schwenkarmroboter.

Achsen sind die geführten und unabhängig voneinander angetriebenen Bewegungselemente des Roboters.

Man unterscheidet:

Rotatorische Achsen: schnelle Drehbewegungen in Drehgelenken **(Bild 1: R1 bis R3)**. Rotatorische Achsen zeichnen sich durch eine hohe Wiederholgenauigkeit aus.

Translatorische Achsen: geradlinige, lineare Achsbewegungen parallel der X-, Y- und Z-Koordinatenachsen. **(Bild 1: T1)**.

Der mechanische **Freiheitsgrad *f*** gibt die Anzahl der unabhängigen Bewegungen, z. B. Verschiebungen oder Drehungen eines Bauteils gegenüber seinem Bezugssystem, an. Soll ein Körper im Raum hinsichtlich Position und Orientierung frei beweglich sein, so muss er über sechs Freiheitsgrade verfügen ($f = 6$). Hierzu sind sechs voneinander unabhängige Achsen notwendig. Es kommen je nach Anwendungsfall jedoch auch Industrieroboter mit mehr oder weniger Achsen zum Einsatz. Bei vier oder fünf Achsen leidet die Orientierbarkeit des Werkzeugs, da meist ein oder zwei Handachsen fehlen. Bei mehr als sechs Achsen handelt es sich meist um redundante, parallele T- oder R-Achsen.

Bauarten von Industrierobotern

Je nach kinematischem Aufbau lassen sich verschiedene Bauarten von Industrierobotern unterscheiden:

Horizontal-Schwenkarmroboter

Horizontal-Schwenkarmroboter **(Bild 1)** werden überwiegend als Montageroboter eingesetzt. Sie bestehen aus einem horizontalen Knickarm mit meist zwei parallelen Drehgelenken, der um eine orthogonale Linearachse ergänzt wird.

Freiheitsgrade von Robotern

Zum Erreichen der Punkte im Arbeitsraum stehen Robotern maximal drei translatorische (lineare) sowie drei rotatorische (drehende) Freiheitsgrade zur Verfügung:

- Mit translatorischen Bewegungen sind Positionsverschiebungen in X-, Y- und Z-Richtung möglich.
- Rotatorische Bewegungen verändern die Orientierung der Körper mittels Drehungen um A, B und C.

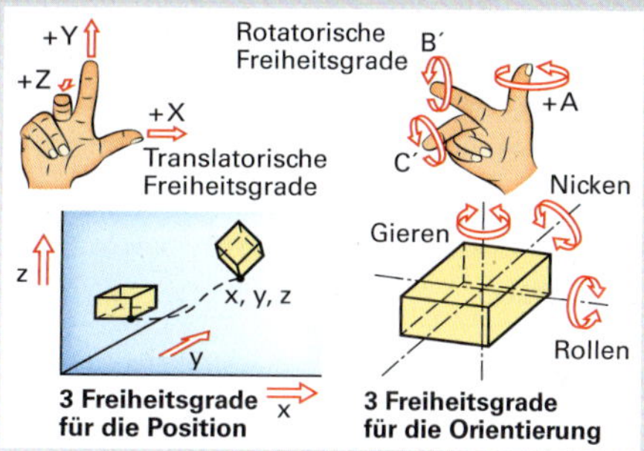

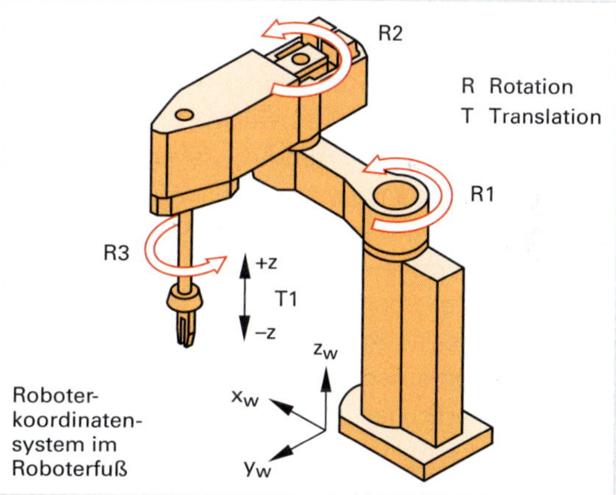

Bild 1: Horizontal-Schwenkarmroboter mit drei rotatorischen und einer translatorischen Achse

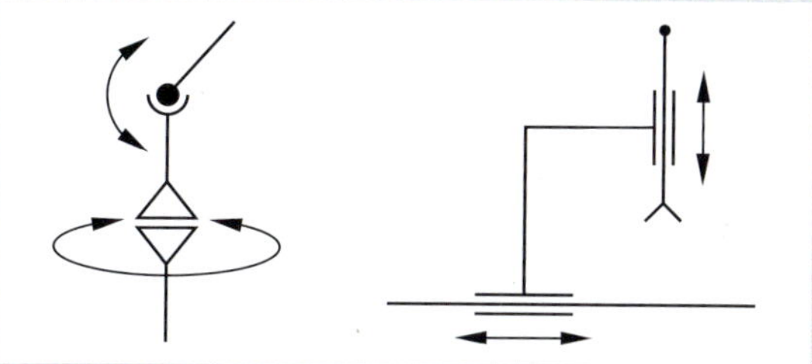

Bild 2: Symbolische Darstellung von Roboterachsen nach DIN 2861

Da mit ihnen zwar beliebige Positionen im Raum angefahren werden können, die Ausrichtung der Werkzeugspitze aber stets gleich ist, werden sie vor allem zum Fügen, Bestücken und für Pick-and-Place-Anwendungen von Bauteilen mit geringer Masse genutzt. Der englische Fachbegriff für diese Roboter lautet: **Selective Compliance Assembly Robot Arm (SCARA)**.

Portalroboter

Portalroboter sind brückenartig über dem Arbeitsraum montiert und aus einer Kombination mehrerer Linearantriebe aufgebaut, die in aller Regel wie die Achsen eines kartesischen Koordinatensystems angeordnet sind **(Bild 1)**. Portalroboter kommen häufig zum Palettieren schwerer Bauteile oder für andere Pick-and-Place- sowie Positionieraufgaben zum Einsatz.

Bild 1: Blister-Handling mit einem Portalroboter

Gelenkarmroboter

vel.plus/
FILF237

Der Gelenkarmroboter **(Bild 2)** ist der am häufigsten eingesetzte Industrieroboter. Er wird auch als Universalroboter betitelt. Dies ist seiner universellen Einsetzbarkeit und hohen Bewegungsfreiheit geschuldet. Er zeichnet sich dadurch aus, dass er ausschließlich über rotatorische Achsen verfügt und einen hohlkugelförmigen Arbeitsraum aufweist. Er hat eine kleine Stellfläche im Vergleich zum Arbeitsraum. Mit seiner Fähigkeit, um störende Konturen und Hindernisse herumzugreifen, ist er besonders zum Bestücken von Werkzeugmaschinen geeignet. Ebenso bereitet ihm eine räumliche Umorientierung der zu bewegenden Werkstücke keine Probleme. Diese Eigenschaften sind zudem oft ausschlaggebend für den Einsatz bei Montage-, Fertigungs- und Analysetätigkeiten.

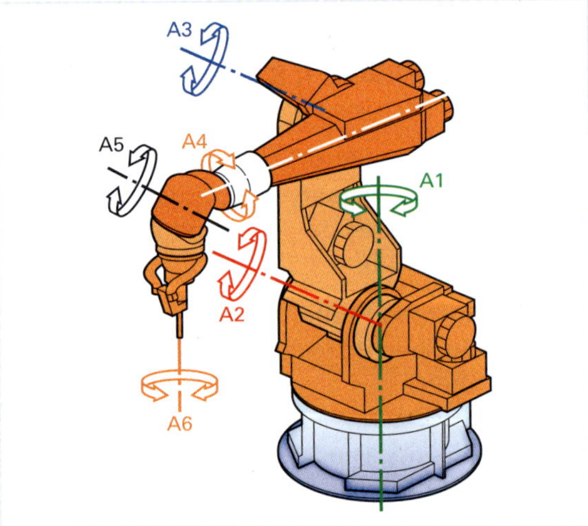

Bild 2: Achsen eines Gelenkarmroboters

Wie der menschliche Arm verfügen Gelenkarmroboter über ein **Schulter-** und **Ellbogengelenk (Bild 2: A2 und A3)** und werden auch als **Knickarmroboter** bezeichnet. Die drei Hauptachsen (A1, A2 und A3) steuern die Position des Effektors im Raum, während die Nebenachsen (A4, A5 und A6) dessen Orientierung bestimmen. Er hat sechs Gelenkfreiheitsgrade F ($F = 6 = f$)

Paralleler Roboter

Roboter mit paralleler Kinematik weisen mehrere Achsen auf, die parallel zueinander angeordnet sind und an ihrem Ende gemeinsam einen Effektor halten **(Bild 3)**. Da die Antriebe der Achsen an der Basis montiert werden, sind die zu bewegenden Massen gering.

Bild 3: Ein Roboter mit paralleler Kinematik und einem Sauggreifer nimmt Bauteile von einem Förderband auf.

Lernfeld 13

Tabelle 1: Bauarten, Kinematik und Arbeitsraum von Industrierobotern

	Bauart			
Merkmale	Vertikal-Knickarmroboter 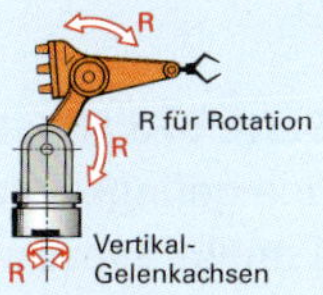	Portalroboter 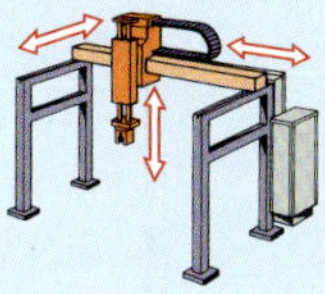	Horizontal-Schwenkarmroboter 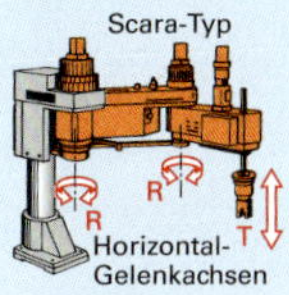	Deltaroboter 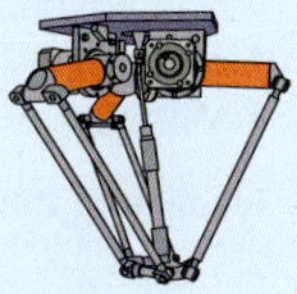
Kinematik	rein rotatorisch	rein translatorisch	hybrid: rotatorisch-translatorisch	Sonderformen
Achskombination	3 Drehachsen RRR	3 Linearachsen TTT	1 Linearachse, 2 Drehachsen RRT	Parallelkinematik
Arbeitsraum		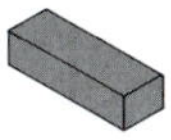		
Vorteile	• sechs Freiheitsgrade • hohe Beweglichkeit im freien Raum • vielseitige Einsatzmöglichkeiten • kleine Stellfläche	• lange Hub- und Verfahrwege sind möglich • großer Arbeitsraum • hohe Traglasten • hohe Positioniergenauigkeit • anschauliche Programmierung	• hohe Steifigkeit in der senkrechten Achse • schnelle horizontale Bewegungen • hohe Wiederholgenauigkeit	• sehr exakte Positioniergenauigkeit • außergewöhnlich hohe Beschleunigungen und Geschwindigkeiten
Nachteile	• aufwendige Steuerung • starke Beanspruchung der Antriebe	• große Stellfläche • erschwerte Abschirmung der Achsen gegen Schmutz	• maximal vier Freiheitsgrade • geringe Steifigkeit in horizontaler Richtung	• geringe Beweglichkeit • beschränkter Arbeitsbereich • geringe Tragkraft

Parallele Roboter werden häufig auch als **Delta-Roboter** bezeichnet und werden in erster Linie für Pick-and-Place-Anwendungen eingesetzt.

Kollaborative Roboter

In den letzten Jahren hat sich mit den sogenannten kollaborativen Robotern ein zusätzliches Segment im Sektor der Industrierobotik entwickelt. Bei diesen auch als Cobots bezeichneten Robotern handelt es sich um Leichtbauroboter, die ihr technologisches Vorbild meist in größeren Universalrobotern haben **(Bild 1)**.

Mit speziellen Steuerungen, Sensoren und Werkzeugen ausgestattet können Cobots höchsten Sicherheitsanforderungen gerecht werden und dadurch in direktem Kontakt mit Personen betrieben werden.

Dabei kann die Mensch-Roboter-Kollaboration so weit gehen, dass beide gleichzeitig am selben Werkstück arbeiten **(Bild 2)**. Dies erlaubt es, die motorisch sehr ausgeprägten Fähigkeiten des Menschen mit den Vorzügen des Roboters (Kraft, Geschwindigkeit und Ausdauer) zu kombinieren.

Bild 1: Kollaborativer Zweiarmroboter

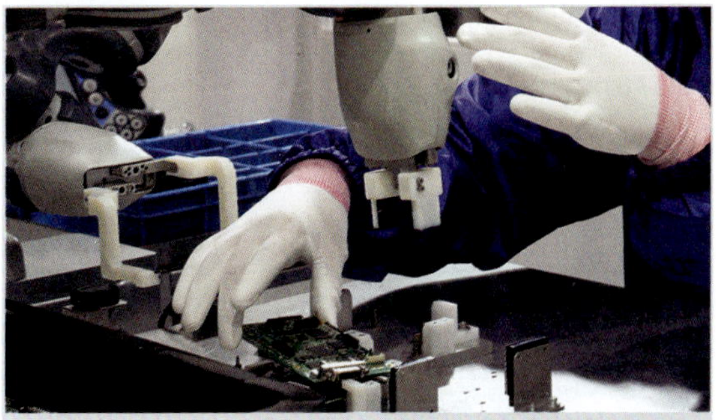

Bild 2: Zusammenarbeit von Mensch und Cobot

Vergleich Cobots ↔ Industrieroboter

Vorteile von Cobots

- Einsatzmöglichkeiten nahe am Menschen
- geringerer Platzbedarf
- einfache, intuitive (Um-)Programmierung
- verminderte Einrichtzeiten

Nachteile von Cobots

- geringe Traglasten (3 bis 30 kg)
- verminderte Genauigkeit
- niedrigere Geschwindigkeiten und Beschleunigungen

Insgesamt haben die Vorteile zur Folge, dass der Einsatz von Industrierobotern insbesondere auch für kleine und mittelständische Unternehmen interessanter und rentabler wird.

9.4.3 Roboterkenngrößen

Bei der anforderungsgerechten Auswahl eines Roboters für eine spezifische Aufgabenstellung müssen unterschiedliche Parameter berücksichtigt werden.

Arbeitsraum

Der Arbeitsraum ergibt sich aus der Roboterbauart (siehe **Tabelle 1, Seite 573**). Er ist eine geometrische Kenngröße und beschreibt den Koordinatenraum, in dem ein Roboter Arbeiten verrichten kann. Er wird durch die Roboterkinematik sowie den montierten Endeffektor (Greifer, Schweißpistole, Werkzeug etc.) bestimmt.

Der bei Überlegungen hinsichtlich der Sicherheit zu berücksichtigende Gefahrenbereich ist jedoch meist größer als der Arbeitsraum. Dieser sogenannte Kollisionsraum beschreibt zusätzlich den Raum, der bei Roboterbewegungen samt aller überstehenden Anbauteile genutzt wird.

Belastungskenngrößen

Ein wesentlich zu berücksichtigendes Leistungsmerkmal von Industrierobotern ist die maximale Last, die an diesen angebracht werden kann. Hierbei ist insbesondere die Nennlast (Payload) von Bedeutung, die sich aus Werkzeuglast und Nutzlast zusammensetzt. Sie gibt Auskunft über die maximal zulässige uneingeschränkt bewegbare Last, die ein Roboter handhaben kann. Die Armlast beschreibt, wie viel Gewicht (z. B. Kabelschleppen, Schläuche etc.) darüber hinaus unmittelbar entlang der Arme befestigt werden kann.

Die Hersteller geben in ihren Datenblättern in erster Linie die Nennlast an, die oftmals auch als Traglast bezeichnet wird.

Während in **Bild 1, Seite 573** abgebildete Zweiarmroboter je Arm nur eine geringe Nennlast von 500 g aufweist, bringen es große Schwerlast-Knickarmroboter auf eine Nennlast von bis zu 2300 kg.

Genauigkeit

Ein wichtiger Parameter für Industrieroboter ist deren Genauigkeit.

Die **absolute Genauigkeit** gibt an, wie exakt ein vorgegebener Zielpunkt erreicht wird. Diese ist abhängig davon, wie detailliert die Software alle wesentlichen mechanischen Effekte (z. B. durch die veränderten Kräfte auf einen Roboterarm bei unterschiedlichen Traglasten) berücksichtigt und diese bei der Berechnung ihrer Befehle für die Antriebseinheiten miteinfließen lässt.

Die **Wiederholgenauigkeit** beschreibt, mit welcher Präzision ein Punkt wiederholt angefahren werden kann. Sie wird maßgeblich durch die Qualität der mechanischen Komponenten bestimmt.

Die **Bahngenauigkeit** beschreibt, wie exakt die durch die Software berechneten und vorgegebenen Bahnkurven ausgeführt werden. Durch die Beschleunigungen werden dynamische Kräfte hervorgerufen, die es zu erfassen und durch die Antriebe auszugleichen gilt. Hierzu bedarf es eines Regelkreises mit gutem Folgeverhalten (geringe Abweichung zwischen Soll- und Istwerten).

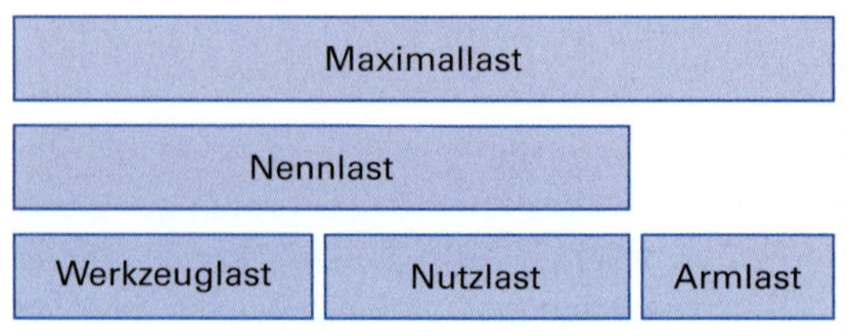

Bild 1: Roboterlasten

Kinematische Kenngrößen

Die von den Herstellern angegebene **Geschwindigkeit** ist die maximal erreichbare Geschwindigkeit des Flanschs bei Transport der Nennlast. Für Translationsachsen wird die Geschwindigkeit in m/s und für Rotationsachsen in Grad/s angegeben.

Ebenso von Bedeutung ist die **Beschleunigung**. Diese gibt die maximal mögliche Geschwindigkeitsänderung je Zeiteinheit in m/s^2 oder Grad/s^2 an.

Weitere Parameter

Neben den genannten Kenngrößen spielen auch die folgenden Eigenschaften eine Rolle bei der Auswahl eines Roboters für bestimmte Tätigkeiten:

- Stellfläche
- Betriebssicherheit
- Energieverbrauch
- Programmieraufwand
- Bedienungs- und Steuerungskomfort

Überlegen und beantworten Sie:

1. Bestimmen Sie den Freiheitsgrad *f*, den ein zum Be- und Entladen der CNC-Drehmaschine geeigneter Roboter aufweisen muss.
2. Benennen Sie die wesentlichen Kenngrößen und Parameter, die bei der Auswahl eines geeigneten Roboters zu berücksichtigen sind.
3. Ermitteln Sie aus der nachfolgenden Übersicht einen Roboter, der für die Bestückung der CNC-Drehmaschine geeignet erscheint, und begründen Sie Ihre Entscheidung.

Übersicht

	IRB 1200-5/0.9	IRB 920-6/0.55	UR3
Roboter	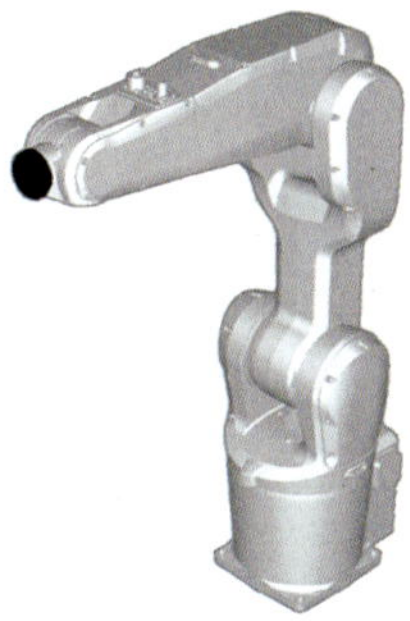	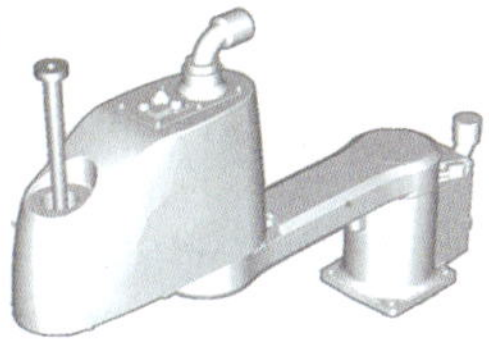	
Typ	Vertikal-Knickarmroboter	SCARA-Roboter	Cobot
Nennlast	5 kg	6 kg	3 kg
Reichweite	901 mm	550 mm	500 mm
Anzahl der Achsen	6	4	6
max. TCP-Geschwindigkeit	8,9 m/s	6,7 m/s	2,5 m/s
Positionswiederholgenauigkeit	+/–0,01 mm	+/–0,02 mm	+/–0,1 mm
Leistungsaufnahme	0,38 kW	0,25 kW	0,1 kW
Robotergrundfläche	210 × 210 mm	170 × 193 mm	Ø 128 mm
Robotergewicht	54 kg	23 kg	11 kg
Empfohlener Einsatzbereich	Pick-and-Place-Anwendungen bei hoher Geschwindigkeit und extensiver Umorientierung des Produkts	Montage und Pick-and-Place-Anwendungen bei hoher Geschwindigkeit ohne Umorientierung des Produkts	Pick-and-Place-Anwendungen bei mittlerer Geschwindigkeit, häufig wechselnde Tätigkeiten, Mensch-Maschinen-Kooperation

9.4.4 Komponenten eines Robotersystems

Leistungsteil und Antriebe

Roboter verfügen über individuelle **Leistungsteile**, die die elektrische Energie aus dem Stromnetz für die passgenaue Versorgung ihrer Antriebe umformen. Dies erfolgt mit Antriebsverstärkern und Frequenzumrichtern. Als Antriebe kommen bei Industrierobotern meist drehzahlregelbare Drehstrom-Servomotoren mit elektromagnetischen Bremsen zum Einsatz. Diese Motoren erreichen hohe Drehzahlen, die durch Harmonic-Drive- oder Cyclo-Fine-Getriebe stark reduziert werden, was zu Gelenkdrehzahlen von 0,2 bis 2 Umdrehungen pro Sekunde führt.

Die zentralen Aspekte bei der Auswahl

- Geschwindigkeit
- Genauigkeit
- Zuverlässigkeit
- Robustheit
- Energieverbrauch

Steuereinheit

Die **Steuereinheit** berechnet automatisch und in Echtzeit Sollwerte für die Roboterachsen anhand der programmierten Bewegungsabfolgen und der Daten, die von den in den Achsen integrierten Messsystemen erfasst werden. Dafür werden leistungsstarke Prozessoren und Speicher benötigt, die gemeinsam mit der System- und Anwendungssoftware sowie einer komplexen Elektronik die Steuerung, Überwachung und Regelung der elektrischen Antriebe bewerkstelligen.

So lassen sich trotz Störgrößen, wie wechselnden Lasten, hinreichend genaue Bewegungen realisieren. Über Eingangs- und Ausgangsbaugruppen können Daten externer Sensoren erfasst und periphere Geräte angesteuert werden. An der Steuereinheit befinden sich elementare Sicherheitseinrichtungen und Bedienelemente für bestimmte Betriebsmodi (Start, Stopp, NOT-AUS).

Software

Eine ausgereifte und leistungsstarke **Systemsoftware** ist unerlässlich für schnelle und komplexe Roboteroperationen. Sie umfasst einerseits ein **allgemeines, grafikorientiertes Betriebssystem** (z. B. Windows), das als Schnittstelle zwischen Mensch und Maschine fungiert (engl.: **HMI – Human Machine Interface**). Andererseits beinhaltet die Systemsoftware ein **Echtzeitbetriebssystem**, das die Steuerung übernimmt. Das vom Roboter abzuarbeitende Programm wird mittels einer **Anwendungssoftware** erstellt, die oft Kenntnisse in herstellerspezifischen Programmiersprachen erfordert.

Tabelle 1: Aufgaben der Robotersoftware

Allgemeines Betriebssystem	Echtzeitbetriebssystem
Schnittstelle Mensch–Maschine	Robotersteuerung
• Bedienung und Programmierung • Anzeige • Datenverwaltung • Kommunikation	• Programmausführung • Bewegungssteuerung • Verarbeitung von Sensordaten

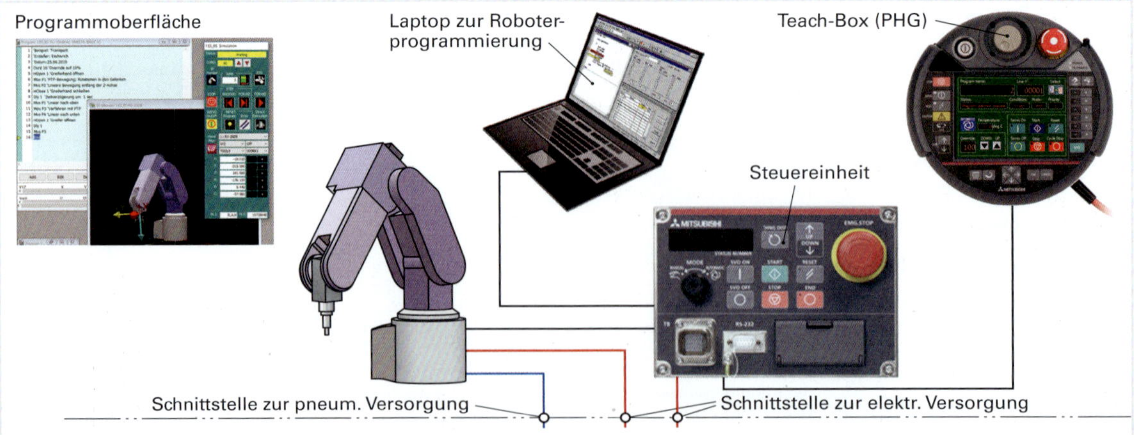

Bild 1: Gesamtsystem Industrieroboter – Teilsysteme und Funktionseinheiten

Sensoren

Mittels geeigneter **Sensoren** lassen sich während des Arbeitsprozesses des Roboters vielfältige Informationen gewinnen, die u.a. zur Prozessoptimierung, Bahnberechnung und der Überwachung der Sicherheit benötigt werden. Sensoren sind die „Sinnesorgane" des Roboters. Ihre Auswahl **(Bild 1)** ist groß und die Einsatzgebiete sind vielfältig.

Unerlässlich sind **Drehgeber** (Inkremental- sowie Absolutwertgeber), welche Positionswerte, Geschwindigkeiten und Beschleunigungen der Antriebe exakt erfassen und rückmelden.

Kraft-Momenten-Sensoren erfassen auftretende Prozesskräfte. Sie erlauben neben dem hochpräzisen Nachregeln der Roboterbahn auch die schnelle Not-Abschaltung im Kollisionsfall. Soll ein Roboter kraftsensitive Aufgaben erledigen, verleihen sie ihm das nötige „Fingerspitzengefühl". Hierfür eignen sich aber auch **taktile** (= berührende) **Sensorsysteme**, die auf Messwandlern basieren und eine ortsaufgelöste Erfassung von Druckverteilungen ermöglichen. Sie können wie eine Haut auf Roboter- oder Greiferflächen aufgebracht werden.

Form und Lage von Werkstücken können ebenfalls mit speziellen **taktilen Tastern** oder **Kamerasystemen** erfasst werden. Gekoppelt mit einer leistungsfähigen Bilderkennungssoftware ist eine exakte Lageerkennung der zu hantierenden Teile möglich.

Berührungslos arbeitende optische oder elektrische Sensoren übermitteln Informationen aus dem Arbeitsraum des Roboters an die Steuerung, um die auftretenden Kräfte und Bewegungen zu überwachen.

Sensortyp	Funktion
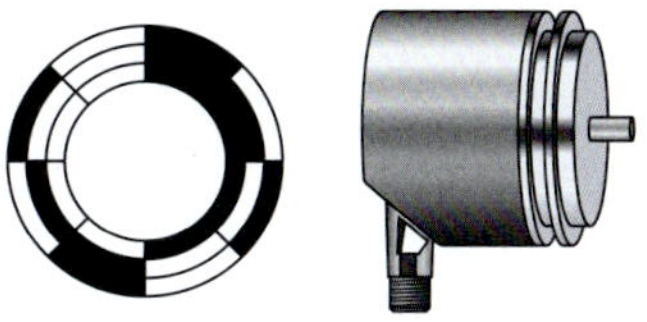 Drehgeber	Erfassung von Lage, Position, Geschwindigkeit und Beschleunigung von Achsen
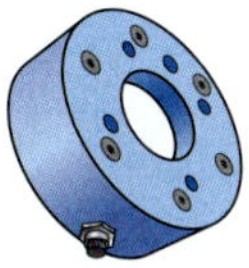 Kraft-Momenten-Sensor	Erfassung der Prozesskräfte (Kraft und Drehmoment) Überwachung der Sicherheit
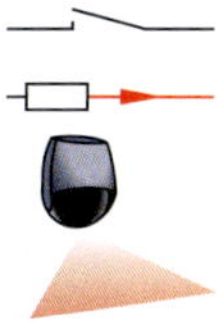 Endschalter, Lichtschranke, Laserscanner	Überwachung des Arbeitsraums
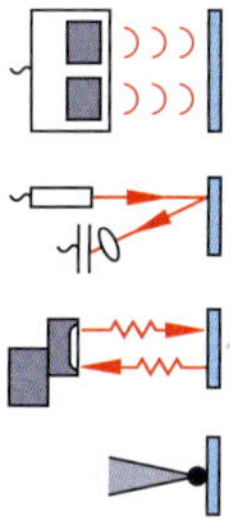 induktiver oder kapazitiver Näherungssensor: 0,1...10 mm; optischer Entfernungssensor: 1 mm...10 mm; Schaltsensor: 0,1...10 m; Taster	Abstände messen, Bauteile erfassen
 Taster; Bildverarbeitung über Kamerasystem	Werkstückkontur erfassen, Bauteilform und -lage erfassen, Bahnführung, Bauteilzustand erkennen

Bild 1: In der Handhabungstechnik eingesetzte Sensoren und ihre Funktion

Interne Sensoren	Externe Sensoren
Erfassung der Zustandsgrößen des Roboters	Erfassung der Umwelt des Roboters
• Stellung der Gelenke • Geschwindigkeiten und Beschleunigungen • auf Gelenke wirkende Kräfte und Momente • Temperaturen in Funktionseinheiten • Motorströme	• Temperatur • für den Prozess notwendige physikalische Größen • Entfernungen • Bewegungen • Konturen • Hindernisse und Menschen • Lage von Objekten und Positioniermarken • Oberflächenabtastung

Bild 2: Sensorkategorien an Industrierobotern

Bediengerät

Jeder Roboter verfügt über mindestens ein **Bediengerät**. Neben PCs kommen immer häufiger auch tragbare Bediengeräte zum Einsatz. Mit diesen kann der Roboter in unmittelbarer Nähe zu seinem Einsatzort programmiert und gesteuert werden. Hierzu stehen Tastenfelder, Joysticks oder Touchpanels zur Verfügung. Insbesondere bei Industrierobotern kann durch Drücken spezieller Verfahrtasten der Roboter in die gewünschten Posen gebracht werden. Man teilt dem Roboter so die Punkte mit, die er der Reihe nach anfahren soll, und fordert ihn auf, sich diese mithilfe seiner integrierten Wegmesssysteme zu merken. Diesen Vorgang nennt man Teachen (dt. Einlernen).

Programmierhandgerät

Das Programmierhandgerät (kurz PHG, oftmals auch Teach-Box oder Teach Pendant genannt) ist ein spezielles Human-Machine-Interface (HMI) zur Interaktion mit der Steuerung. Es wird sowohl zum Programmieren als auch zum Verfahren des Roboters genutzt und bietet verschiedene Funktionen, darunter:

- Tasten zum manuellen Verfahren des Roboters
- Abfahren und Speichern der einzelnen Wegpunkte
- Neuerstellen und Bearbeiten von Programmen
- Starten und Stoppen von Programmen
- Zustimmtaster und NOT-AUS-Schalter

Kommunikationssysteme

Über **Datennetzwerke und Bussysteme** erfolgt der Datenaustausch mit übergeordneten speicherprogrammierbaren Steuerungen oder Fertigungsleitrechnern. Auch untergeordnete Einheiten wie Werkzeugsteuerungen oder Zuführeinrichtungen stehen so im Kontakt mit dem Roboter und werden über seine Steuerung angesprochen.

// Auswahl eines Endeffektors

Um die CNC-Drehmaschine zuverlässig zu be- und entladen, benötigt der Roboter ein geeignetes Werkzeug. Diese am Roboter befestigte Komponente, welche die dem Roboter zugeschriebene Aufgabe ausführt, nennt man **Endeffektor**. Er stellt für gewöhnlich den letzten Armteil dar und wird am Handgelenkflansch des Roboters befestigt. Daher kommt auch die Bezeichnung **End-of-Arms-Tool (EOAT)**. Er wird aber oft auch einfach nur als **Hand** bezeichnet.

Die Auswahl an Endeffektoren ist vielfältig, es lassen sich aber im Wesentlichen drei Grundtypen unterscheiden.

Der gebräuchlichste Endeffektor ist der **Greifer**. Dabei handelt es sich um ein Handhabungswerkzeug zum Aufnehmen und Manipulieren von Bauteilen. Greifer eignen sich besonders für Bestückungs-, Pick-and-Place- und Montageaufgaben. Es stehen unterschiedliche Greifprinzipien **(Bild 1, Seite 579)** zur Auswahl, sodass je nach zu beförderndem Objekt ein geeigneter Greifer ausgewählt werden kann.

Roboter, die eine Fertigungsaufgabe übernehmen sollen, werden hingegen mit einem spezifischen **Prozesswerkzeug** ausgestattet. Dabei handelt es sich um Bearbeitungswerkzeuge, die Veränderungen am Werkstück vornehmen. Gängige Produktionsschritte, die mit derartigen Endeffektoren von Robotern ausgeführt werden können, sind das Schweißen, Lackieren und Schleifen. Werden als Effektor Werkzeuge montiert, müssen oftmals ergänzende Energie und Zusatzstoffe von außen zugeführt werden. Beispielsweise benötigt ein Schweißbrenner eine externe Energie-, Schutzgas- und Schweißdrahtzuführung **(Bild 1)**.

Es können jedoch auch **Prozessüberwachungswerkzeuge** als Endeffektor montiert werden. Mit Ultraschallsensoren, Laserscannern oder 3D-Kameras versehen können Roboter wichtige Daten zur Produktüberwachung und Qualitätssicherung erheben.

Bild 1: Externe Energie-, Schutzgas- und Schweißdrahtzuführung mit Schweißwerkzeug-Effektor

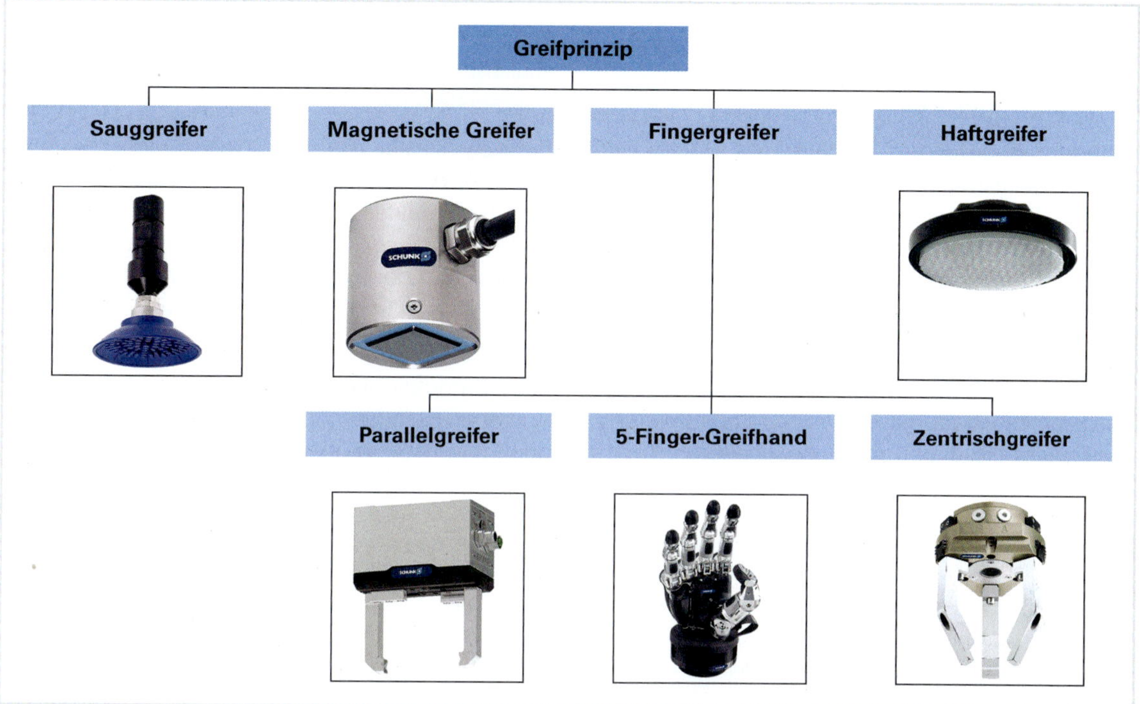

Bild 1: Wirkprinzipien von Greifern

Tool Center Point

Wichtiges Merkmal eines Endeffektors ist der Werkzeugbezugspunkt, der sogenannte **Tool Center Point** (TCP). Er beschreibt die Lage (Position und Orientierung) des Effektors eindeutig.

Der TCP liegt bei Greifwerkzeugen mittig zwischen den Greiferbacken, bei Prozesswerkzeugen oftmals an der Werkzeugspitze.

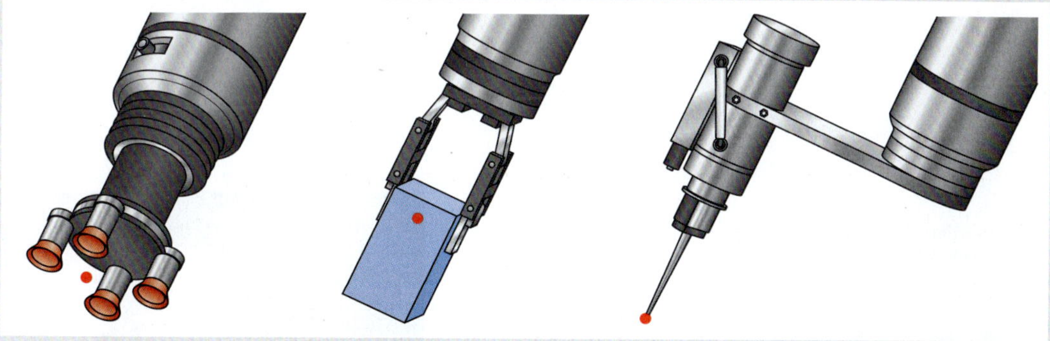

Bild 2: Tool Center Point an unterschiedlichen Endeffektoren

Überlegen und beantworten Sie:

1. Erläutern Sie, welche Typen von Endeffektoren unterschieden werden können.
2. Benennen Sie einen für das Be- und Entladen der CNC-Drehmaschine geeigneten Greifertyp.
3. Beschreiben Sie, wo sich am ausgewählten Greifer der TCP befindet.

9.4.5 Programmierung von Industrierobotern

// Programmerstellung

Nachdem Roboter und Endeffektor ausgewählt wurden, gilt es, beiden die beim Be- und Entladen der CNC-Drehmaschine für sie vorgesehenen Aufgaben beizubringen. Hierzu müssen der Robotersteuerung Anweisungen in Form von Steuerbefehlen gegeben werden, welche diese in die nötigen Aktionen (Bewegungen, Öffnen/Schließen eines Greifers etc.) umsetzt.

Dies kann entweder mittels Onlineprogrammierung geschehen, die direkt am eingeschalteten Roboter erfolgt und dessen Steuerung nutzt, oder aber durch Offlineprogrammierung an einem PC mit anschließender Übertragung des Programms an die Robotersteuerung.

Ein wesentlicher Vorteil der Onlineprogrammierung ist, dass die geometrischen Gegebenheiten des Arbeitsraums des Roboters direkt wahrgenommen und Hindernisse entsprechend umfahren werden können. Darüber hinaus kann das Programm unmittelbar getestet und optimiert werden.

Ein Vorteil der Offlineprogrammierung liegt darin, dass Produktionsroboter weiter ihren bisherigen Aufgaben nachkommen können, bis ein neues Programm fertiggestellt wurde.

Onlineprogrammierung

Teach-in

- Roboter wird mit dem Programmierhandgerät (PHG) zu ausgewählten Bahnpunkten bewegt **(Bild 1)**.
- manuelle Speicherung der Punkte und der Orientierung des Effektors an den einzelnen Positionen

Playback

- Handführung des Effektors entlang der gewünschten Bewegungsbahn mit Unterstützung durch die Gelenkmotoren
- automatische, kleinschrittige Speicherung der einzelnen Positionen durch die Steuerung
- gut geeignet zum Programmieren von Bearbeitungsaufgaben an Freiformflächen (z. B. Lackieren)

Bild 1: Online-Teach-in-Programmierung mit PHG

Offlineprogrammierung

Textorientiert

- Eingabe von textbasierten Programmcodes am PC
- Anweisungen (Befehle) müssen untereinander in der spezifischen Programmiersprache des jeweiligen Roboterherstellers formuliert werden.
- Wichtige Programmiersprachen sind: KRL von KUKA, RAPID von ABB, KAREL von Fanuc und URScript von Universal Robots.

Grafikorientiert

- Roboter, Arbeitsraum und Arbeitsumgebung können durch einen CAD-Import als digitale Modelle (sog. digitaler Zwilling) simuliert werden **(Bild 2)**.
- grafisch-interaktive Programmierung, indem der Roboter in der digitalen Simulation wie beim Teach-in-Verfahren an einzelne Bahnpunkte bewegt wird

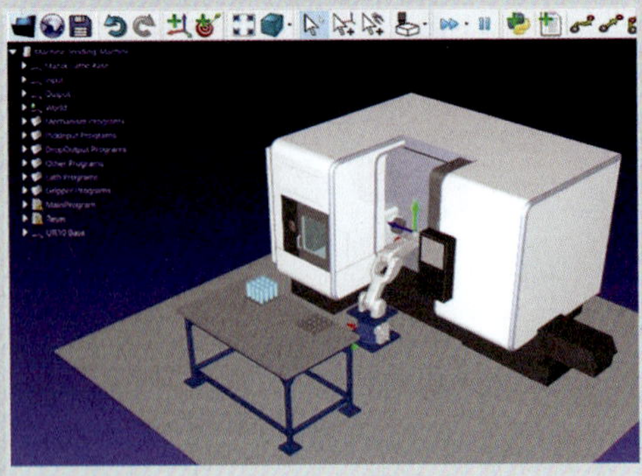

Bild 2: Digitaler Zwilling eines Roboters und seiner Arbeitsumgebung in der Software RoboDK

Online-Programmierung (direkte Methode)			Offline-Programmierung (indirekte Methode)	
Teach-in Programmierung	**Playback-Programmierung**	**Hybrides Verfahren**	**Text** orientierte **Programmierung**	**Grafik** orientierte **Programmierung**
mittels Programmierhandgerät (PHG)	Folgemethode/ Vormachen	Ablauf **offline** Positionen **online**	am PC/Laptop mittels Editor	CAD-Modelle von Roboter und Zelle

Bild 1: Roboterprogrammierverfahren

Die Prozess- und Bewegungsabläufe werden am PC geplant und das zugehörige Programm in der virtuellen 3D-Umgebung getestet, bevor es an realen Anlagen zum Einsatz kommt.

Um die jeweiligen Vorteile von Online- und Offline-Programmierung zu verknüpfen wird häufig auf **hybride Programmierverfahren** gesetzt. Das Roboterprogramm mit seinen Bewegungsarten, Geschwindigkeiten und Sensorabfragen wird am PC erstellt und anschließend die einzelnen Positionen des TCP direkt am Roboter durch Teach-In festgelegt.

Mit der **aufgabenorientierten Programmierung** existiert ein Programmierverfahren, welches der Robotersteuerung mehr Flexibilität zugesteht. Dem Roboter wird dabei nicht Schritt für Schritt vorgegeben, wie er sich zu bewegen, sondern lediglich, was er zu erledigen hat. Sollen Objekte beispielsweise nicht aus einer definierten Entnahmeposition, sondern aus einer beliebigen Lage aufgenommen werden, kann der Roboter mithilfe eines Kamerasystems und einer geeigneten Bildverarbeitungssoftware in die Lage versetzt werden, seine Bewegungsbahnen autonom festzulegen **(Bild 2)**.

Im Rahmen der Programmerstellung müssen die Raumpositionen und die Bewegungsbahnen eindeutig festgelegt werden. Hierzu werden geeignete **Koordinatensysteme** genutzt.

Jeder **Punkt** in einem dreidimensionalen, kartesischen Raum lässt sich durch die Angabe seiner X-, Y- und Z-Koordinaten exakt definieren.

Zusätzlich kann jeder Punkt über eine spezifische **Orientierung** verfügen, wenn dieser zusätzlich eine Rotation aufweist. Rotationen werden häufig mit den Buchstaben A, B und C versehen. Die Kombination aus Position und Orientierung eines Objekts im dreidimensionalen Raum nennt man **Pose** (DIN EN ISO 8373).

Bild 2: Ein Roboter sortiert selbstständig farbige Pillen aus unterschiedlichsten Positionen.

Einem Körper zugeordnet dienen Koordinatensysteme als Bezugssysteme für die Roboterprogrammierung und werden in diesem Zusammenhang auch **Frames** genannt.

Rechte-Hand-Regel

Die Rechte-Hand-Regel ist eine Faustregel, um die Anordnung der Achsen in einem kartesischen Koordinatensystem zu ermitteln. Werden Daumen, Zeigefinger und Mittelfinger der rechten Hand so gehalten, dass sie zusammen drei rechte Winkel im Raum bilden, dann repräsentiert der **Daumen** die **X-Achse**, der **Zeigefinger** die **Y-Achse** und der **Mittelfinger** die **Z-Achse**. Die Finger zeigen dabei in die jeweils positive Achsrichtung.

Der TCP kann in jedem der nachfolgend dargestellten Koordinatensysteme angegeben werden. Das vereinfacht die Programmierung und Anpassung bereits existierender Programme. Gemeinsam mit dem TCP sind in der Regel auch der Werkzeugschwerpunkt und die Nutzlast zu parametrieren.

Weltkoordinatensystem

Beim Weltkoordinatensystem (X_0, Y_0, Z_0) handelt es sich um das stationäre Grundkoordinatensystem des Roboters. Es spannt sich meist aus einer Ecke der Roboterzelle auf und ist unveränderlich. Es ist somit unabhängig von der Bewegung des Roboters und kann zur Referenzierung aller weiteren Koordinatensysteme des Roboters herangezogen werden.

Roboterbasiskoordinatensystem (base frame)

Das Basiskoordinatensystem (X_R, Y_R, Z_R) ist fest mit dem Sockel eines Roboters verbunden und befindet sich mittig in dessen Basisfläche. Die Sockelmontagefläche ist Teil der XY-Ebene. Die Z-Achse weist von der Basisfläche senkrecht nach oben weg. Es stimmt meist mit dem Weltkoordinatensystem überein.

Werkzeugkoordinatensystem (tool frame)

Jeder Endeffektor verfügt über ein eigenes Werkzeugkoordinatensystem (X_{WZ}, Y_{WZ}, Z_{WZ}). Dieses hat seinen Ursprung im Werkzeugbezugspunkt TCP und ändert seine Lage mit jeder Umorientierung des Werkzeugs.

Wird beim Programmieren das Werkzeugkoordinatensystem zugrunde gelegt, beziehen sich alle Bewegungsbefehle auf den TCP. Das ist dann sinnvoll, wenn beim Programmieren Position und Orientierung des Werkzeugs im Teach-in-Verfahren erfasst werden.

Werkstückkoordinatensystem (object frame)

Einzelne Werkobjekte, an denen der Roboter Tätigkeiten vornimmt, verfügen zusätzlich über ihr eigenes Koordinatensystem (X_{WO}, Y_{WO}, Z_{WO}). Dies vereinfacht z. B. die Entnahme von Werkstücken aus Magazinpositionen oder das Abfahren von Werkstückkonturen.

Anwenderkoordinatensystem (user frame)

Zusätzlich können Programmierende auch eigene Koordinatensysteme (X_U, Y_U, Z_U) festlegen. In **Bild 1** wird hierfür eine Ecke des Aufspanntischs gewählt, sodass das Anwenderkoordinatensystem achsparallel zum Weltkoordinatensystem verschoben ist. Sollte der Aufspanntisch später in seiner Position oder Orientierung geändert werden, muss lediglich das Anwenderkoordinatensystem auch entsprechend angepasst werden. Dann ist keine Neuprogrammierung des Roboters erforderlich.

Welches Koordinatensystem ausgewählt wird, hängt von der vorgesehenen Roboteraktion ab. Standardmäßig beziehen sich die Posen auf das Basiskoordinatensystem.

Wird ein Roboter über Kopf montiert, wird meist auf das Weltkoordinatensystem zurückgegriffen, da es mit den Grundrichtungen des Arbeitsraums übereinstimmt.

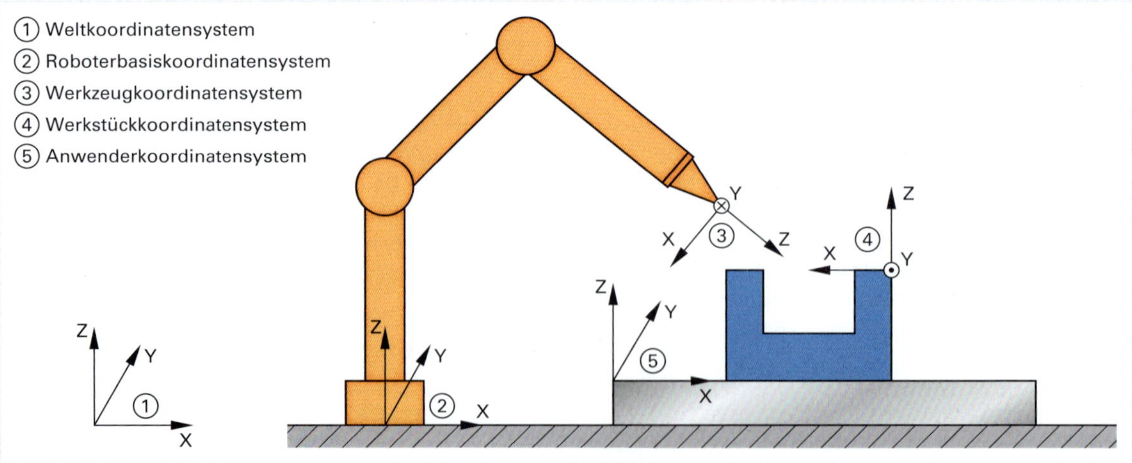

Bild 1: Lage der Koordinatensysteme im Arbeitsraum eines Roboters

Festlegung der Roboterbewegungen

Roboterbewegungen werden Schritt für Schritt programmiert, indem nacheinander Positionen festgelegt werden, die der Roboter mit einer bestimmten Bewegungsart anfahren soll. Basierend auf diesen Angaben berechnet die Robotersteuerung automatisch die Bewegungsbahn. Es gibt verschiedene Bewegungsarten, die ein Industrieroboter zwischen zwei Wegpunkten nutzen kann.

PTP-Bewegung (von engl. point to point)

Der Roboter bewegt sich mit dem für ihn geringsten Aufwand entlang der schnellsten Bahn von einem Punkt zum nächsten. Die Bewegung verläuft normalerweise geschwungen und ist nicht genau vorhersehbar. Es ist ratsam, diese Bewegungsart nur zu nutzen, wenn genügend Raum für derartige Bewegungen vorhanden ist und eine Kollision mit anderen Objekten ausgeschlossen werden kann. Es treten aber meist keine schnellen und großen Achsbewegungen auf, was sich für Motoren und Gelenke als schonender erweist. PTP-Bewegungen sind für die Steuerung einfach und schnell umsetzbar.

Beispiel – Steuerbefehl PTP
MoveJ, p10, v1000, z50
Bedeutung
PTP-Bewegung zum Punkt 10, v = 1000 mm/s, Überschleifzone 50 mm

Diese Bewegungsart eignet sich insbesondere für Handhabungsaufgaben und Tätigkeiten an definierten Punkten (bspw. Punktschweißen). Sie ist ungeeignet für Bahnschweißen, das Auftragen von Klebebahnen oder Laserschweißen, da hier präzise Bewegungen entlang einer genau definierten Bahn erforderlich sind.

LIN-Bewegung (von engl. linear)

Der Roboter bewegt den TCP des Werkzeugs direkt zwischen zwei Wegpunkten auf einer geraden Linie. Es handelt sich dabei um eine Bahnsteuerung, da die gesamte Bewegungsbahn des TCP klar definiert ist. Die Orientierung des Werkzeugs bleibt während der gesamten Bewegung konstant, sofern keine Umorientierung programmiert wurde.

Beispiel – Steuerbefehl LIN
MoveL, p20, v400, fine
Bedeutung
Lineare Bewegung zum Punkt 20, v = 400 mm/s, kein Überschleifen

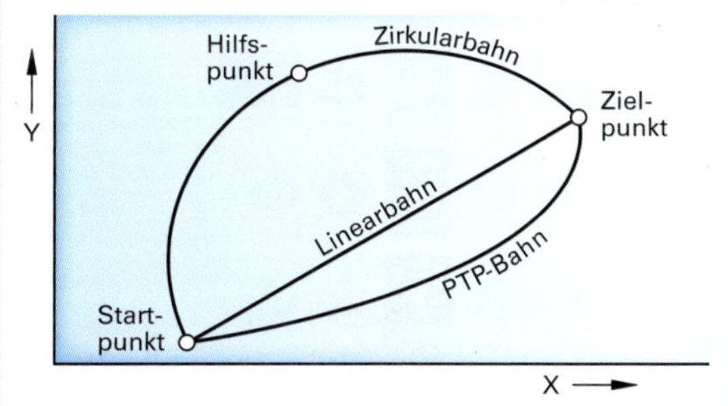

Bild 1: Bewegungsarten

Bei linearen Bewegungen muss die Steuerung einen hohen Aufwand betreiben, da für eine TCP-Bewegung entlang einer Geraden die einzelnen Roboterachsen nichtlineare Bahnen im Achsenraum verfolgen müssen. Ferner sind in den einzelnen Achsen permanente Beschleunigungen und Verzögerungen nötig, um das Werkzeug geradlinig zu bewegen.

Man nutzt diese Bewegungsart, wenn präzise Arbeiten auszuführen sind. Sie bietet sich auch für Bewegungen innerhalb der CNC-Drehmaschine an, da so unbeabsichtigte Kollisionen verhindert werden können.

CIRC-Bewegung (von engl. circular)

Das Werkzeug wird auf einer Kreisbahn bewegt. Diese wird durch einen Start- und Zielpunkt sowie einen Hilfspunkt auf der Kreisbahn definiert. Dieser definiert die Krümmung und sollte in etwa in gleichem Abstand zu Start- und Zielpunkt liegen.

Beispiel – Steuerbefehl CIRC
MoveC, p30, p40, v200
Bedeutung
Kreisbewegung, Zielpunkt 40, Hilfspunkt 30, v = 200 mm/s

Ergänzend zur Bewegungsart müssen noch weitere Bewegungseigenschaften definiert werden:

Interpolation

Zwischen zwei Bahnpunkten werden Bewegungen interpoliert indem die Robotersteuerung geeignete Zwischenwerte selbstständig berechnet. Dabei geht sie in der Regel so vor, dass alle Achsen möglichst rasch und gleichzeitig die Zielposition erreichen **(Bild 2, Seite 584)**.

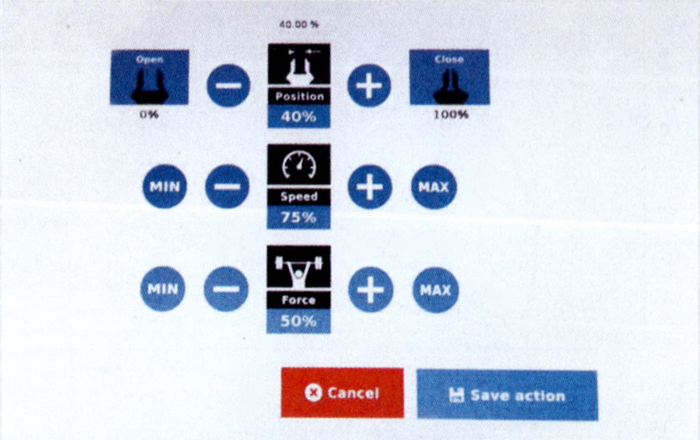

Bild 1: Beispiel für eine Greiferkonfiguration innerhalb des Programms eines Cobots

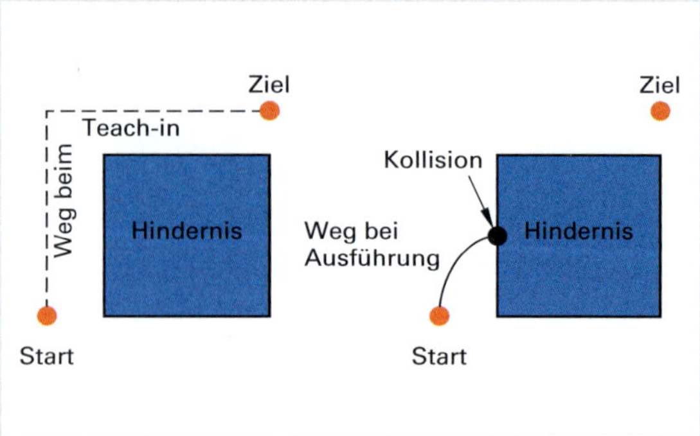

Bild 2: Interpolierte Bewegungsbahn einer PTP-Bewegung

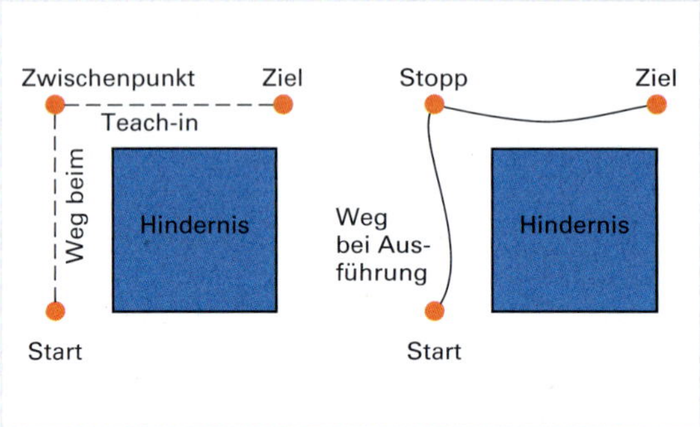

Bild 3: Interpolierte Bewegungsbahn einer PTP-Bewegung mit Zwischenpunkt

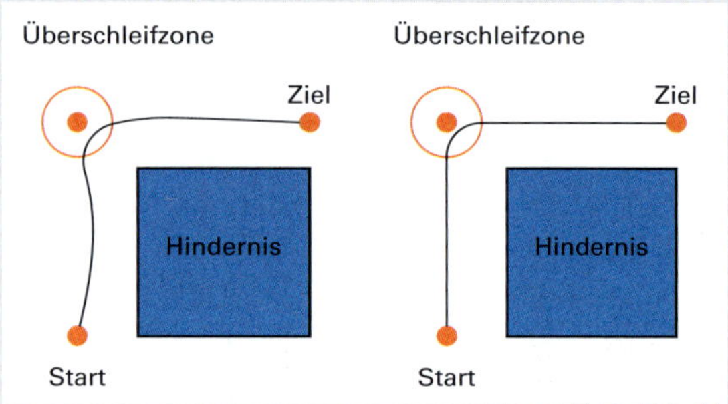

Bild 4: Interpolierte Bewegungsbahn einer PTP- und einer LIN-Bewegung mit Überschleifen am Zwischenpunkt

Daraus ergibt sich insbesondere für PTP-Bewegungen, dass in der Nähe von Werkstücken oder Hindernissen mit zusätzlichen Zwischenpunkten programmiert werden muss **(Bild 3)**.

Überschleifen

Um flüssigere und schnellere Werkzeugbewegungen zu realisieren, kann man die Funktion des Überschleifens nutzen. Dabei bewegt der Roboter den TCP nicht unmittelbar an jeden programmierten Zwischenpunkt, sondern weicht von diesem im Sinne eines optimierten, schnelleren Bahnlaufs ab **(Bild 4)**.

Ohne Überschleifen fährt der Roboter jeden Zwischenpunkt exakt an, was jedoch zu stockenden Bewegungen führt, da er stets abbremsen und wieder beschleunigen muss. Der vom Roboter zum Überschleifen an einem Zwischenpunkt nutzbare Bereich wird durch eine kugelförmige Überschleifzone angegeben. Diese sollte jedoch nicht zu groß gewählt werden, da sich damit das Risiko nicht vorhersagbarer Bahnen erhöht.

Mit dem Befehl z30 kann beispielsweise eine kugelförmige Überschleifzone von 30 mm um den Zwischenpunkt definiert werden. Soll an einem Punkt kein Überschleifen stattfinden, wird der Befehl fine verwendet.

Werkzeugbefehle

Darüber hinaus muss während der Programmierung festgelegt werden, wie sich das Werkzeug an bestimmten Punkten zu verhalten hat. Hierzu zählt zum einen die Orientierung des Werkzeugs zum Punkt. Zum anderen muss die gewünschte Funktion (z. B. Öffnen oder Schließen eines Greifers) über spezielle Programmbefehle definiert werden. Mit dem Roboter kompatible Endeffektoren sind hierfür oftmals mit einer eigenen Eingangs- und Ausgangsschnittstelle ausgestattet. Diese können dann meist über spezielle Programmfenster oder Applikationen in die Programmsoftware des Roboterherstellers integriert werden **(Bild 1)**.

Dies erlaubt zusätzliche Konfigurationsoptionen, wie z. B. das Festlegen der Greiferkraft. Endeffektoren können aber auch wie eine periphere Komponente betrachtet und über reguläre digitale Ein- und Ausgänge angesteuert werden.

Kommunikation und Schnittstellen

Es existieren auch Programmbefehle, die eine Kommunikation mit peripheren Komponenten, z. B. einem Förderband, einem anderen Roboter oder einer übergeordneten SPS, ermöglichen. Es können sowohl Signale empfangen und im Programm verarbeitet werden als auch an bestimmten Programmpunkten Ausgangssignale gesendet werden. Hierzu werden digitale Ein- und Ausgänge genutzt. Zusätzlich stehen aber auch analoge I/O-Signale zur Verfügung. Analoge Eingangssignale sind meist physikalische Größen, z. B. Druck, Temperatur oder eine Drehzahl, die in eine elektrische Größe, wie z. B. eine Spannung, umgewandelt werden. Als weitere Schnittstellen stehen in der Regel auch Bussysteme und Industrial Ethernet zur Verfügung.

Für das Be- und Entladen des CNC-Bearbeitungszentrums durch den Roboter ist es Voraussetzung, dass die Tür der Maschine geöffnet ist, was dem Roboter durch ein entsprechendes Eingangssignal mitgeteilt wird. Es können aber auch Wartezeiten oder das Bestätigen von Dialogfeldern am PHG in den Programmablauf integriert werden.

Beispiel – Steuerbefehl Ausgangssignal setzen
SetDO1
Bedeutung
Dem digitalen Ausgang 1 wird der Wert 1 zugewiesen.

Beispiel – Steuerbefehl Ausgangssignal rücksetzen
ResetDO1
Bedeutung
Dem digitalen Ausgang 1 wird der Wert 0 zugewiesen.

Wartebefehle

Oftmals ist es Teil des Programmablaufs, dass der Roboter an ausgewählten Punkten wartet, bis weitere Voraussetzungen erfüllt sind. Dies kann z. B. der Empfang eines Signals von Sensoren oder externen Maschinen bzw. übergeordneten Steuerungen (SPS) sein.

Beispiel – Wartebefehl Eingangssignal
WaitDI1
Bedeutung
Warte, bis der digitale Eingang 1 ein Signal erhält

Beispiel – Wartebefehl Zeit
WaitTime10
Bedeutung
Warte 10 s bis zum nächsten Programmschritt

Überlegen und beantworten Sie:

Planen und erstellen Sie ein Roboterprogramm.

1. Machen Sie sich mit dem gewünschten Bewegungsablaufs des Roboters vertraut:
   a) **Pos. 10** ist die Startposition des Roboters.
      - Warten auf Ankunft des mobilen Roboters (DI1 = 1) mit dem zu bearbeitenden Werkstück.

   b) **Pos. 20** ist die Aufnahme- und Ablageposition des Werkstücks.
      - Werkstück wird durch Greifer (Schließen = Signal an DO1) aufgenommen.
      - zum Gewährleisten einer sicheren Aufnahme: 1 s Wartezeit nach dem Greifen!

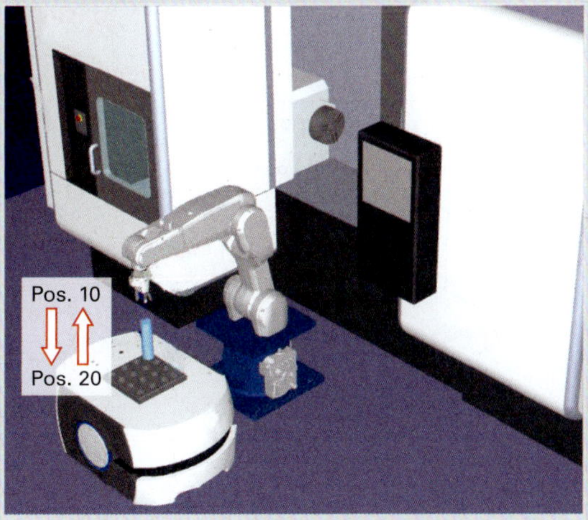

Bild 1: Start (Pos. 10) sowie Entnahme-/Ablageposition (Pos. 20)

Lernfeld 13

a) **Pos. 30** wird vom Roboter angefahren, bevor er sich durch die geöffnete Maschinentür (DI2 = 1) in die Maschine bewegt.

b) **Pos. 40** ist die Position, an welcher das Werkstück um 90° gedreht wurde und so positioniert ist, dass es in die Aufnahme geschoben werden kann.

c) **Pos. 50** ist die Spannstelle.
- Werkstückspannung (DO2)
- 1 s warten, Greifer öffnen (DO1 = 0)

d) **Über Pos. 40** Fahrt zur Warteposition (Pos. 30)
- Mitteilung „Start" an Maschine (DO3 = 1)

e) Tür schließt und Bearbeitungsvorgang startet automatisch.
- Warten bis Tür wieder geöffnet ist (D12 = 1)

f) **Entnahme und Ablage in umgekehrter Reihenfolge**

g) Mobiler Roboter fährt ab (DO4 = 1).

4. Erstellen Sie eine Übersichtstabelle, welche die genutzten digitalen Ein- und Ausgänge des Roboters auflistet, und geben Sie die jeweilige Belegung an.

5. Vervollständigen Sie unter Zuhilfenahme der auf den vorhergehenden Seiten angeführten Beispielbefehle das folgende Programm zur Bestückung der CNC-Drehmaschine:

Programm CNC-Beladung

WaitDI1
MoveL, p20, v400, fine
SetDO1
WaitTime1
MoveL, p10, v400, z50
MoveJ, p30, v1000, fine
WaitDI2
...

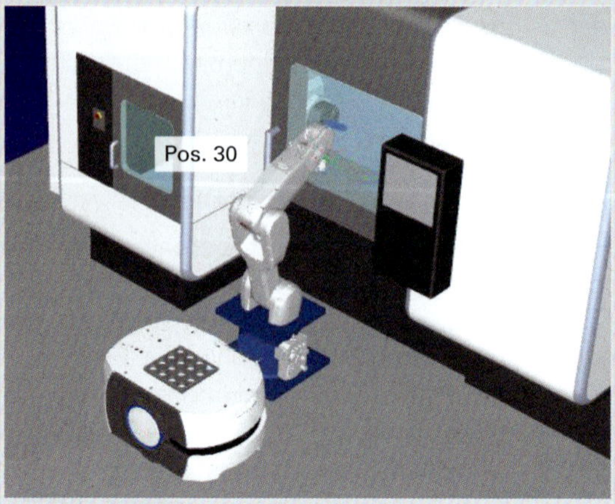

Bild 1: Warteposition (Pos. 30) vor der Maschinentür

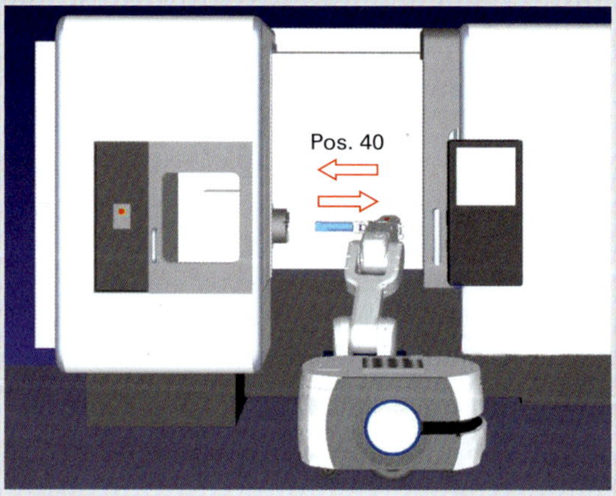

Bild 2: Erste und letzte Position (Pos. 40) in der Maschine

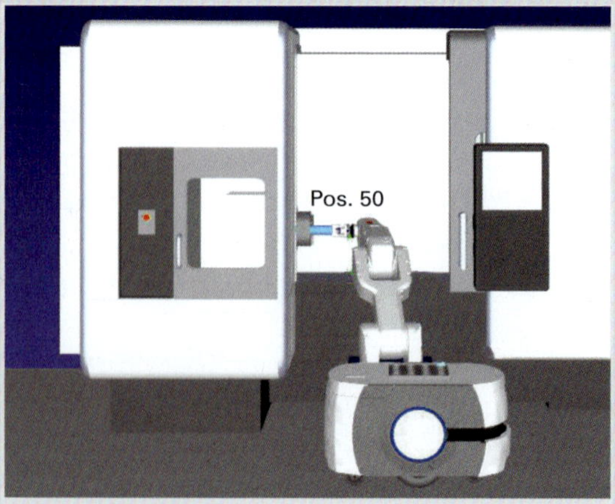

Bild 3: Spannstelle des Werkstücks (Pos. 50)

// Inbetriebnahme und Sicherheit

Der Einsatz von Industrierobotern stellt sowohl für das Einricht-, das Instandhaltungs- und das Bedienpersonal als auch für die peripheren Betriebseinrichtungen eine erhebliche Gefährdung dar.

Beim Einrichten von Programmen und bei dem anschließenden Betrieb muss stets eine hinreichende Sicherheit gewährleistet sein.

Ein Aspekt dabei ist die korrekte Auswahl der zur Situation passenden Betriebsart. Die Norm DIN EN ISO 10218-2 definiert drei unterschiedliche **Betriebsarten**, die über einen Schlüsselschalter aktiviert werden können:

Einrichtbetrieb mit manuell reduzierter Geschwindigkeit

Diese Betriebsart wird für das Anfahren der einzelnen Wegpunkte während des Programmierens und den Einrichtbetrieb genutzt. Die Geschwindigkeit ist auf maximal 250 mm/s begrenzt und die Betätigung eines Zustimmschalters ist notwendig. Sicherheitseinrichtungen dürfen in dieser Betriebsart geöffnet bzw. unwirksam sein **(Bild 1)**.

Testbetrieb mit manuell hoher Geschwindigkeit

Testen mit Arbeitsgeschwindigkeit unter Einhaltung spezieller Sicherheitsmaßnahmen. Hierzu zählt ebenfalls die Betätigung eines Zustimmschalters am Programmierhandgerät und ein geschützter Standort für die einrichtende Person.

Einricht- und Testbetrieb dürfen nur von eigens geschultem Personal durchgeführt werden.

Anders hingegen der **Automatikbetrieb**. Dieser beschreibt den normalen Betrieb des Roboters bei Einsatz im Produktionsprozess. Die Abarbeitung des Roboterprogramms erfolgt mit den vorgesehenen Originalgeschwindigkeiten. Alle Schutzmaßnahmen müssen aktiv sein. Es lassen sich nur wenige einfache Bedienfunktionen am PHG ausführen (Programmwahl, Start, Stopp, Pause).

Zusätzlich zum Betriebsartenschalter müssen Industrieroboter stets mit einer oder mehreren Not-Halt-Einrichtungen versehen sein, die gut sichtbar und leicht erreichbar sind. Auch am Programmierhandgerät muss ein Not-Halt verbaut sein. Im Betätigungsfall müssen sämtliche gefährlichen Bewegungen und Prozessfunktionen des Roboters stillgesetzt werden.

Um sicherzustellen, dass Menschen sich nicht im Wirkungsfeld der Gefahrenquellen aufhalten können, während die Anlage in Betrieb ist, müssen Roboteranlagen grundsätzlich mit Schutzeinrichtungen versehen sein, die einen Eingriffs- und Zutrittsschutz gewährleisten. Eine Ausnahme bilden Arbeitsplätze, die speziell für eine Mensch-Roboter-Kollaboration konzipiert sind.

Bei der Zusammenarbeit von Mensch und Roboter und den sich daraus ergebenden Sicherheitsmaßnahmen kann zwischen vier Stufen unterschieden werden:

Den höchsten Schutz bietet eine physikalische **räumliche Abtrennung** der Roboterzelle durch einen Schutzzaun. Der Roboter arbeitet voll automatisiert und eine unmittelbare Interaktion zwischen Mensch und Maschine ist nicht vorgesehen. Zugangstüren sind sicher verriegelt. Wird die Roboterzelle für Wartungs- oder Reparaturarbeiten betreten, sind gefährliche Roboterfunktionen automatisch deaktiviert.

Gefahrenquellen in der Handhabungstechnik

- hohe Verfahrgeschwindigkeiten und Beschleunigungen in den einzelnen Achsen
- unvorhersehbare Bewegungsabläufe z. B. bei PTP-Bewegungen
- hohe Lasten und schnell bewegte Massen
- sich lösende und umherfliegende Bauteile
- Kollisionen mit Peripheriegeräten.

Bild 1: Fachkräfte innerhalb des Schutzzauns während des Einrichtbetriebs

Lernfeld 13

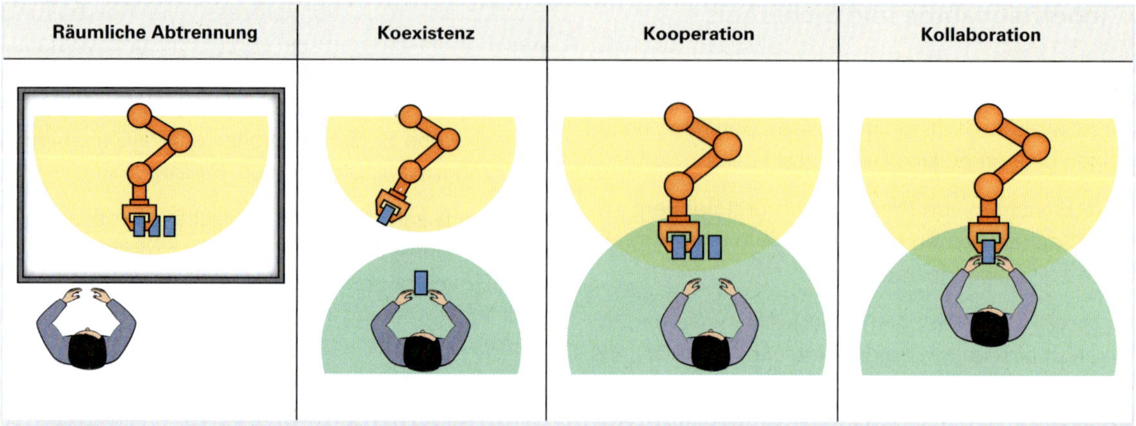

Bild 1: Stufen der Zusammenarbeit von Mensch und Maschinen

Bei der sogenannten **Koexistenz** existiert kein Schutzzaun um die Roboterzelle, aber ebenfalls kein gemeinsamer Arbeitsbereich. Der Roboter kann seine Tätigkeit weiterhin eigenständig verrichten und eine Interaktion mit dem Menschen ist auch hier nicht vorgesehen. Die getrennten Arbeitsräume von Roboter und Maschine liegen hier lediglich eng beieinander. Die Sicherheit wird mittels Sicherheitstrittmatten oder optischen Sensorsystemen gewährleistet. Betritt eine Person den Arbeitsbereich des Roboters, wird dieser automatisch in einen Sicherheitsmodus geschalten.

Bei der **sequenziellen Kooperation** arbeiten Mensch und Roboter im selben Arbeitsraum, nutzen diesen aber nicht gleichzeitig. Beispielsweise legt der Mensch Rohteile an eine definierte Position, von welcher der Roboter diese aufnimmt und einem Bearbeitungszentrum zuführt. Auch hier sind technische Schutzmaßnahmen erforderlich, wie sie auch bei der Koexistenz eingesetzt werden. Dadurch wird sichergestellt, dass der Roboter seinen Teil der Tätigkeit nur vollführt, wenn sich kein Mensch im geteilten Arbeitsbereich aufhält. Die **parallele Kooperation** geht darüber einen Schritt hinaus, sodass Mensch und Roboter gleichzeitig den gleichen Arbeitsraum nutzen, sich jedoch nicht berühren.

Von einer **Kollaboration** spricht man, wenn Mensch und Roboter in einem gemeinsamen Arbeitsraum zur selben Zeit am gleichen Objekt arbeiten. Beide sind gleichzeitig in Bewegung und reagieren gegenseitig aufeinander. Berührungen sind Teil des gemeinsamen Arbeitsprozesses.

Parallele Kooperation und Kollaboration wurden aus sicherheitstechnischer Sicht erst mit der Entwicklung einer neuen Robotergeneration, den Cobots, möglich. Diese weisen ein verhältnismäßig geringes Eigengewicht auf, wodurch die potenzielle Kollisionsmasse vergleichsweise klein ist. Durch entsprechendes Design (Rundungen) kann das Verletzungsrisiko weiter minimiert werden. Die Geschwindigkeit des Cobots wird bei der Kollaboration so weit gesenkt, dass sie nicht schneller als menschliche Bewegungsabläufe ist (ca. 1,5 m/s) und die Bewegungen des Roboters besser antizipiert werden können.

Grundlage für die Kollaboration von Mensch und Maschine sind vier Schutzprinzipien:

Sicherheitsgerichteter überwachter Stillstand

Zur Detektion können Sicherheitslaserscanner **(Bild 2, Seite 589)**, optoelektrische Lichtvorhänge und -schranken sowie Sicherheitstrittmatten genutzt werden.

Der Roboter hält an, wenn ein Mensch seinen Arbeitsraum betritt, und setzt seine Arbeit erst fort, wenn dieser den Arbeitsraum wieder verlassen hat.

Handführung

Ist der Roboter für die Handführung vorgesehen, muss er über eine entsprechende Handführungseinrichtung verfügen, die nahe am Endeffektor angebracht ist (z. B. einen Kraft-Momenten-Sensor). Die Roboterbewegung wird vom Menschen aktiv mit geeigneter Ausrüstung gesteuert **(Bild 1, Seite 589)**.

Dabei muss der Roboter mit sicher reduzierter Geschwindigkeit betrieben werden.

Leistungs- und Kraftbegrenzung

Kontaktkräfte zwischen Mitarbeiter und Roboter werden technisch auf ein ungefährliches Maß begrenzt. Das Verletzungsrisiko bei einer Kollision eines Menschen mit einem Roboter hängt von vielen Faktoren ab. Hierzu zählen die Kraft, die Robotergeschwindigkeit und -masse, die Druckverteilung, die Kollisionsfläche und die Körperregion des Kontakts. Unzulässig hohe Kontaktkräfte können durch Aufbringen von Schutzeinrichtungen auf dem Roboter und dem Werkzeug vermieden werden. Hierzu eignen sich insbesondere taktile Schutzeinrichtungen, die bei einem Kontakt einen Stopp auslösen.

Geschwindigkeits- und Abstandsüberwachung

Ein Kontakt zwischen Mensch und sich in Bewegung befindlichem Roboter wird vom Roboter verhindert. Hierzu kommen nicht trennende Schutzeinrichtungen zum Einsatz, die sicherstellen, dass sich Personen dem Roboter jederzeit nähern können, ohne durch diesen gefährdet zu werden. In Betracht kommen hierfür optische Laserscanner oder 3D-Kameras. Bei Annäherung einer Person reduziert der Roboter seine Geschwindigkeit bis hin zum Stopp **(Bild 2)**.

Bild 1: Handführung eines Cobots während der Teach-in-Programmierung

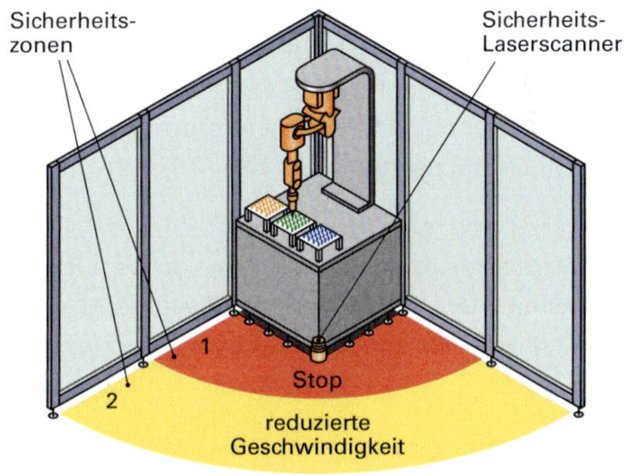

Bild 2: Durch Sicherheitsscanner überwachter Arbeitsraum

Überlegen und beantworten Sie:

1. Erklären Sie unterschiedliche Formen der Zusammenarbeit von Mensch und Maschine.
2. Benennen Sie Vor- und Nachteile einer Kollaboration von Mensch und Roboter in industriellen Fertigungsprozessen.
3. Definieren Sie Gefahren, die von der automatisierten Bestückung der CNC-Drehmaschine ausgehen können.
4. Zählen Sie Schutzprinzipien auf, die eine Gefährdung des Menschen im Umgang mit Robotern minimieren.
5. Erarbeiten Sie ein Sicherheitskonzept für das Be- und Entladen der CNC-Drehmaschine.

9.5 Regelungstechnik

Regelungsvorgänge spielen in der Technik eine sehr große Rolle. Sie ermöglichen automatische Abläufe und Fertigungsprozesse, um Produkte rationell und maßgenau in bestimmten Toleranzen herzustellen.

Beispiele für Regelungsvorgänge

- Regelung der Drehzahl beim Plandrehen
- Geschwindigkeitsregelung beim Kfz (Tempomat)
- Regelung der Temperatur im Härteofen
- Druckregelung in Pneumatikanlagen
- Abstandsregelung der Düse beim Laserschneiden

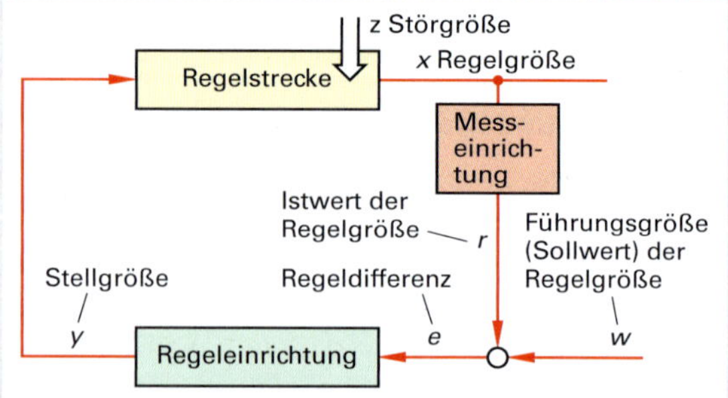

Bild 1: Blockschaltbild einer Regelung

9.5.1 Der Regelkreis

Während bei einer Steuerung die Störgrößen *z* einen sehr großen Einfluss auf die Steuergröße haben und somit die Steuergröße sehr stark beeinflussen, versucht man bei einer Regelung, den Einfluss der Störgrößen *z* auszugleichen.

Jede Regelung ist durch drei Vorgänge gekennzeichnet

- **Messen** der Regelgröße
- **Vergleichen** mit der Führungsgröße
- **Ausgleichen** durch Nachstellen

Der Ausgleich der Störgrößen in einem Regelkreis wird erreicht, indem die Regelgröße *x* in einer Messeinrichtung fortlaufend gemessen und in eine Strom- oder Spannungsgröße gewandelt wird. Diese gewandelte Größe *r* wird einem Vergleicher (Regler) zugeführt und mit einem vorgegebenen Wert, dem Sollwert *w*, verglichen. Tritt eine Abweichung zwischen gemessenem Istwert *r* und eingestelltem Sollwert *w* auf, wird diese Differenz *e* durch einen Stellbefehl auf die Stellgröße *y* ausgeglichen **(Bild 1)**.

Beispiel

In einem Härteofen werden Zahnräder gehärtet. Dabei wird die Temperatur im Ofen fortlaufend gemessen und dem Regler zugeführt, der bei der Abweichung von der eingestellten Temperatur eine Ventilverstellung bewirkt.

a) Zeichnen Sie das Blockschaltbild der Temperaturregelung.
b) Beim Regler wird ein Sollwert von $U = 6{,}24$ V eingestellt. Der Messwertumformer liefert eine Spannung von $U = 6{,}21$ V. Ermitteln Sie die Regelabweichung und geben Sie die Handlungsweise des Reglers an.

Lösung

a) Siehe **Bild 2**.
b) Die Regeldifferenz *e* ergibt sich aus der Differenz von Führungsgröße *w* und Rückführgröße *r*.

$e = w - r = 6{,}24\ \text{V} - 6{,}21\ \text{V} = 0{,}03\ \text{V}$

Die festgestellte Abweichung löst einen Stellbefehl aus, der eine Verstellung des Schiebeventils bewirkt, sodass die Temperatur erhöht wird.

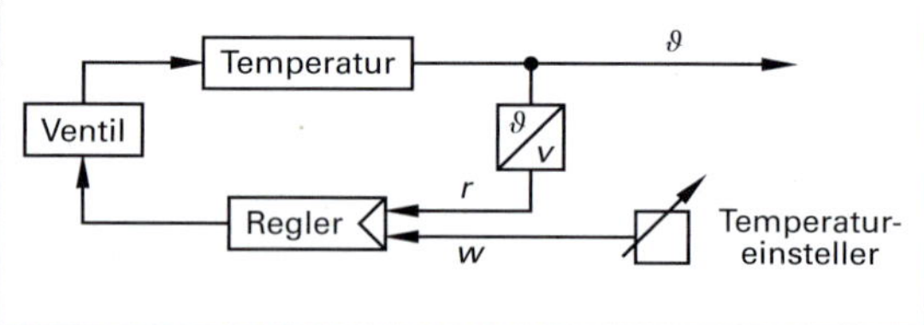

Bild 2: Blockschaltbild der Temperaturregelung

Überlegen und beantworten Sie:

Jede CNC-Maschine besitzt eine Regeleinrichtung, damit z. B. die Position des Maschinentisches geregelt werden kann.

a) Um welche Art von Regelung handelt es sich bei der Regelung des Maschinentisches?
b) Welche Funktion hat das Wegmesssystem bei der Regelung des Maschinentisches?

9.5.2 Regelungsarten

Ein Regler (Vergleicher) vergleicht die zwei am Reglereingang anstehenden Signale **Rückführgröße *r*** (die zu regelnde Größe) und **Führungsgröße *w*** (Sollwert). Nach Art der Führungsgröße *w* wird in der Regelungstechnik eine Regelung in drei verschiedene Arten eingeteilt **(Bild 1)**.

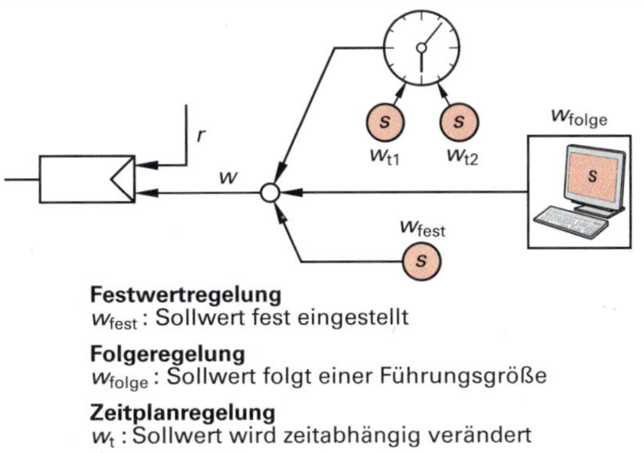

Bild 1: Regelungsarten

// Festwertregelung

Unter Festwertregelung versteht man eine Regelungsart, bei der der Sollwert *w* einer Regelung konstant gehalten werden soll.

Beispiel Festwertregelung

Ein Auto besitzt einen Tempomat (Geschwindigkeitsregulierungssystem). Bei der Fahrt auf einer Autobahn wird bei der Richtgeschwindigkeit 130 km/h der Tempomat von Hand fixiert. Um welche Regelungsart handelt es sich?

Lösung

Es handelt sich um eine **Festwertregelung**, da die Geschwindigkeit des Fahrzeugs konstant auf dem vorgegebenen Wert von 130 km/h bleiben soll.

// Folgeregelung

Unter Folgeregelung versteht man eine Regelung, bei der der Sollwert *w* einer veränderlichen Führungsgröße folgt.

Beispiel Folgeregelung

Um welche Art von Regelung handelt es sich bei der Positionsregelung eines Maschinenschlittens einer CNC-Drehmaschine **(Bild 2)**?

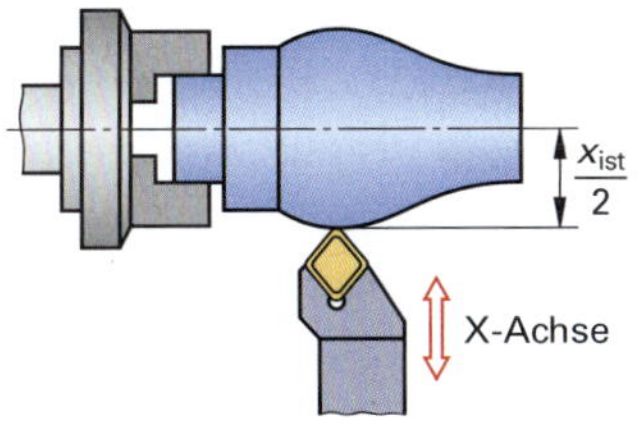

Bild 2: Positionsregelung

Lösung

Es handelt sich hier um eine **Folgeregelung**, denn das Werkzeug muss der Lageführungsgröße, welche für die Werkstückbearbeitung laufend von der numerischen Steuerung berechnet wird, möglichst schnell und genau folgen.

// Zeitplanregelung

Bei einer Zeitplanregelung wird der Sollwert *w* von einer Zeitschaltuhr oder von einem Programmgeber geändert. Als Beispiel kann die Nachtabsenkung um 20 Uhr und die Rückführung um 6 Uhr einer Heizanlage im Bürogebäude angegeben werden.

Überlegen und beantworten Sie:

Erklären Sie, um welche Regelungsart es sich bei der Regelung des konstanten Abstands des Laserwerkzeugs zum Werkstück beim Laserschneiden in **Bild 3** handelt.

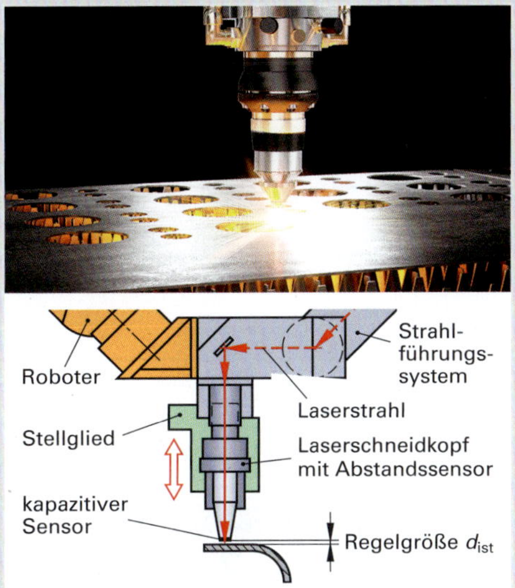

Bild 3: Laserschneiden

Lernfeld 13

9.5.3 Reglerarten

Eine Regelung soll sicherstellen, dass der Istwert gleich dem Sollwert bleibt, auch wenn Störungen auftreten. Dafür muss der passende Regler für das gegebene Regelungssystem ausgewählt werden. In der Praxis gibt es zwei Arten von Reglern: **unstetige** (Zweipunktregler oder Dreipunktregler) und **stetige** (Analogregler oder Digitalregler).

// Unstetige Regler

Unstetige Regler sind schaltende Regler. **Zweipunktregler** haben **zwei eindeutige Schaltstellungen**. Verwendung finden sie z. B. in Temperaturregelkreisen oder in Druckregelkreisen. Sie verändern die Stellgröße unstetig durch Schalten in zwei Stufen **(Bild 1)**.

- **Schalthysterese**
  Im Idealfall würden der Ein- und Ausschaltpunkt des Reglers zusammenfallen. Praktisch sind der Ein- und Ausschaltpunkt gegeneinander verschoben. Den Abstand zwischen den beiden Schaltpunkten bezeichnet man als (Schalt-)Hysterese (Bild 1).

- **Bimetallregler**
  Bei einem Bimetallregler bilden der Sensor, die Vergleichsstelle und das Schaltglied eine Einheit **(Bild 2)**. Steigt nach dem Einschalten der Heizung die Temperatur über den eingestellten Sollwert, so biegt sich die von der Heizung (Isttemperatur) erwärmte Bimetallfeder und unterbricht den Stromkreis und die Heizung wird ausgeschaltet. Unterschreitet durch die einsetzende Abkühlung die Temperatur den unteren Grenzwert, so schaltet die Bimetallfeder die Heizung wieder ein. Damit ein „schlagartiges" Einschalten bzw. Ausschalten ermöglicht wird, wird über einen Dauermagneten die Verbindung bzw. Unterbrechung hergestellt. Durch die Wirkungsweise des Dauermagneten entsteht eine Schaltdifferenz zwischen Ausschalttemperatur und Einschalttemperatur **(Bild 3)**.

Beispiel Druckregelung mit Zweipunktregler

Ein Kompressor füllt einen Druckluftspeicher. Der Einschaltpunkt des Zweipunktreglers liegt bei 6 bar und der Ausschaltpunkt liegt bei 8 bar. Geben Sie die Schaltdifferenz an und beschreiben Sie den Regelvorgang.

Lösung

Schaltdifferenz U_{sd} = 8 bar – 6 bar = 2 bar

Fällt der Druck im Druckspeicher unter 6 bar, so wird über den Drucksensor der Kompressormotor eingeschaltet. Ist der obere Grenzwert von 8 bar erreicht, so wird der Kompressormotor wieder ausgeschaltet.

Dreipunktregler haben **drei eindeutige Schaltstellungen**. Beim Einsatz in einer Klimaanlage werden die drei Schaltstellungen den Funktionen Heizung EIN/Heizung AUS und Kühlung EIN/Kühlung AUS zugeordnet.

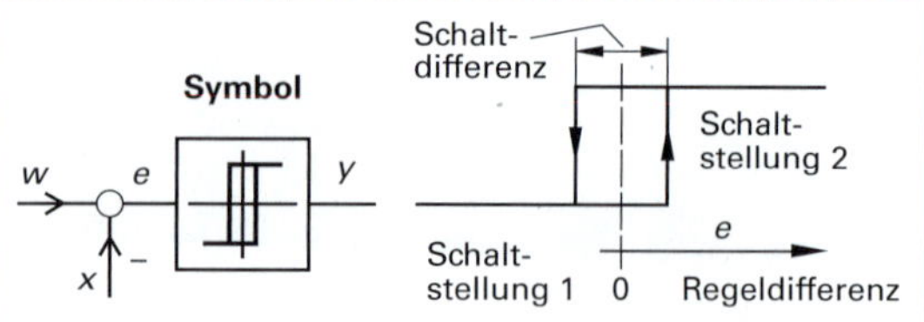

Bild 1: Schalthysterese des Zweipunktreglers

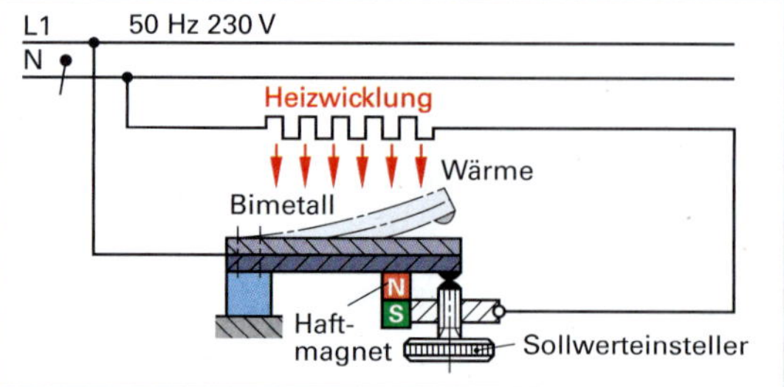

Bild 2: Bimetallregler

Je kleiner bei einem Zweipunktregler die Schaltdifferenz ist, desto größer ist die Schaltfrequenz.

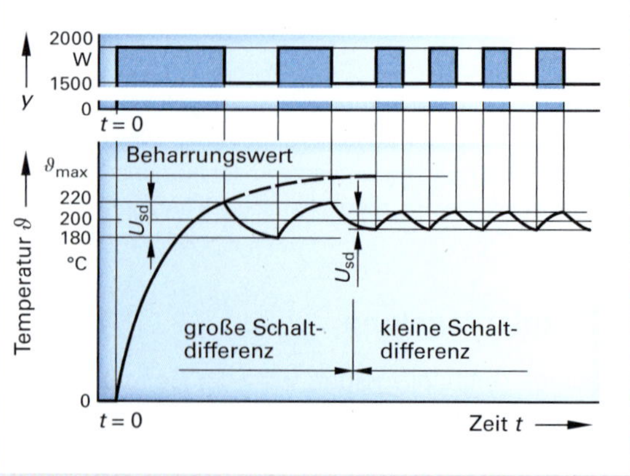

Bild 3: Temperaturregelung mit Zweipunktregler

// Stetige Regler

Stetige Regler greifen ununterbrochen in den Regelkreislauf ein und erfassen die Regelgröße *x* stufenlos, vergleichen diese mit der Führungsgröße *w* und geben dann kontinuierlich ein Reglerausgangssignal *e* an die Stellgröße *y* ab.

Regeldifferenz

$$e = w - r$$

e Regeldifferenz
w Führungsgröße (Sollwert der Strecke)
r Rückführgröße (Istwert der Strecke)

Bild 1 zeigt die stetige Regelung des Füllstands eines Wasserbehälters. Sinkt im Behälter der Wasserspiegel, so senkt sich der Schwimmer ab und öffnet über die Stellgröße *y* das Ventil für den Zulauf, sodass der Wasserspiegel wieder steigt. Damit die Eigenschaft eines stetigen Reglers untersucht werden kann, ändert man bei einem Versuch das Eingangssignal *e* sprunghaft und beobachtet dann, wie das Ausgangssignal *y* auf den Stellsprung reagiert. Das Verhalten des Ausgangssignals wird als **Sprungantwort** des Reglers bezeichnet. Bei den stetigen Reglern unterscheidet man

- **P-Regler** (Proportionalregler)
- **I-Regler** (Integralregler)
- (Differentialregler)

sowie deren Kombinationen PI-Regler, PD-Regler und PID-Regler.

Sprungantwort des P-Reglers

Kommt es z. B. beim Füllstand des Wasserbehälters zu einem plötzlichen Mehrabfluss (Stellsprung), so reagiert die Stellgröße *y* sofort. Die Änderung der Ventilstellung erfolgt im Verhältnis zur Hebelübersetzung **proportional (Bild 2)**.

Der **P-Regler** reagiert proportional zum Fehler zwischen Soll- und Istwert. Ein größerer Fehler führt zu stärkerem Eingreifen des Reglers, um den Istwert dem Sollwert näherzubringen. Bei einem P-Regler bleibt immer eine Regelabweichung.

Sprungantwort des I-Reglers

Der Füllstand eines Behälters soll durch einen I-Regler konstant gehalten werden **(Bild 1, Seite 594)**. Liegt eine Regelabweichung vor, so liegt am Motor über das Potentiometer Spannung an und der Motor öffnet das Ventil. Dabei ist der Spannungsabgriff am Potentiometer umso größer, je größer die Regeldifferenz ist. Beim I-Regler gibt es keine dauerhafte Regelabweichung vom Sollwert. Die Sprungantwort des I-Reglers ist in **Bild 2, Seite 594** abgebildet.

I-Regler reagieren langsamer als P-Regler, beseitigen aber die Regeldifferenz vollständig. Der Anstieg der Stellgröße hängt von der Größe der Regelabweichung ab.

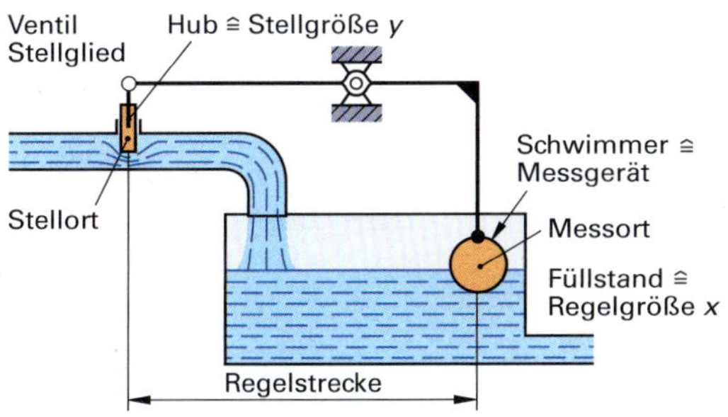

Bild 1: Stetige Regelung

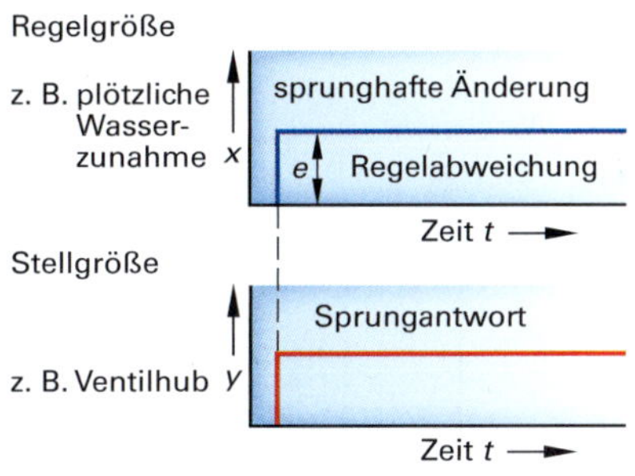

Bild 2: P-Verhalten

Lernfeld 13

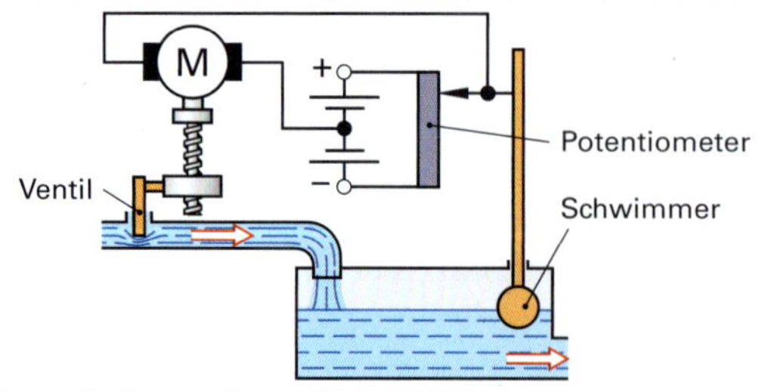

Bild 1: Füllstandregelung mit einem I-Regler

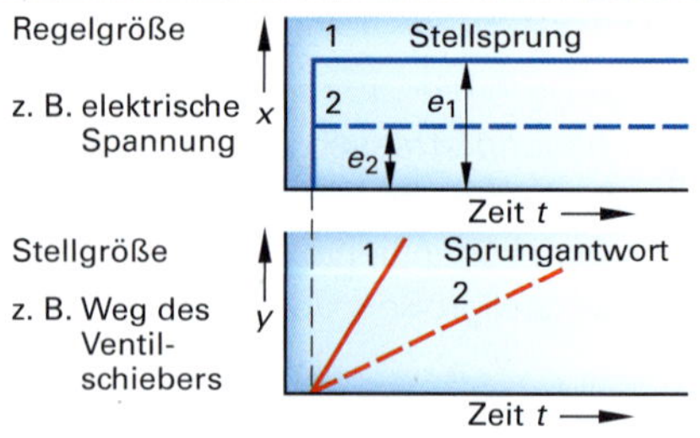

Bild 2: I-Verhalten

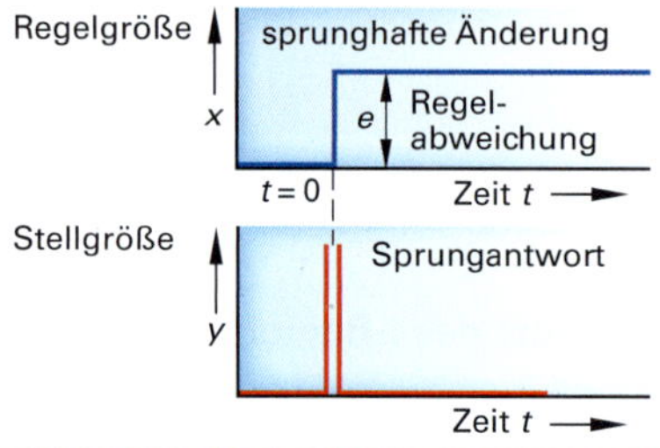

Bild 3: D-Verhalten

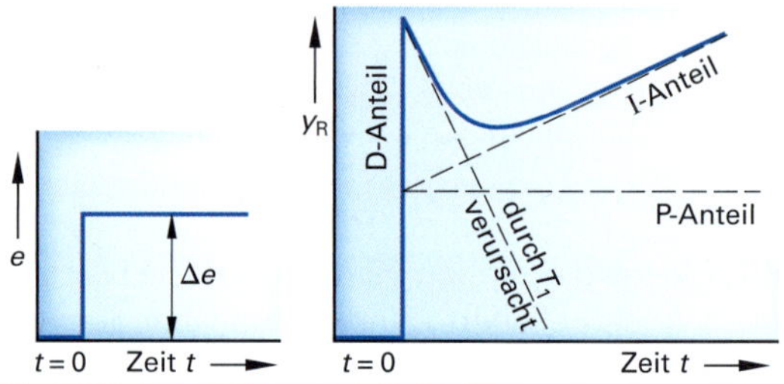

Bild 4: PID-Verhalten

Sprungantwort des D-Reglers

Der D-Regler (Differentialregler) reagiert bei einer schnellen Regelabweichung *e*, die Stellgröße *y* ändert sich kurzzeitig und kehrt dann wieder auf ihren ursprünglichen Wert zurück **(Bild 3)**. Er kann nur in Kombination mit einem P-, I- oder PI-Regler eingesetzt werden.

D-Regler bilden die Stellgröße aus der Änderungsgeschwindigkeit der Regeldifferenz, die als Abweichung zwischen Sollwert und Istwert des Systems definiert ist. Sie reagieren sehr schnell auf Veränderungen in der Regeldifferenz.

Sprungantwort des PID-Reglers (Bild 2)

Ein PID-Regler ist eine Kombination aus P-, I- und D-Regler, die parallel angeordnet sind **(Bild 5)**. Nach einem sprunghaft veränderten Eingangssignal wird durch den D-Einfluss die Stellgröße kurzzeitig verändert. Gleichzeitig bewirkt der P-Anteil eine schnelle proportionale Verstellung der Stellgröße, zu dem sich der I-Anteil addiert **(Bild 4)**.

PID-Regler verbinden die Vorteile des P-, I- und D-Reglers. Sie reagieren sehr schnell und heben die Regelabweichung völlig auf.

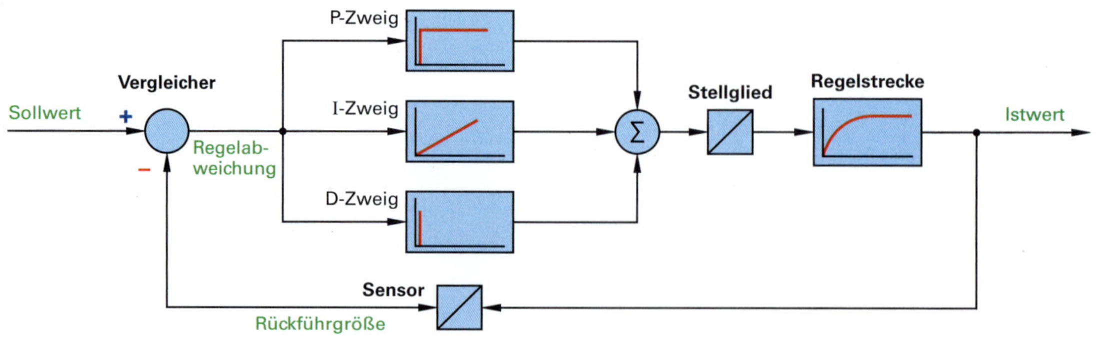

Bild 5: Blockschaltbild eines PID-Reglers

9.6 Proportionalhydraulik

Die Proportionalhydraulik verknüpft die hydraulische Kraftübertragung mit der elektronischen Steuerungs- und Regelungstechnik. Ihr Einsatz erlaubt eine höhergradige Automatisierung hydraulischer Anlagen.

Dabei finden **Proportionalventile** Verwendung, die stufenlos durch einen Ventilmagnet angesteuert werden können. Diese sogenannten **Proportionalmagnete** werden von einer **Steuer- oder Regelelektronik** mit einem elektrischen Strom- oder Spannungssignal versorgt. Kraft oder Weg des Magnets verhalten sich proportional zu diesem elektrischen Eingangssignal. Diese Kombination erlaubt eine stufenlose Einstellung der Richtung, Geschwindigkeit und Kraft hydraulischer Verbraucher wie Zylinder oder Motoren **(Bild 1)**.

Funktion der Proportionalhydraulik

Die folgenden Stellgrößen lassen sich abhängig vom Strom, der an einem Elektromagneten anliegt, beeinflussen:

- Volumenweg (Richtung)
- Volumenstrom (Geschwindigkeit)
- Druck (Kraft)

9.6.1 Steuer- und Regelelektronik

Die Steuerelektronik hat die Aufgabe, den Proportionalmagneten präzise zu bestromen. Die hierbei zum Einsatz kommenden Verstärkerelektroniken wandeln ein Eingangssignal in Form einer Spannung in einen der Spannungshöhe entsprechenden Strom um (z. B. 2 V → 0,1 A). Der Ausgang der Verstärkerelektronik liefert diesen proportional gewandelten Spannungssollwert als **Gleichstrom** an den Proportionalmagneten des Ventils.

Dabei werden Eingangssignale in der Regel nicht sprungartig, sondern allmählich in Form einer Rampe in zugehörige Ausgangswerte umgewandelt.

Verstärkerelektroniken werden meist als gesonderte Bauteile, sogenannte Verstärkerkarten, eingesetzt. Bei modernen integrierten Lösungen ist die benötigte Verstärkerelektronik direkt am Ventil bzw. an dem Magneten verbaut **(Bild 2)**. Alternativ ist auch der Einsatz einer geeigneten speicherprogrammierbaren Steuerung (SPS) möglich.

Ansteuerung von Proportionalventilen

Die Möglichkeiten der elektrischen Ansteuerung von Proportionalventilen sind vielfältig:

- Verstärkerkarten im Schaltschrank
- integrierte Elektronik auf dem Ventil
- direkt durch eine SPS

9.6.2 Proportionalmagnet

Bei der Umwandlung der elektrischen Eingangsgröße in eine hydraulische Funktion kommen Proportionalmagnete zum Einsatz. Technologisch sind diese eng mit den Schaltmagneten verwandt, die

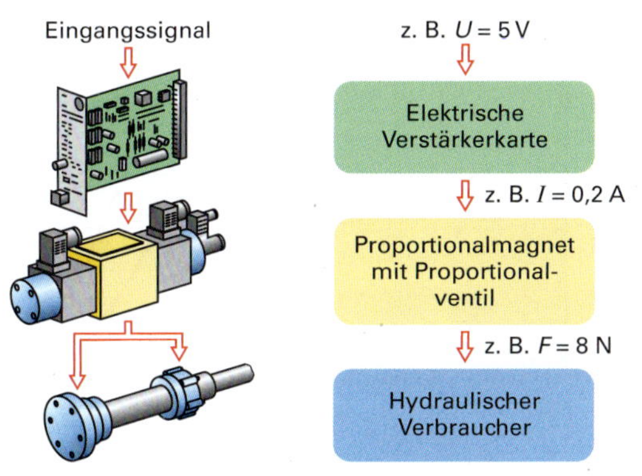

Bild 1: Signalverlauf der Proportionalhydraulik

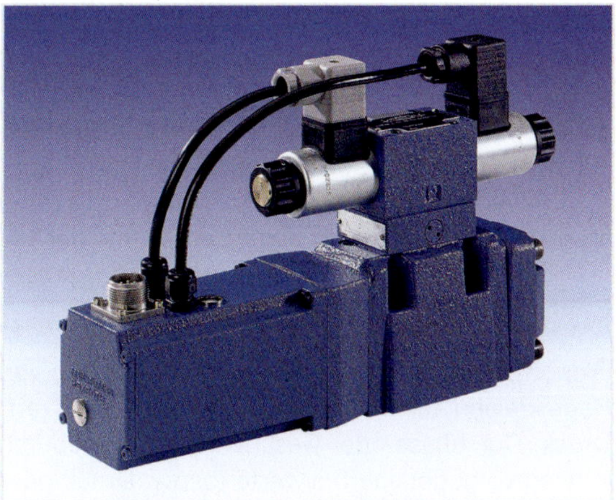

Bild 2: Proportionalventil mit integrierter Verstärkerelektronik

Lernfeld 13

generell zur Betätigung von Wegeventilen in der Automatisierungstechnik genutzt werden. In einer von Gleichstrom durchflossenen Spule wird ein Magnetfeld erzeugt, das Kraft auf einen beweglichen Anker ausübt. Der vom Anker zurücklegbare Weg definiert den Hub **(Bild 1)**.

Je nachdem, ob der Erregerstrom im Magneten proportional in einen Hub oder eine Kraft des Stößels umgesetzt wird, unterscheidet man zwischen **weggesteuerten** und **kraftgesteuerten** Proportionalmagneten. Sie weisen entweder ein Weg-Strom-Verhalten oder ein Kraft-Strom-Verhalten auf.

Ein proportionales Weg-Strom-Verhalten bedeutet, dass der Magnetanker bei doppeltem Strom einen doppelt so großen Hub aufweist. Durch entsprechende Bestromung können diese Magnete innerhalb ihrer konstruktiven Grenzen exakt in jede beliebige Hublage gesteuert werden, arbeiten dabei aber jedoch nur in eine Bewegungsrichtung. Der maximale Hub variiert je nach Baugröße zwischen 2 und 5 mm. Mit ihnen lassen sich Kolben von Wege- und Drosselventilen direkt und beliebig betätigen. Sie eignen sich ferner für den Einsatz in Druckventilen, da sie gegen eine Feder wirkend diese vorspannen können und damit die Federkraft erhöhen **(Bild 2)**.

Bei der Kraftsteuerung sind die Proportionalmagnete so konstruiert, dass die Magnetkraft durch Anpassung des Stroms I verändert werden kann, ohne dass ein nennenswerter Hub des Ankers entsteht. Ihre Kraft-Hubkennlinie verläuft im Bereich des vergleichsweise kleinen Arbeitshubes nahezu waagerecht und linear. Die Kraft ist direkt proportional zum fließenden Strom durch die Spule. Sie verdoppelt sich bei einer Verdopplung des Stroms **(Bild 3)**. Der geringe Hub begrenzt den Einsatz dieser Magnete auf kleine Proportional-Druckventile, wo der Magnet normalerweise gegen einen starren Anschlag arbeitet und die elektromagnetische Kraft der hydraulischen Druckkraft am Drosselspalt entgegenwirkt (Bild 2).

Proportionaltechnik ermöglicht die Umsetzung von Regelkreisen für Stellgrößen wie Position, Kraft, Druck, Durchfluss oder Geschwindigkeit. Dadurch können vorgegebene Sollwerte (bspw. Druck oder Geschwindigkeit) unabhängig von externen Systemeinflüssen (bspw. Gegendrücke, Beschleunigungen) präzise eingehalten werden.

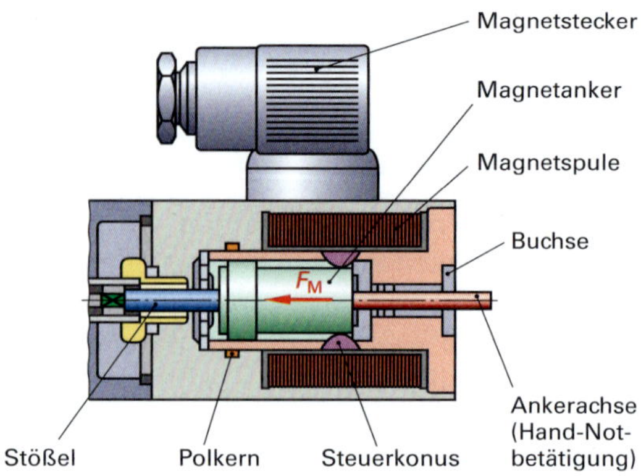

Bild 1: Aufbau eines Proportionalmagneten

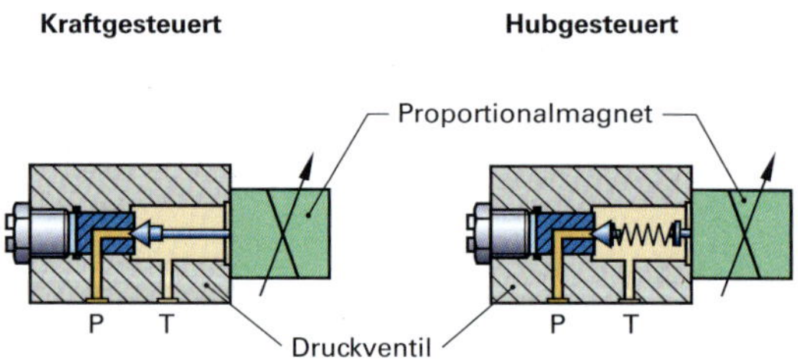

Bild 2: Arbeitsweise der Proportionalmagnete

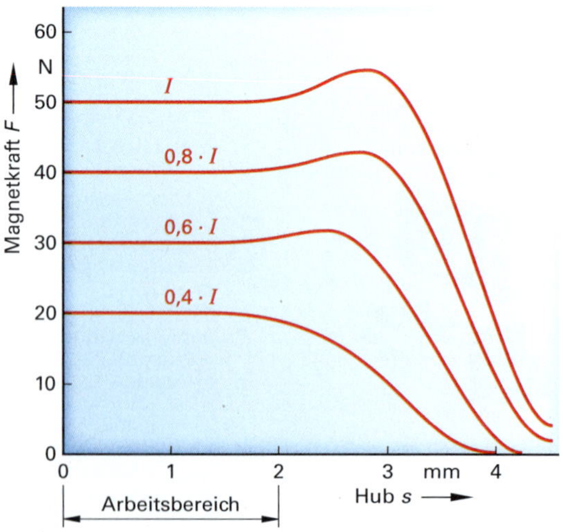

Bild 3: Kraft-Hub-Kennlinie eines kraftgesteuerten Magneten

9.6.3 Proportionalventile

// Steuerung eines Spritzkolbens

An der in **Kapitel 2, Seite 214** dargestellten Spritzgießmaschine sollen Einspritzdruck und -geschwindigkeit elektrisch stufenlos durch eine den Prozess steuernde SPS einstellbar sein. Hierzu müssen geeignete Proportionalventile ausgewählt und funktionsgerecht verbaut werden.

Der Einsatz von Proportionalventilen ermöglicht eine automatisierte, stufenlose Kontrolle von Drücken und Volumenströmen sowie sanfte und präzisere Bewegungsabläufe. Durch die kontrollierbaren Schaltübergänge können Druckspitzen vermieden werden, was die Lebensdauer der mechanischen und hydraulischen Bauteile verlängert und zu einer erhöhten Energieeffizienz beiträgt.

Abgrenzung zu herkömmlichen Ventilen

Proportionalventile unterscheiden sich durch ihre Eigenschaft, beliebige Zwischenstellungen statt nur vordefinierter Schaltstellungen einnehmen zu können, von herkömmlichen hydraulischen Ventilen. Man nennt sie daher auch **Stetigventile, Regelventile** oder **Stellventile**.

Es können drei Arten von Proportionalventilen unterschieden werden **(Bild 1)**.

Proportional-Wegeventile (Bild 2) dienen als Stellelemente zur Beeinflussung von Richtung und Geschwindigkeit der Bewegung der angeschlossenen hydraulischen Verbraucher.

Proportional-Wegeventile vereinen zwei Funktionen:

- Stellventil zur Schaltung der Arbeitsanschlüsse mit dem Pumpen- und Tankanschluss
- elektrisch einstellbare Drossel

Es gibt direktgesteuerte und indirekt gesteuerte (= vorgesteuerte) Ventile. Bei direktgesteuerten Proportional-Wegeventilen erfolgt die Ansteuerung meist durch einen oder zwei Proportionalmagnete mit analogem Weg-Strom-Verhalten. Diese wandeln das eingehende elektrische Signal direkt in eine Verschiebung des Steuerkolbens um. Der Hub des Steuerkolbens ist dabei proportional zum elektrischen Signal.

Je größer der Hub, umso größer ist der sich ergebende Volumenstrom Q **(Bild 3)**. Dadurch lässt sich z. B. die Geschwindigkeit eines Zylinders stufenlos einstellen.

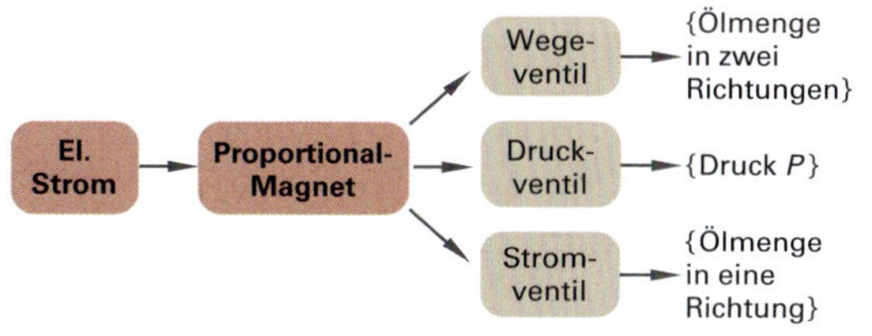

Bild 1: Arten von Proportionalventilen

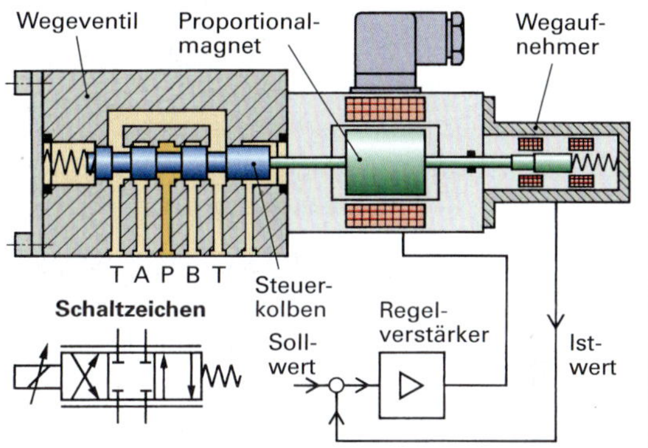

Bild 2: Direkt gesteuertes Proportional-Wegeventil

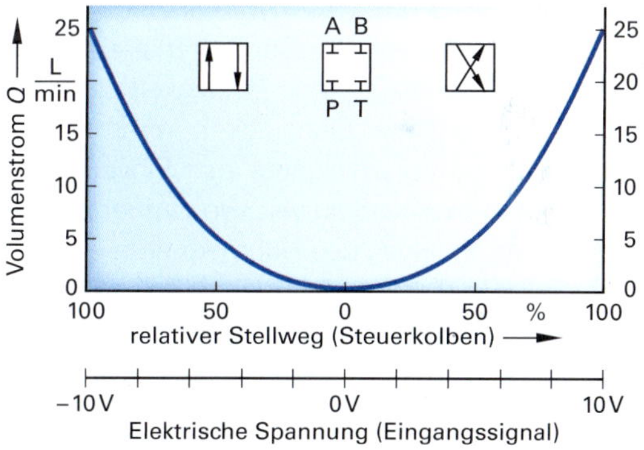

Bild 3: Volumenstrom in Abhängigkeit vom Eingangssignal

Durch eine Regelung wird die Genauigkeit der Ankerposition verbessert. Ein induktiver Wegaufnehmer dient der Signalrückführung des Istwerts (Anker- bzw. Kolbenstellung). Im Regelverstärker wird die tatsächliche Lage des Ventilkolbens mit dem Sollwert verglichen und bei Abweichung korrigiert.

Sollen große Volumenströme gesteuert werden, kommen vorgesteuerte Ventile zum Einsatz. Diese stellen die erforderlichen größeren Betätigungskräfte zur Verfügung, indem das Magnetsystem mechanisch entkoppelt wird.

Proportional-Druckventile entsprechen in ihrer Grundfunktion den Druckventilen mit Druckeinstellung von Hand. Sie dienen dazu, den Druck in hydraulischen Anlagen abhängig von einem Eingangssignal stetig einzustellen. Mittels Vorgabe eines elektrischen Sollwerts kann der Druck flexibel an die Erfordernisse eines Prozesses angepasst werden. Die Höhe des Drucks hat Auswirkung auf die Kraft, die durch hydraulische Verbraucher zur Verfügung gestellt wird.

Häufige Anwendungsfälle sind:

- Ferneinstellung des Drucks
- lastabhängige Systemdruckeinstellung
- Druckeinstellung abhängig von den Messgrößen von Druck-, Kraft- oder Wegsensoren

Proportional-Druckventile **(Bild 1)** sind in Sitzbauart ausgeführt. Die in konventionellen Druckventilen übliche Einstellschraube wird durch einen kraftgesteuerten bzw. -geregelten Proportionalmagneten ersetzt. Der Magnet wirkt gegen eine Ventilfeder und spannt diese vor. Aus der Höhe des elektrischen Stromes durch den Magnet ergibt sich ein diesem proportionaler Anpressdruck des Kegels.

Erst wenn die Kraft des hydraulischen Drucks auf den Kegel die von der Stromstärke abhängige Schließkraft übersteigt, kann Flüssigkeit passieren. Zur Verbesserung der Genauigkeit kommen lagegeregelte Proportionalmagnete zum Einsatz. Diese können durch einen induktiven Wegaufnehmer den tatsächlichen Stellweg des Hubmagneten erfassen. Durch eine Rückführung des Signals lassen sich Abweichungen messen und somit Störkräfte ausgleichen. Die erfasste Position des Magnetankers kann darüber hinaus auch zur indirekten Überwachung der Druckeinstellung genutzt werden.

Proportional-Stromventile steuern einen Volumenstrom entsprechend dem Magnetstrom. Sie werden genutzt, um gezielt Einfluss auf die Geschwindigkeit von hydraulischen Aktoren zu nehmen.

Hierzu kommen sowohl **Drosselventile** als auch **Stromregelventile** zum Einsatz. Beide verändern den Volumenstrom entsprechend dem eingestellten Magnetstrom druck- und temperaturunabhängig.

Drosselventile ähneln im Aufbau schaltenden Wegeventilen. Die Ankerstange des Magneten bewegt einen federzentrierten Kolbenschieber gegen eine Rückholfeder. Die Kraft des Proportionalmagneten auf den Kolbenschieber steigt mit zunehmender Stromstärke, wodurch die Steuerkanten im Ventil weiter geöffnet werden und der Volumenstrom zunimmt.

Die Volumenstrom-Signal-Kennlinie ist mit der des Proportional-Wegeventils mit Lageregelung vergleichbar **(Bild 3, Seite 597)**.

Proportional-Stromventile können so ausgeführt sein, dass sie bei einem Strom = 0 A (z. B. bei Stromausfall oder Kabelbruch) vollständig geschlossen oder geöffnet sind.

Technologisch ausgefeilter präsentieren sich **Stromregelventile**. Im Gegensatz zu Drosselventilen kompensieren diese mittels einer integrierten Druckwaage auch Laständerungen am hydraulischen Verbraucher **(Bild 2)**. Der Volumenstrom durch die Blende ist bei ihnen somit lastunabhängig.

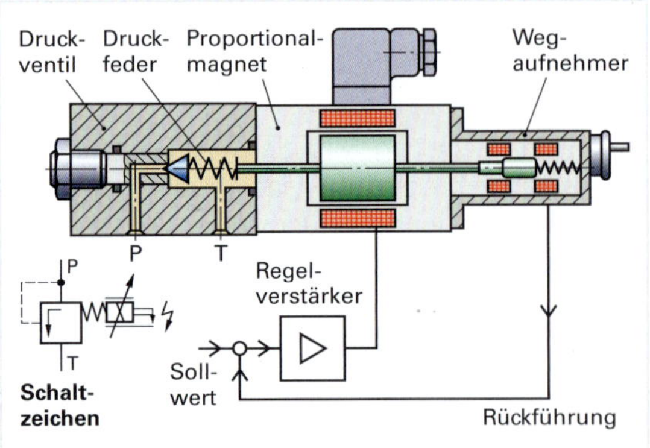

Bild 1: Direkt gesteuertes Proportional-Druckbegrenzungsventil

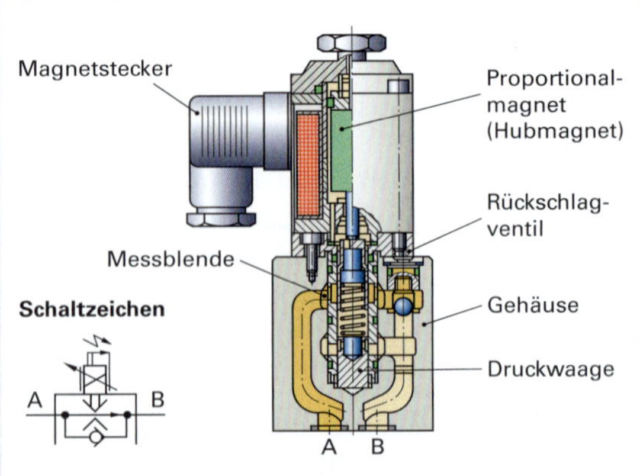

Bild 2: Proportional-Stromregelventil

Lernfeld 13

Überlegen und beantworten Sie:

1. Benennen Sie die Vorteile des Einsatzes von Proportionalventilen.
2. Erläutern Sie, welche hydraulischen Größen am Spritzzylinder (Kapitel 2, Seite 214) beeinflusst werden müssen, wenn Einspritzgeschwindigkeit und -druck einstellbar sein sollen.
3. Beschreiben Sie, inwiefern die Ausfahrgeschwindigkeit des Spritzzylinders vom bereitgestellten Volumenstrom abhängig ist.
4. Erklären Sie Aufgabe und Funktionsweise der eingesetzten Proportionalventile.
5. Erläutern Sie, wie in der dargestellten Steuerung Elektro- und Hydraulikschaltplan zusammenwirken.

Die Steuerung des Einspritzzylinders kann wie folgt realisiert werden:

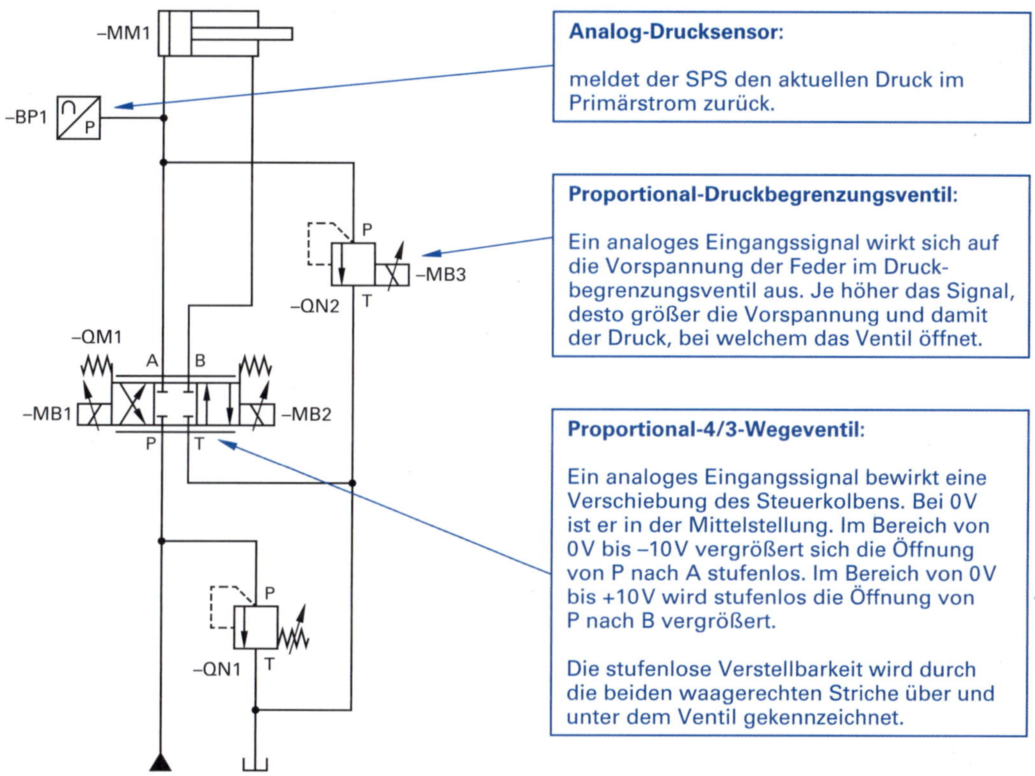

Elektrischer Schaltplan

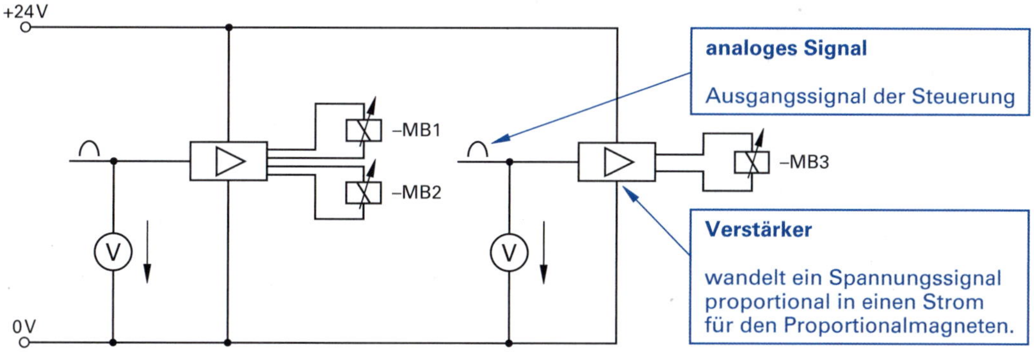

9.7 Überprüfen Sie Ihre Kompetenzen

// Allgemeine Fragestellungen zur SPS

1. Beschreiben Sie die Unterschiede zwischen einer kombinatorischen Steuerung und einer Ablaufsteuerung.
2. Zählen Sie die zusätzlichen Vorteile und Möglichkeiten einer modularen SPS im Vergleich zu einer Kleinsteuerung auf.
3. Gehen Sie auf die Funktionen der verwendeten Baugruppen in einer modularen SPS ein **(Bild 1)**.
4. Geben Sie Beispiele für typische SPS-Operanden und -Variablen.
5. Von welchen Bedingungen hängen eine absolute und eine symbolische SPS-Adresse ab?
6. Beschreiben Sie einen SPS-Zyklus mit den Begriffen PAE, PAA und Anwenderprogramm.
7. Beschreiben Sie in **Bild 2**, unter welchen Bedingungen der Ausgang Q1 gesetzt wird.
   a) Wozu dient der Merker M1?
   b) Erstellen Sie zum FUP einer Kleinsteuerung den FUP für eine modulare SPS.
8. Beschreiben Sie den Unterschied zwischen FUP und KOP als Programmiersprache **(Bild 3)**. Nennen Sie weitere SPS-Sprachen.
9. Beschreiben Sie die logische Funktion in Bild 3, die am Ausgang Q zu Signal 1 oder 0 führen.
10. Programmieren Sie die jeweiligen Zeiten für die beiden Beispiele in **Bild 4**.
11. Schreiben Sie die Transition (1) und den ersten Schritt aus einem GRAFCET in einen Funktionsplan FUP für eine Kleinsteuerung und eine modulare SPS um. –SJ0 ist ein Taster mit Öffnerfunktion, –SJ1 ein Taster mit Schließerfunktion **(Bild 5)**.
12. Beschreiben Sie am Beispiel des GRAFCETs in Bild 5 die Regeln für einen Ablaufschritt in einer Schrittkette.
13. Aus welchen Gründen wird in der modularen SPS eine strukturierte Programmierung mit OB1 und Funktionen z. B. FC1–FC4 verwendet?
14. Welche Programmteile werden den einzelnen Funktionen zugewiesen?

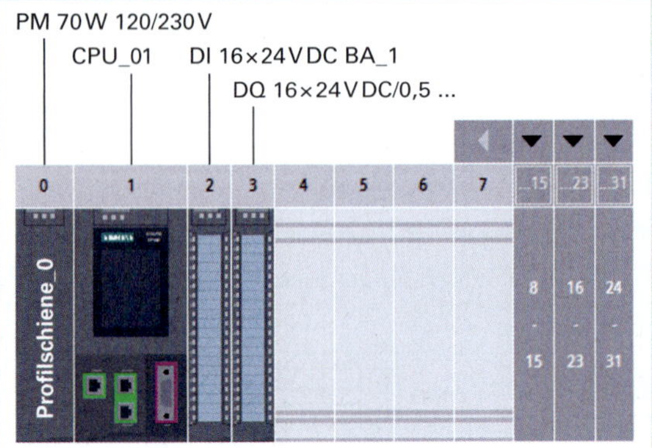

Bild 1: Gerätekonfiguration in „Gerätesicht" von TIA

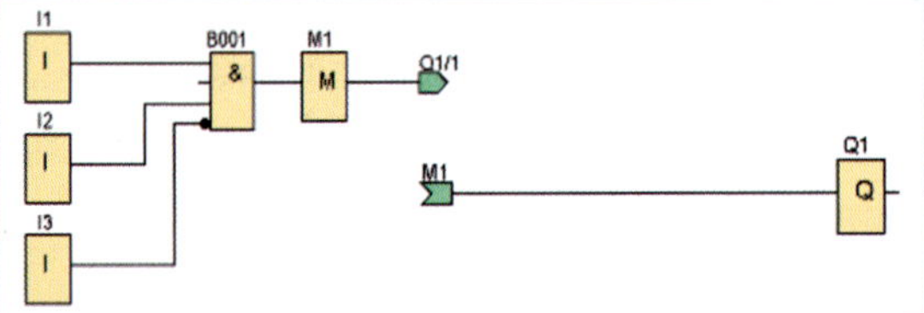

Bild 2: Funktionsplan FUP in einer Kleinsteuerung

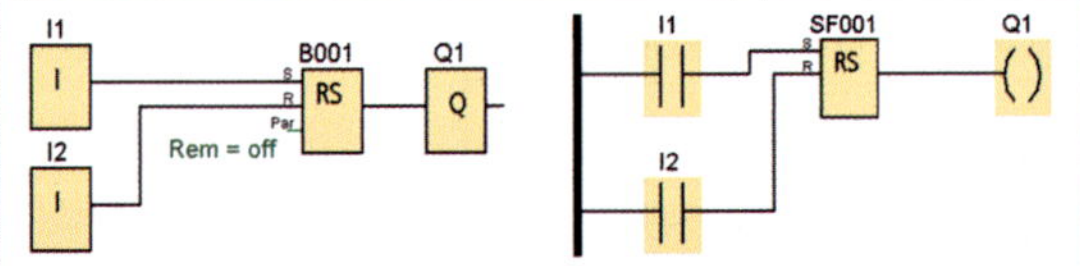

Bild 3: Zwei grafische Programmiersprachen der SPS

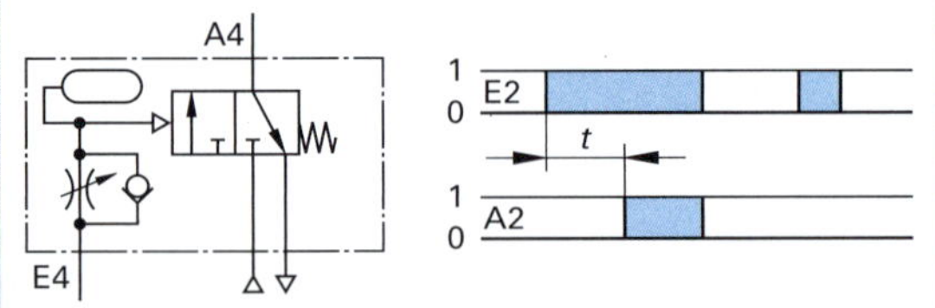

Bild 4: Zeitfunktion in der Pneumatik – Signal-Impuls-Diagramm

Bild 5: Transition und Ablaufschritt in einem GRAFCET

Lernfeld 13

// Kombinatorische Steuerung in SPS

15. Aus welchen Gründen werden vor der Programmierung Variablentabellen erstellt **(Bild 1)**?

16. Erklären Sie den Begriff Datentyp „Bool".

17. Die folgenden Fragen beziehen sich auf das Programm in **Bild 2**:

a) Wann meldet die Meldeleuchte –PF1 „GRÜN"?

b) Unter welchen Bedingungen wird der Startmerker M3 gesetzt (S) und zurückgesetzt (R)?

c) Wie werden die beiden Merker M2 und M3 gegenseitig verriegelt?

d) Nennen Sie die Bedingungen für Ausschieber Ausfahren und Ausschieber Einfahren.

e) Erweitern Sie die Steuerung um einen Einzelbetrieb. Weiterhin soll eine Textmeldung mit Meldung „Bitte Magazin nachfüllen!" erfolgen, sobald das Magazin geleert ist.

f) Beschreiben Sie die Fehlersuche und Diagnosemöglichkeiten an einer Kleinsteuerung.

18. Das in Bild 2 gezeigte Programm soll in der Syntax einer modularen SPS geschrieben werden.

// Ablaufsteuerung in modularer SPS

19. Zwei Farben sollen gemischt werden **(Bild 3)**: Beide Ventile für den Farbzulauf werden gleichzeitig geöffnet und nach Erreichen des Füllstands –BE2 geschlossen. Der Rührwerksmotor –MA1 beginnt für 90 s zu laufen. Danach wird das Farbgemisch über den Pumpenmotor MA2 abgepumpt, bis Sensor –BE1 wieder auf Signal 1 ist. Beide Motoren werden über zwei Schütze –Q1 und –Q2 angesteuert.

a) Erstellen Sie eine Variablentabelle. Das Bedienfeld entspricht der Aufgabenstellung in **Bild 2, Seite 554**. –SJ5 bedeutet STOPP am Zyklusende. Grüne Meldeleuchte –PF1 steht für Behälter leer, weiße Meldeleuchte –PF2 für Anlage im Automatikbetrieb. Für die Schrittmerker verwenden Sie MB50, als Systemmerkerbyte für den Anlauf MB80. Alle Merker sind in der Variablentabelle deklariert und kommentiert.

b) Aus welchen Gründen werden die beiden Sensoren für die Abfrage der Füllstände als Öffner (nc) ausgeführt?

c) Erstellen Sie einen GRAFCET nach DIN EN 60484 für die Beschreibung des Ablaufs.

Symbol	Adresse	Datentyp	Kommentar
–BG1	I1/E0.1	Bool	Reed Kontakt, hintere Endlage –MM1, no
–BG2	I2/E0.2	Bool	Reed Kontakt, vordere Endlage –MM1, no
–BE1	I3/E0.3	Bool	Kapazitiver Sensor, Abfrage Magazin voll, no
–SJ1	I4/E0.4	Bool	Start-Taster, Schließer (no)
–SJ2	I5/E0.5	Bool	Stopptaster, Öffner (nc)
–MB1	Q1/A0.1	Bool	Magnetspule von Stellelement –QM1
–MB2	Q2/A0.2	Bool	Magnetspule von Stellelement –QM1
–PF1	Q3/A0.3	Bool	Leuchte GRÜN für bestücktes Magazin

Bild 1: Variablentabelle für eine Magazinleerung

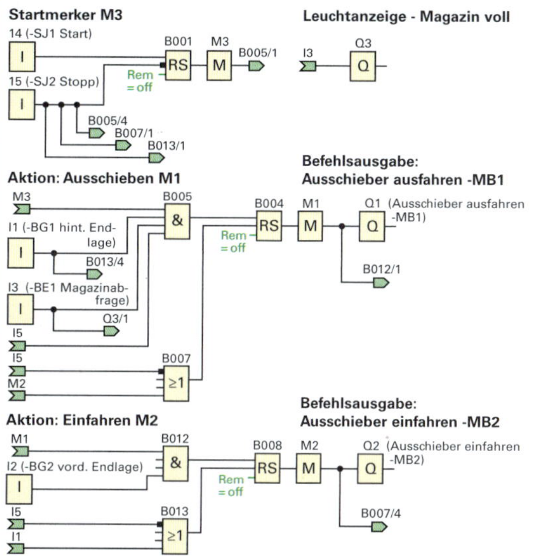

Bild 2: FUP-Programm einer Kleinsteuerung (LOGO!)

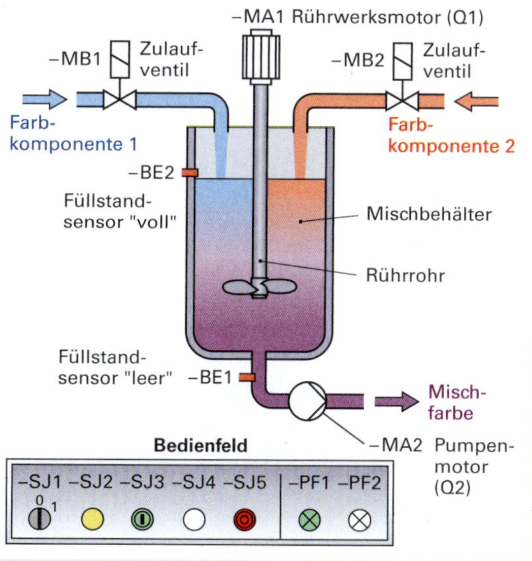

Bild 3: Technologieschema Farbmischung

Lernfeld 13

d) Erklären Sie die beiden Netzwerke 1 und 2 im **Bild 1**. Diese befinden sich einer Funktion FC1.

e) Erstellen Sie den Organisationsbaustein OB1 und vervollständigen Sie die Funktion FC1, indem Sie die Netzwerke von Bild 1 fortführen.

f) Programmieren Sie die Zeit t = 90 s für den Rührwerksmotor. Beschreiben Sie die zwei Möglichkeiten, Zeitfunktionen in einer modularen SPS umzusetzen.

g) Erstellen Sie die gesamte Schrittkette in der Funktion FC2: Zur Initialisierung in Schritt 0 verwenden Sie das Systemmerkerbit und als Alternative den Richten-Befehl.

h) In den Netzwerken 1 und 2 der Funktion FC3 werden einfache Zuweisungen verwendet **(Bild 2)**. Begründen Sie diese Art der Programmierung.

i) Vervollständigen Sie das Programm durch die restlichen Ausgänge und die Programmierung der Meldeleuchten –PF1 und –PF2 in einer Funktion FC4.

20. Sie versuchen nach Beendigung der Programmierung, Ihr SPS-Projekt zu speichern. Das gelingt Ihnen nicht. Beschreiben Sie die möglichen Gründe.

21. Viele modulare SPS haben die Möglichkeiten, das programmierte Projekt zu testen. Wozu dienen Offline- und Onlinetests?

22. Beschreiben Sie mögliche Fehlerquellen, wenn ein Baustein sich nicht wie programmiert verhält: In Bild 1 z. B. lässt sich der Merker "MS" nicht setzen.

23. Gehen Sie bei der Fehlersuche auf die Bedeutung und Möglichkeiten von Beobachtungs- und Forcentabelle ein **(Bild 3)**.

24. Nennen Sie die möglichen Informationen in einem Belegungsplan einer CPU **(Bild 4)**.

25. Beschreiben Sie die Wirkung einer NOT-AUS-Einrichtung an einer SPS.

// Handhabungstechnik

26. Beschreiben Sie die wesentlichen Aufgaben der Handhabungstechnik.

27. Zeigen Sie anhand von Beispielen aus der betrieblichen Praxis, inwiefern die Handhabungstechnik dabei hilft, Prozesse effizienter zu gestalten.

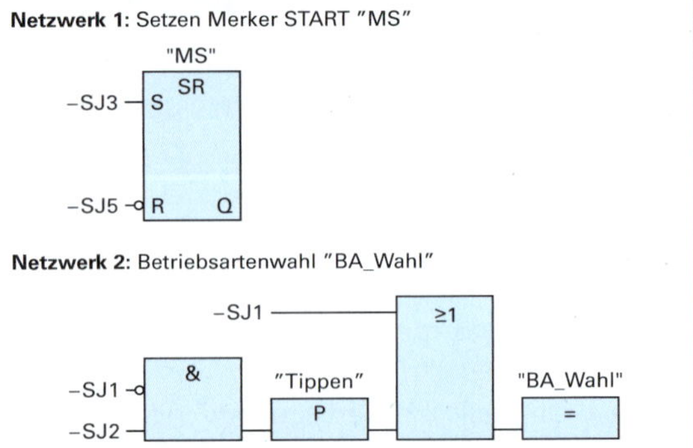

Bild 1: Startfunktion und Betriebsartenwahl in FC1

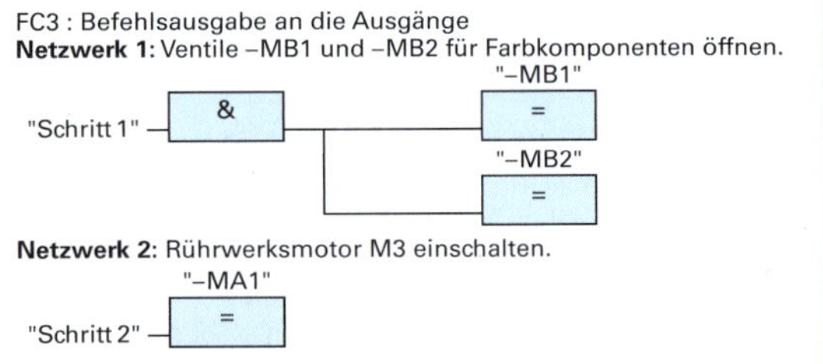

Bild 2: Ausgangszuweisungen in der Funktion FC3

Beobachtungstabelle:

	i	Name	Adresse	Anzeigefor...	Beobachtung...	Steuerwert	⚡
1		"-BG11"	%E0.1	BOOL			☐
2		"-BG12"	%E0.2	BOOL			☐
3		"-BG21"	%E0.3	BOOL			☐
4		"-BG22"	%E0.4	BOOL			☐
5		"-BP31"	%E0.5	BOOL			☐
6		"-MB11"	%A0.1	BOOL			☐

Forcentabelle:

	i	Name	Adresse	Anzeigefo...	Beob...	Forcewert	F
1		"-BG11":P	%E0.1:P	BOOL			☐
2		"-BG12":P	%E0.2:P	BOOL			☐
3		"-BG21":P	%E0.3:P	BOOL			☐
4		"-BG22":P	%E0.4:P	BOOL			☐
5		"-MB11":P	%A0.1:P	BOOL			☐
6		"-MB21":P	%A0.2:P	BOOL			☐

Bild 3: Beobachtungs- und Forcentabelle

Belegungsplan von CPU_03

Eingang, Ausgang									Merker								
Adresse	7	6	5	4	3	2	1	0	Adresse	7	6	5	4	3	2	1	0
EB0			◆		◆	◆	◆	◆	MB0								◆
EB1		◆	◆	◆	◆	◆	◆		MB1								◆
EB2									MB2								◆
EB3									MB3								◆
AB0					◆	◆	◆		MB4								◆
AB1					◆	◆	◆		MB5								◆
AB2									MB6								◆
AB3									MB50			◆	◆	◆	◆	◆	◆
									MB80							◆	◆
									MB100			◆					

Bild 4: Belegungsplan einer CPU

Lernfeld 13

28. Benennen Sie Bearbeitungs- und Fertigungsprozesse, für die sich der Einsatz moderner Handhabungstechnologien anbietet.
29. Benennen Sie das im **Bild 1** genutzte Handhabungsgerät.
30. Beschreiben Sie dessen Funktionsweise.
31. Erläutern Sie, wodurch sich Einlegegeräte, Industrieroboter und autonome mobile Roboter unterscheiden.
32. Die bislang manuelle Bestückung von Platinen mit elektronischen Bauteilen **(Bild 2)** soll automatisiert werden. Erörtern Sie, welche Handhabungsgeräte hierfür eingesetzt werden können.
33. Benennen Sie die in **Bild 3** genutzte Industrieroboterart und jeweils zwei Vor- und Nachteile.
34. Beschreiben Sie die Kinematik des Roboters und seine Freiheitsgrade.
35. Welches Greifprinzip kommt zum Einsatz und wo befindet sich der Tool Center Point?
36. Benennen Sie die am Endeffektor verbaute Sensorik und erklären Sie deren Funktionsweise.
37. Erläutern Sie, worauf zu achten ist, damit die maximal zulässige Nennlast des gezeigten Roboters eingehalten wird.
38. Erklären Sie anhand von Bild 3 die Lage des Roboterbasis-, des Werkzeug- und des Werkstückkoordinatensystems.
39. Erklären Sie, wie sich die Lage der Achsen eines kartesischen Koordinatensystems zueinander zuverlässig bestimmen lässt.
40. Beschreiben Sie die Vorzüge eines hybriden Programmierverfahrens.
41. Unterscheiden Sie drei Möglichkeiten, wie sich ein Industrieroboter zwischen zwei Wegpunkten bewegen kann, und skizzieren Sie den jeweiligen Bahnverlauf.
42. Benennen Sie die Vorzüge des Überschleifens. Zeigen Sie aber auch mögliche Nachteile auf.
43. Erläutern Sie, wie bei der automatisierten Entnahme der Tuben sichergestellt werden kann, dass keine Menschen gefährdet werden.
44. Beschreiben Sie die Stufen der Zusammenarbeit von Menschen und Robotern.

Bild 1: Manuelle Handhabung von Metallblechen

Bild 2: Manuelle Bestückung von Platinen

Bild 3: Automatisierte Förderbandentnahme von Tuben

9.8 Discover your profession in English

// Proportional hydraulics

Proportional hydraulics allow the use of control loops. The proportional valves used for this purpose belong to the group of continuous control valves. Besides predefined switching positions, they can assume any intermediate position. The following hydraulic valves are also available as proportional valves:

- directional control valves
- flow control valves
- pressure valves

Depending on the proportional valve selected, the following manipulated variables can be influenced by:

- the volume path (direction of movement)
- the volume flow (speed of movement)
- the pressure (force)

Amplifier electronics are required to control the proportional solenoid. This converts an input signal in the form of voltage into a corresponding direct current. The level of this current is decisive for the reaction of the proportional solenoid. Alternatively, this current can be provided directly by the analogue output of a programmable logic controller (PLC).

The current in the solenoid is converted into a stroke or force of the plunger. If the current is doubled, the stroke or force is also doubled.

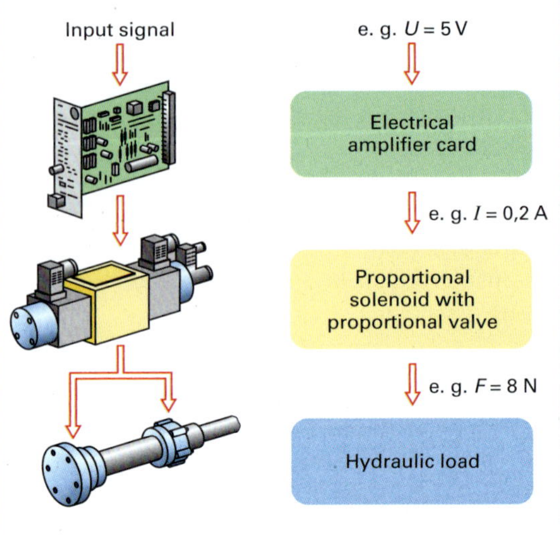

Picture 1: Signal flow chart of the proportional hydraulics

Exercises:

1. Explain the main differences between proportional valves and classic hydraulic valves.
2. Name the proportional valves suitable for the individual control variables: direction of movement, speed and force!
3. The proportional solenoid of a proportional pressure valve is controlled with a direct current of 0.4 A. Determine the current to be set if the solenoid force is to be doubled.

Vocabulary

proportional hydraulics – *Proportionalhydraulik*
control loop – *Regelkreis*
proportional valve – *Proportionalventil*
continuous control valve – *Stetigventil*
switching position – *Schaltstellung*
intermediate position – *Zwischenstellung*
directional control valve – *Wegeventil*
flow control valve – *Stromregelventil*
pressure valve – *Druckventil*
manipulated variable – *Stellgröße*
volume flow – *Volumenstrom*
pressure – *Druck*
force – *Kraft*
amplifier electronics – *Verstärkerelektronik*
proportional solenoid – *Proportionalmagnet*
voltage – *Spannung*
direct current (DC) – *Gleichstrom*
PLC (programmable logic controller) – *SPS*
stroke – *Hub*

// Handling technology

Handling technology consists of two essential tasks:

- transport of goods along the manufacturing process
- tool guidance for the automated machining of workpieces

A distinction is made between the following handling devices:

- Manipulators
- Insertion devices
- Industrial robots
- Autonomous mobile robots

The most versatile and most commonly used handling device is the industrial robot.

Industrial robots are available in different types:

- Vertical Articulated Robots
- Gantry Robots
- Horizontal Swivel-Arm Robot
- Delta Robots

They differ in their maximum load, the kinematics and the resulting working space.

Their similarities are high movement speeds, positioning and repetition accuracy.

Industrial robots are programmed by means of a PC or a teach pendant. This programme is converted into set points in the control unit in real time in order to drive the robot.

To ensure that they can be operated safely and automatically, they are equipped with a large number of sensors. They are used to record the state variables of the robot and to detect its environment.

Figure 1: A vertical articulated robot palletises boxes with a pneumatic suction

In order that industrial robots can reliably perform their intended function, they must be equipped with end effectors.

Three basic types can be distinguished:

Grippers: Picking up and aligning components (e.g. palletising finished products **(Figure 1)**.

Process tools: processing a workpiece (e.g. guiding a spray gun)

Process monitoring tools: collecting data (e.g. for quality assurance)

An important feature of each end effector is the tool centre point. It clearly describes the position and orientation of the end effector.

Vocabulary

handling technology – *Handhabungstechnik*
transport – *Beförderung*
manufacturing process – *Fertigungsprozess*
tool guidance – *Werkzeugführung*
handling device – *Handhabungsgerät*
manipulator – *Manipulator*
insertion device – *Einlegegerät*
industrial robot – *Industrieroboter*
Autonomous Mobile Robot – *Autonome mobile Roboter*
Vertical Articulated Robot – *Vertikal-Knickarmroboter*
Gantry Robot – *Portalroboter*
Horizontal Swivel-Arm Robot – *Horizontal-Schwenkarmroboter*
maximum load – *Maximallast*
positioning accuracy – *Positioniergenauigkeit*
repetition accuracy – *Wiederholgenauigkeit*
teach pendant – *Programmierhandgerät*
control unit – *Steuereinheit*
state variable – *Zustandsgröße*
gripper – *Greifer*
process tool – *Prozesswerkzeug*
process monitoring tools – *Werkzeuge zur Prozessüberwachung*
quality assurance – *Qualitätssicherung*

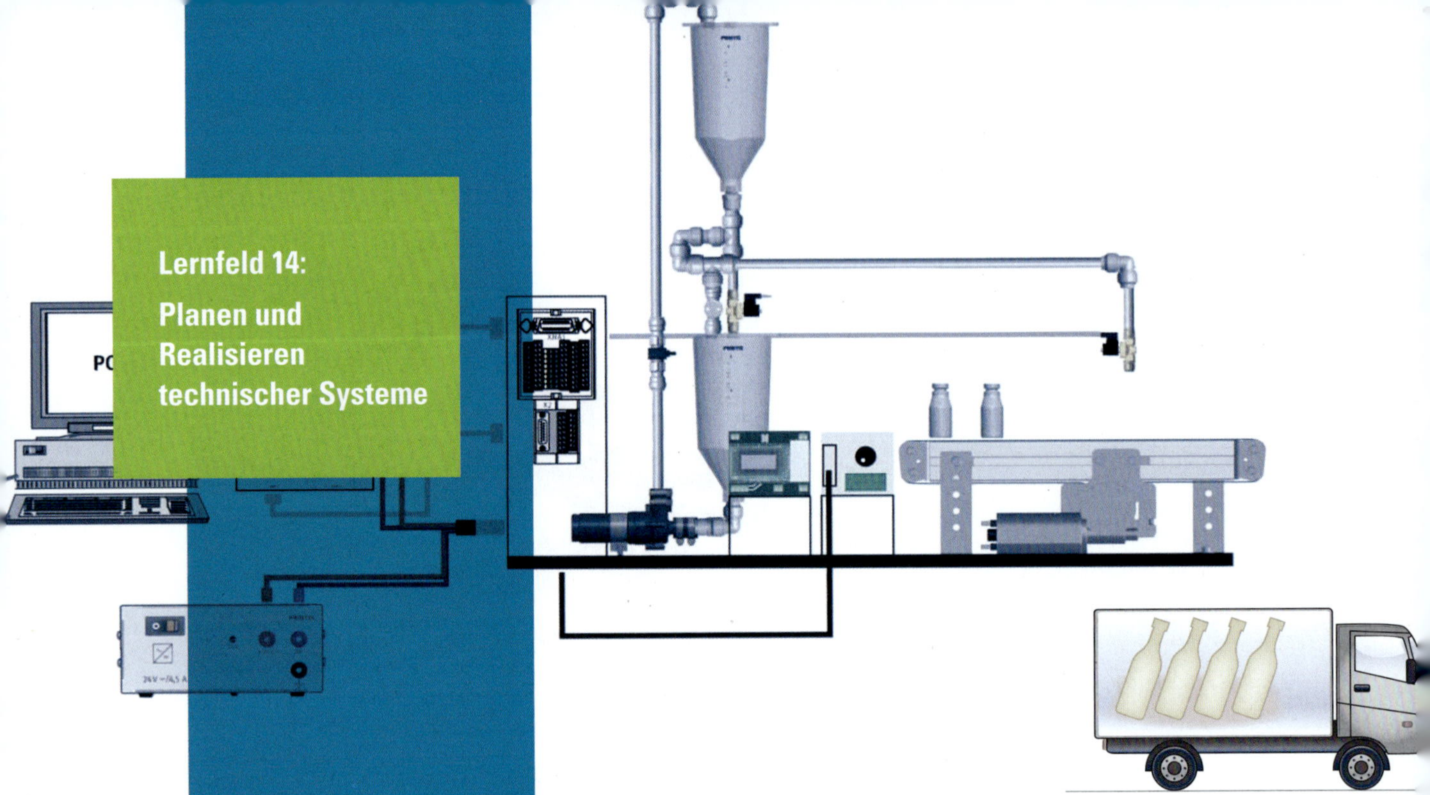

Lernfeld 14:
Planen und Realisieren technischer Systeme

Kapitel
10

Projektmanagement

Vom Angebot über die Herstellung bis zum Aufstellen beim Kunden durchläuft eine technische Anlage viele Schritte, die geplant, strukturiert und begleitet werden müssen. Die Schritte des Projektmanagements werden im Folgenden am Beispiel der Füllstandsanlage EduKit PA (Festo Didactic SE, Adiro GmbH) gezeigt.

10.1 Projektdefinition

Über die Hälfte unseres Trinkwassers wird aus dem Grundwasser gewonnen. Über lange Strecken wird das Wasser in einem weitverzweigten Rohrleitungsnetz durch die Landschaft transportiert.

Dabei muss es häufig auf ein höheres Niveau gepumpt werden. Schließlich speichert man das Wasser in Wassertürmen. Von dort werden dann die Haushalte versorgt.

In vielen Lebensbereichen begegnen uns Prozesse, bei denen Flüssigkeiten durch Rohrleitungen geführt werden, so z. B. im kommunalen Bereich bei der Trinkwasserversorgung, der Abwasserbehandlung, in Schwimmbädern usw. Wasser ist auch in vielen industriellen Prozessen zentraler Bestandteil, z. B. bei der Papierherstellung, der Chemie- und Nahrungsmittelproduktion und der Herstellung von Getränken.

Bild 1: Pumpspeicherwerk

Die Füllstandsanlage EduKit PA (Festo Didactic SE, Adiro GmbH) stellt ein in sich abgeschlossenes technisches System dar, mit dem der Prozess der Wasserversorgung gezeigt werden kann **(Bild 1, Seite 607)**.

Die Füllstandsanlage soll als Projektarbeit konzipiert, montiert und in Betrieb genommen werden.

Die Projektbearbeitung untergliedert sich in fünf Phasen **(Tabelle 1)**.

10.1.1 Projektvorbereitung

In der ersten Phase der Projektvorbereitung wird das Projekt stichwortartig beschrieben und die wichtigen Ziele und Teilaktivitäten beschrieben.

Zunächst werden Grobziele definiert, die mit der Umsetzung des Projekts erreicht werden sollen:

- in guter Qualität ein hochwertiges Produkt herstellen
- zu einem günstigen Preis-Leistungs-Verhältnis produzieren
- Versuche sollen mit einem geringen Aufwand an Umbaumaßnahmen durchgeführt werden können.

Teilaktivitäten bei der Umsetzung technischer Projekte sind typischerweise folgende:

- Entwicklung und Entwurf
- Fertigung und Montage der Anlage
- Inbetriebnahme und Probelauf
- Produktabnahme und Regelbetrieb beim Kunden

Dabei sollen sachliche, zeitliche und soziale Rahmenbedigungen beachtet und erfüllt werden:

- **Sachliche Rahmenbedingungen:**
  Wer ist der Auftraggeber? Ist es ein firmeninternes Projekt oder ein Kundenauftrag? Wie ist die Finanzierung des Projekts geregelt?

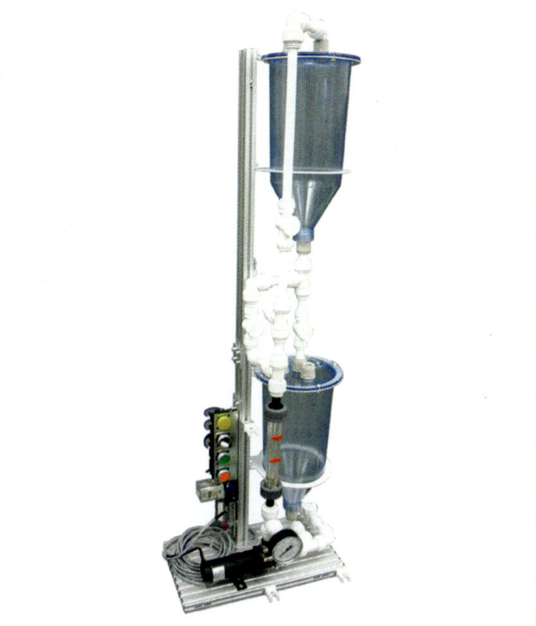

Bild 1: EduKit PA

- **Zeitliche Rahmenbedingungen:**
  Laufen parallel noch weitere Projekte? Welche Projekte sind anschließend geplant, die einen Einfluss auf das aktuelle Projekt haben könnten?
- **Soziale Rahmenbedingungen:**
  Welche Personen, Abteilungen des Unternehmens arbeiten an dem Projekt? Welche Hierarchie gibt es bei der Umsetzung? Haben die Mitarbeiter einen Bezug zum Projekt?

Tabelle 1: Projektphasen

	Projektphase	Inhalte
1	Projektvorbereitung ↓	Projekt skizzieren Ziele setzen Projektanfang und Projektdauer festlegen
2	Projektorganisation ↓	Projektleitung und Projektteam festlegen Projektantrag und -auftrag formulieren OS-Maßnahmen und Projektdokumente festlegen
3	Projektstrukturierung ↓	Projektplanung vornehmen Zeit- und Ressourcenplanung Kostenplanung Arbeitspakete definieren, Vorgangsliste erstellen
4	Projektführung ↓	Einzelaufgaben aus Arbeitspaketen umsetzen Phasenkontrolle
5	Projektabschluss	Übergabe des Produkts Übergabe der Dokumentationen Präsentation Abschlussbericht und Projektbewertung

10.2 Projektorganisation

Damit das Projekt gestartet werden kann, benötigt der Dienstleister die Genehmigung des Auftraggebers. Zunächst stellt der Auftraggeber einen **Projektantrag** und beschreibt darin stichwortartig die Aufgabenstellung **(Bild 1)**.

Im Projektantrag werden Ziel, Kosten und zeitlicher Umfang grob dargestellt, um in der Folge einen ersten Projektplan erstellen zu können. Haben sich Dienstleister und Kunde besprochen und sind Sie sich über die Umsetzung einig, dann erfolgt der **Projektauftrag**.

// Magisches Dreieck

Für eine erfolgreiche Projektumsetzung versucht man, die drei Hauptziele Termin (Zeit), Sachziel und Kosten optimal zu erreichen. Verbindet man die jeweiligen Punkte auf den Koordinatenachsen, dann ergibt sich das sogenannte magische Dreieck. Dieses soll zeigen, dass z. B. bei einer Kostenreduktion das Sachziel nicht mehr in der ursprünglichen Qualität erreicht werden kann **(Bild 2)**.

- **Terminziel:**
  Definition von Projektanfang und -ende
- **Sachziel:**
  In welchem Fertigstellungszustand wird die Anlage ausgeliefert, als Bausatz, funktionsfähig? Sind Baugruppen vormontiert? Sind Steuerungen und elektrische Komponenten schon montiert? Welche Qualität wird gefordert?
- **Kostenziel:**
  Wie viele Mitarbeiterstunden werden für die Umsetzung geplant? Benötigt man Maschinen, Werkzeuge für die Fertigung? Kosten für Einkauf von Einzelteilen?

Die Ergebnisse in den einzelnen Phasen werden dokumentiert und in einem **Briefing** allen Projektbeteiligten vorgestellt. Wichtige Ergebnisse am Ende von Teilphasen werden im Projektmanagement auch als **Meilensteine** bezeichnet.

Bild 2: Magisches Dreieck

Projektantrag	Proj. Nr.: Auftraggeber: Datum:
Projektbezeichnung:	**Füllstandsanlage konzipieren, montieren und in Betrieb nehmen**
Projektbeginn:	Projektende:
Projektdefinition:	**Füllstandsanlage konzipieren, montieren und in Betrieb nehmen**
Projektkurz-beschreibung:	Es ist eine komplexe Füllstandsanlage zu entwickeln und zu montieren. Die einzelnen Bauteile der Anlage werden vom Hersteller geliefert. Diese müssen vor Ort mechanisch und elektrisch aufgebaut werden. Nach Fertigstellung und Inbetriebnahme wird die Anlage zu Schulungsmaßnahmen in einer anderen Abteilung eingesetzt.
Projektziele:	- Funktionsfähiges technisches System in guter Qualität herstellen. - Herstellung und Montage zu einem günstigen Preis. - Versuchsdurchführung ohne größere Umbauarbeiten ermöglichen.
Aufgaben und Aktivitäten in der Projektumsetzung:	- Schaltpläne entwickeln und zeichnen - Liste der Bauteile erstellen und Bauteile beschaffen - Montageplan erstellen - Materialkosten ermitteln

Bild 1: Projektantrag EduKit PA

10.3 Projektstrukturierung

// Lasten- und Pflichtenheft

In der dritten Phase präzisieren Auftraggeber und Auftragnehmer die Aufgabenbeschreibung rund um das Projekt. Zunächst schreibt der **Auftraggeber** seine Zielsetzung, die Aufgabenstellung und alle Eckdaten in ein **Lastenheft**. Darin wird der Istzustand aufgezeigt und der Sollzustand beschrieben.

Im **Pflichtenheft** formuliert der Auftragnehmer seine Aufgaben und die Vorgehensweise bei der Projektdurchführung auf der Basis des Lastenhefts. Gleichzeitig dient das Pflichtenheft als vertragliche Beschreibung des Auftrags und ist rechtlich bindend. Das Pflichtenheft gibt nochmals die Anforderungen an den Auftragnehmer wieder.

// Kundengespräch

Um die Vorstellungen des Auftraggebers besser zu verstehen und einordnen zu können, ist es sinnvoll, in das persönliche Gespräch hineinzugehen. Im Austausch lernt der Auftragnehmer die Besonderheiten des Gegenübers kennen, versteht Firmenstrukturen und Beziehungen richtig zu deuten und wird dadurch auch eine vertrauensvolle Basis der Zusammenarbeit schaffen können.

Zur Vorbereitung auf ein gutes und wertschätzendes Kundengespräch kann man sich folgende Fragen stellen:

- Welches Ziel wird angestrebt?
- Welche Inhalte sind bekannt, welche müssen noch geklärt werden?
- Gibt es offene Punkte, die mit Leben gefüllt werden sollen?
- Wer sind unsere Gesprächspartner?
- Welche Erfahrungen bringen die Gesprächspartner mit?
- Wo findet das Gespräch statt?
- Welche begleitenden Materialien werden benötigt?

Überlegen und beantworten Sie:

Ordnen Sie die aufgeführten Merkmale und Inhalte dem Lasten- oder Pflichtenheft zu. Setzen Sie ein Kreuz im entsprechenden Feld.

Merkmal/Inhalt	Lastenheft	Pflichtenheft
definiert das Was und Wofür an Aufgaben zu lösen ist		
definiert das Wie und Womit die Anforderungen zu lösen sind		
Beschreibung der Ausgangssituation (Istzustand)		
Produktumfang (Sollzustand)		
Es enthält das Lastenheft.		
detailliert die Anwendervorgaben		
Kostenrahmen		
wird in der Regel vom Auftraggeber erstellt		
beschreibt die Realisierung aller Anforderungen des Lastenhefts		
Anforderungen für die Inbetriebnahme (Probebetrieb, Montage)		
wird in der Regel vom Auftragnehmer erstellt		
beschreibt die konkrete Lösungsmöglichkeit		
Schnittstellen, Randbedingungen		
bedarf der Genehmigung durch den Auftraggeber		
stellt die verbindliche Vereinbarung für Auftragnehmer und -geber dar		

- Sind im Vorfeld Erwartungen bekannt, die erfüllt werden sollen?
- Werden für bestimmte Themen Experten benötigt?

In der Regel wiederholen sich die Fragen bei nachfolgenden Gesprächen, die meist im Zusammenhang mit einem Briefing zu einem Meilenstein stattfinden.

// Projektstrukturplan und Arbeitspakete

Ein Projekt umfasst häufig eine unüberschaubare Vielzahl an Einzelaufgaben, die zu Arbeitspaketen zusammengefasst werden. Für die Füllstandsanlage EduKit PA sind in einem **Projektstrukturplan** vier große Phasen, die Planung, Realisierung, Inbetriebnahme und Tests sowie Produktabnahme und Regelbetrieb, erstellt worden **(Bild 1)**. Innerhalb der Phasen finden sich die einzelnen Arbeitspakete.

Die Arbeitspaketebeschreibung ist das Dokument, das alle Inhalte und Bedingungen des Pakets erläutert. In der Regel wird es in tabellarischer Form erstellt **(Bild 2)**.

Auf der Basis der Beschreibung dieser Tätigkeiten werden im Anschluss Ablauf- und Zeitpläne erstellt. Je detaillierter ein Arbeitspaket beschrieben ist, umso genauer können Termine und Aufwände abgeschätzt werden, vorausgesetzt der Auftragnehmer verfügt gleichzeitig über eine entsprechende Projekterfahrung.

Darüber hinaus werden in der Beschreibung des Arbeitspakets auch Maßnahmen zur Qualitätssicherung aufgrund geforderter Eigenschaften und Ziele festgehalten.

Projektname: Füllstandsanlage	Projektname:	Datum:
Arbeitspaket: Montageplan mechanisch	**Arbeitspaket Nr.:** 6	
Beschreibung: Es wird ein Montageplan für den mechanischen Zusammenbau benötigt. Auf der Basis der Bauteilliste können die Einzelteile zu Baugruppen zusammengefügt werden.		
Aktivitäten/Ergebnisse: tabellarischer Montageplan als Datei		
Schnittstellen zu anderen Arbeitspaketen: Liste der mechanischen Bauteile (5) und elektrischer Aufbauplan (9)		
Termine/Meilensteine: 2 Tage	**Aufwandsabschätzung, Ressourcen:** ... €, Manntage, Sachmittel	
QS-Maßnahmen/Dokumentationen:		
Verantwortliche Personen: **Unterschrift:**	**Projektleitung (Unterschrift):**	

Bild 2: Arbeitspaket Montageplan mechanisch

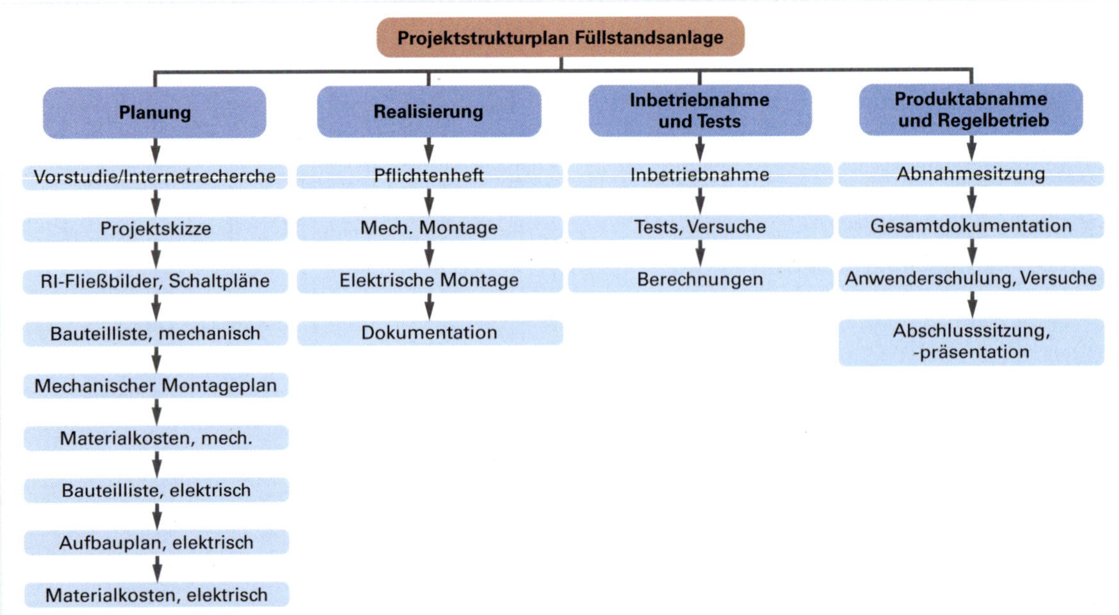

Bild 1: Projektstrukturplan Füllstandsanlage EduKit PA mit vier Phasen

// Zeitplanung

Wenn alle Arbeitspakete mit den entsprechenden Zeiten beschrieben sind, dann kann eine **Vorgangsliste** erstellt werden. Die Vorgangsliste beinhaltet die Einzelaufgaben mit ihrem zeitlichen Umfang und einer Zuordnung im Gesamtablauf des Projekts.

Aus der Vorgangsliste **(Bild 1)** wird ersichtlich, welche Arbeitspakete bearbeitet sein müssen, um das nächste Arbeitspaket in Angriff zu nehmen. Damit ein Arbeitspaket bearbeitet werden kann, müssen zum Teil mehrere Vorgänger erledigt sein.

Beispiel (Bild 1): Arbeitspaket „Elektrischer Aufbauplan erstellen" hat die Vorgänger 4 und 8, die vorher bearbeitet sein müssen.

// Balkendiagramm

Das Balkendiagramm ist ein sehr wirkungsvolles Instrument, um den zeitlichen Umfang der Arbeitspakete aus der Vorgangsliste und die logische Verknüpfung bildhaft darzustellen **(Bild 2)**.

Einzelne Arbeitspakete werden durch einen Balken dargestellt, der Übergang von einem zum nächsten Arbeitspaket wird durch einen Pfeil gekennzeichnet.

Am Ende jeder Phase steht ein sogenannter Meilenstein, z. B. Schaltpläne, Montagepläne, Aufbauplan. Die Raute ◆ symbolisiert den Meilenstein. Ein Meilenstein stellt ein wichtiges Etappenziel bei der Bearbeitung des Projekts dar und wird in der Regel mit einem Briefing zwischen Auftraggeber und Auftragnehmer besprochen und abgenommen.

	Vorgangsname	Dauer	Vorgänger
1	Planung	0 Tage	
2	Vorstudie und Recherche im Internet	2 Tage	
3	Skizzieren der Projektidee und eines Prozessablaufs	1 Tag	2
4	RI-Fließbilder, Schaltpläne entwickeln und skizzieren	3 Tage	3
5	Liste der mechanischen Bauteile	2 Tage	4
6	Mechanischen Montageplan entwickeln	2 Tage	5
7	Materialkosten (mechanische) ermitteln	2 Tage	5
8	Liste der elektronischen Bauteile	2 Tage	4
9	Elektrischen Aufbauplan erstellen	2 Tage	8,4
10	Materialkosten (elektrische) ermitteln	2 Tage	9
11	Realisierung	0 Tage	10
12	Pflichtenheft erstellen	2 Tage	10

Bild 1: Vorgangsliste für Füllstandsanlage

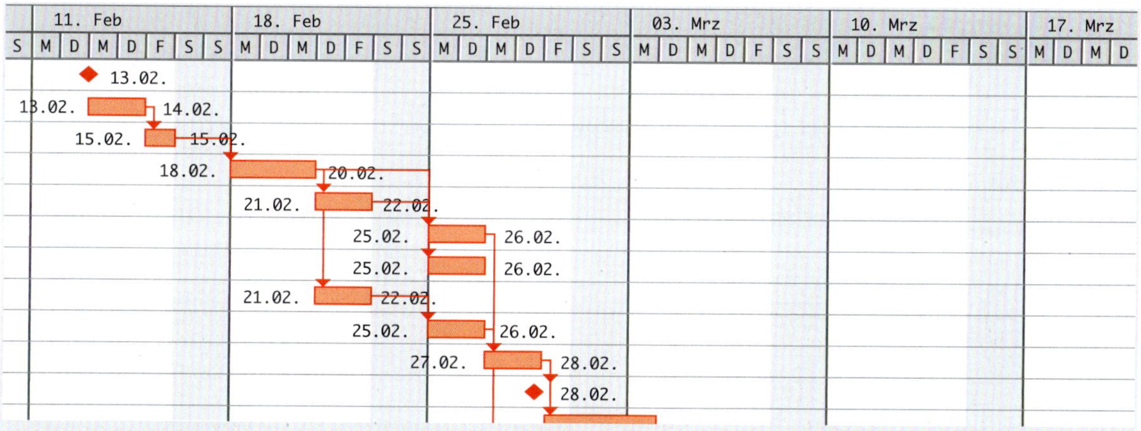

Bild 2: Balkendiagramm

// Netzplan

Um die Vorgänge in der Projektplanung übersichtlich und nachvollziehbar zu gestalten, werden die einzelnen Arbeitspakete in einem Netzplan dargestellt. Die beschriebenen Aufgaben schreibt man in Rechtecke und verbindet sie mit Linien, sodass sich ein **Pfad** ergibt.

Ein **Meilenstein** kennzeichnet, dargestellt durch eine Raute, den Abschluss einer Phase **(Bild 1)**, wie im Beispiel des Projektstrukturplans mit Planung, Realisierung, Inbetriebnahme und Produktabnahme benannt **(Bild 2, Seite 611)**.

Da sich in der Projektbearbeitung Arbeitspakete zeitlich überschneiden können, ergeben sich an manchen Stellen im Projektablauf zeitliche Puffer und an manchen Stellen geht es nahtlos von einem Arbeitspaket in das nächste über **(Bild 3)**.

Durch diese zeitlichen Differenzen können mehrere Pfade entstehen. Hier wird dann zum einen von einem **unkritischen Pfad** gesprochen, wenn der zeitliche Puffer genutzt werden kann, und zum anderen von einem **kritischen Pfad**, wenn kein zeitlicher Verzug auftreten darf. Kritische Pfade werden häufig in Rot gezeichnet, unkritische Pfade in Blau **(Bild 2)**.

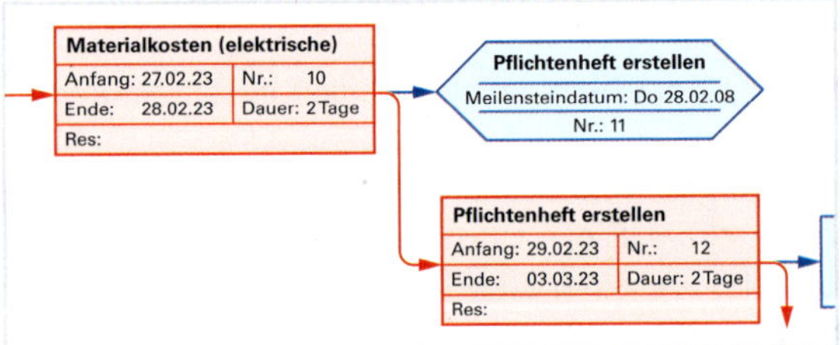

Bild 1: Netzplan, Arbeitspaket und Meilenstein

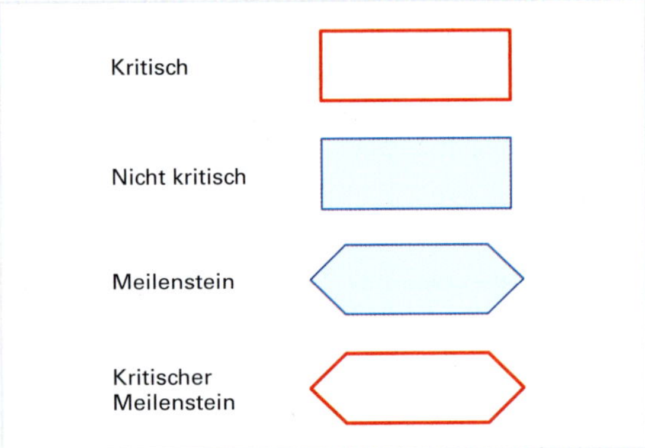

Bild 2: Legende zum Netzplan

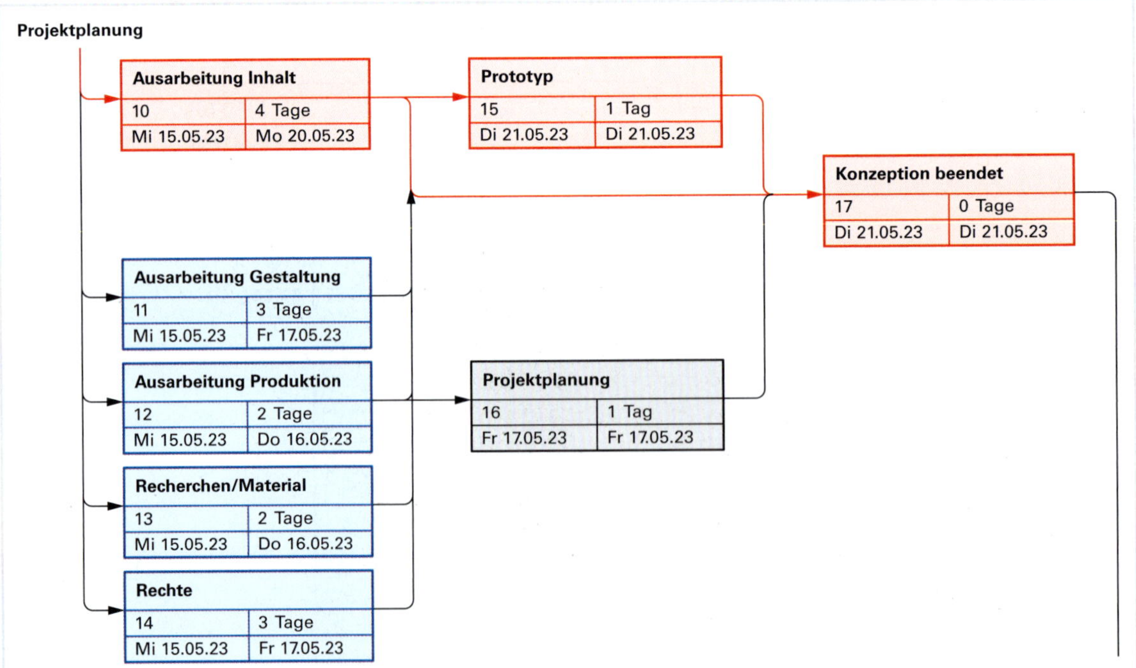

Bild 3: Netzplan mit kritischen und unkritischen Pfaden, technische Dokumentation

Lernfeld 14

10.4 Projektdurchführung

Sind die vorbereitenden Planungen abgeschlossen, werden die Arbeitspakete nach den geplanten Vorgaben umgesetzt.

Die Vielzahl an Bauteilen der Füllstandsanlage **(Bild 1)** wird zu Baugruppen gefügt und dann zur gesamten Anlage zusammengebaut. Im Arbeitspaket „Erstellen eines mechanischen Montageplans" werden die Schritte der Montagearbeiten im Montageplan festgehalten **(Bild 2)**. Die Baugruppen werden fortlaufend mit B1, B2 usw. gekennzeichnet. Der Grundaufbau der Anlage erfolgt dann schrittweise nach der Abfolge im Montageplan.

Aus der Praxis der Projektdurchführung kann man erkennen, dass jede Abweichung vom Plan zu zeitlichen und kostenrelevanten Verschiebungen führt. Um die Plantreue sicherzustellen, kann man einzelne Phasen noch einmal in kleinere Etappen unterteilen und diese mit Meilensteinen versehen.

Ist ein Meilenstein erreicht, wird mit dem Auftraggeber ein Briefing vereinbart. Der Begriff „Briefing" stammt aus dem Englischen. Das Wort „brief" bedeutet, jemanden kurz zu informieren oder einzuweisen. Das Briefing ist eine kurze Besprechung zum Abgleichen des Projektstands.

Nr.	Pos. Nr.	Benennung	Hilfsmittel, Werkzeug
B1	1	Pumpe, Schlauchstück und Rohrstück mit Rohrschelle befestigen	Schraubendreher
B1		Rücklaufleitung und Abflussanschluss an Pumpe	
B2	2	Manometer vormontieren mit T-Steckverbinder	
B2		Manometer mit Rohrstück und Rohrverbinder versehen	
B2	3	Schwebekörper Durchflusssensor auf T-Steckverbinder stecken	
B3	5, 9	Mit Absperrhahn (2), T-Steckverbinder (2) und Rohrstücken die Querverbindung und die Verbindung der Behälter stecken	

Bild 2: Montageplan Füllstandsanlage (Ausschnitt)

Rund um das Briefing am Ende einer Phase (Meilenstein) werden folgende Fragen gestellt bzw. Sachverhalte betrachtet:

- Ist das Projekt noch im Zeitplan?
- Wie entwickeln sich die Kosten?
- Wurde bislang wirtschaftlich gearbeitet?
- Ist die Qualität sichergestellt?
- Arbeitet das Team zielorientiert und erfolgreich?
- Wie steht es um die Stimmung, die Harmonie, das „Betriebsklima" im Team?

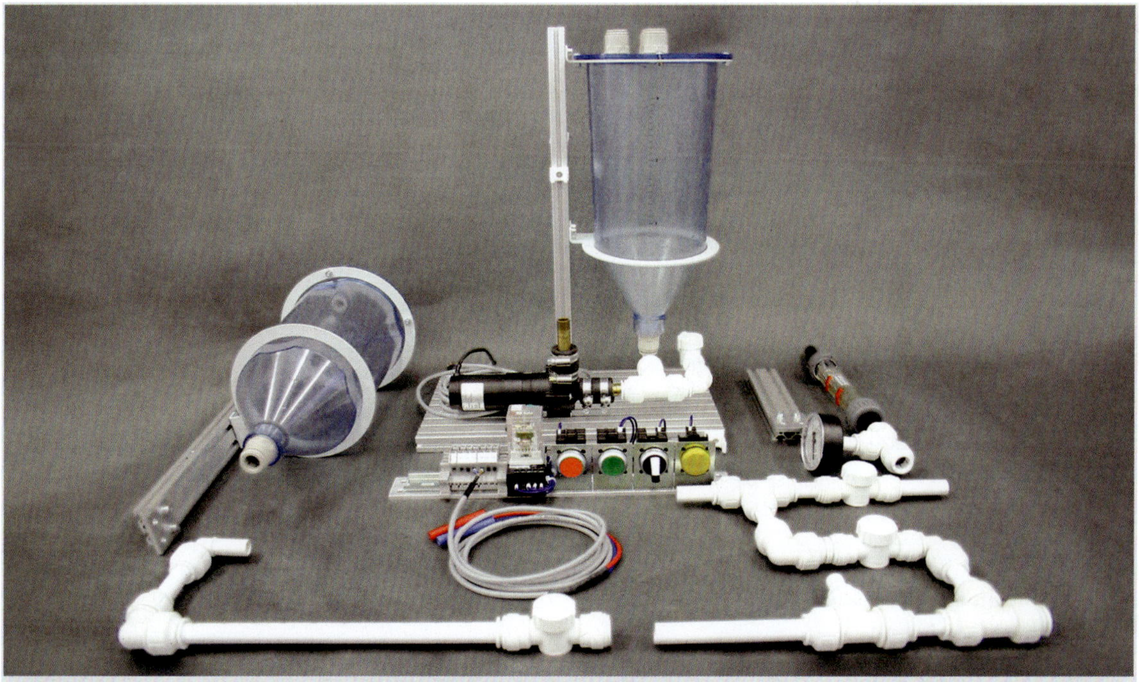

Bild 1: Einzelteile und Baugruppen der Füllstandsanlage

// Controlling

Parallel zur Bearbeitung des Projektauftrags wird die Durchführung ständig überprüft und mit den Qualitätsmaßnahmen abgeglichen.

Ein einfaches und für alle Teammitglieder sichtbares Verfahren zur Darstellung des Projektzustands bietet die Technik des grünen Bereichs an. Beispielsweise werden an zwei Achsen des Koordinatensystems die Kosten und die Zeit in Form einer Matrix aufgezeichnet. In einem vorher definierten inneren Feld, dem grünen Bereich, hat man keine Abweichung bei den Kosten und der Zeit. Bei geringen Abweichungen rutscht die Markierung für das Projekt in den gelben Bereich, bei schwerwiegenden Abweichungen in den roten Bereich **(Bild 1)**.

Dieses Verfahren lässt sich sehr gut mithilfe einer Magnettafel umsetzen. Diese kann in jeder Abteilung der Teams platziert werden.

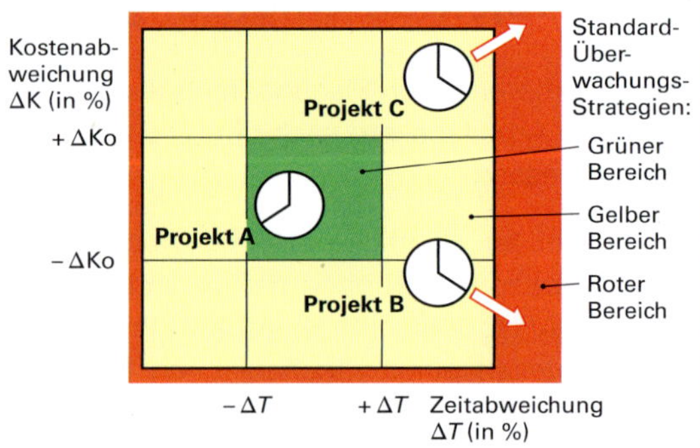

Bild 1: Controllinginstrument „Grüner Bereich"

10.5 Projektabschluss

Sind alle Projektphasen durchlaufen, dann erfolgt die Übergabe des Produkts an den Auftraggeber. Die Übergabe und eventuelle Inbetriebnahme des Produkts, der Anlage, der Maschine usw. werden begleitet durch die

- Abschlusspräsentation beim Auftraggeber mit Abnahme des Auftrags,
- schriftliche Dokumentation der Abnahme und deren Übergabe,
- Übergabe der Projektdokumentation über den Projektverlauf und
- evtl. durch eine technische Dokumentation zum Produkt.

In einem abschließenden Treffen zwischen Auftraggeber und -nehmer können noch einmal wichtige Punkte rund um die Projektbearbeitung reflektiert und ausgetauscht werden.

- Wurden die angestrebten Ziele erreicht?
- Wo hat es unklare Absprachen gegeben?
- Wie hoch ist die Kundenzufriedenheit?
- Wie hat sich durch die Projektarbeit das Team entwickelt?
- Welche Konsequenzen hat die Projektarbeit für zukünftige Projekte?
- Der Projektleiter und das -team müssen entlastet werden.
- Erklärung einer offiziellen Auflösung des Projekts und des Teams

// Projektdokumentation

Checkliste Projektdokumentation

Projekttitel: **Datum:**
Beschreibung des Projekts: •
Beschreibung der Projektvorbereitung und Projektorganisation: •
Beschreibung der Projektstrukturierung: •
Beschreibung der Projektdurchführung: •
Bewertung der Teamarbeit: •
Bewertung des Projekts (Qualität, Ziel, Kosten): •

Überlegen und beantworten Sie:

Fertigen Sie eine Projektdokumentation zu einer Projektarbeit an, die in Ihrer Schule oder im Betrieb durchgeführt wurde. Welche Merkmale zum Projekt müssen und sollen in die Projektdokumentation einfließen? Erstellen Sie nach obigem Muster eine Checkliste zur Dokumentation.

10.6 Discover your profession in English

// Product specifications and requirements specifications

The product specification describes all the features that a component, software or product has to fulfill and serves as a basis for requesting quotes. The requirements specification represents the supplier's solution and describes how the functions required by the customer in the product specification are to be implemented.

Guideline of how to structure product specification:

- Information about the current state: Which preconditions have already been listed?
- Define the rough goals.
- Specify responsibilities.
- Divide the collection of requirements into necessary and desirable criteria.
- Determine the qualitative indicators of the requirements.

Guideline of how to structure the requirements specification:

- Document the initial situation and define the objectives: The necessary criteria are marked as well as the desirable criteria and the delimitation criteria are defined in detail.
- Describe process flows. Strengths and weaknesses should be listed.
- Develop a target concept, in which the requirements of the supplier are described.
- Create a tabular overview with important data, annotations and notes.
- Add checklists, flow charts and, if necessary, documents as an appendix to the requirements specification

// Magical triangle

The connection of the points in a three-axis coordinate system is called a magical triangle, which symbolically shows the link between project costs, project duration (time) and project requirements (scope).

These competing variables are positioned at the corners of the magic triangle. A project target is placed within the triangle and has a certain distance from all three corners.

The triangle wants to show that changes within one dimension will inevitably impact the other two. The main goal is to balance these three variables.

Vocabulary

product specification – *Lastenheft*
feature – *Funktionalität*
component – *Bauteil*
quote – *Angebot*
requirements specification – *Pflichtenheft*
supplier – *Anbieter*
preconditions – *Voraussetzungen*
responsibilities – *Zuständigkeiten*
requirements – *Anforderungen*
qualitative – *Qualitativ*
delimitation criterias – *Abgrenzungs-Kriterien*
process flow – *Prozessabläufe*
target concept – *Soll-Konzept*
flow charts – *Ablaufpläne*
magical triangle – *Magisches Dreieck*
project costs – *Projektkosten*
project duration – *Projektdauer*
project target – *Projektziel*

Exercises:

1. Who prepares the product specification and who prepares the requirements specification?
2. Assign the question words "what"/"for which purpose" as well as the question words "how" and "by means of" to the product specification and the requirements specifications.
3. What is meant by necessary and desirable criteria?
4. Define the terms at each corner of the magic triangle.
5. Where will the project scope be located?

Lernfeld 15:
Optimieren von technischen Systemen

Kapitel 11

Optimieren von technischen Systemen

Die ständige technische Entwicklung bringt immer wieder neue Möglichkeiten mit sich, um komplexe technische Systeme zu optimieren, zu modernisieren und störungsfreier zu machen.

11.1 Wirtschaftliche Fertigung

In den maschinenbaulichen Betrieben ist täglich eine Vielzahl technischer Systeme im Einsatz, wie Förderfahrzeuge, Montagelinien, NC-Maschinen, Fertigungszentren, Spritzgussmaschinen, Laserschneidemaschinen, Transferstraßen u. v. m.

Diese technischen Systeme sind mittlerweile hochkomplex und kostenintensiv. Die Bandbreite der Fertigungsmöglichkeiten steigt ständig durch Optimierungen sowie Weiterentwicklungen und gleichzeitig sind die Anforderungen an einen störungsfreien Betrieb hoch.

Die Entwicklung technischer Systeme wirft auch viele Fragen auf, die uns in der Zukunft begleiten werden.

Bild 1: Fertigungsstraße

- Wie lässt sich die Zuverlässigkeit von Maschinen und Anlagen erhöhen?
- Lassen sich Produktionsprozesse durch die Globalisierung effizienter gestalten und lässt sich eine höhere Wirtschaftlichkeit erzielen?
- Wie kann man Steuerungsprozesse, Maschinenparameter und -einstellungen verbessern?
- Wie verbessert der Mensch die Kommunikation auf der Ebene Mensch–Mensch und Mensch–Maschine?
- Wie lassen sich Gesundheitsaspekte und Ergonomie steigern?
- Welche Maßnahmen tragen zu einer nachhaltigen und effizienten Nutzung von Werkstoffen und Hilfstoffen bei?
- Welche Maßnahmen können zukünftig getroffen werden, um die Umwelt zu schonen und unser Klima durch Verringerung von Emissionen zu verbessern?

In diesem Kapitel sollen einige Ideen, Zukunftsaussichten und Zielvorstellungen aufgegriffen und Gedanken angestoßen werden.

11.1.1 Globalisierung

Zur Produktion von Gütern werden Arbeitskräfte, Kapital und ein Ort benötigt. Der Produktionsort benötigt Ressourcen in Form von Energie und Werkstoffen und es sollen dafür kurze Wege oder eine gute Infrastruktur der Transportmöglichkeiten vorhanden sein **(Bild 1)**. Weitere Faktoren sind das Wissen der Menschen und eine Vielzahl an Kommunikationsmöglichkeiten.

Der Mensch muss nicht alles beherrschen, sondern er muss wissen, wo es auf dieser Erde den richtigen Ansprechpartner mit den entsprechenden Produktionsmöglichkeiten gibt. **Globalisierung** bedeutet, dass eine weltweite Vernetzung von Herstellern, Kunden, Zulieferern und Kapitalgebern angestrebt wird.

11.1.2 Innovation

Durch die globale Vernetzung gibt es eine Vielzahl von Anbietern derselben Produkte. Um sich von den Mitbewerbern abzuheben, muss sich jeder Produzent Gedanken machen, wo sein Alleinstellungsmerkmal ist. Damit es gelingt, diese **USP** (unique selling proposition) einzunehmen, benötigt man innovative Ideen und einen gewissen Grad an Spezialisierung.

Innovationen zeichnen sich dadurch aus, dass sie gegenüber den Wettbewerbern objektiv bewertbare Merkmale besitzen, die dem Produzenten einen Vorteil verschaffen.

- Vereinfachung der Fertigungsschritte
- Ressourcen werden eingespart.
- Komplexität einer Konstruktion wird vereinfacht.
- Sicherheitsstandards werden angehoben.
- Lebensdauer wird gesteigert.
- Produktions- und Montageprozesse werden ergonomischer gestaltet usw.

Innovationen in der Technik haben in den letzten Jahrzehnten vor allem dazu beigetragen, Arbeitsplätze menschenfreundlicher zu gestalten, indem bespielsweise schwere und gesundheitsschädliche Tätigkeiten durch den Einsatz von Robotertechnik, Greifersystemen, Schweißautomaten und Lackierrobotern erleichtert wurden **(Bild 2)**.

Bild 1: Globale Welt der Produktion und Logistik

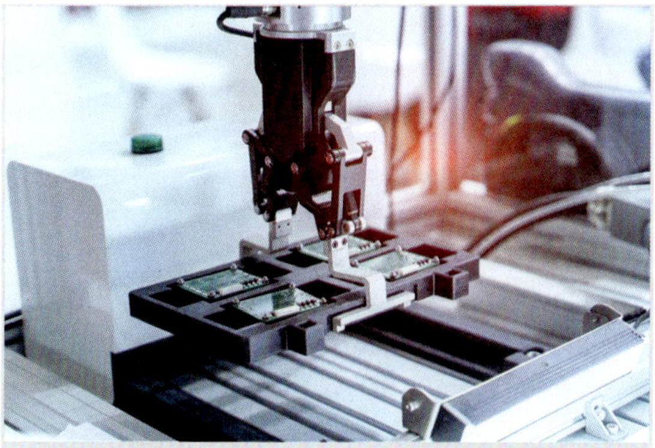

Bild 2: Greifersystem mit Bauteilerkennung

// Leichtbau

Die Forderung nach geringerem Gewicht und gleichzeitiger hoher Formstabilität stand in der Luft- und Raumfahrttechnik schon immer an erster Stelle. Für viele weitere Produkte, die mit der Mobilität des Menschen verbunden sind, werden Leichtbauvarianten entwickelt. Neue Werkstoffe und Fertigungsverfahren ermöglichen die Einsparung von Material und damit Gewicht.

Merkmale des Leichtbaus:

Verbesserte Konstruktion: Durch Simulationen und 3D-Druck-Modellierung können Leichtbaukonstruktionen bereits im Entwicklungsstadium getestet werden.

Neue Fügetechniken: Durch Clinchen (Durchsetzfügen) **(Bild 1)** wird es beispielsweise möglich, unterschiedliche Materialien zu verbinden.

Neue Werkstoffe: Keramik anstelle von Stahl, bei Bauteilen mit sehr hohen Temperaturen; Kunststoffe oder Kohlenstofffasern (CFK) statt Metalle; Magnesium (viermal leichter als Stahl) oder Wolfram (hohe Schmelztemperatur ca. 3400 °C)

Neue Fertigungsverfahren: Stahlleichtbauweise durch Innenhochdruckumformung (IHU) **(Bild 2)**. So können besonders belastete Bauteile, wie z. B. Motorträger, leichter und billiger hergestellt werden.

Neue Halbzeuge: Bleche mit unterschiedlichen Dicken, z. B. am Türrahmen dicker, im Mittelteil der Pkw-Tür dünner, sogenannte Tailored Blanks **(Bild 3)**.

Neue Werkstoffstrukturen: Metallschäume mit Knochenstruktur **(Bild 4)** sind hoch belastbar und verwindungssteif.

Durch die heutige verstärkte Fokussierung auf die Energie- und Ressourceneffizienz stellt der Leichtbau ein hohes Maß an effizienter Energieausnutzung dar. Im Vergleich zu herkömmlichen Massen muss beim Beschleunigen und Abbremsen eines Leichtbaufahrzeugs wesentlich weniger Energie aufgewendet werden. Gleichzeitig wird durch Leichtbau der Rohstoffverbrauch verringert.

// Fertigungstypen

Bei der Frage der Optimierung von technischen Systemen stößt man auch auf die Frage nach dem Fertigungstyp, der sich in Produktionsprozessen anbietet. Dabei unterscheidet man nach der Häufigkeit der Auftragswiederholung im Fertigungsprozess die **Einzelfertigung**, die **Serienfertigung** mit Klein-, Mittel- und Großserienfertigung und die **Massenfertigung**.

Einflussfaktoren auf die Wahl des Fertigungstyps:

- Auftragsstückzahl
- erforderlicher Zeitaufwand pro Stück

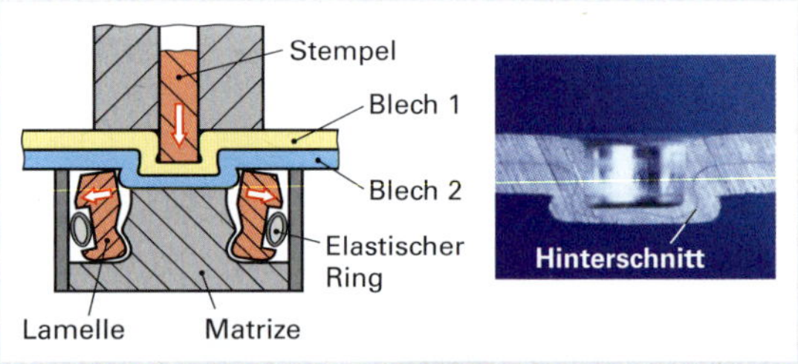

Bild 1: Clinchen

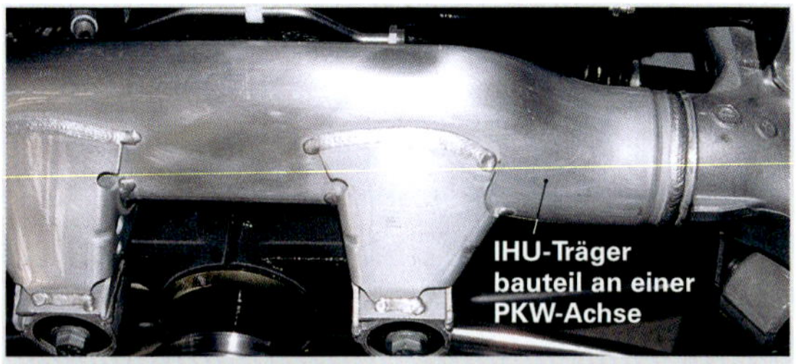

Bild 2: IHU

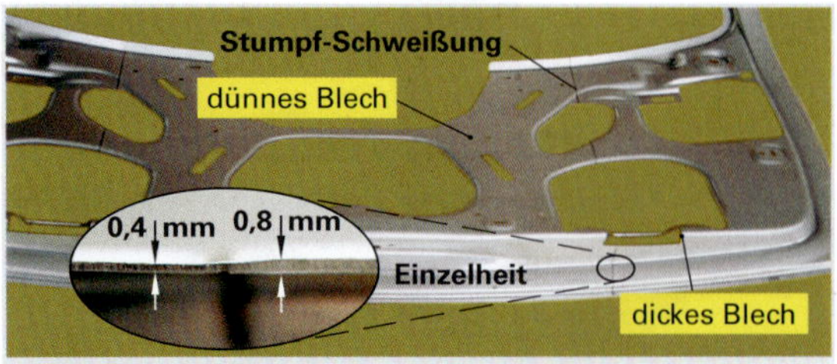

Bild 3: Tailored Blanks

Bild 4: Metallschaum

Bild 1: Einzelfertigung, Schweißkonstruktion

Bild 2: Serienfertigung, Getriebegehäuse

- Breite des Werkstücksortiments
- Fertigungswiederholperioden im Planungszeitraum
- Beständigkeit des Fertigungsprogramms

Einzelfertigung:

Fertigungsart für Erzeugnisse, die nur einmal oder in unregelmäßigen Zeitabständen gefertigt werden. Die Fertigungsaufgabe ist in der Regel kundenwunschabhängig. Typische Erzeugnisse der Einzelfertigung sind Großgeräte, Großanlagen, Sondermaschinen, Sonderwerkzeuge u. Ä. Hierbei kommen Universalwerkzeugmaschinen mit zum Teil hohen Rüstzeiten zum Einsatz **(Bild 1)**.

Serienfertigung:

Fertigungsart für gleichzeitig oder unmittelbar aufeinanderfolgende gleiche oder technologisch ähnliche Werkstücke (Teilesortiment, Teilegruppe). Sie gestaltet sich als Losfertigung mit einer entsprechenden Losgröße, um den Rüstaufwand und die Lagerhaltungskosten zu minimieren.

Eine Erweiterung der Serienfertigung stellt die flexible Fertigung dar. Hier können kurzfristig beliebige Teile aus dem Sortiment gefertigt werden. Dies wird möglich durch einen Wechsel des Bearbeitungsprogramms in der Werkzeugmaschine, automatischen Werkstück- und Werkzeugwechsel sowie den automatischen Einsatz von Werkstückspannmitteln sowie Mess- und Prüfmitteln.

Die flexible Fertigung ist gekennzeichnet durch NC-, CNC-Maschinen, CNC-Bearbeitungszentren bzw. Fertigungszellen bis hin zur Verkettung in flexiblen Fertigungssystemen, wie in der Automobil- **(Bild 2)** oder Konsumgüterindustrie.

Bild 3: Massenfertigung, Muttern

Massenfertigung:

In der Massenfertigung werden Teile über einen sehr großen Zeitraum in sehr hohen Stückzahlen gefertigt. Sind dabei mehrere Arbeitsplätze verkettet, dann spricht man auch von Fließfertigung (Transferstraßen, Taktstraßen).

Die Vorteile liegen in den kurzen Durchlaufzeiten mit einem optimal angepassten Einsatz der Fertigungsmittel und geringen Lohn- und Maschinenkosten pro Stück.

Nachteile ergeben sich aus dem hohen Investitionsbedarf, dem Risiko einer Marktveränderung sowie einem hohen Aufwand für die geringe Taktung und einer ausreichend hohen Störungssicherheit.

Typische Teile der Massenfertigung sind Schrauben, Muttern, Zahnräder, Wälzlager, Bolzen u. a. **(Bild 3)**.

11.2 Organisationsformen der Produktion

Eine effiziente Produktion zeichnet sich nicht allein dadurch aus, dass die Produktionsabläufe mithilfe entsprechender Werkstoffe und Werkzeuge optimal gestaltet werden, sondern dass die gesamte Organisation auf einem modernen Stand ist.

Merkmale für moderne Gestaltungsprinzipien:

- Eliminierung von Verschwendung
- Verzicht auf unnötige Hierarchien im Unternehmen
- hervorragend ausgebildete Mitarbeiter
- umfangreiches Weiterbildungskonzept
- transparente und wertschätzende Kommunikation und guter Umgang im Team
- zertifiziertes Qualitätsmanagement
- mitarbeiterorientiertes Gesundheitsmanagement

// Lean Production

Lean Production bedeutet schlanke Produktion. Dieses Gestaltungsprinzip zielt darauf ab, alle nicht wertschöpfenden Tätigkeiten innerhalb des Produktionssystems zu reduzieren. Das betrifft den Einsatz von Mitarbeitern, Material und Maschine in der Fertigung.

In einer „Lean"-Fertigung wird ein hoher Grad an Flexibilität angestrebt. Bearbeitungszentren und flexible Fertigungszellen in Verbindung mit Handhabungssystemen bieten gleichzeitig die Möglichkeit, auf die stetigen Veränderungen auf dem Markt zu reagieren **(Bild 1)**.

In einem Team mit einem hohen Anteil an Eigenverantwortung und Fertigungsumfang lassen sich diese schlanken Organisationsmaßnahmen weitreichend umsetzen (Volvo-Modell).

// Kanban

Mit der Organisationsform Kanban (jap.: Signalkarte) wird in der Produktion nach dem **Hol-Prinzip** gearbeitet. Voraussetzung für das Kanban-Prinzip ist die Fließfertigung. Toyota wollte gleichzeitig einen zu hohen Vorrat von Produktionsmaterialien vermeiden. Das Ergebnis wird heute als Pull-Prinzip bezeichnet, da Nachschub erst dann angefordert wird, wenn sich der Vorrat dem Ende zuneigt. In der Praxis ist dies manchmal dann der Fall, wenn eine der beiden vorhandenen Schütten leer ist. Dieses Fertigungsprinzip eignet sich nur für immer wiederkehrende Produktgruppen und lebt vom Bedarf und von der Ressource **(Bild 2)**.

Kontinuierlicher Verbesserungsprozess (KVP)

Verbesserungen und Veränderungen im Fertigungsprozesse benötigen immer Kontinuität, Systematik und einen strukturierten Ablauf. Damit der Prozess gelingt, müssen die Mitarbeiter einen intensiven Beitrag leisten.

Bild 1: Flexibles Fertigungszentrum

Bild 2: Kanban-Fertigung

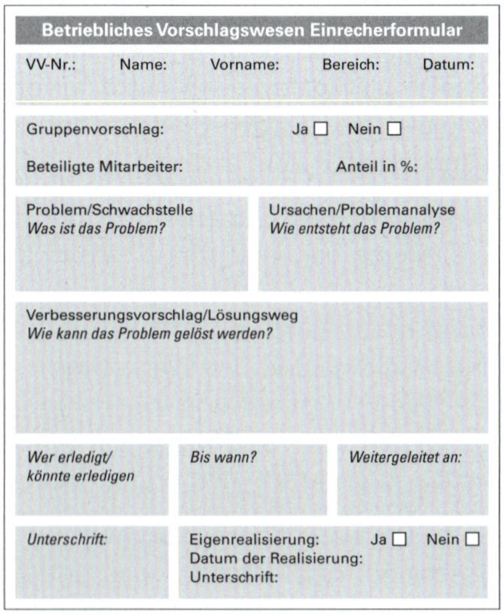

Betriebliches Vorschlagswesen Einrecherformular

VV-Nr.: Name: Vorname: Bereich: Datum:

Gruppenvorschlag: Ja ☐ Nein ☐

Beteiligte Mitarbeiter: Anteil in %:

Problem/Schwachstelle
Was ist das Problem?

Ursachen/Problemanalyse
Wie entsteht das Problem?

Verbesserungsvorschlag/Lösungsweg
Wie kann das Problem gelöst werden?

Wer erledigt/ könnte erledigen

Bis wann?

Weitergeleitet an:

Unterschrift:

Eigenrealisierung: Ja ☐ Nein ☐
Datum der Realisierung:
Unterschrift:

Bild 3: BVW (Betriebliches Vorschlagswesen)

Im Rahmen des Qualitätsmanagements nach DIN ISO 9001 werden an diesem Prozess neben den Mitarbeitern die Kunden und Zulieferer beteiligt.

Kaizen stellt die japanische Variante des kontinuierlichen Verbesserungsprozesses (KVP) dar und bedeutet in etwa „der Weg zum Guten".

// Toyota-Produktions-System (TPS)

Engpässe bei den Ressourcen Rohstoffe, Werkstoffe und Mitarbeiter nach dem Zweiten Weltkrieg haben dazu geführt, dass Ingenieure bei Toyota ein neuartiges Produktionssystem entwickelt haben. Das Toyota-Produktions-System vereinigt die vorgenannten Modelle Kanban, Kaizen und Lean Production und wird heute in vielen Firmen als kostenreduzierendes, flexibles Fertigungssystem eingesetzt.

Es stützt sich vor allem auf folgende Grundgedanken:

- die Ursachen für Verschwendung erkennen und beseitigen (Lean Production)
- Gesundheitsvorsorge und Steigerung der Lebensqualität der Mitarbeiter
- Kundenbedürfnisse erkennen und nachhaltig befriedigen
- Autonomation (jap. jidoka) ist ein Produktionssystem, bei dem es den Arbeitern gestattet ist, die Produktion zu stoppen, wenn während des Produktionsprozesses ein Fehler bei einem Produkt entdeckt wird.
- Bereitstellung aller Materialien „just in time"
- Fertigung im Kundentakt

Eine Produktion just in time agiert bedarfsorientiert. Was gerade benötigt wird, wird hergestellt und geliefert. Bei der Betrachtung des Produktionsprozesses werden die Lagerhaltung, der Materialfluss und die Lieferketten mit betrachtet und möglichst schlank gehalten **(Bild 1)**.

Der wirtschaftliche Erfolg wird durch eine Verringerung der Kapitalbindung gesteigert.

11.3 Energie- und Ressourceneffizienz

Der Einsatz von Energie und Ressourcen wie Rohstoffe, Werkzeuge und Hilfsstoffe begleitet den Produktlebenszyklus von der Entstehung des Produkts bis zur Wiederaufbereitung und Entsorgung. Fertigungsanlagen energieoptimiert zu betreiben, der Frage nachzugehen, ob ein technisches System produktionsbereit, betriebsbereit oder ausgeschaltet ist, macht einen Teil der Betrachtungen des **Energiemanagements** aus.

Mit einer **Energiebilanz** lassen sich Verluste ermitteln und der Wirkungsgrad einer Anlage oder Maschine lässt sie bestimmen **(Bild 2)**. Und da steht die nächste Frage im Raum, ob und wie sich die Verluste, meist Wärmeverluste, in das System zurückführen lassen.

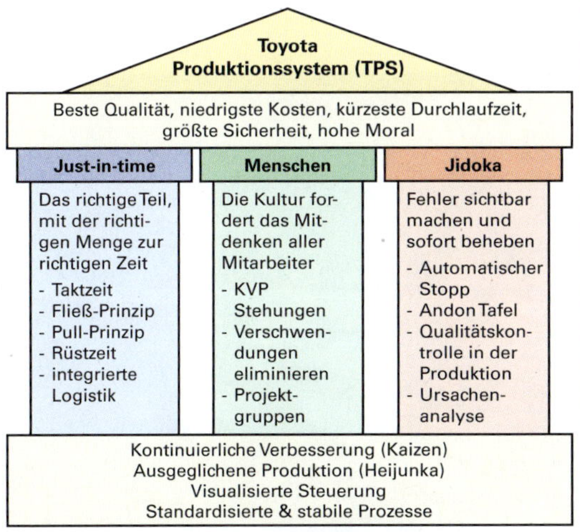

Bild 1: Toyota-Produktions-System

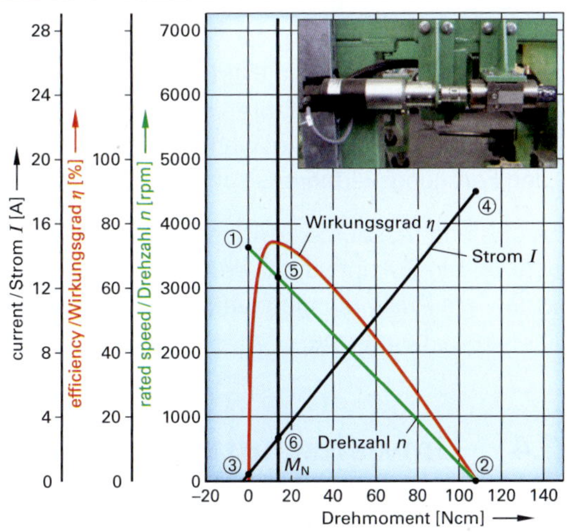

Bild 2: Wirkungsgrad eines Getriebes

Bild 1: Korrosionsschutzmaßnahme

Bild 2: Additives Verfahren

Im Produktionsbereich können für einen effizienten Einsatz von Energie, Werkstoffen und Hilfsstoffen neue Wege gegangen werden:

- Bewegte Bauteile an einer Maschine können in Leichtbauweise weniger Energie für die Bewegung verbrauchen.
- Durch Leichtbau lassen sich große Massen an Werkstoffen einsparen.
- Kalte Verfahren sparen Energie gegenüber den warmen Verfahren ein, Clinchen statt Schweißen.
- Lebensdauer von Bauteilen erhöhen durch Korrosionsschutz und Oberflächenbehandlung **(Bild 1)**
- Vermeidung von fehlerhaften Produkten durch eine durchdachte Konstruktion, Fertigungsplanung und eine Qualitätsprüfung, die bereits an der Maschine beginnt
- Einsatz von Fertigungsverfahren, wie additive Verfahren als Ergänzung zur Zerspanung, um materialsparend zu fertigen **(Bild 2)**
- Nachbearbeitungsverfahren vermeiden, indem die Endkontur durch Auswahl des entsprechenden Fertigungsverfahrens schon erzielt wird

Energie- und ressourceneffiziente Fertigung muss heute und in Zukunft unter dem Aspekt gestaltet werden, die Auswirkungen auf die Umwelt auf ein Minimum zu begrenzen.

11.4 Umweltschutz

Betriebliche Maßnahmen zum Umweltschutz wurden bereits 1993 durch eine EU-Verordnung zu einer freiwilligen Beteiligung festgelegt. Mit der sogenannnten EMAS-Verordnung der Europäischen Union und der internationalen Norm ISO 14001 wurden Standards für Umweltmanagementsysteme (UMS) geschaffen. Diese erfassen alle Vorkehrungen eines Unternehmens zum betrieblichen Umweltschutz und werden sowohl intern als auch extern überprüft, wodurch ein europaweit bzw. international gültiges Zertifikat erlangt werden kann.

Mit den in der Norm festgelegten Maßnahmen zum Umweltaudit werden verschiedene Ziele verbunden, die mittel- und langfristig erreicht werden sollen.

Umweltziel Energie einsparen (Bild 3):

- Nutzung regenerativer Energiequellen (Solar, Wind, Erdwärme)
- Sekundärenergienutzung mit Wasserstoff
- Wärmerückgewinnung
- Reduzieren von Lastspitzen

Bild 3: Energie einsparen, Wärmebild

Bild 1: Gewässer reinhalten

Bild 2: Abfall vermeiden

Umweltziel Gewässer reinhalten (Bild 1):

- belastende Stoffe im Abwasser vermeiden
- Prozesswasser im internen Kreislauf transportieren
- Regenwassernutzung
- Wasserverbrauch senken
- Reduktion der Wassermengen

Umweltziel Abfall vermeiden (Bild 2):

- schadstoffarme Werkstoffe einsetzen
- Produktlebenszyklus verlängern
- Werkstoffabfall verringern durch Wiederverwendung
- Produkte mit belastenden Inhaltsstoffen vermeiden
- nicht verwertbare Rohstoffe vermeiden

Umweltziel Emissionen vermeiden (Bild 3):

- Emissionswerte senken durch die entsprechende Werkstoffauswahl
- Filteranlagen in Produktionsstätten
- Freisetzen von festen, flüssigen und gasförmigen Partikeln in Produktionsprozessen immer mehr vermeiden
- innovative Produktionsformen mit niedrigem Werkstoffeinsatz wählen
- CO_2-Ausstoß weiter senken

An EMAS teilnehmende Organisationen haben eine Umwelterklärung zu veröffentlichen, in der sie u. a. über ihre Auswirkungen auf die Umwelt (direkt oder indirekt), ihre Umweltleistung und ihre Umweltziele berichten. Die Umwelterklärung wird von einem unabhängigen Umweltgutachter, der einer staatlichen Überwachung unterliegt, auf ihre Richtigkeit hin überprüft und ist jährlich zu aktualisieren.

Bild 3: Emissionen vermeiden

11.5 Arbeitssicherheit und Gesundheitsschutz

Beim Thema Arbeitssicherheit und Gesundheitsschutz gibt es eine Vielzahl von wichtigen Themen. Nachfolgend sollen einige davon angerissen werden.

// Ergonomie

Die berufliche Tätigkeit muss so gestaltet sein, dass sie für die Mitarbeiter durchführbar, gesundheitlich zumutbar ist und zu einer persönlichen Zufriedenheit führt. Damit dies möglich wird, sollen Arbeitsplätze ergonomisch gestaltet sein, sodass die Arbeitsmittel und die -umgebung an den Menschen angepasst sind.

Ergonomische Gestaltung bedeutet demnach, dass die Arbeitsplätze für eine natürliche Körperhaltung ausgeführt sind und die Einflüsse durch Lärm, Licht und Temperatur dem Menschen nicht schaden **(Bild 1)**.

// Greifräume und Reichweiten

Der Greifraum kennzeichnet den Bereich, in dem im Sitzen oder Stehen jede einzelne Stelle vertikal und horizontal mit den Händen erreichbar ist, ohne die Arbeitsposition zu verlassen **(Bild 2)**.

Ein wichtiges Thema ist dabei der Sicherheitsabstand nach DIN EN 294 z. B. zu Schutzeinrichtungen, Pressen oder auch drehenden Wellen.

// Heben und Tragen von Lasten

Rückenbeschwerden gehören bei Berufstätigen mit zu den häufigsten Gründen für eine Arbeitsunfähigkeit in Deutschland. Fast jeder dritte Erwachsene hat dauernd oder häufiger Rückenbeschwerden. In den letzten Jahren war rund ein Viertel aller Arbeitsunfähigkeitstage auf Rückenprobleme zurückzuführen.

Bei ca. 5000 Fällen bestand der Verdacht auf eine Berufskrankheit, bestätigt sind davon allerdings nur 9 %, d. h. ca. 500 Fälle.

Welche Lasten bewegt werden dürfen, ohne auf Dauer den Rücken zu gefährden, ist abhängig von Geschlecht und Alter. Speziell bei Jugendlichen, die noch kein voll entwickeltes Skelettsystem haben, ist Vorsicht geboten.

Zu beachten ist, dass nicht mehr als 20 kg gehoben werden. Beim Heben sollte der Rücken gerade sein, die Last sollte möglichst nahe am Körper und niemals ruckartig gehoben werden. Auf keinen Fall wird eine Last mit verdrehter Wirbelsäule angehoben und man vermeidet möglichst einseitige und unsymmetrische Belastungen **(Bild 3)**.

// Psychische Belastungen

Durch großen Konkurrenzdruck bei den Unternehmen, durch Maßnahmen wie Automatisierung, kürzere Taktzeiten usw. steigen auch gleichzeitig die psychischen Belastungen der Mitarbeiter. Häufige Folgen des heutigen Arbeitsalltags sind Burnout, Herzinfarkt, Stress **(Bild 4)**.

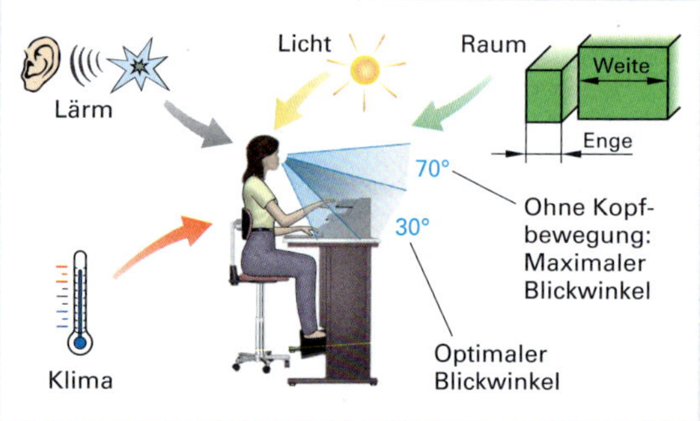

Bild 1: Arbeitsplatzgestaltung

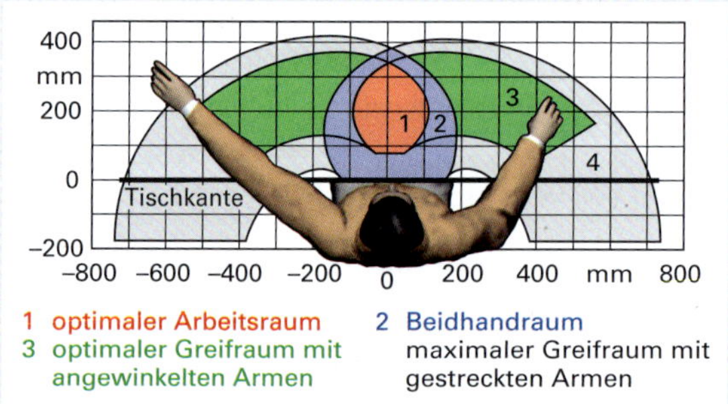

Bild 2: Greifräume

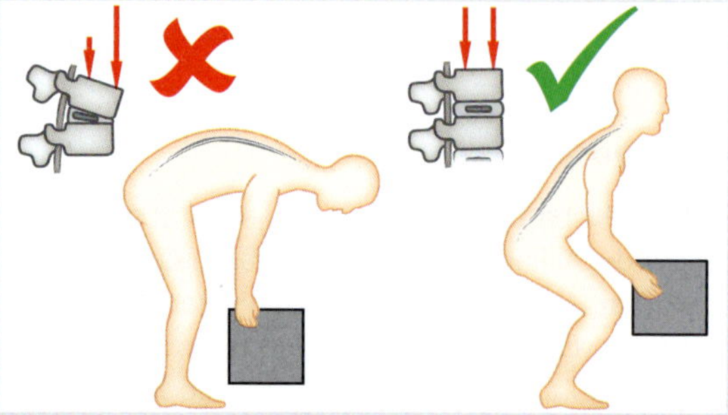

Bild 3: Heben von Lasten

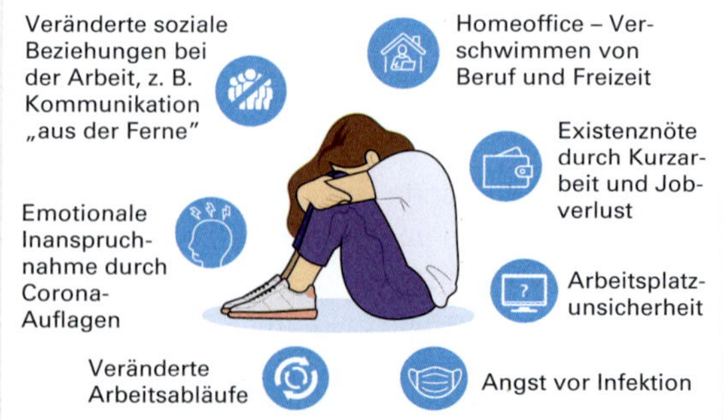

Bild 4: Psychische Belastungen

11.6 Discover your profession in English

// Smart Factory

An intelligent factory is also known as "Smart Factory". The key component of Industry 4.0 is a Smart Factory and describes a production environment that is autonomous. The production environment includes the manufacturing equipment and the logistics systems. Humans no longer need to interact in the actual production process.

An intelligent factory no longer stands alone, but the factories are linked across national and international borders, communicating with each other and with customers.

For example, stock monitoring and restocking at the producer can be carried out automatically by the supplier. Sensors monitor the inventory level of warehouses at site and an IT network between manufacturer and supplier provides an automatism of the whole production process.

Furthermore, smart components in machines provide more precise information by signaling error messages, e.g. which spare part is needed. Modern office copiers are a good sample of it, as they already offer very good troubleshooting advice and report exactly where the paper jam is. These clever solutions serve as a showcase for the smart factories.

In general, production lines of the automotive industry serve as a model of Smart Factories. Gear housings are manufactured and equipped by a chip with code recognition after the ordering process. So the component can be tracked and finds its way automatically till the final assembly of the vehicle.

In a Smart Factory, constant communication to customers is essential and customer needs should be top of the agenda.

Main goals of the Smart Factory:

- High availability of equipment in production
- Flexibility in production
- Production configuration for customers available on the Internet
- Clear information for customers regarding production configuration, costs and delivery conditions, including delivery tracking.

Vocabulary

smart factory – *intelligente Fabrik*
production environment – *Produktionsumgebung*
autonomous – *selbst organisiert*
manufacturing equipment – *Produktionsanlagen*
logistics system – *Logistiksystem*
production process – *Produktionsprozess*
to be linked – *vernetzt sein*
stock monitoring – *Lagerüberwachung*
producer – *Produzent*
supplier – *Lieferant*
sensor – *Sensor*
inventory level – *Lagerbestand*
IT network – *IT Netzwerk*
automatism – *Automatismus*
component – *Teilsystem*
error message – *Fehlermeldung*
spare part – *Ersatzteil*
office copier – *Bürokopiergerät*
troubleshooting – *Fehlersuche*
paper jam – *Papierstau*
showcase – *Vorbild*
production line – *Fertigungsstraße*
automotive industry – *Automobilindustrie*
gear housing – *Getriebegehäuse*
code recognition – *Codeerkennung*
ordering process – *Bestellvorgang*
final assembly – *Endmontage*
customer needs – *Kundenwünsche*
availability – *Verfügbarkeit*
production configuration – *Produktionskonfiguration*
delivery condition – *Lieferbedingung*
delivery tracking – *Nachverfolgung*

Exercises:

1. Are there any approaches towards intelligent processes? How flexible is your production?
2. Is production tailor-made to customer wishes and in which way are customer requirements taken info account?

Lernfeldübergreifende Inhalte

Kapitel

12 Spezielle Themen

- ISO GPS und Prüftechnik
- Wärmebehandlung
- Generative Fertigungsverfahren
- Industrie 4.0

ISO GPS und Prüftechnik

Durch die Geometrische Produktspezifikation wird die Geometrie von Bauteilen und Baugruppen mit den zulässigen Abweichungen genau definiert. Die ISO-GPS-Normen geben dazu international gültige und verbindliche Standards vor und dienen somit der Verständigung zwischen Konstruktion, Fertigung und Qualitätssicherung sowie zwischen Auftraggeber und Lieferant.

Wärmebehandlung

Durch Verfahren der Wärmbehandlung, z. B. durch Härten oder Vergüten, können bestimmte Eigenschaften metallischer Werkstücke, wie die Härte oder Zähigkeit, gezielt beeinflusst werden. Die Werkstücke werden dazu planmäßig erwärmt und abgekühlt. Bestimmte Eigenschaften der Bauteile lassen sich so durchdringend oder auch nur in einer Randschicht verändern.

Generative Fertigungsverfahren

Durch generative Fertigunsgverfahren (additive Fertigung oder 3D-Druck) wird ein digitales Modell schichtweise in ein reales Produkt verwandelt. Verschiedene Technologien sowie zahlreiche Prozesse und Materialien werden eingesetzt. So kann z. B. eine wenige Millimeter dicke Schicht eines Metallpulvers ausgebracht, mit einem Laser oder Elektronenstrahl gezielt erhitzt und schichtweise geschmolzen werden. Komplexe Werkstückstrukturen lassen sich so erzeugen.

Industrie 4.0

Industrie 4.0 bedeutet die Vernetzung und Kommunikation von intelligenten Maschinen, Messgeräten, Betriebsmitteln und Logistiksystemen. Ziel ist eine individuelle, flexible und schnelle Produktion durch die Digitalisierung und Verknüpfung aller relevanten Prozesse.

12.1 Geometrische Produktspezifikation (ISO GPS)

Bedeutung und Zielsetzung

Entwicklung, Konstruktion, Fertigung und Montage finden häufig arbeitsteilig und an unterschiedlichen Orten statt. Die Bauteile und Baugruppen müssen deshalb präzise zusammenpassen und sicher funktionieren **(Bild 1)**.

Die Geometrie von mechanischen Bauteilen muss eindeutig und für alle Beteiligten verständlich festgelegt werden. Für die Definition der Geometrieelemente bedarf es folglich einer einheitlichen Darstellung und Verständigung, die in der Konstruktion, in der Fertigung und in der Prüftechnik verwendet werden kann.

Das ISO-GPS-Normensystem stellt diese gemeinsame „Sprache" zur Verfügung.

ISO GPS

Die Geometrische Produktspezifikation (ISO GPS) ist das System, das zur Spezifizierung und Verifizierung der geometrischen Anforderungen an Werkstücke verwendet wird.

- Eine geometrische **Spezifikation** ist die Festlegung der zulässigen Abweichungen eines Werkstückmerkmals durch ein Größenmaß oder eine Zone.
- Bei der **Verifikation** wird geprüft, ob ein Produkt mit den spezifizierten Anforderungen übereinstimmt.

12.1.1 Das ISO-GPS-Normensystem

Die GPS-Normen bilden ein zusammenhängendes hierarchisches System. Jede GPS-Norm wird in das **GPS-Matrixmodell** eingegliedert **(Tabelle 1)**.

Dieses Bezugssystem besteht aktuell aus neun Zeilen mit Kategorien geometrischer Merkmale und sieben Spalten A bis G, den Kettengliedern. Der Anwendungsbereich jeder ISO-GPS-Norm kann in der Matrix dargestellt werden.

Im Anhang jeder GPS-Norm wird deren Beziehung zur ISO-GPS-Matrix erläutert und die Position dargelegt.

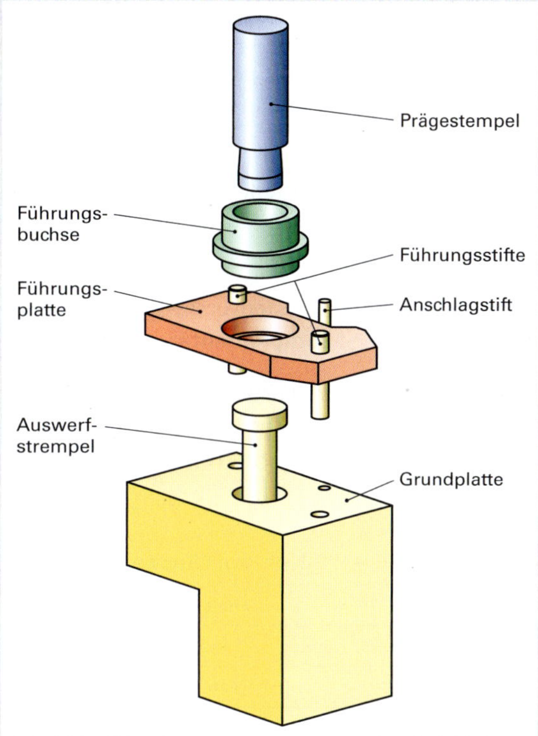

Bild 1: Baugruppe Prägevorrichtung

Tabelle 1: Matrix-Modell der ISO-GPS-Normen

	Kettenglieder						
	A	B	C	D	E	F	G
Geometrische Merkmale ↓	Symbole und Anlagen	Anforderungen an Geometrieelemente	Merkmale von Geometrieelementen	Übereinstimmung und Nichtübereinstimmung	Messung	Messgeräte	Kalibrierung
Größenmaß							
Abstand							
Form							
Richtung							
Ort							
Lauf							
Oberflächenbeschaffenheit: Profil							
Oberflächenbeschaffenheit: Fläche							
Oberflächenunvollkommenheit	Spezifikation				Verifikation		

Das ISO-GPS-Normensystem wird ständig erweitert. Alle neu herausgegebenen ISO-Normen mit Regeln zur Angabe von Spezifikationen in technischen Zeichnungen werden in das Normensystem aufgenommen **(Tabelle 1)**.

Die aktuell vollständige Auflistung der Normen des ISO-GPS-System findet man auf der Website von ISO/TC 213.

Das ISO-GPS-Normensystem umfasst **fundamentale, allgemeine** und **komplementäre** GPS-Normen.

- **Fundamentale GPS-Normen** beinhalten Grundregeln wie das Unabhängigkeitsprinzip und Verfahren zur Tolerierung und Bemaßung geometrischer Eigenschaften von Werkstücken.
- **Allgemeine GPS-Normen** regeln die Darstellung der geometrischen Eigenschaften, z. B. die Tolerierung von Längenmaßen.
- **Komplementäre (ergänzende) GPS-Normen** beinhalten ergänzende Regeln zu Zeichnungseintragungen wie Allgemeintoleranzen oder Definitionen und Angaben zu Prüfverfahren für geometrische Eigenschaften.

Dabei gilt: Spezielle Forderungen kommen vor den allgemeinen Regeln. Komplementäre (ergänzende) Normen liefern ergänzende Regeln.

Tabelle 1: ISO-GPS-Normen (Auswahl)

GPS-Norm	Inhalt und Anwendung
Fundamentale GPS-Normen: GPS-Konzept und Grundlagen	
DIN EN ISO 14638	Matrix-Modell
DIN EN ISO 8015	Grundlagen – Konzepte, Prinzipien und Regeln
Allgemeine GPS-Normen: Tolerierung, Bemaßung, technische Produktdokumentation (TPD)	
DIN EN ISO 129-1	Grundlagen für die Angabe von Maßen und Toleranzen
DIN EN ISO 14405-1,- 2, -3	Dimensionelle Tolerierung – Lineare Größenmaße (Teil 1); Andere als lineare oder Winkelgrößenmaße (Teil 2); Winkelgrößenmaße (Teil 3)
DIN EN ISO 3040	Bemaßung und Tolerierung – Kegel
DIN EN ISO 10579	Bemaßung und Tolerierung nicht formstabiler Teile
DIN EN ISO 22081	Allgemeine geometrische und Größenmaßspezifikationen
DIN EN ISO 5459	Bezüge und Bezugssysteme
DIN EN ISO 1101	Tolerierung von Form, Richtung, Ort und Lauf
DIN EN ISO 1660	Profiltolerierung
DIN EN ISO 21920-1,- 2, -3	Oberflächenbeschaffenheit: Profile
DIN EN ISO 1302	Angabe der Oberflächenbeschaffenheit in der TPD
Komplementäre (ergänzende) GPS-Normen	
DIN 2769	Tabellenwerte für Allgemeintoleranzen nach DIN EN ISO 22081 (ergänzende deutsche Norm)
DIN EN ISO 13920	Allgemeintoleranzen für Schweißkonstruktionen

Überlegen und beantworten Sie:

1. Erläutern Sie die Bedeutung des ISO-GPS-Normensystems.
2. Die Geometrische Produktspezifikation (ISO-GPS) dient der Spezifizierung und Verifizierung der geometrischen Anforderungen an Werkstücke. Erklären Sie die Begriffe und den Zusammenhang.
3. Nennen Sie die drei Kategorien von GPS-Normen mit jeweils einem Beispiel.

// Fachbegriffe zu ISO GPS (Auswahl)

Zum besseren Verständnis von GPS ist es ratsam, sich vorab mit wichtigen Fachbegriffen vertraut zu machen **(Tabelle 1)**.

Tabelle 1: Fachbegriffe und ihre Bedeutung

Fachbegriff	Bedeutung, Anwendung
ISO GPS	System der Geometrischen Produktspezifikation und Produktprüfung nach ISO
Spezifikation	Begrenzung der zulässigen Abweichungen eines Werkstückmerkmals
Verifikation, Verifizierung	Nachweis, dass festgelegte (spezifizierte) Forderungen erfüllt werden
Validation, Validierung	Nachweis, dass das Nutzungsziel (Zweckbestimmung) erreicht wird
Default	Standardannahme, Voreinstellung
Referenzbedingung	Rahmenbedingung, z. B. $t = 20\,°C$, für vergleichbare Messungen
Operator	geordnete Menge von Operationen
Spezifikationsoperation	mathematische oder geometrische Operation, z. B. die Filterung mit einem Gauß-Filter bei der Spezifikation der Anforderung an eine Oberflächenbeschaffenheit
Spezifikationsoperator	Spezifikationsoperationen in einer vorgegebenen Reihenfolge
Standardspezifikationsoperator	Standardeinstellung, Default, Festlegung in der jeweiligen fundamentalen oder allgemeinen GPS-Norm
ISO-Standardspezifikationsoperator für Größenmaße	Dies ist das Zweipunktmaß. Das Modifikationssymbol (LP) wird nicht in die Zeichnung eingetragen, wenn es für beide Spezifikationsgrenzen angewandt wird.
Spezifikations-Modifikationssymbol	Es ändert die Standardfestlegung der grundlegenden GPS-Spezifikation, z. B. verlangt (CC) die Bestimmung eines Durchmessers aus dem Umfang.
Verifikationsoperator	Das ist die geordnete Menge von Verifikationsoperationen, z. B. die Prüfung (Verifikation) einer Oberfläche unter Beachtung der Normvorgaben (Filter, Nesting-Index *Nic* bzw. Grenzwellenlänge λ_c, Toleranzakzeptanzregel etc.).
Geometrieelement	Punkt, Linie, Fläche, Volumen oder eine Menge dieser Elemente
Größenmaß	Es kennzeichnet die Ausdehnung eines Geometrieelements.
Abgeleitetes Geometrieelement	Achse, Mittelebene, Mittellinie, Mittelfläche
Größenmaßelement	geometrische Form, definiert durch ein lineares Größen- oder Winkelgrößenmaß wie Zylinder, Kugel, Kegel, Keil oder zwei parallele sich gegenüberliegende Flächen
Obere und untere Maßgrenze ULS, LLS	größtes und kleinstes zulässiges Maß eines Maßelements; ULS = upper limit of size, LLS = lower limit of size
Theoretisch genaues Maß (TED, theoretical exact dimension)	Maß in einem Rechteckrahmen, das nicht toleriert werden darf und für das auch keine Allgemeintoleranzen gelten
Unabhängigkeitsprinzip (ISO 8015)	Alle Spezifikationen auf einer Zeichnung gelten unabhängig voneinander.
Hüllprinzip (E)	Die Formabweichungen und die Lageabweichungen müssen innerhalb der Maßtoleranz liegen (taylorscher Grundsatz).
Maximum-Material-Bedingung (M)	Die Maximum-Material-Bedingung (MMR) schränkt die maximale Ausdehnung eines Geometrieelements ein, um die Fügbarkeit bzw. Passungsfähigkeit zu sichern.
Minimum-Material-Bedingung (L)	Die Minimum-Material-Bedingung (LMR) dient dazu, die minimale Ausdehnung eines Geometrieelements zu begrenzen, um z. B. eine Mindestwandstärke zu sichern.
Reziprozitätsbedingung (R) (reziprok = wechselseitig)	Die Abweichungen aus Maß-, Form- und Lagetoleranzen werden zusammengefasst und können beliebig aufgeteilt werden. (R) ist stets ein zusätzlicher Modifikator zu (M) oder (L). Eine Maßerweiterung ist nur zur Maximum-Material-Seite zulässig.
Zielfunktion Minimax	Minimierung des maximalen Abstands zwischen dem assoziierten Geometrieelement und dem Bezugselement (z. B. wenn eine Werkstückfläche auf der Messplatte so aufliegt, dass der maximale Abstand möglichst klein ist)

12.1.2 Spezifikation und Verifikation

// Spezifikationsprozess

Der Spezifikationsprozess ist der erste Vorgang bei der Definition eines Produkts oder eines Systems. Dieser umfasst nach DIN EN ISO 17450-2 fünf Schritte **(Bild 1)**. Der Zweck ist die Übertragung der Entwurfsabsicht in Anforderungen an bestimmte GPS-Merkmale.

Der Spezifikationsprozess liegt in der Verantwortung der Konstruktion.

Die Anforderungen an die Bauteilgeometrie sind durch eine vollständige geometrische Beschreibung und Tolerierung durch Maße, Geometrie und Oberflächen vorzunehmen.

- Das Bauteil muss seine vorgesehene Funktion zuverlässig und dauerhaft erfüllen können.
- Die Toleranzen für das Werkstück sind von der Funktion des Bauteils abzuleiten.
- Die Toleranzgrenzen entsprechen den Funktionsgrenzen.
- Das Werkstück muss sich innerhalb der festgelegten Toleranzen fertigen lassen.
- Das Bauteil muss präzise geprüft werden können.
- Das Bauteil muss sich sicher montieren lassen.

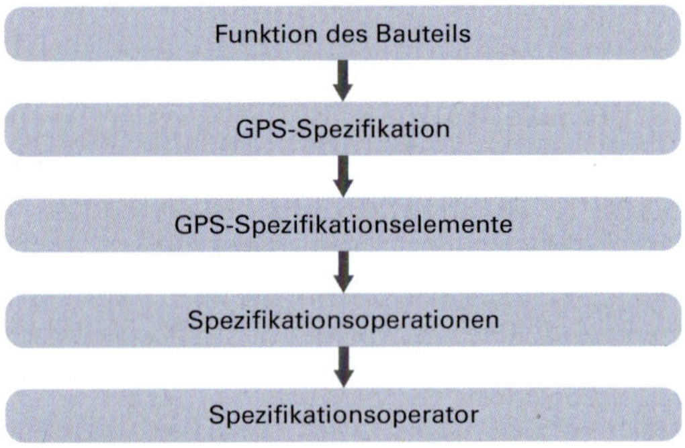

Bild 1: Spezifikationsschritte nach DIN EN ISO 17450-2

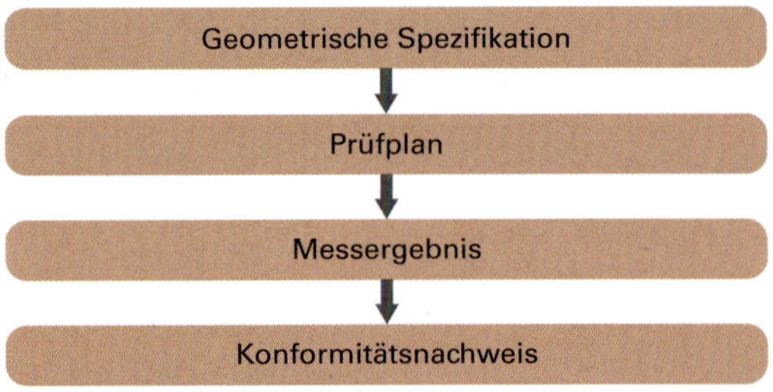

Bild 2: Bauteilverifikation

// Verifikationsprozess

Der Verifikationsprozess **(Bild 2)** erfolgt nach der Fertigung des Bauteils. Er dient dem Nachweis der Funktions- und Montagefähigkeit.

Die Verifikation liegt in der Verantwortung der Messtechnik.

Durch den Vergleich der festgelegten Merkmale mit den Ergebnissen der Messungen wird die Konformität bestimmt. DIN EN ISO 14253-1 legt Entscheidungsregeln für den Nachweis von Konformität oder Nichtkonformität mit den Spezifikationen fest.

Die Messunsicherheit hat Einfluss auf die Entscheidung, ob ein Werkstück die in der Zeichnung geforderten Toleranzen auch tatsächlich einhält. Die Größe der Messunsicherheit wird bei Messgeräten durch verschiedene Faktoren bestimmt **(Bild 3)**.

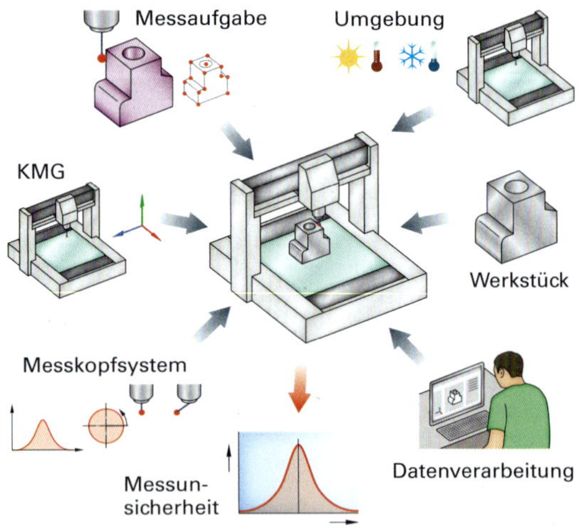

Bild 3: Messunsicherheit bei Koordinatenmessgeräten

Überlegen und beantworten Sie:

Beschreiben Sie die Anforderungen an die Geometrie eines Werkstücks nach ISO-GPS-Standard.

// Tolerierungsgrundsätze

Für die Eintragung von Maß-, Form- und Lagetoleranzen in technische Zeichnungen sind zwei wichtige Tolerierungsgrundsätze zu beachten: die Unabhängigkeitsbedingung und die Hüllbedingung.

Unabhängigkeitsbedingung (ISO 8015)

Nach der Unabhängigkeitsbedingung muss jede in die Zeichnung eingetragene Maß-, Form- oder Lagetoleranz separat eingehalten werden **(Bild 1)**.

Durch eine Größenmaßtoleranz werden nur die örtlichen Größenmaße begrenzt, nicht aber die Form- und Lageabweichungen. Maß-, Form- und Lagetoleranzen sind separat zu prüfen.

Die Anwendung des Unabhängigkeitsgrundsatzes bei technischen Zeichnungen ist internationaler Standard. Eine Abweichung davon in Form des Hüllprinzips ist nur für Geometrieelemente mit zylinder- und kugelförmigen sowie planparallelen Passflächen geboten, um Passungsfähigkeit sicher zu gewährleisten.

Hüllbedingung (ISO 14405-1)

Soll für ein Geometrieelement die Hüllbedingung gelten, wird hinter die zugehörige Maßtoleranz das Symbol (E) angefügt **(Bild 2)** oder die Tolerierung erfolgt mithilfe der Modifikationssymbole (GN) oder (GX) und (LP). Bei Wellen ist dann das obere Grenzmaß als Hüllmaß (GN) und das untere als lokales Zweipunktgrößenmaß (LP) zu definieren und zu prüfen. Bei Bohrungen wird das untere Grenzmaß mit (GX) als Pferchmaß und das obere mit (LP) als Zweipunktgrößenmaß festgelegt und geprüft.

Die Einhaltung der Hüllbedingung verlangt, dass ein maßlich toleriertes Geometrieelement die geometrisch ideale Hülle mit Maximum-Material-Grenzmaß nicht durchbrechen darf. Maß und Form stehen hier in gegenseitiger Beziehung.

Das Maximum-Material-Grenzmaß (MMS, Maximum Material Size) einer Welle ist das Höchstmaß und das einer Bohrung das Mindestmaß des tolerierten Durchmessers.

Die Prüfung **(Bild 3)** erfolgt durch Gutlehrung nach dem taylorschen Grundsatz oder durch simulierte Lehrung auf dem Koordinatenmessgerät. Gutlehren verkörpern und prüfen gleichzeitig Maß und Form. Sie verkörpern mit dem Maximum-Material-Grenzmaß bei Wellen das Höchst- und bei Bohrungen das Mindestmaß. Die Ausschussprüfung erfolgt durch Zweipunktmessung.

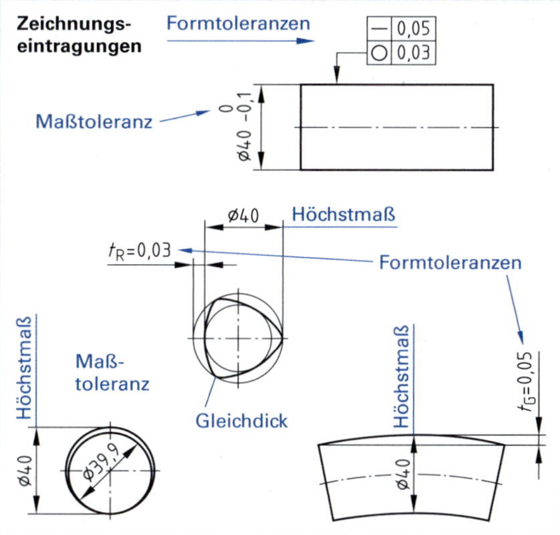

Bild 1: Zulässige Abweichungen für Maß- und Formtoleranzen nach dem Unabhängigkeitsprinzip an einer Welle

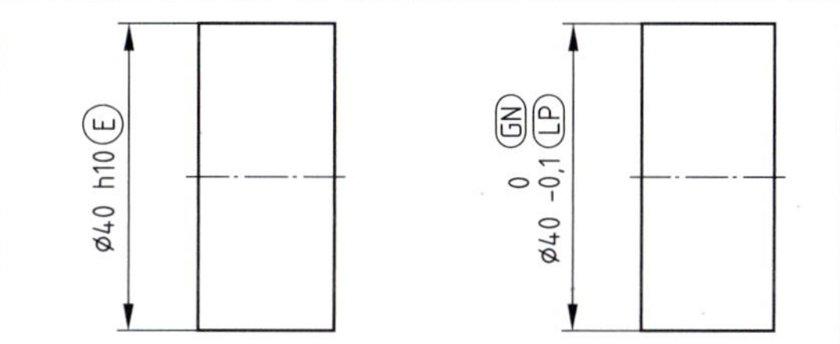

Bild 2: Zwei mögliche Alternativen für die Spezifizierung der Hüllbedingung

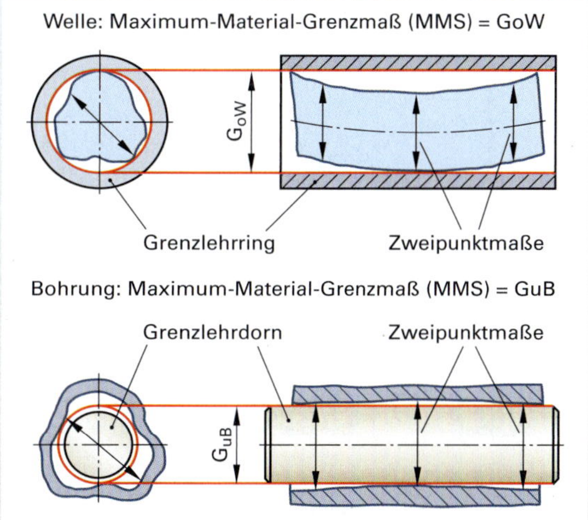

Bild 3: Prüfen einer Welle und einer Bohrung nach der Hüllbedingung durch Grenzlehren und Zweipunktmessung

// Spezifikation durch Größenmaße

Zu den **Größenmaßen** (vgl. DIN EN ISO 14405-1, -3) gehören **lineare Größenmaße** (Längenmaße) und **Winkelgrößenmaße**. Größenmaße können ferner eingeteilt werden in lokale (örtliche) und globale sowie in berechnete und statistische Maße **(Bild 1)**.

Lokale (örtliche) Größenmaße

Ein lokales Größenmaß kann an verschiedenen Stellen eines Geometrieelements gemessen werden. Man erhält unterschiedliche Messergebnisse. Ein örtliches Zweipunktgrößenmaß (Durchmesser, Länge) ist der Abstand von zwei gegenüberliegenden Punkten eines Größenmaßelements **(Bild 2)**.

Globale Größenmaße

Ein globales Größenmaß kennzeichnet ein ganzes Geometrieelement. Ein direktes globales Größenmaß erhält man, wenn dem Größenmaßelement, z. B. einem Bohrungsdurchmesser, ein Geometrieelement desselben Typs, also ein Zylinder, zugeordnet werden kann. Wird z. B. auf einem Koordinatenmessgerät die Bohrung eines Werkstücks mit möglichst vielen gleichmäßig verteilten Punkten angetastet, kann ein Pferch- (GX), Hüll- (GN), Gauß- (GG) oder Tschebyschew[1]-Zylinder (GC) gebildet werden mit einem dann exakt definierten Durchmesser als direktes globales Größenmaß **(Bild 3)**.

Berechnete Größenmaße

Ein berechnetes Größenmaß ist z. B. der aus dem Umfang eines flexiblen Dichtrings berechnete Durchmesser.

Statistische Maße (Rangordnungsmaße)

Rangordnungsmaße sind aus mehreren örtlichen Größenmaßen ermittelte statistische Werte, z. B. Höchstmaß, Mindestmaß, arithmetischer Mittelwert, Median (Zentralwert) oder Spannweite.

Lokale und globale Größenmaße

Lokale Größenmaße hängen von dem auf der Prüffläche gewählten Messort ab.

Für globale Größenmaße ergibt sich je Prüffläche nur ein Messwert, z. B. der Hüll-, Pferch- oder Gaußdurchmesser einer Zylinder-Mantelfläche.

[1] Chebichew (russischer Mathematiker, unterschiedliche Schreibweisen)

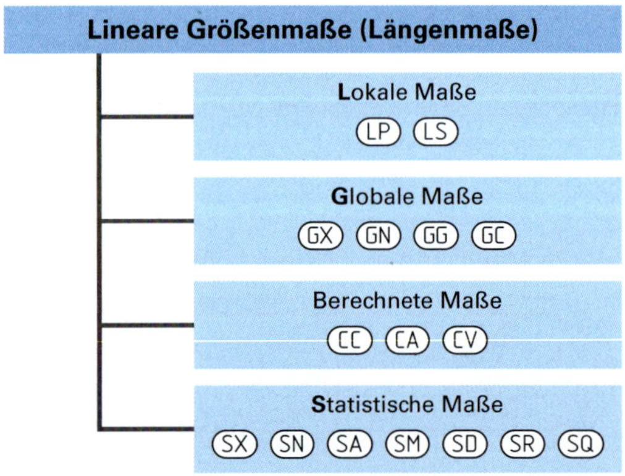

Bild 1: Spezifikations-Modifikationssymbole für lineare Größenmaße

Bild 2: Lokale (örtliche) Größenmaße

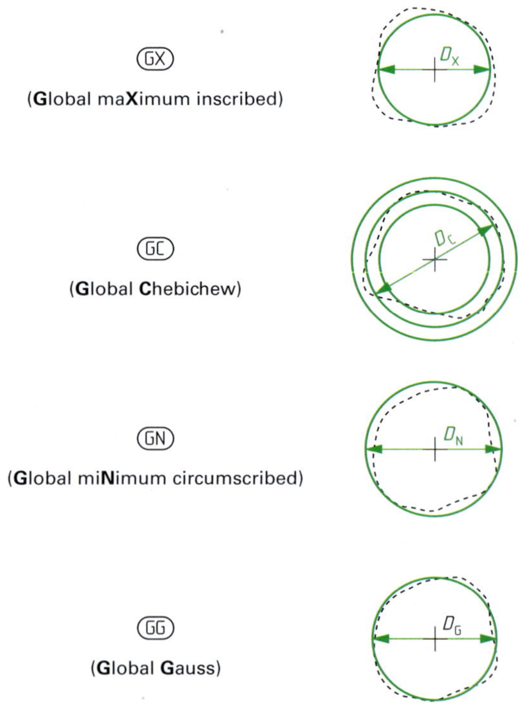

Bild 3: Globale Größenmaße

// Größenmaße in der technischen Zeichnung

Die Normen DIN EN ISO 14405-1 und -3 sind maßgebend für technische Zeichnungen und befassen sich ausführlich mit Längen- und Winkelgrößenmaßen. Sie bieten Konstrukteuren die Möglichkeit, durch entsprechende Spezifikationsmodifikatoren Messgrößen und Messbedingungen für Größenmaße exakt festzulegen **(Tabelle 1)**.

Längengrößenmaße sind lineare Maße für die Größenmaßelemente Kreis, Kugel, Zylinder (z. B. Durchmesser) sowie die Abstandsmaße für jeweils zwei parallel gegenüberliegende Geraden, Kreise oder Ebenen.

Stehen hinter einer Maßtoleranz, z. B. ⌀ 40 0/–0,1, keine zusätzlichen Angaben, gilt das Zweipunktgrößenmaß als Normalfall (Default). Jeder einzelne Messwert muss innerhalb der Toleranz liegen.

Winkelgrößenmaße spezifizieren Größenmaßelemente wie Kegel oder Keil sowie Winkel zwischen zwei nicht parallelen Linien oder Ebenen.

Standardgrößenmaß (Default)

Das Standardgrößenmaß für Längenmaße ist das Zweipunktgrößenmaß (LP); für Winkelgrößenmaße ist es das Zwei-Linien-Winkelgrößenmaß (LC).

Wenn hinter einer Maßtoleranz keine weiteren Angaben stehen, werden diese beiden Modifikationssymbole nicht angegeben.

Tabelle 1: Spezifikationsmodifikatoren für Längen- und Winkelgrößenmaße nach DIN EN ISO 14405-1, -3

Symbol (L[1] für Längenmaße, W[2] für Winkelmaße)		L[1]	W[2]
Lokale Maße			
(LP)	Zweipunktgrößenmaß (local, point)	•	
(LS)	sphärisches Größenmaß, Kugel-⌀ (local, sphere)	•	
(LC)	Zwei-Linien-Winkelgrößenmaß, Minimax		•
(LG)	Zwei-Linien-Winkelgrößenmaß, Gauß		•
(CC)	Durchmesser, aus dem Umfang berechnet (circle, circumference)	•	
(CA)	Kreisdurchmesser, aus der Fläche berechnet (circle, area)	•	
Globale Maße			
(GN)	Hüllmaß (global, Minimum)	•	
(GG)	Gaußmaß (kleinste Abstandsquadrate)	•	•
(GX)	Pferchmaß (global, Maximum)	•	
(CV)	Volumendurchmesser (cylinder, volume)	•	
(GC)	Minimax für Größenmaße	•	•
Rangordnungsmaße (Statistikwerte)			
(SX)	Größtmaß (statistical, Maximum)	•	•
(SN)	Kleinstmaß (statistical, Minimum)	•	•
(SR)	Spannweite (statistical, range)	•	•
(SA)	arithmetischer Mittelwert (statistical, average)	•	•
(SM)	Median, Zentralwert	•	•
(SD)	Mittelwert der Spannweite (statistical, deviation)	•	•
(SQ)	Standardabweichung (statistical, square sum)	•	•

Ergänzende Spezifikationsmodifikatoren (Auswahl)

(E)	Hüllbedingungen (envelope)
ACS ALS	beliebige Querschnittsfläche (any cross section) beliebiger Längsschnitt (any longitudinal section)
SCS	festgelegte Querschnittsfläche (specified cross section)
CT	gemeinsame Toleranz (common tolerance)
CZ	kombinierte Toleranzzone (combined zone)
(F)	freier Zustand, nicht-formstabile Werkstücke

Überlegen und beantworten Sie:

1. Nennen Sie die beiden Arten von Größenmaßen nach DIN EN ISO 14405-1 und -3 und ordnen Sie entsprechende Größenmaßelemente zu.
2. Erklären Sie den Unterschied zwischen lokalen und globalen Größenmaßen.

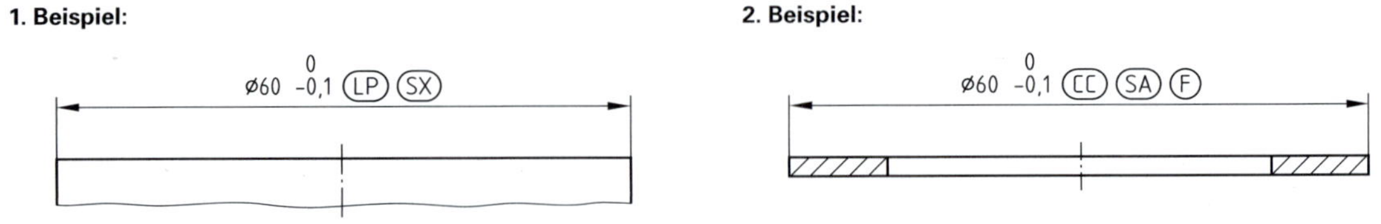

Bild 1: Lineare Größenmaße mit Modifikatoren

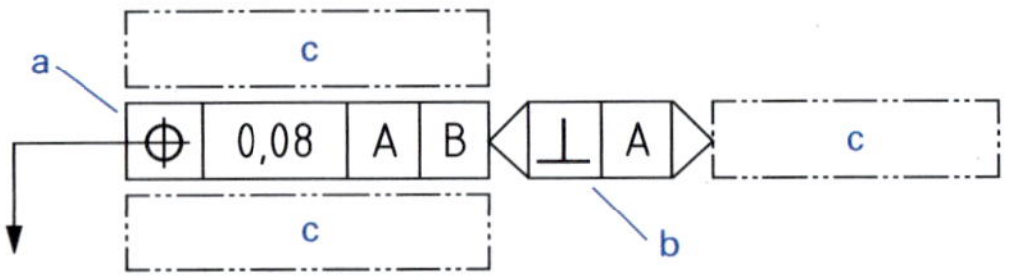

a Toleranzindikator

b Optionale Angaben zu Ebenen und Geometrieelementen

c Optionale angrenzende Angaben

Bild 2: Geometrische Spezifikation

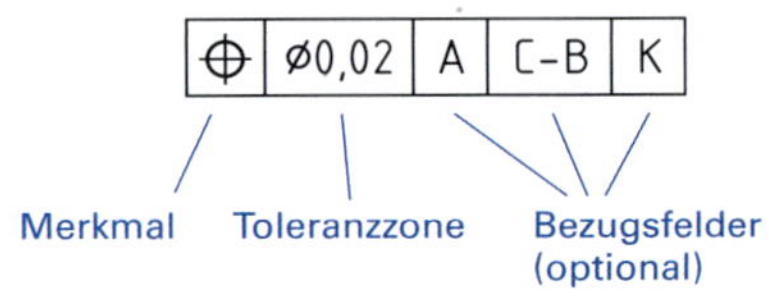

Steht vor dem Toleranzwert ein ⌀-Zeichen, ist die Toleranzzone kreisförmig oder zylindrisch.

Würde vor dem ⌀-Zeichen noch ein „S" stehen, wäre die Toleranzzone kugelförmige (spherical).

Bild 3: Toleranzindikator

Die beiden lokalen Größenmaße **(Bild 1)** enthalten neben den Informationen über die zulässigen Grenzmaße des tolerierten Durchmessers, in den Beispielen 59,9 mm und 60,0 mm, weitergehende Angaben mithilfe der Modifikationssymbole für lineare Größenmaße **(Tabelle 1, Seite 633)**.

Beim ersten Beispiel ist der Durchmesser als Zweipunktgrößenmaß (LP) zu messen. Von mehreren Messwerten ist als Messergebnis der größte Wert (SX) anzugeben. „S" steht für „statistical" und „X" für „Maximum".

Beim zweiten Beispiel ist der Durchmesser als lokales Maß aus der Länge der Umfangslinie eines Kreises (CC) zu berechnen. Das kann bei flexiblen, dünnen Bauteilen, z. B. Dichtungen, sinnvoll sein. Die Messungen könnten optisch durch Bildverarbeitung vorgenommen werden. Von mehreren Messwerten ist als Messergebnis der arithmetische Mittelwert (SA) zu bilden. „S" steht für „statistical" und „A" für „average", also Mittelwert. Der Modifikator (F) zeigt an, dass es sich um ein nicht formstabiles Bauteil handelt.

// Geometrische Spezifikation durch eine Zone

Um die Funktions- und Montagefähigkeit eines Bauteils innerhalb einer Baugruppe zu gewährleisten, sind neben der Spezifizierung durch Größenmaße auch Toleranzzonen für Form, Richtung, Ort und Lauf zu definieren.

Eine geometrische Spezifikation **(Bild 2)** besteht aus dem Toleranzindikator, optionalen Angaben zu Ebenen, Geometrieelementen und angrenzenden Angaben. Die Spezifikation gilt für ein ganzes Geometrieelement, sofern nichts anderes angegeben ist.

Toleranzindikator

Die geometrischen Toleranzen werden in der technischen Zeichnung in Form von Toleranzindikatoren **(Bild 3)** angegeben.

Der **Toleranzindikator (Bild 3)** besteht aus zwei bis fünf Feldern. Das erste Feld enthält das Sinnbild für das tolerierte Merkmal, das zweite Feld die Toleranzzone, evtl. mit Modifikator, z. B. CZ (combined zone). Die letzten optionalen ein bis drei Felder sind für die Angabe von Bezügen vorgesehen.

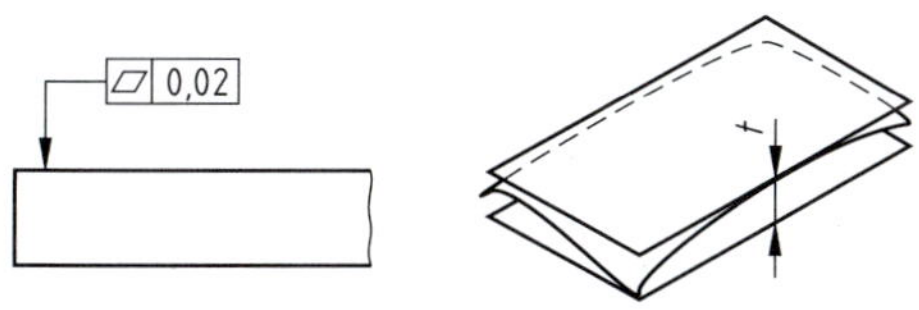

Bild 1: Ebenheit als Beispiel für eine Formtoleranz

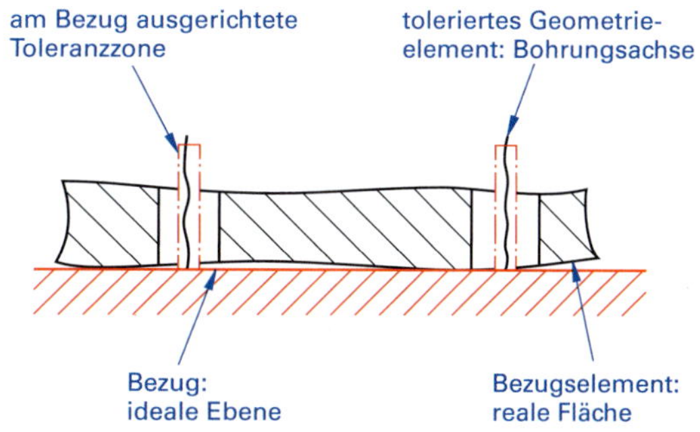

Bild 2: Bezug und Bezugselement, Bohrungsachsen als tolerierte Geometrieelemente

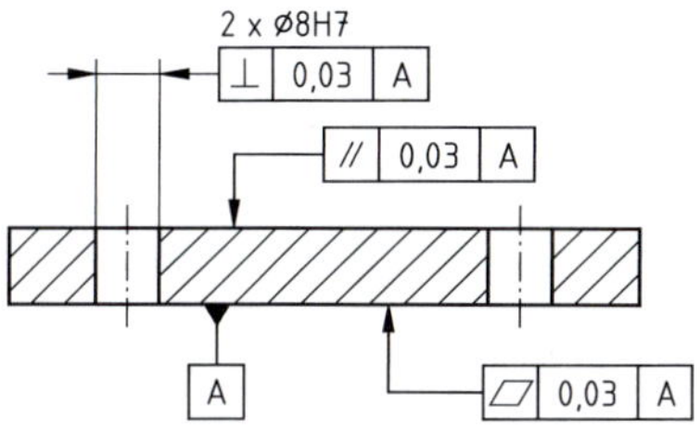

- Formeltolerierung (Ebenheit) der Bezugsfläche A,
- Richtungstolerierung für das reale Geometrieelement parallele Ebene
- Richtungstolerierung für die zwei Bohrungsachsen als abgeleitete

Bild 3: Bezug, Form- und Richtungstolerierung

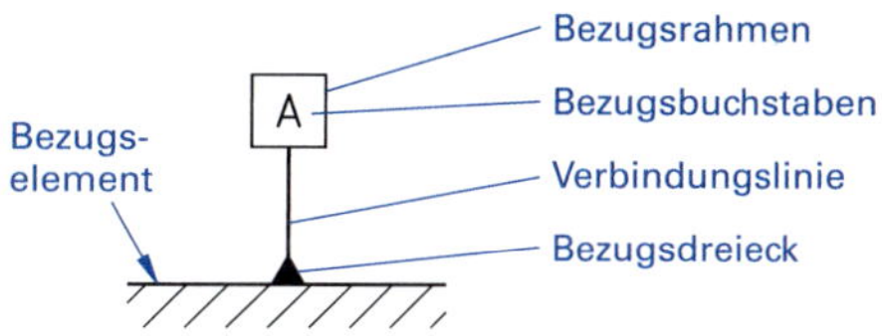

Bild 4: Kennzeichnung des Bezugs in der Zeichnung

Für die Festlegung von Formtoleranzen sind **keine** Bezugsangaben erforderlich. Durch eine Formtoleranz wird nur die Form eines Geometrieelements als Toleranzzone spezifiziert. So ist z. B. ist die Toleranzzone für die Ebenheit einer Fläche der Raum zwischen zwei parallelen Grenzebenen im Abstand *t* **(Bild 1)**.

Zu den Formtoleranzen zählen:

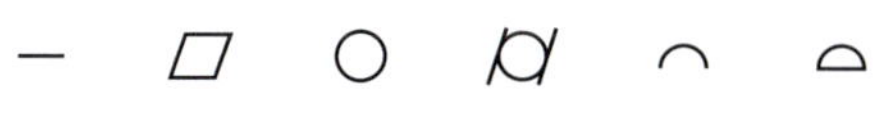

Für die Festlegung von Lagetoleranzen ist die Angabe von einem oder von mehreren Bezügen erforderlich, um den Ort und/oder die Richtung von Geometrieelementen festlegen zu können.

Die Lagetoleranzen werden unterteilt in:

- Ortstoleranzen
- Richtungstoleranzen
- Lauftoleranzen

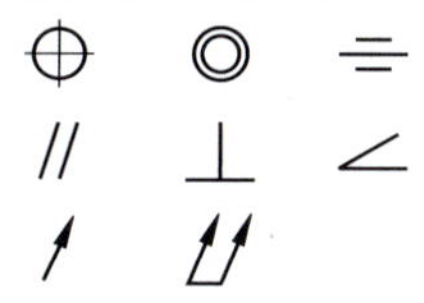

Bezüge und Bezugselemente

Ein **Bezug** ist ein theoretisch ideales Geometrieelement ohne Abweichungen, z. B. eine ideale Ebene.

Ein Bezug stellt die Basis für die Tolerierung der Lage eines Geometrieelements dar **(Bild 2)**. Beim Messen kann z. B. eine Prüfplatte als Bezugsebene dienen.

Ein **Bezugselement** ist ein reales Geometrieelement, z. B. die Fläche einer Grundplatte.

Bezüge werden von Bezugselementen abgeleitet. Diese müssen in ihren Abweichungen durch Formtoleranzen begrenzt werden **(Bild 3)**. Die Formtoleranz eines Bezugselements soll klein sein und nicht größer als die kleinste darauf bezogene Lagetoleranz.

Bezugsangaben in der technischen Zeichnung

Bezugselemente werden in der technischen Zeichnung durch Bezugssymbole mit Großbuchstaben gekennzeichnet **(Bild 4)**. Das Bezugsdreieck kann ausgefüllt oder als Umriss gezeichnet werden.

Gemeinsame Bezugsachse, Fluchtung

Flächen von Bauteilen, die sich berühren, beeinflussen die Funktionsfähigkeit einer Baugruppe maßgeblich. Einzelne dieser Flächen dienen als Bezugselemente, z. B. Anlage-, Führungs- oder Passungsflächen.

Bei Lagersitzen müssen die beiden Bezugselemente koaxial sitzen bzw. fluchten. Dies kann durch eine **Koaxialitätstoleranz mit gemeinsamer Bezugsachse A-B** oder durch eine **Geradheitstoleranz mit gemeinsamer Toleranzzone CZ** (combined zone) spezifiziert werden. Neben der Hüllbedingung Ⓔ ist häufig noch die Tolerierung der Zylinderform notwendig.

Bezugssysteme

Mindestens zwei Bezugselemente in zueinander definierter Lage bilden ein Bezugssystem. Durch ein vollständiges Bezugssystem werden alle möglichen Freiheitsgrade eines Bauteils blockiert.

Die Lage und die Reihenfolge der Bezüge sind beim Aufspannen und beim Prüfen einzuhalten.

Die Bezüge A, B und C der Grundplatte bilden ein rechtwinkliges Bezugssystem **(Bild 2)**.

- Die Fläche A ist das **primäre** Bezugselement. Die Formtoleranz beträgt 0,05 mm.
- Die Fläche B ist das **sekundäre** Bezugselement. Die Richtungstoleranz zum Primärbezug A beträgt 0,05 mm. Die Rechtwinkligkeit schließt die Ebenheit mit ein.

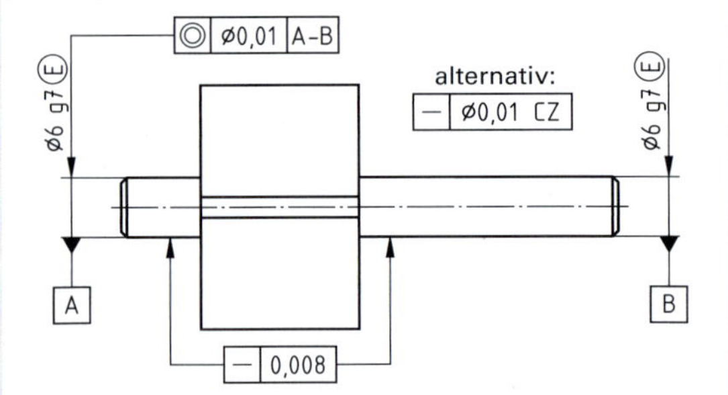

Bild 1: Gemeinsame Bezugsachse bzw. Toleranzzone

- Die Fläche C ist das **tertiäre** Bezugselement. Die Richtungstoleranz zum Primärbezug A und zum Sekundärbezug B beträgt ebenfalls 0,05 mm und schließt auch hier die Ebenheit mit ein.

Die Lage der Bohrung zu dem Bezugssystem ABC ist mit **TED-Maßen** und Lagetoleranzen spezifiziert:

Die Bohrungsachse muss sich innerhalb einer zylindrischen Toleranzzone befinden, die senkrecht zur Bezugsebene A liegt. Für die Bohrung gilt das Hüllprinzip Ⓔ.

Theoretically Exact Dimension (TED)

Ein „TED-Maß" ist ein theoretisch exaktes Größenmaß, das nicht toleriert werden darf.

Es dient zur Festlegung von Geometrieelementen, bei denen Geometrie, Ausdehnung, Ort und Richtung geometrisch exakt sein müssen.

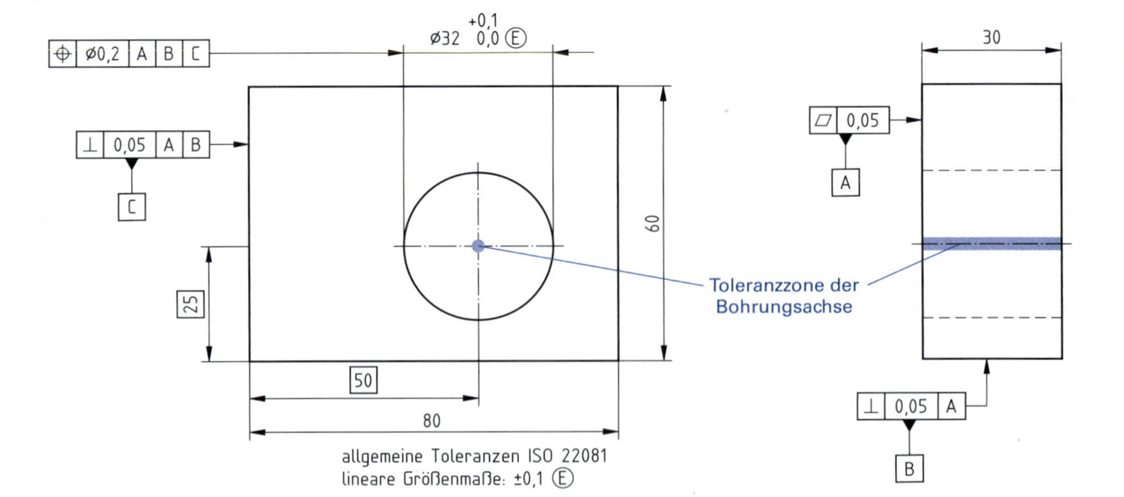

Bild 2: Grundplatte mit einem vollständigen Bezugssystem aus drei senkrecht zueinander liegenden Ebenen

// Projekt Prägevorrichtung

Eine Prägevorrichtung **(Bild 1** und **Bild 1, Seite 627)** soll zum Prägen von kleinen Medaillen oder Gedenkmünzen dienen. Für unterschiedliche Motive der Medaillen müssen die Prägestempel austauschbar sein. Auch sollen unterschiedliche Materialien für die Gedenkmünzen verwendet werden können.

Der Durchmesser einer fertig geprägten Medaille bzw. Gedenkmünze muss $24^{+0,3}_{0}$ mm, die Dicke $3^{+0,1}_{0}$ mm betragen. Als Materialien für die Münzen sind Gold, Silber oder Messing vorgesehen.

Die Prägevorrichtung soll auf einer üblichen handbetätigten hydraulischen Presse einfach montiert und eingerichtet werden können. Die einzelnen Bauteile der Prägevorrichtung werden in unterschiedlichen Abteilungen gefertigt. Die beiden Stempel, Prägestempel und Auswerfstempel, sowie die Normteile werden zugeliefert.

Die verschiedenen Motive für die Medaillen werden von einer dafür spezialisierten Firma in die Prägestempel graviert. Als Presse steht eine manuell betätigte hydraulische Presse („Weber-Presse") zur Verfügung. Auf dieser soll die Prägevorrichtung mittels einer Grundplatte möglichst einfach adaptiert werden können.

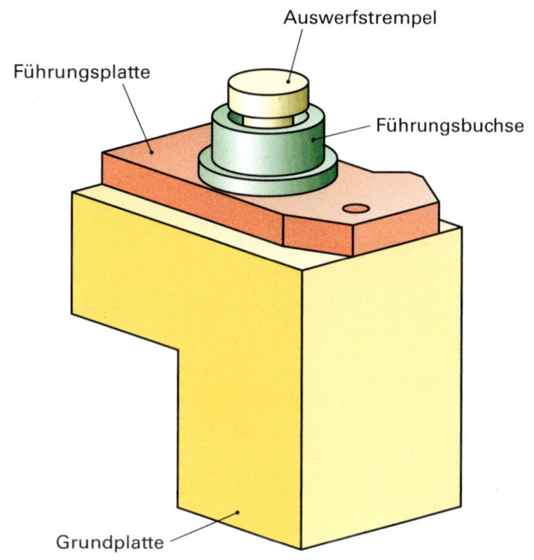

Bild 1: Bauteile der Baugruppe Prägevorrichtung

// Hydraulische Presse mit Prägevorrichtung (Bild 1, Seite 638)

Aufbau und Funktion der hydraulischen Presse

Die manuell betätigte hydraulische Zweisäulenpresse dient für Pressaufgaben bei kleineren Stückzahlen.

Der Rahmen der Presse besteht aus einer Grundplatte, zwei hartverchromten Säulen und dem oberen Pressenjoch. In diesem Joch stützt sich eine Verstellspindel mit gehärtetem Trapezgewinde ab.

Am unteren Ende der Spindel sitzt das beweglich gelagerte obere Druckstück. Der bewegliche Querbalken ermöglicht exakt parallele Druckflächen.

Die untere Druckplatte sitzt auf dem Kolben des Hydraulikzylinders. Zylinder, Handpumpe mit Druckbegrenzungsventil und Manometer sind auf der Grundplatte montiert.

Die **Prägevorrichtung** ist mit der Grundplatte auf die untere Druckplatte geschraubt. Der Prägestempel und die Führungsbuchse müssen genau fluchten.

Die obere Druckplatte mit dem Prägestempel wird mithilfe der Verstellspindel nach unten bewegt, bis der Prägestempel am zu prägenden Rohling anliegt. Durch Betätigen der Handpumpe wird der Kolben des Hydraulikzylinders dann nach oben bewegt.

- **Die Druckbeanspruchung des Systems wird an den beiden Manometern indirekt als Kraft in kN angezeigt. Ein Druckbegrenzungsventil begrenzt den zulässigen Maximaldruck.**
- **Das Zweitmanometer (großer Durchmesser) dient zur Anzeige kleinerer Kräfte (Messbereich ca. 1/4 des Messbereichs vom Hauptmanometer).**

Funktionsorientierung

Vom Aufbau und von der Funktion der hydraulischen Presse mit der Prägevorrichtung leiten sich die geometrischen Anforderungen an die Bauteile der Baugruppe ab, z.B. für die Grundplatte **(Seite 638** und **Seite 639)**.

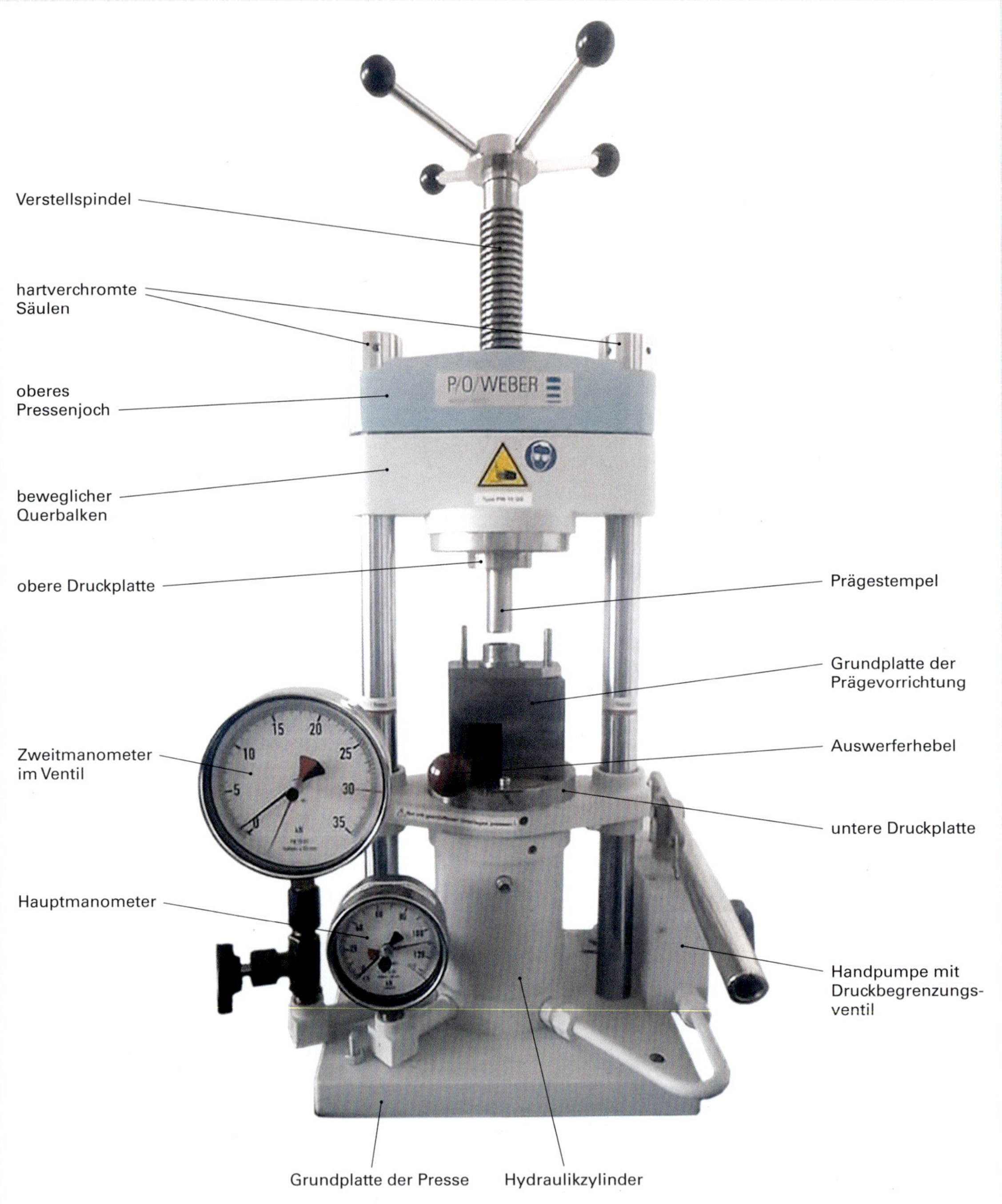

Bild 1: Hydraulische Presse mit montierter Prägevorrichtung

Technische Daten der Presse		**Manometer**	
Maximale Presskraft:	130 kN	(indirekte Anzeige der Kraft)	
Maximaler Kolbenhub:	50 mm	Hauptmanometer:	0 … 130 kN
Verstellbereich Spindel:	130 mm	Zweitmanometer:	0 … 35 kN

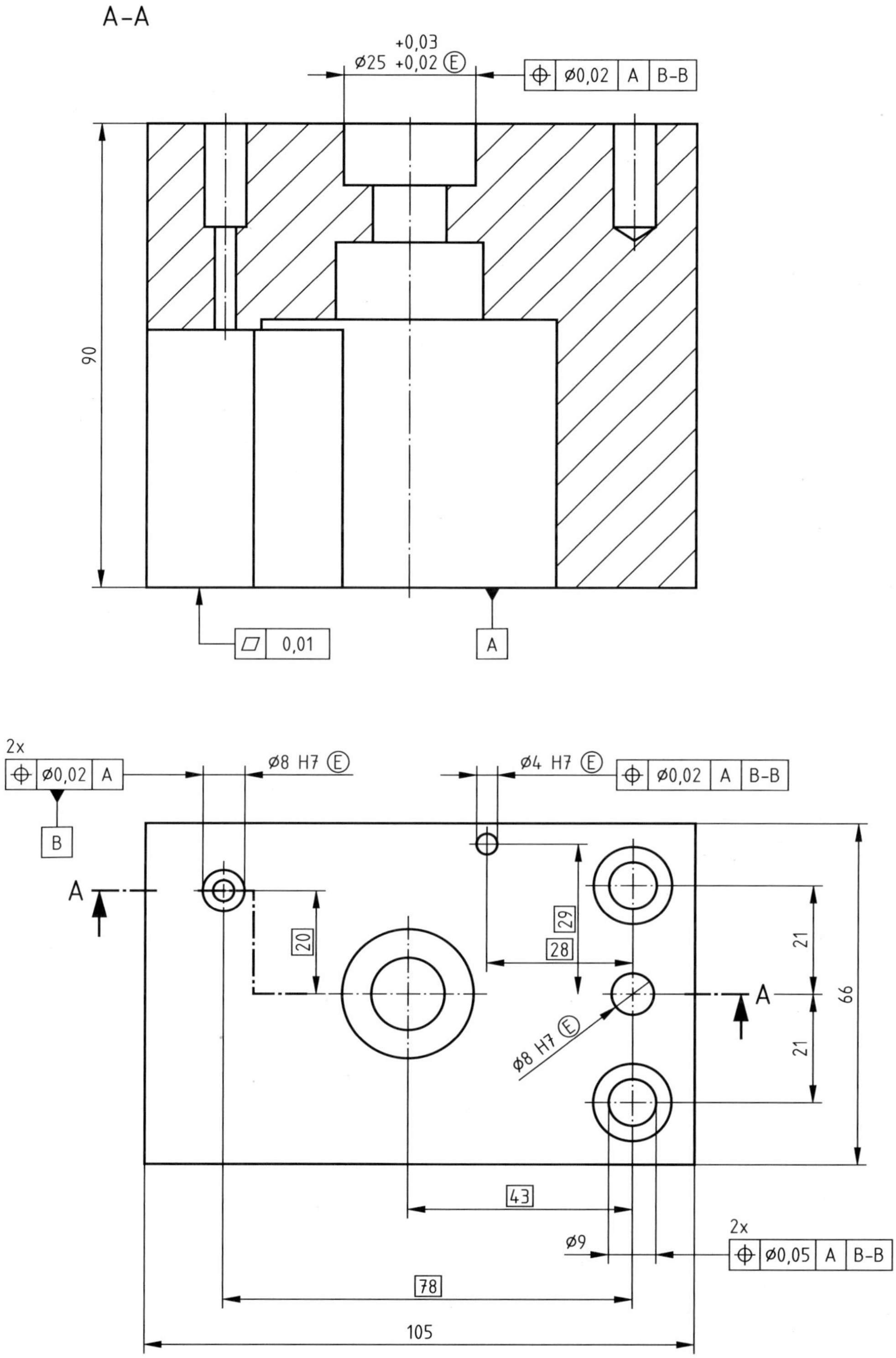

Bild 1: Grundplatte der Prägevorrichtung mit Bezugssystem und geometrischen Toleranzen (Auswahl)
(Beachte: Zum leichteren Verständnis ist das Bauteil nicht vollständig spezifiziert.)

Funktionsrelevante geometrische Anforderungen an die Grundplatte

- planparallele Auflage der Grundplatte auf der unteren Druckplatte des Hydraulikzylinders
- senkrechte Lage der Bohrungsachsen zur Auflagefläche der unteren Druckplatte
- genaue Fluchtung des Prägestempels mit der Führungsbuchse, der Führungsplatte, den zentralen Taschen und Bohrungen der Grundplatte sowie dem Auswerfstempel
- hohe Positionsgenauigkeit der Grundplatte mit der Führungsplatte und der Führungsbuchse
- sichere Fixierung der Grundplatte der Prägevorrichtung auf der unteren Druckplatte des Hydraulikzylinders
- enge Spielpassung und hohe Positionsgenauigkeit der beiden Bohrungen ∅ 8 H7 zur Aufnahme der Passstifte für die Festlegung der genauen Lage von Grund- und Führungsplatte
- enge Spielpassung und hohe Positionsgenauigkeit der Bohrung ∅ 4 H7 zur Aufnahme eines Passstifts als Anschlagstift für die Führungsplatte

Aufbau des Bezugssystems

Die Funktionsfähigkeit einer Baugruppe wird maßgeblich von den Kontaktflächen ihrer Bauteile beeinflusst. Aufbau und Aufspannung der Baugruppe bestimmen somit die Lage und die Reihenfolge der Bezüge.

Als primärer **Bezug A** wird die Aufspannfläche der Grundplatte festgelegt und mit einer Ebenheitstoleranz spezifiziert.

Die beiden Führungsbohrungen ∅ 8 H7Ⓔ sind mit einer schwimmenden Positionstolerierung von je ∅ 0,02 zueinander festgelegt und mit je einer Rechtwinkeligkeitstoleranz spezifiziert. Die zwei Bohrungen bilden den gemeinsamen **Bezug B**.

Die Bezüge A | B-B blockieren alle Freiheitsgrade des Bauteils und bilden somit ein nach allen Richtungen festgelegtes **Bezugssystem**.

Die Kreistasche ∅ 25, die Bohrung ∅ 4 H7Ⓔ sowie die Durchgangsbohrungen ∅ 9 (und Senkungen) für die Zylinderschrauben M8 sind in ihrer Position durch TEDs und Positionstoleranzen zum Bezugssystem festgelegt.

Überlegen und beantworten Sie:

1. Erläutern Sie an einem Beispiel die geometrische Spezifikation durch eine Zone.
2. Für Maß-, Form- und Lagetolerierungen gibt es zwei verschiedene Tolerierungsgrundsätze. Nennen und erklären Sie diese.
3. Wozu benötigt man Spezifikations-Modifikationssymbole für Größenmaße?
4. In welche Gruppen können Größenmaße eingeteilt werden?
5. Erläutern Sie anhand von Beispielen die unterschiedlichen Arten von Größenmaßen.
6. Erklären Sie die Tolerierungsangabe einer Welle – Ø 30 0/–0,05 Ⓔ – sowie die damit verbundene Vorgabe für die Prüftechnik.
7. Erstellen Sie für die Werkstücke **Bild 1** und **Bild 2** jeweils ein vollständiges Bezugssystem und legen Sie jeweils die Position der Bohrung fest.

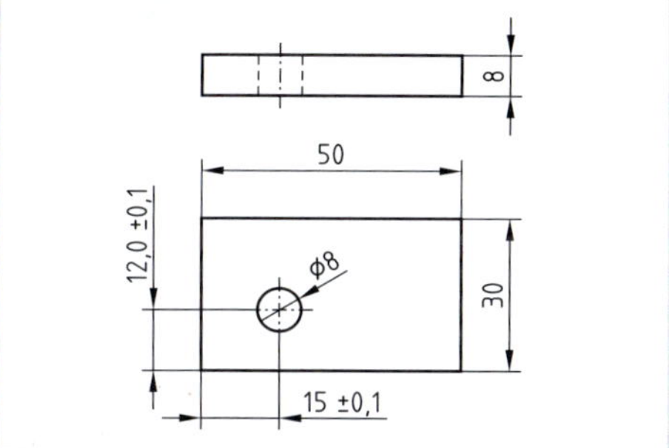

Bild 1

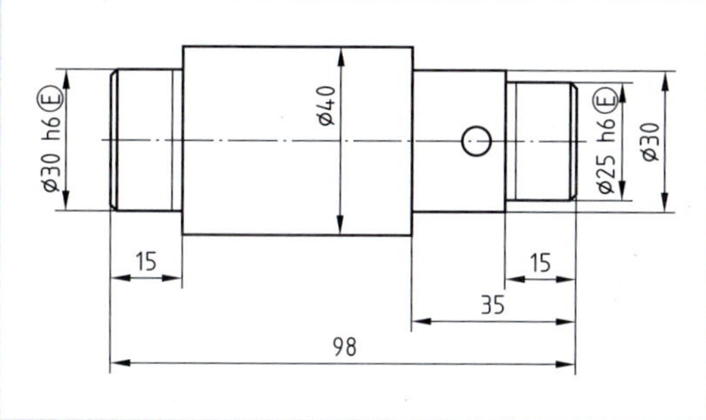

Bild 2

8. Skizzieren Sie das Werkstück (Führungsplatte der Prägevorrichtung) und erstellen Sie ein Bezugssystem. Orientieren Sie sich dabei an **Bild 1, Seite 639**.
9. Skizzieren Sie das Werkstück (Führungsbuchse der Prägevorrichtung) und erstellen Sie auch dafür ein Bezugssystem. Orientieren Sie sich dabei an **Bild 1, Seite 637** und an **Bild 1, Seite 639**.

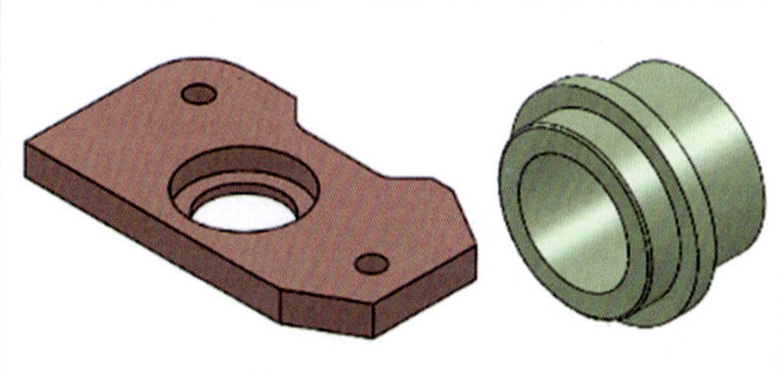

10. Passungen
    a) Geben Sie für die angegebenen ISO-Passmaße der Führungsplatte (Aufgabe 8) und der Führungsbuchse (Aufgabe 9) jeweils die Abmaße, die Toleranz sowie die Grenzmaße in mm an.
    b) Berechnen Sie die Passung zwischen Führungsplatte und Führungsbuchse.

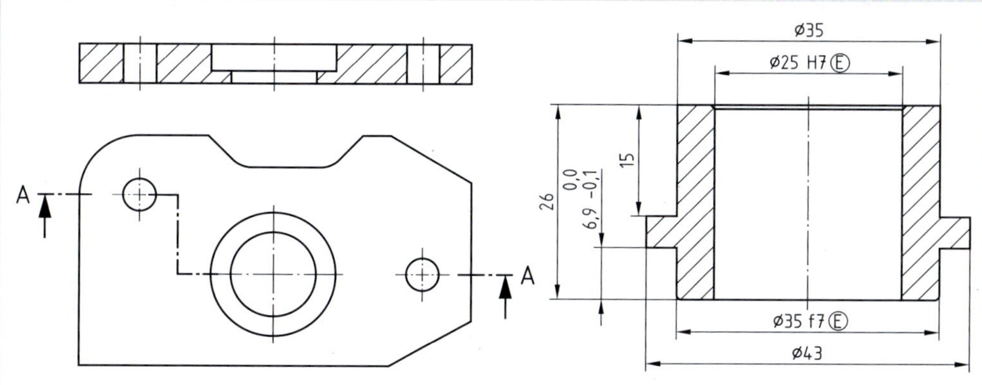

Lernfeld-übergreifend

11. Manuell betätigte hydraulische Presse („Weber-Presse“)

Bild 1: Hydraulische Presse mit montierter Prägevorrichtung

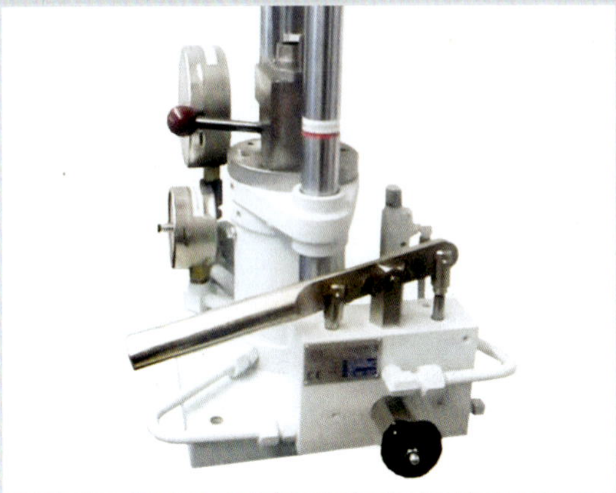

Bild 2: Handpumpe mit Hebel

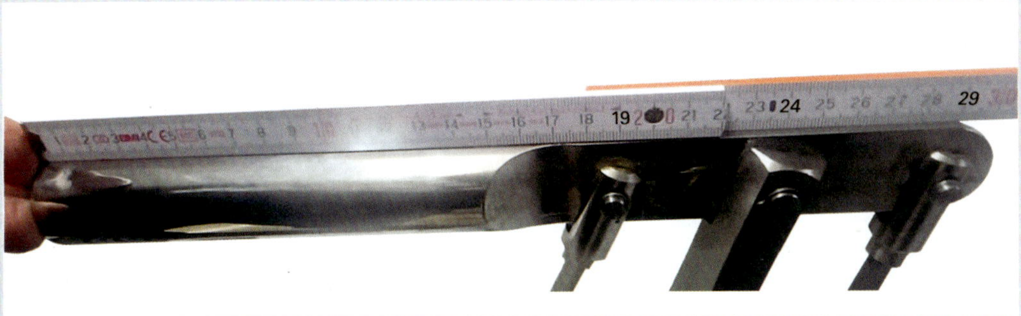

Bild 3: Handhebel mit Hebellängen

Arbeitskolben

Für die hydraulische Presse ist eine maximale Presskraft von F_2 = 130 kN angegeben **(Bild 1)**

Der Arbeitskolben hat einen Durchmesser von d_2 = 65 mm

Die maximale Hubhöhe des Arbeitskolbens beträgt h = 50 mm

Der maximal zulässige Systemdruck ist mit einem Druckbegrenzungsventil (DBV) abgesichert.

Hydraulikhandpumpe

Die Handpumpe besitzt zwei doppeltwirkende Zylinder **(Bild 2)**.

Der Kolbendurchmesser beträgt jeweils d_1 = 65 mm

mit einem Kolbenhub von s_1 = 27 mm

Die Längen des Handhebels zeigt **Bild 3**.

Die beiden Manometer zeigen den Systemdruck indirekt als Kraft an, wobei das Zweitmanometer für Kräfte bis 35 kN über ein Absperrventil zugeschaltet werden kann. Es ist zudem mit einem weiteren DBV abgesichert.

Der Gesamtwirkungsgrad der hydraulischen Presse beträgt 90 %.

a) Worin liegt der Vorteil, dass die Handpumpe mit zwei Druckkolben ausgestattet ist?

b) Zeichnen Sie von der Hebelübersetzung eine Skizze und tragen Sie in diese die Kräfte mit den wirksamen Hebellängen gemäß Bild 3 ein.

Lernfeld-übergreifend

?

Berechnen Sie

c) den Druck p_e, der sich bei der maximal zulässigen Presskraft von F_2 = 130 kN im System aufbaut. – Auf welchen Druck würden Sie folglich den Systemdruck am DBV einstellen?

d) das Übersetzungsverhältnis i_1 für den Handhebel

e) die hydraulische Kraftübersetzung i_2

f) das Gesamtübersetzungsverhältnis i für die Presse

g) die Kolbenkraft F_1 für die maximale Presskraft F_2

h) die erforderliche Handkraft F_H für die maximale Presskraft F_2

i) den Kolbenweg s_2 des Arbeitskolbens für eine Pumpbewegung

j) die Handkraft F_H, die für das Prägen einer Münze erforderlich ist, wenn die dafür nötige Prägekraft F = 85 kN und der Gesamtwirkungsgrad der Presse 90 % betragen

k) Wie lässt sich die Handkraft ganz einfach weiter verringern?

12.1.3 Tolerierung von Bauteilen

Im Maschinen- und Fahrzeugbau werden Bauteile in verschiedenen Unternehmen gefertigt und häufig an andere Unternehmen zugeliefert. Damit der Austausch der Bauteile gut funktionieren kann, müssen die gewünschten Maße der jeweiligen Teile den Spezifikationen entsprechen.

Ein einfaches Beispiel für die Bemaßung eines Werkstücks ist in **Bild 1** dargestellt.

Der Bolzen in Bild 1 ist hier nur mit linearen Größenmaßen spezifiziert. Die Anwendung von **linearen Größenmaßen** ist in der DIN EN ISO 14405-1 genormt.

Mithilfe dieser Informationen kann dieser Bolzen von einem Betrieb nach den gewünschten Maßen hergestellt werden.

Betrachtet man nun die Geometrie dieses einfachen Werkstücks genauer, kann es z. B. folgende Formabweichungen haben, obwohl die Maße, wie sie in der Zeichnung vorgegeben sind, eingehalten werden **(Bild 2)**.

// Lineare Größenmaße

Wie oben schon erwähnt, ist der Bolzen in Bild 1 mit linearen Größenmaßen bemaßt. Beispiele für typische lineare Größenmaße sind in **Bild 3** dargestellt.

Zu den linearen Größenmaßen gehören alle Bemaßungen von Kreisen, Zylindern, Kugeln, zwei parallelen gegenüberliegenden Geraden sowie zwei parallelen gegenüberliegenden Ebenen. Dazu zählen innere (1) wie äußere (2) Größenmaßelemente (Bild 3).

Man unterscheidet außerdem zwischen **örtlichen (lokalen), globalen** und **berechneten Größenmaßen**. Die Art des Größenmaßes wird mit einem **Modifikationssymbol** am Maß angezeigt **(Bild 4)**.

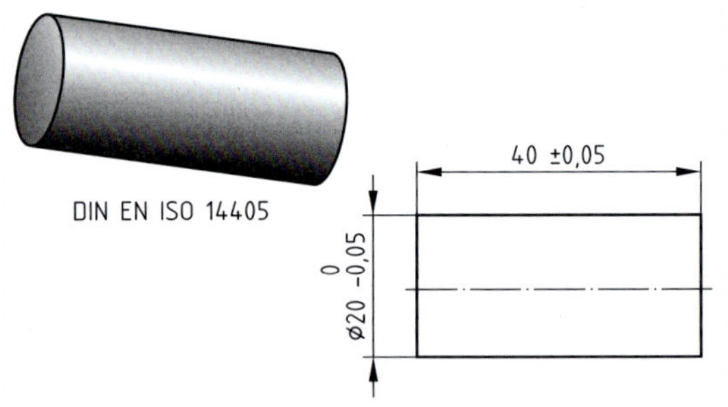

Bild 1: Einfacher Bolzen in 3D und 2D mit Bemaßung

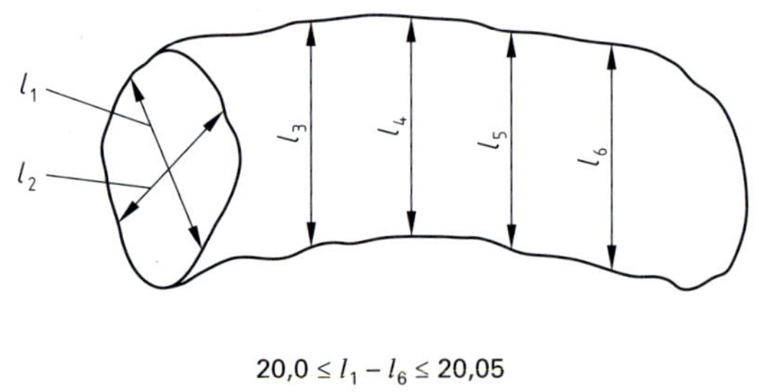

Bild 2: Tatsächliches Werkstück innerhalb der Toleranz

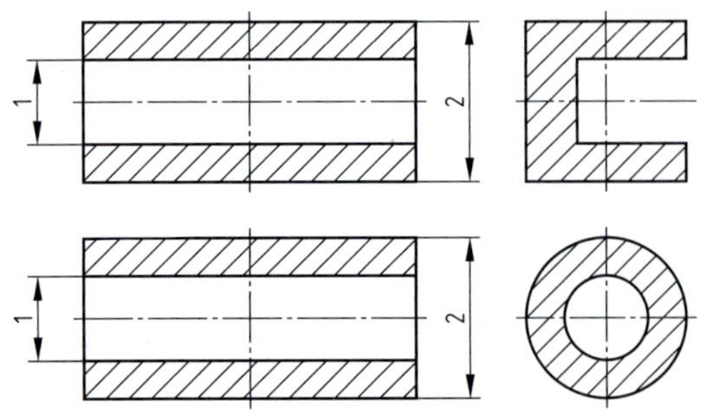

Bild 3: Lineare Größenmaßelemente

(LP)	Zweipunktgrößenmaß (lokal)
(GN)	Kleinstes umschriebenes Größenmaß (global)
(CC)	Umfangsbezogener Durchmesser (berechnet)

Bild 4: Beispiele zu linearen Größenmaßen

// Das Zweipunktgrößenmaß (Local Point)

Eines der am häufigsten vorkommenden linearen Größenmaße ist das **Zweipunktgrößenmaß** (LP). Alle linearen Größenmaße ohne einen zusätzlichen Modifikator, wie z. B. (GN), sind standardmäßig Zweipunktgrößenmaße. Betrachtet man das Beispiel des bemaßten Bolzens auf **Seite 644**, stellt man fest, dass es sich hier ausschließlich um Zweipunktmaße handelt, da keines der Maße einen zusätzlichen Modifikator besitzt.

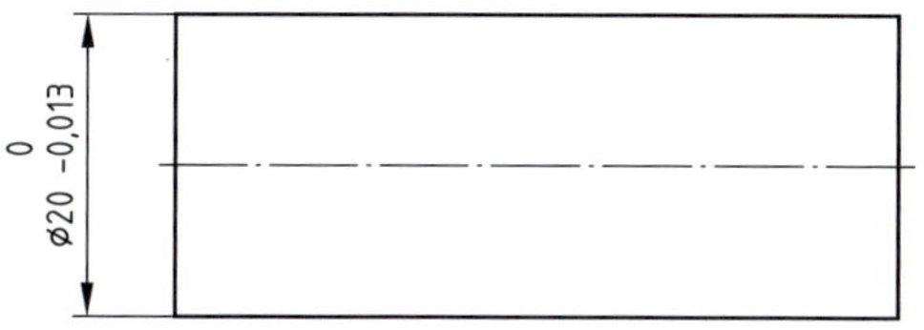

Bild 1: Zweipunktmaß in verschiedenen Varianten

Das Zweipunktgrößenmaß (LC) ist der Abstand zwischen zwei gegenüberliegenden Punkten durch den Gaußkreismittelpunkt auf einem realen Geometrieelement **(Bild 2)**.

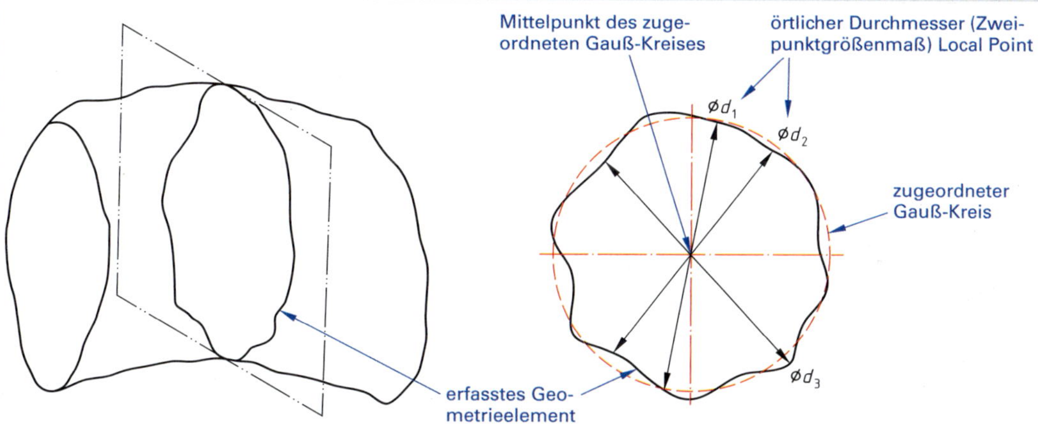

Bild 2: Zweipunktgrößenmaß durch den Gaußkreismittelpunkt

Für ein gegebenes Geometrieelement, z. B. einen Zylinder, gibt es eine unendliche Anzahl von örtlichen Größenmaßen.

Mögliche Zweipunktgrößenmaße

Zweipunktgrößenmaße kommen bei Kreisen, Zylindern, Kugeln, zwei parallelen gegenüberliegenden Geraden sowie zwei parallelen gegenüberliegenden Ebenen, vor. Rechts ist ein Beispiel für Zweipunktmaße zwischen zwei parallelen Ebenen abgebildet.

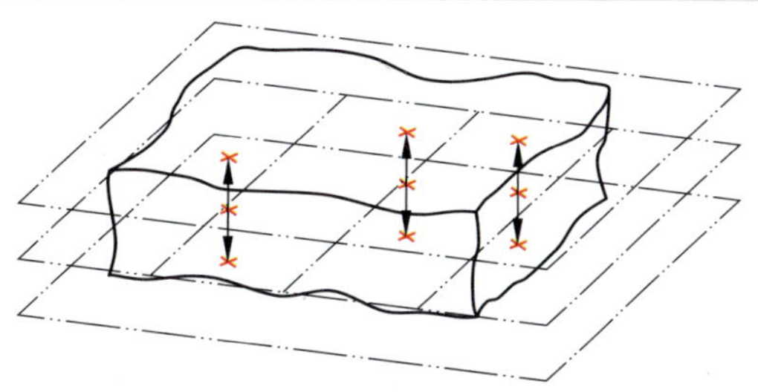

// Globale Größenmaße

Das Zweipunktgrößenmaß ist für ein Bauteil, welches in ein anderes verbaut wird, meist nicht ausreichend. Das Problem soll in **Bild 1** verdeutlicht werden.

Der Bolzen passt nicht in die vorgesehene Bohrung, da seine Geometrie von einer idealen Zylinderform abweicht.

Um Bauteile so zu spezifizieren, damit sie mit anderen gepaart werden können, ist die Verwendung von **globalen Größenmaßen** sinnvoll.

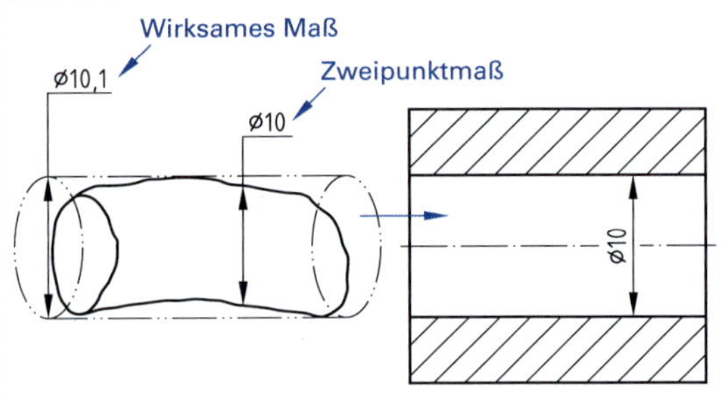

Bild 1: Einbauprobleme bei Zweipunktmaßtolerierung

Kleinstes umschriebenes Größenmaß

Die Bildung dieses Maßes erfolgt durch die Konstruktion eines kleinstmöglichen Hüllelements, welches das tolerierte Geometrieelement, den Bolzen, umfasst. Der Durchmesser dieses Hüllelements (beim Bolzen ein Hüllzylinder) hat das kleinste umschriebene Größenmaß (GN) **(Bild 2)**.

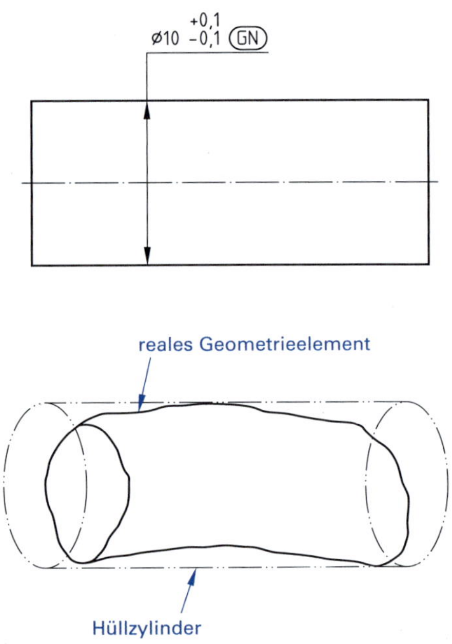

Bild 2: Kleinstes umschriebenes Größenmaß

Größtes einbeschriebenes Größenmaß

Die Bildung dieses Maßes erfolgt durch die Konstruktion eines Pferchelements, das dem realen Geometrieelement einer Bohrung einbeschrieben wird. Der Durchmesser dieses Pferchelements (bei der Bohrung ein Pferchzylinder) bildet das größte einbeschriebene Größenmaß (GX) **(Bild 3)**.

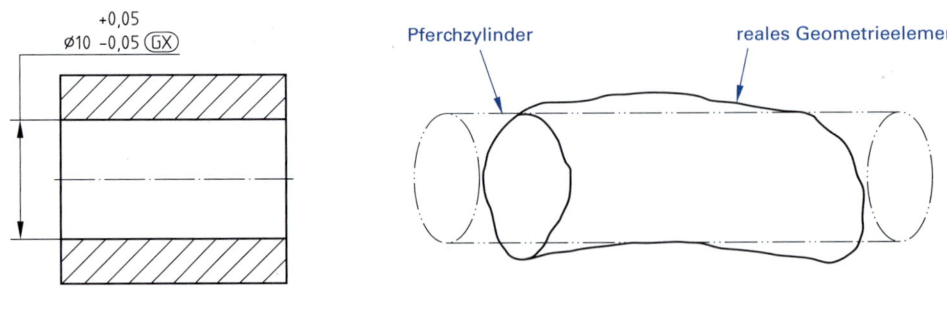

Bild 3: Größtes einbeschriebenes Größenmaß

Lernfeld-übergreifend

// Hüllbedingung Ⓔ

Die beiden globalen Größenmaße (GN) und (GX), wie sie auf der **Seite 646** erläutert sind, gelten für das Höchstmaß wie auch für das Mindestmaß des jeweiligen Geometrieelements. Für viele Anwendungen ist es aber sinnvoll, die Bauteile nach dem **taylorschen Grundsatz** zu spezifizieren. Die Überprüfung wird häufig mit einer Lehre durchgeführt **(Bild 1)**:

Die Gutprüfung wird als Paarungsprüfung mit einer Lehre durchgeführt, die über die ganze Länge des Geometrieelements reicht.

Die Ausschussprüfung erfolgt durch Zweipunktmessung.

Taylorscher Grundsatz

1. Die Gutseite muss alle Maße und Formen gleichzeitig erfassen und mit dem Prüfgegenstand gepaart werden können.
2. Die Ausschussseite muss jedes Maß einzeln erfassen und darf mit dem Prüfgegenstand nicht gepaart werden können.

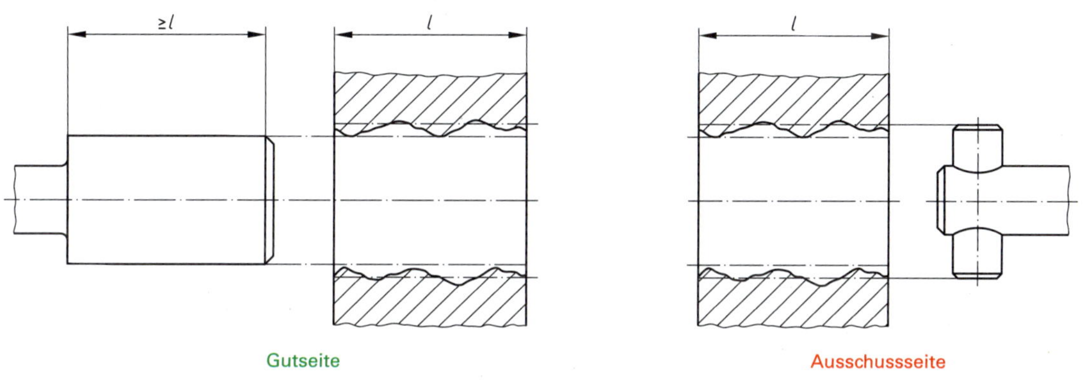

Bild 1: Überprüfung (Lehrung) einer Bohrung nach dem taylorschen Grundsatz

// Spezifikationsbeispiele für Hüllbedingungen

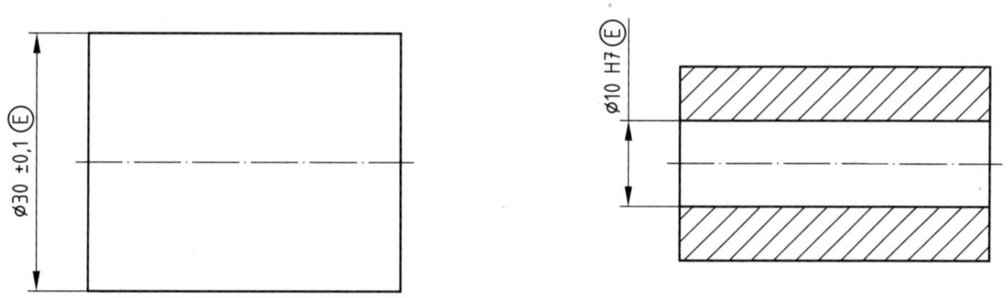

Bild 2: Hüllbedingung für ein äußeres und ein inneres Geometrieelement

// Möglichkeiten zur Angabe der Hüllbedingung in Zeichnungen

Die **Hüllbedingung eines inneren Geometrieelements** ist eine Kombination aus einem lokalen Zweipunktmaß (LP) und dem größten einbeschriebenen Größenmaß (GX) **(Bild 1)**.

Die **Hüllbedingung eines äußeren Geometrieelements** ist eine Kombination aus einem lokalen Zweipunktmaß (LP) und dem kleinsten umschriebenen Größenmaß (GN) **(Bild 2)**.

Bei inneren Geometrieelementen ist die Hüllbedingung (E) eine Kombination aus einem Zweipunktmaß (LP) und einem größten einbeschriebenen Größenmaß (GX).

Bei äußeren Geometrieelementen ist die Hüllbedingung (E) eine Kombination aus einem Zweipunktmaß (LP) und dem kleinsten umschriebenen Größenmaß (GN).

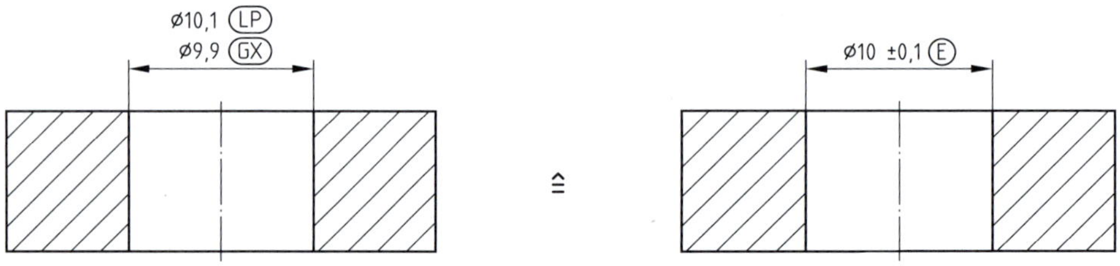

Bild 1: Mögliche Zeichnungsangaben zur Angabe der Hüllbedingung eines inneren Geometrieelements

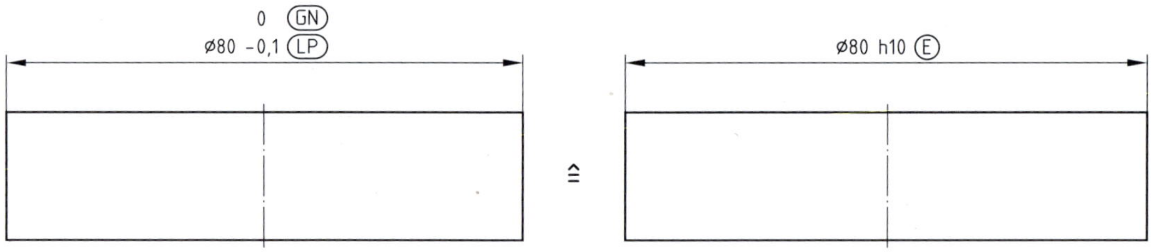

Bild 2: Mögliche Zeichnungsangaben zur Angabe der Hüllbedingung eines äußeren Geometrieelements

// Spezifikationsbeispiele

1. Beispiel

Für eine Prägevorrichtung auf einer hydraulischen Presse muss eine Führungsbuchse in einer Führungsplatte verbaut werden **(Bild 1)**.

Für diesen Paarungszustand sind folgende Spezifikationen nötig (die Bemaßung der Bauteile ist wegen der besseren Übersicht unvollständig) **(Bild 2)**.

Erklärungen zu den Spezifikationen der Führungsbuchse:

∅ 35f7 Ⓔ	Hüllbedingung: Das Höchstmaß der Welle umfasst gleichzeitig auch die Form (Hüllzylinder), um den Einbau sicherzustellen.
∅ 43	Zweipunktmaß: Für die Funktion ist die Form des Durchmessers nicht ausschlaggebend. Die Toleranz dieses linearen Größenmaßes wird über Allgemeintoleranzen abgedeckt.
$6{,}9^{\ 0}_{-0{,}1}$	Zweipunktmaß: Das Mindestmaß des Absatzes ist 6,8 mm, das Höchstmaß ist 6,9 mm.

Erklärungen zu den Spezifikationen der Führungsplatte:

∅ 35f7 Ⓔ	Hüllbedingung: Das Mindestmaß der Bohrung umfasst gleichzeitig auch die Form (Pferchzylinder), um den Einbau sicherzustellen. Die Toleranz H7 ergibt mit der Toleranz f7 der Buchse eine Spielpassung.
6,9−0,1	Zweipunktmaß: Die Mindesttiefe der Bohrung ist 7 mm, die Höchsttiefe beträgt 7,3 mm.

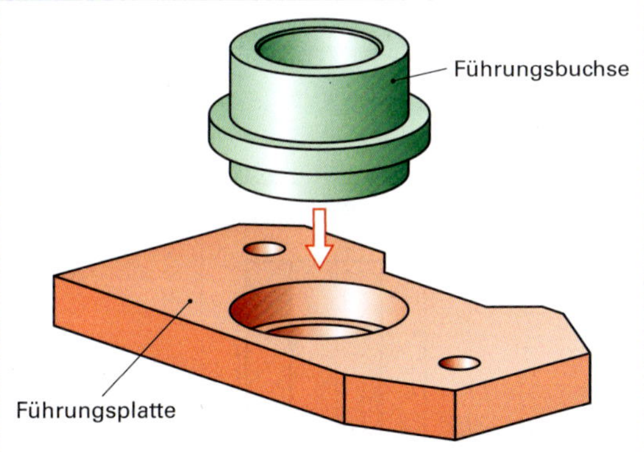

Bild 1: 3D-Modell von Führungsbuchse und Führungsplatte

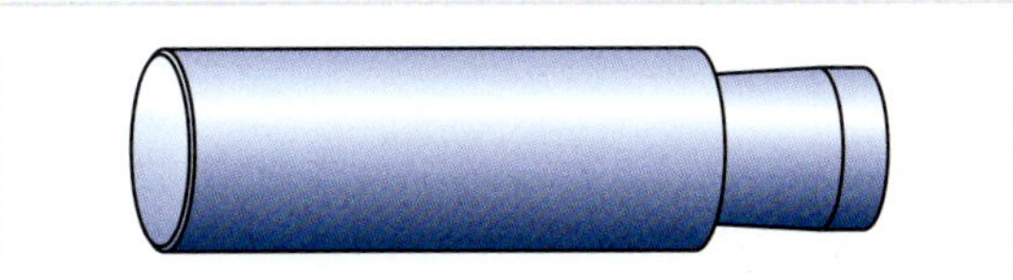

Bild 3: Prägestempel

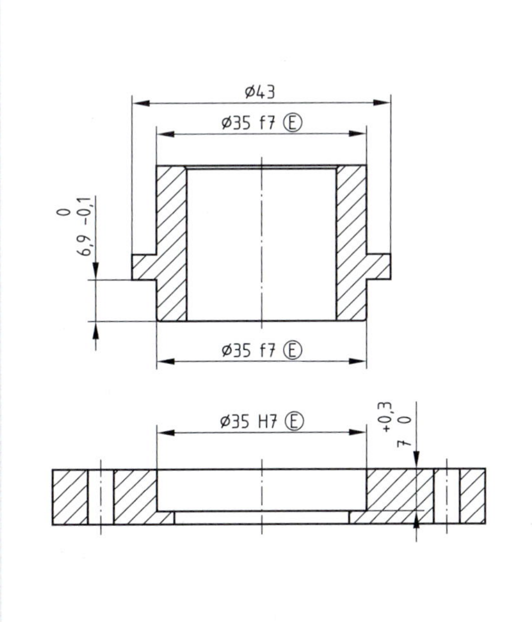

Bild 2: Spezifikation von Führungsbuchse und Führungsplatte

2. Beispiel

Der Zylinder ∅ 25 des Prägestempels der hydraulischen Presse **(Bild 3, Seite 649)** muss in die Führungsbuchse hineingleiten können. Dazu sind die folgenden Spezifikationen nötig:

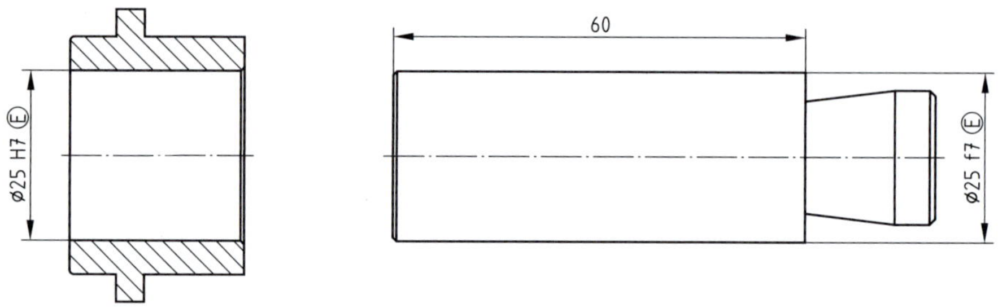

Bild 1: Tolerierung mit Hüllbedingung

Erklärung zu Bild 1 (Prägestempel und Führungsbuchse):

∅ 25H7 Ⓔ	Hüllbedingung: Das Mindestmaß der Bohrung umfasst gleichzeitig auch die Form (Pferchzylinder), um den Einbau sicherzustellen.
60	Zweipunktmaß: Für Länge 60 mm des Stempels gilt das Zweipunktmaß als Standard. Die Tolerierung wird über die Allgemeintoleranzen abgedeckt.

Überlegen und beantworten Sie:

Das folgende Drehteil wurde toleriert:

Das Werkstück wird am ∅ 30 und am ∅ 20 in eine Stufenbohrung mit den passenden Durchmessern verbaut.

1. Welche Art von Maße sind hier angegeben?
2. Skizzieren Sie das dargestellte Bauteil auf ein geeignetes Blatt und ergänzen Sie die Maße ∅ 30 und ∅ 20 mit den Modifikatoren (GN) und (LP), sodass der Einbau gewährleistet ist.
3. Das Werkstück wird in die dazu passenden Bohrungen ∅ 30H7 Ⓔ und ∅ 20H7 Ⓔ eingebaut. Tolerieren Sie die Maße ∅ 30 und ∅ 20 so, dass das Werkstück ohne Kraftaufwand in die Bohrungen hineingleiten kann.

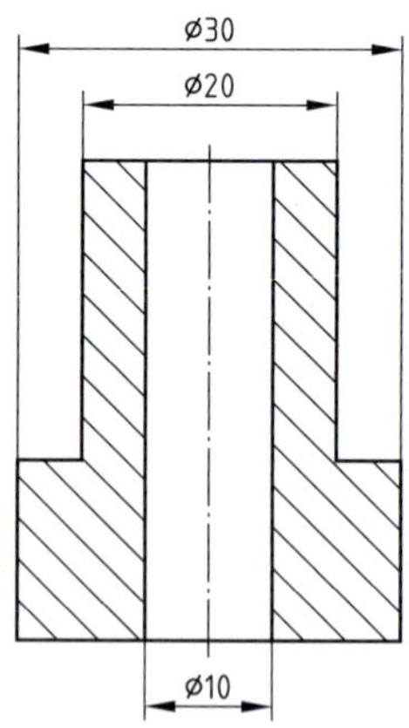

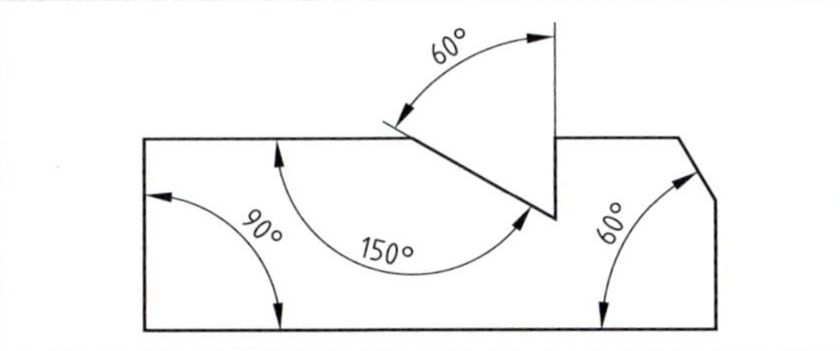

Bild 1: Winkelmaße an Nenngeometrieelementen

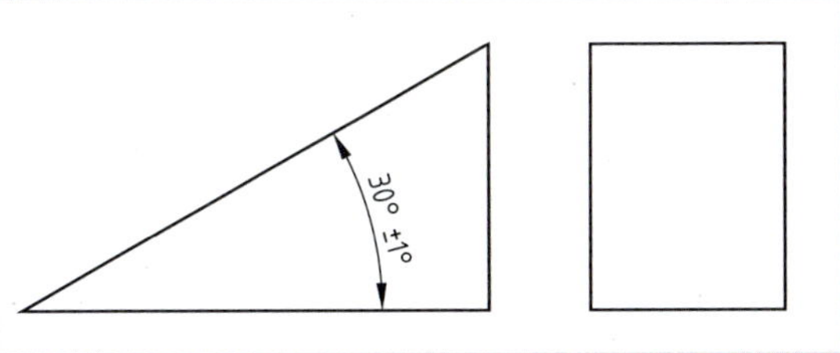

Bild 2: Zwei-Linien-Winkelgrößenmaß (Default)

// Winkelgrößenmaße

Winkelgrößenmaße werden entweder durch Nenngeometrieelemente (z. B. Körperkanten) oder durch assoziierte Geometrieelemente (z. B. Mantellinien eines Kegels) festgelegt.

Wie bei der Tolerierung der Längenmaße unterscheidet man zwischen **örtlichen** und **globalen Winkelgrößenmaßen**.

// Örtliche Winkelgrößenmaße

Zwei-Linien-Winkelgrößenmaß

Wenn keine weiteren Spezifikationsmodifikatoren beim Winkelgrößenmaß angegeben sind, gilt standardmäßig (default) das **Zwei-Linien-Winkelgrößenmaß** (LC) (Tschebyschew[1]), sofern im Schriftfeld nicht etwas anderes definiert ist **(Bild 2)**. Eine weitere Winkelgrößenmaßassoziation ist (LG) (Gauß).

Wie der Name Zwei-Linien-Winkelgrößenmaß aussagt, wird der Winkel über Linienpaare, welche aus Schnittgeraden entstanden sind, ermittelt. Die Schnittgraden entstehen durch Schnittebenen am Werkstück. Die einzelnen Winkel müssen innerhalb der geforderten Toleranz liegen **(Bild 3)**.

Auswerteverfahren für Winkelmaße

1. **Minimax-Assoziationskriterium** (LC) **(Local Chebichew)**

   Zwei Linien schließen das Geometrieelement ein **(Bild 4)**.

2. **Assoziationskriterium der kleinsten Abweichungsquadrate** (LG) **(Local Gauß)**

   Zwei Ausgleichsgeraden bilden den Winkel am Geometrieelement **(Bild 5)**.

[1] Das Auswerteverfahren ist nach dem russischen Mathematiker Tschebyschew benannt. in englischer Sprache Chebichew.

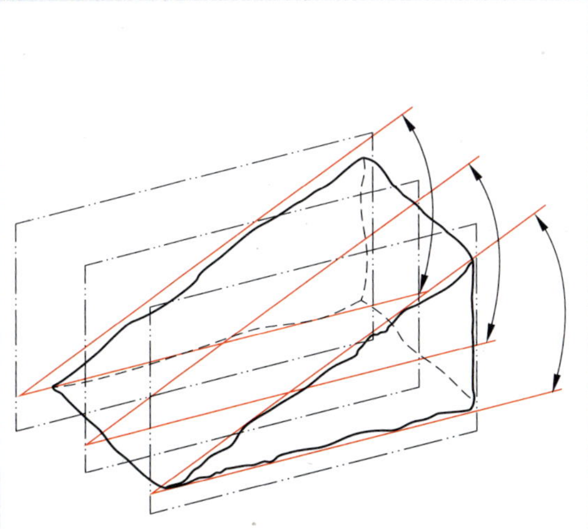

Bild 3: Zwei-Linien-Winkelgrößenmaße am Keil

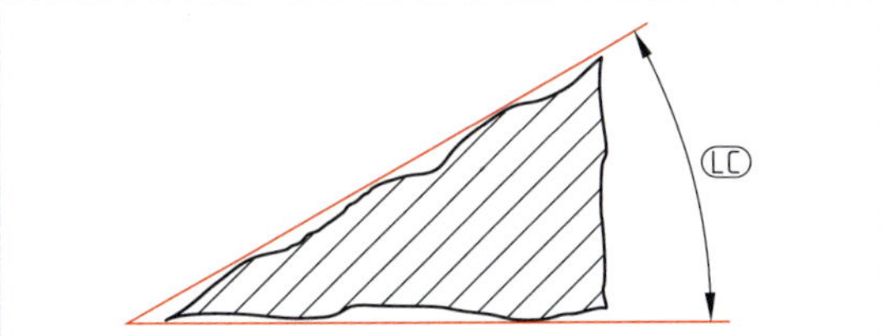

Bild 4: Auswertung nach Tschebyschew

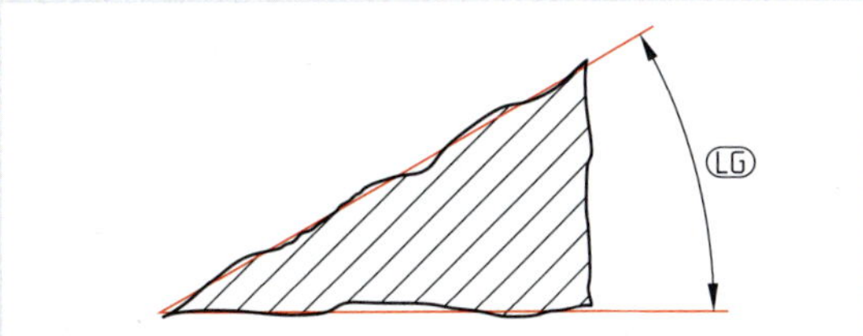

Bild 5: Auswertung nach Gauß

// Globale Winkelgrößenmaße

Globale Winkelgrößenmaße geben einen eindeutigen Wert für das gesamte tolerierte Winkelgrößenmaßelement (z. B. Keil, Kegel) an. Dies wird mit dem Buchstaben **G** (**G**lobal) verdeutlicht **(Bild 1)**. **C** steht für das Auswerteverfahren nach Tschebyschew (Engl.: **C**hebichew).

Im unteren Bild ist die Entstehung des globalen Winkelmaßes mit dem Auswerteverfahren nach Tschebyschew dargestellt **(Bild 2)**.

// Spezifikationsbeispiel

Die beiden Innenwinkel der Führungsplatte sind mit den globalen Winkelmaßen 135° bemaßt **(Bild 3)**. Mit der Toleranzangabe ±0,5° müssen sich die Winkel der tolerierten Ebenen zwischen 134,5° und 135,5° bewegen **(Bild 4)**.

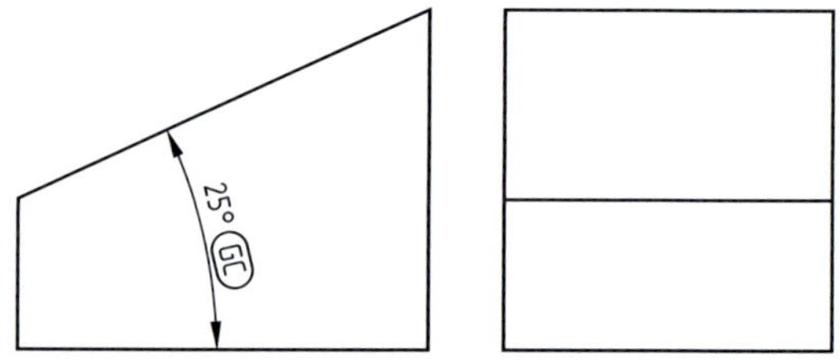

Bild 1: Globales Winkelgrößenmaß

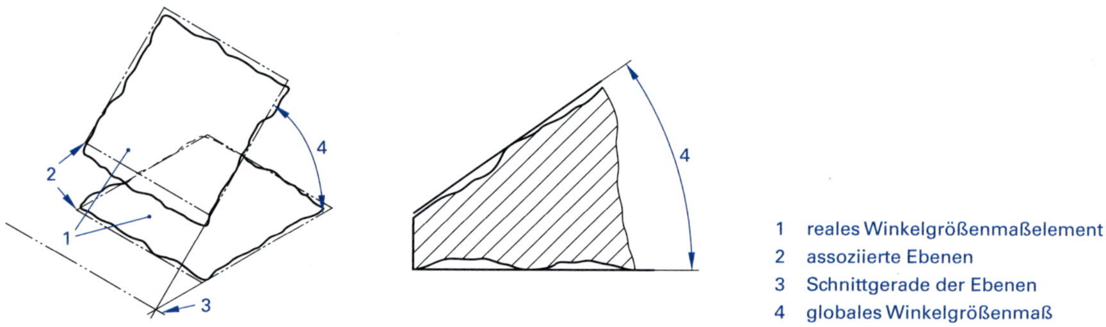

Bild 2: Globales Winkelgrößenmaß nach Tschebyschew

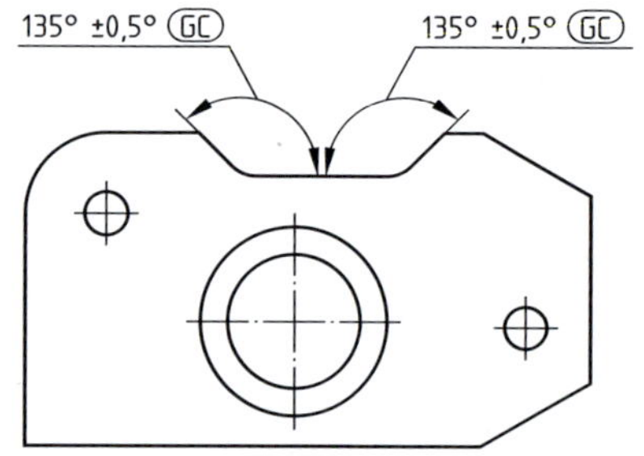

Bild 3: Globale Winkelgrößenmaße

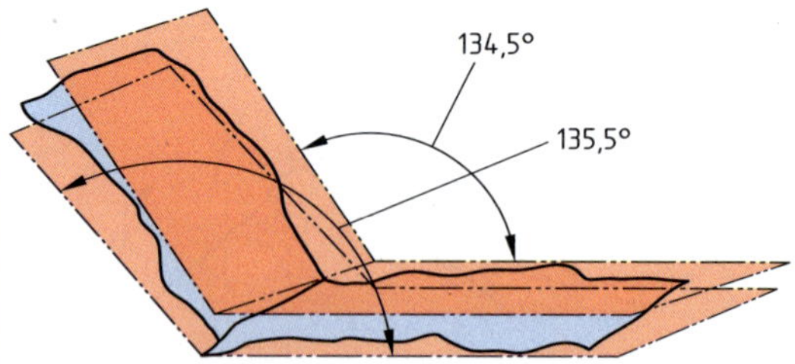

Bild 4: Grenzebenen des Spezifikationsbeispiels

Überlegen und beantworten Sie:

Die beiden äußeren Winkel der Führungsplatte auf der rechten Seite sollen lokale Winkelmaße von jeweils 30° ±1° haben.

Bemaßen Sie die Winkel mithilfe einer Skizze!

// Rangordnungsgrößenmaße

Rangordnungsgrößenmaße sind Größenmaße, die mathematisch aus einer Menge von Werten eines örtlichen Größenmaßes entlang des tolerierten Geometrieelements ermittelt werden **(Bild 1)**. Die jeweiligen Zuordnungen der einzelnen Größenmaße sind in **Tabelle 1** dargestellt.

Größtes und kleinstes Größenmaß

Das größte Maß einer Messreihe von örtlichen Größenmaßen entlang eines Geometrieelements wird mit dem Modifikator (SX) (**S**tatistical ma**X**imum) spezifiziert.

Das kleinste Maß einer Messreihe von örtlichen Größenmaßen entlang eines Geometrieelements wird mit dem Modifikator (SN) (**S**tatistical mi**N**imum) spezifiziert.

Mittleres Größenmaß

Das mittlere Größenmaß einer Messreihe von örtlichen Größenmaßen entlang eines Geometrieelements ist der gebildete Mittelwert (Durchschnittswert) aus den jeweiligen Größenmaßen. Der zugehörige Modifikator ist (SA) (**S**tatistical **A**verage).

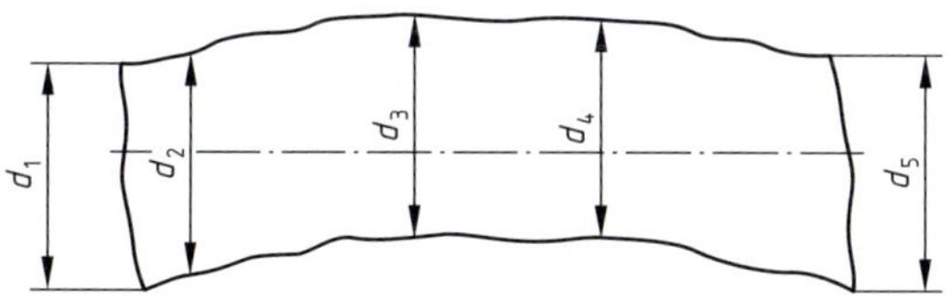

Bild 1: Örtliche Größenmaße entlang eines Geometrieelements

Mediangrößenmaß

Würde man die Messwerte einer Messreihe der Größe nach aufsteigend ordnen, so ist der in der Mitte liegende Messwert der Medianwert bzw. das Mediangrößenmaß. Der zugehörige Modifikator ist (SM) (**S**tatistical **M**edian).

Mittelwert aus größtem und kleinstem Größenmaß

Dieser Wert ist festgelegt als der Mittelwert des größten und kleinsten Werts aus der Menge der örtlichen Größenmaße einer Messreihe. Der zugehörige Modifikator ist (SD) (**S**tatistical **D**eviation).

Spanne der Größenmaße

Dieses Rangordnungsgrößenmaß wird festgelegt als die Differenz des größten und kleinsten Werts aus der Menge der örtlichen Größenmaße einer Messreihe. Der zugehörige Modifikator ist (SR) (**S**tatistical **R**ange).

Standardabweichung von Größenmaßen

Die Standardabweichung aller ermittelten örtlichen Größenmaße entlang eines Geometrieelements wird mit dem Modifikator (SQ) (**S**tatistical s**Q**uare sum) spezifiziert.

Tabelle 1: Messreihe örtlicher Größenmaße

Messstelle	Messwerte	Modifikator
d_1	14,03	
d_2	14,00	
d_3	14,00	
d_4	13,99	(SN)
d_5	14,05	(SX)
Mittleres Größenmaß	14,014	(SA)
Median	14,00	(SM)
Mittelwert aus größtem und kleinstem Größenmaß	14,02	(SD)
Spannweite	0,06	(SR)
Standardabweichung	0,0251	(SQ)

// Spezifikationsbeispiele

1. Beispiel

Der innere Durchmesser eines Rillenkugellagers ist wie in **Bild 1** spezifiziert.

- Die obere und untere Grenze des Durchmessers Ø60 ±0,02 gelten für den Mittelwert aus dem größten und kleinsten Zweipunktgrößenmaß (untere Angabe).
- Für die Spanne der Zweipunktgrößenmaße ist eine Obergrenze von 0,004 mm erlaubt (obere Angabe).

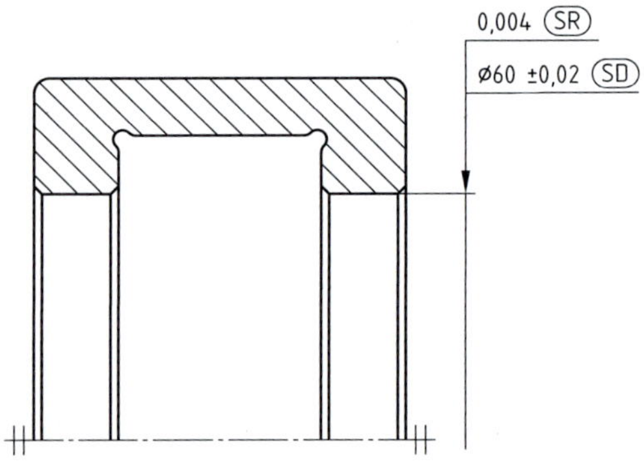

Bild 1: Spezifikation eines Rillenkugellagers

2. Beispiel

Bei einer Bohrung ist der Durchmesser wie in **Bild 2** spezifiziert.

- Die obere und untere Grenze des Durchmessers Ø 30 ±0,1 gelten für die Zweipunktgrößenmaße an beliebigen Stellen des Zylinders (untere Angabe).
- Für die Standardabweichung der Zweipunktgrößenmaße ist eine obere Grenze von 0,002 mm erlaubt (obere Angabe).

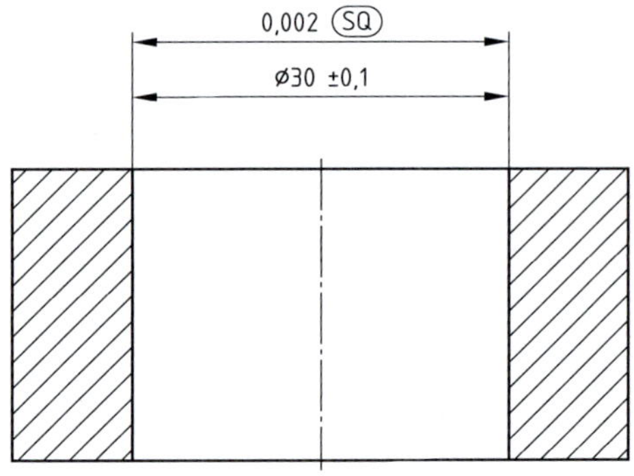

Bild 2: Spezifikation einer Bohrung

3. Beispiel

Bei der Spezifikation eines Vierkantprismas ist die Höhe wie in **Bild 3** toleriert.

- Die obere und untere Grenze der Höhe 20 ±0,1 gelten für die Zweipunktgrößenmaße an beliebigen Stellen des Geometrieelements ((LP)).
- Für die Spanne der Zweipunktgrößenmaße ist eine Obergrenze von 0,05 mm erlaubt ((SR)).

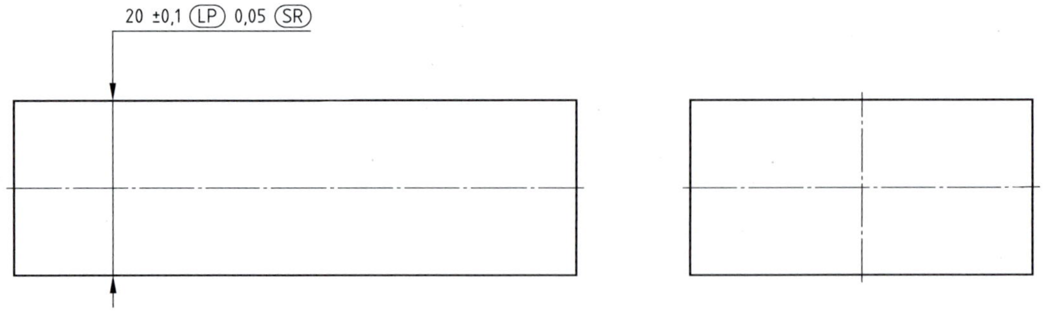

Bild 3: Spezifikation eines Prismas

// Geometrische Tolerierung

Um den Einbau von Werkstücken zu gewährleisten, sind lineare Größenmaße oft nicht ausreichend. Das folgende Beispiel soll dies verdeutlichen:

Die Führungsbuchse für den Stempel der Prägevorrichtung soll in die Führungsplatte verbaut werden **(Bild 1)**.

Die Führungsbuchse liegt im verbauten Zustand mit dem größeren Durchmesser (Ø 43) auf der Führungsplatte auf. Bei Einhaltung der vorgegebenen Toleranzen kann es trotzdem zu einem Schiefstand kommen, sodass im Anschluss der Prägestempel **(siehe Seite 627)** nicht durch die beiden Bauteile hindurchgleiten kann **(Bild 2)**.

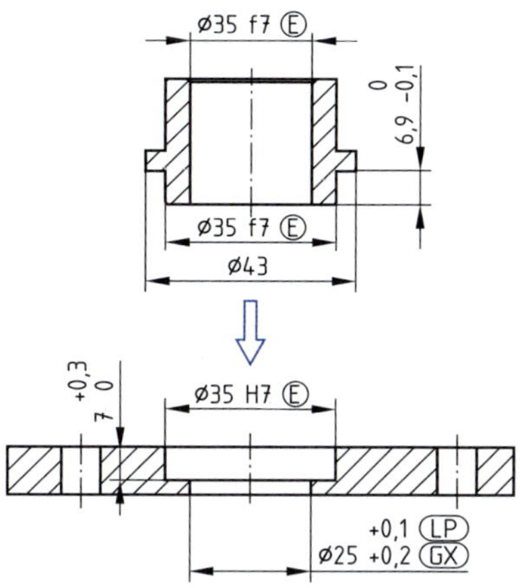

Bild 1: Paarung von Führungsbuchse und -platte

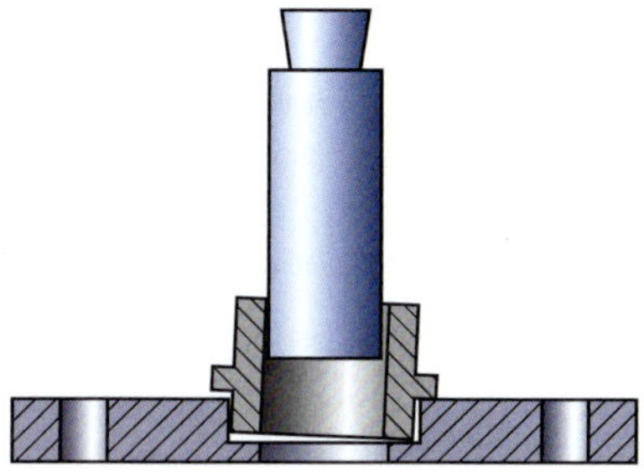

Bild 2: Schiefstand durch unvollständige Tolerierung

DIN EN ISO 1101

Die Grundlage für geometrische Spezifikationen sind in der DIN EN ISO 1101 festgehalten. Diese Norm regelt die grundlegenden Zusammenhänge der geometrischen Toleranzen. Dazu werden Toleranzzonen um das jeweilige tolerierte Element, z. B. eine Ebene, definiert, innerhalb derer das Geometrieelement liegen muss.

Die geometrischen Toleranzen werden in der DIN EN ISO 1101 in vier Kategorien eingeteilt **(Tabelle 1)**:

Tabelle 1: Geometrische Merkmale

Spezifikation	Merkmale
Form	Geradheit, Ebenheit, Rundheit, Zylindrizität, Linienprofil, Flächenprofil
Richtung	Parallelität, Rechtwinkligkeit, Neigung, Linienprofil, Flächenprofil
Ort	Position, Konzentrizität, Koaxialität, Symmetrie, Linienprofil, Flächenprofil,
Lauf	einfacher Lauf, Gesamtlauf

// Zeichnungseintragung/Toleranzindikator

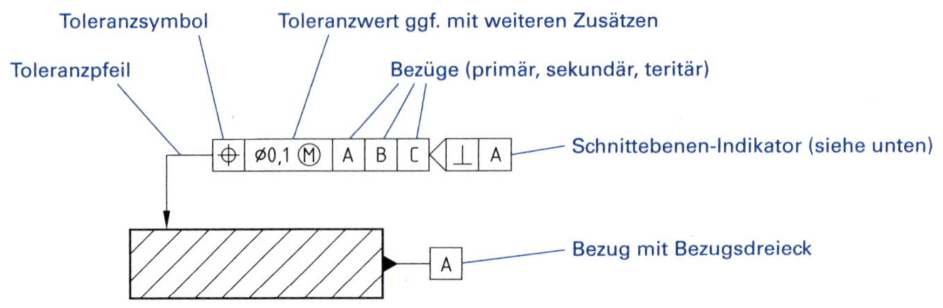

// Schnittebenen

Damit Spezifikationen in 2D- bzw. 3D-Ansichten eindeutig sind, kann der Toleranzindikator mit Schnittebenen-Indikatoren erweitert werden. Es gibt vier verschiedene Indikatoren **(Tabelle 1)**.

Schnittebenen-Indikatoren werden bei ebenen, zylindrischen oder rotatorischen Flächen angewendet, um die Prüfrichtung beim Abtasten/Scannen des Geometrieelements festzulegen **(Bild 1, ①)**.

Orientierungsebenen-Indikatoren werden bei Mittellinien und Mittelpunkten angewendet, um die Lage der Toleranzzone festzulegen (Bild 1, ③).

Die Ausrichtung der Weite der Toleranzzone einer Fläche oder Linie ist standardmäßig senkrecht zum tolerierten Geometrieelement. Weicht man von dieser Ausrichtung ab, so muss dies durch einen **Richtungselement-Indikator** definiert werden (Bild 1, ②).

Tabelle 1: Schnittebenen-Indikatoren

Spezifikation	Symbol
Schnittebene	◁ // | B
Orientierungsebene	◁ // | B ▷
Richtungselement	◄ // | B
Kollektionsebene	○ // | B

Wird das Rundumsymbol zur Festlegung der tolerierten Geometrieelemente verwendet, müssen diese durch **Kollektionsebenen** definiert werden **(Bild 2, ④)**.

Die Erklärung zu den Schnittebenen sind auf **Seite 657**.

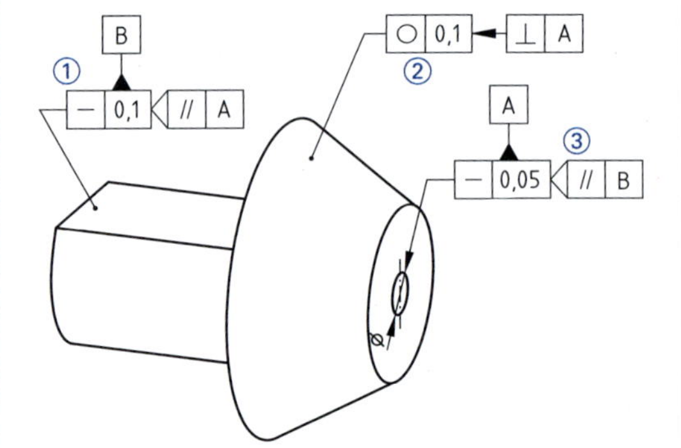

Bild 1: Beispiele für Schnittebenen

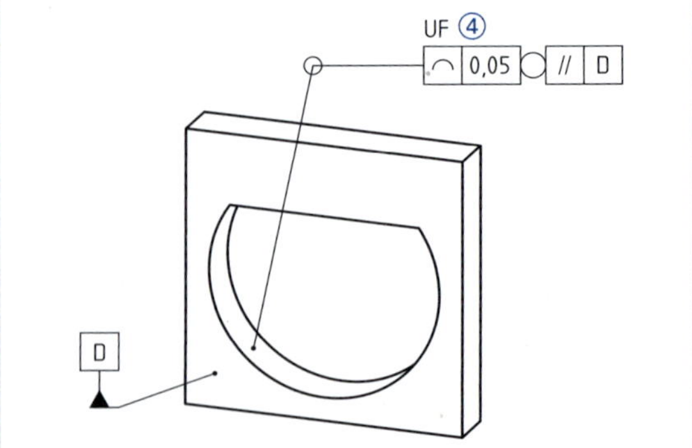

Bild 2: Beispiel für Kollektionsebene

Beschreibung der Spezifikationen der Beispiele von Bild 1 und Bild 2, Seite 656, für Schnittebenen-Indikatoren

① Die Fläche ist mit einer Geradheit toleriert, die Toleranz beträgt 0,1 mm. Die Toleranzzone ist durch den **Schnittebenen-Indikator** vorgegeben. Sie wird aus zwei parallelen Linie gebildet, die einen Abstand von 0,1 mm zueinander haben. Sie liegen parallel zur Bezugsachse A **(Bild 1)**.

② Der Kegelstumpf ist auf Rundheit toleriert, die Toleranz beträgt 0,1 mm. Die Toleranzzone wird durch zwei Kreise mit dem Abstand von 0,1 mm zueinander gebildet. Normalerweise ist die Weite der Toleranzzone senkrecht zur Kegelfläche. Durch das **Richtungselement** wird die Lage der Toleranzzone verändert, sie liegt jetzt senkrecht zur Bezugsachse A **(Bild 2)**.

③ Die Achse der Bohrung ist auf Geradheit toleriert, die Toleranz beträgt 0,05 mm. Die Toleranzzone wird durch zwei Ebenen gebildet, die einen Abstand von 0,05 mm zueinander haben. Die beiden Ebenen, die die Toleranzzone bilden, sind parallel zueinander und liegen parallel zur Bezugsebene B. Die Lage der Ebenen wird durch den **Orientierungsebenen-Indikator** festgelegt **(Bild 3)**.

④ Beim Gegenstück aus dem ersten Beispiel werden die beiden Geometrieelemente (untere Kreisfläche und obere Ebene) zusammengefasst. Dies ist durch den Hinweis „UF" (United Feature) beschrieben. Die beiden Geometrieelemente sind mit einem Linienprofil toleriert. Der **Kollektionsebenen-Indikator** gibt an, dass in jedem zur Bezugsebene D parallelen Schnitt die Profillinie des zusammengefassten Geometrieelements zwischen zwei Linien mit dem Abstand von 0,05 mm liegen muss **(Bild 4)**.

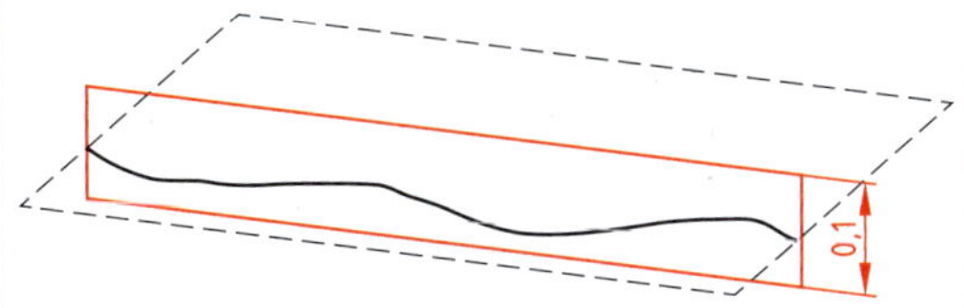

Bild 1: Toleranzzone Schnittebenen-Indikator

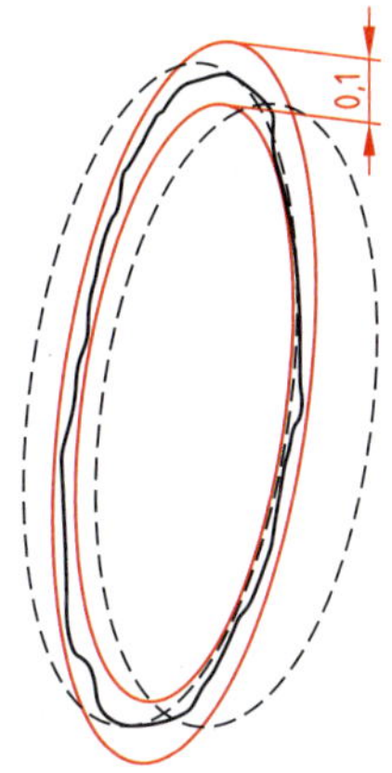

Bild 2: Toleranzzone Richtungselement

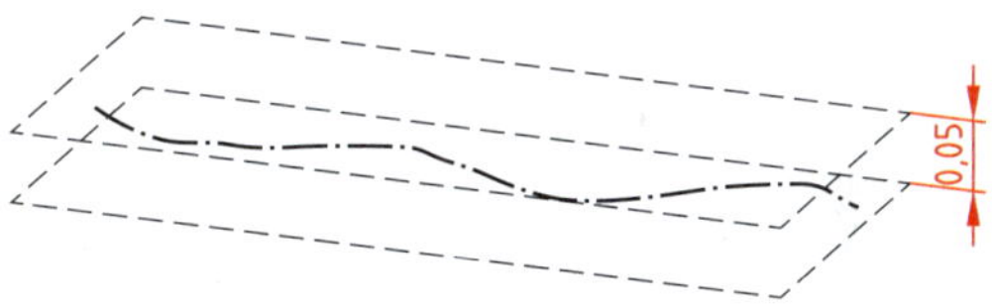

Bild 3: Toleranzzone Orientierungsebenen-Indikator

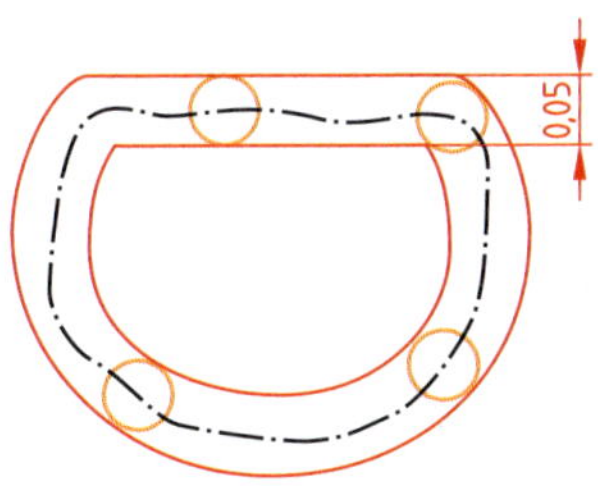

Bild 4: Toleranzzone Kollektionsebenen-Indikator

Lernfeld-übergreifend

// Formtoleranzen

Formtoleranzen beziehen sich auf die zulässigen Abweichungen von der idealen Form eines einzelnen Geometrieelements eines Werkstücks. Im Gegensatz zu Orts-, Richtungs- und Lauftoleranzen haben sie keinen Bezug.

Geradheit von Flächen

Ist die Geradheit einer zylindrischen Fläche oder einer ebenen Fläche toleriert, so werden mehrere Geraden unabhängig voneinander geprüft.

// Geradheit

Das tolerierte Element ist bei der Geradheit eine Linie (siehe **Bild 1**, 3D-Darstellung). Die Toleranzzone bilden zwei parallele Geraden, die den Abstand haben, wie er im Toleranzindikator angegeben ist **(Bild 2)**.

Bei einem rotationssymetrischen Körper (Zylinder in Bild 1) ist die Richtung für die Geradheit eindeutig festgelegt. Für ein ebenes Geometrieelement muss die Prüfrichtung für die Geradheitstoleranz mit einem zusätzlichen Schnittebenen-Indikator (rot) angegeben werden (siehe Quader in Bild 1).

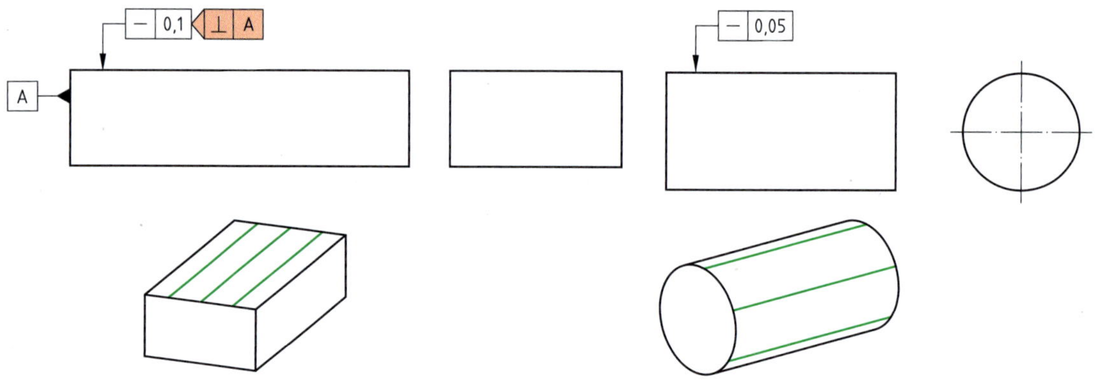

Bild 1: Beispiele für Geradheitsspezifikation

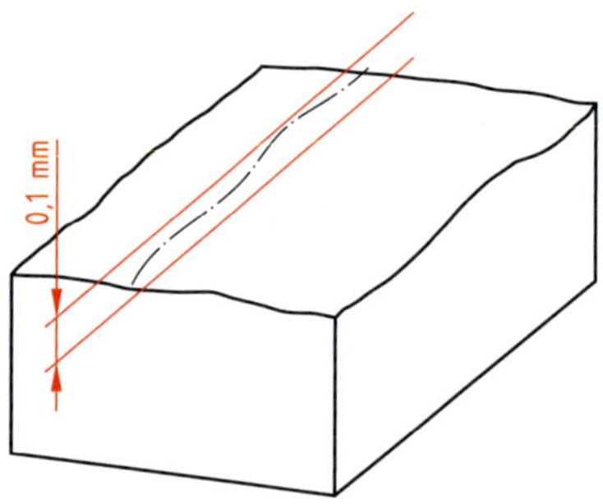

Bild 2: Toleranzzonen bei Flächen

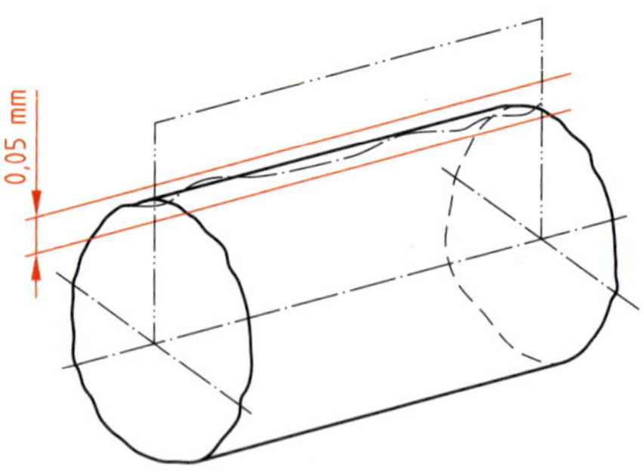

Bild 3: Toleranzzone bei einem Zylinder

// Ebenheit

Das tolerierte Geometrieelement ist eine Ebene **(Bild 1)**. Diese muss zwischen zwei parallelen Ebenen liegen, die einen Abstand haben, wie er im Toleranzindikator angegeben ist. In dem oberen Beispiel haben die parallelen Ebenen einen Abstand von 0,2 mm **(Bild 2)**.

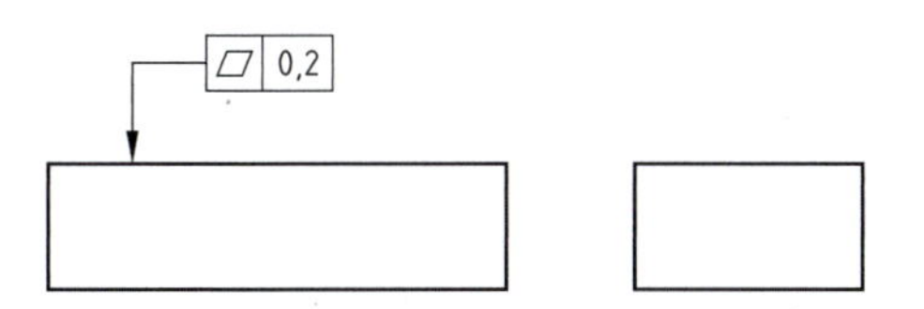

Bild 1: Beispiel für Ebenheitstolerierung

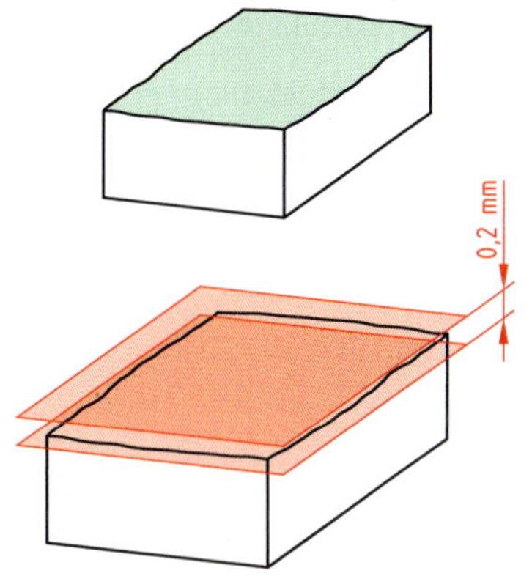

Bild 2: Toleranzzone bei Ebenheitsspezifikation

// Spezifikationsbeispiele

Die Führungsplatte (siehe Explosionszeichnung auf **Seite 627**) einer Prägevorrichtung liegt auf einer Grundplatte auf. Um das Einschwenken der Führungsplatte zu gewährleisten, muss eine Ebenheitstolerierung auf der Unterseite der Führungsplatte erfolgen **(Bild 3)**.

Bild 3: Ebenheitstolerierung der Führungsplatte einer Prägevorrichtung

// Rundheit

Die Toleranzzone bei einer Rundheitstoleranz bilden zwei konzentrische Kreise, die in jedem Querschnitt des tolerierten Geometrieelements einen radialen Abstand *t* zueinander haben. Der Abstand *t* entspricht dem Toleranzwert im Toleranzindikator. Die Kreislinie muss innerhalb der beiden konzentrischen Kreise liegen **(Bild 2)**.

// Spezifikationsbeispiel für einen Kegel

Da bei der Rundheitstoleranz nur der radiale Abstand der beiden konzentrischen Kreise ausschlaggebend ist, können auch Kegel auf diese Weise toleriert werden. Es wird immer nur die jeweilige Umfangslinie der einzelnen Querschnitte auf Rundheit überprüft **(Bild 3)**.

Die roten konzentrischen Kreise sind senkrecht zur Achse des Kegels. Innerhalb dieser Kreise muss die Umfangslinie des Kegels liegen. Es wird in mehreren Schnittebenen geprüft.

Erklärung zum Richtungselement

Toleranzzonen sind normalerweise senkrecht zur Mantelfläche. Bei diesem Kegel ist die **Toleranzzone senkrecht zur Achse**, dies wird mit dem Richtungselement gekennzeichnet (rote Markierung).

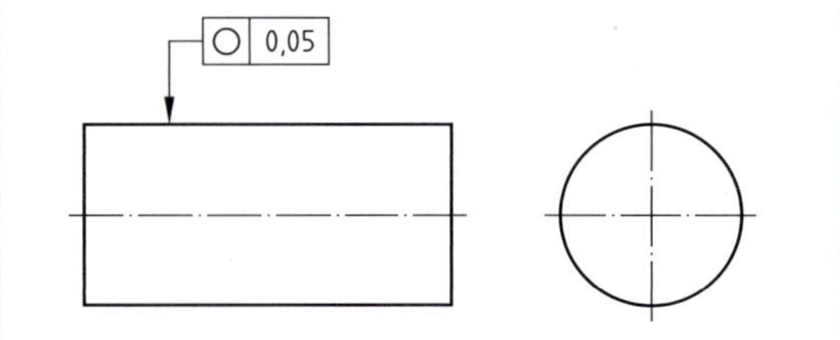

Bild 1: Beispiele für Rundheitstolerierung

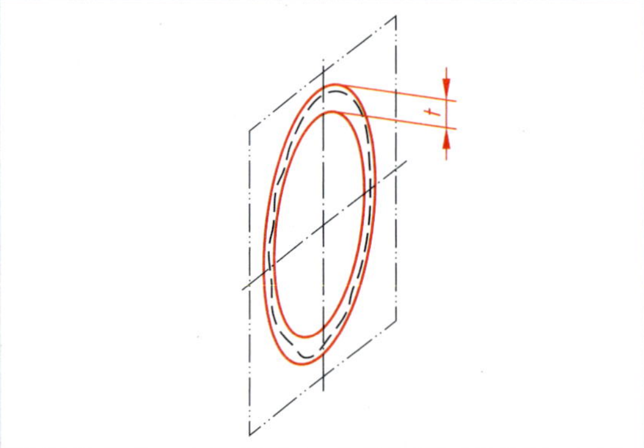

Bild 2: Toleranzzone bei für Rundheitstolerierungen

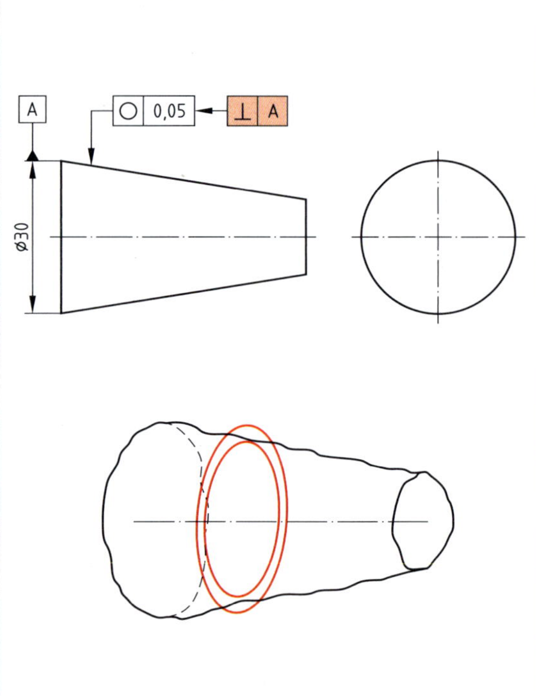

Bild 3: Rundheitsspezifikation eines Kegels

Lernfeld-übergreifend

// Zylindrizität

Das tolerierte Geometrieelement ist ein äußerer Zylinder oder eine Bohrung. Die Toleranzzone bilden zwei koaxiale Zylinder mit der Radiusdifferenz *t*, die dem Wert der Toleranzangabe entspricht. Für einen Außenzylinder ist die Toleranzzone in **Bild 2** dargestellt.

Entsprechend der Toleranzzone für Außendurchmesser besteht auch die für Innendurchmesser (Bohrungen) aus zwei koaxialen Zylindern.

Die folgende Tabelle zeigt nochmals einen Überblick über alle Formtoleranzen. Je nach Art der Tolerierung können außer integraler Geometrieelemente[1] auch abgeleitete Geometrieelemente toleriert werden, dies ist mit Ja oder Nein gekennzeichnet.

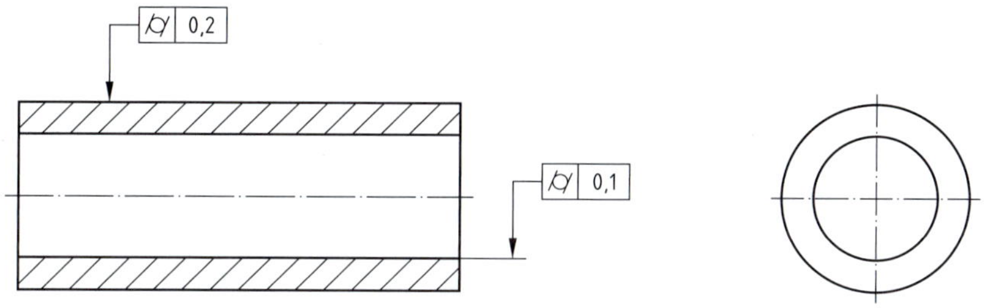

Bild 1: Zylindrizitätstolerierung äußeres und inneres Geometrieelement

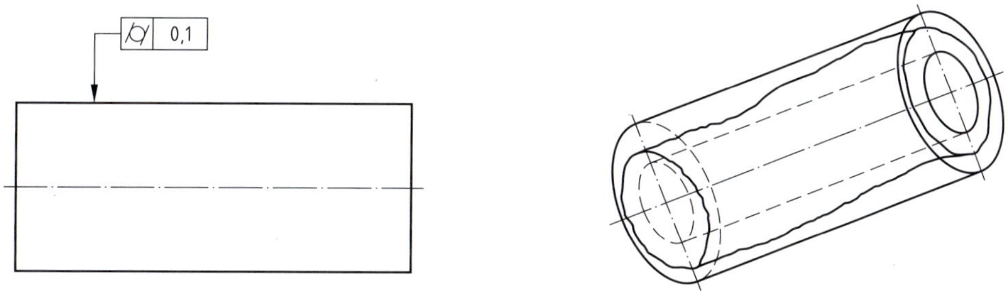

Bild 2: Beispiel für Zylindrizitätstolerierung

Tabelle 1: Formtoleranzen

Merkmale	Symbol	Toleriertes Geometrieelement	
		Integrales Geometrieelement	Abgeleitetes Geometrieelement
Geradheit	—	ja	ja
Ebenheit	▱	ja	ja
Rundheit	○	ja	nein
Zylindrizität	⌭	ja	nein

[1] In der ISO-Norm werden äußere Flächen und Linien von spezifizierten Werkstücken **integrale** Flächen und Linien genannt.

// Abgeleitete Geometrieelemente

Abgeleitete Geometrieelemente sind Mittellinien, Achsen und Mittelebenen, die bei symmetrischen Werkstücken vorkommen. Je nach Funktion können auch diese toleriert werden.

// Spezifikationsbeispiele

1. Beispiel

Das abgeleitete Geometrieelement bei einem Zylinder ist die Mittellinie. Wenn die Mittellinie auf Geradheit toleriert werden soll, muss der Toleranzpfeil mit dem Maßpfeil fluchten, der den Durchmesser angibt **(Bild 1)**.

Die Toleranzzone bildet hier ein dünner Zylinder mit einem Durchmesser, der dem Toleranzwert im Toleranzindikator entspricht. Die mittlere Linie des Zylinders ∅ 30 muss sich innerhalb dieses koaxialen Röhrchens mit dem ∅ 0,1 befinden **(Bild 2)**.

2. Beispiel

Das abgeleitete Geometrieelement bei einem prismatischen Werkstück ist eine Mittelebene. Wird die Mittelebene auf Ebenheit toleriert, muss der Toleranzpfeil fluchtend mit dem Maßpfeil liegen, welcher den Abstand der beiden äußeren Ebenen angibt **(Bild 3)**.

Die Toleranzzone bilden hier zwei parallele Ebenen mit einem Abstand, der dem Toleranzwert im Toleranzindikator entspricht. Die tolerierte Mittelebene des prismatischen Werkstücks muss sich innerhalb dieser parallelen Ebenen befinden **(Bild 4)**.

Tolerierung abgeleiteter Geometrieelemente

Wenn eine Mittellinie oder Mittelebene toleriert werden soll, muss der Toleranzpfeil in einer Linie mit dem Bemaßungspfeil liegen.

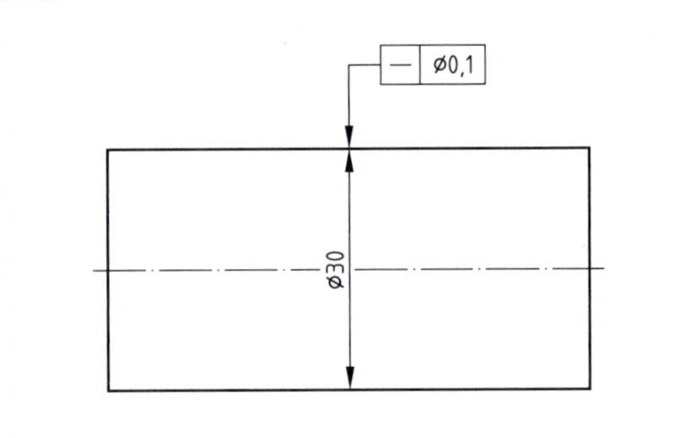

Bild 1: Geradheit einer Mittellinie

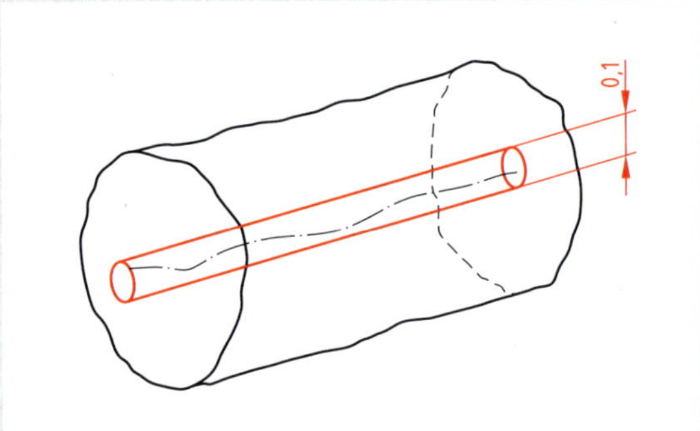

Bild 2: Toleranzzone einer tolerierten Mittellinie

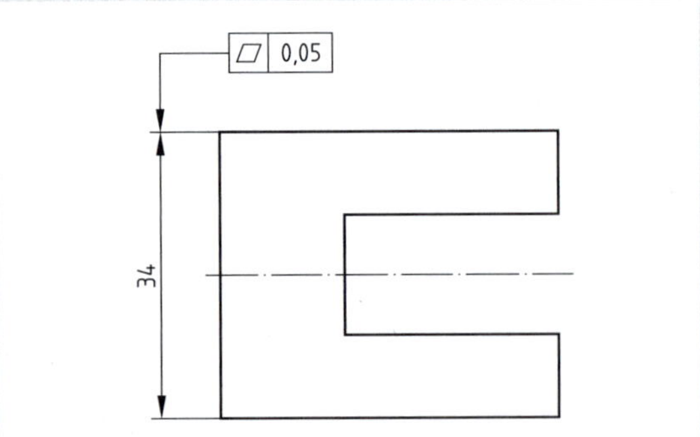

Bild 3: Ebenheit einer Mittelebene

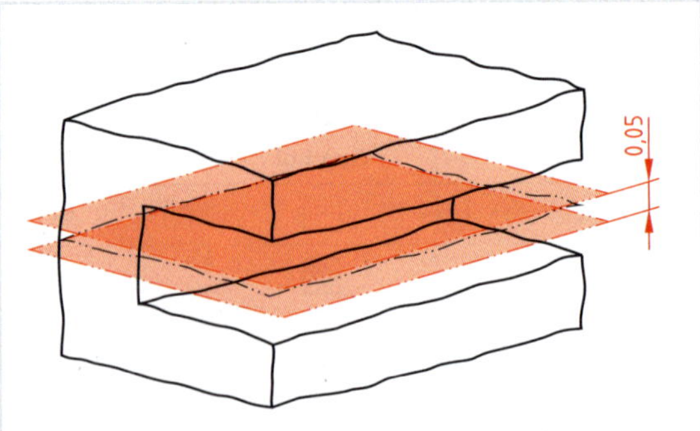

Bild 4: Toleranzzone einer tolerierten Mittelebene

Lernfeld-übergreifend

// Richtungstoleranzen

Betrachtet man die Führungsplatte aus den vorangegangenen Beispielen, ist für die Funktion eine weitere geometrische Tolerierung notwendig. Die obere Fläche der Führungsplatte soll wie die untere Fläche eben sein und zusätzlich parallel zur unteren Fläche verlaufen **(Bild 1)**. Hier handelt es sich um Richtungstoleranzen. Diese legen die Richtung des tolerierten Elements fest. Bei Richtungstoleranzen muss ein Bezug bestimmt werden. Bezüge werden mit Großbuchstaben angegeben **(Seite 656)**.

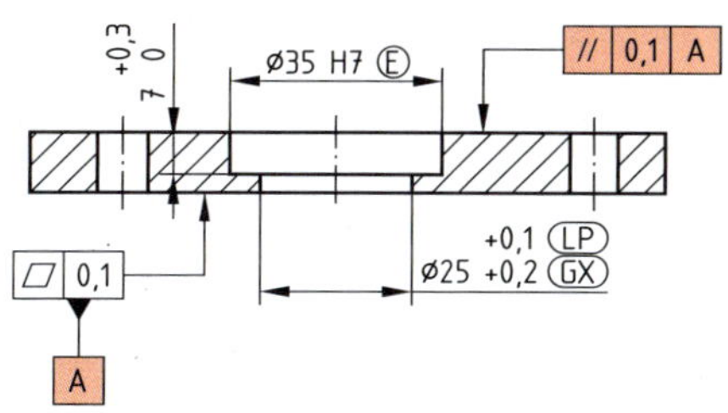

Bild 1: Parallelität zweier Ebenen

// Parallelität

Die Parallelität beschränkt die Richtungsabweichung zwischen zwei parallelen Linien oder Ebenen. Am Beispiel der Führungsplatte ist die obere Fläche toleriert. Die Toleranzzone bilden zwei Ebenen im Abstand von 0,1 mm, diese sind parallel zur Bezugsebene an der unteren Seite der Führungsplatte **(Bild 1)**. Die Bezugsebene A ist auf Ebenheit toleriert, um die Funktion zu gewährleisten.

Neben wirklichen Geometrieelementen (Fläche, Kante) können auch abgeleitete Geometrieelemente (Achse, Symmetrielinie usw.) toleriert werden **(Bild 2)**. Die Toleranzzonen sind im dazugehörigen 3D-Modell dargestellt.

// Spezifikationsbeispiele

1. Beispiel

In **Bild 2** ist die Mittellinie einer Bohrung sowie die obere Fläche auf Parallelität zur Bezugsebene A toleriert. Die Toleranzzone bilden hier jeweils zwei parallele Ebenen mit einem Abstand, der dem Toleranzwert im Toleranzindikator entspricht. Die tolerierten Elemente (Mittellinie und Fläche) müssen sich innerhalb dieser parallelen Ebenen befinden.

Erklärung zum Indikator

Wird die Toleranzzone um die Mittellinie aus Ebenen gebildet, muss ein Orientierungsebenen-Indikator angefügt werden, um die Lage der Ebenen genau festzulegen.

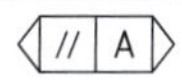

Indikatoren dieser Form geben die Lage der Toleranzzone um abgeleitete Geometrieelemente (Mittellinien, Mittelebenen) an. In diesem Beispiel ist die Toleranzzone parallel zur Bezugsfläche A (Bild 2).

Toleranzzone bei abgeleiteten Geometrieelementen

Ist der Toleranzwert im Toleranzindikator ohne ein vorangesetztes ∅-Symbol angegeben, besteht die Toleranzzone aus zwei parallelen Eben (Bild 2). Mit ∅-Symbol ist die Toleranzzone ein schmaler Zylinder **(Bild 1, Seite 664)**.

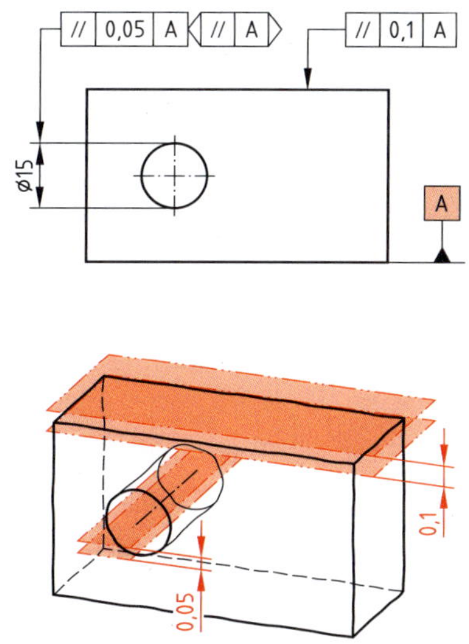

Bild 2: Parallelität einer Mittellinie und einer Ebene

2. Beispiel

In **Bild 1** ist die Mittellinie der linken Bohrung ∅ 15 auf Parallelität zur Bezugsachse A der rechten Bohrung toleriert. Die Toleranzzone bildet ein schmaler Zylinder, der exakt parallel zur Bezugsachse A liegt. Somit ist die Bohrung in alle Richtungen senkrecht zur Zeichenebene toleriert. Der Durchmesser des Zylinders entspricht dem Toleranzwert im Toleranzindikator.

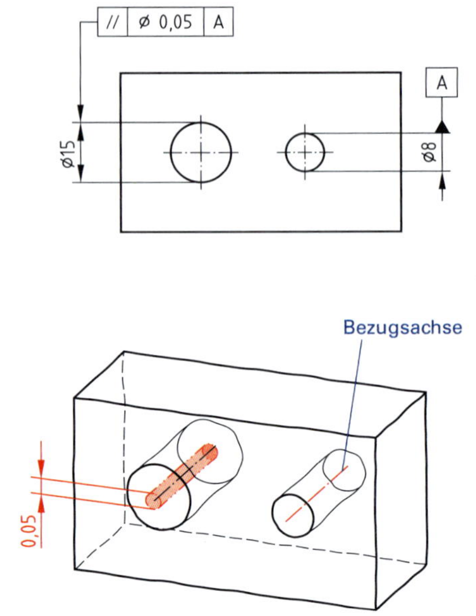

Bild 1: Zylindrische Toleranzzone

// Neigung

Bei der Neigungstolerierung sind drei Angaben nötig:

- Toleranzsymbol mit Toleranz und Bezug
- Bezug
- Winkel in Grad als theoretisches Maß (TED)

1. Beispiel

Eine geneigte Ebene wird wie folgt toleriert:

Die Toleranzzone der tolerierten Stirnfläche wird durch zwei parallele Flächen mit einem Abstand von 0,1 mm begrenzt. Die Neigung der Flächen ist gegenüber der Bezugsfläche A um 65° geneigt. Die Neigung ist mit einem theoretisch genauen Maß (TED) angegeben **(Bild 2** und **Bild 3)**.

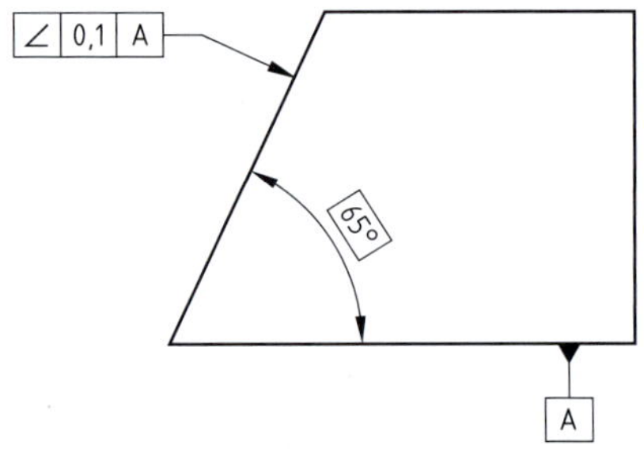

Bild 2: Beispiel für Neigungstolerierung

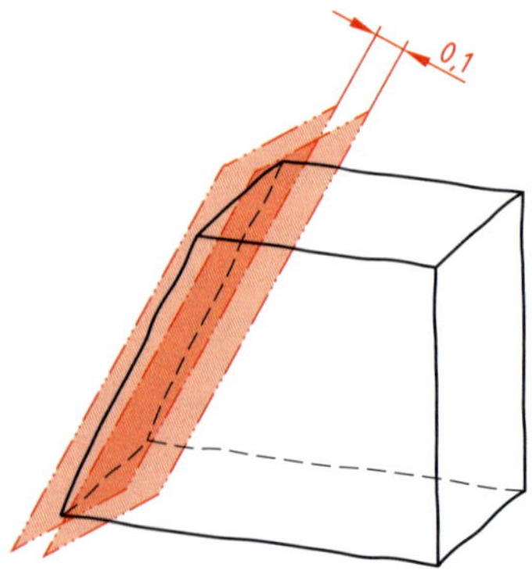

Bild 3: Toleranzzone aus 1. Beispiel zur Neigung

Hinweis

Prinzipiell liegt die Antastrichtung bei der Überprüfung der Neigung immer senkrecht zur tolerierten Oberfläche. Ist eine andere Antastrichtung gewünscht, so muss dies mit einem zusätzlichen Richtungselement-Indikator hinter dem Toleranzrahmen angezeigt werden. Im Beispiel **(Bild 4)** liegt die Messrichtung senkrecht zur geneigten Oberfläche ①. Bei der rechten geneigten Oberfläche liegt die Messrichtung parallel zum Bezug A ②.

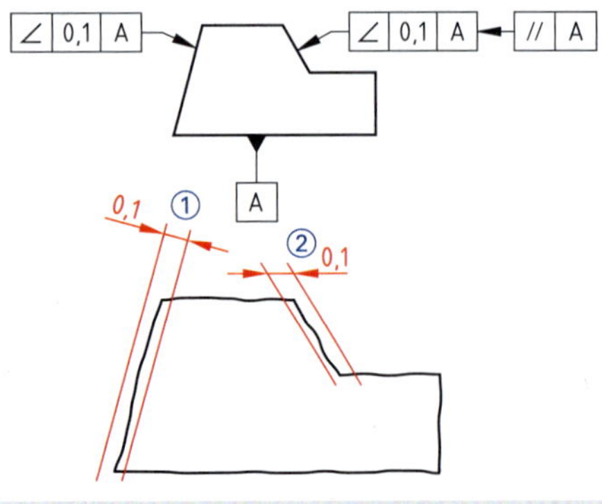

Bild 4: Tolerierung der Neigung

Lernfeld-übergreifend

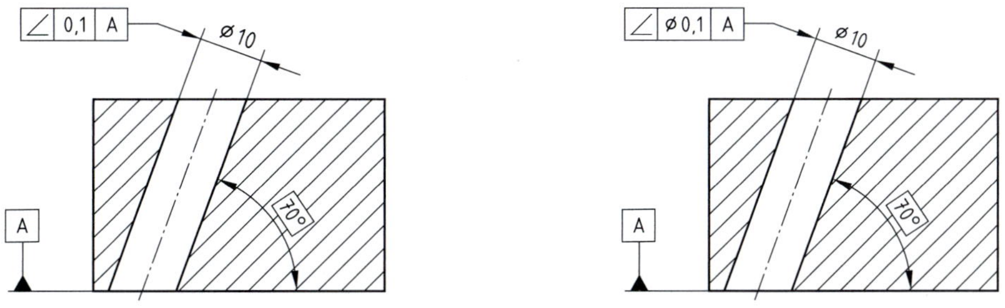

Bild 1: Neigung einer Symmetrielinie

2. Beispiel

Toleriert ist in beiden Darstellungen die Symmetrielinie der schrägen Bohrung ⌀ 10 mm **(Bild 1)**.

Beide Neigungstolerierungen in diesem Beispiel sind nahezu identisch. Der Unterschied, worin sich die beiden Zeichnungen unterscheiden, ist das Durchmessersymbol im Toleranzindikator. Dieses Symbol wirkt sich auf die Art der Toleranzzone aus. Bei der Tolerierung im linken Bild besteht die Toleranzzone aus zwei Ebenen, diese sind parallel zueinander **(Bild 2)**. Bei der rechten Darstellung mit ⌀-Symbol ist die Toleranzzone ein schmaler Zylinder **(Bild 3)**.

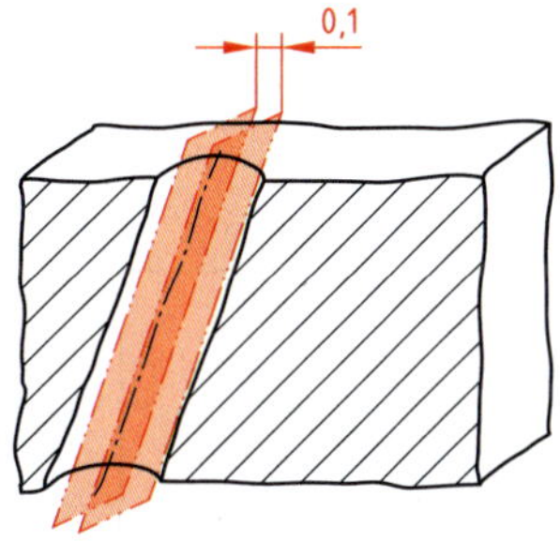

Bild 2: Zwei Ebenen als Toleranzzone

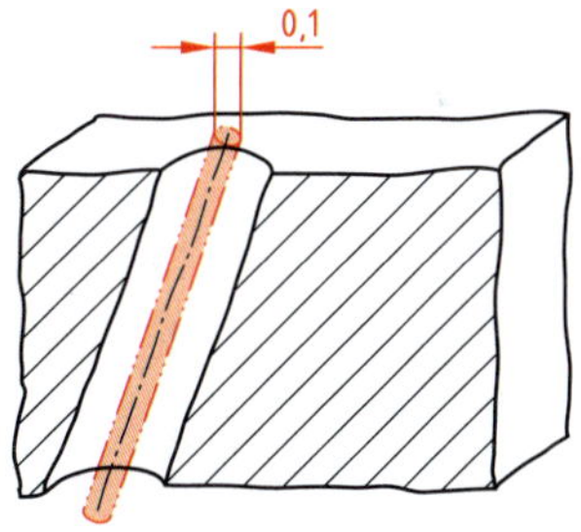

Bild 3: Zylindrische Toleranzzone

// Rechtwinkligkeit

Ähnlich wie bei der Tolerierung der Neigung ist bei der Rechtwinkligkeitstolerierung ein Bezug nötig, da das tolerierte Geometrieelement in Beziehung zu einem oder mehreren weiteren Geometrieelementen steht. Im Beispiel soll die rechte vertikale Ebene senkrecht zur waagerechten oberen Ebene stehen. Die vertikale Ebene steht also in Beziehung zur waagerechten Ebene **(Bild 4)**.

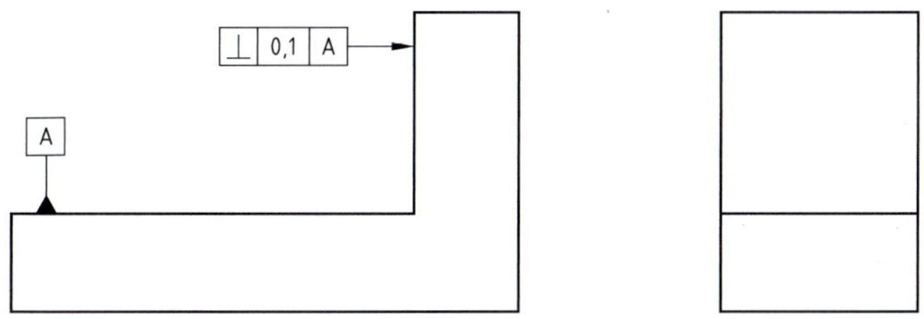

Bild 4: Tolerierung der Rechtwinkligkeit

Lernfeld-übergreifend

1. Beispiel

Zwei Ebenen einer Halterung für eine Welle sollen rechtwinklig zueinander stehen. Die untere Ebene bildet den Bezug A. Zusätzlich ist sie auf Ebenheit toleriert. Die rechte Ebene soll rechtwinklig zur Bezugsebene A stehen. Die Toleranz ist 0,05 mm **(Bild 1)**.

Die Toleranzzone bilden zwei parallele Ebenen, die genau senkrecht zur Bezugsebene A stehen. Die Ebenen haben einen Abstand von 0,05 mm **(Bild 2)**.

2. Beispiel

In der Schnittansicht der Halterung aus Beispiel 1 ist die Mittelachse der Bohrung auf Rechtwinkligkeit zur Bezugsebene C toleriert **(Bild 3)**.

Die Toleranzzone für die tolerierte Achse der Bohrung liegt zwischen zwei parallelen Ebenen, die senkrecht zur Bezugsebene C und parallel zur Bezugsebene B stehen **(Bild 4)**.

Ein Überblick über alle Richtungstoleranzen zeigt die folgende Tabelle. Alle Richtungstoleranzen finden auch bei abgeleiteten Geometrieelementen Anwendung **(Tabelle 1)**.

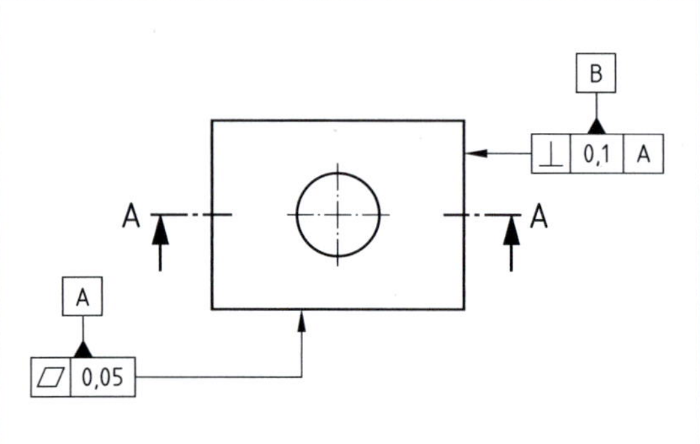

Bild 1: Beispiel zur Rechtwinkligkeitstolerierung

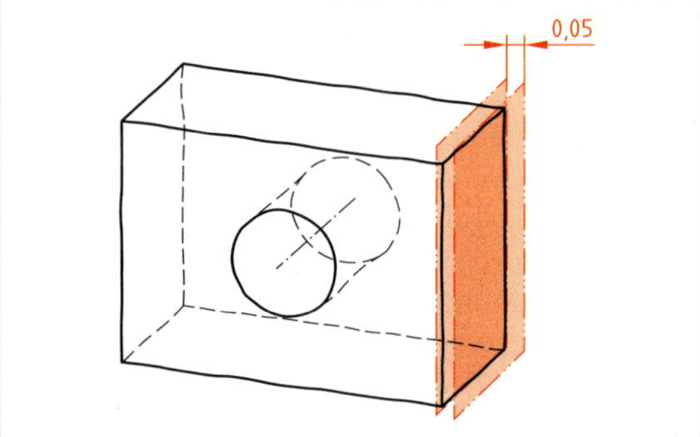

Bild 2: Toleranzzone zum Beispiel 1

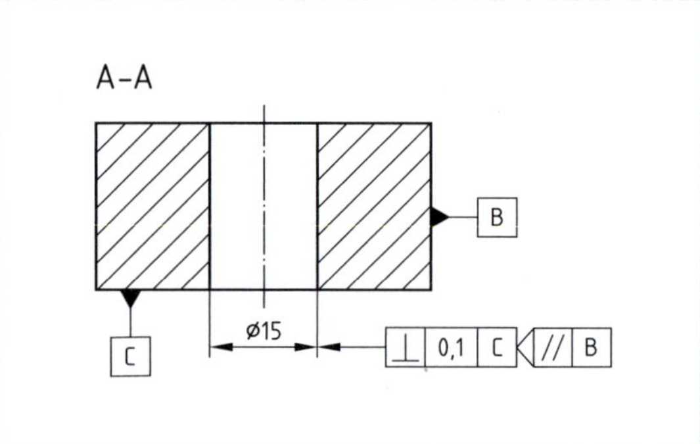

Bild 3: Tolerierung einer Bohrungsachse

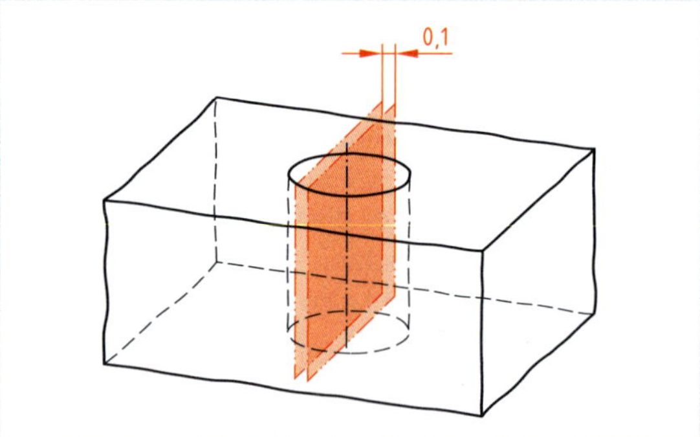

Bild 4: Toleranzzone zum Beispiel 2

Tabelle 1: Richtungstoleranzen

Merkmale	Symbol	Toleriertes Geometrieelement	
		Integrales Geometrieelement	Abgeleitetes Geometrieelement
Parallelität	//	ja	ja
Neigung	∠	ja	ja
Rechtwinkligkeit	⊥	ja	ja

Lernfeld-übergreifend

Überlegen und beantworten Sie:

1. Die Führungsbuchse soll am Ø 35f7 auf Rundheit und Geradheit toleriert werden. Fertigen Sie eine Skizze der Buchse an und tragen Sie die Rundheitstoleranz 0,05 mm sowie die Geradheitstoleranz 0,05 mm ein **(Bild 1)**.
2. Geben Sie eine weitere Möglichkeit für eine geometrische Tolerierung an, welche die gleichen Eigenschaften abdeckt.
3. Die untere Spezifikation zeigt einen Zylinder auf einer Vierkantplatte. Die Mittellinie des Zylinders soll innerhalb einer zur Bezugsebene A rechtwinkligen zylinderförmigen Zone vom Ø 0,05 liegen **(Bild 2)**.
   - **a)** Ergänzen Sie die Zeichnung mit der fehlenden geometrischen Spezifikation.
   - **b)** Zeichnen Sie die Toleranzzone ein.
   - **c)** Erklären Sie den Zusatz Ⓔ bei der Angabe des Ø 10.
4. Erklären Sie die Spezifikation **(Bild 3)**:
   - **a)** Was wird toleriert?
   - **b)** Was ist der Bezug?
   - **c)** Wie groß ist die Toleranz?

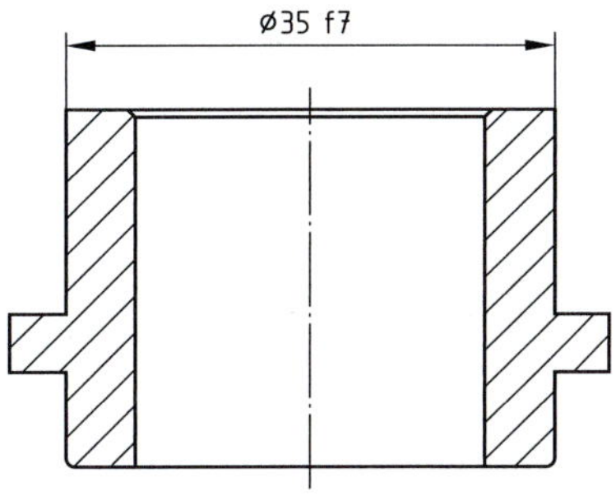

Bild 1

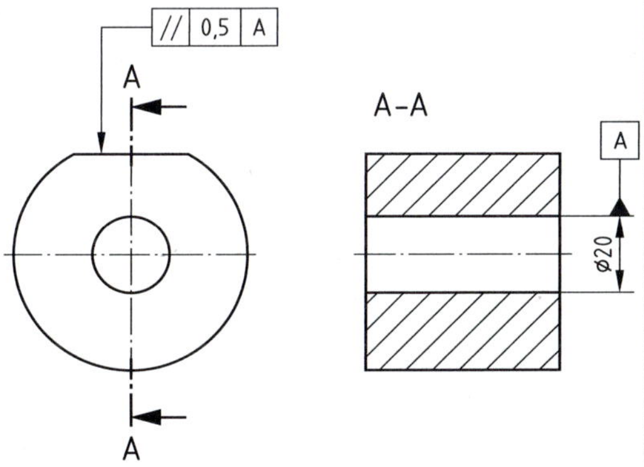

Bild 3

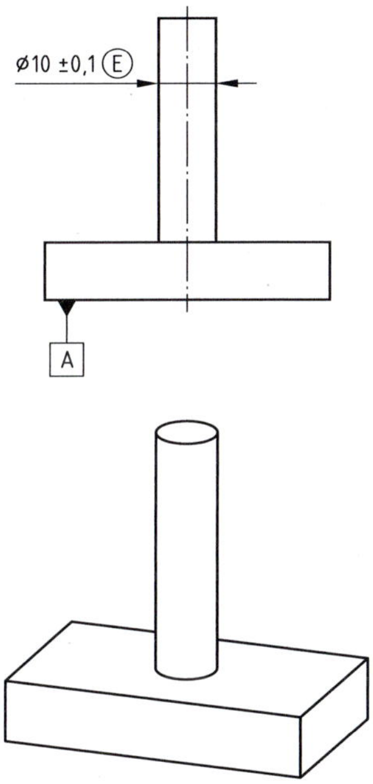

Bild 2

// Ortstoleranzen

Die Ortstoleranzen legen den (idealen) Ort eines Formelements (Ebene, Linie, ...) relativ zu einem oder mehreren Bezügen fest. Eine der wichtigsten Toleranzarten ist die Positionstoleranz. Sie gehört zur Gruppe der Ortstoleranzen.

// Position

1. Beispiel

Die Postitionstolerierung wird häufig zur genauen Positionierung von Bohrungen verwendet **(Bild 1)**.

Die Mittellinien der beiden Bohrungen ∅ 10 müssen innerhalb einer Toleranzzone mit einer Breite von 0,05 mm liegen. Die Toleranzzone wird aus zwei parallelen Ebenen gebildet, die parallel zum Bezug A liegen und deren Symmetrieebene genau 20 mm von der Bezugsebene A entfernt ist **(Bild 2)**.

Die Lage der Toleranzzone wird durch die Orientierungsebene (rote Markierung) bestimmt.

2. Beispiel

Ein Bohrbild wird „schwimmend" zueinander bemaßt. Alle vier Mittellinien der Bohrungen sind durch TED-Maße festgelegt. Dies wird durch den Hinweis „4x" oberhalb des Toleranzrahmens angezeigt. Die Toleranz ergibt sich durch die Positionstolerierung. Die Ebene auf der Rückseite ist der Primärbezug zu diesem Bohrbild, die Toleranzzonen stehen senkrecht zum Bezug A **(Bild 3** und **4)**.

Toleranzzonen bei Positionstolerierung

Die Toleranzzone besteht aus zwei Linien oder Ebenen **(Bild 1** und **Bild 2)**. Ist dem Toleranzwert ein ∅-Symbol vorangestellt, ist die Toleranzzone ein schmaler Zylinder **(Bild 3** und **Bild 4)**.

CZ: Der Modifikator CZ (Common Zone) gibt die Information, dass beide Bohrungen (Bild 1) eine gemeinsame Toleranzzone haben (Bild 2).

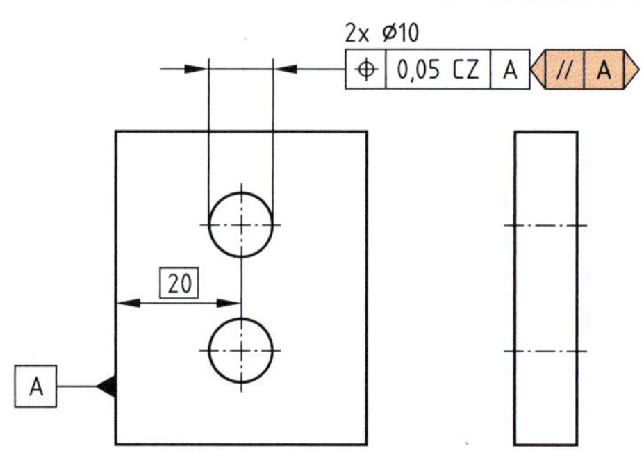

Bild 1: Positionstolerierung von zwei Bohrungen

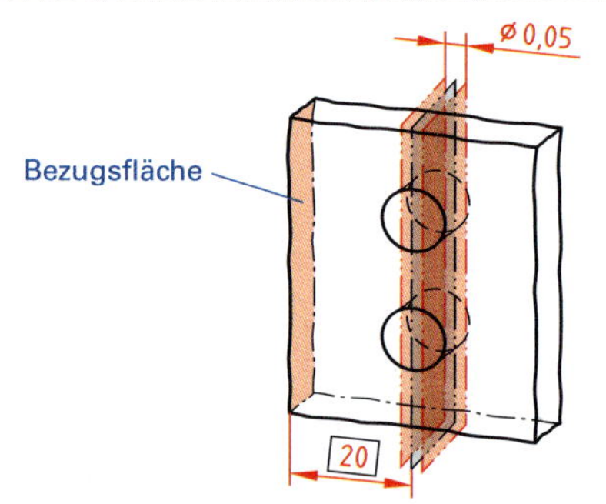

Bild 2: Zwei Ebenen als Toleranzzone

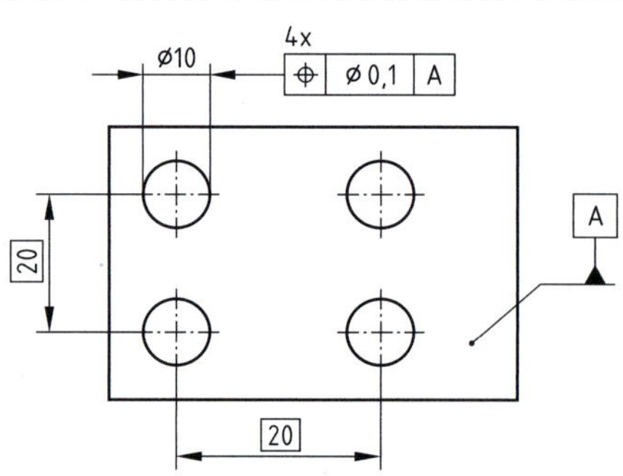

Bild 3: Toleriertes Bohrbild

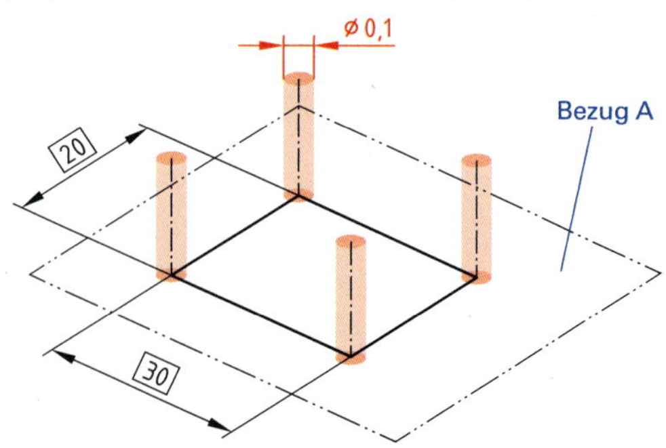

Bild 4: Toleranzzonen des tolerierten Bohrbilds

Lernfeld-übergreifend

// Koaxialität und Konzentrizität

Bei der Tolerierung von Rotationskörpern spricht man von Konzentrizität, wenn ein flaches Werkstück (Scheibe) toleriert wird. Beide konzentrischen Kreise liegen in einer Ebene. Koaxialität wird bei Rotationskörpern mit mehreren Achsen angewandt. Die tolerierten Achsen sind koaxial.

1. Beispiel

Ein Wellenabsatz wird auf Koaxialität toleriert. Der Bezug ist die Achse des rechten Wellenabsatzes (Bezugsdreieck in einer Linie mit der Bemaßung Ø 30). Die Achse des linken Wellenabsatzes (Toleranzpfeil in einer Linie mit der Bemaßung Ø 50) ist auf Koaxialität toleriert. Die Toleranzzone (rot) von Ø 0,1 mm begrenzt die Gestaltabweichung der linken Achse **(Bild 1)**. Die theoretische Achse der Toleranzzone liegt auf einer Linie mit der Bezugsachse.

2. Beispiel

Eine flache Scheibe mit Bohrung wird auf Konzentrizität toleriert. Der Mittelpunkt der Bohrung Ø 20 bildet den Bezug A, der Mittelpunkt des äußeren Ø 50 der Scheibe ist auf Konzentrizität toleriert **(Bild 2)**. Die Toleranzzone ist ein Kreis mit dem Durchmesser 0,1 mm, dessen Mittelpunkt exakt auf dem Bezugsmittelpunkt A liegt. Der Mittelpunkt des äußeren Ø 50 muss innerhalb dieses Kreises liegen **(Bild 3)**.

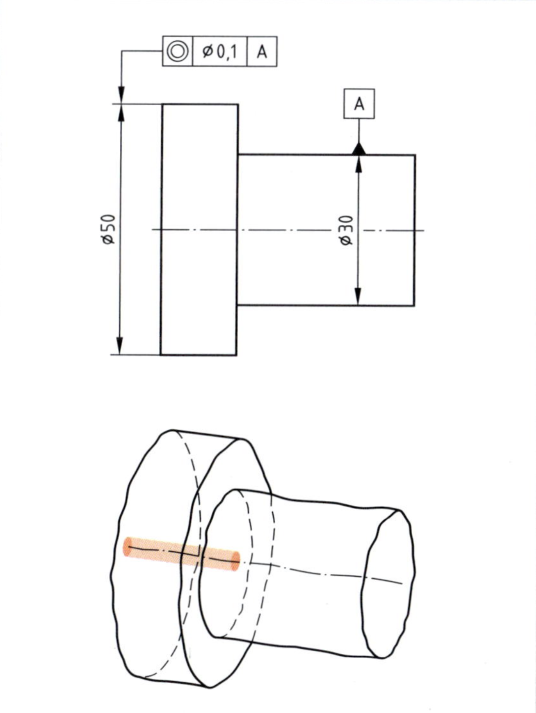

Bild 1: Koaxialität eines Wellenabsatzes

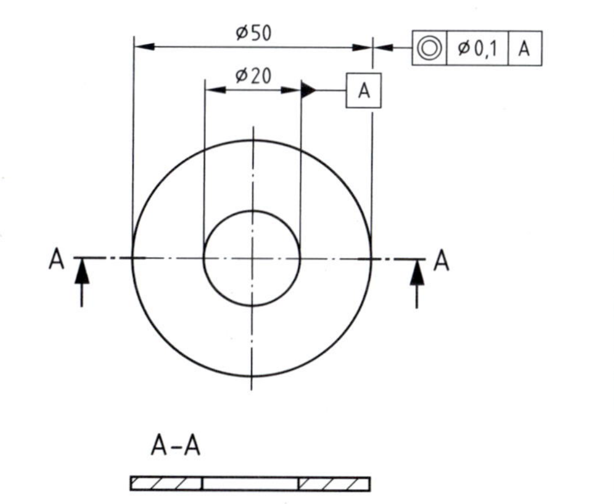

Bild 2: Konzentrizität einer Scheibe

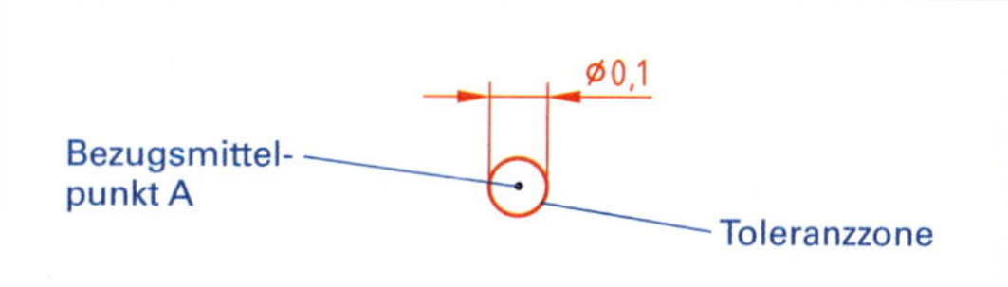

Bild 3: Toleranzzone bei Konzentrizitätstolerierung

Lernfeld-übergreifend

// Symmetrie

Bei der Symmetrietolerierung sind Bezug und toleriertes Element häufig Mittelebenen oder Mittellinien. Die Toleranzzonen sind meist durch zwei Ebenen oder zwei Geraden begrenzt.

1. Beispiel

Die Mittelebene einer Nut wird auf Symmetrie toleriert. Der Bezug ist die Mittelebene der parallelen Außenflächen **(Bild 1)**.

Die Lage der Toleranzzone ergibt sich aus der Bezugsebene, da diese die Mitte der Toleranzzone vorgibt. Innerhalb dieser Toleranzzone muss sich die tolerierte Mittelebene befinden **(Bild 2)**.

2. Beispiel

Die Achse einer Querbohrung ist auf Symmetrie toleriert, damit sie mittig durch einen Zylinder geht. Die Bohrungsachse steht senkrecht zur Bezugsachse A des Zylinders **(Bild 3)**.

Die Toleranzzone bilden zwei Ebenen im Abstand von 0,05 mm, deren Lage durch die Bezugsachse des Zylinders bestimmt ist. Die Ebenen liegen parallel zur Bezugsachse A. Die Achse der Querbohrung muss innerhalb dieser Toleranzzone liegen **(Bild 4)**.

Alle Ortstoleranzen finden auch bei abgeleiteten Geometrieelementen Anwendung **(Tabelle 1)**.

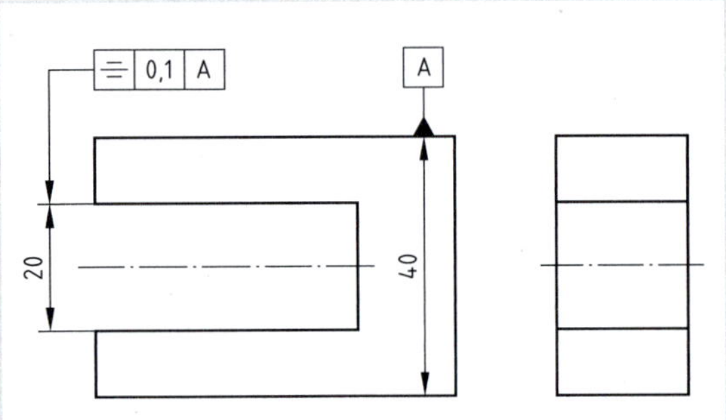

Bild 1: Symmetrie einer Mittelebene

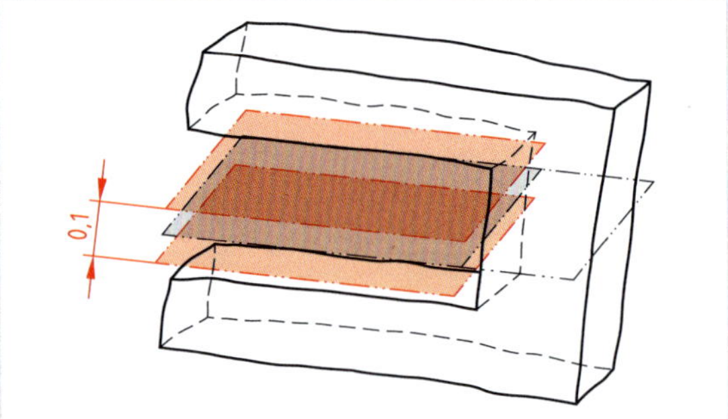

Bild 2: Toleranzzone einer tolerierten Mittelebene

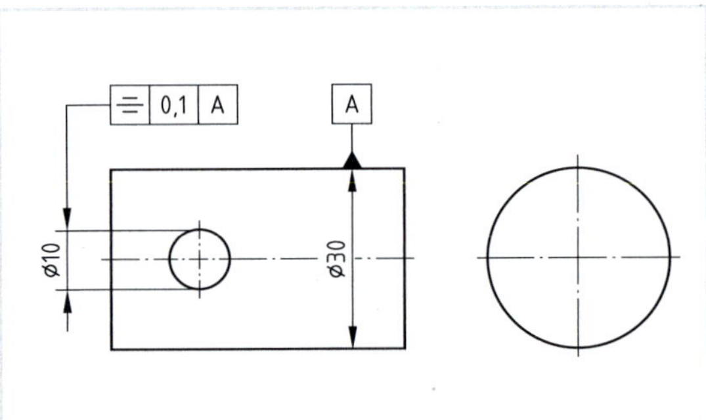

Bild 3: Tolerierung einer Querbohrung

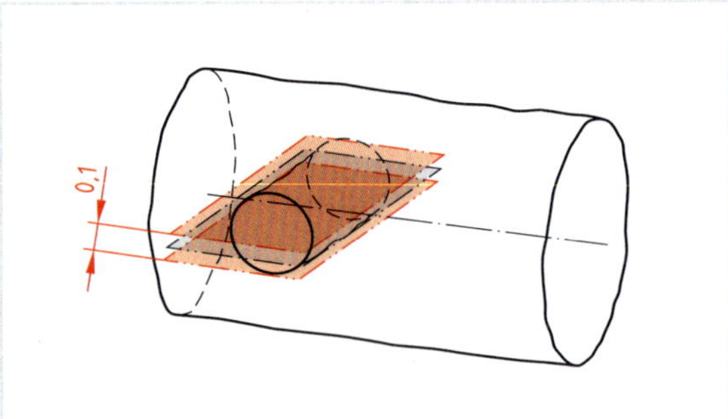

Bild 4: Toleranzzone der Bohrungsachse

Tabelle 1: Ortstoleranzen

Merkmale	Symbol	Toleriertes Geometrieelement	
		Integrales Geometrieelement	Abgeleitetes Geometrieelement
Position	⌖	ja	ja
Koaxialität/Konzentrizität	◎	ja	ja
Symmetrie	⌯	ja	ja

Überlegen und beantworten Sie:

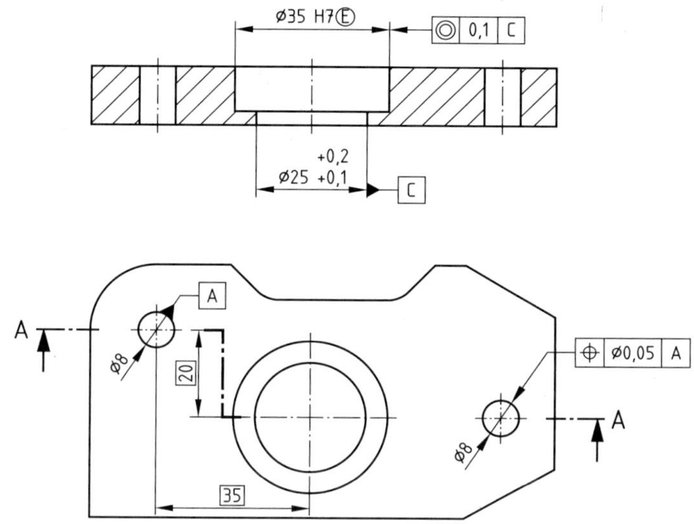

Bild 1: Geometrische Tolerierung einer Führungsplatte

1. Beschreiben Sie die beiden geometrischen Tolerierungen in der dargestellten Zeichnung **(Bild 1)**: Was wird toleriert, was ist der Bezug, wie groß ist die Toleranz?
2. Beschreiben Sie die Toleranzzone der jeweiligen geometrischen Tolerierungen.
3. Eine im Schnitt dargestellte Hülse **(Bild 2)** soll bezüglich ihrer Symmetrie toleriert werden. Dabei soll die Achse der Bohrung symmetrisch zur Achse des äußeren Zylinders mit einer Toleranz von 0,05 mm liegen. Bemaßen Sie die Hülse nach dieser Vorgabe.

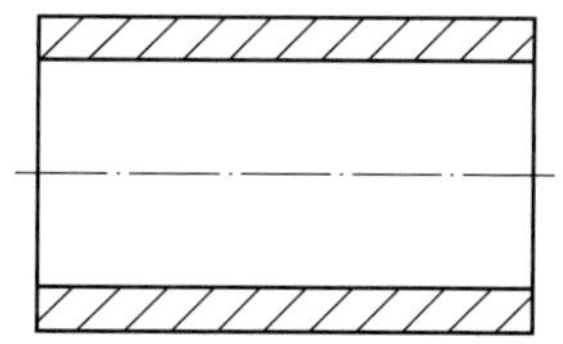

Bild 2: Schnittdarstellung einer Hülse

// Lauftoleranzen

Lauftoleranzen sind nur bei rotationssymmetrischen Bauteilen anwendbar. Sie haben immer eine Achse als Bezug. Man unterscheidet zwischen Rundlauf radial (Rundlauf) und Rundlauf axial (Planlauf).

// Einfacher Lauf

1. Beispiel

Eine Stufenwelle ist am größeren Ø 40 auf Rundlauf toleriert. Den Bezug bildet die Achse des kleineren Ø 20. Da der Toleranzpfeil senkrecht zur Bezugsachse steht, handelt es sich um einen radialen Rundlauf **(Bild 1)**.

Die Toleranzzone beim einfachen Rundlauf hat starke Ähnlichkeit mit der Toleranzzone bei der Rundheit. Der Unterschied liegt darin, dass beim Rundlauf der Mittelpunkt der Kreisringe, welche die Toleranzzone begrenzen, durch den Bezug festgelegt ist. Hingegen ist bei der Rundheit der Mittelpunkt der koaxialen Kreisringe der Toleranzzone nicht fest **(Bild 2)**.

Würde man an gleicher Stelle der Welle ebenfalls die Rundheit überprüfen, so kämen gleiche oder kleinere Abweichungen als bei der Rundlauftolerierung heraus.

2. Beispiel

Die gleiche Stufenwelle wie im ersten Beispiel wird auf Rundlauf in axialer Richtung (Planlauf) am großen Zylinder toleriert. Den Bezug bildet auch hier wieder die Achse des kleineren Zylinders **(Bild 3)**.

Die Toleranzzone bilden zwei Ebenen, deren Abstand der Lauftoleranz entspricht **(Bild 4)**.

Die beiden Ebenen, welche die Toleranzzone bilden, stehen senkrecht zur Bezugsachse A.

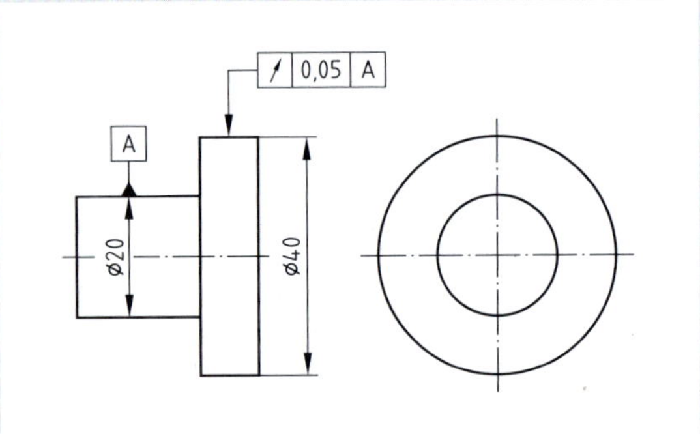

Bild 1: Rundlauftolerierung (Rundlauf radial)

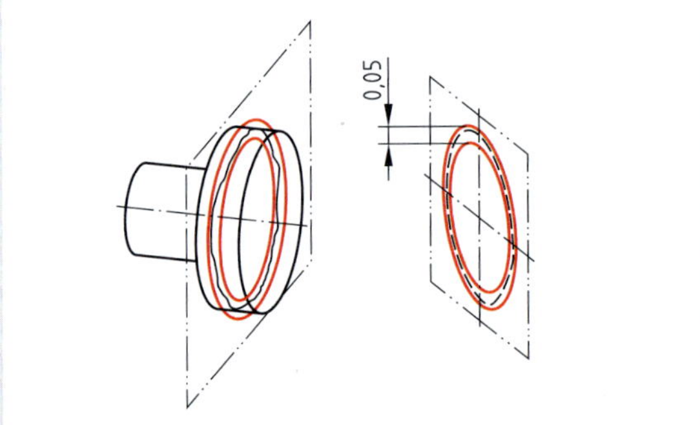

Bild 2: Toleranzzone bei Rundlauftolerierung

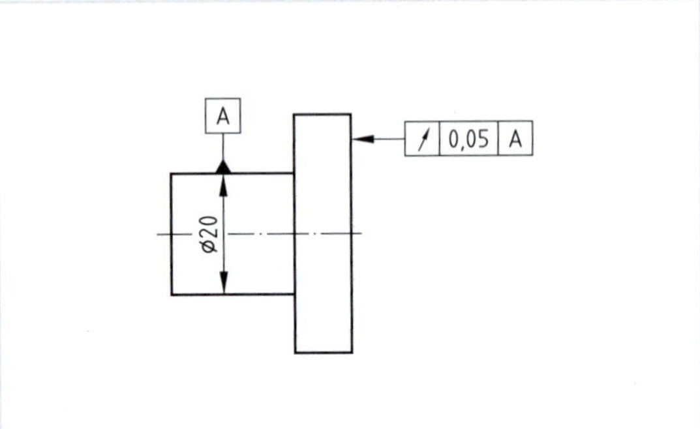

Bild 3: Planlauftolerierung (Rundlauf axial)

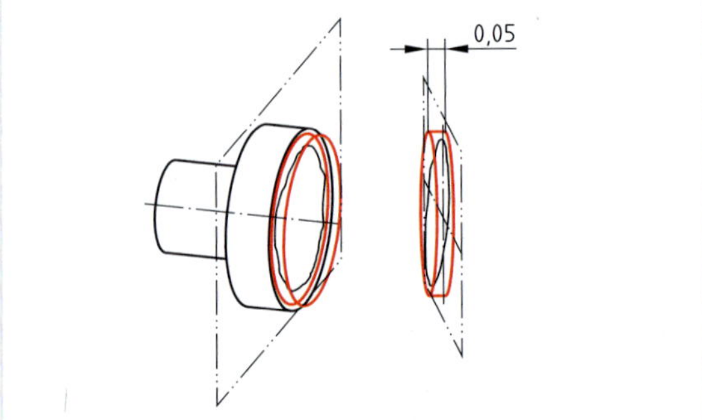

Bild 4: Toleranzzone bei Planlauftolerierung

Lernfeld-übergreifend

// Gesamtlauf

Nach dem gleichen Prinzip wie beim einfachen Lauf unterscheidet man bei der Gesamtlauftolerierung zwischen Gesamtrundlauf radial (Gesamtrundlauf) und Gesamtrundlauf axial (Gesamtplanlauf).

1. Beispiel

Eine Lagerwelle wird auf Gesamtlauf toleriert. Den Bezug bilden die Achsen der beiden kleineren Zylinder Ø 30. Der mittlere Zylinder wird auf Gesamtrundlauf toleriert **(Bild 1)**.

Die Toleranzzone beim Gesamtrundlauf bilden zwei koaxiale Zylinder mit einem radialen Abstand, der dem Toleranzwert (hier 0,1 mm) entspricht. Damit hat sie starke Ähnlichkeit mit der Toleranzzone der Zylinderform. Der Unterschied ist, dass beim Gesamtrundlauf die Achsen der koaxialen Zylinder der Toleranzzone auf der Bezugsachse (hier die Achse A–B) liegen **(**Bild 1 und **Bild 2)**.

2. Beispiel

Eine Stufenwelle, wie sie schon beim einfachen Lauf toleriert war, ist nun auf Gesamtlauf axial (Gesamtplanlauf) toleriert **(Bild 3)**. Der Bezug ist wieder die Achse des linken kleineren Zylinders Ø 20. Die Toleranzzone wird in **Bild 1, Seite 674** dargestellt.

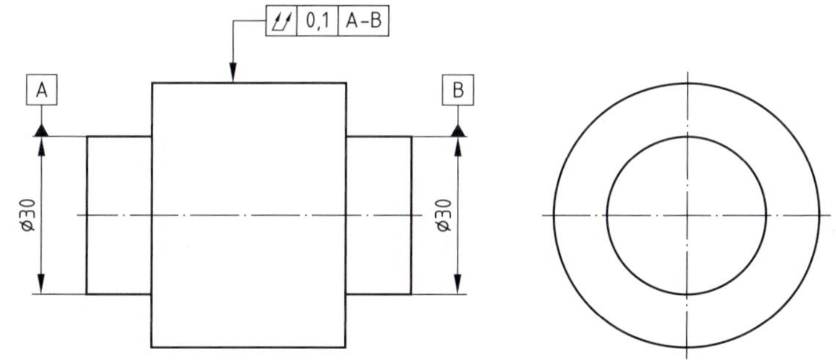

Bild 1: Gesamtrundlauftolerierung

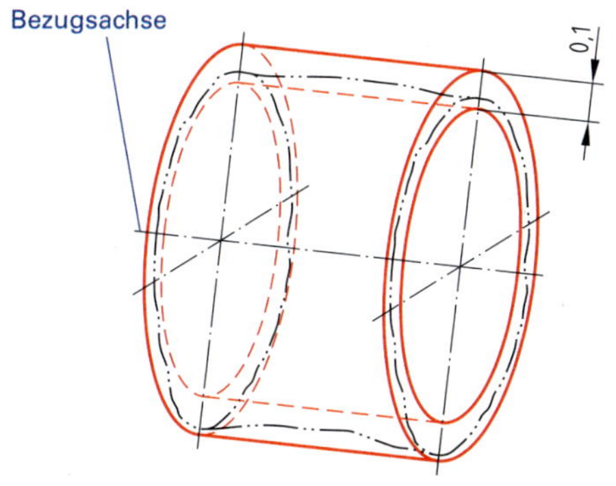

Bild 2: Toleranzzone Gesamtrundlauf

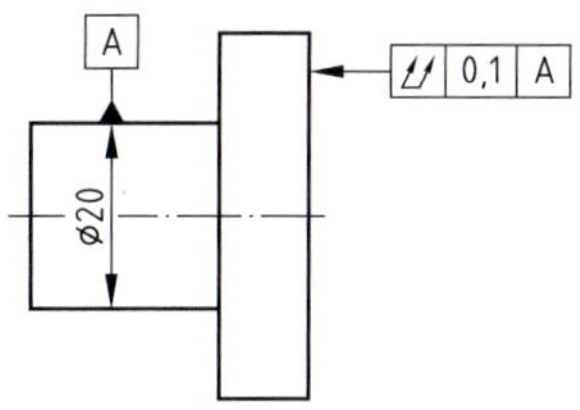

Bild 3: Tolerierung eines Gesamtplanlaufs

Lernfeld-übergreifend

Die Toleranzzone wird durch einen flachen Zylinder gebildet, dessen Achse auf der Bezugsachse liegt **(Bild 1)**. Alle Kreise, die mit unterschiedlichem Radius in axialer Richtung abgetastet werden, müssen innerhalb dieser Toleranzzone liegen.

Unterschied zwischen einfachem Rundlauf und Gesamtrundlauf (radial)

Beim einfachen Rundlauf muss der abgetastete Kreisring in jeder Schnittebene für sich innerhalb des Toleranzfelds (zwei Kreisringe) liegen. Damit können die Durchmesser der Ringe, welche die Toleranzzone bilden, von Schnittebene zu Schnittebene variieren.

Beim Gesamtrundlauf ist der Durchmesser der Toleranzzone (Zylinder) immer gleich. Somit ist eine Überprüfung der Zylinderform zusätzlich möglich.

Wie in der folgenden Tabelle zu sehen, sind alle Lauftoleranzen nur für integrale Geometrieelemente vorgesehen. Eine Anwendung für abgeleitete Geometrieelemente findet nicht statt **(Tabelle 1)**.

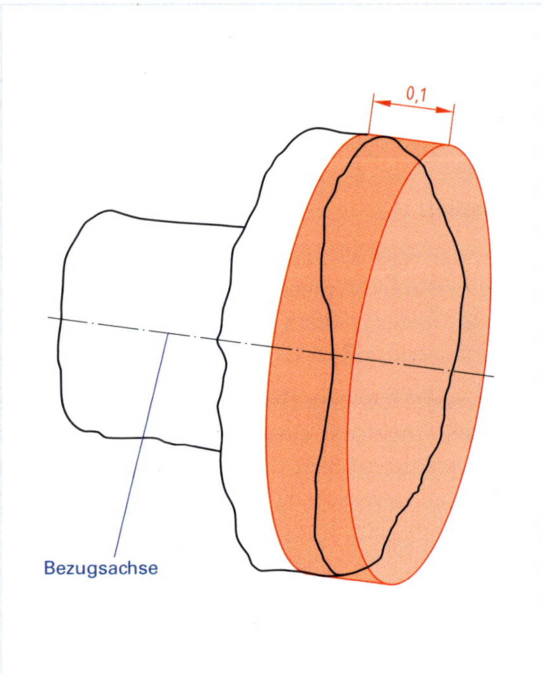

Bild 1: Toleranzzone bei Gesamtplanlauftolerierung

Tabelle 1: Lauftoleranzen

Merkmale	Symbol	Toleriertes Geometrieelement	
		Integrales Geometrieelement	Abgeleitetes Geometrieelement
Einfacher Lauf radial/axial	↗	ja	nein
Gesamtlauf radial/axial	⌰	ja	nein

Überlegen und beantworten Sie

1. In dieser Zeichnung sind zwei verschiedene Lauftoleranzen dargestellt. Erklären Sie den Unterschied der beiden Tolerierungen und beschreiben Sie die jeweilige Toleranzzone.
2. An dem äußeren großen Zylinder soll außerdem der Planlauf toleriert werden. Die Abweichung des Laufs in radialer Richtung soll maximal 0,1 mm sein, der Bezug ist die Achse des inneren Zylinders. Ergänzen Sie die Toleranzangabe.

(Das Bauteil ist nicht vollständig bemaßt.)

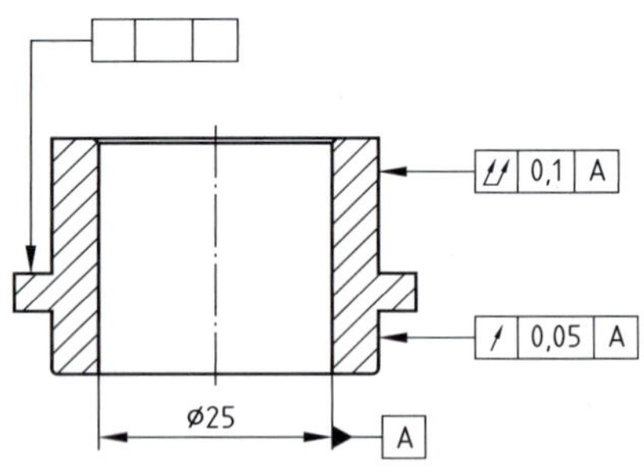

// Profiltoleranzen

Die Profiltoleranzen sind hier als eigenständige Gruppe aufgeführt, da sie je nach Einsatz als Formtoleranz, Richtungstoleranz und Ortstoleranz zum Einsatz kommen können. Sie sind somit die vielfältigsten Toleranzen und finden deshalb immer mehr Verwendung in technischen Zeichnungen.

// Linienprofil

Das tolerierte Geometrieelement kann eine beliebige oder festgelegte Linie in der spezifizierten Fläche oder ein abgeleitetes Geometrieelement (Mittellinie usw.) sein. Eine Linienprofiltolerierung kann je nach Konstruktion mit oder ohne Bezug vorkommen.

1. Beispiel

Im **Bild 1** ist ein einfaches Werkstück mit einem Radius an der oberen Fläche mit einer Linienprofiltoleranz versehen. Der Radius ist mit einem TED-Maß (Theoretisches Maß) angegeben.

Die Toleranzzone wird durch zwei Linien begrenzt, die Kreise vom Durchmesser der vorgegebenen Toleranz einhüllen (t = 0,1 mm). Die Mittelpunkte der Kreise liegen auf einer Linie mit dem theoretisch exakten Radius (R 45 mm). Somit liegt die Toleranzzone symmetrisch zur tolerierten Linie **(Bild 2)**.

2. Beispiel

In diesem Beispiel wird eine Linienkontur mit zwei Radien toleriert. Als zusätzliche Angabe sind zwei Bezüge am Toleranzindikator hinzugefügt. Die Abstände zum Primärbezug A sowie zum Sekundärbezug B sind mit TED-Maßen angegeben, ebenso die Radien **(Bild 3)**.

Die Position der Toleranzzone ist durch eine Linie, welche mithilfe der theoretisch exakten Maße genau festgelegt ist, definiert. Diese Linie liegt symmetrisch zu den Toleranzgrenzen im Abstand von jeweils 0,05 mm **(Bild 4)**.

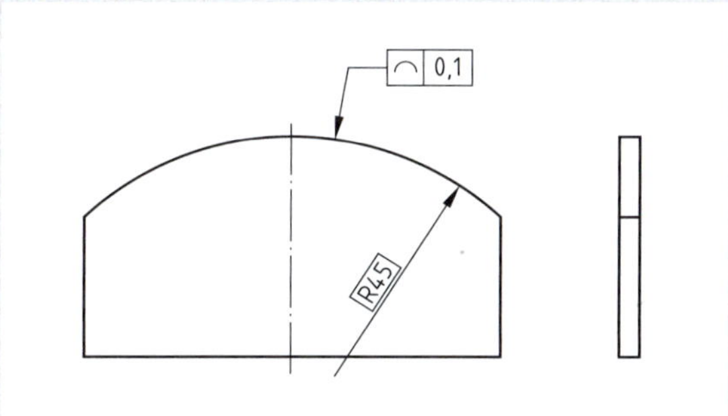

Bild 1: Tolerierung mit Linienprofil

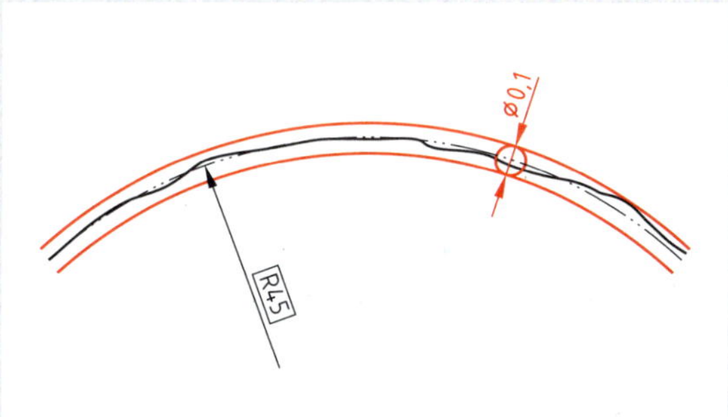

Bild 2: Toleranzzone beim Linienprofil

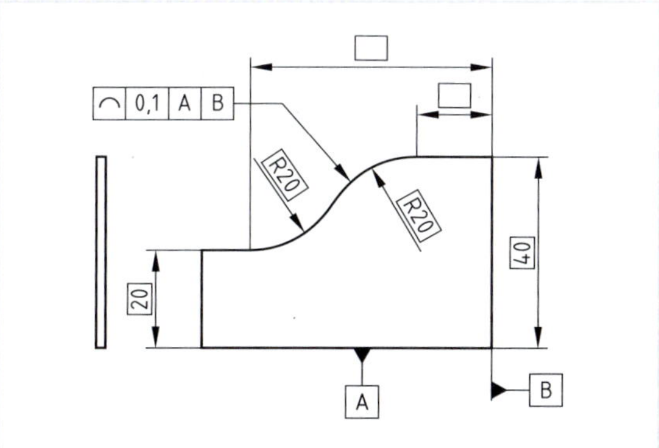

Bild 3: Linienprofil mit Bezügen

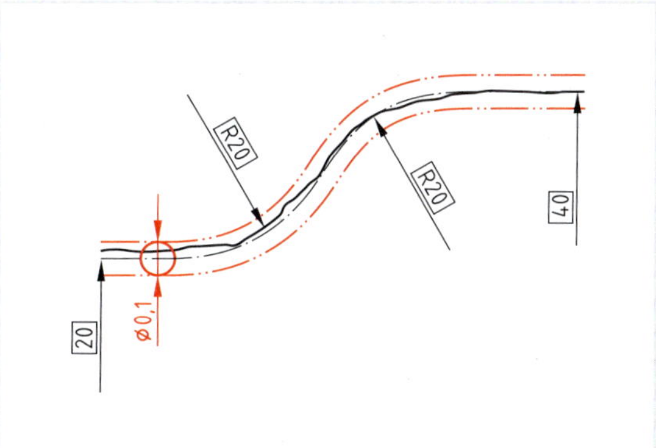

Bild 4: Toleranzzone aus Beispiel 2

Lernfeld-übergreifend

// Flächenprofil

Das tolerierte Geometrieelement ist eine integrale Fläche oder eine abgeleitete Fläche. Eine Flächenprofiltolerierung kann je nach Konstruktion mit oder ohne Bezug vorkommen.

1. Beispiel

Die Flächenprofiltolerierung eines einfachen Werkstücks ist im **Bild 1** dargestellt. Der Radius ist mit einem TED-Maß angegeben, sodass die Lage der oberen gekrümmten Fläche allein über die geometrische Tolerierung erfolgt.

Die Toleranzzone wird durch zwei Flächen begrenzt, die Kugeln ∅ 0,1 mm einhüllen. Die Mittelpunkte der Kugeln liegen auf einer Fläche mit der theoretisch exakten geometrischen Form der gekrümmten Fläche **(Bild 2)**.

2. Beispiel

In diesem Beispiel wird das gleiche Werkstück wie im 1. Beispiel mit Flächenprofiltoleranz spezifiziert. Es unterscheidet sich nur dadurch, dass hier noch ein zusätzlicher Bezug A am Toleranzindikator beigefügt ist. Aus diesem Grund ist ein weiteres Maß, welches den Abstand zwischen tolerierter Profilfläche (obere gewölbte Fläche) und Bezugsfläche (untere Ebene) angibt, vorhanden. Dies erfolgt mit dem TED-Maß 25 mm **(Bild 3)**.

Die Toleranzzone im zweiten Beispiel ist im Prinzip dieselbe wie im ersten Beispiel, nur dass durch die Bezugsangabe die Lage der Toleranzzone noch etwas genauer definiert ist. Die theoretisch exakte geometrische Fläche, die der tolerierten Profilform entspricht, ist 25 mm von der Bezugsfläche A entfernt. Dort liegen die Mittelpunkte der virtuellen Kugeln, die durch die beiden äußeren Flächen (Toleranzgrenzen) umhüllt sind. Somit ist der Ort der Toleranzzone fest definiert **(Bild 4)**.

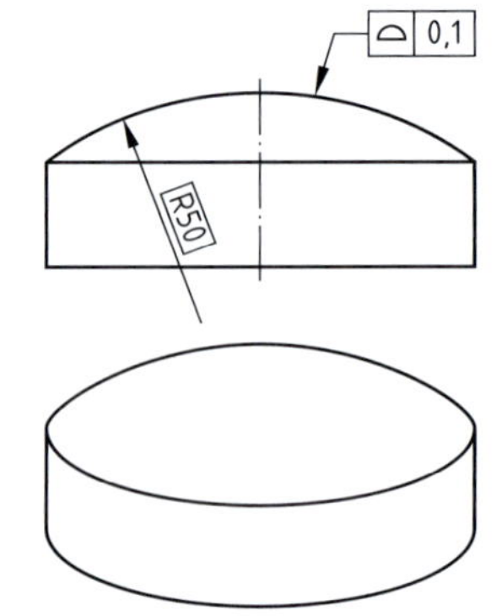

Bild 1: Flächenprofiltolerierung ohne Bezug

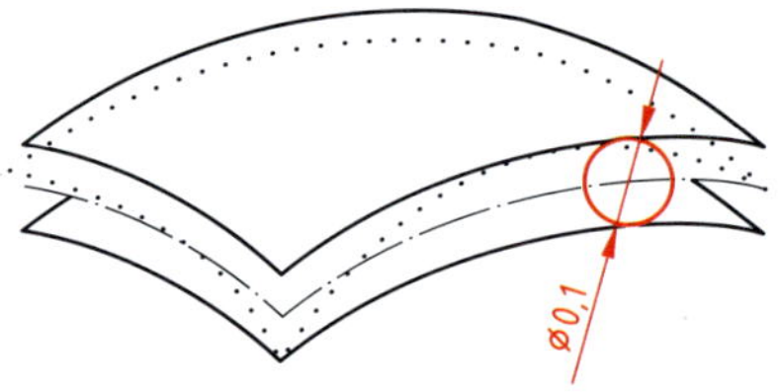

Bild 2: Toleranzzone bei Flächenprofiltolerierung

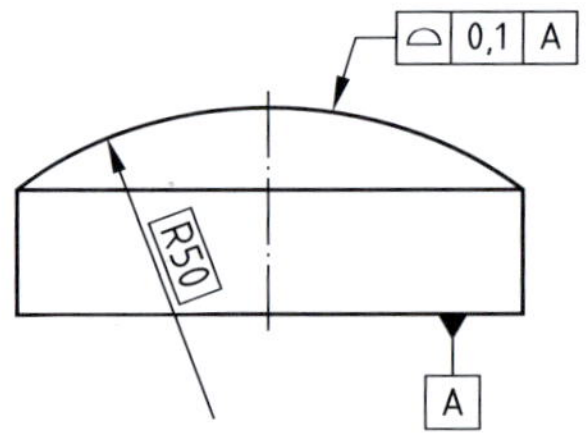

Bild 3: Flächenprofiltolerierung mit Bezug

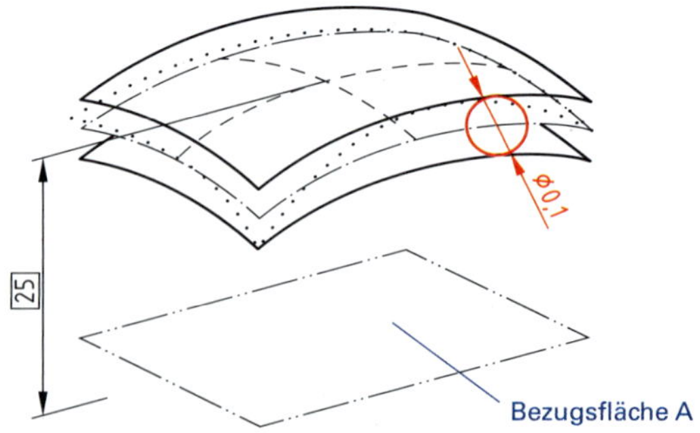

Bild 4: Toleranzzone bei Flächenprofil mit Bezug

Der Überblick zeigt, dass beide Profiltoleranzen für integrale wie auch abgeleitete Geometrieelemente verwendet werden können **(Tabelle 1)**.

Tabelle 1: Profiltoleranzen

Merkmale	Symbol	Toleriertes Geometrieelement	
		Integrales Geometrieelement	Abgeleitetes Geometrieelement
Linienprofil	⌒	ja	ja
Flächenprofil	⌓	ja	ja

Überlegen und beantworten Sie:

Das im **Bild** dargestellte Profil wurde toleriert.

1. Beschreiben Sie die Art der Tolerierung.
2. Der Zusatz **UF** oberhalb des Toleranzkastens gibt den Hinweis, dass die verschiedenen Geometrieelemente zu einem vereinigten Geometrieelement zusammengesetzt werden. Kennzeichnen Sie die unterschiedlichen Geometrieelemente, aus denen sich das Profil zusammensetzt.

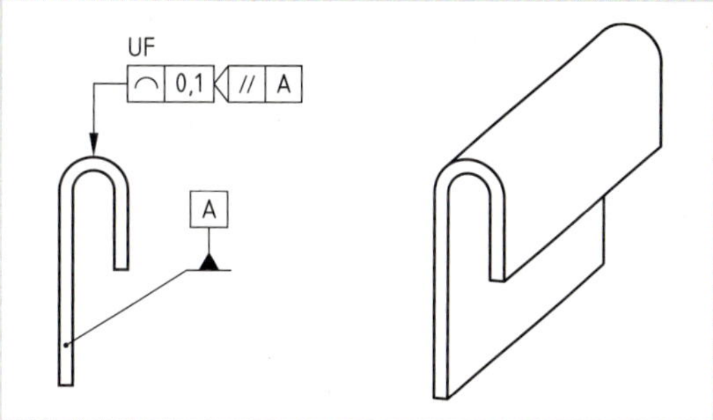

Lernfeld-übergreifend

12.2 Prüftechnik

Prüftechnik ist ein wichtiger Teil der modernen Produktion, um die Qualität von Produkten sicherzustellen. Sie umfasst verschiedene Methoden und Geräte, um Produkte auf ihre Funktionstüchtigkeit, Zuverlässigkeit und Sicherheit zu überprüfen.

Im Folgenden sollen vier Methoden und Messgeräte, die in der Prüftechnik eine wichtige Rolle spielen, genauer beschrieben werden. Es handelt sich hierbei um **Koordinatenmesstechnik, optisches Messen, Form- und Lageprüfung bei rotationssymmetrischen Teilen** und **Oberflächenprüfung**.

Koordinatenmesstechnik: Koordinatenmessgeräte (KMG) werden eingesetzt, um die genauen Abmessungen von Werkstücken zu überprüfen. Dazu sind sie mit hochpräzisen taktilen und optischen Sensoren ausgestattet und können so die gefertigten Werkstücke sehr genau nachmessen und damit die geforderten Spezifikationen prüfen **(Bild 1)**.

Optisches Messen: Optisches Messen ermöglicht die präzise Vermessung von Werkstücken ohne direkten Kontakt durch den Einsatz spezialisierter optischer Sensoren wie optischer Koordinatenmessgeräte oder optischer Messmikroskope. Mittels Bildverarbeitung und fortschrittlicher Algorithmen können Dimensionen, Formen, Oberflächenstrukturen und weitere Merkmale von Werkstücken erfasst werden **(Bild 2)**.

Form- und Lageprüfungen: Für die Form- und Lageprüfung an rotationssymmetrischen Werkstücken gibt es Formtester wie z. B. die MMQ 200 von der Firma Mitutoyo. Hier lassen sich geometrische Abweichungen durch den angeschlossenen Auswerterechner relativ einfach prüfen **(Bild 3)**. Für andere Werkstücke, die nicht rotationssymmetrisch sind, werden zur Prüfung der Geometrie meist Koordinatenmessgeräte verwendet.

Oberflächenprüfung: Die Oberflächenprüfung ist ein wichtiger Bestandteil im Herstellungsprozess von Maschinen und Bauteilen. Sie dient dazu, die Qualität der Oberflächen zu überprüfen, um sicherzustellen, dass sie den erforderlichen Standards und Spezifikationen entsprechen. Eine präzise Oberflächenprüfung ist mitentscheidend, dass die Maschinen und Bauteile richtig funktionieren und den erforderlichen Belastungen standhalten **(Bild 4)**.

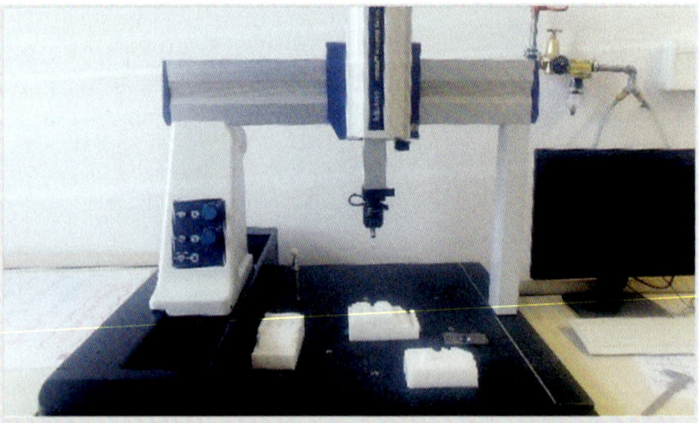

Bild 1: Taktiles Koordinatenmessgerät

Bild 2: Messmikroskop

Bild 3: Formtester MMQ 200

Bild 4: Tastschnittgerät

12.2.1 Koordinatenmesstechnik

Koordinatenmessgeräte (KMG) dienen zum Messen geometrischer Merkmale von Werkstücken, wie z. B. Längen, Abstände, Winkel, Parallelität usw. Sie erfassen die Oberfläche eines Bauteils punktweise in einem durch das KMG vorgegebenen Koordinatensystem. Durch die mittels eines Sensors erfassten Koordinatenwerte können mithilfe einer Software die gewünschten Merkmale des Bauteils ermittelt werden. Die nötigen Parameter werden durch verschiedene Ausgleichsvefahren ermittelt (Gauß, Tschebischew usw.).

Das Erfassen der Merkmale kann bei der Koordinatenmesstechnik optisch oder taktil erfolgen. Im Folgenden wird das taktile Messen am KMG vorgestellt.

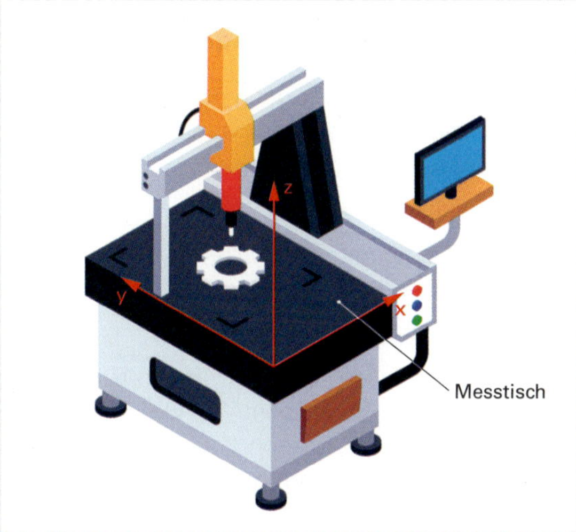

Bild 1: Taktiles Koordinatenmessgerät

// Kartesisches 3D-Koordinatensystem

Die Position eines Punkts im Raum wird neben den x- und y-Koordinaten noch durch einen weiteren z-Koordinatenwert definiert. Die zugehörige z-Achse steht sowohl auf der x-Achse als auch auf der y-Achse senkrecht **(Bild 1)**.

Die x- y- und z-Achsen eines Koordinatensystems liegen wie der Daumen (x-Achse), der Zeigefinger (y-Achse) und der Mittelfinger (z-Achse) der rechten Hand senkrecht zueinander **(Bild 2)**.

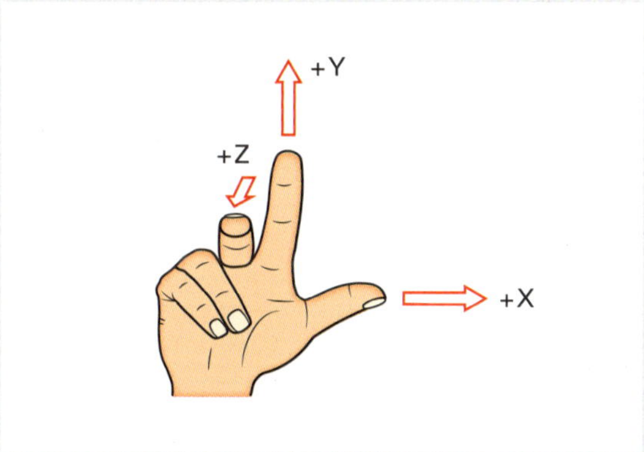

Bild 2: Rechte-Hand-Regel

// Raumausrichtung des Werkstücks

Vor dem Messen muss zuerst das Maschinenkoordinatensystem (MKS) in das Werkstückkoordinatensystem (WKS) überführt werden. Der Nullpunkt des MKS liegt oft am unteren linken Messtischrand, der Nullpunkt des WKS liegt am Werkstück **(Bild 3)**. Dieses rechnerische Ausrichten erlaubt das Aufspannen des Werkstücks in beliebiger Lage.

Die Bildung des WKS erfolgt durch das Erfassen der Bezugselemente und das Verschieben bzw. Drehen des theoretischen WKS auf die Bezugselemente.

Das Aufspannen des Werkstücks auf der Messplatte des KMG sollte vorher geplant werden, damit alle Bezugsmerkmale, die zur Definition des WKS nötig sind, angetastet werden können.

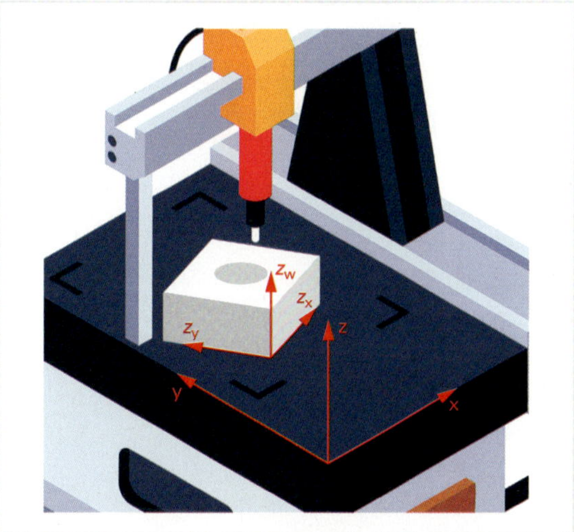

Bild 3: Maschinen- und Werkstückkoordinatensystem

// Bildung eines Bezugssystems (Sperrung der Freiheitsgrade)

Der einfachste Fall zur Bildung des Bezugssystems am zu messenden Werkstück ist das **Drei-Ebenen-Bezugssystem:**

1. Die erste Ebene (Primärebene) legt die räumliche Lage in Richtung der z-Achse fest. Nach Antasten der Fläche mit drei Punkten wird der Nullpunkt in z-Richtung gesetzt **(Bild 1)**.

   Damit ist das Werksück so im Raum fixiert, dass es nur noch in einer Ebene (xy-Ebene) verschoben und gedreht werden kann. Dieser Schritt wird deshalb auch **Raumausrichtung** genannt.

2. Die zweite angetastete Ebene (Sekundärebene) legt die Lage des Werkstücks in Richtung der y-Achse fest. Dies geschieht durch die Bildung einer Geraden aus zwei Punkten. Durch die Reihenfolge der Punkte wird die Richtung der x-Achse definiert **(Bild 2)**. Diesen Schritt nennt man **Achsausrichtung**.

   Nun ist das Bauteil so weit fixiert, dass es nur noch in einer Ebene, in diesem Fall der xz-Ebene, verschoben werden kann.

3. Die dritte Ebene (Tertiärebene) fixiert das Werkstück endgültig im Raum. Dies erfolgt durch das Antasten eines Punkts in der yz-Ebene. Mit ihr wird der Nullpunkt der dritten Achse festgelegt **(Bild 3)**. Man nennt diesen Schritt deshalb **Nullpunktbestimmung**.

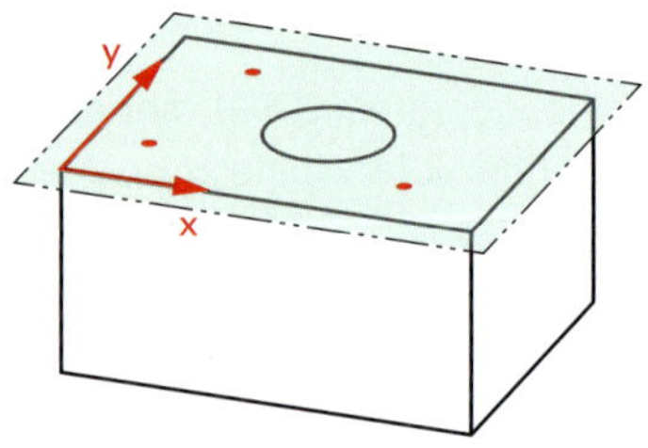

Bild 1: Raumausrichtung mit drei Punkten

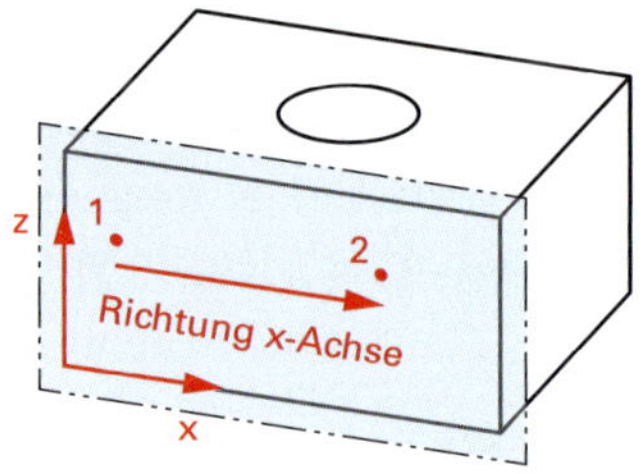

Bild 2: Achsausrichtung mit zwei Punkten

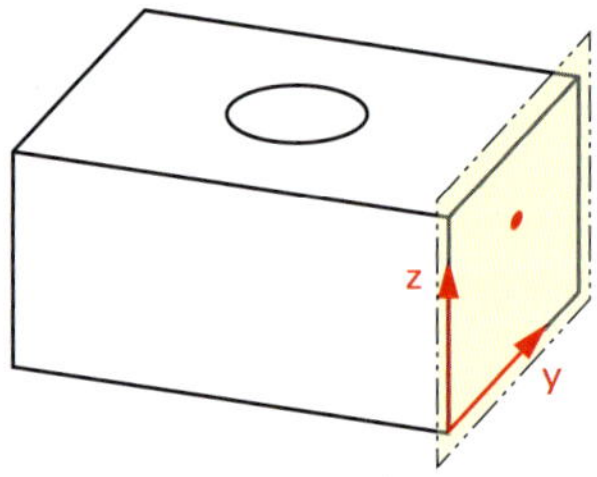

Bild 3: Nullpunktbestimmung mit einem Punkt

Freiheitsgrade

Ein Werkstück hat im dreidimensionalen Raum sechs Freiheitsgrade. Um die Lage des Werkstücks im Raum zu definieren, müssen alle Freiheitsgrade gesperrt werden. Dies erfolgt durch die Bildung des WKS.

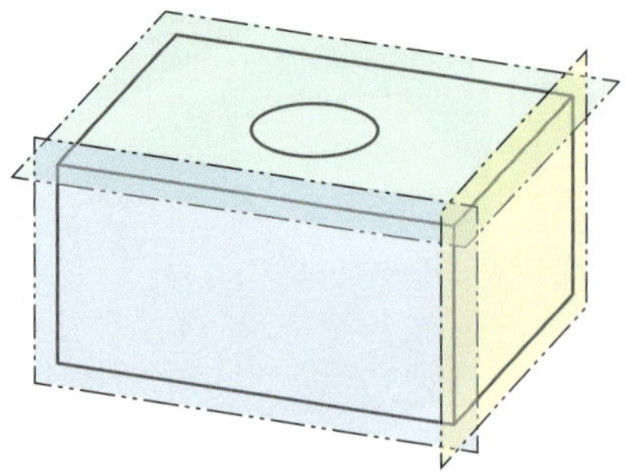

Bild 4: Im Raum definiertes Werkstück

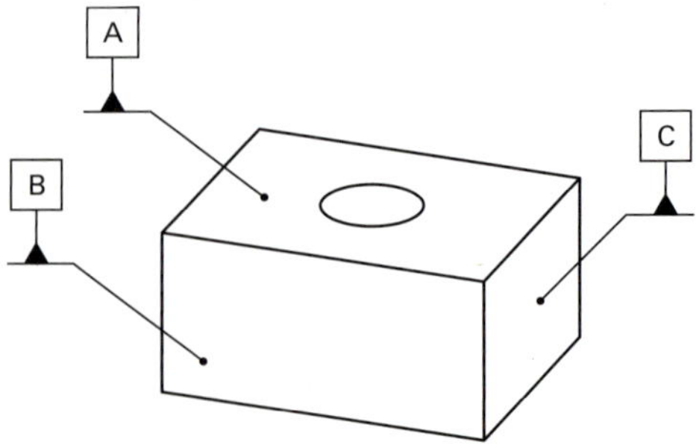

Bild 5: Spezifiziertes Werkstück

Beispiel für eine Raumausrichtung

Das gleiche Werkstück wie auf **Seite 680** ist nun mit einem veränderten Bezugssystem spezifiziert. Der Primärbezug (A) ist die Achse der Bohrung Ø 15, der Sekundärbezug (B) bleibt gleich (vordere Ebene), der Tertiärbezug (C) ist die obere Ebene des Werkstücks **(Bild 1)**.

1. Die erste Ausrichtung erfolgt mithilfe der Bohrungsachse des Ø 15, da dies der Primärbezug ist. Die Bohrung wird durch mindestens drei Punkte bei gesperrter z-Achse angetastet. Nun wird der Nullpunkt für die x- und y-Achsen gesetzt.

   Das Bauteil ist nur noch durch Drehung um die Bohrungsachse sowie in z-Richtung verschiebbar.

2. Die zweite Ausrichtung wird am Sekundärbezug B durchgeführt. Dies geschieht durch das Antasten von mindestens zwei Punkten, die auf einer Geraden liegen (gesperrte z-Achse), auf der Bezugsebene B. Die Reihenfolge der Punkte legt die Richtung der x-Achse fest.

   Das Bauteil ist jetzt nur noch in Richtung der z-Achse verschiebbar.

3. Der letzte Schritt zur Erzeugung des Werkstückkoordinatensystems ist die Antastung an der Bezugsfläche C (Tertiärbezug). Hier genügt ein einziger Antastpunkt, um die Verschiebung in Richtung der z-Achse zu sperren.

   In dieser Ebene kann die z-Achse auf null gesetzt werden. Das Werkstück ist jetzt komplett im Raum definiert, der Nullpunkt ist der Durchstoßpunkt der Bohrungsachse A mit der Bezugsebene C.

// Reihenfolge von Bezügen

Die Reihenfolge der Bezugswahl hat großen Einfluss auf das gesamte Bezugssystem.

Im folgenden Beispiel ist zu sehen, wie sich die Lage der Bohrung verändert, wenn sich Primärbezug und Sekundärbezug ändern **(Bild 2** und **Bild 3)**.

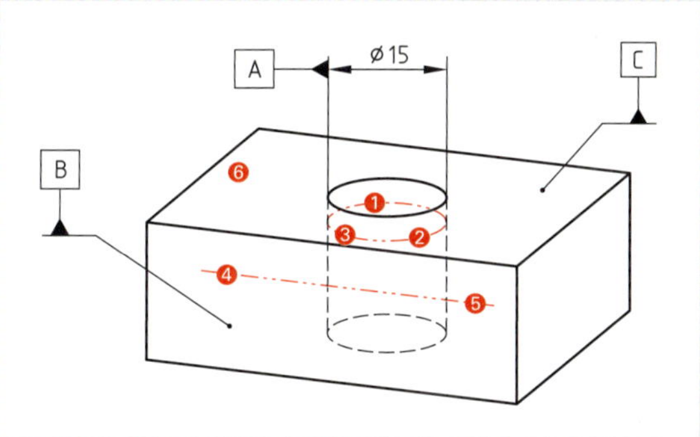

Bild 1: Bezugssystem am Werkstück

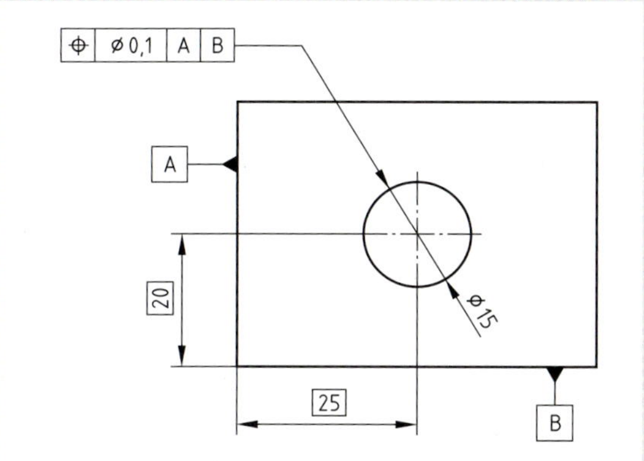

Bild 2: Tolerierung einer Bohrung

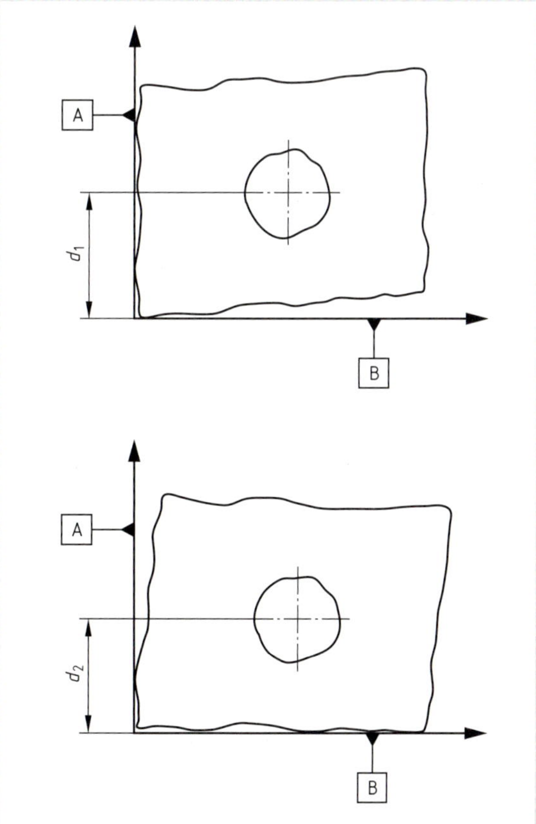

Bild 3: Auswirkung Reihenfolge der Bezüge

Lernfeldübergreifend

// Messstrategien

Nachdem das Maschinenkoordinatensystem in das Werkstückkoordinatensystem überführt wurde, kann mit der eigentlichen Messung begonnen werden.

Antastpunktezahl und Verteilung

Jede Fläche besteht theoretisch aus unendlich vielen Punkten. Das Antasten von unendlich vielen Punkten ist aber praktisch nicht möglich. Deshalb muss die Anzahl der Antastpunkte so gewählt werden, dass die gemessene Fläche gut genug repräsentiert wird.

Die Anzahl der Antastpunkte an ein Geometrieelement ist abhängig davon, welche Informationen man über das jeweilige Element haben möchte. Prinzipiell kann man sagen, dass je größer die Zahl der Antastpunkte ist, desto genauer lässt sich ein Geometrieelement erfassen. Vor allem wenn man Informationen über die Formabweichung erhalten möchte, ist eine höhere Anzahl empfehlenswert.

Die meisten Messpunkte kann man im Scanmodus erhalten, was aber nicht automatisch zu einer genaueren Messung führt. Einzeln angetastete Messpunkte sind genauer, da hier die dynamischen Einflüsse geringer sind.

Wichtig ist prinzipiell eine **gleichmäßige Verteilung** der Messpunkte über das **gesamte Geometrieelement (Bild 1)**.

Beispiel Gleichdick

Durch eine geringe Anzahl an Messpunkten kann es zu sehr unterschiedlichen Messergebnissen kommen, je nachdem wie die Punkte verteilt sind **(Bild 2)**.

// Scanning

Beim Scannen werden sehr viele Messpunkte aufgenommen, was zu einer guten Abbildung der gemessenen Geometrielelemente führt.

Dies ermöglicht z. B. die normgerechte Überprüfung eines Zweipunktmaßes am KMG **(Bild 3)**.

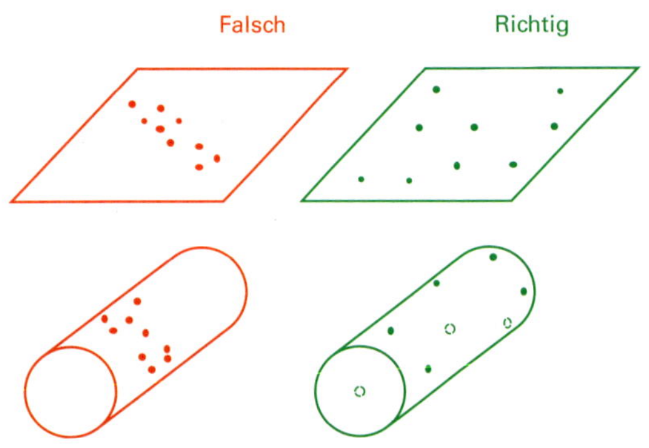

Bild 1: Punkteverteilung am Geometrieelement

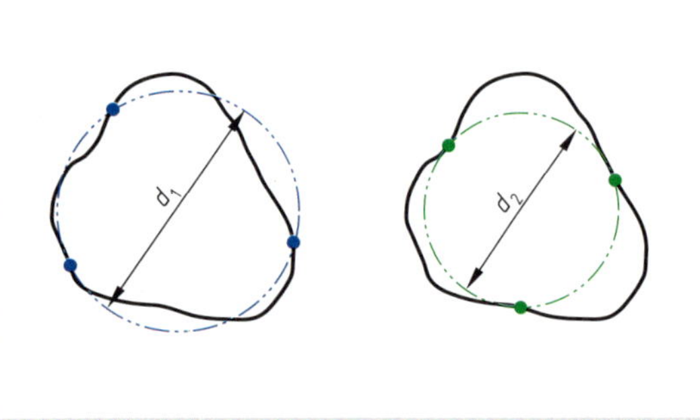

Bild 2: Schwankende Durchmesser am Gleichdick

Einflussfaktoren für Anzahl und Verteilung von Messpunkten

- Art des Merkmals
- zu erwartende Gestaltabweichungen
- geforderte Genauigket und Toleranz
- Messunsicherheit des Koordinatenmessgeräts

Um die Genauigkeit zu erhöhen, sollte man immer mit einem Punkt mehr antasten, als es für das jeweilige Geometrieelement nötig ist.

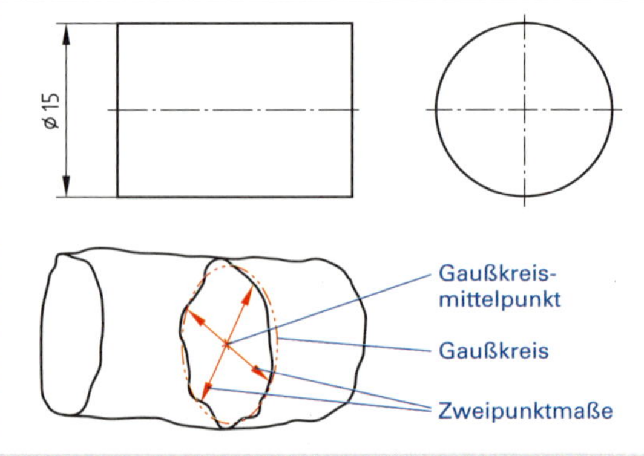

Bild 3: Zweipunktmaße am Zylinder

Überlegen und beantworten Sie:

1. Raumausrichtung eines Werkstücks (Bildung des Werkstückkoordinatensystems WKS)

   Eine Führungsplatte soll auf einer Koordinatenmessmaschine ausgerichtet werden **(Bild 1)**.

   Das Bauteil ist so eingespannt, dass die untere Seite (Bezug A) auf der Messplatte (Messtisch) aufliegt **(Bild 2)**.

   a) Ordnen Sie die Bezüge (A, B und C) zu:

Primärbezug	
Sekundärbezug	
Tertiärbezug	

   b) Zur Bildung des WKS wird die Bezugsebene A als Erstes angetastet. Der Nullpunkt in Richtung der z-Achse wird somit definiert. Beschreiben Sie die Antaststrategie.

   Hinweis: Die Messplatte kann auch angetastet werden.

   c) Der zweite Bezug (B) legt den Nullpunkt in der xy-Ebene fest. Beschreiben Sie die Antaststrategie. Erklären Sie, wo der Nullpunkt des WKS nun liegt.

   d) Die Führungsplatte kann jetzt nur noch auf der Messplatte um die z-Achse rotieren. Um die Lage des Werkstücks nun endglültig zu defieren, muss der Bezug C angetastet werden. Beschreiben Sie hierfür die Antaststrategie.

2. Welches der Koordinatensysteme **(Bild 3)** ist richtig beschriftet?

   Hinweis: Nehmen Sie die Rechte-Hand-Regel zur Hilfe.

3. Die Mantelfläche des dargestellten Kegelstumpfs soll mit zwölf Punkten angetastet werden. Skizzieren Sie diesen Kegel auf einem separaten Blatt und verteilen Sie die Antastpunkte möglichst sinnvoll **(Bild 4)**.

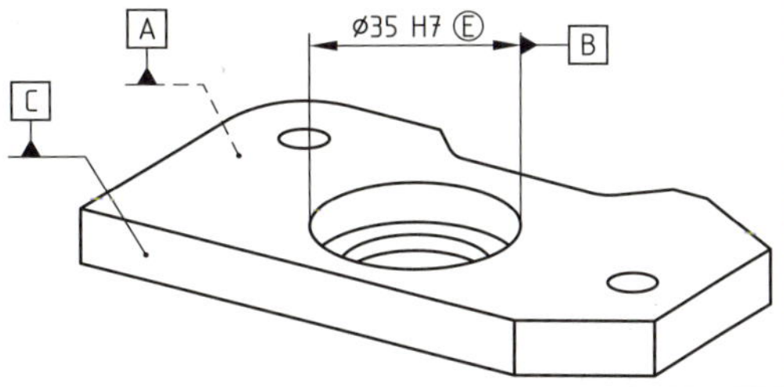

Bild 1: Bezugssystem Führungsplatte

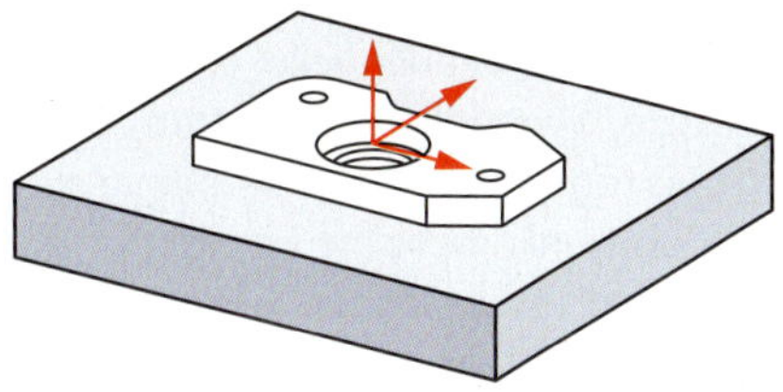

Bild 2: Lage der Führungsplatte am Messtisch

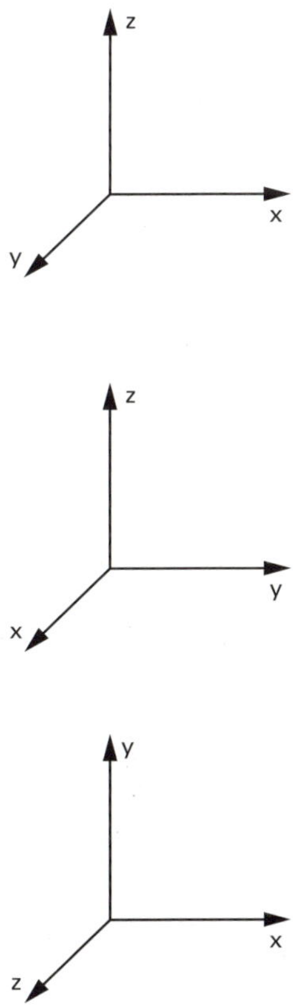

Bild 3

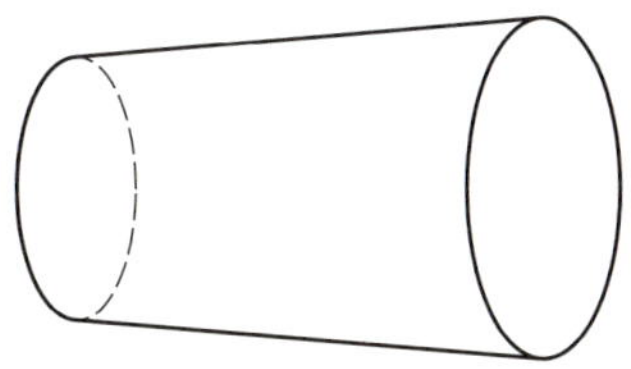

Bild 4

12.2.2 Optisches und optoelektronisches Messen

Optische Messgeräte, z. B. Profilprojektoren, Messmikroskope und Bildverarbeitungsmessgeräte, können in der Längenprüftechnik flexibel eingesetzt werden. Mit ihnen lassen sich präzise Messungen rasch und berührungslos durchführen.

// Prüfen mit dem Profilprojektor

Einsatz und Anwendungsmöglichkeiten

Profilprojektoren **(Bild 1)** werden häufig eingesetzt, um kleinere, flache Werkstücke, z. B. Stanz- oder Kunststoffteile, Wendeschneidplatten, besondere Konturen und Profile wie Gewinde oder Zahnteilungen, rasch und unkompliziert zweidimensional zu vermessen. Auch Oberflächen lassen sich gut betrachten und beurteilen.

Die Scharfeinstellung erfolgt durch die Auf- und Abwärtsbewegung des Messtischs mithilfe des Handrads.

- Durch die Bewegung des Werkstücks auf dem XY-Tisch kann der Zielbereich für die Messung zum Mittelpunkt des Bildschirms verfahren werden.
- Der Bildschirm mit Fadenkreuz lässt sich für Winkelmessungen drehen.
- Für den Vergleich des projizierten Bilds mit einer Sollkontur können Schablonen am Bildschirm festgeklemmt werden.
- Mithilfe eines Kantenerkennungssensors (Option) lässt sich die Messunsicherheit eingrenzen.
- Ein 2D-Datenprozessor (Option) ermöglicht 2D-Messungen wie mit einem Koordinatenmessgerät.

Profilprojektoren erzeugen, je nach eingesetztem Objektiv, ein 10-, 20-, 25-, 50- bis 100-fach vergrößertes, maßstabsgetreues Abbild des Messobjekts. Häufig verwendet werden Objektive mit 20-facher Vergrößerung, welche eine akzeptable Sichtfeldgröße ermöglichen.

Aufbau und Funktion

Profilprojektoren sind optische Messgeräte, bei denen Konturen und Oberflächen von Werkstücken mithilfe eines Objektivs vergrößert auf einen Bildschirm projiziert werden **(Bild 2)**.

- **Durchlichtprojektion:**
  Die **Kontur** des Werkstücks wird auf den Bildschirm projiziert.
- **Auflichtprojektion:**
  Die **Oberfläche** des Werkstücks wird auf den Bildschirm projiziert.

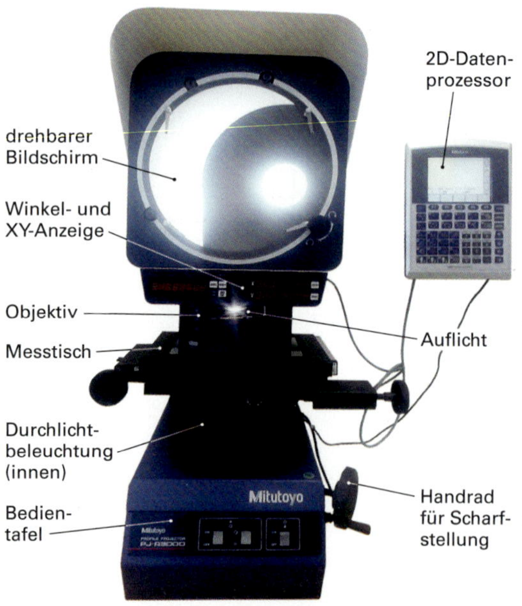

Bild 1: Profilprojektor

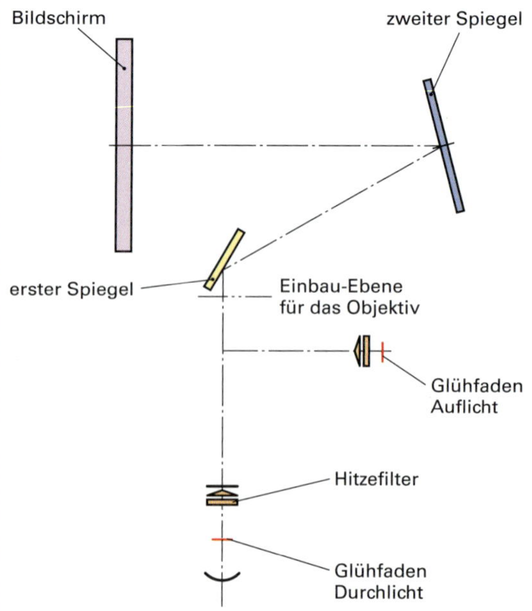

Bild 2: Strahlengang

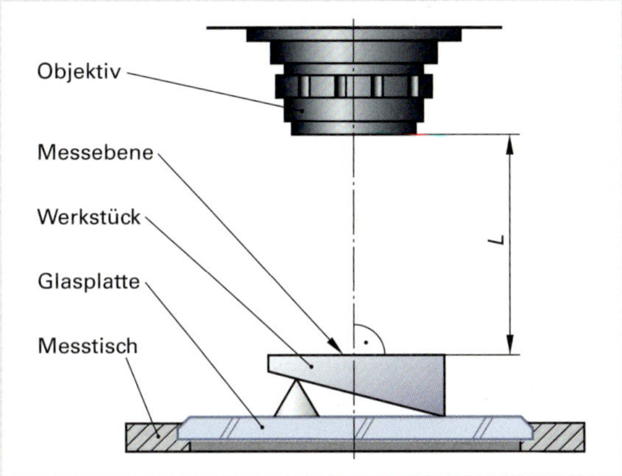

Bild 1: Arbeitsabstand L und senkrechte Ausrichtung

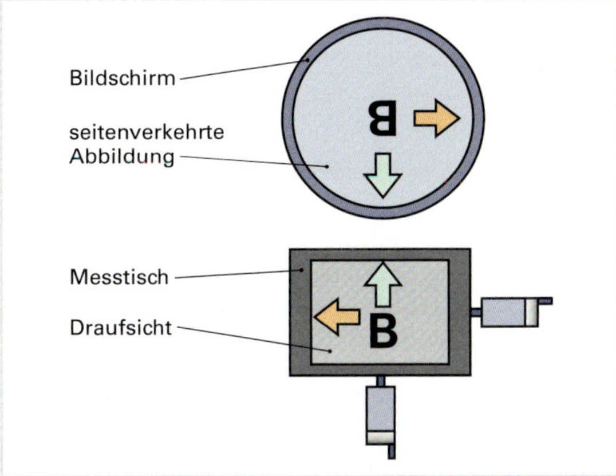

Bild 2: Seitenverkehrte Bildschirmprojektion

Sichtfeld

Eine optische Vergrößerung hat eine entsprechende Verkleinerung des Sichtfelds auf dem Projektor-Bildschirm zur Folge. Bei Verwendung eines Objektivs mit 20-facher Vergrößerung für einen Projektor mit einem Bildschirm von ∅ 300 mm ergibt sich ein Sichtfelddurchmesser von 300 mm/20 = 15 mm.

$$\text{Sichtfeld} - \varnothing = \frac{\text{Bildschirm} - \varnothing}{\text{Objektiv} - \text{Vergrößerung}}$$

Bei dieser 20-fachen Vergrößerung können Werkstückkanten meist mit genügend kleiner Messunsicherheit dargestellt und bestimmt werden, sodass andererseits noch ein ausreichend großer Bereich des Werkstücks sichtbar bleibt, um die Orientierung bei Messaufgaben nicht zu sehr zu beeinträchtigen.

Arbeitsabstand

Der Abstand zwischen der Stirnseite des Projektionsobjektivs und der Oberfläche des Werkstücks ist der Arbeitsabstand *L* **(Bild 1)**. Die zu projizierende Fläche bzw. Kontur muss dem Objektiv zugewandt sein und senkrecht zur optischen Achse des Objektivs liegen.

Optik

Aufgrund des einfachen optischen Aufbaus wird die Abbildung des Werkstücks auf dem Schirm des Profilprojektors seitenverkehrt, d.h. um 180° gedreht angezeigt **(Bild 2)**. Durch den Einbau einer zusätzlichen Prismenoptik (Dachprisma) bei hochwertigen Geräten kann die Abbildung auch gedreht werden. Das Messobjekt wird im Durchlicht oder mit Auflicht beleuchtet.

Durchlichtprojektion

Bei der Durchlichtprojektion befindet sich das Werkstück im telezentrischen Strahlengang einer Beleuchtungseinrichtung **(Bild 3)**. Der Prüfling wird dann als Schattenbild auf dem Bildschirm sichtbar. Weil sich die Lampenwendel im Brennpunkt einer Kondensorlinse befindet, wird das Objekt durch Parallelstrahlen beleuchtet. Bei axialer Verschiebung des Messobjekts verändert sich deshalb der Abbildungsmaßstab nicht.

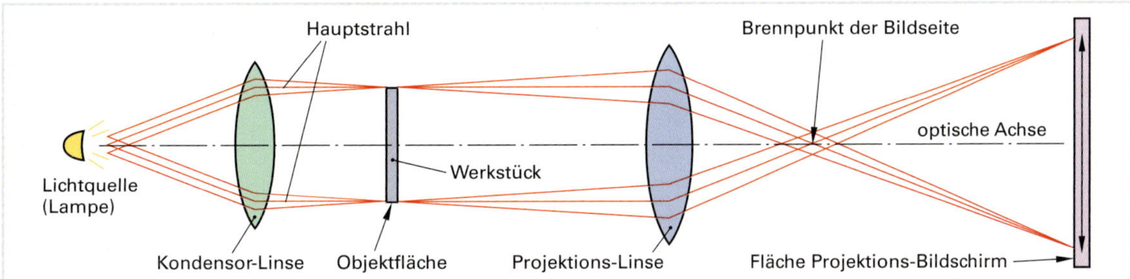

Bild 3: Telezentrische Konturbeleuchtung

Auflichtprojektion (Bild 1)

Bei Beleuchtung von oben kann man im Auflicht auch Merkmale an der Oberfläche von Werkstücken erkennen und prüfen, z. B. Lötstellen auf Platinen. Dazu ist ein halbdurchlässiger Spiegel erforderlich. Das ist ein Strahlteiler, bestehend aus einer Glasplatte, auf die einseitig eine dünne Metallbeschichtung aufgedampft wurde. Licht, das auf diesen Spiegel trifft, wird teilweise reflektiert und teilweise durchgelassen.

Prüfmethoden

- **Verwendung von Prüffolien**
  Mithilfe von Prüffolien **(Bild 2)**, die auf dem Bildschirm befestigt werden, können auch kompliziertere Konturen einfach geprüft werden. Eine Prüffolie ist eine Art Schablone für eine Bauteilkontur, die im Maßstab des verwendeten Objektivs auf eine Folie gedruckt wird. Vergleichbar mit dem Vorgang des Lehrens wird kontrolliert, ob sich die Kontur innerhalb der zulässigen Grenzlinien befindet. Diese können z. B. als Offsetlinien per CAD von der Bauteilkontur abgeleitet und auf eine verzugsfreie Folie gedruckt werden, auf der auch der Vergrößerungsmaßstab stehen muss.
- **Einsatz von Normmessplatten (Bild 3)**
  Mit Normmessplatten aus speziellem formstabilem, klarem Kunststoff können z. B. Längen, Winkel, Radien und Durchmesser gemessen oder Gewinde- oder Verzahnungsprofile geprüft werden. Die Messplatten sind für die verschiedenen Objektivvergrößerungen ausgelegt und in den üblichen Bildschirmgrößen erhältlich.
- **Anwendung der digitalen Positionsanzeigen**
  Beim Messen mithilfe der digitalen Positionsanzeigen für X, Y und für Winkel muss das Werkstück parallel zu den Achsen des XY-Tischs ausgerichtet werden.
- **Messen mit dem 2D-Datenprozessor (Bild 4)**
  Mit einem 2D-Datenprozessor können Messaufgaben wie mit einem optischen 2D-KMG durchgeführt werden. Geraden, Winkel, Durchmesser, Abstände etc. sind leicht bestimmbar. Ein exaktes mechanisches Ausrichten ist nicht nötig, da das Werkstückkoordinatensystem rechnerisch bestimmt werden kann. Das ermöglicht genaue Messungen, auch wenn die Werkstückkanten nicht parallel zu den Bewegungsachsen des XY-Tischs platziert wurden.

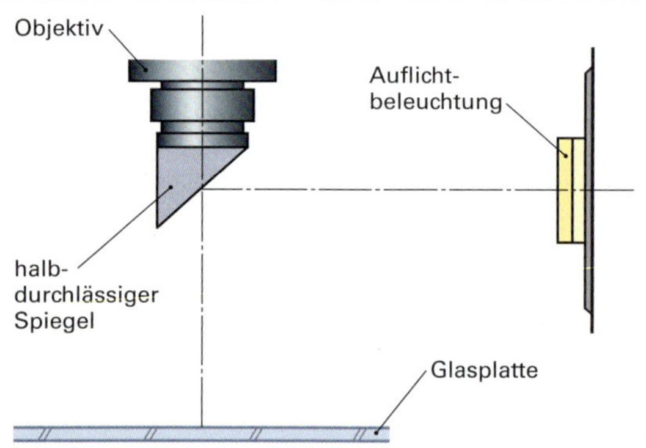

Bild 1: Auflichtprojektion

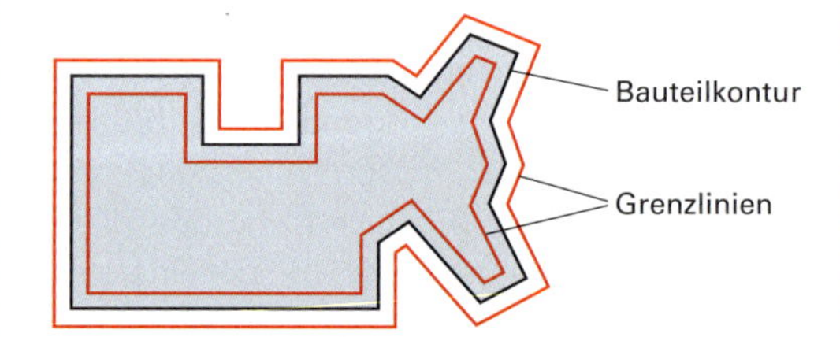

Bild 2: Prüfen durch Lehren mithilfe einer Prüffolie

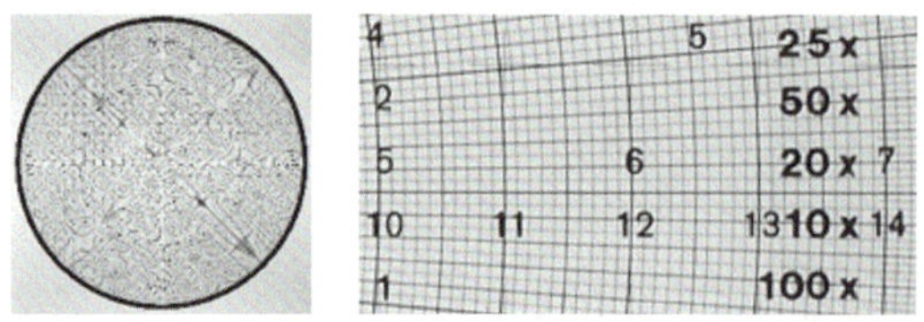

Bild 3: Normmessplatte für Radien

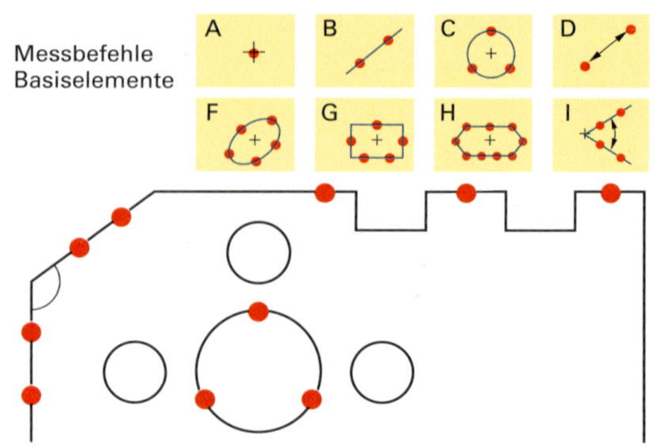

Bild 4: Messen von Basiselementen

// Messen mit dem Video-Messmikroskop

Bei der optoelektronischen Längenmessung mit einer Kamera wird der Prüfgegenstand mit Lichtstrahlen berührungslos abgetastet und das Bild mithilfe von Sensoren ausgewertet. Die Bauteilgeometrie wird flächenhaft mit hoher Messgeschwindigkeit und ohne Kollisionsgefahr erfasst. Der Messtisch kann manuell und/oder CNC-gesteuert bewegt werden. Optische Sensoren scannen alle sichtbaren Bereiche auf der Werkstückoberfläche und werten diese aus.

Bildaufnahme durch das Objektiv

Damit eine Kamera ein Bild von einem Objekt aufnehmen kann, wird ein Objektiv benötigt. Durch das Linsensystem des Objektivs entsteht in der Bildebene das Abbild durch die vom Objekt reflektierten Lichtstrahlen. Die Vergrößerung des Objektivs gibt das Verhältnis zwischen Bild und Objekt wieder. Durch die Brennweite des Objektivs wird der Abbildungsmaßstab definiert. Das ist das Verhältnis der Bildgröße auf dem Sensor zum Objekt. In der Bildverarbeitung werden Objektive mit fester Brennweite und fixem Mindestarbeitsabstand oder auch Zoomobjektive eingesetzt.

Beleuchtung

Die Auswahl und Konfiguration der Beleuchtung ist mitentscheidend für die Qualität der Bildaufnahme, denn nicht im Bild vorhandene Informationen können auch nicht ausgewertet werden. Für eine optimale Ausleuchtung von Prüfobjekten werden LEDs als Durchlicht-, Auflicht- oder Hintergrundbeleuchtung eingesetzt, z. B. Flächen-, Ring-, Zeilen-, Dom- und/oder telezentrische Beleuchtung.

Bildverarbeitung durch Sensoren

In der Bildebene kommen CCD- oder CMOS-Sensoren als Empfänger zum Einsatz.

- CCD = Charge-Coupled Device, ladungsgekoppeltes Bauteil
- CMOS = Complementary Metal-Oxide-Semiconductor, sich ergänzender Metall-Oxid-Halbleiter

Die Sensoren bestehen aus lichtempfindlichen Fotodioden, die in einer Matrix angeordnet sind. Das optische Messsignal wird elektronisch erfasst und verarbeitet. Die Chips konvertieren das Licht in elektrische Ladungen und erzeugen so elektrische Signale. Die Tendenz geht hin zu Kameras mit den leistungsfähigeren CMOS-Sensoren. Die Auflösung liegt bei zehn Megapixel (MP) und mehr.

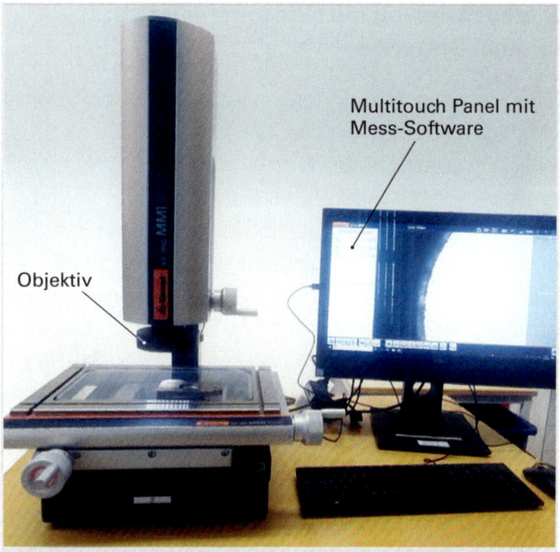

Bild 1: Video-Messmikroskop

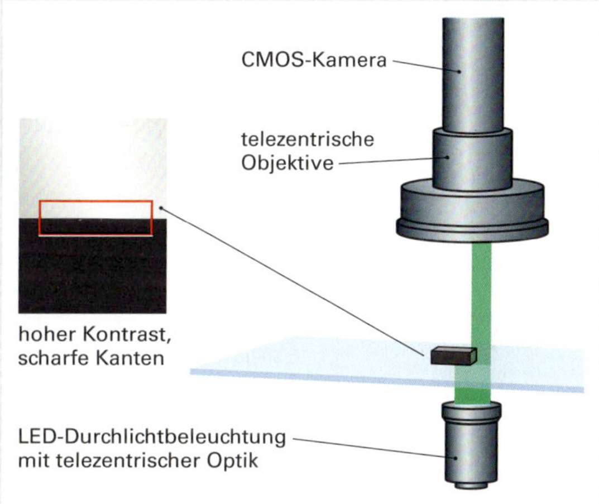

Bild 2: Kamera und Durchlichtbeleuchtung

Bild 3: Leiterplatte mit CMOS-Sensor

Bildauswertung mithilfe einer leistungsfähigen Software

Die Software eines Video-Messmikroskops bietet vielfältige Funktionen und Werkzeuge. Das zu messende Geometrieelement eines Bauteils wird mit dem Messtisch manuell zur Kamera hin positioniert. Je nachdem ob ein Geometrieelement als Ganzes in einem Messfenster erfasst wird, oder ob es mithilfe von mehreren Messfenstern bestimmt wird, spricht man von „Messen im Bildfeld", „Messen am Bildfeld" bzw. von Konturverfolgung im Scanmodus **(Bild 1)**. Die Scharfstellung in Z-Richtung erfolgt durch die Autofokusfunktion.

Mit der Vermessung eines Bauteils kann auch gleich ein Messprogramm erzeugt und abgespeichert werden. Die Messungen und der Programmablauf können dann beim nächsten Teil CNC-gesteuert automatisch erfolgen.

Das zentrale große Fenster ist das aktive Hauptfenster (Homefenster), welches in **Bild 2** das Kameralivebild zeigt. Jedes Fenster kann durch Antippen in das Homefenster wechseln, z. B. das Fenster mit der Teileansicht oder das Fenster mit den Daten des aktuell gemessenen Elements **(Bild 3)**. Das Kameralivebild wechselt dann nach links in eines der beiden kleineren Fenster.

- In der Teileansicht können z. B. Bemaßungen an den gemessenen Elementen vorgenommen werden.
- Im Elementfenster kann z. B. die Berechnungsmethode der Kreisform festgelegt werden.

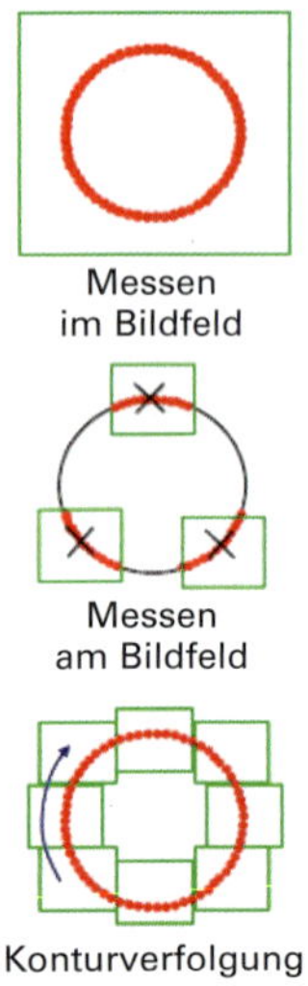

Bild 1: Messfenster

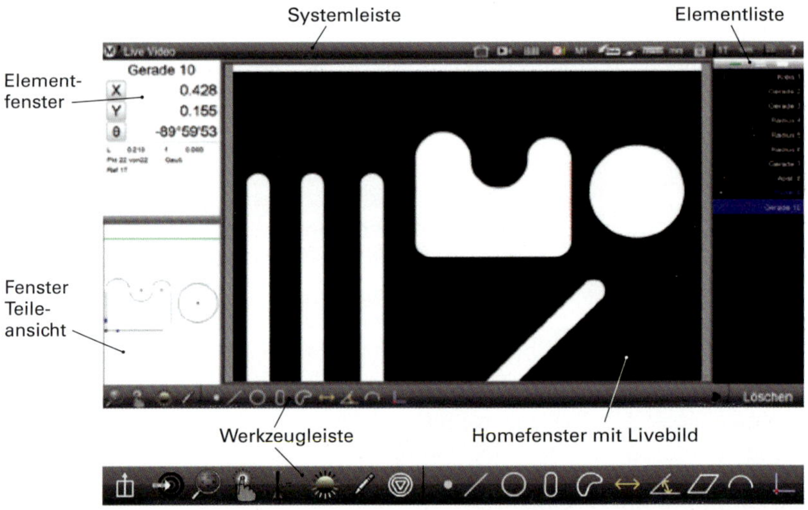

Bild 2: Homefenster mit Livebild und Werkzeugleiste mit Befehlen der Messsoftware

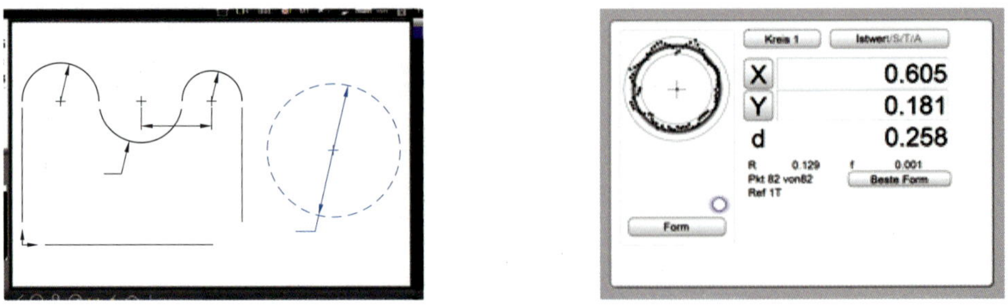

Bild 3: Homefenster mit Teileansicht oder mit Elementdetails

// Besonderheiten und Grenzen optischer Messsysteme

Lichtbrechung
→ Chromatische Abberation (Bild 1)

Weißes Licht setzt sich aus den Farben Rot, Grün und Blau zusammen. Da verschiedenfarbiges Licht aufgrund der verschiedenen Wellenlängen unterschiedlich stark gebrochen wird, verschiebt sich der Brennpunkt einer Linse je nach Wellenlänge des Lichts. Dieser Abbildungsfehler, chromatische Abberation oder auch Farbfehler genannt, führt im Bild zu Farbsäumen sowie zu einer Kontrastminderung aufgrund der unscharfen Abbildung. Für ein genaues Messergebnis ist das hinderlich.

Lichtbeugung (Bild 2)

Licht breitet sich nach den Regeln der Strahlenoptik von der Lichtquelle geradlinig in alle Richtungen aus, solange es auf kein Hindernis trifft. Lichtbeugung bezeichnet eine wellentypische Erscheinung, indem sich Licht hinter Kanten auch in Schattenbereiche hinein ausbreitet. Beugung tritt ständig in unserer Umgebung auf. Wir nehmen sie aber in der Regel nicht wahr, weil die Intensität des gebeugten Lichts sehr gering ist.

Eine Überblendung durch zu helles Licht führt zu einer wirksamen Lichtbeugung und muss deshalb beim Messen ausgeschlossen werden, um Fehlmessungen zu vermeiden.

Probleme mit der Optik

- Die Messgenauigkeit von Zoomobjektiven ist schlechter als die von festen oder wechselbaren Objektiven mit starren Linsen.
- Lackierte oder spiegelnde Werkstückoberflächen können beim optischen oder optoelektronischen Messen Probleme bereiten.
- Bei verrundeten Werkstückkanten ist die Fokussierung schwierig.

Jedes Tastsystem, ob taktil oder optisch arbeitend, hat seine Vor- und Nachteile. Bei Multisensor-Koordinatenmessgeräten **(Bild 3)** versucht man, die Vorteile der verschiedenen Tastsysteme und Taster in einem Messgerät zu integrieren, um Werkstücke in einer Aufspannung möglichst optimal vermessen zu können.

Mit einem Tastermagazin und einer Tasterwechseleinrichtung lassen sich dann im CNC-Betrieb auch komplexe Werkstücke genau und schnell vermessen und/oder scannen.

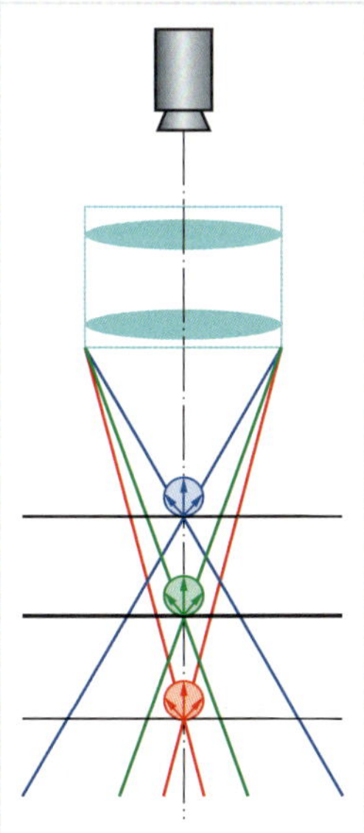

Bild 1: Chromatische Abberation

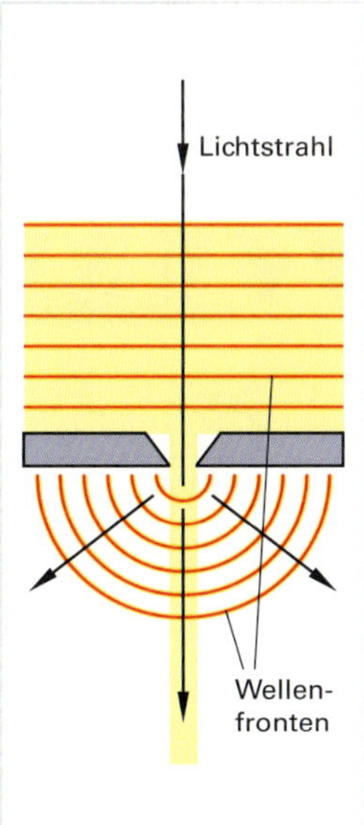

Bild 2: Beugung des Lichts an einem Spalt

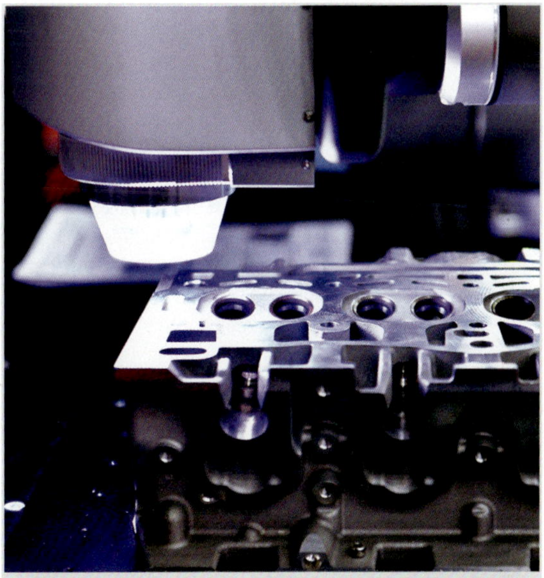

Bild 3: 3D-Multisensor-Koordinatenmessgerät

Überlegen und beantworten Sie:

1. Profilprojektor
   - **a)** Benennen Sie die Teile 1 bis 5 sowie den Abstand *L* von **Bild 1**.
   - **b)** Erklären Sie den Sachverhalt, der in **Bild 2** dargestellt ist.
   - **c)** An welcher Position sitzt die Lampe für das Durchlicht?
   - **d)** Berechnen Sie die Vergrößerung *V* des Objektivs, wenn der Durchmesser des Sichtfelds 12 mm beträgt und der Bildschirm einen ∅ 300 mm aufweist.
2. Profilprojektor

   Für die Auflichtprojektion ist ein halbdurchlässiger Spiegel erforderlich. Erklären Sie die Funktion dieses Optikbauteils **(Bild 3)**.
3. Profilprojektor

   Beschreiben Sie ausführlich die in **Bild 4** dargestellte Prüfung.
4. Profilprojektor

   Das in der Abbildung dargestellte Zahnstangenprofil soll auf einem Profilprojektor geprüft werden **(Bild 5)**.
   - **a)** Beschreiben Sie anhand einer Skizze die Durchführung der Prüfung mithilfe einer Prüffolie.
   - **b)** Erklären Sie die wesentlichen Unterschiede beim Prüfen mit Prüffolien und mit Normmessplatten.
5. Messmikroskop
   - **a)** Nennen Sie zwei Vorteile für das optische Messen.
   - **b)** Die **Bilder 6–8** zeigen unterschiedliche Einstellungen der Beleuchtung. Welches Bild zeigt die richtige Einstellung? – Begründen Sie Ihre Wahl.

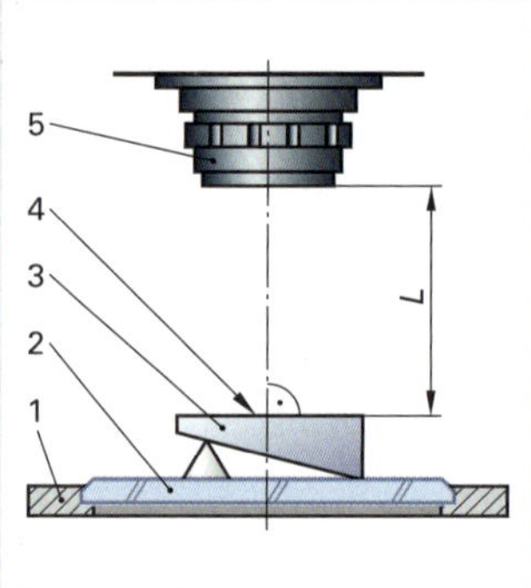

Bild 1

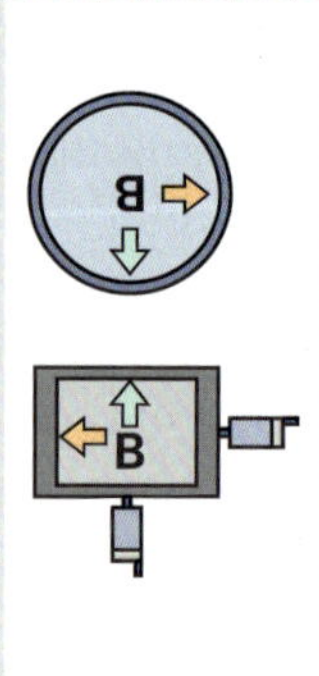

Bild 2

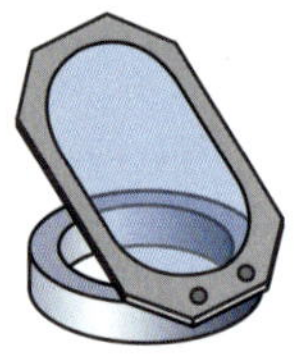
Bild 3

Bild 4

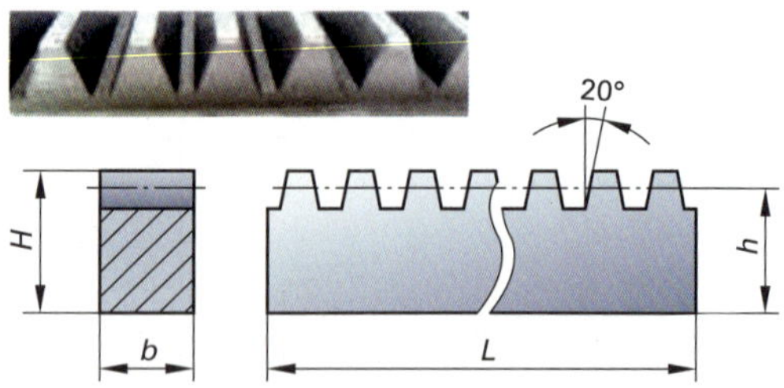

Bild 5

Bild 6

Bild 7

Bild 8

Lernfeld-übergreifend

6. Messmikroskop

Die Maße des Stanzteils sollen mit dem Messmikroskop überprüft werden **(Bild 1)**.

a) Entscheiden Sie sich für eine geeignete Beleuchtungsart und begründen Sie Ihre Auswahl.

b) Worauf müssen Sie beim Einstellen der Lichtstärke achten?

c) Muss das Werkstück genau parallel zu den XY-Achsen des Messtischs ausgerichtet werden?

d) Welche Vorbereitungen treffen Sie, wenn mehrere Stanzteile zu vermessen sind?

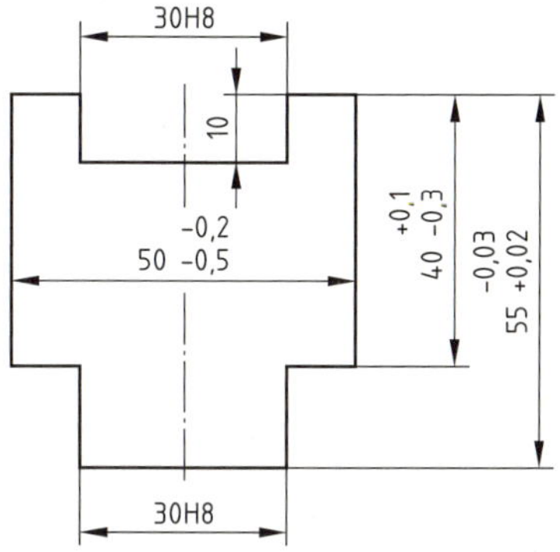

Bild 1

7. Messmikroskop

Erklären Sie den Unterschied zwischen dem Messen im Bildfeld und dem Messen am Bildfeld. Veranschaulichen Sie den Sachverhalt mit zwei Skizzen.

12.2.3 Form- und Lageprüfung bei rotationssymmetrischen Teilen

An rotationssymmetrische Bauteile wie Wellen, Lagerbuchsen, Wälzlager etc. werden hohe Anforderungen an die Form- und Lagegenauigkeit gestellt **(Tabelle 1)**.

- **Formabweichungen** von einer idealen runden Form können z. B. durch Maschinenschwingungen oder unrunde Schleifscheiben entstehen. Für ungewollte Gleichdickverformungen sind häufig hohe Spannkräfte im Dreibackenfutter die Ursache. Durch Zweipunktmessungen sind diese Formabweichungen nicht messbar **(Bild 1)**. Abweichungen von der Zylinderform kann man sich als Überlagerung von Rundheits-, Geradheits- und Parallelitätsabweichungen vorstellen.
- **Lageabweichungen** wie Rundlauf- und Koaxialitätsabweichungen können z. B. beim Umspannen von Drehteilen entstehen. Die Abweichungen beziehen sich auf eine Bezugsachse, z. B. A–B **(Bild 2)**.

Einfache Lageprüfungen wie Rundlaufprüfungen zwischen Spitzen lassen sich auch in der Werkstatt durchführen (Bild 2). Für präzise Form- und Lagemessungen an rotationssymmetrischen Bauteilen sind jedoch spezielle Formmessgeräte erforderlich.

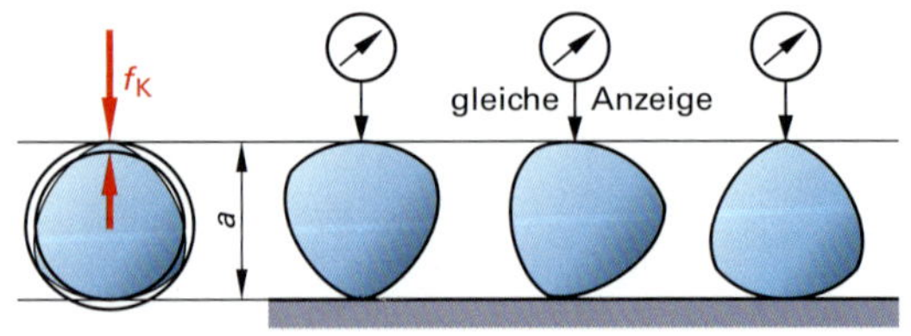

Bild 1: Gleichdick-Formabweichung f_K

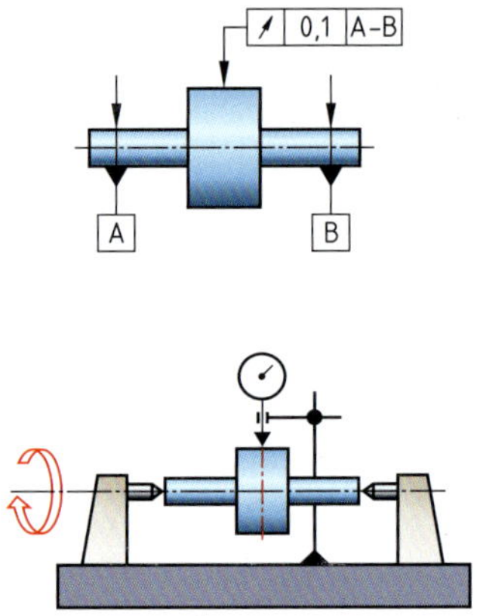

Bild 2: Rundlauftolerierung und Prüfung zwischen Spitzen

Tabelle 1: Rundform-, Orts- und Lauftoleranzen

	Sinnbild und tolerierte Eigenschaften		Toleranzzone	Anwendungsbeispiele: Zeichnungsangabe	Anwendungsbeispiele: Erklärung
Rundformtoleranzen	○	Rundheit (Kreisform)	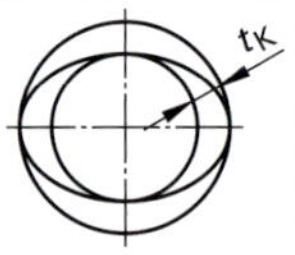	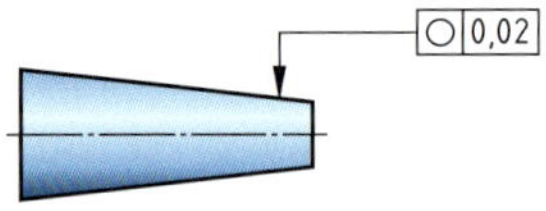	Die Umfangslinie jedes Querschnitts (Kreisform) muss in einem Kreisring von der Breite t_K = 0,02 mm enthalten sein.
Rundformtoleranzen	⌭	Zylindrizität (Zylinderform)	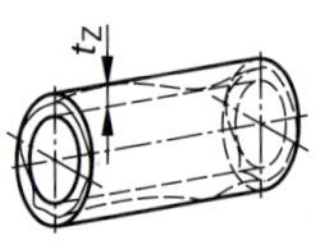	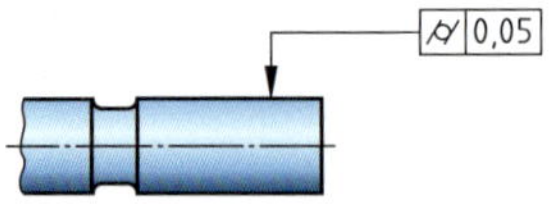	Die tolerierte Fläche muss zwisehen zwei koaxialen Zylindern liegen, die einen radialen Abstand von t_Z = 0,05 mm haben.
Ortstoleranz	◎	Koaxialität, Konzentrizität	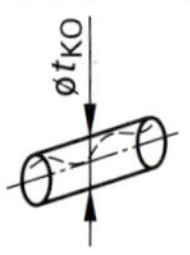	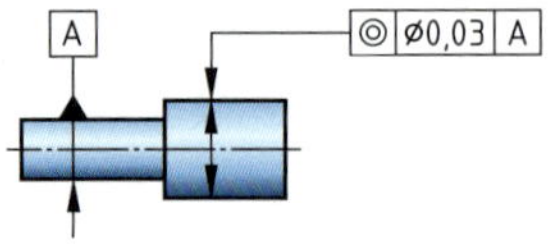	Die Achse des tolerierten Teils der Welle muss innerhalb eines Zylinders vom Durchmesser t_{KO} = 0,03 mm liegen, dessen Achse mit der Achse des Bezugselements fluchtet.
Lauftoleranz	↗	Rundlauf	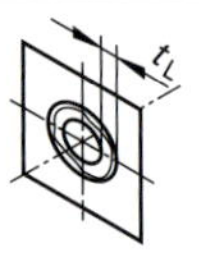	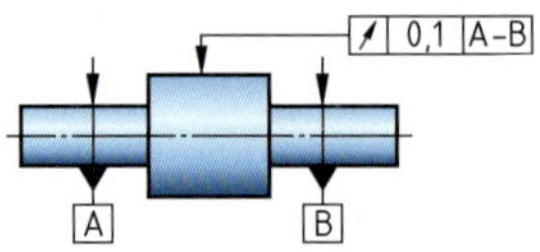	Bei der Drehung um die Bezugsachse AB darf die Rundlaufabweichung in jeder senkrechten Messebene t_L = 0,1 mm nicht überschreiten.

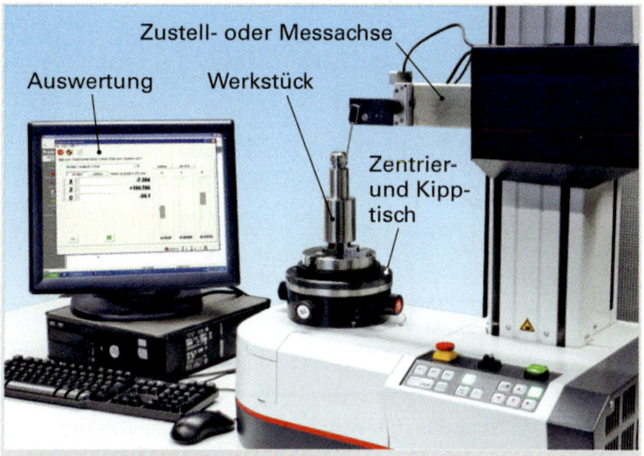

Bild 1: Formmessgerät (Drehtischgerät) mit Rechner und Software

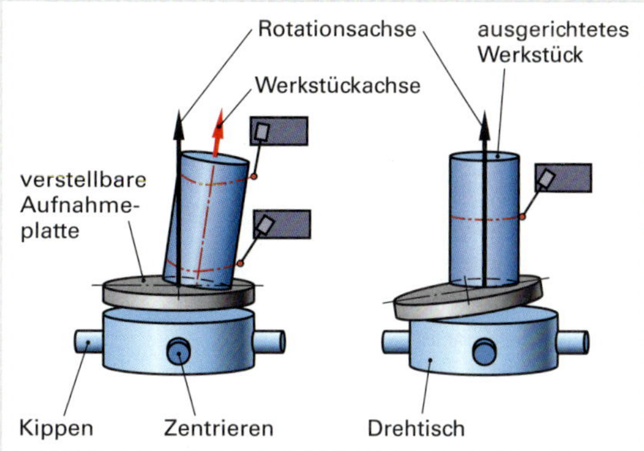

Bild 2: Ausrichten des Prüflings nach Programmanweisung mithilfe der Funktion „Kippen und Zentrieren"

// Formmessgeräte

Formmessgeräte dienen dazu, die Formabweichungen von kreis-, zylinder- oder kegelförmigen Geometrieelementen zu erfassen und auszuwerten sowie um Lageabweichungen wie Konzentrizitäts-, Koaxialitäts- und Rundlaufabweichungen zu berechnen.

Die klassische Bauart ist das **Drehtischgerät (Bild 1)**.

Ausstattung

Das Formmessgerät besitzt

- einen präzisionsgelagerten rotierenden Zentrier- und Kipptisch
- eine vertikale Vorschubeinheit
- ein messendes induktives Tastsystem parallel zur Zustellachse

Messvorgang

Über die Zustellachse in X-Richtung wird das Tastsystem radial an das Werkstück bewegt. Die Formabweichungen werden dann bei Drehung des Rundtischs und/oder vertikaler Bewegung des Tastarms mit einem induktiven Messtaster erfasst. Durch lineares vertikales Abtasten in Z-Richtung entlang von Mantellinien eines zylinderförmigen Drehteils lassen sich z.B. auch Geradheit und Parallelität prüfen. Die Ebenheit und Parallelität von Stirnflächen können ebenfalls gemessen werden.

Das Formmessgerät ermöglicht die Ermittlung von Form- und Lagemerkmalen mit einer Messunsicherheit kleiner 0,1 µm.

Ausrichten des Prüflings (Bild 2)

Der Prüfling, z.B. ein Drehteil, wird in einem Spannfutter aufgenommen, das zentrisch auf der Aufnahmeplatte eines verstellbaren Tischs montiert ist (Bild 1).

Dieser Zentrier- und Kipptisch kann über zwei Zentrier- und zwei Taumelschrauben jeweils in X- und Y-Richtung verschoben und gekippt werden. Dadurch ist es möglich, das Werkstück so zu positionieren, dass dessen Achse mit der Rotationsachse des Drehtischs genau fluchtet.

Zum Ausrichten des Werkstücks werden zunächst zwei Kreisprofile aufgenommen, die in Z-Richtung möglichst weit auseinanderliegen sollen. Ein Tiefpassfilter unterdrückt dabei die kurzwelligen Profilanteile. Für beide Profile werden nach Gauß Referenzkreise und deren Mittelpunkte berechnet. Die Verbindung dieser Mittelpunkte ergibt die Werkstückachse, die zum Ausrichten dient.

Die Ausrichtung des Werkstücks bzw. der Bezugsachse erfolgt dann mit der Programmfunktion „Kippen und Zentrieren" manuell oder automatisch.

Als Maß für die Qualität des Ausrichtens berechnet das Programm nach dem Vorgang die noch vorhandene Exzentrizität zwischen Drehtisch- und Werkstückachse. Ist der Wert zu hoch, kann der Vorgang wiederholt werden.

Bei einer Formprüfung wird das tolerierte Geometrieelement ausgerichtet und gemessen. Bei einer Lageprüfung muss das Bezugselement ausgerichtet werden. Gemessen wird das tolerierte Geometrieelement.

// Filterung bei der Formprüfung

Die Gestaltabweichungen an Werkstücken setzen sich aus Abweichungen unterschiedlicher Art (Ordnung) zusammen, die sich überlagern. Die Aufgabe von Filtern ist es, verschiedene Gestaltabweichungen zu trennen bzw. oberhalb oder/und unterhalb eines bestimmten Grenzwerts herauszufiltern **(Bild 1)**.

Für die Formprüfung sind Formabweichungen und Welligkeit von Belang.

Die Grenzziehung zwischen Formabweichung und Rauheit geschieht im Bereich der Welligkeit. Die feineren Gestaltabweichungen wie Rillen, Riefen und Schuppen werden bei der Rauheitsprüfung erfasst.

Durch den Einsatz größerer Tastkugeldurchmesser bei der Formprüfung findet bereits eine mechanische Filterung statt. Die weitere Trennung der Gestaltabweichungen erfolgt dann durch die Anwendung elektronischer Filter (Bild 1).

Formprüfgeräte filtern die kurzwelligen Profilanteile heraus. Nur die Formabweichungen und zum Teil die Welligkeit gehen in das Messergebnis ein. Als Filter werden meist digitale Gauß-Filter verwendet.

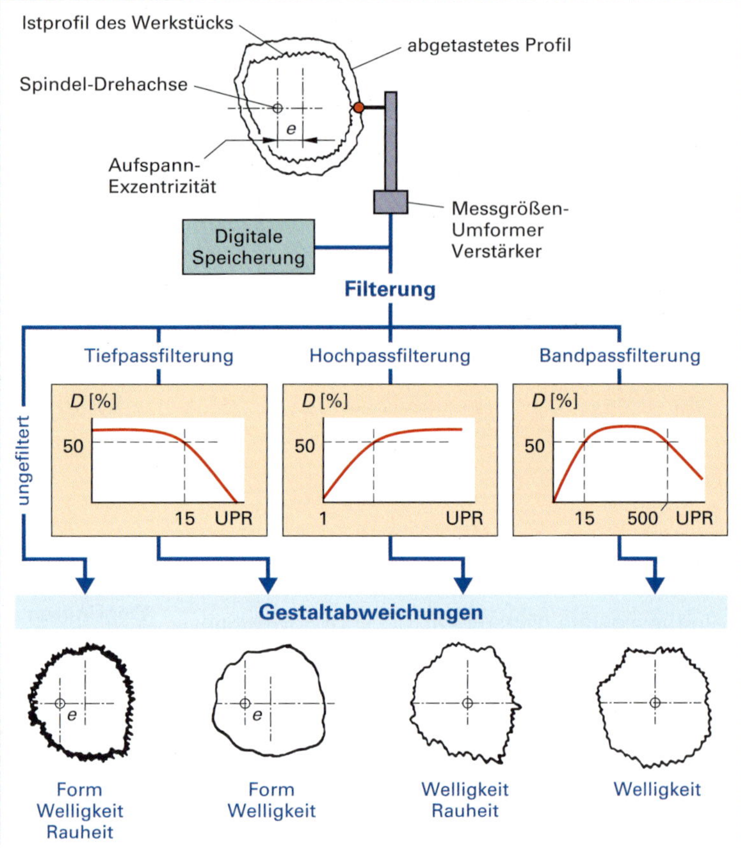

Bild 1: Filterung bei der Formprüfung

Für offene gerade Linien werden die Filtergrenzen als Grenzwellenlängen (λ_c) angegeben, für geschlossene Kreise als Wellen pro Umdrehung (UPR).

In DIN EN ISO 1101 wurde bisher keine Festlegung (Default) für die Filterung bei der Formprüfung vorgenommen. Das ist vielmehr die Aufgabe des Konstrukteurs bei der Toleranzfestlegung.

Vom VDI und von Geräteherstellern gibt es Empfehlungen für die Wahl von Filtergrenzwerten bei Formprüfgeräten **(Tabelle 1)**.

Tabelle 1: Filterwahl

Anwendung	UPR	Art → Charakteristik
ausrichten des Werkstücks	15	**Tiefpassfilter** (Langwellenfilter) ↓ Die kurzwelligen Anteile werden herausgefiltert.
als „Universallösung"	50	
als „Universallösung" und für unterbrochene Profile	150	
geringste Profilverzeichnung	500	**Bandpassfilter** ↓ Lang- und kurzwellige Anteile werden ausgeblendet.
für Sonderauswertungen z. B. zur Prüfung von Kugellaufbahnen von Kugellagern auf Rattermarken	15–500	

// Form- und Lageprüfung

Einspannen und Ausrichten

Das Drehteil wird mit dem Backenfutter am inneren Kreiszylinder gespannt. Mithilfe von zwei möglichst weit auseinanderliegenden Rundheitsmessungen am Zylinder Ø 60 wird das Werkstück nach den Anweisungen des Programms (Funktion Kippen und Zentrieren) ausgerichtet. Die restliche Exzentrizität soll kleiner 3 μm sein.

Messbedingungen für das Ausrichten

- Als Tiefpassfilter werden 15 UPR (Wellen pro Umdrehung) eingestellt.
- Die Berechnung des Referenzkreises erfolgt nach Gauß.

Formprüfung (Rundheit)

Bei der Formprüfung wird das Werkstück nach dem tolerierten Geometrieelement (Ø 60) ausgerichtet.

Am ausgerichteten Geometrieelement wird dann die Formprüfung, hier die Rundheitsprüfung, durchgeführt.

Dazu erfolgen drei Rundheitsmessungen in verschiedenen Ebenen, z. B. mit dem Filter 150 W/U, sowie die Berechnung der Rundheitsabweichungen nach Tschebyschew. Nachdem in der Zeichnung keine Vorgabe steht, muss MZCI (Minimale Kreisringzone) als Default (Standardeinstellung) gewählt werden.

Die größte Rundheitsabweichung der erfassten Kreisprofile muss ≤ dem in der Zeichnung vorgegebenen Toleranzwert von 0,05 mm sein.

Lageprüfung (Rundlauf)

Bei der Lageprüfung muss das Werkstück nach dem Bezugselement (Zylinder Ø 60) ausgerichtet werden.

Für die Rundlaufmessung ist die Festlegung des Bezugs erforderlich. Dazu muss für den Zylinder Ø 60 die Achse berechnet werden. Das kann anhand von bereits erfassten Profilen oder durch neue Profilaufnahmen am Zylinder Ø 60 erfolgen.

Der Rundlauf wird dann an dem tolerierten Geometrieelement (Ø 39) gemessen. Dazu werden drei Rundlaufmessungen in verschiedenen Ebenen, z. B. mit dem Filter 50 W/U, durchgeführt. Die Berechnungen der Rundlaufabweichungen erfolgen nach Gauß (LSC).

Der schlechteste gemessene Wert muss ≤ dem Toleranzwert sein.

// Beispiele

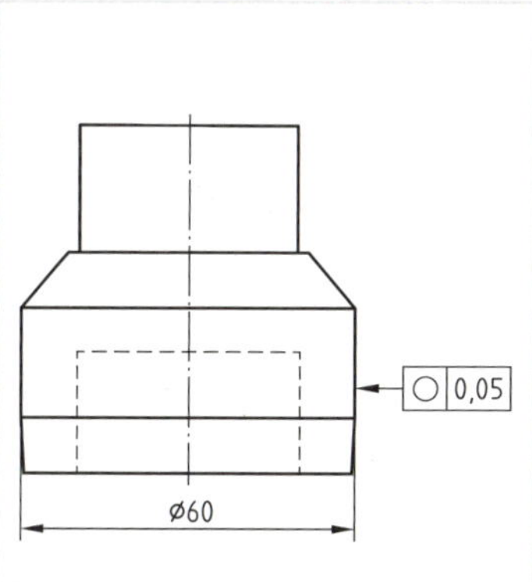

Bild 1: Spezifikation Rundheit

Bild 2: Einspannen, Ausrichten, Messen

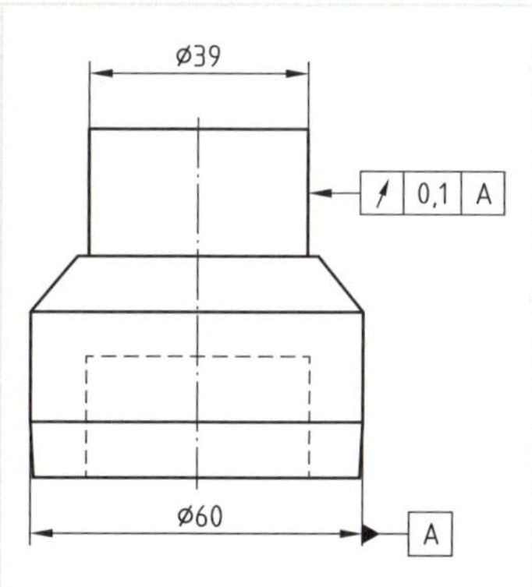

Bild 3: Spezifikation Rundlauf

Lernfeld-übergreifend

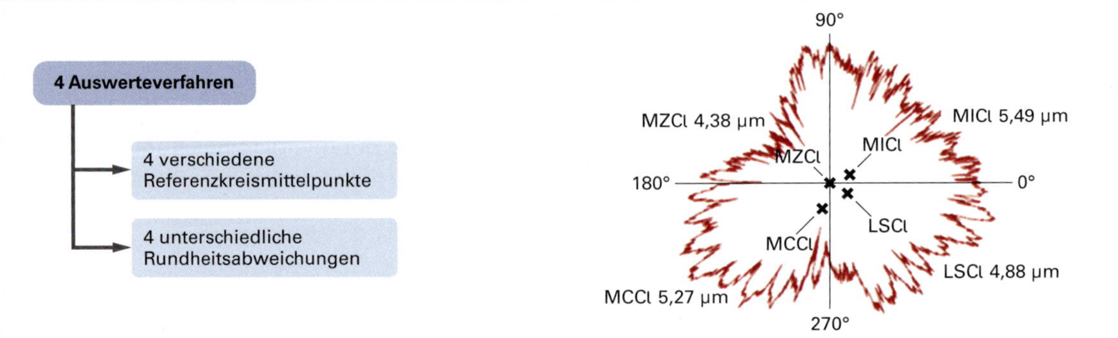

Bild 1: Die vier Auswerteverfahren

// Messbedingungen und Auswertung

Die wichtigsten Messbedingungen, die bei der Prüfung von Form, Richtung, Ort und Lauf auf einem Formtestgerät eingestellt werden können, sind:

- die Auswahl des Filters **(Seite 694)**
- die Wahl des Auswerteverfahrens

Auswerteverfahren

Wird bei der Aufnahme eines Rundheitsprofils bei einer Umdrehung des Drehtischs z. B. alle 0,1° ein Messpunkt aufgenommen, ergibt das 3600 Messpunkte. Ein Kreis ist aber bereits mit drei Punkten, die nicht alle auf einer Geraden liegen dürfen, eindeutig definiert.

Somit braucht es Auswerte- und Rechenverfahren, wie das erfasste Rundheitsprofil zwischen zwei anliegende konzentrische Kreise eingepasst werden kann.

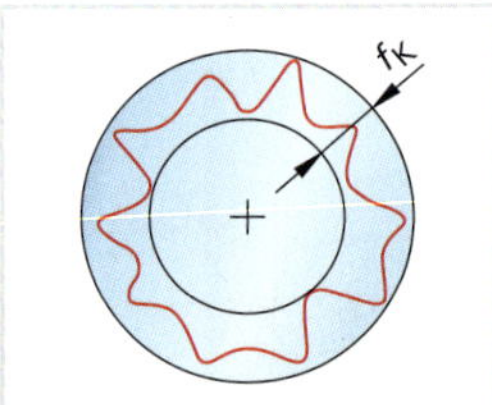

Der Abstand dieser Radien entspricht der Rundheitsabweichung. Für die Bestimmung gibt es vier unterschiedliche Auswerteverfahren **(Bild 1)**.

Rundheitsabweichung

Die Rundheitsabweichung ist als Abstand der Radien zweier konzentrischer Kreise definiert.

Je nach Auswerteverfahren wird vom Rechner ein Hüllkreis (MCCI), ein Pferchkreis (MICI), ein Ausgleichskreis (LSCI) nach Gauß oder eine Kreisringzone (MZCI) nach Tschebyschew mit dem zugehörigen Kreismittelpunkt bestimmt. Diese Kreismittelpunkte haben jedes Mal eine andere Position und die Rundheitsabweichungen einen anderen Wert (Bild 1).

- MZCI (Minimum Zone Circles) (Default) – Minimale Kreisringzone:
  MZCI ergibt den kleinstmöglichen Wert für die Rundheitsabweichung und erfüllt somit die nach DIN ISO 1101 geforderte Minimumbedingung nach Tschebyschew.
- LSCI (Least Square Circle) – Ausgleichskreis:
  LSCI nach Gauß ist als Standardverfahren zum Ausrichten und für die Berechnung von Achsen zu empfehlen, denn es ist zuverlässig und schnell.
- MICI (Maximum Inscribed Circle) – Pferchkreis:
  MICI simuliert bei Bohrungen die Lehrung mit einem Lehrdorn.
- MCCI (Minimum Circumscribed Circle) – Hüllkreis:
  MCCI simuliert bei Wellen die Lehrung mit einem Lehrring.

Default ist Minimum Zone Circles (MZCI).

Ergänzt man mit dem Zirkel um die berechneten Kreismittelpunkte die jeweils am Profil innen und außen anliegenden konzentrischen Kreise **(Bild 1, Seite 697)**, so kann man aus den Diagrammen jeweils die Radiendifferenz als Rundheitsabweichung auch grafisch ablesen.

Der Wert wird auch von der Software berechnet. Bei MZCI zeichnet das verwendete Programm beide konzentrischen Kreise, bei LSCI den Ausgleichskreis nach Gauß.

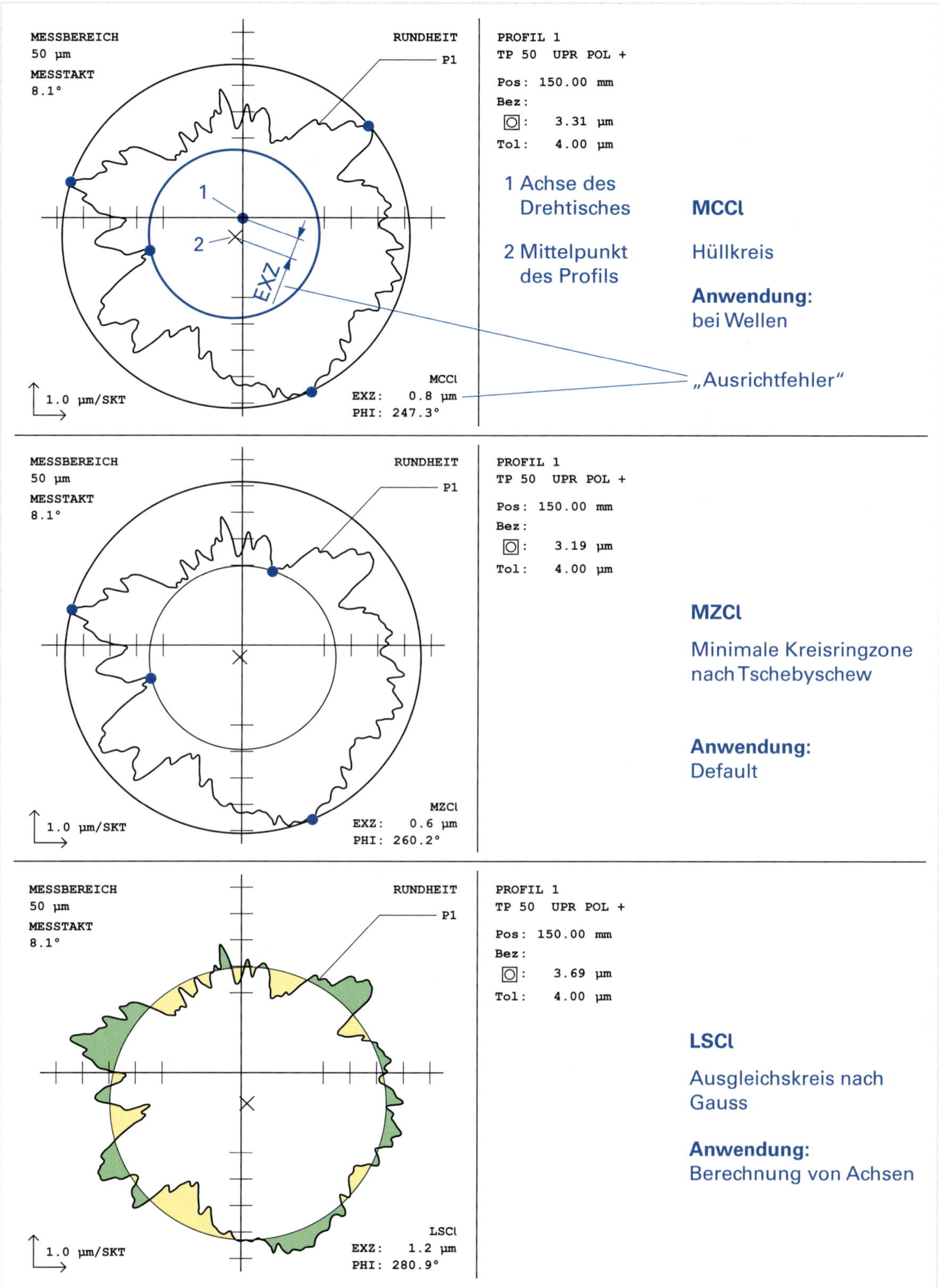

Bild 1: Rundheitsprüfung (Profil 1) an einem Drehteil (Welle), tiefpassgefiltert mit 50 UPR, erfasst bei Position 150 mm, Toleranz 0,004 mm, ausgewertet nach MCCI, MZCI und LSCI

Überlegen und beantworten Sie:

1. Nennen Sie mögliche Ursachen für Formabweichungen.
2. Ein Werkstück ist beim Längsdrehen einseitig eingespannt. Skizzieren Sie die daraus resultierende mögliche Formabweichung **(Bild 1)**.
3. Eine Hohlwelle wird in einem Dreibackenfutter gespannt. Skizzieren Sie die Art der möglichen Verformung, wenn die Spannkraft zu hoch ist **(Bild 2)**.
4. Nennen Sie wichtige Messbedingungen für eine Form- oder Lageprüfung.
5. Formtester
   Formprüfung eines Drehteils

   Die Zylinderform eines Drehteils soll geprüft werden. Vor dem Prüfvorgang muss das Drehteil ausgerichtet werden. Beschreiben und erklären Sie alle Schritte des in **Bild 3** dargestellten Vorgangs.

   a) Welche konkreten Messbedingungen sind für das Ausrichten des Drehteils einzustellen?

   b) Nennen Sie die zwei wichtigsten Messbedingungen, die bei einer Rundheitsprüfung einzustellen sind.
6. Formtester
   Form- und Lageprüfung **(Bild 4)**

   a) Welche Prüfung ist hier laut Zeichnung verlangt?

   b) Nennen Sie in der richtigen Reihenfolge die mindestens erforderlichen Schritte zur Durchführung dieser Prüfung.

   c) Zeichnen Sie in eine Skizze die erforderlichen Profilaufnahmen ein.

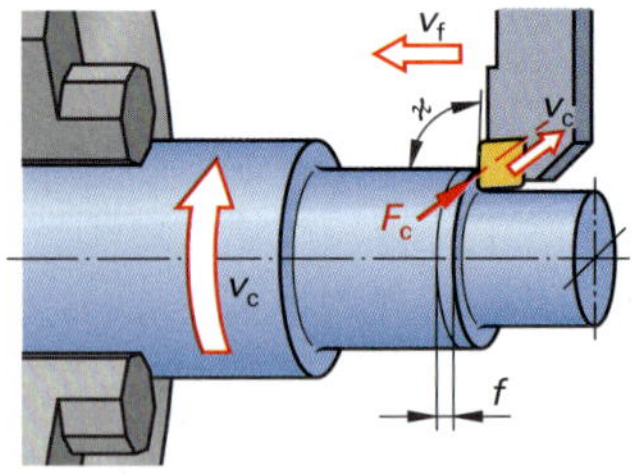

Bild 1

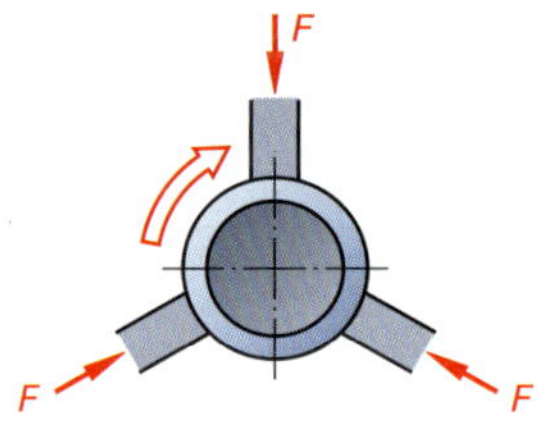

Bild 2

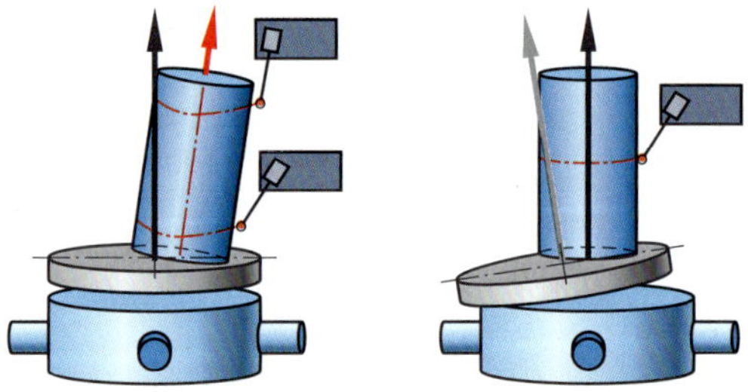

Bild 3

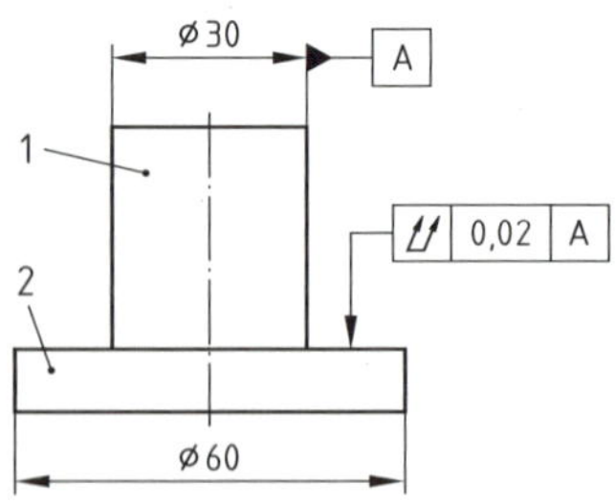

Bild 4

Überlegen und beantworten Sie:

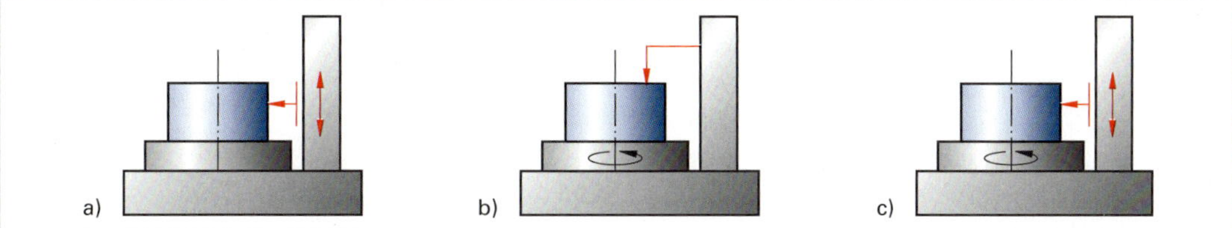

Bild 1

7. Beschreiben Sie die in den **Bildern 1 a), b)** und **c)** dargestellten Form- bzw. Lageprüfungen.

8. Erklären Sie die Funktion von Tief-, Hoch- und Bandpassfiltern.

9. Nennen Sie Beispiele, bei denen es sinnvoll ist, relativ niedrige Filtergrenzwerte bei der Formprüfung bzw. Lageberechnung von Geometrieelementen einzustellen.

10. Auswerteverfahren bei der Formprüfung

Ordnen Sie den dargestellten Auswerteverfahren für Formprüfungen die richtigen Bezeichnungen zu (Abkürzungen) und benennen Sie die markierten Kreise **(Bild 2)**.

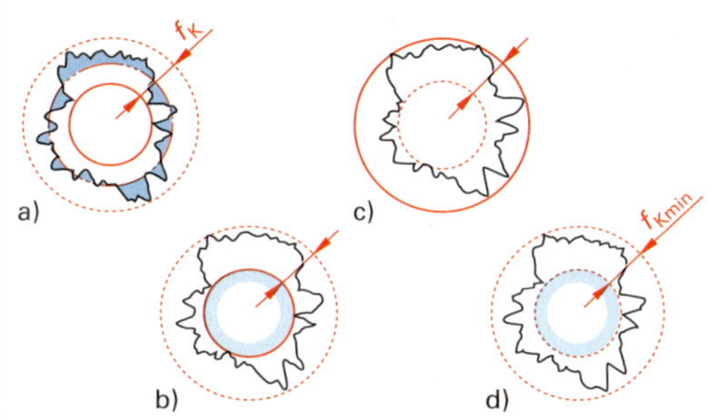

Bild 2

11. Auswerteverfahren bei der Formprüfung

a) Welches Auswerteverfahren ist als Standardverfahren zu empfehlen? – Begründung!

b) Welches Auswerteverfahren ist nach DIN ISO 1101 anzuwenden, wenn in der technischen Produktdokumentation keine Angaben dazu stehen?

c) Welche Auswerteverfahren simulieren das Lehren?

12. Führungsbuchse

Die angegebene Ortstoleranz der Führungsbuchse soll auf einem Formmessgerät geprüft werden. Erklären Sie den Messablauf möglichst genau **(Bild 3)**.

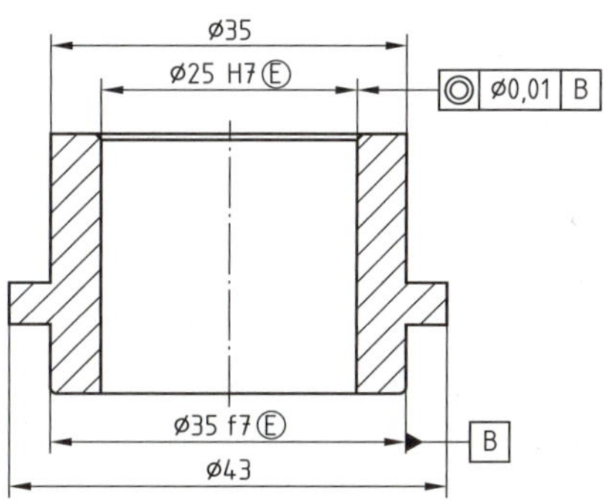

Bild 3

13. Form- und Lageprüfung mit dem Formmessgerät

Am Ø 60 des abgebildeten Drehteils **(Bild 4)** soll eine Rundheitsprüfung, am Ø 39 eine Rundlaufprüfung mit Bezug Achse Ø 60 durchgeführt werden. Die Toleranz für die Rundheitsprüfung beträgt 7 mm, die Toleranz für die Rundlaufprüfung 20 mm.

a) Tragen sie die Forderungen normgerecht in die Zeichnung ein.

b) An welchem Formelement spannen Sie das Werkstück?

c) An welchem Formelement ist das Drehteil auszurichten?

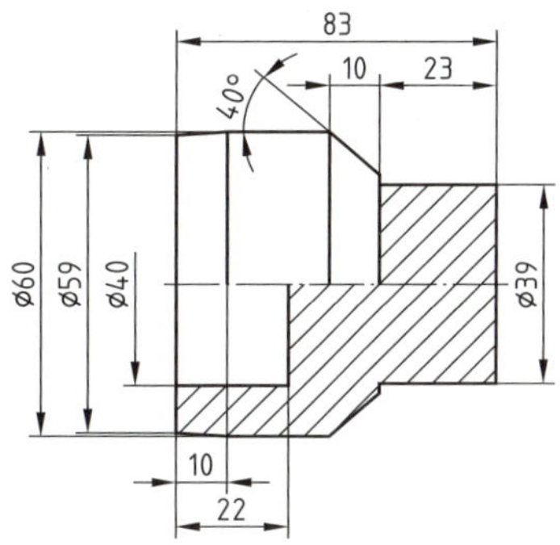

Bild 4

Lernfeld-übergreifend

12.2.4 Kenngrößen und Prüfung von Oberflächen

Anforderungen an technische Oberflächen

An Oberflächen von Bauteilen werden meist spezielle Anforderungen gestellt, um eine bestimmte Funktion zu erfüllen. Eine Dichtfläche z. B. darf keine zu großen Einzelrautiefen aufweisen, um Undichtigkeit zu vermeiden **(Bild 1)**.

Ein funktionsgerechtes Verschleiß-, Reibungs- oder Gleitverhalten, eine gute Trag- und Schmierfähigkeit, Lackierbarkeit sowie eine hohe Formgenauigkeit sind typische Anforderungen an technische Oberflächen.

// Tastschnittverfahren

Die Werkstückoberfläche wird mit einem Tastschnittgerät geprüft. Das Messergebnis wird durch das Tastsystem beeinflusst. Tastschnittgeräte gibt es mit Kufen- oder Bezugsebenen-Tastsystemen **(Bild 2)**. Letztere sind teurer und können auch die Welligkeit bestimmen.

Tastschnittgeräte mit Bezugsebene muss man parallel zur Werkstückoberfläche ausrichten. Bei Tastschnittgeräten mit Kufentastsystem **(Bild 3)** erfasst die Tastspitze das Rauheitsprofil relativ zur Bahn der Gleitkufe, wodurch die Welligkeit größtenteils mechanisch herausgefiltert wird. Somit können nur R-Kennwerte bestimmt werden. Die Tastbewegungen der kegelförmigen Diamantspitze (60° oder 90°, r_{tip} = 2 µm, 5 µm oder 10 µm) werden durch die Tastsysteme induktiv in elektrische Signale umgewandelt **(Bild 4)**.

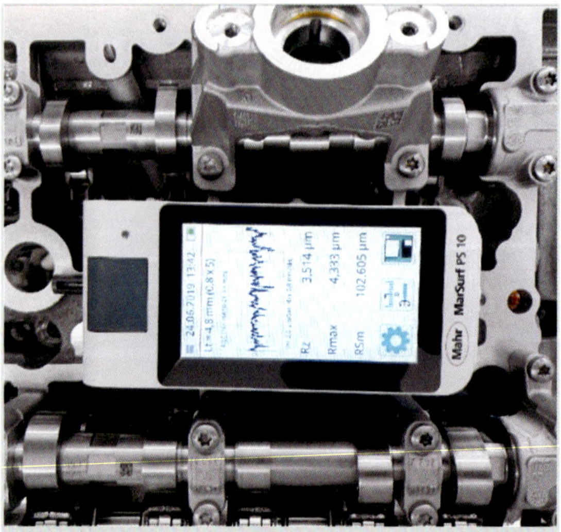

Bild 1: Rauheitsprüfung auf einer Dichtfläche mit einem mobilen Tastschnittgerät

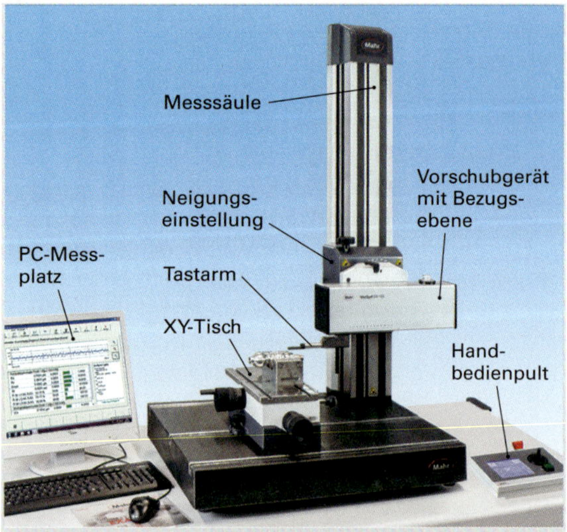

Bild 2: Rauheitsprüfung, Bezugsebenen-Tastsystem

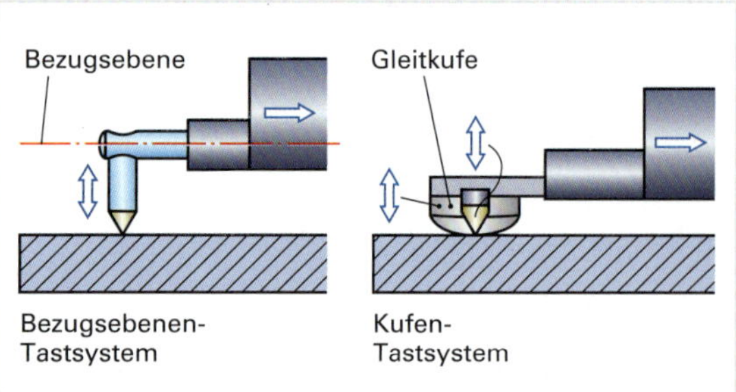

Bild 3: Tastsysteme

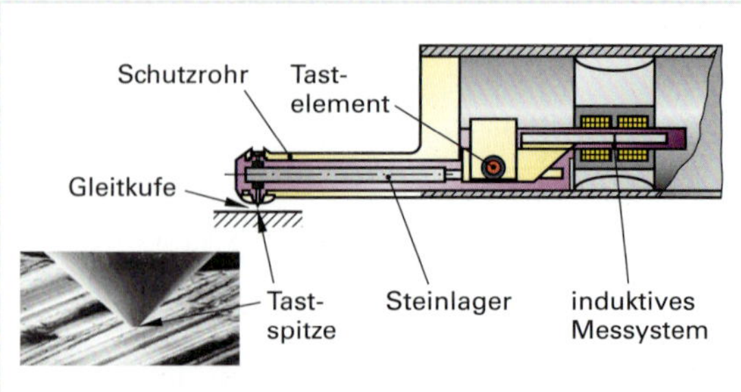

Bild 4: Induktive Signalumwandlung

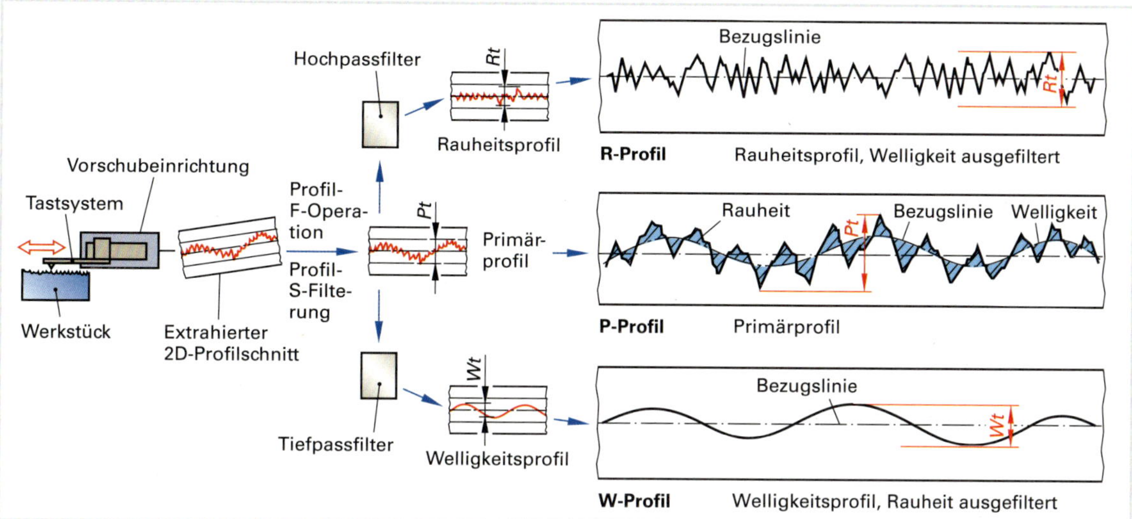

Bild 1: Filterung und Profilarten

// Elektrische Filterung (Bild 1)

Jede Werkstückoberfläche weist fertigungsbedingte Gestaltabweichungen auf **(Tabelle 1)**. Durch die Rauheitsprüfung werden die Gestaltabweichungen der 3. und 4. Ordnung gemessen. Das Standardverfahren (Default) für die Erfassung eines mechanischen Profils ist das Tastschnittverfahren.

Von dem extrahierten 2D-Profilschnitt werden die Formanteile 1. Ordnung (Profil-F-Operation) und die sehr kurzwelligen Anteile ($< \lambda_s$, Profil-S-Filterung) entfernt. Es ergibt sich das Primärprofil.

Die Trennung von Rauheit und Welligkeit erfolgt durch Filterung des Primärprofils (P-Profil). Durch Hochpassfilterung entsteht das Rauheitsprofil (R-Profil), durch Tiefpassfilterung das Welligkeitsprofil (W-Profil). Die Bezugslinie für das jeweilige Profil entspricht der x-Achse des Koordinatensystems.

Profilarten

Primärprofil. Die Gesamthöhe ***Pt*** ist der vertikale Abstand des P-Profils. *Pt* wird verwendet, wenn für die Berechnung von R-Kenngrößen die Messstrecke zu kurz ist, oder z. B. bei großen statischen Dichtflächen, wenn sowohl die Rauheit als auch die Welligkeit von Bedeutung sind.

Welligkeitsprofil. Die Gesamthöhe ***Wt*** zeigt die maximale Wellentiefe des ausgerichteten und gefilterten Profils an. Welligkeit stört bei Dichtflächen.

Tabelle 1: Gestaltabweichung von Oberflächen

Gestaltabweichung		Beispiele	Ursachen
1. Ordnung 		Unebenheit Unrundheit	Durchbiegung Führungsfehler
2. Ordnung 		Wellen	Schwingungen
3. Ordnung 	Rauheit	Rillen	Vorschub
4. Ordnung 	Rauheit	Riefen Schuppen	Spanbildung

Beachte: *Wt* kann mit Gleitkufentastern infolge mechanischer Filterung durch die Kufe nicht exakt gemessen werden.

Rauheitsprofil. Die Gesamthöhe ***Rt*** ist der vertikale Abstand des R-Profils innerhalb der Auswertestrecke l_e. *Rt* kann z. B. zur Tolerierung von Dichtflächen verwendet werden.

i Aus dem **Rauheitsprofil** lassen sich die **R-Kenngrößen** berechnen. Folgende werden häufig verwendet: *Rt, Ra, Rz, Rzx(l), Rp, Rv, Rq*.

// Begriffe, R-Kenngrößen, Zeichnungsangaben

Die ISO-GPS-Normen DIN EN ISO 21920-1, -2, -3 regeln die Angaben der profilhaften Oberflächenbeschaffenheit in technischen Produktdokumentationen und definieren Begriffe und Kenngrößen. Die ISO-GPS-Normenreihe ersetzt die bisherigen ISO-Normen 1302, 4287, 4288 und 13565. Wenn auf einer Zeichnung nicht ausdrücklich auf eine alte Norm verwiesen wird, sind die neuen ISO-GPS-Normen rechtlich gültig.

Normen

DIN EN ISO 21920
Oberflächenbeschaffenheit: Profile

- **Teil 1** legt die Regeln für die Angabe der profilhaften Oberflächenbeschaffenheit in technischen Produktdokumentationen mithilfe grafischer Symbole fest.
- **Teil 2** definiert Begriffe und Kenngrößen für die Oberflächenbeschaffenheit.
- **Teil 3** definiert Spezifikationsoperatoren (Defaults) für Oberflächenprofile, um Zeichnungsangaben zu vereinfachen.

// R-Kenngrößen (Auswahl)

Der **arithmetische Mittelwert der Höhe *Ra*** **(Bild 1)** entspricht der Höhe eines Rechtecks, dessen Fläche genauso groß ist wie die Querschnittsfläche, die zwischen dem Rauheitsprofil und der Bezugslinie eingeschlossen wird.

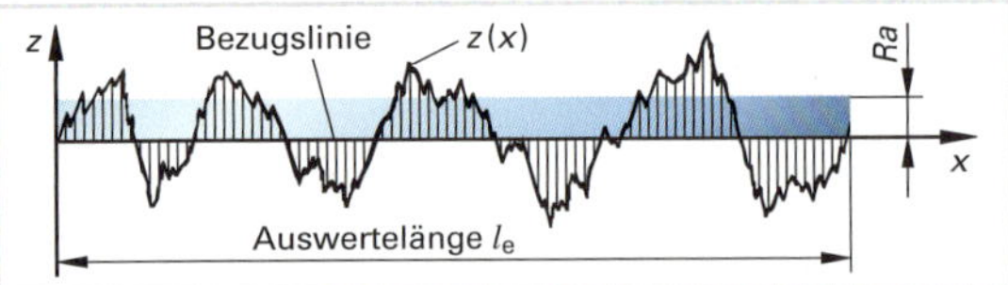

Bild 1: Kenngröße *Ra*

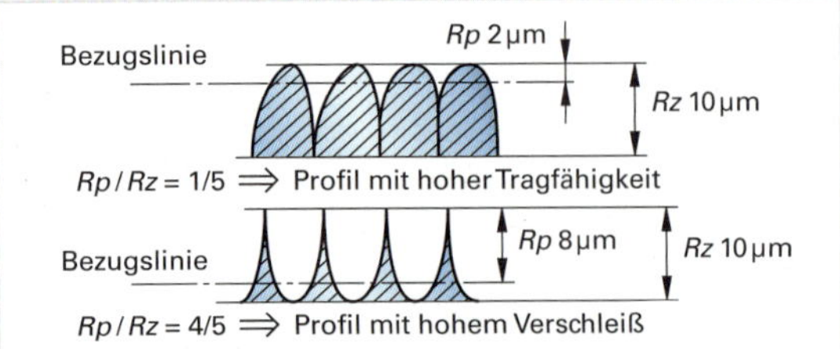

Bild 3: Kenngröße *Rp* und Verhältnis *Rp/Rz*

Die **maximale Höhe *Rz*** und die **maximale Höhe je Abschnitt *Rzx(l)*** sind wichtige Kenngrößen, die sich am Rauheitsprofil ablesen lassen **(Bild 2)**. *Rz* ist der Mittelwert der Δz-Werte aus in der Regel fünf Abschnittlängen (Default).

Bei der **mittleren Spitzenhöhe *Rp*** werden nur die größten Spitzen je Abschnittlänge ausgewertet. Über das Verhältnis *Rp/Rz* kann auf die Tragfähigkeit und die Form eines Profils geschlossen werden **(Bild 3)**.

Begriffe

- Es wird nicht (mehr) zwischen periodischen und aperiodischen Profilen unterschieden.
- Der Nesting-Index (Grenzwellenlänge) ist ein Parameterwert, der das Filter kontrolliert.
- Das Profil-S-Filter entfernt kurzwellige Profilanteile (Nesting-Index N_{is}, Grenzwellenlänge λ_s).
- Das Profil-L-Filter entfernt langwellige Profilanteile (Nesting-Index N_{ic}, Grenzwellenlänge λ_c).
- Sc1 ... Sc5 sind Einstellungsklassen für die Bestimmung von Default-Einstellungen.
- Die Bezugslinie entspricht der x-Achse des Koordinatensystems.
- Die Auswertelänge (l_e, evaluation length) kann aus mehreren (n_{sc}, number of sections) Abschnittlängen (l_{sc}, section length) bestehen, $l_e = n_{sc} \cdot l_{sc}$.

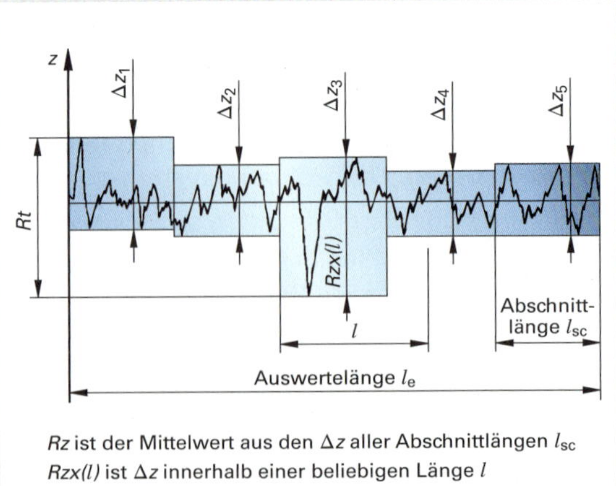

Bild 2: Kenngrößen *Rt, Rz, Rzx(l)*

Lernfeld-übergreifend

Materialanteilkurve (Abbott-Kurve, Abbott-Firestone-Kurve)

Die Abbott-Kurve stellt den Materialanteil als Funktion der Profilhöhe dar. Kenngrößen, die aus der Materialanteilkurve abgeleitet werden **(Tabelle 1)**, sind für die Spezifizierung von Gleitflächen besser geeignet als herkömmliche Kenngrößen. Die Abbott-Kurve **(Bild 1)** entsteht, indem die Materialanteile in möglichst vielen Schnittebenen des R-Profils ermittelt werden. Man addiert auf jeder Schnittlinie die Strecken, die das Profil schneiden, und setzt sie ins Verhältnis zur Auswertelänge l_e. Es ergibt sich der Materialanteil in Prozent, z. B. Mr(c) ≈ 25 % in Schnitthöhe c. Eine Auswertung ist nur bei S-förmiger Abbott-Kurve möglich. Diese entsteht bei gehonten oder geläppten Oberflächen, bei gesinterten Keramikbauteilen sowie bei zweistufigen Prozessen, z. B. beim Plateauhonen.

Beispiel: Gleitfläche

Relativ kleine Werte für *Rpk* und *Rk* sowie ein großer *Rvk*-Wert ergeben eine zunächst flach abfallende Abbott-Kurve mit großem Materialanteil als Abbild einer plateauförmigen gut gleitfähigen Oberfläche. Die Riefen in regelmäßigen Abständen können das Schmiermittel aufnehmen **(Bild 2)**.

Oberflächen-profil	Material-anteilkurve	Oberflächen-kennwerte			
		Rk	*Rpk*	*Rvk*	*Mr*
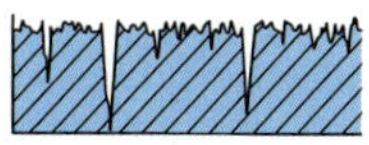		1	0,2	3,8	85
	0 100 %	µm			%

Bild 2: Plateauförmige Oberfläche (Gleitfläche)

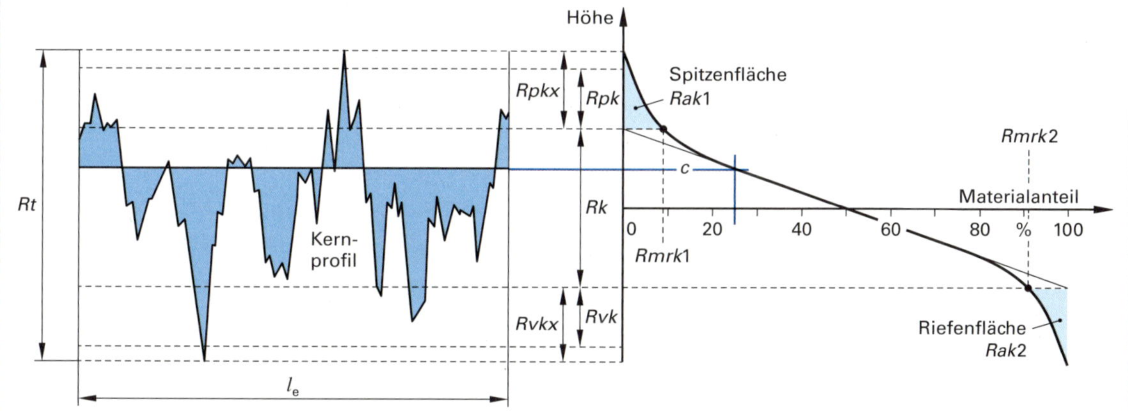

Bild 1: Abbot-Kurve und Kenngrößen

Tabelle 1: Kenngrößen der Abbott-Kurve

Symbol	Kenngröße	Beschreibung
Rk	Kernhöhe	Abstand zwischen dem höchsten und niedrigsten Niveau des Kernprofils
Rpk	reduzierte Spitzenhöhe	durchschnittliche Höhe der hervorstehenden Hügel über dem Kernprofil
Rvk	reduzierte Senkentiefe	durchschnittliche Tiefe der hervorstehenden Täler unterhalb des Kernprofils
Rpkx	maximale Spitzenhöhe	größte Höhe der hervorstehenden Hügel über dem Kernprofil
Rvkx	maximale Senkentiefe	größte Tiefe der hervorstehenden Täler unterhalb des Kernprofils
Rmr(c)	Materialanteil	Materialanteil *Mr* der Ordinatenwerte in einer gegebenen Höhe *c* von der Bezugslinie
Rmrk1	Materialanteil der reduzierten Spitzenhöhe	prozentualer Materialanteil an der Schnittlinie, die die hervorstehenden Hügel vom Kernprofil trennt
Rmrk2	Materialanteil der reduzierten Senkentiefe	prozentualer Materialanteil an der Schnittlinie, die die hervorstehenden Täler vom Kernprofil trennt

Lernfeld-übergreifend

Toleranzakzeptanzregeln

Als Default gilt die Höchstwert-Toleranzakzeptanzregel **Tmax**. Neben der 16%-Toleranzakzeptanzregel T16 % kann auch die Median-Toleranzakzeptanzregel Tmed spezifiziert werden.

Symbol	Toleranzakzeptanzregel	Bedeutung und Anwendung
Tmax	Höchstwert-Toleranzakzeptanzregel	Die Toleranzgrenze einer Kenngröße darf nicht überschritten werden. Die Regel gilt als **Default** mit oder ohne Angabe des Symbols. Es gibt keine Mindestanforderung für die Anzahl der Messungen.
T16 %	16%-Toleranz-akzeptanzregel	Die Toleranzgrenze einer Kenngröße darf von etwa 16 % aller Messwerte überschritten werden. Bei einer zweiseitigen Toleranz dürfen etwa 16 % aller Messwerte die Obergrenze und etwa 16 % aller Messwerte die Untergrenze verletzen.
Tmed	Median-Toleranzakzeptanzregel	Der Medianwert aller Messwerte einer Kenngröße darf nicht überschritten werden. Zur Bestimmung des Medians sind mindestens drei Messwerte nötig. Eine höhere Anzahl an Messungen kann festgelegt werden.

Anwendung der 16%-Toleranzakzeptanzregel T16 %

Die Anforderung ist erfüllt, wenn

- der erste Messwert 70 % des spezifizierten Grenzwerts **nicht** überschreitet
- die ersten drei Messwerte den spezifizierten Wert **nicht** überschreiten
- höchstens einer der ersten sechs Messwerte (1/6 ≈ 16 %) den spezifizierten Grenzwert überschreitet
- höchstens zwei der ersten zwölf Messwerte (2/12 ≈ 16 %) den spezifizierten Grenzwert überschreiten

// Oberflächenangaben in der technischen Produktdokumentation

Grafische Symbole

Zur deutlichen Unterscheidung zum „alten" Symbol besitzt das neue grafische Symbol für die Angabe der **profilhaften** Oberflächenbeschaffenheit nach ISO 21920 einen „Balken".

Das Symbol für die Angabe der flächenhaften Oberflächenbeschaffenheit nach ISO 25178 hat eine Raute.

Symbole für die Angabe der Oberflächenbeschaffenheit:			**Beim grafischen Symbol für die Angabe der profilhaften Oberflächenbeschaffenheit wird nach Anforderungen an den Produktionsprozess differenziert:**		

für „alte" Profile nach ISO 1302	profilhaft nach ISO 21920	flächenhaft nach ISO 25178	Alle Fertigungsprozesse sind zulässig.	Material muss abgetragen werden.	Material darf nicht abgetragen werden.

Folgende **Mindestangaben** sind erforderlich:

Symbol	Anwendung	Bedeutung
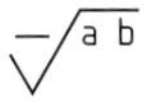	für Kenngrößen **mit festgelegten Defaults** *Ra, Rz, Rq, Rzx, Rt, Rp, Rv, Pt*	a Symbol für Kenngröße b numerischer Grenzwert

- U (= Default) kennzeichnet einen oberen Grenzwert, L kennzeichnet einen unteren Grenzwert.
- Werden mehrere Kenngrößen spezifiziert, ist die erstgenannte für die Default-Einstellungen maßgebend.

Tabelle 1: Allgemeine Default-Einstellungen[1]

Kriterium	Default-Einstellung
Verfahren der Profilerfassung	mechanisches Profil
Profilrichtung	Die Richtung entspricht den Höchstwerten der Höhenkenngrößen (senkrecht zur vorherrschenden Richtung der Bearbeitungsspuren).
Profilposition	Ort auf dem Teil der Oberfläche, in dem die Höchstwerte der spezifizierten Kenngröße (Default) oder, falls die untere Toleranzgrenze festgelegt ist, die Mindestwerte der spezifizierten Kenngröße zu erwarten sind
Toleranztyp	obere Toleranzgrenze
Toleranzakzeptanzregel	Tmax; alle Messwerte müssen innerhalb der festgelegten Grenzen liegen
Typ des Profil-S-Filters	Gauß-Filter nach ISO 16610-21
Typ des Profil-L-Filters (für R-Kenngrößen), Typ des Profil-S-Filters (für W-Kenngrößen)	Gauß-Filter nach ISO 16610-21 Ausnahmsweise ist das Default-L-Filter für *Rk, Rpk, Rvk, Rmrk1, Rmrk2, Rpq, Rmg, Rvq,* das Robuste Gauß-Filter 2. Ordnung nach ISO 16610-31.
F-Operator	Entfernung der Nennform
Typ des F-Operators	ingesamt kleinste Abweichungsquadrate
nur für abschnittbasierte R-Kenngrößen und W-Kenngrößen	Abschnittlänge = Grenzwellenlänge λ_c; Grenzwellenlänge λ_c des Profils-L-Filters (bei R-Kenngrößen) oder Grenzwellenlänge λ_c des Profil-S-Filters (bei W-Kenngrößen)

Tabelle 2: Default-Einstellungen für R-Kenngrößen mit festgelegter oberer Toleranzgrenze[1]

Spezifizierte Kenngröße		Obergrenze (U) der spezifizierten Kenngröße/µm				
Rz		$U \leq 0{,}160$	$0{,}160 < U \leq 0{,}80$	$0{,}80 < U \leq 16{,}0$	$16{,}0 < U \leq 80$	$U > 80$
Ra		$U \leq 0{,}020$	$0{,}020 < U \leq 0{,}10$	$0{,}10 < U \leq 2{,}0$	$2{,}0 < U \leq 10$	$U > 10$
Rp		$U \leq 0{,}060$	$0{,}060 < U \leq 0{,}30$	$0{,}30 < U \leq 6{,}0$	$6{,}0 < U \leq 30$	$U > 30$
Rv		$U \leq 0{,}100$	$0{,}100 < U \leq 0{,}50$	$0{,}05 < U \leq 10{,}0$	$10{,}0 < U \leq 50$	$U > 50$
Rq		$U \leq 0{,}032$	$0{,}032 < U \leq 0{,}16$	$0{,}16 < U \leq 3{,}2$	$3{,}2 < U \leq 16$	$U > 16$
Rzx		$U \leq 0{,}230$	$0{,}230 < U \leq 1{,}15$	$1{,}15 < U \leq 23{,}0$	$23{,}0 < U \leq 115$	$U > 115$
Rt		$U \leq 0{,}260$	$0{,}260 < U \leq 1{,}30$	$1{,}30 < U \leq 26{,}0$	$26{,}0 < U \leq 130$	$U > 130$
Einstellungsklasse *Sc*		**Sc1**	**Sc2**	**Sc3**	**Sc4**	**Sc5**
		Default-Einstellungskriterien				
		↓	↓	↓	↓	↓
Nesting-Index des Profil-L-Filters N_{ic} (Grenzwellenlänge λ_c)	mm	0,08	0,25	0,8	2,5	8
Auswertelänge l_e	mm	0,4	1,25	4	12,5	40
Nesting-Index des Profil-S-Filters N_{is} (Grenzwellenlänge λ_s)	µm	0,8	0,8	2,5	8	25
maximales Abtastintervall d_x	µm	0,15	0,15	0,5	1,5	5
maximaler Spitzenradius r_{tip}	µm	2	2	2	5	10
		Nur für abschnittlängenbasierte Kenngrößen				
Abschnittlänge l_{sc}	mm	0,08	0,25	0,8	2,5	8
Anzahl an Abschnitten n_{sc}		5	5	5	5	5

[1] Quelle: DIN EN ISO 21920-3:2022

Überlegen und beantworten Sie:

1. Nennen und erläutern Sie die gebräuchlichsten R-Kenngrößen.
2. Beurteilen Sie die Anwendung der R-Kenngröße *Ra*.
3. Skizzieren und erklären Sie die drei Varianten des grafischen Symbols für die Angabe der Oberflächenrauheit.
4. Messprotokoll

   Die Planfläche eines Werkstücks wurde spanend bearbeitet. Die Oberfläche wurde dann mit einem mobilen Tastschnittgerät gemessen, dabei wurde auch das folgende Profildiagramm **(Bild 1)** aufgezeichnet.

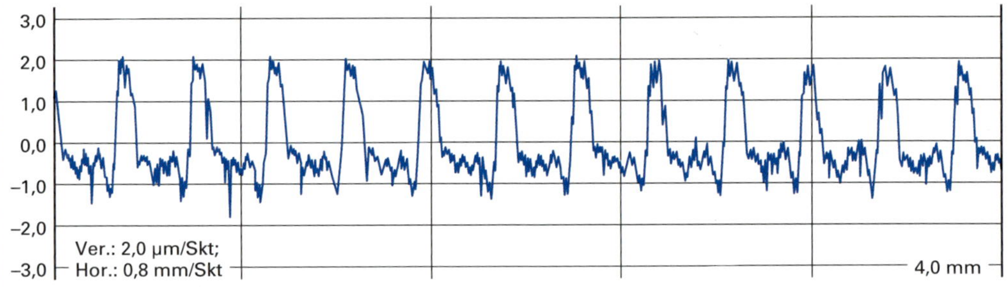

Bild 1

   a) Ermitteln Sie aus dem Profildiagramm die Werte für folgende R-Kenngrößen: *Rz, Rp, Rt*

   b) Schätzen Sie den Wert für *Ra*.

   c) Erklären Sie in diesem Zusammenhang möglichst anschaulich die Definition von *Ra*.

   d) Mit welchem Fertigungsverfahren wurde die Oberfläche vermutlich hergestellt? Begründen Sie Ihre Aussage.

   e) Mit welchem Vorschub wurde die Oberfläche bearbeitet?

5. Beurteilen Sie die Anwendung der R-Kenngröße *Ra*.
6. Toleranzakzeptanzregeln

   a) Nennen Sie die drei möglichen Toleranzakzeptanzregeln für die Oberflächenprüfung.

   b) Welche gilt, wenn keine Angabe dazu in der Zeichnung gemacht wird (Default)?

7. Tastsysteme

   Bezeichnen Sie die dargestellten Tastsysteme und erläutern Sie deren Vor- und Nachteile **(Bild 2)**.

8. Erklären Sie die Vorgehensweise beim Prüfen nach der Toleranzakzeptanzregel T16 %, wenn für *Rz* 12,5 µm auf der Zeichnung angegeben sind.
9. Ein Konstrukteur hat in einer technischen Zeichnung für die Oberfläche eines Werkstücks folgende Spezifikation eingetragen **(Bild 3)**:

   a) Erklären Sie die Angabe.

   b) Ermitteln Sie die notwendigen Einstellwerte für die Prüfung der Oberfläche mit einem Tastschnittgerät.

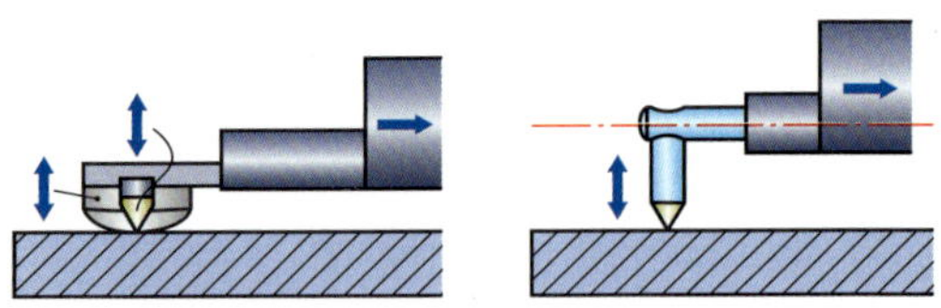

Bild 2

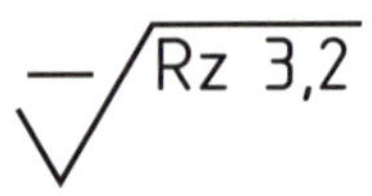

Bild 3

Lernfeld-übergreifend

10. Materialanteilkurve **(Bild 1)**

a) Skizzieren Sie zu den dargestellten Oberflächenprofilen 1) und 2) jeweils die Materialanteilkurve.

b) Erklären Sie Ihre Skizzen.

11. Gleitfläche

a) Nennen Sie Funktionsanforderungen an Gleitflächen.

b) Beschreiben Sie einen Fertigungsprozess, mit dem solche Oberflächen erzielt werden können.

c) Geben Sie geeignete Kennwerte der Abbott-Kurve an, um eine Gleitfläche fachgerecht zu tolerieren.

d) Tolerieren Sie die Gleitfläche auch mit konventionellen Rauheitskennwerten.

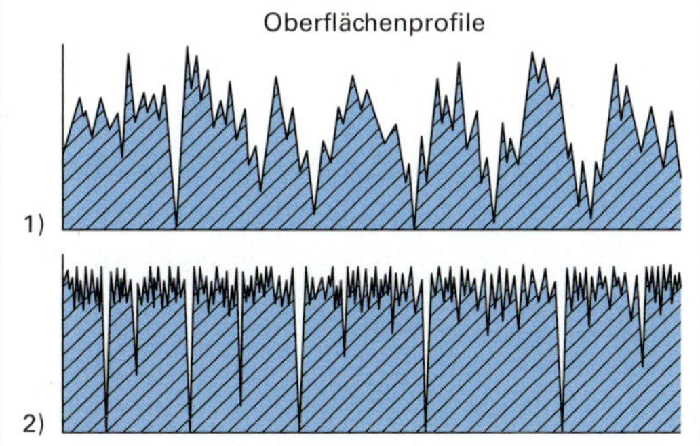

Bild 1

12. Dichtfläche

a) Wodurch kann eine Dichtfläche beeinträchtigt werden?

b) Nennen Sie zwei Rauheitsparameter, mit denen eine Dichtfläche fachgerecht toleriert werden kann.

13. Beschreiben Sie, wie die Rauheit einer Oberfläche möglichst gut geschätzt werden kann.

12.3 Wärmebehandlung

// Zweck der Wärmebehandlung

Die Anforderungen an den Werkstoff von Bauteilen und Werkzeugen gemäß ihrem Verwendungszweck entsprechen selten dem Herstellungs- oder Bearbeitungszustands des Materials.

Aus diesem Grund werden die Werkstoffeigenschaften, wie Festigkeit, Zähigkeit, Verschleißfestigkeit und Härte, durch Wärmebehandlung im Hinblick auf ihre Anwendung optimal angepasst.

Es stehen unterschiedliche Verfahren je nach Ziel des Wärmebehandelns zur Auswahl.

Der Werkstoffzustand über den gesamten Bauteilquerschnitt wird beim **Glühen, Härten, Anlassen** und **Vergüten** verändert.

Bei den Verfahren **Randschichthärten** und **Nitrieren** wird nur eine Veränderung in der Bauteilrandschicht erzeugt.

Eine Reihe von Verfahren zielen auf die Änderung der Randschicht ab, diese Verfahren beeinflussen aber dabei den Gesamtquerschnitt, wie z. B. beim Einsatzhärten.

// Ablauf der Wärmebehandlung

Der Ablauf des Wärmebehandelns lässt sich durch die Zeit-Temperatur-Folge darstellen.

Die Phase des Erwärmens wird in zwei Teilbereiche unterteilt, das Anwärmen und das Durchwärmen.

Die Anwärmdauer bezeichnet die Zeitspanne, bis das Bauteil die Wärmebehandlungstemperatur in der äußeren Randschicht erreicht hat.

Hat auch der Kern des Bauteils die Behandlungstemperatur erreicht, so ist die Durchwärmdauer erreicht.

Beide Zeitspannen in Kombination ergeben die Erwärmdauer **(Bild 2)**.

Als Haltedauer wird die Zeitspanne im zweiten Zeitabschnitt genannt und im dritten spricht man von der Abkühldauer.

Bild 2: Werkstück nach Entnahme aus dem Wärmebehandlungsofen

Bei allen Verfahren zur Wärmebehandlung ist der grundlegende Ablauf in drei Phasen unterteilt **(Bild 1)**.

1. Erwärmen auf die erforderliche Wärmebehandlungstemperatur
2. kurzes oder langes Halten auf der Wärmebehandlungstemperatur
3. Abkühlen oder Abschrecken von Wärmebehandlungstemperatur auf Raumtemperatur

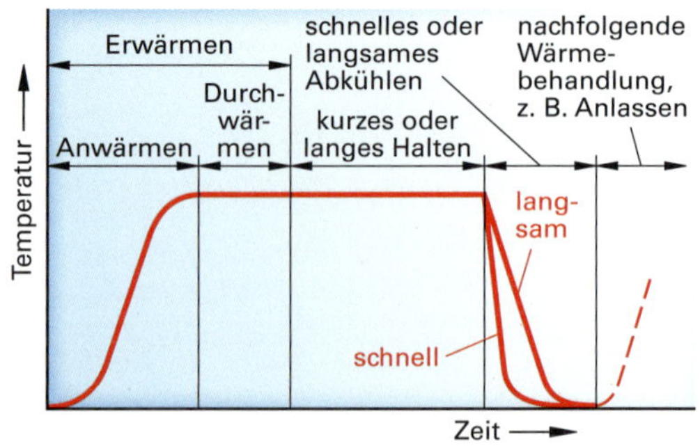

Bild 1: Schematischer Ablauf von Wärmebehandlungen

Lernfeld-übergreifend

12.3.1 Aufbau der Metalle

Metalle erscheinen auf den ersten Blick als einheitlicher Werkstoff ohne Struktur.

Ätzt man die Oberfläche eines Metalls an und vergrößert diese Stelle mit einem Elektronenmikroskop, so lässt sich das **Gefüge** des Metalls erkennen **(Bild 1)**. Es zeigen sich viele aneinander angrenzende kornförmige kleine Bereiche, **Körner** oder **Kristalle** genannt, die durch Grenzflächen abgetrennt sind.

Erhöht man die Vergrößerung der Metalloberfläche weiter, so lässt sich die **kristalline Struktur** des Metallkornaufbaus erkennen, die unter dem Mikroskop einer Würfellandschaft gleicht **(Bild 2)**.

Um die **atomare Feinstruktur** und die Atome selbst zu erkennen, benötigt man noch weitere Vergrößerung. Die Anordnung der Atome ist nicht zufällig, sondern in bestimmten Abständen und Winkeln.

Die geometrisch typische Anordnungsstruktur lässt sich erkennen, wenn die Mittelpunkte der Metallatome verbunden werden. Die Verbindungslinien bilden hierbei ein räumliches Gitter, das als **Kristallgitter** oder **Raumgitter** bezeichnet wird.

Wird das gesamte Kristallgitter betrachtet, so erkennt man eine kleinste typische Einheit, die sich in alle drei Dimensionen im Raumgitter fortlaufend aneinanderreiht. Diese kleinste Einheit des Kristallgitters wird **Elementarzelle** genannt. Ihre Anordnung ist ein charakteristisches Merkmal einer Metallart.

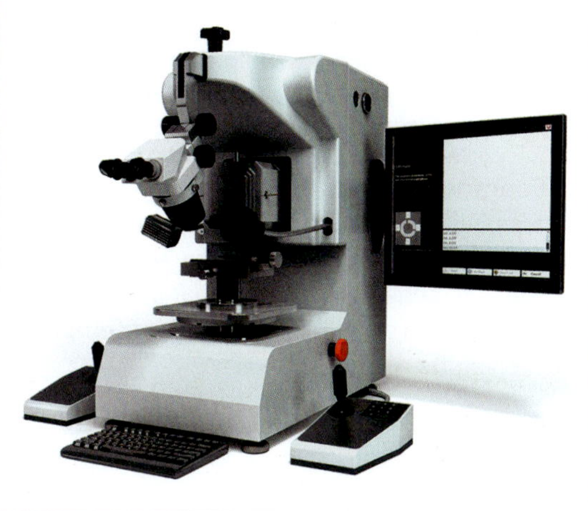

Bild 1: Elektronenmikroskop

Die Metallatome lagern im festen Zustand eng aneinander, wobei die äußersten Elektronen als Elektronenwolke den Kristallverbund durchdringen und die Metallteilchen zusammenhalten. Diese starken Bindungen der einzelnen Atome in ihrem Zusammenschluss verleihen den Metallen ihre Festigkeit und die gute Leitfähigkeit, resultierend aus der leichten Beweglichkeit.

Das Kristallsystem des Eisens ist kubisch und je nach Temperatur liegt ein **kubisch-raumzentriertes (krz)** oder ein **kubisch-flächenzentriertes (kfz)** Gitter vor. Das Eisen kann sein Kristallgitter verändern, es verhält sich **polymorph**.

Im festen Zustand bilden Metalle Kristalle, deren unterschiedliche Gitterstrukturen sich aus einer Vielzahl von Atomen zusammensetzen. Der Verband von Kristallen, auch **Körner** genannt, wird als **Gefüge** bezeichnet.

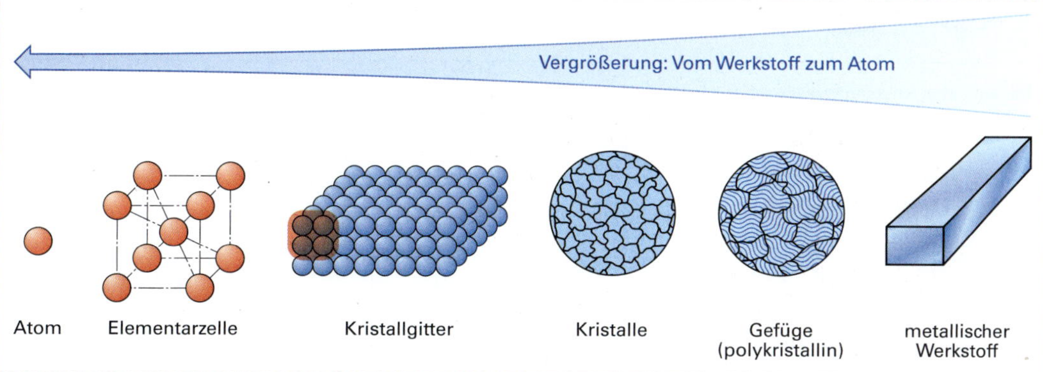

Bild 2: Aufbau der Metalle

Lernfeld-übergreifend

// Kristallgittertypen der Metalle

Die unterschiedlichen Kristallgitter der einzelnen Metalle spielen bei der Metallverarbeitung eine wichtige Rolle **(Bild 1)**.

Die Form des inneren Gefüges eines Werkstoffs wirkt sich auch auf seine physikalischen Eigenschaften, insbesondere Festigkeit und Zähigkeit, aus. Sie unterscheiden sich nicht nur je nach Metallart, sondern sind auch abhängig von der Temperatur des Werkstoffs.

Die typische Anordnung der Metallatome erfolgt in der Darstellung der Elementarzelle als Kugelmodell oder Strichmodell.

> Erwärmt man Eisen über 911 °C, so bildet sich durch seine Polymorphie aus einem **kubisch-flächenzentrierten Kristallgitter** ein **kubisch-raumzentriertes Kristallgitter**.

// Gefügeaufbau bei Eisenwerkstoffen

Die Gitterstrukturen sind meist nicht fehlerfrei. **Gitterbaufehler** haben einen großen Einfluss auf die mechanischen und physikalischen Eigenschaften eines metallischen Werkstoffs. Sie können sich negativ z. B. im Hinblick auf das Korrosionsverhalten auswirken, sind aber für die Kaltverformung von Nutzen. Diese Fehler treten z. B. in Form von

vel.plus/
FILF238

Kugelmodell-Darstellung	Strichmodell-Darstellung	Beschreibung
a) kubisch-raumzentriertes Kristallgitter (krz) 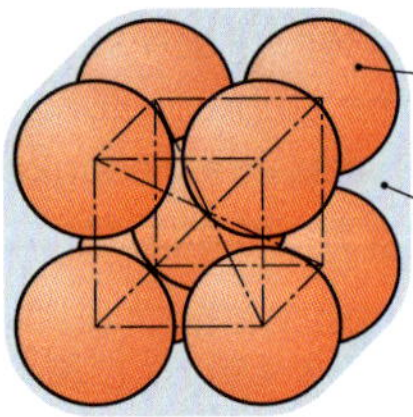	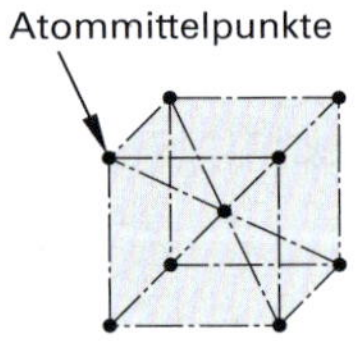	Metalle wie Chrom, Vanadium, Wolfram, aber auch Eisen bei Raumtemperatur haben ein **kubisch-raumzentriertes Kristallgitter (krz)**. Es besteht aus den 8 Atomen in den Würfelecken und zusätzlich aus einem Atom in der Würfelmitte. Der Abstand der Eckatome voneinander beträgt 0,286 nm.
b) kubisch-flächenzentriertes Kristallgitter (kfz) 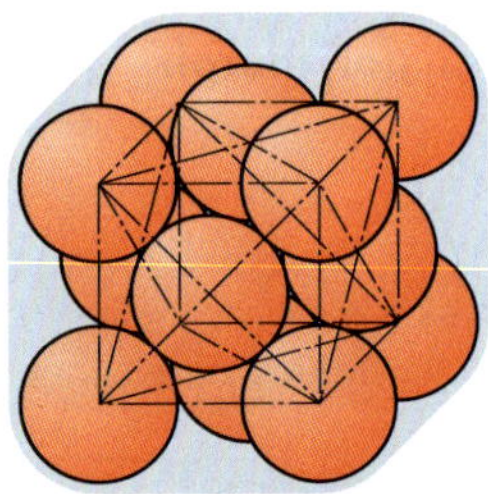	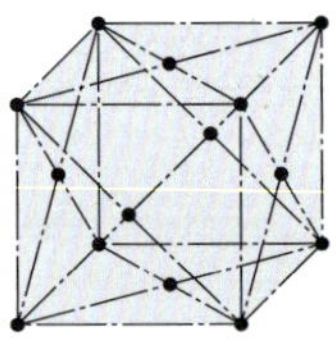	Aluminium, Kupfer und Platin haben bei Raumtemperatur ein **kubisch-flächenzentriertes Kristallgitter (kfz)**. Es besteht neben den acht Atomen in den Würfelecken zusätzlich aus je einem Atom in der Mitte der sechs Würfelflächen. Der Abstand der Eckatome ist mit 0,357 nm größer als im kubisch-raumzentrierten System.
c) hexagonales Kristallgitter (hex) 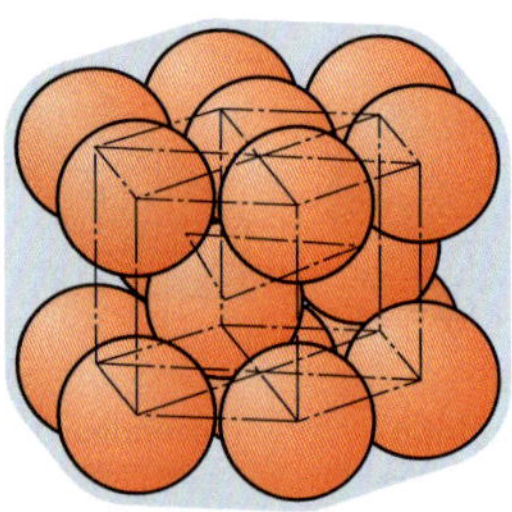	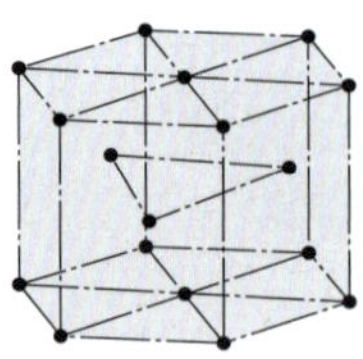	Metalle wie Zink, Titan und Magnesium haben ein **hexagonales Kristallgitter (hex)**. Es wird auf der Ober- und Unterseite von sechs Atomen auf den Ecken begrenzt. In der Mitte der Elementarzelle befinden sich drei weitere Atome, die zwischen der Grund- bzw. Deckfläche sitzen, die der Form eines Hexagons (Sechseck) entspricht.

Bild 1: Kristallgittertypen im Kugel- und Strichmodell

Lernfeld-übergreifend

Leerstellen im Gitter auf. In diesem Fall sind Gitterstellen unbesetzt. Es können aber auch Atome zwischen den eigentlichen Gitterplätzen liegen, sogenannte **Zwischengitteratome (Bild 1)**.

Stähle und Gusseisen als technisch häufig verwendete Eisenwerkstoffe sind **Legierungen**, bei denen in das Eisengitter Fremdatome eingefügt sind. Fremdatome können entweder am Gitterplatz eines Eisenatoms **(substitutiv)** oder in einer vorhandenen Gitterlücke **(interstitiell)** vorliegen.

Wenn die Fremdatome nahezu die gleiche Größe haben wie die Eisenatome, dann entstehen **Substitutionsmischkristalle**.

Sind die Fremdatome hingegen kleiner als die Eisenatome, dann entstehen sogenannte **Einlagerungsmischkristalle**, wie beispielsweise bei Kohlenstoffatomen im Eisengitter. Die Menge der im Eisengitter löslichen Fremdatome ist begrenzt (**Bild 2)**.

Vergleicht man den Gefügeaufbau reiner Metalle, die in der Technik kaum Anwendung finden, mit dem Gefügeaufbau von Legierungen, so fällt bei Legierungen ein anderes Gefügebild auf.

Reine Metalle mit ihrem einheitlichen (homogenen) Aufbau **(Bild 3)** haben durch fehlende Fremdatome eine daraus resultierend geringe Festigkeit. Die Körner unterscheiden sich nur in der Ausrichtung des Kristallgitters. Die Eigenschaften solcher Werkstoffe sind deshalb in allen Richtungen gleich. Man spricht von **isotropen** Eigenschaften.

Legierungselemente verleihen dem Stahl meist verbesserte mechanische und chemische Eigenschaften wie z. B. erhöhte Festigkeit, bessere Zerspanbarkeit und Verschleißfestigkeit sowie höhere Härte.

Beim Erstarren können sich, abhängig vom Grundmetall, von den Legierungselementen und ihrer Löslichkeit, drei unterschiedliche **Gefügearten** ausbilden:

- reine Mischkristalllegierungen,
- Kristallgemischlegierungen
- Kristallgemisch aus Mischkristallen

Bei **Mischkristalllegierungen** bleiben die in der Schmelze des Grundmetalls gleichmäßig verteilten Atome des Legierungselements dies auch nach dem Erstarren und bilden eine gemeinsame Gitterstruktur **(Bild 4)**. Man spricht davon, dass das Grundmetall und das Legierungsmetall **völlig ineinander löslich** sind.

Mischkristalllegierungen haben im Vergleich zum Reinmetall eine höhere Festigkeit, die auf die Gitterverzerrungen zurückzuführen sind, und lassen sich **gut umformen**.

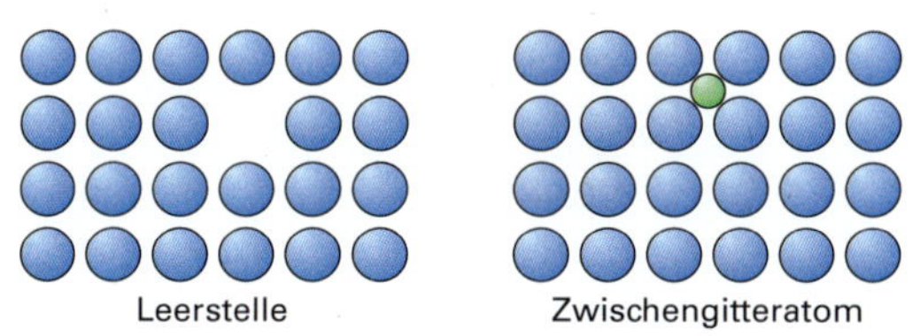

Bild 1: Leerstelle und Zwischengitteratom

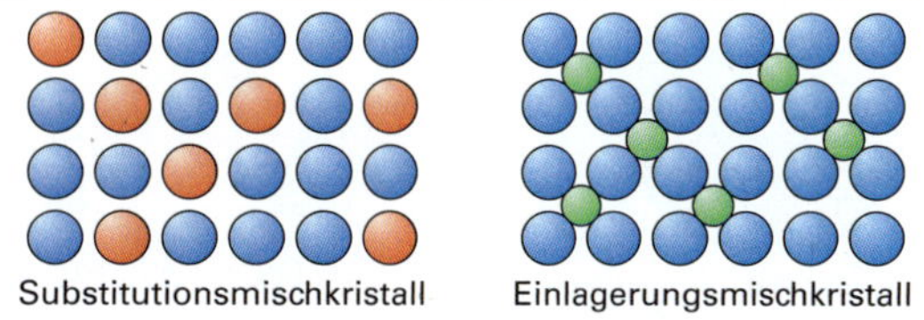

Bild 2: Substitutions- und Einlagerungsmischkristallmodell

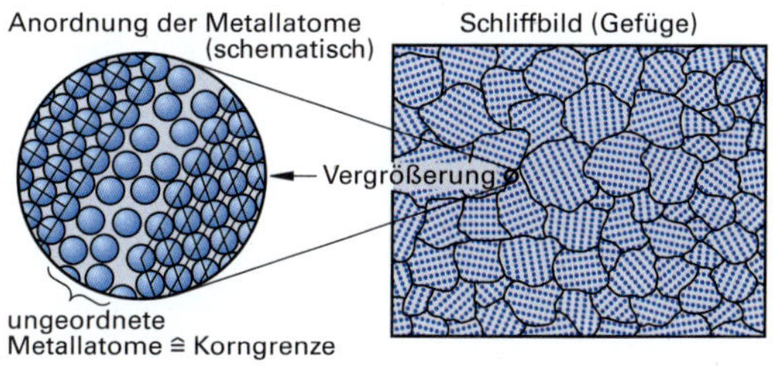

Bild 3: Gefügeaufbau eines reinen Metalls

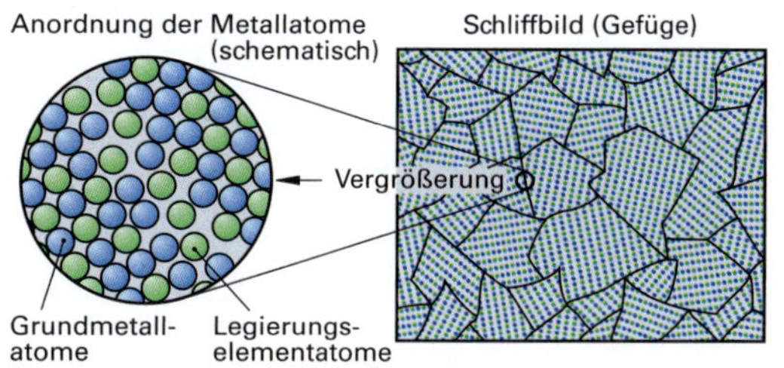

Bild 4: Gefügeaufbau einer Mischkristalllegierung

Von **Kristallgemischlegierungen** spricht man, wenn die Legierungselementatome beim Erstarren aus dem Grundmetallgitter (oder umgekehrt) verdrängt werden und sich dadurch pro Atomsorte eine eigene Kristallstruktur bildet **(Bild 1)**.

In diesem Fall sind das Grundmetall und das Legierungsmetall **nicht ineinander löslich**. Auch Kristallgemischlegierungen haben im Vergleich zum Reinmetall eine höhere Festigkeit, lassen sich aber **nicht gut umformen**.

Eine vollkommene Löslichkeit der Komponenten wie bei einem Mischkristall bzw. eine vollkommene Unlöslichkeit wie beim Kristallgemisch stellen lediglich Sonderfälle dar. Im Allgemeinen sind Grundmetalle und Legierungsmetalle weder vollkommen mischbar noch unmischbar, sondern lösen sich in Teilen immer ineinander. In manchen Bereichen befinden sich dann mehr Atome vom Grundmetall und in anderen Bereichen mehr Atome vom Legierungsmetall.

Hier spricht man von einem **Kristallgemisch aus Mischkristallen (Bild 2)**.

Die Polymorphie des Eisengitters und die verschiedenen Arten der Legierungsbildung führen zu einem unterschiedlichen Gefügeaufbau von Eisenwerkstoffen. Die davon abhängigen Eigenschaften der Eisenwerkstoffe bieten vielfältige Möglichkeiten zu einer gezielten Beeinflussung durch eine Wärmebehandlung.

12.3.2 Entstehung des Metallgefüges

Bei metallischen Werkstoffen bildet sich das Kristallgitter in mehreren Etappen während des Erkaltens der Schmelze **(Bild 3)**.

In der flüssigen **Metallschmelze** bewegen sich die Metallatome frei und zwanglos. Mit sinkender Temperatur verlangsamen sich die Bewegungen der Metallatome.

Ab einem Abkühlen auf **Erstarrungstemperatur** beginnt das Ausbilden des Gefüges je nach **Kristallgittertyp**. An vielen Stellen in der erstarrenden Metallschmelze bilden sich Zusammenlagerungen, die sogenannten **Kristallkeime**, die den Anfang des Kristallwachstums darstellen.

Es gliedern sich mit Fortschreiten der Erstarrung immer mehr Metallatome an, diese erweitern die Kristallstruktur. Da die Metallatome bei der Anlagerung an das Kristallgitter kinetische Energie abgeben, bleibt die Temperatur der Metallschmelze beim

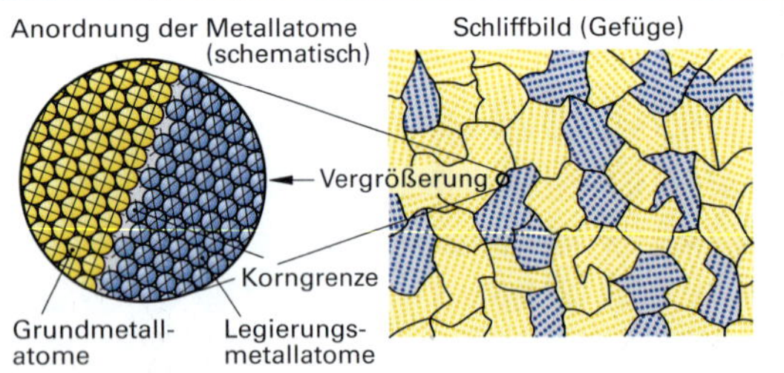

Bild 1: Gefügeaufbau einer Kristallgemsich-Legierung

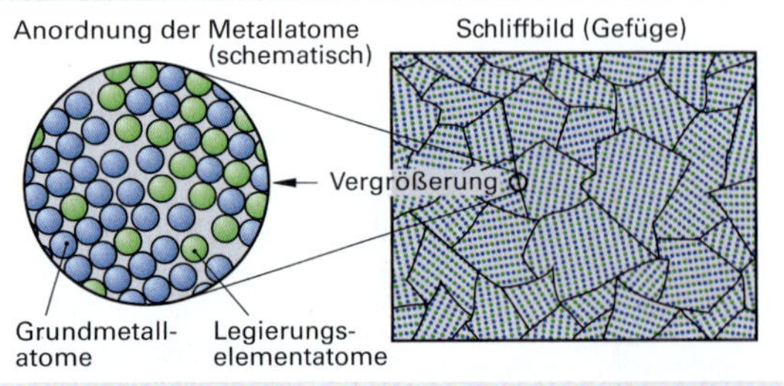

Bild 2: Gefügeaufbau eines Kristallgemsiches aus Mischkristallen

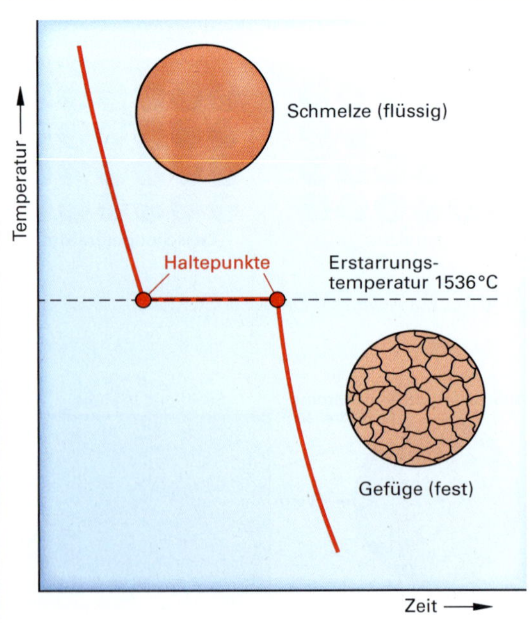

Bild 3: Abkühlungskurve von reinem Eisen

reinen Metall während dieses Vorgangs konstant. In diesem Teilbereich der Abkühlungskurve verläuft der Graph damit waagerecht. Ist die Schmelze fast aufgebraucht und befindet sich damit der Erstarrungsprozess in der Endphase, stoßen die bisher räumlich getrennt wachsenden Kristalle aufeinander und bilden unregelmäßig geformte Begrenzungsflächen, die **Korngrenzen**. Die Korngrenze besteht aus Metallatomen, die nicht in das Kristallgitter integriert werden konnten, und aus Fremdatomen der Schmelze.

Hat sich das letzte freie Metallatom an das Kristallgitter angeschlossen, dann ist die Schmelze völlig erstarrt und das **Gefüge** entstanden. Die Abkühlung des Metalls schreitet nun weiter fort.

Legierungen zeigen einen abweichenden Temperatur-Zeit-Verlauf. Die verschiedenen Elemente haben unterschiedliche Schmelzpunkte, sodass die daraus resultierende Legierung keinen Schmelzpunkt wie reine Metalle hat, sondern einen Schmelzbereich.

So liegt zwischen dem flüssigen und festen Zustand ein Bereich, in dem der Werkstoff zum Teil noch flüssig und zum Teil bereits fest ist. Es entstehen Knickpunkte statt Haltepunkte im Verlauf **(Bild 1)**.

// Korngrößen

Einzelne Körner haben typischerweise eine Größe von 1 µm bis 100 µm und können daher mit bloßem Auge nicht erkannt werden.

Die Korngröße eines Gefüges wird von der Anzahl der Keime bei der Kristallisation aus der Schmelze beeinflusst. Je größer die Anzahl der Kristallisationskeime, desto mehr Körner entstehen zeitgleich und umso feiner wird daher das Gefüge. Großkörnige Gefüge sind auf eine geringe Keimzahl zurückzuführen.

Feinkörnige Gefüge zeichnen sich durch eine höhere Festigkeit, Zähigkeit und Verformbarkeit aus. Sie zeigen eine bessere Oberflächenqualität.

Grobkörnige Gefüge weisen eine geringere Zähigkeit, Festigkeit und Dehnbarkeit auf. Durch ihre grobe Kornstruktur zeigt das Material häufig eine narbige Oberfläche nach der Verformung. Werkstoffe mit einem groben Gefüge lassen sich aufgrund ihrer Eigenschaften hingegen besser zerspanen.

Die Korngröße hat entscheidenden Einfluss auf die mechanischen Eigenschaften des Werkstoffs.

Die Korngröße von Stahl kann durch **Wärmebehandlung** (z. B. Normalglühen), durch **Warmumformung** (z. B. Warmwalzen) oder durch gezielte **Legierung** (z. B. Aluminium) optimiert werden.

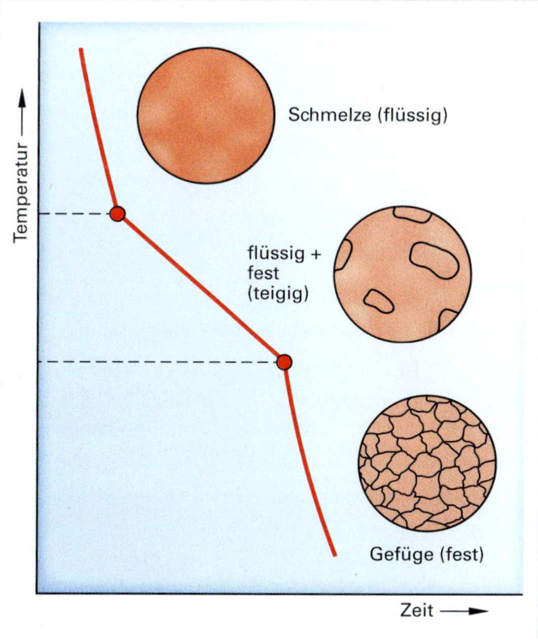

Bild 1: Abkühlungskurve einer Legierung

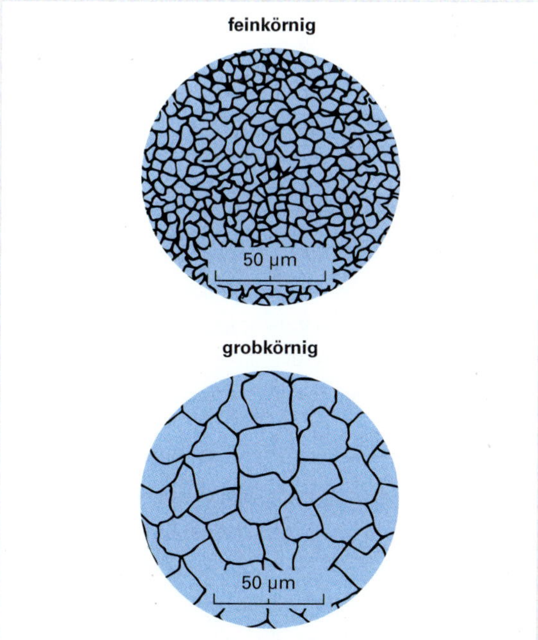

Bild 2: Korngrößenvergleich

// Korn- und Gefügeformen

Die Körner im Gefüge unterscheiden sich nicht nur in ihrer Größe, sondern auch deutlich in ihrer Form.

Viele unterschiedliche Legierungen und Gefügephasen zeichnen sich durch unterschiedliche Kornformen aus. Vier typische Korn- und Gefügeformen werden am häufigsten unterschieden:

- **globulare** Körner
- **polyedrische** Körner
- **dendritische** Körner
- **lamellares** Gefüge **(Bild 1)**

Reineisen bildet beispielsweise rundliche (globulare) Körner. **Austenit** zeigt ein vieleckiges (polyedrisches) Gefügebild und betrachtet man gehärteten Stahl unter dem Elektronenmikroskop, so zeigt sich ein nadelartiges (dentritisches) Gefüge. Lamellengrafit (Grauguss) oder der Streifenzementit des Perlits zeigen ein **lamellenartiges Gefüge**.

Ein lamellares Gefüge in Metallen besteht aus abwechselnden Schichten oder Lamellen verschiedener Materialien oder Phasen.

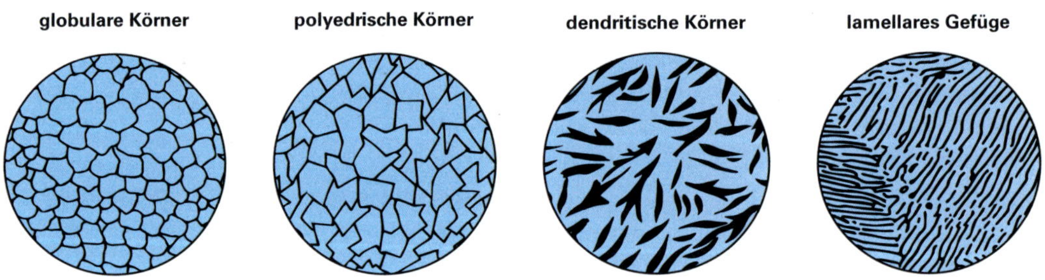

Bild 1: Unterschiedliche Korn- und Gefügeformen

Überlegen und beantworten Sie:

1. Beschreiben Sie, was unter dem Gefüge eines Metall zu verstehen ist.
2. Benennen Sie die drei Kristalltypen, die typisch für Metalle sind.
3. Zählen Sie mögliche Kristallbaufehler auf und erklären Sie, zu welcher Eigenschaftsänderung es dadurch im Werkstoff kommt.
4. Beschreiben Sie die Vorgänge im Kristallgitter bei elastischer und plastischer Verformung eines Metalls.
5. Erklären Sie die Entstehung eines Metallgefüges von der Schmelze bis zur vollständigen Erstarrung und nehmen Sie Bezug auf den Verlauf des Graphen der Abkühlungskurve.
6. Benennen Sie den Unterschied bezüglich der Festigkeit bei fein- und grobkörnigem Gefüge eines Metalls.
7. Zählen Sie mögliche Maßnahmen auf, um ein Gefüge bezüglich einer feineren Korngröße einzustellen.
8. Benennen Sie die vier möglichen Kornformen bei Metallen und zählen Sie jeweils einen der Kornform entsprechenden Werkstoff auf.
9. Beschreiben Sie die Unterschiede zwischen reinen Metallen und Legierungen im Hinblick auf das Gefüge und die Eigenschaften.

12.3.3 Gefügearten von Eisenwerkstoffen

Betrachtet man die auftretenden **Gefügearten** von Eisenwerkstoffen bei Raumtemperatur, so lässt sich erkennen, dass sich das Gefüge mit zunehmendem **Kohlenstoffgehalt** unterscheidet.

Reines Eisen besitzt keinen Kohlenstoffanteil. Sein Gefüge besteht bei Raumtemperatur aus einheitlichen Körnern **(Bild 1)**. Man spricht hier von α-Eisen, auch **Ferrit** genannt. Es hat eine kubisch-raumzentrierte Gitterstruktur und zeigt eine geringe Härte (ca. 80 bis 90 HV) und Festigkeit.

Es lässt sich leicht umformen und ist magnetisierbar. Bei der Zerspanung treten keine hohen Kräfte auf und der Verschleiß am Werkzeug ist gering. Ferrit neigt zur Aufbauschneidenbildung und zur Bildung von Graten. Es entstehen lange Band- und Wirrspäne, eine ungünstige Spanform, die sich in der Maschine verfangen können.

> Kohlenstoff liegt im Stahl nicht in Elementarform vor, sondern in Form von Eisencarbit Fe_3C. Diese Verbindung wird **Zementit** genannt und ist sehr hart (ca. 1100 HV) und spröde **(Bild 2)**.

Dadurch lässt sich erklären, dass mit zunehmendem Anteil von Kohlenstoff und damit Zementit im Eisenwerkstoff die Härte, aber auch die Sprödigkeit steigt.

Betrachtet man Stähle mit einem **Kohlenstoffanteil von unter 0,8 %** (untereutektoider Stahl), dann bestehen diese zu Teilen aus Ferrit, wie das reine Eisen, haben aber auch einem Anteil an **Perlit**. Perlit ist ein Phasengemisch aus Ferrit und Zementit **(Bild 3)**.

Der Zementit scheidet sich in dreidimensionaler Streifenform **(Streifenzementit)** aus und durchzieht die vorliegenden Ferritkörner. Bei einem Kohlenstoffanteil von unter 0,8 % liegt nicht genug Kohlenstoff vor, um alle Ferritkörner mit Zementit zu durchziehen und ein durchgängiges Perlitgefüge zu bilden. Daher kommt es zu einer Kombination aus **Ferrit- und Perlitkörnern**.

Je höher der Anteil an Kohlenstoff in Richtung 0,8%-Marke kommt, desto mehr Perlitkörner können entstehen.

Bei einem Stahl mit **0,8 %-Kohlenstoffanteil** (eutektoider Stahl) reicht der Kohlenstoffgehalt aus, um alle Ferritkörner mit Streifenzementit zu durchziehen und damit ein durchgängiges **Perlitgefüge** zu bilden **(Bild 4)**. In allen Körnern sind damit Schichten von Zementit und Ferrit.

Dieser Aufbau verleiht dem Werkstoff eine höhere Härte und Festigkeit. Es führt zu höheren Zerspankräften bei der Bearbeitung und zu weniger Aufbauschneidenbildung. Dies resultiert in einer besseren Oberflächenqualität und günstigeren Spanformen.

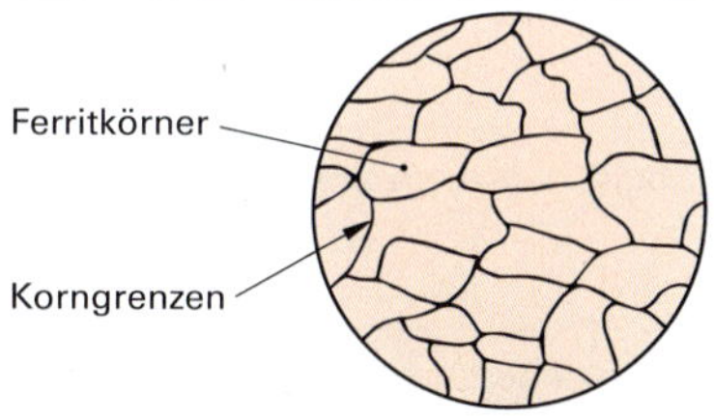

Bild 1: Aufbau Ferritgefüge

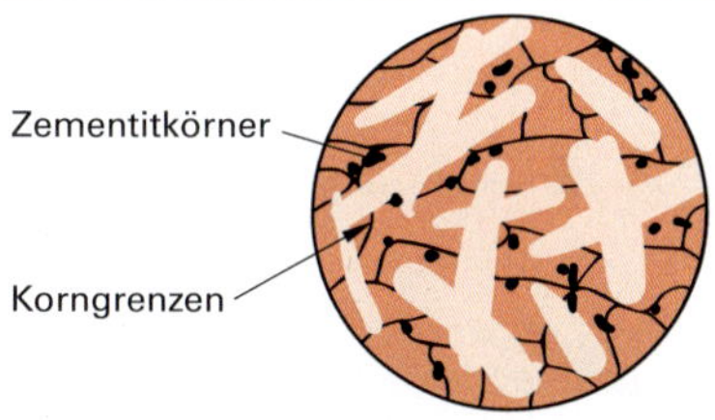

Bild 2: Aufbau Zementitgefüge

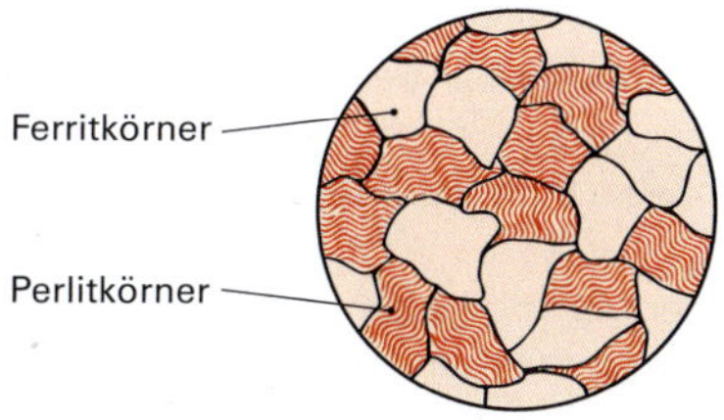

Bild 3: Aufbau Ferrit-Perlit-Gefüge

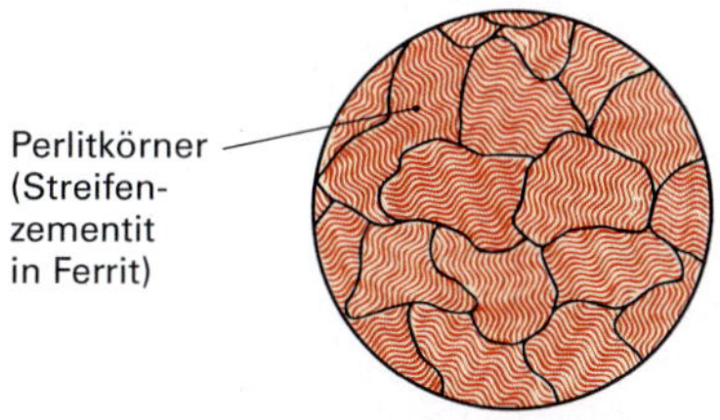

Bild 4: Aufbau Perlit-Zementit-Gefüge

Bei Stahl mit **mehr als 0,8% Kohlenstoff** (übereutektoider Stahl) bildet sich durch den erhöhten Kohlenstoffanteil an den Korngrenzen eine Zementitanhäufung. Da alle Körner bei einem C-Gehalt von 0,8 % aus Perlit bestehen, scheidet sich der überschüssige Zementit an den Korngrenzen als Kornumrandung ab, wovon sich seine Bezeichnung Korngrenzenzementit oder auch Sekundärzementit ableitet. Das Gefüge bei dieser Stahlgruppe besteht somit aus **Perlit** in Kombination mit **Korngrenzenzementit**, der in Form einer Umrandung bei steigendem Kohlenstoffgehalt immer breiter wird **(Bild 1)**.

Eisenwerkstoffe mit einem Kohlenstoffgehalt über 2,06 % können je nach Abkühlungsbedingungen und zusätzlichen Legierungsbestandteilen noch weitere Gefügearten bilden.

Im Gusseisen ist neben dem Kohlenstoff auch Silizium als Bestandteil. Der Kohlenstoff wie auch das Silizium wirken sich auf die Grafitausscheidung im Werkstoff aus.

Bei einem **untereutektischen Gusseisen** mit z. B. 3,5 % Kohlenstoffanteil wird bei **langsamer Abkühlung** der Kohlenstoffanteil von 0,8 % für die Bildung eines Perlitgefüges genutzt. Der über 0,8 % liegende Kohlenstoffanteil des Gusseisens wird dann in **Grafit** zwischen den Körnern ausgeschieden **(Bild 2)**.

Die Grafitkristalle wachsen bei der Kristallisation sehr schnell in eine bevorzugte Richtung, wodurch sich längliche Kristalle bilden. Diese Kristalle werden als Lamellen bezeichnet. Daraus resultiert die Bezeichnung **Lamellengrafit**.

Da die Lamellen innerhalb des Werkstoffs ein Verhalten wie kleine Kerben haben, wirken sie sich nachteilig auf die Festigkeit des Gusseisens aus. Die Zerspanungskräfte und der Werkzeugverschleiß sind bei der Bearbeitung daher gering. Die entstehenden Späne sind kurz und können sich nicht in der Maschine verfangen. Die erreichbaren Oberflächenqualitäten sind gut.

Bei **schneller Abkühlung** entsteht um die Perlitkörner ein Ledeburitgefüge, das aus Zementit und Austenitkristallen besteht. Das macht den Werkstoff sehr hart und spröde.

Gusseisen unter 4,3% Kohlenstoffgehalt ist **untereutektisch**, liegt der Kohlenstoffanteil über 4,3%, dann spricht man von **übereutektischem** Gusseisen. Bei einem C-Anteil von 4,3% wird das Gusseisen als **eutektisch** bezeichnet.

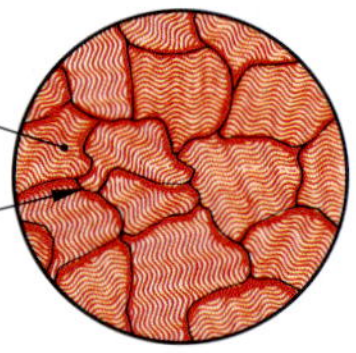

Bild 1: Perlit-Zementit-Gefüge

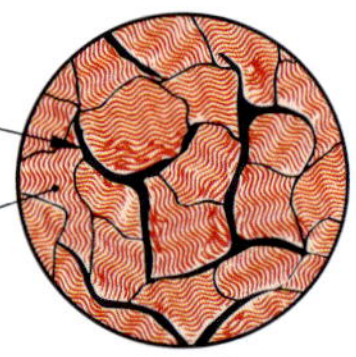

Bild 2: Grafitlamellen im Gusseisengefüge

- **Perlit:** Eine Mischung aus Ferrit und Zementit, die in Stählen bei langsamer Abkühlung entsteht. Es sieht unter dem Mikroskop aus wie Schichten von Ferrit und Zementit.
- **Ferrit:** Ein kristalliner Phasenbereich im Eisen-Kohlenstoff-Diagramm, der bei niedrigen Temperaturen auftritt und eine kubisch-raumzentrierte Gitterstruktur hat.
- **Austenit:** Eine Phase im Eisen-Kohlenstoff-Diagramm, die bei höheren Temperaturen existiert. Es hat eine kubisch-flächenzentriert Gitterstruktur und ist stabil bei höheren Temperaturen.
- **Martensit:** Eine sehr harte, metastabile Phase, die durch schnelle Abkühlung von Austenit entsteht. Martensit ist bekannt für seine Härte und wird oft durch Abschrecken erreicht.
- **Zementit:** Eine Eisen-Kohlenstoff-Verbindung mit hoher Härte, die im Stahl als Einschlüsse oder Phasen existiert und aus Eisen und Kohlenstoff besteht.
- **Bainit:** Eine Struktur, die durch eine langsamere Abkühlung als der Martensit, aber schneller als der Perlit, entsteht. Sie hat eine feinere Kristallstruktur als der Perlit und bietet gute Festigkeitseigenschaften.
- **Ledeburit:** Eine Mischung aus Austenit und Zementit, die normalerweise bei sehr hohen Kohlenstoffgehalten in Eisen entsteht. Sie kann bei der langsamen Abkühlung von Schmelzen auftreten und ist oft spröde.

12.3.4 Das Eisen-Kohlenstoff-Diagramm (EKD)

Um die spezifischen Gefügeeigenschaften der Eisenwerkstoffe einschätzen zu können, wurde das Eisen-Kohlenstoff-Diagramm aus vielen Versuchsreihen notiert. Es ermöglicht ein grundlegendes Verständnis für das Gefüge von unlegierten Eisenwerkstoffen in verschiedenen Temperaturbereichen und bei unterschiedlichem Kohlenstoffanteil.

Die **Aussagefähigkeit** des Eisen-Kohlenstoff-Diagramms verringert sich, je schneller erwärmt oder abgekühlt wird und je größer der Anteil an Legierungselementen ist.

Das Eisen-Kohlenstoff-Diagramm wird üblicherweise in zwei Varianten dargestellt: dem **stabilen System** (Fe-C), in dem der elementare Kohlenstoff in Form von Grafit existiert, und dem **metastabilen System** mit Kohlenstoff in der gebundenen Karbidform ($FeFe_3C$) **(Bild 1)**.

Die im metastabilen System dargestellten Gefüge gelten nur für den **Gleichgewichtszustand**, das heißt, dem Kohlenstoff wird genügend Zeit für die Diffusion gegeben. Wird der Stahl rascher abgekühlt, stehen dem Kohlenstoff nur kurze Diffusionszeiten zur Verfügung. Dadurch würde die Bewegung der Kohlenstoffatome eingeschränkt werden. Diesen Vorgang nutzt man in der Praxis beim Härten aus.

Das metastabile Diagramm dokumentiert nur den technisch relevanten Kohlenstoffgehalt von 0 bis 6,67 %. Das Gefüge kann im metastabilen System maximal zu 100 % aus Zementit bestehen. Da der Kohlenstoffgehalt im Zementit 6,67 % beträgt, ist ein höherer Kohlenstoffanteil nicht möglich.

Jede Gefügeart bzw. jeder Aggregatzustand des Eisenwerkstoffs zwischen 0 und 6,67 % wird mithilfe einer Linie in Bereiche abgegrenzt.

Wird eine Linie überschritten, so ändert sich die Gefügeart bzw. der Aggregatzustand. Zur leichteren Identifikation der Bereiche sind alle wichtigen Schnitt- und Endpunkte der Linien systematisch mit Großbuchstaben gekennzeichnet.

Beim Über- bzw. Unterschreiten einer Gefügebegrenzunglinie im Eisen-Kohlenstoff-Diagramm findet eine **Gefügeänderung** statt.

Die A-C-D-Linie wird als **Liquiduslinie** (liquidus, lat. = flüssig) bezeichnet. Oberhalb dieser Linie liegen die Eisenwerkstoffe in **flüssiger Form als Schmelze** vor.

Wird die Liquiduslinie unterschritten, beginnt das Erstarren der Schmelze durch das Ausscheiden von unterschiedlichen Kristallen abhängig vom Kohlenstoffgehalt **(Bild 2)**.

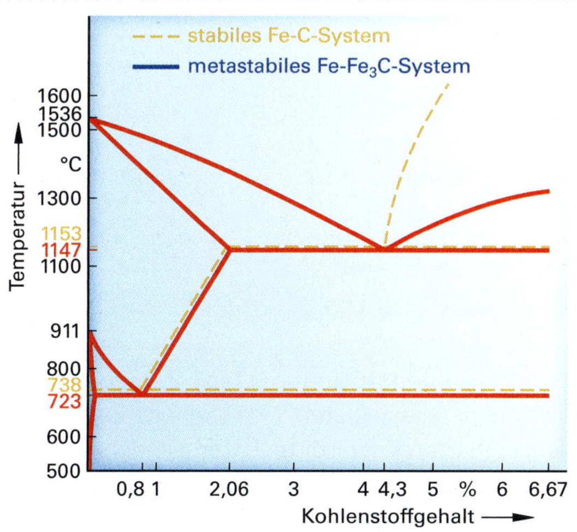

Bild 1: Unterschied metastabiles und stabiles Eisen-Kohlenstoff-Diagramm

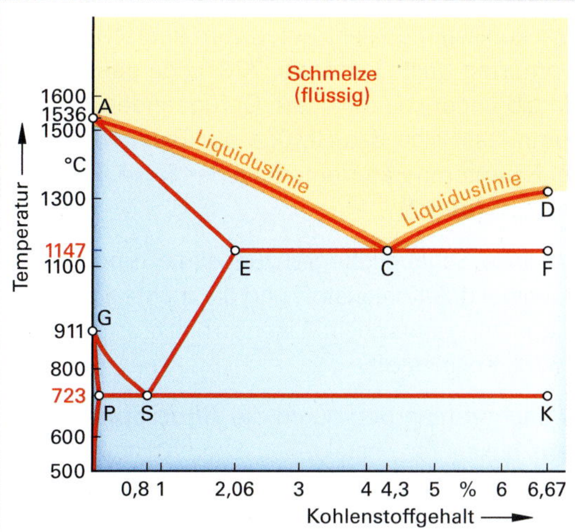

Bild 2: Liquiduslinie und Schmelzbereich im EKD

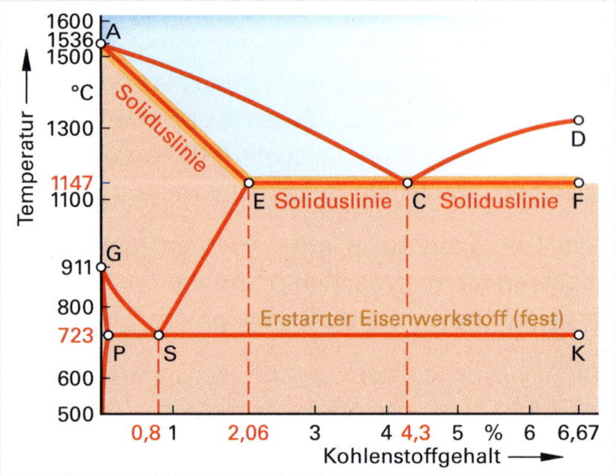

Bild 1: Soliduslinie und Festkörperbereich im EKD

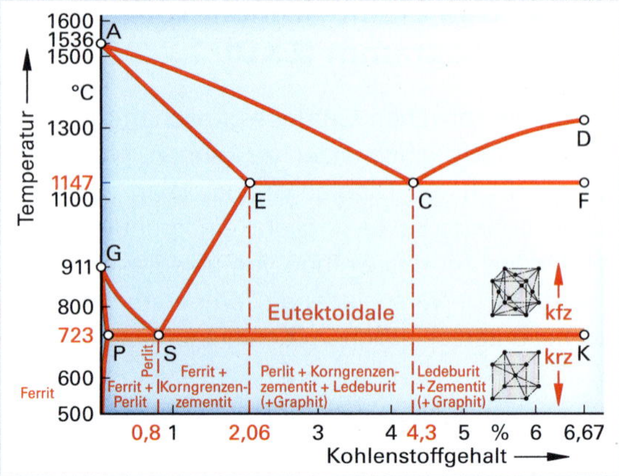

Bild 2: Eutektoidale und Gefügearten bei Raumtemperatur im EKD

Die Anzahl der ausscheidenden Kristalle steigt stetig an, je weiter man sich unterhalb der Liquiduslinie befindet. Damit nimmt die Erstarrung bis zur A-E-C-F-Linie kontinuierlich zu.

Die A-E-C-F-Linie wird als **Soliduslinie** (solidus, lat. = fest) bezeichnet. Ab Erreichen dieser Linie ist der Eisenwerkstoff vollständig **erstarrt und fest (Bild 1)**.

Kühlt der Werkstoff weiter ab, so finden weitere Gefügeänderungen im festen Zustand aufgrund von Veränderungen des Kristallgitteraufbaus abhängig vom Kohlenstoffgehalt statt.

Ein wichtige Gefügeänderung wird durch die **Gitterumwandlungslinie Eutektoidale** (P-S-K-Linie) vom kubisch-raumzentrierten zum kubisch-flächenzentrierten Kristallgitter bei 723 °C dargestellt. Unterhalb findet keine weitere Gefügeänderung statt. Somit lässt sich das Gefüge der Eisenwerkstoffe bei Raumtemperatur unterhalb der P-S-K-Linie entnehmen **(Bild 2)**.

Die linke Schaubildbegrenzungslinie repräsentiert Eisen bei 0 % Kohlenstoff und die rechte Schaubildbegrenzung entspricht Eisenkarbid (Zementit) bei 6,67 % Kohlenstoff.

Betrachtet man den durch die **Allotropie des Eisens** bekannten charakteristischen Kristallgitterumwandlungspunkt bei 911 °C, an dem das kubisch-raumzentrierte zum kubisch-flächenzentrierten Kristallgitter umklappt, erklärt sich der Punkt G sowie die Schmelztemperatur im Punkt A von 1536 °C am linken Diagrammrand **(Bild 3)**.

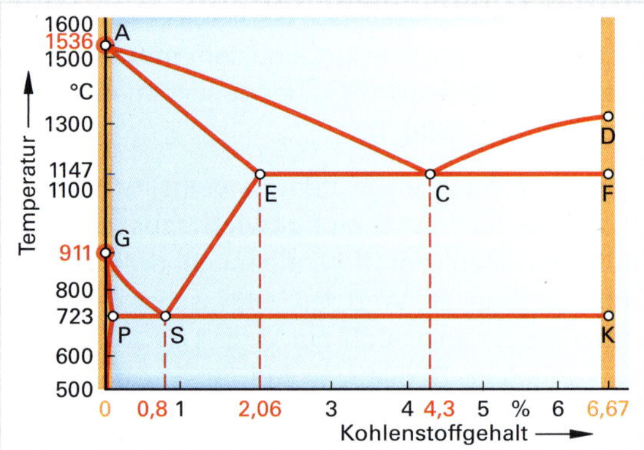

Bild 3: Soliduslinie und Festkörperbereich im EKD

Als **Allotropie** bezeichnet man die Erscheinung, dass Eisen im festen Aggregatzustand zwei Gitterstrukturen aufweist.

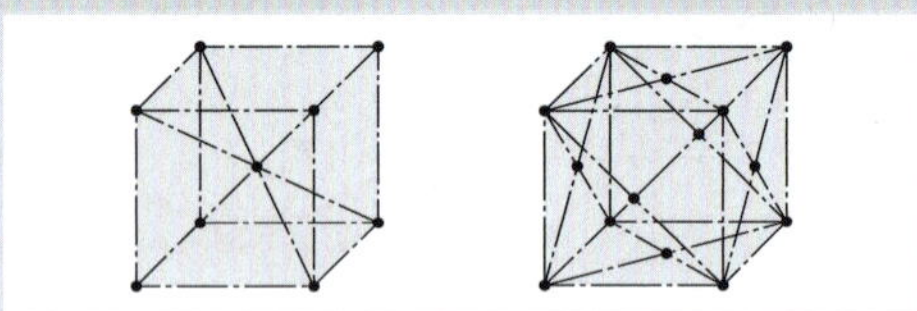

Stähle (Kohlenstoffanteil bis 2,06 %) bilden γ-Mischkristalle (Austenit) mit einem kubisch-flächenzentrierten Kristallgitter unterhalb der A-E-Linie.

Eutektoide Stähle (Kohlenstoffanteil von 0,8 %) wandeln sich vom Austenitgefüge nach dem Erstarren bei einer Temperatur unterhalb von 723 °C in reines Perlitgefüge um.

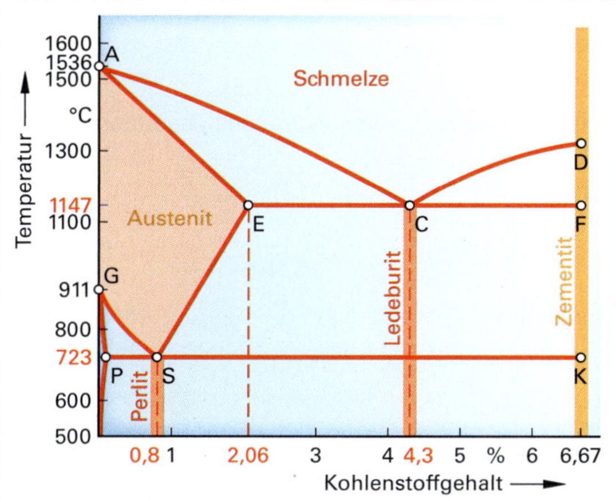

Bild 1: Besondere Gefügeumwandlungen im EKD

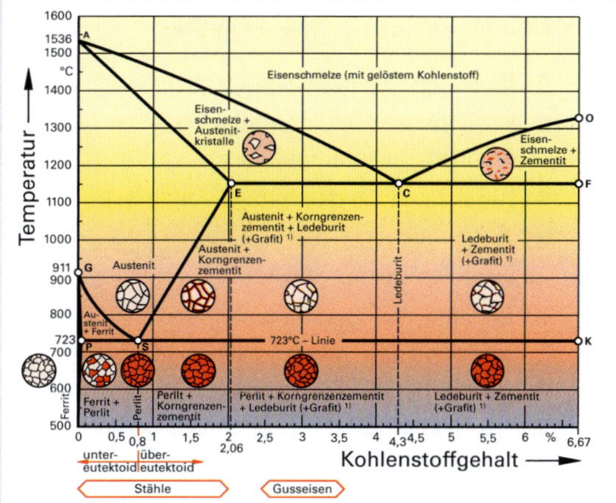

Bild 2: Metastabiles Eisen-Kohlenstoff-Diagramm

Bei einem Kohlenstoffanteil von 4,3 % erstarrt **eutektisches Gusseisen** bei einer Temperatur von 1147 °C vollständig zu einem feinkörnigen Gefüge aus Ledeburit. Am entsprechenden Punkt C im Schaubild treffen die Liquiduslinie und die Soliduslinie aufeinander. Metallurgisch kennzeichnet dieser Punkt den direkten Übergang des eutektischen Gemischs vom flüssigen in den festen Zustand **(Bild 1)**.

Zwischen der Liquidus- und der Soliduslinie in Feld A-D-C wird **Schmelze mit Austenitkristallen** dargestellt.

Die Inhalte der Zweiphasenfelder im EKD ergeben sich aus den horizontal beidseitig angrenzenden Feldern. In dem Fall: Austenit und Schmelze. Daher bestimmt sich das Zweiphasenfeld C-F-D zu **Schmelze** und **Zementit**.

Das Zweiphasenfelder G-P-S entspricht Austenit und Ferrit. Im Feld E-S-K-F-C spricht man von Austenit und Zementit. Diese grobe Unterteilung kann noch spezifiziert werden.

Bei übereutektoiden Stählen **(C-Gehalt größer 0,8 bis 2,06 %)** entsteht bei Abkühlung aus dem Austenit unterhalb der S-E-Linie Korngrenzenzementit. Kühlt der Werkstoff weiter ab und unterschreitet dabei die 723 °C-Linie, entsteht Perlit. Übereutektoide Stähle haben bei Raumtemperatur deshalb ein Gefüge aus Perlit, das von Korngrenzenzementit umgeben ist.

Während Stähle durch ihren niedrigen Kohlenstoffgehalt immer nach dem metastabilen System kristallisieren, kann Gusseisen in der metastabilen Form z. B. bei weißem Gusseisen, aber auch in der stabilen Form bei grauem Gusseisen erstarren.

Untereutektische Gusseisenwerkstoffe mit einem **C-Gehalt über 2,06 bis 4,3 %** erstarren zu Austenit mit Korngrenzenzementit und Ledeburit oder Grafit und je nach Abkühlungsgeschwindigkeit unterhalb 723 °C zu Perlit und Ledeburit oder Ferrit/Perlit und Grafit.

Bei einem **C-Gehalt über 4,3 bis 6,67 %** erstarren übereutektische Gusseisenwerkstoffe entweder zu Ledeburit und Zementit oder Grafit und abhängig von der Abkühlungsgeschwindigkeit unterhalb 723 °C weiter zu Ferrit/Perlit und Grafit.

In der Abbildung des metastabilen Eisen-Kohlenstoff-Diagramms sind die beschriebenen Abläufe im Hinblick auf Phasenübergänge und die Mikrostruktur der Eisen-Kohlenstofflegierungen in Abhängigkeit von der Temperatur und dem Kohlenstoffgehalt übersichtlich dargestellt **(Bild 2)**.

> Kenntnisse über die Gefügeumwandlungen im Stahl sind insbesondere für Wärmebehandlungen wie **Härten, Glühen** und **Anlassen** wichtig.
>
> Als Stahlecke (Bild 2) bezeichnet man den Ausschnitt des Eisen-Kohlenstoff-Diagramms bis zu einem für Stähle kennzeichnenden Kohlenstoffgehalt von 2,06 %.

Überlegen und beantworten Sie:

1. Benennen Sie das Gefüge von reinem Eisen bei Raumtemperatur.
2. Beschreiben Sie die Unterschiede der Gefügeart von untereutektoidem, eutektoidem und übereutektoidem Stahl bei Raumtemperatur.
3. Bezeichnen Sie das Gefüge von untereutektoidem Stahl mit 0,6 % Kohlenstoffanteil bei Raumtemperatur.
4. Beschreiben Sie, wie sich das Gefüge von eutektoidem Stahl ausgehend von der Raumtemperatur bis hin zu einer Temperatur von 1200 °C verändert.
5. Bei einer Temperatur von 1000 °C zeigt ein Gefüge Austenitmischkristalle und Korngrenzenzementit. Beschreiben Sie, wie Sie mithilfe des Eisen-Kohlenstoff-Diagramms auf den Kohlenstoffgehalt im Stahl rückschließen können.
6. Die nachfolgenden Bilder zeigen Gefüge von Stahl bei einer Raumtemperatur. Ordnen Sie die Bezeichnungen „untereutektoider Stahl“, „eutektoider Stahl“ und „übereutektoider Stahl“ den Schaubildern zu.

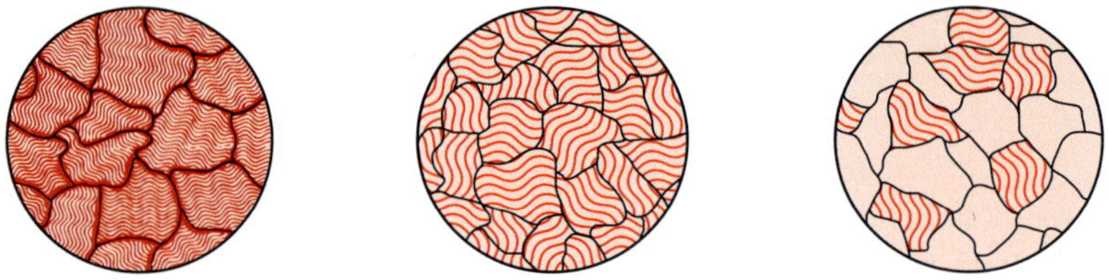

7. Ein übereutektoider Stahl mit einem Kohlenstoffgehalt von 1,1 % soll eingeschmolzen werden. Beschreiben Sie die zu erwartenden Gefügeänderungen inklusive Gitterstruktur beim Überschreiten der Gefügebegrenzungslinien im Eisen-Kohlenstoff-Diagramm.
8. Eine Schmelze des untereutektoiden Stahls mit einem Kohlenstoffgehalt von 0,5 % soll abgekühlt werden. Beschreiben Sie die zu erwartenden Gefügeänderungen inklusive Gitterstrukturen beim Überschreiten der Gefügebegrenzungslinien im Eisen-Kohlenstoff-Diagramm.

12.3.5 Glühverfahren

Als **Glühen** bezeichnet man in der Werkstoffkunde das Anwärmen, Durchwärmen sowie Abkühlen von Werkstücken und Halbzeugen zur Fertigung definierter Werkstoffeigenschaften.

Der Wärmebehandlungsvorgang des Glühens wird üblicherweise in drei Phasen unterteilt: **Erwärmen, Halten** und **Abkühlen (Bild 1, Seite 721)**.

Glühen gehört zu den Fertigungsverfahschaften, die eine **Änderung der Stoffeigenschaften** bewirken.

Je nach Glühtemperatur, Glühparameter (Temperatur und Zeit) und Zielsetzung gibt es eine Vielzahl an Glühverfahren **(Bild 1)**:

- Normalglühen
- Diffusionsglühen
- Rekristallisationsglühen
- Weichglühen
- Grobkornglühen

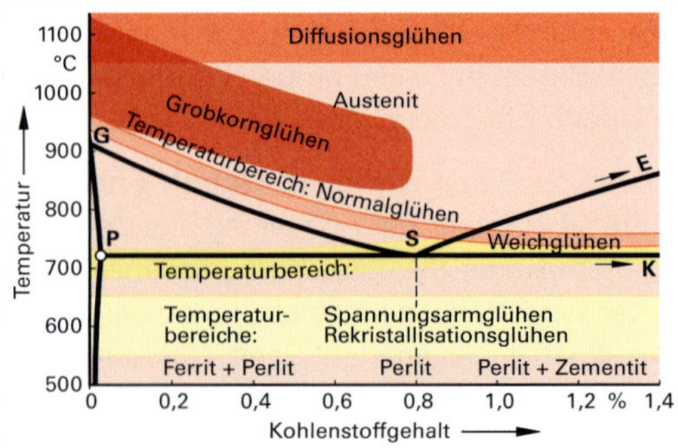

Bild 1: Glühtemperaturen unlegierter Stähle im EKD

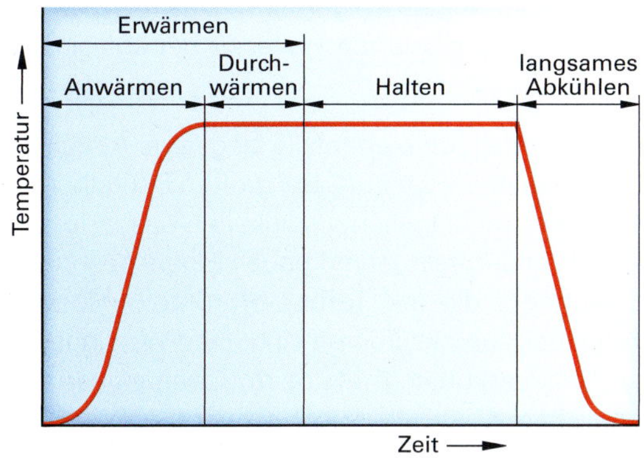

Bild 1: Temperaturverlauf beim Glühen

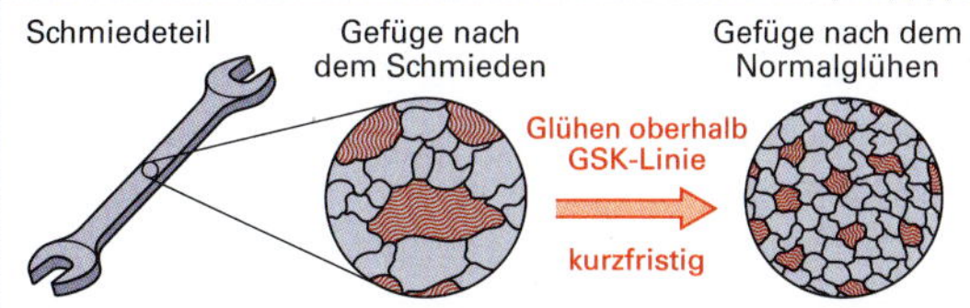

Bild 2: Normalglühen (Normalisieren)

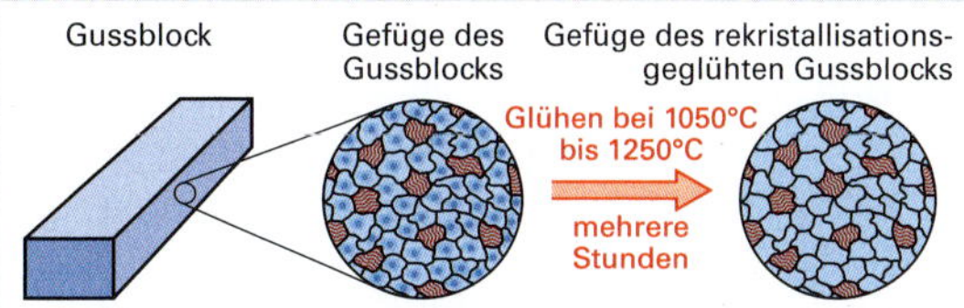

Bild 3: Diffusionsglühen (Homogenisieren)

Durch das langsame **Anwärmen** wird das Werkstück unter Einhaltung spezifischer Anwärmgeschwindigkeiten auf Glühtemperatur gebracht, dann bei gleichbleibender Temperatur vollständig durchgewärmt.

Beim **Halten** wird das Werkstück auf konstanter Haltetemperatur gehalten, so wird ein Temperaturausgleich im Werkstück erzielt. Hierbei stellt sich ein Gleichgewicht der physikalischen und chemischen Vorgänge im Werkstück ein. Die Werkstückgeometrie und die Anordnung im Glühofen haben einen Einfluss auf die Haltedauer.

Beim langsamen **Abkühlen** wird das Werkstück unter Einhaltung spezifischer Abkühlgeschwindigkeiten wieder auf die Umgebungstemperatur gebracht.

// Normalglühen

Ziel des **Normalglühens (Normalisieren)** ist ein möglichst feinkörniges und gleichmäßiges Gefüge. Das angestrebte Gefüge vereint gute Festigkeits- und Zähigkeitseigenschaften und lässt sich durch Normalisieren immer wieder gezielt herstellen **(Bild 2)**.

Das nachteilige, ungleichmäßige und grobe Gefüge vor dem Normalglühen kann beispielsweise beim Walzen, Schmieden oder Schweißen von Werkstücken entstanden sein. Beim Normalglühen finden eine vollständige Gefügeumwandlung und eine Körnerneubildung während des kurzzeitigen Glühens statt.

Untereutektoide Stähle werden auf eine Haltetemperatur von ca. 30 °C bis 50 °C oberhalb der G-S-Linie im Eisen-Kohlenstoff-Diagramm erwärmt (750 °C bis 950 °C je nach Kohlenstoffgehalt).

Übereutektoide Stähle hingegen werden auf etwas geringere Haltetemperatur erhitzt, nur knapp oberhalb der Linie S-K-Linie (ca. 750 °C). Danach wird diese Temperatur ausreichend lang gehalten und anschließend das Werkstück kontrolliert an der Luft abgekühlt.

Der Stahl darf weder über- noch unterhitzt oder zu langsam abgekühlt werden, um eine erneute Grobkornbildung zu vermeiden.

> Stähle, die bei Luftabkühlung martensitisch umwandeln, dürfen nicht normal geglüht werden.

Anwendung findet das Normalglühen bei Stahlgussstücken, Schweißkonstruktionen oder Schmiedeteilen.

// Diffusionsglühen

Durch **Diffusionsglühen (Homogenisieren)** sollen Konzentrationsunterschiede (Gefügeheterogenitäten) der Legierungs- und Begleitelemente, sogenannte Seigerungen, reduziert oder beseitigt werden **(Bild 3)**.

Seigerungen entstehen bei der Erstarrung der Schmelze und lassen sich nicht vollständig vermeiden. Unbehandelt führen Gefügeheterogenitäten, die sich auf die Kornformabmessungen und -anordnungen beziehen können, zu unterschiedlichen Eigenschaften innerhalb eines Korns und damit zu potenziellen Gefügeschwachstellen.

Die Glühtemperatur beim Diffusionsglühen sollte möglichst nah unter der Soliduslinie liegen. Je nach Kohlenstoffgehalt findet diese Wärmebehandlung bei Stählen im Temperaturbereich von 1050 °C bis 1250°C statt. Die Haltezeiten betragen mehrere Stunden. Ungünstige Bedingungen können sehr lange Glühzeiten bis zu 50 Stunden und darüber hinaus erfordern.

Durch die Homogenisierung nehmen Zugfestigkeit und Bruchdehnung im Vergleich zum ungeglühten Stahl zu. Allerdings entsteht aufgrund der hohen Glühtemperatur und langen Haltezeit ein grobes Korn.

Ein Reduzieren der Haltetemperatur würde eine längere Haltezeit erforderlich machen, was das Verfahren unwirtschaftlicher macht. Durch anschließendes Normalglühen lässt sich wieder eine Kornverfeinerung erzielen. Des Weiteren findet beim Diffusionsglühen eine starke Randentkohlung und Verzunderung statt, die durch Glühen innerhalb einer sauerstofffreien Schutzgasatmosphäre vermieden werden kann.

Abgegossene oder warm umgeformte Stahlblöcke werden in der Regel diffusionsgeglüht und in weiteren Bearbeitungsschritten werden Verzunderung, Randentkohlung und Grobkornbildung beseitigt.

// Spannungsarmglühen

Das **Spannungsarmglühen** soll im Stahl enthaltene innere Spannungen vermindern, die durch mechanische Beanspruchung oder ungleichmäßige Temperatureinwirkung, z. B. beim Gießen, Schweißen oder Zerspanen, entstanden sind **(Bild 1)**.

> Im Stahl verbleibende innere Spannungen führen schon bei niedrigen äußeren Belastungen zu **Verzug** oder zu **Rissbildung** und zum **Bruch** .

Stahl wird bei Temperaturen zwischen 550 °C und 650 °C spanungsarm geglüht. Das Aufwärmen erfolgt langsam und die Haltezeit beträgt eine bis mehrere Stunden.

Danach erfolgt eine ebenfalls langsame Abkühlung im Ofen oder an der Luft. Bei großen Bauteilen sind langsame Abkühlgeschwindigkeiten besonders essenziell, andernfalls ist mit neuen Eigenspannungen zu rechnen, die auf Temperaturunterschiede im Werkstück zurückzuführen sind. Eine Verzunderung und Randentkohlung tritt beim Spannungsarmglühen nicht auf.

// Rekristallisationsglühen

Die bei der Kaltverformung auftretende Verfestigung an der Umformstelle und die Kornstreckung soll mithilfe des **Rekristallisationsglühens (Rekristallisieren)** beseitigt werden.

Mit zunehmender Kaltumformung steigt die Festigkeit im Werkstoff an und gleichzeitig erfolgt eine Abnahme der Dehnung und Zähigkeit.

Erreicht der Stahl seine Umformgrenze, muss durch Rekristallisation eine Kornneubildung veranlasst werden.

> Rekristallisationsglühen findet Anwendung bei gewalzten, gebogenen oder tiefgezogenen Werkstücken.

Hierzu wird das Material unterhalb der P-S-K-Linie im Bereich zwischen 550 °C bis 650 °C geglüht. Die Haltedauer ist von der gewählten Haltetemperatur abhängig, die wiederum durch den Verformungsgrad beeinflusst wird, und kann zwischen wenigen Minuten und einigen Stunden betragen.

Das Rekristallisieren ist die einzige Möglichkeit, bei hochlegierten austenitischen und ferritischen Stäh-

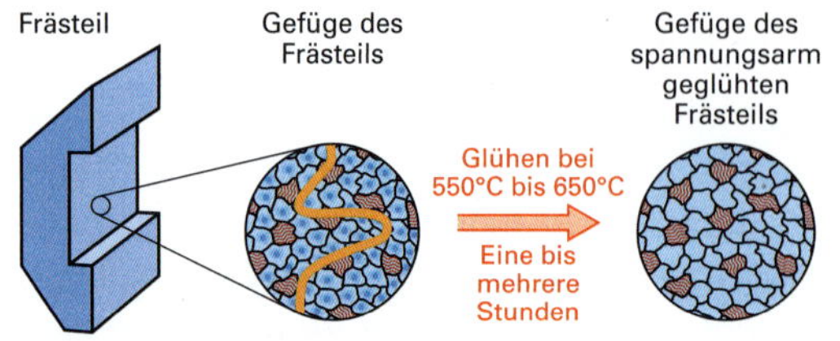

Bild 1: Spannungsarmglühen

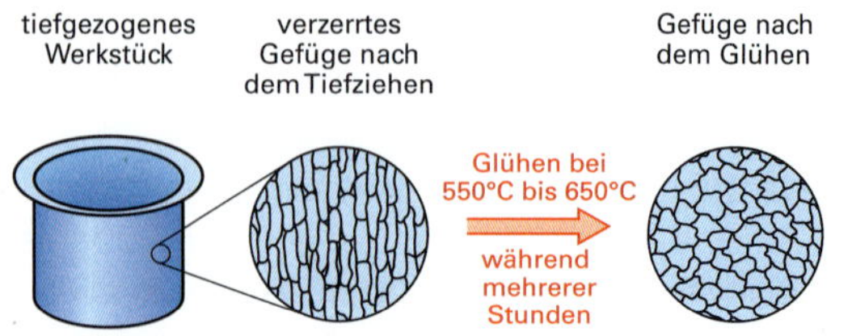

Bild 2: Rekristallisationsglühen (Rekristallisieren)

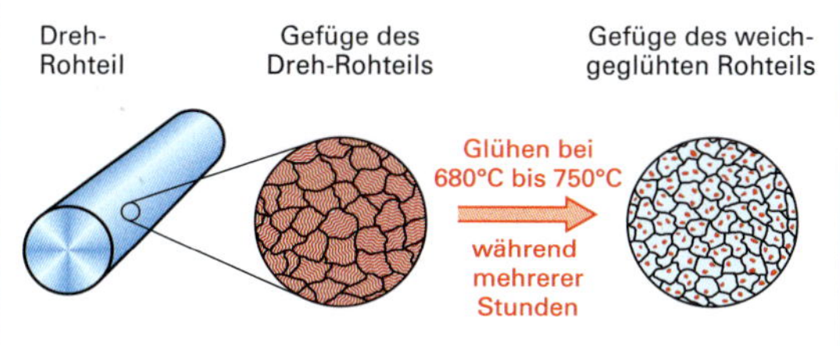

Bild 1: Weichglühen

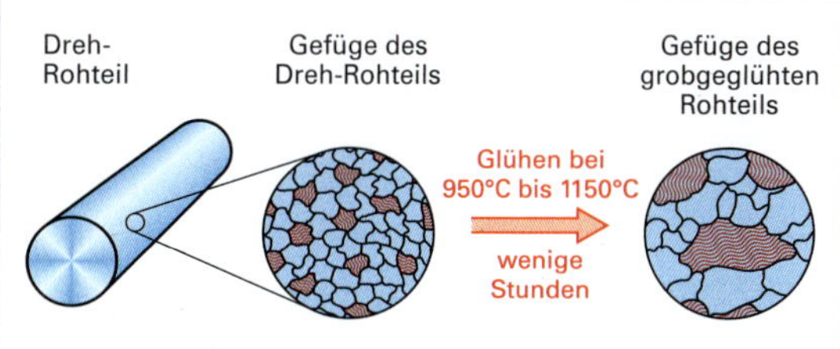

Bild 2: Grobkornglühen (Hochglühen)

len die Korngröße zu verringern, da diese umwandlungsfrei sind.

Je **höher** die gewählte Rekristallisationstemperatur, desto **kürzer** ist die erforderliche Zeit der Rekristallisation.

Je **höher** der Verformungsgrad, desto **geringer** die Rekristallisationstemperatur.

Vorteile zu dem Normalglühen

- Gefügeneubildung auch bei hochlegierten austenitischen oder ferritischen Stähle
- geringere Verzunderungsgefahr

// Weichglühen

Ziel des **Weichglühens** ist, den Stahl auf eine im Anschluss erfolgende zerspanende Bearbeitung optimal vorzubereiten **(Bild 1)**.

Hierfür muss möglichst ein weiches und gleichmäßiges Gefüge eingestellt werden. Beim Weichglühen wandelt sich der lamellare zum körnigen Perlit. Dazu muss der streifenförmige Zementit in einen kugeligen Zementit umgeformt werden, wodurch sich die Härte des Stahls verringert.

Bei übereutektoiden Stählen liegt die Glühtemperatur knapp oberhalb der P-S-K-Linie oder pendelt um diese.

Knapp unterhalb der 723 °C-Umwandlungslinie liegt die Haltetemperatur für das Weichglühen von untereutektoiden Stählen ab einem Kohlenstoffgehalt von 0,4 %.

Beim Weichglühen liegt die Glühtemperatur im Bereich von 680 °C und 750 °C oder pendelt darum.

Die Haltezeit beträgt mehrere Stunden und der Stahl muss im Anschluss langsam im Ofen abkühlen, da die Abkühlungsgeschwindigkeit maßgeblich entscheidend für ein weiches und spannungsarmes Gefüge ist.

Stähle mit einem geringeren Kohlenstoffgehalt als 0,4 % werden in der Regel **nicht** weichgeglüht.

Das Material ist ohne das Weichglühen bereits relativ weich und gut umformbar. Es neigt bei der zerspanenden Bearbeitung aber zum Schmieren.

Um bessere Zerspanbarkeit in dieser Stahlgruppe zu erzielen, wird das Grobkornglühen angewandt.

// Grobkornglühen

Durch **Grobkorn-** oder **Hochglühen** sollen Stähle mit niedrigem Kohlenstoffgehalt unter 0,3 % günstigere Zerspannungseigenschaften erhalten, da sich das Material durch seine relative Weiche nicht für das Weichglühen eignet **(Bild 2)**.

Durch die Grobkornbildung nach dem Glühen erreichen diese Stähle eine höhere Oberflächengüte bei der zerspanenden Bearbeitung. Die starke Kornvergrößerung wird durch hohe Glühtemperaturen (950 °C bis 1150 °C) und langsame Abkühlung erzielt. Die Abkühlung muss bis zur Gitterumwandlung bei 723 °C im Ofen erfolgen. Ab einer Temperatur von ca. 350 °C kann eine beschleunigte Abkühlung in Luft stattfinden.

Die Haltezeit beträgt wenige Stunden. Durch das Grobkornglühen wird das Schmieren zäher Stähle dieser Stahlgruppe während der Zerspanung umgangen.

Ziel des Weich- oder Grobkornglühens ist die **Verbesserung** der Umform- oder Zerspanbarkeit!

Überlegen und beantworten Sie:

1. Zählen Sie die drei Arbeitsschritte beim Glühen auf.
2. Benennen Sie die Glühverfahren und ihr jeweiliges Ziel.
3. Geben Sie die Glühtemperatur für das Weichglühen und das Spannungsarmglühen an.
4. Wählen Sie für die nachfolgenden Anwendungsbeispiele ein geeignetes Glühverfahren und begründen Sie Ihre Auswahl:
   a) ein Schmiedestück mit grobkörnigem Gefüge
   b) ein Stahlgussblock mit Seigerungen
   c) einen Träger nach dem Schweißen
   d) eine Laminierform nach dem Tiefziehen
5. Benennen Sie anhand der nachfolgenden Gefügebilder die zugehörigen Glühverfahren und geben Sie die Glühtemperatur und Haltezeit an.

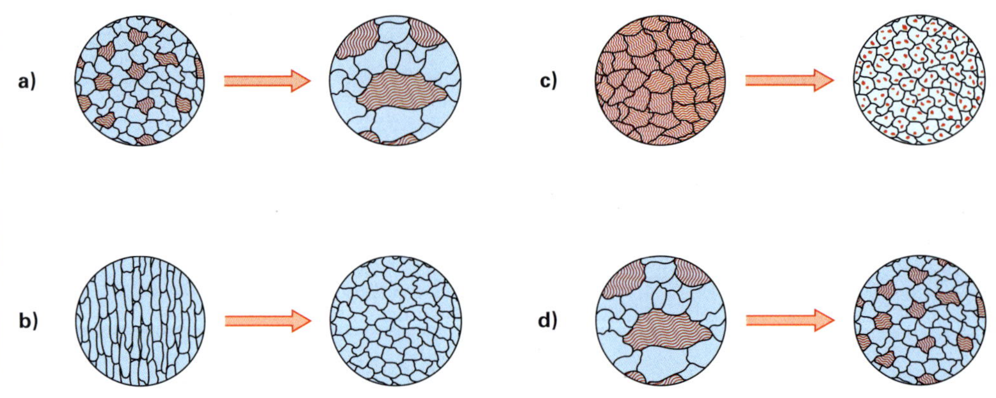

12.3.6 Härten

Unter Härten versteht man allgemein das sogenannte Umwandlungshärten, ein Prozess zur Erhöhung der Härte, die auf Gefügeumwandlung zurückzuführen ist. Ein weiteres Verfahren zur Steigerung der Härte im Bauteil ist beispielsweise die Kaltverfestigung.

// Zweck des Härtens

Das **Härten** in Kombination mit dem nachfolgenden Erwärmen bei niedrigen Temperaturen (Anlassen) wird zur Erhöhung der Härte und zu einer besseren Verschleißfestigkeit meistens für Werkzeugstähle genutzt. Gehärtet werden beispielsweise Feilenblätter, Reißnadeln, Bohrer und Meißel **(Bild 1)**.

Bei Vergütungsstählen wird das Härten mit dem nachfolgenden Anlassen bei hohen Temperaturen (Vergüten) zur Erhöhung der Festigkeit bei dennoch guter Zähigkeit des Materials genutzt. Nur Stähle mit mehr als 0,2 % Kohlenstoff sind zum Härten geeignet. Liegt der Kohlenstoffgehalt darunter, zeigen Umwandlungen nicht die benötigte Härtesteigerung.

Bild 1: Gehärtete Werkzeuge

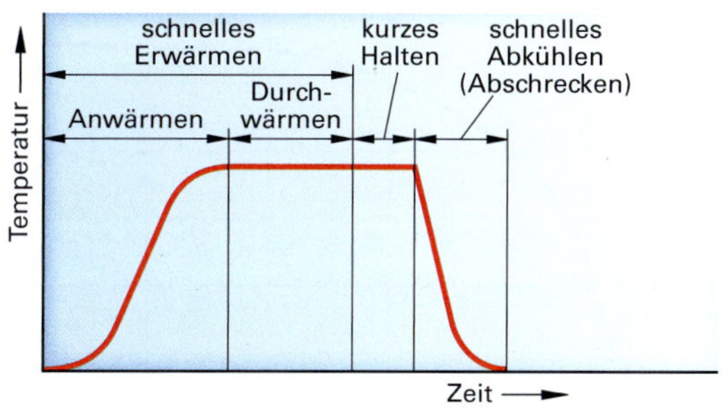

Bild 1: Temperaturverlauf beim Härten

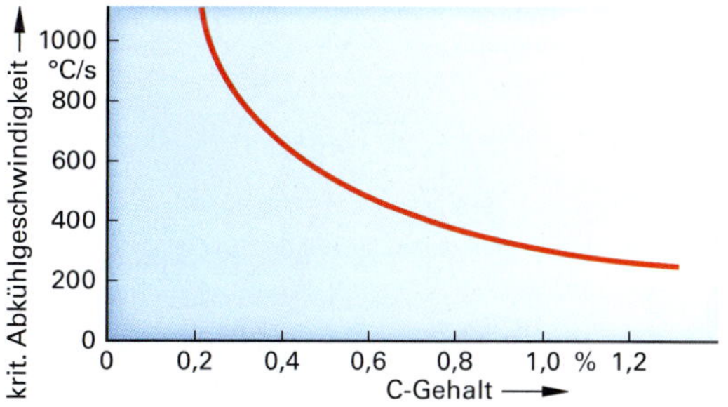

Bild 2: Kritische Abkühlgeschwindigkeit in Abhängigkeit vom Kohlenstoffgehalt des Werkstücks

// Ablauf des Härtens

Wie alle Wärmebehandlungsverfahren lässt sich auch das Härten in die drei Phasen unterteilen: **Erwärmen, Halten** und **Abkühlen** (Abschrecken) **(Bild 1)**.

Im Gegensatz zum Glühen erfolgt ein schnelles Erwärmen auf eine Temperatur oberhalb der G-S-K-Linie, um eine vollständige Umwandlung vom Ferrit zum Austenit zu erzielen.

Die Haltezeit beträgt beim Härten wenige Minuten bis hin zu einer Stunde. Der gebundene Kohlensoff ist nach dem Erwärmen meist noch nicht völlig im Austenit gelöst, daher wird das Werkstück eine Zeit auf der Härtetemperatur gehalten.

Das **Abschrecken** erfolgt rapide und kann gleichmäßig oder etappenweise zur Verminderung von inneren Spannungen im Werkstück erfolgen. Die kritische Abkühlgeschwindigkeit muss überschritten werden, damit der Härteprozess erfolgreich ist.

Als **kritische Abkühlgeschwindigkeit** wird die Geschwindigkeit des Abkühlens in °C pro Sekunde angegeben, die zur Ausbildung eines martensitischen Gefüges notwendig ist, sie ist stark vom Kohlenstoffgehalt im Werkstoff abhängig **(Bild 2)**.

// Ein Blick ins Innere beim Härten

Unter Betrachtung des metastabilen Eisen-Kohlenstoff-Diagramms ist bekannt, dass bei langsamer Abkühlung untereutektoide Stähle (C-Gehalt unter 0,8 %) unterhalb der Soliduslinie als Austenit vorliegen und übereutektoide Stähle (C-Gehalt über 0,8 %) als Austenit mit Korngrenzenzementit.

Der Kohlenstoff kann im kubisch-flächenzentrierten Gitter des Austenits sehr gut gelöst werden. Untereutektoide Stähle lösen den gesamten Kohlenstoffgehalt im Austenit, übereutektoide Stähle den Anteil des Kohlenstoffs, der nicht im Korngrenzenzementit gebunden ist.

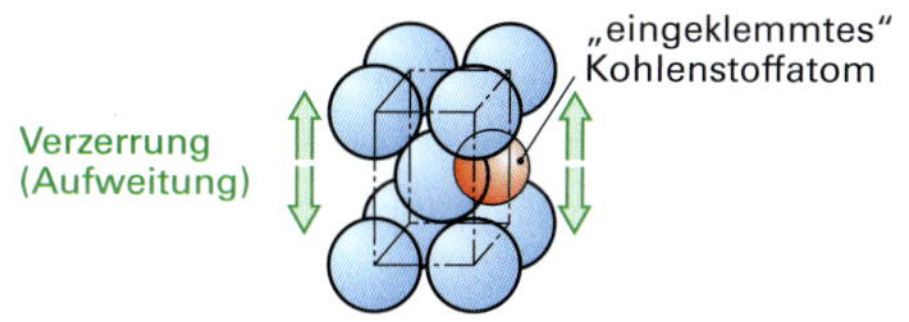

Bild 3: Verzerrter Gitteraufbau von Martensit

Fällt die Temperatur langsam, so klappt das Gefüge beim Unterschreiten der G-S-K-Linie in das kubisch-raumzentrierte Gitter des Ferrits um. Aufgrund des Gitteraufbaus ist im kubisch-raumzentrierten Gitter nahezu kein Kohlenstoff **löslich**, denn zwischen den Gitteratomen des Eisens bleibt in dieser Gitterstruktur kein Platz für den Kohlenstoff.

Bei langsamer Abkühlung **diffundieren** die Kohlenstoffatome bei der Umwandlung und bilden Zementit, der mit dem Ferrit zusammen das Perlit ergibt. Damit der Kohlenstoff diffundieren und sich das Gefüge nach dem Eisen-Kohlenstoff-Diagramm ausbilden kann, muss **ausreichend Zeit** gegeben werden und noch **ausreichend Temperatur** vorhanden sein.

Erhöht man die Abkühlgeschwindigkeit, so gibt man den Kohlenstoffatomen weniger Zeit zur Diffusion. Durch die **rasche Abkühlung** beim Härten und das damit verbundene plötzliche **Umklappen** in ein kubisch-raumzentrierte Gitter kann der Kohlenstoff nicht diffundieren und wird im entstandenen kubisch-raumzentrierten Gitter zwangsgelöst. Da dort räumlich kein Platz zwischen den Eisenatomen

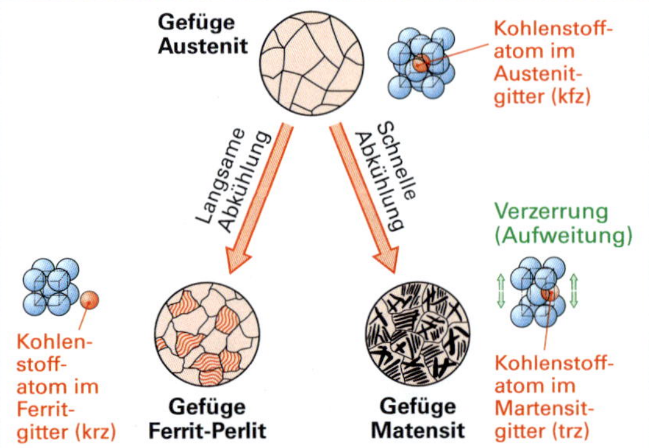

Bild 1: Einfluss der Abkühlgeschwindigkeit auf die Gefügebildung

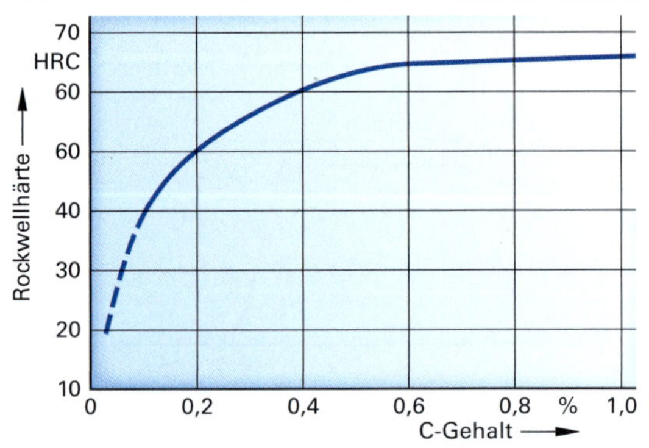

Bild 2: Oberflächenhärte in Abhängigkeit vom Kohlenstoffgehalt

ist, wird das Gitter verzerrt. Es entstehen dabei ein **tetragonal-raumzentriertes** Raumgitter und ein feinnadeliges (dentritisches) Gefüge, genannt **Martensit (Bild 3, Seite 725)**.

Bei langsamer Abkühlung entsteht ein Ferrit-Perlit-Gefüge, das sich vom entstehenden Martensitgefüge beim schnellen Abkühlen (Abschrecken) stark unterscheidet **(Bild 1)**.

Die auftretenden hohe **Gitterverspannungen** und die vielen **Gitterbaufehler** (Zwischengitteratome) sind die Ursache, warum Martensit eine so hohe Festigkeit und geringe Zähigkeit zeigt.

Aufgrund der verhinderten Möglichkeit zur Versetzungsbewegung des Gitters lässt sich Martensit nur schlecht plastisch verformen.

// Härtbarkeit

Unter **Härtbarkeit** ist die werkstoffspezifische Eigenschaft der Eignung eines Materials zum Härten zu verstehen. Es wird zwischen Einhärtbarkeit und Aufhärtbarkeit unterschieden.

Die **Aufhärtbarkeit** beschreibt die durch Härten maximal erreichbare Härte am Rand des Werkstücks und liegt bei 65 HRC. Sie wird durch den Kohlenstoffgehalt im Stahl bestimmt **(Bild 2)**.

Die **Einhärtbarkeit** wird gekennzeichnet durch die maximal erreichbare größte Einhärtungstiefe und den dadurch erzielten Härteverlauf über dem Querschnitt. Die Einhärtbarkeit ist von den Legierungselementen im Stahl abhängig. Die Legierungselemente Chrom und Molybdän fördern die Einhärtbarkeit. Vom **Durchhärtbarkeit** spricht man, wenn die Einhärtungstiefe bis zum Kern eines Werkstücks reicht.

// Härtetemperatur

Bei Stählen hängt die erforderliche Härtetemperatur maßgeblich von der chemischen Zusammensetzung des Werkstoffs ab. Der Kohlenstoffgehalt und die Legierungselemente haben einen entscheidenden Einfluss.

Das Erwärmen unlegierter untereutektoider Stähle (C-Gehalt unter 0,8 %) erfolgt auf eine Temperatur von 30 bis 50 °C oberhalb der G-S-Linie zur vollständigen Austenitisierung des Werkstoffs. Unlegierte übereutektoide Stähle (C-Gehalt über 0,8 %) werden auf eine Temperatur knapp oberhalb der S-K-Linie auf etwa 750 bis 800 °C erwärmt.

Legierte Stähle müssen in Abhängigkeit von ihren Legierungen auf deutlich höhere Temperaturen erwärmt werden, um die Legierungselemente in Lösung zu bringen und eine ausreichende Karbidauflösung sicherzustellen. Die geeignete Härtetemperatur kann Werkstoffdatenblättern entnommen werden.

Es ist auf eine ausreichende Durchwärmung des Bauteils zu achten. Bei zu hohen Temperaturen wird das Material spröde und bei zu geringer Temperatur kann der Kohlenstoff nicht homogen im Austenit in Lösung gehen und führt zu weichen Restaustenitstellen im harten Martensit (Weichfleckigkeit).

// Abschrecken

Das Abschrecken dient dazu, das Werkstück in entsprechender Geschwindigkeit abzukühlen, damit es die geforderte Härte erreicht.

Durch das Abschrecken wird die Bildung von Perlit unterdrückt und damit das Gefüge in Martensit umgewandelt.

Durch Eintauchen in Wasser, Öl, Emulsion, Polymerlösung oder durch das Anblasen mit Druckluft wird dem heißen Werkstück schlagartig Energie entzogen, wodurch die Temperatur schnell sinkt **(Bild 1)**.

Bild 1: Abschrecken in Wasser

Flüssige Abschreckmittel entziehen dem Bauteil die Wärme nicht gleichmäßig, falls ihre Siedetemperatur unterhalb der Härtetemperatur liegt. Unmittelbar nach dem Eintauchen entsteht auf der Bauteiloberfläche eine Dampfschicht, die wärmeisolierend wirkt. Mit fallender Werkstücktemperatur bricht die Dampfschicht zusammen und es entstehen Dampfblasen, an denen die Abkühlung geringer ist. Die Dampfblasen müssen sich durch Bewegung des Bauteils in der Abschreckflüssigkeit schnell von der Bauteiloberfläche ablösen und dürfen sich nicht in Hohlräumen halten.

Erreicht das Bauteil eine Temperatur unterhalb der Siedetemperatur der Abschreckflüssigkeit, so kühlt das Bauteil mit größerer Wärmeabfuhr ab. Durch entsprechende richtige Lage des Bauteils beim Eintauchen und fortlaufende Bewegung im Abschreckbad kann die gleichmäßige Abkühlung beeinflusst und Härteverzug vermeiden werden **(Bild 2)**.

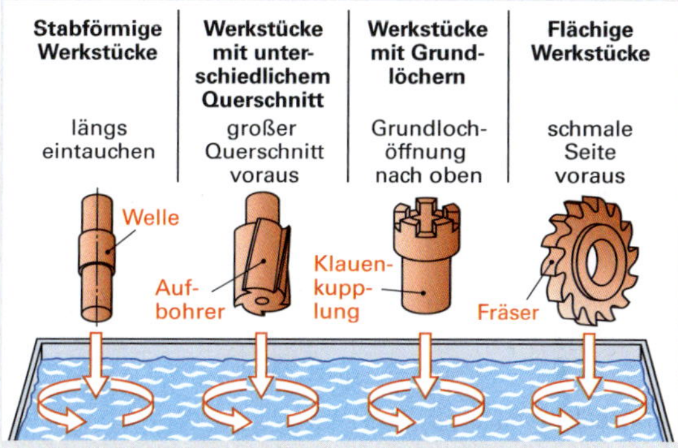

Bild 2: Richtiges Eintauchen beim Abschrecken

Regeln für richtiges Eintauchen

- Bauteile in Stabform sind in Längsrichtung einzutauchen.
- Bauteile sind mit unterschiedlichen Querschnitten stets mit dem größeren Querschnitt einzutauchen.
- Bauteile mit Grundlöchern müssen zur Dampfblasenentweichung mit der Öffnung nach oben eingetaucht werden.
- Großflächige Bauteile sind mit der schmalen Seite zuerst einzutauchen.

// Abschreckmittel

Das Abschreckmittel muss auf den Bauteilwerkstoff und die -abmessungen abgestimmt sein. Es kann zwischen flüssigen und gasförmigen Abschreckmitteln gewählt werden.

Sehr hohe Abkühlgeschwindigkeiten können mit **Wasser** als Abschreckmedium erreicht werden. Durch Zugabe von Salzen kann die Siedetemperatur erhöht und damit die mögliche Abkühlgeschwindigkeit maximiert werden. Unlegierte Stähle werden in Wasser abgeschreckt, da sie eine hohe kritische Abkühlgeschwindigkeit haben.

Aufgrund der verminderten Wärmeleitfähigkeit sind **Härteöle** ein milderes Abschreckmittel im Vergleich zum Wasser. Überwiegend legierte Stähle werden in Härteölen abgeschreckt.

Wässrige Polymerlösungen finden Anwendung im industriellen Bereich. Es entsteht bei der Verwendung kein Rauch oder Ölnebel und das Bauteil muss nicht entfettet werden. Die Abkühlwirkung liegt über der von Härteölen, aber unterhalb von Wasser. Stähle mit geringem Legierungsgehalt werden in Polymerlösungen abgekühlt. Die Riss- und Verzugsgefahr der Bauteile ist bei der Verwendung von Polymerlösungen geringer als bei Wasser.

Wasser-Öl-Emulsionen haben eine ähnliche Abschreckwirkung wie wässrigen Polymerlösungen.

Riss- und verzugsempfindliche Werkstücke werden überwiegend in Warmbädern aus geschmolzenen **Salzschmelzen** abgekühlt. Die Badtemperaturen liegen zischen 200 °C und 500 °C. Das Werkstück wird bis zum vollständigen Temperaturausgleich im

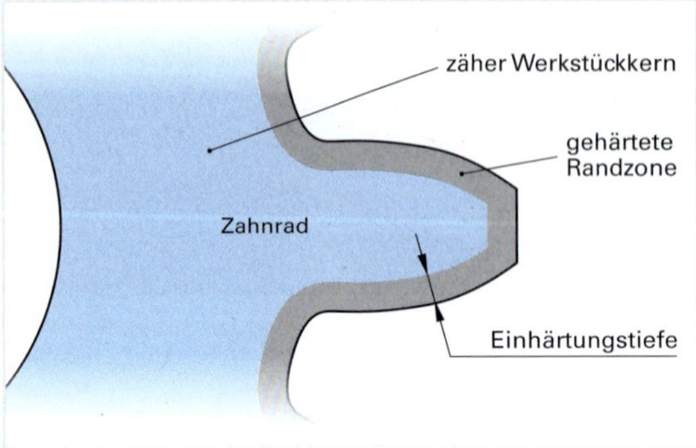

Bild 1: Einhärtungstiefe bei einem Zahnrad

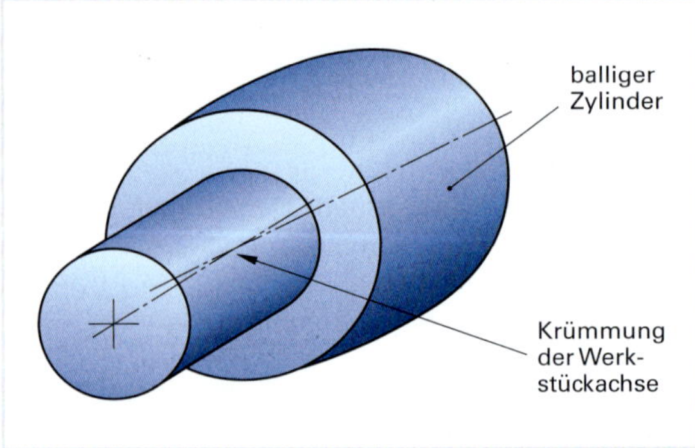

Bild 2: Härteverzug

Warmbad und anschließend bei Raumtemperatur abgekühlt.

Als Alternative werden **Metallschmelzen** bei Warmbädern verwendet, die eine deutlich geringere Umweltschädlichkeit im Vergleich zu den Salzschmelzen haben.

Hochlegierte Stähle werden mit **Luft** abgeschreckt. Hierbei ist die Abkühlung am mildesten, aber es muss mit einer Verzunderung und geringen Entkohlung der Randschicht des Werkstücks gerechnet werden.

// Einhärtungstiefe

Als **Einhärtungstiefe** wird die Dicke der äußeren Martensitschicht vom Werkstückrand aus bezeichnet. Diese beträgt in der Regel einige Millimeter **(Bild 1)**.

Die Abkühlgeschwindigkeit beim Abschrecken nimmt vom Rand in Richtung der Querschnittsmitte ab, sodass sich die Martensitbildung nicht bis zur Kernmitte ausprägt. Dort entsteht durch das Unterschreiten der kritischen Abkühlgeschwindigkeit aus dem Austenit wieder Perlit und damit bleibt der Kern des Bauteils ungehärtet.

Bei Zahnrädern, die nur an der äußeren Zahnflankenoberflächenschicht eine Härtung zur Erhöhung der Verschleißfestigkeit benötigen, aber im Kern weiter eine hohe Zähigkeit zur Stoßunempfindlichkeit haben sollen, ist dieser Effekt erwünscht.

// Härtefehler

Der Härteprozess muss sorgfältig auf die jeweiligen Parameter des zu härtenden Werkstoffs und seine Abmessungen eingestellt sein. Schon kleine Abweichungen können zu einer Vielzahl von Fehler führen, die unterschiedliche Ursachen haben.

Durch die ungleichmäßige Abkühlung und die daraus resultierenden Wärmespannungen im Werkstück in Kombination mit den Umwandlungsspannungen durch die Martensitbildung (Verzerrung des Gitters durch zwangsgelösten Kohlenstoff) kann es zu einem hohen Maß an Eigenspannungen im Bauteil kommen, die zu Maß- und Formabweichungen **(Härteverzug)** führen **(Bild 2)**.

Weist das Werkstück nach dem Härten eine **unzureichende Härte** auf, kann dies auf zu geringe Härtetemperaturen oder zu geringe Haltezeit zurückzuführen sein. Der Zementit löst sich unter diesen Bedingungen nicht ausreichend im Austenit für eine Umwandlung in Martensit.

Eine **ungleichmäßige Härteverteilung** kann auf zu geringe Legierungsanteile im Stahl, aber auch auf eine zu geringe Härtetemperatur/-haltezeit zurückzuführen sein. Auch eine verzögerte Abkühlung kann zu unerwünschten Ferritbildung im Werkstück und damit zu einer ungleichmäßigen Härte führen.

Bei zu schnellem Aufheizen bzw. zu schnellem Abschrecken kann es zu **Härterissen** kommen. Durch das Abschrecken kommt es zu einer ungleichmäßigen Temperaturverteilung über den Querschnitt. Die Randschicht kühlt schneller ab als der Werkstückkern. Das temperaturbedingte Schrumpfen der Randzone wird durch den noch heißen Kern behindert. Hierdurch entstehen Längsrisse. Kühlt anschließend der Werkstückkern bei bereits kalter Randzone weiter ab, kann der Kern sich nicht zusammenziehen. Die hierbei verursachten Wärmespannungen führen zu Umfangsrissen **(Bild 1).**

// Kontinuierliches Härten

Von normalem oder **kontinuierlichem Härten** wird dann gesprochen, wenn das Bauteil kontinuierlich abkühlt. Bei schnellerem Abkühlen in Wasser kommt es häufig zu Wärmespannungen, die in Verzug und Rissbildungen resultieren.

Abschrecken in Wasser wird bei unlegierten Stählen für geometrisch einfache Bauteile angewendet. Bauteile mit komplizierten Geometrien sollten aus legierten Stählen gefertigt werden, da bei diesen Stählen kritische Abkühlgeschwindigkeit niedriger ist und damit ein milderes Abschreckmittel gewählt werden kann.

// Gebrochenes Härten

Eine zunächst schroffe Abkühlung, meist in Wasser, auf ca. 300 °C bis 400 °C und anschließende Abkühlung in Öl auf Raumtemperatur wird als **gebrochenes Härten** bezeichnet. Durch die erste schroffe Abkühlung wird eine meist vollständige Martensitbildung erreicht. Die weitere Abkühlung in Öl verläuft langsamer, was zu weniger Verzug und Rissbildung führt. Das gebrochene Härten verursacht im Vergleich zum aufwendigen Warmbadhärten geringere Kosten und ist damit wirtschaftlicher.

// Warmbadhärten

Das Abkühlen eines Werkstücks mit einem Warmbad knapp oberhalb der Martensittemperatur (Start der Martensitbildung) in einer Salz- oder Metallschmelze wird als **Warmbadhärten** bezeichnet. Nach einer Haltephase im Bad, die dem Temperaturausgleich zwischen Randzone und Kern dient, wird das Bauteil zur Martensitbildung weiter in Öl oder ruhender Luft auf Raumtemperatur abgekühlt **(Bild 2)**.

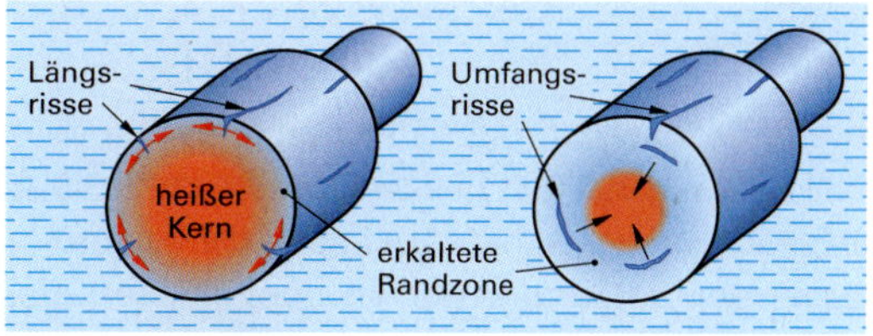

Bild 1: Entstehung von Härterissen

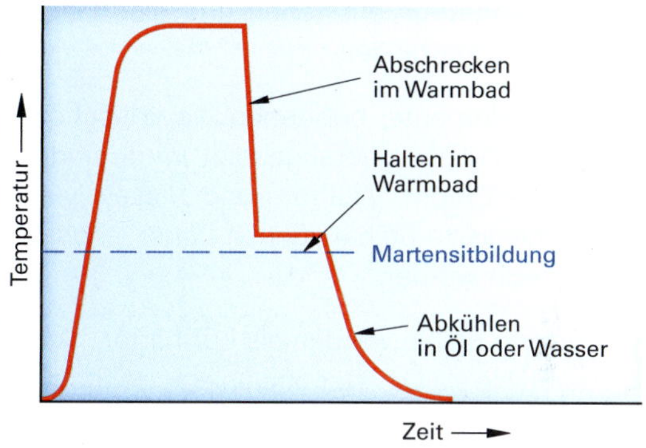

Bild 2: Temperatur-Zeit-Verlauf beim Warmbadhärten

Für das Warmbadhärten eignen sich normalerweise nur Bauteile mit kleinen Querschnitten. Aufgrund der langsamen Abkühlung im Bad kommt es im Querschnittsinneren von großen Bauteilen häufig zu einer unvollständigen Martensitbildung. Das Verfahren führt zu geringem Härteverzug. Es ist technisch mit hohem Aufwand verbunden und erzeugt relativ hohe Kosten.

Die Nacharbeit eines gehärteten Bauteils mit Martensitgefüge kann beispielsweise durch Hartdrehen oder Schleifen erfolgen und ist kostenintensiv. Der Härteverzug lässt sich in der Praxis nicht vermeiden, sollte aber für eine wirtschaftliche Fertigung minimiert werden.

Maßnahmen zur Minderung von Härteverzug

- Formenzwang eines Bauteils beim Härten beim Quettenhärten (Präzisionshärten)
- große Querschnittsänderungen und Asymmetrien in der Konstruktion und einseitige Spanabnahme in der Fertigung nach Mögichkeit vermeiden
- nach Möglichkeit auf legierte Stähle zurückgreifen, um die kritische Abkühlgeschwindigkeit zu reduzieren und damit eine Verwendung von milderen Abschreckmitteln zu ermöglichen
- auf richtige Haltung des Bauteils beim Eintauchen in die Abschreckflüssigkeit achten
- Wahl eines geeigneten Härteverfahrens

// Einfluss von Legierungselementen beim Härten

Bereits bekannt ist, dass der Kohlenstoffanteil im Stahl einen deutlichen Einfluss auf die kritische Abkühlgeschwindigkeit hat. Aber auch die Legierungselemente in legierten Stählen beeinflussen diese maßgeblich. Schon weniger als 1 % Mangan im Werkstoff kann die kritische Abkühlgeschwindigkeit zur Bildung von Martensit deutlich herabsetzen. Somit kann auch bei deutlich langsamerer Abkühlung ein Martinsitgefüge entstehen und eine Härtung des Materials stattfinden.

Legierungselemente, bei denen die kritische Abkühlgeschwindigkeit herabgesetzt wird, sind beispielsweise Chrom, Wolfram und Nickel. Niedrig oder hochlegierte Stähle können daher langsamer abgeschreckt werden.

Hochlegierte Stähle werden als Lufthärter, niedriglegierte Stähle als Ölhärter und unlegierte Stahle als Wasserhärter bezeichnet. Wasserhärtende Stähle haben eine geringere Einhärttiefe als ölhärtende Stähle, da die kritische Mindestabkühlgeschwindigkeit für die Martensitbildung im Kerninneren nicht erreicht wird. Lufthärtende Stähle hingegen erreichen eine vollständige Martensitbildung und härten somit durch **(Bild 1)**.

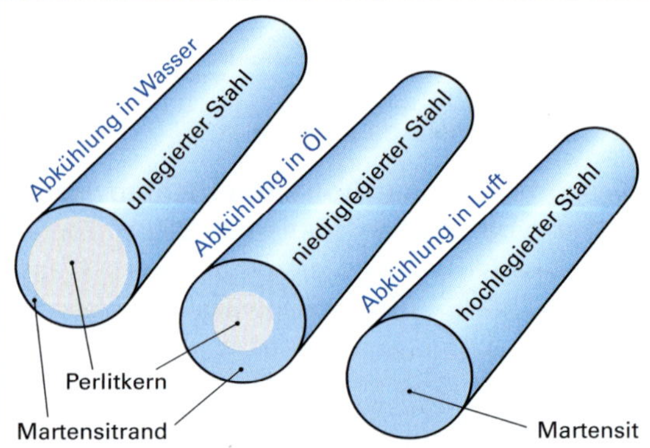

Bild 1: Abschreckmitteleinfluss auf den härtbaren Querschnitt des Werkstoffs mit 0,8 % Kohlenstoff

Überlegen und beantworten Sie:

1. Beschreiben Sie, was unter der kritischen Abkühlgeschwindigkeit zu verstehen ist.
2. Benennen Sie das Gefüge, das beim Umwandlungshärten entsteht und hart und spröde ist.
3. Erklären Sie den Unterschied zwischen Einhärtbarkeit und Aufhärtbarkeit.
4. Beschreiben Sie, wovon die Wahl der richtigen Härtetemperatur abhängt.
5. Ein Werkstück wurde bei zu niedriger Temperatur gehärtet. Beschreiben Sie, mit welcher Folge werkstofftechnisch zu rechnen ist.
6. Wählen Sie das richtige Abschreckmittel für unlegierte, niedriglegierte und hochlegierte Stähle.
7. Bestimmen Sie mithilfe des Tabellenbuchs die Härtetemperatur, das Abschreckmittel und die Oberflächehärte nach dem Härten für die nachfolgenden Stähle:
   a) C90U
   b) X153CrMoV12
   c) 90MnCrV8
   d) HS10-3-3-10
8. Bestimmen Sie mitthilfe des Diagramms **(Bild 2)** die kritische Abkühlgeschwindigkeit für einen unlegierten Stahl mit einem Kohlenstoffgehalt von 0,6 %.

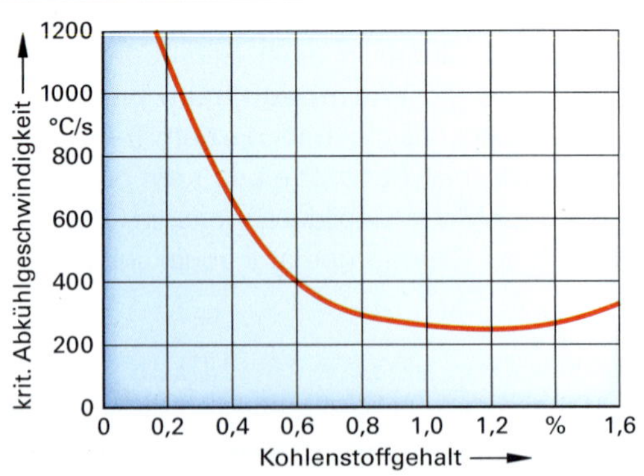

Bild 2

12.3.7 Anlassen

Stähle sind nach dem martensitischen Härten (Umwandlungshärten) sehr hart und auch spröde. Sie würden beim Anstoßen oder bei Biegebelastung brechen. Für eine weitere Verwendung müssen diese angelassen werden.

Das Anlassen wird in die drei Phasen durchgeführt: Erwärmen, Halten und Abkühlen. Es ist allerdings kein eigenes Wärmebehandlungsverfahren, da es im Anschluss eines Härtevorgangs erfolgt **(Bild 1)**.

Beim **Anlassen** wird das Werkstück erneut auf niedrige Temperaturen, im Vergleich zum Härten, erwärmt. Dadurch können die zwangsgelösten Kohlenstoffatome an günstigere Gitterstellen diffundieren. Dies führt zu einer Abnahme der Härte des Materials, aber gleichzeitig zu einer deutlichen Erhöhung der Zähigkeit. Die Gebrauchseigenschaften werden somit verbessert.

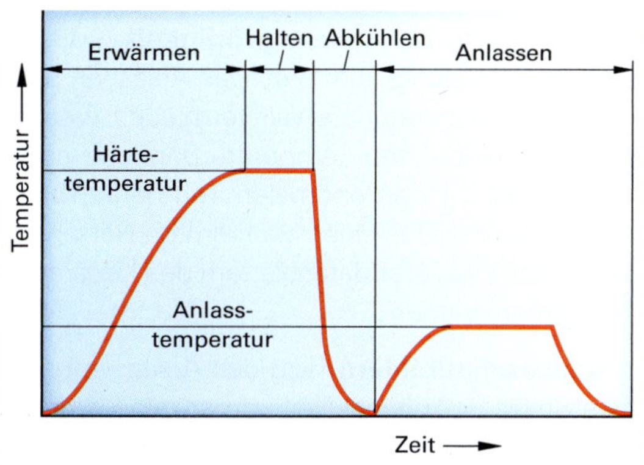

Bild 1: Temperatur-Zeit-Verlauf beim Härten mit anschließendem Anlassen bei niedrigen Temperaturen

// Zweck des Anlassens

Der Zweck des Anlassens kann vielfältig sein. Je nach späterem Verwendungszeck des Stahls wird zwischen verschiedenen Anlasstemperaturen unterschieden **(Tabelle 1)**:

- Anlassen auf niedrige Temperaturen mit dem Ziel des Abbaus von Spannungen und der Reduktion der Sprödigkeit des Werkstoffs
- Anlassen auf höhere Temperaturen (Vergüten) mit dem Ziel der Verbesserung der Zähigkeit und Steigerung der Festigkeit
- Anlassen bei höheren Temperaturen mit dem Ziel der Verbesserung der Warmhärte bzw. Warmfestigkeit und Verschleißbeständigkeit

Hochlegierte Warmarbeitsstähle enthalten die Legierungselemente Molybdän, Vanadium, Chrom oder Wolfram. Dadurch kommt es bei den höheren Anlasstemperaturen zum Ausscheiden von sehr harten Sonderkarbiden. Erreichen diese Stähle während ihrer späteren Verwendung Temperaturen bis nahe der Anlasstemperatur, so bleibt die Härte weitestgehend erhalten (Warmhärte).

Im Regelfall erfolgt das Anlassen in einer Anlasskammer. Optional kann unter Schutzgas angelassen werden, damit die Werkzeugoberfläche nicht oxidiert.

Tabelle 1: Temperaturbereiche des Anlassens

	Temperaturbereich	Ziel	Stahlsorte
Anlassen bei niedriger Temperatur	100–250 °C	Verminderung der Sprödigkeit, Abbau innerer Spannungen	unlegierte und legierte Kaltarbeitsstähle, niedriglegierte Warmarbeitsstähle und durchhärtende Wälzlagerstähle
Anlassen bei höherer Temperatur	500–680 °C	Verbesserung der Zähigkeit und/oder der Festigkeit	vergütbare Bau- und Konstruktionsstähle, vergütbare Wälzlagerstähle
Anlassen bei höherer Temperatur	500–650 °C	Verbesserung der Warmhärte und der Verschleißbeständigkeit	hochlegierte Warmarbeitsstähle, Schnellarbeitsstähle und warmharte Wälzlagerstähle

Das Anlassen ist ein Wärmebehandlungsprozess für Stähle nach dem Härten, um ihre Härte zu verringern und Zähigkeit und Duktilität zu verbessern. Dabei wird das Material kontrolliert erwärmt und anschließend langsam abgekühlt, wodurch Spannungen abgebaut und die Mikrostruktur angepasst wird.

In bestimmten Temperaturbereichen kann es je nach Stahlsorte zur **Anlasssprödigkeit** (300 und 500 °C-Versprödung) kommen. Das Anlassen sollte in diesem Temperaturintervall vermieden werden. Die zu vermeidenden Temperaturbereiche sowie die Angaben zu den optimalen Temperaturbereichen für das Erzielen eines bestimmten Härtegrads können den Werkstoffdatenblättern des Lieferanten entnommen werden.

In **Anlassschaubildern** wird das Anlassverhalten eines Stahls in Abhängigkeit von seiner Härte und von der Anlasstemperatur angegeben **(Bild 1)**.

Bei unlegierten Werkzeugstählen (z. B. C80U) ist ein fortschreitender Abfall der Härte mit steigender Anlasstemperatur zu beobachten. Bei den Werkzeugstählen (z. B. HS6-5-2) mit feindisperser Sonderkarbidausscheidung beim Anlassen zeigt sich eine Sekundärhärtung, die oberhalb der Martensithärte vor dem Anlassen liegt. Diese Stähle eignen sich sehr gut zur Herstellung von Werkzeugen zur spanenden Bearbeitung und sind für Arbeitstemperaturen bis 600 °C geeignet.

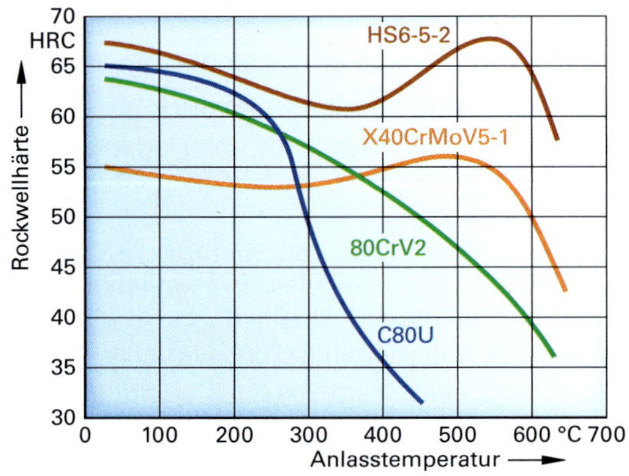

Bild 1: Anlassschaubild

Überlegen und beantworten Sie:

1. Benennen Sie die Werkstoffeigenschaften, die sich durch Anlassen ändern.
2. Erklären Sie den Unterschied zwischen Härten gefolgt von Anlassen und Vergüten.
3. Ein Temperaturbereich sollte beim Anlassen vermieden werden. Nennen Sie den Temperaturbereich und die Ursache hinter der Vermeidung.
4. Bestimmen Sie mithilfe des Anlassdiagramms **(Bild 2)** die Härte des vorliegenden Kaltarbeitsstahls in der Randschicht bei einer Anlasstemperatur von 300 °C.
5. Erklären Sie den Härteanstieg ab einer Anlasstemperatur von ca. 420 °C beim vorliegenden Schnellarbeitsstahl HS2-9-1-8 **(Bild 3)**.

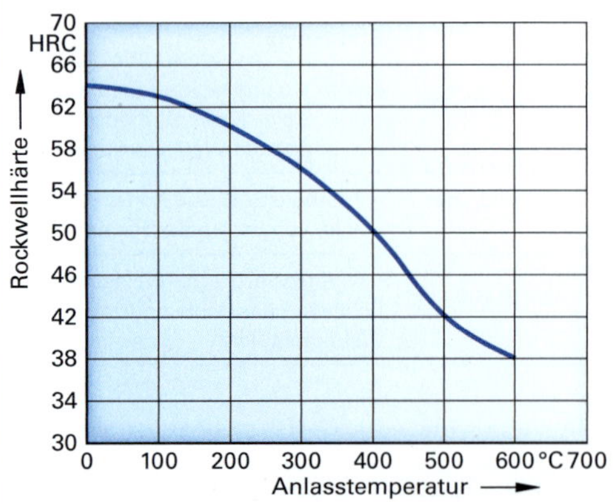

Bild 2

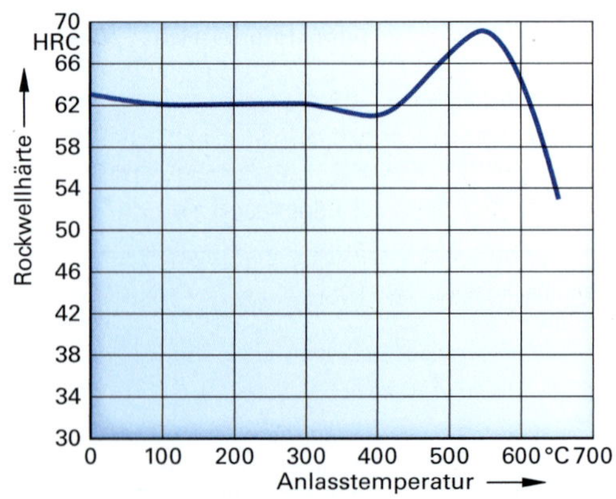

Bild 3

Lernfeld-übergreifend

12.3.8 Vergüten

Ziel ist es, dem Stahl eine möglichst hohe Festigkeit bei ausreichender Zähigkeit zu verleihen.

// Zweck des Vergütens

Durch das Vergüten wird die Festigkeit des Vergütungsstahls erhöht. Das Anlassen bei hohen Temperaturen nach dem Härten führt zu einer Erhöhung der Zähigkeit, was die Verwendung der Stähle unter hoher und schlagartiger Belastung erlaubt. Des Weiteren ermöglicht es den Einsatz des Materials auch bei tiefen Temperaturen. Die Festigkeit- und Zähigkeitskennwerte des Stahls können durch die Auswahl der Anlasstemperatur variiert werden. Vergütet werden beispielsweise Schrauben, Zapfen, Bolzen, Kurbelwellen in Verbrennungsmotoren, Zahnräder oder Pleuelstangen **(Bild 2)**.

// Ein Blick ins Innere beim Vergüten

Das durch das Härten martensitische Gefüge hat Kohlenstoffatome im verzerrten Kristallgitter aus Zwischengitterplätzen zwangsgelöst. Durch das erhöhte Anlassen diffundieren die Kohlenstoffatome und es entstehen Zementitausscheidungen, die sich zu Körnern bilden und bei untereutektoiden Stählen beispielsweise in Ferrit gebettet sind. Man spricht hierbei von einem **Vergütungsgefüge**.

// Vergütungstiefe und Vergütungsschaubilder

Die **Vergütungstiefe** gibt an, wie weit die Vergütung in das Innere des Materials reicht. Um bei größeren Bauteilen ein Durchvergüten zu erreichen, sind Vergütungsstähle meistens legiert.

Die Abhängigkeit der Festigkeit von der Anlasstemperatur kann **Vergütungsschaubildern** entnommen werden **(Bild 3)**. Diese Schaubilder sind werkstoffspezifisch, sodass jeder Werkstoff sein eigenes Schaubild benötigt, und werden von den Stahllieferanten zur Verfügung gestellt.

Eine kombiniertes Wärmebehandlungsverfahren aus Härten und Anlassen bei hohen Temperaturen zwischen 500 und 700 °C wird **Vergüten** genannt **(Bild 1)**.

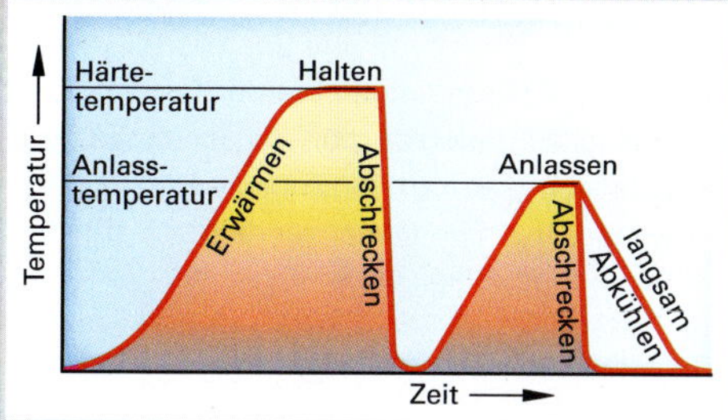

Bild 1: Temperatur-Zeit-Verlauf beim Vergüten

Bild 2: Vergütete Kurbelwelle

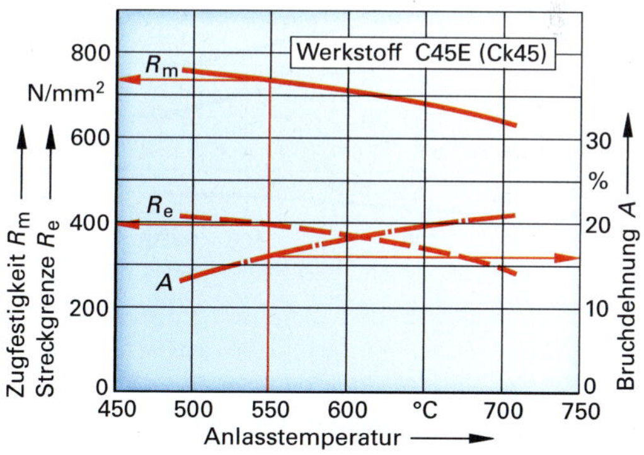

Bild 3: Vergütungsschaubild C45E

Beim Vergüten wird gehärteter Stahl durch kontrolliertes Erhitzen und anschließendes schnelles Abkühlen verbessert. Dieser Prozess steigert die Härte, Festigkeit und Zähigkeit des Materials, indem er eine feinere Mikrostruktur erzeugt, die den Belastungen standhält und gleichzeitig Bruchfestigkeit bietet.

Lernfeld-übergreifend

Durch die Nutzung unterschiedlicher Temperaturen und Haltezeiten kann beim Vergüten der Stahl zu höherer Festigkeit **(Hartvergüten)** beeinflusst werden oder auch die höhere Zähigkeit kann ein Ziel sein **(Zähvergüten)** z. B. bei Getriebewellen **(Bild 1)**. Werkzeuge und Bauteile für verschleißintensive Anwendungen werden hartvergütet. Hohe Festigkeit bedeutet großer Widerstand gegen plastische Verformung. Bei großem Widerstand gegen Bruch und wachsende Risse spricht man von hoher Zähigkeit.

Bild 1: Vergütete Getriebewelle

Überlegen und beantworten Sie:

1. Entscheiden Sie, ob die nachfolgenden Aussagen richtig oder falsch sind:
   - **a)** Die Anlasstemperatur beim Vergüten ist niedriger als beim Anlassen nach dem Umwandlungshärten.
   - **b)** Beim Vergüten wird ausschließlich in Öl abgekühlt.
   - **c)** Beim Vergüten verbessert sich die Stahleigenschaft hinsichtlich der Zähigkeit des Materials.
   - **d)** Vergütete Stähle sind glashart und spröde.
   - **e)** Zugfestigkeit, Bruchdehnung und Streckgrenze eines Materials bei verschiedenen Anlasstemperaturen können aus dem Vergütungsschaubild entnommen werden.
2. Die Vergütungsschaubilder zweier Vergütungsstähle sind gegeben.
   - **a)** Bestimmen Sie jeweils die Zugfestigkeit bei einer Anlasstemperatur von 550 °C.
   - **b)** Bestimmen Sie jeweils die Bruchdehnung bei einer Anlasstemperatur von 600 °C.

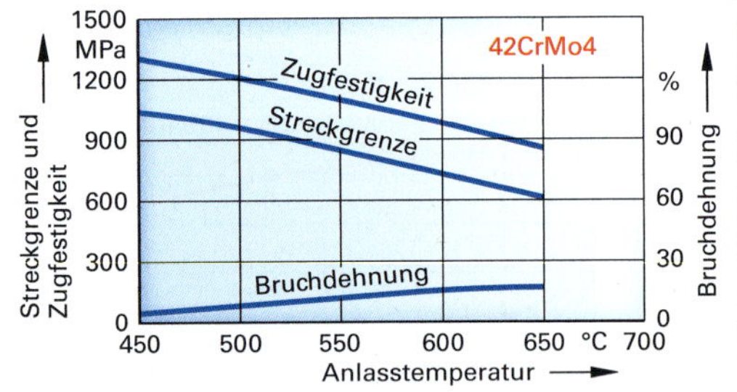

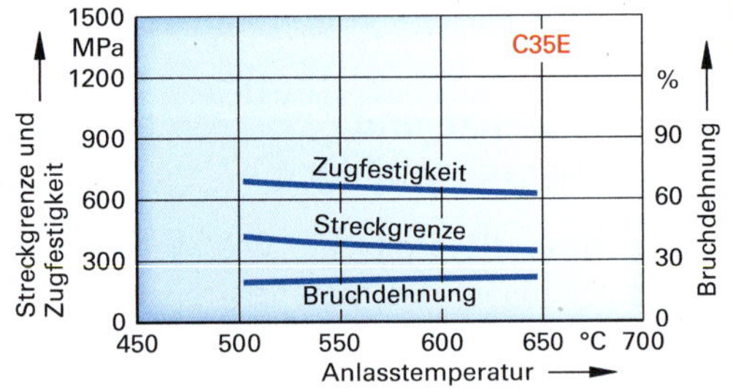

12.3.9 Oberflächenhärtung

Bauteile, die einer hohen Reibung, Flächenpressung, und große Biegekräften sowie Stößen ausgesetzt sind, benötigen eine entsprechende Härte an der Oberfläche, um den Verschleiß zu reduzieren. Gleichzeitig benötigen sie aber einen festen und zähen Kern, um die mechanische Belastung tragen zu können.

Das Oberflächenhärten ermöglicht die Erfüllung beider Forderungen an das Material und wird besonders bei Maschinenteilen **(Bild 2)**, die unter hoher

Bild 2: Oberflächengehärtete Nockenwelle

Lernfeld-übergreifend

Belastung stehen, angewandt, z. B. Zahnräder, Führungsbahnen, Nockenwellen und Getriebewellen.

Beim Härten und Vergüten soll der ganze Bauteilquerschnitt in seinen Eigenschaften verändert werden. Beim Oberflächenhärten wird vorwiegend die Randschicht in ihren Eigenschaften verändert, der Kern in seiner Eigenschaft bleibt unverändert. Es treten deutlich weniger Umwandlungsspannungen im Material auf, was in einer geringeren Riss- und Verzugsgefahr resultiert.

Das Oberflächenhärten kann in das **Randschichthärten** und das **thermochemische Behandeln** unterteilt werden.

Beim **Randschichthärten** wird die chemische Zusammensetzung der Randschicht nicht verändert. Es wird nur das Gefüge beeinflusst. Darunter fallen Verfahren wie z. B. das **Flamm-, Induktions-** oder auch **Laserstrahlhärten**.

Beim **thermochemischen Behandeln** wird die chemische Zusammensetzung in der Randzone des Bauteils verändert. Es kann im Anschluss eine Wärmebehandlung stattfinden, wie beispielsweise beim **Einsatzhärten**, muss aber nicht, wie beispielsweise beim **Nitrierhärten**.

Die oberflächennahe Randschicht wird beim Randschichthärten in einer hohen Geschwindigkeit auf Härtetemperatur erwärmt (austinitisiert) und dann sofort abgeschreckt. Um das Bauteil in einer hohen Geschwindigkeit kurzzeitig ausreichend zu austinitisieren, müssen die üblichen Härtetemperaturen um 50 °C bis 100 °C überschritten werden. Die Oberfläche des Werkstücks darf nicht aufgeschmolzen werden.

// Flammhärten

Beim **Flammhärten** wird die Randschicht mithilfe eines Brenners erhitzt. Nachdem die Randzone austenitisiert ist, wird sofort abgeschreckt.

Die Einhärtungstiefe SHD (Surface Hardening Depth) kann durch die Vorschubgeschwindigkeit des Brenners eingestellt werden.

Beim **Vorschub-Flammhärten** sind Brenner und Wasserbrause konstruktiv verbunden. Das Abschrecken erfolgt über die unmittelbar nachlaufende Wasserbrause, die hinter dem Brenner angeordnet ist **(Bild 1)**. Nach dem Härten wird das Bauteil auf niedrigen Temperaturen angelassen, um Rissbildungen bei der nachfolgenden Bearbeitung zu vermeiden.

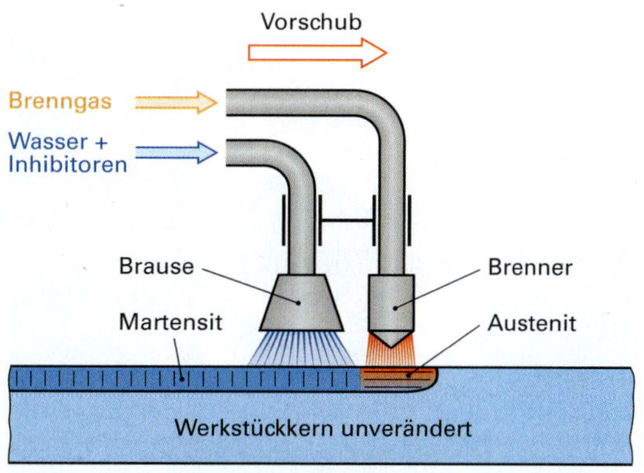

Bild 1: Vorschub-Flammhärten

Lange zylindrische Bauteile wie Wellen und Achsen können mit dem **Umlaufvorschub-Flammhärten** wärmebehandelt werden. Hierbei ist das Bauteil entlang seines Umfangs mit Brennern versehen.

Für eine gleichmäßige Wärmeverteilung rotiert das Bauteil um seine Achse und Brenner und Brause werden entlang dieser Achse in Vorschubrichtung bewegt.

Beim Flammhärten kommt es zu einer bei kleinen Querschnitten schwer kontrollierbaren Wärmeeinflusszone. Präzisere Verfahren im Hinblick auf die Wärmeeinflusszone, wie das Induktionshärten, sind im Härteprozess besser zu kontrollieren. Die Anwendung des Flammhärtens ist auch bei sehr großen Bauteilen wirtschaftlich möglich.

// Induktionshärten

Beim **Induktionshärten** wird in einer dem Werkstück geometrisch angepassten Elektrode ein hoher Wechselstrom erzeugt. Der sogenannte Induktor ist meist ein wassergekühlter Hohlkörper aus Kupfer.

Durch den Wechselstrom baut sich ein fortlaufend wechselndes Magnetfeld auf, das bis in die Werkstückrandschicht eindringt. In diesem Bereich wird eine elektrische Wechselspannung induziert, die Wirbelströme im Bauteil hervorruft. Der große

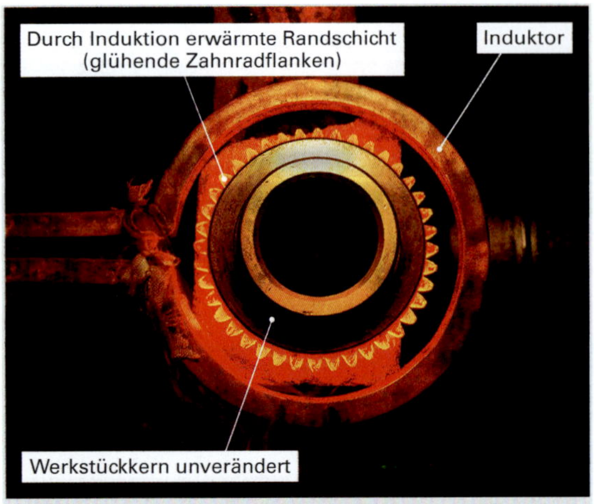

Bild 1: Induktionshärten eines Zahnrads

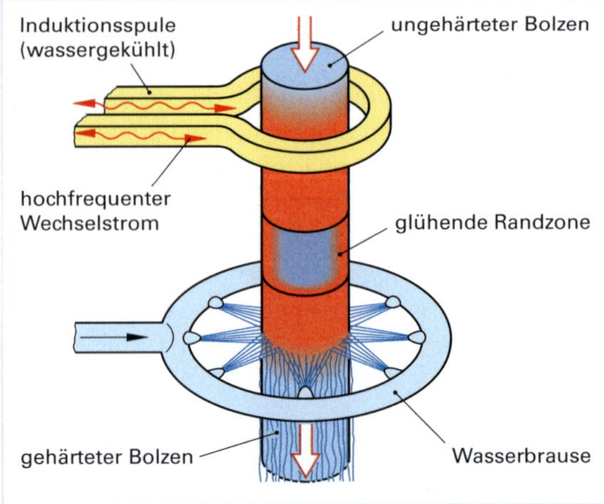

Bild 2: Aufbau beim Induktionshärten

Strom führt zu einer Erwärmung der Randschicht in kurzer Zeit auf Härtetemperatur **(Bild 1)**.

Beim Induktionshärten wird wie beim Flammhärten mit einer unmittelbaren Abschreckung gearbeitet. Das Abschrecken kann individuell oder automatisch mit einer nachgeschalteten Brause erfolgen **(Bild 2)**. Es kann mit Wasser, wässriger Lösung, Öl oder bewegter Luft abgekühlt werden. Lange Bauteile werden bei der Umlaufvorschubhärtung automatisch in Vorschubrichtung durch den Induktor bewegt.

Nach dem Härten wird das Bauteil auf niedrigen Temperaturen angelassen. Beim Induktionshärten ist eine geringe Nacharbeit nötig. Die Einhärtungstiefe SHD (Surface Hardening Depth) wird über die Vorschubgeschwindigkeit gesteuert. Zusätzlich kann sie mithilfe der Stromfrequenz variiert werden. Je höher die Frequenz, desto geringer ist die Eindringtiefe des Magnetfelds ins Werkstück. Die Einhärtungstiefe wird dadurch geringer.

Beim Induktionshärten können höhere Energieleistungen übertragen werden als beim Flammhärten, die Randschicht kann schneller erwärmt werden. Dadurch kann die Gefahr einer Grobkornbildung, Verzunderung und Randentkohlung vermieden werden.

Bei komplexen Geometrien wird der Induktor für das Bauteil individuell angepasst. Für die Serienfertigung ist das Verfahren durch eine mögliche Automatisierung sehr wirtschaftlich.

// Laserstrahlhärten

Beim Laserstrahlhärten sind die Aufwärmzeiten im Vergleich zum Induktionshärten nochmals reduziert.

Der Eintrag an Wärme ins Bauteil ist vergleichsweise gering und eine Abschreckung kann daher relativ zügig erfolgen. Die martensitische Randzone kühlt mittels Selbstabschreckung ausreichend schnell ab.

Die schnelle Aufheizgeschwindigkeit führt zu einem sehr zähen und feinkörnigen Gefüge. Die Gefahr der Grobkornbildung ist aufgrund der Aufheizzeiten nicht gegeben. Das Anlassen des Materials nach dem Härten kann bei diesem Verfahren entfallen.

Beim Laserstrahlhärten wird die Randzone mithilfe eines Laserstrahls, der durch eine Fokussierlinse auf der Bauteiloberfläche geführt wird, erwärmt **(Bild 3)**.

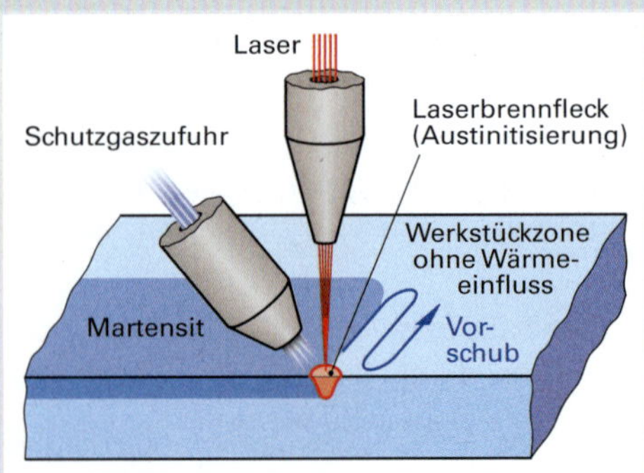

Bild 3: Laserstrahlhärten

Durch die geringe Wärmebeeinflussung entsteht ein minimaler Härteverzug. Das Laserhärten kann in den Fertigungsprozess beispielsweise nach der zerspanenden Bearbeitung von Wellen an der Werkzeugmaschine integriert werden. Mithilfe des Laserstrahlhärtens lassen sich komplexe Konturen aufgrund der Flexibilität des Lasers gut wärmebehandeln.

// Einsatzhärten

Einsatzstähle als kohlenstoffarme Stähle (C-Gehalt 0,1 bis 0,2 %), sind nicht martensitisch härtbar. Sie zeigen aber eine gute Zerspanbarkeit, Schweißbarkeit und plastische Verformbarkeit. Um diesen Stählen eine harte und verschleißfeste Oberfläche zu verleihen, müssen sie vor dem Randschichthärten in der Randzone mit Kohlenstoff angereichert werden. Diesen Prozess nennt man Aufkohlen.

Beim Aufkohlen, früher auch Einsetzen genannt, wird das Bauteil über mehrere Stunden bei Temperaturen von 850 °C bis 1000 °C in einer kohlenstoffabgebenden Umgebung geglüht. Der Kohlenstoff diffundiert aus dem umgebenden Medium in die äußere Randzone des austenitisierten Bauteils. Der Kohlenstoffanteil in der aufgekohlten Randschicht des Werkstücks steigt dadurch auf einen Prozentanteil zwischen 0,7 bis 0,9 %. Der Bauteilkern bleibt weiterhin duktil, da der Kohlenstoff nicht bis zum Werkstückkern diffundiert.

Die Kohlungstemperatur hat einen entscheidenden Einfluss auf die Eindringtiefe CHD (Case Hardening Depth) des Kohlenstoffs und damit auf die mögliche Einhärtungstiefe. Je höher die Kohlungstemperatur, desto tiefer dringt der Kohlenstoff in die Randzone des Stahls. Wird eine zu hohe Kohlungstemperatur gewählt, dann dringt der Kohlenstoff zu weit in das Bauteil ein und die Randzone erreicht nicht den benötigten Kohlenstoffgehalt für das Einsatzhärten.

Das Aufkohlen kann in **festen**, **flüssigen** und **gasförmigen Aufkohlungsmitteln** erfolgen. Die Auswahl des Aufkohlmediums hängt von verschiedenen Faktoren ab: Stahlart, gewünschte Eindringtiefe und Anforderungen des Aufkohlprozesses.

Bei der Verwendung von festen Aufkohlungsmitteln werden die Werkstücke in Kohlungskästen gelegt und beispielsweise mit **Kohlegranulat** umgeben. Der Kasten wird im Anschluss abgedichtet, damit kein Luftsauerstoff eindringt. In

Das Einsatzhärten teilt sich in drei Arbeitsschritte: **Aufkohlen, Härten** und **Anlassen (Bild 1)**. In der Regel werden die Bauteile im Vorfeld normalgeglüht.

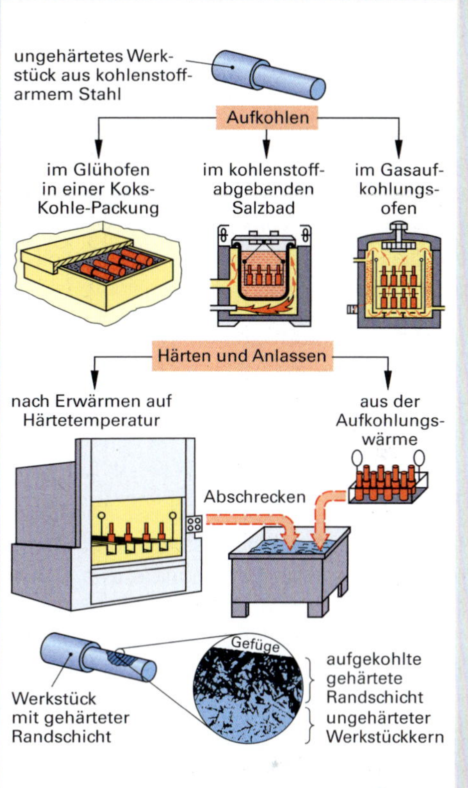

Bild 1: Arbeitsabläufe beim Einsatzhärten

einem Kammerofen wird das Material bei 850 °C bis 950 °C geglüht und dabei gibt das Granulat gasförmigen Kohlenstoff an das darin ruhende Werkstück ab. Das Verfahren ist kostengünstig und daher auch für kleine Losgrößen gut geeignet. Es wird bevorzugt bei großen Werkstücken (Verzug) angewandt. Die langen Aufkohlungszeiten bei diesem Verfahren sind bedingt durch die schlechte Wärmeleitfähigkeit des Kohlepulvers. Ein partielles Aufkohlen bestimmter Werkstückflächen ist durch Abdeckung mit entsprechenden keramischen Pasten möglich.

Beim Aufkohlen mit gasförmigen Aufkohlungsmitteln wie **Methan** oder **Propan** werden die Werkstücke in einen Gasaufkohlungsofen gesetzt und geglüht. Dabei erfolgt die Aufkohlung ebenfalls durch Diffusion des Kohlenstoffs in die Werkstückrandschicht. Bei großen Stückzahlen ist das Verfahren besonders wirtschaftlich.

In flüssige **Cyansalzschmelze** werden aufzukohlende Werkstücke eingehängt und bei Temperaturen ähnlich dem Ofen geglüht. Die Werkstücke müssen beim Eintauchen absolut trocken sein, sonst kommt es zu einer starken Reaktion von Wasser und der giftigen Salzschmelze. Die Aufkohlungszeiten sind kürzer als mit Kohlegranulat und ein Direkthärten ist möglich. Die Aufkohlung ist dank der gleichmäßigen Konzentration der Schmelze homogen. Die Konzentration ändert sich über die Zeit und muss daher überwacht werden.

Cyansalzschmelzen sind giftig und es bedarf daher Umweltschutz- und Arbeitssicherheitsmaßnahmen, daher ist das Verfahren mit den Anschaffungskosten und Betriebskosten teuer. Eine partielle Aufkohlung von bestimmten Werkstückoberflächen ist hier nicht möglich.

Je höher die Aufkohlungsdauer und -temperatur, desto höher ist die Eindringtiefe des Kohlenstoffs in die Randschicht und damit die mögliche Einhärtungstiefe im Bauteil. Das Verfahren eignet sich gut für kleine Bauteile.

Das Verwenden von Cyansalzschmelze birgt hohe Risiken. Die Schmelze ist **hoch toxisch** und das Arbeiten damit muss entsprechenden Auflagen und Richtlinien folgen. Kontaminiertes Wasser während der Produktion muss fachgerecht entsorgt werden und darf nicht ins Grundwasser gelangen. Das Arbeiten mit **explosiven** Gasen beim Aufkohlen muss unter entsprechenden Sicherheitsmaßnahmen erfolgen.

Nach dem Aufkohlen kann die Randschicht der Werkstücke gehärtet werden. Die Härtetemperatur richtet sich nach dem Kohlenstoffgehalt. Da Kern und Randschicht des Bauteils unterschiedliche Kohlenstoffanteile haben, muss hier zwischen Kernhärten und Randhärten unterschieden werden.

Beim **Kernhärten** liegt neben der Randschichthärtung die Verbesserung der Gebrauchseigenschaften des Kerns im Fokus. Die hohe Härtetemperatur führt auch zu einer schwachen vollständigen Härtung des Kerngefüges. Im Rand entsteht aufgrund der hohen Härtetemperatur ein grobnadliges gehärtetes Gefüge.

Das **Randhärten** richtet sich nach einer optimalen Härtetemperatur entsprechend des Kohlenstoffanteils der Randschicht und resultiert damit in hohen Härtewerten in der Randschicht. Der Kern bleibt weitgehend ungehärtet.

Erfolgt der Härteprozess direkt aus der Aufkohlungshitze, so spricht man von einer **Direkthärtung (Bild 1)**. Diese ist weniger energie- und zeitintensiv als das Einfach- oder Doppelhärten und damit wirtschaftlicher. Feinkornbaustähle, die aufgrund ihrer Legierungselemente nicht zur Grobkornbildung neigen, können direktgehärtet werden. Bei der Direkthärtung besteht nur eine geringe Verzugsgefahr.

Wird das Bauteil nach dem Aufkohlen erst langsam auf Raumtemperatur abgekühlt und dann für das Härten (Randhärten oder Kernhärten) nochmals erwärmt, dann spricht man von **Einfachhärtung (Bild 2)**. Vor dem Härten kann das Werkstück erneut bearbeitet werden, z. B. Abtragen der oxidierten Oberfläche. Grobkörniges Gefüge wird durch die erneute Erwärmung kornverfeinert.

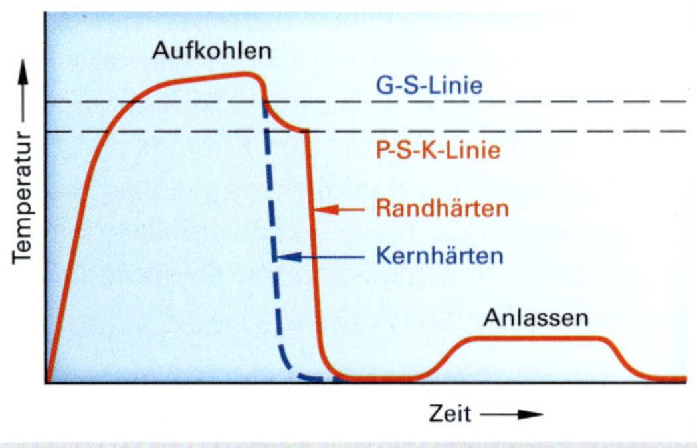

Bild 1: Temperatur-Zeit-Verlauf Direkthärten

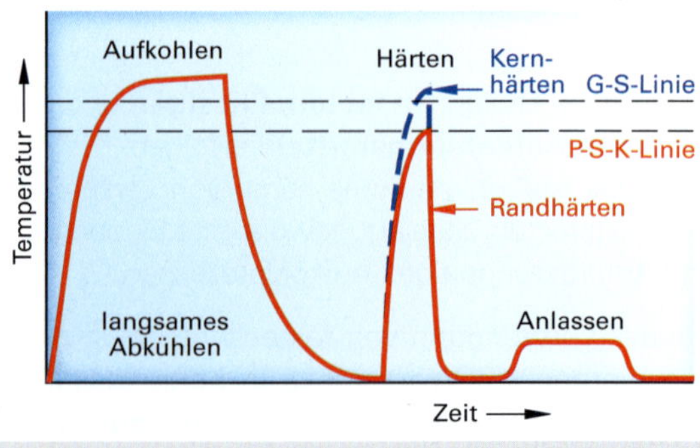

Bild 2: Temperatur-Zeit-Verlauf Einfachhärten

Beim **Härten nach isothermer Umwandlung** werden die Bauteile nach dem Aufkohlen erst hinreichend schnell in einem Warmbad auf eine Temperatur zwischen 500 °C und 650 °C (unterhalb der P-S-K-Linie) abgekühlt und dort bis zum Temperaturausgleich gehalten, bis die entsprechenden Gefügeumwandlungen (isotherm) vollständig erfolgen konnten **(Bild 1)**. Im Anschluss wird das Werkstück auf die Härtetemperatur der Randschicht erwärmt und danach abgeschreckt. Durch die Gefügebildung entsteht eine hohe Randschichthärte mit einem hochfesten Kern. Die Verzugsgefahr ist gering.

Beim **Doppelhärten** wird das Einfachhärten des Kerns mit dem Einfachhärten des Rands kombiniert. Dabei wird nach dem Aufkohlen zuerst langsam auf Raumtemperatur abgekühlt, dann auf die Härtetemperatur des Kerns erwärmt und wieder abgeschreckt **(Bild 2)**. Danach kann das Werkstück unmittelbar im Anschluss wieder auf die Härtetemperatur der Randschicht erwärmt und abgeschreckt werden.

Man erhält beim Doppelhärten ein feinkörniges und optimal gehärtetes Randschichtgefüge und einen zähen Kern mit verbesserten Werkstoffeigenschaften durch das erneute Härten des Bauteils auf Randschichttemperatur. Das Verfahren ist energieintensiver im Vergleich zum Direkthärten oder Einfachhärten und damit kostenaufwendiger.

// Nitrierhärten

Die Randschicht von Eisenwerkstoffen wird beim Nitrieren gezielt mit Stickstoff oder beim Nitrocarburieren mit Stickstoff und Kohlenstoff angereichert. Damit werden neben der Härte auch die Verschleißfestigkeit und Korrosionsbeständigkeit sowie die Dauerfestigkeit erhöht.

Dazu werden die Werkstücke in einem Nitriermittel, einer stickstoffabgebenden Umgebung, auf Temperaturen zwischen 500 °C und 590 °C erwärmt (Ausnahme: Plasmanitrieren und Plasmanitrocarburieren) und wenige Minuten bis mehrere Stunden auf Temperatur gehalten. Beim Nitrieren wird in der Regel zwischen dem **Gasnitrieren** und dem **Plasmanitrieren** und beim **Nitrocarburieren** zwischen dem **Pulver-**, **Salzbad-**, **Gas-** und **Plasmanitrocarburieren** unterschieden. Der Vorteil des Nitrocarburierens besteht darin, dass es im Vergleich zum Nitrieren eine höhere Verschleißfestigkeit und eine bessere Randzonenhärte liefert. Unlegierte Stähle werden im Anschluss schnell, alle anderen Stähle langsam abgekühlt.

Die **Nitriertiefe** von ca. 0,5 mm bis 0,6 mm ist von der Temperatur, der Haltedauer, der chemischen Zusammensetzung des Stahls und dem Nitriermittel abhängig. Die Legierungselemente Aluminium, Chrom, Molybdän, Vanadium und Titan sind als Nitritbilder bekannt.

Durch das Nitrieren bildet sich eine stickstoffreiche Randschicht aus Eisen- oder Legierungsnitriden, die härter ist als die Martensithärte. Die Verschleißhärte von Nitrierschichten ist auf den geringen Reibwert und die hohe Abriebbeständigkeit zurückzuführen. Die Randschicht von nitrierten Bauteilen bleibt auch bei höheren Temperaturen erhalten, sie besitzt eine hohe Warmhärte (bis ca. 500 °C). Maß- und Formänderungen treten kaum auf, da legierte Stähle langsam abgekühlt werden und beim Nitrierhärten keine Gefügeänderung stattfindet. Notlauf- und Gleiteigenschaften verbessern sich ebenfalls. Beim Nitrieren entsteht eine geringe Verklammerung der Nitrierschicht mit dem Grundwerkstoff. Bei hoher Flächenpressung kann die Nitrierschicht aufplatzen.

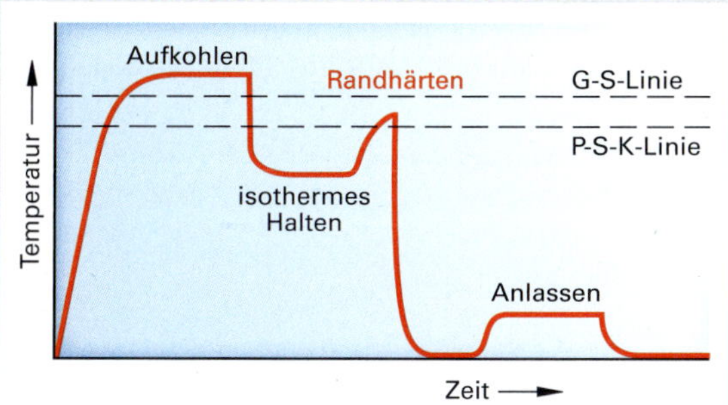

Bild 1: Temperatur-Zeit-Verlauf Härten nach isothermer Umwandlung

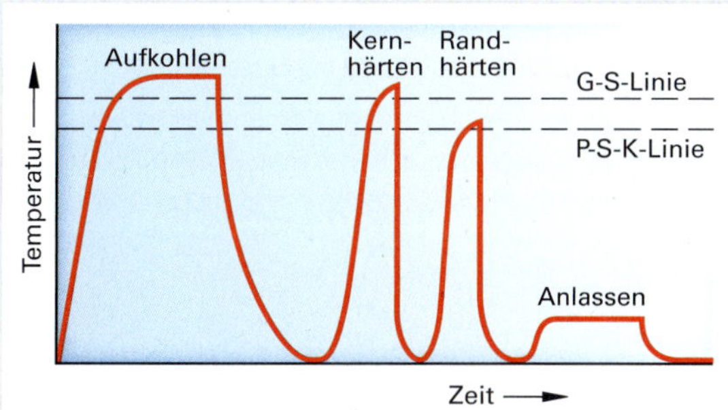

Bild 2: Temperatur-Zeit-Verlauf Doppelhärten

Lernfeld-übergreifend

// Kolsterisieren

Kolsterisieren ist ein spezielles Verfahren zur Oberflächenhärtung von austenitischen, rostfreien Edelstählen. Die austenitischen Stähle sind mit martensitischen Härteverfahren nicht härtbar. Im Gegensatz zu anderen Verfahren wie beispielsweise dem Gasnitrieren oder Aufkohlen verändert das Kolsterisieren die Korrosionsbeständigkeit der Werkstücke nicht.

Das Kolsterisieren erfolgt durch eine Diffusionsbehandlung bei niedriger Temperatur von unter 500 °C. Dabei wird Kohlenstoff in die Oberfläche des Werkstücks eindiffundiert **(Bild 1)**, wo er in Zwischengitterplätzen gelöst wird und keine Karbide bildet. Die großen Mengen an Kohlenstoff, die eindiffundieren, erzeugen Druckspannungen in der Oberfläche, die zu einer sehr hohen Oberflächenhärte führen können. Die erreichbare Härte hängt von der Legierungszusammensetzung ab.

Das Verfahren wird häufig in der Automobil- und Luftfahrtindustrie sowie in der Medizintechnik eingesetzt.

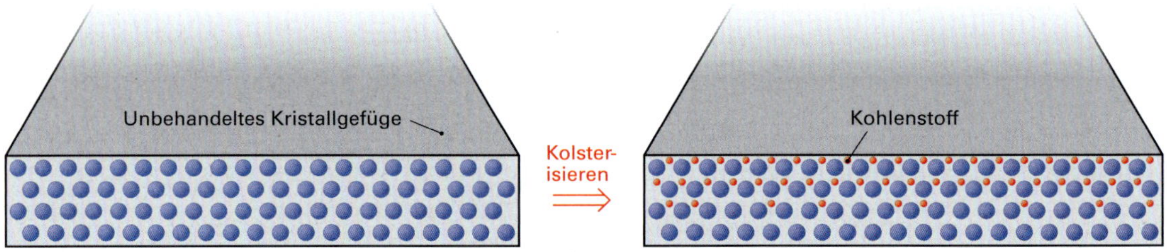

Bild 1: Anreicherung eines Kristallgefüges mit Kohlenstoff durch Kolsterisieren

Überlegen und beantworten Sie:

1. Beschreiben Sie den Prozess des Flammhärtens.
2. Erklären Sie Einschränkungen beim Flammhärten.
3. Benennen Sie die Prozessparameter beim Flammhärten, die die Härte und die Eigenschaften der gehärteten Oberfläche beeinflussen.
4. Nennen Sie Vor- und Nachteile des Induktionshärtens.
5. Erklären Sie, was unter dem Begriff „Selbstabschreckung" zu verstehen ist.
6. Erklären Sie, was unter dem Begriff „Aufkohlen" zu verstehen ist.
7. Beschreiben Sie die Prozessschritte beim Einsatzhärten.
8. Beschreiben Sie den Prozess des Doppelhärtens und nennen Sie jeweils einen Vor- und Nachteil dazu.
9. Nennen Sie zwei Verfahren des Nitrierens.
10. Beschreiben Sie den Unterschied hinsichtlich des verwendeten Mediums beim Nitrieren und Nitrocarburieren.
11. Zählen Sie Legierungselemente auf, die zu den Nitritbildern gehören.
12. Beschreiben Sie den Vorteil des Kolsterisierens im Vergleich zum Nitrieren bei austenitischen Stählen.

12.4 Generative Fertigungsverfahren

Grundsätzlich lassen sich die Fertigungsverfahren einteilen in Folgendes:

Subtraktive Fertigungsverfahren erzeugen die gewünschte Geometrie durch Abtragen bestimmter Bereiche, z. B. durch Fräsen, Drehen oder Bohren.

Formative Fertigungsverfahren formen ein Bauteil bei gleichbleibendem Volumen um, z. B. durch Gesenkschmieden oder Tiefziehen.

Additive Fertigungsverfahren erzeugen die gewünschte Geometrie durch den Zusammenhalt einzelner Atome (z. B. Gießen) oder den schichtweisen Aufbau von Volumenelementen (Schichtbauverfahren).

Unter den generativen Fertigungsverfahren (engl. Rapid Technology) versteht man Fertigungsverfahren, die vorhandene CAD-Volumenmodelle (3D-Konstruktion) schnell und direkt aus den CAD-Daten schichtweise aus formlosem Material erzeugen. Dabei wird vor der Fertigung aus dem CAD-Volumenmodell rechnergesteuert ein Schichtenmodell (STL-Datei) erzeugt. Die Fertigung erfolgt dann CNC-gesteuert meist durch Urformverfahren, bei denen das Werkstück schicht- oder punktweise aufgebaut wird **(Bild 1)**. Während des Herstellungsprozesses entstehen die Geometrie und die Stoffeigenschaften, ähnlich wie beim Gießen oder Auftragsschweißen.

Bei den generativen Fertigungsverfahren sind für kleine Stückzahlen bei starker Produktindividualisierung äußerst komplizierte Bauteile mit feingliedrigen Details zu angemessenen Stückkosten herstellbar.

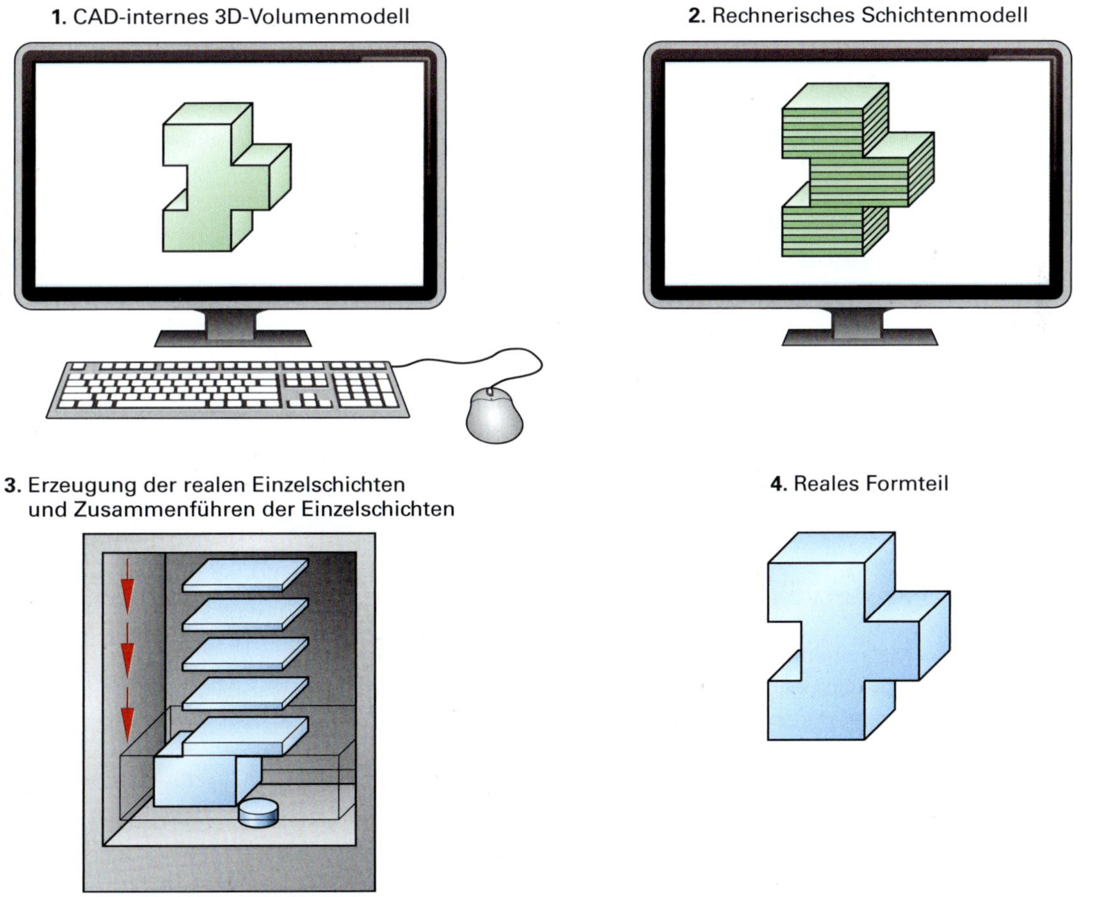

Bild 1: Prinzip der generativen Fertigungsverfahren

Lernfeld-übergreifend

Tabelle 1: Anwendungsbereiche generativer Fertigungsverfahren

Generative Fertigungsverfahren	Anwendung
Prototypenfertigung (Rapid Prototyping)	Fertigung von Konzeptmodellen und Funktionsprototypen im Prototypenbau und Werkzeugbau. Fertigung von Endprodukten in der Vorserienproduktion (< 1000 Stück), z. B. in der Medizintechnik oder im Automobilbau
Werkzeugfertigung (Rapid Tooling)	Reparatur von Spritzgieß- und Umformwerkzeugen, Fertigung von Aluminium-Vorserienwerkzeugen in Kleinstserie
Endproduktfertigung (Rapid Manufacturing)	Fertigung von Serienteilen mit komplizierter Geometrie. Herstellung von Serienbauteilen mit besonderen Funktionsmerkmalen, z. B. Spritzgießwerkzeuge oder Medizinimplantate

Bislang ist die generative Fertigung auf die Prototypenfertigung (Musterfertigung, Modellbau), auf kleine filigrane Bauteile (Mikrosystemtechnik, leichte Automatisierungskomponenten), auf hochwertige Bauteile mit komplizierter Geometrie (Werkzeug- und Formenbau, Schmiedegesenke), Bauteile mit hohlen Strukturen (Leichtbau, Medizintechnik) und ineinander übergehenden Freiformflächen (Luft- und Raumfahrttechnik, Fahrzeugbau) beschränkt. Ein weiterer Schwerpunkt der generativen Fertigungsverfahren liegt in der Fertigung schwer zu bearbeitender Werkstoffe, wie Keramik oder Stähle für besondere Anwendungen.

Nach geplanter Anwendung des Bauteils ist die jeweilige Fertigungstechnologie auszuwählen. In der Endteilefertigung und der individualisierten Serienfertigung (vergleichbare Bauteile ähnlicher Geometrie) werden Lasersysteme eingesetzt. Dabei schmilzt ein Laser ein Pulver exakt an jenen Stellen auf, die später die Geometrie ergeben sollen, und verbindet die Schmelzschicht mit der Schicht darunter. 3D-Drucktechniksysteme kommen vor allem in der Mikrosystemtechnik und der Biotechnologie zum Einsatz. Generative Fertigungsverfahren lassen sich nach der Anwendung unterteilen **(Tabelle 1)**.

vel.plus/
FILF239

12.4.1 Rapid Prototyping

Voraussetzung für die generative Fertigung ist ein vollständiges 3D-CAD-Volumenmodell. Dieses geometrische Modell ermöglicht es dem Konstrukteur, das Bauteil bezüglich aller seiner Eigenschaften zu betrachten: es zu drehen, zu wenden, einzufärben und anderweitig zu manipulieren. Es ermöglicht nicht das reale Belasten, den Ein- und Ausbauversuch oder sonstige Tests.

Um mit den Methoden der generativen Fertigung aus diesem Computermodell ein reales physikalisches Modell zu erzeugen, wird das Computermodell digital in viele gleich große, etwa 0,02 mm bis 0,1 mm starke Schichten geschnitten. Die einzelnen Rapid-Prototyping-Verfahren unterscheiden sich in der Art der Schichterzeugung sowie in der Art der Verbindung aufeinander folgender Schichten. Folgende generative Fertigungsverfahren haben sich in der Anwendung bewährt.

// Stereolithografie (Polymerisationsverfahren)

Beim Stereolithografie-Verfahren entstehen die Formteile durch lokale Verfestigung dünner Schichten eines flüssigen, lichtaushärtenden Kunststoffs durch einen Laserstrahl (Fotopolymerisation). Diese Kunststoffe sind Basismonomere, z. B. Kunst- oder Epoxidharze. Die Kontur des zu erzeugenden Bauteils wird durch eine Laserstrahleinheit mit Spiegel und Linsensystem auf die Oberfläche eines Harzbads gezeichnet **(Bild 1)**.

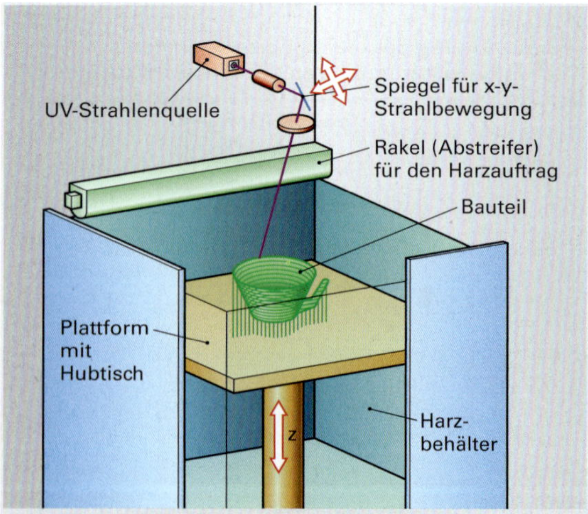

Bild 1: Stereolithografie eines Formteils

Bild 1: Filigrane Bauteilstruktur im Harzbad

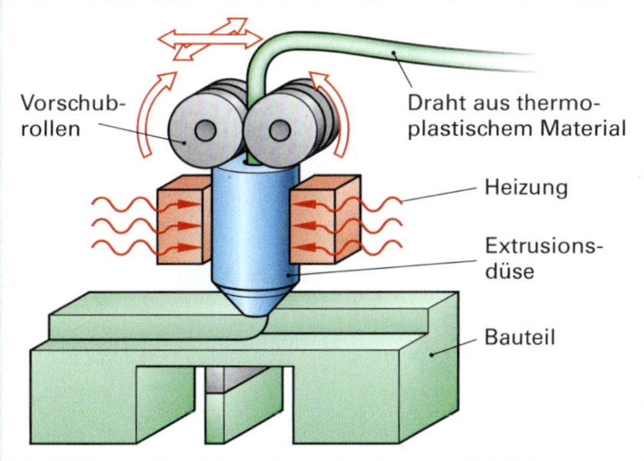

Bild 2: Extrusionsverfahren

vel.plus/
FILF240

Wo der Laserstrahl auftrifft, verfestigt sich das flüssige Harz. Nach der Verfestigung einer Schicht wird das Bauteil mithilfe einer Plattform in Z-Richtung um eine Schichtdicke (ca. 25 µm) nach unten verfahren. Dann wird eine neue Harzschicht in der beschriebenen Weise ausgehärtet. Es entsteht das Formteil von unten nach oben. Beim 3D-Druck des Objekts sind Stützstrukturen erforderlich. Der Grund dafür ist, dass das Bauteil nicht in das flüssige Kunststoffbad gedruckt werden kann – ohne die Stützstrukturen würde es im Kunststoffbad wegschwimmen. Die Stützstrukturen, die wie kleine Säulen auf der absenkbaren Plattform entstehen, sind aus dem gleichen Material wie das Bauteil selbst **(Bild 1)**. Nach dem Druck müssen sie mechanisch entfernt werden. Das Formteil wird in der Maschine nur zu ca. 95 % polymerisiert und wird im Anschluss in einer UV-Kammer nachvernetzt. Die Stereolithografie als Laserverfahren ist das Verfahren mit der höchsten Detailwiedergabe, der besten Oberflächenqualität und der höchsten Präzision.

// Extrusionsverfahren

Beim Extrusionsverfahren werden Modelle durch Anschmelzen und anschließendes Extrudieren thermoplastischer Materialien erzeugt. Dieses Verfahren wird auch als „Fused Layer Modeling" (FLM) bezeichnet. Dabei wird ein in Drahtform vorliegendes thermoplastisches Material, meist Kunststoff, in einer beheizten Düse aufgeschmolzen und durch diese in pastösem Zustand als Strang auf die zuvor gefertigte Schicht aufgebracht. Die Schichtbildung erfolgt durch Zusammenschmelzen mit dem schon teilfertigen Modell. Die Bauteile müssen während des Bauvorgangs abgestützt werden. Durch den Einsatz von eingefärbtem Material können mehrfarbige Bauteile erzeugt werden. Neben speziellen Rapid-Prototyping-Materialien sind auch Serienkunststoffe wie ABS mit näherungsweise serienidentischen Eigenschaften zu verarbeiten **(Bild 2)**.

// 3D-Printing

Das 3D-Printing-Verfahren ist ein Pulver-Binder-Verfahren. Mithilfe eines Druckkopfs wird flüssiges Bindemittel in ein Pulverbett eingespritzt und so die aktuelle Schicht des Modells entsprechend der gewünschten Kontur verfestigt **(Bild 3)**. Durch entsprechende Wahl der Pulver-Binder-Kombination lässt sich eine Vielzahl von Werkstoffen, wie z. B. Kunststoffe, Keramiken oder Metalle verarbeiten. Die Modelle müssen nach dem Bau durch Infiltration nachbehandelt werden.

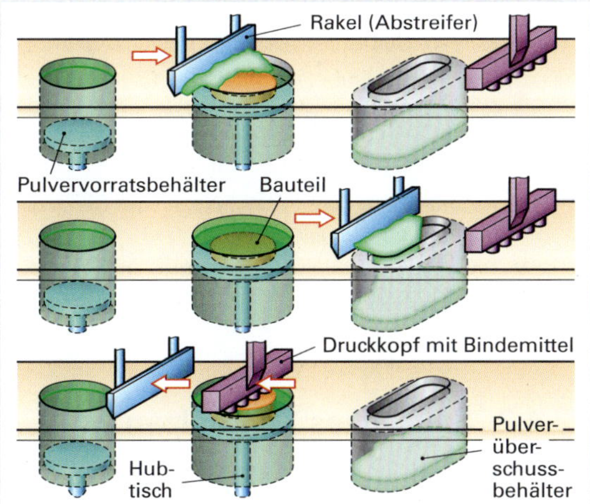

Bild 3: 3D-Printing

Lernfeld-
übergreifend

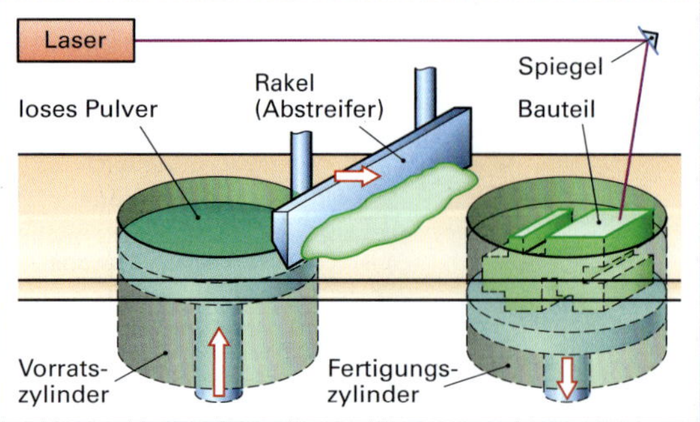

Bild 1: Selektives Laserschmelzen

Bild 2: Additiver Schmelzprozess eines Turbinenrads

Bei Kunststoffen geschieht dies meist mit Epoxydharz, bei Edelstahlpulver mit Bronze. Das 3D-Printing mit Kunststoffen arbeitet kalt, Keramikwerkstoffe und Metalle werden bei bis zu 1200 °C gebrannt bzw. gesintert. Die Modelle weisen eine schlechte Oberflächenqualität auf und müssen nachbearbeitet werden, sind jedoch sehr preisgünstig.

Vorteile des Extrusionsverfahrens

- große Volumenmengen in relativ kurzer Zeit herstellbar
- Extrusionswerkstoff weist eine große Ähnlichkeit zu Serienwerkstoffen auf
- relativ einfache technische Umsetzung
- vollständige Verwendung des Materials
- keine Lösungsmittel erforderlich
- Verwendung unterschiedlicher Materialien innerhalb eines Bauprozesses
- Extrusionsverfahren kann auch in Büroumgebung betrieben werden

Nachteile des Extrusionsverfahrens

- kleinere Strukturen als die Extrusionsbreite nicht herstellbar
- feine Schlitze oder feine Rippen nicht darstellbar
- Beginn der Extrusion ergibt immer einen Ansatz, Nachbearbeitung eventuell erforderlich
- Fadenbildung durch Kunststoffe oder Bildung von Kondenswasser möglich
- Reinigungsmechanismus gegen Verstopfung der Düsen erforderlich

12.4.2 Selektives Schmelzen

Selektive Schmelzverfahren werden unterteilt in das Laserauftragsschweißen (Laser Metal Deposition – LMD), auch Rapid Tooling genannt, und in das pulverbettbasierte Laserschmelzen (Laser Metal Fusion – LMF), auch Rapid Manufacturing genannt. Beim selektiven Schmelzen werden in einem Pulverbett 10 μm (Metallpulver) bis 100 μm (Kunststoffpulver) große Partikel meist durch einen Laserstrahl örtlich begrenzt aufgeschmolzen **(Bild 2)**.

Das selektive Schmelzverfahren wird mit Kunststoff-, Metall- und Keramikpulver sowie kunstharzgebundenen Sanden durchgeführt. Grundsätzlich kann mit allen Materialien gearbeitet werden, die sich thermoplastisch verhalten. Der zu verarbeitende Werkstoff wird in Pulverform in einer dünnen Schicht auf eine Grundplatte aufgebracht. Das Werkstoffpulver wird lokal vollständig aufgeschmolzen. Nach dem Aufschmelzen erstarrt der Werkstoff beim Abkühlen und bildet so eine feste Materialschicht.

Technisch betrachtet handelt es sich dabei um dreidimensionale Mikroschweißvorgänge. Nach der Erzeugung einer Schicht wird das Pulverbett um eine Schichtdicke abgesenkt und aus einem Vorratsbehälter eine neue Schicht Material aufgetragen und geschmolzen. Dieser Zyklus wird so oft wiederholt, bis das Formteil aus seinen Schichten zusammengesetzt ist. Das fertige Bauteil wird von lose anhaftendem Pulver gereinigt und nachbearbeitet, welches gefiltert, gereinigt und dem Fertigungsprozess wieder zugeführt wird. Dadurch kann umweltverträglich und vor allem bei der Verwendung von hochleistungsfähigen Cr-Co-Mo-Legierungen kostengünstig produziert werden.

Eine Zeitersparnis gegenüber dem Wachsausschmelzverfahren bei gleichzeitig geringeren Fertigungsabweichungen ergibt sich vor allem bei der individualisierten Massenfertigung mit geringer Losgröße.

Bild 1: Werkzeugreparatur durch selektives Schmelzen

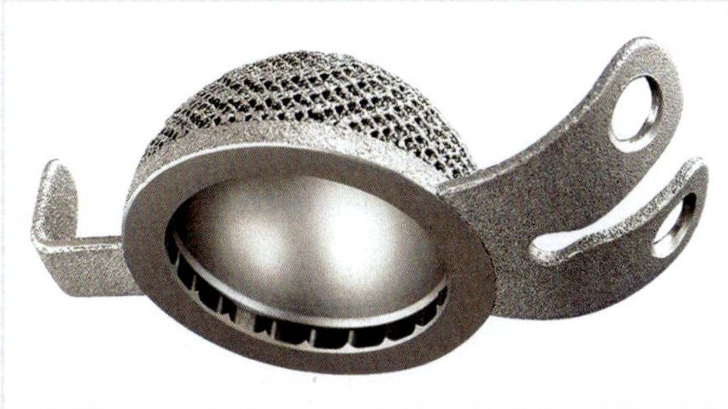

Bild 2: Hüftpfannenimplantat aus TiAl6V4

// Rapid Tooling

Mit Rapid Tooling wird die generative Herstellung von Werkzeugen und Werkzeugeinsätzen bezeichnet. Dies gilt für Bauteile von Spritzgießwerkzeugen oder Vakuumgießwerkzeugen, die nicht oder nicht mit der geforderten Qualität spanend herzustellen sind.

Ein besonderer Vorteil des Rapid Tooling besteht darin, dass Kühlkanäle mit beliebigem Verlauf oberflächennah platziert werden können. Dadurch können Spritzgießformen schneller und gleichmäßiger gekühlt und Zykluszeiten reduziert werden. Beschädigte, wertvolle Bauteile können durch Laserauftragsschweißen repariert werden **(Bild 1)**.

Wird ein altes Werkzeug durch den Volumenauftrag wieder einsatzbereit gemacht, so ist eine Zeit- und Kostenersparnis von über 80 % im Vergleich zur Neuanfertigung eines Werkzeugs möglich. Beanspruchte Werkzeugsegmente können zusätzlich lokal mit verschleißfesten Werkstoffen beschichtet werden.

// Rapid Manufacturing

Rapid Manufacturing bezeichnet die generative Herstellung von Endprodukten. Der Anwendungsbereich ist durch kleine Stückzahlen bei gleichzeitig starker Produktindividualisierung gekennzeichnet und ermöglicht trotzdem angemessene Stückkosten. Anwendung findet das Verfahren im Leichtbau und in der Nachahmung von bionischen Strukturen nach dem Vorbild der Natur, z. B. in der Luft- und Raumfahrt, dem Fahrzeugbau und der Medizintechnik **(Bild 2)**. Dabei kommt eine große Bandbreite an pulverförmigen Materialien zum Einsatz, wie z. B. Stähle, Basislegierungen aus Ni, Ti, Co, Al oder Cu, ebenso wie technische Keramikwerkstoffe auf Al_2O_3, SiC und ZrO_2-Basis sowie in metallischen Matrizen eingebettetes Wolframcarbid oder Titancarbid.

Vorteile des selektiven Schmelzens

- nahezu 100 %ig dichtes Gefüge
- Bauteile haben Serienprodukteigenschaften
- hohe thermische und mechanische Belastbarkeit der Bauteile
- große Materialvielfalt (Metalle, Kunststoffe, Keramik)
- überschüssiges Material nach Reinigung wiederverwendbar

Nachteile des Selektiven Schmelzens

- Vorheizen der Baukammer erforderlich
- Verzögerungen durch Abkühlung der Baukammer
- ungleiche thermische Ausdehnung des Bauteils während des Laserschmelzprozesses
- teure Produktionsanlagen

Überlegen und beantworten Sie:

1. Benennen und beschreiben Sie die Verfahren des Rapid Prototypings.
2. Beschreiben Sie den Verfahrensprozess des selektiven Schmelzens.
3. Wodurch unterscheidet sich das Rapid Tooling vom Rapid Manufacturing?

12.5 Industrie 4.0

// Ein Zukunftsprojekt

Das Zukunftsprojekt der deutschen Bundesregierung heißt Industrie 4.0. „Es zielt darauf ab, die deutsche Industrie in die Lage zu versetzen, für die Zukunft der Produktion gerüstet zu sein. Industrieproduktion wird gekennzeichnet sein durch starke Individualisierung der Produkte unter den Bedingungen einer hoch flexibilisierten (Großserien-)Produktion, die weitgehende Integration von Kunden und Geschäftspartnern in Geschäfts- und Wertschöpfungsprozesse und die Verkopplung von Produktion und hochwertigen Dienstleistungen. (BMBF, 2014)

Ähnlich den Gedanken aus dem TPS (Kap. 11) stehen zentrale Themen der Effizienz-Steigerung, der Verschlankung und einer stärkeren Orientierung hin zu mehr Qualität, Kundenbezug und Gesundheitsmanagement im Vordergrund **(Bild 1)**.

Zwei Begriffe hört man in Verbindung mit dem Begriff Industrie 4.0 häufig, die **„smarte Fabrik"** und **„Embedded Systems"**.

// Smart Factory

Die smarte Fabrik zeichnet sich dadurch aus, dass die Produkte intelligent im Produktionsprozess agieren, sie schaffen sich ihre Prozesse selbst. Damit das möglich ist, werden die Produkte mit Mikroprozessoren bestückt (Embedded Systems), in denen die entsprechenden Fertigungsprozesse oder logistischen Parameter abgespeichert sind.

Durch eine umfangreich vernetzte Unternehmensstruktur mit **Informations- und Kommunikationstechnik (IKT)** werden Maschinen, technische Systeme, Lieferanten, Logistikunternehmen und Kunden zusammengebracht **(Bild 2)**.

Die Basis, auf der große intelligente Produktionen aufgebaut werden, sind flexible Fertigungssysteme mit Stangenlademagazin, Palettiereinheiten für fertige Werkstücke, Handhabungsgeräte und Roboter, Transportsysteme, die miteinander verknüpft zu Fertigungs- oder Transferstraßen werden.

Sensoren erfassen Betriebszustände, lesen Codes aus, die ein Bauteil kennzeichnen, und liefern die verschiedenen Daten zu einem zentralen Server. Die intelligente Fabrik ist in allen Bereich vernetzt und so können die verschiedenen Bereiche im richtigen Augenblick in den Fertigungsprozess eingreifen **(Bild 1, Seite 747)**.

Im Einzelnen werden folgende Maßnahmen getroffen:

- Auftragseingang bzw. Bestellung verwalten
- erforderliche Halbzeuge und Zulieferteile für die Fertigung und Montage bestellen
- Handhabungs- und Transportsysteme führen die Halbzeuge und Vorprodukte den Fertigungszellen zu.
- Werkzeuge werden in Magazinen bereitgestellt.
- NC-Programme den Maschinen und Fertigungszellen zuordnen und den Ablauf überwachen
- Steuerung der Montage und der Qualitätssicherung
- Lagerhaltung organisieren und Versand der gefertigten Produkte und Rechnungsstellung abwickeln

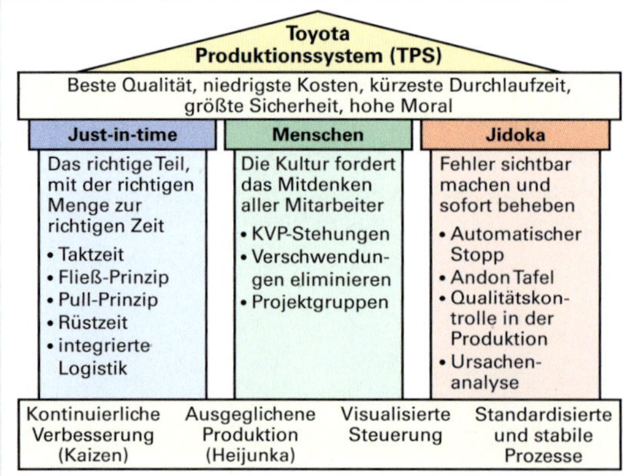

Bild 1: Beispiel Toyota-Produktionssystem

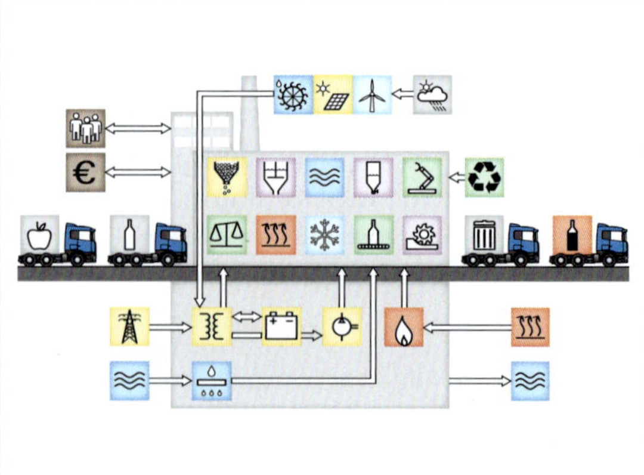

Bild 2: Smart Factory, EduKit (Adiro)

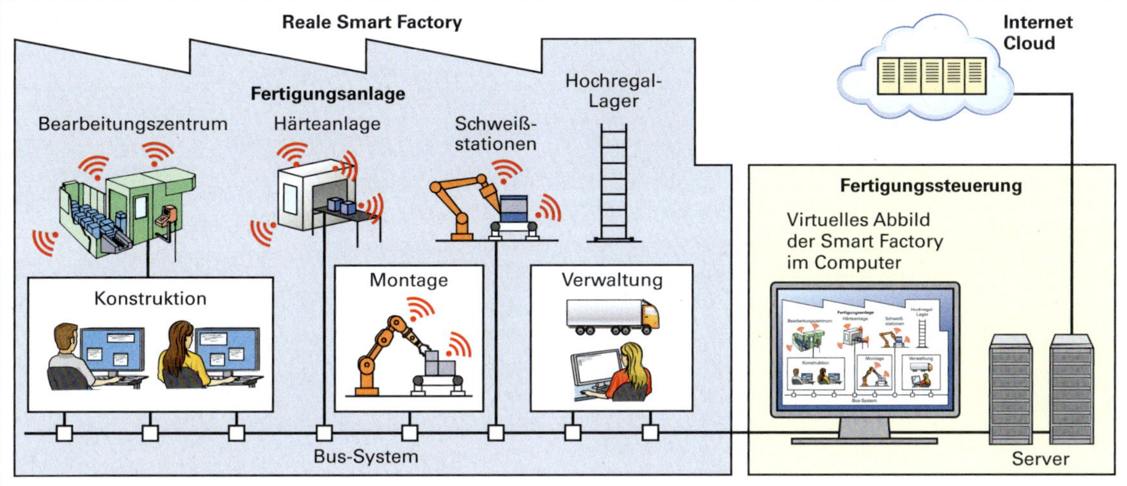

Bild 1: Intelligente Fabrik

// Embedded Systems

Damit in einer Fertigungsstraße für Kfz-Getriebe nach dem Auftragseingang die zum Fahrzeug passenden Getriebe bestückt werden können, benötigt es eine Erkennung der verschiedenen Getriebegehäuse.

Ein Code beinhaltet alle Daten zum zukünftigen Fahrzeug und zur Zusammensetzung des Getriebes. Mit sogenannten RFID-Systemen kann automatisch und berührungslos ein Code ausgelesen werden. Diese **Radiofrequenz-Identifikationssysteme (RFID-Systeme)** arbeiten auf der Basis von Transponder (Funketikett) und Empfänger, der die elektromagnetischen Wellen empfangen kann **(Bild 2)**.

Neben den RFID-Systemen kommen Sensoren in Verbindung mit Mikroprozessoren oder Mikrocontrollern zum Einsatz, die auf eine spezielle Aufgabe ausgerichtet sind, beispielsweise die Überwachung, ob ein Dichtring eingelegt wurde.

In der Praxis spricht man auch von **cyber-physischen Bauelementen** oder ganzen Systemen, die in Chipform ständig Daten im Produktionsprozess erfassen und diese den Informations- und Kommunikationszentren übermitteln. Die Informations- und Kommunikationstechnik des Betriebs fasst alle Vorgänge aus Verwaltung, Konstruktion, Fertigung, Montage, Lagerhaltung und Versand zusammen.

Werkzeugmanagement für eine Fertigungszelle

In Werkzeughaltern werden heute in intelligenten Systemen Chips und Sensoren eingebaut, um Drehmomente, Temperaturen oder Vibrationen festzustellen. Daraus können wiederum die richtige Drehzahl bzw. Schnittgeschwindigkeit und andere Spanungsgrößen überprüft werden.

Über RFID-Systeme lassen sich beispielsweise der Ort ableiten, wo sich das Werkzeug augenblicklich befindet, und die Standzeit bestimmen, um den Zeitpunkt für den Werkzeugwechsel festzulegen.

Aus einem großen Werkzeugmagazin wird zum richtigen Zeitpunkt ein passendes Ersatzwerkzeug vorgehalten, um es zum Zeitpunkt der festgelegten Standzeit einzuwechseln.

Aus der Kenntnis über den Einsatz der Werkzeuge in der Fertigung kann ein Bestellprozess für neue Werkzeuge automatisch generiert werden.

Bild 2: RFID-Transponder am Werkzeughalter

Sachworte

B

C

D

E

F

G

H

L

M

N

Q

R

S

T

W

X

Z